W0070657

b) nach russischen *uv*-Verben Präfixe als Hinweis auf bedeutungsnahe Verben des vollendeten Aspekts, z. B.:

писáть (на-)

c) Rektionsangaben, wenn sie für den deutschen und den russischen Ausdruck eingefügt sind, z. B.:

beitragen *intr* содéйствовать *uv, v* 2 (zu *D*)

[] In eckige Klammern eingeschlossene Wörter kennzeichnen mögliche Varianten ein und desselben Ausdrucks, z. B.:

оказáние пóчестей [почёта] (lies: оказáние пóчестей *oder* оказáние почёта)

Außerdem werden Abweichungen von den Regeln der Aussprache russischer Wörter in eckigen Klammern hinter dem jeweiligen Wort genannt, und zwar nur für den betreffenden Teil des Wortes, z. B.:

отéль [тэ]

⟨⟩ In Winkelklammern steht der vollendete Aspekt als Aspektpartner, z. B.:

заливáть ⟨зали́ть*⟩

$^{+}$ Das Kreuz steht nur bei Verben mit den Typenzahlen 3 und 4 und weist auf die Zurückziehung des Tones im Präs bzw. Fut von der 2. Pers Sg an hin, z. B.:

люб|и́ть 3^{+} -лю́ (лю́бишь usw.)
тянýть 4^{+} (тянý, тя́нешь usw.)

* Verben, deren Konjugation in der Liste der unregelmäßigen Verben genannt ist, werden im Wörterbuch mit einem Stern versehen, z. B.:

идти́*

, Das Komma trennt leichtere Bedeutungsnuancen.

; Das Semikolon trennt stärker verschiedene Bedeutungen.

: Der Doppelpunkt steht dann nach einem Stichwort, wenn diesem unmittelbar ein Beispielsatz folgt.

! Das Ausrufezeichen steht als Akzenthinweis bei den Kurzformen der Adjektive im Wörterbuchteil sowie bei den Formen des Präteritums und den Kurzformen des Ptz Prät Pass in der Liste der unregelmäßigen Verben. Es steht jeweils bei der femininen Form und bedeutet, daß nur diese Form von der vorhergenannten abweicht, z. B.:

прям¦óй, -á! ergänze: пря́мо, пря́мы
был, -á! ergänze: бы́ло, бы́ли
взят, -á! ergänze: взя́то, взя́ты

,; Dieses Komma und Semikolon trennen lediglich Flexionsformen und -endungen eines russischen Äquivalents und keine Bedeutungen; in russischen Wendungen wird dieses Komma auch als Satzzeichen verwendet.

Ziffern und Buchstaben

Halbfette arabische Ziffern trennen verschiedene Wortarten, die ein und demselben Stichwort zugehören.
Hochgestellte kleine arabische Ziffern vor den Stichwörtern trennen Homonyme und Substantive verschiedenen Geschlechts.
Mit mageren arabischen Ziffern wird die Art der Flexion der Wörter gekennzeichnet.
Mit deutschen Buchstaben wird der Akzent der Substantive in der Deklination gekennzeichnet.
Die Bedeutung der Ziffern und Buchstaben ist aus der „Grammatik" (S. 695) zu ersehen. Die in der Grammatik nicht enthaltenen Formen werden im Wörterbuch an entsprechender Stelle verzeichnet.

Aussprache und Betonung

Abweichungen von den Regeln der Aussprache der russischen Wörter werden in eckigen Klammern genannt, und zwar nur für den betreffenden Teil des Wortes, z. B. партéр [тэ]. In diesen Ausspracheangaben werden die russischen Buchstaben in ihrem gewöhnlichen Lautwert angewandt, z. B. bedeutet отéль [тэ], daß das т hart, nicht weich gesprochen wird.

Bitte umblättern!

Großer Anfangsbuchstabe ist im Wörterbuch ausschließlich in solchen Wörtern geschrieben, die diesen auch außerhalb des Satzanfangs verlangen.

Der Vokal der betonten Silbe ist regelmäßig mit dem Akzentzeichen versehen. Zwei Akzentzeichen in einem Wort bedeuten, daß beide Betonungen vorkommen, z. B.:

твóрóг; си́льны́;

trägt jedoch eine mit einem Bindestrich angeführte Kurzform des Adjektivs oder eine Flexionsform ein Akzentzeichen, so gilt nur diese Betonung, z. B.:

жёст|кий, -ок, -кá! (lies: жёсток, жесткá, жёстко, жёстки)

дóктор 2b *Pl* -á (lies: докторá)

Verben auf -ся gleichen in der Betonung den entsprechenden Verben ohne -ся. Bei allen unregelmäßigen Verben gibt die Liste der unregelmäßigen Verben auch Aufschluß über die Betonung. Jedoch werden abweichend betonte Formen im Wörterbuch genannt; dabei gilt der Akzent der angeführten Pluralform in gleicher Weise für das Neutrum, z. B.:

сорвáться; -рвали́сь ergänze: -рвалóсь und nach der Liste der unregelmäßigen Verben -рвáлся, -рвалáсь

подня́ться; -ня́лся́, -няли́сь ergänze: -нялóсь und nach der Liste der unregelmäßigen Verben -нялáсь

Bei deutschen Wörtern wird die Betonung nur angegeben, wenn dadurch Bedeutungen unterschieden werden, z. B. durchbrechen ['---], durchbrechen [-'--]; hierbei steht das Akzentzeichen vor dem Divis, das die betonte Silbe bezeichnet.

Aufbau der Artikel

Die Stichwörter sind fettgedruckt und streng alphabetisch geordnet. Soweit die alphabetische Reihenfolge es zuläßt, sind sie zu Wortnestern zusammengefaßt; dabei ersetzt die einfache Tilde das erste Wort eines Nestes bzw. den vor dem senkrechten Strich stehenden Wortteil, die Doppeltilde das letzte fettgedruckte Wort einschließlich des hinter dem Trennungsstrich stehenden bzw. durch eine Tilde ersetzten Teils des Stichworts.

Den Substantiven folgt die Angabe des Geschlechts, Verben werden mit *tr, intr* oder *refl* bezeichnet; bei allen anderen Stichwörtern wird die Wortart ausdrücklich vermerkt.

Homonyme werden als verschiedene Stichwörter behandelt und durch hochgestellte kleine arabische Ziffern vor dem Stichwort gekennzeichnet, z. B.:

[1]**Bank** *f* . . .
[2]**Bank** *f* . . .

In derselben Weise werden gleichlautende Substantive verschiedenen Geschlechts im Wörterbuch vermerkt, z. B.:

[1]**See** *m* . . .
[2]**See** *f* . . .

Die verschiedenen Wortarten werden bei gleichlautenden Wörtern durch halbfette arabische Ziffern voneinander geschieden, z. B.:

da 1. *Adv* . . . **2.** *Konj* . . .

Hat ein deutsches Stichwort verschiedene Bedeutungen, die sich deutlich voneinander unterscheiden, so werden diese Bedeutungsunterschiede entweder durch Abkürzungen für Sachgebiete (in kursiver Schrift) oder durch erläuternde Zusätze (in grotesker Schrift) kenntlich gemacht. Diese Zusätze können in einem Synonym, einem Subjekt oder Objekt, einer näheren Definition oder der Angabe des Bereichs bestehen, zu dem der Begriff gehört.

Die bei den russischen Wörtern stehenden Ziffern und Buchstaben bezeichnen den jeweiligen Typ der Deklination oder Konjugation sowie die Betonung und verweisen auf die Beispiele in der Mustergrammatik. Von diesen regelmäßigen Typen abweichende Formen sind bei den einzelnen russischen Äquivalenten vermerkt.

Den russischen Äquivalenten folgt unmittelbar die Angabe der Grammatik durch Typenzahlen in folgender Weise:

Fortsetzung am Schluß des Buches

WÖRTERBUCH

Deutsch
Russisch

mit etwa 40000 Stichwörtern

von Edmund Daum und Werner Schenk

Verlag Enzyklopädie Leipzig

5. Auflage

Gesamtherstellung:
Graphischer Großbetrieb Pößneck GmbH
Ein Mohndruck-Betrieb
Printed in Germany
Einbandgestaltung: Rolf Kunze

ISBN 3-324-00169-2

Vorwort

Dieses Wörterbuch wendet sich vor allem an deutschsprachige Benutzer, die das Russische als Fremdsprache erlernen. Es will ihnen beim Übersetzen in die russische Sprache, also beim aktiven Gebrauch der Fremdsprache, ein größtmögliches Maß an Sicherheit in der Wahl eines russischen Ausdrucks vermitteln. Diesem Ziel dienen die stilistischen Anmerkungen bei den russischen Übersetzungen ebenso, wie die semantischen Abgrenzungen polysemer Stichwörter durch Abkürzungen oder Erläuterungen unterschiedlicher Art. Die genauen Angaben zur Flexion der russischen Äquivalente und zu ihren syntaktischen Verknüpfungsmöglichkeiten sollen eine korrekte Verwendung des Einzelwortes im Satz ermöglichen. Die Betonung des russischen Wortguts ist durchgängig gekennzeichnet.
Das Wörterbuch enthält etwa 40000 Stichwörter sowie zahlreiche Wortverbindungen und Anwendungsbeispiele. Dieser Wortbestand ist wesentlich dem Wortschatz der Allgemeinsprache zuzurechnen, enthält jedoch auch einen beachtlichen Anteil der Fachlexik aus den Bereichen Politik, Wirtschaft, Technik, Medizin und Sport, sofern dieser zum Bestand der Allgemeinsprache zu zählen ist. Die geographischen Namen sind in das Wörterverzeichnis aufgenommen worden.
Bei der Auswahl des Wortguts von Ausgangs- und Zielsprache werteten die Autoren neben den neuesten ein- und zweisprachigen Werken der deutschen und sowjetischen Lexikographie mit großer Sorgfalt alle einschlägigen Neologismensammlungen sowie die aktuellen sowjetischen Pressepublikationen aus.
Es ist den Autoren ein Bedürfnis, Herrn Karlfried Leyn für seine Mitwirkung an der Erarbeitung eines Teils des Manuskripts aufrichtig zu danken.

E. Daum W. Schenk

Inhalt

Die **Erklärungen zur Benutzung des Wörterbuches** befinden sich auf den Einbandinnenseiten.

A

a, A *n Mus* ля *n idkl* | wer A sagt, muß auch B sagen кто сказа́л Aˌ до́лжен сказа́ть и Б; von A bis Z с нача́ла до конца́; das A und O von etw. а́льфа и оме́га чего́-н.
Aal *m* у́г|орьˌ -ря́ 1e
aalen, sich *refl umg* не́житься 3
aalglatt *übertr* изворо́тлив:ый
Aar *m poet* ор|ёлˌ -ла́ 2
Aas *n* па́даль 9; Schimpfwort стéрва 6; **~geier** *m Zool* стервя́тник 2
ab 1. *Adv:* auf und ~ взад и вперёд, вверх и вниз; ~ und zu иногда́, вре́мя от вре́мени **2.** *Präpos Ort* от G | ~ Berlin от Берли́на; *Zeit* с G | ~ heute с сего́дняшнего дня; ~ fünf Uhr с пяти́ часо́в
abändern *tr* измен|я́ть ⟨-и́ть 3⟩; umarbeiten переде́л|ывать ⟨-ать⟩
Abänderung *f* измене́ние 5; переде́лка 6
abarbeiten *tr* durch Arbeit abgelten отраб|а́тывать ⟨-о́тать⟩; sich ~ *refl* переутом|ля́ться ⟨-и́ться 3 -лю́сь⟩, изнур|я́ть ⟨-и́ть 3⟩ себя́ рабо́той
Abart *f* разнови́дность 9
ab|arten *intr* видоизмен|я́ться ⟨-и́ться 3⟩; entarten вырожда́ться ⟨вы́родиться 3⟩; **~ästen** *tr* очища́ть ⟨очи́стить 3 -щу⟩ от су́чьев
Abbau *m* Preise сниже́ние 5; Personal сокраще́ние 5; Kohle разрабо́тка 6
abbauen *tr* Gerüst, Bude разбира́ть ⟨разо|бра́ть*ˌ разберу́¡ разо́бранный⟩; Preise снижа́ть ⟨сни́|зить 3 -жу⟩; Personal сокра|ща́ть ⟨-ти́ть 3 -щу́⟩; Kohle разраб|а́тывать ⟨-о́тать⟩, добыва́ть ⟨добы́ть*⟩; Ämter упраздн|я́ть ⟨-и́ть 3⟩
Abbaustrecke *f Bergb* вы́емочный штрек
ab|beeren *tr* обрыва́ть ⟨обо|рва́ть*¡ обо́рванный⟩ я́годы; **~beißen** *tr* отку́сывать ⟨-куси́ть 3⁺ -кушу́⟩; **~bekommen** *tr* получ|а́ть ⟨-и́ть 3⁺⟩ свою́ до́лю | er hat etw. ≈ *umg.* ему́ доста́лось, ему́ попа́ло; **~berufen** *tr* отзыва́ть ⟨ото|зва́ть*ˌ отзову́¡ ото́званный⟩ | von einem Amt ≈ освобо|жда́ть ⟨-ди́ть 3 -жу́¡ -ждённый⟩ от до́лжности
Abberufung *f* отозва́ние 5 | ~ vom Amt освобожде́ние 5 от до́лжности
ab|bestellen *tr* отмен|я́ть ⟨-и́ть 3⁺⟩ зака́з | die Zeitung ≈ прекра|ща́ть ⟨-ти́ть 3 -щу́⟩ вы́писку газе́ты; j–n ≈ сооб|щ|а́ть ⟨-и́ть 3⟩ кому́-н.ˌ что́бы не приходи́л; **~biegen** *tr übertr* срыва́ть ⟨со|рва́ть*¡ со́рванный⟩; *intr* svора́чивать ⟨сверну́ть 4⟩
Abbild *n* отображе́ние 5; einer Person ко́пия 8
abbilden *tr* изобра|жа́ть ⟨-зи́ть 3 -жу́⟩
Abbildung *f* изображе́ние 5, иллюстра́ция 8
abbinden *tr* отвя́зывать ⟨-|вяза́ть*⟩; *Med* перевя́зывать ⟨-вяза́ть⟩; Schürze снима́ть ⟨снять*⟩
Abbitte *f* про́сьба 6 о проще́нии | j-m ~ tun про|си́ть 3⁺ -шу́ (по-) проще́ния у кого́-н.
ab|blasen *tr* сдува́ть ⟨-|дуть*⟩; *übertr* дава́ть* ⟨дать*⟩ отбо́й; **~blättern** *intr* Farbe u. ä. осыпа́ться ⟨-|сы́паться*⟩; **~blenden** *tr* Licht затемн|я́ть ⟨-и́ть 3⟩, маскирова́ть 2 (за-); Fenster затемн|я́ть ⟨-и́ть 3⟩; Auto переключ|а́ть ⟨-и́ть 3⟩ на бли́жний свет; Foto диафрагми́ровать 2
Abblendlicht *n* бли́жний 11 свет
ab|blitzen *intr übertr* получ|а́ть ⟨-и́ть 3⁺⟩ от воро́т поворо́т | j-n ≈ lassen от|ши́ть* *v* отошью́ кого́-н.; **~blühen** *intr* отцвета́ть ⟨-|цвести́*⟩
Abbrand *m Tech* уга́р 2; *Chem* ога́р|окˌ -ка 2
ab|brausen, sich *refl* принима́ть ⟨приня́ть*⟩ душ; **~brechen** *tr* отла́мывать ⟨-лома́ть⟩, отла́мывать ⟨-ломи́ть 3⁺ -ломлю́⟩; ringsum обла́мывать ⟨-лома́ть⟩, обла́мывать ⟨-ломи́ть⟩; Haus сноси́ть 3⁺ -ношу́ ⟨-|нести́*⟩; Unterhaltung, Verbindung прерыва́ть ⟨-|рва́ть*⟩, прекраща́ть ⟨-ти́ть 3 -щу́⟩; Beziehungen порыва́ть ⟨-|рва́ть*⟩; *intr* отла́мываться ⟨-лома́ться⟩, отла́мываться ⟨-ломи́ться⟩; *übertr* обрыва́ться ⟨оборв|а́ться¡ -а́ли́сь⟩, прекра|ща́ться ⟨-ти́ться⟩ | das Lager ≈ снима́ть ⟨снять*⟩ ла́герь; **~brennen** *tr* сжига́ть ⟨-|жечь*ˌ сожгу́ˌ сожжёшь¡ сожгла́¡ сожжённый⟩; *intr* сгор|а́ть ⟨-е́ть 3⟩; Dorf погоре́ть *v;* Kerze догор|а́ть ⟨-е́ть⟩ | er ist abgebrannt *übertr* он прогоре́л; **~bringen** *tr* отгов|а́ривать ⟨-ори́ть 3⟩ (von от *G*) | j-n von seiner Meinung ≈ переубе|жда́ть ⟨-ди́ть 3⟩ кого́-н.; j-n vom Thema ≈ отвлека́ть ⟨-|вле́чь*⟩ кого́-н. от те́мы; **~bröckeln** *intr* кроши́ться 3, осыпа́ться ⟨-|сы́паться*⟩
Abbruch *m* Haus снос 2, слом 2; Unterhaltung прекраще́ние 5; Beziehungen разры́в 2 | einer Sache ~ tun наноси́ть 3⁺-ношу́ ⟨-|нести́*⟩ уще́рб чему́-н., вре|ди́ть 3 -жу́ (по-) чему́-н.
ab|bürsten *tr* о(т)чища́ть ⟨-чи́стить 3 -чи́щу⟩ щёткой, чи́стить (вы́-, по-) щёткой; **~büßen** *tr* Schuld искуп|а́ть ⟨-и́ть 3⁺ -лю́⟩; Strafe отбыва́ть ⟨отбы́ть*⟩
Abdachung *f* отло́гость 9, пока́тость 9
ab|dämmen *tr* запр|у́живать ⟨-уди́ть 3 -ужу́ˌ -у́дишь⟩, отгор|а́живать ⟨-оди́ть 3 -ожу́ˌ -о́дишь⟩ плоти́ной; **~dampfen** *intr* Zug *umg* отходи́ть 3⁺ ⟨ото|йти́*⟩; **~danken** *intr* выходи́ть 3⁺ -хожу́ ⟨вы́|йти*⟩ в отста́вку; vom Thron отрека́ться ⟨-|ре́чься*⟩ от престо́ла
Abdankung *f* отста́вка 6; отрече́ние 5 от престо́ла

abdecken *tr* открыва́ть ⟨-|кры́ть*⟩; Tisch abräumen убира́ть ⟨-|бра́ть*⟩ (со стола́); Dach abnehmen снима́ть ⟨снять*⟩ кры́шу; Tier сдира́ть ⟨содра́ть*, сдеру́⟩ шку́ру
Abdecker *m* живодёр 2 *umg*
ab|dichten *tr* уплотн|я́ть ⟨-и́ть 3⟩; Leck заде́л|ывать ⟨-ать⟩; Fugen конопа́|тить 3 -чу (за-); **~dienen** *tr* Zeit отслужи́ть *v* 3; **~drängen** *tr* оттесн|я́ть ⟨-и́ть 3⟩; **~drehen** *tr* отвёртывать ⟨отверну́ть 4⟩; Wasserhahn закрыва́ть ⟨-|кры́ть*⟩; *Tech* Drehbank обта́чивать ⟨-точи́ть 3^{+}⟩
Abdruck *m* Finger отпеча́т|ок, -ка 2; *Typ* о́ттиск 2; Gips сле́п|ок, -ка 2
ab|drucken *tr* печа́тать (на-, от-); **~drükken** *tr* Freund ти́скать; *intr* schießen нажима́ть ⟨-|жа́ть*⟩ на спусково́й крючо́к | es drückt ihm fast das Herz ab у него́ се́рдце сжима́ется; **~ebben** *intr* Wasser идти́* на у́быль; *übertr* стиха́ть ⟨сти́хнуть 4а⟩
Abend *m* ве́чер 2b *Pl* -а́ | am (späten) ~ (по́здним) ве́чером; gegen ~ под ве́чер, к ве́черу; den ganzen ~ весь ве́чер; es wird ~ вечере́ет; heute abend сего́дня ве́чером; guten ~! до́брый ве́чер!; zu ~ essen у́жинать (по-); es ist noch nicht aller Tage ~ ещё не всё ко́нчено; **~brot** *n* у́жин 2; **~dämmerung** *f* су́мер|ки *Pl* 6 *G* -ек; **~essen** *n* = **Abendbrot**
abendfüllend Film полнометра́жный
Abend|gesellschaft *f* зва́ный ве́чер 2b *Pl* -а́, вечери́нка 6; **~kasse** *f Theat* ка́сса (прода́жи биле́тов пе́ред нача́лом спекта́кля); **~kleid** *n* вече́рнее 11 пла́тье; **~land** *n* За́падная Евро́па 6
abend|ländisch (западно)европе́йский, за́падный; **~lich** вече́рний 11
Abend|mahl *n Rel* прича́стие 5; **~oberschule** *f* вече́рняя 11 сре́дняя 11 шко́ла; **~rot** *n*, **~röte** *f* вече́рняя заря́ 11-7
abends *Adv* ве́чером; jeden Abend по вечера́м
Abend|schule *f* вече́рняя 11 шко́ла; **~sonne** *f* заходя́щее 11 со́лнце; **~stern** *m* вече́рняя 11 звезда́; **~studium** *n* вече́рнее обуче́ние 11-5; **~universität** *f* вече́рний 11 университе́т; **~veranstaltung** *f* ве́чер 2b *Pl* -а́; **~vorstellung** *f* вече́рнее 11 представле́ние; Kino вече́рний сеа́нс; **~zeitung** *f* вече́рняя 11 газе́та
Abenteuer *n* приключе́ние 5, похожде́ние 5; Wagnis аванто́ра 6
abenteuerlich по́лный приключе́ний; Roman приключе́нческий; gefährlich авантюристи́ческий
Abenteurer *m* иска́тель 1 [люби́тель 1] приключе́ний; Hochstapler авантюри́ст 2
aber 1. *Adv* | tausend und ~ tausend мно́го ты́сяч **2.** *Konj* а, но, да, одна́ко; *nachgestellt* же | ~ doch а всё-таки; ~ nein! да нет же!; ~ sicher! безусло́вно!
Aber *n:* das Wenn und das ~ учёт всех обстоя́тельств; kein ~! никаки́х «но»!
Aberglaube *m* суеве́рие 5
abergläubisch суеве́р|ный, -ен
aberkennen *tr Jur* лиш|а́ть ⟨-и́ть 3⟩ *G*
Aberkennung *f Jur* лише́ние 5
aber|malig втори́чный, повто́рный; **~mals** *Adv* втори́чно, опя́ть
abernten *tr* снима́ть ⟨снять*⟩ урожа́й, убира́ть ⟨-|бра́ть*⟩
Aberration *f Astr, Phys* аберра́ция 8
Aberwitz *m* сумасбро́дство 4
ab|essen *tr* объеда́ть ⟨-|е́сть*⟩; **~fahren** *tr* fortbringen увози́ть 3^{+} -вожу́ ⟨-|везти́*⟩; Gegend изъе́з|дить *v* 3 -жу; *intr* отпр|авля́ться ⟨-а́виться 3 -а́влюсь⟩; mit dem Zug u. a. уезжа́ть ⟨-|е́хать*⟩; Zug, Bus отходи́ть 3^{+} ⟨ото|йти́*⟩, уходи́ть ⟨-йти́⟩; Schiff отплыва́ть ⟨-|плы́ть*⟩
Abfahrt *f* отъе́зд 2; отправле́ние 5; zu verschiedenen Zeiten разъе́зд 2; Schiff отплы́тие 5; Skisport спуск 2; Autobahn съезд 2 (с автостра́ды)
Abfahrts|lauf *m Sport* скоростно́й спуск 2; **~skier** *m/Pl* лы́жи для скоростно́го спу́ска; **~signal** *n* сигна́л к отправле́нию; **~zeit** *f* вре́мя отправле́ния
Abfall *m* отбро́сы *Pl* 2; beim Schälen очи́стки *Pl* 2; in der Produktion отхо́ды *Pl* 2; verwendbarer ути́ль 1; *übertr* Abtrünnigkeit отпаде́ние 5, изме́на 6; **~behälter** *m* бак 2 для отбро́сов; auf den Straßen у́рна 6 для му́сора
ab|fallen *intr* отва́ливаться ⟨-вали́ться 3^{+}⟩, отпада́ть ⟨-|па́сть*⟩; Blätter опада́ть ⟨-па́сть⟩; abtrünnig werden измен|я́ть ⟨-и́ть 3^{+}⟩, отка́лываться ⟨-|коло́ться*⟩; zuteil werden перепада́ть ⟨-па́сть⟩ | steil ≈ кру́то обрыва́ться; **~fällig** *übertr* пренебрежи́тел|ьный, -ен, -ьна | sich ≈ über j-n äußern отзыва́ться ⟨ото|зва́ться*, отзову́сь, отозва́ли́сь⟩ отрица́тельно [пренебрежи́тельно] о ком-н.; eine ≈e Äußerung неблагоприя́тный о́тзыв 2
Abfall|korb *m* корзи́на для му́сора; **~produkt** *n* отбро́сы *Pl* 2, отхо́ды *Pl* 2
ab|fangen *tr* erwischen излов|и́ть *v* 3^{+} -лю́; Briefe перехв|а́тывать ⟨-ати́ть 3^{+} -ачу́⟩; Flugzeug aus Sturzflug выра́внивать ⟨вы́ровнять⟩; **~färben** *intr* Stoff кра́ситься 3; *übertr* Ansicht налага́ть ⟨-ложи́ть 3^{+}⟩ отпеча́ток (auf на *A*); **~fassen** *tr* Schriftstück сост|авля́ть ⟨-а́вить 3 -а́влю⟩; Erzählung сочин|я́ть ⟨-и́ть 3⟩; **~faulen** *intr* отгнива́ть ⟨-|гни́ть*⟩; **~fegen** *tr* Staub смета́ть ⟨-|мести́*⟩; Fußboden подмета́ть ⟨-мести́⟩; Wand обмета́ть ⟨-мести́⟩; **~feiern** *tr:* Überstunden ≈

отгу́ливать ⟨отгуля́ть⟩ сверхуро́чную рабо́ту; **~feilen** *tr* спи́ливать ⟨-пили́ть 3⁺⟩; **~fertigen** *tr* Kunden обсл|у́живать ⟨-ужи́ть 3⁺⟩; Zug отпр|авля́ть ⟨-а́вить 3 -а́влю⟩ | j-n kurz ≈ *übertr* спрова́|живать ⟨-дить 3 -жу⟩ кого́-н.

Abfertigung *f* обслу́живание 5; отправле́ние 5, отпра́вка 6

ab|feuern *tr* вы́стрелить *v* 3; **~finden** *tr* Gläubiger удовлетвор|я́ть ⟨-и́ть 3⟩; entschädigen возме|ща́ть ⟨-сти́ть 3 -щу́⟩; sich ≈ *refl* удовлетвор|я́ться ⟨-и́ться⟩, мири́ться 3 (при-) | Erben ≈ выделя́ть ⟨вы́делить 3⟩ насле́дников

Abfindung *f* удовлетворе́ние 5; возмеще́ние 5 | j-m eine ≈ zahlen дава́ть* ⟨дать*⟩ кому́-н. отступно́е

Abfindungssumme *f* отступно́е *Subst* 10

ab|flachen *tr* де́лать (с-) пло́ским, сгла́|живать ⟨-дить 3 -жу⟩; **~flauen** *intr* Wind стиха́ть ⟨-ти́хнуть 4a⟩; *übertr* затиха́ть ⟨-ти́хнуть⟩, слабе́ть (о-); **~fliegen** *intr* Flugzeug вылета́ть ⟨вы́лететь⟩; Vogel отле|та́ть ⟨-те́ть 3⟩; **~fließen** *intr* стека́ть ⟨-|течь*⟩; Kapital утека́ть ⟨-те́чь⟩

Abflug *m* Flugzeug вы́лет 2; Vogel отлёт 2

Abfluß *m* сток 2; **~graben** *m* сто́чная кана́ва; **~rinne** *f* сто́чный жёлоб; **~rohr** *n* сто́чная труба́

ab|fragen *tr* Schüler опра́шивать ⟨опроси́ть 3⁺ -шу́⟩; Aufgaben спра́шивать ⟨спроси́ть⟩; **~fressen** *tr* объеда́ть ⟨-|е́сть*⟩; **~frieren** *intr* Glieder отмор|а́живать ⟨-о́зить 3⟩

Abfuhr *f* вы́воз 2, отпра́вка 6; *übertr* отпо́р 2, о́тповедь 9 | eine ~ erteilen *übertr* дава́ть* ⟨дать*⟩ отпо́р

abführen *tr* от-, уводи́ть 3⁺ -вожу́ ⟨-|вести́*⟩; als Gefangenen арест|о́вывать ⟨-ова́ть 2⟩, забира́ть ⟨-|бра́ть*⟩; *Med* сла́бить 3 (про-)

Abführmittel *n Med* слаби́тельное *Subst* 10

ab|füllen *tr* разлива́ть ⟨-|ли́ть*, разолью́⟩ (в буты́лки); **~füttern** *tr* корм|и́ть 3⁺ -лю́ (на-); Kleidung ста́в|ить 3 -лю подкла́дку

Ab|gabe *f* сда́ча 6; Steuern нало́г 2, сбор 2; Sport переда́ча 6, пас 2

abgabenfrei не облага́емый нало́гом

abgabepflichtig подлежа́щий 11 обложе́нию нало́гом

Abgabepreis *m* отпускна́я цена́

Abgang *m* Zug отхо́д 2; Ausscheiden aus Schule вы́бытие 5; *Theat* ухо́д 2; Verkauf сбыт 2; vom Turngerät соско́к (von с *G*)

Abgangszeugnis *n* свиде́тельство [дипло́м 2] об оконча́нии уче́бного заведе́ния

Abgas *n Tech* отрабо́тавший 11 газ; Auto выхлопно́й газ

abgeben *tr* от|дава́ть* ⟨отда́ть*⟩; einhändigen вруч|а́ть ⟨-и́ть 3⟩; zurückgeben возвра|ща́ть ⟨-ти́ть 3 -щу́⟩; sich ~ *refl* занима́ться ⟨заня́ться*¡ -я́лся́, -яли́сь⟩ (mit *I*), во|зи́ться 3⁺ -жу́сь (mit с *I*) | einen Schuß ~ сде́лать вы́стрел; sie gibt sich zuviel mit ihm ab она́ чрезме́рно занима́ется им

abge|brüht: er ist ≈ он не име́ет ни сты́да, ни со́вести; **~droschen** *übertr* изби́тый, зата́сканный; **~feimt:** ein ≈er Schurke отъя́вленный негодя́й; **~griffen** истрёпанный; Ausdruck зата́сканный; Geld стёртый; **~hackt** *übertr* отры́вист:ый

abgehen *intr* abfahren отходи́ть 3⁺ -хожу́ ⟨ото|йти́*⟩, отпр|авля́ться ⟨-а́виться 3 -а́влюсь⟩; sich lösen откле́|иваться ⟨-иться 3⁺⟩; Haut сходи́ть ⟨со|йти́⟩, слеза́ть ⟨-|лезть*⟩; Tapete отстава́ть ⟨-|стать*⟩; Knopf отрыва́ться ⟨ото|рва́ться*¡ -рвали́сь⟩ | von der Schule ~ выбыва́ть ⟨вы́|быть*⟩ из шко́лы; von seiner Meinung ~ *übertr* отка́зываться ⟨-|каза́ться*⟩ от своего́ мне́ния; es ging gut ab э́то хорошо́ ко́нчилось

abge|kartet: ein ≈es Spiel зара́нее обусло́вленное де́ло 4; **~klärt:** ein ≈er Mensch уравнове́шенный челове́к; **~kocht** кипячёный, отварно́й; **~lagert** лежа́лый; Wein вы́держанный; **~legen** отдалён:ный, -на, уедин|ённый, -ён, -ена́ | ein ≈er Ort захолу́стье 5; **~macht:** ≈! договори́лись!; **~magert** исхуда́лый; **~neigt** нерасполо́женный | ich bin nicht ≈ я не прочь; **~nutzt** изно́шенный

Abgeordneter *m* депута́т 2

Abgeordnetenhaus *n* пала́та 6 депута́тов

abgerissen Kleidung обо́рван:ный; Worte отры́вист:ый; Bericht отры́воч|ный, -ен

Abgesandter *m* посла́н|ец, -ца 2

abgeschabt Stoff потёртый

Abgeschiedenheit *f* уедине́ние 5, уединённость 9 | in völliger ~ в по́лном уедине́нии

abge|schmackt по́шл:ый, -а́!, безвку́с|ный, -ен; **~sehen** *Präpos:* ≈ davon, daß ... не говоря́ (уже́) о том, что ..., поми́мо того́, что ...; **~sondert 1.** *Adj* отде́льный **2.** *Adv* отде́льно, особняко́м; **~spannt** утомл|ённый, -ён, -ена́, изнемож|ённый, -ён, -ена́; **~standen** Wasser застоя́вшийся 11; Wein вы́дохшийся 11; **~storben** омертве́лый | die Beine sind ≈ но́ги отняли́сь; **~stumpft** приту́плен:ный; *übertr* отупе́лый; **~tan** зако́нченный; **~tragen** поно́шенный

abge|winnen *tr* вы́игрывать ⟨вы́играть⟩, добива́ться ⟨-|би́ться*⟩ | ich kann dem keinen Geschmack ≈ мне э́то не нра́вится; **~wöhnen** *tr* отуч|а́ть ⟨-и́ть 3⁺⟩ (j-m etw. *A* от *G*); sich ≈ *refl* от-

выка́ть ⟨-вы́кнуть 4a⟩ (etw. от *G*), оту-ч|а́ть ⟨-и́ть⟩ себя́ (etw. от *G*)
abgießen *tr* слива́ть ⟨-|ли́ть*¦ солью́⟩
Abglanz *m* о́тблеск 2, отраже́ние 5
abgleiten *intr* соска́льзывать ⟨-скользну́ть 4⟩
Abgott *m* куми́р 2
ab|göttisch 1. *Adj* безу́мный **2.** *Adv* о́чень, чрезме́рно | j-n ≈ lieben безу́мно люби́ть кого́-н.; j-n ≈ verehren обожа́ть кого́-н.; **~graben** *tr* срыва́ть ⟨-|ры́ть*⟩; Wasser отводи́ть 3⁺ -вожу́ ⟨-|вести́*⟩; **~grenzen** *tr* разграни́ч|ивать ⟨-ить 3⟩; Felder размеж|ёвывать ⟨-ева́ть 2¦ -ёванный⟩ | scharf ≈ проводи́ть 3⁺-вожу́ ⟨-|вести́*⟩ чёткую грань
Abgrund *m* про́пасть 9 *a. übertr,* бе́з-дна 6
abgrundtief бездо́нный
Abguß *m* отли́вка 6; Nachformung сле́п|ок¦ -ка 2
ab|hacken *tr* отруб|а́ть ⟨-и́ть 3⁺ -лю́⟩, от-сека́ть ⟨-|се́чь*⟩; **~haken** *tr* отцеп|ля́ть ⟨-и́ть 3⁺ -лю́⟩; im Text отмеча́ть ⟨-ме́тить 3 -ме́чу⟩ га́лочкой, ста́в|ить 3 -лю (по-) га́лочки; **~halten** *tr* zurückhalten уде́р-живать ⟨-держа́ть 3⁺⟩; hindern меша́ть (по-) (j-n von etw. *D mit Inf*); aufhalten заде́рживать ⟨-держа́ть⟩; Kind держа́ть 3⁺ (по-); Wahlen; Versammlung проводи́ть 3⁺ -вожу́ ⟨-|вести́*⟩; **~han-deln** *tr* Preis выторго́вывать ⟨вы́торго-вать 2⟩; Thema разраб|а́тывать ⟨-о́тать⟩; **~handen** *Adv:* j-m ≈ kommen пропа-да́ть ⟨-|па́сть*⟩ у кого́-н., теря́ться (по-) у кого́-н.
Ab|handlung *f* wissenschaftliche иссле́до-вание 5, труд 2e; **~hang** *m* склон 2, скат 2; steiler обры́в 2, крутизна́ 6; sanfter от-ло́гость 9
abhäng|en *tr* trennen отцеп|ля́ть ⟨-и́ть 3⁺ -лю́¦ отце́пленный⟩; *intr* зави́|сеть 3 -шу (von от *G*); **~ig** зави́симый | ≈ sein von etw. зави́|сеть 3 -шу от чего́-н.
Abhängigkeit *f* зави́симость 9
ab|härmen, sich *refl* сокруша́ться; **~här-ten** *tr* Körper закал|я́ть ⟨-и́ть 3⟩; sich ≈ *refl* закал|я́ться ⟨-и́ться⟩
Abhärtung *f* зака́лка 6, зака́ливание 5
ab|hauen *tr* отсека́ть ⟨-|се́чь*⟩, отруб|а́ть ⟨-и́ть 3⁺ -лю́⟩; *intr umg* удира́ть ⟨-|дра́ть*⟩, улизну́ть *v* 4 | hau ab! убира́йся!; **~häu-ten** *tr* сдира́ть ⟨со|дра́ть*¦ сдеру́⟩ шку́ру; **~heben** *tr* снима́ть ⟨снять*⟩ a. Karten; *intr:* von der Startbahn ≈ Flugzeug от-рыва́ться ⟨ото|рва́ться*⟩ от взлётной по-лосы́; sich ≈ *refl* выделя́ться ⟨вы́де-литься 3⟩ | Geld von der Bank ≈ брать* ⟨взять*⟩ в ба́нке де́ньги со счёта; **~hel-fen** *tr* помога́ть ⟨-|мо́чь*⟩ | dem ist leicht abzuhelfen э́тому легко́ помо́чь; **~het-zen** *tr* Pferd загоня́ть ⟨-|гна́ть*⟩, зае́з-|дить *v* 3 -жу; sich ≈ *refl* у|става́ть* ⟨-|ста́ть*⟩
Abhilfe *f:* ~ schaffen помога́ть ⟨-|мо́чь*⟩, ока́зывать ⟨-|каза́ть*⟩ по́мощь
abhobeln *tr* состр|а́гивать ⟨-ога́ть⟩; glät-ten обстр|а́гивать ⟨-ога́ть⟩
abhold: j-m ~ sein быть к кому́-н. небла-госкло́нным
ab|holen *tr* заходи́ть 3⁺ -хожу́ ⟨-|йти́*⟩ за *I;* im Fahrzeug заезжа́ть ⟨-|е́хать*⟩ за *I* | j-n ≈ lassen посыла́ть ⟨-|сла́ть*⟩ за кем-н.; j-n vom Bahnhof ≈ встреча́ть ⟨встре́-|тить 3 -чу⟩ кого́-н. на вокза́ле; **~holzen** *tr* выруба́ть ⟨вы́руб|ить 3 -лю⟩; **~hor-chen** *tr Med* прослу́ш|ивать ⟨-ать⟩ | das Herz ≈ выслу́шивать ⟨вы́слушать⟩ се́р-дце; **~hören** *Med tr* выслу́шивать ⟨вы́слушать⟩; Tonband прослу́ш|ивать ⟨-ать⟩; examinieren спра́шивать ⟨спро-|си́ть 3⁺ -шу́⟩ (j-n у *G*); belauschen под-слу́ш|ивать ⟨-ать⟩; **~irren** *intr* vom Wege сбива́ться ⟨-|би́ться*¦ собью́сь⟩ (с пути́)
Abitur *n* экза́мен 2 на аттеста́т зре́лости, выпускно́й экза́мен; **~ient** *m* выпуск-ни́к 2e сре́дней шко́лы
ab|jagen *tr* wegnehmen перехва́тывать ⟨-|хвати́ть 3⁺ -хвачу́⟩ (j-m у *G*); sich ≈ *refl* набе́гаться *v* 1; **~kanzeln** *tr umg* от-чи́тывать ⟨-чита́ть⟩, брани́ть 3 (вы́-); **~kaufen** *tr* покупа́ть ⟨куп|и́ть 3⁺ -лю́⟩ (j-m у *G*)
Abkehr *f* Verzicht отка́з 2, отхо́д 2 (von от *G*)
[1]**abkehren, sich** *refl* отвор|а́чиваться ⟨-о-ти́ться 3⁺ -очу́сь⟩, отвёртываться ⟨-вер-ну́ться 4⟩; vom Glauben отхо|ди́ть 3⁺ -жу́ ⟨ото|йти́*⟩
[2]**abkehren** *tr* fegen смета́ть ⟨-|мести́*⟩
Abklatsch *m* подо́бие 5, подража́ние 5
ab|klingeln *tr* Straßenbahn дава́ть* ⟨дать*⟩ звонко́м сигна́л к отправле́нию; **~klingen** *intr* verhallen отзвуча́ть *v* 3, затиха́ть ⟨-ти́хнуть 4a⟩ | die Erregung klang ab *übertr* волне́ние улегло́сь; **~klopfen** *tr* отбива́ть ⟨-би́ть*⟩; *Med* высту́кивать ⟨вы́стукать⟩; **~knabbern** *tr* отгрыза́ть ⟨-|гры́зть*⟩; **~kneifen** *tr* отку́-сывать ⟨-куси́ть 3 -кушу́⟩; **~knöpfen** *tr* отст|ёгивать ⟨-егну́ть 4; -ёгнутый⟩; *umg* durch List отнима́ть ⟨отня́ть*⟩ | j-m etw. ≈ брать* ⟨взять*⟩ что-н. у кого́-н.; **~ko-chen** *tr* отва́ривать ⟨-вари́ть 3⁺⟩; Milch u. ä. кипя|ти́ть 3 -чу́ (вс-); **~komman-dieren** *tr* от-, прикомандир|о́вывать ⟨-ова́ть 2⟩ | zu etw. abkommandiert sein быть прикомандиро́ванным к чему́-н.
abkommen *intr* vom Wege сбива́ться ⟨-|би́ться*¦ собью́сь⟩ с *G;* vom Thema отклон|я́ться ⟨-и́ться 3⁺⟩ (от *G*); von einer Meinung отка́зываться ⟨-|ка-за́ться*⟩

Abkommen *n* соглашéние 5 | ein ~ treffen заключ|áть ⟨-и́ть 3⟩ соглашéние
abkömmlich: er ist ~ он мóжет отлучи́ться; er ist derzeit nicht ~ емý сейчáс не отлучи́ться
Abkömmling *m* потóм|ок₁ -ка 2
ab|kratzen *tr* соск|áбливать ⟨-обли́ть 3 -обли́шь₁ -óбленный⟩, сцарáп|ывать ⟨-ать⟩; *intr* sterben протянýть *v* 4⁺ нóги; **~kühlen** *tr* охла|ждáть ⟨-ди́ть 3⁺ -жý₁ -ждённый⟩, осту|жáть ⟨-ди́ть 3⁺ -жý⟩; *intr* остывáть ⟨-|сты́ть*⟩; *übertr* охладéть *v;* sich ≈ *refl* охла|ждáться ⟨-ди́ться⟩, остывáть ⟨-сты́ть⟩ *a. übertr*
Abkühlung *f* Beziehungen охлаждéние 5; Wetter похолодáние 5
abkürzen *tr* сокра|щáть ⟨-ти́ть 3 -щý⟩
Abkürzung *f* сокращéние 5
ab|küssen *tr* расцел|óвывать ⟨-овáть 2⟩; sich ≈ *refl* расцел|óвываться ⟨-овáться⟩; **~laden** *tr* Fahrzeug разгр|ужáть ⟨-узи́ть 3 -ужý₁ -ýзишь⟩; Ladung вы́грузить *v*
Abladeplatz *m* für Müll свáлка 6
Ablage *f* Akten отлóженные бумáги *Pl* 6
ablagern *tr Geol* отклáдывать ⟨-ложи́ть 3⁺⟩; sich ~ *refl Geol* отлагáться ⟨-ложи́ться⟩
Ab|lagerung *f Geol* отложéние 5, наслоéние 5; **~laß** *m Rel* отпущéние 5 грехóв
ablassen *tr* Wasser спу|скáть ⟨-сти́ть 3⁺ -щý⟩; Dampf выпускáть ⟨вы́пустить⟩; verkaufen отпу|скáть ⟨-сти́ть⟩; *intr* von etw. ост|авля́ть ⟨-áвить 3 -áвлю⟩; verzichten откáзываться ⟨-|казáться*⟩ | vom Preis ~ дéлать ⟨с-⟩ ски́дку, уступ|áть ⟨-и́ть 3⁺ -лю́⟩ в ценé
Ablaßhahn *m* спускнóй [выпускнóй] кран
Ablativ *m* аблати́в 2
Ablauf *m* Abfluß сток 2; Verlauf ход 2, течéние 5; Frist истечéние 5, окончáние 5 | nach ~ eines Jahres спустя́ год
ab|laufen *tr* Schuhe истáптывать ⟨-|топтáть*⟩, стáптывать ⟨-топтáть⟩; Gegend избéгать *v; intr* abfließen с-, утекáть ⟨-|тéчь*⟩; Frist истекáть ⟨-тéчь⟩ | das Wasser ≈ lassen спу|скáть ⟨-сти́ть 3⁺ -щý⟩ вóду; die Uhr ist abgelaufen часы́ останови́лись; seine Uhr ist abgelaufen *übertr* егó час прóбил; sich die Beine ≈ сби́ться* *v* с ног, избéгаться *v;* **~lauschen** *tr* подслý́ш|ивать ⟨-ать⟩
Ablaut *m* чередовáние 5 глáсных
Ableben *n* смерть 9g, кончи́на 6
ab|lecken *tr* обли́зывать ⟨-лизáть₁ -лижý₁ -ли́жешь⟩; **~legen** *tr* отклáдывать ⟨-ложи́ть 3⁺⟩; Kleidung раздевáться ⟨-|дéться*⟩, снимáть ⟨снять*⟩; Karten сбр|áсывать ⟨-óсить 3 -óшу⟩; Prüfung сдавáть ⟨-|дать*⟩; Zeugnis свидéтельствовать 2 (за-) (von о *P*); Gewohnheit ост|авля́ть ⟨-áвить 3 -áвлю⟩ | legen Sie bitte ab! раздевáйтесь, пожáлуйста!
Ableger *m Bot* отвóд|ок₁ -ка 2
ablehnen *tr* отклон|я́ть ⟨-и́ть 3⁺₁ -ённый⟩; verzichten откáзываться ⟨-|казáться*⟩; Kandidatur отводи́ть 3⁺ -вожý ⟨-|вести́*⟩; Meinung отвергáть ⟨-вéргнуть 4a *u.* 4⟩
Ablehnung *f* отклонéние 5, откáз 2; *Jur* отвóд 2
ab|leisten *tr* Militärdienst u. a. отбывáть ⟨отбы́ть*⟩; **~leiten** *tr* Wasser отводи́ть 3⁺ -вожý ⟨-|вести́*⟩; *Ling* производи́ть ⟨-вести́⟩ | ein abgeleitetes Wort произвóдное слóво; eine Gleichung ≈ *Math* выводи́ть ⟨вы́вести⟩ уравнéние
Ableitung *f* отвóд 2; *Ling* словопроизвóдство 4; abgeleitetes Wort произвóдное слóво 4b
ablenken *tr* отклон|я́ть ⟨-и́ть 3⁺₁ -ённый⟩; Aufmerksamkeit отвлекáть ⟨-|влéчь*⟩; zerstreuen развлекáть ⟨-|влéчь⟩
Ablenkung *f* отклонéние 5; отвлечéние 5; развлечéние 5
ab|lesen *tr* читáть (про-) (von по *D*); Ungeziefer собирáть ⟨-|брáть*⟩ | das Barometer ≈ снимáть ⟨снять*⟩ показáния барóметра; j-m einen Wunsch von den Augen ≈ угáдывать ⟨угадáть⟩ чьи-н. желáния по глазáм; **~leugnen** *tr* отрицáть, отпирáться ⟨отперéться*₁ отпёрся⟩; **~lichten** *tr* дéлать (с-) фотокóпию с *G.;* **~liefern** *tr* abgeben с|давáть* ⟨-|дать*⟩
Ablieferung *f* сдáча 6
Ablieferungs|pflicht *f* обязáтельство 4 по госпостáвкам; **~soll** *n* нóрма 6 (гос)постáвок
ablösen *tr* Befestigtes отвя́зывать ⟨-|вязáть*⟩, отдел|я́ть ⟨-и́ть 3⁺⟩; Wache смен|я́ть ⟨-и́ть 3⁺₁ -ённый⟩; sich ~ *refl* abgehen от|ставáть* ⟨-|стáть*⟩; gegenseitig смен|я́ться ⟨-и́ться⟩
Ablösung *f* смéна 6; im Amt смещéние 5
abmachen *tr* удал|я́ть ⟨-и́ть 3⟩; abnehmen снимáть ⟨снять*⟩; vereinbaren догов|áриваться ⟨-ори́ться 3⟩ | abgemacht! решенó!, договори́лись!
Abmachung *f* соглашéние 5 | eine ~ treffen заключ|áть ⟨-и́ть 3⟩ соглашéние
abmagern *intr* исхудáть *v,* худéть (по-); im Gesicht осýнуться *v* 4 | ein abgemagerter Mensch исхудáлый [отощáлый] человéк
Abmagerung *f* похудáние 5
Abmagerungskur *f* лечéние от тýчности
ab|mähen *tr* скáшивать ⟨ско|си́ть 3⁺ -шý⟩; **~malen** *tr* срис|óвывать ⟨-овáть 2⟩
Abmarsch *m* выступлéние 5
ab|marschieren *intr* выступáть ⟨вы́ступ|ить 3 -лю⟩; **~melden** *tr* сообщ|áть ⟨-и́ть 3⟩ об ухóде [отъéзде]; polizeilich выпи́сывать ⟨вы́|писать*⟩; sich ≈ *refl* выпи́сываться ⟨вы́писаться⟩; bei j-m со-

общ|а́ть ⟨-и́ть⟩ о своём ухо́де [отъе́зде]; von einer Organisation откреп|ля́ться ⟨-и́ться 3 -лю́сь⟩, снима́ться ⟨сня́ться*⟩ с учёта
Abmeldung *f* polizeilich вы́писка 6; bei j-m сообще́ние 5 об ухо́де [отъе́зде]; bei einer Organisation сня́тие 5 с учёта
ab|messen *tr* изме́р|ивать ⟨-ить 3⟩, отмеря́ть ⟨-ме́рить⟩; **~mühen, sich** *refl* неутоми́мо тру|ди́ться 3⁺ -жу́сь, би́ться* (mit над *I*); **~mustern** *tr Mar* спи́сывать ⟨-|писа́ть*⟩ с корабля́; *intr* спи́сываться ⟨-писа́ться⟩ с корабля́; **~nagen** *tr* обгрыза́ть ⟨-|гры́зть*⟩, обгла́дывать ⟨-|глода́ть*⟩
Abnäher *m* вы́тач|ка 6 *G Pl* -ек
Abnahme *f* сня́тие 5; Parade приня́тие 5; Kauf поку́пка 6; Einweihung, behördliche Prüfung приёмка 6; Verminderung уменьше́ние 5, у́быль 9 | ~ der Kräfte упа́д|ок₁ -ка 2 сил; **~kommission** *f* приёмочная коми́ссия
abnehmbar съёмный
abnehmen *tr* снима́ть ⟨снять*⟩; wegnehmen отбира́ть ⟨ото|бра́ть*₁ отберу́₁ ото́бранный⟩; *Med* отнима́ть ⟨отня́ть*⟩, ампути́ровать *uv, v* 2; kaufen покупа́ть ⟨куп|и́ть 3⁺ -лю⟩; Eid; Parade; Prüfung принима́ть ⟨приня́ть*⟩; *intr* sich verringern уменьша́ться ⟨уме́ньши́ться 3⟩, убыва́ть ⟨убы́ть*⟩; mager werden худе́ть (по-), теря́ть (по-) в ве́се; Mond убыва́ть ⟨убы́ть⟩, быть* на уще́рбе | j-m ein Versprechen ~ брать* ⟨взять*⟩ с кого́-н. обеща́ние; die Tage nehmen ab дни стано́вятся коро́че, дни убавля́ются; ~der Mond луна́ на уще́рбе
Abnehmer *m* Käufer покупа́тель 1
Abneigung *f* антипа́тия 8, нерасположе́ние 5 (gegen к *D*)
abnorm ненорма́л|ьный₁ -ен₁ -ьна
Abnormität *f* ненорма́льность 9
ab|nötigen *tr* вынужда́ть ⟨вы́ну|дить 3 -жу₁ -жденный⟩; **~nutzen, ~nützen** *tr* изна́шивать ⟨-носи́ть 3⁺ -ношу́₁ -но́шенный⟩; sich ≈ *refl* изна́шиваться ⟨-носи́ться⟩
Abnutzung *f* изна́шивание 5; Reifen изно́с 2
Abnutzungsgebühr *f* пла́та за изно́с
Abonn|ement *n Theat* абонеме́нт 2 в *A;* Zeitung подпи́ска 6 на *A;* **~ent** *m* Zeitung подпи́счик 2
abonnieren *tr* подпи́сываться ⟨-|писа́ться*⟩ на *A*
abordnen напр|авля́ть ⟨-а́вить 3 -а́влю⟩, посыла́ть ⟨-|сла́ть*⟩
Abordnung *f* делега́ция 8
[1]**Abort** *m* убо́рная *Subst* 10, туале́т 2
[2]**Abort** *m Med* або́рт 2
ab|passen *tr* Gelegenheit, Augenblick выжида́ть ⟨вы́|ждать*⟩, улуч|а́ть ⟨-и́ть 3⟩; **~pflücken** *tr* срыва́ть ⟨со|рва́ть*⟩; **~plagen, sich** *refl* му́читься 3 (за-, из-) (mit с *I*), би́ться (mit над *I*); **~platten** *tr* де́лать (с-) пло́ским, сплю́щ|ивать ⟨-ить 3⟩
Abplättmuster *n* образе́ц для отгла́живания
Abplattung *f:* ~ der Erde сплю́снутость 9 Земли́
ab|prallen *intr* отск|а́кивать ⟨-очи́ть 3⁺⟩, отлета́ть ⟨отле|те́ть 3 -чу́⟩; **~protzen** *tr:* ein Geschütz ≈ снима́ть ⟨снять*⟩ ору́дие с передка́; **~putzen** *tr* очища́ть ⟨очи́|стить 3 -щу⟩, чи́стить (вы́-, по-); *Bauw* штукату́рить 3 (о-, от-); **~quälen, sich** *refl* му́читься 3 (за-, из-); **~quetschen** *tr* отда́вливать ⟨-дави́ть 3⁺ -давлю́⟩; **~rackern, sich** *refl umg* му́читься 3 (за-, из-), во|зи́ться 3⁺ -жу́сь; **~rasieren** *tr* сбрива́ть ⟨-|брить*⟩; **~raten** *intr* отсове́товать *v* 2 (von *A*)
Abraum *m Bergb* вскры́ша 6, пуста́я поро́да 6; **~bagger** *m Bergb* вскрышно́й экскава́тор
abräumen *tr* убира́ть ⟨-|бра́ть*⟩ (den Tisch со стола́)
Abraum|förderbrücke *f Bergb* тра́нспортно-отва́льный мост; **~halde** *f* вскрышно́й отва́л 2
ab|reagieren, sich *refl* успок|а́иваться ⟨-о́иться 3⟩ (сорва́в зло на ком-н.); **~rechnen** *tr* abziehen, abzählen вычита́ть ⟨вы́честь*⟩, отчисля́ть ⟨-чи́слить 3⟩; Ausgaben отчи́тываться ⟨-чита́ться⟩ в *P; intr* производи́ть 3⁺ -вожу́ ⟨-|вести́*⟩ расчёт; *übertr* распл|а́чиваться ⟨-ати́ться 3⁺ -ачу́сь⟩ | mit ihm werde ich einmal ≈ с ним я ещё сведу́ счёты
Abrechnung *f* расчёт 2; Vergeltung распла́та 6 | nach ~ von etw. за вы́четом чего́-н.
abrechnungspflichtig подотчёт|ный₁ -ен
Abrechnungszeitraum *m* отчётный пери́од 2
Abrede *f* Übereinkunft соглаше́ние 5, угово́р 2 | in ~ stellen осп|а́ривать ⟨-о́рить 3⟩, отрица́ть
abreiben *tr* стира́ть ⟨-|тере́ть*₁ сотру́₁ стёрев и. стёрши⟩; Haut обтира́ть ⟨-тере́ть, оботру́⟩, растира́ть ⟨-тере́ть₁ разотру́⟩
Ab|reibung *f* обтира́ние 5; Prügel взбу́чка; **~reise** *f* отъе́зд 2 (nach в *A*, zu к *D*)
ab|reisen *intr* уезжа́ть ⟨-|е́хать*⟩, отпр|авля́ться ⟨-а́виться 3 -а́влюсь⟩ (в путь) (nach в *A*, zu к *D*); **~reißen** *tr* отрыва́ть ⟨ото|рва́ть*₁ ото́рванный⟩, срыва́ть ⟨сорва́ть⟩; Gebäude сноси́ть 3⁺ -ношу́ ⟨-|нести́*⟩, лома́ть (с-); *intr* отрыва́ться ⟨оторва́ться⟩; Verbindung прерыва́ться ⟨-рва́ться⟩ | das reißt nicht ab э́тому конца́ не ви́дно

Abreißkalender *m* отрывно́й календа́рь
ab|reiten *tr* Strecke объезжа́ть ⟨-|е́хать*⟩ верхо́м; *intr* уезжа́ть ⟨-е́хать⟩ верхо́м; **~rennen** *tr* избе́гать *v* | sich die Beine ≈ избе́гаться *v*; **~richten** *tr* дрессирова́ть 2 (вы́-); **~riegeln** *tr* запира́ть ⟨запере́ть*⟩ на засо́в; Straße оцеп|ля́ть ⟨-и́ть 3⁺ -лю́⟩ | einen Fluß ≈ перекрыва́ть ⟨-|кры́ть*⟩ ре́ку; **~ringen** *tr* Zusage добива́ться ⟨-|би́ться*⟩ (j-m etw. у кого́-н. чего́-н.)
Abriß *m* черт|ёж 2е *G Pl* -еже́й, план 2; z. B. der Geschichte о́черк 2
ab|rollen *tr* разма́тывать ⟨-мота́ть⟩; *intr* проходи́ть 3⁺ ⟨-|йти́*⟩; **~rücken** *tr* отодв|ига́ть ⟨-и́нуть 4⟩; *intr* отодв|ига́ться ⟨-и́нуться⟩; *Mil* выступа́ть ⟨вы́ступ|ить 3 -лю⟩
Abruf *m:* auf ~ по вы́зову
ab|rufen *tr* вызыва́ть ⟨вы́|звать*⟩ a. Daten; **~runden** *tr* Ecke закругл|я́ть ⟨-и́ть 3⟩; *Math* округл|я́ть ⟨-и́ть⟩; **~rupfen** *tr* ощи́пывать ⟨-|щипа́ть*⟩
abrupt отры́воч|ный, -ен, несвя́з|ный, -ен; plötzlich внеза́п|ный, -ен
abrüsten *intr* разоруж|а́ться ⟨-и́ться 3⟩
Abrüstung *f* разоруже́ние 5
Abrüstungs|konferenz *f* конфере́нция по разоруже́нию; **~verhandlungen** *Pl* перегово́ры о разоруже́нии
ab|rutschen *intr* сполза́ть ⟨-|ползти́*⟩ *a. übertr,* соск|а́льзывать ⟨-ользну́ть 4⟩ *a. übertr;* sich senken ополза́ть ⟨-ползти́⟩; **~sacken** *intr* оседа́ть ⟨-|се́сть*⟩; sinken идти́* ⟨по|йти́ *⟩ ко дну; *Flugw* па́дать, теря́ть высоту́
Absage *f* отка́з 2
ab|sagen *tr* отмен|я́ть ⟨-и́ть 3⁺⟩; *intr* отка́зываться ⟨-|каза́ться*⟩ (j-m кому́-н.) | er sagt (seinen Besuch) ab он сообща́ет, что не придёт [прие́дет]; **~sägen** *tr* отпи́ливать ⟨-пили́ть 3⁺⟩; **~satteln** *tr* рассёдлывать ⟨-седла́ть; -сёдланный⟩
Absatz *m* Schuh каблу́к 2е; im Text абза́ц 2; Treppe площа́дка 6; Stufe усту́п 2; in der Rede остано́вка 6, па́уза 6; von Ware сбыт 2 | mit hohem ~ на высо́ком каблуке́; die Ware fand reißenden ~ това́р раскупа́лся нарасхва́т, това́р име́л хоро́ший сбыт; **~markt** *m* ры́нок сбы́та; **~plan** *m* план сбы́та
ab|saugen *tr* отса́сывать ⟨-|соса́ть*⟩; mit dem Staubsauger чи́|стить 3 -щу (вы́-) пылесо́сом; **~schaben** *tr* соск|а́бливать ⟨-обли́ть 3 -облю́, -обли́шь; -обленный⟩, соскреба́ть ⟨-|скрести́*⟩; **~schaffen** *tr* nicht mehr halten пере|istава́ть* ⟨-|ста́ть*⟩ держа́ть, не держа́ть бо́льше; Gesetz отмен|я́ть ⟨-и́ть 3⁺⟩; Amt упраздн|я́ть ⟨-и́ть 3⟩; Mißbräuche устран|я́ть ⟨-и́ть 3⟩
Abschaffung *f* отме́на 6; упраздне́ние 5; устране́ние 5
ab|schälen *tr* Rinde сдира́ть ⟨со|дра́ть*, сдеру́; со́дранный⟩ (кору́); Früchte очища́ть ⟨очи́|стить 3 -щу⟩; **~schalten** *tr* выключа́ть ⟨вы́ключить 3⟩; Stromnetz отключ|а́ть ⟨-и́ть⟩; **~schätzen** *tr* оце́нивать ⟨-цени́ть 3⁺; -ценённый⟩, таксирова́ть *uv, v* 2; **~schätzig** пренебрежи́тел|ьный, -ен, -ьна
Abschaum *m* на́кипь 9; *übertr verächtl* отре́бье 5, подо́нки *Pl* 2 | der ≈ der Gesellschaft подо́нки о́бщества
abscheiden *tr* выделя́ть ⟨вы́делить 3⟩, отдел|я́ть ⟨-и́ть 3⁺⟩; sich ~ *refl Chem* осажда́ться
Abscheu *m, f* отвраще́ние 5 | ~ haben vor чу́вствовать 2 (по-) отвраще́ние к *D*
abscheulich гну́с|ный, -ен, -на́!, ме́рз|кий, -ок, -ка́!; widerlich га́д|кий, -ок, -ка́!, отврати́тел|ьный, -ен, -ьна; schrecklich ужа́с|ный, -ен
Abscheulichkeit *f* гну́сность 9, ме́рзость 9; отврати́тельность 9
abschicken *tr* отсыла́ть ⟨ото|сла́ть*; ото́сланный⟩, отпр|авля́ть ⟨-а́вить 3 -а́влю⟩
Abschied *m* проща́ние 5; Entlassung отста́вка 6, увольне́ние 5 | von j-m ~ nehmen про|ща́ться ⟨-сти́ться 3 -щу́сь⟩ с кем-н.; seinen ~ einreichen по|дава́ть* ⟨пода́ть*⟩ в отста́вку; seinen ~ nehmen увольня́ться ⟨уво́литься 3⟩ со слу́жбы, выхо|ди́ть 3⁺ -жу́ ⟨вы́|йти*⟩ в отста́вку
Abschieds|feier *f* проща́льный ве́чер 2b *Pl* -а́; **~gesuch** *n* проше́ние об отста́вке; **~vorstellung** *f* проща́льное представле́ние; **~worte** *n Pl* проща́льные слова́
ab|schießen *tr* сбива́ть ⟨-|би́ть*, собью́⟩ вы́стрелом; Rakete запу|ска́ть ⟨-сти́ть 3⁺ -щу́⟩; Flugzeug сбива́ть ⟨-би́ть⟩; **~schinden, sich** *refl* надрыва́ться ⟨надо-|рва́ться*⟩; **~schirmen** *tr Rad* экрани́ровать 2; *übertr* защи|ща́ть ⟨-ти́ть 3 -щу́⟩ (gegen от *G*); **~schlachten** *tr* забива́ть ⟨-|би́ть*⟩, ре́зать* (за-)
Abschlag *m* vom Preis усту́пка 6, ски́дка 6; *Sport* уда́р 2 от воро́т; Golf пе́рвый уда́р; Hockey нача́ло 4 | auf ~ в расср́очку
abschlagen *tr* отсека́ть ⟨-|се́чь*⟩; Wald выруба́ть ⟨вы́руб|ить 3 -лю⟩; Angriff отбива́ть ⟨-|би́ть*, отобью́⟩, отра|жа́ть ⟨-зи́ть 3 -жу́⟩; Bitte отка́зывать ⟨-|каза́ть*⟩ (j-m etw. кому́-н. в чём-н.); **~schlägig:** eine ≈e Antwort отка́з 2
Abschlagszahlung *f* зада́т|ок, -ка 2; vom Lohn ава́нс 2
abschleifen *tr* обта́чивать ⟨-точи́ть 3⁺ -точу́⟩; sich ~ *refl übertr* сгл|а́живаться ⟨-а́дится 3⟩
Abschleppdienst *m* букси́рная автослу́жба 6
abschleppen *tr* отта́скивать ⟨-тащи́ть 3⁺⟩; Fahrzeug букси́ровать 2; sich ~ *refl*

утом|ля́ться ⟨-и́ться 3 -лю́сь⟩ от таска́ния
Abschlepp|seil *n* букси́рный кана́т; **~wagen** *m* букси́рный автомоби́ль
abschließen *tr* Tür запира́ть ⟨запере́ть*⟩ на ключ; Vertrag заключ|а́ть ⟨-и́ть 3⟩; beenden конча́ть ⟨ко́нчить 3⟩, зака́нчивать ⟨-ко́нчить⟩; **~d 1.** *Adj* заключи́тельный **2.** *Adv* в заключе́ние
Abschluß *m* оконча́ние 5; Übereinkunft заключе́ние 5; Vollendung заверше́ние 5; **~feier** *f* торже́ственное закры́тие 5; **~protokoll** *n* заключи́тельный акт 2; **~prüfung** *f* выпускно́й экза́мен; **~zeugnis** *n* свиде́тельство об оконча́нии шко́лы
ab|schmecken *tr* про́бовать 2 (по-) (на вкус); **~schmieren** *tr* сма́зывать ⟨-|ма́зать*⟩; **~schminken** *tr* снима́ть ⟨снять*⟩ грим; **~schnallen** *tr* отст|ёгивать ⟨-егну́ть 4¡ -ёгнутый⟩ пря́жку | die Schlittschuhe ≈ снима́ть ⟨снять*⟩ коньки́; **~schneiden** *tr* отреза́ть ⟨-|ре́зать*⟩; Weg среза́ть ⟨-ре́зать⟩; Wort обрыва́ть ⟨обо|рва́ть*¡ обо́рванный⟩; *intr* gut ≈ име́ть уда́чу; schlecht ≈ терпе́ть (по-) неуда́чу | den Rückzug ≈ *Mil* отреза́ть ⟨-ре́зать⟩ отступле́ние
Abschnitt *m* Text~ разде́л 2, глава́ 6с; Strecke отре́з|ок¦ -ка 2; Zeit отре́зок, пери́од 2; Eintrittskarte (контро́льный) тало́н 2; *Mil* уча́ст|ок¦ -ка 2; *Math* сегме́нт 2
Abschnittsbevollmächtigter *m* участко́вый уполномо́ченный *Subst* 10
abschnittsweise *Adv* по разде́лам
ab|schnüren *tr Med* перевя́зывать ⟨-|вяза́ть*⟩; **~schöpfen** *tr* снима́ть ⟨снять*⟩; **~schrägen** *tr* ска́шивать ⟨ско|си́ть 3 -шу́⟩; **~schrauben** *tr* отви́нчивать ⟨-винти́ть 3 -винчу́¡ -ви́нченный⟩
abschrecken *tr* отпу́гивать ⟨-пугну́ть 4; -пу́гнутый⟩, запу́гивать ⟨-пуга́ть⟩; abkühlen бы́стро охла|жда́ть ⟨-ди́ть 3 -жу́¡ -ждённый⟩ | sich nicht ~ lassen не дава́ть* ⟨дать*⟩ себя́ запуга́ть; **~d** ужа́с|ный¦ -ен | ein ~es Beispiel устраша́ющий 11 приме́р
Abschreckung *f* устраше́ние 5
Abschreckungsmittel *n* сре́дство устраше́ния
abschreiben *tr* с-, перепи́сывать ⟨-|писа́ть*⟩; voneinander спи́сывать ⟨-писа́ть⟩ (von j-m у *G;* von der Tafel с доски́); *Fin* спи́сывать ⟨-писа́ть⟩ со счёта; *intr:* j-m ~ пи́сьменно отка́зывать ⟨-|каза́ть*⟩ кому́-н.; die Feder hat sich abgeschrieben перо́ исписа́лось; er hat abgeschrieben он написа́л¦ что не придёт
Abschreib|er *m* перепи́счик 2; *Lit* плагиа́тор 2; **~ung** *f Fin* амортиза́ция 8
abschreiten *tr* die Front обхо|ди́ть 3⁺ -жу́ ⟨обо|йти́*⟩; Strecke измеря́ть ⟨-ме́рить 3⟩ шага́ми
Abschrift *f* ко́пия 8 | eine ~ von etw. anfertigen снима́ть ⟨снять*⟩ ко́пию с чего́-н.
abschürfen *tr* Haut сса́живать ⟨сса|ди́ть 3⁺ -жу́⟩
Ab|schürfung *f* сса́дина 6; **~schuß** *m* вы́стрел 2; Raketen за́пуск 2; Flugzeug уничтоже́ние 5; Wild отстре́л 2
abschüssig пока́т:ый, обры́вист:ый
Abschußrampe *f* für Raketen *Mil* пускова́я устано́вка 6
ab|schütteln *tr* с-, отря́хивать ⟨-тряхну́ть 4⟩, трясти́*; *übertr* освобо|жда́ться ⟨-ди́ться 3 -жу́сь⟩ от *G* | j-n von sich ≈ отде́лываться ⟨-де́латься⟩ от кого́-н.; **~schwächen** *tr* ослабля́ть ⟨-а́бить 3 -а́блю⟩, смягч|а́ть ⟨-и́ть 3⟩; sich ≈ *refl* Interesse ослаб|ева́ть ⟨-е́ть⟩, слабе́ть (о-)
Abschwächung *f* ослабле́ние 5
abschweifen *intr* vom Thema отклон|я́ться ⟨-и́ться 3⁺⟩ от *G*
Abschweifung *f* vom Thema отклоне́ние 5, отступле́ние 5
ab|schwenken *intr* свора́чивать ⟨сверну́ть 4⟩ в сто́рону; **~schwören** *intr* отрека́ться ⟨-|ре́чься*⟩ от чего́-н.; **~segeln** *intr* отплыва́ть ⟨-|плы́ть*⟩ на паруса́х, уходи́ть 3⁺ -хожу́ ⟨-|йти́*⟩ в мо́ре; **~sehbar** обозри́м:ый | in ≈er Zeit в недалёком бу́дущем; **~sehen** *tr* Folgen предви́|деть 3 -жу; nachmachen перенима́ть ⟨переня́ть*⟩; *intr* отка́зываться ⟨-|каза́ться*⟩ (von от *G*) | das Ende ist nicht abzusehen тру́дно предви́деть коне́ц; es abgesehen haben auf etw. посяг|а́ть ⟨-ну́ть 4⟩ на что́-н., ме́|тить 3 -чу на что́-н.; abgesehen davon поми́мо того́, несмотря́ на то; **~seifen** *tr* намы́л|ивать ⟨-ить 3⟩; **~seilen** *tr* спу|ска́ть ⟨-сти́ть 3⁺ -щу́⟩ на верёвке; **~seits** *Adv* в стороне́ | ≈ stehen стоя́ть в стороне́
Abseits *n Sport* положе́ние 5 вне игры́
absenden *tr* отсыла́ть ⟨ото|сла́ть*¡ ото́сланный⟩, отпр|авля́ть ⟨-а́вить 3 -а́влю⟩
Absender *m* отправи́тель 1; auf Brief а́дрес 2б *Pl* -а́ отправи́теля
Absenker *m Bot* отво́д|ок¦ -ка 2
absetzbar сменя́ем:ый; Ware име́ющий 11 сбыт, хо́д|кий¦ -ок¦ -ка́!; von Steuer не облага́емый нало́гом
absetzen *tr* auf dem Boden ста́в|ить 3 -лю на зе́млю; Hut; von der Tagesordnung снима́ть ⟨снять*⟩ с *G a. Theat;* vom Amt отстран|я́ть ⟨-и́ть 3⟩, сме|ща́ть ⟨-сти́ть 3 -щу́⟩; Passagier выса́живать ⟨вы́са|дить 3 -жу⟩; Ware сбыва́ть ⟨-|бы́ть*⟩; *intr* unterbrechen прекра|ща́ть ⟨-ти́ть 3 -щу́⟩, прерыва́ть ⟨-|рва́ть*⟩; sich ~ *refl Chem* осажда́ться, оседа́ть ⟨-|се́сть*⟩; *Mil* хо|ди́ть 3⁺ -жу́ ⟨ото|йти́*⟩

Ab|setzung *f* отстранéние 5 от дóлжности, смещéние 5; **~sicht** *f* намéрение 5 | böse ≈ злой ýмысел; mit ≈ умы́шленно, намéренно; das war nicht meine ≈ я не имéл э́того в видý

absichtlich 1. *Adj* (пред)намéрен:ный, -на, умы́шленный 2. *Adv* нарóчно [шн], намéренно

absitzen *tr* Strafe отси́живать ⟨-сидéть 3 -сижý⟩; *intr* vom Pferd слезáть ⟨-|лезть*⟩ (с лóшади) | er hat die Strafe abgesessen он óтбыл срок наказáния

absolut абсолю́т|ный, -ен

Absolut|ion *f Rel* отпущéние 5 грехóв; **~ismus** *m* абсолюти́зм 2

absolutistisch абсолюти́стский, самодержáв|ный, -ен

Absolvent *m* выпускни́к 2е, окáнчивающий *Subst* 11 курс (учéбного заведéния)

absolvieren *tr* окáнчивать ⟨окóнчить 3⟩ | eine Hochschule ~ кончáть ⟨кóнчить⟩ вуз

absonderlich стрáн|ный, -ен, -нá!

Absonderlichkeit *f* стрáнность 9

absondern *tr* отдел|я́ть ⟨-и́ть 3⁺⟩, обос|облять ⟨-óбить 3 -óблю⟩; Schweiß выделя́ть ⟨вы́делить 3⟩; sich ~ *refl* уедин|я́ться ⟨-и́ться 3⟩; Schweiß выделя́ться ⟨вы́делиться⟩

Absonderung *f* отделéние 5, обособлéние 5; выделéние 5, секрéция 8

Absorber *m* абсóрбер 2, поглоти́тель 1

absorbieren *tr Chem* абсорби́ровать *uv, v* 2, погло|щáть ⟨-ти́ть 3 -щý, -щённый⟩ *a. übertr*

Absorption *f* абсóрбция 8, поглощéние 5

ab|spalten *tr* отщеп|ля́ть ⟨-и́ть 3 -лю́⟩; sich ≈ *refl* откáлываться ⟨-|колóться*⟩; **~spannen** *tr* Pferd распрягáть ⟨-|пря́чь*⟩; *Tech* Feder осл|абля́ть ⟨-áбить 3 -áблю⟩ | ich bin abgespannt я утомлён; **~sparen** *tr:* sich etw. vom Munde ≈ экономи́|ить 3 -лю (с-) что-н. на питáнии; **~speisen** *tr:* j-n mit leeren Worten ≈ *übertr* отдéл|ываться ⟨-аться⟩ от когó-н. пусты́ми словáми; **~spenstig:** ≈ machen перемáнивать ⟨-мани́ть 3⁺⟩; отбивáть ⟨-|би́ть*, отобью́⟩ | j-m sein Mädchen ≈ machen отби́ть *v* у когó-н. дéвушку; **~sperren** *tr* отгор|áживать ⟨-оди́ть 3⁺ -ожý⟩; Wasser, Gas отключ|áть ⟨-и́ть 3⟩; verschließen запирáть ⟨заперéть*⟩

Absperr|hahn *m* запóрный кран; **~kette** *f* оцеплéние 5; **~ung** *f* ограждéние 5; Straße отгорáживание 5; Verkehr блоки́рование 5

ab|spielen *tr* Schallplatte проúгрывать ⟨-игрáть⟩; *Sport* пере|давáть* ⟨передáть*⟩; sich ≈ *refl* происходи́ть 3⁺ ⟨произо|йти́*⟩, разы́грываться ⟨-ыгрáться⟩; **~sprechen** *tr* отрицáть, осп|áривать ⟨-óрить 3⟩; sich verabreden сгов|áриваться ⟨-ори́ться 3⟩; **~springen** *intr* соск|áкивать ⟨-очи́ть 3⁺⟩, пры́г|ивать ⟨-нуть 4⟩ (von с *G*); Wandputz от|ставáть* ⟨-|стáть*⟩ | mit dem Fallschirm ≈ пры́гать ⟨пры́гнуть 4⟩ с парашю́том

Absprung *m* vom Flugzeug прыж|óк, -кá 2; *Sport* толч|óк, -кá 2; **~tisch** *m Sport* стол трампли́на

ab|spülen *tr* спол|áскивать ⟨-оснýть 4⟩; **~stammen** *intr* происхо|ди́ть 3⁺ -жý ⟨произо|йти́*⟩ (von от *G*), быть* рóдом (von из *G*)

Abstammung *f* происхождéние 5 (von от *G*)

Abstammungslehre *f Biol* учéние о происхождéнии ви́дов

Abstand *m* расстоя́ние 5, дистáнция 8; *Sport Zeit~* просвéт 2 | ~ nehmen von etw. откáзываться ⟨-|казáться*⟩ от чегó-н.

Abstandssumme *f* отступнóе *Subst 10*

ab|statten *tr:* Dank ≈ приноси́ть 3⁺ -ношý ⟨-|нести́*⟩ благодáрность; einen Besuch ≈ наноси́ть ⟨-нести́⟩ визи́т; **~stauben** *tr* сметáть ⟨-|мести́*⟩ пыль, смáхивать ⟨-махнýть 4⟩; durch Klopfen выколáчивать ⟨вы́коло|тить 3 -чу⟩ пыль; **~stechen** *tr Tech* Roheisen выпускáть ⟨вы́пу|стить 3 -щу⟩; Tier закáлывать ⟨-|колóть*⟩; Rasen отрéзывать ⟨-|рéзать*⟩

Abstecher *m:* einen ~ zu j-m machen заглянýть *v* 4⁺ к комý-н. ненадóлго

ab|stecken *tr* Kleid накáлывать ⟨-|колóть*⟩; Grundstück отмечáть ⟨-мéтить 3 -мéчу⟩ кóлышками; Grenze маркировáть *uv, v* 2, трасси́ровать *uv, v* 2; **~stehen** *intr* отстоя́ть 3; Flüssigkeit отст|áиваться ⟨-оя́ться⟩ | ≈de Ohren оттопы́ренные ýши; **~steigen** *intr* схо|ди́ть 3⁺ -жý ⟨со|йти́*⟩, спу|скáться ⟨-сти́ться 3⁺ -щýсь⟩; im Hotel остан|áвливаться ⟨-ови́ться 3⁺ -овлю́сь⟩ | vom Fahrrad ≈ слезáть ⟨-|лезть*⟩ с велосипéда; **~steigend** нисходя́щий 11

Absteigequartier *n* врéменная квартúра; zur Übernachtung ночлéжка 6

abstellen *tr* Maschine остан|áвливать ⟨-ови́ть 3⁺ -овлю́⟩; Hahn, Motor выключáть ⟨вы́ключить 3⟩; beiseite stellen стáв|ить 3 -лю (по-) на хранéние | Mängel ~ ликвиди́ровать *uv, v* 2 [устран|я́ть ⟨-и́ть 3⟩] недостáтки

Abstell|gleis *n* запаснóй путь; **~hahn** *m* запóрный кран; **~raum** *m* чулáн 2

ab|stempeln *tr* Brief штемпелевáть [тэ] 2 (за-); Formular стáв|ить 3 -лю (по-) печáть на *P*; Fleisch клейм|и́ть 3 -лю́ (за-); **~steppen** *tr* прост|ёгивать ⟨-егáть⟩; **~sterben** *intr* Pflanzen отмирáть ⟨-|мерéть*, отомрёт⟩; Gliedmaßen немéть (о-), мертвéть (о-)

Ab|stich *m Tech* вы́пуск 2; **~stieg** *m* bergab спуск 2; *übertr* сниже́ние 5, упа́д|ок| -ка 2
abstimmen *tr* in Einklang bringen согла́с|овывать ⟨-ова́ть 2⟩, регули́ровать 2 (у-); *Rad* настр|а́ивать ⟨-о́ить 3⟩; *intr* wählen голосова́ть 2 (про-) | ~ lassen über etw. ста́в|ить 3 -лю (по-) что-н. на голосова́ние
Abstimmung *f* голосова́ние 5; *Rad* настро́йка 6 | zur ~ bringen поста́в|ить *v* 3 -лю на голосова́ние; in geheimer ~ та́йным голосова́нием, при та́йном голосова́нии
abstinent возде́ржан:ный
Abstinenz *f* возде́ржанность 9; **~ler** *m* тре́звенник 2
Abstoß *m* толч|о́к| -ка́ 2; Fußball уда́р 2
abstoßen *tr* отта́лкивать ⟨-толкну́ть 4⟩ *a. übertr;* Ware выбра́сывать ⟨вы́бро|сить 3 -шу⟩ по ни́зким це́нам; Schulden разде́л|ываться ⟨-аться⟩ (с долга́ми); *intr* vom Land отча́л|ивать ⟨-ить 3⟩; sich ~ *refl* отта́лкиваться ⟨-толкну́ться⟩; **~d** отврати́тел|ьный| -ен|-ьна, отта́лкивающий 11
abstrahieren *tr* абстраги́ровать *uv, v* 2
abstrakt абстра́кт|ный| -ен, отвлечён:ный| -на
Abstrakt|ion *f* абстра́кция 8; Tätigkeit абстраги́рование 5; **~um** *n Gramm* отвлечённое существи́тельное *Subst* 10
abstreichen *tr* abwischen стира́ть ⟨-|тере́ть*| сотру́⟩ | sich die Füße ~ вытира́ть ⟨вы́тереть⟩ но́ги
Abstreicher *m* решётка 6
ab|streifen *tr* Handschuhe снима́ть ⟨снять*⟩; Haut сбра́сывать ⟨сбро́|сить 3 -шу⟩; **~streiten** *tr* осп|а́ривать ⟨-о́рить 3⟩, отрица́ть
Abstrich *m* Kürzung сокраще́ние 5 | einen ~ nehmen *Med* взять мазо́к
abstufen *tr* раздел|я́ть ⟨-и́ть 3^+⟩ по степеня́м, дифференци́ровать *uv, v* 2; Farben оттен|я́ть ⟨-и́ть 3⟩
Abstufung *f* града́ция 8; Grad сте́пень 9g; Nuance отте́нок| -ка 2
abstumpfen *tr* притуп|ля́ть ⟨-и́ть 3^+ -лю́⟩; *intr übertr* притуп|ля́ться ⟨-и́ться⟩
Absturz *m* паде́ние 5; eines Flugzeugs катастро́фа 6
ab|stürzen *intr* срыва́ться ⟨со|рва́ться*⟩; Flugzeug разбива́ться ⟨-|би́ться*⟩; **~stützen** *tr Tech* подпира́ть ⟨-|пере́ть*| -опру́⟩; **~suchen** *tr* обы́скивать ⟨-|ыска́ть*⟩; Gegend осм|а́тривать ⟨-отре́ть 3^+⟩
Absud *m* отва́р 2
absurd абсу́рд|ный| -ен, неле́п:ый
Absurdität *f* абсу́рдность 9, неле́пость 9
Abszeß *m* нары́в 2, абсце́сс 2
Abszisse *f Math* абсци́сса 6
Abt *m* абба́т 2
ab|takeln *tr Mar* рассн|а́щивать ⟨-асти́ть 3 -ащу́⟩; **~tasten** *tr* ощу́п|ывать ⟨-ать⟩; **~tauen** *tr* Kühlschrank размор|а́живать ⟨-о́зить 3 -о́жу⟩; *intr* отта́ивать ⟨-та́ять| -та́ет⟩
Abtei *f* абба́тство 4
Abteil *n Zug* купе́ [пэ] *n indekl*
abteilen *tr* trennen отдел|я́ть ⟨-и́ть 3^+⟩; Wort раздел|я́ть ⟨-и́ть⟩; separieren отгор|а́живать ⟨-оди́ть 3^+ -ожу́⟩
Abteilung *f* отделе́ние 5, отде́л 2; im Buch часть 9g; Fabrik цех 2; *Mil* отря́д 2
Abteilungsleiter *m* нача́льник отделе́ния [отде́ла]
abtippen *tr* перепи́сывать ⟨-|писа́ть*⟩ на маши́нке, перепеча́т|ывать ⟨-ать⟩ на маши́нке
Äbtissin *f* аббати́са 6
ab|töten *tr* убива́ть ⟨-|би́ть*⟩; *Med* Nerv умерщвля́ть ⟨умер|тви́ть 3 -щвлю́⟩; *übertr* Gefühl притуп|ля́ть ⟨-и́ть 3^+ -лю́⟩; **~tragen** *tr* Haus разбира́ть ⟨разо|бра́ть*| разберу́| разо́бранный⟩, сноси́ть 3^+ -ношу́ ⟨-|нести́*⟩; Hügel срыва́ть ⟨-рыть*⟩; Kleidung из-, сна́шивать ⟨-носи́ть⟩; **~träglich** вре́д|ный| -ен| -на́| -но| вре́дны́, невы́год|ный| -ен
Abtransport *m* отгру́зка 6, отпра́вка 6
ab|transportieren *tr* выво|зи́ть 3^+ -жу́ ⟨вы́|везти́*⟩; **~treiben** *tr Med* де́лать (с-) або́рт; Strömung относи́ть 3^+ ⟨-|нести́*⟩; *intr Mar* дрейфова́ть 2
Abtreibung *f Med* або́рт 2
ab|trennen *tr* отдел|я́ть ⟨-и́ть 3^+| -ённый⟩; Ärmel отпа́рывать ⟨-|поро́ть*⟩; **~treten** *tr* Schuhe ста́птывать ⟨-|топта́ть*⟩; übergeben уступ|а́ть ⟨-и́ть 3^+ -лю́⟩, пере|дава́ть* ⟨переда́ть*⟩; *intr:* vom Amt ≈ оставля́ть ⟨оста́в|ить 3 -лю⟩ слу́жбу, уходи́ть 3^+ -хожу́ ⟨-|йти́*⟩ со слу́жбы; von der Bühne ≈ сходи́ть ⟨сойти́⟩ со сце́ны; sich die Füße ≈ вытира́ть ⟨вы́|тереть*⟩ но́ги
Abtret|er *m* ко́врик 2; Rost решётка 6 **~ung** *f* усту́пка 6, переда́ча 6
Abtritt *m* von der Bühne ухо́д 2 (со сце́ны)
ab|trocknen *tr* вытира́ть ⟨вы́|тереть*⟩, обтира́ть ⟨-тере́ть⟩; *intr* высыха́ть ⟨вы́сохнуть 4а⟩; sich ≈ *refl* вытира́ться ⟨вы́тереться⟩ (an *I*); **~trotzen** *tr* добива́ться ⟨-|би́ться*⟩ упря́мством (j-m у *G*); **~trünnig** вероло́м|ный| -ен
Abtrünniger *m* ренега́т 2, изме́нник 2
ab|tun *tr* поко́нчить *v* 3 с *I* | als Scherz ≈ превра|ща́ть ⟨-ти́ть 3^+ -щу́⟩ в шу́тку; j-n kurz ≈ бы́стро разде́латься *v* с кем-н.; **~urteilen** *tr Jur* произноси́ть 3^+ -ношу́ ⟨-|нести́*⟩ пригово́р над *I;* **~verlangen** *tr*

вы́требовать *v* 2 (j-m у *G*); **~wägen** *tr* взве́|шивать ⟨-сить 3 -шу⟩; **~wälzen** *tr übertr* Schuld сва́ливать ⟨свали́ть 3⁺⟩ | die Verantwortung von sich ≈ снима́ть ⟨снять*⟩ с себя́ отве́тственность; **~wandern** *intr* пересел|я́ться ⟨-и́ться 3⟩; **~warten** *tr* ждать*; Gelegenheit выжида́ть ⟨вы́ждать⟩; Ende пережида́ть ⟨-жда́ть⟩; sich gedulden повремени́ть *v* 3; **~wartend** выжида́тельный; **~wärts** *Adv* вниз | den Fluß ≈ вниз по реке́; **~wärtsgehen** *intr:* mit ihm geht es abwärts дела́ его́ пло́хи; *übertr* он опуска́ется; mit seiner Gesundheit geht es abwärts здоро́вье его́ ухудша́ется; **~waschen** *tr* от-, смыва́ть ⟨-|мы́ть*⟩; Geschirr мыть (вы́-) посу́ду

Ab|waschwasser *n* помо́|и *Pl* 1 -ев; **~wasser** *n* сто́чные во́ды; **~wasserreinigung** *f* очи́стка сто́чных вод

abwechseln *intr u.* sich ≈ *refl* смен|я́ться ⟨-и́ться 3⁺⟩; in Reihenfolge чередова́ться 2 (mit с *I*); **~d 1.** *Adj* переме́нный **2.** *Adv* nacheinander попереме́нно, по о́череди; im Wechsel вперемё́жку

Abwechslung *f* разнообра́зие 5; чередова́ние 5; Unterhaltung развлече́ние 5 | zur ~ для разнообра́зия; ~ schaffen разнообра́|зить 3 -жу

abwechslungsreich разнообра́з|ный, -ен | ~ gestalten разнообра́|зить 3 -жу

Abweg *m* ло́жный [непра́вильный] пут|ь 9е *I* -ём | auf ~e geraten сбива́ться ⟨-|би́ться*⟩ с пути́

abwegig ло́ж|ный, -ен, оши́боч|ный, -ен

Abwehr *f* отраже́ние 5; Verteidigung оборо́на 6; Spionage контрразве́дка 6

abwehren *tr* Angriff отра|жа́ть ⟨-зи́ть 3 -жу́⟩; Schlag отбива́ть ⟨-|би́ть*, отобью́⟩; Gefahr предотвра|ща́ть ⟨-ти́ть 3 -щу́⟩

[1]**abweichen** *tr* отма́чивать ⟨-мочи́ть 3⁺⟩; *intr* отмока́ть ⟨-мо́кнуть 4а⟩

[2]**abweichen** *intr* от-, укл|оня́ться ⟨-они́ться 3⁺⟩; von Regel отступ|а́ть ⟨-и́ть 3⁺ -лю́⟩ (von от *G*); Meinung расхо|ди́ться 3⁺ -жу́сь ⟨разо|йти́сь*⟩

Abweichung *f* уклоне́ние 5; отступле́ние 5 (von от *G*); Magnetnadel отклоне́ние 5; *Pol* укло́н 2; ~en *Pl* расхожде́ния (in в *P*)

ab|weiden *tr* Wiese стра́вливать ⟨страв|и́ть 3⁺ -лю́⟩; **~weisen** *tr* Besucher не принима́ть ⟨приня́ть*⟩; Heiratsantrag откл|оня́ть ⟨-они́ть 3⁺; -онённый⟩; *Jur* отка́зывать ⟨-|каза́ть*⟩ | er wurde abgewiesen он получи́л отка́з, его́ не при́няли

Abweisung *f* отка́з 2; eines Gesuchs отклоне́ние 5

ab|wenden *tr* zur Seite wenden отвора́чивать ⟨-верну́ть 4⟩ (von от *G*); verhüten предотвра|ща́ть ⟨-ти́ть 3 -щу́⟩, отвра|ща́ть ⟨-ти́ть⟩; sich ≈ *refl* отвора́чиваться ⟨отверну́ться⟩ | den Blick ≈ отводи́ть 3⁺ -вожу́ ⟨-|вести́*⟩ глаза́; ohne die Augen von etw. abzuwenden не сводя́ глаз с чего́-н.; **~werben** *tr* перема́нивать ⟨-мани́ть 3⁺⟩

Abwerbung *f* перема́нивание 5

ab|werfen *tr* сбра́сывать ⟨сбро́|сить 3 -шу⟩ | Gewinn ≈ приноси́ть 3⁺ ⟨-|нести́*⟩ при́быль; das Geweih ≈ сбра́сывать ⟨сбро́сить⟩ рога́, меня́ть рога́; **~werten** *tr Fin* девальви́ровать [дэ] *uv, v* 2, проводи́ть 3⁺ -вожу́ ⟨-|вести́*⟩ девальва́цию

Abwertung *f* девальва́ция [дэ] 8

abwesend отсу́тствующий 11; *übertr* zerstreut рассе́ян:ный, -на | ~ sein отсу́тствовать 2

Abwesenheit *f* отсу́тствие 5; *übertr* рассе́янность 9 | in ~ в отсу́тствие

abwickeln *tr* разма́тывать ⟨-мота́ть⟩; *übertr* ein Geschäft выполня́ть ⟨вы́полнить 3⟩

Abwicklung *f* der Geschäfte выполне́ние 5

abwiegen *tr* вз-, отве́шивать ⟨-ве́сить 3 -ве́шу⟩; auseinanderwiegen разве́шивать ⟨-ве́сить⟩

Abwind *m* нисходя́щий 11 ве́тер

ab|winken *tr* отклон|я́ть ⟨-и́ть 3⁺⟩ движе́нием руки́; **~wirtschaften** *intr* разор|я́ться ⟨-и́ться 3⟩, прогор|а́ть ⟨-е́ть 3⟩; **~wischen** *tr* вытира́ть ⟨вы́|тереть*⟩, стира́ть ⟨-тере́ть, сотру́⟩ | die Tafel ≈ стира́ть с доски́; sich die Tränen ≈ утере́ть *v* слёзы

Abwurf *m* сбра́сывание 5; *Sport* выбива́ние 5 [брос|о́к, -ка́ 2] от воро́т

ab|würgen *tr* души́ть 3⁺ (за-) *a. übertr;* Motor заглуш|а́ть ⟨-и́ть 3⟩; **~zahlen** *tr* выпла́чивать ⟨вы́пла|тить 3 -чу⟩ в рассро́чку; **~zählen** *tr* пересчи́т|ывать ⟨-ита́ть⟩; *intr* vor Spiel рассч|и́тываться ⟨-ита́ться⟩

Abzahlung *f* платёж 2е *G Pl* -еже́й [упла́та 6] в рассро́чку | auf ~ в рассро́чку

ab|zapfen *tr:* Wein ≈ разлива́ть ⟨-|ли́ть*, -олью́⟩ вино́; **~zäumen** *tr* разн|узд́ывать ⟨-узда́ть; -у́зданный⟩; **~zäunen** *tr* отгор|а́живать ⟨-оди́ть 3⁺ -ожу́⟩, обноси́ть 3⁺ -ношу́ ⟨-|нести́*⟩ забо́ром

Abzäunung *f* и́згородь 9, огра́да 6

abzehren *intr* ча́хнуть 4а *u.* 4 (за-)

Abzeichen *n* знач|о́к, -ка́ 2; *Mil* нагру́дный знак 2

abzeichnen *tr* срис|о́вывать ⟨-ова́ть 2⟩; *Tech* счéрчивать ⟨счер|ти́ть 3⁺ -чу́⟩; sich ~ *refl* выделя́ться ⟨вы́делиться 3⟩

Abziehbild *n* переводна́я карти́нка 6

abziehen *tr* Ring снима́ть ⟨снять*⟩; Fell сдира́ть ⟨со|дра́ть*, сдеру́⟩; Rinde обдира́ть ⟨обо|дра́ть*, обдеру́; обо́дранный⟩;

Math вычитáть ⟨вы́|честь*⟩; Steuern отчисля́ть ⟨-чи́слить 3⟩; Truppen отводи́ть 3⁺ -вожу́ ⟨-|вести́*⟩; *Typ* дéлать (с-) óттиск; *Foto* копи́ровать 2 (с-); Wein разливáть ⟨-|ли́ть*, разолью́⟩ по буты́лкам; *intr* Rauch рассéиваться ⟨-сéяться⟩; sich entfernen удал|я́ться ⟨-и́ться 3⟩, уходи́ть 3⁺ -хожу́ ⟨-|йти́*⟩; sich zurückziehen отступ|áть ⟨-и́ть 3⁺ -лю́⟩ | ein Rasiermesser ~ прáв|ить 3 -лю бри́тву; den Schlüssel ~ вынимáть ⟨вы́нуть 4⟩ ключ из замкá; die Betten ~ снимáть ⟨снять*⟩ бельё с постéлей

Abziehstein *m* осел|óк, -кá 2

ab|zielen *intr* мé|тить 3 -чу (auf на *A*); **~zirkeln** *tr übertr* тóчно отмéр|ивать ⟨-ить⟩

Abzug *m* Truppen отхóд 2, ухóд 2; für Rauch отду́шина 6; von Rauch рассéивание 5; *Fin* вы́чет 2; Rabatt ски́дка 6; Gewehr спуск 2; *Typ* óттиск 2; *Foto* кóпия 8

abzüglich *Adv* за вы́четом *G*

Abzugsrohr *n* вытяжнáя трубá

Abzweigdose *f El* ответви́тельная корóбка

abzweigen *tr* Betrag выделя́ть ⟨вы́делить 3⟩; *intr* от-, разветв|ля́ться ⟨-и́ться⟩

Abzweigung *f* Weg ответвлéние 5; *Eisenb* вéтка 6

abzwingen *tr* вынуждáть ⟨вы́ну|дить 3 -жу; -жденный⟩ (j-m у *G*)

ach! *Interj* ах!, эх! | ~ so! вот как!; ~ was! вóвсе нет!

Ach *n:* mit ~ und Krach с бóльши́м трудóм, éле-éле, с грехóм пополáм

Achat *m* агáт 2

Achillesferse *f übertr* ахиллéсова 13 пятá

Achse *f* ось 9g | sich um seine ~ drehen вращáться вокру́г своéй óси; auf (der) ~ sein *übertr* нахо|ди́ться 3⁺ -жу́сь в пути́

Achsel *f* плечó 4 *Pl* плéчи, плеч, плечáм | mit den ~n zucken пожимáть ⟨-|жать¹*⟩ плечáми; **~höhle** *f* подмы́шечная впади́на 6, подмы́шка 6; **~zucken** *n:* etw. mit einem ≈ abtun пожимáть ⟨-|жать¹*⟩ плечáми в отвéт на что-н.

Achsen|bruch *m* полóмка óси; **~kreuz** *n Math* систéма 6 координáтных осéй

Achslager *n Tech* осевóй подши́пник

acht *Num* вóс|емь, -ьми́ 9e *I a.* -емью́ | nach ~ Tagen чéрез недéлю; vor ~ Tagen недéлю томý назáд

¹**Acht** *f* Zahl числó 4c вóсемь, восьмёрка 6; Straßenbahn восьмёрка, восьмóй нóмер 2b

²**Acht** *f:* sich in acht nehmen остерегáться ⟨-|стерéчься*⟩, берéчься*; nimm dich in acht! берегись!; außer acht lassen упу|скáть ⟨-сти́ть 3⁺ -щу́⟩ из ви́ду, недогля|дéть *v* 3 -жу́

³**Acht** *f hist* Bann опáла 6 | in ~ und Bann tun объявля́ть ⟨-и́ть 3⁺ -лю́⟩ вне закóна

achtbar почтéн|ный, -ен, -на

Achtbarkeit *f* почтéнность 9

Achteck *n* восьмиугóльник 2

achteckig восьмиугóльный

Achtel *n* восьмáя *Subst* 10, восьмáя часть 9g; **~note** *f* восьмáя нóта; **~pause** *f Mus* пáуза в однý восьмýю

achten *tr* уважáть, почитáть; *intr* обра|щáть ⟨-ти́ть 3 -щу́⟩ внимáние (auf на *A*)

ächten *tr* verbieten запре|щáть ⟨-ти́ть 3 -щу́⟩

achtens *Adv* в-восьмы́х

achter *Num* восьмóй | der achte Januar восьмóе января́; am achten März восьмóго мáрта; heute ist der achte Juni сегóгня восьмóе ию́ня

Achter *m* Boot восьмёрка 6; **~bahn** *f* ру́сские гóры *Pl* 6a; **~deck** *n* пáлуба ю́та

achtern *Adv Mar* на кормé

achtfach **1.** *Adj* восьмикрáтный **2.** *Adv* в вóсемь раз

achtgeben *intr* обра|щáть ⟨-ти́ть 3 -щу́⟩ внимáние (auf на *A*); beaufsichtigen, aufpassen присм|áтривать ⟨-отрéть 3⁺ -отрю́⟩ (auf за *I*), сле|ди́ть 3 -жу́ (auf за *I*) | gib acht! берегись!, осторóжно!

acht|hundert *Num* восемьсóт, восьми|сóт, -стáм, восемьсóт, восьми|стáми, -стáх; **~jährig** восьмилéтний 11

achtlos **1.** *Adj* невнимáтел|ьный, -ен, -ьна; unvorsichtig неосторóж|ный, -ен **2.** *Adv* не обращáя внимáния

Achtlosigkeit *f* невнимáтельность 9; неосторóжность 9

achtmal *Adv* вóсемь раз | ~ soviel в вóсемь раз бóльше

achtsam внимáтел|ьный, -ен, -ьна

Achtsamkeit *f* внимáтельность 9

Achtstundentag *m* восьмичасовóй рабóчий 11 день

achttägig восьмиднéвный

achttausend *Num* вóсемь ты́сяч

Achtung *f* Aufmerksamkeit внимáние 5; Ehrerbietung почтéние 5, уважéние 5; Hochachtung честь 9 | vor j-m ~ haben относи́ться 3⁺ -ношу́сь ⟨-|нести́сь*⟩ к комý-н. с уважéнием; ~ einflößen внуш|áть ⟨-и́ть 3⟩ уважéние; alle ~! моё почтéние!, здóрово!; ~! внимáние!, *Mil* слу́шай!

Ächtung *f* объявлéние 5 вне закóна | ~ der Atomwaffen запрещéние 5 áтомного орýжия

achtunggebietend внушáющий 11 уважéние

achtzehn *Num* восемнáдцать 9; **~ter** *Num* восемнáдцатый

achtzig *Num* вóсемьдесят, восьми́десяти 9, *I* восемью́десятью *oder* восьмью́десятью; **~jährig** восьмидесятилéтний 11; **~ster** *Num* восьмидеся́тый

Achtzigstel *n* восьмидеся́тая часть 9g
ächzen *intr* стона́ть*, *umg* крях|те́ть 3 -чу́
Acker *m* по́ле 3b, па́ш|ня 7 *G Pl* -ен; Flächenmaß акр 2; ~**bau** *m* земледе́лие 5 | ≈ treiben занима́ться земледе́лием; ~**boden** *m* па́ш|ня 7 *G Pl* -ен, па́хотная земля́; ~**furche** *f* борозда́ 6 *Pl* бо́розды, бо́розд, борозда́м; ~**krume** *f* па́хотный сло|й 1b *G Pl* -ёв по́чвы; ~**land** *n* па́ш|ня 7 *G Pl* -ен
ackern *tr u. intr* паха́ть* (вс-); *übertr* усе́рдно рабо́тать (an над *I*), корп|е́ть 3 -лю́ (an над *I*)
Ackerwinde *f Bot* вьюн|о́к, -ка́ 2
a conto *Adv* в счёт
Adamsapfel *m Anat* кады́к 2e, ада́мово я́блоко
adäquat соотве́тствующий 11, адеква́т|ный [дэ], -ен
addieren *tr* скла́дывать ⟨сложи́ть 3⁺⟩
Addis Abeba Адди́с-Абе́ба 6
Addition *f* сложе́ние 5
ade! *Interj* проща́й!
Adel *m* дворя́нство 4; *übertr* благоро́дство 4
adeln *tr* возводи́ть 3⁺ -вожу́ ⟨-|вести́*⟩ в дворя́нство; *übertr* облагор|а́живать ⟨-о́дить 3 -о́жу⟩
Adelsstand *m* дворя́нское сосло́вие
Ader *f Anat* кровено́сный сосу́д 2, ве́на 6; арте́рия 8; Erz жи́ла 6; im Holz, Gestein прожи́лка 6; *übertr* poetische жи́лка 6 | j-n zur ~ lassen пуска́ть ⟨пу|сти́ть 3⁺ -щу́⟩ кому́-н. кровь; ~**laß** *m* кровопуска́ние 5 *a. übertr*
Adhäsion *f* сцепле́ние 5, адге́зия 8
Adjektiv *n* и́мя прилага́тельное, прилага́тельное *Subst* 10
adjektivisch в значе́нии прилага́тельного
Adjutant *m* адъюта́нт 2
Adler *m* ор|ёл, -ла́ 2; ~**blick** *m* орли́ный взгляд; ~**horst** *m* орли́ное гнездо́; ~**nase** *f* орли́ный нос
adlig дворя́нский
Adliger *m* двор|яни́н 2 *Pl* -я́не, -я́н
Administration *f* администра́ция 8
administrativ **1.** *Adj* администрати́в|ный, -ен, -на **2.** *Adv* в администрати́вном поря́дке
Admiral *m* адмира́л 2; ~**ität** *f* адмиралте́йство 4
adoptieren *tr* als Sohn усынов|ля́ть ⟨-и́ть 3 -лю́⟩, als Tochter a. удочер|я́ть ⟨-и́ть 3⟩
Adoption усыновле́ние 5; удочере́ние 5
Adoptiv|eltern *Pl* приёмные роди́тели; ~**kind** *n* приёмный ребёнок; ~**sohn** *m* приёмный сын; ~**tochter** *f* приёмная дочь
Adressat *m* адреса́т 2, получа́тель 1
Adresse *f* а́дрес 2b *Pl* -а́ | an die falsche ~ geraten *übertr* попада́ть ⟨-|па́сть*⟩ не по а́дресу
adressieren *tr* адресова́ть *uv, v* 2 (an *D*); Anschrift schreiben писа́ть* (на-) а́дрес на *P*
adrett опря́т|ный, -ен, наря́д|ный, -ен
Adria *f*, **Adriatisches Meer** Адриати́ческое мо́ре 3
Advent *m* предрожде́ственское вре́мя; Sonntag предрожде́ственское воскресе́нье 5
Adventskalender *m* предрожде́ственский де́тский календа́рь
Adverb *n* наре́чие 5
adverbial *Gramm* **1.** *Adj* наре́чный **2.** *Adv* (употребля́емый) как наре́чие
Adverbial|bestimmung *f* обстоя́тельство 4; ~**partizip** *n* дееприча́стие 5
Advokat *m* адвока́т 2
Aerodynamik *f* аэродина́мика 6
aerodynamisch аэродинами́ческий
Affäre *f* афе́ра 6 | sich aus der ~ ziehen выпу́тываться ⟨вы́путаться⟩ из беды́, выходи́ть 3⁺ -хожу́ ⟨вы́|йти*⟩ из затрудни́тельного положе́ния
Affe *m* обезья́на 6
Affekt *m* аффе́кт 2; ~**handlung** *f* де́йствие, соверше́нное в состоя́нии аффе́кта
affektiert аффекти́рованный; Mensch жема́нный, -ен, -на, чо́пор|ный, -ен; Stil вы́чур|ный, -ен; Manieren принуждённый
Affektiertheit *f* жема́нство 4, чо́порность 9; принуждённость 9
affenartig: mit ~er Geschwindigkeit с порази́тельным прово́рством
Affen|brotbaum *m* баоба́б 2; ~**liebe** *f* безрассу́дная [слепа́я] любо́вь; ~**pinscher** *m* аффенпи́нчер 2; ~**schande** *f umg* стыд и срам 2e–2; ~**theater** *n übertr* бала́ган 2
Affinität *f Chem* сро́дство 4
Afghan|e *m* афга́н|ец, -ца 2; ~**in** *f* афга́нка 6
afghanisch афга́нский
Afghanistan Афганиста́н 2
Afrika А́фрика 6; ~**ner** *m* африка́н|ец, -ца 2; ~**nerin** *f* африка́нка 6
afrikanisch африка́нский
Afrikanistik *f* африкани́стика 6
After *m* за́дний прохо́д 11-2, ана́льное отве́рстие 5
Agave *f* ага́ва 6
Agent *m* аге́нт 2; ~**ur** *f* аге́нту́ра 6; Nachrichtenagentur аге́нтство 4
Agglutination *f* агглютина́ция 8
Aggregat *n* агрега́т 2; ~**zustand** *m* агрега́тное состоя́ние
Aggression *f* агре́ссия 8
aggressiv агресси́в|ный, -ен
Aggressor *m* агре́ссор 2
agieren *intr* де́йствовать 2, поступ|а́ть ⟨-и́ть 3⁺ -лю́⟩; *Theat* игра́ть (на сце́не)

Agitation *f* агитáция 8
Agitationsschrift *f* агитациóнная брошюра 6
Agitator *m* агитáтор 2
agitatorisch агитациóнный
agitieren *intr* агитúровать 2
Agonie *f* агóния 8
Agrarflugwesen *n* сельскохозя́йственная авиáция 8
agrarisch агрáрный
Agrar|krise *f* агрáрный кри́зис; **~land** *n* агрáрная странá; **~politik** *f* агрáрная полúтика; **~reform** *f* земéльная реформа; **~staat** *m* агрáрная странá 6с; **~wissenschaft** *f* агронóмия 8, агрономúческая наýка
Agrément *n Pol* агремáн 2
Agrochemie *f* агрохúмия 8
Agronom *m* агронóм 2; **~ie** *f* агронóмия 8
Agrotechnik *f* агротéхника 6
Ägypten Егúп|ет| -та 2
Ägypter *m* егип|тя́нин 2 *Pl* -я́не| -я́н; **~in** *f* египтя́нка 6
ägyptisch егúпетский
ah! *Interj* а!, ах!
Ahle *f* шúло 4
ahnden *tr* карáть (по-), мстить 3 мщу (ото-)
Ahne *m* прéд|ок| -ка 2
ähneln *intr* быть* похóжим на *A*, похо|дúть 3⁺ -жý на *A*
ahnen *tr* подозревáть, предугáдывать ⟨-гадáть⟩; voraussehen предчýвствовать 2
ähnlich похóж:ий 11 на *A*, подóб|ный| -ен *D;* Ansichten блúз|кий| ок| -кá| -ко| блúзкú; Begriffe схóдный| -ен| -нá!; Geschmack схóж:ий; *Math,* Erscheinungen подóбный | und ~es и томý подóбное; er ist dir ~ он врóде тебя́; das sieht dir ~ э́то на тебя́ похóже
Ähnlichkeit *f* схóдство 4, подóбие 5 | ~ mit j-m haben имéть схóдство с кéм-н.
Ahnung *f* Vermutung предчýвствие 5; Vorstellung представлéние 5, поня́тие 5 | keine ~ von etw. haben не имéть никакóго поня́тия о чём-н.
ahnungslos не имéющий 11 [никакóго] представлéния [поня́тия]
Ahorn *m* клён 2
Ähre *f* кóл|ос 2 *Pl* -óсья| -óсьев
Ährenlese *f* сбор 2 колóсьев
Airbus *m* аэрóбус 2
Akademie *f* акадéмия 8 | ~ der Wissenschaften Акадéмия наýк; ~ der Künste Акадéмия искýсств; **~mitglied** *n* член акадéмии наýк, акадéмик 2
Akademiker *m* человéк 2 с вы́сшим образовáнием
akademisch академúческий | ~e Bildung вы́сшее 11 образовáние; ~er Grad учёная стéпень

Akazie *f* акáция 8
Akklimatisation *f* акклиматизáция 8
akklimatisieren *tr* акклиматизúровать *uv, v* 2; sich ~ *refl* акклиматизúроваться *uv, v,* прив|ыкáть ⟨-ы́кнуть 4а⟩ к нóвым услóвиям жи́зни; bes. von Pflanzen приживáться ⟨-|жúться*| -жилúсь⟩
Akkord *m Mus* аккóрд 2, созвýчие 5 | im ~ arbeiten рабóтать сдéльно; **~arbeit** *f* сдéльная рабóта, сдéльщина 6; **~arbeiter** *m* сдéльщик 2
Akkordeon *n* аккордеóн 2
akkreditieren *tr* аккредитовáть *uv, v* 2
Akkreditiv *n Fin* аккредитúв 2; *Pol* верúтельная грáмота 6
Akkumulat|ion *f* аккумуля́ция 8, накоплéние 5 | ≈ des Kapitals накоплéние капитáла; **~or** *m* аккумуля́тор 2
akkumulieren *tr* накоп|ля́ть ⟨-úть 3⁺ -лю́⟩, аккумулúровать *uv, v* 2
akkurat аккурáт|ный| -ен, тщáтел|ьный| -ен| -ьна
Akkusativ *m* винúтельный падéж 2е
Akontozahlung *f* платёж в счёт *G*
Akrobat *m* акробáт 2; **~ik** *f* акробáтика 6
akrobatisch акробатúческий
Akt *m* Handlung акт 2, дéйствие 5; *Theat* акт; Kunst изображéние 5 обнажённого тéла; Geschlechts~ половóй акт | ein feierlicher ~ торжéственная церемóния 8
Akte *f* дéло 4b, докумéнт 2; ~n *Pl* деловы́е бумáги *Pl* 6 | zu den ~n legen приобщ|áть ⟨-úть 3⟩ к дéлу
Akten|deckel *m* пáпка 6 для деловы́х бумáг, пáпка для дел; **~notiz** *f* отмéтка [замéтка] в дéле; **~schrank** *m* шкаф для (хранéния) докумéнтов; **~stück** *n* докумéнт 2, деловáя бумáга 6; **~tasche** *f* портфéль 1
Aktfoto *n* фотогрáфия 8 обнажённого тéла
Aktie *f* áкция 8 | die ~n steigen курс áкций поднимáется
Aktiengesellschaft *f* акционéрное óбщество
Aktion *f* дéйствие 5; diplomatische áкция 8; *Pol* откры́тое выступлéние 5 | in ~ treten вступ|áть ⟨-úть 3⁺ -лю́⟩ в дéйствие; **~är** *m* акционéр 2
Aktions|ausschuß *m* комитéт дéйствия; **~einheit** *f* еди́нство дéйствий; **~radius** *m* рáдиус дéйствия
aktiv актúв|ный| -ен, дéятел|ьный| -ен| -ьна; wirksam дéйствен:ный| -на | ~es Wahlrecht актúвное избирáтельное прáво; ~er Offizier кáдровый офицéр
Aktiv *n* Arbeitsgruppe актúв 2; *Gramm* действúтельный залóг 2; **~a** *n Pl* актúвы *Pl 2,* налúчность 9 | ≈ und Passiva актúв и пассúв
aktivieren *tr* активизúровать *uv, v* 2

Aktivist *m* активи́ст 2, передови́к 2е производства
Aktivistenbewegung *f* движе́ние передовико́в произво́дства
Aktivität *f* акти́вность 9, де́ятельность 9; Wirksamkeit де́йственность 9
Aktiv|kohle *f* активи́рованный у́голь; **~tagung** *f* собра́ние 5 акти́ва
aktualisieren *tr* де́лать (с-) актуа́льным
Aktualität *f* актуа́льность 9
aktuell актуа́л|ьный, -ен, -ьна
Akupunktur *f* акупункту́ра 6, иглоука́лывание 5
Akustik *f* аку́стика 6
akustisch акусти́ческий
akut *Med* о́стрый, остр, остра́!; Problem ва́ж|ный, -ен, -на́, -но, ва́жны́; Gefahr непосре́дственный; Frage наболе́вший 11
Akzent *m* акце́нт 2, ударе́ние 5; Betonungszeichen знак 2 ударе́ния | ~setzen ста́в|ить 3 -лю (по-) акце́нты
akzentuieren *tr* акценти́ровать *uv, v* 2, подчёркивать ⟨-черкну́ть 4⟩
akzeptabel прие́млем:ый
akzeptieren *tr* принима́ть ⟨приня́ть*⟩
Akzise *f* акци́з 2
Alabaster *m* алеба́стр 2
Alarm *m* трево́га 6 | blinder ~ ло́жная трево́га; ~ schlagen бить (про-) трево́гу; **~anlage** *f* сигна́льное устро́йство; **~bereitschaft** *f* боева́я гото́вность; **~glocke** *f* сигна́льный ко́локол
alarmieren *tr Mil* поднима́ть ⟨подня́ть*⟩ по трево́ге; Polizei вызыва́ть ⟨вы́|звать*⟩; **~d** трево́ж|ный, -ен
Alarmsignal *n* сигна́л трево́ги
Alaska Аля́ска 6
Alaun *m* квасцы́ *Pl* 2; **~stein** *m* квасцо́вый ка́мень
Albaner *m* алба́н|ец, -ца 2; **~in** *f* алба́нка 6
Albanien Алба́ния 8
albanisch алба́нский
Albatros *m* альбатро́с 2
[1]**albern** *intr* дура́читься 3
[2]**albern** einfältig простова́т:ый, глупова́т:ый
Albernheit *f* неле́пость 9, глу́пость 9; unsinniger Streich дура́чество 4
Album *n* альбо́м 2
Alchim|ie *f* алхи́мия 8; **~ist** *m* алхими́ст 2
alchimistisch алхими́ческий
Aldehyd *m* альдеги́д 2
Alexandria Александри́я 8
Alexandriner *m Lit* александри́йский стих 2е
Alge *f* во́доросль 9
Algebra *f* а́лгебра 6
algebraisch алгебраи́ческий
Algeri|en Алжи́р 2; **~er** *m* алжи́р|ец, -ца 2; **~erin** *f* алжи́рка 6
algerisch алжи́рский
Algier Алжи́р 2
Algorithmus *m* алгори́тм 2
Alibi *n* а́либи *n idkl* | sein ~ nachweisen дока́зывать ⟨-|каза́ть*⟩ своё а́либи
Alimente *n Pl* алиме́нты *Pl* 2
Alkali *n* щёлочь 9g
alkalisch щелочно́й
Alkaloid *n* алкало́ид 2
Alkohol *m* алкого́ль 1, спирт 2
alkohol|frei безалкого́льный; **~haltig** содержа́щий 11 алкого́ль
Alkoholiker *m* алкого́лик 2
alkoholisch алкого́льный, спиртно́й | ~e Getränke спиртны́е напи́тки
Alkohol|ismus *m* алкоголи́зм 2; **~mißbrauch** *m* неуме́ренное потребле́ние 5 алкого́ля; **~vergiftung** *f* отравле́ние алкого́лем
Alkoven *m* алько́в 2, ни́ша 6
all весь *m* 14 *G* всего́, *I* всем, *P* о(бо) всём; вся *f* 14 *G* всей, *A* всю; всё *n* 14 *G* всего́, *I* всем, *P* о(бо) всём; *Pl* все, всех, всем, всех (все), все́ми, всех | für uns ~e для всех нас; vor ~em пре́жде всего́; ~es Gute всего́ хоро́шего; ~es in ~em всё вме́сте взя́тое, в о́бщей сло́жности; das Geld ist ~e де́ньги израсхо́дованы [вы́шли]; ~e fünf Tage ка́ждые пять дней
All *n* вселе́нная *Subst* 10
Allah алла́х 2
allbekannt общеизве́ст|ный, -ен
Allee *f* алле́я 7
Allegorie *f* аллего́рия 8
allegorisch аллегори́ческий
allein **1.** *Adj* оди́н *m G* одного́ 15; одна́ *f;* одно́ *n;* одни́ *Pl;* einsam одино́к:ий | er ist ~ он оди́н **2.** *Adv* наедине́; nur еди́нственно, то́лько | er steht ~ он одино́к; für sich ~ сам по себе́; er ~ kann das machen оди́н он мо́жет сде́лать э́то; einer ~ kommt damit nicht zurecht одному́ (челове́ку) с э́тим не спра́виться; er hat die Arbeit ~ bewältigt он сам спра́вился с рабо́той; sie wird von ~e zurückkommen она́ сама́ вернётся **3.** *Konj* но, одна́ко
Allein|gang *m:* im ≈ в одино́чку; **~herrschaft** *f* единовла́стие 5, самодержа́вие 5
alleinig еди́нственный
Alleinsein *n* одино́чество 4
alleinstehend одино́кий
allemal *Adv* всегда́, ка́ждый раз | ein für ~ раз навсегда́
allenfalls *Adv* ра́зве (то́лько); höchstens в кра́йнем слу́чае
allenthalben *Adv* везде́, повсеме́стно
aller|beste са́мый лу́чший 11, наилу́чший 11; **~dings** *Adv* коне́чно, пра́вда; **~erst** са́мый пе́рвый, первонача́л|ьный, -ен, -ьна | zu ≈ пре́жде всего́

Allergie *f* аллерги́я 8
allergisch аллерги́ческий
aller|hand всевозмо́жный, вся́кий | ≈ Zeug вся́кая вся́чина; das ist ≈! вот э́то здо́рово!; **~lei** ра́зный, вся́кого ро́да
Allerlei *n* вся́кая вся́чина 6
aller|letzt **1.** *Adj* са́мый после́дний 11 **2.** *Adv:* zu ≈ под коне́ц; **~seits** *Adv:* in Wendungen wie gute Nacht ≈ !жела́ю всем споко́йной но́чи!
Allerweltskerl *m* ма́стер 2b *Pl* -а́ на все ру́ки
allerwenigst: am ~en ме́нее всего́
alle|samt *Adv* все вме́сте; **~zeit** *Adv* всегда́, всё вре́мя
allgemein **1.** *Adj* (все)о́бщий 11; ausnahmslos поголо́вный | im ~en в о́бщем; das ~e Wahlrecht всео́бщее избира́тельное пра́во **2.** *Adv:* ~ bekannt общеизве́стно
Allgemeinbefinden *n* о́бщее состоя́ние 11-5
allgemeinbildend общеобразова́тельный
Allgemeinbildung *f* о́бщее 11 образова́ние
allgemeingültig общепри́нят:ый
Allgemeingut *n* (все)о́бщее достоя́ние 11-5
Allgemeinheit *f* о́бщество 4; Öffentlichkeit обще́ственность 9
allgemeinverständlich общепоня́т|ный, -ен, популя́р|ный, -ен
Allheilmittel *n* универса́льное сре́дство
Allianz *f* алья́нс 2, сою́з 2
Alligator *m* аллига́тор 2
Alliierter *m* сою́зник 2
Alliteration *f* аллитера́ция 8
alljährlich **1.** *Adj* ежего́дный **2.** *Adv* ка́ждый год
Allmacht *f* всемогу́щество 4
all|mächtig всемогу́щ:ий 11, всеси́л|ьный, -ен, -ьна; **~mählich** **1.** *Adj* постепе́н|ный, -ен, -на **2.** *Adv* мало-пома́лу, и́сподволь; **~monatlich** ежеме́сячный
Allotria *n* ша́лости *Pl* 9
Allradantrieb *m* приво́д на все колёса
all|russisch всеросси́йский; **~seitig** всесторо́нний 11
Allstromgerät *n Rad* (радио)приёмник 2 с универса́льным пита́нием
Alltag *m* бу́дни *Pl* 9, бу́дний 11 день
all|täglich ежедне́вный, повседне́вный; gewöhnlich обыкнове́н|ный, -ен, -на, обы́денный; eintönig бу́дничный | das ist etwas ganz Alltägliches де́ло житейское; **~tags** *Adv* в бу́дни
Alltagskleid *n* бу́дничное пла́тье
allumfassend всеобъе́млющий 11, всеохва́тывающий 11
Allüren *f Pl* мане́ры *Pl* 6, пова́дки *Pl* 6
Alluvium *n* аллю́ви|й 1 *P* -и
allwöchentlich еженеде́льный
allzu *Adv* сли́шком; **~sehr** *Adv* сли́шком, чересчу́р; **~viel** *Adv* сли́шком мно́го | ≈ ist ungesund хоро́шенького понемно́жку
Alm *f* го́рное (альпи́йское) па́стбище 4
Alma-Ata Алма́-Ата́ 6
Almanach *m* альмана́х 2
Almosen *n* пода́чка 6 *umg;* Spende подая́ние 5
Alpaka *n* альпака́ *n idkl*
Alpdruck *m* кошма́р 2
Alpen *Pl* А́льпы *Pl* 6 | in den ~ в А́льпах
Alpen|rose *f* альпи́йская ро́за; **~veilchen** *n* цикламе́н 2
Alphabet *n* алфави́т 2, а́збука 6
alphabetisch **1.** *Adj* алфави́тный **2.** *Adv* в алфави́тном поря́дке, по алфави́ту
Alphabetisierung *f* ликвида́ция 8 негра́мотности; alphabetische Anordnung расположе́ние 5 по алфави́ту
alphanumerisch *EDV* алфави́тно-цифрово́й
alpin альпи́йский | ~er Wettkampf горнолы́жное состяза́ние
Alpin|ismus *m* альпини́зм 2; **~ist** *m* альпини́ст 2; **~istik** *f* альпини́зм 2
Alptraum *m* кошма́р 2
Alraun *m* мандраго́ра 6
als **1.** *Adv* в ка́честве, как, *mit I* | ~ Arzt в ка́честве врача́; er arbeitet ~ Ingenieur он рабо́тает инжене́ром **2.** *Konj* когда́, в то вре́мя как; *nach Komp* чем *oder mit G; nach Verneinung* как, кро́ме | er ist älter ~ ich он ста́рше меня́; kein anderer ~ du не кто ино́й, как ты; ~ob, ~ wenn как бу́дто (бы), то́чно; ~ ob er nicht imstande wäre, selbst zu kommen то́чно он не в состоя́нии сам прие́хать; ~ er eintrat, las ich ein Buch когда́ он вошёл, я чита́л кни́гу; **~bald** *Adv* то́тчас, ско́ро; **~dann** *Adv* зате́м
also *Konj* ита́к, так; folglich сле́довательно, зна́чит | ~ doch! ста́ло быть, всё же!; na ~! вот ви́дишь!
alt ста́р:ый, -а́, ста́ро́; ста́рше *a. übertr;* bejahrt пожило́й; vorig пре́жний 11; altertümlich стари́нный, дре́вний 11; vergangen да́вний 11; baufällig ве́тх:ий, -а́! | ~ werden старе́ть (по-), ста́риться 3 (со-); ~es Zeug старьё 3; wie ~ bist du? ско́лько тебе́ лет?; wie ~ ist er? кото́рый ему́ год?; ich bin 20 Jahre ~ мне два́дцать лет; er ist 20 Jahre ~ geworden ему́ испо́лнилось два́дцать лет; er ist älter als du он ста́рше тебя́; er ist zwei Jahre älter als ich он на два го́да ста́рше меня́; sie ist doppelt so ~ wie ich она́ вдво́е ста́рше меня́; diese Farbe macht dich ~ э́тот цвет тебя́ ста́рит; mein älterer Bruder мой ста́рший брат; ~er Mann стари́к 2e; die Alte Geschichte дре́вняя исто́рия

Alt *m Mus* альт 2e
Altai Алта́й 1 | im ~ на Алта́е
Altar *m* алта́рь 1e
altbacken чёрствый, черства́!
Altbauwohnung *f* кварти́ра в ста́ром до́ме
altbewährt (давно́) испы́танный
Alte *f* стару́ха 6
Alter *m* стари́к 2e
[2]**Alter** *n* во́зраст 2; Greisen~ ста́рость 9 | gleichen ~s sein быть рове́сниками; hohes ~ преклóнный во́зраст; ein hohes ~ erreichen дожи́ть* *v* до седы́х воло́с; man merkt dir dein ~ nicht an тебе́ нельзя́ дать твоего́ во́зраста; im ~ von в во́зрасте *G*
altern *intr* старе́ть (по-), ста́риться 3 (со-)
Alternative *f* альтернати́ва [тэ] 6
alters *Adv:* von ~ her и́здавна, с да́вних пор
Alters|genosse *m* рове́сник 2, све́рстник 2 | wir sind ≈n мы све́рстники, мы одни́х лет; **~grenze** *f* преде́льный во́зраст 2; bei Wahlen возрастно́й ценз 2; **~heim** *n* дом [общежи́тие 5] для пенсионе́ров; **~rente** *f* пе́нсия по ста́рости
altersschwach дря́хл:ый, -á!
Alters|schwäche *f* дря́хлость 9, ста́рческая сла́бость; **~stufe** *f* во́зраст 2, возрастна́я гру́ппа 6; **~unterschied** *m* ра́зница в во́зрасте; **~versorgung** *f* (материа́льное) обеспе́чение (в) ста́рости
Altertum *n* дре́вность 9
altertümlich дре́в|ний 11, -ен, стари́нный
Altertumsforscher *m* иссле́дователь стари́ны
alt|hergebracht староде́вний 11; **~hochdeutsch** древневерхнеме́цкий
Altistin *f* альт 2e
altklug у́мный не по года́м
ältlich пожило́й
Altmaterial *n* ути́ль 1, ути́льсырьё 3
altmodisch старомо́д|ный, -ен
Altpapier *n* макулату́ра 6
Altphilolog|e *m* фило́лог-кла́ссик 2-2; **~ie** *f* класси́ческая филоло́гия
Altruismus *m* альтруи́зм 2
altruistisch альтруисти́ческий
Alt|stadt *f* ста́рая часть 9g го́рода; **~stoffsammlung** *f* сбор ути́ля; **~warenhändler** *m* старьёвщик 2; **~weibersommer** *m* ба́бье 12 ле́то
Aluminium *n* алюми́ни|й 1 *P* -и; **~folie** *f* алюми́ниевая фо́льга
am = **an dem**
Amalgam *n Chem* амальга́ма 6
Amaryllis *f* амари́ллис 2
Amateur *m* люби́тель 1; **~boxer** *m* боксёр-люби́тель 2-1; **~funker** *m* радиолюби́тель 1; **~sport** *m* люби́тельский спорт
Amazonas Амазо́нка 6
Amazone *f* амазо́нка 6
Ambition *f* честолю́бие 5 | ~en haben стреми́|ться 3 -лю́сь к *D*
Amboß *m* накова́л|ьня 7 *G Pl* -ен
ambulant *Med* амбулато́рный | ~er Handel торго́вля вразно́с; ~e Behandlung амбулато́рное лече́ние 5
Ambulanz *f* амбулато́рия 8; einer Klinik амбулато́рное отделе́ние
Ambulatorium *n* амбулато́рия 8
Ameise *f* мурав|е́й, -ья́ 1 *G Pl* -ьёв
Ameisen|bär *m* муравье́д 2; **~haufen** *m* мураве́йник 2; **~säure** *f* муравьи́ная кислота́
Amen *n* ами́нь 1
Amerika Аме́рика 6; **~ner** *m* америка́н|ец, -ца 2; **~nerin** *f* америка́нка 6
amerikanisch америка́нский
Amerikanistik *f* американи́стика 6
Amethyst *m* амети́ст 2
Aminosäure *f* аминокислота́ 6c
Amman Амма́н 2
Amme *f* корми́лица 6
Ammenmärchen *n Pl* ба́бьи 12 ска́зки
Ammoniak *n* аммиа́к 2
Amnestie *f* амни́стия 8
amnestieren *tr* амнисти́ровать *uv, v* 2
Amöbe *f* аме́ба 6
Amok: ~ laufen бу́йствовать 2
amoralisch амора́л|ьный, -ен, -ьна
Amortisation *f* амортиза́ция 8
amortisieren *tr* амортизи́ровать *uv, v* 2
Ampel *f* вися́чая ла́мпа 11-6; Verkehr светофо́р 2; Blumen~ подвесна́я [вися́чая] ва́за 6; **~pflanze** *f* а́мпельное расте́ние
Ampère *n* ампе́р 2 *G Pl* ампе́р; **~meter** *n* амперме́тр 2; **~stunde** *f* ампе́р-час 2b
Amphibie *f* амфи́бия 8, земново́дное *Subst* 10
Amphibienfahrzeug *n* автомоби́ль-амфи́бия 1-8
amphibisch земново́дный
Amphitheater *n* амфитеа́тр 2
Amplitude *f* амплиту́да 6
Ampulle *f* а́мпула 6
Amputation *f* ампута́ция 8
amputieren *tr* ампути́ровать *uv, v* 2
Amsel *f* чёрный дрозд 2e
Amsterdam Амстерда́м 2
Amt *n* до́лжность 9g; Behörde ве́домство 4, учрежде́ние 5; Fernsprech~ телефо́нная ста́нция 8 | von ~s wegen по до́лжности; ein ~ bekleiden занима́ть каку́ю-н. до́лжность; sein ~ niederlegen слага́ть ⟨сложи́ть 3⁺⟩ с себя́ обя́занности; j-n seines ~es entheben снять* кого́-н. с до́лжности
amt|ieren *intr* исполня́ть служе́бные обя́занности; **~lich** официа́л|ьный, -ен, -ьна
Amts|antritt *m* вступле́ние 5 в до́лж-

ность; **~enthebung** *f* смеще́ние 5 (с до́лжности); **~geheimnis** *n* служе́бная та́йна; **~gericht** *n* BRD суд пе́рвой инста́нции; **~handlung** *f* официа́льный акт; **~mißbrauch** *m* злоупотребле́ние служе́бным положе́нием; **~person** *f* должностно́е лицо́; **~schimmel** *m* бума́жная волоки́та 6, бюрократи́зм 2; **~sitz** *m* резиде́нция

Amudarja Аму́-Дарья́ 7

Amulett *n* амуле́т 2

Amur Аму́р 2

amüsant заба́в|ный| -ен, занима́тел|ьный| -ен| -ьна

amüsieren *tr* развлека́ть ⟨-|вле́чь*⟩, весели́ть 3 (раз-); sich ~ *refl* развлека́ться ⟨-вле́чься⟩, весели́ться

an 1. *Adv:* von heute ~ с сего́ числа́; von jetzt ~ отны́не **2.** *Präpos Ort wo?* у *G;* ~ der Wand stehen стоя́ть у стены́; am Fenster у окна́ I auf der Oberfläche на *P;* ~ der Wand hängen висе́ть на стене́; ~ der Wandtafel на доске́; ~ Bord на борту́ I am Rand von Gewässern на *P;* Frankfurt am Main Фра́нкфурт-на-Ма́йне; ~ der See на мо́ре I an etw. sitzen oder stehen за *I;* am Tisch sitzen сиде́ть за столо́м; am Lenkrad за рулём I Bildungseinrichtungen в *P;* ~ der Universität [Fachschule] в университе́те [те́хникуме] I Arbeit: ~ etw. bauen [zeichnen, schreiben] стро́ить [рисова́ть, писа́ть] что-н.; ~ etw. arbeiten рабо́тать над чем-н. I fassen, halten за *A;* ~ der Hand führen вести́ за́ руку; am Ärmel fassen схвати́ть за рука́в; *wohin?* к *D;* ~s Fenster [~ die Tafel] gehen идти́ к окну́ [к доске́] I auf die Oberfläche на *A;* ~ die Wand hängen ве́шать на сте́ну; ~ Bord gehen идти́ на борт I an den Rand von Gewässern на *A;* ~ die Ostsee fahren е́хать* на Балти́йское мо́ре I sich an etw. setzen oder stellen (für eine Tätigkeit) за *A;* sich ~ den Tisch [~s Lenkrad] setzen сесть за стол [за руль] I Bildungseinrichtungen в *A;* ~ die Universität gehen поступи́ть в университе́т I befestigen an к *D;* ~ einen Baum binden при|вяза́ть* к де́реву; einen Knopf ~ die Jacke nähen при|ши́ть* пу́говицу к пиджаку́ I *Zeit* Wochentag в *A;* am Mittwoch в сре́ду; wiederholt по *D Pl;* ~ Feiertagen по пра́здникам; am Morgen у́тром; am Nachmittag по́сле обе́да; am 6. Mai шесто́го ма́я; am folgenden [dritten] Tag на сле́дующий [тре́тий] день; am Anfang в нача́ле; am Ende в конце́ I etwa о́коло *G;* ~ die Tausend о́коло ты́сячи; er ist ~ die fünfzig ему́ о́коло пяти́десяти (лет)

Anachronismus *m* анахрони́зм 2

analog подо́б|ный| -ен, аналоги́ч|ный| -ен (zu *D*)

Analogie *f* анало́гия 8

Analphabet *m* негра́мотный *Subst* 10

Analphabetentum *n* негра́мотность 9

Analyse *f* ана́лиз 2; *Lit* eines Werkes разбо́р 2

analysieren *tr* анализи́ровать *uv, v* 2 (*a.* про-): *Lit* разбира́ть ⟨разо|бра́ть*| разберу́| разо́бранный⟩

Analytiker *m* анали́тик 2

analytisch аналити́ческий I ~e Geometrie аналити́ческая геоме́трия

Anämie *f* анеми́я 8, малокро́вие 5

anämisch анеми́ч|ный| -ен, малокро́в|ный| -ен

Anamnese *f* ана́мнез [нэ] 2

Ananas *f* анана́с 2

Anapäst *m Metr* ана́пест 2

Anarchie *f* ана́рхия 8

anarchisch анархи́ч|ный, -ен

Anarch|ismus *m* анархи́зм 2; **~ist** *m* анархи́ст 2

anarchistisch анархи́стский

Anästhesie *f* анестези́я [нэстэ] 8, обезбо́ливание 5

anästhesieren *tr* анестези́ровать [нэстэ] *uv, v* 2, обезбо́л|ивать ⟨-ить 3⟩

Anästhesist *m* анестезио́лог 2

Anatom *m* ана́том 2; **~ie** *f* анато́мия 8

anatomisch анатоми́ческий

anaxial эксцентри́ческий

an|bahnen *tr übertr* положи́ть *v* 3⁺ нача́ло *D;* vorbereiten подгот|овля́ть ⟨-о́вить 3 -о́влю⟩; anknüpfen завя́зывать ⟨-|вяза́ть*⟩; **~bändeln** *intr* заи́грывать

Anbau *m Landw* возде́лывание 5; Züchten разведе́ние 5, выра́щивание 5; *Bauw* пристро́йка 6

anbauen *tr* возде́л|ывать; разводи́ть 3⁺ -вожу́ ⟨-|вести́*⟩, выра́щивать ⟨выра|стить 3 -щу⟩; пристр|а́ивать ⟨-о́ить 3⟩

Anbau|fläche *f Landw* посевна́я пло́щадь; **~möbel** *n Pl* секцио́нная (комбини́рованная) ме́бель

anbehalten *tr* не снима́ть ⟨снять*⟩ *A*

anbei *Adv* при сём, в приложе́нии

an|beißen *tr* надку́сывать ⟨-куси́ть 3⁺ -кушу́⟩; *intr* Fisch клева́ть* ⟨клю́нуть 4⟩ I er hat angebissen он клю́нул; **~belangen** *tr:* was mich anbelangt что каса́ется меня́; **~bellen** *tr* ла́|ять| -ет на *A;* **~beraumen** *tr* назн|ача́ть ⟨-а́чить 3⟩, опреде|ля́ть ⟨-и́ть 3⟩; **~beten** *tr Rel* поклоня́ться *D; übertr* обожа́ть, моли́ться 3⁺ на *A*

An|betracht *m:* in ≈ dessen, daß … ввиду́ того́| что …; **~betung** *f Rel* поклоне́ние 5 *D*

an|biedern, sich *refl* набива́ться в друзья́ (bei к *D*), прима́зываться ⟨-|ма́заться*⟩ (bei к *D*); **~bieten** *tr* предлага́ть ⟨-ложи́ть 3⁺⟩; dem Gast подноси́ть 3⁺ -ношу́ ⟨-|нести́*⟩; sich ≈ *refl* вызыва́ться

⟨вы́|зваться*⟩, напр|а́шиваться ⟨-оси́ться 3⁺ -ошу́сь⟩; **~binden** *tr* привя́зывать ⟨-|вяза́ть*⟩; vertäuen прича́л|ивать ⟨-ить 3⟩; **~blasen** *tr* раздува́ть ⟨-|ду́ть*⟩, дуть ⟨ду́нуть 4⟩ на *A;* Hochofen задува́ть ⟨-ду́ть⟩

Anblick *m* зре́лище 4, вид 2 | beim ~ при ви́де; beim ersten ~ с пе́рвого взгля́да

an|blicken *tr* смотре́ть 3⁺ (по-) на *A,* взгл|я́дывать ⟨-яну́ть 4⁺⟩ на *A;* **~bohren** *tr* пробура́в|ливать ⟨-ить 3 -лю⟩, просв|е́рливать ⟨-ерли́ть 3⟩; **~braten** *tr* об-, поджа́р|ивать ⟨-ить 3⟩; **~brechen** *tr* надла́мывать ⟨-ломи́ть 3⁺ -ломлю́⟩; Flasche открыва́ть ⟨-кры́ть⟩; *intr* наступ|а́ть ⟨-и́ть 3⁺⟩, на|става́ть* ⟨-|ста́ть*⟩; **~brennen** *tr* зажига́ть ⟨-|же́чь*; зажжённый⟩; *intr* Holz загор|а́ться ⟨-е́ться 3⟩; Speisen пригор|а́ть ⟨-е́ть⟩ | es riecht angebrannt па́хнет га́рью; **~bringen** *tr* herbeitragen приноси́ть 3⁺ -ношу́ ⟨-|нести́*⟩; befestigen приде́л|ывать ⟨-ать⟩ (an к *D*), прикреп|ля́ть ⟨-и́ть 3 -лю́⟩ (an к *D*); Beschwerde по|дава́ть* ⟨пода́ть*⟩; Ware *umg* сбыва́ть ⟨-|быть*⟩, продава́ть ⟨прода́ть*⟩ | die Bemerkung ist sehr angebracht э́то замеча́ние о́чень уме́стно

An|bruch *m* Anfang нача́ло 4, наступле́ние 5 | bei ≈ des Tages [der Nacht] с наступле́нием дня [но́чи]; **~dacht** *f* благогове́ние 5; Gebet моли́тва 6

andächtig благогове́|йный, -ен, -йна

andauern *intr* продолжа́ться ⟨-до́лжиться 3⟩, дли́ться 3 (про-); **~d 1.** *Adj* продолжи́тел|ьный, -ен, -ьна **2.** *Adv* посто́янно

Anden *Pl* А́нды *Pl* 6

Andenken *n* па́мять 9; Erinnerungsstück пода́р|ок, -ка 2 на па́мять, сувени́р 2 | zum ~ an на [в] па́мять о *P*

andere|r 1. *m* друго́й, ино́й; zweiter второ́й; die übrigen остальны́е | etwas ~s не́что ино́е; einer nach dem ~n оди́н за други́м; nichts ~s als ... не что ино́е, как ...; j-n eines ~n belehren про-, научи́ть *v* 3⁺ кого́-н.; sich eines ~n besinnen пере-, разду́м|ывать ⟨-ать⟩; das ist etw. ~s э́то друго́е де́ло; unter ~m ме́жду про́чим **2.** *Adj* друго́й

ander[e]nfalls *Adv* в проти́вном слу́чае

ander[er]seits *Adv* с друго́й стороны́

andermal: ein ~ в друго́й раз

ändern *tr* из-, перемен|я́ть ⟨-и́ть 3⁺; -ённый⟩; Kleidung переде́л|ывать ⟨-ать⟩; sich ~ *refl* измен|я́ться ⟨-и́ться⟩, меня́ться | sich von Grund auf ~ в ко́рне измен|я́ться ⟨-и́ться⟩; seine Meinung ~ меня́ть своё мне́ние

anders *Adv* ина́че, не так | j-d ~ кто-то друго́й; niemand ~ als ... не кто ино́й, как ...; wer ~ als er? кто же кро́ме него́?; so und nicht ~ так и не ина́че; es sich ~ überlegen пере-, разду́м|ывать ⟨-ать⟩; **~wo** *Adv* в друго́м ме́сте; **~woher** *Adv* из друго́го ме́ста; **~wohin** *Adv* в друго́е ме́сто

anderthalb полтор|а́ *m, n*; *f* -ы́; *A m, n* -а́; *f* -ы́; *G D I P* полу́тора; **~fach** полу́торный

Änderung *f* измене́ние 5, переме́на 6; Kleid переде́лка 6

Änderungsvorschlag *m* попра́вка 6

ander|wärts *Adv* в друго́м ме́сте; **~weitig 1.** *Adj* ино́й, друго́й **2.** *Adv* по-ино́му, по-друго́му

andeuten *tr* намек|а́ть ⟨-ну́ть 4⟩ на *A*

Andeutung *f* намёк 2 | in ~en reden говори́ть намёками; eine ~ über etw. machen де́лать (с-) намёк на что-н.

andeutungsweise *Adv* в ви́де намёка, намёками

andichten *tr* припи́сывать ⟨-|писа́ть*⟩

Andrang *m* von Menschen наплы́в 2, на́тиск 2; Gedränge да́вка 6; von Blut прили́в 2

androhen *tr* угрожа́ть *I,* гро|зи́ть 3 -жу́ *I oder mit Inf*

An|drohung *f* угро́за 6 (von *I*); **~druck** *m Typ* про́бный о́ттиск 2

an|drücken *tr* прижима́ть ⟨-|жа́ть[1]*⟩; **~eignen, sich** *refl* присв|а́ивать ⟨-о́ить 3⟩; erlernen усв|а́ивать ⟨-о́ить⟩, осв|а́ивать ⟨-о́ить⟩; von anderen übernehmen перенима́ть ⟨переня́ть*⟩; gewaltsam захв|а́тывать ⟨-ати́ть 3⁺ -ачу́⟩; Wissen овла|д|ева́ть ⟨-е́ть⟩

Aneignung *f* присвое́ние 5; Erlernung усвое́ние 5, освое́ние 5; gewaltsame захва́т 2, овладе́ние 5

aneinander *Adv* друг к дру́гу | sich ~ gewöhnen привыка́ть ⟨-вы́кнуть⟩ друг к дру́гу; **~fügen** *tr* соедин|я́ть ⟨-и́ть 3⟩; **~geraten** *intr* повздо́рить *v* 3; handgreiflich werden сцеп|и́ться *v* 3⁺ -лю́сь; **~grenzen** *intr* грани́чить 3; **~reihen** *tr* нани́зывать ⟨-|низа́ть*⟩

Anekdote *f* анекдо́т 2

anekdotenhaft анекдоти́ческий, анекдоти́ч|ный, -ен

anekeln *tr* внуш|а́ть ⟨-и́ть 3⟩ отвраще́ние *D* | das ekelt mich an э́то мне проти́вно

Anemometer *n Met* анемо́метр 2

Anemone *f* ве́треница 6

Anerbieten *n* предложе́ние 5

anerkanntermaßen *Adv* как при́знано

anerkennen *tr* при|знава́ть* ⟨-зна́ть⟩; achten уважа́ть; schätzen цени́ть 3⁺; **~d 1.** *Adj* похва́л|ьный, -ен, -ьна ~de Worte одобри́тельные слова́ **2.** *Adv* с похвало́й, с уваже́нием

anerkennenswert досто́йный призна́ния

Anerkennung *f* призна́ние 5; Beifall одобре́ние 5 | in ~ der Verdienste признава́я заслу́ги

Anerkennungsschreiben *n* похва́льная гра́мота 6

an|erziehen *tr* привива́ть ⟨-|ви́ть*⟩ (воспита́нием); **~fachen** *tr* Feuer раздува́ть ⟨-|ду́ть*⟩; *übertr* разжига́ть ⟨-|же́чь*, -ожгу́⟩; **~fahren** *tr* Material под-, привози́ть 3^+ -вожу́ ⟨-|везти́*⟩; Person; Hindernis наезжа́ть ⟨-|е́хать*⟩ на *A; Tech* Anlage запу|ска́ть ⟨-сти́ть 3^+ -щу́⟩; *übertr* накрича́ть *v* 3 на *A; intr* приезжа́ть ⟨-е́хать⟩; sich in Bewegung setzen тро́гаться ⟨-нуться 4⟩

An|fahrt *f* Auffahrt подъе́зд 2; Weg доро́га 6 (до како́го-н. ме́ста); **~fall** *m Med* припа́д|ок, -ка 2, при́ступ 2

an|fallen *tr* напада́ть ⟨-|па́сть*⟩ на *A; intr:* in der nächsten Woche wird viel Arbeit ≈ на сле́дующей неде́ле бу́дет мно́го рабо́ты; **~fällig** für Krankheiten восприи́мчив:ый (für к *D*), предрасполо́жен:ный, -а (für к *D*)

Anfälligkeit *f* предрасположе́ние 5 (für к *D*)

Anfang *m* нача́ло 4; *Pl* Geschichte зарожде́ние 5, нача́льный пери́од 2 | am ~, zu ~ в нача́ле; von ~ an с са́мого нача́ла; den ~ machen начина́ть ⟨нача́ть*⟩; ~ Mai в нача́ле ма́я; am ~ der Straße в нача́ле у́лицы; die Anfänge der Arbeiterbewegung зарожде́ние рабо́чего движе́ния; der ~ ist gemacht почи́н сде́лан; aller ~ ist schwer лиха́ беда́ нача́ло; von ~ bis Ende с нача́ла до конца́

anfangen *tr* начина́ть ⟨нача́ть*⟩, принима́ться ⟨приня́ться*; -ялся́, -яли́сь⟩ за *A; intr* начина́ться ⟨нача́ться; начал|ся́, -и́сь⟩ | was fange ich an? что мне де́лать?; mit dir ist nichts anzufangen с тобо́й ничего́ не поде́лаешь

Anfänger *m* начина́ющий *Subst* 11; Neuling нович|о́к, -ка́ 2; **~lehrgang** *m* ку́рсы для начина́ющих

an|fänglich **1.** *Adj* (перво)нача́льный **2.** *Adv* внача́ле, снача́ла; **~fangs** *Adv* внача́ле, снача́ла

Anfangs|buchstabe *m* нача́льная бу́ква; großer прописна́я бу́ква; **~geschwindigkeit** *f* нача́льная ско́рость; **~gründe** *m Pl* осно́вы *Pl* 6; **~stadium** *n* нача́льная ста́дия

an|fassen *tr* схва́тывать ⟨схва|ти́ть 3^+ -чу́⟩ *A*, бра́ться*; брали́сь ⟨взя́ться*; взяли́сь⟩ за *A a. übertr;* berühren дотр|а́гиваться ⟨-о́нуться 4⟩; **~faulen** *intr* подгнива́ть ⟨-|гни́ть*⟩; **~fechtbar** оспори́м:ый, спо́р|ный, -ен; **~fechten** *tr* осп|а́ривать ⟨-о́рить 3⟩; *Jur* обжа́ловать *v* 2

Anfechtung *f* оспа́ривание 5; *Jur* обжа́лование 5

anfeinden *tr* вражде́бно относи́ться 3^+ -ношу́сь ⟨-|нести́сь*⟩ к *D*

Anfeindung *f* вражде́бное отноше́ние 5; ~en *Pl* напа́дки *Pl* 6

anfertigen *tr* изгот|овля́ть ⟨-о́вить 3 -о́влю⟩, де́лать (с-); Kleidung с|шить* *v* сошью́

Anfertigung *f* изготовле́ние 5; von Kleidung поши́в 2

an|feuchten *tr* сма́чивать ⟨-мочи́ть 3^+⟩, увлажн|я́ть ⟨-и́ть 3⟩; **~feuern** *tr* Ofen зата́пливать ⟨-топи́ть 3^+ -топлю́⟩; *übertr* воодушев|ля́ть ⟨-и́ть 3 -лю́⟩; *Sport* подба́дривать ⟨-бодри́ть 3⟩; Pferd подгоня́ть ⟨подо|гна́ть*, подгоню́⟩; **~flehen** *tr* умол|я́ть ⟨-и́ть 3^+⟩ (um о *P*); **~fliegen** *tr:* das Flugzeug wird Berlin ≈ самолёт сде́лает поса́дку в Берли́не

Anflug *m* Flugzeug подлёт 2; Nuance отте́н|ок, -ка 2, налёт 2 | in einem ~ von Großmut *übertr* в поры́ве великоду́шия

anfordern *tr* тре́бовать 2 (за-)

An|forderung *f* затре́бование 5 | hohe ≈en an j-n stellen предъяв|ля́ть ⟨-и́ть 3^+ -лю́⟩ кому́-н. больши́е тре́бования; den ~en genügen отвеча́ть тре́бованиям; **~frage** *f* запро́с 2 | eine ≈ an j-n richten сде́лать запро́с кому́-н.

an|fragen *intr* запр|а́шивать ⟨-оси́ть 3^+ -ошу́⟩ (bei *A*), справля́ться ⟨спра́в|иться 3 -люсь⟩ (bei у *G*); **~fressen** *tr* обгрыза́ть ⟨-|гры́зть*⟩; *Chem* разъеда́ть ⟨-|е́сть*⟩; **~freunden, sich** *refl* дружи́ться 3 (по-); **~frieren** *intr* примерза́ть ⟨-мёрзнуть 4а⟩; **~fügen** *tr* прибавля́ть ⟨-ба́вить 3 -ба́влю⟩; **~fühlen** *tr* ощу́п|ывать ⟨-ать⟩ | das fühlt sich hart an э́то твёрдо на о́щупь

Anfuhr *f* подво́з 2, приво́з 2

anführen *tr* leiten возгл|авля́ть ⟨-а́вить 3 -а́влю⟩; Zitat цити́ровать 2 (про-); Beweise приводи́ть 3^+ -вожу́⟨-|вести́*⟩; hintergehen проводи́ть ⟨-вести́⟩, обма́нывать ⟨-ману́ть 4^+⟩

Anführer *m* предводи́тель 1; Initiator застре́льщик 2; Anstifter зачи́нщик 2

Anführungsstriche *m Pl* кавы́ч|ки *Pl* 6 *G* -ек

anfüllen *tr* наполня́ть ⟨-по́лнить 3⟩

Angabe *f* указа́ние 5; *Jur* показа́ние 5; Prahlerei хвастовство́ 4; *Sport* пода́ча 6; ~n *Pl* да́нные *Subst Pl* 10, све́дения *Pl* 5

an|gaffen *tr* глазе́ть на *A;* **~geben** *tr* ука́зывать ⟨-|каза́ть*⟩; bezeichnen обозн|а́чать ⟨-а́чить 3⟩; *intr* prahlen хва́стать(ся); Ton за|дава́ть* ⟨зада́ть*⟩

Angeber *m* хвасту́н 2е; **~ei** *f* хвастовство́ 4

an|geberisch хвастли́в:ый; **~geblich** **1.** *Adj* предполага́емый **2.** *Adv* бу́дто бы, я́кобы, как говоря́т; **~geboren** приро́дный, врожд|ённый, -ён, -ена́

Angebot *n* предложе́ние 5 | ein ~ machen де́лать (с-) предложе́ние; ~ und Nachfrage спрос и предложе́ние

ange|bracht passend умéст|ный, -ен; **~brannt** Speisen подгорéлый
an|gedeihen *intr:* j-m eine gute Erziehung ≈ lassen дать комý-н. хорóшее воспитáние; **~gegriffen:** er sieht ≈ aus у негó измýченный вид; **~geheitert:** in ≈em Zustand навеселé, под хмелькóм
angehen *tr* betreffen касáться ⟨коснýться 4⟩ *G; intr* beginnen начинáться ⟨начáться*; начал|ся́, -и́сь⟩ | das geht nicht an так нельзя́; was geht es dich an? какóе тебé (до э́того) дéло?; das geht mich nichts an э́то меня́ не касáется; j-n um Geld ~ про|си́ть 3⁺ -шý (по-) дéнег у когó-н.; **~d** начинáющий 11, молодóй | ≈er Arzt молодóй врач
angehören *intr* принадлежáть 3 к *D* | dem Präsidium ≈ вхо|ди́ть 3⁺ -жý ⟨во|йти́*⟩ в состáв прези́диума
Angehöriger *m* рóдственник 2; Mitglied член 2; Mitarbeiter сотрýдник 2
Angeklagter *m* подсуди́мый *Subst* 10
Angel *f* ýдочка 6; Tür пéт|ля 7 *G Pl* -ель
ange|laufen Glas запотéлый; **~legen:** sich etw. ≈ sein lassen забó|титься 3 -чусь (по-) о чём-н.
Angelegenheit *f* дéло 4b | in welcher ~? по какóму дéлу?
Angel|haken *m* рыболóвный крючóк; **~leine** *f* лéсá 6 *oder* 6c *Pl* лёсы, лéска 6
angeln *tr u. intr* уди́ть 3⁺ ужý, лов|и́ть 3⁺ -лю́ ⟨поймáть⟩ ýдочкой
Angelrute *f* уди́лище 4
angelsächsisch англосаксóнский
Angelsport *m* рыболóвный спорт
ange|messen 1. *Adj* соразмéр|ный, -ен; entsprechend соотвéтствующий 11; hinreichend достáточ|ный, -ен | ≈e Frist достáточный срок **2.** *Adv* в мéру | für ≈ halten считáть ⟨счесть*⟩ умéстным; **~nehm** прия́т|ный, -ен; **~nommen** *Konj:* daß … полóжим, что …, допýстим, что … **~rauht** Wäsche с начёсом; Stoff ворси́стый; **~schlagen** Sportler измóтанный; Geschirr надби́т:ый; **~schwemmt** нанóсный; **~sehen** авторитéт|ный, -ен, знáт|ный, -ен, -нá!
Angesicht *n* лицó 4c | von ~ zu ~ лицóм к лицý; von ~ kennen знать в лицó
ange|sichts *Präpos* ввидý *G*, пéред лицóм *G;* **~spannt** напряжён:ный, -на; **~stammt** наслéдственный, родовóй
Angestellter *m* слýжащий *Subst* 11
ange|strengt напряжён:ный, -на; **~trunken** подвы́пивший 11; **~wandt** прикладнóй; **~wiesen:** ≈ sein auf j-n быть зави́симым от когó-н.; auf sich selbst ≈ sein рассчи́тывать на самогó себя́; **~wöhnen** *tr* приуч|áть ⟨-и́ть 3⁺⟩ (j-m etw. когó-н. к чемý-н.); sich ≈ *refl* приуч|áться ⟨-и́ться⟩ (etw. к *D*), привыкáть ⟨-вы́кнуть 4a⟩ (etw. к *D*)
Angewohnheit *f* привы́чка 6; meist schlechte повáдка 6 | die ~ haben имéть привы́чку
Angina *f* анги́на 6 | ~ pectoris груднáя жáба 6
angleichen *tr* прирáвнивать ⟨-равня́ть⟩, приводи́ть 3⁺ -вожý ⟨-|вести́*⟩ в соотвéтствие с *I*
Angler *m* рыболóв 2, уди́льщик 2
angliedern *tr* присоедин|я́ть ⟨-и́ть 3⟩ (an к *D*)
Angliederung *f* присоединéние 5
anglikanisch англикáнский
Anglist *m* англи́ст 2; **~ik** *f* англи́стика 6
Angola Ангóла 6; **~ner** *m* ангóл|ец, -ьца 2
angolanisch ангóльский
Angora|kaninchen *n* ангóрский крóлик; **~katze** *f* ангóрская кóшка; **~wolle** *f* ангóрская шерсть
angreifen *tr* брать* ⟨взять*⟩, хватáть ⟨схва|ти́ть 3⁺ -чý⟩; *Sport, Mil* наступáть, нападáть ⟨-|пасть*⟩, атаковáть *uv, v* 2; erschöpfen утом|ля́ть ⟨-и́ть 3 -лю́⟩
Angreifer *m* нападáющий *Subst* 11, атакýющий *Subst* 11; *Mil* агрéссор 2
angrenzen *intr* грани́чить 3 (an с *I*), прилегáть ⟨-|лéчь*⟩ (an к *D*); **~d** смéжный, -ен, сосéдний 11
Angriff *m* наступлéние 5, нападéние 5; überraschender налёт 2; *übertr* вы́пад 2; ~e *Pl* Beschuldigungen напáд|ки *Pl* 6 *G* -ок | zum ~ übergehen переходи́ть 3⁺ -хожý ⟨-|йти́*⟩ в наступлéние; etw. in ~ nehmen брáться*, брали́сь ⟨взя́ться*; взяли́сь⟩ за что-н.; den Bau in ~ nehmen присту́п|áть ⟨-и́ть 3⁺ -лю́⟩ к стрóйке, начинáть ⟨начáть*⟩ стрóйку
Angriffs|krieg *m* наступáтельная войнá; **~punkt** *m übertr* уязви́мое мéсто 4b; **~spiel** *n Sport* наступáтельная тáктика 6
Angst *f* страх 2 (vor пéред *I*), боя́знь 9 (vor *G*); беспокóйство 4 (um о *P*) | vor ~ со стрáху, из боя́зни; ~ haben vor etw. боя́ться 3 чегó-н., трý|сить 3⁺ -шу (с-) пéред чем-н.; mir ist angst und bange мне стрáшно [жýтко]; **~hase** *m* трус 2
ängst|igen *tr* страши́ть 3; sich ≈ *refl* боя́ться 3, страши́ться; **~lich** боязли́в:ый, трусли́в:ый; zaghaft рóб|кий, -ок, -кá!; -че
Ängstlichkeit *f* боязли́вость 9
Angstschweiß *m* холóдный пот
an|gucken *tr* смотрéть 3 (по-) на *A;* **~gurten, sich** *refl* пристёгиваться ⟨-стегнýться 4⟩ (ремнём безопáсности); **~haben** *tr* Kleidung но|си́ть 3⁺ -шý, быть* одéтым в *A* | j-m etw. ≈ wollen *übertr* имéть зуб прóтив когó-н.; er kann mir nichts ≈ он мне не мóжет повреди́ть; **~haften** *intr* прилипáть ⟨-ли́пнуть 4a⟩,

при|ставáть* ⟨-|стáть*⟩; **~häkeln** *tr* надвязывать ⟨-|вязáть*⟩; **~haken** *tr* прицеп|ля́ть ⟨-и́ть 3⁺ -лю́⟩ (an к *D*); **~halten** *tr* Fahrzeug остан|áвливать ⟨-ови́ть 3⁺ -овлю́⟩; festhalten задéрживать ⟨-держáть 3⁺⟩; ermahnen приуч|áть ⟨-и́ть 3⁺⟩, побу|ждáть ⟨-ди́ть 3 -жу́⟩; *intr* остан|áвливаться ⟨-ови́ться 3⁺⟩; dauern продолжáться ⟨-дóлжиться 3⟩, дли́ться 3 (про-); sich ≈ *refl* держáться 3⁺ за *A* | um ein Mädchen ≈ свáтаться (по-) к дéвушке; **~haltend** продолжи́тел|ьный, -ен, -ьна; beharrlich устóйчив:ый, постоя́нный | ≈er Regen обложнóй дождь

Anhalter *m:* per ~ fahren éхать (по-) на попу́тных маши́нах [на попу́тной маши́не]

Anhaltspunkt *m* основáние 5

Anhang *m* Beilage приложéние 5 | ohne ~ allein одинóкий

anhängen *tr* вéшать ⟨повé|сить 3 -шу⟩, привé|шивать ⟨-сить⟩; hinzufügen прибавля́ть ⟨-бáвить 3 -бáвлю⟩; beilegen прилагáть ⟨-ложи́ть 3⁺⟩; ankuppeln прицеп|ля́ть ⟨-и́ть 3⁺ -лю́⟩; anhaken нацеп|ля́ть ⟨-и́ть⟩ | j-m etw. ~ *übertr* о|клеветáть* *v* когó-н.

Anhänger *m* einer Partei привéржен|ец, -ца 2, сторóнник 2; Schmuck кулóн 2; *Sport, Theat* болéльщик 2; beim Fahrzeug прицéп 2; **~kupplung** *f* сцепнóе устрóйство 4

anhäng|ig *Jur* подсу́д|ный, -ен | eine Klage ≈ machen подáть* жáлобу в суд; **~lich** привя́зан:ный, -а, привя́зчив:ый

Anhäng|lichkeit *f* привя́занность 9; **~sel** *n* придáт|ок, -ка 2

an|hauchen *tr* дышáть 3⁺ ⟨дыхну́ть 4⟩ на *A;* **~häufen** *tr* накáпливать ⟨-копи́ть 3⁺ -коплю́⟩, накоп|ля́ть ⟨-и́ть⟩; sich ≈ *refl* накáпливаться ⟨-копи́ться⟩

Anhäufung *f* накоплéние 5, скоплéние 5

an|heben *tr* приподнимáть ⟨-|подня́ть*⟩; Löhne повышáть ⟨-вы́сить 3 -вы́шу⟩; **~heften** *tr* прикреп|ля́ть ⟨-и́ть 3 -лю́⟩; nähen примётывать ⟨-метáть; -мётанный⟩; **~heimelnd** ую́т|ный, -ен

anheim|fallen *intr* до|ставáться* ⟨-|стáться*⟩ *D* | der Vergessenheit ≈ быть* прéданным забвéнию; **~stellen** *tr* предост|авля́ть ⟨-áвить 3 -áвлю⟩ | ich stelle es Ihnen anheim я оставля́ю э́то на вáше усмотрéние

anheischig: sich ~ machen предлагáть ⟨-ложи́ть 3⁺⟩ свои́ услу́ги

an|heizen *tr* за-, растáпливать ⟨-топи́ть 3⁺ -топлю́⟩; **~heuern** *tr* нанимáть ⟨наня́ть*⟩

Anhieb *m:* auf ~ срáзу

anhimmeln *tr* обожáть

Anhöhe *f* возвы́шенность 9, холм 2е

anhören *tr* Musik выслу́шивать ⟨вы́слушать⟩, прослу́ш|ивать ⟨-ать⟩; zuhören слу́шать (по-); Vortrag, Bericht заслу́ш|ивать ⟨-ать⟩ | das hört sich gut an э́то прия́тно слу́шать; es hört sich an, als ob ... слы́шится как бу́дто

Anilin *n* анили́н 2; **~farbe** *f* анили́новая крáска

animalisch живóтный

animieren *tr* побу|ждáть ⟨-ди́ть 3 -жу́; -ждённый⟩ (zu к *D*) | zum Trinken ~ подбивáть ⟨-|би́ть*⟩ на вы́пивку

Anis *m* ани́с 2

ankämpfen *intr* борóться* (gegen с *I*)

Ankara Анкарá 6

Ankauf *m* закýпка 6

ankaufen *tr* закуп|áть ⟨-и́ть 3⁺ -лю́⟩

Anker *m Mar, El* я́кор|ь 1b *Pl* -я́; Uhr, Mauer áнкер 2 | ~ werfen бросáть ⟨брóсить⟩ я́корь; vor ~ gehen station|и́ться 3⁺ -лю́сь ⟨стать*⟩ на я́корь; vor ~ liegen стоя́ть 3 на я́коре; die ~ lichten снимáться ⟨сня́ться*⟩ с я́коря; **~kette** *f* я́корная цепь

ankern *intr* станов|и́ться 3⁺ -лю́сь ⟨стать*⟩ на я́корь

Ankerwinde *f* брáшпиль 1, я́корная лебёдка 6

anketten *tr* сажáть ⟨поса|ди́ть 3⁺ -жу́⟩ на цепь; Fahrrad прикреп|ля́ть ⟨-и́ть 3 -лю́⟩ цéпью

Anklage *f* обвинéние 5, жáлоба 6 | ~ gegen j-n erheben возбу|ждáть ⟨-ди́ть 3 -жу́⟩ обвинéние прóтив когó-н.; **~bank** *f* скамья́ подсуди́мых

anklagen *tr* обвин|я́ть ⟨-и́ть 3⟩ (wegen в *P*)

Ankläger *m* обвини́тель 1

Anklage|rede *f* обвини́тельная речь; **~schrift** *f* обвини́тельный акт 2

anklammern *tr* прикреп|ля́ть ⟨-и́ть 3 -лю́⟩ скрéпкой; sich ~ *refl* цепля́ться (an за *A*)

Anklang *m:* ~ finden находи́ть 3⁺ -хожу́ ⟨-|йти́*⟩ óтклик, имéть успéх

an|kleben *tr* прилеп|ля́ть ⟨-и́ть 3⁺ -лю́⟩, приклé|ивать ⟨-ить 3⟩; **~kleiden** *tr* одевáть ⟨-|дéть*⟩; sich ≈ *refl* одевáться ⟨-дéться⟩

Ankleideraum *m* гардерóб 2; *Theat* убóрная *Subst* 10

an|klopfen *intr* стучáться 3 (по-); **~knabbern** *tr* надгрызáть ⟨-|гры́зть*⟩; **~knöpfen** *tr* прист|ёгивать ⟨-егну́ть 4; -ёгнутый⟩; **~knüpfen** *tr* привя́зывать ⟨-|вязáть*⟩; *übertr* Gespräch, Bekanntschaft заводи́ть 3⁺ -вожу́ ⟨-|вести́*⟩, завя́зывать ⟨-вязáть⟩

Anknüpfungspunkt *m* тóчка соприкосновéния

ankommen *intr* прибывáть ⟨прибы́ть*⟩, приходи́ть 3⁺ -хожу́ ⟨-|йти́*, приду́⟩ (in в *A*); Fahrzeug приезжáть ⟨-|éхать*⟩ (in в

A); sich nähern подходи́ть ⟨-ойти́⟩; gefallen нра́виться 3 (по-); abhängen зави́сеть 3 (auf от *G*) | bei ihm ist nicht anzukommen к нему́ не подсту́пишься; darauf kommt es an в том-то и де́ло; es kommt ihm sehr darauf an для него́ э́то о́чень ва́жно; auf etw. ~ lassen доводи́ть 3⁺ -вожу́ ⟨-|вести́*⟩ де́ло до чего́-н.; jetzt kommt es darauf an тепе́рь наступи́л реши́тельный моме́нт; es kommt darauf an, daß … всё де́ло в том, что́бы …
Ankömmling *m* прие́зжий *Subst* 11
an|kreiden *tr:* das werde ich Ihnen ≈ я вам э́то припо́мню; **~kündigen** *tr* объяв|ля́ть ⟨-и́ть 3⁺ -лю́⟩; verkünden огла|ша́ть ⟨-си́ть 3 -шу́⟩; Besuch изве|ща́ть ⟨-сти́ть 3 -щу́⟩
An|kündigung *f* объявле́ние 5; **~kunft** *f* Zug прибы́тие 5, прихо́д 2; Gäste прие́зд 2, прихо́д
Ankunftszeit *f* Zug вре́мя прибы́тия (по́езда *usw.*)
an|kuppeln *tr* прицеп|ля́ть ⟨-и́ть 3⁺ -лю́⟩; **~kurbeln** *tr* Motor заводи́ть 3⁺ -вожу́ ⟨-|вести́*⟩ рукоя́ткой; Wirtschaft ожив|ля́ть ⟨-и́ть 3 -лю́⟩; **~lächeln** *tr* улыб|а́ться ⟨-ну́ться 4⟩ *D;* **~lachen** *tr* смея́ться*, глядя на *A*
Anlage *f* Einrichtung устро́йство 4, сооруже́ние 5; *Tech* устано́вка 6; Kapital вложе́ние 5, помеще́ние 5; Fähigkeit спосо́бность 9; Park сквер 2, парк 2; Beilage приложе́ние 5; Plan, Aufbau план 2, за́мыс|ел, -ла 2 | in der ~ при сём
anlangen *tr* прибыва́ть ⟨прибы́ть*⟩ | wir sind beim zweiten Kapitel angelangt мы дошли́ до второ́й главы́
Anlaß *m* по́вод 2; Gelegenheit слу́чай 1; Ursache причи́на 6 | aus ~ по по́воду, по слу́чаю; ohne jeden ~ без вся́кого основа́ния [по́вода]; ~ zu etw. geben дава́ть* ⟨да́ть*⟩ по́вод к чему́-н.
anlassen *tr* Kleidung не снима́ть ⟨снять*⟩ *G;* Motor заводи́ть 3⁺ -вожу́ ⟨-|вести́*⟩, запу|ска́ть ⟨-сти́ть 3⁺ -щу́⟩; sich ~ *refl:* sich gut ~ идти́* на лад; sich schlecht ~ пло́хо начина́ться
Anlasser *m Tech* ста́ртер 2
anläßlich *Adv* по по́воду *G;* gelegentlich по слу́чаю *G*
Anlauf *m* разбе́г 2; Produktion нача́ло 4 | ~ nehmen *Sport* брать* ⟨взять*⟩ разбе́г, разбега́ться ⟨-|бежа́ться*⟩; mit ~ с разбе́га
anlaufen *tr* Hafen заходи́ть 3⁺ -хожу́ ⟨-|йти́*⟩ в *A; intr* Sport брать* ⟨взять*⟩ разбе́г, разбега́ться ⟨-|бежа́ться*⟩; anschwellen отека́ть ⟨-|те́чь*⟩; Fenster поте́ть (за-), запот|ева́ть ⟨-е́ть⟩; Produktion начина́ться ⟨нача́ться*; начал|ся́, -и́сь⟩ | angelaufen kommen прибега́ть ⟨-|бежа́ть*⟩
Anlaut *m Gramm* нача́льный звук 2 | im ~ в нача́ле сло́ва
anlegen *tr* einrichten устр|а́ивать ⟨-о́ить 3⟩; Leiter прист|авля́ть ⟨-а́вить 3 -а́влю⟩; Kapital поме|ща́ть ⟨-сти́ть 3 -щу́⟩, вкла́дывать ⟨вложи́ть 3⁺⟩; Stadt закла́дывать ⟨-ложи́ть⟩; Straße прокла́дывать ⟨-ложи́ть⟩; Dokumentation составля́ть ⟨соста́в|ить 3 -лю⟩; Kartothek заводи́ть 3⁺ -вожу́ ⟨-|вести́*⟩; Verband накла́дывать ⟨-ложи́ть⟩; *intr* Schiff прича́л|ивать ⟨-ить 3⟩, при|става́ть* ⟨-|ста́ть*⟩ к *D;* auf etw. zielen прице́л|иваться ⟨-иться 3⟩ | Hand ~ an etw. приложи́ть ру́ку к чему́-н.; einen Garten ~ раз|би́ть* *v* сад, разводи́ть ⟨-вести́⟩ сад; er hatte es darauf angelegt, daß … он рассчи́тывал на то, что …
Anlegestelle *f* при́стань 9g
anlehnen *tr* присл|оня́ть ⟨-они́ть 3 -о́нишь; -онённый⟩; Tür притвор|я́ть ⟨-и́ть 3⁺⟩; sich ~ *refl* присло-н|я́ться ⟨-и́ться⟩ (an к *D*)
An|lehnung *f:* in ≈ an сле́дуя *D;* **~leihe** *f* заём, за́йма 2 | eine ≈ aufnehmen де́лать (с-) заём; eine ≈ zeichnen подпи́сываться ⟨-|писа́ться*⟩ на заём
an|leimen *tr* прикле́|ивать ⟨-ить 3⟩; **~leiten** *tr:* j-n ≈ руково|ди́ть 3 -жу́ чьей-н. рабо́той
Anleitung *f* руково́дство 4, инстру́кция 8
an|lernen *tr* обуч|а́ть ⟨-и́ть 3⁺⟩; **~liefern** *tr* дост|авля́ть ⟨-а́вить 3 -а́влю⟩
Anlieferung *f* доста́вка 6
anliegen *intr* Kleidung облега́ть
Anliegen *n* про́сьба 6, де́ло 4b | ich habe ein ~ an Sie у меня́ к вам про́сьба
anliegend прилега́ющий 11
Anlieger *m*: Parken nur für ~ стоя́нка то́лько для жи́телей э́той у́лицы
an|locken *tr* привлека́ть ⟨-|вле́чь*⟩; Vögel прима́нивать ⟨-мани́ть 3⁺⟩; **~löten** *tr* припа́ивать ⟨-пая́ть⟩; **~lügen** *tr* на|лга́ть* *v;* на́лганный кому́-н.; **~machen** *tr* befestigen прикреп|ля́ть ⟨-и́ть 3 -лю́⟩, приде́л|ывать ⟨-ать⟩; zubereiten запр|авля́ть ⟨-а́вить 3 -а́влю⟩; Licht, Radio включ|а́ть ⟨-и́ть 3⟩ | Feuer ≈ разводи́ть 3⁺-вожу́ ⟨-|вести́*⟩ ого́нь
Anmarsch *m Mil* подхо́д 2; Weg пут|ь 9e *I* -ём подхо́да
an|marschieren *intr* подходи́ть 3⁺ -хожу́ ⟨-о|йти́*⟩; **~maßen, sich** *refl* присв|а́ивать ⟨-о́ить 3⟩ себе́ *A* | sich das Recht ≈ присв|а́ивать ⟨-о́ить 3⟩ себе́ пра́во; **~maßend** самонадея́н:ный, -на; Benehmen надме́н|ный, -ен, -на
Anmaßung *f* надме́нность 9
Anmeldeformular *n* im Hotel прописно́й лист|о́к, -ка́ 2; auf Behörde бланк 2 для прописки
anmelden *tr* Besucher докла́дывать ⟨-ло-

жи́ть 3⁺); beim Arzt запи́сывать ⟨-|писа́ть*⟩ на приём (к врачу́); sich ~ *refl* сообщи́ть 3 о своём прибы́тии; bei der Polizei пропи́сываться ⟨-|писа́ться*⟩ | ein Kraftfahrzeug ~ зарегистри́ровать *v* 2 маши́ну, поста́в|ить *v* 3 -лю маши́ну на учёт; sich zum Lehrgang ~ запи́сываться ⟨-писа́ться⟩ на ку́рсы

Anmeldung *f* сообще́ние 5; за́пись 9; пропи́ска 6; регистра́ция 8

anmerken *tr* vermerken отмеча́ть ⟨-мéтить 3 -ме́чу⟩; bemerken замеча́ть ⟨-мéтить⟩ | man merkt es ihm an, daß ... по нему́ ви́дно, что ...; er läßt sich nichts ~ он де́лает вид, бу́дто ничего́ не случи́лось

Anmerkung *f* примеча́ние 5; Notiz заме́тка 6

anmessen *tr* снима́ть ⟨снять*⟩ ме́рку (j-m с кого́-н.)

Anmut *f* пре́лесть 9, гра́ция 8

anmut|en *tr:* das mutet mich seltsam an э́то мне ка́жется стра́нным; **~ig** преле́с|тный, -ен, грацио́з|ный, -ен

an|nageln *tr* прибива́ть ⟨-|би́ть*⟩ гвоздя́ми; **~nähen** *tr* пришива́ть ⟨-|ши́ть*⟩; **~nähern** *tr* прибл|ижа́ть ⟨-и́зить 3 -и́жу⟩ (an к *D*); sich ≈ *refl* прибл|ижа́ться ⟨-и́зиться⟩ (an к *D*); *übertr* сбл|ижа́ться ⟨-и́зиться⟩ (an с *I*); **~nähernd** приблизи́тел|ьный, -ен, -ьна

Annäherung *f* приближе́ние 5 (an к *D*); *übertr* сближе́ние 5 (an с *I*)

Annäherungsversuch *m* попы́тка сближе́ния

Annahme *f* Empfang приём 2, приня́тие 5; Vermutung предположе́ние 5 | in der ~, daß ... предполо́жим, что ...; ich habe Grund zu der ~, daß ... у меня́ есть все основа́ния полага́ть, что ...; **~stelle** *f* приёмный пункт 2; **~verweigerung** *f* отка́з в приня́тии

Annalen *Pl* ле́топись 9, анна́лы *Pl* 2

annehmbar прие́млемый

annehmen *tr* empfangen принима́ть ⟨приня́ть*⟩; zustimmen согла|ша́ться ⟨-си́ться 3 -шу́сь⟩; vermuten предпол|ага́ть ⟨-ожи́ть 3⁺⟩, счита́ть; sich ~ *refl* забо́титься 3 -чусь (по-) о *P* | man nimmt an, daß ... счита́ют, что ...; es ist anzunehmen на́до полага́ть; angenommen, daß ... предполо́жим, что ..., допу́стим, что ...; sich einer Sache ~ взя́ться*; взяли́сь за како́е-н. де́ло; Vernunft ~ образу́м|ливаться ⟨-иться 3 -люсь⟩

Annehmlichkeit *f meist Pl* удо́бство 4

annektieren *tr* аннекси́ровать *uv, v* 2

Annexion *f* анне́ксия 8

Annonce *f* объявле́ние 5 | eine ≈ aufgeben дава́ть* ⟨дать*⟩ объявле́ние

annoncieren *tr* объяв|ля́ть ⟨-и́ть 3⁺ -лю́⟩ о *P*, дава́ть* ⟨дать*⟩ объявле́ние в газе́ту

Annotation *f* Buchempfehlung аннота́ция 8

annullieren *tr* аннули́ровать *uv, v* 2

Anode *f El* ано́д 2

Anomalie *f* анома́лия 8

anonym анони́м|ный, -ен, безымя́нный

Anorak *m* спорти́вная ку́ртка 6 из непромока́емой тка́ни с капюшо́ном, лы́жная ку́ртка

anordnen *tr* ordnen распол|ага́ть ⟨-ожи́ть 3⁺⟩; aufstellen расст|авля́ть ⟨-а́вить 3 -а́влю⟩; verfügen распоря|жа́ться ⟨-ди́ться 3 -жу́сь⟩; *Mil* прика́зывать ⟨-|каза́ть*⟩; vorschreiben предпи́сывать ⟨-|писа́ть*⟩

Anordnung *f* расположе́ние 5; расстано́вка 6; распоряже́ние 5; прика́з 2; предписа́ние 5 | eine ~ treffen дава́ть* ⟨дать*⟩ распоряже́ние

anorganisch неоргани́ческий

anormal ненорма́л|ьный, -ен, -ьна

an|packen *tr* хвата́ть ⟨схва|ти́ть 3⁺ -чу́⟩, схва́тывать ⟨схвати́ть⟩; **~passen** *tr* Kleidung примеря́ть ⟨-ме́рить 3⟩; entsprechend einrichten принор|а́вливать ⟨-ови́ть 3 -овлю́⟩; sich ≈ *refl* приспос|обля́ться ⟨-о́биться 3 -о́блюсь⟩

Anpassung *f* приспособле́ние 5 (an к *D*); *Tech* пригó́нка 6

Anpassungsfähigkeit *f* приспособля́емость 9

an|peilen *tr* пеленгова́ть 2 (за-); **~pflanzen** *tr* наса́живать ⟨-сажа́ть *u.* -сади́ть 3⁺ -сажу́⟩ *G*

Anpflanzung *f* насажде́ние 5; Anpflanzen поса́дка 6

anpöbeln *tr* гру́бо обраща́ться к *D*

Anprall *m* уда́р 2, си́льный толч|о́к, -ка́ 2

an|prallen *intr* ударя́ться ⟨уда́риться 3⟩ (an о *A*), ната́лкиваться ⟨-толкну́ться 4⟩ (an на *A*); **~prangern** *tr* клейм|и́ть 3 -лю́ (за-); **~preisen** *tr* расхв|а́ливать ⟨-али́ть 3⁺⟩

Anprobe *f* приме́рка 6; **~kabine** *f* приме́рочная *Subst* 10

an|probieren *tr* примеря́ть ⟨-ме́рить 3⟩; **~raten** *tr* сове́товать 2 (по-), рекомендова́ть *uv, v* 2; **~rauchen** *tr* Zigarette заку́ривать ⟨-кури́ть 3⁺⟩; an einer brennenden Zigarette прику́ривать ⟨-кури́ть⟩; **~rechnen** *tr* зачи́тывать ⟨-|че́сть*⟩, засч|и́тывать ⟨-ита́ть⟩ *a. übertr* | j-m etw. hoch ≈ ста́вить кому́-н. что-н. в (большу́ю) заслу́гу

Anrechnung *f* зачёт 2 | ~ der Untersuchungshaft зачёт предвари́тельного заключе́ния

An|recht *n* пра́во 4b (auf на *A*); *Theat* абоне́мент 2; **~rede** *f* обраще́ние 5 (an к *D*)

an|reden *tr* обра|ща́ться ⟨-ти́ться 3 -щу́сь⟩ к *D*, загов|а́ривать ⟨-ори́ть 3⟩ с *I*; **~regen** *tr* Appetit возбу|жда́ть ⟨-ди́ть 3

-жу́| -ждённый⟩; vorschlagen побу|ждáть ⟨-ди́ть⟩ | angeregte Unterhaltung оживлённый разговóр; in angeregter Stimmung в припóднятом настроéнии; **~regend** увлекáтел|ьный, -ен, -ьна, интерéс|ный, -ен; *Med* возбуждáющий 11
Anregung *f* побуждéние 5, толч|óк, -кá 2 | auf ~ по инициати́ве
an|reichern *tr Tech* обога|щáть ⟨-ти́ть 3 -щу́⟩; **~reißen** *tr* надрывáть ⟨-о|рвáть*| -óрванный⟩; *Tech* размечáть ⟨-мéтить 3 -мéчу⟩
Anreiz *m* сти́мул 2 | einen ~ geben стимули́ровать *uv, v* 2
anrennen *intr* с разбéга ударя́ться ⟨удáриться 3⟩ (an о *A*), наск|áкивать ⟨-очи́ть 3⁺⟩ (gegen на *A*) | angerannt kommen прибегáть ⟨-|бежáть*⟩
Anrichte *f* сервáнт 2
an|richten *tr* Speisen подгот|овля́ть ⟨-óвить 3 -óвлю⟩; Unheil натвори́ть *v* 3, надéлать *v* | da haben Sie was (Schönes) angerichtet! ну и надéлали [натвори́ли] же вы дел!; **~rüchig** подозри́тел|ьный, -ен, -ьна, пóльзующийся 11 дурнóй слáвой
Anruf *m* Telefon телефóнный звон|óк, -кá 2; Wachtposten óклик 2
an|rufen *tr* окликáть ⟨окли́кнуть 4⟩; Telefon звони́ть 3 (по-) Personen *D*, Institutionen в *A* (по телефóну); **~rühren** *tr* трóгать ⟨трóнуть 4⟩, leicht прикасáться ⟨-коснýться 4⟩ к *D;* Suppe запр|авля́ть ⟨-áвить 3 -áвлю⟩ | eine Farbe ≈ разводи́ть 3⁺ -вожу́ ⟨-|вести́*⟩ крáску
Ansage *f* объявлéние 5
an|sagen *tr* объяв|ля́ть ⟨-и́ть 3⁺ -лю́⟩; **~sägen** *tr* надпи́ливать ⟨-пили́ть 3⁺⟩
Ansager *m* конферансьé *m idkl; Rad* ди́ктор 2
ansammeln *tr* коп|и́ть 3⁺ -лю́ (на-), накáпливать ⟨-копи́ть⟩; sich ~ *refl* копи́ться (на-), накáпливаться ⟨-копи́ться⟩
Ansammlung *f* накоплéние 5; von Menschen скоплéние 5
ansässig постоя́нно проживáющий 11
Ansatz *m* angesetztes Stück настáвка 6, насáдка 6; Kochrückstand нáкипь 9, нарóст 2; *Math* подхóд 2 *a. übertr* | positive Ansätze положи́тельные начинáния
an|saugen, sich *refl* присáсываться ⟨-|сосáться*⟩; **~schaffen** *tr* приобретáть ⟨-|обрести́*⟩; Freund заводи́ть 3⁺ -вожу́ ⟨-|вести́*⟩; Vorrat загот|овля́ть ⟨-óвить 3 -óвлю⟩
Anschaffung *f* приобретéние 5, покýпка 6
Anschaffungspreis *m* закýпочная ценá
anschau|en *tr* смотрéть 3⁺ (по-) на *A;* **~lich** нагля́д|ный, -ен
Anschau|lichkeit *f* нагля́дность 9; **~ung** *f* взгляд 2 (über на *A*)
Anschauungs|material *n* нагля́дные посóбия *Pl 5;* **~unterricht** *m* нагля́дное обучéние
Anschein *m* вид 2, ви́димость 9 | allem ~ nach по-ви́димому; es hat den ~, als ob … кáжется, бýдто …; sich den ~ geben дéлать (с-) вид
anscheinend *Adv* по-ви́димому, кáжется
an|schicken, sich *refl* собирáться ⟨-|брáться*| -брали́сь⟩; **~schielen** *tr* коси́ться 3 кошýсь (по-) на *A;* **~schießen** *tr* Tier подстр|éливать ⟨-ели́ть 3⁺⟩; **~schirren** *tr* Zugtier запрягáть ⟨-|пря́чь*⟩ | ein Pferd ≈ надевáть ⟨-|дéть*⟩ сбрýю на лóшадь
Anschlag *m* Plakat афи́ша 6; Bekanntmachung объявлéние 5; Attentat покушéние 5; Gewehr приклáдка 6, упóр 2; *Mus* удáр 2; Kosten смéта 6 | einen ~ auf j-n machen поку|шáться ⟨-си́ться 3 -шýсь⟩ на когó-н.
anschlagen *tr* прибивáть ⟨-|би́ть*⟩, прикол|áчивать ⟨-оти́ть 3⁺ -очý⟩; *Mus* ударя́ть ⟨удáрить 3⟩ в *A*; *intr* Hund залá|ять *v*, -ет; Arznei дéйствовать 2 (по-) | ein Plakat ~ вывéшивать ⟨вы́весить 3 -шу⟩ плакáт; die Tasten ~ удáрить по клáвишам; den richtigen Ton ~ *übertr* умéть взять прáвильный тон
Anschlag|säule *f* столб 2е для афи́ш, афи́шный столб **~tafel** *f* доскá объявлéний
anschließen *tr* присоедин|я́ть ⟨-и́ть 3⟩; Gerät подключ|áть ⟨-и́ть 3⟩; Fahrrad запирáть ⟨-|перéть*⟩ замкóм; sich ~ *refl* присоедин|я́ться ⟨-и́ться⟩, при|ставáть* ⟨-|стáть*⟩ (an к *D*); angrenzen; einer Sache, einer gesellschaftl. Richtung примыкáть ⟨-мкнýть 4⟩; **~d** *Adv* (непосрéдственно) пóсле э́того, затéм | ≈ an die Sitzung (срáзу) пóсле заседáния
Anschluß *m* присоединéние 5; *El* включéние 5; Bekanntschaft знакóмство 4 | ~ finden завя́зывать ⟨за|вязáть*⟩ контáкт; dieser Zug hat guten ~ с э́того пóезда óчень удóбно сдéлать пересáдку; ich bekam keinen ~ Telefon я не мог дозвони́ться; im ~ an etw. в свя́зи с чем--н., ссылáясь на что-н.; **~gleis** *n* примыкáющий пут|ь 11–9е *I* -ём; **~kabel** *n* соедини́тельный кáбель; **~zug** *m* пóезд, на котóрый нýжно сдéлать пересáдку
an|schmiegen, sich *refl* прижимáться ⟨-|жáться[1]*⟩; *übertr* лáститься к *D;* **~schmieren** *tr* пáчкать (вы́-, за-); *übertr umg* обмáнывать ⟨-манýть 4⁺⟩; **~schnallen** *tr* пристёгивать ⟨-стегнýть 4, -стёгнутый⟩; sich ~ пристёгивать ⟨-стегнýть⟩ рéмни; **~schneiden** *tr* отрезáть ⟨-|рéзать*⟩ пéрвый кусóк от *G* | eine Frage ≈ *übertr* поднимáть ⟨подня́ть*⟩ вопрóс

Anschnitt *m* пéрвый отрéзанный кус|óк| -кá 2; Schnittfläche срез 2
Anschovis *f* анчóус 2
an|schrauben *tr* привúнчивать ⟨-винтúть 3 -винчý| -вúнченный⟩; **~schreiben** *tr* Schulden запúсывать ⟨-|писáть*⟩ | ~ lassen покупáть ⟨куп|úть 3⁺ -лю⟩ в кредúт; er ist bei mir gut angeschrieben *übertr* он у меня́ на хорóшем счетý; **~schreien** *tr* кричáть 3 ⟨крúкнуть *mom* 4⟩ на *A*, прикрúк|ивать ⟨-нуть⟩ на *A*
Anschrift *f* áдрес 2 | darf ich um Ihre ~ bitten? разрешúте записáть ваш áдрес?
anschuldigen *tr* обвин|я́ть ⟨-úть 3⟩
Anschuldigung *f* обвинéние 5
an|schwärzen *tr übertr* очерн|я́ть ⟨-úть 3⟩, оклеветáть* *v;* **~schweißen** *tr Tech* привáривать ⟨-варúть 3⁺⟩; **~schwellen** *intr* Knospe набухáть ⟨-бýхнуть 4a⟩; *Med* опухáть ⟨-пýхнуть 4a⟩, отекáть ⟨-|тéчь*⟩; Fluß вздувáться ⟨-|дýться*⟩, прибывáть ⟨прибы́ть*⟩; Ton нарастáть ⟨-|растú*⟩, усúл|иваться ⟨-иться 3⟩; **~schwemmen** *tr* наносúть 3⁺ ⟨-|нестú*⟩ (течéнием), намывáть ⟨-|мы́ть*⟩
Anschwemmung *f* нанóс 2
ansehen *tr* смотрéть 3⁺ (по-) на *A;* betrachten рассмáтривать ⟨-смотрéть⟩; als etw. принимáть ⟨приня́ть*⟩ за *A*, считáть ⟨счесть*⟩ за *A*, *I* | j-m etw. ~ вú|деть 3 -жу (у-) что-н. по комý-н.; man sieht es dir an по тебé вúдно; man sieht ihm sein Alter nicht an он вы́глядит молóже своúх лет; sieh mal an! посмотрú-ка!; j-n groß ~ удивлённо смотрéть 3 на когó-н.; ich muß mir das näher ~ мне нýжно с э́тим познакóмиться блúже
Ansehen *n* уважéние 5 | in hohem ~ stehen быть* в большóм почёте; ohne ~ der Person не взирáя на лúца
ansehnlich вúдный, представúтел|ьный| -ен| -ьна; Betrag значúтел|ьный| -ен| -ьна
an|seilen *tr* привя́зывать ⟨-|вязáть*⟩ верёвкой; **~setzen** *tr* прист|авля́ть ⟨-áвить 3 -áвлю⟩; annähen пришивáть ⟨-|шúть*⟩; Termin назн|ачáть ⟨-áчить 3⟩; Knospen пу|скáть ⟨-стúть 3⁺⟩; Extrakt наст|áивать ⟨-oя́ть 3⟩; *intr* полнéть (по-) | Kesselstein ≈ накип|áть ⟨-éть 3⟩; zum Sprung ≈ разбегáться ⟨-|бежáться*⟩; zur Landung ≈ идтú* на посáдку
Ansicht *f* взгляд 2 (über на *P*); мнéние 5 (über о *P*); einer Stadt вид 2 | meiner ~ nach по моемý мнéнию, по-мóему; ich bin der ~, daß … я тогó мнéния| что …; zur ~ на просмóтр, для ознакомлéния
ansichtig: ~ werden замечáть ⟨-мéтить 3 -мéчу⟩, вú|деть 3 -жу (у-)
Ansichtskarte *f* открытка 6 с вúдом, видовáя открытка
ansiedeln *tr* посел|я́ть ⟨-úть 3⟩; sich ~ *refl* посел|я́ться ⟨-úться⟩
Ansiedl|er *m* поселéн|ец| -ца 2; **~ung** *f* поселéние 5
Ansinnen *n* чрезмéрное трéбование 5
anspannen *tr* Kräfte напрягáть ⟨-|пря́чь*⟩; Saite натя́гивать ⟨-тянýть 4⁺⟩; Pferd запрягáть ⟨-пря́чь⟩
Anspannung *f* напряжéние 5
an|speien *tr* плевáть* (на-) на *A;* **~spielen** *tr.* j-n ~ по|давáть ⟨подáть*⟩ комý-н. мяч; *intr* начинáть ⟨начáть*⟩ игрáть; *übertr* намек|áть ⟨-нýть 4⟩ (auf на *A*)
Anspielung *f* намёк 2
anspitzen *tr* Pfahl заостр|я́ть ⟨-úть 3⟩; Bleistift точúть 3⁺ (на-); *übertr* j-n подгоня́ть ⟨подо|гнáть*, подгоню́⟩
Ansporn *m* стúмул 2
anspornen *tr* Pferd пришпóр|ивать ⟨-ить 3⟩; *übertr* поощр|я́ть ⟨-úть 3⟩
Ansprache *f* речь 9g | eine ~ halten выступáть ⟨вы́ступ|ить 3 -лю⟩ с корóткой рéчью
ansprechen *tr* sich wenden an загов|áривать ⟨-орúть 3⟩ с *I*, обра|щáться ⟨-тúться 3 -щýсь⟩ к *D;* gefallen нрáвиться 3 (по-) *D;* **~d** привлекáтел|ьный| -ен| -ьна
anspringen *tr* наскáкивать ⟨-скочúть 3⁺⟩ на *A; intr* Motor зарабóтать *v*
Anspruch *m* претéнзия 8 (auf на *A*); Recht прáво 4b (auf на *A*); Forderung трéбование 5 (auf к *D*) | ~ erheben auf претендовáть 2 на *A;* die ganze Zeit in ~ nehmen занимáть ⟨заня́ть*⟩ всё врéмя; Ansprüche stellen anmaßend sein слúшком мнóго трéбовать
anspruchslos невзыскáтел|ьный| -ен| -ьна, непритязáтел|ьный| -ен| -ьна
Anspruchslosigkeit *f* невзыскáтельность 9, непритязáтельность 9
anspruchsvoll трéбовател|ьный| -ен| -ьна, притязáтел|ьный| -ен| -ьна
an|spucken *tr* плевáть* (на-) на *A;* **~spülen** *tr* намывáть ⟨-|мы́ть*⟩, наносúть 3⁺ ⟨-|нестú*⟩ (течéнием); **~stacheln** *tr* подстрек|áть ⟨-нýть 4⟩
An|stalt *f* учреждéние 5; Lehr~ заведéние 5; Vorbereitung *meist Pl* мéры *Pl* 6, приготовлéния *Pl* 5 | (keine) ≈en machen (не) собирáться ⟨-|брáться*⟩ *Inf;* **~stand** *m* прилúчие 5; Jagd охóтничье укры́тие 12-5 | den ≈ wahren соблюдáть ⟨соблюстú*⟩ прилúчия; keinen ≈ haben не умéть вестú себя́
anständig прилúч|ный| -ен; ehrlich порядоч|ный| -ен
Anständigkeit *f* прилúчие 5; поря́дочность 9
anstands|halber *Adv* рáди прилúчия; **~los** *Adv* bedingungslos безоговóрочно
an|starren *tr* пристáльно смотрéть 3⁺ (по-) на *A;* **~statt 1.** *Präpos* вмéсто *G* **2.** *Konj:* ≈ daß, ≈ zu вмéсто тогó| чтóбы; **~staunen** *tr* див|úться 3 -лю́сь *D*,

смотре́ть 3⁺ (по-) с изумле́нием на *A;* **~stecken** *tr* прика́лывать ⟨-|коло́ть*⟩; Feuer зажига́ть ⟨-|же́чь*⟩; Haus поджига́ть ⟨-же́чь| -ожгу́⟩; *Med* зара|жа́ть ⟨-зи́ть 3 -жу́⟩ *a. übertr;* Ring надева́ть ⟨-|де́ть*⟩; sich ≈ *refl* зара|жа́ться ⟨-зи́ться⟩ (mit *I,* bei от *G*) | sich eine Zigarette ≈ закури́ть *v* 3⁺ папиро́су; **~steckend** *Med* зара́з|ный| -ен, инфекцио́нный; *übertr* зарази́тел|ьный| -ен| -ьна | nicht ≈ незара́з|ный| -ен

Ansteckung *f Med* зараже́ние 5, инфе́кция 8

Ansteckungsgefahr *f Med* опа́сность зараже́ния

an|stehen *intr* стоя́ть 3 в о́череди (nach за *I*); **~steigen** *intr* Straße поднима́ться ⟨подня́ться*| -я́лся́| -яли́сь⟩; Wasser повыша́ться ⟨-вы́ситься 3⟩; zunehmen увели́ч|иваться ⟨-иться 3⟩; **~stellen** *tr* zur Arbeit принима́ть ⟨приня́ть*⟩ на рабо́ту, зачисля́ть ⟨зачи́слить 3⟩ в штат; verrichten де́лать (с-), устр|а́ивать ⟨-о́ить 3⟩; einschalten включ|а́ть ⟨-и́ть 3⟩; Unfug твори́ть 3 (со-); sich ≈ *refl* станов|и́ться 3 -лю́сь ⟨стать*⟩ в о́чередь (nach за *I*); *übertr* прики́|дываться ⟨-нуться 4⟩ | angestellt sein нахо|ди́ться 3 -жу́сь на слу́жбе; wie hast du das nur angestellt? как тебе́ э́то удало́сь?; sich geschickt ≈ bei etw. быть* ло́вким в чём-н.; er stellt sich an, als ob ... он де́лает вид| бу́дто ...; **~stellig** ло́в|кий| -ок| -ка́!, иску́с|ный| -ен

An|stellung *f* зачисле́ние 5 в штат; Amt ме́сто 4; **~stieg** *m* подъём 2, восхожде́ние 5

anstiften *tr* подстрек|а́ть ⟨-ну́ть 4⟩

Anstifter *m* подстрека́тель 1, зачи́нщик 2

anstimmen *tr* Lied запева́ть ⟨-|пе́ть*⟩

Anstoß *m* толч|о́к| -ка́ 2, уда́р 2; *übertr* Anlaß по́вод 2; Ärgernis возмуще́ние 5; *Sport* нача́льный уда́р | ~ erregen вызыва́ть ⟨вы́|звать*⟩ возмуще́ние; ~ nehmen an etw. быть* шоки́рованным чем-н.

an|stoßen *tr* толк|а́ть ⟨-ну́ть 4⟩; mit Gläsern чо́каться ⟨чо́кнуться 4⟩ (auf за *A*); *intr* ударя́ться ⟨уда́риться 3⟩ (an о *A*) | mit der Zunge ≈ шепеля́в|ить 3 -лю; auf j-s Wohl ~ пить* за чьё-н. здоро́вье; **~stößig** предосуди́тел|ьный| -ен| -ьна

an|strahlen *tr* осве|ща́ть ⟨-ти́ть 3 -щу́⟩, озар|я́ть ⟨-и́ть 3⟩ луча́ми; j-n смотре́ть 3⁺ сия́ющими глаза́ми на *A;* **~streben** *tr* стрем|и́ться 3 -лю́сь к *D;* **~streichen** *tr* кра́сить (о-, по-), окра́шивать ⟨окра́|сить 3 -шу⟩; im Buch отмеча́ть ⟨отме́|тить 3 -чу⟩; unterstreichen подчёркивать ⟨-черкну́ть 4⟩ | rot ≈ отчёркивать ⟨-черкну́ть⟩ кра́сным (карандашо́м)

Anstreicher *m* маля́р 2e

anstrengen *tr* напряга́ть ⟨-|пря́чь*⟩; ermüden утом|ля́ть ⟨-и́ть 3 -лю́⟩; sich ~ *refl* напряга́ться ⟨-пря́чься⟩, стара́ться (по-); sehr нату́ж|иваться ⟨-иться 3⟩ *umg;* **~d** утоми́тел|ьный| -ен| -ьна

An|strengung *f* напряже́ние 5; ~en *Pl* уси́лия *Pl* 5 | große ≈en unternehmen стара́ться изо всех сил; **~strich** *m* окра́ска 6; *übertr* вид 2

an|stricken *tr* надвя́зывать ⟨-|вяза́ть*⟩; **~stückeln** *tr* надст|авля́ть ⟨-а́вить 3 -а́влю⟩

Ansturm *m* на́тиск 2

Antagonismus *m* антагони́зм 2

antagonistisch антагонисти́ческий

Antarktis Анта́рктика 6

antarktisch антаркти́ческий

antasten *tr übertr* наруша́ть ⟨-ру́шить 3⟩; Ruf затр|а́гивать ⟨-о́нуть 4⟩

Anteil *m* до́ля 7g; *übertr* уча́стие 5 | ~ nehmen an etw. принима́ть ⟨приня́ть*⟩ уча́стие в чём-н.

anteilig 1. *Adj* пропорциона́л|ьный| -ен| -ьна, соразме́р|ный| -ен **2.** *Adv* пропорциона́льно до́ле уча́стия

Anteilnahme *f* Teilnahme уча́стие 5; Mitgefühl сочу́вствие 5

Antenne *f* анте́нна 6

Anthologie *f* антоло́гия 8

Anthrazit *m* антраци́т 2

anthrazitfarben антраци́товый

Anthropolog|e *m* антропо́лог 2; **~ie** *f* антрополо́гия 8

anthropologisch антропологи́ческий

Antibiotikum *n* антибио́тик 2

Antifasch|ismus *m* антифаши́зм 2; **~ist** *m* антифаши́ст 2

antifaschistisch антифаши́стский

antik анти́чный; altertümlich стари́нный

Antike *f* анти́чный мир 2, анти́чность 9

Antilope *f* антило́па 6

antimilitaristisch антимилитари́стский

Antimon *n Chem* сурьма́ 6

Antipathie *f* отвраще́ние 5, антипа́тия 8 (gegen к *D*)

Antipode *m* антипо́д 2

Antiqua *f Typ* анти́ква 6

Antiquar *m* антиква́р 2; Buchhändler букини́ст 2; **~iat** *n* букинисти́ческий магази́н 2

antiquarisch антиква́рный; Buch букинисти́ческий

Antiquität *f* стари́нная вещь 9g; ~en *Pl* предме́ты *Pl* 2 анти́чного иску́сства

Antiquitätenhandlung *f* антиква́рный магази́н

Antisemit *m* антисеми́т 2

antisemitisch антисеми́тский

Antisemitismus *m* антисемити́зм 2

antiseptisch антисепти́ческий [сэ]

Antistatiktuch *n* тря́п|ка 6 -ок для сня́тия электростати́ческих заря́дов

Antithese *f* Stil антитéза [тэ] 6; *Phil* антитéзис [тэ] 2
Antlitz *n* лицó 4c; *poet* лик 2
Antonym *n* антóним 2
Antrag *m* предложéние 5; Gesuch заявлéние 5 | einen ~ stellen вно|си́ть 3⁺ -шý ⟨в|нести́*⟩ предложéние; einen ~ um Aufnahme in die Partei stellen по|давáть* ⟨подáть*⟩ заявлéние о приёме в пáртию; er machte ihr einen ~ он сдéлал ей предложéние
antragen *tr* anbieten предлагáть ⟨-ложи́ть 3⁺⟩
Antragsteller *m* заяви́тель 1
an|treffen *tr* zu Hause за|ставáть* ⟨-|стáть*⟩; auf der Straße встречáть ⟨встрé|тить 3 -чу⟩; **~treiben** *tr* zu Leistungen подгоня́ть ⟨подо|гнáть*ı подгоню́⟩, Tiere a. погоня́ть; *intr* ans Ufer приноси́ть 3⁺ ⟨-|нести́*⟩ течéнием
antreten *tr* Amt, Erbschaft вступ|áть ⟨-и́ть 3⁺ -лю⟩ в *A;* Reise отправля́ться ⟨отпрá-в|иться 3 -люсь⟩ в *A;* Motorrad заводи́ть 3⁺ -вожý ⟨-|вести́*⟩; *intr Mil* стрóиться 3 (вы́-, по-); *Sport* выступáть ⟨вы́ступ|ить 3 -лю⟩ в соревновáнии (gegen прóтив *G*) | den Urlaub ~ идти́* в óтпуск; angetreten! стрóйся!
Antrieb *m* побуждéние 5; äußerer Anlaß сти́мул 2; *Tech* привóд 2 | aus eigenem ~ по сóбственному почи́ну
Antriebs|achse *f Tech* приводнáя ось; Auto ведýщий мост 11-2; **~kraft** *f* дви́гательная си́ла; **~motor** *m* приводнóй дви́гатель; **~welle** *f Tech* приводнóй вал
antrinken *tr:* sich einen (Rausch) ~ напивáться ⟨-|пи́ться*ı -пили́сь⟩, подвы́пить *v umg*
Antritt *m* начáло 4; eines Amtes вступлéние 5 в *A* | vor ~ der Fahrt пéред отъéздом
Antrittsvorlesung *f* лéкция по слýчаю вступлéния в дóлжность
an|trocknen *intr* присыхáть ⟨-сóхнуть 4a⟩; **~tun** *tr* причин|я́ть ⟨-и́ть 3⟩ | sich etw. ≈ налагáть ⟨-ложи́ть 3⁺⟩ на себя́ рýки; tu mir das nicht an не огорчáй меня́ э́тим
Antwerpen Антвéрпен 2
Antwort *f* отвéт 2; abschlägige откáз 2; auf einen Zuruf óтклик 2 | als ~ auf в отвéт на ...; er bleibt keine ~ schuldig он за слóвом в кармáн не полéзет; zur ~ geben сказáть *v* в отвéт; eine scharfe ~ geben отрезáть ⟨-|рéзать*⟩; **~brief** *m* отвéтное письмó
antworten *intr* отвечáть ⟨отвé|тить 3 -чу⟩ (auf на *A*); scharf und kurz отрезáть ⟨-|рéзать*⟩; auf einen Zuruf откликáться ⟨-кли́кнуться 4⟩, отзывáться ⟨ото-|звáться*ı отзовýсь ı отозвали́сь⟩
Antwortschreiben *n* отвéтное письмó
an|vertrauen *tr* доверя́ть ⟨-вéрить 3⟩; sich ≈ *refl* доверя́ться ⟨-вéриться⟩ *D;* **~wachsen** *intr* festwachsen прирастáть ⟨-|расти́*⟩ (an к *D*); zunehmen нарастáть ⟨-расти́⟩| er steht da wie angewachsen он тóчно к землé прирóс
An|walt *m Jur* адвокáт 2, защи́тник 2 *a. übertr;* **~wandlung** *f* при́ступ 2, припá-д|ок ı -ка 2
anwärmen *tr* подогревáть ⟨-грéть⟩
An|wärter *m* кандидáт 2 (auf на *A*); **~wartschaft** *f* кандидатýра 6 (auf на *A*)
anweisen *tr* давáть* ⟨дать*⟩ указáние;Platz укáзывать ⟨-|казáть*⟩; Quartier предоставля́ть ⟨-стáвить 3 -стáвлю⟩; Geld переводи́ть 3⁺ -вожý ⟨-|вести́*⟩
Anweisung *f* укáзание 5; Anleitung инстрýкция 8; Geld перевóд 2
anwendbar примени́м:ый
anwenden *tr* примен|я́ть ⟨-и́ть 3⁺⟩, употреб|ля́ть ⟨-и́ть 3 -лю́⟩ | Sorgfalt ~ прилагáть ⟨-ложи́ть 3⁺⟩ старáние
Anwendung *f* применéние 5, употреблéние 5 | unter ~ von etw. с применéнием чегó-н.
anwerben *tr* вербовáть 2 (за-), набирáть ⟨-|брáть*⟩
An|werbung *f* вербóвка 6; **~wesen** *n* (небольшóе) владéние 5
anwesend присýтствующий 11 | ~ sein присýтствовать 2 (bei на *P*)
Anwesen|der *m* присýтствующий *Subst 11;* **~heit** *f* присýтствие 5
Anwesenheits|kontrolle *f* провéрка 6 я́вки; **~liste** *f* спи́сок присýтствующих | eine ≈ führen вести́ учёт посещáемости
anwidern *tr* вызывáть ⟨вы́|звать*⟩ отвращéние | das widert mich an э́то мне прóтивно
Anwurf *m Sport* начáльный брос|óк ı -кá 2
anwurzeln *intr* укорен|я́ться ⟨-и́ться 3⟩, пу|скáть ⟨-сти́ть 3⁺ -щý⟩ кóрни | wie angewurzelt dastehen стоя́ть как вкóпанный
Anzahl *f* (некотóрое) коли́чество 4 [числó 4]; große мнóжество 4
anzahlen *tr* упл|áчивать ⟨-ати́ть 3⁺ -ачý⟩ пéрвый взнос (für в счёт *G*)
Anzahlung *f* пéрвый взнос 2
anzapfen *tr* Faß начинáть ⟨начáть*⟩ | das Telefon ~ подключ|áться ⟨-и́ться 3⟩ к телефóнному прóводу
Anzeichen *n* при́знак 2
anzeichnen *tr* anmerken отмечáть ⟨-мéтить 3 -мéчу⟩; an Tafel рисовáть 2 (на-)
Anzeige *f* Mitteilung сообщéние 5; Annonce объявлéние 5; *Jur* заявлéние 5; Meßinstrument покáзание 5 | von etw. ~ erstatten заяв|ля́ть ⟨-и́ть 3⁺ -лю́⟩ о чём-н.; gegen j-n ~ erstatten wegen дéлать (с-) заявлéние на когó-н. по пóводу *G*
anzeigen *tr* durch Aushang изве|щáть ⟨-сти́ть 3 -щý⟩, уведомля́ть ⟨увéдомить 3

-лю⟩; Meßinstrumente пока́зывать ⟨-|каза́ть*⟩; annoncieren объяв|ля́ть ⟨-и́ть 3⁺ -лю́⟩; bei Behörden заяв|ля́ть ⟨-и́ть 3⁺ -лю́⟩ о *P*
Anzeigenteil *m* Zeitung отде́л 2 объявле́ний
Anzeiger *m* Zeitung ве́стник 2; *Tech* ука́затель 1
an|zetteln *tr* затева́ть ⟨-те́ять, -те́ю, -те́ешь⟩; Verschwörung устр|а́ивать ⟨-о́ить 3⟩; **~ziehen** *tr* Kleidung надева́ть ⟨-|де́ть*⟩; Person одева́ть ⟨-де́ть⟩; Schuhe обува́ть ⟨обу́|ть, -ю, -ешь⟩; straffen подтя́гивать ⟨-тяну́ть 4⁺⟩; Schraube подви́нчивать ⟨-винти́ть 3 -винчу́, -ви́нченный⟩; *übertr* привлека́ть ⟨-|вле́чь*⟩; *intr* Preise поднима́ться ⟨подня́ться*, -я́лся́, -яли́сь⟩, повыша́ться ⟨-вы́ситься 3⟩; sich ≈ *refl* одева́ться ⟨-де́ться⟩ | dem Kind einen Mantel ≈ оде́ть ребёнка в пальто́; **~ziehend** привлека́тел|ьный, -ен, -ьна, интере́с|ный, -ен
Anziehpuppe *f* ку́кла с гардеро́бом
Anziehung *f Phys* притяже́ние 5
Anziehungs|kraft *f* привлека́тельность 9; *Phys* си́ла притяже́ния; **~punkt** *m:* diese Ausstellung ist ein ≈ für viele Besucher э́та вы́ставка привлека́ет мно́го посети́телей
Anzug *m* костю́м 2 | ein Gewitter ist im ~ надвига́ется гроза́
anzüglich двусмы́слен:ный
Anzüglichkeit *f* двусмы́сленность 9
an|zünden *tr* зажига́ть ⟨-|же́чь*⟩; Zigarette заку́ривать ⟨-кури́ть 3⁺⟩; Gebäude поджига́ть ⟨-же́чь⟩; **~zweifeln** *tr* сомнева́ться в *P*
Äolsharfe *f* эо́лова 13 а́рфа
Aorta *f* ао́рта 6
apart привлека́тел|ьный, -ен, -ьна, изы́скан:ный, -на
Apathie *f* апа́тия 8
apathisch апати́ч|ный, -ен
Apenninen *Pl* Апенни́ны *Pl* 6
Aperitif *m* аперити́в 2
Apfel *m* я́блок|о 4 *Pl* -и *G* я́блок | in den sauren ~ beißen *übertr* покор|я́ться ⟨-и́ться 3⟩ неприя́тной необходи́мости; der ~ fällt nicht weit vom Stamm *übertr* я́блоко от я́блони недалеко́ па́дает; **~baum** *m* я́блоня 7; **~kuchen** *m* я́блочный пиро́г; **~mus** *n* я́блочное пюре́; **~saft** *m* я́блочный сок; **~schale** *f* ко́жица я́блока
Apfelsine *f* апельси́н 2
Apfelsinenscheibe *f* апельси́новая до́л|ька 6 *G Pl* -ек
Apfelwein *m* сидр 2, я́блочное вино́
Aphorismus *m* афори́зм 2
aphoristisch афористи́ческий
apodiktisch аподикти́ческий
Apokalypse *f* апока́липсис 2
Apolog|et *m* аполо́ге́т 2; **~ie** *f* аполо́гия 8
Apostel *m* апо́стол 2
apostolisch апо́стольский
Apostroph *m* апостро́ф 2
apostrophieren *tr* ста́в|ить 3 -лю (по-) апостро́ф
Apotheke *f* апте́ка 6; **~r** *m* апте́карь 1
Apotheose *f* апофео́з 2
Apparat *m* аппара́т 2, прибо́р 2; **~ur** *f* аппарату́ра 6
Appartement *n* апарта́мент 2 *meist Pl;* **~haus** *n* жило́й дом гости́ничного ти́па
Appell *m* Aufruf призы́в 2, обраще́ние 5 (an к *D*); namentlicher Aufruf перекли́чка 6; Ruf zum Sammeln сбор 2; im Pionierlager лине́йка 6
Appellation *f* апелля́ция 8
appellieren *intr* обраща́ться ⟨-ти́ться 3 -щу́сь⟩ с призы́вом (an к *D*), апелли́ровать *uv, v* 2 (an к *D*)
Appendix *m* аппе́ндикс 2
Appetit *m* аппети́т 2 (auf на *A*) | guten ~! приятного аппети́та!; ~ anregen возбу|жда́ть ⟨-ди́ть 3 -жу́⟩ аппети́т; mir ist der ~ vergangen у меня́ пропа́л аппети́т
appetit|anregend вызыва́ющий 11 аппети́т; **~lich** аппети́т|ный, -ен
Appetitlosigkeit *f* отсу́тствие 5 аппети́та
applaudieren *intr* аплоди́ровать 2
Applaus *m* аплодисме́нты *Pl* 2
Applikation *f* Stickerei апплика́ция 8
Apposition *f Gramm* приложе́ние 5
Appretur *f Text* аппре́т 2
Approbation *f* Arzt допуще́ние 5 к пра́ктике
approbieren *tr* Arzt допу|ска́ть ⟨-сти́ть 3⁺ -щу́⟩ к пра́ктике
Aprikose *f* абрико́с 2
April *m* апре́ль 1 | j-n in den ~ schicken подшу́чивать ⟨-шути́ть 3⁺ -шучу́⟩ над кем-н. пе́рвого апре́ля; **~scherz** *m* апре́льская шу́тка; **~wetter** *n* переме́нчивая пого́да
apropos *Adv* кста́ти
Aquädukt *m* акведу́к 2
Aquamarin *m* аквамари́н 2
Aqua|naut *m* акванáвт 2; **~planing** *n* скольже́ние 5 (автомоби́ля) по мо́крой пове́рхности
Aquarell *n* акваре́ль 9; **~farbe** *f* акваре́льная кра́ска; **~maler** *m* акварели́ст 2; **~malerei** *f* акваре́льная жи́вопись
Aquarium *n* аква́риум 2
Äquator *m* эква́тор 2
äquatorial экваториа́льный
Äquatorial-Guinea Экваториа́льная Гвине́я 7
Äquilibrist *m* эквилибри́ст 2
äquivalent эквивале́нт|ный, -ен
Äquivalent *n* эквивале́нт 2 (für *G*)
Ar *m, n* ар 2

Ära *f* эра 6
Araber *m* ара́б 2; Pferd ара́бская ло́шадь 9g *I Pl* -ми; ~**in** *f* ара́бка 6
Arabeske *f* арабе́ск 2
arabisch ара́бский
Aralsee Ара́льское мо́ре 3
Arbeit *f* рабо́та 6; *Wiss* труд 2e | eine ~ leisten де́лать (с-) рабо́ту, выполня́ть ⟨вы́полнить 3⟩ рабо́ту; an die ~ gehen присту́п|а́ть ⟨-и́ть 3⁺ -лю́⟩ к рабо́те; sich an die ~ machen принима́ться ⟨приня́ться*ᵢ -я́лся́ᵢ -яли́сь⟩ за рабо́ту, занима́ться ⟨заня́ться*ᵢ -я́лся́ᵢ -яли́сь⟩ рабо́той; bei der ~ sein быть за рабо́той; er ging zur ~ он вы́шел на рабо́ту; geistige ~ у́мственный труд; körperliche ~ физи́ческий труд; mir geht die ~ leicht von der Hand у меня́ рабо́та спори́тся
arbeiten *intr* рабо́тать; тру|ди́ться 3⁺ -жу́сь (an над *I*); sich beschäftigen занима́ться ⟨заня́ться*ᵢ -я́лся́ᵢ -яли́сь⟩; eine Zeitlang порабо́тать *v;* Maschine рабо́тать | an einem Artikel ~ рабо́тать над статьёй; er arbeitet für seine Familie он рабо́тает на свою́ семью́
Arbeiter *m* рабо́чий *Subst* 11; jeder Arbeitende рабо́тник 2 | ungelernter ~ чернорабо́чий *Subst* 11; ~**bewegung** *f* рабо́чее 11 движе́ние; ~**festspiele** *n Pl* театра́льный фестива́ль для рабо́чих; ~**in** *f* рабо́тница 6; ~**klasse** *f* рабо́чий 11 класс; ~**korrespondent** *m* рабо́чий 11 корреспонде́нт, рабко́р 2; ~**partei** *f* рабо́чая 11 па́ртия; ~**schaft** *f* рабо́чие *Subst* 11; ~**siedlung** *f* рабо́чий 11 посёлок; ~**-und-Bauern-Fakultät** *f* (*Abk* ABF) рабо́че-крестья́нский факульте́т; ~**-und-Bauern-Staat** *m* рабо́че-крестья́нское госуда́рство; ~**veteran** *m* ветера́н труда́; ~**wohnungsbaugenossenschaft** *f* рабо́чий 11 жили́щно-строи́тельный кооперати́в
Arbeit|geber *m* работода́тель 1; ~**nehmer** *m* рабо́чий *Subst* 11; Angestellter слу́жащий *Subst* 11
arbeitsam работя́щий 11, трудолюби́в:ый
Arbeits|amt *n* би́ржа 6 труда́; ~**anzug** *m* рабо́чий 11 костю́м; ~**aufwand** *m* затра́та 6 труда́ (für на *A*); ~**ausfall** *m* просто́й 1 в рабо́те; ~**biene** *f* рабо́чая 11 пчела́; ~**buch** *n* трудова́я кни́жка; ~**bummelant** *m* прогу́льщик 2; ~**disziplin** *f* трудова́я дисципли́на; ~**eifer** *m* трудово́е рве́ние; ~**einsatz** *m* рабо́та 6, уча́стие 5 в како́й-н. рабо́те; freiwilliger суббо́тник 2; ~**einstellung** *f* прекраще́ние рабо́ты; Verhältnis zur Arbeit отноше́ние 5 к труду́
arbeitsfähig работоспосо́б|ный₁ -ен, трудоспосо́б|ный₁ -ен
Arbeits|fähigkeit *f* работоспосо́бность 9, трудоспосо́бность 9; ~**gang** *m* опера́ция 8; ~**gebiet** *n* о́бласть рабо́ты, сфе́ра 6 де́ятельности; ~**gemeinschaft** *f* (делово́е) сотру́дничество 4, рабо́чее 11 содру́жество; Zirkel круж|о́кᵢ -ка́ 2; ~**gericht** *n Jur* суд по трудовы́м дела́м; ~**gesetzbuch** *n* ко́декс 2 зако́нов о труде́; ~**kampf** *m* забасто́вочная борьба́; ~**kittel** *m* рабо́чий 11 хала́т; ~**kleidung** *f* рабо́чий костю́м 11-2; ~**klima** *n* атмосфе́ра 6 на рабо́те; ~**kollege** *m* това́рищ по рабо́те, колле́га 6; ~**kollektiv** *n* трудово́й коллекти́в; ~**kraft** *f* Arbeiter рабо́чая 11 си́ла | die Arbeitskräfte reichen nicht aus рабо́чих рук не хвата́ет; ~**kräftelenkung** *f* распределе́ние 5 [расстано́вка 6] рабо́чей си́лы; ~**kräftemangel** *m* нехва́тка рабо́чей си́лы; ~**kräfteplan** *m* план подгото́вки рабо́чей си́лы; ~**leistung** *f* вы́работка 6; ~**lohn** *m* за́работная пла́та 6, зарпла́та 6
arbeitslos безрабо́тный
Arbeitsloser *m* безрабо́тный *Subst* 10
Arbeits|losenunterstützung *f* посо́бие 5 по безрабо́тице; ~**losigkeit** *f* безрабо́тица 6; ~**mittel** *n* сре́дство труда́; ~**moral** *f* созна́тельное отноше́ние 5 к труду́; ~**norm** *f* но́рма вы́работки | technisch begründete ≈ техни́чески обосно́ванная но́рма вы́работки; ~**ordnung** *f* im Betrieb пра́вила *Pl* 4 вну́треннего распоря́дка; ~**organisation** *f* организа́ция труда́; ~**plan** *m* план рабо́ты, рабо́чий 11 план; ~**platz** *m* рабо́чее 11 ме́сто | j-m einen ≈ verschaffen устр|а́ивать ⟨-о́ить 3⟩ кого́-н. на рабо́ту; ein gesicherter ≈ обеспе́ченная рабо́та; ~**produktivität** *f* производи́дельность труда́; ~**prozeß** *m* трудово́й проце́сс; ~**recht** *n* трудово́е пра́во
arbeitsscheu уклоня́ющийся 11 от рабо́ты
Arbeits|schluß *m* коне́ц рабо́чего дня; ~**schutz** *m* охра́на труда́; ~**stelle** *f* ме́сто рабо́ты; ~**tag** *m* рабо́чий 11 день; ~**teilung** *f* разделе́ние труда́; ~**überlastung** *f* перегру́женность 9 рабо́той
arbeitsunfähig нетрудоспосо́б|ныйᵢ -ен, неработоспосо́б|ныйᵢ -ен
Arbeits|unfähigkeit *f* нетрудоспосо́бность 9, неработоспосо́бность 9; ~**unfall** *m* несча́стный слу́ча|й 1 *G Pl* -ев на произво́дстве; ~**unterbrechung** *f* переры́в 2 в рабо́те; ~**zeit** *f* рабо́чее 11 вре́мя; ~**zeitverkürzung** *f* сокраще́ние рабо́чего дня; ~**zimmer** *n* кабине́т 2
archaisch архаи́ческий
Archangelsk Арха́нгельск 2
Archäolog|e *m* архео́лог 2; ~**ie** *f* археоло́гия 8
archäologisch археологи́ческий
Archipel *m* архипела́г 2

Architekt *m* архите́ктор 2
architektonisch архитекту́рный; baukünstlerisch архитектони́ческий
Architektur *f* архитекту́ра 6
Archiv *n* архи́в 2; **~ar** *m* архива́риус 2
Areal *n* террито́рия 8
Arena *f* аре́на 6 | in der ~ на аре́не
arg 1. *Adj* дурно́й, ду́р|ен, -на́, -но, ду́рны́, злой, зол; злейший 11; Fehler гру́б:ый, -а́!, кру́п|ный, -ен, -на́! | im ~en liegen быть* в плохо́м положе́нии; in ~er Verlegenheit sein испы́тывать ⟨-пыта́ть⟩ больши́е затрудне́ния **2.** *Adv* си́льно | j-m ~ mitspielen сыгра́ть *v* с кем-н. злу́ю шу́тку; das ist zu ~ э́то уж сли́шком; es zu ~ treiben *umg* захо|ди́ть 3⁺ -жу́ сли́шком далеко́
Argentini|en Аргенти́на 6; **~er** *m* аргенти́н|ец, -ца 2; **~erin** *f* аргенти́нка 6
argentinisch аргенти́нский
Ärger *m* доса́да 6 (über на *A*); Zorn гнев 2; Unannehmlichkeit неприя́тность 9 | aus ~ с доса́ды, со зла; zum ~ на́зло́; viel ~ haben име́ть мно́го неприя́тностей; j-m ~ bereiten доса|жда́ть ⟨-ди́ть 3 -жу́⟩ кому́-н.
ärgerlich серди́тый, раздражён|ный, -ён, -ена́; peinlich доса́д|ный, -ен | ~ sein auf j-n сер|ди́ться 3⁺ -жу́сь (рас-) на кого́-н., быть серди́тым на кого́-н.; es ist ~, daß ... доса́дно, что ...
ärgern *tr* злить 3 (обо-, о-, разо-), серди́ть 3⁺ -жу́ (рас-); sich ~ *refl* серди́ться (рас-), зли́ться (обо-, о-, разо-) | er ärgerte sich zu Tode он си́льно серди́лся; es ärgerte mich, daß... доса́дно мне, что ...
Ärgernis *n* доса́да 6, неприя́тность 9 | ~ erregen вызыва́ть ⟨вы́|звать*⟩ доса́ду; öffentliches ~ публи́чный сканда́л 2
Arglist *f* кова́рство 4
arg|listig кова́р|ный, -ен; **~los** простоду́ш|ный, -ен
Arglosigkeit *f* простоду́шие 5
Argon *n* арго́н 2
Argument *n* аргуме́нт 2, до́вод 2; **~ation** *f* аргумента́ция 8
argumentieren *intr* приводи́ть 3⁺ -вожу́ ⟨-|вести́*⟩ доказа́тельства, аргументи́ровать *uv, v* 2
Argwohn *m* подозре́ние 5, недове́рие 5 | ~ hegen gegen j-n пита́ть недове́рие к кому́-н.
argwöhn|en *tr* подозрева́ть; **~isch** подозри́тел|ьный, -ен, -ьна | ≈ sein gegen j-n пита́ть подозре́ние к кому́-н.
Arie *f* а́рия 8
Aristokrat *m* аристокра́т 2; **~ie** *f* аристокра́тия 8
aristokratisch аристократи́ческий; vornehm аристократи́ч|ный, -ен
Arithmetik *f* арифме́тика 6
arithmetisch арифмети́ческий | das ~e Mittel сре́днее *Subst* 10 арифмети́ческое
Arkade *f* арка́да 6
Arktis А́рктика 6
arktisch аркти́ческий
arm бе́д|ный, -ен, -на́, -но, бе́дны́ (an *I*) | ~ sein нужда́ться (an в *P*); ~ werden бедне́ть (о-); ~er Schlucker *umg* бедня́га *m* 6
Arm *m* рука́ 6а; Fluß рука́в 2е *Pl* -а́; am Sessel ру́чка 6; Hebel рыча́г 2е, плечо́ 4 *Pl* пле́чи, плеч, плеча́м | in den ~en в объя́тиях; ~ in ~ рука́ о́б руку; j-m unter die ~e greifen *übertr* помога́ть ⟨-|мо́чь*⟩ кому́-н.; die Aktentasche unter den ~ nehmen взять *v* портфе́ль под мы́шки [под мы́шку]; etw. unter dem ~ tragen нести́ что-н. под мы́шкой
Armatur *f* армату́ра 6
Armaturenbrett *n* щит|о́к, -ка́ 2 прибо́ров, прибо́рный щито́к
Armband *n* брасле́т 2; **~uhr** *f* ручны́е [нару́чные] часы́
Arm|binde *f* повя́зка 6 (на руке́), нарука́вная повя́зка; als Schlinge перевя́зь 9; **~brust** *f* арбале́т 2, самостре́л 2
Armee *f* а́рмия 8; **~befehlshaber** *m* кома́ндующий *Subst* 11 а́рмией; **~general** *m* генера́л а́рмии; **~korps** *n* арме́йский ко́рпус; **~sportler** *m* спортсме́н арме́йского клу́ба
Ärmel *m* рука́в 2е *Pl* -а | das läßt sich nicht aus dem ~ schütteln э́то де́ло нелёгкое [хк]; **~brett** *n* глади́льная доска́ для рукаво́в; **~futter** *n* подкла́дка 6 рукава́; **~halter** *m* рези́нка 6 для рукаво́в; **~kanal** *m* проли́в 2 Ла-Ма́нш
ärmellos без рукаво́в | ~e Jacke безрука́вка 6
Ärmelschoner *m* нарука́вник 2
Armen|ien Арме́ния 8; **~ier** *m* арм|яни́н 2 *Pl* -я́не, -я́н; **~ierin** *f* армя́нка 6
armenisch армя́нский | Armenische Sozialistische Sowjetrepublik Армя́нская Сове́тская Социалисти́ческая Респу́блика
Armer *m* бедня́к 2е; *übertr* бедня́жка *m* 6
Arm|lehne *f* ру́чка 6 кре́сла; **~leuchter** *m* канделя́бр 2
ärmlich убо́г:ий, бе́д|ный, -ен, -на́, -но, бе́дны́
Ärmlichkeit *f* бе́дность 9
armselig жа́л|кий, -ок, -ка́!, убо́гий
Armseligkeit *f* ску́дость 9, убо́жество 4
Armut *f* бе́дность 9; arme Leute беднота́ 6 | geistige ~ духо́вное убо́жество 4
Armvoll *m* оха́пка 6 | einen ganzen ~ це́лую оха́пку
Arnika *f* а́рника 6
Aroma *n* арома́т 2
aromatisch арома́т|ный, -ен; *Chem* арома́ти́ческий

Aronstab *m Bot* ápум 2, арóнник 2
Arrangement *n* Übereinkunft соглашéние 5; *Mus* аранжирóвка 6
arrangieren *tr* устр|áивать ⟨-óить 3⟩; *Mus* аранжи́ровать *uv, v* 2
Arrest *m* арéст 2
arretieren *tr* арест|óвывать ⟨-ова́ть *a. uv* 2⟩; *Tech* Waage стóпорить 3 (за-)
arrogant надмéн|ный, -ен, -на, занóсчив:ый
Arroganz *f* надмéнность 9, занóсчивость 9
Arsen *n* мышья́к 2e
Arsenal *n* арсенáл 2
Art *f Biol* вид 2; Sorte род 2b, сорт 2b, *Pl* -á; Weise спóсоб 2; eines Menschen манéра 6 вести́ себя́ | auf diese ~ (und Weise) таки́м óбразом; auf jede ~ (und Weise) вся́чески, на все лады́; von der ~ такóго рóда; in dieser ~ в э́том [такóм] рóде; aus der ~ schlagen вырождáться ⟨вы́родиться 3⟩; das ist doch keine ~ э́то ни на что не похóже; der Ursprung der ~en *Biol* происхождéние ви́дов
arteigen свóйствен:ный какóму-то ви́ду
Arterie *f* артéрия 8
Arterienverkalkung *f* артериосклерóз 2
artesisch артезиáнский | ~er Brunnen артезиáнский колóдец
artig послу́ш|ный, -ен; höflich вéжлив:ый, учти́в:ый
Artikel *m* стат|ья́ 7 *G Pl* -éй; Ware товáр 2, предмéт 2; Verfassung статья́; eines Vertrages пункт 2; *Gramm* арти́кль 1, член 2 | einen ~ veröffentlichen поме|щáть ⟨-сти́ть 3 -щу́⟩ статью́
Artikulation *f* артикуля́ция 8
artikulieren *tr* артикули́ровать *uv,v* 2
Artillerie *f* артиллéрия 8; **~feuer** *n* артиллери́йский огóнь
Artillerist *m* артиллери́ст 2
Artischocke *f* артишóк 2
Artist *m* арти́ст 2 ци́рка [эстрáды]; **~ik** *f* цирковóе искýсство 4; искýсство эстрáды; **~in** *f* арти́стка 6 ци́рка [эстрáды]
artistisch акробати́ческий; meisterhaft виртуóз|ный, -ен
Arznei *f* лекáрство 4 (gegen от *G*) | eine ~ verschreiben пропи́сывать ⟨-|писáть*⟩ лекáрство; die ~ wirkte лекáрство оказáло дéйствие; **~buch** *n* фармакопéя 7; **~kunde** *f* фармаколóгия 8; **~mittel** *n* лекáрство 4; **~pflanze** *f* лекáрственное растéние
Arzt *m* врач 2e *G Pl* -éй, дóктор 2b *Pl* -á *umg* | als ~ в кáчестве врачá; den ~ zu Rate ziehen обра|щáться ⟨-ти́ться 3 -щу́сь⟩ к врачу́ за консультáцией; praktischer ~ врач-прáктик 2e-2
Ärztekommission *f* врачéбная коми́ссия
Ärztin *f* (жéнщина-) врач (6-)2e *G Pl* -éй
ärztlich врачéбный, медици́нский | ~e Untersuchung врачéбный осмóтр; ~e Beratungsstelle консультáция 8; ~e Hilfe in Anspruch nehmen пóльзоваться 2 медици́нской пóмощью
[1]**As** *n* Karte туз 2e *A* тузá; *übertr* ас 2
[2]**As** *n Mus* ля бемóль 1
Asbest *m* асбéст 2; **~platte** *f* асбéстовая плитá 6
Aschchabad Ашхабáд 2
Asche *f* пéп|ел, -ла 2, золá 6; von Toten прах 2
Aschen|bahn *f Sport* гаревáя дорóжка 6; **~becher** *m* пéпельница 6; **~brödel** *n* зóлушка 6; **~kasten** *m* зóльник 2
aschgrau пéпельно-сéрый
äsen *intr* пасти́сь*, корми́ться 3⁺
Aserbaidshan Азербайджáн 2; **~er** *m* азербайджáн|ец, -ца 2; **~erin** *f* азербайджáнка 6
aserbaidshanisch азербайджáнский | Aserbaidshanische Sozialistische Sowjetrepublik Азербайджáнская Совéтская Социалисти́ческая Респу́блика
Asiat *m* азиáт 2; **~in** *f* азиáтка 6
asiatisch азиáтский
Asien Áзия 8
Aske|se *f* аскети́зм 2; **~t** *m* аскéт 2
asketisch аскети́ческий
Asowsches Meer Азóвское мóре
asozial асоциáльный
Aspekt *m* аспéкт 2; *Gramm* вид 2 | unvollendeter ~ несовершéнный вид; vollendeter ~ совершéнный вид
Asphalt *m* асфáльт 2
asphaltieren *tr* асфальти́ровать *uv, v* 2 (*a.* за-), покрывáть ⟨-|кры́ть*⟩ асфáльтом
Asphaltstraße *f* асфальти́рованная у́лица; Landstraße асфальти́рованное шоссé
Aspik *m, n* заливнóе блю́до 4
Aspirant *m* аспирáнт 2; **~ur** *f* аспирантýра 6
Aspiration *f Ling* придыхáние 5
aspiriert *Ling* придыхáтельный
Aspirin *n* аспири́н 2
Assel *f Zool* мокри́ца 6
Assessor *m* асéссор 2
Assimilation *f* ассимиля́ция 8, уподоблéние 5
assimilieren *tr* ассимили́ровать *uv, v* 2, упод|обля́ть ⟨-óбить 3 -óблю⟩; sich ~ *refl* ассимили́роваться *uv, v* 2, упод|обля́ться ⟨-óбиться⟩
Assistent *m* ассистéнт 2; **~in** *f* ассистéнтка 6 | wissenschaftlich-technische ≈ лаборáнтка 6
Assistenzarzt *m* млáдший 11 врач
assistieren *intr* ассисти́ровать *uv, v* 2
Assoziation *f* ассоциáция 8
assoziieren *tr* ассоции́ровать *uv, v* 2
assyrisch ассири́йский

Ast *m* сук 2e; на суку́; *Pl a.* су́чья, -ев 1; Zweig ветвь 9g | sich einen ~ lachen *umg* чуть не ло́пнуть 4 от сме́ха
Aster *f* а́стра 6
Ästhet *m* эсте́т [тэ] 2; **~ik** *f* эсте́тика [тэ] 6
ästhetisch эстети́ческий [тэ]; geschmackvoll эстети́ч|ный [тэ], -ен
Asthma *n* а́стма 6; **~tiker** *m* астма́тик 2, страда́ющий *Subst* 11 а́стмой
asthmatisch астмати́ческий
Astloch *n* свищ 2e
Astrolog|e *m* астро́лог 2; **~ie** *f* астроло́гия 8
astrologisch астрологи́ческий
Astronaut *m* астрона́вт 2; **~ik** *f* астрона́втика 6
Astronom *m* астроно́м 2; **~ie** *f* астроно́мия 8
astronomisch астрономи́ческий
Astrophysik *f* астрофи́зика 6
Asyl *n* убе́жище 4; ночле́жка 6 | 2 j-m ~ gewähren предост|авля́ть ⟨-а́вить 3 -а́влю⟩ кому́-н. пра́во убе́жища; **~recht** *n* пра́во убе́жища
asymmetrisch асимметри́ческий, асимметри́ч|ный, -ен
Asymptote *f Math* асимпто́та 6
Atelier *n* ателье́ [тэ] *n idkl,* мастерска́я *Subst* 10; Film~ (киносъёмочный) павильо́н 2
Atem *m* дыха́ние 5; *umg* дух 2 | ~ holen переводи́ть 3⁺ -вожу́ ⟨-|вести́*⟩ дух; außer ~ kommen задыха́ться ⟨-дохну́ться 4 *u.* 4a⟩, запыха́ться; den ~ anhalten заде́рживать ⟨-держа́ть 3⁺⟩ дыха́ние; es verschlug mir den ~ у меня́ захвати́ло дух
atemberaubend захва́тывающий 11 (дух)
Atem|beschwerden *f Pl* уду́шье 5, затруднённое дыха́ние 5 | ich habe ≈ мне тру́дно дыша́ть; **~not** *f* оды́шка 6, уду́шье 5; **~pause** *f* переды́шка 6; **~wege** *m Pl* дыха́тельные пути́; **~zug** *m* вдох 2 | bis zum letzten ≈ до после́днего издыха́ния; in einem ≈ одновреме́нно
Äthan *n* эта́н 2
Athe|ismus *m* атеи́зм [тэ] 2, безбо́жие 5; **~ist** *m* атеи́ст [тэ] 2, безбо́жник 2
atheistisch атеисти́ческий [тэ]
Athen Афи́ны *Pl* 6
Äther *m* эфи́р 2
ätherisch эфи́рный
Äthiop|ien Эфио́пия 8; **~ier** *m* эфио́п 2; **~ierin** *f* эфио́пка 6
äthiopisch эфио́пский
Athlet *m* атле́т 2; Kraftmensch сила́ч 2e *G Pl* -е́й
athletisch атлети́ческий
Äthyl *n* эти́л 2; **~alkohol** *m* эти́ловый спирт 2
Atlantik *m* Атла́нтика 6
atlantisch атланти́ческий | Atlantischer Ozean Атланти́ческий океа́н
¹Atlas *m* Kartenwerk а́тлас 2
²Atlas *m* Stoff атла́с 2
atmen *tr u. intr* дыша́ть 3⁺ | hier kann man leichter ~ здесь ле́гче [хч] ды́шится
Atmosphäre *f* атмосфе́ра 6, *übertr a.* обстано́вка 6 | die ~ ist geladen *übertr* атмосфе́ра накалена́
atmosphärisch атмосфе́рный
Atmung *f* дыха́ние 5
Atmungsorgane *n Pl* о́рганы дыха́ния
Atoll *n* ато́лл 2
Atom *n* а́том 2
atomar а́томный | ~e Bewaffnung а́томное вооруже́ние
Atom|bombe *f* а́томная бо́мба; **~eisbrecher** *m* а́томный ледоко́л; **~energie** *f* а́томная эне́ргия | die friedliche Nutzung der ≈ испо́льзование а́томной эне́ргии в ми́рных це́лях
atomgetrieben с а́томным дви́гателем, а́томный
Atomgewicht *n* а́томный вес
Atomkern *m* а́томное ядро́; **~spaltung** *f* деле́ние 5 а́томного ядра́
Atomkraft *f* а́томная [я́дерная] эне́ргия 8; **~werk** *n* а́томная электроста́нция | ein ≈ mit einer Leistung von 400000 Kilowatt а́томная электроста́нция мо́щностью в 400 ты́сяч килова́тт
Atom|krieg *m* а́томная война́; **~müll** *m* радиоакти́вные отхо́ды *Pl* 2; **~physik** *f* а́томная фи́зика; **~reaktor** *m* а́томный [я́дерный] реа́ктор; **~sprengkopf** *m* а́томная боеголо́в|ка 6 *G Pl* -ок; **~waffe** *f* а́томное ору́жие
atomwaffenfrei свобо́дный от а́томного ору́жия | ~e Zone беза́томная зо́на
Atomwaffensperrvertrag *m* догово́р о нераспростране́нии я́дерного ору́жия
Atomwissenschaftler *m* учёный-а́томник *Subst* 10–2
atonal атона́льный
Attaché *m Pol* атташе́ *m idkl*
Attacke *f* ата́ка 6; Anfall при́ступ 2
Atten|tat *n* покуше́ние 5 (auf на *A*); **~täter** *m* соверши́вший *Subst* 11 покуше́ние на *A*
Attest *n* аттеста́т 2, свиде́тельство 4 | ärztliches ~ медици́нское свиде́тельство
attestieren *tr* свиде́тельствовать 2 (за-)
Attraktion *f* аттракцио́н 2
attraktiv привлека́тел|ьный, -ен, -ьна
Attrappe *f* бутафо́рия 8; Auslage муля́ж 2e
Attribut *n* сво́йство 4; *Gramm* определе́ние 5
ätzen *tr* трав|и́ть 3⁺ -лю́ (вы-); ausbrennen прижига́ть ⟨-|же́чь*⟩; durch Säure разъеда́ть ⟨-|е́сть*⟩; *Typ* растр|а́вливать ⟨-ави́ть 3⁺ -авлю́⟩; **~d** е́д|кий, -ок, -ка́!

Ätzung *f* von Metall травле́ние 5
au! *Interj* ай!, ой!
auch *Konj* та́кже; betont то́же, и | wenn ~ хотя́ (бы) и; was ~ что бы ни; wie ~ как бы ни; sowohl ... als ~ ... как ... так и ..., и ... и ...; nicht nur ..., sondern ~ ... не то́лько ..., но и ...; wie dem ~ sei как бы то ни бы́ло; ~ Ihnen kann das passieren и с ва́ми э́то мо́жет случи́ться; ich fahre ~ nach Hause я то́же пое́ду домо́й
Audienz *f* аудие́нция 8, приём 2
audiovisuell аудиовизуа́льный
Auditorium *n* аудито́рия 8
Aue *f* луга́, -о́в *Pl* 2; Tal доли́на 6
Auer|hahn *m* глуха́рь 1e; **~ochs** *m* тур 2
auf 1. *Adv:* das Fenster ist ~ окно́ откры́то; er ist schon ~ он уже́ на нога́х; ~ und ab взад и вперёд; ~ und nieder вверх и вниз; von klein ~ с де́тства **2.** *Präpos Ort wo?* на *P;* ~ dem Tisch на столе́; ~ der Post на по́чте; ~ der Straße gehen идти́ по у́лице [доро́ге]; ~ beiden Seiten по о́бе сто́роны; ~ der Bank [Sparkasse] в ба́нке [сберка́ссе] | *wohin?* на *A;* ~ den Tisch на стол; ~ die Post gehen идти́ на по́чту; ~s Land fahren е́хать в дере́вню | Entfernung на *A;* ~ drei Kilometer на три киломе́тра; ~ Schußweite на да́льность вы́стрела | *Zeit* на *A;* ~ ein Jahr на́ год; ~ Zeit на вре́мя; ~ Monate hinaus на (це́лые) ме́сяцы; die Versammlung ~ morgen [Mittwoch] verlegen пере|нести́* собра́ние на за́втра [сре́ду]; ~ die Minute genau мину́та в мину́ту; ~ einmal вдруг; ~ der Stelle то́тчас, сейча́с | Steigerung, Verringerung до *G;* ~ hundert Tonnen erhöhen повы́сить до ста тонн; den Ausschuß ~ zwei Prozent senken сни́зить брак до двух проце́нтов; ~ ein Minimum reduzieren сократи́ть до ми́нимума | ~ etw. hin по *D;* ~ Wunsch по жела́нию; ~ Einladung по приглаше́нию | *Art und Weise:* ~ diese Weise таки́м о́бразом; ~ neue Art und Weise поно́вому; ~ friedliche Weise ми́рным путём; ~ deutsch по-неме́цки; ~s beste как нельзя́ лу́чше; ~s höchste в вы́сшей ме́ре [сте́пени] **3.** *Konj:* ~ daß ... что́бы ... **4.** *Interj:* ~! встань!
auf|arbeiten *tr* Unerledigtes навёрстывать ⟨-верста́ть⟩; Kleidung, Möbel поднов|ля́ть ⟨-и́ть 3 -лю́⟩; **~atmen** *intr* вздыха́ть ⟨вздохну́ть 4⟩; **~bahren** *tr* устан|а́вливать ⟨-ови́ть 3⁺ -овлю́⟩ (гроб с те́лом кого́-н.)
Aufbau *m* строи́тельство 4, сооруже́ние 5; *Tech* констру́кция 8; Aufstockung надстро́йка 6; Struktur структу́ра 6, устро́йство 4; eines Kunstwerks компози́ция 8 | der grammatische ~ граммати́ческий строй; **~arbeit** *f* созида́тельный труд
auf|bauen *tr* стро́ить 3 (по-), соору|жа́ть ⟨-ди́ть 3 -жу́⟩ | ein gut aufgebauter Vortrag стро́йный докла́д; **~bäumen, sich** *refl* в|става́ть* ⟨-|стать*⟩ на дыбы́; *übertr* вос|става́ть* ⟨-|ста́ть*⟩; **~bauschen** *tr übertr* раздува́ть ⟨-|ду́ть*⟩
auf|begehren *intr* протестова́ть 2 (за-) (gegen про́тив *G*); **~behalten** *tr* Hut не снима́ть ⟨снять*⟩ *G;* **~bereiten** *tr* Erz обога|ща́ть ⟨-ти́ть 3 -щу́⟩; Daten подгот|овля́ть ⟨-о́вить 3 -о́влю⟩
Aufbereitung *f* обогаще́ние 5; подгото́вка 6
aufbessern *tr* улучша́ть ⟨улу́чшить 3⟩; Lohn повыша́ть ⟨-вы́сить 3 -вы́шу⟩
Aufbesserung *f* улучше́ние 5; Lohn повыше́ние 5, *umg* приба́вка 6
Aufbettung *f* дива́н 2; куше́тка 6
aufbewahren *tr* храни́ть 3, сохран|я́ть ⟨-и́ть⟩; sorgfältig сберега́ть ⟨-|бере́чь*⟩
Aufbewahrung *f* хране́ние 5, сохране́ние 5; сбереже́ние 5 | zur ~ geben сдава́ть ⟨сдать⟩ на хране́ние
auf|bieten *tr* Truppen призыва́ть ⟨-|зва́ть*⟩; Kräfte напряга́ть ⟨-|пря́чь*⟩; Brautpaar объяв|ля́ть ⟨-и́ть 3⁺ -лю́⟩ о предстоя́щем бракосочета́нии | alles ≈ прилага́ть ⟨-ложи́ть 3⁺⟩ все уси́лия; **~binden** *tr* lösen развя́зывать ⟨-|вяза́ть*⟩; Haare расп|ска́ть ⟨-сти́ть 3⁺ -щу́⟩; hochbinden подвя́зывать ⟨-|вяза́ть*⟩; **~blähen** *tr* надува́ть ⟨-|ду́ть*⟩; sich ≈ *refl* надува́ться ⟨-ду́ться⟩; *übertr* ва́жничать; **~blasen** *tr* надува́ть ⟨-|ду́ть*⟩; **~bleiben** *intr* не ложи́ться 3 ⟨лечь*⟩ спать; Fenster о|става́ться* ⟨-|ста́ться*⟩ откры́тым; **~blikken** *intr* поднима́ть ⟨подня́ть*⟩ взгляд [глаза́] на *A*, взгля́дывать ⟨взгляну́ть 4⁺⟩ вверх на *A;* **~blitzen** *intr* сверкну́ть *v* 4, von Gedanken *a.* промелькну́ть *v* 4; **~blühen** *intr* расцвета́ть ⟨-|цвести́*⟩; *übertr* процвета́ть ⟨-цвести́⟩; **~brausen** *intr übertr* вспыли́ть *v* 3; **~brausend** вспы́льчив:ый, пы́л|кий, -ок, -ка́!; **~brechen** *tr* взла́мывать ⟨взлома́ть⟩; Brief вскрыва́ть ⟨-|кры́ть*⟩; *intr* Knospe распу|ска́ться ⟨-сти́ться 3⁺⟩; Geschwür вскрыва́ться ⟨-кры́ться⟩, прорыва́ться ⟨-|рва́ться*; -рвали́сь⟩; zur Reise отпр|авля́ться ⟨-а́виться 3 -а́влюсь⟩ в путь; *Mil* ausrücken выступа́ть ⟨вы́ступ|ить 3 -лю⟩; **~bringen** *tr* besorgen до|става́ть* ⟨-|ста́ть*⟩, добыва́ть ⟨добы́ть*⟩; einführen вводи́ть 3⁺ -вожу́ ⟨-|вести́*⟩; Schiff захв|а́тывать ⟨-ати́ть 3⁺ -ачу́⟩; *übertr* j-n erregen выводи́ть ⟨вы́вести⟩ кого́-н. из себя́
Aufbruch *m* отправле́ние 5 (в доро́гу), ухо́д 2; Abfahrt отъе́зд 2; *Mil* выступле́ние 5

auf|brühen *tr* зава́ривать ⟨-вари́ть 3⁺⟩; **~bügeln** *tr* разгла́|живать ⟨-дить 3 -жу⟩ (утюго́м); **~bürden** *tr* взва́ливать ⟨-вали́ть 3⁺⟩ (j-m на *A*); **~decken** *tr* раскрыва́ть ⟨-|кры́ть*⟩ *a. übertr* | ein Verbrechen ≈ обнару́ж|ивать ⟨-ить 3⟩ преступле́ние; **~drängen** *tr* навя́зывать ⟨-|вяза́ть*⟩; sich ≈ *refl* навя́зываться ⟨-вяза́ться⟩, напр|а́шиваться ⟨-оси́ться 3⁺ -ошу́сь⟩ | der Gedanke drängt sich auf напра́шивается мысль; **~drehen** *tr* отвёртывать ⟨-верну́ть 4ᵢ -вёрнутый⟩; Ventil открыва́ть ⟨-|кры́ть*⟩; **~dringlich** назо́йлив:ый, навя́зчив:ый

Auf|dringlichkeit *f* назо́йливость 9, навя́зчивость 9; **~druck** *m* Briefmarke надпеча́тка 6

aufdrücken *tr:* seinen Stempel ~ *übertr* накла́дывать ⟨-ложи́ть 3⁺⟩ свой отпеча́ток на *A*

aufeinander *Adv* друг на дру́га; nacheinander оди́н за други́м; **~folgen** *intr* сле́довать 2 друг за дру́гом; **~folgend** после́довател|ьный, -ен, -ьна; **~legen** *tr* класть* ⟨положи́ть 3⁺⟩ одно́ на друго́е

Aufenthalt *m* (место)пребыва́ние 5; offiziell местожи́тельство 4; Verzögerung заде́ржка 6; Zug остано́вка 6 | während meines ~es in … во вре́мя моего́ пребыва́ния в …; der Zug hat zehn Minuten ~ стоя́нка по́езда де́сять мину́т, по́езд стои́т де́сять мину́т

Aufenthalts|genehmigung *f* разреше́ние 5 на (промежу́точное) пребыва́ние; zum Wohnen вид 2 на жи́тельство; **~ort** *m* местопребыва́ние 5; **~raum** *m* ко́мната 6 о́тдыха

auf|erlegen *tr* возлага́ть ⟨-ложи́ть 3⁺⟩ (j-m на *A*); Steuern облага́ть ⟨-ложи́ть⟩ *I;* **~erstehen** *intr Rel* воскр|еса́ть ⟨-е́снуть 4a⟩

Auferstehung *f* воскресе́ние 5

auf|essen *tr* до-, съеда́ть ⟨-|е́сть*⟩; **~fädeln** *tr* нани́зывать ⟨-|низа́ть*⟩; **~fahren** *tr* Geschütz ста́в|ить 3 -лю (по-) на пози́цию; *intr* наезжа́ть ⟨-|е́хать*⟩ (auf на *A*); Schiff сади́ться 3 ⟨сесть*⟩ на мель; *übertr* erschrecken вска́кивать ⟨вскочи́ть 3⁺⟩; zornig werden вспыли́ть *v* 3

Auffahrt *f* подъе́зд 2

Auffahrunfall *m* нае́зд 2 на другу́ю маши́ну

auf|fallen *intr übertr* броса́ться ⟨бро́ситься 3⟩ в глаза́ | mir fiel auf, daß … я заме́тил, что …; das fällt allgemein auf э́то всем броса́ется в глаза́; **~fallend, ~fällig** порази́тел|ьный, -ен, -ьна, броса́ющийся 11 в глаза́ | sich auffällig kleiden крикли́во одева́ться ⟨-|де́ться*⟩; ein auffallender Unterschied заме́тная ра́зница; **~fangen** *tr* Fallendes подхв|а́тывать ⟨-ати́ть 3⁺ -ачу́⟩; Ball лов|и́ть 3⁺ -лю́ ⟨пойма́ть⟩ *a. übertr;* Blick, Töne ула́вливать ⟨улови́ть⟩; *Wirtsch* приостан|а́вливать ⟨-ови́ть 3⁺ -овлю⟩; **~fassen** *tr* понима́ть ⟨поня́ть*⟩; wahrnehmen воспринима́ть ⟨-|приня́ть*⟩ | unterschiedlich ≈ толкова́ть 2 по-ра́зному

Auffassung *f* понима́ние 5, восприя́тие 5; Meinung мне́ние 5

Auffassungsgabe *f* сообрази́тельность 9

auf|finden *tr* находи́ть 3⁺ -хожу́ ⟨-|йти́*⟩; **~flackern** *intr* вспы́х|ивать ⟨-нуть 4⟩ *a. übertr;* **~flammen** *intr* воспламен|я́ться ⟨-и́ться 3⟩ *a. übertr;* **~flattern** *intr* вспа́рхивать ⟨вспорхну́ть 4⟩; **~fliegen** *intr* взле|та́ть ⟨-те́ть 3 -чу́⟩; Tür распа́хиваться ⟨-пахну́ться 4⟩; *übertr* срыва́ться ⟨со|рва́ться*ᵢ -рвали́сь⟩, прова́ливаться ⟨-вали́ться 3⁺⟩; **~fordern** *tr* пригла|ша́ть ⟨-си́ть 3 -шу́⟩ (zu на *A*); aufrufen призыва́ть ⟨-|зва́ть*⟩ (zu к *D*); energisch тре́бовать 2 (по-) от *G*

Aufforderung *f* приглаше́ние 5, вы́зов 2; тре́бование 5

aufforsten *tr* разводи́ть 3⁺ -вожу́ ⟨-|вести́*⟩ лес, облеси́ть *v* 3

Aufforstung *f* лесоразведе́ние 5, лесонасажде́ние 5

auf|fressen *tr* съеда́ть ⟨-|есть*⟩, пожира́ть ⟨-|жра́ть*⟩; **~frischen** *tr* Kenntnisse осве|жа́ть ⟨-и́ть 3⟩, обнов|ля́ть ⟨-и́ть 3 -лю́⟩; restaurieren поднов|ля́ть ⟨-и́ть⟩; beleben ожив|ля́ть ⟨-и́ть 3 -лю́⟩; *intr* Wind крепча́ть; **~führen** *tr* Gebäude возводи́ть 3⁺ -вожу́ ⟨-|вести́*⟩; *Theat* ста́в|ить 3 -лю (по-), исполня́ть ⟨-по́лнить 3⟩; anführen приводи́ть 3⁺ -вожу́ ⟨-|вести́*⟩; sich ≈ *refl* вести́ себя́

Aufführung *f* Gebäude возведе́ние 5; *Theat* постано́вка 6

auffüllen *tr* пополня́ть ⟨-по́лнить 3⟩

Aufgabe *f* зада́ча 6; Auftrag зада́ние 5; Schul≈ уро́к 2, зада́ние; eines Geschäfts закры́тие 5; Verzicht отка́з 2 (von от *G*); Gepäck, Brief сда́ча 6 *a. Mil* | ~n machen гото́в|ить 3 -лю уро́ки; es sich zur ~ machen ста́в|ить 3 -лю (по-) свое́й зада́чей; er ist dieser ~ nicht gewachsen э́та зада́ча ему́ не по плечу́

aufgabeln *tr übertr* подцеп|ля́ть ⟨-и́ть 3⁺ -лю́⟩

Aufgabenheft *n* дневни́к 2e

Aufgang *m Eisenb* подъём 2; Treppe ле́стница 6; *Astr* восхо́д 2

aufgeben *tr* Schulaufgabe за|дава́ть* ⟨зада́ть*⟩; Brief сдава́ть ⟨-|да́ть*⟩; verzichten отка́зываться ⟨-|каза́ться*⟩ от *G;* Geschäft закрыва́ть ⟨-|кры́ть*⟩; im Stich lassen ост|авля́ть ⟨-а́вить 3 -а́влю⟩; *intr* resignieren пасова́ть 2 (с-); Partie Schach сдава́ть ⟨-да́ть⟩ па́ртию | ein Rätsel ~ зага́дывать ⟨-гада́ть⟩ зага́дку; die Hoffnung ~ теря́ть (по-) на-

де́жду; ein Inserat ~ дава́ть ⟨дать⟩ объявле́ние в газе́ту
aufgeblasen надýт:ый; *übertr* чва́нный, надме́н|ный, -ен, -на
Aufgebot *n* Brautpaar оглаше́ние 5 вступа́ющих в брак; Polizei наря́д 2
aufge|bracht взбеш|ённый, -ён, -ена́, рассе́ржен:ный, -а; **~dunsen** Gesicht одутлова́т|ый
aufgehen *intr* sich öffnen открыва́ться ⟨-|кры́ться*⟩; Tür отпира́ться ⟨отпере́ться*, отопрётся; отп|ерся́, -ерли́сь⟩; Gestirn восходи́ть 3^+ ⟨взо|йти́*⟩; Vorhang раствор|я́ться ⟨-и́ться 3⟩; Knospe; Haar распу|ска́ться ⟨-сти́ться 3^+⟩; Saat всходи́ть 3^+ ⟨взо|йти́*⟩; Geschwür прорыва́ться ⟨-|рва́ться*; -рвали́сь⟩; Gebundenes развя́зываться ⟨-|вяза́ться*⟩; Naht распа́рываться ⟨-|поро́ться*⟩; Geknöpftes расст|ёгиваться ⟨-егну́ться 4⟩; *Math* дели́ться 3^+ (раз-) без оста́тка; *übertr* быть* поглощённым (in etw. *I*) | in der Arbeit ~ с голово́й уйти́ в рабо́ту; die Rechnung geht auf подсчёты схо́дятся
aufgeklärt просвещён:ный, -на; über etw. осведомл|ённый, -ён, -ена́
aufge|legt располо́женный, -а (zu к *D*) | er ist gut ≈ он в хоро́шем настрое́нии; **~löst:** in Tränen ≈ sein облива́ться ⟨-|ли́ться*, -олью́сь; -ли́ли́сь⟩ слеза́ми; **~räumt** *übertr* весёлый, ве́сел, весела́!, возбужд|ённый, -ён, -ена́; **~regt** взволно́ван:ный, -на; **~schlossen** заинтересо́ванный; mitteilsam общи́тел|ьный, -ен, -ьна; verständnisvoll отзы́вчив:ый; **~takelt** расфуфы́рен:ный, -а; **~weckt** смышлён:ый, поня́тлив:ый
auf|gießen *tr* долива́ть ⟨доли́ть*⟩ на *A; Tee* зава́ривать ⟨-вари́ть 3^+⟩; **~graben** *tr* раска́пывать⟨-копа́ть⟩, разрыва́ть ⟨-|ры́ть*⟩; **~greifen** *tr übertr* Gedanken подхв|а́тывать ⟨-ати́ть 3^+ -ачу́⟩
Aufguß *m* насто́|й 1 *G Pl* -ев
auf|haben *tr* Kopfbedeckung име́ть на себе́; Schulaufgaben име́ть зада́ние; *intr umg* Geschäft рабо́тать, быть* откры́тым | den Hut ≈ быть* в шля́пе; **~hacken** *tr* Boden разрых|ля́ть ⟨-и́ть 3⟩; Eis обка́лывать ⟨-|коло́ть*⟩; **~haken** *tr* расст|ёгивать ⟨-егну́ть 4; -ёгнутый⟩ (крючки́); **~halten** *tr* заде́рживать ⟨-держа́ть 3^+⟩, остан|а́вливать ⟨-ови́ть 3^+ -овлю́⟩; geöffnet halten держа́ть откры́тым; sich ≈ *refl* заде́рживаться ⟨-держа́ться⟩ | sich unterwegs ≈ остан|а́вливаться ⟨-ови́ться⟩ по пути́; **~hängen** *tr* ве́шать ⟨пове́|сить 3 -шу⟩; an verschiedenen Stellen, z. B Wäsche разве́|шивать ⟨-сить 3 -шу⟩; sich ≈ *refl* ве́шаться ⟨пове́ситься⟩
Aufhänger *m* ве́шалка 6
auf|häufen *tr* скýч|ивать ⟨-ить 3⟩, нагромо|жда́ть ⟨-зди́ть 3 -зжу́⟩; sich ≈ *refl* скýчиваться ⟨скýчиться⟩, копи́ться (на-); **~heben** *tr* поднима́ть ⟨подня́ть*⟩; Gesetz отмен|я́ть ⟨-и́ть 3^+⟩; abschaffen упраздн|я́ть ⟨-и́ть 3⟩; *Mil* Belagerung снима́ть ⟨снять*⟩; bewahren сохран|я́ть ⟨-и́ть 3⟩; sich ≈ *refl Math* взаи́мно уничт|ожа́ться ⟨-о́житься 3⟩ | die Tafel ≈ конча́ть ⟨ко́нчить 3⟩ обе́д [у́жин], в|ста-ва́ть* ⟨-|стать*⟩ из-за стола́; der Junge ist dort gut aufgehoben ма́льчик там хорошо́ устро́ен
Aufheben *n:* viel ~s von etw. machen поднима́ть ⟨подня́ть*⟩ мно́го шу́му из-за чего́-н.
Aufhebung *f* отме́на 6, упраздне́ние 5; einer Belagerung сня́тие 5
auf|heitern *tr* весели́ть 3 (раз-); sich ≈ *refl* Wetter проясн|я́ться ⟨-и́ться 3⟩; **~hellen** *tr* де́лать (с-) бо́лее све́тлым; *übertr* разъясн|я́ть ⟨-и́ть 3⟩; sich ≈ *refl* Wetter; Gesicht проясн|я́ться ⟨-и́ться 3⟩; **~hetzen** *tr* подстрек|а́ть ⟨-ну́ть 4⟩; **~heulen** *intr* Wolf; Wind завы́ть *v;* **~holen** *tr* навёрстывать ⟨-верста́ть; -вёрстанный⟩; *intr Sport* сокра|ща́ть ⟨-ти́ть 3 -щу́⟩ диста́нцию; **~horchen** *intr* прислу́ш|иваться ⟨-аться⟩; **~hören** *intr* перестава́ть ⟨-|ста́ть*⟩, прекра|ща́ть ⟨-ти́ть 3 -щу́⟩ *A oder mit Inf; unpers* прекра|ща́ться ⟨-ти́ться⟩, конча́ться ⟨ко́нчиться 3⟩ | da hört (sich) doch alles auf э́то перехо́дит вся́кие грани́цы; es hat aufgehört zu regnen дождь переста́л; **~jauchzen, ~jubeln** *intr* возликова́ть *v* 2
Aufkauf *m* заку́пка 6
aufkaufen *tr* закуп|а́ть ⟨-и́ть 3^+ -лю́⟩; vollständig раскуп|а́ть ⟨-и́ть⟩
Aufkäufer *m* заку́пщик 2
Aufkauf|preis *m* заку́почная цена́; **~stelle** *f* заку́почный пункт 2;
aufklappbar Sitz откидно́й
auf|klappen *tr* раскрыва́ть ⟨-|кры́ть*⟩; **~klaren** *tr* Wetter проясня́ться; **~klären** *intr* Zweifel выясня́ть ⟨вы́яснить 3⟩; schulen агити́ровать 2, просве|ща́ть ⟨-ти́ть 3 -щу́⟩; *Mil* разве́д|ывать ⟨-ать⟩; sich ≈ *refl* Wetter проясн|я́ться ⟨-и́ться⟩ *a. übertr*
Aufklär|er *m* агита́тор 2; *Mil* разве́дчик 2; **~ung** *f* выясне́ние 5; агита́ция 8; *Lit* просвеще́ние 5; *Mil* разве́дка 6
Aufklärungsflugzeug *n* самолёт-разве́дчик 2-2
auf|kleben *tr* накл|е́ивать ⟨-е́ить 3 -е́ю, -е́ишь⟩; Plakate раскле́ивать ⟨-кле́ить⟩; **~klopfen** *tr* Kissen взбива́ть ⟨-|бить*, взобью́⟩; **~knacken** *tr* Nuß раска́лывать ⟨-|коло́ть*⟩; **~knöpfen** расстёгивать ⟨-стегну́ть 4; -стёгнутый⟩; **~knoten** *tr* развя́зывать ⟨-|вяза́ть*⟩ (у́зел); **~kochen** *tr* кипяти́ть 3 -чу́ (вс-); *intr* вскип|а́ть

⟨-éть 3⟩; **~kommen** *intr* entstehen возникáть ⟨-ни́кнуть 4a⟩; in Gebrauch kommen входи́ть 3⁺ ⟨во|йти́*⟩ в употреблéние; bürgen ручáться ⟨поручи́ться 3⟩ (für за *A*); Sturm поднимáться ⟨подня́ться*⟩ | für einen Schaden ≈ возме|щáть ⟨-сти́ть 3 -щу́⟩ убы́ток; etw. nicht ≈ lassen не давáть* ⟨дать*⟩ появи́ться чему́-н.; gegen j-n nicht ≈ не справля́ться ⟨спрáв|иться 3 -люсь⟩ с кем-н.; **~kratzen** *tr* расцарáп|ывать ⟨-ать⟩; **~kreischen** *intr* взви́зг|ивать ⟨-нуть 4⟩; **~krempeln** *tr* Ärmel засу́чивать ⟨-сучи́ть 3 -су́чи́шь⟩, заворáчивать ⟨-верну́ть 4ⱼ -вёрнутый⟩; **~lachen** *intr* за|смея́ться* *v;* laut рассмея́ться *v,* за|хохотáть* *v;* **~laden** *tr* нагр|ужáть ⟨-узи́ть 3 -ужу́ₗ -у́зи́шь⟩; aufbürden взвáливать ⟨-вали́ть 3⁺⟩ (j-m на *A*); Akkumulator зар|яжáть ⟨-яди́ть 3 -яжу́ₗ -я́ди́шь⟩

Auflage *f* издáние 5; Auflagenhöhe тирáж 2e *G Pl* -éй; Soll нóрма 6 вы́работки; Verpflichtung обя́занность 9

auf|lassen *tr* Tür оставля́ть ⟨остáв|ить 3 -лю⟩ откры́тым; Mantel не заст|ёгивать ⟨-егну́ть 4ⱼ -ёгнутый⟩; Hut не снимáть ⟨снять*⟩ *G;* **~lauern** *intr* подкараýл|ивать ⟨-ить 3⟩ *A,* подстерегáть ⟨-|стерéчь*⟩ *A;* Jagd подси́живать ⟨-сидéть 3 -сижу́⟩

Auflauf *m* толпá 6c, скоплéние 5 нарóда; Speise запекáнка 6; **~bremse** *f* тóрмоз накáта

auf|laufen *intr* Schiff сади́ться ⟨сесть*⟩ на мель; **~leben** *intr* оживáть ⟨-|жи́ть*ⱼ óжи́л⟩, ожив|ля́ться ⟨-и́ться 3 -лю́сь⟩; **~lecken** *tr* сли́зывать ⟨-лизáтьₗ -лижу́ₗ -ли́жешь⟩

Auflegematratze *f* вéрхний 11 матрáс, наматрáсник 2

auf|legen *tr* наклáдывать ⟨-ложи́ть 3⁺⟩; Tischtuch постилáть ⟨-|стлáть*⟩; Schallplatte стáв|ить 3 -лю (по-); Buch выпускáть ⟨вы́пу|стить 3 -щу⟩ | eine Anleihe ≈ выпускáть ⟨вы́пустить⟩ заём; den Telefonhörer ≈ положи́ть *v* 3⁺ телефóнную трýбку; **~lehnen, sich** *refl* вос|ставáть* ⟨-|стáть*⟩ (gegen прóтив *G*)

Auflehnung *f* восстáние 5

auf|lesen *tr* подбирáть ⟨подо|брáть*ₗ подберу́ⱼ подóбранный⟩; **~leuchten** *intr* засвети́ться *v* 3⁺; **~liegen** *tr:* sich etw. ≈ *Med* належáть *v* 3 прóлежни на чём-н.; **~lockern** *tr* разрыхл|я́ть ⟨-и́ть⟩ | den Unterricht ≈ оживля́ть урóк; ein aufgelockertes Programm непринуждённая прогрáмма

Auflockerung *f* (раз)рыхлéние 5

auflodern *intr* вспы́х|ивать ⟨-нуть 4⟩, разгор|áться ⟨-éться 3⟩

auflösen *tr* развя́зывать ⟨-|вязáть*⟩; entwirren распу́т|ывать ⟨-ать⟩; Haar; Versammlung распу|скáть ⟨-сти́ть 3⁺ -щу́⟩; *Chem* раствор|я́ть ⟨-и́ть 3⟩; Pulver разводи́ть 3⁺ -вожу́ ⟨-|вести́*⟩; *Math* Klammern раскрывáть ⟨-|кры́ть*⟩ (скóбки); Geschäft ликвиди́ровать *uv, v* 2; Vertrag расторгáть ⟨-тóргнуть 4a *u.* 4⟩; *Mil* расформир|óвывать ⟨-овáть 2⟩; sich ~ *refl* in Flüssigkeit раствор|я́ться ⟨-и́ться⟩; Ansammlung расходи́ться 3⁺ ⟨разойти́сь*⟩ | einen Haushalt ~ распро|давáть* ⟨рас|продáть*⟩ иму́щество

Auflösung *f* развя́зывание 5; Versammlung рóспуск 2; *Chem* растворéние 5; *Math* разложéние 5, сокращéние 5; Vertrag расторжéние 5; *Mil* расформировáние 5, рóспуск; Geschäft ликвидáция 8, закры́тие 5

Auflösungszeichen *n Mus* бекáр 2

aufmachen *tr* открывáть ⟨-|кры́ть*⟩; Augen раскрывáть ⟨-кры́ть⟩; Brief вскрывáть ⟨-крыть⟩; sich ~ *refl* собирáться ⟨-|брáться*ⱼ -брали́сь⟩ (в путь)

Aufmachung *f* оформлéние 5; Verpackung упакóвка 6

Aufmarsch *m Mil* развёртывание 5; Kundgebung демонстрáция 8; **~gebiet** *n Mil* райóн 2 сосредотóчения и развёртывания áрмии, плацдáрм 2

aufmarschieren *intr Mil* стрóиться 3 (по-)

aufmerk|en *intr* внимáтельно слу́шать, прислу́ш|иваться ⟨-аться⟩; **~sam** внимáтел|ьныйₗ -енₗ -ьна | j-n auf etw. ≈ machen обра|щáть ⟨-ти́ть 3 -щу́⟩ чьё-н. внимáние на что-н.

Aufmerksamkeit *f* внимáние 5; Höflichkeit внимáтельность 9; Geschenk подáр|окₗ -ка 2 (в знак 2 внимáния) | etw. seine ~ schenken удел|я́ть ⟨-и́ть 3⟩ внимáние чему́-н.; die ~ auf etw. richten обра|щáть ⟨-ти́ть 3 -щу́⟩ внимáние на что-н.

aufmuntern *tr* ободр|я́ть ⟨-и́ть 3⟩

Aufmunterung *f* ободрéние 5

aufnähen *tr* нашивáть ⟨-|ши́ть*⟩ (auf на *A*)

Aufnahme *f* приём 2; Bücher; Schüler набóр 2; der Arbeit начáло 4; Foto сни́м|окₗ -ка 2, фотогрáфия 8; Film; Vermessung съёмка 6; Protokoll составлéние 5; Inventar óпись 9; Rundfunk, Tonband (звуко)зáпись 9; Abteilung приёмная *Subst* 10 | ~ in die Partei приём в пáртию; eine ~ machen дéлать (с-) сни́мок **~antrag** *m* заявлéние 5 о приёме; **~bedingung** *f* услóвие приёма

aufnahmefähig восприи́мчив:ый

Aufnahme|fähigkeit *f* восприи́мчивость 9; **~gebühr** *f* вступи́тельный взнос; **~gerät** *n* (звуко)зáписывающий 11 прибóр; **~kamera** *f* киносъёмочная кáмера; **~prüfung** *f* вступи́тельный [приёмный] экзáмен; **~station** *f* im Krankenhaus приёмное отделéние 5

auf|nehmen *tr* поднимáть ⟨подня́ть*⟩;

empfangen; einstellen принимáть ⟨приня́ть*⟩; einfügen включ|áть ⟨-и́ть 3⟩; in einen Vertrag; fassen вме|щáть ⟨-сти́ть 3 -щу́⟩; wahrnehmen восприн|имáть ⟨-я́ть⟩; Foto снимáть ⟨снять*⟩, фотографи́ровать 2 (с-); Arbeit начинáть ⟨начáть*⟩; Inventar опи́сывать ⟨-|писáть*⟩; auf Tonband дéлать (с-) (звуко)зáпись, запи́сывать ⟨-писáть⟩ | als Mitglied ≈ принимáть в чле́ны; ein Protokoll ≈ сост|авля́ть ⟨-áвить 3 -áвлю⟩ протокóл; du kannst es mit ihm nicht ≈ тебé с ним тягáться трýдно, тебé с ним не сравни́ться; seine Rede wurde schlecht aufgenommen егó речь былá плóхо принятá; **~nötigen** *tr* навя́зывать ⟨-|вязáть*⟩, принуждáть ⟨-нýдить 3 -нýжу¡ -нуждённый⟩ взять; **~opfern** *tr* жéртвовать 2 (по-) *I;* sich ≈ *refl* жéртвовать (по-) собóй; **~opfernd** самоотвéржен:ный¡ -на

Aufopferung *f* (само)пожéртвование 5

aufopferungsvoll самоотвéржен:ный¡ -на

aufpassen *intr* aufmerksam sein быть* внимáтельным; achtgeben присм|áтривать ⟨-отрéть 3⁺⟩ (auf за *I*), смотрéть 3⁺ (auf за *I*) | paß auf! осторóжно!, смотри́!; scharf ~ смотрéть в óба; nicht genug auf j-n ~ недосмотрéть *v* за кем-н.

Aufpasser *m* надсмóтрщик 2, надзирáтель 1

auf|pflanzen *tr* Fahne водру|жáть ⟨-зи́ть 3 -жý⟩; *Mil* Bajonett примыкáть ⟨-мкнýть 4⟩; sich ≈ *refl* бесцеремóнно в|стать* *v* (vor пéред *I*); **~pflügen** *tr* распáхивать ⟨-|пахáть*⟩; **~pfropfen** *tr* прививáть ⟨-|ви́ть*⟩; **~polstern** *tr* зáново обивáть ⟨-би́ть¡ обобью́⟩; **~prägen** *tr* отчекáн|ивать ⟨-ить 3⟩; *übertr* наклáдывать ⟨-ложи́ть 3⟩ свой отпечáток на *A*; **~prallen** *intr* натáлкиваться ⟨-толкнýться 4⟩, натыкáться ⟨-ткнýться 4⟩ (auf на *A*); **~pumpen** *tr* накáчивать ⟨-качáть⟩, надувáть ⟨-|дýть*⟩; **~quellen** *intr* разбухáть ⟨-бýхнуть 4a⟩; **~raffen** *tr* подбирáть ⟨подо|брáть*¡ подберý¡ подóбранный⟩; sich ≈ *refl* собирáться ⟨-|брáться¡ -брали́сь⟩ с си́лами; **~rauhen** *tr* ворсовáть 2 (на-); **~räumen** *tr* убирáть ⟨-|брáть*⟩, наводи́ть 3⁺ -вожý ⟨-|вести́*⟩ поря́док; *intr:* mit etw. ≈ покóнчить с чем-н.

Aufräumungsarbeiten *f Pl* рабóты по расчи́стке *G*

aufrecht **1.** *Adj* прям:óй¡ -á!; stehend стоя́чий 11 **2.** *Adv* пря́мо *a. übertr,* стоймя́

aufrechterhalten *tr* поддéрживать ⟨-держáть 3⁺⟩ | die Ordnung ~ соблюдáть поря́док

Aufrechterhaltung *f* поддéрживание 5, поддержáние 5 | ~ der Ordnung поддержáние [соблюдéние 5] поря́дка

aufregen *tr* волновáть 2 (вз-); sich ~ *refl* волновáться (вз-)

Aufregung *f* волнéние 5, возбуждéние 5 | vor ~ от волнéния

auf|reiben *tr* Haut стирáть ⟨стерéть¡ сотрý¡ стерёв *u.* стёрши⟩; *Mil* уничт|ожáть ⟨-óжить 3⟩; sich ≈ *refl* изнур|я́ться ⟨-и́ться 3⟩; **~reihen** *tr* Perlen низáть* (на-), нани́зывать ⟨-низáть⟩; **~reißen** *tr* разрывáть ⟨-о|рвáть*¡ -óрванный⟩, раздирáть ⟨-о|дрáть*¡ раздерý¡ -óдранный⟩; Tür распáхивать ⟨-пахнýть 4⟩; Augen тарáщить 3 (вы́-); Mund раз|евáть ⟨-и́нуть 4⟩; Wunde береди́ть (раз-); Straßenpflaster разбирáть ⟨-о|брáть*¡ раз|берý¡ -óбранный⟩; **~reizen** *tr* раздраж|áть ⟨-и́ть 3⟩, возбу|ждáть ⟨-ди́ть 3 -жý¡ -ждённый⟩; **~richten** *tr* поднимáть ⟨подня́ть*⟩; errichten соору|жáть ⟨-ди́ть 3 -жý⟩, воздвигáть ⟨-дви́гнуть 4a *u.* 4⟩; *übertr* ermuntern ободр|я́ть ⟨-и́ть 3⟩; sich ≈ *refl* поднимáться ⟨подн|я́ться¡ -ялся́¡ -яли́сь⟩, выпрямля́ться ⟨вы́прям|иться 3 -люсь⟩; *übertr* ободр|я́ться ⟨-и́ться⟩; **~richtig** и́скрен|ний 11 -ен¡ -на, откровéн|ный¡ -ен¡ -на; Charakter прям|óй, -á!

Aufrichtigkeit *f* и́скренность 9, откровéнность 9; прямотá 6

aufriegeln *tr* отодв|игáть ⟨-и́нуть 4⟩ засóв, отпирáть ⟨отперéть*⟩

Aufriß *m* вертикáльная проéкция 8

auf|rollen *tr* zusammenrollen свёртывать ⟨свернýть 4¡ свёрнутый⟩; entrollen развёртывать ⟨-вернýть⟩; Teppich раскáтывать ⟨-катáть⟩ | eine Frage ≈ *übertr* поднимáть ⟨подня́ть*⟩ вопрóс; **~rücken** *intr* im Amt повышáться ⟨-вы́ситься 3 -вы́шусь⟩, продв|игáться ⟨-и́нуться⟩

Aufruf *m* Appell призы́в 2; namentlich вы́зов 2 | nach ~ по вы́зову

aufrufen *tr* призывáть ⟨-|звáть*⟩; namentlich вызывáть ⟨вы́звать⟩, дéлать (с-) перекли́чку

Aufruhr *m* волнéние 5; Aufstand мятéж 2e *G Pl* -éй | in ~ geraten быть охвáченным волнéнием

aufrühren *tr* взмýчивать ⟨взму|ти́ть 3 -чý⟩; *übertr* волновáть 2 (вз-)

Aufrührer *m* мятéжник 2, бунтовщи́к 2e

aufrührerisch мятéжный, бунтáрский

auf|runden *tr* округл|я́ть ⟨-и́ть 3⟩; **~rüsten** *tr* вооруж|áть ⟨-и́ть 3⟩; *intr* вооруж|áться ⟨-и́ться⟩

Aufrüstung *f* вооружéние 5 | atomare ~ вооружéние áтомным орýжием

auf|rütteln *tr* встр|я́хивать ⟨-яхнýть 4⟩ *a. übertr;* wecken растормоши́ть *v* 3; **~sagen** *tr* Gedicht читáть (про-) (наизýсть)

aufsässig упря́м:ый, строптúв:ый

Aufsatz *m* сочинéние 5; Zeitungs~ стат|ья́ 7 *G Pl* -éй *a. Wiss;* Visier прицéл 2

auf|saugen *tr* впи́тывать ⟨-пита́ть⟩, вса́сывать ⟨-|соса́ть*⟩; **~schauen** *intr* = **aufsehen; ~schäumen** *intr* вспе́н|иваться ⟨-иться 3⟩; **~scheuchen** *tr* вспу́гивать ⟨-пугну́ть 4⟩; **~schichten** *tr* скла́дывать ⟨сложи́ть 3⁺⟩; **~schieben** *tr übertr* откла́дывать ⟨-ложи́ть 3⁺⟩, отсро́ч|ивать ⟨-ить 3⟩

Aufschlag *m* Ärmel обшла́г 2e *Pl* -а́; Hose отворо́т 2; Preis надба́вка 6, наце́нка 6; Geschoß уда́р 2; Tennis пода́ча 6

aufschlagen *tr* Schale разбива́ть ⟨-|би́ть₁ -разобью́⟩; Zelt разбива́ть ⟨-би́ть⟩, раски́|дывать ⟨-нуть 4⟩; Buch раскрыва́ть ⟨-|кры́ть*⟩; Augen поднима́ть ⟨подня́ть*⟩; Preis наб|авля́ть ⟨-а́вить 3 -а́влю⟩; *intr* Tennis бить (про-) пе́рвым; Flamme вспы́х|ивать ⟨-нуть 4⟩; sich stoßen ударя́ться ⟨уда́риться 3⟩ | ich habe mir das Knie aufgeschlagen я разби́л себе́ коле́но; **~schließen** *tr* отпира́ть ⟨отпере́ть*⟩, открыва́ть ⟨-|кры́ть*⟩; Tagebau вскрыва́ть ⟨-|кры́ть*⟩; *intr* aufrücken смыка́ться ⟨сомкну́ться 4⟩; **~schluchzen** *intr* зарыда́ть *v*, всхли́пнуть *v mom* 4

Aufschluß *m* объясне́ние 5, разъясне́ние 5; Tagebau вскры́тие 5 | ~ geben разъясн|я́ть ⟨-и́ть 3⟩

aufschlüsseln *tr* распредел|я́ть ⟨-и́ть 3⟩

aufschlußreich показа́тел|ьный₁ -ен₁ -ьна, поучи́тел|ьный₁ -ен₁ -ьна

auf|schnappen *tr* подхв|а́тывать ⟨-ати́ть 3⁺ -ачу́⟩ *a. übertr;* **~schneiden** *tr* разреза́ть ⟨-|ре́зать*⟩; *intr übertr* хва́стать(ся) (по-) (mit *I*); Wurst нареза́ть ⟨-ре́зать⟩

Auf|schneider *m* хвасту́н 2e; **~schnitt** *m* ассорти́ *n idkl* из ра́зных сорто́в колба́с, мя́са

auf|schnüren *tr* расшнур|о́вывать ⟨-ова́ть 2⟩; **~schrauben** *tr* losschrauben разви́нчивать ⟨-винти́ть 3 -винчу́⟩; anschrauben нави́нчивать ⟨-винти́ть⟩; **~schrecken** *tr* вспу́гивать ⟨-пугну́ть 4⟩; *intr* вска́кивать ⟨вскочи́ть 3⁺⟩ в стра́хе

Aufschrei *m* вы́крик 2

auf|schreiben *tr* запи́сывать ⟨-|писа́ть*⟩; **~schreien** *intr* вскри́к|ивать ⟨-нуть *mom* 4⟩, закрича́ть *v* 3

Auf|schrift *f* на́дпись 9; Brief а́дрес 2b *Pl* -а́ | mit einer ≈ versehen надпи́сывать ⟨-|писа́ть*⟩; **~schub** *m* отсро́чка 6 | ohne ≈ неме́дленно, безотлага́тельно; die Sache duldet keinen ≈ де́ло не те́рпит отлага́тельства

auf|schütteln *tr* взбива́ть ⟨-|бить*₁ взобью́⟩; **~schütten** *tr* насыпа́ть ⟨-|сы́пать*⟩; **~schwatzen** *tr* всу́чивать ⟨всучи́ть 3⁺⟩; **~schwingen, sich** *refl übertr* собира́ться ⟨-|бра́ться*₁ -брали́сь⟩ с си́лами | dazu kann ich mich nicht ≈ на э́то я не могу́ реши́ться

Aufschwung *m* подъём 2, поры́в 2; *Sport, Wirtsch* подъём | einen ~ nehmen бу́рно развива́ться ⟨-|ви́ться*₁ -ви́ли́сь⟩

aufsehen *intr* поднима́ть ⟨подня́ть*⟩ глаза́ | zu j-m ~ *übertr* отно|си́ться 3⁺ -шу́сь с уваже́нием к кому́-н.

Aufsehen *n* внима́ние 5, сенса́ция 8 | ~ erregen привлека́ть ⟨-|вле́чь*⟩ (всео́бщее) внима́ние

aufsehenerregend сенсацио́н|ный₁ -ен₁ -на; Kunstwerk нашуме́вший 11

Aufseher *m* надзира́тель 1, надсмо́трщик 2

auf|setzen *tr* Hut надева́ть ⟨-|де́ть*⟩; Essen; Kegel ста́в|ить 3 -лю (по-); *übertr* Brief сост|авля́ть ⟨-а́вить 3 -а́влю⟩; *intr* Flugzeug приземл|я́ться ⟨-и́ться 3⟩; sich ≈ *refl* сади́ться 3 ⟨сесть*⟩; **~seufzen** *intr* вздыха́ть ⟨вздохну́ть *mom* 4⟩

Aufsicht *f* надзо́р 2, присмо́тр 2 | die ~ über etw. haben присм|а́тривать ⟨-отре́ть 3⁺⟩ за чем-н., сле|ди́ть 3 -жу́ за чем-н.

Aufsichtsrat *m* контро́льный сове́т

auf|sitzen *intr* са|ди́ться 3 -жу́сь ⟨сесть*⟩ на ло́шадь | ~! по ко́ням!; **~spalten** *tr* раска́лывать ⟨-|коло́ть*⟩; **~spannen** *tr* натя́гивать ⟨-тяну́ть 4⁺⟩ | einen Regenschirm ≈ раскрыва́ть ⟨-|кры́ть*⟩ зо́нтик; **~sparen** *tr* приберега́ть ⟨-|бере́чь*⟩; **~speichern** *tr* нака́пливать ⟨-копи́ть 3⁺ -коплю́⟩; Getreide скла́дывать ⟨-ложи́ть 3⁺⟩ в амба́р; **~sperren** *tr* открыва́ть ⟨-|кры́ть*⟩ на́стежь | den Mund ≈ раз|ева́ть ⟨-и́нуть 4⟩ рот; **~spielen** *intr* игра́ть ⟨сыгра́ть⟩ му́зыку; sich ≈ *refl* разы́грывать из себя́, ко́рчить 3 из себя́ (als *A*); angeben ва́жничать; **~spießen** *tr* поднима́ть ⟨подня́ть*⟩ на рога́; auf eine Nadel нат|ыка́ть ⟨-кну́ть 4⟩; **~springen** *intr* вска́кивать ⟨вскочи́ть 3⁺⟩; Tür распа́хиваться ⟨-пахну́ться 4⟩; Lippen тре́скаться (по-); Knospen распу|ска́ться ⟨-сти́ться 3⁺⟩; **~sprudeln** *intr* заклок|ота́ть *v*₁ -о́чет

Aufsprung *m Sport* наско́к 2, Ski приземле́ние 5

auf|spulen *tr* нама́тывать ⟨-мота́ть⟩; **~spüren** высле́живать ⟨вы́сле|дить 3⁺ -жу⟩; **~stacheln** *tr* подстрек|а́ть ⟨-ну́ть 4⟩ (gegen к *D*), натр|а́вливать ⟨-ави́ть 3⁺ -авлю́⟩ (gegen на *A*); **~stampfen** *intr* то́пать ⟨то́пнуть *mom* 4⟩

Aufstand *m* восста́ние 5 | bewaffneter ~ вооружённое восста́ние

aufständisch восста́вший 11

Aufständischer *m* повста́н|ец₁ -ца 2, мяте́жник 2

auf|stapeln *tr* скла́дывать ⟨сложи́ть 3⁺⟩ в штабеля́; **~stechen** *tr* Geschwür прока́лывать ⟨-|коло́ть*⟩; Muster нака́лывать ⟨-коло́ть⟩; **~stecken** *tr* Kleid, Haare подка́лывать ⟨-|коло́ть*⟩

¹aufstehen *intr* в|ставáть* ⟨-|стать*⟩; *übertr* sich empören восставáть ⟨-стáть⟩ (gegen на *A*) | vom Tisch ~ встать из-за столá

²auf|stehen *intr* geöffnet sein быть* откры́тым; **~steigen** *intr* поднимáться ⟨подня́ться*¡ -ялся́¡ -яли́сь⟩, восходи́ть 3⁺⟩взо|йти́*⟩ a. Gestirne; *übertr* возникáть ⟨-ни́кнуть 4а⟩, заро|ждáться ⟨-ди́ться 3⟩; *Flugw* взлетáть ⟨-летéть 3 -лечу́⟩; **~stellen** *tr* стáв|ить 3 -лю (по-); festsetzen устан|áвливать ⟨-ови́ть 3⁺ -овлю́⟩; Maschine устан|áвливать ⟨-ови́ть⟩, монти́ровать 2 (с-); Posten расст|авля́ть ⟨-áвить⟩; Kandidaten выдвигáть ⟨вы́двинуть 4⟩; formieren формировáть 2 (с-); Plan сост|авля́ть ⟨-áвить⟩; sich ≈ *refl* станов|и́ться 3⁺ -лю́сь ⟨стать*⟩; in Reih und Glied выстрáиваться ⟨вы́строиться⟩

Auf|stellung *f* устанóвка 6; *Tech* монтáж 2е; Kandidaten выставлéние 5, выдвижéние 5; *Mil* формировáние 5; *Sport* расстанóвка, расположéние; Zusammensetzung состáв 2 | eine ≈ machen составля́ть ⟨-áвить 3 -áвлю⟩ спи́сок; **~stieg** *m* восхождéние 5; *Flugw* взлёт 2, подъём; *übertr* Entwicklung подъём

Aufstiegsmöglichkeit *f* im Beruf возмóжность продвижéния

auf|stöbern *tr* оты́скивать ⟨-|ыскáть*⟩ | Wild ≈ поднимáть ⟨подня́ть*⟩ дичь; **~stocken** *tr* надстрáивать ⟨-óить 3⟩; **~stoßen** *tr* открывáть ⟨-|кры́ть*⟩ толчкóм; *intr* Magen рыг|áть ⟨-ну́ть *mom* 4⟩

aufstrebend развивáющийся 11

auf|stülpen *tr* Hut надевáть ⟨-|дéть*⟩; **~stützen, sich** *refl* опирáться ⟨оперéться*⟩; auf die Ellbogen облок|áчиваться ⟨-оти́ться 3 -очу́сь⟩; **~suchen** *tr* заходи́ть 3⁺ -хожу́ ⟨-|йти́*⟩ к *D;* **~takeln** *tr Mar* осна|щáть ⟨-сти́ть 3 -щу́⟩; sich ≈ *refl übertr umg* расфуфы́риться *v* 3

Auftakt *m Mus* затáкт 2; *übertr* начáло 4, почи́н 2

auf|tanken *tr* запр|авля́ть ⟨-áвить 3 -áвлю⟩; **~tauchen** *intr* всплывáть ⟨-|плыть*⟩, вы́нырнуть *v* 4; *übertr* (внезáпно) появ|ля́ться ⟨-и́ться 3⁺ -лю́сь⟩; Zweifel; Verdacht возникáть ⟨-ни́кнуть 4а⟩; **~tauen** *tr* оттá|ивать ⟨-ять, -ю, -ешь⟩; *übertr* ожив|ля́ться ⟨-и́ться 3 -лю́сь⟩; **~teilen** *tr* раздел|я́ть ⟨-и́ть 3⟩; verteilen распредел|я́ть ⟨-и́ть 3⟩

Aufteilung *f* разделéние 5; распределéние 5

auftischen *tr* по|давáть* ⟨подáть*⟩ на стол | j-m Märchen ~ *übertr* расскáзывать ⟨-с|казáть*⟩ кому́-н. небыли́цы

Auftrag *m* поручéние 5, задáние 5; Wähler~ накáз 2; Bestellung закáз 2 | im ~e по поручéнию; j-n mit dienstlichem ~ fortschicken командировáть *uv, v* 2 когó-н.; **~bürste** *f* сапóжная щёточка 6 (для крéма)

auftragen *tr* Speisen по|давáть* ⟨подáть*⟩ на стол; Schminke наклáдывать ⟨-ложи́ть 3⁺⟩; Arbeit поруч|áть ⟨-и́ть 3⁺⟩; *intr:* dick ~ *übert* сгу|щáть ⟨-сти́ть 3 -щу́⟩ крáски | wir trugen ihr Grüße auf мы проси́ли её передáть привéт

Auftraggeber *m* закáзчик 2

Auftragseingänge *m Pl* поступлéние 5 закáзов

auftragsgemäß *Adv* соглáсно закáзу, по закáзу

auf|treiben *tr* Faßreifen набивáть ⟨-|би́ть*⟩; *übertr* beschaffen раздобывáть ⟨-|бы́ть*¡ -бы́ла⟩, до|ставáть* ⟨-|стáть*⟩; **~trennen** *tr* распáрывать ⟨-|порóть*⟩; **~treten** *tr* Tür отв|оря́ть ⟨-ори́ть 3⁺⟩ удáром ноги́; *intr* наступ|áть ⟨-и́ть 3⁺ -лю́⟩; öffentlich выступáть ⟨вы́ступить⟩; entstehen появ|ля́ться ⟨-и́ться 3⁺⟩; vorkommen встречáться ⟨встрéтиться 3⟩; sich benehmen вести́* себя́

Auf|treten *n* появлéние 5; выступлéние 5; Benehmen манéра 6 держáть себя́, поведéние 5 | ein sicheres ≈ haben увéренно держáться; **~trieb** *m Phys* подъёмная си́ла 6 | das gab ihm neuen ≈ *übertr* э́то воодушеви́ло егó; **~tritt** *m* выступлéние 5; eines Dramas явлéние 5; *übertr* сцéна 6

auf|trumpfen *intr übertr* козыр|я́ть ⟨-ну́ть *mom* 4⟩; **~tun** *tr* от-, раскрывáть ⟨-|кры́ть*⟩; sich ≈ *refl* от-, раскрывáться ⟨-кры́ться⟩; **~türmen** *tr* нагром|ождáть ⟨-озди́ть 3 -озжу́¡ -ождённый⟩; sich ≈ *refl* громозди́ться; **~wachen** *intr* про-с|ыпáться ⟨-ну́ться 4⟩, пробу|ждáться ⟨-ди́ться 3⁺ -жу́сь⟩ | ohne aufzuwachen без прóсыпу; **~wachsen** *intr* вырастáть ⟨вы́|расти*⟩

Auf|wallung *f* Zorn при́ступ 2; Gefühl поры́в 2; **~wand** *m* затрáта 6; an Geld издéржки *Pl* 6 | großen ≈ treiben дéлать (с-) больши́е затрáты

aufwärmen *tr* подогревáть ⟨-грéть¡ -грéтый⟩; sich ~ *refl* согревáться ⟨-грéться⟩

Aufwartefrau *f* приходя́щая домрабóтница 11-6

aufwarten *intr* bewirten уго|щáть ⟨-сти́ть 3 -щу́⟩ (mit *I*)

aufwärts *Adv* вверх; höher и вы́ше | mit uns geht es ~ мы идём в гóру

Aufwartung *f* Aufwartefrau приходя́щая домрабóтница 11-6 | j-m seine ~ machen свидéтельствовать 2 (за-) кому́-н. своё почтéние (посещéнием)

aufwaschen *tr u. intr* мыть* (вы́-) посу́ду

Aufwaschtisch *m* ку́хонный стол для мытья́ с посу́ды

auf|wecken *tr* бу|ди́ть 3⁺ -жу́ (раз-);

~weichen *tr* размягч|а́ть ⟨-и́ть 3⟩, разма́чивать ⟨-мочи́ть 3⁺⟩; Weg размыва́ть ⟨-|мы́ть*⟩; *intr* размока́ть ⟨-мо́кнуть 4a⟩; **~weisen** *tr* пока́зывать ⟨-|каза́ть*⟩; Kenntnisse обнару́ж|ивать ⟨-ить 3⟩; **~wenden** *tr* тра́|тить 3 -чу (по-) | alle Kräfte ≈ прилага́ть ⟨-ложи́ть 3⁺⟩ все си́лы

aufwendig Lebensweise расточи́тел|ьный, -ен, -ьна; teuer дорогосто́ящий 11

Aufwendungen *f Pl* затра́ты *Pl* 6, расхо́ды *Pl* 2

auf|werfen *tr* Wall насыпа́ть ⟨-|сы́пать*⟩; Frage поднима́ть ⟨подня́ть*⟩; **~werten** *tr Fin* ревальви́ровать 2

Aufwertung *f Fin* ревальва́ция 8

auf|wickeln *tr* мота́ть (на-), нама́тывать ⟨-мота́ть⟩; lösen развёртывать ⟨-верну́ть 4⟩; sich ≈ *refl* нама́тываться ⟨-мота́ться⟩; развёртываться ⟨-верну́ться⟩; **~wiegeln** *tr* подстрек|а́ть ⟨-ну́ть 4⟩; **~wiegen** *tr übertr* возмеща́ть ⟨-сти́ть 3 -щу́⟩

Aufwind *m Flugw* восходя́щий 11 ве́тер

auf|wirbeln *tr* взвива́ть ⟨-|ви́ть, взовью́⟩; *intr* взвива́ться ⟨-ви́ться, -вили́сь⟩; **~wischen** *tr* подтира́ть ⟨-|тере́ть*, подотру́⟩; Fußboden мыть* (вы́-); **~wühlen** *tr* взрыва́ть ⟨-|ры́ть*⟩; *übertr* волнова́ть (вз-); **~zählen** *tr* перечисля́ть ⟨-чи́слить 3⟩; Geld пересчи́тывать ⟨-счита́ть⟩

Aufzählung *f* перечисле́ние 5

auf|zäumen *tr* взн|у́здывать ⟨-узда́ть⟩ | das Pferd beim Schwanz ≈ начина́ть ⟨нача́ть*⟩ де́ло не с того́ конца́; **~zehren** *tr* поеда́ть ⟨-|есть*⟩ | seine Kräfte ≈ истощ|а́ть ⟨-и́ть 3⟩ свои́ си́лы; **~zeichnen** *tr* рисова́ть 2 (на-); notieren запи́сывать ⟨-|писа́ть*⟩ a. auf Band

Aufzeichnung *f* Aufnahme (звуко)за́пись 9; das Aufnehmen запи́сывание 5; ~en *Pl* за́писи *Pl* 9

auf|zeigen *tr* пока́зывать ⟨-|каза́ть*⟩, выявля́ть ⟨вы́яв|ить 3 -лю⟩; **~ziehen** *tr* hochziehen поднима́ть ⟨подня́ть*⟩; Uhr заводи́ть 3⁺ -вожу́ ⟨-|вести́*⟩; Saite натя́гивать ⟨-тяну́ть 4⁺⟩; Tiere, Pflanzen выра́щивать ⟨вы́ра|стить 3 -щу⟩; Kinder воспи́тывать ⟨-пита́ть⟩, расти́ть; Veranstaltung организова́ть *uv, v* 2; *übertr* nekken подтр|у́нивать ⟨-у́нить 3⟩ над *I; intr Mil* Posten заст|упа́ть ⟨-упи́ть 3⁺ -уплю́⟩; Gewitter надвига́ться ⟨дви́нуться 4⟩

Auf|zucht *f* выра́щивание 5, разведе́ние 5; **~zug** *m* Aufmarsch ше́ствие 5; feierlicher Zug проце́ссия 8; *Theat* акт 2, де́йствие 5; Fahrstuhl лифт 2, подъёмник 2 | in einem lächerlichen ≈ в смешно́м ви́де

aufzwingen *tr* навя́зывать ⟨-|вяза́ть*⟩

Augapfel *m Anat* глазно́е я́блоко | etw. wie seinen ~ hüten храни́ть 3 что-н. как зени́цу о́ка

Auge *n* глаз 2b, в глазу́, *Pl* -а́, *G* глаз; im Kartenspiel очк|о́ 4 *Pl* -и́, -о́в; *Bot, Tech* глаз|о́к, -ка́ 2 | in meinen ~n в мои́х глаза́х; mit eigenen ~n со́бственными глаза́ми; mit bloßem ~ невооружённым гла́зом; mit offenen ~n откры́тыми глаза́ми; vor den ~n на глаза́х; vor aller ~n на глаза́х у всех; unter vier ~n с гла́зу на глаз; mit einem blauen ~ davonkommen легко́ [дёшево] отде́латься; in die ~en fallen, springen броса́ться ⟨бро́ситься 3⟩ в глаза́; ins ~ fassen учи́тывать ⟨-|че́сть*⟩; im ~ haben име́ть в виду́; sich etw. vor ~en halten предст|авля́ть ⟨-а́вить 3 -а́влю⟩ себе́ что-н.; j-n nicht aus den ~n lassen не спуска́ть ⟨спу|сти́ть 3⁺ -щу́⟩ глаз с кого́--н.; große ~n machen широ́ко открыва́ть ⟨-|кры́ть*⟩ глаза́; j-m über etw. die ~n öffnen открыва́ть ⟨-кры́ть⟩ кому́-н. глаза́ на что-н.; j-m nicht unter die ~n treten не пока́зываться ⟨-|каза́ться*⟩ кому́-н. на глаза́; aus den ~n verlieren теря́ть (по-) и́з виду; die ~n vor etw. verschließen закрыва́ть ⟨-кры́ть⟩ глаза́ на что-н.; bei etw. ein ~ zudrücken смотре́ть 3⁺ сквозь па́льцы на что-н.; die ~n zukneifen прищу́р|ивать ⟨-ить 3⟩ глаза́, жму́риться 3 (за-); kein ~ zutun не смыка́ть ⟨сомкну́ть 4⟩ глаз

Augen|arzt *m* окули́ст 2; **~aufschlag** *m* мимолётный [бы́стрый] взгляд 2; **~blick** *m* миг 2, мгнове́ние 5 | im ≈ в одно́ мгнове́ние, сию́ мину́ту; alle ~e ежеми́нутно, беспреста́нно; er kann jeden ≈ kommen он мо́жет прийти́ с мину́ты на мину́ту; (einen) ≈! мину́тку!

augenblicklich 1. *Adj* unverzüglich неме́дленный; gegenwärtig настоя́щий 11, совреме́нный **2.** *Adv* в да́нный моме́нт; sofort сейча́с, сию́ мину́тку

Augen|braue *f* бровь 9g; **~brauenstift** *m* каранда́ш 2e для брове́й

augenfällig очеви́д|ный, -ен

Augen|farbe *f* цвет глаз; **~höhle** *f Anat* глазна́я впа́дина 6; **~klinik** *f* глазна́я кли́ника; **~krankheit** *f* заболева́ние гла́за; **~licht** *n* зре́ние 5; **~lid** *n Anat* ве́ко 4 *Pl* ве́ки; **~maß** *n* глазоме́р 2 | nach ≈ на глаз(о́к); **~merk** *n:* sein ≈ auf etw. richten обра|ща́ть ⟨-ти́ть 3 -щу́⟩ внима́ние на что-н.; **~schein** *m* вид 2; Anschein ви́димость 9 | in ≈ nehmen расс|ма́тривать ⟨-отре́ть 3⁺⟩; nach dem ≈ по ви́ду

augenscheinlich 1. *Adj* очеви́д|ный, -ен, я́в|ный, -ен **2.** *Adv* ви́димо, очеви́дно

Augen|weide *f* загляде́нье 5; **~wimper** *f* ресни́ца 6; **~zahn** *m Anat* глазно́й зуб; **~zeuge** *m* очеви́д|ец, -ца 2

August *m* áвгуст 2
Auktion *f* аукциóн 2; **~ator** *m* аукциони́ст 2
Aula *f* áктовый зал 2
Aureole *f* ореóл 2
Aurikel *f* аври́кула 6
aus 1. *Adv* (по)кóнчено; es ist ~ mit ihm с ним покóнчено; die Schule ist ~ урóки окóнчены; von hier ~ отсю́да; er weiß weder ~ noch ein он не знáет, что дéлать, он в безвы́ходном положéнии; auf etw. ~ sein стрем|и́ться 3 -лю́сь к чемý-н. **2.** *Präpos Ort* из *G;* ~ Berlin из Берли́на; ~ dem Zimmer из кóмнаты; ~ der Heimat с рóдины; ~ dem Ausland из-за грани́цы; ~ der Gegend von Minsk из-под Ми́нска | Himmelsrichtung с *G;* ~ dem Süden с ю́га | Veranstaltung с *G;* ~ der Vorlesung [dem Konzert] kommen идти́* с лéкции [с концéрта] | von herunter с *G;* ~ großer Höhe с большóй высоты́; ~ dem dritten Stock с четвёртого этажá | Herkunft из *G;* er stammt ~ einer Arbeiterfamilie он из рабóчей семьи́; *Zeit* eine Vase ~ dem 15. Jahrhundert вáза пятнáдцатого вéка; ein Gebäude ~ der Barockzeit здáние эпóхи барóкко | Stoff из *G;* ~ Holz из дéрева | *Grund* из *G,* по *D;* ~ Liebe из любви́; ~ Mitleid [Angst] из жáлости [стрáха]; ~ diesem Grund по э́той причи́не; ~Dummheit [mangelnder Erfahrung] по глýпости [неóпытности]; ~ Kummer с гóря; ~ Bosheit со злóсти; ~ Protest в знак протéста; ~ Überzeugung handeln дéйствовать по убеждéнию; ~ der Erfahrung lernen учи́ться на óпыте
ausarbeiten *tr* Projekt разраб|áтывать ⟨-óтать⟩; schriftlich сост|авля́ть ⟨-áвить 3 -áвлю⟩; sich ~ *refl* занимáться физи́ческим трудóм
Ausarbeitung *f* Projekt разрабóтка 6; schriftliche составлéние 5
aus|arten *intr* превра|щáться ⟨-ти́ться⟩ (in в *A*); **~atmen** *tr u. intr* выдыхáть ⟨вы́дохнуть 4⟩; **~baden** *tr übertr* распл|áчиваться ⟨-ати́ться 3⁺ -ачýсь⟩ | er muß alles ≈ на егó гóлову все ши́шки вáлятся; **~baggern** *tr* вычéрпывать ⟨вы́черпать⟩ землечерпáлкой
Ausbau *m Arch* отдéлка 6; *übertr* разви́тие 5; Erweiterung расширéние 5; Umbau переоборýдование 5
aus|bauen *tr übertr* развивáть ⟨-|ви́ть*, -овью́⟩; Maschinenteil снимáть ⟨снять*⟩; erweitern расширя́ть ⟨-ши́рить 3⟩; festigen закреп|ля́ть ⟨-и́ть 3 -лю́⟩; umbauen переоборýдовать *uv, v* 2; **~bedingen** *tr:* sich von j-m etw. ≈ выговáривать ⟨вы́говорить 3⟩ себé что-н. у когó-н.; **~beißen** *tr:* sich an etw. die Zähne ≈ *übertr* облáмывать ⟨-ломáть⟩ себé зýбы обо что-н.; **~bessern** *tr* попр|авля́ть ⟨-áвить 3 -áвлю⟩, чини́ть 3⁺ (по-); Gebäude ремонти́ровать 2 (от-) | ≈ lassen от|давáть* ⟨отдáть*⟩ в почи́нку
Aus|besserung *f* почи́нка 6, попрáвка 6; Gebäude ремóнт 2; **~beute** *f Bergb* добы́ча 6
ausbeuten *tr* abbauen разраб|áтывать ⟨-óтать⟩; Arbeiter эксплуати́ровать 2
Ausbeuter *m* эксплуатáтор 2; **~klasse** *f* эксплуатáторский класс; **~system** *n* систéма эксплуатáции
Ausbeutung *f* Abbau разрабóтка 6; der Arbeiter эксплуатáция 8
ausbilden *tr* обуч|áть ⟨-и́ть 3⁺⟩ (in *D*); entwickeln развивáть ⟨-|ви́ть*, -овью́⟩ | j-n zum Lehrer ~ готóвить когó-н. в преподавáтели
Ausbild|er *m* инстрýктор 2; im Betrieb мáстер 2b *Pl* -á; **~ung** *f* обучéние 5; Qualifikation подготóвка 6; Entwicklung разви́тие 5 | militärische ≈ воéнная подготóвка; die ≈ von Fachkräften подготóвка специали́стов; schulische ≈ шкóльная учёба 6; in der ≈ sein учи́ться 3⁺
Ausbildungs|dauer *f* срок 2 обучéния; **~lehrgang** *m* кýрсы повышéния квалификáции
aus|bitten, sich *refl* про|си́ть 3⁺ -шý (по-) | wir bitten uns Ruhe aus! прóсим не шумéть!; das bitte ich mir aus! я на э́том настáиваю!; **~blasen** *tr* задувáть ⟨-|дýть*⟩; Ei выдувáть ⟨вы́дуть⟩; reinigen продувáть ⟨-дýть⟩ **~bleiben** *intr* не приходи́ть 3⁺ -хожý ⟨-|йти́*, придý⟩; nicht geschehen не происходи́ть 3⁺ | das konnte nicht ≈ э́то должнó бы́ло случи́ться; die Strafe bleibt nicht aus наказáние неизбéжно; **~bleichen** *intr* выцветáть ⟨вы́|цвести*⟩
Ausblick *m* вид 2; in die Zukunft перспекти́вы *Pl* 6
aus|bohren *tr* высвéрливать ⟨вы́сверлить 3⟩; **~bomben** *tr* разбомб|и́ть *v* 3 -лю́; **~booten** *tr übertr* сме|щáть ⟨-сти́ть 3 -щý⟩; **~brechen** *tr* вылáмывать ⟨вы́ломать⟩; *intr* fliehen сбегáть ⟨-|бежáть*⟩; Tier вырывáться ⟨вы́|рваться*⟩; Seuche вспы́х|ивать ⟨-нуть 4⟩; Krieg разра|жáться ⟨-зи́ться 3 -жýсь⟩; Feuer возникáть ⟨-ни́кнуть 4a⟩ Vulkan извергáться ⟨-вéргнуться 4a⟩ | in Tränen ≈ рас|плáкаться* *v;* in Schweiß ≈ потéть (вс-); **~breiten** *tr* hinlegen расклáдывать ⟨разложи́ть 3⁺⟩; Arme распрос|тирáть ⟨-|терéть*⟩; sich ≈ *refl* Ebene простирáться ⟨-с|терéться*⟩; Krankheit; Feuer распростран|я́ться ⟨-и́ться 3⟩
Ausbreitung *f* распространéние 5
aus|brennen *tr* Wunde прижигáть ⟨-|жéчь*⟩; *intr* Gebäude сгор|áть ⟨-éть⟩;

~bringen *tr:* einen Trinkspruch auf j-n ≈ провозгла|ша́ть ⟨-си́ть 3 -шу́⟩ тост за кого́-н.

Ausbruch *m* Beginn нача́ло 4; Vulkan изверже́ние 5; Epidemie вспы́шка 6; Gefühl при́ступ 2; geräuschvoller взрыв 2; Flucht побе́г 2

aus|brüten *tr* выси́живать ⟨вы́си|деть 3 -жу₍ вы́сиженный⟩; *übertr* замышля́ть ⟨-мы́слить 3₍ -мы́шленный⟩; **~buchen** *tr:* das Flugzeug ist ausgebucht все места́ на самолёте распро́даны

Ausbund *m:* er ist ein ~ von Tugend он сама́ доброде́тель

aus|bürgern *tr* лиш|а́ть ⟨-и́ть 3⟩ гражда́нства; **~bürsten** *tr* вычища́ть ⟨вы́чи|стить 3 -щу⟩ (щёткой)

Ausdauer *f* вы́держка 6, выно́сливость 9; Geduld терпе́ние 5

ausdauernd выно́слив:ый; bei der Arbeit усидчив:ый; geduldig терпели́в:ый

ausdehnen *tr* растя́гивать ⟨-тяну́ть 4⁺⟩, расширя́ть ⟨-ши́рить 3⟩; *übertr* Einfluß распростран|я́ть ⟨-и́ть 3⟩; sich ~ *refl* растя́гиваться ⟨-тяну́ться⟩, расширя́ться ⟨-ши́риться⟩; распростран|я́ться ⟨-и́ться⟩ (auf на *A*)

Ausdehnung *f* расшире́ние 5; Ausmaß протяжённость 9; *übertr* распростране́ние 5

aus|denken *tr:* sich etw. ≈ выду́мывать ⟨вы́думать⟩ что-н., измышля́ть ⟨-мы́слить 3₍ -мы́шленный⟩ что-н. | die Folgen sind nicht auszudenken нельзя́ предста́вить себе́₍ каки́е э́то мо́жет име́ть после́дствия; **~dienen** *intr* отслу́живать ⟨отслужи́ть 3⁺⟩; **~dörren** *tr* высу́шивать ⟨вы́сушить 3⟩; **~drehen** *tr* Licht выключа́ть ⟨вы́ключить 3⟩; **~dreschen** *tr* вымола́чивать ⟨вы́моло|тить 3 -чу⟩

Ausdruck *m* выраже́ние 5; Ausdruckskraft вырази́тельность 9; Fach~ те́рмин 2 | zum ~ bringen выража́ть ⟨вы́ра|зить 3 -жу⟩; zum ~ kommen находи́ть 3⁺ ⟨-|йти́*⟩ выраже́ние; mit ~ с чу́вством

aus|drucken *tr* отпеча́т|ывать ⟨-ать⟩ по́лностью; **~drücken** *tr* Schwamm выжима́ть ⟨вы́|жать[1]*⟩; Pickel выда́вливать ⟨вы́дав|ить 3 -лю⟩; *übertr* выража́ть ⟨вы́ра|зить 3 -жу⟩; sich ≈ *refl* выража́ться ⟨вы́разиться⟩; **~drücklich:** auf j-s ≈en Wunsch по чьей-н. настоя́тельной про́сьбе

Ausdruckskraft *f* вырази́тельность 9

ausdruckslos невырази́тел|ьный₍ -ен₍ -ьна, без выраже́ния

Ausdruckstanz *m* характе́рный та́нец

ausdrucksvoll вырази́тел|ьный₍ -ен₍ -ьна, с выраже́нием

Ausdrucksweise *f* спо́соб выраже́ния

Ausdünstung *f* испаре́ние 5

auseinander *Adv* врозь | ~ schreiben писа́ть (на-) разде́льно; sie wohnen weit ~ они́ живу́т далеко́ друг от дру́га

auseinander|biegen *tr* разгиба́ть ⟨-огну́ть 4₍ -о́гнутый⟩; **~bringen** *tr* Streitende разнима́ть ⟨разня́ть*⟩; **~falten** *tr* развёртывать ⟨-верну́ть 4₍ -вёрнутый⟩; **~gehen** *intr* расхо|ди́ться 3⁺ -жу́сь ⟨разо|йти́сь*⟩; Ehe расстр|а́иваться ⟨-о́иться 3⟩; zerfallen распада́ться ⟨-|па́сться*⟩; **~halten** *tr* отлич|а́ть ⟨-и́ть 3⟩друг от дру́га; **~jagen** *tr* разгоня́ть ⟨-о|гна́ть₍ -гоню́₍ -о́гнанный⟩; **~laufen** *intr* разбега́ться ⟨-|бежа́ться*⟩; **~nehmen** *tr* разбира́ть ⟨разо|бра́ть*₍ разберу́₍ разо́бранный⟩, разнима́ть ⟨разня́ть*⟩; **~schieben** *tr* раздв|ига́ть ⟨-и́нуть 4⟩; **~setzen** *tr* разъясн|я́ть ⟨-и́ть 3⟩; sich ≈ *refl* объясн|я́ться ⟨-и́ться⟩; sich befassen расм|а́тривать ⟨-отре́ть 3⁺⟩ 3 | sich mit einem Problem ≈ занима́ться ⟨заня́ться*₍ занял|ся́₍ -и́сь⟩ како́й-н. пробле́мой

Auseinandersetzung *f* столкнове́ние 5; Meinungsaustausch диску́ссия 8

auseinander|treiben *tr* разгоня́ть ⟨разо|гна́ть*₍ разгоню́₍ разо́гнанный⟩; **~werfen** *tr* разбр|а́сывать ⟨-оса́ть⟩

auser|koren и́збранный; **~lesen** и́збранный, отбо́рный; Geschmack изы́скан:ный₍ -на

auserwählen *tr* избира́ть ⟨-|бра́ть*⟩

ausfahren *tr* spazierenfahren ката́ть; *intr* выезжа́ть ⟨вы́|ехать*⟩; aus dem Schacht поднима́ться ⟨подня́ться*₍ -я́лся́₍ -яли́сь⟩

Aus|fahrt *f* вы́езд 2; Ausflug пое́здка 6; **~fall** *m* im Arbeitsablauf просто́й 1; Haare выпаде́ние 5; einer Maschine вы́ход 2 из стро́я; Veranstaltung; Zug отме́на 6; *Mil* вы́лазка 6; beim Fechten вы́пад 2

aus|fallen *intr* Sitzung; Unterricht не состоя́ться 3; Veranstaltung; Zug отмен|я́ться ⟨-и́ться 3⁺⟩; Haare выпада́ть ⟨вы́|пасть*⟩ | es ist gut ausgefallen э́то удало́сь; wie sind die Wahlen ausgefallen? как прошли́ вы́боры?; die Maschine ist ausgefallen маши́на вы́шла из стро́я; **~fällig** гру́б:ый, -а́! | ~ werden gegen j-n оскорб|ля́ть ⟨-и́ть 3 -лю⟩ кого́-н., нагруб|и́ть 3 -лю кому́-н.

Ausfallstraße *f* вылетна́я магистра́ль 9

aus|fechten *tr* вы́де́рживать ⟨вы́держать 3⟩ | einen Streit ≈ спо́рить 3 (по-); **~fegen** *tr* Zimmer подмета́ть ⟨-|мести́*⟩; **~fertigen** *tr* Schriftstück сост|авля́ть ⟨-а́вить 3 -а́влю⟩; Rechnung выпи́сывать ⟨вы́|писать*⟩

Ausfertigung *f* Tätigkeit составле́ние 5 | in dreifacher ~ в трёх экземпля́рах

aus|findig: ≈ machen разы́скивать ⟨-|ыска́ть*⟩; aufstöbern отка́пывать ⟨-копáть⟩; Methode придýм|ывать ⟨-ать⟩; **~fliegen** *intr* вылетáть ⟨вы́ле|теть 3 -чу⟩; *übertr* соверш|áть ⟨-ить 3⟩ экскýрсию; **~fließen** *intr* вытекáть ⟨вы́|течь*⟩

Aus|flucht *f* отговóрка 6, увёртка 6 | Ausflüchte machen виля́ть, уви́ливать ⟨-вильнýть 4⟩; **~flug** *m* экскýрсия 8; Spaziergang прогýлка 6 | morgen machen wir einen ≈ зáвтра мы идём на экскýрсию; einen ≈ ins Grüne machen соверш|áть ⟨-и́ть 3⟩ поéздку зá город; **~flügler** *m* отдыхáющий *Subst* 11 зá городом; **~fluß** *m* Abfluß сток 2; *Med* выделéние 5

aus|forschen *tr* вывéдывать ⟨вы́ведать⟩, выпы́тывать ⟨вы́пытать⟩; **~forsten** *tr* производи́ть 3⁺ -вожý ⟨-|вести́*⟩ вы́борочную рýбку; **~fragen** *tr* расспр|áшивать ⟨-оси́ть 3⁺⟩ (nach, über о *P*)

Ausfuhr *f* вы́воз 2, э́кспорт 2; **~artikel** *m* предмéт э́кспорта; **~beschränkung** *f* ограничéние э́кспорта

ausführen *tr* *Wirtsch* выво|зи́ть 3⁺ -жý ⟨вы́|везти*⟩ (von из *G*, nach на *A*, в *A*); Hund выво|ди́ть 3⁺ -жý ⟨вы́|вести*⟩; durchführen выполня́ть ⟨вы́полнить 3⟩, исполня́ть ⟨-пóлнить⟩; Gedanken излагáть ⟨-ложи́ть 3⁺⟩, поясн|я́ть ⟨-и́ть 3⟩

Ausfuhrgenehmigung *f* разрешéние на вы́воз

ausführlich подрóб|ный| -ен

Ausführlichkeit *f* подрóбность 9

Ausführung *f* выполнéние 5, исполнéние 5; Gedanken изложéние 5; Gestaltungsart оформяéние 5; ~en *Pl* выступлéние 5, речь 9g

Ausführungsbestimmung *f* инстрýкция 8 о проведéнии

Ausfuhr|verbot *n* запрéт *n idkl* на вы́воз, запрещéние вы́воза; **~zoll** *m* вывознáя пóшлина

ausfüllen *tr* Formular; Zeit заполня́ть ⟨-пóлнить 3⟩; Stellung справля́ться ⟨спрáв|иться 3 -люсь⟩

Ausgabe *f* вы́дача 6; Buch издáние 5; Banknote вы́пуск 2; ~en *Pl* расхóды, издéрж|ки *Pl* 6 *G* -ек (für на *A*)

Ausgabenbuch *n* расхóдная кни́га

Ausgang *m* вы́ход 2; Ende кон|éц| -цá 2; Ergebnis результáт 2, исхóд 2 | sie hat heute ~ у неё сегóдня выходнóй день, онá сегóдня выходнáя

Ausgangs|position *f* исхóдное положéние; **~punkt** *m* исхóдный пункт

ausgeben *tr* вы|давáть* ⟨вы́|дать*⟩; Geld расхóдовать 2 (из-), трá|тить 3 -чу (ис-, по-) (für на *A*); Aktien выпускáть ⟨вы́пустить 3 -щу⟩; Befehl издавáть ⟨издáть*⟩; sich ~ *refl* выдавáть ⟨вы́дать⟩ себя́ (für за *A*)

Ausgeburt *f* порождéние 5

ausge|dehnt обши́р|ный| -ен; **~fallen** необычá|йный| -ен| -йина, стрáн|ный| -ен| -на; **~glichen** уравновéшен:ный| -на

ausgehen *intr* выходи́ть 3⁺ -хожý ⟨вы́|йти*⟩; spazierengehen гуля́ть (по-); zu Ende gehen кончáться ⟨кóнчиться 3⟩; verlöschen угасáть ⟨-гáснуть 4a⟩, гáснуть (по-, у-); Farbe линя́ть (по-); Kräfte исс|якáть ⟨-я́кнуть 4a⟩; Anregung исходи́ть (von из *G*, от *G*) | die Haare gehen aus вóлосы редéют; die Sache ging gut aus дéло кóнчилось хорошó; auf etw. ~ пу|скáться ⟨-сти́ться 3⁺ -щýсь⟩ на что-н.; leer ~ о|ставáться* ⟨-|стáться*⟩ ни с чем; straflos ~ оставáться ⟨-стáться⟩ безнакáзанным

ausgelassen шаловли́в:ый, рéзв:ый| -á! | sehr ~ sein расшали́ться *v* 3

Ausgelassenheit *f* шаловли́вость 9, рéзвость 9

ausge|macht реш|ённый| -ён| -енá | ein ≈er Dummkopf наби́тый дурáк; **~mergelt** истощ|ённый| -ён| -енá, исхудáлый; **~nommen** *Adv* крóме *G*, за исключéнием *G*; **~prägt** я́рко вы́раженный; **~rechnet** *Adv* как раз, и́менно; **~sprochen** очеви́д|ный| -ен; Lump отъя́вленный

ausgestalten *tr* оформля́ть ⟨офóрм|ить 3 -лю⟩

Ausgestaltung *f* оформлéние 5

ausge|stoßen отвéржен:ный| -а; **~sucht** изы́скан:ный| -на; **~trocknet** вы́сохший 11; **~zeichnet** отли́ч|ный| -ен, превосхóд|ный| -ен

ausgiebig оби́л|ьный| -ен| -ьна

ausgießen *tr* выливáть ⟨вы́|лить*⟩; Form отливáть ⟨отли́ть*⟩

Ausgleich *m* Übereinkommen соглашéние 5, компроми́сс 2; der Interessen урáвнивание 5; *Sport* рáвный счёт 2 | den ~ erzielen *Sport* сквитáть счёт

ausgleichen *tr* вырáвнивать ⟨вы́ровнять⟩; wettmachen возме|щáть ⟨-сти́ть 3 -щý⟩; ersetzen компенси́ровать *uv, v* 2; Betrag баланси́ровать 2 (с-), вырáвнивать ⟨вы́ровнять⟩; *Sport* сравня́ть счёт; **~d** уравни́тел|ьный| -ен| -ьна

Ausgleichs|getriebe *n* *Tech* дифференциáл 2; **~gymnastik** *f* компенси́рующая 11 гимнáстика; **~sport** *m* компенси́рующий 11 спорт; **~tor** *n* гол| срáвнивающий 11 счёт

aus|gleiten *intr* поскáльзываться ⟨поскользнýться 4⟩; **~graben** *tr* выкáпывать ⟨вы́копать⟩, вырывáть ⟨вы́|рыть*⟩

Aus|grabung *f* раскóпка 6; **~guck** *m* *Mar* марс 2; **~guß** *m* Küche рáковина 6

aus|hacken *tr* mit dem Schnabel выклёвывать ⟨вы́клевать 2⟩; **~halten** *tr* выдéрживать ⟨вы́держать 3⟩; unterhalten содержáть 3⁺; *intr* выдéрживать

⟨вы́держать⟩ | es ist nicht auszuhalten э́то невыноси́мо; ~**händigen** *tr* вруч|а́ть ⟨-и́ть 3⟩, вы|дава́ть* ⟨вы́|дать*⟩ на́ руки
Aus|händigung *f* вруче́ние 5, вы́дача 6 на́ руки; ~**hang** *m* объявле́ние 5; Plakat афи́ша 6; ~**hängebogen** *m Typ* чи́стый лист
aushängen *tr* выве́шивать ⟨вы́ве|сить 3 -шу⟩; an vielen Stellen разве́|шивать ⟨-сить 3 -шу⟩; Tür снима́ть ⟨снять*⟩ с пе́тель
Aushängeschild *n* вы́веска 6
aus|harren *intr* терпели́во ждать*; ~**hauchen** *tr:* den Geist ≈ испусти́ть *v* 3⁺ дух; ~**heben** *tr* Graben выка́пывать ⟨вы́копать⟩; Tür снима́ть ⟨снять*⟩ с пе́тель; *Mil* набира́ть ⟨-|бра́ть*⟩; Bande ликвиди́ровать *uv, v* 2
Aushebung *f Mil* набо́р 2, призы́в 2
aus|hecken *tr* вына́шивать ⟨вы́но|сить 3 -шу⟩; ~**heilen** *tr* выле́чивать ⟨вы́лечить 3⟩; *intr* Wunde заживáть ⟨зажи́ть*⟩; ~**helfen** *intr* помога́ть ⟨-|мо́чь*⟩, выруча́ть ⟨вы́ручить 3⟩
Aushilfe *f* Mann вре́менный рабо́тник 2; Frau вре́менная рабо́тница 6
aushilfsweise *Adv* в ка́честве вре́менной по́мощи
aus|höhlen *tr* выда́лбливать ⟨вы́долб|ить 3 -лю⟩; *übertr* выхола́щивать ⟨вы́холо|стить 3 -щу⟩ ~**holen** *tr* zum Schlag за-, разма́хиваться ⟨-махну́ться 4⟩ | weit ≈ *übertr* начина́ть ⟨нача́ть*⟩ (речь) издалека́; ~**horchen** *tr* выве́дывать ⟨вы́ведать⟩ у *G;* ~**hülsen** *tr* вылу́щивать ⟨вы́лущить 3⟩; ~**hungern** *tr* мори́ть 3 (за-) го́лодом; ~**husten** *tr* отка́шливать ⟨отка́шлянуть⟩; ~**jäten** *tr* выпа́лывать ⟨вы́|полоть*⟩; ~**kämmen** *tr* вычёсывать ⟨вы́|чесать*⟩, расчёсывать ⟨-чеса́ть⟩; ~**kehren** *tr* подмета́ть ⟨-|мести́*⟩; ~**kennen, sich** *refl* ориенти́роваться *uv, v* 2; in einer Sache (хорошо́) разбира́ться ⟨разо|бра́ться*| разберу́сь| -брали́сь⟩ (in в *P*); ~**kernen** *tr* вынима́ть ⟨вы́нуть 4⟩ ко́сточки из *G;* ~**klammern** *tr übertr* исключ|а́ть ⟨-и́ть 3⟩
Ausklang *m übertr* кон|е́ц| -ца́ 2
auskleiden *tr* раздева́ть ⟨-|де́ть*⟩; verschalen обшива́ть ⟨-|ши́ть*| -ошью́⟩, выстила́ть ⟨вы́|стлать*⟩; sich ~ *refl* раздева́ться ⟨-де́ться⟩
Auskleideraum *m* раздева́л|ьня 7 *G Pl* -ен
aus|klingen *intr übertr* зака́нчиваться ⟨-ко́нчиться 3⟩; ~**klopfen** *tr* выбива́ть ⟨вы́|бить*⟩, выкола́чивать ⟨вы́коло|тить 3 -чу⟩
Ausklopfer *m* выбива́лка 6
aus|klügeln *tr* заду́мывать ⟨-ду́мать⟩; ~**kochen** *tr* выва́ривать ⟨вы́варить 3⟩; ~**kommen** *intr* обхо|ди́ться 3⁺ -жу́сь ⟨обо|йти́сь*⟩ (mit *I*); sich vertragen ла́|дить 3 -жу, ужива́ться ⟨-|жи́ться*| -жи́ли́сь⟩ | wir kommen kaum aus мы е́ле сво́дим концы́ с конца́ми; mit ihm ist nicht auszukommen с ним не уживёшься
Auskommen *n* сре́дства *Pl* 4 к жи́зни | er hat ein gutes ~ он челове́к с доста́тком
auskömmlich доста́точ|ный| -ен
aus|kosten *tr* насла|жда́ться ⟨-ди́ться 3 -жу́сь⟩; ~**kramen** *tr* выкла́дывать ⟨вы́ложить 3⟩; *übertr* Wissen пока́зывать ⟨-|каза́ть*⟩; ~**kratzen** *tr* выскрёбывать ⟨вы́|скрести*⟩; *Med* выска́бливать ⟨вы́скоблить 3⟩; ~**kriechen** *intr* aus dem Ei вылу́пливаться ⟨вы́лупиться 3⟩; ~**kugeln** *tr Med* вы́вихнуть *v* 4; ~**kühlen** *intr* остыва́ть ⟨-|сты́ть*⟩ | das Zimmer ist ausgekühlt ко́мната вы́стужена; ~**kundschaften** *tr übertr* выве́дывать ⟨вы́ведать⟩
Auskunft *f* спра́вка 6, информа́ция 8 | ~ erteilen дава́ть* ⟨дать*⟩ спра́вку
Auskunftsbüro *n* спра́вочное бюро́
aus|lachen *tr* высме́ивать ⟨вы́сме|ять| -ю| -ешь⟩; ~**laden** *tr* выгружа́ть ⟨вы́гру|зить 3 -жу⟩; Fahrzeug разгр|ужа́ть ⟨-узи́ть| -ужу́| -у́зишь⟩; Truppen выса́живать ⟨вы́са|дить 3 -жу⟩ | Besuch ≈ отмен|я́ть ⟨-и́ть 3⁺⟩ приглаше́ние; ~**ladend** *übertr* Schultern шир|о́кий| -о́к| -ока́| -око́; Baum раски́дист:ый
Aus|lage *f* вы́ставленные това́ры *Pl* 6; ≈n *Pl* Unkosten изде́ржки *Pl* 6; ~**land** *n* грани́ца 6 | im ≈ за грани́цей, за рубежо́м; ins ≈ за грани́цу; aus dem ≈ из-за грани́цы; ~**länder** *m* иностра́н|ец| -ца 2; ~**länderin** *f* иностра́нка 6
ausländisch иностра́нный; загран́ичный
Auslands|korrespondent *m* зарубе́жный корреспонде́нт; ~**paß** *m* загран́ичный па́спорт; ~**post** *f* междунаро́дная по́чта [корреспонде́нция 8]; ~**reise** *f* пое́здка 6 за грани́цу; ~**vertretung** *f Dipl* представи́тельство за грани́цей; *Hdl* филиа́л 2 за грани́цей
auslassen *tr* выпуска́ть ⟨вы́пу|стить 3 -щу⟩; übergehen пропу|ска́ть ⟨-сти́ть 3⁺⟩; Fett выта́пливать ⟨вы́топ|ить 3 -лю⟩, раста́пливать ⟨-топи́ть 3⁺ -топлю́⟩; sich ~ *refl* распростран|я́ться ⟨-и́ться 3⟩ (über о *P*) | seinen Zorn [Ärger] an j-m ~ срыва́ть ⟨со|рва́ть*⟩ зло на ком-н.
Auslassung *f* im Text про́пуск 2
auslasten *tr* загр|ужа́ть ⟨-узи́ть 3 -ужу́| -у́зишь⟩ | nicht ~ недогр|ужа́ть ⟨-узи́ть 3 -ужу́| -у́зишь⟩; die Arbeitskräfte voll ~ по́лностью испо́льзовать *uv, v* рабо́чую си́лу
Auslauf *m* Schisport площа́дка 6 остано́вки, вы́кат 2; Bewegungsfreiheit für Kinder площа́дка (для игр); für Tiere вы́гул 2
auslaufen *intr* Wasser выте́ка́ть ⟨вы́|течь*⟩; Schiff выходи́ть 3⁺ ⟨вы́|йти*⟩

в мо́ре, отплыва́ть ⟨-|плы́ть*⟩; Farbe расплыва́ться ⟨-|плы́ться*, -плыли́сь⟩; enden зака́нчиваться ⟨-ко́нчиться 3⟩ *I*, конча́ться ⟨ко́нчиться⟩ *I* | die Produktion eines Erzeugnisses ~ lassen снима́ть ⟨снять*⟩ что-н. с произво́дства

Aus|laufen *n* Schiff вы́ход 2 в мо́ре, отплы́тие 5; **~läufer** *m* Gebirge (го́рный) отро́г

auslaugen *tr Chem* выщела́чивать ⟨вы́щелочить 3⟩

Auslaut *m Ling* коне́чный звук | im ~ в конце́ сло́ва [сло́га]

auslauten *intr* ока́нчиваться (auf на *A*); **~d** ока́нчивающийся 11 на *A*

aus|leben, sich *refl* дава́ть во́лю свои́м страстя́м; **~lecken** *tr* выли́зывать ⟨вы́лиза́ть, -жу, -жешь⟩; **~leeren** *tr* опор|ожня́ть ⟨-ожни́ть 3⟩; **~legen** *tr* раскла́дывать ⟨разложи́ть 3⁺⟩; mit Teppich выстила́ть ⟨вы́|стлать*⟩; ausstellen выставля́ть ⟨вы́став|ить 3 -лю⟩; Geld пла|ти́ть 3⁺ -чу́ (за-) (für j-n за кого́-н.); deuten истолк|о́вывать ⟨-ова́ть⟩ | falsch ≈ превра́тно толкова́ть

Aus|leger *m* Kran стрела́ 6с; **~legung** *f* Deutung (ис)толкова́ние 5

Ausleihdienst *m* слу́жба прока́та

Ausleihe *f* вы́дача 6 напрока́т 2; Bibliothek вы́дача (книг) на́ дом; Ausleihstelle отде́л 2 вы́дачи

ausleihen *tr* Geld дава́ть* ⟨дать*⟩ взаймы́; Gegenstände отдава́ть ⟨отда́ть*⟩ напрока́т | sich etw. ~ занима́ть ⟨заня́ть*⟩ что-н., gegen Geld брать* ⟨взять*⟩ напрока́т; sich in der Bibliothek ein Buch ~ брать* ⟨взять*⟩ в библиоте́ке кни́гу

Ausleih|gebühr *f* пла́та за по́льзование *I*; **~station** *f* пункт 2 прока́та

auslernen *intr* зака́нчивать ⟨-ко́нчить⟩ уче́ние | man lernt nie aus век живи́, век учи́сь

Auslese *f* вы́бор 2; *Biol* отбо́р 2

aus|lesen *tr* aussuchen выбира́ть ⟨вы́|брать*⟩, отбира́ть ⟨отобра́ть, отберу́, ото́бранный⟩; Zeitung прочи́тывать ⟨-чита́ть⟩; **~liefern** *tr* Ware пост|авля́ть ⟨-а́вить 3 -а́влю⟩; Bücher с|дава́ть* ⟨-|дать*⟩; Verbrecher выдава́ть ⟨вы́дать⟩

Auslieferung *f* поста́вка 6; сда́ча 6; вы́дача 6

Auslieferungslager *n* сбытова́я ба́за 6

aus|liegen *intr* Ware быть* вы́ставленным; Zeitungen быть разло́женным (на столе́); **~löffeln** *tr* расхлёбывать ⟨-хлеба́ть⟩ *a. übertr*; **~löschen** *tr* га|си́ть 3⁺ -шу́ (за-, по-), туши́ть 3⁺ (за-, по-); Kerze задува́ть ⟨-|ду́ть*⟩; Schrift стира́ть ⟨-|тере́ть*, сотру́⟩; *übertr* изгла́|живать ⟨-дить 3 -жу⟩; Schmach смыва́ть ⟨-|мыть*⟩; **~losen** *tr* реш|а́ть ⟨-и́ть 3⟩ жеребьёвкой; разы́грывать ⟨-ыгра́ть⟩ в лотере́е; **~lösen** *tr* вызыва́ть ⟨вы́|звать*⟩; *Tech* пуска́ть ⟨пу|сти́ть 3⁺ -щу́⟩

Aus|löser *m Foto* спуск 2; **~losung** *f* жеребьёвка 6; Lotterie ро́зыгрыш 2 *G Pl* -ей

aus|lüften *tr* прове́тр|ивать ⟨-ить 3⟩; **~machen** *tr* vereinbaren догова́риваться ⟨-говори́ться 3⟩; betragen сост|авля́ть ⟨-а́вить 3 -а́влю⟩; *umg* auslöschen га|си́ть 3⁺ -шу́ (за-, по-), туши́ть 3⁺ (за-, по-); ausschalten выключа́ть ⟨вы́ключить 3⟩ | Kartoffeln ≈ копа́ть (вы́-) карто́фель; wieviel macht das aus? ско́лько э́то соста́вит?; das macht nichts aus (э́то) ничего́ (не зна́чит); es macht ihm nichts aus ему́ нипочём; würde es Ihnen etw. ~, wenn ...? вас не затрудни́т, е́сли ...?; **~mahlen** *tr* разма́лывать ⟨-|моло́ть*⟩; **~malen** *tr* распи́сывать ⟨-|писа́ть*⟩ *a. übertr*, раскр|а́шивать ⟨-а́сить 3 -а́шу⟩; *übertr* schildern предст|авля́ть ⟨-а́вить 3 -а́влю⟩

Ausmarsch *m* выступле́ние 5

ausmarschieren *intr* выступа́ть ⟨вы́ступ|ить 3 -лю⟩

Ausmaß *n* разме́р 2 | in großem ~ в большо́м масшта́бе; in bedeutendem ~ в значи́тельной ме́ре

aus|mauern *tr* выкла́дывать ⟨вы́ложить 3⟩ ка́мнем; **~meißeln** *tr* высека́ть ⟨вы́|сечь*⟩ резцо́м; **~mergeln** *tr übertr* изнур|я́ть ⟨-и́ть 3⟩; **~merzen** *tr* искорен|я́ть ⟨-и́ть 3⟩; **~messen** *tr* вымеря́ть ⟨вы́мерить 3⟩; **~misten** *tr* очища́ть ⟨очи́|стить 3 -щу⟩ от наво́за; **~mustern** *tr Mil* при|знава́ть* ⟨-зна́ть⟩ неприго́дным к вое́нной слу́жбе

Ausnahme *f* исключе́ние 5 | mit ~ исключа́я *A*, за исключе́нием *G*; mit wenigen ~n за ре́дким исключе́нием; keine Regel ohne ~ нет пра́вила без исключе́ния; **~fall** *m* исключи́тельный слу́чай; **~zustand** *m* чрезвыча́йное положе́ние | den ≈ verhängen объяв|ля́ть ⟨-и́ть 3⁺ -лю́⟩ чрезвыча́йное положе́ние

ausnahms|los *Adv* без исключе́ния; **~weise** *Adv* в ви́де исключе́ния

ausnehmen *tr* вынима́ть ⟨вы́нуть 4⟩; Gans потроши́ть 3 (вы́-); *übertr* исключ|а́ть ⟨-и́ть 3⟩ (von из *G*); sich ~ *refl* выделя́ться ⟨вы́делиться 3⟩ | j-n (beim Spiel) ~ обо|бра́ть*, оберу́ кого́-н.; sich gut ~ вы́глядеть хорошо́; **~d 1.** *Adj* отли́ч|ный, -ен, исключи́тел|ный, -ен, -ьна **2.** *Adv* весьма́, о́чень

ausnutzen *tr* испо́льзовать *uv, v* 2; j-n ausbeuten эксплуати́ровать 2; mißbrauchen злоупотреб|ля́ть ⟨-и́ть 3 -лю⟩

Ausnutzung *f* испо́льзование 5; эксплуата́ция 8; злоупотребле́ние 5 *I*

aus|packen *tr* распак|о́вывать ⟨-ова́ть 2⟩;

intr übertr umg выкла́дывать ⟨вы́ложить 3⟩; **~peitschen** *tr* отст|ега́ть *v*| -ёганный, сечь (вы́-); **~pfeifen** *tr* осви́стывать ⟨-|свиста́ть*⟩; **~pflanzen** *tr* расса́живать ⟨-сади́ть 3⁺ -сажу́⟩; **~plaudern** *tr* выба́лтывать ⟨вы́болтать⟩; verraten разгла|ша́ть ⟨-си́ть 3 -шу́⟩ | ein Geheimnis ≈ проба́лтываться ⟨-болта́ться⟩; **~plündern** *tr* разгр|абля́ть ⟨-а́бить 3 -а́блю⟩; **~polstern** *tr* набива́ть ⟨-|би́ть*⟩; **~posaunen** *tr übertr* раструб|и́ть *v* 3 -лю́, разгла|ша́ть ⟨-си́ть 3 -шу́⟩; **~prägen** *tr* чека́нить 3 (вы́-); sich ≈ *refl übertr* выража́ться ⟨вы́разиться 3⟩; **~pressen** *tr* выжима́ть ⟨вы́|жать[1]*⟩, выда́вливать ⟨вы́давить 3 -лю⟩; **~probieren** *tr* про́бовать 2 (по-, ис-)

Auspuff *m* вы́хлоп 2; **~gase** *n Pl* выхлопны́е га́зы; **~rohr** *n* выхлопна́я труба́

aus|pumpen *tr* выка́чивать ⟨вы́качать⟩, отка́чивать ⟨-кача́ть⟩; **~punkten** *tr Sport* побе|жда́ть ⟨-ди́ть 3| -ждённый⟩ по очка́м; **~pusten** *tr* задува́ть ⟨-|ду́ть*⟩; **~quartieren** *tr* выселя́ть ⟨вы́селить 3⟩ (из кварти́ры); **~quetschen** *tr* выжима́ть ⟨вы́|жать[1]*⟩, выда́вливать ⟨вы́дав|ить 3 -лю⟩; **~radieren** *tr* стира́ть ⟨с|тере́ть*| сотру́| стёрев *u.* стёрши⟩; **~rangieren** *tr* выки́дывать ⟨вы́кинуть 4⟩; **~rauben** *tr* гра́б|ить 3 -лю (о-) на́чисто; **~rauchen** *tr* Zigarette выку́ривать ⟨вы́курить 3⟩; **~räumen** *tr* Zimmer освобо|жда́ть ⟨-ди́ть 3 -жу́; herausnehmen вынима́ть ⟨вы́нуть 4⟩; **~rechnen** *tr* вычисля́ть ⟨вы́числить 3⟩, высчи́тывать ⟨вы́считать⟩

Aus|rechnung *f* вычисле́ние 5; **~rede** *f* отгово́рка 6

aus|reden *tr* отгов|а́ривать ⟨-ори́ть 3⟩ (j-m etw. *A* от *G*), разубе|жда́ть ⟨-ди́ть 3 -жу́| -ждённый⟩ (j-m etw. *A* в *P*); *intr* zu Ende reden конча́ть ⟨ко́нчить 3⟩ речь, догов|а́ривать ⟨-ори́ть⟩ | ≈ lassen дава́ть* ⟨дать*⟩ договори́ть; **~reichen** *intr* хват|а́ть ⟨-и́ть 3⁺⟩, быть* доста́точным; **~reichend** доста́точ|ный| -ен; **~reifen** *intr* вызрева́ть ⟨вы́зреть⟩

Ausreise *f* вы́езд 2 (за грани́цу) (nach в *A*); **~erlaubnis** *f* разреше́ние на вы́езд (за грани́цу)

ausreisen *intr* выезжа́ть ⟨вы́|ехать*⟩ (nach в *A*)

Ausreisevisum *n* ви́за на вы́езд (за грани́цу)

ausreißen *tr* вырыва́ть ⟨вы́|рвать*⟩; *intr* удира́ть ⟨-|дра́ть*⟩, убега́ть ⟨-|бежа́ть*⟩ (vor от *G*)

Ausreißer *m* бегле́ц 2е *a. Sport*

aus|reiten *intr* выезжа́ть ⟨вы́|ехать*⟩ верхо́м; **~renken** *tr Med* вы́вихнуть *v* 4; **~richten** *tr Mil* выра́внивать ⟨вы́ровнять⟩, равня́ть; erfüllen исполня́ть ⟨-по́лнить 3⟩; Gruß пере|дава́ть* ⟨переда́ть*⟩ (приве́т); erreichen добива́ться ⟨-|би́ться*⟩; sich ≈ *refl* in einer Reihe равня́ться, выра́вниваться ⟨вы́ровняться⟩ (nach по *D*)

Ausritt *m* вы́езд 2 верхо́м

aus|roden *tr* выкорчёвывать ⟨вы́корчевать 2⟩; **~rollen** *intr Flugw* соверш|а́ть ⟨-и́ть 3⟩ пробе́г; Teppich раска́тывать ⟨-ката́ть⟩; **~rotten** *tr* искорен|я́ть ⟨-и́ть 3⟩; **~rücken** *intr Mil* выступа́ть ⟨вы́ступ|ить 3 -лю⟩

Ausruf *m* во́зглас 2

ausrufen *tr* выкри́кивать ⟨вы́крикнуть 4⟩, воскл|ица́ть ⟨-и́кнуть 4⟩; proklamieren провозгла|ша́ть ⟨-си́ть 3 -шу́⟩; Streik; Haltestelle объ|явля́ть ⟨-яви́ть 3⁺ -явлю́⟩; *intr* воскл|ица́ть ⟨-и́кнуть⟩

Ausrufezeichen *n* восклица́тельный знак

Ausrufung *f* провозглаше́ние 5

aus|ruhen *intr u.* sich ≈ *refl* отдыха́ть ⟨-дохну́ть 4⟩ (von от *G*); **~rupfen** *tr* выщи́пывать ⟨вы́|щипать*⟩; **~rüsten** *tr Mil* вооруж|а́ть ⟨-и́ть 3⟩; *Tech* mit Gerät осна|ща́ть ⟨-сти́ть 3 -щу́⟩; Expedition, Schiff снаря|жа́ть ⟨-ди́ть 3 -жу́⟩, экипи́ровать *uv, v 2;* Fabrik обору́довать *uv, v* 2; versorgen снаб|жа́ть ⟨-ди́ть 3 -жу́⟩; sich ≈ *refl* снаря|жа́ться ⟨-ди́ться 3 -жу́сь⟩

Ausrüstung *f* вооруже́ние 5; оснаще́ние 5; снаряже́ние 5, экипиро́вка 6; обору́дование 5; Ausrüstungsgegenstände оснаще́ние 5

ausrutschen *intr* поскользну́ться *v* 4

Aussaat *f* посе́в 2, сев 2

Aussage *f* Äußerung выска́зывание 5; *Jur* показа́ния *Pl* 5, свиде́тельство 4 | falsche ~ лжесвиде́тельство 4; nach seiner ~ по его́ слова́м; **~kraft** *f* вырази́тельность 9

aus|sagen *tr* выска́зывать ⟨вы́с|казать*⟩; *Jur* пока́зывать ⟨-каза́ть⟩, дава́ть* ⟨дать*⟩ показа́ния; *intr:* falsch ≈ лжесвиде́тельствовать 2; **~sägen** *tr* выпи́ливать ⟨вы́пилить 3⟩

Aussagesatz *m* повествова́тельное предложе́ние

Aussatz *m Med* прока́за 6

aussaugen *tr* выса́сывать ⟨вы́сос|ать| -у| -ешь⟩; *übertr* истощ|а́ть ⟨-и́ть 3⟩, изнур|я́ть ⟨-и́ть 3⟩

ausschalten *tr El* выключа́ть ⟨вы́ключить 3⟩; *übertr* исключ|а́ть ⟨-и́ть 3⟩

Aus|schalter *m El* выключа́тель 1; **~schank** *m* прода́жа 6 в разли́в; Theke сто́йка 6; **~schau** *f:* ≈ halten nach высма́тривать ⟨вы́смотреть 3⟩

aus|schauen *intr* высма́тривать ⟨вы́смотреть 3⟩ (nach j-m *A*); *umg* aussehen име́ть вид, вы́гля|деть 3 -жу; **~scheiden** *tr Med* выделя́ть ⟨вы́делить 3⟩; *Chem* оса|жда́ть ⟨-ди́ть 3 -жу́⟩; *intr* выбыва́ть ⟨вы́|быть*⟩ *a. Sport* (aus из *G*); Spiel выхо|ди́ть 3⁺ -жу ⟨вы́|йти*⟩

Ausscheidung *f Sport* отбо́рочные соревнова́ния *Pl* 5; *Med* выделе́ние 5, секре́ция 8
Ausscheidungs|spiel *n Sport* отбо́рочная игра́, отбо́рочный матч 2 *G Pl* -ей; **~wettkämpfe** *m Pl* отбо́рочные соревнова́ния
aus|schelten *tr* вы́бранить *v* 3; **~schenken** *tr* разлива́ть ⟨-|ли́ть*, -олью́⟩; **~schicken** *tr* посыла́ть ⟨-|сла́ть*⟩; **~schiffen** *tr* выса́живать ⟨вы́са|дить 3 -жу⟩; Ware выгружа́ть ⟨вы́гру|зить 3 -жу⟩ с су́дна; **~schimpfen** *tr* руга́ть (вы́-) (wegen за *A*); **~schirren** *tr* снима́ть ⟨снять*⟩ сбру́ю с *G;* **~schlachten** *tr* разде́лывать ⟨-де́лать⟩ ту́шу; Auto, Maschine разбира́ть ⟨разо|бра́ть*, разберу́; разо́бранный⟩ I einen Fall ≈ испо́льзовать *uv, v* 2 слу́чай; **~schlafen** *tr:* seinen Rausch ≈ про|спа́ться* *v; intr u.* sich ≈ *refl* высыпа́ться ⟨вы́спаться⟩ I nicht ≈ недо|сыпа́ть ⟨-спа́ть⟩
Ausschlag *m Med* сыпь 9; Zeiger отклоне́ние 5, амплиту́да 6 I den ~ geben име́ть реша́ющее значе́ние; er hat auf der Brust einen ~ у него́ вы́сыпало на груди́
ausschlagen *tr* выбива́ть ⟨вы́|бить*⟩; mit Stoff verkleiden обива́ть ⟨-бить, обобью́⟩, обшива́ть ⟨-|ши́ть*, обошью́⟩; *übertr* ablehnen отка́зывать ⟨-|каза́ть*⟩ в *P; intr* Baum распу|ска́ться ⟨-сти́ться 3⁺⟩; Tiere ляга́ться, брыка́ться; Flammen пробива́ться ⟨-би́ться⟩; Zeiger отклон|я́ться ⟨-и́ться 3⁺⟩ I das Pferd schlägt aus ло́шадь бьёт за́дом; die Sache schlug zu seinen Gunsten aus де́ло оберну́лось [ко́нчилось] в его́ по́льзу
ausschlaggebend реша́ющий 11
ausschließen *tr* исключ|а́ть ⟨-и́ть 3⟩; sich ~ *refl* исключ|а́ть ⟨-и́ть⟩ себя́ I ausgeschlossen! и говори́ть не́чего!
ausschließlich 1. *Adj* исключи́тел|ьный, -ен, -ьна **2.** *Adv* то́лько, исключи́тельно **3.** *Präpos* за исключе́нием, исключа́я
ausschlüpfen *intr* aus dem Ei вылупля́ться ⟨вы́лупиться 3⟩
Ausschluß *m* исключе́ние 5 I unter ~ der Öffentlichkeit при закры́тых дверя́х
ausschmücken *tr* украша́ть ⟨укра́|сить 3 -шу⟩; Erzählung при(у)кра́шивать
Ausschmückung *f* украше́ние 5; прикра́шивание 5
ausschneiden *tr* выреза́ть ⟨вы́|резать*⟩
Ausschnitt *m* Rede, Roman отры́в|ок, -ка 2; Zeitung вы́резка 6; für Ärmel про́йма 6; Kleid декольте́ [дэ, тэ] *n idkl,* вы́рез 2 I tiefer ~ Kleid откры́тый вы́рез
aus|schnüffeln *tr* проню́х|ивать ⟨-ать⟩; **~schöpfen** *tr* вычё́рпывать ⟨вы́черпать⟩ I alle Möglichkeiten ≈ исчё́рп|ывать ⟨-ать⟩ все возмо́жности; **~schrauben** *tr* выви́нчивать ⟨вы́вин|тить 3 -чу⟩; **~schreiben** *tr* Rechnung; Buchtitel выпи́сывать ⟨вы́писать⟩; Ziffern писа́ть* (на-) про́писью; Wahlen назн|ача́ть ⟨-а́чить 3⟩, объяв|ля́ть ⟨-и́ть 3⁺ -лю́⟩ I einen Wettbewerb ≈ объяв|ля́ть ⟨-и́ть⟩ ко́нкурс
Ausschreibung *f* объявле́ние 5 (ко́нкурса на) *A*
aus|schreien *tr* выкри́кивать ⟨вы́крикнуть 4⟩ I sich die Lunge ≈ крича́ть 3 до изнеможе́ния; **~schreiten** *intr* идти́* больши́ми шага́ми
Ausschreitungen *f Pl* вы́ходки *Pl* 6, эксце́ссы *Pl* 2
Ausschuß *m* комите́т 2; von Ware брак 2; *Typ* макулату́ра 6; **~mitglied** *n* член комите́та; **~sitzung** *f* заседа́ние комите́та; **~ware** *f* брако́ванный това́р, брак 2
aus|schütteln *tr* вытря́хивать ⟨вы́тряхнуть 4⟩; **~schütten** *tr* высыпа́ть ⟨вы́|сыпать*⟩; Flüssigkeit вылива́ть ⟨вы́|лить*⟩; Dividende выпла́чивать ⟨вы́пла|тить 3 -чу⟩ I sich vor Lachen ≈ ката́ться со́ смеху; **~schwärmen** *intr* Bienen рои́ться 3; *Mil* рассыпа́ться ⟨-|сы́паться*⟩ в цепь; **~schweifend** распу́т|ный, -ен, развра́тный, -ен I ein ≈es Leben führen развра́тничать, распу́тничать
Ausschweifung *f* распу́тство 4, развра́т 2
aus|schweigen, sich *refl* отма́лчиваться ⟨-молча́ться 3⟩; **~schwitzen** *tr:* eine Krankheit ≈ выгоня́ть ⟨вы́|гнать*⟩ боле́знь с по́том; **~sehen** *intr* вы́гля|деть 3 -жу, име́ть вид I wie sieht er aus? како́в он собо́й?; er sieht gesund aus у него́ здоро́вый вид; gut ≈ вы́глядеть хорошо́; sie sieht so aus, als ob … у неё тако́й вид, бу́дто бы …; es sieht nach Regen aus похо́же на то, что бу́дет дождь; so siehst du aus! ещё бы!, как бы не так!; nach j-m ≈ высма́тривать ⟨вы́смотреть 3⟩ кого́-н.; sich die Augen ≈ прогл|яде́ть *v* 3 -яжу́ все глаза́
Aussehen *n* вид 2 I dem ~ nach по вне́шнему ви́ду, на вид
aussein *intr umg* ока́нчиваться ⟨око́нчиться 3⟩ I es ist aus ко́нчено; auf etw. ~ стрем|и́ться 3 -лю́сь к чему́-н.
außen *Adv* снару́жи I nach ~ нару́жу; von ~ снару́жи, извне́
Außen|antenne *f Rad* нару́жная анте́нна; **~aufnahmen** *f Pl* нату́рные съё́мки; **~bahn** *f Sport* вне́шняя 11 доро́жка; **~bordmotor** *m* подвесно́й дви́гатель
aussenden *tr* рассыла́ть ⟨разо|сла́ть*; разо́сланный⟩, посыла́ть ⟨-сла́ть⟩; Strahlen испу|ска́ть ⟨-сти́ть 3⁺⟩
Außen|dienst *m* выездны́е рабо́ты *Pl* 6; **~hafen** *m Mar* аванпо́рт 2; **~handel** *m* вне́шняя 11 торго́вля; **~minister** *m* ми-

нистр инострáнных дел; ~**ministerium** *n* министéрство инострáнных дел; ~**politik** *f* внéшняя 11 полúтика
außenpolitisch внешнеполитúческий
Außen|seite *f* нарýжная сторонá; ~**seiter** *m Sport* аутсáйдер 2 | ein ≈ sein держáться 3⁺ особнякóм; ~**stände** *m Pl Hdl* счетá *Pl* 2b дебитóров; ~**stelle** *f* филиáл 2; ~**stürmer** *m* крáйний нападáющий 11-*Subst* 11; ~**wand** *f* нарýжная стенá; ~**welt** *f* внéшний 11 мир; ~**winkel** *m* внéшний 11 ýгол; ~**wirtschaft** *f* внешне-экономúческие свя́зи *Pl* 9
außer 1. *Präpos* ausgenommen крóме *G;* außerhalb вне *G,* из *G* | ~ Landes sein быть за границей; ~ sich sein vor etw. быть вне себя́ от чегó-н.; ~ acht lassen упу|скáть ⟨-стúть 3⁺ -щý⟩ из виду; alle ~ dir все крóме тебя́ **2.** *Konj:* ~ daß рáзве что
außerdem *Adv* крóме тогó
außerdienstlich внеслужéбный
außerehelich внебрáчный
äußerer внéшний 11; Tor, Wand нарýжный
Äußeres *n* внéшность 9, нарýжность 9
außer|gewöhnlich чрезвычá|йный, -ен, -йна, необыкновéн|ный, -ен, -на; ~**halb** *Präpos* вне *G,* за *I* | ≈ der Stadt зá городом, вне гóрода
äußerlich внéшний 11; Behandlung нарýжный | für ~en Gebrauch *Med* для нарýжного употреблéния
Äußerlichkeiten *f Pl* формáльности *Pl* 9
äußern *tr* Meinung, Wunsch выражáть ⟨вы́ра|зить 3 -жу⟩, выскáзывать ⟨вы́с|казать*⟩; Freude обнарýж|ивать ⟨-ить 3⟩, покáзывать ⟨-казáть⟩; sich ~ *refl* выражáться ⟨вы́разиться⟩, выскáзываться ⟨вы́сказаться⟩; sich zeigen обнарýж|иваться ⟨-иться⟩, покáзываться ⟨-казáться⟩
außer|ordentlich чрезвычá|йный, -ен, -йна; ungewöhnlich необыкновéн|ный, -ен, -на; Professor экстраординáрный; außer der Reihe внеочереднóй; ~**planmäßig** внеплáновый; ~**schulisch** внешкóльный
äußerst 1. *Adj* крáйний 11 | im ~en Falle в крáйнем слýчае; bis zum ~en до послéдней крáйности; das Äußerste tun дéлать (с-) всё возмóжное **2.** *Adv* крáйне, óчень; außerordentlich весьмá | aufs Äußerste gefaßt sein быть готóвым ко всемý
außerstande *Adv:* ~ sein быть не в состоя́нии
Äußerung *f* выражéние 5, проявлéние 5; Meinung выскáзывание 5
aussetzen *tr* высáживать ⟨вы́са|дить 3 -жу⟩; Belohnung назн|ачáть ⟨-áчить 3⟩; unterbrechen прерывáть ⟨-|рвáть*⟩, приостан|áвливать ⟨-овúть 3⁺ -овлю́⟩; einer Gefahr подвергáть ⟨-вéргнуть 4a *u.* 4⟩; *intr* остан|áвливаться ⟨-овúться⟩; *Tech* рабóтать с перебóями; sich ~ *refl* подвергáться ⟨-вéргнуться⟩ *D* | ein Kind ~ подкúдывать ⟨-кúнуть 4⟩ ребёнка; an allem etw. auszusetzen haben находúть во всём недостáтки
Aussicht *f* вид 2 (auf на *A*); ~en *Pl* перспектúва 6, вúды *Pl; übertr* шáнсы *Pl* 2 | ein Zimmer mit ~ aufs Meer кóмната с вúдом на мóре; keine ~en haben не имéть никакúх шáнсов; j-m etw. in ~ stellen обнадёж|ивать ⟨-ить 3⟩ когó-н. чем-н.; ~en für die Zukunft вúды на бýдущее
aussichtslos безнадёж|ный, -ен
Aussichts|losigkeit *f* безнадёжность 9, бесперспектúвность 9; ~**plattform** *f* смотровáя площáдка; ~**punkt** *m* смотровóй пункт
aussichtsreich перспектúвный, многообещáющий 11
Aussichtsturm *m* смотровáя вы́шка 6
aus|sieben *tr* отсé|ивать ⟨-ять, -ю, -ешь⟩; ~**siedeln** *tr* выселя́ть ⟨вы́селить 3⟩
Aussiedlung *f* выселéние 5
aussöhnen *tr* примир|я́ть ⟨-úть 3⟩; sich ~ *refl* примир|я́ться ⟨-úться⟩, мирúться (по-)
Aussöhnung *f* примирéние 5
aus|sondern *tr* отбирáть ⟨ото|брáть*, отберý; отóбранный⟩, выделя́ть ⟨вы́делить 3⟩; ~**spannen** *tr* Pferd выпрягáть ⟨вы́|прячь*⟩, распрягáть ⟨-пря́чь⟩; *intr* ausruhen отдыхáть ⟨-дохнýть 4⟩; ~**sparen** *tr* дéлать (с-) вы́емку [паз]
Aussparung *f* вы́емка 6, паз 2b
aus|speien *tr* выплёвывать ⟨вы́плюнуть 4⟩; Vulkan извергáть ⟨-вéргнуть 4a *u.* 4; -вéргнутый *u.* -вéрженный⟩; ~**sperren** *tr* ост|авля́ть ⟨-áвить 3⟩; за двéрью; Arbeiter объяв|ля́ть ⟨-úть 3⁺ -лю́⟩ локáут
Aussperrung *f* локáут 2
aus|spielen *tr* Schach, Kartenspiel хо|дúть 3⁺ -жý, идтú* | die Dame ≈ ходúть с дáмы; den letzten Trumpf ≈ *übertr* разыгрывать ⟨-ыгрáть⟩ послéдний кóзырь; *intr:* Sie spielen aus Kartenspiel вам идтú; er hat ausgespielt *übertr* егó пéсенка спéта; ~**spionieren** *tr* разу|знавáть* ⟨-знáть⟩
Aussprache *f* произношéние 5; Diskussion обмéн 2 мнéниями, дискýссия 8 (über о *P*); ~**fehler** *m* ошúбка в произношéнии
aussprechbar произносúмый | schwer ~ труднопроизносúмый
aussprechen *tr* произносúть 3⁺ -ношý ⟨-|нестú*⟩; äußern выскáзывать ⟨вы́с|казать*⟩, выражáть ⟨вы́ра|зить 3 -жу⟩; sich ~ *refl* выскáзываться ⟨вы́сказаться⟩ (für

за *A*); Meinungsunterschiede beseitigen объясн|я́ться ⟨-и́ться 3⟩ (für за *A*, gegen про́тив *G*, über о *P*) | laß ihn doch ~ дай ему́ договори́ть

Ausspruch *m* изрече́ние 5

aus|spucken *tr* выплёвывать ⟨вы́плюнуть 4⟩; **~spülen** *tr* полоска́ть* (вы́-, про-); Ufer размыва́ть ⟨-мы́ть⟩; **~staffieren** *tr* снаб|жа́ть ⟨-ди́ть 3 -жу́⟩, экипи́ровать *uv, v* 2 *I*; sich ≈ *refl* наря|жа́ться ⟨-ди́ться⟩

Ausstand *m* забасто́вка 6, ста́чка 6 | in den ~ treten забастова́ть *v* 2

ausstatten *tr* versorgen снаб|жа́ть ⟨-ди́ть 3 -жу́⟩; Wohnung обст|авля́ть ⟨-а́вить 3 -а́влю⟩; Labor обору́довать *uv, v* 2; für die Reise снаря|жа́ть ⟨-ди́ть 3 -жу́⟩ | ein Buch ~ оформля́ть ⟨офо́рм|ить 3 -лю⟩ кни́гу

Ausstattung *f* снабже́ние 5; обору́дование 5; обстано́вка 6; *Theat* декора́ция 8; Buch ~ оформле́ние 5

aus|stechen *tr* выка́лывать ⟨вы́|колоть*⟩; *übertr* im Wettkampf превосхо|ди́ть 3⁺ -жу́ ⟨превзо|йти́*⟩, взять* *v* верх над *I;* Rivalen оттесня́ть ⟨-тесни́ть 3⟩; **~stehen** *tr* Qualen испы́тывать ⟨-пыта́ть⟩, перено|си́ть 3 -шу́ ⟨-|нести́*⟩ | die Antwort steht noch aus отве́та ещё нет; ich kann ihn nicht ≈ я его́ терпе́ть не могу́; **~steigen** *intr* выходи́ть 3⁺ -хожу́ ⟨вы́|йти*⟩; Bahn, Bus схо|ди́ть 3⁺ -жу́ ⟨со|йти́*⟩ (aus с *G*); **~stellen** *tr* выставля́ть ⟨вы́став|ить 3 -лю⟩, экспони́ровать *uv, v* 2; Paß вы|дава́ть* ⟨вы́|дать*⟩; amtliches Schriftstück оформля́ть ⟨офо́рм|ить 3 -лю⟩

Ausstell|er *m* уча́стник 2 вы́ставки, экспоне́нт 2; Messe уча́стник я́рмарки; **~fenster** *n* поворо́тная фо́рточка 6; **~ung** *f* вы́ставка 6; die ausgestellten Gegenstände экспози́ция 8; Paß вы́дача 6; Schriftstück оформле́ние 5

Ausstellungs|gegenstand *m* экспона́т 2; **~gelände** *n* террито́рия 8 вы́ставки; **~halle** *f* вы́ставочный павильо́н; **~saal** *m* вы́ставочный зал 2

Aussterbeetat *m:* auf dem ~ stehen быть* обречённым на вымира́ние

aussterben *intr* вымира́ть ⟨вы́|мереть*⟩ | vom Aussterben bedroht sein находи́ться 3⁺ под угро́зой исчезнове́ния

Aussteuer *f* прида́ное *Subst* 10

aus|steuern *tr* Arbeitslose снима́ть ⟨снять*⟩ с посо́бия; Rad модули́ровать 2; **~stopfen** *tr* набива́ть ⟨-|би́ть*⟩

Ausstoß *m* Produktion вы́пуск 2 (проду́кции)

aus|stoßen *tr* Dampf выпуска́ть ⟨вы́пу|стить 3 -щу⟩; Lava выбра́сывать ⟨вы́бр|осить 3 -ошу⟩; Schrei испу|ска́ть ⟨-сти́ть 3⁺ -щу́⟩; j-n aus einer Gesellschaft исключ|а́ть ⟨-и́ть 3⟩, изгоня́ть ⟨-|гна́ть*⟩; *Wirtsch* выпуска́ть ⟨вы́пустить⟩, выраба́тывать ⟨вы́работать⟩; **~strahlen** *tr* излуча́ть; *Rad* трансли́ровать *uv, v* 2; *intr* излуча́ться; Idee возде́йствовать *uv, v* 2 (auf на *A*)

Ausstrahlung *f* излуче́ние 5

aus|strecken *tr* Hand протя́гивать ⟨-тяну́ть 4⁺⟩; die Glieder вытя́гивать ⟨вы́тянуть⟩; sich ≈ *refl* растя́гиваться ⟨-тяну́ться⟩; **~streichen** *tr* вычёркивать ⟨вы́черкнуть 4⟩; glätten разгла́ж|ивать ⟨-дить 3 -жу⟩; einschmieren сма́зывать ⟨-|ма́зать*⟩; **~streuen** *tr* расбр|а́сывать ⟨-оса́ть⟩; Gerüchte распростран|я́ть ⟨-и́ть 3⟩; **~strömen** *tr* Geruch испуска́ть; *intr* вытека́ть ⟨вы́|течь*⟩; **~studieren** *intr* зака́нчивать ⟨-ко́нчить 3⟩ учёбу (в вы́сшем учёбном заведе́нии); **~suchen** *tr* выбира́ть ⟨вы́|брать*⟩, отбира́ть ⟨ото|бра́ть*, отберу́, ото́бранный⟩; Geschenk подбира́ть ⟨подобра́ть, подберу́, подо́бранный⟩

Austausch *m* обме́н 2 (von *I*); Ersatz заме́на 6

aus|tauschen *tr* меня́ть (об-, по-) (gegen на *A*); untereinander обме́ниваться ⟨-меня́ться⟩; **~teilen** *tr* раз|дава́ть* ⟨разда́ть*⟩

Auster *f* у́стрица 6

aus|tilgen *tr* искоренн|я́ть ⟨-и́ть 3⟩; **~toben** *tr:* seine Wut ≈ дава́ть* ⟨дать*⟩ во́лю своей я́рости; sich ≈ *refl* пере|става́ть* ⟨-|ста́ть*⟩ бушева́ть | er hat sich ausgetobt он перебеси́лся **~tragen** *tr* Post разноси́ть 3⁺ -ношу́ ⟨-|нести́*⟩; Kind вына́шивать ⟨вы́носить⟩; *Sport* проводи́ть 3⁺ -вожу́ ⟨-|вести́*⟩, разы́грывать ⟨-ыгра́ть⟩; ausstreichen вычёркивать ⟨вы́черкнуть 4⟩; aus dem Hausbuch выпи́сываться ⟨вы́|писаться*⟩

Austragung *f* *Sport* проведе́ние 5

Australi|en Австра́лия 8; **~er** *m* австрали́|ец, -йца 2; **~erin** *f* австрали́йка 6

australisch австрали́йский

aus|treiben *tr* выгоня́ть ⟨вы́|гнать*⟩ | j-m die Grillen ≈ отуч|а́ть ⟨-и́ть 3⁺⟩ кого́-н. от капри́зов; j-m den Hochmut ≈ с|бить* *v* спесь с кого́-н.; **~treten** *tr* Feuer гаси́ть (по-) нога́ми; Weg прота́птывать ⟨-|топта́ть*⟩, протор|я́ть ⟨-и́ть 3⟩; Schuhe раста́птывать ⟨-топта́ть⟩; *intr* aus einer Organisation выходи́ть 3⁺ -жу́ ⟨вы́йти*⟩ (aus из *G*); auf die Toilette выходи́ть ⟨вы́йти⟩; **~tricksen** *tr umg* обхо|ди́ть 3⁺ -жу́ ⟨обо|йти́*⟩; **~trinken** *tr* выпива́ть ⟨вы́|пить*⟩, допива́ть ⟨допи́ть*⟩ | in drei Zügen ≈ вы́пить в три глотка́

Austritt *m* вы́ход 2

aus|trocknen *tr* высу́шивать ⟨вы́сушить 3⟩; *intr* высыха́ть ⟨вы́сохнуть 4а⟩; **~üben**

tr исполня́ть ⟨-по́лнить 3⟩ | eine Funktion ≈ занима́ть ⟨заня́ть*⟩ каку́ю-н. до́лжность; | einen Beruf ≈ занима́ться ⟨заня́ться*¡ занял|ся́¦ -и́сь⟩ чем-н., име́ть профе́ссию

Aus|übung *f* исполне́ние 5 | in ≈ des Dienstes при исполне́нии служе́бных обя́занностей; **~verkauf** *m* распрода́жа 6

aus|verkaufen *tr* распро|дава́ть* ⟨-|прода́ть*⟩ | die Vorstellung [das Haus] ist ausverkauft все биле́ты про́даны, спекта́кль идёт с аншла́гом; **~wachsen** *tr* Kleidung вырастá́ть ⟨вы́|расти*⟩ из *G; intr* выраста́ть ⟨вы́расти⟩

Auswahl *f* вы́бор 2; passende: подбо́р 2; *Sport* сбо́рная кома́нда 6 | eine ~ treffen де́лать (с-) вы́бор; ohne ~ без разбо́ра

auswählen *tr* выбира́ть ⟨вы́|брать*⟩, отбира́ть ⟨ото|бра́ть*¦ отберу́¡ ото́бранный⟩; Passendes подбира́ть ⟨подобра́ть¡ подо́бранный⟩

Auswahl|mannschaft *f* сбо́рная кома́нда; **~spieler** *m* игро́к сбо́рной кома́нды

Auswanderer *m* эмигра́нт 2

auswandern *intr* эмигри́ровать *uv, v* 2 (nach в *A*)

Auswanderung *f* эмигра́ция 8

aus|wärtig иностра́нный; in einem anderen Ort иногоро́дний 11 | das Ministerium für Auswärtige Angelegenheiten министе́рство иностра́нных дел; **~wärts** *Adv* вне до́ма; in einem anderen Ort в друго́м ме́сте | ≈ essen обе́дать (по-) не [вне] до́ма

auswaschen *tr* мыть* ⟨вы́-⟩; reinigen промыва́ть ⟨-мыть⟩

auswechselbar сменя́ем:ый; ersetzbar замени́м:ый

auswechseln *tr* смен|я́ть ⟨-и́ть 3⁺⟩; gegen etw. замен|я́ть ⟨-и́ть⟩ (*I od.* на *A*)

Ausweg *m* вы́ход 2

ausweglos безвы́ход|ный¦ -ен

Ausweglosigkeit *f* безвы́ходность 9

ausweichen *intr* уступ|а́ть ⟨-и́ть 3⁺ -лю́⟩ доро́гу, дава́ть* ⟨дать*⟩ доро́гу; von Fahrzeugen разъезжа́ться ⟨-|е́хаться*⟩; entgehen укл|оня́ться ⟨-они́ться 3 -о́ни́шься⟩ *a. übertr;* meiden избега́ть | einem Schlag ~ уклоня́ться от уда́ра; einer Antwort ~ уклоня́ться от отве́та; **~d** укло́нчив:ый

Ausweichstelle *f* разъе́зд 2

aus|weiden *tr* Wild свежева́ть 2 (о-); Fisch потроши́ть 3 (вы́-) | ausgeweidetes Tier ту́ша 6; **~weinen** *tr* выпла́кивать ⟨вы́|плакать*⟩; sich ≈ *refl* вы́плакаться *v v* | sich die Augen ≈ вы́плакать (все) глаза́

Ausweis *m* Personal~ па́спорт 2b *Pl* -а́; Mitglieds~ (чле́нский) биле́т 2 | Ihre ~e bitte! ва́ши докуме́нты¦ пожа́луйста!

ausweisen *tr* высыла́ть ⟨вы́|слать*⟩; sich ~ *refl* предъяв|ля́ть ⟨-и́ть 3⁺ -лю́⟩ свои́ докуме́нты

Ausweispapiere *n Pl* докуме́нты *Pl* 2

Ausweisung *f* вы́сылка 6

ausweiten *tr* растя́гивать ⟨-тяну́ть 4⁺⟩, расширя́ть ⟨-ши́рить 3⟩; sich ~ *refl* растя́гиваться ⟨-тяну́ться⟩; *übertr* расширя́ться ⟨-ши́риться⟩

auswendig *Adv* наизу́сть, на па́мять | ~ lernen зау́чивать ⟨-учи́ть 3⁺⟩ наизу́сть; etw. in- und auswendig kennen знать что-н. наизу́сть

aus|werfen *tr* Anker броса́ть ⟨бро́|сить 3 -шу⟩; Angel заки́|дывать ⟨-нуть 4⟩; Graben выка́пывать ⟨вы́копать⟩; **~werten** *tr* испо́льзовать *uv, v* 2; Schlußfolgerungen ziehen подводи́ть 3⁺ -вожу́ ⟨-|вести́*⟩ ито́ги | die Statistik ≈ испо́льзовать статисти́ческие да́нные

Auswertung *f* испо́льзование 5; подведе́ние 5 ито́гов

aus|wickeln *tr* развёртывать ⟨-верну́ть 4¡ -вёрнутый⟩; aus Windeln распел|ёнывать ⟨-ена́ть¡ -ёнатый⟩; **~wiegen** *tr* взве́|шивать ⟨-сить 3 -шу⟩; **~wintern** *intr* вымерза́ть ⟨вы́мерзнуть 4а⟩; **~wirken, sich** *refl* ска́зываться ⟨-|каза́ться*⟩, отра|жа́ться ⟨-зи́ться 3 -жу́сь⟩ (auf на *P*) | die Überarbeitung wirkte sich auf die Gesundheit aus переутомле́ние отозва́лось на здоро́вье

Auswirkung *f* (воз)де́йствие 5 (auf на *A*); Einfluß влия́ние 5; Folge после́дствие 5

aus|wischen *tr* вытира́ть ⟨вы́|тереть*⟩, протира́ть ⟨-тере́ть⟩ | j-m eins ≈ *übertr* подстро́ить *v* 3 шту́ку кому́-н.; **~wringen** *tr* выжима́ть ⟨вы́|жать[1*]⟩

Aus|wuchs *m* наро́ст 2; **~wurf** *m* Vulkan изверже́ние 5; *Med* мокро́та 6

aus|zahlen *tr* выпла́чивать ⟨вы́пла|тить 3 -чу⟩; **~zählen** *tr* Stimmen подсч|и́тывать ⟨-ита́ть⟩; *Sport* отсч|и́тывать ⟨-ита́ть⟩ секу́нды

Aus|zahlung *f* платёж 2е *G Pl* -еже́й, вы́плата 6; **~zählung** *f* подсчёт 2

auszehren *tr* истощ|а́ть ⟨-и́ть 3⟩, изнур|я́ть ⟨-и́ть 3⟩

auszeichnen *tr* loben награ|жда́ть ⟨-ди́ть 3 -жу¡ -ждённый⟩ (mit *I*); durch Kenntnisse, Freundlichkeit u. a. отлич|а́ть ⟨-и́ть 3⟩; Manuskript размеча́ть ⟨-ме́тить 3 -ме́чу⟩; Waren снаб|жа́ть ⟨-ди́ть 3 -жу́⟩ це́нником; sich ~ *refl* отлич|а́ться ⟨-и́ться⟩

Auszeichnung *f* награжде́ние 5; Orden награ́да 6; Prüfungsnote отли́чие 5; Manuskript разме́тка 6; der Ware обозначе́ние 5 цены́ | Diplom mit ~ дипло́м с отли́чием; j-n zur ~ vorschlagen предст|авля́ть ⟨-а́вить 3 -а́влю⟩ кого́-н. к награжде́нию

ausziehbar Schubfach, Antenne выдвижной; Tisch раздвижной
ausziehen *tr* Tisch раздв|игать ⟨-инуть 4⟩; Mantel снимать ⟨снять*⟩; entkleiden раздевать ⟨-|деть*⟩; *intr* aus einer Wohnung съезжать ⟨съ|ехать*⟩ с квартиры; sich ~ *refl* раздеваться ⟨-деться⟩
Ausziehtisch *m* раздвижной стол
aus|zirkeln *tr übertr* (точно) измерять ⟨-мерить 3⟩; **~zischen** *tr* ошикать *v*
Auszug *m* Text извлечение 5; Konto выписка 6; Roman, Oper отрыв|ок$_{|}$ -ка 2; *Chem* вытяжка 6, экстракт 2 | in Auszügen lesen читать в выдержках
auszugsweise *Adv* в выдержках
auszupfen *tr* выщипывать ⟨вы|щипать*⟩
autark автаркический
Autarkie *f* автаркия 8
authentisch подлин|ный$_{|}$ -ен$_{|}$ -на, аутентичный [тэ]$_{|}$ -ен | nicht ~ недостовер|ный$_{|}$ -ен
Auto *n* автомобиль 1, (авто)машина 6 | ~ fahren во|дить 3⁺ -жу ⟨вести*⟩ автомобиль; mit dem ~ fahren ехать* на (авто)машине; **~atlas** *m* атлас автомобильных дорог, автоатлас 2; **~bahn** *f* автострада 6 | auf die ≈ fahren ехать на автостраду; **~bahnauffahrt** *f* въезд на автостраду; **~bahnausfahrt** *f* съезд с автострады; **~bahnkreuz** *n* развязка 6 автострад; **~bahnring** *m* кольцевая автострада; **~biographie** *f* автобиография 8
autobiographisch автобиографический
Autobus *m* автобус 2; **~verbindung** *f* автобусное сообщение
Autocamping *n* кемпинг 2 для автотуристов
Autodidakt *m* самоучка *m, f* 6, автодидакт 2
autodidaktisch **1.** *Adj* основанный на самообучении **2.** *Adv* самоучкой
Auto|fähre *f* автомобильный паром; **~fahrer** *m* водитель 1 автомобиля; als Sportler автомобилист 2; **~fahrt** *f* поездка на автомобиле [автомашине]; **~garage** *f* автомобильный гараж, автогараж 2e
autogen *Tech* автогенный | ~es Schweißen автогенная сварка
Autogramm *n* автограф 2; **~jäger** *m* охотник за автографами
Auto|hupe *f* автомобильный гудок; **~karte** *f* карта автомобильных дорог; **~kino** *n* автокинотеатр 2; **~kolonne** *f* колонна автомобилей, автоколонна 6
Autokrat *m* самодерж|ец$_{|}$ -ца 2, автократ 2; **~ie** *f* самодержавие 5, автократия 8
autokratisch самодержавный, автократический
Automat *m* автомат 2
automatisch автоматический; unwillkürlich непроизвол|ьный$_{|}$ -ен$_{|}$ -ьна
automatisieren *tr* автоматизировать *uv, v* 2
Automatisierung *f* автоматизация 8
Automobil *n* автомобиль 1; **~ausstellung** *f* автомобильная выставка; **~klub** *m* автомобильный клуб; **~sport** *m* автомобилизм 2, автомобильный спорт; **~werk** *n* автозавод 2, автомобильный завод
autonom автоном|ный$_{|}$ -ен | Autonome Sozialistische Sowjetrepublik Автономная Советская Социалистическая Республика (*Abk* АССР)
Autonomie *f* автономия 8
Autor *m* автор 2
Auto|radio *n* автомобильный радиоприёмник; **~reifen** *m* автомобильная шина
Autoren|honorar *n* авторский гонорар; **~lesung** *f* авторские чтения *Pl* 5
Autorennen *n* автомобильные гонки, автогонки *Pl* 6
Autorenrecht *n* авторское право
Autoreparaturwerkstatt *f* авторемонтная мастерская
autoris|ieren *tr* авторизовать *uv, v* 2; **~iert** авторизован|ный$_{|}$ -а
Autorität *f* авторитет 2 | ~ genießen пользоваться авторитетом
autoritativ авторитет|ный$_{|}$ -ен
Autorschaft *f* авторство 4
Auto|schlosser *m* автослесарь 1 *Pl a.* -я 1b; **~schlüssel** *m* ключ от машины; **~skooter** *m* электро(авто)мобильчик 2; **~suggestion** *f* самовнушение 5; **~tourist** *m* автотурист 2; **~touristik** *f* автотуризм 2
Autotypie *f Typ* автотипия 8
Auto|unfall *m* автомобильная катастрофа 6; **~verkehr** *m* автотранспорт 2, автомобильное движение; **~vermietung** *f* автопрокат 2, прокат автомобилей
auweh! *Interj* ах!, увы!
avancieren *intr* продв|игаться ⟨-инуться 4⟩ (по службе); im Rang повышаться ⟨-выситься 3 -вышусь⟩ в чине
Avantgarde *f* авангард 2
Aversion *f* отвращение 5, антипатия 8 (gegen к *D*)
Avitaminose *f* авитаминоз 2
axial осевой
Axiom *n* аксиома 6
axiomatisch аксиоматичный
Axt *f* топор 2e; große колун 2e; **~blatt** *n* лезвие 5 топора; **~stiel** *m* топорище 4
Azalee, Azalie *f* азалия 8
Azeton *n* ацетон 2
Azetylen *n* ацетилен 2
Azimut *m, n Astr* азимут 2
Azoren *Pl* Азорские острова *Pl* 2b
Azur *m* лазурь 9
azurblau лазур|ный$_{|}$ -ен, лазоревый

B

Baby *n* (грудно́й) ребён|ок, -ка 2 *Pl* де́ти, дете́й, де́тям, детьми́, де́тях
babylonisch вавило́нский
Baby|nahrung *f* де́тское пита́ние; **~sitter** *m* почасова́я ня́ня 7; **~wäsche** *f* бельё для новорождённых [са́мых ма́леньких]
Bach *m* руч|е́й, -ья́ 1 *G Pl* -ьёв; kleiner руче|ёк, -йка́ 2
Bache *f* са́мка 6 кабана́
Bachstelze *f* трясогу́зка 6
Back|aroma *n* аромати́ческая эссе́нция 8; **~bord** *n* ле́вый борт, бакбо́рт 2b
Backe *f Anat* щека́ 6a *Pl* щёки, щёк, щека́м *a. Tech;* Brems~ коло́дка 6 | eine dicke ~ распу́хшая 11 щека́, флюс 2
backen *tr* Brot печь* (ис-), выпека́ть ⟨вы́печь⟩; Reis, Fleisch, Fisch жа́рить 3 (за-, из-), запека́ть ⟨-пе́чь⟩; *intr* пе́чься (ис-); жа́риться (из-, за-); kleben прилипа́ть ⟨-ли́пнуть 4a⟩ (an к *D*) | frisch gebackenes Brot свежеиспечённый хлеб; gebackenes Huhn жа́реная ку́рица; gebackenes Obst сушёные фру́кты; der Schnee backt an den Skiern снег прилипа́ет [приста́ёт] к лы́жам
Backen|bart *m* бакенба́рды *Pl* 6, ба́ки *Pl* 6; **~knochen** *m* скула́ 6c | er hat stark hervortretende ≈ он скула́стый челове́к; **~zahn** *m* коренно́й зуб
Bäcker *m* пе́кар|ь 1b *Pl* -я́; Weißbrot~ бу́лочник 2; **~ei** *f* Brotbäckerei (хлебо)пека́р|ня 7 *G Pl* -ен; Laden бу́лочная *Subst* 10; **~handwerk** *n* пека́рное ремесло́; **~laden** бу́лочная *Subst* 10
Back|fisch *m* жа́реная ры́ба; *übertr* (де́вочка-)подро́ст|ок, -ка (6–)2; **~form** *f* фо́рма для вы́печки; **~obst** *n* сушёные фру́кты; **~ofen** *m* хлебопека́рная печь; **~pfeife** *f umg* пощёчина 6; **~pflaumen** *f Pl* черносли́в 2; **~pulver** *n* пе́карский порошо́к; **~röhre** *f* духо́вка 6; **~stein** *m* (жжёный) кирпи́ч 2e *G Pl* -е́й; **~steinbau** *m* постро́йка из обожжённого кирпича́, кирпи́чная постро́йка; **~trog** *m* квашн|я́ 7 *G Pl* -е́й; **~waren** *f Pl* хлебобу́лочные изде́лия; **~werk** *n* пече́нье 5
Bad *n* Wannen~ ва́нна 6; Dampf~ ба́ня 7; Badeanstalt купа́л|ьня 7 *G Pl* -ен; Frei~ откры́тый бассе́йн 2; Strand~ пляж 2 *G Pl* -е́й; Badeort куро́рт 2; See~ примо́рский куро́рт; Badezimmer ва́нная *Subst* 10; *Tech* ва́нна | ein ~ nehmen принима́ть ⟨приня́ть*⟩ ва́нну; eine Wohnung mit ~ кварти́ра с ва́нной; in einem ~ на куро́рте, на во́дах; in ein ~ fahren е́хать (по-) на куро́рт [на во́ды]
Bade|anstalt *f* бассе́йн 2; an Gewässern пляж 2 *G Pl* -е́й, купа́л|ьня 7 *G Pl* -ен; Wannenbäder ва́нны *Pl* 6; Dampfbad ба́ня 7; **~anzug** *m* купа́льный костю́м; **~gast** *m* Kurgast куро́ртник 2; im Heilbad посети́тель 1 (лече́бных) ванн; im Dampfbad посети́тель ба́ни; im Schwimmbad подети́тель купа́льни; im Freibad, Hallenbad купа́льщик 2; **~haus** *n* im Kurbad купа́л|ьня 7 *G Pl* -ен, ва́нное зда́ние; **~hose** *f* пла́вки *Pl* 6; **~kabine** *f* каби́на 6 (для купа́льщиков, на пля́же); **~kappe** *f* купа́льная ша́почка 6; **~kur** *f* лече́ние во́дами [ва́ннами]; **~mantel** *m* купа́льный хала́т 2; **~meister** *m* дежу́рный *Subst* 10 по бассе́йну [am Strand по пля́жу]; *Med* рабо́тник 2 водолече́бного отделе́ния; **~mütze** *f* купа́льная ша́почка 6
baden *tr* купа́ть (вы́-, ис-); *intr* ein Bad nehmen купа́ться (вы́-, ис-) | warm ~ купа́ться в тёплой воде́; wir gehen ~ im Freien мы идём купа́ться; Baden verboten! купа́ние запреща́ется!
Baden-Württemberg Ба́ден-Вю́ртемберг 2
Bade|ofen *m* ва́нная коло́нка 6; **~ort** *m* куро́рт 2; **~saison** *f* купа́льный сезо́н; **~schuhe** *m Pl* купа́льные та́поч|ки, -ек *Pl* 6; **~schwamm** *m* гу́бка 6; **~strand** *m* пляж 2; **~tasche** *f* пля́жная су́мка; **~thermometer** *n* водяно́й термо́метр; **~tuch** *n* купа́льная простыня́ 7 *Pl* про́ст|ыни, -ы́нь, -ыня́м; **~verbot** *n* запре́т купа́ться; **~wanne** *f* ва́нна 6; **~wasser** *n* вода́ для ванн; **~zeit** *f* Saison купа́льный сезо́н; **~zimmer** *n* ва́нная *Subst* 10
Bagage *f übertr* сброд 2, сво́лочь 9g
Bagatelle *f* ме́лочь 9g, пустя́к 2e
bagatellisieren *tr* недооц|е́нивать ⟨-ени́ть 3⁺⟩, преуменьша́ть ⟨-уме́ньши́ть 3⟩
Bagdad Багда́д 2
Bagger *m* экскава́тор 2; schwimmender землечерпа́лка 6; **~arbeiten** *f Pl* землечерпа́тельные рабо́ты; **~eimer** *m* ковш экскава́тора; **~fahrer** *m* экскава́торщик 2
baggern *tr* in Gewässern че́рпать зе́млю, выче́рпывать ⟨вы́черпать⟩ (землечерпа́лкой); *intr* производи́ть 3⁺ -вожу́ ⟨-|вести́*⟩ землечерпа́тельные рабо́ты [экскава́цию]
Baggerschaufel *f* черпа́к экскава́тора
Bahamainseln *Pl* Бага́мские острова́
Bahamas *Pl* Бага́мы *Pl*
Bahn *f* Strecke пут|ь *m* 9e *I* -ём, доро́га 6; *Eisenb* желе́зная доро́га; *Astr* Raumflugkörper орби́та 6; Geschoß~ траекто́рия 8; *Sport* Lauf~ доро́жка 6; Radsport трек 2; Stoff~ поло́тнище 4 | die ~ frei machen дава́ть* ⟨дать*⟩ доро́гу, сторони́ться 3⁺ (по-); mit der ~ по желе́зной доро́ге, по́ездом, на по́езде; Straßen-

bahn на трамвáе, трамвáем; bei der ~ tätig sein на желéзной дорóге; auf die ~ bringen *Kosm* выво|ди́ть 3⁺ -жý ⟨вы́|вести*⟩ на орби́ту; sich ~ brechen проби-вáть ⟨-|би́ть*⟩ себé дорóгу; auf die schiefe ~ geraten ка|ти́ться 3⁺ -чýсь (по-) по наклóнной плóскости; **~arbeiter** *m* железнодорожный рабóчий

bahnbrechend открывáющий 11 [прокладывающий 11] нóвый путь | von ~er Bedeutung sein открывáть нóвые пути́

Bahn|brecher *m* пионéр 2, новáтор 2; **~damm** *m* железнодорóжная нáсыпь

bahnen *tr* Weg проклáдывать ⟨-ложи́ть 3⁺⟩ | sich einen Weg durch die Menge [durch das Dickicht] ~ пробирáться ⟨-|брáться*¡ -брали́сь⟩ сквозь толпý [сквозь чáщу]

Bahn|fahrer *m* Radsport (вело)гóнщик 2 по трéку [на трéке]; **~fahrt** *f* поéздка по желéзной дорóге; **~hof** *m* вокзáл 2 | auf dem ≈ на вокзáле; zum ≈ на вокзáл

Bahnhofs|buchhandlung *f* привокзáльный кни́жный киóск 2; **~gaststätte** *f* привокзáльный ресторáн; **~halle** *f* зал вокзáла; **~vorplatz** *m* привокзáльная плóщадь; **~vorsteher** *m* начáльник 2 вокзáла; **~wirtschaft** *f* (при)вокзáльный ресторáн [буфéт 2]

Bahn|körper *m* железнодорóжное по-л|отнó 4c *G Pl* -óтен; **~korrektur** *f Kosm* коррéкция 8 орби́ты; **~polizei** *f* железнодорóжная поли́ция; **~postamt** *n* почтóвое отделéние при вокзáле; **~rennen** *n Sport* гóнки на трéке; **~schwelle** *f* железнодорóжная шпáла

Bahnsteig *m* платфóрма 6, перрóн 2; **~karte** *f* перрóнный билéт; **~tunnel** *m* туннéль [нэ] для вы́хода (пассажи́ров) на перрóн

Bahn|strecke *f* железнодорóжный учáсток; zwischen zwei Stationen железнодорóжный перегóн; **~übergang** *m* железнодорóжный переéзд 2 | (un)beschrankter ≈ (не)охраня́емый железнодорóжный переéзд; **~unterführung** *f* туннéль 1 для прохóда [проéзда] под полотнóм желéзной дорóги; **~verbindung** *f* железнодорóжное сообщéние; **~wärter** *m* путевóй обхóдчик 2; **~wärterhäuschen** *n* бýдка 6 путевóго обхóдчика

Bahre *f* носи́лки *Pl* 6; Toten~ катафáлк 2 | mit [auf] der ~ на носи́лках

Bai *f Geogr* бýхта 6, морскóй зали́в 2

Baikalsee Байкáл 2

Baikonur Байконýр 2

Baiser *n* Schaumgebäck безé *n idkl*

Bajonett *n* штык 2e | das ~ aufpflanzen примкнýть *v* 4 штык; **~kampf** *m* штыковóй бой; **~verschluß** *m Tech* штыковóй затвóр

Bake *f* бáкен 2, бу|й 1b *G Pl* -ёв

Bakelit *n* бакели́т 2 | aus ~ бакели́товый

Bakterie *f* бактéрия 8

bakterienfrei без бактéрий [баци́лл]

Bakteriologie *f* бактериолóгия 8

bakteriologisch бактериологи́ческий

Baku Бакý *m idkl*

Balalaika *f* балалáйка 6; **~spieler** *m* балалáечник 2

Balance *f* равновéсие 5 | die ~ halten удéрживать ⟨-держáть 3⁺⟩ равновéсие

balancieren *tr* удéрживать ⟨-держáть 3⁺⟩ в равновéсии (auf на *P*); *intr* балански́ровать 2

Balancierstange *f* баланси́р 2

Balaton Бáлатон 2

bald 1. *Adv* in kurzer Zeit вскóре, скóро; beinahe почти́, чуть не | er kommt ~ он скóро придёт; ~ darauf вскóре пóсле (э́)того; möglichst ~ как мóжно скорéе **2.** *Konj:* ~ ..., ~ ... то ...¡ то ...; ~ dies, ~ das то однó¡ то другóе; ~ hier, ~ dort то тут¡ то там

Baldachin *m* балдахи́н 2

Bälde *f:* in ~ вскóре

baldig скóр:ый¡ -á! | auf ~es Wiedersehen! до скóрого свидáния!

Baldrian *m* валериáна 6; **~tropfen** *m Pl* валериáновые кáпли, валерья́нка 6 *umg*

Balearen *Pl* Балеáрские островá *Pl* 2b

[1]**Balg** *m* Tierfell шкýра 6; ausgestopftes Tier чýчело 4; Puppenrumpf тýловище 4; Blase~ мехи́ *Pl* 2b

[2]**Balg** *m umg* unartiges Kind озорни́к 2e, баловни́к 2e

balgen, sich *refl* дрáться*¡ драли́сь (по-) (um из-за *G*)

Balgerei *f* дрáка 6 (um из-за *G*), потасóвка 6 *umg*

Balkan Балкáны *Pl* 6 | auf dem ~ на Балкáнах; **~halbinsel** *f* Балкáнский полуóстров

Balken *m* бревнó 4c *Pl* брёв|на¡ -ен a. Sportgerät; Bohle брус 2 *Pl* -ья¡ -ьев¡ -ьям; Träger бáлка 6; Quer~ переклáдина 6; **~decke** *f* потолóк с накáтом, накáт 2; **~lage** *f* бáлки *Pl* 6 перекры́тия

Balkon *m* балкóн 2; **~tür** *f* балкóнная дверь, дверь на балкóн; **~platz** *m:* die ~plätze sind alle verkauft все местá на балкóне прóданы; **~zimmer** *n* кóмната с балкóном

[1]**Ball** *m* мяч 2e *G Pl* -éй; kleiner мя́чик 2 | ~ spielen игрáть в мяч

[2]**Ball** *m* Tanzfest бал 2b¡ на балý | zu einem ~ gehen пойти́ *v* на бал

Ballabgabe *f* передáча 6 (мячá)

Ballade *f* баллáда 6

Ballannahme *f* приём мячá

Ballast *m* баллáст 2 *a. übertr* | ~ abwerfen сбрáсывать ⟨сбрóсить⟩ баллáст; **~stoffe** *m Pl Med* баллáстные веществá

ballen *tr* сжимáть ⟨-|жать*¡ сожмý⟩; sich

~ *refl* von Faust сжима́ться ⟨-жа́ться⟩; Schnee лепи́ться 3⁺; Wolken сгу|ща́ться ⟨-сти́ться 3⟩ | die Hand zur Faust ~ сжать ру́ку в кула́к; der Schnee ballt sich снег слипа́ется в ком

Ballen *m Anat* мя́коть 9; Tier поду́шечка 6; Baumwolle тюк 2e, ки́па 6; Tabak бунт 2e; Papier стопа́ 6c, ки́па; Leder руло́н 2

Ballerina *f* балери́на 6

Ballett *n* бале́т 2; Tanzgruppe бале́тная тру́ппа 6 | ein ~ aufführen ста́в|ить 3 -лю (по-) бале́т; zum ~ gehen идти́ ⟨пойти́⟩ в бале́т

Ballettänzer *m* арти́ст 2 бале́та, танцо́вщик 2; **~in** *f* арти́стка 6 бале́та, танцо́вщица 6

Ballett|gruppe *f* бале́тная тру́ппа 6; Ballettkorps кордебале́т [дэ] 2; **~meister** *m* балетме́йстер 2; **~musik** *f* бале́тная му́зыка, му́зыка к бале́ту; **~schule** *f* хореографи́ческое учи́лище, бале́тная шко́ла

Ball|führung *f Sport* веде́ние мяча́; **~haus** *n* танцева́льный зал 2

Ballistik *f* баллистика 6

ballistisch баллисти́ческий

Ballkleid *n* ба́льное пла́тье

Ballon *m Flugw* аэроста́т 2; Wetter~, Luft~ возду́шный шар 2b; Glaskolben балло́н 2; bauchige Flasche (оплетённая) буты́ль 9; **~hülle** *f* оболо́чка аэроста́та; **~reifen** *m Kfz* ши́на ни́зкого давле́ния, балло́н 2; **~sperre** *f* аэроста́тное загражде́ние

Ball|saal *m* зал для та́нцев, ба́льный зал; **~spiel** *n* игра́ в мяч; ≈e *Pl Sport* и́гры с мячо́м; **~technik** *f Sport* те́хника владе́ния мячо́м

Ballungsgebiet *n* агломера́ция 8 (населённых пу́нктов) | industrielles ~ райо́н сосредото́чения промы́шленных предприя́тий и городско́го населе́ния

Balneologie *f* бальнеоло́гия 8

Balsam *m* бальза́м 2

balsamieren *tr* бальзами́ровать 2 (за-, на-)

Balt|e *m* балти́|ец, -йца 2; **~in** *f* балти́йка 6

baltisch (при)балти́йский

Balustrade *f* балюстра́да 6, пери́ла *Pl* 4

Balz *f* ток 2b

Bambus *m* бамбу́к 2; **~rohr** *n* бамбу́к 2; **~stock** *m* бамбу́ковая трость

banal бана́л|ьный, -ен, -ьна, по́шл:ый, -á!

banalisieren *tr* опошля́ть ⟨-по́шлить 3⟩

Banalität *f* бана́льность 9, по́шлость 9

Banane *f* бана́н 2

Bananenstecker *m* бана́новый ште́псель [тэ]

Banause *m* неве́жда *m* 6

¹Band *m* Buch том 2b *Pl* -á | das spricht Bände э́тим всё [мно́гое] ска́зано, э́то говори́т о мно́гом

²Band *n* Stoff, Hut~, Ton~ ле́нта 6; *Rad* полоса́ 6 *N Pl* по́лосы; *Text* тесьма́ 6; Schleife бант 2; an Beuteln завя́зка 6; am Faß о́бруч 2g *G Pl* -е́й; Tür пе́т|ля 7 *G Pl* -ель; *Anat* свя́зка 6; Fließband конве́йер 2 | auf ~ aufnehmen Tonband запи́сывать ⟨-|писа́ть*⟩ на (магнитофо́нную) плёнку; laufendes ~ (ле́нточный) конве́йер; am laufenden ~ непреры́вно

³Band *n* (Ver-)Bindung у́зы *Pl* 6 *G* уз, связь 9; Fesseln око́вы *Pl* 6 | ~e der Freundschaft у́зы дру́жбы; außer Rand und ~ sein быть вне себя́

⁴Band *f* Tanzkapelle (джаз-)ба́нд 2, (джа́зовый) анса́мбль 1

Bandage *f* банда́ж 2e *G Pl* -е́й, туга́я повя́зка 6

bandagieren *tr* накла́дывать ⟨-ложи́ть 3⁺⟩ банда́ж, бинтова́ть 2 (за-)

Bandagist *m* бандажи́ст 2

Bandaufnahme *f Rad* (звуко)за́пись 9 на (магнитофо́нную) плёнку

¹Bande *f* Schar ша́йка 6, ба́нда 6

²Bande *f* Billard борт 2b, на борту́, *Pl* -á; Eishockey бо́ртик 2

Bandeisen *n* полосово́е желе́зо

Banderole *f* бандеро́ль 9

Bandgeschwindigkeit *f* Tonband ско́рость движе́ния ле́нты

bändigen *tr* zähmen укро|ща́ть ⟨-ти́ть 3 -щу́⟩; beruhigen усмир|я́ть ⟨-и́ть 3⟩; *übertr* обу́здывать ⟨обузда́ть⟩

Bändig|er *m* укроти́тель 1, дрессиро́вщик 2 **~ung** *f* укроще́ние 5; *übertr* обузда́ние 5

Bandit *m* банди́т 2

Bandmaß *n* Roll~ руле́тка 6

Bandonion *n* бандо́нион 2

Band|säge *f* ле́нточная пила́; **~scheibenschaden** *m* поврежде́ние свя́зок суста́ва; **~stahl** *m* полосова́я сталь

Bandung Банду́нг 2

Bandwurm *m* солитёр 2

bange боязли́в:ый, ро́б|кий, -ок, -ка́! | ~ Stunden трево́жные часы́; mir ist (angst und) ~ мне стра́шно, мне жу́тко; mir ist um ihn ~ я бою́сь [трево́жусь] за него́

bangen *intr* беспоко́иться 3 (um за *A*); боя́ться 3, трево́житься 3 (um за *A*) | uns bangt vor etw. мы бои́мся чего́-н.; wir ~ um seine Gesundheit мы бои́мся за его́ здоро́вье

Bangkok Банко́к 2

Bangladesh Бангладе́ш [дэ] *idkl*

Banjo *n* ба́нджо *n idkl*

¹Bank *f* скамья́ 7 *Pl* ска́мьи, скаме́й, скаме́йка 6; längs der Wand ла́вка 6; Schul~ па́рта 6; Sand~ мель 9, на мели́, о́тмель 9; *Tech* верста́к 2e | (alle) durch die ~ (все) без исключе́ния; etw. auf die lange ~ schieben откла́дывать ⟨-ложи́ть 3⁺⟩ что-н. в до́лгий я́щик

²**Bank** *f* Institution, Spielbank банк 2 | ein Konto bei der ~ haben име́ть теку́щий счёт в ба́нке; die ~ halten держа́ть банк; die ~ sprengen срыва́ть ⟨со|рва́ть*⟩ банк; **~angestellter** *m* ба́нковский слу́жащий

Bankett *n* банке́т 2; Straßenbau обо́чина 6 | er war auf einem ~ он был на банке́те; zu einem ~ gehen пойти́ на банке́т

Bank|guthaben *n* де́ньги на теку́щем счету́ (в ба́нке); **~halter** *m* банкомёт 2; **~haus** *n* банки́рский дом; **~ier** *m* банки́р 2; **~konto** *n* (теку́щий 11) счёт в ба́нке; **~kredit** *n* ба́нковский креди́т; **~note** *f* банкно́т 2, ба́нковый биле́т 2

bankrott обанкро́тившийся 11 | ~ gehen [machen] обанкро́|титься *v* 3 -чусь

Bankrott *m* банкро́тство 4; **~erklärung** *f* объявле́ние о банкро́тстве; **~eur** *m* банкро́т 2

Bann *m* изгна́ние 5; Kirchen~ ана́фема 6, отлуче́ние 5 от це́ркви; *übertr* обая́ние 5, ча́ры *Pl* 6 | im ~ von etw. stehen быть* очаро́ванным чем-н., всеце́ло находи́ться 3⁺ -жу́сь под впечатле́нием чего́-н.; er geriet in ihren ~ он подпа́л под её влия́ние [её ча́ры]

bannen *tr* ver~ изгоня́ть ⟨-|гна́ть*⟩; *Rel* отлуч|а́ть ⟨-и́ть 3⟩ от це́ркви; fesseln прико́вывать ⟨-|кова́ть*⟩, очар|о́вывать ⟨-ова́ть 2⟩ | die Kriegsgefahr ~ предотвра|ща́ть ⟨-ти́ть 3 -щу́⟩ опа́сность войны́; eine Gefahr ~ устран|я́ть ⟨-и́ть 3⟩ опа́сность; er steht (wie) gebannt он стои́т как вко́панный

Banner *n* зна́м|я *n G D P* -ени, *I* -енем, *Pl* -ёна 4 | ~ der Arbeit Orden о́рден «Зна́мя Труда́»; **~träger** *m* знамено́с|ец, -ца 2

Bannfluch *m* ана́фема 6

Bantamgewicht *n* легча́йший [x4] 11 вес

Baptist *m* бапти́ст 2

bar **1.** *Adj Fin* нали́чный; *übertr* лиш|ённый, -ён, -ена́ *G* | ~es Geld нали́чные *Pl* 10; das ist ~er Unsinn! э́то соверше́нная бессмы́слица! **2.** *Adv:* in ~ за нали́чный расчёт, за нали́чные; in ~ zahlen плати́ть (за-) нали́чными

¹**Bar** *f* (Nacht-)Lokal бар 2; Schanktisch сто́йка 6 | an der ~ за сто́йкой

²**Bar** *n Phys* бар 2

Bär *m* медве́дь 1; *Tech* ба́ба 6 | der Große ~ *Astr* Больша́я Медве́дица 6; er schläft wie ein ~ он спит как суро́к; j-m einen ~en aufbinden расска́зывать ⟨-с|каза́ть*⟩ кому́-н. ска́зки [небыли́цы]

Baracke *f* бара́к 2

Barackenlager *n* бара́чный ла́герь

Barbar *m* ва́рвар 2 *a. hist;* **~ei** *f* ва́рварство 4

barbarisch ва́рварский; grausam жесто́к:ий, -а́!

Bar|bestand *m* нали́чность 9; **~betrag** *m* нали́чная су́мма

Barchent *m* бумазе́я 7

Bardame *f* буфе́тчица 6 в ба́ре, ба́рменша 6

Bären|fleisch *n* медвежа́тина 6; **~führer** *m* вожа́к медве́дя; **~haut** *f:* auf der (faulen) ≈ liegen бить* баклу́ши; **~höhle** *f* (медве́жья 12) берло́га 6; **~hunger** *m* во́лчий аппети́т 12–2; **~jagd** *f* охо́та на медве́дя; **~junges** *n* медвеж|о́нок, -о́нка 2 *Pl* -а́та, -а́т; **~natur** *f:* eine ≈ haben быть* здоро́вым как бык

bärenstark здоро́вый [си́льный] как медве́дь

Barentsee *f* Ба́ренцого 13 мо́ре

Bärenzwinger *m* медвежа́тник 2

Barett *n* бере́т 2

bar|fuß *Adv* босико́м | ≈ gehen хо|ди́ть 3⁺ -жу́ босико́м; **~füßig** бос:о́й, -а́!

Bargeld *n* нали́чные де́ньги, нали́чные *Subst* 10

bargeldlos безнали́чный | ≈er (Zahlungs-) Verkehr безнали́чный расчёт 2

Barhocker *m* высо́кий табуре́т 2 (в ба́ре)

Bärin *f* медве́дица 6

Bariton *m* барито́н 2

Barium *n* ба́ри|й 1 *P* -и

Barkasse *f* барка́с 2

Barke *f* ба́рка 6, ба́ржа 6

Bar|keeper *m* ба́рмен 2; **~kellner** *m* официа́нт в ба́ре

barmherzig милосе́рд|ный, -ен

Barmherzigkeit *f* милосе́рдие 5

Barmixer *m* ба́рмен 2

barock баро́чный, в сти́ле баро́кко

Barock *n, m* баро́кко *n idkl;* **~dichtung** *f* поэ́зия в ду́хе баро́кко; **~schloß** *n* дворе́ц в сти́ле баро́кко; **~stil** *m* стиль баро́кко

Barometer *n* баро́метр 2; **~stand** *m* показа́ние 5 баро́метра

Baron *m* баро́н 2; **~esse** *f* бароне́сса 6; **~in** *f* бароне́сса 6

Barren *m* Metall сли́т|ок, -ка 2; *Tech* болва́нка 6; *Sport* (паралле́льные) бру́сь|я *Pl* 2 -ев, -ям | am ~ на бру́сьях; **~gold** *n* зо́лото в сли́тках

Barri|ere *f* барье́р 2; **~kade** *f* баррика́да 6 | ≈n errichten стро́ить 3 (по-) баррика́ды

Barrikadenkampf *m* баррика́дный бой

barsch гру́б:ый, -а́!, ре́з|кий, -ок, -ка́!

Barsch *m* о́кунь 1g

Barscheck *m* чек на опла́ту нали́чными

Barsoi *m* Hund борза́я *Subst* 10

Bart *m* борода́ 6a; am Schlüssel боро́дка 6 | er läßt sich einen ~ wachsen он отпуска́ет (себе́) бо́роду; sich um des Kaisers ~ streiten спо́рить (по-) о чём-н. некон-

крéтном [несущéственном]; **~flechte** *f* сикóз 2 бороды́
bärtig бородáт:ый
bartlos безборóдый
Bartwuchs *m:* er hat einen starken ~ у негó бы́стро растёт бородá
Bar|vermögen *n* дéнежная нали́чность 9; **~zahlung** *f* платёж нали́чными
Basalt *m* базáльт 2; **~felsen** *m* базáльтовая скалá
Basar *m* orientalischer Markt ры́н|ок, -ка 2, базáр 2; Ladenstraße торгóвая ýлица 6; Wohltätigkeits~ базáр, распродáжа 6
Baschkir|e *m* башки́р 2 *G Pl* башки́р; **~in** *f* башки́рка 6
baschkirisch башки́рский
[1]**Base** *f* кузи́на 6
[2]**Base** *f Chem* основáние 5
Basel Бáзель [зэ] 1
basieren *intr* бази́роваться 2 (auf на *P*), оснóвываться (auf на *P*)
Basilika *f* базили́ка 6
Basis *f Bauw* основáние 5, фундáмент 2; Sockel цóколь 1; *Math* основáние 5; Grundlage оснóва 6, бáза 6; *Phil* бáзис 2; *Pol* мáссы *Pl* 6, низы́ *Pl* 2b | ~ und Überbau бáзис и надстрóйка; auf der ~ von etw. на оснóве чегó-н.; auf freiwilliger ~ на добровóльных начáлах
basisch оснóвный
Baskenmütze *f* берéт 2
Basketball *m* баскетбóл 2 | ~ spielen игрáть в баскетбóл; **~mannschaft** *f* баскетбóльная комáнда; **~spieler** *m* баскетболи́ст 2
baskisch бáскский
Baß *m* Stimmlage, Sänger бас 2b; Baßgeige контрабáс 2
Bassin *n* бассéйн 2
Bassist *m* Sänger бас 2b; Baßgeiger контрабаси́ст 2
Baß|schlüssel *m* басóвый ключ; **~stimme** *f* бас 2b
Bast *m* Faser лы́ко 4, луб 2 *Pl* лýбь|я, -ев, -ям; zerfaserter ~, Linden~ мочáло 4 | aus ~ лы́ковый, из лубянóго волокнá
Bastard *m* пóмесь 9, гибри́д 2
Bastelarbeit *f* заня́тие любителя каки́м-н. ремеслóм [какóй-н. тéхникой]; selbstgefertigter Gegenstand люби́тельская подéлка 6 [рабóта]
basteln *tr u. intr* занимáться люби́тельски каки́м-н. ремеслóм [какóй-н. тéхникой], мастери́ть 3 (с-)
Bastfaser *f* лубянóе волокнó
Bastion *f* бастиóн 2 *a. übertr*
Bastkorb *m* лы́ковая корзи́на
Bastler *m* люби́тель 1 мастери́ть что-н., ремéсленник-люби́тель 2-1; Radio~ радиолюби́тель 1; **~bedarf** *m* товáры *Pl* 2 для умéлых рук
Bast|matte *f* цинóвка 6, рогóжа 6; **~schuh** *m* лáп|оть, -тя 1g; **~tasche** *f* плетёная сýмка
Bataillon *n* батальóн [льё] 2
Bataillonskommandeur *m* команди́р батальóна
Batik *f Text* бáтик 2; **~druck** *m* бáтик 2, бáтиковая наби́вка 6
batiken *tr Text* печáтать бати́к
Batist *m* бати́ст 2; **~tuch** *n* бати́стовый платóк
Batterie *f El, Mil* батарéя 7; Taschenlampe батарéйка 6; **~chef** *m* команди́р батарéи; **~empfänger** *m* батарéйный приёмник 2
Bau *m* Vorgang строи́тельство 4; Struktur строéние 5; ~stelle, ~platz строи́тельство 4, стрóйка; Gebäude пострóйка 6, строéние; großer сооружéние 5; einer Straße проклáдка 6; Feld~ возделывáние 5, обрабóтка 6; Bauart структýра 6; архитектóника 6; *Tech* констрýкция 8, построéние 5; Sprache стро|й 1 *G Pl* -ев; Tierwohnung норá 6c; des Bären берлóга 6; Körper~ (тело)сложéние 5 | auf dem ~ на стрóйке; öffentliche ~ten общéственные здáния; Leute vom ~ Fachleute специали́сты *Pl* 2, знатоки́ *Pl* 2e; in ~ sein стрóиться 3; **~abschnitt** *m* строи́тельный учáсток; **~arbeiten** *f Pl* строи́тельные рабóты; **~arbeiter** *m* строи́тельный рабóчий, строи́тель 1; **~aufsicht** *f* инспéкция 8 строи́тельного надзóра; **~büro** *n* строи́тельная контóра
Bauch *m* живóт 2e; Tier брю́хо 4; Schiff чрéво 4, глубинá 6c | einen ~ bekommen отрáщивать ⟨отра|сти́ть 3 -щý⟩ живóт; **~binde** *f* набрю́шник 2; **~fell** *n* брюши́на 6; **~höhle** *f* брюшнáя пóлость
bauchig пузáт:ый, вы́пуклый
Bauch|laden *m* лот|óк, -кá 2 (разнóсчика); **~landung** *f* посáдка на фюзеля́ж; **~muskel** *m* брюшнáя мы́шца; **~redner** *m* чревовещáтель 1; **~schmerzen** *m Pl* бóли в живóте | er hat ≈ у негó боли́т живóт; **~speicheldrüse** *f* поджелýдочная железá; **~typhus** *m* брюшнóй тиф
Baude *f* тури́стская бáза (в горáх), турбáза 6 | in der ~ на турбáзе
Baudenkmal *n* пáмятник архитектýры
[1]**bauen** *tr* стрóить (по-), соору|жáть ⟨-ди́ть 3 -жý⟩; Apparate, Geige u. ä. дéлать (с-); Straße проклáдывать ⟨-ложи́ть 3⁺⟩; Nest вить* (с-, совьёт) | sich ein Haus ~ стрóиться 3, стрóить себé дом
[2]**bauen** *intr übertr* полагáться ⟨-ложи́ться 3⁺⟩ (auf на *A*), возлагáть ⟨-ложи́ть⟩ надéжды (auf на *A*)
[1]**Bauer** *m* кресть|я́нин 2 *Pl* -я́не, -я́н; Schachfigur пéшка 6

²Bauer *n* Vogelkäfig клéтка 6 (для птиц)
Bäuerin *f* крестья́нка 6
bäuerlich 1. *Adj* крестья́нский, сéльский | Bäuerliche Handelsgenossenschaft (*Abk* BHG) Крестья́нский торгóвый кооперати́в **2.** *Adv* по-крестья́нски
Bauern|haus *n* крестья́нский дом; aus Holz избá 6c; **~hof** *m* крестья́нская усáд|ьба 6 *G Pl* -еб; **~krieg** *hist* крестья́нская войнá; **~legen** *n hist* захвáт 2 крестья́нских земéль помéщиками; **~möbel** *n Pl* крестья́нская мéбель; **~partei** *f*: Demokratische ≈ Deutschlands Демократи́ческая крестья́нская пáртия Гермáнии; **~schaft** *f* крестья́нство 4; **~stube** *f* im Bauerngeschmack eingerichtet кóмната в деревéнском сти́ле
Baufachmann *m* специали́ст в óбласти строи́тельства
baufällig вéтх:ий, -á!, обветшáлый | ~ werden приходи́ть 3⁺ -хожý ⟨-|йти́*⟩ в вéтхость
Bau|gelände территóрия 8 стрóйки; **~genehmigung** *f* разрешéние на пострóйку [на строи́тельство]; **~genossenschaft** *f* жили́щно-строи́тельный кооперати́в; **~gewerbe** *n* строи́тельство 4, строи́тельный прóмысел; **~grube** *f* котловáн 2; **~herr** *m* владéл|ец, -ца 2 стрóйки, застрóйщик 2; **~hochschule** *f* строи́тельный институ́т; **~holz** *n* строевóй лес [лесоматериáл]; **~industrie** *f* строи́тельная промы́шленность; **~ingenieur** *m* инженéр-строи́тель 2-1; **~jahr** *n* год пострóйки [сооружéния]; Maschine год вы́пуска; **~kasten** *m* (строи́тельный) я́щик с ку́биками; Spielzeug «констру́ктор 2»; **~kastenprinzip** *n* агрегáтный при́нцип, при́нцип агрегати́рования; *Bauw* блóчный при́нцип; **~kastensystem** *n* агрегáтная констру́кция 8; **~kosten** *Pl* стóимость 9 строи́тельства; **~kunst** *f* архитекту́ра 6; **~leiter** *m* (стáрший 11) прорáб 2, производи́тель 1 рабóт
baulich 1. *Adj* строи́тельный | in gutem ~en Zustand в хорóшем состоя́нии **2.** *Adv* конструкти́вно, архитекту́рно
Baum *m* дéрево 4f *Pl* дерéвь|я, -ев
Baumaterial *n* строи́тельный материáл, стройматериáл 2
Baum|behang *m* ёлочные украшéния *Pl* 5; **~bestand** *m* древéсное насаждéние 5, древостóй 1; **~blüte** *f* цветéние (плодóвых) дерéвьев
Baumeister *m* инженéр-строи́тель 2-1, мáстер строи́тельного дéла
baumeln *intr* болтáться | mit den Füßen ~ болтáть ногáми
bäumen, sich *refl* Pferd станови́ться 3⁺ ⟨стать*⟩ на ды́бы
Baum|grenze *f* грани́ца древéсной расти́тельности, грани́ца лесóв; **~krone** *f* крóна дéрева; **~rinde** *f* древéсная корá; **~schere** *f* секáтор 2, садóвые нóжницы; **~schule** *f* древéсный питóмник 2, рассáдник 2; **~stamm** *m* ствол дéрева; **~stumpf** *m* пень, пня 1; **~wachs** *n* древéсная замáзка 6; **~wolle** *f* хлóп|ок, -ка 2; Stoff (хлопчато)бумáжная ткань 9
baumwollen (хлопчато)бумáжный
Baumwoll|kleid *n* (хлопчато)бумáжное плáтье; **~spinnerei** *f* бумагопряди́льная фáбрика 6; **~stoff** *m* (хлопчато)бумáжная ткань
Bau|plan *m* строи́тельный план, стройплáн 2; **~platz** *m* строи́тельная плóщадка, стройплощáдка 6; **~polizei** *f* строи́тельный надзóр 2; **~polizeilich**: ≈e Genehmigung разрешéние строи́тельного надзóра; **~programm** *n* прогрáмма строи́тельства
Bausch *m* (вáтный) тампóн 2 | in ~ und Bogen целикóм
bausch|en *intr* Kleid пáдать кру́пными склáдками; Ärmel быть присбóренным; sich ~ *refl* надувáться ⟨-|ду́ться*⟩; **~ig** взду́тый, вы́пуклый | ≈e Ärmel рукавá с бу́фами
Bau|schule *f* строи́тельное учи́лище; **~stein** *m* строи́тельный кáмень; Kinderspielzeug ку́бик 2; *übertr* вклад 2; **~stelle** *f* стрóйка 6, стройплощáдка 6; **~stil** *m* архитекту́рный стиль; **~stoffe** *m Pl* строи́тельные материáлы; **~tätigkeit** *f* строи́тельство 4; **~teile** *m Pl* стройдетáли *Pl* 9, строи́тельные [конструкти́вные] элемéнты *Pl* 2; **~unternehmen** *n* строи́тельное предприя́тие; Projekt строи́тельный проéкт 2; **~vorhaben** *n* план 2 [проéкт 2] строи́тельства; **~weise** *f* мéтод строи́тельства, констру́кция 8; **~werk** *n* (архитекту́рное) сооружéние 5, пострóйка 6; **~wesen** *n* строи́тельное дéло, строи́тельство 4
Bauxit *m* бокси́т 2
Bau|zeichnung *f* рабóчий 11 строи́тельный чертёж; **~zeit** *f* срок строи́тельства | während der ≈ во врéмя строи́тельства
Bayer *m* бавáр|ец, -ца 2; **~in** *f* бавáрка 6; **~n** Бавáрия 8
bayrisch 1. *Adj* бавáрский **2.** *Adv* по-бавáрски
Bazill|enträger *m* бациллоноси́тель 1; **~us** *m* баци́лла 6
be|absichtigen *tr* намеревáться, имéть намéрение; vorhaben заду́м|ывать ⟨-ать⟩ | ich beabsichtige etw. zu tun я намéрен …; was ≈ Sie zu tun? что вы намéрены дéлать?; was beabsichtigt er? какúе у негó намéрения?; er beabsichtigt

nichts Gutes у негó недóброе на умé; ich beabsichtige wegzufahren я дýмаю уéхать; wir ≈ einen Wagen zu kaufen мы задýмали купи́ть маши́ну; **~absichtigt** (пред)намéренный, задýманный; Wirkung желáемый | das war ≈ э́то бы́ло сдéлано намéренно; **~achten** *tr* achtgeben обра|щáть ⟨-ти́ть 3 -щý⟩ внимáние на *A*, замечáть ⟨-мéтить 3 -мéчу⟩; berücksichtigen принимáть ⟨приня́ть*⟩ во внимáние; streng einhalten, Regeln u. ä. соблюдáть; Bedeutung beimessen при|давáть* ⟨придáть*⟩ значéние | er beachtete mich nicht он (намéренно) не обрати́л на меня́ внимáния

beacht|enswert заслýживающий 11 внимáния, (весьмá) значи́тельный; **~lich** beträchtlich значи́тел|ьный$_{I}$ -ен$_{I}$ -ьна; Erfolg, Leistung замечáтел|ьный$_{I}$ -ен$_{I}$ -ьна

Be|achtung *f* внимáние 5 | ≈ finden пóльзоваться 2 внимáнием; j-m ≈ schenken удел|я́ть ⟨-и́ть 3⟩ комý-н. внимáние; das verdient ≈ э́то заслýживает внимáния; **~amter** *m* (государ-ственный) слýжащий *Subst* 11, должностнóе лицó 4c

beängstigend стрáш|ный$_{I}$ -ен$_{I}$ -нá$_{I}$ -но$_{I}$ стрáшны́; beunruhigend тревóж|ный$_{I}$ -ен | sie ist ~ blaß онá ужáсно бледнá, её блéдность пугáет

beanspruchen *tr* brauchen трéбовать 2 (по-) (etw. für j-n *oder* für sich чегó-н. для когó-н. *oder* для себя́); verlangen, fordern претендовáть 2, заяв|ля́ть ⟨-и́ть 3⁺ -лю́⟩ претéнзию (etw. на что-н.); *Tech* подвергáть ⟨-вéргнуть 4a *u.* 4⟩ нагрýзке [напряжéнию] | von etw. sehr beansprucht werden быть* óчень зáнятым [загрýженным] чем-н.

Beanspruchung *f* трéбование 5 *G*, претéнзия на *A;* Person зáнятость 9, загрýзка 6; Material, Nerven нагрýзка на *A*, напряжéние *G*

beanstanden *tr* выскáзывать ⟨вы́с|казать*⟩ недовóльство (по пóводу *G*); einwenden возра|жáть ⟨-зи́ть 3 -жý⟩ прóтив *G;* Einspruch erheben протестовáть *uv, v* 2 прóтив *G; Hdl* заяв|ля́ть ⟨-и́ть 3⁺ -лю́⟩ претéнзию на *A*

Beanstandung *f* возражéние 5 прóтив *G*, опротестовáние 5 *G; Hdl* рекламáция 8, претéнзия 8

be|antragen *tr* Antrag stellen по|давáть* ⟨подáть*⟩ заявлéние о *P*, обра|щáться ⟨-ти́ться 3 -щýсь⟩ с ходáтайством о *P;* etw. vorschlagen предлагáть ⟨-ложи́ть 3⁺⟩ *A*, вноси́ть 3⁺ -ношý ⟨-|нести́*⟩ предложéние о *P;* **~antworten** *tr* отв|ечáть ⟨-éтить 3 -éчу⟩ (j-m etw. комý-н. на что-н.)

Beantwortung *f* отвéт 2 (на *A*) | in ~ в отвéт на *A*

bearbeiten *tr Verw, Landw, Tech* обраб|áтывать ⟨-óтать⟩; Leder, Holz обдéл|ывать ⟨-ать⟩; Gesuch, Antrag u. ä. рассм|áтривать ⟨-отрéть 3⁺⟩, занимáться *I;* Thema разраб|áтывать ⟨-óтать⟩; Buch, Text об-, перераб|áтывать ⟨-óтать⟩; *Mus* аранжи́ровать *uv, v* 2; fürs Theater театрализовáть *uv, v* 2 | eine neu bearbeitete Auflage перерабóтанное издáние

Bearbeiter *m Verw* занимáющийся *Subst* 11 обрабóткой; Fachmann специали́ст 2; Buch, *Text* редáктор 2; dramaturgischer ~ áвтор 2 редáкции [сцени́ческой обрабóтки]; *Mus* аранжирóвщик 2

Bearbeitung *f Verw, Landw, Tech* обрабóтка 6; Leder, Holz обдéлка 6; Gesuch, Antrag рассмотрéние 5; Thema разрабóтка 6; Buch, Text перерабóтка 6; *Mus* аранжирóвка 6; fürs Theater театрализáция 8

Bearbeitungskosten *Pl* стóимость 9 обрабóтки

Beat *m* бит 2, бит-мýзыка 6; **~band** *f*, **~gruppe** *f* бит-грýппа 6

beatmen *tr:* j-n (künstlich) ~ дéлать (с-) комý-н. искýсственное дыхáние

Beatmung *f:* künstliche ~ искýсственное дыхáние 5

Beatmusik *f* мýзыка в сти́ле бит, бит-мýзыка 6

beauf|sichtigen *tr* Schüler, Gefangene надзирáть за *I;* j-s Arbeit наблюдáть за *I;* Kinder, Kranke смотрéть 3⁺ за *I*, присмáтривать за *I* | Kinder ≈ присмáтривать за детьми́; **~tragen** *tr* поруч|áть ⟨-и́ть3⁺⟩ (j-n mit etw. комý-н. что-н.) | ich bin beauftragt … мне порýчено …

Beauftragter *m* уполномóченный *Subst* 10 (für по *D*)

bebauen *tr* Gelände застр|áивать ⟨-óить 3⟩; ringsum обстр|áивать ⟨-óить⟩; *Landw* воздéл|ывать ⟨-ать⟩, обраб|áтывать ⟨-óтать⟩; Gemüse засáживать ⟨-сади́ть 3⁺ -сажý⟩ (mit *I*)

Bebauung *f* застрóйка 6; обстрóйка 6; воздéлывание 5, обрабóтка 6

beben *intr* дрожáть 3, трепетáть* (vor от *G*) | vor Kälte ~ дрожáть от хóлода; die Erde bebt *Geol* происхóдит землетрясéние

Beben *n Geol* землетрясéние 5

be|bildern *tr* иллюстри́ровать *uv, v* 2; **~brüten** *tr:* Eier ≈ выси́живать ⟨вы́сид|еть 3 -ит⟩ я́йца

Becher *m* бокáл 2; aus Pappe u. a. стакáнчик 2; Gift~ кýб|ок$_{I}$ -ка 2; *Bot* бокáл|ец$_{I}$ -ьца 2; *übertr* чáша 6 | ein ~ Wein бокáл винá

Becken *n* (Schwimm-)Bassin бассéйн 2 *a. Geogr;* Wasch~ рáковина 6; Gefäß таз 2b$_{j}$ в тазý; *Anat* таз$_{j}$ в тáзе *u.* в тазý; *Mus* тарéлки *Pl* 6; **~knochen** *m Pl* кóсти тáза

bedacht: auf etw. ~ sein имéть в видý что-н., забó|титься 3 -чусь о чём-н.; auf sein Wohl ~ sein пéчься* о своём блáге

Bedacht *m:* mit ~ обдýманно; mit Sorgfalt тщáтельно

bedächtig vorsichtig осмотри́тел|ьный, -ен, -ьна; langsam, träge медли́тел|ьный, -ен, -ьна | mit ~em Schritt мéдленным [размéренным] шáгом

bedanken, sich *refl* благодари́ть 3 (по-) (bei j-m für etw. когó-н. за что-н.)

Bedarf *m* потрéбность 9 (an в *P*); Nachfrage спрос 2 (an на *A*) | ~ haben an etw. нуждáться в чём-н., испы́тывать ⟨-пытáть⟩ потрéбность в чём-н.; bei ~ в слýчае необходи́мости [нужды́]; Straßenbahn по трéбованию; nach ~ *Hdl* по мéре нáдобности, в зави́симости от потрéбности; für den eigenen ~ для ли́чного употреблéния

Bedarfs|artikel *m* предмéт пéрвой необходи́мости, издéлие 5 повседнéвного спрóса; **~deckung** *f* удовлетворéние потрéбностей [спрóса]; **~fall** *m:* im ≈ в слýчае необходи́мости [нáдобности]; **~forschung** *f* изучéние 5 спрóса [запрóсов потреби́теля]

bedarfsgerecht 1. *Adj* отвечáющий 11 спрóсу | ~e Versorgung снабжéние, отвечáющее запрóсам **2.** *Adv* соотвéтственно спрóсу

Bedarfshaltestelle *f* остановка по трéбованию

bedauerlich unerfreulich досáд|ный, -ен | wie ~! досáдно!; es ist ~ schade жаль; **~erweise** *Adv* к сожалéнию

bedauern *tr* сожалéть (etw. о чём-н.), жалéть (по-) (j-n wegen etw. когó-н. из-за чегó-н.) | ich bedaure diesen Vorfall я сожалéю о случи́вшемся; ich bedaure, das getan zu haben я (со)жалéю [мне жаль], что я сдéлал э́то; er ist zu ~ он достóин сожалéния, жаль егó; bedaure sehr! óчень [весьмá] сожалéю!

Bedauern *n* сожалéние 5 | zu meinem größten ~ к моемý величáйшему сожалéнию

bedauernswert Person достóйный сожалéния; Aussehen жáл|кий, -ок, -кá!; Vorfall досáд|ный, -ен

bedecken *tr* покрывáть ⟨-|кры́ть*⟩ (mit *I*); leicht прикрывáть ⟨-кры́ть⟩ (mit *I*); verhüllen укрывáть ⟨-кры́ть⟩ (mit *I*); auslegen устилáть ⟨-|стлáть*⟩ (mit *I*); sich ~ *refl* покрывáться ⟨-кры́ться⟩ (mit *I*) | den Tisch mit einem Tuch ~ на-, покрывáть стол скáтертью; den Kopf ~ покры́ть гóлову; das Gesicht mit den Händen ~ закры́ть лицó рукáми; mit Küssen ~ осыпáть ⟨-|сы́пать*⟩ поцелýями; der Himmel bedeckt sich нéбо покрывáется тýчами

bedeckt облачный | ~er Himmel нéбо в тýчах

Bedeckung *f* покры́тие 5 | unter ~ под охрáной, в сопровождéнии

bedenken *tr* erwägen, gründlich überdenken обдýм|ывать ⟨-ать⟩; überlegen размышля́ть о *P;* nachdenken дýмать (по-) о *P;* beschenken одáривать ⟨-дари́ть 3⟩ (mit *I*) | j-m etw. zu ~ geben про|си́ть 3⁺ -шý (по-) когó-н. обдýмать; wenn man bedenkt … éсли подýмать …; ohne sich lange zu ~ … не дóлго дýмая [раздýмывая] …; er hatte nicht bedacht, daß … он не подýмал о том, что …; j-n mit etw. im Testament ~ завещáть *uv, v* что-н. комý-н.; mit Aufträgen bedacht werden получ|áть ⟨-и́ть 3⁺⟩ закáзы

Bedenken *n* Zweifel сомнéния *Pl* 5; Einwände возражéния *Pl* 5 (gegen прóтив *G*); Überlegung размышлéние 5 | ~ haben сомневáться в *P;* ohne ~ не дóлго дýмая, не раздýмывая; er hegt ~, das zu tun он опасáется сдéлать э́то

bedenklich fragwürdig сомни́тел|ьный, -ен, -ьна; riskant рискóван:ный, -на; gefährlich опáс|ный, -ен | ~ werden принимáть ⟨приня́ть*⟩ опáсный оборóт; ~e Lage затрудни́тельное положéние

Bedenkzeit *f* врéмя на размышлéние | ich bitte mir ~ aus! дáйте мне подýмать!

bedeuten *tr* знáчить 3, означáть; wichtig sein имéть значéние (etw. j-m что-н. для когó-н.); zu verstehen geben давáть* ⟨дать*⟩ поня́ть (j-m etw. комý-н. что-н.) | das bedeutet (э́то) знáчит; was soll das ~? что э́то знáчит?; das hat nichts zu ~ э́то не имéет никакóго значéния, э́то не вáжно; was bedeutet Ihr Schweigen? что означáет вáше молчáние?; j-m ~, daß … дать комý-н. поня́ть, что …; **~d 1.** *Adj* Beitrag; Erfolg значи́тел|ьный, -ен, -ьна, вáж|ный, -ен, -нá, -но, вáжны́; Gelehrter, Persönlichkeit выдаю́щийся 11, извéст|ный, -ен; groß an Bedeutung, an Einfluß крýп|ный, -ен, -нá! | eine ≈e Rolle spielen игрáть вáжную [ви́дную] роль **2.** *Adv:* ~ besser горáздо [значи́тельно] лýчше

bedeutsam знаменáтел|ьный, -ен, -ьна; vielsagend многозначи́тел|ьный, -ен, -ьна

Bedeutung *f* значéние 5 | ~ haben имéть значéние; das ist von ~ für uns э́то имéет для нас значéние; nichts von ~ не имéет значéния, ничегó вáжного; einer Sache ~ beimessen при|давáть* ⟨придáть*⟩ значéние чемý-н.; die ~ liegt darin, daß … смысл состои́т в том, что …; er ist sich seiner ~ bewußt он понимáет своё значéние, он знáет себé цéну

bedeutungs|los не имéющий 11 значéния, незначи́тел|ьный₁ -ен₁ -ьна; **~voll** вáж|ный₁ -ен₁ -нá₁ -но, вáжны́; vielsagend многозначи́тел|ьный₁ -ен₁ -ьна

Bedeutungs|wandel *m Ling* изменéние 5 значéния (слóва); **~wörterbuch** *n* (одноязы́чный) толкóвый словáрь

bedienen *tr* Gast, Kunden обсл|ýживать ⟨-ужи́ть 3⁺⟩ *A,* прислýживать *D;* Maschinen обсл|ýживать ⟨-ужи́ть⟩ *A,* управля́ть *I; intr* Kartenspiel хо|ди́ть 3⁺ -жý ⟨по|йти́*⟩ в масть; sich ~ *refl* benutzen пóльзоваться 2 (вос-) *I* | bitte, ~ Sie sich!, langen Sie zu! пожáлуйста₁ прошý!, угощáйтесь!; bei Tisch ~ прислýживать за столóм

Bedienung *f* обслýживание 5; Kellner официáнт 2; Verkäufer продав|éц₁ -цá 2; обслýживающий персонáл 11-2; *Mil* расчёт 2

Bedienungs|anweisung *f* руковóдство 4 [инстрýкция 8] по обслýживанию; **~geld** *n* Restaurant нацéнка 6 за обслýживание; **~mannschaft** *f* eines Geschützes u. ä. расчёт 2; **~personal** *n Mil* обслýживающий персонáл 11-2; **~pult** *n El* пульт управлéния; **~vorschrift** *f* прáвила *Pl* 4 обслýживания [ухóда]

beding|en *tr* bewirken обуслóв|ливать ⟨-ить 3 -лю⟩; **~t 1.** *Adj* услóв|ный₁ -ен *a. Physiol* **2.** *Adv* услóвно, при услóвии | ≈ tauglich *Mil* услóвно гóдный; ≈ verwendbar sein испóльзоваться *v* 2 ограни́ченно

Bedingung *f* услóвие 5 | unter … ~en Verhältnissen в … услóвиях; zu welchen ~en? на каки́х услóвиях; unter der ~, daß … при услóвии₁ чтó(бы) …; unter der ~, daß schönes Wetter ist при услóвии хорóшей погóды; unter keiner ~ ни за что, ни в кóем слýчае; zur ~ machen стáв|ить 3 -лю (по-) услóвием

bedingungslos безуслóв|ный₁ -ен; Kapitulation, Absage безоговóроч|ный₁ -ен | ~ akzeptieren при|знавáть* ⟨-знáть⟩ безоговóрочно

Bedingungssatz *m* услóвное предложéние

bedrängen *tr* mit Bitten оса|ждáть ⟨-ди́ть 3 -жý⟩; bedrücken притесн|я́ть ⟨-и́ть 3⟩ | er wird von Feinden bedrängt егó преслéдуют враги́

Bedrängnis *n* притеснéние 5 | er befindet sich in arger ~ он нахóдится в бéдственном положéнии

bedroh|en *tr* гро|зи́ть 3 -жý, угрожáть (j-n mit *oder* durch etw. комý-н. чем-н.) | von etw. bedroht werden находи́ться 3⁺ -хожýсь ⟨-|йти́сь*⟩ под угрóзой чегó-н.; **~lich 1.** *Adj* угрожáющий 11 **2.** *Adv:* es sieht ≈ aus положéние угрожáющее

Bedrohung *f* угрóза 6 | ~ des Friedens угрóза ми́ру; in ständiger ~ leben быть* постоя́нно в опáсности

be|drucken *tr* печáтать (на-) на *P; Text* набивáть ⟨-|би́ть*⟩; **~drücken** *tr* притесн|я́ть ⟨-и́ть 3⟩; betrüben огорч|áть ⟨-и́ть 3⟩; belasten тяго|ти́ть 3 -щý | das bedrückt mich (sehr) от э́того у меня́ тяжелó на душé; sie fühlte sich bedrückt онá чýвствовала себя́ подáвленной; **~drückend** тя́ж|кий₁ -ек₁ -кá!, тя́гост|ный₁ -ен

Bedrücker *m* угнетáтель 1

bedruckt *Text* набивнóй | ~er Stoff набóйка 6

Bedrückung *f* притеснéние 5, гнёт 2; Niedergeschlagenheit подáвленное настроéние 5

Beduine *m* бедуи́н 2

bedürfen *intr* нуждáться в *P* | es bedurfte nur eines Wortes um … достáточно бы́ло одногó слóва₁ чтóбы …; das bedarf der Erläuterung э́то трéбует поясне́ния, э́то нýжно объясни́ть; es hat seiner ganzen Kraft bedurft, damit … нужнá былá вся егó си́ла₁ чтóбы …

Bedürfnis *n* Wunsch потрéбность 9, нуждá 6с (nach в *P*); Notdurft естéственная потрéбность | ~ nach etw. haben нуждáться в чём-н., имéть потрéбность в чём-н.; es liegt kein ~ hierfür vor в э́том нет никакóй нáдобности [нужды́]; seine ~se befriedigen удовлетвор|я́ть ⟨-и́ть 3⟩ свои́ потрéбности; die kulturellen ~se культýрные запрóсы; **~anstalt** *f* общéственная убóрная *Subst* 10, туалéт 2

bedürfnislos нетрéбовател|ьный₁ -ен₁ -ьна

bedürftig нуждáющийся 11 в *P;* arm бéд|ный₁ -ен₁ -нá₁ -но₁ бéдны́ | einer Sache ~ sein нуждáться в чём-н.

Beefsteak *n* бифштéкс [тэ] 2

be|ehren *tr* удост|áивать ⟨-óить 3⟩ (mit *I*), по|чти́ть* *v* (mit *I*); sich ≈ *refl:* ich beehre mich … честь имéю …; **~eiden** *tr* присяг|áть ⟨-нýть 4⟩ в *P;* **~eilen, sich** *refl* тороп|и́ться 3⁺ -лю́сь (по-) (mit с *I*), спеши́ть 3 (по-) (mit с *I*) | ich beeile mich Ihnen mitzuteilen, daß … спешý сообщи́ть вам₁ что …; beeile dich! поспеши́!, потороп́ись!; **~eindrucken** *tr* производи́ть 3⁺ -вожý ⟨-|вести́*⟩ (си́льное) впечатлéние на *A* | von etw. beeindruckt werden находи́ться 3⁺ -хожýсь под (си́льным) впечатлéнием чегó-н.; **~einflussen** *tr* окáзывать ⟨-|казáть*⟩ влия́ние на *A,* влия́ть (по-) на *A* | von j-m beeinflußt werden нахо|ди́ться 3⁺ -жýсь под влия́нием когó-н.

Beeinflussung *f* влия́ние 5

beeinträchtigen *tr* окáзывать ⟨-|казáть*⟩ отрицáтельное влия́ние на *A;* schaden

причин|я́ть ⟨-и́ть 3⟩ вред [уще́рб] *D;* stören, hindern меша́ть (по-), препя́тствовать 2 (вос-) (j-n in etw. кому́-н. в чём-н.); Rechte ущем|ля́ть ⟨-и́ть 3 -лю́⟩
Beeinträchtigung *f* Interessen, Rechte ущемле́ние 5; Leistungsfähigkeit сниже́ние 5
beenden *tr* конча́ть ⟨ко́нчить 3⟩, зака́нчивать ⟨-ко́нчить⟩; abbrechen, einstellen прекра|ща́ть ⟨-ти́ть 3 -щу́⟩; Bedeutendes заверш|а́ть ⟨-и́ть 3⟩
Beendigung *f* оконча́ние 5; прекраще́ние 5; заверше́ние 5
be|engen *tr* стесн|я́ть ⟨-и́ть 3⟩ *a. übertr* | beengt wohnen жить в тесноте́; **~erben** *tr* получ|а́ть ⟨-и́ть 3⁺⟩ насле́дство от *G;* **~erdigen** *tr* хорони́ть 3⁺ (по-)
Beerdigung *f* по́хороны *Pl* 6g | zur ~ gehen на по́хороны
Beerdigungsinstitut *n* похоро́нное бюро́ *n idkl*
Beere *f* я́года 6
Beeren|obst *n* я́годы *Pl* 6; **~saft** *m* я́годный сок; **~strauch** *m* я́годный куст
Beet *n* гря́дка 6, гряда́ 6h; Blumen~ клу́мба 6
befähig|en *tr* прививáть ⟨-|ви́ть*⟩ кому́-н. спосо́бность (zu к *D*), де́лать спосо́бным (zu к *D*) | seine Kenntnisse ≈ ihn zu diesem Amt его́ зна́ния позволя́ют ему́ занима́ть э́ту до́лжность; **~t** спосо́б|ный, -ен (zu, für к *D*)
Befähigung *f* спосо́бность 9; Neigung спосо́бности *Pl* (zu, für к *D*)
Befähigungsnachweis *m* удостовере́ние 5 о техни́ческой подгото́вке [о квалифика́ции]
befahrbar прое́зжий 11; Wasserstraße судохо́д|ный, -ен
be|fahren *tr* Strecke, Straße е́хать*, *unbest* е́здить 3 е́зжу по *D;* See пла́вать по *D;* von Verkehrsmitteln курси́ровать 2 | diese Strecke wird stark ≈ на э́том уча́стке большо́е движе́ние; eine wenig ≈e Straße малое́зжая 11 доро́га; einen Schacht ≈ *Bergb* спу|ска́ться ⟨-сти́ться 3⁺ -щу́сь⟩ в ша́хту; **~fallen** *tr* heimsuchen, treffen напада́ть ⟨-|па́сть*⟩ на *A,* постига́ть ⟨-сти́гнуть 4a *u.* -|сти́чь*⟩; Krankheit, Epidemie пора|жа́ть ⟨-зи́ть 3⟩ | Furcht befiel ihn на него́ напа́л страх; er wurde von einem Übel ≈ его́ пости́гло го́ре [несча́стье]; von einer Krankheit ≈ werden забол|ева́ть ⟨-е́ть⟩ чем-н.; ihn befiel Müdigkeit он почу́вствовал уста́лость; **~fangen** verlegen смущ|ённый, -ён, -ена́, ро́б|кий, -ок, -ка́!; voreingenommen предвзя́т:ый; parteiisch приcтра́ст|ный, -ен *a. Jur* | in einem Irrtum ≈ sein находи́ться 3⁺ -хожу́сь ⟨-|йти́сь*⟩ в заблужде́нии
Befangenheit *f* смуще́ние 5; *Jur* пристра́стность 9 | j-n wegen ~ ablehnen отклон|я́ть ⟨-и́ть 3⁺⟩ кого́-н. ввиду́ сомне́ния в его́ беспристра́стности
befassen, sich *refl* занима́ться ⟨заня́ться*, зан|я́лся́, -яли́сь⟩ (mit *I*)
Befehl *m* прика́з 2; Anordnung приказа́ние 5; mündlicher кома́нда 6 *a. EDV* | auf ~ по приказа́нию, по прика́зу; laut ~ согла́сно прика́зу; unter dem ~ под кома́ндованием; zu ~! слу́шаюсь!; den ~ übernehmen приня́ть* *v* кома́ндование; j-m einen ~ geben дава́ть ⟨дать⟩ кому́-н. прика́з
befehl|en *tr* прика́зывать ⟨-|каза́ть*⟩; auffordern веле́ть *uv, v* 3 (j-m etw. кому́-н. *mit Inf*); anordnen распоря|жа́ться ⟨-ди́ться 3 -жу́сь⟩ (über *I*) | wie Sie ≈! как (вы) прика́жете!; wer hat hier zu ≈? кто здесь распоряжа́ется?; in ≈dem Ton повели́тельным то́ном; **~igen** *tr* кома́ндовать 2 *I* | befehligt werden von находи́ться 3⁺ -хожу́сь ⟨-|йти́сь*⟩ под кома́ндованием *G;* eine Armee ≈ кома́ндовать а́рмией
Befehls|form *f* повели́тельное наклоне́ние; **~gewalt** *f* кома́ндная власть (über над *I*); **~haber** *m* (главно)кома́ндующий *Subst* 11 | ≈ der Armee кома́ндующий а́рмией; **~stand** *m Mil* кома́ндный пункт 2; **~verweigerung** *f* отка́з от исполне́ния прика́за
befestigen *tr* прикреп|ля́ть ⟨-и́ть 3 -лю́⟩ (etw. mit etw. что-н. чем-н., an etw. к чему́-н.); aneinander скреп|ля́ть ⟨-и́ть⟩; anbinden привя́зывать ⟨-|вяза́ть*⟩ (an к *D*); Stadt, Ufer, *Mil* укреп|ля́ть ⟨-и́ть⟩
Befestigung *f* прикрепле́ние 5; привя́зывание 5; *Mil* укрепле́ние 5
Befestigungs|anlage *f* укрепле́ние 5; ≈en *Pl* фортифика́ция 8; **~arbeiten** *f Pl* фортификацио́нные рабо́ты
be|feuchten *tr* сма́чивать ⟨смочи́ть 3⁺⟩, увлажн|я́ть ⟨-и́ть 3⟩ | die Lippen ≈ обли́зывать ⟨-лизну́ть 4⟩ гу́бы; **~finden** *intr* Beschluß fassen принима́ть ⟨приня́ть*⟩ реше́ние (über о *P*); sich ≈ *refl* находи́ться 3⁺ -хожу́сь ⟨-|йти́сь*⟩, быть*, пребыва́ть; sich fühlen чу́вствовать себя́ | etw. für richtig ≈ находи́ть что-н. пра́вильным; etw. für gut ≈ одобря́ть ⟨одо́брить 3⟩ что-н.; er befindet sich jetzt in Moskau он (нахо́дится) тепе́рь в Москве́; sich in gutem Zustand ≈ быть* в хоро́шем состоя́нии; sie befindet sich gut она́ чу́вствует себя́ хорошо́
Befinden *n* Wohl~ самочу́вствие [ус] 5; eines Patienten состоя́ние 5 здоро́вья | wie ist Ihr ~? как вы себя́ чу́вствуете?
befindlich находя́щийся 11 | im Bau ~ стро́ящийся 11

be|flaggen *tr* вывéшивать ⟨вы́ве|сить 3 -шу⟩ флáги, укр|ашáть ⟨-áсить 3 -áшу⟩ флáгами; **~flecken** *tr* пятнáть (за-) *a. übertr;* **~fleißigen, sich** *refl* старáться (по-); **~flissen** старáтел|ьный, -ен, -ьна, усéрд|ный, -ен

Beflissenheit *f* старáние 5, рвéние 5

be|flügeln *tr* anspornen окрыл|я́ть ⟨-и́ть 3⟩ | zu etwas ≈ вдохнов|ля́ть ⟨-и́ть 3 -лю́⟩; **~folgen** *tr* Beispiel, Rat слéдовать 2 (по-) *D;* Anordnung, Befehl выполня́ть ⟨вы́полнить 3⟩, исполня́ть ⟨-пóлнить⟩ | die Anstandsregeln ≈ соблюдáть прáвила прили́чия

Befolgung *f* исполнéние 5; соблюдéние 5

befördern *tr* transportieren отпр|авля́ть ⟨-áвить 3 -áвлю⟩, перевози́ть 3⁺ -вожу́ ⟨-|везти́*⟩ (mit, durch на *P,* von с *G,* nach в *A,* an к *D*); im Rang erhöhen повышáть ⟨-вы́сить 3 -вы́шу⟩ в звáнии [по слу́жбе, в дóлжности] | mit dem Auto [Flugzeug, Schiff] ~ перевози́ть на (авто)маши́не [на самолёте, на су́дне]; mit der Post ~ посылáть ⟨-|слáть*⟩ по пóчте; befördert werden быть* повы́шенным в звáнии [по слу́жбе]; er wurde zum Major befördert он получи́л [ему́ присвóили] звáние майóра

Beförderung *f* Transport перевóзки *Pl* 6, транспортирóвка 6, трáнспорт 2; Rangerhöhung повышéние 5 в звáнии [по слу́жбе] | j-s ~ zu etw. присвоéние 5 комý-н. звáния когó-н.; j-n für eine ~ vorschlagen предст|авля́ть ⟨-áвить 3 -áвлю⟩ когó-н. к повышéнию в звáнии [к присвоéнию звáния]

Beförderungs|kosten *Pl* стóимость 9 перевóзки; **~mittel** *n* перевóзочное срéдство; *Pl* трáнспортные срéдства

be|frachten *tr* нагр|ужáть ⟨-узи́ть 3 -ужу́, -у́зишь⟩; *Mar* фрахтовáть 2 (за-); **~fragen** *tr* спрáшивать ⟨спро|си́ть 3⁺ -шу́⟩ (nach, über о *P*); verhören опрáшивать ⟨опроси́ть⟩

Befragung *f* опрóс 2; Verhör допрóс 2 | schriftliche ~ анкéтный опрóс

befreien *tr* освобо|ждáть ⟨-ди́ть 3 -жу́, -ждённый⟩ (von от *G,* aus из *G,* от *G*); erlösen избавля́ть ⟨-бáвить 3 -бáвлю⟩ (von *oder* aus от *G*); sich ~ *refl* освобождáться ⟨-ди́ться⟩, избавля́ться ⟨-бáвиться⟩ (von *oder* aus из *G,* от *G*)

Befrei|er *m* освободи́тель 1; **~ung** *f* освобождéние 5 (von от *G*); Erlösung избавлéние 5 (von *oder* aus от *G*)

Befreiungs|bewegung *f* освободи́тельное движéние; **~krieg** *m* освободи́тельная войнá

befremden *tr* (неприя́тно) удив|ля́ть ⟨-и́ть 3⟩ | das befremdet mich э́то мне кáжется стрáнным; es befremdet mich, daß … стрáнно, что …

Befremden *n* (неприя́тное) удивлéние 5 | sein ~ über etw. ausdrücken выражáть ⟨вы́ра|зить 3 -жу⟩ своё удивлéние по пóводу чегó-н.

befremdend стрáн|ный, -ен, -нá!

be|freunden, sich *refl* дружи́ться (по-) (mit с *I*), сдружи́ться *v* 3 (mit с *I*); vertraut machen свыкáться ⟨свы́кнуться 4а⟩ (mit с *I*); **~freundet** дру́жествен:ный, -на a. Staaten | er ist mit mir ≈ мы с ним друзья́; sie sind eng ≈ они́ большúе друзья́, они́ óчень дружны́ мéжду собóй; wir haben uns schnell ≈ мы бы́стро подружи́лись; **~frieden** *tr* умиротвор|я́ть ⟨-и́ть 3⟩ | ein Land ≈ дать* *v* странé мир; **~friedigen** *tr* Wünsche, Ansprüche удовлетвор|я́ть ⟨-и́ть 3⟩; Verlangen, Bedürfnis утол|я́ть ⟨-и́ть 3⟩; **~friedigend** удовлетвори́тел|ьный, -ен, -ьна

Befried|igung *f* удовлетворéние 5; **~ung** *f* умиротворéние 5; Beruhigung примирéние 5

be|fristen *tr* назн|ачáть ⟨-áчить 3⟩ срок *G;* **~fristet** *Jur* ограни́чен:ный, -на срóком; Arbeit, Genehmigung врéменный; Darlehen срóч|ный, -ен; **~fruchten** *tr Biol* оплодотвор|я́ть ⟨-и́ть 3⟩ *a. übertr;* künstlich a. осемен|я́ть ⟨-и́ть 3⟩

Be|fruchtung *f Biol* оплодотворéние 5; *übertr* плодотвóрное влия́ние 5 | künstliche ≈ искýсственное оплодотворéние; **~fugnis** *f* полномóчие 5 (zu на *A*) | seine ≈se überschreiten превышáть ⟨-вы́сить 3 -вы́шу⟩ свои́ полномóчия

befugt: zu etw. ~ sein быть уполномóченным на что-н. *oder Inf,* имéть прáво [полномóчие] на что-н. *oder Inf*

befühlen *tr* ощу́п|ывать ⟨-ать⟩; Puls, Stoff щу́пать (по-)

Befund *m* дáнные *Subst* 10 осмóтра [анáлиза], результáт 2 эксперти́зы [*Med* меди́цинского обслéдования] | nach ärztlichem ~ на основáнии меди́цинского обслéдования [осмóтра]; ohne ~ без диáгноза, без заключéния врачá

befürchten *tr* опасáться *G* | Sie haben nichts zu ~ вам нéчего боя́ться; es ist zu ~, daß … слéдует опасáться, что …

Befürchtung *f* опасéние 5

befürworten *tr* billigen одобря́ть ⟨одóбрить 3⟩ | j-s Gesuch ~ поддéрживать ⟨-держáть 3⁺⟩ чью-н. прóсьбу [чьё-н. заявлéние]

Befürwortung *f* поддéржка 6; одобрéние 5

begabt одарён:ный, -на (mit *I*), талáнтлив:ый | ~ für etw. спосóб|ный, -ен к чемý-н.; er ist technisch ~ у негó спосóбности к тéхнике

Begabung *f* даровáние 5, одарённость 9, талáнт 2; Anlage спосóбности *Pl* 6 (für к

D) | hohe ~ высо́кая одарённость, большо́й тала́нт; eine ~ für etw. haben име́ть спосо́бности к чему́-н.

begatten, sich *refl* совокуп|ля́ться ⟨-и́ться 3 -лю́сь⟩; Tiere случ|а́ться ⟨-и́ться 3⟩

Begattung *f* совокупле́ние 5; von Tieren a. слу́чка 6

begeben, sich *refl* отпр|авля́ться ⟨-а́виться 3 -а́влюсь⟩; gehen идти́* ⟨по|йти́*⟩; geschehen случ|а́ться ⟨-и́ться 3⟩; feierlich просле́довать *v* 2 | der Präsident begab sich in seinen Amtsstitz президе́нт просле́довал в свою́ резиде́нцию; sich in ärztliche Behandlung begeben обра|ща́ться ⟨-ти́ться 3 -щу́сь⟩ к врачу́; sich in Gefahr ~ подверга́ться ⟨-ве́ргнуться 4a *u.* 4⟩ опа́сности; es begab sich, daß ... случи́лось, что ...

Begebenheit *f* собы́тие 5

begegnen *intr* treffen встр|еча́ть ⟨-е́тить 3 -е́чу⟩ (j-m *A*); zufällig попада́ться ⟨-|па́сться*⟩ навстре́чу; sich [einander] treffen встр|еча́ться ⟨-е́титься⟩; entgegentreten противостоя́ть 3 (j-m кому́-н.); vorbeugen предотвра|ща́ть ⟨-ти́ть 3 -щу́⟩ (einer Sache что-н.); zustoßen случ|а́ться ⟨-и́ться 3⟩ (etw. j-m что-н. с кем-н.) | ich bin ihm zufällig begegnet я встре́тил его́ случа́йно; einer Krankheit ~ предупре|жда́ть ⟨-ди́ть 3 -жу́⟩ боле́знь; Schwierigkeiten ~ боро́ться* с тру́дностями; einer Gefahr ~ отвра|ща́ть ⟨-ти́ть⟩ опа́сность

Begegnung *f* встре́ча 6; *Sport* встре́ча 6, матч 2 (mit j-m с кем-н.)

begeh|bar Tunnel проходно́й; Weg досту́п|ный, -ен; **~en** *tr* Weg хо|ди́ть 3⁺ -жу́, *best* идти́* по *D;* prüfend abschreiten обходи́ть ⟨обо|йти́*⟩; Fehler, Dummheit де́лать (с-); Verbrechen соверш|а́ть ⟨-и́ть 3⟩; Fest пра́здновать [зн] 2 (от-), отмеча́ть ⟨отме́|тить -чу⟩; **~ren** *tr* wünschen (стра́стно) жела́ть (по-) *G,* хоте́ть* (за-) *G* | er hat alles, was sein Herz begehrt у него́ есть всё, что (его́) душе́ уго́дно

begehr|enswert жела́нный; **~lich** жа́дный, -ен, -на́, -но, жа́дны́

Begehrlichkeit *f* жа́дность 9

begehrt: (sehr) ~ sein по́льзоваться 2 (больши́м) спро́сом

Begehung *f* im Betrieb обхо́д 2 *G* | ≈ der Bahn *Sport* ознакомле́ние 5 с маршру́том

begeister|n *tr* воодушев|ля́ть ⟨-и́ть 3 -лю́⟩, вдохнов|ля́ть ⟨-и́ть 3 -лю́⟩ (j-n für, zu кого́-н. на *A*); entzücken восхи|ща́ть ⟨-ти́ть 3 -щу́⟩; sich ~ *refl* увлека́ться ⟨-|вле́чься*⟩ (für *oder* an *I*) | sie begeisterte sich für die Kunst она́ увлека́лась иску́сством; **~t** Zuschauer, Zustimmung восто́ржен:ный, -на; Sammler, Sportler стра́стный; воодушевлённый (von *I*) | begeistert sein von *oder* für etw. быть в восто́рге от чего́-н.

Be|geisterung *f* воодушевле́ние 5; (стра́стное) увлече́ние 5 (für *I*); Enthusiasmus подъём 2; Entzücken восто́рг 2 (für *I*) | mit ≈ восто́рженно, с восто́ргом; vor ≈ от восто́рга; die Wogen der ≈ gingen hoch восто́рг дости́г наивы́сшего подъёма; ... im Zeichen einer großen ≈ ... в обстано́вке большо́го подъёма; Lehrer aus ≈ учи́тель-энтузиа́ст 1-2; **~gierde** *f* (стра́стное) жела́ние 5 (nach *G*); Gier жа́дность 9 (nach к *D*); Gelüst по́хоть 9 | vor ≈ brennen сгор|а́ть ⟨-е́ть 3⟩ от (стра́стного) жела́ния

begierig жа́д|ный, -ен, -на́, -но, жа́дны́ (nach к *D,* auf на *A*), жа́ждущий 11 (nach *G*) | ich bin ~ zu erfahren ... мне о́чень хо́чется узна́ть ...

begießen *tr* besprengen полива́ть ⟨поли́ть*⟩; durch Trinken feiern вы́|пить* *v* по по́воду *G,* обмыва́ть ⟨-|мы́ть*⟩

Beginn *m* нача́ло 4 | bei [zu] ~ внача́ле; von ~ an с са́мого нача́ла

be|ginnen *tr* начина́ть ⟨нача́ть*⟩ (mit с *G*) *intr* начина́ться ⟨нача́ться; начал|ся́, -и́сь⟩ (mit с *G*), начина́ть ⟨нача́ть⟩ *mit Inf;* стать *v mit Inf als Hilfsverb gebr;* Tag света́ет, брє́зжит заря́; Veranstaltung начина́ться ⟨нача́ться⟩; Sitzung, Versammlung открыва́ться ⟨-|кры́ться*⟩ | was willst du ~? что ты хо́чешь предприня́ть [сде́лать]?; er begann die Rede mit der Begrüßung он на́чал речь приве́тствием [с приве́тствия]; er begann zu arbeiten он стал рабо́тать; es begann zu dämmern ста́ло света́ть; womit beginnt die Erzählung? с чего́ начина́ется расска́з?; laßt uns ≈! начнём!; **~glaubigen** *tr* зав|еря́ть ⟨-е́рить 3⟩, свиде́тельствовать 2 (за-); Botschafter аккредитова́ть *uv, v* 2; **~glaubigt**: eine ~e Abschrift засвиде́тельствованная [заве́ренная] ко́пия

Beglaubigung *f* заве́рка 6, засвиде́тельствование 5; аккредитова́ние 5

Beglaubigungsschreiben *n* вери́тельная гра́мота 6

begleichen *tr Fin* опл|а́чивать ⟨-ати́ть 3⁺ -ачу́⟩, пога|ша́ть ⟨-си́ть 3⁺ -шу́⟩ | die Schuld ~ упл|а́чивать ⟨-ати́ть⟩ долг

Be|gleichung *f Fin* упла́та 6, погаше́ние 5; **~gleitbrief** *m* сопроводи́тельное письмо́

begleiten *tr* прово|жа́ть ⟨-ди́ть 3⁺ -жу́⟩; auf einer Reise, im Gefolge сопровожда́ть *a. übertr u. Mil; Mus* аккомпани́ровать 2 (j-n auf etw. кому́-н. на чём-н.)

Begleiter *m* сопровожда́ющий *Subst* 11, провожа́тый *Subst* 10; Reisegefährte спу́тник 2; Beruf проводни́к 2e; *Pl* offiziell сопрвожда́ющие ли́ца 11-4c; *Mus* аккомпаниа́тор 2

Begleit|erscheinung *f* сопу́тствующее 11 явле́ние; **~musik** *f* музыка́льное сопровожде́ние 5; **~person** *f* сопровожда́ющее 11 лицо́; **~personal** *n Eisenb* проводники́ *Pl* 2e, поездна́я брига́да 6; **~schein** *m* сопроводи́тельный докуме́нт 2; **~schreiben** *n* сопроводи́тельное письмо́; **~umstände** *m Pl* сопу́тствующие 11 обстоя́тельства

Begleitung *f* сопровожде́ние 5; Begleitperson сопровожда́ющее лицо́ 11-4c; Gefolge сви́та 6; *Mus* сопровожде́ние 5, аккомпанеме́нт 2 | in j-s ~ в сопровожде́нии кого́-н.; er hat ihr seine ~ angeboten он предложи́л ей проводи́ть её; mit ~ singen петь под аккомпанеме́нт

beglück|en *tr* осчастли́в|ливать ⟨-ить 3 -лю⟩ (mit *I*); **~wünschen** *tr* поздр|авля́ть ⟨-а́вить 3 -а́влю⟩ (zu с *I*)

begnad|et одарён:ный| -на; **~igen** *tr* поми́ловать *v* 2

Begnadigung *f* поми́лование 5

Begnadigungsgesuch *n* хода́тайство 4 о поми́ловании

begnügen, sich *refl* удовлетвор|я́ться ⟨-и́ться⟩ (mit *I*), дово́льствоваться 2 (у-) (mit *I*)

Begonie *f* бего́ния 8

begraben *tr* хорони́ть 3⁺ (по-), погреба́ть ⟨-|грести́*⟩; unter Trümmern, Schnee погреба́ть ⟨-грести́⟩ (unter sich под собо́й) | eine Hoffnung ~ похорони́ть наде́жду

Begräbnis *n* по́хороны *Pl* 6g

be|gradigen *tr* gerade machen выпрямля́ть ⟨вы́прям|ить 3 -лю⟩; Flußbett спрям|ля́ть ⟨-и́ть 3 -лю́⟩; **~greifen** *tr* понима́ть ⟨поня́ть*⟩; mit dem Verstand erfassen постига́ть ⟨-сти́гнуть 4a *u.* -|сти́чь*⟩ | er begreift leicht он поня́тлив, он бы́стро сообража́ет; ich kann es nicht ≈ недоумева́ю, ума́ не приложу́; es ist kaum zu ~ э́то про́сто уму́ непостижи́мо

begreiflich поня́т|ный| -ен | j-m etw. ~ machen растолк|о́вывать ⟨-ова́ть 2⟩ кому́-н. что-н.; **~erweise** *Adv* разуме́ется, поня́тно

begrenz|en *tr* ограни́ч|ивать ⟨-ить 3⟩ | der Wald begrenzt das Feld лес окаймля́ет по́ле; **~t** geistig träge ограни́чен:ный| -на | er hat einen ≈en Horizont он ограни́ченный челове́к, у него́ у́зкий кругозо́р

Begrenz|theit *f* ограни́ченность 9; **~ung** *f* ограниче́ние 5; Grenze преде́л 2, грани́ца 6

Begriff *m* поня́тие 5; Vorstellung представле́ние 5 (von о *P*) | sich einen ~ von etw. machen сост|авля́ть ⟨-а́вить 3 -а́влю⟩ себе́ представле́ние о чём-н.; er ist schwer von ~ он ту́го сообража́ет, он непоня́тлив; im ~ sein etw. zu tun собира́ться ⟨-|бра́ться*| -брали́сь⟩ что-н. сде́лать, намерева́ться что-н. сде́лать

begriffen: in der Entwicklung ~ sein нахо-|ди́ться 3⁺ -жу́сь в ста́дии [в проце́ссе] разви́тия; im Verfall ~ sein находи́ться в состоя́нии упа́дка

begrifflich отвлечён:ный| -на, абстра́ктный| -ен | ~ denken ду́мать поня́ти́йными катего́риями

begriffsstutzig несообрази́тел|ьный| -ен| -ьна, ту́го сообража́ющий 11

begründen *tr* Gründe angeben обосно́вывать ⟨-|снова́ть*⟩ (j-m etw. кому́-н. что-н.); basieren осно́вывать ⟨-снова́ть⟩ (etw. auf etw. что-н. на чём-н.); мотиви́ровать *uv, v* 2 (etw. mit что-н. чем-н.); gründen, stiften осно́вывать ⟨-снова́ть⟩, учре|жда́ть ⟨-ди́ть 3 -жу́| -ждённый⟩ | eine durch nichts begründete Vermutung ни на чём не осно́ванное предположе́ние

Begründ|er *m* основа́тель 1; einer Lehre основополо́жник 2; **~ung** *f* обоснова́ние 5 (für *G*); мотиниро́вка 6 (für *G*); Beweis доказа́тельство 4 | mit der ≈, daß … с тем обоснова́нием| что …, на том основа́нии| что …; mit welcher ≈ на како́м основа́нии

begrüßen *tr* willkommen heißen приве́тствовать 2 (j-n кого́-н.) *Prät a. v,* здоро́ваться (по-) (j-n с кем-н.); von Gästen a. (beim Abholen) встреча́ть ⟨встре́|тить 3 -чу⟩; einander приве́тствовать друг дру́га, здоро́ваться друг с дру́гом; für wünschenswert halten приве́тствовать, одобря́ть ⟨одо́брить 3⟩; es ist zu ~, daß … отра́дно| что …

Begrüßung *f* приве́тствие 5; von Gästen a. встре́ча 6; Gruß покло́н 2 | zur ~ для приве́тствия, для встре́чи

Begrüßungsansprache *f* приве́тственная речь | eine ~ halten произноси́ть 3⁺ -ношу́ ⟨-|нести́*⟩ приве́тствие

begünstigen *tr* fördern благоприя́тствовать 2 *D,* спосо́бствовать 2 *D;* protegieren покрови́тельствовать 2 *D*

Begünstigung *f* соде́йствие 5, благоприя́тствование 5; покрови́тельство 4 *D;* einer Straftat укрыва́тельство 4

begutachten *tr* untersuchen о-, рассм|а́тривать ⟨-отре́ть 3⁺⟩ *A;* beurteilen выска́зывать ⟨вы́с|казать*⟩ своё мне́ние о *P;* Artikel рецензи́ровать 2 (про-); amtlich дава́ть ⟨дать*⟩ о́тзыв [заключе́ние] о чём-н.; einschätzen дава́ть ⟨дать⟩ оце́нку чему́-н. | ~ lassen *Wirtsch, Jur* подверга́ть ⟨-ве́ргнуть 4a *u.* 4⟩ эксперти́зе что-н.

Begutachtung *f* Prüfung рассмотре́ние 5;

Gutachten экспертиза 6; отзыв 2; заключение 5 | zur ~ vorlegen став|ить 3 -лю (по-) на обсуждение; подвергать ⟨-вергнуть 4а *u.* 4⟩ экспертизе

begütert зажиточ|ный, -ен

be|haart покрытый волосами, волосат:ый; **~häbig** geruhsam медлител|ьный, -ен, -ьна, тяж|ёлый, -ёл, -ела на подъём; beleibt дород|ный, ен

behaftet: mit einer Krankheit ~ страдающий 11 [поражённый] какой-н. болезнью; mit Fehlern ~ пол|ный, -он, -на, полны ошибок; mit Mängeln ~ имеющий 11 недостатки *D;* mit Lastern ~ погрязший 11 в пороках

behagen *intr* нравиться 3 (по-) | das behagt uns nicht нам это не нравится, нам неприятно

Behagen *n* Zufriedenheit удовлетворение 5; Genuß, Wohl~ удовольствие 5 | mit ~ с удовольствием; vor ~ от удовольствия

behaglich gemütlich уют|ный, -ен; angenehm прият|ный, -ен; bequem комфортный, -ен | er hat sich recht ~ eingerichtet он довольно уютно устроился

Behaglichkeit *f* Gemütlichkeit уют 2; Vergnügen, Wohlbehagen удовольствие 5; комфорт 2

behalten *tr* fest-, zurückhalten ост|авлять ⟨-авить 3 -авлю⟩, удерживать ⟨-держать 3⁺⟩; (auf)bewahren сохран|ять ⟨-ить 3⟩; sich merken запоминать ⟨-помнить 3⟩ | ich habe das Kind bei mir ~ я оставил ребёнка у себя; etw. für sich ~ оставлять себе что-н.; er behielt den Hut auf dem Kopf он не снял шляпы (с головы); im Gedächtnis ~ сохранить в памяти; etw. für sich ~ verschweigen хранить что-н. в тайне, никому не рассказывать о чём-н.; Gültigkeit ~ о|ставаться ⟨-|статься*⟩ в силе

Behälter *m* вместилище 4; für Flüssigkeiten u. Gase резервуар 2; Gefäß сосуд 2; Tank бак 2; Öl~ цистерна 6; Container контейнер [тэ] 2

behandeln *tr* umgehen обхо|диться 3⁺ -жусь ⟨обо|йтись*⟩ с *I,* обращаться с *I; Lit, Kunst* (Problem, Stoff) разраб|атывать ⟨-отать⟩, подвергать ⟨-вергнуть 4а *u.* 4⟩ обработке; abhandeln (Frage, Thema) рассм|атривать ⟨-отреть 3⁺⟩; erörtern обсу|ждать ⟨-дить 3⁺ -жу, -ждённый⟩; darlegen излагать ⟨-ложить 3⁺⟩; *Tech* обраб|атывать ⟨-отать⟩; *Med* лечить 3⁺ | sich (ärztlich) ~ lassen лечиться у *G;* der ~de Arzt лечащий 11 врач; diese Angelegenheit muß anders behandelt werden к этому делу нужно отнестись иначе, это дело требует иного подхода

Behandlung *f* Umgehen, Verfahren обращение 5, обхождение 5; Abhandlung eines Themas, eines Stoffes разработка 6; рассмотрение 5; обсуждение 5; *Tech* обработка 6; *Med* лечение 5 (gegen от *G*) | in (ärztlicher) ~ sein лечиться 3⁺, быть на лечении; zur ~ gehen идти* на лечение

Behandlungs|kosten *Pl* стоимость 9 лечения | die ≈ bezahlen платить (за-) за лечение; **~raum** *m* лечебный [процедурный] кабинет 2, процедурная *Subst* 10

Behang *m* Vorhang занавеска 6; schwerer портьера 6; Wand~ настенный коврик 2 [ков|ёр, -ра 2]; Weihnachtsbaum ёлочные украшения *Pl* 5

behängen *tr* об-, увеш|ивать ⟨-ать⟩ (mit *I*); sich ~ *refl* обвеш|иваться ⟨-аться⟩ (mit *I*)

beharr|en *intr* наст|аивать ⟨-оять 3⟩ (auf, bei на *P*); hartnäckig упорствовать 2 (auf в *P*); nicht verzichten не отступ|аться ⟨-иться 3⁺ -люсь⟩ (auf от *G*); **~lich** настойчив:ый, упор|ный, -ен

Beharrlichkeit *f* настойчивость 9, упорство 4; Ausdauer выдержка 6

Beharrungsvermögen *n Phys* инерция 8

behaucht *Phon* придыхательный

behauen *tr* Baumstamm обруб|ать ⟨-ить 3⁺ -лю⟩; Balken, Stein обтёсывать ⟨-|тесать*⟩; **~haupten** *tr* nachdrücklich versichern утверждать; mit Erfolg verteidigen отст|аивать ⟨-оять 3⟩; Stellung, Sieg, Platz удерживать ⟨-держать 3⁺⟩; sich ≈ *refl* удерживаться ⟨-держаться⟩ | seine Meinung [sein Recht] ≈ отстаивать своё мнение [своё право]; etw. steif und fest ≈ упорно утверждать что-н.; es wird behauptet, daß … говорят, что …

Be|hauptung *f* утверждение 5; отстаивание 5 | bei seiner ≈ bleiben о|ставаться* ⟨-|статься*⟩ при своём мнении; ≈en aufstellen утверждать; **~hausung** *f* жилище 4, жильё 3

be|heben *tr* устран|ять ⟨-ить 3⟩; Schwierigkeiten преодол|евать ⟨-еть⟩; **~heimatet** gebürtig, ansässig (происходящий 11) родом; eingebürgert натурализован:ный | ≈ sein in быть родом из *G*

Behelf *m* вспомагательное средство 4; Ersatzstoff заменитель 1

behelfen, sich *refl* auskommen обходиться 3⁺ -жусь ⟨обо|йтись*⟩ (mit *I*); sich zufrieden geben довольствоваться 2 (у-) (mit *I*); kümmerlich перебиваться ⟨-|биться*⟩

behelfsmäßig Unterkunft временный; Lazarett наспех оборудованный

Behelfsunterkunft *f* временное жильё 3

behelligen *tr* беспокоить 3 (mit *I*), обремен|ять ⟨-ить 3⟩ (mit *I*); mit Zuschriften надоедать ⟨-|есть*⟩ кому-н. чем-н.

behend[e] провóр|ный, -ен
beherbergen *tr* принимáть ⟨принять*⟩ у себя́ *A;* j-m Unterkunft geben давáть* ⟨дать*⟩ приют *D* (über Nacht ночлéг *D*)
beherrschen *tr* über j-n, etw. herrschen владéть *I;* regieren прáв|ить 3 -лю *I; übertr* господствовать 2 над *I,* Land в *P,* Meer на *P;* vollständig können, meistern владéть *I,* овлад|евáть ⟨-éть⟩ *I;* überragen госпóдствовать над *I;* sich ~ *refl* владéть собóй, сдéрживаться | ein Land ~ владéть странóй, госпóдствовать в странé; das Meer ~ госпóдствовать нá море; die Technik ~ овладéть тéхникой; welche Fremdsprache ~ Sie? какúм инострáнным языкóм вы владéете?; **~d** *Mil* госпóдствующий 11; Thema основнóй
Beherrscher *m* повелúтель 1, властелúн 2
beherrscht **1.** *Adj* сдéржан:ный, на **2.** *Adv:* er tritt ~ auf он дéржится спокóйно
Beherrschung *f* Herrschaft владéние 5 *I;* управлéние 5 *I;* госпóдство 4 над *I,* в *P;* der Leidenschaften обуздáние 5; Selbstbeherrschung самообладáние 5; der Sprache владéние; der Technik освоéние 5 *G,* владéние *I*
beherz|igen *tr* принимáть ⟨принять*⟩ к сéрдцу; berücksichtigen принимáть ⟨принять⟩ во внимáние | einen Rat ≈ слýшаться совéта; j-s Worte ≈ хорошó запóмнить *v* 3 чьи-н. словá; **≈t** mutig хрáбр:ый, -á!, смéл:ый, -á!; entschlossen решúтел|ьный, -ен, -ьна
be|hexen *tr* околд|óвывать ⟨-овáть 2⟩; *übertr* околд|óвывать ⟨-овáть⟩, очар|óвывать ⟨-овáть 2⟩; **~hilflich**: j-m bei etw. ≈ sein помогáть ⟨по|мóчь*⟩ комý-н. в чём--н., быть полéзным комý-н. в чём-н.; **~hindern** *tr* препятствовать 2 (вос-) (j-n bei *D* в *P*), мешáть (по-) (j-n bei *D* в *P*); *Sport* Rennen не давáть* ⟨не дать*⟩ вы́йти вперёд *D* | den Verkehr ≈ задéрживать ⟨-держáть 3⁺⟩ движéние
Be|hinderter *m* человéк 2 с физúческими недостáтками, инвалúд 2; **~hinderung** *f* препятствие 5, помéха 6; des Verkehrs задéржка 6 в *P* | wegen ≈ *Sport* за задéржку; **~hörde** *f* Verwaltungsorgan óрган 2 влáсти, die ≈n влáсти *Pl* 9g; Dienststelle (администратúвное) учреждéние 5, вéдомство 4 | die obersten ≈n вы́сшие 11 инстáнции
behördlich официáл|ьный, -ен, -ьна | mit ~er Genehmigung с официáльного разрешéния
be|hüten *tr* оберегáть (vor от *G*) | (Gott) behüte! упасú [сохранú] бог!; **~hutsam** осторóж|ный, -ен, осмотрúтел|ьный, -ен, -ьна; Behandlung бéреж|ный, -ен
Behutsamkeit *f* осторóжность 9, осмотрúтельность 9; бéрежность 9
bei *Präpos Ort* у *G,* óколо *G;* ~ der Großmutter у бáбушки; ~m Eingang у [вóзле] вхóда; so heißt es ~ Schiller так скáзано у Шúллера; ich habe kein Geld ~ mir у меня́ нет при себé [с собóй] дéнег | vor Städtenamen под *I;* ~ Moskau под Москвóй; die Völkerschlacht ~ Leipzig Бúтва нарóдов под Лéйпцигом | Institution в *P,* на *P;* ~ der Armee sein быть [служúть] в áрмии; ~m Theater arbeiten рабóтать в теáтре; ~ Gericht в судé; ~ der Polizei einen Paß beantragen подáть* *v* в полúцию заявлéние о вы́даче пáспорта | Berührung за *A;* ~ der Hand nehmen взять* *v* зá руку | Zeit при *P;* ~ Sonnenaufgang при восхóде сóлнца; ~ Eintritt der Dunkelheit при наступлéнии темноты́; ~ Tagesanbruch на рассвéте; ~ Tage днём | Begleitumstand при *P,* в слýчае *G;* ~ offenem Fenster schlafen спать* при откры́том окнé; ~ dieser Gelegenheit при э́том слýчае; ~ Gefahr [Verlust] в слýчае опáсности [потéри] | Witterungserscheinungen, die eintreten können в *A;* ~ Gewitter [Hitze, Sturm] в грозý [жарý, бýрю]; ~ schlechtem Wetter в плохýю погóду | Einräumung при *P;* ~ all seinen guten Eigenschaften при всех егó достóинствах; ~ alledem при всём э́том; ~m besten Willen при всём желáнии; ~ Strafe verboten запрещáется под стрáхом наказáния; ~ guter Laune sein быть в хорóшем настроéнии | Beteuerung ~ meiner Ehre! клянýсь чéстью! | ~ Wasser und Brot sitzen сидéть на хлéбе и водé
beibehalten *tr* сохран|я́ть ⟨-úть 3⟩; Maßnahme оставля́ть ⟨остáв|ить 3 -лю⟩ в сúле
Bei|behaltung *f* сохранéние 5 | unter ≈ сохраня́я; **~blatt** *n* приложéние 5
beibringen *tr* Zeugen, Dokumente предст|авля́ть ⟨-áвить 3 -áвлю⟩; Beweise приводúть 3⁺ -вожý ⟨-|вестú*⟩; Niederlage, Verlust, Wunde наносúть 3⁺ -ношý ⟨-|нестú*⟩; Kenntnisse обуч|áть ⟨-úть 3⁺⟩ (j-m etw. когó-н. чемý-н.), научúть *v* 3⁺ (j-m etw. когó-н. чемý-н.); begreiflich machen втолк|óвывать ⟨-овáть 2⟩ | j-m das Lesen ~ учúть когó-н. читáть; wie soll ich's ihm bloß ~! как я емý э́то скажý!
Beichte *f* úсповедь 9 | zur ~ gehen идтú на úсповедь; j-m die ~ abnehmen исповéдовать *uv, v* 2 когó-н.
beichten *tr* исповéдоваться *uv, v* 2 (j-m etw. комý-н. в чём-н.) *a. übertr*
Beichtstuhl *m* исповедáл|ьня *G Pl* -ен
beide **1.** *Adj* óба, обóих *Num m, n;* óбе, обéих *f* 11 | meine ~n Brüder óба мои́

бра́та; einer der ~n Brüder оди́н из двух бра́тьев **2.** *Pron:* alle ~ о́ба; *f* о́бе; вдвоём; wir ~ мы о́ба, *f* мы о́бе; мы с ва́ми, мы с тобо́й; einer von ~n оди́н из двух; keiner von ~n ни тот, ни друго́й; welcher von ~n? кото́рый из двух?; ~s ist möglich и то и друго́е возмо́жно

beider|lei двоя́кий | ≈ Geschlechts обо́его по́ла; *Gramm* обо́их родо́в; auf ≈ Art двоя́ким о́бразом; **~seitig 1.** *Adj* вза-и́м|ный, -ен, обою́д|ный, -ен; *Med* двухсторо́нний 11 | im ≈en Einvernehmen при обою́дном согла́сии; zum ≈en Nutzen взаимовы́год|ный, -ен **2.** *Adv* с обе́их сторо́н; **~seits 1.** *Adv* с обе́их сторо́н **2.** *Präpos* по о́бе сто́роны *G,* по обе́им сторона́м *G*

beidrehen *intr Mar* ложи́ться 3 ⟨лечь*⟩ в дрейф

beieinander *Adv* nebeneinander друг по́дле [во́зле] дру́га; beisammen вме́сте

Beifahrer *m* сопровожда́ющий *Subst* 11 води́теля (грузовика́), второ́й води́тель

Beifall *m* аплодисме́нты *Pl* 2; Zustimmung одобре́ние 5 | j-m ~ klatschen аплоди́ровать 2 кому́-н., руко|плеска́ть* кому́-н.; j-s ~ finden име́ть успе́х, встр|еча́ть ⟨-е́тить 3 -е́чу⟩ одобре́ние; stürmischer ~ бу́рные аплодисме́нты

beifällig одобри́тел|ьный, -ен, -ьна

Beifalls|kundgebung *f* ова́ция 8, аплодисме́нты *Pl* 2; **~sturm** *m* гром 2g [бу́ря 7] аплодисме́нтов

beifügen *tr* прилага́ть ⟨-ложи́ть 3⁺⟩ (einer Sache к *D*) | beigefügt прилага́емый

Beifügung *f* приложе́ние 5 (zu к *D*); *Gramm* определе́ние 5

Bei|fuß *m Bot* полы́нь 9; **~gabe** *f* прида́ча 6, приба́вка 6

beige (цве́та) беж *idkl,* бе́жевый

beigeben *tr* beiordnen при|дава́ть* ⟨прида́ть*⟩; einer Sache прибавля́ть ⟨-ба́вить 3 -ба́влю⟩ к *D; intr:* klein ~ уступ|а́ть ⟨-и́ть 3⁺ -лю́⟩

beigefarben бе́жевый | ~e Stümpfe чулки́ цве́та беж, бе́жевые чулки́

Beigeschmack *m* при́вкус 2 | einen ~ von etw. haben име́ть при́вкус чего́-н.; ein bitterer ~ *übertr* неприя́тный [го́рький] оса́д|ок, -ка 2

Beihilfe *f* finanzielle Zuwendung посо́бие 5, субси́дия 8; *Jur* Mittäterschaft посо́бничество 4 (zu в *P*) | j-m ~ leisten помага́ть ⟨-|мо́чь*⟩ кому́-н.

beikommen *intr* подступ|а́ть ⟨-и́ть 3⁺ -лю́⟩ к *D* | ihm ist nicht beizukommen к нему́ не подсту́пишься, до него́ не добе-рёшься

Beil *n* топо́р 2e

Beilage *f* Zeitung u. ä. приложе́ние 5 (zu к *D*); Zukost гарни́р 2 (zu к *D*)

beiläufig 1. *Adj* попу́тный; zufällig случа́|йный, -ен, -йна **2.** *Adv* вскользь, мимохо́дом | ~ gesagt кста́ти говоря́, кста́ти сказа́ть

beilegen *tr* Dokumente прилага́ть ⟨-ложи́ть 3⁺⟩ (einer Sache к *D*); Bedeutung при|дава́ть* ⟨прида́ть*⟩ *D;* Streit ула́|живать ⟨-дить 3 -жу⟩, урегули́ровать *v* 2 | Differenzen ~ устран|я́ть ⟨-и́ть 3⟩ разногла́сия; sich einen Titel ~ присв|а́ивать ⟨-о́ить 3⟩ себе́ како́е-н. зва́ние

Beilegung *f* Schlichtung ула́живание 5; устране́ние 5

Beileid *n* соболе́знование 5 | sein ~ aussprechen выража́ть ⟨вы́ра|зить 3 -жу⟩ своё соболе́знование; herzliches ~! прими́те моё соболе́знование!

Beileids|bezeugung *f* выраже́ние 5 соболе́знования; **~schreiben** *n* письмо́ [посла́ние 5] с выраже́нием соболе́знования

beiliegen *intr* быть* прило́женным (к *D,* при *P*) | die Rechnung liegt dem Brief bei к письму́ прило́жен счёт; **~d 1.** *Adj* прилага́емый, прило́женный **2.** *Adv* при сём, при э́том, в приложе́нии

bei|mengen *tr* приме́шивать ⟨-меша́ть⟩ (einer Sache к *D*); **~messen** *tr:* einer Sache große Bedeutung ≈ при|дава́ть* ⟨прида́ть*⟩ како́му-н. де́лу большо́е значе́ние; **~mischen** *tr* под-, приме́шивать ⟨-меша́ть⟩ в *A,* к *D*

Beimischung *f* приме́шивание 5; Zusatz при́месь 9

Bein *n Anat* нога́ 6a; an Möbeln und Geräten но́жка 6 | ohne ~ безно́гий; ein Tisch mit drei ~en стол на трёх но́жках; auf den ~n sein быть на нога́х; mit übergeschlagenen ~en (da)sitzen сиде́ть нога́ на́ ногу; j-m auf die ~e helfen поста́в|ить *v* 3 -лю на́ ноги кого́-н.; laufen was die ~e hergeben бежа́ть со всех ног; auf beiden ~en hinken хрома́ть на о́бе ноги́; von einem ~ aufs andere treten пересту-па́ть с ноги́ на́ ногу; er ist wieder auf den ~en он сно́ва на нога́х; fest auf den ~en stehen твёрдо стоя́ть на нога́х; er hält sich kaum auf den ~en он е́ле де́ржится на нога́х; j-m ein ~ stellen подст|авля́ть ⟨-а́вить 3 -а́влю⟩ но́жку кому́-н.; j-n auf die ~e bringen einen Kranken поста́в|ить *v* 3 -лю [подня́ть*] на́ ноги кого́-н.; etw. auf die ~e bringen созда́ть* *v* [организова́ть *uv, v* 2] что-н.; auf die ~e kommen станов|и́ться 3⁺ -лю́сь ⟨стать*⟩ на́ ноги; sich auf die ~e machen отпр|авля́ться ⟨-а́виться 3 -а́влюсь⟩ куда́-н.; j-m ~e machen подгоня́ть [тороп|и́ть 3⁺ -лю́⟩ кого́-н.

beinah[e] *Adv* почти́, чуть (ли) не, едва́ (ли) не | ich hätte ~ vergessen я чуть (бы́ло) не забы́л; er wäre ~ hingefallen он чуть не упáл; ~ alle почтú [чуть ли не] все

Beiname *m* прозвáние 5 | mit dem ~n по прозвáнию; Spitzname по прóзвищу

Bein|amputierter *m* безнóгий инвалúд 2; **~bruch** *m* перелóм ногú | das ist kein ~! э́то не бедá!; Hals- und ~! ни пýха ни перá!; **~prothese** *f* протéз ногú

beiordnen *tr* прикомандир|óвывать ⟨-овáть 2⟩ (j-m к *D*); beigeben, zuteilen причисля́ть ⟨-чúслить 3⟩; **~d** *Gramm* сочинúтельный

beipflichten *intr* согла|шáться ⟨-сúться 3 -шýсь⟩ (j-m in etw. с кем-н. в чём-н.) | ich pflichte ihnen bei я с вáми соглáсен

Beirat *m* комúссия 8, совéт 2 (für по *D*) | wissenschaftlicher ~ наýчный совéт

beirren *tr:* sich nicht ~ lassen не давáть* ⟨дать*⟩ сбить себя́ с тóлку

Beirut Бейрýт 2

beisammen *Adv* вмéсте; nebeneinander друг вóзле дрýга | seine Gedanken ~ haben со|брáться* *v*| -брались с мы́слями; er hat seine fünf Sinne nicht ganz ~ он не в своём умé

Bei|sammensein *n* 5: ein geselliges ≈ дрýжеская встрéча 6; дрýжеский вéчер 2; **~satz** *m* приложéние 5; **~schlaf** *m* половóе сношéние 5; **~sein** *n:* in seinem ≈ в егó присýтствии, при нём

beiseite *Adv* в стóрону | ~ legen отклáдывать ⟨-ложúть 3⁺⟩ в стóрону; ~ treten отхо|дúть 3⁺ -жý ⟨ото|йтú*⟩ в стóрону; ~ schaffen устран|я́ть ⟨-úть 3⟩; **~legen** *tr* sparen отклáдывать ⟨-ложúть 3⁺⟩; **~stehen** *intr* стоя́ть в сторонé

beisetzen *tr* beerdigen хоронúть 3⁺ (по-); Urne хоронúть (за-)

Beisetzung *f* пóхороны *Pl* 6g; Urne захоронéние 5

Beisetzungsfeier(lichkeit) *f* похорóнная церемóния 8

Bei|sitzer *m Jur* заседáтель 1; **~spiel** *n* Vorbild примéр 2; Muster образ|éц| -цá 2 | zum ≈ напримéр; als ≈ в примéр, к примéру, в кáчестве примéра; ein ≈ anführen приводúть 3⁺ -вожý ⟨-|вестú*⟩ примéр; als ≈ dienen служúть (по-) примéром; sich ein ≈ nehmen an j-m брать ⟨взять⟩ примéр с когó-н.; an einem ≈ zeigen покáзывать ⟨-казáть⟩ на примéре; an einem ≈ erläutern поясн|я́ть ⟨-úть⟩ примéром; mit (gutem) vorangehen по|давáть* ⟨подáть*⟩ (хорóший) примéр

beispiel|haft примéр|ный| -ен, образцóвый; **~los** беспримéр|ный| -ен; unerhört неслы́хан:ный| -на

beispielsweise *Adv* к примéру, в вúде примéра

beispringen *intr* спешúть 3 (по-) на пóмощь

beißen *tr* mit Zähnen кус|áть ⟨-нýть⟩, уку|сúть *v* 3⁺ -шý (in, auf за *A, A*); Insekten жáлить 3 (у-); *intr* Hund кусáть(ся); Fisch клевáть*; Pfeffer жечь*, щипáть* | der Hund hat mich ins Bein gebissen собáка укусúла меня́ зá ногу; dieser Hund beißt (nicht) э́та собáка (не) кусáется; sich auf die Lippen ~ кусáть (ис-, по-) (себé) гýбы a. *übertr;* der Rauch beißt in die Augen дым ест глазá; der Pfeffer beißt (auf der Zunge) пéрец жжёт (язы́к); nichts zu ~ haben не имéть кускá хлéба; **~d** Geruch, Rauch éд|кий| -ок| -кá!; *übertr* язвúтел|ьный| -ен| -ьна | ≈er Spott язвúтельная ирóния

Beißkorb *m* намóрдник 2

Beistand *m* Hilfe пóмощь 9, содéйствие 5; *Jur* защúтник 2 | ~ leisten окáзывать ⟨-|казáть*⟩ пóмощь [содéйствие]

Beistandspakt *m* пакт о взаимопóмощи

bei|stehen *intr* помогáть ⟨-|мóчь*⟩ (j-m in etw. комý-н. в чём-н.) | j-m in der Not ≈ помогáть комý-н. в нуждé; **~steuern** *tr* вносúть 3⁺ -ношý ⟨-|нестú*⟩ свою дóлю [часть] во что-н.; **~stimmen** *intr* согла|шáться ⟨-сúться 3 -шýсь⟩ (j-m с *I*), одобря́ть ⟨одóбрить 3⟩ (j-m *A*)

Beitrag *m* Mitgliedsgeld (члéнский) взнос 2; Aufsatz стат|ья́ 7 *G Pl* -éй; *übertr* вклад 2 | einen ≈ zu etw. leisten вносúть 3⁺-ношý ⟨-|нестú*⟩ вклад во что-н.; Beiträge zur Geschichte … óчерки по [к] истóрии …

beitragen *intr* mitwirken содéйствовать *uv, v* 2 ⟨*a.* по-⟩ (zu *D*), спосóбствовать 2 (zu *D*); seinen Anteil geben вносúть 3⁺ -ношý ⟨-|нестú*⟩ свой вклад (zu в *A*)

Beitrags|kassierung *f* сбор 2 (члéнских взнóсов; **~marke** *f* мáрка (уплáты члéнских взнóсов)

beitragspflichtig обя́занный платúть члéнские взнóсы

Beitrags|rückstände *m Pl* задóлженность по уплáте (члéнских) взнóсов; **~zahlung** *f* уплáта (члéнских) взнóсов

beitreten *intr* Organisation вступ|áть ⟨-úть 3⁺ -лю́⟩ в *A;* sich anschließen, einem Pakt присоедин|я́ться ⟨-úться 3⟩ к *D*

Beitritt *m* Organisation вступлéние 5 (zu в *A*); Vertrag, Pakt присоединéние 5 (zu к *D*) | seinen ~ erklären заяв|ля́ть ⟨-úть 3⁺ -лю́⟩ о вступлéнии

Beitrittserklärung *f* Organisation заявлéние 5 о вступлéнии в *A;* Vertrag, Pakt заявлéние о присоединéнии к *D*

Beiwagen *m Kfz* (боковáя) коля́ска 6; *Verk* прицепнóй вагóн | Motorrad mit ~ мотоцúкл с коля́ской; **~maschine** *f* мотоцúкл 2 с коля́ской

Beiwerk *n* Ausschmückung украшéние 5, убрáнство 4; Zubehör аксессуáры *Pl* 2 | modisches ~ мóдные аксессуáры

beiwohnen *intr* прису́тствовать 2 | einer Versammlung ~ прису́тствовать на собра́нии; einem Gespräch ~ прису́тствовать при разгово́ре

Beiwort *n:* schmückendes ~ эпи́тет 2

Beize *f* Metallurgie, *Text, Chem, Landw* протра́ва 6; Holz~ мори́лка 6; *Kochk* мари́над 2

beizeiten *Adv* заблаговре́менно, зара́нее

beizen *tr* Metall, Text, Saatgut протр|а́вливать ⟨-ави́ть 3⁺ -авлю́⟩; Holz мори́ть 3 (за-); *Kochk* консерви́ровать 2 (за-), марино́вать 2 (за-)

bejahen *tr* eine Frage отвеча́ть ⟨отве́|тить 3 -чу⟩ утверди́тельно на *A;* gutheißen положи́тельно относи́ться 3⁺ -ношу́сь ⟨-|нести́сь*⟩ к *D;* **~d** утверди́тел|ьный, -ен, -ьна

bejahrt пожило́й, преклонных лет; hochbetagt престаре́лый

Bejahung *f* Zustimmung согла́сие 5; einer Frage утверди́тельный отве́т на *A* | die ~ des Lebens утвержде́ние 5 жи́зни

bejammernswert досто́йный сожале́ния; Anblick жа́л|кий, -ок, -ка́!

be|kämpfen *tr* боро́ться* с *I,* вести́* борьбу́ с *I; Mil* durch Beschuß niederhalten подав|ля́ть ⟨-и́ть 3⁺ -лю́⟩; **~kannt** persönlich знако́м:ый; berühmt изве́ст|ный, -ен, знамени́т:ый; allbekannt общеизве́ст|ный, -ен | wenig ≈ малоизве́ст|ный, -ен; mit j-m ≈ sein быть знако́мым с кем-н.; mit j-m ≈ machen знако́м|ить 3 -лю (по-) с кем-н.; sich mit j-m ≈ machen знако́миться (по-) с кем-н.; es freut mich, mit ihm ≈ zu werden я рад познако́миться с ним; es wurde ≈, daß ... ста́ло изве́стно, что ...; er ist ≈ dafür, daß er geizig ist он изве́стен свое́й ску́постью; er ist hier ≈ его́ здесь зна́ют; ortskundig он зна́ет э́ту ме́стность

Bekannte *m* знако́мая *Subst* 10; **~r** *m* знако́мый *Subst* 10 | ein ≈ von mir мой знако́мый

Bekanntenkreis *m:* er hat einen großen ~ у него́ широ́кий круг знако́мых, у него́ обши́рное знако́мство

Bekanntgabe *f* объявле́ние 5, сообще́ние 5 (von о *P*)

bekanntgeben *tr* объяв|ля́ть ⟨-и́ть 3⁺ -лю́⟩, сообщ|а́ть ⟨-и́ть 3⟩ о *P;* in der Zeitung a. опублик|о́вывать ⟨-ова́ть 2⟩ *A*

bekanntlich *Adv* как изве́стно

bekanntmachen *tr* знако́м|ить 3 -лю (о-) (j-n mit etw. кого́-н. с чем-н.); öffentlich mitteilen объяв|ля́ть ⟨-и́ть 3⁺ -лю́⟩; publizieren опублик|о́вывать ⟨-ова́ть 2⟩ | er hat sich schon mit allen Arbeiten bekanntgemacht он ознако́мился уже́ со все́ми рабо́тами

Bekannt|machung *f* Aushang, Erklärung объявле́ние 5; Veröffentlichung опублико́вание 5; **~schaft** *f* знако́мство 4 (mit с *I*) | bei näherer ≈ при бо́лее бли́зком знако́мстве; j-s ≈ machen знако́миться 3 (по-) с кем-н.; eine ~ machen завя́зывать ⟨-|вяза́ть*⟩ знако́мство

bekehren *tr Rel* обра|ща́ть ⟨-ти́ть 3 -щу́⟩ (zu в *A*); sich ~ *refl* измен|я́ть ⟨-и́ть 3⁺⟩ о́браз мы́слей

Bekehrung *f Rel* обраще́ние 5 (zu в *A*); измене́ние 5 о́браза мы́слей

bekennen *tr* gestehen при|знава́ться* ⟨-зна́ться⟩ в *P;* sich ~ *refl* Glauben испове́довать *v* 2; Lehre при|знава́ть* ⟨-зна́ть⟩ себя́ сторо́нником *G;* sich erklären für, zu продемонстри́ровать *v* 2 приве́рженность к *D* | Farbe ~ *übertr* раскрыва́ть ⟨-|кры́ть*⟩ (свои́) ка́рты; sich (für) schuldig ~ признава́ть ⟨-зна́ть⟩ себя́ вино́вным; sich zu j-s Auffassung ~ приде́рживаться чьего́-н. взгля́да

Bekenntnis *n* призна́ние 5 (zu *G*); *Rel* вероиспове́дание 5 (zu *G,* в *P*) | ein ~ zu etw. ablegen при|знава́ть* ⟨-зна́ть⟩ себя́ сторо́нником чего́-н.

beklagen *tr* bedauern жале́ть (по-) о *P;* trauern über скорб|е́ть 3 -лю́ о *P;* sich ~ *refl* жа́ловаться 2 (по-) (bei j-m über etw. кому́-н. на что-н.) | es ist sehr zu ~ о́чень жаль; ich kann mich nicht ~ я не могу́ пожа́ловаться; er hat seinen einzigen Sohn zu ~ поги́б его́ еди́нственный сын; bei diesem Unfall waren Tote zu ~ при э́той катастро́фе бы́ли уби́тые

beklagenswert досто́йный сожале́ния, приско́рб|ный, -ен

be|kleben *tr* окле́|ивать ⟨-ить 3⟩ облеп|ля́ть ⟨-и́ть 3⁺ -лю́⟩; **~kleckern** *tr* запятна́ть *v,* зака́пать *v;* sich ≈ *refl* запа́чкаться *v;* **~kleiden** *tr* одева́ть ⟨-|де́ть*⟩ (mit в *A* oder *I*); be-, überziehen покрыва́ть ⟨-|кры́ть*⟩ (mit *I*); mit Brettern обшива́ть ⟨-|ши́ть*, обошью́⟩ (mit *I*); mit Tapeten окле́|ивать ⟨-ить 3⟩ | bekleidet mit etw. оде́тый во что-н.; sich mit etw. ≈ одева́ться ⟨-де́ться⟩ во что-н.; ein Amt [eine Stellung] ≈ занима́ть до́лжность [ме́сто]

Bekleidung *f* оде́жда 6, шве́йные изде́лия *Pl* 5; *Mil* обмундирова́ние 5; Verkleidung облицо́вка 6; mit Brettern обши́вка 6

Bekleidungsindustrie *f* шве́йная [конфекцио́нная] промы́шленность

beklemmen *tr:* es beklemmt mir den Atem мне тру́дно дыша́ть, я задыха́юсь; die Angst beklemmt mir das Herz у меня́ се́рдце сжима́ется от стра́ха; **~d** Schweigen нело́вкий; Gefühl гнету́щий 11

Beklemmung *f* Herz~ чу́вство 4 стесне́ния (в о́бласти се́рдца); Atem~ уду́шье 5

beklommen стесни́тел|ьный, -ен, -ьна | mir ist ~ ums Herz у меня́ тяжело́ на се́рдце [на душе́]

Beklommenheit *f* стесне́ние 5; угнетённое состоя́ние 5

bekommen *tr* получ|а́ть ⟨-и́ть 3⁺⟩; erwerben, erlangen приобрета́ть ⟨-|обрести́*⟩, до|става́ть* ⟨-|ста́ть*⟩; finden (Stellung, Kontakt u. ä.) находи́ть 3⁺ -хожу́ ⟨-|йти́*⟩ | wieviel ~ Sie (von mir)? ско́лько я вам до́лжен?, ско́лько с меня́ сле́дует?; er hat die Grippe ~ он заболе́л гри́ппом; sie hat Kopfschmerzen ~ у неё заболе́ла голова́; Hunger ~ проголода́ться *v;* wir haben keinen Platz mehr ~ нам не хвати́ло мест; wir ~ gutes Wetter насту́пит хоро́шая пого́да; *intr:* gut ~ идти́* [по|йти́* *v*] на по́льзу, быть* на по́льзу; schlecht ~ быть* во вред, приноси́ть 3⁺ -ношу́ ⟨-|нести́*⟩ вред; die Luft bekommt ihm gut э́тот во́здух прино́сит ему́ по́льзу [(идёт) ему́ на по́льзу]; dieses Essen ist ihm nicht ~ э́та еда́ принесла́ ему́ вред; wie ist Ihnen ...~? как вы чу́вствуете себя́ по́сле ... *(G)*?; wohl bekomm's! на здоро́вье!

bekömmlich поле́з|ный, -ен, хоро́ш:ий, -а́ | die Speise ist leicht ~ пи́ща легко́ усва́ивается

beköstigen *tr* предост|авля́ть ⟨-а́вить 3 -а́влю⟩ стол *D,* дава́ть* ⟨дать*⟩ стол *D;* sich ~ *refl* пита́ться, столова́ться 2

Beköstigung *f* пита́ние 5, стол 2e | Zimmer mit ~ ко́мната со столо́м [с пансио́ном]

bekräftigen *tr* подтвер|жда́ть ⟨-ди́ть 3 -жу́; -ждённый⟩; durch Unterschrift скреп|ля́ть ⟨-и́ть 3 -лю́⟩ *I*

Bekräftigung *f* подтвержде́ние 5; скрепле́ние 5 | zur ~ в подтвержде́ние

be|kränzen *tr* укр|аша́ть ⟨-а́сить 3 -а́шу⟩ венка́ми [гирля́ндами из цвето́в и ли́стьев]; Sieger уве́нчивать ⟨увенча́ть⟩; **~kreuzigen, sich** *refl* кре|сти́ться 3⁺ -щу́сь (пере-); als Zeichen abergläubischer Furcht откре́щиваться (vor от *G*); **~kriegen** *tr* воева́ть 2 про́тив *A;* **~kritteln** *tr* ме́лочно критикова́ть 2; **~kümmern** *tr* печа́лить 3 (о-) | sie schien darüber sehr bekümmert zu sein она́, каза́лось, была́ э́тим о́чень опеча́лена; **~kunden** *tr* проявл|ля́ть ⟨-и́ть 3⁺ -лю́⟩, демонстри́ровать *uv, v* 2 (*a.* про-); aussprechen выража́ть ⟨вы́ра|зить 3 -жу⟩ | Interesse für etw. ≈ проявля́ть к чему́-н. интере́с; **~lächeln** *tr* sich lustig machen посме́иваться над *I;* **~lachen** *tr* осм|е́ивать ⟨-ея́ть, -ею́, -еёшь⟩ *A,* насмеха́ться над *I;* **~laden** *tr* гру|зи́ть 3 -ужу́, -у́зишь (за-, на-), нагру|жа́ть ⟨-зи́ть⟩; Lasttier навью́ч|ивать ⟨-ить 3⟩ | sich mit Schuld ≈ брать* ⟨взять*⟩ на себя́ вину́

Beladung *f* погру́зка 6, загру́зка 6

Belag *m* Überzug покры́тие 5; Fußboden≈ насти́л 2; Brot≈ то, что кладётся на бутербро́д [тэр]; auf der Scheibe налёт 2 *a. Med;* **~erer** *m* осажда́ющий *Subst* 11

belagern *tr Mil* оса|жда́ть ⟨-ди́ть 3⁺ -жу́; -ждённый⟩ | er wird von allen Seiten belagert его́ осажда́ют со всех сторо́н

Belagerung *f Mil* оса́да 6 | die ~ aufheben снима́ть ⟨снять*⟩ оса́ду

Belagerungszustand *m* оса́дное положе́ние 5 | den ~ verhängen в|вести́* *v* оса́дное положе́ние

Belang *m* значе́ние 5; ~e *Pl* интере́сы *Pl* 6 | das ist von (ohne) ~ э́то (не)ва́жно, э́то (не) име́ет значе́ние (значе́ния)

belang|en *tr:* gerichtlich ≈ привлека́ть ⟨-|вле́чь*⟩ к суду́ [к суде́бной отве́тственности]; **~los** незначи́тел|ьный, -ен, -ьна, нева́ж|ный, -на; Information несуще́ствен:ный, -на

Belanglosigkeit *f* незначи́тельность 9, нева́жность 9

be|lassen *tr* оставля́ть ⟨оста́в|ить 3 -лю⟩ | wir wollen es dabei ≈ оста́вим э́то так, как есть; **~lasten** *tr* Fahrzeug; mit Arbeit наг|ружа́ть ⟨-узи́ть 3 -ужу́, -у́зишь⟩ *a. Tech; El* Leitung; Magen перегр|ужа́ть ⟨-узи́ть 3 -ужу́, -у́зишь⟩; *Fin* Konto дебетова́ть *uv, v* 2 (mit на *A*); *Jur* beschuldigen обвин|я́ть ⟨-и́ть 3⟩; mit Aufgaben, Verpflichtungen; geldlich обремен|я́ть ⟨-и́ть 3⟩; bedrücken отяго|ща́ть ⟨-ти́ть 3 -щу́⟩; sich ≈ *refl* обремен|я́ть ⟨-и́ть⟩ себя́ (mit *I*) | erblich belastet sein mit быть насле́дственно предрасполо́женным к чему́-н.; sehr belastet sein mit Arbeit быть о́чень загру́женным; **~lastend** Material обвини́тельный | ein ≈er Zeuge свиде́тель обвине́ния **~lästigen** *tr* stören беспоко́ить 3 (mit *I*); lästig fallen надоеда́ть ⟨-|е́сть*⟩ *D* (mit *I*); zudringlich werden при|става́ть* ⟨-|ста́ть*⟩

Be|lästigung *f* беспоко́йство 4 (j-s *A*); надоеда́ние 5 (j-s *D*); **~lastung** *f* Belasten нагру́зка 6 *a. Tech, El;* starke Inanspruchnahme, Streß нагру́зка; geldliche обремене́ние 5; *Fin* дебетова́ние 5; Beschuldigung обвине́ние 5; Bedrückung, seel. Druck бре́м|я *n G, D, P* -ени, *I* -енем, тя́готы *Pl* 6 | zulässige ≈ допуска́емая нагру́зка

Belastungs|grenze *f* преде́л нагру́зки; **~material** *n Jur* обвини́тельный материа́л, ули́ки *Pl* 6; **~probe** *f Tech* про́бная нагру́зка 6; *übertr* испыта́ние 5 | die ≈ bestehen вы́держать *v* 3 испыта́ние; **~zeuge** *m* свиде́тель обвине́ния

be|lauben, sich *refl* покрыва́ться ⟨-|кры́ться*⟩ листво́й; **~laubt** покры́тый ли́стьями | dicht ≈ с густо́й листво́й;

~lauern *tr* подсм|а́тривать ⟨-отре́ть 3⁺⟩ за *I;* auflauern подстерега́ть ⟨-|стере́чь*⟩; **~laufen, sich** *refl* исчисля́ться (auf *I*), сост|авля́ть ⟨-а́вить 3 -а́влю⟩ (auf *A*) | die Kosten ≈ sich auf … расхо́ды составля́ют … *(A);* **~lauschen** *tr* подслу́ш|ивать ⟨-ать⟩; **~leben** *tr* ожив|ля́ть ⟨-и́ть 3 -лю́⟩ (mit *I*) *a. übertr;* anregen возбу|жда́ть ⟨-ди́ть 3 -жу́¦ -ждённый⟩; sich ≈ *refl* ожив|ля́ться ⟨-и́ться 3⟩ | der Verkehr belebt sich движе́ние стано́вится бо́лее оживлённым; **~lebend** оживля́ющий 11, живи́тел|ьный¦ -ен¦ -ьна; **~lebt** Verkehr оживлён:ный¦ -на; Straße многолю́д|ный¦ -ен, шу́м|ный¦ -ен, -на́!; *Gramm* одушевлён:ный¦ -на

Belebung *f* оживле́ние 5 *a. übertr*

belecken *tr* облі́зывать ⟨-лиза́ть¦ -лижу́¦ -ли́жешь⟩

Beleg *m* Urkunde (оправда́тельный) докуме́нт 2; Quittung распи́ска 6, квита́нция 8; Bestätigung спра́вка 6; Beweis(stück) (веще́ственное) доказа́тельство 4 (für *G*); Beispiel приме́р 2, до́вод 2

belegen *tr* bedecken покрыва́ть ⟨-|кры́ть*⟩ (mit *I*); mit Teppichen устила́ть ⟨-|стла́ть*⟩ *I;* besetzen (Sitzplatz, Zimmer) занима́ть ⟨заня́ть*⟩ a. Platz bei Wettkampf; auferlegen (Geldstrafe) налага́ть ⟨-ложи́ть 3⁺⟩ (j-n mit etw. на кого́-н. что-н.); beweisen подтвер|жда́ть ⟨-ди́ть 3 -жу́⟩, дока́зывать ⟨-|каза́ть*⟩ (etw. mit *oder* durch что-н. чем-н.) | ein Haus mit Einquartierung ~ разме|ща́ть ⟨-сти́ть 3 -щу́⟩ по кварти́рам, расквартир|о́вывать ⟨-ова́ть 2⟩ (солда́т) в до́ме; alle Betten sind belegt Krankenhaus все ко́йки за́няты; Brote mit Wurst ~ класть* ⟨положи́ть 3⁺⟩ колбасу́ на хлеб, де́лать (с-) бутербро́д с колбасо́й; eine Vorlesung ~ запи́сываться ⟨-|писа́ться*⟩ на ле́кцию; dieses Wort ist bei … belegt э́то сло́во встреча́ется у …

Beleg|exemplar *n* обяза́тельный экземпля́р [зэ] (кни́ги); **~schaft** *f* коллекти́в 2 (рабо́чих и слу́жащих) предприя́тия; Krankenhaus персона́л 2

Belegschaftsversammlung *f* о́бщее 11 собра́ние (предприя́тия)

belegt Zunge обло́жен:ный¦ -а; Stimme охри́пший 11, хриплова́тый; Platz, Zimmer за́нят:ый¦ -а́! | ~e Brote [Brötchen] бутербро́ды [тэр] *Pl* 2

Belegung *f* Platz, Zimmer заня́тие 5 *G;* Einquartierung расквартирова́ние 5; Krankenhaus загру́женность 9; Sanatorium, Erholungsheim зае́зд 2; mit Steuern обложе́ние 5 *I*

belehren *tr* учи́ть 3⁺ (über *D*), поуча́ть (über *D*) *umg;* unterweisen разъясн|я́ть ⟨-и́ть 3⟩ (j-n über etw. кому́-н. что-н.) | sich nicht ~ lassen не слу́шать никаки́х до́водов; sich gern ~ lassen слу́шаться сове́тов; j-n eines Besseren ~ переубе|жда́ть ⟨-ди́ть 3⟩ кого́-н., вразум|ля́ть ⟨-ми́ть 3 -лю́⟩ кого́-н.; **~d** поучи́тел|ьный¦ -ен¦ -ьна, настави́тел|ьный¦ -ен¦ -ьна

Belehrung *f* обуче́ние 5; разъясне́ние 5; Anleitung инструкта́ж 2

beleibt по́л|ный¦ -он¦ -на́¦ по́лно

beleidigen *tr* обижа́ть ⟨оби́|деть 3 -жу⟩; schwer оскорб|ля́ть ⟨-и́ть 3 -лю́⟩ (j-n mit etw. *oder* durch etw. кого́-н. чем-н.); **~d** оби́д|ный¦ -ен, оскорби́тел|ьный¦ -ен¦ -ьна

beleidigt оби́жен:ный¦ -а, оскорбл|ённый¦ -ён¦ -ена́; leicht оби́дчив:ый | ~ sein об|ижа́ться ⟨-и́деться 3 -и́жусь⟩; er ist ~ он оби́жен, он оскорблён

Beleidigung *f* оби́да 6, оскорбле́ние 5

belesen начи́тан:ный¦ -на | ~ sein быть знатоко́м чего́-н.

beleuchten *tr* осве|ща́ть ⟨-ти́ть 3 -щу́⟩ *a. übertr* | festlich ~ иллюмини́ровать *uv, v* 2

Beleuchtung *f* освеще́ние 5; Lichtquelle свет 2 | festliche ~ иллюмина́ция 8

Beleuchtungs|anlage *f* освети́тельное устро́йство; **~körper** *m* ла́мпа 6; освети́тельная армату́ра 6; **~technik** *f* те́хника освеще́ния

Belgie|n Бе́льгия 8; **~r** *m* бельги́|ец¦ -йца 2; **~rin** *f* бельги́йка 6

belgisch бельги́йский

Belgrad Белгра́д 2

belichten *tr Foto* экспони́ровать *uv, v* 2 | kurz ~ снима́ть ⟨снять*⟩ с коро́ткой вы́держкой

Belichtung *f Foto* экспози́ция 8

Belichtungs|messer *m* экспоно́метр 2; **~zeit** *f* вы́держка 6

belieben *tr:* wie (es) Ihnen beliebt как вам уго́дно, как хоти́те; Sie ~ zu scherzen вам уго́дно шути́ть, шути́ть изво́лите

Belieben *n:* nach ~ soviel man will ско́лько уго́дно; ganz nach ~ etw. tun де́лать что-н. исключи́тельно по со́бственному усмотре́нию; es steht (ganz) in Ihrem ~ … (то́лько) от вас зави́сит …

belieb|ig 1. *Adj* любо́й | jeder ≈e любо́й, пе́рвый встре́чный *Subst* 10; кто [како́й] уго́дно; zu jeder ≈en Zeit в любо́е вре́мя, когда́ уго́дно; an einem ≈en Ort куда́ уго́дно **2.** *Adv:* ≈ lange как уго́дно до́лго; ≈ oft как уго́дно ча́сто; **~t** люби́м:ый; популя́р|ный¦ -ен (bei у *G*); Thema; Kurort, Gaststätte излю́бленный | ≈e Ausrede люби́мая отгово́рка; eine der ≈esten Opern одна́ из наибо́лее популя́рных о́пер; er war bei allen ≈ его́ все люби́ли; sich bei j-m ≈ machen иска́ть* чьё-н. расположе́ние

Beliebtheit *f* популя́рность 9 | sich großer ~ erfreuen по́льзоваться большо́й популя́рностью
beliefern *tr:* j-n mit Waren ~ пост|авля́ть ⟨-а́вить 3 -а́влю⟩ кому́-н. това́р; die Läden mit Waren ~ снаб|жа́ть ⟨-ди́ть 3 -жу́⟩ магази́ны това́рами; die Kohlenscheine ~ отова́р|ивать ⟨-ить 3⟩ тало́ны на у́голь
Belieferung *f* поста́вка 6; снабже́ние 5
bellen *intr* ла́|ять, -ет (за-); kläffen тя́вк|ать ⟨-нуть *mom* 4⟩
Belletristik *f* беллетри́стика 6
belletristisch беллетристи́ческий
belobigen *tr* хвали́ть 3⁺ (по-), поощр|я́ть ⟨-и́ть 3⟩; sehr восхваля́ть; награ|жда́ть ⟨-ди́ть 3 -жу́; -ждённый⟩ (durch *I*)
Belobigung *f* похвала́ 6; восхвале́ние 5
Belobigungsurkunde *f* in der Schule похва́льная гра́мота
belohnen *tr* reichlich, würdevoll вознагра|жда́ть ⟨-ди́ть 3 -жу́; -ждённый⟩ (j-n für etw. кого́-н. за что-н.); danken награ|жда́ть ⟨-ди́ть⟩ (j-n mit etw. кого́-н. чем-н.)
Belohnung *f* (воз)награжде́ние 5 (für за *A*); награ́да 6 | gegen ~ за вознагражде́ние, за пла́ту; zur ~ в награ́ду
Beloruss|e *m* белору́с 2; **~in** *f* белору́ска 6
belorussisch белору́сский | Belorussische Sozialistische Sowjetrepublik Белору́сская Сове́тская Социалисти́ческая Респу́блика
Belüftungsanlage *f* вентиляцио́нная устано́вка
belügen *tr* лгать* (на-) *D*
belustigen *tr* забавля́ть; sich ~ *refl* забавля́ться (an *I*); насмеха́ться (über над *I*); **~d** увесели́тел|ьный, -ен, -ьна; spaßig заба́в|ный, -ен
Belustigung *f* увеселе́ние 5; Vergnügen, Fest развлече́ние 5, заба́ва 6, пра́здник [зн] 2
be|mächtigen, sich *refl* завладева́ть ⟨-е́ть⟩ *I;* Schlaf, Gefühl овлад|ева́ть ⟨-е́ть⟩ *I;* der Herrschaft захв|а́тывать ⟨-ати́ть 3⁺ -ачу́⟩ | Angst bemächtigte sich seiner его́ обуя́л страх; **~malen** *tr* bunt раскра́|шивать ⟨-сить 3 -шу⟩; ausmalen распи́сывать ⟨-|писа́ть*⟩; **~mängeln** *tr* находи́ть 3⁺ -хожу́ ⟨-|йти́*⟩ недоста́тки в *P;* tadeln осу|жда́ть ⟨-ди́ть 3⁺ -жу́; -ждённый⟩; **~mannen** *tr Mil* укомплект|о́вывать ⟨-ова́ть 2⟩; *Mar* комплектова́ть 2 (у-) экипа́ж [кома́нду]; **~mannt** с экипа́жем, с кома́ндой | ≈es Flugzeug пилоти́руемый самолёт; ≈er Weltraumflug косми́ческий полёт с челове́ком [с экипа́жем, с людьми́] на борту́; ≈es Raumfahrzeug косми́ческий аппара́т 2 с челове́ком [с экипа́жем] на борту́
Bemannung *f* Mannschaft экипа́ж 2 *G Pl* -ей, кома́нда 6; *Mar,* das Bemannen комплектова́ние 5 экипа́жа [кома́нды]
be|mänteln *tr* Fehler прикрыва́ть ⟨-|кры́ть*⟩; verbergen скрыва́ть ⟨-крыть⟩, маскирова́ть 2 (за-); beschönigen скра́|шивать ⟨-сить 3 -шу⟩; **~merkbar** заме́т|ный, -ен | sich ≈ machen обра|ща́ть ⟨-ти́ть 3 -щу́⟩ на себя́ внима́ние; **~merken** *tr* wahrnehmen замеча́ть ⟨-ме́тить 3 -ме́чу⟩; eine Bemerkung machen замеча́ть ⟨-ме́тить⟩, де́лать (с-) замеча́ние | zum Schluß bemerkte er, daß ... в конце́ он заме́тил, что ...
Bemerken *n:* mit dem ~, daß ... указа́в на то, что ...
bemerkenswert замеча́тел|ьный, -ен, -ьна, досто́йный внима́ния
Bemerkung *f* замеча́ние 5; Rand~, Notiz заме́тка 6; zum Text примеча́ние 5 | eine ~ über etw. machen де́лать (с-) замеча́ние о чём-н. [относи́тельно чего́-н.]
be|messen 1. *tr* выделя́ть ⟨вы́делить 3⟩ | meine Zeit ist bemessen у меня́ ма́ло вре́мени **2.** *Adj* Frist, Geldmittel ограни́чен:ный, -на, Frist a. коро́ткий; **~mitleiden** *tr* жале́ть (по-) *A*, сочу́вствовать 2 *D*
bemitleidenswert *tr* досто́йный сожале́ния
bemoost покры́тый [поро́сший 11] мхом
bemühen *tr* um Hilfe bitten беспоко́ить 3 (j-n wegen, in кого́-н. из-за *G*); sich ~ *refl* sich kümmern забо́|титься 3 -чусь (по-) (um о *P*); sich mühen стара́ться (по-); тру|ди́ться 3⁺ -жу́сь (um над *I*) | ich muß Sie in dieser Sache ~ я до́лжен вас побеспоко́ить по э́тому де́лу; wollen Sie sich bitte ... ~ sich begeben потруди́тесь, пожа́луйста, ...; ~ Sie sich, bitte, nicht! не беспоко́йтесь, пожа́луйста!; sich um j-s Freundschaft ~ добива́ться чьей-н. дру́жбы; sich um eine (Arbeits-)Stelle ~ добива́ться ⟨-|би́ться*⟩ ме́ста
Bemühung *f* стара́ние 5; Anstrengung уси́лие 5; *meist Pl* Mühen хло́п|оты *Pl* 6 -о́т, -ота́м (um о *P*) | vielen Dank für Ihre ~en большо́е вам спаси́бо за стара́ния [за хло́поты]
be|muttern *tr* прояв|ля́ть ⟨-и́ть 3⁺ -лю⟩ матери́нскую забо́ту о *P;* **~nachbart** сосе́дний 11; angrenzend сме́ж|ный, -ен; umliegend окре́стный; **~nachrichtigen** *tr* изве|ща́ть ⟨-сти́ть 3 -щу́⟩ (von о *P*); meist offiziell уведомля́ть ⟨уве́дом|ить 3 -лю; -ленный⟩ (von о *P*)
Benachrichtigung *f* извеще́ние 5; уведомле́ние 5; Vorladung пове́стка 6 | schriftliche ~ уведоми́тельное пис|ьмо́ 4c *G Pl* -ем

benachteiligen *tr* причин|я́ть ⟨-и́ть 3⟩ уще́рб [вред, убы́ток] (j-n durch кому́-н. *I*); in eine unvorteilhafte Lage bringen ста́в|ить 3 -лю (по-) в невы́годное положе́ние; beim Verteilen обдел|я́ть ⟨-и́ть 3⁺¡ -ённый⟩

Benachteiligung *f* причине́ние 5 уще́рба [вреда́, убы́тка]

be|nagen *tr* обгрыза́ть ⟨-|гры́зть*⟩; **~nähen** *tr* обшива́ть ⟨-|ши́ть*ı обошью́⟩; Knopflöcher обмётывать ⟨-|мета́ть*⟩; **~nebeln** *tr* затума́н|ивать ⟨-ить 3⟩; berauschen опьян|я́ть ⟨-и́ть 3⟩ | benebelt sein быть навеселе́, быть под хмелько́м

benehmen, sich *refl* вести́* себя́, держа́ться 3⁺; sich verhalten относи́ться 3⁺ -ношу́сь ⟨-|нести́сь*⟩ (gegen к *D*), обраща́ться (gegen с *I*) | sich schlecht ~ вести́ себя́ ду́рно; sich gut ~ держа́ть себя́ хорошо́; benimm dich! веди́ себя́ прили́чно!

Benehmen *n* поведе́ние 5 | das ist kein (gutes) ~ нельзя́ так (скве́рно) вести́ себя́; э́то наруша́ет все но́рмы прили́чия; sich gut mit j-m ins ~ setzen свя́зываться ⟨-|вяза́ться*⟩ с кем-н., вхо|ди́ть 3⁺ -жу́ ⟨во|йти́*⟩ в соглаше́ние с кем-н.

beneiden *tr* зави́довать 2 (по-) (j-n um etw. кому́-н. в чём-н.) | ich beneide ihn um seine Erfolge я зави́дую его́ успе́хам; er ist nicht zu ~ ему́ не позави́дуешь

beneidenswert зави́дный | ein ~er Mensch челове́кı кото́рому мо́жно позави́довать

benennen *tr* называ́ть ⟨-|зва́ть*⟩ (j-n nach j-m кого́-н. по кому́-н.), дава́ть* ⟨дать*⟩ назва́ние *D;* Kanditaten выдвига́ть ⟨вы́двинуть 4⟩

Benennung *f* назва́ние 5; Waren~ наименова́ние 5, выдвиже́ние 5

benetzen *tr* сма́чивать ⟨-мочи́ть 3⁺⟩, увлажн|я́ть ⟨-и́ть 3⟩

bengalisch бенга́льский | in ~er Beleuchtung erstrahlen сверка́ть разноцве́тными огня́ми

Bengasi Бенга́зи *idkl*

Bengel *m* мальчи́шка 6; Rüpel озорни́к 2e

Benin Бени́н 2; **~er** *m* бени́н|ецı -ца 2

beninisch бени́нский

benommen verwirrt смущ|ён|ныйı -ёнı -ена́ (von *I*); Sinne с помутнённым созна́нием; leicht betäubt оглуш|ённыйı -ёнı -ена́, одурма́ненный | der Kopf ist mir ~ у меня́ тяжёлая голова́

Benommenheit *f* смуще́ние 5; тя́жесть 9; Bewußtseinstrübung помраче́ние 5 созна́ния

be|nötigen *tr* нужда́ться в *P* | benötigt werden быть* ну́жным; **~nutzen** *tr* gebrauchen употреб|ля́ть ⟨-и́ть 3 -лю⟩; Nutzen ziehen aus по́льзоваться 2 (вос-) *I,* испо́льзовать *uv, v* 2 *A* | die Gelegenheit ≈ воспо́льзоваться слу́чаем

Benutz|er *m* по́льзующийся *Subst* 11 *I;* Lesesaal посети́тель 1; **~ung** *f* (Aus-)Nutzung по́льзование 5 *I,* испо́льзование *G;* Gebrauch употребле́ние 5 | zur ≈ в по́льзование

Benutzungsgebühr *f* пла́та за по́льзование

Benzin *n* бензи́н 2; **~kanister** *m* кани́стра 6 для бензи́на; **~tank** *m* бензоба́к 2

Benzol *n* бензо́л 2

beobachten *tr* наблюда́ть *A oder* за *I;* j-n beschatten следи́ть за *I;* bemerken замеча́ть ⟨-ме́тить 3 -ме́чу⟩ (an j-m etw. в ком-н. что-н., an [bei] j-m etw. Gewohnheit a. за кем-н. что-н.)

Beobacht|er *m* наблюда́тель 1; **~ung** *f* наблюде́ние 5 за *I;* Beschattung сле́жка 6 | unter ≈ stehen под наблюде́нием; j-n unter ≈ stellen устан|а́вливать ⟨-ови́ть 3⁺ -овлю́⟩ набдюде́ние за кем-н.; ≈en anstellen произво|ди́ть 3⁺ -жу́ ⟨произвести́*⟩ наблюде́ния; einen Kranken zur ≈ ins Krankenhaus bringen положи́ть *v* 3⁺ больно́го в больни́цу для обсле́дования

Beobachtungs|gabe *f* наблюда́тельность 9; **~stand** *m Mil* наблюда́тельный пункт 2; **~station** *f Med* пала́та 6 для (специа́льного) обсле́дования больно́го

be|ordern *tr* командирова́ть *uv, v* 2 (*v. a.* от-); kommen lassen вызыва́ть ⟨вы́|звать*⟩, прика́зывать ⟨-|каза́ть*⟩ яви́ться (zu j-m к кому́-н.); **~packen** *tr* нагр|ужа́ть ⟨-узи́ть 3 -ужу́ı -у́зишь⟩; Lasttier навью́ч|ивать ⟨-ить 3⟩; sich ≈ *refl* нагружа́ться ⟨-грузи́ться⟩ *I;* **~pflanzen** *tr* за-, rundherum обса́живать ⟨-сади́ть 3⁺ -сажу́⟩ (mit *I*)

bequem passend удо́б|ныйı -ен; gemütlich ую́т|ныйı -ен; angenehm прия́т|ныйı -ен; träge лени́в:ый | es sich ~ machen устр|а́иваться ⟨-о́иться 3⟩ поудо́бнее

bequemen, sich *refl* (неохо́тно) реша́ться (zu на *A*), (не́хотя) согла|ша́ться ⟨-си́ться 3 -шу́сь⟩ (zu на *A*)

Bequemlichkeit *f* Annehmlichkeit удо́бство 4; Gemütlichkeit ую́т 2; Trägheit ле́нь 9 | die gewohnte ~ vermissen быть* лишённым привы́чных удо́бств; das ist in bezug auf ~ das beste Zimmer э́то лу́чшая по удо́бству ко́мната; er will aus ~ nicht … он лени́тся …, ему́ лень …

beraten *tr* сове́товать 2 (по-) (j-n кому́-н.); als Fachmann консульти́ровать 2 ⟨про-⟩ *A;* erörtern обсу|жда́ть ⟨-ди́ть 3⁺ -жу́¡ -ждённый⟩ (über *A*); sich ~ *refl* сове́товаться (по-) (mit j-m über etw. с кем-н. о чём-н., консульти́роваться ⟨про-⟩ (über о *P*) | j-n gut ~ дать* *v* кому́-н. хоро́ший сове́т; **~d:** mit ≈er Stimme с совеща́тельным го́лосом, с пра́вом совеща́тельного го́лоса; ~e Versammlung консультати́вная ассамбле́я 7

Berater *m* Ratgeber сове́тчик 2; Fach~ консульта́нт 2; *Dipl* сове́тник 2 | wissenschaftlicher ~ нау́чный консульта́нт

beratschlagen *tr* обсу|жда́ть ⟨-ди́ть 3⁺ -жу́; -ждённый⟩ (über *A*); *intr* совеща́ться (über о *P*)

Beratung *f* Sitzung, Konferenz совеща́ние 5; Konsultation консульта́ция 8; Erörterung обсужде́ние 5 *G* | eine fachärztliche ~ консульта́ция врача́

Beratungs|stelle *f* консультацио́нный пункт, консульта́ция 8; *Med a.* диспансе́р [сэ] 2; **~zimmer** *n Jur* совеща́тельная ко́мната

berauben *tr* гра́б|ить 3 -лю (о-), обира́ть ⟨обо|бра́ть*, оберу́; обо́бранный⟩ *umg;* Rechte, Freiheit лиш|а́ть ⟨-и́ть 3⟩

Beraubung *f* ограбле́ние 5, граб|ёж, -ежа́ 2e; лише́ние 5

berausch|en *tr* опьян|я́ть ⟨-и́ть 3⟩ *a. übertr;* sich ≈ *refl übertr* упива́ться ⟨-|пи́ться*⟩ (an *I*); **~end** Getränke хмел|ьно́й, -ён, -ьна́; Duft опьяня́ющий 11, дурманя́щий 11; *übertr* упои́тел|ьный, -ен, -ьна; **~t** подвы́пивший 11, под хмелько́м; *übertr* опьян|ённый, -ён, -ена́ (von *I*), в упое́нии (von от *G*)

Berberitze *f* барбари́с 2

berechnen *tr* ausrechnen вычисля́ть ⟨вы́числить 3⟩, рассч|и́тывать ⟨-ита́ть⟩; überschlagen подсч|и́тывать ⟨-ита́ть⟩; anrechnen ста́|вить 3 -лю (по-) в счёт (etw. für что-н. кому́-н.), брать* ⟨взять*⟩ (j-m etw. с кого́-н. за что-н.); bemessen; in bestimmter Absicht tun рассч|и́тывать ⟨-ита́ть⟩ | j-m etw. billig ~ брать* ⟨взять*⟩ с кого́-н. дёшего; j-m den höchsten Preis für etw. ~ от|дава́ть* ⟨отда́ть*⟩ кому́-н. что-н. по са́мой высо́кой цене́; bei ihm ist alles auf Effekt berechnet у него́ всё рассчи́тано на эффе́кт; **~d 1.** *Adj* расчётливый **2.** *Adv* с расчётом, созна́тельно

Berechnung *f* Ausrechnung вычисле́ние 5, расчёт 2; Überschlag подсчёт 2; eigennützige Überlegung расчёт | ~en anstellen производи́ть 3⁺ -вожу́ ⟨-|вести́*⟩ расчёты; nach vorläufigen ~en по предвари́тельным подсчётам; bei ihm ist alles ~ у него́ всё осно́вано на расчёте

berechtig|en *tr* дава́ть* ⟨дать*⟩ пра́во (j-n zu etw. кому́-н. на что-н.) | dazu bist du nicht berechtigt на э́то ты не име́ешь пра́ва; die Karte berechtigt zum Eintritt ins Theater биле́т даёт пра́во на вход в теа́тр; dieser Umstand berechtigt zu der Annahme, daß … э́то обстоя́тельство даёт основа́ние полага́ть, что …; ihr Anspruch ist vollkommen berechtigt ва́ше притяза́ние вполне́ зако́нно; **~t** begründet обосно́ван:ный, -на ||≈e Forderungen справедли́вые [обосно́ванные] тре́бования

Berechtigung *f* пра́во 4b (zu на *A*); Rechtmäßigkeit основа́ние 5 (для *G*); Recht, nachgewiesene Qualifizierung права́ *Pl,* удостовере́ние 5

Berechtigungsschein *m* удостовере́ние 5 (für на пра́во *G*)

bereden *tr* besprechen обсу|жда́ть ⟨-ди́ть 3⁺ -жу́; -ждённый⟩, говори́ть 3 о *Pl;* j-m Schlechtes nachsagen огов|а́ривать ⟨-ори́ть⟩ *A* | etw. miteinander ~ обсужда́ть что-н. ме́жду собо́й [друг с дру́гом]

Beredsamkeit *f* красноре́чие 5

beredt красноречи́в:ый

beregnen *tr* иску́сственно оро|ша́ть ⟨-си́ть 3 -шу́⟩

Beregnungsanlage *f* дождева́льная устано́вка

Bereich *m* Gebiet райо́н 2; Grenz~, Küsten~ зо́на 6; Einfluß~, Geltungs~ сфе́ра 6; Abteilung отде́л 2; Universität се́ктор 2; Zuständigkeits~ компете́нция 8; Wissenschafts~, Aufgaben~ о́бласть 9g; *Rad* диапазо́н 2 | im ~ der Stadt в черте́ го́рода; dieses Gebirge liegt im ~ … э́ти го́ры располо́жены в преде́лах …; im ~ des Möglichen в преде́лах возмо́жного; aus dem ~ der Geschichte из о́бласти исто́рии; das gehört nicht in meinen ~ э́то не по мое́й ча́сти

bereichern *tr* обога|ща́ть ⟨-ти́ть 3 -щу́⟩ (mit *I*) *a. übertr;* sich ~ *refl* нажива́ться ⟨-|жи́ться*; -жили́сь⟩ (an на *P*), обога|ща́ться ⟨-ти́ться⟩

Bereicherung *f* обогаще́ние 5 *a. übertr*

bereifen *tr* Faß набива́ть ⟨-|би́ть*⟩ о́бручи на *A;* Auto надева́ть ⟨-|де́ть*⟩ ши́ны на *A*

bereift mit Reif bedeckt покры́т:ый и́неем, заи́ндевелый

Bereifung *f* Reifen ши́ны *Pl* 6, авторези́на 6

be|reinigen *tr* Angelegenheit; Mißverständnis ула́|живать ⟨-дить 3 -жу⟩, урегули́ровать *v* 2 | eine Angelegenheit ≈ выясня́ть ⟨вы́яснить 3⟩ положе́ние, урегули́ровать де́ло; **~reisen** *tr* объезжа́ть ⟨объ|е́хать* *u.* объе́з|дить 3 -жу⟩, посе|ща́ть ⟨-ти́ть 3 -щу́⟩ | ein Land ≈ путеше́ствовать 2 [е́здить 3 е́зжу] по стране́

bereit гото́в:ый (zu к *D,* на *A*); пригото́вленный, нагото́ве (für для *G*) | immer ~! всегда́ гото́вы!; seid ~! бу́дьте гото́вы!; sich ~ halten (zu etw.) быть гото́вым (к чему́-н.), быть нагото́ве; sich ~ erklären согла|ша́ться ⟨-си́ться 3 -шу́сь⟩ на что-н.; er ist zu allem ~ он ко всему́ [на всё] гото́в

bereiten *tr* herrichten, zubereiten гото́в|ить 3 -лю, пригото|вля́ть ⟨-о́вить⟩ (j-m etw. кому́-н. что-н.); verursachen причин|я́ть ⟨-и́ть 3⟩ (j-m etw. кому́-н. что-н.) | das Abendessen ~ (при)гото́вить у́жин; j-m einen guten Empfang ~ хорошо́ принима́ть ⟨приня́ть*⟩ кого́-н.; Kummer ~ причиня́ть го́ре; Freude ~ дост|авля́ть ⟨-а́вить 3 -а́влю⟩ ра́дость; einer Sache ein Ende ~ поко́нчить *v* 3 с чем-н.; das bereitet mir nicht die geringsten Schwierigkeiten э́то не составля́ет для меня́ никако́й тру́дности

bereit|halten *tr* держа́ть наготове | halten Sie die Karten bereit! пригото́вьте биле́ты!; **~legen** *tr* пригота́вливать *u.* пригот|овля́ть ⟨-о́вить 3 -о́влю⟩, положи́ть 3⁺ наготове; **~machen** *tr* пригота́вливать *u.* пригот|овля́ть ⟨-о́вить 3 -о́влю⟩; sich ≈ *refl* собира́ться ⟨-|бра́ться*| -брали́сь⟩ *mit Inf*

bereits *Adv* уже́ | ~ als Kind ещё ребёнком

Bereitschaft *f* das Bereitsein гото́вность 9 (zu к *D*); Truppe (der Polizei) полице́йский отря́д 2, (дежу́рное) полице́йское формирова́ние 5 | ~ Dienst haben быть* на дежу́рстве, дежу́рить 3; in ~ stehen стоя́ть [быть*] наготове

Bereitschafts|dienst *m Med* дежу́рство 4, ско́рая по́мощь 9; **~polizei** *f* дежу́рные (полице́йские) отря́ды *Pl* 2; **~wagen** *m* дежу́рная маши́на

bereit|stehen *intr* стоя́ть наготове, быть* гото́вым; **~stellen** *tr* Maschinen подгот|овля́ть ⟨-о́вить 3 -о́влю⟩; Waren загот|овля́ть ⟨-о́вить 3 -о́влю⟩; *Eisenb* по|дава́ть* ⟨пода́ть*⟩; Kredit предост|авля́ть ⟨-а́вить 3 -а́влю⟩

Bereitstellung *f* подгото́вка 6; загото́вка 6; предоставле́ние 5

bereitwillig **1.** *Adj* гото́в:ый; gefällig услу́жлив:ый **2.** *Adv* охо́тно

Bereitwilligkeit *f* гото́вность 9 | mit großer ~ о́чень охо́тно

bereuen *tr* раска́|иваться ⟨-яться, -юсь, ешься⟩ в *P;* bedauern сожале́ть о *P oder mit der Konj* что | das wirst du noch bitter ~! в э́том ты ещё го́рько раска́ешься!, ты об э́том ещё го́рько пожале́ешь!

Berg *m* гора́ 6а; *übertr* гора́, ку́ча 6 | auf dem ~ на горе́; in den ~en в гора́х; in die ~e fahren е́хать (по-) в го́ры; einen ~ besteigen поднима́ться на́ гору; einen ~ erklettern взбира́ться на́ гору; ~e von Büchern го́ры [гру́ды] книг; ~e versetzen сдви́нуть *v* 4 го́ры; über den ~ sein преодоле́ть *v* са́мую большу́ю тру́дность; von einem Kranken попра́виться *v* 3 (от боле́зни), спра́виться *v* с боле́знью; er ist längst über alle ~e его́ и след простыл; mit seiner Meinung nicht hinter dem ~ halten не скрыва́ть своего́ мне́ния

bergab *Adv* по́д гору, с горы́ | hier geht es steil ~ здесь круто́й спуск; mit seiner Gesundheit geht es ~ его́ здоро́вье ухудша́ется

Berg|abhang *m* склон горы́; **~akademie** *f* го́рная акаде́мия

bergan *Adv* в го́ру, на́ гору | es geht immer ~ доро́га всё идёт в го́ру

Bergarbeiter *m* горнорабо́чий *Subst* 11, шахтёр 2

bergauf *Adv* на́ гору, в го́ру | ~ und bergab то в го́ру| то по́д гору; es geht (wieder) ~ дела́ поправля́ются [иду́т в го́ру]; es geht mit ihm ~ gesundheitlich он пошёл на попра́вку

Berg|bahn *f* Seilbahn подвесна́я кана́тная доро́га 6; Zahnradbahn зубча́тая желе́зная доро́га в гора́х; **~bau** *m* го́рная промы́шленность 9; **~besteigung** *f* восхожде́ние на́ гору; **~bewohner** *m* го́р|ец| -ца 2

bergen *tr* retten спаса́ть ⟨-|пасти́*⟩ (j-n *oder* etw. vor кого́-н., что-н. от *G*); Getreide убира́ть ⟨-|бра́ть*⟩; Schiffe поднима́ть ⟨подня́ть*⟩; enthalten храни́ть 3 | das Getreide ist noch nicht geborgen хлеб ещё не у́бран; hier fühle ich mich geborgen здесь я чу́вствую себя́ в безопа́сности; das birgt Gefahren in sich э́то таи́т в себе́ опа́сности

Berg|führer *m* проводни́к в гора́х; **~gipfel** *m* го́рная верши́на; **~hotel** *n* гости́ница в гора́х; **~hütte** *f* го́рная хи́жина

bergig гори́ст:ый

Berg|ingenieur *m* го́рный инжене́р; **~kristall** *n* го́рный хруста́ль; **~land** *n* го́рная страна́, гори́стый край; **~mann** *m* горнорабо́чий *Subst* 11, горня́к 2е; meist im Kohlenbergwerk шахтёр 2; **~rettungsdienst** *m* слу́жба спасе́ния в гора́х; **~rücken** *m* го́рный хребе́т; **~rutsch** *m* о́полз|ень| -ня 1; **~schuh** *m* го́рный боти́нок; **~spitze** *f* пик 2 (горы́); **~sport** *m* высокого́рный тури́зм 2; альпини́зм 2; **~station** *f* Seilbahn ве́рхняя 11 ста́нция; **~steigen** *n* альпини́зм 2; **~steiger** *m* альпини́ст 2; **~sturz** *m* обва́л в гора́х; **~-und-Tal-Bahn** *f* америка́нские го́ры *Pl* 6а

Bergung *f* спаса́ние 5, оказа́ние 5 по́мощи; Schiff подня́тие 5; der Ernte убо́рка 6; *Bergb* проведе́ние 5 горноспаса́тельных рабо́т

Bergungsarbeiten *f Pl* спаса́тельные рабо́ты

Berg|wand *f* отве́сный склон 2 горы́; **~wanderung** *f* туристи́ческий похо́д в го́ры; **~werk** *n* ша́хта 6; Erz рудни́к 2е

Bericht *m* докла́д 2; Rechenschafts≈ отчёт 2; Meldung донесе́ние 5; Mitteilung сообще́ние 5; mündliche Erzählung расска́з 2; Zeitungs~ корреспонде́нция 8 | laut ~ по сообще́нию; j-m einen ~ erstatten über etw. де́лать (с-) докла́д кому́-н. о чём-н., докла́дывать ⟨-ложи́ть 3⁺⟩ кому́-н. о чём-н.; einen ~ abfassen составля́ть ⟨соста́в|ить 3 -лю⟩ отчёт

berichten *tr* докла́дывать ⟨-ложи́ть 3⁺⟩ (j-m etw. кому́-н. что-н. *oder* о чём-н.); *intr* сообщ|а́ть ⟨-и́ть 3⟩ (j-m über *oder* von кому́-н. о чём-н.); erzählen расска́зывать ⟨-с|каза́ть*⟩ (j-m über *oder* von кому́-н. о чём-н.)

Berichterstatt|er *m* докла́дчик 2; Zeitung корреспонде́нт 2, репортёр 2; **~ung** *f* in der Presse сообще́ние 5; für Zeitungen репорта́ж 2 *G Pl* -ей; Rechenschaftslegung представле́ние 5 отчёта [докла́да]; Referat докла́д 2

berichtigen *tr* (Druck-)Fehler испр|авля́ть ⟨-а́вить 3 -а́влю⟩; Text вноси́ть 3⁺ -ношу́ ⟨-|нести́*⟩ попра́вку в *A* | j-n ~ попр|авля́ть ⟨-а́вить 3 -а́влю⟩ кого́-н.; Irrtümer ~ выясня́ть ⟨вы́яснить 3⟩ недоразуме́ния

Berichtigung *f* исправле́ние 5 G; внесе́ние попра́вок в *A;* Korrektur попра́вка 6

Berichtszeitraum *m:* im ~ за отчётный пери́од

be|riechen *tr* Hund обню́х|ивать ⟨-ать⟩; **~rieseln** *tr* оро|ша́ть ⟨-си́ть 3 -шу́⟩

Berieselung *f* ороше́ние 5

Berieselungsanlage *f* ороси́тельная устано́вка

bering|en *tr* Vögel кольцева́ть 2 (за-, о-); **~t** в ко́льцах, с кольцо́м; Vögel окольцо́ванный

Bering|meer *n* Бе́рингово мо́ре 13-3b; **~straße** *f* Бе́рингов проли́в 13-2

beritten 1. *Adj* ко́нный **2.** *Adv* верхо́м

Berlin Берли́н 2

Berliner *m* **1.** *m* берли́н|ец$_{|}$ -ца 2 **2.** *Adj* берли́нский | ~ Weiße све́тлое берли́нское пи́во; ~ Blau берли́нская лазу́рь 9

Berlinerin *f* берли́нка 6

berlinisch берли́нский

Bern Берн 2

Bernhardiner *m* Hund сенберна́р [сэ] 2

Bernstein *m* янта́рь 1e; **~kette** *f* янта́рное ожере́лье; **~schmuck** *m* украше́ние из янтаря́

bersten *intr* тре́скаться (по-), тре́снуть *v* 4; *übertr* ло́паться ⟨ло́пнуть 4⟩ (vor от *G*) | vor Wut [vor Lachen] ~ ло́пнуть с доса́ды [со́ смеху]; zum Bersten voll наби́тый до отка́за

berüchtigt по́льзующийся 11 дурно́й сла́вой; *iron* пресловýтый (durch *oder* wegen по по́воду *G*) | er ist ~ о нём идёт дурна́я сла́ва

berückend плени́тел|ьный$_{|}$ -ен$_{|}$ -ьна, очарова́тел|ьный$_{|}$ -ен$_{|}$ -ьна

berücksichtigen *tr* принима́ть ⟨приня́ть*⟩ во внима́ние, учи́тывать ⟨-|че́сть*⟩ | etw. nicht ~ не принима́ть ⟨приня́ть⟩ в расчёт

Berücksichtigung *f* приня́тие 5 во внима́ние, учёт 2 | unter ~ von etw. принима́я во внима́ние [учи́тывая]$_{|}$ что-н., с учётом чего́-н.; unter ~ der Umstände учи́тывая обстоя́тельства; ohne ~ не принима́я во внима́ние, не учи́тывая

Beruf *m* профе́ссия 8, специа́льность 9 | freier ~ свобо́дная профе́ссия; ungelernter ~ заня́тие 5$_{|}$ не тре́бующее квалифика́ции; von ~ по профе́сии; er ist von ~ Ingenieur он по специа́льности [по профе́ссии] инжене́р; einen ~ ergreifen избира́ть ⟨-|бра́ть*⟩ профе́ссию; was sind Sie von ~? кто вы по профе́ссии [по специа́льности]?; er hat seinen ~ verfehlt он оши́бся в вы́боре профе́ссии

berufen 1. *tr* ernennen пригла|ша́ть ⟨-си́ть 3 -шу́⟩ (auf на *A,* an в *A*); einsetzen назн|ача́ть ⟨-а́чить 3⟩ на рабо́ту; sich ~ *refl* ссыла́ться ⟨со|сла́ться*⟩ (auf на *A*) | j-n als Professor an eine Universität ~ приглаша́ть кого́-н. в университе́т на до́лжность [в ка́честве] профе́ссора; j-n auf einen Lehrstuhl ~ приглаша́ть кого́-н. на заве́дование ка́федрой; j-n ins Ministerium ~ приглаша́ть кого́-н. на рабо́ту в министе́рство **2.** *Adj* при́зван:ный$_{|}$ -а (zu к *D*); компете́нтный$_{|}$ -ен, авторите́т|ный$_{|}$ -ен | sich ~ fühlen чу́вствовать призва́ние к чему́-н.; zu etw. ~ sein быть при́званным [име́ть призва́ние] к чему́-н.

beruflich профессиона́льный; Pflichten служе́бный | er war ~ verhindert ему́ помеша́ли [его́ задержа́ли] служе́бные дела́; aus ~en Gründen по служе́бным причи́нам

Berufsausbildung *f* профессиона́льное обуче́ние [образова́ние], профтехобразова́ние 5

berufsbedingt свя́занный с профе́ссией; Ausgaben служе́бный

Berufsberatung *f* консульта́ция по вы́бору профе́ссии, профориента́ция 8; Stelle центр 2 профориента́ции [консульта́ции]

berufsbezogen име́ющий 11 профессиона́льную ориента́цию, свя́занный с бу́дущей специа́льностью

Berufserfahrung *f* профессиона́льный о́пыт

berufsfremd: j-n ~ beschäftigen испо́льзовать *uv, v* 2 кого́-н. не по специа́льности

Berufs|geheimnis *n* профессиона́льная та́йна; **~interessen** *n Pl* профессиона́льные интере́сы; **~kleidung** *f* спецоде́жда 6; спецо́вка 6 meist Jacke; **~kol-**

lege *m* коллéга 6, товáрищ по профéссии; **~krankheit** *f* профессионáльное заболевáние 5; **~leben** *n* трудовáя жизнь | im ≈ stehen рабóтать; **~lenkung** *f* (организóванная и планúруемая) пóмощь 9 при вы́боре профéссии, профориентáция 8

berufsmäßig профессионáльный

Berufs|praktikum *n* (произвóдственная) прáктика; **~schule** *f* (обязáтельная) профессионáльная шкóла, профтехучúлище 4; **~schüler** *m* учáщийся *Subst* 11 профессионáльной шкóлы; **~soldat** *m* кáдровый солдáт; **~spieler** *m Sport* (игрóк-)профессионáл (2е-)2; **~sportler** *m* (спортсмéн-)профессионáл (2-)2

berufstätig рабóтающий 11, зáнятый на рабóте | ~e Frauen рабóтающие жéнщины; ~ sein рабóтать (профессионáльно)

Berufs|tätiger *m* рабóтающий *Subst* 11; **~- und Nahverkehr** *m* городскóй и прúгородный трáнспорт 2; **~verkehr** *m* Zeit часы́ пик 2-*idkl* (на трáнспорте); Transport перевóзка 6 трудя́щихся к мéсту рабóты, интенсúвная рабóта трáнспорта пéред начáлом и по окончáнии рабóчего дня; **~wahl** *f* вы́бор профéссии; **~wechsel** *m* перемéна профéссии; **~zweig** *m* специáльность 9

Berufung *f* Ernennung приглашéние 5 (на рабóту); назначéние 5 (на рабóту); innerer Drang призвáние 5 (zu к *D*); *Jur* апелля́ция 8, обжáлование 5 | aus ~ по призвáнию; ~ an eine Universität приглашéние [назначéние] на рабóту в университéт; unter ~ auf etw. ссылáясь на что-н.; ~ einlegen по|давáть * ⟨подáть*⟩ апелля́цию

Berufungsgericht *n* апелляциóнный суд

beruhen *intr* оснóвываться (auf на *P*) | seine Aussagen ~ auf Wahrheit егó показáния правдúвы; etw. auf sich ~ lassen оставля́ть ⟨остáв|ить 3 -лю⟩ что-н., бóльше не занимáться чем-н.

beruhigen *tr* успок|áивать ⟨-óить 3⟩; beschwichtigen унимáть ⟨уня́ть*⟩; sich ~ *refl* успок|áиваться ⟨-óиться⟩; sich legen: Sturm, Aufregung унимáться ⟨уня́ться¡ -нялúсь⟩; Lage разря|жáться ⟨-дúться 3⟩ | der Sturm hat sich beruhigt бýря утúхла; er ging beruhigt nach ... он пошёл ... успокóенный; **~d** Heilmittel, Ton успокáивающий 11, успокоúтел|ьный| -ен| -ьна | ≈e Nachrichten [Worte] успокоúтельные вéсти [словá]; ≈ wirken дéйствовать успокáивающе

Beruhigung *f* успокоéние 5 | zur ~ для успокоéния; es ist mir eine ~ zu wissen, daß ... для меня́ утешéние знать| что ...

Beruhigungsmittel *n* успокоúтельное [успокáивающее 11] срéдство

berühmt знаменúт:ый, извéст|ный| -ен | durch etw. ~ sein слáв|иться 3 -люсь чем-н.; ~ werden просл|авля́ться ⟨-áвиться⟩, *I*, стать* *v* знаменúтым

Berühmtheit *f* Berühmtsein извéстность 9; bekannte Persönlichkeit знаменúтость 9 | ~ erlangen приобретáть ⟨-|обрестú*⟩ извéстность, станов|úться 3⁺ -лю́сь ⟨стать*⟩ знаменúтым

berühren *tr* anfassen касáться ⟨коснýться 4⟩ *G*, трó|гать ⟨-нуть 4⟩ *A;* erwähnen касáться ⟨коснýться⟩ *G;* beeindrucken трó|гать ⟨-нуть⟩, unangenehm a. задевáть ⟨-|дéть*⟩; sich ~ *refl* касáться ⟨коснýться⟩ друг дрýга; *übertr* соприкасáться ⟨-коснýться⟩ (mit с *I*) | das hat mich schmerzlich berührt э́то меня́ сúльно задéло; es berührt mich seltsam э́то произвóдит на меня́ стрáнное впечатлéние; die Eisenbahnlinie berührt diesen Ort железнодорóжная лúния прохóдит чéрез э́то мéсто; nicht ~! не трóгать!

Berührung *f* прикосновéние 5; *übertr* соприкосновéние 5, контáкт 2 (mit с *I*) | in ~ kommen mit j-m вхо|дúть 3⁺ -жý ⟨во|йтú*⟩ в соприкосновéние с кем-н., имéть дéло с кем-н.; gesellschaftlich встр|ечáться ⟨-éтиться 3 -éчусь⟩ (в óбществе) с кем-н.; ich war mit ihm durch die Arbeit in ~ gekommen я столкнýлся с ним по рабóте

Berührungspunkt *m Math* тóчка касáния; *übertr* тóчка соприкосновéния

be|sagen *tr:* das besagt, daß ... э́то знáчит| что ...; das will gar nichts ≈ э́то ничегó не знáчит; der Paragraph besagt folgendes ... парáграф гласúт слéдующее ...; **~sagt** упомя́нутый, укáзанный; **~saiten** *tr* натя́гивать ⟨-тянýть 4⁺⟩ стрýны на *A;* **~saitet:** zart ≈ óчень чувствúтел|ьный| -ен| -ьна; **~samen** *tr* осемен|я́ть ⟨-úть 3⟩

Besamung *f* осеменéние 5 | künstliche ~ искýсственное осеменéние

Besamungsstation *f* стáнция [пункт 2] искýсственного осеменéния

besänftigen *tr* успок|áивать ⟨-óить 3⟩; Zorn смягч|áть ⟨-úть 3⟩

besät усéянный (mit *I*)

Besatz *m* an Kleidung отдéлка 6, обшúвка 6; Pelz~ опýшка 6; an Mützen окóлыш 2 *G Pl* -ей

Besatzung *f Mil* Verteidiger гарнизóн 2; Besatzungstruppen оккупациóнные войскá *Pl* 4; *Mar, Flugw* экипáж 2 *G Pl* -ей

Besatzungs|macht *f* оккупациóнная власть; **~truppen** *f* оккупациóнные войскá

be|saufen, sich *refl umg* напивáться ⟨-пúться*¡ -пúлúсь⟩ (пья́ным); **~schädigen** *tr* повре|ждáть ⟨-дúть 3 -жý¡ -ждённый⟩

Beschädigung *f* повреждéние 5

¹beschaffen *tr* до|ставáть* ⟨-|стáть*⟩; erwerben приобретáть ⟨-|обрести́*⟩ | das ist schwer zu ~ э́то трýдно достáть; dieses Buch ist nicht zu ~ э́ту кни́гу достáть нельзя́

²beschaffen *Adj:* sein Charakter war so ~, daß, ... у негó был такóй харáктер, что ...; die Sache ist so ~ дéло обстои́т так; gut ~ в хорóшем состоя́нии; so ~ sein, daß ... быть сóзданным, так что ..., имéть такóе свóйство, что ...; wie ist es mit seiner Gesundheit ~? как егó здорóвье?

Beschaff|enheit *f* свóйство 4; Qualität кáчество 4; einer Sache состоя́ние 5; *Geol* структýра 6; körperliche телосложéние 5; **~ung** *f* достáвка 6; Erwerb приобретéние 5; Bereitstellung заготóвка 6

beschäftigen *tr* занимáть ⟨заня́ть*⟩ (j-n mit когó-н. чем-н.), давáть* ⟨дать*⟩ рабóту (j-n комý-н.); *übertr* занимáть ⟨заня́ть⟩; sich ~ *refl* занимáться ⟨заня́ться, зан|ялся́, -яли́сь⟩ (mit *I*) | beschäftigt sein рабóтать, быть* зáнятым; das Werk beschäftigt über tausend Arbeiter на завóде зáнято [рабóтает] бóлее ты́сячи рабóчих; dieser Gedanke beschäftigt mich э́та мысль меня́ занимáет, я поглощён э́той мы́слью; wo sind Sie beschäftigt? где вы рабóтаете?; ich bin sehr beschäftigt я óчень зáнят, у меня́ мнóго рабóты; womit sind Sie beschäftigt? чем вы зáняты?

Beschäftigung *f* Tätigkeit; Zeitvertreib заня́тие 5 (mit *I*); Arbeit *a.* рабóта 6 | einer ~ nachgehen занимáться чем-н., имéть рабóту; keine ~ finden не находи́ть ⟨-йти́⟩ рабóты; ohne ~ sein быть без рабóты

Beschäftigungstherapie *f* трудовáя терапи́я 8, трудотерапи́я 8

be|schämen *tr* сты|ди́ть 3 -жý (при-); verwirren сму|щáть ⟨-ти́ть 3 -щý⟩ | er will sich nicht ≈ lassen он не смущáется; **~schämend** (по)сты́д|ный, -ен | ≈es Gefühl чýвство сты́да; **~schämt** присты-ж|ённый, -ён, -енá, сконфýженный | ≈ sein быть присты́женным; **~schatten** *tr* затен|я́ть ⟨-и́ть 3⟩ *A*, бросáть тень на *A* | j-n ~ сле|ди́ть 3 -жý за кем-н., вести́* слéжку за кем-н.; **~schaulich** задýмчив:ый, погружённый в раздýмье; geruhsam спокó|йный, -ен, -йна | ≈e Ruhe блажéнный покóй

Bescheid *m* Antwort отвéт 2; Auskunft разъяснéние 5, спрáвка 6; Nachricht сообщéние 5; offiziell a. извещéние 5; behördliche Entscheidung решéние 5, приговóр 2 | j-m ~ geben информи́ровать 2 (про-) когó-н., давáть ⟨дать⟩ отвéт [знать] комý-н.; j-m ~ sagen сообщ|áть ⟨-и́ть 3⟩ комý-н.; Meinung сказáть своё мнéние комý-н.; ~ erhalten получ|áть ⟨-и́ть 3⁺⟩ отвéт [извещéние 5]; ~ wissen in etw. разбирáться ⟨разо|брáться*, разберýсь, разобрали́сь⟩ в чём-н.; er weiß ~ он в кýрсе (дéла), он знáет, в чём дéло; ich weiß in dieser Gegend ~ э́та мéстность мне знакóма

¹bescheiden *tr:* ihm war wenig Glück beschieden на егó дóлю вы́пало мáло счáстья; es war mir nicht beschieden ... мне не (бы́ло) суждено́ ...; sich ~ *refl* довóльствоваться 2 (у-) (mit *I*)

²bescheiden *Adj* скрóм|ный, -ен, -нá! | allzu ~ sein скрóмничать; ein ~es Leben führen жить* скрóмно

Bescheidenheit *f* скрóмность 9 | aus ~ из скрóмности; falsche ~ напускнáя скрóмность

bescheinen *tr* осве|щáть ⟨-ти́ть 3 -щý⟩; **~igen** *tr* свидéтельствовать 2 (за-); beglaubigen удостов|еря́ть ⟨-éрить 3⟩ | den Empfang von etw. ≈ распи́сываться ⟨-|писáться*⟩ в получéнии чегó-н.

Bescheinigung *f* свидéтельство 4 (über o *P*); удостоверéние 5 (über *G*); Verdienst-, Arbeits-, über Wohnsitz спрáвка 6; Quittung распи́ска 6 (über o *P;* в *P*) | eine ~ ausstellen выдавáть ⟨вы́дать⟩ удостоверéние [спрáвку]

be|schenken *tr* дéлать (с-) подáрок [подáрки] *D;* einige, viele одáривать ⟨одари́ть 3⟩ (mit *I*); **~scheren** *tr* дари́ть 3⁺ (по-); am Weihnachtsabend делáть (с-) какóй-н. (рождéственский) подáрок; vom Weihnachtsmann раз|давáть* ⟨раздáть*⟩ (рождéственские) подáрки

Bescherung *f* Weihnachten раздáча 6 (рождéственских) подáрков | da haben wir die ~! вот так сюрпри́з!, вот тебé и нá!

be|schicken *tr* Veranstaltung посылáть ⟨-|слáть*⟩ на *A;* Ausstellung, Messe отпр|авля́ть ⟨-áвить 3 -áвлю⟩ на *A; Tech* загр|ужáть ⟨-узи́ть 3 -ужý, -ýзишь⟩ | eine Messe ≈ отправля́ть экспонáты на междунарóдную я́рмарку; **~schießen** *tr* обстр|éливать ⟨-еля́ть⟩ *a. Phys;* mit Strahlen облуч|áть ⟨-и́ть 3⟩

Beschießung *f Mil* обстрéл 2

beschimpfen *tr* ругáть (об-), поноси́ть 3⁺ -шý | (gegenseitig) ~ ругáться друг с дрýгом

Beschimpfung *f* поругáние 5, поношéние 5

beschirmen *tr* vor Gefahr оберегáть ⟨-|берéчь*⟩ от *G*

Beschlag *m* Metallstück оби́вка 6, окóвка 6; Pferd подкóвы *Pl* 6; Feuchtigkeit налёт на *A* | er hat ihn ganz in ~ genommen он завладéл им пóлностью, он отнимáет у негó всё врéмя

[1]**beschlagen** *tr* Pferd подкóвывать ⟨-|ковáть*⟩; mit Metall окóвывать ⟨-ковáть⟩; Deichsel, mit Leder обивáть ⟨-|бить*, обобью⟩; Stiefel подбивáть ⟨-|бить*, подобью⟩; *intr* Speise покрывáться ⟨-|крыться*⟩ налётом; Scheibe потéть (за-) | das Fenster ist ~ окнó запотéло

[2]**beschlagen** *Adj* angelaufen запотéлый, запотéвший 11; erfahren, kenntnisreich óпыт|ный, -ен, свéдущ:ий 11 | er ist in Mathematik gut ~ он силён в математике, он основáтельно знáет матемáтику

Beschlagnahme *f Jur* Vermögen конфискáция 8 *G;* zeitlich begrenzt наложéние 5 арéста на *A;* Schriftstücke, Akten вы́емка 6 *G,* изъя́тие 5 *G*

be|schlagnahmen *tr* Vermögen конфисковáть *uv, v* 2 *A;* zeitlich begrenzt налагáть ⟨-ложи́ть 3⁺⟩ арéст на *A;* eine Sache, Akten изымáть ⟨изъя́ть*⟩; **~schleichen** *tr* подкрáдываться ⟨-|крáсться*⟩ к *D* | ein Gefühl der Angst beschlich ihn на негó напáл страх; **~schleunigen** *tr* уско|ря́ть ⟨-óрить 3⟩ | die Schritte ≈ ускóрить шаг; die Geschwindigkeit ≈ увели́ч|ивать ⟨-ить 3⟩ скóрость *G;* beschleunigter Puls учащённый пульс

Beschleunigung *f* ускорéние 5

beschließen *tr* entscheiden реш|áть ⟨-и́ть 3⟩; von einer Behörde u. ä. постанов|ля́ть ⟨-и́ть 3⁺ -лю́⟩; beenden закáнчивать ⟨-кóнчить 3⟩; Gesetz принимáть ⟨приня́ть*⟩ | das ist beschlossene Sache э́то дéло решённое; den (Fest-) Zug ~ замыкáть шéствие

Beschluß *m* Entscheidung решéние 5; einer Behörde u. ä. постановлéние 5 | einen ~ fassen über принимáть ⟨приня́ть*⟩ решéние о *P,* реш|áть ⟨-и́ть 3⟩ *A;* laut ~ соглáсно решéнию [постановлéнию]; zu keinem ~ kommen не приходи́ть 3⁺ ⟨-|йти́*⟩ ни к какóму решéнию

beschlußfähig Versammlung имéющий 11 квóрум

Beschlußfassung *f* приня́тие 5 решéния [постановлéния]

be|schmieren *tr* beschmutzen пáчкать (ис-), марáть (из-); bestreichen намáзывать ⟨-|мáзать*⟩; **~schmutzen** *tr* загрязн|я́ть ⟨-и́ть 3⟩, пáчкать (за-, ис-) (mit *I*); verunreinigen засор|я́ть ⟨-и́ть 3⟩; *übertr* осквернн|я́ть ⟨-и́ть 3⟩; sich ≈ *refl* пáчкаться (ис-) (mit *I*); **~schneiden** *tr* Flügel, Bäume подрезáть ⟨-|рéзать*⟩; Nägel, Äste обрезáть ⟨-рéзать⟩; Strauch, Hecken подстригáть ⟨-|стри́чь*⟩; rituell соверш|áть ⟨-и́ть 3⟩ обрéзание; *übertr* урéз|ывать ⟨-ать⟩; **~schneit** заснéженный, покры́тый [занесённый] снéгом; **~schnuppern** обню́х|ивать ⟨-ать⟩; **~schönigen** *tr* приукрá|шивать ⟨-сить 3 -шу⟩

Beschönigung *f* приукрáшивание 5

be|schottern *tr* покрывáть ⟨-|кры́ть*⟩ щéбнем; **~schränken** *tr* ограни́ч|ивать ⟨-ить 3⟩ (auf *I,* in в *P*); einengen стесн|я́ть ⟨-и́ть 3⟩ (auf в *P*); sich ≈ *refl* ограни́ч|иваться ⟨-иться⟩ (auf *I*); **~schränkt** ограни́чен:ный, -на *a. übertr* | ≈er Mensch ограни́ченный [недалёкий] человéк; in ~en Verhältnissen leben жить в стеснённых услóвиях

Beschränk|theit *f* ограни́ченность 9; **~ung** *f* ограничéние 5; Reduzierung сокращéние 5 | sich ≈en auferlegen ограни́ч|ивать ⟨-ить 3⟩ себя́

beschreiben *tr* Papier испи́сывать ⟨-|писáть*⟩; Erlebnis; Kreis опи́сывать ⟨-писáть⟩; Himmelskörper проходи́ть 3⁺ -хóдит ⟨про|йти́*⟩ (um вокрýг *G*) | das läßt sich nicht ~ э́то неописýемо; seine Bahn ~ *Astr* опи́сывать орби́ту; **~d** описáтельный

Beschreibung *f* описáние 5 | das spottet jeder ~ э́то не поддаётся описáнию

be|schreiten *tr:* einen Weg ≈ *übertr* вступ|áть ⟨-и́ть 3⁺ -лю́⟩ на какóй-н. путь; den Rechtsweg ≈ обра|щáться ⟨-ти́ться 3 -щýсь⟩ в суд; **~schriften** *tr* дéлать (с-) нáдпись на *P,* надпи́сывать ⟨-|писáть*⟩ *A*

Beschriftung *f* нáдпись 9; Zeichnung, Karte экспликáция 8, легéнда 6

beschuldigen *tr* обвин|я́ть ⟨-и́ть 3⟩ (j-n einer Sache, Tat когó-н. в чём-н.) | j-n des Diebstahls ~ обвини́ть когó-н. в воровствé; er wird beschuldigt, einen Menschen ermordet zu haben он обвиня́ется в убийстве человéка [в том, что уби́л человéка]

Be|schuldigung *f* обвинéние 5 в *P* | falsche ≈ лóжное обвинéние; eine ≈ gegen j-n erheben предъяв|ля́ть ⟨-и́ть 3⁺ -лю́⟩ обвинéние прóтив когó-н.; **~schuß** *m Mil* обстрéл 2 | unter ≈ liegen находи́ться 3⁺ под обстрéлом

beschützen *tr* защи|щáть ⟨-ти́ть 3 -щý⟩ (vor от *G*); Grenzen охран|я́ть ⟨-и́ть 3⟩; begünstigen покрови́тельствовать 2 *D*

Beschützer *m* защи́тник 2

beschwatzen *tr umg* угов|áривать ⟨-ори́ть 3⟩

Beschwerde *f* Klage жáлоба 6 (über на *A*); Mühe, Gebrechen *meist Pl* трýдность 9; недýг 2 | bei j-m ~ vorbringen по|давáть* ⟨подáть*⟩ жáлобу комý-н.; welche ~n haben Sie? beim Arzt на что вы жáлуетесь?; es macht ihm ~n э́то затрудня́ет егó; ~n bei etw. haben испы́тывать ⟨-пытáть⟩ затруднéния при чём-н.; die ~n des Alters стáрческие недýги; **~buch** *n* кни́га жáлоб

beschwer|en *tr* Briefe класть* ⟨положи́ть

3⁺⟩ что-н. тяжёлое на *A;* (seelisch) belasten обремен|я́ть ⟨-ни́ть 3⟩ (mit *I*); sich ≈ *refl* жа́ловаться 2 (по-) (bei j-m über etw. кому́-н. на что-н.); **~lich** schwierig затрудни́тел|ьный| -ен| -ьна; lästig тя́гост|ный| -ен | eine ≈e Reise утоми́тельное путеше́ствие

Beschwerlichkeit *f* тру́дность 9, тя́гостность 9; утоми́тельность 9

beschwichtigen *tr* унима́ть ⟨уня́ть*⟩, успок|а́ивать ⟨-о́ить 3⟩

Beschwichtigung *f* успокое́ние 5

be|schwindeln *tr* обма́нывать ⟨-ману́ть 4⁺⟩, надува́ть ⟨-|ду́ть*⟩; **~schwingt** *übertr* окрылённый | in ≈er Stimmung sein испы́тывать (душе́вный) подъём; **~schwipst** *umg* подвы́пивший 11, под хмелько́м; **~schwören** *tr* присяг|а́ть ⟨-ну́ть 4⟩ в *P;* bitten умол|я́ть ⟨-и́ть 3⟩, заклина́ть; *Rel* заклина́ть | seine Aussage ≈ дать* *v* показа́ние под прися́гой; Schlangen ≈ загов|а́ривать ⟨-ори́ть 3⟩ змей

Beschwörung *f* убеди́тельная про́сьба 6, мольба́ 6; Geister~ заклина́ние 5; Schlangen~ загова́ривание 5

beseelt воодушевлён:ный| -на | ~es Spiel проникнове́нная игра́, игра́ с душо́й; vom Wunsche ~ воодушевлённый [прони́кнутый] жела́нием

be|sehen *tr* осм|а́тривать ⟨-отре́ть 3⁺⟩; näher рассм|а́тривать ⟨-отре́ть⟩ | das muß man sich bei Licht ≈ э́то на́до подро́бно рассмотре́ть; sich im Spiegel ≈ смотре́ться в зе́ркало; **~seitigen** *tr* Hindernisse устран|я́ть ⟨-и́ть 3⟩; Trümmer, Schmutz убира́ть ⟨-|бра́ть*⟩; Spuren, Gegensatz уничт|ожа́ть ⟨-о́жить 3⟩; Vorurteile ликвиди́ровать *uv, v* 2; Verdacht рассе́|ивать ⟨-ять| -ю| -ешь⟩; Zweifel разреш|а́ть ⟨-и́ть 3⟩

Beseitigung *f* устране́ние 5; ликвида́ция 8; убо́рка 6

Besen *m* метла́ 6с *Pl* мёт|лы| -ел; kleiner метёлка 6; aus Reisig ве́ник 2 | neue ~ kehren gut но́вая метла́ чи́сто метёт; **~binder** *m* вяза́льщик 2 ве́ников; **~schrank** *m* шкаф для мётел; **~stiel** *m* па́лка 6 от метлы́

besessen одержи́м:ый (von *I*), поме́шан:ный (auf на *P*); rasend бе́шеный | von einer Idee ~ одержи́мый иде́ей; er läuft wie ~ herum он ме́чется как угоре́лый

Besessen|er *m* одержи́мый *Subst* 10 | wie ein ≈ как угоре́лый; sich wie ein ≈ gebärden беснова́ться 2; **~heit** *f* одержи́мость 9

besetz|en *tr* Platz занима́ть ⟨заня́ть*⟩; Stelle, Posten занима́ть ⟨заня́ть⟩, назн|ача́ть ⟨-а́чить 3⟩ (etw. mit j-m кого́-н. на что-н.); *Theat* Rolle распредел|я́ть ⟨-и́ть 3⟩ (ро́ли); *Mil* занима́ть ⟨заня́ть⟩, оккупи́ровать *uv, v* 2; benähen отде́л|ывать ⟨-ать⟩; mit Pelz опуш|а́ть ⟨-и́ть 3⟩; mit Perlen уни́зывать ⟨-|низа́ть*⟩ *I* | ein Kleid mit Spitzen ≈ отде́лать пла́тье кружева́ми; **~t** Platz, Fernsprecher, Abort за́нят:ый, -а́! (mit *I*) | ≈es Gebiet оккупи́рованная о́бласть; der Platz ist bereits ≈ ме́сто уже́ за́нято; diese Stelle wurde mit einem Fachmann ≈ на э́ту до́лжность назна́чили специали́ста; das Theater war gut ≈ теа́тр име́л хоро́ший сбор, на спекта́кле бы́ло мно́го зри́телей; das Stück war gut ≈ пье́са шла в хоро́шем соста́ве; die Rolle war nicht gut ≈ роль сы́грана пло́хо

Besetzung *f* einer Stelle назначе́ние 5 на *A,* замеще́ние 5 *G; Mil* заня́тие 5, оккупа́ция 8; *Theat* распределе́ние 5 (роле́й); соста́в 2 исполни́телей

besichtigen *tr* осм|а́тривать ⟨-отре́ть 3⁺⟩ | Truppen ~ производи́ть 3⁺ -вожу́ ⟨-|ве-сти́*⟩ осмо́тр во́йск

Besichtigung *f* осмо́тр 2

besiedeln *tr* засел|я́ть ⟨-и́ть 3⟩ | dünn besiedelt малонаселённый

Besiedlung *f* заселе́ние 5

be|siegeln *tr* mit Handschlag, einem Kuß скреп|ля́ть ⟨-и́ть 3 -лю́⟩ (mit *I*) | sein Schicksal ist besiegelt его́ судьба́ решена́; **~siegen** *tr* побе|жда́ть ⟨-ди́ть 3| *1. Pers Sg ungebr*| -ждённый⟩ *a. Sport; übertr* по|боро́ть* *v;* **~singen** *tr* воспева́ть ⟨-|пе́ть*⟩; Schallplatte напева́ть ⟨-пе́ть⟩ на *A;* **~sinnen, sich** *refl* Vernunft annehmen опо́мниться *v* 3; sich erinnern вспомина́ть ⟨-по́мнить 3⟩ (auf о *P*), припомина́ть ⟨-по́мнить⟩ (auf *A*) | ich kann mich nicht ≈ я (что-то) не припо́мню; sich eines Besseren ≈ оду́м|ываться ⟨-аться⟩, переду́м|ывать ⟨-ать⟩; **~sinnlich** nachdenklich вду́мчив:ый; beschaulich созерца́тел|ьный| -ен| -ьна

Besinnung *f* Bewußtsein созна́ние 5, чу́вство 4 | bei ~ sein быть в созна́нии; die ~ verlieren теря́ть (по-) созна́ние; (wieder) zur ~ kommen приходи́ть 3⁺ -хожу́ ⟨-|йти́*⟩ в себя́ [в чу́вство], очну́ться *v* 4; Vernunft annehmen образу́м|иться *v* 3 -люсь; er ist nicht bei ~ он без созна́ния; nicht bei Verstand он не в своём уме́

besinnungslos 1. *Adj* бессозна́тел|ьный| -ен| -ьна **2.** *Adv* без созна́ния

Besinnungslosigkeit *f* бессозна́тельное состоя́ние 5

Besitz *m* Eigentum со́бственность 9; Grundbesitz владе́ние 5; geistiges, kulturelles Erbe достоя́ние 5; Besitzen владе́ние 5 *I,* облада́ние 5 *I* | etw. in ~ nehmen за-, vom Gefühl овлад|ева́ть ⟨-е́ть⟩

чем-н.; etw. in [im] ~ haben владе́ть чем-н.; in den ~ von etw. kommen всту-п|а́ть ⟨-и́ть 3⁺ -лю́⟩ во владе́ние чем-н.; das Haus ging in seinen ~ über дом пере-шёл в его́ владе́ние; in (staatlichem) ~ sein находи́ться 3⁺ в (госуда́р-ственной) со́бственности

besitzanzeigend: ~es Fürwort притяжа́-тельное местоиме́ние

besitzen *tr* име́ть *A,* seltener владе́ть *I,* быть* владе́льцем *G; übertr* облада́ть *I,* име́ть *A* | ich besitze ... у меня́ (есть) ...; er besitzt ein Haus у него́ есть дом; er be-sitzt mein Vertrauen он по́льзуется мои́м дове́рием; er besitzt Talent он об-лада́ет тала́нтом, у него́ есть тала́нт; die besitzenden Klassen иму́щие кла́ссы 11-2

Besitzer *m* владе́л|ец, -ьца 2; **~in** *f* владе́-лица 6

besitzlos неиму́щий 11

Besitz|nahme *f* завладе́ние 5 *I;* rechtmä-ßig вступле́ние 5 во владе́ние *I;* **~tum** *n* Vermögen allgemein иму́щество 4; Im-mobilien недви́жимость 9, име́ние 5; Landbesitz (земе́льное) владе́ние 5; **~ung** *f* Gut, Landsitz име́ние 5, (земе́ль-ное) владе́ние 5; **~verhältnisse** *n Pl* от-ноше́ния *Pl* 5 владе́ния

Beskiden Бески́ды *Pl* 2

besoffen *derb* пья́н:ый, -á!

besohlen *tr* подбива́ть ⟨-|би́ть*, -обью́⟩ подмётки к *D* | die Schuhe neu ~ ста́-в|ить 3 -лю (по-) к боти́нкам но́вые под-мётки

Besoldung *f* жа́лованье 5; *Mil* де́нежное содержа́ние 5

besonder|er eigen(artig) осо́бый; ausge-zeichnet осо́бенный; einzeln; speziell отде́льный; außergewöhnlich осо́-бенный, необы́ч|ный, -ен; Fall осо́бый, ча́стный; seltsam стра́нный | ~e Wün-sche [Umstände] осо́бые жела́ния [обсто-я́тельства]; zur ~en Verwendung осо́-бого назначе́ния; auf ~en Befehl осо́бым ука́зом; im ~en в осо́бенности, в ча́стности; nichts ~es ничего́ осо́бен-ного

Besonderheit *f* осо́бенность 9

besonders *Adv* sehr, vor allem осо́бенно; ausdrücklich осо́бо; für sich (allein) от-де́льно; außergewöhnlich чрезвыча́йно; специа́льно | ~ wenn, ... осо́бенно, е́сли ...; nicht ~ не осо́бенно, не о́чень; нева́жно; man muß ihn ~ freundlich be-handeln с ним ну́жно обраща́ться осо́-бенно приве́тливо; etw. ~ erwähnen осо́бо упомяну́ть *v* что-н.; das freut mich ganz ~ э́то меня́ осо́бенно [бо́льше всего́] ра́дует; es geht mir nicht ~ я чу́вст-вую [ус] себя́ нева́жно

besonnen verständig рассуди́тел|ьный, -ен, -ьна, (благо)разу́м|ный, -ен

Besonnenheit *f* рассуди́тельность 9, бла-горазу́мие 5

besorgen *tr* beschaffen до|става́ть* ⟨-|ста́ть*⟩; erledigen исполня́ть ⟨-по́л-нить 3⟩, де́лать (с-); versorgen забо́|-титься 3 -чусь (по-) о *P;* betreuen смо-тре́ть 3⁺ (по-) за *I* | Einkäufe ~ де́лать (с-) поку́пки; für j-n Fahrkarten ~ до-ста́ть для кого́-н. (проездны́е) биле́ты; ich muß Zigaretten ~ я до́лжен доста́ть папиро́с; den Haushalt ~ занима́ться ⟨заня́ться*; -я́лся́, -яли́сь⟩ (дома́шним) хозя́йством, вести́* хозя́йство; ich werde es ihm schon noch ~! *umg* я его́ проучу́!

Besorgnis *f* опасе́ние 5 | ~ erregen вызыва́ть ⟨вы́|звать*⟩ трево́гу

besorg|niserregend внуша́ющий 11 опа-се́ния, трево́ж|ный, -ен; **~t** озабо́-чен:ный, -на | ≈ sein um j-n забо́|титься 3 -чусь (по-) о ком-н.

Besorgung *f* Einkauf поку́пка 6; Erledi-gung вы-, исполне́ние 5; Beschaffung приобрете́ние 5 | ~en machen де́лать (с-) поку́пки

be|spannen *tr* mit Stoff обтя́гивать ⟨-тяну́ть 4⁺⟩ | eine Geige mit Saiten ≈ натя́гивать ⟨-тяну́ть⟩ стру́ны на скри́пку; mit Pferden ≈ запряга́ть ⟨-|пря́чь* [ре]⟩ лошаде́й; **~spiegeln, sich** *refl* рассма́тривать себя́ в зе́ркале; **~spielen** *tr Theat* Ort обсл|у́живать ⟨-ужи́ть 3⁺⟩ спекта́клями; mit Gastspie-len приезжа́ть ⟨-|е́хать*⟩ на гастро́ли | eine Schallplatte [ein Tonband] ≈ запи́-сывать ⟨-|писа́ть*⟩ на пласти́нку [на плёнку]; ein bespieltes Tonband плёнка с (музыка́льной) за́писью; **~spitzeln** *tr* сле|ди́ть 3 -жу́ за *I,* вести́* сле́жку за *I*

Bespitzelung *f* сле́жка 6 (von j-m за кем-н.)

be|spötteln *tr* подтр|у́нивать ⟨-уни́ть 3⟩ над *I;* **~sprechen** *tr* sprechen über гово-ри́ть 3 (по-) о *P;* erörtern обсу|жда́ть ⟨-ди́ть 3⁺ -жу́; -ждённый⟩ (etw. mit j-m что-н. с кем-н.); Artikel писа́ть* (на-) ре-це́нзию на *A;* Schallplatte, Tonband де́-лать (с-) за́пись на *A;* нагов|а́ривать ⟨-ори́ть 3⟩ *A;* sich ≈ *refl* sich beraten со-веща́ться (mit j-m über etw. с кем-н. о чём-н.)

Besprechung *f* Beratung совеща́ние 5 (mit с *I,* über по *D*); Erörterung обсуж-де́ние 5 (über *G*); Rezension реце́нзия 8 (von на *A*)

be|sprengen *tr* опры́ск|ивать ⟨-ать⟩; Wä-sche спры́с|кивать ⟨-нуть 4⟩; Blumen, Straßen полива́ть ⟨поли́ть*⟩; **~spritzen** *tr* обры́зг|ивать ⟨-ать⟩; Pflanzen опры́ск|ивать ⟨-ать⟩; mit Schmutz, Blut; Fußgänger забры́зг|ивать ⟨-ать⟩; **~spü-len** *tr* омыва́ть ⟨-|мы́ть*⟩

besser 1. *Adj* лу́чший 11 | je mehr, desto ~ чем бо́льше, тем лу́чше; ~ machen де́лать (с-) лу́чше; ~ werden улучша́ться ⟨улу́чшиться 3⟩, станови́ться лу́чше; eine Wendung zum Besseren поворо́т к лу́чшему; sich eines Besseren besinnen оду́м|ываться ⟨-аться⟩, взя́ться* *v* за ум; in Ermangelung eines Besseren за неиме́нием лу́чшего; ich habe Besseres zu tun у меня́ есть бо́лее ва́жное де́ло; es ist ~, daß… [wenn…] лу́чше, что́бы… [е́сли…] **2.** *Adv* лу́чше | es geht ihm ~ ему́ лу́чше; um so ~ тем лу́чше; ~ als nichts лу́чше, чем ничего́

bessergestellt (бо́лее) состоя́тельный

bessern *tr* улучша́ть ⟨улу́чшить 3⟩; moralisch испр|авля́ть ⟨-а́вить 3 -а́влю⟩; sich ~ *refl* улучша́ться ⟨улу́чшиться⟩; von Person z. B. Schüler испр|авля́ться ⟨-а́виться⟩ | er verspricht sich zu ~ он обеща́ет испра́виться; dadurch wurde nichts gebessert от э́того не ста́ло лу́чше

Besserung *f* улучше́ние 5; Gesundheit выздоровле́ние 5, попра́вка 6; moralisch исправле́ние 5 | er ist auf dem Wege der ~ vom Kranken он поправля́ется; moralisch он исправля́ется; gute ~! поправля́йтесь скоре́е!

Besserwisser *m* всезна́йка *m* 6

Bestand *m* Weiterbestehen (дальне́йшее 11) существова́ние 5; Vorhandenes z. B. Waren нали́чие 5; Kasse нали́чность 9; Vorrat запа́с 2 (an *G*), фонд 2 (an *G*); Personal, *Mil* (ли́чный) соста́в 2; Bibliothek фо́нд(ы) | von ~ sein быть постоя́нным [про́чным]; den ~ aufnehmen сост|авля́ть ⟨-а́вить 3 -а́влю⟩ инвента́рь

beständig (an)dauernd постоя́нный; Wetter усто́йчив:ый; Glück про́ч|ный, -ен, -на́! | das Wetter war ~ geworden пого́да установи́лась

Beständigkeit *f* постоя́нство 4; усто́йчивость 9

Bestandsaufnahme *f* инвентариза́ция 8

Bestandteil *m* составна́я часть, элеме́нт 2 | in seine ~e zerlegen Motor разбира́ть ⟨разо|бра́ть*, разберу́; разо́бранный⟩ на ча́сти

Bestarbeiter *m* рабо́чий-передови́к *Subst* 11-2e, передови́к произво́дства

be|stärken *tr* укреп|ля́ть ⟨-и́ть 3 -лю́⟩ (j-n in etw. кого́-н. в чём-н.) | das bestärkte mich in meiner Meinung э́то убеди́ло меня́ в пра́вильности моего́ мне́ния, э́то утверди́ло меня́ в моём мне́нии; **~stätigen** *tr* Empfang подтвер|жда́ть ⟨-ди́ть 3 -жу́; -ждённый⟩ *A;* durch Unterschrift распи́сываться ⟨-|писа́ться*⟩ в *P;* Plan; Urteil утвержда́ть ⟨-ди́ть 3 -жу́; -ждённый⟩; Richtigkeit, Echtheit von etw. удостов|еря́ть ⟨-е́рить 3⟩; sich ≈ *refl* Nachricht подтвер|жда́ться ⟨-ди́ться⟩; Befürchtung, Verdacht опр|а́вдываться ⟨-авда́ться⟩ | j-n in seinem Amt [als Bürgermeister] ≈ утверди́ть кого́-н. в до́лжности [бургоми́стром]

Bestätigung *f* Bestätigen подтвержде́ние 5; Empfangsbescheinigung распи́ска 6; Anerkennung, Inkraftsetzen утвержде́ние 5

bestatten *tr* погреба́ть ⟨-|грести́*⟩

Bestattung *f* погребе́ние 5

Bestattungsanstalt *f* похоро́нное бюро́ *n idkl*

bestäuben *itr* mit Mehl посыпа́ть ⟨по|сы́пать*⟩; mit Puder oder Pulver пу́дрить 3 (на-); von Schnee запороши́ть *v* 3; *Bot* опыл|я́ть ⟨-и́ть 3⟩ | bestäubt werden *Bot* опыл|я́ться ⟨-и́ться⟩

bestaubt mit Staub bedeckt запылён:ный

Bestäubung *f Bot* опыле́ние 5

bestaunen *tr* смотре́ть 3⁺ (по-) с удивле́нием на *A;* bewundern див|и́ться 3 -лю́сь (по-) *D*

bestech|en *tr* подкуп|а́ть ⟨-и́ть 3⁺ -лю́⟩ (j-n durch etw. *oder* mit etw. кого́-н. чем-н.) *a. übertr,* дава́ть* ⟨дать*⟩ взя́тку *D* | man hat ihn mit Geld bestochen его́ подкупи́ли деньга́ми, ему́ да́ли взя́тку деньга́ми; sich ≈ lassen брать* ⟨взять*⟩ взя́тку (von j-m с кого́-н.); durch Vorteile соблазн|я́ться ⟨-и́ться 3⟩ (durch etw. чем-н.); **~end:** von ≈er Liebenswürdigkeit sein быть подкупа́юще любе́зным; **~lich** подко́пнуй, прода́жный, -ен

Bestechlichkeit *f* подку́пность 9, прода́жность 9

Bestechung *f* по́дкуп 2

Bestechungsgelder *n Pl* взя́тка 6 (деньга́ми)

Besteck *n* (столо́вый) прибо́р 2; Satz von Instrumenten набо́р 2 (инструме́нтов)

bestehen *tr* Prüfung, Kampf выде́рживать ⟨вы́держать 3⟩; Examen *a.* с|дава́ть ⟨-|да́ть*⟩; Gefahren преодол|ева́ть ⟨-е́ть⟩; *intr* existieren существова́ть 2; fortbestehen продолжа́ться ⟨-до́лжиться 3⟩; Bestand haben быть* постоя́нным [про́чным]; standhalten устоя́ть *v* 3 (vor пе́ред *I*); beharren наст|а́ивать ⟨-оя́ть 3⟩ (auf на *P*); hartnäckig упо́рствовать 2 (auf в *P*); zusammengesetzt sein состоя́ть (aus из *G*); zum Inhalt haben состоя́ть (in в *P*) | es kann kein Zweifel ~ не мо́жет быть сомне́ния; seine Arbeit besteht darin, daß… его́ рабо́та заключа́ется [состои́т] в том, что…; ein Abenteuer ~ пережива́ть ⟨пережи́ть*⟩ приключе́ние; die Delegation besteht aus neun Personen в соста́в делега́ции вхо́дит де́вят челове́к, делега́ция состои́т из девяти́ челове́к

Bestehen *n* Existenz существова́ние 5; Überwindung преодоле́ние 5; Prüfung сда́ча 6 | das 25jährige ~ двадцатипятиле́тие 5; die Universität feierte ihr 150jähriges ~ университе́т отмеча́л стопятидесятиле́тие со дня своего́ основа́ния

be|stehlen *tr* обкра́дывать ⟨обо|кра́сть*, обкраду́⟩; **~steigen** *tr* Berg, Turm подниматься ⟨подня́ться* -я́лся́ -яли́сь⟩ на *A; Berg a.* всходи́ть 3⁺ -хожу́ ⟨взо|йти́*⟩ на *A;* Zug, Wagen сади́ться 3 -жу́сь ⟨сесть*⟩ в *A* | ein Pferd [ein Motorschiff] ≈ сади́ться на ло́шадь [на теплохо́д]; den Thron ≈ вступ|и́ть *v* 3⁺ -лю́ на престо́л

Besteigung *f* Berg восхожде́ние 5 на *A;* Thron вступле́ние 5 на *A*

bestellen *tr* Bestellung aufgeben, reservieren lassen зака́зывать ⟨-|каза́ть*⟩ (bei у *G*); Taxi вызыва́ть ⟨вы́|звать*⟩; Acker возде́л|ывать ⟨-ать⟩, обраб|а́тывать ⟨-о́тать⟩; Brief, Gruß пере|дава́ть* ⟨переда́ть*⟩; Treffpunkt angeben, zu kommen bitten про|си́ть 3⁺ -шу́ (по-) прийти́ (j-n an кого́-н. к *D,* до *G,* in в *A,* nach в *A*); Zeitung подпи́сываться ⟨-|писа́ться*⟩ на *A* | es ist schlecht um ihn bestellt его́ дела́ пло́хи; nicht besser ist es mit etw. bestellt не лу́чше обстои́т де́ло с чем-н.; er bestellte mich um sechs Uhr он попроси́л меня́ прийти́ в шесть часо́в; j-n zu sich ~ пригла|ша́ть ⟨-си́ть 3 -шу́⟩ кого́-н. к себе́

Bestell|er *m* зака́зчик 2; **~ung** *f* Anforderung зака́з 2 (für, auf *G*); Taxi вы́зов 2; Zeitung подпи́ска 6 (auf на *A*); Auftrag, Botschaft поруче́ние 5; Feldbestellung возде́лывание 5, обрабо́тка 6 | auf ≈ на зака́з; **~schein** *m* бланк 2 зака́за; **~zettel** *m* Bibliothek (листо́к-)тре́бование (2-)5

besten|falls *Adv* в лу́чшем слу́чае; **~s** *Adv* лу́чше всего́ | ich empfehle mich ≈ име́ю честь откла́няться; ≈ unterrichtet sein быть осведомлённым наилу́чшим о́бразом

beste|r 1. *Adj* (наи)лу́чший 11, са́мый лу́чший [хоро́ший 11] | das ist der beste Ausweg э́то (са́мый) лу́чший вы́ход; die ~n Wünsche наилу́чшие пожела́ния 11-*Pl* 5; das erste beste nehmen брать ⟨взять⟩ что попа́ло; der erste beste пе́рвый встре́чный; beim ~n Willen при всём жела́нии; sie hat sich von ihrer ~n Seite gezeigt она́ показа́ла себя́ с са́мой лу́чшей [с наилу́чшей] стороны́; sie ist in den ~n Jahren она́ в расцве́те сил; er ist der Beste in der Klasse он пе́рвый учени́к в кла́ссе; ich tue mein Bestes, um … я де́лаю всё возмо́жное, что́бы …; die Sache steht nicht zum ~en де́ло обстои́т нева́жно; ich will nur dein Bestes я хочу́ тебе́ то́лько добра́ **2.** *Adv:* am ~n лу́чше всего́; aufs beste как нельзя́ лу́чше, наилу́чшим о́бразом; das mußt du doch am ~n wissen э́то ты до́лжен знать лу́чше всего́; besser als alle anderen лу́чше всех; j-n zum ~n haben подтр|у́нивать ⟨-уни́ть 3⟩ над кем-н.; etw. zum ~n geben spendieren уго|ща́ть ⟨-сти́ть 3 -щу́⟩ чем-н.; vortragen выступа́ть ⟨вы́ступить 3⟩ с чем-н.; расска́зывать ⟨-с|каза́ть*⟩; mein Bester! мой дорого́й!

besteuern *tr* облага́ть ⟨-ложи́ть 3⁺⟩ нало́гом

Besteuerung *f* обложе́ние 5 нало́гом

Bestform *f Sport* отли́чная фо́рма 6

bestialisch зве́рский; Wut бе́шеный

Bestialität *f* зве́рство 4

besticken *tr* укр|аша́ть ⟨-а́сить 3 -а́шу⟩ вы́шивкой *A*

Bestie *f* (ди́кий) зверь; *übertr* и́зверг 2

bestimmbar определи́м:ый

bestimmen *tr* festsetzen назн|ача́ть ⟨-а́чить 3⟩; festlegen (Lohn, Norm, Frist) устан|а́вливать ⟨-ови́ть 3⁺ -овлю́⟩; ernennen назн|ача́ть ⟨-а́чить⟩ (j-n zu etw. кого́-н. чем-н., на до́лжность кого́-н.); beschließen постанов|ля́ть ⟨-и́ть 3⁺⟩, реш|а́ть ⟨-и́ть 3⟩; definieren; festlegen определ|я́ть ⟨-и́ть 3⟩; vorsehen предназн|ача́ть ⟨-а́чить⟩ (für *D,* для *G*); veranlassen побу|жда́ть ⟨-ди́ть 3 -жу́, -ждённый⟩ | j-n zu seinem Nachfolger ~ назна́чить кого́-н. свои́м прее́мником [насле́дником]; sein Schicksal ~ реши́ть свою́ судьбу́; du hast hier gar nichts zu ~ ты здесь не распоряжа́ешься; es war ihm nicht bestimmt … ему́ не́ было суждено́ …

bestimmt 1. *Adj* feststehend определён|ный, -ен, -на, назна́ченный; entschieden реши́тел|ьный, -ен, -ьна | der ~e Artikel *Gramm* определённый арти́кль; zur ~en Stunde в определённый [в назна́ченный] час; etw. mit ~en Worten erklären категори́чески заяви́ть что-н. **2.** *Adv* определённо, катергори́чески; sicher, unbedingt непреме́нно, обяза́тельно; *umg* наверняка́ | ganz ~! наве́рное!, непреме́нно!; er wird ~ kommen! он непреме́нно [обяза́тельно] придёт!; ich kann es nicht ~ sagen я не могу́ сказа́ть э́то определённо; ~ wissen твёрдо [то́чно] знать

Bestimm|theit *f* уве́ренность 9; Entschiedenheit реши́тельность 9 | mit ≈ sagen сказа́ть *v* с уве́ренностью [реши́тельно]; **~ung** *f* Festsetzung; Ziel назначе́ние 5; Anordnung постановле́ние 5, предписа́ние 5; Festlegung; Definition определе́ние 5 *a. Gramm;* Schicksal у́часть 9, призва́ние 5 | gesetzliche ≈ законоположе́ние 5; adverbiale ≈ обстоя́тельство 4

Bestimmungs|bahnhof *m* стáнция назначéния; **~ort** *m* мéсто назначéния; **~wort** *n Gramm* определя́ющее 11 слóво

Bestleistung *f* рекóрд 2

bestmöglich *Adv* наилу́чшим óбразом, как мóжно лу́чше

bestrafen *tr* накáзывать ⟨-|казáть*⟩ (für, wegen за *A*); streng карáть (по-) (für, wegen за *A*)

Bestrafung *f* наказáние 5; кáра 6

bestrahlen *tr* осве|щáть ⟨-ти́ть 3 -щу́⟩ (лучáми); *Med, Phys* облуч|áть ⟨-и́ть 3⟩ (mit *I*) | sich ~ lassen *Med* облуч|áться ⟨-и́ться⟩

Bestrahlung *f Med, Phys* облучéние 5

Bestrahlungs|lampe *f* лáмпа для облучéния; **~therapie** *f* лучевáя терапи́я

Bestreben *n* старáние 5 | sein ~ geht dahin … он стреми́тся к тому́ …

bestrebt: sie ist ~, alles recht zu machen онá старáется сдéлать всё как слéдует

Bestrebung *f* стремлéние 5; ~en Versuche попы́тки *Pl* 5

be|streichen *tr mit Flüssigem, Fettem* намáзывать ⟨-|мáзать*⟩ (etw. mit что-н. чем-н., на что-н. что-н.) | mit Butter ≈ намáзать мáслом; **~streiten** *tr* Aussage осп|áривать ⟨-óрить 3⟩; Ausgaben покрывáть ⟨-|кры́ть*⟩; vom Sportler учáствовать 2 в *P* | eine Unterhaltung ≈ поддéрживать ⟨-держáть 3⁺⟩ разговóр, вести́* бесéду; ich will dies nicht ≈ я э́того не отрицáю; er bestritt das ganze Programm егó выступлéние зáняло всю прогрáмму; ein Spiel gegen j-n ≈ *Sport* проводи́ть 3⁺ -вожу́ ⟨-|вести́*⟩ игру́ с кем-н.

Bestreitung *f:* ~ der Kosten покры́тие 5 издéржек

be|streuen *tr* посыпáть ⟨-|сы́пать*⟩; mit Blumen осыпáть ⟨-сы́пать⟩ *I;* **~stricken** *tr übertr* плен|я́ть ⟨-и́ть 3⟩, очар|óвывать ⟨-овáть 2⟩; **~strickend** плени́тел|ьный, -ен, -ьна, очаровáтел|ьный, -ен, -ьна

Best|seller *m* бестсéллер 2; **~student** *m* студéнт-отли́чник 2-2

be|stücken *tr* осна|щáть ⟨-сти́ть 3 -щу́⟩; Schiff вооруж|áть ⟨-и́ть 3⟩; **~stürmen** *tr* штурмовáть 2 | j-n mit Fragen ≈ оса|ждáть ⟨-ди́ть 3 -жу́⟩ когó-н. вопрóсами; j-n mit Bitten ≈ доса|ждáть ⟨-ди́ть 3 -жу́⟩ кому́-н. прóсьбами; **~stürzt 1.** *Adj* пораж|ённый, -ён, -енá (über *I*) **2.** *Adv* растéрянно, ошеломлённо | ich bin über diese Nachricht ≈ я поражён [озадáчен] э́тим извéстием; das machte ihn ganz ≈ э́то ошеломи́ло егó

Bestürzung *f* замешáтельство 4 | auf allen Gesichtern zeigte sich (arge) ~ на всех ли́цах отобрази́лось си́льное смущéние; j-n in ~ versetzen вызывáть ⟨вы́|звать*⟩ замешáтельство у когó-н.

Bestzeit *f Sport* лу́чшее 11 врéмя

Besuch *m* das Besuchen, Aufsuchen посещéние 5 *G;* offizieller a. визи́т 2 (in в *A*); Besucher посети́тели *Pl* 1; Gäste гóсти *Pl* 1g; Besucherzahl посещáемость 9 | j-m einen ~ machen посе|щáть ⟨-ти́ть 3 -щу́⟩ когó-н.; ein ~ beim Minister посещéние мини́стра [offiziell визи́т к мини́стру]; wir haben ~ у нас гóсти; ich habe ~ bekommen ко мне пришли́ [von auswärts приéхали] гóсти; zu ~ sein быть в гостя́х, го|сти́ть 3 -щу́; zu j-m zu ~ gehen идти́ [при|йти́* *v*] в гóсти к кому́-н.; j-m einen ~ abstatten нанести́* *v* кому́-н. визи́т; wir kamen von einem ~ мы бы́ли в гостя́х, мы пришли́ из гостéй; j-n zum ~ einer Ausstellung einladen пригласи́ть когó-н. посети́ть вы́ставку

besuchen *tr* посе|щáть ⟨-ти́ть 3 -щу́⟩; Bekannte a. наве|щáть ⟨-сти́ть 3 -щу́⟩; Veranstaltung, Schule хо|ди́ть 3⁺ -жу́ в *A,* посе|щáть ⟨-ти́ть⟩ *A;* häufig verkehren (чáсто) бывáть у *G,* ходи́ть; kurz aufsuchen заезжáть ⟨-|éхать*⟩ к *D,* meist auf der Durchreise; zu Fuß заходи́ть 3⁺ -хожу́ ⟨-|йти́*⟩ к *D* | Vorlesungen ~ ходи́ть на лéкции, посещáть лéкции; er besucht die Schule [Universität] он у́чится в школе [в университéте]; eine Ausstellung ~ посети́ть вы́ставку; das Museum wird stark besucht в (э́том) музéе мнóго посети́телей; eine stark [gut] besuchte Versammlung многолю́дное собрáние; eine schlecht besuchte Gaststätte мáло посещáемый ресторáн

Besucher *m* Theater, Kino, Sportveranstaltung зри́тель 1; Konzert слу́шатель 1; Ausstellung, Bibliothek, Museum, Theater посети́тель 1; Gast гость 1g; **~in** *f* посети́тельница 6; Gast гóстья 7; **~strom** *m* потóк посети́телей; **~zahl** *f* числó [коли́чество] посети́телей [зри́телей]

Besuchs|tag *m* день посещéния; **~zeit** *f* врéмя посещéний; **~zimmer** *n* гости́ная *Subst* 10, приёмная *Subst* 10

besudeln *tr übertr* осквер|я́ть ⟨-и́ть 3⟩, марáть (за-, из-)

betagt пожилóй, преклóнного вóзраста

be|tasten *tr* ощу́п|ывать ⟨-ать⟩; Waren щу́пать (по-); *Med* пальпи́ровать *uv, v* 2; **~tätigen** *tr Tech* приводи́ть 3⁺ -вожу́ ⟨-|вести́*⟩ в дéйствие, пу|скáть ⟨-сти́ть 3⁺ -щу́⟩ в ход; sich ≈ *refl* занимáться ⟨заня́ться*, -ял́ся, -яли́сь⟩ (mit, in *I*); принимáть ⟨приня́ть*⟩ учáстие (an, bei в *P*) | er betätigte sich politisch [sportlich] он занимáлся полити́ческой дéятельностью [спóртом]

Betätigung *f Tech* приведéние 5 в дéйствие; Aktivität(en) дéятельность 9;

участие 5 в *P* | sportliche ~ заня́тие 5 спо́ртом

Betätigungsfeld *n* по́ле де́ятельности

betäuben *tr* durch Schlag, durch Lärm оглуш|а́ть ⟨-и́ть 3⟩; *übertr* дурма́нить 3 (о-); *Med* анестези́ровать [нэстэ] *uv, v* 2, де́лать (с-) нарко́з | den Schmerz ~ заглуши́ть *v* боль; sein Gewissen ~ заглуша́ть го́лос со́вести; durch Narkose ~ обезбо́л|ивать ⟨-ить 3⟩ нарко́зом; (örtlich) betäubt под (ме́стным) нарко́зом; **~d** Lärm оглуши́тел|ьный, -ен, -ьна; Duft дурма́нящий 11, пьяня́щий 11

Betäubung *f* Benommenheit состоя́ние 5 одурма́нности, о́дурь 9; durch Lärm оглуше́ние 5; *Med* анестези́я [нэстэ] 8, нарко́з 2 | örtliche ~ ме́стная анестези́я; mit ~ под нарко́зом

Betäubungsmittel *n* наркоти́ческое сре́дство, нарко́тик 2

Bete *f Bot* свёкла 6 | rote ~ свёкла столо́вая

beteiligen *tr* де́лать (с-) (кого́-н.) уча́стником (an etw. чего́-н.); ver-, zuteilen надел|я́ть ⟨-и́ть 3⟩ (j-n an etw. кого́-н. чем-н.); sich ~ *refl* уча́ствовать 2 (an в *P*), принима́ть ⟨приня́ть*⟩ уча́стие (an в *P*); finanziell вкла́дывать ⟨-ложи́ть 3⁺⟩ капита́л (an в *A*) | j-n am Gewinn ~ сде́лать *v* кого́-н. соуча́стником при́были; an einer Sache beteiligt sein *Jur* быть прича́стным к чему́-н.; er war daran beteiligt он принима́л в э́том уча́стие, он уча́ствовал в э́том

Beteilig|te *f* уча́стница 6 (an *G*), уча́ствующая *Subst* 10 (an в *P*); **~ter** *m* уча́стник 2, (an *G*), уча́ствующий *Subst* 10 (an в *P*); **~ung** *f* уча́стие 5 (an в *P*) | unter ≈ von j-m при уча́стии кого́-н.; unter starker ≈ при большо́м коли́честве уча́стников; aus Mangel an ~ ввиду́ небольшо́го числа́ уча́стников, из-за недоста́тка жела́ющих; ein Betrieb mit staatlicher ~ предприя́тие с уча́стием госуда́рства, полугосуда́рственное предприя́тие

beten *intr* моли́ться 3⁺ (по-) (für j-n за кого́-н., um etw. о чём-н.) | zu Gott ~ моли́ться бо́гу

beteuern *tr* у-, заверя́ть ⟨-ве́рить⟩ (j-m etw. кого́-н. в чём-н.) | seine Unschuld ~ кля́сться* (по-) в свое́й неви́нности

Beteuerung *f* увере́ние 5, завере́ние 5 (von etw. в чём-н.)

betiteln *tr* eine Überschrift geben озагла́вливать ⟨-ить 3 -лю⟩

Beton *m* бето́н 2; **~decke** *f* Straße бето́нное покры́тие 5

betonen *tr Ling* де́лать (с-) ударе́ние на *P;* hervorheben подчёркивать ⟨-черкну́ть 4; -чёркнутый⟩ | er benimmt sich betont höflich он де́ржится подчёркнуто ве́жливо; ein betonter Vokal уда́рный гла́сный

Betonfertigteil *m* сбо́рный бето́нный элеме́нт 2

betonieren *tr* бетони́ровать 2 (за-)

Beton|mischmaschine *f* бетономеша́лка 6; **~straße** *f* бето́нная доро́га

Betonung *f Ling* ударе́ние 5; Hervorhebung подчёркивание 5

Betonungs|fehler *m* оши́бка в ударе́нии; **~zeichen** *n* знак ударе́ния

Betonwerk *n* бето́нный заво́д; заво́д железобето́нных изде́лий

betören *tr* плен|я́ть ⟨-и́ть 3⟩, ослеп|ля́ть ⟨-и́ть 3 -лю́⟩; **~d** Schönheit очарова́тел|ьный, -ен, -ьна, ослепи́тел|ьный, -ен, -ьна; Duft пьяня́щий 11

Betracht *m:* außer ~ lassen не принима́ть ⟨приня́ть*⟩ во внима́ние [в расчёт]; in ~ ziehen принима́ть ⟨приня́ть⟩ во внима́ние [в расчёт]; er kommt für diese Stelle nicht in ~ он не годи́тся для э́той до́лжности

betrachten *tr* ansehen смотре́ть 3⁺ (по-) на *A;* aufmerksam von allen Seiten рассм|а́тривать ⟨-отре́ть⟩; halten für счита́ть ⟨счесть*⟩ (als *I*); einschätzen рассм|а́тривать (als как *A*) | etw. genau ~ присм|а́триваться ⟨-отре́ться⟩ к чему́-н.; sich im Spiegel ~ смотре́ться (по-) в зе́ркало; näher betrachtet при ближа́йшем рассмотре́нии; politisch betrachtet (рассма́тривая) с полити́ческой то́чки зре́ния

Betrachter *m:* der ~ dieses Bildes … челове́к, смотря́щий 11 на э́ту карти́ну …

beträchtlich значи́тел|ьный, -ен, -ьна | um ein ~es значи́тельно, о́чень, намно́го

Be|trachtung *f* das Anschauen рассма́тривание 5; Untersuchung рассмотре́ние 5; Überlegung рассужде́ние 5; ≈en *Pl* соображе́ния *Pl* 5, размышле́ния *Pl* 5 | bei näherer ≈ при ближа́йшем рассмотре́нии; ~en über etw. anstellen размышля́ть о чём-н.; **~trag** *m* су́мма 6 | im ≈e von … в су́мме … *A;* ein ≈ von zwanzig Mark су́мма в два́дцать ма́рок

betragen *intr* sich belaufen auf сост|авля́ть ⟨-а́вить 3 -а́влю⟩ *A;* sich ~ *refl* вести́* себя́ | die Rechnung beträgt hundert Rubel счёт составля́ет сто рубле́й

Betragen *n* поведе́ние 5

be|trauen *tr* поруч|а́ть ⟨-и́ть 3⁺⟩ (j-n mit etw. кому́-н. что-н.) | er wurde mit einem wichtigen Auftrag betraut ему́ да́ли [дове́рили] ва́жное поруче́ние; **~trauern** *tr* скорб|е́ть 3 -лю́ о *P;* sein Los опла́кивать ⟨-|пла́кать*⟩

betreffen *tr* каса́ться ⟨косну́ться 4⟩ *G,* относи́ться 3⁺ к *D;* zustoßen постига́ть ⟨-сти́чь* *u.* -сти́гнуть 4а⟩ | was mich betrifft ... что каса́ется меня́ ...; **~d 1.** *Adj* der zuständige соотве́тствующий 11; der genannte да́нный, упомя́нутый **2.** *Adv* относи́тельно *G*, каса́ясь *G*

betreffs *Präp* относи́тельно *G*, что каса́ется *G*

betreiben *tr* Studien занима́ться *I;* Prozeß, Politik вести́*, проводи́ть 3⁺ -вожу́ ⟨-вести́⟩; ein Ziel verfolgen пресле́довать 2; beschleunigen уск|оря́ть ⟨-о́рить 3⟩; *Tech* приводи́ть ⟨-вести́⟩ в движе́ние [в де́йствие] | eifrig Studien ≈ усе́рдно изуча́ть что-н.; die Strecke wird elektrisch betrieben доро́га электрифици́рована

Betreiben *n:* auf sein ~ по его́ настоя́нию

[1]**betreten** *tr* Straße, Bühne выхо|ди́ть 3⁺ -жу́ ⟨вы́|йти*⟩ на *A;* eintreten вхо|ди́ть 3⁺ -жу́ ⟨во|йти́*⟩ в *A;* fremden Boden, Weg вступ|а́ть ⟨-и́ть 3⁺ -лю́⟩ на *A* | j-s Schwelle nie wieder ~ никогда́ бо́лее не переступа́ть чьего́-н. поро́га

[2]**betreten** *Adj übertr* смущ|ённый, -ён, -ена́ | ~es Schweigen тя́гостное молча́ние

Betreten *n:* ~ verboten! вход воспрещён!; das ~ des Bahndamms ist verboten! хо|ди́ть 3⁺ -жу́ по путя́м воспреща́ется!

betreuen *tr* sich kümmern um забо́|титься 3 -чусь (по-) о *P;* pflegen ход|и́ть 3⁺ -жу́ за *I*, уха́живать за *I;* bedienen z. B. Fahrgäste, Touristen обслу́живать; Brigade, Diplomand, wissenschaftliche Arbeit руково|ди́ть 3 -жу́ *I;* Touristen, Gäste быть* прикреплённым к *D* | er betreut eine Studentengruppe [eine Delegation] его́ прикрепи́ли к студе́нческой гру́ппе [к делега́ции]; er betreut Delegationen он рабо́тает с делега́циями

Betreu|er *m* забо́тящийся *Subst* 11 о *P;* обслу́живающий *Subst* 11 *A;* Touristen, Delegationen сопровожда́ющий *Subst* 11 *A*, помо́щник-перево́дчик 2-2; Ferienlager воспита́тель 1 | ≈ einer Delegation сопровожда́ющий делега́цию; er ist ≈ einer Studentengruppe его́ прикрепи́ли к студе́нческой гру́ппе; wissenschaftlicher ≈ нау́чный руководи́тель; **~ung** *f* обслу́живание 5 *G;* Fürsorge забо́та 6 о *P;* Pflege ухо́д за *I* | medizinische [kulturelle] ≈ медици́нское [культу́рное] обслу́живание; künstlerische [wissenschaftliche] ≈ худо́жественное [нау́чное] руково́дство 4

Betreuungsstelle *f Med* консульта́ция 8, диспансе́р [сэ] 2

Betrieb *m* Unternehmen, Arbeitsstätte предприя́тие 5; Werk заво́д 2; Tätigkeit, Arbeitsablauf произво́дство 4, рабо́та 6; эксплуата́ция 8; Verkehr, lebhaftes Treiben движе́ние 5, оживле́ние 5 | im ~ на предприя́тии, на заво́де, на произво́дсте; der ~ beschäftigt tausend Arbeiter на предприя́тии [на заво́де] занята́ [рабо́тает] ты́сяча рабо́чих; das Werk ist seit Jahren in ~ заво́д рабо́тает мно́го лет; der Fahrstuhl ist in ~ лифт рабо́тает [де́йствует]; außer ~ sein не рабо́тать, не де́йствовать 2; den ~ aufnehmen начина́ть ⟨нача́ть*⟩ рабо́ту [произво́дство]; in ~ setzen приводи́ть 3⁺ -вожу́ ⟨-|вести́*⟩ в де́йствие, пу|ска́ть ⟨-сти́ть 3⁺ -щу́⟩ в ход; in ~ nehmen пуска́ть ⟨-сти́ть⟩ в эксплуата́цию, вводи́ть ⟨-вести́⟩ в строй [в эксплуата́цию]; neue Objekte werden in ~ genommen всту-па́ют в строй [вво́дятся] но́вые объе́кты; da ist [herrscht] immer starker ~ здесь всегда́ [цари́т] большо́е оживле́ние

betrieblich произво́дственный, заводско́й; на [при] предприя́тии

Betriebs|abrechnung *f* произво́дственный учёт 2; **~akademie** *f* систе́ма 6 ку́рсов повыше́ния квалифика́ции рабо́чих (на предприя́тии)

Betriebsamkeit *f* эне́ргия 8; übertriebene Rührigkeit суета́ 6

Betriebs|angehöriger *m* рабо́чий *Subst* 11 [Angestellter слу́жащий *Subst* 11] предприя́тия [заво́да]; **~anlagen** *f (Pl)* произво́дственные устано́вки; Räume заводски́е помеще́ния; **~arzt** *m* врач при предприя́тии; врач здравпу́нкта (на предприя́тии); **~ausflug** *m* (за́городная) экску́рсия (для рабо́тников предприя́тия), массо́вка 6; **~ausweis** про́пуск 2 (на заво́д); **~berufsschule** *f* шко́ла фабри́чно-заводско́го обуче́ния; im Betrieb профессиона́льная шко́ла при предприя́тии; **~besichtigung** *f* осмо́тр предприя́тия; (произво́дственная) экску́рсия 8; **~ergebnis** *n Wirtsch* бала́нс 2 предприя́тия; **~erholungsheim** *n* = **Betriebsferienheim;** **~essen** *n* обе́ды *Pl* 2 по удешевлённым це́нам в заводско́й столо́вой; **~fachschule** *f* те́хникум 2 при предприя́тии; **~ferienheim** *n* дом о́тдыха предприя́тия; eines Werkes заводско́й дом о́тдыха; **~ferienlager** *m* (пионе́рский) ла́герь предприя́тия; eines Werkes заводско́й (пионе́рский) ла́герь; **~fest** *n* ве́чер 2b *Pl* -а́ для рабо́чих и слу́жащих предприя́тия; **~funk** *m* заводско́й радиоу́з|ел, -ла́ 2e; **~gaststätte** *f* заводска́я столо́вая; **~geheimnis** *n* произво́дственный секре́т; **~gewerkschaftsleitung** *f* профко́м 2 предприя́тия; in der UdSSR in einem Produktionsbetrieb завко́м 2, заводско́й комите́т 2; in Behörde, Schule, Universität местко́м 2, ме́стный комите́т; **~kapital** *n* оборо́тный капита́л; **~kindergarten** *m* де́тский сад при предприя́тии; **~kollektivvertrag** *m* коллекти́вный догово́р предприя́тия; ~**kosten** *Pl* издéржки *Pl* 6 произво́дства; ~**küche** *f* столо́вая *Subst* 10 при предприя́тии; ~**küchenessen** *n* пита́ние 5 в заводско́й столо́вой; ~**leiter** *m* дирéктор [руководи́тель] предприя́тия; Produktion заве́дующий произво́дством; ~**leitung** *f* руково́дство предприя́тием; Kollektiv дирéкция 8 [администра́ция 8] предприя́тия; ~**ordnung** *f* пра́вила *Pl* 4 вну́треннего распоря́дка на предприя́тии; ~**parteiorganisation** *f* первúчная парторганиза́ция на предприя́тии; ~**plan** *m* произво́дственный план (предприя́тия); ~**poliklinik** *f* поликли́ника при предприя́тии; ~**praktikum** *n* произво́дственная пра́ктика; ~**rat** *m BRD* произво́дственный совéт, заводско́й комитéт 2, завко́м 2; ~**schutz** *m* заводска́я охра́на

betriebssicher надёжный в рабо́те

Betriebs|sicherheit *f Tech* надёжность в эксплуата́ции; ~**sportgemeinschaft** *f* спорти́вное о́бщество предприя́тия; ~**stillegung** *f* свёртывание произво́дства; ~**störung** *f* нарушéние 5 произво́дственного процéсса; ~**unfall** *m* произво́дственная тра́вма 6, несча́стный слу́чай на произво́дстве; ~**verkaufsstelle** *f* заводско́й магази́н 2, магази́н на предприя́тии; ~**versammlung** *f* собра́ние на предприя́тии [на заво́де]; ~**wirtschaft** *f* эконо́мика 6 и организа́ция 8 произво́дства; ~**zeitung** *f* заводска́я газéта; mit größerer Auflage многотира́жка 6; ~**zweig** *m* о́трасль произво́дства

be|trinken, sich *refl* напива́ться ⟨-|пи́ться*| -пили́сь⟩ (пья́ным); ~**troffen** смущ|ённый| -ён| -ена́ (über *I*); ~**trüben** *tr* печа́лить 3 (о-), огорч|а́ть ⟨-и́ть 3⟩; ~**trüblich** печа́л|ьный| -ен| -ьна; ~**trübt** огорч|ённый| -ён| -ена́, гру́стный| -ен| -на́! | über etw. ≈ sein горева́ть 2 [печа́литься 3 (о-)] о чём-н.

Betrug *m* обма́н 2; Untreue изме́на 6 | das ist ein glatter ~! э́то сплошно́е надува́тельство!

betrügen *tr* обма́нывать ⟨-ману́ть 4⁺⟩; обма́ном лиш|а́ть ⟨-и́ть 3⟩ (j-n um etw. кого́-н. чего́-н.); *intr* meist beim Spiel плутова́ть 2 (на-, с-) *umg* | j-n um zehn Mark ~ обма́нывать ⟨-ману́ть⟩ [обсч|и́тывать ⟨-ита́ть⟩] кого́-н. на де́сять ма́рок; seine Frau betrügt ihn его́ жена́ ему́ изменя́ет; sich nicht ~ lassen не подда́ться* *v*| -да́лся| -дали́сь обма́ну; ich sah mich in meinen Hoffnungen betrogen я обману́лся в свои́х наде́ждах

Betrüger *m* обма́нщик 2

be|trügerisch обма́нчив¦ый; lügnerisch лжи́в¦ый | ≈e Absicht наме́рение обману́ть; ~**trunken** пья́н¦ый| -а́! | ≈ werden пьяне́ть (о-); j-n ein wenig ≈ machen спа́ивать ⟨споить 3 спо́ишь⟩ кого́-н.; er ist schwer [leicht] ≈ он си́льно [слегка́] пьян

Betrunkener *m* пья́ный *Subst* 10

Bett *n* крова́ть 9; zurechtgemachtes посте́ль 9; im Krankenhaus ко́йка 6; Fluß≈ ру́сло 4 *G Pl* русл, ло́же 4 | ein Hotel mit dreihundert ~en гости́ница на три́ста мест; ein Krankenhaus mit zweihundert ~en больни́ца на две́сти ко́ек; das ~ machen стлать* (по-) [пост|ели́ть *v* -елю́| -е́лешь] посте́ль; zu ~ gehen ложи́ться 3 ⟨лечь*⟩ спать, идти́ спать; zu ~ bringen Kinder укла́дывать ⟨уложи́ть 3⁺⟩ спать; sich ins ~ legen bei Krankheit с|лечь* *v* (в посте́ль); ans ~ gefesselt sein быть прико́ванным к посте́ли; im ~ liegen лежа́ть 3 в посте́ли; auf dem ~ liegen лежа́ть на крова́ти [на ко́йке]; am ~ sitzen сиде́ть у посте́ли; aus dem ~ steigen в|стать* *v* с посте́ли; mit j-m ins ~ gehen спать* с кем-н.; ~**bezug** *m* пододея́льник 2; ~**couch** *f* дива́н-крова́ть 2-9; ~**decke** *f* одея́ло 4; Zierdecke покрыва́ло 4 (на посте́ль)

bettelarm ни́щий 11, о́чень бе́д|ный| -ен| -на́| -но́| бедны́

Bettelei *f* ни́щенство 4, попроша́йничество 4

betteln *intr* про|си́ть 3⁺ -шу́ (по-) ми́лостыню; inständig bitten неотсту́пно проси́ть (по-) (um etw. что-н., чего́-н.,о чём-н.) | ~ gehen идти́ ⟨пойти́⟩ с сумо́ю

Bettelstab *m:* an den ~ bringen пу|сти́ть *v* 3⁺ -щу́ по́ миру кого́-н.

betten *tr* укла́дывать ⟨уложи́ть 3⁺⟩ (zum Schlafen в посте́ль) | er ist nicht auf Rosen gebettet у него́ жизнь нелёгкая

Betten|haus *n* спа́льный ко́рпус 2b *Pl* -а́ z. B. im Erholungsheim; eines Krankenhauses стациона́р 2; ~**kapazität** *f* Krankenhaus чис|ло́ 4c *G Pl* -ел ко́ек; Sanatorium вмести́мость 9; ~**station** *f Med* стациона́рное отделе́ние, стациона́р 2

Bettkarte *f Eisenb* плацка́рта 6 в спа́льный ваго́н

bettlägerig лежа́чий 11; *Med* посте́льный | ~ sein лежа́ть 3 в посте́ли, соблюда́ть посте́льный режи́м

Bettlaken *n* простыня́ 7 *Pl* про́стыни| прост|ы́нь| -ыня́м

Bettler *m* ни́щий *Subst* 11

Bett|nässer *n* страда́ющий *Subst* 11 ночны́м недержа́нием мочи́; ~**ruhe** *f* посте́льный режи́м 2; ~**umrandung** *f* ко́врики *Pl* 2 [доро́жки *Pl* 6] вокру́г крова́ти; ~**vorleger** *m* ко́врик 2 пе́ред крова́тью; ~**wäsche** *f* посте́льное бельё; ~**zeug** *n* посте́ль 9, посте́льные принадле́жности *Pl* 9

betupfen *tr* abtupfen сма́чивать ⟨смочи́ть

3⁺⟩; mit Tupfen versehen покрыва́ть ⟨-|кры́ть*⟩ пя́тнами [кра́пинками]

beugen *tr* сгиба́ть ⟨согну́ть 4ı со́гнутый⟩; nieder~ наклон|я́ть ⟨-и́ть 3⁺ı -ённый⟩; *Gramm:* deklinieren склоня́ть (про-); konjugieren спряга́ть (про-); sich ~ *refl* sich bücken наклон|я́ться ⟨-и́ться⟩; склон|я́ться ⟨-и́ться⟩ (über над *I*); *übertr* преклон|я́ться ⟨-и́ться 3⟩ (vor пе́ред *I*) | die Knie ~ преклон|я́ть ⟨-и́ть⟩ коле́ни; das Recht ~ *Jur* наруша́ть ⟨-ру́шить 3⟩ зако́н

Beugung *f* das Beugen сгиба́ние 5; Rumpf накло́н 2; *Gramm:* Deklination склоне́ние 5; Konjugation спряже́ние 5; *Phys* дифра́кция 8 | ~ des Rechts *Jur* наруше́ние 5 зако́на

Beule *f* ши́шка 6; *Med* желва́к 2e

beunruhigen *tr* беспоко́ить 3, трево́жить 3 (вс-); sich ~ *refl* беспоко́иться, трево́житься (вс-) (über о *P*); **~d** трево́ж|ный, -ен

Beunruhigung *f* беспоко́йство 4, трево́га 6

beur|kunden *tr* удостов|еря́ть ⟨-е́рить 3⟩ (докуме́нтами); **~lauben** *tr* дава́ть* ⟨дать*⟩ о́тпуск *D; Mil* увольня́ть ⟨уво́лить 3⟩ в о́тпуск *A;* vorübergehend von Pflichten entbinden вре́менно освобо|жда́ть ⟨-ди́ть 3 -жу́ı -ждённый⟩ от обя́занностей [bei Behörde от занима́емой до́лжности]

Beurlaubung *f* о́тпуск 2; *Mil* увольне́ние 5 (в о́тпуск)

beurteilen *tr* urteilen су|ди́ть 3⁺ -жу́ı -ждённый (о *P,* nach по *D*); bewerten оце́нивать ⟨-цени́ть 3⁺ı -ценённый⟩ | j-n nach seinen Leistungen ~ суди́ть о ком-н. по его́ успе́хам

Beurteilung *f* Bewertung оце́нка 6; Dokument характери́стика 6; Gutachten, Rezension о́тзыв 2, реце́нзия 8

Beute *f Jagd* добы́ча 6; *Mil* трофе́|й 1 *G Pl* -ев; Diebstahl кра́деное *Subst* 10 | ~ machen захв|а́тывать ⟨-ати́ть 3⁺ -ачу́⟩ трофе́й [добы́чу]; auf ~ ausgehen выходи́ть 3⁺ -жу́ ⟨вы́|йти*⟩ на добы́чу [за добы́чей]; j-m zur ~ werden стать* *v* добы́чей кого́-н.

Beutel *m* Einkaufs~ су́мка 6; Geld~ кошел|ёк, -ька́ 2; Säckchen меш|о́к, -ка́ 2; *Zool* су́мка | er muß tief in den ~ greifen он вы́нужден раскоше́литься; **~tier** *n* су́мчатое живо́тное

bevölker|n *tr* насел|я́ть ⟨-и́ть 3⟩; besiedeln засел|я́ть ⟨-и́ть 3⟩; **~t** dicht населённый, (много)лю́д|ный, -ен | wenig ≈ малонаселённый; Straße малолю́дный, -ен

Bevölkerung *f* населе́ние 5; Besiedlung заселе́ние 5

Bevölkerungsdichte *f* пло́тность населе́ния, населённость 9

bevölkerungspolitisch демографи́ческий

Bevölkerungs|zahl *f* чи́сленность 9 населе́ния; **~zuwachs** *m* приро́ст населе́ния

bevollmächtig|en *tr* уполномо́ч|ивать ⟨-ить 3⟩ (zu на *A*); **~t** уполномо́ченный | ≈er Vertreter полномо́чный представи́тель

Bevollmächtig|ter *m Pol* уполномо́ченный *Subst* 10; *Wirtsch* дове́ренный *Subst* 10; *Dipl Jur* пове́ренный *Subst* 10; **~ung** *f* Vollmacht полномо́чие 5 | durch ≈ по полномо́чию

bevor *Konj* до того́ как; пре́жде чем, *mit Negation* пока́ не | ~ man abreist ... пре́жде чем уе́хать ...; ~ es zu spät ist пока́ не по́здно; er kann nicht schreiben, ~ er die Adresse nicht weiß он не мо́жет написа́ть, пока́ не узна́ет а́дреса; kurz ~ das geschah незадо́лго до того́, как э́то случи́лось; **~munden** *tr* опека́ть | ich lasse mich von niemandem ≈ я не допущу́, что́бы меня́ опека́ли

Bevormundung *f* опе́ка 6

bevorrecht|en *tr* дава́ть* ⟨дать*⟩ привиле́гию *D;* **~et** привилегиро́ванный

bevorstehen *intr* предстоя́ть 3 | was steht mir bevor? что меня́ ждёт?; **~d** предстоя́щий 11, Fest *a.* наступа́ющий 11

bevorzug|en *tr* предпо|чита́ть ⟨-|че́сть*⟩ (j-n, etw. кого́-н., что-н. vor j-m, etw. кому́-н., чему́-н.) | ich bevorzuge ihn vor anderen я ока́зываю ему́ предпочте́ние пе́ред други́ми; **~t 1.** *Adj* привилегиро́ванный; Lieferung, Abfertigung первоочередно́й **2.** *Adv* предпочти́тельно, в пе́рвую о́чередь

Bevorzugung *f* предпочте́ние 5, ока́зываемое ... (von j-m durch j-n кому́-н. кем-н.)

be|wachen *tr* охраня́ть, стере́чь*; **~wachsen** *intr* zuwachsen зараста́ть ⟨-|расти́*⟩ (mit *I*); umwachsen обраста́ть ⟨-расти́⟩ (mit *I*) | das Feld ist mit Gras ≈ по́ле поросло́ [заросло́] траво́й; mit Moos ≈ заро́сший 11 траво́й

Bewachung *f* охра́на 6 | unter ~ под охра́ной

bewaffne|n *tr* вооруж|а́ть ⟨-и́ть 3⟩ (mit *I*); sich ≈ *refl* вооруж|а́ться ⟨-и́ться⟩ (mit *I*); **~t** вооружённый

Bewaffnung *f* вооруже́ние 5 (mit *I*)

be|wahren *tr* hüten, auch weiterhin beibehalten сохран|я́ть ⟨-и́ть 3⟩; aufbewahren, wahren храни́ть, сохран|я́ть ⟨-и́ть⟩; schützen оберега́ть ⟨-|бере́чь*ı -бережённый (j-n vor кого́-н. от *G*); Wertgegenstände бере́чь, храни́ть | Ruhe ≈ сохрани́ть споко́йствие; Stillschweigen ≈ храни́ть молча́ние, не разглаша́ть чего́-н.; j-m ein gutes Andenken ≈ храни́ть 3 о ком-н. до́брую па́мять; ein Geheimnis ≈ храни́ть та́йну; j-n vor Krankheit ≈ убере́чь кого́-н. от боле́зни; Gott bewahre! изба́ви бог!; **~währen, sich** *refl* (хорошо́) пока́зывать ⟨-|каза́ть*⟩ себя́ (als *I*); Verfahren опр|а́вдывать ⟨-авда́ть⟩ себя́ | er hat sich als treuer Freund bewährt он прояви́л себя́ как ве́рный друг [ве́рным дру́гом]; diese Methode hat sich nicht bewährt э́тот ме́тод не опра́вдывает себя́; er bewährte sich als guter Arbeiter он зарекомендова́л себя́ хоро́шим рабо́тником; ein bewährtes Mittel испы́танное сре́дство; **~wahrheiten, sich** *refl* опр|а́вдываться ⟨-авда́ться⟩ (на де́ле); **~währt** испы́танный; zuverlässig надёжный, -ен

Bewährung *f* schwere Prüfung испыта́ние 5 | mit ~ *Jur* усло́вно

Bewährungs|frist *f* испыта́тельный срок | drei Monate Gefängnis mit ≈ три ме́сяца тюре́много заключе́ния усло́вно; **~probe** *f* испыта́ние 5

bewaldet леси́ст:ый, заро́сший 11 ле́сом

be|wältigen *tr* Arbeit спр|авля́ться ⟨-а́виться 3 -а́влюсь⟩ с *I;* Problem (раз)реш|а́ть ⟨-и́ть 3⟩; Schwierigkeiten преодол|ева́ть ⟨-е́ть⟩; Vergangenheit оси́ливать ⟨оси́лить 3⟩, преодол|ева́ть ⟨-е́ть⟩; **~wandert** све́дущий 11 (in в *P*), о́пыт|ный, -ен (in в *P*)

Bewältigung *f* преодоле́ние 5; (раз)реше́ние 5 | ~ der Vergangenheit осиле́ние 5 [преодоле́ние] про́шлого

Bewandtnis *f:* damit hat es folgende ~ де́ло вот в чём, де́ло (заключа́ется) в сле́дующем; damit hat es eine andere ~ э́то друго́е де́ло

bewässern *tr* оро|ша́ть ⟨-си́ть 3 -шу́⟩, обводн|я́ть ⟨-и́ть 3⟩

Bewässerung *f* ороше́ние 5, обводне́ние 5

Bewässerungs|anlage *f* ороси́тельная устано́вка 6; **~kanal** *m* ороси́тельный кана́л; **~system** *n* ирригацио́нная систе́ма

[1]**bewegen** *tr* дви́гать* ⟨дви́нуть 4⟩ *a.* Körperteile; von der Stelle сдв|ига́ть 1 ⟨-и́нуть⟩; leicht ~ (Schulter, Lippen; Wind) шев|ели́ть 3 -е́ли́шь *I;* Gefühl erregen волнова́ть 2 (вз-), тро́|гать ⟨-нуть 4⟩; sich ~ *refl* дви́|гаться ⟨-нуться⟩; leicht шевели́ться (по-); um die Achse; Erde; Gedanken враща́ться | der Wind bewegt die Gardine ве́тер колы́шет занаве́ску; die Feder bewegt den Mechanismus пружи́на дви́жет механи́зм; die Fragen, die die Völker ~ вопро́сы, кото́рые волну́ют наро́ды; der Stein bewegte sich nicht von der Stelle ка́мень не сдви́нулся с ме́ста; der Preis bewegt sich zwischen … цена́ коле́блется ме́жду …

[2]**bewegen** *tr* veranlassen побу|жда́ть ⟨-ди́ть 3 -жу́; -ждённый⟩ (zu к *D*, на *A*) | was hat dich zur Abreise bewogen? что побуди́ло [заста́вило] тебя́ уе́хать?; sich zu etw. ~ lassen склон|я́ться ⟨-и́ться⟩ к чему́-н., дать* себя́ уговори́ть

bewegend anregend побуди́тел|ьный, -ен, -ьна; rührend тро́гател|ьный, -ен, -ьна; Rede волну́ющий 11

Beweggrund *m* по́вод 2, моти́в 2

beweglich подвижно́й; rege жив:о́й, -а́! | ~e Habe дви́жимое иму́щество; er ist geistig sehr ~ у него́ живо́й ум

Beweglichkeit *f* подви́жность 9; жи́вость 9

bewegt lebhaft оживлён:ный, -на; ergriffen тро́нут:ый (von, durch *I*) | ~e See волну́ющееся 11 мо́ре; ~es Leben бу́рная жизнь; er war tief ~ он был глубоко́ тро́нут; ~en Herzens глубоко́ взволно́ванный

Bewegung *f Phys,* Ortsveränderung, Strömung движе́ние 5; Gebärde движе́ние, жест 2; Unruhe волне́ние 5; Rührung эмо́ция 8, растро́ганность 9; Bestrebung движе́ние 5; Spazierengehen zur Erholung моцио́н 2 | in ~ setzen *Tech* приводи́ть 3⁺-вожу́ ⟨-|вести́*⟩ в движе́ние; Truppen дви́гать* ⟨дви́нуть 4⟩; in ~ sein дви́|гаться ⟨-нуться⟩; sich in ~ setzen тро́|гаться ⟨-нуться 4⟩, приходи́ть 3⁺ -хожу́ ⟨-|йти́*⟩ в движе́ние; die ganze Stadt war in ~ весь го́род пришёл в движе́ние; весь го́род был охва́чен волне́нием; er konnte seine innere ~ nicht verbergen он не мог скрыть своего́ вну́треннего волне́ния; der Arzt hat viel ~ in frischer Luft verordnet врач рекомендова́л дли́тельные прогу́лки [продолжи́тельный моцио́н] на све́жем во́здухе; Mangel an ~ недоста́ток движе́ния

Bewegungsfreiheit *f* свобо́да передвиже́ния; in Tätigkeit свобо́да де́йствий

bewegungslos неподви́ж|ный, -ен

Bewegungs|mangel *m* недоста́ток движе́ния; **~spiel** *n* подви́жная игра́

bewegungsunfähig: das defekte Auto war ~ повреждённый автомоби́ль не мог дви́гаться

beweinen *tr* опла́кивать ⟨-|пла́кать*⟩

Beweis *m* доказа́тельство 4 (für *G*); Indiz ули́ка 6; аргуме́нт 2 | unter ~ stellen, einen ~ führen дока́зывать ⟨-|каза́ть*⟩; einen ~ erbringen приводи́ть 3⁺ -вожу́ ⟨-|вести́*⟩ доказа́тельство; als ~ dafür, daß … в доказа́тельство того́, что …; zum ~ seiner Aussagen в подтвержде́ние свои́х показа́ний; als ~ в ка́честве доказа́тельства, как доказа́тельство; zum ~ в доказа́тельство; zum ~ seiner Dankbarkeit в знак свое́й благода́рности; ein ~ der Liebe проявле́ние 5 [знак 2] любви́; wegen Mangels an ~en за неиме́нием ули́к; **~aufnahme** *f* суде́бное сле́дствие 5

beweisbar доказу́ем:ый | nicht ~ недоказу́емый

beweisen *tr* дока́зывать ⟨-|каза́ть*⟩; zeugen von свиде́тельствовать 2 о *P;* an den Tag legen, zeigen; прояв|ля́ть ⟨-и́ть 3⁺ -лю́⟩ | das beweist gar nichts э́то соверше́нно ничего́ не дока́зывает; Mut ~ проявля́ть му́жество

Beweis|führung *f* представле́ние 5 доказа́тельств; аргумента́ция 8; **~grund** *m* до́вод 2, основа́ние (для) доказа́тельства

beweiskräftig доказа́тел|ьный, -ен, -ьна

Beweis|material *n* доказа́тельства *Pl* 4, обличи́тельный материа́л | dokumentarisches ≈ облича́ющие 11 докуме́нты *Pl* 2; **~stück** *n* ули́ка 6, веще́ственное доказа́тельство 4

bewenden *intr:* es dabei ~ lassen ост|а́вить *v* 3 -а́влю что-н. по-ста́рому [как оно́ есть]

bewerben, sich *refl* um Arbeitsstelle проси́ть 3⁺ -шу́ (по-) [schriftlich подава́ть ⟨пода́ть*⟩ заявле́ние] о приёме на (каку́ю-н.) рабо́ту [um Posten о назначе́нии на (каку́ю-н.) до́лжность]; um Gunst, j-s Hand добива́ться *G;* Kandidatur претендова́ть 2 (um на *A*) | sich um einen Studienplatz ~ проси́ть [подава́ть заявле́ние] о зачисле́нии в уче́бное заведе́ние

Bewerb|er *m* Posten, Stelle кандида́т 2 (für, um на *A*); *Sport* претенде́нт 2 (um на *A*); Interessent жела́ющий *Subst* 11; um einen Titel, Preis соиска́тель 1; Freier жени́х 2е; **~ung** *f* про́сьба 6; [Schreiben] заявле́ние 5 (um о *P*) [um Arbeitsstelle о приёме на рабо́ту, um Posten о назначе́нии на до́лжность] | ~ um einen Studienplatz про́сьба [заявле́ние] о зачисле́нии в уче́бное заведе́ние

Bewerbungsschreiben *n* заявле́ние 5 (о приёме на рабо́ту)

be|werfen *tr* забр|а́сывать ⟨-оса́ть⟩ (mit *I*) | mit Stuck ≈ штукату́рить 3 (от-); mit Schmutz ≈ *übertr* сме́шивать ⟨-меша́ть⟩ с гря́зью; **~werkstelligen** *tr* производи́ть 3⁺ -вожу́ ⟨-|вести́*⟩, осуществ|ля́ть ⟨-и́ть 3 -лю⟩ | ich werde das ≈ я э́то сде́лаю [устро́ю]; **~werten** *tr* оце́нивать ⟨-цени́ть 3⁺; -ценённый⟩ | neu [zu hoch] ≈ переоц|е́нивать ⟨-цени́ть⟩

Bewertung *f* оце́нка 6 *a. Sport*

bewilligen *tr* дава́ть* ⟨дать*⟩ разреше́ние на *A*, разреш|а́ть ⟨-и́ть 3⟩ *A;* Gelder, Unterstützung ассигнова́ть *uv, v* 2, отпу|ска́ть ⟨-сти́ть 3⁺ -щу́⟩ (für на *A*); Kredit, Stipendium предост|авля́ть ⟨-а́вить 3 -а́влю⟩; *Pol* Kredite воти́ровать *uv, v* 2 | j-m ein Stipendium ~ дать [предоста́вить] кому́-н. стипе́ндию

Bewilligung *f* разреше́ние 5 (für на *A*); ассигнова́ние 5; предоставле́ние 5

be|wirken *tr* вызыва́ть ⟨вы́|звать*⟩, быть* причи́ной | ≈, daß ... спосо́бствовать 2 тому́, что́бы ...; **~wirten** *tr* уго|ща́ть ⟨-сти́ть 3 -щу́⟩, принима́ть ⟨приня́ть*⟩ у себя́; **~wirtschaften** *tr* вести́* (хозя́йство), управля́ть (хозя́йством); Boden обраба́тывать; Waren, Produkte ве́дать *I;* рационализи́ровать *uv, v* 2 | eine Gaststätte ≈ ве́дать рестора́ном; den Wohnraum ≈ ве́дать распределе́нием жилпло́щади; Devisen ~ регули́ровать 2 обраще́ние валю́ты

Bewirt|schaftung *f* Hof, Gaststätte веде́ние 5 (*Landw* хозя́йства); обрабо́тка 6; рационали́рование 5; регули́рование 5 | die ≈ des Wohnraums распределе́ние 5 жилпло́щади; **~ung** *f* угоще́ние 5

bewohnbar приго́дный для жилья́

bewohnen *tr* жить* в *P;* bevölkern населя́ть, обита́ть | ein Haus [ein Zimmer] ~ занима́ть дом [ко́мнату]; ich habe das Zimmer bewohnt я жил в э́той ко́мнате; eine bewohnte Insel обита́емый о́стров; die Erde wird von ... bewohnt на земле́ живу́т [зе́млю населя́ют] ...

Bewohner *m* der Erde, der Wälder (z. B. die Vögel) обита́тель 1 *buchspr;* Land, Stadt жи́тель 1; Mieter жил|е́ц, -ьца́ 2 | die ~ der Erde населе́ние 5, обита́тели; **~in** *f* обита́тельница 6; жи́тельница 6; жили́ца 6

bewohnt жило́й, обита́ем:ый | wenig ~ малонаселённый

bewölk|en, sich *refl* покрыва́ться ⟨-|кры́ться*⟩ облака́ми, заволакиваться ⟨-|воло́чься*⟩ | seine Stirn bewölkte sich лицо́ его́ помрачне́ло; **~t** о́блач|ный, -ен, покры́тый облака́ми | stark ≈ си́льная о́блачность

Bewölkung *f* о́блачность 9

Bewunderer *m* почита́тель 1

bewundern *tr* восхи|ща́ться ⟨-ти́ться 3 -щу́сь⟩ *I*, sehend *a.* любова́ться 2 (по-) *I;* **~d:** ≈e Blicke восхищённые взгля́ды

bewundernswert досто́йный восхище́ния

Bewunderung *f* восхище́ние 5, восто́рг 2 (für от *G* oder *I*) | j-m ~ einflößen вызыва́ть ⟨вы́|звать*⟩ чьё-н. восхище́ние; voller ~ с восхище́нием

bewußt 1. *Adj* созна́тел|ьный, -ен, -ьна; vorsätzlich обду́манный; Irreführung умы́шленный; bekannt изве́ст|ный [сн], -ен, тот (са́мый) | an dem ~en Tag в изве́стный нам день, в тот (са́мый) день; ich bin mir keiner Schuld ~ я не чу́вствую за собо́й никако́й вины́; er war sich seiner Tat ~ он отдава́л себе́ отчёт в том, что де́лает **2.** *Adv* созна́тельно; absichtlich наро́чно [шн], с наме́рением | es ist mir wohl ~ я хорошо́ понима́ю; erinnerlich я хорошо́ по́мню; es ist mir nicht mehr ~ … не могу́ припо́мнить …; er hat das ganz ~ getan он сде́лал э́то соверше́нно созна́тельно; sich einer Sache ~ sein от|дава́ть* ⟨отда́ть*⟩ себе́ отчёт в чём-н.; **~los 1.** *Adj* бессозна́тел|ьный, -ен, -ьна | ≈ werden теря́ть (по-) созна́ние **2.** *Adv* без созна́ния, без па́мяти

Bewußtlosigkeit *f* бессозна́тельное состоя́ние 5, беспа́мятство 4

bewußtmachen *tr:* den Menschen etw. ~ доводи́ть 3⁺ -вожу́ ⟨-|вести́*⟩ что-н. до созна́ния люде́й, вноси́ть 3⁺ -ношу́ ⟨-|нести́*⟩ что-н. в созна́ние люде́й

Bewußtsein *n* созна́ние 5, па́мять 9; Verhalten zur Gesellschaft созна́тельность 9 | bei vollem ~ в по́лном созна́нии; ohne ~ без созна́ния, без па́мяти; das ≈ verlieren теря́ть (по-) созна́ние; er kam wieder zu(m) ≈ он сно́ва пришёл в себя́ [в созна́ние]; etw. mit vollem ~ tun де́лать (с-) что-н. соверше́нно созна́тельно; sozialistisches [gesellschaftliches] ~ социалисти́ческое [обще́ственное] созна́ние; das politische ~ der Massen полити́ческая созна́тельность масс

Bewußtseins|bildung *f* формирова́ние созна́ния; **~spaltung** *f* расщепл|е́ние созна́ния

bezahlen *tr* пла|ти́ть 3⁺ -чу́ (за-, у-) (*A oder* für за *A*); Rechnung, Schulden упл|а́чивать ⟨-ати́ть⟩; entlohnen, voll auszahlen распл|а́чиваться ⟨-ати́ться⟩; *übertr* поплати́ться *v* (mit *I*) | ein Buch ~ заплати́ть за кни́гу; mit Scheck ~ заплати́ть че́ком; in Gold ~ плати́ть зо́лотом; an der Kasse ~ плати́ть в ка́ссу; bezahlter Urlaub опла́чиваемый о́тпуск; die Zeche [die Rechnung] ~ оплати́ть счёт; eine gut bezahlte Arbeit хорошо́ опла́чиваемая рабо́та; wieviel [was] habe ich zu ~? ско́лько вам с меня́ сле́дует?; das macht sich bezahlt э́то окупа́ется; das lohnt sich э́то опра́вдывает себя́; etw. mit dem Leben ~ поплати́ться за что-н. жи́знью; das ist nicht mit Geld zu ~ э́тому цены́ нет; das habe ich teuer ~ müssen *übertr* э́то обошло́сь мне до́рого; ich möchte ~! im Restaurant да́йте, пожа́луйста, счёт!

Bezahlung *f* пла́та 6 (von за *A*); Bezahlen a. опла́та 6; Zahlung упла́та 6 | gegen ~ за пла́ту, за вознагражде́ние

bezähmen *tr* укро|ща́ть ⟨-ти́ть 3 -щу́⟩, обу́здывать ⟨обузда́ть⟩; Neugier, Zorn сде́рживать ⟨-держа́ть 3⁺⟩

bezaubern *tr* очар|о́вывать ⟨-ова́ть 2⟩, обвор|а́живать ⟨-ожи́ть 3⟩; **~d** очарова́тел|ьный, -ен, -ьна, обворожи́тел|ьный, -ен, -ьна | ≈er Blick чару́ющий 11 взгляд

bezeichnen *tr* durch Zeichen kenntlich machen отмеча́ть ⟨-ме́тить 3 -ме́чу⟩; ме́тить (по-); Wäsche kennzeichnen, bedeuten обозн|ача́ть ⟨-а́чить 3⟩; charakterisieren характеризова́ть *uv, v* 2 (*v a.* о-); (be)nennen называ́ть ⟨-|зва́ть*⟩ (j-n *oder* etw. als кого́-н. oder что-н. *I*) | die Aussprache eines Wortes ~ ука́зывать ⟨-|каза́ть*⟩ произноше́ние сло́ва; genau ~ то́чно указа́ть; j-n als dumm ~ пред-ст|авля́ть ⟨-а́вить 3 -а́влю⟩ кого́-н. дурако́м, назва́ть кого́-н. глу́пым; er bezeichnet sich als Künstler он представля́ется как худо́жник; was bezeichnet diese Zahl? что обознача́ет э́та ци́фра?; **~d** характе́р|ный, -ен, типи́чный, -ен | das ist für ihn ≈ э́то характе́рно [типи́чно] для него́

Bezeichnung *f* Kennzeichnung durch ein Zeichen отме́тка 6; Markierung обозначе́ние 5; Benennung назва́ние 5, обозначе́ние 5 | die ~ der Aussprache указа́ние 5 на произноше́ние

be|zeigen *tr* Freude, Beileid, Wohlgefallen выража́ть ⟨вы́ра|зить 3 -жу⟩; Gunst, Ehre, Aufmerksamkeit ока́зывать ⟨-|каза́ть*⟩ | j-m seine Achtung ≈ относи́ться 3⁺ -ношу́сь ⟨-|нести́сь*⟩ к кому́-н. с уваже́нием; sich dankbar ≈ прояв|ля́ть ⟨-и́ть 3⁺ -лю́⟩ благода́рность; **~zeugen** *tr* свиде́тельствовать 2 (за-); Achtung, Vertrauen выража́ть ⟨вы́ра|зить 3 -жу⟩; *Jur* дава́ть* ⟨дать*⟩ свиде́тельские показа́ния | ich kann ≈, daß Sie die Wahrheit sagt я могу́ подтверди́ть, что она́ говори́т пра́вду

be|zichtigen *tr* обвин|я́ть ⟨-и́ть 3⟩ в *P;* **~ziehen** *tr* mit Stoff обива́ть ⟨-|би́ть*, обобью́⟩, обтя́гивать ⟨-тяну́ть 4⁺⟩; Gehalt, Einkünfte получ|а́ть ⟨-и́ть 3⁺⟩; Ware, Zeitung выпи́сывать ⟨вы́|писать*⟩, зака́зывать ⟨-|каза́ть*⟩; erhalten получ|а́ть ⟨-и́ть⟩ (von у *G*); Wohnung въ|езжа́ть ⟨-|е́хать*⟩ в *A*, переезжа́ть ⟨-е́хать⟩ в *A;* Hochschule поступ|а́ть ⟨-и́ть 3⁺ -лю́⟩ в *A; Mil* Stellung занима́ть ⟨заня́ть⟩; in Beziehung setzen относи́ть 3⁺ -ношу́ ⟨-|нести́*⟩ (auf к *D*); Kritik, Anspielung принима́ть ⟨приня́ть*⟩ на свой счёт; sich ≈ *refl* sich bedecken покрыва́ться ⟨-|кры́ться*⟩; in Beziehung stehen относи́ться ⟨-нести́сь⟩ (auf к *D*); auf ein Schreiben ссыла́ться ⟨со|сла́ться*, сошлю́сь⟩ (auf на *A*) | die Betten neu ≈ меня́ть [смени́ть *v* 3⁺] посте́льное бельё; eine neue Wohnung ≈ переезжа́ть ⟨-|е́хать*⟩ в [на] но́вую кварти́ру; der Himmel bezieht sich (mit Wolken) не́бо завола́кивается; seine Äußerung bezieht sich auf dich его́ выска́зывание каса́ется тебя́; das bezieht sich nicht auf mich э́то ко мне не отно́сится; zu ≈ durch … мо́жно получи́ть у …

Beziehung *f* Verbindung отношéния *Pl* 5, offiziell a. свя́зи *Pl* 9; Verbundenheit; Zusammenhang связь 9; Hinsicht отношéние 5 | gute ~en zu j-m haben быть* в хорóших отношéниях с кем-н., имéть хорóшие отношéния с кéм-н.; wirtschaftliche [kulturelle] ~en zwischen den Staaten экономи́ческие [культýрные] отношéния [свя́зи] мéжду госудáрствами; einflußreiche ~en haben имéть (влия́тельные) свя́зи; ~en aufnehmen *Dipl* устан|áвливать ⟨-ови́ть 3⁺ -овлю́⟩ дипломати́ческие отношéния; ~en abbrechen порывáть ⟨-|рвáть*⟩ отношéния; das steht in keiner ~ zur Sache э́то к дéлу не отнóсится; etw. in ~ setzen zu etw. стáв|ить 3 -лю (по-) что-н. в связь с чем-н.; in dieser ~ в э́том отношéнии; in mancher ~ в нéкотором отношéнии, во мнóгих отношéниях; in jeder ~ во всех отношéниях

beziehungsweise *Adv* oder и́ли (же) мóжет быть; genauer gesagt вернéе

beziffern *tr* нумеровáть 2 (про-), обозн|ачáть ⟨-áчить 3⟩ ци́фрами; sich ~ *refl* исчисля́ться (auf *I oder* в *A*)

Bezifferung *f* нумерáция 8

Bezirk *m* óбласть 9g; Verwaltungseinheit óкруг 2b *Pl* -á; Stadt~ райóн | Rat des ~es окружнóй совéт

bezirksgeleitet: ~er Betrieb предприя́тие окружнóго подчинéния

Bezirks|gericht *n* окружнóй суд; **~hauptstadt** *f* глáвный гóрод 2b *Pl* -á óкруга; **~kommando** *n Mil* окружнóе воéнное комáндование, окружнóе управлéние 5 комплектовáния; **~maßstab** *m:* im ≈ в рáмках óкруга **~leitung** *f* einer Partei окружнóй комитéт 2; **~liga** *f Sport* окружнóй класс; **~stadt** *f* окружнóй центр 2; **~tag** *m* окружнóе собрáние 5 депутáтов

Bezug *m* für Polstermöbel оби́вка 6; des Sofas обтя́жка 6; Schon~ чех|óл, -лá 2; Kissen~ нáволочка 6; von Waren покýпка 6, получéние 5; Zeitschriften вы́писка 6; *Pl* Einnahmen дохóды *Pl* 2; Beziehung отношéние 5 | in ~ auf etw. что касáется чегó-н., относи́тельно чегó-н.; mit ~ auf … ссылáясь на …; ~ nehmen auf etw. ссылáться ⟨сослáться*⟩ на что-н.; seine Bezüge sind nicht hoch егó дохóды невелики́

bezüglich **1.** *Adj* относя́щийся 11 (auf к *D*) | ~es Fürwort относи́тельное местоимéние **2.** *Präp* относи́тельно *G*, насчёт *G*

Bezugnahme *f* ссы́лка 6 | unter ~ auf etw. ссылáясь на что-н.

bezugsfertig готóвый к заселéнию [к сдáче] | die Wohnung ist ~ кварти́ра отстрóена [готóвая к заселéнию]

Bezugs|preis *m* подписнáя ценá; **~schein** *m* óрдер 2b *Pl* -á (für на *A*); **~stoff** *m* оби́вочная ткань, оби́вка 6

be|zwecken *tr* имéть цéлью, стáв|ить 3 -лю себé цéлью | was bezweckst du damit? чегó ты хóчешь э́тим доби́ться?; **~zweifeln** *tr* сомневáться в *P*, подвергáть ⟨-вéргнуть 4a⟩ сомнéнию *A* | es ist nicht zu ≈ в э́том нельзя́ сомневáться

bezwingbar преодоли́м:ый

bezwingen *tr* Gegner, Gefühl, Krankheit побе|ждáть ⟨-ди́ть 3ₗ *1. Pers Sg ungebr*ₗ -ждённый⟩ *a. Sport;* Land, Berg, Kosmos покор|я́ть ⟨-и́ть 3⟩; Schwierigkeiten преодол|евáть ⟨-éть⟩; Müdigkeit, Schmerz, Durst превоз|могáть ⟨-|мóчь*⟩; Schlaf одол|евáть ⟨-éть⟩; sich ~ *refl* по-|борóть* *v* себя́; sich zusammennehmen брать* ⟨взять*⟩ себя́ в рýки | eine Festung ~ брать* ⟨взять*⟩ крéпость; den Zorn ~ укро|щáть ⟨-ти́ть 3 -щý⟩ гнев

Bezwing|er *m* покори́тель 1 | die ≈ des Kosmos покори́тели кóсмоса; **~ung** *f* Berg покорéние 5 *a. Kosm;* Schwierigkeiten преодолéние 5

BGL-Vorsitzender *m* председáтель завкóма [месткóма]

Biathlon *n Sport* биатлóн 2; **~sportler** *m* биатлони́ст 2

Bibel *f* би́блия 8

Biber *m* бобр 2; Pelz бобрóвый мех 2b *Pl* -á; **~kragen** *m* бобрóвый воротни́к; **~pelz** *m* Mantel бобрóвая шýба; **~schwanz** *m* Ziegel плóская черепи́ца 6

Bibliographie *f* библиогрáфия 8

bibliographisch библиографи́ческий

bibliophil рéд|кий, -ок, -кá!, редчáйший, цéн|ный, -ен, -на

Bibliothek *f* библиотéка 6; mit oder als Lesesaal библиотéка-читáльня 6-7 *G Pl* библиотéк-читáлен | öffentliche ~ публи́чная [мáссовая] библиотéка; **~ar** *m* библиотéкарь 1

bibliothekarisch библиотéкарский

Bibliotheks|wesen *n* библиотéчное дéло; **~wissenschaft** *f* библиотековéдение 5

biblisch библéйский

bieder чéст|ный, -ен, -нá!; allzu naiv прямодýш|ный, -ен

Bieder|keit *f* чéстность 9; прямодýшие 5; **~meier** *n Kunst* би́дермейер 2

biegen *tr* гнуть 4 (по-, со-), изгибáть ⟨изогнýть 4⟩; zusammen сгибáть ⟨согнýть; сóгнутый⟩; gerade разгибáть ⟨-огнýть; -óгнутый⟩; herab нагибáть ⟨-гнýть; нáгнутый⟩; *intr* Richtung ändern сворáчивать ⟨свернýть 4⟩; um etw. herum огибáть ⟨обогнýть; обóгнутый⟩; sich ~ *refl* гнýться (по-, со-), сгибáться ⟨согнýться⟩ | um die Ecke ~ заворáчивать ⟨-вернýть 4⟩ зá угол; sich unter der Last ~ согнýться под тя́жестью; sich vor Lachen ~ кóрчиться 3 от смéха

biegsam ги́б|кий, -ок, -ка́!; elastisch упру́г:ий
Biegsamkeit *f* ги́бкость 9
Biegung *f* eines Flusses изги́б 2; einer Straße поворо́т 2 | eine ~ machen Auto свора́чивать ⟨сверну́ть 4⟩, де́лать (с-) поворо́т
Biene *f* пчела́ 6c *Pl* пчёлы
Bienen|haus *n* у́л|ей, -ья 1 для не́скольких роёв пчёл; **~honig** *m* пчели́ный мёд; **~königin** *f* (пчели́ная) ма́тка 6; **~schwarm** *m* рой пчёл; **~stand** *m* па́сека 6; **~stock** *m* у́л|ей, -ья 1 *G Pl* -ьев; **~zucht** *f* пчелово́дство 4; **~züchter** *m* пчелово́д 2
Biennale *f* биенна́ле *idkl,* междунаро́дный кинофестива́ль 1 (проводя́щийся 11 ка́ждые два го́да)
Bier *n* пи́во 4 | helles ~ све́тлое пи́во; dunkles ~ тёмное пи́во; ~ in Flaschen пи́во в буты́лках; ~ vom Faß пи́во из бо́чки; **~ausschank** *m* прода́жа пи́ва; **~brauer** *m* пивова́р 2; **~brauerei** *f* пивова́ренный заво́д; **~deckel** *m* подста́вка под кру́жку с пи́вом; **~faß** *n* пивна́я бо́чка; **~flasche** *f* пивна́я буты́лка; leer буты́лка из-под пи́ва; **~glas** *n* пивно́й бока́л 2, стака́н для пи́ва; **~kneipe** *f* пивна́я *Subst* 10; **~krug** *m* пивна́я кру́жка; **~stube** *f* ма́ленькая пивна́я *Subst* 10; **~trinker** *m* люби́тель 1 пи́ва
Biese *f* an Uniformen вы́пушка 6, кант 2; an Hose лампа́с 2; an Kleidungsstücken ме́лкая скла́дка 6
Biest *n* скоти́на 6, бе́стия 8
bieten *tr* geben, darreichen дава́ть* ⟨дать*⟩; anbieten, vorschlagen предлага́ть ⟨-ложи́ть 3⁺, предост|авля́ть ⟨-а́вить 3 -а́влю⟩; Versteigerung предлага́ть ⟨-ложи́ть⟩ (auf etw. за что-н.); zeigen (Programm, im Kino) пока́зывать ⟨-|каза́ть*⟩; sich ~ *refl* предст|авля́ться ⟨-а́виться⟩ | er bot ihr den Arm он предложи́л ей ру́ку; das bietet keine besondere Schwierigkeit э́то не представля́ет осо́бых затрудне́ний; das lasse ich mir nicht ~ э́того я не позво́лю; es bot sich eine günstige Gelegenheit предста́вился удо́бный слу́чай
Bigamie *f* бига́мия 8, двоебра́чие 5
bigott scheinheilig ха́нжеский
Bijouterie *f* бижутери́я 8, же́нские украше́ния *Pl* 5
Bikarbonat *n* бикарбона́т 2, двуугле-ки́слая соль 9g
Bikini *m* бики́ни *idkl,* да́мский купа́льный костю́м 2 из двух часте́й
bi|konkav двояковогнутый; **~konvex** двояковы́пуклый; **~labial** билабиа́льный
Bilanz *f* *Wirtsch* бала́нс 2; Ergebnis ито́г 2 | ~ aufstellen сост|авля́ть ⟨-а́вить 3 -а́влю⟩ бала́нс; ~ ziehen подводи́ть 3⁺ -вожу́ ⟨-|вести́*⟩ ито́г
bilanzieren *tr* сост|авля́ть ⟨-а́вить 3 -а́влю⟩ бала́нс, баланси́ровать 2 (с-)
Bilanzierung *f* составле́ние 5 бала́нсов, баланси́рование 5
bilateral двусторо́ний 11
Bild *n* Abbildung, Gemälde карти́на 6 *a. Theat;* Illustration карти́нка 6; Porträt портре́т 2; *Kunst, Lit, Mus* о́браз 2; Darstellung, TV, Kino изображе́ние 5 | ein ~ von etw. entwerfen рисова́ть 2 (на-) карти́ну чего́-н.; sich ein ~ von etw. machen сост|авля́ть ⟨-а́вить 3 -а́влю⟩ себе́ представле́ние о чём-н.; über etw. im ~e sein быть в ку́рсе де́ла; ein ~ der Unschuld олицетворе́ние 5 неви́нности; **~archiv** *n* фотоархи́в 2; **~band** *m* (фото)альбо́м 2, альбо́м с ви́дами (über etw. чего́-н.)
Bildbericht *m* фоторепорта́ж 2; **~erstatter** *m* фоторепортёр 2 фотокорреспонде́нт 2
Bildeinstellung *f TV* кадри́рование 5
bilden *tr* formen, gestalten образ|о́вывать ⟨-ова́ть *uv, v* 2⟩, формирова́ть 2 (с-) (etw. aus что из *G,* nach по *D,* zu в *A*); Meinung, Urteil составля́ть ⟨соста́в|ить 3 -лю⟩; Regierung образ|о́вывать ⟨-ова́ть⟩, формирова́ть (с-); Staat, Ausschuß образ|о́вывать ⟨-ова́ть⟩, учре|жда́ть ⟨-ди́ть 3 -жу́, -ждённый⟩; Bildung vermitteln, ausbilden восп|и́тывать ⟨-ита́ть⟩, просве|ща́ть ⟨-ти́ть 3 -щу́⟩; entwickeln развива́ть ⟨-|ви́ть*, -овью́⟩; sich ~ *refl* entstehen образ|о́вываться ⟨-ова́ться⟩, формирова́ться (с-); Urteil сост|авля́ться ⟨-а́виться⟩; geistig, kulturell развива́ться ⟨-ви́ться⟩, расти́* ⟨вы́расти⟩; **~d** образова́тел|ный, -ен, -ьна, тво́рческий | die ≈en Künste изобрази́тельные иску́сства
Bilder|buch *n* де́тская кни́га с карти́нками; **~galerie** *f* карти́нная галере́я; **~rahmen** *m* ра́ма для карти́ны; **~rätsel** *n* ре́бус 2; **~sammlung** *f* колле́кция карти́н; **~schärfe** *f* ре́зкость изображе́ния; **~schrift** *f* иероглифи́ческое письмо́; **~sprache** *f* о́бразная речь
Bild|fläche *f* пло́щадь изображе́ния; Kino экра́н 2 | auf der ≈ erscheinen всплыва́ть ⟨-|плыть*⟩ на пове́рхность; von der ≈ verschwinden скрыва́ться ⟨-|кры́ться*⟩ и́з виду; **~format** *n Foto* форма́т фотогра́фии [ка́дра]; **~funk** *m* бильдтелегра́ф 2; **~hauer** *m* ску́льптор 2; **~hauerkunst** *f* скульпту́ра 6; **~hauerwerkstatt** *f* ателье́ [тэ] *n idkl* [мастерска́я] ску́льптора; **~kalender** *m* иллюстри́рованный календа́рь
bildlich образ|ный, -ен; *übertr* о́бразный, фигура́л|ьный, -ен, -ьна
Bild|material *n* иллюстрати́вный мате-

риáл; ~**nis** *n* портрéт 2; bildliche Darstellung изображéние 5; ~**qualität** *f TV* кáчество изображéния; ~**reportage** *f* фоторепортáж 2 *G Pl* -ей; ~**röhre** *f TV* приёмная (телевизиóнная) трýбка, кинескóп 2; ~**säule** *f* стáтуя 7, скульптýра 6 (на постамéнте); ~**schärfe** *f Rad* рéзкость изображéния; ~**schirm** *m* экрáн 2 (телеви́зора) | am ≈ на экрáне, по телеви́зору

bildschön óчень [необычáйно] краси́в:ый | ~es Mädchen пи́саная красáвица 6

Bild|störung *f TV* помéхи *Pl* 6, искажéние 5 изображéния помéхами; ~**telegrafie** *f* фототелеграфи́я 8

Bildung *f* Wissen, Ausbildung образовáние 5; Erziehung, (gutes) Benehmen (хорóшее) воспитáние (11-)5; kulturelle просвещéние 5; Entstehung; Gebilde образовáние; Schaffung, Gründung образовáние, учреждéние 5, создáние 5; einer Regierung формировáние 5, образовáние; Gestaltung формировáние 5, оформлéние 5; Form фóрма 6 | sich ~ aneignen получи́ть 3⁺ образовáние; er ist ein Mann von ~ он образóванный [культýрный] человéк

Bildungs|einrichtung *f* учéбное [образовáтельное] учреждéние; ~**gang** *m* пут|ь *m* 9e *I* -ём образовáния [разви́тия]; ~**grad** *m* образовáтельный ценз 2; ~**lücke** *f* пробéл в образовáнии [в знáниях]; ~**politik** *f* поли́тика в óбласти образовáния; ~**stand** *m* образовáние 5; ~**stufe** *f* ýров|ень, -ня 1 образовáния; ~**wesen** *n* нарóдное образовáние 5

Bild|werfer *m* проекциóнный аппарáт 2; für Dias диапроéктор [эк] 2; ~**werk** *n* скульптýра 6, произведéние (изобрази́тельного) искýсства; ~**wiedergabe** *f TV* воспроизведéние изображéния; ~**wörterbuch** *n* иллюстри́рованный словáрь

Billard *n* бильярд 2 | ~ spielen игрáть ⟨сыгрáть⟩ на бильярде [в бильярд]; ~**kugel** *f* бильярдный шар; ~**stock** *m* кий 1e *P* кий *G Pl* киёв

billig 1. *Adj* дешёвый, дёшев, дешевá, дёшево; дешéвле *a. übertr;* gerecht справедли́в:ый | das ist eine ~e Ausrede э́то дешёвая отговóрка; ~er werden дешевéть (по-); um zwei Mark ~er нá две мáрки дешéвле **2.** *Adv* дёшево | ~ kaufen дёшево покупáть; am ~sten дешéвле всегó; ~ **davonkommen** дёшево отдéлаться

billigen *tr* одобрять ⟨одóбрить 3⟩ | nicht ~ не одобрять, порицáть; ~**d** одобри́тел|ьный, -ен, -ьна

Billigung *f* одобрéние 5 | ~ finden получ|áть ⟨-и́ть 3⁺⟩ одобрéние

Billion *f* биллиóн 2

Bilsenkraut *n* беленá 6

Biluxlampe *f* двухсвéтная лáмпа

Bimetall *n* биметáлл 2

bimmeln *intr umg* звони́ть 3 (по-)

Bimsstein *m* пéмза 6

binär бинáрный

Binde *f* Arm-, Kopfbinde повязка 6; Verband aus Mull, Gummi бинт 2; Schlinge пéревязь 9; am Arm, z. B. für Blinde (нарукáвная) повязка | eine ~ am Arm haben имéть повязку на рукé; er trägt den Arm in der ~ у негó рукá на пéревязи; einen hinter die ~ gießen *umg* заложи́ть *v* 3⁺ за гáлстук; ~**gewebe** *n Anat* соедини́тельная ткань; ~**glied** *n* связýющее 11 звенó; ~**haut** *f* конъюнкти́ва 6; ~**hautentzündung** *f* конъюнктиви́т 2; ~**mittel** *n* вяжущее 11 срéдство [веществó 4]; *Bauw* известкóвый раствóр 2

binden *tr* Besen, Blumen вязáть* (с-); zusammen свя́зывать ⟨-вязáть⟩ *a. übertr;* befestigen привязывать ⟨-вязáть⟩ (etw. an etw. что-н. к чемý-н.); herumschlingen обвязывать ⟨-вязáть⟩ (etw. um что-н. чем-н.); Bücher переплетáть ⟨-|плести́*⟩; Kränze плести́, вить* (с-, совью́); Knoten, Schleife завязывать ⟨-вязáть⟩; *intr* Leim свя́зывать ⟨-вязáть⟩; Zement схвáтывать; sich ~ *refl* обязываться ⟨об|язáться, -яжýсь, -яжешься⟩ | ein Tuch um den Kopf ~ повязывать ⟨-вязáть⟩ гóлову платкóм; der Eid bindet mich клятва свя́зывает меня; sich gebunden fühlen чýвствовать себя свя́занным; sich vertraglich ~ обязáться по договóру; j-m die Hände ~ свя́зывать ⟨-вязáть⟩ комý-н рýки; ~**d** обязáтел|ьный, -ен, -ьна | ≈de Zusage обязывающее 11 соглáсие

Binder *m* Schlips гáлстук 2; Mäh~ сноповязáлка 6; *Arch* tragender Teil стропи́льная фéрма 6

Bindestrich *m* дефи́с 2, *umg* чёрточка 6

Bind|faden *m* шпагáт 2; Schnur бечёвка 6, верёвочка 6; ~**ung** *f Tech, Chem* (Verbindung) соединéние 5; Ski креплéние 5; Beziehung связь 9, отношéние 5; привязанность 9 (an к *D*); Verpflichtung обязáтельство 4

binnen *Präp* в течéние *G;* за *A* | ~ acht Tagen в недéльный срок; ~ vierzehn Tagen в двухнедéльный срок; ~ einem Jahr в течéние [на протяжéнии] гóда, зá год; ~ kurzem в течéние корóткого врéмени

Binnen|gewässer *n* внýтренние 11 вóды; ~**hafen** *m* речнóй порт; ~**handel** *m* внýтренняя 11 торгóвля; ~**land** *n* мéстность 9, удалённая от мóря; ~**markt** *m* внýтренний 11 рынок; ~**meer** *n* внýтреннее 11 мóре; ~**schiffahrt** *f* судохóдство по внýтренним вóдным путям

Binom *n Math* бино́м 2
Binse *f Bot* камы́ш 2е *G Pl* -е́й, си́тник 2 | in die ~n gehen *umg* поги́бнуть *v* 4а, пропа́сть* *v*
Binsenwahrheit *f* а́збучная [прописна́я] и́стина
Biochemie *f* биохи́мия 8
bio|chemisch биохими́ческий; **~genetisch** биогенети́ческий [нэ]
Biographie *f* биогра́фия 8
biographisch биографи́ческий
Biolog|e *m* био́лог 2; **~ie** *f* биоло́гия 8
biologisch биологи́ческий
Bionik *f* био́ника 6
Bio|physik *f* биофи́зика 6; **~sphäre** *f* биосфе́ра 6; **~top** *n* биото́п 2; **~wissenschaften** *f Pl* биологи́ческие нау́ки
Birke *f* берёза 6
Birken|hain *m* берёзовая ро́ща; **~pilz** *m* (под)берёзовик 2; **~rinde** *f* берёстка 6; **~wald** *m* березня́к 2е
Birk|hahn *m* те́терев 2 *Pl* -а́; **~henne** *f* тетёрка 6
Birnbaum *m* гру́ша 6
Birne *f* гру́ша 6; *El* (электри́ческая) ла́мпочка 6
bis 1. *Präpos Ort* до *G;* ~ zum Bahnhof до вокза́ла; von Moskau ~ Kiew от Москвы́ до Ки́ева; ein Rock ~ an die Knie ю́бка до коле́на; ~ zu den Knien [an den Gürtel, zum Hals] im Wasser stehen стоя́ть в воде́ по коле́ни [по́яс, го́рло]; ~ hierher досю́да; ~ wohin доку́да, до како́го ме́ста; ~ oben, ~ zum Rand до́верху | *Zeit* до *G,* по *A;* ~ Montag до понеде́льника; ~ jetzt до сих по́р; ~ heute до сего́дняшнего дня; ~ wann? до каки́х пор; ~ nach Mitternacht за по́лночь; vom 1. ~ 3. März с пе́рвого по тре́тье ма́рта; von acht ~ zehn (Uhr) с восьми́ до десяти́ (часо́в); ~ auf weiteres впредь до дальне́йших распоряже́ний; ~ dahin, ~ zu der Zeit до тех пор | Zahlenbereich von … ~ от *G* до *G;* Temperaturen von 90 ~ 120 Grad температу́ры от девяно́ста до ста двадцати́ гра́дусов; Kinder von drei ~ sechs Jahren де́ти от трёх до шести́ лет | ungenaue Werte: acht ~ neun Stunden во́семь–де́вять часо́в; 15 ~ 20 Mann челове́к пятна́дцать–два́дцать | Grad до *G;* ~ auf die Minute berechnen рассчита́ть с то́чностью до мину́ты; ~ auf die Grundmauern niederbrennen сгоре́ть до са́мого фунда́мента | Höchstwert до *G;* der Motor macht ~ zu tausend Umdrehungen pro Minute двигатель де́лает до ты́сячи оборо́тов в мину́ту; alle ~ auf einen все, кро́ме одного́; es war alles besetzt ~ auf den letzten Platz места́ бы́ли за́няты все до одного́ **2.** *Konj* пока́ не (*mit v Verb*); ich warte, ~ du kommst я подожду́, пока́ ты не придёшь; wir suchten so lange, ~ wir den Schlüssel fanden мы иска́ли до тех пор, пока́ не нашли́ ключ
Bisam *m Pelz* онда́тровый мех 2b, онда́тра 6; **~ratte** *f* онда́тра 6
Bischof *m* епи́скоп
bischöflich епи́скопский, епископа́льный
Bischofswürde *f* сан 2 епи́скопа
bisher *Adv* до сих пор, доны́не; **~ig** пре́жний 11, бы́вший 11
Biskuit *m* бискви́т 2
Bison *m* бизо́н 2
Biß *m* уку́с 2; Wunde ра́на 6 от уку́са
bißchen *Adv:* ein ~ немно́жко, немно́го; ein ~ wenig малова́то; ~ mehr чуть бо́льше; ein klein ~ чуть-чу́ть, совсе́м немно́го; das ist ein ~viel verlangt! э́то уж сли́шком!; ein ~ Salz щепо́тка 6 со́ли; kein ~ Milch ни ка́пли молока́; ich werde ein ~ schlafen ма́лость посплю́
Bissen *m* кус|о́к, -ка́ 2 | mir blieb der ~ im Halse stecken ich war überrascht я чу́ть бы́ло не подави́лся
bissig Hund злой, зол, зла; Bemerkung е́д|кий, -ок, -ка́! | der Hund ist ~ соба́ка куса́ется
Biß|stelle *f* ме́сто 4b уку́са, уку́с 2; **~wunde** *f* ра́на от уку́са
Bistum *n* епи́скопство 4
Bitte *f* Wunsch про́сьба 6 (an к *D*) | sich an j-n mit einer ~ wenden обра|ща́ться ⟨-ти́ться 3 -щу́сь⟩ к кому́-н. с про́сьбой; ich habe eine ~ an Sie у меня́ к вам про́сьба; eine ~ abschlagen отка́зывать ⟨-каза́ть⟩ в про́сьбе
bitten *tr* про|си́ть 3⁺ -шу́ (по-) (j-n um etw. у кого́-н. чего́-н. [etw. Bestimmtes что-н.], кого́-н. о чём-н.); Fürbitte einlegen проси́ть (по-) (für j-n за кого́-н.); einladen пригла|ша́ть ⟨-си́ть 3 -шу́⟩ (zu Tisch к столу́, zu Gast в го́сти, zum Tanz на та́нец) | bei j-m für j-n ~ проси́ть кого́-н. за кого́-н.; ich bitte dich um einen Freundschaftsdienst прошу́ тебя́ о дру́жеской услу́ге; um etw. zu trinken ~ проси́ть пить; es wird gebeten, nicht zu rauchen про́сят не кури́ть; worum bittet sie? чего́ [что, о чём] она́ про́сит?; wenn ich ~ darf! пожа́луйста [лус], е́сли разреши́те?; aber ich bitte Sie прости́те!, позво́льте!; bitte sehr! пожа́луйста [лус]!; wie bitte? что?, что [как] вы сказа́ли?; «Ja, bitte» am Telefon «слу́шаю»
bitter 1. *Adj* Geschmack го́р|ький, -ек, -ька́!, го́рче; Gefühl, Schmerz, Schicksal го́рький, го́рше, горча́йший 11; hart го́рький | ~e Erfahrung го́рький о́пыт; ~e Tränen го́рькие слёзы; ~es Ende печа́льный коне́ц; ~e Not кра́йняя 11 нужда́; das ist ~er Ernst э́то кра́йне серьёзно **2.** *Adv:* ~ kalt стра́шно хо́лодно; es

ist ~ … горько …; die Pille schmeckt ~ пилюля имеет горький вкус
Bitterkeit *f* горечь 9 *a. übertr*
bitterlich 1. *Adj* Geschmack горьковатый **2.** *Adv:* ~ weinen горько плакать
Bitter|nis *f* горечь 9; des Schicksals горькая судьба 6; **~salz** *n Chem* горькая соль, эпсомит 2
Bitt|schrift *f* прошение 5; **~steller** *m* проситель 1
Bitumen *n* битум 2
bituminös битуминозный, битумный
Biwak *n* бивак 2
biwakieren *intr* стоять 3 биваком [на биваке]
bizarr seltsam стран|ный, -ен, -на!, необыч|ный, -ен; launenhaft причудлив:ый
Bizeps *m* бицепс 2
blähen *tr* Segel надувать ⟨-|дуть*⟩; *intr Med* пучить 3 (вс-); sich ~ *refl* Vorhang вздуваться ⟨-дуться⟩; Segel надуваться ⟨-дуться⟩ *a. übertr;* prahlen важничать | Erbsen ~ от гороха пучит живот
Blähung *f Med* вздутие 5 | er hat ~en его пучит, у него живот пучит
Blamage *f* позор 2
blamieren *tr* позорить 3 (о-) (vor j-m перед кем-н., durch etw. чем-н.); sich ~ *refl* позориться (о-) (vor j-m перед кем-н., durch etw. чем-н.)
blank 1. *Adj* glänzend блестящий 11; poliert лощёный; sauber чист:ый, -á, -о, чисты; начищенный (до блеска); unbedeckt гол:ый, -á!; Säbel обнаж|ённый, -ён, -ена | ~e Waffe холодное оружие; mit ~em Säbel с шашкой наголо **2.** *Adv:* etw. ~ putzen начистить *v* что-н. до блеска; ganz ~ sein *umg* быть без гроша
blanko *Adv* незаполненный
Blanko|scheck *m* бланковый чек; **~vollmacht** *f* полная доверенность
Blase *f* Luft, Seife пузырь 1e; *Anat* мочевой пузырь; *Med* пузырь; Haut~ a. волдырь 1e; *Tech* Gußfehler раковина 6; im Ball камера 6 | sich ~n am Fuß laufen натирать ⟨-|тереть*⟩ себе пузыри [мозоли] на ноге; ~n bilden пузыриться 3; **~balg** *m* воздуходувный мех
blasen *tr* дуть* ⟨дунуть *mom* 4⟩; Glas выдувать ⟨выдуть⟩; Blasinstrument труб|ить 3 -лю в *A*, на *P; intr* wehen; pusten дуть ⟨дунуть *mom*⟩ | Trompete ~ трубить (в трубу), играть на трубе; Flöte ~ играть на флейте
Blasen|entzündung *f* воспаление мочевого пузыря, цистит 2; **~leiden** *n* заболевание 5 мочевого пузыря; **~stein** *m* камень в мочевом пузыре; **~tee** *m* насто|й 1 *G Pl* -ев лекарственных растений (для лечения заболеваний мочевого пузыря)
Bläser *m* музыкант 2, играющий 11 на духовом инструменте; Trompeter трубач 2e; *Pl* ~er Chor духовики *Pl* 2e; Glas~ стеклодув 2
blasiert высокомер|ный, -ен
Blasiertheit *f* высокомерие 5
Blas|instrument *n* духовой инструмент; **~musik** *f* духовая музыка; **~orchester** *n* духовой оркестр; **~rohr** *n* духовое ружьё 3c
blaß блед|ный, -ен, -на, -но, бледны; Farbe блёклый | ~ werden бледнеть (по-); keine blasse Ahnung von etw. haben не иметь ни малейшего представления о чём-н.
Blässe *f* бледность 9
Blatt *n Bot* лист 2e *Pl* листь|я, -ев; Papier, Eisen лист 2e *Pl* листы; Zeitung газета 6; Schiffs-, Luftschraube; Ruder~ лопасть 9g; Säge~ пол|отно 4c *G Pl* -отен; eines Tieres лопатка 6, плечо 4 *Pl* плечи 6h | vom ~ ablesen по бумажке; vom ~ spielen играть с листа; kein ~ vor den Mund nehmen говорить не стесняясь [без обиняков]; das ~ hat sich gewendet дело приняло другой оборот; eingelegtes ~ вкладка 6; er hat ein gutes ~ ему попались хорошие карты
Blättergebäck *n* слоёный пирог 2e; изделия *Pl* 5 из слоёного теста
blättern *intr:* in einem Buch ~ перелистывать ⟨-листать⟩ книгу
Blatternarbe *f Med* оспина 6
blatternarbig ряб:ой, -á!
Blätter|pilz *m* пластинчатый гриб; **~teig** *m* слоёное тесто
Blatt|feder *f Tech* листовая рессора; **~gold** *n* листовое [сусальное] золото; **~laus** *f* тля 7 *G Pl* тлей; **~pflanze** *f* лиственное растение; **~salat** *m* листовой [зелёный] салат; **~stiel** *m Bot* черенок листа
blau синий 11; hell~ голубой | ~ färben синить 3; ~ werden [anlaufen] синеть (по-); ~ machen прогуливать ⟨-гулять⟩, не выхо|дить 3⁺ -жу [не вы|йти*] на работу; ~e Ringe um die Augen синева 6 под глазами; mit einem ~en Auge davonkommen сравнительно легко отделаться; sein ~es Wunder erleben насмотреться *v* 3⁺ чудес, наслушаться *v* небылиц; er ist ~ он пьян
Blau *n* синий 11 [голубой] цвет 2; Wasch~ синька 6 | (ganz) in ~ gekleidet одетый во всё синее; das ~ des Himmels небесная лазурь 9; eine Fahrt ins ~e (развлекательная) поездка без определённой цели; ins ~e (hinein) reden горо|дить 3 -жу, -одишь вздор; das ~e vom Himmel herunterlügen врать так, что небу жарко, врать с три короба
blauäugig синеглаз:ый

Blaubeere *f* черни́ка 6; einzelne я́года 6 черни́ки
Bläue *f* си́ний 11 [голубо́й] цвет 2; des Himmels синева́ 6, лазу́рь 9
Blaufuchs *m* голубо́й пес|е́ц, -ца́ 2
blaugestreift в си́нюю [голубу́ю] поло́ску
Blauhemd *n FDJ* си́няя блу́зка 11-6
bläulich синева́тый, голубова́тый
Blaulicht *n* Signal сигна́льная фа́ра 6 си́него све́та
blaumachen *intr umg* прогу́ливать ⟨-гуля́ть⟩, не выходи́ть 3⁺ -хожу́ ⟨вы́|йти*⟩ на рабо́ту
Blau|meise *f* лазо́ревка 6; **~papier** *n* си́няя 11 копирова́льная бума́га; **~säure** *f* сини́льная кислота́
Blech *n* жесть 9, листова́я сталь 9; *übertr umg* вздор 2, чушь 9 | verzinktes ~ оцинко́ванная жесть; **~blasinstrument** *n* ме́дный духово́й инструме́нт; **~dose** *f* жестя́нка 6 *umg*
blechern жестяно́й | ~e Stimme дребезжа́щий 11 [пронзи́тельный] го́лос
Blech|geschirr *n* жестяна́я [металли́ческая] посу́да; **~kanister** *m* жестяна́я кани́стра; **~musik** *f* духова́я му́зыка; **~napf** *m* жестяна́я ми́ска; **~schaden** *m Kfz* поврежде́ние ку́зова; **~schere** *f* но́жницы для ре́зки листово́го мета́лла; **~schild** *n* an der Tür жестяна́я [металли́ческая] табли́чка
[1]**Blei** *n* Metall свин|е́ц, -ца́ 2; Lot лот 2, отве́с 2 | es liegt mir wie ~ in den Gliedern у меня́ всё те́ло сло́вно на́лито свинцо́м, я е́ле дви́гаюсь
[2]**Blei** *m Zool* лещ 2e
Bleibe *f* прию́т 2 | ich habe keine ~ мне не́куда дева́ться, мне не́где ночева́ть
bleiben *intr* nicht verlassen о|става́ться* ⟨-|ста́ться*⟩ (bei j-m у кого́-н.); sich aufhalten пребыва́ть в *P*, пробы́ть* *v;* sich nicht verändern остава́ться ⟨оста́ться⟩ *I* | bei der Sache ~ не отклон|я́ться ⟨-и́ться 3⁺⟩ от те́мы; bei der Wahrheit ~ говори́ть 3 пра́вду; am Leben ~ оста́ться в живы́х; ich bleibe dabei я наста́иваю на э́том; es bleibt dabei ~! так решено́!; es bleibt alles beim alten всё остаётся по-ста́рому; bei seiner Meinung ~ остава́ться при своём мне́нии; wo bleibt er? где же он?, куда́ он дева́лся?; im ungewissen ~ пребыва́ть в по́лном неве́дении; er blieb fünf Mark schuldig за ним оста́лось пять ма́рок; ihm blieb nichts anderes übrig als zuzustimmen ему́ оста́лось то́лько согласи́ться; er blieb den ganzen Sommer auf dem Dorf он пробы́л всё ле́то в дере́вне; **~d** постоя́нный; Eindruck неизглади́мый
bleibenlassen *tr* ост|авля́ть ⟨-а́вить 3 -а́влю⟩ *A*, возде́рживаться ⟨-держа́ться 3⁺⟩ от *G* | lassen Sie das bleiben! оста́вьте!, бро́сьте!; er sollte das ~ он не до́лжен был бы э́того де́лать
bleich бле́д|ный, -ен, -на́, -но, бле́дны́ | ~ werden бледне́ть (по-)
Bleiche *f* Bleichplatz бели́л|ьная 7 *G Pl* -ен, уча́ст|ок, -ка 2 [лужа́йка 6] для отбе́ливания
bleichen *tr* отбе́ливать ⟨-бели́ть⟩; Gewebe обесцв|е́чивать ⟨-е́тить 3 -е́чу⟩; *intr* Farbe verlieren линя́ть (по-); durch Sonne выцвета́ть ⟨вы́|цвести*⟩ | die Haare ~ (lassen) обесцве́чивать во́лосы
Bleichmittel *n* сре́дство для отбе́ливания
bleichsüchtig малокро́в|ный, -ен
bleiern свинцо́вый | ~e Müdigkeit си́льная [стра́шная] уста́лость; ~er Schlaf тяжёлый сон
Blei|glanz *m Min* свинцо́вый блеск, гале́ни́т 2; **~glas** *n* свинцо́вое стекло́; **~kristall** *n* свинцо́вый хруста́ль; **~kugel** *f* (свинцо́вая) пу́ля
Bleistift *m* каранда́ш 2e *G Pl* -е́й; **~hülse** *f* нако́нечник 2 для карандаша́; **~mine** *f* графи́т 2, гри́фель 1; **~skizze** *f* каранда́шный набро́сок; **~spitzer** *m* точи́лка 6 для карандаше́й; **~spitzmaschine** *f* маши́нка 6 для то́чки карандаше́й; **~zeichnung** *f* рису́нок карандашо́м
Blei|vergiftung *f* отравле́ние свинцо́м; **~weiß** *n* свинцо́вые бели́ла *Pl* 4
Blende *f* Scheinwerfer при-, укры́тие 5; *Phys, Foto* диафра́гма 6; Film обтюра́тор 2; Kleidung кант 2, обши́вка 6; *Bauw* глухо́е окно́ 4c *G Pl* о́кон; глуха́я дверь 9g; *Min* (ци́нковая) обма́нка 6
blenden *tr* Sonne, Licht слеп|и́ть 3 -лю́, ослеп|ля́ть ⟨-и́ть⟩ *a. hist; übertr* ослеп|ля́ть ⟨-и́ть⟩, обвор|а́живать ⟨-ожи́ть 3⟩; *intr* Licht, Schnee ослеп|ля́ть ⟨-и́ть⟩ | es blendet отсве́чивает; geblendet sein ничего́ не ви́деть; sich von etw. ~ lassen соблазн|я́ться ⟨-и́ться 3⟩ чем-н.; **~d** Licht ослепи́тел|ьный, -ен, -ьна; *übertr* ослепи́тельный, блестя́щий 11 | ≈ schönes Wetter великоле́пная пого́да; ich habe mich ≈ amüsiert я великоле́пно провёл вре́мя; du siehst ≈ aus! ты чуде́сно вы́глядишь!
Blendeneinstellung *f Foto* устано́вка 6 диафра́гмы
Blend|rahmen *m* Malerei подра́м|ок, -ка 2; *Bauw* Fenster разде́льная ра́ма 6 окна́; **~werk** *n* (опти́ческий) обма́н 2 | sich von ≈ täuschen lassen под|дава́ться* ⟨-|да́ться*, -да́лся, -дали́сь⟩ обма́ну
Bleßhuhn *n* лысу́ха 6
Blick *m* взгляд 2, взор 2; Augenausdruck взгляд; Aussicht вид 2 (auf на *A*) | auf den ersten ~ на пе́рвый взгляд; Liebe с

пéрвого взгля́да; den ~ heben поднимáть ⟨поднять⟩ глазá; den ~ senken потуплять ⟨-ту́пить 3 -ту́плю⟩ взор; den ~ auf etw. richten устрем|лять ⟨-и́ть 3 -лю́⟩ взор на что-н., взгл|я́дывать ⟨-яну́ть 4⁺⟩ на что-н.; mit j-m ~e tauschen перегл|я́дываться ⟨-яну́ться⟩ с кéм-н.; einen ~ auf etw. werfen бросáть ⟨брóсить⟩ взгляд на что-н.; mit einem ~ übersehen оки́дывать ⟨оки́нуть 4⟩ взгля́дом; sie wandte keinen ~ von ihm онá не спускáла с негó глаз; ein Zimmer mit ~ auf das Meer кóмната с ви́дом нá море; der ~ aus meinem Fenster ist herrlich вид из моегó окнá чудéсный

blicken *intr* смотрéть 3⁺ (по-) (auf на *A),* гля|дéть 3 -жу́ (по-) (auf на *A*), einen Blick werfen взгляну́ть *v* 4⁺ (auf на *A*) | er blickte aus dem Fenster он вы́глянул в окнó; die Sonne blickte durch die Wolken сóлнце [нц] вы́глянуло [показáлось] из-за туч; er läßt sich nicht mehr ~ он бóльше не покáзывается; das läßt tief ~ э́то мнóго знáчит, э́то позволя́ет суди́ть о мнóгом

Blick|fang *m* примáнка 6 для глаз; реклáмный плакáт 2, реклáма 6 | als ≈ dienen служи́ть (по-) для привлечéния внимáния; **~feld** *n* пóле зрéния | ins ≈ kommen окáзываться ⟨-|казáться*⟩ в цéнтре внимáния; **~punkt** *m* центр 2 внимáния | im ≈ stehen находи́ться 3⁺ -хожу́сь ⟨на|йти́сь*⟩ в цéнтре внимáния; **~winkel** *m* у́гол зрéния *a. übertr* | unter diesem ≈ с э́той тóчки зрéния

blind 1. *Adj* nicht sehend слеп¦óй, -á!; *übertr* слепóй, ослепл|ённый, -ён, -енá; Glas ту́скл¦ый, -á!; Alarm лóж|ный, -ен; Schuß холостóй, хóлост, -á! | ~ werden слéпнуть 4a (о-); тусклéть (по-) (von etw. от чегó-н.); auf einem Auge ~ sein не ви́деть одни́м глáзом; ~er Eifer слепóе [безрассу́дное] рвéние; in ~er Wut в слепóм гнéве; ~es falsches Fenster глухóе окнó **2.** *Adv:* j-m ~ vertrauen слéпо доверя́ть комý-н.; ~ darauf losschlagen бить* кудá попáло

Blinddarm *m* слепáя кишкá; **~entzündung** *f* аппендици́т 2

Blinde *f* слепáя *Subst* 10

Blindekuh *f:* ~ spielen игрáть ⟨сыгрáть⟩ в жму́рки

Blinden|anstalt *f* заведéние 5 для слепы́х; **~führer** *m* поводы́рь 1e слепóго; **~hund** *m* собáка-поводы́рь 6-1e; **~schrift** *f* шрифт для слепы́х; **~schule** *f* шкóла(-интернáт) 6(-2) для слепы́х

Blinder *m* слепóй *Subst* 10

Blind|flug *m* слепóй полёт; **~gänger** *m Mil* неразры́в 2; Granate неразорвáвшийся снаря́д 11-2

blindgeboren слепорождённый

Blindheit *f* слепотá 6 | mit ~ geschlagen sein быть поражённым слепотóй

blindlings *Adv* слéпо; aufs Geratewohl вслепу́ю, наудáчу, как попáло; Hals über Kopf сломя́ гóлову

Blindschleiche *f* веретéница 6

blindschreiben *intr* печáтать слепы́м мéтодом (на пи́шущей маши́нке)

blinken *intr* Stern мерцáть; Metall, Leuchtfeuer сверкáть; signalisieren передавáть* ⟨передáть*⟩ световы́е сигнáлы | der Wein blinkt im Glas винó и́скрится в бокáле

Blinker *m* Auto указáтель 1 поворóта (с мигáющим свéтом)

Blink|feuer *n* Schiff прóблесковый огóнь; **~gerät** *n* светосигнáльный прибóр (с мигáющим свéтом); **~leuchte** *f* Auto мигáющий 11 указáтель 1 поворóта; **~licht** *n* мигáющий 11 свет; **~signal** *n* Straßenverkehr мигáющий 11 [световóй] сигнáл; **~zeichen** *n* мигáющий 11 световóй сигнáл

blinzeln *intr* миг|áть ⟨-ну́ть *mom* 4⟩, морг|áть ⟨-ну́ть *mom* 4⟩; in der Sonne жму́риться 3 (за-)

Blitz *m* мóлния 8 | der ~ hat eingeschlagen удáрила мóлния; wie vom ~ getroffen как грóмом поражённый; wie ein ~ aus heiterem Himmel как гром среди́ я́сного нéба; **~ableiter** *m* молниеотвóд 2, громоотвóд 2 *umg*

blitz|artig молниенóс|ный, -ен, мгновéн|ный, -ен, -на; **~blank** начи́щенный до блéска; Wohnung сверкáющий 11 чистотóй

blitzen *intr* сверк|áть ⟨-ну́ть *mom* 4⟩; blinken, strahlen блестéть* (vor *I)* | es blitzt сверкáет мóлния

Blitz|gespräch *n* разговóр-мóлния 2-8; **~krieg** *m* молниенóсная войнá; **~licht** *n Foto* (осветúтельная) вспы́шка 6; **~schlag** *m* удáр мóлнии

blitzschnell 1. *Adj* молниенóс|ный, -ен **2.** *Adv* молниенóсно, ми́гом

Blitz|schutzanlage *f* молниеотвóдная установка; **~telegramm** *n* (телегрáмма-)мóлния (6-)8

Block *m* Holz колóда 6, чурбáн 2; Eis, Felsen глы́ба 6; *Tech* блок 2; Klumpen, unbearbeitetes Stück кабáн 2; Notiz~ блокнóт 2; Häuser~ кóрпус 2b *Pl* -á, блок [грýппа 6] здáний [домóв]; *Pol* блок

Blockade *f* блокáда 6; *Typ* марáшка 6

Block|bauweise *f* мéтод 2 блóчного строи́тельства; **~flöte** *f* прямáя флéйта

blockfrei Staat неприсоедини́вшийся 11

Block|freiheit *f* неприсоединéние 5 к блóкам; **~haus** *n* ру́бленый [бревéнчатый] дом

blockieren *tr* блоки́ровать *uv, v* 2; *a. übertr Typ* стáв|ить 3 -лю (по-) марáшки;

Durchfahrt загор|а́живать ⟨-оди́ть 3 -ожу́, -о́дишь⟩; Verkehr перекрыва́ть ⟨-|кры́ть*⟩

Blockierung *f* блокиро́вка 6, блоки́рование 5; der Strecke перекры́тие 5

Block|schrift *f Typ* гроте́сковый [тэ] шрифт; **~stelle** *f Eisenb* блок-по́ст 2-2е

blöde *Med* слабоу́м|ный, -ен; dumm глу́п|ый, -а́!; unerfreulich глу́пый, неприя́т|ный, -ен

blödeln *intr* болта́ть вздор

Blöd|heit *f Med* слабоу́мие 5, тупоу́мие 5; **~sinn** *m* Unsinn бессмы́слица 6 | so ein ~! что за чепуха́!; ≈ machen де́лать глу́пости

blödsinnig *Med* слабоу́м|ный, -ен, тупоу́м|ный, -ен; sinnlos глу́п:ый, -а́!; Anordnung дура́цкий; sehr stark безу́м|ный, -ен, ужа́с|ный, -ен

blöken *intr* Schaf бле́|ять, -ет; Rind мыча́ть 3

blond светловоло́с:ый; hell белоку́р:ый; dunkel ру́с:ый | er ist ~ он блонди́н

blondieren *tr* осветл|я́ть ⟨-и́ть 3 -лю́⟩ во́лосы, обесцв|е́чивать ⟨-е́тить 3 -е́чу⟩

Blondine *f* блонди́нка 6

bloß 1. *Adj* nackt го́л:ый, -а́!; nur оди́н, огного́ 15; *f* одна́; *n* одно́; *Pl* одни́ (*meist mit* то́лько, лишь) | mit ~en Händen го́лыми рука́ми; mit ~en Füßen босико́м; im ~en Hemd в одно́й (то́лько) руба́шке; mit ~em Auge невооружённым гла́зом; auf den ~en Verdacht hin по одному́ (то́лько) подозре́нию **2.** *Adv* то́лько, лишь | nicht ~ ..., sondern auch ... не то́лько ..., но и ...; nicht ~, daß ... ма́ло того́, что ...; wenn ~ е́сли то́лько; ich habe ~ zwei Mark у меня́ то́лько две ма́рки; was hast du ~! что же с тобо́й!

Blöße *f* нагота́ 6 | sich eine ~ geben *übertr* обнару́ж|ивать ⟨-ить 3⟩ своё сла́бое [уязви́мое] ме́сто

bloß|legen *tr* freilegen обнаж|а́ть ⟨-и́ть 3⟩; Pläne, geheime Fäden раскрыва́ть ⟨-|кры́ть*⟩; Mängel, Irrtümer вскрыва́ть ⟨-кры́ть⟩; **~stellen** *tr* срам|и́ть 3 -лю́ (о-), компромети́ровать 2 (с-); sich ≈ *refl* срам|и́ться (о-), компромети́ровать (с-) себя́

Blouson *n, m* блузо́н 2, блу́за 6 руба́шечного покро́я с на́пуском

Blues *m* Tanz блюз 2

Bluff *m* блеф 2, надува́тельство 4

blühen *intr* цвести́*; *übertr* Geschäft, *Kunst* процвета́ть ⟨-цвести́⟩ | der Flieder begann zu ~ сире́нь зацвела́; das kann mir auch noch ~! со мной э́то то́же мо́жет случи́ться!; **~d** цвету́щ:ий 11 *a. übertr,* в цвету́ | im ≈en Alter во цве́те лет; sie sieht ≈ aus у неё цвету́щий вид

Blume *f* цвет|о́к, -ка́ 2 *Pl* -ы́, -о́в; Wein буке́т 2; Bier пе́на 6; *Jagd* хвост 2е | j-m etw. durch die ~ sagen говори́ть ⟨сказа́ть⟩ кому́-н. что-н. намёками

Blumen|arrangement *n* компози́ция 8 цвето́в, подбо́р 2 цвето́в; **~ausstellung** *f* вы́ставка цвето́в; **~beet** *n* цвето́чная клу́мба; **~binderin** *f* ма́стер 2b *Pl* -а́, де́лающая 11 буке́ты и венки́; **~brett** *n* по́лочка 6 для цвето́в; **~garten** *m* цветни́к 2е; **~geschäft** *n* цвето́чный магази́н; **~händlerin** *f* цвето́чница 6; **~kasten** *m* я́щик для (поса́дки) цвето́в; **~kohl** *m* капу́ста цветна́я; **~kohlsuppe** *f* суп-пюре́ из цветно́й капу́сты; **~muster** *n* узо́р в ви́де цвето́в

blumenreich цвети́ст:ый *a. übertr;* Wiesen u. a. усе́янный цвета́ми

Blumen|schmuck *m* украше́ние цвета́ми; **~ständer** *m* жардинье́рка 6; **~stock** *m* Topfpflanze (ко́мнатный) цвет|о́к, -ка́ 2 (в горшке́); **~strauß** *m* буке́т 2 (цвето́в); **~topf** *m* цвето́чный горшо́к | damit ist kein ≈ zu gewinnen э́тим ничего́ не добьёшься; **~vase** *f* ва́за для цвето́в; **~verkäuferin** *f* цвето́чница 6; **~zucht** *f* цветово́дство 4; **~zwiebel** *f* цвето́чная лу́ковица

blumig Wiese усе́янный цвета́ми; Stil цвети́ст:ый

Bluse *f* блу́зка 6; aus festem Stoff ко́фта 6, ко́фточка 6; Arbeits~ блу́зка 6

Blusenrock *m* (да́мская) ю́бка

Blut *n* кровь 9g | ~ spenden дава́ть* ⟨дать*⟩ кровь; er spuckt ~ у него́ кровоха́рканье; das liegt bei ihm im ~ э́то у него́ в крови́; das ~ stieg ihm in den Kopf кровь уда́рила ему́ в го́лову; für etw. ~ vergießen пролива́ть ⟨проли́ть⟩ кровь за что-н.; kaltes ~ bewahren сохран|я́ть ⟨-и́ть⟩ хладнокро́вие; diese Musik geht ins ~ э́та му́зыка зажига́ет кровь; **~andrang** *m* прили́в кро́ви; **~apfelsine** *f* корол|ёк, -ька́ 2

blutarm малокро́в|ный, -ен

Blut|armut *f* малокро́вие 5; **~bad** *n* крова́вая ба́ня 7, резня́ 7; **~bank** *f Med* храни́лище 4 до́норской кро́ви

blutbefleckt окрова́вленный, besonders Hände обагрённый кро́вью; Regime крова́вый

Blut|bild *n* карти́на кро́ви; **~bildung** *f* кроветворе́ние 5; **~druck** *m* кровяно́е давле́ние

blutdürstig кровожа́д|ный, -ен

Blüte *f* цвет|о́к, -ка́ 2 *Pl* -ы́, -о́в *u.* -ки́, -ко́в; das Blühen цвете́ние 5; Pickel прыщ 2е; *übertr* расцве́т 2, процвета́ние 5 | die Bäume stehen in voller ~ дере́вья в по́лном цвету́; ein Baum voller ~n де́рево всё в цвету́; die ~ der Jugend die Besten цвет 2b молодёжи; in der ~ der

Jahre во цвéте лет; die Industrie steht in voller ~ промы́шленность процветáет; voller ~n Gesicht покры́тый прыщáми, в прыщáх

Blutegel *n* пия́вка 6 | ~ ansetzen стáв|ить 3 -лю (по-) пия́вки

bluten *intr* кровоточи́ть 3 | er blutet aus der Nase у негó идёт кровь нóсом [и́з носу]; die Wunde blutet рáна кровоточи́т, из рáны идёт [течёт] кровь; das Herz blutet einem сéрдце крóвью обливáется

Blüten|blatt *n* лепест|óк, -кá 6; **~kelch** *m* чáшечка 6 (цветкá); **~knospe** *f* цветóчная пóчка; **~stand** *m* соцвéтие 5; **~staub** *m* цветóчная пыльцá 6

Blutentnahme *f* взя́тие 5 крóви

blütenweiß белоснéж|ный, -ен

Bluter *m* гемофи́лик 2

Bluterguß *m* кровоизлия́ние 5

Bluterkrankheit *f* гемофили́я 8

Blütezeit *f* врéмя цветéния; *übertr* врéмя [пери́од 2] расцвéта

Blut|farbstoff *m* гемоглоби́н 2; **~fleck** *m* кровянóе пятнó; **~gefäß** *m* кровенóсный сосу́д; **~gerinnsel** *n* сгу́сток крóви, тромб 2

blutgierig кровожáд|ный, -ен

Blut|gruppe *f* гру́ппа крóви; **~husten** *m* кровохáрканье 5

blut|ig кровáвый; blutbefleckt окровáвленный | ≈e Kämpfe кровопроли́тные бои́; ≈ schlagen избивáть ⟨-|би́ть*, -обью́⟩ дó крови; es ist mein ≈er Ernst я говорю́ совершéнно серьёзно; ≈er Anfänger совсéм ещё новичóк; **~jung** совсéм молодóй [молóденький]

Blut|konserve *f* консерви́рованная кровь 9g; **~körperchen** *n* кровянóе тéльце 4b | weißes ≈ лейкоци́т 2; rotes ~ эритроци́т 2; **~kreislauf** *m* кровообращéние 5; **~probe** *f* анáлиз 2 крóви; **~rache** *f* крóвная месть

blut|reinigend кровоочисти́тельный; **~rot** кровáво-крáсный; hell áлый; **~rünstig** кровожáд|ный, -ен; Geschichten кровáвый, жу́т|кий, -ок, -кá!

Blut|sauger *m* кровопи́йца *m* 6; **~schande** *f* кровосмешéние 5; **~senkung** *f* реáкция 8 оседáния эритроци́тов; **~serum** *n* сы́воротка крóви

Blutspende|r *m* дóнор 2; **~zentrale** *f* дóнорский пункт

Blutspur *f* кровянóй след

blutstillend кровоостанáвливающий 11

Blutstropfen *m* кáпля крóви

Blutsturz *m* профу́зное кровотечéние 5

blutsverwandte (едино)крóвный, бли́зкий, -ок, -кá, -кó, бли́зки́; im zweiten Grade двоюрóдный

Blutsverwandschaft *f* крóвное родствó

Blut|transfusion *f*, **~übertragung** *f* переливáние 5 крóви; **~ung** *f* кровотечéние 5

blutunterlaufen с кровоподтёками | ~e Stelle кровоподтёк 2

Blut|untersuchung *f* исслéдование [анáлиз 2] крóви; **~vergießen** *n* кровопроли́тие 5; **~vergiftung** *f* заражéние 5 крóви; **~verlust** *m* потéря крóви; **~wurst** *f* кровянáя колбасá; **~zirkulation** *f* циркуля́ция крóви; **~zucker** *m* сáхар крóви; **~zuckergehalt** *m* содержáние сáхара в крови́; **~zufuhr** *f* притóк 2 крóви

Bö *f* шквал 2, (си́льный) поры́в 2 вéтра

Boa *f Zool* боá *m idkl*

Bob *m* бóбслей 1; **~bahn** *f* ледянóй жёлоб для бóбслея; **~fahrer** *m* бобслеи́ст 2; **~mannschaft** *f* экипáж бóбслея, бóбслейная комáнда; **~schlitten** *m* = **Bob**; **~sport** *m* бóбслей 1, бóбслейный спорт; **~weltmeisterschaft** *f* чемпионáт 2 ми́ра по бóбслею

Bock *m* Ziegen~ коз|ёл, -лá 2; Schaf~ барáн 2; Reh сам|éц, -цá 2 (косу́ли); Kaninchen самéц (крóлика); Wagensitz, Säge~ кóз|лы *Pl* 6 *G* -ел; *Sport* (гимнасти́ческий) козёл; Gestell подстáвка 6; Fehler оши́бка 6 | einen ~ schießen сдéлать *v* оплóшность, дать* *v* мáху

blockbeinig упря́м:ый (как козёл)

Bockbier *n* мáртовское пи́во

bock|en *intr* Esel, Pferd в|ставáть* ⟨-|стать*⟩ на дыбы́; Person упря́м|иться 3 -люсь; **~ig** упря́м:ый

Bockleiter *f* лéстница-стремя́нка 6-6

Bockshorn *n*: j-n ins ~ jagen согну́ть *v* 4 в барáний рог когó-н.

Bock|springen *n* Spiel чехардá 6; Turnen прыжки́ *Pl* 2 чéрез козлá; **~wurst** *f* (горя́чая 11) сардéлька 6

Boden *m* Erdoberfläche земля́ 7c *A Sg* зéмлю, *G Pl* земéль; Erdreich пóчва 6 *G Pl* почв, грунт 2; Fuß~ пол 2b, на полу́; Dach~ чердáк 2e; Grundfläche eines Behälters дно 4 *Pl* дóнь|я, -ев; Meeres~ дно; Grundlage пóчва 6, оснóва 6 | Grund und ~ земля́, земéльное владéние 5; zu ~ fallen пáдать ⟨пасть⟩ на зéмлю; am ~ liegen лежáть на землé; auf dem ~ der Tatsachen stehen опирáться на фáкты, оснóвываться на фáктах; auf fremden ~ на землé; festen ~ unter den Füßen haben имéть [чу́вствовать 2] твёрдую пóчву под ногáми; den ~ unter den Füßen verlieren теря́ть (по-) пóчву под ногáми; der ~ brennt ihm unter den Füßen у негó земля́ гори́т под ногáми; **~bearbeitung** *f* обрабóтка пóчвы; **~beschaffenheit** *f* строéние 5 пóчвы; **~bestellung** *f* возде́лывание 5 пóчвы; **~fenster** *n* слуховóе окнó; **~frost** *m* зáморозки *Pl* 2 на пóчве;

~**frostgefahr** *f* опа́сность за́морозков на по́чве; ~**kammer** *f* манса́рда 6; ~**kampf** *m* Ringen борьба́ в парте́ре [тэ]; ~**kunde** *f* почвове́дение 5; ~**kür** *f* Turnen произво́льная програ́мма 6 при во́льных упражне́ниях

bodenlos бездо́нный; unerhört невероя́т|ный, -ен | ~e Frechheit несль́ıханная де́рзость

Boden|nebel *m* назе́мный тума́н; ~**nutzung** *f* землепо́льзование 5; ~**personal** *n Flugw* назе́мный обслу́живающий 11 персона́л; ~**reform** *f* земе́льная рефо́рма; ~**satz** *m* оса́д|ок, -ка 2, гу́ща 6; ~**schätze** *m Pl* (поле́зные) ископа́емые *Pl Subst* 10; ~**schicht** *f* по́чвенный слой

Bodensee Бо́денское о́зеро

Bodenspekulation *f* спекуля́ция земе́льными уча́стками

bodenständig коренно́й, ме́стный

Boden|station *f Flugw* назе́мная (радио)ста́нция 8; ~**treppe** *f* ле́стница на черда́к; ~**truppen** *f Pl* назе́мные войска́; ~**turnen** *n Sport* во́льные упражне́ния *Pl* 5 (на ковре́); ~**untersuchung** *f* ана́лиз 2 по́чвы; ~**verhältnisse** *n Pl* по́чвенные усло́вия

Bofist *m* дождеви́к 2е

Bogen *m* Biegung, *Math, El* дуга́ 6c; Waffe лук 2; *Bauw* а́рка 6 *G Pl* а́рок *a.* Brücke; Fluß изги́б 2, излу́чина 6; Papier лист 2е; Geige смыч|о́к, -ка́ 2 | mit dem ~ schießen стреля́ть из лу́ка; den ~ überspannen перегну́ть *v* па́лку; einen (großen) ~ machen сде́лать *v* (большо́й) крю́к; ~**brücke** *f* а́рочный мост; ~**fenster** *n* сво́дчатое окно́

bogenförmig дугообра́з|ный, -ен

Bogen|gang *m* галере́я 7 со сво́дом; Arkaden арка́да 6; ~**honorar** *n* гонора́р листа́; ~**korrektur** *f* корректу́ра в листа́х; ~**lampe** *f* дугова́я ла́мпа; ~**pfeiler** *m* сто́йка 6 (подде́рживающая 11 свод); Brücke бык 2е; ~**säge** *f* лучко́вая пила́; ~**schießen** *n* стрельба́ из лу́ка; ~**schütze** *m* стрело́к из лу́ка, *hist* лу́чник 2; ~**zahl** *f Typ* число́ листо́в

Bogota Богота́ 6

Boheme *f* боге́ма 6

Bohemien *m* представи́тель 1 боге́мы, боге́ма 6

Bohle *f* брус 2 *Pl* -ья, -ьев, (то́лстая) дос|ка́ 6а *G Pl* -о́к

Böhmerwald *m* Боге́мский Лес

böhmisch: das sind für mich ~e Dörfer *umg* э́то для меня́ кни́га за семью́ печа́тями

Bohne *f* фасо́ль 9; Sau~ боб 2е; Kaffee~ зерно́ 4c *G Pl* зёрен (ко́фе) | grüne [weiße] ~n зелёная [бе́лая] фасо́ль; ~n essen есть фасо́ль [бобы́]

Bohnen|kaffee *m* Getränk (натура́льный) ко́фе; ungemahlen ко́фе в зёрнах; ~**kraut** *n* (садо́вый) чаб|ёр, -ра́ 2; ~**salat** *m* aus grünen Bohnen сала́т из стручко́вой фасо́ли; ~**stange** *f* тычи́на 6 для фасо́ли; *übertr* каланч|а́ 6 *G Pl* -е́й; ~**stroh** *n*: dumm wie ≈ глуп, как про́бка, глуп, как си́вый ме́рин; ~**suppe** *f* фасо́левый суп

Bohner|bürste *f* полотёрная щётка; ~**maschine** *f* электрополотёр 2

bohnern *tr* натира́ть ⟨-|тере́ть*⟩ масти́кой [mit Wachs во́ском] | frisch gebohnert! осторо́жно, натёрто!

Bohnerwachs *m* масти́ка 6 [Wachs воск] для нати́рки поло́в

bohren *tr* сверли́ть 3 (про-); mit Holzbohrer бура́в|ить 3 -лю (про-); Brunnen; Gestein; Tunnel бури́ть 3 (про-); *intr* nach Erdöl, Bodenschätzen, Wasser бури́ть (про-); stochern ковыр|я́ть ⟨-ну́ть *mom* 4⟩ (in в *P*) | nach Erdöl ~ бури́ть в по́исках не́фти [на нефть]; ~**d** Blick прони́зывающий 11; Schmerz сверля́щий 11

Bohrer *m* Werkzeug сверло́ 4c *Pl* свёрла; Holz~ бура́в 2е; *Bergb* бур 2; *Med* бор 2; Arbeiter сверло́вщик 2, *Bergb* бури́льщик 2 | elektrischer ~ электродре́ль 9

Bohr|insel *f* бурова́я платфо́рма 6; ~**loch** *n Geol, Bergb* бурова́я сква́жина; ~**maschine** *f* сверли́льный стан|о́к, -ка́ 2; *Med* бормаши́на 6; ~**turm** *m* бурова́я вы́шка; ~**ung** *f* Erdöl буре́ние 5; Bohrloch сква́жина 6

böig Wind поры́вист|ый | ~es Wetter ве́треная пого́да, си́льные поры́вы *Pl* 2 ве́тра

Boiler *m Tech* бо́йлер 2; im Bad электри́ческая [га́зовая] коло́нка 6 для ва́нны [для нагрева́ния воды́ в ва́нной]

Bojar *m* бо|я́рин 2 *Pl* -я́ре, -я́р; ~**in** *f* боя́рыня 7

Boje *f* бу|й 1b *G Pl* -ёв, ба́кен 2

Bolero *m* болеро́ *n idkl;* ~**jäckchen** *n* болеро́ *n idkl*

Bolivianer *m* боливи́|ец, -йца 2; ~**in** *f* боливи́йка 6

bolivianisch боливи́йский

Bolivien Боли́вия 8

Böllerschuß *m* салю́тный вы́стрел

Bollwerk *n Mil* укрепле́ние 5, бастио́н 2; *übertr* опло́т 2

Bolschewik *m* большеви́к 2е

Bolschewismus *m* большеви́зм 2

bolschewistisch большеви́стский

Bolzen *m Tech* болт 2е, винт 2е; Zapfen шкво́р|ень, -ня 1

Bombardement *n* бомбардиро́вка 6

bombardieren *tr* бомбардирова́ть 2, бомб|и́ть 3 -лю́; *übertr* бомбарди́ровать (mit *I*)

Bombardierung *f* бомбардиро́вка 6

bombastisch высокопа́р|ный, -ен, напы́щен|ный, -на

Bombe *f* бóмба 6; Eis~ торт-морóженое 2-*Subst* 10 | mit ~n belegen бомб|úть 3 -лю́, бомбардировáть 2; die Nachricht hat wie eine ~ eingeschlagen э́то извéстие произвелó впечатлéние разорвáвшейся бóмбы

Bomben|abwurf *m* бомбометáние 5, сбрáсывание 5 бомб; **~angriff** *m* налёт бомбардирóвочной авиáции; **~anschlag** *m* покушéние (с применéнием бомб) (auf на *A);* **~erfolg** колоссáльный успéх; **~flugzeug** *n* самолёт-бомбардирóвщик 2-2; **~geschäft** *n* потрясáюще вы́годное дéло; **~hagel** *m:* im ≈ под грáдом бомб; **~rolle** *f Theat* вы́игрышная [колоссáльная] роль

bombensicher бомбоустóйчивый | ich weiß es ~ мне э́то совершéнно тóчно извéстно; das ist ~ э́то абсолю́тно тóчно

Bomben|splitter *m* оскóлок бóмбы; **~teppich** *m* лави́на 6 бомб; **~trichter** *m* ворóнка от бóмбы

Bomber *m Mil* бомбардирóвщик 2

Bon *m* Gutschein талóн 2; Kassenzettel чек 2

Bonbon *m, n* конфéта 6; hart карамéль 9, mit Fruchtgeschmack леден|éц| -цá 2 | gefülltes ~ конфéта с начи́нкой

Bonbonniere *f* бонбоньéрка 6

Bonn Бонн 2

Bonze *m* бóнза *m* 6, markup зазнáвшийся 11 бюрокрáт 2

Boom *m* бум 2, искýсственное повышéние 5 кýрсов; спекуляти́вный подъём 2

Boot *n* лóдка 6; größeres; seetüchtiges шлю́пка 6 | wir fahren gern ~ мы лю́бим катáться на лóдке; wir stiegen ins ~ мы сéли в лóдку

Boots|anlegenstelle *f* лóдочная при́стань; **~ausleihstelle** *f* лóдочная стáнция 8; **~deck** *n* шлю́почная пáлуба; **~haken** *m* баг|óр| -рá 2; **~haus** *n* помещéние 5 для хранéния лóдок; **~lack** *m* лóдочный лак; **~mann** *m* бóцман 2; **~schuppen** *m* сарáй шлю́почный; **~steg** *m* причáл 2; причáльный мóстик; **~verleih** *m* прокáт лóдок, вы́дача 6 лóдок напрокáт

Bor *n Chem* бор 2

[1]**Bord** *m Mar, Flugw* борт 2b| на бортý| *Pl* -á | an ~ на бортý; an ~ gehen подн|я́ться* *v* -я́лся́| -яли́сь [сесть*] на корáбль [на сýдно]; Flugzeug са|ди́ться 3⁺ -жýсь ⟨сесть*⟩ в самолёт; von ~ gehen Schiff схо|ди́ть 3⁺ -жý ⟨со|йти́*⟩ на бéрег; über ~ werfen бросáть ⟨брóсить⟩ за борт; Mann über ~! человéк за бóртом!

[2]**Bord** *n* Wandbrett пóлка 6

Bordell *n* публи́чный дом 2b

Bord|funker *m Flugw* бортради́ст 2; *Mar* судовóй ради́ст; **~kante** *f* борт 2 тротуáра; **~karte** *f* посáдочный талóн 2; **~mechaniker** *m* бортмехáник 2; **~stein** *m* бортовóй кáмень тротуáра

Boretsch *m* огурéчник 2

Borg *m:* auf ~ взаймы́, в долг, в креди́т

borgen *tr* entleihen занимáть ⟨заня́ть*⟩ (von у *G);* Geld a. брать* ⟨взять*⟩ взаймы́ [в долг] (von у *G*); leihen одáлживать ⟨одолжи́ть 3⟩ (j-m *D);* Geld a. давáть* ⟨дать*⟩ в взаймы́ [в долг] (j-m *D)* | ich habe mir ein Buch von ihm geborgt я зáнял у негó кни́гу; er borgte mir zwei Hefte он одолжи́л мне две тетрáди; er borgte mir drei Mark он одолжи́л мне [дал мне в долг] три мáрки

Borke *f* корá 6

Borkenkäfer *m* короéд 2

Borneo Борнéо [нэ] *m idkl*

borniert ограни́чен:ный| -на, туп:óй| -á!

Bor|salbe *f* бóрная мазь; **~säure** *f* бóрная кислотá

Börse *f Wirtsch* би́ржа 6; Geldbeutel кошел|ёк| -ькá 2 | an der ~ на би́рже

Börsen|bericht *m* биржевóй бюллетéнь 1; **~spekulant** *m* биржевóй спекуля́нт

Borste *f* щети́нка 6; ~n *Pl* щети́на 6

borstig щети́нист:ый; *übertr* грýб:ый| -á!, угрю́м:ый

Borte *f* ка|йма́ 6 *G Pl* -ём, обши́вка 6, бордю́р 2

bösartig злой| зол| зла, злóст|ный| -ен; *Med* злокáчествен:ный| -на

Bösartigkeit *f* злость 9, злóба 6; *Med* злокáчественность 9

Böschung *f* откóс 2, склон 2

böse schlecht дурнóй| дýр|ен| -нá| -но| дýрны́; böswillig злой| зол| зла| злéйший 11, злóб|ный| -ен; ärgerlich серди́т:ый; ergrimmt озлóблен:ный| -на | ~r Mensch злю́ка 6, лихóй человéк; ~r Finger больнóй пáлец; ~ Tat дурнóй постýпок; ~s Siechtum лихóй недýг; j-n ~ machen злить 3 когó-н.; auf j-n ~ sein сер|ди́ться 3⁺ -жýсь (рас-) на когó-н. (wegen за *A*); sei mir nicht ~ не серди́сь [не злись] на меня́; es ist nicht ~ gemeint э́то скáзано без злóго ýмысла; sich nichts Böses dabei denken не имéть злóго ýмысла; das sieht ~ aus дéло обстои́т плóхо

Bösewicht *m* Schelm сорван|éц| -цá 2, прокáзник 2

boshaft злой| зол| зла; Blick злóб|ный| -ен; Streich злóст|ный| -ен; giftig, tükkisch ехи́д|ный| -ен | ~er Sinn злой ýмыс|ел| -ла 2

Bosheit *f* злóба 6; Tücke ехи́дство 4 | aus ~ со злóсти; voller ~en sein быть испóлненным злóбы

Bosporus Босфóр 2

Boß *m umg* босс 2

böswillig злóст|ный, -ен | ~e Handlung злонамéренный постýпок
Böswilligkeit *f* злóстность 9; злонамéренность 9
Botanik *f* ботáника 6; **~er** *m* ботáник 2
botanisch ботанúческий | ~er Garten ботанúческий сад
botanisieren *intr* собирáть растéния
Bote *m* Dienst~ курьéр 2, посы́льный *Subst* 10; Paketausträger рассы́льный *Subst* 10; Anzeichen (пред)вéстник 2, гон|éц, -цá 2 | die ~n des Frühlings (пред)вéстники [гонцы́] весны́
Botengang *m:* Botengänge machen исполня́ть (-пóлнить 3) поручéния, быть* на посы́лках
Botin *f* курьéр 2, курьéрша 6 *umg,* посы́льная *Subst* 10; рассы́льная *Subst* 10
Botmäßigkeit *f* 9 госпóдство 4 | j-n unter seine ~ bringen покор|я́ть (-úть 3) когó-н.
Botschaft *f* Nachricht весть 9g, извéстие 5; schriftlich послáние 5; *Pol* посóльство 4 | auf die ≈ gehen идтú* (по|йтú*) в посóльство; **~er** *m* пос|óл, -лá 2
Botschafter|austausch *m* обмéн послáми; **~ebene** *f:* auf ≈ на ýровне послóв
Botschafts|angestellter *m* сотрýдник 2; посóльства; **~personal** *n* состáв посóльства
Botswana Ботсвáна 6
Böttcher *m* бочáр 2e, бóндарь 1 *u.* бондáрь 1e; **~werkstatt** *f* бондáрная мастерскáя
Bottich *m* чан 2
Bouillon *f* бульóн 2; **~würfel** *m* бульóнный кýбик
Boulevard *m* бульвáр 2; **~blatt** *n* бульвáрная газéта
Bourgeois *m* буржуá *m idkl;* **~ie** *f* буржуáзия 8
Boutique *f* худóжественный салóн 2 мод, бутúк 2
Bowdenzug *m* трос 2 Бóудена
Bowle *f* Getränk крюшóн 2; Gefäß чáша 6 для крюшóна, крюшóнница 6
Box *f* abgeteilter Raum бокс 2; für Pferde стóйло 4; für Auto изолúрованное отделéние 5 в óбщем гаражé; *Foto* я́щичный (фото)аппарáт 2
boxen *intr Sport* выступáть (вы́ступ|ить 3 -лю) на рúнге, боксúровать 2 | gegen j-n ~ встречáться (встрé|титься 3 -чусь) с кем-н.
Boxen *n* бокс 2 | Meister im ~ мáстер по бóксу
Boxer *m Sportler, Hund* боксёр 2
Box|handschuhe *m Pl* боксёрские перчáтки; **~kalf** *n* опó|ек, -йка 2; **~kampf** *m* бокс 2, встрéча [состязáние] по бóксу; **~ring** *m* ринг 2
Boykott *m* бойкóт 2 | j-m den ~ erklären объяв|ля́ть (-вúть 3⁺ -лю) бойкóт комý-н.
boykottieren *tr* бойкотúровать 2
brach невоздéланный, под пáром; lange Zeit brachliegend зáлежный
Brache *f Landw* пар 2b, пóле 3b под пáром
Brach|feld *n* пóле под пáром; **~land** *n* зáлежное пóле 3b; Gebiete зáлежные зéмли 7c
brachliegen *intr Landw* лежáть под пáром, быть* невоздéланным; *übertr* о|ставáться* (-|стáться*) неиспóльзованным | ~des Feld пóле под пáром, необрабóтанное пóле
Brachvogel *m* крóншнеп 2
Bramsegel *n* брáмсель 1
Branche *f* Zweig óтрасль 9; Fach специáльность 9
Branchenverzeichnis *n* отраслевóй спрáвочник 2
Brand *m* Feuer пожáр 2; *Tech* óбжиг 2; *Bot* головн|я́ 7 *G Pl* -éй; *Med* гангрéна 6 | in ~ geraten загор|áться (-éться 3); in ~ stecken поджигáть (под|жéчь*, -ожгý); seinen ~ löschen *umg* утол|я́ть (-úть 3) жáжду; **~binde** *f* бинт для перевя́зки ожóга, противоожóговая повя́зка; **~blase** *f* пузы́рь от ожóга; **~bombe** *f* зажигáтельная бóмба
branden *intr* разбивáться (раз|бúться*, -обьётся) (с шýмом) (gegen о *A),* бушевáть 2 | ~der Beifall бýрные аплодисмéнты
Brandenburg Брáнденбург 2
Brand|fackel *f* (зажигáтельный) фáкел *a. übertr;* **~gefahr** *f* опáсность пожáра; **~geruch** *m* гарь 9, зáпах гáри; **~haken** *m* баг|óр, -рá 2; **~herd** *m* очáг пожáра *a. übertr*
brandig verbrannt горéлый; *Med* гангренóзный | es riecht ~ пáхнет гáрью [горéлым]
Brandmal *n übertr* след 2b ожóга; клеймó 4c
brandmarken *tr übertr* клейм|úть 3 -лю́ (за-) (позóром)
Brand|mauer *f* брандмáуер [тм] 2; **~salbe** *f* мазь от [прóтив] ожóгов; **~schaden** *m* убы́ток от пожáра
brandschatzen *tr* ausplündern грáб|ить 3 -лю (о-, раз-)
Brandschutz *m* пожáрная охрáна; **~schutzmaßnahmen** *f Pl* противопожáрные мероприя́тия *Pl* 5; **~verantwortlicher** *m* ответственный *Subst m* 10 за противопожáрные мероприя́тия
Brand|sohle *f* стéлька 6; **~stätte** *f* пожáрище 4; **~stifter** *m* поджигáтель 1; **~stiftung** *f* поджóг 2; **~ung** *f* прибóй 1; **~wunde** *f* ожóг 2, рáна от ожóга
Branntwein *m* (вы́держанная) вóдка 6; **~brennerei** *f* винокýренный завóд

Brasilia Брази́лия 8 *idkl*
Brasilianer *m* брази́л|ец, -ьца 2; **~in** *f* бразилия́нка 6
brasilianisch брази́льский
Brasilien Брази́лия *f idkl*
Bratapfel *m* печёное я́блоко
braten *tr* жа́рить 3 (за-, из-); Äpfel печь* (ис-); *intr* жа́риться (за-, из-); Äpfel пе́чься | etw. braun ~ поджа́р|ивать ⟨-ить⟩ что-н. до кори́чневого цве́та; sich in der Sonne ~ lassen жа́риться на со́лнце [он]
Braten *n* жа́ренье 5, за-, из-, поджа́ривание 5; *m* gebratenes Fleisch жарко́е *Subst n* 10 | den ~ riechen *übertr umg* проню́хать *v*, в чём де́ло, смекну́ть *v mom* 4, чем де́ло па́хнет; **~geruch** *m* за́пах жарко́го; **~platte** *f* блю́до 4 для жарко́го; **~tunke** *f* со́ус к жарко́му, подли́вка из жарко́го
Brat|fisch *m* gebraten жа́реная ры́ба; zum Braten ры́ба для жа́рки [жа́ренья]; **~hähnchen** *n* gebraten жа́реный цыплён|ок, -ка 2 *Pl* цыпля́та 4; zum Braten цыплёнок для жа́рки [жа́ренья], бро́йлер 2; **~hering** *m* сельдь жа́реная (в марина́де), жа́реная селёдка
Bratislava Братисла́ва 6
Brat|kartoffeln *f Pl* жа́реный (варёный) карто́фель; **~pfanne** *f* сковорода́ 6e *Pl* ско́вороды; **~röhre** *f* духо́вка 6; **~rost** *m* режётка 6 (для жа́ренья)
Bratsche *f* альт 2e
Bratschist *m* альти́ст 2
Brat|spieß *m* ве́ртел 2b *Pl* -а́; **~wurst** *f* жа́реная колба́ска [соси́ска 6]; Wurst zum Braten колба́ска [соси́ска] из сыро́го фа́рша (для жа́ренья)
Brauch *m* обы́ча|й 1 *G Pl* -ев | es ist bei uns so ~ у нас так во́дится, у нас тако́в обы́чай
brauchbar го́д|ный, -ен, -на́!, приго́дный, -ен (zu, für к *D*, на *A*); Vorschlag де́льный, поле́з|ный, -ен
brauchen *tr* nötig haben *(wird durch die Kurzform des Adjektivs wiedergegeben)* ну́жен, нужна́, ну́жно, ну́жны́; bedürfen нужда́ться в *P*; verwenden употреб|ля́ть ⟨-и́ть 3 -лю́⟩ *A*, по́льзоваться 2 *I* | gebraucht werden быть ну́жным, тре́боваться 2 (по-); ich brauche das Buch мне нужна́ э́та кни́га; der Kranke braucht Ruhe больно́му ну́жен поко́й; er braucht das он нужда́ется в э́том, ему́ тре́буется э́то; ich werde es ~ мне э́то понадо́бится; ich brauche Wasser мне на́до воды́; er braucht nicht zu kommen ему́ не на́до [не ну́жно] приходи́ть; du brauchst dich nicht zu fürchten тебе́ не ну́жно боя́ться; ich brauche diese Sache nicht мне э́та вещь ни к чему́; für das Kleid braucht man drei Meter Stoff на пла́тье идёт три ме́тра мате́рии; darüber braucht man sich nicht zu wundern тут не́чему удивля́ться; Sie ~ es nur zu sagen вам сто́ит то́лько сказа́ть
Braue *f* бровь 9g
brauen *tr* Bier вари́ть 3⁺ (с-); Punsch u. ä. гото́в|ить 3 -лю (при-)
Brauer *m* пивова́р 2; **~ei** *f* пивова́ренный заво́д 2
braun zimtfarben кори́чневый; dunkel~ z. B. Fell бу́рый; Haar кашта́новый; Haut сму́глый; von der Sonne загоре́лый; Augen ка́рий 11; Pferd гнедо́й | von ~er Gesichtsfarbe смуглоли́цый; ~e Butter поджа́ренное ма́сло; er hat ~es Haar он шате́н [тэ]; ~ werden буре́ть (по-); von der Hautfarbe смугле́ть [по-); durch Sonneneinwirkung загор|а́ть ⟨-е́ть 3⟩ (на со́лнце) [он]
Braunbär *m* медве́дь бу́рый
Bräune *f* сму́глый цвет 2b ко́жи; Sonnen~ зага́р 2
bräunen *tr* Fleisch поджа́р|ивать ⟨-ить 3⟩; Haut де́лать (с-) сму́глым [загоре́лым]; *intr u.* sich ~ *refl* von Gebackenem подрумя́н|иваться ⟨-иться 3⟩; von der Hautfarbe смугле́ть (по-); durch Sonneneinwirkung загор|а́ть ⟨-е́ть 3⟩ | er läßt sich in der Sonne ~ он загора́ет (на со́лнце)
braungebrannt von der Sonne загоре́лый
Braunkohle *f* бу́рый у́голь
Braunkohlen|bergbau *m* добы́ча 6 бу́рого у́гля, буроу́гольные разрабо́тки *Pl* 6; **~brikett** *n* буроу́гольный брике́т; **~förderung** *f* добы́ча бу́рого у́гля; **~tagebau** *m* буроу́гольный карье́р [разре́з 2]; **~vorräte** *m Pl* запа́сы бу́рого у́гля
bräunlich коричнева́тый; Haut смуглова́тый
Brause *f* Dusche душ 2 *G Pl* -ей; Gießkanne се́тка 6; Limonade лимона́д 11-2, шипу́чка 6 *umg;* **~bad** *n* душ 2 *G Pl* -ей; **~limonade** *f* лимона́д, шипу́чка 6 *umg*
brausen *intr* Wind, Meer бушева́ть 2; Wald, Brandung шуме́ть 3; Getränke шипе́ть 3; aufwallen кипе́ть 3, бурли́ть 3; *umg* Zug, Auto мча́ться 3 (по-) по *D;* sich ~ *refl* sich duschen принима́ть ⟨приня́ть*⟩ душ; **~d** lärmend шу́м|ный, -ен, -на́! | ≈er Beifall бу́рные аплодисме́нты
Brausepulver *n* шипу́чий 11 порошо́к
Braut *f* неве́ста 6; **~führer** *m* ша́фер 2b *Pl* -а́, дру́жка *m* 6
Bräutigam *m* жени́х 2e
Braut|jungfer *f* подру́жка 6; **~kleid** *n* сва́дебное [подвене́чное] пла́тье; **~nacht** *f* бра́чная ночь; **~paar** *n* жени́х 2e и неве́ста 6, новобра́чные *Subst Pl* 10; **~schleier** *m* (сва́дебная) фата́ 6; **~werber** *m* сват 2; **~werbung** *f* сватовство́ 4
brav artig послу́ш|ный, -ен, хоро́ш: 11,

-á; rechtschaffen поря́доч|ный, -ен, че́ст|ный, -ен, -на́!

bravo! *Interj* бра́во!, прекра́сно!

Bravour *f* Meisterschaft высо́кое мастерство́ 4, блестя́щее исполне́ние 11-5 | mit ~ с бле́ском, превосхо́дно, виртуо́зно

Brazzaville Браззави́ль 1

Brech|durchfall *m* рво́та с поно́сом; **~eisen** *n* лом 2g

brechen *tr* лома́ть (с-); Zweig отла́мывать ⟨-ломи́ть 3⁺ -ломлю́⟩; Rose срыва́ть ⟨со|рва́ть*⟩; Flachs трепа́ть*, мять* ⟨раз|-мя́ть, -омну́⟩; Vertrag, Eid наруша́ть ⟨-ру́шить 3⟩; Widerstand лома́ть ⟨слом|и́ть *v* 3⁺ -лю́⟩; *Med* перелома́ть *v* z. B. Rippen; Strahlen прелом|ля́ть ⟨-и́ть⟩; Rekord побива́ть ⟨по|би́ть*⟩; *intr* in Stücke gehen лома́ться (с-); Leder ло́паться; Eis тре́скаться (по-); Stimme лома́ться; sich übergeben рвать* (вы́), тошни́ть 3; mit j-m, die Verbindung zu j-m порыва́ть ⟨-рва́ть⟩ с *I;* sich ~ *refl* Brandung разбива́ться ⟨-|би́ться*⟩; Lichtstrahlen прелом|ля́ться ⟨-и́ться⟩ | (sich) den Arm ~ слома́ть (себе́) ру́ку; Marmor ~ лома́ть мра́мор; die Ehe ~ нару́шить супру́жескую ве́рность; mit der Vergangenheit ~ порва́ть *v* с про́шлым; mit einer Gewohnheit ~ броса́ть ⟨бро́|сить 3 -шу⟩ привы́чку; das Bein ist gebrochen нога́ сло́мана; der Mast ist gebrochen ма́чта слома́лась; er hat gebrochen его́ стошни́ло [вы́рвало]; **~d:** ≈ voll битко́м наби́тый

Brecher *m* прибо́йная волна́ 6 *G Pl* волн, буру́н 2e

Brech|mittel *n* рво́тное сре́дство; **~reiz** *m* тошнота́ 6, позы́в 2 к рво́те; **~ung** *f Phys* преломле́ние 5, рефра́кция 8

Brei *m* Grütze ка́ша 6; aus Kartoffeln, Gemüse пюре́ [рэ] *n idkl* | dünner ~ каши́ца 6 *umg;* dicker ~ крута́я ка́ша; (wie die Katze) um den heißen ~ herumgehen *umg* ходи́ть 3⁺ вокру́г да о́коло

breiig кашеобра́з|ный, -ен; dickflüssig тягу́ч:ий 11

breit широ́к:ий, -á, широ́ко́; ши́ре; широча́йший 11 | das Brett ist zehn Meter ~ доска́ де́сять ме́тров в ширину́, доска́ шириной (в) де́сять ме́тров; doppelt ~ Stoff двойно́й ширины́; eine Hand ~ шириной в ладо́нь; die ~e Öffentlichkeit широ́кие круги́ обще́ственности; die ~en Bevölkerungsschichten широ́кие слои́ населе́ния; auf ~ester Grundlage на са́мой широ́кой осно́ве; ~er machen расширя́ть ⟨-ши́рить 3⟩; ~ werden станов|и́ться 3⁺ -лю́сь ⟨стать*⟩ ши́ре, расширя́ться ⟨-ши́риться⟩; **~beinig** с (широко́) расста́вленными нога́ми

Breite *f* ширина́ 6; eines Stoffes поло́тнище 4; *Geogr* широта́ 6c | in die ~ *übertr* в ширину́, вширь; er ist in die ~ gegangen он растолсте́л; um eines Haares ~ beinahe едва́ не, чуть бы́ло не; nördlicher ~ се́верной широты́

Breiten|grad *m* гра́дус широты́; **~kreis** *m* паралле́ль 9; **~sport** *m* ма́ссовый спорт, ма́ссовое спорти́вное движе́ние 5; **~wirkung** *f* ма́ссовое влия́ние 5, возде́йствие на са́мые широ́кие слои́ (населе́ния)

breitkrempig широкопо́лый

breit|machen, sich *refl* расса́живаться ⟨рас|се́сться*⟩, (удо́бно) устр|а́иваться ⟨-о́иться 3⟩ | mach dich nicht so breit! что ты (так) рассе́лся!; **~schlagen** *tr* überreden угов|а́ривать ⟨-ори́ть 3⟩ | sich zu etw. ≈ lassen дава́ть* ⟨дать*⟩ себя́ уговори́ть [улома́ть] сде́лать что-н.; **~schultrig** широкопле́ч:ий 11

Breit|schwanz *m* Pelz караку́льча 6; **~seite** *f Mar* борт 2b (су́дна); *Mil* борт с ору́диями на нём

breitspurig *Eisenb* ширококоле́йный; anmaßend зано́счив:ый, наду́т:ый

breittreten *tr übertr* распростран|я́ться ⟨-и́ться 3⟩ о *P*

Breitwand *f* широ́кий экра́н; 2; **~film** *m* широкоэкра́нный фильм; **~kino** *n* широкоэкра́нный кинотеа́тр

Bremen Бре́мен 2

Brems|backe *f Tech* тормозна́я коло́дка; **~belag** *m Kfz* тормозна́я накла́дка 6

¹Bremse *f* Stechfliege слеп|е́нь, -ня́ 1; Pferde~ о́вод 2 *Pl a.* -á 2b

²Bremse *f Tech* то́рмоз 2b *Pl* -á | die ~ (an)ziehen потяну́ть *v* 4⁺ за то́рмоз, затормо|зи́ть *v* 3 -жу́; auf die ~ treten нажима́ть ⟨на|жа́ть¹*⟩ (ного́й) на то́рмоз

bremsen *tr u. intr* тормо|зи́ть 3 -жу́ (за-) | scharf ~ ре́зко тормози́ть

Bremsen *n* торможе́ние 5

Brems|flüssigkeit *f Kfz* тормозна́я жи́дкость; **~leuchte** *f Kfz* фона́рь 1e стоп-сигна́ла; **~licht** *n Kfz* (светово́й) стоп-сигна́л 2; **~pedal** *n Kfz* педа́ль то́рмоза; **~spur** *f Kfz* след при торможе́нии; **~triebwerk** *n* Raumfahrt тормозно́й (раке́тный) дви́гатель 1; **~ung** *f* торможе́ние 5; **~vorrichtung** *f* тормозно́е устро́йство; **~weg** *m Kfz* путь торможе́ния

brennbar горю́ч:ий 11

brennen *tr* Holz, Kohle топ|и́ть 3⁺ -лю *I,* жечь* (с-, сожгу́, сожжённый) *A;* rösten об-, поджа́р|ивать ⟨-ить 3⟩; Ziegel, Porzellan обжига́ть ⟨-же́чь, -ожгу́, -ожжённый⟩; *intr* in Brand sein горе́ть (с-); lichterloh пыла́ть; glühen пали́ть 3; Sonne жечь (с-), пали́ть; schmerzen жечь; begierig sein горе́ть (с-) (vor от *G)* | das Haus brennt дом гори́т [пыла́ет]; die Lampe brennt schlecht лáмпа гори́т плóхо; die Wunde brennt рáна жжёт; die Brennessel brennt крапи́ва жжётся; die Sonne brennt сóлнце пали́т; der Pfeffer brennt auf der Zunge пéрец жжёт язы́к; es brennt! пожáр!; wo brennt's denn? *übertr* что за спéшка?, was ist los? что там случи́лось?; ~**d** Augen горя́щий 11; Kälte; Gefühle, Frage жгу́ч:ий 11 | ≈er Durst жгу́чая [си́льная] жáжда; ≈er Schmerz óстрая [жгу́чая] боль; ≈e Liebe пы́лкая любóвь; ≈e Frage жгу́чий [животрепéщущий 11] вопрóс

Brenner *m* Gas~ (гáзовая) горéлка 6

Brennessel *f* крапи́ва 6

Brenn|glas *n* зажигáтельное стеклó; ~**holz** *n* дровá *Pl* 4; ~**material** *n* тóпливо 4, горю́чее *Subst* 11; ~**punkt** *m Phys* фóкус 2; *übertr* центр 2 | im ≈ des Interesses stehen находи́ться 3⁺ -хожу́сь ⟨-|йти́сь*⟩ в цéнтре внимáния; ~**schere** *f* щипцы́ *Pl* 2 для зави́вки; ~**spiritus** *m* денатури́рованный [дэ] спирт; ~**stoff** *m* горю́чее *Subst* 11, тóпливо 4; ~**stoffverbrauch** *m* расхóд горю́чего; ~**weite** *f Phys* фóкус 2, фóкусное расстоя́ние 5

brenzlig *übertr* щекотли́в:ый, опáс|ный, -ен, крити́ческий | eine ~e Lage сомни́тельная ситуáция; die Sache wird ~ дéло станóвится подозри́тельным

Bresche *f:* eine ~ schlagen пробивáть ⟨про|би́ть*⟩ брешь *a. übertr*

Brett *n* Schnittholz, Spiel~ дос|кá 6a *G Pl* -óк; ~er *Pl* Skier лы́жи *Pl* 6; ~er *Pl Theat* Bühne сцéна 6, (театрáльные) подмóстки *Pl* 2 | das Schwarze ~ доскá (для) объявлéний; das Stück ging zwölfmal über die ~er *Theat* пьéса шла двенáдцать раз

Bretter|verschlag *m* помещéние 5, отгорóженное доскáми; für Getreide, Korn u. ä. зáкром 2b *Pl* -á; ~**wand** *f* дощáтая перегорóдка 6

Brett|segeln *n* = **Windsurfing;** ~**spiele** *n Pl* настóльные и́гры

Brezel *f* крéндель 1g

Bridge *n* бридж 2

Brief *m* пис|ьмó 4c *G Pl* -ем | ein ~ Stecknadeln пáчка 6 булáвок; ~e wechseln mit j-m перепи́сываться с кем-н.; einen ~ aufgeben сдавáть ⟨сдать⟩ письмó (на пóчте); ich gebe dir ~ und Siegel уверя́ю тебя́, ты мóжешь быть увéрен; ~**ablage** *f* мéсто 4b, где оставля́ются пи́сьма; im Hotel я́щик 2 с отделéниями для корреспондéнции; ~**ausgabe** *f* вы́дача пи́сем; ~**beschwerer** *m* пресс-папьé *n idkl;* ~**bogen** *m* лист почтóвой бумáги; ~**kasten** *m* почтóвый я́щик; im Haus я́щик для пи́сем и газéт; ~**kastenleerung** *f* вы́емка 6 пи́сем; ~**kopf** *m* штамп 2 отправи́теля письмá

brieflich 1. *Adj* пи́сьменный **2.** *Adv* пи́сьменно, письмóм

Brief|mappe *f* бювáр 2; ~**marke** *f* почтóвая мáрка

Briefmarken|album *n* альбóм для (почтóвых) мáрок; ~**ausstellung** *f* вы́ставка почтóвых мáрок; ~**laden** *m* филатели́стический [тэ] магази́н; ~**sammler** *m* филатели́ст [тэ] 2; ~**sammlung** *f* коллéкция почтóвых мáрок; ~**tausch** *m* обмéн почтóвыми мáрками

Brief|öffner *m* нож 2e для вскры́|тия пи́сем; ~**papier** *n* полчтóвая бумáга; ~**partner** *m* корреспондéнт 2, партнёр по перепи́ске; ~**porto** *n* почтóвый сбор; ~**stempel** *m* почтóвый штéмпель; ~**tasche** *f* бумáжник 2; ~**taube** *f* почтóвый гóлубь; ~**telegramm** *n* письмó-телегрáмма 4c-6; ~**träger** *m* письмонóс|ец, -ца 2, почтальóн 2; ~**umschlag** *m* (почтóвый) конвéрт 2; ~**waage** *f* почтóвые весы́ (для пи́сем); ~**wechsel** *m* перепи́ска 6, корреспондéнция 8 | mit j-m im ≈ stehen перепи́сываться с кем-н., быть* в перепи́ске с кем-н.

Brigade *f* бригáда 6 *a. Mil;* ~**leiter** *m* бригади́р 2, руководи́тель бригáды; ~**mitglied** *n* член бригáды; ~**tagebuch** *n* дневни́к бригáды

Brigadier *m* бригади́р 2

Brikett *n* брикéт 2; ~**fabrik** *f* брикéтно-у́гольная фáбрика

brikettieren *tr* брикети́ровать *uv, v* 2

Brikettzange *f* щипцы́ для брикéтов

brillant блестя́щий 11; Stimmung великолéп|ный, -ен

Brillant *m* бриллиáнт [лья] 2 | zweikarätiger ~ бриллиáнт в два карáта; ~**ring** *m* пéрстень с бриллиáнтом, бриллиáнтовый пéрстень; ~**schmuck** *m* бриллиáнтовое украшéние

Brillanz *f* блеск 2; *Foto* сóчность 9 (изображéния)

Brille *f* очки́ *Pl* 2; Klosett~ сидéнье 5 (унитáза) | mit ~ в очкáх; eine ~ tragen носи́ть очки́; eine ~ aufsetzen надевáть ⟨-дéть⟩ очки́; etw. durch eine rosige ~ sehen смотрéть на что-н. сквозь рóзовые очки́

Brillen|etui *n* футля́р для очкóв; ~**gestell** *n* опрáва 6 очкóв; ~**glas** *n* стеклó для очкóв; ~**schlange** *f* очкóвая змея́; ~**träger** *m:* sind Sie ≈? вы нóсите очки́?

brillieren *intr* glänzen блистáть

bringen *tr* herbei~ приноси́ть 3⁺ -ношу́ ⟨-|нести́*⟩; fahrend привози́ть 3⁺ -вожу́ ⟨-|везти́*⟩; her~, hinführen приводи́ть 3⁺ -вожу́ ⟨-|вести́*⟩ (in в *A,* nach в *A,* auf на *A zu* к *D);* fort~ относи́ть ⟨-нести́⟩; fahrend отвози́ть ⟨-везти́⟩; zustellen дост|авля́ть ⟨-áвить 3 -áвлю⟩; Ware auf den Markt выбрáсывать ⟨вы́бро|сить 3

-шу⟩; geleiten отводи́ть ⟨-вести́⟩; verlassen доводи́ть 3 -вожу́ ⟨-вести́⟩ (j-n zu etw. кого́-н. до чего́-н.); заст|авля́ть ⟨-а́вить 3 -а́влю⟩ z. B. zum Schweigen; in eine Lage, einen Zustand versetzen приводи́ть ⟨-вести́⟩ в *A;* schädigen, wegnehmen лиш|а́ть ⟨-и́ть 3⟩ (j-n um etw. кого́-н. чего́-н.); erreichen дост|ига́ть ⟨-и́гнуть 4a *u.* 4⟩; veröffentlichen помеща́ть ⟨-сти́ть 3 -щу́⟩, публикова́ть 2 (о-); *Rad* übertragen пере|дава́ть* ⟨переда́ть*⟩ | Kinder nach Hause ~ geleiten отводи́ть ⟨-вести́⟩ дете́й домо́й; er brachte die Kinder nach Hause он привёл ребёнка домо́й; j-n zum Bahnhof [nach Hause] ~ прово|жа́ть ⟨-ди́ть 3⁺ -жу́⟩ кого́-н. на вокза́л [домо́й]; wir brachten den Kranken ins Krankenhaus мы доста́вили больно́го в больни́цу; das Paket auf die Post ~ относи́ть ⟨-нести́⟩ посы́лку на по́чту; das Radio bringt Musik по ра́дио передаю́т му́зыку; das bringt uns Freude э́то прино́сит [доставля́ет] нам ра́дость; j-n in Stimmung ~ привести́ кого́-н. в хоро́шее настрое́ние; auf einen Gedanken ~ наводи́ть ⟨-вести́⟩ на мысль, ната́лкивать ⟨-толкну́ть 4⟩ на мысль; j-n um das Geld ~ лиш|а́ть ⟨-и́ть 3⟩ кого́-н. де́нег; es dahin ~, daß ... доводи́ть до того́⟩ что ...; er hat es weit gebracht он далеко́ пошёл, он мно́гого дости́г; es in etw. weit ~ Erfolg haben де́лать (с-) больши́е успе́хи в чём-н., преусп|ева́ть ⟨-е́ть⟩ в како́м-н. де́ле; es zu etw. ~ вы́|биться* *v* [вы́|йти* *v*] в лю́ди, дости́гнуть *v* 4 изве́стного положе́ния; mit sich ~, daß ... быть* причи́ной того́, что ...; по|вле́чь* *v* за собо́й то, что ...; er hat es bis zum Leiter gebracht он дослужи́лся до (ме́ста) заве́дующего; er hat es zu nichts gebracht из него́ ничего́ (пу́тного) не вы́шло, он ничего́ не доби́лся; an den Tag ~ выявля́ть ⟨вы́яв|ить 3 -лю⟩; j-n dahin ~, daß ... убе|жда́ть ⟨-ди́ть 3⟩ кого́-н. в том, что ...

Brise *f* бриз 2 | frische ~ си́льный бриз

Brit|e *m* брита́н|ец, -ца 2; **~in** *f* брита́нка 6

britisch брита́нский

bröckelig рассы́пчат:ый, (легко́) кроша́щийся 11

bröckeln *intr* кроши́ться 3⁺ (ис-, рас-) | das Brot in die Suppe ~ на-, покроши́ть *v* хле́ба в похлёбку

Brocken *m* кус|о́к, -ка́ 2, кусо́ч|ек, -ка 2; Felsen обло́м|ок, -ка 2 | ein paar ~ Russisch können уме́ть ко́е-как объясня́ться по-ру́сски; das ist ein harter ~ э́то твёрдый оре́шек

brodeln *intr* бурли́ть 3, клок|ота́ть, -о́чет; vor Groll кипе́ть 3 | im Volk brodelte es в наро́де бы́ло броже́ние

Broiler *m* бро́йлер 2, мясно́й цыплён|ок, -ка 2 *Pl* цыпля́та 4

Brokat *m* брока́т 2, парча́ 6; **~kleid** *n* пла́тье из парчи́, парчо́вое пла́тье

Brom *n* бром 2

Brombeer|e *f* ежеви́ка 6; einzelne я́года ежеви́ки; **~strauch** *m* куст ежеви́ки

Bronchialasthma *n* бронхиа́льная а́стма

Bronchien *Pl* бро́нхи *Pl* 2

Bronchitis *f* бронхи́т 2

Bronze *f* бро́нза 6; Farbton бро́нзовый цвет 2b *Pl* -а́

Bronze|figur *f* бро́нзовая фигу́ра; скульпту́ра 6 [статуэ́тка 6] из бро́нзы; **~medaille** *f* бро́нзовая меда́ль

bronzen бро́нзовый

Bronzezeit *f* бро́нзовый век 2b

bronzieren *tr* бронзирова́ть *uv, v* 2 (*a.* на-)

Brosame *f* хле́бная кро́шка 6; ~n *Pl übertr* кро́хи *Pl* 6h

Brosche *f* бро́шка 6, брошь 9

broschier|en *tr Typ* брошюрова́ть [шу] 2 (с-); **~t** (с)брошюро́ванный [шу]; in Broschürenform брошю́рой, в ви́де брошю́ры

Broschüre *f* брошю́ра [шу] 6

Brot *n* хлеб 2; Lebensunterhalt хлеб, кус|о́к, -ка́ 2 хле́ба | ein Stück ~ кусо́к хле́ба; ein Laib ~ буха́нка хле́ба; belegtes ~ бутербро́д [тэр] 2; ich verdiene (mir) mein ~ selbst я сам зараба́тываю себе́ на хлеб [на кусо́к хле́ба]; das ist ein saures ~ э́то нелёгкий хлеб; **~aufstrich** *m* то, что нама́зывается на хлеб; **~bäkkerei** *f* хлебопека́р|ня 7 *G Pl* -ен; **~beutel** *m* су́мка для сухо́го пайка́; **~büchse** *f* (жестяна́я) коро́бка 6 для за́втрака [для бутербро́дов]

Brötchen *n* бу́лочка 6 | süßes ~ сдо́бная бу́лочка; belegtes ~ бутербро́д [тэр] 2

Brot|erwerb *m:* einem ≈ nachgehen зараба́тывать на жизнь; **~fabrik** *f* хлебозаво́д 2; **~getreide** *n* хле́бное зерно́ 4c, хлеба́ *Pl* 2b; **~kanten** *m* горбу́шка 6 (хле́ба); **~korb** *m* корзи́нка для хле́ба | j-m den ≈ höher hängen держа́ть 3⁺ впро́голодь кого́-н.; **~krume** *f* хле́бный мя́киш 2; **~laib** *m* буха́нка 6; rundes Brot карава́|й 1 *G Pl* -ев хле́ба

brotlos без хле́ба, без средств к существова́нию; erwerbslos безрабо́тный | ~ werden лиш|а́ться ⟨-и́ться 3⟩ за́работка [куска́ хле́ба]

Brot|preis *m* цена́ на хлеб; **~rinde** *f* ко́рка 6 хле́ба; **~röster** *m* то́стер 2; **~scheibe** *f* ломо́ть хле́ба; **~schneidemaschine** *f* хлеборе́зка 6; **~suppe** *f* хле́бная похлёбка 6; **~teller** *m* хле́бница 6

[1]**Bruch** *m* (Zer-)Brechen ло́мка 6, поло́мка 6; Spalt, Riß тре́щина 6; Metall,

Schokolade, Gebäck лом 2; Scherben бой; Bruchstelle излóм 2; Seil разры́в 2; Bügelfalte склáдка 6; Knick, Stoff∸, im Papier сгиб 2; Стеин∸ каменолóм|ня 7 *G Pl* -ен; *Math* дробь 9g; Knochen∸ перелóм 2; Eingeweide∸ гры́жа 6; Zerwürfnis разры́в 2; eines Vertrages нарушéние 5 | echter ~ прáвильная дробь; gemeiner ~ простáя дробь; es ist zwischen ihnen zum ~ gekommen дéло у них дошлó до разры́ва; in die Brüche gehen fehlschlagen терп|éть 3⁺ -лю́ (по-) крах [крушéние]; Hoffnungen разбивáться ⟨-|би́ться*| -обьётся⟩

²**Bruch** *m, n* Sumpfland топь 9, болóто 4

Bruch|band *n* гры́жевый бандáж 2e *G Pl* -éй; ~**eisen** *n* желéзный скрап 2

brüchig лóм|кий| -ок| -кá!, хру́п|кий| -ок| -кá!; *übertr* непрóч|ный| -ен| -нá!

Bruch|landung *f* авари́йная посáдка; ~**operation** *f Med* удалéние 5 гры́жи; ~**rechnung** *f* исчислéние 5 в дробя́х [дробéй]; ~**schokolade** *f* шоколáдный лом 2; ~**stein** *m* бут 2; ~**stelle** *f* мéсто излóма, слóманное мéсто; ~**stück** *n* облóм|ок| -ка 2; *übertr* отры́в|ок| -ка 2, фрагмéнт 2; ~**teil** *m* дóл|я 7g *G Pl* -éй | für den ≈ einer Sekunde за [на] дóлю секу́нды; ~**zahl** *f* дрóбное числó, дробь 9g

Brücke *f* мост 2b *oder* 2e| на мосту́; *übertr* Verbindung мост; kleiner Teppich кóврик 2, дорóжка 6; Zahnersatz мост, мóстик 2; auf Schiffen мóстик; *Sport* мост | auf der ~ на мосту́; eine ~ schlagen наводи́ть 3⁺вожу́ ⟨-|вести́*⟩ мост; *übertr* устан|áвливать ⟨-ови́ть 3⁺ -овлю́⟩ контáкт [связь]; alle Brücken hinter sich abbrechen с|жечь* *v* свои́ корабли́, сжечь (за собóй) все мосты́

Brücken|bau *m* строи́тельство [навóдка 6] мостá; Fachgebiet мостостроéние 5; ~**bogen** *m* áрка мостá; ~**geländer** *n* пери́ла мостá; ~**kopf** *m Mil* предмóстное укреплéние 5; ~**pfeiler** *m* опóра [бык] мостá; ~**waage** *f* весы́ с платфóрмой

Bruder *m* брат 2 *Pl* брáт|ья| -ьев| -ьям

Brüderchen *n* брáт|ец| -ца 2, брати́шка *m* 6 *umg*

Bruder|krieg *m* братоуби́йственная войнá; ~**land** *n* брáтская странá

brüderlich 1. *Adj* брáтский 2. *Adv* по-брáтски | ~ teilen по-брáтски подели́ться *v* 3⁺

Brüderlichkeit *f* брáтство 4

Bruderpartei *f* брáтская пáртия

Brüderschaft *f* Freundschaft брáтство 4 | mit j-m ~ trinken пить (вы́-) на брудершáфт [дэ] [на ты] с кем-н.

Brühe *f* бульóн 2; besonders von Gemüse отвáр 2 | nicht viel ~ mit j-m machen не церемóниться 3 (по-) с кем-н.

brühen *tr* mit kochendem Wasser übergießen ошпáривать ⟨-шпáрить 3⟩, обвáривать ⟨-вари́ть 3⁺⟩ кипятком; Kaffee, Tee завáривать ⟨-вари́ть 3⁺⟩

brühheiß кипя́щий 11, óчень горя́ч:ий 11 -á

Brühkartoffeln *f* картóфель лóмтиками| отвáренный в мяснóм бульóне

brühwarm 1. *Adj:* eine ~e Neuigkeit сáмая послéдняя 11 [свéжая] нóвость 2. *Adv* sofort тóтчас, немéдленно

Brüh|wasser *n* горя́чая 11 водá, кипят|óк| -кá 2; ~**wurst** *f* горя́чая 11 соси́ска

brüllen *intr* орáть*, кричáть 3 истóшным гóлосом; Tiere ревéть*, Bär, Tiger a. рычáть 3; Rind мычáть 3 | vor Schmerz ~ (вз)выть* от бóли; Beifall ~ ревéть от востóрга

Brummbär *m* ворчу́н 2e

brummen *intr* Bär рычáть 3; Rind ревéть*; schimpfen ворчáть 3 (mit на *A*); dröhnen гудéть 3 | mir brummt der Kopf у меня́ головá трещи́т

brummig ворчли́в:ый, брюзжáщий 11

Brummkreisel *m* волч|óк| -кá 2

brünett тёмно волóс:ый; Haut сму́гл:ый| -á! | er ist ~ он брюнéт; sie ist ~ онá брюнéтка

Brunnen *m* колóд|ец| -ца 2; Heilquelle (минерáльный) истóчник 2; Spring∸ фонтáн 2 | ~ trinken пить минерáльную вóду; ~**bauer** *m* буровóй мáстер 2b *Pl* -á (артезиáнзких) колóдцев; ~**kresse** *f* жеру́ха 6; ~**kur** *f* лечéние минерáльными вóдами; ~**schwengel** *m* журáвль 1e

Brunst *f* тéчка 6

brünstig (находя́щийся 11) в тéчке

brüsk рéз|кий| -ок| -кá!| рéзче, бесцеремóн|ный| -ен| -на

brüskieren *tr* обращáться рéзко [бесцеремóнно] с *I*

Brüssel Брюссéль 1

Brust *f* грудь 9g| в| на груди́ | j-n an seine ~ drücken прижимáть⟨-|жáть¹*⟩ когó-н. к своéй груди́; ein Kind der ~ entwöhnen отнимáть ⟨отня́ть*⟩ ребёнка от груди́; es auf der ~ haben страдáть оды́шкой; ~**bein** *n* груди́ина 6; ~**bild** *n* пояснóй портрéт; ~**drüse** *f* груднáя железá

brüsten, sich *refl* гор|ди́ться 3 -жу́сь (mit *I*), хвастáться (по-) (mit *I*)

Brustfell *n* плéвра 6; ~**entzündung** *f* плеври́т 2

Brust|kasten *m* груднáя клéтка 6; ~**latz** *m* нагру́дник 2; oberer Teil der Schürze вéрхняя 11 часть 9g передника; ~**schwimmen** *n* плáвание 5 сти́лем «брасс»; ~**stück** *n Kochk* груди́нка 6; ~**tee** *m* груднóй чай

Brüstung *f* Geländer парапéт 2

Brust|warze *f* груднóй сосóк; ~**wickel** *m* компрéсс на груди́

Brut *f* das Brüten насиживание 5; künstliche инкубация 8; Geflügel выводǀок, -ка 2; Fische (рыбья 12) молодь 9; *übertr* отродье 5
brutal груб:ый, -а!; grausam жесток:ий, -а!; жесточайший 11; viehisch зверский
Brutalität *f* грубость 9; жестокость 9
Brutapparat *m* инкубатор 2
brüten *intr* насиживать ⟨насидǀеть 3 -ит⟩, *umg* сидеть 3 на яйцах; *übertr* размышлять (über о *P*) ǀ die Hitze brütete über dem Tal жара нависла над долиной; über etw. ~ ломать (себе) голову над чем-н.
Brüter *m Phys:* schneller ~ реактор-размножитель 2-1 на быстрых нейтронах
Brutǀhenne *f* наседка 6; **~station** *f* инкубаторно-птицеводческая станция
brutto *Adv Hdl* брутто
Bruttoǀeinkommen *n* валовой доход; **~gewicht** *n Hdl* вес брутто; **~lohn** *m* общая 11 сумма заработной платы, зарплата 6 без вычетов; **~produktion** *f* валовая продукция; **~registertonne** *f Mar* брутто-регистровая тонна; **~verdienst** *m* общая 11 сумма 6 заработка
Brutzeit *f* время гнездования; период 2 инкубации
Bube *m Kart* валет 2 *A* валета; Schurke плут 2е, негодяй 1
Bubenstreich *m* шалость 9 ǀ ein dummer ~ мальчишество 4
Bubikopf *m* женская стрижка 6 под мальчика
Buch *n* книга 6; Mitgliedsbuch u. ä. книжка 6 ǀ die Bücher führen вести (бухгалтерские) книги; über etw. führen вести учёт чего-н; Bücher (aus)leihen давать* ⟨дать*⟩ книги на дом; über Büchern sitzen (всегда) сидеть за книгами; Bücher wälzen копаться в книгах; das ~ ist vergriffen книга распродана; wie ein ~ reden *übertr* говорить как по-писаному; ein ~ mit sieben Siegeln книга за семью печатями; **~ausstellung** *f* книжная выставка; **~basar** *m* книжный базар; **~besprechung** *f* рецензия 8 на книгу; **~binder** *m* переплётчик 2; **~binderei** *f* Werkstatt переплётная мастерская *Subst* 10; **~druck** *m* книгопечатание 5
Buchdrucker *m* печатник 2; **~ei** *f* Werkstatt типография 8; **~kunst** *f* искусство книгопечатания; **~presse** *f* печатный станǀок, -ка 2
Buche *f* бук 2
Buchǀecker *f* буковый орешǀек, -ка 2; **~einband** *m* (книжный) переплёт 2
buchen *tr Hdl* проводить 3⁺ -вожу ⟨-ǀвести*⟩ по (бухгалтерским) книгам; Reise, Platz заказывать ⟨-ǀказать*⟩ ǀ die Rechnung ~ провести счёт по книгам; etw. auf ein Konto ~ заносить 3⁺ -ношу ⟨-ǀнести*⟩ что-н. на (текущий) счёт; einen Platz im Flugzeug ~ бронировать 2 (за-) место в самолёте; er konnte einen großen Erfolg für sich ~ он имел большой ухпех
Buchenwald *m* буковый лес
Bücherǀbrett *n* книжная полка; **~ei** *f* библиотека 6; **~freund** *m* библиофил 2; **~narr** *m* библиоман 2; **~regal** *n* стеллаж [полка] для книг; **~revisor** *m* бухгалтер-ревизор 2-2; **~schrank** *m* книжный шкаф; **~stand** *m* книжный киоск; auf der Messe книжный стенд [тэ]; **~stapel** *m* стопа книг; **~stütze** *f* подпорка для книг; **~verzeichnis** *n* перечень книг, книжный каталог 2; **~wand** *f* (составные) книжные полки *Pl* 6 [стеллажи *Pl* 2 *G Pl* стеллажей] во всю стену; **~weisheit** *f* книжная премудрость 9; **~wurm** *m* книжник 2
Buchǀfink *m* зяблик 2; **~führung** *f* бухгалтерия 8, ведение 5 бухгалтерских книг; **~gestaltung** *f* оформление книги; **~gewerbe** *n* книжное дело 4b; **~halter** *m* бухгалтер 2; **~haltung** *f* бухгалтерия 8; **~handel** *m* книжная торговля; **~händler** *m* книготорговǀец, -ца 2; Angestellter in einer Buchhandlung продавǀец, -ца 2 книг; **~handlung** *f* книжный магазин; **~kunst** *f* книжное искусство; Gestaltung искусство оформления книг; **~kunstausstellung** *f* выставка книжно-оформительского искусства [книжного искусства]; **~messe** *f* книжная ярмарка; **~rücken** *m* корешок книги
Buchsbaum *m* самшит 2
Buchse *f Tech* втулка 6; *El* гнездо 4c *Pl* гнёзда
Büchse *f* Gefäß банка 6; aus Blech жестянка 6; Sammel~ кружка 6; Gewehr нарезное ружьё 3c *G Pl* ружей
Büchsenǀfleisch *n* мясо из консервов; **~milch** *f* конденсированное [дэ] [сгущённое] молоко; **~öffner** *m* ключ 2e *G Pl* -ей для открывания консервных банок, консервный нож 2e *G Pl* -ей
Buchstabe *m* буква 6; *Typ* литера 6 ǀ kleiner ~ строчная [маленькая] буква; großer ~ прописная [большая] буква; in ~n schreiben Zahlen писать (на-) прописью
buchstabieren *tr* читать (про-) [Telefon диктовать (про-)] по буквам
buchstäblich *Adv übertr* буквально, в буквальном смысле (слова)
Bucht *f* залив 2; kleinere бухта 6; für Haustiere станǀок, -ка 2
Buchǀtitel *m* название 5 книги; *Typ* титул книги; **~umschlag** *m* суперобложка 6; **~ung** *f* бухгалтерская запись 9; Reisebüro заказ 2, запись 9

Buchungs|fehler *m* ошибка бухгалтерского учёта; **~maschine** *f* бухгалтерская машина
Buch|verlag *m* книжное издательство; **~verleger** *m* книгоиздатель 1; **~weizen** *m* гречиха 6
Buckel *m* Höcker горб 2e| на горбу | seinen ~ hinhalten отдуваться за кого-н.; du kannst mir den ~ herunterrutschen! мне начихать на тебя!; einen (krummen) ~ machen выгибать ⟨выгнуть 4⟩ спину (дугой)
buck[e]lig горбат:ый | ~ werden горб|иться 3 -люсь (с-); verkrüppelt станов|иться 3⁺ -люсь горбатым
bücken, sich *refl* нагибаться ⟨-гнуться 4⟩ (nach etw. за чём-н.)
¹Bückling *m* копчёная сельдь 9g
²Bückling *m* Verbeugung поклон 2 | einen (tiefen) ~ machen (подобострастно) кланяться ⟨поклониться 3⁺⟩ (vor *D*)
Budapest Будапешт 2
Buddhis|mus *m* буддизм 2; **~t** буддист 2
buddhistisch буддийский
Bude *f* Bretter~ (дощатый) барак 2, будка 6; Markt~ (рыночная) палатка 6; provisorischer Laden лар|ёк| -ька 2; Hütte лачуга 6, хибар(к)а 6; *umg* kleines Zimmer клетушка 6; Studentenzimmer (меблированная) комната, каморка 6 | Leben in die ~ bringen *umg* вносить 3⁺ -ношу ⟨-|нести*⟩ оживление (в общество)
Budget *n* бюджет 2
Buenos Aires Буэнос-Айрес 2
Büfett *n* Schrank, Ausschank буфет 2; modernes Möbelstück сервант 2 | am ~ у буфетной стойки; am ~ bestellen заказывать ⟨-казать⟩ в буфете; kaltes ~ стол 2e холодными закусками (для самообслуживания); **~ier** *m* буфетчик 2, работник 2 ресторана| ведающий 11 отпуском спиртных напитков официантам
Büffel *m* буйвол 2
büffeln *intr* зубрить 3 зубришь (вы-) | für die Prüfung ~ зубрить к экзамену
Bug *m Mar* нос 2b| в| на носу, носовая часть 9g
Bügel *m* Kleider~ вешалка 6; Steig~ стрем|я *n G D P* -ени| *I* -енем| *Pl* -ена, -ян| -енам; Stromabnehmer дуговой токоприёмник 2; Brille дужка 6; Handtasche дужки *Pl* 6; рамочный зам|ок| -ка 2; Gewehr спусковая скоба 6h; Säge дуга 6c; **~brett** *n* гладильная доска; **~eisen** *n* утюг 2e; **~falte** *f* складка (на брюках)
bügelfrei немнущийся 11, не нуждающийся 11 в глаженье
bügeln *tr* гла|дить 3 -жу (вы-), утюжить (вы-, от-) | einen Anzug zum Bügeln geben отдать* *v* костюм в утюжку
Bügelsäge *f* дуговая [лучковая] пила
bugsieren *tr* буксировать 2, брать* ⟨взять*⟩ на буксир
buhlen *intr* werben ухаживать (um за *I*); sich um etw. bewerben домогаться *G*
Buhne *f* буна 6
Bühne *f Theat* сцена 6; «Bretter» подмостки *Pl* 2; offene эстрада 6 a. im Kabarett; *übertr* театр 2; Podium помост 2, площадка 6 | zur ~ gehen станов|иться 3⁺ -люсь ⟨стать*⟩ актёром; von der ~ abtreten уходить 3⁺ -хожу ⟨-|йти*⟩ со сцены; *übertr* схо|дить 3 -жу ⟨со|йти*⟩ со сцены; ein Stück auf die ~ bringen став|ить 3 -лю (по-) пьесу
Bühnen|anweisung *f* ремарка 6; **~aussprache** *f* сценическая речь 9g; **~autor** *m* драматург 2; **~bild** *n* декорация 8 (на сцене); **~bildner** *m* художник-декоратор 2-2; **~effekte** *m Pl* сценические эффекты; **~haus** *n Theat* Gebäude театр 2, здание театра; **~kunst** *f* сценическое искусство; **~künstler** *m* артист театра
Bühnen|stück *n* пьеса 6; **~technik** *f* технические приспособления *Pl* 5 для создания сценического эффекта
bühnenwirksam сценичный, имеющий 11 успех у публики
Bukarest Бухарест 2
Bukett *n* Blumen, Wein букет 2
Bulette *f* (рубленая) котлета 6, бит|ок| -ка 2
Bulgar|e *m* болг|арин 2 *Pl* -ары| -ар| -арам; **~ien** *f* Болгария 8; **~in** *f* болгарка 6
bulgarisch болгарский
Bull|auge *n* (бортовой) иллюминатор 2; **~dogge** *f* бульдог 2; **~dozer** *m* бульдозер 2
¹Bulle *m Zool* бык 2
²Bulle *f Rel* булла 6
Bulletin *n* бюллетень 1
Bumerang *m* бумеранг 2
Bummel *m* прогулка 6, фланирование 5; Herumtreiben шатание 5 | einen ~ machen идти* ⟨по|йти*⟩ прогуляться; **~ant** *m* Arbeits~ прогульщик 2; **~ei** *f* Müßiggang безделье 5; Pflichtvergessenheit нерадивость 9, халатность 9; Trödelei копанье 5; böswillige Verzögerung волокита 6 *umg;* Arbeits~ прогул 2
bummeln *intr* schlendern гулять, бро|дить 3⁺ -жу, шататься; nichts tun бездельничать; bei der Arbeit прогуливать ⟨-гулять⟩; trödeln медленно [лениво] работать, копаться | gern durch die Stadt ~ gehen люб|ить 3⁺ -лю побродить по городу; sie bummelten durch die Straßen они прогуливались по улицам
Bummelstreik *m* забастовка со сниженным темпом работы
Bummler *m* Rumtreiber гуляка *m* 6; Mü-

ßiggänger праздношатáющийся *Subst* 11, бездéльник 2

Buna *m, n* бýна-каучýк 6-2

¹Bund *m* Bündnis, Vertrag сою́з 2; Staaten~ сою́з, (кон)федерáция 8; Liga лíга 6; Hose пóяс 2; Rock корсáж 2 *G Pl* -ей | den ~ fürs Leben schließen сочетáться ýзами брáка; im ~e mit j-m в сою́зе с кем-н.

²Bund Schlüssel свя́зка 6; Reisig, Holz вязáнка 6; Stroh, Heu пук 2b, охáпка 6; мот|óк, -кá 2; Radieschen пуч|óк, -кá 2

Bündel *n* Banknoten, Bücher u. a. свя́зка 6, пáчка 6; Reisig, Holz вязáнка 6; Stroh, Heu пук 2, охáпка 6; Wäsche ýзел, узлá 2; Stroh, Strahlen; Gemüse пуч|óк, -кá 2 | sein ~ schnüren собирáться ⟨-|брáться*¡ -брались⟩ в путь; seine Sachen zusammenpacken собирáть ⟨-брáть⟩ свои́ пожи́тки

bündeln *tr* свя́зывать ⟨-|вязáть*⟩ в пáчки [в пакéты]; Wäsche свя́зывать ⟨-вязáть⟩ в узлы́ | (Brenn-) Holz ~ вязáть вязáнки

Bundes|bürger *m* граждани́н ФРГ [фэргэ]; **~genosse** *m* сою́зник 2; **~kanzler** *m BRD* федерáльный кáнцлер; **~republik** *f* федерати́вная респýблика | ≈ Deutschland (*Abk* BRD) Федерати́вная Респýблика Гермáнии (*Abk* ФРГ [феэргэ]); **~staat** *m* федерáция 8, сою́зное [федерати́вное] госудáрство; **~tag** *m* бундестáг 2, федерáльный парлáмент ; **~vorstand** *m* правлéние 5 сою́за

bündig knapp, klar сжáтый; zwingend убеди́тел|ьный, -ен, -ьна | eine ~e Rede свя́зная речь; kurz und ~ пря́мо, кóротко и я́сно

Bündnis *n* сою́з 2 (mit с *Instr*, zwischen *G*) | mit j-m ein ~ schließen заклю́ч|áть ⟨-и́ть 3⟩ сою́з с кем-н.; **~politik** *f* поли́тика сою́зов

Bungalow *m* лéтний 11 [дáчный] дóмик 2, лéтняя дáча 6, зáгородная пострóйка 6 облегчённого ти́па; in den Tropen бýнгало *n idkl;* **~dorf** *n* дáчный посёл|ок, -ка 2, состоя́щий 11 из пострóек облегчённого ти́па

Bunker *m* Luftschutz~ (бомбо)убéжище 4; Kohlen~ бýнкер 2b *Pl* -á (для ýгля); *Mil* Unterstand (бетони́рованное) убéжище 4

bunkern *intr Mar* принимáть ⟨приня́ть*⟩ тóпливо, бункеровáть(ся) 2

Bunsenbrenner *m* горéлка Бýнзена

bunt 1. *Adj* gefleckt пёстр:ый, пестрá, пёстро *u.* пестрó; farbig цветнóй; farbig gemustert цвети́ст:ый | ~es Kleid пёстрое [разноцвéтное] плáтье; ~er Teller тарéлка с рáзными сортáми печéнья, со слáдостями и фрýктами; ~er Teppich цвети́стый ковёр; ~er Abend вéчер с богáтой [разнообрáзной] прогрáммой, эстрáдный концéрт 2; eine ~e Reihe machen рас|сáживать ⟨-сади́ть 3⁺ -сажý⟩ впереме́шку **2.** *Adv:* ~ schimmern пестрéть; ~ bemalen раскр|áшивать ⟨-áсить 3 -áшу⟩; es zu ~ treiben заходи́ть 3⁺ -хожý ⟨-|йти́*⟩ сли́шком далекó; jetzt wird's mir doch zu ~! э́то уж сли́шком!, э́то уж чересчýр!

Bunt|glasfenster *n* витрáж 2e *G Pl* -ей; **~heit** *f* пестротá 6

buntkariert в пёструю клéтку

Buntmetall *m* цветнóй метáлл

bunt|scheckig пёстр:ый, пестрá, пёстро *u.* пестрó; **~schillernd** переливáющийся 11 рáзными цветáми

Bunt|specht *m* дя́тель пёстрый большóй; **~stift** *m* цветнóй карандáш; **~wäsche** *f* цветнóе бельё

Bürde *f übertr* брéм|я *n G D P* -ени, *I* -енем

Burg *f* зáм|ок, -ка 2; Bau des Bibers хáтка 6; aus Sand крéпость 9g из пескá

Bürge *m* поручи́тель 1

bürgen *intr* ручáться ⟨поручи́ться 3⁺⟩ (für за *A*) | für Qualität ~ отвечáть за кáчество

Bürger *m* граждани́н 2 *Pl* грáжд|ане, -ан; der Stadt (городскóй) жи́тель 1; *Pol* буржуá *m idkl;* **~in** *f* граждáнка 6; жи́тельница 6; **~krieg** *m* граждáнская войнá

bürgerlich граждáнский; Klasse betreffend буржуáзный | das ~e Recht *Jur* граждáнское прáво; die ~en Parteien буржуáзные пáртии

Bürger|meister *m* бургоми́стр 2; **~recht** *n* прáво граждáнства; **~steig** *m* тротуáр 2; **~tum** *n* буржуази́я 8

Bürgschaft *f* Kaution поручи́тельство 4, порýка 6 | gegen ~ freilassen отпу|скáть ⟨-сти́ть 3⁺ -щý⟩ на порýки; für j-n eine ~ übernehmen ручáться ⟨поручи́ться 3⁺⟩ за когó-н.

Burjat|e *m* буря́т 2; **~in** *f* буря́тка 6

Burleske *f* бурлéск 2, фарс 2

Burm|a Би́рма 6; **~ese** *m* бирмáн|ец, -ца 2; **~esin** *f* бирмáнка 6

burmesisch бирмáнский

Büro *n* бюрó *n idkl,* контóра 6; Dienststelle мéсто рабóты [слýжбы], учреждéние 5 | ins ~ gehen идти́ [ходи́ть] на рабóту; in einem ~ arbeiten рабóтать в бюрó; **~angestellter** *m* контóрский [канцеля́рский] слýжащий; **~arbeit** *f* канцеля́рская рабóта; **~bedarf** *m* канцеля́рские принадлéжности *Pl* 9; **~klammer** *f* скрéпка 6; **~kraft** *f* канцеля́рский рабóтник

Bürokrat *m* бюрокрáт 2; **~ie** *f* бюрокрáтия 8

bürokratisch бюрократи́ческий

Büro|kratismus *m* бюрократи́зм 2; **~maschinen** *f Pl* контóрские маши́ны; **~mö-**

bel *n Pl* контóрская мéбель; **~raum** *m* помещéние бюрó [контóры]

Bursche *m* пáр|ень, -ня 1g; Junge мáлый *Subst* 10

burschikos развя́з|ный, -ен, бесцеремóн|ный, -ен, -на

Bürste *f* щётка 6; zum Reinigen von Flaschen, Gläsern ёрш 2е *G Pl* ершéй, ёршик 2

bürsten *tr* чи́|стить 3 -щу (вы́-, по-) щёткой; Haare glätten приглá|живать ⟨-дить 3 -жу⟩ щёткой

Bürsten|frisur *f* стри́жка 6 ёжиком; **~macher** *m* щёточник 2

Burundi Бурýнди *idkl*

Bus *m* автóбус 2; Obus троллéйбус 2 | (mit dem) ~ fahren éхать на автóбусе [автóбусом]; in den ~ steigen са|ди́ться 3 -жýсь ⟨сесть*⟩ в [на] автóбус; den ~ benutzen пóльзоваться 2 автóбусом; wann geht dein ~? когдá идёт твой автóбус?; **~bahnhof** *m* автовокзáл 2

Busch *m* Strauch куст 2е; Gebüsch, Gestrüpp кустáрник 2; Wäldchen рóща 6, (небольшóй) лес|óк, -кá 2; Dickicht (леснáя) чáща 6; Haar~, Feder~ клок 2е *Pl a.* клóчь|я, -ев 1 | auf den ~ klopfen заки́дывать ⟨заки́нуть 4⟩ ýдочку; **~bohne** *f* кустовáя фасóль

Büschel *n* пуч|óк, -кá 2; Haare клок 2е *Pl a.* клóчь|я, -ев 1, хох|óл, -лá 2

buschig кусти́ст:ый

Buschwindröschen *n* тени́стая вéтреница 6

Busen *m* грудь 9g; в, на груди́, бюст 2; Meer~ зали́в 2 | etw. im ~ verstecken пря́тать (с-) что-н. за пáзуху; ein Geheimnis im ~ tragen храни́ть 3 в душé тáйну; am ~ der Natur на лóне прирóды; **~freund** *m* закады́чный друг

Bus|fahrer *m* води́тель автóбуса; **~haltestelle** *f* автóбусная останóвка; **~linie** *f* автóбусный маршрýт 2, автóбусная ли́ния

Bussard *m* канюк 2е

Buße *f* Reue покая́ние 5; Bestrafung наказáние 5; Geldstrafe штраф 2; *Rel* епити́м|ья́ 7 *G Pl* -и́й | ~tun приноси́ть 3⁺ -ношý ⟨-|нести́*⟩ покая́ние, кá|яться, -юсь, -ешься (по-)

büßen *tr* Schuld, Vergehen искуп|áть ⟨-и́ть 3⁺ -лю́⟩; *intr Rel* кá|яться, -юсь, -ешься (по-) (für в *P*); плa|ти́ться 3⁺ -чýсь (по-) (für за *A*) | das mußt du ~! за э́то ты поплати́шься!; für etw. mit dem Leben ~ плати́ться (по-) жи́знью за что-н.; für etw. ~ распл|áчиваться ⟨-ати́ться 3⁺ -ачýсь⟩ за что-н., нести́* (по-) наказáние за что-н.

Büßer *m* кáющийся *Subst* 11

Bußtag *m* день покая́ния и моли́твы

Büste *f* бюст 2; Schneider~ манекéн 2

Büstenhalter *m* бюстгáльтер [бюзгальтэр] 2

Bus|unglück *n* автóбусная авáрия 8; **~verbindung** *f* автóбусная связь [ли́ния 8]

Bütte *f* Holzgefäß чан 2b, кáдка 6; Rednerpult пёстро разукрáшенная бóчка 6

Büttel *m* Ordnungshüter слугá 6с закóна; Spitzel сы́щик 2, ищéйка 6

Büttenpapier *n* бумáга ручнóй вы́делки

Butter *f* (сли́вочное) мáс|ло 4b *G Pl* -ел | ~ aufs Brot streichen намáзывать ⟨-|мáзать*⟩ хлеб мáслом; es ist alles in ~ *umg* всё в (пóлном) поря́дке; **~blume** *f* Hahnenfuß лю́тик 2; **~brot** *n* хлеб с мáслом; **~brotpapier** *n* пергáмент 2, жиронепроницáемая бумáга 6; **~cremetorte** *f* торт со сли́вочным крéмом; **~dose** *f* маслёнка 6; **~faß** *n* zum Aufbewahren кáдка 6 (для мáсла); zum Buttern маслобóйка 6

Butter|keks *m* сли́вочное печéнье; **~milch** *f* пáхта 6

buttern *intr* бить*, сбивáть ⟨сбить*, собью́⟩ мáсло

Butter|pilz *m* масл|ёнок, -ёнка 2 *Pl* -я́та, -я́т, -я́там; **~säure** *f* мáсляная кислотá; **~schnitte** *f* бутербрóд [тэр] 2 с мáслом

Butzenscheibe *f* мáленькое крýглое (окóнное) стеклó (с утолщéнием посреди́не)

byzantinisch византи́йский

C

c, C *n Mus* до *n idkl*

Café *n* кафé *n idkl*

campen *intr* жить* в кéмпинге

Camper *m* тури́ст 2, проводя́щий 11 свой óтпуск в кéмпинге, отдыхáющий *Subst* 11 кéмпинга

Camping|anhänger *m* тури́стский автофургóн 2, *umg* автодáча 6; **~beutel** *m* тури́стский меш|óк, -кá 2; **~hemd** *n* лéтняя рубáшка; **~leuchte** *f* светильни́к 2 для кéмпинга; **~liege** *f* расклaднáя портати́вная кровáть 9; **~möbel** *Pl* портати́вная складнáя мéбель; **~platz** *m* кéмпинг 2; **~stuhl** *m* складнóй стул; **~tisch** *m* складнóй стол

Canberra Кáнберра 6

Cape *n* наки́дка 6

Caracas Каракáс 2

Cellist *m* виолончели́ст 2

Cello *n* виолончéль 9 | ~ spielen игрáть на виолончéли

Celsius Цéльсий 1 | 10 Grad ~ 10 грáдусов Цéльсия, 10 грáдусов по Цéльсию

Cembalo *n* клавеси́н 2
Chaiselongue *f* куше́тка 6
Chamäleon *n* хамелео́н 2
Champagner *m* шампа́нское *Subst* 10
Champignon *m* шампиньо́н 2; **~suppe** *f* суп-пюре́ [рэ] 2*b-n-idkl* из шампиньо́нов
Champion *m Sport* чемпио́н 2
Chance *f* шанс 2
Chanson *n* жа́нровая пе́с|ня 7 *G Pl* -ен, пе́сенка 6; **~ette** *f* шансоне́тная певи́ца 6
Chaos *n* Durcheinander хао́с 2; *Myth* ха́ос 2
chaotisch хаоти́ческий, хаоти́ч|ный, -ен
Charakter *m* хара́ктер 2, нрав 2; Eigenschaft хара́ктер, сво́йство 4 | ein Mann von ~ челове́к 2 с хара́ктером; **~bild** *n* характери́стика 6; **~darsteller** *m* актёр на характе́рные ро́ли; **~eigenschaft** *f* сво́йство хара́ктера
charakterfest твёрдого хара́ктера
Charakterfestigkeit *f* твёрдость хара́ктера
charakterisieren *tr* характеризова́ть *uv, v* 2, дава́ть* ⟨дать*⟩ характери́стику
Charakteristik *f* характери́стика 6, обрисо́вка 6; **~um** *n* характе́рная черта́ 6
charakteristisch характе́р|ный, -ен
Charakterkopf *m* характе́рная [вырази́тельная] голова́
charakter|lich **1.** *Adj:* ≈e Mängel недоста́тки хара́ктера **2.** *Adv* по своему́ хара́ктеру, по скла́ду хара́ктера; **~los** бесхара́ктер|ный, -ен
Charakter|rolle *f* характе́рная роль; **~schwäche** *f* сла́бость хара́ктера; **~stärke** *f* си́ла хара́ктера; **~stück** *n Theat* бытова́я дра́ма 6; **~tanz** *m* характе́рный та́нец; **~zug** *m* черта́ хара́ктера
Charge *f* до́лжность 9g; *Mil* зва́ние 5
Charkow Ха́рьков 2
charmant очарова́тел|ьный, -ен, -ьна
Charme *m* очарова́ние 5
Charmeuse *f* шармёз 2
Charta *f* ха́ртия 8 | die ~ der Vereinten Nationen Уста́в 2 Организа́ции Объединённых На́ций
Charterflug *m* спецре́йс 2, ча́ртерный рейс 2
chartern *tr* Schiff фрахтова́ть 2 (за-)
Chassis *n* шасси́ *n idkl*
Chauffeur *m* шофёр 2
Chaussee *f* шоссе́ [сэ] *n idkl,* шоссе́йная [сэ] доро́га 6
Chauvinis|mus *m* шовини́зм 2; **~t** *m* шовини́ст 2
chauvinistisch шовинисти́ческий
Chef *m* руководи́тель 1, нача́льник 2; **~arzt** *m* гла́вный врач; **~koch** *m* шеф-по́вар 2b; **~konstrukteur** *m* гла́вный конструќтор; **~lektor** *m,* **~redakteur** *m* гла́вный реда́ктор
Chemie *f* хи́мия 8; **~faser** *f* хими́ческое волокно́; **~industrie** *f* хими́ческая промы́шленность; **~unterricht** *m* препода-ва́ние хи́мии
Chemi|graphie *f Typ* химигра́фия 8; **~kalien** *Pl* химика́лии *Pl* 8
Chemiker *m* хи́мик 2
chemisch хими́ческий
Chemotherapie *f Med* химиотерапи́я 8
Chevreauleder *n* шевро́ *n idkl*
Chicorée *m* сала́тный сорт 2b цико́рия
Chiffre *f* шифр 2
chiffrieren *tr* шифрова́ть 2 (за-)
Chikago Чика́го *m idkl*
Chile Чи́ли *m idkl*
Chilen|e *m* чили́|ец, -и́ца 2; **~in** *f* чили́йка 6
chilenisch чили́йский
Chimäre *f* химе́ра 6
China Кита́й 1
China|kohl *m* кита́йская капу́ста; **~rinde** *f Pharm* хи́нная кора́
Chinchilla *f Zool* шинши́лла 6 *a.* Pelz
Chines|e *m* кита́|ец, -и́ца 2; **~in** *f* китая́нка 6
chinesisch кита́йский
Chinin *n Pharm* хини́н 2
Chip *m* чип 2
Chips *Pl* (карто́фельные) чи́псы *Pl* 2
Chirurg *m* хиру́рг 2; **~ie** *f* хирурги́я 8
chirurgisch хирурги́ческий
Chlor *n* хлор 2
chlorhaltig содержа́щий 11 хлор, хло́ристый
Chlor|id *n* хлори́д 2; **~kalk** *m* хло́рная и́звесть; **~oform** *n* хлорофо́рм 2
chloroformieren *tr* хлороформи́ровать *uv, v* 2 (*a.* -за)
Chlorophyll *n* хлорофи́л 2
Cholera *f* холе́ра 6; **~epidemie** *f* холе́рная эпиде́мия, эпиде́мия холе́ры
Choleriker *m* холе́рик 2
cholerisch Temperament холери́ческий; hitzig вспы́льчив:ый, горя́ч:ий 11 -а́
Cholesterin *n* холестери́н 2
Chor *m* хор 2 *oder* 2b | im ~ singen петь хо́ром; Chormitglied sein петь в хо́ре
Choral *m* хора́л 2
Choreograph *m* хорео́граф 2; **~ie** *f* хореогра́фия 8
Chor|probe *f* спе́вка 6; **~sänger** *m* хори́ст 2; **~sängerin** *f* хори́стка 6
Chrestomathie *f* хрестома́тия 8
Christ *m* христи|ани́н 2 *Pl* -а́не, -а́н, -а́нам
Christentum *n* христиа́нство 4
christlich христиа́нский | Christlich Demokratische Union Христиа́нско-демократи́ческий сою́з
Chrom *n* хром 2

chromatisch хромати́ческий
Chrom|leder хром 2, хро́мовая ко́жа; **~osom** *n* хромосо́ма 6; **~stahl** *m* хро́мистая сталь
Chronik *f* хро́ника 6, ле́топись 9
chronisch хрони́ческий
Chron|ist *m* летопи́с|ец| -ца 2, хрони́ст 2; **~ologie** *f* хроноло́гия 8
chronologisch хронологи́ческий
Chronometer *m* хроно́метр 2
Chrysantheme *f* хризанте́ма [тэ] 6
Cis *n Mus* до дие́з [иэ] 2
Clique *f* кли́ка 6
Cliquenwirtschaft *f* групповщи́на 6
Clivia *f Bot* кли́вия 8
Clou *m* гвоздь 1е
Clown *m* кло́ун 2
Cocktail *m* кокте́йль [тэ] 1
Colombo Коло́мбо *idkl*
Computer *m* компью́тер [тэ] 2, электро́нная вычисли́тельная маши́на 6
computergesteuert управля́емый с по́мощью ЭВМ [компью́тером]
Conakry Ко́накри *idkl*
Conférencier *m* конферансье́ *m idkl*
Container *m* конте́йнер 2; **~bahnhof** *m* конте́йнерная ста́нция; **~schiff** *n* су́дно-конте́йнер 4-2; **~verkehr** *m* конте́йнерные перево́зки *Pl* 6
Copyright *n* пра́во 4 изда́ния
Cordhose *f* вельве́товые брю́ки
Cottbus Ко́тбус 2
Couch *f* дива́н 2; **~garnitur** *f* гарниту́р мя́гкой ме́бели
Coupé *n* купе́ [пэ] *n idkl;* Auto двухме́стная маши́на 6
Couplet *n Mus* купле́т 2
Cour *f:* j-m die ~ machen уха́живать за кем-н.
Courage *f* сме́лость 9
couragiert сме́л:ый, -а́!
Cousin *m* двою́родный брат 2 *Pl* -ья| -ьев; **~e** *f* двою́родная сестра́ 6с *Pl* сёстры| сестёр| сёстрам
Creme *f* Speise, Kosmetik крем 2
cremefarben кре́мовый, кре́мового цве́та
Cup *m* ку́б|ок| -ка 2
Cutterin *f* монта́жница 6

D

d, D *n Mus* ре *n idkl*
da 1. *Adv Ort* dort там; hier тут, здесь | ~ ist … *oder* sind … там …; ~ kommt er вот он идёт; dieses Haus ~ (вот) э́тот дом; wer ist ~? кто там?, кто идёт?; von ~ отту́да | *Zeit* тогда́; von ~ an с того́ вре́мени, с тех пор; ~ hast du's!, ~ haben wir's! вот тебе́ на!, вот тебе́ раз! | *Grund* в тако́м слу́чае, тогда́ **2.** *Konj Zeit* когда́, в то вре́мя, как | zu der Zeit, ~ er mit euch gesprochen hat в то вре́мя| когда́ он с ва́ми говори́л | *Grund* weil потому́ что *(nur im Nachsatz),* так как
dabei *Adv Ort* во́зле, ря́дом | er war gerade ~ fortzugehen он как раз собира́лся уйти́; es bleibt ~! решено́!; ~ muß man berücksichtigen при э́том на́до уче́сть; ~ kommt nichts heraus из э́того ничего́ не вы́йдет; was ist denn schon ~? что же тут тако́го?; er blieb ~ он оста́лся при своём мне́нии; ich bleibe dabei, daß … я всё-таки́ ду́маю| что …; **~sein** *intr* быть*, прису́тствовать 2 (при *P*) | er ist immer gleich dabei, wenn … он всегда́ тут как тут| когда́ …; er war gerade dabei zu … он как раз собира́лся *Inf*
dableiben *intr* о|става́ться* ⟨-ста́ться*⟩
Dach *n* кры́ша 6, кро́в|ля 7 *G Pl* -ель; *Bergb* кро́вля | j-m aufs ~ steigen зада́ть *v* жа́ру [пе́рцу] кому́-н.; unter ~ und Fach bringen устра́ивать ⟨-стро́ить⟩; Projekt зака́нчивать ⟨-ко́нчить 3⟩; kein ~ über dem Kopf haben не име́ть кры́ши над голово́й, не име́ть| где го́лову приклони́ть; **~balken** *m* (кро́вельная) ба́лка, стропи́льная затя́жка 6; **~boden** *m* черда́к 2е; **~decker** *m* кро́вельщик 2; **~fenster** *n* слухово́е окно́; **~first** *m* кон|ёк| -ька́ 2; **~garten** *m* сад на кры́ше; **~kammer** *f* (ма́ленькая) ко́мната 6 на чердаке́; **~organisation** *f* верху́шечная организа́ция; **~pappe** *f* (кро́вельный) толь 1; **~rinne** *f* (водосто́чный) кро́вельный жёлоб
Dachs *m* барсу́к 2е
Dach|schiefer *m* кро́вельный сла́нец; **~schindeln** *f Pl* кро́вельная дра́нка 6, гонт 2
Dachshund *m* та́кса 6
Dach|sparren *m* стропи́ло 4; **~stuhl** *m* стропи́ла *Pl* 4, стропи́льная фе́рма 6; **~ziegel** *m* (кро́вельная) черепи́ца 6
Dackel *m* та́кса 6
dadurch 1. *Adv* damit тем, э́тим **2.** *Konj* infolgedessen всле́дствие э́того, благодаря́ э́тому | ~ daß … благодаря́ тому́| что …; er gefiel mir ~, daß … он мне понра́вился тем| что …
dafür *Adv* bestimmt für для э́того; statt dessen вме́сто э́того; aber zugleich зато́; einstehen für за (э́)то | ~, daß для того́| что́бы; ich bin ~ я за (э́то); ich bin ~, daß er kommt я за то| что́бы он пришёл; er ist streng, aber ~ gerecht он строг| но зато́ справедли́в; er kann nichts ~ он тут не при чём, он в э́том не винова́т; alles spricht~ всё говори́т за э́то

Dafürhalten *n:* nach meinem ~ по мо́ему мне́нию
dagegen 1. *Adv* про́тив э́того; im Vergleich в сравне́нии [по сравне́нию] с э́тим | ich habe nichts ~ я ничего́ не име́ю про́тив (э́того), *umg* я не прочь; ich bin ~ я про́тив; deine Schwierigkeiten sind nichts ~ твои́ тру́дности ничто́ в сравне́нии с э́тим **2.** *Konj* а, же | sie ist groß und schlank, er ~ klein und dick она́ высо́кая и стро́йная, а он [он же] ни́зкий и то́лстый
daheim *Adv* до́ма
daher 1. *Adv Ort* отту́да | *Grund* поэ́тому; оттого́; ~ daß … потому́, что …, оттого́, что … **2.** *Konj* поэ́тому, сле́довательно
dahin *Adv* туда́ | bis ~ *Ort* до того́ ме́ста, *Zeit* до того́ вре́мени, до тех пор; laß es nicht ~ kommen, daß … не доводи́ де́ло до того́, что́бы …; **~eilen** *intr* мча́ться 3; Zeit лете́ть 3; **~gehen** *intr* идти́* | er ist dahingegangen *übertr* он у́мер; **~gehend** *Adv:* sich ≈ äußern, daß … выс|ка́зываться ⟨вы́с|казаться*⟩ в том смы́сле, что …; **~gestellt** *Adv:* ≈ sein lassen оставля́ть ⟨оста́в|ить 3 -лю⟩ нерешённым; **~jagen** *intr* мча́ться 3; **~raffen** *tr* Seuche коси́ть 3⁺ (с-); **~schwinden** *intr* исчеза́ть ⟨-че́знуть 4a⟩; **~siechen** *intr* ча́хнуть 4a (за-), хире́ть (за-)
dahinter *Adv* позади́ э́того, за э́тим; (там) сза́ди; **~kommen** *intr* разу|знава́ть* ⟨-зна́ть⟩ *A*; **~stecken** *intr:* es steckt etwas dahinter тут [за э́тим] что-то кро́ется; es steckt nichts dahinter в э́том нет ни сло́ва пра́вды, э́то не соотве́тствует действи́тельности
dahinvegetieren *intr* прозяба́ть, влачи́ть 3 жа́лкое существова́ние
Dahlie *f* георги́н 2
Dakar Дака́р 2
Daktyloskopie *f* дактилоско́пия 8
Daktylus *m Metr* да́ктиль 1
damalig тогда́шний 11; **~s** *Adv* тогда́, в то вре́мя
Damaskus Дама́ск 2
Damast *m* камча́тная ткань 9; Seiden~ камка́ 6; **~tischtuch** *n* камча́тная ска́терть
Dame *f* да́ма 6 a. Spielkarte; Schachspiel ферзь 1e; Damespiel да́мка 6 | ~ spielen игра́ть в ша́шки; **~brett** *n* ша́шечная доска́, ша́шечница 6
Damen|binde *f Med* гигиени́ческий по́яс b *Pl* -а́; **~fahrrad** *n* да́мский велосипе́д; **~gesellschaft** *f* да́мское о́бщество; **~handtasche** *f* да́мская су́мочка 6; **~hut** *m* да́мская шля́па; **~konfektion** *f* же́нское гото́вое пла́тье, же́нская оде́жда; **~kostüm** *n* же́нский костю́м; **~mannschaft** *f Sport* же́нская кома́нда; **~schneider** *m* да́мский портно́й; **~schuhe** *Pl* же́нская о́бувь; **~wahl** *f* да́мский та́н|ец, -ца 2
Dame|spiel *n* ша́шки *Pl* 6; **~stein** *m* ша́шка 6
Damhirsch *m* лань 9
damit 1. *Adv* (с) тем, (с) э́тим | was soll ich ~? что мне де́лать с э́тим?; ~ ist alles gesagt э́тим всё ска́зано; (nur) her ~ дава́й(те) сюда́ **2.** *Konj* (с тем,) что́бы *mit Prät des Verbs* | ~ du's nicht vergißt что́бы ты не забы́л
dämlich глупова́т:ый, придуркова́т:ый
Damm *m* да́мба 6, на́сыпь 9; Stau~ плоти́на 6, запру́да 6; Hafen~ мол 2; Eisenbahn~ пол|отно́ 4c *G Pl* -о́тен; *übertr* прегра́да 6 | auf dem ~ sein быть* бо́дрым; **~bruch** *m* проры́в 2 плоти́ны
dämm[e]rig су́мереч|ный, -ен
dämmern *intr* früh (рас)света́ть; abends смерка́ться | es dämmert (рас)света́ет; смерка́ется; bei mir dämmert es *übertr* я начина́ю понима́ть
Dämmer|stunde *f* су́мер|ки *Pl* 6 *G* -ек; **~ung** *f* Morgen~ рассве́т 2; Abend~ су́мер|ки *Pl* 6 *G* -ек; **~zustand** *m Med* су́меречное состоя́ние
Damoklesschwert *n* дамо́клов 13 меч
Dämon *m* де́мон 2
dämonisch демони́ческий
Dampf *m* пар 2b *G a.* -у, в пару́ | unter ~ stehen стоя́ть 3 под пара́ми; er machte ~ dahinter он по́ддал па́ру; **~bad** Anstalt парна́я *Subst* 10, russisches ба́ня 7; Prozedur парова́я ва́нна | ein ≈ nehmen па́риться 3; **~druck** *m* давле́ние па́ра; **~druckmesser** *m* мано́метр 2
dampfen *intr* Lokomotive выпуска́ть ⟨вы́пустить 3⟩ пар; Speisen дыми́ться 3 | das Wasser dampft от воды́ идёт пар
dämpfen *tr* Stimme понижа́ть⟨-ни́зить 3 -ни́жу⟩; Licht уменьша́ть⟨-ме́ньшить 3⟩; *Tech* Stoß амортизи́ровать *uv, v* 2; Schall за-, приглуш|а́ть ⟨-и́ть 3⟩; Speisen туши́ть 3⁺ (с-), па́рить 3; *übertr* сде́рживать ⟨-держа́ть 3⁺⟩; Begeisterung расхол|а́живать ⟨-оди́ть 3 -ожу́⟩
Dampfer *m* парохо́д 2
Dämpfer *m Mus* модера́тор [дэ] 2; Geige сурди́н(к)а 6; *Tech* глуши́тель 1, бу́фер 2 | j-m einen ~ aufsetzen *übertr* оса́живать ⟨оса|ди́ть 3⁺ жу́⟩ кого́-н.
Dampf|heizung *f* паро́вое отопле́ние; **~kessel** *m* парово́й котёл; **~lokomotive** *f* парово́з 2; **~maschine** *f* парова́я маши́на; **~schiffahrt** *f* пароходство 4; **~turbine** *f* парова́я турби́на, паротурби́на 6
Dämpfung *f Tech* затуха́ние 5
Dampfwalze *f* парово́й като́к
Damwild *n* ла́ни *Pl* 9
danach *Adv* пото́м, зате́м, по́сле э́того; gemäß сообра́зно с э́тим | er fragte ~ он

спроси́л об э́том; sich ~ richten сообразова́ться с э́тим; die Ware ist billig, aber sie ist auch ~ това́р сто́ит дёшево, и его́ ка́чество соотве́тствует цене́; die Zeiten sind nicht ~ времена́ не те; es sieht ganz ~ aus, als ob … по всему́ ви́дно, что …

Däne *m* датч|а́нин 2 *Pl* -а́не, -а́н

daneben *Adv* ря́дом; außerdem наряду́ с э́тим, кро́ме э́того

Dänemark Да́ния 8

daniederliegen *intr* krank лежа́ть 3 больны́м; *übertr* быть* в упа́дке

Dänin *f* датча́нка 6

dänisch да́тский

dank *Präpos* благодаря́ *D*

Dank *m* благода́рность 9 | vielen [herzlichen]! ~ большо́е спаси́бо! zum ~ в знак благода́рности; ich bin dir zu ~ verpflichtet я тебе́ обя́зан

dankbar благода́р|ный, -ен | j-m ~ sein für etw. быть благода́рным кому́-н. за что-н.

Dankbarkeit *f* благода́рность 9

danken *tr* быть* обя́занным (j-m etw. кому́-н. чем-н.); *intr* благодари́ть 3 (по-) (j-m für etw. кого́-н. за что-н.) danke sehr! большо́е спаси́бо!; wir ~ euch спаси́бо вам; **~d** *Adv* с благода́рностью

dankenswert заслу́живающий 11 благода́рность

Dankschreiben *n* благода́рственное письмо́

dann *Adv* danach пото́м, зате́м; in dem Fall в том слу́чае, тогда́; so то | wenn …, ~ когда́ [е́сли] …, тогда́; selbst ~, wenn … да́же в том слу́чае, е́сли …; ~ und wann поро́ю, и́зредка; wenn das stimmt, ~ komme ich е́сли э́то так, то я приду́

d(a)ran *Adv* к (э́)тому́, об э́том | denke ~! по́мни об э́том!; ich denke nicht ~! и не поду́маю!; er glaubt nicht ~ он э́тому не ве́рит; sie hat ihre Freude ~ э́то её ра́дует; es liegt mir viel ~ э́то для меня́ о́чень ва́жно; da ist etwas dran в э́том есть до́ля пра́вды; er ist schlecht ~ его́ дела́ пло́хи; man weiß nie, wie man mit ihm ~ ist никогда́ не зна́ешь, что он вы́кинет; wer ist dran? чья о́чередь?; **~gehen** *intr* бра́ться*, бра́ли́сь (взя́ться*, взяли́сь) за *A*; **~kommen** *intr:* jetzt komme ich dran те́перь моя́ о́чередь; **~setzen** *tr:* alles ≈ де́лать (с-) всё (возмо́жное), прилага́ть (-ложи́ть 3^+) все уси́лия

darauf *Adv Ort* wo на (э́)том; wohin на (э́)то; *Zeit* пото́м, зате́м | ein Jahr ~ год спустя́; er versteht sich ~ он э́то (де́ло) зна́ет; ich gebe nicht viel ~ э́то для меня́ не ва́жно; es kommt ~ an … э́то зави́сит от того́ …; **~folgend** сле́дующий 11; **~hin** *Adv* в отве́т на э́то; danach по́сле э́того; **~kommen** *intr* вспомина́ть (вспо́мнить 3) | wie kommst du darauf? как э́то пришло́ тебе́ в го́лову?

daraus *Adv* из э́того, отсю́да | ~ folgt отсю́да сле́дует; ich mache mir nichts ~ мне э́то нипочём [всё равно́]; ~ wird nichts! из э́того ничего́ не вы́йдет!

darben *intr* бе́дствовать 2

darbieten *tr* предлага́ть (-ложи́ть 3^+), (пре)подноси́ть 3^+ -ношу́ (-|нести́*); *Theat* исполня́ть (-по́лнить 3); Programm выступа́ть (высту́п|ить 3 -лю) с *I*; sich ~ *refl* представля́ться (-ста́виться 3)

Darbietung *f* исполне́ние 5 | kulturelle ~ культу́рное мероприя́тие 5

darbringen *tr.* ein Opfer ~ приноси́ть 3^+ -ношу́ (-|нести́*) в же́ртву

Dardanellen *Pl* Дардане́ллы *Pl* 6

Daressalam Дар-эс-Сала́м 2

darin *Adv* в (э́)том | die Sache besteht ~, daß … де́ло состои́т в том, что …; ~ irrt er в э́том он ошиба́ется

darlegen *tr* излага́ть (-ложи́ть 3^+); erklären объясн|я́ть (-и́ть 3)

Darlegung *f* изложе́ние 5; объясне́ние 5

Darlehen *n* ссу́да 6 | ein ~ aufnehmen брать* (взять*) ссу́ду

Darm *m* киш|ка́ 6 *G Pl* -о́к; Gedärm кише́чник 2; **~blutung** *f* кише́чное кровотече́ние 5; **~saite** *f* кише́чная струна́; **~verschlingung** *f* за́ворот 2 кишо́к; **~verschluß** *m Med* непроходи́мость 9 кише́чника; **~verstopfung** *f* запо́р 2

Darre *f* суши́лка 6

darreichen *tr* подноси́ть 3^+ -ношу́ (-|нести́*)

darstellen *tr* изобра|жа́ть (-зи́ть 3 -жу́), предст|авля́ть (-а́вить 3); *Theat* Rolle исполня́ть (-по́лнить 3) роль *G;* beschreiben излага́ть (-ложи́ть 3^+); **~d** изобрази́тельный | ~de Kunst сцени́ческое иску́сство

Darsteller *m* исполни́тель 1 (ро́ли); Schauspieler актёр 2; **~in** *f* исполни́тельница 6 (ро́ли); актри́са 6

Darstellung *f* изображе́ние 5; *Theat* исполне́ние 5 (ро́ли); Beschreibung изложе́ние 5 | graphische ~ гра́фик 2

darüber *Adv* над э́тим; *übertr* об э́том, о том; mehr свы́ше, бо́льше | ~ hinaus сверх (э́)того́ nichts geht ~ лу́чше э́того ничего́ нет; wir freuen uns sehr ~ мы э́тому о́чень ра́ды

darum 1. *Adv* за э́то, для э́того | ich bitte ~ я прошу́ об э́том; es handelt sich ~, daß … де́ло в том, что …; es ist mir sehr ~ zu tun для меня́ э́то о́чень ва́жно; ich würde viel ~ geben, wenn … я мно́гое дал бы за то, что́бы …; wir sind ~ herumgekommen мы лиши́лись э́того **2.** *Konj* deshalb поэ́тому

darunter *Adv* под э́тим; под э́то; davon в том числе́; dazwischen ме́жду ни́ми, среди́ них | zehn Personen, ~ zwei Frauen де́сять челове́к, в том числе́ две же́нщины; Strümpfe für drei Mark und ~ чулки́ по три ма́рки и ни́же [и деше́вле]; ~ leiden страда́ть от э́того

Darwinismus *m* дарвини́зм 2

das 1. *Artikel fehlt im Russischen* **2.** *Dem Pron* э́то 15, jenes то 15 | ~ ist э́то; ~ heißt то есть **3.** *Rel Pron* кото́рое, что

dasein *intr* прису́тствовать 2, быть* нали́цо́ | er ist nicht da его́ нет; sie ist schon da она́ уже́ здесь, она́ уже́ пришла́; dazu ist es ja da на то э́то и существу́ет; so etwas ist noch nicht dagewesen ничего́ подо́бного ещё никогда́ не́ было; nie dagewesen небыва́лый, неви́данный

Dasein *n* существова́ние 5

Daseinsberechtigung *f* пра́во на существова́ние

dasjenige *Dem Pron* то 15

daß *Konj* что; Wunsch, Befehl что́бы *mit Inf oder Prät des Verbs* | ohne ~ … без того́, что́бы …; er schrieb, ~ er krank sei он писа́л, что он бо́лен; ich wünsche, ~ er kommt я хочу́, что́бы он пришёл; beeil dich, ~ du nicht zu spät kommst потoропи́сь, что́бы не опозда́ть; so ~ так что

dasselbe *Dem Pron* то же са́мое 15–10, то же

dastehen *intr:* er steht gut da он хорошо́ обеспе́чен; ohne Mittel ~ быть* без средств

Datei *f* масси́в 2 да́нных

Daten *Pl* да́нные *Subst* 10 | technische ~ техни́ческая характери́стика; ~ aufbereiten обраба́тывать ⟨-о́тать⟩ да́нные; **~bank** *f* архи́в 2 да́нных; **~verarbeitung** *f* обрабо́тка 6 да́нных | elektronische ≈ электро́нная обрабо́тка да́нных; **~verarbeitungsanlage** *f* маши́на 6 для обрабо́тки да́нных

datieren *tr* дати́ровать *uv, v* 2

Dativ *m* да́тельный паде́ж 2e

Dattel *f* фи́ник 2; **~palme** *f* фи́никовая па́льма

Datum *n* чис|ло́ 4c *G Pl* -ел, да́та 6 | welches ~ haben wir heute? како́е сего́дня число́?

Daube *f* клёпка 6

Dauer *f* продолжи́тельность 9, дли́тельность 9 | auf die ~ на дли́тельный срок, надо́лго; von langer ~ продолжи́тел|ьный, -ен, -ьна; für die ~ von drei Wochen сро́ком на три неде́ли; **~backwaren** *f Pl* пече́нье 5 дли́тельного хране́ния, суха́рные изде́лия *Pl* 5; **~gebäck** *n* сухари́ *Pl* 1e

dauerhaft долгове́ч|ный, -ен, про́ч|ный, -ен, -на́, -но, про́чны́; Frieden про́чный; Kleidung но́с|кий, -ок

Dauer|karte *f* абонеме́нт 2; **~lauf** *m* бег на выно́сливость

¹dauern *tr:* der arme Kerl dauert mich мне жаль бедня́гу; das Geld dauert mich мне жаль на э́то тра́тить де́ньги

²dauern *intr* продолжа́ться ⟨-до́лжиться 3⟩, дли́ться 3 (про-) | das dauert mir zu lange! уж сли́шком до́лго э́то тя́нется!; es wird lange ~, bis … пройдёт мно́го вре́мени, пока́ …; wie lange dauert das? ско́лько вре́мени э́то продли́тся?; wie lange soll das noch ~? ско́ро ли э́то ко́нчится?; **~d** ständig постоя́н|ный, -ен, -на | er ist ≈ unterwegs он постоя́нно в разъе́здах

Dauer|regen *m* затяжно́й дождь; **~wellen** *f Pl* перманéнт 2, шестиме́сячная зави́вка 6; **~wurst** *f* твердокопчёная колбаса́

Daumen *m* большо́й па́л|ец, -ьца 2 | ~ drehen *übertr* безде́льничать; den ~ drücken жела́ть успе́ха; über den ~ peilen определ|я́ть ⟨-и́ть 3⟩ на глазо́к

daumenbreit ширино́й в большо́й па́лец

Däumling *m* Märchen ма́льчик 2-с- па́льчик; *Med* напа́льчник 2

Daune *f* пуши́нка 6; ~n *Pl* пух 2; в пуху́

Daunen|bett *n* пухови́к 2e; **~decke** *f* пухо́вое одея́ло

Daus *n* Spielkarte туз 2e, *A* туза́

davon *Adv* от (э́)того́, из (э́)того́; darüber об э́том | ich gehe ~ aus, daß … я исхожу́ из того́, что …; was habe ich ~? что мне от э́того?; genug ~! об э́том дово́льно!, ни сло́ва бо́льше об э́том!; das kommt ~ всё из-за э́того; er ging auf und ~ его́ и след просты́л; **~kommen** *intr* отде́л|ываться ⟨-аться⟩ | mit dem Schrecken ≈ отде́латься испу́гом; mit heiler Haut ≈ вы́|йти* *v* сухи́м из воды́; billig ≈ дёшево отде́латься; mit dem Leben ≈ о|ста́ться* *v* в живы́х; **~laufen** *intr* убега́ть ⟨-|бежа́ть*⟩; **~tragen** *tr:* den Sieg ≈ одéрживать ⟨-держа́ть 3⁺⟩ побе́ду (über над *I*); Schaden ≈ нести́ (по-) убы́ток

davor *Adv* пе́ред э́тим; kausal от э́того | hüte dich ~! береги́сь э́того!

dazu *Adv* dafür для э́того; zusätzlich к э́тому, кро́ме того́ | was sagen Sie ~? что вы на э́то ска́жете?; ~ langt das Geld nicht на э́то де́нег не хвата́ет; ich habe keine Lust ~ у меня́ к э́тому нет ни мале́йшей охо́ты; ich komme nicht ~ у меня́ до э́того ру́ки не дохо́дят; **~gehören** *intr* принадлежа́ть 3 к *D*; **~gehörig** относя́щийся 11сюда́, принадлежа́щий 11 к *D*; **~halten, sich** *refl* спеши́ть 3 (по-), тороп|и́ться 3⁺ -лю́сь (по-); **~kommen** *intr* подходи́ть 3⁺ -хожу́ ⟨подо|йти́*⟩

к *D* | wie bist du dazugekommen? как ты добился этого?, как ты достал это?; ich komme nicht dazu, etw. zu tun никак руки не доходят что-н. сделать

dazumal *Adv* в то время, тогда

dazwischen *Adv* между этим [тем]; **~kommen** *intr* вмешиваться ⟨вмешаться⟩ | wenn nichts dazwischenkommt если ничто не помешает; **~reden** *intr* вмешиваться ⟨вмешаться⟩ в разговор; **~treten** *intr:* er trat dazwischen он вмешался (в спор; в драку)

Debatte *f* прения *Pl* 5, дебаты *Pl* 2; Erörterung обсуждение 5 вопроса | zur ~ stehen являться ⟨явиться 3⟩ предметом обсуждения; die ~ eröffnen открывать ⟨-крыть⟩ прения; in die ~ eingreifen выступать ⟨выступ|ить 3 -лю⟩ в прениях

debattieren *intr* дебатировать 2 (über *A oder* о *P*), обсу|ждать ⟨-дить 3⁺ -жу⟩ (über *A*)

Debet *n* дебет [дэ] 2

Debüt *n* дебют 2

debütieren *intr* дебютировать *uv, v* 2

dechiffrieren *tr* расшифр|овывать ⟨-овать 2⟩

Deck *n* Schiff палуба 6; **~adresse** *f* условный адрес; **~bett** *n* пуховик 2е, перина 6; **~blatt** *n* Zigarre покровный лист; *Bot* прицветник 2

Decke *f* Zimmer~ потол|ок, -ка 2; Schlaf~ одеяло 4; Tisch~ скатерть 9g; Pferde~ попона 6; Reifen покрышка 6; Straßen~ (дорожное) покрытие 5 | mit j-m unter einer ~ stecken быть* заодно с кем-н.; man muß sich nach der ~ strecken по одёжке протягивай ножки

Deckel *m* Topf; Buch крышка 6; Zuber, Kübel u. ä. покрышка 6 | du kriegst eins auf den ~! *umg* ты получишь по шапке!

decken *tr* Dach крыть* (по-); zudecken покрывать ⟨-крыть⟩; *Mil,* Sport прикрывать ⟨-крыть⟩; *übertr* Bedarf обеспеч|ивать ⟨-ить 3⟩, удовлетвор|ять ⟨-ить 3⟩; Schulden, Ausgaben покрывать ⟨-крыть⟩, уплачивать ⟨упла|тить 3⁺ -чу⟩; Tiere покрывать ⟨-крыть⟩, случ|ать ⟨-ить 3⟩; *intr* Farbe крыть; sich ~ *refl* identisch sein совпадать ⟨сов|пасть*⟩ | den Tisch für zwei Personen ~ накрывать ⟨-крыть⟩ (на) стол на двоих

Decken|beleuchtung *f* потолочное освещение; **~gemälde** *n* плафон 2, потолочные фрески *Pl* 6; **~leuchte** *f* плафон 2; **~malerei** *f* плафонная живопись

Deck|farbe *f* кроющая 11 краска; **~glas** *n* покровное стекло; **~mantel** *m:* unter dem ≈ *übertr* под личиной, под прикрытием; als ≈ dienen служить (по-) ширмой; **~name** *m* псевдоним 2; **~station** *f Landw* случной пункт 2; **~ung** *f* Kosten~ покрытие 5; Bezahlung уплата 6; eines Wechsels обеспечение 5; Bedarf обеспечение, удовлетворение 5; *Mil* прикрытие 5; *Sport* защита 6| volle ~! в укрытие!

Dederon **n** дедерон [дэдэ] 2

Deduktion *f* дедукция [дэ] 8

deduktiv дедуктивный [дэ]

Defätis|mus *m* пораженчество 4; **~t** *m* поражен|ец, -ца 2

defätistisch пораженческий

defekt mangelhaft дефект|ный [дэ], -ен; beschädigt испорченный

Defekt *m* Mangel дефект [дэ] 2; Beschädigung повреждение 5, порча 6; Fahrzeug, Radio неисправность 9

defensiv оборонительный

Defensive *f* оборона 6 | in die ~ gehen переходить 3⁺ -хожу ⟨-|йти*⟩ к обороне

definieren *tr* определ|ять ⟨-ить 3⟩

Definition *f* определение 5

definitiv окончател|ьный, -ен, -ьна

Defizit *n* дефицит 2, убыт|ок, -ка 2

Deflation *f* дефляция [дэ] 8

Defloration *f* лишение 5 девственности

deflorieren *tr* лиш|ать ⟨-ить 3⟩ девственности

deformieren *tr* деформировать [дэ] *uv, v* 2

Degen *m* шпага 6

Degeneration *f* вырождение 5; *Biol* дегенерация [дэ, нэ] 8

degenerier|en *intr* вырождаться ⟨выродиться 3⟩, дегенерировать [дэ, нэ] 2; **~t** дегенерировавший 11

Degen|fechten *n* фехтование на шпагах; **~griff** *m* эфес 2; **~klinge** *f* клинок шпаги; **~stoß** *m* удар шпагой

degradieren *tr Mil* снижать ⟨сни|зить 3 -жу⟩ в чине [в звании]

degressiv дегрессив|ный, -ен, -на

dehnbar эластич|ный, -ен; *übertr* растяжим:ый

Dehnbarkeit *f* эластичность 9; растяжимость 9

dehnen *tr* растягивать ⟨-тянуть 4⁺⟩; sich ~ *refl* weiter werden растягиваться ⟨-тянуться⟩; sich rekeln потягиваться; Strecke тянуться; Raum простираться ⟨-с|тереться*⟩; Zeit тянуться

Deich *m* дамба 6

Deichsel *f* am Zweispänner дышло 4; am Einspänner оглоб|ли, -ель *Pl* 7

deichseln *tr:* eine Sache ~ *umg* обдел|ывать ⟨-ать⟩ дело, обтяп|ывать ⟨-ать⟩ дело

dein **1.** **(~e, ~, ~e)** *Poss Pron* твой 14 (твоя, твоё, твои) *refl a.* свой 14 (своя, своё, свои) | die Deinen твои родные, твоя сем|ья 7c *G Pl* -ей; du hast ~e Handschuhe vergessen ты забыл свои перчатки; ewig der Deine навеки твой **2.** *Pers Pron*: ich gedenke ~er я вспоминаю о тебе

deinerseits *Adv* с твоей стороны

deinesgleichen подóбный тебé, такóй как ты
deinetwegen *Adv* durch deine Schuld из-за тебя́; für dich рáди тебя́
Deismus *m* деи́зм [дэ] 2
Dekabrist *m* декабри́ст 2
Dekade *f* декáда 6, десятиднéвка 6 *umg*
dekadent декадéнтский, упáдоч|ный, -ен
Dekadenz *f* декадéнтство 4, упáдочничество 4
Dekan *m* декáн 2; **~at** *n* деканáт 2
dekatieren *tr Text* декатировáть [дэ] *uv, v* 2
Deklamation *f* деклямáция 8
deklamieren *tr* деклами́ровать 2 (про-)
Deklaration *f* декларáция 8
deklarieren *tr* деклари́ровать *uv, v* 2
deklassieren *tr Sport* на|нести́* *v* поражéние с разгрóмным счётом | die Mannschaft ist deklassiert worden комáнда потерпéла поражéние с разгрóмным счётом
Deklination *f* склонéние 5
deklinierbar склоня́емый
deklinieren *tr Gramm* склоня́ть; *intr Astr* склоня́ться
Dekolleté *n* декольтé [дэ, тэ] *n idkl*
Dekorat|eur *m* декорáтор 2; **~ion** *f* декорáция 8; Schaufenster оформлéние 5
Dekorationsmaler *m* худóжник-декорáтор 2-2; **~ei** *f* декорациóнная жи́вопись
Dekorationsstoffe *m Pl* декорати́вные (мéбельные) ткáни
dekorativ декорати́в|ный, -ен
dekorieren *tr* декори́ровать *uv, v* 2, украшáть ⟨укрá|сить 3 -шу⟩
Dekret *n* декрéт 2
Delegation *f* делегáция 8
delegieren *tr* делеги́ровать *uv, v* 2, посылáть ⟨-|слáть*⟩ делегáтом (zu на *A*)
Delegierten|konferenz *f* конферéнция делегáтов; **~versammlung** *f* собрáние делегáтов
Delegierter *m* делегáт 2
Delhi Дéли [дэ] *idkl*
delikat Speise изы́скан:ный, -на; lecker лáком:ый; *übertr* деликáт|ный, -ен; heikel щепети́л|ьный, -ен, -ьна
Delikatesse *f* деликатéс 2, лáкомство 4; Zartgefühl деликáтность 9
Delikatessengeschäft *n* гастрономи́ческий магази́н, гастронóм 2
Delikateßwaren *f Pl* деликатéсы Pl 2
Delikt *n* дели́кт 2, правонарушéние 5
Delinquent *m* престýпник 2;verurteilt осуждённый *Subst* 10
Delirium *n* горя́чечный бред 2; в бредý
Delphin *m* дельфи́н 2; **~arium** *n* дельфинáри|й 1 *Pl* -и
Delta *n* дéльта [дэ] 6
Demagog|e *m* демагóг 2; **~ie** *f* демагóгия 8
demagogisch демагоги́ческий
Demarkationslinie *f* демаркациóнная [дэ] ли́ния
demaskieren *tr übertr* срывáть ⟨со|-рвáть*⟩ мáску с *G*, разоблач|áть ⟨-и́ть 3⟩
Dementi *n* опровержéние 5
dementieren *tr* опро|вергáть ⟨-вéргнуть 4а *u.* 4⟩
dem|entsprechend *Adv* соотвéтственно э́тому; **~gegenüber** *Adv* в противоположность э́тому
Demission *f* отстáвка 6
dem|nach *Adv* слéдовательно, итáк; **~nächst** *Adv* в скóром врéмени, скóро
demobilisieren *tr* демобилизовáть *uv, v* 2
Demobilisierung *f* демобилизáция 8
Demokrat *m* демокрáт 2; **~ie** *f* демокрáтия 8
demokratisch демократи́ческий | auf ~er Grundlage на демократи́ческих начáлах
demokratisieren *tr* демократизи́ровать *uv, v* 2
Demokratisierung *f* демократизáция 8
demolieren *tr* разрушáть ⟨-рýшить 3⟩, гром|и́ть 3 -лю́ (раз-)
Demonstra|nt *m* демонстрáнт 2; **~tion** *f* демонстрáция 8 | zur ≈ на демонстрáцию
Demonstrations|fläche *f Landw* показáтельный учáст|ок, -ка 2; **~zug** *m* шéствие демонстрáнтов 5
demonstrativ демонстрати́в|ный, -ен
Demonstrativpronomen *n* указáтельное местоимéние
demonstrieren *tr* демонстри́ровать *uv, v* 2 (*a.* про-); *intr* демонстри́ровать *uv, v*
Demontage *f* демонтáж [дэ] 2
demontieren *tr* демонти́ровать [дэ] *uv, v* 2
demoralisieren *tr* деморализовáть *uv, v* 2
Demut *f* смирéние 5; Ergebenheit покóрность 9
demütig смирéн:ный, -на; unterwürfig покóр|ный, -ен
demütigen *tr* унижáть ⟨уни́|зить 3 -жу⟩
Demütigung *f* унижéние 5
demzufolge *Adv* вслéдствие э́того; folglich слéдовательно
dengeln *tr* отбивáть ⟨-|би́ть*, -обью⟩
Den Haag Гáага 6
Denkart *f* óбраз мы́слей
denkbar 1. *Adj* мы́слим:ый; möglich возмóж|ный, -ен **2.** *Adv:* das Verfahren wurde ~ vereinfacht спóсоб был по возмóжности [наскóлько возмóжно] упрощён
denken *intr* дýмать (по-) (an о *P*), мы́слить 3 (an о *P*); sich entsinnen пóмнить 3 (an о *P*); beabsichtigen намеревáться *mit Inf*, собирáться ⟨-|брáться*, -брали́сь⟩ *mit Inf;* annehmen полагáть; sich ~ *refl* предст|авля́ть ⟨-áвить 3 -áвлю⟩ себé | er denkt gar nicht daran zu

gehen он и не ду́мает уходи́ть; es ist gar nicht daran zu ~ об э́том не́чего и ду́мать; wer hätte das gedacht! кто бы мог поду́мать!; wo denkst du hin! поду́май, что ты говори́шь!; denk mal an! поду́май то́лько!; denke daran! по́мни об э́том!; das kannst du dir doch ~, daß ... мо́жешь себе́ предста́вить, что ...; ich habe mir nichts Böses dabei gedacht я ничего́ плохо́го при э́том не ду́мал; es läßt sich ~ мо́жно себе́ предста́вить; das habe ich mir gedacht я так и ду́мал; ich kann mir nicht ~, daß ... я не могу́ предста́вить себе́, что ...; ich denke an meine Kindheit я по́мню своё де́тство

Denker *m* мысли́тель 1

Denkmal *n* па́мятник 2 *D*; Monument монуме́нт | Schiller-~ па́мятник Ши́ллеру; ihm wurde ein ~ gesetzt ему́ поста́вили па́мятник

Denkmal[s]schutz *m* охра́на истори́ческих па́мятников | unter ~ stehen находи́ться 3⁺ под охра́ной

Denk|schrift *f* па́мятная запи́ска 6, мемора́ндум 2; **~sport** у́мственная гимна́стика 6; **~sportaufgabe** *f* головоло́мка 6; **~spruch** *m* изрече́ние 5; **~vermögen** *n* спосо́бность 9 мы́слить; **~vorgang** *m* проце́сс 2 мышле́ния; **~weise** *f* о́браз мы́слей [мышле́ния]

denkwürdig па́мят|ный, -ен, знамена́тел|ьный, -ен, -ьна

Denkzettel *m*: ich werde ihm einen ~ geben! я его́ проучу́!

denn 1. *Adv* ра́зве; же | was ~? что же?; wo ist er ~? где же он?; ist sie ~ krank? ра́зве она́ больна́?; muß es ~ gleich sein? ра́зве э́то ну́жно сейча́с?; wann ~? когда́ же? **2.** *Konj* потому́ что,-и́бо, так как | mehr ~ je бо́льше чем когда́-либо

dennoch *Konj* всё-таки, всё-же

dental зубно́й

Denunzia|nt *m* доно́счик 2; **~tion** *f* доно́с 2

denunzieren *tr* доноси́ть 3⁺ -ношу́ ⟨-|нести́*⟩ на *A*

Depesche *f* депе́ша 6

deplaciert неуме́ст|ный, -ен

Deponent *m Fin* депоне́нт [дэ] 2, вкла́дчик 2

Deponie *f* für Schutt сва́лка 6 | geordnete ~ упоря́доченные сва́лки

deponieren *tr* от|дава́ть* ⟨отда́ть*⟩ на хране́ние; *Fin* депони́ровать [дэ] *uv, v* 2

Deportation *f* вы́сылка 6

deportieren *tr* высыла́ть ⟨вы́|слать*⟩

Depositen *Pl* депози́ты *Pl* 2; **~bank** *f* депози́тный банк

Depot *n* für Verkehrsmittel депо́ *n idkl*, парк 2; Lager склад 2

Depression *f* депре́ссия [дэ] 8, пода́вленность 9

deprimieren *tr* удруч|а́ть ⟨-и́ть 3⟩ | deprimiert sein быть удручённым [пода́вленным]

Deput|at *n* опла́та 6 нату́рой, натуропла́та 6; **~ierter** *m* депута́т 2;

der 1. *Artikel fehlt im Russischen* | ~ Erste Mai Пе́рвое ма́я **2.** *Dem Pron* э́тот 15, jener тот 15 | wie dem auch sei как бы то ни́ было; wenn dem so ist е́сли э́то так **3.** *Rel Pron* кото́рый, кто, что

derart *Adv* столь, до того́; von der Art тако́го ро́да; **~ig** *Adj* тако́й, подо́б|ный, -ен

derb kräftig кре́п|кий, -ок, -ка́!, -че; grob гру́б:|ый, -а́!

Derbheit *f* кре́пость 9; гру́бость 9

Derby *n* де́рби [дэ] *n idkl*

dereinst *Adv* когда́-нибудь

deren *Rel Pron* кото́рой, *Pl* кото́рых

der|gestalt *Adv* таки́м о́бразом; **~gleichen** подо́бный (тому́), тако́го ро́да | und ≈ mehr и тому́ подо́бное (*Abk* и т. п.)

Derivat *n Gramm* произво́дное сло́во 4b; *Chem* дерива́т [дэ] 2

der|jenige *Dem Pron* тот 15 | ≈, der ... тот, кто ...; **~maßen** *Adv* так, таки́м о́бразом; so sehr до того́, насто́лько

Dermatolog|e *m* дермато́лог [дэ] 2; **~ie** *f* дерматоло́гия [дэ] 8

der|selbe *Pron* тот 15 (же) са́мый, тот же | ein und ≈ Fehler та же са́мая оши́бка; **~weile(n)** *Adv* ме́жду тем

derzeitig heutig ны́нешний 11, тепе́решний 11; damalig тогда́шний 11

Deserteur *m* дезерти́р 2

desertieren *intr* дезерти́ровать *uv, v* 2

des|gleichen *Adv* ра́вным о́бразом; **~halb** *Adv* поэ́тому, потому́; wegen ра́ди (э)того | ≈, weil ... потому́, что ...

Designer *m* диза́йнер 2

Desinfektion *f* дезинфе́кция 8, обеззара́живание 5

Desinfektionsmittel *n* дезинфици́рующее 11 сре́дство

desinfizieren *tr* дезинфици́ровать *uv, v* 2, обеззара́|живать ⟨-зить 3 -жу⟩

Desinteresse *n* отсу́тствие 5 интере́са

deskriptiv *Gramm* описа́тельный | ~e Grammatik описа́тельная грамма́тика

Desorganisation *f* дезорганиза́ция 8

desorganisieren *tr* дезорганизова́ть *uv, v* 2

Despot *m* де́спот 2; **~ie** *f* деспоти́зм 2

despotisch деспоти́ческий; Charakter деспоти́ч|ный, -ен

dessen *Rel Pron* кото́рого | der Mann, ~ Frau ich kenne муж, жену́ кото́рого я зна́ю; sie ist sich ~ bewußt она́ (хорошо́) сознаёт э́то; **~ungeachtet** *Adv* несмотря́ на э́то, тем не ме́нее

Dessert *n* десе́рт 2; **~teller** *m* десе́ртная таре́лка; **~wein** *m* десе́ртное вино́

Dessin *n* рису́н|ок| -ка 2, образ|е́ц| -ца́ 2
Destillation *f* перего́нка 6, дистилля́ция 8
Destillationsapparat *m* перего́нный [дистилляцио́нный] аппара́т
destillieren *tr* перегоня́ть ⟨-|гна́ть*⟩, дистилли́ровать *uv, v* 2
desto *Adv* тем | ~ besser тем лу́чше
destruktiv Haltung отрица́тел|ьный| -ен| -ьна
deswegen *Adv* поэ́тому
Detail *n* дета́ль 9, подро́бность 9 | im ~ подро́бно; ins ~ gehen в|дава́ться* ⟨-|да́ться*| -дали́сь⟩ в подро́бности
detailliert дета́л|ьный| -ен| -ьна, подро́б|ный| -ен
Detektiv *m* сы́щик 2, детекти́в [дэтэ] 2; ~**roman** *m* детекти́вный [дэдэ] рома́н
Detektor *m Rad* дете́ктор [дэтэ] 2
determinieren *tr* (то́чно) определ|я́ть ⟨-и́ть 3⟩
Determinismus *m* детермини́зм [дэтэ] 2
Detonation *f* детона́ция 8, взрыв 2
detonieren *intr* детони́ровать 2, взрыва́ться ⟨взо|рва́ться*| -рвали́сь⟩
Deut *m:* nicht einen ~ besser ни на йо́ту лу́чше
deuteln *intr* толкова́ть 2 вкривь и вкось
deuten *tr* толкова́ть 2; *intr* ука́зывать ⟨-|каза́ть*⟩ (auf на *A*) | das deutet auf nichts Gutes э́то не сули́т ничего́ хоро́шего
deutlich klar я́с|ный| -ен| -на́| -но| ясны́, отчётлив:ый; vernehmbar вня́т|ный| -ен, я́вствен:ный| -на; leserlich чёт|кий| -ок| четка́| чётко| | чётче, разбо́рчив:ый; verständlich поня́т|ный| -ен | ~e Aussprache отчётливое произноше́ние
Deutlichkeit *f* я́сность 9, отчётливость 9; вня́тность 9; чёткость 9
deutsch 1. *Adj* in staatspolitischen Bezeichnungen герма́нский; Sprache, Literatur, Volk неме́цкий | Deutsche Demokratische Republik (*Abk* DDR) Герма́нская Демократи́ческая Респу́блика (*Abk* ГДР); in ~er Sprache на неме́цком языке́ **2.** *Adv* по-неме́цки | er spricht ~ он говори́т по-неме́цки
Deutsch *n* неме́цкий язы́к 2e | im ~en в неме́цком языке́; aus dem Russischen ins ~e übersetzen переводи́ть ⟨-вести́⟩ с ру́сского языка́ на неме́цкий язы́к
Deutsch|e *f* не́мка 6; ~**er** *m* не́м|ец| -ца 2
Deutschland Герма́ния 8
Deutschlehrer *m* преподава́тель [учи́тель] неме́цкого языка́
deutsch-sowjetisch герма́но-сове́тский | Gesellschaft für Deutsch-Sowjetische Freundschaft О́бщество герма́но-сове́тской дру́жбы
deutschsprach|ig говоря́щий 11 на неме́цком языке́, говоря́щий по-неме́цки | ~ige Länder стра́ны неме́цкого языка́; ~**lich** относя́щийся 11 к неме́цкому языку́ | ≈er Unterricht преподава́ние неме́цкого языка́
Deutschunterricht *m* преподава́ние неме́цкого языка́, обуче́ние неме́цкому языку́
Deutung *f* толкова́ние 5, объясне́ние 5
Devise *f* Wahlspruch деви́з 2 | nach der ~ под деви́зом; ~**n** *Pl Fin* (иностра́нная) валю́та 6
Devisengeschäft *n* валю́тная опера́ция 8; ~**mangel** *m* валю́тный дефици́т 2
Devon *n Geol* Дево́н [дэ] 2
devot подобостра́ст|ный| -ен
Dextrose *f* декстро́за [дэ] 6
Dezember *m* дека́брь 1e
dezent прили́ч|ный| -ен; Musik прия́т|ный| -ен; Kleidung небро́ский
dezentralisieren *tr* децентрализова́ть [дэ] *uv, v* 2
Dezentralisierung *f* децентрализа́ция [дэ] 8
Dezernat *n* отделе́ние 5, отде́л (für по *D*)
dezimal десяти́чный
Dezimal|bruch *m* десяти́чная дробь; ~**rechnung** *f* десяти́чное исчисле́ние 5; ~**system** *n* десяти́чная систе́ма; ~**waage** *f* десяти́чные весы́; ~**zahl** *f* десяти́чное число́
Dezime *f Mus* де́цима [дэ] 6
Dezimeter *m* дециме́тр [дэ] 2
dezimieren *tr übertr* си́льно сокра|ща́ть ⟨-ти́ть 3 -щу́⟩
Dezitonne *f* це́нтнер 2
Dia *n umg* = **Diapositiv**
Diabet|es *m* (са́харный) диабе́т 2; ~**iker** *m* диабе́тик 2
diabolisch дья́вольский
Diadem *n* диаде́ма [дэ] 6
Diafilm *m* диафи́льм 2
Diagno|se *f* диа́гноз 2 | eine ≈ stellen ста́вить (по-) диа́гноз; ~**stik** *f Med* диагно́стика 6; ~**stiker** *m Med* диагно́ст 2
diagonal 1 *Adj* диагона́льный **2** *Adv* по диагона́ли
Diagonale *f* диагона́ль 9
Diagramm *n* диагра́мма 6
Diakonisse *f* Kirche диакони́са 6
diakritisch диакрити́ческий
Dialekt *m* диале́кт 2, наре́чие 5; ~**ik** *f* диале́ктика 6
dialektisch диалекти́ческий | ~er Materialismus диалекти́ческий материали́зм
Dialog *m* диало́г 2
Diamant *m* алма́з 2
diamanten алма́зный | ~e Hochzeit брилли́антовая [лья] сва́дьба
diametral 1. *Adj* диаметра́льный **2.** *Adv:* ~ entgegengesetzt диаметра́льно противополо́жный
Diapositiv *n* диапозити́в 2
Diarrhöe *f* диаре́я 7, поно́с 2

diät *Adv:* ~ leben соблюда́ть дие́ту [иэ]
Diät *f* дие́та [иэ] 6 | ~ halten соблюда́ть дие́ту; **~en** *Pl* су́точные *Subst Pl* 10; **~geschäft** *n* диети́ческий [иэ] магази́н; **~kost** *f* диети́ческая [иэ] пи́ща 6; **~küche** *f* диети́ческая [иэ] ку́хня; **~kur** *f* лече́ние дие́той [иэ]
diatonisch диатони́ческий
Diätverpflegung *f* диети́ческое [иэ] пита́ние
dicht 1. *Adj* Wald, Nebel, Haar густ:о́й, -а́, -о, гу́сты́; гу́ще; Gewebe, Bevölkerung, Verschluß пло́т|ный, -ен, -на́!; Zaun, Regen ча́ст:ый, -а́!; ча́ще | in ~en Reihen в те́сных ряда́х; die Schuhe sind nicht mehr ~ боти́нки ста́ли пропуска́ть во́ду; der Nebel wird ~er тума́н густе́ет **2.** *Adv:* ~ ans Ufer herangehen подходи́ть 3⁺ -хожу́ ⟨-о|йти́*⟩ вплотну́ю к бе́регу; ~ am Rand на са́мом краю́; **~bevölkert** густонаселённый; Länder с высо́кой пло́тностью населе́ния
Dichte *f* густота́ 6; *Phys* пло́тность 9
dichten *tr u. intr* сочин|я́ть ⟨-и́ть 3⟩ (стихи́)
Dichter *m* поэ́т 2; **~in** *f* поэте́сса [тэ] 6
dichterisch поэти́ческий
dichtgedrängt те́сный, пло́тный
dichthalten *intr umg* держа́ть 3⁺ язы́к за зуба́ми
Dichtkunst *f* поэ́зия 8
[1]**Dichtung** *f* поэти́ческие произведе́ния *Pl 5;* Poesie поэ́зия 8
[2]**Dichtung** *f Tech* уплотне́ние 5; Dichtungsscheibe прокла́дка 6; Dichtungsmasse наби́вка 6
Dichtungs|ring *m* прокла́дочное кольцо́; **~scheibe** *f* прокла́дочная ша́йба, прокла́дка 6
dick то́лст:ый, -а́, -о, то́льсты́; то́лще; Flüssigkeit, Essen густ:о́й, -а́, -о, гу́сты́; гу́ще; geschwollen опу́хший 11, распу́хший 11 | zwei Meter ~ толщино́й в два ме́тра; ~ werden толсте́ть (по-), полне́ть (по-); Flüssigkeit густе́ть (за-); ~e Freunde закады́чные [больши́е] друзья́; mit j-m durch ~ und dünn gehen идти́ в ого́нь и в во́ду за кем-н.
Dickdarm *m* то́лстая кишка́
[1]**Dicke** *f* толщина́ 6; Körperumfang полнота́ 6, ту́чность 9; Flüssigkeit густота́ 6
[2]**Dicke** *f umg* толсту́ха 6
Dicker *m umg* толстя́к 2e
dick|fellig толстоко́ж:ий 11 *a. übertr;* **~flüssig** густ:о́й, -а́, -о, гу́сты́; гу́ще
Dickhäuter *m* толстоко́жее *Subst* 11
dickhäutig толстоко́жий 11
Dickicht ча́ща 6, за́росль 9
Dickkopf *m* упря́м|ец, -ца 2
dickköpfig упря́м:ый, твердоло́б:ый
Didaktik *f* дида́ктика 6
didaktisch дидакти́ческий

die 1. *Artikel fehlt im Russischen* **2.** *Dem Pron* э́та 15, jene та 15; *Pl* э́ти, те **3.** *Rel Pron* кото́рая, кто; *Pl* кото́рые, кто | das sind die Namen derer, ~ gestern hier anwesend waren э́то имена́ тех, кто вчера́ здесь прису́тствовал
Dieb *m* вор 2
Diebes|bande *f* воровска́я ша́йка; **~gut** *n* кра́деное *Subst* 10
Diebin *f* воро́вка 6
diebisch 1. *Adj* ворова́т:ый **2.** *Adv:* sich ~ freuen черто́вски ра́доваться
Diebstahl *m* (по)кра́жа 6, воровство́ 4 | geistiger ~ плагиа́т 2; einen ~ begehen соверш|а́ть ⟨-и́ть 3⟩ кра́жу
diejenige *Dem Pron* та 15; ~n *Pl* те 15
Diele *f* дос|ка́ 6a *G Pl* -ок; Fußboden пол 2b; на полу́; Flur се́ни *Pl* 9g; in Wohnung прихо́жая *Subst* 11
dielen *tr* настила́ть ⟨-|стла́ть*⟩ пол
Dielenbrett *n* полови́ца 6
dienen *intr* служи́ть 3⁺ (по-) (als *I*, zu для *G*); geeignet sein го|ди́ться 3 -жу́сь (zu для *G*, на *A*) | wozu dient das? заче́м э́то?; womit kann ich Ihnen ~? чем могу́ вам служи́ть?; damit ist mir nicht gedient э́то мне не помо́жет, э́то меня́ не устра́ивает; bei der Infanterie ~ служи́ть в пехо́те; die Couch diente ihm als Bett дива́н служи́л ему́ посте́лью
Diener *m* слуга́ *m* 6c | einen ~ machen ни́зко кла́няться ⟨поклони́ться 3⁺⟩; **~in** *f* служа́нка 6; **~schaft** *f* слу́ги *Pl* 6c, прислу́га 6
dienlich поле́з|ный, -ен, го́д|ный, -ен, -на́, -но, го́дны́ | einer Sache ~ sein годи́ться 3 на что-н.
Dienst *m* слу́жба 6; Stellung до́лжность 9g; Dienen служе́ние 5; Wach~ дежу́рство 4; *Mil* наря́д 2; Gefälligkeit услу́га 6 | im ~ на слу́жбе; ~ tun дежу́рить 3; außer ~ sein; Ruhestand быть в отста́вке; einen großen ~ erweisen ока́зывать ⟨-|каза́ть*⟩ большу́ю услу́гу; ~ am Kunden обслу́живание 5 покупа́теля [клие́нта]; ich stehe zu Ihren ~en я к ва́шим услу́гам; im ~ einer guten Sache stehen служи́ть 3⁺ хоро́шему де́лу; **~abteil** *n* служе́бное купе́ [пэ]
Dienstag *m* вто́рник 2 | am ~ во вто́рник
dienstags *Adv* по вто́рникам
Dienst|alter *n* стаж 2; **~ältester** *m* ста́рший слу́жащий 11-*Subst* 11; **~antritt** *m* поступле́ние 5 на слу́жбу; **~auftrag** *m* служе́бное поруче́ние 5; **~ausweis** *m* служе́бное удостовере́ние
dienst|bar гото́в:ый к услу́гам; **~beflissen** услу́жлив:ый, гото́в:ый к услу́гам; bei der Arbeit ре́вностный; **~bereit** Apotheke, Arzt дежу́рный | ≈ sein дежу́рить 3; **~fertig** услу́жлив:ый; **~frei** свобо́дный от слу́жбы [рабо́ты]

Dienstgebrauch *m*: für den ~ для служе́бного по́льзования
Dienstgrad *m* зва́ние 5; **~abzeichen** *n Mil* знак разли́чия
diensthabend дежу́рный
Dienst|habender *m* дежу́рный *Subst* 10; **~jahre** *n Pl* служе́бный стаж 2; **~kleidung** *f* фо́рма 6, фо́рменная оде́жда; **~leistung** *f* (пла́тная) услу́га 6, бытово́е обслу́живание 5; **~leistungskombinat** *n* комбина́т бытово́го обслу́живания, быткомбина́т 2
dienstlich **1.** *Adj* служе́бный, официа́л|ьный, -ен, -ьна **2.** *Adv* по служе́бным дела́м; offiziell официа́льно | er war ~ verhindert его́ задержа́ли служе́бные дела́; er ist ~ nach Berlin gekommen он прие́хал в Берли́н в командиро́вку
Dienst|mädchen *n* Hausgehilfin домрабо́тница 6; **~mann** *m* носи́льщик 2; Bote посы́льный *Subst* 10; **~ordnung** *f* уста́в 2 слу́жбы; **~pflicht** *f Mil* во́инская пови́нность 9
dienstpflichtig: im ~en Alter *Mil* в призывно́м во́зрасте
Dienstreise *f* (служе́бная) командиро́вка 6 | eine ~ machen уезжа́ть ⟨-|е́хать*⟩ в командиро́вку; er ist auf ~ он в командиро́вке; **~auftrag** *m*, **~bescheinigung** *f* командиро́вочное удостовере́ние
Dienst|stelle *f* (служе́бная) инста́нция 8; **~stellung** *f* служе́баная фу́нкция 8; Anstellung до́лжность 9g
dienst|tauglich (при)го́дный к (вое́нной) слу́жбе; **~tuend** дежу́рный
Dienst|weg *m*: auf dem ≈ в служе́бном поря́дке; **~wohnung** *f* служе́бная кварти́ра; **~zeit** *f* срок 2 слу́жбы; Dienststunden служе́бное вре́мя
dies *Pron* э́то 15 | ~ und das то и э́то; ~ und jenes кое-что́; ~ (hier) ist mein Bruder вот мой брат; **~bezüglich** **1.** *Adj* относя́щийся 11 к э́тому **2.** *Adv* относи́тельно э́того, что каса́ется э́того
dieselbe *Pron* та 15 (же) са́мая, та же; ~n *Pl* те (же) са́мые, те же
Diesel|lokomotive *f* теплово́з 2; **~motor** *m* ди́зель 1, ди́зель-мото́р 1-2; **~öl** *n* ди́зельное то́пливо 4
dies|er (**~e**, **~es**, **~e**) *Pron* э́тот 15 (э́та, э́то, э́ти) | an ~em Tag на днях; am zehnten ~es Monats деся́того сего́ [теку́щего] ме́сяца; ≈ und jener тот и друго́й; ≈ oder jener тот и́ли ино́й
diesig тума́н|ный, -ен, -на, мгли́ст:ый
dies|jährig э́того го́да; **~mal** *Adv* на э́тот раз; **~seitig** находя́щийся 11 по э́ту сто́рону *G*; **~seits** *Adv u. Präpos* по э́ту сто́рону
Dietrich *m* отмы́чка 6
diffamieren *tr* клевета́ть* (на-) на *A*, оклевета́ть *v*
Differential *n Math, Tech* дифференциа́л 2; **~getriebe** *n* дифференциа́л 2, дифференциа́льная переда́ча; **~rechnung** *f* дифференциа́льное исчисле́ние 5
Differenz *f Math* ра́зность 9; ~en *meist Pl* der Meinungen разногла́сия Pl 5
differenzieren *tr* дифференци́ровать *uv, v* 2; unterscheiden различ|а́ть ⟨-и́ть 3⟩
Differenzierung *f* дифференциа́ция 8; Gliederung расчлене́ние 5
differieren *intr* расходи́ться 3⁺ ⟨разо|йти́сь*⟩ (in в *P*)
diffizil тру́д|ный, -ен, -на́, -но, тру́дны́; heikel щекотли́в:ый
diffus Licht рассе́ян:ный, -на, дифу́зный; Gerede пу́таный
Diffusion *f* диффу́зия 8
digital цифрово́й
Digital|anzeige *f* цифрова́я индика́ция 8; **~uhr** *f* цифрово́й да́тчик 2 вре́мени
Diktat *n* дикта́нт 2, дикто́вка 6; zwingendes Gebot дикта́т 2 | nach ~ schreiben писа́ть под дикто́вку; **~or** *m* дикта́тор 2
diktatorisch дикта́торский
Diktat|ur *f* диктату́ра 6; **~zeichen** *n* шифр 2 [знак] отправи́теля
diktieren *tr* диктова́ть 2 (про-) *a. übertr* | j-m in die Maschine ~ диктова́ть кому́-н. на маши́нку
Diktiergerät *n* диктофо́н 2
Diktion *f* ди́кция 8
Dilemma *n* диле́мма 6 | sich in einem ~ befinden стоя́ть 3 пе́ред диле́ммой
Dilettant *m* дилета́нт 2, люби́тель 1
dilettanttisch дилета́нтский, люби́тельский
Dilettantismus *m* дилетанти́зм 2
Dill *m* укро́п 2
diluvial делювиа́льный [дэ]
Diluvium *n* делю́ви|й [дэ] 1 *P* -и
Dimension *f* разме́р 2; *Math* измере́ние 5; *Phys* разме́рность 9
Diminutiv *n* уменьши́тельная фо́рма 6
Ding *n* Gegenstand вещь 9g, предме́т 2; Angelegenheit вещь, де́ло 4b | das ~an sich *Phil* вещь в себе́; wie die ~e liegen … су́дя по положе́нию веще́й …; lassen wir den ~en ihren Lauf пусть всё идёт свои́м чередо́м; guter ~e sein быть в ду́хе; wir haben andere ~e zu tun у нас есть други́е дела́ поважне́е; vor allen ~en пре́жде всего́, пе́рвым де́лом; sie ist ein hübsches ~ она́ хоро́шенькая; ein albernes ~ дурёха 6; das arme ~! бедня́жка!; ein ~ drehen *umg* обтя́пать де́льце; aller guten ~e sind drei бог тро́ицу лю́бит; das ist ein ~ der Unmöglichkeit э́то невозмо́жно; es geht nicht mit rechten ~en zu тут что-то нела́дно
ding|en *tr* нанима́ть ⟨наня́ть*⟩ | einen Mörder ≈ нанима́ть уби́йцу; **~fest**: j-n ≈ machen арестова́ть *uv, v 2* кого́-н.

dinieren *intr* обе́дать
Diode *f* дио́д 2
Dioptrie *f Phys* диоптри́я 8
Diorama *n* диора́ма 6
Dioxid *n* двуо́кись 9
Diözese *f* епа́рхия 8
Diphtherie *f* дифтери́я 8, *umg* дифтери́т 2
Diphthong *m* дифто́нг 2
Diplom *n* дипло́м 2; **~and** *m* диплома́нт 2; **~arbeit** *f* дипло́мная рабо́та
Diplomat *m* диплома́т 2; **~ie** *f* диплома́тия 8
diplomatisch дипломати́ческий; geschickt дипломати́ч|ный, -ен | das ~e Korps дипломати́ческий ко́рпус
Diplom|ingenieur *m* инжене́р с дипло́мом, дипломи́рованный инжене́р; **~prüfung** *f* экза́мен на получе́ние дипло́ма
Dipol *m*, **~antenne** *f* дипо́ль 9
direkt **1.** *Adj* прям:о́й, -а́!; unmittelbar непосре́дствен:ный, -на | ~e Verbindung Zug, Bus беспереса́дочное [прямо́е] сообще́ние **2.** *Adv* пря́мо | er kam ~ auf mich zu он подошёл пря́мо ко мне; ~ an der Tür у са́мой две́ри; ~ am Meer у са́мого мо́ря; ~ ins Ohr в са́мое у́хо; ~ hinter mir вслед за мной
Direktflug *m* беспоса́дочный полёт
Direkt|ion *f* дире́кция 8; **~ive** *f* директи́ва 6
Direktor *m* дире́ктор 2b *Pl* -а́; **~ium** *n* правле́ние 5; *hist* Директо́рия 8
Direkt|studium *n* о́чное обуче́ние 5; **~übertragung** *f* пряма́я переда́ча по ра́дио [по телеви́дению]
Dirigent *m* дирижёр 2
Dirigentenpult *n* дирижёрский пульт
dirigieren *tr Mus* дирижи́ровать 2 *I*
Dirne *f* де́вка 6
Disharmonie *f Mus* дисгармо́ния 8
disharmonieren *intr Mus, übertr* дисгармони́ровать 2
Diskant *m* ди́скант 2
Diskjockey *m* ди́ско-жоке́й
Disko *f* ве́чер 2b та́нцев под грамза́пись
Diskont *m* учёт 2, диско́нт 2; **~satz** *m* учётный проце́нт 2
Diskothek *f* дискоте́ка 6
diskreditieren *tr* дискредити́ровать *uv, v* 2
Diskrepanz *f* разногла́сие 5, разла́д 2
diskret **1.** *Adj* taktvoll такти́ч|ный, -ен, делика́т|ный, -ен **2.** *Adv* такти́чно, с та́ктом | etw. ~ behandeln подходи́ть 3⁺ -хожу́ ⟨подо|йти́*⟩ с та́ктом к чему́-н.
Diskretion *f* такт 2
diskriminieren *tr* дискримини́ровать *uv, v* 2
Diskriminierung *f* дискримина́ция 8
Diskurs *m* обсужде́ние 5; Unterhaltung бесе́да 6, разгово́р 2
Diskus *m* диск 2
Diskussion *f* дискýссия 8, пре́ния *Pl* 5; Besprechung обсужде́ние 5 | zur ~ stehen обсужда́ться, стоя́ть на обсужде́нии; zur ~ stellen ста́вить (по-) на обсужде́ние
Diskussions|beitrag *m* выступле́ние 5 на диску́ссии [в пре́ниях]; schriftlicher дискуссио́нная стат|ья́ 7 *G Pl* -е́й; **~redner** *m* выступа́ющий *Subst* 11 на диску́ссии [в пре́ниях]
Diskus|werfen *n* мета́ние 5 ди́ска; **~werfer** *m* мета́тель 1 ди́ска, дискобо́л 2
diskutabel прие́млем:ый | das ist nicht ~ э́то не подлежи́т обсужде́нию
diskutieren *tr* обсу|жда́ть ⟨-ди́ть 3⁺ -жу́, -ждённый⟩, дискути́ровать 2 (über *A*)
Dispatcher *m* диспе́тчер 2; **~system** *n* диспе́тчерская систе́ма; **~zentrale** *f* диспе́тчерская *Subst* 10, диспе́тчерский пункт 2
dis|pensieren *tr* освобо|жда́ть ⟨-ди́ть 3⁺ -жу́, -ждённый⟩; **~ponieren** *intr* располага́ть (über *I*), распоря|жа́ться ⟨-ди́ться 3 -жу́сь⟩ (über *I*)
Dis|position *f* einer Arbeit план 2; Verfügung распоряже́ние 5; Stimmung расположе́ние; *Med* предрасположе́ние 5 (zu к *D*) | ≈en treffen дава́ть* ⟨дать*⟩ распоряже́ния; **~proportion** *f* диспропо́рция 8, несоразме́рность 9
Disput *m*, **~ation** *f* ди́спут 2, спор 2
dis|putieren *intr* вести́* ди́спут, диспути́ровать 2; **~qualifizieren** *tr* дисквалифици́ровать *uv, v* 2
Disqualifizierung *f* дисквалифика́ция 8
Dissertation *f* диссерта́ция 8
Dissident *m* диссиде́нт 2
Dissimilation *f* диссимиля́ция 8
Dissonanz *f* диссона́нс 2
Distanz *f* диста́нция 8; Entfernung расстоя́ние 5 | ~ wahren соблюда́ть диста́нцию
distanzieren *tr Sport* ост|авля́ть ⟨-а́вить 3 -а́влю⟩ позади́; sich ~ *refl* отмежёвываться ⟨-ева́ться 2⟩ (von от *G*), отрека́ться ⟨-|ре́чься*⟩ (von от *G*)
Distel *f* чертополо́х 2; **~fink** *m* щег|о́л, -ла́ 2
Distichon *n* двусти́шие 5
distinguiert изы́скан:ный, -на
Distrikt *m* дистри́кт 2
Disziplin *f* дисципли́на 6 a. als Wissenschaftszweig; als Unterrichtsfach предме́т 2; *Sport* вид 2 спо́рта | ~ halten соблюда́ть дисципли́ну
disziplinarisch дисциплина́рный
Disziplinar|strafe *f* дисциплина́рное взыска́ние; **~verfahren** *n* дисциплина́рное де́ло 4b
disziplin|iert дисциплини́рован:ный, -а; **~los** недисциплини́рован:ный, -а
Divergenz *f* диверге́нция 8, расхожде́ние 5

divergieren *intr* расходи́ться 3⁺ ⟨разо|йти́сь*⟩
divers разли́ч|ный, -ен, ра́зный
Divers|ant *m* диверса́нт 2; **~ion** *f* дивéрсия 8
Dividend *m* дели́мое *Subst* 10; eines Bruchs числи́тель 1; **~e** *f* дивиде́нд 2
dividieren *tr* дели́ть 3⁺ (раз-) (durch на *A*)
Divis *n Typ* дефи́с 2; **~ion** *f Math* деле́ние 5; *Mil* диви́зия 8
Divisions|kommandeur *m* команди́р диви́зии, комди́в 2; **~zeichen** *n Math* знак деле́ния
Divisor *m* дели́тель 1
Diwan *m* дива́н 2
Dixieland *m Mus* ди́ксиленд 2
Dnepr Днепр 2e
Dnestr Днестр 2
doch 1. *Adv* trotzdem всё-таки, всё-же; *unbetont* же *meist nachgestellt,* ведь | du willst heute nicht kommen? – ~! ты сего́дня не придёшь? – нет, приду́!; kommst du denn nicht mit? – ~! ты ра́зве с на́ми не идёшь? – как же, коне́чно, иду́!; so geh ~! пойди́ же!; nun zeig ~ mal! ну́-ка, покажи́!; ja ~! коне́чно!; nicht ~! да нет же!; sprechen Sie ~! говори́те же!; das müßte ich ~ wissen я до́лжен был бы э́то знать; wenn ich ~ nur wüßte! е́сли бы я то́лько знал! **2.** *Konj* одна́ко, но
Docht *m* фити́ль 1e
Dock *n Mar* док 2 | im ~ liegen стоя́ть 3 в до́ке; **~arbeiter** *m* до́кер 2
Dogge *f* дог 2
Dogma *n* до́гма 6; Religion до́гмат 2; **~tiker** *m* догма́тик 2
dogmatisch догмати́ческий
Dohle *f* га́лка 6
Doktor *m akad. Grad* до́ктор 2b *Pl* -а́ (*in der UdSSR* кандида́т 2 нау́к); *in der UdSSR mit genauer Bezeichnung des Faches entsprechen unserem* Dr. rer. nat. кандида́т математи́ческих [физи́ческих, биологи́ческих, географи́ческих] нау́к; Dr. med. кандида́т медици́нских нау́к; Dr. sc. до́ктор; Dr. sc. med. до́ктор медици́нских нау́к; Dr. h. c. почётный до́ктор; Dr. Ing. кандида́т техни́ческих нау́к; Arzt *umg* до́ктор | seinen ~ machen защи|ща́ть ⟨-ти́ть 3 -щу́⟩ свою́ диссерта́цию; **~and** *m* аспира́нт 2; *bei B-Promotion* доктора́нт 2; **~arbeit** *f* кандида́тская диссерта́ция 8; **~grad** *m* сте́пень кандида́та нау́к; сте́пень до́ктора; **~prüfung** *f* экза́мен на сте́пень кандида́та нау́к [сте́пень до́ктора]
Doktrin *f* доктри́на 6
doktrinär доктринёрский
Dokument *n* докуме́нт 2
Dokumentarfilm *m* документа́льный фильм
dokumentarisch документа́льный
Dokumentation *f* документа́ция 8
dokumentieren *tr* beurkunden документи́ровать *uv, v* 2
Dolch *m* кинжа́л 2; **~stich** *m*, **~stoß** *m* уда́р кинжа́лом
Dolde *f Bot* зо́нтик 2
Dollar *m* до́ллар 2
dolmetschen *tr* переводи́ть 3⁺ -вожу́ ⟨-|вести́*⟩ (у́стно)
Dolmetscher *m* (у́стный) перево́дчик 2; **~in** *f* перево́дчица 6; **~prüfung** *f* экза́мен на (у́стного) перево́дчика
Dom *m* (кафедра́льный) собо́р 2
Domäne *f* госуда́рственная земля́ 7c, *A* зе́млю, *G Pl* земе́ль; *übertr* о́бласть 9g
Dominante *f Mus* домина́нта 6
dominieren *intr* домини́ровать 2 (über над *I*)
Dominikaner жи́тель 1 Доминика́нской Респу́блики; Mönch доминика́н|ец, -ца 2
dominikanisch доминика́нский | Dominikanische Republik Доминика́нская Респу́блика
Dominion *n* доминио́н 2
[1]**Domino** *m* Kostüm домино́ *n idkl*
[2]**Domino** *n* Spiel домино́ *n idkl*; **~stein** *m* костя́шка 6 домино́
Domizil *n* местожи́тельство 4
Dompfaff *m Zool* снеги́рь 1e
Dompteu|r *m* укроти́тель 1; **~se** *f* укроти́тельница 6
Don дон 2 | Rostow am ~ Росто́в-на-Дону́
Donau Дуна́й 1
Donez Дон|е́ц, -ца́ 2e; **~becken** *n* Доне́цкий (у́гольный) бассе́йн, Донба́сс 2
Donner *m* гром 2g; Geschütz~ гро́хот 2 | wie vom ~ gerührt как гро́мом поражённый
donnern *intr* греме́ть 3; Geschütze грохота́ть* | es donnert гром греми́т; an die Tür ~ бараба́нить 3 в дверь; **~d** греме́щий 11, громово́й
Donnerschlag *m* уда́р гро́ма
Donnerstag *m* четве́рг 2e | am ~ в четве́рг
donnerstags *Adv* по четверга́м
Donnerwetter *n*: zum ~ гром и мо́лния!, чёрт возьми́!, anerkennend ну уж (и моло́де́ц)
Doping *n Sport* примене́ние 5 до́пинга
Doppel *n* Kopie (машинопи́сная) ко́пия 8; *Sport* Tennis па́рная игра́ 6c | gemischtes ~ па́рная сме́шанная игра́
Doppel|bett *n* двуспа́льная крова́ть; **~bettcouch** *f* двуспа́льный дива́н 2; **~decker** *m* бипла́н 2; **~fenster** *n* окно́ с двойны́ми ра́мами; **~gänger** *m* двойни́к 2e; **~kinn** *n* двойно́й подборо́док; **~kreuz** *n Mus* двойно́й дие́з [иэ] 2; **~laut** *m* дифто́нг 2, двугла́сный звук 2;

~linie *f* двойна́я ли́ния; **~name** *m* Familienname двойна́я фами́лия; Vorname двойно́е и́мя; **~punkt** *m* двоето́чие 5; **~salto** *m* двойно́е са́льто

doppel|seitig двусторо́нний 11; **~sinnig** двусмы́слен:ный, -на

Doppel|spiel *n übertr* двойна́я игра́; **~stecker** *m* комбини́рованная ви́лка-розе́тка 6-6, двойно́й ште́псель

Doppelstock|bett *n* двухэта́жная крова́ть; **~brücke** *f* двухъя́русный мост; **~omnibus** *m* двухэта́жный авто́бус; **~wagen** *m* двухэта́жный ваго́н; **~zug** *m* двухэта́жный по́езд

doppelt 1. *Adj* двойно́й | in ~er Ausfertigung в двух экземпля́рах **2.** *Adv* вдвойне́, вдво́е | der Stoff liegt ~ материа́л двойно́й; ~ soviel вдво́е бо́льше; ~ und dreifach многокра́тно; ich sehe alles ~ у меня́ двои́тся в глаза́х; **~kohlensauer**: doppeltkohlensaures Natron двууглеки́слый на́трий

Doppel|tür *f* двойна́я дверь; **~verdiener** *m* челове́к 2 с двойны́м за́работком; *Pl* Ehepartner супру́ги *Pl* 2, ка́ждый из кото́рых име́ет свой за́работок; **~verdienst** *m* двойно́й за́работок; **~zentner** *m* це́нтнер 2; **~zimmer** *n* ко́мната [im Hotel но́мер] на двои́х

doppelzüngig двули́ч|ный, -ен, двуру́шнический

Doppel|züngigkeit *f* двуру́шничество 4; **~züngler** *m* двуру́шник 2; **~zweier** *m Sport* (академи́ческая) па́рная дво́йка

Dorf *n* дере́в|ня 7g *G Pl* -ень; größeres село́ 4c *Pl* сёла | auf dem ~ в дере́вне; **~bewohner** *m* се́льский [деревéнский] жи́тель; **~gemeinde** *f* се́льская о́бщина; **~sowjet** *m* се́льский сове́т, сельсове́т 2

Dorn *m* колю́чка 6, шип 2e *a. Tech* | er ist mir ein ~ im Auge он у меня́ как бельмо́ на глазу́

Dornenhecke *f* колю́чая 11 и́згородь; **~krone** *f* терно́вый вене́ц

dorn|envoll *übertr* терни́ст:ый; **~ig** колю́ч:ий 11

Dornröschen *n* Märchen Спя́щая Краса́вица 11-6

dörren *tr* durch Hitze суши́ть 3⁺ (вы́-); an der Sonne вя́лить 3 (про-)

Dörr|gemüse *n* сушёные о́вощи; **~obst** *n* сушёные фру́кты

Dorsch *m* треска́ 6

dort *Adv* там | von ~ отту́да; ~ drüben там, на той стороне́; hier und ~ тут и там; **~her** *Adv* отту́да; **~hin** *Adv* туда́; **~ig** та́мошний 11

Dortmund До́ртмунд 2

Dose *f* коро́бка 6; Blech~ жестя́нка 6; runde ба́нка 6

dösen *intr umg* дрема́ть*

Dosenöffner *m* консе́рвный ключ 2e *G Pl* -е́й, открыва́лка 6 *umg*

dosieren *tr* дози́ровать *uv, v* 2

Dosis *f* до́за 6

Dotter *m* желт|о́к, -ка́ 2

Double *n* Film дублёр 2

Dozent *m* доце́нт 2, преподава́тель 1; **~in** *f* доце́нт 2, преподава́тельница 6; **~ur** *f* доценту́ра 6

dozieren *tr u. intr* препо|дава́ть*

Drache *m* Fabelwesen драко́н 2

Drachen *m* Papier~ бума́жный змей; zänkische Frau карга́ 6 | einen ~ steigen lassen запу|ска́ть ⟨-сти́ть 3⁺ -щу́⟩ зме́й; **~flieger** *m* дельтапланери́ст 2; Gerät дельтапла́н 2

Dragée *n* драже́ *n idkl*

Dragoner *m* драгу́н 2

Draht *m* про́волока 6; Leitung про́вод 2b *Pl* -а́ | auf ~ sein *übertr* auf der Hut sein бо́дро держа́ться 3⁺; energisch sein быть на высоте́; **~auslöser** *m Foto* спусково́й тро́сик 2; **~bürste** *f* про́волочная щётка, кардощётка 6

Draht|funk *m* проводна́я радиотрансля́ция 8; **~glas** *n* арми́рованное стекло́

drahtlos беспро́волочный | ~e Telegraphie радиотелеграфи́я 8

Draht|schere *f* но́жницы для ре́зки про́волоки; **~seil** *n* трос 2, про́волочный кана́т; **~seilbahn** *f* (подвесна́я про́волочно-)кана́тная доро́га 6; **~verhau** *m* про́волочное загражде́ние; **~zaun** *m* про́волочный забо́р; **~zieher** *m übertr* закули́сный руководи́тель 1, *Pl a.* закули́сные си́лы *Pl* 6

Draisine *f* дрези́на 6; mit Motor автодрези́на 6

drakonisch драко́новский

drall *umg* упи́тан:ный, -на, ядрён:ый, -а

Drall *m* Waffe наре́зка 6; *Text* кру́тка 6

Drama *n* дра́ма 6 *a. übertr;* **~tik** *f* драматурги́я 8; Spannung драмати́зм 2; **~tiker** *m* драмату́рг 2

dramatisch драмати́ческий | ~er Zirkel драмати́ческий кружо́к, драмкруж|о́к, -ка́ 2; ~e Lage драмати́чное положе́ние

dramatisieren *tr* драматизи́ровать *uv, v* 2

Dramat|isierung *f Theat* драматиза́ция 8; **~urg** *m* заве́дующий *Subst* 11 реперту́аром, заве́дующий литерату́рной ча́стью теа́тра; **~urgie** *f* драматурги́я 8

Dränage *f* дрена́ж 2 *G Pl* -е́й; **~rohr** *n* дрена́жная труба́

Drang *m* Druck на́тиск 2; Trieb стремле́ние 5 (nach к *D*), влече́ние 5 (nach к *D*); *Med* позы́в 2 | ~ nach Freiheit жа́жда 6 свобо́ды

Drängelei *f* толкотня́ 7

drängeln *intr* напира́ть ⟨-|пере́ть*⟩; zur Eile тороп|и́ть 3⁺ -лю́ (по-) | nicht ~! не напира́йте!

drängen *tr übertr* bedrängen прижимáть ⟨-|жáть[1]*⟩; nachdrücklich bestehen настáивать (auf на *P*); zur Eile тороп|и́ть 3+ -лю́ (по-); sich ~ *refl* eng stehen толпи́ться 3, тесни́ться 3; sich den Weg bahnen протáлкиваться | er drängte mich zur Abreise он торопи́л меня́ с отъéздом; die Zeit drängt врéмя не тéрпит; die Gefahr drängt zur Entscheidung опáсность трéбует скорéйшего приня́тия решéния; sich durch die Menge ~ проти́скиваться ⟨-ти́скаться *u.* -ти́снуться 4 *umg*⟩ сквозь толпу́
Drängen *n* настóйчивая прóсьба 6 | auf sein ~ hin по егó настоя́нию
Drangsal *f, n* нуждá 6c, бéдствие 5
drangsalieren *tr* притесн|я́ть ⟨-и́ть 3⟩
drapieren *tr* драпировáть 2 (за-)
drastisch Ausdruck крéп|кий, -ок, -кá!; Beispiel гру́бо нагля́д|ный, -ен; Maßnahmen радикáл|ьный, -ен, -ьна
Draufgänger *m* сорвиголовá *m, f* 6a
draufgängerisch безрассу́дно смéл:ый, -á!
draufgehen *intr* трáтиться 3 (по-), идти́* на *A,* по|йти́* *v* на *A*; umkommen *umg* погибáть ⟨-ги́бнуть 4a⟩ | es ist viel Geld draufgegangen на э́то пошлó мнóго дéнег
drauflos *Adv* вперёд; **~gehen** *intr* идти́ напрями́к; *übertr* идти́ напролóм; schnell an die Sache gehen срáзу брáться*; брали́сь ⟨взя́ться*; взяли́сь⟩ за дéло
draußen *Adv* на дворé, на у́лице | von ~ со дворá, снару́жи; wer ist ~? кто там?
drechseln *tr* вытáчивать ⟨вы́точить 3⟩
Drechsler *m* тóкар|ь 1 *Pl a.* -я́ 1b по дéреву; **~ei** *f* токáрная мастерскáя *Subst* 10
Dreck *m* грязь 9g; в грязи́; Müll нечистóты *Pl* 6; Kot кал 2; Wertloses *umg* дрянь 9 | j-n durch den ~ ziehen смéшивать ⟨смешáть⟩ когó-н. с гря́зью; er kümmert sich um jeden ~ *umg* он суётcвой нос (по)всю́ду; das geht dich einen ~ an *umg* э́то тебя́ совсéм не касáется; **~fink** *m* неря́ха *m, f* 6, грязну́ля *m, f* 7
dreckig **1.** *Adj* гря́з|ный, -ен, -нá, -но, гря́зны́ *a. übertr* **2.** *Adv*: es geht ihm ~ *umg* егó делá плóхи, егó дéло дрянь; sich die Hände ~ machen пáчкать себé ру́ки
Dreh *m übertr* приём 2 | er hat den (richtigen) ~ heraus он разбирáется в э́том дéле; **~bank** *f* токáрный станóк
drehbar вращáющийся 11, поворóтный
Drehbrücke *f* поворóтный мост
Drehbuch *n* (кино)сценáрий 1 *P* -и; **~autor** *m* сценари́ст 2
Drehbühne *f* вращáющаяся 11 сцéна
drehen *tr* вращáть, вер|тéть 3+ -чу́; Zigarette кру|ти́ть 3+ -чу (с-), свёртывать ⟨сверну́ть 4; свёрнутый⟩; wenden поворáчивать ⟨-верну́ть⟩; Metall обтáчивать ⟨-точи́ть 3+⟩; Film снимáть ⟨снять*⟩; sich ~ *refl* вращáться (um вокру́г *G*); sich wenden поворáчиваться ⟨-верну́ться⟩ | Locken ~ завивáть ⟨-|ви́ть*⟩ вóлосы; eine Sache so ~, daß ... *umg* поверну́ть дéло так, что ...; sich im Kreise ~ кружи́ться 3 кру́жи́шься; mir dreht sich alles im Kopf у меня́ кру́жится головá; das Gespräch drehte sich um diese Frage разговóр вертéлся [шёл] вокру́г э́того вопрóса; es dreht sich um ihn речь идёт о нём; sich ~ und wenden юли́ть 3; der Wind dreht sich вéтер меня́ет направлéние
Dreher *m* тóкарь 1 *Pl a.* -я́ 1b (по метáллу); **~ei** *f* токáрная мастерскáя *Subst* 10; Betriebsteil токáрный цех 2
Dreh|kondensator *m El* перемéнный конденсáтор; **~kran** *m* поворóтный кран; **~kreuz** *n* an Eingängen турникéт 2; **~moment** *n Tech* крутя́щий 11 момéнт; **~orgel** *f* шармáнка 6; **~pause** *f* Film переры́в мéжду съёмками; **~scheibe** *f* des Töpfers гончáрный круг; *Eisenb* поворóтный круг; **~sessel** *m* вращáющееся 11 крéсло; **~strom** *m El* трёхфáзный ток; **~stuhl** *m* поворóтный стул; **~tür** *f* вращáющаяся 11 дверь; **~ung** *f* вращéние 5; Wendung оборóт 2 | eine halbe ≈ machen дéлать (с-) пол-оборóта; **~zahl** *f* числó оборóтов
drei *Num* три, трёх, трём, тремя́, о трёх; *kollektives Num* трóе, трои́х 11 *mit G Pl* | er kann nicht bis ~ zählen он кру́глый невéжда
Drei *f* числó 4c три, трóйка 6; Straßenbahn трóйка, трéтий нóмер 11-2b
dreiachsig трёхóсный
Dreiachteltakt такт в три восьмы́х
drei|beinig трёхнóгий; **~dimensional** трёхмéрный
Dreieck *n* треугóльник 2
dreieckig треугóльный; Feile трёхгрáнный
Dreieckstuch *n* косы́нка 6
Dreieinigkeit *f Rel* трееди́нство 4
dreierlei троя́к:ий
dreifach **1.** *Adj* тройнóй; dreimalig троекрáтный; bei Auszeichnungen три́жды **2.** *Adv* втрóе
Dreifarbendruck *m* трёхкрáсочная печáть
dreifarbig трёхцвéтный
Drei|felderwirtschaft *f* трёхполье 5; **~fuß** *m* тренóжник 2; **~ganggetriebe** *n,* **~gangschaltung** *f* трёхступéнчатая корóбка передáч; **~gespann** *n* трóйка 6
drei|hundert *Num* три́ста, трёхсот, трёмстам, тремястáми, о трёхстах; **~hun-**

dertjährig трёхсотле́тний 11 | ≈er Gedenktag трёхсотле́тие 5; **~jährig** трёхле́тний 11; Dauer трёхгоди́чный
drei|kampf *m Sport* троебо́рье 5; **~kant** *m Math* трёхгра́нник 2
dreikantig трёхгра́нный
Drei|käsehoch *m umg* карапу́з 2; **~klang** *m* трезву́чие 5
dreiköpfig: ~e Familie семья́ из трёх челове́к
drei|mal *Adv* три ра́за, три́жды | ≈ so groß в три ра́за бо́льше; ≈ soviel втро́е бо́льше; ≈ so viel bezahlen плати́ть (за-) втройне́; **~malig** троекра́тный
Dreimaster *m* трёхма́чтовый кора́бль 1e
dreimotorig трёхмото́рный
Dreiphasenstrom *m* трёхфа́зный ток
dreiprozentig трёхпроце́нтный
Dreirad *n* де́тский трёхколёсный велосипе́д
dreireihig трёхря́дный
Dreisatz *m* тройно́е пра́вило 4
drei|seitig трёхсторо́нний 11; **~silbig** трёхсло́жный; **~sitzig** трёхме́стный; **~spaltig** в три столбца́; **~sprachig** трёхъязы́чный, на трёх языка́х
Dreisprung *m* тройно́й прыжо́к
dreißig *Num* три́дцать 9e | die ~er Jahre тридца́тые го́ды
Dreißiger *m* тридцатиле́тний мужчи́на 11-*m* 6
dreißig|jährig тридцатиле́тний 11; **~ster** *Num* тридца́тый
Dreißigstel *n* тридца́тая часть 9g
dreist сме́л:ый, -á!; frech де́рз|кий, -ок, -ка́!
dreistellig *Math* трёхзна́чный
Dreistigkeit *f* сме́лость 9; де́рзость 9
dreistöckig трёхэта́жный; in der UdSSR entsprechend четырёхэта́жный
Dreistufenrakete *f* трёхступе́нчатая раке́та
drei|stündig трёхчасово́й; **~tägig** трёхдне́вный; **~teilig** из трёх часте́й; Schrank трёхство́рчатый
Dreitonner *m Lkw* трёхто́нка 6
dreiviertel *Num* три че́тверти
Dreiviertel|mehrheit *f* большинство́ в три че́тверти; **~takt** *m* такт в три че́тверти
drei|wertig трёхвале́нтный; **~wöchig** трёхнеде́льный; **~zehn** *Num* трина́дцать 9; **~zehnter** *Num* трина́дцатый
Dreizimmerwohnung *f* трёхко́мнатная кварти́ра
dreschen *tr* моло|ти́ть 3⁺ -чу́ | Phrasen ~ пустосло́в|ить 3 -лю *umg*
Dresch|en *n* молотьба́ 6, обмоло́т 2; **~flegel** *m* цеп 2e; **~maschine** *f* молоти́лка 6
Dresden Дре́зден [дэ] 2
Dreß *m* спорти́вный костю́м 2
dressieren *tr* дрессирова́ть 2 (вы-)
Dressur *f* дрессиро́вка 6
dribbeln *intr Sport* вести́* мяч дри́блингом
Drift *f Mar* дрейф 2
Drill *m Mil* муштра́ 6, муштро́вка 6; **~bohrer** *m* дрель 9
drillen *tr* Saat се́|ять, -ю, -ешь (по-) ряда́ми; *Mil* муштрова́ть 2 (вы-)
Drillich *m Text* тик 2
Drillinge *Pl* тро́йня 7 *G Pl* тро́ен
Drill|maschine *f* рядова́я се́ялка 6; **~saat** *f* рядово́й посе́в
dringen *intr* durch~ прон|ика́ть ⟨-и́кнуть 4a⟩ (durch че́рез *A*); bestehen наста́ивать (auf на *P*); inständig bitten при|става́ть* ⟨-|ста́ть*⟩ (in к *D*) | der Splitter ist tief ins Fleisch gedrungen оско́лок вошёл глубоко́ в те́ло; das Gerücht ist bis zu mir gedrungen слух дошёл до меня́; **~d 1.** *Adj* unaufschiebbar сро́ч|ный, -ен, неотло́ж|ный, -ен; unbedingt nötig кра́йне необходи́м:ый, кра́йне ну́ж|ный, -ен, -на́, -но, ну́жны́; nachdrücklich настоя́тел|ьный, -ен, -ьна | ≈es Gespräch Telefon сро́чный разгово́р **2.** *Adv* äußerst кра́йне | ≈ verdächtig кра́йне подозри́тел|ьный, -ен, -ьна
dringlich сро́ч|ный, -ен; nachdrücklich неотло́ж|ный, -ен
Dringlichkeit *f* сро́чность 9; неотло́жность 9
Dringlichkeitsbescheinigung *f* свиде́тельство о неотло́жности
drinnen *Adv* внутри́
dritt: zu ~ втроём
drittel *Num*: ein ~ Kilo тре́тья часть 12-9g килогра́мма
Drittel *n* тре́тья часть 12-9g, треть 9g
dritt|ens *Adv* в-тре́тьих; **~letzter** тре́тий 12 с конца́; **~rangig** третестепе́нный, третьеразря́дный
dritter *Num* тре́тий 12 | das dritte Mal тре́тий раз; bis zum Dritten des Monats до тре́тьего числа́
Droge *f* апте́карский това́р 2; Rauschgift нарко́тик 2
Drogen|abhängigkeit *f* наркома́ния 8; **~handel** *m* торго́вля нарко́тиками; **~mißbrauch** *m* злоупотребле́ние нарко́тиками
Drogerie *f* апте́карский магази́н 2; für Farben, Chemikalien usw. москате́льный магази́н
Drogist *m* торго́в|ец, -ца 2 москате́льными това́рами, дроги́ст 2
Drohbrief *m* письмо́ с угро́зами
drohen *intr* гро|зи́ть 3 -жу́, угрожа́ть (j-m mit etw. кому́-н. чем-н.); Gefahren нависа́ть ⟨-ви́снуть 4a⟩ (j-m над *I*) | mit dem Finger ~ грози́ть па́льцем; ihm droht ein Unglück ему́ угрожа́ет несча́стье; uns droht Gefahr над на́ми нави́сла опа́сность [угро́за]; die Mauer droht

einzufallen стена́ грози́т ру́хнуть; ein Krieg droht грози́т война́; **~d** угрожа́ющий 11, грозя́щий 11 | ≈ die Hand erheben угрожа́юще поднима́ть ⟨подня́ть*⟩ ру́ку
Drohne *f Zool* тру́т|ень, -ня 1
dröhnen *intr* Donner u. a. греме́ть 3; Maschinen, Motor гуде́ть 3 | mir dröhnt der Kopf у меня́ гуди́т голова́
Drohung *f* угро́за 6
drollig заба́в|ный, -ен, смеш|но́й, -о́н, -на́
Dromedar *n* (одного́рбый) верблю́д 2, дромаде́р 2 [ро, дэ]
Drops *m Pl* фрукто́вые леденцы́ *Pl* 2 | eine Rolle ~ тру́бочка леденцо́в
[1]**Drossel** *f Zool* дрозд 2e
[2]**Drossel** *f El, Tech* дро́ссель 1; **~klappe** *f Tech* дро́ссель 1, дро́ссельная засло́нка
drosseln *tr Tech* дроссели́ровать *uv, v* 2; Motor приглуш|а́ть ⟨-и́ть 3⟩; *übertr* Einfuhr ограни́ч|ивать ⟨-ить 3⟩; Produktion сокра|ща́ть ⟨-ти́ть 3 -щу́⟩
Drossel|spule *f El* дро́ссельная кату́шка; **~ung** *f Tech* приглуше́ние 5; *übertr* ограниче́ние 5
drüben *Adv* по ту сто́рону, там | hüben und ~ и здесь и там; dort ~ на той стороне́
[1]**Druck** *m* давле́ние 5; *übertr* давле́ние, нажи́м 2; Joch гнёт 2 | ein ~ von vier Atmosphären давле́ние в четы́ре атмосфе́ры; j-n unter ~ setzen ока́зывать ⟨-|каза́ть*⟩ давле́ние на кого́-н.; unter ~ handeln де́йствовать под нажи́мом
[2]**Druck** *m Typ* печа́ть 9; Drucken печа́тание 5; *Text* наби́вка 6; **~bogen** *m Typ* печа́тный лист; **~buchstabe** *m* печа́тная бу́ква
Drückeberger *m* ло́дырь 1
drucken *tr* печа́тать (на-) | ~ lassen с|дава́ть* ⟨-|дать*⟩ в печа́ть
drücken *tr* жать[1]*, дав|и́ть 3⁺ -лю́; *übertr* nieder~ угнета́ть; umarmen обнима́ть ⟨обня́ть*⟩; sich ~ *refl* verschwinden скрыва́ться ⟨-|кры́ться*⟩ | an seine Brust ~ прижима́ть ⟨-жа́ть⟩ к груди́; die Hand ~ жать (по-) ру́ку; etw. in die Hand ~ сова́ть* ⟨су́нуть 4⟩ что-н. в ру́ку; (auf) den Knopf ~ нажима́ть ⟨-жа́ть⟩ (на) кно́пку; an die Wand ~ *a. übertr* прижима́ть ⟨-жа́ть⟩ к стене́; der Schuh drückt боти́нок жмёт; ihn ~ schwere Sorgen его́ угнета́ют тяжёлые забо́ты; den Preis ~ сбива́ть ⟨-|бить*, собью⟩ це́ну; wissen, wo j-n der Schuh drückt знать чьё-н. сла́бое ме́сто; sie drückt sich vor der Arbeit она́ отлы́нивает от рабо́ты; **~d** niederdrückend угнета́ющий 11, тя́ж|кий, -ек, -ка́!; schwül ду́ш|ный, -ен, -на́! | ≈e Hitze томи́тельная жара́
Drucker *m Typ* печа́тник 2
Drücker *m* Klinke (дверна́я) ру́чка 6 | am ~ sitzen занима́ть ⟨заня́ть*⟩ влия́тельное положе́ние, держа́ть 3⁺ вожжи́ в рука́х
Druckerei *f* типогра́фия 8
Druckerschwärze *f Typ* чёрная печа́тная [типогра́фская] кра́ска 6
Druckfehler *m* опеча́тка 6
druckfertig гото́вый к печа́ти
Druck|form *f* печа́тная фо́рма; **~genehmigung** *f* разреше́ние на печа́ть; **~kabine** *f Flugw* гермети́ческая каби́на; **~knopf** *m* нажи́мная кно́пка 6; **~kosten** *Pl* типогра́фские расхо́ды; **~legung** *f* печа́тание 5; **~luft** *f* сжа́тый во́здух; **~luftbremse** *f* пневмати́ческий то́рмоз; **~maschine** *f* печа́тная маши́на; **~messer** *m* мано́метр 2; **~mittel** *n* сре́дство нажи́ма; **~muster** *n* набивно́й узо́р; **~papier** *n* печа́тная бума́га; **~punkt** *m* центр 2 давле́ния; Gewehr предупреди́тельный спуск 2; **~regler** *m* регуля́тор давле́ния
druckreif гото́вый к печа́ти
Druck|sache *f* Post бандеро́ль 9; **~schrift** *f* брошю́ра [шу] 6; *Typ* типогра́фский шрифт | in ≈ печа́тными бу́квами; **~seite** *f* печа́тная страни́ца; **~stift** *m* механи́ческий каранда́ш 2e; **~stock** *m Typ* клише́ *n idkl*; **~verband** *m Med* да́вящая 11 повя́зка; **~verbot** *n* запреще́ние печа́тать; **~verfahren** *n* спо́соб печа́тания
drum *Adv*: alles was ~ und dran hängt всё, что с э́тим свя́зано
drunter *Adv*: alles geht ~ und drüber всё идёт кувырко́м
Drusch *m* молотьба́ 6, обмоло́т 2; Ertrag умоло́т 2
Drüse *f* железа́ 6 *Pl* же́лезы, желёз, железа́м
Drüsenschwellung *f* опуха́ние желёз
Dschungel *m, n, f* джу́нгли *Pl* 9
du *Pers Pron* ты, теб|я́, -е́, -я́, тобо́й, о тебе́ | ich bin mit ihm auf ~ (und ~) я с ним на ты
Dual *m* двойственное число́; **~ismus** *m* дуали́зм 2
dualistisch дуалисти́ческий
Dübel *m* дю́бель 1; **~masse** *f* шпаклёвка 6
dubios сомни́тел|ьный, -ен, -ьна
Dublee[gold] *n* накладно́е зо́лото
Dublette *f* дубле́т 2
Dublin Ду́блин 2
ducken, sich *refl* пригиба́ться ⟨-гну́ться 4⟩; *übertr* покор|я́ться ⟨-и́ться 3⟩
Duckmäuser *m* тихо́н|я *umg m, f* 7 *G Pl* -ей, ханж|а́ *m, f* 6 *G Pl* -е́й
Dudelsack *m Mus* волы́нка 6
Duell *n* дуэ́ль 9 | beim ~ на дуэ́ли; zum ~ fordern вызыва́ть ⟨вы́|звать*⟩ на дуэ́ль; **~ant** *m* дуэля́нт 2

duellieren, sich *refl* дра́ться*; дра́ли́сь на дуэ́ли
Duett *n* дуэ́т 2
Duft *m* за́пах 2, арома́т 2
duft|en *intr* па́хнуть 4a *u.* 4 (nach *I*), благоуха́ть (nach *I*); **~end** души́ст:ый; **~ig** Gewebe возду́шный, лёг|кий [хк], -ок, легк|а́ [хк], -о́, легки́ *u.* лёгки; ле́гче; легча́йший 11
Dukaten *m* дука́т 2; **~gold** *n* черво́нное зо́лото
dulden *tr* терп|е́ть 3⁺ -лю́, переноси́ть 3⁺ -ношу́ ⟨-|нести́*⟩; zulassen терпе́ть, допуска́ть ⟨-сти́ть 3⁺ -щу́⟩; *intr* страда́ть
Dulder *m* страда́л|ец, -ьца 2
duldsam терпи́м:ый
Duld|samkeit *f* терпи́мость 9; **~ung** *f* допуще́ние 5 *G*
dumm 1. *Adj* глу́п:ый, -а́! | ~es Zeug! ерунда́!; sich ~ stellen прики́дываться ⟨-ки́нуться 4⟩ дурачко́м; das ist eine ~e Geschichte э́то неприя́тная исто́рия; das wird mir zu ~ э́то мне надое́ло; ein ~es Gesicht machen де́лать (с-) наи́вное лицо́; ~ wie Bohnenstroh глуп как про́бка **2.** *Adv:* das konnte ~ ausgehen э́то могло́ пло́хо ко́нчиться; **~dreist** наха́л|ьный, -ен, -ьна
Dumm|heit *f* глу́пость 9 | aus ≈ по глу́пости, сду́ру *umg*; **~kopf** *m* дура́к 2e, болва́н 2 | ein ausgemachter ≈ наби́тый дура́к
Dumper *m* ду́мпкар 2
dumpf Ton глух:о́й, -а́!; глу́ше; Gefühl сму́т|ный, -ен, -на́!; Schmerz туп:о́й, -а́!; **~ig** за́тхлый
Dumping *n Wirtsch* де́мпинг [дэ] 2, бро́совый э́кспорт 2
Düne *f* дю́на 6
Dünensand *m* дю́нный песо́к
Dünge|kalk *m* и́звесть для удобре́ния; **~mittel** *n* удобре́ние 5
düngen *tr* удобря́ть ⟨-до́брить 3⟩; mit Stallmist унаво́|живать ⟨-зить 3 -жу⟩
Dünger *m* удобре́ние 5; Mist наво́з 2; Mineral~ тук 2; **~haufen** *m* наво́зная ку́ча; **~streuer** *m*, **~streumaschine** *f* тукоразбра́сыватель 1, разбра́сыватель 1 удобре́ний
Düngung *f* удобре́ние 5
dunkel тёмный, -ен, темна́, темно́ *u.* тёмно, мра́ч|ный, -ен, -на́!; dämmerig су́мрач|ный, -ен; verdächtig тёмный; unklar сму́т|ный, -ен, -на́!; unverständlich нея́с|ный, -ен, -на́!, непоня́т|ный, -ен | ~ werden темне́ть (с-, по-); am Abend смерка́ться; eine dunkle Erinnerung сму́тное воспомина́ние; eine dunkle Ahnung нея́сное предчу́вствие; eine dunkle Stimme глухо́й го́лос
Dunkel *n* темнота́ 6, тьма 6 | im ~n впотьма́х; im ~ der Nacht во мра́ке но́чи; im ~n tappen бро|ди́ть 3⁺ -жу́ в потёмках *a. übertr;* j-n im ~n lassen ост|авля́ть ⟨-а́вить 3 -а́влю⟩ [держа́ть 3⁺⟩ в неве́дении
Dünkel *m* высокоме́рие 5, чва́нство 4
dunkel|äugig темногла́зый; **~blau** тёмно-си́ний 11; **~blond** тёмно--ру́сый; **~braun** тёмно-кори́чневый; **~grau** тёмно-се́рый; **~haarig** темноволо́сый
dünkelhaft высокоме́р|ный, -ен, чва́н|ный, -ен, -на
dunkelhäutig сму́гл:ый, -а́!, темноко́жий 11
Dunkel|heit *f* темнота́ 6; **~kammer** *f Foto* тёмная ко́мната 6; **~mann** *m* мракобе́с 2, обскура́нт 2
dunkeln *intr* темне́ть (с-, по-) | es dunkelt темне́ет, смерка́ется
dunkelrot тёмно-кра́сный
Dunkelziffer *f* да́нные *Subst Pl* 10, не поддаю́щиеся статисти́ческому учёту
dünken *tr* каза́ться*; sich ~ *refl* счита́ть себя́ *I* | es dünkt mich [mir] мне ка́жется; er dünkt sich klug он счита́ет себя́ у́мным
dünn то́н|кий, -ок, -ка́!; -ьше; dünnflüssig жи́д|кий, -ок, -ка́!; жи́же; nicht dicht ре́д|кий, -ок, -ка́!; ре́же | ~es Haar ре́дкие во́лосы; eine ~e Suppe жи́дкий суп; eine ~e Stimme сла́бый го́лос; **~bevölkert** малонаселённый
Dünn|darm *m* то́нкая кишка́; **~druckpapier** *n* то́нкая печа́тная бума́га
dünn|flüssig жи́д|кий, -ок, -ка́!; жи́же; ~wandig тонкосте́нный
Dunst *m* Ausdünstung испаре́ние 5; Küchen~ чад 2; в чаду́; Kohlen ~ уга́р 2; Nebel ды́мка 6; | der Horizont verschwimmt im blauen ~ горизо́нт подёрнут голубо́й ды́мкой; j-m blauen ~ vormachen *umg* втира́ть ⟨-|тере́ть*⟩ кому́-н. очки́, пуска́ть ⟨пу|сти́ть 3⁺ -щу́⟩ кому́-н. пыль в глаза́; keinen blassen ~ von etw. haben *umg* не име́ть ни мале́йшего представле́ния о чём-н.
dünsten *tr* Obst, Fleisch па́рить 3, туши́ть 3⁺
Dunstglocke *f* о́блако 4b ды́ма и пы́ли
dunstig Wetter насы́щенный пара́ми; qualmig, stickig ча́д|ный, -ен, уга́рный
Dunstwolke *f* о́блако ды́мки
Dünung *f Mar* (мёртвая) зыбь 9
Duo *n* дуэ́т 2
Duplikat *n* дублика́т 2
Dur *n* мажо́р 2
Duralumin *n* дюралюми́ни|й 1 *P* -и
durch 1. *Adv:* die Nacht ~ всю ночь (напролёт); es ist zehn (Uhr) ~ (уже́) бо́льше десяти́ (часо́в); die Sohlen sind ~ подмётки проноси́лись; ~ und ~ наскво́зь; das Brot ist ~ und ~ verschimmelt хлеб соверше́нно проплесневе́л; er

ist ein Egoist ~ und ~ он большу́щий **ägoist 2.** *Präpos* räumlich по *D*; ~ die Geschäfte gehen ходи́ть по магази́нам; ~ die Luft по во́здуху; sich ~ das ganze Land verbreiten распространи́ться по всей стране́, eine Rundfahrt ~ Leipzig (автóбусная) экску́рсия по Ле́йпцигу; ein Spaziergang ~ den Park прогу́лка по па́рку | durch hindurch че́рез *A*; ~ die Stadt [den Tunnel] fahren про|е́хать* че́рез го́род [тунне́ль]; ~ den Park (ins Museum) gehen про|йти́* че́рез парк (в музе́й) | durch etw. Dichtes hindurch сквозь *A*; ~ die Menschenmenge [Dunkelheit] сквозь толпу́ [темноту́]; ~ das Gebüsch kriechen про|ле́зть* че́рез кусты́; ein Loch ~ ein Brett [die Wand] bohren просверли́ть дыру́ в доске́ [стене́]; ~ das Fenster sehen смотре́ть в окно́; ~ die Nase sprechen говори́ть в нос | *durch eine Mittelsperson* че́рез *A*; ich habe es ~ meinen Freund erfahren я узна́л э́то че́рез моего́ дру́га | *mit Hilfe von I, bei Verbalsubstantiven meist* путём *G*, посре́дством *G*; за счёт *G*; sich ~ Zeichen verständigen объясня́ться зна́ками; sich ~ seine Kenntnisse auszeichnen выделя́ться свои́ми зна́ниями; ~ die Anwendung neuer Methoden путём [за счёт] примене́ния но́вых ме́тодов; ~ dieses Mittel с по́мощью [при по́мощи] э́того сре́дства | Ursache в результа́те *G*; die Zerstörung der Stadt ~ einen Luftangriff разруше́ние го́рода в результа́те возду́шного налёта; das Auto wurde ~ den Unfall beschädigt маши́на получи́ла поврежде́ния в результа́те ава́рии | Handlungsträger *I*; die Arbeiten werden ~ Spezialisten ausgeführt рабо́ты произво́дятся специали́стами | Naturgewalten *in Passivsätzen (unpersönliche Konstruktion) I;* das Boot wird ~ die Strömung abgetrieben ло́дку сно́сит тече́нием; das Dach wurde vom Sturm abgedeckt кры́шу снесло́ бу́рей

durch|ackern *tr* Feld пропа́хивать ⟨-|паха́ть*⟩; Buch основа́тельно прораб|а́тывать ⟨-о́тать⟩; ~arbeiten *tr* прораб|а́тывать ⟨-о́тать⟩; ohne Pause рабо́тать без переры́ва; sich ≈ пробира́ться ⟨-|бра́ться*⟩; -брали́сь⟩, пробива́ться ⟨-би́ться*⟩ (durch сквозь *A*) | wir arbeiten die ganze Nacht durch мы рабо́таем ночь напролёт

Durcharbeitung *f* прорабо́тка 6

durchaus *Adv* völlig совсе́м, вполне́; ganz und gar абсолю́тно; unbedingt непреме́нно | ~ nicht совсе́м не, во́все не; ohne Verb во́все нет

durch|backen *intr* пропека́ть ⟨-|пе́чь*⟩; **~beißen** *tr* переку́сывать ⟨-кусить 3⁺-кушу́⟩; sich ≈ *refl übertr* пробива́ться ⟨-|би́ться*⟩; **~biegen** *tr* прогиба́ть ⟨-гну́ть 4⟩; **~blasen** *tr* продува́ть ⟨-|ду́ть*⟩; **~blättern** *tr* перели́стывать ⟨-листа́ть⟩

Durchblick *m* вид 2 (auf на *A*, в просве́те ме́жду *I*)

durch|blicken *intr* смотре́ть 3⁺ (по-) (сквозь *A*) | ≈ lassen дава́ть*⟨дать*⟩ поня́ть; **~bluten** *tr* снаб|жа́ть ⟨-ди́ть 3 -жу́⟩ кро́вью, пита́ть кро́вью

Durchblutung *f* кровоснабже́ние 5

Durchblutungsstörung *f* наруше́ние 5 кровоснабже́ния

durch|bohren *tr* [ˈ---] Brett просв|е́рливать ⟨-ерли́ть 3⟩; [-ˈ--] прон|за́ть ⟨-зи́ть 3 -жу́¦ -зённый⟩; von Kugeln пробива́ть ⟨-|би́ть*⟩ на́сквозь | mit Blicken ≈ прон|за́ть ⟨-зи́ть⟩ взгля́дом; **~braten** *tr* прожа́р|ивать ⟨-ить 3⟩; **~brechen** *tr* [ˈ---] Öffnung пробива́ть ⟨-|би́ть*⟩; einschlagen прола́мывать ⟨-ломи́ть⟩; Mauer пробива́ть ⟨-би́ть⟩, прола́мывать ⟨-ломи́ть⟩; [-ˈ--] Regel наруша́ть ⟨-ру́шить 3⟩; Schallmauer преодол|ева́ть ⟨-е́ть⟩; *intr* [ˈ---] einbrechen прола́мываться ⟨-ломи́ться⟩; *Mil* прорыва́ться ⟨-|рва́ться*; -рвали́сь⟩; Zähne прореза́ться ⟨-|ре́заться*⟩ | die Sonne brach durch die Wolken со́лнце проби́лось сквозь ту́чи; die Front ≈ прорыва́ть ⟨-|рва́ть*⟩ фронт; **~brennen** *tr* прожига́ть ⟨-|же́чь*⟩; *intr* Feuer прогор|а́ть ⟨-еть 3⟩; *El* Sicherung перегор|а́ть ⟨-е́ть⟩; *übertr* davonlaufen удира́ть ⟨-|дра́ть*⟩; **~bringen** *tr* Kranke выле́чивать ⟨вы́лечить 3⟩, выха́живать ⟨вы́хо|дить 3 -жу⟩; Geld прома́тывать ⟨-мота́ть; **~brochen** ажу́рный

Durchbruch *m* Mauer проло́м 2 (durch сквозь *A*); Front проры́в 2 *a. Med;* Zähne проре́зывание 5

durch|denken *tr* проду́м|ывать ⟨-ать⟩; **~drängen, sich** *refl* проти́с|киваться ⟨-нуться 4⟩, прота́лкиваться ⟨-толка́ться 4⟩ *umg;* **~dringen** *tr* [-ˈ--] проника́ть ⟨-ни́кнуть 4a⟩; *intr* [ˈ---] durch und durch gehen прони́зывать ⟨-|низа́ть*⟩ z. B. Kälte, Wind, Strahlen; Schrei, Blick прон|за́ть ⟨-зи́ть 3 -жу́¦ -зённый⟩ *a. übertr;* Wasser проника́ть ⟨-ни́кнуть⟩ сквозь *A; Mil* дост|ига́ть ⟨-и́гнуть 4a⟩ (bis *G*) | ein Schrei durchdrang die Stille крик прони́зил тишину́; **~dringend** Blick проница́тел|ьный¦ -ен¦-ьна; Schrei пронзи́тел|ьный¦ -ен¦ -ьна | ≈er Wind прони́зывающий 11 ве́тер; **~drücken** *tr* прожима́ть ⟨-|жа́ть¹*⟩; Gesetz (с трудо́м) проводи́ть 3⁺ -вожу́ ⟨-|вести́*; **~eilen** *tr* Strecke пробега́ть ⟨-~бежа́ть*⟩; Raum бы́стро проходи́ть 3⁺ -хожу́ ⟨-|йти́*⟩ по *D oder* че́рез *A;* **~einander** *Adv* впереме́шку, как попа́ло; sich gegenseitig unterbrechend наперебо́й

Durcheinander *n* беспоря́д|ок, -ка 2, неразбери́ха 6 *umg;* Gedränge сумато́ха 6
durcheinander|bringen *tr* пу́тать (с-); **~reden** *intr* говори́ть 3 перебива́я друг дру́га; **~werfen** *tr* разбр|а́сывать ⟨-оса́ть⟩ (впереме́шку); verwechseln перепу́т|ывать ⟨-ать⟩
durchfahren *tr* [-ˈ--] ein Land объезжа́ть ⟨-|е́хать*⟩, изъе́з|дить 3 -жу *v; intr* [ˈ---] проезжа́ть ⟨-е́хать⟩; nicht halten не оста-н|а́вливаться ⟨-ови́ться 3⁺-овлю́сь⟩ | ein Schreck durchfuhr ihn у́жас пронизал [охвати́л] его́; durch Moskau fahren проезжа́ть Москву́; unter einer Brücke ~ проезжа́ть под мосто́м
Durch|fahrt *f* прое́зд 2 | auf der ≈ прое́здом; ≈ verboten! прое́зд воспрещён!; **~fall** *m Med* поно́с 2; Mißerfolg прова́л 2 | ich habe ≈ меня́ сла́бит, у меня́ поно́с
durch|fallen *intr* прова́ливаться ⟨-вали́ться 3⁺ (durch Prüfung на экза́мене) | er ist in Mathematik durchgefallen он сре́зался по матема́тике; er hat ihn ≈ lassen он провали́л его́; **~faulen** *intr* прогнива́ть ⟨-|гни́ть*⟩; **~fechten** *tr* проводи́ть 3⁺ -вожу́ ⟨-|вести́*⟩ своё де́ло; **~feilen** *tr* перепи́ливать ⟨-пили́ть 3⁺⟩; **~finden, sich** *refl* разбира́ться ⟨разо-|бра́ться*, разберу́сь, -брали́сь⟩; **~fliegen** *tr* [-ˈ--] проле|та́ть ⟨-те́ть 3 -чу́⟩; *intr* [ˈ---] проле|та́ть ⟨-те́ть⟩; *umg* Prüfung прова́ливаться ⟨-вали́ться 3⟩; **~fließen** *tr, intr* протека́ть ⟨-те́чь⟩ (че́рез *A*)
durchforschen *tr* иссле́довать *uv, v* 2
Durchforschung *f* иссле́дование 5
durch|fragen, sich *refl* находи́ть 3⁺ -хожу́ ⟨-|йти́*⟩ доро́гу путём расспро́сов; **~fressen** *tr* проеда́ть ⟨-|е́сть*⟩; durchnagen прогрыза́ть ⟨-|гры́зть*⟩; sich ≈ *refl umg* прожива́ть ⟨прожи́ть* на чужо́й счёт; **~frieren** *intr* промерза́ть ⟨-мёрзнуть 4a⟩ | ganz durchfroren совсе́м замёрзший 11; er ist ganz durch(ge)froren он совсе́м замёрз
durchführbar выполни́м:ый, осуществи́м:ый
durchführen *tr* проводи́ть 3⁺ -вожу́ ⟨-|вести́*; ausführen проводи́ть ⟨-вести́⟩ в жизнь), осуществ|ля́ть ⟨-и́ть 3 -лю́⟩ | einen Beschluß ~ выполня́ть ⟨вы́полнить 3⟩ реше́ние; Untersuchungen ~ проводи́ть иссле́дования
Durchführung *f* проведе́ние 5; осуществле́ние 5
Durchführungsbestimmung *f* инстру́кция 8 об исполне́нии; *Jur meist Pl* вво́дные постановле́ния *Pl* 5
durch|furchen *tr* бороз|ди́ть 3 -жу́ (из-); **~furcht** изборожд|ённый, -ён, -ена́; **~füttern** *tr* прока́рмливать ⟨прокорм|и́ть 3⁺ -лю́⟩
Durchgang *m* прохо́д 2 (durch по *D*); im Zug коридо́р 2; Gebäude~ mit Geschäften пасса́ж 2 *G Pl* -ей, прохо́д; Lehrgang пото́к 2; Belegung сме́на 6; *Sport* захо́д 2 | ~ verboten! прохо́д воспреща́ется!; kein ~! прохо́д закры́т!, хо́да нет!
durchgängig сплошно́й
Durchgangs|verkehr *m* сквозно́е у́личное движе́ние; **~wagen** *m* ваго́н со сквозны́м прохо́дом; **~zimmer** *n* проходна́я ко́мната
durch|geben *tr Rad* пере|дава́ть* ⟨переда́ть*⟩; по D; **~gehen** *tr* проходи́ть 3⁺ -хожу́ ⟨-|йти́*⟩; durchsehen просм|а́тривать ⟨-отре́ть 3⁺⟩; sorgfältig prüfen проверя́ть ⟨-ве́рить 3 -ве́рю⟩; *intr* Antrag пройти́ *v*, быть* при́нятым; Pferd по-|нести́* *v* | der Tisch geht hier nicht durch стол здесь не пройдёт; der Antrag ist durchgegangen предложе́ние прошло́ [бы́ло при́нято]; man läßt ihm alles ≈ ему́ всё пропуска́ют; **~gehend:** ein ≈er Zug по́езд прямо́го сообще́ния; das Geschäft ist ≈ geöffnet магази́н рабо́тает без переры́ва; **~geistigt** одухотворён:ный, -на; **~gießen** *tr* лить* че́рез *A;* **~glühen** *tr* [ˈ---] Eisen прока́ливать ⟨-кали́ть 3⟩; *intr* [ˈ---] glühend sein прогор|а́ть ⟨-е́ть 3⟩; **~greifen** *intr* принима́ть ⟨приня́ть*⟩ реши́тельные ме́ры; **~halten** *intr* выде́рживать ⟨вы́держать 3⟩ до конца́; **~hauen** *tr* Öffnung проруб|а́ть ⟨-и́ть 3⁺ -лю́⟩; Stange переруб|а́ть ⟨-и́ть⟩; mit dem Beil просека́ть ⟨-|се́чь*⟩; verprügeln коло|ти́ть 3⁺ -чу́ (по-); **~hecheln** *tr* Flachs прочёсывать ⟨-|чеса́ть*⟩; *übertr* перемыва́ть ⟨-|мы́ть*⟩ ко́сточки *D;* **~irren** *tr* блужда́ть по *D;* **~jagen** *tr* [ˈ---] прогоня́ть ⟨-|гна́ть*⟩; [-ˈ--] промча́ться *v* 3 че́рез *A; intr* [ˈ---] промча́ться по *D;* **~kämmen** *tr* прочёсывать ⟨-|чеса́ть*⟩ *a. Mil;* **~kämpfen, sich** *refl* пробива́ться ⟨-|би́ться*⟩ с бо́ем; **~kauen** *tr* прожёвывать ⟨-|жева́ть*⟩ *a. übertr;* **~kneten** *tr* Teig проме́шивать ⟨-меси́ть 3⁺ -мешу́⟩; bei der Massage масси́ровать *uv, v* 2 **~kommen** *intr* zu Fuß проходи́ть 3⁺ -хожу́ ⟨-|йти́*⟩; fahrend проезжа́ть ⟨-|е́хать*⟩; *übertr* sich durchschlagen пробива́ться ⟨-|би́ться*⟩ | hier ist nicht durchzukommen здесь прохо́да [прое́зда] нет; *übertr* тут не пробьёшься; **~kosten** *tr* перепро́бовать *v* 2; **~kreuzen** *tr* [ˈ---] перечёркивать ⟨-черкну́ть 4⟩ крест-на́крест; [-ˈ--] Meer пересека́ть ⟨-|се́чь*⟩; Pläne срыва́ть ⟨со|рва́ть*; **~kriechen** *intr* пролеза́ть ⟨-|ле́зть*, проползать ⟨-|ползти́*⟩
Durchlaß *m* у́зкий прохо́д 2 (durch по *D*); *Tech* про́пуск 2
durch|lassen *tr* пропу|ска́ть ⟨-сти́ть 3⁺ -щу́⟩; **~lässig** проница́ем:ый; **~laufen** *tr* [ˈ---] Schuhe прота́птывать ⟨-|топта́ть*⟩,

изна́шивать ⟨-носи́ть 3⁺ -ношу́⟩; [-ˈ--] пробега́ть ⟨-|бежа́ть*⟩ *A oder* по *D;* Schule проходи́ть 3⁺ -хожу́ ⟨-|йти́*⟩; *intr* [ˈ---] Flüssigkeit протека́ть ⟨-|те́чь*⟩
Durchlauferhitzer *m* прото́чный нагрева́тель 1; für Gas га́зовая коло́нка 6
durch|leben *tr* пережива́ть ⟨пережи́ть*; **~lesen** *tr* прочи́тывать ⟨-чита́ть⟩; **~leuchten** *tr Med* просв|е́чивать ⟨-ети́ть 3⁺ -ечу́⟩ | sich ≈ lassen просв|е́чиваться ⟨-ети́ться⟩
Durchleuchtung *f Med* просве́чивание 5
durch|liegen, sich *refl* налёживать ⟨-лежа́ть 3⟩ про́лежни; **~löchern** *tr* продыря́в|ливать ⟨-ить 3 -лю⟩ *umg;* wie ein Sieb изреш|е́чивать ⟨-ети́ть 3 -ечу́; -ечённый *u.* -е́ченный⟩; **~löchert** в ды́рах, дыря́в:ый; **~lüften** *tr* прове́тр|ивать ⟨-ить 3⟩, вентили́ровать 2 (про-); **~machen** *tr* пережива́ть ⟨пережи́ть*⟩ | sie hat viel ≈ müssen ей пришло́сь мно́гое испыта́ть; eine Krankheit ≈ перенести́ боле́знь
Durchmarsch *m Mil* прохожде́ние 5 (войск)
durch|marschieren *intr* проходи́ть 3⁺ -хожу́ ⟨-|йти́*⟩ (durch че́рез *A*); **~messen** *tr* [-ˈ--] обхо|ди́ть 3⁺ -жу́ ⟨обо|йти́*⟩; [ˈ---] вымеря́ть ⟨вы́мерить 3⟩, обме́р|ивать ⟨-ить⟩
Durchmesser *m* диа́метр 2 | fünf Meter im ~ пять ме́тров в диа́метре
durch|mustern *tr* просм|а́тривать ⟨-отре́ть 3⁺⟩; **~nagen** *tr* прогрыза́ть ⟨-|гры́зть*⟩; **~nässen** *tr* прома́чивать ⟨-мочи́ть 3⁺⟩; **~näßt** промо́кший 11 (von от *G*) | ≈ werden промока́ть ⟨-мо́кнуть 4а⟩ насквозь; **~nehmen** *tr* проходи́ть 3⁺ -хожу́ ⟨-|йти́*⟩, прораб|а́тывать ⟨-о́тать⟩; **~numerieren** *tr* пронумер|о́вывать ⟨-ова́ть 2⟩; **~pausen** *tr* кальки́ровать 2 (с-), переводи́ть 3⁺ -вожу́ ⟨-|вести́*⟩ на ка́льку; **~peitschen** *tr* отхлёстывать ⟨-|хлеста́ть*⟩ | eine Gesetzesvorlage im Parlament ≈ протащи́ть *v* 3⁺ законопрое́кт в парла́менте; **~probieren** *tr* перепро́бовать *v* 2; **~prügeln** *tr* исколо|ти́ть *v* 3⁺ -чу́ *umg;* **~queren** *tr* пересека́ть ⟨-|се́чь*⟩
Durchquerung *f* пересече́ние 5
durch|rechnen *tr* де́лать (с-) расчёт; **~regnen** *intr:* es regnet durch дождь прохо́дит [проника́ет] (сквозь кры́шу); **~reiben** *tr* протира́ть ⟨-|тере́ть*⟩ че́рез *A*
Durchreise *f* прое́зд 2 (durch по *D*) | auf der ~ прое́здом
durchreisen *tr* [-ˈ--] изъе́з|дить *v* 3 -жу; *intr* [ˈ---] проезжа́ть ⟨-е́хать*⟩ (durch по *D*)
Durch|reisender *m* прое́зжий *Subst* 11; **~reisevisum** *n* транзи́тная ви́за
durch|reißen *tr* перерыва́ть ⟨-|рва́ть*⟩; *intr* перерыва́ться ⟨-рва́ться; -рвали́сь⟩; **~reiten** *tr* [-ˈ--] объ|езжа́ть ⟨-|е́хать*⟩ (верхо́м); *intr* [ˈ---] проезжа́ть ⟨-|е́хать⟩ (верхо́м) | die Hosen ≈ про|тере́ть* *v* брю́ки (от ча́стой верхово́й езды́); **~rosten** *inr* проржа́веть *v;* **~rühren** *tr* раз-, переме́шивать ⟨-меша́ть⟩; **~rutschen** *intr* проска́льзывать ⟨-скользну́ть 4⟩ *a. übertr;* **~rütteln** *tr* перетря́хивать ⟨-|трясти́*⟩, трясти́
Durchsage *f* сообще́ние 5 (über по D)
durch|sagen *tr Rad* пере|дава́ть* ⟨переда́ть*⟩ a. von Mann zu Mann; **~sägen** *tr* распи́ливать ⟨-пили́ть 3⁺⟩; **~schauen** tr [-ˈ--] раску|си́ть *v* 3⁺ -шу́, ви́|деть 3 -жу насквозь; **~scheinen** *intr* просв|е́чивать ⟨-ети́ть 3⁺⟩; **~scheuern** *tr* Haut стира́ть ⟨-|тере́ть*⟩; Stoff протира́ть ⟨-тере́ть⟩; **~schießen** *tr* [-ˈ--] простр|е́ливать ⟨-ели́ть 3⁺⟩ | Zeilen ≈ *Typ* разбива́ть ⟨-|би́ть*, -обью⟩ на шпо́ны; mit leeren Seiten ~ вставля́ть ⟨вста́в|ить 3 -лю⟩ чи́стые листы́⟩; **~schimmern** *intr* (сла́бо) просве́чивать; **~schlafen** *tr* про|спа́ть* *v*
Durchschlag *m* Sieb дуршла́г 2; Kopie (машинопи́сная) ко́пия 8; *Tech* пробо́йник 2 | mit ~ schreiben писа́ть под ко́пирку
durchschlagen *tr* перебива́ть ⟨-|би́ть*⟩; durch ein Sieb пропу|ска́ть ⟨-сти́ть 3 -щу́⟩; *intr* Essen сла́бить 3 (про-); sich ~ *refl* kümmerlich перебива́ться ⟨-би́ться⟩; **~d** Wirkung реша́ющий 11; Erfolg потряса́ющий 11
Durch|schlagpapier *n* копирова́льная бума́га; **~schlagskraft** *f* пробивна́я си́ла
durch|schleichen, sich *refl* прокра́дываться ⟨-|кра́сться*⟩; **~schleppen** *tr* прота́скивать ⟨-тащи́ть 3⁺⟩; **~schleusen** *tr Tech* пропу|ска́ть ⟨-сти́ть 3⁺ -щу́⟩ че́рез шлюз; *übertr* пропу|ска́ть ⟨-сти́ть⟩; **~schlüpfen** *intr* проск|а́льзывать ⟨-ользну́ть 4⟩; **~schneiden** *tr* [ˈ---] пере-, разреза́ть ⟨-|ре́зать*⟩; [-ˈ--] *übertr* пересека́ть ⟨-|се́чь*⟩
Durchschnitt *m* Aufriß разре́з 2; Mittelwert сре́днее *Subst* 11, сре́днее чис|ло́ 4с *G Pl* -ел | im ~ в сре́днем; über [unter] dem ~ вы́ше [ни́же] сре́днего
durchschnittlich **1.** *Adj* сре́дний 11 **2.** *Adv* в сре́днем
Durchschnitts|alter *n* сре́дний 11 во́зраст; **~geschwindigkeit** *f* сре́дняя 11 ско́рость; **~leistung** *f Tech* сре́дняя 11 произво́дительность; eines Arbeiters сре́дняя вы́работка 6; eines Schülers сре́дняя успева́емость 9; **~mensch** *m* зауря́дный челове́к; **~wert** *m* сре́дняя величина́ 6; **~zahl** *f* сре́днее 11 число́; **~zensur** *f* сре́дняя 11 отме́тка
Durchschreibe|block *m* блокно́т, проло́-

женный копирова́льной бума́гой; **~buchführung** *f* копиручётная бухгалте́рия; **~verfahren** *n* копиручётная систе́ма 6
durchschreiten *tr* проходи́ть 3⁺ -хожу́ ⟨-|йти́*⟩ че́рез *A*
Durch|schrift *f* ко́пия 8; **~schuß** *m Typ* шпон 2; Verwundung ране́ние 5 навы́лет | er hat einen ≈ он ра́нен навы́лет
durch|schütteln *tr* перетря́хивать ⟨-|трясти́*⟩; Flüssigkeit взба́лтывать ⟨-болта́ть⟩ | ich bin ganz durchgeschüttelt vom Fahren меня́ растрясло́; **~schwimmen** *tr* [-ˈ--] переплыва́ть ⟨-|плы́ть*⟩; *intr* [ˈ---] проплыва́ть ⟨-плы́ть⟩; **~sehen** *tr* просм|а́тривать ⟨-отре́ть 3⁺⟩; Hefte проверя́ть ⟨-ве́рить 3⟩; nochmals пересм|а́тривать ⟨-отре́ть⟩; flüchtig пробега́ть ⟨-|бежа́ть*⟩, прогл|я́дывать ⟨-яде́ть 3 -яжу́⟩; | ich sehe da nicht mehr durch я тут бо́льше ничего́ не понима́ю; **~seihen** *tr* проце́живать ⟨-цеди́ть 3⁺ -цежу́⟩; **~setzen** *tr* [ˈ---] Meinung добива́ться ⟨-|би́ться*⟩ *G;* Gesetz проводи́ть 3⁺ -вожу́ ⟨-|вести́*; [-ˈ--] насыща́ть ⟨-сы́тить⟩ (mit *I*); sich ≈ *refl* Anerkennung erlangen добива́ться призна́ния; Ideen пробива́ть ⟨-|би́ть*⟩ себе́ доро́гу | seinen Willen ≈ настоя́ть *v* 3 на своём
Durchsicht *f* просмо́тр 2; Überprüfung прове́рка 6 | technische ~ техни́ческий осмо́тр 2, техосмо́тр 2
durchsichtig прозра́ч|ный, -ен *a. übertr* | seine Absicht war ~ его́ наме́рение бы́ло очеви́дно
Durchsichtigkeit *f* прозра́чность 9
durch|sickern *intr* проса́чиваться ⟨-сочи́ться 3⟩ | von dieser Sache ist schon viel durchgesickert об э́том уже́ мно́гое ста́ло изве́стно; **~sieben** *tr* просе́|ивать ⟨-ять, -ю, -ешь⟩; **~sitzen** *tr* проси́живать ⟨-сиде́ть 3 -сижу́⟩; **~sprechen** tr (подро́бно) обсу|жда́ть ⟨-ди́ть 3⁺ -жу́; -ждённый⟩; **~starten** *intr Flugw* прерыва́ть ⟨-|рва́ть*⟩ поса́дку; **~stechen** *tr* [ˈ---] протыва́ть ⟨-ткну́ть 4⟩; [-ˈ--] Damm прорыв129ать ⟨-|ры́ть*⟩; **~stecken** *tr* просо́вывать ⟨-су́нуть 4⟩
Durchstich *m* Landenge проры́тие 5; *Med* прободе́ние 5
durch|stöbern *tr* обша́р|ивать ⟨-ить 3⟩, перерыва́ть ⟨-|ры́ть*⟩; **~stoßen** *tr* [ˈ---] прота́лкивать ⟨-толкну́ть 4⟩, пробива́ть ⟨-|би́ть*⟩; [-ˈ--] mit dem Dolch прон|за́ть ⟨-зи́ть 3 -жу́; -зённый⟩; *intr* [ˈ---] *Mil* прорыва́ться ⟨-|рва́ться*⟩; **~streichen** *tr* за-, перечёркивать ⟨-черкну́ть 4; -чёркнутый⟩; **~streifen** *tr* исхо|ди́ть 3⁺ *v* -жу́, исколе|си́ть 3 *v* -шу́; **~suchen** *tr* обы́скивать ⟨-|ыска́ть*⟩
Durch|suchung *f* о́быск 2; **~suchungsbefehl** *m* о́рдер 2b на о́быск
durch|tanzen *tr* протанцева́ть *v* 2; **~trainiert** натрениро́ванный; **~tränken** *tr* пропи́тывать ⟨-пита́ть⟩; **~trieben** хи́т|рый, -ёр, -ра́!, продувно́й *umg;* **~wachen** *tr:* eine Nacht ≈ не спать* [бо́дрствовать 2] всю ночь; **~wachsen 1.** *intr* [ˈ---- прораста́ть ⟨-|расти́*⟩ (durch сквозь *A*) **2.** *Adj* [ˈ--]: ≈es Fleisch мя́со, проро́сшее жи́ром; **~wandern** *tr* [-ˈ--] Gegend исхо|ди́ть *v* 3⁺ -жу́ *A;* bestimmtes Gebiet проходи́ть ⟨-|йти́*⟩; **~wärmen** *tr* прогрева́ть ⟨-гре́ть⟩; **~waten** *tr* переходи́ть 3⁺ -хожу́ ⟨-|йти́*⟩ вброд; **~weg** *Adv* völlig сплошь; überall везде́, повсю́ду; immer всегда́; **~wirken** *tr* про|-ткать* *v* (mit *I*); **~wühlen** *tr* перерыва́ть ⟨-|ры́ть*; **~zählen** *tr* пересч|и́тывать ⟨-ита́ть⟩; **~zeichnen** *tr* прорис|о́вывать ⟨-ова́ть 2⟩; **~ziehen** *tr* [ˈ---] durch eine Öffnung продева́ть ⟨-|де́ть*⟩, продёр|гивать ⟨-нуть 4⟩; *intr* проходи́ть 3⁺ -хожу́ ⟨-|йти́*⟩; [-ˈ--] fahrend проезжа́ть ⟨-|е́хать*; durchfurchen бороз|ди́ть 3 -жу́ (из-) | sich wie ein roter Faden durch etw. ziehen проходи́ть кра́сной ни́тью че́рез что-н.
Durchzug *m* прохо́д 2; Zugluft сквозня́к 2e | ~ machen устр|а́ивать ⟨-о́ить 3⟩ сквозня́к
durchzwängen, sich *refl* проти́ск|иваться ⟨-аться⟩ *umg*
dürfen *intr:* Erlaubnis haben man darf мо́жно *Inf*); darf ich bleiben? мо́жно (ли) мне оста́ться?; sie durfte nicht ins Theater gehen ей не разреши́ли пойти́ в теа́тр | Gebot man darf nicht нельзя́; das durfte nicht geschehen э́то не должно́ бы́ло случи́ться | können мочь; Sie ~ unbesorgt sein мо́жете не беспоко́иться | Annahme das dürfte klar sein э́то наве́рно(е) я́сно; er dürfte sich geirrt haben мне ка́жется, что он оши́бся; darf ich bitten zum Tanz разреши́те
dürftig ску́д|ный, -ен, -на́!, бе́дный, -ен, -на́, -но, бедны́
Dürftigkeit *f* ску́дость 9, бе́дность 9
dürr trocken сух:о́й, -а́!; су́ше; mager то́щ:ий 11 -а́, -е a. Boden, худ:о́й, -а́!; худе́е
Dürre *f* за́суха 6
Durst *m* жа́жда 6 *a. übertr* (nach *G*) | ich habe (großen) ~ мне (о́чень) хо́чется пить; den ~ löschen утол|я́ть ⟨-и́ть 3⟩ жа́жду
dürsten *tr:* mich dürstet мне хо́чется пить; *intr übertr* жа́ждать* (nach *G*)
durst|ig: ≈ sein хоте́ть* пить; **~löschend** утоля́ющий 11 жа́жду
Dusche *f* душ 2 *G Pl* -ей | er hat eine kalte ~ bekommen *übertr* на него́ (как) бу́дто вы́лили уша́т холо́дной воды
duschen *intr u.* sich ~ *refl* принима́ть

⟨принять* ⟩ душ, мыться* (по-) под душем
Dusch|kabine *f* душевая кабина; **~raum** *m* душевая *Subst* 10
Düse *f Tech* соп|ло 4с *G Pl* -ел *u.* сопл; Vergaser жиклёр 2, форсунка 6 *a.* in Dampfmaschinen
Dusel *m* Rausch хмель 1; Glück счастье 5
duseln *intr* дремать*
Düsen|antrieb *m Tech* реактивный двигатель 1; **~flugzeug** *n* реактивный самолёт; **~jäger** *m* реактивный истребитель; **~triebwerk** *n* реактивный двигатель; **~verkehrsflugzeug** *n* пассажирский реактивный самолёт
Düsseldorf Дюссельдорф 2
düster мрач|ный, -ен, -на!; *übertr* угрюм:ый, тём|ный, -ен, -на
Dutzend *n* дюжина 6 | ein halbes ~ полдюжины; ~e von Menschen десятки *Pl* 2 людей
dutzendweise *Adv* дюжинами; *übertr* десятками
dutzen *tr* обращаться к кому-н. на ты, тыкать *A;* sich ~ *refl* быть* на ты | wir ~ uns мы на ты
Duzfreund *m:* wir sind ~e мы на ты
Dyn *n Phys* дина 6
Dynamik *f* динамика 6
dynamisch динамический; Entwicklung динамич|ный, -ен
Dynamit *n* динамит 2
Dynamo *m,* **~maschine** *f* динамо-машина 6, динамо *n idkl;* **~meter** *n Phys* динамометр 2
Dynastie *f* династия 8
dynastisch династический
Dys|enterie *f Med* дизентерия 8; **~trophie** *f Med* дистрофия 8
D-Zug *m* скорый поезд

E

e, E *n Mus* ми *n idkl*
Eau de Cologne *n, f* одеколон 2
Ebbe *f* отлив 2 | ~ und Flut отлив и прилив; in der Kasse ist ~ *übertr* касса пуста
eben 1. *Adj* ров|ный, -ен, -на!; *Math* плос|кий, -ок, -ка!; площе; glatt глад|кий, -ок, -ка! | das ~e Land равнина 6 **2.** *Adv:* ~ erst только что; ~ das именно это; ~ noch mit Mühe еле; gerade ~ как раз; на ~! то-то!; das ist es (ja) ~! в том-то и дело!, вот именно!; das ist ~ das Schlimme в том-то и беда; er ist ~ ein Faulpelz он (ведь) лентяй, этого отрицать нельзя
Ebenbild *n* портрет 2 | er ist das ~ seines Vaters он вылитый отец
eben|bürtig рав|ный, -ен, -на; **~da** *Adv* тут же, там же; **~daher** *Adv* именно поэтому; **~derselbe** *Pron* тот же (самый); **~deshalb** *Adv* именно поэтому
Ebene *f Geogr* равнина 6; *Math* плоскость 9g | in der ~ на равнине; schiefe ~ наклонная плоскость *a. übertr;* Konferenz auf höchster ~ конференция на высшем уровне
eben|erdig одноэтажный; **~falls** *Adv* также, тоже
Eben|holz *n* эбеновое [чёрное] дерево; **~maß** *n* соразмерность 9
ebenmäßig соразмер|ный, -ен
ebenso *Adv* так же, таким же образом | er ist ein ~ guter Mensch wie sie он такой же хороший человек, как и она; **~gut** *Adv* так же хорошо, с таким же успехом; **~lange** *Adv* так же долго; **~oft** *Adv* так же часто; **~viel** *Adv* столько же; **~wenig** *Adv* так же мало
Eber *m* кабан 2е, хряк 2е; kastrierter боров 2g; **~esche** *f* рябина 6
ebnen *tr* выравнивать ⟨выровнять⟩; planieren планировать 2 | j-m den Weg ~ облегч|ать ⟨-ить 3⟩ кому-н. путь, прокладывать ⟨-ложить 3⁺⟩ кому-н. путь [дорогу]
Echo *n* эхо 4; *übertr* отклик 2 | ein lebhaftes ~ живой отклик; **~lot** *n* эхолот 2
Echse *f* ящерица 6
echt настоящий 11, подлин|ный, -ен, -на; unverfälscht неподдел|ьный, -ен, -ьна | ~es Gold чистое золото; ~e Farbe прочная [нелиняющая 11] краска
Echtheit *f* Urkunde подлинность 9; неподдельность 9; Farbe прочность 9
Eckball *m Sport* угловой удар 2
Ecke *f* уг|ол, -ла 2е; на, в углу, *Math* в угле; versteckter Winkel im Haus u. ä. закоул|ок, -ка 2 | an der ~ на углу; er wohnt um die ~ он живёт за углом; um die ~ biegen завёртывать ⟨-вернуть 4⟩ за угол; an allen ~n und Enden везде и повсюду; j-n um die ~ bringen *umg* у|бить* *v* кого-н.
Eck|fahne *f Sport* угловой флаг; **~haus** *n* угловой дом
eckig угловат:ый *a. übertr,* с углами
Eck|pfeiler *m Arch* угловая пилястра 6; Brücke угловой устой; **~stein** *m* угловой камень; Prellstein каменная тумба 6; **~stoß** *m Sport* угловой удар; **~zahn** *m* глазной зуб; bei Tieren клык 2е; **~zimmer** *n* угловая комната
edel благород|ный, -ен
Edel|gas *n* благородный газ; **~hirsch** *m* благородный олень; **~holz** *n* древесина 6 ценных пород; **~kastanie** *f* благородный каштан; **~mann** *m* двор|янин 2

Pl -я́не| -я́н; ~**marder** *m* лесна́я куни́ца; ~**metall** *n* благоро́дный мета́лл; ~**mut** *m* благоро́дство 4, великоду́шие 5
edelmütig благоро́д|ный| -ен, великоду́ш|ный| -ен
Edel|obst *n* высокосо́ртные фру́кты; ~**reis** *n Bot* приво́й 1; ~**stahl** *m* высокока́чественная [высокосо́ртная] сталь; ~**stein** *m* драгоце́нный ка́мень; ~**tanne** *f* бе́лая пи́хта; ~**weiß** *n Bot* эдельве́йс 2; ~**wild** *n* кра́сная дичь
Edikt *n* эди́кт 2, ука́з 2
Edition *f* изда́ние 5
EDV электро́нная обрабо́тка 6 да́нных
Efeu *m* плющ 2е
Effekt *m* эффе́кт 2 *a. Phys;* ~en *Pl Fin* це́нные бума́ги *Pl 6,* фо́нды *Pl* 2; ~**hascherei** *f* пого́ня 7 за эффе́ктом
effektiv 1. *Adj* эффекти́в|ный| -ен **2.** *Adv* действи́тельно, на са́мом де́ле | ~e Leistung *Tech* эффекти́вная мо́щность
Effektivität *f* эффекти́вность 9
effektvoll эффе́кт|ный| -ен
egal *Adv:* das ist mir ganz ~ мне всё равно́ [безразли́чно]
Egel *m Zool* пия́вка 6
Egge *f* борона́ 6а
eggen *tr* борони́ть 3 (вз-), бороно́вать 2 (вз-)
Egois|mus *m* эгои́зм 2; ~**t** *m* эгои́ст 2
ego|istisch эгоисти́ческий, эгоисти́ч-ный| -ен; ~**zentrisch** эгоцентри́ческий
ehe *Konj* пре́жде чем, пока́ не
Ehe *f* брак 2, супру́жество 4 | die ~ schließen вступ|а́ть (-и́ть 3⁺ -лю́) в брак; aus erster ~ от пе́рвого бра́ка; ~**beratung** *f* консульта́ция 8 по вопро́сам бра́ка; ~**bett** *n* супру́жеское ло́же 4; ~**bruch** *m* наруше́ние супру́жеской ве́рности
ehedem *Adv* когда́-то, пре́жде
Ehe|frau *f* супру́га 6, жена́ 6с *Pl* жёны| жён; ~**leute** *Pl* супру́ги *Pl* 2
ehelich бра́чный | ~es Kind ребёнок| роди́вшийся 11 в (зако́нном) бра́ке
Ehelosigkeit *f* безбра́чие 5
ehe|malig пре́жний 11, бы́вший 11; ~**mals** *Adv* ра́ньше, не́когда
Ehe|mann *m* супру́г 2, муж 2 *Pl* -ья́, -е́й, -ья́м; ~**paar** *n* супру́ги *Pl* 2, супру́жеская чета́ | kinderloses ≈ безде́тные супру́ги
eher *Adv* früher ра́ньше; lieber скоре́е | je ~, desto besser чем ра́ньше| тем лу́чше; das ist ~ möglich э́то скоре́е возмо́жно
ehern: ein ~es Gesetz желе́зный зако́н
Ehe|scheidung *f* растор же́ние 5 бра́ка, разво́д 2; ~**scheidungsprozeß** *m* бракоразво́дный проце́сс; ~**schließung** *f* бракосочета́ние 5; ~**stand** *m* супру́жество 4, брак 2; ~**vermittlung** *f* посре́дничество в подыска́нии супру́га
ehrbar почте́н|ный| -ен| -на
Ehrbarkeit *f* почте́нность 9
Ehre *f* честь 9| в чести́; Hochachtung почёт 2 | aller ~n wert досто́йный вы́сшей похвалы́; in ~n с че́стью; auf ~! че́стное сло́во!; j-n in ~n halten почита́ть кого́-н.; etw. in ~halten цени́ть 3⁺ что-н.; damit kann man keine ~ einlegen э́то не де́лает че́сти; j-m zu ~n в честь кого́--н.; die letzte ~ erweisen отда́ть* после́дний долг; militärische ~n erweisen ока́зывать ⟨-каза́ть⟩ во́инские по́чести; er fühlte sich in seiner ~ gekränkt его́ честь заде́та
ehren *tr* уважа́ть, почита́ть; *poet* чтить*; feierlich че́ствовать 2
Ehrenamt *n* почётная до́лжность
ehrenamtlich 1. *Adj:* ~e Arbeit почётная обще́ственная рабо́та; ~er Helfer доброво́льный помо́щник **2.** *Adv* на обще́ственных нача́лах
Ehren|bezeigung *f Mil* отда́ние 5 че́сти; ~**bürger** *m* почётный граждани́н; ~**dienst** *m* почётная слу́жба; ~**doktor** *m* почётный до́ктор; ~**gast** *m* почёт|ный гость; ~**geleit** *n* почётный эско́рт
ehren|haft чест|ный| -ен| -на́!, почте́н-ный| -ен| -на; ~**halber** *Adv:* Doktor ≈ почётный до́ктор, до́ктор honoris causa
Ehren|karte *f* пригласи́тельный биле́т; ~**kompanie** *f* почётный карау́л 2 | die ≈ abschreiten обхо|ди́ть 3⁺ -жу́ ⟨обо|йти́*⟩ почётный карау́л; ~**loge** *f* почётная ло́жа; ~**mal** *n* па́мятник 2 (в честь како́го-н. собы́тия); für Gefallene па́мятник поги́бшим во́инам; ~**mann** *m* челове́к че́сти; ~**mitglied** *n* почётный член; ~**pflicht** *f* долг че́сти; ~**platz** *m* почётное ме́сто; ~**präsident** *m* почётный председа́тель; ~**präsidium** *n* почётный прези́диум; ~**recht** *n*: Verlust der bürgerlichen ≈e пораже́ние 5 в гражда́нских права́х; ~**runde** *f Sport* круг почёта; ~**sache** *f* вопро́с 2 [де́ло] че́сти; ~**tafel** *f* доска́ почёта; ~**tag** *m* торже́ственный день; ~**titel** *m* почётное зва́ние; ~**tribüne** *f* трибу́на для почётных госте́й; ~**urkunde** *f* почётная гра́мота
ehrenvoll 1. *Adj* почётный **2.** *Adv* с че́стью
Ehrenwache *f* почётный карау́л
ehrenwert почте́н|ный| -ен| -на
Ehren|wort *n* че́стное сло́во | auf ≈ на че́стное сло́во; ~**zeichen** *n* знак отли́чия, знак почёта
ehrerbietig почти́тел|ьный| -ен| -ьна
Ehr|erbietung *f* почте́ние 5; ~**furcht** *f* глубо́кое уваже́ние 5 (vor к *D*), почте́ние 5 (vor к *D*)
ehrfürchtig, ehrfurchtsvoll 1. *Adj* благогове́|йный| -ен| -йна **2.** *Adv* с глубо́ким уваже́нием [почте́нием]

Ehr|gefühl *n* самолю́бие 5, чу́вство че́сти | j-s ≈ verletzen оскорб|ля́ть ⟨-и́ть⟩ чьё-н. самолю́бие; **~geiz** *m* честолю́бие 5

ehr|geizig честолюби́в:ый; **~lich** че́ст|ный, -ен, -на́! | ≈ währt am längsten че́стно живёшь – до́льше проживёшь

Ehrlichkeit *f* че́стность 9

ehrlos бесче́ст|ный, -ен

Ehrlosigkeit *f* бесче́стность 9

Ehrung *f* оказа́ние 5 по́честей, че́ствование 5

ehrwürdig почте́н|ный, -ен, -на

ei! *Interj* Verwunderung ах!

Ei *n* яйцо́ 4c *G Pl* яи́ц | hartes ~ яйцо́ вкруту́ю; weiches ~ яйцо́ всмя́тку; das ~ des Kolumbus Колу́мбово 13 яйцо́; aus dem ~ kriechen вылу́пливаться ⟨вы́лупиться 3⟩ из яйца́; ~er legen нести́сь; wie aus dem ~ gepellt оде́тый с иго́лочки; sie gleichen einander wie ein ~ dem anderen они́ похо́жи друг на дру́га как две ка́пли воды́; kümmere dich nicht um ungelegte ~er! не лома́й себе́ го́лову ра́ньше вре́мени!

Eibe *f* тис 2

Eibisch *m* алте́й 1

Eichamt *n* проби́рная пала́та 6, пала́та мер и весо́в

Eiche *f* дуб 2b; в, на ду́бе *u.* в, на дубу́

Eichel *f Anat, Bot* жёлудь 1g *G Pl* желуде́й; Spielkarte тре́фы *Pl* 6; **~häher** *m* со́йка 6 *G Pl* со́ек

[1]**eichen** *Adj* дубо́вый

[2]**eichen** *tr* Maße und Gewichte prüfen проверя́ть ⟨-ве́рить 3⟩; als geprüft kennzeichnen клейм|и́ть 3 -лю́ (за-); *Tech* калиброва́ть 2

Eichen|holz *n* дубо́вый лес, дуб 2b; **~wald** *m* дубо́вый лес, дубня́к 2e

Eich|hörnchen *n* бе́лка 6; **~maß** *n* этало́н 2; **~stempel** *m* клеймо́ 4c; **~ung** *f* Maße эталони́рование 5; *Tech* калибро́вка 6

Eid *m* кля́тва 6; bes. offiziell прися́га 6 | unter ~ под прися́гой; an ~es Statt взаме́н прися́ги; einen ~ brechen наруша́ть ⟨-ру́шить 3⟩ прися́гу; einen ~ leisten приноси́ть 3⁺ -ношу́ ⟨-нести́*⟩ прися́гу, присяг|а́ть ⟨-ну́ть 4⟩; **~bruch** *m* клятвопреступле́ние 5

eidbrüchig нару́шивший 11 кля́тву [прися́гу]

Eidechse *f* я́щерица 6

Eider|daunen *f Pl* гага́чий 12 пух; **~ente** *f* га́га 6

Eides|formel *f* текст 2 прися́ги; **~leistung** *f* принесе́ние 5 прися́ги

eidesstattlich равноси́льный прися́ге | ~e Erklärung заявле́ние 5, равноси́льное да́нному под прися́гой

eidlich **1.** *Adj* кля́твенный **2.** *Adv* под прися́гой

Eidotter *m, n* (яи́чный) желто́к

Eier|becher *m* рю́мка 6 для яи́ц; **~brikett** *n* брике́т яйцеви́дной фо́рмы; **~kuchen** *m* бли́нчик 2; **~likör** *m* яи́чный ликёр; **~löffel** *m* ло́жечка (для яи́ца́); **~pflaume** *f* (кру́пная) сли́ва; **~schale** *f* яи́чная скорлупа́; **~speise** *f* яи́чное блю́до; **~stock** *m Anat* яи́чник 2; **~uhr** *f* песо́чные часы́

Eifer *m* усе́рдие 5, рве́ние 5; Feuer~ пыл 2, в пылу́ | im ~ des Gefechts в пылу́ сраже́ния, *übertr* в поле́мике, в пылу́ спо́ра; blinder ~ слепо́е усе́рдие; sein ~ erlahmt его́ рве́ние ослабева́ет

eifern *intr* реши́тельно выступа́ть ⟨вы́ступ|ить 3 -лю⟩ (gegen про́тив *G*)

Eifersucht *f* ре́вность 9

eifersüchtig ревни́в:ый | auf j-n ~ sein ревнова́ть 2 кого́-н.; auf j-s Erfolge ~ sein зави́довать (по-) чьим-н. успе́хам

eiförmig яйцеви́дный

eifrig ре́вност|ный, -ен, усе́рд|ный, ен | ~ bemüht sein о́чень стара́ться (по-); ~ lernen усе́рно учи́ться

Eigelb *n* (яи́чный) желт|о́к, -ка́ 2

eigen со́бственный; eigentümlich прису́щий 11, сво́йствен:ный, -на; eigenartig своеобраз|ный, -ен, осо́бый | man hört sein ~es Wort nicht не слы́шно со́бственного го́лоса; sich etw. zu ~ machen присв|а́ивать ⟨-о́ить 3⟩ себе́ что-н.; es war mir ganz ~ zumute мне бы́ло не по себе́; der ihm ~e Humor прису́щий 11 ему́ ю́мор

Eigenart *f* своеобра́зие 5

eigenartig своеобра́з|ный, -ен, merkwürdig стра́н|ный, -ен, -на́!; **~erweise** *Adv* как ни стра́нно

Eigen|bau *m* со́бственная констру́кция 8; **~bericht** *m* сообще́ние со́бственного корреспонде́нта; **~brötelei** *f* чуда́чество 4; **~brötler** *m* чуда́к 2e; **~geschwindigkeit** *f* со́бственная ско́рость; **~gewicht** *n* со́бственный вес

eigenhändig собственноручный | ~e Unterschrift собственнору́чная по́дпись; einen Brief ~ übergeben вручи́ть 3 письмо́ адреса́ту ли́чно

Eigen|heim *n* со́бственный дом; **~heit** *f* своеобра́зие 5, осо́бенность 9; **~initiative** *f* со́бственная инициати́ва; **~leistung** *f* рабо́ты *Pl* 6, вы́полненные [выполня́емые] со́бственными си́лами; **~liebe** *f* эгои́зм 2, себялю́бие 5; **~lob** *n* самовосхвале́ние 5 | ≈ stinkt гре́чневая ка́ша сама́ себя́ хва́лит

eigenmächtig самово́л|ьный, -ен, -ьна | ~ handeln де́йствовать самово́льно, самово́льничать *umg*

Eigen|mächtigkeit *f* самово́льничание 5; **~name** *m* и́мя со́бственное; **~nutz** *m* своекоры́стие 5

eigennützig (свое)корыст|ный, -ен

Eigenproduktion *f* собственное произво́дство; für den Eigenbedarf произво́дство для со́бственного потребле́ния

eigens *Adv* специа́льно

Eigenschaft *f* ка́чество 4, сво́йство 4 | in der ~ als Direktor в ка́честве дире́ктора

Eigen|schaftswort *n* и́мя прилага́тельное; **~schwingung** *f Phys* со́бственное колеба́ние; **~sinn** *m* упря́мство 4

eigen|sinnig упря́м:ый; **~ständig** самобы́т|ный, -ен; **~süchtig** эгоисти́ч|ный, -ен, себялюби́в:ый

eigentlich **1.** *Adj* со́бственный, настоя́щий 11; ursprünglich первонача́льный; unmittelbar прям:о́й, -а́!, непосре́дствен:ный, -на | im ~en Sinne в прямо́м смы́сле [значе́нии] **2.** *Adv* со́бственно (говоря́), в су́щности | was wollen Sie ~? что вы, со́бственно, хоти́те?

Eigen|tum *n* со́бственность 9 | das ≈ an Produktionsmitteln со́бственность на сре́дства произво́дства; **~tümer** *m* со́бственник 2, владе́л|ец, -ьца 2

eigentümlich eigenartig своеобра́з|ный, -ен, осо́бенный; seltsam стра́н|ный, -ен, -на́!

Eigentümlichkeit *f* своеобра́зие 5, осо́бенность 9; стра́нность 9

Eigentums|recht *n* пра́во со́бственности; **~verhältnisse** *n Pl* иму́щественные отноше́ния

Eigen|verantwortlichkeit *f* ли́чная отве́тственность 9 | ≈ der Betriebe (операти́вная) самостоя́тельность предприя́тий; **~verbrauch** *m* со́бственное потребле́ние, со́бственный расхо́д 2; **~wert** *m* со́бственная це́нность

eigenwillig своево́л|ьный, -ен, -ьна, своенра́в|ный, -ен

eignen, sich *refl* го|ди́ться 3 -жу́сь (für для *G*), подходи́ть 3⁺ -хожу́ ⟨-о|йти́*⟩ (für, zu для *G*)

Eignung *f* приго́дность 9 (für, zu для *G*)

Eignungsprüfung *f* профессиона́льная эксперти́за 6, прове́рка приго́дности для како́й-н. профе́ссии

Eil|bote *m* на́рочный *Subst* 10, курье́р 2 | per ~n с на́рочным, с курье́ром; **~brief** *m* спе́шное письмо́; **~bus** *m* авто́бус-экспре́сс 2–2

Eile *f* спе́шка 6, поспе́шность 9 | in aller ~ спе́шно, на́скоро; zur ~ drängen торо́п|и́ть 3⁺ -лю́ (по-); es hat keine ~ э́то де́ло не спе́шное; damit hat es keine ~ э́то не к спе́ху; ~ mit Weile ти́ше е́дешь, да́льше бу́дешь

Eileiter *m* яйцево́д 2

eilen *intr* спеши́ть 3 (по-), тороп|и́ться 3⁺ -лю́сь (по-) (zu к *D*) | zu Hilfe ~ спеши́ть на по́мощь; es eilt вре́мя не те́рпит; es eilt nicht э́то де́ло не спе́шное, э́то не к спе́ху; Eilt! auf Briefen сро́чно!

eilfertig опроме́тчив:ый

Eilgut *n* груз большо́й ско́рости

eilig поспе́ш|ный, -ен, торопли́в:ый; dringend спе́ш|ный, -ен, сро́ч|ный, -ен, -на́! | ich habe es ~ я спешу́, мне не́когда; er hat es nicht so ~ над ним не ка́плет *umg*

Eil|marsch *m Mil* форси́рованный марш | im ≈ форси́рованным ма́ршем; **~post** *f* спе́шная по́чта; **~schritt** *m* бы́стрый шаг; **~sendung** *f* спе́шное почто́вое отправле́ние

Eilzug *m* ско́рый пассажи́рский по́езд (с припла́той за ско́рость); **~zuschlag** *m* допла́та за ско́рость

Eimer *m* ведро́ 4с *Pl* вёдра, вёдер; am Bagger ковш 2е; **~kettenbagger** *m* многоковшо́вый экскава́тор

eimerweise *Adv* вёдрами

[1]**ein (~e, ~[es])** **1.** *Num* оди́н 15 (одна́, одно́) | ~ Uhr час; ~ Schalter включено́; ~ für allemal раз навсегда́; das ~e wie das andere и то и друго́е; ~ und derselbe оди́н и тот же; in ~em fort беспреры́вно; bei j-m ~ und aus gehen ча́сто быва́ть у кого́-н. **2.** *unbestimmter Artikel, wird nicht übersetzt* **3.** *Pron* кто́-нибудь 15, что́-нибудь 14 | das tut ~em wohl э́то прия́тно; das freut ~en э́то ра́дует

[2]**ein**: weder ~ noch aus wissen не находи́ть 3⁺ -хожу́ ⟨-|йти́*⟩ вы́хода из положе́ния

Einakter *m* одноа́ктная пье́са 6

einaktig одноа́ктный

einander *Pron* друг дру́га | ~ helfen помога́ть ⟨-мо́чь⟩ друг дру́гу

einarbeiten *tr* вводи́ть 3⁺ -вожу́ ⟨-|вести́*⟩ в курс де́ла; Nachträge вноси́ть 3⁺ -ношу́ ⟨-|нести́*⟩; sich ~ *refl* осв|а́иваться ⟨-о́иться 3⟩ (in с *I*), втя́гиваться ⟨-тяну́ться 4⁺⟩ в рабо́ту | sich aufeinander ~ срабо́таться *v* друг с дру́гом; ein gut eingearbeitetes Kollektiv хорошо́ срабо́тавшийся 11 коллекти́в

einarmig одноору́кий | ~es Reißen рыво́к одно́й руко́й

einäschern *tr* обра|ща́ть ⟨-ти́ть 3 -щу́⟩ в пе́пел; Leichen пре|дава́ть* ⟨преда́ть*⟩ крема́ции

Einäscherung *f* крема́ция 8

einatmen *tr* вдыха́ть ⟨-дохну́ть 4⟩

Einatmen *n* вдыха́ние 5

einäugig одногла́зый

Einbahnstraße *f* у́лица с односторо́нним движе́нием; Verkehrsschild односторо́ннее движе́ние 11–5

einbalsamieren *tr* бальзами́ровать 2 (на-)

Einband *m* переплёт 2; **~decke** *f* кры́шка 6 переплёта

Einbänder *m* одното́мник 2

einbändig одното́мный

Einbandrücken *m* корешо́к переплёта

Einbau *m Tech* вмонти́рование 5; Wandschränke встро́йка 6
einbauen *tr Tech* вмонти́ровать *v* 2; Schränke встр|а́ивать ⟨-о́ить 3⟩
Einbauküche *f* встро́енная ку́хонная ме́бель, ку́хня со встро́енным обору́дованием
Einbaum *m* однодерёвка 6
Einbaumöbel *n* встро́енная ме́бель
einbe|griffen *Adv:* diese Summe (mit) ≈ включа́я э́ту су́мму; **~halten** *tr* уде́рживать ⟨-держа́ть 3⁺⟩
einbeinig одноно́гий
einberufen *tr* Tagung созыва́ть ⟨-|зва́ть*⟩; *Mil* призыва́ть ⟨-зва́ть⟩
Einberufung *f* созы́в 2; *Mil* призы́в 2 (zu в *A*)
Einberufungsbefehl *m* прика́з о призы́ве
einbetten *tr* Kabel укла́дывать ⟨-ложи́ть 3⁺⟩
Einbett|ung *f* укла́дывание 5; **~zimmer** *n* ко́мната на одного́ челове́ка; im Hotel одноме́стный но́мер
einbeziehen *tr* включ|а́ть ⟨-и́ть 3⟩; etw. приобщ|а́ть ⟨-и́ть 3⟩; j-n втя́гивать ⟨-тяну́ть 4⁺⟩
Einbeziehung f: unter ~ von etw. со включе́нием чего́-н.
ein|biegen *tr* сгиба́ть ⟨согну́ть 4⟩; Straßenverkehr свора́чивать ⟨-верну́ть 4₁ -вёрнутый⟩ | in eine Querstraße ≈ свора́чивать ⟨-верну́ть⟩ в попере́чную у́лицу; **~bilden, sich** *refl* вообра|жа́ть ⟨-зи́ть 3 -жу́⟩; meinen полага́ть | sich viel ≈ мно́го мнить 3 о себе́; er bildet sich ein, daß … он вообража́ет₁ что …; das bildest du dir bloß ein ты себе́ э́то внуша́ешь; sich etw. ~ auf быть* высо́кого мне́ния о *P*
Einbildung *f* воображе́ние 5; Dünkel самомне́ние 5 | das ist nur ~ э́то то́лько воображе́ние
Einbildungskraft *f* си́ла воображе́ния
ein|binden *tr* завя́зывать ⟨-|вяза́ть*⟩ (in в *A*); Bücher переплета́ть ⟨-|плести́*⟩; **~blenden** *tr Rad* пере|дава́ть* ⟨переда́ть*⟩ на друго́м фо́не; sich ~ *refl* подключ|а́тьзя ⟨-и́ться 3⟩; **~bleuen** *tr* вдалбливать ⟨вдолб|и́ть 3 -лю́⟩ (в го́лову)
Einblick *m* взгляд 2 (in на *A*), ознакомле́ние 5 (in с *I*) | ≈ in etw. haben име́ть представле́ние о чём-н.; ~ in etw. gewinnen ознак|омля́ться ⟨-о́миться 3 -о́млюсь⟩ с чем-н.
einbrechen *intr* in ein Haus соверш|а́ть ⟨-и́ть 3⟩ кра́жу со взло́мом ins Eis ~ прова́ливаться ⟨-вали́ться 3⁺⟩ под лёд
Einbrecher *m* взло́мщик 2
ein|brennen *tr* Zeichen выжига́ть ⟨вы́|жечь*⟩; **~bringen** *tr* приноси́ть 3⁺ ⟨-|нести́*⟩; Ernte собира́ть ⟨-|бра́ть*⟩ | Gewinn ≈ приноси́ть ⟨-нести́⟩ дохо́д; einen Antrag ≈ вноси́ть ⟨-нести́⟩ предложе́ние; eine Zeile ≈ *Typ* вгоня́ть ⟨во|гна́ть*₁ вгоню́⟩ строку́; **~brocken** *tr* Brot кроши́ть 3⁺ (на-), покроши́ть *v* | er hat uns eine schöne Suppe eingebrockt ну и ка́шу он нам завари́л; ich habe mir etw. Unangenehmes eingebrockt я завари́л себе́ ка́шу
Einbruch *m* Raub взлом 2; in ein Land вторже́ние 5 | einen ~ verüben соверши́ть 3 взлом; bei ~ der Dunkelheit при наступле́нии [с наступле́нием] темноты́
Einbruchsdiebstahl *m* кра́жа со взло́мом
Einbuchtung *f Geogr* der Küste во́гнутость 9; im Flußufer зато́н 2
einbürgern *tr* дава́ть* ⟨дать*⟩ права́ гражда́нства; sich ~ *refl* укорен|я́ться ⟨-и́ться 3⟩
Einbürgerung *f* получе́ние 5 прав гражда́нства; *übertr* укорене́иие 5
Einbuße *f* поте́ря 7, уще́рб 2 | ~ erleiden терп|е́ть 3⁺ -лю́ (по-) уще́рб
ein|büßen *tr* теря́ть (по-), утра́|чивать ⟨-тить 3 -чу⟩; *intr* лиш|а́ться ⟨-и́ться 3⟩ *G;* **~cremen, sich** *refl* ма́заться* (на-) кре́мом; **~dämmen** *tr* запр|у́живать ⟨-уди́ть 3 -ужу́₁ -у́ди́шь⟩; Krankheit, Brand локализова́ть *uv, v* 2; **~dampfen** *tr* выпа́ривать ⟨вы́парить 3⟩; **~decken** *tr* укрыва́ть ⟨-|кры́ть*⟩; sich ~ *refl* запаса́ться ⟨-|пасти́сь*⟩ (mit *I*)
Eindecker *m* моноплан 2
ein|deutig я́с|ный₁ -ен₁ -на́₁ -но₁ ясны́, недвусмы́слен:ный₁ -на ; **~dicken** *tr* сгу|ща́ть ⟨-сти́ть 3 -щу́⟩; **~dringen** *intr* проника́ть ⟨-ни́кнуть 4a⟩ (in в *A*) *a. übertr;* in ein Problem вника́ть ⟨-ни́кнуть⟩ в *A;* gewaltsam врыва́ться ⟨во|рва́ться*₁ -рвали́сь⟩; *Mil* вторга́ться ⟨-то́ргнуться 4a⟩ (in в *A*); **~dringlich 1.** *Adj* убеди́тельный, насто́йчив:ый **2.** *Adv:* ≈ bitten убеди́тельно [насто́йчиво] проси́ть
Eindringling *m* захва́тчик 2, оккупа́нт 2
Eindruck *m* впечатле́ние 5 | einen guten ~ machen auf j-n произ|води́ть 3⁺ -вожу́ ⟨-|вести́*⟩ хоро́шее впечатле́ние на кого́-н.; sich des ~s nicht erwehren können не быть* в состоя́нии отде́латься от впечатле́ния; unter dem ~ stehen находи́ться 3⁺ -хожу́сь под впечатле́нием
ein|drücken *tr* eine Vertiefung вдавливать ⟨вдав|и́ть 3⁺ -лю́⟩; Scheibe выда́вливать ⟨вы́давить⟩; **~drucksvoll** внуши́тел|ьный₁ -ен₁ -ьна; **~ebnen** *tr* выра́внивать ⟨вы́ровнять⟩
Einehe *f* единобра́чие 5, монога́мия 8
eineinhalb *Num* полтор|а́ *m, n; f* -ы́₁ *G D* полу́тора ₁ *A* полтор|а́ *m, n; f* -ы́₁ *I P* полу́тора
einen *tr* объедин|я́ть ⟨-и́ть 3⟩
einengen *tr* су́живать ⟨-у́зить 3 -у́жу⟩, стесня́ть ⟨-и́ть 3⟩

Einer *m Math* едини́ца 6; *Sport* Boot одино́чка 6
einerlei *Adv* всё равно́, безразли́чно
Einerlei *n* однообра́зие 5
einerseits, einesteils *Adv* с одно́й стороны́
einfach прост:о́й, -а́, -о, про́сты́; про́ще, просте́йший 11 | eine ~e Fahrkarte биле́т в оди́н коне́ц; das ist ganz ~ э́то о́чень про́сто; das ist ~ ausgezeichnet э́то про́сто замеча́тельно
Einfachheit *f* простота́ 6 | der ~ halber для упроще́ния де́ла, для простоты́
ein|fädeln *tr* вдева́ть ⟨-|де́ть*⟩; *übertr* затева́ть ⟨-те́ять, -те́ю, -те́ешь⟩; **~fahren** *tr* Ernte свози́ть 3⁺ -вожу́ ⟨-|везти́*⟩; Auto обка́тывать ⟨-ката́ть⟩; *intr* въезжа́ть ⟨-|е́хать*⟩ | in einen Schacht ≈ спу|ска́ться ⟨-сти́ться 3⁺ -щу́сь⟩ в ша́хту
Einfahrt *f* въезд 2 (in в *A*); *Bergb* спуск 2 (в ша́хту)
Einfahrtssignal *n Eisenb* входно́й сигна́л
Einfall *m Mil* наше́ствие 5, вторже́ние 5 (in в *A*); Idee иде́я 7 | er kam auf den ~ он напа́л на мысль
einfallen *intr* einstürzen обва́ливаться ⟨-вали́ться 3⁺⟩, обру́ш|иваться ⟨-иться 3⟩; *Mil* вторга́ться ⟨-то́ргнуться 4a *u.* 4⟩; *übertr* приходи́ть 3⁺ ⟨-|йти́*⟩ на ум | das Licht fällt schräg ein свет па́дает сбо́ку; es ist mir eingefallen мне пришло́ в го́лову; was fällt dir ein? как ты сме́ешь?; es fällt mir gar nicht ein ... я и не поду́маю ...; es fiel mir nicht ein мне бы́ло невдомёк
Einfalt *f* наи́вность 9, простота́ 6; Beschränktheit простова́тость 9
einfältig наи́в|ный, -ен, простоду́ш|ный, -ен; Lächeln глупова́т:ый
Einfaltspinsel *m umg* простофи́ля *umg m, f* 7
Einfamilienhaus *n* дом для одно́й семьи́
ein|fangen *tr* лов|и́ть 3 -лю́ ⟨пойма́ть⟩; **~farbig** одноцве́т|ный, -ен; **~fassen** *tr* umsäumen окайм|ля́ть ⟨-и́ть 3 -лю́⟩; Edelsteine оправля́ть ⟨опра́в|ить 3 -лю⟩; mit Band u. a. отор|а́чивать ⟨-очи́ть 3⟩; mit Pelz опуш|а́ть ⟨-и́ть 3⟩
Einfassung *f* von Türen u. Fenstern нали́чник 2; Beet обрамле́ние 5; Edelstein опра́ва 6
ein|fetten *tr* сма́зывать ⟨-|ма́зать*⟩ жи́ром; **~finden, sich** *refl* (по)явля́ться ⟨(по)яв|и́ться 3⁺ -лю́сь⟩; **~flechten** *tr* вплета́ть ⟨-|плести́*⟩; Worte вставля́ть ⟨вста́в|ить 3 -лю⟩; **~fliegen** *tr* Flugzeug испы́тывать ⟨-пыта́ть⟩, облётывать ⟨-лета́ть⟩; *intr* влета́ть ⟨вле|те́ть 3 -чу́⟩; sich ≈ *refl* приобрета́ть ⟨-|обрести́*⟩ лётный о́пыт [лётные на́выки]; **~fließen** *intr* втека́ть ⟨-|те́чь*⟩, влива́ться ⟨-|ли́ться*; -ли́ли́сь⟩; **~flößen** *tr* влива́ть ⟨-лить, во́лью⟩ в рот; *übertr* внуша́ть ⟨-и́ть 3⟩; Mut при|дава́ть* ⟨прида́ть*⟩ *G*
Einflugschneise *f* зо́на 6 возду́шных подхо́дов
Einfluß *m* влия́ние 5 | ~ auf j-n ausüben ока́зывать ⟨-|каза́ть* влия́ние на кого́-н.; ~ gewinnen приобрета́ть ⟨-|обрести́*⟩ влия́ние; von ~ sein быть влия́тельным; unter j-s ~ stehen быть* под влия́нием кого́-н.
einflußreich влия́тел|ьный, -ен, -ьна
Einflußsphäre *f* сфе́ра влия́ния
einflüstern *tr* нашёптывать ⟨-|шепта́ть*⟩
Einflüsterung *f* нашёптывание 5
ein|fordern *tr* тре́бовать 2 (за-); **~förmig** однообра́з|ный, -ен, моното́н|ный, -ен, -на
Einförmigkeit *f* однообра́зие 5, моното́нность 9
ein|fressen, sich *refl* въеда́ться ⟨-|е́сться*⟩; **~frieden** *tr* огор|а́живать ⟨-оди́ть 3 -ожу́, -о́ди́шь⟩
Einfriedigung *f* огра́да 6
ein|frieren *intr* замерза́ть ⟨-мёрзнуть 4a⟩; **~frosten** *tr* замор|а́живать ⟨-о́зить 3 -о́жу⟩; **~fügen** *tr* вст|авля́ть ⟨-а́вить 3 -а́влю⟩, вде́л|ывать ⟨-ать⟩; sich ~ *refl* включ|а́ться ⟨-и́ться 3⟩ (in в *P*)
Einfügung *f* вста́вка 6, включе́ние 5
Einfühlungsvermögen *n* чу́ткость 9 понима́ния
Einfuhr *f* ввоз 2, и́мпорт 2; **~artikel** *m Wirtsch* предме́т 2 ввоза; **~bewilligung** *f* разреше́ние на ввоз
einführen *tr* in ein Amt; etw. Neues вводи́ть 3⁺ -вожу́ ⟨-|вести́*⟩; importieren ввози́ть 3⁺ -вожу́ ⟨-|везти́*⟩ (nach в *A*; aus из *G*)
Einführung *f* введе́ние 5 (in в *A*)
Einführungskursus *m* вво́дный курс
Einfuhr|verbot *n* запреще́ние вво́за; **~ware** *f* и́мпортный това́р; **~zoll** *m* вво́зная по́шлина
Ein|gabe *f* жа́лоба 6; *EDV* ввод 2 | eine ≈ machen по|дава́ть* ⟨пода́ть*⟩ жа́лобу; **~gang** *m* вход 2; von Schreiben получе́ние 5, поступле́ние 5 | nach ≈ по получе́нии; ≈ finden получ|а́ть ⟨-и́ть 3⟩ до́ступ; kein ≈! нет вхо́да!
eingangs *Adv* снача́ла, внача́ле | ~ erwähnt упомя́нутый внача́ле
Eingangs|buch *n* журна́л 2 [кни́га] для за́писи входя́щих бума́г; **~halle** *f* вестибю́ль 1
ein|geben *tr* Arznei дава́ть* ⟨дать*⟩; inspirieren внуш|а́ть ⟨-и́ть 3⟩; *EDV* вво|ди́ть 3⁺ -жу́ ⟨в|вести́*⟩ (в па́мять); **~gebildet** вообража́ющий 11 о себе́ | ≈ sein быть высо́кого мне́ния о себе́; **~geboren** тузе́мный
Ein|geborene *f* ме́стная уроже́нка 6, тузе́мка 6; **~geborener** *m* ме́стный уро-

же́н|ец, -ца 2, тузе́м|ец, -ца 2; **~gebung** *f* вдохнове́ние 5

einge|denk *Adv:* einer Sache ≈ sein по́мнить 3 о чём-н.; **~fallen** Wangen впа́лый; Augen ввали́вшийся 11; **~gefleischt** закорене́лый

eingehen *intr* Briefe поступ|а́ть ⟨-и́ть 3⁺⟩; einverstanden sein согла|ша́ться ⟨-си́ться 3 -шу́сь⟩ (auf с *I*); Tiere, Pflanzen погиба́ть ⟨-ги́бнуть 4a⟩; ein Ende nehmen закрыва́ться ⟨-|кры́ться*⟩; Kleidung сади́ться 3 ⟨сесть*⟩; *tr* Ehe всту|па́ть ⟨-и́ть 3⁺-лю́⟩ в *A* | auf einen Vorschlag ~ принима́ть ⟨приня́ть*⟩ предложе́ние; auf eine Bitte ~ удовлетвор|я́ть ⟨-и́ть 3⟩ про́сьбу; auf eine Frage ~ остан|а́вливаться ⟨-ови́ться 3⁺ -овлю́сь⟩ на вопро́се; auf Einzelheiten ~ в|дава́ться* ⟨-|да́ться*¡ -дали́сь⟩ в подро́бности; in die Geschichte ~ вхо|ди́ть 3⁺ -жу́ ⟨во|йти́*⟩ в исто́рию; eine Verpflichtung ~ брать* ⟨взять*⟩ на себя́ обяза́тельство; eine Wette ~ держа́ть 3⁺ пари́; **~d** ausführlich обстоя́тел|ьный, -ен, -ьна, подро́б|ный, -ен

Eingemachtes *n* консерви́рованные фру́кты *Pl* 2

einge|meinden *tr* включ|а́ть ⟨-и́ть 3⟩ в соста́в о́бщины *oder* го́рода; **~nommen:** für j-n ≈ sein быть располо́женным к кому́-н.; gegen j-n ≈ sein быть предубеждённым про́тив кого́-н.; von sich ≈ sein сли́шком мно́го вообра|жа́ть ⟨-зи́ть 3 -жу́⟩ о себе́; **~schrieben** заказно́й; **~schüchtert** заби́т:ый, запу́ганный

Eingeständnis *n* призна́ние 5

eingestehen *tr* при|знава́ть* ⟨-зна́ть⟩ *A*, со|знава́ться* ⟨-зна́ться⟩ в *P*

Eingeweide *n* вну́тренности *Pl* 9

ein|gewöhnen *tr* приуч|а́ть ⟨-и́ть 3⁺⟩; sich ≈ *refl* привыка́ть ⟨-вы́кнуть 4a⟩ (in к *D*), осва́иваться ⟨-сво́иться 3⟩ (in с *I oder* в *P*); **~gewurzelt** закорене́лый, вкорени́вшийся 11; **~gießen** *tr* налива́ть ⟨нали́ть*⟩, влива́ть ⟨-|лить*¡ волью́⟩; **~gipsen** *tr* укреп|ля́ть ⟨-и́ть 3 -лю⟩ с по́мощью ги́пса; *Med* накла́дывать ⟨-|ложи́ть 3⁺⟩ ги́псовую повя́зку; **~gleisig** одноколе́йный; **~gliedern** *tr* присоедин|я́ть ⟨-и́ть 3⟩ (in к *D*), включ|а́ть ⟨-и́ть 3⟩ (in в *A*)

Eingliederung *f* включе́ние 5

ein|graben *tr* Pflanze вка́пывать ⟨-копа́ть⟩, врыва́ть ⟨-|ры́ть*⟩; vergraben зака́пывать ⟨-копа́ть⟩, зарыва́ть ⟨-ры́ть⟩; sich ≈ *refl Mil* ока́пываться ⟨-копа́ться⟩; in Bücher; in Kissen зарыва́ться ⟨-ры́ться⟩; **~gravieren** *tr* гравирова́ть 2 (вы́-); **~greifen** *intr* вме́шиваться ⟨-меша́ться⟩ (in в *A*); Zahnräder зацеп|ля́ться ⟨-и́ться 3⁺⟩ | in j-s Rechte ≈ посяг|а́ть ⟨-ну́ть 4⟩ на чьи-н. права́

Eingriff *m* in Rechte посяга́тельство 4 на *A; Med* вмеша́тельство 4; *Tech* зацепле́ние 5

einhaken *tr* закрепл|я́ть ⟨-и́ть 3 -лю́⟩ на крючо́к | sich bei j-m ~ брать* ⟨взять*⟩ кого́-н. по́д руку

Einhalt *m:* einer Sache ~ gebieten прекра|-ща́ть ⟨-ти́ть 3 -щу́⟩ что-н.; j-m ~ gebieten останов|и́ть *v* 3⁺-лю́ кого́-н.

einhalten *tr* Vorschriften соблюда́ть; *intr:* halt ein! переста́нь!, прекрати́!

Einhaltung *f* соблюде́ние 5

ein|hämmern *tr* вбива́ть ⟨-|би́ть*¡ вобью́⟩; *übertr* вда́лбливать ⟨вдолб|и́ть 3 -лю́⟩ (в го́лову); **~händig** одноpу́кий; *Sport* одно́й руко́й; **~händigen** *tr* вруч|а́ть ⟨-и́ть 3⟩; **~hängen** *tr* наве́|шивать ⟨-сить 3 -шу⟩; **~hauen** *tr* Fenster, Tür выла́мывать ⟨вы́ломать⟩; **~heften** *tr* вшива́ть ⟨-|шить*¡ вошью́⟩; **~hegen** *tr* огор|а́живать ⟨-оди́ть 3 -ожу́, -о́ди́шь⟩; **~heimisch** ме́стный

Einheimische *f* ме́стная жи́тельница 6; **~r** *m* ме́стный жи́тель 1

ein|heimsen *tr* Geld загреба́ть ⟨-|грести́*⟩; **~heiraten** *intr* in eine Familie во|йти́* *v* в семью́ че́рез брак (in с *I*); in ein Geschäft сде́латься *v* уча́стником чего́-н. че́рез брак

Einheit *f* еди́нство 4; Maß, Teil едини́ца 6; *Mil* подразделе́ние 5, войскова́я часть 9g

einheitlich еди́н:ый; Kleidung одина́ковый | ein ~es Ganzes еди́ное це́лое

Einheitlichkeit *f* еди́нство 4

Einheits|front *f Pol* еди́ный фронт; **~kurzschrift** *f* еди́ная систе́ма 6 стеногра́фии; **~liste** *f* еди́ный спи́сок; **~preis** *m* еди́ная [станда́ртная] цена́; **~schule** *f* еди́ная шко́ла; **~staat** *m* еди́ное госуда́рство; **~wert** *m* иму́щественный ценз 2; **~zeit** *f* еди́ное вре́мя

einheizen *intr* ната́пливать ⟨-топи́ть 3⁺ -топлю́⟩; *übertr* за|дава́ть* ⟨зада́ть*⟩ жа́ру; **~hellig** единогла́с|ный, -ен, единоду́ш|ный, -ен

einherstolzieren *intr* ва́жно выступа́ть

einhöckerig одного́рбый

einholen *tr* догоня́ть ⟨-|гна́ть*⟩; bei der Verfolgung наст|ига́ть ⟨-и́гнуть 4a⟩; nachholen навёрстывать ⟨-верста́ть¡ -вёрстанный⟩; Erlaubnis испр|а́шивать ⟨-оси́ть 3⁺ -ошу́⟩; einkaufen закуп|а́ть ⟨-и́ть 3⁺ -лю́⟩; Seil, Segel убира́ть ⟨-|бра́ть*⟩; Fahne спу|ска́ть ⟨-сти́ть 3⁺ -щу́⟩ | Rat ~ сове́товаться 2 (по-); Erkundigungen ~ наводи́ть 3⁺-вожу́ ⟨-|вести́*⟩ спра́вки

Einhufer *m Zool* однокопы́тное живо́тное *Subst* 10

einhüllen *tr* оку́т|ывать ⟨-ать⟩; sich ~ *refl* оку́т|ываться ⟨-аться⟩ (in в *A*)

einig соглáс|ный, -ен, единодýш|ный, -ен (in в *P*); eng verbunden сплочённый, дрýж|ный, -ен, -нá, -но, дрýжны́ | ~ werden über etw. приходи́ть 3⁺ -хожý ⟨-|йти́*⟩ к соглашéнию о чём-н., догов|áриваться ⟨-ори́ться 3⟩ о чём-н.; sich ~ sein über etw. быть соглáсным в чём-н.

einige *Pron* нéсколько *G;* mehrere нéкоторые *Pl,* немнóгие *Pl* | ~ von ihnen нéкоторые из них; ~ Male нéсколько раз; ~ hundert Jahre нéсколько сот лет; in ~er Entfernung на нéкотором расстоя́нии; vor ~n Jahren нéсколько лет томý назáд; nach ~r Zeit чéрез нéкоторое врéмя; ~ Kenntnisse кое-каки́е свéдения [знáния]; **~mal** *Adv* нéсколько раз

einigen *tr* объедин|я́ть ⟨-и́ть 3⟩; sich ~ *refl* согла|шáться ⟨-си́ться 3 -шýсь⟩ (in в *P*, auf на *A*)

einigermaßen *Adv* в [до] нéкоторой стéпени

Einig|keit *f* соглáсие 5; Eintracht единодýшие 5 | ≈ macht stark в единéнии си́ла; **~ung** *f* объединéние 5; Übereinstimmung соглашéние 5 (über о *P*) | ≈ erzielen достигáть ⟨-сти́гнуть 4a, -|сти́чь*⟩ соглашéния

ein|impfen *tr Med* приви|вáть ⟨-|ви́ть*⟩; *übertr* прививáть ⟨-ви́ть⟩, внуш|áть ⟨-и́ть 3⟩; **~jagen** *tr:* j-m einen Schrecken ≈ нагоня́ть ⟨-|гнáть*⟩ на когó-н. страх; **~jährig** годи́чный; ein Jahr alt годовáлый; Pflanzen, Frist однолéтний 11

Einkammersystem *n Pol* однопалáтная систéма

ein|kapseln *tr* заключ|áть ⟨-и́ть 3⟩ в оболóчку; **~kassieren** *tr* инкасси́ровать *uv, v* 2

Einkauf *m* покýпка 6

einkaufen *tr* покупáть ⟨куп|и́ть 3⁺ -лю́⟩; *ohne Objekt* дéлать (с-) покýпки; en gros закуп|áть ⟨-и́ть⟩

Einkäufer *m* закýпщик 2

Einkaufs|genossenschaft *m* закýпочная коперáция; **~netz** *n* сéтка 6 для покýпок, авóська 6 *umg;* **~tasche** *f* хозя́йственная сýмка; **~zentrum** *n* торгóвый центр

ein|kehren *intr* заворáчивать ⟨-вернýть 4⟩ (bei к *D*); **~keilen** *tr:* in der Menge eingekeilt зажáтый в толпé; **~kellern** *tr* Kohlen склáдывать ⟨-ложи́ть 3⁺⟩ в подвáл; Kartoffeln засыпáть ⟨-|сы́пать*⟩ в подвáл

Einkellerung *f* заклáдка 6 в подвáл; засы́пка 6 в подвáл

ein|kerben *tr* насекáть ⟨-|сéчь*⟩, заруб|áть ⟨-и́ть 3⁺ -лю́⟩; **~kerkern** *tr* заключ|áть ⟨-и́ть 3⁺⟩ в тюрьмý

Einkerkerung *f* заключéние 5 в тюрьмý

einkesseln *tr Mil* окруж|áть ⟨-и́ть 3⟩

Einkesselung *f Mil* окружéние 5

ein|klagen *tr* по|давáть* ⟨подáть*⟩ иск на *A;* **~klammern** *tr* заключ|áть ⟨-и́ть 3⟩ в скóбки

Einklang *m* соглáсие 5 | etw. in ~ bringen mit etw. соглас|óвывать ⟨-овáть 2⟩ что с чем, приводи́ть 3 -вожý ⟨-|вести́*⟩ что в соотвéтствие с чем; nicht in ~ stehen расходи́ться 3⁺ -хожýсь ⟨разо|йти́сь*⟩, не соглас|óвываться ⟨-овáться⟩

ein|kleben *tr* вклéивать ⟨-клéить 3⟩; **~kleiden** *tr* одевáть ⟨-|дéть*⟩; mit Uniform обмундир|óвывать ⟨-овáть 2⟩; *übertr* облекáть ⟨облéчь*⟩; sich ≈ *refl* покупáть ⟨куп|и́ть 3⁺ -лю́⟩ себé одéжду

Einkleidung *f Mil* обмундировáние 5

ein|klemmen *tr* за-, прищем|ля́ть ⟨-и́ть 3 -лю́⟩ | er hat sich den Finger eingeklemmt он прищеми́л себé пáлец; **~klinken** *tr* защёлк|ивать ⟨-нуть 4⟩; *intr* защёлк|иваться ⟨-нуться⟩; **~knicken** *tr* надлáмывать ⟨-ломи́ть 3⁺ -ломлю́⟩; biegen загибáть ⟨-гнýть 4⟩; *intr* von den Beinen, Knien подкáшиваться ⟨-коси́ться 3⟩; **~kochen** *tr* консерви́ровать *uv, v* (в стекля́нных бáнках); *intr* увáриваться ⟨-вари́ться 3⁺⟩

Einkochring *m* проклáдочное кольцó (для консéрвных бáнок)

einkommen *intr* Geld поступ|áть ⟨-и́ть 3⁺ -лю́⟩, прибывáть ⟨прибы́ть*⟩

Einkommen *n* дохóд 2 | festes ~ постоя́нный дохóд; **~steuer** *f* подохóдный налóг

Einkommensverhältnisse *n Pl* имýщественное положéние 5

ein|köpfen *tr Sport* забивáть ⟨-|би́ть*⟩ мяч головóй; **~kreisen** *tr* окруж|áть ⟨-и́ть 3⟩

Einkreisung *f* окружéние 5

Einkünfte *f Pl* дохóды *Pl* 2

einkuppeln *tr Kfz* включ|áть ⟨-и́ть 3⟩ сцеплéние

einladen *tr* Gäste пригла|шáть ⟨-си́ть 3 -шý⟩ (zu на *A*); Ware нагр|ужáть ⟨-узи́ть 3 -ужý, -ýзишь⟩ | zu einer Tasse Tee ~ пригласи́ть на чáшку чáя; zu sich ~ звать* (по-) к себé (в гóсти); **~d** *übertr* гостеприи́м|ный, -ен

Ein|ladung *f* приглашéние 5; Karte пригласи́тельный билéт 2 | auf ≈ по приглашéнию; einer ≈ Folge leisten принимáть ⟨приня́ть*⟩ приглашéние; **~lage** *f* Buch вклáдка 6; orthopädische супинáтор 2; Zwischenfutter проклáдка 6; Bank вклад 2; Spiel стáвка 6; Zahn врéменная плóмба 6; Suppe засы́пка 6; *Theat* вставнóй нóмер 2b *Pl* -á

einlagern *tr* заклáдывать ⟨-ложи́ть 3⟩ на хранéние

Ein|lagerung *f* приня́тие 5 на склад; **~laß** *m* Zutritt вход 2 | j-m ≈ gewähren разреш|áть ⟨-и́ть 3⟩ комý-н. вход [дóступ]

einlassen *tr* впу|ска́ть ⟨-сти́ть 3⁺ -щу́⟩ (in в *A*); sich ~ *refl* пуска́ться ⟨пусти́ться 3⁺ -щу́сь⟩ (auf на *A*); Umgang haben свя́зываться ⟨-|вяза́ться*⟩ (mit с *I*) | sich in ein unsauberes Geschäft ~ пуска́ться ⟨пусти́ться⟩ в афе́ру

Einlaß|karte *f* входно́й биле́т; **~ventil** *n* впускно́й кла́пан

Einlauf *m Med* кли́зма 6; *Sport* финиши́рование 5

einlaufen *tr* Schuhe разна́шивать ⟨-носи́ть 3⁺ -ношу́⟩; *intr Mar* вхо|ди́ть 3⁺ -жу́ ⟨во|йти́*⟩ в га́вань; Zug подходи́ть 3⁺ ⟨подо|йти́*⟩ к перро́ну; Mannschaft ins Stadion выходи́ть 3⁺ ⟨вы́йти⟩(на по́ле); Stoff сади́ться 3 ⟨сесть*⟩

Einlaufwette *f* Pferderennen ста́вка 6 на зае́зд

ein|läuten *tr* зво́ном оповеща́ть о нача́ле чего́-н; **~leben, sich** *refl* in Verhältnisse свыка́ться ⟨сви́кнуться 4a⟩ с *I*; mit Menschen сжива́ться ⟨-|жи́ться*¡ -жили́сь⟩ с *I*, ужива́ться ⟨-жи́ться¡ -жили́сь⟩ с *I*

Einlegearbeit *f* инкруста́ция 8

einlegen *tr* вкла́дывать ⟨-ложи́ть 3⁺⟩, поме|ща́ть ⟨-сти́ть 3 -щу́⟩; sauer einlegen маринова́ть 2 (за-); einsalzen соли́ть 3 солю́¡ со́ли́шь (за-); mit Intarsien versehen инкрусти́ровать *uv, v* 2 | Ehre ~ mit etw. просла́в|иться *v* 3 -люсь чем-н.; ein gutes Wort für j-n ~ замо́лв|ить *v* 3 -лю слове́чко за кого́-н.

Einlegesohle *f* сте́лька 6

einleiten *tr* начина́ть ⟨нача́ть*⟩ | ein Verfahren gegen j-n ~ возбу|жда́ть ⟨-ди́ть 3 жу́⟩ про́тив кого́-н. суде́бное де́ло; Maßnahmen ~ принима́ть ⟨приня́ть*⟩ ме́ры; **~d 1.** *Adj* вступи́тельный **2.** *Adv* во вступле́нии, во вступи́тельном сло́ве

Einleitung *f* введе́ние 5 (in в *A*)

ein|lenken *intr* beim Streit идти́* на усту́пки; **~lesen, sich** *refl* вчи́тываться ⟨вчита́ться⟩ (in в *A*); **~leuchten** *intr* быть* очеви́дным [я́сным] | das leuchtet mir ein э́то ста́ло для меня́ я́сно; das will mir nicht ≈ э́то мне не я́сно, э́то меня́ не убежда́ет; **~leuchtend** я́сн|ый¡ -ен¡ -на́¡ -но¡ я́сны́; überzeugend убеди́тел|ьный¡ -ен¡ -ьна; **~liefern** *tr* дост|авля́ть ⟨-а́вить 3 -а́влю⟩; unterbringen сдава́ть ⟨-|да́ть*⟩; Kranke помеща́ть ⟨-мести́ть 3 -мещу́⟩

Einlieferung *f* доста́вка 6; сда́ча 6; помеще́ние 5

Einlieferungsschein *m* почто́вая квита́нция 8

ein|lösen *tr* выкупа́ть ⟨вы́куп|ить 3 -лю⟩ | einen Scheck ≈ получ|а́ть ⟨-и́ть 3⁺⟩ де́ньги по предъя́вленному че́ку; Versprechen ≈ выполня́ть ⟨вы́полнить 3⟩ обеща́ние; **~lullen** *tr* убаю́к|ивать ⟨-ать⟩; **~machen** *tr* консерви́ровать *uv, v* 2

Einmachglas *n* стекля́нная консе́рвная ба́нка 6

einmal *Adv* (оди́н) раз; einst, früher одна́жды, когда́-то; später когда́-нибудь | noch ~ ещё раз; noch ~ so groß вдво́е бо́льше; noch ~ soviel ещё сто́лько же; auf ~ вдруг, внеза́пно; es war einmal in Märchen жил-был …; sag ~ скажи́-ка; nicht ~ да́же не, и не; ich bin nun ~ so уж я тако́й; nicht ~ lesen kann er он да́же чита́ть не уме́ет [мо́жет]

Einmaleins *n* табли́ца 6 умноже́ния

einmalig однокра́тный; für einmal ра́зовый; einzig(artig) еди́нственный в своём ро́де, неповтори́м¦ый

Einmaligkeit *f* однокра́тность 9; неповтори́мость 9

Einmarsch *m Mil* вступле́ние 5; *Sport* вы́ход 2 (уча́стников на по́ле)

einmarschieren *intr* вступ|а́ть ⟨-и́ть 3⁺ -лю́⟩; *Sport* выходи́ть 3 ⟨вы|йти*⟩ (на по́ле)

Einmaster *m* одномáчтовое су́дно 4 *Pl* суда́ 2b

ein|mauern *tr* замур|о́вывать ⟨-ова́ть 2⟩; **~mengen, sich** *refl* вме́шиваться ⟨вмеша́ться⟩

einmieten *tr* Kartoffeln скла́дывать ⟨сложи́ть 3⁺⟩ в бу́рты, буртова́ть 2; sich ~ *refl* снима́ть ⟨снять*⟩ ко́мнату (bei у *G*)

einmischen, sich *refl* вме́шиваться ⟨-меша́ться⟩

Einmischung *f* вмеша́тельство 4

ein|motten *tr* пересыпа́ть ⟨-|сы́пать*⟩ нафтали́ном; **~mummeln** *tr* (пло́тно *oder* тепло́) заку́т|ывать ⟨-ать⟩; sich ≈ *refl* (пло́тно *oder* тепло́) уку́т|ываться ⟨-аться⟩; **~münden** *intr* Flüsse впада́ть; Straßen выходи́ть 3⁺ на *A*; **~mütig 1.** *Adj* единоду́ш|ный¡ -ен, дру́ж|ный¡ -ен¡ -на́¡ -но¡ дру́жны́ **2.** *Adv* заодно́ | ≈ handeln де́йствовать согласо́ванно

Einmütigkeit *f* единоду́шие 5

einnähen *tr* вшива́ть ⟨-|шить*⟩

Einnahme *f Fin* прихо́д 2; Erlös вы́ручка 6; *Mil* взя́тие 5, заня́тие 5, **~en** *Pl Fin* дохо́ды *Pl* 2; **~quelle** *f* исто́чник дохо́да

einnehmen *tr Fin* получ|а́ть ⟨-и́ть 3⁺⟩; Platz занима́ть ⟨заня́ть*⟩; Festung занима́ть ⟨заня́ть⟩, захв|а́тывать ⟨-ати́ть 3⁺ -ачу́⟩; Arznei принима́ть ⟨приня́ть*⟩ | eine Mahlzeit ~ есть*, ку́шать; von j-m eingenommen sein быть располо́женным к кому́-н., пита́ть симпа́тию к кому́-н.; sehr von sich eingenommen sein мнить 3 мно́го о себе́; **~d** привлека́тел|ьный¡ -ен¡ -ьна

ein|nicken *intr* за|дрема́ть* *v*, клева́ть* но́сом; **~nisten, sich** *refl* гнезди́ться 3; *übertr* заседа́ть ⟨-|се́сть*⟩ у *G*

Einöde *f* глушь 9e, пусты́ня 7

einölen *tr* сма́зывать ⟨-|ма́зать*⟩ ма́слом

einordnen *tr* an seinen Platz ста́в|ить 3 -лю (по-) на своё (определённое) ме́сто; Akten подшива́ть ⟨-|ши́ть*ꜝ -ошью⟩; sich ~ *refl* находи́ть 3⁺ -хожу́ ⟨-|йти́*⟩ своё ме́сто в *P* | sich links ~ *Kfz* занима́ть ⟨заня́ть*⟩ ле́вый ряд

Einordnung *f* расположе́ние 5 (в определённом поря́дке)

ein|packen *tr* укла́дывать ⟨-ложи́ть 3⁺⟩, упако́вывать ⟨-пакова́ть 2⟩; **~passen** *tr Tech* подгоня́ть ⟨-о|гна́ть*⟩ к *D*; **~pauken** *tr* вда́лбливать ⟨вдолб|и́ть 3 -лю́⟩; **~pferchen** *tr* Menschen впи́х|ивать ⟨-нуть 4⟩; **~pflanzen** *tr* сажа́ть ⟨поса-|ди́ть 3⁺ -жу́⟩; ins Beet выса́живать ⟨вы́садить 3⟩

Einphasenstrom *m* однофа́зный ток

ein|planen *tr* плани́ровать 2 (за-) включ|а́ть ⟨-и́ть 3⟩ в план; **~pökeln** *tr* заса́ливать ⟨-соли́ть 3 -со́ли́шь⟩ (впрок); **~polig** однопо́люсный; **~prägen sich** ≈ *refl* запомина́ть ⟨-по́мнить 3⟩; **~quartieren** *tr* разме|ща́ть ⟨-сти́ть 3 -щу́⟩ по кварти́рам; *Mil* расквартир|о́вывать ⟨-ова́ть 2⟩; sich ≈ *refl* разме|ща́ться ⟨-сти́ться⟩ (bei у *G*); расквартир|о́вываться ⟨-ова́ться⟩

Einquartierung *f* размеще́ние 5 по кварти́рам, расквартирова́ние 5

ein|rahmen *tr* вст|авля́ть ⟨-а́вить 3 -а́влю⟩ в ра́мку; *übertr* обрамля́ть ⟨-ра́мить 3 -ра́млю⟩; **~rammen** *tr* вбива́ть ⟨-|би́ть*⟩; **~räumen** *tr* Wohnung расст|авля́ть ⟨-а́вить 3 -а́влю⟩; zugeben согла|ша́ться ⟨-си́ться 3 -шу́сь⟩ с *I;* gewähren предост|авля́ть ⟨-а́вить 3 -а́влю⟩

Einraumwohnung *f* однокомнатная кварти́ра

einrechnen *tr* включ|а́ть ⟨-и́ть 3⟩ (в счёт) | mit eingerechnet включа́я; nicht mit eingerechnet не счита́я

ein|reden *tr:* j-m etw. ≈ внуш|а́ть ⟨-и́ть 3⟩ кому́-н. что-н.; *intr:* auf j-n ≈ (насто́йчиво) угова́ривать кого́-н.; sich ≈, daß ... внуша́ть себеꜝ что ...; **~reiben** *tr* Salbe втира́ть ⟨-|тере́ть*ꜝ вотру́⟩; Körper натира́ть ⟨-тере́ть⟩

Einreibung *f* втира́ние 5; натира́ние 5

einreichen *tr* по|дава́ть* ⟨пода́ть*⟩ | seinen Abschied ~ пода́ть в отста́вку

ein|reihen *tr* включ|а́ть ⟨-и́ть 3⟩ (in в *A*), принима́ть ⟨приня́ть*⟩ (in в *A*); sich ≈ *refl* включ|а́ться ⟨-и́ться 3⟩; bei Wartenden в|става́ть* ⟨-|стать*⟩ в о́чередь; **~reihig** однобо́ртный | ≈es Jackett однобо́ртный пиджа́к

Einreise *f* въезд 2 (nach, in в *A*); **~genehmigung** *f* разреше́ние на въезд

einreisen *intr* въезжа́ть ⟨-|е́хать*⟩ (nach, in в *A*)

Einreisevisum *n* ви́за на въезд

ein|reißen *tr* Haus лома́ть (с-), сноси́ть 3⁺ -ношу́ ⟨-|нести́*⟩; Kleid надрыва́ть ⟨-о|рва́ть*ꜝ -о́рванный⟩; *intr* надрыва́ться ⟨-о|рва́ться*ꜝ -орвали́сь⟩; *übertr* sich verbreiten распростран|я́ться ⟨-и́ться 3⟩; **~renken** *tr Med* вправля́ть ⟨впра́в|ить 3 -лю⟩; *übertr* ула́|живать ⟨-дить 3 -жу⟩; **~rennen** *tr* пробива́ть ⟨-|би́ть*⟩ с разбе́гу | offene Türen ≈ ломи́ться 3⁺ в откры́тые две́ри; sich den Kopf ≈ разби́ть* *v*ꜝ -обью́ себе́ го́лову; **~richten** *tr* Wohnung обст|авля́ть ⟨-а́вить 3 -а́влю⟩; Fabrik обору́довать *uv, v* 2; organisieren организова́ть *uv, v* 2, устр|а́ивать ⟨-о́ить 3⟩; *Tech* устан|а́вливать ⟨-ови́ть 3⁺ -овлю́⟩, нала́|живать ⟨-дить 3 -жу⟩; sich ≈ *refl* häuslich устр|а́иваться ⟨-о́иться⟩ | sich auf etw. ≈ гото́в|иться 3 -люсь к чему́-н.

Einrichtung *f* Mobiliar обстано́вка 6; einer Fabrik обору́дование 5; Anlage устано́вка 6; Institution учрежде́ние 5

ein|ritzen *tr* цара́пать (на-), выреза́ть ⟨вы́|резать*⟩; **~rollen** *tr* свёртывать ⟨-верну́ть 4ꜝ -вёрнутый⟩ тру́бкой, ска́тывать ⟨-ката́ть⟩; **~rosten** *intr* ржа́веть (за-); **~rücken** *tr* Schreibrand отступ|а́ть ⟨-и́ть 3⁺ -лю́⟩; *Typ* де́лать (с-) о́тступ; *intr Mil* einmarschieren вступ|а́ть ⟨-и́ть⟩; **~rühren** *tr* Teig заме́шивать ⟨-меси́ть 3⁺ -мешу́⟩

eins *Num* одно́ 15; beim Zählen раз | es läuft auf ~ hinaus э́то одно́ и то же; halb ~ полови́на пе́рвого

Eins *f* число́ 4c оди́н, оди́н 15; Straßenbahn пе́рвый но́мер 2b; Zensur едини́ца 6 in sowjetischen Schulen schlechteste Zensur

ein|sacken *tr* засыпа́ть ⟨-|сы́пать*⟩ в мешо́к; *intr* sich senken оседа́ть ⟨-|се́сть*⟩; **~salben** *tr* натира́ть ⟨-|тере́ть*⟩ ма́зью; **~salzen** *tr* заса́ливать ⟨-соли́ть 3 -со́ли́шь⟩

einsam alleinstehend одино́к:ий; vereinsamt уединён:ныйꜝ -на | ~er Ort захолу́стье 5

Einsamkeit *f* одино́чество 4; уедине́ние 5

ein|sammeln *tr* собира́ть ⟨-|бра́ть*⟩; **~sargen** *tr* класть* ⟨положи́ть 3⁺⟩ в гроб

Einsatz *m* Maschinen, Kräfte испо́льзование 5, примене́ние 5; Spiel ста́вка 6; Kleidung вста́вка 6; Pfand закла́д 2, зало́г 2; *Mus* вступле́ние 5; Arbeits~ командиро́вка 6, freiwilliger суббо́тник 2; *Mil* введе́ние 5 в бой | mit ~ aller Kräfte с напряже́нием всех сил

einsatzbereit *Mil* в по́лной гото́вности; Fahrzeug гото́вый к вы́езду

Einsatz|bereitschaft *f* гото́вность к *D* | ≈ zeigen прояв|ля́ть ⟨-и́ть 3 -лю́⟩ акти́вность; **~wagen** *m* Straßenbahn дополни́тельный трамва́й

ein|säuern *tr* ква́|сить 3 -шу (за-); Futter силосова́ть *uv, v* 2 (*a.* за-); **~saugen** *tr* впи́тывать ⟨-пита́ть⟩, вса́сывать ⟨-|соса́ть*⟩; **~säumen** *tr* Kleid подшив|а́ть ⟨-|ши́ть*⟩; **~schalten** *tr* включ|а́ть ⟨-и́ть 3⟩; im Text вставля́ть ⟨вста́в|ить 3 -лю⟩; sich ≈ *refl* включ|а́ться ⟨-и́ться⟩

Einschaltung *f El* включе́ние 5; im Text вста́вка 6

ein|schärfen *tr* насто́йчиво внуш|а́ть ⟨-и́ть 3⟩; **~scharren** *tr* зарыва́ть ⟨-|ры́ть*⟩; **~schätzen** *tr* оце́нивать ⟨-цени́ть 3⁺⟩

Einschätzung *f* оце́нка 6

ein|schenken *tr* налива́ть ⟨нали́ть*⟩; **~schicken** *tr* посыла́ть ⟨-|сла́ть*⟩; **~schieben** *tr* вдв|ига́ть ⟨-и́нуть 4⟩; in den Text де́лать вста́вки

Einschienenbahn *f* моноре́льсовая желе́зная доро́га 6

ein|schießen *tr* Gewehr пристр|е́ливать ⟨-еля́ть⟩; sich ≈ *refl* пристр|е́ливаться ⟨-еля́ться⟩ (auf по *D*); **~schiffen** *tr* Passagiere производи́ть 3⁺ -вожу́ ⟨-|вести́*⟩ поса́дку на су́дно; Fracht гр|узи́ть 3 -ужу́, -у́зи́шь (на-) су́дно; sich ≈ *refl* са|ди́ться 3 -жу́сь ⟨сесть*⟩ на су́дно

ein|schirren *tr* запряга́ть ⟨-|пря́чь*⟩; **~schlafen** *intr* зас|ыпа́ть ⟨-ну́ть 4⟩; Gliedmaßen неме́ть (о-) | ich kann nicht ≈ мне не спи́тся; **~schläfern** *tr* Gewissen усып|ля́ть ⟨-и́ть 3 -лю́⟩; **~schläfernd** *Med* снотво́рный; *übertr* усыпля́ющий 11, усыпи́тел|ьный, -ен, -ьна

Einschlag *m* Blitz уда́р 2; Geschoß попада́ние 5; am Kleid запа́с 2; Wald ру́бка 6

einschlagen *tr* Nagel вбива́ть ⟨-|би́ть*, вобью́⟩, забива́ть ⟨-би́ть⟩; Pfahl вкол|а́чивать ⟨-оти́ть 3⁺ -очу́⟩; Fenster разбива́ть ⟨-би́ть, -обью́⟩; in Papier завёртывать ⟨-верну́ть 4, -вёрнутый⟩; Weg идти́*, по|йти́* *v* (по како́му-н. пути́); *intr* Blitz ударя́ть ⟨-да́рить 3⟩; Geschoß попада́ть ⟨-|па́сть*⟩; Erfolg haben име́ть успе́х; Waren быть* хо́дким | die Tür ≈ вышиба́ть ⟨вы́|шибить*⟩ дверь; schlag ein! по рука́м!; eine Laufbahn ≈ из|бра́ть* *v* каку́ю-н. карье́ру; **~schlägig** соотве́тствующий 11 | ≈e Literatur литерату́ра по да́нному предме́ту

Einschlagpapier *n* обёрточная бума́га

ein|schleichen, sich *refl* Dieb прокра́дываться ⟨-|кра́сться*⟩; Fehler вкра́дываться ⟨-кра́сться⟩ | er schlich sich in sein Vertrauen ein он вкра́лся к нему́ в дове́рие; **~schleppen** *tr* Krankheit заноси́ть 3⁺ -ношу́ ⟨-|нести́*⟩; **~schleusen** *tr* Agenten засыла́ть ⟨-|сла́ть*⟩; Waren ввози́ть 3⁺ -вожу́ ⟨-|везти́*⟩ контраба́ндой; **~schließen** tr запира́ть ⟨запере́ть*⟩; *Mil* окруж|а́ть ⟨-и́ть 3⟩; *übertr* включ|а́ть ⟨-и́ть 3⟩; sich ≈ *refl* запира́ться ⟨-пере́ться⟩ | in Klammern ≈ заключ|а́ть ⟨-и́ть⟩ в ско́бки; **~schließlich 1.** *Adv* включи́тельно **2.** *Präpos* включа́я *A;* **~schlummern** *intr* за|дрема́ть* *v*

Einschluß *m* включе́ние 5 | mit [unter] ~ включа́я *A*, с включе́нием *G*

einschmeicheln, sich *refl* подли́зываться ⟨-|лиза́ться*⟩ (bei к *D*)

einschmeichelnd вкра́дчив:ый

ein|schmelzen *tr* Metall распл|авля́ть ⟨-а́вить 3 -а́влю⟩; **~schmieren** *tr* einfetten сма́зывать ⟨-|ма́зать*⟩; beschmutzen па́чкать (за-); **~schmuggeln** *tr* ввози́ть 3⁺ -вожу́ ⟨-|везти́*⟩ контраба́ндой; *übertr* прота́скивать ⟨-тащи́ть 3⁺⟩ *umg;* sich ≈ *refl* пробира́ться ⟨-|бра́ться*, -брали́сь⟩; **~schnappen** *intr* Türschloß защёлк|иваться ⟨-нуться 4⟩; *umg* übelnehmen обижа́ться ⟨оби́|деться 3 -жусь⟩

einschneidend реши́тел|ьный, -ен, -ьна, радика́л|ьный, -ен, -ьна

einschneien *intr* быть* занесённым сне́гом | das Haus ist eingeschneit дом занесён сне́гом

Einschnitt *m* надре́з 2 *a. Med;* Geländeprова́л 2; *Lit* цезу́ра 6; im Leben перело́м 2

ein|schnüren *tr* Taille затя́гивать ⟨-тяну́ть 4⁺⟩; **~schränken** *tr* ограни́ч|ивать ⟨-ить 3⟩; Ausgaben сокра|ща́ть ⟨-ти́ть 3 -щу́⟩; sich ≈ *refl* ограни́ч|ивать ⟨-ить⟩ себя́ (in в *P*)

Einschränkung *f* ограниче́ние 5 | ohne ~ без огово́рок

einschrauben *tr* ввинчивать ⟨ввин|ти́ть 3 -чу́⟩

Einschreibe|brief *m* заказно́е письмо́; **~gebühr** *f* пла́та за заказно́е письмо́

ein|schreiben *tr* в-, запи́сывать ⟨-писа́ть*⟩; sich ≈ *refl* запи́сываться ⟨-писа́ться⟩ | ≈ einen Brief ≈ lassen отпр|авля́ть ⟨-а́вить 3 -а́влю⟩ заказно́е письмо́

Einschreiben *n* Brief заказно́е пис|ьмо́ 4c *G Pl* -ем; Päckchen заказна́я бандеро́ль 9

ein|schreiten *intr* принима́ть ⟨приня́ть*⟩ ме́ры; **~schrumpfen** *intr* мо́рщиться 3 (с-); **~schüchtern** *tr* запу́гивать ⟨-пуга́ть⟩ | sich nicht ≈ lassen не дать* *v* себя́ запуга́ть

Einschüchterung *f* запу́гивание 5

Einschüchterungsversuch *m* попы́тка запу́гивания

einschulen *tr* Kinder определ|я́ть ⟨-и́ть 3⟩ в шко́лу

Ein|schulung *f* определе́ние 5 в шко́лу; **~schuß** *m* ме́сто 4b попада́ния (пу́ли); Weberei ут|о́к, -ка́ 2

ein|sehen *tr* Einblick nehmen просм|а́тривать ⟨-отре́ть 3⁺ -отрю́⟩; erkennen понима́ть ⟨поня́ть*⟩ | seinen Fehler ≈ осознава́ть* ⟨-зна́ть⟩ свою́ оши́бку; **~seifen** *tr* мы́лить 3 (на-), намы́л|ивать ⟨-ить⟩; *übertr umg* надува́ть ⟨-|ду́ть*⟩; **~seitig 1.** *Adj* односторо́нний 11 **2.** *Adv:* ein ≈ geschriebenes Manuskript ру́копись, напи́санная с одно́й стороны́ листа́

Einseitigkeit *f* односторо́нность 9

einsenden *tr* присыла́ть ⟨-|сла́ть*⟩

Einsendeschluß *m* после́дняя да́та 11-6 для отправле́ния

Einsendung *f* посы́лка 6; von Briefen, Geld поступле́ние 5

einsetzen *tr* вставля́ть ⟨вста́в|ить 3 -лю⟩; Kommission назн|ача́ть ⟨-а́чить 3⟩; Pflanzen сажа́ть ⟨поса|ди́ть 3⁺ -жу́⟩; *Mil* вводи́ть 3⁺ -вожу́ ⟨-|вести́*⟩ в бой; *intr* beginnen начина́ться ⟨нача́ться*, нача́л|ся́, -и́сь⟩; Instrument вступ|а́ть ⟨-и́ть 3⁺⟩; sich ~ *refl* вступ|а́ться ⟨-и́ться 3⁺ -лю́сь⟩ (für за *A*) | j-n als Leiter einer Abteilung ~ назн|ача́ть ⟨-а́чить⟩ кого́-н. руководи́телем отде́ла; einen Flicken ~ ста́в|ить 3 -лю (по-) запла́ту; alle Kraft ~ напряга́ть ⟨-|пря́чь*⟩ все си́лы; sein Leben ~ рискова́ть 2 жи́знью

Ein|setzung *f* ins Amt назначе́ние 5; **~sicht** *f* просмо́тр 2; Verständnis понима́ние 5 | ≈ nehmen in etw. просм|а́тривать ⟨-отре́ть 3⁺⟩ что-н.; zur ≈ gelangen образу́м|иться *v* 3 -люсь *umg*; ≈ in die Notwendigkeit по́знанная необходи́мость

einsichtig благоразу́м|ный, -ен, рассуди́тел|ьный, -ен, -ьна

Einsichtnahme *f* просмо́тр 2 (in *G*), ознакомле́ние 5 (in с *I*)

einsichts|los неблагоразу́м|ный, -ен; **~voll = einsichtig**

einsickern *intr* проса́чиваться ⟨-сочи́ться 3⟩

Einsied|elei *f* пу́стынь 9; **~ler** *m* отше́льник 2; Mönch затво́рник 2

einsiedlerisch отше́льнический

Einsiedlerkrebs *m* рак-отше́льник 2-2

einsilbig *Gramm* односло́ж|ный, -ен; *übertr* неразгово́рчив:ый, молчали́в:ый

ein|singen, sich *refl* Chor с|пе́ться* *v;* Sänger распева́ться ⟨-|пе́ться⟩; **~sinken** *intr* погр|ужа́ться ⟨-узи́ться 3 -ужу́сь, -у́зишься⟩; im schlammigen Boden, im Schnee увяза́ть ⟨увя́знуть 4а⟩; Boden оседа́ть ⟨-|се́сть*⟩

einsitzig одноме́стный

einspannen *tr* Pferde запряга́ть ⟨-|пря́чь*⟩; zur Arbeit запряга́ть ⟨-пря́чь⟩ (j-n in etw. кого́-н. во что-н.); in die Schreibmaschine вст|авля́ть ⟨-а́вить 3 -а́влю⟩; *Tech* зажима́ть ⟨-|жа́ть¹*⟩

Einspänner *m* одноко́нный экипа́ж 2 *G Pl* -е́й, экипа́ж на одну́ ло́шадь

einspännig одноко́нный

einsparen *tr* эконо́м|ить 3 -лю (с-)

Einsparung *f* эконо́мия 8

ein|speichern *tr EDV* вво|ди́ть 3⁺ -жу́ ⟨в|вести́*⟩ в па́мять; **~sperren** *tr* запира́ть ⟨запере́ть*⟩; einkerkern заключ|а́ть ⟨-и́ть 3⟩ в тюрьму́ | j-n eingesperrt halten держа́ть кого́-н. взаперти́ [под замко́м]; **~spielen** *tr* Instrument обы́грывать ⟨-ыгра́ть⟩; sich ≈ *refl* aufeinander сраб|а́тываться ⟨-о́таться⟩; **~spinnen, sich** *refl* Seidenraupe прясть* (с-) ко́кон

einsprachig одноязы́чный

ein|sprengen *tr* Wäsche обры́з|гивать ⟨-нуть 4⟩; **~springen** *intr* замен|я́ть ⟨-и́ть 3⁺⟩ (für *A*); **~spritzen** *tr* впры́с|кивать ⟨-нуть 4⟩; *Med* де́лать (с-) инъе́кцию

Einspruch *m* возраже́ние 5, проте́ст 2 | gegen etw. ~ erheben протестова́ть 2 про́тив чего́-н., заяв|ля́ть ⟨-и́ть 3⁺ -лю́⟩ проте́ст про́тив чего́-н.

Einspruchsrecht *n* пра́во проте́ста

einspurig одноколе́йный

einst *Adv* ehedem когда́-то, не́когда; künftig когда́-нибудь, когда́-то

einstampfen *tr* утрамб|о́вывать ⟨-ова́ть 2⟩; mit Füßen втаптывать ⟨-|топта́ть*⟩; Papier перераб|а́тывать ⟨-о́тать⟩

Einstand *m* празднова́ние 5 по слу́чаю вступле́ния 5 в до́лжность; Tennis ро́вный счёт 2

ein|stechen *tr* втыка́ть ⟨воткну́ть 4⟩; **~stecken** *tr* всо́вывать ⟨всу́нуть 4⟩; in den Briefkasten опу|ска́ть ⟨-сти́ть 3⁺ -щу́⟩; *umg* Beleidigungen прогл|а́тывать ⟨-оти́ть 3⁺ -очу́⟩; **~stehen** *intr* руча́ться ⟨поручи́ться 3⁺⟩ (für за *A*); **~steigen** *intr* вхо|ди́ть 3⁺ -жу ⟨во|йти́*⟩ (in в A); in ein Fahrzeug са|ди́ться 3 -жу́сь ⟨сесть*⟩ в *A* | ≈! занима́йте места́!; nicht ≈! поса́дки нет!; **~stellbar** регули́руемый; **~stellen** *tr* Tätigkeit прекра|ща́ть ⟨-ти́ть 3 -щу́⟩; Auto поме|ща́ть ⟨-сти́ть 3 -щу́⟩; zur Arbeit принима́ть ⟨приня́ть*⟩ на рабо́ту, зачисля́ть ⟨-чи́слить 3⟩ в штат; *Tech* регули́ровать 2 (от-); *Rad* настр|а́ивать ⟨-о́ить 3⟩; sich ≈ *refl* явля́ться ⟨яв|и́ться 3⁺ -лю́сь⟩; beginnen начина́ться ⟨нача́ться*, нача́л|ся́, -и́сь⟩; *übertr* настр|а́иваться ⟨-о́иться⟩ (auf на *A*) | die Zahlungen ≈ приостан|а́вливать ⟨-ови́ть 3⁺ -овлю́⟩ платежи́; er ist gegen mich (feindlich) eingestellt он настро́ен ко мне (вражде́бно)

einstellig *Math* однозна́чный

Einstell|knopf *m Rad* ру́чка 6 настро́йки; **~ring** *m Tech* устано́вочное кольцо́; **~ung** *f* Aufnahme приня́тие 5 на рабо́ту; Abbruch прекраще́ние 5; Haltung отноше́ние 5 (zu к *D*), то́чка 6 зре́ния; *Tech* регулиро́вка 6; *Rad* настро́йка 6; Foto наво́дка 6 (на ре́зкость); Film съёмка 6

Einstich *m* уко́л 2

Einstieg *m* вход 2; Einsteigen поса́дка 6
einstig бы́вший 11, пре́жний 11
einstimm|en *intr* in ein Lied подхва́тывать ⟨-хвати́ть 3⁺ -хвачу́⟩; **~ig** единогла́с|ный, -ен
Einstimmigkeit *f* единогла́сие 5
einstmals *Adv* одна́жды, когда́-то
einstöckig одноэта́жный; in der UdSSR entsprechend двухэта́жный
ein|stoßen *tr* Tür взла́мывать ⟨-лома́ть⟩; **~streichen** *tr umg* Geld загреба́ть ⟨-|грести́*⟩; **~streuen** *tr* всыпа́ть ⟨-|сы́пать*⟩; *übertr* пересыпа́ть ⟨-сы́пать⟩; **~strömen** *intr* втека́ть ⟨-|течь*⟩, влива́ться ⟨-|ли́ться*, -лили́сь⟩; **~studieren** *tr Theat* разу́чивать ⟨-учи́ть 3⁺⟩; **~stufen** tr классифици́ровать *uv, v* 2
Ein|stufenrakete *f* одноступе́нчатая раке́та; **~stufung** *f* распределе́ние 5 по катего́риям [по разря́дам]; **~sturz** *m* обва́л 2
einstürzen *intr* обру́ш|иваться ⟨-иться 3⟩, обва́ливаться ⟨-вали́ться 3⁺⟩ | die Decke ist eingestürzt потоло́к ру́хнул
einstweil|en *Adv* пока́, тем вре́менем; **~ig** вре́менный
eintägig одноднéвный
Eintagsfliege *f* му́ха-подёнка 6-6
ein|tauchen *tr* окуна́ть ⟨окуну́ть 4⟩; Feder обма́кивать ⟨-макну́ть 4⟩; Körper погр|ужа́ть ⟨-узи́ть 3 -ужу́, -узи́шь⟩; *intr* погружа́ться ⟨-узи́ться⟩; **~tauschen** *tr* меня́ть (об-) (gegen на *A*); **~teilen** *tr* раздел|я́ть ⟨-и́ть 3⁺⟩ (in на *A*); aufteilen распредел|я́ть ⟨-и́ть 3⟩ | das Geld ≈ эконо́мно тра́|тить 3 -чу (ис-) де́ньги
Einteilung *f* (под)разделе́ние 5; распределе́ние 5; Grad~ шкала́ 6c
eintönig моното́н|ный, -ен, -на, однообра́з|ный, -ен
Ein|tönigkeit *f* моното́нность 9, однообра́зие 5; **~topfgericht** *n* обе́д 2 из одного́ блю́да; **~tracht** *f* единоду́шие 5, согла́сие 5 | in ≈ leben жить в ми́ре и согла́сии, жить в ладу́
einträchtig дру́ж|ный, -ен, -на́, -но, дру́жны́, единоду́ш|ный, -ен
Eintrag *m* Strafvermerk вы́говор 2 (с занесе́нием в кла́ссный журна́л, в ли́чное де́ло)
ein|tragen *tr* in eine Liste u. a. запи́сывать ⟨-|писа́ть*⟩ (in в *A*); Gewinn bringen приноси́ть ⟨-|нести́*⟩; sich ≈ *refl* запи́сываться ⟨-писа́ться⟩ | Korrekturen ≈ вноси́ть 3⁺ -ношу́ ⟨-нести́⟩ исправле́ния; **~träglich** дохо́д|ный, -ен, при́был|ьный, -ен, -ьна
Eintragung *f* внесе́ние 5; Notiz за́пись 9
ein|träufeln *tr* ка́пать (на-), влива́ть ⟨-|ли́ть*, во́лью⟩ по ка́плям; **~treffen** *intr* прибыва́ть ⟨прибы́ть*⟩; zu Fuß приходи́ть 3⁺ -хожу́ ⟨-|йти́*⟩; fahrend приезжа́ть ⟨-|е́хать*⟩; Ereignis сбыва́ться ⟨-|бы́ться*, -бы́ли́сь⟩; Voraussage опр|а́вдываться ⟨-авда́ться⟩; **~treiben** *tr* Vieh загоня́ть ⟨-|гна́ть*⟩; Schulden взы́скивать ⟨-|ыска́ть*⟩; Gebühren взима́ть; **~treten** *tr* Tür выбива́ть ⟨вы́|бить*⟩; *intr* ins Zimmer вхо|ди́ть 3⁺ -жу́ ⟨во|йти́*⟩; in Schule, Dienst поступ|а́ть ⟨-и́ть 3⁺ -лю́⟩ в *A;* in eine Organisation вступ|а́ть ⟨-и́ть⟩ в *A;* Ereignis происходи́ть ⟨произойти́⟩; Besserung наступ|а́ть ⟨-и́ть⟩; sich einsetzen вступ|а́ться ⟨-и́ться⟩ (für за *A*) | für den Frieden ≈ выступа́ть за мир, стоя́ть 3 за мир; es trat Ruhe ein наста́ла тишина́; es kann der Fall ≈, daß ... мо́жет случи́ться, что ...; **~trichtern** *tr:* j-m etw. ≈ *umg* вда́лбливать ⟨вдолб|и́ть 3 -лю́⟩ кому́-н. что-н. (в го́лову)
Eintritt *m* вход 2; in Schule поступле́ние 5; in Organisation вступле́ние 5; Anbruch наступле́ние 5 | freier ~ беспла́тный [свобо́дный] вход; ~ verboten! вход воспрещён!
Eintritts|geld *n* пла́та за вход; **~karte** *f* (входно́й) биле́т; **~preis** *m* входна́я пла́та 6, пла́та за вход
ein|trocknen *intr* засыха́ть ⟨-со́хнуть 4a⟩; an Gewicht verlieren усыха́ть ⟨-со́хнуть⟩; **~üben** *tr* разу́чивать ⟨-учи́ть 3⁺⟩; **~verleiben** *tr* присоедин|я́ть ⟨-и́ть 3⟩ к *D*
Einver|leibung *f* Gebiet присоедине́ние 5, анне́ксия 8; **~nehmen** *n* (взаи́мное) согла́сие 5 | in gutem ≈ в до́бром согла́сии; im ≈ mit j-m заодно́ с кем-н.
einverstanden: damit sind alle ≈ все с э́тим согла́сны; sich ~ erklären объяв|ля́ть ⟨-и́ть⟩ о своём согла́сии; ~! согла́сен!
Einverständnis *n* согла́сие 5; Einwilligung соглаше́ние 5 | im ~ mit j-m handeln де́йствовать с чьего́-; согла́сия
Einwand *m* возраже́ние 5 (gegen про́тив *G*); **~erer** *m* иммигра́нт 2
einwandern *intr* иммигри́ровать *uv, v* 2
Einwanderung *f* иммигра́ция 8
einwandfrei безупре́ч|ный, -ен, безукори́знен:ный, -на | es ist ~ nachgewiesen э́то с несомне́нностью дока́зано
einwärts *Adv* внутрь
ein|wechseln *tr* обме́нивать ⟨-меня́ть⟩ (in на *A*); **~wecken** *tr* консерви́ровать 2 (за-)
Einweck|glas *n* стекля́нная ба́нка (для фрукто́вых, овощны́х консе́рвов); **~topf** *m* кастрю́ля для приготовле́ния консе́рвов
ein|weichen *tr* Zwieback разма́чивать ⟨-мочи́ть 3⁺⟩; Wäsche мочи́ть (за-); **~weihen** *tr* Denkmal (торже́ственно) открыва́ть ⟨-|кры́ть*⟩; Kirche освя|ща́ть ⟨-ти́ть 3 -щу́⟩ | j-n in etw. ≈ посвя|ща́ть ⟨-ти́ть⟩ кого́-н. во что-н.

Einweihung *f* (торже́ственное) откры́тие 5; освяще́ние 5; посвяще́ние 5
einweisen *tr* Hinweise geben инструкти́ровать *uv, v* 2; einführen вводи́ть 3⁺ -вожу́ ⟨-|вести́*⟩ (in в *A*) | j-n in ein Sanatorium ~ дава́ть* ⟨дать*⟩ кому́-н. путёвку в санато́рий; j-n in ein Krankenhaus ~ напр|авля́ть ⟨-а́вить 3 -а́влю⟩ кого́-н. в больни́цу
Einweisung *f* in ein Amt ввод 2 в *A;* in ein Sanatorium, Ferienheim направле́ние 5
Einweisungsschein *m* путёвка 6
ein|wenden *tr* возра|жа́ть ⟨-зи́ть 3 -жу́⟩ | er hat nichts dagegen einzuwenden у него́ нет никаки́х возраже́ний; **~werfen** *tr* Fensterscheibe выбива́ть ⟨вы́|бить*⟩; Brief опу|ска́ть ⟨-сти́ть 3⁺ -щу́⟩; Bemerkung вставля́ть ⟨вста́в|ить 3 -лю⟩ (замеча́ния); Ball вбр|а́сывать ⟨-о́сить 3 -о́шу⟩; **~wertig** *Chem* одновале́нтный; **~wickeln** *tr* завёртывать ⟨-верну́ть 4ᵢ -вёрнутый⟩; in Windeln пелена́ть (за-); *übertr umg* оку́т|ывать ⟨-ать⟩; **~wiegen** Kind баю́кать, ука́чивать ⟨-кача́ть⟩; **~willigen** *intr* согла|ша́ться ⟨-си́ться 3 -шу́сь⟩ (in на *A*)
Einwilligung *f* согла́сие 5 (zu на *A*)
einwirken *intr* возде́йствовать *uv, v* 2 (auf на *A*), влия́ть (по-) (auf на *A*)
Einwirkung *f* (воз)де́йствие 5, влия́ние 5
Einwohner *m* жи́тель 1; **~in** *f* жи́тельница 6; **~meldeamt** *n* стол 2e пропи́ски; **~versammlung** *f* собра́ние жи́телей; **~schaft** *f* жи́тели *Pl* 1; **~zahl** *f* число́ жи́телей, коли́чество 4 населе́ния
Einwurf *m* Schlitz щель 9g; Bemerkung ре́плика 6; *Sport* вбра́сывание 5 мяча́
einwurzeln *intr* Pflanze пу|ска́ть ⟨-сти́ть 3⁺⟩ ко́рни, укорен|я́ться ⟨-и́ться 3⟩ *a. übertr*
Einzahl *f Gramm* еди́нственное число́
einzahlen *tr* вноси́ть 3⁺ -ношу́ ⟨-|нести́*⟩
Einzahlung *f* плат|ёж 2e *G Pl* -еже́й, взнос 2
Einzahlungs|schein *m* прихо́дный о́рдер 2; **~termin** *m* срок платежа́
ein|zäunen *tr* обноси́ть 3⁺ -ношу́ ⟨-|нести́*⟩ забо́ром, огор|а́живать ⟨-оди́ть 3 -ожу́ᵢ -о́дишьᵢ -о́женный⟩; **~zeichnen** *tr* in eine Karte наноси́ть 3⁺ -ношу́ ⟨-|нести́*⟩ на A; in eine Liste вноси́ть ⟨-|нести́*⟩ (in в *A*); sich ≈ *refl* впи́сываться ⟨-|писа́ться*⟩
Einzel *n Sport* Tennis одино́чная игра́ 6c; **~anfertigung** *f* уника́льное изде́лие 5; **~bauer** *m* единоли́чник 2; **~bestellung** *f* отде́льный зака́з; **~fall** *m* едини́чный слу́чай; **~fertigung** *f* шту́чное произво́дство; einmalig уника́льное произво́дство; **~gänger** *m* одино́чка *m* 6; **~gehöft** *n* ху́тор 2b *Pl* -а́; **~haft** *f* одино́чное заключе́ние 5; **~handel** *m* ро́зничная торго́вля; **~handelspreis** *m* ро́зничная цена́; **~haus** *n* особня́к 2e; **~heit** *f* подро́бность 9, дета́ль 9 | auf ≈en eingehen в|дава́ться* ⟨-|да́ться*ᵢ -дали́сь⟩ в подро́бности; **~läufer** *m* Eiskunstlauf фигури́ст-одино́чник 2-2
Einzeller *m* одноклёточный органи́зм 2
einzeln 1. *Adj* отде́льный; alleinstehend одино́к:ий | im ~en в ча́стности; bis ins ~ до (мельча́йших) подро́бностей; jeder ~e ка́ждый (в отде́льности) **2.** *Adv* отде́льно, по́рознь *umg*
Einzel|person *f* отде́льное лицо́; **~start** *m Sport* разде́льный старт; **~teil** *m* отде́льная часть, дета́ль 9; **~verkauf** *m* ро́зничная прода́жа; **~verpflichtung** *f* индивидуа́льное обяза́тельство; **~vertrag** *m* индивидуа́льный догово́р; **~wertung** *f Sport* ли́чный зачёт 2; **~wesen** *n* о́собь 9; **~zelle** *f* одино́чная ка́мера; **~zimmer** *n* отде́льная ко́мната, ко́мната на [im Hotel но́мер 2b *Pl* -а́] одного́ челове́ка
einziehbar: ~es Fahrgestell Flugzeug убира́ющееся 11 шасси́
einziehen *tr* втя́гивать ⟨-тяну́ть 4⁺⟩; Faden вдева́ть ⟨-|деть*⟩; Segel, Fahrgestell убира́ть ⟨-|бра́ть*⟩; Fahne спу|ска́ть ⟨-сти́ть 3⁺ -щу́⟩; Gelder взы́скивать ⟨-|ыска́ть*⟩; Steuern взима́ть; Eigentum конфискова́ть *uv, v* 2; *Mil* призыва́ть ⟨-|зва́ть*⟩ (на вое́нную слу́жбу); *intr* in eine Wohnung пересел|я́ться ⟨-и́ться 3⟩ | Erkundigungen ~ наводи́ть 3⁺ -вожу́ ⟨-|вести́*⟩ спра́вки; den Schwanz ~ *a. übertr* поджима́ть ⟨-|жа́ть¹*⟩ хвост
einzig 1. *Adj* еди́нственный | ein ~er оди́н-еди́нственный; kein ~er ни оди́н **2.** *Adv:* ~ und allein исключи́тельно, то́лько; dieser Fall steht ~ da э́то совсе́м осо́бый слу́чай; das ist ~ э́то исключи́тельно; **~artig** еди́нственный в своём ро́де
Einzimmerwohnung *f* одноко́мнатная кварти́ра
Einzug *m* in eine Wohnung въезд 2; беи Умцуг перее́зд 2; in eine Stadt вступле́ние 5; *Typ* кра́сная строка́ 6h
Einzugsfeier *f* новосе́лье 5
Eis *n* лёд 2 льдаᵢ на льду; Speise~ моро́женое *Subst* 10 | ewiges ~ in Eismeeren ве́чные льды; das ~ ist gebrochen *übertr* лёд сло́ман, лёд тро́нулся; auf ~ legen ста́в|ить 3 -лю (по-) на лёд, *übertr* замор|а́живать ⟨-о́зить 3 -о́жу⟩; ~ am Stiel эскимо́ *n idkl;* **~bahn** *f* кат|о́кᵢ -ка́ 2; **~bär** *m* бе́лый медве́дь; **~becher** *m* ва́зочка 6 для моро́женого; Portion по́рция 8 моро́женого; **~bein** *n* свина́я но́жка; **~berg** *m* а́йсберг 2; **~beutel** *m Med* пузы́рь 1e со льдом; **~blume** *f*

ледяно́й узо́р 2; ~**bombe** *f* торт-моро́женое 2-*Subst* 10; ~**brecher** *m* ледоко́л 2; an Brücken ледоре́з 2; ~**decke** *f* ледяно́й покро́в; ~**diele** *f* кафе́-моро́женое *idkl-Subst* 10

Eisen *n* желе́зо 4 | etw. zum alten ~ werfen *übertr* с|дава́ть* ⟨-|дать*⟩ что-н. в архи́в; das ist ein heißes ~ *umg* э́то щекотли́вое де́ло; mehrere ~ im Feuer haben име́ть не́сколько ша́нсов на успе́х

Eisenach Айзена́х 2

Eisenbahn *f* желе́зная доро́га 6 | mit der ~ по желе́зной доро́ге; es ist höchste ~ *umg* давно́ пора́, вре́мя не те́рпит; ~**abteil** *n* купе́ [пэ] *n idkl;* ~**ausbesserungswerk** *n* железнодоро́жный ремо́нтный заво́д; ~**er** *m* железнодоро́жник 2; im Streckendienst путе́|ец, -йца 2; ~**fähre** *f* железнодоро́жный паро́м; ~**fahrkarte** *f* железнодоро́жный биле́т; ~**fahrplan** *m* расписа́ние (движе́ния) железнодоро́жных поездо́в; als Buch железнодоро́жный спра́вочник 2; ~**fahrt** *f* поéздка по желе́зной доро́ге; ~**gleis** *n* железнодоро́жная коле́я; ~**knotenpunkt** *m* железнодоро́жный у́зел; ~**linie** *f* железнодоро́жная ли́ния; ~**netz** *n* железнодоро́жная сеть; ~**schaffner** *m* конду́ктор 2b *Pl* -а́; im Schlafwagen проводни́к 2e; ~**schiene** *f* железнодоро́жный рельс; ~**schranke** *f* шлагба́ум 2; ~**signal** *n* железнодоро́жный семафо́р 2 [сигна́л]; ~**station** *f* железнодоро́жная ста́нция; ~**transport** *m* железнодоро́жный тра́нспорт; ~**überführung** *f* путепрово́д над полотно́м желе́зной доро́ги; ~**übergang** *m:* beschrankter ≈ железнодоро́жный перее́зд 2 со шлагба́умом; unbeschrankter ≈ железнодоро́жный перее́зд без шлагба́ума; ~**unglück** *n* круше́ние 5 по́езда; ~**unterführung** *f* путепрово́д под полотно́м желе́зной доро́ги; ~**verbindung** *f* железнодоро́жное сообще́ние; ~**verkehr** *m* железнодоро́жное движе́ние [сообще́ние]; ~**wagen** *m* (железнодоро́жный) ваго́н | ≈ 1. Klasse мя́гкий ваго́н; ≈ 2. Klasse жёсткий ваго́н; ~**zug** *m* железнодоро́жный по́езд

Eisen|beton *m* железобето́н 2; ~**blech** *n* листово́е желе́зо 4; ~**draht** *m* желе́зная про́волока; ~**erz** *n* желе́зная руда́; ~**gehalt** *m* содержа́ние желе́за; ~**gießerei** *f* чугунолите́йный заво́д 2

eisenhaltig Erz желе́зистый

Eisen|hut *m Bot* акони́т 2; ~**hütte** *f* металлурги́ческий заво́д 2; ~**industrie** *f* чёрная металлу́ргия 8; ~**oxid** *n* о́кись желе́за; ~**quelle** *f* желе́зистый исто́чник; ~**träger** *m Tech* желе́зная ба́лка, желе́зное стропи́ло 4; ~**walzwerk** *n* железопрока́тный заво́д 2 [цех 2]; ~**waren** *f Pl* скобяны́е изде́лия; ~**zeit** *f* желе́зный век 2b *Pl* -а́

eisern желе́зный *a. übertr* | ~er Fleiß необыча́йное усе́рдие, неутоми́мое приле́жание

eisfrei незамерза́ющий 11; zeitweise свобо́дный ото льда

Eisgang *m* ледохо́д 2

eisgekühlt охлаждённый на льду

Eishockey *n* хокке́й (с ша́йбой); ~**mannschaft** *f* хокке́йная кома́нда; ~**spieler** *m* хоккеи́ст 2

eisig ледяно́й; *übertr* ледяно́й, холо́дный, хо́лод|ен, -на́, -но, хо́лодны́ | ~es Schweigen ледяно́е молча́ние

Eiskaffee *m* ко́фе гля́се́ *m idkl*

eiskalt холо́дный как лёд, моро́з|ный, -ен | ~e Füße ледяны́е но́ги

Eiskeller *m* ле́дник 2

Eiskunst|lauf *m* фигу́рное ката́ние 5 (на конька́х); ~**läufer** *m* фигури́ст 2; ~**läuferin** *f* фигури́стка 6

Eis|maschine *f* моро́женица 6; ~**meer** Ледови́тый океа́н 1; ~**pickel** *m* ледору́б 2; ~**revue** *f* бале́т 2 на льду; ~**schlitten** *m* бу́ер 2b *Pl* -а́; ~**schnellauf** *m* скоростно́й бег на конька́х; ~**schnelläufer** *m* конькобе́ж|ец-скорохо́д, -ца 2-2; ~**scholle** *f* льди́на 6; ~**segeln** *n* бу́ерный спорт 2; ~**sporthalle** *f* кры́тый (иску́сственный) кат|о́к, -ка́ 2; ~**stand** *m* пала́тка 6 [кио́ск] для прода́жи моро́женого; ~**tanz** *m Sport* та́нцы *Pl* 2 на льду; ~**verkäuferin** *f* моро́женщица 6; ~**vogel** *m* зимоpо́д|ок, -ка 2; ~**würfel** *m* ку́бик льда; ~**zapfen** *m* (ледяна́я) сосу́лька 6; ~**zeit** *f* леднико́вый пери́од 2

eitel тщесла́в:ный, -ен; rein чи́ст:ый, -а, -о, чи́сты́ | ~ sein гор|ди́ться 3 -жу́сь

Eitelkeit *f* тщесла́вие 5

Eiter *m* гной 1; в гною́; ~**beule** *f* (гно́йный) нары́в 2, абсце́сс 2; ~**herd** *m* гнойни́к 2e

eitern *intr* гнои́ться 3

Eiterung *f* (на)гное́ние 5

Eiterungsprozeß *m* гно́йный проце́сс

eitrig гно́йный

Eiweiß *n* бел|о́к, -ка́ 2

eiweißhaltig содержа́щий 11 бело́к

Eiweißverbindung *f* белко́вое соедине́ние

Eizelle *f* яйцева́я кле́тка 6, яйцекле́тка 6

[1]**Ekel** *m* отвраще́ние 5 (vor к *D*) | ~ vor etw. haben испы́тывать ⟨-пыта́ть⟩ отвраще́ние к чему́-н.

[2]**Ekel** *n* widerlicher Mensch отврати́тельный челове́к

ekelhaft, ekelig отврати́тел|ьный, -ен, -ьна, проти́в|ный, -ен

ekeln, sich *refl* испы́тывать ⟨-пыта́ть⟩ отвраще́ние (vor к *D*), бре́згать (по-) (vor

I) | es ekelt mich мне проти́вно, меня́ тошни́т
Eklekti|ker *m* экле́ктик 2; **~zismus** *m* эклекти́зм 2
Ekliptik *f Astr* эклиптика 6
Ekstase *f* экста́з 2, восто́рг 2 | in ~ geraten приходи́ть 3⁺ -хожу́ ⟨-|йти́*⟩ в экста́з
Ekuador Эквадо́р 2; **~ianer** *m* эквадо́р|ец₁ -ца 2
ekuadorianisch эквадо́рский
Ekzem *n* экзе́ма [зэ] 6
Elan *m* подъём 2, разма́х 2 | mit ≈ arbeiten рабо́тать с подъёмом
Elastikstrümpfe *m Pl* эласти́чные чулки́
elastisch ги́б|кий₁ -ок₁ -ка́!; Gewebe эласти́ч|ный₁ -ен; federnd упру́г:ий
Elastizität *f* ги́бкость 9; эласти́чность 9; упру́гость 9
Elbe Э́льба 6
Elbrus Эльбру́с 2
Elch *m* лось 1g
Elefant *m* слон 2e
Elefantenrüssel *m* слоно́вый хо́бот
elegant изя́щ|ный₁ -ен, элега́нт|ный₁ -ен
Eleganz *f* элега́нтность 9, изя́щество 4
Elegie *f* эле́гия 8
elegisch элеги́ческий; wehmütig элеги́ч|ный₁ -ен
elektrifizieren *tr* электрифици́ровать *uv, v* 2
Elektri|fizierung *f* электрифика́ция 8; **~ker** *m* эле́ктрик 2, электромонтёр 2
elektrisch электри́ческий | ~er Stuhl электри́ческий стул; ~e Eisenbahn электри́ческая желе́зная доро́га; ~e Lokomotive электрово́з 2; ~e Kochplatte электроплитка 6
elektrisieren *tr* электризова́ть *uv, v* 2 (*a.* на-)
Elektri|siermaschine *f* электростати́ческая маши́на; **~zität** *f* электри́чество 4
Elektrizitäts|netz *n* электросе́ть 9; **~werk** *n* электроста́нция 8
Elektro|akustik *f* электроаку́стика 6; **~artikel** *Pl* электробытовы́е това́ры; **~chemie** *f* электрохи́мия 8
Elektrode *f* электро́д 2
Elektro|dynamik *f* электродина́мика 6; **~gerät** *n* электроприбо́р 2; **~herd** *m* электри́ческая плита́ 6c; **~ingenieur** *m* инжене́р-эле́ктрик 2-2; **~kardiogramm** *n* электрокардиогра́мма 6; **~karren** *m* электрока́р 2; **~lokomotive** *f* электрово́з 2; **~lyse** *f* электро́лиз 2; **~lyt** *m* электроли́т 2; **~magnet** *m* электромагни́т 2
elektromagnetisch электромагни́тный | ~es Feld электромагни́тное по́ле
Elektromechanik *f* электромеха́ника 6
elektromechanisch электромехани́ческий
Elektro|monteur *m* электрмонтёр 2; **~motor** *m* электромото́р 2, электродви́гатель 1
elektromotorisch: ~e Kraft электродви́жущая 11 си́ла
Elektron *n* электро́н 2
Elektronen|blitz *m Foto* электро́нная фотовспы́шка 6; **~gehirn** *n* электро́нный мозг; **~mikroskop** *n* электро́нный микроско́п; **~orgel** *f* электро́нный орга́н; **~rechner** *m* электро́нная вычисли́тельная маши́на; **~röhre** *f* электро́нная ла́мпа
Elektronik *f* электро́ника 6; **~er** *m* электро́ник 2
elektronisch электро́нный
Elektro|ofen *m* электропе́чь 9g; **~rasierer** *m* электробри́тва 6 **~schweißen** *n* электросва́рка 6; **~technik** *f* электроте́хника 6; **~techniker** *m* электроте́хник 2
elektrotechnisch электротехни́ческий
Elektrotherapie *f* электротерапи́я 8
Element *n* Natur~ стихи́я 8; *El, Chem* элеме́нт 2; ~e *Pl* Anfangsgründe осно́вы *Pl* 6 | in seinem ~ sein *übertr* быть в свое́й стихи́и; verbrecherische ~e престу́пные элеме́нты
elementar элемента́р|ный₁ -ен; naturgewaltig; spontan стихи́|йный₁ -ен₁ -йна
Elementar|bildung *f* нача́льное образова́ние; **~gewalt** *f* стихи́йиная си́ла; **~teilchen** *n* элемента́рная части́ца; **~unterricht** *m* нача́льное обуче́ние
elend 1. жа́л|кий₁ -ок₁ -ка́!₁ -ьче; erbärmlich, bedürftig бе́дствен:ный₁ -на; verächtlich по́дл:ый₁ -а́!, презре́н:ный₁ -на | ein ~es Dasein жа́лкое существова́ние **2.** *Adv:* ~ aussehen пло́хо вы́гля|деть 3 -жу; er fühlt sich ~ ему́ пло́хо
Elend *n* беда́ 6c; Armut нищета́ 6 | er ist nur noch ein Häufchen ~ *umg* у него́ жа́лкий вид; es ist ein ~ mit ihm *umg* беда́ с ним
Elends|quartier *n* трущо́ба 6; **~viertel** *n* трущо́бы *Pl* 6
Elevator *m Tech* элева́тор 2
elf *Num* оди́ннадцать 9
[1]**Elf** *f Sport* кома́нда 6
[2]**Elf** *m*, **Elfe** *f Myth* эльф 2
Elfenbein *n* слоно́вая кость
elfjährig одиннадцатиле́тний 11
Elfmeter *m* одиннадцатиметро́вый уда́р 2; **~punkt** *m* одиннадцатиметро́вая отме́тка 6
elfter *Num* оди́ннадцатый
Elftel *n* оди́ннадцатая часть 9g
eliminieren *tr* исключ|а́ть ⟨-и́ть 3⟩, элимини́ровать *uv, v* 2
Elite *f* эли́та 6; **~truppen** *f Pl* отбо́рные войска́
Ellbogen *m* ло́к|оть₁ -тя 1g | sich auf die ~ stützen облок|а́чиваться ⟨-оти́ться 3⁺ -очу́сь⟩; **~freiheit** *f* свобо́да де́йствий

Elle *f Anat* локтевая кость 9g; Maß ло-к|оть, -тя 1g
ellenlang *übertr* очень длинный
Ellipse *f* эллипс 2
elliptisch эллиптический
eloxieren *tr* элоксировать *uv, v* 2
El Salvador Сальвадор 2
Elster *f* сорока 6 | die diebische ~ сорока-воровка 6-6
elterlich родительский
Eltern *m, n Pl* родители *Pl* 1; **~abend** *m* родительское собрание 5; **~aktiv** *n* родительский актив 2; **~beirat** *m* родительский совет 2; **~haus** *n* родной дом
elternlos не имеющий 11 родителей | er ist ~ у его нет родителей
Elternseminar *n* семинар для родителей
Emailfarbe *f* эмалевая краска
Emaille *f* эмаль 9
emaillieren *tr* эмалировать 2
Emailletopf *m* эмалированная кастрюля
Emanzipation *f* эмансипация 8
emanzipieren *tr* эмансипировать *uv, v* 2
Embargo *n* эмбарго; **~politik** *f* политика эмбарго
Emblem *n* эмблема 6
Embolie *f* эмболия 8
Embryo *n* эмбрион 2, зародыш 2 *G Pl* -ей
embryonal эмбриональный, зародышевый
emeritieren *tr* переводить 3⁺ -вожу ⟨-|вести*⟩ на пенсию
Emigrant *m* эмигрант 2; **~in** *f* эмигрантка 6
Emigration *f* эмиграция 8
emigrieren *intr* эмигрировать *uv, v* 2 (nach в *A*)
eminent 1. *Adj* выдающийся 11 **2.** *Adv* весьма
Emission *f Fin* эмиссия 2, выпуск 2 ценных бумаг
Emotion *f* эмоция 8
emotional эмоционал|ьный, -ен, -на
Empfang *m* Ware приём 2, получение 5; Gäste встреча 6, приём; *Rad* приём | einen ~ bereiten устр|аивать ⟨-оить 3⟩ приём; in ~ nehmen получ|ать ⟨-ить 3⁺⟩, принимать ⟨принять*⟩; störungsfreier ~ приём без помех
empfangen *tr* получ|ать ⟨-ить 3⁺⟩, принимать ⟨принять*⟩; begrüßen встречать ⟨встре|тить 3 -чу⟩; Eindrücke воспринимать ⟨-принять⟩; *Rad* принимать ⟨принять⟩; *intr* schwanger werden зачать* *v*
Empfänger *m* получатель 1, адресат 2; *Rad* приёмник 2
empfänglich восприимчив:ый (für к *D*); für Eindrücke впечатлител|ьный, -ен, -ьна
Empfänglichkeit *f* восприимчивость 9; впечатлительность 9
Empfängnis *f Med* зачатие 5; **~verhütung** *f* предупреждение 5 беременности
Empfangs|bescheinigung *f* расписка в получении; **~chef** *m* администратор 2; **~zimmer** *n* приёмная *Subst* 10
empfehlen *tr* рекомендовать *uv, v* 2; raten советовать 2 (по-); sich ~ *refl* sich verabschieden про|щаться ⟨-ститься 3 -щусь⟩ | ~ Sie mich bitte Ihren Eltern передайте, пожалуйста, (от меня) привет вашим родителям; es empfiehlt sich рекомендуется
empfehlenswert достойный рекомендации
Empfehlung *f* рекомендация 8; Gruß привет 2, поклон 2 (an *D*) | auf ~ по рекомендации
Empfehlungsschreiben *n* рекомендательное письмо
empfind|en *tr* чувствовать 2 (по-), ощу|щать ⟨-тить 3 -щу⟩; Freude; Gewissensbisse испытывать ⟨-пытать⟩; **~lich** чувствител|ьный, -ен, -ьна; Kälte; Verlust ощутител|ьный, -ен, -ьна; Körperteil болезнен:ный, -на; leicht gekränkt обидчив:ый; Stoff мар|кий, -ок, -ка
Empfindlichkeit *f* чувствительность 9; обидчивость 9
empfindsam чувствител|ьный, -ен, -ьна, сентиментал|ьный, -ен, -ьна
Empfind|samkeit *f* чувствительность 9, сентиментальность 9; **~ung** *f* чувство 4, ощущение 5
Empfindungs|losigkeit *f* бесчувственность 9; **~vermögen** *n* способность чувствовать [ощущать]
Empir|iriker *m* эмпирик 2; **~iokritizismus** *m* эмпириокритицизм 2
empirisch эмпирич|ный, -ен, эмпирический
Empirismus *m* эмпиризм 2
empor *Adv* вверх, кверху; **~arbeiten, sich** *refl* пробивать ⟨-|бить*⟩ себе дорогу; **~blicken** *intr* гля|деть 3 -жу (по-) вверх (zu на *A*)
Empore *f* хоры *Pl* 2
empören *tr* возму|щать ⟨-тить 3 -щу⟩; sich ~ *refl* возму|щаться ⟨-титься⟩ (über *I*); вос|ставать* ⟨-|стать*⟩ (gegen против *G*) | empört sein über etw. быть возмущённым чем-н.; **~d** возмутител|ьный, -ен, -ьна
empor|heben *tr* поднимать ⟨поднять*⟩ вверх; ~ **kommen** *intr übertr* делать (с-) карьеру
Emporkömmling *m* выскочка *m* 6, карьерист 2
empor|ragen *intr* выситься 3, возвышаться (über над *I*); **~schwingen, sich** *refl* высоко взлет|ать ⟨-еть 3⟩; *übertr* подниматься ⟨подняться⟩ на более высокую ступень; **~streben** *intr* тянуться 4⁺

ввысь [вверх]; *übertr* стрем|и́ться 3 -лю́сь ввысь

Empörung *f* возмуще́ние 5, негодова́ние 5 (über *I*)

emsig усе́рд|ный, -ен

Emsigkeit *f* усе́рдие 5

Emulsion *f* эму́льсия 8

Ende *n* кон|е́ц, -ца́ 2; Tod кончи́на 6 | am ~ в конце́; gegen ~ к концу́; am anderen ~ на друго́м конце́; ~ Mai в конце́ ма́я; das ~ vom Lied *übertr* коне́ц де́ла; letzten ~s в конце́ концо́в; zu ~ gehen конча́ться ⟨ко́нчиться 3⟩; zu ~ sein зака́нчиваться ⟨-ко́нчиться⟩; ein ~ nehmen прекра|ща́ться ⟨-ти́ться 3 -щу́сь⟩; zu ~ führen доводи́ть 3⁺ -вожу́ ⟨-|вести́*⟩ до конца́; meine Geduld ist zu ~ моё терпе́ние исся́кло; am ~ der Welt на краю́ све́та; am äußersten ~ на са́мом краю́; mit seinem Latein am ~ sein не знать, что де́лать да́льше; das dicke ~ kommt nach я́годки ещё впереди́

enden *intr* конча́ться ⟨ко́нчиться 3⟩, зака́нчиваться ⟨-ко́нчиться⟩ | nicht ~ wollender Beifall несмолка́ющая ова́ция 11-8, несмолка́ющие аплодисме́нты

Endergebnis *n* коне́чный ито́г [результа́т 2]

en detail *Adv Hdl* в ро́зницу

Endgeschwindigkeit *f* коне́чная ско́рость

endgültig оконча́тел|ьный, -ен, -ьна

End|haltestelle *f* коне́чная остано́вка; **~kampf** *m Sport* фина́л 2; **~konsequenz** *f*: in der ≈ в коне́чном счёте; **~lauf** *m* фина́льный забе́г 2

end|lich 1. *Adj* коне́ч|ный, -ен **2.** *Adv* наконе́ц; **~los 1.** *Adj* бесконе́ч|ный, -ен, несконча́ем:ый **2.** *Adv* без конца́

End|runde *f Sport* после́дний 11 [заключи́тельный] тур 2, фина́л 2; **~sieg** *m* оконча́тельная побе́да; **~silbe** *f* коне́чный слог

Endspiel *n* фина́л 2, заключи́тельная [фина́льная] игра́; Schach э́ндшпиль 1; **~teilnehmer** *m Sport* финали́ст 2

End|spurt *m* рыв|о́к, -ка 2 пе́ред фи́нишем; **~station** *f* коне́чная ста́нция; **~ung** *f* оконча́ние 5; **~verbraucher** *m* коне́чный потреби́тель; **~ziel** *n*, **~zweck** *m* коне́чная цель

Energetik *f* энерге́тика 6

Energie *f* эне́ргия 8; **~bedarf** *m* потре́бность в эне́ргии

energieintensiv энергоёмкий

Energie|krise *f* энергети́ческий кри́зис; **~politik** *f* поли́тика в о́бласти энерге́тики; **~quelle** *f* исто́чник эне́ргии; **~träger** *m* исто́чник 2 эне́ргии; **~verbrauch** *m* потребле́ние эне́ргии 5; **~verbundnetz** *n* объединённая энергосе́ть; **~versorgung** *f* энергоснабже́ние 5; **~wirtschaft** *f* энергети́ческое хозя́йство

energisch энерги́ч|ный, -ен; zielstrebig напо́рист:ый

eng 1. *Adj* у́з|кий, -ок, -ка́, -ко, у́зки́; у́же; beengt те́с|ный, -ен, -на́, -но, те́сны́, befreundet бли́з|кий, -ок, -ка́, -ко, бли́зки́; бли́же; ближа́йший 11 | im ~eren Sinne в у́зком смы́сле; ~e Freundschaft те́сная дру́жба; in ~en Beziehungen в бли́зких отноше́ниях; in die ~ere Wahl kommen проходи́ть 3⁺ -хожу́ ⟨-|йти́*⟩ во второ́й тур **2.** *Adv:* ~ schreiben писа́ть убо́ристо; ~ nebeneinander sitzen сиде́ть вплотну́ю друг к дру́гу; aufs ~ste о́чень те́сно; ~er machen су́|живать ⟨-зить 3 -жу⟩

Engagement *n* Arbeitsvertrag контра́кт 2; Einsatzfreude акти́вность 9

engagieren *tr* принима́ть ⟨приня́ть*⟩ на рабо́ту; zum Tanz пригла|ша́ть ⟨-си́ть 3 -шу́⟩; sich ~ *refl* заступ|а́ться ⟨-и́ться 3⁺ -лю́сь⟩ (für за *A*)

enganliegend пло́тно облега́ющий 11, в обтя́жку

Enge *f* räumliche теснота́ 6; geistige у́зость 9 | in die ~ treiben при|жа́ть¹* *v* к стене́; mit Fragen ста́в|ить 3 -лю в тупи́к

Engel *m* а́нгел 2

engelhaft а́нгельский

Engelsgeduld *f* а́нгельское терпе́ние

Engerling *m* личи́нка 6 ма́йского жука́

engherzig безду́ш|ный, -ен, чёрств:ый, черства́, чёрство, чёрствы *u.* черствы́

Engherzigkeit *f* безду́шие 5, чёрствость 9

England Англия 8

Engländer *m* англич|а́нин 2 *Pl* -а́не, -а́н; **~in** *f* англича́нка 6

englisch 1. *Adj* англи́йский | ~e Krankheit рахи́т 2 **2.** *Adv* по-англи́йски

Englischhorn *n Mus* англи́йский рожо́к

Engpaß *m* уще́лье 5, тесни́на 6; *Wirtsch* у́зкое ме́сто 4b *a. übertr* (in в *P*)

en gros *Adv* о́птом

engstirnig *übertr* ограни́чен:ный, -на, узколо́б:ый

Enkel *m* внук 2; **~in** *f* вну́чка 6; **~kind** *n* внук 2; вну́чка 6; ≈er *Pl* внуч|а́та *Pl* -а́т, -а́там

Enklave *f* энкла́в 2

enorm 1. *Adj* огро́м|ный, -ен **2.** *Adv* о́чень, чрезме́р|но

Ensemble *n* анса́мбль 1; Kleidung компле́кт 2

entarten *intr* вырожда́ться ⟨вы́родиться 3⟩; moralisch по́р|титься 3 -чусь (ис-)

Entartung *f* вырожде́ние 5; по́рча 6

entäußern, sich *refl* отка́зываться ⟨-|каза́ться*⟩ от *G*

entbehr|en *tr* быть* лишённым *G*, нужда́ться в *P* | j-n ≈ жале́ть об отсу́тствии кого́-н.; etw. ≈ können обхо|ди́ться 3⁺ -жу́сь ⟨обо|йти́сь*⟩ без чего́-н.; **~lich** не-

нýж|ный, -ен, -нá!, изли́ш|ний 11 -ен | das ist ≈ без э́того мóжно обойти́сь
Entbehrung *f* нуждá 6c, лишéния *Pl* 5
entbinden *tr* освобо|ждáть ⟨-ди́ть 3 -жý; -ждённый⟩ (von от *G*) | entbunden werden *Med* разреш|áться ⟨-и́ться 3⟩ от брéмени
Entbindung *f* освобождéние 5; *Med* рóды *Pl* 2 | schmerzlose ~ обезбóленные рóды
Entbindungs|heim *n* роди́льный дом; **~station** *f* роди́льное отделéние
ent|blättern *tr* обрывáть ⟨обо|рвáть*⟩ ли́стья с *G*; sich ≈ *refl* терять ли́стья; **~blöden, sich** *refl:* sich nicht ≈ не стесня́ться (по-); **~blößen** *tr* обнаж|áть ⟨-и́ть 3⟩; sich ≈ *refl* обнаж|áться ⟨-и́ться⟩; **~blößt** обнаж|ённый, -ён, -енá; *übertr* лиш|ённый, -ён, -енá *G;* **~brennen** *intr* заго-р|áться ⟨-éться 3⟩ | in Liebe für j-n ≈ пылáть (вос-) любóвью к комý-н.; **~decken** *tr* открывáть ⟨-|кры́ть*⟩; (auf)finden обнарýж|ивать ⟨-ить 3⟩
Entdeck|er *m* первооткрывáтель 1; **~ung** *f* откры́тие 5
Entdeckungsreise *f* исслéдовательская экспеди́ция 8
Ente *f* ýтка 6 *a. Med*
entehren *tr* позóрить 3 (о-), бесчé|стить 3 -щу (о-); **~d** позóр|ный, -ен
Entehrung *f* позóр 2, бесчéстие 5
enteignen *tr* отчуждáть, экспроприи́ровать *uv, v* 2
Enteignung *f* отчуждéние 5, экспроприáция 8
enteisen *tr* устран|я́ть ⟨-и́ть 3⟩ обледенéние
Entenbraten *m* жáреная ýтка 6
Entenzucht *f* утковóдство 4
enterben *tr* лиш|áть ⟨-и́ть 3⟩ наслéдства
Enterich *m* сéлез|ень, -ня 1
entern *tr Mar* брать* ⟨взять*⟩ на абордáж
ent|fachen *tr* раздувáть ⟨-|дýть*⟩ *a. übertr;* **~fahren** *intr* вырывáться ⟨вы́|рваться*⟩; **~fallen** *intr* auf j-n до|ставáться* ⟨-|стáться*⟩ *D;* auf Fragebogen отпадáть ⟨-|пáсть*⟩ | das ist mir ≈ э́то вы́пало у меня́ из пáмяти; **~falten** *tr* развёртывать ⟨-вернýть 4; -вёрнутый⟩ *a. übertr;* Fähigkeiten развивáть ⟨-|ви́ть*, -овью⟩; sich ≈ *refl* Blume распу|скáться ⟨-сти́ться 3⁺⟩; *übertr* развивáться ⟨-ви́ться; -ви́лись⟩
Entfaltung *f* Entwicklung разви́тие 5
ent|färben *tr* обесцвé|чивать ⟨-тить 3 -чу⟩; sich ≈ *refl* Gesicht бледнéть (по-); **~fernen** *tr* удал|я́ть ⟨-и́ть 3⟩, устран|я́ть ⟨-и́ть 3⟩; sich ≈ *refl* удал|я́ться ⟨-и́ться⟩, уходи́ть 3⁺ -жý ⟨у|йти́*⟩; für kurze Zeit отлуч|áться ⟨-и́ться 3⟩ *umg;* **~fernt** отдалён|ный, -на; Verwandtschaft дáльний 11 | das Dorf ist 2 km vom Bahnhof ≈ дерéвня нахóдится в двух километрах от стáнции; ich bin weit davon ≈, das zu tun я совершéнно не намéрен э́того дéлать; nicht im ≈esten нискóлько, ничýть
Entfernung *f* расстоя́ние 5; Beseitigung удалéние 5, отстранéние 5 | in einiger ~ на нéкотором расстоя́нии; in einer ~ von fünf Kilometern на расстоя́нии пяти́ киломéтров; unerlaubte ~ самовóльная отлýчка 6
Entfernungsmesser *m* дальномéр 2
ent|fesseln *tr* развя́зывать ⟨-|вязáть*⟩ *a. übertr;* **~fetten** *tr* обезжи́р|ивать ⟨-ить 3⟩
Entfettungskur *f* лечéние (от) ожирéния
ent|flammbar (легкó [хк]) воспламеня́ющийся 11; **~flammen** *tr* воспламен|я́ть ⟨-и́ть 3⟩ (zu *I*); begeistern воодушев|ля́ть ⟨-и́ть 3 -лю́⟩ (zu на *A*); sich ≈ *refl* воспламеня́ться ⟨-и́ться⟩ *I;* **~flechten** *tr* Konzern декартелизи́ровать *uv, v* 2; **~fliehen** *intr* сбегáть ⟨-|бежáть*⟩; **~fremden** *tr* отдал|я́ть ⟨-и́ть 3⟩ от *G;* sich ≈ *refl* охлад|евáть ⟨-éть⟩ (j-m к *D*); **~führen** *tr* уводи́ть 3⁺ -вожý ⟨-|вести́*⟩, похищáть ⟨-хи́тить 3 -хи́щу⟩; Flugzeug угоня́ть ⟨-|гнáть*⟩
Entführ|er *m* похити́тель 1; совершивший *Subst* 11 угóн; **~ung** *f* похищéние 5; угóн 2
entgasen *tr* дегази́ровать *uv, v* 2, очищáть ⟨очи́|стить 3 -щу⟩ от гáза
entgegen 1. *Adv* навстрéчу **2.** *Präpos* вопреки́ *D,* прóтив *G;* **~arbeiten** *intr* противодéйствовать 2; **~bringen** *tr:* j-m Vertrauen ≈ окáзывать ⟨-|казáть*⟩ комý-н. довéрие; **~eilen** *intr* спеши́ть 3 (по-) навстрéчу; **~gehen** *intr* идти́ навстрéчу; **~gesetzt** противополóж|ный, -ен, проти́вный | in ≈er Richtung в обрáтном направлéнии; **~halten** *tr übertr* возра|жáть ⟨-зи́ть 3 жý⟩; **~handeln** *intr* дéйствовать вопреки́ *D,* противодéйствовать; **~kommen** *intr* идти́* навстрéчу *a. übertr*
Entgegenkommen *n* любéзность 9
entgegenkommend любéз|ный, -ен, предупреди́тел|ьный, -ен, -ьна
Entgegennahme *f* приня́тие 5
entgegen|nehmen *tr* принимáть ⟨приня́ть*⟩; **~sehen** *intr übertr* ожидáть; **~setzen** *tr,* **~stellen** *tr* противопост|авля́ть ⟨-áвить 3 -áвлю⟩; **~treten** *intr* выступáть ⟨вы́ступ|ить 3 -лю⟩ прóтив *G;* einer Sache прóтив|иться 3 -люсь (вос-) *D;* **~wirken** *intr* противодéйствовать 2 *D*
entgegnen *tr* возра|жáть ⟨-зи́ть 3 -жý⟩
Entgegnung *f* возражéние 5, отвéт 2
ent|gehen *intr* избегáть ⟨-|бежáть*, -бéгнуть 4a *u.* 4⟩ *G,* уходи́ть 3⁺ -хожý ⟨-|йти́*⟩ от *G* | sich etw. ≈ lassen упу|скáть ⟨-сти́ть 3⁺ -щý⟩ что-н.; mir ist nicht entgangen, daß ... мне небезызвéстно, что ...; das ist mir entgangen э́то я упу-

сти́л [пропусти́л], э́того я не заме́тил; **~geistert** растéрянный, ошара́шен:ный

Entgelt *n* вознаграждéние 5 (für за *A*); Ersatz возмещéние 5 | als ~ взамéн; gegen ~ за пла́ту

ent|gelten *tr* belohnen отпл|а́чивать ⟨-ати́ть 3⁺ -ачу́⟩ за *A*; **~giften** *tr* обеззара́|живать ⟨-зить 3 -жу⟩; von Giftgas дега-зи́ровать [дэ] *uv, v* 2

Entgiftung *f* обеззара́живание 5; дега-за́ция [дэ] 8

entgleisen *intr* схо|ди́ть 3⁺ -жу́ ⟨со|йти́*⟩ с ре́льсов; *übertr* сказа́ть* *v* что-н. неуме́стное

Entgleisung *f* Zug сход 2 с ре́льсов; *übertr* беста́ктность 9

ent|gleiten *intr* den Händen выска́льзывать ⟨вы́скользнуть 4⟩ из *G*; **~haaren** *tr* удал|я́ть ⟨-и́ть 3⟩ во́лосы с *G*

Enthaarung *f* удале́ние 5 воло́с с *G*; *Tech* обезвола́шивание 5

ent|halten *tr* содержа́ть 3⁺; sich ≈ *refl* возде́рживаться ⟨-держа́ться⟩ от *G*; **~haltsam** возде́ржан:ный, -на

Enthaltsamkeit *f* возде́ржанность 9

enthaupten *tr* обезгла́в|ливать ⟨-ить 3 -лю⟩

Enthauptung *f* обезгла́вливание 5

ent|heben *tr* освобо|жда́ть ⟨-ди́ть 3 -жу́, -ждённый⟩ от *G*, отстран|я́ть ⟨-и́ть 3⟩ от *G*; **~hüllen** *tr* открыва́ть ⟨-|кры́ть*⟩; *übertr* разоблач|а́ть ⟨-и́ть 3⟩

Enthüllung *f* откры́тие 5; *übertr* разоблаче́ние 5

enthülsen *tr* лущи́ть 3 (об-), шелуши́ть 3

Enthusiasmus *m* энтузиа́зм 2

enthusiastisch по́лный энтузиа́зма

ent|jungfern *tr* лиш|а́ть ⟨-и́ть 3⟩ де́вственности; **~keimen** *tr* стерилизова́ть *uv, v* 2; Kartoffeln удал|я́ть ⟨-и́ть 3⟩ ростки́; **~kernen** *tr* вынима́ть ⟨вы́нуть 4⟩ зёрна; bei Steinobst вынима́ть ⟨вы́нуть⟩ ко́сточку из *G*; **~kleiden** *tr* раздева́ть ⟨-|де́ть*⟩; sich ≈ *refl* раздева́ться ⟨-де́ться⟩; **~kommen** *intr* убега́ть ⟨-|бежа́ть*⟩; **~koppeln** *tr* Raumschiffe расстык|о́вывать ⟨-ова́ть 2⟩; **~korken** *tr* отку́пор|ивать ⟨-ить 3⟩; **~kräften** *tr* обесси́л|ивать ⟨-ить 3⟩; *übertr* опро|верга́ть ⟨-ве́ргнуть 4 *u.* 4a⟩; **~kräftet** обесси́лен:ный, -а

Entkräftung *f* Erschöpfung обесси́ление 5; Widerlegung опроверже́ние 5

entladen *tr* разгр|ужа́ть ⟨-узи́ть 3 -ужу́, -у́зишь⟩; Gewehr, Akkumulator разря|жа́ть ⟨-ди́ть 3 -жу́⟩; sich ~ *refl* разря|жа́ться ⟨-ди́ться⟩ *a. übertr;* Gewitter разра|жа́ться ⟨-зи́ться 3⟩

Entladung *f* разгру́зка 6; Gewitter разря́ды *Pl* 2; Batterie разря́дка 6

entlang *Adv u. Präpos* вдоль *G;* по *D* | am Fluß ~ вдоль реки́

entlarven *tr* разоблач|а́ть ⟨-и́ть 3⟩

Entlarvung *f* разоблаче́ние 5

entlassen *tr* Häftling освобо|жда́ть ⟨-ди́ть 3 -жу́, -ждённый⟩; aus dem Dienst увольня́ть ⟨уво́лить 3⟩ (со слу́жбы); aus einer Lehranstalt выпуска́ть ⟨вы́пу|стить 3 -щу⟩

Entlassung *f* освобожде́ние 5; увольне́ние 5; aus einer Lehranstalt вы́пуск 2 | fristlose ~ (неме́дленное) увольне́ние без предупрежде́ния

Entlassungs|feier *f* Schule выпускно́й ве́чер 2b; **~zeugnis** *n* свиде́тельство об оконча́нии шко́лы

entlasten *tr* разгр|ужа́ть ⟨-узи́ть 3 -ужу́, -у́зишь⟩ (von от *G*); Gewissen облегч|а́ть ⟨-и́ть 3⟩ (von от *G*); *Jur* снима́ть ⟨снять*⟩ обвине́ние с *G*

Entlastung *f* разгру́зка 6; облегче́ние 5; сня́тие обвине́ния с *G*

Entlastungszeuge *m* свиде́тель защи́ты

ent|laufen *intr* убега́ть ⟨-|бежа́ть*⟩ (j-m от *G*); **~lausen** *tr* производи́ть 3⁺ -вожу́ ⟨-|вести́*⟩ дезинфе́кцию [дэ] у *A*; **~ledigen, sich** *refl* der Kleidung снима́ть ⟨снять*⟩ с себя́ | sich eines Auftrags ≈ выполня́ть ⟨вы́полнить 3⟩ поруче́ние; **~leeren** *tr* опор|ожня́ть ⟨-о́жни́ть 3⟩; Darm очища́ть ⟨очи́|стить 3 -щу⟩; **~legen** отдалён:ный, -на; **~lehnen** *tr* заимствовать *uv, v* 2 (von у *G*); **~leihen** *tr* брать* ⟨взять*⟩ взаймы́ у *G*; gegen Entgelt брать ⟨взять⟩ напрока́т; Buch брать ⟨взять⟩ на вре́мя; **~locken** *tr* выма́нивать ⟨вы́манить 3⟩; Töne извлека́ть ⟨-|вле́чь*⟩ | j-m ein Geheimnis ≈ вы́ведать *v* та́йну у кого́-н.; **~lohnen** *tr* вознагра|жда́ть ⟨-ди́ть 3 -жу́, -ждённый⟩

Ent|lohnung *f* вознагражде́ние 5, пла́та 6; **~lüftung** *f* прове́тривание 5

ent|machten *tr* лиш|а́ть ⟨-и́ть 3⟩ вла́сти; **~militarisieren** *tr* демилитаризова́ть [дэ] *uv, v* 2

Entmilitarisierung *f* демилитариза́ция [дэ] 8

entminen *tr* размини́ровать *v* 2

ent|mündigen *tr* брать* ⟨взять*⟩ под опе́ку; **~mutigen** *tr* обескура́ж|ивать ⟨-ить 3⟩ | sich durch etw. nicht ≈ lassen не па́дать ⟨пасть*⟩ ду́хом из-за чего́-н.; **~nehmen** *tr* брать* ⟨взять*⟩ из *G*; folgern заключ|а́ть ⟨-и́ть 3⟩ (aus из *G*), де́лать (с-) вы́вод (aus из *G*); **~puppen, sich** *refl* вылупля́ться ⟨вы́лупиться 3⟩ из ку́колки; *übertr* ока́зываться ⟨-|каза́ться*⟩ (als *I*); **~rahmen** *tr* снима́ть ⟨снять*⟩ сли́вки | entrahmte Milch сня́тое молоко́; **~rätseln** *tr* разга́дывать ⟨-гада́ть⟩; **~rechten** *tr Jur* лиш|а́ть ⟨-и́ть 3⟩ (гражда́нских) прав; **~reißen** *tr* вырыва́ть ⟨вы́|рвать*⟩ (j-m у *G*), выхва́тывать ⟨вы́хва|тить 3 -чу⟩ (j-m у *G*);

~richten *tr* Beitrag вноси́ть 3⁺ -ношу́ ⟨-|нести́*⟩; Steuern u. ä. упл|а́чивать ⟨-ати́ть 3⁺ -ачу́⟩; **~rinnen** *intr übertr* уходи́ть 3 -хожу́ ⟨-|йти́*⟩; **~rollen** *tr* развёртывать ⟨-верну́ть 4ᵢ -вёрнутый⟩, раска́тывать ⟨-ката́ть⟩; **~rosten** *tr* удал|я́ть ⟨-и́ть 3⟩ ржа́вчину; **~rücken** *tr* отдал|я́ть ⟨-и́ть 3⟩ | den Blicken entrückt sein исчеза́ть из по́ля зре́ния; **~rüsten, sich** *refl* возму|ща́ться ⟨-ти́ться 3 -щу́сь⟩ (über *I*), приходи́ть 3⁺ -хожу́ ⟨-|йти́*⟩ в негодова́ние (über из-за *G*); **~rüstet** возмущённый (über *I*)

Entrüstung *f* возмуще́ние 5, негодова́ние 5 (über *I*)

entsaften *tr* выжима́ть ⟨вы́|жать*⟩ сок из *G*

Entsafter *m* соковыжима́лка 6; mit Dampf сокова́рка 6

entsagen *intr* отка́зываться ⟨-|каза́ться*⟩ от *G;* abdanken отрека́ться ⟨-|ре́чься*⟩ от *G*

Entsagung *f* отка́з 2 от *G;* отрече́ние 5 от *G*

entsagungsvoll самоотве́ржен:ный, -на

entsalzen *tr:* Meerwasser ~ опресн|я́ть ⟨-и́ть 3⟩ морску́ю во́ду

Entsalzungsanlage *f* für Meerwasser опресни́тель 1

Entsatz *m Mil* деблоки́рование 5

entschädigen *tr* für Verlust возме|ща́ть ⟨-сти́ть 3 -щу́⟩ (убы́тки); für Mühe вознагра|жда́ть ⟨-ди́ть 3 -жу́ᵢ -ждённый⟩ (für за *A*)

Entschädigung *f* возмеще́ние 5 (убы́тков) (für *G*); вознагражде́ние 5

entschärfen *tr* Bombe обезвре́|живать ⟨-дить 3 -жу⟩

entscheiden *tr* реш|а́ть ⟨-и́ть 3⟩; *intr* реш|а́ть ⟨-и́ть⟩ (über *A*); sich ~ *refl* реш|а́ться ⟨-и́ться⟩ (für на *A*) | im voraus ~ предреш|а́ть ⟨-и́ть⟩; er hat sich für den Schlosserberuf entschieden он реши́л стать сле́сарем; er hat den Wettkampf für sich entschieden он одержа́л побе́ду в соревнова́нии; **~d** реша́ющий 11

Entscheidung *f* реше́ние 5 | eine ~ treffen принима́ть ⟨приня́ть*⟩ реше́ние; vor einer schwierigen ~ stehen быть* на перепу́тье

Entscheidungskampf *m* реша́ющий 11 бой; *Sport* фина́льная встре́ча

entschieden 1. *Adj* реши́тел|ьный, -ен, -ьна; определён|ный, -ен, -на **2.** *Adv* реши́тельно, наотре́з | aufs ~ste са́мым реши́тельным о́бразом; ~ ablehnen от|каза́ться* *v* наотре́з

Entschiedenheit *f* реши́тельность 9

ent|schlacken *tr* удал|я́ть ⟨-и́ть 3⟩ шлак; **~schleiern** *tr übertr* разоблач|а́ть ⟨-и́ть 3⟩, раскрыва́ть ⟨-|кры́ть*⟩; **~schließen, sich** *refl* реш|а́ться ⟨-и́ться 3⟩ (zu на *A*) | er hat sich zum Studium entschlossen он реши́л поступи́ть в университе́т

Entschließung *f* реше́ние 5, постановле́ние 5

entschlossen реши́тел|ьный, -ен, -ьна | ich bin zu allem ~ я гото́в на всё; kurz ~ не до́лго ду́мая

Entschlossenheit *f* реши́тельность 9, реши́мость 9

entschlüpfen *intr* выска́льзывать ⟨вы́скользнуть 4⟩; *übertr* срыва́ться ⟨со|рва́ться*ᵢ -рвали́сь⟩ (j-m у *G*)

Entschluß *m* реше́ние 5 | einen ~ fassen принима́ть ⟨приня́ть*⟩ реше́ние

entschuldigen *tr* извин|я́ть ⟨-и́ть 3⟩, про|ща́ть ⟨-сти́ть 3 -щу́⟩ (j-n bei кого́ пе́ред *I*); sich ~ *refl* извин|я́ться ⟨-и́ться⟩ (bei j-m für пе́ред кем за *A*) | ~ Sie ! прости́те!, извини́те!; er läßt sich ~ он про́сит извини́ть его́; das ist nicht zu ~ э́то непрости́тельно; entschuldigt fehlen отсу́тствовать по уважи́тельной причи́не; Sie brauchen sich nicht zu ~ вам не́чего извиня́ться

Entschuldigung *f* извине́ние 5 | um ~ bitten проси́ть (по-) проще́ния

ent|schwinden *intr* исчеза́ть ⟨-че́знуть 4a⟩ из *G* | dem Gedächtnis ≈ исчеза́ть ⟨-че́знуть⟩ из па́мяти; **~senden** *tr* посыла́ть ⟨-|сла́ть*⟩; Delegation напр|авля́ть ⟨-а́вить 3⟩; **~setzen** *tr* eines Amtes сме|ща́ть ⟨-сти́ть 3 -щу́⟩ с *G;* erschrecken приводи́ть 3⁺ -вожу́ ⟨-|вести́*⟩ в у́жас; sich ≈ *refl* быть* в у́жасе (über от *G*), ужас|а́ться ⟨-ну́ться 4⟩ (über *D*)

Entsetzen *n* у́жас 2 | vor ~ от у́жаса

ent|setzlich ужа́с|ный, -ен; **~setzt:** ≈ sein über etw. быть в у́жасе от чего́-н.; **~sichern** *tr* Waffe снима́ть ⟨снять*⟩ с предохрани́теля; **~siegeln** *tr* распеча́т|ывать ⟨-ать⟩; **~sinnen, sich** *refl* по́мнить 3 о *P*, вспомина́ть ⟨-по́мнить⟩ о *P*

Entsorgung *f* удале́ние 5 отхо́дов

entspannen *tr* lockern осл|абля́ть ⟨-а́бить 3 -а́блю⟩ напряже́ние; Lage разр|яжа́ть ⟨-яди́ть 3 -яжу́ᵢ -я́ди́шь⟩; sich ~ *refl* sich erholen отдыха́ть ⟨-дохну́ть 4⟩; Lage разря|жа́ться ⟨-ди́ться⟩

Entspannung *f* уменьше́ние 5 напряже́ния; *Pol* разря́дка 6 | ~ der internationalen Lage разря́дка 6 [ослабле́ние 5] напряжённости междунаро́дного положе́ния

entspannungsfeindlich напра́вленный про́тив поли́тики разря́дки

Entspannungspolitik *f* поли́тика разря́дки

entspinnen, sich *refl* завя́зываться ⟨-|вяза́ться*⟩

entsprechen *intr* соотве́тствовать 2 (einer Sache *D*), отвеча́ть ⟨отве́|тить 3 -чу⟩ (Forderungen тре́бованиям) | einem

Wunsch ~ исполня́ть ⟨-по́лнить 3⟩ жела́ние; **~d 1.** *Adj* соотве́тствующий 11 **2.** *Adv* согла́сно | er wird ≈ seiner Arbeit entlohnt он получа́ет зарпла́ту по своему́ труду́

Entsprechung *f* соотве́тствие 5; эквивале́нт 2

ent|springen *intr* Fluß брать* нача́ло; *übertr* entstehen происхо|ди́ть 3⁺ -жу́ ⟨произо|йти́*⟩, возника́ть ⟨-ни́кнуть 4a⟩; **~stammen** *intr* происхо|ди́ть 3⁺ -жу́ ⟨произо|йти́*⟩ от *G*, из *G*; **~stauben** *tr* удал|я́ть ⟨-и́ть 3⟩ пыль

Entstaubungsanlage *f* пылеулови́тель 1

entstehen *intr* возника́ть ⟨-ни́кнуть 4a⟩, происходи́ть 3⁺ ⟨произо|йти́*⟩; Lage, Eindruck соз|дава́ться* ⟨-да́ться*ı -дали́сь⟩ | es entstand ein Gedränge образова́лась да́вка; es entstand eine schwierige Lage созда́ло́сь сло́жное положе́ние

Entstehung *f* возникнове́ние 5; Ursprung происхожде́ние 5 | in der ~ begriffen sein находи́ться 3⁺ в ста́дии возникнове́ния

entstellen *tr* иска|жа́ть ⟨-зи́ть 3 -жу́⟩; verunstalten уро́довать 2 (из-)

Entstellung *f* искаже́ние 5

entstören *tr* устран|я́ть ⟨-и́ть 3⟩ поме́хи

Entstörung *f* устране́ние 5 поме́х в *P*

ent|täuschen *tr* разочар|о́вывать ⟨-ова́ть 2⟩; **~täuscht** разочаро́ван:ный, -на | ≈ sein über быть разочаро́ванным чем-н.

Enttäuschung *f* разочарова́ние 5

ent|thronen *tr* сверга́ть ⟨све́ргнуть 4a *u.* 4⟩ с престо́ла; den Nimbus nehmen разве́нчивать ⟨-венча́ть⟩; **~trümmern** *tr* очища́ть ⟨очи́|стить 3 -щу⟩ от разва́лин

entvölkert обезлю́жен:ный

Entvölkerung *f* обезлю́дение 5

ent|wachsen *intr* вы́|йти* *v* из *G* | der Schule ≈ вы́йти из шко́льного во́зраста; den Kinderschuhen ≈ вы́йти из младе́нческого во́зраста; **~waffnen** *tr* обезору́ж|ивать ⟨-ить 3⟩ *a. übertr*

Ent|waffnung *f* обезору́живание 5; **~warnung** *f* отбо́й 1

entwässern *tr* осуш|а́ть ⟨-и́ть 3⁺⟩, обезво́|живать ⟨-дить 3 -жу⟩

Entwässerung *f* осуше́ние 5, обезво́живание 5

Entwässerungs|anlage *f* осуши́тельная устано́вка; **~graben** *m* осуши́тельная кана́ва

entweder *Konj:* ~ … oder … и́ли … и́ли …, ли́бо … ли́бо …; ~ oder! одно́ из двух!

ent|weichen *intr* убега́ть ⟨-|бежа́ть*⟩; Gas выходи́ть 3⁺ ⟨вы́|йти*⟩ (aus из *G*); **~weihen** *tr* оскверн|я́ть ⟨-и́ть 3⟩

Entweihung *f* оскверне́ние 5

ent|wenden *tr* похища́ть ⟨-хи́тить 3 -хи́щу⟩ (j-m у *G*); **~werfen** *tr* набр|а́сывать ⟨-оса́ть⟩; Plan проекти́ровать 2 (за-, с-); **~werten** *tr* обесце́н|ивать ⟨-ить 3⟩; Briefmarken пога|ша́ть ⟨-си́ть 3⁺ -шу́⟩

Entwert|er *m* für Fahrscheine компо́стер 2; **~ung** *f* обесце́нение 5; Briefmarken погаше́ние 5

entwickeln *tr* развива́ть ⟨-|ви́ть*ı -овью́⟩; Film прояв|ля́ть ⟨-и́ть 3⁺ -лю́⟩; darlegen излага́ть ⟨-ложи́ть 3⁺⟩; Gerät, Plan разраб|а́тывать ⟨-о́тать⟩; Eigenschaften прояв|ля́ть ⟨-и́ть⟩; sich ~ *refl* развива́ться ⟨-ви́ться⟩ | aus der Puppe entwickelte sich ein Schmetterling ку́колка преврати́лась в ба́бочку; die Stadt entwickelt sich zu einem Handelszentrum го́род превраща́ется в торго́вый центр

Entwickl|er *m Foto* прояви́тель 1; **~ung** *f* разви́тие 5; einer Maschine разрабо́тка 6; *Foto* проявле́ние 5; Darlegung изложе́ние 5

entwicklungsfähig спосо́бный к разви́тию

Entwicklungs|gerät *n* проя́вочный прибо́р; **~geschichte** *f* исто́рия разви́тия; **~gesetz** *n* зако́н разви́тия; **~hilfe** *f* по́мощь развива́ющимся стра́нам; **~jahre** *n Pl* го́ды ро́ста [созрева́ния], перехо́дный во́зраст 2; **~land** *n* развива́ющаяся 11 страна́; **~stufe** *f* ступе́нь разви́тия

ent|winden *tr* вырыва́ть ⟨вы́|рвать*⟩ (j-m у *G*); **~wirren** *tr* распу́т|ывать ⟨-ать⟩; **~wischen** *intr* улизну́ть *v* 4 (j-m от *G*); **~wöhnen** *tr* отуч|а́ть ⟨-и́ть 3⁺⟩ (etw. от *G oder mit Inf*) | ein Kind ≈ отнима́ть ⟨отня́ть*⟩ ребёнка от груди́; **~würdigen** *tr* унижа́ть ⟨уни́|зить 3 -жу⟩

Ent|würdigung *f* униже́ние 5; **~wurf** *m* набро́с|окı -ка 2; zu einem Bilde эски́з 2; Plan прое́кт [оэ] 2 | im ≈ вчерне́

ent|wurzeln *tr übertr* вырыва́ть ⟨вы́|рвать*⟩ с ко́рнем; *übertr* искорен|я́ть ⟨-и́ть 3⟩; **~zaubern** *tr* снима́ть ⟨снять*⟩ ча́ры с *G*

entziehen *tr* лиш|а́ть ⟨-и́ть 3⟩ (j-m *G*); sich ~ *refl* einer Verpflichtung уклон|я́ться ⟨-и́ться 3⟩ от *G* | es entzieht sich meiner Kenntnis мне неизве́стно

Entziehungskur *f* лече́ние 5 (алкоголи́ков) воздержа́нием

entziffern *tr* расшифр|о́вывать ⟨-ова́ть 2⟩; Handschrift разбира́ть ⟨разо|бра́ть*ı разберу́ı разо́бранный⟩

Entzifferung *f* расшифро́вка 6

entzücken *tr* восхи|ща́ть ⟨-ти́ть 3 -щу́⟩ | ich bin von ihm entzückt я от него́ в восто́рге

Entzücken *n* восхище́ние 5, восто́рг 2 | in ~ geraten восхи|ща́ться ⟨-ти́ться 3 -щу́сь⟩

entzückend восхити́тел|ьный, -енı -ьна

entzündbar (легко)воспламеня́ющийся 11

entzünden *tr* зажига́ть ⟨-|же́чь*⟩; *übertr* воспламен|я́ть ⟨-и́ть 3⟩; sich ~ *refl* заго-р|а́ться ⟨-е́ться 3⟩ (an от *G*); *Med* вос-пал|я́ться ⟨-и́ться 3⟩
entzündlich *Med* воспали́тельный
Entzündung *f* воспламене́ние 5; *Med* воспале́ние 5
entzwei *Adv* разби́тый | ~ sein быть разби́тым; **~brechen** *tr* разла́мывать ⟨-ло-ма́ть⟩; *intr* лома́ться (с-); **~en** *tr* ссо́рить 3 (по-); sich ≈ *refl* рассо́риться *v* 3
Enzian *m* гореча́вка 6
Enzyklopädie *f* энциклопе́дия 8
enzyklopädisch энциклопеди́ческий
Enzym *n* энзи́м 2
Epidemie *f* эпиде́мия 8
epidemisch эпидеми́ческий
Epi|diaskop *n* эпидиаско́п 2; **~gone** *m* эпиго́н 2; **~gramm** *n* эпигра́мма 6
Epik *f* эпи́ческая поэ́зия 8, э́пика 6
Epilepsie *f* эпиле́псия 8
epileptisch эпилепти́ческий
Epilog *m* эпило́г 2
episch эпи́ческий
Episode *f* эпизо́д 2
Epoche *f* эпо́ха 6 | in der ~ в эпо́ху
epochemachend эпоха́льный
Epos *n* э́пос 2
Equipage *f* экипа́ж 2 *G Pl* -ей
er *Pers Pron* он, *G* его́ 14 | ~ selbst он сам; ~ allein он оди́н, то́лько он; mit ihm с ним
erachten *tr* счита́ть ⟨счесть*⟩ (für, als *I*) | für nötig ~ счита́ть необходи́мым
Erachten *n:* meines ~s по-мо́ему, на мой взгляд
erarbeiten *tr* зараб|а́тывать ⟨-о́тать⟩; Plan разраб|а́тывать ⟨-о́тать⟩
Erbanlagen *f Pl* насле́дственность 9
erbarmen, sich *refl* сжа́литься *v* 3 (j-s над кем-н.)
Erbarmen *n* жа́лость 9, сострада́ние 5 | es ist zum ~ э́то ужа́сно
erbärmlich жа́л|кий, -ок, -ка́!; Person ничто́ж|ный, -ен; Verhalten недо-сто́|йный, -ен
er|barmungslos безжа́лост|ный, -ен, беспоща́д|ный, -ен; **~bauen** *tr* стро́ить 3 (по-), соору|жа́ть ⟨-ди́ть 3 -жу́⟩; sich ≈ *refl übertr* насла|жда́ться ⟨-ди́ться 3 -жу́сь⟩ (an *I*) | ich bin wenig erbaut davon я не в восто́рге от э́того
Erbauer *m* строи́тель 1
erbaulich поучи́тел|ьный, -ен, -ьна
[1]Erbe *m* насле́дник 2 | zum ~n einsetzen назна́чить *v* 3 насле́дником
[2]Erbe *n* насле́дство 4; geistiges usw. насле́дие 5
erbeben *intr* erschaudern содрог|а́ться ⟨-ну́ться 4⟩ (vor от *G*)
erben *tr* насле́довать *uv, v* 2 (a. у-) (von от *G*)
er|betteln *tr* выпра́шивать ⟨вы́про|сить 3 -шу⟩; **~beuten** *tr* захв|а́тывать ⟨-ати́ть 3⁺ -ачу́⟩
Erb|fehler *m* насле́дственный поро́к 2; **~folge** *f* поря́д|ок, -ка 2 насле́дования
erbieten, sich *refl* вызыва́ться ⟨вы́|зваться*⟩ (*mit Inf* oder на *A*)
Erbin *f* насле́дница 6
er|bitten *tr* выпра́шивать ⟨вы́про|сить 3 -шу⟩; **~bittern** *tr* ожесточ|а́ть ⟨-и́ть 3⟩; **~bittert** ожесточё:н|ный
Erbitterung *f* ожесточе́ние 5, озлобле́ние 5
erblassen *intr* бледне́ть (по-)
Erblasser *m* завеща́тель 1
erbleichen *intr* = **erblassen**
erblich 1. *Adj* насле́дственный **2.** *Adv* по насле́дству | ~ belastet страда́ющий 11 насле́дственным поро́ком
Erblichkeit *f* насле́дственность 9
er|blicken *tr* ви́|деть 3 -жу (у-) | das Licht der Welt ≈ появ|ля́ться ⟨-и́ться 3⁺ -лю́сь⟩ на свет; **~blinden** *intr* сле́пнуть 4a (о-); **~blühen** *intr* расцвета́ть ⟨-|цвести́*⟩ *a. übertr;* **~bosen** *tr* злить 3 (разо-); sich ≈ *refl* зли́ться (разо-) (über на *A*); **~brechen** *tr* Brief вскрыва́ть ⟨-|кры́ть*⟩; sich ≈ *refl:* er erbricht sich его́ рвёт
Erbrechen *n* рво́та 6
Erb|recht *n* насле́дственное пра́во; Erbberechtigung пра́во насле́дования; **~schaft** *f* насле́дство 4
Erbschafts|anspruch *m* прете́нзия на насле́дство; **~steuer** *f* нало́г с насле́дства
Erbse *f* горо́шина 6; -n *Pl* горо́х 2
Erbsen|suppe *f* горо́ховый суп
Erb|stück *n* вещь 9g, доста́вшаяся 11 [перешéдшая 11] по насле́дству; **~teil** *n* до́ля насле́дства; **~vertrag** *m* догово́р о насле́дстве
Erd|achse *f* земна́я ось; **~arbeiten** *f Pl* земляны́е рабо́ты; **~arbeiter** *m* землеко́п 2; **~bahn** *f Astr* орби́та Земли́; **~ball** *m* земно́й шар; **~beben** *n* землетрясе́ние 5; **~beere** *f* земляни́ка 6; Gartenerdbeere клубни́ка 6; **~beersaft** *m* земляни́чный [клубни́чный] сок; **~beschleunigung** *f* ускоре́ние си́лы тя́жести; **~bewohner** *m* обита́тель земно́го ша́ра; **~boden** *m* земля́ 7c *A* зе́млю, *G Pl* земе́ль; Bodenart по́чва 6 | dem ≈ gleichmachen сровня́ть *v* с землёй
Erde *f* земля́ 7c *A* зе́млю; Bodenart по́чва 6; *Astr* Земля́ | auf die ~ на зе́млю; auf der ~ на земле́; über die ganze ~ по всему́ све́ту; j-n unter die ~ bringen сво|ди́ть 3⁺ -жу́ ⟨с|вести́*⟩ кого́-н. в моги́лу; seltene ~n ре́дкие зе́мли
erden *tr* заземл|я́ть ⟨-и́ть 3⟩
erdenk|en *tr* выду́мывать ⟨вы́думать⟩, приду́м|ывать ⟨-ать⟩; **~lich** возмо́ж|ный, -ен | alle ≈en Mittel все [всевозмо́жные]

срéдства; sich alle ≈e Mühe geben прилагáть ⟨-ложи́ть 3⁺⟩ все старáния
erdfarben землúст:ый
Erd|ferne *f* апогéй 1; **~gas** *n* прирóдный газ; **~gasfernleitung** *f* магистрáльный газопровóд; **~geist** *m* гном 2; **~geschoß** *n* пéрвый [ни́жний 11] этáж; **~höhle** *f* пещéра 6; **~hütte** *f* землянка 6
erdichten *tr* сочин|я́ть ⟨-и́ть 3⟩, вы́думывать ⟨вы́думать⟩
Erd|inneres *n* нéдра *Pl* 4 (земли́); **~karte** *f* кáрта земнóго шáра; **~kreis** *m* весь свет 2; **~kruste** *f* земнáя корá; **~kugel** *f* земнóй шар; **~kunde** *f* геогрáфия 8; **~leitung** *f El* прóвод заземлéния; **~magnetismus** *m* земнóй магнети́зм
erdnah: ~e Bahn eines Satelliten околозéмная орби́та 6
Erd|nähe *f* перигéй 1; **~nuß** *f* землянóй орéх, арáхис 2; **~nußöl** *n* арáхисовое мáсло; **~oberfläche** *f* повéрхность Земли́; **~öl** *n* нефть 9
erdolchen *tr* закáлывать ⟨-|колóть*⟩, убивáть ⟨-|би́ть*⟩ кинжáлом
Erdölfelder *n Pl* нефтяны́е прóмыслы *Pl* 2
erdölfördernd нефтедобывáющий 11
Erdöl|förderung *f*, **~gewinnung** *f* нефтедобы́ча 6; **~industrie** *f* нефтепромы́шленность 9; **~leitung** *f* нефтепровóд 2; **~raffinerie** *f*, **~verarbeitungswerk** *n* нефтеперерабáтывающий 11 завóд
Erdreich *n* пóчва 6, грунт 2
erdreisten, sich *refl* осмéл|иваться ⟨-иться 3⟩ (zu на *A*)
Erdrinde *f* земнáя корá
er|dröhnen *intr* загремéть *v* 3; **~drosseln** *tr* души́ть 3⁺ (за-)
Erdrotation *f* вращéние Земли́
erdrücken *tr* задав|и́ть *v* 3⁺ -лю́; *übertr* подав|ля́ть ⟨-и́ть 3⁺ -лю́⟩
Erd|rutsch *m* óполз|ень| -ня 1, землянóй обвáл 2; **~satellit** *m* спу́тник Земли́ | künstlicher ≈ искýсственный спу́тник Земли́; **~scholle** *f* глы́ба земли́; **~stoß** *m* подзéмный толчóк; **~teil** *m* часть свéта
erdulden *tr* терп|éть 3⁺ -лю́, перено|си́ть 3⁺ -шý ⟨-|нести́*⟩
Erdum|fang *m* периметр 2 земнóго шáра; **~laufbahn** *f* околозéмная орби́та; **~seglung** *f* кругосвéтное плáвание 5
Erdung *f* заземлéние 5
Erd|wall *m* землянóй вал; **~zeitalter** *n* геологи́ческий пери́од 2
er|eifern, sich *refl* горячи́ться 3 (раз-) (über из-за *G*), во|йти́* *v* в азáрт; **~eignen, sich** *refl* происходи́ть 3⁺ ⟨произо|йти́*⟩, случ|áться ⟨-и́ться 3⟩
Ereignis *n* происшéствие 5, собы́тие 5
ereignisreich богáтый собы́тиями
ereilen *tr* наст|игáть ⟨-и́гнуть 4a *u.* 4⟩
Eremit *m* отшéльник 2
erfahren 1. *tr* у|знавáть* ⟨-знáть⟩; hören слы́шать 3 (у-) **2.** *Adj* óпыт|ный| -ен (in в *P*), свéдущий 11 (in в *P*)
Erfahrung *f* óпыт 2 | aus (eigener) ~ по (сóбственному) óпыту; schlechte ~en gemacht haben имéть печáльный óпыт; etw. in ~ bringen получ|áть ⟨-и́ть 3⁺⟩ свéдения о чём-н.
Erfahrungsaustausch *m* обмéн óпытом
erfahrungs|gemäß *Adv* по óпыту; **~mäßig** эмпири́ческий
erfassen *tr übertr* охв|áтывать ⟨-ати́ть⟩; verstehen понимáть ⟨поня́ть*⟩
Erfassung *f* des Bedarfs учёт 2; *Landw* заготóвки *Pl* 6
Erfassungsstelle *f Landw* заготови́тельный пункт 2
erfinden *tr* изобретáть ⟨-|обрести́*⟩; sich ausdenken вы́дýмывать ⟨вы́думать⟩; Ausrede приду́м|ывать ⟨-ать⟩
Erfinder *m* изобретáтель 1
erfinderisch изобретáтел|ьный| -ен| -ьна
Erfindung *f* изобретéние 5; Erdichtetes вы́думка 6; lügenhafte измышлéние 5
Erfindungs|gabe *f* изобретáтельность 9; **~geist** *m* твóрческий ум [дух]
erflehen *tr* вымáливать ⟨вы́молить 3⟩ *A oder G*
Erfolg *m* успéх 2; Ergebnis результáт 2 | ~ haben имéть успéх; von ~ zu ~ schreiten имéть успéх за успéхом; mit ~ с успéхом, успéшно
erfolgen *intr* происходи́ть 3⁺ ⟨произо|йти́*⟩
erfolg|los безуспéш|ный| -ен; **~reich** успéш|ный| -ен; lernen успевáющий 11 | sich ≈ mit etw. beschäftigen успевáть в чём-н.; **~versprechend** обещáющий 11 успéх
erforderlich необходи́м:ый, нýж|ный| -ен| -нá, -но| нýжны́ | ~ sein трéбоваться 2 (по-); **~enfalls** *Adv* в слýчае нáдобности
erfordern *tr* трéбовать 2 (по-) *G* | das erfordert Zeit на э́то нýжно врéмя
Erfordernis *n* трéбование 5
erforschen *tr* исслéдовать *uv, v* 2; Geheimnis разу|знавáть* ⟨-знáть⟩
Erforsch|er *m* исслéдоватеь 1; **~ung** *f* исслéдование 5; Bodenschätze развéдка 6 | die ≈ des Kosmos развéдка кóсмоса
er|fragen *tr* спрáшивать ⟨спро|си́ть 3⁺ -шý⟩ о *P;* **~freuen** *tr* рáдовать 2 (об-, по-) (j-n mit когó-н. *I*); sich ≈ *refl* рáдоваться (об-, по-) (an *D*) | er ist darüber erfreut он э́тим обрáдован; er erfreut sich bester Gesundheit у негó хорóшее здорóвье
erfreulich рáдост|ный| -ен; Bedingungen благоприя́т|ный| -ен; **~erweise** *Adv* к счáстью

erfrieren *intr* замерзáть ⟨-мёрзнуть 4a⟩; von Pflanzen вымерзáть ⟨вы́мерзнуть 4a⟩; sich Frostbeulen holen отмор|áживать ⟨-óзить 3 -óжу⟩ | sich etw. ~ отмор|áживать ⟨-óзить⟩ (себé) что-н.
Erfrierung *f* отморóжение 5
erfrischen *tr* освеж|áть ⟨-и́ть 3⟩; sich ~ *refl* освеж|áться ⟨-и́ться⟩; **~d** освежáющий 11, освежи́тел|ьный, -ен, -ьна; kühlend прохлади́тел|ьный, -ен, -ьна
Erfrischung *f* освежéние 5; Getränk освежáющий 11 [прохлади́тельный] напи́т|ок, -ка 2
Erfrischungsraum *m* буфéт 2
erfüllen *tr* выполня́ть ⟨вы́полнить 3⟩; Bitte исполня́ть ⟨-пóлнить⟩; sich ~ *refl* сбывáться ⟨-|бы́ться*, -бы́ли́сь⟩, исполня́ться ⟨-пóлниться⟩ | seinen Zweck ~ соответ́ствовать 2 своему́ назначéнию; erfüllt sein von etw. быть пóлным чегó-н.
Erfüllung *f* выполнéние 5, исполнéние 5 | in ~ gehen сбывáться ⟨-|бы́ться*, -бы́ли́сь⟩, исполня́ться ⟨-пóлниться 3⟩
Erfurt Э́рфурт 2
ergänzen *tr* дополня́ть ⟨-пóлнить 3⟩; hinzufügen добавля́ть ⟨-áвить 3 -áвлю⟩; auffüllen пополня́ть ⟨-пóлнить⟩; **~d** дополни́тельный, добáвочный
Ergänzung *f* дополнéние 5, добавлéние 5 | zur ~ в дополнéние
Ergänzungsband *m* дополни́тельный том
ergeben 1. *tr* betragen давáть* ⟨дать*⟩; sich ~ *refl* dem Feind сдавáться ⟨-дáться, -дали́сь⟩; sich fügen покор|я́ться ⟨-и́ться 3⟩; sich herausstellen получ|áться ⟨-и́ться 3⁺⟩; als Folge erscheinen слéдовать 2 (по-) | sich dem Trunke ~ предавáться ⟨пре|дáться*, -дали́сь⟩ пья́нству; daraus ergibt sich из э́того слéдует **2.** *Adj* прéдан:ный, -на | Ihr ~er прéданный Вам
Ergebenheit *f* прéданность 9; ins Schicksal покóрность 9
Ergebnis *n* результáт 2; Schlußfolgerung вы́вод 2; in Zahlen, Punkten ausgedrückt (Sport, Spiel) счёт 2 | zu dem ~ kommen прийти́ *v* к вы́воду
ergebnislos безрезультáт|ный, -ен
er|gehen *intr* Befehl быть* и́зданным [объя́вленным]; sich ≈ *refl* прогу́ливаться | über sich ≈ lassen сноси́ть 3⁺ -ношу́ ⟨-|нести́*⟩; sich in Vermutungen ≈ теря́ться в догáдках; wie ist es dir ergangen? как тебé жилóсь?; **~giebig** Boden плодорóд|ный, -ен; an Bodenschätzen богáт:ый; viel ergebend экономи́ч|ный, -ен
Ergiebigkeit *f* плодорóдие 5; богáтство 4
er|gießen, sich *refl* ли́ться*, ли́ли́сь *a. übertr;* Fluß впадáть ⟨-|пасть*⟩; **~glänzen** *intr* блестéть (за-), сия́ть (за-); **~glühen** *intr* Gesicht вспы́х|ивать ⟨-нуть 4⟩ | in Liebe zu j-m ≈ воспылáть *v* любóвью к комý-н.; **~götzen** *tr* рáдовать 2 (об-, по-), доставля́ть ⟨-áвить 3 -áвлю⟩ наслаждéние; sich ≈ *refl* насла|ждáться ⟨-ди́ться 3 -жу́сь⟩; am Anblick любовáться 2 (по-) (an *I*); **~grauen** *intr* седéть (по-); **~greifen** *tr* схв|áтывать ⟨-ати́ть 3⁺ -ачу́, -áченный⟩, брáться*, брали́сь ⟨взя́ться*, взяли́сь⟩ за *A;* Gelegenheit пóльзоваться 2 (вос-) *I;* Gefühl трó|гать ⟨-нуть 4⟩; Beruf выбирáть ⟨вы́|брать*⟩; Maßnahmen принимáть ⟨приня́ть*⟩; Dieb поймáть *v* | Besitz ≈ von etw. захв|áтывать ⟨-ати́ть⟩, овлад|евáть ⟨-éть⟩ что-н.; **~greifend** волну́ющий 11; **~griffen** взволнóван:ный, -на (von *I*)
Ergriffenheit *f* волнéние 5
ergründen *tr übertr* проникáть ⟨-ни́кнуть 4a⟩ в суть; erforschen исслéдовать *uv, v* 2
Erguß *m* излия́ние 5
erhaben возвы́шен:ный, -на; konvex вы́пуклый | über etw. ~ sein быть вы́ше чегó-н.; über alle Zweifel ~ вне вся́кого сомнéния
Erhabenheit *f* вели́чие 5; Gefühle возвы́шенность 9
erhalten *tr* получ|áть ⟨-и́ть 3⁺⟩; (auf)bewahren сохран|я́ть ⟨-и́ть 3⟩; unterhalten содержáть 3⁺; sich ~ *refl* сохран|я́ться ⟨-и́ться⟩
erhältlich: ~ sein имéться в продáже; schwer ~e Waren товáры, котóрые тру́дно купи́ть
Erhaltung *f* сохранéние 5
er|handeln *tr* выторгóвывать ⟨вы́торговать 2⟩; **~hängen, sich** *refl* вéшаться ⟨повé|ситься 3 -шусь⟩; **~härten** *tr* подтвер|ждáть ⟨-ди́ть 3 -жу́, -ждённый⟩, подкреп|ля́ть ⟨-и́ть 3 -лю́⟩; **~haschen** *tr* лов|и́ть 3 -лю́ ⟨поймáть⟩ *a. übertr;* **~heben** *tr* поднимáть ⟨подня́ть*⟩; *übertr* возводи́ть 3⁺ -вожу́ ⟨-|вести́*⟩; Steuern взимáть; sich ≈ *refl* поднимáться ⟨подн|я́ться, -я́лся, -яли́сь⟩ (von с *G*); sich empören вос|ставáть* ⟨-|стáть*⟩ | großes Geschrei ≈ поднимáть ⟨подня́ть⟩ грóмкий крик; sein Glas ≈ подня́ть (свой) бокáл; Bedenken ≈ выскáзывать ⟨вы́с|казать*⟩ опасéние; sich über andere ≈ стáв|ить 3 -лю (по-) себя́ вы́ше други́х; **~hebend** Feier торжéствен:ный, -на
erheblich значи́тел|ьный, -ен, -ьна
Erhebung *f* Boden возвышéние 5; Steuer взимáние 5; Nachforschung собирáние 5 свéдений; Aufstand восстáние 5
erheitern *tr* весели́ть 3 (раз-)
Erheiterung *f* увеселéние 5
erhellen *tr* осве|щáть ⟨-ти́ть 3 -щу́⟩; *übertr*

озар|я́ть ⟨-и́ть 3⟩; **~hitzen** *tr* нагр|ева́ть ⟨-е́ть⟩; Eisen накал|я́ть ⟨-и́ть 3⟩; sich ≈ *refl übertr* горячи́ться 3 (раз-); **~hitzt** разгоряч|ённый, -ён, -ена́; **~hoffen** *tr* наде́|яться, -юсь, -ешься на *A;* **~höhen** *tr* Preise, Produktion повыша́ть ⟨-вы́сить 3 -вы́шу⟩ (auf до *G*, um на *A*); Geschwindigkeit, Produktion увели́ч|ивать ⟨-ить 3⟩; sich ≈ *refl* повыша́ться ⟨-вы́ситься⟩ | auf das Fünffache ≈ повыша́ть в пять раз

Erhöhung *f* повыше́ние 5 (um на *A*, auf до *G*); увеличе́ние 5; *Geogr* возвыше́ние 5, возвы́шенность 9

Erhöhungszeichen *n Mus* дие́з [иэ] 2

erholen, sich *refl* отдыха́ть ⟨-дохну́ть 4⟩; gesunden попр|авля́ться ⟨-а́виться 3 -а́влюсь⟩ | sich vom Schrecken ~ опр|авля́ться ⟨-а́виться⟩ от испу́га

erholsame: ~e Stunden часы́ о́тдыха; ich habe ~e Ferien verbracht за кани́кулы я (хорошо́) отдохну́л

Erholung *f* о́тдых 2 | zur ~ на о́тдых, lesen для о́тдыха

erholungsbedürftig нужда́ющийся 11 в о́тдыхе

Erholungs|gebiet *n* куро́ртная зо́на 6, зо́на о́тдыха; **~heim** *n* дом о́тдыха | ≈ der Gewerkschaft профсою́зный дом о́тдыха; **~reise** *f* пое́здка для о́тдыха; **~stätte** *f* ме́сто о́тдыха; **~urlaub** *m* о́тпуск для восстановле́ния здоро́вья

erhören *tr:* eine Bitte ~ исполня́ть ⟨-по́лнить 3⟩ про́сьбу

Erika *f* ве́реск 2

erinnerlich: mir ist ~ я по́мню

erinnern *tr* напомина́ть ⟨-по́мнить 3⟩ (j-n an etw. кому́-н. о чём-н.); sich ~ *refl* по́мнить (an *A oder* о *P*) | wenn ich mich recht erinnere е́сли мне не изменя́ет па́мять, наско́лько я по́мню

Erinnerung *f* воспомина́ние 5; Andenken па́мять 9; ~en *Pl* Memoiren воспомина́ния *Pl* 5 | zur ~ an на па́мять о *P;* in guter ~ behalten сохран|я́ть ⟨-и́ть 3⟩ до́брую па́мять о *P*

Erinnerungsmedaille *f* меда́ль в па́мять *G*

er|kalten *intr* остыва́ть ⟨-|сты́ть*, -|сты́нуть*⟩ *a. übertr,* охла|жда́ться ⟨-ди́ться 3⟩; *übertr* охлад|ева́ть ⟨-е́ть⟩ | ≈ lassen охла|жда́ть ⟨-ди́ть 3 -жу́, -ждённый⟩; **~kälten, sich** *refl* просту|жа́ться ⟨-ди́ться 3⁺ -жу́сь⟩

Erkältung *f* просту́да 6

er|kämpfen *tr* заво|ёвывать ⟨-ева́ть 2⟩; **~kaufen** *tr* пла|ти́ть 3⁺ -чу́ (за-) за *A* | eine Erfahrung teuer ≈ до́рого заплати́ть за о́пыт

erkennbar заме́т|ный, -ен; *Phil* познава́ем:ый

Erkennbarkeit *f:* die ~ der Welt познава́емость 9 ми́ра

erkennen *tr* у|знава́ть* ⟨-зна́ть⟩ (an по *D*); einsehen осознава́ть ⟨-зна́ть⟩; identifizieren распознава́ть ⟨-зна́ть⟩; *übertr* познава́ть ⟨-зна́ть⟩; *Jur* пригова́ривать ⟨-говори́ть 3⟩ (auf к *D*) | an der Stimme ~ узнава́ть ⟨-зна́ть⟩ по го́лосу; einander ~ узнава́ть ⟨-зна́ть⟩ друг дру́га; sich zu ~ geben называ́ть ⟨-|зва́ть*⟩ своё и́мя

erkenntlich призна́тел|ьный, -ен, -ьна, благода́р|ный, -ен | sich ~ zeigen выража́ть ⟨вы́ра|зить 3 -жу⟩ призна́тельность

Erkenntlichkeit *f* призна́тельность 9, благода́рность 9

Erkenntnis *f* позна́ние 5 | zu der ~ kommen прийти́ *v* к вы́воду; **~theorie** *f* тео́рия позна́ния

Erkennung *f* распознава́ние 5

Erkennungs|marke *f Mil* ли́чный (опознава́тельный) знак 2; **~zeichen** *n* отличи́тельный при́знак 2; *Mil* опознава́тельный знак

Erker *m* э́ркер 2

erklärbar объясни́мый; verständlich поня́т|ный, -ен

erklären *tr* erläutern объясн|я́ть ⟨-и́ть 3⟩; Krieg объяв|ля́ть ⟨-и́ть 3⁺ -лю́⟩; kommentieren толкова́ть 2, истолк|о́вывать ⟨-ова́ть⟩; eine Erklärung abgeben заяв|ля́ть ⟨-и́ть⟩ | sich etw. ~ объясн|я́ть ⟨-и́ть 3⟩ себе́ что-н.; seine Liebe ~ объясн|я́ться ⟨-и́ться⟩ в любви́; für vogelfrei ~ объяв|ля́ть ⟨-и́ть⟩ вне зако́на; **~d** объясни́тельный; Wörterbuch толко́вый

erklärlich поня́т|ный, -ен

Erklärung *f* объясне́ние 5; Bekanntmachung объявле́ние 5; Deutung толкова́ние 5; Deklaration деклара́ция 8; offizielle заявле́ние 5 | eine ~ abgeben де́лать (с-) заявле́ние

er|klettern, ~klimmen *tr* взбира́ться ⟨взо|бра́ться*, взберу́сь, взобрали́сь⟩ на *A;* **~klingen** *intr* зазвене́ть *v* 3; **~kranken** *intr* забол|ева́ть ⟨-е́ть⟩ (an *I*) | er ist schwer erkrankt он разболе́лся

Erkrankung *f* заболева́ние 5

er|kühnen, sich *refl* осме́л|иваться ⟨-иться 3⟩, отва́ж|иваться ⟨-иться 3⟩; **~kunden** *tr Mil, Geol* разве́д|ывать ⟨-ать⟩; **~kundigen, sich** *refl* справля́ться ⟨спра́в|иться 3 -люсь⟩ (nach о *P*), осведомля́ться ⟨осве́дом|иться 3 -люсь⟩ (nach о *P*)

Erkund|igung *f* спра́вка 6 | ≈en einziehen наводи́ть 3⁺ -вожу́ ⟨-|вести́*⟩ спра́вки; **~ung** *f Geol* разве́дка 6

Erkundungsflug *m* разве́дывательный полёт

er|lahmen *intr übertr* ослаб|ева́ть ⟨-е́ть⟩; **~langen** *tr* erringen приобрета́ть ⟨-|обрести́*⟩; Ziel дост|ига́ть ⟨-и́гнуть 4а⟩ *G*

Erlaß *m* Verordnung ука́з 2; Befreiung von etw. освобожде́ние 5 от *G*
er|lassen *tr* Gesetz, Dekret из|дава́ть* ⟨изда́ть*⟩; Strafe освобо|жда́ть ⟨-ди́ть 3 -жу́¡ -ждённый⟩ от *G* | der General erließ den Befehl генера́л о́тдал прика́з; **~lauben** *tr* позв|оля́ть ⟨-о́лить 3⟩, разреш|а́ть ⟨-и́ть 3⟩ | ≈ Sie! позво́льте!; ich kann mir das nicht ≈ я не могу́ себе́ э́того позво́лить
Erlaubnis *f* разреше́ние 5 (zu на *A*) | j-n um (die) ~ bitten проси́ть (по-) у кого́-н. разреше́ния; mit ~ с разреше́ния
erläutern *tr* объясн|я́ть ⟨-и́ть 3⟩, поясн|я́ть ⟨-и́ть⟩; deuten толкова́ть 2; **~d** объясни́тельный, поясни́тельный
Erläuterung *f* объясне́ние 5, поясне́ние 5; толкова́ние 5; zum Text коммента́ри|й 1 *P* -и
Erle *f* ольха́ 6c
erleben *tr* дожива́ть ⟨дожи́ть*⟩ до *G;* durchmachen пережива́ть ⟨пережи́ть*⟩, испы́тывать ⟨-пыта́ть⟩ | hat man je so etwas erlebt? ви́данное ли э́то де́ло?; der kann was ~ *umg* ну и попадёт же ему́
Erlebnis *n* Ereignis собы́тие 5; seelisches пережива́ние 5
erledigen *tr* ausführen выполня́ть ⟨вы́полнить 3⟩, исполня́ть ⟨-по́лнить⟩; beenden зака́нчивать ⟨-ко́нчить 3⟩ | das ist erledigt! де́ло ула́жено!; er ist erledigt он гото́в, он ко́нченый челове́к
Erledigung *f* выполне́ние 5, исполне́ние 5
er|legen *tr* Wild убива́ть ⟨-|би́ть*⟩; **~leichtern** *tr* облегч|а́ть ⟨-и́ть 3⟩ | das Gewissen ≈ облегч|а́ть ⟨-и́ть⟩ свою́ со́весть
Erleichterung *f* облегче́ние 5
er|leiden *tr* переноси́ть 3⁺ -ношу́ ⟨-|нести́⟩; durchmachen терп|е́ть 3⁺ -лю́ (по-); **~lernen** *tr* изуч|а́ть ⟨-и́ть 3⁺⟩, учи́ться (вы́-, на-, об-) *D* | das Klavierspiel ≈ научи́ться *v* игра́ть на роя́ле; ein Handwerk ≈ выу́чиваться ⟨вы́учиться 3⟩ ремеслу́; **~lesen** Gesellschaft и́збран:ный| -а; Speisen изы́скан:ный| -на; Geschmack утончён:ный| -на
erleuchten *tr* осве|ща́ть ⟨-ти́ть 3 -щу́⟩; *übertr* озар|я́ть ⟨-и́ть 3⟩
Erleuchtung *f* озаре́ние 5
erliegen *intr:* seinen Verletzungen ~ умира́ть ⟨-|мере́ть*⟩ от ран; der Versuchung ~ под|да́ться* *v* искуше́нию
Erlkönig *m* лесно́й царь 1e
erlogen ло́ж|ный| -ен
Erlös *m* вы́ручка 6
er|löschen *intr* Licht га́снуть 4a (по-); Feuer, Vulkan ту́хнуть 4a (по-); Gefühle угаса́ть ⟨-га́снуть⟩; Mandat станови́ться 3⁺ ⟨стать*⟩ недействи́тельным, теря́ть (по-) си́лу; Frist истека́ть ⟨-|те́чь*⟩; **~lösen** *tr* избавля́ть ⟨-ба́вить 3 -ба́влю⟩ (aus, von от *G*), освобо|жда́ть ⟨-ди́ть 3 -жу́¡ -ждённый⟩ (von от *G*)
Erlös|er *m* спаси́тель 1; **~ung** *f* избавле́ние 5, освобожде́ние 5 (zu от G)
ermächtigen *tr* уполномо́ч|ивать ⟨-ить 3⟩ (zu на *A*)
Ermächtigung *f* полномо́чие 5 (zu на *A*)
ermahnen *tr* увещ|ева́ть ⟨-а́ть⟩, призыва́ть ⟨-|зва́ть*⟩ (zu к *D*)
Ermahnung *f* увещева́ние 5
Ermanglung *f:* in ~ за неиме́нием *G*
er|mannen, sich *refl* мужа́ться; **~mäßigen** *tr* Preis сбавля́ть ⟨сба́в|ить 3 -лю⟩, снижа́ть ⟨-ни́зить 3 -ни́жу⟩ | zu ermäßigten Preisen по сни́женным [уме́ренным] це́нам; ermäßigte Fahrkarte льго́тный биле́т
Ermäßigung *f* ски́дка 6
ermatten *intr* ослаб|ева́ть ⟨-е́ть⟩, изнемога́ть ⟨-|мо́чь*⟩
Ermattung *f* сла́бость 9, изнеможе́ние 5
ermessen *intr* Möglichkeiten су|ди́ть 3⁺ -жу́
Ermessen *n* усмотре́ние 5 | nach eigenem ~ по со́бственному усмотре́нию
ermitteln *tr* ausfindig machen разы́скивать ⟨-|ыска́ть*⟩, прии́скивать ⟨-|иска́ть*⟩; Tatbestand обнару́ж|ивать ⟨-ить 3⟩; *Jur* добыва́ть ⟨добы́ть*⟩ све́дения | der Adressat ist nicht zu ~ адреса́т не найден
Ermittlung *f* ро́зыск 2; обнаруже́ние 5; *Jur* дозна́ние 5 | ~en anstellen собира́ть ⟨-|бра́ть*⟩ све́дения
Ermittlungsverfahren *n Jur* дозна́ние 5
ermöglichen *tr* де́лать (с-) возмо́жным, дава́ть* ⟨дать*⟩ возмо́жность
ermorden *tr* убива́ть ⟨-|би́ть*⟩
Ermordung *f* уби́йство 4
ermüden *tr* утом|ля́ть ⟨-и́ть 3 -лю́⟩, измучить *v* 3; *intr* утом|ля́ться ⟨-и́ться⟩, у|става́ть* ⟨-|ста́ть*⟩; **~d** утоми́тел|ьный| -ен| -ьна
Ermüdung *f* утомле́ние 5, уста́лость 9
ermuntern *tr* ободр|я́ть ⟨-и́ть 3⟩; anregen побу|жда́ть ⟨-ди́ть 3 -жу́¡ -ждённый⟩ (zu к *D*)
Ermunterung *f* ободре́ние 5; побужде́ние 5
ermutigen *tr* ободр|я́ть ⟨-и́ть 3⟩
Ermutigung *f* ободре́ние 5
ernähren *tr* корм|и́ть 3⁺ -лю́ (на-, по-), пита́ть; für den Unterhalt sorgen корми́ть (про-), содержа́ть 3⁺; sich ~ *refl* für den Unterhalt sorgen корми́ться (про-); sich nähren пита́ться
Ernähr|er *m* корми́л|ец| -ьца 2; **~ung** *f* пита́ние 5
Ernährungs|lage *f* положе́ние с пита́нием; **~weise** *f* пищево́й режи́м 2, режи́м пита́ния
ernennen *tr* назн|ача́ть ⟨-а́чить 3⟩ (zu *I*)

Ernennung *f* назначéние 5 (zu *I*)
Ernennungsurkunde *f* верúтельная грáмота 6
erneuern *tr* Garderobe обнов|ля́ть ⟨-и́ть 3 -лю́⟩; Verträge возобнов|ля́ть ⟨-и́ть⟩; beleben возро|ждáть ⟨-ди́ть 3 -жý¦ -ждённый⟩ | ein Versprechen ~ повтор|я́ть ⟨-и́ть 3⟩ обещáние
Erneuerung *f* обновлéние 5; возобновлéние 5; возрождéние 5
erneut *Adv* снóва, опя́ть
erniedrigen *tr* унижáть ⟨унú|зить 3 -жу⟩; sich ~ *refl* унижáться ⟨унúзиться⟩
Erniedrigung *f* унижéние 5
Erniedrigungszeichen *n Mus* знак понижéния
ernst серьёз|ный¦ -ен | ~ nehmen принимáть ⟨приня́ть*⟩ всерьёз; es ist mir ~ damit я не шучý; ein ~es Wort mit j-m reden серьёзно поговорúть с кем-н.
Ernst *m* серьёзность 9 | im ~ серьёзно; allen ~es совершéнно серьёзно; mein voller ~ крóме шýток; ist das dein ~? ты не шýтишь?; der ~ der Lage серьёзность положéния; er machte mit seiner Drohung ~ он вы́полнил свою́ угрóзу; **~fall** *m:* im ≈ в слýчае опáсности
ernst|haft, ~lich 1. *Adj* серьёз|ный¦ -ен **2.** *Adv* всерьёз
Ernte *f* Ertrag урожá|й 1 *G Pl* -ев; Arbeiten убóрка 6 урожáя | die ~ einbringen со-, убирáть ⟨-|брáть*⟩ урожáй; **~ertrag** *m* урожá|й 1 *G Pl* -ев; **~fest** *n* прáздник 2 урожáя; **~helfer** *m* помóщник на убóрке урожáя; **~kranz** *m* венóк из колóсьев; **~maschine** *f* жáтвенная [убóрочная] машúна
ernten *tr* убирáть ⟨-|брáть*⟩ урожáй; Obst собирáть ⟨-брáть⟩ урожáй; *übertr* пожинáть ⟨-|жáть[2]*⟩
Erntezeit *f* врéмя убóрки урожáя
ernüchtern *tr* о-, протрезв|ля́ть ⟨-и́ть 3 -лю́⟩
Ernüchterung *f* о-, протрезвлéние 5
Eroberer *m* завоевáтель 1, захвáтчик 2
erobern *tr* заво|ёвывать ⟨-евáть 2⟩, захв|áтывать ⟨-атúть 3⁺ -ачý⟩; *übertr* плен|я́ть ⟨-и́ть 3⟩, покор|я́ть ⟨-и́ть 3⟩
Eroberung *f* завоевáние 5, захвáт 2 | ~en machen *übertr* плен|я́ть ⟨-и́ть 3⟩ сердцá
Eroberungskrieg *m* захвáтническая войнá
eröffnen *tr* открывáть ⟨-|кры́ть*⟩; anfangen начинáть ⟨начáть*⟩; mitteilen сообщ|áть ⟨-и́ть 3⟩; sich ~ *refl* Aussichten, Möglichkeiten открывáться ⟨-кры́ться⟩
Eröffnung *f* откры́тие 5; Anfang начáло 4; Bericht сообщéние 5; Schach дебю́т 2
Eröffnungs|feier *f* торжествó по слýчаю отркы́тия; **~tag** *m* день откры́тия
erörtern *tr* обсу|ждáть ⟨-ди́ть 3⁺ -жý¦ -ждённый⟩
Erörterung *f* обсуждéние 5
Erosion *f* эрóзия 8
Erotik *f* эрóтика 6
erotisch эротúческий
Erpel *m* сéлез|ень¦ -ня 1
erpicht пáд|кий¦ -ок (auf на *A*)
erpressen *tr* вымогáть (von j-m etw. что-н. у когó-н.), шантажúровать 2 (j-n когó-н.)
Erpress|er *m* вымогáтель 1, шантажúст 2; **~ung** *f* вымогáтельство 4, шантáж 2e *G Pl* -éй
er|proben *tr* испы́тывать ⟨-пытáть⟩; **~quicken** *tr* erfrischen освеж|áть ⟨-и́ть 3⟩
Erquickung *f* освежéние 5
erraten от-, угáдывать ⟨-гадáть⟩; daraufkommen догáдываться ⟨-гадáться⟩ (о *P)*
errechnen *tr* рассч|и́тывать ⟨-итáть⟩
erratisch *Geol* эррати́ческий | ~er Block эррати́ческий валýн 2e
erregbar возбуди́м:ый; reizbar раздражи́тел|ьный¦ -ен¦ -ьна
Erregbarkeit *f* возбуди́мость 9; раздражи́тельность 9
erregen *tr* возбу|ждáть ⟨-ди́ть 3 -жý¦ -ждённый⟩; Unwillen вызывáть ⟨вы́|звать*⟩; reizen раздраж|áть ⟨-и́ть 3⟩; aufregen волновáть 3 (вз-)
Erreger *m Med* возбуди́тель 1; **~strom** *m* ток возбуждéния
Erregung *f* возбуждéние 5, волнéние 5
erreichbar достижи́м:ый; zugänglich достýп|ный¦ -ен | ich bin stets ~ меня́ всегдá мóжно застáть
er|reichen *tr* достигáть ⟨-и́гнуть 4a *u.* 4⟩ *G;* erringen добивáться ⟨-|би́ться*⟩ *G;* mit der Hand до|ставáть* ⟨-|стáть*⟩; einen bestimmten Ort, eine bestimmte Grenze, Höhe доходи́ть 3⁺ -хожý ⟨-|йти́*⟩ до *G;* fahrend доезжáть ⟨-|éхать*⟩ до *G*; antreffen заставáть ⟨-стáть⟩; telefonisch дозвони́ться *v* 3 | den Zug ≈ успéть *v* на пóезд; den Anschluß ≈ успéть сесть в другóй пóезд; endlich erreichten wir den Wald наконéц мы добрали́сь до лéса; eine hohe Geschwindigkeit ≈ раз|ви́ть* *v* -овью́ большýю скóрость; **~retten** *tr* спасáть ⟨-|пасти́*⟩ (von, aus, vor от *G*); **~richten** *tr* возводи́ть 3⁺ -вожý ⟨-|вести́*⟩, воздв|игáть ⟨-и́гнуть 4a *u.* 4⟩; aufstellen соору|жáть ⟨-ди́ть 3 -жý⟩; Institution устан|áвливать ⟨-ови́ть 3⁺ -овлю́⟩ | eine Senkrechte ≈ *Math* восстан|áвливать ⟨-ови́ть 3⁺ -овлю́⟩ перпендикуля́р; ein Denkmal ≈ воздвигáть пáмятник
Errichtung *f* возведéние 5; сооружéние 5; установлéние 5
er|ringen *tr* добивáться ⟨-|би́ться*⟩ *G,* дост|игáть ⟨-и́гнуть 4a *u.* 4⟩; erkämpfen заво|ёвывать ⟨-евáть 2⟩ | den Sieg ≈ одéр-

живать ⟨одержáть 3^+⟩ побéду; **~röten** *intr* краснéть (по-) (vor, über от *G*)

Errungenschaft *f* достижéние 5

Ersatz *m* замéна 6; Entschädigung возмещéние 5 (für за *A*); Ersatzstoff заменитель 1; nicht vollwertiger суррогáт 2 | als ~ взамéн *G;* **~mann** *m Sport* запаснóй игрóк 2е; **~mannschaft** *f Sport* запаснáя komáнда; **~spieler** *m* запаснóй игрóк; **~teil** *n* запаснáя часть, запчáсть 9g

erschaffen *tr* соз|давáть* ⟨создáть*⟩, творить 3 (со-)

Erschaffung *f* создáние 5 | die ~ der Welt сотворéние 5 мира

er|schallen *intr* раз|давáться* ⟨-|дáться*; -дали́сь⟩, зазвучáть *v* 3; **~scheinen** *intr* появ|ля́ться ⟨-и́ться 3^+ -лю́сь⟩; vor Gericht явля́ться ⟨яви́ться⟩; Buch выходи́ть 3^+ ⟨вы́|йти*⟩ (в свет) | das erscheint mir seltsam э́то кáжется мне стрáнным

Erscheinen *n* появлéние 5; vor Gericht я́вка 6 (в суд); eines Buches вы́ход 2 (из печáти)

Erscheinung *f* явлéние 5, появлéние 5; Aussehen (внéшний 11) вид 2; Spuk привидéние 5, при́зрак 2 | in ~ treten обнару́ж|иваться ⟨-иться 3⟩

Erscheinungsjahr *n* год издáния

erschießen *tr* застр|éливать ⟨-ели́ть 3^+⟩; sich ~ *refl* застрéливаться ⟨-ели́ться⟩

Erschießung *f* расстрéл 2

er|schlaffen *intr* ослаб|евáть ⟨-éть⟩; **~schlagen** *tr* убивáть ⟨-|би́ть*⟩ | vom Blitz ≈ werden быть* поражённым мóлнией; ich bin ≈ я ошеломлён; ich fühle mich wie ≈ я óчень устáл; **~schleichen** *tr* добивáться ⟨-|би́ться*⟩ чегó-н. хи́тростью; **~schließen** *tr Wirtsch* открывáть ⟨-|кры́ть*⟩; Neuland, Brachland осв|áивать ⟨-óить 3⟩

Erschließung *f* откры́тие 5; освоéние 5

erschöpfen *tr* Mittel исчéрп|ывать ⟨-ать⟩; Kräfte изнур|я́ть ⟨-и́ть 3⟩; Erzlager истощ|áть ⟨-и́ть 3⟩; **~d 1.** *Adj* исчéрпывающий 11 **2.** *Adv* исчéрпывающе

erschöpft изнур|ённый| -ён| -енá, истощ|ённый| -ён| -енá | meine Kräfte sind ~ у меня́ нет бóльше сил; meine Geduld ist ~ моё терпéние иссякло

Erschöpfung *f* изнеможéние 5 | bis zur ~ до изнеможéния

er|schrecken *tr* пугáть (ис-); *intr* пугáться (ис-) (über, vor *G*); **~schüttern** *tr* потрясáть ⟨-|трясти́*⟩; Grundsätze колебáть* (по-); Gesundheit, Autorität подрывáть ⟨подо|рвáть*| подóрванный⟩; **~schütternd 1.** *Adj* потрясáющий 11 **2.** *Adv* потрясáюще

Erschütterung *f* сотрясéние 5 *a. Med;* потрясéние 5 | seelische ~ душéвное потрясéние

er|schweren *tr* затрудн|я́ть ⟨-и́ть 3⟩, осложн|я́ть ⟨-и́ть 3⟩ | ≈de Umstände отягчáющие 11 (вину́) обстоя́тельства; **~schwinglich** досту́п|ный| -ен; **~sehnen** *tr* ждать *G* с нетерпéнием, стрáстно желáть (по-); **~setzbar** замени́м:ый; **~setzen** *tr* замен|я́ть ⟨-и́ть 3^+| -ённый⟩; entschädigen возме|щáть ⟨-сти́ть 3 -щу́⟩; **~sichtlich** ви́димый, -ен, я́в|ный| -ен | ≈ sein я́вствовать 2; **~sinnen** *tr* приду́м|ывать ⟨-ать⟩, выду́мывать ⟨вы́думать⟩; **~spähen** *tr* высмáтривать ⟨вы́смотреть 3⟩; **~sparen** *tr* сберегáть ⟨-|берéчь*⟩, скáпливать ⟨скоп|и́ть 3^+ -лю́⟩; verschonen изб|авля́ть ⟨-áвить 3 -áвлю⟩ (etw. от *G*) | ich hätte mir die Mühe ≈ können мне не стóило труди́ться; es blieb ihm nichts erspart ничтó егó не миновáло

Ersparnisse *f Pl* сбережéния *Pl* 5

ersprießlich полéз|ный| -ен, плодотвóр|ный| -ен

erst *Adv* zuerst сперва́, сначáла; nur тóлько, лишь | eben ~ тóлько что; ~ recht тем бóлее; ~ heute тóлько сегóдня; wenn du ~ einmal so alt bist wie ich когдá ты доживёшь до мои́х лет

er|starken *intr* крéпнуть 4 *u.* 4a (о-) *a. übertr;* **~starren** *intr* vor Kälte коченéть (за-, о-); vor Ehrfurcht застывáть ⟨-|сты́ть*⟩ | vor Schreck ≈ цепенéть от стрáха; das Blut erstarrt mir in den Adern кровь сты́нет у меня́ в жи́лах; **~starrt** оцепенéлый; von Gliedern онемéлый; verhärtet отвердéлый

Erstarrung *f* оцепенéние 5

erstatten *tr* возме|щáть ⟨-сти́ть 3 -щу́⟩ | Bericht ~ доклáдывать ⟨-ложи́ть 3^+⟩

Erstaufführung *f* премьéра 6

erstaunen *intr* удив|ля́ться ⟨-и́ться 3 -лю́сь⟩ | erstaunt sein über etw. быть удивлённым чем-н.

Erstaunen *n* удивлéние 5, изумлéние 5; Verwunderung недоумéние 5 | in ~ setzen удив|ля́ть ⟨-и́ть 3 -лю́⟩, изум|ля́ть ⟨-и́ть 3 -лю́⟩

erstaunlich удиви́тел|ьный| -ен| -ьна, изуми́тел|ьный| -ен| -ьна

Erst|ausgabe *f* пéрвое издáние; **~besteigung** *f* пéрвое восхождéние

er|stechen *tr* закáлывать ⟨-|колóть*⟩; **~stehen** *tr* kaufen покупáть ⟨куп|и́ть 3^+ -лю́⟩; erwerben приобретáть ⟨-|обрести́*⟩; *intr* возро|ждáться ⟨-ди́ться 3 -жу́сь⟩; **~steigen** *tr* всхо|ди́ть 3^+ -жу́ ⟨взо|йти́*⟩ на *A*

erstens *Adv* во-пéрвых

erste|r *Num* пéрвый | der ~ Juni пéрвое ию́ня; zum ~n Male в пéрвый раз; der ~ beste пéрвый встрéчный; fürs ~ для начáла; das ist das ~, was ich höre в пéрвый раз слы́шу

Erster *m* in der Klasse пéрвый учени́к 2е

(в кла́ссе); des Monats пе́рвое число́ 4c (ме́сяца)
ersterben *intr* замира́ть (-|мере́ть*)
Erst|geborene *f, n,* **~geborener** *m* пе́рвен|ец, -ца 2; **~geburt** *f Med* пе́рвые ро́ды
ersticken *tr* души́ть 3⁺ (за-); *intr* задыха́ться (-дохну́ться 4 *u.* 4a); vor Husten, Lachen дав|и́ться 3⁺ -люсь (по-) (an от *G*) | einen Aufruhr im Keim ~ подав|ля́ть (-и́ть 3⁺-лю) мяте́ж в заро́дыше
Erstickung *f* уду́шье 5
Erstickungstod *m* смерть от уду́шья
erstklassig первокла́ссный | ~er Tabak таба́к пе́рвого со́рта; ~es Restaurant перворазря́дный рестора́н
Erstling *m* пе́рвен|ец, -ца 2
erstmalig 1. *Adj* пе́рвый **2.** *Adv* впервы́е, в пе́рвый раз
erstrangig первостепе́н|ный, -ен, -на
erstreben *tr* стрем|и́ться 3 -лю́сь к *D*
erstrebenswert досто́йный того́, что́бы к нему́ стреми́ться | ~es Ziel жела́нная цель
er|strecken, sich *refl* простира́ться (прос|тере́ться*); umfassen распростран|я́ться (-и́ться 3) (auf на *A*) | die Arbeit erstreckt sich über Jahre рабо́та дли́тся мно́гие го́ды; **~stürmen** *tr* брать* (взять*) шту́рмом; Gipfel штурмова́ть 2
Erstürmung *f* взя́тие 5 шту́рмом
er|suchen *tr* про|си́ть 3⁺ -шу́ (по-) (um о *P*); **~tappen** *tr* пойма́ть *v* (bei, auf на *P*), заст|ига́ть (-и́гнуть 4a) (bei на *P*) | auf frischer Tat ≈ пойма́ть с поли́чным, пойма́ть на ме́сте преступле́ния; bei etw. ertappt werden попада́ться (-|па́сться*) на чём-н.; **~teilen** *tr* Auskunft, Erlaubnis дава́ть* (дать*) | einen Verweis ≈ де́лать (с-) вы́говор; Unterricht ≈ преподава́ть, дава́ть (дать) уро́ки
ertönen *intr* раз|дава́ться* (-|да́ться*; -дало́сь)
Ertrag *m* дохо́д 2; Ernte урожа́|й 1 *G Pl* -ев
er|tragen *tr* переноси́ть 3⁺ -ношу́ (-|нести́*), терп|е́ть 3⁺ -лю́; **~träglich** сно́с|ный, -ен, терпи́м:ый; **~tragreich** gewinnbringend дохо́д|ный, -ен; *Landw* (высоко)урожа́йный
Ertragssteigerung *f Landw* повыше́ние урожа́йности
er|tränken *tr* топ|и́ть 3⁺ -лю́ (у-) | den Kummer im Wein ≈ залива́ть (зали́ть*) го́ре вино́м; **~trinken** *intr* тону́ть 4⁺ (по-), уто|па́ть (-ну́ть)
Ertrunkene *f* уто́пленница 6; **~r** *m* уто́пленник 2
erübrigen *tr* сберега́ть (-|бере́чь*); sich ~ *refl* быть* изли́шним | es erübrigt sich zu sagen, daß … изли́шне говори́ть, что …
Eruption *f* изверже́ние 5
Eruptivgestein *n* изве́рженная го́рная поро́да 6
erwachen *intr* прос|ыпа́ться (-ну́ться 4), пробу|жда́ться (-ди́ться 3⁺ -жу́сь) (aus от *G*) *a. übertr*
Erwachen *n* пробужде́ние 5
erwachsen 1. *Adj* взро́слый **2.** *intr* проис|тека́ть (-|те́чь*), происходи́ть 3⁺ (произо|йти́*) (aus из, от *G*)
Erwachsene *f* взро́слая *Subst* 10
Erwachsenenbildung *f* обуче́ние 5 взро́слых
Erwachsener *m* взро́слый *Subst* 10
erwägen *tr* обду́м|ывать (-ать)
Erwägung *f* соображе́ние 5; Prüfung обсужде́ние 5 | in ~ ziehen принима́ть (приня́ть*) во внима́ние
er|wählen *tr* выбира́ть (вы́|брать*), избира́ть (-бра́ть); **~wähnen** *tr* упом|ина́ть (-яну́ть 4⁺) о *P* | mit keinem Wort ≈ не обмо́лвиться *v* 3 ни (одни́м) сло́вом
erwähnenswert досто́йный упомина́ния
Erwähnung *f* упомина́ние 5
erwärmen *tr* Glied, Luft со-, обогрева́ть (-гре́ть); Wasser нагрева́ть (-гре́ть); sich ~ *refl* обогрева́ться (-гре́ться); нагрева́ться (-гре́ться); *übertr* заинтересова́ться *v* 2 (für *I*)
Erwärmung *f* Wasser нагрева́ние 5; *Tech* нагре́в 2; Wetter потепле́ние 5
erwarten *tr* ждать*, ожида́ть *G* | ein Kind ~ ждать (рожде́ния) ребёнка; wir können es kaum ~ ждём не дождёмся
Erwartung *f* ожида́ние 5 | in ~ в ожида́нии; das übertrifft meine ~en э́то бо́льше, чем я ожида́л
erwartungsvoll по́лный ожида́ния
er|wecken *tr übertr* пробу|жда́ть (-ди́ть 3; -ждённый); **~wehren, sich** *refl* eines Gegners защи|ща́ться (-ти́ться 3 -щу́сь) от *G;* eines lästigen Menschen oder Gedankens отде́л|ываться (-аться) от *G;* Tränen, Lachen уде́рживаться (удержа́ться 3⁺) от *G* | man kann sich ihrer nicht ≈ от них отбо́ю нет; **~weichen** *tr* размягч|а́ть (-и́ть 3); *übertr* смягч|а́ть (-и́ть); sich ≈ lassen смягч|а́ться (-и́ться); **~weisen** *tr* beweisen дока́зывать (-|каза́ть*); Gunst, Wohltat ока́зывать (-каза́ть); sich ≈ *refl* ока́зываться (-каза́ться) (als *I*) | sich dankbar gegen j-n ≈ быть* благода́рным кому́-н.; **~weitern** *tr* расширя́ть (-ши́рить 3), распростран|я́ть (-и́ть 3); *Math* Bruch превра|ща́ть (-ти́ть 3 -щу́)
Er|weiterung *f* расшире́ние 5; **~werb** *m* Verdienst за́работ|ок, -ка 2; durch Kauf приобрете́ние 5
erwerben *tr* käuflich приобрета́ть (-|обрести́*); sich verschaffen добыва́ть (добы́ть*); Geld зараб|а́тывать (-о́тать),

наживáть ⟨нажи́ть*⟩; Ruhm, Vertrauen заво|ёвывать ⟨-евáть 2⟩ | sich Verdienste um etw. ~ имéть заслу́ги в óбласти чегó-н.
erwerbsfähig трудоспосóб|ный, -ен
Erwerbsfähigkeit *f* трудоспосóбность 9
erwerbslos безрабóтный
Erwerbslose *f* безрабóтная *Subst* 10
Erwerbs|losenunterstützung *f* посóбие 5 по безрабóтице; **~losigkeit** *f* безрабóтица 6
Erwerbsloser *m* безрабóтный *Subst* 10
erwerbs|tätig трудя́щийся 11, трудовóй; **~unfähig** нетрудоспосóб|ный, -ен
Erwerbs|unfähigkeit *f* нетрудоспосóбность 9; **~zweig** *m* óтрасль производ́ства
Erwerbung *f* приобретéние 5
erwidern *tr* возра|жáть ⟨-зи́ть 3 -жу́⟩ (auf на *A*); antworten отв|ечáть ⟨-éтить 3 -éчу⟩ (auf на *A*) | das Feuer ~ *Mil* открывáть ⟨-|кры́ть*⟩ отвéтный огóнь; einen Gruß ~ отв|ечáть ⟨-éтить⟩ на привéтствие
Erwiderung *f* возражéние 5; отвéт 2
erwiesenermaßen *Adv* как докáзано
er|wirken *tr* добивáться ⟨-|би́ться*⟩ *G;* **~wirtschaften** *tr* Mittel накáпливать ⟨-копи́ть 3⁺ -коплю́⟩ (срéдства) | Gewinn ≈ получи́ть *v* 3⁺ при́быль; **~wischen** *tr* лов|и́ть 3⁺ -лю́ ⟨поймáть ⟩, схв|áтывать ⟨-ати́ть 3⁺ -ачу́⟩; **~wünscht** желáтел|ьный, -ен, -ьна, желáнный; **~würgen** *tr* души́ть 3⁺ (за-)
Erz *n* рудá 6c; **~ader** *f* ру́дная жи́ла 6
erzählen *tr* расскáзывать ⟨-с|казáть*⟩ (von o P) | ich habe mir ~ lassen мне расскáзывали, до меня́ дошлó; **~d** повествовáтельный
Erzähl|er *m* расскáзчик 2; **~ung** *f* расскáз 2, пóвесть 9g
Erz|aufbereitung *f* обогащéние 5 руды́; **~bergbau** *m* горнору́дная промы́шленность 9; Abbau разрабóтка 6 [добы́ча 6] руды́
Erzbischof *m* архиепи́скоп 2
erzeugen *tr* herstellen производи́ть 3⁺ -вожу́ ⟨-|вести́*⟩, вырабáтывать ⟨вы́работать⟩; hervorrufen порождáть ⟨-роди́ть 3 -рожу́⟩
Erzeug|er *m* производи́тель 1; Vater роди́тель 1; **~nis** *n* издéлие 5, проду́кт 2; **~ung** *f* произвóдство 4, проду́кция 8, вы́пуск 2
Erz|feind *m* заклятый враг; **~gebirge** Ру́дные гóры *Pl* 6a
erzhaltig рудонóс|ный, -ен
erziehen *tr* воспи́тывать ⟨-питáть⟩
Erzieher *m* воспитáтель 1; **~in** *f* воспитáтельница 6
erzieherisch Maßnahmen воспитáтельный; Tätigkeit педагоги́ческий | von ~em Wert sein имéть воспитáтельное значéние
Erziehung *f* воспитáние 5
Erziehungsberechtigte *m Pl* имéющие *Subst Pl* 11 прáво воспи́тывать детéй
er|zielen *tr* добивáться ⟨-|би́ться*⟩ *G,* дост|игáть ⟨-и́гнуть 4a⟩ *G;* **~zittern** *intr* задрожáть *v* 3
Erzlager *n meist Pl* зáлежи руды́; **~stätte** *f* ру́дное месторождéние 5
Erz|reaktionär *m* махрóвый реакционéр; **~schelm** *m* отъя́вленный плут
er|zürnen *tr* сер|ди́ть 3⁺ -жу́ (рас-); sich ≈ *refl* серди́ться (рас-) (über на *A*); **~zwingen** *tr* вынуждáть ⟨вы́ну|дить 3 -жу, -жденный⟩
es *Pers Pron* онó *G* егó 14; *Dem Pron* э́то | wir sind ~ э́то мы; ~ gibt есть, имéется; ~ klopft стучáт; ~ ist dunkel темнó; ~ lebe ...! да здрáвствует ...!; ~ gut mit j-m meinen хорошó относи́ться 3⁺ -ношу́сь к комý-н.
Esche *f* я́сень 1
Esel *m* ос|ёл, -лá 2 a. als Schimpfwort; **~in** *f* осли́ца 6
Eselsohr *n* загну́тый у́г|ол, -ла 2 (страни́цы)
Eskalation *f* эскалáция 8
Eskimo *m* эскимóс 2; **~hund** *m* лáйка 6
Eskorte *f* Ehrengeleit эскóрт 2; Schutzgeleit конвó|й 1 *G Pl* -ев
Espe *f* оси́на 6
Espenlaub *n* оси́новая листвá | er zittert wie ~ он дрожи́т как оси́новый лист
Esperanto *n* эсперáнто *n idkl*
Essay *m, n* эссé *n idkl,* óчерк 2; **~ist** *m* очерки́ст 2, эссеи́ст 2
eßbar съедóб|ный, -ен
Eßbesteck *n* столóвый прибóр 2
Esse *f* дымовáя трубá 6c; *Tech* горн 2
essen *tr u. intr* есть* ⟨съесть⟩, ку́шать (по-) | sich satt ~ наедáться ⟨-éсться⟩ дóсыта; ~ Sie, bitte! ку́шайте, пожáлуйста!; unmäßig ~ быть* неумéренным в едé; zu Abend ~ у́жинать (по-); zu Mittag ~ обéдать (по-); habt ihr nicht etwas zu ~? нет ли у вас чегó-н. поéсть?
[1]**Essen** Э́ссен 2
[2]**Essen** *n* едá 6; Speise, Gericht ку́шанье 5, блю́до 4; Festmahl банкéт 2 | beim ~ за столóм; der Appetit kommt beim ~ аппети́т прихóдит во врéмя еды́; **~kübel** *m* бач|óк, -кá 2
Essenz *f* эссéнция 8
Esser *m* едóк 2e | ein schwacher ~ плохóй едóк; ein starker ~ люби́тель 1 поку́шать
Essig *m* у́ксус 2; **~gurke** *f* маринóванный огурéц, корнишóн 2
essigsauer *Chem* уксуснoки́слый | essigsaure Tonerde уксуснoки́слый глинозём 2

Essigsäure *f* у́ксусная кислота́

Eß|löffel *m* столо́вая ло́жка; **~tisch** *m* обе́денный стол; **~waren** *f Pl* проду́кты *Pl* 2 (пита́ния); **~zimmer** *n* столо́вая *Subst* 10

Este *m* эсто́н|ец, -ца 2

Ester *m* сло́жный эфи́р 2

Estin *f* эсто́нка 6

Estland Эсто́ния 8

estnisch эсто́нский | Estnische Sozialistische Sowjetrepublik Эсто́нская Сове́тская Социалисти́ческая Респу́блика

Estrade *f* эстра́да 6

Estradenkonzert *n* эстра́дный конце́рт

Estrich *m* бесшо́вный пол 2b; на полу́

etablieren, sich *refl* устр|а́иваться ⟨-о́иться 3⟩

Etage *f* эта́ж 2e *G Pl* -е́й | in der ersten ~ в бельэта́же, на пе́рвом этаже́, in der UdSSR entsprechend на второ́м этаже́

Etagenheizung *f* эта́жное центра́льное отопле́ние

Etappe *f* эта́п 2; *Mil* тыл 2b; в тылу́ | in der ersten ~ на пе́рвом эта́пе

Etappensieger *m Sport* победи́тель эта́па

Etat *m* Budget (госуда́рственный) бюдже́т 2

etatmäßig бюдже́тный; den Personaletat betreffend шта́тный

Ethik *f* э́тика 6

ethisch эти́ческий; Verhalten эти́ч|ный, -ен

ethnisch этни́ческий

Ethnographie *f* этногра́фия 8

ethnographisch этнографи́ческий

Ethnologie *f* этноло́гия 8

ethnologisch этнологи́ческий

Ethos *n* мора́льный о́блик 2, духо́вный склад 2

Etikett *n* ярлы́к 2e, этике́тка 6; **~e** *f* этике́т 2

etliche *unbest. Pron* не́которые; не́сколько *G* | ~ Male не́сколько раз

Etüde *f Mus* этю́д 2

Etui *n* футля́р 2

etwa *Adv* о́коло *G*, приблизи́тельно; in Fragen ра́зве, неуже́ли | es verging ~ ein Monat прошло́ с ме́сяц; bist du ~ krank? мо́жет быть, ты бо́лен?; er ist doch nicht ~ krank? неуже́ли он бо́лен?

etwaig возмо́ж|ный, -ен

etwas **1.** *Adv* не́сколько, немно́го | ~ über zwanzig два́дцать с небольши́м; ~ besser полу́чше, немно́го лу́чше; ~ mehr побо́льше; gib mir ~ Geld дай мне ско́лько-нибудь де́нег **2.** *unbest. Pron* что́-либо, что́-нибудь 14; bestimmtes что́-то 14, не́что; einiges ко́е-что 14 | ~ Ähnliches не́что подо́бное; ~ Zucker немно́го са́хару

Etymologie *f* этимоло́гия 8

etymologisch этимологи́ческий

euer *Poss Pron* (~e, ~, ~e) ваш 14 (-а, -е, -и)

Eukalyptus *m Bot* эвкали́пт 2; **~bonbons** *n Pl* эвкали́птовая караме́ль 1

Eule *f* сова́ 6c

Eulenspiegel *m* Уленшпи́гель 1

Eunuch *m* е́внух 2

eurerseits *Adv* с ва́шей стороны́

euresgleichen *Adv* подо́бный вам

euretwegen *Adv* ра́ди вас, из-за вас

Europa Евро́па 6

Europäer *m* европе́|ец, -йца 2; **~in** *f* европе́йка 6

europäisch европе́йский

Europa|meister *m* чемпио́н 2 Евро́пы; **~meisterschaft** *f* пе́рвенство Евро́пы; **~rekord** *m* европе́йский реко́рд

Euter *n* вы́м|я *n G D P* -ени, *I* -енем

evakuieren *tr* эвакуи́ровать *uv, v* 2

Evakuierung *f* эвакуа́ция 8

evangelisch евангели́ческий

Evangelium *n* ева́нгелие 5

Eventualität *f* возмо́жность 9 | für alle ~en на вся́кий слу́чай

eventuell **1.** *Adj* возмо́ж|ный, -ен **2.** *Adv* при слу́чае, пожа́луй | ich würde ~ kommen я, пожа́луй, пришёл бы

Evergreen *m* нестаре́ющая 11 эстра́дная пе́сня 7

Evolution *f* эволю́ция 8

Evolutionstheorie *f* эволюцио́нная тео́рия

ewig ве́ч|ный, -ен | auf ~ наве́ки; für ~e Zeiten на ве́чные времена́, на ве́ки веко́в

Ewigkeit *f* ве́чность 9

exakt то́ч|ный, -ен, -на́!

Exaktheit *f* то́чность 9

exaltiert экзальтиро́ван:ный, -на

Examen *n* экза́мен 2 | ein ~ ablegen с|дава́ть* ⟨-|дать*⟩ экза́мен, экзаменова́ться 2 (про-); ein ~ bestehen вы́держать *v* 3 экза́мен; beim ~ durchfallen провали́ться *v* 3⁺ на экза́мене, с|ре́заться* *v* на экза́мене

Examinator *m* экзамена́тор 2

examinieren *tr* экзаменова́ть 2 (про-)

Exekution *f* сме́ртная казнь 9

Exekutive *f* исполни́тельная власть 9

Exekutivkomitee *n* исполни́тельный комите́т

Exempel *n* приме́р 2 | die Probe aufs ~ machen испро́бовать *v* 2, проверя́ть ⟨-ве́рить 3⟩ на де́ле

Exemplar *n* экземпля́р 2

exemplarisch приме́р|ный, -ен

exerzieren *intr* занима́ться строево́й подгото́вкой

Exerzierplatz *m* уче́бный плац

Exil *n* изгна́ние 5 | im ~ leben жить в изгна́нии

Existenz *f* существова́ние 5; **~berechti-**

gung *f* пра́во на существова́ние; **~minimum** *n* прожи́точный ми́нимум; **~mittel** *n Pl* сре́дства к жи́зни
existieren *intr* существова́ть 2
exklusiv Gesellschaft и́збран:ный, -а, за́мкнут:ый
Exkurs *m* экску́рс 2; **~ion** *f* экску́рсия 8
Exkursionsleiter *m* экскурсово́д 2
Exmatrikulation *f* исключе́ние 5 из спи́ска студе́нтов, отчисле́ние 5
exmatrikulieren *tr* исключ|а́ть ⟨-и́ть 3⟩ из спи́ска студе́нтов
Exotik *f* экзо́тика 6
exotisch экзоти́ческий
Expander *m* экспа́ндер 2
Expansion *f* экспа́нсия 8
Expansionspolitik *f* экспансиони́стская поли́тика
expansiv экспанси́в|ный, -ен
Expedient *m* экспеди́тор 2
Expedition *f* экспеди́ция 8
Experiment *m* экспериме́нт 2, о́пыт 2
experimentell эксперимента́льный
experimentieren *intr* эксперименти́ровать 2 (mit над *oder* с *I*)
Experte *m* экспе́рт 2 (für по *D*)
explodieren *intr* взрыва́ться ⟨взо|рва́ться*; -рва́ли́сь⟩
Explosion *f* взрыв 2
explosiv взры́вчатый; *übertr* вспы́льчив:ый
Expon|at *n* экспона́т 2; **~ent** *m Math* показа́тель 1 сте́пени; markanter Vertreter представи́тель 1
exponiert ви́д|ный, -ен, -на́! | an ~er Stelle stehen быть* уязви́мым
Export *m* э́кспорт 2, вы́воз 2 | für den ~ на э́кспорт; **~artikel** *m* предме́т э́кспорта, э́кспортный това́р 2; **~auftrag** *m* э́кспортный зака́з; **~eur** *m* экспортёр 2
exportieren *tr* экспорти́ровать *uv, v* 2, выво|зи́ть 3⁺ -жу ⟨вы́|везти*⟩
Exportplan *m* план э́кспорта
Exposé *n* экспозе́ *n idkl*, докладна́я запи́ска 6
Exposition *f Lit, Foto* экспози́ция 8
Expreß *m* Zug экспре́сс 2; **~gut** *n* груз большо́й ско́рости
Expressionis|mus *m* экспрессиони́зм 2; **~t** *m* экспрессиони́ст 2
Expropriation *f* экспроприа́ция 8
exquisit и́збран:ный, -а, отли́ч|ный, -ен
extensiv *Landw* экстенси́в|ный [тэ], -ен
Externer *m* экстéрн [тэ] 2 | als ~ das Examen ablegen с|дава́ть* ⟨-|да́ть*⟩ экза́мен экстéрном
exterritorial экстерриториа́л|ный, -ен, -ьна
Exterritorialität *f* экстерриториа́льность 9
extra *Adv* специа́льно, о́собенно; zusätzlich дополни́тельно
Extrablatt *n* э́кстренный вы́пуск 2 газе́ты
Extrakt *m* экстра́кт 2
Extraktion *f* eines Zahns удале́ние 5
extravagant экстравага́нт|ный, -ен
Extravaganz *f* экстравага́нтность 9
extrem кра́йний 11
Extrem *n* кра́йность 9 | aus einem ~ ins andere fallen впада́ть ⟨-|пасть*⟩ из одно́й кра́йности в другу́ю; **~itäten** *f Pl* коне́чности *Pl* 9
Exzellenz *f* превосходи́тельство 4
Exzentriker *m* эксце́нтрик 2
exzentrisch *Math* эксцентри́ческий; *übertr* эксцентри́ч|ный, -ен
exzerpieren *tr* де́лать (с-) вы́писки [вы́борку] из *G*
Exzerpt *n* вы́писка 6, вы́борка 6
Exzeß *m* эксце́сс 2

F

f, F *n Mus* фа *n idkl*
Fabel *f* Tiergeschichte ба́с|ня 7 *G Pl* -ен; Phantasieprodukt фанта́зия 8; *Lit, Theat* фа́була 6, сюже́т 2; **~dichter** *m* баснопи́с|ец, -ца 2
fabelhaft großartig замеча́тел|ный, -ен, -ьна | ist ja ~! э́то замеча́тельно [чуде́сно]!; ein ~er Kerl замеча́тельный па́рень; ein ~es Gedächtnis изуми́тельная [превосхо́дная] па́мять
Fabel|tier *n* живо́тное из ба́сни; **~wesen** *n* ска́зочное существо́
Fabrik *f* фа́брика 6; Werk заво́д 2 | in die ~ gehen идти́ на фа́брику [на заво́д]; in der ~ arbeiten рабо́тать на фа́брике [на заво́де]; **~anlage** *f* фабри́чное [заводско́е] сооруже́ние
Fabrikant *m* фабрика́нт 2
Fabrikarbeiter *m* фабри́чный [заводско́й] рабо́чий
Fabrikat *n* фабри́чное изде́лие 5, фабрика́т 2; **~ion** *f* произво́дство 4, изготовле́ние 5
Fabrikmarke *f* фабри́чная [заводска́я] ма́рка
fabrikmäßig фабри́чный | ~ herstellen изгот|овля́ть ⟨-о́вить⟩ фабри́чным [заводски́м] спо́собом
Fabrik|schiff *n* плаву́чий 11 рыбозаво́д 2; **~sirene** *f* фабри́чный [заводско́й] гудо́к
fabrizieren *tr umg iron* фабрикова́ть 2 (с-) | was hast du denn da fabriziert? что ты там смастери́л?
Facette *f* фасе́т 2, грань 9
Fach *n* Regal по́лка 6; Schrank, Kühlschrank отделе́ние 5; Tisch, Kommode я́щик 2; Lehr~ предме́т 2 (обуче́ния);

(Wissens-) Gebiet, (Berufs-) Zweig о́трасль 9, о́бласть 9g; ~richtung, Beruf специа́льность 9 | Biologie ist sein ~ биоло́гия его́ специа́льность; Chemiker vom ~ хи́мик по специа́льности; er ist vom ~ он специали́ст; er versteht sein ~ он хоро́ший специали́ст; das ist nicht mein ~ э́то не моя́ специа́льность, э́то не по мое́й ча́сти [специа́льности]

Facharbeiter *m* квалифици́рованный рабо́чий, специали́ст 2; **~ausbildung** *f* подгото́вка квалифици́рованных рабо́чих | eine ≈ erhalten получи́ть специа́льность в профессиона́льно-техни́ческих учи́лищах; **~brief** *m* свиде́тельство 4 о зако́нченном специа́льном образова́нии в профессиона́льно-техни́ческом учи́лище; **~prüfung** *f* экза́мен на получе́ние квалификацио́нного разря́да | die ≈ machen с|дава́ть* ⟨-|да́ть*⟩ квалификацио́нный экза́мен

Facharzt *m* врач-специали́ст 2e-2 | ~ für innere Krankheiten (врач-)специали́ст по вну́тренним боле́зням, терапе́вт 2

fachärztlich: (у) врача́-специали́ста *nachgestellt* | ~es Gutachten заключе́ние 5 медици́нской эксперти́зы

Fach|ausbildung *f* (сре́днее) специа́льное [Berufsausbildung профессиона́льное] образова́ние; **~ausdruck** *m* те́рмин 2; **~berater** *m* консульта́нт(-специали́ст) 2(-2)

fachbezogen со специа́льным укло́ном; Unterricht, Praktikum по специа́льности *nachgestellt*

Fachbuch *n* кни́га по како́й-н. специа́льности, нау́чно-техни́ческая кни́га; **~handlung** *f* магази́н специа́льной литерату́ры

fächeln *tr:* sich ~ *refl* обма́хиваться (mit *I*)

Fächer *m* ве́ер 2b *Pl* -а́

Fachgebiet *n* специа́льность 9

fachgemäß 1. *Adj* sachkundig компете́нт|ный, -ен **2.** *Adv* со зна́нием де́ла

Fach|geschäft *n* специализи́рованный магази́н (für по *D*); **~gruppe** *f* объедине́ние 5 по профе́ссии [по интере́сам]; предме́тная коми́ссия 8; се́кция 8; **~handel** *m* специализи́рованная торго́вля; **~kenntnisse** *f* специа́льные зна́ния; **~kräfte** *f Pl* ка́дры *Pl* 2 специали́стов; **~kreise** *m Pl:* in ≈n в круга́х [среди́] специали́стов

fachkundig зна́ющий 11 де́ло, све́дущий 11 в да́нной о́бласти

Fachlehrer *m* преподава́тель-предме́тник 1-2, учи́тель-предме́тник 1-2

fachlich специа́л|ьный, -ен, -ьна | die ~e Qualifikation профессиона́льная квалифика́ция; ~es Gutachten эксперти́за 6; sich ~ weiterbilden повыша́ть ⟨пovы́|сить 3 -шу⟩ (свою́) квалифика́цию (по специа́льности)

Fach|literatur *f* специа́льная литерату́ра | medizinische ≈ литерату́ра по медици́не; technische ≈ техни́ческая литерату́ра; **~mann** *m* специали́ст 2 (für по *D*) | vielseitiger ≈ универса́л 2; ≈ auf dem Gebiet ... специали́ст в о́бласти *G*, по *D*

fachmännisch 1. *Adj* профессиона́льный; Urteil компете́нт|ный, -ен | ~es Urteil заключе́ние специали́ста **2.** *Adv* как специали́ст, в ка́честве специали́ста, со зна́нием де́ла

Fach|messe *f* отраслева́я я́рмарка; **~personal** *n* специали́сты *Pl* 2, обу́ченный персона́л; **~presse** *f* специа́льная периоди́ческая печа́ть; **~richtung** *f* (у́зкая) специа́льность 9; Uni отделе́ние 5; дисципли́на 6; **~schule** *f* сре́днее 11 специа́льное уче́бное заведе́ние 5 | technische ≈ те́хникум 2; ≈ für Bauwesen строи́тельный те́хникум; ≈ für Binnenhandel торго́вое учи́лище, торго́вый те́хникум; **~schulkader** *m Pl* специали́сты *Pl* 2 со сре́дним специа́льным образова́нием

fachsimpeln *intr* разгова́ривать на узкоспециа́льные те́мы

Fach|sprache *f* профессиона́льный язы́к; **~studium** *n* учёба по специа́льности; **~tagung** *f* совеща́ние 5 (специали́стов); нау́чная конфере́нция 8, симпо́зиум 2; **~text** *m* спецте́кст 2; **~unterricht** *m* предме́тное (профессиона́льное) обуче́ние; **~verkäufer** *m* квалифици́рованный продаве́ц; **~welt** *f* специали́сты *Pl* 2, мир [широ́кие круги́ *Pl* 2e] специали́стов; **~werk** *n* фахве́рк 2; **~werkhaus** *n* фахве́рковый дом; **~wissen** *n* специа́льные зна́ния; зна́ния по специа́льности; **~wort** *n* те́рмин 2, специа́льное выраже́ние 5; **~wörterbuch** *n* специа́льный [отраслево́й] слова́рь; **~wortschatz** *m* профессиона́льная [специа́льная] ле́ксика 6; (специа́льная) терминоло́гия 8; **~zeitschrift** *f* специа́льный журна́л

Fackel *f* фа́кел 2; *übertr* све́точ 2 *G Pl* -ей

fackeln *itr:* man wird nicht lange ~ до́лго церемо́ниться не бу́дут; ohne zu ~ без церемо́ний

Fackelzug *m* фа́кельное ше́ствие

fade Speise безвку́с|ный, -ен; Stimmung, Mensch ску́ч|ный, -ен, -на́, -но, ску́чны́; Witz, Buch по́шл:ый, -а́! | einen ~en Geschmack im Mund haben име́ть неприя́тный вкус во рту

fädeln *tr* Perlen нани́зывать ⟨-|низа́ть*⟩ (auf на *A*)

Faden *m* ни́тка 6, нить 9; *Med* шов, шва 2; *Mar* са́же́нь 9 *Pl* са́же́ни, са́жен *oder* саже́не́й, саже́ня́м | sein Leben hängt nur noch an einem ~ его́ жизнь виси́т на волоске́; den ~ verlieren потеря́ть *v* нить; er hat alle Fäden in der Hand у него́ все ни́ти в рука́х; sich wie ein roter ~ hindurchziehen проходи́ть 3⁺ кра́сной ни́тью; keinen guten ~ an j-m lassen не оста́в|ить *v* 3 -лю на ком-н. живо́го ме́ста

Faden|kreuz *n* Optik перекре́стие 5 ни́тей; **~nudeln** *f Pl* вермише́ль 9

fadenscheinig: ~e Ausreden нехи́трые отгово́рки; ~e Gründe ша́ткие [сла́бые] до́воды *Pl* 2

Fagott *n* фаго́т 2

Fagottist *m* фаготи́ст 2

fähig imstande спосо́б|ный, -ен (zu к *D*, на *A*) I zu allem ~ sein быть спосо́бным на всё; er ist ein ~er Kopf он спосо́бный челове́к

Fähigkeit *f* спосо́бность 9 I überdurchschnittliche ~en незауря́дные спосо́бности; glänzende ~en besitzen облада́ть блестя́щими спосо́бностями (zu к *D*); ~en und Fertigkeiten спосо́бности и на́выки, на́выки и уме́ние

fahl бле́д|ный, -ен, -на́, -но, бле́дны́; verblaßt, matt блёклый

Fähnchen *n* флаж|о́к, -ка́ 2

fahnden *intr* kriminalpolizeilich производи́ть 3⁺ -вожу́ ⟨-|вести́*⟩ ро́зыск (nach *G*)

Fahndung *f* kriminalpolizeilich ро́зыск 2 (nach *G*)

Fahne *f* флаг 2; Banner зна́м|я *n G D P* -ени, *I* -енем, *Pl* -ёна 4; Korrektur~ гра́нка 6 I mit wehenden ~n с развева́ющимися знамёнами; mit fliegenden ~n zum Gegner übergehen переходи́ть ⟨перейти́⟩ откры́то на сто́рону проти́вника; die ~ der Freiheit hochhalten высоко́ держа́ть 3⁺ зна́мя свобо́ды; die ~ nach dem Wind drehen держа́ть нос по ве́тру; er hat eine ~ *umg* от него́ несёт спиртны́м [во́дкой]

Fahnen|appell *m* Pionierlager (у́тренняя) лине́йка (11-)6; *Mil* построе́ние 5 в честь подня́тия фла́га; **~eid** *m* вое́нная прися́га; **~flucht** *f* дезерти́рство 4; **~flüchtiger** *m* дезерти́р 2; **~korrektur** *f* корректу́ра в гра́нках; **~mast** *m* флагшто́к 2; **~schmuck** *m:* die Stadt prangte im ≈ го́род был укра́шен фла́гами; **~stange** *f* дре́вко зна́мени; **~träger** знамено́се|ц, -ца 2; **~tuch** *n* поло́тнище 4 зна́мени

Fähnrich *m DDR* пра́порщик 2; *BRD* фе́нрих 2

Fahr|auftrag *m* путево́й лист 2e *Pl* листы́, путёвка 6; **~bahn** *f* прое́зжая часть 11-9g; **~bahnmarkierung** *f* разме́тка 6 прое́зжей ча́сти

fahrbar Last передвижно́й

fahrbereit гото́вый к вы́езду [к отъе́зду] I ein ~er Personenkraftwagen легкова́я [хк] маши́на на ходу́

Fährbetrieb *m* паро́мное сообще́ние 5

Fahrdienstleiter *m* дежу́рный *Subst* 10 по ста́нции

Fähre *f* паро́м 2 I mit der ~, auf der ~ на паро́ме

Fahreigenschaften *f Pl* ходовы́е ка́чества

fahren *tr* lenken вести́* (по-) *best,* води́ть 3⁺ вожу́ *A unbest;* einen Wagen besitzen, benutzen е́здить 3 е́зжу на *P;* mit dem Wagen bringen, holen, befördern везти́* (по-) *best,* вози́ть 3⁺ вожу́ *unbest; intr* sich mit einem Fahrzeug fortbewegen е́хать* (по-) *best,* е́здить 3 е́зжу *unbest;* Schiff плыть* (по-) *best,* пла́вать *unbest,* идти́*; Zug, Bus идти́ *best,* ходи́ть 3⁺ *unbest;* Schlitten, Boot, Ski ката́ться на *P;* наезжа́ть ⟨-е́хать⟩ (gegen, auf на *A*) I etw. mit [auf] dem Wagen ~ transportieren везти́ что-н. на маши́не; Holz ~ вози́ть дрова́; Auto ~ е́хать [ката́ться] на (авто)маши́не; Auto fahren können (уме́ть) води́ть маши́ну; Boot [Schlitten] ~ ката́ться на ло́дке [на са́нках]; links ~ держа́ться 3⁺ ле́вой стороны́; mit dem Schiff ~ е́хать [плыть] на корабле́; mit der Eisenbahn ~ е́хать по желе́зной доро́ге [на по́езде]; mit der Straßenbahn ~ е́хать трамва́ем [на трамва́е]; (ein) Auto ~ вести́ маши́ну; das Schiff fährt nach … парохо́д идёт в …; wann fährt dein Bus? когда́ идёт твой авто́бус?; der Zug fährt um … по́езд идёт [отправля́ется, отхо́дит] в …; wir ~ gern Auto мы охо́тно е́здим на (авто)маши́не; er hat mich nach Hause gefahren он привёз [отвёз] меня́ домо́й; ~ Sie mich zum Bahnhof [nach Halle, zur Stadt] вези́те [отвези́те] меня́ на вокза́л [в Га́лле, в го́род]; ich bin ins Gebirge gefahren я пое́хал в го́ры; zwei Runden ~ *Sport* прое́хать *v* два кру́га; er fuhr mit der Hand über die Haare он провёл руко́й по волоса́м; in die Kleider ~ бы́стро оде́ться; er fuhr mit der Hand in die Tasche он бы́стро су́нул ру́ку в карма́н; der Schreck ist ihm in die [durch alle] Glieder gefahren он оцепене́л от у́жаса; его́ охвати́л страх; er ist gut dabei gefahren ему́ повезло́ в како́м-н. де́ле; was ist in dich gefahren? что на тебя́ нашло́?, что с тобо́й?; **~d:** ≈e (Spiel-) Leute бродя́чие 11 [стра́нствующие 11] музыка́нты *Pl* 2 [комедиа́нты *Pl* 2]

fahrenlassen *tr* Hoffnungen ост|авля́ть ⟨-а́вить 3 -а́влю⟩ *A;* Absicht, Plan отка́зываться ⟨-|каза́ться*⟩ от *G*

Fahrer *m* Kraftwagen води́тель 1; Motorrad мотоцикли́ст 2; Straßenbahn вагоновожа́тый *Subst* 10; Radrenn~ (вело)го́нщик 2; **~flucht** *f* самово́льное оставлéние 5 води́телем мéста происшéствия; **~haus** *n LKW* каби́на води́теля; **~in** *f* (жéнщина-)води́тель (6-)1; **~kabine** *f* каби́на води́теля; **~korb** *m* каби́на крановщикá

Fahr|erlaubnis *f* води́тельские правá *Pl* 4b; **~gast** *m* пассажи́р 2; **~gastschiff** *n* пассажи́рское сýдно; **~geld** *n* плáта 6 за проéзд; **~gestell** *n* Auto шасси́ *n idkl; Tech* телéжка 6

Fahrkarte *f* (проезднóй) билéт; **~kartenkontrolle** *f* провéрка билéтов; **~kartenschalter** *m* билéтная кáсса

Fahrkomfort *m* комфортáбельность 9 [удóбство 4] езды́

fahrlässig 1. *Adj* неосторóж|ный, -ен | ~e Tötung уби́йство по неосторóжности **2.** *Adv:* ~ handeln обращáться неосторóжно

Fahr|lässigkeit *f* неосторóжность 9 | wegen ≈ *Jur* за неосторóжность; sich eine ≈ zuschulden kommen lassen провини́ться *v* 3, допусти́в престýпную небрéжность; **~lehrer** *m* инстрýктор учéбной [автомоби́льной] езды́

Fährmann *m* перевóзчик 2, парóмщик 2

Fahrplan *m* расписáние 5 (движéния) поездóв [Bus автóбусов]

fahrplanmäßig *Adv* по расписáнию | ~er Zug пóезд, слéдующий 11 по расписáнию, грáфиковый пóезд

Fahrpraxis *f Kfz* óпыт 2 вождéния (автомоби́ля)

Fahrpreis *m* стóимость 9 проéзда; **~ermäßigung** *f* льгóтный тари́ф | 75 % ≈ 75 процéнтов ски́дки

Fahrprüfung *f* экзáмен на получéние води́тельских прав

Fahrrad *n* велосипéд 2 | mit dem ~ fahren éхать на велосипéде; **~anhänger** *m* прицéп к велосипéду; **~bereifung** *f* велосипéдные ши́ны *Pl* 6; **~decke** *f* велопокры́шка 6; **~handlung** *f* веломагази́н 2; **~schlauch** *m* велокáмера 6; **~ständer** *m* велостоя́нка 6; **~weg** *m* велодорóжка 6

Fahr|rinne *f* фарвáтер 2; **~schein** *m* (проезднóй) билéт

Fährschiff *n* (морскóй) парóм 2

Fahr|schule *f* автошкóла 6; Aufschrift auf Fahrschulwagen учéбный; **~schüler** *m* обучáющийся *Subst* 11 в автошкóле; **~schulwagen** *m* учéбная (авто)маши́на; **~spur** *f* Teil einer Fahrbahn полосá движéния, ряд; von Rädern колея́ 7; **~spurwechsel** *m* смéна полосы́ (движéния), вы́езд 2 из занимáемого ря́да; **~straße** *f* шоссéйная дорóга

Fahrstuhl *m* лифт 2, подъёмник 2 | mit dem ~ fahren поднимáться ⟨подня́ться*; -ялся́, -яли́сь⟩ на ли́фте; **~führer** *m* лифтёр 2

Fahrt *f* das Fahren ездá 6; Reise поéздка 6; *Verk* проéзд 2; Wanderung путешéствие 5; See~ плáвание 5, путешéствие; Route, Tour рейс 2; Geschwindigkeit ход 2; в, на ходý, скóрость 9g; *Bergb* спуск 2 в шáхту | zwei Stunden ~ Entfernung два часá езды́; während der ~ im Fahren на ходý; auf der ~ nach ... по дорóге [на пути́] в ...; in voller ~ пóлным хóдом, на пóлном ходý; freie ~ *Eisenb* Freifahrtschein бесплáтный проéзд 2; für den Zug свобóдный пут|ь 9e *I* -ём, зелёная ýлица 6; glückliche ~! счастли́вого пути́!; eine ~ ins Blaue поéздка без определённой цéли, поéздка в неизвéстность; eine ~ ins Grüne поéздка зá город

Fahrtauglichkeit *f* гóдность 9 к вождéнию [к управлéнию] *I*

Fährte *f* след 2b; в, на следý | auf eine ~ kommen нападáть ⟨-|пáсть*⟩ на след; einer ~ folgen идти́* ⟨по|йти́*⟩ по следý; auf die richtige ~ bringen наводи́ть 3⁺ -вожý ⟨-|вести́*⟩ когó-н. на вéрный след

Fahrtkosten *Pl* стóимость 9 проéзда, плáта 6 за проéзд

Fahrtrainer *m Kfz* (авто)тренажёр 2

Fahrt|richtung *f* направлéние движéния; **~richtungsanzeiger** *m* указáтель направлéния движéния, сигнáл 2 поворóта; **~unterbrechung** *f* остановка в пути́ слéдования, прерывáние поéздки

Fahr|unterricht обучéние вождéнию; **~verbot** *n* лишéние 5 води́тельских прав; **~wasser** *n* фарвáтер 2 | in j-s ≈ segeln плясáть* под чью-н. дýдку; **~weg** *m* Straße проéзжая 11 дорóга; **~werk** *n Kfz* ходовáя часть 9g; *Flugw* шасси́ *n idkl;* **~zeit** дли́тельность 9 езды́ [проéзда]

Fahrzeug *n* трáнспортное срéдство 4; автомоби́ль 1 | schienengebundene ~e рéльсовый подвижнóй состáв; **~führer** *m* води́тель 1; **~halter** *m* владéл|ец, -ьца 2 автомоби́ля [мотоци́кла]; **~kolonne** *f* колóнна автомоби́лей; **~nummer** *f* нóмер автомоби́ля; **~wäsche** *f* мытьё 3 [мóйка] автомоби́лей

fair 1. *Adj* ehrlich чéст|ный, -ен, -нá! | das war nicht ~ von ihm э́то бы́ло некорректно с егó стороны́; ~es Spiel *Sport* коррéкная игрá **2.** *Adv:* (nicht) ~ handeln поступ|áть ⟨-и́ть⟩ (не)поря́дочно [(не)чéстно]

Fairneß *f* безупрéчное [коррéктное] поведéние 5

Fäkalien *Pl* фекáлии *Pl* 8

Faksimile *n* факси́миле *n idkl*

Fakt *m* факт 2

faktisch факти́ческий

Faktor *m* фáктор 2

Fakultät *f* факультéт 2 | an der ~ на факультéте

fakultativ факультати́в|ный, -ен, необяза́тел|ьный, -ен, -ьна | ~er Unterricht заня́тие 5 по вы́бору

Falbel *f* обо́рка 6

Falk|e *m* со́кол 2; **~enjagd** *f* соколи́ная охо́та; **~ner** *m* соко́льничий *Subst* 11

Fall *m* Sturz паде́ние 5; Umstand, Zufall слу́ча|й 1 *G Pl* -ев; Ereignis происше́ствие 5; der Gewässer у́быль 9 [спад 2] воды́; *Jur* де́ло 4b; *Gramm* паде́ж 2e *G Pl* -е́й | hoffnungsloser ~ безнадёжный слу́чай; er brachte ihn zu ~ он сбил с ног его́; einen Plan zu ~ bringen расстро́ить *v* 3 [со|рва́ть* *v*] план; in jedem ~ во вся́ком слу́чае; auf alle Fälle на вся́кий слу́чай; auf keinen ~ ни за что, ни в ко́ем слу́чае; im besten ~ в лу́чшем слу́чае; in gewissen Fällen в изве́стных слу́чаях; von ~ zu ~ от слу́чая к слу́чаю; für den ~, daß ... в (том) слу́чае, е́сли ...; gesetzt den ~, daß ... предполо́жим, что ...; das ist ganz mein ~ э́то в моём вку́се, э́то мне по душе́; **~beil** *n* гильоти́на 6; **~beschleunigung** *f* ускоре́ние си́лы тя́жести

Falle *f* лову́шка 6, западн|я́ 7 *G Pl* -е́й *a. übertr;* Mäuse~ мышело́вка 6; Fangeisen~ капка́н 2 | j-m eine ~ stellen ста́вить (по-) кому́-н. лову́шку; in der ~ sitzen по|па́сть(ся)* *v* в лову́шку

fallen *intr* hin~, herunter~ па́дать ⟨у|па́сть*⟩; sinken па́дать ⟨пасть*⟩ *a. übertr;* Preise па́дать ⟨упа́сть⟩, понижа́ться ⟨-ни́зиться 3⟩; Wasserspiegel спада́ть ⟨спасть⟩, убыва́ть ⟨убы́ть*⟩; Regen, Schnee идти́*, выпада́ть ⟨вы́пасть⟩; Soldat пасть, поги́бнуть *v* 4a; Schuß раз|дава́ться* ⟨-|да́ться*; -дали́сь⟩ | ~ lassen роня́ть ⟨урони́ть 3⁺⟩, броса́ть ⟨бро́|сить 3 -шу⟩ на зе́млю [на́ пол]; *übertr* отка́зываться ⟨-|каза́ться*⟩; er ließ die Tasse ~ он урони́л ча́шку; ihm fällt alles aus den Händen у него́ всё ва́лится из рук; mein Blick fiel auf das Gemälde мой взгляд упа́л на карти́ну; das Laub fällt ли́стья опада́ют; der Regen fällt дождь идёт; es fällt Schnee па́дает снег; der Nebel fällt ложи́тся тума́н; die Temperatur [das Barometer] fällt температу́ра [баро́метр] па́дает; der Weg fällt schroff ins Tal доро́га кру́то спуска́ется в доли́ну; die Waren ~ im Preis це́ны на това́ры па́дают; die Wahl fiel auf ihn вы́бор пал на него́; darüber fiel kein Wort об э́том не́ было ска́зано ни сло́ва; das Fest fällt auf einen Sonntag пра́здник прихо́дится [па́дает] на воскресе́нье; das Lernen fällt ihm leicht [schwer] уче́ние [учёба] даётся ему́ легко́ [хк] [с трудо́м]; das fällt ihm schwer э́то ему́ не даётся

fällen *tr* Baum вали́ть 3⁺ (по-, с-), сруб|а́ть ⟨-и́ть 3⁺ -лю́⟩; *Chem* оса|жда́ть ⟨-ди́ть 3⁺ -жу́⟩ | das Lot ~ *Math* опу|ска́ть ⟨-сти́ть 3⁺ щу́⟩ перпендикуля́р; über j-n ein Urteil ~ выно|си́ть 3⁺ -шу́ ⟨вы́|нести*⟩ кому́-н. пригово́р

fallenlassen *tr* Pläne, Ansichten, Freund отка́зываться ⟨-каза́ться⟩ от *G* | kein Wort ~ не пророни́ть *v* 3 ни сло́ва

Fall|geschwindigkeit *f* ско́рость паде́ния; **~gesetz** *n* зако́н паде́ния; **~grube** *f* Falle für Wild я́ма 6

fällig подлежа́щий 11 опла́те [Zinsen упла́те] | ~ sein подлежа́ть 3 опла́те [упла́те]

Fälligkeit *f* срок 2 платежа́

Fälligkeitstermin *m* срок исполне́ния обяза́тельства

Fall|obst *n* па́данцы *Pl* 2; **~reep** *n* забо́ртный трап 2

falls *Konj* е́сли, в слу́чае, е́сли

Fallschirm *m* парашю́т [шу] 2 | mit dem ≈ abspringen пры́гать с парашю́том; **~absprung** *m* прыжо́к с парашю́том [шу]; **~jäger** *m* парашюти́ст [шу]-деса́нтник 2-2; **~sport** *m* парашю́тный [шу] спорт, парашюти́зм [шу] 2; **~springer** *m* парашюти́ст [шу] 2; **~truppen** *f Pl* парашю́тно [шу]-деса́нтные войска́

Falltür *f* кры́шка 6 лю́ка

falsch 1. *Adj* irrig оши́боч|ный, -ен; unwahr ло́ж|ный, -ен; fehlerhaft, unrichtig непра́вил|ьный, -ен, -ьна, неве́р|ный, -ен; unaufrichtig фальши́в:ый, двули́ч|ный, -ен; unecht, gefälscht фальши́в:ый, подде́льный; künstlich иску́сствен:ный, -на | ~er Bart накладна́я борода́; ~e Anschuldigung ло́жное обвине́ние; ~e Vorstellung оши́бочное представле́ние; unter ~em Namen под чужи́м и́менем; eine ~e Adresse непра́вильный [не тот] а́дрес; an eine ~e Adresse befördern не по а́дресу; ein ~es Spiel mit j-m treiben вести́* двойну́ю игру́ с кем-н.; bei j-m an die ~e Adresse geraten получи́ть *v* 3⁺ ре́зкий отпо́р от кого́-н. **2.** *Adv:* ~ spielen [singen] фальши́во игра́ть [петь], фальши́в|ить 3 -лю (с-); ~ schreiben непра́вильно писа́ть (на-), писа́ть (на-) с оши́бками; ~ verstehen не так [непра́вильно] понима́ть ⟨поня́ть*⟩; einen ~en Schritt tun сде́лать *v* неве́рный шаг; die Uhr geht ~ часы́ иду́т непра́вильно; Entschuldigung, ich bin ~ verbunden Telefon извини́те, я не туда́ попа́л

fälschen *tr* Urkunden, Unterschrift, Geld подде́л|ывать ⟨-ать⟩; Tatsachen, Geschichte фальсифици́ровать *uv, v* 2 | gefälschtes Dokument подде́льный докуме́нт; gefälschtes Geld фальши́вые де́ньги

Fälscher *m* фальсифика́тор 2; подде́лыватель 1

Falsch|geld *n* фальши́вые де́ньги; **~heit** *f* Verlogenheit ло́жность 9; Unehrlichkeit, Heuchelei лицеме́рие 5

fälschlich, ~erweise *Adv* оши́бочно, по недоразуме́нию

Falsch|meldung *f* ло́жное сообще́ние 5; **~münzer** *m* фальшивомоне́тчик 2; **~spieler** *m* шу́лер 2b *Pl* -а́

Fälschung *f* Handlung фальсифика́ция 8; gefälschter Gegenstand, Bild, Dokument подде́лка 6

faltbar складно́й

Faltboot *n* складна́я [разбо́рная] байда́рка 6

Falte *f* Stoff скла́дка 6; eingenähte Falte im Kleid сбо́рка 6; Stirn морщи́на 6 | einen Rock in ~n legen закла́дывать ⟨-ложи́ть 3⁺⟩ скла́дки на ю́бке; das Kleid schlägt ~n пла́тье морщи́т [мо́рщится]; die Stirn in ~n ziehen мо́рщить (на-) лоб

falten *tr* Stoff, Papier скла́дывать ⟨сложи́ть 3⁺⟩ Stirn мо́рщить 3 (на-) | die Hände ~ сложи́ть ру́ки

Falten|gebirge *n* скла́дчатые го́ры; **~rock** *m* ю́бка в скла́дку; **~wurf** *m* драпиро́вка 6

Falter *m* мотыл|ёк₁ -ька́ 2, ба́бочка 6

faltig Gewand скла́дчатый, в скла́дках; Gesicht морщи́нист;ый; zerdrückt мя́тый

Faltschachtel *f* карто́нная коро́бка

Falz *m* Holz паз 2b₁в₁ на пазу́; *Typ, Tech* фальц 2

falzen *tr Typ, Tech* фальцева́ть 2 (с-)

familiär семе́йный; vertraulich фамилья́р|ный₁ -ен | aus ~en Gründen по семе́йным обстоя́тельствам

Familie *f* сем|ья́ 7c *G Pl* -е́й, семе́йство 4; Geschlecht род 2b₁ в₁ на роду́; *Biol* семе́йство | eine ~ gründen обзаводи́ться 3⁺ -вожу́сь ⟨-|вести́сь*⟩ семьёй; das liegt in der ~ э́то родова́я черта́, э́то уже́ в роду́; ohne ~ бессеме́йный; es bleibt in der ~ э́то оста́нется ме́жду на́ми; eine saubere ~! *iron* ну и семе́йка!

Familien|angehöriger *m* член семьи́; **~angelegenheit** *f* семе́йное де́ло; **~anhang** *m* (все) чле́ны *Pl* 2 семьи́, ро́дственники *Pl* 2; **~gesetzbuch** *n* ко́декс зако́нов о семье́; **~kreis** *m* круг семьи́, семе́йный круг; **~leben** *n* семе́йная жизнь; **~mitglied** *n* член семьи́; **~name** *m* фами́лия 8; **~oberhaupt** *n* глава́ семьи́; **~planung** *f* плани́рование семьи́; **~sinn** *m* скло́нность 9 к семе́йной жи́зни; **~stand** *m* семе́йное положе́ние 5; **~vater** *m* оте́ц семе́йства; **~verhältnisse** *n Pl* семе́йные отноше́ния [обстоя́тельства] | gesunde ≈ здоро́вая семе́йная обстано́вка; **~zuwachs** *m* прибавле́ние 5 семе́йства

famos großartig великоле́п|ный₁ -ен | das ist ~ э́то здо́рово

Fan *m* боле́льщик 2

Fanal *n übertr* предве́стник 2

Fanatiker *m* фана́тик 2

fanatisch 1. *Adj* фанати́ческий **2.** *Adv* фанати́чески; blicken фанати́чно

Fanatismus *m* фанати́зм 2

Fanfare *f* фанфа́ра 6

Fanfarenzug *m* гру́ппа 6 [der FDJ взвод] фанфари́стов

Fang *m* Fischerei: das Fangen ло́в|ля 7 *G Pl* -ель; das Gefangene уло́в 2; *Pl* Fänge: Eber, Hund клыки́ *Pl* 2e; Raubvogel ко́гт|и₁ -е́й *Pl* 1g | einen guten ~ machen взять* *v* оби́льный уло́в, пойма́ть *v* мно́го ры́бы; *übertr* име́ть уда́чу; **~arme** *m Pl* щу́пал|ьцы *Pl* 4 *G* -ец; **~eisen** *n* капка́н 2

fangen *tr* ergreifen; erbeuten; auffangen лов|и́ть 3⁺ -лю́ ⟨пойма́ть⟩; sich ~ *refl* Wind врыва́ться ⟨во|рва́ться*₁ -рвали́сь⟩ в *A;* sein Gleichgewicht wiedererlangen уде́рживаться ⟨-держа́ться 3⁺⟩ | einen Verbrecher ~ пойма́ть престу́пника; Feuer ~ загора́ться ⟨-горе́ться 3⟩; *übertr* влюб|ля́ться ⟨-и́ться 3⁺ -лю́сь⟩; er fängt leicht Feuer он бы́стро увлека́ется

Fang|ergebnis *n* уло́в 2; **~korb** *m* предохрани́тельная се́тка 6; **~leine** *f* als Sicherung vor Absturz кана́т 2 для страхо́вки; *Mar* ча́лка 6, строп 2; **~spiel** *n* са́л|ки *Pl* 6 *G* -ок, огоре́л|ки *Pl* 6 *G* -ок; **-und-Verarbeitungs-Schiff** *n* тра́улер-рыбозаво́д 2-2;

Fantasie *f Mus* фанта́зия 8

Farb|aufnahme *f* цветна́я фотогра́фия; цветно́й сни́мок; **~band** *n* ле́нта для пи́шущей маши́нки; **~dia** *n umg* цветно́й диапозити́в

Farbe *f* Farbton цвет 2b *Pl* -а́; Kolorit nur Pl кра́ски *Pl* 6; Farbstoff кра́ска 6; von Tieren und Spielkarten масть 9g | lebhafte ~n живы́е кра́ски; eine frische ~ Hautfarbe haben име́ть хоро́ший цвет лица́; ~ bedienen хо|ди́ть 3⁺ -жу́ в масть; ~ bekennen *übertr* раскрыва́ть ⟨-|кры́ть*⟩ свои́ ка́рты; in ~ senden передава́ть в цветно́м изображе́нии

farb|echt Stoff нелиня́ющий 11; *Text* про́чно окра́шенный; **~empfindlich** цветочувстви́тел|ьный₁ -ен₁ -ьна

färben *tr* кра́|сить 3 -шу (по-), окра́|шивать ⟨-сить⟩; bunt раскра́|шивать ⟨-сить⟩; abfärben кра́ситься; sich ~ *refl* Wangen, Blätter окра́|шиваться ⟨-ситься⟩ | blau ~ кра́сить в си́ний цвет; das Laub färbt sich (gelb) листва́ желте́ет

farbenblind не различа́ющий 11 цвета́, страда́ющий 11 дальтони́змом | er ist ~ он дальто́ник

Farben|blindheit *f* цветова́я слепота́, дальтони́зм 2; **~druck** *m Typ* многокра́сочная печа́ть; **~handlung** *f* москате́льный магази́н; **~lehre** *f* уче́ние о цвета́х [о кра́сках]; **~pracht** *f* кра́сочность 9, бога́тство 4 кра́сок

farben|prächtig кра́соч|ный, -ен; **~reich** многоцве́тный

Farben|reichtum *m* бога́тство кра́сок, колори́тность 9; **~skala** *f* га́мма 6 кра́сок; *Kunst* цветова́я шкала́; **~spiel** *n* перели́вы *Pl* 2 цвето́в, игра́ кра́сок

Färber *m* краси́льщик 2; **~ei** *f* краси́л|ьня 7 *G Pl* -ен

Farb|fernsehen *n* цветно́е телеви́дение; **~fernseher** *m* цветно́й телеви́зор; **~film** *m* цветно́й фильм; *Foto* цветна́я плёнка 6; **~filter** *m* (цветно́й) светофи́льтр 2; **~foto** *n*, **~fotografie** *f* = **Farbaufnahme; ~gebung** *f* расцве́тка 6; des Bildes колори́т 2

farbig 1. *Adj* цветно́й; lebendig жив:о́й, -á!, я́р|кий, -ок, -ка́!; я́рче | eine ~e Schilderung кра́сочное описа́ние; ein ~es Bild entrollen дать* я́ркую [живу́ю] карти́ну **2.** *Adv* в кра́сках | ~ fotografieren фотографи́ровать на цветну́ю плёнку

Farbkasten *m* я́щик с кра́сками

farb|lich 1. *Adj* цветово́й **2.** *Adv* по цве́ту; **~los** бесцве́т|ный, -ен *a. übertr;* Gesicht, Persönlichkeit, Charakter бле́д|ный, -ен, -на́, -но, бле́дны́

Farb|muster *n* образе́ц окра́ски; Stoff расцве́тка 6; **~stich** *m Foto* цветоискажа́ющий 11 отте́н|ок, -ка 2; **~stift** *m* цветно́й каранда́ш; **~stoff** *m* кра́сящее 11 вещество́; in der Textilindustrie краси́тель 1; **~ton** *m* цвет 2b *Pl* -á, тон (кра́ски) | im ≈ passen по цве́ту, по то́ну

Färbung *f* окра́ска 6 *a. übertr* | die ~ des Himmels окра́ска [цвет] не́ба

Farce *f Theat* фарс 2 *a. übertr*

Farm *f* фе́рма 6 | auf der ~ arbeiten рабо́тать на фе́рме; **~er** *m* фе́рмер 2

Farn *m*, **~kraut** *n* па́поротник 2

Fasan *m* фаза́н 2; **~erie** *f* фаза́ний двор 12-2e

Faschine *f* фаши́на 6

Fasching *m* карнава́л 2 | zum ~ на карнава́ле

Faschings|(um)zug *m* карнава́льное ше́ствие; **~zeit** *f* вре́мя карнава́ла

Fasch|ismus *m* фаши́зм 2; **~ist** *m* фаши́ст 2

faschistisch фаши́стский

Faselei *f* вздор 2

faseln *intr* разглаго́льствовать 2

Faser *f* волок|но́ 4c *G Pl* -он | mit allen ~n seines Herzens an j-m hängen быть* привя́занным к кому́-н. все́ми фи́брами свое́й души́

faserig волокни́ст:ый

Faserpflanze *f* волокни́стое расте́ние; **~stift** *m* флома́стер 2

Faß *n* бо́чка 6 | Bier vom ~ пи́во из бо́чки; frisch vom ~ пря́мо из бо́чки; das schlägt dem ~ den Boden aus э́то уже́ сли́шком

Fassade *f Bauw* фаса́д 2; *übertr* вне́шнее прили́чие 11-5 | das war alles nur ~ всё э́то бы́ло то́лько вне́шне

faßbar verständlich досту́п|ный, -ен, поня́т|ный, -ен | das ist nicht ~! э́того нельзя́ поня́ть!

Faßbinder *m* бо́ндарь 1

fassen *tr* хвата́ть, схва́тывать ⟨схва|ти́ть 3⁺ -чу́ (bei за *A*); Saal, Flasche вмеща́ть ⟨вме|сти́ть 3 -щу́⟩; einfassen оправля́ть ⟨опра́в|ить 3 -лю (in etw. чем-н. во что-н.); formulieren формули́ровать 2 (с-); begreifen понима́ть ⟨поня́ть*⟩; Beschluß принима́ть ⟨приня́ть*⟩; sich ~ *refl* брать* ⟨взять*⟩ себя́ в ру́ки | j-n an der Hand ~ схва́тывать ⟨схвати́ть⟩ кого́-н. за ру́ку; sich an den Händen ~ бра́ться ⟨взя́ться⟩ за́ руки; den Dieb ~ схвати́ть во́ра; der Saal faßt über tausend Menschen зал вмеща́ет бо́лее ты́сячи челове́к; zu j-m Vertrauen [Mißtrauen] ~ чу́вствовать 2 (по-) дове́рие [недове́рие] к кому́-н.; er faßte den Gedanken у него́ возни́кла мысль; etw. in Worte ~ выража́ть ⟨вы́разить 3- жу⟩ что-н. (слова́ми); ich bin auf alles gefaßt я гото́в ко всему́; ~ Sie sich! успоко́йтесь!; sich kurz ~ быть* кра́тким; man kann es nicht ~ уму́ непостижи́мо

faßlich досту́п|ный, -ен

Fasson *f* фасо́н 2; Form фо́рма 6 | nach seiner ~ по-сво́ему; jeder soll nach seiner ~ selig werden всяк молоде́ц на свой образе́ц

Faßreifen *m* о́бруч 2g *G Pl* -е́й

Fassung *f* Einfassung опра́ва 6; *Tech, El* патро́н 2; Wortlaut вариа́нт 2; Formulierung, Abfassen формулиро́вка 6; eines Werkes изда́ние 5, реда́кция 8; Selbstbeherrschung самооблада́ние 5; Beschluß приня́тие 5 | in deutscher ~ на неме́цком языке́; die ~ bewahren сохран|я́ть ⟨-и́ть 3⟩ самооблада́ние; j-n aus der ~ bringen выводи́ть 3⁺ -вожу́ ⟨вы́|вести*⟩ кого́-н. из терпе́ния

fassungslos расте́рянный; Wut необу́зданный | ich war ~ я был в по́лной расте́рянности

Fassungsvermögen *n El* ёмкость 9; Aufnahmefähigkeit сообрази́тельность 9, понима́ние 5

faßweise бо́чками

fast почти́ | ~ nichts почти́ ничего́; ~ wäre er gefallen он едва́ не упа́л; ~ hätten sie den Zug verpaßt они́ чуть [едва́] не опозда́ли на по́езд

fasten *intr* соблюда́ть дие́ту; *Rel* по|-сти́ться 3 -щу́сь

Fasten *n* пост 2e| в посте́; **~zeit** *f Rel* вре́мя поста́

Fast|nacht *f* карнава́л 2; *Rel* ма́сленица 6; **~tag** *m* Diät разгру́зочный день

faszinieren *tr* захв|а́тывать ⟨-ати́ть 3⁺ -ачу́⟩ | von j-m fasziniert sein быть очаро́ванным кем-н.; **~d** захва́тывающий 11, очарова́тел|ьный| -ен| -ьна

fatal verhängnisvoll фата́л|ьный| -ен| -лна, роково́й; peinlich неприя́т|ный| -ен

Fatalis|mus *m* фатали́зм 2; **~t** *m* фатали́ст 2

fatalistisch фаталисти́ческий

Fata Morgana *f* мира́ж 2 *G Pl* -ей

fauchen *intr* фы́рк|ать ⟨-нуть 4⟩; Lokomotive пыхте́ть 3

faul Holz, Obst, Kartoffeln, Geruch гнил:о́й| -а́!; Fleisch, Fisch, Eier ту́хл:ый| -а́!; träge лени́в:ый; Ausrede пуст:о́й| -а́!; Witz глу́п:ый| -а́! | ~e Geschichte скве́рная исто́рия; ~ riechen па́хнуть гни́лью; ~ werden Holz, Obst, Kartoffeln загнива́ть ⟨-|гни́ть*⟩; Fleisch, Fisch, Eier протуха́ть ⟨-ту́хнуть 4a⟩ | diese Sache scheint ~ zu sein ка́жется| э́то тёмное де́ло; ~ sein быть лени́вым; er ist stinkend ~ он ужа́сно лени́в; auf der ~en Haut liegen лентя́йничать

Faulbaum *m* черёмуха 6

faulen *intr* Holz, Stroh гнить*, преть (со-); Speisen протуха́ть ⟨-ту́хнуть 4a⟩

faulenzen *intr* лентя́йничать

Faulenzer *m* лентя́|й 1 *G Pl* -ев

Faulheit *f* лень 9

faulig подгни́вший 11

Fäulnis *f* Faulen гние́ние 5; Verfaultes гниль 9; *übertr* разложе́ние 5 | in ~ übergehen загнива́ть ⟨-|гни́ть*⟩

Faul|pelz *m umg* лентя́|й 1 *G Pl* -ев; **~tier** *n* лени́в|ец| -ца 2

Fauna *f* фа́уна 6

Faust *f* кула́к 2e | in der ~ в кулаке́; auf eigene ~ на свой страх и риск; das paßt wie die ~ aufs Auge э́то ни к селу́ ни к го́роду; mit der ~ auf den Tisch schlagen *übertr* де́йствовать 2 энерги́чно [реши́тельно]; **~ball** *m* Spiel италья́нская лапта́ 6

Fäustchen *n:* sich (eins) ins ~ lachen смея́ться в кула́к

faustdick: eine ~e Lüge гру́бая [на́глая] ложь; er hat es ~ hinter den Ohren он тёртый кала́ч

fausten *tr Sport* отбива́ть ⟨-|би́ть*⟩ кулака́ми [кулако́м]

faustgroß величино́й в (etwa с) кула́к

Faust|handschuh *m* рукави́ца 6; gestrickter ва́режка 6; **~kampf** *m* кула́чный бой; **~recht** *n* пра́во необходи́мой самооборо́ны; **~regel** *f* просто́е [о́бщее 11] пра́вило; **~schlag** *m* уда́р кулако́м

favorisiert: ~e Mannschaft претенду́ющая 11 на побе́ду кома́нда; der ~e … претенде́нт на побе́ду…

Favorit *m* фавори́т 2; **~in** *f* фавори́тка 6

Faxen *f Pl:* ~ machen дура́читься 3 (по-) | laß die ~! переста́нь дура́читься!

Fayence *f* фая́нс 2

Fazit *n* ито́г 2, (о́бщая) су́мма | das ~ aus etw. ziehen подводи́ть 3⁺ -вожу́ ⟨-|вести́*⟩ ито́г чему́-н.

Februar *m* февра́ль 1e

fechten *intr* фехтова́ть 2 (mit с *I*, gegen про́тив *G*)

Fecht|en *n* фехтова́ние 5; **~er** *m* фехтова́льщик 2; **~kunst** *f* фехтова́льное иску́сство; **~sport** *m* фехтова́льный спорт

Feder *f* Vogel~, Schreib~ перо́ 4c *Pl* пе́рь|я| -ев 3; Uhr, Möbel пружи́на 6; am Wagen рессо́ра 6; *Tech* шпо́нка 6 | in den ~n liegen в посте́ли; ein Buch aus der ~ … кни́га| принадлежа́щая перу́ …; sie griffen zur ~ они взя́ли́сь за перо́; sich mit fremden ~n schmücken ря|ди́ться 3⁺ -жу́сь в чужи́е пе́рья; **~ball** *m* Spiel ба́дминтон 2; Ball вола́н 2; **~ballspieler** *m* игро́к в ба́дминтон, бадминтони́ст 2; **~bett** *n* пери́на 6; **~busch** *m* Hut плюма́ж *G Pl* -ей; Helm, Pferd султа́н 2

federführend отве́тствен:ный| -на (за *A*)

Feder|gewicht *n* полулёгкий [хк] вес; **~gewichtler** *m* спортсме́н полулёгкого [хк] ве́са; **~halter** *m* ру́чка 6; **~kasten** *m* пена́л 2; **~kissen** *n* пухо́вая поду́шка

federleicht лёгкий [хк] как пёрышко

Federlesen *n:* ohne viel ≈ без церемо́ний; nicht viel ≈s machen не церемо́ниться 3

federn *intr* пружи́нить 3; *tr Tech* mit Federn versehen вст|авля́ть ⟨-а́вить 3 -а́влю⟩ пружи́ны [*Kfz* рессо́ры *Pl* 6] | der Wagen federt gut рессо́ры хорошо́ пружи́нят; gut gefedert Sitz мя́гкий [хк]; **~d** упру́г:ий; Gang пружи́нистый

Feder|schmuck *m* Kleidung украше́ние из пе́рьев; **~strich** *m* Federzug штрих 2e; Namenszug ро́счерк 2 (пера́) | mit ein paar ≈en etw. entwerfen бы́стро наброса́ть что-н.; **~ung** *f* Polstermöbel пружи́ны *Pl* 6; *Tech* подрессо́ривание 5; *Kfz* рессо́ры *Pl* 6; **~vieh** *n* дома́шняя пти́ца 11-6; **~waage** *f* пружи́нные весы́; **~wolke** *f* пе́ристое о́блако; **~zeichnung** *f* рису́нок перо́м

Fee *f* фе́я 7

feenhaft чуде́с|ный| -ен, волше́бный

Fegefeuer *n Rel* чисти́лище 4

fegen *tr* мести́*; Straße, Zimmer подмета́ть ⟨-|мести́*⟩; Schornstein чи́|стить 3 -щу (вы́-); *intr* vom Wind (про)носи́ться 3⁺ ⟨(про)|нести́сь*⟩

Feh *n* Pelz бéличий мех 12-2b; на меху́, *Pl*-á

Fehde *f* Feindschaft враждá 6; Streit спор 2 | in ~ liegen mit j-m враждовáть 2 с кéм-н.; **~handschuh** *m:* j-m den ≈ hinwerfen бросáть ⟨брó|сить 3 -шу⟩ кому́-н. перчáтку

fehl *Adv:* ~ am Platz sein Strenge u. ä. быть неумéстным; Mensch не годи́ться 3 для чегó-н.

Fehl|anzeige *f* оши́бочное заявлéние 5; заявлéние о недостáче [о невыполнéнии] чегó-н.; **~betrag** *m* недочёт 2, дефици́т 2; **~diagnose** *f:* eine ≈ stellen стáв|ить 3 -лю (по-) оши́бочный диáгноз; **~einschätzung** *f* оши́бочная оцéнка

fehlen *intr* mangeln недо|ставáть* ⟨-|стáть*⟩ (an *G*) *unpers,* не хватáть ⟨не хвати́ть 3⁺⟩ (an *G*) *unpers;* abwesend sein отсу́тствовать 2; sich irren ошибáться ⟨-|шиби́ться*⟩; sich vergehen провини́ться *v* 3 в *P oder I* (gegen пéред *I*) | es fehlt mir an Geld, um … мне не хватáет [недостаёт] дéнег, чтóбы …; dafür fehlt mir die Zeit на э́то у меня́ не хватáет [недостаёт] врéмени; es fehlt mir an allem мне всегó не хватáет [недостаёт]; es an nichts ~ lassen удовлетвор|я́ть ⟨-и́ть 3⟩ всем трéбованиям, позабó|титься *v* 3 -чусь обо всём; wer fehlt? кто отсу́тствует?, когó нет?; oft ~ im Unterricht чáсто пропускáть заня́тия; чáсто не явля́ться кудá-н.; was fehlt Ihnen? что с вáми?; mir fehlt nichts у меня́ всё есть; bin gesund я совсéм здорóв; du läßt es am nötigen Ernst ~ тебé недостаёт дóлжной серьёзности; weit gefehlt! жестóко ошибáетесь!, ничегó подóбного!; das fehlte (gerade) noch! э́того тóлько не хватáло!, э́того ещё недоставáло!; es fehlte nicht viel, so wäre ich gefallen я чуть не упáл; er hat schwer gefehlt он серьёзно провини́лся

Fehl|entscheidung *f* оши́бочное решéние; **~entwicklung** *f* ненормáльное [неправи́льное] разви́тие

Fehler *m* оши́бка 6; *Math* оши́бка, погрéшность 9; *EDV* сбой 1b; Schreib~ опи́ска 6; Druck~ опечáтка 6; im Material, *Tech* Schaden дефéкт [дэ] 2, изъя́н 2; Geräte~ z. B. beim Messen погрéшность; Mangel, (Charakter) Schwäche недостáт|ок, -ка 2 *a. Tech;* Fehlgriff оплóшность 9 | einen~ machen дéлать (с-) оши́бку; aus (den) ~n lernen учи́ться на оши́бках

fehler|frei безоши́боч|ный, -ен, без оши́бок; tadellos безукори́знен|ный, -на z. B. Aussprache; **~haft** оши́боч|ный, -ен, с оши́бками; Ware бракóванный, недоброкáчествен|ный, -на; Gewebe с изъя́ном, с брáком

fehlerlos = **fehlerfrei**

Fehlerquelle причи́на 6 оши́бок [*Tech* неисправностей]

Fehlgeburt *f* вы́кидыш 2 *G Pl* -ей | sie hatte eine ~ у неё был вы́кидыш

fehlgehen *intr* sich irren ошибáться ⟨-|шиби́ться*⟩ | der Schuß ging fehl пу́ля не попáла в цель; ich gehe wohl nicht ~ in der Annahme, daß … я не ошибу́сь, éсли предположу́, что …

Fehl|griff *m:* einen ≈ tun соверш|áть ⟨-и́ть 3⟩ оши́бку [прóмах]; **~investition** *f* неудáчное капиталовложéние; **~konstruktion** *f* неудáчная констру́кция

fehlleiten *tr* Sendung, Transport отпр|авля́ть ⟨-áвить 3 -áвлю⟩ по неправи́льному áдресу [пути́]

Fehl|meldung *f* заявлéние 5 о неисполнéнии [über Material о нехвáтке]; **~planung** *f* неправи́льное плани́рование, неправи́льная планирóвка 6

fehlschießen *itr* промáхиваться ⟨-махну́ться 4⟩

Fehlschlag *m* неудáча 6

fehlschlagen *intr* Pläne, Versuch не у|давáться* ⟨-|дáться*; -дали́сь⟩, терп|éть 3⁺ -лю́ (по-) неудáчу

Fehl|schluß *m* оши́бочное заключéние; **~schuß** *m* прóмах 2; **~start** *m Sport* фальстáрт 2; Flugzeug неудáчный старт [Rakete зáпуск 2]

fehltreten *intr* stolpern оступ|áться ⟨-и́ться 3⁺ -лю́сь⟩

Fehl|tritt *m* просту́п|ок, -ка 2, оши́бка 6 | einen ≈ tun *übertr* соверш|áть ⟨-и́ть 3⟩ просту́пок; **~urteil** *n* неправи́льное суждéние; *Jur* неправи́льный приговóр; **~verhalten** *n* неправи́льное поведéние; **~zündung** *f Kfz* неисправное зажигáние; *übertr* неправи́льное понимáние 5

Feier *f* Fest прáздник [зн] 2; Feierlichkeit; die Feiern торжествó 4 *meist Pl;* Feierstunde торжéственное собрáние 5 [Sitzung заседáние 5]; Familien~ семéйное торжествó; das Feiern прáзднование [зн] 5 | eine ~ veranstalten устр|áивать ⟨-óить 3⟩ прáздник [торжествó]; auf einer ~ на прáзднике, на торжествé; zu einer ~ gehen пойти́ на прáздник [на торжествó]; an einer ~ teilnehmen принимáть ⟨приня́ть*⟩ учáстие в прáзднике [в торжествé]; eine Puschkin-~ Пу́шкинские торжествá; Sitzung торжéственное заседáние, посвящённое Пу́шкину; ~ zu etw. zu einem wichtigen Ereignis прáздник по слу́чаю чегó-н.; die ~ eines Geburtstages прáзднование дня рождéния

Feierabend *m* кон|éц, -цá 2 рабóчего дня | am ~ вéчером (пóсле рабóты); ~ machen кончáть ⟨кóнчить 3⟩ рабóту; **~arbeit** *f* (сверхурóчная) рабóта, выполня́емая по́сле оконча́ния рабо́чего дня; шаба́шка 6 *umg;* **~brigade** *f* брига́да шаба́шников; **~heim** *n*= **Altersheim**

feierlich 1. *Adj* торже́ствен:ный| -на; festlich пра́здничный [зн] **2.** *Adv:* ~ geschmückt пра́зднично укра́шенный; diesen Tag ~ begehen торже́ственно отме́тить э́тот день

Feierlichkeit *f* Stimmung торже́ственность 9; ~en *Pl* die Feiern торжества́ *Pl* 4

feiern *tr* festlich begehen пра́здновать [зн] 2 (от-), отмеча́ть ⟨-ме́тить 3 -ме́чу⟩; Geburtstag, Hochzeit пра́здновать; *umg* справля́ть ⟨спра́в|ить 3 -лю⟩; Sänger, Jubilar че́ствовать 2; *intr* nicht arbeiten не рабо́тать, быть* без рабо́ты | Silvester ~ встр|еча́ть ⟨-е́тить 3 -е́чу⟩ Но́вый год; den 1. Mai ~ пра́здновать [отмеча́ть] Пе́рвое ма́я; sie feierten die ganze Nacht они́ пра́здновали [гуля́ли] всю ночь (напролёт); eine gefeierte Sängerin изве́стная [просла́вленная] певи́ца

Feier|schicht *f* нерабо́чая 11 сме́на | eine ≈ einlegen прекра|ща́ть ⟨-ти́ть 3 -щу́⟩ рабо́ту на одну́ сме́ну; **~stunde** *f* торже́ственное собра́ние [Sitzung заседа́ние]; **~tag** *m* пра́здник [зн] 2 | an ≈en по пра́здникам; behördlich по пра́здничным дням; über die ≈e besuchen wir euch на пра́здники мы навести́м вас; an Sonn- und ≈en по воскре́сным и пра́здничным дням

feige 1. *Adj* трусли́в:ый; heimtückisch по́дл:ый| -а́! **2.** *Adv:* sich ~ benehmen прояв|ля́ть ⟨-и́ть 3⁺ -лю́⟩ тру́сость

Feige *f* инжи́р 2, фи́га 6 | getrocknete ~n ви́нные я́годы

Feigenbaum *m* фи́говое де́рево; **~blatt** *n übertr* фи́говый листо́к

Feig|heit *f* тру́сость 9; **~ling** *m* трус 2

feilbieten *tr* выставля́ть ⟨вы́став|ить 3 -лю⟩ для прода́жи [на прода́жу]

Feile *f* напи́льник 2

feilen *tr Tech* пили́ть 3⁺, отде́л|ывать ⟨-ать⟩ напи́льником; *intr übertr* шлифова́ть 2 (от-) (an *A*)

feilschen *intr* торгова́ться 2 (с-) (um из-за *G*)

fein Gewebe, Fäden; Glieder; Gehör то́н|кий| -ок| -ка́!| -ьше *a. übertr;* Pulver, Regen ме́л|кий| -ок| -ка́!| -ьче; Gestalt, Kleider изя́щ|ный| -ен; Geschmack то́нкий, утончён:ный| -на; Gefühl то́нкий, не́ж|ный| -ен| -на́, -но| не́жны́; Gesellschaft; Speisen, Wein изы́скан|ный| -на; gut, ausgezeichnet хоро́ш:ий 11| -а́, отли́ч|ный| -ен | ein ~es Mehl мука́ ме́лкого помо́ла; ~er Kamm ча́стый гре́бень; ~ste Sorten лу́чшие сорта́ 2b, отбо́рный това́р 2; Zigarren ~ster Sorte сига́ры вы́сшего со́рта; ein ~er Junge [Plan] замеча́тельный па́рень [план]; er ist ein ~er Mensch он хоро́ший [отли́чный] челове́к; ~e Leute воспи́танные [культу́рные] лю́ди; das ist aber ~! (вот) э́то прекра́сно [здо́рово]!; das hast du ~ gemacht э́то ты замеча́тельно сде́лал

Feinbäckerei *f* конди́терская *Subst* 10

feind: j-m ~ sein отно|си́ться 3⁺ -шу́сь к кому́-н. вражде́бно

Feind *m* враг 2е, Gegner проти́вник 2; *Mil a.* неприя́тель 1 | ich habe ihn mir zum ~ gemacht я на́жил себе́ в нём врага́

Feindeshand *f:* in ~ geraten попада́ть ⟨-|па́сть*⟩ в ру́ки враго́в [проти́вника]

feindlich *Mil* вра́жеский, неприя́тельский; feindselig вражде́б|ный| -ен (gegen к *D*, по отноше́нию к *D*) | j-m ~ gesinnt sein относи́ться 3⁺ -ношу́сь ⟨-|нести́сь*⟩ к кому́-н. вражде́бно

Feindschaft *f* вражда́ 6 | mit j-m in ~ leben жить во вражде́ с кем-н.; sich j-s ~ zuziehen нажи́ть* *v* себе́ врага́ в ком-н.

feindselig вражде́б|ный| -ен (j-m gegenüber по отноше́нию к кому́-н.)

Feindseligkeit *f* вражде́бность 9; ~en *Pl Mil* вое́нные де́йствия *Pl* 5

Feinfrost *m* свежезаморо́женные фру́кты [о́вощи, я́годы]; **~gemüse** *n* свежезаморо́женные о́вощи

feinfühlig чу́т|кий| -ок| -ка́!| -че

Fein|gefühl *n* чу́вство [ус] та́кта, такт 2; **~gehalt** *m* (чи́стое) содержа́ние

feingemahlen Kaffee ме́лкого помо́ла

Feingold *n* чи́стое зо́лото

Feinheit *f* Gesichtszüge; Stil то́нкость 9; Gefühl; der Haut не́жность 9; Eleganz, künstlerischer Geschmack изя́щество 4 | die ~en der Sprache то́нкости языка́

Feinkeramik *f* то́нкая кера́мика

feinkörnig мелкозерни́стый

Feinkost *f* деликате́сы *Pl* 2; **~handlung** *f* гастроно́м 2, гастрономи́ческий магази́н 2

feinmaschig то́н|кий| -ок| -ка́!; Netz мелкояче́истый

Fein|mechanik *f* то́чная меха́ника; **~mechaniker** *m* специали́ст 2 по то́чной меха́нике; **~meßgerät** *n* то́чный измери́тельный прибо́р; **~schmecker** *m* гурма́н 2; **~schnitt** *m* таба́к 2 ме́лкой ре́зки, таба́к для тру́бки

feinsinnig чу́т|кий| -ок| -ка́!; -че | ein ~er Künstler худо́жник с то́нким вку́сом [чутьём]

Feinwaschmittel *n* стира́льный порош|о́к| -ка́ 2 для то́нких ткане́й

feist Person жи́р|ный| -ен| -на́!, ожире́лый

feixen *intr umg* (язви́тельно) ухмы|ля́ться ⟨-льну́ться 4⟩; spötteln зубоска́лить 3

Feld *n Landw, Phys, Ling, Sport* по́ле 3b; gepflügtes па́ш|ня 7 *G Pl* -ен; Volleyball площа́дка 6; *Mil* фронт 2; Arbeitsgebiet по́ле, о́бласть 9; Brettspiel; bei Fahnen по́ле; Tabelle клётка 6; Radrennen гла́вная гру́ппа 6 | auf dem ~ в по́ле; *übertr* в о́бласти; im freien ~ в чи́стом по́ле; aufs ~ gehen пойти́ на́ поле [на по́ле, в по́ле]; übers ~ gehen идти́ по по́лю; im ~e stehen быть* на фро́нте [на войне́]; ins ~ ziehen отпр|авля́ться ⟨-а́виться 3 -а́влюсь⟩ на фронт; das ~ räumen с|дава́ть ⟨-|дать*⟩ свои́ пози́ции; alle möglichen Gründe ins ~ führen приводи́ть 3⁺ -вожу́ ⟨-|вести́*⟩ всевозмо́жные до́воды; gegen j-n zu ~e ziehen энерги́чно выступа́ть ⟨вы́ступ|ить 3 -лю⟩ про́тив кого́-н.; das ~ sprengen *Sport* разо|рва́ть* *v* гру́ппу го́нщиков; **~arbeit** *f* полевы́е рабо́ты *Pl* 6; **~bau** *m* полево́дство 4; **~bestellung** *f* обрабо́тка 6 по́ля; **~flasche** *f* похо́дная фля́га 6; **~herr** *m* полково́д|ец, -ца 2; **~küche** *f* похо́дная ку́хня; **~lazarett** *n* полево́й го́спиталь 1; **~marschall** *m* фельдма́ршал 2; **~maus** *f* полёвка 6 обыкнове́нная; **~mütze** *f* пило́тка 6; **~post** *f* военнополева́я по́чта; **~postbrief** *m* письмо́ с фро́нта; **~rain** *m* межа́ 6h; **~scher** *m* фе́льдшер 2b *Pl* -а́; **~stärke** *f Phys* напряжённость 9 [си́ла] по́ля; **~stecher** *m* полево́й бино́кль 1 | durch den ≈ schauen в бино́кль; **~überlegenheit** *f Sport* территориа́льное преиму́щество; **~webel** *m* фельдфе́бель 1; **~weg** *m* просёлочная доро́га; **~zug** *m* похо́д 2, кампа́ния 8

Felge *f* Radkranz (колёсный) о́бод 2f *Pl* обо́дь|я, -ев; *Sport* оборо́т 2

Felgenbremse *f* Fahrrad то́рмоз, де́йствующий 11 на о́бод

Fell *n* behaarte Tierhaut шерсть 9g; bei Pelztieren мех 2b; на меху́ *Pl* -а́; abgezogenes шку́ра 6; kleines шку́рка 6 | ein dickes ~ haben быть толстоко́жим; j-m das ~ über die Ohren ziehen надува́ть ⟨-|ду́ть*⟩ кого́-н.; seine ~e davonschwimmen sehen теря́ть (по-) после́днюю наде́жду; **~handel** *m* пушна́я торго́вля; **~schuhe** *m Pl* мехов́ые боти́нки *Pl* 2

Fels|block *m* ка́менная глы́ба 6; **~en** *m* скала́ 6c

felsenfest 1. *Adj* непоколеби́м:ый **2.** *Adv* твёрдо | ~ an etw. glauben твёрдо ве́рить (по-) во что-н.

Felsen|klippe *f* подво́дная скала́ 6c; **~kluft** *f* скали́стое уще́лье; **~riff** *n* скали́стый риф

felsig скали́ст:ый

Fels|spalte *f* рассе́лина 6 (в скале́); **~vorsprung** *m* вы́ступ скалы́; **~wand** *f* отве́сная скала́ 6c

Femininum *n Gramm* же́нский род 2; Substantiv и́мя существи́тельное же́нского ро́да

Fenchel *m* фе́нхель 1; **~tee** *m* чай из фе́нхеля

Fenster *n* окно́ 4c *G Pl* о́кон | aus dem [durchs] ~ sehen смотре́ть в окно́; zum ~ hinaussehen гля|де́ть 3 -жу́ [вы́глянуть *v* 4] из окна́; das ~ geht auf die Straße [zum Garten] hinaus окно́ выхо́дит на у́лицу [в сад]; das Geld zum ~ hinauswerfen броса́ть ⟨вы́бро|сить 3 -шу⟩ де́ньги на ве́тер; **~brett** *n* подоко́нник 2; **~briefumschlag** *m* конве́рт с око́шечком; **~flügel** *m* око́нная ство́рка; **~glas** *n* око́нное стекло́; **~kreuz** *n* око́нный переплёт 2; **~laden** *m* ста́в|ень 1 -ня; **~platz** *m Eisenb* ме́сто у окна́; **~putzer** *m* мо́йщик 2 стёкол [о́кон]; **~rahmen** *m* око́нная ра́ма; **~scheibe** *f* око́нное стекло́; **~vorhang** *m* око́нный за́навес

Ferien *Pl* Schul~ кани́кулы *Pl* 2; Urlaub о́тпуск 2 | in den ~ на кани́кулах, во вре́мя кани́кул [о́тпуска]; wir gehen in die ~ мы разъезжа́емся на кани́кулы; **~dienst** *m* отде́л 2 (профсою́за) по организа́ции о́тдыха отпускнико́в, слу́жба о́тдыха; **~gast** *m* отдыха́ющий *Subst* 11; **~heim** *n* дом о́тдыха; **~helfer** *m* помо́щник [воспита́тель 1] в де́тском ла́гере; **~kurs** *m* ле́тний 11 курс; **~lager** *n* ле́тний 11 [пионе́рский] ла́герь; **~platz** *m* ме́сто в до́ме о́тдыха; Scheck путёвка 6 в дом о́тдыха; **~reise** *f* путеше́ствие во вре́мя кани́кул [о́тпуска]; **~scheck** *m* путёвка 6 (в дом о́тдыха); **~spiele** *n Pl* шко́льный ла́гер|ь 1 *Pl* -я́, -е́й 1b, мероприя́тия *Pl* 5, организу́емые шко́лой для дете́й, оста́вшихся в го́роде во вре́мя кани́кул

Ferkel *n* поросён|ок, -ка 2 *Pl* порос|я́та, -я́т 4

ferkeln *intr* пороси́ться 3 (о-)

Ferment *n* ферме́нт 2

fern 1. *Adj Ort* дал|ёкий, -ёк, -ека́, -ёко *u.* -еко́; да́льше, да́льний 11; entfernt отдал|ённый, -ённа *Kurzf m ungebr;* Zeit далёкий | ~ der Heimat далеко́ от ро́дины; im Fernen Osten на Да́льнем Восто́ке; in ~er Zukunft в далёком бу́дущем; in nicht allzu ~er Zeit в недалёком бу́дущем **2.** *Adv* далеко́ | von ~ (her) издалека́; von nah und ~ отовсю́ду; von ~ betrachtet … е́сли смотре́ть и́здали …

Fern|amt *n* центра́льная [междугоро́дная] телефо́нная ста́нция 8; **~aufklärer** *m* самолёт-разве́дчик 2-2 да́льнего де́йствия; **~bahnhof** *m* вокза́л (для) поездо́в да́льнего сле́дования

fernbedien|en *tr* управля́ть на расстоя́нии; **~t** телеуправля́емый

Fernbedienung *f* дистанцио́нное управле́ние 5, телеуправле́ние 5
fernbeheizt теплофици́рован:ный, с центра́льным отопле́нием
fernbleiben *intr* fehlen отсу́тствовать 2 | der Arbeit ~ не вы́|йти* на рабо́ту; der Versammlung ~ отсу́тствовать на собра́нии
Fern|bleiben *n:* ~ von der Arbeit невы́ход 2 [нея́вка 6] на рабо́ту; unentschuldigtes ~ нея́вка без уважи́тельных причи́н; **~blick** *m* вид в даль; перспекти́ва; **~brille** *f* очки́ для да́ли
Ferne *f* даль 9 | aus der ~ издалека́; in der ~ вдали́; in die ~ вдаль; etw. aus der ~ beobachten наблюда́ть за чем-н. и́здали [издалека́]; das liegt noch in weiter ~ до э́того ещё далеко́
Fernempfang *m* да́льний 11 приём
ferner *Adv* künftig да́льше, да́лее, впредь; außerdem кро́ме того́, ещё; **~hin** *Adv* künftig в дальне́йшем, впредь; außerdem кро́ме того́
Fern|fahrer *m* води́тель 1 грузовика́ для да́льних перево́зок; **~flug** *m* да́льний 11 полёт; **~gasleitung** *f* магистра́льный газопрово́д
ferngelenkt телеуправля́емый, управля́емый на растоя́нии | ~es Flugzeug беспило́тный самолёт
Fern|geschütz *n* дальнобо́йное ору́дие; **~gespräch** *n* междугоро́дный (телефо́нный) разгово́р
ferngesteuert = **ferngelenkt**
Fernglas *n* бино́кль 1 | durch das ~ sehen смотре́ть в бино́кль
fern|halten *tr* von Versuchung, von gefährlichem Umgang уде́рживать ⟨-держа́ть 3⁺⟩ (от *G*); Kummer, Sorge o-, уберега́ть ⟨-|бере́чь*⟩ (von от *G*); sich ≈ *refl* держа́ться 3⁺ в стороне́ [на растоя́нии] (von от *G*); **~heizen** *tr:* ferngeheizt werden име́ть центра́льное отопле́ние
Fern|heizung *f* теплофика́ция 8, *umg* центра́льное отопле́ние | mit ≈ с центра́льным отопле́нием; ≈ legen теплофици́ровать *uv, v* 2; **~heizwerk** *n* теплоцентра́ль 9; **~lastzug** *m* грузово́й (авто)по́езд да́льнего сле́дования; **~leihe** *f* Bibliothek межбиблиоте́чный абоне́мент 2; **~leitung** *f El* ли́ния 8 да́льней переда́чи; Gas магистра́льный газопрово́д 2
fernlenken *tr:* etw. ~ управля́ть чем-н. на расстоя́нии
Fern|lenkung *f* управле́ние на расстоя́нии, телеуправле́ние 5; **~licht** *n Kfz* да́льний 11 свет
fernliegen *intr:* es liegt mir fern … я далёк от мы́сли …, мне и в го́лову не прихо́дит …
Fernmelde|amt *n* центра́льная телефо́нная ста́нция 8; **~technik** *f* те́хника свя́зи; **~wesen** *n* связь 9¡ в свя́зи
Fernmessung *f* телеметри́я 8
fern|mündlich *Adv* по телефо́ну; **~östlich** дальневосто́чный
Fern|rakete *f* раке́та да́льнего де́йствия; **~rohr** *n* подзо́рная труба́; *Astr* телеско́п 2 | durch das ≈ sehen смотре́ть в телеско́п; **~ruf** *m Tel* телефо́н 2, но́мер 2b *Pl* -á телефо́на; **~schreiben** *n* телегра́мма 6; **~schreiber** *m* телета́йп 2
fernschriftlich по телета́йпу
Fernseh|ansager(in) *m* (*f*) ди́ктор 2 (телеви́дения); **~ansprache** *f* выступле́ние 5 по телеви́дению; **~antenne** *f* телевизио́нная анте́нна; **~apparat** *m* телеви́зор 2; **~bild** *n* телевизио́нное изображе́ние; **~empfang** *m* приём телепереда́ч; **~empfänger** *m* = **Fernsehgerät**
fernsehen *itr* смотре́ть 3⁺ (по-) телепереда́чу [телеви́зор *umg*]
Fernsehe|n *n* телеви́дение 5 | im ≈ sehen смотре́ть по телеви́дению [по телеви́зору *umg*]; was gibt es im ≈? что передаю́т по телеви́дению [по телеви́зору *umg*]?; **~r** *m*= **Fernsehgerät**
Fernseh|film *n* телевизио́нный фильм; **~funk** *m* телеви́дение 5; **~gerät** *n* телеви́зор 2; Standgerät консо́льный телеви́зор | vor dem ≈ sitzen сиде́ть у телеви́зора; **~interview** *n* интервью́ по телеви́дению; **~kamera** *f* телевизио́нная ка́мера; **~kommentator** *m* коммента́тор телеви́дения; **~monteur** *m* специали́ст 2 по устано́вке и ремо́нту телеви́зоров, телевизио́нник 2 *umg;* **~programm** *n* програ́мма телевизио́нных переда́ч, телепрогра́мма 6; **~reportage** *f* репорта́ж по телеви́дению; **~satellit** *m* спу́тник-ретрансля́тор 2-2; **~schirm** *m* экра́н телеви́зора; **~sender** *m* телевизио́нная ста́нция 8, телеце́нтр 2; **~sendung** *f* телевизио́нная переда́ча, телепереда́ча 6; **~show** *f* телевизио́нное шо́у *n idkl;* **~spiel** *n* пье́са 6 для телеви́дения, телеспекта́кль 1; **~station** *f* телевизио́нная ста́нция; **~studio** *n* телевизио́нная сту́дия, телесту́дия 8; **~teilnehmer** *m* телезри́тель 1; **~truhe** *f* телеви́зор-комба́йн 2-2, радиотелекомба́йн 2; **~turm** *m* телевизио́нная ба́шня, телеба́ш|ня 7 *G Pl* -ен; **~übertragung** = **Fernsehsendung; ~zuschauer** *m* = **Fernsehteilnehmer**
Fernsicht *f* вид 2 в даль, ви́димость 9
Fernsprech|amt *n* (центра́льная) телефо́нная ста́нция 8; **~anschluß** *m* абоне́нтский ввод 2 | einen ≈ einrichten подключ|а́ть ⟨-и́ть 3⟩ к телефо́нной се́ти; **~automat** *m* телефо́н-автома́т 2-2; **~buch** *n* = **Fernsprechverzeichnis; ~er** *m* телефо́н 2, телефо́нный аппара́т 2 |

öffentlicher ≈ телефóн-автомáт 2-2; **~gebühr** *f* плáта за пóльзование телефóном; **~technik** *f* тéхника телефóнной свя́зи; **~teilnehmer** *m* абонéнт 2 телефóнной сéти; **~verbindung** *f,* **~verkehr** *m* телефóнная связь; **~verzeichnis** *n* телефóнная кни́га 6; **~zelle** *f* телефóнная бýдка 6; **~zentrale** *f* (центрáльная) телефóнная стáнция; für Hausapparate bzw. Nebenstellen коммутáтор 2

fern|stehen *intr* быть* в сторонé (einer Sache от чегó-н.); **~steuern** *tr:* etw. ≈ управля́ть чем-н. на расстоя́нии

Fern|steuerung *f* управлéние 5 на расстоя́нии, телеуправлéние 5; **~student** *m* (студéнт-)заóчник (2-) 2; **~studium** *n* заóчная учёба | im ≈ заóчно; ich nehme am ≈ teil я учýсь заóчно, я заóчник; **~transport** *m* дáльний 11 трáнспорт; **~verkehr** *m* Eisenbahn-, Straßenverkehr дáльнее 11 сообщéние; движéние поездóв [автóбусов usw.] дáльнего слéдования; *Tel* междугорóдная телефóнная связь; **~verkehrsstraße** *f* шоссé [сэ] *n idkl,* шоссéйная [сэ] дорóга; **~ziel** *n* далёкая [отдалённая] цель; **~zug** *m* пóезд дáльнего слéдования

Ferse *f* пя́тка 6 | j-m auf den ~n sein гнáться* (по-) за кем-н. по пятáм

Fersengeld *n:* ~ geben давáть ⟨дать⟩ тя́гу

fertig готóв:ый | er ist ~ он готóв a. betrunken; erschöpft он обесси́лел, он óчень устáл; bankrott он обанкрóтился; ~! *Sport* внимáние!; ich bin mit meiner Arbeit ~ я закóнчил свою́ рабóту; ~ werden mit etw. справля́ться ⟨спрáв|иться 3 -люсь⟩ с чем-н.; das ist fix und ~ э́то совсéм готóво; ohne j-n ~ werden обходи́ться 3⁺ ⟨обо|йти́сь*⟩ без когó-н.; ich bin mit ihm ~ я не желáю бóльше имéть с ним ничегó óбщего; **~bauen** *tr* закáнчивать ⟨-кóнчить 3⟩ строи́тельство *G*

Fertigbau|teile *n Pl* готóвые строи́тельные элемéнты *Pl* 2, сбóрные элемéнты; **~weise** *f* строи́тельство 4 из сбóрных элемéнтов

fertigbringen *tr* beenden закáнчивать ⟨закóнчить 3⟩ | wie hast du das fertiggebracht? как тебé тóлько удалóсь э́то сдéлать?; er bringt es fertig! он спосóбен э́то сдéлать!

fertigen *tr* изгот|овля́ть ⟨-óвить 3 -óвлю⟩

Fertig|erzeugnis готóвое издéлие; **~gericht** *n* консерви́рованное готóвое блю́до; **~haus** *n* сбóрный дом, дом из сбóрных элемéнтов

Fertig|keit *f* Geschick снорóвка 6, лóвкость 9; durch Übung erworben нáвыки *Pl* 2 | mit großer ≈ sprechen, lesen совсéм свобóдно [бéгло]; handwerkliche ≈en ремéсленные нáвыки; die ≈(en) im Lesen нáвыки в чтéнии; dieser Beruf verlangt große ≈en э́та профéссия трéбует большóй снорóвки; **~kleidung** *f* готóвое плáтье

fertig|machen *tr* beenden закáнчивать ⟨-кóнчить 3⟩; vorbereiten подгот|áвливать ⟨-óвить 3 -óвлю⟩; nachdrücklich zurechtweisen докáнывать ⟨доконáть⟩; körperlich обесси́л|ивать ⟨-ить 3⟩; zugrunde richten разор|я́ть ⟨-и́ть 3⟩; sich ≈ *refl* sich bereit machen собирáться ⟨-|брáться*| -брали́сь⟩ (für die Reise в дорóгу); entkräften изводи́ть 3⁺ -вожý ⟨-|вести́*⟩ себя́ | das hat ihn fertiggemacht э́то егó доконáло; **~stellen** *tr* закáнчивать ⟨-кóнчить 3⟩ произвóдство [*Bauw* строи́тельство]

Fertig|stellung *f* окончáние 5 произвóдства [*Bauw* строи́тельства]; letzte Bearbeitung, Vollendung отдéлка 6; **~teil** *m Bauw* сбóрный элемéнт 2; **~ung** *f* изготовлéние 5 | serienmäßige ≈ сери́йное произвóдство 4

Fertigungsprozeß *m* процéсс произвóдства

fesch элегáнт|ный| -ен, шикáр|ный| -ен; schneidig молодцевáт:ый

Fessel *f* Ketten цéпи *Pl* 9g; *hist* кандалы́ *Pl* 2; für Pferde пýты *Pl* 4; bei Huftieren бáбка 6; *übertr* окóвы *Pl* 6 | j-m ~n anlegen надевáть ⟨-|дéть*⟩ комý-н. цéпи [кандалы́]; einem Pferd трени́жить 3 (с-) когó-н.; in ~n legen закóвывать ⟨-|ковáть*⟩ в цéпи [в кандалы́]; **~ballon** *m* привязнóй аэростáт

fesseln *tr* (zusammen)binden связывать ⟨-|вязáть*⟩; in Ketten legen *hist* закóвывать ⟨-|ковáть*⟩ в кандалы́; ein Pferd спýтывать ⟨-пýтать⟩ нóги *D*; Blick прикóвывать ⟨-ковáть⟩; anziehen привя́зывать ⟨-|вязáть*⟩ (an к *D*); Buch, Vortrag захвáтывать ⟨-хвати́ть 3⟩ | j-m die Hände ~ свя́зывать ⟨-вязáть⟩ комý-н. рýки; j-n mit Handschellen ~ надевáть ⟨-|дéть*⟩ комý-н. нарýчники; die Krankheit fesselte ihn ans Bett болéзнь прикoвáла егó к постéли; **~d** spannend захвáтывающий 11, увлекáтел|ьный| -ен| -ьна; anziehend привлекáтел|ьный| -ен| -ьна

fest 1. *Adj* hart; sicher, stabil; standhaft твёрд:ый| тверда́!| твёрже; kräftig, stark крéп|кий| -ок| -кá!| -че *a. übertr;* haltbar прóч|ный| -ен| -нá| -но| прóчны́; (be)ständig, stetig постоя́нный; Gehalt, Preise, Grundsätze твёрдый | ~ werden твердéть (за-); ~er Boden твёрдая пóчва; ~e Schnur крéпкая верёвка; ~e Anstellung штáтная дóлжность; ~e Einkünfte постоя́нные дохóды *Pl* 2 **2.** *Adv:* ~ an etw. glauben твёрдо вéрить во что-н.; ~ überzeugt sein быть твёрдо [глубокó] убеждённым; ~ bei etw. bleiben решительно наст|áивать ⟨-оя́ть 3⟩ на своём; ~ schlafen крéпко [глубокó] спать; der Nagel sitzt ~ in der Wand гвоздь крéпко сиди́т в стене́; die Tür ~ zumachen плóтно закрывáть ⟨-кры́ть⟩ дверь; ~ bei etw. bleiben не отступ|áть ⟨-и́ть 3⁺ -лю́⟩ от чегó-н.; sich etw. ~ vornehmen имéть твёрдое намéрение; sehr ~ zusammenbinden крéпко-нáкрепко свя́зывать ⟨-|вязáть*⟩

Fest *n* прáздник [зн] 2 | zu einem ~ gehen идти́ [по|йти́*] на прáздник; ein ~ geben устрá|ивать ⟨-óить 3⟩ прáздник, [прáздничный приём]; an einem ~ teilnehmen принимáть ⟨приня́ть⟩ учáстие в прáзднике; ein ~ begehen отмечáть ⟨отмé|тить 3 -чу⟩ прáздник; frohes ~! с прáздником [зн]!; **~akt** *m* торжéственное собрáние

festangestellt штáтный

Fest|ausschuß *m* комитéт по организáции прáздника; **~beleuchtung** *f* прáздничная иллюминáция

festbinden *tr* привя́зывать ⟨-вязáть⟩ (an к *D*)

Festessen *n* торжéственный обéд 2

fest|fahren *intr* завя́знуть *v* 4a (im Schlamm в гря́зи́) | die Sache ist festgefahren дéло зашлó в тупи́к; **~fressen, sich** *refl* Kolben заедáть ⟨-|éсть*⟩; **~halten** *tr* держáть 3⁺ (j-n an etw. когó-н. за что-н.); aufhalten, festnehmen задéрживать ⟨-держáть⟩; Hut придéрживать ⟨-держáть⟩; *intr* Meinung, Vorschrift придéрживаться (an *G*); sich ≈ *refl* (крéпко) держáться (an за *A*) | an einer Meinung ≈ придéрживаться мнéния; auf dem Film [im Bild] ≈ запечатл|евáть ⟨-éть⟩ на плёнке [на сни́мке]

festigen *tr* укреп|ля́ть ⟨-и́ть 3 -лю́⟩; Stoff, Kenntnisse закреп|ля́ть ⟨-и́ть 3 -лю́⟩; sich ~ *refl* укреп|ля́ться ⟨-и́ться⟩ | gefestigt Charakter сложи́вшийся 11

Festigkeit *f Tech* прóчность 9; Standhaftigkeit стóйкость 9; Härte, Strenge твёрдость 9

Festigkeits|grad *m* стéпень прóчности; **~prüfung** *f* испытáние на прóчность

Festigung *f* укреплéние 5 *a. übertr;* Stoff, Kenntnisse закреплéние 5

Festival *n* фестивáль 1

Fest|kleid *n* прáздничное плáтье; ≈er *Pl* прáздничная одéжда 6; **~konzert** прáздничный концéрт; **~land** *n* сýша 6; Kontinent матери́к 2e

festlegen *tr* устан|áвливать ⟨-ови́ть 3⁺ -овлю́⟩; Route, Richtung определ|я́ть ⟨-и́ть 3⟩; sich ~ *refl:* ich möchte mich darauf noch nicht ~ *übertr* я не хочý окончáтельно реши́ться на э́то

Festlegung *f* установлéние 5

festlich 1. *Adj* прáздничный [зн]; feierlich торжéственный | ~er Empfang торжéственный приём **2.** *Adv* по-прáздничному; торжéственно | ~ begehen торжéственно отмечáть, прáздновать 2 (от-); ~ gekleidet прáздничнo [по-прáздничному] одéтый

Festlichkeit *f* festliche Stimmung торжéственность 9; festliche Veranstaltung, Fest прáздник 2, торжествó 4; Feier(n) in vertrautem Kreis прáзднование 5 в *P*

festmachen *tr* Boot привя́зывать ⟨-|вязáть*⟩; Bretter, Balken прикреп|ля́ть ⟨-и́ть 3 -лю́⟩ (an к *D*); *intr* Schiff швартовáться 2 (при-) (an к *D*)

Festmeter *m* фестмéтр 2

festnageln *tr* Bretter прибивáть ⟨-|би́ть*⟩ гвоздя́ми (an к *D*) | j-n auf etw. ~ beim Wort nehmen лов|и́ть 3⁺ -лю́ ⟨поймáть⟩ когó-н. на слóве; auf Aussage, Position закреп|и́ть *v* 3 -лю́ когó-н. на чём-н.

Festnahme *f* задержáние 5, арéст 2

festnehmen *tr* задéрживать ⟨-держáть 3⁺⟩, арестóвывать ⟨арестовáть 2 *a. uv*⟩

Fest|preis *m* твёрдая ценá (für на *A*); **~rede** *f* речь на торжéственном заседáнии [собрáнии]; **~saal** *m* прáздничный [парáдный] зал

festsaugen, sich *refl* присáсываться ⟨-|сосáться*⟩ (an к *D*); **~schrauben** *tr* за-, приви́нчивать ⟨-винти́ть 3 -винчý; -ви́нченный⟩ (an к *D*)

Festschrift *f* юбилéйный сбóрник 2; einzelner Artikel юбилéйная стат|ья́ 7 *G Pl* -éй

fest|setzen *tr* bestimmen устан|áвливать ⟨-ови́ть 3⁺ -овлю́⟩; Termin, Preis *a.* назн|ачáть ⟨-áчить 3⟩; einsperren сажáть ⟨поса|ди́ть 3⁺ -жý⟩ в тюрьмý; sich ≈ *refl* Staub, Schmutz за-, набивáться ⟨-|би́ться*⟩ | dieser Gedanke hat sich in seinem Kopf festgesetzt э́та мысль прóчно засéла у негó в головé; **~sitzen** *intr* Nagel крéпко сидéть; steckenbleiben, sich lange aufhalten застревáть ⟨застря́ть*⟩

Fest|sitzung *f* торжéственное заседáние; **~spiele** *n Pl* фестивáль 1

fest|stampfen *tr* утрамб|óвывать ⟨-овáть 2⟩; **~stehen** *intr* быть* устанóвленным | es steht fest, daß … несомнéнно, что …; **~stehend** установи́вшийся 11; **~stellen** *tr* ermitteln устан|áвливать ⟨-ови́ть 3⁺ -овлю́⟩; Schaden, Bedarf определ|я́ть ⟨-и́ть 3⟩; konstatieren констати́ровать *uv, v* 2; *Tech* фикси́ровать *uv, v* 2 | j-s Personalien [j-s Schuld] ~ установи́ть чью-н. ли́чность [чью-н. винý]; es wurde festgestellt, daß … бы́ло устанóвлено, что …

Feststellung *f* установлéние 5; Aussage констатáция 8

Festtag *m* прáздник [зн] 2, прáздничный день
festtreten *tr* утáптывать ⟨-|топтáть*⟩
Festung *f* крéпость 9g
Festungshaft *f* заключéние 5 в крéпости
Fest|veranstaltung *f*, **~versammlung** *f* торжéственное собрáние [заседáние 5]; **~zug** *m* прáздничное шéствие
Fetisch *m* фети́ш 2 *u.* 2e; **~ismus** *m* фетиши́зм 2
fett жи́р|ный| -ен| -нá!; Gras, Weide ту́ч|ный| -ен| -нá!; *Typ* жи́рный | ~ werden жирéть (о-, раз-)
Fett *n* жир 2b; festes (Talg, Speck, Schmalz) a. сáло 4; *Tech* смáзочный материáл 2 | ~ ansetzen жирéть (о-, раз-); ~ auslassen топи́ть сáло; das ~ abschöpfen *übertr* снимáть ⟨снять*⟩ сли́вки; **~ansatz** *m* жировы́е отложéния *Pl* 5
fettarm нежи́рный
Fett|auge *n* блёстка 6 жи́ра; **~creme** *f* жи́рный крем; **~druck** *m Typ* жи́рный шрифт 2
fetten *tr* смáзывать ⟨-|мáзать*⟩ (жи́ром)
Fett|fleck *m* жи́рное пятнó; **~gehalt** *m* содержáние жи́ра, жи́рность 9; **~gewebe** *n* жировáя ткань
fetthaltig содержáщий 11 жир
fettig жи́р|ный| -ен| -нá!; schmierig засáленный | ~ machen засáл|ивать ⟨-ить 3⟩
Fettkäse *m* жи́рный сыр; сыр повы́шенной жи́рности
fettleibig жи́р|ный| -ен| -нá!, ту́ч|ный| -ен| -нá!
Fettleibigkeit *f* ту́чность 9 | an ~ leiden страдáть ожирéнием
fettlos без жи́ра, нежи́рный
Fett|näpfen *n:* bei j-m ins ≈ treten *umg* наступ|áть ⟨-и́ть⟩ комý-н. на больнýю мозóль; **~polster** *n* отложéние 5 жи́ра; **~säure** *f* кислотá жи́рного ря́да; **~schicht** *f* слой жи́ра [*Tech* смáзки]; auf der Suppe u. ä. навáр 2; **~sucht** *f* ожирéние 5
Fetzen *m* Flicken, Lappen лоскýт 2e *Pl a.* лоскýть|я| -ев; zerschlissene Kleidung, Lumpen лохмóть|я| -ев *Pl* 5; Papier u. ä. клок 2e *Pl a.* клóчь|я| -ев| -ям 1, клоч|óк| -кá 2 | daß die ~ fliegen так| что клóчья летя́т
feucht влáж|ный| -ен, -нá!; Wohnung, Luft сыр:óй| -á! | ~er Boden влáжная [сырáя] пóчва; ~es Wetter сырáя погóда; ~ werden станови́ться ⟨стать⟩ влáжным; Augen, Luft влажнéть (по-); **~fröhlich**: ≈er Abend вечери́нка с вы́пивкой; alle waren in ≈er Stimmung все бы́ли навеселé
Feuchtigkeit *f* влáжность 9; Nässe сы́рость 9, влáга 6
Feuchtigkeits|gehalt *m* влáжность 9; **~messer** *m* гигрóметр 2
feuchtwarm влáжный и тёплый
feudal феодáльный; *übertr umg* шикáр|ный| -ен
Feudal|herr *m* феодáл 2; **~ismus** *m* феодали́зм 2 | im ≈ при феодали́зме; **~ordnung** *f* феодáльный строй
Feuer *n* ог|óнь| -ня́ 1; Brand пожáр 2; *Mil* огóнь, стрельбá 6c; der Augen блеск 2; *übertr* пы́лкость 9, пыл 2| в пылý; eines Edelsteins игрá 6 | ~! пожáр!; ~ machen растáпливать ⟨-топи́ть 3⁺ -топлю́⟩; das ~ brach aus вспы́хнул пожáр; direktes ~ Schießen стрельбá прямóй навóдкой; das ~ eröffnen открывáть ⟨-кры́ть⟩ огóнь; darf ich Sie um ~ bitten разреши́те прикури́ть?; ~ fangen *übertr* легкó [бы́стро] загор|áться ⟨-éться 3⟩; zwischen zwei ~n мéжду двух огнéй; für j-n durchs ~ gehen пойти́ *v* за когó-н. в огóнь и вóду; ~ und Flamme sein für etw. воспылáть *v* стрáстью к чемý-н., (легкó) увлекáться ⟨-|влéчься*⟩ чем-н.; **~alarm** *m* пожáрная тревóга; **~anzünder** *m* растóпка 6; **~bestattung** *f* кремáция 8; **~bohne** *f* óгненная фасóль 9; **~eifer** *m* рвéние 5, (большóе) усéрдие (11-)5; **~einstellung** *f* прекращéние огня́
feuer|fest огнеупóр|ный| -ен, огнестó|йкий| -ек; Glas жаростóйкий; Schrank несгорáемый; **~gefährlich** огнеопáс|ный| -ен
Feuer|haken *m* кочер|гá 6 *G Pl* -ёг; **~kugel** *f* óгненный шар; **~leiter** *f* пожáрная лéстница; **~löschanlage** *f* пожáрная систéма 6; огнетуши́тельная устанóвка 6; **~löscher** *m* огнетуши́тель 1; **~löschteich** *m* пожáрный водоём 2; **~melder** *m* пожáрный сигнализáтор 2
feuern *intr* heizen топ|и́ть 3⁺ -лю́; einheizen за-, растáпливать ⟨-топи́ть 3⁺ -топлю́⟩ (mit *I*); schießen пали́ть 3 (вы́-); *tr* schleudern швыр|я́ть ⟨-нýть 4⟩ | mit Holz ~ топи́ть дровáми
Feuer|probe *f:* die ~ bestehen *übertr* вы́держать трýдное испытáние; **~salamander** *m* саламáндра пятни́стая
Feuersbrunst *f* пожáр 2
Feuer|schaden *m* убы́ток от пожáра; **~schein** *m* зáрево 4 пожáра; Kamin отсвéт 2 плáмени; **~schiff** *n* плавýчий мая́к 11-2e; **~schutz** *m Mil* огневóе прикры́тие 5
feuer|sicher безопáсный в пожáрном отношéнии; **~speiend** огнеды́шащий 11; Vulkan дéйствующий 11
Feuer|spritze *f* пожáрный насóс 2; **~stein** *m* крем|éнь| -ня́ 1; **~stelle** *f* Brandstätte пожáрище 4; Herd очáг 2 (пожáра); **~stellung** *f Mil* огневáя пози́ция; **~taufe** *f:* die ~ erhalten получ|áть ⟨-и́ть⟩ боевóе крещéние; **~überfall** *m Mil*

огневóй налёт; **~ung** *f* Feuerungsanlage отопи́тельная установка 6; Brennstoff тóпливо 4; Heizen тóпка 6; **~versicherung** *f* страховáние от пожáра; **~wache** *f* пожáрное депó *n idkl;* **~waffen** *f Pl* огнестрéльное орýжие

Feuerwehr *f* пожáрная комáнда 6 [часть 9g]; **~auto** *n* пожáрная маши́на; **~mann** *m* пожáрный *Subst* 10; **~schlauch** *m* пожáрный шланг; **~übung** *f* учéбная тренирóвка пожáрных

Feuerwerk *n* фейервéрк 2

Feuerwerkskörper *m* пиротехни́ческое срéдство 4; пиротехни́ческая ракéта 6

Feuerzeug *n* зажигáлка 6

Feuilleton *n* литератýрный отдéл в газéте [в журнáле]; Aufsatz фельетóн 2

feurig óгнен:ный, -на; leidenschaftlich плáмен|ный, -ен, -на | ~er Wein óгненное винó; ~es Pferd горя́чая 11 лóшадь; ~er Blick стрáстный взгляд

Fiaker *m* фиáкр 2

Fiasko *n* фиáско *n idkl,* провáл 2 | ein ~ erleiden потерпéть фиáско

Fibel *f* буквáрь 1e

Fiber *f Biol* фи́бра 6 | etw. mit jeder ~ seines Körpers fühlen чýвствовать что-н. всéми фи́брами души́

Fichte *f* ель 9, ёлка 6

Fichten|holz *n* елóвая древеси́на; **~wald** *m* éльник 2; **~zweig** *m* елóвая вéтка

fidel весёлый, вéсел, -á!

Fidibus *m* Papier скрýченная бумáжка 6 для зажигáния чегó-н.

Fieber *n* температýра 6; hohes лихорáдка 6; *übertr* страсть 9g | er hat ~ у негó жар [температýра]; ich habe kein ~ у меня́ температýры нет; ~ messen изм|еря́ть ⟨-éрить⟩ температýру; **~anfall** *m* при́ступ лихорáдки

fieber|frei без температýры | der Kranke ist ≈ у больнóго нормáльная температýра; **~haft** лихорáдоч|ный, -ен | eine ≈e Tätigkeit entfalten развивáть ⟨-|ви́ть*, -овью́⟩ лихорáдочную дéятельность

fieberkrank с температýрой | ~ sein болéть лихорáдкой

Fieber|kurve *f* температýрная кривáя; **~mittel** *n* жаропонижáющее 11 срéдство

fiebern *intr:* der Kranke fiebert у больнóго температýра; mit Schüttelfrost больнóго лихорáдит; er fiebert vor Erregung [vor Spannung] егó трясёт от волнéния [он дрожи́т от нетерпéня]

fiebersenkend жаропонижáющий 11

Fieber|thermometer *n* грáдусник 2, термóметр; **~wahn** *m* лихорáдочный бред | im ≈ в бредý

fiebrig mit Fieber с температýрой; fieberhaft лихорáдоч|ный, -ен

fiedeln *intr Mus* пили́кать на скри́пке

Figur *f* Abbildung, Bildwerk, Schach, Eiskunstlauf фигýра 6 | eine gute ~ haben быть* хорошó сложённым, имéть хорóшую фигýру; eine gute ~ machen производи́ть 3⁺ -вожý ⟨-|вести́*⟩ хорóшее впечатлéние

figürlich bildlich óбраз|ный, -ен; *übertr* фигурáл|ьный, -ен, -ьна | im ~en Sinn в фигурáльном смы́сле

Fiktion *f* фи́кция 8

fiktiv фикти́в|ный, -ен

Filet *n* Fleisch; Handarbeit филé *n idkl;* **~arbeit** *f* филéйная вы́шивка 6; **~braten** *m* жаркóе из филé

Filiale *f* филиáл 2

Filigran *n* филигрáнь 9; **~arbeit** *f* филигрáнная рабóта

Film *m* (кино)фи́льм 2, (кино)карти́на 6; ~kunst кинó *n idkl; Foto* плёнка 6 | abendfüllender ~ полнометрáжный фильм; heute läuft ein neuer ~ сегóдня идёт нóвый фильм [нóвая кинокарти́на]; einen ~ vorführen демонстри́ровать *uv, v* 2 (*a.* про-) фильм; einen ~ drehen снимáть ⟨снять*⟩ фильм; einen ~ einlegen *Foto* зар|яжáть ⟨-яди́ть 3 -яжý, -я́дишь⟩ фотоаппарáт, вставля́ть ⟨встáв|ить 3 -лю⟩ (нóвую) плёнку; **~amateur** *m* кинолюби́тель 1; **~atelier** *n* киностýдия 8; **~aufnahme** *f* киносъёмка 6 | ≈en machen производи́ть 3⁺ -вожý ⟨-|вести́*⟩ кинисъёмки

filmen *tr* eine Szene снимáть ⟨снять*⟩; *intr* einen Film über etw. drehen производи́ть 3⁺ -вожý ⟨-|вести́*⟩ киносъёмку, снимáть ⟨снять⟩ фильм о чём-н.; in einem Film spielen снимáться ⟨сня́ться⟩ в кинó

Film|festival *n,* **~festspiele** *n Pl* кинофестивáль 1; **~gesellschaft** *f* óбщество [компáния] по произвóдству кинофи́льмов; **~industrie** *f* кинопромы́шленность 9; **~kamera** *f* киносъёмочная кáмера, кинокáмера 6; **~kunst** *f* киноискýсство 4; **~leinwand** *f* киноэкрáн 2; **~lustspiel** *n* кинокомéдия 8; **~produzent** *m* (кино)продю́сер 2; **~rolle** *f* des Schauspielers роль в фи́льме; **~regisseur** *m* кинорежиссёр 2; **~schaffender** *m* рабóтник 2 [дéятель 1] кинó, кинематографи́ст 2; **~schauspieler** *m* актёр кинó, киноарти́ст 2; **~schauspielerin** *f* актри́са кинó, киноарти́стка 6; **~star** *m* кинозвездá 6c, звездá экрáна; **~studio** *n* киностýдия 8; **~theater** *n* кинотеáтр 2; **~verleih** *m* кинопрокáт 2; **~vorführer** *m* киномехáник 2; **~vorführung** *f* демонстрáция [покáз] фи́льма; Vorstellung киносеáнс 2; **~wesen** *n* кинематогрáфия 8, кинó *n idkl;* **~woche** *f* недéля фи́льмов, кинофестивáль 1; **~zeitschrift** *f* журнáл по киноискýсству

¹Filter *m* фильтр 2
²Filter *n Foto* (свето)фи́льтр 2
filtern *tr* фильтрова́ть 2 (про-)
Filter|papier *n* фильтрова́льная бума́га; **~zigarette** *f* сигаре́та с фи́льтром
Filz *m* dicker во́йлок 2; dünner фетр 2
filzen *intr* Wolle сва́ливаться ⟨-валя́ться⟩
Filzhut *m* фе́тровая шля́па
filzig Wolle свaля́вшийся 11
Filz|laus *f* площи́ца 6; **~pantoffel** *m* во́йлочная та́почка 6 (ту́фля); **~schuh** *m* фе́тровый бо́тик 2; **~stiefel** *m* ва́лен|ок, -ка 2 *meist Pl;* **~stift** флома́стер 2
Fimmel *m:* er hat einen ~ *umg* у него́ пу́нктик
Finale *n* фина́л 2 | ins ~ kommen *Sport* попада́ть ⟨-|па́сть*⟩ в фина́л
Finalprodukt *n* коне́чный проду́кт
Finanz|amt *n* фина́нсовое управле́ние; **~buchhaltung** *f* фина́нсовый отде́л 2; Buchführung фина́нсовое счетово́дство; **~en** *Pl* фина́нсы *Pl* 2
finanziell 1. *Adj* фина́нсовый | aus ~en Gründen по фина́нсовым соображе́ниям **2.** *Adv* в де́нежном отноше́нии
Finanzier *m* финанси́ст 2
finanzieren *tr* финанси́ровать *uv, v* 2
Finanzierung *f* финанси́рование 5
Finanzierungsplan *m* план финанси́рования
Finanz|kapital *n* фина́нсовый капита́л; **~kontrolle** *f* фина́нсовый контро́ль; **~lage** *f* фина́нсы *Pl* 2, фина́нсовое положе́ние; **~plan** *m* фина́нсовый план; **~wesen** *n* фина́нсовая систе́ма 6
Findelkind *n* найдёныш 2 *G Pl* -ей
finden *tr* нахо|ди́ть 3⁺ -жу́ ⟨на|йти́*⟩; ausfindig machen оты́скивать ⟨-|ыска́ть*⟩; meinen, halten für находи́ть ⟨найти́⟩ *I*, счита́ть ⟨счесть*⟩ (что-н. каки́м-н.); antreffen застава́ть ⟨-|ста́ть*⟩; sich ~ *refl* gefunden werden находи́ться ⟨найти́сь⟩; sich abfinden, sich fügen с-, примиря́ться ⟨-мири́ться 3⟩ (mit, in с *I*); zueinander finden сходи́ться 3⁺ ⟨со|йти́сь*⟩ (in etw. в чём-н.) | nicht alle Bücher fanden im Regal Platz не все кни́ги помести́лись на по́лке; ich finde keinen Gefallen daran э́то мне не нра́вится, э́то не в моём вку́се; was findet er an ihr? что он в ней нахо́дит?, чем она́ ему́ нра́вится?; Verbreitung ~ получ|а́ть ⟨-и́ть 3⁺⟩ распростране́ние; Mittel und Wege ~ найти́ пути́ и сре́дства; er fand die Bemerkung überflüssig он нашёл замеча́ние неуме́стным; ich finde, daß du Unrecht hast я счита́ю, что ты непра́в; ich kann nichts dabei ~ я не нахожу́ в э́том ничего́ (плохо́го); wie finden Sie dieses Buch? како́го мне́ния вы об э́той кни́ге?; das Geld wird sich schon ~ де́ньги найду́тся; es ~ sich immer Leute, die …, всегда́ нахо́дятся [встреча́ются] лю́ди, кото́рые …; er kann sich nicht in sein Schicksal ~ он не мо́жет примири́ться со свое́й судьбо́й; wo werden wir uns ~ ? где мы встре́тимся?; das wird sich schon ~ ! э́то (ещё) нала́дится!; sich bereit ~ быть гото́вым
Finder *m* наше́дший *Subst* 11; **~lohn** *m* вознагражде́ние 5 за нахо́дку
findig нахо́дчив:ый
Findling *m* найдёныш 2 *G Pl* -ей; *Geol* эррати́ческий валу́н 2е
Finesse *f* Feinheit то́нкость 9; Schlauheit; Kniff хи́трость 9
Finger *m* па́л|ец, -ца 2 | am ~ на па́льце; der kleine ~ мизи́н|ец, -ца 2; drei ~ breit ширино́й в три па́льца; mit dem ~ zeigen пока́зывать ⟨-каза́ть⟩ па́льцем; j-m auf die ~ sehen зо́рко сле|ди́ть 3 -жу́ за кем-н.; lange ~ haben *übertr* быть* нечи́стым на́ руку; an den ~n abzählen пере|че́сть* *v* по па́льцам; *übertr* легко́ собра|зи́ть *v* 3 -жу́; das kann man sich an den (fünf) ~n abzählen э́то я́сно как бо́жий день; j-n um den ~ wickeln обво|ди́ть 3⁺ -жу́ ⟨об|вести́*⟩ кого́-н. вокру́г па́льца; die ~ von etw. lassen не вме́шиваться в каки́е-н. дела́; **~abdruck** *m* отпеча́ток па́льцев; **~breit** *m:* keinen ≈ ни на йо́ту; nachgeben ни на пядь; **~fertigkeit** *f* сноро́вка в рука́х; Klavierspiel те́хника 6 игры́; **~gelenk** *n* пальцево́й суста́в; **~handschuh** *m* перча́тка 6; **~hut** *m* напе́рст|ок, -ка 2; *Bot* наперстя́нка 6; **~ling** *m* Fingerschutz напа́льчник 2; **~nagel** *m* но́готь па́льца руки́; **~ring** *m* пе́рст|ень, -ня 1; **~spitze** *f* ко́нчик па́льца | er ist musikalisch bis in die ≈n он музыка́лен до ко́нчиков па́льцев [ногте́й]; **~spitzengefühl** *n* чу́вство [ус] та́кта | ≈ haben *übertr* име́ть то́нкое чутьё; **~zeig** *m* указа́ние 5, намёк 2
fingier|en *tr* симули́ровать *uv, v* 2; **~t** фикти́в|ный, -ен | ≈e Adresse вы́мышленный а́дрес
Finish *n Sport* фи́ниш 2
Fink *m* зя́блик 2
¹Finne *f* Flosse плавни́к 2е
²Finne *f Med* прыщ 2е; Larve vieler Bandwürmer фи́нна 6
³Finn|e *m* Bewohner финн 2; **~in** *f* фи́нка 6
finnisch 1. *Adj* фи́нский; in offiziellen Bezeichnungen финля́ндский | Finnischer Meerbusen Фи́нский зали́в **2.** *Adv* по-фи́нски
Finnland Финля́ндия 8
finster тём|ный, -ен, темна́, темно́ *u.* тёмно; Wald дрему́чий 11; Gesicht, Blicke; Gedanken; Mittelalter мра́ч|ный, -ен, -на́!; Angelegenheit тёмный, подо-

зри́тел|ьный| -ен| -ьна | ~ werden темне́ть (по-); es wird ~ стано́вится темно́, темне́ет; ein ~es Gesicht machen хму́риться 3 (на-); ~ dreinschauen смотре́ть 3⁺ во́лком, насу́п|ливаться ⟨-иться 3 -люсь⟩; im ~n tappen блужда́ть в потёмках
Finsternis *f* мрак 2, темнота́ 6; *Astr* затме́ние 5; *Rel* ве́чная тьма 6
Finte *f umg* уло́вка 6; Ausflucht увёртка 6 | das ist eine ~ э́то про́сто увёртка
Firlefanz *m* Tand мишура́ 6; Albernheit, Unsinn дура́чество 4
firm: in etw. ~ sein быть си́льным [све́дущим] в чём-н.
Firma *f* фи́рма 6
Firmament *n* небосво́д 2
Firmen|name *m* назва́ние фи́рмы; ~**schild** *n* фи́рменная вы́веска; ~**zeichen** *n* фи́рменный знак
Firn *n* фирн 2
Firnis *m* Öl~ оли́фа 6
Firnschnee *m* фирн 2, фи́рновый снег
First *m Bauw* кон|ёк| -ька́ 2; ~**ziegel** *m* конько́вая черепи́ца
Fis *n Mus* фа дие́з [иэ] *idkl*
Fisch *m* ры́ба 6; die ~e *Pl Astr* Ры́бы | er ist stumm wie ein ~ он нем как ры́ба; kleine ~e пустяко́вые дела́ *Pl* 4b, пустяки́ *Pl* 2e; weder ~ noch Fleisch ни ры́ба ни мя́со; ~**adler** *m* скопа́ 6; ~**bein** *n* кито́вый ус 2b; ~**brötchen** *n* бутербро́д [тэр] 2 с ры́бой, бу́лочка с ры́бой; ~**brut** *f* ры́бья мо́лодь 12-9; ~**dampfer** *m* рыболо́вное су́дно
fischen *tr u. intr* лов|и́ть 3⁺ -лю́ ры́бу | Perlen ~ иска́ть же́мчуг; im trüben ~ в му́тной воде́ ры́бу лови́ть
Fischer *m* рыба́к 2e; ~**boot** рыболо́вная [рыба́чья 12] ло́дка; ~**dorf** *n* рыба́цкий посёл|ок| -ка 2
Fischerei *f* рыболо́вство 4, ры́бный про́мыс|ел| -ла 2; ~**fahrzeug** *n* рыболо́вное су́дно 4 *Pl* суда́ 2b; ~**hafen** *m* рыба́чий 12 порт, рыболове́цкая га́вань; ~**flotte** *f* рыболо́вный флот
Fisch|fabrik *f* рыбозаво́д 2; ~**fang** *m* рыболо́вство 4; Gewerbe рыболо́вный про́мыс|ел| -ла 2 | ≈ treiben занима́ться рыболо́вством; ~**filet** *n* ры́бное филе́; ~**gericht** *n* ры́бное блю́до; ~**gräte** *f* ры́бья кость 12-9g; ~**grätenmuster** *m* рису́н|ок| -ка 2 в ёлочку | Stoff in ≈ ткань в ёлочку; ~**handlung** *f* ры́бный магази́н 2; ~**konserven** *f Pl* ры́бные консе́рвы; ~**kutter** *m* рыболо́вный ка́тер; ~**mehl** *n* ры́бная мука́; ~**netz** *n* рыболо́вная сеть; Schleppnetz не́вод 2b *Pl* -а́; ~**otter** *f* вы́дра 6; ~**schwarm** *m* стая́ [кося́к 2e] ры́бы; ~**suppe** *f* уха́ 6, ры́бный суп; ~**teich** *m* пруд для разведе́ния ры́бы; ~**verarbeitungsschiff** *n* рыболо́вное и рыбоперераба́тывающее 11 су́дно, плаву́чий 11 рыбозаво́д 2; ~**vergiftung** *f* отравле́ние ры́бой; ~**zucht** *f* рыбово́дство 4; ~**zug** *m* лов ры́бы (се́тью), пути́на 6
fiskalisch фиска́льный
Fiskus *m* фиск 2
Fistel *f Med* фи́стула́ 6, свищ 2e *G Pl* -е́й; ~**stimme** *f* фистула́ 6
fit: ~ sein быть в фо́рме
Fittich *m* | j-n unter seine ~e nehmen брать ⟨взять⟩ кого́-н. под своё кры́лышко
fix 1. *Adj* feststehend твёрд:ый| тверда́!; gewandt ло́в|кий| -ок| -ка́!, прово́р|ный| -ен | ~e Idee навя́зчивая иде́я; ~es Kerlchen бо́йкий па́р|ень| -ня 1, молод|е́ц| -ца́ 2 **2.** *Adv* жи́во, бы́стро | mach ein bißchen ~! торопи́сь!, жи́во!; ich bin ~ und fertig a) я вполне́ гото́в b) erschöpft я совсе́м вы́дохся, я уже́ гото́в
Fixierbad *n Foto* фикса́ж 2 *G Pl* -ей
fixieren *tr* festlegen, -halten фикси́ровать 2 (за-) *a. Foto;* befestigen закреп|ля́ть ⟨-и́ть 3 -лю́⟩; unverwandt ansehen приста́льно смотре́ть 3⁺ на *A*
Fixstern *m* неподви́жная звезда́; ~**e** *Pl* созве́здие 5 из неподви́жных звёзд
Fjord *m* фьорд 2
FKK-Strand *m* пляж для купа́ющихся в обнажённом ви́де [для нуди́стов]
flach 1. *Adj* Dach; Stirn; Stein пло́с|кий| -ок| -ка́!¦ пло́сче; Gelände, Gegend равни́нный, ро́в|ный| -ен| -на́!; Teller, Fluß ме́л|кий| -ок| -ка́!¦ -ьче, неглубо́кий; *Mil* Schuß насти́льный; *übertr* пове́рхност|ный| -ен, по́шл:ый| -а́! | die ~e Hand ладо́нь 9 **2.** *Adv* плашмя́ | ~ liegen лежа́ть плашмя́
Flach|ball *m* ни́зкий мяч; ~**druck** *m Typ* пло́ская печа́ть
Fläche *f Phys* Geometrie пло́скость 9g; Ober~ пове́рхность 9 *a. Math, Phys;* Platz пло́щадь 9g *a. Landw;* Ebene равни́на 6, простра́нство 4 | der ~ nach по пло́щади; mit einer ~ von fünf Hektar пло́щадью (в) пять гекта́ров
Flächen|inhalt *m Math* пло́щадь 9g; ~**maß** *n* ме́ра пло́щади
Flach|küste *f* ни́зкий бе́рег; ~**land** *n* равни́на 6, ни́зменность 9; ~**paß** *m Sport* ни́зкая переда́ча; ~**rennen** *n Sport* гла́дкие ска́чки
Flachs *m* лён| льна 2; ~**bau** *m* льново́дство 4; ~**faser** *f* льняно́е волокно́; ~**hechel** *f* льночеса́лка 6; ~**spinnerei** *f* льнопряди́л|ьня 7 *G Pl* -ен
Flachzange *f* плоскогу́бцы *Pl* 2
flackern *intr* Feuer мерца́ть; Kerze, Lampe мига́ть
Fladen *m* Art Gebäck лепёш|ка 6 *G Pl* -ек; Kuh~ коро́вий 12 блин

Flagge *f* флаг 2 | unter fremder ~ segeln пла́вать [*best* плыть*] под чужи́м фла́гом
flaggen *intr* выве́шивать ⟨вы́ве|сить 3 -шу⟩ фла́ги; beflaggen украша́ть ⟨укра́|сить 3 -шу⟩ фла́гами
Flaggschiff *n* фла́гманский кора́бль
flagrant я́в|ный, -ен, очеви́д|ный, -ен | in ~i *Jur* с поли́чным
Flak *f* Geschütz зени́тная пу́шка 6; **~artillerie** *f* зени́тная артилле́рия
Flamingo *m* флами́нго *m idkl*
flämisch флама́ндский
Flamme *f* пла́м|я *n G D P* -ени, *I* -енем *Pl* -ена́, -ён, -ена́м 4; Brennstelle am Gasherd горе́лка 6 | in ~n stehen пыла́ть, горе́ть 3; in ~n aufgehen сгор|а́ть ⟨-е́ть 3⟩; auf kleiner ~ kochen вари́ть на сла́бом огне́; das ist seine alte ~ Geliebte э́то его́ ста́рая любо́вь [симпа́тия]
flammend пла́мен|ный, -ен, -на | eine ~e Begeisterung огро́мное воодушевле́ние; einen ~en Protest erheben горячо́ протестова́ть 2
Flammenwerfer *m* огнемёт 2
Flammpunkt *m* температу́ра 6 воспламене́ния
Flanell *m* флане́ль 9; **~rock** *m* флане́левая ю́бка
flanieren *intr* флани́ровать 2
Flanke *f* Tier бок 2b; на боку́ *Pl* бока́; *Mil* фланг 2; Turnen прыж|о́к, -ка́ 2 бо́ком; Ballspiele попере́чная переда́ча 6 | dem Gegner in die ~ fallen атакова́ть *uv, v* 2 проти́вника во фланг; ~ zur Mitte переда́ча в центр
flanken *intr* Ballspiele пере|дава́ть ⟨переда́ть*⟩ мяч (попере́к по́ля)
Flankensicherung *f Mil* фла́нговое прикры́тие 5
flankieren *tr* стоя́ть 3 [идти́*] по бока́м от кого́-н.
Flansch *m* фла́н|ец, -ца 2
Flasche *f* буты́лка 6; große буты́ль 9; flache, Feld~ фля́жка 6; Saug~ рож|о́к, -ка́ 2; *Tech*, Gas~ балло́н 2 | aus der ~ trinken пить из буты́лки; dem Kind die ~ geben дать ребёнку буты́лочку, корм|и́ть 3⁺ -лю́ ребёнка из рожка́; so eine ~! *umg* ну и болва́н!
Flaschen|bier *n* буты́лочное пи́во; **~gas** *n* сжа́тый газ; **~hals** *m* го́рлышко буты́лки; **~korken** *m* про́бка 6 (для буты́лки); **~öffner** *m* ключ 2e для (открыва́ния) буты́лок, открыва́л|ка 6 *G Pl* -ок *umg;* **~pfand** *m* зало́г (за буты́лку); **~post** *f Mar* буты́лочная по́чта; **~zug** *m Tech* таль 9, полиспа́ст 2
flatterhaft ве́трен:ый, -а
Flatterhemd *n* коро́ткая же́нская ночна́я руба́шка
flattern *intr* Haare, Fahne развева́ться; Schmetterling, Vogel порх|а́ть ⟨-ну́ть 4⟩; *Tech* вибри́ровать 2; *Kfz* колеба́ться*
flau Lüftchen сла́б:ый, -а́, -о, сла́бы́; Stimmung вя́л:ый | mir ist ganz ~ мне не по себе́; das Geschäft geht ~ дела́ иду́т вя́ло
Flaum *m* пух 2; в пуху́; Barthaare u. ä. пуш|о́к, -ка́ 2; **~feder** *f* пуши́нка 6
flaumig пуши́ст:ый
Flausch *m* мя́гкий [хк] драп 2
flauschig vom Stoff пуши́ст:ый, мохна́т:ый; Mantel из пуши́стой мя́гкой [гх] тка́ни
Flausen *f Pl* Ausflüchte пусты́е отгово́рки *Pl* 6, увёртки *Pl* 6 | ~ machen болта́ть вздор; er hat nichts als lauter ~ im Kopf у него́ нет ничего́ кро́ме вздо́ра в голове́; j-m ~ in den Kopf setzen моро́чить 3 (за-) го́лову кому́-н.
Flaute *f Mar* штиль 1; *Hdl* засто́й 1
Flechte *f* Haar коса́ 6c *A* ко́су; *Bot* лиша́йник 2; *Med* лиша́|й 1e *G Pl* -ёв
flechten *tr* плести́* (с-); Kranz a. вить* ⟨с-, совью́⟩; Haare заплета́ть ⟨-плести́⟩ | Blumen zu Kränzen ~ плести́ [вить] венки́ из цвето́в
Flechtwerk *n* сплете́ние 5; Hydrologie плетнево́е сооруже́ние 5; *Arch* плетёный орна́мент 2
Fleck *m* beschmutzte Stelle пят|но́ 4c *G Pl* -ен; best. Stelle, Platz ме́сто 4b; Flicken запла́та 6 | mach dir keine ~n auf (in) den neuen Anzug не посади́ пя́тен на свой но́вый костю́м; einen ~ aus dem Kleid entfernen удал|я́ть ⟨-и́ть⟩ пятно́ с пла́тья; blauer ~ синя́к 2e; das Kleid ist voller ~en пла́тье всё в пя́тнах; nicht vom ~ kommen не сдви́нуться 4 с ме́ста; die Arbeit kommt nicht vom ~ рабо́та не продвига́ется
Flecke *m Pl Kochk* руб|е́ц, -ца́ 2
Flecken *m* Schmutzfleck пят|но́ 4c *G Pl* -ен; Ortschaft посёл|ок, -ка 2
Fleckenentferner *m* пятновыводи́тель 1
fleckenlos без пя́тен
Flecken|paste *f* па́ста для выведе́ния пя́тен; **~wasser** *n* жи́дкость для выведе́ния пя́тен
Fleckfieber *n* сыпно́й тиф
fleckig пятни́ст:ый, в пя́тнах
Flecktyphus *m* сыпно́й тиф
Fledermaus *f* лету́чая 11 мышь
Flegel *m* Dresch~ цеп 2e; *übertr* неве́жа *m* 6, грубия́н 2; **~ei** *f* де́рзость 9, гру́бость 9
flegelhaft frech де́рз|кий, -ок, -ка́!, на́гл:ый, -а́! | sich ~ benehmen вести́ себя́ гру́бо
Flegeljahre *n Pl* перехо́дный во́зраст 2
flehen *intr* моли́ть 3⁺ (um о *P*), умол|я́ть ⟨-и́ть⟩ (um о *P*); **~d** умоля́ющий 11
flehentlich **1.** *Adj* умоля́ющий 11 **2.** *Adv* с

молбо́й; blicken умоля́юще | ~ bitten умол|я́ть ⟨-и́ть 3⁺⟩

Fleisch *n* мя́со 4; Frucht~ мя́коть 9 | wildes ~ *Med* ди́кое мя́со; in ~ und Blut übergehen во|йти́* в плоть и кровь; sich ins eigene ~ schneiden *übertr* вре|ди́ть 3 -жу́ (на-) самому́ себе́; **~beschau** *f* санита́рный осмо́тр 2 мя́са; **~brühe** *f* мясно́й бульо́н

Fleischer *m* мясни́к 2e; **~ei** *f,* **~laden** *m* мясно́й магази́н, мясна́я (ла́вка) *Subst* 10 (6)

fleischern мясно́й

fleisch|farben теле́сного цве́та; **~fressend** плотоя́д|ный, -ен; Pflanze насекомоя́дный

Fleisch|fresser *m* плотоя́дное живо́тное *Subst* 10; **~füllung** *f* мясна́я начи́нка; **~gericht** *n* мясно́е блю́до

fleischig мяси́ст:ый

Fleisch|klops *m,* **~klößchen** *n* фрикаде́лька [дэ] 6; **~konserven** *f Pl* мясны́е консе́рвы; **~kost** *f* мясно́й стол

fleisch|lich мясно́й; sinnlich теле́сный | ≈e Begierde по́хоть 9; **~los** без мя́са; Tag, Küche вегетариа́нский

Fleisch|pastete *f* пирожо́к с мя́сом; **~salat** *m* мясно́й сала́т; **~verbrauch** *m* потребле́ние мя́са; **~vergiftung** *f* отравле́ние мя́сом; **~versorgung** *f* снабже́ние мя́сом; **~waren** *f Pl* мясны́е (и колба́сные) изде́лия *Pl* 5, мясопроду́кты *Pl* 2; **~wolf** *m* мясору́бка 6

Fleiß *m* прилежа́ние 5, усе́рдие 5 | eiserner ~ велича́йшее 11 усе́рдие; mit ~ приле́жно, стара́тельно; viel ~ auf etw. verwenden прилага́ть ⟨приложи́ть 3⁺⟩ большо́е стара́ние к чему́-н.

fleißig **1.** *Adj* приле́ж|ный, -ен, стара́тел|ьный, -ен, -ьна **2.** *Adv* усе́рдно | ~ spazierengehen мно́го гуля́ть; die Vorlesungen ~ besuchen усе́рдно [ча́сто] посеща́ть ле́кции

flektierbar флекти́рующий 11, флекти́вный

flektieren *tr* флекти́ровать 2; deklinieren склоня́ть (про-); konjugieren спряга́ть (про-)

fletschen *tr:* die Zähne ска́лить 3 (о-) зу́бы

flexibel ги́б|кий, -ок, -ка́!

Flexion *f* словоизмене́ние 5, фле́ксия 8; Deklination *a.* склоне́ние 5; Konjugation a. спряже́ние 5

Flexionsendung *f* оконча́ние 5, фле́ксия 8

flicken *tr* ausbessern чини́ть 3⁺ (по-); stopfen што́пать (за-)

[1]**Flicken** *m* запла́та 6 | einen ~ aufsetzen класть* ⟨положи́ть 3⁺⟩ запла́ту

[2]**Flicken** *n* (по)чи́нка 6; Stopfen што́пка 6

Flick|schneider *m* портно́й, занима́ющийся 11 почи́нкой; **~schuster** *m* сапо́жник по ме́лкому ремо́нту; **~wort** *n* вставно́е сло́во; **~zeug** *n* Fahrrad принадле́жности для ремо́нта велосипе́да

Flieder *m* сире́нь 9; **~busch** *m* сире́невый куст

fliederfarben сире́невый

Fliege *f* му́ха 6; kleine мо́шка 6; Krawatte ба́бочка 6 | zwei ~n mit einer Klappe schlagen одни́м уда́ром двух за́йцев уби́ть

fliegen *intr* лета́ть *unbest,* ле|те́ть 3 -чу́ (по-) *best;* über etw. перелет|а́ть ⟨-е́ть⟩; (an)geflogen kommen прилет|а́ть ⟨-е́ть⟩; flattern развева́ться; *tr* Flugzeug во|ди́ть 3⁺ -жу́ *unbest,* вести́* (по-) *best* (самолёт); mit dem Flugzeug befördern перевози́ть 3⁺ -вожу́ ⟨-везти́⟩ (на самолёте), дост|авля́ть ⟨-а́вить 3 -а́влю⟩ | mit dem Flugzeug nach Moskau ~ лете́ть (на самолёте) в Москву́; der Vogel fliegt durch die Luft пти́ца лета́ет [лети́т] по во́здуху; in die Luft ~ взлете́ть *v* 3 на во́здух, взрыва́ться ⟨взо|рва́ться*, -рвала́сь⟩; er ist geflogen *umg* он вы́летел, его́ уво́лили; der Staub flog nach allen Seiten пыль полете́ла во все сто́роны; **~d** лету́ч:ий 11; лета́ющий 11 *a. Zool* | ≈er Händler торго́вец вразно́с, лото́чник [шн] 2; ≈er Buchhändler книгоно́ша *m, f* 6; ≈er Start *Sport* старт с разбе́га [с хо́ду]; ≈es Personal *Mil* лётный соста́в; ≈er Fisch летя́чка 6

Fliegen|fänger *m* бума́га-мухомо́р 6-2, липу́чка 6 *umg;* **~fenster** *n* око́нная ра́ма 6, затя́нутая ма́рлей (от мух); **~gewicht** *n* наилегча́йший 11 вес; **~klatsche** *f* хлопу́шка 6; **~pilz** *m* мухомо́р 2; **~schrank** *m* шкаф с се́ткой от мух

Flieger *m* лётчик 2; Flugfähiger летýн 2e; Radsport велого́нщик-спри́нтер 2-2; **~abwehrkanone** *f* зени́тная пу́шка; **~abwehrrakete** *f* зени́тная раке́та; **~alarm** *m* возду́шная трево́га; **~angriff** *m* налёт авиа́ции; **~bombe** *f* авиабо́мба 6; **~horst** *m* авиацио́нная ба́за 6, авиаба́за 6; **~kosmonaut** *m* лётчик-космона́вт 2-2; **~offizier** *m* офице́р авиа́ции; **~rennen** *n* Radsport спри́нтерская го́нка 6; **~schule** *f* лётная шко́ла, авиашко́ла 6; **~truppe** *f* лётные [авиацио́нные] ча́сти *Pl* 9g

fliehen *tr* Gesellschaft избега́ть ⟨-|бежа́ть*⟩ *G*; sich fernhalten чужда́ться *G; intr* бежа́ть*, убе|га́ть ⟨-жа́ть⟩ (vor от *G*); **~d:** ≈e Stirn пока́тый лоб

Fliehkraft *f* центробе́жная си́ла

Fliese *f* (изразцо́вая *oder* керами́ческая) пли́тка 6, ка́фель 1

fliesen *tr* облиц|о́вывать ⟨-цева́ть 2, -о́ванный⟩ пли́тками [ка́фелем]

Fliesenleger *m* пли́точник-облицо́вщик 2-2

Fließ|arbeit *f* пото́чная рабо́та; **~band** *n* конве́йер 2 | am ≈ у конве́йера; vom ≈ с конве́йера; am ≈ arbeiten рабо́тать на конве́йере; **~bandmontage** *f* монта́ж на конве́йере; **~bandproduktion** *f* пото́чное произво́дство

fließen *intr* течь* (по-) *a. El;* stark, in Strömen ли́ться*¡ -ли́ли́сь ⟨поли́ться⟩ *a. übertr;* rinnen струи́ться 3 | ins Meer ~ впада́ть в мо́ре; im Krieg ist viel Blut geflossen в войну́ пролило́сь мно́го кро́ви; der Schweiß floß ihm von der Stirn пот струи́лся у него́ со лба; der Sekt floß in Strömen шампа́нское лило́сь реко́й; **~d** **1.** *Adj* Grenzen теку́чий 11; Rede пла́в|ный, -ен, -на́! | ≈es Wasser прото́чная вода́; ein Zimmer mit ≈em Wasser ко́мната [но́мер] с водопрово́дом **2.** *Adv* бе́гло, свобо́дно | ≈ Deutsch sprechen свобо́дно говори́ть по-неме́цки [на неме́цком языке́]

Fließ|fertigung *f* пото́чное произво́дство; **~verfahren** *n* пото́чный ме́тод произво́дства

flimmern *intr* Sterne мерца́ть; Film, Licht мига́ть | es flimmert mir vor den Augen у меня́ ряби́т в глаза́х; das Bild flimmert *TV* изображе́ние мелька́ет

flink **1.** *Adj* прово́р|ный, -ен **2.** *Adv a.* бы́стро, жи́во

Flinte *f* ружьё 3c *G Pl* ру́жей | die ~ ins Korn werfen пасова́ть 2 (с-) (пе́ред тру́дностями)

Flip *m* (яи́чный) кокте́йль [тэ] 1

Flirt *m* флирт 2 | einen ~ mit j-m anfangen завя́зывать ⟨-|вяза́ть*⟩ флирт с кем-н.

flirten *intr* флиртова́ть 2 (mit с *I*)

Flitter *m* блёстки *Pl* 6; *übertr* мишура́ 6; **~gold** *n* мишура́ 6; **~wochen** *f Pl* медо́вый ме́сяц 2

Flocke *f* Schnee снежи́нка 6; Fläumchen пуши́нка 6; Wolle клок 2e, клоч|о́к, -ка́ 2; ~n *Pl* Hafer~, Schnee~ хло́пь|я *Pl* 1 -ев | der Schnee fällt in dichten ~n снег па́дает густы́ми хло́пьями

flockig **1.** *Adj* пуши́ст:ый **2.** *Adv* хло́пьями

Floh *m* блоха́ 6h | j-m einen ~ ins Ohr setzen взбудора́ж|ивать ⟨-ить 3⟩ кого́-н.

Flor *m* Blüte(npracht) цвете́ние 5, цвет 2b; dünnes Gewebe флёр 2; Teppich u. ä. ворс 2; Trauer~ креп 2 | im ~ stehen быть* в цвету́; im ~ sein *übertr* находи́ться в (по́лном) расцве́те

Flora *f* фло́ра 6

Florenz Флоре́нция 8

Florett *n* рапи́ра 6; **~fechten** *n* фехтова́ние на рапи́рах

florieren *itr* процвета́ть ⟨-|цвести́*⟩

Floskel *f* пуста́я фра́за 6

Floß *n* плот 2e; an der Angelschnur попла́в|о́к, -ка́ 2 | auf dem ~ fahren пла́вать [плыть] на плоту́

flößbar сплавно́й | ~es Holz сплавно́й лес

Flosse *f* der Fische плавни́к 2e; bei Flossenfüßern ласт 2; *Flugw* стабилиза́тор 2; ~n *Sport* ла́сты *Pl*

flößen *tr* Holz сплавля́ть ⟨спла́в|ить 3 -лю⟩

Flößer *m* плотово́д 2, спла́вщик 2; **~ei** *f* (лесо)спла́в 2

Flößholz *n* сплавно́й лес

Flöte *f* фле́йта 6 | die ~ spielen игра́ть на фле́йте

flöten *intr* игра́ть на фле́йте; Vogel залива́ться ⟨-|ли́ться*¡ -ли́ли́сь⟩

flötengehen *intr* пропада́ть ⟨-|па́сть*⟩ | mein Geld ging flöten пла́кали мои́ де́нежки

Flötenspiel *n* игра́ на фле́йте

Flötist *m* флейти́ст 2; **~in** *f* флейти́стка 6

flott **1.** *Mar* гото́в:ый к пла́ванию; lustig весёлый, ве́сел, весела́!; lebhaft, gewandt бо́|йкий, -ек, -йка́!¡ бо́йче; schick шика́р|ный, -ен; sorglos бесшаба́ш|ный, -ен | eine ~e Krawatte эффе́ктный га́лстук; ein ~er Tänzer хоро́ший 11 танцо́р; ein ~es Leben führen вести́ весёлую [бесшаба́шную] жизнь; dort wird man ~ bedient там бы́стро обслу́живают; die Arbeit geht ihm ~ von der Hand рабо́та у него́ спори́тся

Flotte *f* флот 2

Flotten|parade *f* пара́д вое́нно-морско́го фло́та; **~stützpunkt** *m* вое́нно-морска́я ба́за; **~verband** *m* соедине́ние вое́нно-морски́х сил

Flottille *f* флоти́лия 8

flottmachen *tr Mar* приготовля́ть ⟨пригото́в|ить 3 -лю⟩ к пла́ванию; nach Auflaufen снима́ть ⟨снять*⟩ с ме́ли

Flöz *n Geol, Bergb* (го́рный) пласт 2e

Fluch *m* Kraftwort руга́тельство 4; Verwünschung прокля́тие 5 | es liegt ein ~ auf etw. прокля́тие лежи́т на чём-н.

fluchen *intr* Kraftworte ausstoßen руга́ться (вы́-) | auf j-n ~ schimpfen проклина́ть ⟨-|кля́сть*¡ про́клял⟩ кого́-н.

[1]**Flucht** *f* бе́гство 4; aus der Gefangenschaft побе́г 2 | die ~ ergreifen обра|ща́ться ⟨-ти́ться 3 -щу́сь⟩ в бе́гство; auf der ~ sein бежа́ть*; sein Heil in der ~ suchen спаса́ться ⟨-|пасти́сь*⟩ бе́гством; in die ~ schlagen обра|ща́ть ⟨-ти́ть⟩ в бе́гство

[2]**Flucht** *f* Reihe ряд 2¡ в ряду́ | in einer ~ bauen по одно́й ли́нии; die Häuser stehen in einer ~ дома́ стоя́т в оди́н ряд; eine ~ von Zimmern анфила́да 6 ко́мнат

fluchtartig **1.** *Adj* напомина́ющий 11 бе́гство **2.** *Adv* о́чень бы́стро

flücht|en *intr u. sich* ≈ *refl* бежа́ть*, убега́ть ⟨-бежа́ть⟩ (vor от *G*); sich verbergen скрыва́ться ⟨-|кры́ться*⟩ (zu у *G*); **~ig 1.** *Adj* Blick, Durchsicht, Laut бе́глый; Bekanntschaft, Begegnung мимолёт|ный, -ен; Besuch, Gespräch коро́ткий, коро́ток, коротка́!; oberflächlich пове́рхност|ный, -ен; nachlässig небре́ж|ный, -ен; *Chem* летýчий 11, улетýчивающийся 11 | ≈ sein Verbrecher с|бежа́ть* *v*; einen ≈en Blick auf j-n werfen бро́сить на кого́-н. бе́глый взгляд; einen ≈en Eindruck von j-m haben име́ть нея́сное представле́ние о ком-н. **2.** *Adv:* etw. ≈ durchsehen на́спех [ме́льком, бе́гло] просм|а́тривать ⟨-отре́ть 3⁺ что-н.⟩; wir sind nur ≈ bekannt мы едва́ знако́мы

Flüchtigkeitsfehler *m* оши́бка по рассе́янности

Flüchtling *m* бе́жен|ец, -ца 2; бе́женка 6

Flüchtlings|lager *n* ла́герь для бе́женцев; **~strom** *m* пото́к бе́женцев

Flucht|linie *f* ли́ния фаса́дов зда́ний; **~verdacht** *m* опасе́ние 5 относи́тельно возмо́жного побе́га обвиня́емого | bei ihm besteht ≈ он подозрева́ется в подгото́вке к бе́гству [к побе́гу]; **~versuch** *m* попы́тка бежа́ть [побе́га] | beim ≈ при попы́тке к бе́гству; **~weg** *m* путь бе́гства [к побе́гу]; in Gebäuden запа́сный вы́ход 2

Flug *m* полёт 2; über weite Strecken, Überflug перелёт 2 a. von Zugvögel; Route рейс 2; Skisport прыж|о́к, -ка́ 2 | im ~e на летý; sehr schnell о́чень бы́стро, ми́гом; einen ~ buchen брони́ровать *uv, v* 2 (*a.* за-) ме́сто на самолёт; der ~ von Berlin nach Moskau рейс из Берли́на в Москвý; während des ~es во вре́мя полёта [перелёта]; den Vogel im ~e treffen попа́сть *v* в пти́цу на летý; die Zeit verging wie im ~e вре́мя пролете́ло невероя́тно бы́стро; **~bahn** *f* траекто́рия 8 (полёта); eines künstl. Satelliten a. орби́та 6; **~betrieb** *m* воздýшное сообще́ние 5; **~blatt** *n* листо́вка 6; **~boot** *n* летя́ющая 11 ло́дка, гидросамолёт 2; **~dauer** *f* продолжи́тельность полёта; **~dienst** *m* воздýшное (пассажи́рское) сообще́ние 5; **~eigenschaften** *f Pl* лётные да́нные *Subst Pl* 10

Flügel *m* крыло́ 4 *Pl* кры́лья|я, -ев 5 *a. Tech, Flugw;* Fenster, Tür ство́рка 6; Seitengebäude фли́гел|ь 1b *Pl* -я́, крыло́; *Mus* (концéртный) роя́ль 1 | auf einem ~ spielen игра́ть на роя́ле; am ~ … у роя́ля …; *Mil, Sport* фланг 2, крыло́; **~fenster** *n* ство́рчатое окно́; **~mann** *m* флангóвый *Subst* 10 | der rechte ≈ правофлангóвый *Subst* 10; **~mutter** *f* кры́льчатая га́йка, (га́йка-)бара́ш|ек, -ка (6-)2; **~rad** *n* ло́пастное колесо́; **~rakete** *f* крыла́тая ракéта; **~schlag** *m* взмах 2 кры́льев; **~tür** *f* двуство́рчатая дверь

Flugerfahrung *f* о́пыт полётов

flugfähig Flugzeug го́дный к полётy [к полётам]

Flug|feld *n* лётное по́ле; **~gast** *m* пассажи́р 2 (самолёта)

flügge опери́вшийся 11 | ~ werden *übertr* опер|я́ться ⟨-и́ться 3⟩

Flug|geschwindigkeit *f* ско́рость полёта; **~gesellschaft** *f* авиакомпа́ния 8

Flughafen *m* аэропо́рт 2 | auf dem ~ в аэропортý; **~gebäude** *n* аэровокза́л 2; **~restaurant** *n* рестора́н при аэропо́рте

Flug|haut *f* лётная перепо́нка 6; **~höhe** *f* высота́ полёта; **~kapitän** *m* команди́р 2 корабля́; **~karte** *f* биле́т на самолёт, авиабиле́т 2; **~körper** *m* лета́тельный аппара́т 2; *Kosm* косми́ческий аппара́т; **~lehrer** *m* лётчик-инструкто́р 2-2; **~linie** *f* авиали́ния 8, воздýшная ли́ния; **~lotse** *m* авиадиспе́тчер 2; **~meldung** *f* донесе́ние о полёте

Flugmodell *n* авиамоде́ль [дэ] 9; **~bau** *m* авиамодели́зм [дэ] 2

Flug|navigation *f* аэронавига́ция 8; **~plan** *m* расписа́ние 5 полётов; **~platz** *m* аэродро́м 2 | auf dem ≈ на аэродро́ме; **~reise** *f* путеше́ствие на самолёте; **~route** *f* воздýшная тра́сса 6, рейс 2

flugs *Adv* ми́гом, мгнове́нно

Flug|sand *m* нано́сный песо́к; **~schanze** *f* большо́й трампли́н; **~schrift** *f* брошю́ра [шу] 6; Blatt листо́вка 6; **~schüler** *m* учени́к-лётчик 2e-2; **~sicherheit** *f* обеспече́ние (безопа́сности) полётов; **~sport** *m* авиаспо́рт 2; **~strecke** *f* Entfernung да́льность 9 полёта; **~linie** маршрýт полёта; **~stunde** *f* час (по)лёта; Ausbildungsstunde лётный час

flugtauglich (при)го́дный к лётной слýжбе

Flug|technik *f* авиацио́нная те́хника; **~verbindung** *f* воздýшное сообще́ние; **~verkehr** *m* воздýшное сообще́ние [движе́ние]; **~wesen** *n* авиа́ция 8; **~wetter** *n:* günstiges ≈ лётная пого́да; kein ≈ нелётная пого́да; **~zeit** *f* вре́мя полёта

Flugzeug *n* самолёт 2 (nach на *A*) | das ~ nach Berlin startet in zehn Minuten самолёт на Берли́н вылета́ет че́рез де́сять минýт; mit dem ~ reisen, befördern на самолёте, самолётом; ein ~ besteigen сади́ться ⟨сесть⟩ на [в] самолёт; **~absturz** *m* авиацио́нная катастро́фа | bei dem ≈ в авиакатастро́фе; **~bau** *m* самолётострое́ние 5; **~besatzung** *f* экипа́ж самолёта; **~entführer** *m* похити́тель [уго́нщик 2] самолёта; **~entführung** *f* угóн 2 самолёта; ~**führer** *m* лётчик 2, пилóт 2; ~**halle** *f* ангáр 2; ~**industrie** *f* авиациóнная промы́шленность; ~**konstrukteur** *m* авиаконстрýктор 2; ~**rumpf** *m* фюзеля́ж 2 *G Pl* -ей; ~**träger** *m* авианóс|ец, -ца 2; ~**unglück** *n* авиациóнная катастрóфа; ~**werk** *n* авиациóнный завóд, авиазавóд 2

Fluktuation *f* колебáние 5 | ~ der Arbeitskräfte текýчесть рабóчей си́лы

Flunder *f* кáмбала 6

flunkern *itr* привирáть ⟨-|врáть*⟩

Fluor *n* фтор 2

Fluoreszenz *f* флуоресцéнция 8

fluoreszieren *itr* флуоресци́ровать 2; ~**d** флуоресци́рующий 11

[1]**Flur** *f* Nutzland ни́ва 6, пóле 3b | durch Feld und ~ по поля́м и лугáм; allein auf weiter ~ stehen о|стáться* *v* в пóлном одинóчестве

[2]**Flur** *m* (Flur-) Gang коридóр 2; Vorzimmer, Diele прихóжая *Subst* 11, перéдняя *Subst* 11; im Bauernhaus сéни *Pl* 9g; Treppe (лéстничная) площáдка 6 | auf dem ~ в коридóре; в прихóжей; в сеня́х; ~**bereinigung** *f* устранéние 5 чересполóсицы; ~**garderobe** *f* вéшалка в коридóре [в перéдней]; ~**schaden** *m* потрáва 6 полéй

Fluß *m* рекá 6 *A* рéку, *Pl* рéки, рек, рéкáм; Flüßchen рéчка 6; Fließen; Lauf течéние 5; *Tech* флюс 2, плáв|ень, -ня 1 | auf einem ~ fahren éхать [плыть] по рекé; die Stadt liegt am ~ гóрод стои́т на рекé [у реки́]; der ~ der Rede плáвное течéние рéчи; in ~ kommen налáживаться ⟨-лáдиться 3⟩; ein Gespräch wieder in ~ bringen возобнов|ля́ть ⟨-и́ть 3 -лю́⟩ разговóр

flußab[wärts] *Adv* вниз по рекé

Flußarm *m* рукáв реки́

flußauf[wärts] *Adv* вверх по рекé

Fluß|bett *n* рýсло 4 (реки́); ~**hafen** *m* речнóй порт

flüssig Leim, Luft, Gas жи́д|кий, -ок, -кá!, жи́же; Fett растóпленный; Metall расплáвленный; Rede, Stil глáд|кий, -ок, -кá!, глáже; *Wirtsch* свобóд|ный, -ен | ~e Gelder свобóдные [нали́чные] дéньги; ~er Straßenverkehr непреры́вный потóк 2 ýличного движéния

Flüssig|gas *n* сжи́женный газ; ~**keit** *f* жи́дкость 9; Eigenschaft, Zustand (жидко)текýчесть 9; Stil лёгкость [хк] 9; Verkehr непреры́вность 9

Flüssigkeitsbehälter *m* сосýд для жи́дкости

Fluß|krebs *m* речнóй рак; ~**mündung** *f* ýстье реки́; ~**niederung** *f* überschwemmte пóйма 6 *G Pl* пойм; ~**pferd** *n* гиппопотáм 2, *umg* бегемóт 2; ~**quelle** *f* истóк реки́; ~**regulierung** *f* рабóты *Pl* 6 по регули́рованию рек; ~**schiffahrt** *f* речнóе судохóдство; ~**stahl** *m* мя́гкая стáль; ~**übergang** *m* речнáя переправа; Furt речнóй перекáт 2; ~**windung** *f* излýчина 6 [изви́лина] реки́

flüstern *tr* шептáть* ⟨шепнýть *mom* 4⟩; *intr* шептáться | ins Ohr ~ шептáть нá ухо; sie flüsterten miteinander они́ шептáлись друг с дрýгом; ~**d** sich unterhalten шёпотом

Flüsterton *m*: im ~ шёпотом

Flut *f* прили́в 2; Wassermassen потóк 2 *a. übertr* | bei ~ во врéмя прили́ва; in den ~en umkommen поги́бнуть *v* 4a в волнáх; eine ~ von Protesten потóк [волнá 6c] протéстов

fluten *intr* течь* (по-); *übertr* течь, (валóм) вали́ть 3 | der Verkehr flutet über … потóк маши́н дви́жется по …

Flutlicht *n* заливáющий 11 свет; ~**anlage** *f* освети́тельные устанóвки *Pl* 6 (прожéкторы *Pl* 2] заливáющего свéта

Flutwelle *f* bei Gezeiten прили́вная волнá; bei Seebeben волнá штормовóго нагóна

Fock|mast *m Mar* фок-мáчта 6; ~**segel** *n* фок 2

Föderalismus *m* федерали́зм 2

föderalistisch федерали́стский

Föderation *f* федерáция 8

föderativ федерати́вный

fohlen *intr* жереби́ться 3 (о-)

Fohlen *n* жереб|ёнок, -ёнка 2 *Pl* -я́та 4

Föhn *m* Wind фён 2

Föhre *f* соснá 6c *G Pl* сóсен

Folge *f* Ergebnis, Auswirkung (по)слéдствие 5, результáт 2; Reihe, Anzahl сéрия 8, ряд 2b; в ряду́; Fortsetzung продолжéние 5 | die neue ~ нóвый вы́пуск 2 [Zeitschrift нóмер 2b *Pl* -á]; in der ~ Folgezeit впослéдствии; die ~en tragen отвечáть за послéдствия; das hat zur ~, daß … э́то имéет слéдствием то, что …, э́то влечёт за собóй то, что …; einer Einladung ~ leisten принимáть ⟨приня́ть*⟩ приглашéние; in alphabetischer ~ в алфави́тном поря́дке; in bunter ~ вперемéжку; das bleibt nicht ohne ~n э́то не остáнется без послéдствий; die Bände erschienen in rascher ~ томá выходи́ли оди́н за други́м

folgen *intr* слéдовать 2 (по-) (j-m, auf за *I*); befolgen слéдовать *D;* gehorchen слýшаться (по-) (j-m *G*); j-m nachfolgen z. B. im Amt быть* [стать* *v*] преéмником (когó-н. по дóлжности), смен|я́ть ⟨-и́ть 3⁺⟩ (когó-н. на дóлжности); mit Blicken, Gedanken сле|ди́ть 3 -жý за *I*; ursächlich слéдовать, вытекáть ⟨вы́|течь*⟩ | j-s Beispiel ~ слéдовать чьемý-н. примéру; daraus folgt, daß … из э́того слéдует, что …; was folgt dar-

aus? какой отсюда вывод?; kannst du ~? ты понимаешь?; **~d** следующий 11 | im ≈en в дальнейшем; im ≈en Jahr на следующий год; auf ≈e Weise следующим образом
folgendermaßen *Adv* следующим образом
folgenschwer чреват:ый [с тяжёлыми] последствиями
folgerichtig последовател|ьный, -ен, -ьна
Folgerichtigkeit *f* последовательность 9
folgern *tr* делать (с-) вывод (aus из *G*); *intr:* daraus folgert, daß ... из этого следует, что ..., можно заключить, -что ...
Folgerung *f* вывод 2 (aus из *G*) | aus etw. ~en ziehen делать (с-) выводы из чего-н.
folgewidrig непоследовател|ьный, -ен, нелогич|ный, -ен
Folgezeit *f:* in der ~ впоследствии
folg|lich *Konj* следовательно, значит; **~sam** послуш|ный, -ен
Folie *f* фольга 6
Folklore *f* фольклор 2; Volkskunde фольклористика 6
folkloristisch фольклористический
Folter *f* пытка 6, истязание 5; *übertr* пытка, мука 6 | j-n auf die ~ spannen мучить 3 [пытать] кого-н.; **~kammer** *f* камера пыток, застен|ок, -ка 2
foltern *tr* пытать; *übertr* мучить 3 | gefoltert werden подвергаться ⟨-вергнуться 4a⟩ пыткам
Folter|qual *f* пытка 6, мука 6; **~ung** *f* пытка 6, мучение 5
Fön *m* фен 2
Fonds *m* фонд 2, денежные средства 4; *Pl Wirtsch* фонды *Pl* 2
fönen *tr* сушить 3⁺ ⟨вы-⟩ феном
Fontäne *f* фонтан 2
Fontanelle *f Anat* роднич|ок, -ка 2
foppen *tr* дразнить 3⁺ *A*
forcieren *tr* форсировать *uv, v* 2 *a. Mil;* Sport (steigern) уск|орять ⟨-орить 3⟩ | ~ Sie nichts! не действуйте слишком поспешно!
Förder|anlage *f* конвейерная [*Bergb* подъёмная] установка; **~band** *n* ленточный конвейер 2; **~brücke** *f* мост-транспортёр 2b-2; *Bergb* эстакада 6
Förderer *m* покровитель 1, меценат 2; *Tech* транспортёр 2
Förderkorb *m Bergb* подъёмная клеть 9g
förderlich полез|ный, -ен | ~ sein für быть полезным для *G*
Fördermaschine *f* подъёмная машина
fordern *tr* требовать 2 (по-) (etw. von j-m чего-н. от кого-н.); Opfer уносить 3⁺ -ношу ⟨-|нести*⟩ | einen hohen Preis von j-m für etw. ~ запрашивать ⟨запро|сить 3⁺ -шу⟩ высокую цену у кого-н. за что-н.
fördern *tr* Wissenschaft способствовать 2 развитию *G*; Wachstum, Handel способствовать 2 *D*, содействовать *uv, v* 2 *D;* vorantreiben подв|игать ⟨-инуть 4⟩; *Bergb* добывать ⟨добыть*⟩ | die Initiative ~ поддерживать ⟨-держать 3⁺⟩ инициативу; j-n ~ поощр|ять ⟨-ить 3⟩ [продв|игать ⟨-инуть⟩] кого-н.; etw. zu Tage ~ *übertr* раскрывать ⟨-|крыть*⟩ что-н.
Förder|schacht *m Bergb* подъёмный шахтный ствол 2e; **~strecke** *f Bergb* откаточный штрек; **~turm** *m Bergb* надшахтный копёр
Forderung *f* требование 5 (nach *G*); *Fin* Schuld~ долговое обязательство 2; ~en *Pl, Jur, Wirtsch* претензии *Pl* 8 | an j-m ~en stellen предъяв|лять ⟨-ить 3⁺ -лю⟩ требования кому-н.; das entspricht nicht den ~en это не отвечает требованиям; eine ~ an j-n haben иметь претензию к кому-н.
Förderung *f* Hilfe, Unterstützung содействие 5 *D*, поощрение 5 *G*; der Kader продвижение 5 *G; Bergb* Leistung добыча 6 | die ~ der Jugend выдвижение 5 молодёжи
Forelle *f* форель 9
Form *f* Gestalt, Umriß; Hut~, Druck~, Guß~ форма 6 *a. Gramm;* Umgangs~ формы обращения, правила *Pl* 4 приличия | in ~ von etw. в виде чего-н.; der ~ nach по форме; der ~ wegen ради [для] проформы; etw. in die richtige ~ bringen при|давать* ⟨придать*⟩ чему-н. правильную форму; in (guter) ~ sein быть в форме; er ist nicht in ~ он не в форме; aus der ~ kommen терять (по-) форму
formal формал|ьный, -ен, -ьна
Formalismus *m* формализм 2
formalistisch формалистический
Formalität *f* формальность 9
Format *n* формат *a. Buchw* 2, размер 2 | ein Künstler von internationalem ~ художник международного масштаба; eine Persönlichkeit von ~ крупная [незаурядная] личность 9; der Mann hat kein ~ он человек заурядный [без размаха]
Formation *f* формация 8; *Mil* формирование 5; *Geol* период 2
Form|blatt *n* бланк 2; Fragebogen анкетный лист; **~eisen** *n* фасонное железо
Formel *f Math, Chem* формула 6 | etw. auf eine einfache ~ bringen с|вести* *v* что-н. к простой формуле
formell формал|ьный, -ен, -ьна
formen *tr* при|давать* ⟨придать*⟩ форму *D; Tech* формовать 2 (с-); modellieren леп|ить 3⁺ -лю (с-); *übertr* формировать 2 (с-); sich ~ *refl* формироваться (с-)

Formenlehre *f Gramm* морфоло́гия 8
Former *m* формо́вщик 2; **~ei** *f* Werkstatt формо́вочный цех 2¡ *a.* в цеху́ˌ *Pl. a.* -а́ 2b
Form|gebung *f* прида́ние 5 фо́рмы, формообразова́ние 5; **~gestalter** *m:* industrieller ≈ худо́жник-оформи́тель 2-1, диза́йнер 2; **~gestaltung** *f* формообразова́ние 5 | industrielle ≈ диза́йн 2, промы́шленная эсте́тика [тэ] 6
formieren *tr* формирова́ть 2 (с-) *a. Mil;* sich ~ *refl* формирова́ться (с-); sich in Reih und Glied aufstellen выстра́иваться ⟨вы́строиться 3⟩
Formierung *f* формирова́ние 5
förmlich 1. *Adj* Skandal, Auflauf фо́рменный, настоя́щий 11; Zeremonie, Besuch официа́л|ьный, -енˌ -ьна **2.** *Adv* соверше́нно; geradezu пря́мо-таки | man könnte ~ verzweifeln мо́жноˌ действи́тельноˌ [мо́жно бы́ло буква́льно] прийти́ в отча́яние
Förmlichkeit *f* форма́льность 9; официа́льность 9
formlos бесфо́рмен:ный, -на; sehr zwanglos без церемо́ний
Formsache *f:* das ist nur eine ~ э́то то́лько [чи́стая] форма́льность
formschön краси́вой фо́рмы
Formschönheit *f* красота́ фо́рмы
Formular *n* формуля́р 2, бланк 2
formulieren *tr* формули́ровать *uv, v* 2 ⟨*a.* с-⟩
Formulierung *f* Formulieren формули́рование 5; sprachl. Fassung формулиро́вка 6
formvollendet соверше́нный [зако́нченный] по фо́рме
forsch молодцева́т:ый, бо́|йкий, -екˌ -йка́!¡ бо́йче; verwegen у́харский
forschen *intr Wiss* вести́* иссле́дования, иссле́довать *uv, v* 2 (nach *A*) | nach der Wahrheit ~ иска́ть* и́стину; nach den Ursachen eines Unglücks ~ рассле́довать *uv, v* 2 [иска́ть] причи́ны несча́стного слу́чая; **~d** испыту́ющий 11; neugierig пытли́в:ый
Forscher *m* иссле́дователь 1; **~in** *f* иссле́довательница 6
Forschung *f* иссле́дование 5 | wissenschaftliche ~en нау́чные иссле́дования
Forschungs|arbeit *f* иссле́довательская рабо́та [де́ятельность 9]; **~auftrag** *m* нау́чно-иссле́довательское зада́ние; **~ergebnisse** *n Pl* да́нные *Subst Pl* 10 [результа́ты] иссле́дований; **~institut** *n* нау́чно-иссле́довательский институ́т; **~laboratorium** *n* нау́чно-иссле́довательская лаборато́рия; **~programm** *n* програ́мма иссле́довательских рабо́т; **~reaktor** *m* эксперимента́льный (я́дерный) реа́ктор; **~reise** *f* нау́чная экспеди́ция 8 [командиро́вка 6]; **~schiff** *n* (гидрографи́ческое) иссле́довательское су́дно
Forst *m* лес 2b¡ в лесу́ *Pl* -а́
Förster *m* лесни́чий *Subst* 11; **~ei** *f* Forstamt лесни́чество 4
Forst|facharbeiter *m* квалифици́рованный рабо́чий-лесово́д *Subst* 11-2; **~frevel** *m* самово́льная пору́бка 6 ле́са; **~haus** *n* дом [уса́|дьба 6 *G Pl* -деб *u.* -дьб] лесни́чего; **~meister** *m* гла́вный лесни́чий *Subst* 11; **~revier** *n* лесоуча́ст|окˌ -ка 2; **~schule** *f* лесно́е учи́лище; **~wesen** *n* лесно́е де́ло; **~wirtschaft** *f* лесно́е хозя́йство
forstwirtschaftlich лесохозя́йственный
Forstwissenschaft *f* лесово́дство 4
Forsythie *f* форзи́ция 8
fort *Adv* weg прочь; hinaus вон | ~ (mit dir)! прочь!, пошёл вон!, убира́йся!; ~ damit! убери́(те) э́то!; ich muß ~ я до́лжен уйти́ [уе́хать]; sie sind ~ они́ ушли́ [уе́хали]; die Uhr ist ~ часы́ пропа́ли [исче́зли]; der Zug war schon ~ по́езд уже́ отошёл [ушёл]; wie lange war er ~? ско́лько вре́мени его́ не́ было?; in einem ~ беспреста́нно, беспреры́вно; und so ~ (*Abk* usf.) и так да́лее (*Abk* и. т. д.)
Fort *n* форт 2
Fortbestand *m* дальне́йшее существова́ние 11-5
fort|bestehen *intr* продолжа́ть существова́ть; **~bewegen** *tr* сдвига́ть ⟨сдви́нуть 4⟩ с ме́ста; anderswohin rücken передв|ига́ть ⟨-и́нуть⟩; sich ≈ *refl* дви́|гаться ⟨-нуться⟩ вперёд [да́льше]; örtlich передв|ига́ться ⟨-и́нуться⟩
Fortbewegung *f* поступа́тельное движе́ние; Ortsveränderung передвиже́ние 5
Fortbewegungs|art *f* спо́соб передвиже́ния; **~mittel** *n* сре́дство передвиже́ния
fortbilden, sich *refl* повыша́ть ⟨-вы́сить 3 -вы́шу⟩ (своё) образова́ние [свою́ квалифика́цию]
Fortbildung *f* повыше́ние 5 квалифика́ции | fachliche ~ повыше́ние квалифика́ции по профе́ссии [по специа́льности]
Fortbildungskurse *m Pl* ку́рсы *Pl* 2 повыше́ния квалифика́ции
fort|bleiben *intr* (бо́льше) не явля́ться ⟨яв|и́ться 3⁺ -лю́сь⟩ | ich bleibe nicht lange fort я не надо́лго; **~bringen** *tr* tragend уноси́ть 3⁺ -ношу́ ⟨-|нести́*⟩; fahrend увози́ть 3⁺ -вожу́ ⟨-|везти́*⟩; führend уводи́ть 3⁺ -вожу́ ⟨-|вести́*⟩; Pflanzen, Tiere выра́щивать ⟨вы́ра|стить 3 -щу⟩ | er war von dem Schaufenster nicht fortzubringen его́ нельзя́ бы́ло оторва́ть от витри́ны
Fortdauer *f* продолже́ние 5 (существова́ния)

fortdauern *intr* продолжáться ⟨-дóлжиться 3⟩; **~d** непрерыв|ный, -ен, постоянный

fort|dürfen *intr:* wir dürfen nicht fort нам нельзя уходить [отлучáться]; **~eilen** *intr* поспéшно удал|яться ⟨-иться 3⟩; **~entwickeln, sich** *refl* развивáться ⟨-|вúться*, -овьётся⟩ дáльше; **~fahren** *tr* Waren увозúть 3⁺ -вожý ⟨-|везтú*⟩; fortsetzen продолжáть z. B. Gespräch | sie fuhr fort zu weinen онá продолжáла плáкать

fort|fallen *intr* отпадáть ⟨-|пáсть*⟩; aufgehoben werden быть отменённым; **~fliegen** *intr* уле|тáть ⟨-тéть 3 -чý⟩; **~führen** *tr* Person уводúть 3⁺ -вожý ⟨-|вестú*⟩; fortsetzen прод|олжáть ⟨-óлжить 3⟩ | fortgeführt werden прод|олжáться ⟨-óлжиться⟩

Fort|führung *f* продолжéние 5; **~gang** *m* Weggang ухóд 2; Fortsetzung дальнéйший 11 ход | seinen ≈ nehmen продолжáться ⟨-дóлжиться 3⟩

fort|gehen *intr* уходúть 3⁺ -хожý ⟨-|йтú*⟩; weitergehen продолжáться | beim Fortgehen уходя́; **~geschritten** Schüler успевáющий 11, продвúнутый; Alter зрéл:ый, -á!; Stadium развúт:ый, -á!

Fortgeschritten|er *m* успевáющий *Subst* 11; продвúнутый *Subst* 10, имéющий *Subst* 11 ужé нéкоторые знáния | ein Kursus für ~e курс для продвúнутых

fort|jagen *tr* прогоня́ть ⟨-|гнáть*⟩; entlassen выгоня́ть ⟨вы́гнать⟩; *intr* умчáться *v* 3; **~kommen** *intr* verschwinden исчезáть ⟨-чéзнуть 4a⟩; Erfolg haben преусп|евáть ⟨-éть⟩ | mach daß du fortkommst! убирáйся отсю́да!; wir müssen sehen, daß wir hier (schnellstens) ≈ нам нáдо отсю́да (поскорéе) убрáться

Fortkommen *n* im Beruf преуспевáние 5; Lebensunterhalt срéдства 4 к жúзни, пропитáние 5 | er hat sein gutes ~ он вполнé обеспéчен

fort|lassen *tr* отпу|скáть ⟨-стúть 3⁺ -щý⟩ *A*, давáть* ⟨дать*⟩ возмóжность уйтú *D;* auslassen пропу|скáть ⟨-стúть⟩; **~laufen** *intr* убегáть ⟨-|бежáть*⟩; ausreißen сбегáть ⟨-бежáть⟩; **~laufend 1.** *Adj* непреры́в|ный, -ен | ≈e Nummern номерá по поря́дку **2.** *Adv* по поря́дку | ≈ numeriert пронумерóвано подря́д; **~leben** *intr* продолжáть жить | sein Name wird durch die Jahrhunderte ≈ úмя егó переживёт векá; ein Fortleben nach dem Tode загрóбная жизнь; **~müssen** *intr:* ich muß jetzt fort тепéрь мне нýжно идтú [уйтú], тепéрь я дóлжен идтú [уйтú]; er mußte früh fort он дóлжен был рáно уйтú; der Brief muß noch heute fort письмó должнó быть ещё сегóдня отпрáвлено; **~pflanzen, sich** *refl* Tiere, Pflanzen размн|ожáться ⟨-óжиться 3⟩; *Phys* распростран|я́ться ⟨-úться 3⟩; sich vererben пере|давáться* ⟨передáться*, передалúсь⟩ по наслéдству

Fortpflanzung *f* размножéние 5; *Phys* распространéние 5

Fortpflanzungs|fähigkeit *f* спосóбность к размножéнию; **~organe** *n Pl* óрганы размножéния; **~trieb** *m* инстúнкт размножéния

fort|reißen *tr* ent-, wegreißen вырывáть ⟨вы́|рвать*⟩ (j-m etw. что-н. у когó-н.); Flut сносúть 3⁺ -ношý ⟨-|нестú*⟩; mitreißen увлекáть ⟨-|влéчь*⟩ | mit sich ≈ увлекáть за собóй; das Wasser reißt die Brücken mit fort водá снóсит мосты́; sich ≈ lassen durch etw. увлекáться ⟨увлéчься⟩ чем-н.; **~schaffen** *tr* tragend уносúть 3⁺ -ношý ⟨-|нестú*⟩; fahrend увозúть 3⁺ -вожý ⟨-|везтú*⟩; wegräumen убирáть ⟨-|брáть*⟩; **~schicken** *tr* Person отпр|авля́ть ⟨-áвить 3 -áвлю⟩, отсылáть ⟨ото|слáть*, отóсланный⟩ прочь; Brief u. ä. отпр|авля́ть ⟨-áвить⟩; **~schieben** *tr* отодв|игáть ⟨-úнуть 4⟩; **~schleichen, sich** *refl* незамéтно [укрáдкой] уходúть 3⁺ -хожý ⟨-|йтú*⟩; **~schleppen** *tr* утáскивать ⟨утащúть 3⁺⟩; sich ≈ *refl* (насúлу) тащúться [идтú] | j-n mit sich ≈ тащúть когó-н. с собóй; **~schreiten** *intr* продв|игáться ⟨-úнуться 4⟩; Krankheit прогрессúровать 2

Fortschritt *m* gesellschaftlich прогрéсс 2 *a. Wiss, Tech;* Erfolg успéх 2 | ~e machen дéлать (с-) успéхи, преусп|евáть ⟨-éть⟩ | das ist ein ~ gegenüber früher э́то прогрéсс [шаг вперёд] по сравнéнию с прóшлым

fortschrittlich прогрессúв|ный, -ен, передовóй

fortschrittsfeindlich враждéбный прогрéссу

fort|schwemmen *tr* смывáть ⟨-|мыть*⟩, сносúть 3⁺ -ношý ⟨-|нестú*⟩; **~setzen** *tr* продолжáть

Fortsetzung *f* продолжéние 5 | ~ folgt продолжéние слéдует

Fortsetzungsroman *m* ромáн с продолжéнием

fort|stehlen, sich *refl* уходúть 3⁺ -хожý ⟨-|йтú*⟩ тайкóм [незамéтно]; **~tragen** *tr* уносúть 3⁺ -ношý ⟨-|нестú*⟩; **~treiben** *tr* прогоня́ть ⟨-|гнáть*⟩; Kahn, Balken угоня́ть ⟨-гнáть⟩ | das Boot wurde vom Ufer fortgetrieben лóдку угнáло [унеслó] от бéрега

fortwährend постоя́нный

Forum *n* фóрум 2, публúчная [общéственная] дискýссия 8 | das ~ der Öffentlichkeit общéственность

fossil окаменéлый; ausgegraben ископáемый

Fossil *n* ископáемое *Subst* 10

Foto *n* фо́то *n idkl umg;* **~album** *n* фотоальбо́м 2; **~amateur** *m* фотолюби́тель 1; **~apparat** *m* фотоаппара́т 2; **~atelier** *n* фотоателье́ [тэ] *n idkl;* **~ausstellung** *f* фотовы́ставка 6
fotogen фотогени́ч|ный, -ен
Fotogeschäft *n* магази́н фототова́ров; Aufschrift фототова́ры *Pl* 2
Fotograf *m* фото́граф 2; **~ie** *f* Verfahren фотогра́фия 8; Bild фотогра́фия, (фото)сни́м|ок, -ка 2, фотока́рточка 6 *umg*
fotograf|ieren *tr. u. intr* фотографи́ровать 2 (с-); *umg* снима́ть ⟨снять*⟩; sich ≈ lassen фотографи́роваться (с-); *umg* снима́ться ⟨сня́ться, сняли́сь⟩; **~isch** фотографи́ческий
Fotokopie *f* фотоко́пия 8 (von *G oder* с *G*)
foto|kopieren *tr* де́лать (с-) фотоко́пию (с) чего́-н.; **~mechanisch** фотомехани́ческий
Foto|labor *n* фотолаборато́рия 8; **~meter** *n* фото́метр 2; **~modell** *n* нату́рщик 2; Frau нату́рщица 6; **~montage** *f* фотомонта́ж 2e *G Pl* -е́й; **~papier** *n* фотобума́га 6; **~platte** *f* фотопласти́нка 6; **~reportage** *f* фоторепорта́ж 2e *G Pl* -ей; **~reporter** *m* фоторепортёр 2; **~zelle** *f* фотоэлеме́нт 2; **~zirkel** *m* фотокруж|о́к, -ка́ 2
Foul *n Sport* наруше́ние 5 (пра́вил игры́); **~spiel** *n* гру́бая [некорре́ктная] игра́, игра́ с наруше́нием пра́вил
foulen *tr, intr* наруша́ть ⟨-ру́шить 3⟩ пра́вила (игры́) | j-n ~ атакова́ть *uv, v* 2 кого́-н. не по пра́вилам
Foxterrier *m* фокстерье́р [тэ] 2
Foxtrott *m* фокстро́т 2
Foyer *n* фойе́ *n idkl* | ins ~, im ~ в фойе́
Fracht *f* груз 2; *Mar* фрахт 2; Gebühr пла́та 6 за прово́з, фрахт | ~ führen име́ть груз; **~brief** *m* накладна́я *Subst* 10; *Mar* коносаме́нт 2; **~er** *m* грузово́е су́дно 4 *Pl* суда́ 2b; **~geld** *n* пла́та 6 за перево́зку гру́зов, фрахт 2; **~gut** *n* груз 2, фрахт 2; *Eisenb* груз ма́лой ско́рости | als ≈ ма́лой ско́ростью; **~kosten** *Pl* издéржки по перево́зке; **~raum** *m* Schiff грузово́е помеще́ние; *Flugw* грузово́й отсе́к 2; **~schiff** грузово́е су́дно; **~verkehr** *m* перево́зки *Pl* 6, грузооборо́т 2
Frack *m* фрак 2; **~weste** *f* фра́чный жиле́т
Frage *f* вопро́с 2 | an j-n eine ~ richten обра|ща́ться ⟨-ти́ться 3 -щу́сь⟩ к кому́-н. с вопро́сом; j-m eine ~ stellen ста́вить (по-) кому́-н. вопро́с; ich habe eine ~ an Sie у меня́ к вам вопро́с; einer ~ ausweichen уклон|я́ться ⟨-и́ться 3⁺⟩ от вопро́са; etw. in ~ stellen ста́вить (по-) что-н. под вопро́с; das kommt nicht in ~ об э́том не мо́жет быть и ре́чи; das steht außer ~ э́то вне вся́кого сомне́ния; **~bogen** *m* анке́та 6, опро́сный лист
fragen *tr* спра́шивать ⟨спро|си́ть 3⁺ -шу́⟩ (j-n nach etw. кого́-н. о чём-н., wegen насчёт *G*, о *P*) | nach etw. ~ nach dem Weg, nach der Zeit спра́шивать ⟨спроси́ть⟩ что-н.; nach dem Professor ~ спра́шивать профе́ссора; ohne zu ~ без спро́са, без спро́су, не спра́шивая; j-n um Rat ~ спра́шивать у кого́-н. сове́та; es fragt sich (noch) … (ещё) вопро́с …, спра́шивается …; man fragt sich, woher das kommt спра́шивается, отку́да э́то берётся [взяло́сь]; **~d** вопроси́тельный | j-n ≈ ansehen смотре́ть (по-) на кого́-н. вопроша́юще
Fragenkomplex *m* ко́мплекс вопро́сов
Frage|pronomen *n* вопроси́тельное местоиме́ние; **~satz** *m* вопроси́тельное предложе́ние; **~steller** *m* спра́шивающий *Subst* 11; **~stellung** *f* постано́вка 6 вопро́са; **~-und-Antwort-Spiel** *n* виктори́на 6; **~zeichen** *n* вопроси́тельный знак
fraglich: es scheint ~ представля́ется сомни́тельным; es ist noch ~ ещё неизве́стно; die ~e Person лиц|о́, о кото́ром идёт речь
fraglos *Adv* бесспо́рно, несомне́нно
Fragment *n* фрагме́нт 2; *Lit* отры́в|ок, -ка 2
fragmentarisch **1.** *Adj* фрагмента́р|ный, -ен **2.** *Adv* в отры́вках
fragwürdig сомни́тел|ьный, -ен, -ьна
Fraktion *f* фра́кция 8
Fraktions|bildung *f* образова́ние фра́кций; **|sitzung** *f* совеща́ние фра́кции
Fraktur *f Med* перело́м 2 (ко́сти); *Typ* фракту́ра 6
Franc *m* Währung франк 2
frank *Adv:* etw. ~ und frei aussprechen напрями́к [без обиняко́в] сказа́ть что-н.
Frankfurt: ~ am Main Фра́нкфурт 2-на-Ма́йне; ~ an der Oder Фра́нкфурт-на-О́дере
frankieren *tr* франки́ровать 2, накле́|ивать ⟨-ить 3⟩ ма́рку на *A*
franko *Adv Wirtsch* фра́нко
Frankreich Фра́нция 8
Franse *f* бахрома́ 6; ~n *Pl* an abgetragenen Kleidungsstücken махры́ *Pl* 2e
fransig бахро́мчатый, обтрёпанный
Franzbranntwein *m* нашаты́рный спирт 2
Fran|zose *m* францу́з 2; *Tech* францу́зский ключ 2e *G Pl* -е́й; **~zösin** *f* францу́женка 6
französisch **1.** *Adj* францу́зский **2.** *Adv* по-францу́зски
frappieren *tr* пора|жа́ть ⟨-зи́ть 3 -жу́⟩; **~d** порази́тел|ьный, -ен, -ьна
Fräse *f Landw* фре́за 6
fräsen *tr* фрезерова́ть 2 (от-)

Fräser *m* Maschinenteil фре́за 6, фре́зер 2; Arbeiter фрезеро́вщик 2

Fräsmaschine *f Tech* фре́зерный стан|о́к$_{|}$ -ка́ 2

Fraß *m* Futter корм 2; schlechtes Essen жратва́ 6

Fraternisierung *f* брата́ние 5

Fratze *f* ро́жа 6 | ~n schneiden ко́рчить 3 ро́жи

Frau *f* же́нщина 6; Ehe~ жена́ 6c *Pl* жёны; Anrede: Sowjetbürgerin това́рищ; offiziell гражда́нка; Deutsche фра́у; Ausländerin allg. госпожа́ | junge ~ Neuvermählte молода́я *Subst* 10; alte ~ ста́рая же́нщина, стару́ха 6, zärtlich стару́шка 6; sich eine ~ nehmen брать* ⟨взять*⟩ (себе́) жену́, жени́ться 3⁺; er hat keine ~ у него́ нет жены́, он не жена́т; Ihre ~ Gemahlin ва́ша супру́га; die ~ Herrin des Hauses хозя́йка (до́ма); liebe ~ Schwarz! дорога́я това́рищ [госпожа́, фра́у] Шварц!; ~ Professor! това́рищ [госпожа́] профе́ссор!

Frauen|arbeit *f* же́нский труд; im Haushalt же́нская рабо́та; **~arzt** *m*, **~ärztin** *f* врач-гинеко́лог 2e *G Pl* -е́й-2; **~ausschuß** *m* же́нский сове́т 2 [комите́т]; **~bewegung** *f* же́нское движе́ние; **~brigade** *f* же́нская брига́да; **~bund** *m*: Demokratischer ≈ Deutschlands Демократи́ческий сою́з же́нщин Герма́нии; **~delegation** *f* делега́ция же́нщин; **~doppel** *n* Tennis же́нский па́рный разря́д 2; **~föderation** *f*: Internationale Demokratische ≈ (*Abk* IDFF) Междунаро́дная демократи́ческая федера́ция же́нщин (*Abk* МДФЖ); **~förderung** *f* поощре́ние же́нщин; **~frage** *f* же́нский вопро́с

frauenhaft 1. *Adj* же́нствен:ный$_{|}$ -на **2.** *Adv* по-же́нски

Frauen|heilkunde *f* гинеколо́гия 6; **~klinik** *f* гинекологи́ческая кли́ника; **~krankheit** *f*, **~leiden** *n* же́нская боле́знь; **~mannschaft** *f Sport* же́нская кома́нда; **~mantel** *m Bot* манже́тка 6; **~roman** *m* рома́н о же́нщине; **~sport** *m* же́нский спорт, спорт для же́нщин; **~station** *f* Krankenhaus же́нское отделе́ние; **~stimmrecht** *n* пра́во же́нщин на голосова́ние; **~tag** *m*: Internationaler ≈ Междунаро́дный же́нский день; **~zimmer** *n* ба́ба 6 | ein liederliches ≈ неря́шливая же́нщина 6

Fräulein *n* де́вушка 6 a. Anrede für Verkäuferinnen, Kellnerinnen u. a.; Anrede: Sowjetbürgerin това́рищ; offiziell гражда́нка; Deutsche фре́йлейн; Ausländerin allg госпожа́ | liebes ~ Müller! дорога́я това́рищ [госпожа́, фре́йлейн] Мю́ллер!; Ihr ~ Tochter ва́ша дочь

fraulich же́нствен:ный$_{|}$ -на

frech де́рз|кий$_{|}$ -ок$_{|}$ -ка́!; unverschämt на́гл:ый$_{|}$ -а́! | sich ~ benehmen де́рзко [на́гло] вести́ себя́; ~ sein zu j-m быть де́рзким с кем-н.; ~er Kerl нагле́ц 2e

Frech|dachs *m* наха́л 2; **~heit** *f* де́рзость 9; Unverschämtheit на́глость 9 | eine bodenlose ≈ безграни́чное наха́льство; **~ling** *m* наха́л 2

Fregatte *f Mar* фрега́т 2

Fregattenkapitän *m* капита́н второ́го ра́нга

frei 1. *Adj* unabhängig; ohne Behinderung свобо́д|ный$_{|}$ -ен (von от *G*); unbedeckt, offen откры́тый; nicht besetzt свобо́дный, неза́нятый; Stelle im Betrieb вака́нт|ный$_{|}$ -ен; ohne Entgelt бесплат|ный$_{|}$ -ен; allzu frei, dreist развя́з|ный$_{|}$ -ен | Freie Deutsche Jugend (*Abk* FDJ) Сою́з 2 свобо́дной неме́цкой молодёжи (*Abk* СНМ); Feier Deutscher Gewerkschaftsbund (*Abk* FDGB) Объедине́ние 5 свобо́дных неме́цких профсою́зов (*Abk* ОСНП); ~er Eintritt вход свобо́дный; ~er Zutritt свобо́дный до́ступ; ~e [unbesetzte] Stelle im Betrieb вака́нсия 8; ~e Übersetzung во́льный перево́д; ~er Mitarbeiter внешта́тный сотру́дник; ~e Verse бе́лые [во́льные] стихи́; ~ praktizierender Arzt врач с ча́стной пра́ктикой; ~e Stadt во́льный го́род; ~er Platz откры́тое ме́сто; im Freien на откры́том [све́жем] во́здухе, на дворе́; ~er Verkauf свобо́дная прода́жа; auf ~er Strecke *Eisenb* на перего́не; ein ~er Tag выходно́й день; ~ stehen allein стоя́ть обосо́бленно; ~ werden станови́ться ⟨стать⟩ свобо́дным; wir haben heute ~ in der Schule у нас сего́дня нет заня́тий, von der Arbeit сего́дня мы свобо́дны [не рабо́таем]; einen Platz für j-n ~ machen освобо|жда́ть ⟨-ди́ть 3 -жу́⟩ для кого́-н. ме́сто; ich kann mich für morgen (vom Dienst) ~ machen я могу́ на за́втра освободи́ться (от рабо́ты [от слу́жбы]); sich ~ machen beim Arzt раздева́ться ⟨-|де́ться*⟩; j-m ~e Hand lassen предост|авля́ть ⟨-а́вить 3 -а́влю⟩ кому́-н. свобо́ду де́йствий; aus ~en Stücken etw. tun де́лать (с-) что-н. по со́бственной инициати́ве [доброво́льно]; ~ von Sorgen без забо́т, беззабо́т|ный$_{|}$ -ен; ~ von Vorurteilen свобо́дный от предрассу́дков **2.** *Adv* свобо́дно | ~ sprechen говори́ть свобо́дно [без конспе́кта]; du benimmst dich ein wenig zu ~ ты ведёшь себя́ не́сколько развя́зно; ~ und offen etw. sagen говори́ть ⟨сказа́ть⟩ соверше́нно открове́нно

Freibad *n* (обще́ственный) пляж 2 *G Pl* -ей; künstliches откры́тый (пла́вательный) бассе́йн 2, откры́тая ку-

пáл|ьня 7 *G Pl* -ен; ~**bank** *f* мяснáя *Subst* 10, торгýющая 11 несортовы́м мя́сом
freibekommen *intr* освобо|ждáться ⟨-ди́ться 3 -жýсь⟩ | einen Tag ~ получ|áть ⟨-и́ть 3⁺⟩ свобóдный день; wir haben eine Stunde ~ нас освободи́ли [отпусти́ли] на час
freiberuflich на гонорáрной оснóве | ~ Tätiger человéк 2 *Pl* лю́ди свобóдной профéссии
Frei|brief *m hist* грáмота 6 о предоставлéнии каки́х-н. прав | j-m einen ≈ ausstellen предоставля́ть ⟨-áвить 3 -áвлю⟩ комý-н. пóлную свобóду дéйствий; ~**denker** *m* вольнодýм|ец, -ца 2
freien *intr* свáтаться (по-) (um к *D*)
Freier *m* жени́х 2е
Freiersfüße *m Pl:* auf ~n gehen искáть* себé невéсту
Frei|exemplar *n* áвторский [бесплáтный] экземпля́р; ~**fahrt** *f* бесплáтный проéзд; ~**fahrtschein** *m Eisenb* бесплáтный билéт 2, ли́тер 2 *umg;* ~**gabe** *f* освобождéние 5; v. Ware разрешéние 5 на продáжу [на вы́дачу]; Aufhebung v. Beschlagnahme сня́тие 5 арéста (von с *G*)
freigeb|en *tr* entlassen освобо|ждáть ⟨-ди́ть 3 -жý; -ждённый⟩; Verbot aufheben снимáть ⟨снять*⟩ запрéт; Vermögen, Buch отмен|я́ть ⟨-и́ть 3⁺; -ённый⟩ конфискáцию | für den Verkehr ≈ открывáть ⟨-|кры́ть⟩ для движéния; den Weg ≈ давáть ⟨дать*⟩ дорóгу; das Theaterstück wurde freigegeben пьéса былá разрешенá [допýщена к постанóвке]; sich einen Tag ≈ lassen освободи́ться *v* 3 нá день; ~**ig** щéдр:ый, -á! (mit на *A*) | wieso bist du so ≈? что э́то ты так расщéдрился?
Frei|gebigkeit *f* щéдрость 9; ~**gehege** *n* откры́тый вольéр 2; ~**gelände** *n* Ausstellung террито́рия (вы́ставки) под откры́тым нéбом, откры́тые площáдки *Pl* 6; ~**gepäck** *n* багáж, провози́мый бесплáтно; ~**gut** *n* товáр, не подлежáщий 11 обложéнию (пóшлиной)
freihaben *intr* быть* свобóдным от *G* | er hat heute frei сегóдня у негó свобóдный день; sie hat noch fünf Tage frei у неё ещё пять дней свобóдных; die Kinder haben heute frei у детéй сегóдня нет заня́тий
Freihafen *m* вóльная гáвань
freihalten *tr* пла|ти́ть 3⁺ -чý (за-) за *A*
Frei|handbibliothek *f* библиотéка со свобóдным дóступом к пóлкам; ~**handel** *m* свобóдная торгóвля; ~**handelszone** *f* зóна свобóдной торгóвли
freihändig: ~ schießen стреля́ть с руки́ [без упóра]; ~ zeichnen рисовáть (на-) от руки́; ~ radfahren éхать на велосипéде без рук
Freiheit *f* свобóда 6 | dichterische ~ поэти́ческая вóльность 9; j-m die volle ~ lassen давáть* ⟨дать*⟩ комý-н. пóлную свобóду, j-n der ~ berauben лиш|áть ⟨-и́ть 3⟩ когó-н. свобóды; in ~ setzen Person отпускáть ⟨отпусти́ть 3⁺ -щý⟩ на свобóду, Tier выпускáть ⟨вы́пу|стить 3 -щу⟩ на вóлю; du erlaubst dir zu viele ~en ты позволя́ешь себé сли́шком мнóго (вóльностей); in ~ von Tieren на вóле
freiheitlich свобóдный; Bestreben свободолюби́в:ый
Freiheits|beraubung *f* (незакóнное) лишéние 5 свобóды; ~**drang** *m* стремлéние к свобóде; ~**entzug** *m* лишéние 5 свобóды; ~**kampf** *m* борьбá за свобóду | der ≈ gegen j-n борьбá за освобождéние от когó-н.; ~**kämpfer** *m* борéц за свобóду
freiheitsliebend свободолюби́в:ый
Freiheitsstrafe *f* наказáние, свя́занное с лишéнием свобóды | eine ~ über j-n verhängen прису|ждáть ⟨-ди́ть 3⁺ -жý⟩ когó-н. к лишéнию свобóды
freiheraus *Adv* без стеснéния, напрями́к
Frei|herr *m* барóн 2; ~**karte** *f* бесплáтный билéт 2
freikommen *intr* выхо|ди́ть 3⁺ -жý ⟨вы́|йти*⟩ на свобóду [на вóлю]
Frei|körperkultur *f* купáние 5 в обнажённом ви́де; ~**landkultur** *f* культýра откры́того грýнта
freilassen *tr* выпускáть ⟨вы́пу|стить -щу⟩ на свобóду; aus der Haft освобо|ждáть ⟨-ди́ть 3 -жý; -ждённый⟩ из заключéния
Frei|lassung *f* освобождéние 5 (из заключéния); ~**lauf** *m Tech* свобóдный ход
freilegen *tr* обнаж|áть ⟨-и́ть 3⟩; ausgraben раскáпывать ⟨-копáть⟩; alte Fresken освобо|ждáть ⟨-ди́ть 3 -жý; -ждённый⟩ от поздне́йших наслоéний
Freileitung *f* воздýшная ли́ния 8 электропередáчи
freilich *Adv* selbstverständlich конéчно [шн]; aber однáко; zwar прáвда | ~! ещё бы!; das ist ~ eine dumme Sache э́то, однáко, глýпая истóрия
Freilicht|bühne *f* откры́тая сцéна; Naturtheater лéтний 11 [откры́тый] теáтр 2, теáтр под откры́тым нéбом; ~**kino** *n* откры́тый кинотеáтр 2, кинó под откры́тым нéбом; ~**museum** *n* музéй на откры́том вóздухе
freimachen *tr:* einen Brief ~ оплáчивать ⟨опла|ти́ть 3⁺ -чý⟩ письмó почтóвым сбóром
Freimaurer *m* масóн 2; ~**loge** *f* масóнская лóжа
Freimut *m* откровéнность 9
freimütig откровéн|ный, -ен, -на

freischaffend: ~e Intelligenz представи́тели *Pl* 1 свобо́дных профе́ссий; ~er Künstler свобо́дный худо́жник
Freischlag *m* Hockey свобо́дный уда́р
freischwimmen, sich *refl* сдава́ть ⟨-|дать*⟩ но́рмы по пла́ванию
Freischwimmerprüfung *f* сда́ча 6 норм по пла́ванию
Freisinn *m* свободомы́слие 5
freisinnig свободомы́слящий 11
freisprechen *tr Jur* опра́вдывать ⟨оправда́ть⟩ | j-n von aller Schuld ~ при|знава́ть* ⟨-зна́ть⟩ кого́-н. соверше́нно невино́вным; man muß ihn davon ~ в э́том его́ нельзя́ обвини́ть
Freispruch *m Jur* оправда́тельный пригово́р 2; Freisprechung оправда́ние 5
freistehen *itr:* es steht Ihnen frei zu bleiben вы мо́жете оста́ться; es steht ihm frei zu handeln, wie er will он во́лен поступа́ть, как хо́чет; **~d** unbesetzt неза́нят:ый, пусту́ющий 11
Freistelle *f* беспла́тное ме́сто | eine ~ haben по́льзоваться 2 пра́вом беспла́тного обуче́ния
freistellen *tr* j-m etw. предост|авля́ть ⟨-а́вить 3 -а́влю⟩ (zur Wahl вы́бор); j-n освобо|жда́ть ⟨-ди́ть 3 -жу́; -ждённый⟩ (von от *G*)
Freistellung *f* освобожде́ние 5 (von от *G*)
Freistil|ringen *n* во́льная борьба́; **~schwimmen** *n* пла́вание во́льным сти́лем
Frei|stoß *m* Fußball свобо́дный уда́р; **~stunde** *f* zwischen Unterrichtsstunden свобо́дный (от уро́ков) час; **~tag** *m* пя́тница 6 | am ≈ в пя́тницу
freitags *Adv* по пя́тницам
freitragend *Bauw* свободнонесу́щий 11, без промежу́точных опо́р
Frei|treppe *f* нару́жная ле́стница; **~übungen** *f Pl Sport* во́льные упражне́ния; **~umschlag** *m* конве́рт со шта́мпом почто́вой опла́ты
freiwillig доброво́л|ьный, -ен, -ьна | ~er Arbeitseinsatz суббо́тник 2; ~e Feuerwehr доброво́льная пожа́рная дружи́на
Freiwillig|er *m* доброво́л|ец, -ьца 2 | sich als ≈ melden запи́сываться ⟨-|писа́ться*⟩ в доброво́льцы; **~keit** *f* доброво́льность 9
Frei|wurf *m* Handball свобо́дный бросо́к; **~zeit** *f* свобо́дное (от рабо́ты) вре́мя | in der ≈ в свобо́дное вре́мя; **~zeitgestaltung** *f* мероприя́тия *Pl* по организа́ции и проведе́нию свобо́дного вре́мени [досу́га] | sinnvolle ≈ разу́мная организа́ция досу́га
Freizügigkeit *f* Wohnort пра́во 4b свобо́дного передвиже́ния (и повсеме́стного прожива́ния)
Freizügigkeitsverkehr *m* проведе́ние 5 прихо́до-расхо́дных опера́ций по сберкни́жкам во всех креди́тных учрежде́ниях
fremd unbekannt чужо́й; ausländisch иностра́нный; fern-, außenstehend посторо́нний 11; Ansichten, Gebräuche чу́жд:ый, -á! | ~e Länder чужи́е стра́ны [края́]; er ist mir völlig ~ мы с ним соверше́нно чужи́е лю́ди; ich bin hier ~ я незде́шний, я здесь чужо́й; in einer Stadt ganz ~ sein не знать го́рода; vor ~en Leuten при посторо́нних лю́дях; **~artig** seltsam стра́н|ный, -ен, -на́!; ungewöhnlich необы́ч|ный, -ен
Fremde *f* чужби́на 6, чужо́й кра|й 1b; в краю́ *Pl* -я́, -ёв | in der ~ на чужби́не
Fremden|führer *m* гид 2, экскурсово́д 2; **~heim** *n* пансио́н 2; **~verkehr** *m* (иностра́нный) тури́зм 2; **~zimmer** *n* ко́мната для госте́й [для прие́зжих]
Fremder *m* чужо́й *Subst* 10; Unbekannter незнако́м|ец, -ца 2; Ausländer иностра́н|ец, -ца 2; Zugereister прие́зжий *Subst* 11 | hier gibt es keine Fremden здесь нет чужи́х; in Gegenwart ~ при посторо́нних
fremdgehen *intr* име́ть на стороне́ любо́вную связь
Fremd|herrschaft *f* чужезе́мное госпо́дство 4; **~körper** *m Med* иноро́дное те́ло; *übertr* чужо́й *Subst* 10; **~sprache** *f* иностра́нный язы́к
Fremdsprachenunterricht *m* преподава́ние иностра́нных языко́в, обуче́ние иностра́нным языка́м
fremdsprach|ig (говоря́щий 11) на иностра́нном языке́ | ≈er Unterricht преподава́ние на иностра́нном языке́; ≈e Literatur литерату́ра на иностра́нных языка́х; ≈e Wörterbücher иностра́нные словари́; **~lich:** ~er Unterricht преподава́ние иностра́нных языко́в, обуче́ние иностра́нным языка́м; Verlag für ≈e Wörterbücher изда́тельство иностра́нных словаре́й
Fremd|wort *n* иностра́нное сло́во; **~wörterbuch** *n* слова́рь иностра́нных слов
Frequenz *f* частота́ 6c; **~bereich** *m* диапазо́н 2 часто́т
Fresko *n* фре́ска 6; **~malerei** *f* фре́сковая жи́вопись
fressen *tr* Tiere есть* (съ-); etwas поéсть *v*; derb жрать* (со-); *Tech* Rost разъеда́ть ⟨-е́сть⟩ | aus der Hand ~ быть* приручённым [ручны́м]; an ihm frißt der Neid его́ гло́жет за́висть
Fressen *n* Futter корм 2; *derb* жратва́ 6c | das ist ein gefundenes ~ für ihn э́то нахо́дка для него́
Freßgier *f* жа́дность к еде́
Frettchen *n* хор|ёк-альбино́с, -ька́ 2–2
Freude *f* ра́дость 9; Heiterkeit весе́лье 5;

Vergnügen удово́льствие 5 | mit ~n с ра́достью; j-m ~ machen mit etw. дост|авля́ть ⟨-а́вить 3 -а́влю⟩ кому́-н. ра́дость [удово́льствие] чем-н.; j-m die ~ verderben по́ртить (ис-) кому́-н. удово́льствие; er ist außer sich vor ~ он вне себя́ от ра́дости; es ist eine wahre ~ се́рдце ра́дуется; an etw. ~ haben ра́доваться (по-) чему́-н.

Freuden|botschaft *f* ра́достная весть; **~taumel** *m* упое́ние 5 ра́достью; **~tränen** *f Pl* слёзы ра́дости

freudestrahlend сия́ющий 11 (от ра́дости)

freudig ра́дост|ный, -ен

freudlos безра́дост|ный, -ен

freuen, sich *refl* ра́доваться 2 (об-) (an *D*, auf *D*, über *D*); *tr* ра́довать 2 (об-) | sich über etw. ~ ра́доваться (по-) чему́-н.; das freut mich э́то меня́ ра́дует, я рад э́тому; es würde mich sehr freuen … я был бы о́чень рад …; es freut mich, Sie zu sehen я рад вас ви́деть; ich freue mich auf die Ferien я с ра́достью ожида́ю кани́кул, я о́чень рад кани́кулам

Freund *m* друг 2 *Pl* друз|ья́, -е́й, -ья́м; guter Bekannter прия́тель 1; Liebhaber люби́тель 1 (von *G*) | ein ~ sein von etw. быть* люби́телем чего́-н.; ein ~ von Musik люби́тель му́зыки; sie sind dicke ~e они́ закады́чные друзья́

Freundes|kreis *m* круг друзе́й, дру́жеская компа́ния; **~land** *n* дру́жественная страна́

Freundin *f* подру́га 6; gute Bekannte прия́тельница 6

freundlich приве́тлив:ый (zu с *I*); liebenswürdig любе́з|ный, -ен (zu с *I*); Wetter, Atmosphäre прия́т|ный, -ен | ~ sein zu j-m быть приве́тливым с кем-н.; das ist sehr ~ von Ihnen! э́то о́чень любе́зно с ва́шей стороны́!; seien Sie so ~! бу́дьте так до́бры [любе́зны]!; j-n ~ aufnehmen ока́зывать ⟨-|каза́ть*⟩ раду́шный приём кому́-н.; ~es Zimmer све́тлая ко́мната; mit ~en Grüßen Brief с дру́жеским приве́том

freundlicherweise *Adv* любе́зно

Freund|lichkeit *f* приве́тливость 9; любе́зность 9; **~schaft** *f* дру́жба 6; Pionier~ (пионе́рская) дружи́на 6 | aus ≈ по дру́жбе; in ≈ дру́жно, в дру́жбе; ≈ mit j-m schließen подружи́ться *v* 3 с ке́м-н.; j-m die ≈ kündigen порыва́ть ⟨-|рва́ть*⟩ с кем-н. (дру́жбу)

freundschaftlich 1. *Adj* дру́жествен:ный, -на, дру́жеский **2.** *Adv* по-дру́жески

Freundschafts|bande *n Pl* у́зы дру́жбы; **~besuch** *m* визи́т дру́жбы; **~geschenk** *n* пода́рок в знак дру́жбы; **~dienst** *m* дру́жеская услу́га; **~spiel** *n Sport* това́рищеская встре́ча 6; **~treffen** *n* встре́ча дру́жбы; **~vertrag** *m* догово́р о дру́жбе; mit einem Betrieb, Theater догово́р о ше́фстве

Frevel *m* преступле́ние 5, злоде́яние 5

frevelhaft verbrecherisch престу́п|ный, -ен; lästernd кощу́нственный

freveln *intr* соверш|а́ть ⟨-и́ть 3⟩ преступле́ние (gegen *oder* an про́тив *G*) | gegen die Gesetze ~ наруша́ть ⟨-ру́шить 3⟩ зако́ны

Frevler *m* престу́пник 2, злоде́й 1; (Gottes-) Lästerer богоху́льник 2

Frieden *m* мир 2; Ruhe поко́й 1, споко́йствие 5 | im ~ в ми́рное вре́мя; mit j-m ~ machen мири́ться 3 (по-) с кем-н.; ~ schließen заключ|а́ть ⟨-и́ть 3⟩ мир; mit j-m in ~ leben жить в ми́ре [ми́рно, в согла́сии] с кем-н.; laß mich in ~! оста́вь меня́ в поко́е!; er traut dem ~ nicht он не доверя́ет мни́мому споко́йствию; ~ stiften zwischen j-m versöhnen мири́ть 3 (по-) кого́-н.

Friedens|abschluß *m* заключе́ние ми́рного догово́ра; **~bewegung** *f* движе́ние сторо́нников ми́ра; **~bruch** *m* наруше́ние ми́ра; **~fahrer** *m* уча́стник 2 велого́нки ми́ра; **~fahrt** *f* велого́нка 6 ми́ра; **~freund** *m* сторо́нник 2 ми́ра; **~grenze** *f* грани́ца ми́ра; **~kampf** *m* борьба́ за мир; **~kämpfer** *m* боре́ц за мир, сторо́нник 2 ми́ра; **~konferenz** *f* конфере́нция сторо́нников ми́ра; **~kräfte** *f Pl* си́лы ми́ра; **~liebe** *f* миролю́бие 5; **~politik** *f* ми́рная [миролюби́вая] поли́тика; **~preis** *m* Auszeichnung пре́мия ми́ра; **~rat** *m* сове́т ми́ра; **~schluß** *m* заключе́ние 5 ми́ра; **~stärke** *f Mil* чи́сленность 9 ми́рного вре́мени; **~stifter** *m* примири́тель 1; **~störer** *m* наруши́тель 1 ми́ра; **~taube** *f* го́лубь ми́ра; **~treffen** *n* конфере́нция 8 сторо́нников ми́ра; **~verhandlungen** *f Pl* ми́рные перегово́ры; **~vertrag** *m* ми́рный догово́р; **~vorschlag** *m* ми́рное предложе́ние; **~zeit(en)** *f Pl* ми́рное вре́мя, ми́рные времена́

friedfertig миролюби́в:ый

Friedhof *m* кла́дбище 4

friedlich ми́р|ный, -ен; ruhig споко́|йный, -ен, -йна | ~er Vergleich *Jur* мирова́я сде́лка 6; auf ~em Wege ми́рным путём

friedliebend миролюби́в:ый

frieren *intr* мёрзнуть 4a (за-), зя́бнуть 4a (о-); Wasser замерза́ть ⟨-мёрзнуть ⟩ | ich friere, es friert mich я мёрзну, я зя́бну, я озя́б; es friert mich an den Händen у меня́ мёрзнут [зя́бнут, замёрзли] ру́ки; es friert draußen на дворе́ моро́зит (моро́з); es fängt an zu ~ подмора́живает, начина́ются за́морозки

Fries *m Bauw, Text* фриз 2

Frikadelle *f* котле́та 6 ру́бленая

Frikassee *n* фрикасé [сэ] *n idkl*
frisch 1. *Adj* свéж:ий 11 -á| -ó| свéжи́; schön kühl прохлáд|ный| -ен| свéжий; rein чи́ст:ый| -á| -о| чи́сты́; munter бóдр:ый| -á| -о| бóдры́ | ~es Hemd anziehen надéть свéжую [чи́стую] рубáшку; an der ~en Luft на свéжем вóздухе; es wird ~ свежéет, станóвится прохлáдно; ~er Wind прохлáдный вéтер; auf ~er Tat ertappen поймáть с поли́чным; sich ~ machen освеж|áться ⟨-и́ться 3⟩ **2.** *Adv* свежó; eben, unlängst тóлько что | nachts ist es ~ нóчью свежó; ~ gestrichen! окрáшено!; ~ gebackenes Brot свежеиспечённый хлеб; der Schnee ist ~ gefallen снег тóлько что вы́пал
Frische *f* свéжесть 9; бóдрость 9
Frisch|fisch *m* свéжая 11 ры́ба; **~gemüse** *n* свéжие 11 óвощи
frischgewaschen Wäsche свежевы́стиранный
Frischhalte|beutel *m* мешóч|ек| -ка 2 для (хранéния) продýктов; **~packung** *f* упакóвка 6 для сохранéния свéжести продýктов
Frisch|kost *f* пи́ща из сыры́х продýктов; **~ling** *m* (одногодовáлый) кабáн 2e; **~luftzufuhr** *f* притóк 2 свéжего вóздуха; **~milch** *f* свéжее молокó
Fris|eur *m* парикмáхер 2; **~euse** *f* парикмáхер 2, парикмáхерша 6 *umg*
Frisiercreme *f* крем для волóс, бриоли́н 2
frisieren *tr* причёсывать ⟨-|чесáть*⟩ *A. a. übertr,* дéлать (с-) причёску *D* | sich ~ lassen причёсываться ⟨-чесáться⟩ у парикмáхера; dieser Bericht ist frisiert *übertr* э́тот отчёт приукрáшен
Frisier|salon *m* парикмáхерская *Subst* 10; **~toilette** *f* туалéтный стóлик 2; **~umhang** *m* пеньюáр 2
Frist *f* Termin срок 2; Aufschub отсрóчка 6 | eine ~ von zwei Wochen срок в две недéли; j-m eine ~ setzen давáть* ⟨дать*⟩ [назн|ачáть ⟨-áчить 3⟩] комý-н. срок; über die ~ hinaus сверх срóка; in kürzester ~ в кратчáйший срок; die ~ ist abgelaufen срок истёк; die ~ verlängern отсрóч|ивать ⟨-ить 3⟩
frist|en *tr:* ein elendes Leben ≈ влачи́ть 3 жáлкое существовáние; **~gemäß** в срок; **~los:** ≈e Kündigung увольнéние без предупреждéния; j-n ≈ entlassen увольня́ть ⟨увóлить 3⟩ когó-н. без предупреждéния
Fristverlängerung *f* отсрóчка 6
Frisur *f* причёска 6
frivol фриво́л|ьный| -ен| -ьна; schlüpfrig скабрёз|ный| -ен
froh erfreut рáдост|ный| -ен; heiter весёлый| вéсел| веселá!; zufrieden довóл|ьный| -ен| -ьна (über *I*) | mir ist ~ zumute мне вéсело; ich bin ~, daß ... я рад| что ...; ~ sein über etw. рáдоваться чемý-н.; ~en Mutes в хорóшем [бóдром] настроéнии
fröhlich весёлый| вéсел| веселá! | ~ sein быть в весёлом настроéнии, весели́ться 3; ~e Ostern! весёлой пáсхи!
Fröhlichkeit *f* Stimmung весёлость 9; Ausgelassenheit весéлье 5
frohlocken *intr* ликовáть 2 (воз-)
Frohsinn *m* весёлое настроéние 5
fromm нáбож|ный| -ен | ein ~er Wunsch благóе намéрение 5
Frömmelei *f* ханжествó 4
Frömmigkeit *f* нáбожность 9
Fron *f,* **~dienst** *m hist* бáрщина 6
frönen *intr* Leidenschaft, Laster пре|давáться* ⟨-|дáться*| -дали́сь⟩ *D* | seinen Leidenschaften ~ быть* рабóм свои́х страстéй
Front *f Mil* фронт 2 *a. übertr;* einer angetretenen Einheit фронт, строй 1; *Bauw* фасáд 2 | an der ~ на фрóнте; in der ~ в строю́; vor die ~ treten в|ставáть* ⟨-|стать*⟩ пéред стрóем; die ~ abschreiten обхо|ди́ть 3⁺ -жý фронт [строй]; an die ~ gehen у|йти́* *v* на фронт; in vorderster ~ kämpfen für etw. борóться в пéрвых ря́дáх за что-н.; **~abschnitt** *m* учáсток фрóнта
frontal фронтáльный
Frontal|angriff *m Mil* фронтáльное наступлéние; **~zusammenstoß** *m Kfz* лобовóе столкновéние
Front|antrieb *m Kfz* перéдний 11 привóд; **~dienst** *m* слýжба в дéйствующей áрмии; **~kämpfer** *m* фронтови́к 2e
Frosch *m* лягýшка 6; **~mann** *m* человéк-лягýшка 2-6; ~männer *Pl* лёгкие водолáзы *Pl* 2; **~perspektive** *f* ýзкий кругозóр 2; **~schenkel** *m* лягýшечья 12 лáпка
Frost *m* морóз 2 | es herrschen starke Fröste стоя́т си́льные морóзы; der ~ setzte ein удáрил морóз; **~aufbruch** *m* Straße морозобóина 6
frostbeständig морозоустóйчив:ый
Frost|beule *f* озноблéние 5; **~einbruch** *m* неожи́данный крéпкий морóз 2
frösteln *intr* зя́бнуть 4a; Schüttelfrost haben знобить *unpers* 3 | mich fröstelt я зя́бну, меня́ знóбит
frost|empfindlich чувстви́тельный к морóзу; **~frei** незамерзáющий 11; без морóза
Frostgefahr *f* опáсность зáморозков
frostig морóз|ный| -ен; *übertr* холóдный| хóлоден| холоднá!
Frost|salbe *f* мазь прóтив обморáживания; **~schaden** *m* вред| причинённый морóзом; **~schutzmittel** *n* срéдство защи́ты от морóза; *Kfz* антифри́з 2; **~wetter** *n* морóзная погóда, морóзы *Pl* 2

Frottee *n* махро́вая ткань 9; **~handtuch** *n* махро́вое [мохна́тое] полоте́нце
frottieren *tr* растира́ть ⟨-|тере́ть*¡ разотру́⟩ (полоте́нцем)
Frucht *f* плод 2e; Obst *Pl a.* фру́кты *Pl* 2; *übertr Pl* плоды́, результа́т 2 | eingemachte Früchte консерви́рованные фру́кты; eingelegte Früchte марино́ванные фру́кты; die verbotene ~ запре́тный плод; Früchte tragen приноси́ть 3⁺ ⟨-|нести́*⟩ плоды́
fruchtbar *f* Boden плодоро́д|ный, -ен; Jahr урожа́йный; Vermehrung плодови́т:ый; *übertr* плодотво́р|ный, -ен; Autor плодови́тый
Frucht|barkeit *f* плодоро́дие 5; урожа́йность 9; Produktivität плодови́тость 9, плодотво́рность 9; **~bonbon** *m, n* фрукто́вая конфе́та [караме́лька 6]; **~eis** *n* фрукто́вое моро́женое
fruchten *intr* приноси́ть 3⁺ -ношу́ ⟨-|нести́*⟩ по́льзу
Frucht|entsafter *m* соковыжима́лка 6; **~fleisch** *n* мя́коть 9 плода́; **~folge** *f Landw* севооборо́т 2; **~holz** *n* плодо́вая ветвь 9g; **~joghurt** *m* йогу́рт с фрукто́вым наполни́телем; **~knoten** *m Bot* за́вязь 9; **~likör** *m* нали́вка 6
fruchtlos беспло́д|ный, -ен; *übertr* тще́т|ный, -ен, напра́с|ный, -ен
Frucht|presse *f* соковыжима́лка 6; **~saft** *m* фрукто́вый сок; **~wasser** *n* околопло́дные во́ды; **~wechsel** *m Landw* севооборо́т 2, плодосме́н 2; **~wein** *m* плодо́во-я́годное вино́; **~zucker** *m* плодо́вый са́хар
früh **1.** *Adj* ра́нний 11 | am ~en Morgen ра́нним у́тром; von ~er Kindheit an с ра́ннего де́тства; vom ~en Morgen bis zum späten Abend с ра́ннего утра́ до по́зднего ве́чера **2.** *Adv* ра́но; morgens ра́но (у́тром) | zu ~ (сли́шком) ра́но; morgen ~ за́втра у́тром; von ~ bis spät с утра́ до ве́чера; ~ genug доста́точно ра́но; wir müssen ~ aufstehen мы должны́ ра́но встава́ть; möglichst ~ как мо́жно ра́ньше; ~ fünf Uhr у́тром в пять часо́в
Früh|aufsteher *m* челове́к, привы́кший 11 ра́но встава́ть; **~beet** *n* парни́к 2e
Frühe *f* рань 9 | in aller ~ чуть свет, на рассве́те
früher **1.** *Adj* ehemalig пре́жний 11, бы́вший 11 | die ~en Ausgaben des Buches (бо́лее) ра́нние изда́ния кни́ги; in ~en Zeiten в пре́жние [было́е, да́вние] времена́ **2.** *Adv* vorher ра́ньше, пре́жде | einen Monat ~ ме́сяцем [на ме́сяц] ра́ньше; ~ oder später ра́но и́ли по́здно; ~ als wir ра́ньше нас; wie ~ по-пре́жнему
frühest *Adv:* am ~en ра́ньше всего́ [всех]; **~ens** *Adv* не ра́ньше как [чем], са́мое ра́ннее | er wird ≈ übermorgen ankommen он прие́дет не ра́ньше, чем послеза́втра
Früh|geburt *f* преждевре́менные ро́ды; Kind недоно́шенный ребён|ок, -ка 2; **~gemüse** *n* ра́нние 11 о́вощи; **~jahr** *n* весна́ 6c *Pl* вёс|ны, -ен | im ≈ весно́й
Frühjahrs|aussaat *f* весе́нний 11 (по)се́в 2; **~bestellung** *f* подгото́вка 6 по́ля к весе́ннему се́ву; **~messe** *f* весе́нняя 11 я́рмарка; **~müdigkeit** *f* весе́ннее 11 недомога́ние 5
Frühkartoffel *f* ра́нний 11 карто́фель
Frühling *m* весна́ 6c *Pl* вёс|ны, -ен | im ~ весно́й
Frühlings|anfang *m* нача́ло весны́; **~blume** *f* весе́нний 11 цвето́к; **~tag** *m* весе́нний 11 день
frühmorgens *Adv* ра́но у́тром
frühreif скороспе́л:ый; Kind не по во́зрасту разви́тый [развито́й]
Früh|reife *f* скороспе́лость 9; Kind ра́ннее разви́тие 11-5; **~schicht** *f* у́тренняя 11 сме́на; **~schoppen** *m* ра́нняя кру́жка 11-6 (пи́ва, вина́); **~sport** *m* у́тренние 11 спорти́вные заня́тия *Pl* 5; **~start** *m Sport* фальста́рт 2; **~stück** *n* за́втрак 2 | zum ≈ на за́втрак; beim ≈ за за́втраком; vor dem ≈ до за́втрака
frühstücken *intr* за́втракать (по-)
Frühstücks|pause *f* переры́в на за́втрак; **~zimmer** *n* столо́вая *Subst* 10, помеще́ние 5 для за́втрака
frühzeitig **1** *Adj* (vor)zeitig ра́нний 11; Tod преждевре́мен|ный, -ен, -на **2.** *Adv* зара́нее, заблаговре́менно; am Morgen ра́но у́тром; sterben ра́но
Früh|zug *m* у́тренний 11 по́езд; **~zündung** *f Kfz* преждевре́менная вспы́шка 6
Frunse Фру́нзе *m idkl*
Frustration *f* фрустра́ция 8, чу́вство 4 разочарова́ния
frustrier|en *tr* фрустри́ровать 2, разочар|о́вывать ⟨-ова́ть 2⟩; **~t** фрустри́рованный, разочаро́ванный
Fuchs *m* лиси́ца 6, лиса́ 6c; junger лисён|ок, -ка 2 *Pl* лис|я́та, -я́т, -я́там; Pferd ло́шадь 9g ры́жей ма́сти; Pelz ли́сий мех 12-2b, лиса́ | sie trug einen ~ на ней была́ лиса́; schlauer ~ *übertr* хитре́ц 2e; **~bau** *m* ли́сья 12 нора́
Fuchsie *f* фу́ксия 8
Füchsin *f* лиси́ца 6
Fuchspelz *m* Mantel ли́сья 12 шу́ба
fuchsrot ры́жий 11
Fuchsschwanz *m* ли́сий 12 хвост; *Bot* лисохво́ст 2; *Tech* ножо́вка 6
fuchsteufelswild: ~ werden свирепе́ть (рас-)
Fuchtel *f:* j-n unter der ~ halten держа́ть кого́-н. в ежо́вых рукави́цах; unter j-s ~

stehen находи́ться 3⁺ -жу́сь под чьим-н. стро́гим надзо́ром

fuchteln *intr:* mit den Händen ~ *umg* разма́хивать рука́ми

Fuder *n* воз 2b | ein ~ Heu воз се́на

[1]**Fuge** *f* стык 2, паз 2b; в на пазу́; im Mauerwerk u. a. шов, шва 2 | aus den ~ gehen распада́ться ⟨-|па́сться*⟩; in allen ~n krachen треща́ть 3 по всем швам

[2]**Fuge** *f Mus* фу́га 6

fugen *tr* фугова́ть 2 (с-)

fügen *tr* (при)соедин|я́ть ⟨-и́ть 3⟩ (an, zu к *D*); Schicksal реш|а́ть ⟨-и́ть 3⟩; sich ~ *refl* gehorchen подчин|я́ться ⟨-и́ться 3⟩, покор|я́ться ⟨-и́ться 3⟩ (j-m кому́-н.) | sich in die Umstände ~ смир|я́ться ⟨-и́ться 3⟩ с обстоя́тельствами; es fügte sich, daß … получи́лось [случи́лось], что …

fügsam покóр|ный, -ен

Fügung *f* стече́ние 5 обстоя́тельств, судьба́ 6; *Gramm* сочета́ние 5 | die ~ des Schicksals веле́ние 5 [во́ля 7] судьбы́; durch ~ des Zufalls по во́ле слу́чая

fühlbar ощути́м:ый

fühlen *tr* be-, abtasten щу́пать (по-), ощу́п|ывать ⟨-ать⟩; empfinden чу́вствовать [ус] 2 (по-); sich ~ *refl* чу́вствовать (по-) себя́ (als как *oder I*) | eine Geschwulst ~ о-, прощу́п|ывать ⟨-ать⟩ о́пухоль; wie ~ Sie sich? как вы себя́ чу́вствуете?; er fühlt sich nicht ganz wohl он чу́вствует себя́ не совсе́м хорошо́; ich fühle mich krank мне нездоро́вится; sich verpflichtet ~ счита́ть себя́ обя́занным; sich getroffen ~ чу́вствовать себя́ заде́тым; j-n etw. ~ lassen дать* *v* почу́вствовать кому́-н. что-н.

Fühler *m Zool* щу́пальце 4; bei Gliederfüßlern у́сики *Pl* 2 | die ~ nach etw. ausstrecken прощу́пывать ⟨-щу́пать⟩ что-н.

Fühlung *f* связь 9, конта́кт 2 | mit j-m ~ haben име́ть конта́кт с кем-н.; mit j-m ~ halten подде́рживать связь с кем-н.; mit j-m ~ nehmen вступ|а́ть ⟨-и́ть 3⁺ -лю́⟩ в конта́кт с кем-н.; **~nahme** *f* установле́ние 5 конта́кта [свя́зи]

Fuhre *f* воз 2b; на возу́; Transport перево́зка 6

führen *tr* geleiten; handhaben во|ди́ть 3⁺ -жу́ *unbest,* вести́* *best* a. Konto, Gespräch; Haushalt; Krieg u. a.; повести́ *v;* her~, hin~ a. приводи́ть ⟨-вести́⟩; durch, über etw. пере-, hindurch проводи́ть ⟨-вести́⟩; einen Weg u. ä. доводи́ть ⟨-вести́⟩ (bis до *G*); leiten руководи́ть 2 *I;* anführen: Delegation возгл|авля́ть ⟨-а́вить 3 -а́влю⟩; *Mil* управля́ть *I;* befehligen кома́ндовать 2 *I;* lenken, steuern вести́ (по-) *A,* управля́ть *I; Hdl* держа́ть 3⁺ [име́ть] в прода́же, име́ть в ассортиме́нте; anlegen, bauen: Leitung проводи́ть ⟨-вести́⟩; *intr* Straße, Spur вести́; приводи́ть ⟨-вести́⟩; *Sport* лиди́ровать 2; sich ~ *refl* sich benehmen вести́ себя́ | dieser Weg führt nach der Stadt э́та доро́га ведёт в го́род; wohin führt dieser Weg? куда́ ведёт [идёт] э́та доро́га?; er führte mich zum Bahnhof [in den Park] он повёл меня́ к вокза́лу [в парк]; sie führte das Glas zum Munde она́ поднесла́ стака́н ко рту; bei sich ~ име́ть при себе́; eine Sache zu Ende ~ довести́ де́ло до конца́; einen falschen Namen ~ жить* под чужо́й фами́лией; ein fröhliches Leben ~ вести́ весёлую жизнь; zu keinem Ergebnis ~ не приводи́ть ⟨-вести́⟩ ни к како́му результа́ту; wohin soll das ~? к чему́ э́то приведёт?, до чего́ э́то доведёт?; das führt zu nichts э́то ни к чему́ не приведёт; **~d** веду́щий 11; Partei руководя́щий 11; *Sport* лиди́рующий 11 | einer der ≈n Wissenschaftler оди́н из веду́щих [видне́йших] учёных; eine ≈e Stellung руководя́щее положе́ние; eine ≈e Rolle spielen игра́ть веду́щую роль

Führer *m* einer Partei, eines Volkes руководи́тель 1; gehoben вождь 1e; wer den Weg zeigt проводни́к 2e; Fremden~, Reiseleiter экскурсово́д 2 (im Museum в музе́е); Handbuch путеводи́тель 1 (durch по *D*) | ~ durch das Museum путеводи́тель по музе́ю

führerlos ohne Leiter без руководи́теля; ohne Fahrer без води́теля, без вожа́того

Führer|schein *m* води́тельские права́ *Pl* 4b; **~stand** *m* ме́сто машини́ста [Straßenbahn вагоновожа́того]

Fuhr|lohn *m* пла́та за прово́з; **~park** *m* парк 2, подвижно́й соста́в 2

Führung Leitung, das Führen руково́дство 4 *I;* Staat; Flugzeug управле́ние 5 *I; Mil* управле́ние *I;* Befehligen кома́ндование 5 *I;* Bücher, Haushalt, Verhandlung веде́ние 5; Handhabung владе́ние 5 *I;* Betragen поведе́ние 5; im Museum u. a. экску́рсия 8 (с экскурсово́дом) по *D; Sport* лиди́рование 5; *Tech* направля́ющая *Subst* 11 | eine Delegation unter ~ des Ministers делега́ция, возглавля́емая мини́стром; unter ~ der Partei под руково́дством па́ртии; eine ~ im Museum veranstalten организова́ть экску́рсию в музе́е; in ~ gehen *Sport* выхо|ди́ть 3⁺ -жу́ ⟨вы́|йти*⟩ вперёд, повести́* *v;* sie gingen mit 1:0 in ~ они́ повели́ со счётом 1:0; in ~ liegen быть* впереди́, лиди́ровать 2

Führungs|schiene *f Tech* направля́ющая *Subst* 11; **~zeugnis** *n* polizeilich спра́вка 6 поли́ции о благонадёжности [о поведе́нии]

Fuhr|unternehmen *n* предприя́тие по перево́зке гру́зов; **~werk** *n* пово́зка 6

Fülle *f* изоби́лие 5; körperlich полнота́ 6 | eine ~ von изоби́лие *G*; in Hülle und ~ в изоби́лии
füllen *tr* наполня́ть ⟨-по́лнить 3⟩; mit Flüssigkeit a. налива́ть ⟨нали́ть*⟩ (etw. in etw. что-н. *oder* чего́-н. во что-н.); Raum oder Zeitraum занима́ть ⟨заня́ть*⟩, заполня́ть ⟨-по́лнить⟩; mit Fleisch фарширова́ть 2 (за-) *I*; Speisen начин|я́ть ⟨-и́ть 3⟩ (фа́ршем); sich ~ *refl* наполня́ться ⟨-по́лниться⟩ (mit *I*), Raum a. заполня́ться ⟨-по́лниться⟩ | gefüllte Tomaten фарширо́ванные помидо́ры; gefüllte Bonbons конфе́ты с начи́нкой; den Füllfederhalter ~ запр|авля́ть ⟨-а́вить 3 -а́влю⟩ авторучку; Wein auf Flaschen ~ разлива́ть ⟨раз|ли́ть*, -олью́⟩ вино́ по буты́лкам
Füll|federhalter *m* автору́чка 6; **~ung** *f* Vorgang наполне́ние 5; in Speisen начи́нка 6; aus Fleisch фарш 2 *G Pl* -ей; *Med* пло́мба 6; Polsterung наби́вка 6; Tür филёнка 6 | mit einer ~ aus Fleisch с начи́нкой из мя́са; **~wort** вставно́е сло́во
Fund *m* нахо́дка 6 | einen ~ machen на|йти́* *v* что-н.
Fundament *n* фунда́мент 2, основа́ние 5; Grundlage осно́ва 6
fundamental фундамента́л|ьный, -ен, -ьна
Fundamentplatte *f* плита́ фунда́мента
Fund|büro *n* бюро́ нахо́док; **~grube** *f übertr* сокро́вищница 6
fundier|en *tr* обосно́вывать ⟨обосн|ова́ть 2 -ую́, -уёшь⟩ на *P*; **~t** обосно́ван:ный, -на | wissenschaftlich ≈ нау́чно обосно́ванный; gut ≈es Wissen основа́тельные зна́ния
Fundort *m* ме́сто нахо́дки; *Geol* при́иск 2
fünf *Num* пять 9e; *kollektives Num* пя́теро 10 | wir waren ~ нас бы́ло пя́теро; zu ~ впятеро́м, по пяти́; seine ~ Sinne zusammennehmen сосредото́чить 2 всё своё внима́ние; ~ mal ~ пятью пять
Fünf *f* число́ 4c пять, пятёрка 6; Straßenbahn пятёрка, пя́тый но́мер 2b; Prüfungsnote пятёрка in sowjetischen Schulen beste Zensur
fünf|eckig пятиуго́льный; **~fach 1.** *Adj* пятикра́тный **2.** *Adv* впя́теро, в пять раз; **~hundert** *Num* пятьсо́т, пятисо́т, пятиста́м, пятьюста́ми, пятиста́х
Fünfhundertjahrfeier *f* пятисотле́тие 5
fünfjährig пятиле́тний 11
Fünf|jahrplan *m* пятиле́тний 11 план, пятиле́тка 6; **~kampf** *m* пятибо́рье 5
fünfmal *Adv* пять раз | ~ mehr als в пять раз бо́льше, чем; ~ soviel впя́теро бо́льше; **~ig** пятикра́т|ный, -ен
Fünf|markschein *m* банкно́т 2 в пять ма́рок; **~markstück** *n* моне́та 6 в пять ма́рок; **~pfennigstück** *n* моне́та 6 в пять пфе́ннигов
fünfstöckig 1. *Adj* пятиэта́жный; in der UdSSR entsprechend шестиэта́жный **2.** *Adv* в шесть этаже́й
fünft: zu ~ впятеро́м
Fünftagewoche *f* пятидне́вная (рабо́чая) неде́ля, пятидне́вка 6 *umg*
fünf|tägig пятидне́вный; **~tausend** *Num* пять 9e ты́сяч
Fünftel *n* пя́тая часть 9g | vier ~ четы́ре пя́тых
fünftens *Adv* в-пя́тых
fünfter *Num* пя́тый | im fünften Stock на пя́том этаже́; in der UdSSR entsprechend на шесто́м этаже́; | der fünfte Jahrestag пятиле́тие 5
fünfzehn *Num* пятна́дцать 9; **~ter** *Num* пятна́дцатый
fünfzig *Num* пятьдеся́т *G D P* пяти́десяти, *I* пятью́десятью
Fünfziger *m* 50 Pfennig пятьдеся́т пфе́ннигов; 50 Mark пятьдеся́т ма́рок; Mann пятидесятиле́тний мужчи́на 11-6
Fünfzig||jahrfeier *f* пятидесятиле́тие 5; **~markschein** *m* банкно́т 2 в пятьдеся́т ма́рок
fünfzigster *Num* пятидеся́тый
Fünfzimmerwohnung *f* пятико́мнатная кварти́ра
fungieren *intr* исполня́ть ⟨-по́лнить 3⟩ обя́занности (als *G*)
Funk *m* ра́дио *n idkl;* **~amateur** *m* радиолюби́тель 1; **~anlage** *f* радиоуста́новка 6; **~ausstellung** *f* радиовы́ставка 6; **~bearbeitung** *f* обрабо́тка для ра́дио; **~bericht** *m* сообще́ние 5 по ра́дио; **~bild** *n* фоторадиогра́мма 6
funkeln *intr* сверк|а́ть ⟨-ну́ть 4⟩ (vor от *G*); Wein и́скриться 3
funkelnagelneu совсе́м но́вый; Kleidung с иго́лочки
funken *tr Rad* пере|дава́ть* ⟨переда́ть*⟩ по ра́дио, ради́ровать *uv, v* 2 | es hat bei ihm gefunkt (наконе́ц-то) до него́ дошло́
Funken *m* и́скра 6 *G Pl* искр *a. übertr* | ~ sprühen мета́ть* и́скры, искри́ться 3; es ist kein ~ Hoffnung mehr vorhanden нет бо́льше никако́й наде́жды; keinen ~ Ehrgefühl haben не име́ть ни ка́пельки самолю́бия
Funker *m* ради́ст 2
Funk|fernsteuerung *f* радио(теле)управле́ние 5; **~gerät** *n* (перено́сная) радиоста́нция 8, радиоприбо́р 2, радиоаппарату́ра 6; **~haus** *n* радиосту́дия 8, радиоце́нтр 2; **~kontakt** *m* сеа́нс 2 радиосвя́зи, вы́зов 2 по ра́дио; **~meldung** *f* сообще́ние 5 по ра́дио, радиогра́мма 6; **~meßtechnik** *f* радиолокацио́нная те́хника; **~navigation** *f* радионавига́ция 8; **~ortung** *f* радиолока́ция

8; **~peilung** *f* радиопеленгáция 8, радиопéленг 2; **~signal** *n* радиосигнáл 2; **~sprechgerät** *n* радиотелефóн 2; **~sprechverkehr** *m* радиотелефóнная связь; **~spruch** *m* радиогрáмма 6; **~station** *f* радиостáнция 8; **~stille** *f* радиомолчáние 5; **~störung** *f* радиопомéха 6; **~streife** *f*, **~streifenwagen** *m* радиопатрýльная (полицéйская) маши́на; **~taxi** *n* такси́ с радиотелефóном, радиотакси́ *n idkl;* **~technik** *f* радиотéхника 6; **~telegramm** *n* радиотелегрáмма 6

Funktion *f* Tätigkeit фýнкция 8, дéятельность 9; *Math, Med* фýнкция I eine leitende ~ руководя́щий 11 пост 2e| на постý; eine ~ ausüben исполня́ть обя́занности; eine ~ bekleiden занимáть какýю-н. дóлжность; von einer ~ entbinden освобо|ждáть ⟨-ди́ть 3 -жý⟩ от исполнéния (служéбных) обя́занностей; **~är** *m* функционéр 2; hoher дéятель 1 I ≈e der Partei парти́йные рабóтники, дéятели пáртии; ehrenamtlicher ≈ общéственник 2

funktionell функционáльный

funktionieren *intr* функциони́ровать 2 I der Aufzug funktioniert nicht лифт не рабóтает

funktions|fähig нормáльно функциони́рующий 11, хорошó дéйствующий 11; *Tech* работоспосóб|ный, -ен; **~sicher** надёжный в рабóте [к эксплуатáции]

Funktions|plan *m* план распределéния обя́занностей; **~weise** *f* при́нцип рабóты

Funk|turm *m* радиобáш|ня 7 *G Pl* -ен; **~übertragung** *f* передáча по рáдио; **~verbindung** *f* радиосвя́зь 9; **~verkehr** *m* радиообмéн 2; **~wagen** *m* передвижнáя радиостáнция 8; **~wagenstreife** *f* патрýль с передвижнóй радиостáнцией; **~weg** *m:* auf dem ≈e по рáдио; **~wellen** *f Pl* радиовóлны *Pl* 6

für *Präpos* bestimmt für для *G;* das ist ~ Sie э́то для вас; ein Lehrgang ~ Anfänger кýрсы для начинáющих; Wagen ~ Nichtraucher вагóн для некуря́щих; das ist nützlich ~ alle э́то полéзно для всех I Verwendungszweck von Geld oder Material на *A;* Geld ~ Bücher дéньги на кни́ги; Stoff ~ einen Anzug матéрия на костю́м; Mittel ~ den Wohnungsbau срéдства на жили́щное строи́тельство I vorgesehene Personenzahl на *A;* ein Saal ~ hundert Zuschauer зал на сто зри́телей; ~ wieviel Personen soll ich decken? на скóлько человéк накры́ть стол? I Bildungsreinrichtungen: Hochschule ~ Elektrotechnik электротехни́ческий инститýт; Ingenieurschule ~ Chemie хими́ческий тéхникум; Fachschule ~ Bibliothekare библиотéчный тéхникум I andere Institutionen *G:* Ministerium ~ Gesundheitswesen министéрство здравоохранéния; Vereinigtes Institut ~ Kernforschung Объединённый инститýт я́дерных исслéдований I Fachgebiet, Tätigkeitsbereich по *D;* Kommission ~ Verkehrsfragen коми́ссия по вопрóсам трáнспорта; Konferenz ~ Sicherheit und Zusammenarbeit in Europa Конферéнция по безопáсности и сотрýдничеству в Еврóпе; Spezialist ~ Kernphysik специали́ст по я́дерной фи́зике I zugunsten von за *A;* ~ den Frieden kämpfen борóться* за мир; ~ den Kandidaten stimmen голосовáть за кандидáта; ~ j-n eintreten заступи́ться за когó-н.; einer ~ alle оди́н за всех; das Für und Wider „за" и „прóтив" I vorgesehene Zeit на *A;* ~ morgen на зáвтра; ~ diesmal на э́тот раз; ~ 14 Tage на две недéли; ~ immer навсегдá; ~ später на потóм; ~ den Winter нá зиму; ~s erste покá; Karten ~ die erste Vorstellung Kino билéты на пéрвый сеáнс I Gegenwert, -leistung за *A;* ~ ein Buch zehn Mark bezahlen [bekommen] заплати́ть [получи́ть] за кни́гу дéсять мáрок; ~ Geld arbeiten рабóтать за дéньги I Lohn, Vergeltung за *A;* j-n ~ etw. bestrafen [loben, auszeichnen] наказáть* [похвали́ть, награди́ть] за что-н.; danke ~ die Blumen спаси́бо за цветы́ I für insgesamt на *A (Subst im G);* ~ zehn Mark Bücher kaufen купи́ть книг на дéсять мáрок I anstelle за *A,* вмéсто *G;* ~ einen kranken Kollegen arbeiten рабóтать за [вмéсто] больнóго товáрища; ~ zwei arbeiten [essen] рабóтать [есть*] за двои́х I im Verhältnis zum Üblichen для *G;* ~ sein Alter ist das Kind sehr entwickelt для свои́х лет ребёнок óчень рáзвит; ~ einen Ausländer spricht er gut deutsch для инострáнца он хорошó говори́т по-немéцки I als *I;* ich halte das ~ richtig [meine Pflicht] я считáю э́то прáвильным [свои́м дóлгом]; j-n nicht ~ voll nehmen не принимáть когó-н. всерьёз I mit Wiederholung des Subst за *I;* Schritt ~ Schritt шаг за шáгом; Meter ~ Meter метр за мéтром; Tag ~ Tag изо дня в день; Nacht ~ Nacht кáждую ночь I ich ~ meine Person что касáется меня́; an und ~ sich самó по себé

Furche *f Landw* бороздá 6a *A a.* -ý; in der Haut морщи́на 6 I ~n ziehen бороз|ди́ть 3 -жý (из-); in ~n legen Stirn мóрщить 3 (на-)

Furcht *f* страх 2 (vor пéред *I*), боя́знь 9 (vor *G)* I aus ~ vor из стрáха пéред *I,* боя́сь *G;* ~ haben vor etw. боя́ться чегó-н.; keine ~ kennen не знать стрáха; j-n in ~ und Schrecken versetzen нагоня́ть ⟨-|гнáть*⟩ ýжас [страх] на когó-н.

furchtbar стра́ш|ный, -ен, -на́, -но, стра́шны́, ужа́с|ный, -ен | das ist doch ~! э́то же ужа́сно!
fürchten *tr u.* sich ~ *refl* боя́ться 3 *G* (vor *G*), опаса́ться *G* (vor *G*) | für j-s Leben ~ боя́ться за чью-н. жизнь
fürchterlich = furchtbar; Mensch ужа́сно неприя́тный; sehr groß ужа́сный
furcht|erregend внуша́ющий 11 страх; **~los** бесстра́ш|ный, -ен, безбоя́знен:ный, -на; **~sam** боязли́в:ый
Furchtsamkeit *f* боязли́вость 9
füreinander *Refl Pron:* ~ etw. tun де́лать (с-) что-то друг для дру́га; ~ Sympathie haben симпатизи́ровать 2 друг дру́гу; ~ Verständnis haben понима́ть ⟨поня́ть*⟩ друг дру́га; ~ eintreten заступ|а́ться ⟨-и́ться 3⁺ -лю́сь⟩ друг за дру́га; ~ sorgen забо́титься (по-) друг о дру́ге
Furie *f* фу́рия 8
Furnier *n* фане́ра 6
furnieren *tr* обива́ть ⟨-|би́ть 3, обобью́⟩ фане́рой
Furnierholz *n* древеси́на 6 для (изготовле́ния) фане́ры
Fürsorge *f* забо́та 6 (für о *P*), попече́ние 5; organisierte попечи́тельство 4; soziale, öffentliche социа́льное обеспе́чение 5; geldl. Unterstützung посо́бие 5 | ~ treffen für j-n забо́|титься 3 -чусь (по-) о ком-н.; **~amt** *n* отде́л 2 [управле́ние] социа́льного обеспе́чения; **~empfänger** *m* лицо́ 4c, получа́ющее 11 посо́бие по социа́льному обеспе́чению; **~erziehung** *f* воспита́ние 5 несовершенноле́тних под обще́ственным контро́лем; **~pflicht** *f Jur:* ≈ für j-n обя́занность содержа́ть кого́-н.; **~rin** *f* рабо́тник 2 отде́ла социа́льного обеспе́чения; **~unterstützung** *f* посо́бие по социа́льному обеспе́чению
fürsorglich забо́тливый
Für|sorglichkeit *f* забо́тливость 9; **~sprache** *f* хода́тайство 4 | ≈ für j-n einlegen хода́тайствовать *Prät a. v* 2 (по-) за кого́-н.; **~sprecher** *m* хода́та|й 1 *G Pl* -ев
Fürst *m* князь 1b *Pl* -ья́, -е́й, -ья́м | wie ein ~ leben жить как коро́ль
Fürsten|gruft *f* кня́жеский склеп; **~tum** *n* кня́жество
Fürstin *f* княги́ня 7
fürstlich 1. *Adj* кня́жеский **2.** *Adv* покня́жески; бога́то, по-ца́рски
Furt *f* брод 2, перехо́д 2 | durch die ~ waten идти́* бро́дом [вброд]
Furunkel *m* фуру́нкул 2
Furunkulose *f* фурункулёз 2
fürwahr *Adv* вои́стину, пра́во
Fürwort *n* местоиме́ние 5
Fusel *m umg* сиву́ха 6
Fusion *f* слия́ние 5; *Phys* слия́ние, си́нтез [тэ] 2
fusionieren *tr* слива́ть ⟨-|лить*, солью́⟩, объедин|я́ть ⟨-и́ть 3⟩
Fuß *m* нога́ 6a; im Unterschied zum Bein стопа́ 6; *Anat* ступн|я́ 7 *G Pl* -е́й; an Möbeln, Geräten но́жка 6; Mikroskop сто́йка 6; eines Berges подно́жие 5 *a. Bauw;* Längenmaß фут 2; Vers~ стопа́ 6c | zu ~ gehen пешко́м; (festen) ~ fassen (твёрдо) стать* на́ ноги; auf schwachen Füßen stehen не твёрдо стоя́ть на нога́х; auf eigenen Füßen stehen стоя́ть на со́бственных нога́х; mit j-m auf gutem ~e stehen быть* с кем-н. на коро́ткой ноге́; j-m zu Füßen fallen па́дать ⟨у|па́сть*⟩ кому́-н. в но́ги [к чьим-н. нога́м]; auf großem ~e leben жить на широ́кую но́гу; j-m auf dem ~e folgen сле́довать (по-) за кем-н. по пята́м; gut [schlecht] zu ~ sein быть хоро́шим [плохи́м] ходоко́м; j-n auf freien ~ setzen освобо|жда́ть ⟨-ди́ть 3 -жу́⟩ кого́-н. (из заключе́ния), выпуска́ть ⟨вы́пу|стить 3 -щу⟩ кого́-н. на свобо́ду; **~bad** *n* ножна́я ва́нна
Fußball *m* футбо́л 2; Spiel футбо́льный матч 2; Ball футбо́льный мяч 2e *G Pl* -е́й | ~ spielen игра́ть в футбо́л; **~fan** *m* боле́льщик футбо́ла; **~mannschaft** *f* футбо́льная кома́нда; **~meister** *m* чемпио́н по футбо́лу; **~meisterschaft** *f* пе́рвенство по футбо́лу; **~platz** *m* футбо́льная площа́дка; **~spiel** *n* футбо́льный матч 2 | zum ~ gehen идти́ [пойти́ *v*] на футбо́л; **~spieler** *m* футболи́ст 2; **~stiefel** *m Pl* бу́тсы *Pl* 2; **~toto** *n* футбо́льный тотализа́тор 2, футбо́льная лотере́я 7; **~weltmeisterschaft** *f* чемпиона́т 2 ми́ра по футбо́лу
Fuß|bank *f* скаме́ечка 6 для ног; **~boden** *m* пол 2b, на полу́; **~bodenbelag** *m* материа́л [рья] 2 для покры́тия поло́в, полово́й насти́л 2
fußbreit шириной в фут
Fuß|breit *m:* keinen ≈ weichen не отсту|п|а́ть ⟨-и́ть⟩ ни на шаг [пядь]; **~bremse** *f* ножно́й то́рмоз
fußen *intr* осно́вываться, бази́роваться 2 (auf на *P*)
Fußende *n:* am ~ des Bettes в нога́х (крова́ти)
Fußgänger *m* пешехо́д 2; **~brücke** *f* пешехо́дный мо́стик; **~tunnel** *m* тунне́ль [нэ] для пешехо́дов; **~überweg** *m* пешехо́дный перехо́д 2 (ти́па) „зе́бра"; **~weg** *m* пешехо́дная доро́жка 6; **~zone** *f* пешехо́дная зо́на (закры́тая для тра́нспорта)
Fußgelenk *n* голеносто́пный суста́в
fußgerecht: ~es Schuhwerk удо́бная [специа́льно изгото́вленная] о́бувь
Fußhebel *m* ножно́й рыча́г, педа́ль 9
fußkalt с холо́дным по́лом

Fußknöchel *m* щи́колотка 6, лоды́жка 6
fußkrank с больно́й ного́й | er ist ~ у него́ больны́е но́ги
Fußlappen *m* портя́нка 6
Füßling *m* ни́жняя 11 часть 9g чулка́
Fuß|marsch *m* (пешехо́дный) марш, похо́д; **~matte** *f* aus Stroh цино́вка 6; **~note** *f* сно́ска 6; **~pfad** *m* тропи́нка 6; **~pflege** *f* педикю́р 2; **~pflegerin** *f* педикю́рщица 6; **~sohle** *f* подо́шва ноги́; **~spitze** *f* носо́к ноги́; **~spur** *f* след ноги́; **~stapfe** *f* след 2b ноги́ | in j-s ≈n treten идти́* [по|йти́* *v*] чьим-н. стопа́м; **~steig** *m* пешехо́дная доро́жка 6, тротуа́р 2; **~tritt** *m* пин|о́к, -ка́ 2 | j-m einen ≈ versetzen дать* *v* пинка́ кому́-н.; **~wanderung** *f* тури́стский похо́д, экску́рсия 8 пешко́м; **~weg** *m* пешехо́дная доро́жка 6, тротуа́р 2; Gehen ходьба́ 6
futsch тю-тю́ | ~ sein [gehen] *umg* пропада́ть ⟨-|па́сть*⟩; alles ist ~! пиши́ про́пало!
[1]**Futter** *n* Tiernahrung корм 2b, на корму́, *Pl* -á, фура́ж 2e
[2]**Futter** *n* Kleid подкла́дка 6; *Tech* наби́вка 6, вту́лка 6 | Mantel mit ~ пальто́ на подкла́дке
[3]**Futter** *n* Pilz тру́бочки *Pl* 6
Futteral *n* футля́р 2
Futter|getreide *n* кормово́е зерно́; **~grundlage** *f* кормова́я ба́за 6; **~häuschen** *n* корму́шка 6 для птиц; **~krippe** *f* корму́шка 6 *a. übertr*, я́сли *Pl* 9; **~mangel** *m* беско́рмица 6, недоста́ток ко́рма; **~mittel** *n* корм 2b *Pl* -á, кормово́е сре́дство
[1]**füttern** *tr* Kind, Kranke корм|и́ть 3⁺ -лю́ (на-) (mit *I*); Tier дава́ть* ⟨дать*⟩ корм, корми́ть (на-)
[2]**füttern** *tr* Kleidung подшива́ть ⟨-|ши́ть*, -ошью́⟩ подкла́дку к *D* | mit Pelz gefüttert подби́тый ме́хом, на меху́; mit Seide gefüttert на шелку́; gefütterte Handschuhe перча́тки на подкла́дке
Futter|napf *m* ми́ска для ко́рма; **~pflanze** *f* кормово́е расте́ние; **~rübe** *f* кормова́я свёкла; **~sack** *m* то́рба 6; **~silo** *n* си́лосная ба́шня; **~stoff** *m* подкла́дочная мате́рия, подкла́дка 6; **~trog** *m* кормушка 6
Fütterung *f* кормле́ние 5
Futur *n* бу́дущее 11 вре́м|я *G, D, P* -ени, *I* -енем
Futurismus *m* футури́зм 2
futuristisch футуристи́ческий

G

g, G *n Mus* соль *n idkl*
Gabardine *m, f* габарди́н 2
Gabe *f* Geschenk дар 2, пода́рок, -ка 2; Talent дарова́ние 5, дар | die ~ der Rede дар ре́чи
Gabel *f* ви́лка 6 *a. Tech;* Heu≈, Mist≈ ви́лы *Pl* 6; **~deichsel** *f* ды́шло с попере́чным бру́сом
gabelförmig вилкообра́зный, -ен, разви́лист:ый
Gabelfrühstück *n* второ́й (горя́чий 11) за́втрак
gabeln *tr* Heu брать* ⟨взять*⟩ ви́лами; sich ~ *refl* Weg разветв|ля́ться ⟨-и́ться 3⟩
Gabelstapler *m* ви́лочный погру́зчик 2
Gabelung *f* разветвле́ние 5
Gabun Габо́н 2; **~er** *m* габо́н|ец, -ца 2; **~erin** *f* габо́нка 6
gabunisch габо́нский
gackern *intr* Huhn куда́х|тать, -чет, кл|охта́ть, -о́хчет
Gaffel *f Mar* га́фель 1
gaffen *intr* глазе́ть, ротозе́йничать
Gaffer *m* зева́ка 6, ротозе́|й 1 *G Pl* -ев
Gag *m* эффе́ктный трюк 2
Gage *f* жа́лованье 5, гонора́р 2
gähnen *intr* зев|а́ть ⟨-ну́ть *mom* 4⟩ ; *übertr* Abgrund зия́ть
Gala пара́дная оде́жда 6, пара́дный костю́м 2 | sich in ~ werfen надева́ть ⟨-|де́ть*⟩ пара́дный костю́м
galaktisch галакти́ческий
Galan *m* любо́вник 2, покло́нник 2
galant гала́нт|ный, -ен, любе́з|ный, -ен
Galanterie *f* гала́нтность 9, любе́зность 9
Galanteriewaren *f Pl* галантере́йные това́ры
Gala|vorstellung *f* пара́дный спекта́кль
Galaxis *f* гала́ктика 6
Galeere *f* гале́ра 6
Galerie *f* галере́я 7; *Theat* ве́рхний я́рус 11-2, галёрка 6 *umg*
Galgen *m* ви́селица 6; j-n an den ~ bringen казни́ть 3 кого́-н.; **~frist** *f* отсро́чка 6 на коро́ткое вре́мя; **~humor** *m* ю́мор ви́сельника, мра́чный ю́мор; **~vogel** *m* ви́сельник 2
Galle *f* жёлчь 9 | ihm läuft die ~ über он выхо́дит из себя́
gallebitter го́рький как жёлчь [как полы́нь]
Gallen|blase *f* жёлчный пузы́рь; **~stein** *m* жёлчный ка́мень
Gallert *n* желе́ *n idkl;* Sülze сту́д|ень, -ня 1
gallertartig студени́ст:ый
gallig жёлч|ный, -ен
Gallwespe *f* орехотво́рка 6
Galopp *m* гало́п 2 | im ~ гало́пом, вскачь

galoppieren *intr* скака́ть* гало́пом | das Pferd ~ lassen пу|ска́ть ⟨-сти́ть 3⁺ -щу́⟩ ло́шадь гало́пом
Galopprennen *n* ска́ч|ки *Pl* 6 -ек
Galosche *f* гало́ша 6
galvanisch гальвани́ческий
galvanisieren *tr* гальванизи́ровать *uv, v* 2
Galvano *n* гальва́но *n idkl;* **~meter** *n* гальвано́метр 2; **~technik** *f* гальвано-те́хника 6
Gamaschen *f Pl* гама́ши *Pl* 6
Gambia Га́мбия 8
Gambit *n* Schach гамби́т 2
Gammastrahlen *m Pl* га́мма-лучи́ *Pl* 2e
gammeln *intr* болта́ться, безде́льничать
gang: es ist ~ und gäbe так во́дится, э́то при́нято
Gang *m* ход 2ᵢ вᵢ на ходу́ᵢ *Pl a.* -ы́ *oder* -а́ 2b; der Dinge ход 2ᵢ вᵢ на хо́де; Schritt похо́дка 6; Flur коридо́р 2; Durchgang прохо́д 2, Speisenfolge блю́до 4; *Anat* прото́к 2; *Kfz* ско́рость 9g | der dritte ~ Speisenfolge тре́тье блю́до; ~ der Ereignisse ход собы́тий; in ~ setzen eine Maschine пу|ска́ть ⟨-сти́ть 3⁺ -щу́⟩ в ход; den zweiten ~ einschalten включи́ть втору́ю переда́чу [ско́рость]; im dritten ~ fahren е́хать на тре́тьей ско́рости; in vollem ~ sein быть на по́лном ходу́; die Arbeit ist in vollem ~e рабо́та кипи́т; die Getreideernte war im vollen ~e убо́рка хле́ба была́ в по́лном разга́ре; das Leben ging seinen gewohnten ~ жизнь шла обы́чным поря́дком; in ~ bringen приводи́ть 3⁺ -вожу́ ⟨-|вести́*⟩ в движе́ние [в де́йствие]; in ~ kommen приходи́ть 3⁺ ⟨-|йти́*⟩ в движе́ние; j-n am ~ erkennen узна́ть *v* кого́-н. по похо́дке; **~art** *f* похо́дка 6; Pferd аллю́р 2
gangbar *Weg* проходи́м:ый
Gängelband *n:* j-n am ~ führen води́ть кого́-н. на поводу́
gängeln *tr* во|ди́ть 3⁺ -жу́ на поводу́, ме́лочно опека́ть
gängig Ware хо́д|кийᵢ -окᵢ -ка́!ᵢ хо́дче, ходово́й; Münze находя́щийся 11 в обраще́нии
Ganglien *Pl* не́рвные узлы́ *Pl* 2e, га́нглии *Pl* 1
Gangrän *n,* **Gangräne** *f* гангре́на 6
Gangschaltung *f Kfz* переключе́ние 5 скоросте́й
Gangster *m* га́нгстер 2
Gangway *f* (передвижно́й) трап 2
Gangwerk *n* ходово́й механи́зм
Gans *f* гусь 1g; junge гусён|окᵢ -ка 2 *Pl* гу-с|ятаᵢ -ят | dumme ~ *umg* ду́ра 6
Gänse|blümchen *n* маргари́тка 6; **~braten** *m* жа́реный гусь 1g; **~feder** *f* гуси́ное перо́; **~fett** *n* гуси́ный жир; **~fleisch** *n* Speise гуся́тина 6; **~füßchen** *n Pl umg* кавы́чки *Pl* 6; **~haut** *f übertr* мура́шки *Pl* 6 | ich kriege eine ≈ у меня́ мура́шки бе́гают по те́лу; **~klein** *n* гуси́ные потрох|а́ *Pl* 2b -о́в; **~leberpastete** *f* паштёт из гуси́ной печёнки; **~marsch** *m:* im ≈ gehen идти́ гусько́м; **~rich** *m* гуся́к 2e; **~stall** *m* гуся́тник 2
ganz **1**. *Adj* весь 14 *G* всего́, *f* вся, *n* всё, *Pl* все; vollständig це́лый; unversehrt це́л:ыйᵢ -а́!, неповреждённый | ~e Zahlen *Math* це́лые чи́сла; die ~e Stadt весь го́род; den ~en Tag весь день; ein ~es Jahr весь [кру́глый] год; ein ~er Kerl насто́ящий 11 па́рень, молод|е́цᵢ -ца́ 2; von ~em Herzen от всего́ се́рдца; eine ~e Stunde це́лый [би́тый] час; ~e Tage und Nächte hindurch по це́лым дням и ноча́м; das Glas blieb ~ стака́н не разби́лся [оста́лся цел] **2**. *Adv* совсе́м, соверше́нно | ~ am Anfang в са́мом нача́ле; ~ allein совсе́м оди́н; ~ recht соверше́нно ве́рно; im ~en в це́лом, в о́бщем; ~ gut дово́льно хорошо́, непло́хо; ~ und gar совсе́м, всеце́ло; ~ und gar nicht во́все не, совсе́м не; das ist ~ unmöglich э́то абсолю́тно невозмо́жно; ein ~ neuer Anzug совсе́м но́вый костю́м; es geschieht ihm ~ recht поделом ему́, так ему́ и на́до
Ganzes *n* це́лое *Subst* 10 | aufs Ganze gehen идти́ на всё, не идти́ ни на како́й компроми́сс; als ~ genommen взя́тое в це́лом
Ganz|heit *f* це́льность 9, це́лостность 9; Unversehrtheit це́лость 9; **~lederband** *m* кни́га 6 в (цельно)ко́жаном переплёте; **~leinenband** *m* кни́га 6 в холщо́вом переплёте
gänzlich **1**. *Adj* по́лный, соверше́нный **2**. *Adv* совсе́м, вполне́
Ganzmetall|bau *m* цельнометалли́ческая констру́кция; **~flugzeug** *n* цельнометалли́ческий самолёт
ganztägig: ~e Beschäftigung рабо́та 6 на по́лный рабо́чий день
Ganztagsschule *f* шко́ла продлённого дня
gar **1**. *Adj* гото́в:ый, сва́рен:ный | ~ kochen довари́ть 3⁺; das Fleisch ist nicht ganz ~ мя́со не совсе́м свари́лось **2**. *Adv* совсе́м | ~ nicht во́все не, ника́к; ~ nichts ничего́; ~ kein никако́й; ~ zu sehr сли́шком
Garage *f* гара́ж 2e *G Pl* -е́й
Garant *m* гара́нт 2; **~ie** *f* гара́нтия 8 | ein Jahr ≈ geben дава́ть ⟨дать⟩ гара́нтию на год; unter ≈ обяза́тельно
garantieren *tr* гаранти́ровать *uv, v* 2; *intr* руча́ться ⟨поручи́ться 3⁺⟩ (für за *A*)
Garantie|reparatur *f* гаранти́йный ремо́нт; **~schein** *m,* **~urkunde** *f* гара́нтия 8
Garaus *m:* j-m den ~ machen прика́нчивать ⟨-ко́нчить 3⟩ кого́-н.

Garbe *f* сноп 2е | ~n binden вяза́ть (в) снопы́

Garde *f* гва́рдия 8; **~regiment** *n* гварде́йский полк

Garderobe *f* Raum гардеро́б 2, раздева́л|ьня 7 *G Pl* -ен; Flur~ ве́шал|ка 6 *G Pl* -ок; *Theat* костюме́рная *Subst* 10; Kleidung гардеро́б

Garderoben|frau *f* гардеро́бщица 6; **~marke** *f* гардеро́бный номер|о́к, -ка́ 2; **~ständer** *m* (стоя́чая 11) ве́шалка 6

Gardine *f* гарди́на 6, занаве́ска 6

Gardinen|leiste *f* баге́т 2 для занаве́ски; **~predigt** *f*: j-m eine ≈ halten устр|а́ивать ⟨-о́ить 3⟩ кому́-н. семе́йную сце́ну

gären *intr* Wein броди́ть 3⁺; *übertr* волнова́ться 2 (вз-)

Gärfutter *n Landw* си́лос 2, силосо́ванный корм

Garn *n* ни́тки *Pl* 6, пря́жа 6; Netz сеть 9g; в сети́ | ins ~ gehen *übertr* попада́ться ⟨-|па́сться*⟩ в се́ти

Garnele *f Zool* креве́тка 6

garnieren *tr* отде́лывать ⟨-де́лать⟩, украша́ть ⟨укра́|сить 3 -шу⟩; Speise украша́ть гарни́ром

Garnison *f* гарнизо́н 2

Garnitur *f* Unterwäsche, Möbel гарниту́р 2; Satz, Zusammenstellung набо́р 2, компле́кт 2

Garn|knäuel *n* клубо́к пря́жи [ни́ток]; **~rolle** *f* кату́шка ни́ток; **~spule** *f* шпу́лька 6, кату́шка 6

garstig га́д|кий, -ок, -ка́!; га́же, скве́рный, -ен, -на́!

Gärstoff *m* заква́ска 6

Garten *m* сад 2b; в саду́; **~anlage** *f* сквер 2; **~arbeit** *f* рабо́та в саду́; **~architekt** *m* архите́ктор-плани́ровщик 2-2 па́рков

Gartenbau *m* садово́дство 4; **~ausstellung** *f* вы́ставка садово́дства; **~betrieb** *m* садово́дство 4; **~fachmann** *m* садово́д 2

Garten|erde *f* садо́вая земля́; **~fest** *n* гуля́нье 5; **~freund** *m* садово́д-люби́тель 2-1; **~gerät** *n* садо́вый инвента́рь 1е; **~grundstück** *n* садо́вый уча́сток; **~laube** *f* бесе́дка 6; **~lokal** *n* рестора́н в саду́; **~möbel** *Pl* да́чная ме́бель; **~pflanzen** *f Pl* садо́вые расте́ния *Pl* 6; **~schere** *f* садо́вые но́жницы; **~schlauch** *m* садо́вый рука́в; **~stadt** *f* зелёный го́род, го́род-сад 2-2; **~weg** *m* садо́вая доро́жка 6; **~zaun** *m* забо́р 2 са́да

Gärtner *m* садо́вник 2; Gemüse~ огоро́дник 2; **~ei** *f* садово́дство 4; **~in** *f* садо́вница 6; огоро́дница 6

gärtnerisch: ~e Produktionsgenossenschaft садово́дческий кооперати́в

Gärung *f* броже́ние 5

Gärungs|mittel *n* ферме́нт 2; für Teig заква́ска 6; **~prozeß** *m* броди́льный проце́сс, фермента́ция 8

Gas *n* газ 2 | das ~ anzünden зажига́ть ⟨-же́чь⟩ газ; ~ geben Auto usw. дать газ; **~anzünder** *m* зажига́тель 1 га́зовой горе́лки

Gas|behälter *m* газго́льдер 2, резервуа́р для га́за; **~beleuchtung** *f* га́зовое освеще́ние; **~brenner** *m* га́зовая горе́лка; **~druck** *m* давле́ние га́за; **~erzeugung** *f* произво́дство 4; **~flamme** *f* га́зовое пла́мя; **~flasche** *f* га́зовый балло́н 2

gasförmig газообра́зный

Gas|hahn *m* га́зовый кран | den ≈ aufdrehen *übertr* поко́нчить *v* 3 с собо́й; **~heizung** *f* га́зовое отопле́ние; **~herd** *m* га́зовая плита́; **~installateur** *m* монтёр по га́зовым устано́вкам, газовщи́к 2е; **~kocher** *m* га́зовая пли́тка; **~koks** *m* га́зовый кокс; **~laterne** *f* га́зовый фона́рь; **~leitung** *f* газопрово́д 2; **~maske** *f* противога́з 2; **~netz** *n* га́зовая сеть; **~ofen** *m* га́зовая печь; **~öl** *n* газо́йль 1; **~ometer** *m* газго́льдер 2; **~pedal** *n Kfz* педа́ль акселера́тора; **~rohr** *n* газопрово́дная труба́

Gasse *f* переу́л|ок, -ка 2; *Theat* у́зкий прохо́д 2 | hohle ~ уще́лье 5

Gassen|hauer *m* у́личная пе́сенка 6; **~junge** *m* у́личный мальчи́шка 6

Gast *m* гость 1g; *Theat* гастролёр 2 | zu ~ sein быть в гостя́х; wir bekommen heute Gäste у нас сего́дня бу́дут го́сти; seien Sie mein ~! бу́дьте мои́м го́стем!; **~arbeiter** *m BRD* иностра́нный рабо́чий; **~dirigent** *m* дирижёр, прие́хавший 11 на гастро́ли

Gäste|buch *n* кни́га о́тзывов посети́телей; **~haus** *n* гости́ница 6 для официа́льных госте́й

gastfreundlich гостеприи́м|ный, -ен

Gastfreundschaft *f* гостеприи́мство 4 | j-s ~ in Anspruch nehmen по́льзоваться чьим-н. гостеприи́мством

gastgebend принима́ющий 11 госте́й | ~e Mannschaft *Sport* кома́нда хозя́ев (по́ля)

Gastgeber *m* хозя́|ин 2 *Pl* -ева, -ев до́ма; **~haus** *n*, **~hof** *m* ма́ленькая гости́ница 6; **~hörer** *m* вольнослу́шатель 1

gastieren *intr Theat* гастроли́ровать 2, быть* на гастро́лях

gastlich = **gastfreundlich**

Gast|mahl *n* зва́ный обе́д 2, пир 2b; на, в пиру́; **~mannschaft** *f Sport* кома́нда госте́й; **~professor** *m* профе́ссор, приглашённый в друго́й го́род [в другу́ю страну́] (для прочте́ния ци́кла ле́кций); **~recht** *n* зако́н 2 гостеприи́мства | ≈ genießen по́льзоваться 2 (вос-) гостеприи́мством; j-m ≈ gewähren ока́зывать ⟨-|каза́ть*⟩ кому́-н. гостеприи́мство

Gastritis *f* гастри́т 2
Gastrolle *f Theat* гастро́ль 9 | eine ~ geben быть* гастролёром
Gastronom *m* Kochkünstler специали́ст 2 по приготовле́нию высококáчественной пи́щи; **~ie** *f* иску́сство 4 [уме́ние 5] приготовля́ть высококáчественную пи́щу
Gastspiel *n* гастро́ли *Pl* 9; **~reise** *f* гастро́льная пое́здка, гастро́ли *Pl* 9
Gast|stätte *f* рестора́н 2, столо́вая *Subst* 10; **~stättenleiter** *m* руководи́тель 1 рестора́на; **~stube** *f* зал 2 рестора́на *Subst* 10; **~vorstellung** *f* гастро́льный спектáкль; **~wirt** *m* заве́дующий *Subst* 11 рестора́ном; **~wirtschaft** *f* рестора́н 2; **~zimmer** *n* гости́ная *Subst* 10
Gas|uhr *f* гáзовый счётчик 2, газоме́р 2; **~vergiftung** *f* отравле́ние гáзом; **~versorgung** *f* снабже́ние гáзом; **~werk** *n* гáзовый заво́д; **~zähler** *m* гáзовый счётчик 2
Gatte *m* супру́г 2
Gatter *n* Zaun деревя́нный забо́р 2; Gehege решётчатое огражде́ние 5; **~säge** *f* рáмная пилá
Gattin *f* супру́га 6
Gattung *f Biol* род 2b; *Lit* жанр 2
Gattungs|begriff *m* родово́е поня́тие; **~name** *m Gramm* и́мя существи́тельное нарицáтельное
Gaudium *n* весе́лье 5, поте́ха 6
Gaukelei *f* фигля́рство 4
gaukeln *intr* фигля́рить 3; Schmetterling порхáть
Gaukler *m* фигля́р 2, фо́кусник 2
Gaul *m* кля́ча 6 | einem geschenkten ~ sieht man nicht ins Maul дарёному коню́ в зу́бы не смо́трят
Gaumen *m* нёбо 4; **~kitzel** *m* лáкомство 4; **~laut** *m* нёбный звук; **~mandel** *f* миндалеви́дная железá 6, *Pl* же́лезы, желёз, железáм; **~segel** *n Anat* нёбная занаве́ска 6
Gauner *m* моше́нник 2, плут 2e; **~ei** *f* моше́нничество 4, плутовство́ 4; **~sprache** *f* воровско́й жарго́н 2; **~stück** *n* плутовство́ 4, моше́нническая проде́лка 6
Gauß *n Phys* гáусс 2
Gavotte *f Mus* гаво́т 2
Gaze *f* газ 2; Mull мáрля 7; **~binde** *f* мáрлевый бинт; **~fenster** *n* окно́, затя́нутое се́ткой
Gazelle *f* газе́ль [зэ] 9
Geächze *n* о́ханье 5, кряхте́нье 5
ge|ädert с прожи́лками; **~artet:** so ist er ≈ он тако́в, таковá его́ нату́ра
Geäst *n* су́ч|ья, -ев *Pl* 1
Gebäck *n* пече́нье 5; **~zange** *f* щипцы́ для пече́нья
Gebälk *n* бáлки *Pl* 6, систе́ма 6 бáлок
Gebärde *f* жест 2
gebärden, sich *refl* вести́* себя́, держáться 3⁺ | er gebärdete sich wie ein Verrückter он вёл себя́ как сумасше́дший
Gebärdenspiel *n* жестикуля́ция 8; **~sprache** *f* язы́к же́стов
gebären *tr* ро|ди́ть *uv, v* 3 -жу́, *uv* роди́ла, *v* -илá; рождённый, рожáть *umg;* von Tieren метáть* | er ist 1917 geboren он роди́лся в 1917ом году́
Gebaren *n* поведе́ние 5, мане́ры *Pl* 6
Gebärmutter *f* мáтка 6
Gebäude *n* здáние 5
Gebeine *n Pl* остáнки *Pl* 2, прах 2
Gebell *n* лай 1
geben *tr* давáть* ⟨дать*⟩; Fest давáть ⟨дать⟩, устр|áивать ⟨-о́ить 3⟩; Karten сдавáть ⟨-дать⟩ | Feuer ~ zum Rauchen дать прикури́ть; j-m den Abschied ~ дать отстáвку кому́-н.; j-m die Hand ~ подавáть ⟨подáть*⟩ ру́ку кому́-н.; es ist mir nicht gegeben, zu ... мне не дано́ ..., я не уме́ю ...; es gibt Regen бу́дет дождь; von sich ~ Laut издавáть ⟨издáть*⟩; j-m etw. zu verstehen ~ дать поня́ть кому́-н. что-н.; was gibt's? что тако́е?, в чём де́ло?; so was gibt's nicht э́того не быва́ет; es gibt есть, име́ется; es gibt kein(e) es ist nicht vorhanden нет *G;* es gibt viel zu tun мно́го рабо́ты; was wird heute im Theater gegeben? что идёт сего́дня в теáтре?; viel auf etw. ~ придавáть ⟨придáть*⟩ (большо́е) значе́ние чему́-н.; ich gäbe viel darum, wenn ... я до́рого дал бы, е́сли бы ...; etw. zum besten ~ выступáть ⟨вы́ступ|ить 3 -лю⟩ с чем-н.; es j-m ~ *übertr* задавáть ⟨задáть*⟩ кому́-н.; sich heiter ~ принимáть ⟨приня́ть*⟩ весёлый вид; was gibt es da zu lachen? что тут смешно́го?; das gibt sich alles всё улáдится
Geben *n* (по)дáча 6; beim Kartenspiel сдáча 6 | ich bin am ~ мне сдавáть
Gebet *n* моли́тва 6 | j-n ins ~ nehmen пробирáть ⟨-|брáть*⟩ кого́-н.; **~buch** *n* моли́твенник 2
Gebiet *n* террито́рия 8; Verwaltungsbezirk о́бласть 9g; *übertr* о́бласть, сфе́ра 6 | das schlägt nicht in mein ~ э́то не по мое́й специáльности
gebieten *tr* прикáзывать ⟨-|казáть*⟩; fordern тре́бовать 2 (по-); *intr* управля́ть (über *I*), распоря|жáться ⟨-ди́ться 3 -жу́сь⟩ (über *I*) | Vorsicht scheint hier geboten в э́том слу́чае рекоменду́ется осторо́жность
Gebieter *m* повели́тель 1; **~in** *f* повели́тельница 6
gebieterisch повели́тел|ьный, -ен
Gebiets|abtretung *f* усту́пка террито́рии; **~erweiterung** *f* расшире́ние террито́рии; **~teil** *m* часть о́бласти [террито́рии]

Gebilde *n* произведе́ние 5; Struktur строе́ние 5; *Geol* форма́ция 8
gebildet образо́ван:ный, -на | politisch ~ полити́чески гра́мот|ный, -ен, -на
Gebimmel *n* звон 2, трезво́н 2
Gebinde *n* Blumen~ буке́т 2 цвето́в
Gebirge *n* го́ры *Pl* 6а
gebirgig го́рный, гори́ст:ый
Gebirgs|bach *m* го́рный пото́к 2; **~gegend** *f* го́рная ме́стность; **~jäger** *m* го́рный стрел|о́к, -ка́ 2; **~kamm** *m* гре́бень гор; **~kette** *f* хреб|е́т, -та́ 2; **~paß** *m* го́рный прохо́д 2, перева́л 2; **~rücken** *m* го́рный хребе́т; **~sattel** *m* седлови́на 6; **~schlucht** *f* го́рное уще́лье; **~tal** *n* го́рная доли́на; **~vorland** *n* предго́рье 5; **~zug** *m* го́рная цепь 9g, на цепи́
Gebiß *n* зу́бы *Pl* 2g; künstliches вставна́я че́люсть 9, зубно́й проте́з [тэ] 2; am Zaum удила́ *Pl* 4
Gebläse *n Tech* воздуходу́вка 6; Ventilator вентиля́тор 2
Geblöke *n* бле́яние 5
geblümt Stoff с цвето́чками, в цвета́х
geboren урождённая; veranlagt прирождённый | sie ist eine ~e Müller она́ урождённая Мю́ллер; er ist ein ~er Künstler он прирождённый худо́жник [арти́ст]
geborgen находя́щийся 11 в безопа́сном ме́сте | sich ~ fühlen чу́вствовать себя́ в безопа́сности
Gebot *n* Forderung тре́бование 5; moralischer Grundsatz при́нцип 2, заве́т 2; *Rel* за́поведь 9 | das ~ der Stunde тре́бование моме́нта; j-m zu ~e stehen быть* в чьём-н. распоряже́нии
Gebotszeichen *n* предпи́сывающий 11 знак
gebraten жа́реный
Gebräu *n* питьё 3
Gebrauch *m* употребле́ние 5 *G*, по́льзование 5 *I;* Sitte обы́ч|ай 1 *G Pl* -ев; Gewohnheit привы́чка 6 | in ~ kommen вхо|ди́ть 3⁺ -жу́ ⟨во|йти́*⟩ в употребле́ние; außer ~ kommen выходи́ть ⟨вы́йти⟩ из употребле́ния [из обихо́да]; vor ~ schütteln пе́ред употребле́нием взба́лтывать; von etw. ~ machen употреб|ля́ть ⟨-и́ть 3 -лю́⟩ что-н., испо́льзовать *uv, v* 2 что-н.
gebrauchen *tr* употреб|ля́ть ⟨-и́ть 3 -лю́⟩ *A*, по́льзоваться 2 (вос-) *I* | das kann ich gut ~ э́то мне пригоди́тся
gebräuchlich употреби́тельный, -ен, -ьна | wenig ~ малоупотреби́тел|ьный, -ен, -ьна; nicht mehr ~ вы́шедший 11 из употребле́ния
Gebräuchlichkeit *f* употреби́тельность 9
Gebrauchs|anweisung *f* инстру́кция о примене́нии [о по́льзовании]; **~artikel** *m* предме́т 2 [това́р 2] широ́кого потребле́ния [ширпотре́ба]; **~eigenschaften** *f Pl* потреби́тельские сво́йства
gebrauchs|fähig, **~fertig** (при)го́дный к употребле́нию
Gebrauchs|gegenstand *m* предме́т потребле́ния; **~güter** *n Pl* предме́ты *Pl* 2 [това́ры] широ́кого потребле́ния; **~muster** *n* зарегистри́рованный образ|е́ц, -ца́ 2; **~wert** *m* потреби́тельная сто́имость
gebraucht Gegenstand подёржанный
Gebraucht|wagen *m* подёржанный автомоби́ль; **~waren** *f Pl* подёржанные ве́щи; **~warengeschäft** *n* магази́н подёржанных веще́й
Gebrechen *n* неду́г 2; körperliches недоста́т|ок, -ка | die ~ des Alters ста́рческие неду́ги
gebrechlich дря́хл:ый, -а́!, сла́б:ый: -а́, -о, сла́бы́ | ~ werden дряхле́ть (о-)
Gebrechlichkeit *f* дря́хлость 9, сла́бость 9
gebrochen 1. *Adj* ло́маный | ~e Linie ло́маная ли́ния; er ist an Leib und Seele ~ он надло́мен физи́чески и мора́льно **2.** *Adv:* ~ Deutsch sprechen говори́ть на ло́маном неме́цком языке́
Gebrüder *Pl* бра́ть|я, -ев, -ям *Pl* 2
Gebrüll *n* рёв 2, рыча́ние 5; Löwe рык 2; Rind мыча́ние 5
Gebrumm *n* ворча́ние 5, бормота́ние 5
gebückt: in ~er Haltung согну́вшись
Gebühr *f* Kosten сбор 2, пла́та 6 | nach ~ по заслу́гам, по досто́инству; über ~ сверх ме́ры, чересчу́р; j-n nach ~ würdigen от|дава́ть* кому́-н. до́лжное
gebühren *intr:* ihm gebührt Lob он заслу́живает похвалы́; **~d 1.** *Adj* надлежа́щий 11, до́лжный; geziemend подоба́ющий 11 | in gebührender Weise подоба́ющим о́бразом **2.** *Adv* по заслу́гам, по досто́инству
gebührendermaßen *Adv* надлежа́щим о́бразом
Gebühren|erlaß *m* освобожде́ние от взно́са [пла́ты]; **~ermäßigung** *f* сниже́ние 5 взно́са [пла́ты]
gebühren|frei свобо́дный от опла́ты [от по́шлины]; kostenlos беспла́т|ный, -ен, -на; **~pflichtig** подлежа́щий 11 опла́те; kostenpflichtig пла́тный
Geburt *f* eines Kindes рожде́ние 5; Niederkunft ро́ды *Pl* 2; Herkunft происхожде́ние 5 | von ~ от рожде́ния, о́троду; von ~ Berliner урожéн|ец, -ца 2 Берли́на; von ~ an blind sein быть слепы́м от рожде́ния
Geburten|beschränkung *f* ограниче́ние рожда́емости; **~kontrolle** *f* регули́рование 5 рожда́емости; **~rückgang** *m* паде́ние рожда́емости; **~überschuß** *m* превыше́ние 5 рожда́емости над сме́ртностью; **~zahl** *f*, **~ziffer** *f* рожда́емость

9; **~zunahme** *f* рост 2 [повыше́ние 5] рожда́емости
gebürtig: er ist ein ~er Berliner он урожене́ц Берли́на, он ро́дом из Берли́на
Geburts|anzeige *f* объявле́ние о рожде́нии (ребёнка); **~fehler** *m* приро́дный недоста́ток; **~haus** *n* родно́й дом; **~helfer** *m* акушёр 2; **~hilfe** *f* акуше́рство 4; **~jahr** *n* год рожде́ния; **~ort** *m* ме́сто рожде́ния; **~tag** *m* день рожде́ния | ich gratuliere zum ≈ поздравля́ю с днём рожде́ния; sie hat ≈ у неё день рожде́ния; **~tagskind** *n* новорождённый *Subst* 10, новорождённая *Subst* 10; **~tagstisch** *m* стол с пода́рками ко дню рожде́ния; **~urkunde** *f* ме́трика 6, метри́ческое свиде́тельство 4; **~vorgang** *m* ро́ды *Pl* 2; **~wehen** *f Pl* родовы́е схва́тки [поту́ги]
Gebüsch *n* куста́рник 2
Geck *m* франт 2, щёголь 1
geckenhaft франтова́тый, щегольско́й
Geckenhaftigkeit *f* франтовство́ 4, щегольство́ 4
Gedächtnis *n* па́мять 9 | kurzes ~ кури́ная па́мять; visuelles ~ зри́тельная па́мять; sich etw. ins ~ rufen вспомина́ть ⟨-по́мнить 3⟩ что-н., восстан|а́вливать ⟨-ови́ть 3⁺ -овлю́⟩ что-н. в па́мяти; im ~ behalten сохран|я́ть ⟨-и́ть 3⟩ что-н. в па́мяти; man kann nicht alles im ~ behalten всего́ не упо́мнишь; sich ins ~ einprägen в|ре́заться* *v* в па́мять; aus dem ~ verlieren забыва́ть ⟨-|бы́ть*⟩; aus dem ~ по па́мяти; zum ~ в па́мять; **~feier** *f* торжество́ в па́мять кого́-н. *oder* чего́-н.; **~rede** *f* речь, посвящённая па́мяти кого́-н. *oder* чего́-н.; **~schwäche** *f* сла́бость па́мяти; **~schwund** *m* амнези́я 8, потеря́ 7 па́мяти; **~stütze** *f:* zur ≈ для па́мяти
gedämpft Gemüse u. ä. па́реный; Stimme приглушённый; Licht мяг|кий [хк], -ок, -ка́! | mit ~er Stimme вполго́лоса
Gedanke *m* мысль 9 (an о *P*) | in ~n vertieft [versunken] sein заду́м|ываться ⟨-аться⟩, погру|жа́ться ⟨-зи́ться 3 -жу́сь⟩ в разду́мье; seinen ~n nachhängen пре|дава́ться* ⟨преда́ться*, -да́лся, -дали́сь⟩ размышле́ниям; ich kam auf den ~n мне пришла́ в го́лову мысль; sich über etw. ~n machen беспоко́иться 3 о чём-н., трево́житься 3 (вс-) за что-н.; in ~n мы́сленно; j-n auf andere ~n bringen отвлека́ть ⟨-|вле́чь*⟩ чьи-н. мы́сли; sich mit dem ~n tragen но|си́ться 3⁺ -шу́сь с мы́слью; seine ~n sammeln собира́ться ⟨-|бра́ться*, -брали́сь⟩ с мы́слями; mir schoß ein ~ durch den Kopf у меня́ блесну́ла мысль; ich konnte den ~n nicht loswerden я не мог изба́виться от мы́сли
Gedanken|austausch *m* обме́н мы́слями [мне́ниями]; **~freiheit** *f* свобо́да мы́сли; **~gang** *m* ход мы́слей
gedankenlos необду́ман:ный, -на; zerstreut рассе́ян:ный, -на
Gedankenlosigkeit *f* необду́манность 9, рассе́янность 9
gedankenreich бога́тый мы́слями
Gedanken|splitter *m* афори́зм 2; **~strich** *m* тире́ [рэ] *n idkl;* **~übertragung** *f* переда́ча мы́слей; **~verbindung** *f* ассоциа́ция 8
gedankenvoll заду́мчив:ый
Gedankenwelt *f* мир иде́й [мы́слей]
gedanklich Prozeß, Fähigkeit мысли́тельный; in Gedanken vorgestellt мы́сленный
Gedärm *n* кишки́ *Pl* 6
Gedeck *n* (столо́вый) прибо́р 2; Speisefolge ко́мплексный обе́д 2 | ein ~ für zwei Personen прибо́р на двух челове́к
Gedeih *m:* auf ~ und Verderb при всех обстоя́тельствах
gedeihen *intr* (хорошо́) расти́*, развива́ться ⟨-|ви́ться*; -ви́ли́сь⟩; Arbeit usw. преусп|ева́ть ⟨-е́ть⟩ | die Arbeit ist weit gediehen рабо́та далеко́ продви́нулась; wie weit ist die Sache gediehen? в како́м положе́нии нахо́дится де́ло?
gedeihlich поле́з|ный, -ен; erfolgreich успе́ш|ный, -ен
gedenken *intr* по́мнить 3 *A oder* о *P,* вспомина́ть ⟨-по́мнить⟩ *A oder* о *P;* beabsichtigen намерева́ться | ich gedenke zu verreisen я ду́маю уе́хать; j-s in Ehren gedenken чтить* кого́-н., чтить чью-н. па́мять; was ~ Sie zu tun? что вы наме́рены де́лать?
Gedenken *n* па́мять 9 | zum ~ an в па́мять о *P*
Gedenk|feier *f* торже́ственное собра́ние 5 в па́мять *G;* **~minute** *f* мину́та молча́ния; **~münze** *f* юбиле́йная моне́та 6; **~rede** *f* речь, посвящённая па́мяти *G;* **~sendung** *f* радиопереда́ча [телепереда́ча] па́мяти *G;* **~stätte** *f* па́мятное ме́сто 4b; das ehemalige Wohnhaus дом-музе́|й 2-1 *G Pl* -ев; **~tafel** *f* мемориа́льная [па́мятная] доска́; **~tag** *m* день па́мяти, годовщи́на 6
Gedicht *n* стихотворе́ние 5; Poem поэ́ма 6 | ~e schreiben писа́ть стихи́; **~form** *f* стихотво́рная фо́рма | in ≈ в стиха́х; **~sammlung** *f* сбо́рник стихо́в
gediegen Metall саморо́д|ный, -ен; Mensch, Arbeit соли́д|ный, -ен
gedörrt сушёный | ~es Fleisch вя́леное мя́со
Gedränge *n* толкотня́ 7, да́вка 6 | sich im ~ verlieren зате́риваться ⟨-теря́ться⟩ в толпе́; er geriet ins ~ он попа́л в да́вку
gedrängt eng те́сный, -ен, -на́, -но,

те́сны́; zusammengedrängt ску́ченный; knapp dargestellt сжа́тый, кра́ткий| -ок| -ка́!| -че | ~e Darstellung сжа́тое изложе́ние; ~ sitzen сиде́ть в тесноте́

Gedrängtheit *f* сжа́тость 9, кра́ткость 9

ge|druckt печа́тный | er lügt wie ≈ *umg* он лжёт без зазре́ния со́вести; **~drückt** угнет|ённый| -ён| -ена́, пода́вленный

Gedrucktes *n* печа́тный текст 2

gedrungen untersetzt корена́ст:ый

Gedrungenheit *f* корена́стость 9

Geduld *f* терпе́ние 5 | ~ haben mit j-m быть* снисходи́тельным к кому́-н.; mir reißt die ~ моё терпе́ние ло́пнуло; ~ üben прояв|ля́ть ⟨-и́ть 3⁺ -лю́⟩ терпе́ние

geduld|en, sich *refl* име́ть терпе́ние, терп|е́ть 3⁺ -лю́ (по-) | gedulden Sie sich! потерпи́те!, погоди́те!; wollen Sie sich bitte einen Augenblick gedulden! прошу́ вас немно́го подожда́ть!; **~ig** терпели́в:ый | ≈ alles über sich ergehen lassen терпели́во сноси́ть 3⁺ -ношу́ ⟨-|нести́*⟩ всё

Geduld|s|probe *f* испыта́ние терпе́ния; **~spiel** *n* головоло́мка 6

ge|dunsen распу́хший 11, одутлова́т:ый; **~dünstet** тушёный; **~ebnet** Weg то́рный; **~ehrt:** sehr ≈er in der Anrede многоуважа́емый; **~eignet** (при)го́д|ный| -ен, подходя́щий 11 | in ≈er Weise надлежа́щим о́бразом; der ≈e Augenblick благоприя́тный моме́нт; ≈ sein für подходи́ть 3⁺ -хожу́ ⟨-о|йти́*⟩ для *G*

Geest *f* возвы́шенная песча́ная ме́стность 9

Gefahr *f* опа́сность 9; Wagnis риск 2; drohende угро́за 6 | bei ~ в слу́чае опа́сности; außer ~ sein быть вне опа́сности; auf die ~ hin с ри́ском, риску́я; auf eigene ~ handeln де́йствовать на свой риск, де́йствовать на свой страх и риск; ~ laufen рискова́ть 2; sich der ~ aussetzen подверга́ться ⟨-ве́ргнуться 4a⟩ опа́сности; es droht ~ грози́т опа́сность; der ~ ins Auge sehen смотре́ть 3⁺ (по-) в глаза́ опа́сности; in ~ schweben быть* под угро́зой

gefährden *tr* подверга́ть ⟨-ве́ргнуть 4a *u.* 4⟩ опа́сности, ста́в|ить 3 -лю (по-) под угро́зу | gefährdet sein быть в опа́сности

Gefährdung *f* угро́за 6 *D*

Gefahrenzone *f* опа́сная зо́на

gefährlich опа́с|ный| -ен

Gefährlichkeit *f* опа́сность 9

gefahrlos безопа́с|ный| -ен

Gefahrlosigkeit *f* безопа́сность 9

Gefährt *n* пово́зка 6

Gefährt|e *m* това́рищ 2; **~in** *f* това́рищ 2, подру́га 6

gefahrvoll опа́с|ный| -ен

Gefälle *n* пока́тость 9, укло́н 2 | leichtes ~ отло́гость 9

gefallen *intr* нра́в|иться 3 -люсь (по-) (wegen за *A*), быть* по вку́су | wie hat Ihnen der Film ~ ? как вам понра́вился э́тот фильм?; wie es Ihnen gefällt как вам уго́дно; das brauche ich mir nicht ~ zu lassen я не жела́ю э́того терпе́ть; sich nichts ~ lassen не дава́ть* себя́ в оби́ду

¹Gefallen *n* удово́льствие 5 | an etw. ~ finden находи́ть 3⁺ -хожу́ ⟨-|йти́*⟩ удово́льствие в чём-н.; an j-m ~ finden чу́вствовать 2 симпа́тию к кому́-н.

²Gefallen *m* Gefälligkeit любе́зность 9, одолже́ние 5 | j-m einen ~ tun сде́лать кому́-н. одолже́ние; tun Sie mir den ~! сде́лайте одолже́ние!, бу́дьте добры́ [любе́зны]!

Gefallener *m* па́вший *Subst* 11, уби́тый *Subst* 10 в бою́

gefällig услу́жлив:ый, любе́з|ный| -ен; anziehend, einnehmend прия́т|ный| -ен | j-m ~ sein удружи́ть *v* 3 кому́-н., ока́зывать ⟨-|каза́ть*⟩ услу́гу кому́-н.

Gefälligkeit *f* услу́жливость 9; Gefallen одолже́ние 5, любе́зность 9 | eine ~ erweisen де́лать (с-) одолже́ние, ока́зывать ⟨-|каза́ть*⟩ любе́зность; j-n um eine ~ bitten про|си́ть 3⁺ -шу́ ⟨по-⟩ кого́-н. об услу́ге

Gefallsucht *f* жела́ние 5 нра́виться, коке́тливость 9

gefallsüchtig коке́тлив:ый

Gefangenen|aufseher *m* тюре́мный надзира́тель; **~lager** *n* ла́герь для (вое́нно-) плённых

Gefangener *m* плённый *Subst* 10; Häftling заключённый *Subst* 10 | Gefangene machen захв|а́тывать ⟨-ати́ть 3⁺ -ачу́⟩ плённых; Gefangene austauschen производи́ть 3⁺ -вожу́ ⟨-|вести́*⟩ обме́н плёнными

gefangenhalten *tr* держа́ть 3⁺ под аре́стом [*Mil* в плену́]

Gefangennahme *f* взя́тие 5 в плен

gefangennehmen *tr* брать* ⟨взять*⟩ в плен

Gefangenschaft *f* плен 2| в плену́ | in ~ geraten по|па́сть* *v* в плен

gefangensetzen *tr* сажа́ть ⟨поса|ди́ть 3⁺ -жу⟩ в тюрьму́

Gefängnis *n* тюр|ьма́ 6c *G Pl* -ем; als Strafe тюре́мное заключе́ние 5 | ins ~ werfen сажа́ть ⟨поса|ди́ть 3⁺ -жу́⟩ в тюрьму́; **~strafe** *f* тюре́мное заключе́ние 5; **~wärter** *m* тюре́мный надзира́тель; **~zelle** *f* тюре́мная ка́мера 6

gefärbt кра́шеный

Gefasel *n* болтовня́ 7, бре́дни *Pl* 1

Gefäß *n* сосу́д 2

gefaßt споко́|йный, -ен, -йна, сохраня́ющий 11 самооблада́ние | sich ~ machen auf гото́в|иться 3 -люсь к чему́-н.; sich auf das Schlimmste ~ machen пригото́виться *v* к са́мому ху́дшему
Gefäßverengung *f* суже́ние сосу́дов
Gefecht *n* бой 1b *P* в бою́, *G Pl* боёв | außer ~ setzen выво|ди́ть 3⁺ -жу́ ⟨вы́|вести*⟩ из стро́я; in der Hitze des ~s в пылу́ сраже́ния [спо́ра]
Gefechts|ausbildung *f* боева́я подгото́вка 6; **~bereitschaft** *f* боева́я гото́вность; **~ordnung** *f* боево́й поря́док; **~stand** *m* кома́ндный пункт; **~stellung** *f* боева́я пози́ция
gefeit gegen Angriffe неуязви́м:ый | gegen etw. ~ sein быть застрахо́ванным от чего́-н.
Gefieder *n* опере́ние 5, пе́рь|я, -ев *Pl* 3
gefiedert Vogel перна́т:ый; *Bot* пе́ристый
Gefilde *n* по́ле 3b, ни́ва 6
Geflecht *n* плете́ние 5 плетёнка 6
gefleckt пятни́ст:ый, в пя́тнах
Geflimmer *n* мерца́ние 5
geflissentlich 1. *Adj* наме́рен:ный, -на **2.** *Adv* умы́шленно, наро́чно
Geflügel *n* дома́шняя пти́ца 11-6; als Speise жи́вность 9; **~farm** *f* птицефе́рма 6; **~hof** *m* пти́чий 12 двор
geflügelt крыла́т:ый | ~es Wort крыла́тое сло́во
Geflügel|zucht *f* птицево́дство 4; **~züchter** *m* птицево́д 2; Facharbeiter пти́чник 2
Geflüster *n* шёпот 2
Gefolge *n* сви́та 6; *hist* дружи́на 6 | im ~ haben по|влечь* *v* за собо́й
gefräßig прожо́рлив:ый
Gefreiter *m* ефре́йтор 2
gefrieren *intr* замерза́ть ⟨-мёрзнуть 4a⟩; leicht подмерза́ть ⟨-мёрзнуть⟩; ringsum, an der Oberfläche обмерза́ть ⟨-мёрзнуть⟩ | ~ lassen замор|а́живать ⟨-о́зить 3 -о́жу⟩
Gefrier|fach *n* морози́льное отделе́ние, морози́льная ка́мера 6; **~fleisch** *n* моро́женое мя́со; **~punkt** *m* то́чка замерза́ния
Gefüge *n* структу́ра 6
gefügig gehorsam послу́ш|ный, -ен
Gefühl *n* чу́вство 4 [ус] (für *G*); Sinnesempfindung ощуще́ние 5; Gemütsbewegung эмо́ция 8 | ich habe kein ~ im Fuß у меня́ онеме́ла нога́; ein feines ~ haben то́нко чу́вствовать; j-s ~e verletzen оскорб|и́ть *v* 3 -лю́ чьё-н. чу́вство
gefühllos бесчу́вствен:ный, -на, чёрств:ый, чёрства́, чёрство, чёрствы *oder* черствы́; hartherzig нечувстви́тел|ьный, -ен, -ьна; Glied онеме́вший 11
Gefühllosigkeit *f* бесчу́вствие 5, чёрствость 9; нечувстви́тельность 9
Gefühlsausbruch *m* излия́ние 5 чувств
gefühls|betont эмоциона́л|ьный, -ен, -ьна; **~mäßig** продикто́ванный чу́вством, эмоциона́л|ьный, -ен, -ьна
Gefühls|mensch *m* эмоциона́льная нату́ра 6; **~regungen** *Pl* эмо́ции *Pl* 8; **~sache** *f* де́ло чувств
gefühlvoll чувстви́тел|ьный, -ен, -ьна
gefüllt *Bot* махро́вый; *Nahr* с начи́нкой; mit Fleisch, Gemüse фарширо́ванный
gefüttert Kleidung, Schuhe на подкла́дке
gegeben да́н:ный, -а́!; *Math* за́дан:ный | im ~en Augenblick в настоя́щую мину́ту; unter den ~en Umständen в да́нных обстоя́тельствах; **~enfalls** *Adv* в слу́чае необходи́мости
gegen *Präpos* про́тив *G;* ~ die Sonne про́тив све́та; ~ den Strom про́тив тече́ния; ~ den Krieg про́тив войны́ | (an)stoßen: ~ einen Baum fahren на|е́хать* *v* на де́рево; ~ die Ecke stoßen уда́риться *v* об у́гол; der Regen klatscht ~ die Scheiben дождь стучи́т в о́кна | *Zeit* о́коло *G,* к *D;* ~ drei (Uhr) о́коло трёх (часо́в); ~ Mittag [Mitternacht] о́коло полу́дня [полу́ночи]; ~ Morgen [Abend] к утру́ [ве́черу], под у́тро [ве́чер]; ~ Ende к концу́ | ungefähre Menge о́коло *G; umg a. Nachstellung des Substantivs;* ~ vierzig Mann о́коло сорока́ челове́к, челове́к со́рок; er ist ~ dreißig ему́ под три́дцать, ему́ лет три́дцать | trotz вопреки́ *D;* etw. ~ die Abmachung tun де́лать что-н. вопреки́ всем ожида́ниям | Mittel от *G;* ein Mittel ~ Husten сре́дство от ка́шля | gegenüber, in Bezug auf к *D;* ~ j-n streng [gerecht] sein быть стро́гим [справедли́вым] к кому́-н.; Mißtrauen [Achtung] ~ j-n недове́рие [уваже́ние] к кому́-н.; freundlich [höflich] ~ j-n sein быть любе́зным [ве́жливым] с кем-н. [по отноше́нию к кому́-н.] | Vergleich по сравне́нию с *I;* meine Sammlung ist nichts ~ deine моя́ колле́кция ничего́ по сравне́нию с твое́й; ~ dich ist er ein alter Mann по сравне́нию с тобо́й он стари́к | Gegenwert за *A;* ~ Bezahlung за пла́ту; ~ Barzahlung за нали́чные; Mark ~ Rubel tauschen обменя́ть ма́рки на рубли́; ~ Quittung под распи́ску; ~ Kaution [Zinsen] под зало́г [проце́нты]
Gegen|angriff *m* контрнаступле́ние 5, контрата́ка 6 | zum ≈ übergehen переходи́ть 3⁺ -хожу́ ⟨-|йти́*⟩ в контрата́ку; **~aussage** *f* противопоказа́ние 5; **~befehl** *m* контрприка́з 2; **~bemerkung** *f* возраже́ние 5; **~besuch** *m* отве́тный визи́т; **~beweis** *m* контраргуме́нт 2
Gegend *f* ме́стность 9; Umgebung окре́стность 9; *Med* о́бласть 9

Gegen|dienst *m* взаимная услу́га | zu ≈en gern bereit всегда́ гото́вый к услу́гам; ~**druck** *m* противоде́йствие 5; *Tech* противодавле́ние 5
gegeneinander *Adv* друг про́тив дру́га
Gegen|forderung *f* встре́чное тре́бование; ~**frage** *f* встре́чный вопро́с; ~**gewicht** *n* противове́с 2 *a. übertr;* ~**gift** *n* противоя́дие 5; ~**kathete** *f Math* противолежа́щий 11 ка́тет; ~**klage** *f* встре́чный иск; ~**leistung** *f* отве́тная услу́га 6
Gegenlicht *n* свет, па́дающий 11 с противополо́жной стороны́; *Foto* контрово́й свет; ~**aufnahme** *f* съёмка про́тив све́та
Gegen|liebe *f* отве́тная любо́вь | mit diesem Vorschlag fand er keine ≈ его́ предложе́ние не нашло́ сочу́вствия; ~**maßnahme** *f* контрме́ра 6, отве́тная ме́ра; ~**mittel** *n* сре́дство от чего́-н.; ~**offensive** *f* контрнаступле́ние 5; ~**partei** *f Jur* проти́вная сторона́; *Sport* кома́нда проти́вника; ~**plan** *m* встре́чный план; ~**pol** *m* противополо́жный по́люс; ~**probe** *f* прове́рка 6 | ≈! bei Abstimmungen кто про́тив?; ~**reformation** *f* контрреформа́ция 8; ~**revolution** *f* контрреволю́ция 8; ~**satz** *m* противополо́жность 9, контра́ст 2; Gegensätzlichkeit der Interessen противоре́чие 5 | im ≈ zu etw. в противополо́жность чему́-н.; im ≈ zu etw. stehen быть* в противоре́чии с чем-н.
gegensätzlich противополо́ж|ный, -ен
Gegenseite *f* противополо́жная сторона́
gegenseitig взаи́м|ный, -ен, обою́д|ный, -ен | ~e Hilfe взаимопо́мощь 9; ~es Einverständnis взаимопонима́ние 5
Gegen|seitigkeit *f* взаи́мность 9, обою́дность | das beruht auf ≈ э́то осно́вано на взаи́мности; ~**spieler** *m* проти́вник 2; im Spiel партнёр 2; ~**stand** *m* предме́т 2; eines Gesprächs те́ма 6, предме́т | zum ≈ der Beratung werden стать предме́том обсужде́ния
gegen|ständig *Bot* супроти́вный; ~**ständlich** предме́т|ный, -ен; ~**standslos** беспредме́т|ный, -ен; unbegründet необосно́ван:ный, -на | ≈ werden утра́|чивать ⟨-тить 3⟩ значе́ние
Gegen|stoß *m Mil* контруда́р 2, контрата́ка 6; ~**strömung** *f* встре́чное [обра́тное] тече́ние *a. übertr;* ~**teil** *n* противополо́жность 9 *D* | im ≈ наоборо́т, напро́тив; das ≈ ist wahr, das ≈ ist der Fall как раз наоборо́т; das ≈ behaupten утвержда́ть обра́тное
gegenteilig противополо́ж|ный, -ен | ≈e Meinung противополо́жное мне́ние
Gegentor *n* отве́тный гол
gegenüber *Präpos* örtlich напро́тив *G,* про́тив *G;* er saß mir ~ он сиде́л (на)про́тив меня́; der Schule schräg ~ наискосо́к [на́искось] про́тив шко́лы | vergleichend по сравне́нию с *I;* ~ dem Vorjahr по сравне́нию с предыду́щим го́дом | Beziehung по отноше́нию к *D,* пе́ред *I,* к *D;* unsere Pflicht der Heimat ~ наш долг пе́ред ро́диной; die Verantwortung ~ dem Kollektiv отве́тственность пе́ред коллекти́вом; j-s Plänen ~ skeptisch sein относи́ться скепти́чески к чьим-н. пла́нам; mir ~ hat er nichts gesagt мне он об э́том ничего́ не говори́л
Gegenüber *n* визави́ *m, f indekl;* Gegenübersitzender сидя́щий *Subst* 11 напро́тив
gegenüber|liegen *intr* лежа́ть [быть* располо́женным] напро́тив *G;* ~**liegend** противополо́ж|ный, -ен; ~**stehen** *intr* стоя́ть напро́тив *G;* Meinungen противостоя́ть 3 *D;* ~**stellen** *tr* vergleichen сопост|авля́ть ⟨-а́вить 3 -а́влю⟩; *Jur* производи́ть 3⁺ -вожу́ ⟨-|вести́*⟩ о́чную ста́вку (j-n j-m кого́-н. с кем-н.)
Gegenüberstellung *f* сопоставле́ние 5; *Jur* о́чная ста́вка
Gegen|verkehr *m* встре́чное движе́ние 5; ~**vorschlag** *m* контрпредложе́ние 5, встре́чное предложе́ние; ~**wart** *f* Anwesenheit прису́тствие 5; Jetztzeit совреме́нность 9; Tempus настоя́щее 11 вре́мя | in j-s ≈ в чьём-н. прису́тствии; in ≈ des Direktors при дире́кторе
gegenwärtig 1. *Adj* настоя́щий 11, совреме́н|ный, -ен, -на | das ist mir nicht mehr ganz ~ я э́то сейча́с пло́хо по́мню **2.** *Adv* в настоя́щее вре́мя, тепе́рь
Gegenwarts|literatur *f* совреме́нная литерату́ра; ~**stück** *n* пье́са на совреме́нную те́му
Gegen|wehr *f* сопротивле́ние 5; ~**wert** *m* эквивале́нт 2; ~**wind** *m* встре́чный ве́тер; ~**winkel** *m Math* противолежа́щий 11 у́гол; ~**wirkung** *f* противоде́йствие 5
gegenzeichnen *tr* скреп|ля́ть ⟨-и́ть 3 -лю́⟩ второ́й по́дписью
Gegen|zeichnung *f* скрепле́ние 5 второ́й по́дписью; ~**zug** *m* встре́чный по́езд; Schach отве́тный ход
Gegner *m* проти́вник 2; Feind враг 2e; *Sport* проти́вник
gegnerisch проти́вный | ~e Hälfte des Spielfelds *Sport* чужа́я полови́на по́ля
Gegnerschaft *f* вражда́ 6
Gehacktes *n* сыро́е ру́бленое мя́со 4, фарш 2
¹**Gehalt** *m* содержа́ние 5 (an*G*)
²**Gehalt** *n* зарпла́та 6, жа́лованье 5 | mit

seinem ~ auskommen обходи́ться 3⁺ -хожу́сь ⟨-о|йти́сь*⟩ свое́й за́работной пла́той, жить* на свою́ зарпла́ту

gehalt|los бессодержа́тел|ьный, -ен, -ьна; **~reich** содержа́тел|ьный, -ен, -ьна

Gehalts|abzug *m* вы́чет из за́работной пла́ты; **~anspruch** *m* пра́во 4b на получе́ние жа́лованья; Forderung тре́буемый окла́д 2; **~erhöhung** *f* повыше́ние зарпла́ты; **~stufe** *f* катего́рия 8 зарпла́ты; **~zulage** *f* надба́вка [приба́вка 6] к зарпла́те

ge|haltvoll содержа́тел|ьный, -ен, -ьна; **~harnischt** *übertr* ре́з|кий, -ок, -ка́!; **~hässig** язви́тел|ьный, -ен, -ьна, зло́б|ный, -ен I ≈es Benehmen враждéбное отноше́ние; ≈e Worte жёлчные слова́

Gehässigkeit *f* язви́тельность 9

Gehäuse *n* Uhr ко́рпус 2b *Pl* -а́; *Tech* коро́бка 6

Gehege *n* заго́н 2 I j-m ins ~ kommen вме́шиваться ⟨вмеша́ться⟩ в чьи-н. дела́, затр|а́гивать ⟨-о́нуть 4⟩ чьи-н. интере́сы

geheim 1. *Adj* та́йный, секре́т|ный, -ен; verborgen потайно́й, скры́тый; im Innern verborgen сокрове́н:ный, -на I in ~er Abstimmung при та́йном голосова́нии **2.** *Adv* ~ tun секре́тничать, скры́тничать I im ~en вта́йне, укра́дкой

Geheim|abkommen *n* та́йное соглаше́ние; **~agent** *m* секре́тный аге́нт; **~bund** *m* та́йный сою́з; **~dienst** *m* та́йная поли́ция 8; **~fach** *n* тайни́к 2e, потайно́й я́щик 2; **~gang** *m* потайно́й ход

geheimhalten *tr* храни́ть 3 в та́йне, таи́ть 3 I etw. streng ~ храни́ть что-н. в стро́гой та́йне

Geheimhaltung *f* сохране́ние 5 в та́йне

Geheimnis *n* та́йна 6, секре́т 2 I öffentliches ~ всем изве́стный секре́т, секре́т полишине́ля; ein ~ aus etw. machen де́лать секре́т [та́йну] из чего́-н., скрыва́ть ⟨-|кры́ть*⟩ что-н.; es ist längst kein ~ mehr ни для кого́ уже́ не секре́т; **~krämerei** *f*, **~tuerei** *f* стремле́ние 5 де́лать из всего́ та́йну

geheimnisvoll таи́нствен:ный, -на I ~ tun секре́тничать, скры́тничать

Geheim|polizei *f* та́йная поли́ция; **~rat** *m alt* та́йный сове́тник; **~schrift** *f* шифр 2, та́йнопись 9; **~sender** *m* та́йный радиопереда́тчик

Geheiß *n* приказа́ние 5 I auf j-s ~ по чьему́-н. приказа́нию [тре́бованию]

gehen *intr* идти́* *best*, хо|ди́ть 3⁺ -жу́ *unbest;* losgehen по|йти́* *v;* доходи́ть ⟨-йти́⟩ (bis zu до *G*) I Sie müssen bis zum Platz ~ вам ну́жно дойти́ до пло́щади; der Zug geht nach Berlin по́езд идёт в Берли́н; das Fenster geht nach Norden окно́ выхо́дит на се́вер; die Mühle geht ме́льница рабо́тает; das Geschäft geht schlecht де́ло идёт пло́хо; diese Ware geht gut э́тот това́р идёт хорошо́, э́то хо́дкий това́р; es geht darum, daß ... де́ло идёт о том, что ...; in die zweite Klasse ~ учи́ться 3⁺ во второ́м кла́ссе; wie geht es Ihnen? как вы пожива́ете?, как вы живёте?; es geht! ничего́ себе́!; mir geht es gut [schlecht] мне хорошо́ [пло́хо]; so gut es geht по ме́ре возмо́жности; es geht nichts darüber нет ничего́ лу́чше; so geht es nicht так нельзя́, так не вы́йдет; es wird schon ~ обойдётся!, сойдёт!; es geht auf Mitternacht вре́мя приближа́ется к полу́ночи; das geht zu weit э́то уж сли́шком, э́то уж чересчу́р; sicher ~ де́йствовать 2 наверняка́; es geht nicht nach dir э́то не по-тво́ему; vor sich ~ соверш|а́ться ⟨-и́ться 3⟩, происходи́ть ⟨произойти́⟩; in sich ~ уходи́ть ⟨уйти́⟩ в себя́, заду́мываться ⟨-ду́маться⟩

Gehen *n Sport* спорти́вная ходьба́ I im ~ на ходу́

gehenlassen, sich *refl* дава́ть* ⟨дать*⟩ себе́ во́лю, распу|ска́ться ⟨-сти́ться 3⁺ -щу́сь⟩

Geher *m Sport* скорохо́д 2

geheuer: das kommt mir nicht ganz ~ vor (мне ка́жется,) здесь что-то нела́дно [нечи́сто]

Geheul *n* вой 1, рёв 2

Gehilf|e *m* помо́щник 2; Geselle подру́чный *Subst* 10; **~in** *f* помо́щница 6

Gehirn *n* (головно́й) мозг 2b *G a.* мо́згу; в мозгу́; als Speise мозги́ *Pl;* **~erschütterung** *f* сотрясе́ние мо́зга; **~erweichung** *f Med* размягче́ние мо́зга

Gehirnhaut *f* мозгова́я оболо́чка; **~entzündung** *f* менинги́т 2

Gehirnschlag *m* апоплекси́ческий уда́р

gehoben повы́шенный I ~er Posten отве́тственная до́лжность; ~er Stil высо́кий [торже́ственный] стиль

Ge|höft *n* двор 2e, уса́д|ьба 6 *G Pl* -еб; **~hölz** *n* ро́ща 6, лес|о́к, -ка́ 2; Sträucher куста́рник 2; **~hör** *n* слух 2 *a. Mus* I nach ≈ на слух, по слу́ху; ≈ finden быть* вы́слушанным; j-m ≈ schenken (благоскло́нно) выслу́шивать ⟨вы́слушать⟩ кого́-н.; sich bei j-m ≈ verschaffen заставля́ть ⟨заста́в|ить 3 -лю⟩ кого́-н. вы́слушать себя́; das absolute ≈ абсолю́тный (музыка́льный) слух

gehorchen *intr* слу́шаться (по-)*G*, повинова́ться 2 *D Prät a. v*

gehören *intr* принадлежа́ть (j-m кому́-н.); принадлежа́ть, относи́ться 3⁺ (zu к *D*) zu einer Gruppe входи́ть 3⁺ в соста́в (zu *G*) | das gehört nicht zur Sache э́то к де́лу не отно́сится; dazu gehört Geld для э́того нужны́ де́ньги; zur Kommission ~ 16 Abgeordnete в коми́ссию вхо́дят 16 депута́тов; es gehört sich полага́ется; das gehört sich nicht не подоба́ет, не прили́чно; wie es sich gehört как сле́дует, как полага́ется

Gehörgang *m* слухово́й прохо́д

gehörig 1. *Adj* принадлежа́щий 11; gebührend надлежа́щий 11, до́лжный | eine ~e Strafe bekommen получи́ть надлежа́щее наказа́ние **2.** *Adv* основа́тельно, как сле́дует | j-m ~ die Wahrheit sagen сказа́ть кому́-н. всю пра́вду в глаза́

gehörlos глух:о́й, -а́!

Gehörloser *m* глухо́й *Subst* 10

Gehörlosenschule *f* шко́ла для глухи́х [для глухонемы́х]

Gehörnerv *m* слухово́й нерв

gehörnt рога́т:ый

gehorsam послу́ш|ный, -ен

Gehorsam *m* повинове́ние 5, послуша́ние 5 | den ~ verweigern выхо|ди́ть 3⁺ -жу́ ⟨вы́|йти́*⟩ из повинове́ния

Geh|rock *m* сюрту́к 2e; **~rung** *f* направле́ние 5 под угло́м (в 45°)

Geier *m* гриф 2

Geifer *m* слюна́ 6; *übertr* яд 2

geifern *intr* бры́згать* слюно́й; *übertr* быть* в я́рости

Geige *f* скри́пка 6 | ~ spielen игра́ть на скри́пке; die erste ~ spielen игра́ть пе́рвую скри́пку *a. übertr*

geigen *intr* игра́ть на скри́пке

Geigen|bau *m* произво́дство скри́пок, **~bauer** *m* скрипи́чный ма́стер 2b *Pl* -а́; **~bogen** *m* смыч|о́к, -ка́ 2; **~spieler** *m* скрипа́ч 2e *G Pl* -е́й

Geiger *m* скрипа́ч 2e *G Pl* -е́й; **~zähler** *m* счётчик 2 Ге́йгера

geil похотли́в:ый, сладостра́ст|ный, -ен

Geilheit *f* похотли́вость 9, сладостра́стие 5

Geisel *f* зало́жник 2; **~nahme** *f* захва́т 2 зало́жников

Geiß *f Zool* коза́ 6c; **~blatt** *n Bot* жи́молость 9; **~bock** *m* коз|ёл, -ла́ 2

Geist *m* дух 2; Verstand ум 2e; Scharfsinn, Witz остроу́мие 5; *Myth* при́зрак 2, привиде́ние 5 | im ~ der Zeit в ду́хе вре́мени; im ~ der Freundschaft в ду́хе дру́жбы; im ~e war er bei uns мы́сленно он был с на́ми; den ~ aufgeben испу|сти́ть *v* 3⁺ -щу́ дух, у|мере́ть* *v;* man weiß, wes ~es Kind er ist изве́стно, что он собо́й представля́ет

geisterhaft при́зрач|ный, -ен

geistern *intr* бро|ди́ть 3⁺ -жу́ как при́зрак

Geisterstunde *f* полу́ночный час

geistesabwesend 1. *Adj* рассе́ян:ный, -на **2.** *Adv* рассе́янно; blicken отсу́тствующим взгля́дом

Geistes|abwesenheit *f* рассе́янность 9; **~arbeit** *f* у́мственная рабо́та, у́мственный труд; **~armut** *f* ску́дость ума́; **~blitz** *m* остроу́мие 5, блеск 2 остроу́мия; **~gabe** *f* дарова́ние 5; **~gegenwart** *f* прису́тствие ду́ха

geisteskrank душевнобольно́й

Geistes|kranker *m* душевнобольно́й *Subst* 10; **~krankheit** *f* психи́ческое заболева́ние 5, душе́вная боле́знь; **~richtung** *f* иде́йное направле́ние; **~schaffender** *m* челове́к 2 у́мственного труда́; *Pl* интеллиге́нция 8

geistesschwach слабоу́м|ный, -ен

Geistesschwäche *f* слабоу́мие 5

geistesverwandt ро́дственный по ду́ху

Geistes|verwandtschaft *f* единомы́слие 5, (с)родство́ душ; **~wissenschaften** *f Pl* гуманита́рные нау́ки

geist|ig духо́вный; intellektuell у́мственный; Getränke спиртно́й | ≈e Arbeit у́мственный труд; ≈e Fähigkeiten у́мственные спосо́бности; ≈e Interessen духо́вные интере́сы; das materielle und ≈e Wohl материа́льное и духо́вное благосостоя́ние; ≈e Getränke спиртны́е напи́тки; **~lich** духо́вный

Geistlicher *m* свяще́нник 2, духо́вное лицо́ 4c

Geistlichkeit *f* духове́нство 4, клир 2

geist|los ску́ч|ный, -ен, -на́, -но, ску́чны́, пуст:о́й, -а́!; **~reich** остроу́м|ный, -ен; **~tötend** смерте́льно ску́чный; **~voll** scharfsinnig остроу́м|ный, -ен, у́мный, умён, умна́, у́мно́

Geiz *m* ску́пость 9

geizen *intr* скуп|и́ться 3⁺ -лю́сь ⟨по-⟩ (mit на *A*)

Geizhals *m* скупо́й *Subst* 10, скря́га *m, f* 6

geizig скуп:о́й, -а́!

Geizkragen *m* = **Geizhals**

Ge|jammer *n* во́пли *Pl* 1, сто́ны *Pl* 2; **~jauchze** *n* ликова́ние 5; **~johle** *n* кри́ки *Pl* 2, рёв 2; **~kicher** *n* хихи́канье 5; **~kläff** *n* тя́вканье 5; **~klapper** *n* стук 2; **~klimper** *n* бренча́ние 5; **~klirr** *n* Gläser дребезжа́ние 5; Waffen бряца́ние 5; **~knatter** *n* трескотня́ 7; **~krächze** *n* ка́рканье 5

gekräuselt курча́в:ый, кудря́в:ый

Ge|kreisch *n* визг 2, кри́ки *Pl* 7; **~kritzel** *n* кара́кули *Pl* 7; **~kröse** потрох|а́ *Pl* 2b -о́в

gekünstelt иску́сствен:ный, -на, неесте́ствен:ный, -на

Gelächter *n* смех 2 *G a.* -у; lautes хо́хот 2 | in ein ~ ausbrechen за|хохота́ть* *v,* рассме|я́ться, -ю́сь, -ёшься

Gelage *n* (роско́шный) пир 2b; на пиру́; Trink~ кут|ёж 2e *G Pl* -еже́й, попо́йка 6

gelähmt парали́чный
Gelände *n* ме́стность 9; Fläche террито́рия 8; **~beschaffenheit** *f* хара́ктер ме́стности; **~fahrt** *f Sport* мотокро́сс 2
geländegängig вездехо́дный
Gelände|kunde *f* топогра́фия 8; **~lauf** *m* кросс 2
Geländer *n* пери́ла *Pl* 4; Brüstung парапе́т 2
Gelände|ritt *m* ко́нный кросс 2; **~übung** *f* такти́ческое заня́тие 5 на ме́стности
gelangen *intr* попада́ть ⟨-|па́сть*⟩; erreichen добира́ться ⟨-|бра́ться*¡ -брали́сь⟩ (bis до *G*), дост|ига́ть ⟨-и́гнуть 4a *u.* 4⟩ *G* | nicht in die richtigen Hände ~ попа́сть не по а́дресу
gelassen споко́|йный¡ -ен¡ -йна, хладнокро́в|ный¡ -ен | etw. ~ hinnehmen относи́ться 3⁺ -ношу́сь ⟨-|нести́сь*⟩ к чему́-н. споко́йно
Gelassenheit *f* споко́йствие 5, хладнокро́вие 5
Gelatine *f* желати́н 2
geläufig **1.** *Adj* употреби́тел|ьный¡ -ен¡ -ьна, изве́ст|ный ¡ -ен | eine ~e Redensart употреби́тельный оборо́т ре́чи **2.** *Adv* бе́гло, свобо́дно
Geläufigkeit *f* бе́глость 9
gelaunt: gut [schlecht] ~ в хоро́шем [дурно́м] настрое́нии
Geläute *n* звон 2, трезво́н 2
gelb жёлтый | gelber Fleck *Anat* жёлтое пятно́; ~ werden желте́ть (по-)
Gelb *n* жёлтый цвет 2b *Pl* -á, желтизна́ 6
Gelb|fieber *n* жёлтая лихора́дка; **~filter** *m* жёлтый (свето)фи́льтр
gelblich желтова́т:ый
Gelbsucht *f* желту́ха 6
gelbsüchtig желту́шный
Geld *n* де́ньги *Pl* 6 *G* де́нег¡ *D* деньга́м (für на *A*) | großes ~ кру́пные де́ньги; das große ~ больши́е де́ньги; ~ für etw. ausgeben расхо́довать 2 (из-) де́ньги на что-н.; das kostet viel ~ э́то сто́ит больши́х [мно́го] де́нег; er wurde sein ~ los он лиши́лся (свои́х) де́нег; das ist nicht mit ~ zu bezahlen э́то ни за каки́е де́ньги не ку́пишь; das geht ins ~ э́то бьёт по карма́ну; zu ~ kommen нажива́ться ⟨-|жи́ться*¡ -жи́ли́сь⟩, богате́ть (раз-); das ~ zum Fenster hinauswerfen *übertr* броса́ть ⟨бро́сить⟩ де́ньги на ве́тер; er hat ~ wie Heu у него́ у́йма де́нег; **~abwertung** *f* девальва́ция 8; **~anlage** *f* помеще́ние [вложе́ние] де́нежных средств; **~anweisung** *f* де́нежный перево́д; **~börse** *f* кошел|ёк¡ -ька́ 2; **~entwertung** *f* обесце́нение де́нег, инфля́ция 8
geldgierig а́лчный к деньга́м [до де́нег]
Geld|heirat *f* брак по расчёту; **~mangel** *m* отсу́тствие де́нег, безде́нежье 5 | unter ≈ leiden нужда́ться в деньга́х; **~markt** *m* де́нежный ры́нок; **~mittel** *n Pl* де́нежные сре́дства, де́нежный фонд 2; **~schein** *m* де́нежный знак 2, банкно́т 2; **~schrank** *m* сейф 2; **~strafe** *f* де́нежный штраф; **~stück** *n* моне́та 6; **~umlauf** *m Wirtsch* де́нежное обраще́ние; **~umtausch** *m* обме́н (иностра́нной) валю́ты; **~- und Sachwertlotterie** *f* де́нежно-вещева́я лотере́я; **~verlegenheit** *f* де́нежные затрудне́ния | in ≈ sein нужда́ться в деньга́х; **~verschwendung** *f* расточи́тельство 4; **~wert** *m* сто́имость [курс 2] де́нег; **~zeichen** *n* де́нежный знак
Gelee *n* желе́ *n idkl* | Hering in ~ заливна́я сельдь
gelegen **1.** *Adj* passend удо́б|ный¡ -ен, подходя́щий 11 | zu ~er Zeit в подходя́щее вре́мя; mir ist viel daran ~ я придаю́ э́тому большо́е значе́ние, э́то для меня́ о́чень ва́жно **2.** *Adv* во́время, кста́ти | das kommt mir sehr ~ э́то для меня́ о́чень кста́ти; kommen wir ~? мы не помеша́ем?
Gelegenheit *f* (удо́бный) слу́ча|й 1 *G Pl* -ев | bei ~ при (удо́бном) слу́чае; mir bot sich eine ~, ich hatte ~ мне предста́вился слу́чай; j-m ~ geben дава́ть ⟨дать⟩ кому́-н. возмо́жность; die ~ beim Schopfe fassen воспо́льзоваться благоприя́тным слу́чаем; не упу|ска́ть ⟨-сти́ть 3⁺ -щу́⟩ слу́чая; ich hatte keine ~ dort zu sein мне не довело́сь там побыва́ть
Gelegenheits|arbeiter *m* рабо́чий¡ не име́ющий 11 постоя́нной рабо́ты; **~kauf** *m* случа́йная поку́пка | einen ≈ machen куп|и́ть *v* 3⁺ -лю́ что-н. по слу́чаю
gelegentlich **1.** *Adj* случа́йный **2.** *Adv* manchmal иногда́ **3.** *Präpos* während во вре́мя *G*
gelehrig поня́тлив:ый, смышлён:ый
Gelehr|igkeit *f* поня́тливость 9, смышлёность 9; **~samkeit** *f* учёность 9, эруди́ция 8
gelehrt учён:ый¡ -а
Gelehrter *m* учёный *Subst* 10
Geleit *n* про́воды *Pl* 2; Geleitzug конво́|й 1 *G Pl* -ев | j-m das letzte ~ geben от|дава́ть* ⟨отда́ть*⟩ кому́-н. после́дний долг; j-m freies ~ zusichern обеспе́ч|ивать ⟨-ить 3⟩ кому́-н. свобо́дное продвиже́ние
geleiten *tr* прово|жа́ть ⟨-ди́ть 3⁺ -жу́⟩
Geleit|schiff *n* конво́йр 2; **~wort** *n* предисло́вие 5; zum Abschied напу́тственное сло́во, напу́тствие 5; **~zug** *m* конво́|й 1 *G Pl* -ев судо́в
Gelenk *n Anat* суста́в 2; *Tech* сочлене́ние 5; **~bus** *m* сочленённый авто́бус; **~entzündung** *f* артри́т 2

gelenkig лóв|кий| -ок| -кá!, гиб|кий| -ок| -кá!
Gelenkigkeit *f* лóвкость 9, гибкость 9
Gelenk|rheumatismus *m* суставнóй ревматизм; **~welle** *f Tech* кардáнный вал
gelernt квалифици́рован:ный| -на, обу́ченный
geliebt люби́м:ый
Geliebte *f* возлю́бленная *Subst* 10, любóвница 6; **~r** *m* возлю́бленный *Subst* 10, любóвник 2
gelieren *tr* застывáть ⟨-|сты́ть*⟩
gelinde 1. *Adj* sanft мя́г|кий [хк]| -ок| -кá [хк]| -че, умéрен:ный| -на **2.** *Adv* мя́гко | ~ gesagt мя́гко выражáясь
gelingen *intr* у|давáться* ⟨-|дáться*| -дали́сь⟩ | es wird dir sicherlich ~ э́то тебé навернякá удáстся; ihm ist es gelungen zu ... емý удалóсь *Inf*
Gelispel *n* шёпот 2
gellen *intr* рéзко звучáть 3; **~d** рéз|кий| -ок| -кá!| -че, пронзи́тел|ьный| -ен| -ьна
geloben *tr* торжéственно обещáть *uv, v* давáть* ⟨дать*⟩ обéт; sich ~ *refl* посвя|ти́ть *v* 3 -щý себя́ *D* | ich gelobte mir, es nicht mehr zu tun я закáялся э́то дéлать
Gelöbnis *n* торжéственное обещáние 5, обéт 2
gelockt кудря́в:ый, завитóй|, зáвит| -á!
gelten *intr* wert sein стóить 3; gültig sein быть действи́тельным; im Ruf stehen слыть* ⟨про-⟩ (als *I*); gelten als считáться 1 *I*; bestimmt sein относи́ться 3⁺ -ношýсь ⟨-нести́сь⟩ (j-m к комý) | die Fahrkarte gilt nicht билéт недействи́телен; was gilt die Wette? на скóлько дéржим пари́?; es gilt (zu) ... дéло идёт о том| чтóбы ...; es gilt! идёт!, лáдно!; ~ lassen допу|скáть ⟨-сти́ть 3⁺ -щý⟩, при|знавáть* ⟨-знáть| при́знанный⟩ уважи́тельным; ich lasse es ~ я соглáсен; wir wollen es ~ lassen пусть бýдет; das gilt dir э́то отнóсится к тебé; das gilt nicht э́то не считáется; ihr Wort gilt viel bei ihm её мнéние [её слóво] для негó авторитéтно [мнóго знáчит]; **~d:** seine Rechte ≈ machen докáзывать ⟨-|казáть*⟩ своё прáво; seinen Einfluß ≈ machen испóльзовать *uv, v* 2 своё влия́ние
Geltung *f* значéние 5 | sich ~ verschaffen приобретáть ⟨-о|брести́*⟩ влия́ние; etw. zur ~ bringen выставля́ть ⟨вы́став|ить 3 -лю⟩ что-н. напокáз; zur ~ kommen проявл|я́ться ⟨-и́ться 3⟩
Geltungsbedürfnis *n* желáние 5 прояви́ть себя́ *I*
Gelübde *n* обéт 2 | ein ~ ablegen дать* обéт
gelüsten *intr* стрáстно желáть (по-) | es gelüstet mich nach etw. я жáжду чегó-н., я стрáстно желáю чегó-н.
gemach *Adv* мéдленно, спокóйно
Gemach *n* покóй 1
gemächlich мéдлен:ный| -на; gemütlich спокó|йный| -ен| -йна, удóб|ный| -ен | ein ~es Leben führen спокóйно жить*
Gemächlichkeit *f* спокóйствие 5, покóй 1; Bequemlichkeit удóбство 4
Gemahl *m* супрýг 2; **~in** *f* супрýга 6
Gemälde *n* карти́на 6 | nach einem ~ von Rembrandt с карти́ны Рéмбранта; **~ausstellung** *f* вы́ставка карти́н; **~galerie** *f* карти́нная галерéя; **~sammlung** *f* собрáние карти́н
gemasert в прожи́лках
gemäß *Präp* соглáсно *D* | ~ den Verdiensten по заслýгам; seinem Wunsch ~ в соотвéтствии с егó желáнием; **~igt** умéрен:ный| -на
Gemäuer *n* кáменные стéны 6h
gemein allgemein óбщий 11; niederträchtig, unanständig пóдл:ый| -á!; abscheulich безобрáз|ный| -ен | er hat mit ihm nichts ~ он не имéет ни́чего óбщего с ним; ~ handeln вести́ себя́ пóдло
Gemeinde *f* óбщина 6; Kirche прихóд 2; **~ältester** *m* сéльский стáроста 6; **~rat** *m* совéт óбщины; **~verwaltung** *f* коммунáльное [общи́нное] управлéние; **~wahlen** *f Pl* коммунáльные вы́боры
Gemeineigentum *n* общéственная сóбственность | Überführung in ~ передáча в общéственное пóльзование
gemein|gefährlich общéственно опáсный; **~gültig** общепри́нят:ый
Gemein|gut *n* óбщее достоя́ние 11-5; **~heit** *f* пóдлость 9, ни́зость 9 | eine ≈ begehen поступ|áть ⟨-и́ть 3⁺ -лю́⟩ пóдло; was für eine ≈! какóе безобрáзие!; **~kosten** *Pl* óбщие 11 (накладны́е) расхóды
gemeinnützig общéственно полéз|ный| -ен
Gemeinnützigkeit *f* общéственная пóльза 6
Gemeinplatz *m* óбщее 11 мéсто
gemeinsam 1. *Adj* óбщ:ий 11 -á!, совмéст|ный| -ен | ~e Erklärung совмéстное заявлéние; ~er Wille еди́ная вóля **2.** *Adv* сообщá, вмéсте | ~ handeln дéйствовать сообщá
Gemeinsamkeit *f* óбщность 9
Gemeinschaft *f* Gemeinsamkeit óбщность 9; von Freunden содрýжество 4; Gesellschaft óбщество 4 | eheliche ~ супрýжеское сожи́тельство 4
gemeinschaftlich óбщ:ий 11 -á!, общéственный
Gemeinschafts|antenne *f* коллекти́вная антéнна; **~arbeit** *f* совмéстный труд; **~besuch** *m* Kino, Theater usw. культпохóд 2; **~raum** *m* бытовóе помещéние; **~verpflegung** *f* общéственное питáние

Gemeinwohl *n* общее 11 бла́го
Gemenge *n* смесь 9; *Landw* сме́шанный посе́в 2
gemessen Schritte, Bewegungen разме́рен:ный, -на, ме́р|ный, -ен; Haltung сте-пе́н|ный, -ен, -на
Gemetzel *n* резня́ 7, бо́|йня 7 *G Pl* -ен
Gemisch *n* смесь 9
gemischt сме́шанный
Gemsbock *m* го́рный коз|ёл, -ла́ 2
Gemse *f* се́рна 6
Ge|munkel *n* слу́хи *Pl* 2, то́лки *Pl* 2; **~murmel** *n* бормота́ние 5, го́вор 2; Bach журча́ние 5
Gemüse *n* о́вощ|и, -ей 2g, зе́лень 9; **~anbau** *m* овощево́дство 4; **~beilage** *f* гарни́р 2 из овоще́й; **~garten** *m* огоро́д 2; **~gärtner** *m* огоро́дник 2; **~händler** *m* зеленщи́к 2e, торго́вец овоща́ми; **~handlung** *f* овощно́й магази́н, овощна́я ла́вка; **~konserven** *f Pl* овощны́е консе́рвы; **~pflanze** *f* овощно́е расте́ние; **~salat** *m* сала́т из овоще́й; **~suppe** *f* овощно́й суп
gemustert узо́рный, узо́рчат:ый | ~er Stoff мате́рия с пёстрым узо́ром
Gemüt *n* нрав 2, душа́ 6c, *A* ду́шу; *Pl* ~er умы́ 2e | fröhliches ~ весёлый нрав; die erregten ~er beschwichtigen успок|а́ивать ⟨-о́ить 3⟩ возбуждённые умы́
gemütlich ую́т|ный, -ен, прия́т|ный, -ен; Person прия́тный, доброду́ш|ный, -ен
Gemütlichkeit *f* ую́т 2, ую́тность 9 | da hört doch die ~ auf! э́то уж сли́шком [чересчу́р]!
Gemüts|art *f* хара́ктер 2, нрав 2; **~bewegung** *f* эмо́ция 8, душе́вное пережива́ние 5
gemütskrank душевнобольно́й
Gemüts|mensch *m* доброду́шный челове́к; **~ruhe** *f* душе́вный поко́й, споко́йствие ду́ха; **~zustand** *m* душе́вное состоя́ние
gemütvoll задуше́в|ный, -ен
Gen *n* ген 2
genau **1.** *Adj* то́ч|ный, -ен, -на́!, аккура́т|ный, -ен; ausführlich подро́б|ный, -ен; sorgfältig тща́тел|ьный, -ен, -ьна; gewissenhaft щепети́л|ьный, -ен, -ьна **2.** *Adv* то́чно, ро́вно | es mit etw. ~ nehmen быть* весьма́ щепети́льным в чём-н.; es ist ~ sieben Uhr ро́вно семь часо́в; es ist ~ dasselbe э́то соверше́нно то же са́мое; ~ so viel, wie … ро́вно сто́лько же, ско́лько …; ~ in der Mitte в са́мой середи́не; ~er gesagt верне́е сказа́ть; ~er betrachtet при бо́лее подро́бном рассмотре́нии; **~genommen** *Adv* стро́го говоря́
Genauigkeit *f* то́чность 9, аккура́тность 9; подро́бность 9; тща́тельность 9; щепети́льность 9
genauso: ~ wie то́чно так же, как
Gendarm *m* жанда́рм 2
genehm прия́т|ный, -ен
genehmigen *tr* разреш|а́ть ⟨-и́ть 3⟩; zustimmen согла|ша́ться ⟨-си́ться 3 -шу́сь⟩ на *A* | ein Gesuch ~ удовлетвор|я́ть ⟨-и́ть 3⟩ проше́ние
Genehmigung *f* разреше́ние 5 (für на *A*) 5 | mit ~ von с разреше́ния *G*
genehmigungspflichtig тре́бующий 11 (осо́бого) разреше́ния
geneigt abschüssig, schief накло́нный, отло́г:ий; *übertr* скло́н|ный, -ен, -на́! ‖ ~ sein быть располо́жен:ным
General *m* генера́л 2; **~angriff** *m* о́бщее 11 наступле́ние; **~direktor** *m* генера́льный дире́ктор; **~feldmarschall** *m* генера́л-фельдма́ршал 2; **~gouverneur** *m* генера́л-губерна́тор 2; **~intendant** *m* генера́льный интенда́нт
Generalität *f* генералите́т 2
General|konsul *m* генера́льный ко́нсул; **~leutnant** *m* генера́л-лейтена́нт 2; **~linie** *f* генера́льная ли́ния; **~major** *m* генера́л-майо́р 2; **~probe** *f* генера́льная репети́ция 8; **~reparatur** *f* капита́льный ремо́нт; **~sekretär** *m* генера́льный секрета́рь
Generalsrang *m* генера́льское зва́ние
General|staatsanwalt *m* генера́льный прокуро́р; **~stab** *m* генера́льный штаб; **~streik** *m* всео́бщая 11 забасто́вка; **~versammlung** *f* о́бщее 11 собра́ние; der UN генера́льная ассамбле́я 7; **~vertretung** *f* гла́вное представи́тельство
Generation *f* поколе́ние 5 | von ~ zu ~ из поко́ления в поколе́ние
Generator *m* генера́тор 2; **~gas** *n* генера́торный газ
generell **1.** *Adj* (все)о́бщий 11 **2.** *Adv* вообще́
genesen *intr* выздора́вливать ⟨вы́здороветь⟩, попр|авля́ться ⟨-а́виться 3 -а́влюсь⟩ (von по́сле *G*)
Genesis *f* ге́незис 2; Bibel Кни́га 6 Бытия́
Genesung *f* выздоровле́ние 5, излече́ние 5 | der ~ entgegengehen быть* на пути́ к выздоровле́нию
Genesungs|heim *n* дом о́тдыха [санато́рий 1] для выздора́вливающих; **~kur** *f* (куро́ртное) долече́вание 5
Genetik *f* гене́тика [нэ] 6; **~er** *m* гене́тик 2
genetisch генети́ческий [нэ]
genial гениа́л|ьный, -ен, -ьна
Genialität *f* гениа́льность 9
Genick *n* заты́л|ок, -ка 2 | sich das ~ brechen *a. übertr* слома́ть *v* себе́ ше́ю; das bricht ihm das ~ э́то слома́ет ему́ ше́ю; **~starre** *f Med* цереброспина́льный менинги́т 2
Genie *n* ге́ни|й 1 *P* -и, *G Pl* -ев, гениа́льный челове́к 2

genieren, sich *refl* стесня́ться (по-) (vor *G*)
genießbar съедо́б|ный, -ен, го́д|ный, -ен, -на́! в пи́щу
genießen *tr* Speise есть*, ку́шать (по-, с-); Leben насла|жда́ться ⟨-ди́ться 3 -жу́сь⟩ *I;* Ansehen по́льзоваться 2 *I* | er hat eine gute Erziehung genossen он получи́л хоро́шее воспита́ние; er ist heute nicht zu ~ он сего́дня невыноси́м [несно́сен]
Genießer *m* жуи́р 2
Genitalien *Pl* половы́е о́рганы 2
Genitiv *m* роди́тельный паде́ж 2е *G Pl* -е́й
Genius *m* ге́ни|й 1 *P* -и, *G Pl* -ев
genormt нормиро́ванный, станда́рт|ный, -ен
Genosse *m* това́рищ 2
Genossenschaft *f* коопера́ти́в 2; **~ler** *m* член 2 кооперати́ва
genossenschaftlich кооперати́вный | ~ organisieren коопери́ровать *uv, v* 2
Genossenschaftsbauer *m* член 2 сельскохозя́йственного произво́дственного кооперати́ва
Genossin *f* това́рищ 2 *in Verbindung mit Familiennamen nicht dekliniert*
Genre *n* жанр 2; **~bild** *n* жа́нровая карти́на; **~malerei** *f* жа́нровая жи́вопись
Gens *f hist* род 2b; в роду́
Gentil|gesellschaft *f* родово́е о́бщество; **~ordnung** *f* родово́й строй
genug *Adv* дово́льно, доста́точно | noch nicht ~ ещё ма́ло; mehr als ~ бо́лее чем доста́точно; nicht ~ damit, daß ... ма́ло того́, что ...; ich habe ~ (davon) с меня́ (э́того) хва́тит, мне э́то надое́ло; ~ des Guten! хоро́шего понемно́жку!
Genüge *f:* zur ~ доста́точно, вдо́воль
genügen *intr* хва|та́ть ⟨-ти́ть 3⁺⟩, быть* доста́точным; einer Forderung удовлетвор|я́ть ⟨-и́ть 3⟩ *D* | das genügt хва́тит; **~d** доста́точ|ный, -ен, удовлетвори́тел|ный, -ен, -ьна; Zensur удовлетвори́тельно
genügsam скро́м|ный, -ен, -на́!, нетре́бовател|ный, -ен, -ьна
Genugtuung *f* удовлетворе́ние 5 (über от *G*) | es ist mir eine ~, das zu hören мне доставля́ет удовлетворе́ние слы́шать э́то
Genus *n Gramm* род 2
Genuß *m* Vergnügen наслажде́ние 5; von Speisen потребле́ние | in den ~ von etw. kommen по́льзоваться 2 (вос-) чем-н.; **~mittel** *n Pl* изде́лия *Pl* 5 вкусово́й промы́шленности; **~sucht** *f* жа́жда 6 наслажде́ний
genußsüchtig жа́д|ный, -ен, -на́! до наслажде́ний
Geodäsie *f* геоде́зия [дэ] 8
geodätisch геодези́ческий [дэ]
Geograph *m* гео́граф 2; **~ie** *f* геогра́фия 8
geographisch географи́ческий
Geolog|e *m* гео́лог 2; **~ie** *f* геоло́гия 8
geologisch геологи́ческий
Geometrie *f* геоме́трия 8 | darstellende ~ начерта́тельная геоме́трия
geometrisch геометри́ческий
Geophysik *f* геофи́зика 6
geophysikalisch геофизи́ческий
Geophysiker *m* геофи́зик 2
Georgi|en Гру́зия 8; **~er** *m* грузи́н 2 *G Pl* грузи́н; **~erin** *f* грузи́нка 6
georgisch грузи́нский | Georgische Sozialistische Sowjetrepublik Грузи́нская Сове́тская Социалисти́ческая Респу́блика
geostationär геостациона́рный
Geowissenschaften *Pl* нау́ки *Pl* о земле́
Gepäck *n* бага́ж 2е; **~anhänger** *m* бага́жный ярлы́к 2е; beschriftetes Schildchen би́рка 6; **~annahme** *f* приём багажа́; **~aufbewahrung** *f* хране́ние багажа́; Raum ка́мера 6 хране́ния (багажа́); **~ausgabe** *f* вы́дача багажа́; **~automat** *m* автомати́ческая ка́мера 6 хране́ния багажа́; **~marsch** *m* марш с по́лной вы́кладкой; **~netz** *n* се́тка для багажа́; **~raum** *m* бага́жное отделе́ние 5; **~schein** *m* бага́жная квита́нция 8; **~stück** *n* (бага́жное) ме́сто 4; **~träger** *m* носи́льщик 2; am Fahrrad бага́жник 2; **~waage** *f* бага́жные весы́; **~wagen** *m Eisenb* бага́жный ваго́н; kleiner Karren бага́жная теле́жка 6
Gepard *m* гепа́рд 2
ge|pfeffert о́стр:ый, -а́!; Preise взду́тый | das sind ≈e Preise э́ти це́ны куса́ются; ≈er Witz солёная острота́; **~pflastert** мощёный; **~pflegt** хо́леный | ≈e Sprache культу́рная речь
Gepflogenheit *f* обы́ча|й 1 *G Pl* -ев, привы́чка 6
Geplänkel *n Mil* перестре́лка 6; Wortgefecht перебра́нка 6
Geplapper *n* болтовня́ 7
Geplätscher *n* плеск 2
Geplauder *n* разгово́ры *Pl* 2
Gepolter *n* гро́хот 2
Gepräge *n* отпеча́т|ок, -ка 2 | etw. das ~ geben класть* ⟨положи́ть 3⁺⟩ отпеча́ток на что-н.
Gepränge *n* пы́шность 9, ро́скошь 9
Gequake *n* von Fröschen ква́канье 5
gerade 1. *Adj* прям:о́й, -а́!; aufrichtig прямоду́ш|ный, -ен, открове́н|ный, -ен, -на; *Math* чётный **2.** *Adv* пря́мо, как раз | ~ heute как раз сего́дня; nun ~ nicht! вот уж нет; er ist ~ abgereist он то́лько что уе́хал; ~ du wirst gesucht и́менно тебя́ и́щут; da fällt mir ~ ein кста́ти сказа́ть, ме́жду про́чим; von Ihnen spricht man ~ о вас и говоря́т; das wollte ich ~ sagen э́то я и хоте́л сказа́ть
Gerade *f Math* пряма́я *Subst f* 10, пряма́я

ли́ния 8; *Sport* Rennbahn прямáя; Boxen прямóй удáр 2
geradeaus *Adv* прямо, напрями́к | ~ gehen идти́ пря́мо
geradebiegen *tr* распрям|ля́ть ⟨-и́ть 3 -лю́⟩, раз|гибáть ⟨-огну́ть 4⟩
geradeheraus *Adv* пря́мо, напрями́к
gerade|machen *tr* выпрямля́ть ⟨вы́прям|ить 3 -лю⟩; **~sitzen** *intr* сиде́ть пря́мо
geradeso *Adv* (то́чно) так же, (то́чно) тако́й же | er ist ~ groß wie du он то́чно тако́го же ро́ста как ты, он одного́ ро́ста с тобо́й; **~gut** *Adv* с таки́м же успе́хом, так же (хорошо́); **~viel** *Adv* и́менно сто́лько-то, тако́е-то коли́чество
gerade|wegs *Adv* пря́мо, прямы́м путём; **~zu** *Adv* [-'---] пря́мо, про́сто; [---'-] без обиняко́в, напрями́к
geradlinig прямолине́|йный, -ен, -йна
Geranie *f* гера́нь 9
Gerassel *n* гро́хот 2, шум 2; der Ketten лязг 2
Gerät *n* прибо́р 2; *Sport* (гимнасти́ческий) снаря́д 2
geraten **1.** *intr* gelangen попада́ть ⟨-|па́сть*⟩, очути́ться *v* 3⁺; in einen best. Gefühlszustand приходи́ть 3⁺ -хожу́ ⟨-|йти́*⟩; gelingen удава́ться ⟨-|да́ться*; -дали́сь⟩ | außer sich ~ вы́йти *v* из себя́; in Wut ~ прийти́ в я́рость; in Verzweiflung ~ прийти́ в отча́яние; an den rechten Mann ~ попа́сть *v* на ну́жного челове́ка; an den falschen ~ попа́сть не по а́дресу; zu klein ~ sein не вы́йти ро́стом; er ist nach seinem Vater ~ он (по хара́ктеру) похо́ж на своего́ отца́ **2.** *Adv* уда́ч|ный, -ен | nicht ~ неуда́вшийся 11
Geräte|schnur *f* соедини́тельный шнур; **~schuppen** *m* маши́нный сара́й
Geratewohl *n:* aufs ~ наудачу, науга́д, на аво́сь
Gerätschaften *Pl* ору́дия *Pl* 5
Gerätturnen *n* спорти́вная гимна́стика 6 на снаря́дах
geräuchert копчёный
geraum: ~e Zeit нема́лый срок, продолжи́тельное [до́лгое] вре́мя; seit ~er Zeit с да́вних пор, давны́м-давно́
geräumig просто́р|ный, -ен
Geräusch *n* шо́рох 2, шум 2
geräuscharm малошу́м|ный, -ен
Geräuschkulisse *f* шумова́я кули́са
geräusch|los **1.** *Adj* бесшу́м|ный, -ен; **2.** *Adv* без шу́ма; **~voll** шу́м|ный, -ен, -на́!
gerben *tr* Fell дуб|и́ть 3 -лю́ (вы́-) | j-m das Fell ~ *übertr* откол|оти́ть 3⁺ -очу́ кого́-н.
Gerber *m* дуби́льщик 2; **~ei** *f* дуби́л|ьня 7 *G Pl* -ен
Gerb|säure *f* дуби́льная кислота́; **~stoff** *m* дуби́тель 1
gerecht справедли́в:ый | allen Anforderungen ~ werden удовлетвор|я́ть ⟨-и́ть 3⟩ всем тре́бованиям; eine ~e Sache пра́вое де́ло; ~ sein gegen j-n быть справедли́вым к кому́-н.; **~fertigt** обосно́ван:ный, -на, справедли́в:ый
Gerechtigkeit *f* справедли́вость 9; Justiz правосу́дие 5 | j-m ~ widerfahren lassen от|дава́ть* ⟨отда́ть*⟩ справедли́вость кому́-н., воздава́ть ⟨-да́ть⟩ до́лжное кому́-н.
Gerechtigkeitssinn *m* чу́вство 4 справедли́вости
Gerede *n* болтовня́ 7; Gerücht то́лки *Pl* 2 | ins ~ kommen стать предме́том пересу́дов [то́лков]
gereichen *intr:* das gereicht ihm zur Ehre э́то де́лает ему́ честь
gereizt раздраж|ённый, -ён, -ена́
Gereiztheit *f* раздраже́ние 5
gereuen *intr:* es gereut mich, daß ... я раска́иваюсь в том, что ..., я (со)жале́ю, что ...
¹Gericht *n* Speise блю́до 4, ку́шанье 5
²Gericht *n Jur* суд 2е | das Oberste ~ Верхо́вный суд; über j-n zu ~ sitzen су|ди́ть 3⁺ -жу́ кого́-н.; die Sache kommt vor ~ де́ло бу́дет пе́редано в суд, де́ло бу́дет рассма́триваться в суде́; j-n bei ~ verklagen жа́ловаться (по-) на кого́-н. в суд; j-n vor ~ stellen от|дава́ть* ⟨отда́ть*⟩ кого́-н. под суд; das Jüngste ~ *Rel* стра́шный суд
gerichtlich **1.** *Adj* суде́бный | auf ~em Wege суде́бным поря́дком **2.** *Adv* по суду́, суде́бным поря́дком | gegen j-n ~ vorgehen по|дава́ть* ⟨пода́ть*⟩ в суд на кого́-н.
Gerichts|akten *f Pl* делопроизво́дство 4 по суде́бному проце́ссу; **~barkeit** *f* подсу́дность 9, юрисди́кция 8; **~behörde** *f* суд 2е, суде́бная инста́нция 8; **~beschluß** *m* определе́ние 5 суда́; **~hof** *m* трибуна́л 2; **~kosten** *Pl* суде́бные изде́ржки; **~medizin** *f* суде́бная медици́на; **~saal** *m* зал суде́бных заседа́ний; **~stand** *m* подсу́дность 9; **~verfahren** *n* судопроизво́дство 4; **~verhandlung** *f* суде́бное разбира́тельство 4, суде́бный проце́сс 2; **~vollzieher** *m* суде́бный исполни́тель 1
gerieben schlau проны́рлив:ый | ein ~er Bursche тёртый кала́ч 2е
gering **1.** *Adj* ма́л:ый, -а́; ме́ньше; ме́ньший 11; Qualität ни́з|кий, -ок, -ка́, -ко, низки́; ни́же | nicht das ~ste ро́вно ничего́; das ist meine ~ste Sorge э́то ма́ло меня́ беспоко́ит; es entgeht ihm nicht das Geringste от него́ ничто́ не ускольза́ет **2.** *Adv:* nicht im ~sten ничу́ть, нисколько; von j-m ~ denken быть* невысо́кого мне́ния о ком-н; **~fügig** ма-

лова́ж|ный, -ен, незначи́тел|ьный, -ен, -ьна
Geringfügigkeit *f* малова́жность 9, незначи́тельность 9
geringschätz|en *tr* пренебрега́ть ⟨пренебре́чь*⟩ *I,* не уважа́ть; **~ig 1.** *Adj* пренебрежи́тел|ьный, -ен, -ьна **2.** *Adv* свысока́
Geringschätzung *f* пренебреже́ние 5, неуваже́ние 5
gerinnen *intr* свёртываться ⟨сверну́ться 4⟩
Gerinnsel *n* сгу́ст|ок, -ка 2
Gerippe *n Anat* скеле́т 2; Schiffs~ о́стов 2; Gestell карка́с 2
ge|rippt ребри́ст:ый; *Bot* жилкова́т:ый; **~rissen** schlau продувно́й, хи́т|рый, -ёр, -ра́!
Gerissenheit *f* хи́трость 9
Germane *m* герма́н|ец, -ца 2
germanisch герма́нский
Germanist *m* германи́ст 2; **~ik** *f* германи́стика 6, герма́нская филоло́гия 8
Germanium *n* герма́ни|й 1 *P* -и
gern(e) *Adv* охо́тно | sehr ~ с удово́льствием; von Herzen ~ с велича́йшим удово́льствием; ich möchte ~ мне хоте́лось бы *Inf;* ich lese ~ я люблю́ чита́ть; ~ gesehen sein быть жела́нным го́стем; j-n ~ haben люб|и́ть 3⁺ -лю́ кого́-н.; ~ geschehen! не сто́ит благода́рности!, не́ за что!
Gernegroß *m* хвасту́н 2
Geröll *n* га́лька 6
geröstet жа́реный | ~e Brotschnitten гренки́ *Pl* 2
Gerste *f* ячме́нь 1e
Gersten|graupen *f Pl* я́чневая крупа́; **~korn** *n Bot* ячме́нное зерно́; *Med* ячме́нь 1e; **~mehl** *n* ячме́нная мука́
Gerte *f* прут 2 *u.* 2e, *Pl* -ья, -ьев; Reit~ хлыст 2e
Geruch *m* Sinnesorgan обоня́ние 5; Duft за́пах 2 | übler ~ злово́ние 5, дурно́й за́пах
geruchlos лишённый за́паха
Geruchs|organ *n* о́рган обоня́ния; **~sinn** *m* обоня́ние 5
Gerücht *n* слух 2 | ein ~ in Umlauf bringen распу|сти́ть *v* 3⁺ -щу́ слух
gerüchtweise *Adv* по слу́хам
geruhen *intr* соблаговол|я́ть ⟨-и́ть 3⟩ *mit Inf,* соизволя́ть ⟨-во́лить 3⟩ *mit Inf*
geruhsam споко́|йный, -ен, -йна
Gerümpel *n* хлам 2, ру́хлядь 9
Gerundium *n* дееприча́стие 5
Gerüst *n* Bau~ лес|а́ *Pl* 2 *G* -о́в
gesalzen солёный, со́лон, -а́! | wenig ~ малосо́л|ьный, -ен, -ьна; die Preise sind ~ *übertr umg* це́ны куса́ются
gesammelt: ~e Werke собра́ние 5 сочине́ний
gesamt весь, всего́ 14
Gesamt|ansicht *f* о́бщий 11 вид; **~ausgabe** *f* Bücher по́лное собра́ние сочине́ний; *Pl Fin* о́бщие расхо́ды 11-2; **~betrag** *m* о́бщая 11 су́мма; **~bild** *n* о́бщая 11 карти́на | sich ein ≈ machen сост|авля́ть ⟨-а́вить 3 -а́влю⟩ себе́ о́бщую карти́ну; **~eindruck** *m* о́бщее 11 впечатле́ние; **~einnahme** *f* валово́й дохо́д; **~ergebnis** *n* оконча́тельный результа́т; **~fläche** *f* о́бщая 11 пло́щадь; **~gewicht** *n* о́бщий 11 вес, вес бру́тто; **~heit** *f* совоку́пность 9; **~länge** *f* о́бщая 11 длина́; **~leistung** *f* по́лная мо́щность [производи́тельность]; **~produkt** *n Wirtsch* валово́й проду́кт; **~produktion** *f* о́бщая 11 проду́кция; **~punktzahl** *f Sport* о́бщее 11 число́ очко́в; **~sieg** *m* о́бщая 11 побе́да; **~stärke** *f* о́бщая 11 чи́сленность; **~summe** *f* о́бщая 11 [ито́говая] су́мма; **~umsatz** *m Wirtsch* о́бщий 11 оборо́т; **~zahl** *f* о́бщее 11 число́; **~zensur** *f* о́бщая 11 отме́тка [оце́нка]
Gesandter *m* посла́нник 2
Gesandtschaft *f* ми́ссия 8
Gesang *m* пе́ние 5; *Lied* пе́сня 7; **~buch** *n* сбо́рник 2 религио́зных пе́сен; **~lehrer** *m* учи́тель пе́ния; **~stunde** *f* уро́к пе́ния
Gesäß *n* зад 2b, на, в заду́, седа́лище 4
gesättigt *Chem* насы́щенный
Geschädigter *m* потерпе́вший *Subst* 11
Geschäft *n* Handel де́ло 4b; Abkommen сде́лка 6; Beschäftigung заня́тие 5; Laden магази́н 2; Unternehmen предприя́тие 5, фи́рма 6 | gute ~e machen заключ|а́ть ⟨-и́ть 3⟩ вы́годные сде́лки
Geschäftemacher *m* дел|е́ц, -ьца́ 2
geschäft|ig де́ятел|ьный, -ен, -ьна; **~lich 1.** *Adj* делово́й, торго́вый **2.** *Adv* по де́лу, по дела́м | er war ≈ verreist он уе́хал по дела́м
Geschäfts|abschluß *m:* einen ≈ tätigen заключ|а́ть ⟨-и́ть 3⟩ сде́лку; **~bereich** *m* круг 2b де́ятельности; **~bericht** *m* отчёт о состоя́нии дел; **~führer** *m* управля́ющий *Subst* 11 [заве́дующий *Subst* 11] торго́вой фи́рмой; **~gebaren** *n* делова́я пра́ктика 6, ме́тод веде́ния де́л(а); **~haus** *n* торго́вый дом, фи́рма 6; **~inhaber** *m* владе́лец магази́на; **~jahr** *n* хозя́йственный год; **~mann** *m* дел|е́ц, -ьца́ 2, коммерса́нт 2
geschäftsmäßig делово́й
Geschäfts|ordnung *f* регла́мент 2; **~partner** *m* делово́й партнёр; **~schluß** *m* закры́тие 5 магази́нов; **~straße** *f* торго́вая у́лица; **~träger** *m Pol* пове́ренный *Subst* 10 в дела́х; **~viertel** *n* торго́вая часть 9g (го́рода)
geschäftstüchtig де́льный, оборо́тлив:ый
Geschäfts|verkehr *m* делові́е свя́зи *Pl* 9 [сноше́ния]; **~welt** *f* делово́й мир

geschehen *intr* происходи́ть 3⁺ ⟨произо|йти́*⟩, случ|а́ться ⟨-и́ться 3⟩; vor sich gehen де́латься ⟨с-⟩ | etw. ~ lassen допу|-ска́ть ⟨-сти́ть 3⁺ -щу́⟩; als ob nichts ~ wäre как ни в чём не быва́ло; es ist ihm ganz recht ~ подело́м ему́, он получи́л по заслу́гам, так ему́ и на́до; es ist um ihn ~ он пропа́л, он поги́б

Geschehen *n* собы́тие 5

Geschehnis *n* происше́ствие 5, слу́ча|й 1 *G Pl* -ев

gescheit у́мный, ум|ён, -на́, у́мно́, разу́м|ный, -ен | du bist wohl nicht ~! *umg* ты с ума́ сошёл!

Geschenk *n* пода́р|ок, -ка 2 | zum ~ в пода́рок; j-n mit ~en überhäufen задари́вать ⟨-дари́ть 3⁺⟩ кого́-н.; **~artikel** *m* пода́р|ок, -ка 2; **~packung** *f* пода́рочный набо́р 2; **~sendung** *f* пода́рочная посы́лка

Geschichte *f* Wissenschaft исто́рия 8; Erzählung расска́з 2, по́весть 9g | eine wahre ~ быль 9; das ist eine schöne ~! *umg* ну и дела́!, вот так исто́рия!; immer dieselbe ~! ве́чно одно́ и то же!; mach keine ~n! *umg* не финти́!, не валя́й дурака́!

geschichtlich истори́ческий

Geschichts|atlas *m* а́тлас по исто́рии; **~auffassung** *f* понима́ние 5 исто́рии; **~buch** *n* уче́бник 2 исто́рии; **~fälscher** *m* фальсифика́тор исто́рии; **~forscher** *m* исто́рик 2; **~forschung** *f* историогра́фия 8; **~lehrer** *m* учи́тель исто́рии; **~quelle** *f* истори́ческий исто́чник; **~schreiber** *m* историо́граф 2; **~schreibung** *f* историогра́фия 8; **~unterricht** *m* преподава́ние исто́рии; **~wissenschaft** *f* истори́ческая нау́ка

Geschick *n* Schicksal судьба́ 6c *G Pl* су́деб; Fertigkeit ло́вкость 9; **~lichkeit** *f* ло́вкость 9

Geschicklichkeitsrennen *n* Motorsport соревнова́ние 5 на ло́вкость

geschickt иску́с|ный, -ен, ло́в|кий, -ок, -ка́!

geschieden Ehe развед|ённый, -ён, -ена́ | wir sind ~e Leute ме́жду на́ми всё ко́нчено

Geschimpfe *n* ру́гань 9, брань 9

Geschirr *n* посу́да 6; für Pferde сбру́я 7; **~schrank** *m* посу́дный шкаф, шкаф для посу́ды; **~spülmaschine** *f* посудомо́ечная маши́на; **~tuch** *n* посу́дное полоте́н|це 4 *G Pl* -ец

Geschlecht *n Biol* пол 2; *Gramm* род 2b; на, в роду́; Sippe род; Generation поколе́ние 5 | das schöne ~ прекра́сный пол; das schwache ~ сла́бый пол

geschlechtlich полово́й

Geschlechts|akt *m* полово́й акт; **~krankheit** *f* венери́ческая боле́знь

geschlechtslos *Biol* беспо́лый

Geschlechts|merkmale *n Pl* половы́е при́знаки; **~organ** *n* полово́й о́рган; **~reife** *f* полова́я зре́лость; **~trieb** *m* полово́е влече́ние 5; **~verkehr** *m* половы́е сноше́ния *Pl* 5

geschliffen шлифо́ван:ный, -а; facettiert гранёный; scharf точёный; Zunge о́стр:ый, -а́

Geschlinge *n* Innereien ли́вер 2; Ranken сплете́ние 5

geschlossen закры́тый; einmütig сплочённый | ~e Vorstellung закры́тое представле́ние

Geschlossenheit *f* це́лостность 9, сплочённость 9

Geschmack *m* вкус 2 | ~ finden an etw. прихо́|титься *v* 3 -чусь к чему́-н.; einer Sache keinen ~ abgewinnen не ви́|деть 3 -жу ничего́ хоро́шего в чём-н.; auf den ~ kommen вхо|ди́ть 3⁺ -жу́ ⟨во|йти́*⟩ во вкус; das ist ganz nach seinem ~ э́то соверше́нно в его́ вку́се; das ist nicht nach unserem ~ э́то нам не по вку́су; über den ~ läßt sich nicht streiten о вку́сах не спо́рят, на вкус и на свет това́рищей нет

geschmacklos безвку́с|ный, -ен

Geschmacklosigkeit *f* безвку́сица 6

Geschmacks|empfindung *f* вкусово́е ощуще́ние; **~sache** *f*: das ist ≈ э́то де́ло вку́са; **~sinn** *m* чу́вство 4 вку́са; **~verirrung** *f* безвку́сица 6

geschmackswidrig непри́ятный на вкус

geschmackvoll со вку́сом

geschmeichelt польщ|ённый, -ён, -ена́

Geschmeide *n* украше́ние 5 из драгоце́нного мета́лла

geschmeidig ги́б|кий, -ок, -ка́!, Muskel упру́г:ий; Stoff, Lehm пода́тлив:ый; Leder мя́г|кий, -ок, -ка́!; *übertr* ги́бкий

Geschmeidigkeit *f* ги́бкость 9; пода́тливость 9; мя́гкость 9

Geschmiere *n* пачкотня́ 7 *umg*, мазня́ 7

Geschnatter *n* Gänse гогота́нье 5; Enten кря́канье 5; *übertr* болтовня́ 7

geschniegelt расфранч|ённый, -ён, -ена́ | ~ und gebügelt оде́тый с иго́лочки

Geschöpf *n* существо́ 4, созда́ние 5

Geschoß *n* Kugel пу́ля 7; schweres: снаря́д 2; Stockwerk эта́ж 2e *G Pl* -е́й; **~bahn** *f* траекто́рия 8 снаря́да

geschraubt *übertr* вы́чур|ный, -ен

Geschrei *n* крик 2 | ein ~ erheben подня́ть* *v* крик, раскрича́ться *v* 3

Geschreibsel *n* Geschriebenes писани́на 6

Geschütz *n* ору́дие 5 | weittragendes ~ дальнобо́йное ору́дие; ein schweres ~ auffahren *übertr* выставля́ть ⟨вы́став|ить 3 -лю⟩ ве́ские аргуме́нты; **~bedienung** *f* ору́ди́йный расчёт 2; **~feuer** *n* ору-

ди́йный ого́нь; **~führer** *m* команди́р 2 ору́дия; **~turm** *m* оруди́йная ба́шня
Geschwader *n Mar* эска́дра 6; *Flugw* авиацио́нная эска́дра, авиаэска́дра 6
Geschwätz *n* болтовня́ 7
geschwätzig болтли́в:ый, говорли́в:ый
Geschwätzigkeit *f* болтли́вость 9, говорли́вость 9
geschweige *Adv:* ~ denn не говоря́ уже́ о том; ich habe ihn überhaupt nicht gesehen, ~ denn gesprochen я его́ вообще́ не ви́дел, тем бо́лее я не мог с ним говори́ть
geschwind бы́стр:ый, -а́!, прово́р|ный, -ен
Geschwindigkeit *f* ско́рость 9g, быстрота́ 6 | eine große ~ entwickeln развива́ть ⟨-|ви́ть*, -овью⟩ большу́ю ско́рость; eine ~ von 100 km/h erreichen дост|ига́ть ⟨-и́гнуть 4a *u* 4⟩ ско́рость 100 киломе́тров в час; die ~ herabsetzen уменьша́ть ⟨уме́ньшить 3⟩ ско́рость
Geschwindigkeits|beschränkung *f* ограниче́ние ско́рости; **~kontrolle** *f* контро́ль за ско́ростью движе́ния; **~messer** *m* спидо́метр 2, измери́тель 1 ско́рости, тахо́метр 2; **~überschreitung** *f* превыше́ние 5 ско́рости
Geschwister *Pl* бра́тья и сёстры *Pl* | wir sind ~ мы брат и сестра́
geschwollen *Med* опу́хший 11; Redeweise напы́щен:ный
Geschworenengericht *n* суд прися́жных
Geschworener *m Jur* прися́жный *Subst* 10, прися́жный заседа́тель 1
Geschwulst *f* о́пухоль 9
Geschwür *n* нары́в 2, я́зва 6
Geselle *m* подмасте́рь|е 5 *G Pl* -ев; Gefährte това́рищ 2, па́р|ень, -ня 1g | lustiger ~ весёлый ма́лый *Subst* 10
gesellen, sich *refl* присоедин|я́ться ⟨-и́ться 3 к *D*⟩
Gesellen|prüfung *f* экза́мен на зва́ние подмасте́рья; **~ zeit** *f* го́ды *Pl* 2 рабо́ты подмасте́рьем
gesellig общи́тел|ьный, -ен, -ьна; umgänglich обходи́тел|ьный, -ен, -ьна | ~er Abend вечери́нка 6; ~es Beisammensein дру́жеская встре́ча 6
Geselligkeit *f* общи́тельность 9; обходи́тельность 9
Gesellschaft *f* о́бщество 4; Vereinigung о́бщество, объедине́ние 5; Handel о́бщество, това́рищество 4; kleiner Kreis компа́ния 8, о́бщество | ~ für Deutsch-Sowjetische Freundschaft О́бщество герма́но-сове́тской дру́жбы; ~ für Sport und Technik О́бщество друзе́й спо́рта и те́хники; ~ mit beschränkter Haftung това́рищество с ограни́ченной отве́тственностью; leisten Sie uns ~ соста́вьте нам компа́нию; er ist in schlechte ~ geraten он попа́л в дурно́е о́бщество
Gesellschafter *m* компаньо́н 2; **~in** *f* собесе́дница 6
gesellschaftlich обще́ственный | ~e Arbeit обще́ственная рабо́та; sich ~ betätigen занима́тъся обще́ственной рабо́той
Gesellschafts|kleid *n* вече́рнее 11 пла́тье; **~ordnung** *f* обще́ственный строй; **~spiel** *n* коллекти́вная игра́; **~tanz** *m* ба́льный та́нец; **~wissenschaft** *f* обще́ственная нау́ка; **~wissenschaftler** *m* обществове́д 2, специали́ст 2 в о́бласти обще́ственных нау́к
gesellschaftswissenschaftlich обществове́дческий
Gesellschaftszimmer *n* гости́ная *Subst* 10, о́бщая 11 ко́мната
Gesetz *n* зако́н 2 | ein ~ erlassen изда́ть* *v* зако́н; im Namen des ~es и́менем зако́на; gegen das ~ verstoßen нар|уша́ть ⟨-у́шить 3⟩ зако́н; kraft des ~es в си́лу зако́на; nach dem ~ по зако́ну; **~blatt** *n* ве́стник 2 зако́нов; **~buch** *n* ко́декс 2, свод 2 зако́нов | Bürgerliches ≈ гражда́нский ко́декс; **~entwurf** *m* законопрое́кт 2
Gesetzes|kraft *f* си́ла зако́на, зако́нная си́ла | ≈ erlangen вступи́ть *v* 3 в си́лу; **~vorlage** *f* законопрое́кт 2
gesetzgebend законода́тельный
Gesetzgeb|er *m* законода́тель 1; **~ung** *f* законода́тельство 4
gesetzlich зако́н|ный, -ен, -на | auf ~em Wege зако́нным путём; ~ geschützt охраня́ется зако́ном
Gesetzlichkeit *f* зако́нность 9
gesetzlos беззако́н|ный, -ен, -на
Gesetzlosigkeit *f* беззако́ние 5
gesetzmäßig 1. *Adj* закономе́р|ный, -ен **2.** *Adv* по зако́ну
Gesetzmäßigkeit *f* закономе́рность 9
gesetzt 1. *Adj* соли́д|ный, -ен | im ~en Alter в зре́лом во́зрасте **2.** *Konj:* ~ den Fall, daß … предположи́м, что…
gesetzwidrig противозако́н|ный, -ен, -на
Gesetzwidrigkeit *f* противозако́нность 9
Geseufze *n* сто́ны и вздо́хи *Pl* 2 – *Pl* 2
Gesicht *n* лицо́ 4c; Sehvermögen зре́ние 5 | ~er schneiden грима́сничать; er ist seinem Vater wie aus dem ~ geschnitten он вы́литый оте́ц; sein ~ wahren сохран|я́ть ⟨-и́ть 3⟩ свой прести́ж; j-n zu ~ bekommen уви́|деть *v* 3 -жу кого́-н.; j-m etw. ins ~ sagen сказа́ть кому́-н. что-н. (пря́мо) в лицо́ [в глаза́]; ein langes ~ machen де́лать (с-) ки́слое лицо́
Gesichts|ausdruck *m* выраже́ние лица́; **~farbe** *f* цвет лица́; **~feld** *n* по́ле зре́ния; **~kreis** *m* кругозо́р 2; **~massage** *f* масса́ж лица́; **~pflege** *f* ухо́д за лицо́м; **~punkt** *m* то́чка зре́ния | unter

diesem ≈ с э́той то́чки зре́ния, в э́том разре́зе; **~rose** *f* ро́жистое воспале́ние 5 лица́; **~sinn** *m* зре́ние 5; **~wasser** *n* туале́тная вода́ для лица́; **~winkel** *m* у́гол зре́ния; **~züge** *m Pl* черты́ лица́

Gesims *n* карни́з 2

Gesinde *n* прислу́га 6, че́лядь 9

Gesindel *n* сброд 2, сво́лочь 9g

gesinnt настро́енный, располо́женный | j-m freundlich ~ sein быть дру́жески располо́женным к кому́-н.

Gesinnung *f* о́браз 2 мы́слей, взгля́ды Pl 2 | seine wahre ~ zeigen выявля́ть ⟨вы́яв|ить 3 -лю⟩ свои́ настоя́щие убежде́ния

Gesinnungsgenosse *m* единомы́шленник 2

gesinnungslos беспринци́п|ный| -ен

Gesinnungslosigkeit *f* беспринци́пность 9

gesittet воспи́тан:ный| -на; kultiviert культу́р|ный| -ен

Gesittung *f* воспи́танность 9; культу́рность 9

gesondert отде́льный, разде́льный

Gespann *n* запря́жка 6, упря́жка 6; Motorrad mit Beiwagen мотоци́кл 2 с коля́ской

gespannt напряжён:ный| -на; gestrafft натя́нут:ый | auf etw. ~ sein с нетерпе́нием [с любопы́тством] ожида́ть чего́-н.

Gespenst *n* привиде́ние 5, при́зрак 2

gespensterhaft, gespenstisch при́зрач|ный| -ен; geheimnisvoll таи́нствен:ный| -на

Gespiel|e *m* друг 2 *Pl* друз|ья́| -е́й де́тства; **~in** *f* подру́га 6 де́тства

gespielt наи́гран:ный| -на

Gespinst *n* пря́жа 6

Gespött *n* насме́шки *Pl* 6, издева́тельство 4 | zum ~ на смех; zum ~ werden станов|и́ться 3⁺ -лю́сь ⟨стать*⟩ посме́шищем

Gespräch *n* разгово́р 2, бесе́да 6 | sich mit j-m in ein ~ einlassen вступ|а́ть ⟨-и́ть 3⁺ -лю́⟩ с кем-н. в разгово́р; ein ~ führen вести́ бесе́ду, бесе́довать 2; mit j-m ins ~ kommen разговори́ться *v* 3 с кем-н., ein ~ mit j-m anknüpfen завя́зывать ⟨-|вяза́ть*⟩ с кем-н. разгово́р

gesprächig разгово́рчив:ый, словоохо́тлив:ый

Gesprächigkeit *f* разгово́рчивость 9, словоохо́тливость 9

Gesprächs|buch *n* разгово́рник 2; **~partner** *m* собесе́дник 2; **~stoff** *m* те́ма 6 для разгово́ра; **~thema** *n* те́ма разгово́ра | das ≈ wechseln перемени́ть *v* 3⁺ разгово́р

gesprächsweise *Adv* в разгово́ре, в бесе́де

gespreizt *übertr* напы́щен:ный| -на

Gespreiztheit *f* напы́щенность 9

gesprenkelt пятни́ст:ый; Stoff в кра́пинках, с кра́пинками

Gestade *n* морско́й бе́рег 2

Gestalt *f* фо́рма 6, о́браз 2; des Körpers фигу́ра 6; Wuchs рост 2 | in ~ von etw. в лице́ чего́-н.; eine liebliche ~ милови́дная вне́шность 9; ~ annehmen оформля́ться ⟨офо́рмиться 3⟩

gestalten *tr* при|дава́ть* ⟨прида́ть*⟩ вид *D*, оформля́ть ⟨офо́рм|ить 3 -лю⟩; sich ~ *refl* скла́дываться ⟨сложи́ться 3⁺⟩

Gestaltung *f* оформле́ние 5, изображе́ние 5

Gestaltungs|kraft *f* изобрази́тельная си́ла; **~mittel** *n* вырази́тельное [изобрази́тельное] сре́дство

Gestammel *n* ле́пет 2

geständig: ~ sein при|знава́ть ⟨-зна́ть⟩ себя́ вино́вным; er ist ~ *Jur* он признаёт свою́ вину́

Geständnis *n* призна́ние 5 | ein ~ ablegen призна́ться *v* в вине́

Gestank *m* вонь 9, смрад 2

gestärkt Wäsche крахма́льный

gestatten *tr* разреш|а́ть ⟨-и́ть 3⟩, позв|оля́ть ⟨-о́лить 3⟩ | ~ Sie! позво́льте!, разреши́те!

Geste *f* жест 2

gestehen *tr* при|знава́ться* ⟨-зна́ться⟩ в *P* | offen gestanden открове́нно говоря́

Gestehungskosten *Pl Wirtsch* изде́ржки *Pl* 6 производства

Gestein *n* го́рная поро́да 6 | taubes ~ пуста́я поро́да

Gesteinsschicht *f* слой го́рной поро́ды

Gestell *n* Regal подста́вка 6, стелла́ж 2e *G Pl* -е́й; Gerüst, Gerippe о́стов 2, карка́с 2; Brille опра́ва 6

Gestellungsbefehl *m* прика́з о призы́ве

gestern *Adv* вчера́ | er ist nicht von ~ он быва́лый челове́к, он не новичо́к; seit ~ со вчера́шнего дня

ge|stiefelt в сапога́х | der Gestiefelte Kater Кот в сапога́х; **~stielt** *Bot* стебелько́вый, черенко́вый

Gestikulation *f* жестикуля́ция 8

gestikulieren *intr* жестикули́ровать 2

Gestirn *n* (небе́сное) свети́ло 4

gestirnt звёздный, в звёздах

Gestöber *n* мете́ль 1, вью́га 6

Gestöhn *n* стон 2, стена́ние 5

Gestotter *n* заика́ние 5

Gesträuch *n* кустáрник 2, за́росль 9

ge|streift полоса́т:ый, в поло́ску | blau ≈ в голубу́ю [си́нюю] поло́ску; **~strichelt** пункти́рный; **~strickt** вя́заный

gestrig вчера́шний 11

Gestrüpp *n* густо́й куста́рник 2, за́росль 9

Gestüt *n* ко́нный заво́д 2

Gesuch *n* хода́тайство 4, заявле́ние 5

(um *P)* | ein ~ einreichen по|дава́ть* ⟨пода́ть*⟩ заявле́ние

gesucht иско́мый; gekünstelt де́ланный, вы́чур|ный, -ен

Gesumme *n* жужжа́ние 5

gesund здоро́вый | ~ werden выздора́вливать ⟨вы́здороветь⟩; j-n ~ pflegen выха́живать ⟨вы́хо|дить 3 -жу⟩ кого́-н.; ~ sein быть здоро́вым; er ist nicht ~ он нездоро́в; j-n ~ schreiben вы́|писать* *v* кого́-н. на рабо́ту

gesunden *intr* выздора́вливать ⟨вы́здороветь⟩

Gesundheit *f* здоро́вье 5 | auf j-s ~ trinken пить за чьё-н. здоро́вье; er strotzt vor ~ он пы́шет здоро́вьем; eine unverwüstliche ~ haben име́ть желе́зное здоро́вье; ~! beim Niesen бу́дьте здоро́вы!

gesundheitlich относя́щийся 11 к здоро́вью | ~e Betreuung медици́нское обслу́живание

Gesundheits|amt *n* здравотде́л 2, отде́л здравоохране́ния; **~fürsorge** *f* здравоохране́ние 5

gesundheitshalber *Adv* ра́ди здоро́вья

Gesundheits|helfer *m* санита́р 2, получи́вший 11 зна́ния в о́бществе Кра́сного Креста́; **~pflege** *f* ухо́д 2 за здоро́вьем

gesundheitsschädlich вре́дный для здоро́вья

Gesundheits|schutz *m* охра́на здоро́вья | vorbeugender ≈ профила́ктика 6; **~wesen** *n* здравоохране́ние 5; **~zustand** *m* состоя́ние здоро́вья

Gesundung *f* выздоровле́ние 5; *übertr* оздоровле́ние 5

Getändel *n* заи́грывание 5

Getier *n* живо́тные *Subst Pl* 10

Getöse *n* шум 2, бушева́ние 5

getragen: eine ~e Melodie ме́дленная торже́ственная мело́дия

Getrampel *n* то́пот 2

Getränk *n* напи́т|ок, -ка 2, питьё 3 | geistige ~e спиртны́е напи́тки; erfrischende ~e прохлади́тельные напи́тки

Getränke|automat *m* автома́т по прода́же напи́тков; **~karte** *f* ка́рта [прейскура́нт 2] напи́тков

getrauen, sich *refl* осме́л|иваться ⟨-иться 3⟩

Getreide *n* хлеб 2; **~ablieferung** *f* хлебосда́ча 6; **~arten** *f Pl* хле́бные зла́ки *Pl* 2; **~bau** *m* возде́лывание 5 хлебо́в; **~darre** *f* зерносуши́лка 6; **~ernte** *f* убо́рка урожа́я зерновы́х культу́р | eine gute ≈ хоро́ший 11 урожа́й хле́ба; **~feld** *n* по́ле под зерновы́м; **~kombine** *f* зерноубо́рочный комба́йн; **~kultur** *f* зерново́я культу́ра; **~mähmaschine** *f* жа́твенная маши́на; **~markt** *m* хле́бный ры́нок; **~pflanzen** *f Pl* зерновы́е *Subst Pl* 10; **~schober** *m* скирд 2e [скирда́ 6h] хле́ба; **~speicher** *m* амба́р 2, зернохрани́лище 4

getrennt разде́льный; isoliert von j-m разобщ|ённый, -ён, -ена́ | er lebt ~ von den Verwandten он живёт отде́льно от родны́х

Getrenntschreibung *f* разде́льное написа́ние

getreu ве́р|ный, -ен, -на́, -но, ве́рны́, пре́дан:ный, -на; **~lich** *Adv* ве́рно

Getriebe *n Tech* переда́точный механи́зм 2, переда́ча 4; Wechsel~ коро́бка 6 скоросте́й [переда́ч]; **~öl** *n* трансмиссио́нное ма́сло

getrost *Adv* споко́йно, уве́ренно | ~ in die Zukunft blicken уве́ренно смотре́ть в бу́дущее

Getue *n* жема́нство 4

Getümmel *n* сумато́ха 6, су́толока 6

getupft в кра́пинках, в то́чках

Getuschel *n* шушу́канье 5

geübt трениро́ванный | ~es Auge намётанный глаз

Geviert *n* четырёхуго́льник 2 | im ~ в квадра́те

Gewächs *n* расте́ние 5; *Med* наро́ст 2, о́пухоль 9

gewachsen: einer Aufgabe ~ sein спр|авля́ться ⟨-а́виться 3 -а́влюсь⟩ с зада́чей; j-m ~ sein быть ра́вным кому́-н.; er ist dieser Aufgabe nicht ~ э́та зада́ча ему́ не по плечу́

Gewächshaus *n* тепли́ца 4, оранжере́я 7

gewagt риско́ван:ный, -на, сме́л:ый, -а́!

gewählt Sprache изы́скан:ный, -на; Abgeordneter вы́борный

gewahr: ~ werden замеча́ть ⟨заме́|тить 3 -чу⟩

Gewähr *f* руча́тельство 4, гара́нтия 8 | ohne ~ без гара́нтии

gewahren *tr* уви́|деть *v* 3 -жу, замеча́ть ⟨заме́|тить 3 -чу⟩

gewähren *tr* предост|авля́ть ⟨-а́вить 3 -а́влю⟩; erfüllen исполня́ть ⟨-по́лнить 3⟩, удовлетвор|я́ть ⟨-и́ть 3⟩

gewährleisten *tr* гаранти́ровать *uv, v* 2, обеспе́ч|ивать ⟨-ить 3⟩

Gewährleistung *f* гара́нтия 8, обеспече́ние 5

Gewahrsam *m* Aufbewahrung (со)хране́ние 5; Arrest заключе́ние 5, аре́ст 2 | etw. in ~ nehmen взять что-н. на хране́ние

Gewährsmann *m* информа́нт 2

Gewährung *f* предоставле́ние 5; Erfüllung исполне́ние 5, удовлетворе́ние 5

Gewalt *f* власть 9g; Kraft си́ла 6, могу́щество 4; Zwang наси́лие 5 | etw. in seine ~ bekommen овлад|ева́ть ⟨-е́ть⟩ чем-н.; sich in der ~ haben уме́ть владе́ть собо́й; mit aller ~ все́ми си́лами; höhere ~ форс-мажо́р 2, непреодо-

ли́мая си́ла; j-m ~ antun соверш|а́ть ⟨-и́ть 3⁺⟩ над кем-н. наси́лие; **~akt** *m* акт наси́лия; **~herrschaft** *f* деспоти́зм 2; **~herrscher** *m* деспо́т 2
gewaltig I. *Adj* огро́м|ный, -ен; mächtig си́л|ьный, -ен, -ьна́!, мо́щ|ный, -ен, -на́!, -нée; riesig грома́д|ный, -ен **2.** *Adv* о́чень си́льно | ~er Irrtum колосса́льная оши́бка
Gewalt|marsch *m* форси́рованный марш; **~maßnahmen** *f Pl* наси́льственные ме́ры; **~mittel** *n* сре́дство наси́лия
gewaltsam 1. *Adj* наси́льственный **2.** *Adv* наси́льно; *umg* си́лой | ~ eindringen врыва́ться ⟨во|рва́ться*, -рвали́сь⟩
Gewalttäter *m* наси́льник 2
gewalttätig наси́льственный
Gewalt|tätigkeit *f* наси́лие 5, акт 2 наси́лия; **~verzicht** *m Pol* отка́з 2 от примене́ния си́лы
Gewand *n* оде́жда 6
gewandt ло́в|кий, -ок, -ка́!, -че, прово́р|ный, -ен; findig нахо́дчив:ый
Gewandtheit *f* ло́вкость 9, прово́рство 4; нахо́дчивость 9
gewärtig: einer Sache ~ sein ожида́ть чего́-н., быть гото́вым к чему́-н.
Gewässer *n* во́ды *Pl* 6 | Reinhaltung der ~ санита́рная охра́на 6 водоёмов
Gewebe *n Text, Biol* ткань 9 | ein ~ von Lügen сеть 9g лжи
geweckt смышлён:ный
Gewehr *n* винто́вка 6; *Mil* ружьё 3c *G Pl* ру́жей | das ~ anlegen взять ружьё на изгото́вку; das ~ präsentieren взять* *v* на карау́л; das ~ über! на плечо́!; ~ ab! к ноге́!; an die ~e! в ружьё!; **~kolben** *m* прикла́д винто́вки; **~kugel** *f* руже́йная пу́ля; **~lauf** *m* ствол винто́вки
Geweih *n* (оле́ньи) рога́ (12-) *Pl* 2b
Gewerbe *n* Handwerk рем|есло́ 4c *G Pl* -ёсел; Klein~ про́мыс|ел, -ла 2; Beschäftigung заня́тие 5 | Handel und ~ торго́вля и промы́шленность 7-9; ein ~ betreiben занима́ться ⟨заня́ться*, -я́лся́, -яли́сь⟩ ремесло́м; **~schein** *m* промысло́вое свиде́тельство; **~schule** *f* реме́сленное учи́лище; **~steuer** *f* промысло́вый нало́г
gewerbetreibend занима́ющийся 11 про́мыслом [ремесло́м]
Gewerbetreibender *m* лицо́ 4c, занима́ющееся 11 каки́м-н. про́мыслом
gewerblich реме́сленный, промысло́вый
gewerbsmäßig профессиона́льный
Gewerkschaft *f* профессиона́льный сою́з 2, профсою́з 2; **~er** *m* член 2 профсою́за; Funktionär профсою́зный рабо́тник 2
gewerkschaftlich 1. *Adj* профсою́зный **2.** *Adv:* ~ organisiert организо́ванный в профсою́зе
Gewerkschafts|arbeit *f* профсою́зная рабо́та, профрабо́та 6; **~bewegung** *f* профсою́зное движе́ние, профдвиже́ние 5; **~bund** *m*: der Freie Deutsche ≈ (*Abk* FDGB) Объедине́ние 5 свобо́дных неме́цких профсою́сов (*Abk* ОСНП); **~funktionär** *m* профсою́зный де́ятель; **~gruppe** *f* профсою́зная гру́ппа, профгру́ппа 6; **~kongreß** *m* съезд профсою́зов; **~organisation** *f* профсою́зная организа́ция, профорганиза́ция 8; **~schule** *f* профсою́зная шко́ла, профшко́ла 6
Gewicht *n* einer Last вес 2 *G a.* -у; als Maß ги́ря 7 *G Pl* гирь; Wichtigkeit вес, ва́жность 9 | nach ~ на вес; Maße und ~e ме́ры и веса́; spezifisches ~ уде́льный вес; (schwer) ins ~ fallen име́ть (большо́е) значе́ние; **~heben** *n Sport* тяжёлая атле́тика; **~heber** *m Sport* штанги́ст 2
gewichtig bedeutend ве́с|кий, -ок; Person ва́жный, -ен, -на́, -но, ва́жны́; Münze полнове́|сный, -ен
Gewichts|abnahme *f* уменьше́ние ве́са; **~klasse** *f Sport* весова́я катего́рия 8; **~verlust** *m* поте́ря в ве́се; **~zunahme** *f* увеличе́ние ве́са, приба́вка 6 в ве́се
gewiegt о́чень о́пыт|ный, -ен, иску́с|ный, -ен
Gewieher *n* ржа́ние 5
gewillt: ~ sein намерева́ться; zustimmen согла|ша́ться ⟨-си́ться 3 -шу́сь⟩
Gewimmel *n* толпа́ 6; Gedränge толкотня́ 7
Gewimmer *n* рыда́ния *Pl* 5; Stöhnen сто́ны *Pl* 2
Gewinde *n* резьба́ 6, наре́зка 6; **~bohrer** *m* ме́тчик 2; **~bolzen** *m* болт с винтово́й наре́зкой; **~schneidemaschine** *f* ре́зьбо-нарезно́й стан|о́к, -ка́ 2
Gewinn *m* вы́игрыш 2 *G Pl* -ей; Profit при́быль 9, дохо́д 2; Nutzen вы́года 6, по́льза 6; **~anteil** *m* до́ля при́были; **~beteiligung** *f* уча́стие 5 в при́былях
gewinnbringend при́был|ьный, -ен, -ьна, дохо́д|ный, -ен; vorteilhaft вы́год|ный, -ен
Gewinnchancen *Pl* ша́нсы *Pl* 2 на вы́игрыш
gewinnen *tr* im Spiel вы́игрывать ⟨вы́играть⟩ (gegen у *G)*; Bodenschätze добыва́ть ⟨добы́ть*⟩; Eindruck получ|а́ть ⟨-и́ть 3⁺⟩; Einfluß приобрета́ть ⟨-|обрести́*⟩; zur Arbeit, Teilnahme u. ä. привлека́ть ⟨-|вле́чь*⟩ к *D; intr* вы́игрывать ⟨вы́играть⟩ | die Mannschaft hat 2:0 gewonnen кома́нда вы́играла со счётом 2:0; j-n für sich ~ склон|я́ть ⟨-и́ть 3⁺⟩ кого́-н. на свою́ сто́рону; j-n für etw. ~ заинтерес|о́вывать ⟨-ова́ть 2⟩ кого́-н. чем-н., распол|ага́ть ⟨-ожи́ть 3⁺⟩ кого́-н. к чему́-н.; Zeit ~ выга́дывать ⟨вы́гадать⟩ вре́мя

Gewinner *m* вы́игравший *Subst* 11
Gewinn|liste *f* табли́ца 6 вы́игрышей; **~sucht** *f* корыстолю́бие 5
gewinnsüchtig коры́ст|ный, -ен, корыстолюби́в:ый
Gewinn|ung *f* добы́ча 6; **~zahl** *f* но́мер 2b *Pl* -á вы́игрыша
Gewinsel *n* визг 2
Gewirr *n* пу́таница 6, сумато́ха 6
gewiß 1. *Adj* определён|ный, -ен, -на, не́который; Person не́кий | in gewissen Fällen в определённых [изве́стных] слу́чаях; in gewisser Hinsicht в не́котором отноше́нии; ein gewisser Schmidt не́кий Шмидт; eine gewisse Ähnlichkeit не́которое схо́дство **2.** *Adv* коне́чно; wahrscheinlich наве́рно | ~ doch как же; ganz ~ непреме́нно; er kommt ~ zu spät он наве́рно опозда́ет
Gewissen *n* со́весть 9 | j-m ins ~ reden усо́вещивать ⟨усо́ве|стить 3 -щу⟩ кого́-н.; etw. auf dem ~ haben име́ть что-н. на со́вести; er hat kein ~ он со́вести не име́ет
gewissenhaft добросо́вест|ный, -ен
Gewissenhaftigkeit *f* добросо́вестность 9
gewissenlos бессо́вест|ный, -ен, недобросо́вест|ный, -ен (gegen j-n в отноше́нии к кому́-н.)
Gewissenlosigkeit *f* бессо́вестность 9, недобросо́вестность 9
Gewissens|bisse *Pl* угрызе́ния *Pl* 5 со́вести | ohne sich die geringsten ≈ zu machen без зазре́ния со́вести; **~frage** *f* вопро́с со́вести; **~freiheit** *f* свобо́да со́вести
gewissermaßen *Adv* до не́которой сте́пени
Gewißheit *f* уве́ренность 9 | sich ~ über etw. verschaffen добива́ться ⟨-би́ться*⟩ по́лной я́сности в чём-н.; die ~ haben быть* уве́ренным
Gewitter *n* гроза́ 6c | das ~ entlud sich разрази́лась гроза́; wir bekommen heute ein ~ сего́дня бу́дет гроза́; **~front** *f* грозово́й фронт; **~regen** *m* грозово́й дождь
gewitterschwül ду́ш|ный, -ен, -на́!
Gewitter|schwüle *f* духота́ 6 пе́ред грозо́й; **~wolke** *f* грозово́е о́блако
ge|witzigt, ~witzt хи́т|рый, -ёр, -ра́!, ло́вкий, -ок, -ка́!; **~wogen**: j-m ≈ sein доброжела́тельно относи́ться 3⁺ -ношу́сь ⟨-|нести́сь*⟩ к кому́-н., быть располо́женным [благоскло́нным] к кому́-н.
gewöhnen *tr* приуч|а́ть ⟨-и́ть 3⁺⟩ (an к *D*); sich ~ *refl* привыка́ть ⟨-вы́кнуть 4a⟩ (an к *D*) | er ist daran gewöhnt он к э́тому привы́к
Gewohnheit *f* привы́чка 6; Sitte обы́ча|й 1 *G Pl* -ев | die Macht der ~ си́ла привы́чки; aus ~ по привы́чке; zur ~ werden входи́ть 3⁺ ⟨во|йти́*⟩ в привы́чку; sich zur ~ machen брать* ⟨взять*⟩ себе́ в привы́чку
gewohnheitsmäßig 1. *Adj* привы́ч|ный, -ен **2.** *Adv* по привы́чке
Gewohnheits|recht *n* обы́чное пра́во; **~trinker** *m* запо́йный пья́ница
gewöhnlich 1. *Adj* обыкнове́н|ный, -ен, -на, обы́ч|ный, -ен; alltäglich обы́денный **2.** *Adv* обыкнове́нно, обы́чно | für ~ обы́чно; wie ~ по обыкнове́нию, как обы́чно
gewohnt привы́ч|ный, -ен | ich bin es ~ я привы́к к э́тому; in ~er Weise привы́чным о́бразом, привы́чно
Gewöhnung *f* приуче́ние 5 (an к *D*)
Gewölbe *n* свод 2; Keller~ подва́л 2 | unterirdisches ~ подземе́лье 5
gewölbt сво́дчатый, вы́пуклый | ~e Stirn вы́пуклый лоб
Gewölk *n* облак|а́ *Pl* 4b *G* -о́в, ту́чи *Pl* 6
Gewühl *n* да́вка 6, су́толока 6
ge|wunden Weg изви́лист:ый; spiralförmig вито́й; unklar тума́н|ный, -ен, -на; **~würfelt** Tuch клётчатый, в клётку
Gewürz *n* пря́ность 9; **~gurke** *f* марино́ванный огуре́ц; **~kräuter** *n Pl* пря́ная зе́лень 9; **~nelke** *f* гвозди́ка 6
ge|zackt зазу́бренный, зубча́тый; **~zahnt** зубча́тый
Gezänk *n* перебра́нка 6, ссо́ры *Pl* 6
gezeichnet Wäsche u. ä ме́ченый
Gezeiten *Pl* прили́в и отли́в 2-2; **~kraftwerk** *n* прили́вная электроста́нция
Gezeter *n* во́пли *Pl* 1, кри́ки *Pl* 2
geziemen *unpers u.* sich ~ *refl* подоба́ть | es geziemt sich сле́дует, подоба́ет; **~d** подоба́ющий 11, прили́ч|ный, -ен
geziert жема́н|ный, -ен, -на, мане́р|ный, -ен
Geziertheit *f* жема́нство 4, мане́рность 9
Gezwitscher *n* щébет 2, чири́канье 5
gezwungen натя́нут:ый, принуждённый; **~ermaßen** *Adv* понево́ле
Ghan|a Га́на 6; **~ese** *m* гана́|ец, -йца 2
ghanesisch га́нский
[1]**Gicht** *f Med* пода́гра 6
[2]**Gicht** *f Tech* колошни́к 2e; **~bühne** *f* колошнико́вая площа́дка 6; **~gas** *n* колошнико́вый газ
gichtig *Med* подагри́ческий
Gichtkranker *m* пода́грик 2
Giebel *m* фронто́н 2; **~dach** *n* (остроконе́чная) двуска́тная кры́ша; **~fenster** *n* окно́ во фронто́не; **~wand** *f* фронто́нная стена́
Gier *f* жа́дность 9 (nach к *D*), а́лчность 9 (nach к *D*)
gieren *intr* жа́ждать* (nach *G*)
gierig жа́д|ный, -ен, -на́, -но, жа́дны́ (nach, auf к *D*, до *G*) | ~ sein прояв|ля́ть ⟨-и́ть 3⁺ -лю́⟩ жа́дность
gießen *tr* лить*; eingießen налива́ть ⟨на-

ли́ть*⟩; Blumen полива́ть ⟨поли́ть*⟩; *Tech* отлива́ть ⟨отли́ть*⟩ | einen hinter die Binde ~ *umg* опроки́нуть *v* 4 рю́мочку; *intr:* es gießt in Strömen льёт как из ведра́, *umg* льёт дождь
Gießen *n Tech* литьё 3, отли́вка 6
Gießer *m* лите́йщик 2; **~ei** *f* лите́йный заво́д 2 [цех 2], лите́йная *Subst* 10
Gieß|form *f* лите́йная фо́рма; **~kanne** *f* ле́йка 6
Gift *n* яд 2, отра́ва 6 | darauf kannst du ~ nehmen за э́то ты мо́жешь дать го́лову на отсече́ние, в э́том мо́жешь быть соверше́нно уве́рен; ~ und Galle speien рвать* и мета́ть*; **~becher** *m* ку́бок с я́дом; **~gas** *n* ядови́тый газ
giftgrün ядови́то-зелёный, я́рко-зелёный
giftig ядови́т:ый; *Med* токси́ческий; *übertr* язви́тел|ьный, -ен, -ьна, ехи́д|ный, -ен
Giftigkeit ядови́тость 9; токси́чность 9; язви́тельность 9, ехи́дность 9
Gift|mischer *m* отрави́тель 1; *übertr* интрига́н 2; **~pfeil** *m* отра́вленная стрела́; **~pflanze** *f* ядови́тое расте́ние; **~pilz** *m* ядови́тый гриб; **~schlange** *f* ядови́тая змея́; **~stoff** *m* отравля́ющее 11 вещество́; **~zahn** *m* ядови́тый зуб
Gig *n Mar* ги́чка 6
Gigant *m* гига́нт 2
gigantisch гига́нтский
Gilde *f* ги́льдия 8
Gimpel *m Zool* снеги́рь 1e; *übertr* простофи́ля *m, f* 7
Gin *m* джин 2
Ginster *m* дрок 2
Gipfel *m* верши́на 6 *a. übertr,* верх 2b; на верху́ *a. übertr;* **~konferenz** *f* совеща́ние на вы́сшем у́ровне, конфере́нция в верха́х
gipfeln *intr* достига́ть ⟨-сти́гнуть 4a *u.* 4, -|сти́чь*⟩ вы́сшей то́чки | sein Lebenswerk gipfelt in … верши́ной его́ тво́рчества явля́ется …
Gipfel|punkt *m* вы́сшая 11 то́чка, кульминацио́нный пункт; **~treffen** *n* встре́ча на вы́сшем у́ровне
Gips *m* гипс 2 | das Bein in ~ legen накла́дывать ⟨-ложи́ть 3⁺⟩ гипс на́ ногу; **~abdruck** *m* ги́псовый сле́пок
gipsen *tr* покрыва́ть ⟨-|кры́ть*⟩ ги́псом
Gipsmörtel *m* ги́псовый раство́р 2; **~verband** *m* ги́псовая повя́зка
Giraffe *f* жира́ф 2
Girlande *f* гирля́нда 6
Giro *n Fin* жи́ро *n idkl;* **~anweisung** *f Fin* жироприка́з 2; **~konto** *n* жиросчёт 2; **~verkehr** *m* жирооборо́т 2
girren *intr* воркова́ть 2
Gis *n* соль-дие́з [иэ] *idkl*
Gischt *m* пе́на 6, бры́зги *Pl* 6
Gitarre *f* гита́ра 6 | ~ **spielen** игра́ть на гита́ре
Gitarrist *m* гитари́ст 2
Gitter *n* решётка 6; **~bett** *n* (де́тская) крова́ть с решёткой
gitterförmig решётчатый
Gitterwerk *n* решётка 6
Glacé|handschuh *m* ла́йковая перча́тка | j-n mit ≈en anfassen делика́тно обраща́ться с кем-н.; **~leder** *n* ла́йка 6
Gladiator *m* гладиа́тор 2
Gladiole *f* гладио́лус 2, шпа́жник 2
Glanz *m* блеск 2; der Sterne сия́ние 5; Politur глян|ец, -ца 2 | trügerischer ~ ло́жный блеск, мишура́ 6; den ~ verlieren тускне́ть (по-), теря́ть (по-) блеск; eine Prüfung mit ~ bestehen блестя́ще сдава́ть ⟨-|дать*⟩ экза́мен
glänzen *intr* блесте́ть 3 ⟨блесну́ть *mom* 4⟩, сия́ть; sich auszeichnen блиста́ть, отлич|а́ться ⟨-и́ться 3⟩; **~d** блестя́щий 11 *a. übertr;* ausgezeichnet выдаю́щийся 11
Glanz|leder *n* лакиро́ванная ко́жа; **~leistung** *f* блестя́щее 11 достиже́ние
glanzlos ма́товый, ту́скл:ый, -á!
Glanz|nummer *f* гвоздь 1h програ́ммы; **~papier** глянцевая бума́га
glanzvoll блестя́щий 11
Glas *n* Material стекло́ 4c *Pl* стёк|ла, -ол; Gefäß стака́н 2; Schnaps≈ рю́мка 6; Brille очк|и́, -о́в *Pl* 4; Fern≈ бино́кль 1 | ein ~ Bier стака́н пи́ва; ~ blasen выдува́ть ⟨вы́|дуть*⟩ стекло́; er hat zu tief ins ~ geguckt *umg* он хвати́л ли́шнего, он вы́пил ли́шнее
glasartig стеклови́д|ный, -ен
Glas|auge *n* иску́сственный глаз; **~baustein** *m* пустоте́лый стекля́нный блок 2; **~bläser** *m* стеклоду́в 2; **~bläserei** *f* стеклоду́вное рем|есло́ 4c *G Pl* -ёсел; Betrieb стеклоду́вная мастерска́я *Subst* 10
Gläschen *n* стака́нчик 2, рю́мочка 6
Glaser *m* стеко́льщик 2; **~ei** *f* стеко́льная мастерска́я *Subst* 10
gläsern стекля́нный
Glasfaser *f* стекля́нное волокно́, стекловолок|но́ 4c *G Pl* -он
glasfaserverstärkt: ~er Plast стеклоарми́рованный пла́стик 2, стеклопла́стик 2
Glas|glocke *f* стекля́нный колпа́к; **~hütte** *f* стеко́льный заво́д 2
glasieren *tr* покрыва́ть ⟨-|кры́ть*⟩ глазу́рью
glasig стеклови́д|ный, -ен | ~er Blick стекля́нный взгляд
Glas|industrie *f* стеко́льная промы́шленность; **~körper** *m* Auge стеклови́дное те́ло; **~kugel** *f* стекля́нный шар; **~malerei** *f* жи́вопись по стеклу́; **~perle** *f* бу́сина 6, бисе́рина 6; ≈n *Pl* бу́сы *Pl* 6, би́сер 2; **~platte** *f* стекля́нная плита́ 6; **~scheibe** *f* око́нное стекло́; **~scherbe** *f* оско́л|ок, -ка 2 стекла́; **~schneider** *m* стеклоре́зный алма́з 2; **~schrank** *m* за-

стеклённый шкаф; **~tür** *f* застеклённая дверь

Glasur *f* глазу́рь 9, поли́ва 6; auf Tonwaren, Kacheln мурава́ 6

Glas|waren *f Pl* стекля́нные това́ры; **~watte** *f* стекля́нная ва́та

glatt 1. *Adj* гла́д|кий, -ок, -ка́!; гла́же, ро́в|ный, -ен, -на́!; glitschig ско́льз|кий, -ок, -ка́!; *übertr* льсти́в:ый | eine ~e Lüge чисте́йшая 11 ложь **2.** *Adv* про́сто; völlig на́чисто | die Sache ging ~ де́ло сошло́ гла́дко; j-m etw. ~ ins Gesicht sagen сказа́ть кому́-н. что-н. пря́мо в глаза́; ich habe es ~ abgelehnt я наотре́з отказа́лся от э́того; das habe ich ~ vergessen я э́то совсе́м забы́л

Glätte *f* гла́дкость 9; ско́льзкость 9

Glatteis *n* гололе́дица 6, гололёд 2 | j-n aufs ~ führen подводи́ть 3⁺ -вожу́ ⟨-|вести́*⟩ кого́-н.

glätten *tr* разгл|а́живать ⟨-а́дить 3 -а́жу⟩; polieren лощи́ть 3 (на-); sich ~ *refl* Wellen укла́дываться ⟨-|ле́чься*⟩

glatt|hobeln *tr* вы́стругать *v;* **~machen** *tr* разгл|а́живать ⟨-а́дить 3 -а́жу⟩, расправля́ть ⟨-а́вить 3 -а́влю⟩

glattweg *Adv* наотре́з, пря́мо

Glatz|e *f* лы́сина 6, плешь 9 | eine ~ bekommen лысе́ть (об-, по-), плеши́веть (о-); **~kopf** *m* лы́сая [плеши́вая] голова́; Mensch лы́сый *Subst* 10

glatzköpfig лы́с:ый, -а́!, плеши́в:ый

Glaube *m Rel* ве́ра 6; Vertrauen дове́рие 5, уве́ренность 9 | im guten ~n в по́лной уве́ренности; laß ihn bei seinem ~n! не разубежда́й его́!; j-m ~n schenken ока́зывать ⟨-|каза́ть*⟩ дове́рие кому́-н.; den ~n an etw. verlieren потеря́ть *v* ве́ру во что-н., изве́риться 3 в чём-н.; auf Treu und ~n на че́стное сло́во; etw. in gutem ~n tun де́лать (с-) что-н. из лу́чших побужде́ний

glauben *tr* ве́рить 3 (по-); vermuten полага́ть, ду́мать; *intr* ве́рить (an в *A)* | es ist kaum zu ~ не ве́рится, ве́рится с трудо́м; man sollte ~ … каза́лось бы …; er wollte mich ~ machen, daß … он хоте́л меня́ уве́рить в том, что …; er glaubt fest daran он твёрдо уве́рен в э́том

Glaubens|bekenntnis *n* вероисповеда́ние 5; **~freiheit** *f* свобо́да вероисповеда́ния; **~genosse** *m* единове́р|ец, -ца 2; **~lehre** *f* вероуче́ние 5

glaubensstark твёрдо ве́рующий 11 во что-н.

Glaubersalz *n* гла́уберова 13 соль

glaubhaft правдоподо́б|ный, -ен

Glaubhaftigkeit *f* правдоподо́бие 5

gläubig ве́рующий 11

Gläubige *m* ве́рующий *Subst* 11

Gläubiger *m* кредито́р 2

glaub|lich: das ist kaum ≈ э́тому едва́ ли мо́жно ве́рить, э́то маловероя́тно; **~würdig** достове́р|ный, -ен, правдоподо́б|ный, -ен

Glaubwürdigkeit *f* достове́рность 9, правдоподо́бие 5

Glaukom *n* глауко́ма 6

glazial *Geol* ледниково́й, гляциа́льный

gleich 1. *Adj* ра́в|ный, -ен, -на́; identisch одина́ков:ый | der ~e тот же, тако́й же; zur ~en Stunde в тот же час; zur ~en Zeit в то же (са́мое) вре́мя; auf die ~e Weise одина́ково, ра́вным о́бразом; zu ~en Teilen, in zwei ~e Teile попола́м; das kommt aufs ~e hinaus э́то сво́дится к тому́ же **2.** *Adv* sofort сейча́с, неме́дленно; gleichgültig безразли́чно | ~ am Anfang с са́мого нача́ла; ist ~ *Math* равня́ется; das ist mir ganz ~ э́то мне соверше́нно безразли́чно, мне всё равно́; ~ darauf вслед за тем; ~ und ~ gesellt sich gern рыба́к рыбака́ ви́дит издалека́; ein Gleiches tun де́лать то же са́мое; Gleiches mit Gleichem vergelten отпла́чивать ⟨отпла|ти́ть 3⁺ -чу́⟩ той же моне́той; **~altrig** одни́х лет; **~artig** одноро́д|ный, -ен

Gleichartigkeit *f* одноро́дность 9

gleich|bedeutend равнозна́чащий 11, равноси́л|ьный, -ен, -ьна; **~berechtigt 1.** *Adj* равнопра́в|ный, -ен **2.** *Adv* нара́вне́

Gleichberechtigung *f* равнопра́вие 5

gleichbleiben, sich *refl* не измен|я́ться ⟨-и́ться 3⁺⟩ | das bleibt sich ganz gleich э́то безразли́чно, э́то не меня́ет де́ла

gleichbleibend постоя́нный

gleichen *intr* быть* похо́жим (j-m на *A*) | sie ~ einander wie ein Ei dem anderen они́ похо́жи (друг на дру́га) как две ка́пли воды́

gleichermaßen *Adv* ра́вным о́бразом

gleich|falls *Adv* то́чно так же, та́кже | danke, ≈! спаси́бо, и Вам того́ же (жела́ю)!; **~förmig** однообра́з|ный, -ен

Gleichförmigkeit *f* однообра́зие 5, однообра́зность 9

gleichgesinnt одина́кового о́браза мы́слей

Gleichgesinnter *m* единомы́шленник 2

Gleichgewicht *n* равнове́сие 5 | ins ~ bringen уравнов|е́шивать ⟨-е́сить 3 -е́шу⟩; aus dem ~ bringen выводи́ть 3⁺ -вожу́ ⟨вы́|вести*⟩ из равнове́сия; das ~ verlieren теря́ть (по-) равнове́сие

Gleichgewichts|störung *f Med* наруше́ние равнове́сия; **~übung** *f* упражне́ние в равнове́сии

gleichgültig безразли́ч|ный, -ен; teilnahmslos равноду́ш|ный, -ен (gegenüber к *D)* | das ist mir ~ э́то мне безразли́чно

Gleichgültigkeit *f* безразли́чие 5; равноду́шие 5

Gleichheit *f* ра́венство 4; Identität тожде́ственность 9 | ~ vor dem Gesetz ра́венство пе́ред зако́ном
Gleichheitszeichen *n* знак ра́венства
gleichkommen *intr* равня́ться (j-m с *I)*
gleichlautend *Text* иденти́ч|ный [дэ]ı -ен
gleichmachen *tr* равня́ть, ура́внивать ⟨-равня́ть⟩ | ein Haus dem Erdboden ~ сровня́ть дом с землёй
Gleich|macherei *f* уравни́ловка 6; **~maß** *n* равноме́рность 9
gleichmäßig равноме́р|ный, -ен; ruhig ро́вный, -ен, -на́!
Gleich|mäßigkeit *f* равноме́рность 9; **~mut** *m* равноду́шие 5
gleich|mütig равноду́ш|ный, -ен; **~namig** одноимён|ный, -ен, -на
Gleichnis *n* при́тча 6
Gleichrichter *m El* выпрями́тель 1; **~röhre** *f* выпрями́тельная ла́мпа
gleichsam *Adv* сло́вно, как бу́дто
gleichschenklig равнобе́дренный
Gleichschritt *m* шаг в но́гу | im ~ в но́гу; im ~ marsch! ша́гом – марш!
gleichseitig равносторо́нний 11
gleich|setzen *tr* прира́внивать ⟨-равня́ть⟩ *a. Math;* **~stellen** *tr* уравн|я́ть ⟨-и́ть 3⟩
Gleichstrom *m* постоя́нный ток; **~generator** *m* генера́тор постоя́нного то́ка; **~motor** *m* дви́гатель постоя́нного то́ка
gleichtun *tr:* es j-m in etw. ~ подража́ть кому́-н. в чём-н.
Gleichung *f Math* уравне́ние 5 | ~ ersten Grades уравне́ние пе́рвой сте́пени; ~ mit zwei Unbekannten уравне́ние с двумя́ неизве́стными
gleich|viel *Adv* всё равно́, как бы то ни́ было; **~wertig** равноце́н|ный, -ен, -на, эквивале́нт|ный, -ен; **~wie** *Konj* подо́бно тому́ как, сло́вно; **~winklig** равноуго́льный; **~wohl** *Adv* всё же, одна́ко; **~zeitig** одновреме́н|ный, -ен, -на
Gleichzeitigkeit *f* одновреме́нность 9
Gleis *n* коле́я 7, ре́льсовый пут|ь *m* 9е *I* -ём | totes ~ *übertr* тупи́к 2е; **~anschluß** *m* примыка́ние 5 пути́; **~bau** *m* прокла́дка пути́
gleißend блестя́щий 11, сверка́ющий 11
Gleitboot *n* гли́ссер 2
gleiten *intr* сколь|зи́ть 3 -жу́ ⟨скользну́ть *mom* 4⟩; *Flugw* плани́ровать 2 (с-)
Gleiter *m Flugw* планёр 2
Gleit|flug *m* плани́рующий 11 полёт; **~flugzeug** *n* планёр 2; **~schiene** *f Tech* направля́ющая ре́йка 11-6; **~schuhe** *Pl* коньки́ *Pl* 2 с широ́кими поло́зьями; **~schutz** *m* предохрани́тель 1 от скольже́ния; **~schutzketten** *f Pl Kfz* це́пи противоскольже́ния
Gletscher *m* ледни́к 2е, гле́тчер 2; **~bach** *m* леднико́вый руче́й; **~eis** *n* гле́тчерный лёд; **~spalte** *f* тре́щина в леднике́; **~zunge** *f* язы́к ледника́
Glied *n* член 2, коне́чность 9; einer Kette звено́ 4 *Pl* зве́нь|я, -ев; Generation поколе́ние 5; *Mil* шере́нга 6 | in Reih und ~ stehen стоя́ть в строю́
Glieder|füßer *m* членистоно́гое *Subst* 10; **~kette** *f* цепь из зве́ньев
gliedern *tr* расчлен|я́ть ⟨-и́ть 3⟩, подраздел|я́ть ⟨-и́ть 3⟩ (in на *A);* sich ~ подраздел|я́ться ⟨-и́ться⟩ (in на *A)*
Glieder|puppe *f* марионе́тка 6; **~reißen** *n Med* ломо́та в коне́чностях; **~tiere** *n Pl* членистоно́гие *Subst Pl* 10; **~ung** *f* расчлене́ние 5, подразделе́ние 5; eines Aufsatzes построе́ние 5
Gliedmaßen *Pl* коне́чности *Pl* 9
glimmen *intr* тлеть
Glimmer *m Min* слюда́ 6; **~schiefer** *m* слюдяно́й сла́нец
glimpflich благополу́ч|ный, -ен; nachsichtig снисходи́тел|ьный, -ен, -ьна, мя́гкий, -ок, -ка́! | er ist ~ davongekommen он дёшево отде́лался; das ist noch ~ abgegangen э́то обошло́сь ещё дово́льно благополу́чно
glitschig ско́льз|кий, -ок, -ка́!
glitzern *intr* блесте́ть* ⟨блесну́ть *mom* 4⟩, сверк|а́ть ⟨-ну́ть *mom* 4⟩
global о́бщ|ий 11, -á, -е, глоба́льный; weltweit глоба́льный, всеми́р|ный, -ен
Globus *m* гло́бус 2
Glocke *f* ко́локол 2b; Klingel звон|о́к, -ка́ 2; Glas~ колпа́к 2е | etw. an die große ~ hängen разгла|ша́ть ⟨-си́ть 3 -шу́⟩ что-н., труб|и́ть 3 -лю́ о чём-н. повсю́ду
Glockenblume *f* колоко́льчик 2
glockenförmig колоколообра́з|ный, -ен, в фо́рме ко́локола
Glocken|geläut *n* колоко́льный звон; **~rock** *m* ю́бка 6 ко́локолом; **~schlag** *m* уда́р ко́локола | mit dem ≈ мину́та в мину́ту; **~spiel** *n* an Turmuhr кура́нты *Pl* 2; **~turm** *m* колоко́л|ьня 7 *G Pl* -ен
Glöckner *m* звона́рь 1е
Glorie *f* сла́ва 6
Glorienschein *m* орео́л 2
glorifizieren *tr* просл|авля́ть ⟨-а́вить 3 -а́влю⟩
glorreich сла́в|ный, -ен, -на́!, просла́вленный
Glossar *n* глосса́ри|й 1 *Pl* -и, *G Pl* -ев
Glosse *f* гло́сса 6, примеча́ние 5 на поля́х | seine ~n machen де́лать (с-) ирони́ческие замеча́ния
glossieren *tr* де́лать (с-) ирони́ческие замеча́ния по по́воду *G*
Glotzauge *n Med* пучегла́зие 5; *übertr* ~n *Pl* глаза́ на вы́кате | ~n machen ту́по уст|авля́ться ⟨-а́виться 3 -а́влюсь⟩ на кого́-н.
glotzäugig пучегла́з:ый

glotzen *intr* тара́щить 3 (вы́-) глаза́, пу́чить 3 (вы́-) глаза́
Gloxinie *f* глокси́ния 8
Glück *n* сча́стье 5 | zum ~ к сча́стью; auf gut ~ наудачу, наугад, на аво́сь; kein ~ haben не име́ть уда́чи; wir haben in allem ~ нам во всём уда́ча; er hat ~ im Leben ему́ везёт в жи́зни; er hat mehr ~ als Verstand дурака́м сча́стье; das ~ ist ihm hold ему́ улыба́ется сча́стье; sein ~ versuchen попыта́ть *v* сча́стья; ~ auf! в до́брый час!; du kannst von Glück reden тебе́ повезло́; er hat ~ im Unglück gehabt он уда́чно вы́шел из беды́; viel ~! жела́ю большо́й уда́чи!; jeder ist seines ~es Schmied вся́к своего́ сча́стья кузне́ц
glückbringend принося́щий 11 сча́стье
Glucke *f* насе́дка 6
glücken *intr* у|дава́ться* ⟨-|да́ться*ᵢ -дала́сь⟩, посчастли́виться *v* 3 *unpers* | es glückt де́ло идёт на лад; es ist mir nicht geglückt мне не удало́сь, мне не посчастли́вилось
glücklich счастли́вый, сча́стлив, благополу́ч|ный, -ен; erfolgreich уда́ч|ный, -ен | ~ machen осчастли́в|ить 3 -лю
Glückliche *f* счастли́вица 6
Glücklicher *m* счастли́в|ец, -ца 2 | dem Glücklichen schlägt keine Stunde счастли́вые часо́в не наблюда́ют
glücklicherweise *Adv* к сча́стью
glückselig счастли́вый, сча́стлив, блаже́н:ный, -на
Glückseligkeit *f* блаже́нство 4, по́лное сча́стье
glucksen *intr* бу́льк|ать ⟨-нуть 4⟩
Glücks|fall *m* счастли́вый слу́чай; **~kind** *n*, **~pilz** *m* счастли́вчик 2, ба́лов|ень, -ня 1 судьбы́; **~rad** *n* колесо́ сча́стья; **~ritter** *m* авантюри́ст 2; **~sache** *f* де́ло сча́стья, де́ло уда́чи; **~spiel** *n* аза́ртная игра́
glückstrahlend сия́ющий 11 от сча́стья
Glücks|umstand *m* счастли́вое обстоя́тельство; **~zahl** *f* счастли́вое число́
glückverheißend суля́щий 11 сча́стье
Glückwunsch *m* поздравле́ние 5 (zu с *I*) | j-m seinen ~ zu etw. aussprechen поздр|авля́ть ⟨-а́вить 3 -а́влю⟩ кого́-н. с чем-н.; meinen herzlichsten ~! прими́те моё серде́чное поздравле́ние!, позво́льте поздра́вить вас от души́!; **~schreiben** *n* поздрави́тельное письмо́; **~telegramm** *n* поздрави́тельная телегра́мма
Glühbirne *f* ла́мпа 6 нака́ливания
glühen *intr* Metall накал|я́ться ⟨-и́ться 3⟩; Licht горе́ть 3; *übertr* пыла́ть, горе́ть (vor *I*); **~d** раскал|ённый, -ён, -ена́; *übertr* горя́ч:ий, -а́, пла́менный | ≈ machen кали́ть 3, накал|я́ть ⟨-и́ть⟩; ≈e Hitze паля́щий 11 зной; ≈ heiß зно́|йный, -ен, -йна
Glüh|faden *m El* нить 9 нака́ла; **~lampe** *f* ла́мпа нака́ливания; **~ofen** *m* нагрева́тельная печь; **~strumpf** *m* кали́льная се́тка 6; **~wein** *m* глинтве́йн 2; **~würmchen** *n* светляч|о́к, -ка́ 2
Glukose *f* глюко́за 6
Glut *f* зной 1, жар 2 *G a.* -уᵢ в жару́; Leidenschaft пыл 2ᵢ в пылу́; *Tech* нака́л 2, кале́ние 5
glutrot багро́в:ый | ~werden багрове́ть (по-)
Glyzerin *n* глицери́н 2
Glyzinie *f Bot* глици́ния 8
Gnade *f* ми́лость 9; Schonung поща́да 6 | ohne ~ без поща́ды; um ~ bitten проси́ть (по-) поща́ды; ~ für Recht ergehen lassen сми́лостив|иться *v* 3 -люсь; sich j-m auf ~ und Ungnade ergeben с|да́ться* *v* на ми́лость победи́теля
Gnaden|brot *n* ми́лостыня 7 | das ≈ bei j-m essen быть* у кого́-н. нахле́бником; **~frist** *f* льго́тный срок; **~gesuch** *n* хода́тайство 4 о поми́ловании; **~stoß** *m* после́дний 11 уда́р | j-m den ≈ geben до|би́ть* *v* кого́-н.
gnädig ми́лостив:ый, благоскло́н|ный, -ен, -на
Gneis *m* гнейс 2
Gnom *m* гном 2
gnomenhaft похо́ж:ий 11 на гно́ма
Gnu *n* гну *m, f idkl*
Gobelin *m* гобеле́н 2
Gockel *m* пету́х 2е
Gold *n* зо́лото 4 | das ist nicht mit ~ zu bezahlen э́тому цены́ нет; das ist ~es wert э́то це́нится на вес зо́лота; es ist nicht alles ~, was glänzt не всё то зо́лото, что блести́т; **~ader** *f* золота́я жи́ла; **~after** *m Zool* златогу́зка 6; **~amsel** *f* и́волга 6; **~barren** *m* сли́т|ок, -ка 2 зо́лота; **~bronze** *f* золочёная бро́нза; **~deckung** *f* золото́е покры́тие
golden золото́й | ~e Hochzeit золота́я сва́дьба; ~e Berge versprechen сули́ть 3 золоты́е го́ры; das Goldene Zeitalter золото́й век; der Goldene Schnitt *Math* золото́е сече́ние
Gold|fasan *m* золото́й фаза́н; **~felder** *n Pl* золоты́е ро́ссыпи *Pl* 9; **~fieber** *n* золота́я лихора́дка; **~fisch** *m* золота́я ры́бка 6; **~gehalt** *m* про́ба 6 зо́лота; im Erz содержа́ние зо́лота в руде́
goldgelb золоти́ст:ый
Gold|gräber *m* золотоиска́тель 1, стара́тель 1; **~grube** *f übertr* золото́е дно 4
goldhaltig золотоно́с|ный, -ен
goldig золоти́ст:ый; *übertr* ми́л:ый, -а́, -о, ми́лы
Gold|klumpen *m* саморо́док зо́лота; **~krone** *f Med* золота́я коро́нка; **~lack** *m*

Bot желтофиóль 9; **~medaille** *f* золотáя медáль; **~papier** *n* позолóченная бумáга; **~prägung** *f Typ* золотóе тиснéние; **~probe** *f* прóба зóлота; **~regen** *m Bot* золотóй дождь; **~schmied** *m* ювелúр 2; **~schnitt** *m* золотóй обрéз; **~stikkerei** *f* шитьё зóлотом; **~stück** *n* Geld золотóй *Subst* 10; **~sucher** *m* золотоискáтель 1, старáтель 1; **~waage** *f* весы́ для взвéшивания зóлота | jedes Wort auf die ≈ legen *übertr* тщáтельно взвéшивать кáждое слóво; **~währung** *f* золотáя валю́та

[1]**Golf** *m* Meeresbucht морскóй залúв 2 | ~ von Biskaya Бискáйский залúв

[2]**Golf** *n Sport* гольф 2

Golfspiel *n* игрá в гольф; **~er** *m* игрóк в гольф

Golfstrom *m* Гольфстрúм 2

Gondel *f* гондóла 6; **~lied** *n* баркарóла 6

gondeln *intr* плыть* на гондóле

Gondelteich *m* пруд с лóдочной стáнцией

Gondoliere *m* гондольéр 2

Gong *m* гонг 2

gongen *intr* бить* в гонг

Gongschlag *m* удáр гóнга

gönnen *tr* не завúдовать 2 *D* (j-m etw. комý-н. в чём-н.); sich leisten разреш|áть ⟨-úть 3⟩ (j-m *oder* sich etw. что комý-н. *oder* себé) | j-m sein Glück ~ рáдоваться счáстью когó-н.; sich Ruhe ~ дать* себé отдохнýть; ~ Sie sich Zeit! не спешúте!

Gönner *m* доброжелáтель 1, покровúтель 1

gönnerhaft доброжелáтел|ьный| -ен| -ьна, покровúтельственный

Gonorrhöe *f Med* гонорéя 7

gordisch: ~er Knoten гóрдиев 13 ýзел

Gorilla *m* горúлла 6

Gosse *f* ýличный водостóчный жёлоб 2b *Pl* желобá; *übertr umg* грязь 9¡ в грязú

Gotik *f* гóтика 6, готúческий стиль 1

gotisch готúческий; die Goten betreffend гóтский

Gott *m* бог [бох] 2 *G* -а | weiß ~ бог знáет; ~ sei Dank! слáва бóгу!; um ~es willen! рáди бóга!; mein ~! бóже мой!; ~ behüte! бóже упасú!

gottbegnadet с úскрой бóжьей

Gottesdienst *m* богослужéние 5, церкóвная слýжба

gottesfürchtig богобоя́знен:ный| -на

Gottes|lästerung *f* богохýльство 4; **~urteil** *n* бóжий суд 12-2e

Gottheit *f* божествó 4

Göttin *f* богúня 7

göttlich божéствен:ный| -на *a. übertr*

gottlos безбóж|ный| -ен

Gottlosigkeit *f* безбóжие 5

Götze *m* úдол 2, кумúр 2

Götzen|bild *n* úдол 2, кумúр 2; **~dienst** *m* идолопоклóнство 4

Gouvern|ante *f* гувернáнтка 6; **~ement** *n* губéрния 8; **~eur** *m* губернáтор 2

Grab *n* могúла 6 | j-n zu ~e tragen хоронúть 3⁺ (по-) когó-н.; j-n ins ~ bringen сводúть 3⁺ -вожý (-|вестú*) когó-н. в могúлу; mit einem Bein im ~e stehen стоя́ть однóй ногóй в могúле; er ist verschwiegen wie das ~ он молчалúв как могúла

graben *tr* копáть (вы́-), рыть* (вы́-); *intr* копáть, рыть (nach *A*)

Graben *m* Straßen~ кювéт 2; Bewässerungs~ канáва 6, ров| рва 2; Schützen~ окóп 2, траншéя 7 | einen ~ ziehen рыть* (вы́-) ров

Grabes|stille *f* могúльный покóй 1; **~stimme** *f*: mit ≈ замогúльным гóлосом

Grab|gewölbe *n* склеп 2; **~hügel** *m* могúла 6, могúльный холм; Hünengrab кургáн 2; **~inschrift** *f* надгрóбная нáдпись; **~mal** *n* надгрóбный пáмятник 2; **~rede** *f* надгрóбное слóво 4b; **~stätte** *f* могúла; Archäologie могúльник 2; **~stein** *m* могúльная плитá 6c, надгрóбный кáмень

Grad *m* Maßbezeichnung грáдус 2; Stufe стéпень 9g; Rang звáние 5 | zehn ~ Kälte дéсять грáдусов морóза; es sind zehn ~ unter Null дéсять грáдусов нúже нуля́; im höchsten ~e в вы́сшей стéпени; bis zu einem gewissen ~e до извéстной [нéкоторой] стéпени; **~ation** *f* градáция 8; **~einteilung** *f* делéние 5 на грáдусы; **~messer** *m übertr* критéри|й 1 *P* -и, показáтель 1; **~netz** *n* грáдусная сéтка

graduell постепéн|ный| -ен| -на

Graf *m* граф 2

Grafik *m* грáфика 6; **~er** *m* (худóжник-) грáфик (2-) 2

Gräfin *f* графúня 7

grafisch графúческий | ~e Darstellung графúческое изображéние, грáфик 2; ~es Gewerbe графúческое искýсство 4

gräflich грáфский

Grafschaft *f* грáфство 4

gram: j-m ~ sein сер|дúться 3⁺ -жýсь (рас-) на когó-н.

Gram *m* скорбь 9g, гóре 3

grämen *tr:* das grämt mich wenig меня́ э́то мáло огорчáет; sich ~ *refl* скорб|éть 3 -лю́, гру|стúть 3 -щý (über о *P*) | sich zu Tode ~ у|мерéть* *v* с гóря

Gramm *n* грамм 2

Grammatik *f* граммáтика 6

grammati(kali)sch грамматúческий

Grammophon *n* граммофóн 2

gramvoll скóрб|ный| -ен, печáл|ьный| -ен| -ьна

Granat *m Min* грана́т 2; **~apfel** *m* грана́т 2; Baum грана́т, грана́товое де́рево 4
Granate *f* грана́та 6; Artillerie~ снаря́д 2
Granat|splitter *m* оско́лок снаря́да; **~trichter** *m* воро́нка от снаря́да; **~werfer** *m* миномёт 2
grandios грандио́з|ный, -ен, величе́ствен:ный, -на
Granit *m* грани́т 2; **~felsen** *m* грани́тный утёс 2
Granne *f* ость 9
granulieren *tr* гранули́ровать *uv, v* 2
Graphit *m* графи́т 2
Graphologe|e *m* графо́лог 2; **~ie** *f* графоло́гия 8
Gras *n* трава́, Gräser 6c *Pl* зла́ки *Pl* 2 | im ~e на траве́; er hört das ~ wachsen *umg* он счита́ет себя́ о́чень у́мным; darüber ist längst ~ gewachsen э́то давно́ забы́то; ins ~ beißen умира́ть ⟨-|мере́ть*⟩
grasen *intr* пасти́сь*
Gras|futter *n* подно́жный корм; **~halm** *m* трави́нка 6, были́нка 6; **~hüpfer** *m* кузне́чик 2; **~land** *n* луг 2b¡ на лугу́, *Pl* -á, **~mähmaschine** *f* (сено)коси́лка 6; **~mücke** *f* сла́вка 6; **~narbe** *f* дёрн 2, лугова́я дерни́на 6
grassieren *intr* свире́пствовать 2
gräßlich ужа́с|ный, -ен, стра́ш|ный, -ен, -на́, -но, стра́шны́; ekelhaft омерзи́тел|ьный, -ен, -ьна
Grat *m Berg* го́рный гре́б|ень, -ня 1; *Tech* заусе́н|ец, -ца 2, грат 2
Gräte *f* ры́бья кость 12-9g
Gratifikation *f* (де́нежное) вознагражде́ние 5, награ́дны́е *Subst Pl* 10
grätig кости́ст:ый, костля́в:ый
gratis *Adv* да́ром, беспла́тно
Grätsche *f* Grätschsprung прыжо́к но́ги врозь
grätschen *tr:* die Beine ~ раздв|ига́ть ⟨-и́нуть 4⟩ но́ги; *intr* einen Grätschsprung tun пры́гать ⟨пры́гнуть 4⟩ но́ги врозь
Grätsch|sprung *m* прыжо́к но́ги врозь; **~stellung** *f* положе́ние но́ги врозь
Gratula|nt *m* поздрави́тель 1; **~tion** *f* поздравле́ние 5 (zu с *I)*
gratulieren *intr* поздр|авля́ть ⟨-а́вить 3 -а́влю⟩ (j-m zu etw. кого́-н. с чем-н.)
grau се́р:ый, -á!; Haar сед:о́й, -á! | ~ in ~ в се́рых тона́х; die ~e Vorzeit седа́я старина́; ~es Haar седина́ 6c; der ~e Alltag се́рые бу́дни; das ~e Elend беспросве́тная нужда́; ~ werden седе́ть (по-)
Grau *n* се́рый цвет 2b *Pl* -á
grau|blau си́зый, се́ро-голубо́й; **~braun** (се́ро-)бу́рый
¹grauen *intr* света́ть | der Morgen graut света́ет
²grauen *intr unpers:* mir graut davor я бою́сь э́того, э́то наво́дит на меня́ у́жас; sich ~ *refl* страши́ться 3 (vor *G)*, боя́ться 3 (vor *G)*
Grauen *n* у́жас 2, страх 2
grauen|erregend, ~haft, ~voll стра́ш|ный, -ен, -на́, -но, стра́шны́, ужа́с|ный, -ен
grau|haarig сед:о́й, -á!, седоволо́сый; **~meliert** с про́седью | ≈es Haar во́лосы с про́седью
graupeln *intr unpers:* es graupelt идёт ме́лкий град; von Graupelschnee идёт крупа́
Graupeln *f Pl* крупа́ 6
Graupel|schnee *m* крупа́ 6; **~wetter** *n* дождь 1e с ме́лким гра́дом; mit Graupelschnee дождь со сне́гом [с крупо́й]
Graupen *f Pl* перло́вая крупа́ 6
Graus *m* у́жас 2
grausam жесто́к:ий, -á! (gegen j-n с кем-н.); wütend свире́пый
Grausamkeit *f* жесто́кость 9; свире́пость 9
Grauschimmel *m* ча́лая ло́шадь 9g, *umg* си́вка 6
grausen *intr unpers:* mir graust мне стра́шно [жу́тко]
grausig ужа́с|ный, -ен, стра́шный, -ен, -на́, -но, стра́шны́
Graveur *m* гравёр 2, гравиро́вщик 2
gravieren *tr* гравирова́ть 2 ⟨вы́-, на-⟩
Gravier|nadel *f* гравирова́льная игла́; **~werkstatt** *f* гравёрная мастерска́я
Gravität *f* ва́жность 9
Gravitation *f* гравита́ция 8, тяготе́ние 5
Gravitations|feld *n* по́ле тяготе́ния; **~gesetz** *n* зако́н тяготе́ния
gravitätisch ва́ж|ный, -ен, -на́, -но, ва́жны́; schreiten разме́рен:ный, -на
Grazie *f* Anmut гра́ция 8 *a. Myth*
graziös грацио́з|ный, -ен
Greifbagger *m* гре́йферный экскава́тор
greifbar *übertr* я́в|ный, -ен | ~e Formen annehmen принима́ть ⟨приня́ть*⟩ реа́льную фо́рму; in ~e Nähe rücken стать* де́лом ближа́йшего бу́дущего; in ~er Nähe в непосре́дственной бли́зоти
greifen *tr* хвата́ть ⟨(с)хва|ти́ть 3⁺ -чу́⟩; fangen лов|и́ть 3⁺ -лю́ ⟨пойма́ть⟩; *übertr* брать* ⟨взять*⟩; *intr* хвата́ться ⟨(с)хвати́ться⟩ (nach за *A*); in die Hand nehmen бра́ться*¡ брали́сь ⟨взя́ться*¡ взяли́сь⟩ (zu за *A*) | zur Feder ~ взя́ться за перо́; zu den Waffen ~ бра́ться за ору́жие; j-m unter die Arme ~ выруча́ть ⟨вы́ручить 3⟩ кого́-н.; aus der Luft ~ взять с потолка́; um sich ~ распростран|я́ться ⟨-и́ться 3⟩; falsch ~ *Mus* взять неве́рный тон; zum letzten Mittel ~ пу|сти́ть 3⁺ -щу́ в ход после́днее сре́дство
Greifen *n:* zum ~ nahe sein находи́ться 3⁺ в непосре́дственной бли́зости
Greifer *m Tech* гре́йфер 2

Greis *m* стари́к 2e
Greisenalter *n* ста́рость 9
greisenhaft ста́рческий
Greisin *f* стару́ха 6, стару́шка 6
grell Ton ре́з|кий, ок, -ка́!, -че, пронзи́тел|ьный, -ен, -ьна; Licht я́ркий, -ок, -ка́!, -че; Farbe крича́щий 11
Gremium *n* von Experten коми́ссия 8; von Wissenschaftlern (учёный) сове́т 2
Grenadier *m hist* гренаде́р 2
Grenz|bahnhof *m* пограни́чная ста́нция; **~bewohner** *m* пограни́чный жи́тель
Grenze *f* грани́ца 6, рубе́ж 2e *G Pl* -е́й; *übertr* грани́ца, преде́л 2 | sich in ~n halten соблюда́ть прили́чие; alles hat seine ~n всему́ есть преде́л [ме́ра]; in etw. keine ~n kennen не знать грани́ц в чём-н.
grenzen *intr* грани́чить 3 (an с *I*), при|лега́ть ⟨-ле́чь*⟩ (an к *D*); **~los** безграни́ч|ный, -ен, беспреде́л|ьный, -ен, -ьна; selbstlos беззаве́т|ный, -ен
Grenzenlosigkeit *f* безграни́чность 9, беспреде́льность 9; беззаве́тность 9
Grenz|gebiet *n* пограни́чная о́бласть; **~kontrolle** *f* пограни́чный контро́ль; **~land** *n* пограни́чная о́бласть 9; **~linie** *f* пограни́чная ли́ния; **~pfahl** *m* пограни́чный [межево́й] столб; **~polizei** *f* пограни́чная охра́на 6; **~schutz** *m* пограни́чная охра́на; **~stein** *m* межево́й ка́мень; **~übergang** *m* пункт 2 перехо́да грани́цы; **~verkehr** *m* пограни́чное сообще́ние; **~verletzung** *f* наруше́ние грани́цы; **~ziehung** *f* проведе́ние грани́цы; **~zwischenfall** *m* пограни́чный инциде́нт
Greuel *m* у́жас 2; Abscheu отвраще́ние 5; **~märchen** *n* небыли́ца 6; **~tat** *f* злоде́йство 4, зве́рство 4
greulich ужа́с|ный, -ен; widerlich отврати́тел|ьный, -ен, -ьна
Grieben *f Pl* шква́р|ки *Pl* 6 -ок
Grieche *m* грек 2
Griechenland Гре́ция 8
Griechin *f* греча́нка 6
griechisch гре́ческий
Griesgram *m* угрю́мый челове́к 2
griesgrämig угрю́м:ый
Grieß *m* ма́нная крупа́ 6, ма́нка 6 *umg*; **~brei** *m* ма́нная ка́ша
Griff *m* хва́тка 6; Hand~ рукоя́тка 6; Tür~ ру́чка 6; Messer~ черен|о́к, -ка́ 2; Degen~ эфе́с 2; *Sport* приём 2 | ein glücklicher ~ уда́чный вы́бор 2; etw. im ~ haben на|би́ть* *v* себе́ ру́ку на чём-н.; **~brett** *n* an Saiteninstrumenten гриф 2
Griffel *m* гри́фель 1; *Bot* пе́стик 2
Griffwechsel *m Sport* переме́на хва́та
Grill *m* гриль 1; **~bar** *f* гриль-ба́р 2
Grille *f Zool* сверч|о́к, -ка́ 2; Laune капри́з 2, причу́да 6 | er hat ~n im Kopf на него́ дурь нашла́ *umg*
grillen *tr* поджа́р|ивать ⟨-ить 3⟩ на гри́ле
grillenhaft причу́дливый, капри́з|ный, -ен
Grimasse *f* грима́са 6, ужи́мка 6 | ~n schneiden грима́сничать
Grimm *m* я́рость 9, гнев 2
grimmig я́рост|ный, -ен, свире́п:ый | ~e Kälte лю́тый моро́з
Grind *m Med* струп 2 *Pl* -ья, -ьев
grindig стру́пный
grinsen *intr* ухмыл|я́ться ⟨-ьну́ться 4⟩ | übers ganze Gesicht ~ ухмыля́ться во всё лицо́
grippal: ~er Infekt гриппо́зная инфе́кция
Grippe *f* грипп 2 | ~ haben боле́ть гри́ппом; **~schutzimpfung** *f* вакцина́ция 8 про́тив гри́ппа
grob гру́б:ый, -а́!; Faden то́лст:ый, -а́, -о, то́лсты́; Sand, Mehl кру́п|ный, -ен, -на́!; unhöflich гру́бый, неотёсанный; ungeschlacht топо́р|ный, -ен | ~er Fehler гру́бая оши́бка; ~er Kerl грубия́н 2; ~er Unfug хулига́нство 4; aus dem gröbsten heraus sein име́ть са́мое тру́дное уже́ позади́
Grob|heit *f* гру́бость 9 | j-m ≈en an den Kopf werfen наговори́ть 3 кому́-н. гру́бости; **~ian** *m* грубия́н 2
grobkörnig крупнозерни́стый
gröblich **1.** *Adj* грубова́тый **2.** *Adv* гру́бо, си́льно
grobschlächtig неотёсанный, гру́б:ый, -а́!
Grog *m* грог 2 | steifer ~ кре́пкий грог
groggy Boxen гро́гги
grölen *intr* ора́ть*, горла́нить 3
Groll *m* зло́ба 6 | ~ gegen j-n hegen пита́ть зло́бу про́тив кого́-н.
grollen *intr* пита́ть зло́бу (j-m к *D*); Donner громыха́ть
Grönland Гренла́ндия 8
Grönländer *m* гренла́нд|ец, -ца 2; **~in** *f* гренла́ндка 6
grönländisch гренла́ндский
Gros *n* alte Maßeinheit гросс 2; Gesamtmasse гла́вная часть 9g; *Mil* гла́вные си́лы *Pl* 6
Groschen *m* грош 2e *G Pl* -е́й, моне́та 6 в де́сять пфе́ннигов | bei ihm ist der ~ gefallen наконе́ц до него́ дошло́
groß большо́й, *Komp* бо́льший 11, бо́льше; ausgedehnt обши́р|ный, -ен; von Wuchs выс|о́кий, -о́к, -ока́, -о́ко́; erwachsen взро́слый; bedeutsam вели́кий, *Komp* бо́льший; *Sup* велича́йший 11; Kummer, Schmerz, Hitze си́л|ьный, -ен, -ьна́! | gleich ~ одина́ковой величины́, одина́кого разме́ра; er ist etwa so ~ wie ich он ро́стом с меня́; ~ und klein от ма́ла до вели́ка; im ~en und ganzen в

óбщем и цéлом; das ~e Wort führen игрáть пéрвую скрипку; ~ ankommen beim Publikum *umg* быть* популя́рным; eine Nummer größer на нóмер [размéр] бóльше; **~artig** великолéп|ный, -ен; prachtvoll грандиóз|ный, -ен
Groß|aufnahme *f Foto* крупномасштáбное изображéние; Film (кино)съёмка крýпным плáном; **~bäckerei** *f* хлебозавóд 2; **~bauer** *m* кулáк 2e; **~bauerntum** *n* кулáчество 4; **~baustelle** *f* крýпная стрóйка 6; **~betrieb** *m* крýпное предприя́тие; **~blockbauweise** *f* крупноблóчное строительство 4; **~bourgeoisie** *f* крýпная буржуазия
Großbritannien Великобритáния 8
Großbuchstabe *m* прописнáя [большáя] бýква
Größe *f* величинá 6c; seelische: величие 5; Ausmaß размéр 2; Wuchs рост 2 | in natürlicher ~ в натурáльную величинý; in meiner ~ Kleidung на мой рост; konstante ~ постоя́нная величинá
Groß|eltern *Pl* дéдушка и бáбушка 6-6; **~enkel** *m* прáвнук 2
großenteils *Adv* бóльшей чáстью
Größen|verhältnis *n* соотношéние величин; **~wahn** *m* мáния 8 величия
größenwahnsinnig: er ist ~ он страдáет мáнией величия
Großfürst *m* великий князь
Großgrundbesitz *m* крýпное землевладéние; **~er** *m* крýпный землевладéлец
Groß|handel *m* оптóвая торгóвля; **~handelspreis** *m* оптóвая ценá; **~händler** *m* оптóвый торгóвец; **~handlung** *f* оптóвый магазин
großherzig великодýш|ный, -ен
Groß|herzigkeit *f* великодýшие 5; **~hirn** *n* большóй головнóй мозг; **~industrie** *f* крýпная промы́шленность; **~industrieller** *m* крýпный промы́шленник
Grossist *m Hdl* оптóвый торгóв|ец, -ца 2, оптовик 2e
großjährig совершеннолéтний 11
Groß|kraftwerk *n* мóщная электростáнция; **~küche** *f* фáбрика-кýхня 6-7; **~kundgebung** *f* мáссовый митинг; **~macht** *f* великая держáва; **~maul** *n umg* болтýн 2e, хвастýн 2e
großmäulig *umg* болтли́в:ый, хвастли́в:ый
Groß|meister *m Schach* гроссмéйстер 2; **~mut** *f* великодýшие 5 | ≈ üben прояв|ля́ть (-ить 3⁺ -лю) великодýшие
großmütig великодýш|ный, -ен
Groß|mutter *f* бáбушка 6; **~neffe** *m* внучáтный племя́нник; **~onkel** *m* двоюрóдный дед; **~plattenbauweise** *f* крупнопанéльное строительство 4; **~reinemachen** *n* генерáльная убóрка; **~schreibung** *f* написáние с прописнóй [большóй] бýквы; **~segel** *n* грот 2
groß|sprecherisch хвастли́в:ый; **~spurig** кичли́в:ый
Groß|stadt *f* большóй гóрод; **~städter** *m* жи́тель 1 большóго гóрода
großstädtisch городскóй
Großtat *f* слáвный пóдвиг 2
größtenteils *Adv* бóльшей чáстью, по бóльшей чáсти
größtmöglich возмóжно бóльший 11
großtuerisch хвастли́в:ый
großtun *intr* хвáстаться ⟨по-⟩ (mit чем-н.)
Großvater *m* дед 2, дéдушка *m* 6
großväterlich дéдовский
Groß|veranstaltung *f* мáссовое [крýпное] мероприя́тие 5; **~vieh** *n* крýпный рогáтый скот; **~wetterlage** *f* óбщее 11 синоптическое положéние; **~wild** *n* крýпные звéри *Pl* 1g
groß|ziehen *tr* Kinder воспи́тывать ⟨-питáть⟩; auffüttern выкáрмливать ⟨вы́корм|ить 3 -лю⟩; Pflanzen вырáщивать ⟨вы́растить⟩; **~zügig** Wesen широ́кий; großmütig великодýш|ный, -ен; freigebig щéдр:ый, -á! | ein ≈er Mensch широ́кая натýра; ≈e Hilfe великодýшная пóмощь; ≈er Plan грандиóзный план
Großzügigkeit *f* широтá 6; великодýшие 5; щéдрость 9
grotesk стрáн|ный, -ен, -нá!
Groteske *f* гротéск [тэ] 2
Grotte *f* грот 2
Grübchen *n* я́мочка 6
Grube *f* я́ма 6; Bergwerk рудни́к 2e, шáхта 6 | in der ~ arbeiten *umg* рабóтать на руднике́; wer andern eine ~ gräbt, fällt selbst hinein не рой другóму я́мы, сам в неё попадёшь
Grübelei *f* размышлéния *Pl* 5, раздýмье 5
grübeln *intr* раздýмывать (*über* o *P*), размышля́ть (über o *P*)
Gruben|arbeiter *m* шахтёр 2, горня́к 2e; **~brand** *m* рудни́чный пожáр; **~gas** *n* рудни́чный газ; **~holz** *n* крепёжный лес; **~lampe** *f* рудни́чная лáмпа; **~rettungswesen** *n* горноспасáтельное дéло
Grübler *m* человéк 2, склóнный к дóлгому раздýмью
grüblerisch склóнный к дóлгому раздýмью
Gruft *f* склеп 2
Grummet *n* отáва 6
grün зелёный; unreif незрéл:ый, неспéл:ый, -á! | ~ werden зеленéть (по-); ~es Licht im Straßenverkehr зелёная волнá; ein ~er Junge молокосóс 2 *umg;* vom ~en Tisch aus по-бюрократи́чески; j-m nicht ~ sein недолю́бливать когó-н.; dasselbe in ~ почти́ то же сáмое, всё однó и то же
Grün *n* зелёный цвет 2; an Pflanzen зéлень 9; Kartenspiel пи́ки *Pl* 6 | im

~en schlafen ночева́ть под откры́тым не́бом; **~anlage** *f* сквер 2; *Pl a.* зелёные насажде́ния *Pl* 5; **~anpflanzung** *f* озелене́ние 5

Grund *m* Boden по́чва 6, грунт 2; Meer, Fluß дно 4 *Pl* до́нь|я| -ев| -ям; Tal доли́на 6; Grundfarbe фон 2; Fundament фунда́мент 2, основа́ние 5; Ursache, Anlaß причи́на 6, основа́ние 5 | auf ~ von etw. на основа́нии чего́-н.; ~ genug haben, allen ~ haben име́ть по́лное основа́ние; im ~e (genommen) по существу́, в су́щности (говоря́), по су́ти де́ла; von ~ auf в ко́рне; bis auf den ~ до дна; aus welchem ~e? по како́й причи́не?, на како́м основа́нии?; aus dem einfachen ~e, daß ... по той (просто́й) причи́не| что ...; auf eigenem ~ und Boden leben жить на свое́й земле́; den ~ zu etw. legen закла́дывать ⟨-ложи́ть 3⁺⟩ осно́ву чего́-н., положи́ть 3⁺ нача́ло чему́-н.; man hat allen ~ anzunehmen есть все основа́ния полага́ть; mit gutem ~ с по́лным основа́нием; dazu ist kein ~ vorhanden к э́тому нет основа́ний; ohne jeden ~ без вся́кого основа́ния; nicht ohne ~ не без причи́ны, неда́ром; einer Sache auf den ~ gehen вника́ть ⟨вни́кнуть 4⟩ в суть де́ла; es liegt kein ~ für eine Klage vor нет причи́ны жа́ловаться; sich in ~ und Boden schämen стыди́ться до глубины́ души́; **~ausbildung** *f Mil* первонача́льная подгото́вка 6; **~bedingung** *f* основно́е усло́вие; **~begriff** *m* основно́е поня́тие; **~besitz** *m* земе́льная со́бственность 9, землевладе́ние 5; **~besitzer** *m* землевладе́л|ец| -ьца 2; **~bestandteil** *m* основно́й компоне́нт 2; **~buch** *n* поземе́льный када́стр 2

grundehrlich абсолю́тно че́стный

Grundeigentum *n* земе́льная со́бственность

gründen *tr* осн|о́вывать ⟨-ова́ть 2 -ую́| -уёшь⟩, учре|жда́ть ⟨-ди́ть 2 -жу́| -ждённый⟩; sich ~ *refl* осн|о́вываться ⟨-ова́ться⟩ (auf на *P*) | eine Kommission ~ образ|о́вывать ⟨-ова́ть 2⟩ коми́ссию

Gründer *m* основа́тель 1, учреди́тель 1

grundfalsch в ко́рне неве́рный

Grund|farbe *f* грунтова́я кра́ска; **~fehler** *m* основна́я оши́бка; **~fläche** *f* основа́ние 5, ба́зис 2; **~form** *f* основна́я фо́рма; *Gramm* инфинити́в 2; **~frage** *f* основно́й [коренно́й] вопро́с; **~gebühr** *f* основно́й тари́ф 2; **~gedanke** *m* основна́я мысль; **~gesetz** *n* основно́й зако́н; **~haltung** *f* принципиа́льная пози́ция; **~idee** *f* основна́я иде́я

grundieren *tr* грунтова́ть 2 (за-)

Grund|kapital *n* основно́й капита́л; **~kenntnisse** *f Pl* осно́вы *G*; **~lage** *f* осно́ва 6, основа́ние 5 | auf der ≈ von etw. на основа́нии чего́-н.; auf sozialistischer ≈ на социалисти́ческих осно́вах [нача́лах]; die ≈ schaffen закла́дывать ⟨-ложи́ть 3⟩ осно́вы; es dient als ~ э́то слу́жит основа́нием; **~lagenforschung** *f* фундамента́льные иссле́дования *Pl*

grundlegend 1. *Adj* основно́й | ~e Arbeiten основополага́ющие 11 труды́; ~e Frage коренно́й [краеуго́льный] вопро́с **2.** *Adv* коренны́м о́бразом

gründlich 1. *Adj* основа́тел|ьный| -ен| -ьна, обстоя́тел|ьный| -ен| -ьна | ~e Kenntnisse haben име́ть про́чные [глубо́кие] зна́ния; ~e Untersuchung *Jur* доскона́льное рассле́дование **2.** *Adv* основа́тельно; erschöpfend коренны́м о́бразом | sich ~ täuschen глубоко́ ошиба́ться; j-m ~ die Meinung sagen сказа́ть кому́-н. пра́вду в глаза́

Gründlichkeit *f* основа́тельность 9

Gründling *m Zool* песка́рь 1е

Grund|linie *f* основна́я ли́ния *a. Sport; Math* основа́ние 5, ба́зис 2; **~lohn** *m* основна́я за́работная пла́та

grundlos tief бездо́н|ный| -ен; *übertr* ohne Ursache необосно́ван:ный| -на, беспричи́н|ный| -ен| -на

Grund|losigkeit *f* необосно́ванность 9; **~mauer** *f* фунда́мент 2

Gründonnerstag *m* свято́й четве́рг

Grund|organisation *f* перви́чная (парти́йная) организа́ция; **~pfeiler** *m Bauw* опо́рный столб; **~preis** *m* ба́зисная цена́; **~prinzip** *n* основно́й при́нцип, основно́е положе́ние; **~rechnungsart** *f* де́йствие 5 | die vier ≈en четы́ре де́йствия [пра́вила *Pl* 4] арифме́тики; **~recht** *n* основно́е пра́во; **~regel** *f* основно́е пра́вило; **~riß** *m* план 2, горизонта́льная прое́кция 8; *übertr* о́черк 2; **~satz** *m* при́нцип 2, основно́е пра́вило 4 | ein Mensch ohne Grundsätze беспринци́пный челове́к; sich etw. zum ≈ machen взять* себе́ что-н. за пра́вило; er weicht nicht von seinen Grundsätzen ab он не отхо́дит [не отклоня́ется] от свои́х при́нципов

grundsätzlich принципиа́л|ьный| -ен| -ьна

Grund|satzprogramm *n* основна́я [руководя́щая 11] програ́мма; **~schleppnetz** *n* до́нный трал 2; **~schule** *f* нача́льная шко́ла; **~schulpflicht** *f* всео́бщее 11 обяза́тельное нача́льное обуче́ние

Grundstein *m:* den ~ für etw. legen закла́дывать ⟨-ложи́ть 3⁺⟩ фунда́мент чего́-н., класть ⟨положи́ть⟩ нача́ло чему́-н.; **~legung** *f* закла́дка 6 фунда́мента *G*

Grund|stellung *f* основна́я сто́йка 6; *Mil* строева́я сто́йка; **~steuer** *f* поземе́льный нало́г; **~stock** *m* костя́к 2е

Grundstoff *m* основно́й материа́л 2; *Chem* элеме́нт 2; **~industrie** *f* промы́шленность основны́х материа́лов
Grund|stück *n* земе́льный уча́ст|ок, -ка 2; **~stufe** *f Gramm* положи́тельная сте́пень (сравне́ния); Schule мла́дшие кла́ссы *Pl* 11–2; **~ton** *m* основно́й тон; Farbe основно́й цвет; **~übel** *n* основно́е зло
Gründung *f* основа́ние 5, учрежде́ние 5
Gründungsfeier *f* торжество́ по слу́чаю основа́ния [учрежде́ния] чего́-н.
Gründüngung *f* зелёное удобре́ние
grundverschieden в ко́рне разли́чный
Grundwasser *n* грунтовы́е во́ды; **~spiegel** *m* у́ров|ень 1 -ня грунтовы́х вод
Grundwehrdienst *m* обяза́тельная вое́нная слу́жба | den ~ leisten проходи́ть 3⁺ -жу́ обяза́тельную вое́нную слу́жбу
Grundwissen *n* элемента́рные зна́ния
Grundwort *n* основно́е сло́во, основна́я часть 9g сло́жного сло́ва; **~schatz** *m* основно́й слова́рный фонд 2
Grundzahl *f Math* просто́е число́; **~wort** *n* коли́чественное числи́тельное *Subst* 10
Grundzug *m* основна́я черта́
Grüne *n* зе́лень 9 | ins ~ fahren пое́хать *v* за́ город, выезжа́ть ⟨вы́|ехать*⟩ за́ город; im ~n на ло́не приро́ды
grünen *intr* зелене́ть
Grün|futter *n* зелёный корм; **~kohl** *m* бра́унколь 1; **~kram** *m* зе́лень 9, о́вощ|и, -е́й *Pl* 2g
grünlich зеленова́тый
Grün|schnabel *m umg* молокосо́с 2; **~span** *m* ярь-медя́нка 9-6; **~specht** *m* дя́тел зелёный
grunzen *intr* хрю́к|ать ⟨-нуть *mom* 4⟩
Gruppe *f* гру́ппа 6; *Mil* отделе́ние 5; Pionier~ отря́д 2
Gruppen|abend *m* ве́чер гру́ппы; **~aufnahme** *f* группово́й сни́мок | eine ≈ machen lassen снима́ться ⟨сня́ться*, сняли́сь⟩ гру́ппой; **~führer** *m* команди́р 2 отделе́ния; **~tanz** *m* группово́й та́нец
gruppenweise *Adv* по гру́ппам, гру́ппами
gruppieren *tr* группирова́ть 2 (с-); sich ~ *refl* группирова́ться (с-)
Gruppierung *f* группиро́вка 6
Grus *m Bergb* у́гольная ме́лочь 9g
gruselig жу́т|кий, -ок, -ка́!
gruseln *unpers:* es gruselt mir мне стра́шно [жу́тко]
Gruß *m* приве́т 2; *Mil* отда́ние 5 че́сти | j-m einen ~ bestellen пере|дава́ть* ⟨переда́ть*⟩ кому́-н. приве́т; mit herzlichen Grüßen с серде́чным приве́том; viele Grüße an большо́й приве́т *D;* **~adresse** *f* приве́тственный а́дрес; **~botschaft** *f* приве́тственное посла́ние 5
grüßen *tr* приве́тствовать 2, кла́няться ⟨поклони́ться 3⁺⟩ *D; Mil* от|дава́ть* ⟨отда́ть*⟩ честь *D* | er läßt Sie ~ он шлёт вам приве́т; ~ Sie bitte Ihre Schwester von mir переда́йте, пожа́луйста, от меня́ приве́т ва́шей сестре́
Grußpflicht *f Mil* обя́занность отда́ния че́сти
Grütze *f* крупа́ 6; Speise ка́ша 6
G-Schlüssel *m* скрипи́чный ключ
Guatemal|a Гватема́ла 6; **~teke** *m* гватема́л|ец, -ца 2; **~tekin** *f* гватема́лка 6
guatemaltekisch гватема́льский
gucken *intr* гля|де́ть 3 -жу́, глядя (по-, *mom* гля́нуть 4) на *A,* смотре́ть 3⁺ (по-) на *A* | sich die Augen aus dem Kopf ~ прогляде́ть *v* все глаза́
Guckloch *n* глаз|о́к, -ка́ 2
Guerillakrieg *m* партиза́нская война́
Guillotine *f* гильоти́на 6
Guinea Гвине́я 7; **~-Bissau** Гвине́я-Биса́у 7-*idkl*
Guineer *m* гвине́|ец, -ца 2
guineisch гвине́йский
Gulasch *n, m* гуля́ш 2; ~ **kanone** *f* полева́я ку́х|ня 7 *G Pl* -онь
gültig действи́тел|ьный, -ен, -ьна | ~ sein быть действи́тельным, име́ть си́лу; Münzen име́ть хожде́ние; für ~ erklären при|знава́ть* ⟨-зна́ть⟩ действи́тельным
Gültigkeit *f* действи́тельность 9; von Gesetzen, Verträgen си́ла 6 | ~ haben быть* действи́тельным
Gültigkeitsdauer *f* срок 2 де́йствия
Gummi *m* рези́на 6; Radier~ рези́нка 6; **~absatz** *m* рези́новый каблу́к; **~arabikum** *n* гуммиара́бик 2; **~ball** *m* рези́новый мяч; **~band** *n* рези́новая тесьма́, рези́нка 6; **~baum** *m* каучу́ковое де́рево; Zimmerpflanze фи́кус 2
gummibereift на рези́новых ши́нах, на рези́новом ходу́
Gummibereifung *f* рези́новые ши́ны *Pl* 6
gummieren *tr* гумми́ровать *uv, v* 2; Stoff прорези́н|ивать ⟨-ить 3⟩
Gummi|handschuh *m* рези́новая перча́тка; **~knüppel** *m* рези́новая дуби́нка; **~lösung** *f* рези́новый клей 1; **~mantel** *m* прорези́ненный плащ; **~schlauch** *m* рези́новый рука́в; **~schuh** *m* гало́ша 6; **~schwamm** *m* рези́новая гу́бка; **~sohle** *f* рези́новая подо́шва; **~stiefel** *m* рези́новый сапо́г; **~waren** *f Pl* рези́новые изде́лия; **~zug** *m* рези́новая вздёржка 6 | mit ≈ на рези́нке
Gunst *f* благосклон́ность 9; Gnade ми́лость 9 | j-m eine ~ erweisen де́лать (с-) кому́-н. одолже́ние; j-s ~ genießen по́льзоваться 2 (вос-) чей-н. благоскло́нностью; sich zu seinen ~en verändern измен|я́ться ⟨-и́ться⟩ к лу́чшему; zu unseren ~en в на́шу по́льзу; in j-s ~ stehen быть* в фаво́ре у кого́-н.; **~bezeigung** *f* выраже́ние 5 благоскло́нности

günstig 1. *Adj* благоприя́т|ный, -ен, благосклóн|ный, -ен, -на | eine ~e Gelegenheit удóбный слу́чай; ~er Wind попу́тный вéтер; ~e Lage вы́годное положéние **2.** *Adv:* sie äußerte sich ~ über ihn она́ хорошó отозвала́сь о нём

Günstling *m* Schützling протежé [тэ] *m, f idkl;* Favorit фаворúт 2, временщúк 2е

Günstlingswirtschaft *f* фаворитúзм 2

Gurgel *f* гóрло 4, глóтка 6 | j-m an die ~ fahren схва|тúть *v* 3⁺ -чу́ когó-н. за глóтку

gurgeln *intr* полоскáть* (про-) гóрло

Gurke *f* огур|éц, -цá 2 | saure ~ солёный огурéц

Gurkensalat *m* салáт из (свéжих) огурцóв

Gurt *m* пóяс 2b *Pl* -á; Sattel~ подпру́га 6; *Mil* пулемётная лéнта 6

Gürtel *m* пóяс 2b *Pl* -á; aus Stoff кушáк 2е; aus Leder рем|éнь, -ня́ 1; *Geogr* зóна 6 | den ~ enger schnallen затяну́ть *v* 4⁺ пóяс (по)ту́же; **~linie** *f* лúния пóяса | unterhalb der ≈ нúже пóяса; **~rose** *f Med* опоя́сывающий лишáй 11-1е; **~schnalle** *f* пря́жка 6 (пóяса); **~tier** *n* броненóс|ец, -ца 2

gürten *tr* опоя́|сывать ⟨-сать, -шу, -шешь⟩

Guß *m Tech* литьё 3, отлúвка 6; Regen проливнóй дождь 1е, лúв|ень, -ня 1 | aus einem ~ *übertr* цéльный; **~eisen** *n* чугу́н 2е

gußeisern чугу́нный

Guß|form *f Tech* литéйная фóрма; **~stahl** *m* литáя сталь; **~stück** *n* отлúвка 6; ~e *Pl* литьё 3

gut 1. *Adj* хорóш:ий 11, -á; *Komp* лу́чше; *Sup* лу́чший 11; charakterlich дóбр:ый, -á, -о, дóбры́ (нрáвом) | ~en Morgen! здрáвствуй(те)! [аст], дóброе у́тро!; ~en Tag! здрáвствуй(те)!, дóбрый день!; seien Sie so ~ бу́дьте так добры́; ~ drei Stunden дóбрых три часá; Menschen ~en Willens лю́ди дóброй вóли; laß es ~ sein успокóйся; j-m ~e Worte geben успок|áивать ⟨-óить 3⟩ когó-н., утешáть ⟨утéшить 3⟩ когó-н.; j-m ~ sein люб|úть 3⁺ -лю́ когó-н., хорошó отно|сúться 3⁺ -шу́сь к комý-н.; etw. für ~ befinden одобря́ть ⟨одóбрить 3⟩ что-н.; schon ~! лáдно!; so ~ wie слóвно, beinahe почтú; ~er Dinge sein быть довóльным, быть в хорóшем настроéнии; na, der ist ja ~! хорóш, нéчего сказáть!, das ist alles ganz ~ und schön, aber … всё э́то хорошó, но … **2.** *Adv* хорошó; du hast ~ reden! тебé легкó [хорошó] говорúть!; du bist ~ daran тебé везёт; das trifft sich ~ э́то удáчно (совпáло); das ist so ~ wie sicher в э́том мóжно не сомневáться; Sie täten ~ daran zu kommen вы хорошó сдéлаете, éсли придёте

Gut *n* Besitz, bes. Land имéние 5; Habe иму́щество 4; Ware товáр 2; Ladung груз 2; *übertr* блáго 4 | Hab und ~ всё иму́щество; materielle Güter материáльные блáга; **~achten** *n* óтзыв 2; *Jur* заключéние 5; eines Buches рецéнзия 8 | ein ≈ einholen запр|áшивать ⟨-осúть 3⁺ -ошу́⟩ заключéние по какóму-н. вопрóсу; **~achter** *m* экспéрт 2; рецензéнт 2

gutartig Kind usw. дóбр:ый, -á, -о, дóбры́, с хорóшими задáтками; *Med* доброкáчествен:ный, -на

Gutdünken *n* усмотрéние 5 | nach ~ по усмотрéнию

Güte *f* добротá 6; Qualität кáчество 4 | haben Sie die ~ бу́дьте так добры́; ach du meine ~! бóже мой!, бáтюшки мои́!; ein Vorschlag zur ~ предложéние решúть что-н. по-дóброму; **~klasse** *f* сорт 2b *Pl* -á; **~kontrolle** *f* контрóль кáчества (прóду́кции); Abteilung отдéл 2 техни́ческого контрóля; **~kontrolleur** *m* контролёр кáчества

Güter|abfertigung *f* отпрáвка 6 гру́зов; **~austausch** *m* товарообмéн 2; **~bahnhof** *m* товáрная стáнция; **~gemeinschaft** *f* óбщность имýщества; **~taxi** *n* грузовóе таксú; **~transport** *m* перевóзка гру́зов; **~verkehr** *m* грузовóе движéние; **~wagen** *m* грузовóй [товáрный] вагóн | geschlossener ≈ кры́тый грузовóй вагóн; **~zug** *m* грузовóй [товáрный] пóезд

Gutes *n* хорóшее *Subst* 11, добрó 4 | alles Gute! всегó хорóшего!; was gibt es ~? что хорóшего?; etw. zum Guten wenden дать* дéлу хорóший оборóт; nichts ~ im Sinn haben имéть плохúе намéрения

Güte|vorschriften *f Pl* техуслóвия *Pl* 5; **~zeichen** *n* знак кáчества

gut|gebaut хорошó слож|ённый, -ён, -енá; **~gehend:** процветáющий 11; **~gelaunt** хорошó настрóенный | ≈ sein быть в ду́хе; **~gemeint** доброжелáтел|ьный, -ен, -ьна; **~gesinnt** благожелáтел|ьный, -ен, -ьна, благосклóн|ный, -ен, -на; **~gläubig** легковéр|ный [хк], -ен

guthaben *tr* имéть в актúве

Guthaben *n* актúв 2

gut|heißen *tr* одобря́ть ⟨одóбрить 3⟩, санкционúровать *uv, v* 2; **~herzig** доброду́ш|ный, -ен, добросердéч|ный, -ен

güt|ig дóбр:ый, -á, -о, дóбры́; **~lich** полюбóвный | sich an etw. ≈ tun наслa|ждáться ⟨-дúться 3 -жу́сь⟩ чем-н. лáком|иться 3 -люсь ⟨по-⟩ чем-н.

gut|machen *tr* испр|авля́ть ⟨-áвить 3 -áвлю⟩; Schuld загл|áживать ⟨-áдить 3 -áжу⟩; **~mütig** доброду́ш|ный, -ен

Gutmütigkeit *f* доброду́шие 5

gutnachbarlich добрососéдский

Gutsbesitzer *m* помéщик 2; **~in** *f* помéщица 6

Gutschein *m* ордер 2b *Pl* -á, талóн 2
gutschreiben *tr* кредитовáть *uv, v* 2, запúсывать ⟨-|писáть*⟩ на [в] крéдит
Gutschrift *f* зáпись 9 на [в] крéдит
Guts|haus *n* помéщичий 12 дом; **~herr** *m* помéщик 2; **~hof** *m* помéстье 5, помéщичья 12 усáдьба
gutsituiert состоя́тел|ьный| -ен| -ьна, обеспéченный
Guttapercha *f* гуттапéрча 6
guttun *intr* благотвóрно дéйствовать | das tut gut э́то хорошó
Gutturallaut *m Phon* гуттурáльный звук
gutwillig 1. *Adj* добровóл|ьный| -ен| -ьна **2.** *Adv* добровóльно, по дóброй вóле
Gutwilligkeit *f* дóбрая вóля 7
Gymnasium *n* гимнáзия 8
Gymnastik *f* гимнáстика 6
gymnastisch гимнастúческий
Gynäkolog|e *m* гинекóлог 2; **~ie** *f* гинекóлогия 8
gynäkologisch гинекологúческий

H

h, H *n Mus* си *n idkl*
Haar *n* вóлос 2g *G Pl* волóс; *Kollektivum* вóлосы; Tierhaare шерсть 9; auf Stoffen ворс 2 | sich die ~e machen причёсываться ⟨-|чесáться*⟩; sich in die ~e geraten ссóриться 3 (по-), сцеп|ля́ться ⟨-úться 3⁺ -люсь⟩; an den ~en herbeiziehen *übertr* притя́гивать ⟨-тянýть 4⁺⟩ зá волосы; mir standen die ~e zu Berge у меня́ вóлосы встáли ды́бом; sie gleichen einander aufs ~ онú похóжи друг на дрýга как две кáпли воды́; um ein ~ чуть-чуть, едвá; um kein ~, nicht um ein ~ ни нá волос, ни на йóту; sein Leben hing an einem ~ егó жизнь висéла на волоскé; sich wegen etw. keine grauen ~e wachsen lassen не расстрáиваться ⟨-стрóиться 3⟩ из-за чегó-н.; kein gutes ~ an j-m lassen разбирáть ⟨разо|брáть*, разберý⟩ когó-н. по кóсточкам; sie hat ~e auf den Zähnen онá зубáстая; **~ausfall** *m* выпадéние 5 волóс; **~band** *n* лéнта для волóс; **~bürste** *f* щётка для волóс; **~büschel** *n* пучóк волóс
haaren *intr* Pelz вылезáть ⟨вы́|лезть*⟩; sich ~ *refl* Tiere линя́ть
Haaresbreite *f*: um ~ чуть не, на волосóк
Haar|farbe *f* цвет волóс; **~färbemittel** *n* крáска 6 для волóс; **~garnteppich** *m* волосянóй ковёр
haar|genau *Adv* точь-в-тóчь; **~ig** волосáт:ый; heikel щекотлúвый; **~klein** *Adv* óчень подрóбно, во всех детáлях
Haar|klemme *f* зажúмка 6 (для волóс); **~lack** *m* лак для волóс
Haarnadel *f* шпúлька 6 (для волóс); **~kurve** *f Sport* поворóт (дорóги) под óстрым углóм
Haar|netz *n* сéтка для волóс; **~öl** *n* мáсло для волóс
Haarpflege *f* ухóд за волосáми; **~mittel** *n* срéдство для ухóда за волосáми
Haarriß *m Tech* волоснáя трéщина
haarscharf 1. *Adj* óчень тóч|ный| -ен| -нá! **2.** *Adv* точь-в-тóчь | die Kugel ging ~ an ihm vorbei пýля чуть не задéла егó
Haar|schneidemaschine *f* машúнка 6 для стрúжки волóс; **~schnitt** *m* стрúжка 6; **~spalterei** *f* казуúстика 6; **~spange** *f* закóлка 6 для волóс; **~spray** *n* лак-аэрозóль 2-1 для волóс
haarsträubend ужáс|ный| -ен
Haar|tracht *f* причёска 6; **~wäsche** *f*, **~waschen** *n* мытьё 3 волóс; **~waschmittel** *n* шампýнь 1; **~wasser** *n* туалéтная водá для волóс; **~wuchs** *m* рост волóс | er hat einen starken ≈ у негó густы́е вóлосы; **~wurzel** *f* кóрень вóлоса
Habe *f* имýщество 4 | bewegliche ~ движúмое имýщество
haben *tr* besitzen имéть; *konkret außer im Inf gewöhnlich* у *mit G des Pers Pron + Zeitform von* быть; *als Hilfsverb unübersetzt* | Geld ~ имéть дéньги; hast du Geld? у тебя́ есть дéньги?; sie hatte kein Geld у неё нé было дéнег; er hat nichts у негó ничегó нет; er hat eine große Nase у негó большóй нос; ich habe eine Bitte an Sie у меня́ к вам прóсьба; dazu muß man Talent ~ для э́того нýжно úметь талáнт; ich habe ein Recht darauf я имéю на э́то прáво; die Stadt hat zehntausend Einwohner в гóроде дéсять ты́сяч жúтелей; der Januar hat 31 Tage в январé 31 день; ich habe nichts zu lesen мне нéчего читáть; hast du was zu lesen? тебé есть что читáть?; für mich у тебя́ есть чтó-нибудь почитáть?; das Buch ist noch zu ~ кнúга имéется ещё в продáже; da hast du's! вот, получú!; *übertr* вот тебé и на!; wo hast du das Geld her? откýда [где] ты взял (э́ти) дéньги?; es hat keine Eile спешúть нéзачем, дéло тéрпит; Sie ~ dafür zu sorgen вы обя́заны [должны́] позабóтиться об э́том; ich will nichts damit zu tun ~ я не хочý имéть дéла с э́тим; ich habe zu tun я зáнят; du hast gut reden тебé хорошó говорúть; das hat etwas für sich э́то имéет свой положúтельные стóроны; von einem Vorschlag э́то неплохáя мысль; was habe ich davon? какáя мне пóльза от э́того?; hab dich nur nicht so! не вáжничай!; sei nicht so prüde не церемóнься!; ich habe ihn zum Freund он

мой друг; ich habe ihn anfangs gar nicht bemerkt я было вовсе его не заметил; da ~ wir's! вот тебе раз!; das ~ wir in der Schule nicht gehabt мы этого в школе не проходили
Habenichts *m* бедняк 2e
Habgier *f* корыстолюбие 5, жадность 9
habgierig корыстолюбив:ый, жад|ный, -ен, -на, -но, жадны
Habicht *m* ястреб 2 *Pl a.* -á 2b
Habilitation *f* защита 6 докторской диссертации
Habilitationsschrift *f* докторская диссертация 8
habilitieren, sich *refl* защи|щать ⟨-тить 3 -щу⟩ докторскую диссертацию
Hab|seligkeiten *f Pl* пожитки *Pl* 2, вещи *Pl* 9g; **~sucht** *f* = **Habgier**
habsüchtig = **habgierig**
Hacke *f* мотыга 6; im Bergbau кирка 6; Ferse пятка 6 | sich die ~n ablaufen nach о|статься* *v* без ног [с|биться* *v* с ног] в поисках *G*
hacken *tr* Holz колоть* (рас-); Fleisch, Knochen руб|ить 3⁺ -лю (по-, на-); Boden мотыжить 3; mit dem Schnabel клевать* ⟨клюнуть *mom* 4⟩
Hackepeter *m* сырое рубленое свиное мясо с солью и перцем
Hack|fleisch *n* рубленое мясо; durch den Fleischwolf gedreht мясной фарш 2; **~frucht** *f Landw* корнеплод 2; mit Zwischenfurchen пропашная культура 6; **~klotz** *m* чурбан 2; des Fleischers колода 6; **~messer** *n* косарь 1e
Häcksel *m, n* сечка 6; **~maschine** *f* соломорезка 6
[1]**Hader** *m* Lappen лоскут 2e *Pl a.* лоскут|ья, -ьев, тряпка 6
[2]**Hader** *m* Streit ссора 6; Feindseligkeiten вражда 6
hadern *itr* ссориться 3 (по-); враждовать 2
Hafen *m* порт 2b, в порту; Natur~ гавань 9; *übertr* пристань 9g | einen ~ anlaufen вхо|дить 3⁺ -жу ⟨во|йти*⟩ в порт [в гавань]; **~anlagen** *f Pl* портовые сооружения *Pl* 5; **~arbeiter** *m* портовый рабочий; **~damm** *m* портовый мол 2; **~rundfahrt** *f* туристская экскурсия по порту; **~stadt** *f* портовый город; **~viertel** *n* портовый район (города)
Hafer *m* ов|ёс, -са 2 | ihn sticht der ~ *umg* он с жиру бесится; **~brei** *m* овсяная каша 6, овсянка 6; **~flocken** *f Pl* овсяные хлопья; **~mehl** *n* овсяная мука; gestoßenes толокно 4; **~schleim** *m* овсяный отвар 2
Haff *n* гафф 2
Haft *f* арест 2 | in ~ nehmen арестовать *uv, v* 2, сажать [поса|дить 3⁺ -жу] под арест; aus der ~ entlassen освобо|ждать ⟨-дить 3 -жу, -ждённый⟩ из-под ареста; **~anstalt** *f* тюр|ьма 6c *G Pl* -ем
haftbar ответствен:ный, -на (für за *A*)
Haftbefehl *m* ордер на арест
haften *intr* hängenbleiben прилипать ⟨-линуть 4a⟩ (an к *D*), при|ставать* ⟨-|стать*⟩ (an к *D*); verantworten отвечать (für за *A*) | im Gedächtnis ~ о|ставаться* ⟨-|статься*⟩ в памяти; **~bleiben** *intr* = **haften**
Haftentlassung *f* освобождение из заключения
Häftling *m* арестант 2, заключённый *Subst* 10
Haftpflicht *f* ответственность 9
haftpflichtig ответствен:ный, -на
Haft|pflichtversicherung *f* гарантийное страхование; **~schalen** *f Pl* fürs Auge контактные линзы *Pl* 6; **~ung** *f* ответственность 9, гарантия 8 | Gesellschaft mit beschränkter ≈ (*Abk* GmbH) компания с ограниченной ответственностью
Hage|butte *f* плод 2e шиповника; **~buttenstrauch** *m* шиповник 2
Hagel *m* град 2 *a. übertr* | ein ~ von Schlägen prasselte auf ihn hernieder на него посыпался град ударов; **~korn** *n* градина 6
hageln *intr:* es hagelt идёт град; es hagelte Schläge *übertr* удары сыпались градом
Hagelschlag *m* градобитие 5
hager худ|ой, -á!, -ée
Hagestolz *m* старый холостяк 2e
haha! *Interj* ха-ха!
Hahn *m* петух 2e; Vogelmännchen сам|ец, -ца 2; *Tech* кран 2; einer Waffe кур|ок, -ка 2 | es kräht kein ~ danach этим никто не интересуется, об этом никто не заботится; ~ im Korbe sein быть единственным мужчиной в обществе женщин
Hahnen|feder *f* петушиное перо; **~fuß** *m Bot* лютик 2; **~kamm** *m* петушиный гребень; **~kampf** *m* петушиный бой; **~schrei** *m* пение 5 петуха | beim ersten ≈ с петухами; vor dem ersten ≈ до петухов
Hahnrei *m* обманутый муж 2 *Pl* -ья, -ей, -ьям, рогонос|ец, -ца 2 *umg*
Hai[fisch] *m* акула 6
Hain *m* роща 6; **~buche** *f* граб 2
Haïti Гаити *n idkl*
haïti(ani)sch гаитянский
Häkchen *n* крюч|ок, -ка 2; als Anmerkungszeichen галочка 6, птичка 6
Häkel|ei *f* вязание 5 крючком; **~garn** *n* нитки для вязания крючком
häkeln *tr u. intr* вязать* крючком
Häkelnadel *f* вязальный крюч|ок, -ка 2
Haken *m* крюк 2e; kleiner крюч|ок, -ка 2; Stange mit ~ зацепка 6; Boxen боковой

уда́р 2 | die Sache hat einen ~ в э́том де́ле есть своя́ загво́здка; ~ schlagen петля́ть, мета́ть пе́тли; ~**kreuz** *n* сва́стика 6; ~**nase** *f* крючкова́тый нос, нос крючко́м; ~**pflug** *m* соха́ 6c

halb 1. *Adj* полови́нный, пол- *mit Subst im G; vor Vokal,* л *und Eigennamen mit Bindestrich;* unentschlossen полови́нчат:ый | von ~em Umfang в полови́нном разме́ре; ein ~es Jahr полго́да; ein ~es Dutzend полдю́жины; eine ~e Apfelsine пол-апельси́на; ein ~er Liter пол-ли́тра; für den ~en Preis за полови́нную це́ну, за полцены́; auf ~em Wege umkehren верну́ться *v* 4 с полпути́; sich auf ~em Wege treffen *übertr* по|йти́* *v* навстре́чу друг дру́гу; mit ~em Ohr zuhören слу́шать лишь кра́ем у́ха; nur mit ~em Herzen dabeisein занима́ться без осо́бой охо́ты; er ist nur noch ein ~er Mensch он уже́ не похо́ж на челове́ка; ein ~er Entschluß полови́нное реше́ние; eine ~e Maßnahme полуме́ра | Zeitangaben полови́на 6; es ist ~ eins тепе́рь полови́на пе́рвого [полпе́рвого *umg*]; es schlägt ~ drei часы́ бьют полови́ну тре́тьего [полтре́тьего *umg*]; um ~ vier в полови́не четвёртого, в полчетвёртого *umg*; fünfeinhalb Jahre пять с полови́ной лет **2.** *Adv* наполови́ну | ~ so groß наполови́ну [вдво́е] ме́ньше; nicht ~ so gut далеко́ не так хорошо́; ~ im Ernst полусерьёзно; ~ und ~ попола́м, на полови́ну

Halbaffe *m* полуобезья́на 6

halb|amtlich полуофициа́л|ьный, -ен, -ьна; Meldung официо́з|ный, -ен; ~**automatisch** полуавтомати́ческий

Halb|blut *n* Pferd полукро́вка 6; ~**bruder** *m* сво́дный брат; ~**dunkel** *n* полумра́к 2; Dämmerung су́мер|ки *Pl* 6 *G* -ек; ~**edelstein** *m* самоцве́т 2; ~**fabrikat** *n* полуфабрика́т 2

halb|fertig полугото́в:ый

Halbfertiggerichte *Pl* (кулина́рные) полуфабрика́ты *Pl* 2

Halb|finale *n* полуфина́л 2; ~**heit** *f* полови́нчатость 9; ≈en *Pl* полуме́ры *Pl* 6

halbieren *tr* дели́ть 3⁺ (раз-) попола́м

Halbierung *f* деле́ние 5 попола́м

Halb|insel *f* полуо́стров 2; ~**jahr** *n* полуго́дие 5

halb|jährig полугодово́й; Lebewesen полугодова́лый, шестиме́сячный; ~**jährlich 1.** *Adj* полугодово́й **2.** *Adv* ка́ждые полго́да

Halb|kreis *m* полукру́г 2; ~**kugel** *f* полуша́рие 5

halb|lang полудли́нный; Vokal полудо́лгий; ~**laut** *Adv* вполго́лоса

Halblederband *m* составно́й переплёт 2

halbleer полупусто́й, наполови́ну пусто́й

Halb|leinen *n* Einband составно́й переплёт с тканевы́м корешко́м; ~**leiter** *m Phys* полупроводни́к 2e; ~**leitertechnik** *f* те́хника полупроводнико́в; ~**leiterwerk** *n* заво́д полупроводнико́в; ~**linker** *m* Fußball, Handball ле́вый полусре́дний 11 напада́ющий *Subst* 11

halbmast *Adv:* ~ flaggen приспу|ска́ть ⟨-сти́ть 3⁺ -щу́⟩ флаг

Halb|monatsschrift *f* двухнеде́льник 2; ~**mond** *m* полуме́сяц 2

halb|nackt полуго́л:ый, -á!; ~**offen** полуоткры́т:ый; ~**part:** ≈ machen дели́ть 3⁺ (раз-) попола́м

Halbrechter *m* Fußball, Handball пра́вый полусре́дний 11 напада́ющий *Subst* 11

halbrund полукру́гл:ый, -á!

Halb|schicht *f* полови́нная сме́на; ~**schlaf** *m* полус|о́н, -на́ 2 | im ≈ в полусне́; ~**schranke** *f Eisenb* полушлагба́ум; ~**schuhe** *m Pl* полуботи́н|ки *Pl* 2 *G* -ок | ≈ mit flachem Absatz полуботи́нки на ни́зком каблуке́; ~**schwergewicht** *n Sport* полутяжёлый вес; ~**schwester** *f* сво́дная сестра́

halbseitig 1. *Adj Typ* в полстрани́цы **2.** *Adv:* er ist ~ gelähmt у него́ парали́ч одно́й стороны́ те́ла

Halbstarker *m* хулига́н 2

halb|stündig получасово́й; ~**stündlich** ка́ждые полчаса́; ~**süß** Sekt полусла́дкий; ~**tags:** ≈ arbeiten рабо́тать непо́лный рабо́чий день

Halb|tagsarbeit *f* рабо́та на полста́вки [на полови́нном рабо́чем дне, erstrebt на полови́нный рабо́чий день]; ~**tagskraft** *f* рабо́чий *Subst* 11 [слу́жащий *Subst* 11] на полови́нном рабо́чем дне, gesucht на полови́нный рабо́чий день; ~**ton** *m* полуто́н 2

halbtot 1. *Adj* е́ле жив:о́й, -á!, полумёртвый **2.** *Adv* до полусме́рти | sich ~ lachen помира́ть со́ смеху

Halbvokal *m* полугла́сный *Subst* 10

halb|voll наполови́ну напо́лнен:ный, -а; mit Flüssigkeit наполови́ну нали́т:ый, -á!; ~**wegs** *Adv übertr* кое-ка́к, до не́которой сте́пени

Halbwelt *f* полусве́т 2

Halbwertszeit *f Phys* пери́од 2 полураспа́да

halbwüchsig: ein ~er Junge, ein ~es Mädchen подро́ст|ок, -ка 2

Halb|zeit *f Sport* полови́на 6 игры́, тайм 2; ~**zeug** *n* полуфабрика́т 2

Halde *f* Berg отва́л 2, террико́н 2

Hälfte *f* полови́на 6 | zur ~ наполови́ну; meine bessere ~ моя́ дража́йшая полови́на

Halfter *m, n* недоу́зд|ок, -ка 2

[1]**Halle** *f* зал 2; Hotel~ холл 2; Flugzeug~ анга́р 2; Ausstellungs~ павильо́н 2

²Halle Stadt Гáлле *m idkl*
hallen *intr* звучáть 3, раз|давáться* ⟨-|дáться*, -дали́сь⟩
Hallenbad *n* закры́тый бассéйн 2
Hallenhandball *m* зáльный гандбóл
Hallimasch *m* опён|ок, -ка 2 осéнний 11
hallo! *Interj* алло́!, эй!
Hallo *n* шум 2, кри́ки *Pl 2*
Halluzination *f* галлюцинáция 8
Halm *m* стéб|ель, -ля 1; Getreide~ солóмин(к)а 6 | auf dem ~ на корню́
Halma *n*, **~spiel** *n* гáльма 6
Hals *m* шéя 7 *G Pl* шей; Kehle гóрло 4; Flasche гóрлышко 4; *Mus* Instrument гриф 2; Note шé|йка 6 *G Pl* -ек *a. Tech* | mir tut der ~ weh у меня́ боли́т гóрло; bis zum ~ по гóрло; bleib mir damit vom ~e не приставáй ко мне с э́тим; sich den ~ brechen *übertr* сломáть себé шéю; j-m um den ~ fallen бросáться ⟨брó|-ситься 3 -шусь⟩ комý-н. на шéю; ich habe sie auf dem ~e онá у меня́ на шée сиди́т [виси́т]; das hängt mir längst zum ~ heraus э́то мне давнó опроти́вело; ~ über Kopf сломя́ гóлову; sich etw. vom ~e schaffen отдéл|ываться ⟨-аться⟩ от чегó-н.; aus vollem ~e во всё гóрло; **~abschneider** *m übertr* ростовщи́к 2e; **~band** *n* ожерéлье 5; beim Hund ошéйник 2; **~binde** *f Mil* подворотнич|óк, -кá 2
halsbrecherisch крáйне опáс|ный, -ен
Hals|entzündung *f* ларинги́т 2; **~kette** *f* ожерéлье 5
Hals-Nasen-Ohrenarzt *m* оториноларингóлог 2
Hals|schlagader *f* сóнная артéрия; **~schmerzen** *m Pl* боль в гóрле | ich habe ≈ у меня́ боли́т гóрло; **~schmuck** *m* ожерéлье 5
halsstarrig упря́м:ый | er ist ~ он упёрся как бык
Hals|starrigkeit *f* упря́мство 4; **~tuch** *n* косы́нка 6; der Pioniere гáлстук 2
Hals- und Beinbruch! ни пýха ни перá!
Hals|wickel *m* компрéсс 2 на шée, anlegen на шéю; **~wirbel** *m Anat* шéйный позвонóк
halt! *Interj* стой!
Halt *m* Stütze поддéржка 6, опóра 6; Rast привáл 2; Aufenthalt останóвка 6 | innerer ~ морáльная опóра; den ~ verlieren *übertr* теря́ть (по-) душéвное равновéсие
haltbar прóч|ный, -ен, -нá, -но, прóчны́, нóс|кий, -ок | ~er Stoff прóчный материáл 2; ~e Farbe стóйкая крáска; ~e Lebensmittel долгохраня́щиеся 11 продýкты
Haltbarkeit *f* прóчность 9, нóскость 9; von Lebensmitteln сохраня́емость 9
halten *tr* держáть 3⁺; stützen поддéрживать ⟨-держáть⟩; betrachten als считáть ⟨счесть*⟩ (für *I* за *A*); annehmen als принимáть ⟨приня́ть*⟩ (für *A*); abonnieren вы́писывать; *intr* остан|áвливаться ⟨-ови́ться 3⁺ -овлю́сь⟩; haltbar sein держáться; sich ~ *refl* держáться; nicht verderben сохран|я́ться ⟨-и́ться 3⟩ | bei der Hand ~ держáть зá руку; kühl ~ держáть на хóлоде; verschlossen ~ держáть на запóре; bereit ~ держáть наготóве; Hühner ~ держáть кур; seine Sachen gut ~ хорошó обращáться со свои́ми вещáми; die Sachen in Ordnung ~ содержáть вéщи в поря́дке; die Festung ~ удéрживать ⟨-держáть⟩ крéпость, отст|áивать ⟨-оя́ть 3⟩ крéпость; für wen hältst du mich? за когó ты меня́ принимáешь?; j-n für dumm ~ считáть когó-н. глýпым; die Schuhe ~ gut боти́нки нóсятся хорошó; ich halte nicht viel von ihm я невысóкого мнéния о нём; es mit j-m ~ быть* заоднó с кем-н., дéлать óбщее дéло с кем-н.; j-n kurz ~ не давáть* комý-н. вóли; ich halte es so я так поступáю; j-n zum besten ~ подтр|ýнивать ⟨-уни́ть 3⟩ над кем-н.; große Stücke von j-m ~ дорожи́ть 3 кем-н., высокó цени́ть 3⁺ когó-н.; an sich ~ сдéрживать ⟨-держáть⟩ себя́; sich rechts ~ держáться прáвой стороны́
Haltepunkt *m Eisenb* останóвочный пункт; Gewehr тóчка прицéливания
Halter *m Tech* держáтель 1
Halte|signal *n Eisenb* сигнáл (для) останóвки; **~stelle** *f* останóвка 6 | an der nächsten ≈ aussteigen выхо|ди́ть 3⁺ -жý ⟨вы́|йти*⟩ на слéдующей останóвке; **~stelleninsel** *f* остров|óк, -кá 2 безопáсности; **~verbot** *n* запрещéние останóвки
haltlos moralisch неустóйчив:ый; unbegründet необоснóван:ный, -на
Haltlosigkeit *f* неустóйчивость 9; необоснóванность 9
haltmachen *intr* остан|áвливаться ⟨-ови́ться 3⁺ -овлю́сь⟩ (vor пéред *I*) *a. übertr*
Haltung *f* stattliches Äußere осáнка 6; ausdrucksvolle пóза 6; Körper~ вы́правка 6; *Mil* вы́правка, вы́тяжка 6; Benehmen поведéние 5; *übertr* пози́ция 8; Selbstbeherrschung самообладáние 5; von Tieren содержáние 5
Halunke *m* негодя́|й 1 *G Pl* -ев
Hamburg Гáмбург 2
hämisch злóб|ный, -ен
Hammel *m* барáн 2; **~braten** *m* жáреная барáнина 6, жаркóе *Subst* 10 из барáнины; **~brust** *f* барáнья груди́нка 12-6; **~fleisch** *n* барáнина 6; **~keule** *f* барáнья нóжка 12-6
Hammer *m* Werkzeug молот|óк, -кá 2; *Tech, Sport* мóлот 2 | unter den ~ kom-

men про|дава́ться* с молотка́ [с аукцио́на]

hämmern *tr* Metall обраб|а́тывать ⟨-о́тать⟩ молотко́м; *intr* klopfen стуча́ть 3 молотко́м; mit dem Hammer schlagen бить* молотко́м

Hammer|schlag *m* уда́р мо́лотом [молотко́м]; **~werfen** *n Sport* мета́ние 5 мо́лота; **~werfer** *m Sport* мета́тель 1 мо́лота

Hämoglobin *n* гемоглоби́н 2

Hämorrhoiden *Pl* геморро́й 1

Hampelmann *m* Spielzeug марионе́тка 6; *übertr* пая́ц 2

Hamster *m* хомя́к 2e; **~er** *m* мешо́чник 2

hamstern *tr* жа́дно коп|и́ть 3⁺ -лю́ (на-), припаса́ть ⟨-|пасти́*⟩; *intr* мешо́чничать

Hand *f* рука́ 6a, im Unterschied zum Arm кисть 9g (руки́) | die flache ~ ладо́нь 9; die hohle ~ горсть 9g; rechter ~ напра́во; Hände weg! ру́ки прочь!; Hände hoch! ру́ки вверх!; bei der ~ nehmen взять *v* за́ руку; an ~ von Unterlagen на основа́нии докуме́нтов, руково́дствуясь докуме́нтами; an ~ des Lehrbuchs с по́мощью уче́бника; an der ~ führen вести́ за́ руку; das liegt auf der ~ э́то очеви́дно; mit seinen eigenen Händen свои́ми рука́ми; aus erster ~ erfahren у|знава́ть* ⟨-зна́ть⟩ из пе́рвых рук; aus zweiter ~ erfahren узнава́ть из вторы́х рук [че́рез кого́-н.]; sie ist mit der Antwort gleich bei der ~ у неё всегда́ гото́в отве́т, она́ за сло́вом в карма́н не (по)ле́зет; ~ in ~ рука́ о́б руку, *übertr a.* дру́жно, сообща́; es liegt in seiner ~ э́то в его́ рука́х; j-m in die Hände fallen по|па́сть* *v* кому́-н. в ру́ки; sich mit Händen und Füßen gegen etw. wehren рука́ми и нога́ми отбива́ться ⟨-|би́ться*₁ отобью́сь⟩ от чего́-н.; mit beiden Händen zugreifen рья́но бра́ться*₁ брали́сь ⟨взя́ться₁ взяли́сь⟩ за что-н.; um die ~ eines Mädchens anhalten про|си́ть 3⁺ -шу́ руки́ де́вушки; unter der ~ verkaufen про|дава́ть* ⟨прода́ть*⟩ из-под полы́; von ~ zu ~ из рук в ру́ки; ihr geht die Arbeit flink von der ~ рабо́та у неё спори́тся; das läßt sich nicht von der ~ weisen от э́того нельзя́ отмахну́ться, э́то нельзя́ игнори́ровать; von der ~ in den Mund leben едва́ своди́ть концы́ с конца́ми; alle Hände voll zu tun haben быть* перегру́женным рабо́той, быть за́нятым по го́рло; das hat ~ und Fuß в э́том есть толк, э́то обосно́вано; die ~ im Spiel haben, игра́ть ⟨сыгра́ть⟩ роль; freie ~ haben име́ть свобо́ду де́йствий; er hat eine sichere ~ у него́ уве́ренная рука́; eine lockere ~ haben ча́сто дава́ть* во́лю рука́м; man kann die ~ nicht vor den Augen sehen ни зги не ви́дно; eine ~ wäscht die andere рука́ ру́ку мо́ет; **~antrieb** *m* ручно́й приво́д; **~arbeit** *f* ручно́й труд; Stricken usw. рукоде́лие 5, ручна́я рабо́та; **~atlas** *m* насто́льный а́тлас; **~ball** *m* ручно́й мяч, гандбо́л 2; **~baller** *m* гандболи́ст; **~ballspiel** *n Sport* игра́ в ручно́й мяч; **~besen** *m* щётка 6 с ру́чкой; **~bewegung** *f* движе́ние руко́й; Geste жест 2

handbreit ширино́й в ладо́нь

Hand|breite *f* ширина́ в ладо́нь; **~bremse** *f* ручно́й то́рмоз; **~buch** *n* спра́вочник 2 | ≈ der Chemie спра́вочник по хи́мии; **~bürste** *f* щётка для (мытья́) рук

Händedruck *m* рукопожа́тие 5 | sich mit einem ~ begrüßen здоро́ваться (по-) за́ руку

Handel *m* торго́вля 7; Geschäft, Tausch сде́лка 6 | ~ treiben вести́* торго́влю; sich in einen ~ einlassen по|йти́* *v* на сде́лку; ~ und Wandel торго́вля 7, торго́вая жизнь 9

Händel *m Pl* ссо́ра 6 | ~ suchen придира́ться ⟨-|дра́ться*₁ -драли́сь⟩

handeln *intr* verfahren поступ|а́ть ⟨-и́ть 3⁺ -лю́⟩; tätig sein де́йствовать 2; Handel treiben торгова́ть 2 (mit etw. *I*, mit j-m с *I*); feilschen торгова́ться (um о *P*) | er läßt mit sich ~ он сгово́рчив, его́ мо́жно уговори́ть; es handelt sich darum, daß ... речь идёт о том₁ что ...; worum handelt es sich? в чём де́ло?, о чём идёт речь?; ~de Person *Theat* де́йствующее 11 лицо́

Handels|abkommen *n* торго́вое соглаше́ние; **~attaché** *m* торго́вый атташе́; **~beziehungen** *f Pl* торго́вые отноше́ния [свя́зи]; **~delegation** *f* торго́вая делега́ция

handelseinig: ~ werden im Preis сходи́ться 3⁺ -жу́сь ⟨со|йти́сь*⟩ в цене́, *übertr* догов|а́риваться ⟨-ори́ться 3⟩

Handels|flotte *f* торго́вый флот; **~gesellschaft** *f* торго́вое о́бщество; **~haus** *n* торго́вый дом; **~hochschule** *f* вы́сшее 11 торго́вое [комме́рческое] учи́лище 5; **~kammer** *f* торго́вая пала́та 6; **~korrespondenz** *f* комме́рческая корреспонде́нция; **~marine** *f* = **Handelsflotte**; **~organisation** *f* торго́вая организа́ция; **~register** *n* торго́вый реги́стр; **~reisender** *m* коммивояжёр 2; **~schiff** *n* торго́вое су́дно; **~schule** *f* комме́рческое учи́лище; **~straße** *f* торго́вый путь

handelsüblich стандáрт|ный₁ -ен; Gegenstand при́нятый в торго́вле

Handels|unternehmen *n* торго́вое предприя́тие; **~vertrag** *m* торго́вый догово́р; **~vertreter** *m* торго́вый представи́тель, торгпре́д 2; **~vertretung** *f* торго́вое представи́тельство, торгпре́дство 4; **~ware** *f*

f предмéт 2 торгóвли; ~**zentrum** *n* торгóвый центр
Hand|feger *m* щётка 6 с рýчкой; ~**fertigkeit** *f* лóвкость 9, провóрство 4; ~**fesseln** *f Pl* нарýчники *Pl* 2
handfest крéп|кий, -ок, -кá!, -че; *übertr derb* грубовáт:ый
Hand|fläche *f* ладóнь 9; ~**geld** *n* задáт|ок, -ка 2; ~**gelenk** *n* запя́стье 5 | etw. aus dem ≈ schütteln порази́тельно легкó дéлать что-н., дéлать (с-) что-н. без подготóвки; ~**gemenge** *n* дрáка 6, свáлка 6
Handgepäck *n* ручнóй багáж; ~**aufbewahrung** *f* кáмера 6 хранéния ручнóго багажá
hand|geschnitzt вы́резанный от руки́; ~**geschrieben** рукопи́сный; ~**gewebt** вы́тканный от руки́
Handgranate *f* ручнáя гранáта
handgreiflich *übertr* очеви́д|ный, -ен | ~ werden давáть* ⟨дать*⟩ вóлю рукáм
Hand|griff *m* Tätigkeit приём 2; an Gegenständen рукоя́тка 6, рýчка 6 | mit einem ≈ в оди́н приём; ~**habe** *f übertr* Möglichkeit возмóжность 9; Vorwand пóвод 2
handhaben *tr* (умéть) обращáться с *I*; beherrschen владéть *I* | die Säge gewandt ~ лóвко орýдовать пилóй
Hand|habung *f* обращéние 5 с *I*, пóльзование 5 *I* | ≈ von Werkzeugen пóльзование [обращéние с] инструмéнтами; ~**koffer** *m* (ручнóй) чемодáн; ~**kuß** *m* целовáние 5 руки́; ~**langer** *m* подрýчный *Subst* 10; *übertr* posóбник 2
Händler *m* торгóв|ец, -ца 2
handlich удóб|ный, -ен
Handlung *f* дéйствие 5
Handlungs|freiheit *f* свобóда дéйствий; ~**gehilfe** *m* торгóвый слýжащий *Subst* 11; ~**reisender** *m* коммивояжёр 2; ~**weise** *f* óбраз дéйствия
Hand|pflege *f* маникю́р 2; ~**presse** *f Typ* ручнóй печáтный стан|óк, -кá 2; ~**reichung** *f* пóмощь 9; ~**rücken** *m* ты́льная сторонá руки́; ~**satz** *m Typ* ручнóй набóр; ~**schellen** *Pl* нарýчники *Pl* 2; ~**schlag** *m* рукопожáтие 5 | etw. durch ≈ bekräftigen скреп|ля́ть ⟨-и́ть 3 -лю́⟩ рукопожáтием что-н., *ohne Objekt* удáрить *v* 3 по рукáм; ~**schreiben** *n* собственнорýчное письмó; ~**schrift** *f* пóчерк 2; Schriftdenkmal рýкопись 9
handschriftlich Schriftdenkmal рукопи́сный; geschrieben напи́санный от руки́, selbst geschrieben собственнорýчный
Handschuh *m* перчáтка 6; ~**fach** *n* Auto я́щик для перчáток; ~**macher** *m* перчáточник 2
Hand|stand *m* стóйка 6 на рукáх; ~**streich** *m Mil* налёт 2, внезáпное нападéние 5; *Pol* путч 2; ~**tasche** *f* (дáмская) сýмка 6
Handtuch *n* полотéн|це 4 *G Pl* -ец; ~**halter** *m* вéшалка 6 для полотéнец
Hand|umdrehen *n:* im ≈ ми́гом, в оди́н миг; ~**voll** *f* горсть 9g; ~**wagen** *m* ручнáя телéжка 6
Handwerk *n* рем|еслó 4c *G Pl* -ёсел | j-m das ~ legen положи́ть 3⁺ конéц чьим-н. прóискам; j-m ins ~ pfuschen вмéшиваться ⟨вмешáться⟩ в чьи-н. делá; ~**er** *m* ремéсленник 2 | einen ≈ bestellen вызывáть ⟨вы́|звать*⟩ мáстера
handwerklich ремéсленный
Handwerks|kammer *f* ремéсленная палáта; ~**zeug** *n* набóр 2 ремéсленных инструмéнтов
Hand|wörterbuch *n* настóльный словáрь; ~**wurzel** *f* запя́стье 5; ~**zeichen** *n:* Abstimmung durch ≈ голосовáние поднятием рук; ≈ geben Straßenverkehr давáть ⟨дать⟩ сигнáл рукóй
hanebüchen: das ist ~! э́то неслы́ханно!
Hanf *m* Pflanze коноплá 7; Faser пенькá 6
Hänfling *m Zool* конопля́нка 6
Hang *m* Abhang склон 2; Böschung откóс 2; *übertr* склóнность 9 (zu к *D*); *Sport* вис 2
Hänge|bauch *m* отви́слый живóт; ~**brücke** *f* вися́чий 11 мост; ~**lampe** *f* вися́чая 11 лáмпа
hangeln *intr Sport* передвигáться на рукáх в вися́чем положéнии
Hängematte *f* гамáк 2e; *Mar* подвеснáя кóйка 6
hängen *tr* вéшать ⟨повé|сить 3 -шу⟩ (an на *A*); j-n вéшать ⟨повéсить⟩; *intr* ви|сéть 3 -шý (an на *P*) | an j-m ~ быть* привя́занным к комý-н.; j-m am Halse ~ ви́снуть 4 у когó-н. на шéе; an einem Haar ~ висéть на волоскé; sein Herz an etw. ~ ви́|деть 3 -жу всё своё счáстье в чём-н.; sich an j-n ~ (wie eine Klette) при|ставáть* ⟨-|стáть*⟩ к комý-н. (как репéй)
Hängen *n:* mit ~ und Würgen с трудóм
hängen|bleiben *intr* sich festhaken заце|пля́ться ⟨-и́ться 3⁺ -плю́сь⟩ (an за *A*); *übertr* застревáть ⟨застря́ть*⟩; ~**d** вися́чий 11; ~**lassen** *tr* оставля́ть ⟨остá-в|ить 3 -лю⟩ висéть
Hänger *m* Mantel пальтó *n idkl* свобóдного покрóя; *umg* Anhänger прицéп 2
Hängeschrank *m* настéнный шкáф(чик) 2
Hannover Ганнóвер 2
Hanoi Ханóй 1
Hansdampf *m:* er ist ein ~ in allen Gassen наш пострéл вездé поспéл
Hanse *f hist* Гáнза 6
hänseln *tr* подтр|ýнивать ⟨-уни́ть 3⟩ над *I*, дразни́ть 3⁺

Hansestadt *f hist* ганзéйский гóрод
Hanswurst *m* шут 2e
Hantel *f* гúря 7, гантéль [тэ] 9
hantieren *intr* во|зúться 3⁺ -жýсь | an einer Maschine ~ возúться с машúной
hapern *intr unpers* не хватáть (an *G*) | woran hapert es? в чём затруднéние?; es hapert an Wissen не хватáет знáний
Häppchen *n* кусóч|ек, -ка 2
Happen *m* кус|óк, -кá 2
happig: das ist ein bißchen ~ э́то уж слúшком
Harem *m* гарéм 2
Harfe *f* áрфа 6
Harfenistin *f* арфúстка 6
Harke *f* гráб|ли *Pl* 7 *G* -ель *u.* -лей
harken *tr* грестú* грáблями; zusammenharken сгребáть ⟨-|грестú⟩
härmen, sich *refl* скорб|éть 3 -лю́ (um o *P*), горевáть 2 (um из-за *G*)
harmlos ungefährlich безобúд|ный, -ен; unschuldig невúн|ный, -ен, -на; unschädlich безврéд|ный, -ен
Harmlosigkeit *f* безобúдность 9; невúнность 9; безврéдность 9
Harmonie *f* гармóния 8 *a. Mus*; Eintracht соглáсие 5; **~lehre** *f Mus* гармóния 8
harmonieren *intr* гармонúровать 2 | miteinander ~ подхо|дúть 3⁺ -жý друг к дрýгу
Harmonika *f* гармóника 6, *umg* гармóнь 9; **~spieler** *m* гармонúст 2
harmonisch гармонúчный; *Mus* гармонúческий
harmonisieren *tr Mus* гармонизúровать *uv, v* 2
Harmonium *n* фисгармóния 8
Harn *m* мочá 6 | ~ lassen мочúться 3⁺ (по-); **~absonderung** *f* мочеотделéние 5; **~blase** *f* мочевóй пузы́рь; **~drang** *m* позы́в 2 на мочеиспускáние
harnen *intr* мочúться 3⁺ (по-) *umg*
Harnisch *m* броня́ 7, лáты *Pl* 6 | in ~ geraten при|йтú* *v* в бéшенство
Harn|leiter *f Anat* мочетóчник 2; **~röhre** *f Anat* мочеиспускáтельный канáл 2; **~säure** *f Chem* мочевáя кислотá; **~stoff** *m Chem* мочевúна 6
harntreibend мочегóнный
Harnuntersuchung *f* исслéдование 5 [анáлиз 2] мочú
Harpune *f* гарпýн 2e, острогá 6
Harpunenkanone *f* гарпýнная пýшка
harpunieren *tr* гарпýнить 3
harren *intr* ждать* | dieses Problem harrt noch der Lösung э́та проблéма ещё ждёт своегó решéния
Harsch *m* снéжный наст 2
hart 1. *Adj* Metall, Stein u. a. твёрд:ый, твердá!, твёрже; nicht elastisch: Bett, Landung, Haut, Bleistift жёст|кий, -ок, жесткá!, жёстче; altbacken чёрств:ый, черствá, чёрство, чёрствы *u.* черствы́; Urteil, Strafe стрóг:ий, -á!, стрóже, сурóв:ый; Konturen, Klang, Worte рéз|кий, -ок, -кá!, рéзче | ~es Spiel *Sport* жёсткая игрá; ~es Herz чёрствое сéрдце; ~er Winter сурóвая зимá; ~er Frost крéпкий морóз; ~es Schicksal сурóвая судьбá; eine ~e Nuß *übertr* твёрдый орéш|ек, -ка; ~ werden твердéть (за-); ~er Konsonant твёрдый соглáсный; er hat einen ~en Kopf *übertr* он óчень упря́м(ый) **2.** *Adv* dicht bei вплотнýю с *I* | es ging ~ auf ~ нашлá косá на кáмень; ein Ei ~ kochen варúть (с-) яйцó вкрутýю
Härte *f* твёрдость 9; жёсткость 9; *übertr* жестóкость 9; Strenge сурóвость 9 | unnötige ~n vermeiden избегáть излúшних трéний
härten *tr* закáливать ⟨-калúть 3⟩
Hartfaserplatte *f* твёрдая древесноволокнúстая плитá
hartgekocht свáренный вкрутýю | ~es Ei крутóе яйцó
Hartgeld *n* звóнкая монéта 6, металлúческие дéньги
hartgesotten *übertr* закоренéлый
Hartgummi *m* эбонúт 2; **~guß** *m Tech* отбелённый чугýн 2e
hartherzig жестокосéрд|ный, -ен
Hart|herzigkeit *f* жестокосéрдие 5; **~holz** *n* твёрдая древесúна; **~käse** *m* твёрдый сыр
hart|leibig страдáющий 11 запóром; **~näckig** упря́м:ый; Krankheit закоренéлый | ≈er Winter затяжнáя зимá
Hartnäckigkeit *f* упря́мство 4
Härtung *f Tech* закáлка 6
[1]**Harz** *n* смолá 6c
[2]**Harz** *m* Gebirge Гарц 2
harzig смолúст:ый
Hasardspiel *n* азáртная игрá
haschen *tr* fangen лов|úть 3⁺ -лю́ ⟨поймáть⟩; *intr übertr* гнáться* (nach за *I*) | sich ~ игрáть в сáлки
Haschisch *m* гашúш 2
Hase *m* зá|яц, -йца 2; junger зайчóн|ок, -ка 2 *Pl* зайчáта 4; grauer русáк 2e | da liegt der ~ im Pfeffer вот где собáка зары́та; ein alter ~ стáрый [óпытный] специалúст; mein Name ist ~, ich weiß von nichts моя́ хáта с крáю, я ничегó не знáю
Hasel|huhn *n* ря́бчик 2; **~nuß** *f* леснóй орéх; **~nußstrauch** *m* лещúна 6, лещúновый куст
Hasen|braten *m* жаркóе *Subst* 10 из зáйца; **~fuß** *m übertr* трус 2, Frau трусúха 6; **~panier** *n*: das ≈ ergreifen удирáть ⟨-|драть*⟩ во все лопáтки; **~pfeffer** *m* рагý *n idkl* из зáячьих потрохóв; **~scharte** *f Med* зáячья губá 12-6h

Haspe *f* Fenster~ стéрж|ень, -ня 1 окóнной пéтли; Tür~ стéржень двернóй пéтли
Haspel *f Tech* лебёдка 6; *Text* мотови́ло 4
haspeln *tr Text* мотáть (на-)
Haß *m* нéнависть 9 (auf, gegen к *D*)
hassen *tr* ненави́|деть 3 -жу (wegen за *A*)
haßerfüllt пóлный нéнависти
häßlich im Aussehen некраси́в:ый; abstoßend безобрáз|ный, -ен; abscheulich отврати́тел|ьный, -ен, -ьна, сквéр|ный, -ен, -нá! | ~ werden дурнéть (по-)
Häßlichkeit *f* некраси́вость 9; безобрáзие 5
Hast *f* спéшка 6; Hastigkeit торопли́вость 9 | in größter ~ впопыхáх; in wilder ~ в ди́кой спéшке
hast|en *intr* спеши́ть 3 (по-), тороп|и́ться 3⁺ -лю́сь (по-); ~**ig 1.** *Adj* торопли́в:ый, поспéш|ный, -ен **2.** *Adv* торопли́во, нáспех
hätscheln *tr* ласкáть, баловáть 2 (из-)
Haube *f* чéпчик 2, чеп|éц, -цá 2; *Tech* колпáк 2е; *Kfz* капóт 2 | unter die ~ bringen *übertr* вы|давáть* ⟨вы́|дать*⟩ зáмуж
Haubitze *f* гáубица 6
Hauch *m* дыхáние 5; Wind~ дуновéние 5; Anflug оттéн|ок, -ка 2, налёт 2
hauchdünn тончáйший 11 | ~e Strümpfe чулки́-паути́нка *Pl* 2-6
hauchen *intr* дохнýть *v* 4 | an den Spiegel ~ дышáть 3⁺ (по-) на зéркало
Haudegen *m* Mensch рубáка *m* 6, воя́ка *m* 6
hauen *tr u. intr* Holz, Fleisch руб|и́ть 3⁺ -лю́; aus Stein высекáть ⟨вы́|сечь*⟩; schlagen бить* (из-, изобью́); mähen ко|си́ть 3⁺ -шý (с-) | übers Ohr ~ надувáть ⟨-|дýть*⟩
Hauer *m* Stoßzahn клык 2е, би́в|ень, -ня 1
Häuer *m Bergb* забóйщик 2
häufeln *tr Landw* окýч|ивать ⟨-ить 3⟩
Haufen *m* кýча 6 *a. übertr;* Heu~ коп|нá 6h *G Pl* -ён; Menschen толпá 6с | das kostet einen ~ Geld э́то стóит кýчу [ýйму] дéнег; alles auf einen ~ werfen вали́ть 3⁺ (с-) всё в однý кýчу; über den ~ rennen сбивáть ⟨с|бить*, собью́⟩ с ног; einen Plan über den ~ werfen срывáть ⟨со|рвáть*⟩ план
häufen *tr* склáдывать ⟨сложи́ть 3⁺⟩ в кýчи, накáпливать ⟨-копи́ть 3⁺ -коплю́⟩; sich ~ *refl* нагромо|ждáться ⟨-зди́ться 3⟩ | die Fehler ~ sich оши́бок станóвится всё бóльше (и бóльше)
haufenweise *Adv* Sachen кýчами; Menschen тóлпами
Haufenwolke *f* кучевóе óблако
häufig чáст:ый, -á!; чáще | am ~sten чáще всегó
Häufigkeit *f* частотá 6; *Ling* частóтность 9
Häufigkeitswörterbuch *n* частóтный словáрь
Häufung *f* учащéние 5
Haupt *n* Kopf головá 6а; Oberhaupt, Chef главá 6с
hauptamtlich 1. *Adj* штáтный **2.** *Adv:* ~ arbeiten рабóтать на штáтной рабóте
Haupt|anliegen *n* глáвная цель 9, глáвная задáча; ~**anziehungspunkt** *m* глáвная примáнка 6; ~**aufgabe** *f* глáвная задáча; ~**bahnhof** *m* глáвный вокзáл; ~**beruf** *m* основнáя профéссия; ~**buchhalter** *m* глáвный бухгáлтер, главбýх 2; ~**darsteller** *m* исполни́тель глáвной рóли; ~**eingang** *m* глáвный вход; ~**fach** *n* глáвный предмéт; ~**feldwebel** *m* старшинá *m* 6; ~**figur** *f* глáвная фигýра; ~**film** *m* (основнóй) фильм; ~**gebäude** *n* глáвное здáние, центрáльный кóрпус 2b *Pl* -á; ~**gewicht** *n*: das ≈ auf etw. legen уделя́ть основнóе внимáние чемý-н.; ~**gewinn** *m* глáвный вы́игрыш; ~**hahn** *m* Wasserleitung глáвный (запóрный) кран; ~**inhalt** *m* основнóе содержáние; ~**last** *f übertr* основнáя тя́жесть; ~**leitung** *f Tech* магистрáль 9
Häuptling *m* Stammes~ вождь 1е (плéмени)
Haupt|mann *m* капитáн 2; ~**masse** *f* основнáя мáсса; ~**merkmal** *n* глáвный при́знак; ~**nenner** *m Math* óбщий знаменáтель 11-1; ~**person** *f* глáвное лицó; ~**post** *f*, ~**postamt** *n* глáвный почтáмт; ~**probe** *f Theat* генерáльная репети́ция; ~**problem** *n* глáвная проблéма; ~**quartier** *n Mil* стáвка 6; ~**rolle** *f* глáвная роль; ~**sache** *f* глáвное *Subst* 10; *Jur* глáвное дéло | das ist die ≈ э́то глáвное; in der ≈ в основнóм; die ≈ ist, daß ... (сáмое) глáвное, что [Forderung чтóбы] ...
hauptsächlich 1. *Adj* глáвный, основнóй **2.** *Adv* глáвным óбразом, преимýщественно
Haupt|satz *m Gramm* глáвное предложéние; ~**schalter** *m El* глáвный выключáтель; ~**schlagader** *f Anat* аóрта 6; ~**schuld** *f* глáвная винá | ihn trifft die ≈ он глáвный винóвник; ~**stadt** *f* столи́ца 6
hauptstädtisch столи́чный
Haupt|straße *f* глáвная ýлица; ~**strecke** *f Eisenb* магистрáльная ли́ния, магистрáль 9; ~**treffer** *m* глáвный вы́игрыш
Hauptverkehrs|straße *f* магистрáль 9, ýлица магистрáльного движéния; ~**zeit** *f* часы́ пик *Pl* 2-*idkl*
Haupt|verwaltung *f* глáвное управлéние; ~**vorstand** *m* глáвное правлéние; ~**wort** *n* (и́мя) существи́тельное; ~**zweck** *m* глáвная [основнáя] цель
Haus *n* дом 2b *Pl* -á; Kammer im Parla-

ment пала́та 6; Fürsten∼ дина́стия 8, род 2b | ein vierstöckiges [fünfgeschossiges] ∼ пятиэта́жный дом; zu ∼e до́ма; zu ∼e arbeiten рабо́тать на дому́; nach ∼e домо́й; sich wie zu ∼e fühlen быть* [чу́вствовать 2 себя́] как до́ма; wo ist sie zu ∼e? отку́да она́?; in etw. zu ∼e sein *übertr* хорошо́ разбира́ться в чём-н.; vor ausverkauftem ∼ spielen игра́ть [выступа́ть] пе́ред по́лным за́лом; das ∼ ist ausverkauft все биле́ты про́даны; (Lieferung) frei ∼ с (беспла́тной) доста́вкой на́ дом; j-n aus dem ∼e jagen вы́|гнать* *v* кого́-н. из до́ма [и́з дому]; von ∼ zu ∼ из до́ма в дом; er ist von ∼ aus Maler он прирождённый худо́жник [живопи́сец]; j-m das ∼ verbieten отка́зывать ⟨-|каза́ть*⟩ кому́-н. от до́ма; ein gelehrtes ∼ учёная голова́; **∼angestellte** *f* дома́шняя рабо́тница 11-6, домрабо́тница 6; **∼apotheke** *f* дома́шняя апте́чка 11-6; **∼apparat** *m Tel* доба́вочный аппара́т; **∼arbeit** *f* дома́шняя 11 рабо́та; **∼arrest** *m* дома́шний 11 аре́ст; **∼arzt** *m* дома́шний 11 врач; **∼aufgabe** *f* дома́шнее 11 зада́ние, уро́к 2 | ≈n machen выполня́ть ⟨вы́полнить 3⟩ (дома́шние) зада́ния, де́лать (с-) уро́ки; **∼aufgabenheft** *n* учени́ческий дневни́к 2e

hausbacken Brot дома́шний 11; *übertr* доморо́щенный; Kleidung простова́т:ый

Haus|bar *f* дома́шний бар 11; **∼bau** *m* постро́йка 6 до́ма; **∼beauftragter** *m* уполномо́ченный *Subst* 10 по до́му; **∼bedarf** *m:* für den ≈ для бытовы́х нужд; **∼besitzer** *m* домовладе́л|ец, -ьца 2; **∼besuch** *m* des Arztes посеще́ние на дому́; **∼bewohner** *m* жил|е́ц, -ьца́ 2; **∼buch** *n* домо́вая кни́га

Häuschen *n* до́мик 2 | ganz aus dem ∼ sein быть вне себя́; aus dem ∼ geraten выхо|ди́ть 3⁺ -жу́ ⟨вы́|йти*⟩ из себя́

Hausdrache *m* зла́я [сварли́вая] жена́ 6c *Pl* жёны, меге́ра 6

hausen *intr* wohnen юти́ться 3 ючу́сь, обита́ть; plündern бесчи́нствовать 2; wüten свире́пствовать 2

Hausen *m Zool* белу́га 6

Häuserblock *m* кварта́л 2

Haus|flur *m* прихо́жая *Subst* 11; im Bauernhaus се́ни *Pl* 9g; **∼frau** *f* хозя́йка 6 (до́ма), домохозя́йка 6; **∼freund** *m* любо́вник 2 [покло́нник 2] хозя́йки (до́ма); **∼friedensbruch** *m* наруше́ние 5 неприкоснове́нности жили́ща; **∼gebrauch** *m:* für den ≈ для дома́шнего употребле́ния; **∼gemeinschaft** *f* коллекти́в жильцо́в; **∼gemeinschaftsleitung** *f* домо́вый комите́т 2; **∼gerät** *n Koll* дома́шняя 11 у́тварь

Haushalt *m* дома́шнее хозя́йство 11-4; Staats∼ бюдже́т 2

haushalten *intr* sparsam sein эконо́м|ить 3 -лю (с-) (mit *A*), быть бережли́вым

Haushälterin *f* эконо́мка 6

Haushaltgerät *n:* elektrische ∼e дома́шние 11 [бытовы́е] электропribо́ры

Haushalts|artikel *m* предме́т 2 дома́шнего обихо́да; **∼jahr** *n* бюдже́тный год; **∼plan** *m* прое́кт 2 [сме́та 6] госуда́рственного бюдже́та, nach Beschluß бюдже́тный план; **∼tag** *m* день для рабо́т по до́му

Hausherr *m* хозя́ин (до́ма)

haushoch вышино́й с дом | j-m ∼ überlegen sein быть на го́лову [на две головы́] вы́ше кого́-н.

hausieren *intr* торгова́ть 2 вразно́с (mit *I*)

Hausierer *m* торго́вец, -ца 2 вразно́с, разно́счик 2

Haus|korrektur *f Typ* пе́рвая [типогра́фская] корректу́ра; **∼lehrer** *m* дома́шний 11 учи́тель

häuslich 1. *Adj* familiär семе́йный; Pflicht дома́шний 11; für das Haus sorgend, wirtschaftlich хозя́йствен:ный, -на, домови́т:ый **2.** *Adv* по-дома́шнему; домови́то | sich ∼ niederlassen посел|я́ться ⟨-и́ться 3⟩

Häuslichkeit *f* дома́шний быт 11-2; домови́тость 9

Haus|macherart *f:* auf ≈ по-дома́шнему; **∼mannskost** *f* дома́шний стол 11-2e; **∼meister** *m* дво́рник 2; **∼mittel** *n* дома́шнее 11 сре́дство; **∼musik** *f* дома́шнее музици́рование 11-5; **∼nummer** *f* но́мер до́ма | meine ≈ но́мер моего́ до́ма; **∼ordnung** *f* пра́вила *Pl* 4 вну́треннего распоря́дка; im Sanatorium u. a. режи́м; **∼rat** *m* ве́щи *Pl* 9g [предме́ты *Pl* 2] дома́шнего обихо́да, дома́шняя у́тварь 11-9; **∼ratversicherung** *f* страхова́ние дома́шнего иму́щества; **∼recht** *n:* von seinem ≈ Gebrauch machen ука́зывать ⟨-|каза́ть*⟩ кому́-н. на дверь

hausschlachten: ∼e Wurst колбаса́ дома́шнего приготовле́ния

Haus|schlüssel *m* ключ от до́ма; **∼schuh** *m* дома́шняя 11 ту́фля

Hausse *f Hdl* повыше́ние 5 ку́рсов це́нных бума́г

Haus|stand *m* сем|ья́ 7c *G Pl* -е́й | einen eigenen ≈ gründen обза|вести́сь* семьёй; **∼suchung** *f* о́быск 2 (в кварти́ре); **∼tier** *n* дома́шнее 11 живо́тное; **∼tür** *f* нару́жная [входна́я] дверь; **∼versammlung** *f* собра́ние жильцо́в (до́ма); **∼verwalter** *m* управля́ющий *Subst* 11 до́мом, управдо́м 2; **∼verwaltung** *f* домоуправле́ние 5; **∼wirt** *m* владе́л|ец, -ьца 2 до́ма; **∼wirtin** *f* владе́лица 6 до́ма; **∼wirtschaft** *f* дома́шнее 11 хозя́йство

Haut *f* ко́жа 6; abgezogene Tier∼ шку́ра

6; von Früchten ко́жица 6; Wurst~; шку́рка 6; Milch~ пе́нка 6 | bis auf die ~ durchnäßt werden промо́кнуть *v* 4 насквозь [до ни́тки]; mit ~ und Haaren verschlingen съ|есть* *v* со все́ми потроха́ми; aus der ~ fahren выхо|ди́ть 3⁺ -жу́ ⟨вы́|йти*, -йдешь⟩ из себя́; sich auf die faule ~ legen лени́ться 3⁺, безде́льничать; mit heiler ~ davonkommen выхо|ди́ть 3⁺ -жу́ ⟨вы́йти⟩ сухи́м из воды́; ich möchte nicht in seiner ~ stecken я не хоте́л бы быть в его́ шку́ре; aus seiner ~ nicht herauskönnen не быть* в состоя́нии перемени́ть свои́ взгля́ды [свой хара́ктер]; sich seiner ~ wehren защи|ща́ть ⟨-ти́ть 3 -щу́⟩ свою́ шку́ру; er ist nur noch ~ und Knochen он ко́жа да ко́сти; **~abschürfung** *f* сса́дина 6; **~arzt** *m Med* дермато́лог 2; **~ausschlag** *m* сыпь 9

Häutchen *n* плёнка 6; *Anat* плева́ 6, перепо́нка 6; *Bot* ко́жица 6

Hautcreme *f* крем для ко́жи

häuten, sich *refl* сбра́сывать ⟨сбро́|сить 3 -шу⟩ с себя́ ко́жу, линя́ть (вы́-)

hauteng облега́ющий 11

Haut|farbe *f* цвет ко́жи; **~jucken** *n* зуд 2; **~klinik** *f* дерматологи́ческая кли́ника; **~krankheit** *f* ко́жная боле́знь

hautnah *übertr* затра́гивающий 11 за живо́е

Hautpflege *f* ухо́д за ко́жей

hautschonend не раздража́ющий 11 ко́жу

Häutung *f* ли́нька 6, сбра́сывание 5 ко́жи

Havanna Гава́на 6; **~zigarre** *f* гава́нская сига́ра

Havarie *f* ава́рия 8

Hawaii Гава́йи; **~gitarre** *f* гава́йская гита́ра; **~-Inseln** Гава́йские острова́

hawaiisch гава́йский

H-Bombe *f* водоро́дная бо́мба

he! *Interj* эй!

Hebamme *f* акуше́рка 6

Hebebühne *f Tech* подъёмная платфо́рма 6

Hebel *m* рыча́г 2e | ökonomischer ~ экономи́ческий рыча́г; alle ~ in Bewegung setzen *übertr* пуска́ть ⟨пу|сти́ть 3⁺ -щу́⟩ в ход все сре́дства, нажима́ть ⟨-|жа́ть¹*⟩ на все педа́ли [рычаги́]; **~arm** *m Tech* плечо́ рычага́

heben *tr* поднима́ть ⟨подня́ть*⟩; *übertr* поднима́ть ⟨подня́ть⟩, повыша́ть ⟨-вы́сить 3 -вы́шу⟩; herunterheben снима́ть ⟨снять*⟩ (von с *G*); Lebensstandard повыша́ть ⟨-вы́сить 3 -вы́шу⟩; sich ~ *refl* поднима́ться ⟨подня́ться, подн|я́лся́, -яли́сь⟩; *übertr* повыша́ться ⟨-вы́ситься⟩ | eine Tür aus den Angeln ~ снима́ть ⟨снять*⟩ дверь с пе́тель; die Welt aus den Angeln ~ поверну́ть 4 *v* весь мир; einen ~ *umg* опроки́|дывать ⟨-нуть 4⟩ рю́мочку

Hebe|schiff *n* судоподъёмное су́дно; **~vorrichtung** *f* подъёмный механи́зм 2

Hebräer *m* иуде́|й 1 *G Pl* -ев

hebräisch древнееврейский

Hebung *f* подня́тие 5; *übertr* повыше́ние 5; der Stimmung подъём 2

hecheln *tr* Flachs чеса́ть*

Hecht *m* щу́ка 6; **~rolle** *f Sport* прыж|о́к, -ка́ 2 с разбе́га каска́дом; **~sprung** *m* Schwimmsport прыжо́к согну́вшись (щу́кой); Turnen прыжо́к прогну́вшись (с опо́рой на снаря́д)

Heck *n Mar* корма́ 6; *Flugw* корма́, хвостова́я часть 9g

Hecke *f* жива́я и́згородь 9

hecken *intr* sich fortpflanzen плоди́ться 3 (рас-); mehr werden расти́*

Heckenrose *f* шипо́вник 2

Heck|leuchte *f Kfz* за́дний фона́рь 11-1e; **~motor** *m Kfz* дви́гатель 1 за́дней устано́вки; **~scheibe** *f Kfz* за́днее 11 стекло́

Heer *n Mil* а́рмия 8; Land~ сухопу́тные войска́ *Pl* 4; Menge мно́жество 4, ма́сса 6 | stehendes ~ постоя́нная а́рмия

Heeresgruppe *f* гру́ппа а́рмий

Heer|führer *m* военача́льник 2, полково́д|ец, -ца 2; **~lager** *n* вое́нный ла́герь

Hefe *f* дро́жжи *Pl* 9g; **~gebäck** *n* пече́нье из дрожжево́го те́ста; **~pilz** *m* дрожжево́й гриб|о́к, -ка́ 2; **~teig** *m* дрожжево́е те́сто, те́сто на дрожжа́х

Heft *n* Schreib~ тетра́дь 9; Zeitschrift, Jahrbuch но́мер 2b *Pl* -а́; Lieferung вы́пуск 2; Broschüre брошю́ра 6; Griff 20рукоя́тка 6 | das ~ in der Hand halten держа́ть в свои́х рука́х бразды́ правле́ния

Heftelmacher *m:* aufpassen wie ein ~ сле|ди́ть 3 -жу́ не спуска́я глаз

heften *tr* прикреп|ля́ть ⟨-и́ть 3 -лю́⟩ (an к *D*); mit Faden сшива́ть ⟨-|ши́ть*, сошью́⟩; mit großen Stichen мета́ть (на-, с-) | seinen Blick auf etw. ~ устрем|ля́ть ⟨-и́ть 3 -лю́⟩ взгляд на что-н.

Heftfaden *m* намётка 6

heftig Schlag, Schmerz си́л|ьный, си́лен *u.* силён, сильна́, си́льно, си́льны́; Worte; Kritik ре́з|кий, -ок, -ка́!, -че; aufbrausend вспы́льчив:ый, горя́ч:ий 11 -á; stürmisch бу́р|ный, -ен, -на́! | ~er Streit жа́ркий [горя́чий] спор; ~er Schmerz о́страя [жгу́чая 11] боль; der Wind wurde ~er ве́тер уси́лился

Heftigkeit *f* си́ла 6; ре́зкость 9; вспы́льчивость 9, горя́чность 9; бу́рность 9

Heft|klammer *f* скре́пка 6; **~maschine** *f Typ* сшива́льная маши́на; **~pflaster** *n* ли́пкий пла́стырь 1; **~zwirn** *m* ни́тки *Pl* 6 для смётки

Hegemonie *f* гегемо́ния 8

hegen *tr* оберегать ⟨-|беречь*⟩, охран|ять ⟨-ить 3⟩; Kind леле|ять, -ю, -ешь, ухаживать за *I* | zärtliche Gefühle gegen j-n ~ питать нежные чувства к кому-н.; Zweifel ~ an etw. сомневаться в чём-н.

Hehl *n:* kein ~ aus etw. machen не скрывать ⟨-|крыть*⟩ чего-н., не утаивать ⟨утаить 3⟩ чего-н.

Hehler *m* укрыватель 1; **~ei** *f* укрывательство 4

[1]**Heide** *f* вересковая степь 9g; в степи, верещатник 2

[2]**Heide** *m Rel* язычник 2

Heidekraut *n* вереск 2

Heidel|beeren *f Pl* черника 6; einzelne ягода 6 черники; **~beerstrauch** *m* черника 6; **~berg** Гейдельберг 2

Heiden|angst *f* ужас 2, ужасный страх; **~geld** *n:* das kostet ein ≈ это ужасно дорого; **~lärm** *m* адский шум; **~spaß** *m:* das ist ein ≈ это очень забавно; **~tum** *n* язычество 4

heidnisch языческий

heikel щекотлив:ый

heil цел:ый, -á!, невредим:ый

Heil *n* благо 4; Glück счастье 5 | sein ~ versuchen попытать *v* счастья; Ski ~! лыжникам ура!, лыжникам привет! Petri ~! удачного улова!

Heiland *m* спаситель 1

Heil|anstalt *f* лечебное учреждение; Fachklinik лечебница 6; **~bad** *n* бальнеологический курорт

heilbar излечим:ый, исцелим:ый

Heil|barkeit *f* излечимость 9, исцелимость 9; **~behandlung** *f* лечение 5; **~butt** *m* палтус 2

heilen *tr* лечить 3⁺ (вы-), исцел|ять ⟨-ить 3⟩; *intr* заживать ⟨-|жить*⟩, залечивать ⟨-лечить 3⁺⟩ | er ist geheilt он вылечился

heilfroh очень рад | er ist ~ он рад-радёхонек

Heil|gymnastik *f* лечебная гимнастика; **~gymnastin** *f* инструктор 2 по лечебной гимнастике

heilig свят:ой, -á!, священ|ный, -ен, -на | nichts ist ihm ~ для него нет ничего святого; die Heilige Schrift священное писание 5

Heiligabend *m* рождественский сочельник 2

Heilige *f* святая *Subst* 10; **~r** *m* святой *Subst* 10

heiligen *tr* свя|тить 3 -чу (о-), освя|щать ⟨-тить 3 -щу⟩ | der Zweck heiligt die Mittel цель оправдывает средства

Heiligen|bild *n* образ 2b *Pl* -á; **~schein** *m* ореол 2

Heiligkeit *f* святость 9

heiligsprechen *tr Rel* канонизировать *uv, v* 2, причислять ⟨-числить 3⟩ к лику святых

Heiligtum *n* святыня 7

Heilkraft *m* лечебная сила, целебность 9

heilkräftig целеб|ный, -ен

Heil|kräuter *Pl* лекарственные травы 6c; **~kunde** *f* медицина 6

heillos: ein ~es Durcheinander ужасный хаос 2, путаница 6

Heil|methode *f* лечебный метод; **~mittel** *n* лечебное средство (gegen против *G oder* от *G*); **~pflanze** *f* лекарственное [целебное] растение; **~quelle** *f* минеральный [целебный] источник

heilsam *Med* целеб|ный, -ен; günstig благотвор|ный, -ен

Heil|schlaf *m* лечебный сон; **~schlamm** *m* лечебная грязь; **~serum** *n* (лечебная) сыворотка 6; **~stätte** *f* санатори|й 1 *P* -и, здравница 6; **~ung** *f* излечение 5; einer Wunde заживление 5

heim *Adv* nach Hause домой; in die Heimat на родину

Heim *n* Zuhause домашний очаг 11-2e; Wohn~ общежитие 5; Erholungs~ дом 2b *Pl* -á отдыха; **~arbeit** *f* кустарная работа на дому, надомничество 4; **~arbeiter** *m* кустарь 1e, надомник 2

Heimat *f* родина 6 | in der ~ на родине; **~dorf** *n* родное село; **~forscher** *m* краевед 2; **~kunde** *f* краеведение 5; **~land** *n* родная страна, родной край

heimatlich родной

Heimatliebe *f* любовь к родине

heimatlos без родины

Heimat|museum *n* краеведческий музей; **~recht** *n* право гражданства; **~stadt** *f* родной город

heimbringen *tr* begleiten прово|жать ⟨-дить 3⁺ -жу⟩ домой

Heimchen *n Zool* сверч|ок, -ка 2 домовый

Heim|erzieher *m* воспитатель в детском доме; **~erziehung** *f* im Kinderheim воспитание в детском доме

heimfahren *intr* ехать* (по-) домой

Heimfahrt *f* поездка домой [на родину] | auf der ~ по пути домой [на родину]; auf der Rückreise на обратном пути; die ~ antreten отпр|авляться ⟨-авиться 3 -авлюсь⟩ домой

heim|führen *tr* отводить 3⁺ -вожу ⟨-|вести*⟩ домой; heiraten жениться 3⁺ *uv, v* на *P*; **~gehen** *intr* идти* ⟨по|йти*⟩ домой; sterben умирать ⟨-|мереть*⟩

Heimindustrie *f* кустарная промышленность

heimisch **1.** *Adj* heimatlich родной; häuslich домашний 11; inländisch отечественный **2.** *Adv* по-домашнему, как (у себя) дома | ~ werden обживаться ⟨-|житься*, -жились⟩

Heimkehr *f* nach Hause возвращение 5 домой; in die Heimat возвращение на родину

heimkehren *intr* возвра|щáться ⟨-ти́ться 3 -щу́сь⟩ домóй, in die Heimat на рóдину
Heimkehrer *m* возврати́вшийся *Subst* 11 на рóдину
heim|kommen *intr* nach Hause возвра|щáться ⟨-ти́ться 3 -щу́сь⟩ домóй
Heimleiter *m* завéдующий общежи́тием
heimlich 1. *Adj* тáйный; Zeichen секрéт|-ный, -ен | ein ~es Plätzchen укрóмное местéчко **2.** *Adv* тайкóм, втáйне
Heimlich|keit *f* сокровéнность 9; Geheimnis секрéт 2, тáйна 6; **~tuer** *m* скры́тный человéк 2; **~tuerei** *f* скры́тничание 5
heimlichtun *intr* секрéтничать, скры́тничать
Heim|ordnung *f* распоря́д|ок, -ка 2 в общежи́тии; **~reise** *f* поéздка 6 домóй
heim|reisen *intr* éхать* (по-) домóй; **~schicken** *tr* посылáть ⟨-|слáть*⟩ домóй
Heim|schule *f* шкóла-интернáт 6-2; **~stätte** *f* жили́ще 4, приют 2
heimsuchen *tr* постигáть ⟨-|сти́чь*, сти́гнуть 4a *u.* 4⟩ | er wurde von einem Unglück heimgesucht егó пости́гло несчáстье
Heim|suchung *f* испытáние 5; **~trainer** *m* Sportgerät домáшний тренажёр 11-2; **~tücke** *f* ковáрство 4
heim|tückisch ковáр|ный, -ен; **~wärts** *Adv* nach Hause домóй; in die Heimat на рóдину
Heim|weg *m* путь домóй; **~weh** *n* тоскá 6 по рóдине [по дóму] | ≈ haben тосковáть 2 по рóдине [по дóму]; **~werker** *m* человéк 2, производя́щий 11 все домáшние ремóнтные рабóты
heimzahlen *tr* отпл|áчивать ⟨-ати́ть 3⁺ -ачу́⟩ | mit gleicher Münze ~ отплати́ть той же монéтой
Heinzelmännchen *n* домовóй *Subst* 10
Heirat *f* бракосочетáние 5; vom Mann жени́тьба 6; von der Frau заму́жество 4
heiraten *tr* жени́ться 3⁺ (по-); vom Mann жени́ться *uv, v* на *P*; von der Frau выходи́ть 3⁺ -хожу́ ⟨вы́|йти*⟩ зáмуж за *A*
Heirats|antrag *m* предложéние 5 (вступи́ть в брак); **~anzeige** *f* объявлéние о бракосочетáнии
heirats|fähig: eine ≈e Tochter дочь на вы́данье; ein ≈er Sohn сын-жени́х 2-2e; **~lustig** желáющий 11 вступи́ть в брак
Heirats|urkunde *f* свидéтельство о брáке; **~vermittlung** *f* Büro бракопосрéдническое бюрó *n idkl;* **~versprechen** *n* обещáние жени́ться
heiser хри́пл:ый, -á!, охри́пший 11 | ~ werden хри́пнуть 4a *u.* 4 (о-); sich ~ schreien кричáть 3 до хрипоты́, охри́пнуть от кри́ка
Heiserkeit *f* хрипотá 6, си́плость 9
heiß: Wetter; Kampf жáр|кий, -ок, -кá!, -че; Luft, Wasser; Essen, Gefühle горя́ч:ий 11 -á | glühend ~ раскал|ённый, -ён, -енá; kochend ~ кипя́щий 11; mir ist ~ мне жáрко; der Boden wird ihm zu ~ unter den Füßen у негó пóчва гори́т под ногáми
heißblütig горя́ч:ий 11 -á
heißen *tr* nennen называ́ть ⟨-|звáть*⟩; befehlen велéть *uv, v* 3 *D; intr* genannt werden называ́ться *I*; mit Namen звать*; bedeuten знáчить 3 | er hat mich einen Esel geheißen он назвáл меня́ ослóм; wie ~ Sie? как вас зову́т?; er heißt Peter егó зову́т Пётр; wie heißt das auf russisch? как э́то (называ́ется) по-ру́сски?; was soll das ~? что э́то знáчит?; das will schon etwas ~! э́то чтó-нибудь да знáчит!; das heißt тó есть (*Abk* т.е.); es heißt, er ist krank говоря́т, что он бóлен; hier heißt es aufpassen здесь нáдо быть внимáтельным
Heißhunger *m* вóлчий аппети́т 12-2
heißhungrig óчень голóдный
heißlaufen *intr* Motor перегревáться ⟨-грéться⟩
Heißluft *f* горя́чий 11 вóздух
heißumstritten вызывáющий 11 горя́чие спóры | ~ sein быть предмéтом горя́чих спóров
Heißwasserspeicher *m* аккумуля́тор 2 горя́чей воды́
heiter fröhlich весёлый, вéсел, -á!; Wetter я́сный | das kann ja ~ werden! весёленькая истóрия!
Heiterkeit *f* весéлье 5, весёлое настроéние 5
Heizanlage *f* отопи́тельная устанóвка
heizbar отáпливаем:ый | der Saal ist nicht ~ зал не имéет отоплéния
heizen *tr* Ofen топ|и́ть 3⁺ -лю́ (за-); Raum отáпливать ⟨-топи́ть⟩; tüchtig протáпливать ⟨-топи́ть⟩ | das Zimmer läßt sich gut ~ кóмната хорошó отáпливается; der Ofen wird nicht geheizt печь не тóпится; der Ofen heizt gut печь хорошó грéет
Heizen *n* тóпка 6, отоплéние 5
Heizer *m* истопни́к 2e, кочегáр 2
Heiz|kessel *m* отопи́тельный котёл; **~kissen** *n* электри́ческая грéлка, электрогрéлка 6; **~körper** *m* батарéя 7, радиáтор 2; **~kraftwerk** *n* теплоэлектроцентрáль 9; **~lüfter** *m* тепло(электро)вентиля́тор 2; **~material** *n* тóпливо 4; **~öl** *n* мазу́т 2, жи́дкое тóпливо 4; **~periode** *f* отопи́тельный сезóн 2; **~sonne** *f* рефлéкторная лáмпа-грéлка 6-6; **~ung** *f* отоплéние 5; **~ungsmonteur** *m* монтёр по отопи́тельной систéме; **~wert** *m* теплотвóрная спосóбность 9
Hektar *m* гектáр 2; **~ertrag** *m* урожáй 1 с гектáра

Hektik *f* лихора́дочность 9; Eile спе́шка 6
hektisch *übertr* лихора́доч|ный, -ен | ~e Betriebsamkeit лихора́дочная де́ятельность 9
Hektoliter *m* гектоли́тр 2
Held *m* геро́|й 1 *G Pl* -ев | ~ der Arbeit Геро́й Труда́; er ist kein ~ in Mathematik он не силён в матема́тике
heldenhaft геро́йский, герои́ческий
Helden|lied *n* герои́ческий э́пос 2; **~mut** *m* герои́зм 2, до́блесть 9
heldenmütig геро́йский, герои́ческий
Helden|sage *f* сказа́ние 5 о геро́ях; **~stadt** *f* го́род-геро́й 2-1, *Pl* города́-геро́и; **~tat** *f* по́двиг 2; **~tenor** *m* драмати́ческий те́нор; **~tod** *m* геро́йская смерть; **~tum** *n* герои́зм 2, геро́йство 4
Heldin *f* герои́ня 7
helfen *intr* помога́ть ⟨-|мо́чь*⟩ (bei в *P*, mit *I*) | sich zu ~ wissen знать, что де́лать, быть* нахо́дчивым; da hilft nichts (тут) ничто́ не помо́жет; j-m ~ in schwieriger Lage выруча́ть ⟨вы́ручить 3⟩ кого́-н.; ich werde dir schon ~! drohend я тебе́ дам!; damit ist mir nicht geholfen э́то меня́ не устра́ивает; es hilft nichts ничто́ не помо́жет
Helfer *m* помо́щник [шн] 2
Helfershelfer *m* сообщник 2
Helgoland Ге́льголанд 2
heliozentrisch гелиоцентри́ческий
Helium *n Chem* ге́ли|й 1 *P* -и
hell **1.** *Adj* све́т|лый, -ел, -ла́!, Lichtquelle я́р|кий, -ок, -ка́!, -че; Ton зво́н|кий, -ок, -ка́!, -че | ~ werden светле́ть (по-); tagen рассвета́ть ⟨рассве|сти́, -тёт, -ло́⟩ *unpers;* ein ~er Kopf *übertr* я́сная [у́мная] голова́; in ~en Haufen больши́ми то́лпами; seine ~e Freude an etw. haben ра́доваться 2 чему́-н. от всего́ се́рдца **2.** *Adv* светло́; **~blau** све́тло-си́ний 11, голубо́й; **~blond** белоку́рый
Helldunkel *n* Malerei светоте́нь 9
Helle *f* свет 2, я́ркость 9
hellenistisch эллинисти́ческий
Heller *m:* auf ~ und Pfennig bezahlen заплати́ть *v* всё до после́дней копе́йки
hell|grün све́тло-зелёный; **~hörig** Person чу́т|кий, -ок, -ка́!, -че; Wände звукопроница́емый
hellicht: am ~en Tage среди́ бе́ла дня
Helligkeit *f* свет 2, я́ркость 9
Helling *m Mar* э́ллинг 2
hellrot све́тло-кра́сный
Hellseher *m* ясновид|ец, -ца 2; **~in** *f* ясновидица 6
hellseherisch ясновидящий 11
Helm *m* шлем 2, ка́ска 6
Helsinki Хе́льсинки *m idkl*
Hemd *n* руба́шка 6, соро́чка 6 | j-n bis aufs ~ ausziehen обира́ть ⟨обо|бра́ть*, оберу́⟩ кого́-н. до ни́тки; das ~ ist einem näher als die Weste своя́ руба́шка бли́же к те́лу; **~bluse** *f* блу́за-руба́шка 6-6; mit Gürtel толсто́вка 6; mit seitlichem Verschluß косоворо́тка 6
Hemdsärmel *m* рука́в руба́шки | in ~n без пиджака́
Hemisphäre *f* полуша́рие 5, гемисфе́ра 6
hemmen *tr* aufhalten заде́рживать ⟨-держа́ть 3⁺⟩; beeinträchtigen препя́тствовать *D;* anhalten остан|а́вливать ⟨-ови́ть 3⁺ -овлю́⟩ | sich gehemmt fühlen чу́вствовать (по-) себя́ стеснённым
Hemm|nis *n* поме́ха 6, препя́тствие 5; **~schuh** *m* тормозно́й башма́к; *übertr* то́рмоз 2; **~ung** *f* Aufhalten заде́ржка 6; Verzögerung торможе́ние 5; Hindernis препя́тствие 5; *Psych* торможе́ние | ≈en haben чу́вствовать себя́ ско́ванным
hemmungslos **1.** *Adj* безу́держ|ный, -ен **2.** *Adv* безу́держно, без у́держу
Hengst *m* жереб|е́ц, -ца́ 2
Henkel *m* ру́чка 6; am Kübel ушк|о́ 4 *Pl* -и́ 2; am Eimer ду́жка 6; **~topf** *m* кастрю́ля с ру́чкой
Henker *m* пала́ч 2е *a. übertr* | zum ~! к чёрту!
Henkersmahlzeit *f scherz* проща́льный обе́д
Henne *f* ку́рица 6 *Pl* ку́ры
her *Adv Ort* сюда́ | hin und ~ туда́ и сюда́; auf und ab взад и вперёд; komm ~! иди́ сюда́!; wo hast du das ~? отку́да ты э́то взял? | *Zeit:* es ist eine Woche ~, daß ... тому́ неде́ля, как ...; von alters ~ с да́вних пор; es ist mit ihm nicht weit ~ он челове́к недалёкий; hinter etw. ~ sein упо́рно добива́ться чего́-н.
herab *Adv* вниз | j-n von oben ~ behandeln обраща́ться с кем-н. свысока́; **~fallen** *intr* спада́ть ⟨-|пасть*⟩; Blätter облет|а́ть ⟨-е́ть 3⟩; **~gesetzt:** ≈er Preis сни́женная цена́; **~hängen** *intr* свиса́ть ⟨-ви́снуть 4а⟩, обвиса́ть ⟨-ви́снуть⟩; erschlaffen отвиса́ть ⟨-ви́снуть⟩ | die Haare hängen auf die Schultern ~ во́лосы па́дают на пле́чи; **~hängend** обви́слый, отви́слый; **~lassen** спу|ска́ть ⟨-сти́ть 3⁺ -щу́⟩; sich ≈ *refl iron* снисхо|ди́ть 3⁺ жу́ ⟨снизо|йти́*⟩ (zu к *D*); **~lassend** снисходи́тел|ьный, -ен, -ьна; **~setzen** *tr* Preis, Norm по-, снижа́ть ⟨-ни́зить 3 -ни́жу⟩; Kontingent редуци́ровать *uv, v* 2; Lohn сокра|ща́ть ⟨-ти́ть 3 -щу́⟩; herabwürdigen унижа́ть ⟨-ни́зить⟩, умал|я́ть ⟨-и́ть 3⟩
Herabsetzung *f* пониже́ние 5, сниже́ние 5; униже́ние 5, умале́ние 5
herab|springen *intr* спры́г|ивать ⟨-нуть 4⟩, соск|а́кивать ⟨-очи́ть 3⁺⟩; **~würdigen** *vt* унижа́ть ⟨-ни́зить⟩, умал|я́ть ⟨-и́ть⟩
Heraldik *f* гера́льдика 6
heraldisch геральди́ческий

heran *Adv* сюда́; näher побли́же | nur ~! подойди́(те)!; **~bilden** *tr* подгот|а́вливать ⟨-о́вить 3 -о́влю⟩; lehren обуч|а́ть ⟨-и́ть 3⁺⟩ | Kader ≈ гото́вить [подгота́вливать] ка́дры; **~fahren** *intr* подъезжа́ть ⟨-|е́хать*⟩; **~führen** *tr* подводи́ть 3⁺ -вожу́ ⟨-|вести́*⟩ (an к *D*); *übertr* j-n знако́м|ить 3 -лю (по-) (an с *I*); **~gehen** *intr* подходи́ть 3⁺ -хожу́ ⟨подо|йти́*⟩ *a. übertr;* beginnen бра́ться*¡ брали́сь ⟨взя́ться*¡ взяли́сь⟩ (an за *A*), присту-п|а́ть ⟨-и́ть 3⁺ -лю́⟩ (an к *D*); **~holen** *tr* j-n вызыва́ть ⟨вы́|звать*⟩; **~kommen** *intr* прибл|ижа́ться ⟨-и́зиться 3 -и́жусь⟩ | es ist schwer, an ihn heranzukommen к нему́ не подступи́ться; laß die Sache an dich ≈ не тороп́ись с э́тим; **~lassen** *tr* (под)пуска́ть ⟨(под)пу|сти́ть 3⁺ -щу́⟩ (an к *D*); **~locken** *tr* прима́нивать ⟨-мани́ть 3⁺⟩; **~machen, sich** *refl* принима́ться ⟨приня́ться*¡ -я́лся́¡ -яли́сь⟩ (an за *A*); sich aufdrängen при|става́ть* ⟨-|ста́ть*⟩ (an к *D*); **~nahen** *intr* прибл|ижа́ться ⟨-и́зиться 3⟩; **~reichen** *intr* доходи́ть 3⁺ -хожу́ ⟨-|йти́⟩ (an до *G*); **~reifen** *intr* созрева́ть ⟨-зре́ть⟩; **~rollen** *tr* подка́тывать ⟨-кати́ть 3⁺ -качу́⟩; **~rücken** *tr* пододв|ига́ть ⟨-и́нуть 4⟩; *intr* прибл|ижа́ться ⟨-и́зиться 3 -и́жусь⟩; **~rufen** *tr* подзыва́ть ⟨подо|зва́ть*¡ подзову́¡ подо́званный⟩; **~schaffen** *tr* дост|авля́ть ⟨-а́вить 3 -а́влю⟩; **~schleichen, sich** *refl* подкра́дываться ⟨-|кра́сться*⟩; **~schleppen** *tr* прита́скивать ⟨-тащи́ть 3⁺⟩; **~schwimmen** *intr* подплыва́ть ⟨-|плы́ть*⟩; **~sprengen** *intr* приска́кивать ⟨-|скака́ть*⟩; **~treten** *intr* sich nähern подходи́ть 3⁺ -хожу́ ⟨подо|йти́*⟩ (an к *D*); *übertr* обра|ща́ться ⟨-ти́ться 3 -щу́сь⟩ (an j-n mit etw. к кому́-н. с чем-н.; **~wachsen** *intr* подраста́ть ⟨-|расти́*⟩; **wagen, sich** *refl* рискова́ть 2 ⟨рискну́ть *mom* 4⟩ подойти́ (an к *D*); **~ziehen** *tr* притя́гивать ⟨-тяну́ть 4⁺⟩; *übertr* привлека́ть ⟨-|вле́чь*⟩ (zu к *D*)

herauf *Adv* вверх, наве́рх; **~beschwören** *tr* вызыва́ть ⟨вы́|звать*⟩; **~kommen** *intr* поднима́ться ⟨подня́ться*¡ -я́лся́¡ -яли́сь⟩ вверх; **~setzen** *tr übertr* повыша́ть ⟨-вы́сить 3 -вы́шу⟩; **~ziehen** *tr* подтя́гивать ⟨-тяну́ть 4⁺⟩, поднима́ть ⟨подня́ть*⟩; *intr* Wolken, Gewitter надв|ига́ться ⟨-и́нуться 4⟩

heraus *Adv* нару́жу | ~! вон!; von innen ~ изнутри́; ~ mit der Sprache! говори́ же!, выкла́дывай!; frei ~ напрями́к; **~arbeiten** *tr:* wir haben den 5. August herausgearbeitet за 5-е а́вгуста мы отрабо́тали по́лностью; sich ≈ *refl* (с трудо́м) выбира́ться ⟨вы́|браться*⟩; **~bekommen** *tr* (с трудо́м) вы́тащить *v* 3; erraten разга́дывать ⟨-гада́ть⟩; Geld получ|а́ть ⟨-и́ть 3⁺⟩ сда́чу; *Math* получ|а́ть ⟨-и́ть⟩ в результа́те; **~bilden, sich** *refl* образ|о́вываться ⟨-ова́ться 2⟩, скла́дываться ⟨сложи́ться 3⁺⟩; **~brechen** *tr* выла́мывать ⟨вы́ломать⟩; **~bringen** *tr* hinaustragen выно|си́ть 3⁺ -шу́ ⟨вы́|нести*⟩; neu herstellen выпуска́ть ⟨вы́пу|стить 3 -щу⟩; Flecken выводи́ть ⟨вы́|вести*⟩; Worte произ|носи́ть 3⁺ -ношу́ ⟨-|нести́*⟩ | er brachte kein Wort heraus он не был в состоя́нии произнести́ ни сло́ва; **~drängen** *tr* вытесня́ть ⟨вы́теснить 3⟩ *a. übertr;* **~fallen** *intr* выпада́ть ⟨вы́|пасть*⟩; **~finden** *tr* erraten дога́дываться ⟨-гада́ться⟩ о *P*; sich ≈ *refl* находи́ть 3⁺ -хожу́ ⟨-|йти́*⟩ вы́ход; *übertr* выпу́тываться ⟨вы́путаться⟩; **~fischen** *tr* вылавливать ⟨вы́лов|ить 3 -лю⟩; **~fliegen** *intr* вылета́ть ⟨вы́ле|теть 3 -чу⟩; **~fließen** *intr* вытека́ть ⟨вы́|течь*¡ -течет⟩; **~fordern** *tr* вызыва́ть ⟨вы́|звать*⟩ (zu на *A*); **~fordernd 1.** *Adj* вызыва́ющий 11 **2.** *Adv* вызыва́юще

Herausforderung *f* вы́зов 2

heraus|fühlen *tr übertr* чутьём дога́дываться ⟨-гада́ться⟩ о *P*; **~führen** *tr* выво|ди́ть 3⁺ -жу́ ⟨вы́|вести*⟩

Herausgabe *f* вы́дача 6; einer Druckschrift изда́ние 5, вы́пуск 2

herausgeben *tr* вы|дава́ть* ⟨вы́|дать*⟩; Bücher издава́ть ⟨изда́ть*⟩, выпуска́ть ⟨вы́пу|стить 3 -щу⟩; Gesetz издава́ть ⟨изда́ть⟩; Restbetrag дава́ть ⟨дать⟩ сда́чу, сдава́ть ⟨-дать⟩ | auf hundert Mark ~ дать сда́чу со ста ма́рок; herausgegeben von … (и́здано) под реда́кцией …

Herausgeber *m* (отве́тственный) реда́ктор 2 изда́ния

heraus|greifen *tr* выхва́тывать ⟨вы́хва|тить 3 -чу⟩ *a. übertr;* **~haben** *tr* begreifen поня́ть* *v*; erraten угада́ть *v*; meisterhaft beherrschen быть* иску́сным [о́чень ло́вким] в *P*, уме́ть *mit Inf.*; **~hängen** *intr* Fahnen выве́шивать ⟨вы́ве|сить 3 -шу⟩ фла́ги | das hängt mir zum Halse heraus э́то мне (стра́шно) надое́ло, э́то мне наби́ло оско́мину; **~hauen** *tr* вырuба́ть ⟨вы́руб|ить 3 -лю⟩; **~helfen** *intr* помога́ть ⟨-|мо́чь*⟩ вы́йти; *übertr* выруча́ть ⟨вы́ручить 3⟩; **~holen** *tr.* das Äußerste aus etw. ≈ *übertr* выжима́ть ⟨вы́|жать[1]*⟩ из чего́-н. ма́ксимум возмо́жного; **~katapultieren** *tr* Flug катапульти́ровать *uv, v* 2; **~kehren** *tr übertr* betonen подчёркивать ⟨-черкну́ть 4⟩; **~klingeln** *vt* вызыва́ть ⟨вы́|звать*⟩ звонко́м; **~kommen** *intr* sich mit Mühe befreien выбива́ться ⟨вы́|биться*⟩; aus einer schwierigen Lage вывёртиваться ⟨вы́вернуться 4⟩ из *G*; herausgehen выхо|ди́ть 3⁺ -жу ⟨вы́|йти*⟩; Druckschriften выходи́ть ⟨вы́йти⟩ из печа́ти [в свет]; Resultat получ|áться ⟨-и́ться 3⁺⟩, выходи́ть ⟨вы́йти⟩; bekannt werden обнару́ж|иваться ⟨-иться 3⟩; Geheimnis разглаша́ться | aus einer schwierigen Lage ≈ вы́йти из положе́ния; dabei kommt nichts heraus из э́того ничего́ не вы́йдет; das kommt alles auf eins heraus всё сво́дится к одному́ и тому́ же; mit der Sprache ≈ говори́ть 3 открове́нно; aus den Schulden nicht ≈ не вылеза́ть из долго́в; aus dem Lachen nicht ≈ непреры́вно сме|я́ться, -ю́сь, -ёшься; **~können** *intr* быть* в состоя́нии [мочь*] вы́йти; **~kriechen** *intr* выполза́ть ⟨вы́|ползти*⟩; **~kristallisieren, sich** *refl* выкристаллизо́вываться ⟨вы́кристаллизоваться 2⟩ *a. übertr;* **~lassen** *tr* выпуска́ть ⟨вы́пу|стить 3 -щу⟩; **~laufen** *intr* выбега́ть ⟨вы́|бежать*⟩; Flüssigkeit вытека́ть ⟨вы́|течь*, -течет⟩; **~lesen** *tr* heraussuchen выбира́ть ⟨вы́|брать*⟩ | aus diesem Brief kann man viel ≈ мно́гое в э́том письме́ мо́жно проче́сть ме́жду строк; **~locken** *tr* выма́нивать ⟨вы́манить 3⟩ (j-m etw. что-н. у кого́-н.); **~machen** *tr* Flecken выво|ди́ть 3⁺ -жу́ ⟨вы́|вести*⟩; sich ≈ *refl* попр|авля́ться ⟨-а́виться 3 -а́влюсь⟩; **~nehmen** *tr* вынима́ть ⟨вы́нуть 4⟩; sich viel ≈ позв|оля́ть ⟨-о́лить 3⟩ себе́ ли́шнее; **~platzen** *intr* бря́к|ать ⟨-нуть *mom* 4⟩ (mit *A*) *umg mißb;* loslachen разра|жа́ться ⟨-зи́ться 3 -жу́сь⟩ сме́хом; **~pressen** *tr* выжима́ть ⟨вы́|жать¹*⟩ *a. übertr;* **~putzen** *tr* нар|яжа́ть ⟨-яди́ть 3⁺ -яжу́⟩; sich ≈ *refl* наря|жа́ться ⟨-ди́ться⟩, *umg* расфран|ти́ться 3 -чу́сь; **~reden, sich** *refl* отгов|а́риваться ⟨-ори́ться 3⟩ (mit *I*); **~reißen** *tr* вырыва́ть ⟨вы́|рвать*⟩, выдёргивать ⟨вы́дернуть 4⟩; entreißen выхва́тывать ⟨вы́хва|тить 3 -чу⟩; **~rücken** *intr:* mit dem Geld ≈ раскоше́л|иваться ⟨-иться 3⟩; mit der Sprache ≈ говори́ть 3 открове́нно; **~rufen** *tr* вызыва́ть ⟨вы́|звать*⟩; **~sagen** *tr:* offen ≈ открове́нно выска́зывать ⟨вы́с|казать*⟩; **~schauen** *intr* выгля́дывать ⟨вы́глянуть 4⟩; **~schinden** *tr* выкола́чивать ⟨вы́колo|тить 3 -чу⟩ | dabei hat er 200 Mark herausgeschunden на э́том он вы́гадал 200 ма́рок; **~schlagen** *tr* выбива́ть ⟨вы́|бить*⟩; Gewinn выкола́чивать ⟨вы́коло|тить 3 -чу⟩; *intr* Flammen вырыва́ться ⟨вы́|рваться*, -рвется⟩ | einen Vorteil für sich ≈ извлека́ть ⟨-|вле́чь*⟩ для себя́ вы́году; **~schleppen** *tr* выта́скивать ⟨вы́тащить 3⟩; **~schneiden** *tr* выре́зывать ⟨вы́|резать*⟩, выреза́ть ⟨вы́резать⟩; **~schrauben** *tr* выви́нчивать ⟨вы́вин|тить 3 -чу⟩, вывёртывать ⟨вы́вернуть 4⟩; **~schreiben** *tr* выпи́сывать ⟨вы́|писать*⟩; **~schütteln** *tr* вытря́хивать ⟨вы́тряхнуть 4⟩; **~springen** *intr* выска́кивать ⟨вы́скочить 3⟩ | auch für ihn ist etwas herausgesprungen *übertr* и ему́ ко́е-что перепа́ло; **~stellen** *tr* выставля́ть ⟨вы́став|ить 3 -лю⟩ *a. übertr;* unterstreichen подчёркивать ⟨-черкну́ть 4⟩; sich ≈ *refl* ока́зываться ⟨-|каза́ться*⟩; **~strecken** *tr* высо́вывать ⟨вы́сунуть 4⟩; **~streichen** *tr* ausstreichen вычёркивать ⟨вы́черкнуть 4⟩; loben расхв|а́ливать ⟨-али́ть 3⁺⟩; **~strömen** *intr* вытека́ть ⟨вы́|течь*, -течет⟩; **~suchen** *tr* выбира́ть ⟨вы́|брать*⟩; **~treten** *intr* выступа́ть ⟨вы́ступ|ить 3 -лю⟩ *a. Med;* **~wachsen** *intr* выраста́ть ⟨вы́|расти*⟩; **~wagen, sich** *refl* рискова́ть 2 ⟨рискну́ть *mom* 4⟩ вы́йти; **~werfen** *tr* выбра́сывать ⟨вы́|бросить 3 -шу⟩; **~winden, sich** *refl übertr* вывёртываться ⟨вы́вернуться 4⟩, выкру́чиваться ⟨вы́кру|титься 3 -чусь⟩; **~wollen** *intr* хоте́ть* (за-) вы́йти | mit der Sprache nicht ≈ не хоте́ть говори́ть; **~ziehen** *tr* выта́скивать ⟨вы́тащить 3⟩; Schublade выдвига́ть ⟨вы́двинуть 4⟩; Zahn, Nagel выдёргивать ⟨вы́дернуть 4⟩; Rauch u. ä. вытя́гивать ⟨вы́тянуть 4⟩; Saft aus Pflanzen извлека́ть ⟨-|вле́чь*⟩

herb im Geschmack те́рп|кий, -ок, -ка́!, -че; *übertr* жёст|кий, -ок, жестка́!, жёстче, суро́в:ый

Herbarium *n* гербáри|й 1 *P* -и

herbei *Adv* сюда́; **~eilen** *intr* прибега́ть ⟨-|бежа́ть*⟩, спеши́ть 3 (по-) (сюда́); **~fliegen** *intr* приле|та́ть ⟨-те́ть 3 -чу́⟩; **~führen** *tr* verursachen причин|я́ть ⟨-и́ть 3⟩; erreichen добива́ться ⟨-|би́ться*⟩; **~laufen** *intr* прибега́ть ⟨-|бежа́ть*⟩; **~rufen** *tr* призыва́ть ⟨-|зва́ть*⟩; **~schaffen** *tr* до|ставáть* ⟨-|ста́ть*⟩; **~strömen** *intr übertr* стека́ться ⟨-|те́чься*⟩; **~wünschen** *tr* жела́ть *G;* **~ziehen** *tr* привлека́ть ⟨-вле́чь*⟩, притя́гивать ⟨-тяну́ть 4⁺⟩ | an den Haaren ≈ притя́гивать ⟨-тяну́ть⟩ за́ волосы

herbemühen, sich *refl* потру|ди́ться *v* 3⁺ -жу́сь прийти́ (сюда́)

Herberge *f* für Wanderer тури́стская ба́за 6

herbestellen *tr* пригла|ша́ть ⟨-си́ть 3 -шу́⟩, вызыва́ть ⟨вы́|звать*⟩

Herbheit *f* im Geschmack те́рпкость 9; *übertr* жёсткость 9, суро́вость 9

herbitten *vt* про|си́ть 3⁺ -шу́ (по-) прийти́

Herbizid *n* гербици́д 2

herbringen *tr* tragend приноси́ть 3⁺ -ношу́ ⟨-|нести́*⟩; führend приводи́ть 3⁺ -вожу́ ⟨-|вести́*⟩; fahrend привози́ть 3⁺ -вожу́ ⟨-|везти́*⟩

Herbst *m* о́сень 9 | im ~ о́сенью; **~bestellung** *f* ози́мый сев 2; **~furche** *f Landw* зя́блевая вспа́шка 6

herbstlich осе́нний 11
Herbstmesse *f* осе́нняя 11 я́рмарка
Herbstzeitlose *f* осе́нний безвре́менник 11-2
Herd *m* оча́г 2e *a. übertr; Med* оча́г (боле́зни); Koch∼ плита́ 6c; *Tech* горн 2
Herde *f* ста́до 4b; Schaf∼ гурт 2e, ота́ра 6; Pferde∼ табу́н 2e
Herden|tier *n* ста́дное живо́тное; **∼trieb** *m* ста́дный инсти́нкт
Herdplatte *f* плита́ (очага́)
herein *Adv:* ∼! войди́(те)!; **∼bemühen, sich** *refl:* wollen Sie sich bitte ≈! прошу́ вас войти́!; **∼bitten** *tr* про|си́ть 3⁺ -шу́ (по-) войти́; **∼brechen** *intr* Nacht насту-п|а́ть ⟨-и́ть 3⁺⟩; Unglück обру́ш|иваться ⟨-иться 3⟩; **∼bringen** *tr* вно|си́ть 3⁺ -шу́ ⟨в|нести́*⟩; **∼fallen, ∼fliegen** *intr* па́дать ⟨у|па́сть*⟩ в *A*, вва́ливаться ⟨-вали́ться 3⁺⟩ в *A*; *übertr* попада́ть ⟨-|па́сть*⟩ впроса́к; **∼führen** *tr* вво|ди́ть 3⁺ -жу́ ⟨в|вести́*⟩; **∼kommen** *intr* вхо|ди́ть 3⁺ -жу́ ⟨во|йти́*⟩; **∼lassen** *tr* впуска́ть ⟨впу|сти́ть 3⁺ -щу́⟩; **∼legen** *tr* betrügen прово-ди́ть 3⁺ -вожу́ ⟨-|вести́*⟩, обма́нывать ⟨-ману́ть 4⁺⟩; **∼platzen** *intr* неожи́данно врыва́ться ⟨во|рва́ться*¡ -рвали́сь⟩, вва́ливаться ⟨-вали́ться 3⁺⟩; **∼schneien** *unpers:* es schneit zum Fenster herein снег залета́ет в окно́; *übertr* внеза́пно появи́ться *v* 3⁺; **∼tragen** *tr* вноси́ть 3⁺ -ношу́ ⟨-|нести́*⟩
Herfahrt *f* пое́здка 6 сюда́ | auf der ∼ по доро́ге сюда́
herfallen *intr* überfallen напада́ть ⟨-|па́сть*⟩ (über на *A*), набр|а́сываться ⟨-о́ситься 3 -о́шусь⟩ (über на *A*); mit Fragen u. ä. набр|а́сываться ⟨-о́ситься⟩ (über на *A*)
Hergang *m* ход 2 собы́тий
her|geben *tr* по|дава́ть* ⟨пода́ть*⟩; zurückgeben отдава́ть ⟨отда́ть*⟩; sich ≈ согла|ша́ться ⟨-си́ться 3 -шу́сь⟩ (zu на *A*); **∼gehen** *intr* идти́* (hinter за *I*, позади́ *G*, neben ря́дом с *I*) | dort geht es toll her там идёт така́я кутерьма́; dort geht es hoch her там пир горо́й; **∼gehören** *intr:* das gehört nicht hierher э́то сюда́ не отно́сится, здесь э́то неуме́стно; **∼haben** *tr:* wo hast du das her? отку́да ты э́то взял?; **∼halten** *tr* протя́гивать ⟨-тяну́ть 4⁺⟩; *intr* распл|а́чиваться ⟨-ати́ться 3⁺ -ачу́сь⟩ за *A* | er muß für alles ≈ он до́лжен плати́ть за всё; **∼holen** *tr* etw. прино-си́ть 3⁺ -ношу́ ⟨-|нести́*⟩; j-n приводи́ть 3⁺ -вожу́ ⟨-|вести́*⟩
Hering *m* сельдь 9g, селёдка 6; Zeltpflock ко́лыш|ек, -ка 2 | geräucherter ∼ копчёная сельдь
Herings|fang *m* лов 2 се́льди; **∼filet** *n* филе́ *n idkl* из се́льди; **∼salat** *m* сала́т из се́льди; **∼tonne** *f* сельдяна́я бо́чка
her|kommen *intr* приходи́ть 3⁺ -хожу́ ⟨-|йти́*⟩ | komm her! иди́ сюда́!; wo kommst du her? отку́да ты пришёл?; wo soll das Geld ≈? отку́да взять де́ньги?; **∼kömmlich 1.** *Adj* традицио́нн|ый, -ен, -на, обы́ч|ный, -ен **2.** *Adv* по-пре́жнему
Herkunft *f* происхожде́ние 5
her|laufen *intr:* hinter j-m ≈ бежа́ть* (по-) за кем-н. *best*, бе́гать *unbest* за кем-н.; **∼machen, sich** *refl* принима́ться ⟨приня́ться*¡ -я́лся́, -яли́сь⟩ (über за *A*)
Hermelin *n Zool* горноста́|й 1 *G Pl* -ев; Pelz горноста́евый мех 2b *Pl* -а́
hermetisch гермети́ческий, гермети́ч|ный, -ен
hernach *Adv* пото́м, зате́м
hernehmen *tr* брать* ⟨взять*⟩
Heroin *n* герои́н 2
heroisch герои́ческий
Heroismus *m* герои́зм 2
Herold *m hist* геро́льд 2
Herr *m* Anrede an Bürger kap. Staaten господ|и́н 2 *Pl* -а́, -, -а́м; an Bürger soz. Staaten това́рищ 2; Eigentümer хозя́|ин 2 *Pl* -ева 4; Gott госпо́дь, *G* го́спода 2 | meine (Damen und) ∼en! господа́!; ∼ der Lage sein быть хозя́ином положе́ния; einer Sache ∼ werden *übertr* справля́ться ⟨спра́в|иться 3 -люсь⟩ с чем-н.; den großen ∼n spielen стро́ить 3 из себя́ (ва́жного) ба́рина; aus aller ∼en Länder со всех концо́в све́та
Herreise *f* пое́здка 6 сюда́
Herren|anzug *m* мужско́й костю́м; **∼artikel** *m Pl* галантере́йные това́ры *Pl* 2 для мужчи́н; **∼ausstatter** *m* специализи́рованный магази́н мужско́й оде́жды; **∼doppel** *n Sport* па́рная мужска́я игра́ 6c; **∼einzel** *n Sport* одино́чная мужска́я игра́ 6c; **∼halbschuh** *m* мужско́й полуботи́нок; **∼konfektion** *f* гото́вое мужско́е пла́тье
herrenlos ниче́й 12; Besitz бесхо́зный *umg*
Herren|salon *m* мужска́я парикма́херская *Subst* 10; **∼schlafanzug** *m* мужска́я пижа́ма; **∼schneider** *m* мужско́й портно́й; **∼schnitt** *m* Damenfrisur (же́нская) коро́ткая стри́жка; **∼zimmer** *n* (рабо́чий) кабине́т (11-)2
Herrgott *m Rel* бог [бох] *G* -а 2
herrichten *tr* vorbereiten пригот|овля́ть ⟨-о́вить 3 -о́влю⟩; ausstatten обставля́ть ⟨обста́в|ить 3 -лю⟩; sich ∼ тща́тельно одева́ться ⟨-|де́ться*⟩
Herrin *f* хозя́йка 6
herrisch власт|ный, -ен, повели́тел|ный, -ен, -ьна
herrje! *Interj* бо́же мой!
herrlich прекра́с|ный, -ен, великоле́п|ный, -ен
Herrlichkeit *f* великоле́пие 5, вели́чие 5 |

die ~ wird nicht lange dauern *iron* э́то удово́льствие ненадо́лго

Herrschaft *f* госпо́дство 3; Macht власть 9 | die ~ über etw. verlieren теря́ть (по-) власть над чем-н.; j-n unter seine ~ bringen подчин|я́ть ⟨-и́ть 3⟩ кого́-н. свое́й вла́сти; die ~ an sich reißen захва|ти́ть *v* 3⁺ -чу́ власть; meine ~en! господа́!

herrschaftlich госпо́дский, ба́рский

herrschen *intr* госпо́дствовать 2 (über над *I*); *übertr* цари́ть 3, ца́рствовать 2 z. B. Stille; **~d** Klasse госпо́дствующий 11; üblich при́нятый | die ≈en Kreise пра́вящие круги́; unter den ≈en Umständen при существу́ющих обстоя́тельствах

Herrscher *m* власти́тель 1; Monarch госуда́рь 1; **~in** *f* власти́тельница 6; госуда́р|ыня 6 *G Pl* -ынь

Herrschsucht *f* властолю́бие 5

herrschsüchtig властолюби́в:ый

her|rufen *tr* призыва́ть ⟨-|зва́ть*⟩; **~rühren** *intr* происходи́ть 3⁺ ⟨произо|йти́*⟩ (von от *G*), проистека́ть ⟨-|те́чь*⟩ (von из *oder* от *G*); **~sagen** *tr* auswendig расс|ка́зывать ⟨-|каза́ть*⟩ наизу́сть; **~stammen** *intr* происхо|ди́ть 3⁺ -жу; **~stellen** *tr* produzieren изгот|овля́ть ⟨-о́вить 3 -о́влю⟩, производи́ть 3⁺ -вожу́ ⟨-|вести́*⟩; Ordnung, Verbindung устан|а́вливать ⟨-ови́ть 3⁺ -овлю́⟩

Hersteller *m* производи́тель 1, изготови́тель 1; im Verlag техни́ческий реда́ктор 2 **~werk** *n* заво́д-изготови́тель 2-1

Herstellung *f* изготовле́ние 5, произво́дство 5; Ordnung, Verbindung установле́ние 5

Herstellungs|kosten *Pl Wirtsch* сто́имость 9 изготовле́ния; **~preis** *m* себесто́имость 9; **~prozeß** *m* проце́сс изготовле́ния

herüber *Adv* на э́ту сто́рону, сюда́; **~bringen** *tr* переноси́ть 3⁺ -ношу́ ⟨-|нести́*⟩ сюда́; **~kommen** *intr* auf einen Augenblick заходи́ть 3⁺ -хожу́ ⟨-|йти́*⟩ (zu к *D*)

Herübersetzung *f* перево́д 2 на родно́й язы́к

herüberziehen *tr* перетя́гивать ⟨-тяну́ть 4⁺⟩ к себе́

herum *Adv* um etwas вокру́г, круго́м; ungefähr приблизи́тельно, о́коло | im Kreise ~ круго́м; um die Ecke ~ за угло́м; um etw. ~ вокру́г чего́-н.; um j-n ~ sein уха́живать за кем-н.; er ist um die dreißig ~ ему́ о́коло тридцати́ (лет); die Zeit ist schon ~ вре́мя уже́ истекло́; **~balgen, sich** *refl* дра́ться*, дра́ли́сь (по-), во|зи́ться 3⁺ -жу́сь; **~blättern** *intr* перели́стывать ⟨-листа́ть⟩ (in *A*); **~drehen** *tr* перевора́чивать ⟨-верну́ть 4⟩ | j-m die Worte im Munde ≈ переина́ч|ивать ⟨-ить 3⟩ чьи-н. слова́, иска|жа́ть ⟨-зи́ть 3 -жу́⟩ смысл чьих-н. слов; **~drücken, sich** *refl* слоня́ться | sich um etw. ≈ *übertr* увиливать ⟨увильну́ть 4⟩ от чего́-н.; **~fahren** *tr* во|зи́ть 3⁺ -жу́; eine Zeitlang повози́ть; *intr* объ|езжа́ть ⟨-|е́хать*⟩ (um *A*) | in der ganzen Welt ≈ объ|езжа́ть ⟨-е́здить 3 -е́зжу⟩ весь свет; **~fliegen** *intr* лета́ть (um вокру́г *G*); **~führen** *tr* во|ди́ть 3⁺ -жу́ (um вокру́г *G*), обводи́ть ⟨-|вести́*⟩ (um вокру́г *G*); **~geben** *tr* пере|дава́ть* ⟨переда́ть*⟩ друг дру́гу; **~gehen** *intr* обходи́ть 3⁺ -хожу́ ⟨обо|йти́*⟩ (um вокру́г *G*); umhergehen расха́живать | etw. ≈ lassen пере|дава́ть* ⟨переда́ть*⟩ друг дру́гу что-н.; tausend Gedanken gehen mir im Kopf herum ты́сячи мы́слей тесня́тся у меня́ в голове́; **~kommen** *intr:* er ist weit herumgekommen он мно́го ви́дел [путеше́ствовал]; darum kommen wir nicht herum мы э́того не мо́жем избежа́ть; **~laufen** *intr* бе́гать (по-); **~liegen** *intr* unordentlich валя́ться, лежа́ть 3 в беспоря́дке; **~lungern** *intr* слоня́ться, безде́льничать; **~reichen** *tr* einander geben пере|дава́ть* ⟨переда́ть*⟩ друг дру́гу; **~reisen** *tr u. intr* объезжа́ть ⟨-|е́хать*⟩ (in *A*), (мно́го) путеше́ствовать 2; **~schlagen, sich** *refl übertr* би́ться* (mit над *I*, с *I*); **~schnüffeln** *intr* обню́х|ивать ⟨-ать⟩ (an *A*) | überall ≈ всю́ду сова́ть свой нос; **~sprechen, sich** *refl:* es hat sich herumgesprochen, daß ... пошли́ то́лки [слу́хи] о том, что ...; **~stehen** *intr* стоя́ть (круго́м) | müßig ≈ стоя́ть без де́ла; **~stöbern** *intr* ры́ться (in в *P*); **~streifen** *intr* бро|ди́ть 3⁺ -жу́ (in по *D*); **~treiben, sich** *refl* слоня́ться, шата́ться

Herumtreiber *m* гуля́ка 6, бродя́га 6

herum|trödeln *intr* ме́шкать; **~wälzen, sich** *refl* валя́ться; im Bett воро́чаться; **~werfen** *tr* разбр|а́сывать ⟨-оса́ть⟩; in eine andere Lage ре́зко повора́чивать ⟨поверну́ть 4⟩ | das Steuer ≈ измен|я́ть ⟨-и́ть 3⁺⟩ курс *a. übertr;* **~wirtschaften** *tr* во|зи́ться 3⁺ -жу́сь; **~wühlen** *intr* ры́ться* *a. übertr*

herunter *Adv* вниз | ~ vom Zaun! слеза́й с забо́ра!; **~bringen** *tr* сноси́ть 3⁺ -ношу́ ⟨-|нести́*⟩ вниз; *übertr* etw. ruinieren разор|я́ть ⟨-и́ть 3⟩; **~fallen** *intr* па́дать ⟨у|па́сть*⟩ (von с *G*); **~gekommen** 11, опусти́вшийся 11; gesundheitlich истощённый; **~hängen** *intr* свиса́ть ⟨сви́снуть 4⟩; **~hauen** *tr:* j-m eine ≈ *umg* дава́ть* ⟨дать*⟩ кому́-н. пощёчину; **~holen** *intr* до|става́ть* ⟨-|ста́ть*⟩ (von с *G*); **~klappen** *tr* опу|ска́ть ⟨-сти́ть 3⁺ -щу́⟩; **~kommen** *intr* сходи́ть 3⁺ -хожу́ ⟨со|йти́*⟩ (von с *G*); gesundheitlich обесси́леть *v;* moralisch опуска́ться ⟨опу|сти́ться 3⁺ -щу́сь⟩ | die Treppe ≈ спу|

ска́ться ⟨-сти́ться⟩ по ле́стнице; **~lassen** *tr* спуска́ть ⟨спу|сти́ть 3^+ -щу́⟩; **~leiern** *tr* моното́нно чита́ть ⟨прочита́ть⟩; **~machen** *tr übertr* отчи́тывать ⟨-чита́ть| -чи́танный⟩, отде́л|ывать ⟨-ать⟩ (под оре́х); **~nehmen** *tr* снима́ть ⟨снять*⟩ (von с *G*); **~reißen** *tr* срыва́ть ⟨со|рва́ть*⟩ (von с *G*); **~schalten** *intr Kfz* включ|а́ть ⟨-и́ть 3⟩ бо́лее ни́зкую ско́рость; **~schlagen** *tr* сбива́ть ⟨-|би́ть*| собью́⟩; Kragen, Klappe опуска́ть ⟨опу|сти́ть 3^+ -щу́⟩; **~schütteln** *tr* стр|я́хивать ⟨-яхну́ть 4| -я́хнутый⟩ (von с *G*); Obst обива́ть ⟨-|би́ть*⟩; **~sein** *intr* körperlich u. moralisch быть в плохо́м состоя́нии | sie ist mit den Nerven ganz herunter её не́рвы совсе́м расша́таны; **~springen** *intr* спры́г|ивать ⟨-нуть 4⟩ (von с *G*); **~steigen** *intr* спуска́ться ⟨спу|сти́ться 3^+ -щу́сь⟩ | eine Treppe ≈ спуска́ться по ле́стнице; **~stürzen** *tr übertr* schnell trinken вы́|пить* *v* за́лпом; *intr* низв|ерга́ться ⟨-е́ргнуться 4a⟩ (von с *G*); **~werfen** *tr* сбра́сывать ⟨сбро́|сить 3 -шу⟩; **~wirtschaften** *tr* приводи́ть 3^+ -вожу́ ⟨-|вести́*⟩ в упа́док; **~ziehen** *tr* ста́скивать ⟨стащи́ть 3^+⟩ вниз

hervor *Adv* из-за; unter ~ из под; **~blikken** *intr* выгля́дывать ⟨вы́глянуть 4⟩ (hinter из-за *G*); **~brechen** *intr* Person внеза́пно выступа́ть ⟨вы́ступ|ить 3 -лю⟩; Sonne появ|ля́ться ⟨-и́ться 3^+⟩; Gefühl вырыва́ться ⟨вы́|рваться*| -рвется⟩; **~bringen** *tr* erzeugen производи́ть 3^+ -вожу́ ⟨-|вести́*⟩; verursachen поро|жда́ть ⟨-ди́ть 3 -жу́| -ждённый⟩; sagen произ|носи́ть 3^+ -ношу́ ⟨-|нести́*⟩; **~gehen** *intr* вытека́ть (aus из *G*), я́вствовать 2 (aus из *G*); выхо|ди́ть 3^+ -жу́ ⟨вы́|йти*⟩ (als *I*) | daraus geht hervor, daß ... отсю́да вытека́ет [сле́дует]| что ...; er ging als Sieger hervor он вы́шел победи́телем; **~heben** *tr übertr* подчёркивать ⟨-черкну́ть 4⟩, отмеча́ть ⟨отме́|тить 3 -чу⟩; **~holen** *tr* до|става́ть* ⟨-|ста́ть*⟩; **~locken** *tr* выма́нивать ⟨вы́манить 3⟩; **~ragen** *intr* sich erheben возвыша́ться (über над *I*); hervorstehen выступа́ть, вы|дава́ться*; **~ragend** выдаю́щийся 11; Zensur отли́ч|ный| -ен | ≈er Schüler отли́чник 2; **~rufen** *tr* вызыва́ть ⟨вы́|звать*⟩, возбу|жда́ть ⟨-ди́ть 3 -жу́⟩; **~schauen** *intr* выгля́дывать ⟨вы́глянуть 4⟩; **~sprudeln** *intr* Quelle за|би́ть* *v;* **~stehen** *intr* выступа́ть, вы|дава́ться*; **~treten** *intr* выступа́ть ⟨вы́ступ|ить 3 -лю⟩ вперёд, вы|дава́ться* ⟨вы́|даться*⟩; *übertr* выступа́ть ⟨вы́ступить⟩, выдвига́ться ⟨вы́двинуться 4⟩; **~tun, sich** *refl* auf sich aufmerksam machen обра|ща́ть ⟨-ти́ть 3 -щу́⟩ на себя́ внима́ние, выделя́ться ⟨вы́делиться 3⟩; sich auszeichnen отлич|а́ться ⟨-и́ться 3⟩; **~ziehen** *intr* вытаскивать ⟨вы́тащить 3⟩

Herweg *m* путь сюда́ | auf dem ~ по доро́ге [по пути́] сюда́

Herz *n* се́рд|це 4b *G Pl* -е́ц; *übertr* се́рдце, центр 2; Spielkarten че́рви *Pl* 9g, че́рвы *Pl* 6 | von ganzem ~en от всей души́; leichten ~ens лёгким се́рдцем; das liegt mir sehr am ~en э́то о́чень для меня́ ва́жно, э́то мне до́рого; das Wohl des Kindes liegt ihm sehr am ~en он боле́ет душо́й о ребёнке; etw. auf dem ~en haben име́ть что-л. на се́рдце [на душе́]; Hand aufs ~! положа́ ру́ку на́ сердце!; j-n auf ~ und Nieren prüfen стро́го испы́тывать ⟨-пыта́ть⟩ кого́-н.; aus tiefstem ~en из глубины́ души́; mir ist schwer ums ~ у меня́ тяжело́ на душе́; mir wurde leicht ums ~ у меня́ отлегло́ от се́рдца; es war mir aus dem ~en gesprochen э́то бы́ло мне по душе́; von ganzem ~en от всего́ се́рдца, от всей души́; sich etw. zu ~en nehmen принима́ть ⟨приня́ть*⟩ что-н. (бли́зко) к се́рдцу; sein ~ ausschütten излива́ть ⟨-|ли́ть*| изолью́⟩ ду́шу, открыва́ть ⟨-|кры́ть*⟩ ду́шу; sich ein ~ fassen со|бра́ться* *v* с ду́хом; er hat das ~ auf dem rechten Fleck он до́брый [настоя́щий] челове́к; sein ~ an j-n hängen быть* о́чень привя́занным к кому́-н.; seinem ~en Luft machen отводи́ть 3^+ -вожу́ ⟨-|вести́*⟩ ду́шу; **~anfall** *m Med* серде́чный припа́док; **~beklemmung** *f* страх 2, трево́га 6; **~beschwerden** *Pl* расстро́йство 4 со стороны́ се́рдца; **~chirurg** *m* кардиохиру́рг 2; **~chirurgie** *f* кардиохирурги́я 8, хирурги́я се́рдца; **~drücken** *n:* er stirbt nicht an ≈ *übertr* он не бои́тся вы́сказаться открове́нно

Herzens|brecher *m* сердцее́д 2; **~freund** *m* серде́чный друг

herzensgut до́бр:ый| -а́| -о| до́бры, серде́ч|ный| -ен

Herzens|güte *f* доброта́ 6, благоду́шие 5; **~lust** *f:* nach ≈ ско́лько душе́ уго́дно, вво́лю; **~wunsch** *m* и́скреннее 11 [заве́тное] жела́ние | das ist mein ≈ э́то моё заве́тное жела́ние

herzergreifend тро́гател|ьный| -ен| -ьна, хвата́ющий 11 за́ сердце

Herz|erkrankung *f* заболева́ние се́рдца; **~erweiterung** *f* расшире́ние се́рдца; **~fehler** *m* поро́к 2 се́рдца

herz|förmig сердцеви́д|ный| -ен; **~haft** kühn сме́л:ый| -а́!; kräftig кре́п|кий| -ок| -ка́!| -че

herziehen *tr* тяну́ть 4^+, тащи́ть 3^+; *intr* переезжа́ть ⟨-|е́хать*⟩ сюда́; *übertr* критикова́ть *v* 2 (über *A*), напада́ть ⟨-|па́сть*⟩ (über на *A*)

herzig ми́л:ый| -а́| -о| ми́лы

Herz|infarkt *m* инфáркт миокáрда; **~kammer** *f* желýдоч|ек| -ка 2 сéрдца; **~klappe** *f* сердéчный клáпан; **~klappenfehler** *m* порóк сердéчного клáпана; **~klopfen** *n* сердцебиéние 5 | ich habe starkes ≈ у меня́ сúльное сердцебиéние
herzkrank страдáющий 11 болéзнью сéрдца | er ist ~ у негó больнóе сéрдце
Herz|kranker *m* страдáщий *Subst* 11 болéзнью сéрдца; **~krankheit** *f* болéзнь сéрдца
herzlich 1. *Adj* сердéч|ный| -ен, тёп|лый| -ел| теплá| теплó| тёплы; aufrichtig úскрен|ний 11 -ен| -на | ~es Verhältnis душéвные отношéния; meine ~sten Glückwünsche! от душú поздравля́ю вас! **2.** *Adv* сердéчно | ~ lachen смея́ться от душú; ~ gern весьмá охóтно, с величáйшим удовóльствием; ~ wenig óчень мáло
Herzlichkeit *f* сердéчность 9; úскренность 9
herzlos бессердéч|ный| -ен, бездýш|ный| -ен
Herzlosigkeit *f* бессердéчие 3, бездýшие 5
Herzmuskel *m* сердéчная мы́шца
Herzog *m* гéрцог 2; **~in** *f* герцогúня 7; **~tum** *n* гéрцогство 4
Herz|operation *f* оперáция сéрдца; **~schlag** *m* Herzton биéние 5 сéрдца; plötzlicher Tod паралúч 2e [разры́в 2] сéрдца | an ≈ sterben умерéть *v* от паралúчá [разры́ва] сéрдца; **~schrittmacher** *m* электростимуля́тор 2 (сéрдца); **~schwäche** *f* сердéчная слáбость
herzstärkend укрепля́ющий 11 дéятельность сéрдца
Herz|stück *n* ядрó 4c; **~tätigkeit** *f* сердéчная дéятельность; **~töne** *Pl* тóны сéрдца; **~transplantation** *f* пересáдка сéрдца; **~verfettung** *f* ожирéние 5 сéрдца
herzzerreißend душераздирáющий 11
Hessen Гéссен 2
hessisch гéссенский
heterogen разнорóд|ный| -ен, гетерогéнный
Hetze *f* трáвля 7 (gegen *G*); Hast спéшка 6
hetzen *tr* Wild трав|úть 3⁺ -лю́ (за-); натр|áвливать ⟨-авúть⟩ (auf на *A*); zu Tode затр|áвливать ⟨-авúть⟩; *intr* травúть (за-) (gegen j-n *A*); hasten спешúть 3 (по-)
Hetzer *m übertr* подстрекáтель 1; **~ei** *f* спéшка 6
Hetz|jagd *f* псóвая охóта, трáвля 7 *a. übertr* (gegen j-n на *A*); **~propaganda** *f* злóстная пропагáнда; **~rede** *f* подстрекáтельская [погрóмная] речь; **~sender** *m* радиостáнция 8| ведýщая 11 злóстную пропагáнду
Heu *n* сéно 4 | ~ wenden ворошúть 3 (раз-) сéно; **~boden** *m* сеновáл 2
Heuchelei *f* лицемéрие 5, притвóрство 4
heucheln *tr* притвор|я́ться ⟨-úться 3⟩; *intr* лицемéрить 3, крив|úть 3 -лю́ душóй | Gleichgültigkeit ~ притворя́ться равнодýшным
Heuchler *m* лицемéр 2, притвóрщик 2
heuchlerisch лицемéр|ный| -ен, хáнжеский
Heuer *f* зáработная плáта 6 (морякá)
Heu|ernte *f* сенокóс 2; Einbringen сеноубóрка 6; **~gabel** *f* сенны́е вúлы; **~haufen** *m* коп|нá 6h *G Pl* -ён
Heulboje *f Mar* буй-ревýн 1b-2e
heulen *intr* Wölfe, Wind выть*; Motor, Sturm, Kinder ревéть*; Sirene гудéть 3; wehmütig выть, завывáть
Heul|peter *m*, **~suse** *f* плáкса *m, f* 6
Heumahd *f* сенокóс 2
Heuristik *f* эвристика 6
Heu|schober *m* стог 2b| в стогý| *Pl* -á, скирд 2e; **~schrecke** *f* кузнéчик 2; Wanderheuschrecke саранчá 6
heute *Adv* сегóдня | ~ früh сегóдня ýтром; von ~ an с сегóдняшнего дня; bis ~ до сегóдняшнего дня; ~ vor acht Tagen недéлю томý назáд; ~ in acht Tagen чéрез недéлю; für ~ genug на сегóдня довóльно; von ~ auf morgen со дня нá день
heutig сегóдняшний 11; jetzig ны́нешний 11
heutzutage *Adv* сегóдня, в нáши дни, *umg* ны́нче
Hexameter *m* гекзáметр 2
Hexe *f* вéдьма 6 *G Pl* ведьм, колдýнья 7; im russ. Märchen бáба-ягá 6-6
hexen *intr* колдовáть 2
Hexen|kessel *m* сýщий 11 ад 2| в адý; **~meister** *m* колдýн 2e, чародé|й 1 *G Pl* -ев; **~schuß** *m* прострéл 2
Hexerei *f* колдовствó 4, чародéйство 4 | das ist keine ~ э́то дéло нехúтрое
Hieb *m* удáр 2; *übertr* намёк 2 (gegen на *A*) einen ~ versetzen наносúть 3⁺ -ношý ⟨-|нестú*⟩ удáр
hier *Adv* здесь, тут | ~ ist, ~ sind вот; von ~ (an) отсю́да; ~ und da там и сям, stellenweise кóе-где, ab und zu то и дéло; **~an** *Adv* к + *Dat des Pers Pron* (к немý *usw.*)
Hierarchie *f* иерáрхия 8
hier|auf *Adv* на э́то; danach затéм, потóм; als Folge пóсле э́того; **~aus** *Adv* отсю́да, из э́того; **~bei** *Adv* при э́том; **~bleiben** *intr* о|ставáться* ⟨-|стáться*⟩ здесь; **~durch** *Adv* э́тим; **~für** *Adv* zu einem Zweck за э́то, на э́то; zur Verwendung для э́того; **~gegen** *Adv* прóтив э́того; **~her** *Adv* сюдá | komm ≈! идú сюдá!; bis ≈ досю́да *umg;* **~hin** *Adv* сюдá; **~mit** *Adv* э́тим; **~nach** *Adv* zeitlich пóсле э́того; demnach соответственно э́тому | ≈ zu urteilen сýдя по э́тому

Hieroglyphe *f* иеро́глиф 2
hier|über *Adv übertr* об э́том; **~unter** *Adv* под э́тим; **~von** *Adv* от [из] э́того; hierüber об э́том | ≈ ausgehend исходя́ из э́того; **~zu** *Adv* к э́тому, к то́му же | was sagst du ≈? что ты ска́жешь на э́то?; **~zulande** *Adv* здесь, у нас
hiesig зде́шний 11, ме́стный
Hilfe *f* по́мощь 9 | mit ~ von etw. с по́мощью чего́-н., при по́мощи чего́-н.; (zu) ~! помоги́те!; ~ leisten ока́зывать ⟨-|каза́ть*⟩ по́мощь; zu ~ rufen звать* (по-) на по́мощь; etw. zu ~ nehmen по́льзоваться 2 чем-н.; Erste ~ ско́рая по́мощь; ärztliche ~ медици́нская по́мощь, медпо́мощь 9; **~leistung** *f* оказа́ние 5 по́мощи; **~ruf** *m* крик о по́мощи; als Appell призы́в 2 о по́мощи; **~stellung** *f Sport* страхо́вка 6
hilflos беспо́мощ|ный, -ен
Hilflosigkeit *f* беспо́мощность 9
hilfreich гото́в:ый помо́чь
Hilfs|aktion *f* мероприя́тия *Pl* 5 по оказа́нию по́мощи; **~angebot** *n* предложе́ние по́мощи; **~arbeiter** *m* подсо́бный рабо́чий
hilfs|bedürftig нужда́ющийся 11 в по́мощи; **~bereit** гото́в:ый помо́чь
Hilfs|bereitschaft *f* гото́вность помо́чь; **~dienst** *m* вспомога́тельная слу́жба; **~fonds** *m* фонд по́мощи; **~kraft** *f* подсо́бная рабо́чая 11 си́ла; **~mittel** *n* вспомога́тельное сре́дство, посо́бие 5; **~motor** *m Tech* вспомога́тельный дви́гатель; **~quelle** *f* ресу́рс 2 *meist Pl;* **~schule** *f* вспомога́тельная шко́ла; **~verb** *n* вспомога́тельный глаго́л
Himalaja Гимала́|й *Pl* 1 *G* -ев
Himbeere *f* мали́на 6; einzelne я́года мали́ны
Himbeer|saft *m* мали́новый сок; **~strauch** *m* куст мали́ны
Himmel *m* не́б|о 4 *Pl* -еса́, -е́с, -еса́м | am ~ на [в] не́бе; unter freiem ~ под откры́тым не́бом; im siebenten ~ sein быть на седьмо́м не́бе; j-n in den ~ heben превознос́ить 3⁺ -ношу́ ⟨-|нести́*⟩ кого́-н. до небе́с; weiß der ~! одному́ бо́гу изве́стно!; um ~s willen! ра́ди бо́га!; du lieber ~! бо́же ты мой!; **~bett** *n* крова́ть с балдахи́ном
himmelblau небе́сно-голубо́й
Himmel|fahrt *f Rel* вознесе́ние 5; **~schlüssel** *m Bot* первоцве́т 2
himmelschreiend вопию́щий 11
Himmels|körper *m* небе́сное те́ло; **~richtung** *f* страна́ 6c све́та; **~zelt** *n* небе́сный ку́пол 2
himmelweit: ein ~er Unterschied колосса́льная ра́зница
himmlisch небе́сный; *übertr* чуде́с|ный, -ен, восхити́тел|ный, -ен, -ьна

hin *Adv* туда́ | geh ~! иди́ туда́!; ~ und zurück туда́ и обра́тно; ~ und wieder вре́мя от вре́мени; wo willst du ~? куда́ ты?; alles ist hin всё пропа́ло; ~ ist ~ что пропа́ло, то пропа́ло; auf seinen Rat ~ по его́ сове́ту; auf deine Bitte ~ в отве́т на твою́ про́сьбу; auf die Gefahr ~, daß ... риску́я тем, что ...; ~ und wieder вре́мя от вре́мени; sie ist ganz ~ она́ в по́лном восто́рге; (still) vor sich ~ lachen смея́ться укра́дкой
hinab вниз | den Fluß ~ вниз по реке́; **~führen** *tr* сво|ди́ть 3⁺ -жу́ ⟨-|вести́*⟩ (вниз); **~klettern** *intr* слеза́ть ⟨-|лезть*⟩ (вниз); **~steigen** *intr* спу|ска́ться ⟨-сти́ться 3⁺ -щу́сь⟩; **~stoßen** *tr* спи́хивать ⟨спихну́ть 4⟩ (вниз); **~stürzen** *tr* ста́лкивать ⟨столкну́ть 4⟩ (вниз); *intr* (стреми́тельно) па́дать (вниз)
hinan *Adv* вверх | den Berg ~ на́ гору
hinarbeiten *intr* стрем|и́ться 3 -лю́сь (auf к *D*)
hinauf *Adv* вверх, наве́рх; **~fahren** *intr* mit Fahrstuhl поднима́ться ⟨подня́ться*, -ня́лся́, -няли́сь⟩; **~führen** *tr* вести́* [провожа́ть ⟨-води́ть 3⁺ -вожу́⟩] вверх [наве́рх]; **~gehen** *intr* поднима́ться ⟨подня́ться*, -ня́лся́, -няли́сь⟩ вверх | die Treppe ≈ поднима́ться по ле́стнице; **~klettern** лезть* (за-) (вверх); besteigen взбира́ться ⟨взо|бра́ться*, взберу́сь, взобрали́сь⟩ на *A*; **~reichen** *tr* по|дава́ть* ⟨пода́ть*⟩ вверх; **~schrauben** *tr:* die Preise ≈ взви́нчивать ⟨-винти́ть 3 -винчу́⟩ це́ны, вздува́ть ⟨вз|ду́ть*⟩ це́ны; **~tragen** *tr* нести́* (по-) вверх; **~werfen** *tr* броса́ть ⟨бро́сить⟩ вверх; **~ziehen** *tr* вта́скивать ⟨-тащи́ть 3⁺⟩ наве́рх
hinaus *Adv* нару́жу | ~! вон!; ~ mit dir! убира́йся (вон)!; zum Fenster ~ из окна́; zur Tür ~ за дверь; auf Jahre ~ на до́лгие го́ды; darüber ~ сверх [кро́ме] того́; **~begleiten** *tr* провожа́ть ⟨прово|ди́ть 3⁺ -жу́⟩ до двере́й; **~drängen** *tr* вытесня́ть ⟨вы́теснить 3⟩ *a. übertr;* **~ekeln** *tr* выжива́ть ⟨вы́|жить*⟩; **~fahren** *tr* выво|зи́ть 3⁺ -жу́ ⟨вы́|везти*⟩; *intr* выезжа́ть ⟨вы́|ехать*⟩; **~fallen** *intr* выпада́ть ⟨вы́|пасть*⟩, выва́ливаться ⟨вы́валиться⟩; **~fliegen** *intr* вылета́ть ⟨вы́ле|теть 3 -чу⟩ *a. übertr;* **~führen** *tr* выво|ди́ть 3⁺ -жу́ ⟨вы́|вести*⟩; **~gehen** *intr* выхо|ди́ть 3⁺ -жу́ ⟨вы́|йти*⟩ | über etw. ≈ превыша́ть ⟨-вы́сить 3⟩ *A*; das Fenster geht auf den Hof hinaus окно́ выхо́дит во двор; **~jagen** *tr* выгоня́ть ⟨вы́|гнать*⟩; **~laufen** *intr* выбега́ть ⟨вы́|бежать*⟩; *übertr* своди́ться 3⁺ ⟨-|вести́сь*⟩ (auf к *D*) | die Sache läuft darauf ~, daß ... де́ло сво́дится к тому́, что ...; **~lehnen, sich** *refl* высо́вываться ⟨вы́сунуться 4⟩; **~schieben** *tr* вытесня́ть ⟨вы́теснить 3⟩;

aufschieben от|кла́дывать ⟨-ложи́ть 3⁺⟩; **~schießen** *intr:* über das Ziel ≈ заходи́ть 3⁺ -хожу́ ⟨-|йти́*⟩ сли́шком далеко́; **~schleppen** *tr* выта́скивать ⟨вы́тащить 3⟩; **schwimmen** *intr* выплыва́ть ⟨вы́|плыть*⟩; **~sehen** *intr* выгля́дывать ⟨вы́глянуть 4⟩; **~springen** *intr* выпры́гивать ⟨вы́прыгнуть 4⟩; **~stoßen** *tr* выта́лкивать ⟨вы́толкнуть 4⟩; **~tragen** *tr* выно|си́ть 3⁺ -шу́ ⟨вы́|нести*⟩; **~wagen, sich** *refl* осме́л|иваться ⟨-иться 3⟩ вы́йти; **~werfen** *tr* выбра́сывать ⟨вы́бро|сить 3 -шу⟩ ‖ das Geld zum Fenster ≈ броса́ть де́ньги на ве́тер; **~wollen** *intr* хоте́ть* вы́йти I worauf will er hinaus? куда́ он ме́тит?; er will hoch hinaus он высоко́ ме́тит; **~ziehen** *tr* выта́скивать ⟨вы́тащить 3⟩; *intr* стра́нствовать 2 по (бе́лу) све́ту

hinbestellen *tr* веле́ть 3 *v D* прийти́

Hinblick *m:* im ~ auf ввиду́ *G,* принима́я во внима́ние *A,* в расчёте на *A;* im ~ darauf, daß ... учи́тывая, что ...

hinbringen *tr* tragend но|си́ть 3⁺ -шу́ ⟨нести́*⟩ туда́; fahrend во|зи́ть 3⁺ -жу́ ⟨везти́*⟩ туда́; hinführen во|ди́ть 3⁺ -жу́ ⟨вести́*⟩ туда́ I die Zeit ~ проводи́ть ⟨-вести́⟩ вре́мя

hinderlich препя́тствующий 11; störend меша́ющий 11 I j-m ~ sein быть поме́хой кому́-н.

hindern *tr* меша́ть (по-) *D,* препя́тствовать 2 (вос-) *D* (an в *P*)

Hindernis *n* препя́тствие 5; Störung поме́ха 6 I eine Reise mit ~sen пое́здка с затрудне́ниями; **~bahn** *f Sport* доро́жка 6 с препя́тствиями; Reitsport мане́ж 2 *G Pl* -ей с препя́тствиями; **~lauf** *m* бег с препя́тствиями; **~rennen** *n* Reitsport ска́чки с препя́тствиями, стипль-чез 2

Hinderungsgrund *m* причи́на заде́ржки [поме́хи]

hindeuten *intr* ука́зывать ⟨-|каза́ть*⟩ (auf на *A*)

hindurch *Adv* сквозь *A,* че́рез *A; zeitlich:* die ganze Nacht ~ всю ночь; die ganze Zeit ~ всё вре́мя; Jahre ~ года́ми; **~gehen** *intr* проходи́ть 3⁺ -хожу́ ⟨-|йти́*⟩ (durch *A*)

hineilen *intr* спеши́ть 3 (по-) (туда́)

hinein *Adv* в *A* I ins Haus ~ в дом; nur ~! войди́те!; bis in die Gegenwart ~ вплоть до на́ших дней; **~bekommen** *tr* вти́с|кивать ⟨-нуть 4⟩; **~blicken** *intr* загл|я́дывать ⟨-яну́ть 4⁺⟩; **~denken, sich** *refl* вду́м|ываться ⟨-аться⟩ (in в *A*); **~deuten** *tr* припи́сывать ⟨-|писа́ть*⟩ (in *D*); **~drängen, sich** *refl* проти́с|киваться ⟨-нуться 4⟩; **~drücken** *tr* вда́вливать ⟨-дави́ть 3⁺ -давлю́⟩; **~fahren** *intr* въезжа́ть ⟨-|е́хать*⟩; **~fallen** *intr* па́дать ⟨упа́сть*⟩ в *A,* ва́ливаться ⟨ввали́ться 3⁺⟩ в *A*; **~finden, sich** *refl* мири́ться 3 (при-) с *I,* свыка́ться ⟨сво́кнуться 4a⟩ с *I*; **~fliegen** *intr* влета́ть ⟨вле|те́ть 3 -чу́⟩; **~fließen** *intr* втека́ть ⟨-|течь*⟩; **~fressen, sich** *refl* Säure u. ä. въеда́ться ⟨въ|е́сться*⟩ I den Ärger in sich ≈ подав|ля́ть ⟨-и́ть 3⁺ -лю́⟩ в себе́ доса́ду; **~führen** *tr* вводи́ть 3⁺ -вожу́ ⟨-|вести́*⟩; **~gehen** *intr* вхо|ди́ть 3⁺ -жу́ ⟨во|йти́*⟩; Platz finden a. вме|ща́ться ⟨-сти́ться 3 -щу́сь⟩ I wir gingen weit in den Wald hinein мы зашли́ далеко́ в лес; soviel, wie in ein Glas hineingeht сто́лько, ско́лько войдёт в ба́нку; **~geraten** *intr* попада́ть ⟨-|па́сть*⟩ (in в *A*); **~gießen** *tr* влива́ть ⟨-|лить*, волью́⟩; **~greifen** *intr* запуска́ть ⟨-пусти́ть 3⁺ -пущу́⟩ ру́ку (in в *A*); **~jagen** *tr* загоня́ть ⟨-|гна́ть*⟩, вгоня́ть ⟨во|гна́ть*, вгоню́⟩; **~knien, sich:** sich in etw. ≈ *übertr* вплотну́ю занима́ться ⟨заня́ться*⟩ (во что-н.); **~kriechen** *intr* вполза́ть ⟨-|ползти́*⟩; **~klettern** *intr* влеза́ть ⟨-|лезть*⟩; **~lassen** *tr* впуска́ть ⟨впу|сти́ть 3⁺ -щу́⟩; **~laufen** *intr* вбега́ть ⟨-|бежа́ть*⟩; **~leben** *intr:* in den Tag ≈ жить сего́дняшним днём; **~legen** *tr* класть* ⟨положи́ть 3⁺⟩, вкла́дывать ⟨-ложи́ть 3⁺⟩; **~mischen, sich** *refl* вме́шиваться ⟨-меша́ться⟩; **~passen** *intr* = **hineingehen;** **~pressen** *tr* вти́с|кивать ⟨-нуть 4⟩; **~ragen** *intr* в|дава́ться* ⟨-|да́ться*⟩; **~reden** *intr* вме́шиваться ⟨-меша́ться⟩; **~rollen** *tr* вка́тывать ⟨вка|ти́ть 3⁺ -чу́⟩; *intr* вка́тываться ⟨вкати́ться⟩; **~schieben** *tr* вдв|ига́ть ⟨-и́нуть 4⟩; **~schleppen** *tr* вта́скивать ⟨-тащи́ть 3⁺⟩; **~schlittern** *intr* попада́ть ⟨-|па́сть*⟩ впроса́к; **~schütten** *tr* всыпа́ть ⟨-|сы́пать*⟩; **~sehen** *intr* загл|я́дывать ⟨-яну́ть 4⁺⟩; **~setzen, sich** *refl* са|ди́ться 3 -жу́сь ⟨сесть*⟩ (in в *A*); **~springen** *intr* впры́г|ивать ⟨-нуть 4⟩; **~stecken** *tr* Nadel, Stecker втыка́ть ⟨воткну́ть 4⟩; Hand сова́ть* ⟨су́нуть 4⟩; Geld вкла́дывать ⟨-ложи́ть 3⁺⟩; **~stellen** *tr* ста́в|ить 3 -лю (in в *A*) w *A*; **~stopfen** *tr* запи́хивать ⟨-пиха́ть⟩; **~stoßen** *tr* вта́лкивать ⟨-толкну́ть 4⟩; Nadel u. ä. втыка́ть ⟨воткну́ть 4⟩; Dolch, Messer вон|за́ть ⟨-зи́ть 3 -жу́; -зённый⟩; **~tragen** *tr* вноси́ть 3⁺ -ношу́ ⟨-|нести́*⟩; **~treiben** *tr* загоня́ть ⟨-|гна́ть*⟩; **~versetzen, sich** *refl:* sich in einen anderen Menschen ≈ предст|авля́ть ⟨-а́вить 3 -а́влю⟩ себя́ на ме́сте друго́го (челове́ка); **~wachsen** *intr* враста́ть ⟨-|расти́*⟩; **~wagen, sich** *refl* осме́л|иваться ⟨-иться 3⟩ войти́; **~werfen** *tr* броса́ть ⟨бро́|сить 3 -шу⟩ в *A*; **~ziehen** *tr* втя́гивать ⟨-tjnútö 4⁺⟩; *übertr* вовлека́ть ⟨-|вле́чь*⟩ (in в *A*); **~zwängen** *tr* вти́с|кивать ⟨-нуть 4⟩

Hinfahrt *f* поéздка 6 тудá
hin|fallen *intr* пáдать ⟨у|пáсть*⟩; **~fällig** altersschwach слáб|ый, -á, -о, слáбы́, дря́хл:ый, -á! | ≈ werden слабéть (о-), дряхлéть (о-); ungültig werden терять (по-) си́лу
Hinfälligkeit *f* слáбость 9, дря́хлость 9
hinführen *tr* от-, приводи́ть 3⁺ -вожу́ ⟨-|вести́*⟩; *intr* wo führt dieser Weg hin? кудá ведёт э́та дорóга?
Hingabe *f* Eifer увлечéние 5, усéрдие 5, Selbstlosigkeit самоотвéрженность 9
hin|geben *tr* от|давáть* ⟨отдáть*⟩; sich ≈ *refl* пре|давáться* ⟨предáться* -дали́сь⟩; sich widmen от|давáться* ⟨отдáться* -дали́сь⟩ a. von einer Frau | sich der Illusion ≈ предавáться иллю́зии; **~gegen** *Adv* однáко, *a. nachgestellt* же; **~gehen** *intr* идти́* ⟨по|йти́*⟩ (тудá); vergehen проходи́ть 3⁺ ⟨-|йти́*⟩ | j-m etw. ≈ lassen спу|скáть ⟨-сти́ть 3⁺-щу́⟩ комý-н. что-н.; **~gehören** *intr* относи́ться 3⁺ к *D*; **~geraten** *intr* (случáйно) попадáть ⟨-|пáсть*⟩, очути́ться *v* 3⁺; Gegenstand девáться ⟨дéться*⟩; **~gerissen** в востóрге (von от *G*); **~halten** *tr* hinreichen по|давáть* ⟨подáть*⟩, протя́гивать ⟨-тянýть 4⁺⟩; verzögern задéрживать ⟨-держáть 3⁺⟩ | j-n (mit leeren Versprechungen) ≈ корм|и́ть 3⁺ -лю́ когó-н. зáвтраками, води́ть 3⁺ когó-н. зá нос; **~hauen** *tr umg* aufgeben бросáть ⟨брó|сить 3 -шу⟩ | das haut hin! э́то (как раз) то что нýжно!; **~hocken, sich** *refl* присáживаться ⟨-|сéсть*⟩ на кóрточки; **~hören** *intr* прислýш|иваться ⟨-аться⟩
hinken *intr* хромáть | der Vergleich hinkt сравнéние хромáет
hin|knien, sich *refl* опускáться ⟨-сти́ться 3⁺ -щýсь⟩ на колéни; **~kommen** *intr* приходи́ть 3⁺ -хожý ⟨-|йти́, придý⟩; hingeraten девáться ⟨дéться*⟩ | wo ist mein Schirm hingekommen? кудá дéлся мой зóнтик?; **~kriegen** *tr umg* спр|авля́ться ⟨-áвиться 3 -áвлюсь⟩; **~länglich** *Adv* достáточно, довóльно; **~legen** *tr* класть* ⟨положи́ть 3⁺⟩; sich ≈ *refl* ложи́ться 3 ⟨лечь*⟩ | ~! *Mil* ложи́сь!; **~nehmen** *tr* erleiden терп|éть 3⁺ -лю́, переноси́ть 3⁺ -ношý ⟨-|нести́*⟩; **~pfeifen** *tr:* vor sich ≈ насви́стывать; **~reichen** *tr* geben по|давáть* ⟨подáть*⟩; ausreichen хват|áть ⟨-и́ть 3⟩; **~reichend** достáточ|ный, -ен
Hinreise *f* поéздка 6 тудá
hin|reißen *tr* увлекáть ⟨-|влéчь*⟩ | sich ≈ lassen zu увлекáться ⟨-влéчься⟩ *I*; **~reißend** восхити́тел|ьный, -ен, -ьна; **~richten** казни́ть *uv, v* 3
Hinrichtung *f* казнь 9
hin|schaffen *tr* дост|авля́ть ⟨-áвить 3 -áвлю⟩ (тудá); **~schicken** *tr* посылáть ⟨по|слáть*⟩; **~schleppen, sich** *refl* тащи́ться 3⁺ (тудá); **~sehen** *intr* взгл|я́дывать ⟨-янýть 4⁺⟩ (на *A*), смотрéть 3⁺ (тудá); **~setzen, sich** *refl* са|ди́ться 3 -жýсь ⟨сесть*⟩
Hinsicht *f:* in dieser ~ в э́том отношéнии
hin|sichtlich *Präpos* относи́тельно *G*, в отношéнии *G;* **~siechen** *intr* хирéть (за-), чáхнуть 4a *u.* 4 (за-); **~stellen** *tr* стáв|ить 3 -лю (по-); sich ≈ *refl* станов|и́ться 3⁺ -лю́сь ⟨стать*⟩ | eine Sache so ≈, als ob … предст|авля́ть ⟨-áвить 3 -áвлю⟩ дéло так, как бýдто …; als Erfolg ≈ вы|давáть* ⟨вы́|дать*⟩ за успéх; **~steuern** *intr* брать* ⟨взять*⟩ курс (auf на *A*); **~strecken** *tr* ausstrecken протя́гивать ⟨-тянýть 4⁺⟩; zu Fall bringen вали́ть 3⁺ (с-) с ног; sich ≈ *refl* растя́гиваться ⟨-тянýться 4⁺⟩ | er wurde von einer Kugel hingestreckt егó срази́ло пýлей
hintansetzen *tr* пренебрегáть ⟨пренебрéчь*⟩ *I*, ост|авля́ть ⟨-áвить 3 -áвлю⟩ без внимáния
hinten *Adv* позади́, сзáди | von ~ сзáди; nach ~ назáд; **~herum** *Adv* кругóм; heimlich тайкóм; verkaufen из-под полы́; **~über** *Adv* нáвзничь
hinter *Präpos wo?* за *I*, позади́ *G*; *wohin?* за *A* | ~ dem Haus за дóмом, позади́ дóма; er steht ~ ihm он стои́т позади́ негó; sich ~ den Baum stellen стать* *v* за дéрево; ~ dem Rücken за спинóй *a. übertr;* ~ j-m zurückbleiben от|ставáть* ⟨-|стáть*⟩ от когó-н.; ~ etw. kommen нападáть ⟨-|пáсть*⟩ на след чегó-н.; ~ j-m her sein ухáживать за кем-н.; er hat viel ~ sich он мнóго пéрежи́л; sie blickte ~ der Tür hervor онá смотрéла из-за двéри; wer steckt ~ der Sache? кто стои́т за э́тим?
Hinter|achse *f* зáдняя 11 ось; **~bein** *n* зáдняя 11 ногá | sich auf die ~e stellen в|ставáть* ⟨-|стать*⟩ на дыбы́ *a. übertr;* **~bliebener** *m* бли́зкий рóдственник 2 покóйного, *Pl a.* сем|ья́ 7c *G Pl* -éй умéршего
hinter|bringen *tr* доноси́ть 3 -ношý ⟨-|нести́*⟩ (j-m etw. комý-н. о чём-н.); **~drein** *Adv* вслед за э́тим, слéдом; zeitlich потóм, пóсле
hintere зáдний 11
hintereinander *Adv* друг за дрýгом; zeitlich подря́д | fünf Stunden ≈ пять часóв подря́д; **~schalten** *tr El* послéдовательно соедин|я́ть ⟨-и́ть 3⟩
Hinter|gebäude *n* зáдний кóрпус 11-2b *Pl* -á; **~gedanke** *m* зáдняя 11 мысль, *Pl* тáйные намéрения *Pl* 5
hintergehen *tr* betrügen обмáнывать ⟨-манýть 4⁺⟩
Hinter|grund *m* зáдний план 11-2 *a. übertr;* eines Bildes фон 2; *übertr* фон, подоплёка 6 | sich im ≈ halten держáться 3⁺ в тени́ [на зáднем плáне]; in den ≈

treten отходи́ть 3⁺ ⟨ото|йти́*⟩ на за́дний план; die Hintergründe der Ereignisse закули́сная сторона́ собы́тий; **~halt** *m* заса́да 6
hinterhältig кова́р|ный, -ен *Pl* -á
Hinter|hältigkeit *f* кова́рство 4; **~hand** *f* Kartenspiel втора́я рука́; **~haus** *n* за́дний ко́рпус 11-2
hinterher *Adv* örtlich позади́, сле́дом; zeitlich по́сле, пото́м | ich komme dir ~ я приду́ сле́дом за тобо́й; ~ ist man am klügsten челове́к за́дним умо́м кре́пок; **~laufen** *intr* бежа́ть сле́дом | j-m ≈ *übertr* бе́гать за кем-н.
Hinter|hof *m* задво́р|ки *Pl* 6 -ок, за́дний 11 двор; **~kopf** *m Anat* заты́л|ок, -ка 2 | auf den ≈ fallen па́дать ⟨у|па́сть*⟩ на́взничь; **~land** *n Mil* тыл 2b, в тылу́
hinterlassen *tr* ост|авля́ть ⟨-а́вить 3 -а́влю⟩ по́сле себя́
Hinterlassenschaft *f* насле́дство 4
hinterlegen *tr* с|дава́ть* ⟨с|дать*⟩ на хране́ние; bei einer Bank депони́ровать *uv, v* 2 | als Pfand ~ ост|авля́ть ⟨-а́вить 3 -а́влю⟩ в зало́г
Hinter|legung *f* сда́ча 6 на хране́ние; депони́рование 5; **~list** *f* кова́рство 4
hinterlistig кова́р|ный, -ен
Hinter|mann *m* стоя́щий *Subst* 11 [иду́щий *Subst* 11, сидя́щий *Subst* 11] позади́
Hinterrad *n* за́днее 11 колесо́; **~antrieb** *m* приво́д на за́дние колёса
hinterrücks *Adv übertr* за спино́й; verräterisch преда́тельски, из-за угла́
Hinter|seite *f* за́дняя 11 сторона́; **~sitz** *m* за́днее 11 сиде́нье; **~teil** *n* зад 2b, на заду́; **~treffen** *n:* ins ≈ geraten быть* оттеснённым
hintertreiben *tr* меша́ть (по-) *D*, препя́тствовать 2 (вос-) *D*
Hinter|treppe *f* за́дняя 11 ле́стница; **~treppenroman** *m* бульва́рный рома́н; **~tür** *f* за́дняя 11 дверь; *übertr* лазе́йка 6 | sich eine ≈ offenlassen оставля́ть ⟨оста́в|ить 3 -влю⟩ себе́ лазе́йку; **~wäldler** *m* провинциа́л 2
hinterziehen *tr:* Steuern ~ уклон|я́ться ⟨-и́ться 3⁺⟩ от упла́ты нало́гов
hin|tragen *tr* относи́ть 3⁺ -ношу́ ⟨-|нести́*⟩; **~tun** *tr* дева́ть ⟨деть*⟩
hinüber *Adv* на ту сто́рону; **~fahren** *tr* перевози́ть 3⁺ -вожу́ ⟨-|везти́*⟩, переправ|ля́ть ⟨-а́вить 3 -а́влю⟩ a. übers Wasser; *intr* переезжа́ть ⟨-|е́хать*⟩, переправ|ля́ться ⟨-а́виться⟩ a. übers Wasser; **~fliegen** *intr* переле|та́ть ⟨-те́ть 3 -чу́⟩; **~führen** *tr* переводи́ть 3⁺ -вожу́ ⟨-|вести́*⟩ (на ту сто́рону); **~gehen** *intr* переходи́ть 3⁺ -хожу́ ⟨-|йти́*⟩ (на ту сто́рону); **~klettern** *intr* перелеза́ть ⟨-|ле́зть*⟩ (über че́рез *A*)
Hinübersetzung *f* перево́д на иностра́нный язы́к
hinüber|tragen *tr* переноси́ть 3⁺ -ношу́ ⟨-|нести́*⟩; **~wachsen** *intr* перераста́ть ⟨-|расти́*⟩; **~werfen** *tr* перебр|а́сывать ⟨-о́сить 3 -о́шу⟩; **~ziehen** *tr* перетя́гивать ⟨-тяну́ть 4⁺⟩ *a. übertr* (zu sich к себе́)
hinunter *Adv* вниз | den Berg ~ с горы́, по́д гору; die Treppe ~ вниз по ле́стнице; **~bringen** *tr* сноси́ть 3⁺ -ношу́ ⟨-|нести́*⟩ (вниз); **~gehen** *intr* сходи́ть 3⁺ -хожу́ ⟨со|йти́*⟩, спу|ска́ться ⟨-сти́ться 3⁺ -щу́сь⟩; **~schlucken** *tr* прогл|а́тывать ⟨-оти́ть 3⁺ -очу́⟩; **~stürzen** *intr* (стреми́тельно) па́дать ⟨у|па́сть*⟩; sich ≈ *refl* броса́ться ⟨бро́|ситься 3 -шусь⟩ вниз; aus dem Fenster выбра́сываться ⟨вы́бро|ситься 3 -шусь⟩; **~tragen** *tr* = **hinunterbringen; ~werfen** *tr* сбра́сывать ⟨сбро́|сить 3 -шу⟩
hinweg *Adv* прочь | ~ mit dir! (пошёл) прочь!
Hinweg *m* пут|ь *m* 9e *I* -ём [доро́га 6] туда́ | auf dem ~ по пути́ [по доро́ге] туда́
hinweg|fegen *tr* сноси́ть 3⁺ -ношу́ ⟨-|нести́*⟩ | eine Woge fegte alles hinweg волна́ снесла́ [смы́ла] всё; **~gehen** *intr* не обраща́ть ⟨обра|ти́ть 3 -щу́⟩ внима́ния (über на *A*) | über etw. leicht ≈ (лишь) слегка́ упомяну́ть *v* 4⁺ о чём-н.; **~sehen** *intr übertr* не зам|еча́ть ⟨-е́тить 3 -е́чу⟩ (über *G*), закрыва́ть ⟨-|кры́ть*⟩ глаза́ (über на *A*); **~setzen** *intr* перепры́г|ивать ⟨-нуть 4⟩ (über че́рез *A*) | sich über alles ≈ ни с чем не счита́ться
Hinweis *m* указа́ние 5 (auf на *A*); Anmerkung ссы́лка 6 (auf на *A*)
hinweisen *tr* ука́зывать ⟨-|каза́ть*⟩ (auf на *A*); *intr* ссыла́ться ⟨со|сла́ться*⟩ (auf на *A*)
Hinweisschild *n* указа́тель 1
hin|werfen *tr* броса́ть ⟨бро́|сить 3 -шу⟩ *a. übertr;* sich ≈ *refl* броса́ться ⟨бро́ситься⟩ на́земь; **~wirken** *intr* возде́йствовать 2 *uv, v* (auf на *A*)
hinziehen *tr* in die Länge ziehen затя́гивать ⟨-тяну́ть 4⁺⟩; sich ~ *refl* затя́гиваться ⟨-тяну́ться⟩, дли́ться 3 | sich zu j-m hingezogen fühlen чу́вствовать симпа́тию к кому́-н.
hinzu *Adv* к э́тому; **~fügen** *tr* доб|авля́ть ⟨-а́вить 3 -а́влю⟩; **~gesellen, sich** *refl* примыка́ть ⟨-мкну́ть 4⟩ (zu к *D*); **~kommen** *intr* подходи́ть 3⁺ -хожу́ ⟨подо|йти́*⟩; *übertr* доб|авля́ться ⟨-а́виться 3⟩ | es kommt noch hinzu, daß ... к тому́ же ...
Hinzutun *n:* ohne mein ~ без моего́ уча́стия
hinzu|ziehen *tr* привлека́ть ⟨-|вле́чь*⟩ (zu к *D*) | einen Arzt ≈ пригла|ша́ть ⟨-си́ть 3 -шу́⟩ врача́

Hiobsbotschaft *f* печа́льное изве́стие, печа́льная весть

Hirn *n Anat* (головно́й) мозг 2b, в мозгу́; Speise мозги́ *Pl* 2b; **~gespinst** *n* химе́ра 6, измышле́ние 5; **~haut** *f* мозгова́я оболо́чка 6; **~hautentzündung** *f* менинги́т 2; **~rinde** *f* кора́ головно́го мо́зга; **~schale** *f* че́реп 2; **~schlag** *m* апоплекси́ческий уда́р | einem ≈ erliegen умира́ть ⟨-|мере́ть*⟩ от уда́ра

hirnverbrannt сумасбро́д|ный, -ен

Hirsch *m* оле́нь 1; **~fänger** *m* охо́тничий нож 12-2 *G Pl* -ей; **~geweih** *n* оле́ньи рога́ *Pl* 12-2b; **~hornsalz** *n* углеки́слый аммо́ни|й 1 *P* -и; **~käfer** *m* жук-оле́нь 2e-1; **~kuh** *f* са́мка 6 оле́ня

Hirse *f* про́со 4; enthülste пшено́ 4; **~brei** *m* пшённая ка́ша; **~korn** *n* просяно́е зерно́

Hirt *m* пасту́х 2e

Hirten|flöte *f* свире́ль 9; **~täschel** *n Bot* пасту́шья су́мка 12-6

His *n* си-дие́з [иэ] *idkl*

hissen *tr:* die Flagge ~ поднима́ть ⟨подня́ть*⟩ флаг

Historienmaler *m* худо́жник, пи́шущий 11 на истори́ческие те́мы; **~ei** *f* истори́ческая жи́вопись

Historiker *m* исто́рик 2

historisch истори́ческий

Hitze *f* жара́ 6, Sonnenhitze *a.* зной 1; *übertr* пыл 2, в пылу́ | bei dieser ~ в таку́ю жару́; vor ~ от жары́; in der ~ des Gefechts в пылу́ сраже́ния; sengende ~ испепеля́ющая 11 жара́

hitzebeständig жаросто́|йкий, -ек, -йка, жаропро́ч|ный, -ен

Hitzebläschen *n* потни́ца 6

Hitze|grad *m Tech* сте́пень 9 [температу́ра 6] нагре́ва; **~welle** *f* волна́ горя́чего во́здуха

hitzig вспы́льчив:ый, горя́ч:ий 11 -а́ | ~e Worte ре́зкие слова́; ~ werden горячи́ться 3 (раз-)

Hitz|kopf *m* вспы́льчивый челове́к 2, горя́чая 11 голова́; **~schlag** *m* теплово́й уда́р

hm! *Interj* гм!

Hobby *n* хо́бби *n idkl*

Hobel *m* руба́н|ок, -ка 2, струг 2; **~bank** *f* столя́рный верста́к 2e; **~maschine** *f* строга́льный стан|о́к, -ка́ 2

hobeln *tr* строга́ть (вы́-)

Hobelspäne *m Pl* стру́жка 6 (от строга́ния)

hoch 1. *Adj* высо́к|ий, -а́, высо́ко́; выше; (наи)вы́сший 11, высоча́йший 11 | das Haus ist zehn Meter ~ высота́ до́ма – де́сять ме́тров; ein zehn Meter hohes Haus дом высото́й (в) де́сять ме́тров; er springt einen Meter ~ он пры́гает метр в высоту́; ein hoher Gewinn большо́й вы́игрыш; ein hohes Amt высо́кая до́лжность; ein hohes Alter преклóнный во́зраст, глубо́кая ста́рость; in hohem Ansehen stehen по́льзоваться 2 больши́м почётом; eine hohe Auflage большо́й тира́ж; eine hohe Ehre больша́я [высо́кая] честь; hohes Fieber высо́кая температу́ра; hohe Geschwindigkeit больша́я ско́рость; in hohem Grade в большо́й сте́пени; auf hoher See в откры́том мо́ре; im Hohen Norden на Кра́йнем Се́вере; das ist für mich zu ~ э́то вы́ше моего́ понима́ния; wie ~ ist eure Miete? ско́лько вы пла́тите за кварти́ру?; es ist höchste Zeit давно́ пора́; wir haben eine hohe Meinung von ihm мы о нём высо́кого мне́ния; sich aufs hohe Pferd setzen задира́ть ⟨-|дра́ть*⟩ нос, зава́жничать *v* **2.** *Adv* высоко́ | es ging ~ her пир шёл горо́й; ~ hinauswollen высоко́ ме́|тить 3 -чу; wenn es ~ kommt в кра́йнем слу́чае; ~ und heilig versprechen торже́ственно [кля́твенно] обеща́ть

Hoch *n Met* о́бласть 9g высо́кого давле́ния, антицикло́н 2; Trinkspruch тост 2 | ein ~ auf j-n ausbringen произноси́ть 3 -ношу́ ⟨-|нести́*⟩ тост в честь кого́-н.

hochachten *tr* глубоко́ уважа́ть, цени́ть 3⁺

Hochachtung *f* глубо́кое уваже́ние

hochachtungsvoll Briefschluß с глубо́ким уваже́нием

Hoch|altar *m* гла́вный алта́рь; **~antenne** *f* возду́шная анте́нна

Hoch|bahn *f* эстака́дная желе́зная доро́га; **~bau** *m* надзе́мное строи́тельство

hochbe|gabt высокоодарённый; **~tagt** преклóнного во́зраста, преклóнных лет

Hoch|betrieb *m* reges Leben большо́е оживле́ние | im Kaufhaus herrscht ≈ в универма́ге полно́ покупа́телей; es ist ≈ рабо́та кипи́т [в по́лном разга́ре]; **~burg** *f übertr* опло́т 2

hochdeutsch верхненеме́цкий

Hochdeutsche *n* неме́цкий литерату́рный язы́к 2e

Hochdruck *m Tech* высо́кое давле́ние; *Typ* высо́кая печа́ть | mit ~ arbeiten рабо́тать на всех пара́х; **~gebiet** *n* = **Hoch**

Hochebene *f* плоского́рье 5, высокого́рное плато́ *n idkl*

hoch|empfindlich высокочувстви́тельный; **~entwickelt** высокора́звитый; **~erfreut:** ich war ≈ я о́чень обра́довался; **~fahren** *intr* mit Fahrstuhl поднима́ться ⟨подня́ться*, -ня́лся́, -яли́сь⟩ | aus dem Schlaf ≈ внеза́пно просну́ться 4 *v;* **~fahrend** надме́н|ный, -ен, -на, зано́счив:ый

Hochfinanz *f* де́нежная аристокра́тия 8, фина́нсовые магна́ты *Pl* 2

hochfliegend: ~e Pläne честолюби́вые пла́ны

Hoch|flut *f* си́льный прили́в; **~form** *f:* in ≈ sein быть в блестя́щей фо́рме; **~format** *n Foto:* Aufnahme im ≈ вертика́льный сни́мок

Hochfrequenz *f* высо́кая частота́; **~strom** *m* ток высо́кой частоты́ (ТВЧ); **~technik** *f* высокочасто́тная те́хника

Hochgarage *f* многоя́русный гара́ж

hochge|achtet многоуважа́емый; **~bildet** высокообразо́ван:ный, -на

Hochgebirge *n* высокого́рье 5, высокого́рный масси́в 2

Hochgebirgs|kette *f* высо́кий го́рный хреб|е́т| -та́ 2e

hoch|geehrt многоуважа́емый; **~gehen** *intr umg* sich aufregen выхо|ди́ть 3⁺ -жу́ ⟨вы́|йти*⟩ из себя́; **~gelegen** высоко́ располо́женный; im Gebirge высоко́го́рный

Hochgenuß *m* большо́е наслажде́ние

hochge|schossen долговя́з:ый *umg;* **~spannt:** ≈e Erwartungen больши́е наде́жды; **~stellt** высокопоста́вленный; **~wachsen** высо́кого ро́ста, высо́к:ий| -а́| высо́ко́

Hoch|glanz *m:* auf ≈ polieren полирова́ть (от-) до бле́ска; **~glanzpapier** *n* особогля́нцевая (фото)бума́га

hoch|gradig **1.** *Adj* си́льный| си́лен *u.* силён| сильна́| си́льно| си́льны́ **2.** *Adv* в вы́сшей сте́пени; **~halten** *tr* высоко́ держа́ть 3⁺; *übertr* дорожи́ть 3 *I,* высоко́ цени́ть 3⁺

Hochhaus *n* высо́тное зда́ние 5

hoch|heben *tr* высоко́ поднима́ть ⟨подня́ть*⟩; **~herzig** великоду́ш|ный| -ен

Hochherzigkeit *f* великоду́шие 5

Ho-Chi-Minh-Stadt Хошими́н 2

hoch|industrialisiert высокоиндустриа́льный; **~interessant** о́чень интере́сный; **~kant** *Adv:* ≈ stellen ста́вить (по-) на ребро́; **~klappen** *tr* отки́|дывать ⟨-нуть 4⟩ кве́рху; **~kommen** *intr:* es kommt mir hoch меня́ тошни́т

Hochkonjunktur *f* высо́кая конъюнкту́ра

hochkrempeln *tr* засу́чивать ⟨-сучи́ть 3⁺⟩

Hochland *n* плоского́рье 5 | ~ von Tibet Тибе́тское плоского́рье

hoch|leben *intr:* j-n ≈ lassen провозгла|ша́ть ⟨-си́ть 3 -шу́⟩ тост в честь кого́-н.; **~leistungsfähig** высокопроизводи́тел|ьный| -ен| -ьна; **~modern** ультрасовреме́нный; о́чень мо́д|ный| -ен| -на́!

Hochmut *m* высокоме́рие 5, надме́нность 9 | j-m den ~ austreiben с|бить*| собью́ *v* спесь с кого́-н.; ~ kommt vor dem Fall вздýлся пузы́рь да и ло́пнул

hoch|mütig высокоме́р|ный| -ен; **~näsig** зано́счив:ый, надме́н|ный| -ен| -на | ≈ sein задира́ть ⟨-|дра́ть*⟩ нос

Hoch|ofen *m* до́менная печь, до́м|на 6 *G Pl* -ен; **~öfner** *m* до́менщик 2; **~parterre** *n* цо́кольный эта́ж 2e *G Pl* -е́й

hoch|produktiv высокопроизводи́тел|ьный| -ен| -ьна; **~prozentig** высокопроце́нтный; **~rot** а́лый, я́рко-кра́сный

Hoch|rechnung *f* экстраполя́ция 8; **~ruf** *m* крик «ура́»; **~rüstung** *f* сверхвооруже́ние 5; **~saison** *f* разга́р 2 сезо́на | in der ≈ в разга́р сезо́на

hoch|schätzen *tr* глубоко́ уважа́ть, высоко́ цени́ть 3⁺; **~schrauben** Preise взви́нчивать ⟨-винти́ть 3 -винчу́| -ви́нченный⟩; Forderungen ре́зко повыша́ть ⟨-вы́сить 3 -вы́шу⟩

Hochschul|abschluß *m* зако́нченное вы́сшее 11 образова́ние; **~bildung** *f* вы́сшее 11 образова́ние; **~dienst** *m:* Lehrer im ≈ преподава́тель 1 в вы́сшей шко́ле

Hochschule *f* вы́сшее 11 уче́бное заведе́ние, вуз 2; in Namen институ́т 2 | ~ für Elektrotechnik электротехни́ческий институ́т; ~ für Bauwesen строи́тельный институ́т; ~ für Musik консервато́рия 8; landwirtschaftliche ~ сельскохозя́йственный институ́т; medizinische ~ медици́нский институ́т; pädagogische ~ педагоги́ческий институ́т; polytechnische ~ политехни́ческий институ́т; an einer ~ studieren учи́ться 3⁺ в институ́те

Hochschul|kader *m* специали́ст 2 с вы́сшим образова́нием; **~lehrer** *m* преподава́тель ву́за [вы́сшей шко́лы]; Gesamtheit нау́чно-педагоги́ческие ка́дры; **~reform** *f* рефо́рма вы́сшей шко́лы; **~reife** *f* подгото́вленность 9 к поступле́нию в вуз; **~studium** *n* учёба в ву́зе; **~wesen** *n* вы́сшая шко́ла 11-6 | Ministerium für Hoch- und Fachschulwesen Министе́рство вы́сшего и сре́днего специа́льного образова́ния

Hochsee|fischerei *f* рыболо́вство 4 в откры́том мо́ре; **~flotte** *f* морско́й флот; **~schiff** *n* морско́е су́дно

Hoch|sommer *m* разга́р 2 ле́та; **~spannung** *f El* высо́кое напряже́ние

Hochspannungs|leitung *f* высоково́льтная ли́ния; **~mast** *m* опо́ра 6 высоково́льтной ли́нии; **~strom** *m* ток высо́кого напряже́ния; **~transformator** *m El* высоково́льтный трансформа́тор

Hoch|sprache *f* литерату́рный язы́к; **~springer** *m* прыгу́н 2e в высоту́; **~sprung** *m* Sportart прыжки́ *Pl* 2 в высоту́

höchst **1.** *Adj* са́мый высо́кий, (наи)вы́сший 11; äußerst преде́льный, кра́йний 11 | die ~e Not кра́йняя нужда́; eine Frage von ~er Wichtigkeit вопро́с огро́мной ва́жности; es ist ~e Zeit уже́ давно́ пора́; in ~em Grad в вы́сшей сте́пени **2.** *Adv* кра́йне, весьма́ |

die Spannung war aufs ~e gestiegen напряжéние достúгло (наи)вы́сшей тóчки
hochstämmig *Bot* высокоствóльный
Hoch|stand *m Jagd* (охóтничья) вы́шка (12-)6; **~stapelei** *f* мошéнничество 4; **~stapler** *m* аферúст 2, мошéнник 2
Höchst|belastung *f Tech* максимáльная [предéльная] нагрýзка; **~betrag** *m* максимáльная сýмма
hochstehend Person высокопостáвленный | technisch ~ стоя́щий 11 на высóком техни́ческом ýровне
höchsteigen: in ~er Person самолúчно, сóбственной персóной
höchstens *Adv* сáмое бóльшее, не бóлее *G* | er ist ~ dreißig Jahre alt емý не бóлее тридцатú лет; das kostet ~ vierzig Mark э́то стóит максимáльно сóрок мáрок
Höchst|fall *m:* im ≈ в крáйнем слýчае; **~geschwindigkeit** *f* предéльная [максимáльная] скóрость; **~grenze** *f* предéл 2, мáксимум 2; Limit лимúт 2; **~leistung** *f* рекóрд 2, вы́сшее 11 достижéние; *Tech* максимáльная [предéльная] мóщность; *Sport* рекóрд; **~preis** *m* максимáльная ценá; **~profit** *m* максимáльная прúбыль
Hochstraße *f* эстакáдная дорóга, эстакáда 6
Höchst|stand *m* наивы́сший 11 ýровень | wissenschaftlich-technischer ≈ наивы́сший наýчно-техни́ческий ýровень; **~verdienst** *m* максимáльный зáработок
höchstwahrscheinlich *Adv* по всей вероя́тности, вероя́тнее всегó
Höchstwert *m Math* мáксимум 2
hoch|tourig Motor высокооборóтный; **~trabend** высокопáр|ный, -ен; **~verehrt** Anrede многоуважáемый
Hoch|verrat *m* госудáрственная измéна; **~verräter** *m* госудáрственный измéнник; **~wald** *m* высокоствóльный лес
Hochwasser *n* пáвод|ок, -ка 2, половóдье 5; **~katastrophe** *f* катастрофúческое наводнéние 5; **~marke** *f* отмéтка 6 ýровня высóкой воды́ [пáводка]; **~schutz** *m* защúта от пáводков
hoch|wertig высококáчественный; высокосóртный; **~wichtig** чрезвычáйно вáжный
Hoch|wild *n* крáсная дичь; **~zeit** *f* свáд|ьба 6 *G Pl* -еб | ≈ halten справля́ть ⟨спрáв|ить 3 -лю⟩ свáдьбу
hochzeitlich свáдебный
Hochzeits|feier *f* прáзднование свáдьбы; **~geschenk** *n* свáдебный подáрок; **~kleid** *n* свáдебное плáтье; **~reise** *f* свáдебное путешéствие; **~tag** *m* Jahrestag годовщúна 6 свáдьбы ‖ am ≈ в день свáдьбы
Hocke *f* Sprung прыж|óк, -кá 2 согнýв нóги; *Landw* коп|нá 6h *G Pl* -ён | in die ~ gehen при|сéсть* *v* на кóрточки
hocken *intr* си|дéть 3 -жý на кóрточках | zu Hause ~ сидéть [торчáть 3] дóма
Hocker *m* табурéтка 6
Höcker *m* горб 2e, на горбý; Auswuchs нарóст 2
höckerig горбáт:ый
Hockey *n* хоккéй 1 на травé; **~ball** *m* хоккéйный мяч; **~schläger** *m* клю́шка 6; **~spieler** *m* хоккеúст 2
Hoden *m* яúчк|о 4 *Pl* -и; **~bruch** *m* мошóночная гры́жа; **~sack** *m* мошóнка 6
Hof *m* двор 2e; Bauern~ двор, усáд|ьба 6 *G Pl* -еб; Fürsten~ двор; *Astr* свéтлый вен|éц, -цá 2 | auf den ~ во двор; auf dem ~ во дворé; am ~e при дворé; j-m den ~ machen ухáживать за кем-н.; **~dame** *f* придвóрная дáма
hoffen *intr* надé|яться, -юсь, -ешься, -ются (auf на *A*) | ich hoffe, daß ... надéюсь, что ...; ~ wir das Beste! бýдем надéяться на лýчшее!; das will ich nicht ~ надéюсь, что э́то не так
hoffentlich *Adv* надéюсь [надéемся], что ...
Hoffnung *f* надéжда 6 (auf на *A*) | in der ~, daß ... в надéжде, что ...; j-m ~en machen по|давáть* ⟨подáть*⟩ комý-н. надéжду, обнадёж|ивать ⟨-ить 3⟩ когó-н.; ~ haben [hegen] питáть надéжду; meine ~en wurden zunichte моú надéжды рýшились; man soll die ~ nie aufgeben никогдá не нáдо отчáиваться
hoffnungslos безнадёж|ный, -ен
Hoffnungs|losigkeit *f* безнадёжность 9; **~schimmer** *m* прóблеск надéжды; **~strahl** *m* луч надéжды
hoffnungsvoll пóлный надéжды; Talent подаю́щий 11 надéжды, многообещáющий 11
Hof|gebäude *n Pl* надвóрные пострó|йки *Pl* 6 *G* -ек; **~hund** *m* дворня́жка 6, двoрóвый пёс, пса 2
höf|isch придвóрный; **~lich** вéжлив:ый
Höflichkeit *f* вéжливость 9
Höfling *m* придвóрный *Subst* 10
Hof|marschall *m* гофмáршал 2; **~narr** *m* придвóрный шут 2e
Höhe *f* высотá 6c; von Geldsummen размéр 2; einer Fläche ýров|ень, -ня 1; Anhöhe возвы́шенность 9, холм 2e; *übertr* Gipfel вершúна 6 | in großer ~ на большóй высотé; auf gleicher ~ mit etw. врóвень [в ýровень] с чем-н.; der Turm erreicht eine ~ von 45 m бáшня достигáет высоты́ (в) сóрок пять мéтров; die ~ der Steuern размéр налóгов; auf der ~ des Ruhmes на вершúне слáвы; auf der ~ sein чýвствовать 2 себя́ хорошó, den Anforderungen genügen быть на высотé положéния; in die ~ fahren вс|кáкивать ⟨-кочúть 3⁺⟩ (с мéста); in die ~ schießen schnell wachsen бы́стро растú* (вы́-);

Preise in die ~ treiben взви́нчивать ⟨взвин|ти́ть 3 -чу́⟩ це́ны; das ist doch die ~! э́то уж сли́шком!

Hoheit *f Pol* верхо́вная власть 9; Titel высо́чество 4

Hoheits|gebiet *n* госуда́рственная террито́рия 8; **~gewässer** *Pl* территориа́льные во́ды; **~recht** *n* суверéнное пра́во; **~zeichen** *n* эмбле́ма 6

Höhen|flug *m* высо́тный полёт; **~klima** *n* (высоко)го́рный кли́мат; **~krankheit** *f* высо́тная боле́знь; **~kurort** *m* (высоко)го́рный куро́рт; **~lage** *f* высота́ 6; **~leitwerk** *n Flugw* горизонта́льное опере́ние 5; **~linie** *f* auf Karten горизонта́ль 9; **~luft** *f* го́рный во́здух; **~messer** *m* высотоме́р 2; **~rekord** *m* реко́рд высоты́; **~ruder** *n* руль высоты́; **~sonne** *f* го́рное со́лнце; Quarzlampe ква́рцевая ла́мпа 6; **~strahlung** *f* косми́ческое излуче́ние; **~unterschied** *m* ра́зность 9 высо́т; **~zug** *m* цепь 9g гор

Höhepunkt *m* кульминацио́нный пункт | ~ der Krise верх 2b кри́зиса; der ~ des Abends гвоздь 1e ве́чера

höher 1. *Adj* бо́лее высо́кий; Klasse, Semester ста́рший 11; in feststehenden Verbindungen вы́сший 11 | ~e Anforderungen бо́лее высо́кие [повы́шенные] тре́бования; vom Niederen zum Höheren от ни́зшего к вы́сшему; ~e Mathematik вы́сшая матема́тика **2.** *Adv* вы́ше | ein Stockwerk ~ этажо́м вы́ше; ~ geht's nicht mehr! вы́ше нельзя́!; *übertr* да́льше уж не́куда!

hohl leer пуст:о́й, -а́!, по́лый; Ziegel u. ä. пустоте́лый | ~er Baum дупли́стое де́рево; ~er Zahn зуб с дупло́м; ~e Wangen впа́лые щёки; ein ~er Klang глухо́й звон

Höhle *f* unterirdische пещéра 6; Bau нора́ 6c; für größere Tiere ло́говище 4, ло́гово 4; Bären~ берло́га 6; *Anat* по́лость 9g, па́зуха 6 | sich in die ~ des Löwen begeben идти́* в ло́гово льва

Höhlen|bär *m* пеще́рный медве́дь; **~forscher** *m* спелео́лог 2; **~forschung** *f* спелеоло́гия 8; **~malerei** *f* пеще́рная жи́вопись; **~mensch** *m* пеще́рный челове́к, троглоди́т 2

Hohl|heit *f* по́лость 9; *übertr* пустота́ 6; **~körper** *m* по́лое те́ло; **~maß** *n* ме́ра ёмкости; **~raum** *m* по́лость 9; **~saum** *m* мере́жка 6; **~schliff** *m* во́гнутое остриё 3; **~spiegel** *m* во́гнутое зе́ркало

Höhlung Vertiefung углубле́ние 5; größere впа́дина 6; Hohlraum по́лость 9

Hohl|weg *m* ложби́на 6, уще́лье 5; **~ziegel** *m* пустоте́лый кирпи́ч

Hohn *m* (язви́тельная) насме́шка 6, издева́тельство 4 | das ist ja der reine ~ э́то про́сто смешно́; das spricht aller Vernunft ~ э́то противоре́чит здра́вому смы́слу

höhnen *intr* издева́ться (над *I*)

Hohngelächter *n* язви́тельный смех

höhnisch язви́тел|ьный, -ен, -ьна, насме́шлив:ый

Hokuspokus *m* фо́кусы *Pl* 2, фигля́рство 4 *umg* | ~ machen фигля́рничать, фигля́рить 3 *umg*

hold lieblich ми́л:ый, -á, -о, ми́лы́, преле́ст|ный, -ен; gewogen благоскло́н|ный, -ен, -на; **~selig** преле́ст|ный, -ен

holen *tr* hertragen приноси́ть 3⁺ -ношу́ ⟨-|нести́*⟩; herführen приводи́ть 3⁺ -вожу́ ⟨-|вести́*⟩; abholen заходи́ть 3⁺ -хожу́ ⟨за|йти́*⟩ за *I*, идти́* за *I*; mit Fahrzeug заезжа́ть ⟨-|е́хать*⟩ за *I* | Brot ~ идти́ за хле́бом; den Arzt ~ пригла|ша́ть ⟨-си́ть 3 -шу́⟩ [вызыва́ть ⟨вы́|звать*⟩] врача́; etw. ~ lassen посыла́ть ⟨-|сла́ть*⟩ за чем-н.; bei ihm ist nicht viel zu ~ с него́ не́чего взять, с него́ взя́тки гла́дки; sich bei j-m Rat ~ про|си́ть 3 -шу́ (по-) у кого́-н. сове́та

Holland Голла́ндия 8

Holländer *m* голла́нд|ец, -ца 2; **~in** *f* голла́ндка 6

holländisch голла́ндский

Holle: Frau ~ госпожа́ Мете́лица 6-6

Hölle *f* ад 2, в аду́ | j-m das Leben zur ~ machen сде́лать *v* чью-н. жизнь а́дом; j-m die ~ heiß machen за|дава́ть* ⟨зада́ть*⟩ жа́ру [пе́рцу] кому́-н.; dort ist die ~ los там сам чёрт но́гу сло́мит

Höllen|lärm *m* а́дский шум; **~maschine** *f* а́дская маши́на; **~qualen** *f Pl* а́дские му́ки; **~stein** *m Pharm* ля́пис 2

höllisch а́дский | ~ aufpassen быть начеку́; eine ~e Angst vor etw. haben боя́ться 3 чего́-н. как огня́

Holm *m Sport* жердь 9g (на паралле́льных бру́сьях); der Leiter продо́льный брус 2 *Pl* -ья, -ьев

Holo|gramm *n* гологра́мма 6; **~graphie** *f* гологра́фия 8

holp(e)rig: ~er Weg тря́ская доро́га

holpern *intr* спот|ыка́ться ⟨-кну́ться 4⟩

Holunder *m* бузина́ 6; **~beere** *f* я́года бузины́

Holz *n* де́рево 4; Nutzholz a. древеси́на 6; Brenn~ дрова́ *Pl* 4; gefällte Bäume лес 2 | aus ~ деревя́нный; das ~ der Linde ли́повая древеси́на; er ist aus demselben ~ geschnitzt он сде́лан из того́ же те́ста; **~abfälle** *m Pl* древе́сные отхо́ды; **~apfel** *m* ди́кое я́блоко; Baum ди́кая [лесна́я] я́блоня 7; **~art** *f* древе́сная поро́да; **~bau** *m* Haus деревя́нная постро́йка; Bauweise деревя́нное строи́тельство; **~bearbeitung** *f* обрабо́тка де́рева

Holz|blasinstrument *n* деревя́нный ду-

хово́й инструме́нт; ~**bock** *m Zool* дровосе́к 2; ~**brandmalerei** *f* выжига́ние по де́реву; ~**brücke** *f* деревя́нный мост; ~**einschlag** *m* ру́бка 6 ле́са
holzen *intr* Fußball *umg* гру́бо игра́ть
hölzern деревя́нный
Holz|fällen *n* ру́бка 6 ле́са; ~**fäller** *m* лесору́б 2; ~**faser** *f* древе́сное волокно́; ~**faserplatte** *f* древе́сноволокни́стая плита́; ~**faß** *n* деревя́нная бо́чка; ~**feuerung** *f* дровяно́е отопле́ние 5
holzfrei Papier не содержа́щий 11 древе́сной ма́ссы
Holz|fußboden *m* доща́тый пол; ~**gas** *n* древе́сный газ; ~**gasgenerator** *m* газогенера́тор 2; ~**geist** *m Chem* древе́сный спирт 2; ~**hammer** *m* деревя́нный моло́т|ок| -ка́ 2; ~**handel** *m* торго́вля ле́сом; ~**haus** *n* деревя́нный дом
holzig деревяни́ст:ый | ~ werden деревене́ть (о-)
Holz|industrie *f* лесна́я промы́шленность, лесопромы́шленность 9; ~**käfer** *m* дровосе́к 2; ~**klotz** *m* коло́да 6, чурба́н 2; ~**kohle** *f* древе́сный у́голь; ~**konstruktion** *f* деревя́нная констру́кция 8; ~**lager** *n*, ~**lagerplatz** *m* лесно́й склад; ~**nagel** *m* деревя́нный гвоздь; ~**pantoffel** *m* деревя́нный башма́к 2e; ~**pflaster** *n* торцо́вая мостова́я; ~**pflock** *m* деревя́нный ко́лышек; ~**scheit** *n* поле́н|о 4 *Pl* -ья| -ев 3; ~**schlag** *m* ру́бка ле́са; Lichtung лесосе́ка 6; ~**schnitt** *m* гравю́ра 6 на де́реве; Fachgebiet ксилогра́фия; ~**schnitzer** *m* ре́зчик 2 по де́реву; ~**schnitzerei** *f* резьба́ по де́реву; ~**schraube** *f* шуру́п 2; ~**schuh** *m* деревя́нный башма́к 2e; ~**schutzmittel** *n* сре́дство для защи́ты древеси́ны; ~**schwamm** *m* древе́сный гриб 2e; ~**span** *m* ще́пка 6; ~späne *Pl* древе́сная стру́жка; ~**stoß** *m* шта́бел|ь 1b *Pl* -я́ дров, поле́нница 6
holzverarbeitend деревообраба́тывающий 11
Holz|verarbeitung *f* обрабо́тка де́рева; ~**verkleidung** *f* деревя́нная оби́вка; ~**verschalung** *f Bauw* деревя́нная опа́лубка 6; ~**verschlag** *m* деревя́нная перегоро́дка; ~**weg**: auf dem ≈ sein быть на ло́жном пути́; ~**wolle** *f* древе́сная шерсть; ~**wurm** *m* древото́ч|ец| -ца 2
Hometrainer *m* дома́шний тренажёр 11-2
homogen одноро́д|ный| -ен, гомоге́нный
Homonym *n* омо́ним 2
Homöopath *m* гомеопа́т 2; ~**ie** *f* гомеопа́тия 8
homöopathisch гомеопати́ческий
Homosexualität *f* гомосексуали́зм 2
homosexuell гомосексуа́льный
Homosexueller *m* гомосексуали́ст 2
Honduraner *m* гондура́с|ец| -ца 2
honduranisch гондура́сский
Honduras Гондура́с 2
Hongkong Гонко́нг 2
Honig *m* мёд 2b| в меду́ | ein Glas ~ ба́нка мёду [мёда]; j-m ~ ums Maul schmieren *umg* ума́сл|ивать ⟨-ить 3⟩ кого́-н.; ~**biene** *f* медоно́сная пчела́; ~**kuchen** *m* медо́вая коври́жка 6; ~**schleuder** *f* центрифу́га для мёда
honigsüß сла́дкий как мёд; *übertr* медото́чив:ый, сладкоречи́в:ый
Honigwaben *f Pl* со́ты *Pl* 2
Honolulu Гонолу́лу *idkl*
Honorar *n* гонора́р 2 | gegen ~ за гонора́р
honorieren *tr* пла|ти́ть 3⁺ -чу́ (за-) гонора́р
Hopfen *m* хмель 1 | an ihm ist ~ und Malz verloren его́ ниче́м не испра́вишь; ~**bau** *m* хмелево́дство 4; ~**ernte** *f* сбор хме́ля; ~**feld** *n* хме́льник 2; ~**stange** *f* тычи́на 6 для хме́ля | er ist dürr wie eine ≈ он худо́й как жердь
hopp! *Interj* гоп!, прыг!
hopsen *intr* подпры́г|ивать ⟨-нуть 4⟩
Hörapparat *m* слухово́й аппара́т
hörbar слы́ш|ный| -ен| -на́| -но| слы́шны́
Hör|barkeit *f* слы́шимость 9; ~**bereich** *m* преде́л слы́шимости
horch! *Interj* чу!
horchen *intr* прислу́ш|иваться ⟨-аться⟩ (auf к *D*); belauschen подслу́ш|ивать ⟨-ать⟩
Horcher *m* подслу́шивающий *Subst* 11
Horchgerät *n Mil* звукоула́вливатель 1; Unterwasser~ гидролока́тор 2
[1]**Horde** *f* für Obst пло́ский я́щик 2 (для хране́ния фру́ктов)
[2]**Horde** *f* Bande ша́йка 6, ба́нда 6 | die Goldene ~ *hist* Золота́я Орда́ 6
hören *tr* vernehmen, erfahren слы́шать 3 (у-); deutlich hören рассл́ышать *v* 3; an-, zu~ слу́шать (по-) *A; intr* gehorchen слу́шать(ся) (по-) (auf *G*) | Vorlesungen ~ слу́шать ле́кции; ich habe sie singen ~ я слы́шал| как она́ пе́ла; sie hört schwer она́ туга́ на́ ухо, она́ пло́хо слы́шит; nur auf einem Ohr ~ слы́шать то́лько на одно́ у́хо; ich kann Sie nicht ~ я вас не слы́шу, мне вас не слы́шно; vor Lärm konnte man sein eigenes Wort nicht ~ от шу́ма не слы́шно бы́ло со́бственных слов; soviel ich gehört habe … наско́лько я слы́шал …; er läßt nichts von sich ~ о нём ничего́ не слы́шно, он не даёт о себе́ знать; es ist nichts zu ~ ничего́ не слы́шно; man muß beide Parteien [Seiten] ~ *Jur* ну́жно вы́слушать о́бе стороны́; hör mal! послу́шай-ка!; hört!, hört! слу́шайте!, слу́шайте!; das läßt sich ~ об э́том мо́жно поговори́ть; wer nicht ~ will, muß fühlen кого́ сло́во не проймёт| того́ па́лка прошибёт; hat

man so etwas je gehört? слы́хано ли э́то де́ло?; er hörte nicht auf ihren Rat он не послу́шал её сове́та, он не прислу́шался к её сове́ту

Hören *n:* mir verging ~ und Sehen у меня́ в глаза́х потемне́ло [помути́лось]; **~sagen** *n:* vom ≈ понаслы́шке, по слу́хам

Hörer *m* слу́шатель 1; Telefon (телефо́нная) тру́бка 6; **~in** *f* слу́шательница 6; **~schaft** *f* аудито́рия 8, слу́шатели *Pl* 1

Hör|fehler *m* ослы́шка 6; **~funk** *m* ра́дио *n idkl;* **~gerät** *n* слухово́й аппара́т

hörgeschädigt с повреждённым слу́хом

hörig leibeigen крепостно́й; abhängig зави́сим:ый от *G*

Höriger *m* крепостно́й *Subst* 10

Hörigkeit *f hist* крепостна́я зави́симость 9; *übertr* зави́симость 9

Horizont *m* горизо́нт 2; *übertr* горизо́нт, кругозо́р 2 | am ~ на горизо́нте; das geht über seinen ~ э́то вы́ше его́ разуме́ния

horizontal горизонта́л|ьный, -ен, -ьна

Horizontale *f* горизонта́ль 9

Hormon *n* гормо́н 2

hormonal гормона́льный

Hormon|behandlung *f* гормона́льная терапи́я; **~drüse** *f* железа́ вну́тренней секре́ции; **~präparat** *n* гормона́льный препара́т

Horn *n* bei Tieren рог 2b *Pl* -á; Material рог; *Mus* рож|о́к, -ка́ 2 | mit den Hörnern stoßen *intr* бода́ться, *tr* бода́ть (за-); das ~ blasen игра́ть на рожке́ [го́рне]; j-m Hörner aufsetzen наставля́ть ⟨наста́в|ить 3 -лю⟩ кому́-н. рога́; sich die Hörner abstoßen остепен|я́ться ⟨-и́ться 3⟩, образу́м|иться *v* 3 -люсь *umg;* **~brille** *f* очки́ в рогово́й опра́ве

Hörnchen *n* Gebäck рога́лик 2

Hornhaut *f* Auge рогови́ца 6, рогова́я оболо́чка 6; Schwiele мозо́ль 9; **~entzündung** *f* воспале́ние рогови́цы, керати́т 2

hornig мозо́лист:ый

Hornisse *f* ше́рш|ень, -ня 1

Hornist *m* валторни́ст 2; *hist* горни́ст 2

Horn|ochse *m* Schimpfwort дура́к 2e; **~vieh** *n* рога́тый скот

Horoskop *n* гороско́п 2

horrend колосса́л|ьный, -ен, -ьна, ужа́с|ный, -ен

Hörrohr *n Med* стетоско́п 2; für Schwerhörige слухово́й рож|о́к, -ка́ 2

Horrorfilm *m* фильм у́жасов, киноу́жас 2

Hör|saal *m* аудито́рия 8; **~spiel** *n* радиопье́са 6, радиопостано́вка 6

Horst *m* Nest гнездо́ 4c *Pl* гнёзда

Hort *m* Schul~ гру́ппа 6 продлённого дня, продлёнка 6 *umg;* Zuflucht убе́жище 5 | ~ des Friedens опло́т 2 ми́ра

horten *tr* накоп|ля́ть ⟨-и́ть 3⁺ -лю⟩ запа́сы

Hortensie *f* горте́нзия [тэ] 8

Hort|erzieherin *f* воспита́тельница гру́ппы продлённого дня; **~klasse** *f* класс продлённого дня; **~nerin** *f* = **Horterzieherin**

Hörweite *f:* in ~ в преде́лах слы́шимости; er ist außer ~ его́ уже́ не слы́шно, hört nicht mehr он уже́ не (у)слы́шит

Höschen *n* штани́ш|ки *Pl* 6 -ек; Damenschlüpfer трико́ *n idkl*

Hose *f* брю́ки *Pl* 6, штаны́ *Pl* 2 *umg;* kurze (коро́ткие) штани́ш|ки *Pl* 6 -ек, für Kinder a. тру́сики *Pl* 2 | sie hat die ~n an она́ кома́ндует всем до́мом; das Herz fiel ihm in die ~n у него́ душа́ ушла́ в пя́тки; sich auf die ~ setzen нача́ть* *v* приле́жно занима́ться; das ist Jacke wie ~ э́то одно́ и то же, э́то всё равно́; j-m die ~ strammziehen поро́ть (вы́-) кого́-н.

Hosen|anzug *m* брю́чный костю́м; **~bandorden** *m* о́рден Подвя́зки; **~bein** *n* штани́на 6; **~boden** *m* зад 2b, на заду́ брюк | sich auf den ≈ setzen серьёзно взя́ться* *v* за учёбу; **~bügel** *m* брюкодержа́тель 1, ве́шалка 6 для брюк; **~klammer** *f* брю́чный зажи́м 2; **~naht** *f* шов 2 шва брюк; **~rock** *m* ю́бка-брю́ки 6-*Pl* 6; **~schlitz** *m* проре́ха 6; **~tasche** *f* карма́н брюк; **~träger** *Pl* подтя́ж|ки *Pl* 6 -ек, по́моч|и *Pl* 9g -е́й

Hospitation *f* посеще́ние 5 уро́ков [заня́тий] | er hat zwei ~en durchgeführt он посети́л два уро́ка

hospitieren *intr* Lehrer посе|ща́ть ⟨-ти́ть 3 -щу́⟩ уро́к(и)

Hostess *f* сопровожда́ющая перево́дчица 11-6, хосте́сса [тэ] 6

Hotel *n* гости́ница 6, im Ausland a. оте́ль [тэ] 1; **~diener** *m* слуга́ *m* 6c; **~halle** *f* вестибю́ль 1 гости́ницы; **~ier** *m* владе́л|ец, -ьца 2 гости́ницы; Leiter дире́ктор 2 гости́ницы **~zimmer** *n* но́мер 2b *Pl* -á

Hub *m Tech* подъём 2; Kolben ход 2

hüben *Adv:* ~ und drüben по э́ту и по ту сто́рону

Hubraum *m* рабо́чий объём 11-2 цили́ндра; *Kfz* литра́ж 2e

hübsch краси́в:ый, хоро́шенький; *übertr* ziemlich viel поря́дочный, дово́льно большо́й | eine ~e Geschichte! весёленькая исто́рия!; sitze ~ ruhig! сиди́ ти́хо [сми́рно]!; laß das ~ bleiben! оста́вь э́то!, не де́лай э́того!

Hubschrauber *m* вертолёт 2; **~landeplatz** *m* вертодро́м 2; **~pilot** *m* пило́т 2 вертолёта, вертолётчик 2

huckepack *Adv:* j-n ~ tragen нести́ кого́-н. на спине́ [на закорках]

Huf *m* копы́то 4; **~beschlag** *m* ко́вка 6 (ло́шади); **~eisen** *n* подко́ва 6

hufeisenförmig подковообра́з|ный, -ен
Huf|eisenmagnet *m* подковообра́зный магни́т; **~lattich** *m Bot* мать-и-ма́чеха 6; **~nagel** *m* подко́вный гвоздь; **~schlag** *m* стук 2 копы́т; Tritt уда́р копы́том; **~schmied** *m* кузне́ц 2е
Hüftbein *n* подвздо́шная кость
Hüfte *f* бедро́ 4с *Pl* бёд|ра, -ер
Hüftgelenk *n* тазобе́дренный суста́в
Hüfthalter *m* по́яс 2b *Pl* -а́ для чуло́к
Huftier *n* копы́тное *Subst* 10
Hüft|nerv *m* седа́лищный нерв; **~schwung** *m Sport* бе́дренный взмах
Hügel *m* холм 2е, приго́р|ок, -ка 2; **~grab** *n* курга́н 2
hüg(e)lig холми́ст:ый
Hügelland *n* холми́стая ме́стность 9
Hugenotte *m hist* гугено́т 2
Huhn *n* ку́рица 6 *Pl* ку́ры 6 | Hühner halten держа́ть 3⁺ кур; da lachen ja die Hühner! э́то ку́рам на́ смех!
Hühnchen *n* ку́рочка 6 | mit Ihnen habe ich noch ein ~ zu rupfen я с ва́ми ещё до́лжен свести́ счёты
Hühner|auge *n Med* мозо́ль 9 | ≈n bekommen натира́ть ⟨-|тере́ть*⟩ себе́ мозо́ли; j-m auf die ≈n treten наступ|а́ть ⟨-и́ть 3 -лю́⟩ кому́-н. на (люби́мую) мозо́ль, задева́ть ⟨-|де́ть*⟩ чьё-н. больно́е ме́сто; **~augenpflaster** *n* мозо́льный пла́стырь; **~braten** *m* жа́реная ку́рица 6; **~brühe** *f* кури́ный бульо́н; **~brust** *f Med* кури́ная грудь; **~ei** *n* кури́ное яйцо́; **~farm** *f* (куропо́дческая) птицефе́рма 6; **~fleisch** *n* куря́тина 6; **~habicht** *m* я́стреб-тетеревя́тник 2-2; **~hof** *m* пти́чий 12 двор; **~pest** *f* чума́ кур; **~stall** *m* куря́тник 2; **~stange** *f* насе́ст 2; **~suppe** *f* кури́ный суп; **~vögel** *m Pl* кури́ные *Subst Pl* 10; **~zucht** *f* куриово́дство 4
huldigen *intr* преклон|я́ться ⟨-и́ться 3⟩ | den Künsten ~ служи́ть 3⁺ иску́сству
Huldigung *f* преклоне́ние 5
huldvoll ми́лостив:ый, благоскло́н|ный, -ен
Hülle *f* оболо́чка 6, покро́в 2; Futteral чех|о́л, -ла́ 2; Buch~ обёртка 6 | die sterbliche ~ бре́нные оста́нки *Pl* 2
hüllen *tr* за-, уку́т|ывать ⟨-ать⟩ | sich in Schweigen ~ храни́ть 3 молча́ние
Hülse *f* Zigaretten, Geschoß ги́льза 6; einer Schote струч|о́к, -ка́ 2; *Tech* вту́лка 6
Hülsenfrucht *f* бобо́вый [стручко́вый] плод
human гума́н|ный, -ен, -на
Human|ismus *m* гумани́зм 2; **~ist** *m* гумани́ст 2
humanistisch гумнасти́ческий
Humanität *f* гума́нность 9
Humbug *m* мистифика́ция 8, блеф 2
Hummel *f* шмель 1е
Hummer *m* ома́р 2
Humor *m* ю́мор 2 | Sinn für ~ haben облада́ть чу́вством ю́мора; den ~ nicht verlieren не теря́ть (чу́вства) ю́мора; **~eske** *f* юмористи́ческий расска́з 2, юморе́ска 6 *a. Mus;* **~ist** *m* юмори́ст 2
humoristisch юмористи́ческий
humorvoll заба́в|ный, -ен
humpeln *intr* ковыля́ть
Humpen *m* (больша́я) кру́жка 6
Humus *m* гу́мус 2, перегно́й 1; **~schicht** *f* гу́мусовый слой
Hund *m* соба́ка 6; junger щен|о́к, -ка́ 2 *Pl a.* -я́та 4; *Bergb* (рудни́чная) ваго́не́тка 6 | der Große ~ Sternbild Большо́й Пёс, Пса 2; da liegt der ~ begraben вот где соба́ка зары́та; wie ~ und Katze leben жить как ко́шка с соба́кой; er ist bekannt wie ein scheckiger ~ *umg* его́ ка́ждая соба́ка зна́ет; frieren wie ein junger ~ дрожа́ть 3 от хо́лода как щено́к; auf den ~ kommen разор|я́ться ⟨-и́ться 3⟩, Mensch опус|ка́ться ⟨-ти́ться 3⁺⟩; vor die ~e gehen пропада́ть ⟨-|па́сть*⟩, погиба́ть ⟨-ги́бнуть 4а⟩; den letzten beißen die ~e после́днего и соба́ки рвут
Hunde|arbeit *f umg* ка́торжный труд; **~ausstellung** *f* вы́ставка соба́к; **~fraß** *m umg* отврати́тельная пи́ща; **~gebell** *n* соба́чий 12 лай; **~halsband** *n* (соба́чий 12) оше́йник 2; **~hütte** *f* конура́ 6; **~kälte** *f umg* соба́чий 12 хо́лод; **~kuchen** *m* гале́та 6 для соба́к; **~leben** *n* соба́чья 12 жизнь; **~leine** *f* повод|о́к, -ка́ 2; **~liebhaber** *m* люби́тель соба́к, соба́чник [шн] 2 *umg;* **~marke** *f* жето́н 2 для соба́к
hundemüde: ich bin ~ я уста́л(а) как соба́ка
Hunde|peitsche *f* ара́пник 2; **~rasse** *f* поро́да соба́к; **~rennen** *n* соба́чьи 12 го́нки
hundert *Num* сто *GDIP* ста | je ~ по́ сто; einige ~ Menschen не́сколько сот челове́к; ~ Fragen tauchten auf возни́кла со́тня вопро́сов
Hundert *n* со́т|ня 7 *G Pl* -ен | ein halbes ~ полсо́тни; einige ~ не́сколько со́т(ен); ~e und aber ~e со́тни и со́тни; drei vom ~ три проце́нта; zu ~en со́тнями
Hunderter *m Math* со́т|ня 7 *G Pl* -ен; Hundertmarkschein (банкно́т в) сто ма́рок
hundert|erlei: ≈ Sachen ра́зного ро́да ве́щи, со́тни всевозмо́жных веще́й; **~fach** **1.** *Adj* стокра́тный **2.** *Adv* в сто раз
Hundertjahrfeier *f* столе́тний юбиле́|й 11-1 *G Pl* -ев, столе́тие 5
hundert|jährig столе́тний 11; **~mal** *Adv* сто раз | ich habe ihm das ≈ gesagt я э́то говори́л ему́ уже́ сто раз; **~prozentig** стопроце́нтный | etw. ≈ erfüllen вы́полнить *v* 3 что-н. на (все) сто проце́нтов

Hundertschaft *f* сót|ня 7 *G Pl* -ен
hundertster *Num* сóтый | vom Hundertsten ins Tausendste kommen переск|áкивать ⟨-очи́ть 3⁺⟩ с пя́того на деся́тое
Hundertstel *n* сóтая часть 9g, сóтая *Subst* 10 | drei ~ три сóтых
hunderttausend *Num* сто ты́сяч
Hunde|sperre *f* запрещéние 5 спускáть собáк с при́вязи; ~**steuer** *f* налóг за держáние собáк; ~**wetter** *n* собáчья 12 погóда; ~**zucht** *f* собаковóдство 4; ~**züchter** *m* собаковóд 2; ~**zwinger** *m* псáр|ня 7 *G Pl* -ен
Hündin *f* сýка 6
hündisch собáчий 12; *übertr* раболéп|-ный, -ен, льсти́в:ый
Hundstage *Pl* сáмые жáркие дни гóда
Hüne *m* großer Mensch великáн 2, исполи́н 2; Sagenheld богаты́рь 1e
Hünengrab *n* кургáн 2
Hunger *m* гóлод 2 | ich habe ~ я гóлоден [голоднá], мне хóчется есть; ~ bekommen проголодáться *v;* ~ leiden голодáть; vor ~ sterben умирáть ⟨-|мерéть*⟩ с гóлоду [голóдной смéртью]; ~ tut weh гóлод не тётка; ~**dasein** *n* голóдное существовáние | ein ≈ führen жить* впрóголодь; ~**gefühl** *n* чýвство гóлода; ~**kur** *f* голоднáя диéта [иэ] 6, лечéние голодáнием; ~**leider** *m* ни́щий *Subst* 11, бедня́к 2e; ~**lohn** *m* ни́щенская зарплáта
hungern *intr* голодáть
Hunger|ödem *n* отёк от гóлода; ~**ration** *f* голóдный паёк
Hungersnot *f* гóлод 2
Hunger|streik *m* голодóвка 6 | in den ≈ treten объяв|ля́ть ⟨-и́ть 3 -лю́⟩ голодóвку; ~**tod** *m* голóдная смерть; ~**tuch** *n:* am ≈ nagen жить* впрóголодь, голодáть; ~**typhus** *m* голóдный тиф
hungrig голóдный, гóлод|ен, -нá, -но, гóлодны́
Hupe *f* клаксóн 2, гуд|óк, -кá 2
hupen *intr* сигнáлить 3 (про-), давáть* ⟨дать*⟩ сигнáл
hupfen: das ist gehupft wie gesprungen что в лоб, что пó лбу, э́то всё равнó
hüpfen *intr* пры́г|ать ⟨-нуть 4⟩
Hupverbot *n* запрéт автомоби́льных сигнáлов
Hürde *f Sport* барьéр 2; Flechtzaun плет|éнь, -ня́ 1e; für Schafe загóн 2
Hürden|lauf *m Sport* барьéрный бег; ~**läufer** *m* барьери́ст 2
Hure *f* проститýтка 6, потаскýха 6
hurra! *Interj* урá!
Hurra|patriot *m* урá-патриóт; ~**patriotismus** *m* урá-патриоти́зм; ~**ruf** *m* крик урá
Hurrikan *m* ураrán 2
hurtig пры́т|кий, -ок, -кá!, -че
Husar *m* гусáр 2 *G Pl* гусáр
Husarenstreich *m* смéлая вы́ходка
husch! *Interj* шмыг!
huschen *intr* vorbei~ прошм|ы́гивать ⟨-ыгнýть 4⟩; über etw. сколь|зи́ть 3 -жý ⟨скользнýть 4 *mom*⟩ по *D* | hin und her ~ сновáть*, шныря́ть, шмы́гать *umg*
hüsteln *intr* покáшливать
husten *intr* кáшля|ть ⟨-нуть *mom* 4⟩ | ich werde dir was ~! я тебé дам!
Husten *m* кáш|ель, -ля 1; ~**anfall** *m* при́ступ кáшля; ~**bonbons** *n Pl* карамéль от кáшля; ~**mittel** *n* срéдство от кáшля; ~**reiz** *m* кáшлевое раздражéние, позы́в 2 к кáшлю; ~**saft** *m* микстýра 6 от кáшля
[1]**Hut** *m* шля́па 6; Damen~ шля́пка 6 | den ~ aufsetzen надевáть ⟨-|дéть*⟩ шля́п(к)у; verschiedene Meinungen unter einen ~ bringen объедин|я́ть ⟨-и́ть 3⟩ [соглас|óвывать ⟨-овáть 2⟩] разли́чные мнéния; da geht einem der ~ hoch! глазá на лоб лéзут!
[2]**Hut** *f:* auf der ~ sein быть насторожé [начекý]
hüten *tr* bewahren охран|я́ть ⟨-и́ть 3⟩; Vieh пасти́*; sich ~ *refl* остерегáться ⟨-|стерéчься*⟩ (vor *G*), берéчься* (vor *G*) | er muß das Bett ~ он бóлен и лежи́т в постéли; hüte dich! береги́сь!
Hut|form *f* Mode фасóн 2 шля́пы [шля́пки]; ~**geschäft** *n* шля́пный магази́н; ~**krempe** *f* поля́ шля́пы; ~**macher** *m* шля́пник 2; ~**macherin** *f* шля́пница 6; ~**nadel** *f* булáвка для шля́пы; ~**schachtel** *f* шля́пная картóнка; ~**schnur** *f:* das geht über die ≈! э́то уж чересчýр!
Hütte *f* хи́жина 6; Fabrik металлурги́ческий завóд 2
Hütten|industrie *f* металлурги́ческая промы́шленность; ~**kombinat** *n* металлурги́ческий комбинáт; ~**kunde** *f* металлýргия 8; ~**werk** *n* металлурги́ческий завóд; ~**werker** *m* рабóчий *Subst* 11 металлурги́ческой промы́шленности; ~**wesen** *n* металлýргия 8
Hyäne *f* гиéна 6
Hyazinthe *f* гиаци́нт 2
hybrid гибри́дный
Hybride *f* гибри́д 2
Hydrant *m* водоразбóрный кран 2, гидрáнт 2
Hydraulik *f* гидрáвлика 6
hydraulisch гидравли́ческий
hydrieren *tr* гидрогенизи́ровать 2
Hydrierung *f* гидрогенизáция 8
Hydro|dynamik *f* гидродинáмика 6; ~**graph** *m* гидрóграф 2; ~**kultur** *f* гидропóника 6; ~**lyse** *f* гидрóлиз 2; ~**mechanik** *f* гидромехáника 6; ~**statik** *f* гидростáтика 6

Hydroxid *n* гидроо́кись 9
Hygiene *f* гигие́на 6; **~inspektion** *f* санита́рная инспе́кция, санинспе́кция 8
hygienisch гигиени́ч|ный, -ен, гигиени́ческий
Hygro|meter *n* гигро́метр 2; **~skop** *n* гигроско́п 2
hygroskopisch гигроскопи́ческий
Hymne *f* гимн 2
Hyperbel *f* гипе́рбола 6
hyperbolisch гиперболи́ческий
hypermodern сверхмо́дный
Hyper|tonie *f* гипертони́я 8; **~trophie** *f* гипертрофи́я 8
Hypnopädie *f* гипнопе́дия 8
Hypnose *f* гипно́з 2
hypnotisch гипноти́ческий
Hypnotiseur *m* гипнотизёр 2
hypnotisieren *tr* гипнотизи́ровать 2 (за-)
Hypo|chonder *m* ипохо́ндрик 2; **~chondrie** *f* ипохо́ндрия 8; **~physe** *f* гипофи́з 2; **~tenuse** *f* гипотену́за 6; **~thek** *f* ипоте́ка 6
Hypotheken|bank *f* ипоте́чный банк; **~(pfand)brief** *m* закладна́я *Subst* 10
Hypothese *f* гипо́теза 6 | eine ~ aufstellen стро́ить 3 гипо́тезу
hypothetisch гипотети́ческий
Hypotonie *f* гипотони́я 8
Hyster|ie *f* истери́я 8; **~iker** *m* исте́рик 2; **~ikerin** *f* истери́чка 6
hysterisch истери́ч|ный, -ен, истери́ческий | ~er Anfall исте́рика 6

I

iberisch ибери́йский
ich *Pers Pron* я, меня́, мне, меня́, мно́ю (мной), обо мне; *Refl Pron* себя́, себе́, собо́й | ~ spreche über mich я говорю́ о себе́; ~ war nicht zu Hause меня́ не́ было до́ма; ~ habe das nicht у меня́ э́того нет; du und ~ мы с тобо́й; ~ für meine Person что каса́ется меня́; ~ bin zwanzig geworden мне испо́лнилось два́дцать лет
Ich *n* я *Subst n idkl* | mein zweites ~ моё второ́е «я»; **~form** *f* фо́рма изложе́ния от пе́рвого лица́ | in der ≈ от пе́рвого лица́
Ichthyol *n* ихтио́л 2
Ichthyo|logie *f* ихтиоло́гия 8; **~saurus** *m* ихтиоза́вр 2
ideal идеа́л|ьный, -ен, -ьна
Ideal *n* идеа́л 2
idealisieren *tr* идеализи́ровать *uv, v* 2
Ideal|isierung *f* идеализа́ция 8; **~ismus** *m* идеали́зм 2; **~ist** *m* идеали́ст 2
idealistisch идеалисти́ческий
Idee *f* иде́я 7, мысль 9; eines Werkes за́мыс|ел, -ла 2 | sich für eine ~ opfern же́ртвовать (по-) собо́й ра́ди иде́и; eine fixe ~ навя́зчивая иде́я; eine verrückte ~ сумасбро́дная вы́думка; ich kam auf die ~ мне пришла́ в го́лову иде́я [мысль]; eine glänzende ~! блестя́щая 11 иде́я!; der Rock ist eine ~ zu kurz ю́бка чуть-чуть коротка́
ideell иде́|йный, -ен
Ideengehalt *f* иде́йность 9
ideenlos безыде́|йный, -ен, -йна
Ideen|losigkeit *f* безыде́йность 9; **~reichtum** *n* бога́тство иде́ями; **~verbindung** *f* ассоциа́ция 8 иде́й
ident|ifizieren *tr* gleichsetzen отождеств|ля́ть ⟨-и́ть 3 -лю́⟩; j-n устан|а́вливать ⟨-ови́ть 3⁺ -овлю́⟩ ли́чность; erkennen опо|знава́ть* ⟨-зна́ть, опо́знанный⟩; **~isch** иденти́ч|ный [дэ], -ен (mit *cI*)
Identität *f* тождество́ 4; иденти́чность [дэ] 9 | die Polizei stellte die ~ des Verhafteten fest поли́ция установи́ла ли́чность аресто́ванного
Ideolog|e *m* идео́лог 2; **~ie** *f* идеоло́гия 8
ideologisch идеологи́ческий, иде́йный
Idiom *n Ling* идио́ма 6; Dialekt наре́чие 5; **~atik** *f Ling* идиома́тика 6
idiomatisch идиомати́ческий
Idiot *m* идио́т 2; **~ie** *f* идиоти́зм 2
idiotisch идио́тский
Idol *n* и́дол 2, куми́р 2
Idyll *n*, **~e** *f Lit* иди́ллия 8
idyllisch идилли́ческий
Igel *m* ёж, ежа́ 2e *G Pl* еже́й; Frisur причёска ёжиком
Igelit *n* игели́т 2; **~decke** *f* игели́товая ска́терть
Iglu *n* и́глу *n idkl*, сне́жная хи́жина 6
Ignor|ant *m* неве́жда *m* 6, не́уч 2 *G Pl* -ей; **~anz** *f* неве́жество 4
ignorieren *tr* игнори́ровать *uv, v* 2
ihm *Pers Pron* ему́ | mit ~ с ним; zu ~ к нему́
ihn *Pers Pron* его́ | für ~ для него́
ihr 1. *Pers Pron* вы, вас, вам, вас, ва́ми, о вас; *Refl Pron* себя́ | ihr schreibt nichts von euch вы не пи́шете о себе́; ihr wart nicht zu Hause вас не́ было до́ма **2.** *Poss Pron f* её, *Pl* их; *refl* свой 14 | das ist ~ Buch э́то её кни́га; das sind ~e Bücher э́то их кни́ги; sie packte ~e Sachen она́ укла́дывала свои́ ве́щи; sie lieben ~e Eltern они́ лю́бят свои́х роди́телей
Ihr *Poss Pron* ваш, in Briefen Ваш
ihrerseits *Adv* с её стороны́, *refl* со свое́й стороны́; *Pl* с их стороны́, *refl* со свое́й стороны́
Ihrerseits *Adv* с ва́шей стороны́, *refl* со свое́й стороны́

ihresgleichen подóбный ей [*Pl* им]
Ihresgleichen подóбный вам
ihretwegen *Adv* Ursache из-за неё [*Pl* них]; für sie рáди неё [*Pl* них]
Ihretwegen *Adv* Ursache из-за вас; für Sie рáди вас
ihrige *Poss Pron:* sie hat das ~ getan онá своё дéло сдéлала
Ikone *f* икóна 6
Ikonen|maler *m* иконопи́с|ец, -ца 2; **~malerei** *f* и́конопись 9; **~wand** *f* иконостáс 2
illegal нелегáл|ьный, -ен, -ьна, *Pol a.* подпóльный | ~ arbeiten рабóтать в подпóлье
Illegalität *f* нелегáльность 9, *Pol a.* подпóлье 5 | in die ~ gehen уходи́ть 3⁺ -хожу́ ⟨-|йти́*⟩ в подпóлье
illegitim незакóн|ный, -ен, -на
Illegitimität *f* незакóнность 9
Illumination *f* иллюминáция 8, прáздничное освещéние 5
illuminieren *tr* иллюмини́ровать *uv, v* 2, прáзднично освещáть
Illusion *f* иллю́зия 8 | ich mache mir keine ~en я не стрóю себé иллю́зий; **~ist** *m* иллюзиони́ст 2, фóкусник 2
illusorisch иллюзóр|ный, -ен
Illustration *f* иллюстрáция 8
illustrieren *tr* иллюстри́ровать *uv, v* 2
Illustrierte *f* иллюстри́рованный журнáл 2
Iltis *m* хор|ёк, -ькá 2 леснóй
im *Präpos* ↑ in
Image *n* репутáциая 8, «и́мидж»
imaginär мни́мый, воображáемый
Imbiß *m* закýска 6 | einen ~ einnehmen закýсывать ⟨-куси́ть 3⁺ -кушý⟩; **~raum** *m* закýсочная *Subst* 10
Imitation *f* имитáция 8, подражáние 5 *D*
imitieren *tr* имити́ровать 2, подражáть *D*
Imker *m* пчеловóд 2; **~ei** *f* пчеловóдство 4; Bienenstand пáсека 6
immanent имманéнт|ный, -ен, внýтренне присýщ:ий
Immatrikulation *f* зачислéние 5 (в университéт, в институ́т)
immatrikulieren *tr* зачисля́ть ⟨-чи́слить 3⟩ (в университéт, в институ́т)
immens огрóм|ный, -ен
immer *Adv* всегдá; *vor Komp* всё | ~ noch всё ещё; für ~ навсегдá; ~ wieder всё снóва и снóва; ~ besser всё лýчше (и лýчше); ~ mehr всё бóльше (и бóльше); es wird ~ wärmer станóвится всё теплée; was auch ~ ... что бы ни ...; wo es auch ~ sei где бы то ни́ бы́ло; **~fort** *Adv* беспреры́вно, постоя́нно; **~grün** *Bot* вечнозелёный
Immergrün *n* барви́н|ок, -ка 2
immer|hin *Adv* всё-таки, всё же | es ist ≈ nicht angenehm э́то всё же неприя́тно; **~während** постоя́нный; **~zu** *Adv* постоя́нно
Immigr|ant *m* иммигрáнт 2; **~ation** *f* иммигрáция 8
immigrieren *intr* иммигри́ровать *uv, v* 2
Immobilien *Pl* недви́жимость 9, недви́жимое имýщество
immun *Med* невосприи́мчив:ый, иммýн|ный, -ен (gegen к *D*)
immunisieren *tr* иммунизи́ровать *uv, v* 2
Immunität *f* иммуни́тéт 2 | parlamentarische ~ депутáтская неприкосновéнность
Imperativ *m Gramm* повели́тельное наклонéние 5, императи́в 2
Imperfekt *n* имперфéкт 2
Imperial|ismus *m* империали́зм 2; **~ist** *m* империали́ст 2
imperialistisch империалисти́ческий
Imperium *n* импéрия 8
impertinent дéрз|кий, -ок, -кá! нáгл:ый, -á!
impfen *tr* дéлать (с-) приви́вку (gegen прóтив *G*), прививáть ⟨-|ви́ть*⟩ | Kinder gegen Pocken ~ прививáть дéтям óспу
Impf|schein *m* свидéтельство 4 о приви́вке; **~stoff** *m* вакци́на 6; **~ung** *f* приви́вка 6; **~zwang** *m* обязáтельность 9 приви́вок
Implosion *f* имплóзия 8
imponieren *intr* внуш|áть ⟨-и́ть 3⟩ уважéние, импони́ровать 2
Import *m* и́мпорт 2; **~artikel** *m* предмéт 2 и́мпорта; **~beschränkung** *f* ограничéние и́мпорта; **~eur** *m* импортёр 2
importieren *tr* импорти́ровать *uv, v* 2
Importware *f* и́мпортный товáр
imposant внуши́тел|ьный, -ен, -ьна, импозáнт|ный, -ен
impotent импотéнт|ный, -ен
Impotenz *f* импотéнция 8, половóе бесси́лие 5
imprägn|ieren *tr* пропи́тывать ⟨-питáть⟩; **~iert** пропи́танный | ≈er Mantel непромокáемый плащ
Imprägnierung *f* пропи́тка 6
Impresario *m* импресáрио *m idkl*
Impression *f* впечатлéние 5; **~ismus** *m* импрессиони́зм; **~ist** *m* импрессиони́ст 2
impressionistisch импрессиони́стский
Impressum *n* выходны́е дáнные *Subst Pl* 10
Imprimatur *n* пóдпись 9 к печáти
Improvisation *f* импровизáция 8, *Mus. a.* экспрóмт 2
improvisieren *tr* импровизи́ровать *uv, v 2*
Impuls *m* и́мпульс 2, пéрвое побуждéние 5
impulsiv импульси́в|ный, -ен; heftig поры́вист:ый
imstande *Adv:* ~ sein быть в состоя́нии

in *Präpos Ort wo?* в *P;* ~ Kiew в Ки́еве; ~ der ganzen Welt во всём ми́ре; im Ural на Ура́ле; ~ der Ukraine на Украи́не; ~ Kuba на Ку́бе | Himmelsrichtung на *P;* im Süden на ю́ге | Betrieb на *P;* im Betrieb на предприя́тии; ~ der Fabrik на заво́де [фа́брике] | Veranstaltung на *P;* ~ der Versammlung на собра́нии; im Unterricht на уро́ках [заня́тиях]; im Praktikum на пра́ктике; ~ der Prüfung на экза́мене | Bewegung im Raum по *D;* im Zimmer hin und her gehen ходи́ть по ко́мнате; *wohin?* в *A;* ins Zimmer в ко́мнату | Himmelsrichtung на *A;* ~ den Süden на юг | Betrieb на *A;* ~s Kombinat на комбина́т | Veranstaltung на *A;* ~s Konzert [in die Ausstellung] gehen идти́ на конце́рт [вы́ставку]; ~ die Heimat на ро́дину; ~s Haus liefern доставля́ть на́ дом; ~ den dritten Stock steigen поднима́ться на четвёртый эта́ж | *Zeit wann?;* ~ diesem Monat [Jahr] в э́том ме́сяце [году́]; im 20. Jahrhundert в двадца́том ве́ке; im Mai в ма́е; im Frühling весно́й; ~ der Jugend в мо́лодости; ~ letzter Zeit в [за] после́днее вре́мя; ~ den siebziger Jahren в семидеся́тых года́х; ~ letzter Minute в после́днюю мину́ту; im Morgengrauen на рассве́те; ~ der Nacht но́чью; ~ der Nacht vom 1. zum 2. Mai в ночь с пе́рвого на второ́е ма́я; ~ den Sommermonaten в ле́тние ме́сяцы; ~ der Steinzeit в ка́менный век | nach Ablauf von че́рез *A;* ich komme ~ einer Stunde wieder я верну́сь че́рез час; heute ~ acht Tagen че́рез неде́лю | innerhalb von за *A;* er las das Buch ~ einer Stunde он прочита́л кни́гу за час | pro в *A;* dreimal im Monat [Jahr] три ра́за в ме́сяц [год]; tausend Umdrehungen ~ der Minute ты́сяча оборо́тов в мину́ту | Zustand в *P;* ~ Ordnung в поря́дке; im Hemd в руба́шке; im Zorn в гне́ве | Stückzahl в *P;* in doppelter Ausfertigung в двух экземпля́рах | Schulfach, Sportart по *D;* ~ Russisch ist er gut по ру́сскому языку́ он успева́ет; eine Drei ~ Physik тро́йка по фи́зике; Weltmeister im Hochsprung чемпио́н ми́ра по прыжка́м в высоту́ | Übergang in einen Zustand в *A;* er geriet ~ Wut он пришёл в я́рость; ~ Verlegenheit geraten попа́сть* в затрудни́тельное положе́ние | Teilungsprodukte на *A;* ~ Scheiben schneiden раз|ре́зать* на куски́; ~ zwei Teile teilen раздели́ть на две ча́сти | Form *I;* ~ Stücken куска́ми; ~ großen Mengen больши́ми коли́чествами; ~ Worten ausdrücken выража́ть слова́ми | Gesellschaftsordnung при *P;* im Sozialismus при социали́зме | Witterungserscheinungen в *A;* im Gewitter в грозу́

inaktiv неакти́в|ный, -ен

Inaktivität *f* неакти́вность 9

Inan|griffnahme *f* нача́ло 4; **~spruchnahme** *f* испо́льзование 5

Inbegriff *m* воплоще́ние 5 | ~ der Schönheit воплощённая красота́

inbegriffen *Adv* включа́я, включи́тельно

Inbetriebnahme *f* ввод 2 в эксплуата́цию, пуск 2

Inbrunst *f* стра́стность 9

indem *Konj* während в то вре́мя, как

Inder *m* инди́|ец, -йца 2; **~in** *f* индиа́нка 6

indessen *Konj* ме́жду тем; doch одна́ко

Index *m Math* и́ндекс 2; Register im Buch указа́тель 1 | Bücher auf den ~ setzen внести́ *v* кни́ги в спи́сок запрещённых книг

Indianer *m* инде́|ец, -йца 2; **~häuptling** *m* инде́йский вождь 1e; **~in** индиа́нка 6

indianisch инде́йский

Indien И́ндия 8

indifferent безразли́ч|ный, -ен, индиффере́нт|ный, -ен

Indifferenz *f* безразли́чие 5, индиффере́нтность 9

Indik *m* И́ндик 2

Indikativ *m Gramm* изъяви́тельное наклоне́ние 5, индикати́в 2

Indikator *m* индика́тор 2

Indio *m* инде́|ец, -йца 2

indirekt ко́свенный

indisch инди́йский | Indischer Ozean Инди́йский океа́н

indiskret нескро́м|ный, -ен, беста́кт|ный, -ен

Indiskretion *f* нескро́мность 9, беста́ктность 9

indisponiert в плохо́м настрое́нии, нерасполо́жен:ный к *D*

individualisieren *tr* индивидуализи́ровать *uv, v* 2

Individual|ismus *m* индивидуали́зм 2; **~ist** *m* индивидуали́ст 2

individualistisch индивидуалисти́ческий

Individualität *f* индивиду́альность 9

individuell индивидуа́л|ьный, -ен, -ьна

Individuum *n* индиви́д(уум) 2; *verächtl* тип 2

Indizien *Pl Jur* ко́свенные ули́ки *Pl* 6; **~beweis** *m Jur* доказа́тельство, осно́ванное на ко́свенных ули́ках

Indo|europäer *m*, **~germane** *m* индоевропе́|ец, -йца 2

indo|europäisch, ~germanisch индоевропе́йский

Indonesi|en Индоне́зия 8; **~er** *m* индонези́|ец, -йца 2; **~erin** индонези́|йка 6 *G Pl* -ек

indonesisch индонези́йский

Induktion *f* инду́кция 8

Induktions|spule *f* индукцио́нная кату́шка; **~strom** *m* индукцио́нный ток
induktiv индукти́вный
industrialisieren *tr* индустриализи́ровать *uv, v* 2
Industrialisierung *f* индустриализа́ция 8
Industrie *f* промы́шленность 9; **~abfälle** *Pl* промы́шленные отхо́ды *Pl* 2; **~arbeiter** *m* промы́шленный [индустриа́льный] рабо́чий; **~ausrüstung** *f* промы́шленное обору́дование 5; **~ausstellung** *f* промы́шленная вы́ставка; **~betrieb** *m* промы́шленное предприя́тие; **~erzeugnis** *n* промы́шленное изде́лие; **~formgestalter** *m* худо́жник-оформи́тель 2-1, диза́йнер 2; **~gebiet** *n* промы́шленный [индустриа́льный] райо́н; **~gelände** *n* заводска́я террито́рия; **~gewerkschaft** *f* отраслево́й профсою́з; **~laden** *m* фи́рменный магази́н; **~land** *n* индустриа́льная страна́; **~landschaft** *f* индустриа́льный пейза́ж
industriell промы́шленный, индустриа́льный
Industrieller *m* промы́шленник 2
industriemäßig: ~e Produktionsmethoden промы́шленные ме́тоды произво́дства
Industrie|preisreform *f* рефо́рма цен на промы́шленную проду́кцию; **~produktion** *f* промы́шленное произво́дство; **~staat** *m* госуда́рство с высокора́звитой промы́шленностью; **~stadt** *f* промы́шленный го́род
Industriewaren *Pl* промы́шленные това́ры, промтова́ры *Pl* 2; **~geschäft** *n* промтова́рный магази́н
Industrie|zentrum *n* промы́шленный центр; **~zweig** *m* о́трасль 9 промы́шленности
ineinander *Adv* одно́ в друго́е, друг в дру́га | ~ aufgehen жить душа́ в ду́шу; **~fügen** *tr* (пло́тно) соедин|я́ть ⟨-и́ть 3⟩ (одно́ с други́м); **~greifen** *intr Tech* находи́ться 3⁺ во взаи́мном зацепле́нии; *übertr* переплета́ться, те́сно взаимоде́йствовать 2
infam по́дл|ый, -á! | ~e Lüge на́глая ложь
Infamie *f* по́длость 9
Infanterie *f* пехо́та 6; **~regiment** *n* пехо́тный полк
Infanterist *m* пехоти́н|ец, -ца 2
infantil инфанти́л|ьный, -ен, -ьна
Infarkt *m* инфа́ркт 2
Infektion *f* зараже́ние 5, инфе́кция 8 (mit *I*)
Infektions|herd *m* оча́г инфе́кции [зара́зы]; **~kranker** *m* зара́зный (больно́й); **~krankheit** *f* инфекцио́нная [зара́зная] боле́знь
infektiös инфекцио́нный, зара́з|ный, -ен
infernalisch а́дский
Inferno *n* ад 2, в аду́
Infiltration *f* инфильтра́ция 8
Infinitesimalrechnung *f* исчисле́ние 5 бесконе́чно ма́лых (величи́н)
Infinitiv *m* неопределённая фо́рма (глаго́ла), инфинити́в 2
infizieren *tr* зара|жа́ть ⟨-зи́ть 3 -жу́⟩, инфици́ровать *uv, v* 2 | sich ~ *refl* зара|жа́ться ⟨-зи́ться⟩
Inflation *f* инфля́ция 8 | schleichende ~ ползу́чая 11 инфля́ция
inflationär инфляцио́нный
infolge *Präpos* вследствие *G;* **~dessen** *Adv* вследствие [ввиду́] э́того
Information *f* информа́ция 8
Informations|bericht *m* информацио́нное сообще́ние; **~büro** *n* информацио́нное бюро́; **~fluß** *m* пото́к 2 информа́ции; **~flut** *f* информацио́нный взрыв, ма́сса 6 информа́ции; **~gehalt** *m* информацио́нная ёмкость 9; **~reise** *f* ознакоми́тельная командиро́вка 6
informieren *tr* информи́ровать *uv, v* 2, осведомля́ть ⟨осве́дом|ить 3 -лю⟩; sich ~ *refl* информи́роваться *uv, v* 2, осв|едомля́ться ⟨-е́домиться⟩ (über о *P*)
infrarot инфракра́сный
Infrarot|strahler *m* инфракра́сный излуча́тель; **~strahlung** *f* инфракра́сное излуче́ние
Infrastruktur *f* инфраструкту́ра 6
Infusion *f* влива́ние 5
Ingenieur *m* инжене́р 2; **~büro** *n* инжене́рная фи́рма 6; **~ökonom** *m* инжене́р-экономи́ст 2-2; **~schule** *f* те́хникум | ≈ für Chemie [Maschinenbau] хими́ческий [машинострои́тельный] те́хникум; an der ≈ в те́хникуме
ingenieurtechnisch инжене́рно-техни́ческий
Ingwer *m* имби́рь 1e
Inhaber *m* владе́л|ец, -ьца 2; von Wertpapieren держа́тель 1; Konto, Orden, Rekord облада́дель 1
inhaftieren *tr* арест|о́вывать ⟨-ова́ть 2⟩
Inhaftierung *f* аре́ст 2
Inhalation *f* ингаля́ция 8
Inhalationsgerät *n* ингаля́тор 2
Inhalatorium *n* ингалято́ри|й 1 *P* -и *G Pl* -ев
inhalieren *tr* вдыха́ть ⟨вдохну́ть 4⟩; beim Rauchen затя́гиваться ⟨-тяну́ться 4⁺⟩ *Med* де́лать (с-) ингаля́цию
Inhalt *m* Buch содержа́ние 5; Paket, Faß содержи́мое *Subst* 10; Raum~ ёмкость 9, вмести́мость 9
inhaltlich *Adv* с то́чки зре́ния содержа́ния
Inhaltsangabe *f* (кра́ткое) изложе́ние содержа́ния; zu einem Paket о́пись 9 вложе́ния
inhalts|los бессодержа́тел|ьный, -ен, -ьна; **~reich** содержа́тел|ьный, -ен,

-ьна; ~**schwer** ва́ж|ный, -ен, -на́, -но, ва́жны́, суще́ствен:ный, -на; Nachricht значи́тел|ьный, -ен, -ьна
Inhalts|übersicht *f* консп́ект 2; ~**verzeichnis** *n* оглавле́ние 5, содержа́ние 5
Initial *n,* ~**e** *f* инициа́л 2
Initiat|ive *f* инициати́ва 6, почи́н 2 | auf ≈ von по инициати́ве *G;* die ≈ ergreifen прояв|ля́ть ⟨-и́ть 3⁺ -лю́⟩ инициати́ву; ~**or** *m* инициа́тор 2
Injektion *f* инъе́кция 8
injizieren *tr* впры́с|кивать ⟨-нуть 4⟩, де́лать (с-) инъе́кцию
Inkarnation *f* воплоще́ние 5
Inka *m hist* и́нка *m* 6
Inkasso *n* инка́ссо *n idkl*
inklusive 1. *Adv* включи́тельно **2.** *Präpos* включа́я *A*
inkognito *Adv* инко́гнито, под чужи́м и́менем
Inkognito *n* инко́гнито *n idkl*
inkompetent некомпете́нт|ный, -ен
Inkompetenz *f* некомпете́нтность 9
inkonsequent непосле́довател|ьный, -ен, -ьна
Inkonsequenz *f* непосле́довательность 9
Inkrafttreten *n* вступле́ние 5 в си́лу
Inkubationszeit *f* инкубацио́нный пери́од 2
Inkunabel *f* инкуна́була 6
Inland *n:* im ~ внутри́ страны́; ~**eis** *n* материко́вый лёд; ~**fluglinie** *f* вну́тренняя 11 авиали́ния
inländisch вну́тренний 11, оте́чественный
Inlands|bedarf *m* потре́бности *Pl* 9 вну́треннего ры́нка; ~**markt** *m* вну́тренний 11 ры́нок
Inlaut *m:* im ~ внутри́ сло́ва
Inlett *n* напе́рник 2
inliegend 1. *Adj* вло́женный **2.** *Adv* | ~ senden wir Ihnen ... при сём прилага́ем ...
inmitten *Präpos* среди́ *G*
inne|haben *tr* занима́ть ⟨заня́ть*⟩; ~**halten** *intr* прерыва́ть ⟨-|рва́ть*⟩ (in *A*)
innen *Adv* внутри́ | nach ~ внутрь; von ~ изнутри́
Innen|architekt *m* архите́ктор по интерье́рам; ~**architektur** *f* архитекту́ра интерье́ра [тэ]; ~**aufnahme** *f* Film павильо́нная съёмка; ~**ausbau** *m* вну́тренняя отде́лка 11-6; ~**bahn** *f Sport* вну́тренняя (бегова́я) доро́жка 11-6; ~**einrichtung** *f* вну́тренняя обстано́вка 11-6; ~**minister** *m* мини́стр вну́тренних дел; ~**ministerium** *n* министе́рство вну́тренних дел; ~**politik** *f* вну́тренняя 11 поли́тика
innenpolitisch внутриполити́ческий
Innen|raum *m* вну́треннее 11 помеще́ние, интерье́р [тэ] 2; ~**seite** *f* вну́тренняя 11 сторона́; ~**stadt** *f* центр 2 го́рода; ~**stürmer** *m* и́нсайд 2, полусре́дний напада́ющий 11-*Subst* 11; ~**welt** *f* вну́тренний 11 мир
innerbetrieblich внутризаводско́й
innerer вну́тренний 11 | ~e Krankheit вну́тренняя боле́знь
Inneres *n* вну́тренность 9, вну́тренняя часть 11-9g; der Erde не́дра *Pl* 4 | im ~n внутри́; *Psych* вну́тренне; ins ~ внутрь; ins ~ des Landes вглубь страны́
Innereien *Pl* потрох|а́ *Pl* 2b *G* -о́в
inner|gewerkschaftlich внутрипрофсою́зный; ~**halb** *Präp Ort* внутри́ *G; Zeit* в тече́ние *G,* за *A;* ~**lich** вну́тренний 11, душе́вный | ≈ anzuwenden Arznei для употребле́ния внутрь; ~**parteilich** внутрипарти́йный
innewohnen *intr* быть* прису́щим *D*
innig 1. *Adj* задуше́в|ный, -ен, серде́ч|ый, -ен | ~e Freundschaft и́скренняя 11 дру́жба; ~ster Wunsch (са́мое) горя́чее 11 жела́ние **2.** *Adv* и́скренне
Innung *f hist* ги́льдия 8
inoffiziell неофициа́л|ьный, -ен, -ьна
Inquisit|ion *f* инквизи́ция 8; ~**or** *m* инквизи́тор 2
Insasse *m* Fahrgast пассажи́р 2; Gefängnis заключённый *Subst* 10
insbesondere *Adv* осо́бенно, в ча́стности
Inschrift *f* на́дпись 9
Insekt *n* насеко́мое *Subst* 10
Insektenbekämpfung *f* борьба́ с насеко́мыми
insektenfressend насекомоя́дный
Insekten|fresser *m Zool* насекомоя́дное *Subst* 10; ~**stich** *m* уку́с 2 насеко́мого
Insektizid *n* инсектици́д 2
Insel *f* о́стров 2b *Pl* -а́; ~**bewohner** *m* островит|я́нин 2 *Pl* -я́не, -я́н; ~**gruppe** *f* архипела́г 2; ~**staat** *m* островно́е госуда́рство
Inserat *n* объявле́ние 5
inserieren *tr* поме|ща́ть ⟨-сти́ть 3 -щу́⟩ объявле́ние (in der Zeitung) (в газе́те)
insge|heim *Adv* вта́йне, тайко́м; ~**gesamt** *Adv* в о́бщем, всего́; *Fin* итого́ | ≈ waren es zehn Personen всего́ их бы́ло де́сять челове́к
Insignien *Pl* рега́лии *Pl* 8
insofern 1. *Adv* в э́том (отноше́нии) | ~ hast du dich geirrt в э́том отноше́нии ты ошиба́ешься **2.** *Konj:* ~ als поско́льку, та́к как
insonderheit *Adv* осо́бенно, в ча́стности
insoweit = **insofern**
Inspekt|ion *f* Institution инспе́кция 8; Tätigkeit инспе́кция, прове́рка; ~**or** *m* инспе́ктор 2
Inspira|tion *f* вдохнове́ние 5 (zu на *A*); ~**tor** *m* вдохнови́тель 1
inspirieren *tr* вдохнов|ля́ть ⟨-и́ть 3 -лю́⟩ (zu на *A*)

Inspizient *m Theat* инспициéнт 2, помóщник 2 режиссёра
inspizieren *tr* инспектúровать 2; besichtigen осмáтривать ⟨-смотрéть 3⁺⟩
Installat|eur *m* für Gas газопровóдчик 2; für Wasserleitung водопровóдчик 2; **~ion** *f* установка 6
installieren *tr* устан|áвливать ⟨-овúть 3⁺ -овлю́⟩, монтúровать 2 (с-)
instand halten *tr* содержáть 3⁺ в исправности
Instandhaltung *f* содержáние 5 в испрáвности
inständig 1. *Adj* настоя́тел|ьный₁ -ен₁ -ьна **2.** *Adv* убедúтельно
instand setzen *tr* приводúть 3⁺ -вожу́ ⟨-|вестú*⟩ в испрáвность, ремонтúровать 2 (от-)
Instandsetzung *f* ремóнт 2
Instandsetzungsarbeiten *Pl* ремóнтные рабóты *Pl* 6
Instantkaffee *m* быстрорастворúмый кóфе
Instanz *f* инстáнция 8
Instanzenweg *m:* den ~ gehen по|йтú* *v* по инстáнциям
Instinkt *m* инстúнкт 2, bei Tieren a. чутьё 3
instinktiv инстинктúв|ный₁ -ен
Institut *n* инститýт 2 | ~ für Fremdsprachen инститýт инострáнных языкóв; **~ion** *f* учреждéние 5
instruieren *tr* инструктúровать *uv, v* 2
Instrukt|eur *m* инстрýктор 2; **~ion** *f* инстрýкция 8; Anleitung инструктáж 2
instruktiv инструктúв|ный₁ -ен, поучúтел|ьный₁ -ен₁ -ьна
Instrument *n* инструмéнт 2; Gerät прибóр 2
Instrumental *m* творúтельный падéж 2e; **~gruppe** *f* инструментáльный ансáмбль 1; **~musik** *f* инструментáльная мýзыка
Instrumentation *f* инструментóвка 6, оркестрóвка 6
Instrumentenschrank *m* шкаф для инструмéнтов
instrumentieren *tr* инструментовáть *uv, v* 2, оркестровáть *uv, v* 2
Insulaner *m* островит|я́нин 2 *Pl* -я́не₁ -я́н
Insulin *n* инсулúн 2
inszenieren *tr Theat* стáв|ить 3 -лю (по-)
Inszenierung *f* постанóвка 6
intakt испрáв|ный₁ -ен | ~ sein быть в испрáвности, рабóтать испрáвно
Intarsia *f* инкрустáция 8
Integral *n* интегрáл 2; **~rechnung** *f* интегрáльное исчислéние; **~zeichen** *n Math* знак интегрáла
Integration *f* интегрáция 8
integrier|en *tr* интегрúровать *uv, v* 2; **~end:** ≈er Bestandteil неотъéмлемая [сущéственная] составнáя часть; **~t:** ≈e Schaltung интегрáльная схéма 6
Integrität *f* цéлостность 9 | territoriale ~ территориáльная цéлостность
Intellekt *m* интеллéкт 2
intellektuell интеллектуáл|ьный₁ -ен₁ -ьна
Intellektueller *m* интеллигéнт 2
intelligent интеллигéнт|ный₁ -ен, ýмный₁ умён₁ умнá₁ ýмнó₁ ýмны́
Intelligenz *f* die Geistesarbeiter интеллигéнция 8; Verstand интеллéкт 2, ум 2 | schaffende ~ твóрческая интеллигéнция; **~test** *m* интеллектуáльный тест
Intendant *m Theat* дирéктор 2 *Pl* -á [руководúтель 1] теáтра; *Rad, TV* глáвный режиссёр 2
Intendanz *f Theat* дирéкция 8
Intensität *f* интенсúвность 9
intensiv интенсúв|ный₁ -ен; Farbe я́р|кий₁ -ок₁ -кá!; Geruch, Licht рéз|кий₁ -ок₁ -кá!
Intensivhaltung *f Landw* интенсúвное содержáние 5
intensivieren *tr* интенсифицúровать *uv, v* 2
Intensivierung *f* интенсификáция 8
Intensiv|lehrgang *m* интенсúвный курс 2; **~station** *f Med* отделéние интенсúвных мéтодов лечéния
interessant интерéс|ный₁ -ен, заниматéл|ьный₁ -ен₁ -ьна
Interesse *n* интерéс 2 (an, für к *D*) | im ~ в интерéсах *G;* großes ~ für etw. zeigen прояв|ля́ть ⟨-úть 3⁺ -лю́⟩ большóй интерéс к чемý-н.; das liegt in deinem ~ э́то в твоúх (лúчных) интерéсах; von ~ sein представля́ть интерéс; lebenswichtige ~n крóвные интерéсы
interesselos не имéющий 11 интерéсов
Interesselosigkeit *f* отсýтствие 5 вся́кого интерéса
Interessen|gegensatz *m* противополóжность 9 интерéсов; **~gemeinschaft** *f* Zirkel круж|óк₁ -кá 2
Interessent *m* желáющий *Subst* 11
interess|ieren *tr* интересовáть 2; sich ≈ *refl* интересовáться (für *I*) | j-n an etw. ≈ заинтерес|óвывать ⟨-овáть 2⟩ когó-н. чем-н.; **~iert** заинтересóванный (an в *P*) | sehr stark an etw. ≈ sein быть крóвно заинтересóванным в чём-н.
Interessiertheit *f* заинтересóванность 9 (an в *P*)
Interferenz *f* интерферéнция [тэ] 8
Interhotel *n* интеротéль [тэр, тэ] 1
Interieur *n* интерьéр [тэ] 2
Interjektion *f Gramm* междомéтие 5
interkontinental межконтинентáльный | ~e ballistische Rakete межконтинентáльная баллистúческая ракéта
Intermezzo *n* интермéццо [тэ] *n idkl*
intern внýтренний 11 | ~e Angelegenheiten внýтренние делá

Internat *n* Schul~ интерна́т 2; Studentenheim общежи́тие 5
international междунаро́дный | ~e Lage междунаро́дное положе́ние; ~ anerkannt при́знанный во всём ми́ре
Internationale *f* Hymne Интернациона́л [тэ] 2 | Kommunistische ~ Коммунисти́ческий Интернациона́л, Коминте́рн 2; Sozialistische ~ Социалисти́ческий Интернациона́л, Социнте́рн 2
internationalisieren *tr* интернационализи́ровать [тэ] *uv, v* 2
Internationalismus *m* интернационали́зм [тэ] 2 | proletarischer ~ пролета́рский интернационали́зм
Internatsschule *f* шко́ла-интерна́т 6-2
internieren *tr* интерни́ровать [тэ] *uv, v* 2
Internierung *f* интерни́рование [тэ] 5
Internierungslager *n* ла́герь для интерни́рованных (лиц)
Internist *m* терапе́вт 2, врач 2e *G Pl* -е́й по вну́тренним боле́зням
interparlamentarisch межпарла́ментский | Interparlamentarische Union Межпарла́ментский Сою́з
Interpellation *f* интерпелля́ция [тэ] 8, запро́с 2
interpellieren *intr* интерпелли́ровать [тэ] *uv, v* 2
interplanetar межплане́тный | ~e Station межплане́тная ста́нция
Interpolation *f* интерполя́ция [тэ] 8
interpolieren *tr* интерполи́ровать [тэ] *uv, v* 2
Interpretation *f* интерпрета́ция [тэ] 8, (ис)толкова́ние 5
interpretieren *tr* интерпрети́ровать [тэ] *uv, v* 2, (ис)толк|о́вывать ⟨-ова́ть 2⟩
Interpunktion *f* пунктуа́ция 8
Interpunktionszeichen *n* знак препина́ния
Interrogativpronomen *n* вопроси́тельное местоиме́ние
Intervall *n* интерва́л 2
intervenieren *intr* вме́шиваться ⟨вмеша́ться⟩; *Pol* предпринима́ть ⟨-|приня́ть*⟩ интерве́нцию
Intervent *m* интерве́нт 2; **~ion** *f* интерве́нция 8; Einmischung вмеша́тельство 4
Interventionstruppen *Pl* интервенцио́нные войска́
Interview *n* интервью́ [тэ] *n idkl*
interviewen *tr* интервьюи́ровать [тэ] *uv, v* 2, брать* ⟨взять*⟩ интервью́ у *G*
Intervision *f* Интерви́дение [тэ] 5
intim инти́м|ный, -ен, бли́з|кий, -ок, -ка́, -ко, близки́; бли́же 11 | mit j-m ~ sein быть с кем-н. в бли́зких [дру́жеских] отноше́ниях
Intimität *f* инти́мность 9
intolerant нетерпи́м|ый (gegen к *D*)
Intoleranz *f* нетерпи́мость 9
Intonation *f* интона́ция 8
intramuskulär внутримы́шечный
intransitiv непереходный
intravenös внутриве́нный
intrigant интрига́нский
Intrig|ant *m* интрига́н 2; **~e** *f* интри́га 6; ~en *Pl* про́иски *Pl* 2
intrigieren *intr* интригова́ть 2
Introduktion *f* интроду́кция 8
Intuition *f* интуи́ция 8
intuitiv интуити́в|ный, -ен
invalide инвали́дный | sein быть инвали́дом
Invalide *m* инвали́д 2
Invaliden|rente *f* пе́нсия по инвали́дности; **~rentner** *m* пенсионе́р-инвали́д 2-2; **~versicherung** *f* страхова́ние на слу́чай инвали́дности
invalidisieren *tr* при|знава́ть* ⟨-зна́ть⟩ инвали́дом
Invalidität *f* инвали́дность 9
invariant инвариа́нт|ный, -ен
Invarianz *f* инвариа́нтность 9
Invasion *f* *Mil* вторже́ние 5; Ansturm наше́ствие 5
Inventar *n* инвента́рь 1e
inventarisieren *tr* инвентаризова́ть *uv, v* 2 *A*, сост|авля́ть ⟨-а́вить 3 -а́влю⟩ о́пись *G*
Inventar|liste *f*, **~verzeichnis** *n* инвента́рная о́пись 9
Inventur *f* учёт 2, инвентариза́ция 8 | Geschäft wegen ~ geschlossen магази́н закры́т на учёт; ~ machen производи́ть 3⁺ -вожу́ ⟨-|вести́*⟩ учёт; **~ausverkauf** *m* распрода́жа по переучёту
Inversion *f* инве́рсия 8
investieren *tr* вкла́дывать ⟨вложи́ть 3⁺⟩ (капита́л), инвести́ровать *uv, v* 2 (в *A*)
Investition *f* капиталовложе́ние 8 (в *A*)
Investitionsgüter *Pl* сре́дства *Pl* 4 произво́дства
inwendig **1.** *Adj* вну́тренний 11 **2.** *Adv* внутри́
inwie|fern, ~weit *Adv* наско́лько, в како́й ме́ре | ~weit kann man diesem Menschen glauben? наско́лько мо́жно ве́рить э́тому челове́ку?
Inzucht *f* близкоро́дственное разведе́ние 5; *Bot* инцу́хт 2
inzwischen *Adv* тем вре́менем, ме́жду тем
Ion *n* ио́н 2; **~isation** *f* иониза́ция 8
ionisch иони́ческий | Ionisches Meer Ио́ни́ческое мо́ре
ionisieren *tr* ионизи́ровать *uv, v* 2
Ion|ium *n* ио́ни|й 1 *P* -и; **~osphäre** *f* ионосфе́ра 6
Irak *m* Ира́к 2; **~er** *m* жи́тель 1 Ира́ка, ира́к|ец, -ца 2; **~erin** *f* жи́тельница 6 Ира́ка
irakisch ира́кский

Iran *m* Ира́н 2; **~er** *m* ира́н|ец₁ -ца 2; **~erin** *f* ира́нка 6
iranisch ира́нский
irdisch земно́й
Ire *m* ирла́нд|ец₁ -ца 2
irgend *Adv* то́лько | wenn ~ möglich е́сли то́лько возмо́жно; **~etwas** Unbestimmtes что́-нибудь; Bestimmtes что́-то; **~jemand** Unbestimmtes кто́-нибудь; Bestimmtes кто́-то; **~ein(er)** *Pron unbest* како́й-нибудь; *best* како́й-то; **~wann** *Adv unbest* когда́-нибудь; *best* когда́-то; **~was** *Pron unbest* что́-нибудь; *best* что́-то; *einiges* ко́е-что; **~wie** *Adv unbest* ка́к-нибудь; *best* ка́к-то, ко́е-как; **~wo** *Adv unbest* где́-нибудь; *best* где́-то; **~woher** *Adv unbest* отку́да-нибудь; *best* отку́да-то; **~wohin** *Adv unbest* куда́-нибудь; *best* куда́-то
Iridium *n* ири́ди|й 1 *P* -и
Irin *f* ирла́ндка 6
Iris *f Anat* ра́дужная оболо́чка 6; Blume и́рис 2
irisch ирла́ндский
Irland Ирла́ндия 8
Ironie *f* иро́ния 8
ironisch ирони́ческий
irrational иррационáл|ьный₁ -ен₁ -ьна *a. Math*
irre verrückt поме́шанный, сумасше́дший 11 | ich bin ganz ~ я совсе́м сбит с то́лку; an j-m ~ werden потеря́ть *v* дове́рие к кому́-н., ошиба́ться ⟨-|шиби́ться*⟩ в ком-н.
Irre *f*: in die ~ gehen заблу|жда́ться ⟨-ди́ться 3 -жу́сь⟩, сбива́ться ⟨-|би́ться*; собью́сь⟩ с пути́; j-n in die ~ führen вводи́ть 3⁺ ⟨-|вести́*⟩ кого́-н. в заблужде́ние
irreal нереа́л|ьный₁ -ен₁ -ьна
irre|führen *tr übertr* вводи́ть 3⁺ -вожу́ ⟨-|вести́*⟩ в заблужде́ние; **~gehen** *intr* sich verirren заблу|жда́ться ⟨-ди́ться 3⁺ -жу́сь⟩; umherirren блужда́ть; *übertr* sich irren ошиба́ться ⟨-|шиби́ться*⟩
irren *intr* umher~ блужда́ть; ziellos бро|ди́ть 3⁺ -жу́; sich ~ *refl* ошиба́ться ⟨-|шиби́ться*⟩ (in в *P*) | ich kann mich auch ~ мо́жет быть, я ошиба́юсь; Irren ist menschlich челове́ку сво́йственно ошиба́ться
Irrenhaus *n* сумасше́дший 11 дом *umg*
irrereden *intr* im Fieber бре́|дить 3⁺ -жу
Irr|fahrt *f* блужда́ние 5; in Sagen стра́нствование 5; **~garten** *m* лабири́нт 2
irrig оши́боч|ный₁ -ен, ло́ж|ный₁ -ен | eine ~e Meinung vertreten выска́зывать ⟨вы́с|казать*⟩ оши́бочное мне́ние
irritieren *tr* erregen раздраж|а́ть ⟨-и́ть 3⟩; irremachen сбива́ть ⟨с|бить*₁ собью⟩ с то́лку
Irr|lehre *f* лжеуче́ние 5; **~licht** *n* блужда́ющий огон|ёк₁ -ька́ 11-2; **~sinn** *m* безу́мие 5, сумасше́ствие 5; Unsinniges *umg* бессмы́слица 6
irrsinnig сумасше́дший 11, безу́м|ный₁ -ен | in einem ~en Tempo в бе́шеном те́мпе
Irrtum *m* оши́бка 6 | es liegt ein ~ vor произошла́ оши́бка; im ~ sein ошиба́ться
irrtümlich оши́боч|ный₁ -ен; **~erweise** *Adv* по оши́бке, оши́бочно
Irrweg *m* ло́жный путь
Ischias *f* и́шиас 2; **~nerv** *m* седа́лищный нерв
Islam *m* исла́м 2
islamisch исла́мский
Is|land Исла́ндия 8; **~länder** *m* исла́нд|ец₁ -ца 2; **~länderin** *f* исла́ндка 6
isländisch исла́ндский
Isobare *f* изоба́ра 6
Isolat|ion *f* изоля́ция 8 *a. Tech;* **~or** *m El* изоля́тор 2
Isolierband *n* изоляцио́нная ле́нта
isolieren *tr* изоли́ровать *uv, v* 2 *a. Tech;* sich ~ *refl* изоли́роваться
Isolier|schicht *f* изоляцио́нный [изоли́рующий 11] слой; **~stoff** *m* изоляцио́нный материа́л
Isolier|theit *f* изоли́рованность 9, обосо́бленность 9; **~ung** *f* Material изоля́ция 8; Tätigkeit изоли́рование 5
Iso|therme *f* изоте́рма [тэ] 6; **~top** *n* изото́п 2
Israel Изра́иль 1; **~i** *m* израильт|я́нин 2₁ *Pl* -я́не₁ -я́н; *f* израильтя́нка 6
israelisch изра́ильский
Istanbul Стамбу́л 2
Ist|bestand *m* нали́чный соста́в; **~stärke** *f* нали́чный соста́в; **~wert** *m* и́стинная [факти́ческая] величина́ 6с
Italien Ита́лия 8
Italiener *m* италья́н|ец₁ -ца 2; **~in** *f* италья́нка 6
italienisch италья́нский
I-Tüpfelchen *n:* bis aufs ~ до после́дней ме́лочи

J

ja 1. *Adv* Zustimmung да | ~, ich bin fertig да₁ я гото́в; ~₁ das waren glückliche Tage да₁ э́то бы́ли счастли́вые дни; zu allem ~ sagen со всем согла|ша́ться ⟨-си́ться 3 -шу́сь⟩; ~ und amen zu etw. sagen дава́ть* ⟨дать*⟩ своё по́лное согла́сие на что-н.; zur Überbrückung einer Sprechpause да, так | ~, was mache ich bloß? ах да₁ что же э́то тако́е я де́лаю?; ~, so war es да₁ так э́то бы́ло; na ~! пусть [э́то] так!; ну да!; ich glaube, ~. э́то так? – Ду́маю, что так. **2.** *Interj zur Verstärkung:* doch ведь, же; sogar да́же; unbedingt обяза́тельно I es regnet ~ ведь дождь идёт; es ist ~ einerlei э́то ведь безразли́чно; vergessen Sie es ~ nicht! то́лько не забу́дьте э́того!; tun Sie es ~ nicht! ни в ко́ем слу́чае не де́лайте э́того!; lassen Sie das ~ sein! оста́вьте [бро́сьте] э́то (де́ло)!; «Ja bitte» am Telefon слу́шаю; in Ausrufen: ~ doch! (на)ве́рно!, коне́чно!; ach, ~ bedauernd к сожале́нию, да

Ja *n* I mit ~ antworten выража́ть ⟨вы́ра|зить 3 -жу⟩ своё согла́сие; mit ~ stimmen für etw. голосова́ть 2 (про-) за что-н.

Jacht *f* я́хта 6 I mit der ~ на я́хте; **~klub** *m* яхт-клу́б 2

Jäckchen *n* ко́фточка 6

Jacke *f* Joppe ку́ртка 6; kurze Frauen~, Strick~ ко́фта 6, ко́фточка 6; Kostüm~, Woll~ жаке́т 2; Sakko пиджа́к 2e; Haus- oder Uniform~ тужу́рка 6 I ärmellose ~ безрука́вка 6

Jackenkleid *n* пла́тье-костю́м 5-2

Jackett *n* пиджа́к 2e

Jagd *f* охо́та 6 (auf на *A*); Hetz~ тра́вля 7; als Gewerbe (охо́тничий 12) про́мыс|ел, -ла 2; Verfolgung охо́та (auf j-n, etw. за кем-н., чем-н.); nach Verbrechern, Geld, Glück пого́ня 7 за *I* I auf die ~ gehen ходи́ть (*best* идти́, по|йти́* *v*) на охо́ту; auf (der) ~ sein быть на охо́те; ~ machen auf j-n охо́|титься 3 -чусь на кого́-н. *oder* за кем-н.; **~flieger** *m* лётчик-истреби́тель 2-1; **~flugzeug** *n* (самолёт-)истреби́тель (2-)1; **~gebiet** *f* охо́тничий 12 райо́н; **~geschwader** *n* истреби́тельный авиапо́лк 2e *P a.* -у́; **~gesellschaft** *f* (ме́стное) охо́тничье 12 о́бщество; **~gewehr** *n* охо́тничье 12 ружьё; **~horn** *n* охо́тничий 12 рог; **~hund** *m* охо́тничья 12 соба́ка; **~revier** *n* охо́тничий 12 уча́сток; **~schein** *m* охо́тничий 12 биле́т; **~springen** *n* охо́тничий 12 конку́р-иппи́к 2; **~staffel** *f* эскадри́лья истреби́телей; **~tasche** *f* ягдта́ш 2 *G Pl* -ей; **~waffen** *f Pl* охо́тничье 12 ору́жие; **~wurst** *f* охо́тничья 12 колбаса́; **~zeit** *f* охо́тничий сезо́н 12-2

jagen *tr* Wild охо́|титься 3 -чусь на *A oder* за *I;* mit Hunden трав|и́ть 3⁺ -лю́ (за-); treiben гнать* *best,* гоня́ть *unbest;* погна́ть *v;* vertreiben прогоня́ть ⟨-гна́ть⟩, выгоня́ть ⟨вы́гнать⟩; aus dem Lande изгоня́ть ⟨-гна́ть⟩; verfolgen гна́ться (по-) *best,* гоня́ться *unbest; intr* Jagd betreiben охо́титься (auf, nach на *A oder* за *I); übertr* гна́ться (по-) (nach etw. за чем-н.); Auto, Wolken мча́ться 3 (по-), но|си́ться 3⁺ -шу́сь, нести́сь*; schnell gehen торо|п|и́ться 3⁺ -лю́сь (по-), спеши́ть 3 I aus dem Hause ~ выгоня́ть ⟨вы́гнать⟩ из до́му; nach einem Hirsch ~ охо́титься на оле́ня [за оле́нем]; nach Titeln [nach dem Glück] ~ гна́ться за ти́тулами [за сча́стьем]; nach Abenteuern ~ иска́ть* приключе́ний; die Ereignisse ~ sich собы́тия бы́стро сле́дуют одно́ за други́м; das Auto jagte durch die Straßen (авто)маши́на мча́лась по у́лицам

Jäger *m* охо́тник 2; *hist Mil* е́герь 1b *Pl* егеря́; *Flugw* (самолёт-)истреби́тель (2-)1; **~latein** *n übertr* охо́тничьи расска́зы 12-*Pl* 2, небыли́цы *Pl* 6; **~sprache** *f* охо́тничий жарго́н 12-2

Jaguar *m* ягуа́р 2

jäh plötzlich внеза́п|ный, -ен; abschüssig обры́вист:ый, крут:о́й, -á!

Jahr *n* год 2b, в году́, *Pl* го́ды *u.* года́, *G* годо́в, *nach Zahlen ab 5* лет I ein halbes ~ полго́да; ein ganzes ~ hindurch кру́глый год; von ~ zu ~ из го́да в год; ~ für ~ год за го́дом; voriges ~ в про́шлом году́; vor zwei ~en два го́да тому́ наза́д; pro ~, im ~ в год; im ~e 1959 в ты́сяча девятьсо́т пятьдеся́т девя́том году́; es war das ~ 1920 шёл 1920-ый год; in den zwanziger ~en в двадца́тых года́х; in den ~en des … в [за] го́ды …; während des ganzen ~es за це́лый год; im Verlaufe eines ~es за́ год; im nächsten ~ в бу́дущем году́, на сле́дующий год; in einem ~, übers ~ че́рез год; nach drei ~en че́рез три го́да; der Plan wurde in einem ~ erfüllt план был вы́полнен за (оди́н) год; fünf ~e lang в тече́ние пяти́ лет; seit ~ und Tag (уже́) мно́го лет, давны́м-давно́; er ist ein ~ alt ему́ год; er ist vier ~e alt ему́ четы́ре го́да, er ist fünf ~e alt ему́ пять лет; ich werde zwanzig ~e alt мне исполня́ется два́дцать лет; in die ~e kommen вхо|ди́ть 3⁺ -жу́ ⟨во|йти́*⟩ в года́, ста́риться 3 (со-); er ist schon bei ~en он уже́ в года́х, он уже́ пожило́й; in jungen ~en в молоды́х года́х; j-m ein gesundes neues ~ wünschen поздр|авля́ть ⟨-а́вить 3 -а́влю⟩ кого́-н. с Но́вым го́дом; j-m zum neuen ~ Glück wünschen пожела́ть *v* кому́-н. сча́стья в но́вом году́

jahraus *Adv:* ~, jahrein из го́да в год, год за го́дом

Jahrbuch *n* ежего́дник 2

jahrelang 1. *Adj* многоле́тний 11 **2.** *Adv* мно́го лет, в тече́ние мно́гих лет

jähren, sich *refl:* es jährt sich, daß … (вот) уже́ год, как …; ein Ereignis jährt sich наступа́ет годовщи́на како́го-н. собы́тия; heute jährt sich sein Todestag сего́дня исполня́ется год со дня его́ сме́рти; der Hochzeitstag jährte sich zum

vierten Mal испóлнилось [прошлó] четы́ре гóда со дня свáдьбы
Jahres|abschluß *m Fin* годовóй балáнс 2; **~bericht** *m* годовóй отчёт; **~durchschnitt** *m:* im ≈ в срéднем за год; **~einkommen** *n* годовóй дохóд; **~endprämie** *f* прéмия по результáтам [итóгам] рабóты за год, годовáя прéмия; **~feier** *f* прáзднование [зн] годовщи́ны, юбилéй 1; **~frist** *f* годи́чный срок | in ≈ в течéние гóда, зá год; **~hauptversammlung** *f* отчётно-вы́борное собрáние; **~plan** *m* годовóй план, план нá год; **~produktion** *f* годовóе произвóдство; **~ring** *m Bot* годи́чное кольцó; **~schrift** *f* ежегóдник 2; **~tag** *m* годовщи́на 6 | am ≈ в годовщи́ну; der zehnte ≈ деся́тая годовщи́на 6, десятилéтие 5; **~umsatz** *m* годовóй оборóт; **~urlaub** *m* годовóй óтпуск; **~wechsel** *m* наступлéние 5 нóвого гóда | zum ≈ gratulieren поздр|авля́ть ⟨-áвить 3 -áвлю⟩ с Нóвым гóдом; Glückwünsche zum ≈ поздравлéние с Нóвым гóдом; **~zahl** *f* указáние 5 гóда, год 2b; **~zeit** *f* врéмя гóда
Jahr|gang *m* Zeitschrift годовóй комплéкт 2; Erscheinungsjahr von Zeitschrift год 2b издáния; *Mil* год призы́ва, призывнóй контингéнт 2 | er gehört demselben ≈ an wie ich он тогó же гóда рождéния, что и я; welcher ≈ sind Sie? какóго вы гóда (рождéния)?; der ≈ 1969 wurde einberufen был при́зван 1969-ый год [контингéнт 1969-ого гóда]; obere [untere] Jahrgänge Schule стáршие 11 [млáдшие 11] клáссы *Pl* 2; ≈ 1950 Wein винó урожáя 1980-ого гóда; **~hundert** *n* столéтие 5, век 2b; *Pl* -á | ein halbes ≈ полстолéтия, полвéка; im 20. ≈ в 20-ом вéке; von ≈ zu ≈ из вéка в век
Jahrhundertwende *f* наступлéние 5 нóвого вéка [столéтия] | um die ~ на рубежé двух векóв
jährlich 1. *Adj* ежегóдный | das ~e Einkommen годовóй дохóд, дохóд зá год **2.** *Adv* ежегóдно | zweimal ~ два рáза в год
Jahr|markt *m* я́рмарка 6; **~tausend** *n* тысячелéтие 5; **~zehnt** *n* десятилéтие 5 | im letzten ≈ в послéднее 11 десятилéтие
jahrzehntelang *Adv* десятилéтиями, в течéние десятилéтий
Jähzorn *m* вспы́льчивость 9 | im ~ сгорячá
jähzornig вспы́льчив:ый | ~ werden вспыли́ть *v* 3
Jakarta Джакáрта 6
Jakut|e *m* якýт 2; **~in** *f* якýтка
jakutisch якýтский
Jalousie *f* жалюзи́ *n idkl*
Jalta Я́лта 6
Jamaika Ямáйка 6 | in ~ на Ямáйке
Jambus *m* ямб 2
Jammer *m* Klage (грóмкий) плач 2, вопль 1; Elend бéдствие 5, бедá 6c; Kummer гóре 3 | es ist ein ~, daß … до слёз жаль, что …; es ist ein ~ (zu sehen), wie … бóльно смотрéть, как …; **~geschrei** *f* вóпли *Pl* 1; **~gestalt** *f* жáлкая фигýра; **~lappen** *m* тря́пка 6
jämmerlich 1. *Adj* Blick, Geschrei жáлоб|ный, -ен; Mensch, Dasein, Bezahlung жáл|кий, -ок, -кá!; -ьче, ничтóж|ный, -ен **2.** *Adv:* ~ aussehen имéть жáлкий вид
jammern *intr* wehklagen причитáть (um j-n по *P*), ныть* (um, über, wegen etw. из-за чегó-н.); klagen жáловаться 2 (по-) (über на *A oder mit Konj* что); *tr:* er jammert mich мне óчень жаль егó; es jammert mich, ihn so elend zu sehen мне бóльно смотрéть на егó нуждý
jammer|schade *Adv* до слёз, óчень жаль; **~voll** Leben жáл|кий, -ок, -кá!; Lage плачéв|ный, -ен; Stöhnen, Blick жáлост|ный, -ен
Januar *m* янвáрь 1e
Japan Япóния 8; **~er** *m* япóн|ец, -ца 2; **~erin** *f* япóнка 6
japanisch япóнский
Jargon *m* жаргóн 2
Jasmin *m* жасми́н 2
Jaspis *m* я́шма 6
Jastimme *f* гóлос «за»
jäten *tr u. intr* полóть* (вы́-); Unkraut a. выпáлывать ⟨вы́полоть⟩; Garten a. пропáлывать ⟨-полóть⟩
Jauche *f* (навóзная) жи́жа 6
Jauche[n]|faß *n* бóчка для жи́жи; **~grube** *f* я́ма для навóзной жи́жи; **~pumpe** *f* насóс для (откáчки) навóзной жи́жи; **~wagen** *m* телéга для навóзной жи́жи
jauchzen *intr:* hell ~ (грóмко) ликовáть 2; vor Freude ~ вскри́кивать от рáдости
jaulen *intr* выть*, завывáть
Java Я́ва 6 | auf ~ на Я́ве
Javaner *m* явáн|ец, -ца 2, жи́тель 1 Я́вы; **~in** *f* явáнка 6
javanisch явáнский
jawohl *Adv* совершéнно вéрно; *Mil* так тóчно
Jawort *n* соглáсие 5 (zu etw. с чем-н.) | sein ~ geben давáть ⟨дать⟩ своё соглáсие (zur Ehe на брак)
Jazz *m* джаз 2; **~band** *f* джаз 2, джаз-бáнд 2; **~musik** *f* джáзовая мýзыка; **~musiker** *m* джази́ст 2; **~orchester** *n* джаз-оркéстр 2, джáзовый ансáмбль 1
je 1. *Adv* jemals когдá-нибудь; *bei Verneinung* никогдá | wer hätte das ~ gedacht! кто бы мог (э́то когдá-нибудь) подýмать!; keiner wird es ~ begreifen никтó никогдá э́то не поймёт; wie eh und ~ как всегдá; von ~ и́здавна **2.** *Präpos*

vor Zahlwörtern по *D (Num ab 2–A);* за *A;* с *G* | ~ ein [zwei, drei *usw.*] по одному́ [по́ два, по́ три]; ~ ein Buch по кни́ге; für ~ fünf Stück … за ка́ждые пять штук …; … ~ Hektar … с гекта́ра **2.** *Konj:* ~ nachdem смотря́ по (тому́); ~ eher, desto besser чем ра́ньше, тем лу́чше; ~ …, desto … чем …, тем …; ~ nachdem, was er sagen wird в зави́симости от того́, что он ска́жет

Jeans *Pl* джи́нсы *Pl;* **~jacke** *f* джи́нсовая ку́ртка

jedenfalls *Adv* во вся́ком слу́чае

jeder *Pron* ка́ждый; jeglicher вся́кий | ~ beliebige любо́й, пе́рвый встре́чный; ~ einzelne ка́ждый в отде́льности; hat ~ seinen Fahrschein? у всех есть биле́ты?; zu ~ (beliebigen) Zeit в любо́е вре́мя; um jeden Preis любо́й цено́й; ohne jeden Zweifel без вся́кого сомне́ния; auf jeden Fall на вся́кий слу́чай; in jedem Fall во вся́ком слу́чае; jede Arbeit вся́кая рабо́та; jede Woche ка́ждую неде́лю; **~lei** *Adj* вся́кий | auf ≈ Art вся́чески, любы́м спо́собом; **~mann** *Pron* ка́ждый, вся́кий; **~zeit** *Adv* всегда́; zu jeder beliebigen Zeit в любо́е вре́мя

jedesmal *Adv* ка́ждый [вся́кий] раз

jedoch *Konj* одна́ко; же *nachgestellt* | ich reise ab, mein Freund jedoch bleibt я уезжа́ю, това́рищ же остаётся

Jeep *m* джип 2

jeher *Adv:* von ~ и́здавна, с да́вних пор

jemals *Adv* когда́-нибудь, когда́-либо; *bei Verneinung* никогда́

jemand *Pron* ganz gleich [einerlei] wer кто́-нибудь, кто́-либо; eine bestimmte, aber nicht bekannte Person, irgendein кто́-то, *buchspr a.* не́кто | hast du jemand(em) davon erzählt? ты кому́-нибудь об э́том рассказа́л?; frage doch ~ anders! спроси́ (у) кого́-нибудь друго́го!; auf ~es Kosten leben жить за чей-нибудь счёт; ~ hat nach Ihnen gefragt кто́-то вас спра́шивал

Jemen Йе́мен [мэ] 2

Jemenit *m* йе́мен|ец [мэ], -ца 2, жи́тель 2 Йе́мена

jemenitisch йе́менский [мэ]

Jena Ие́на 6

jener (jene, jenes, jene) *Pron* тот 15 (*f* та, *n* то, *Pl* те) | dieser und ~ тот и друго́й; dies und jenes то да сё; er hat mit diesem und jenem gesprochen поговори́л ко́е с ке́м

Jenissej Енисе́й 1

jenseit|ig лежа́щий 11 по ту сто́рону; gegenüberliegend противополо́ж|ный, -ен; **~s 1.** *Adv* по ту сто́рону **2.** *Präpos* по ту сто́рону *G;* за *I* | ≈ des Flusses [der Grenze] по ту сто́рону реки́ [грани́цы], за реко́й [грани́цей]

Jenseits *n* потусторо́нний мир 11-2 | j-n ins ~ befördern отправля́ть ⟨отпра́в|ить 3 -лю⟩ кого́-н. на тот свет

Jerewan Ерева́н 2

Jersey *n* Wollstoff дже́рси, джерсе́ [сэ] *m oder n idkl;* Fußballhemd футбо́лка 6 | aus ~ из дже́рси

Jerusalem Иерусали́м 2

Jesuit *m* иезуи́т 2

Jesuitenorden *m* о́рден иезуи́тов, иезуи́тский о́рден

jetzig ны́нешний 11, тепе́решний 11 | in der ~en Zeit в на́ше [в настоя́щее] вре́мя

jetzt *Adv* тепе́рь; heutzutage a. ны́не | bis ~ до сих пор, до настоя́щего вре́мени; von ~ ab отны́не, с э́того моме́нта; ~ eben то́лько что; ~ gleich сейча́с же; ~ oder nie! тепе́рь и́ли никогда́!

jeweil|ig де́йствующий 11 (в да́нном слу́чае), тепе́решний 11; entsprechend соотве́тствующий 11 | nach den ≈en Normen по де́йствующим (в да́нных усло́виях, в соотве́тствующее вре́мя) но́рмам; in der ≈en Landeswährung в валю́те да́нной [соотве́тствующей] страны́; **~s** *Adv* ка́ждый раз, в ка́ждом слу́чае | nach den ≈ geltenden Bestimmungen в соотве́тствии с де́йствующими (в ка́ждом слу́чае) положе́ниями; die ≈ geltenden Preise де́йствующие 11 в да́нном слу́чае це́ны; das Abkommen kann ≈ um ein weiteres Jahr verlängert werden соглаше́ние мо́жет быть продлено́ на ка́ждый после́дующий год; ≈ Mittwoch ка́ждый раз в сре́ду

jiddisch 1. *Adj* евре́йский; *Lit* на языке́ и́диш | ~e Sprache и́диш **2.** *Adv* по-евре́йски; на и́диш(е)

Jiu-Jitsu *n* джи́у-джи́тсу *n idkl*

Joch *n* für Ochsen ярмо́ 4c; Bergsattel седлови́на 6; *übertr* ярмо́, и́го 4; Last бре́м|я *n G, D, P* -ени, *I* -енем, гнёт 2 | ein schweres ~ tragen нести́ тя́жкое бре́мя; **~bein** *n* скулова́я кость 9g

Jockei *m Sport* жоке́|й 1 *G Pl* -ев

Jod *n* йод [ёд] 2

jodeln *intr* петь* с перели́вами (на тиро́льский лад)

jodhaltig *Chem* йодосодержа́щий [ёд]; Lösung йо́дный

Jodler *m* Gesang пе́ние 5 с перели́вами, трель 9 на тиро́льский лад; Person пев|е́ц, -ца́ 2, исполня́ющий 11 пе́сни с перели́вами (на тиро́льский лад)

Jod|oform *n* йодофо́рм 2 [ёд]; **~präparat** *n* йо́дистый [ёд] препара́т; **~tinktur** *f* насто́йка йо́да [ёд]

Joghurt *m, n* йогу́рт 2

Johannis|beere *f* сморо́дина 6; einzelne я́года сморо́дины; **~beerstrauch** *m* куст

сморо́дины; ~**brot** *n* царегра́дский струч|о́к, -ка́ 2; ~**käfer** *m* светля́к 2е
johlen *intr* ора́ть*, горла́нить 3
Joker *m* джо́кер 2
Jongleur *m* жонглёр 2
jonglieren *tr u. intr* жонгли́ровать 2 (mit *I*)
Joppe *f* ку́ртка 6
Jordanie|n Иорда́ния 8; ~**r** *m* иорда́н|ец, -ца 2; ~**rin** *f* иорда́нка 6
jordanisch иорда́нский
Jota *n* йо́та [ёт] 6 | kein ~ ни на йо́ту, ниско́лько
Joule *n El* джо́уль 1
Journal *n* журна́л 2; ~**ist** *m* журнали́ст 2; ~**istik** *f* журнали́стика 6
journalistisch журнали́стский
jovial leutselig (нарочи́то) приве́тлив:ый
Jovialität *f* (напускна́я) приве́тливость 9
Jubel *m* ликова́ние 5 | der ~ kannte keine Grenzen ликова́ние бы́ло безграни́чно; da ist ~, Trubel, Heiterkeit там цари́т бу́рное весе́лье
jubeln *intr* ликова́ть 2 (über etw. по слу́чаю чего́-н.); ~**d 1.** *Adj* лику́ющий 11; Empfang восто́рженный **2.** *Adv* с ликова́нием
Jubilar *m* юбиля́р 2; ~**in** *f* юбиля́р 2, юбиля́рша 6 *umg*
Jubiläum *n* юбиле́|й 1 *G Pl* -ев | zwanzigjähriges ~ двадцатиле́тний 11 юбиле́й; ein ~ feiern пра́здновать [зн] 2 (от-) юбиле́й
Jubiläums|feier *f* юбиле́йный пра́здник; ≈n юбиле́йные торжества́; ~**feierlichkeiten** *f Pl* юбиле́йные торжества́
Juchten[leder] *n* юфть 9
jucken *intr* чеса́ться*, зуд|е́ть 3 -и́т | mir juckt die Nase у меня́ че́шется нос; meine Hand juckt рука́ (у меня́) зуди́т; es juckt mich in den Fingern *übertr* у меня́ ру́ки че́шутся
Juckreiz *m* зуд 2
Jude *m* евре́|й 1 *G Pl* -ев
Jüdin *f* евре́йка 6
jüdisch евре́йский
Judo *n Sport* дзюдо́ *n idkl;* ~**ka** *m* дзюдои́ст 2; ~**meisterschaften** *f Pl* чемпиона́т по дзюдо́; ~**sportler** *m* = **Judoka**
Jugend *f* Alter мо́лодость 9, ю́ность 9; junge Menschen молодёжь 9, ю́ношество 4 | von ~ auf с ю́ности, с молоды́х [с ю́ных] лет; sie ist schon über ihre erste ~ hinaus она́ уже́ не пе́рвой мо́лодости; die ~ von heute ны́нешняя 11 [совреме́нная] молодёжь; ~**alter** *n* ю́ношеский во́зраст; ~**arbeit** *f* рабо́та с молодёжью; ~**bewegung** *f* молодёжное движе́ние; ~**brigade** *f* молодёжная брига́да; ~**buch** *n* кни́га для молодёжи; ~**chor** *m* молодёжный хор; ~**erinnerungen** *f Pl* воспомина́ния *Pl* 5 ю́ности [мо́лодости]; ~**erziehung** *f* воспита́ние молодёжи; ~**förderung** *f* выдвиже́ние молодёжи; ~**förderungsplan** *m* план созда́ния усло́вий для разви́тия и обуче́ния молодёжи; ~**freund** *m* друг ю́ности; ~**freundin** *f* подру́га ю́ности; ~**funk** *m* радиовеща́ние 5 для молодёжи; ~**fürsorge** *f* попече́ние о несовершеннолéтних; Behörde о́рган 2 социа́льной по́мощи несовершенноле́тним; ~**gericht** *n* суд по дела́м несовершенноле́тних; ~**gesetz** *n* зако́н о права́х молодёжи; ~**herberge** *f* тури́стская ба́за [турба́за 6] для молодёжи; ~**klasse** *f Sport* ю́ношеский разря́д; ~**klub(haus)** *m (n)* клуб [дом] молодёжи; ~**kriminalität** *f* престу́пность среди́ молодёжи [среди́ несовершенноле́тних]
jugendlich 1. *Adj* молодо́й, мо́лод, молода́!, моло́же; Eigenschaft сво́йствен:ный, -на мо́лодости, ю́ношеский; Kleidung молодёжный | ein ~er Täter несовершенноле́тний 11 престу́пник; ~e Erscheinung молодо́й [моложа́вый] вид; ~e Begeisterung молодо́й [ю́ношеский] энтузиа́зм **2.** *Adv* sich kleiden молодёжно, по-молодёжному | ~ aussehen вы́глядеть мо́лодо [моложа́во]
Jugendliche *f* bis ca. 16 Jahre подро́ст|ок, -ка 2; erwachsenes Mädchen де́вушка 6; ~**r** *m* bis ca. 16 Jahre подро́ст|ок, -ка 2; Jüngling ю́ноша 6 | Jugendliche über sechzehn Jahre ... молодёжь ста́рше шестна́дцати лет ...; Jugendliche unter 16 Jahren haben keinen Zutritt де́ти до шестна́дцати лет не допуска́ются
Jugend|liebe *f* пе́рвая [ю́ношеская] любо́вь; ~**literatur** *f* литерату́ра для молодёжи [ю́ношества]; ~**mannschaft** *f Sport* ю́ношеская кома́нда; ~**objekt** *n* молодёжная стро́йка 6; ~**organisation** *f* молодёжная организа́ция; ~**schriftsteller** *m* писа́тель, пи́шущий 11 для молодёжи; ~**schutz** *m* охра́на (прав) молодёжи; ~**schutzgesetz** *n* зако́н об охра́не молодёжи; ~**streich** *m* ю́ношеская вы́ходка; ~**stunde** *f* заня́тия *Pl* 5 по подгото́вке посвяще́ния в ю́ношество; ~**treffen** *n* слёт молодёжи; ~**verband** *m* сою́з молодёжи; ~**weihe** *f* посвяще́ние в ю́ношество; ~**werkhof** *m* исправи́тельно-трудова́я коло́ния 8 для несовершенноле́тних (престу́пников и трудновоспиту́емых); ~**wohnheim** *n* молодёжное общежи́тие 5; ~**zeit** *f* вре́мя [го́ды *Pl*] ю́ности | in meiner ≈ в (мое́й) мо́лодости
Jugoslaw|e *m* югосла́в 2; ~**ien** Югосла́вия 8; ~**in** *f* югосла́вка 6
jugoslawisch югосла́вский

Juice *m* (фруктóвый) сок 2 *G a.* -у; в сокý
Juli *m* июль 1
jung молодóй, мóлод, молодá!; молóже; Pionier, Techniker юн:ый, -á!; frisch, neu свéж:ий 11, -á, -ó, свéжи́ | ~er Naturforscher юный натуралúст; ~es Gemüse свéжие óвощи; ~er Wein молодóе винó; ~ werden молодéть 1 (по-); von ~ auf с юности, с молодых [с юных] лет; ~ und alt стар и млад; ~ an Jahren молодóй годáми; in ~en Jahren в молодые [в юные] гóды; (um) zwei Jahre jünger на два гóда молóже; die jüngere Generation млáдшее 11 поколéние; der jüngste in der Familie млáдший 11 в семьé; der Jüngere Namenszusatz млáдший; er hat ~ geheiratet он рáно женúлся; sie sind ein ~es Ehepaar онú молодожёны, онú недáвно поженúлись
Jungaktivist *m* молодóй передовúк 2е трудá
[1]**Junge** *m* мáльчик 2; *verächtl* мальчúшка 6; junger Bursche пáр|ень, -ня 1 | ein dummer ~ глýпый мальчúшка; ein fixer ~ молод|éц, -цá 2; alter ~! дружúще!; ~n und Mädchen пáрни и дéвушки
[2]**Junge** *n Zool* детёныш 2 *G Pl* -ей | das ~ der Katze [des Elefanten] *meist* котён|ок, -ка 2 *Pl* котя́та, -я́т, -я́там [слонён|ок, -ка *Pl* слон|я́та, -я́т, -я́там]
jungenhaft мальчúшеский
Jungenstreich *m* мальчúшеская вы́ходка
Jungfer *f alt* девúца 6 | alte ~ стáрая дéва 6
Jungfern|fahrt *f* пéрвый рейс 2, пéрвое плáвание 5; **~häutchen** *n* дéвственная плевá; **~schaft** *f* дéвственность 9
Jungfrau *f* дéвственница 6 | die ~ von Orleans Орлеáнская дéва
jungfräulich дéвствен:ный, -на | ~er Boden целинá 6
Junggeselle *m* холостя́к 2е
Junggesellendasein *n* холостя́цкая жизнь
Jüngling *m* юнош|а *m* 6 *G Pl* -ей
Jünglingsalter *n* юношеский вóзраст
jüngst **1.** *Adj* (сáмый) млáдший 11; unlängst недáвний 11 | die ~en Ereignisse послéдние 11 собы́тия; in ~er Zeit недáвно, в послéднее врéмя; das Jüngste Gericht стрáшный суд **2.** *Adv* недáвно, в (сáмое) послéднее врéмя
jungverheiratet: sie sind ~ онú недáвно поженúлись; er ist ~ он недáвно женúлся | die Jungverheirateten молодожёны *Pl* 2
Jungvieh *n* молодня́к 2е
Juni *m* июнь 1; **~abend** *m* июньский вéчер
junior Namenszusatz млáдший 11
Junior *m Sport* юниóр 2; *Wirtsch* молодóй шеф 2, млáдший 11 владéл|ец, -ьца 2
Junioren|mannschaft *f Sport* комáнда юниóров; **~meisterschaften** *f Pl* соревновáния на пéрвенство средú юниóров
Junker *m* юнкер 2
Junta *f* хýнта 6
Jupiter *m Astr, Myth* Юпúтер 2; **~lampe** *f* юпúтер 2
[1]**Jura** *n Pl Jur* правовéдение 5, прáво 4b | ~ studieren изучáть прáво
[2]**Jura** *m Geogr* Юрá 6; *Geol* юрский периóд 2, юрá
Jurist *m* юрúст 2, правовéд 2; Student юрúст
juristisch юридúческий
Jurte *f* юрта 6
Jury *f* жюрú *n idkl*
justieren *tr* юстúровать *uv, v* 2 *a. Typ,* выверя́ть ⟨вы́верить 3⟩
Justierschraube *f* юстирóвочный винт
Justierung *f* юстирóвка 6, вы́верка 6
Justiz *f* юстúция 8, правосýдие 5; Behörde юстúция; **~behörden** *f Pl* судéбные влáсти; **~irrtum** *m* судéбная ошúбка; **~minister** *m* минúстр юстúции; **~mord** *m* судéбное убúйство
Jute *f* джут 2; **~pflanze** *f* джýтовое растéние
Jütland Ютлáндия 8
Juwel *m* драгоцéнный (огранённый) кáм|ень, -ня 1g; Kleinod драгоцéнность 9; *übertr* сокрóвище 4, жемчýжина 6
Juwelenschmuck *m* драгоцéнности *Pl* 9
Juwelier *m* ювелúр 2; **~geschäft** *n* ювелúрный магазúн; **~waren** *Pl* ювелúрные издéлия
Jux *m umg* шýтка 6 | etw. aus ~ tun дéлать (с-) что-н. в шýтку [для смéха]

K

Kabarett *n* теáтр 2 миниатю́р, теáтр эстрáды [сатúры]; *hist* кабарé [рэ] *n idkl* | literarisches ~ эстрáдная прогрáмма 6 на литератýрные тéмы; politisches ~ теáтр политúческой сатúры; **~ist** *m* артúст 2 теáтра миниатю́р [сатúры], эстрáдный артúст; *hist a.* артúст кабарé [рэ]
Kabel *n El* кáбель 1; Trosse трос 2; *Mar* кáбельтов 2 *Pl* 13 -ы, -ых, -ым; **~fernsehen** *n* кáбельное телевúдение
Kabeljau *m* трескá 6
Kabel|kran *m* кáбельный кран; **~länge** *f Mar* кáбельтов 2 *Pl* 13 -ы, -ых; **~leger** *m* кáбельное сýдно 4 *Pl* судá 2; **~leitung** *f* кáбельная провóдка 6; Fernmeldetechnik кáбельная лúния (свя́зи)

kabeln *tr* телеграфи́ровать *uv, v* 2, пере|дава́ть* ⟨переда́ть*⟩ по телегра́фу
Kabel|tau *n Mar* кана́т 2, трос 2; **~werk** *n* ка́бельный заво́д
Kabine *f* каби́на 6; Schiff каю́та 6; *Flugw* пассажи́рский сало́н 2; zum Anprobieren приме́рочная *Subst* 10; Kino кинопроекцио́нная *Subst* 10
Kabinett *n* Arbeitsraum кабине́т 2; Regierung кабине́т (мини́стров)
Kabinetts|bildung *f* формирова́ние кабине́та [прави́тельства]; **~krise** *f* прави́тельственный кри́зис; **~umbildung** *f* переформирова́ние 5 кабине́та (мини́стров)
Kabriolett *n* кабриоле́т 2
Kabul Кабу́л 2
Kachel *f* изразе́ц, -ца́ 2, ка́фель 1; **~ofen** *m* изразцо́вая [ка́фельная] печь
Kadaver *m* труп 2; Aas па́даль 9; **~gehorsam** *m* ра́бское [слепо́е] повинове́ние
Kadenz *f Mus* каде́нция 8
Kader *m Pl* ка́дры *Pl* 2 *a. Mil;* Fachkraft квалифици́рованный рабо́тник 2, специали́ст 2 | ~ der Partei парти́йный рабо́тник; die ~ der Partei парти́йные ка́дры; ~ der Wirtschaft рабо́тник наро́дного хозя́йства; wissenschaftliche ~ нау́чные ка́дры; leitende ~ руководя́щие 11 ка́дры; **~abteilung** *f* отде́л ка́дров; **~akte** *f* ли́чное де́ло; **~arbeit** *f* рабо́та с ка́драми; **~ausbildung** *f* подгото́вка ка́дров; **~gespräch** *n* бесе́да руково́дства с рабо́тником [с сотру́дником] о перспекти́вах его́ рабо́ты; **~leiter** *m* нача́льник отде́ла ка́дров; **~lenkung** *f* распределе́ние 5 ка́дров; **~politik** *f* поли́тика планоме́рной подгото́вки ка́дров
kaderpolitisch относя́щийся 11 к планоме́рной подгото́вке ка́дров [к ка́дровым вопро́сам]
Kadett *m* каде́т 2
Kadettenkorps *n* каде́тский ко́рпус 2
Kadmium *n* ка́дми|й 1 *P* -и
Käfer *m* жук 2e | ein hübscher ~ Mädchen хоро́шенькая девчо́нка 6
Kaff *n umg* elender Ort дыра́ 6c
Kaffee *m* ко́фе *m idkl* | zu einer Tasse ~ einladen пригла|ша́ть ⟨-си́ть 3 -шу́⟩ на (ча́шку) ко́фе; ~ komplett ко́фе с са́харом и сли́вками; **~baum** *m* кофе́йное де́рево; **~bohne** *f* кофе́йный боб; **~-Ersatz** *m* суррога́т ко́фе; **~filter** *m* фильтр для ко́фе; **~haus** *n* кафе́ *n idkl;* **~kanne** *f* кофе́йник 2; **~maschine** *f* кофева́рка; **~mühle** *f* кофе́йная ме́льница, кофемо́лка 6; **~sahne** *f* (конденси́рованные) сли́вки; **~satz** *m* кофе́йная гу́ща 6; **~service** *n* кофе́йный серви́з; **~tasse** *f* кофе́йная ча́шка; **~tisch** *m* стол, накры́тый для ко́фе | den ≈ decken накрыва́ть ⟨-кры́ть⟩ стол для ко́фе; **~trinker** *m* люби́тель 2 ко́фе; **~wärmer** *m* гре́лка 6 на кофе́йник
Käfig *m* кле́тка 6
Kaftan *m* кафта́н 2
kahl Feld, Felsen, Wand го́л:ый, -а́!; Kopf лы́с:ый, -а́!, облысе́лый; Baum го́лый, безли́ственный | ~e Stelle am Kopf плешь 9, лы́сина 6 | ~ werden лысе́ть (об-); Baum сбра́сывать ⟨сбро́сить 3⟩ листву́; **~köpfig** плеши́в:ый, лы́с:ый, -а́!; kahlgeschoren обри́тый на́голо
kahlscheren *tr* стричь* (о-) на́голо
Kahlschlag *m* сплошна́я ру́бка 6; kahle Stelle сплошна́я лесосе́ка 6
Kahn *m* ло́дка 6; Last~ ба́ржа 6 *G Pl* барж *u.* барж|а́ 6 *G Pl* -е́й; **~fahrt** *f* прогу́лка 6 на ло́дке
Kai *m* Ufermauer на́бережная *Subst* 10; Anlegestelle прича́л 2; **~mauer** *f* сте́нка 6 на́бережной
Kairo Каи́р 2
Kaiser *m* императо́р 2; deutscher *a.* ка́йзер [зэ] 2 | sich um des ~s Bart streiten спо́рить из-за пустяко́в; **~in** *f* императри́ца 6
kaiserlich императо́рский
Kaiser|reich *n* импе́рия 8; **~schnitt** *m* ке́сарево 13 сече́ние; **~würde** *f* ти́тул 2 императо́ра
Kajak *m* байда́рка 6; **~-Einer** *m* байда́рка-одино́чка 6-6
Kajüte *f* каю́та 6
Kakadu *m* какаду́ *m idkl*
Kakao *m* кака́о *n idkl* | j-n durch den ~ ziehen разы́грывать ⟨разыгра́ть⟩ кого́-н.; **~baum** *m* кака́овое де́рево; **~bohne** *f* кака́овый боб; **~butter** *f* кака́овое ма́сло; **~pulver** *n* порошо́к кака́о
Kaktus *m* ка́ктус 2
Kalamität *f* тру́дности *Pl* 9, затрудни́тельное положе́ние 5 | finanzielle ~ фина́нсовое затрудне́ние 5
Kalauer *m* неуда́чная [по́шлая] остро́та; Wortspiel каламбу́р 2
Kalb *n* телён|ок, -ка 2 *Pl* теля́та 4
kalben *intr* тели́ться 3 (о-)
Kalbfleisch *n* теля́тина 6
Kalbs|braten *m* жарко́е из теля́тины, жа́реная теля́тина 6; **~brust** *f* теля́чья гру́динка 12-6; **~keule** *f* теля́чий 12 огу́з|ок, -ка 2; **~kopf** *m* теля́чья 12 голова́; **~leder** *n* опо́|ек, -йка 2; **~schnitzel** *n* теля́чий 12 шни́цель
Kaleidoskop *n* калейдоско́п 2
Kalender *m* календа́рь 1e | im ~ nachsehen в календаре́, по календарю́; etw. im ~ notieren записа́ть *v* что-н. в календа́рь; **~jahr** *n* календа́рный год
Kali *n* ка́ли|й 1 *P* -и; Dünger кали́йное удобре́ние 5
Kaliber *n* кали́бр 2 | von gleichem ~ оди-

на́кого [одного́] кали́бра [ти́па], однокали́берный
Kali|bergbau *m* кали́йная промы́шленность 9; Bergwerk кали́йный рудни́к 2е; **~dünger** *m* кали́йное удобре́ние
Kalif *m* хали́ф 2, кали́ф 2
Kalifornien Калифо́рния 8
Kaliindustrie *f* кали́йная промы́шленность
Kalimantan Калимanта́н 2
Kalium *n* ка́ли|й 1 *P* -и
Kalk *m* и́звесть 9 | gebrannter ~ жжёная и́звесть; gelöschter ~ гашёная и́звесть; **~anstrich** *m* известко́вая побе́лка; **~brennerei** *f* заво́д 2 по о́бжигу и́звести; **~düngung** *m* известкова́ние 5 (по́чвы)
kalken *tr* Wände бели́ть 3 (по-) и́звестью; Landw удобря́ть ⟨-до́брить 3⟩ и́звестью, известкова́ть *uv, v* 2
Kalk|erde *f* известко́вая по́чва; **~grube** *f* твори́ло 4 [я́ма] для гаше́ния и́звести
kalkhaltig, kalkig известко́вый, содержа́щий 11 и́звесть
Kalk|mangel *m* im Boden недоста́ток и́звести [*Med* ка́льция]; **~mörtel** *f* известко́вый раство́р 2; **~stein** *m* известня́к 2е
Kalkulation *f* калькуля́ция 2; Veranschlagung расчёт 2; Kostenanschlag сме́та 6 | nach deiner ~ по твои́м расчётам
kalkulatorisch калькуляцио́нный
kalkulieren *tr* калькули́ровать 2 ⟨с-⟩, составля́ть ⟨соста́в|ить 3 -лю⟩ сме́ту на что-н.; überschlagen де́лать (с-) расчёт(ы) чего́-н. | niedrig ~ калькули́ровать по зани́женным расчётам; falsch ~ просч|и́тываться ⟨-ита́ться⟩
Kalkutta Кальку́тта 6
Kalligraphie *f* каллигра́фия 8
Kalmus *m* а́ир 2
Kalorie *f* кало́рия 8
kalorienarm малокалори́|йный, -ен, -йна
Kaloriengehalt *m* калори́йность 9
Kalorimeter *n* калори́метр 2
kalt 1. *Adj* холо́дный, хо́лоден, холодна́, хо́лодно, хо́лодны́ *a. übertr;* eisig kalt моро́з|ный, -ен | am Abend essen wir ~ ве́чером мы не еди́м горя́чего; ~ sitzen сиде́ть в хо́лоде; ~ schlafen спать в холо́дном помеще́нии; ~ werden остыва́ть ⟨-|сты́ть*⟩; Arm, Bein холоде́ть (по-); die Suppe wird ~ суп сты́нет; etw. nicht ~ werden lassen Gericht есть*, пока́ что-н. не осты́ло; ~ werden lassen охла|жда́ть ⟨-ди́ть 3 -жу́; -ждённый⟩, осту|жа́ть ⟨-ди́ть 3⁺ -жу́⟩; ~ stellen z. B. Getränke ста́в|ить 3 -лю (по-) на хо́лод [на лёд]; mir ist ~ мне хо́лодно; es ist grimmig ~ лю́тый моро́з, а́дски хо́лодно; es wird mir heiß und ~ меня́ броса́ет то в жар, то в хо́лод; es wird ~ [kälter] Wetter стано́вится хо́лодно [холодне́е]; das läßt mich ~ э́то меня́ не тро́гает [не волну́ет] **2.** *Adv* хо́лодно | es überläuft mich ~ меня́ моро́з по ко́же подира́ет
kaltbleiben *itr* о|става́ться* ⟨-|ста́ться*⟩ равноду́шным [холо́дным]
Kaltblüter *m Pl:* die ~ холоднокро́вные *Pl Subst* 10
kaltblütig *übertr* хладнокро́в|ный, -ен; *Zool* холоднокро́вный
Kaltblütigkeit *f* хладнокро́вие 5
Kälte *f* хо́лод 2b *Pl* -а́; anhaltende холода́; *übertr* хо́лодность 9 | strenge ~ си́льный моро́з; schneidende ~ треску́чий 11 [жгу́чий 11] моро́з; wir haben 20 Grad ~ у нас 20 гра́дусов моро́за; mit eisiger ~ empfangen с ледяно́й хо́лодностью, о́чень хо́лодно
kältebeständig Pflanze холодосто́|йкий, -ек, -йка
Kälteeinbruch *Met* вторже́ние 5 масс холо́дного во́здуха | plötzlicher ~ внеза́пное похолода́ние 5
kälteempfindlich Pflanze неморозосто́|йкий, -ек, -йка
Kälte|grad *m* … гра́дусов моро́за [ни́же нуля́] | bei winterlichen ≈en von … при зи́мних …-гра́дусных моро́зах; wir hatten bis heute keine ≈e до сего́дняшнего дня не́ было моро́за; **~periode** *f* пери́од холодо́в; **~technik** *f* холоди́льная те́хника; **~welle** *f Met* волна́ холо́дного во́здуха
kaltherzig чёрств|ый, черства́!, с холо́дным се́рдцем
kaltlassen *tr:* das läßt mich kalt э́то меня́ не тро́гает [не волну́ет]
Kalt|lufteinbruch *m* вторже́ние холо́дного во́здуха; **~luftzufuhr** *f* прито́к 2 холо́дного во́здуха; **~mamsell** *f* по́вар 2b *Pl* -а́ по холо́дным заку́скам; **~schale** *f* холо́дный (фрукто́вый) суп 2b
kaltstellen *tr übertr* лиш|а́ть ⟨-и́ть 3⟩ влия́ния, отстран|я́ть ⟨-и́ть 3⟩ от дел
Kalt|verpflegung *f* сухо́й па|ёк, -йка́ 2; **~welle** *f* холо́дная [хими́ческая] зави́вка 6
Kalzium *n* ка́льци|й 1 *P* -и
Kambodscha Камбо́джа 6; **~ner** *m* камбоджи́|ец, -йца 2; **~nerin** *f* камбоджи́йка 6
kamboschanisch камбоджи́йский
Kambrium *n Geol* ке́мбри|й 1 *P* -и
Kamel *n* верблю́д 2; *umg* дура́к 2е; **~führer** *m* пого́нщик 2 верблю́дов
Kamel|haar *n* верблю́жья шерсть 12-9g; **~decke** *f* одея́ло (из) верблю́жьей ше́рсти
Kamelie *f* каме́лия 8
Kamera *f* ка́мера 6; Film~ киносъёмочная ка́мера | einen Film in die ~ einlegen заря|жа́ть ⟨-ди́ть 3 -жу́⟩ ка́меру; **~assistent** *m* ассисте́нт кинооперáтора

Kamerad *m* товáрищ 2; Freund, (Lebens-) Gefährte друг 2 *Pl* друз|ья́ˌ -е́й 1; **~schaft** *f* товáрищество 4, товáрищеские отношéния *Pl* 5 | gute ≈ halten быть* хорóшими друзья́ми

kameradschaftlich 1. *Adj* товáрищеский | ~ sein быть хорóшим товáрищем **2.** *Adv* по-товáрищески | mit j-m ~ verkehren быть* в товáрищеских отношéниях с кем-н.

Kameramann *m* Film кинооперáтор 2

Kamerun Камеру́н 2; **~er** *m* камеру́н|ецˌ -ца 2

Kamille *f* ромáшка 6

Kamillentee *m* отвáр 2 ромáшки

Kamin *m* ками́н 2; Esse (дымовáя) трубá 6c; schmaler Felsspalt ками́н, (вертикáльная) расщéлина 6

Kamm *m* расчёска 6, гребёнка 6; Gebirge; Welle; Hahn грéб|еньˌ -ня 1 *a. Tech;* ~stück шéйная часть 9g | weitzinkiger ~ рéдкий грéбень; sich mit dem ~ durchs Haar fahren проводи́ть 3 -вожу́ ⟨-|вести́*⟩ гребёнкой по волосáм; alles über einen ~ scheren стричь (об-) всё под одну́ гребёнку; ihm schwillt der ~ он наду́лся как индю́к

kämmen *tr* frisieren причёсывать ⟨-|чесáть*⟩; durchkämmen расчёсывать ⟨-чесáть⟩; Wolle, Flachs чесáть; sich ~ *refl* причёсываться ⟨-чесáться⟩ | sich die Haare von j-m ~ lassen причёсываться у когó-н.

Kammer *f* kleines Zimmer кóмнатка 6, камóрка 6; Vorrats~ чулáн 2, кладовáя *Subst* 10; Parlament палáта 6; Gericht (судéбная) палáта; *Tech* кáмера 6; Herz желу́доч|екˌ -ка 2; **~diener** *m* камерди́нер 2; **~jäger** *m* мори́льщик 2 насекóмых; **~musik** *f* кáмерная му́зыка; **~orchester** *n* кáмерный оркéстр; **~sänger** *m* кáмер-пев|éцˌ -цá 2; **~sängerin** *f* кáмер-певи́ца 6; **~spiele** *n Pl* кáмерный теáтр; **~ton** *m Mus* камертóн 2

Kammgarn *n* Garn камвóльная пря́жа; **~spinnerei** *f* камвóльная фáбрика 6; **~stoff** *m* камвóльная ткань

Kamm|griff *m Sport* хват сни́зу; **~lage** *f*: bis in die ~en до грéбня гор; **~wanderung** *f* похóд 2 по гóрному хребту́; **~weg** *m* хребтóвая дорóга

Kampagne *f* кампáния 8 (für за *A*, gegen прóтив *G*) | eine breite ~ einleiten развёртывать ⟨-верну́ть 4⟩ ширóкую кампáнию

Kampf *m* борьбá 6 (für, um за *A*, gegen с *I*, прóтив *G*, zwischen мéжду *I*); Schlacht, Gefecht бо|й 1b *P* в бою́ *G Pl* -ёв; Wettstreit состязáние 5, встрéча 6 (um за *A*) *a. Sport;* Ring~ борьбá; Wett~ соревновáние 5; Schach, Eishockey матч 2 | der ~ für den Frieden борьбá за мир; ~ ums Dasein борьбá за существовáние; der ~ um die Macht борьбá за власть ; zum ~ на борьбу́, для борьбы́; den ~ aufgeben откáзываться ⟨-|казáться*⟩ от борьбы́; ~ auf Leben und Tod борьбá не на жизньˌ а на смерть; **~ansage** *f* вы́зов 2 (на бой) (an j-n комý-н.)

kampfbereit готóв:ый к бою́ [к борьбé]; *Mil* находя́щийся 11 в боевóй готóвности

Kampf|bereitschaft *f Mil* боевáя готóвность; **~demonstration** *f* демонстрáция 8 протéста [борьбы́] (für за *A*, gegen прóтив *G*); **~einheit** *f Mil* строевóе подразделéние

kämpfen *itr* борóться* (für за *A*, gegen прóтив *G*, mit с *I*); *Mil a.* сражáться (für за *A*, mit с *I*); sich schlagen дрáться*ˌ дрáли́сь (по-) | für den Frieden ~ борóться за мир; um die Stadt ~ сражáться за гóрод; wie ein Verzweifelter ~ отчáянно борóться; bis zur Erschöpfung ~ борóться до изнеможéния; um den Titel eines Weltmeisters ~ борóться за [оспáривать] звáние чемпиóна ми́ра

Kampfer *m* камфарá 6

Kämpfer *m* бор|éцˌ -цá 2; *Mil a.* бо|éцˌ -йцá 2

kämpferisch боевóй; streitbar вои́нствующий 11

kampf|erprobt испы́танный в борьбé [*Mil* в боя́х]; **~fähig** боеспосóб|ныйˌ -ен

Kampf|flugzeug *n* боевóй самолёт; **~gebiet** *n* райóн боевы́х дéйствий; **~gefährte** *m* сорáтник 2 (по борьбé); *Mil* боевóй сорáтник; **~geist** *m* боевóй дух; **~genosse** *m* товáрищ по борьбé; *Mil* боевóй товáрищ; **~gericht** *n Sport* судéйская коллéгия 8; **~getümmel** *n* неразбери́ха бóя; **~handlungen** *f Pl* боевы́е дéйствия; **~kraft** *f* боевáя си́ла [мощь]; **~lied** *n* боевáя пéсня, пéсня борьбы́

kampflos без борьбы́ [*Mil* бóя]

kampflustig вои́нствен:ныйˌ -на; *übertr* вои́нствующий 11

Kampf|maßnahmen *f Pl:* ~ ergreifen переходи́ть 3⁺ -хожу́ ⟨-|йти́*⟩ к боевы́м дéйствиям; **~mittel** *n* срéдство борьбы́; *Mil a.* боевóе срéдство; **~moral** *f* морáльно-боевóй дух; **~platz** *m* пóле 3b бóя; **~programm** *n* боевáя прогрáмма

Kampfrichter *m Sport* судья́ (соревновáний); **~turm** *m* судéйская вы́шка

Kampf|ruhe *f* переры́в 2 в боевы́х дéйствиях; **~schrift** *f* полеми́ческое произведéние 5 полити́ческого харáктера; **~sportart** *f* состязáтельный вид спóрта; **~stärke** *f Mil* боевóй состáв 2; **~stoff** *m* отравля́ющее 11 (боевóе) веществó

kampfunfähig небоеспосóб|ныйˌ -ен | ~ werden выбывáть ⟨вы́|быть*⟩ из стрóя;

~ machen выво|ди́ть 3⁺ -жу́ ⟨вы́|вести*⟩ из стро́я
Kampf|wagen *m Mil* боева́я маши́на 6; **~wille** *m* боево́й дух 2; **~zone** *f* зо́на боевы́х де́йствий
kampieren *intr* lagern распол|ага́ться ⟨-ожи́ться 3⁺⟩ (бива́ком); von Ausflüglern вре́менно (по-похо́дному) устр|а́иваться ⟨-о́иться 3⟩ (bei j-m у кого́-н.)
Kanada Кана́да 6
Kanadier *m* кана́д|ец₁ -ца 2, жи́тель 1 Кана́ды; *Sport* кана́дское кано́э *n idkl;* **~in** *f* кана́дка 6
kanadisch 1. *Adv* кана́дский **2.** *Adv* по-кана́дски
Kanaille *f* кана́лья *m, f* 7, мерза́в|ец₁ -ца 2
Kanal *m* кана́л 2 *a. TV; Anat* кана́л, прото́к 2 | eine Fahrt auf dem ~ пое́здка по кана́лу; auf ~ fünf *TV* по пя́тому кана́лу; über diplomatische Kanäle по дипломати́ческим кана́лам; ich habe den ~ voll! *umg* с меня́ э́того хва́тит!, бо́льше не могу́!
Kanalisation *f* канализа́ция 8
Kanalisationssystem *n* канализацио́нная систе́ма
Kanapee *n* канапе́ [пэ] *n idkl*
Kanarienvogel *m* канаре́йка 6
Kanarische Inseln *Pl* Кана́рские острова́
Kandare *f* мундшту́к [нш] 2e | j-n an die ~ nehmen брать ⟨взять⟩ кого́-н. в оборо́т
Kandelaber *m* канделя́бр 2; bei Straßenbeleuchtung у́личный фона́рь 1e
Kandidat *m* кандида́т 2 (für etw. Posten на что-н., Organ во что-н.); Schachturnier претенде́нт 2; Prüfling экзамену́ющийся *Subst* 10; Student студе́нт-дипло́мник 2–2 | ~ der Partei кандида́т в чле́ны па́ртии; ~ für j-s Posten кандида́т на пост кого́-н.; ~ für die Volkskammer кандида́т в Наро́дную пала́ту; ~ der Wissenschaften *UdSSR* кандида́т нау́к; j-n als ~en aufstellen выставля́ть ⟨вы́став|ить 3 -лю⟩ кого́-н. кандида́том ⟨чью-н. кандидату́ру]; für die ~en stimmen голосова́ть 2 (про-) за кандида́тов; alle ~en haben (die Prüfung) bestanden экза́мен вы́держали все (экзаменова́вшиеся)
Kandidatenliste *f* спи́сок кандида́тов
Kandidatur *f* кандидату́ра 6 (für etw. Posten на что-н., Organ во что-н.) | von j-s ~ absehen снима́ть ⟨снять*⟩ чью-н. кандидату́ру; j-s ~ zurückziehen отво|ди́ть 3⁺ -жу́ ⟨от|вести́*⟩ чью-н. кандидату́ру
kandidieren *intr* выступа́ть ⟨вы́ступ|ить 3 -лю⟩ в ка́честве кандида́та; выставля́ть ⟨вы́став|ить 3 -лю⟩ свою́ кандидату́ру (für etw. Posten на что-н., Organ во что-н.)
kandieren *tr* заса́хар|ивать ⟨-ить 3⟩ | kandierte Früchte заса́харенные фру́кты, цука́ты *Pl* 2; kandierter Apfel глазиро́ванное я́блоко
Kandiszucker *m* крупнокристалли́ческий са́хар
Känguruh *n* кенгуру́ *m idkl*
Kanin *n* Fell кро́личий мех 12-2b₁ *P* на меху́, *Pl* -а́ | Mantel aus ~ пальто́ из кро́лика
Kaninchen *n* кро́лик 2; **~braten** *m* жарко́е из кро́лика; **~fleisch** *n* крольча́тина 6; **~halter** *m* содержа́щий *Subst* 11 кро́ликов; **~pelz** *m* кро́личья 12 шу́ба; **~stall** *m* крольча́тник 2; **~zucht** *f* кролиководство 4; **~züchter** *m* кроликово́д 2
Kanister *m* кани́стра 6
Kann-Bestimmung *f* пра́вило 4₁ предусма́тривающее 11 пра́во что-н. сде́лать
Kännchen *n* Kaffee~ кофе́йнич|ек₁ -ка 2; Milch~ моло́чник 2; Tee~ ча́йнич|ек₁ -ка 2
Kanne *f* Milch~ бидо́н 2; Kaffee~ кофе́йник 2; Tee~ ча́йник 2; Wasser~ кувши́н 2
Kannibale *m* канниба́л 2
kannibalisch канниба́льский; *übertr* ди́к:ий₁ -а́!, свире́п:ый
Kanon *m* кано́н 2
Kanonade *f* канона́да 6
Kanone *f* пу́шка 6; *übertr* свети́ло 4 (in в *P*), ши́шка 6 *umg* | eine große ~ *übertr* больша́я [кру́пная] ши́шка; Fachmann кру́пный специали́ст 2; unter aller ~ *umg* ни́же вся́кой кри́тики
Kanonen|boot *n* каноне́рка 6 *umg;* **~donner** *m* канона́да 6, гром пу́шек; **~futter** *n* пу́шечное мя́со 4; **~ofen** *m* пе́чка-время́нка 6-6; **~rohr** *n* ство́л 2e пу́шки; **~schuß** *m* пу́шечный вы́стрел
Kanonier *m* канони́р 2
Kantate *f* канта́та 6
Kante *f* Schnittlinie von Flächen, Rand кра|й 1b *Pl* -я́₁ -ёв; schmale Einfassung, Bordüre кант 2; Randbesatz (am Kleid) ка|йма́ 6 *G Pl* -ём; Webe~ кро́мка 6; *Tech,* geometr. Figur, Tisch u. ä. ребро́ 4c *Pl* рёб|ра₁ -ер | etw. auf die ~ stellen ста́вить (по-) что-н. на ребро́ [на край]; auf die hohe ~ legen откла́дывать ⟨-ложи́ть 3⁺⟩ на чёрный день
kanten *tr* кантова́ть 2; Ski, Kisten ста́в|ить 3 -лю ⟨по-⟩ на ребро́
Kanten *m* Brot горбу́шка 6 (хле́ба)
Kant|haken *m* Baumstämme, Fässer крюк 2e *Pl* -и́₁ -о́в | j-n beim ≈ nehmen *umg* схва|ти́ть *v* 3 -чу́ кого́-н. за ши́ворот; *übertr* брать ⟨взять⟩ кого́-н. в оборо́т; **~holz** *n* (деревя́нный) брус 2 *Pl* -ья₁ -ьев
kantig Stein с о́стрыми края́ми; facettiert гранёный; Bewegung, Gesicht углова́т:ый

Kantine *f* столо́вая *Subst* 10
Kanton *m* канто́н 2
Kantor *m* ка́нтор 2
Kanu *n Sport* каноэ *n idkl*
Kanüle *f* каню́ля 7
Kanuslalom *m* сла́лом на кано́э
Kanute *m Sport* канои́ст 2
Kanzel *f Kirche* (церко́вная) ка́федра 6; *Flugw* застеклённая [носова́я] каби́на 6
Kanzlei *f* канцеля́рия 8; **~stil** *m* канцеля́рский стиль
Kanzler *m* ка́нцлер 2
Kaolin *n* каоли́н 2
Kap *n* мыс 2 | ~ der Guten Hoffnung Мыс До́брой Наде́жды
Kapaun *m* каплу́н 2e
Kapazität *f* Aufnahmevermögen мо́щность 9; *El*, Kessel, Speicher ёмкость 9; Leistungsvermögen v. Maschine, Betrieb (произво́дственная) мо́щность; Durchlaßfähigkeit in Handel, Transport u. Verkehr пропускна́я спосо́бность 9; Person кру́пный специали́ст 2 | ein Kraftwerk mit einer ~ von 5 Millionen kW электроста́нция мо́щностью (в) пять миллио́нов килова́тт; ein Krankenhaus mit einer ~ von 100 Betten больни́ца на сто ко́ек [на сто мест]; er ist eine ~ auf seinem Gebiet он кру́пная величина́ в свое́й специа́льности
Kapazitätsauslastung *f* испо́льзование 5 (произво́дственных) мо́щностей [ёмкости]
Kapelle *f Kirche* часо́в|ня 7 *G Pl* -ен; *Mus* орке́стр 2; Tanz~ анса́мбль 1
Kapellmeister *m* капельме́йстер 2
Kaper *f Bot* ка́перс 2
kapern *tr* Schiff захва́тывать ⟨-хвати́ть 3⁺ -хвачу́⟩; *übertr* подцеп|ля́ть ⟨-и́ть 3⁺ -лю́⟩ (себе́)
Kaperntunke *f* со́ус с ка́персами
kapieren *tr* смек|а́ть ⟨-ну́ть *mom* 4⟩ | er kapiert schnell он бы́стро сообража́ет; kapiert! (до меня́) дошло́!
Kapillare *f Anat* капилля́р 2
kapital капита́льный; vortrefflich отли́ч|ный₁ -ен; Fehler, Irrtum велича́йший 11 | ein ~er Hirsch кру́пный оле́нь
Kapital *n* капита́л 2; Gesundheit u. a. бога́тство 4 | fixes ~ основно́й капита́л; konstantes ~ постоя́нный капита́л; zirkulierendes ~ оборо́тный капита́л; geistiges ~ бага́ж 2e зна́ний; aus etw. ~ schlagen извлека́ть ⟨-|вле́чь*⟩ вы́году из чего́-н., нажива́ть ⟨нажи́ть*⟩ на чём-н. капита́л; **~abwanderung** *f* уте́чка 6 капита́ла; **~anhäufung** *f* накопле́ние капита́ла; **~anlage** *f* капиталовложе́ние 5, помеще́ние капита́ла; **~aufnahme** *f* заём₁ за́йма 2 капита́ла; **~bildung** *f* образова́ние капита́ла
Kapital|ismus *m* капитали́зм 2 | im ≈ при капитали́зме; **~ist** *m* капитали́ст 2
kapitalistisch капиталисти́ческий
Kapitän *m Mar, Sport* капита́н 2; Flugzeug команди́р 2 | ~ zur See капита́н пе́рвого ра́нга; **~leutnant** *m* капита́н-лейтена́нт 2-2
Kapitel *n* im Buch глава́ 6c | das ist ein ~ für sich э́то осо́бь статья́; das ist ein trauriges ~ э́то печа́льная исто́рия 8
Kapitell *n* капите́ль 9
Kapitulation *f* капитуля́ция 8 | zur ~ zwingen принужда́ть ⟨-ну́дить 3 -ну́жу₁ -нуждённый⟩ к капитуля́ции
kapitulieren *intr* капитули́ровать *uv, v* 2 (vor пе́ред *I*); sich ergeben; aufgeben с|дава́ться* ⟨-|да́ться*₁ -дали́сь⟩
Kaplan *m* капелла́н 2
Kappe *f* Mütze ша́пка 6; Bade~ (купа́льная) ша́почка 6; Narren~ (шутовско́й) колпа́к 2e; Mönchs~ клобу́к 2e; Vorderteil des Schuhs нос|о́к₁ -ка́ 2; Fersen~ за́дник 2; Verschluß~ колпач|о́к₁ -ка́ 2 | etw. auf seine ~ nehmen взять *v* что-н. на свою́ отве́тственность
kappen *tr* Tau обруб|а́ть ⟨-и́ть 3⁺ -лю́⟩; Bäume подре́зывать ⟨-|ре́зать*⟩ (верху́шку) | einen Mast ~ руб|и́ть 3⁺ -лю́ ма́чту
Käppi *n* ша́почка 6; *Mil* пило́тка 6
Kapriole *f* прыж|о́к₁ -ка́ 2 (вверх); närrischer Einfall причу́да 6; Streich дура́цкая вы́ходка 6
kapriziös капри́з|ный₁ -ен
Kapsel *f* Behältnis футля́р 2; *Anat* коро́бка 6; *Bot* коро́бочка 6; für Medikament ка́псула 6; Raum~ ка́псула, спуска́емый аппара́т 2
Kapstadt Ке́йптаун 2
kaputt *umg* entzwei; müde, erschöpft разби́т:ый; zerbrochen сло́ман:ный; außer Betrieb испо́рчен:ный; Kleider разо́рван:ный | der Stuhl ist ~ стул сло́ман; meine Uhr ist ~ у меня́ испо́ртились часы́; der Strumpf ist ~ чуло́к разо́рван [по́рван]; ich bin ganz ~ я стра́шно уста́л, я чу́вствую себя́ совсе́м разби́тым
kaputt|gehen *intr* zerschlagen werden разбива́ться ⟨-|би́ться*₁ -обьётся⟩; entzweigehen лома́ться (с-), по́ртиться 3 (ис-); Ehe, Gebäude разруша́ться ⟨-ру́шиться 3⟩; Tiere, Pflanzen погиба́ть ⟨-ги́бнуть 4a⟩; **~machen** *tr* лома́ть (с-), по́р|тить 3 -чу (ис-) | sich mit [bei] etw. ≈ надрыва́ться ⟨надо|рва́ться*₁ -рвали́сь⟩ от чего́-н.; **~schlagen** *tr* разбива́ть ⟨-|бить*₁ -обью⟩
Kapuze *f* капюшо́н 2 | die ~ aufsetzen [zurückschlagen] на|де́ть* *v* [отки́нуть *v* 4] капюшо́н

Kapuziner *m Kirch* капуци́н 2; **~affe** *m* капуци́н 2; **~kresse** *f* насту́рция 8
Kapverden *:* die ~ *od* Kapverdischen Inseln Острова́ Зелёного Мы́са
Karabiner *m* караби́н 2; **~haken** *m* караби́н 2, крюк-караби́н 2
Karaffe *f* графи́н 2
Karakulschaf *n* карaку́льская овца́
Karambolage *f* столкнове́ние 5; Billard карамбо́ль 1
Karamel *m* караме́ль 9; **~bier** *n* солодо́вое пи́во; **~bonbons** *m, n Pl* караме́ль 9; ein Bonbon караме́лька 6; **~zucker** *m* жжёный са́хар
Karat *n* кара́т 2; **~e** *n Sport* каратэ́ *n idkl*
Karatschi Кара́чи *idkl*
Karausche *f* кара́сь 1e
Karawa|ne *f* карава́н 2; **~nenstraße** *f* карава́нный пут|ь *m* 9e *I* -ём
Karbid *n* карби́д 2; **~lampe** *f* карби́дная ла́мпа
Karbolsäure *f* карбо́ловая кислота́
Karbonat *n* карбона́т 2
Karbunkel *m* карбу́нкул 2
kardanisch: ~e Aufhängung карда́н 2
Kardanwelle *f* карда́нный вал
Kardätsche *f* щётка 6 для чи́стки лошаде́й
kardinal кардина́льный
Kardinal *m* кардина́л 2; **~fehler** *m* гла́вная [основна́я] оши́бка; **~zahl** *f* коли́чественное числи́тельное *Subst* 10
Kardiogramm *n* кардиогра́мма 6
Karelier *m* каре́л 2; **~in** *f* каре́лка 6
karelisch каре́льский
Karenzzeit *f* вре́мя [срок 2] ожида́ния
Karfreitag *m* страстна́я пя́тница | am ~ в страстну́ю пя́тницу
Karfunkel *m Min, Med* карбу́нкул 2
karg Kost, Lohn ску́д|ный, -ен, -на́!, Boden ску́дный, бе́д|ный, -ен, -на́, -но, бе́дны́; Nachricht, Aussage скуп:о́й, -а́!
kärglich Kost, Lohn ску́д|ный, -ен, -на́!; ärmlich ску́дный, убо́г:ий | in ~en Verhältnissen leben жить бе́дно [в ни́щенских усло́виях]
Karibik: die ~ Кари́бы *Pl,* Кари́бский райо́н 2
Karibisches Meer Кари́бское мо́ре
kariert клётчатый, в клёт(оч)ку
Karies *f* ка́риес 2
Karikatur *f* карикату́ра 6 (auf на *A*); harmlose Zeichnung шарж 2 *G Pl* -ей; **~ist** *m* карикатури́ст 2
karikieren *tr* предст|авля́ть ⟨-а́вить 3 -а́влю⟩ в карикату́рном ви́де
Karl-Marx-Stadt Карл-Маркс-Штадт 2
Karlsbader Salz *n* карлсба́дская соль
karminrot карми́нный
Karneol *m* карнео́л 2
Karneval *m* карнава́л 2 | zum ~ gehen идти́ ⟨пойти́⟩ на карнава́л
Karnevals(um)zug *m* карнава́льное ше́ствие
Karo *n* im Kartenspiel бу́б|ны *Pl* 6 -ён, -на́м; Viereck(muster) кле́тка 6, рису́н|ок, -ка 2 в ша́шку [в косу́ю кле́тку] | ~ spielen игра́ть ⟨сыгра́ть⟩ на бу́бнах; **~bube** *m* бубно́вый вале́т; **~muster** *n:* ein Kleid im ≈ пла́тье в кле́тку [в кле́точку]
Karosse *f* каре́та 6, экипа́ж 2 *G Pl* -ей
Karosserie *f* ку́зов 2b *Pl* -а́ | selbsttragende ~ несу́щий 11 ку́зов; **~bau** *m* кузовно́е произво́дство 4
Karotte *f*кароте́ль 9
Karpaten *Pl:* die ~ Карпа́ты *Pl* 6
Karpfen *m* карп 2; Fluß≈ саза́н 2; **~teich** *m* пруд для разведе́ния ка́рпов; **~zucht** *f* разведе́ние ка́рпов
Karre *f* Schub≈ та́чка 6; kleiner Wagen теле́жка 6; altes Fahrzeug u. ä. колыма́га 6, рыдва́н 2 | die ~ aus dem Dreck ziehen *übertr* выправля́ть ⟨вы́прав|ить 3 -лю⟩ де́ло; die ~ laufen lassen пу|ска́ть ⟨-сти́ть 3⁺ -щу́⟩ де́ло на самотёк
karren *tr* везти́* *best* [*unbest* во|зи́ть 3⁺ -жу́] на, в теле́жке [mit Schubkarre на та́чке]
Karren *m* Pferdewagen теле́га 6; kleiner теле́жка 6; Elektro≈ электрока́ра 6; zweirädriger Wagen двуко́лка 6 | sich nicht vor den ~ spannen lassen не дать* впрячь себя́ в како́е-н. де́ло
Karriere *f* карье́ра 6; Gangart des Pferdes карье́р 2 | ~ machen де́лать ⟨с-⟩ карье́ру
Karrierist *m* карьери́ст 2
Karst *m Geol* карст 2; **~landschaft** *f* ка́рстовый ландша́фт
Kartätsche *f* карте́чь 9
Karte *f* Post≈ (почто́вая) ка́рточка 6; Ansichts≈ откры́тка 6; Eintritts≈, Fahr≈ биле́т 2 (für на *A,* в *A*); Speise≈ меню́ *n idkl;* Spiel≈ (игра́льная) ка́рта 6; Land≈ (географи́ческая) ка́рта; Visiten≈ (визи́тная) ка́рточка | eine ~ nach Leipzig биле́т в Ле́йпциг [до Ле́йпцига]; eine ~ für den Zug биле́т на по́езд; eine ~ für die Oper [fürs Kino] биле́т в о́перу [в кино́]; eine ~ für das Konzert [Fußballspiel] биле́т на конце́рт [на футбо́льный матч]; es gibt keine ~n mehr биле́тов бо́льше нет; nach der ~ essen зака́зывать ⟨-|каза́ть*⟩ по меню́; französische ~n ка́рты; ~n spielen игра́ть ⟨сыгра́ть⟩ в ка́рты; ~n geben с|дава́ть* ⟨-|да́ть*⟩ ка́рты; die ~ sticht ка́рта берёт; ~n legen гада́ть (по-) на ка́ртах; nach der ~ wandern по ка́рте; auf ~n kaufen: Lebensmittel по ка́рточкам; alles auf eine ~ setzen ста́в|ить 3 -лю (по-) всё на (одну́) ка́рту; mit offenen ~n spielen де́йствовать 2 откры́то [в откры́тую]; sich nicht in die ~n gucken lassen не рас-

крыва́ть ⟨-|кры́ть*⟩ свои́х карт; *übertr* скрыва́ть ⟨-крыть⟩ свои́ наме́рения
Kartei *f* картоте́ка 6 (über, zu *G*); **~karte** *f* картоте́чная ка́рточка, ка́рточка картоте́ки; **~kasten** *m* я́щик картоте́ки
Kartell *n Wirtsch* карте́ль [тэ] 9
Karten|bestellung *f* зака́з на биле́ты | ≈en entgegennehmen принима́ть ⟨приня́ть⟩ предвари́тельные зака́зы на биле́ты; **~haus** *n:* wie ein ≈ einstürzen ру́хнуть *v* 4 как ка́рточный до́мик; **~kunde** *f* картогра́фия 8; **~künstler** *m* ка́рточный манипуля́тор 2 [фо́кусник 2]; **~kunststück** *n* ка́рточный фо́кус; **~legen** *n* гада́ние 5 (на ка́ртах); **~legerin** *f* гада́лка 6 (на ка́ртах); **~spiel** *n* игра́ в ка́рты; ein Spiel Karten коло́да 6 карт | er hat Glück im ≈ ему́ везёт в ка́рты, **~spieler** *m* игро́к в ка́рты | leidenschaftlicher ≈ завзя́тый игро́к в ка́рты, картёжник 2 *umg;* **~tisch** *m* Kartenspiel ло́мберный стол [сто́лик 2]; **~verkauf** *m* прода́жа биле́тов; **~vorverkauf** *m* предвари́тельная прода́жа биле́тов; **~zeichen** *n* картографи́ческий знак
Kartoffel *f* карто́фель 1; ~n *Pl* карто́фель, карто́шка 6 *umg;* einzelne карто́фелина 6 *umg,* карто́шка *umg* | neue ~n молодо́й карто́фель; **~brei** *m* карто́фельное пюре́ [рэ]; **~chips** *Pl* жа́реный [хрустя́щий 11] карто́фель 1; **~dämpfer** *m Landw* запа́рник 2 для карто́феля; **~ernte** *f* убо́рка [Ertrag урожа́й] карто́феля; **~erntemaschine** *f* картофелеубо́рочная маши́на; **~feld** *n* карто́фельное по́ле; **~horde** *f* я́щик для хране́ния карто́феля; **~käfer** *m* колора́дский жук; **~klöße** *m Pl* карто́фельные кне́дли *Pl;* **~kombine** *f* картофелеубо́рочный комба́йн; **~kraut** *n* карто́фельная ботва́; **~legemaschine** *f* картофелесажа́лка 6; **~mehl** *n* карто́фельная мука́; **~miete** *f* карто́фельный бурт 2; **~puffer** *m* лепёш|ка 6 *G Pl* -ек из тёртого сыро́го карто́феля; **~rodemaschine** *f* картофелекопа́тель 1; **~salat** *m* карто́фельный сала́т; **~schale** *f* шелуха́ карто́феля; **~schäler** *m* нож 2e *G Pl* -е́й для чи́стки карто́феля; **~schälmaschine** *f* картофелечи́стка 6; **~sortiermaschine** *f* картофелесортиро́вка 6; **~suppe** *f* карто́фельный суп
Kartograph *m* карто́граф 2; **~ie** *f* картогра́фия 8
kartographisch картографи́ческий
Karton *m* Pappe карто́н 2; Schachtel карто́нная коро́бка, карто́нка 6 *umg;* Schutz∸ für Bücher карто́нный футля́р 2, защи́тный карто́н; **~age** *f* картона́ж 2 *G Pl* -ей; **~agenfabrik** *f* картона́жная фа́брика
kartonier|en *tr* переплета́ть ⟨-|плести́*⟩ в карто́н; **~t** в карто́нном переплёте
Kartothek *f* картоте́ка 6
Karussell *n* карусе́ль 9 | ~ fahren ката́ться (по-) на карусе́ли
Karwoche *f:* in der ~ на страстно́й неде́ле
Karzinom *n* карцино́ма 6
Kasach|e *m* каза́х 2; **~in** *f* каза́шка 6
kasachisch каза́хский | Kasachische Sozialistische Sowjetrepublik Каза́хская Сове́тская Социалисти́ческая Респу́блика 6
Kasachstan Казахста́н 2
Kasack *m* казаки́н 2; **~kleid** *n* пла́тье с казаки́ном
Kaschemme *f* прито́н 2
kaschier|en *tr* verbergen скрыва́ть ⟨-|кры́ть*⟩; *Tech* кашировать 2; mit Papier bekleben окле́|ивать ⟨-ить 3 -ю, -ишь⟩ бума́гой; **~t** *Theat* бутафо́рный; Film кашети́рованный
Kaschmir *m Text* кашеми́р 2; **~wolle** *f* кашеми́ровая шерсть
Käse *m* сыр 2b | Schweizer ~ швейца́рский сыр; erzähl doch keinen ~ не мели́ чепуху́; **~gebäck** *n* сы́рное пече́нье, сы́рные па́лочки *Pl* 6; **~glocke** *f* колпа́к для сы́ра, сы́рница 6 с кры́шкой
Kasein *n* казеи́н 2
Kasematte *f* казема́т 2
Käserei *f* сырова́р|ня 7 *G Pl* -ен, сыроде́льный заво́д 2
Kaserne *f* каза́рма 6
Kasernenhof *m* каза́рменный двор
kasernieren *tr* переводи́ть 3⁺ ⟨-|вести́*⟩ на каза́рменное положе́ние
käsig творо́жист:ый; Belag бе́лый | ~ aussehen быть* о́чень бле́дным
Kasino *n* für Glückspiele казино́ *n idkl;* für Offiziere офице́рский клуб 2
Kaskade *f* каска́д 2
Kasperle *n, m* петру́шка 6; **~theater** *n* ку́кольный теа́тр
Kaspisches Meer Каспи́йское мо́ре
Kassation *f Jur* касса́ция 8
Kasse *f* ка́сса 6; Bargeld (нали́чные) де́ньги *Pl* 6 *G* де́нег, *D* деньга́м; Spar∸ сберка́сса 6; Kranken∸ страхова́я ка́сса | Geld an der ~ einzahlen пла|ти́ть 3⁺ -чу́ (за-) де́ньги в ка́ссу; sie kauft an der ~ eine Karte она́ покупа́ет биле́т в ка́ссе; an die ~ gehen, an der ~ stehen в ка́ссу; an der ~ sitzen за ка́ссой; ~ machen abrechnen подсч|и́тывать ⟨-ита́ть⟩ ка́ссу; *umg* krank geschrieben sein бюллете́нить 3 *iron;* bei ~ sein быть при деньга́х; schlecht bei ~ sein име́ть ма́ло де́нег; die ~ führen вести́ бюдже́т; распоряжа́ться деньга́ми; gegen ~ нали́чными деньга́ми; getrennte ~n führen жить* ка́ждый на свои́ сре́дства; j-n zur

~ bitten требовáть (по-) от кóго-н. расплатиться; in der ~ sein быть члéном страховóй кáссы

Kassen|arzt *m* страховóй врач; **~bestand** *m* дéнежная налúчность (кáссы); **~bon** *m* (кáссовый) чек 2, талóн 2 из кáссы; **~buch** *n* кáссовая кнúга; **~schlager** *m* Film кáссовый фильм 2; *Theat* кáссовая пьéса 6; **~sturz** *m* ревúзия 8 кáссы I ≈ machen подсчúтывать ⟨-считáть⟩ свой финáнсовые возмóжности; **~zettel** *m* (кáссовый) чек 2

Kasserolle *f* сотéйник 2

Kassette *f* шкатýлка 6; Geld~ желéзная шкатýлка 6; *Bauw* кессóн 2; *Foto,* Tonband кассéта 6; Schallplatten~, Briefpapier набóр 2; mit Abbildungen, Reproduktionen пáпка 6 с *I*

Kassetten|decke *f* кессóнное перекрытие 5; **~recorder** *m* магнитофóн 2 с кассéтной зарядкой; *umg* кассéтный магнитофóн 2

kassieren *tr* принимáть ⟨принять*⟩ в кáссу; *Jur* Urteil кассúровать *uv, v* 2; *intr* получ|áть ⟨-úть 3⁺⟩ дéньги (für Gas, Strom за *A*) I Beiträge ~ собирáть ⟨-|брáть*⟩ взнóсы; j-n ~ получ|áть ⟨-úть⟩ (дéньги) с когó-н.; im Restaurant рассч|úтываться ⟨-итáться⟩ с кем-н.; etw. wird regelmäßig kassiert плáта за что-н. взимáется регулярно

Kassierer *m* кассúр 2; **~in** *f* кассúр 2, кассúрша 6 *umg*

Kassierung *f* расчёт 2 с покупáтелями; Beitrags~ сбор 2 (члéнских) взнóсов; получéние 5 [взимáние 5] плáты (von Gas, Strom за *A*) I die ~ (von etw.) erfolgt … плáта (за что-н.) взимáется …

Kaßler *m* Fleisch копчёная присóленная свинúна 6

Kastagnetten *f Pl* кастаньéты *Pl* 6

Kastanie *f* каштáн 2; Roß~ кóнский каштáн I für j-n die ~n aus dem Feuer holen таскáть для когó-н. каштáны из огня; sich die ~n aus dem Feuer holen lassen чужúми рукáми жар загребáть

Kastanien|allee *f* каштáновая аллéя; **~baum** *m* каштáн 2

kastanienbraun Haar каштáновый; von Augen a. кáрий 11

Kästchen *n* шкатýлка 6; kunstvoll gearbeitet лар|éц₁ -цá 2, лáрчик 2; Muster клéточка 6

Kaste *f* кáста 6

kasteien, sich *refl* истязáть своó плоть, бичевáть 2 себя

Kasten *m* ящик 2; Truhe ларь 1е, сундýк 2е; für Dias ящич|ек₁ -ка 2 (для диапозитúвов); kleine Schachtel корóбка 6; *Kfz* Aufbau кýзов 2b *Pl* -á; *Tech* Form опóка 6 I ein alter ~ стáрая развáлина 6; er hat viel [nicht viel] auf dem ~ у негó котелóк [не осóбенно] варúт; **~brot** *n* формовóй хлеб; **~geist** *m* кáстовый дух; **~matratze** *f* пружúнный матрáц; **~wagen** *m* телéга 6; *Kfz* автофургóн 2

Kastrat *m* кастрáт 2, скоп|éц₁ -цá 2

kastrieren *tr* кастрúровать *uv, v* 2; Tiere a. холо|стúть 3 -щý (вы́-)

Kasus *m Gramm* падéж 2е *G Pl* -éй I obliquer ~ *Gramm* кóсвенный падéж; einen ~ regieren управлять падежóм

Kata|falk *m* катафáлк 2; **~kombe** *f* катакóмба 6

Katalog *m* каталóг 2

katalogisieren *tr* каталогизúровать *uv, v* 2

Katalogisierung *f* каталогизáция 8

Katalograum *m* каталóжное помещéние

Kata|lysator *m* катализáтор; **~lyse** *f* катáлиз 2

Katapult *m, n Flugw* катапýльта 6 для взлёта I etw. mit einem ~ starten запус|кáть ⟨-стúть 3⁺ -щý⟩ что-н. с катапýльты

katapultieren *tr* катапультúровать *uv, v* 2

Katapult|sitz *m* катапультúруемое сидéнье; **~start** *m* взлёт [старт] с катапýльты

Katarrh *m* катáр 2

Kataster *m, n* кадáстр 2; **~amt** *n* кадáстровое управлéние

katastrophal катастрофúческий

Katastrophe *f* катастрóфа 6; Natur~ (стихúйное) бéдствие 5

Katastrophen|gebiet *n* райóн катастрóфы; **~schutz** *m* защúта от катастрóф; **~warnung** *f* предупреждéние о катастрóфе

Kate *f* дóмик 2 I ärmliche ~ хúжина 6, хибáрка 6

Katechismus *m* катехúзис 2

Kategorie *f* категóрия 8; Klasse a. разряд 2

kategorisch категорúческий, категорúч|ный, -ен

Kater *m* кот 2е; junger кóтик 2 I der Gestiefelte ~ Кот в сапогáх; er hat einen ~ *übertr* у негó головá трещúт с похмéлья

Katheder *n* кáфедра 6; **~weisheit** *f* учёная премýдрость 9

Kathedrale *f* кафедрáльный собóр 2

Kathete *f* кáтет 2

Katheter *m* катéтер [тэтэ] 2

Kathode *f* катóд 2

Katholik *m* катóлик 2; **~in** *f* католúчка 6

katholisch католúческий

Katholizismus *m* католицúзм 2

Katmandu Катмандý *m idkl*

Kattun *m* (набивнóй) сúт|ец₁ -ца 2; **~kleid** *n* сúтцевое плáтье

katzbuckeln *intr* подхалúмничать (vor пéред *I*)

Kätzchen *n* кóшечка 6; Katzenjunges котён|ок₁ -ка 2 *Pl* котята 4; *Bot* серёжка 6

Katze *f* ко́шка 6; *Tech a.* кра́новая теле́жка 6 | mit j-m wie die ~ mit der Maus spielen игра́ть с кем-н. как ко́шка с мы́шью; das ist für die Katz э́то напра́сно, э́то впусту́ю; die ~ aus dem Sack lassen сде́лать та́йное я́вным; die ~ im Sack kaufen покупа́ть ⟨купи́ть⟩ кота́ в мешке́

Katzen|auge *n* Fahrrad катафо́т 2; *Min* коша́чий 12 глаз; **~jammer** *m* похме́лье 5; **~musik** *f* коша́чий конце́рт 12-2; **~sprung** *m:* es ist nur ein ≈ э́то руко́й пода́ть, э́то в двух шага́х

Kauderwelsch *n* unverständliches Gerede тараба́рщина 6 *umg* | ein ~ sprechen говори́ть на ло́маном [исковерканном] языке́

kauen *tr, intr* жева́ть* | Nägel ~ грызть* [куса́ть] но́гти; an etw. zu ~ haben тяжело́ пережива́ть что-н.

kauern *intr* си|де́ть 3 -жу́ на ко́рточках; sich ~ *refl* са|ди́ться 3 -жу́сь ⟨сесть*⟩ на ко́рточки

Kauf *m* поку́пка 6; Tätigkeit a. ку́пл|я 7 *G Pl* -ей | einen ~ tätigen соверш|а́ть ⟨-и́ть 3⟩ поку́пку [ку́плю]; ~ und Verkauf ку́пля-прода́жа; etw. zum ~ anbieten предлага́ть ⟨-ложи́ть⟩ что-н. на прода́жу; etw. in ~ nehmen мири́ться 3 (при-) с чем-н.

kaufen *tr* покупа́ть ⟨куп|и́ть 3⁺ -лю́⟩ | ich habe viele Bücher gekauft я накупи́л книг; dafür kann ich mir nichts ~ э́то не принесёт мне по́льзы, э́то мне ничего́ не даёт; den werd' ich mir ~! я его́ отде́лаю как сле́дует!, я возьму́сь за него́!

Käufer *m* покупа́тель 1; **~in** *f* покупа́тельница 6; **~kreis** *m* круг покупа́телей

Kauf|halle *f* универса́льный продово́льственный магази́н (самообслу́живания); *umg* универса́м 2; **~haus** *n* универса́льный магази́н, универма́г 2; **~kraft** *f* покупа́тельная спосо́бность 9 | die ≈ des Geldes покупа́тельная си́ла де́нег

käuflich 1. *Adj* Beamter, Liebe прода́ж|ный, -ен **2.** *Adv:* ~ erwerben приобрета́ть ⟨-|обрести́*⟩ путём поку́пки, покупа́ть ⟨куп|и́ть 3⁺ -лю́⟩

Kauf|lust *f* жела́ние 5 купи́ть *A* | die ≈ wecken ожив|ля́ть ⟨-и́ть 3 -лю́⟩ спрос; **~mann** *m* Händler торго́в|ец, -ца 2, куп|е́ц, -ца́ 2 *alt;* Ladeninhaber владе́л|ец, -ьца 2 магази́на; Groß-, Wirtschaftskaufmann коммерса́нт 2; kaufmännischer Angestellter рабо́тник 2 торго́вли, специали́ст по эконо́мике торго́вли

kaufmännisch торго́вый, купе́ческий; комме́рческий | ~er Angestellter рабо́тник торго́вли, фина́нсовый рабо́тник 2 (по специа́льности); ~er Direktor замести́тель 1 дире́ктора по комме́рческим дела́м, комме́рческий дире́ктор; einen ~en Beruf lernen получ|а́ть ⟨-и́ть 3⁺⟩ специа́льность фина́нсового рабо́тника

Kauf|preis *m* покупна́я цена́ (für *G*); **~vertrag** *m* догово́р ку́пли-прода́жи

Kaugummi *m* жева́тельная рези́нка

Kaukasier *m* кавка́з|ец, -ца 2; **~in** *f* кавка́зка 6

kaukasisch кавка́зский

Kaukasus *m* Кавка́з 2 | im ~ на Кавка́зе; nach dem ~ fahren по|е́хать* *v* на Кавка́з

Kaul|barsch *m* ёрш, ерша́ 2e; **~quappe** *f* голова́стик 2

kaum 1. *Adv* fast nicht едва́, почти́ не, е́ле; eben gerade erst едва́ | er war ~ fünf Jahre alt ему́ едва́ [то́лько что] испо́лнилось пять лет; ich konnte ~ aufstehen я едва́ [наси́лу] встал; sie hört ~ etwas она́ почти́ не [едва́] слы́шит; ich kann es ~ erwarten, daß … я (про́сто) не могу́ дожда́ться, когда́ …; ich konnte mich ~ enthalten я наси́лу сдержа́лся; er war ~ fortgegangen als … не успе́л он уйти́, как …; ~ war er eingetreten, da … едва́ он вошёл, как …; es ist ~ zu glauben, daß … тру́дно пове́рить, что …; ~ jemand ма́ло кто; ~ einer почти́ никто́ **2.** *Konj* schwerlich едва́ ли, вряд ли | er wird heute ~ kommen он едва́ ли [вря́д ли] сего́дня придёт

Kaumuskel *m* жева́тельная мы́шца

kausal причи́нный; *Phil a.* кауза́льный

Kausal|satz *m* прида́точное предложе́ние причи́ны; **~zusammenhang** *m* причи́нная связь

Kautabak *m* жева́тельный таба́к

Kaution *f* (иму́щественное) поручи́тельство 4, пору́ка 6 | gegen ~ под поручи́тельство, под зало́г

Kautschuk *m* каучу́к 2; **~baum** *m* гевея 7, каучу́ковое де́рево

Kauz *m Zool* сыч 2e | komischer ~ чуда́к 2e

Käuzchen *n* сыч 2e (домо́вый)

Kavalier *m* кавале́р 2 | den ~ spielen игра́ть роль кавале́ра

Kavaliersdelikt *n* просту́пок, счита́ющийся 11 прости́тельным

Kavalkade *f* кавалька́да 6

Kavallerie *f* кавале́рия 8, ко́нница 6; **~regiment** *n* кавалери́йский полк

Kavallerist *m* кавалери́ст 2

Kavatine *f* savати́на 6

Kaverne *f* каве́рна 6

Kaviar *m* икра́ 6 | körniger ~ зерни́стая икра́; gepreßter ~ па́юсная икра́; roter ~ ке́товая икра́

keck mutig сме́л:ый, -а́!; dreist, frech де́рз|кий, -ок, -ка́! | ein ~es Hütchen коке́тливая шля́пка 6; ein ~es Näschen вздёрнутый но́сик 2; mit ~er Stirn де́рзко

Keckheit *f* сме́лость 9; де́рзость 9
Kegel *m Sport* ке́гл|я 7 *G Pl* -ей; *Math* ко́нус 2; *Typ* кегль 1 | ~ schieben игра́ть в ке́гли
Kegelbahn *f* кегельба́н 2; im Freien пло́щадка 6 для игры́ в ке́гли
kegelförmig конусообра́з|ный, -ен, кони́ческий
kegeln *intr* игра́ть в ке́гли
Kegeln *n* игра́ 6с в ке́гли
Kegel|schnitt *m* кони́ческое сече́ние; **~sport** *m* ке́гл|и *Pl* 7 *G* -ей; **~stumpf** *m* усечённый ко́нус 2
Kegler *m* игро́к 2е в ке́гли
Kehle *f* го́рло 4; *Tech, Arch* вы́емка 6, паз 2b; в пазу́ | aus voller ~ во всё го́рло, гро́мко; sich die ~ ausschreien охри́пнуть *v* 4а от кри́ка; etw. in die falsche ~ bekommen обижа́ться ⟨оби́|деться 3 -жусь⟩ на что-н.; mir ist die ~ wie zugeschnürt у меня́ перехвати́ло дух; j-m das Messer an die ~ setzen *übertr* при|пере́ть* *v* кого́-н. к сте́нке
Kehlkopf *m* горта́нь 9; **~entzündung** *f* ларинги́т 2; **~mikrophon** *n* ларингофо́н 2
Kehllaut *m Phon* горта́нный звук
Kehr|aus *m:* den ~ machen конча́ть ⟨ко́нчить 3⟩; Gaststätte закрыва́ть ⟨-|кры́ть*⟩ (рестора́н); den ~ spielen игра́ть ⟨сыгра́ть⟩ после́дний та́нец; **~besen** *m* метла́ 6с *Pl* мёт|лы, -ел
Kehre *f Sport* соско́к 2 с поворо́том; Straße изви́лина 6
[1]**kehren** *tr* wenden повора́чивать ⟨-верну́ть 4; -вёрнутый⟩; Kleiderstoff usw. вывёртывать ⟨вы́вернуть⟩ наизна́нку; *intr u.* sich ~ *refl* повора́чивать(ся) *u.* повёртывать(ся) ⟨-верну́ть(ся)⟩ | j-m den Rücken ~ поверну́ться к кому́-н. спино́й; das Oberste zuunterst ~ перевёртывать ⟨-верну́ть⟩ всё вверх дном; alles zum besten ~ поверну́ть всё к лу́чшему; in sich gekehrt погружённый [углублённый] в себя́; kehrt! *Mil* круго́м!; sich nicht an etw. ~ не обра|ща́ть ⟨-ти́ть 3 -щу́⟩ внима́ния на что-н.
[2]**kehren** *tr* fegen мести́*, подмета́ть ⟨-мести́⟩; Staub обмета́ть ⟨-мести́⟩; Schnee смета́ть ⟨-мести́⟩ (von с *G*)
Kehricht *m* сор 2, му́сор 2; **~haufen** *m* ку́ча му́сора
Kehr|maschine *f* Straße подмета́льно-убо́рочная маши́на; Teppich прибо́р 2 для чи́стки ковро́в; **~reim** *m* рефре́н 2; **~schaufel** *f* сов|о́к, -ка́ 2 для му́сора; **~seite** *f* Rückseite оборо́тная [обра́тная] сторона́ | j-m die ≈ zuwenden поверну́ться *v* 4 за́дом к кому́-н.; ≈ der Medaille оборо́тная сторона́ меда́ли
kehrtmachen *intr Mil* повора́чиваться ⟨-верну́ться 4⟩ круго́м; umkehren повора́чивать ⟨-верну́ть⟩ наза́д
Kehrtwendung *f Mil* поворо́т круго́м
Kehrwert *m* обра́тная величина́ 6с
keifen *intr* брани́ться 3 (визгли́во)
Keil *m* клин 2 *Pl* -ья, -ьев, -ьям; Schneiderei шпо́нка 6 | einen ~ in etw. (hinein)treiben забива́ть ⟨-|би́ть*⟩ клин во что-н., вгоня́ть ⟨во|гна́ть*, вгоню́⟩ клин во что-н.; einen ~ zwischen Freunde treiben вбива́ть ⟨-бить⟩ клин ме́жду друзья́ми, поссо́рить *v* 3 друзе́й; **~absatz** *m* (каблу́к-)танке́тка (2е-)6
Keiler *m* сека́ч 2е *G Pl* -е́й
Keilerei *f* потасо́вка 6, дра́ка 6
keilförmig клинообра́з|ный, -ен, клинови́д|ный, -ен
Keil|hose *f* спорти́вные (зау́женные книзу) брю́ки; **~kissen** *n* подголо́вник 2; **~riemen** *m* кли́нчатый реме́нь; **~schrift** *f* кли́нопись 9
Keim *m* einer Pflanze рост|о́к, -ка́ 2; Embryo заро́дыш 2 *G Pl* -ей; *Med* Erreger микро́б 2, микроорга́низм 2; *übertr* заро́дыш; von Krankheit, Liebe зача́т|ок, -ка 2 | im ~ ersticken подав|ля́ть ⟨-и́ть 3⁺ -лю́; пода́вленный⟩ в заро́дыше; **~blatt** *n Bot* семядо́л|я 7 *G Pl* -ей; *Biol* заро́дышевый лист|о́к, -ка́ 2; **~drüse** *f* полова́я железа́
keimen *intr Bot* пуска́ть ⟨пу|сти́ть 3⁺ -щу́⟩ ростки́, прораста́ть ⟨-|расти́*⟩; *übertr* заро|жда́ться ⟨-ди́ться 3⟩; **~d** прораста́ющий 11
keimfähig всхо́жий 11
Keimfähigkeit *f* всхо́жесть 9
keimfrei стерилизо́ванный | ~e Milch пастеризо́ванное [тэ] молоко́; ~ machen стерилизова́ть *uv, v* 2
Keim|ling *m Biol* заро́дыш 2 *G Pl* -ей; *Bot* рост|о́к, -ка́ 2; **~ung** *f Biol* зарожде́ние 5; *Bot* прораста́ние 5; **~zelle** *Biol* заро́дышевая кле́тка; *übertr* (первичная) яче́йка 6
kein *Präp* ни од|и́н, -ного́ 15, никако́й; keiner никто́; не *a. in Verbindung mit Num; in Sätzen mit haben* нет | ~ Mensch никто́, ни оди́н челове́к; das ist ~ Buch, sondern … э́то не кни́га, а …; er ist ~ Arzt он не врач; das ist ~ Vergnügen э́то не удово́льствие; ich habe ~e Zeit у меня́ нет вре́мени; ich habe ~ Geld у меня́ нет де́нег; das kostet ~e fünf Mark э́то не сто́ит и пяти́ ма́рок; es hat ~en Sinn нет (никако́го) смы́сла; ~ Schritt weiter ни ша́гу да́льше; ~ Wölkchen … ни о́блачка …; ~er war da никого́ не́ было; ~ anderer als… не кто ино́й как …; auf ~en Fall ни в ко́ем слу́чае; auf ~e Weise ника́к, нико́им о́бразом
keiner|lei никако́й; **~seits** *Adv* ни с како́й стороны́
keines|falls *Adv* ни в ко́ем слу́чае; **~wegs** *Adv* отню́дь не, во́все нет

keinmal *Adv* ни ра́зу | einmal ist ~ оди́н раз не в счёт

Keks *m* (сухо́е) пече́нье 5

Kelch *m* ку́б|ок, -ка 2, ча́ша 6; *Bot* ча́шечка 6 | den bitteren ~ leeren ис|пи́ть * *v*| изопью́ го́рькую ча́шу до дна; **~blatt** *Bot* чашели́стик 2; **~glas** *n* (стекля́нный) бока́л 2

Kelle *f* Löffel разлива́тельная ло́жка 6; Maurer~ ке́льма 6, лопа́т(оч)ка 6

Keller *m* подва́л 2; Vorrats~, Speisekammer *a.* по́греб 2b *Pl* -а́; Weinstube, -keller по́греб, погреб|о́к, -ка́ 2; **~fenster** *n* подва́льное окно́; **~gaststätte** *f* рестора́н в подва́ле; **~geschoß** *n* подва́льный эта́ж; **~treppe** *f* ле́стница в подва́л

Kellner *m* официа́нт 2; in westeuropäischen Ländern ке́льнер 2; **~in** *f* официа́нтка 6; ке́льнерша 6

Kelter *f* für Wein виногра́дный пресс 2; **~ei** *f* дави́л|ьня 7 *Pl* -ен, -ьням

keltern *tr* выда́вливать ⟨вы́дав|ить 3 -лю⟩ сок из виногра́да

Kenia Ке́ния 8; **~ner** *m* кени́|ец, -йца 2; **~nerin** *f* кени́йка 6

kenianisch кени́йский

kennen *tr* wissen знать; näher, persönlich быть знако́мым с *I* | ~ Sie ihn? знако́мы ли вы с ним?; ich kenne ihn schon lange я уже́ давно́ знако́м с ним, я давно́ его́ зна́ю; j-n am Schritt ~ у|знава́ть* ⟨-зна́ть⟩ кого́-н. по шага́м; nur dem Namen nach ~ знать то́лько по и́мени [по фами́лии]; da kennst du ihn aber schlecht пло́хо ты его́ зна́ешь; keine Rücksicht ~ не счита́ться ни с чем; sich vor Zorn nicht ~ быть* вне себя́ от гне́ва; etw. in- u. auswendig ~ знать что-н. вдоль и поперёк; das ~ wir! зна́ем мы э́то!; **~lernen** *tr* знако́м|иться 3 -люсь (по-) с *I* | wir haben uns vor einem Jahr kennengelernt мы познако́милиь год тому́ наза́д; von einer ganz neuen Seite ≈ узна́ть *v* совсе́м с друго́й стороны́; Sie sollen mich noch ≈! вы ещё узна́ете меня́!

Kenner *m* знато́к 2e (von *G oder* в *P*); **~blick** *m:* etw. mit ≈ betrachten смотре́ть (по-) на что-н. взгля́дом знатока́

Kennmarke *f* ли́чный знак

kenntlich (хорошо́) ви́дим:ый | ~ machen обозн|ача́ть ⟨-а́чить 3⟩ (mit, durch чем-н.); besonders kennzeichnen выделя́ть ⟨вы́делить 3⟩ (mit чем-н.)

Kenntnis *f* Nachricht све́дения *Pl* 5; Wissen зна́ния *Pl* 5; ~se *Pl* зна́ния; auf einem bestimmten Gebiet позна́ния 5 (in *G*, по *D*, в *P*) | ~se besitzen облада́ть зна́ниями; von etw. ~ erhalten [haben] получ|а́ть ⟨-и́ть⟩ [име́ть] све́дения о чём-н.; zur ~ nehmen принима́ть ⟨приня́ть*⟩ к све́дению; das enzieht sich meiner ~ об э́том мне ничего́ не изве́стно; j-n in ~ setzen ста́в|ить 3 -лю (по-) кого́-н. в изве́стность (von etw. о чём-н.), дава́ть* ⟨дать*⟩ знать кому́-н. (von etw. о чём-н.); aus eigener ~ по со́бственному о́пыту; er hat gründliche ~se in Geschichte у него́ основа́тельные зна́ния по исто́рии [в о́бласти исто́рии]; **~nahme** *f* von etw. приня́тие 5 чего́-н. к све́дению, ознакомле́ние 5 с чем-н. | zur ≈ для ознакомле́ния

kenntnisreich 1. *Adj* о́чень све́дущ:ий 11, с больши́ми (по)зна́ниями **2.** *Adv* со зна́нием де́ла

Kenn|wort *n Mil*, Losung паро́ль 1; beim Ausgang про́пуск 2b *N Pl* -а́; Wettbewerb, Preisausschreiben деви́з 2, поме́тка 6; **~zeichen** *n* приме́та 6; *Mil* отличи́тельный знак; симпто́м 2, при́знак 2 | polizeiliches ≈ но́мерно́й знак 2

kennzeichnen *tr* markieren помеча́ть ⟨поме́|тить 3 -чу⟩, де́лать (с-) поме́тки; charakterisieren характеризова́ть *uv, v* 2; **~d** характе́р|ный, -ен, типи́ч|ный, -ен (für для *G*)

Kenn|zeichnung *f* поме́тка 6; характери́стика 6; **~ziffer** *f Wirtsch* показа́тель 1; *Math* характери́стика 6

kentern *intr* опроки́|дываться ⟨-нуться 4⟩ (ки́лем вверх) | das Boot ist gekentert ло́дка опроки́нулась [переверну́лась]

Keramik *f* кера́мика 6; Erzeugnis кера́мика, керами́ческое изде́лие 5

keramisch керами́ческий

Kerbe *f* засе́чка 6, зару́бка 6; als Zierat auf Metall насе́чка 6 | in dieselbe ~ hauen бить в одну́ то́чку

kerben *tr* де́лать (с-) засе́чки [зару́бки] | gekerbt с засе́чками, с зару́бками

Kerb|holz *n:* etw. auf dem ≈ haben име́ть что-н. на со́вести, име́ть за собо́й каку́ю-н. вину́; **~(loch)karte** *f* (перфо)ка́рта 6 с краевы́ми вы́резами; **~tier** *n* насеко́мое *Subst* 10

Kerker *m* тю́рь|ма́ 6c *G Pl* -ем | in den ~ werfen броса́ть ⟨бро́сить⟩ в засте́нок

Kerl *m umg* па́р|ень, -ня 1; *verächtl* субъе́кт 2, тип 2 | armer ~ бедня́га *m* 6; dummer ~ дура́к 2e; ganzer ~ молод|е́ц, -ца́ 2; guter ~ хоро́ший 11 челове́к 2

Kern *m* Steinobst ко́сточка 6; Apfel, Birne зёрныш|ко 4 *Pl* -ки, -ек; Kernobst се́меч|ко 4 *Pl* -ки, -ек; Nuß, Mandel, *Phys* ядро́ 4c *G Pl* я́дер *a. übertr;* Frage, Sache суть 9, су́щность 9 | ~ der Stadt центр 2 го́рода; in ihm steckt ein guter ~ у него́ хоро́шие усто́и; des Pudels ~ суть [су́щность] де́ла; **~beißer** *m Zool* дубоно́с 2

kernbetrieben на я́дерном то́пливе; U-Boot а́томный

Kern|energie *f* я́дерная эне́ргия; **~explosion** *f* я́дерный взрыв; **~forschung** *f* я́дерные иссле́дования **~forschungsinstitut** *n* институ́т я́дерных иссле́дований; **~frage** *f* стержнево́й [гла́вный] вопро́с; **~fusion** *f* я́дерный си́нтез [тэ], си́нтез я́дер; **~gehäuse** *n* семенно́е гнездо́, *umg* сердцеви́на [рц] 6

kerngesund абсолю́тно [соверше́нно] здоро́в:ый, кре́пкого здоро́вья

Kernholz *n* ядро́вая древеси́на

kernig кре́п|кий₁ -ок₁ -ка́!₁ -че; Person, Rede ядрё́н:ый₁ -а | ~e Gesundheit ядрёное [кре́пкое] здоро́вье

Kern|kraftwerk *n* а́томная электроста́нция; **~ladung** *f* заря́д ядра́; **~obst** *n* се́мечковые плоды́; **~physik** *f* я́дерная фи́зика; **~physiker** *m* фи́зик-я́дерщик 2–2 фи́зик; **~punkt** *m* основно́й пункт; **~reaktion** *f* я́дерная реа́кция; **~reaktor** *m* я́дерный реа́ктор; **~schatten** *m* ядро́ 4c те́ни; **~seife** *f* ядро́вое мы́ло; **~spaltung** *f* расщепле́ние я́дер [ядра́]; **~truppen** *f Pl* ка́дровые войска́; **~umwandlung** *f* превраще́ние ядра́; **~verschmelzung** *f* я́дерный си́нтез [тэ] 2; **~waffe** *f* я́дерное ору́жие

kernwaffenfrei свобо́дный от я́дерного ору́жия

Kernwaffen|versuch *m* испыта́ние 5 я́дерного ору́жия; **~verzicht** *m* отка́з от (примене́ния) я́дерного ору́жия

Kerosin *n* кероси́н 2

Kerze *f* свеч|а́ 6h *G Pl* -е́й *a. Kfz u. Sport; umg* све́чка 6 | eine ~ anzünden зажига́ть ⟨-|же́чь*⟩ свечу́

Kerzenbeleuchtung *f* освеще́ние свеча́ми | bei ~ при свече́ [свеча́х]

kerzengerade 1. *Adj* прямо́й (как свеча́) **2.** *Adv* sitzen о́чень пря́мо; aufsteigen: Rauch трубо́й

Kerzen|halter *m* подсве́чник [шн] 2; **~leuchter** *m* подсве́чник [шн] 2; **~licht** *n* свет (от) свечи́ | bei ≈ при свеча́х; **~stummel** *m* ога́р|ок₁ -ка 2 (свечи́)

Kescher *m* сач|о́к₁ -ка́ 2

keß fesch шика́р|ный₁ -ен; dreist де́рз|кий₁ -о́к₁ -ка́!

Kessel *m* кот|ё́л₁ -ла́ 2 *a. Tech;* kleiner котел|о́к₁ -ка́ 2; Tee≈ ча́йник 2; *Geogr* котлови́на 6; *Mil* котё́л, кольцо́ 4c окруже́ния; **~haus** *n* коте́льная *Subst* 10; **~pauke** *f* лита́вры *Pl* 6; **~raum** *m* кочега́рка 6; **~schmied** *m* коте́льщик 2; **~stein** *m* (коте́льная) на́кипь 9; **~treiben** *n Jagd* охо́та 6 котло́м; *übertr* тра́вля 7 | ein ≈ gegen j-n veranstalten организ|о́вывать ⟨-ова́ть 2⟩ тра́влю кого́-н.; **~wagen** *m* цисте́рна 6; *Eisenb* ваго́н-цисте́рна 2-6

Kette *f* цеп|ь 9g₁ в₁ на цепи́; Tür≈, Uhr≈, Schmuck цепо́чка 6; aus Bernstein u. ä. ожере́лье 5, бу́сы *Pl* 6; aus unechten Perlen бу́сы; Gebirge цепь; von Ereignissen ряд 2₁ в ря́де; *Flugw* звено́ 4 *Pl* звенья|я₁ -ев; *Text* осно́ва 6; *Mil* цепь; *Tech* Raupe гу́сеничная ле́нта 6 | in ~en legen зако́вывать ⟨-|кова́ть*⟩ в це́пи [в око́вы]; den Hund an die ~ legen сажа́ть ⟨поса|ди́ть 3⁺ -жу́⟩ соба́ку на цепь

ketten *tr* Tier привя́зывать ⟨-|вяза́ть*⟩ це́пью (an к *D*); sich ~ *refl* привя́зываться ⟨-вяза́ться⟩ (an к *D*) | an j-n gekettet sein быть (чем-н.) свя́занным с кем-н.; an etw. быть прико́ванным к чему́-н.

Ketten|antrieb *m* цепно́й приво́д; **~armband** *n* брасле́т-цепо́чка 2-6; **~brücke** *f* цепно́й мост; **~fahrzeug** *n* маши́на 6 на гу́сеничном ходу́; **~gebirge** *n* го́рная цепь 9g; **~glied** *n* звено́ це́пи; **~hund** *m* цепна́я соба́ка; **~raucher** *m* зая́длый кури́льщик; **~reaktion** *f* цепна́я реа́кция; **~stich** *m* Schneiderei та́мбурный стежо́к

Ketzer *m* ерети́к 2e; **~ei** *f* е́ресь 9

ketzerisch ерети́ческий

keuchen *intr* пых|те́ть 3 -чу́, задыха́ться ⟨-дохну́ться 4 *u.* 4a⟩; schwer тяжело́ дыша́ть 3⁺

Keuchhusten *m* коклю́ш 2 | er hat ~ у него́ коклю́ш

Keule *f Sport* булава́ 6; Waffe дуби́на 6, булава́; vom Tier костре́ц 2e

Keulenschwingen *n Sport* упражне́ние 5 с булава́ми

keusch целому́дрен:ный₁ -на, де́вствен:ный₁ -на

Keuschheit *f* целому́дрие 5, де́вственность 9

Khaki *m:* aus ~ цве́та ха́ки

Khan *m hist* хан 2

Khartum Харту́м

kichern *intr* хихи́к|ать ⟨-нуть *mom* 4⟩

Kickstarter *m* ножно́й ста́ртер

kidnappen *tr* похища́ть ⟨похи́|тить 3 -щу⟩ для получе́ния вы́купа

Kidnapper *m* похити́тель 1

Kiebitz *m Zool* чи́бис 2, пи́галица 6; beim Kartenspiel (надое́дливый) боле́льщик 2, подска́зчик 2

kiebitzen *intr* beim Kartenspiel наблюда́ть за игро́й, подгля́дывать ⟨подгля|де́ть 3 -жу́⟩

[1]**Kiefer** *f Bot* сосна́ 6c *G Pl* со́сен

[2]**Kiefer** *m Anat* че́люсть 9; **~chirurgie** *f* челюстна́я хирурги́я; **~höhle** *f* гаймо́рова 13 па́зуха; **~knochen** *m* челюстна́я кость

Kiefern|holz *n* сосно́вая древеси́на; Brennholz сосно́вые дрова́; **~nadel** *f* сосно́вая игла́, *Pl a.* сосно́вая хвоя́ 7; **~wald** *m* сосно́вый лес, сосня́к 2e; **~zapfen** *m* сосно́вая ши́шка

[1]**Kiel** *m* Feder≈ стерж|ень₁ -ня 1g; Schreib≈ перо́ 4c *Pl* пе́рь|я₁ -ев 3; *Mar*

киль 1 | auf ~ legen закла́дывать ⟨-ложи́ть 3⁺⟩ су́дно

²**Kiel** Stadt Киль 1

kielholen *tr* килева́ть 2 (за-)

Kiel|legung *f* закла́дка 6 су́дна [корабля́] (на ста́пеле); ~**linie** *f* кильва́терная [тэ] коло́нна 6; ~**raum** *m* трюм 2; ~**wasser** *n* кильва́тер [тэ] 2 | im ≈ eines Schiffes fahren идти́* в кильва́тере како́го-н. су́дна

Kieme *f* жа́бра 6

Kiemen|atmung *f* жа́берное дыха́ние; ~**spalte** *f* жа́берная щель

Kien *m* Span сосно́вая лучи́на 6; ~**apfel** *m* сосно́вая ши́шка 6; ~**span** *m* сосно́вая лучи́на

Kies *m* гра́ви|й 1 *P* -и; Erz кольчеда́н 2 | grober ~ га́лька 6

Kiesel|erde *f* кремнезём 2; ~**stein** *m* голы́ш 2e *G Pl* -е́й

Kies|grube *f* грави́йный карье́р 2; ~**weg** *m* грави́йная доро́жка 6

Kiew Ки́ев 2

Kilo *n* кило́ *n idkl* | ein halbes ~ полкило́; ~**gramm** *n* (*Abk* kg) килогра́мм 2 (*Abk* кг); ~**hertz** *n* (*Abk* kHz) килоге́рц 2 (*Abk* кгц)

Kilometer *n* (*Abk* km) киломе́тр 2 (*Abk* км) | drei ~ entfernt von в трёх киломе́трах от *G;* ~**fresser** *m umg* пожира́тель 1 киломе́тров; ~**stand** *m* километра́ж 2; ~**stein** *m* километро́вый столб 2e; ~**zähler** *m Kfz* счётчик пробе́га

Kilo|pond *n* (*Abk* kp) килопо́нд 2 (*Abk* кгс); ~**volt** *n* (*Abk* kV) килово́льт 2 (*Abk* кв)

Kilowatt *n* (*Abk* kW) килова́тт 2 (*Abk* квт); ~**stunde** *f* (*Abk* kWh) килова́тт-ча́с *idkl*–2 (*Abk* квт-ч)

Kimme *f:* ~ und Korn про́резь 9 прице́ла и му́шка 6

Kimono *m* кимоно́ *n idkl;* ~**ärmel** *m* рука́в кимоно́; ~**bluse** *f* блу́зка фасо́на кимоно́

Kind *n* ребён|ок, -ка 2 *Pl* ребя́та 4 *u.* де́ти, дете́й, де́тям, детьми́, де́тях *a. übertr* | mein liebes ~! zärtlich ми́лое моё дитя́!; armes ~! бедня́жка!; von ~ auf с де́тства; sie ist noch ein richtiges ~ она́ ещё совсе́м ребёнок; ein ~ seiner Zeit дитя́ своего́ вре́мени; mit ~ und Kegel со все́ми ча́дами и домоча́дцами; sie hat ein ~ bekommen у неё роди́лся ребёнок; ein ~ erwarten ждать* [ожида́ть] ребёнка; sich bei j-m lieb ~ machen подли́зываться ⟨подлиза́ться, -лижу́сь, -ли́жешься⟩ к кому́-н.; das ~ mit dem Bade ausschütten вме́сте с водо́й вы́плеснуть *v* 4 и ребёнка

Kindbett *n* послеродово́й пери́од 2; ~**fieber** *n* роди́льная горя́чка 6

Kinder|arzt *m* де́тский врач, педиа́тр 2; ~**beihilfe** *f* посо́бие на ребёнка; ~**bekleidung** *f* де́тская оде́жда; ~**beratung(sstelle)** *f* де́тская консульта́ция; ~**bett** *n* де́тская крова́ть; ~**buch** *n* де́тская кни́га; ~**ei** *f* ребя́чество 4; ~**eisenbahn** *f* де́тская желе́зная доро́га; ~**ferienaktion** *f* организа́ция 8 о́тдыха дете́й во вре́мя кани́кул; ~**ferienlager** *n* де́тский ла́герь (для о́тдыха во вре́мя кани́кул); ~**fernsehen** *n* телевизио́нные переда́чи *Pl* 6 для дете́й, телепрогра́мма 6 для дете́й; ~**freund** *m:* er ist ein ≈ он лю́бит дете́й; ~**funk** *m* (радио)переда́ча 6 [радиопрогра́мма 6] для дете́й; ~**garten** *m* де́тский сад; ~**gärtnerin** *f* воспита́тельница 6 (в де́тском саду́); ~**geld** *n* де́нежное посо́бие на ребёнка, посо́бие 5 для многоде́тных семе́й; ~**heim** *n* де́тский дом; Erholungsheim де́тский дом о́тдыха; ~**hort** *m* гру́ппа 6 продлённого дня в шко́ле; ~**jäckchen** *n* beim Kleinkind распашо́нка 6; ~**kaufhaus** *n* де́тский универма́г; ~**klapper** *f* де́тская погрему́шка 6; ~**kleidung** *f* де́тская оде́жда; ~**klinik** *f* де́тская кли́ника; ~**krankheit** *f* де́тская боле́знь *a. übertr;* ~**krippe** *f* де́тские я́сли; ~**lähmung** *f* де́тский парали́ч, полиомиели́т [миэ] 2

kinder|leicht о́чень лёгкий [хк] | das ist ja ≈ э́то пустяко́вое де́ло, э́то о́чень про́сто; ~**lieb** лю́бящий 11 дете́й; ~**los** безде́т|ный, -ен

Kinder|mädchen *n* ня́ня 7; ~**mantel** *m* де́тское пальто́; ~**mund** *m übertr* де́тский язы́к 2e

kinderreich многоде́т|ный, -ен

Kinder|schar *f* вата́га 6 дете́й; ~**schriftsteller** *m* де́тский писа́тель; ~**schuh** *m* де́тский боти́нок | ≈e де́тская о́бувь 9; den ≈en entwachsen выхо|ди́ть 3⁺ -жу́ ⟨вы́|йти*⟩ из де́тского во́зраста; noch in den ≈en stecken находи́ться 3⁺ в зача́точном состоя́нии; ~**sendung** *f* де́тская переда́ча

Kinderspiel *n* де́тская игра́; *übertr* пустяко́вое [просто́е] де́ло; ~**platz** *m* де́тская площа́дка (для игр)

Kinder|sprache *f* де́тская речь; ~**station** *f* отделе́ние для дете́й (в больни́це); ~**stube** *f:* er hat eine gute ≈ gehabt он хорошо́ воспи́тан; ~**tagesstätte** *f* де́тский сад; ~**- und Jugendspartakiade** *f* де́тская и ю́ношеская спартакиа́да; ~**vorstellung** *f* представле́ние для дете́й, де́тский спекта́кль; Kino сеа́нс де́тских фи́льмов; ~**wagen** *m* де́тская коля́ска 6; ~**wochenkrippe** *f* круглосу́точные я́сли; ~**zimmer** *n* де́тская ко́мната, де́тская *Subst* 10; ~**zuschlag** *m* надба́вка к зарпла́те на ребёнка

Kindes|alter *n* де́тский во́зраст; ~**beine**

Pl: von ≈n an с сáмого дéтства, с дéтских лет; **~kind** *n:* Kinder und ≈er всё потóмство

Kindheit *f* дéтство 4 | von ~ an с дéтства, с мáлых лет

kind|isch **1.** *Adj* несерьёз|ный, -ен, дéтский **2.** *Adv* по-ребя́чески, по-дéтски | sich ≈ benehmen вестú* себя́ по-дéтски; ≈ werden alte Leute впадáть ⟨-|пасть*⟩ в дéтство; **~lich** **1.** *Adj* дéтский **2.** *Adv* по-дéтски | ≈ sein имéть мнóго дéтского

Kindskopf *m:* er ist ein großer ~ *übertr* он ещё совсéм ребёнок

Kinematik *f* кинемáтика 6

Kinematographie *f* кинематогрáфия 8

kinematographisch кинематографúческий

Kinetik *f* кинéтика [нэ] 6

kinetisch кинетúческий [нэ]

Kinn *n* подборóд|ок, -ка 2; **~haken** *m Sport* удáр 2 в подборóдок | einen ≈ landen ударя́ть ⟨удáрить 3⟩ в подборóдок; **~lade** *f* чéлюсть 9

Kino *n* кинó *n idkl;* Gebäude a. кинотеáтр 2 | im ~, ins ~ в кинó; **~besucher** *m* кинозрúтель 1; **~gänger** *m* посетúтель 1 кинó [кинотеáтра]; **~karte** *f* билéт в кинó; **~kasse** *f* кáсса кинотеáтра; **~reklame** *f* кинореклáма 6; **~saal** *m* кинозáл 2; **~vorstellung** *f* киносеáнс 2; **~wagen** *m* кинопередвúжка 6

Kiosk *m* киóск 2, палáтка 6 | am ~ kaufen в киóске, в палáтке

Kippe *f* Müll ~ мýсорная свáлка 6; *Bergb* отвáл 2; *Sport* подъём 2 разгúбом; *umg* Zigarettenstummel окýр|ок, -ка 2 | auf der ~ stehen быть* в неустóйчивом положéнии; es steht mit j-m, etw. auf der ~ ist unsicher чьё-н. положéние óчень шáтко

kippen *tr* um~ опрокú|дывать ⟨-нуть 4⟩; ab~, aus-: Transportgut высыпáть ⟨вы́|сыпать*⟩, свáливать ⟨-валúть 3⁺⟩; *intr Flugw* теря́ть (по-) равновéсие; Boot опрокú|дываться ⟨-нуться⟩

Kipper *m Kfz* (грузовúк-)самосвáл (2e-)2

Kipp|lore *f* опрокúдывающаяся 11 вагонéтка 6, саморазгружáющийся 11 полувагóн 2; **~schalter** *m* перекиднóй выключáтель; **~vorrichtung** *f* опрокúдыватель 1, устрóйство 4 для опрокúдывания; **~wagen** *m* думпкáр 2

Kirche *f* цéрк|овь, -ви 9g, *I* -овью, *D Pl* -вáм; evangelische кúрка 6; katholische костёл 2; Gottesdienst богослужéние 5 | zur ~ gehen ходúть в цéрковь; aus der ~ austreten выхо|дúть 3⁺ -жý ⟨вы́|йти*⟩ из цéркви

Kirchen|bann *m* отлучéние 5 от цéркви; **~besucher** *m* посещáющий *Subst* 11 цéрковь; **~buch** *n* церкóвная кнúга; **~maus** *f:* arm wie eine ≈ бéден как церкóвная мышь; **~musik** *f* церкóвная мýзыка; **~schiff** *n* неф 2

kirchenslawisch церковнославя́нский

Kirchen|spaltung *f* схúзма 6; *hist* раскóл 2; **~steuer** *f* церкóвный налóг; **~tag** *m* церкóвный съезд 2; **~vorstand** *m* церкóвный совéт 2

kirchlich церкóвный

Kirch|turm *m* церкóвная бáшня; Glockenturm колокóл|ьня 7 *G Pl* -ен

Kirgis|e *m* киргúз 2; **~ien** Киргúзия 8; **~in** *f* киргúзка 6

kirgisisch *Adj* киргúзский | Kirgisische Sozialistische Sowjetrepublik Киргúзская Совéтская Социалистúческая Респýблика

Kirmes *f Rel* кúрмес 2, прáздник [зн] 2 освящéния цéркви

kirre: ~ machen укро|щáть ⟨-тúть 3 -щý⟩

Kirsch *m* вишнёвая вóдка 6

Kirschbaum *m* вúш|ня 7 *G Pl* -ен; Süßkirsche черéш|ня 7 *G Pl* -ен

Kirsche *f* вúш|ня 7 *G Pl* -ен; Süß~ черéш|ня 7 *G Pl* -ен | mit ihm ist nicht gut ~n essen с ним лýчше дéла не имéть

Kirsch|kern *m* вишнёвая кóсточка; **~kuchen** *m* пирóг с вúшнями; **~likör** *m* вишнёвка 6, вишнёвый ликёр

kirschrot вишнёвый, вишнёвого цвéта

Kirsch|saft *m* вишнёвый сок; **~wasser** *n* вишнёвая вóдка 6

Kissen *n* подýшка 6; **~bezug** *m* нáволочка 6; **~platte** *f* декоратúвная нáволочка на дивáнную подýшку

Kiste *f* я́щик 2; für Kleider, Wäsche a. сундýк 2e, ларь 1e; altes Fahrzeug драндулéт 2 | eine ~ Zigarren я́щик сигáр

Kitsch *m* безвкýсица 6

kitschig безвкýс|ный, -ен | ~er Film пóшлая кинокартúна

Kitt *m* замáзка 6; Spachtel~ шпаклёвка 6

Kittel *m* (рабóчий) халáт (11-)2; kurzer рабóчая блýза 11-6; **~schürze** *f* (домáшний 11) рабóчий 11 халáт 2

kitten *tr* Fenster замáзывать ⟨-|мáзать*⟩; *übertr* склéивать ⟨склéить 3⟩

Kitz *n* детёныш 2 *G Pl* -ей; Reh~ косул|ёнок, -ёнка 2 *Pl* косул|я́та, -я́т; Ziege козлён|ок, -ка 2 *Pl* козл|я́та, -я́т

kitz[e]lig щекотлúв:ый *a. übertr* | ~ sein боя́ться 3 щекóтки

kitzeln *tr* щекотáть* (по-) *a. übertr;* es kitzelt mich мне щекóтно

Kitzler *m* клúтор 2

Kladde *f* черновáя тетрáдь 9; Kassenbuch черновáя кнúга 6

klaffen *intr* зия́ть 1; Tür неплóтно прилегáть | zwischen Wort und Tat klafft ein Widerspruch слóво расхóдится с дéлом

kläffen *intr* тя́в|кать ⟨-кнуть *mom* 4⟩

klaffend Wunde зия́ющий 11

Kläffer *m* брехли́вая соба́ка 6

Klafter *m, n* Holzmaß са́же́нь 9 *Pl* саже́ни, са́жен *u.* саже́не́й, саже́ня́м; **~holz** *n* дрова́, сло́женные в поле́нницы

Klage *f Jur* жа́лоба 6, иск 2; Beschwerde(schrift) жа́лоба, заявле́ние 5; Äußerung des Schmerzes стена́ние 5; Wehklagen плач 2, рыда́ние 5 | gegen j-n ~ erheben по|дава́ть* ⟨пода́ть*⟩ жа́лобу на кого́-н.; eine ~ anhängig machen возбу|жда́ть ⟨-ди́ть 3 -жу́⟩ иск про́тив кого́-н.; **~geschrei** *f* вопль 1, жа́лобные во́пли *Pl* 1

klagen *tr:* j-m sein Leid ~ жа́ловаться 2 кому́-н. на своё го́ре; *intr* жа́ловаться (по-) (über на *A*); wehklagen опла́кивать ⟨-|пла́кать*⟩ (um j-n кого́-н.); *Jur* по|дава́ть* ⟨пода́ть*⟩ в суд (gegen на *A*) | über Müdigkeit ~ жа́ловаться на уста́лость; auf Schadenersatz ~ предъяв|ля́ть ⟨-и́ть 3⁺ -лю⟩ иск о возмеще́нии убы́тков; gegen j-n ~ жа́ловаться (по-) на кого́-н., подава́ть ⟨пода́ть⟩ жа́лобу на кого́-н. [иск к кому́-н.] в суд

Kläger *m Jur* ист|е́ц, -ца́ 2, жа́лобщик 2 | als ~ auftreten выступа́ть ⟨вы́ступить⟩ в ка́честве истца́; wo kein ~ ist, da ist auch kein Richter на нет и суда́ нет

Klage|schrift *f Jur* исково́е заявле́ние 5; **~weg** *m:* auf dem ≈ в исково́м поря́дке

kläglich жа́лоб|ный, -ен; bedauernswürdig жа́л|кий, -ок, -ка́!; жа́льче, пла-че́в|ный, -ен; Leistung, Ergebnis жа́лкий, ничто́ж|ный, -ен | eine ~e Rolle spielen игра́ть жа́лкую [ничто́жную] роль; alle Versuche sind ~ gescheitert все попы́тки ко́нчились печа́льно [плаче́вно]

klamm vor Kälte окочене́вший 11, окочене́лый

Klamm *f Geogr* у́зкое, щелеподо́бное уще́лье 5

Klammer *f Tech* скоба́ 6h; *Bauw* пробо́|й 1 *G Pl* -ев; Büro~ скре́пка 6; Wäsche~ прище́пка 6; *Math, Typ, Med* ско́бка 6 | eckige ~n квадра́тные ско́бки; in ~n setzen ста́в|ить 3 -лю (по-) в ско́бки; in ~n stehen стоя́ть в ско́бках

klammern *tr* mit Wäscheklammern прищеп|ля́ть ⟨-и́ть 3 -лю⟩; mit Büroklammer прикреп|ля́ть ⟨-и́ть 3 -лю⟩ скре́пкой (an к *D*); *Tech* скреп|ля́ть ⟨-и́ть 3 -лю⟩ скобо́й; sich ~ *refl* цепля́ться (an за *A*) *a. übertr* | etw. ~ *Med* накла́дывать ⟨-ложи́ть 3⁺⟩ ско́бки на что-н.

Klampfe *f* гита́ра 6 | die ~ schlagen игра́ть на гита́ре

Klang *m* звук 2; ~farbe: Gerät, Stimme, Orchester звуча́ние 5; Timbre тембр [тэ] 2; Glocken~ звон 2 | der Flügel hat einen schönen ~ роя́ль облада́ет хоро́шим звуча́нием [зву́ком], роя́ль хорошо́ звучи́т; ihre Stimme hat einen guten ~ её го́лос звучи́т хорошо́; sein Name hat einen guten ~ он по́льзуется хоро́шей репута́цией; ohne Sang und ~ потихо́ньку; unter den Klängen von под зву́ки *G;* **~farbe** *f* тембр [тэ] 2, окра́ска 6 зву́ка; **~fülle** *f* зву́чность 9; **~körper** *m* орке́стр 2, музыка́льный анса́мбль 1

klanglos глух:о́й, -а́! | sang- und ~ бесс-сла́вно, незаме́тно

Klangregler *m* регуля́тор зву́ка

klangvoll зву́ч|ный, -ен, -на́!; helltönend зво́н|кий, -ок, -ка́!; -че

klappbar откидно́й; zusammenklappbar складно́й

Klapp|bett *n* откидна́я крова́ть; Campingbett раскладу́шка 6 *umg;* **~deckel** *m* откидна́я кры́шка

Klappe *f* Maschine; Blasinstrument; Herz кла́пан 2; Ofen вью́шка 6, засло́нка 6; Pult, Briefkasten кры́шка 6; Lüftungs~ фо́рточка 6; Fliegen~ хлопу́шка 6 | eine große ~ haben *umg* моло́ть* языко́м, быть* хвастли́вым; halt die ~! *umg* заткни́сь!

[1]**klappen** *tr:* nach oben ~ Deckel открыва́ть ⟨-|кры́ть*⟩; Sitz, Kragen поднима́ть ⟨подня́ть*⟩, отки́дывать ⟨-ки́нуть 4⟩ кве́рху

[2]**klappen** *intr* ла́диться 3, идти́* ⟨по|йти́*⟩ на лад | es wird schon ~ де́ло пойдёт на лад; die Sache klappt nicht де́ло не кле́ится; etw. klappt nicht что-н. не получа́ется

Klappen|schrank *m* (телефо́нный) коммута́тор 2 с кла́панами; **~text** *m* текст на суперобло́жке кни́ги

Klapper *f* трещо́тка 6; Kinder~ погрему́шка 6

klapp[e]rig ве́тх:ий, -а́!; Wagen громыха́ющий 11; Person дря́хл:ый, -а!

klappern *intr* стуча́ть ⟨сту́кнуть 4⟩; Mühle, Geschirr громых|а́ть ⟨-ну́ть *mom* 4⟩; mit den Zähnen, mit dem Schnabel щёлк|ать ⟨-нуть *mom* 4⟩; Storch треща́ть 3 | vor Kälte mit den Zähnen ~ стуча́ть 3 зуба́ми от хо́лода

Klappern *n* стук 2; громыха́нье 5; щёлканье 5

Klapper|schlange *f* грему́чая 11 змея́; **~storch** *m* а́ист (бе́лый)

Klapp|fahrrad *n* складно́й велосипе́д; **~fenster** *n* откидно́е окно́; **~sitz** *m* откидно́е сиде́нье; *Theat* откидно́е ме́сто; **~stuhl** *m* складно́й стул; **~tisch** *m* складно́й стол

Klaps *m:* j-m einen ~ geben дать *v* кому́-н. хлопо́к [шлепо́к]; er hat einen ~ *umg* у него́ не все до́ма, у него́ заско́к (в голове́)

klar 1. *Adj* Himmel, Augen, Begriff, Antwort я́с|ный, -ен, -на́, -но, ясны́; Kristall,

Wasser, Luft прозра́ч|ный, -ен, чи́ст:ый, -а́, -о, чи́сты́; Tag, Verstand све́т|лый, -ел, -ла́!; feingemahlen ме́л|кий, -ок, -ка́; ме́льче; *Mar, Flugw* гото́в:ый к *D; Sport* Vorsprung я́в|ный, -ен | ~ werden Himmel выясня́ться ⟨вы́ясниться 3⟩; Flüssigkeit отст|а́иваться ⟨-оя́ться 3⟩; ~er Kopf све́тлая [я́сная] голова́; eine ~e Stimme чи́стый го́лос; ~er Sieg *Sport* по́лная побе́да; ein ~es Bild von etw. haben име́ть я́сное представле́ние о чём-н.; sich ~ werden über etw. разбира́ться ⟨разо|бра́ться*; -брали́сь⟩ в чём-н. **2.** *Adv:* sich über etw. im ~en sein я́сно понима́ть ⟨поня́ть*⟩ что-н.; es ist ~, daß ... я́сно [поня́тно], что ...; klipp und ~ пря́мо, без обиняко́в

Klär|anlage *f* осветли́тельная [очи́стная] устано́вка; ≈n *Pl* für Abwässer сооруже́ния *Pl* 5 для очи́стки сто́чных вод; **~becken** *n* осветли́тельный бассе́йн

klären *tr* reinigen: Luft очища́ть ⟨очи́|стить 3 -щу⟩; Flüssigkeit осветл|я́ть ⟨-и́ть 3⟩; *übertr* выясня́ть ⟨вы́яснить 3⟩; sich ~ *refl übertr* выясня́ться ⟨вы́ясниться⟩; Beziehungen, Lage опреде|ля́ться ⟨-и́ться 3⟩; Angelegenheit, Sachlage, Wetter проясн|я́ться ⟨-и́ться 3⟩; Flüssigkeit отст|а́иваться ⟨-оя́ться 3⟩

Klarheit *f* я́сность 9; Durchsichtigkeit прозра́чность 9 | in etw. ~ bringen вноси́ть 3⁺ -ношу́ ⟨-|нести́*⟩ я́сность во что-н.; ~ gewinnen über etw. уясн|я́ть ⟨-и́ть 3⟩ себе́ что-н.

Klarinett|e *f* кларне́т 2 | ≈ blasen игра́ть на кларне́те; **~ist** *m* кларнети́ст 2

klar|legen *tr* выясня́ть ⟨вы́яснить 3⟩, я́сно излага́ть ⟨-ложи́ть 3⁺; **~machen** *tr* по-, объясн|я́ть ⟨-и́ть 3⟩ | ein Schiff (zur Abreise) ≈ гото́в|ить 3 -лю (под-) су́дно к отплы́тию; die Rettungsboote ≈ подгото́вить спаса́тельные ло́дки к спу́ску на́ во́ду; sich etw. ≈ уясн|я́ть ⟨-и́ть 3⟩ себе́ что-н.; **~sehen** *intr* я́сно предст|авля́ть ⟨-а́вить 3 -а́влю⟩ себе́ (in что-н.) | ich sehe in dieser Angelegenheit noch nicht klar я себе́ э́то не совсе́м я́сно представля́ю

Klarsichtfolie *f* прозра́чная плёнка 6

klarstellen *tr* выясня́ть ⟨вы́яснить 3⟩ | etw. ~ дава́ть* ⟨дать*⟩ поясне́ние по чему́-н.

Klar|stellung *f* выясне́ние 5, поясне́ние 5; **~text** *m* незашифро́ванный текст

Klärung *f* Flüssigkeit осветле́ние 5, очи́стка 6; *übertr* выясне́ние 5

klarwerden *intr* станови́ться 3⁺ ⟨стать*⟩ я́сным [поня́тным] | sich über etw. ~ уясн|я́ть ⟨-и́ть 3⟩ себе́ что-н., понима́ть ⟨поня́ть*⟩ что-н.

Klasse *f* Schule, *Verk, Pol,* Wertgruppe класс 2; *Sport* катего́рия 8; Ziehung in Lotterie разря́д 2 | die unteren [oberen] ~n мла́дшие 11 [ста́ршие 11] кла́ссы; wir fahren erster [zweiter] ~ *Eisenb* мы е́дем в мя́гком [в жёстком] ваго́не; Schiff мы е́дем в пе́рвом [во второ́м] кла́ссе; er ist ein Geiger erster ~ он первокла́ссный скрипа́ч; Restaurant erster ~ рестора́н пе́рвой катего́рии

Klassenältester *m* ста́роста *m* 6 кла́сса

klassenbewußt созна́тел|ьный, -ен, -ьна

Klassen|bewußtsein *n* кла́ссовое созна́ние; **~buch** *n* кла́ссный журна́л; **~einteilung** *f Wiss* классифика́ция 8; **~feind** *m* кла́ссовый враг; **~gegensatz** *m* кла́ссовый антагони́зм 2; **~gesellschaft** *f* кла́ссовое о́бщество; **~herrschaft** *f* кла́ссовое госпо́дство; **~kamerad** *m* однокла́ссник 2; **~kampf** *m* кла́ссовая борьба́; **~lehrer** *m,* **~leiter** *m* кла́ссный руководи́тель

klassenlos бескла́ссовый

Klassen|standpunkt *m* кла́ссовая пози́ция; **~unterschied** *m* кла́ссовое разли́чие; **~ziel** *n:* das ≈ erreichen (успе́шно) зака́нчивать ⟨-ко́нчить 3⟩ уче́бный год; **~zimmer** *n* класс 2, кла́ссная ко́мната; **~zugehörigkeit** *f* кла́ссовая принадле́жность

Klassifikation *f* классифика́ция 8 (nach по *D*)

klassifizieren *tr* классифици́ровать *uv, v* 2 (nach по *D*)

Klassik *f* кла́ссика 6; **~er** *m* кла́ссик 2

Klassikerausgabe *f* изда́ние кла́ссиков

klassisch класси́ческий I

Klassizismus *m* классици́зм 2

klassizistisch классици́стский, пери́ода классици́зма

Klatsch *m* Geschwätz спле́т|ня 7 *G Pl* -ен | ~ und Tratsch спле́тни и пересу́ды *Pl* 2; **~base** *f* спле́тница 6

klatschen *tr* Beifall хло́п|ать ⟨-нуть *mom* 4⟩; petzen выба́лтывать ⟨вы́болтать⟩; *intr* хло́п|ать ⟨-нуть 4⟩ (auf по *D*); Regen u. ä. хлеста́ть ⟨хлестну́ть 4⟩ (an, gegen, auf по *D*); Gerüchte verbreiten спле́тничать (на-) (über о *P*) | der Regen klatscht auf das Dach дождь стучи́т по кры́ше; in die Hände ~ хло́пать [бить*] в ладо́ши

klatschhaft лю́бящий 11 (по)спле́тничать, болтли́в:ый

Klatsch|maul *n* спле́тник 2; Frau спле́тница 6; **~mohn** *m* мак-самосе́йка 2-6

klatsch|naß мо́крый насквозь, промо́кший 11; **~süchtig** лю́бящий 11 (по)спле́тничать

Klaue *f* Kralle ко́г|оть, -тя 1g; Pfote mit Krallen; Hand ла́па 6 (с когтя́ми); Huf копы́то 4 | eine furchtbare ~ Handschrift haben писа́ть* как ку́рица ла́пой; in j-s ~n geraten попада́ть ⟨-|па́сть*⟩ кому́-н. в ко́гти [в ла́пы]

klauen *tr umg* стяну́ть *v* 4⁺
Klause *f* Mönchszelle ке́л|ья 7 *G Pl* -ий; Einsiedelei скит 2е$_{|}$ в скиту́; Zimmer ка-мо́рка 6
Klausel *f* огово́рка 6; in Verträgen усло́вие 5
Klausur *f* экзаменацио́нная (кла́ссная) рабо́та 6 | in ~ при закры́тых дверя́х; **~arbeit** *f* = **Klausur; ~tagung** *f* за-кры́тое заседа́ние
Klaviatur *f* клавиату́ра 6
Klavier *n* пиани́но *n idkl,* фортепья́но [тэ] *n idkl* | ~ spielen игра́ть на пиани́но [на фортепья́но]; sich ans ~ setzen сесть за пиани́но [за фортепья́но]; **~abend** *m* фортепья́нный ве́чер; **~auszug** *m* клави́р 2, клави́раусцуг 2; **~begleitung** *f:* mit ≈ под фортепья́нный [тэ] аккомпане́ме́нт; **~konzert** *n* Stück конце́рт для фортепья́но [тэ]; Veranstaltung фортепья́нный конце́рт; **~lehrer** *m* учи́тель игры́ на фортепья́но; **~spieler** *m* пиани́ст 2; in (Tanz-) Lokalen тапёр 2; **~stimmer** *m* настро́йщик 2; **~stück** *n* пье́са для фортепья́но [тэ]; **~taste** *f* кла́виша 6
kleben *tr* кле́ить 3 (с-); *intr* fest haften ли́пнуть 4а, прилипа́ть ⟨-ли́пнуть⟩ (an к *D*) | der Leim klebt gut клей хорошо́ де́ржит [кле́ит]; eine Marke auf den Brief ~ накле́|ивать ⟨-ить 3⟩ ма́рку на письмо́; das klebt wie Pech э́то пристаёт как смола́; an seinen Händen klebt Blut у него́ ру́ки запя́тнаны кро́вью; **~bleiben** *intr* прилипа́ть ⟨-ли́пнуть 4а⟩ (an к *D*); *übertr umg* застрева́ть ⟨застря́ть*⟩
Kleb|folie *f* плёнка 6 для окле́ивания; **~papier** *n* кле́йкая бума́га; **~pflaster** *n* ли́пкий пла́стырь
klebrig ли́п|кий$_{|}$ -ок$_{|}$ -ка́!; Knospe кле́|йкий$_{|}$ -ек$_{|}$ -йка
Kleb|stoff *m* клей 1 *G a.* кле́ю$_{|}$ в клею́, кле́ящее 11 веще́ство́; **~streifen** *m* кле́йкая [ли́пкая] ле́нта 6
kleckern *intr* beschmutzen заля́пывать ⟨-ля́пать⟩ (etw. auf etw. что-н. чем-н.); in einzelnen Tropfen ка́пать* (auf etw. на что-н.); beim Essen па́чкаться (за едо́й); sich beschmutzen ка́пать на себя́
Klecks *m* кля́кса 6 | einen ~ machen сажа́ть ⟨поса|ди́ть 3⁺ -жу́⟩ кля́ксу
klecksen *intr* сажа́ть ⟨поса|ди́ть 3⁺ -жу́⟩ кля́ксы [пя́тна]; schlecht malen ма́зать*; unsauber schreiben писа́ть* гря́зно
Kleckser *m* пачку́н 2е, мази́лка 6; **~ei** *f* мазня́ 7
Klee *m* кле́вер 2 | j-n über den grünen ~ loben превозноси́ть 3⁺ -ношу́ ⟨-|нести́*⟩ кого́-н. до небе́с; **~blatt** *n* лист кле́вера; *übertr* неразлу́чная тро́йка 6
Kleiber *m* по́полз|ень$_{|}$ -ня 1
Kleid *n* пла́т|ье 5 *G Pl* -ьев; ~er *Pl* allgemein оде́жда 6; *übertr* наря́д 2 | sie hat ein neues ~ an на ней но́вое пла́тье, она́ в но́вом пла́тье; ich habe mir ein ~ machen lassen я отдала́ шить [заказа́ла] себе́ пла́тье; die Natur hat ihr schönstes ~ angelegt приро́да оде́лась в са́мый краси́вый наря́д; ~er machen Leute по оде́жде встреча́ют$_{|}$ по уму́ провожа́ют
kleiden *intr* одева́ть ⟨-|де́ть*⟩; *übertr* облека́ть ⟨обле́чь*⟩ (in в *A*); sich ~ *refl* одева́ться ⟨-де́ться⟩ | gut gekleidet sein быть хорошо́ оде́тым; in Grau gekleidet в се́ром; sich nach der neusten Mode ~ одева́ться по после́дней мо́де; das kleidet dich э́то тебе́ к лицу́, э́то тебе́ идёт; Gedanken in Worte ~ облека́ть мы́сли в слова́
Kleider|ablage *f* гардеро́б 2, *umg* разде-ва́лка 6; **~bügel** *m* ве́шалка 6, *umg* пле́чики *Pl* 2 *umg;* **~bürste** *f* одёжная щётка; **~haken** *m* крюч|о́к$_{|}$ -ка́ 2; **~motte** *f* платяна́я моль; **~schrank** *m* платяно́й шкаф, гардеро́б 2; **~ständer** *m* ве́шалка 6; **~stoff** *m* материа́л [рья] 2 для пла́тья; *Text* пла́тельная ткань
kleidsam к лицу́ | ~ sein быть к лицу́
Kleidung *f* оде́жда 6; Oberkleidung *a.* пла́т|ье 5 *G Pl* -ьев
Kleidungsstück *n* предме́т 2 оде́жды; ~e *Pl*носи́льное пла́т|ье 5 *G Pl* -ьев, оде́жда 6 | ein altes ~ ста́рое пла́тье
Kleie *f* о́труби *Pl* 9g
klein 1. *Adj* ма́ленький, ма́л:ый$_{|}$ -а́$_{|}$ ме́ньше$_{|}$ ме́ньший 11; nicht groß небольшо́й; Kind ма́ленький, малоле́тний 11; von Wuchs небольшо́го [ни́зкого] ро́ста, малоро́сл:ый; Anzahl ма́ленький, немногочи́сленный; Geld, Stücke, Wirtschaft, Schritte ме́л|кий$_{|}$ -ок$_{|}$ -ка́!$_{|}$ ме́льче; unbedeutend, geringfügig незначи́тел|ьный$_{|}$ -ен$_{|}$ -ьна | eine ~e Reise небольша́я [коро́ткая] пое́здка; eine ~e Bitte небольша́я про́сьба; die Stiefel sind zu ~ сапоги́ малы́; einen Kopf ~er на́ голову ни́же; das ~ere Übel ме́ньшее из двух зол; groß und ~ стар и млад; sich wie ein ~es Kind benehmen вести́* себя́ как ма́лое дитя́; die Kinder sind noch ~ де́ти ещё ма́ленькие [малы́]; er wurde ganz ~ он сде́лался ти́ше воды́$_{|}$ ни́же травы́ **2.** *Adv:* von ~ auf с ма́лых лет; bis ins ~ste до мелоче́й; ein ~ wenig немно́жко, чу́точку; ~ anfangen начина́ть ⟨нача́ть*⟩ с ма́лого; ~ beigeben уступ|а́ть ⟨-и́ть 3⁺ -лю́⟩; ~(er) stellen Gas, elektr. Herd де́лать (с-) ма́ленький ого́нь; im Kleinen wie im Großen как в мелоча́х$_{|}$ так и в больши́х дела́х; ein Wort ~ schreiben писа́ть сло́во со строчно́й бу́квы
Kleinarbeit *f:* mühselige ~ кропотли́вая рабо́та

Kleinasien Ма́лая А́зия 8

Klein|auto *n* = **Kleinwagen;** ~**bahn** *f* узкоколе́йная желе́зная доро́га 6, узкоколе́йка 6 *umg;* ~**bauer** *m* ме́лкий крестья́нин; ~**betrieb** *m* ме́лкое предприя́тие | bäuerlicher ≈ ме́лкое крестья́нское хозя́йство 4; ~**bildfilm** *m* малоформа́тная (фото)плёнка; ~**bildkamera** *f* малформа́тный фотоаппара́т 2; ~**buchstabe** *m* строчна́я бу́ква; ~**bürger** *m* ме́лкий буржуа́ *m idkl,* мещ|ани́н 2 *Pl* -а́не| -а́н| -а́нам; Spießer обыва́тель 1

kleinbürgerlich 1. *Adj* мел|кобуржуа́зный, меща́нский **2.** *Adv* по-меща́нски

Kleinbürgertum *n* ме́лкая буржуази́я, меща́нство 4

Kleinbus *m* микроавто́бус 2

Kleine *f* Kind малы́шка 6; ~**r** *m* малы́ш 2e *G Pl* -е́й

Klein|flugzeug *n* авие́тка [иэ] 6; ~**garten** *m* (небольшо́й) садо́во-огоро́дный уча́ст|ок| -ка 2; ~**gärtner** *m* владе́л|ец| -ьца 2 [аренда́тор 2] небольшо́го садо́вого уча́стка; ~**geld** *m* ме́лочь 9g; ~**gewerbe** *n* куста́рное произво́дство

kleingläubig малове́р|ный| -ен

Klein|handel *m* ро́зничная [ме́лкая] торго́вля; ~**händler** *m* ро́зничный [ме́лкий] торго́вец; ~**hirn** *n* мозжеч|о́к| -ка́ 2; ~**holz** *n* ме́лкие дрова́

Kleinigkeit *f* ме́лочь 9g, пустя́к 2e | das ist keine ~! э́то не шу́тка!; eine ~ ein wenig немно́жко

Kleinigkeitskrämer *m* ме́лочный челове́к 2

Kleinkaliber|gewehr *n* мелкокали́берное ружьё; ~**schießen** *n* стрельба́ из мелкокали́берного ору́жия

kleinkariert Muster в ме́лкую клётку

Klein|kind *n* ма́ленький [малоле́тний] ребёнок; ~**kram** *m* ме́лочи *Pl* 9g; ~**krieg** *m übertr* ссо́ры *Pl* 6 из-за мелоче́й; ~**kunst** *f* иску́сство ма́лых форм; ~**kunstbühne** *f* кабаре́ [рэ] *n idkl*

klein|laut ро́б|кий| -ок| -ка́!; прити́хший 11 | ~ werden притиха́ть ⟨-ти́хнуть 4a⟩; ~**lich** ме́лоч|ный| -ен (in в *P*)

Klein|lichkeit *f* ме́лочность 9; ~**möbel** *n* малогабари́тная ме́бель

kleinmütig малоду́ш|ный| -ен

Klein|od *n* драгоце́нность 9; *übertr* сокро́вище 4, жемчу́жина 6; ~**omnibus** *m* микроавто́бус 2, маломе́стный авто́бус; ~**reparatur** *f* ме́лкий ремо́нт *G;* ~**schreibung** *f* написа́ние со строчно́й [*umg* с ма́ленькой] бу́квы; ~**staaterei** *f* раздробле́нность 9 на ме́лкие госуда́рства; ~**stadt** *f* ма́ленький го́род; провинциа́льный город|о́к| -ка́ 2; ~**städter** *m* жи́тель 1 ма́ленького го́рода; провинциа́л 2

kleinstädtisch провинциа́л|ьный| -ен| -ьна

Kleinst|format *n* миниатю́рный форма́т; ~**kind** *n* ребёнок младе́нческого во́зраста; ~**packung** *f* миниатю́рная расфасо́вка 6; ~**wagen** *m* микролитра́жный автомоби́ль, *umg* микролитра́жка 6; ~**wert** *m* наиме́ньшее 11 значе́ние, ми́нимум 2; ~**wohnung** *f* малогабари́тная (одноко́мнатная) кварти́ра

Klein|tierzucht *f* разведе́ние ме́лких дома́шних живо́тных; ~**verbraucher** *m* ме́лкий потреби́тель; ~**vieh** *n* ме́лкие дома́шние 11 живо́тные *Pl Subst* 10; ~**wagen** *m* малолитра́жный автомоби́ль, *umg* малолитра́жка 6; ~**wohnung** *f* малометра́жная кварти́ра

Kleister *m* кле́йстер 2; Büro~ клей 1 *G a.* клё́ю| в клею́

kleistern *tr* кле́ить 3; zusammenleimen скле́|ивать ⟨-ить⟩

Klemme *f Tech, Med* зажи́м 2; *El* зажи́м, кле́мма 6; Haar~ зако́лка-невиди́мка 6-6; *übertr* затрудни́тельное положе́ние 5 | in der ~ sein быть в тиска́х [в затрудни́тельном положе́нии]

klemmen *tr* прищем|ля́ть ⟨-и́ть 3 -лю́⟩ (sich etw. in etw. что-н. чем-н.); *intr u.* sich ~ *refl* прищем|ля́ться ⟨-и́ться⟩ | unter den Arm ~ су́нуть *v* 4 под мы́шку; ich habe mich geklemmt меня́ прищеми́ло; die Tür klemmt дверь пло́хо [ту́го] открыва́ется и закрыва́ется; sich hinter etw. ~ усе́рдно бра́ться* ⟨взя́ться*⟩ за что-н.

Klemm|schraube *f* зажи́мный винт; ~**vorrichtung** *f* зажи́мное приспособле́ние

Klempner *m* Installateur сле́сарь-санте́хник 1-2, водопрово́дчик 2; Blechschmied жестя́нщик 2; ~**werkstatt** *f* мастерска́я сле́саря-санте́хника

Kleptomanie *f* клептома́ния 8

klerikal клерика́льный

Klerus *m* клир 2

Klette *f Bot* лопу́х 2e, репе́йник 2 | an j-m wie eine ~ hängen при|става́ть* ⟨-|ста́ть*⟩ к кому́-н. как репе́й [как ба́нный лист]; er ist wie eine ~ от него́ не отде́лаешься

Klettergerüst *n* сооруже́ние 5 для ла́занья (на де́тских площа́дках)

klettern *intr* ла́зать *unbest,* ла́|зить 3 -жу *unbest,* лезть* *best* (auf на *A*); auf einen Berg, auf ein Dach a. взбира́ться ⟨взо|бра́ться*| взберу́сь| взобрали́сь⟩; mühevoll кара́бкаться (вс-) (auf на *A*); herunter~ слеза́ть ⟨-лезть⟩ (von с *G*); лезть, залеза́ть (unter под *A*) | er ist auf den Baum geklettert он поле́з [взобра́лся] на де́рево

Kletter|partie *f* экску́рсия в го́ры для заня́тия скалола́занием; ~**pflanze** *f* ползу́чее 11 [вью́щееся 11] расте́ние; ~**rose** *f* плети́стая ро́за; ~**schuh** *m* (высоко)го́рный боти́нок; ~**seil** *n* кана́т для ла́занья; ~**stange** *f* шест для ла́занья

Klient *m* клиéнт 2 | ~ des Verteidigers *Jur* подзащи́тный *Subst* 10; **~in** *f* клиéнтка 6
Klima *n* кли́мат 2 | gemäßigtes ~ умéренный кли́мат; ~ der Entspannung атмосфéра 6 разря́дки; **~anlage** *f* кондиционéр 2
klima|tisch климати́ческий; **~tisieren** *tr* кондициони́ровать *uv, v* 2, снаб|жáть ⟨-ди́ть 3 -жу́⟩ кондиционéром
Klimawechsel *m* перемéна кли́мата
Klimmzug *m* подтя́гивание 5 на рукáх
klimpern *intr* auf dem Klavier u. ä. бренчáть 3 (auf на *P*) | mit dem Geld in der Tasche ~ звенéть 3 деньгáми в кармáне
Klinge *f* Messer лéзвие 5; Degen клин|óк, -кá 2 | die ~n kreuzen скр|éщивать ⟨-ести́ть 3 -ещу́⟩ шпáги [клинки́]
Klingel *f* Tür звон|óк, -кá 2 a. Fahrrad; kleines Glöckchen колокóльчик 2; **~knopf** *m* кнóпка звонкá
klingeln *intr* звони́ть 3 (по-) | es klingelt! an Tür звоня́т!, звонóк!; bei j-m ~ звони́ть к комý-н.
Klingelzeichen *n* звон|óк, -кá 2
klingen *intr* klirren: Glas звенéть 3; tönen, schallen: Melodie, Stimme, Trompete звучáть 3 | das klingt so, als ob ... э́то звучи́т так, бýдто бы ...; das klingt seltsam э́то звучи́т стрáнно; das klingt wie ein Märchen э́то похóже на скáзку; **~d** звóн|кий, -ок, -кá!, -че | mit ~er Münze звóнкой монéтой
Klinik *f* кли́ника 6; **~er** *m* врач-клиници́ст 2е-2; Student студéнт 2, проходя́щий 11 клини́ческую прáктику
klinisch клини́ческий
Klinke *f* Tür рýчка 6; *Tech* Schalthebel защёлка 6; *Tel* гнездó 4с *Pl* гнёзда
klinken *intr* нажимáть ⟨-|жáть[1]*⟩ (на) двéрную рýчку
Klinker *m* кли́нкер 2, кли́нкерный кирпи́ч 2е *G Pl* -éй
klipp *Adv:* ~ und klar кóротко и я́сно, без обинякóв
Klippe *f* (крутóй) утёс 2, клипп 2; *übertr* препя́тствие 5
klippenreich утёсовый, скали́ст:ый
Klippfisch *m* вя́леная трескá 6
klirren *intr* Fenster дребезжáть 3; Ketten звенéть 3 | mit den Waffen ~ бряцáть орýжием; ~der Frost трескýчий 11 морóз
Klischee *n Typ* клишé *n idkl; übertr* штамп 2, клишé
Klistier *n* кли́зма 6; **~spritze** *f* спринцóвка 6
klitschig klebrig ли́п|кий, -ок, -кá!, клé|йкий, -ек, -йка; feucht сыр:óй, -á!
Kloake *f* клоáка 6, сток 2 для нечистóт
Kloben *m* Holz чурбáн 2; Haken крюк 2е; Schraubstock тиски́ *Pl* 2
klobig Gestalt, Möbelstücke, Schuhe неуклю́ж:ий 11; Stiefel, Hände грýб:ый, -á!; Person грýбый, неотёсан:ный, -а
klopfen *tr* Kissen, Kleider, Matratze выколáчивать ⟨вы́коло|тить 3⁺ -чý⟩; Fleisch отбивáть ⟨-|би́ть*, отобью́⟩; Teppich выбивáть ⟨вы́|бить*⟩; Steine дроб|и́ть 3 -лю́; *intr* стучáть 3 ⟨по-, стýкнуть *mom* 4⟩ (an в *A*); auf die Schulter хлóп|ать ⟨-нуть *mom* 4⟩ | Staub aus etw. ~ выбивáть ⟨вы́бить⟩ пыль из чегó-н.; an die Tür ~ стучáть(ся) в дверь; an das Glas ~ стучáть по стакáну; der Motor klopft motóр стучи́т; das Herz klopft сéрдце бьётся; vor Schreck usw. сéрдце (рц) ёкает; es klopft *unpers* стучáт; j-m auf die Finger ~ дать* *v* комý-н. по рукáм
Klopfen *n* стук 2; des Herzens биéние 5; des Motors стук
Klopfer *m* Teppich~ выбивáлка 6; Tür~ колотýшка 6
klopffest *Kfz* антидетонациóнный
Klöppel *m* der Glocke язы́к 2е кóлокола; für Spitzen коклю́шка 6
klöppeln *intr* плести* (с-) на коклю́шках (кружевá)
Klöppelspitze *f* коклю́шечное крýжево
Klops *m* бит|óк, -кá 2 | ~e Gericht битки́
Klosett *n* клозéт 2, убóрная *Subst* 10; **~becken** *n* унитáз 2; **~brille** *f* унитáзное сидéнье 5; **~papier** *n* туалéтная бумáга
Klöße *m Pl* кнéдли *Pl* 1; Suppen~ клёцки *Pl* 6; aus Fleisch, Fisch фрикадéльки [дэ] *Pl* 6 | grüne ~ кнéдли из сырóго тёртого картóфеля
Klößchen *n Pl* клёцки *Pl* 6; aus Fleisch, Fisch фрикадéльки [дэ] *Pl* 6
Kloster *n* монасты́рь 1е | ins ~ gehen уходи́ть 3⁺ -хожý ⟨-|йти́*⟩ в монасты́рь; **~keller** *m* монасты́рский подвáл
Klotz *m* Holzblock колóда 6, чурбáн 2; *übertr* чурбáн, неотёсанный человéк 2 | einen ~ am Bein haben нести́* какýю-н. обýзу
klotzig 1. *Adj* klobig неуклю́ж:ий 11 | ~e Gelder бéшеные дéньги **2.** *Adv* óчень (мнóго) | ~ verdienen дéньги лопáтой грести́
Klub *m* клуб 2; **~abend** *m* вéчер в клýбе; **~gaststätte** *f* столóвая в [при] клýбе; **~haus** *n* клуб 2 | im ≈ в клýбе; ins ≈ gehen по|йти́* *v* в клуб; **~raum** *m* клуб 2, клýбное помещéние 5; **~sessel** *m* мя́гкое [хк] [кабинéтное] крéсло; **~tisch** *m* ни́зкий стóлик 2, журнáльный стóлик
Kluft Felsen~ рассéлина 6; Riß трéщина 6; *übertr* прóпасть 9
klug ýмный, ум|ён, -нá, ýмнó; verständig разýм|ный, -ен; weise мýдр:ый, -á! | ~er Rat ýмный [мýдрый] совéт; ~ urteilen разýмно [с умóм] суди́ть; nicht ~ werden aus j-m, etw. не понимáть ⟨не поня́ть*⟩ когó-н., что-н., чегó-н., не раз-

бира́ться ⟨не разо|бра́ться*¡ -бра́ли́сь⟩ в ком-н., в чём-н.; das war ~ von dir э́то бы́ло у́мно с твое́й стороны́

klügeln *intr* мудри́ть 3 (на-), му́дрствовать 2

klugerweise *Adv* у́мно, по-у́мному

Klugheit *f* ум 2e; Umsicht благоразу́мие 5

Klümpchen *n* комо́ч|ек¡ -ка 2

klumpen *intr* Mehl u. ä. слёживаться ⟨слежа́ться 3⟩, свёртываться ⟨сверну́ться 4⟩ в ко́мья [в комки́] | der Pudding klumpt в пу́динге образу́ются комо́чки [комки́]

Klumpen *m* Erde, Granit глы́ба 6, ком 2 *Pl* ко́мь|я¡ -ев 1; Metall, Butter кус|о́к¡ -ка́ 2; in Speisen ком|о́к¡ -ка́ 2; Erz u. ä. каба́н 2e | ~ Gold золото́й саморо́д|ок¡ -ка 2

Klumpfuß *m:* er hat einen ~ у него́ односторо́нняя 11 косола́пость 9

klumpfüßig косола́п:ый

klumpig комкова́т:ый; Speise с комка́ми

Klüngel *m* кли́ка 6

knabbern *tr u. intr* гры́зть* (раз-) (an etw. что-н.); naschen ла́ком|иться 3 -люсь (по-) (etw. чем-н.)

Knabe *m* ма́льчик 2 | ein ~ von zehn Jahren ма́льчик десяти́ лет

Knaben|alter *n* о́трочество 4, о́троческий во́зраст; **~anzug** *m* костю́м для ма́льчика, ма́льчиковый костю́м; **~chor** *m* хор ма́льчиков

knabenhaft **1.** *Adj* мальчи́шеский **2.** *Adv* по-мальчи́шески

Knäckebrot *n* хрустя́щие хле́бцы *Pl* 11-2

knacken *tr* Nüsse коло́ть* (на-) щипца́ми; mit Zähnen щёлк|ать ⟨-нуть *mom* 4⟩, гры́зть* (раз-); Flöhe u. a. дав|и́ть 3⁺ -лю́ (раз-); Geldschrank взла́мывать ⟨-лома́ть⟩; *intr* Zweige, Möbel треща́ть 3 ⟨тре́снуть 4⟩; Radio, Schalter щёлк|ать ⟨-нуть⟩ | die Treppe knackt ле́стница скрипи́т; harte Nüsse zu ~ geben *übertr* за|дава́ть* ⟨зада́ть*⟩ тру́дные зада́чи

Knack|laut *m Phon* кна́клаут 2; **~mandel** *f* минда́ль в скорлупе́

Knacks *m* Knall треск 2; Sprung, Riß тре́щина 6 | seine Gesundheit hat einen ~ bekommen его́ здоро́вье уху́дшилось, он уже́ не тот

Knackwurst *f* копчёная колба́ска 6

Knall *m* Tür, Peitsche, Schuß, Platzen eines Reifens хлоп|о́к¡ -ка́ 2; Peitsche a. щелч|о́к¡ -ка́ 2, щёлканье 5; Explosion гро́хот 2; Schlag, Schüsse a. хло́панье 5 | ~ und Fall внеза́пно, вдруг; **~bonbon** *n* хлопу́шка 6; **~effekt** *m* треску́чий 11 эффе́кт

knallen *intr* Tür, Peitsche, Schuß, Knallbonbon хло́п|ать ⟨-нуть *mom* 4⟩; Peitsche a. щёлк|ать ⟨-нуть *mom* 4⟩; mit Stiefeln стуча́ть 3; Schüsse a. треща́ть 3 | er knallte mit den Türen он хло́пнул дверьми́; überall wird geknallt geschossen всю́ду (идёт) пальба́

Knall|erbse *f* писто́н-хлопу́шка 2-6; **~gas** *n* грему́чий 11 газ

knallig *umg* ре́з|кий¡ -ок¡ -ка́! | ein ~grünes Kleid я́рко-зелёное пла́тье

Knall|kapsel *f* петарда 6; **~körper** *m* хлопу́шка 6

knallrot я́рко-кра́сный | ~ werden im Gesicht залива́ться ⟨-|ли́ться*¡ -ли́ли́сь⟩ густо́й кра́ской

knapp Kleider, Schuhe у́з|кий¡ -ок¡ -ка́¡ -ко¡ у́зки́¡ у́же, те́с|ный¡ -ен¡ -на́¡ -но¡ те́сны́; Einkommen, Mahlzeit ску́д|ный¡ -ен¡ -на́!; Stil сжа́тый; Information, Antwort кра́т|кий¡ -ок¡ -ка́!¡ -че¡ -ча́йший 11 | der Rock ist mir sehr ~ geworden ю́бка ста́ла мне о́чень узка́; etw. ist ~ Lebensmittel чего́-н. не хвата́ет; ~e Stimmenmehrheit незначи́тельное большинство́ голосо́в; ein ~er Sieg *Sport* побе́да с небольши́м [с незначи́тельным] преиму́ществом; das ist ~ ein Jahr her э́то бы́ло ме́нее го́да тому́ наза́д; ~e drei Wochen непо́лные три неде́ли; ~ die Hälfte ме́нее полови́ны; in ~ zwei Jahren ме́нее¡ чем за́ два го́да; meine Zeit ist ~ у меня́ вре́мени ма́ло [в обре́з]; ~ bei Kasse sein име́ть ма́ло де́нег; mit ~er Not с трудо́м, едва́-едва́; mit ~en Worten кра́тко, в не́скольких слова́х

Knappe *m Bergb* горнорабо́чий *Subst* 11

knapphalten *tr:* j-n ~ держа́ть 3⁺ кого́-н. в чёрном те́ле

Knappheit *f* Mangel недоста́т|ок¡ -ка 2; an finanz. Mitteln ограни́ченность 9; Stil сжа́тость 9

Knarre *f Mus* трещо́тка 6; *umg* Gewehr винто́вка 6

knarren *intr* скрипе́ть 3 ⟨скри́пнуть *mom* 4⟩; **~d** скрипу́чий 11

knattern *intr* Motorrad тарахте́ть 3; Waffe треща́ть 3; Maschinengewehr стр|очи́ть 3 -о́чи́шь | die Fahne knattert im Wind флаг тре́плется на ветру́

Knäuel *n* Garn, Wolle клуб|о́к¡ -ка́ 2; von Menschen ку́ча 6, толпа́ 6c

Knauf *m* Degen голо́вка 6 эфе́са; *Arch* капите́ль 9; am Stock набалда́шник 2

knauserig скуп:о́й¡ -а́!, ска́ред|ный¡ -ен | ~ sein mit etw. быть скупы́м на что-н.

knausern *intr:* mit etw. ~ скуп|и́ться 3 -лю́сь (по-) на что-н.

Knautschlackmantel *m* пальто́ из жа́той лакиро́ванной ко́жи

Knebel *m* Mundpfropf кляп 2; Paketträger (деревя́нная) ру́чка 6 (для ноше́ния паке́тов); Brems~ кула́к 2e (то́рмоза)

knebeln *tr* Mund затыка́ть ⟨-ткну́ть 4⟩ рот кля́пом; Land, Presse си́лой подав|ля́ть ⟨-и́ть 3⁺⟩ | j-n ~ засу́нуть *v* 4 кому́-н. в рот кляп

Knebelung *f* затыка́ние 5 рта (кля́пом); Land, Presse подавле́ние 5

Knecht *m* Landarbeiter батра́к 2e, рабо́тник 2; *übertr* холо́п 2; Diener слуга́ *m* 6c

knecht|en *tr* порабо|ща́ть ⟨-ти́ть 3 -щу́⟩, закабал|я́ть ⟨-и́ть 3⟩; **~isch** раболе́п|ный| -ен, холо́пский

Knecht|schaft *f* ра́бство 4; Hörigkeit кабала́ 6; **~ung** *f* порабоще́ние 5, закабале́ние 5

kneifen *tr* щипа́ть* ⟨щипну́ть *mom* 4⟩; ущипну́ть *v* 4; *intr umg* ausweichen уви́ливать ⟨-вильну́ть 4⟩ (vor от *G*) | j-n in die Backe ~ щипа́ть ⟨ущипну́ть⟩ кого́-н. за щё(ч)ку

Kneif|er *m* пенсне́ [нэ] *n idkl;* **~zange** *f* острогу́бцы *Pl* 2, куса́ч|ки *Pl* 6 *G* -ек

Kneipe *f* Wirtshaus каба́к 2e; Bier~ пивна́я *Subst* 10; Steh~ пивна́я со сто́йками, *umg* забега́ловка 6

Kneippkur *f* водолече́ние 5 по ме́тоду до́ктора Кне́йппа

kneten *tr* ме|си́ть 3⁺ -шу́; formen леп|и́ть 3⁺ -лю́ (с-)

Knet|maschine *f* (тесто)меси́льная маши́на; **~masse** *f* пластили́н 2

Knick *m* eingeknickte Stelle, Bruchfalte сгиб 2, заги́б 2; Bruch тре́щина 6 | einen ~ machen Papier, Metall за|гиба́ть ⟨-гну́ть 4⟩ (лист); Straße де́лать (с-) изги́б

knicken *tr* Äste, Pflanzen лома́ть (с-); (leicht) anbrechen; entmutigen надла́мывать ⟨-ломи́ть 3⁺ -ломлю́⟩; Gelenk под|гиба́ть ⟨-огну́ть 4⟩; Papier сгиба́ть ⟨согну́ть 4⟩; (mehrmals) zusammenfalten скла́дывать ⟨сложи́ть 3⁺⟩; *intr* Zweige, Balken лома́ться (с-); einen Knick bekommen надла́мываться ⟨-ломи́ться⟩ | er knickt in die Knie у него́ подгиба́ются коле́ни; er ist ganz geknickt он соверше́нно пода́влен

Knickerbocker *Pl* брю́ки-гольф *Pl* 6 – *idkl*

knickerig скуп:о́й| -а́!, ска́ред|ный| -ен

Knicks *m* кни́ксен [сэ] 2; bei Erwachsenen a. релева́нс 2

knicksen *intr* де́лать (с-) кни́ксен [сэ] [реве́ранс]

Knie *f Anat* коле́но 4 *Pl* 1; Krümmung, Biegung изги́б 2, Fluß a. лука́ 6c; *Tech* Rohr коле́н|о 4 *Pl* -ья| -ьев | bis zu den ~n Schlamm по коле́ни [коле́но]; Rock до коле́н; in die ~ sinken опу|сти́ться *v* 3⁺ -щу́сь на коле́ни; auf den ~n liegen стоя́ть на коле́нях; j-n in die ~ zwingen *übertr* поста́в|ить *v* 3 -лю́ кого́-н. на коле́ни; übers ~ brechen *umg* де́лать (с-) с кондачка́ [на́спех]; j-n übers ~ legen *umg* вы́|пороть* *v* кого́-н.; **~aufschwung** *m* подъём заве́сом; **~beuge** *f* приседа́ние 5 | in die ≈ gehen приседа́ть ⟨-|се́сть*⟩ **~fall** *m:* einen ≈ vor j-m tun у|па́сть* *v* на коле́ни пе́ред ке́м-н.

knie|fällig: j-n ≈ um etw. bitten проси́ть (по-) на коле́нях кого́-н. о чём-н.; **~frei** Rock до коле́н

Knie|gelenk *n* коле́нный суста́в; **~hebel** *m* коле́нчатый рыча́г

kniehoch высото́й по коле́ни [коле́но]

Knie|hose *f* брю́ки [штаны́] до коле́н; **~kehle** *f* подколе́нная впа́дина 6

knielang Rock до коле́н

knien *intr* стоя́ть 3 на коле́нях; hinknien um zu bitten станов|и́ться 3⁺ -лю́сь ⟨стать*⟩ на коле́ни; **~d** bitten (сто́я) на коле́нях; Schießsport с коле́на

Knie|rohr *n* коле́нчатая труба́; **~scheibe** *f* надколе́нник 2; **~schützer** *m* наколе́нник 2; **~stand** *m* сто́йка 6 на коле́нях; **~strumpf** *m* нос|о́к| -ка́ 2 до коле́на

knietief по коле́но [коле́ни]

Kniff *m* Papier сгиб 2, заги́б 2; Stoff, Kleid скла́дка 6; Kneifen щип|о́к| -ка́ 2; Trick хи́трость 9, фо́кус 2 | ~e anwenden хитри́ть 3 (с-); hinter j-s ~e kommen раску|си́ть *v* 3⁺ -шу́ кого́-н.

knifflig мудр|ёный| -ён| -ена́, хи́т|рый| -ёр| -ра́!; Frage u. ä. щекотли́в:ый

knipsen *tr Foto* снима́ть ⟨снять*⟩; Fahrkarten компости́ровать 2 (про-); *intr* am Lichtschalter drehen щёлк|ать ⟨-нуть 4⟩ | mit den Fingern ~ щёлк|ать ⟨-нуть⟩ па́льцами

Knirps *m* карапу́з 2; Schirm складно́й зо́нтик 2

knirschen *intr* Schnee, Sand хрусте́ть 3 ⟨хру́стнуть *mom* 4⟩, скрипе́ть 3 ⟨скри́пнуть *mom* 4⟩ | vor Wut mit den Zähnen ~ скрежета́ть* зуба́ми от я́рости

knistern *intr* trockene Äste хрусте́ть 3 ⟨хру́стнуть *mom* 4⟩; Holz, Feuer потре́скивать, треща́ть 3; Papier, Seide шелесте́ть 3

knitter|arm маломну́щийся 11, малосмина́емый; **~frei** немну́щийся 11, несмина́емый | der Stoff ist ≈ э́та мате́рия не мнётся; **~ig** измя́тый, мя́тый

knittern *tr* мять* (из|мя́ть*| -омну́); *intr* мя́ться

Knobelbecher *m* стака́н 2 для игра́льных косте́й

knobeln *intr* würfeln, durch Los bestimmen разы́грывать ⟨-ыгра́ть⟩; grübeln лома́ть го́лову

Knoblauch *m* чесно́к 2e; **~geruch** *m* чесно́чный за́пах; **~wurst** *f* колбаса́ с чесноко́м; **~zehe** *f* зу́бчик 2 чеснока́; **~zwiebel** *f* голо́вка 6 чеснока́

Knöchel *m* Fußgelenk лоды́жка 6, щи́колотка 6; Handgelenk сгиб 2 па́льцев

Knochen *m* кость 9g; kleiner ко́сточка 6 | sich alle ~ brechen перела́мывать ⟨-лома́ть⟩ себе́ все ко́сти; die alten Gewohnheiten stecken ihm noch tief in den ~ ста́рые привы́чки глубоко́ в нём сидя́т;

der Schreck ist ihm tief in die ~ gefahren страх прониза́л его́; bis in die ~ reaktionär sein u. ä. до мо́зга косте́й; **~bau** *m* строе́ние косте́й; **~bruch** *m* перело́м ко́сти; **~erweichung** *f* размягче́ние [хч] косте́й, остеомаля́ция 8; **~fraß** *m* костое́да 6; **~gerüst** *n* ко́стный скеле́т 2, костя́к 2е; **~gewebe** *n* ко́стная ткань

knochenhart твёрдый как ка́мень

Knochen|haut *f* надко́стница 6; **~leim** *m* ко́стный клей; **~mark** *n* ко́стный мозг; **~mehl** *n* костяна́я мука́; **~splitter** *m* оско́лок ко́сти; **~transplantation** *f* переса́дка ко́сти; **~tuberkulose** *f* ко́стный туберкулёз

knöchern aus Knochen костяно́й

knochig костля́в:ый | ~e Hand кости́стая рука́

knockout: ~ schlagen нокаути́ровать *uv, v*2

Knockout *m* нока́ут 2

Knödel *m Pl* кне́дли *Pl 1*

Knolle *f*, **Knollen** *m Bot* клу́б|ень$_{l}$ -ня 1; Klumpen ком 2 *Pl* ко́мь|я$_{l}$ -ев 1

Knollen|blätterpilz *m* (бле́дная) пога́нка 6; **~gewächs** *n* клубнепло́д 2, клубнено́сное расте́ние; **~nase** *f* нос 2b карто́шкой

knollig клубневи́дный | ~e Nase нос карто́шкой

Knopf *m* пу́говица 6; an Manschette und Kragen за́понка 6; *Tech* Druck∼ z. B. einer Klingel кно́пка 6 | der ~ ist abgegangen пу́говица оторвала́сь

knöpfen *tr* заст|ёгивать ⟨-егну́ть 4⟩ (на пу́говицы) | die Bluse ist hinten zu ~ блу́зка застёгивается на спине́; eine Bluse zum Knöpfen блу́зка на пу́говицах

Knopf|loch *n* пе́тля 7 *G Pl* пе́тель | sich etw. ins ≈ stecken сова́ть ⟨су́нуть 4⟩ что-н. в петли́цу; **~zelle** *f El* пу́говичный элеме́нт

Knorpel *m* хрящ 2е *G Pl* -е́й

knorpelig aus Knorpel хрящево́й

Knorren *m* Baumstumpf коря́га 6; Auswuchs суч|о́к$_{l}$ -ка́ 2

knorrig Baum, Stab сукова́т:ый; Ast, Hand узлова́т:ый

Knospe *f* по́чка 6; Blüten∼ буто́н 2; Blatt∼ глаз|о́к$_{l}$ -ка́ 2 | der Baum treibt ~n на де́реве появля́ются по́чки [буто́ны], де́рево пуска́ет по́чки

Knospenbildung *f* образова́ние по́чек

Knötchen *n Med* узел|о́к$_{l}$ -ка́ 2

knoten *tr* завя́зывать ⟨-|вяза́ть*⟩ узло́м; zusammen∼ связывать ⟨-|вяза́ть⟩

Knoten *m* Faden, Tau, *Bot, Mar* у́з|ел$_{l}$ -ла́ 2е; *Med* у́зел, бугор|о́к$_{l}$ -ка́ 2; im Drama завя́зка 6; Haar∼ пуч|о́к$_{l}$ -ка́ 2 | einen ~ machen де́лать (с-) у́зел; einen ~ knüpfen завя́зывать ⟨-|вяза́ть*⟩ у́зел; ich werde einen ~ ins Taschentuch machen я завяжу́ узело́к на носово́м платке́; **~punkt** *m Eisenb* узлова́я ста́нция 8, у́з|ел$_{l}$ -ла́ 2е; Verkehrsknotenpunkt узлово́й пункт

knotig узлова́т:ый; Holz сукова́т:ый

Know-how *n* «но́у-ха́у *n idkl*

knüllen *tr* мять* (из|мя́ть$_{l}$ -омну́); *intr* Stoff мя́ться

Knüller *m umg* Schlager, Film боеви́к 2е, шля́гер 2; Höhepunkt, Glanzleistung гвоздь 1h; Verkaufsartikel мо́дный [хо́дкий] това́р 2; Mode∼ после́дний 11 крик (мо́ды) | ~ des Programms гвоздь програ́ммы; das Buch ist ein ~ кни́га име́ла потряса́ющий [колосса́льный] успе́х

knüpfen *tr* Knoten, Schleife, Verbindungen завя́зывать ⟨-|вяза́ть*⟩; свя́зывать ⟨-|вяза́ть⟩ (an с *I*) *a. übertr;* durch Knoten herstellen вяза́ть (с-); Netze, Teppiche плести́* | daran ~ sich schöne Erinnerungen с э́тим свя́заны прекра́сные воспомина́ния; eine Bedingung an etw. ~ ста́в|ить 3 -лю (по-) что-н. в зави́симость от определённого усло́вия

Knüppel *m* Stock дуби́нка 6; Steuer∼ ру́чка 6 управле́ния | einen ~ zwischen die Beine werfen вставля́ть ⟨вста́в|ить 3 -лю⟩ па́лки в колёса; **~damm** *m* гать 9

Knüppelschaltung *f* рыча́жное переключе́ние

knurren *intr* Hund ворча́ть 3; *übertr* бурча́ть 3, ворча́ть | der Magen knurrt ihm у него́ урчи́т в желу́дке

knurrig ворчли́в:ый

knuspern *tr* грызть* (по-) | etw. zum Knuspern anbieten предлага́ть ⟨-ложи́ть⟩ что-н. погры́зть

knusprig Brötchen хрустя́щий 11; braun gebacken поджа́рист:ый; Mädchen аппети́т|ный,$_{l}$ -на

Knute *f* кнут 2е; *übertr a.* гнёт 2

Knüttelvers *m* до́льник 2

Koalition *f* коали́ция 8 | eine ~ eingehen вступ|а́ть ⟨-и́ть 3^{+} -лю́⟩ в коали́цию

Koalitions|partner *m* партнёр по коали́ции; **~regierung** *f* коалицио́нное прави́тельство

Kobalt *n* ко́бальт 2; **~bombe** *f* ко́бальтовая бо́мба; **~kanone** *f Med* ко́бальтовая пу́шка

Koben *m* Schweine∼ свино́й хлев 2b$_{l}$ в хлеву́ *Pl* -а́ 2b

Kobold *m* ко́больд 2, домово́й *Subst* 10

Kobra *f* ко́бра 6

Koch *m* по́вар 2b *Pl* -а́; Schiffs∼ кок 2 | viele Köche verderben den Brei у семи́ ня́нек дитя́ без гла́зу; **~buch** *n* пова́ренная кни́га

kochen *tr* вари́ть 3^{+} (с-); Milch, Wasser, Wäsche кипя|ти́ть 3 -чу́ (вс-, Wäsche про-); Speisen zubereiten гото́в|ить 3 -лю (при-); Tee зава́ривать ⟨-вари́ть⟩;

intr вари́ться (с-); sieden кипе́ть 3 (вс-) | weich ~ вари́ть до мя́гкости; Eier weich ~ вари́ть я́йца всмя́тку; ~des Wasser кипят|о́к|-ка́ 2; gekochte Kartoffeln отварно́й карто́фель; gekochtes Fleisch варёное мя́со; gut gekochtes Essen хорошо́ пригото́вленная еда́; in gekochtem Zustand в отварно́м ви́де; die Milch kocht schon молоко́ уже́ кипи́т; die Eier ~ zwei Minuten я́йца ва́рятся две мину́ты; gut ~ уме́ть хорошо́ гото́вить; er kocht vor Wut он кипи́т гне́вом [от бе́шенства]; es kocht in mir я возмущён

Kochen *n* Sieden, Abkochen ва́рка 6, кипяче́ние 5; Zubereitung von Speisen стряпня́ 7, приготовле́ние 5 пи́щи | sich aufs ~ verstehen уме́ть гото́вить

kochend кипя́щий 11; **~heiß** о́чень горя́чий 11

Kocher *m* Gas~ га́зовая пли́тка 6; Petroleum~ при́мус 2; mit Docht кероси́нка 6; Spiritus~ спирто́вка 6 | elektrischer ~ электри́ческая пли́тка, электропли́тка 6 *umg*

Köcher *m* колча́н 2

kochfertig: ~e Gerichte концентра́ты *Pl* 2 блюд, полуфабрика́ты *Pl* 2; ~e Suppe суп-концентра́т 2b–2, концентра́т су́па

Koch|fleisch *n* мя́со для ва́рки; **~gelegenheit** *f* возмо́жность 9 гото́вить (горя́чую пи́щу); **~geschirr** *n* ку́хонная посу́да; *Mil* (солда́тский) котел|о́к| -ка́ 2; **~herd** *m* плита́ 6c

Köchin *f* повари́ха 6 | sie ist eine gute ~ она́ хоро́ший по́вар, она́ хорошо́ гото́вит

Koch|käse *m* топлёный сыр; **~kessel** *m* кот|ёл| -ла́ 2 (для ва́рки); *Tech* ва́рочный котёл; **~kunst** *f* кулина́рия 8, кулина́рное иску́сство; **~künstler** *m* кулина́р 2; **~nische** *f* ни́ша для приготовле́ния пи́щи; **~platte** *f El* электронагрева́тельная пли́тка 6, *umg* электропли́тка 6; Herdring конфо́рка 6 | ein (Elektro-)Herd mit drei ≈n трёхконфо́рочная плита́; **~rezept** *n* кулина́рный реце́пт; **~salami** *f* полукопчёная колбаса́ 6; **~salz** *n* пова́ренная соль; **~stelle** *f* Elektroherd конфо́рка 6; **~topf** *m* aus Ton, Keramik горш|о́к| -ка́ 2; aus Metall кастрю́ля 7; **~wäsche** *f* бельё| приго́дное для кипяче́ния; **~zeit** *f* вре́мя ва́рки

Kockpit *n* ко́кпит 2

Kode *m* код 2

Kodein *n* кодеи́н [дэ] 2

Köder *m* прима́нка 6, нажи́вка 6

ködern *tr* прим|а́нивать ⟨-ани́ть 3⁺⟩ | Fische mit Regenwürmern ~ лов|и́ть 3⁺ -лю́ ры́бу на червяка́; er ließ sich nicht ~ он не попа́лся на у́дочку

Kodex *m Jur* ко́декс 2; alte Handschrift (дре́вняя 11) ру́копись 9; Handschriftensammlung сбо́рник 2

Kodierung *f* коди́рование 5

kodifizieren *tr* кодифици́ровать *uv, v* 2

Koedukation *f* совме́стное обуче́ние 5

Koeffizient *m* коэффицие́нт 2

Koexistenz сосуществова́ние 5

koexistieren *intr* сосуществова́ть 2

Koffein *n* кофеи́н 2

koffein|frei не содержа́щий 11 кофеи́на, без кофеи́на; **~haltig** содержа́щий 11 кофеи́н

Koffer *m* чемода́н 2 Hand~ (небольшо́й) чемода́н | die ~ packen *übertr* сма́тывать ⟨-мота́ть⟩ у́дочки; **~anhänger** *m* имення́я би́рка 6 (для чемода́на), ярлы́к 2e

Köfferchen *n* чемода́нчик 2

Koffer|gerät *n* (радио)приёмник 2 [телеви́зор 2] перено́сного ти́па; **~radio** *n* портати́вный [перено́сный] радиоприёмник; **~raum** *m Kfz* бага́жник 2

Kognak *m* конья́к 2e; **~bohnen** *f Pl* конфе́ты *Pl* 6 с коньяко́м; **~schwenker** *m* конья́чная рю́мка 6

Kohäsion *f* сцепле́ние 5

[1]**Kohl** *m Bot* капу́ста 6 | das macht den ~ nicht fett э́то ма́ло чему́ помо́жет

[2]**Kohl** *m übertr* вздор 2, чепуха́ 6 | ~ reden моло́ть* вздор

Kohldampf *m*: ~ haben проголода́ться *v*

Kohle *f* у́голь| угля́ 1 *Pl a.* 1g | mit ~ heizen топи́ть у́глем; mit ~ zeichnen рисова́ть у́глем; wie auf glühenden ~n sitzen сиде́ть как на у́гольях [на иго́лках]

kohlehaltig содержа́щий 11 у́голь, углено́сный

Kohlen|abbau *m* вы́емка 6 угля́; **~anzünder** *m* расто́пка 6; **~becken** *n* у́гольный бассе́йн; **~bergbau** *m* у́гольная промы́шленность 9; **~bergwerk** *n* у́гольная ша́хта 6; **~bunker** *m Mar* бу́нкер для у́гля; **~dioxid** *n* двуо́кись 9 углеро́да; **~eimer** *m* ведро́ для у́гля; **~feuerung** *f* у́гольная то́пка; **~flöz** *n* у́гольный пласт 2e; **~gewinnung** *f* добы́ча угля́; **~grube** *f* у́гольная ша́хта 6; **~halde** *f* откры́тый у́гольный склад, отва́л угля́; **~handel** *m* торго́вля у́глем; **~händler** *m* у́гольщик 2; **~handlung** *f* склад-торго́вое предприя́тие 5 по прода́же угля́; **~herd** *m* у́гольная плита́; **~hydrat** *n* углево́д 2; **~industrie** *f* углепромы́шленность 9; **~kasten** *m* я́щик для хране́ния угля́; **~keller** *m* подва́л для хране́ния угля; **~lager** *n* у́гольные за́лежи *Pl;* im Handel склад у́гля; **~meiler** *m* ку́ча 6 углежже́ния; **~oxid** *n* о́кись углеро́да; **~revier** *n* углено́сный райо́н; **~sack** *m* мешо́к для (перено́ски) угля́

kohlensauer углеки́слый

Kohlen|säure *f* углекислота́ 6; **~säurebad** *n* углеки́слая ва́нна; **~schaufel** *f* im Haushalt сов|о́к| -ка́ 2 для у́гля

Kohlenstaub *m* ýгольная пыль; **~explosion** *f* взрыв ýгольной пы́ли
Kohlenstoff *m* углерóд 2
kohlenstoffhaltig углерóдистый
Kohlen|stoffverbindung *f* углерóдистое соединéние; **~trimmer** *m* грýзчик 2 ýгля; **~vorkommen** *n* зáлежи ýгля; **~vorräte** *m Pl Geol* запáсы ýгля́; **~wasserstoff** *m* углеводорóд 2; **~zange** *f* щипцы́ для ýгля́; **~zug** *m* пóезд гружёный ýглём
Kohle|ofen *m* ýгольная печь, печь на ýгле́; **~papier** *n* копировáльная бумáга, *umg* копи́рка 6
Köhler *m* ýгольщик 2, углежóг 2; **~ei** *f* Vorgang углежжéние 5
Kohle|tabletten *f Pl* ýгольные таблéтки; **~verflüssigung** *f* гидрогенизáция 8 ýгля́; **~versorgung** *f* углеснабжéние 5; **~zeichnung** *f* рисýнок ýглём
Kohl|feld *n* капýстное пóле, капýстник 2; **~kopf** *m* кочáн 2е капýсты; **~meise** *f* сини́ца большáя
kohlrabenschwarz Haar чёрный как смоль; Augen чёрный как ýгли
Kohl|rabi *m* кольрáби *f idkl;* **~roulade** *f* голуб|éц, -цá 2; **~rübe** *f* брю́ква 6
kohlschwarz = **kohlrabenschwarz**
Kohl|strunk *m* (капýстная) кочеры́жка 6; **~suppe** *f* (капýстные) щи *Pl* 2 *G* щей; **~weißling** *m* капýстница 6
Koje *f Mar* кóйка 6; Ausstellungs-, Verkaufsstand стенд [тэ] 2; auf Ausstellungen, Messen каби́на 6
Kokain *n* кокаи́н 2
Kokarde *f* кокáрда 6
Kokerei *f* Werk коксовáльный завóд 2; Produktionsprozeß коксовáние 5
kokett кокéтлив:ый
Koketterie *f* кокéтство 4
kokettieren *intr* кокéтничать (mit *I*)
Kokille *f* коки́ль 1, излóжница 6
Kokon *m* кóкон 2
Kokos|faser *f* волокнó кокóсовой пáльмы; **~fett** *n* (рафини́рованное) кокóсовое мáсло; **~flocken** кокóсовые хлóпья; **~nuß** *f* кокóсовый орéх, кокóс 2; **~palme** *f* кокóсовая пáльма, кокóс 2; **~raspel** *f* кокóсовая стрýжка 6
Koks *m* кокс 2; **~erzeugung** *f* произвóдство кóкса; **~ofen** *m* коксовáльная печь
Kola *f Bot* кóла 6
Kolben *m Tech* пóрш|ень, -ня 1; *Med, Chem* кóлба 6; am Gewehr приклáд 2; Schilf голóвка 6; Mais почáт|ок, -ка 2; **~dichtung** *f* уплотнéние пóршня; **~druck** *m* давлéние на пóршень; **~motor** *m* поршневóй двигатель; **~ring** *m* поршневóе кольцó; **~stange** *f* поршневóй шток 2
Kolchos *m* колхóз 2 | im ~ в колхóзе; **~bauer** *m* колхóзник 2
Kolibri *m* коли́бри *m idkl*
Kolik *f* кóлика 6
kollabieren *intr* ослаб|евáть (-éть)
Kollaborateur *m* коллаборациони́ст 2
Kollaps *m* коллáпс 2
Kolleg *n* (академи́ческая) лéкция (über по *D*) | im ~ на лéкции; ein ~ halten читáть (про-) лéкцию
Kollege *m* Arbeits~ товáрищ 2 (по рабóте), сослужи́в|ец, -ца 2; Mitarbeiter einer Institution сотрýдник 2; Berufs~, Amts~, Studien~ von Wissenschaftlern, Ärzten, Lehrern u. ä. коллéга *m* 6 (по профéссии)
Kollegenkreis *m* круг коллéг [товáрищей, сослужи́вцев, сотрýдников]
Kollegheft *n* тетрáдь для зáписи лéкций
kollegial **1.** *Adj* товáрищеский | mit ~em Gruß! с товáрищеским привéтом! **2.** *Adv* по-товáрищески
Kollegialität *f* товáрищество 4, товáрищеские отношéния *Pl* 5
Kollegin *f* Arbeits~ товáрищ 2 (по рабóте), сослужи́вица 6; Mitarbeiterin einer Institution сотрýдница 6; Berufs~, Amts~, Studien~ коллéга 6 (по профéссии)
Kollegium *n* Richter, Ärzte u. ä. коллéгия 8; Lehrer преподавáтельский состáв 2; beratendes Organ, Ausschuß совéт 2
Kollegmappe *f* портфéль 1; ohne Griff пáпка 6
Kollekte *f* сбор 2 пожéртвований
Kollektion *f Hdl,* Mode коллéкция 8, von Kunstwerken a. собрáние 5; *Hdl* Sortiment, Auswahl набóр 2
kollektiv коллекти́вный
Kollektiv *n* коллекти́в 2 | ~ der sozialistischen Arbeit коллекти́в социалисти́ческого трудá; **~arbeit** *f* коллекти́вный труд, коллекти́вная [совмéстная] рабóта; **~ausstellung** *f* коллекти́вная вы́ставка [экспози́ция 8]; **~bauer** *m* колхóзник 2; **~eigentum** *n* коллекти́вная сóбственность; **~geist** *m* дух коллективи́зма
kollektivieren *tr* коллективизи́ровать *uv, v* 2, проводи́ть 3⁺ -вожý (-|вести́*) коллективизáцию
Kollektivierung *f* коллективизáция 8 | durchgängige ~ сплошнáя коллективизáция
Kollektiv|schau *f* коллекти́вная вы́ставка [экспози́ция 8]; **~schuld** *f* коллекти́вная винá
Kollektivum *n* собирáтельное и́мя существи́тельное
Kollektiv|vertrag *m* коллекти́вный договóр; **~vertreter** *m* представи́тель на судéбном процéссе от коллекти́ва, где рабóтает обвиняéмый; **~wirtschaft** *f* коллекти́вное хозя́йство

Koller *m:* er bekam einen ~ *umg* он пришёл в исступлéние
kollidieren *intr* стáлкиваться ⟨столкнýться 4⟩; zeitlich zusammenfallen совпадáть ⟨-|пáсть*⟩ (по врéмени)
Kollier *n* ожерéлье 5, кольé *n idkl*
Kollision *f* столкновéние 5; mit Gesetz, Meinungen конфли́кт 2, колли́зия 8 | mit j-m in ~ geraten имéть столкновéние с кем-н.
Kollodium *n* коллóди|й 1 *P* -и
kolloidal коллоидáльный
Kolloquium *n* wissenschaftliches, internationales коллóквиум 2; Gespräch an Hochschulen консультáция 8
Köln Кёльн 2
Kölnischwasser *n* одеколóн 2
kolonial колониáльный
Kolonialismus *m* колониали́зм 2
Kolonialpolitik *f* колониáльная поли́тика
Kolonie *f* колóния 8; Kleingärtner~ товáрищество 4
Kolonisa|tion *f* колонизáция 8; **~tor** *m* колонизáтор 2
kolonisatorisch колонизáторский
kolonisieren *tr* колонизи́ровать *uv, v* 2, колонизовáть *uv, v* 2
Kolonist *m* колони́ст 2
Kolonnade *f* колоннáда 6
Kolonne *f* Marsch~, *Bauw, Verk, Mil* колóнна 6; Arbeits~ бригáда 6; *Typ* столб|éц| -цá 2, колóнка 6
Kolonnenfahrt *f* движéние 5 колóнной [в колóнне]
Kolophonium *n* канифóль 9
Koloratur *f* колоратýра 6; **~sängerin** *f* певи́ца с колоратýрным сопрáно; **~sopran** *m* колоратýрное сопрáно
kolorieren *tr* раскрá|шивать ⟨-сить 3 -шу⟩
Kolorit *n* колори́т 2
Koloß *m* колóсс 2
kolossal **1.** *Adj* колоссáл|ьный| -ен| -ьна, огрóмный| -ен; Hunger, Freude ужáс|ный| -ен **2.** *Adv* ужáсно
Kolportage *f Lit* бульвáрная литератýра 6; Verbreitung von Gerüchten распространéние 5 (слýхов); **~roman** *m* бульвáрный ромáн
Kolumbianer *m* колумби́|ец| -йца 2; **~in** *f* колумби́йка 6
kolumbianisch колумби́йский
Kolumbien Колýмбия 8
Kolumne *f* полос|á 6a *A a.* -ý, колóнка 6
Kolumnentitel *m Typ* колонти́тул 2
Koma *n Med* кóма 6
Kombi *m* = **Kombiwagen**
Kombinat *n* комбинáт 2 | im ~ на комбинáте
Kombination *f* Kleidung, Sport, Verknüpfung комбинáция 8; Zusammenstellung комбинáция, сочетáние 5; *Math* сочетáние; Arbeitsanzug комбинезóн 2 | nordische [alpine] ~ Skisport сéверное [лы́жное] двоебóрье 5
Kombinations|gabe *f* комбинациóнные спосóбности *Pl* 9; **~spiel** *n* комбинациóнная игрá; **~sprunglauf** *m* Skisport составнóй прыж|óк| -кá 2
Kombine *f* комбáйн 2; **~fahrer** *m* комбáйнер 2
kombinier|en *tr* Schlüsse ziehen логи́чески рассуждáть; zusammenstellen: Gegenstände, Farben комбини́ровать 2 (с-); verbinden, vereinigen соедин|я́ть ⟨-и́ть 3⟩, сочетáть *uv, v;* **~t** комбини́рованный | der (Nordisch) Kombinierte лы́жник-двоебóр|ец| -рца 2-2
Kombi|wagen *m* грузо-пассажи́рский автомоби́ль 1, автомоби́ль «Универсáл»; **~zange** *f* пассати́ж|и| -ей *Pl* 1
Kombüse *f* кáмбуз 2
Komet *m* комéта 6
Kometen|bahn *f* орби́та комéты; **~schweif** *m* хвост комéты
Komfort *m* комфóрт 2 | mit allem ~ со всéми удóбствами
komfortabel **1.** *Adj* комфортáбел|ьный| -ен| -ьна **2.** *Adv* с комфóртом
Komfortwohnung *f* кварти́ра со всéми удóбствами
Komik *f* коми́зм 2; das Komische коми́чность 9; **~er** *m* кóмик 2, комеди́йный актёр 2; Vortragskünstler эстрáдный арти́ст 2| выступáющий 11 с весёлыми номерáми
komisch **1.** *Adj* коми́ч|ный| -ен, смеш|нóй, -óн, -нá; *Theat, Lit* коми́ческий | ~e Oper коми́ческая óпера; ~er Kauz стрáнный мáлый *Subst* 10 **2.** *Adv:* er sieht ~ aus он вы́глядит смешнó [sonderbar стрáнно]; mir ist ~ zumute мне нехорошó [стрáнно]; das kommt mir ~ vor э́то мне кáжется стрáнным
Komitee *n* комитéт 2 (für по *D*)
Komma *n* запятáя *Subst* 10 | ein ~ setzen стáв|ить 3 -лю (по-) запятýю
Kommandant *m* комендáнт 2; Flugzeug, Schiff, Panzer команди́р 2; **~ur** *f* комендатýра 6
Kommandeur *m* команди́р 2
kommandieren *tr* комáндовать 2 (j-n *I,* над *I*); mit dienstlichem Auftrag команди́ровать *uv, v* 2; dienstlich zuteilen прикоманд|ирóвывать ⟨-и́ровать 2⟩ (zu к *D*) | ~der General команди́р 2 кóрпуса
Kommanditgesellschaft *f* команди́тное товáрищество
Kommando *n* Befehl комáнда 6; Befehlsgewalt комáндование 5 (über etw. чем-н.); *Mil* kleine Abteilung комáнда 6, отря́д 2 | auf ~ по комáнде; das ~ führen über комáндовать над *I*; das ~ übernehmen принимáть ⟨приня́ть⟩ комáндование; **~brücke** *f* комáндный мóстик 2;

~stelle *f* командный пост 2e| на посту́; **~ton** *m* командирский тон; **~turm** *m Mar* боевая ру́бка 6

kommen *intr* gehen идти́* (по|йти́*); fahren е́хать* (по-); hin-, ankommen: zu Fuß приходи́ть 3⁺ -хожу́ ⟨-|йти́*| приду́⟩; mit Fahrzeug приезжа́ть ⟨-|е́хать*⟩; Zug, Dampfer, Flugzeug прибыва́ть ⟨прибы́ть*⟩, приходи́ть ⟨-йти́⟩; gelangen доходи́ть ⟨-йти́⟩; доезжа́ть ⟨-е́хать⟩ (bis до *G*); Jahreszeiten наступ|а́ть ⟨-и́ть 3⁺⟩; Gewitter, Gezeiten прибл|ижа́ться ⟨-и́зиться 3⟩; folgen идти́, сле́довать 2; быть* (vor j-m пе́ред кем-н., nach j-m по́сле кого́-н.) | der Vater kommt оте́ц идёт; komm her! иди́ сюда́!; ich komme von zu Hause я иду́ и́з дому; ich komme morgen я приду́ [зайду́] за́втра; komm schnell! иди́ скоре́й!; der Zug [Bus] kommt um 9 Uhr по́езд [авто́бус] прихо́дит [прибыва́ет] в де́вять часо́в; wie kommt man zum Bahnhof? как пройти́ на вокза́л?; in die Schule ~ идти́ (пойти́) в шко́лу; kommst du mit mir ins Theater? ты пойдёшь со мной в теа́тр?; nach Berlin ~ приезжа́ть ⟨-е́хать⟩ [приле|та́ть ⟨-те́ть 3 -чу́⟩] в Берли́н; j-n ~ lassen зва́ть (по-) [Arzt вы́звать] кого́-н.; wir sind gekommen, dich abzuholen мы зашли́ за тобо́й; das Kleid ist völlig aus der Mode gekommen пла́тье совсе́м вы́шло из мо́ды; er kommt kaum aus dem Zimmer он почти́ не выхо́дит из ко́мнаты; es kommt der Tag, da ... насту́пит день| когда́ ...; dahin darf man es nicht ~ lassen э́того нельзя́ допусти́ть; es nicht zum äußersten ~ lassen не доводи́ть де́ла до кра́йности; wie konnte es dazu ~? как э́то могло́ случи́ться?; auf j-n nichts ~ lassen не дава́ть* в оби́ду кого́-н.; auf etw. ~ дога́дываться ⟨-гада́ться⟩; das durfte nicht ~ э́то не должно́ бы́ло случи́ться; das kommt daher, daß ... э́то объясня́ется тем| что ...; komme, was da wolle будь| что бу́дет; wie ~ Sie dazu? как вы сме́ете?, что вам взду́малось?; um etw. ~ лиш|а́ться ⟨-и́ться 3⟩ чего́-н.; so weit ~, daß ... дойти́ *v* до того́| что ...; zu nichts ~ ничего́ не до|би́ться*; zur Sprache ~ обсужда́ться; zu sich ~ приходи́ть ⟨прийти́⟩ в себя́, очну́ться *v* 4; ich bin nicht dazu gekommen у меня́ не хвати́ло для э́того вре́мени; das Gerücht kam ihm zu Ohren до него́ дошёл слух; wo kommt das Geld her? отку́да де́ньги беру́тся?

Kommen *n* прихо́д 2, прие́зд 2 | (ein ständiges) ~ und Gehen (непреры́вное) движе́ние 5 туда́ и сюда́

kommend бу́дущий 11; Zeiten, Generation гряду́щий 11; Festtag, Ereignis наступа́ющий 11 | der ~e Mann восходя́щая звезда́ 6c *Pl* звёзды; der ~e Tag гряду́щий день; in der ~en Woche на сле́дующей неде́ле

Kommentar *n* коммента́ри|й 1 *P* -и, *G Pl* -ев (zu к *D*) | ohne (jeden) ~ без коммента́риев

Kommentator *m* коммента́тор 2

kommentieren *tr* комменти́ровать *uv, v* 2 (*v a.* про-)

kommerziell комме́рческий

Kommilitone *m* това́рищ 2 по учёбе [по университе́ту]; Mitstudent соку́рсник 2

Kommiß *m* солда́тчина 6

Kommissar *m* комисса́р 2; **~iat** *n* комиссариа́т 2

kommissarisch исполня́ющий 11 обя́занности | ~er Leiter исполня́ющий обя́занности руководи́теля

Kommission *f* коми́ссия 8 (für по *D*) | in ~ geben Waren сдава́ть ⟨-да́ть⟩ на коми́ссию; **~är** *m* комиссионе́р 2

Kommissions|geschäft *n* комиссио́нный магази́н; **~handel** *m* комиссио́нная торго́вля; **~sitzung** *f* заседа́ние коми́ссии

Kommode *f* комо́д 2

kommunal коммуна́льный; (Selbst-) Verwaltung муниципа́льный

Kommunalwirtschaft *f* коммуна́льное хозя́йство

Kommune *f* комму́на 6 | die Pariser ~ Пари́жская комму́на

Kommunikation *f* коммуника́ция 8, обще́ние 5

Kommunikationsmittel *n* сре́дство коммуника́ции

Kommunion *f Rel* прича́стие 5

Kommuniqué *n* коммюнике́ *n idkl*

Kommun|ismus *m* коммуни́зм 2 | im ≈ при коммуни́зме; **~ist** *m* коммуни́ст 2; **~istin** *f* коммуни́стка 6

kommunistisch **1.** *Adj* коммунисти́ческий **2.** *Adv* по-коммунисти́чески

kommunizieren *intr Phys:* ~de Röhren сообща́ющиеся сосу́ды 11–2

Kommutator *m El* коммута́тор 2

Komödiant *m alt* комедиа́нт 2 *a. übertr;* **~in** *f alt* комедиа́нтка 6

Komödie *f* Lustspiel коме́дия 8; Theater теа́тр 2 коме́дии | ~ spielen разы́грывать ⟨-ыгра́ть⟩ коме́дию; die ~ durchschauen понима́ть ⟨поня́ть*⟩| что кто-н. притворя́ется

Komoren Комо́рские острова́ *Pl* 2b

Kompagnon *m Hdl* компаньо́н 2

kompakt пло́т|ный| -ен| -на́!; *Geol,* Eis, Masse a. компа́кт|ный| -ен

Kompanie *f Wirtsch* компа́ния 8; *Mil* ро́та 6; **~chef** *m* команди́р 2 ро́ты; **~stärke** *f:* in ≈ си́лой до ро́ты

Komparat|ion *f* сравне́ние 5, сте́пени *Pl*

9g сравнéния; ~**iv** *m* сравни́тельная стéпень 9g
Komparse *m* стати́ст 2
Kompaß *m* кóмпас 2; ~**nadel** *f* кóмпасная стрéлка 6
Kompendium *n* компéндиум 2, компéнди|й 1 *P* -и
Kompensation *f* компенсáция 8; *Jur, Fin a.* возмещéние 5; *Tech a.* урáвнивание 5
Kompensationsgeschäft *n* компенсациóнная сдéлка 6; ~e *Pl* сдéлки на компенсациóнной оснóве
kompensieren *tr* компенси́ровать *uv, v* 2
kompetent компетéнт|ный, -ен (in в *P*)
Kompetenz *f* компетéнтность 9, компетéнция 8; Zuständigkeit полномóчность 9; *Jur* подвéдомственность 9 | in j-s ~ fallen входи́ть 3⁺ ⟨во|йти́*⟩ в чью-н. компетéнцию, быть* подвéдомственным чему́-н.
Kompetenz|streit *m* спор о компетéнции [о полномóчности]; ~**überschreitung** *f* превышéние 5 компетéнции [полномóчий]
Kompilation *f* компиля́ция 8
Komplementär *m* im Betrieb mit staatl. Beteiligung комплементáри|й 1 *P* -и; in einer Kommanditgesellschaft компаньóн 2 с неограни́ченной ответственностью
Komplementärfarbe *f* дополни́тельный цвет
Komplementwinkel *m* дополни́тельный у́гол
Komplet *n* ансáмбль 1, комплéкт 2
komplett комплéктный; Frühstück, Sammlung, Industrieanlage пóл|ный, -он, -нá, пóлнó | eine ~e Stereoanlage комплéкт 2 стереофони́ческого обору́дования; wir sind ~ eingerichtet квартúра у нас пóлностью обстáвлена; ~ sein быть в пóлном состáве
komplettieren *tr* Industrieanlage комплектовáть 2 (у-); ergänzen до-, пополня́ть ⟨-пóлнить 3⟩
komplex кóмплексный
Komplex *m* кóмплекс 2 *a. Psych* | er hat ~e у негó кóмплекс неполноцéнности; ~**mechanisierung** *f* кóмплексная механизáция
Komplikation *f* осложнéние 5 *a. Med*
Kompliment *n* комплимéнт 2 | ~e machen говори́ть 3 комплимéнты
Komplize *m* сoóбщник 2
komplizier|en *tr* о-, усложн|я́ть ⟨-и́ть 3⟩; ~**t** слóж|ный, -ен, -нá!; Charakter, Mensch, Erklärung мудр|ёный, -ён, -енá | ≈(er) werden осложн|я́ться ⟨-и́ться 3⟩
Kompliziertheit *f* слóжность 9
Komplott *n* зáговор 2 | ein ~ schmieden подгот|овля́ть ⟨-óвить 3 -óвлю⟩ зáговор
Komponente *f* компонéнт 2; Bestandteil составнáя часть 9g
komponieren *tr* компоновáть 2 ⟨с-⟩; *Mus* сочин|я́ть ⟨-и́ть 3⟩ (му́зыку) (zu к *D*)
Komponist *m* компози́тор
Komposition *f* компози́ция 8; *Mus a.* сочинéние 5
Kompositionslehre *f* теóрия компози́ции
Kompositum *n* слóжное слóво 4b
Kompost *m*, ~**erde** *f* компóст 2; ~**haufen** *m* компóстная ку́ча
kompostieren *tr* Kompost herstellen компости́ровать *uv, v* 2
Kompott *n* компóт 2; ~**schüssel** *f* ми́сочка 6 для компóта
Kompres|se *f* компрéсс 2; ~**sion** *f* сжáтие 5; ~**sor** *m* компрéссор 2
komprimier|en *tr* сжимáть ⟨-|жáть[1]*, сожму́⟩; ~**t** сжáтый
Kompromiß *m* компроми́сс 2 | einen ~ schließen идти́* ⟨по|йти́*⟩ на компроми́сс [на взаи́мные усту́пки]
kompromißbereit готóвый на компроми́сс
Kompromißbereitschaft *f* готóвность (идти́) на компроми́сс
kompromißlos бескомпроми́ссный
kompromittieren *tr* компромети́ровать 2 (с-); sich ~ *refl* компромети́ровать (с-) себя́
Komsomol *m* комсомóл 2
Komsomolz|e *m* комсомóл|ец, -ьца 2; ~**in** *f* комсомóлка 6
Kondensation *f* конденсáция [дэ] 8, сгущéние 5
Kondensationspunkt *m* у́ров|ень, -ня 1 конденсáции [дэ]
Kondensator *m* конденсáтор [дэ] 2
kondensieren *tr* конденси́ровать [дэ] *uv, v* 2; Milch, Säfte сгу|щáть ⟨-сти́ть 3 -щу́⟩ | kondensierte Milch сгущённое молокó
Kondens|milch *f* сгущённое молокó; ~**streifen** *m* инверсиóнный *oder* конденсациóнный [дэ] след 2b; ~**wasser** *n* вóдный конденсáт [дэ]
Kondition *f* Bedingung конди́ция 8, услóвие 5; *Sport* (спорти́вная) фóрма 6 | nicht in ~ sein быть не в фóрме
Konditional *m* услóвное наклонéние 5, кондиционáлис 2; ~**satz** *m* услóвное (придáточное) предложéние
Konditions|schwäche *f* слáбая спорти́вная фóрма 6; ~**training** *n* трениро́вка для приобретéния спорти́вной фóрмы
Konditor *m* конди́тер 2
Konditorei *f* Feinbäckerei конди́терская *Subst* 10; Café кафé *idkl* конди́терская; ~**waren** *f Pl* конди́терские издéлия
Kondolenz *f* соболéзнование 5
Kondolenz|besuch *m* визи́т для выражéния соболéзнования; ~**brief** *m* письмó с выражéнием соболéзнования

kondolieren *intr* выража́ть ⟨вы́ра|зить 3 -жу⟩ соболе́знование
Kondom *m, n* презервати́в 2
Kondor *m* ко́ндор 2
Konfekt *n* (шокола́дные) конфе́ты *Pl* 6 | eine Schachtel ~ коро́бка конфе́т
Konfektion *f* Industriezweig шве́йное произво́дство 4; Herstellung ма́ссовое изготовле́ние 5 гото́вого пла́тья; Fertigkleidung гото́вое пла́тье 5
Konfektions|anzug *m* гото́вый костю́м; **~geschäft** *n* магази́н гото́вого пла́тья; **~industrie** *f* шве́йная промы́шленность
Konferenz *f* конфере́нция 8; Minister∼, Wirtschafts∼, Lehrer∼ a. совеща́ние 5 | auf der ~ на конфере́нции; eine ~ über etw. конфере́нция [совеща́ние] по чему́-н.; **~dolmetscher** *m* перево́дчик на конфере́нциях; **~raum** *m* помеще́ние конфере́нции [совеща́ния]; **~saal** *m* конфере́нц-зал 2; **~schaltung** *f* группова́я дву(х)сторо́нняя связь 9, ли́ния 8 группово́й дву(х)сторо́нней свя́зи; **~sprache** *f* (официа́льный) язы́к конфере́нции [совеща́ния]
konferieren *intr* совеща́ться (über по *D*)
Konfession *f* вероиспове́дание 5
konfessionell вероиспове́дный, конфессиона́л|ьныйˌ -енˌ -ьна
Konfetti *n Pl* конфетти́ *n idkl*
Konfirma|nd *m* конфирма́нт 2; **~tion** *f* конфирма́ция 8
Konfirmationsfeier *f* пра́зднование [зн] конфирма́ции
konfirmieren *tr* конфирмова́ть *uv, v* 2 | sich ~ lassen конфирмова́ться *uv, v*
konfiszieren *tr* конфискова́ть *uv, v* 2
Konfiszierung *f* конфиска́ция 8
Konfitüre *f* варе́нье 5
Konflikt *m* конфли́кт 2 | mit j-m in ~ geraten конфликтова́ть 2 [всту́п|а́ть ⟨-и́ть 3⁺ -лю⟩ в конфли́кт] с кем-н.; es kommt zum ~ де́ло дохо́дит до конфли́кта; mit dem Gesetz in ~ kommen по|йти́* *v* про́тив зако́на; **~kommission** *f* конфли́ктная коми́ссия
Konföderation *f* конфедера́ция 8
konform *Adv* соотве́тственно (mit *D*), в соотве́тствии (mit с *I*) | mit j-m ~ gehen при|йти́* *v* к соглаше́нию с кем-н., стоя́ть 3 на тех же пози́циях с кем-н.
Konfrontation *f* конфронта́ция 8; *Jur* о́чная ста́вка 6
konfrontieren *tr Jur* устр|а́ивать ⟨-о́ить 3⟩ (кому́-н.) о́чную ста́вку | mit etw. konfrontiert werden ста́лкиваться ⟨столкну́ться 4⟩ с чем-н.
konfus verworren, unklar сби́вчив:ый, нея́с|ныйˌ -енˌ -на́!; Person сконфу́женный | ~ machen конфу́|зить 3 -жу (с-), сбива́ть ⟨-|бить*, собью⟩ с то́лку; ~ werden конфу́зиться (с-)
Konfusion *f* Verwirrung замеша́тельство 4; Wirrwarr сумбу́р 2
kongenial конгениа́л|ьныйˌ -енˌ -ьна
Konglomerat *n* конгломера́т 2
Kongo Ко́нго *n idkl;* **~lese** *m* конголе́з|ецˌ -ца 2; **~lesin** *f* конголе́зка 6
kongolesisch конголе́зский
Kongreß *m* конгре́сс 2; *Pol, Wiss, Päd a.* съезд 2; **~halle** *f* дом 2b *Pl* дома́ [зал] конгре́ссов [съе́здов]; **~palast** *m* im Kreml Дворе́ц съе́здов; **~teilnehmer** *m* уча́стник конгре́сса [съе́зда]
kongruent совпада́ющий 11 *a. Math; Ling* согласо́ван:ныйˌ -на
Kongruenz *f* совпаде́ние 5 *a. Math; Ling* согласова́ние 5
kongruieren *intr Math* совпада́ть; *Ling* согласо́ваться
Konifere *f* хво́йное де́рево 4f *Pl* дере́вь|яˌ -ев | ~en *Pl* хво́йные *Subst Pl* 10
König *m* коро́ль 1e, *übertr a.* царь 1e | der ~ der Tiere царь звере́й; den ~ matt setzen Schach объяв|и́ть *v* 3⁺ королю́ мат; **~in** *f* короле́ва 6; *übertr* цари́ца 6; Kartenspiel да́ма 6; Schach ферзь 1e *A* ферзя́; Biene (пчели́ная) ма́тка 6
königlich 1. *Adj* короле́вский; Haltung, Gang ца́рственный; im Märchen; Geschenk ца́рский; Erscheinung велича́ствен:ныйˌ -на **2.** *Adv* по-ца́рски | sich ~ amüsieren весели́ться 3 (по-) по-ца́рски
Königreich *n* короле́вство 4; *Rel* ца́рство 4
Königs|kerze *f Bot* коровя́к 2e; **~schloß** *n* короле́вский за́мок; **~sohn** *m* короле́вич 2 *G Pl* -ей; im Märchen a. царе́вич 2; **~tiger** *m* инди́йский тигр; **~tochter** *f* короле́вна 6; im Märchen a. царе́вна 6; **~wasser** *n* ца́рская во́дка 6
Königtum *n* короле́вская власть 9g
konisch кони́ческий
Konjugation *f* спряже́ние 5
konjugieren *tr* спряга́ть (про-) | konjugiert werden спряга́ться
Konjunktion *f Gramm* сою́з 2; *Astr* соедине́ние 5
Konjunktiv *m Gramm* конъюнкти́в 2, сослага́тельное наклоне́ние 5
konjunktivisch конъюнкти́вный
Konjunktur *f* конъюнкту́ра 6 (für на *A*); **~aufschwung** *m* подъём конъюнкту́ры
konkav во́гнут:ый
Konkavlinse *f* во́гнутая ли́нза
konkret конкре́т|ныйˌ -ен
konkretisieren *tr* конкретизи́ровать *uv, v* 2
Konkretum *n Gramm* конкре́тное существи́тельное *Subst n* 10
Konkubine *f* любо́вница 6, сожи́тельница 6
Konkurrent *m Wirtsch, Sport* конкуре́нт 2; in Wettbewerb, Wettkampf сопе́рник 2

Konkurrenz *f* конкуре́нция 8; *Sport* Wettkampf соревнова́ние 5; (Schönheits-) Wettbewerb ко́нкурс 2; ~unternehmen предприя́тие-конкуре́нт 5–2 | mit j-m in ~ stehen конкури́ровать 2 с кем-н.; j-m ~ machen де́лать (с-) кому́-н. конкуре́нцию; ohne ~ sein быть вне конкуре́нции; außer ~ teilnehmen уча́ствовать вне конкуре́нции [вне ко́нкурса]

konkurrenzfähig конкурентоспосо́б|ный, -ен

Konkurrenz|kampf *m* конкуре́нтная борьба́; **~unternehmen** *n* конкури́рующее 11 предприя́тие

konkurrieren *intr Wirtsch* конкури́ровать 2; im Wettstreit, Wettbewerb stehen сопе́рничать

Konkurs *m* банкро́тство 4; *Jur* ко́нкурс 2 | in ~ gehen обанкро́|титься *v* 3 -чусь; den ~ anmelden объяв|ля́ть ⟨-и́ть 3⁺ -лю́⟩ о (свое́й) неплатёжеспосо́бности [о (своём) банкро́тстве]

können *tr* in der Lage sein мочь* (с-), быть* в состоя́нии; dürfen, möglich sein мочь (с-); verstehen уме́ть (с-); beherrschen, wissen знать | man kann мо́жно; man kann nicht нельзя́; er kann он мо́жет; ich kann nicht mehr я бо́льше не в состоя́нии [не в си́лах]; er kann gut tanzen он уме́ет хорошо́ танцева́ть; schlecht schwimmen ~ пло́хо пла́вать; ich kann nicht anders я не могу́ поступи́ть ина́че; ich kann nicht umhin zu … я не могу́ не …; er kann deutsch sprechen он мо́жет [уме́ет] говори́ть по-неме́цки; er kann Deutsch он зна́ет неме́цкий язы́к; er tut es, so gut er kann он де́лает э́то в ме́ру свои́х спосо́бностей [как мо́жет, как уме́ет]; er kann alles он ма́стер на все ру́ки; er kann etwas он зна́ет своё де́ло, он (о́чень) спосо́бный челове́к; lauf, was du kannst беги́ как мо́жно скоре́е; Sie können gehen! мо́жете идти́!; das kann sein э́то возмо́жно; es könnte wahr sein э́то, возмо́жно [вероя́тно], пра́вда; wie können Sie es wagen …? как вы осме́ливаетесь …?

Können *n* уме́ние 5; Wissen, Sprachkenntnisse зна́ние 5; Fähigkeit спосо́бность 9; hohe Kunst мастерство́ 4 | eine Probe seines ~s geben пока́зывать ⟨-|каза́ть*⟩ своё мастерство́ [уме́ние]

Könner *m* ма́стер 2b *Pl* -а́ своего́ де́ла; Kunst~, Sprach~ знато́к 2e

Konsekutiv|dolmetschen *n* после́довательный (у́стный) перево́д; **~satz** *m Gramm* прида́точное предложе́ние сле́дствия

konsequent 1. *Adj* folgerichtig после́довател|ьный, -ен, -ьна; beharrlich упо́р|ный, -ен **2.** *Adv* логи́чески

Konsequenz *f* Folgerichtigkeit после́довательность 9; Schlußfolgerung вы́вод(ы) 2 (*Pl*); Folgen после́дствия *Pl* 5 | die ~en tragen отвеча́ть за после́дствия; die ~ aus etw. ziehen де́лать (с-) вы́воды из чего́-н.; bis zur letzten ~ kämpfen до конца́

konservativ консервати́в|ный, -ен

Konservativer *m Pol* консерва́тор 2

Konservator *m* специали́ст 2 по консерва́ции

Konservatorium *n* консервато́рия 8 | das ~ besuchen учи́ться 3⁺ в консервато́рии; am ~ в консервато́рии

Konserven *f Pl* консе́рвы *Pl* 2; **~büchse** *f* (жестяна́я) консе́рвная ба́нка; **~fabrik** *f* консе́рвный заво́д

konservieren *tr* консерви́ровать *uv, v* 2; bewahren сохран|я́ть (-и́ть 3)

Konservierung *f* консерви́рование 5; *Kunst* консерва́ция 8

Konservierungsmittel *n* консерви́рующее 11 сре́дство

Konsilium *n Med* конси́лиум 2

konsistent консисте́нтный

Konsistenz *f* консисте́нция 8

Konsole *f* консо́ль 9; *Tech a.* кронште́йн [тэ] 2

konsolidieren *tr* консолиди́ровать *uv, v* 2

Konsolidierung *f* консолида́ция 8

Konsonant *m* согла́сный *Subst* 10

Konsonantenwechsel *m* чередова́ние 5 согла́сных

konsonantisch консона́нтный

Konsorten *m Pl:* das sind ~! ну и компа́ния!

Konspekt *m* конспе́кт 2

Konspiration *f* конспира́ция 8; Verschwörung за́говор 2

konspirieren *intr* конспири́ровать 2

konstant постоя́нный

Konstante *f Math* конста́нта 6, постоя́нная величина́ 6

Konstellation *f Astr* констелля́ция 8, положе́ние 5 звёзд; *übertr* положе́ние дел

konsterniert : ~ sein быть поражённым

konstituieren (sich) *tr (refl)* учре|жда́ть(ся) ⟨-ди́ть(ся) 3⟩, конституи́ровать(ся) *uv, v* 2; **~d** учреди́тельный

Konstitution *f Med* телосложе́ние 5, конститу́ция 8; *Pol* конститу́ция; *Chem* строе́ние 5

konstitutionell конституцио́нный; физи́ческий

konstruier|en *tr Tech* конструи́ровать 2 (с-); künstlich erfinden соз|дава́ть* ⟨созда́ть*⟩; *Math, Ling* стро́ить 3 (по-), конструи́ровать (с-); **~t** иску́сственный, наду́манный

Konstrukt|eur *m* констру́ктор 2; **~ion** *f Tech* констру́кция 8; *Math* построе́ние 5

Konstruktions|büro *n* констру́кторское

бюро́; **~fehler** *m* конструкти́вный поро́к 2; **~zeichnung** *f* конструкти́вный чертёж
konstruktiv конструкти́вный
Konsul *m* ко́нсул 2
konsularisch ко́нсульский
Konsularvertrag *m* ко́нсульский догово́р
Konsulat *n* ко́нсульство 4
Konsultation *f* консульта́ция 8 (über, zu по *D*) | zur ~ gehen на консульта́цию
konsultieren *tr* консульти́роваться 2 (про-) с *I*, у *G*, сове́товаться 2 (по-) с *I* | j-n [sich mit j-m] ~ auf Regierungsebene встр|еча́ться ⟨-е́титься 3 -е́чусь⟩ для консульта́ции с кем-н.
Konsum *m* Verbrauch потребле́ние 5 (an, von *G*); Genossenschaft потреби́тельский кооперати́в 2; Verkaufsstelle магази́н 2 потреби́тельской коопера́ции; *umg* кооперати́в; auf dem Lande (магази́н) сельпо́ *idkl*
Konsument *m* потреби́тель 1
Konsum|genossenschaft *f* потреби́тельский кооперати́в; Genossenschaftswesen потреби́тельская коопера́ция; **~geschäft** *n* кооперати́вный магази́н, *umg* кооперати́в 2; auf dem Lande (магази́н) сельпо́ *idkl*; **~güter** *Pl* предме́ты *Pl* 2 [това́ры] (ма́ссового [широ́кого]) потребле́ния, потреби́тельские това́ры; **~güterindustrie** *f* промы́шленность потреби́тельских това́ров
konsumieren *tr* потреб|ля́ть ⟨-и́ть 3 -лю́⟩
Konsumkaufhaus *n* универма́г потреби́тельской коопера́ции, кооперати́вный универма́г
Konsumption *f* потребле́ние 5
Konsumptionsmittel *n Pl* сре́дства потребле́ния
Konsumverkaufsstelle *f* кооперати́вный магази́н, *umg* кооперати́в 2
Kontakt *m* конта́кт 2 *a. El* | ~ haben zu j-m име́ть конта́кт с кем-н.; ~ aufnehmen zu j-m вступ|а́ть ⟨-и́ть 3⁺ -лю́⟩ в конта́кт с кем-н.
kontaktarm инконта́ктный, некоммуника́бельный
Kontaktaufnahme *f* установле́ние 5 конта́кта
kontaktfreudig охо́тно вступа́ющий 11 в конта́кт с людьми́ [с окружа́ющим ми́ром], коммуника́бельный
Kontaktperson *f Med* лицо́, име́вшее 11 конта́кт с больны́м инфекцио́нной боле́знью
Kontemplation *f* созерца́тельность 9
kontemplativ созерца́тел|ьный, -ен, -ьна
Kontenführung *f* счетово́дство 4
Konter|admiral *m* контр-адмира́л 2; **~bande** *f* контраба́нда 6
Konterfei *n* портре́т 2
kontern *tr* пари́ровать *uv, v* 2 (*v. a.* от-); Boxen a. наноси́ть 3⁺ -ношу́ ⟨-|нести́*⟩ встре́чный уда́р *D*; *übertr* дава́ть* ⟨дать*⟩ (ре́зкий) отпо́р *D*
Konterrevolution *f* контрреволю́ция 8
konterrevolutionär контрреволюцио́нный
Kontext *m* конте́кст 2
Kontinent *m* контине́нт 2; матери́к 2e
kontinental континента́льный, материко́вый
Kontinentalklima *n* континента́льный кли́мат
Kontingent *n* континге́нт 2 (an *G*)
kontingentier|en *tr:* j-m etw. ≈ контингенти́ровать *uv, v* 2 кому́-н. что-н., назн|ача́ть ⟨-а́чить 3⟩ кому́-н. континге́нт чего́-н.; **~t** контингенти́рованный
kontinuierlich непреры́в|ный, -ен; Arbeit, Versorgung бесперебо́|йный, -ен, -йна; *Phys* незатуха́ющий 11
Kontinuität *f* непреры́вность 9; бесперебо́йность 9
Konto *n* счёт 2b *G a.* -у; на счету́; *Pl* сче-т|а́, -о́в | auf ein ~ überweisen переводи́ть 3⁺ -вожу́ ⟨-|вести́*⟩ на теку́щий счёт; auf dem ~ на (теку́щем) счёте; laufendes ~ теку́щий 11 счёт; ein ~ eröffnen открыва́ть ⟨-|кры́ть*⟩ счёт; das ~ überziehen де́лать (с-) перерасхо́д; **~auszug** *m* вы́писка 6 из счёта; **~eröffnung** *f* откры́тие счёта; **~inhaber** *m* владе́лец счёта; **~korrent** *n* контокорре́нт 2, контокорре́нтный счёт 2b; **~nummer** *f* но́мер счёта
Kontor *n* конто́ра 6 (für по *D*)
Kontorist *m* конто́рщик 2; **~in** *f* конто́рщица 6
Konto|stand *m* са́льдо *n idkl*; **~übertrag** *m* перено́с со счёта на счёт
kontra **1.** *Präpos* про́тив *G* **2.** *Adv:* j-m ~ geben пари́ровать *uv, v* 2 кому́-н.; das Pro und ~ за и про́тив
Kontra|baß *m* контраба́с 2; **~bassist** *m* контрабаси́ст 2
Kontrahent *m* Vertragspartner контраге́нт 2; *Sport* проти́вник 2
Kontrakt *m* контра́кт 2
kontraktbrüchig: ~ werden наруша́ть ⟨-ру́шить 3⟩ контра́кт
Kontraktion *f* контра́кция 8; *Geol a.* сжа́тие 5; *Ling a.* стяже́ние 5
kontraktlich **1.** *Adj* на основа́нии контра́кта, по контра́кту **2.** *Adv* verpflichten контра́ктом
Kontrapunkt *m* контрапу́нкт 2
konträr противополо́ж|ный, -ен
Kontrast *m* контра́ст 2; *TV* контра́стность 9 | einen ~ bilden предст|авля́ть ⟨-а́вить 3 -а́влю⟩ контра́ст; **~farbe** *f* контра́стный цвет
kontrastieren *intr* контрасти́ровать 2 (с-) (mit с *I*)

Kontrastmittel *n* контрáстное веществó 4
Kontroll|abschnitt *m* контрóльный талóн 2; *umg* кореш|óк, -кá 2; **~arbeit** *f* in der Schule контрóльная рабóта; **~ausschuß** *m* контрóльная комúссия
Kontrolle *f* контрóль 1, провéрка 6 (von *G*); von Teilnahme, Verbrauch контрóль (за *I*); Aufsicht контрóль (über над *I*) | ~ über etw. ausüben произ|водúть 3⁺ -вожý ⟨-|вестú*⟩ контрóль [провéрку] чегó-н.; unter ~ stehen нахо|дúться 3⁺ -жýсь под контрóлем; die ~ über etw. verlieren терять (по-) контрóль над чем-н. [Flugzeug a. управлéние чем-н.]
Kontrolleur *m* контролёр 2
Kontroll|gang *m* контрóльный обхóд 2; **~gerät** *n* контрóльный прибóр
kontrollieren *tr* проверять ⟨-вéрить 3⟩, контролúровать 2 (про-)
Kontroll|kommission *f* контрóльная комúссия; **~organ** *n* контрóльный óрган; **~pflicht** *f* обязанность контролúровать; **~punkt** *m* контрóльно-пропускнóй пункт; **~turm** *m Flugw* диспéтчерская вышка 6; **~ziffer** *f* контрóльная цúфра
Kontroverse *f* спор 2; Uneinigkeit разноглáсие 5
Kontur *f* кóнтур 2, очертáние 5
Konus *m* кóнус 2
Konvention *f Jur* конвéнция 8, соглашéние 5; Sitte услóвность 9, нóрмы *Pl* 6 поведéния; традúции *Pl* 8
Konventionalstrafe *f* (договóрная) неустóйка 6
konventionell традициóн|ный, -ен, -на | etw. bewegt sich im ~en Rahmen что-н. прохóдит в традициóнных [установленных] рáмках; sich ~ verhalten вестú* себя как общепрúнято
Konvergenz *f* конвергéнция 8; *Math* сходúмость 9
konvergieren *intr* сходúться 3⁺ ⟨со|йтúсь*⟩
Konversation *f* бесéда 6 | ~ machen mit j-m вестú* бесéду с кем-н.; in Russisch ~ treiben занимáться ⟨занятьcя*⟩ рýсской разговóрной прáктикой
Konver|sationslexikon *n* энциклопедúческий словáрь; **~ter** *m Tech, El* конвéртер [тэ] 2
konvertier|bar конвертúруемый | frei ≈ свобóдно конвертúруемый; nicht ≈ неконвертúруемый; **~en** *tr Fin* конвертúровать *uv, v* 2
Konvertit *m* перешéдший *Subst* 10 в другýю вéру
konvex вы́пуклый
Konvoi *m Mar* конвó|й 1 *G Pl* -ев; von Kraftfahrzeugen колóнна 6
Konvulsion *f* конвýльсия 8, сýдорога 6
konvulsivisch конвульсúв|ный, -ен, сýдорож|ный, -ен
Konzentrat *n* концентрáт 2; **~ion** *f* концентрáция 8 *a. Chem,* сосредотóчéние 5
Konzentrations|fähigkeit *f* умéние сосредотóчиваться; **~lager** *n* концентрациóнный лáгерь
konzentrier|en *tr* сосредотóч|ивать (-ить 3), концентрúровать 2 (с-) (auf на *A*); *Chem* сгу|щáть ⟨-стúть 3 -щý⟩; sich ≈ *refl* сосредотóчи|ваться (-иться) (auf на *P*), концентрúровать (с-) всё (своё) вниманúе (auf на *P*); **~t** aufmerksam, vertieft внимáтел|ьный, -ен, -ьна, сóбранный
konzentrisch концентрúческий
Konzept *n* план 2, набрóс|ок, -ка 2; noch nicht ins reine geschriebenes Manuskript черновóй набрóсок | ein ~ machen дéлать (с-) набрóсок [черновúк]; j-n aus dem ~ bringen сбивáть ⟨-|бить*, собью⟩ когó-н. с тóлку; aus dem ~ kommen терять (по-) нить (мы́сли); das paßt ihm nicht in sein ~ э́то емý не подхóдит; **~ion** *f* концéпция 8, зáмыс|ел, -ла 2; *Med* зачáтие 5
Konzern *m* концéрн 2
Konzert *n* концéрт 2 | ins ~ gehen идтú ⟨пойтú⟩ на концéрт; im ~ на концéрте; ein ~ für Geige und Orchester концéрт для скрúпки с оркéстром; **~besucher** *m* посетúтель концéртов; **~flügel** *m* концéртный роя́ль
konzertieren *intr* концертúровать 2
Konzert|meister *m* концертмéйстер 2; **~saal** *m* концéртный зал; **~sänger** *m* концéртный певéц; **~stück** *n* концéртная пьéса
Konzession *f* разрешéние 5 (für на *A*); *Wirtsch, Bauw* концéссия 8 (für на *A*) | ~en machen идтú* ⟨по|йтú*⟩ на устýпки; eine ~ erteilen предост|авлять ⟨-áвить 3 -áвлю⟩ концéссию
Konzessionsurkunde *f* патéнт 2 на концéссию
Konzessivsatz *m* уступúтельное придáточное предложéние
Konzil *n* собóр 2
konziliant обходúтел|ьный, -ен, -ьна
konzipieren *tr* entwerfen, planen составлять ⟨состáв|ить 3 -лю⟩ конспéкт [план] *G,* дéлать (с-) набрóсок; ein Konzept verfassen набрáсывать ⟨-бросáть⟩ черновúк *G*
Kooperation *f* кооперáция 8
Kooperations|beziehungen *f Pl* отношéния *Pl* 5, склáдывающиеся в рáмках систéмы коопeрúрования, кооперациóнные свя́зи *Pl* 9; **~gemeinschaft** *f* кооперациóнное объединéние; *Landw* межкооператúвное объединéние; **~partner** *m* Betrieb кооперúрующееся предприя́тие 11–5; Land партнёр по систéме кооперúрования

kooperativ 1. *Adj* кооперати́вный **2.** *Adv* совме́стно

kooperieren *intr* сотру́дничать; *Landw* коопери́роваться (mit с *I*) | kooperierende Betriebe коопери́рующие 11 предприя́тия

Koordinate *f* координа́та 6

Koordinaten|achse *f* ось координа́т; **~system** *n* систе́ма координа́т

koordinieren *tr* координи́ровать *uv, v* 2 соглас|о́вывать ⟨-ова́ть 2⟩

Koordinierung *f* координа́ция 8, согласова́ние 5

Kopeke *f* копе́|йка 6 *G Pl* -ек

Kopenhagen Копенга́ген 2

Köper *m Text* са́ржа 6, ки́пер 2

Kopf *m* голова́ 6a; Zeitungs~ ша́пка 6; Nagel, Schraube шля́пка 6; Stecknadel голо́вка 6; Kohl, Salat коча́н 2e; *übertr* глава́ 6c | mit bloßem ~ с непокры́той голово́й; den ~ heben [senken] подня́ть [опусти́ть] го́лову; ein Schlag vor den ~ уда́р по голове́; er hat eine Wunde am ~ у него́ ра́на на голове́; ein Tuch um den ~ binden повя́зывать ⟨-|вяза́ть*⟩ плато́к на́ голову; er setzte den Hut auf den ~ он наде́л (на го́лову) шля́пу; etw. über den ~ ziehen Kleid надева́ть ⟨-|де́ть*⟩ что-н. че́рез го́лову; den ~ hängen lassen па́дать ⟨пасть*⟩ ду́хом, уныва́ть; auf den ~ stellen переверну́ть *v* 4 вверх дном; j-m den ~ waschen зада́ть* *v* головомо́йку кому́-н.; намы́лить 3*v* го́лову кому́-н.; er ist nicht auf den ~ gefallen он неглу́п, он не лы́ком шит; er ist um einen ~ größer als ich он на́ голову вы́ше меня́; ~ an ~ stehen стоя́ть вплотну́ю друг к дру́гу; Hals über ~ сломя́ го́лову, стремгла́в; von ~ bis Fuß с головы́ до ног; kluger ~ у́мная голова́, я́сный ум; die besten Köpfe лу́чшие 11 умы́; sich den ~ zerbrechen über etw. лома́ть себе́ го́лову из-за чего́-н. [над чем-н.]; sich in den ~ setzen вбива́ть ⟨-|бить*⟩ себе́ в го́лову; aus dem ~ schlagen вы́бро|сить *v* 3 -шу из головы́; sich etw. durch den ~ gehen lassen обду́м|ывать ⟨-ать⟩ что-н.; den ~ aufs Spiel setzen рискова́ть 2 голово́й; (vor Freude) den ~ verlieren теря́ть (по-) го́лову (от ра́дости); ich weiß nicht, wo mir der ~ steht у меня́ голова́ идёт круго́м; eine Familie von fünf Köpfen семья́ из пяти́ челове́к [душ]; das kostet pro ~ eine Mark э́то сто́ит по ма́рке с челове́ка; auf den ~ der Bevölkerung на ду́шу населе́ния; mit dem ~ durch die Wand wollen идти́ напроло́м; **~arbeit** *f* у́мственная рабо́та; **~bahnhof** *m* тупико́вая железнодоро́жная ста́нция; **~ball** *m Sport* уда́р 2 голово́й; **~ballspiel** *n* игра́ голово́й; **~bedeckung** *f* головно́й убо́р 2 | ohne ≈ с непокры́той голово́й

Köpfchen *n* голо́вка 6 | er hat ~ у него́ голова́ ва́рит

Kopfdüngung *f* пове́рхностное удобре́ние

köpfen *tr* hinrichten обезгла́в|ливать ⟨-ить 3 -лю⟩; Fußball игра́ть голово́й; Rüben обреза́ть ⟨-|ре́зать*⟩ | den Ball ins Tor ~ забива́ть ⟨-|би́ть*⟩ мяч голово́й

Kopf|ende *n* Bett изголо́вье 5; **~hörer** *m Pl* нау́шники *Pl* 2

Kopfkissen *n* поду́шка 6; **~bezug** *m* на́волочка 6

Kopflehne *f* подголо́вник 2

kopflos 1. *Adj* unüberlegt поступа́ющий 11 безрассу́дно **2.** *Adv* безрассу́дно | ~ werden теря́ть (по-) го́лову [рассу́док]

Kopf|nicken *n* кив|о́к, -ка́ 2 голово́й; **~polster** *n* поду́шка 6 под го́лову, ду́мка 6; **~putz** *m* наря́дный головно́й убо́р; **~rechnen** *n* у́стный счёт; **~salat** *m* коча́нный сала́т

kopfscheu 1. *Adj* пугли́в:ый **2.** *Adv*: ~ machen сму|ща́ть ⟨-ти́ть 3 -щу́⟩; durch Drohungen запу́гивать ⟨-пуга́ть⟩

Kopf|schmerz *m* головна́я боль | ich habe ≈en у меня́ боли́т голова́; sich über etw. ≈en machen си́льно беспоко́иться 3 о чём-н.; **~schmerztablette** *f* табле́тка от головно́й бо́ли; **~schuppen** *f Pl* пе́рхоть 9; **~schuß** *m* вы́стрел в го́лову; **~schütteln** *n* пока́чивание 5 голово́й; **~sprung** *m* прыжо́к голово́й вниз; **~stand** *m Sport* сто́йка на голове́

kopfstehen *intr*: vor Freude möchte man ~ от ра́дости хо́чется на рука́х ходи́ть; es steht alles kopf всё идёт кувырко́м

Kopfstein *m* булы́жник 2; **~pflaster** *n* булы́жная мостова́я

Kopf|stimme *f* фальце́т 2; **~stütze** *f Kfz* подголо́вник 2; **~tuch** *n* головно́й плато́к; Dreiecktuch косы́нка 6

kopfüber *Adv*: ~, kopfunter кувырко́м; sich ~ in die Arbeit stürzen с голово́й уйти́ в рабо́ту, окун|а́ться ⟨-у́ться 4⟩ (с голово́й) в рабо́ту; sich ~ in ein Abenteuer stürzen очертя́ го́лову пусти́ться в каку́ю-н. авантю́ру

Kopf|verletzung *f* ране́ние головы́; **~wäsche** *f* мытьё 3 головы́; *übertr* головомо́йка 6; **~waschpulver** *n* порошо́к для мытья́ головы́; **~zahl** *f* число́ голо́в [Personen лиц]; **~zerbrechen** *n*: das macht mir ≈ э́то заставля́ет меня́ лома́ть го́лову

Kopie *f* ко́пия 8; *Foto* (фото)отпеча́т|ок, -ка 2 | eine ~ von etw. machen lassen снима́ть ⟨снять*⟩ ко́пию с чего́-н.

kopieren *tr* Manuskript, Gemälde де́лать ко́пию с чего́-н., копи́ровать 2 (с-); nachahmen подража́ть (j-n *D*)

Kopier|gerät *n* (свето)копировáльный аппарáт; **~stift** *m* копировáльный [*umg* химúческий] карандáш
Kopilot *m* вторóй пилóт 2
[1]**Koppel** *f* Jagdhunde свóра 6; Weide огорóженный вы́гон 2 | eine ~ Pferde лóшади на однóй прúвязи
[2]**Koppel** *n Mil* пояснóй рем|éнь, -ня́ 1
koppeln *tr Tech* сцеп|ля́ть ⟨-úть 3⁺ -лю́⟩ (etw. an etw. что-н. с чем-н.); *El* свя́зывать ⟨-|вязáть*⟩; Raumfahrzeuge производúть 3⁺ -вожý ⟨-|вестú*⟩ стыкóвку (etw. an etw. чегó-н. с чем-н.); Pferde брать* ⟨взять*⟩ на однý прúвязь
Kopp[e]lung *f Tech* сцеплéние 5; *El* свя́зывание 5; *Eisenb* сцéпка 6; Raumfahrzeuge стыкóвка 6; *Gramm* написáние 5 (слов) чéрез дефúс
Kopplungsmanöver *n Kosm* стыкóвка 6 | das ~ ausführen осуществ|ля́ть ⟨-úть 3 -влю́⟩ стыкóвку
Kopra *f* кóпра 6
Koproduktion *f* совмéстное произвóдство | in ~ herstellen производúть 3⁺ -вожý ⟨-|вестú*⟩ совмéстно
Kopula *f Gramm* свя́зка 6; **~tion** *f* копуля́ция 8; Gartenbau копулирóвка 6
kopulieren *tr* копулúровать *uv, v* 2 a. Gartenbau
Koralle *f* корáлл 2
Korallen|fischer *m* искáтель 1 корáллов; **~kette** *f* корáлловое ожерéлье; **~riff** *n* корáлловый риф
Koran *m* корáн 2
Korb *m* корзúна 6 a. im Ballsport, корзúнка 6; Trag~ кóроб 2b *Pl* -á; aus Bast *oder* Birkenrinde (плетёный) кýзов 2b *Pl* -á | von j-m einen ~ bekommen получáть ⟨-úть 3⁺⟩ откáз от когó-н.; j-m einen ~ geben от|казáть* *v* комý-н. в чём-н.; **~ball** *m* баскетбóл 2; **~ballspieler** *m* баскетболúст 2; **~blütler** *m Pl* Familie сложноцвéтные *Subst* 10; **~flasche** *f* оплетённая буты́лка; groß буты́ль 9 (в плетёнке); **~macher** *m* корзúнщик 2; **~sessel** *m* плетёное крéсло; **~weide** *f* úва прутовúдная
Kord *m* корд 2; *umg* вельвéт 2; **~anzug** *m* кóрдовый костю́м
Kordel *f* кручёный [плетёный] шнур 2e
Kordilleren *Pl* Кордильéры *Pl* 6
Kordon *m* кордóн 2
Kordsamthose *f* вельвéтовые брю́ки
Korea Корéя 7; **~ner** *m* корé|ец, -йца 2; **~nerin** *f* корея́нка 6
koreanisch корéйский
Korinthen *f Pl* мéлкий (корúнфский) изю́м 2
korinthisch корúнфский
Kork *m* Rinde; Stöpsel прóбка 6; **~eiche** *f* прóбковый дуб
Korken *m* прóбка 6; **~zieher** *m* штóпор 2
Kork|leine *f* прóбковая дорóжка 6; **~sohle** *f* прóбковая подóшва
Kormoran *m* большóй баклáн 2
Korn *n* Getreide-, Samenkorn зернó 4c *G Pl* зёрен; (Brot-) Getreide зернó, зерновóй хлеб 2; Roggen рожь, ржи 9, *I* рóжью; am Gewehr мýшка 6; Kornbranntwein (хлéбная) вóдка 6 *Tech* грáнула 6, зернó | ein doppelter ~ двойнáя пóрция 8 вóдки; den Hühnern ~ streuen сы́пать* (на-) кýрам зернá; aufs ~ nehmen брать ⟨взять⟩ на мýшку [на прицéл]; **~blume** *f* васил|ёк, -ькá сúний 2–11
kornblumenblau василькóвый
Kornbranntwein *m* хлéбная вóдка
Körnchen *n* Getreide зёрныш|ко 4 *Pl* -ки, -ек; Salz, Pfeffer u. ä. крупúнка 6; Sand песчúнка 6; Staub пылúнка 6 | ein ~ Wahrheit крупúца 6 úстины
körnen *tr Tech* гранулúровать *uv, v* 2; zerkleinern дроб|úть 3 -лю́ (раз-); mit dem Körner bearbeiten намечáть ⟨-мéтить 3 -мéчу⟩ кéрнером
Korn|ernte *f* убóрка хлéба; **~feld** *n* нúва 6
körnig зернúст:ый; graupig крупчáтый; Reis рассы́пчат:ый
Korn|kammer *f übertr* жúтница 6; **~kasten** *m* зáкром 2b *Pl* -á
Korn|schwinge *f* вéялка 6; **~silo** *n*, **~speicher** *m* зернохранúлище 4, хлéбный амбáр
Korona *f Astr* корóна 6
Körper *m* тéло 4b *a. Math, Phys;* Rumpf тýловище 4, кóрпус 2; Schiffs~ кóрпус | am ganzen ~ zittern дрожáть всем тéлом; **~bau** *m* телосложéние 5, конститýция 8; *Anat* строéние тéла; **~beherrschung** *f* владéние (свóим) тéлом
körperbehindert с физúческим недостáтком; durch Unfall, Schlaganfall u. ä. с увéчьем
Körper|behinderter *m* человéк с физúческим недостáтком [с увéчьем]; **~beschaffenheit** *f* телосложéние 5; **~bewegung** *f* телодвижéние 5; **~erziehung** *f* физúческое воспитáние; Unterrichtsfach физкультýра 6; **~fülle** *f* полнотá 6; **~größe** *f* рост 2; **~haltung** *f* осáнка 6; **~hygiene** *f* гигиéна тéла; **~kultur** *f* физúческая культýра, физкультýра 6
körper|lich физúческий; Schönheit телéсный | ≈e Arbeit физúческий труд; ≈e Züchtigung телéсное наказáние; ≈es Unbehagen физúческое недомогáние 5; **~los** бестелéс|ный, -ен, бесплóт|ный, -ен
Körper|pflege *f* ухóд за тéлом; **~schaden** *m* физúческое повреждéние; **~schaft** *f* корпорáция 8, óрган 2 | ≈ des öffentlichen Rechts публúчная корпорáция; **~schwäche** *f* физúческая слáбость;

~teil *m* часть тéла; **~temperatur** *f* температýра тéла
Korporal *m hist* капрáл 2
Korporation *f* корпорáция 8
Korps *n Mil* кóрпус 2b *Pl* -á. a. Diplomatie; (студéнческая) корпорáция 8
korpulent дорóд|ный, -ен
Korpulenz *f* дорóдность 9
Korpuskel *n* корпýскула 6, частúца 6
Korrefe|rat *n* содоклáд 2; **~rent** *m* содоклáдчик 2
korrekt коррéкт|ный, -ен; Benehmen безупрéч|ный, -ен; Aussprache прáвил|ьный, -ен, -ьна
Korrektheit *f* коррéктность 9; безупрéчность 9
Korrektor *m* коррéктор 2
Korrektur *f* исправлéние 5; *Typ* корректýра 6; berichtigende Eintragung исправлéние, поправка 6; *Kosm* коррéкция 8; **~abzug** *m* корректýрный óттиск; **~bogen** *m* (корректýрный) лист; **~fahne** *f* (корректýрная) грáнка; **~lesen** *n* чтéние корректýры; **~zeichen** *n Pl* корректýрные знáки *Pl*
Korrelation *f* соотношéние 5, корреляция 8
korrelativ соотносúтел|ьный, -ен, коррелятúв|ный, -ен
Korrespondent *m* корреспондéнт 2
Korrespondenz *f* перепúска 6, корреспондéнция 8 | mit j-m in ~ stehen быть* в перепúске с кем-н.
korrespondieren *intr* вестú* перепúску, перепúсываться; entsprechen соотвéтствовать 2 (mit *D*) | ~des Mitglied член-корреспондéнт 2–2
Korridor *m* коридóр 2 | im ~ в коридóре
korrigieren *tr* исправлять ⟨испрáв|ить 3 -лю⟩; Hefte проверять ⟨-вéрить 3⟩; Text вносúть 3⁺вношý ⟨-|нестú*⟩ попрáвки в *A;* Ansicht, Plan измен|ять ⟨-úть 3⁺⟩; Rakete осуществ|лять ⟨-úть 3 -лю⟩ коррéкцию; sich ~ *refl* попр|авляться ⟨-áвиться 3 -áвлюсь⟩
Korrosion *f* коррóзия 8
korrosionsbeständig коррозионностóйкий
Korrosionsschutzmittel *n* антикоррозиóнное срéдство
korrumpieren *tr* подкупáть ⟨подкуп|úть 3⁺ -лю⟩ | sich nicht ~ lassen не давáть* ⟨дать*⟩ себя подкупúть [коррумпúровать]
korrupt продáж|ный, -ен
Korruption *f* Bestechlichkeit продáжность 9; Bestechung коррýпция 8, пóдкуп 2
Korsett *n* корсéт 2
Korsika Кóрсика 6
Korso *m* Umzug парáдное шéствие 5; von Autos кортéж [тэ] 2 автомобúлей
Korvette *f* корвéт 2
Korvettenkapitän *m* капитáн 2 трéтьего рáнга
Koryphäe *f* корифé|й 1 *G Pl* -ев
Kosak *m* казáк 2e *Pl a.* казáки
Kosaken|lieder *n Pl* казáчьи 12 пéсни; **~mütze** *f* кубáнка 6
kosen *intr* ласкáть (mit *A*); лáсково [нéжно] разговáривать [болтáть] (mit с *I*)
Kosename *m* ласкáтельное úмя
Kosinus *m* кóсинус 2
Kosmetik *f* космéтика 6 | zur ~ gehen идтú ⟨пойтú⟩ на косметúческий сеáнс [*umg* к косметúчке]; **~artikel** *m Pl* косметúческие товáры *Pl* 2, космéтика 6; **~erin** *f* косметóлог 2; *umg* косметúчка 6; **~salon** *m* косметúческий салóн; **~tasche** *f* сýмочка 6 для космéтики
kosmetisch косметúческий | ~e Industrie косметúческая промы́шленность
kosmisch космúческий | der ~e Raum космúческое пространство; das ~e Laboratorium космúческая лаборатóрия
Kosmo|drom *m* космодрóм 2; **~logie** *f* космолóгия 8; **~naut** *m* космонáвт 2; **~nautik** *f* космонáвтика 6; **~nautin** *f* жéнщина-космонáвт 6–2
kosmopolitisch космополитúческий
Kosmopolitismus *m* космополитúзм 2
Kosmos *m* кóсмос 2; **~flug** *m* космúческий полёт
Kost *f* пúща 6; Ernährung, Beköstigung стол 2e, питáние 5 | gesunde ~ разýмное питáние; freie ~ und Logis бесплáтное питáние и квартúра; bei j-m freie ~ haben питáться у когó-н. бесплáтно; bei j-m in ~ sein столовáться 2 у когó-н.; j-n auf schmale ~ setzen плóхо корм|úть 3⁺ -лю когó-н.
Kostarika Кóста-Рúка 6
Kostarikaner *m* костарикáн|ец, -ца 2
kostarikanisch кóста-рикáнский
kostbar (драго)цéн|ный, -ен, -на; Kleider, Stoffe a. дорогóй, дóрог, -á!, дорóже | ~ gekleidet sein дóрого одéтый; die Zeit ist ~ врéмя дóрого
Kostbarkeit *f* Gegenstand (драго)цéнность 9; großer Wert цéнность 9
[1]**kosten** *tr* probieren прóбовать 2 (по-) | (von) etw. ~ прóбовать что-н. [чегó-н.]; j-m etw. zu ~ geben давáть ⟨дать⟩ комý-н. что-н. [чегó-н.] прóбовать; er hat alle Freuden des Lebens gekostet он вкусúл все рáдости жúзни
[2]**kosten** *tr* wert sein; erfordern стóить 3, обходúться 3⁺ | das kostete ihn fünf Mark э́то стóило емý пять мáрок, э́то обошлóсь емý в пять мáрок; was kostet dieser Tisch? скóлько стóит э́тот стол?; was kostet das? скóлько э́то стóит?; *umg* почём э́то?; was ~ die Gurken? почём продаю́тся огурцы́? *umg*; das hat mich schweres Geld gekostet э́то мне дóрого

обошлóсь; die Reparatur hat mich einen ganzen Tag gekostet на ремóнт мне потрéбовался цéлый день; es kostete viel Mühe э́то стóило мнóго трудá; es koste, was es wolle! чегó бы э́то ни стóило!

Kosten *Pl* расхóды *Pl* 2; *Wirtsch* издéржки *Pl* 6 | die ~ für die Reise расхóды на путешéствие; das geht auf meine ~ э́то идёт за мой счёт; auf seine ~ kommen получ|áть ⟨-и́ть 3⁺⟩ своё, оправдáть свои́ расхóды; ~ tragen нести́* расхóды; auf eigene ~ за свой счёт; auf fremde ~ за [на] чужóй счёт; **~anschlag** *m* предвари́тельная смéта расхóдов [издéржек]; **~aufwand** *m* (дéнежные) расхóды [затрáты] (für на *A*); **~erstattung** *f* возмещéние 5 расхóдов [издéржек]

kostenlos бесплáт|ный, -ен

Kosten|punkt *m* вопрóс 2 о расхóдах [о ценé]; **~senkung** *f* снижéние расхóдов [издéржек]

Kostgeld *n* плáта 6 за стол [за питáние]

köstlich 1. *Adj* превосхóд|ный, -ен; erlesen изы́скан:ный, -на; im Geschmack лáком:ый; spaßhaft прелéст|ный, -ен, забáв|ный, -ен | das war eine ~e Zeit э́то бы́ло чудéсное врéмя; das ist ~! э́то чудéсно! [превосхóдно!] **2.** *Adv*: ich habe mich über ihn ~ amüsiert он здóрово меня́ развесели́л

Kostprobe *f* прóба 6; *Mus,* Kunst образ|éц, -цá 2

kostspielig дорогóй, дóрог, -á!, дорóже, дорогостóящий 11 | zu ~ sein быть сли́шком дороги́м

Kostüm *n* костю́м 2; Verkleidung маскарáдный костю́м; **~ball** *m* костюми́рованный бал; **~bildner** *m* костюмéр 2; **~fest** *f* (бал-)маскарáд 2, костюми́рованный бал

kostümier|en *tr* костюми́ровáть *uv, v* 2; sich ≈ *refl* костюми́ровáться *uv, v* 2, надевáть ⟨-|дéть*⟩ маскарáдный костю́м; **~t** костюми́рóванный, в костю́ме

Kostüm|jacke *f* жакéт от костю́ма; **~probe** *f Theat* просмóтр 2 гри́мов и костю́мов на сцéне; **~verleih** *m* прокáт костю́мов

Kot *m* Schmutz грязь 9, в грязи́; Fäkalien кал 2; Tier помёт 2

Kotangens *m* котáнгенс 2

Kotelett *n* отбивнáя котлéта 6; **~en** *Pl* бакенбáрды *Pl* 6, бáки *Pl* 6

Köter *m umg* пёс, пса 2

Kotflügel *m* грязезащи́тное крылó

kotig гря́з|ный, -ен, -нá, -но, гря́зны́; *Med* кáловый

kotzen *intr derb* бл|евáть, -ю́ю, -юёшь | es ist zum Kotzen *umg* от э́того тошни́т

Krabbe *f Zool* краб 2; kleines Kind карапу́з 2

krabbeln *tr* kitzeln щекотáть* (по-); *intr* kriechen пóлзáть, *best* ползти́*; jucken чесáться* | es krabbelt mich hinter dem Ohr у меня́ чéшется зá ухом

Krabbelstube *f* кóмната для ползункóв

krach! *Interj* трах!

Krach *m* Gepolter грóхот 2; Lärm шум 2; Streit скандáл 2; *Wirtsch* банкрóтство 4, крах 2 | ~ machen устр|áивать ⟨-óить 3⟩ скандáл, поднимáть ⟨подня́ть*⟩ шум; ~ haben mit j-m скандáлить 3 (по-) с кем-н.

krachen *intr* Dielen, Eis трещáть 3 ⟨трéснуть 4⟩; donnernd грохот|áть* ⟨-нýть 4⟩; **~d** с грóхотом

Krachmandel *f* миндáль в скорлупé

krächzen *intr* Vogel кáрк|ать ⟨-нуть *mom* 4⟩; ächzen крях|тéть 3 -чý (про-); heiser sprechen говори́ть 3 ⟨с|казáть*⟩ хрипу́чим гóлосом

Kradmelder *m* мотоцикли́ст 2 свя́зи

kraft *Präpos*: ~ des Gesetzes в си́лу закóна; ~ seines Amtes по дóлгу слýжбы

Kraft *f* си́ла 6; Arbeits~ рабóтник 2; Arbeiter рабóчий *Subst* 11; Fach~ специали́ст 2 | aus eigener ~ свои́ми си́лами; nach Kräften в мéру (свои́х) сил; mit aller ~ изо всех сил, что есть сил; das geht über seine Kräfte э́то вы́ше егó сил, э́то емý не под си́лу; seine Kräfte mit j-m messen мéриться (по-) си́лами с кем-н.; wieder zu Kräften kommen набирáться ⟨-|брáться*, -брали́сь⟩ сил; von Kräften kommen ослаб|евáть ⟨-éть⟩; er ist [war] am Ende seiner Kräfte у негó си́лы на исхóде, он вы́бился из сил; alle Kräfte aufbieten прилагáть ⟨-ложи́ть 3⁺⟩ все си́лы; die treibende ~ sein быть дви́жущей си́лой; in ~ sein Gültigkeit быть в си́ле; in ~ treten вступ|áть ⟨-и́ть 3⁺⟩ в си́лу; außer ~ treten теря́ть (по-) си́лу; eine tüchtige ~ хорóший [дéльный] рабóтник; qualifizierte Kräfte квалифици́рованные кáдры *Pl* 2 [рабóтники]; wissenschaftliche Kräfte наýчные кáдры; **~anstrengung** *f* напряжéние сил; **~aufwand** *m* затрáта сил; **~ausdruck** *m* си́льное напряжéние; **~brühe** *f* (крéпкий) бульóн | ≈ mit Ei бульóн с яйцóм

Kräfte|ausgleich *m* компенсáция сил; **~verfall** *m* упáдок сил; **~verhältnis** *n* соотношéние сил

Kraftfahrer *m* води́тель 1 автомоби́ля [автомаши́ны], шофёр 2

Kraftfahrzeug *n* безрéльсовое трáнспортное срéдство 4; автомаши́на 6; **~bau** *m* автомобилестроéние 5; **~brief** *m* пáспорт 2b *Pl* -á на автомаши́ну; **~elektriker** *m* автоэлéктрик 2; **~halter** *m* владéл|ец, -ьца 2 автомоби́ля; **~instandhaltung** *f* автосéрвис 2; **~instandsetzung** *f,*

~**reparatur** *f* ремо́нт автомоби́ля [автомаши́ны]; ~**schlosser** *m* автосле́сарь, автомеха́ник 2; ~**versicherung** *f* страхова́ние автомоби́ля; ~**werk** *n* автомоби́льный заво́д; ~**werkstatt** *f* авторемо́нтная мастерска́я, авторемо́нтная *Subst* 10; ~**zulassung** *f* разреше́ние 5 на эксплуата́цию автомоби́ля

Kraft|feld *n Phys* силово́е по́ле; ~**futter** *n* концентри́рованный корм

kräftig си́л|ьный, -ен *u.* силён, сильна́, си́льно, си́льны́; stark, gesund *a.* кре́п|кий, -ок, -ка́!; -че | ~e Speise пита́тельное [сы́тное] блю́до; ~e Suppe кре́пкий [нава́ристый] суп; ~e Sprache со́чный [гру́бый] язы́к; ~e Farben со́чные кра́ски | einen ~en Schluck tun де́лать (с-) большо́й глото́к; etw. Kräftiges essen есть (по-) чего́-н. кре́пкого [сы́тного]

kräftigen *tr* укреп|ля́ть ⟨-и́ть 3 -лю́⟩; sich ~ *refl* durch Speise, Trank, Schlaf подкреп|ля́ться ⟨-и́ться⟩; ~**d** Arznei укрепля́ющий 11; Schlaf подкрепля́ющий 11

Kräftigungsmittel *n* укрепля́ющее 11 сре́дство

kraftlos сла́б:ый, -а́!, без сил, бесси́л|ьный, -ен, -ьна | j-d fühlt sich ~ у кого́-н. нет сил

Kraft|losigkeit *f* сла́бость 9, бесси́лие 5; истоще́ние 5; ~**maschine** *f* дви́гатель 1, энергомаши́на 6; ~**mensch** *m* сила́ч 2e *G Pl* -е́й; ~**messer** *m* силоме́р 2; ~**nahrung** *f* Speisen калори́йная пи́ща; ~**probe** *f* испыта́ние 5 [про́ба] си́лы; ~**reserve** *f* запа́с сил [эне́ргии]

Kraftstoff *m* то́пливо 4, горю́чее *Subst* 11; ~**behälter** *m* бак для горю́чего; ~**messer** *m* измери́тель у́ровня то́плива, бензиноме́р 2; ~**verbrauch** *m* расхо́д то́плива [горю́чего]

kraftstrotzend по́лный сил [эне́ргии]

Kraft|übertragung *f* силова́я переда́ча; ~**übung** *f* силово́е упражне́ние; ~**vergeudung** *f* непроизводи́тельная тра́та сил; ~**verkehr** *m* автомоби́льный тра́нспорт 2, автотра́нспорт 2

kraftvoll по́лный сил, энерги́ч|ный, -ен

Kraftwerk *n* электроста́нция 8; Wasser~ *a.* гидроста́нция | im ~ на электроста́нции

Kragen *m* во́рот 2, воротни́к 2e; von Hemd, Bluse *a.* воротнич|о́к, -ка́ 2 | am ~ packen брать* ⟨взять*⟩ за ши́ворот; es geht ihm an den ~ де́ло принима́ет о́чень скве́рный для него́ оборо́т, дела́ его́ пло́хи; das kann ihn den ~ kosten э́то мо́жет сто́ить ему́ головы́; ~**binde** *m Mil* подворотнич|о́к, -ка́ 2; ~**knopf** *m* пу́говица во́рота [воротника́], за́понка 6; ~**spiegel** *m* петли́ца 6; ~**weite** *f* разме́р 2 воротника́ [воротничка́]

Krähe *f* воро́на 6 | eine ~ hackt der anderen kein Auge aus во́рон во́рону глаз не вы́клюет

krähen *intr* петь* (про-), кукаре́к|ать ⟨-нуть *mom* 4⟩ | es kräht kein Hahn (mehr) danach об э́том никто́ не забо́тится

Krähennest *n* воро́нье 12 гнездо́; *Mar* наблюда́тельный пост 2e на ма́чте

Krähwinkel *m* kleiner Ort захолу́стье 5

krakeelen *intr* Lärmen галде́ть 3; streiten сканда́лить 3 (по-)

Krakeeler *m* крику́н 2e; Radaumacher скандали́ст 2

Kralle *f* ко́г|оть, -тя 1g | die ~n einziehen пря́|тать, -чу, -чешь (с-) ко́гти; die ~n zeigen выпуска́ть ⟨вы́пу|стить 3 -щу⟩ ко́гти

krallen, sich *refl* вцеп|ля́ться ⟨-и́ться 3⁺ -лю́сь⟩ (an [in] etw. von Finger во что-н.); (mit etw.) an [in] etw. von Person (чем-н.) во что-н.

Kram *m* Trödel, Plunder хлам 2; Sache, Angelegenheit де́ло 4b, вещь 9g | alter ~ старьё 3; der private ~ ли́чные дела́; das paßt ihm nicht in seinen ~ э́то ему́ не подхо́дит, э́то его́ не устра́ивает

kramen *intr* ры́ться* (по-), копа́ться (по-) (in etw., nach etw. в чём-н., в по́исках чего́-н.)

Krämerseele *f* ме́лкая душо́нка 6

Kramladen *m* мелочна́я ла́вка

Krampe *f Tech* скоба́ 6h

Krampf *m* су́дорога 6, *Med a.* спа́зм(а) 2 (6); im Fuß сведе́ние 5 | er hat Krämpfe у него́ су́дороги; er hat einen ~ in der Wade у него́ сво́дит но́гу; ~**ader** *f* расши́ренная ве́на

krampfhaft су́дорож|ный, -ен; *übertr* напряжён:ный, -на | ~er Husten ка́шель с надры́вом; er machte ~e Anstrengungen, um ... он де́лал су́дорожные уси́лия, что́бы ...; sich ~ bemühen лезть из ко́жи вон

Kran *m* (грузоподъёмный) кран 2; ~**fahrer** *m* крановщи́к 2e; ~**fahrerin** *f* крановщи́ца 6

Kranich *m* жура́вль 1e

krank больно́й, бо́лен, больна́, *n ungebr*, больны́ | ~ sein боле́ть, быть больны́м; ~ werden забол|ева́ть ⟨-е́ть⟩; er ist heute ~ он сего́дня нездоро́в [бо́лен]; ~ liegen быть* больны́м, соблюда́ть посте́льный режи́м; ~ machen брать* ⟨взять*⟩ (себе́) больни́чный лист; j-n ~ schreiben вы|дава́ть* ⟨вы́|дать*⟩ кому́-н. больни́чный лист [*umg* бюллете́нь]; sich ~ schreiben lassen получ|а́ть ⟨-и́ть 3⁺⟩ (у врача́) больни́чный лист [бюллете́нь]; der Arzt hat ihn ~ geschrieben врач дал ему́ больни́чный лист [бюллете́нь]; ~ geschrieben sein быть на бюллете́не;

sich ~ melden заяв|ля́ть ⟨-и́ть 3⁺ -лю́⟩ о своéй болéзни; ~ sein nach j-m, etw. быть больны́м от тоски́ по комý-н., чемý-н., vor etw. vor Heimweh, Sehnsucht от чегó-н.
Kranke *f* больнáя *Subst* 10, пациéнтка 6
kränkeln *intr* хворáть, прихвáрывать
kranken *intr übertr* страдáть (an от *G*)
kränken *tr* обижáть ⟨оби́|деть 3 -жу⟩; sich ~ *refl* обижáться ⟨оби́|деться 3 -жусь⟩ (über на *A*, wegen из-за *G*) | sich gekränkt fühlen быть* оби́женным; es kränkt mich, daß … мне оби́дно, что …; j-n in seiner Ehre ~ задевáть ⟨-|дéть*⟩ чью-н. честь
Kranken|bahre *f* (санитáрные) носи́лки *Pl* 6; ~**bericht** *m* медици́нское заключéние (о больнóм); ~**besuch** *m* посещéние больнóго; des Arztes визи́т 2; ~**bett** *n* постéль больнóго | ans ≈ gefesselt sein быть прикóванным к постéли
kränkend оби́д|ный, -ен | das ist ~ für mich э́то оби́дно для меня́, э́то меня́ обижáет
Kranken|geld *n* (дéнежное) пособие 5 по болéзни [по нетрудоспособности]; ~**geschichte** *f* истóрия болéзни; ~**gymnastik** *f* лечéбная гимнáстика; ~**gymnastin** *f* (жéнщина-)инстрýктор (6-)2 по лечéбной гимнáстике
Krankenhaus *n* больни́ца 6 | im ~ liegen лежáть в больни́це; ins ~ kommen попадáть ⟨-|пáсть*⟩ в больни́цу; j-n ins ~ einweisen напр|авля́ть ⟨-áвить 3 -áвлю⟩ когó-н. в больни́цу; ~**aufenthalt** *m* пребывáние в больни́це; ~**behandlung** *f* больни́чное [стационáрное] лечéние; ~**einweisung** *f* Unterbringung помещéние 5 в больни́цу, госпитализáция 8; Einweisungsschein направлéние в больни́цу [на госпитализáцию]
Kranken|kasse *f* больни́чная кáсса; ~**kost** *f* питáние больнóго [больны́х], больни́чная диéта [иэ] 6; ~**pflege** *f* ухóд за больны́м(и); ~**pfleger** *m* санитáр 2; ~**pflegerin** *f* санитáрка 6; ~**saal** *m* больни́чная палáта 6; ~**schein** *m* больни́чный лист|óк, -кá 2 о нетрудоспосóбности по болéзни, больни́чный лист 2е, бюллетéнь 1 *umg;* ~**schwester** *f* медици́нская сестрá, *umg* медсестрá 6с *Pl* медсёстры, медсестёр, медсёстрам; ~**stand** *m* заболевáемость 9; ~**träger** *m* санитáр-носи́льщик 2-2; ~**transport** *m* перевóзка больны́х; ~**versicherung** *f* стаховáние на слýчай болéзни; ~**wache** *f* дежýрство 4 у [постéли] больнóго; ~**wagen** *m* санитáрная маши́на, скóрая пóмощь 9; ~**zimmer** *n* кóмната больнóго; Krankenhaus (больни́чная) палáта 6
Kranker *m* больнóй *Subst* 10, пациéнт 2
krankhaft болéзнен:ный, -на
Krankheit *f* болéзнь 9; Leiden недýг 2 | eine akute ~ óстрое заболевáние 5; an einer ~ leiden страдáть от какóй-н. болéзни; eine schwere ~ haben быть* тяжелó больны́м
Krankheits|bild *n* карти́на болéзни; ~**erreger** *m* возбуди́тель болéзни; ~**fall** *m:* im ≈ в слýчае болéзни; ~**geschichte** *f* истóрия болéзни
krankheitshalber по болéзни, по нездорóвью
Krankheits|symptome *n Pl* симптóмы болéзни; ~**ursache** *f* причи́на заболевáния [болéзни]; ~**verhütung** *f* профилáктика 6, предупреждéние 5 болéзни; ~**verlauf** *m* течéние болéзни
kränklich болéзнен:ный, -на; gebrechlich хи́л:ый, -á! | ~ sein прихвáрывать
Kränkung *f* оби́да | eine ~ zufügen на|нести́* *v* оби́ду
Kranz *m* вен|óк, -кá 2; Haarfrisur корóна 6, вéнчик 2; kranzförmiger Kuchen венцеви́дный пирóг 2е; kreisförmiges Gebilde, Kreis круг 2b; в кругý; *Tech* вен|éц, -цá 2 | einen ~ von Blumen binden (с)плести́* венóк из цветóв; ~**ader** *f Anat* венéчная вéна
Kränzchen *n* Damengesellschaft дáмское óбщество 4
Kranz|delegation *f* делегáция для возложéния венкá [венкóв]; ~**niederlegung** *f* возложéние 5 венкá [венкóв]; ~**schleife** *f* лéнта 6 венкá; ~**spende** *f* вен|óк, -кá 2
kraß Unterschied, Gegensatz рéз|кий, -ок, -кá! | krasses Beispiel рази́тельный примéр; krasser Widerspruch я́вное противорéчие; krasser Egoismus я́рко вы́раженный эгои́зм
Krater *m* крáтер 2; ~**landschaft** *f* крáтерный ландшáфт
Kratzbürste *f Tech* крацóвка 6; *übertr* ёршик 2, ерши́стая девчóнка 6
kratzbürstig ерши́ст:ый
Krätze *f Med* чесóтка 6; *Tech* металли́ческий скрап 2
kratzen *tr* царáп|ать (о-, ис-, по-); beim Jucken; aus Verlegenheit чесáть* (по-); (sauber)scheuern; mit den Nägeln, Krallen scharren скрести́*; *intr* царáпать(ся); Feder царáпать; im Halse перши́ть 3; Geräusch erzeugen скрести́* (по-) z. B. in Bratpfanne u. ä. (по *D*); скрести́сь (по-) (an в *A*); sich ~ *refl* чесáться (по-) | j-n an etw. ~ царáпать (о-, по-) комý-н. что-н.; die Katze hat ihn tüchtig gekratzt кóшка егó си́льно по-, исцарáпала; die Wolle kratzt шерсть кусáется; der Hund kratzt an der Tür собáка скреблáсь [царáпается] в дверь; sich wund ~ расчесáть *v* кóжу дó крови; ich kratzte mich hinter dem Ohr я почесáл себé зá ухом

Kratzer *m* Schramme цара́пина 6
Kratzwunde *f* цара́пина 6
Kraul *m Sport* кроль 1
[1]**kraulen** *intr Sport* пла́вать [*best* плыть*] сти́лем кроль [кро́лем]
[2]**kraulen** *tr* streicheln (слегка́ [хк]) щекота́ть* (по-)
Kraul|schwimmen *n* кроль 1, сти́ль 1 кроль; **~schwimmer** *m* кроли́ст 2
kraus Haar, Bart курча́в:ый, вью́щийся 11; Stirn намо́рщенный
Krause *f* Kragen воротни́к 2е с рю́шем; Haare зави́вка 6
Kräuselkrepp *m* ратини́рованный [жа́тый] креп
kräuseln *tr* Stoff сбо́рить 3 (со-); Haar завива́ть ⟨-|ви́ть*⟩; sich ~ *refl* Haar ви́ться*¡ вили́сь, завива́ться ⟨-ви́ться⟩ | der Wind kräuselt das Wasser ве́тер подыма́ет бара́шки на воде́, ветер|о́к¡ -ка́ 2 ряби́т во́ду
kraushaarig курча́в:ый
Kraut *n* Heil∸, Gewürz∸ трава́ 6с; Suppen∸ (пря́ная) зе́лень 9; bei Hackfrüchten ботва́ 6; Kohl капу́ста 6 | ins ~ schießen идти́* в ботву́ [в зе́лень]; *übertr* бы́стро разраста́ться; wie ~ und Rüben как попа́ло, всё впереме́шку; dagegen ist kein ~ gewachsen здесь ниче́м помо́чь нельзя́
Kräuter|aufguß *m* травяна́я насто́йка 6; **~buch** *n* кни́га с описа́нием лека́рственных трав; **~butter** *f* зелёное ма́сло; **~essig** *m* аромати́ческий у́ксус¡ насто́енный на тра́вах; **~käse** *m* зелёный сыр; **~likör** *m* ликёр из души́стых трав; **~schnaps** *m* (го́рькая) насто́йка 6, бальза́м 2; **~tee** *m* чай из (лека́рственных) трав
Krautsalat *m* сала́т из капу́сты
Krawall *m* Lärm шум 2, сканда́л 2; **~e** *Pl* Unruhen волне́ния *Pl* 5, беспоря́дки *Pl* 2; Aufruhr бунт 2 | ~ machen буя́нить 3, шум|е́ть 3 -лю́
Krawatte *f* га́лстук 2
Krawattennadel *f* була́вка для га́лстука
Kreation *f* моде́ль [дэ] 9; Mode творе́ние 5 мастеро́в мо́ды
kreativ тво́рческий; Mode a. но́вый
Kreatur *f* созда́ние 5, творе́ние 5; *verächtl* тварь 9
Krebs *m Zool, Med* рак 2; *Astr* созве́здие 5 Ра́ка
krebsartig *Zool* ракообра́з|ный¡ -ен; *Med* ра́ковый
Krebs|behandlung *f* лече́ние ра́ка; **~bekämpfung** *f* борьба́ 6 с ра́ком; **~forschung** *f* изуче́ние ра́ка, онколо́гия 8; **~geschwulst** *f* ра́ковая о́пухоль
krebskrank больно́й ра́ком
Krebskranker *m* ра́ковый больно́й
krebsrot кра́сный как рак
Krebs|schaden *m übertr* гла́вное [са́мое большо́е] зло 4; **~schere** *f* клешн|я́ 7 *G Pl* -е́й; **~suppe** *f* ра́ковый суп; **~verdacht** *m* подозре́ние на рак
Kredenz *f* серва́нт 2
kredenzen *tr* подноси́ть 3⁺ -ношу́ ⟨-|нести́*⟩
Kredit *m* креди́т 2 (für на *A*); *übertr* дове́рие 5 | j-m ~ gewähren предост|авля́ть ⟨-а́вить 3 -а́влю⟩ креди́т кому́-н., кредитова́ть *uv, v* 2 кого́-н.; ~ aufnehmen кредитова́ться *uv, v* 2; auf ~ kaufen покупа́ть ⟨купи́ть⟩ в креди́т; **~abkommen** *n* креди́тное соглаше́ние; **~anstalt** *f* креди́тное учрежде́ние; **~brief** *m* аккредити́в 2; **~fähigkeit** *f* кредитоспосо́бность 9; **~gewährung** *f* кредитова́ние 5
kreditieren *tr* кредитова́ть *uv, v* 2 (j-m *A*)
Kreide *f* мел 2¡ в мелу́
kreidebleich: er ist ~ у него́ ни крови́нки в лице́
Kreidefelsen *m* мелова́я скала́
kreideweiß бе́лый как мел
Kreidezeit *f Geol* мелово́й пери́од 2
kreieren *tr* соз|дава́ть* ⟨созда́ть*⟩
Kreis *m* круг 2b¡ в кругу́; Verwaltung райо́н 2; *Math* окру́жность 9; *El* цепь 9g; *Rad* ко́нтур 2; von Personen круг, кру-ж|о́к¡ -ка́ 2 | im ~ stehen стоя́ть кру́гом [в кругу́]; sich im ~ bewegen дви́гаться по кру́гу; sich im ~ drehen кружи́ться 3 кру́жи́шься; *übertr* быть* не в состоя́нии доказа́ть что-н.; ~ heiterer Menschen компа́ния 8 весёлых люде́й; im ~e der Familie в семе́йном кругу́; in literarischen ~en verkehren быва́ть в о́бществе литера́торов; gut unterrichtete ~e хорошо́ осведомлённые круги́; breite ~e широ́кие круги́ [сло́и]; weite ~e ziehen *übertr* (всё бо́льше) распространя́ться; име́ть широ́кий резона́нс; **~abschnitt** *m Math* сегме́нт 2; **~arzt** *m* райо́нный врач; **~ausschnitt** *m Math* се́ктор 2; **~bahn** *f Astr* орби́та 6; **~bewegung** *f* враща́тельное движе́ние; **~bogen** *m Math* дуга́ 6с
kreischen *intr* визжа́ть 3; Tür, Räder скрежета́ть*; **~d** *Adj* визгли́в:ый; Tür, Räder скреже́щущий 11
Kreisebene: auf ~ в масшта́бах райо́на
Kreisel *m* волч|о́к¡ -ка́ 2, юла́ 6; *Tech* гироско́п 2; **~kompaß** *m* гироко́мпас 2; **~pumpe** *f* центробе́жный насо́с
kreisen *intr* кружи́ть(ся) 3 кру́жи́шь(ся); Gestirne, Gedanken враща́ться; Blut обраща́ться, циркули́ровать 2 | der Adler kreist орёл кру́жит
Kreisfläche *f* пло́щадь кру́га
kreis|förmig кругообра́з|ный¡ -ен, круго-во́й; **~geleitet** райо́нного подчине́ния
Kreis|gericht *n* райо́нный суд; **~komitee**

n райóнный комитéт; **~krankenhaus** *n* райóнная больнúца
Kreislauf *m* круговорóт 2; von Kapital циркулñция 8; *Med* кровообращéние 5; *Tech* цикл 2 | der ~ der Dinge ход 2 вещéй; **~erkrankung** *f* сердéчно-сосýдистое заболевáние; **~kollaps** *m* сосýдистый коллáпс; **~mittel** *n* сердéчно-сосýдистое срéдство; **~störung** *f* нарушéние кровообращéния
Kreis|leitung *f* райóнный комитéт 2, райкóм 2 *umg;* **~meisterschaft** *f* райóнное пéрвенство, райóнные соревновáния *Pl* 5; **~säge** *f* дúсковая пилá
kreißen *intr* лежáть 3 в рóдах, рожáть
Kreißsaal *m* родúльный зал
Kreis|stadt *f* райóнный центр 2; **~tag** *m* крéйстаг 2, райóнное собрáние 5 депутáтов; **~umfang** *m Math* длинá 6 окрýжности; **~verkehr** *m* круговóе [кольцевóе] движéние; **~vorstand** *m* райóнное правлéние
Krematorium *n* крематóри|й 1 *P* -и
Kreml *m* Кремль 1е; **~palast** *m* кремлёвский дворéц
Krempe *f* Hut полñ *Pl* 3b
¹**Krempel** *m* wertloses Zeug хлам 2; unbrauchbare Kleidungsstücke барахлó 4
²**Krempel** *m Text* (кардо)чесáльная машúна 6
Kremser *m* линéйка 6
krepieren *intr* Tiere окол|евáть ⟨-éть⟩, издыхáть ⟨-дóхнуть 4a⟩; Geschosse разрывáться ⟨разо|рвáться*ⱼ -рвалúсь⟩
Krepp *m* креп 2
Kreppapier *n* крéповая [гофрирóванная] бумáга
Krepp|schuhe *m Pl* тýфли на крéповой подóшве; **~sohle** *f* подóшва из микропóристой резúны, крéповая подóшва
Kresse *f* клопóвник 2
Kreta Крит 2 | auf ~ на Крúте
kreuz *Adv:* ~ und quer вдоль и поперёк; durcheinander вперемéшку
Kreuz *n* крест 2е *a. übertr; Anat* поясница 6; *Mus* диéз [иэ] 2; *Kart* трéфы *Pl* 6 | das Rote ~ Крáсный Крест; ~ ist Trumpf! трéфы кóзыри!; zu ~e kriechen смир|ñться ⟨-úться 3⟩; er hat Schmerzen im ~ у негó бóли в пояснúце; er hat ein steifes ~ он не мóжет согнýться; sein ~ tragen нестú свой крест; **~band** *n* бандерóль 9; **~bein** *n* крест|éцⱼ -цá 2; **~blütler** *m Pl* крестоцвéтные *Subst Pl* 10; **~bube** *m* трéфовый валéт
kreuzen *tr* скрéщивать ⟨скре|стúть 3 -щý⟩ *a. Biol;* Weg пересекáть; *intr* Schiffe крейсúровать 2; sich auf Kreuzfahrt befinden плáвать; sich ~ *refl* Wege пересекáться 4; Blicke, Schicksal скр|éщиваться ⟨-естúться⟩; Briefe разминýться *v* 4
Kreuzer *m* Schiff крéйсер 2; Münze крéйцер 2
Kreuz|fahrer *m hist* крестонóс|ецⱼ -ца 2; **~fahrt** *f* Schiffahrt круúз 2; **~feuer** *n Mil* перекрёстный огóнь *a. übertr;* **~gang** *m* крестóвый ход; **~gewölbe** *n* крестóвый свод
kreuzigen *tr* распинáть ⟨распñть*⟩
Kreuzigung *f* распñтие 5
Kreuz|otter *f* обыкновéнная гадюка; **~ritter** *m hist* крестонóс|ецⱼ -ца 2; **~schmerzen** *m Pl:* er hat ≈ у негó бóли в пояснúце; **~schnabel** *m* клёст 2е; **~spinne** *f* паýк-крестовúк 2е-2е; **~stich** *m* стежóк крестóм; **~stickerei** *f* вышивка крестóм; **~ung** *f Biol* скрéщивание 5; Produkt гибрúд 2; Straße перекрёст|окⱼ -ка 2; Weg пересечéние 5
kreuzungsfrei свобóдный от пересечéния, без перекрёстного движéния | ~er Verkehr движéние без пересечéний
Kreuzungsverkehr *m* перекрёстное движéние
Kreuzverhör *n* перекрёстный допрóс | j-n ins ~ nehmen устр|áивать ⟨-óить 3⟩ комý-н. перекрёстный допрóс
kreuzweise *Adv* крест-нáкрест
Kreuz|worträtsel *n* кроссвóрд 2; **~zug** *m* крестóвый похóд 2
kribb[e]lig unruhig беспокó|йныйⱼ -енⱼ -йна; gereizt нервóз|ныйⱼ -ен | ~ machen беспокóить 3
kribbeln *intr* wimmeln копошúться 3; jukken зудéть 3 | es kribbelt und krabbelt кишмñ кишúт; es kribbelt mir in der Nase у меня щекóчет в носý
Kricket *n Sport* крúкет 2
kriechen *intr* пóлзать, *best* ползтú*, sich mühsam fortbewegen тащúться 3⁺; *übertr* пресмыкáться, раболéпствовать 2 | aus dem Ei ~ вылýпливаться ⟨вылупиться 3⟩ из яйцá; auf allen vieren ~ пóлзать на четверéньках; unter etw. ~ подлезáть ⟨-|лéзть*⟩ подо что-н.; aus etw. ~ выползáть ⟨вúползти⟩ из чегó-н.; in etw. ~ заползáть ⟨-ползтú⟩ во что-н.
Kriecher *m* подхалúм 2; **~ei** *f* подхалúмство 4
kriecherisch подхалúмский, лакéйский
Kriechtiere *n Pl* пресмыкáющиеся *Subst Pl* 11
Krieg *m* войнá 6с (mit с *I*, gegen прóтив *G*) | im ~ fallen на войнé; zeitlich во врéмя войнú; in diesem ~ в э́той войнé, в э́ту войнý; den ~ erklären объяв|лñть ⟨-úть 3⁺ -лю⟩ войнý; ~ führen вестú войнý; in den ~ ziehen идтú* ⟨по|йтú*⟩ на войнý
kriegen *tr umg* получ|áть ⟨-úть 3⁺⟩ | Hunger ~ проголодáться *v;* er kriegt Angst емý станóвится стрáшно, он испугáлся; wir ~ morgen Schnee зáвтра бýдет снег;

j-n klein ~ спра́в|иться *v* 3 -лю́сь с кем-н.
Krieger *m* во́ин 2
kriegerisch вои́нствен:ный, -на; Handlungen вое́нный
kriegführend вою́ющий 11, веду́щий 11 войну́
Kriegführung *f* веде́ние 5 войны́
Kriegs|beginn *m* нача́ло войны́ | bei ≈ … когда́ начала́сь война́ …; **~berichterstatter** *m* вое́нный корреспонде́нт 2; **~beschädigter** *m* инвали́д 2 войны́; **~brandstifter** *m* поджига́тель 1 войны́; **~ende** *n* оконча́ние войны́ | bei ≈ в конце́ войны́; **~entschädigung** *f* репара́ции *Pl* 8, возмеще́ние 5 вое́нных издержек; **~erklärung** *f* объявле́ние войны́ (an *D*); **~fall** *m*: im ≈ в слу́чае войны́; für den ≈ на слу́чай войны́; **~flagge** *f* Marine вое́нно-морско́й флаг; **~fuß** *m*: mit j-m auf ≈ stehen враждова́ть 2 с кем-н.; **~gefahr** *f* опа́сность войны́; **~gefangenenlager** *n* ла́герь (для) военнопле́нных; **~gefangener** *m* военнопле́нный *Subst* 10; **~gefangenschaft** *f* вое́нный плен; **~gericht** *n* вое́нный суд; **~hafen** *m* вое́нный порт; **~herd** *m* оча́г войны́; **~hetze** *f* подстрека́тельство 4 к войне́; **~hetzer** *m* подстрека́тель 1 войны́; **~marine** *f* вое́нно-морско́й флот 2; **~psychose** *f* вое́нный психо́з; **~recht** *n* пра́во войны́; **~schauplatz** *m* теа́тр 2 вое́нных де́йствий; **~schiff** *n* вое́нный кора́бль; **~schuld** *f* отве́тственность 9 за развя́зывание войны́; ≈en *Pl* (вое́нные) репара́ции *Pl* 8; **~teilnehmer** *m* уча́стник войны́; **~treiber** *m* поджига́тель 1 войны́; **~verbrechen** *n* вое́нное преступле́ние; **~verbrecher** *m* вое́нный престу́пник; **~versehrter** *m* инвали́д 2 войны́; **~zustand** *m* Verordnung вое́нное положе́ние | sich im ≈ befinden находи́ться в состоя́нии войны́
Krim Крым 2 | auf der ~ в Крыму́; auf die ~ fahren по|е́хать* *v* в Крым
Kriminal|fall *m* уголо́вное де́ло 4b; **~film** *m* (кино)детекти́в [дэтэ] 2
Kriminalist *m* Polizist слу́жащий *Subst* 11 уголо́вной поли́ции; *Jur* криминали́ст 2
Kriminalistik *f* криминали́стика 6
Kriminalität *f* престу́пность 9
Kriminal|kommissar *m* комисса́р уголо́вной поли́ции; **~polizei** *f* уголо́вная поли́ция; **~reißer** *m* Film детекти́вный [дэтэ] кинобоеви́к 2e; Buch детекти́в-бестсе́ллер [дэтэ] 2-2; **~roman** *m* детекти́вный [дэтэ] рома́н, детекти́в [дэтэ] 2
kriminell уголо́вный, престу́п|ный, -ен | ~ sein быть престу́пником
Krimineller *m* престу́пник 2
Kringel *n* Linie завиту́шка 6; Gebäck бара́нка 6, бу́блик 2
Krippe *f* Futter≈ я́сли *Pl* 9; Kinder≈ (де́тские) я́сли
Krippenplatz *m* ме́сто в (де́тских) я́слях
Krise *f* кри́зис 2 | eine ~ durchmachen пережива́ть ⟨пережи́ть*⟩ кри́зис
krisenfest бескри́зисный, не зна́ющий 11 кри́зисов
Krisensituation *f* кри́зисная ситуа́ция
[1]**Kristall** *m* *Min* криста́лл 2
[2]**Kristall** *n* Glas хруста́ль 1e
kristallen хруста́льный
Kristallglas *n* хруста́ль 1e
Kristallisation *f* кристаллиза́ция 8
kristallisieren *intr* кристаллизова́ться *uv*, *v* 2 ⟨*a.* за-⟩
Kristall|schale *f* хруста́льная ча́ша; **~vase** *f* ва́за баккара́ 6-*n idkl*; **~zucker** *m* бе́лый са́хар-пес|о́к, -ка́ 2-2
Kriterium *n* крите́ри|й 1 *P* -и (für *G*); Radrennen велого́нка 6
Kritik *f* кри́тика 6; Rezension реце́нзия 8, о́тзыв 2 (zu, über на *A*) | ~ üben an j-m критикова́ть кого́-н.; der ~ unterziehen подверга́ть ⟨-ве́ргнуть 4a *u.* 4⟩ кри́тике; unter aller ~ ни́же вся́кой кри́тики; etw. hatte eine gute ~ что-н. бы́ло хорошо́ встре́чено кри́тикой, бы́ли хоро́шие о́тзывы о чём-н.; **~aster** *m* критика́н 2; **~er** *m* кри́тик 2
kritiklos 1. *Adj* некрити́ческий **2.** *Adv* без кри́тики | etw. ~ hinnehmen относи́ться 3⁺ -ношу́сь ⟨-|нести́сь*⟩ к чему́-н. некрити́чески
kritisch 1. *Adj* крити́ческий | der ~e Punkt *Sport* крити́ческий моме́нт **2.** *Adv*: einer Sache ~ gegenüberstehen крити́чески относи́ться 3⁺ -ношу́сь ⟨-|нести́сь*⟩ к чему́-н.; er ist ~ von Natur aus он крити́чен по приро́де
kritisieren *tr* критикова́ть 2 (wegen по по́воду *G*, за *A*)
kritteln *intr* придирчиво и ме́лочно критикова́ть 2 (an j-m, etw. кого́-н., что-н.)
Kritzelei *f* кара́кули *Pl* 7
kritzeln *tr u. intr* писа́ть* (на-) кара́кулями, цара́пать (на-)
Kroat|e *m* хорва́т 2; **~ien** *f* Хорва́тия 8; **~in** *f* хорва́тка 6
kroatisch хорва́тский
Krokant *m* грилья́ж 2
Krokodil *n* крокоди́л 2; **~leder** *n* крокоди́ловая ко́жа
Krokodilstränen *f Pl*: ~ vergießen пролива́ть ⟨проли́ть⟩ крокоди́ловы слёзы
Krokus *m* шафра́н 2
Krone *f* Würdezeichen коро́на 6; Baum кро́на 6, верху́шка 6; Zahn коро́нка 6; Münze кро́на | die ~ der Schöpfung вене́ц творе́ния; das setzt allem die ~ auf! э́то верх всего́!, э́то уж сли́шком!
krönen *tr* коронова́ть *uv*, *v* 2; *übertr* увенчивать ⟨-венча́ть⟩ (mit etw. чем-н.) | sich

~ lassen короноваться *uv, v;* von Erfolg gekrönt werden увенчаться успехом
Kron|korken *m* кроненкорка 6; **~leuchter** *m* люстра 6; **~prinz** *m* наследный принц
Krönung *f* коронование 5, коронация 8; Höhepunkt вен|éц$_1$ -цá 2
Kronzeuge *m* главный свидетель
Kropf *m* зоб 2b$_1$ в зобу
kröpfen *tr Tech* загибáть ⟨-гнýть 4⟩ под углóм | gekröpft Welle колéнчатый
Kröte *f* жáба 6
Krücke *f* костыль 1e; Krückstock *a.* клюкá 6 | an ~n gehen ходить на костылях
Krückstock *m* клюкá 6 | am ~ gehen ходить с клюкóй
Krug *m* für Milch, Wasser u. andere Flüssigkeiten кувшин 2; für Bier, Wein крýжка 6
Krümchen *n* крóшка 6
Krume *f* Brot (хлéбный) мякиш 2; *Landw* пáхотный слой 1b
krüm[e]lig крошáщийся 11; mürbe рассыпчат:ый; Erde рыхл:ый$_1$ -á! | ~ sein крошиться 3⁺
krümeln *tr* крошить 3⁺; *intr* крошиться
krumm крив:óй$_1$ -á!; gebogen: Nagel, Draht изóгнут:ый, сóгнут:ый; gebeugt: Gestalt, Haltung сутýл:ый; Rückgrat искривлённый, кривóй; bedenklich сомнител|ьный$_1$ -ен | ~ biegen изгибáть ⟨изогнýть 4⟩, сгибáть ⟨согнýть⟩; ~ sitzen сидéть согнýвшись; einen ~en Rücken machen гóрб|ить 3 -лю (с-) спину; er ist ganz ~ geworden он совсéм сгóрбился; ~e Wege gehen *übertr* занимáться нечистыми делáми; **~beinig** кривонóг:ий
krümmen *tr* сгибáть ⟨согнýть 4⟩; Rücken *a.* изгибáть ⟨изогнýть⟩, гóрб|ить 3 -лю (с-); sich ~ *refl* сгибáться ⟨согнýться⟩, изгибáться ⟨изогнýться⟩; Rücken *a.* сутýлиться 3 (с-) | der Wurm krümmt sich червь извивáется; er krümmt sich vor Schmerzen он кóрчится [изгибáется] от бóли; j-m kein Haar ~ пáльцем не трóнуть когó-н.
krummnehmen *tr* обижáться ⟨оби|деться 3 -жусь⟩ (j-m etw. за чтó-н. на когó-н.)
Krümmung *f* Kurve поворóт 2; Windung des Weges, Flusses извилина 6, изгиб 2; Erd~ кривизнá 6 *a. Math; Med* искривлéние 5
Krüppel *m* калéка *m* 6; durch Unfall *a.* увéчный *Subst* 10 | j-n zum ~ machen дéлать (с-) когó-н. калéкой; durch Unfall увéчить 3 (из-) когó-н.
Kruste *f* Erde корá 6; Schmutz, Brot кóрка 6; Schorf струп 2 *Pl* -ья$_1$ -ьев 1; Zucker~ сáхарная кóрочка 6
Kruzifix *n* распятие 5
Krypta *f* крипта 6
Kuala Lumpur Куáла-Лýмпур
Kuba Кýба 6 | auf [in] ~ на Кýбе
Kubaner *m* кубин|ец$_1$ -ца 2; **~in** *f* кубинка 6
kubanisch кубинский
Kübel *m* für Wasser бадья 7, кáдка 6, чан 2; für Abfälle ведрó 4c *Pl* вёдра; für Pflanzen кáдка; **~pflanzen** *f Pl* растéния 5 в кáдках; **~wagen** *m Eisenb* вагóн-чан 2-2
Kubik|meter *n* кубический метр, кубомéтр 2; **~wurzel** *f* кубический кóрень; **~zahl** *f* куб 2b (числá); **~zentimeter** *n* кубический сантимéтр
kubisch имéющий 11 фóрму кýба, кубический
Kubismus *m* кубизм 2
kubistisch кубистский
Küche *f* кýх|ня 7 *G Pl* -онь; *übertr* кýхня; Kost стол 2e | in der ~ на [в] кýхне; kalte ~ холóдные блюда *Pl* 4 [Imbiß закýски *Pl* 6]
Kuchen *m* Gebäck пирóг 2e; aus süßem Butterteig, gewöhnlich in Stücken; kleiner Kuchen, Törtchen пирóжное *Subst* 10; kleiner Kuchen, gewöhnlich mit Füllung, einzeln gebacken пирож|óк$_1$ -кá 2; Napf~ бáб(к)а 6; Sand~ кекс 2 | ~ backen печь пироги
Küchenabfälle *m Pl* кýхонные отбрóсы
Kuchenblech *n* прóтив|ень$_1$ -ня 1, лист 2e
Küchen|büfett *n* кýхонный буфéт; **~gerät** *n* кýхонный инструмéнт; großes *oder* elektrisches кýхонный прибóр; **~geschirr** *n* кýхонная посýда; **~herd** *m* кýхонная плитá; **~hilfe** *f* помóщница на кýхне; **~kräuter** *n Pl* зéлень 9; **~leiter** *m* шеф-пóвар *idkl*-2b *Pl* -á; **~meister** *m* дипломирóванный пóвар 2b *Pl* -á; **~möbel** *n* кýхонная мéбель; **~personal** *n* персонáл кýхни; **~waage** *f* кýхонные весы; **~zettel** *m* меню *n idkl*
Kuckuck *m* кукýшка 6 | der ~ ruft кукýшка кукýет; hol ihn der ~! чёрт егó побери!, ну егó!; das weiß der ~! чёрт егó знáет!
Kuckucks|ei *f* кукýшечье 12 яйцó; **~uhr** *f* хóдики *Pl* 2 с кукýшкой
Kufe *f* Schlitten пóлоз 2 *Pl* полóзь|я$_1$ -ев 1; Schlittschuh лéзвие 5; Flugzeug лыжа 6
Küfer *m* Kellermeister завéдующий *Subst* 11 винным пóгребом
Kugel *f* шар 2b *G bei Zahlen* 2,3,4 -á *a. Math;* Gewehr пýля 7; Kanone ядрó 4c *G Pl* ядер *a. Sport;* Billard, Kegeln шар; Spielzeug, Roulett, Kügelchen шáрик 2 | ~ stoßen толк|áть ⟨-нýть 4⟩ ядрó; **~abschnitt** *m* шаровóй сегмéнт; **~ausschnitt** *m* шаровóй сéктор; **~blitz** *m* шаровидная мóлния
kugelförmig шарообрáз|ный$_1$ -ен$_1$ шаровид|ный$_1$ -ен
Kugel|gelenk *n Tech* шаровóй шарнир;

Anat шаровидный суста́в; ~**hagel** *m:* im ≈ под гра́дом пуль; ~**lager** *n* шарикоподши́пник 2

kugeln *tr unbest* ката́ть, *best* кати́ть 3⁺ качу́; *intr* ката́ться, кати́ться | sich vor Lachen ~ ката́ться со́ смеху

Kugelregen *m* град 2 пуль | im ~ под гра́дом пуль

kugelrund кру́глый как шар, шарообра́з|ный| -ен; dick кру́гленький

Kugelschreiber *m* ша́риковая ру́чка 6

kugelsicher пуленепробива́емый, пулесто́йкий

Kugelstoßen *n* толка́ние 5 ядра́

Kuh *f* коро́ва 6; ~**euter** *n* коро́вье 12 вы́мя; ~**fladen** *m* коро́вий блин 12-2; ~**handel** *m übertr* закули́сный торг 2; закули́сные перегово́ры *Pl* 2; ~**haut** *f:* das geht auf keine ≈ э́то ни в каки́е воро́та не ле́зет; ~**hirt** *m* пасту́х 2е

kühl прохла́д|ный| -ен; све́ж:ий 11 -а́| -о́| све́жи́; *übertr* Begrüßung, Empfang, Kopf холо́дный| хо́лоден| холодна́| хо́лодно| хо́лодны́ | ~ aufbewahren bes. Lebensmittel храни́ть 3 на хо́лоде [в холо́дном, прохла́дном ме́сте]; ~er werden Wetter холода́ть (по-); es ist ~ hier прохла́дно здесь; ein ~er Rechner тре́звый [расчётливый] челове́к; einen ~en Kopf bewahren сохран|я́ть ⟨-и́ть⟩ холо́дную [тре́звую] го́лову

Kühl|anlage *f* холоди́льная устано́вка; ~**auto** *n* автомоби́ль-рефрижера́тор 1-2; ~**box** *f* небольшо́й холоди́льник 2; ~**container** *m* рефрижера́торный конте́йнер [тэ] 2

Kühle *f* прохла́да 6; *übertr* хо́лодность 9

kühlen *tr* охла|жда́ть ⟨-ди́ть 3 -жу́| -ждённый⟩ | ~de Getränke прохлади́тельные напи́тки

Kühler *m Tech, Chem* холоди́льник 2; *Kfz* радиа́тор 2; für Getränke сосу́д 2 со льдом; ~**haube** *f* облицо́вка 6 радиа́тора

Kühl|fach *n* холоди́льное отделе́ние; ~**flüssigkeit** *f* охлажда́ющая 11 жи́дкость; ~**haus** *n* холоди́льный склад 2, холоди́льник 2; ~**mittel** *n* охлади́тель 1, охлажда́ющее вещество́ 11-4; ~**raum** *m* холоди́льник 2, холоди́льная ка́мера 6; ~**schiff** *n* рефрижера́торное су́дно, су́дно-рефрижера́тор 4-2; ~**schrank** *m* холоди́льник 2; Industriekühlschrank холоди́льный шкаф; ~**tasche** *f* су́мка-те́рмос 6-2, су́мка-холоди́льник 6-1; ~**truhe** *f* охлажда́емый ларь 1е, холоди́льник 1 в фо́рме я́щика; im Geschäft холоди́льный прила́в|ок| -ка 2; ~**ung** *f* охлажде́ние 5; Kühlvorrichtung охлади́тельное устро́йство 4; ~**wagen** *n* ваго́н-холоди́льник 2-2, изотерми́ческий ваго́н; ~**wasser** *n* охлажда́ющая 11 вода́

Kuh|milch *f* коро́вье 12 молоко́; ~**mist** *m* коро́вий 12 наво́з

kühn сме́л:ый| -а́!; Mann, Tat a. отва́ж|ный| -ен

Kühnheit *f* сме́лость 9; отва́га 6

Kuhstall *m* коро́вник 2

kuhwarm: ~e Milch парно́е молоко́

Küken *n* цыпл|ёнок| -ка 2 *Pl* цыпля́та 4; junges Mädchen желторо́тая *Subst* 10

Kulak *m* кула́к 2е

kulant обходи́тел|ьный| -ен; Bedingung схо́д|ный| -ен| -на́!

Kuli *m* ку́ли *m idkl*

kulinarisch кулина́рный

Kulisse *f* кули́са 6; *übertr* маскиро́вка 6 | hinter die ~n sehen загл|я́дывать ⟨-яну́ть 4⁺⟩ за кули́сы; hinter den ~n за кули́сами *a. übertr*

Kulmination *f* кульмина́ция 8

Kulminationspunkt *m* кульминацио́нный пункт

kulminieren *intr* достига́ть ⟨-сти́гнуть 4а *u.* 4⟩ вы́сшей то́чки, явля́ться кульминацио́нным моме́нтом (in *G*)

Kult *m* культ 2 (um *G*) | mit j-m ~ treiben обожа́ть кого́-н., де́лать (с-) культ из кого́-н.

kultisch ку́льтовый

Kultivator *m* культива́тор 2

kultivier|en *tr Landw* культиви́ровать *a. übertr;* an-, bebauen возде́л|ывать ⟨-ать⟩; ~**t** культу́рный; gepflegt хо́леный; erlesen изы́скан:ный| -на

Kultur *f* культу́ра 6; *Landw* культу́ра, возде́лывание 5 | ohne ~ sein быть некульту́рным (челове́ком); ~**abkommen** *n* соглаше́ние о культу́рном сотру́дничестве [о культу́рном обме́не]; ~**arbeit** *f* культу́рно-просвети́тельная рабо́та, культрабо́та 6; ~**austausch** *m* культу́рный обме́н; ~**beutel** *m* су́м(оч)ка 6 для туале́тных принадле́жностей, космети́чка 6 *umg;* ~**boden** *m Landw* культу́рная по́чва; ~**bund** *m:* ≈ der DDR Культу́рбунд ГДР; ~**denkmal** *n* па́мятник культу́ры

kulturell культу́рный | ~e Betreuung культу́рное обслу́живание 5, культу́рно-худо́жественные мероприя́тия *Pl* 5; ~e Einrichtung учрежде́ние культу́ры

Kultur|ensemble *n* худо́жественный анса́мбль; ~**erbe** *n* культу́рно-худо́жественное насле́дие; ~**film** *m* нау́чно-популя́рный фильм; ~**fonds** *m* (де́нежный) фонд на культу́рные ну́жды, *umg* культфо́нд 2; ~**funktionär** *m* рабо́тник культу́ры, *umg* культрабо́тник 2; ~**geschichte** *f* исто́рия культу́ры; ~**gruppe** *f* круж|о́к| -ка́ 2 худо́жественной самоде́ятельности; ~**gut** *n* культу́рное достоя́ние; ~**haus** *n* дом культу́ры; ~**kommission** *f* культкоми́ссия 8; **~landschaft** *f* культу́рный ландша́фт; **~obmann** *m* отве́тственный *Subst* 10 за культу́рно-ма́ссовую рабо́ту (в профсою́зной гру́ппе); **~palast** *m* дворе́ц культу́ры; **~park** *m* парк культу́ры (и о́тдыха); **~pflanze** *f* культу́рное расте́ние; **~programm** *n* худо́жественная часть 9g z. B. nach einem Vortrag; bunte Veranstaltung, Estradenprogramm (эстра́дный) конце́рт 2; mit Laienkünstlern конце́рт худо́жественной самоде́ятельности; **~raum** *m* клу́бное помеще́ние; **~schaffende** *m Pl* де́ятели *Pl* 1 культу́ры, рабо́тники *Pl* 2 иску́сств; **~schätze** *m Pl* сокро́вища *Pl* 4 культу́ры; **~stufe** *f* ступе́нь разви́тия культу́ры; **~veranstaltung** *f* культу́рно-ма́ссовое мероприя́тие; (эстра́дный) конце́рт 2; **~zentrum** *n* культу́рный центр | das polnische ≈ Дом 2b по́льской культу́ры

Kümmel *m* тмин 2; alkoholisches Getränk тми́нная во́дка 6

Kummer *m* го́ре 3, печа́ль 9; Betrübnis огорче́ния *Pl* 5; Sorgen забо́ты *Pl* 6 | vor ~ от [с] го́ря; aus ~ über etw. от забо́т о чём-н.; ~ und Sorgen забо́ты и печа́ли; er hat großen ~ у него́ большо́е го́ре [больши́е огорче́ния]; was hast du für ~? что тебя́ огорча́ет?; ~ bereiten причин|я́ть ⟨-и́ть 3⟩ го́ре

kümmerlich жа́л|кий, -ок, -ка́!, жа́льче; armselig убо́г:ий; Auskommen, Lohn, Beleuchtung ску́д|ный, -ен, -на́! | ~ sein Leben fristen влачи́ть 3 жа́лкое существова́ние

kümmern *tr:* das kümmert mich nicht мне до э́того де́ла нет; was kümmert mich das alles! како́е мне де́ло до всего́ э́того!; sich ~ *refl* забо́|титься 3 -чусь (по-) (um о *P*); sich um nichts ~ не интересова́ться 2 ниче́м; sich nicht um j-n ~ не обра|ща́ть ⟨-ти́ть 3 -щу́⟩ на кого́-н. (никако́го) внима́ния

kummervoll traurig печа́л|ьный, -ен, -ьна

Kummet *n* = **Kumt**

Kumpel *m* Bergmann горня́к 2e; *übertr* прия́тель 1

Kumt *n* хому́т 2e | dem Pferd ein ~ anlegen надева́ть ⟨-|де́ть*⟩ ло́шади хому́т

Kumuluswolke *f* кучево́е о́блако

kündbar подлежа́щий 11 отме́не [отка́зу], расторжи́мый

[1]**Kunde** *f* Nachricht весть 9g | er hat ~ von ihm у него́ есть ве́сти о нём

[2]**Kunde** *m* покупа́тель 1; in Dienstleistungsbetrieb, einer Bank клие́нт [иэ] 2

künden *tr* опове|ща́ть ⟨-сти́ть 3 -щу́⟩ (j-m etw. кого́-н. о чём-н.)

Kunden|buch *n* кни́га жа́лоб и предложе́ний; **~dienst** *m* обслу́живание 5 покупа́телей [клие́нтов], се́рвис [сэ] 2; Bestelldienst стол 2e зака́зов; Büro im Kaufhaus, im Hotel u. ä. бюро́ *idkl* обслу́живания [услу́г]; **~kreis** *m* круг покупа́телей [клие́нтов], клиенту́ра 6

kundgeben *tr* объяв|ля́ть ⟨-и́ть 3⁺ -лю́⟩

Kundgebung *f* ми́тинг 2; mit Umzug демонстра́ция 8 | auf einer ~ sprechen выступа́ть ⟨вы́ступ|ить 3 -лю⟩ на ми́тинге

kundig све́дущ:ий 11 в *P;* erfahren о́пыт|ный, -ен в *P*

kündigen *tr* Vertrag расторга́ть ⟨-то́ргнуть 4a *u.* 4⟩; *intr* entlassen увольня́ть ⟨уво́лить⟩ (j-m *A*); rechtzeitig a. предупре|жда́ть ⟨-ди́ть 3 -жу́⟩ об увольне́нии; Arbeitsverhältnis aufgeben увольня́ться ⟨уво́литься⟩; mündlich заяв|ля́ть ⟨-и́ть 3⁺ -лю́⟩ об ухо́де (с рабо́ты); schriftlich по|дава́ть* ⟨пода́ть*⟩ заявле́ние об ухо́де (с рабо́ты) | er kündigte die Wohnung zum ersten August он предупреди́л, что отка́зывается от кварти́ры с пе́рвого а́вгуста; zum Monatsersten ~ einem Arbeitenden уво́лить [vom Arbeitenden заяви́ть *oder* пода́ть заявле́ние об ухо́де с рабо́ты *oder* со слу́жбы] с пе́рвого числа́ (сле́дующего ме́сяца); j-m die Freundschaft ~ от|каза́ть* *v* кому́-н. в дру́жбе

Kündigung *f* Vertrag расторже́ние 5; Entlassung увольне́ние 5; rechtzeitige предупрежде́ние 5 об увольне́нии; Aufgabe eines Arbeitsverhältnisses ухо́д 2 с рабо́ты, предупрежде́ние об ухо́де с рабо́ты [со слу́жбы] | monatliche [wöchentliche] ~ предупрежде́ние об увольне́нии, vom Arbeitenden об ухо́де с рабо́ты *oder* со слу́жбы за ме́сяц [за неде́лю]; ~ durch den Betrieb увольне́ние по инициати́ве предприя́тия; die ~ erhalten быть* уво́ленным; fristlose ~ увольне́ние с рабо́ты без предвари́тельного предупрежде́ния

Kündigungs|frist *f* Arbeitsverhältnis: Betrieb срок увольне́ния (с рабо́ты); Arbeitende срок для ухо́да с рабо́ты; Vertrag срок для расторже́ния | mit zweiwöchiger ≈ с предупрежде́нием за две неде́ли; **~schreiben** *n* Betrieb (пи́сьменное) уведомле́ние 5 об увольне́нии; Arbeitende (пи́сьменное) предупрежде́ние 5 об ухо́де (с рабо́ты); Vertrag уведомле́ние о расторже́нии

Kundin *f* покупа́тельница 6; in Dienstleistungsbetrieb, einer Bank клие́нт|ка [иэ] 6 *G Pl* -ок

Kundschaft *f* покупа́тели *Pl* 1; in Dienstleistungsbetrieb, einer Bank клиенту́ра 6 | viel ~ haben име́ть мно́го покупа́телей [клие́нтов]

Kundschafter *m Mil, Pol* разве́дчик 2

kund|tun *tr* объяв|ля́ть ⟨-и́ть 3⁺ -лю́⟩;

~werden *intr* станови́ться ⟨стать*⟩ изве́стным

künftig 1. *Adj* бу́дущий 11; Ereignis предстоя́щий 11 **2.** *Adv* впредь, в бу́дущем

Kunst *f* иску́сство 4; Meisterschaft, Können иску́сство, мастерство́ 4; Fertigkeit; Kunststück уме́ние 5; Kunstgegenstand произведе́ние 5 иску́сства | Akademie der Künste Акаде́мия худо́жеств; die schönen [bildenden] ~ изя́щные [изобрази́тельные] иску́сства; angewandte ~ прикладно́е иску́сство; das war keine ~ э́то не сто́ило большо́го труда́; die ganze ~ besteht darin, daß … вся шту́ка состои́т в том, что́бы …; **~ausstellung** *f* худо́жественная вы́ставка; **~darm** *m* синтети́ческая оболо́чка 6 (для колба́с)

Kunstdruck *m Typ* худо́жественная печа́ть; Kunstblatt (худо́жественная) репроду́кция 8; **~papier** *n* бума́га для худо́жественной печа́ти

Kunstdünger *m* минера́льное удобре́ние *meist Pl*

Kunsteis *n* иску́сственный лёд; **~bahn** *f* иску́сственный като́к

Kunst|erlebnis *n* худо́жественное собы́тие; **~erziehung** *f* худо́жественное воспита́ние; **~fahren** *n* фигу́рная езда́ 6; **~faser** *f* иску́сственное волокно́; **~fertigkeit** *f* иску́сность 9, мастерство́ 4; **~flieger** *m* ма́стер 2b *Pl* -á вы́сшего пилота́жа; **~flug** *m* вы́сший пилота́ж 11-2; **~gegenstand** *m* произведе́ние 5 иску́сства; **~genuß** *m* худо́жественное наслажде́ние

kunstgerecht по всем пра́вилам иску́сства

Kunst|geschichte *f* исто́рия иску́сства; **~gewerbe** *n* худо́жественный про́мысел; **~gewerbler** *m* рабо́тник 2 худо́жественного про́мысла; **~griff** *m* Kniff, Trick трюк 2, уло́вка 6; **~händler** *m* торго́вец произведе́ниями иску́сства; **~handlung** *f* худо́жественный магази́н 2; **~handwerk** *n* худо́жественное ремесло́; (декорати́вно-)прикладно́е иску́сство 4; **~harz** *n* синтети́ческая [тэ] смола́; **~historiker** *m* искусствове́д 2; **~hochschule** *f* вы́сшее 11 худо́жественное учи́лище; **~honig** *m* иску́сственный мёд; **~kenner** *m* знато́к иску́сства; **~kritiker** *m* кри́тик (в о́бласти иску́сств); **~leder** *n* иску́сственная ко́жа; *umg* кожзамени́тель 1

Künstler *m* худо́жник 2; Kunstschaffender a. де́ятель 1 [рабо́тник 2] иску́сства; Theater, Film, Zirkus арти́ст 2 | ein ~ in seinem Fach sein быть арти́стом [худо́жником] в своём де́ле; verdienter ~ заслу́женный де́ятель иску́сств; **~in** *f* худо́жница 6; арти́стка 6

künstlerisch худо́жествен:ный, -на | von hohem ~em Rang высокохудо́жественный; ~ begabt sein быть худо́жественно одарённым

Künstler|kollektiv *n* коллекти́в рабо́тников иску́сств [арти́стов]; **~kreis** *m*: in ≈en в худо́жественных круга́х; **~werkstatt** *f* мастерска́я худо́жника

künstlich 1. *Adj* иску́сственный; unnatürlich неесте́ствен:ный, -на, де́ланный *m Kurzf ungebr* **2.** *Adv* sich aufregen, Preise hochtreiben иску́сственно

Kunst|licht *n* Beleuchtung иску́сственное освеще́ние; **~liebhaber** *m* люби́тель иску́сства

kunstlos безыску́сный, безыску́ствен:ный, -на

Kunst|maler *m* живопи́с|ец, -ца 2; **~pause** *f*: eine ≈ machen де́лать (с-) коро́ткую [эмфати́ческую] па́узу; *iron* зап|ина́ться ⟨-ну́ться 4⟩; **~preisträger** *m* лауреа́т Худо́жественной пре́мии; **~radfahren** *n* фигу́рное ката́ние 5 на велосипе́де; **~radfahrer** *m* велофигури́ст 2; **~reiten** *n* вольтижиро́вка 6; **~reiter** *m* вольтижёр 2; (цирково́й) нае́здник 2; **~sachverständiger** *m* экспе́рт в о́бласти иску́сства; **~sammlung** *f* колле́кция [собра́ние] произведе́ний иску́сства; **~schaffender** *m* де́ятель 1 [рабо́тник 2] иску́сства; **~schätze** *Pl* выдаю́щиеся 11 произведе́ния *Pl* 5 иску́сства; **~schmied** *m* ма́стер 2b *Pl* -á худо́жественной ко́вки; **~schwimmen** *n* фигу́рное пла́вание; **~seide** *f* иску́сственный шёлк

kunstsinnig облада́ющий 11 худо́жественным чутьём, понима́ющий 11 иску́сство

Kunst|springen *n* Schwimmsport прыжки́ *Pl* 2 с (трёхметро́вого) трампли́на (в во́ду); **~stoff** *m* синтети́ческий [тэ] материа́л; plastischer Kunststoff пластма́сса 6; Plast пла́стик 2; **~stoffbehälter** *m* сосу́д из синтети́ческого материа́ла; aus Plast пластма́ссовый сосу́д; **~stoffolie** *f* синтети́ческая [тэ] плёнка 6; **~stoffplatte** *f* пластма́ссовая плита́; **~stopfen** *n* худо́жественная што́пка 6; **~stück** *n* von Person, Tier трюк 2; mit Karten фо́кус 2 (с ка́ртами) | das ist doch kein ≈! невелика́ прему́дрость!; **~tischler** *m* столя́р-краснодере́вщик 2e-2; **~turnen** *n* худо́жественная гимна́стика

kunstverständig: ~ sein понима́ть иску́сство

kunstvoll meisterhaft ausgeführt иску́с|ный, -ен; Frisur иску́сно сде́ланный | ~ (gestaltet) Tisch u. ä. иску́сно офо́рмленный; ~e Arbeit иску́сная рабо́та; ~e Stickerei худо́жественная вы́шивка

Kunst|werk *n* худо́жественное произве-

де́ние 5, произведе́ние иску́сства; **~wissenschaft** *f* искусствове́дение 5
kunterbunt 1. *Adj* пёстр:ый, пестр|а́, -о́ *u.* пёстро | ein ~es Durcheinander по́лный беспоря́док **2.** *Adv* как попа́ло; in Unordnung вперемéшку
Kupfer *n* медь 9 | in ~ Bild на ме́ду; **~bergwerk** *n* ме́дный рудни́к 2e; **~draht** *m* ме́дная про́волока
kupfer|farben ме́дного цве́та; **~haltig** медьсодержа́щий 11, ме́дистый
Kupfer|hütte *f* медеплави́льный заво́д; **~münze** *f* ме́дная моне́та, медя́к 2e
kupfern aus Kupfer ме́дный
Kupfer|schmied *m* ме́дник 2; **~stecher** *m* гравёр 2 по ме́ди; **~stich** *m* гравю́ра 6 на ме́ди; **~sulfat** *n* сульфа́т ме́ди
Kupon *m Wirtsch, Text* купо́н 2; Abschnitt тало́н 2 (für на *A*)
Kuppe *f* Berg окру́глая верши́на 6; Finger ко́нчик 2b *Pl* -а́; Nadel голо́вка 6; Nagel шля́пка 6
Kuppel *f* ку́пол 2; **~bau** *m* зда́ние 5 с ку́полом; **~dach** *n* ку́польная кры́ша
Kuppelei *f* сво́дничество 4 | ~ betreiben сво́дничать
kuppelförmig куполообра́з|ный, -ен
kuppeln *tr Eisenb* Waggon прицеп|ля́ть ⟨-и́ть 3⁺ -лю⟩ (an к *D*); сцеп|ля́ть ⟨-и́ть⟩ (mit с *I*); *Tech* соедин|я́ть ⟨-и́ть 3⟩; *Kfz* ein~ включ|а́ть ⟨-и́ть 3⟩ сцепле́ние, aus~ выключа́ть ⟨вы́ключить 3⟩] сцепле́ние
Kuppler *m* сво́дник 2; **~in** *f* сво́дница 6
Kupplung *f* zum Anhängen сце́пка 6; *Kfz* сцепле́ние 5; *Tech* соедине́ние 5
Kupplungspedal *n Kfz* педа́ль сцепле́ния
Kur *f* Heilverfahren курс 2 лече́ния; im Sanatorium курс санато́рно-куро́ртного лече́ния | eine ~ mit Medikamenten курс лече́ния лека́рствами; eine ~ mit Mineralwasser лече́ние минера́льной водо́й; zur ~ fahren е́хать (по-) лечи́ться на куро́рт; eine ~ erhalten получ|а́ть ⟨-и́ть 3⁺⟩ санато́рную путёвку [*umg* путёвку на куро́рт]; er ist hier zur ~ он прохо́дит здесь курс (санато́рно-куро́ртного) лече́ния; *umg* он нахо́дится на куро́рте; die ~ war anstrengend лече́ние бы́ло [курс лече́ния был] утоми́тельным
Kür *f Sport* упражне́ния *Pl* 5 по произво́льной програ́мме | ~ laufen Eiskunstlauf выполня́ть ⟨вы́полнить 3⟩ упражне́ния в произво́льном ката́нии
Kurantrag *m* заявле́ние 5 о предоставле́нии лече́бной [санато́рной] путёвки
Kürassier *m hist* кираси́р 2
Kuratorium *n* попечи́тельский сове́т 2
Kuraufenthalt *m* пребыва́ние на куро́рте [в санато́рии]
Kurbel *f* Hand~ рукоя́тка 6; Maschinenbau кривоши́п 2
kurbeln *intr* враща́ть ру́чку [рукоя́тку]; *umg* Radrennfahrer кру|ти́ть 3⁺ -чу́ педа́ли
Kurbelwelle *f* коле́нчатый вал
Kurbetrieb *m* куро́ртная жизнь 9
Kürbis *m* ты́ква 6
Kurfürst *m* курфю́рст 2
Kur|gast *m* куро́ртник 2, отдыха́ющий *Subst* 11 (на куро́рте); **~haus** *n* курза́л 2; **~heim** *n* санато́ри|й 1 *P* -и *G Pl* -ев
Kurier *m* курье́р 2 | durch ~ с курье́ром
kurieren *tr* behandeln лечи́ть 3⁺; heilen вы́лечивать ⟨вы́лечить 3⟩ (j-n von etw. кого́-н. от чего́-н.) | sich von j-m ~ lassen лечи́ться у кого́-н.; er ist von seinen Vorurteilen kuriert он излечи́лся от предрассу́дков
kurios Ding, Ereignis курьёз|ный, -ен; Person стра́н|ный, -ен, -на́!
Kuriosität *f* курьёзность 9; стра́нность 9
Kurkonzert *n* конце́рт на куро́рте
Kürlauf(en) *m (n)* произво́льное ката́ние 5
Kur|ort *m* куро́рт 2 | im ≈ на куро́рте; **~park** *m* куро́ртный парк; **~pfuscher** *m* зна́харь 1; **~promenade** *f* у́лица 6 (на куро́рте) для гуля́нья, бульва́р 2 куро́рта
Kurs *m Flug, Mar,* (Richtung) *Pol, Wirtsch* курс 2; *Sport* диста́нция 8; *Fin,* Wert курс; Umlauf обраще́ние 5; Lehrgang ку́рсы *Pl* | das Schiff hält ~ auf Gibraltar кора́бль берёт курс на Гибралта́р; das Flugzeug hält ~ auf Berlin самолёт де́ржит курс на Берли́н; einen neuen ~ einschlagen переходи́ть 3⁺ -хожу́ ⟨-|йти́*⟩ на но́вый курс; vom ~ abweichen отклони́ться 3⁺ *v* от ку́рса; im ~ sinken па́дать в ку́рсе; im ~ steigen повыша́ться в ку́рсе; die ~e fallen курс а́кций па́дает; außer ~ setzen Zahlungsmittel изыма́ть ⟨изъя́ть*⟩ из обраще́ния; **~abweichung** *f Wirtsch, Pol, Flug, Kosm, Mar* отклоне́ние от ку́рса; **~buch** *n* железнодоро́жный спра́вочник 2
Kurscheck *m* лече́бная [санато́рная] путёвка 6
Kürschner *m* скорня́к 2e; **~ei** *f* Handwerk скорня́жное де́ло 4; Werkstatt скорня́жная мастерска́я *Subst* 10
kursieren *intr* Geld быть* в обраще́нии; Fragebogen, Umlauf курси́ровать 2; Gerüchte ходи́ть 3⁺
kursiv *Adv* курси́вом
Kursivschrift *f* курси́в 2
Kurs|korrektur *f Kosm* корре́кция траекто́рии; **~schwankung** *f* колеба́ние ку́рса; **~sturz** *m* ре́зкое паде́ние ку́рса
Kursus *m* Lehrgang ку́рсы *Pl* 2 | einen ~ besuchen посеща́ть ку́рсы, занима́ться на ку́рсах; es laufen Kurse für Deutsch

имéются кýрсы немéцкого языкá; ~**teilnehmer** *m* слýшатель 1 кýрсов
Kurs|wagen *m* вагóн прямóго (беспересáдочного) сообщéния; ~**wert** *m* курсовáя ценá
Kurtaxe *f* курóртные сбóры *Pl* 2
Kür|turnen *n* гимнастúческие упражнéния *Pl* 5 по произвóльной прогрáмме; ~**übung** *f* упражнéние по произвóльной прогрáмме
Kurve *f Math, Phys,* Temperatur~ кривáя *Subst* 10; graphische Darstellung грáфик 2; *Straße* поворóт 2 (дорóги); *Eisenb* закруглéние 5 (путú); Flugzeug, Fahrzeug кривáя, вирáж 2е *G Pl* -éй; ~en *Pl* Körperformen окрýглости *Pl* 9 | in der ~ на поворóте [виражé]; in die ~ gehen брать* ⟨взять*⟩ поворóт; eine ~ schneiden *Kfz* срезáть ⟨с|рéзать*⟩ поворóт; das Fahrzeug wurde aus der ~ getragen машúну занеслó на поворóте
Kurvenlineal *n* лекáло 4
kurvenreich Straße извúлист:ый
Kurverwaltung *f* курóртное управлéние
kurz 1. *Adj* корóткий, кóрóток, короткá, кóрóткó; корóче; zeitlich корóткий, непродолжúтел|ьный, -ен, -ьна; kurz dargelegt, knapp крáт|кий, -ок, -кá!; -че; -чáйший 11 *a. Gramm* | ~es Gras нúзкая травá; ~e Strecke *Sport* корóткая дистáнция; ~er Blick бéглый взгляд; der kürzeste Weg кратчáйший 11 [ближáйший 11] путь; auf ~e Entfernung ist das gut zu erkennen на блúзком расстоя́нии э́то хорошó вúдно; in ~er Zeit bald в скóром врéмени; in dieser ~en Zeit hat er vieles erreicht за э́то корóткое врéмя он мнóгого достúг; nach ~er Zeit вскóре; binnem ~em в течéние корóткого врéмени; vor ~em недáвно; seit ~er Zeit с недáвних пор; ~e Zeit vor etw. незадóлго до чегó-н.; ~e Zeit nach etw. вскóре пóсле чегó-н., спустя́ корóткое врéмя пóсле чегó-н.; kürzer machen дéлать (с-) корóче, укор|áчивать ⟨-отúть 3 -очý⟩; den kürzeren ziehen о|ставáться* ⟨-|стáться*⟩ в прóигрыше **2.** *Adv* кóротко; in wenigen Worten корóтко, крáтко; melden u. ä. a. вкрáтце | das Haar ~ tragen носúть вóлосы корóтко; sich die Haare ~ schneiden lassen подстригáть ⟨-|стрúчь*⟩ вóлосы; kann ich dich ~ sprechen? мóжно тебя́ на минýтку?; zu ~ kommen быть обойдённым; ~ entschlossen бы́стро, решúтельно; не дóлго дýмая; sich ~ fassen говорúть крáтко [сжáто], быть* крáтким; faß dich ~! говорú корóче!; mach's ~! не тянú!; ~ gesagt корóче говоря́; ~ und bündig кóротко и я́сно; über ~ oder lang рáно úли пóздно; ~ und gut однúм слóвом; ~ nach vier Uhr в начáле пя́того (чáса); ~ und klein schlagen ра|збúть* вдрéбезги
Kurzarbeit *f:* zur ~ übergehen переходúть 3⁺ -хожý ⟨-|йтú*⟩ на непóлный рабóчий день [auf Woche bezogen на непóлную рабóчую недéлю]; ~**er** *m* рабóтающий *Subst* 11 непóлный рабóчий день [непóлную рабóчую недéлю]
kurz|ärmlig с корóткими рукавáми; ~**atmig** страдáющий 11 одышкой
Kürze *f* zeitlich крáткость 9 | in ~ bald вскóре; in den nächsten Tagen на днях; in aller ~ вкрáтце
Kürzel *n* знак 2 сокращéния
kürzen *tr* Kleidung укор|áчивать ⟨-отúть 3 -очý⟩; Ausgaben, Löhne, Text сокра|щáть ⟨-тúть 3 -щý⟩ *a. Math*
kurzerhand недóлго дýмая
Kurz|fassung *f* крáткое содержáние 5; ~**film** *m* короткометрáжный фильм; ~**form** *f Ling* крáткая фóрма
kurz|fristig краткосрóч|ный, -ен; vorübergehend (кратко)врéмен|ный, -ен, -на; ~**gefaßt** крáт|кий, -ок, -кá!
Kurzgeschichte *f* корóткий расскáз
kurz|halten *tr* не давáть* ⟨дать*⟩ вóли [свобóды дéйствий] *D;* mit Geld u. ä. урéзывать ⟨-|рéзать*⟩ (когó-н. в чём-н.); ~**lebig** недолговéч|ный, -ен
Kurzlehrgang *m* краткосрóчные кýрсы *Pl* 2
kürzlich *Adv* недáвно
Kurz|nachrichten *f Pl* крáткий вы́пуск 2 новостéй; ~**parken** *Kfz* кратковрéменная стоя́нка 6 автомобúлей; ~**referat** *n* крáткий доклáд; ~**schluß** *m El* корóткое замыкáние 5; ~**schlußhandlung** *f* срыв 2; ~**schrift** *f* стеногрáфия 8
kurzsichtig близорýк:ий; *übertr a.* недальновúд|ный, -ен
Kurz|sichtigkeit *f* близорýкость 9; *übertr a.* недальновúдность 9; ~**streckenlauf** *m* бег на корóткую дистáнцию, спринт 2; ~**streckenläufer** *m* бегýн на корóткие дистáнции, спрúнтер 2; ~**streckenrakete** *f* ракéта блúжнего дéйствия
kurztreten *intr umg:* bei der Arbeit ~ не перегружáть себя́ рабóтой
kurzum *Adv* однúм слóвом
Kürzung *f* сокращéние 5
Kurz|urlaub *m* краткосрóчный óтпуск; ~**versammlung** *f* корóткое собрáние, летýчка 6 *umg,* пятиминýтка 6 *umg*
Kurzwaren *f Pl* галантерéя 7, галантерéйные товáры *Pl* 2; ~**geschäft** *n* галантерéйный магазúн
kurzweg *Adv* без обинякóв
Kurz|weil *f* развлечéние 5, забáва 6 | zur ≈ для развлечéния; ~**welle** *f* корóткая волнá | auf ≈ на корóтких волнáх
Kurzwellen|amateur *m* (радиолюбúтель-) коротковолновúк (1-)2е; ~**behandlung**

f Med ультракоротково́лновая диатерми́я 8; ~**empfänger** *m* коротково́лновый приёмник; ~**sender** *m* коротково́лновая радиоста́нция; Sendegerät коротково́лновый переда́тчик 2
Kurzwort *n* сокращённое сло́во
kurzzeitig кратковре́мен|ный, -ен, -на
kuschen *intr* Hund ложи́ться 3 ⟨лечь*⟩ | kusch (dich)! кыш!
Kuß *m* поцелу́|й 1 *G Pl* -ев | j-m einen ~ geben целова́ть 2 (по-) кого́-н.; mit tausend Küssen Brief ты́сяча поцелу́ев
kußecht: ~er Lippenstift несмыва́емая губна́я пома́да
küssen *tr* целова́ть 2 (по-) | auf die Stirn ~ целова́ть в лоб; er küßte ihr die Hand он поцелова́л ей ру́ку; sich ~ целова́ться (по-)
Kußhand *f*: j-m eine ~ zuwerfen посыла́ть ⟨-|сла́ть*⟩ кому́-н. возду́шный поцелу́й
Küste *f* (морско́й) бе́рег 2b; на берегу́ *Pl* -а́; Küstenstreifen побере́жье 5, взмо́рье 5 | an der bulgarischen ~ sein на морско́м побере́жье Болга́рии
Küsten|bewohner *m* жи́тель побере́жья; ~**fischerei** *f* прибре́жное рыболо́вство; ~**gebiet** *n* примо́рье 5, прибре́жная зо́на 6; ~**klima** *n* берегово́й кли́мат; ~**motorschiff** *n* кабота́жный теплохо́д; ~**schiffahrt** *f* кабота́жное судохо́дство; ~**schutz** *m* защи́та берего́в; *Mil* берегова́я охра́на; ~**streifen** *m* берегова́я [примо́рская] полоса́
Küster *m* дьяч|о́к, -ка́ 2, понома́рь 1e
Kustos *m* храни́тель 1
Kutschbock *m* ко́з|лы, -ел *Pl* 6
Kutsche *f* geschlossen каре́та 6; kleine; mit Klappverdeck коля́ска 6
Kutscher *m* изво́зчик 2, ку́чер 2b *Pl* -а́
Kutte *f* Mönchs~ ря́са 6; sportlicher Mantel спорти́вный плащ 2e длино́й в три че́тверти (с капюшо́ном), спорти́вная ку́ртка 6
Kutter *m* Küstenfahrzeug ка́тер 2b *Pl* -а́; Fisch~ ку́ттер 2
Kuvert *n* Umschlag конве́рт 2
Kuweit Куве́йт [вэ] 2
Kwaß *m* квас 2b
Kybernetik *f* киберне́тика 6
kybernetisch кибернети́ческий
kyrillisch: ~e Schrift кири́ллица 6

L

laben *tr* erfrischen освеж|а́ть ⟨-и́ть 3⟩; sich ~ *refl* sich erfrischen освеж|а́ться ⟨-и́ться⟩; genießen насла|жда́ться ⟨-ди́ться 3 -жу́сь⟩ (an *I*)
labial *Phon* губно́й
Labial *m Phon* губно́й звук 2
labil неусто́йчив:ый, лаби́л|ьный, -ен, -ьна
Labilität *f* неусто́йчивость 9, лаби́льность 9
Labmagen *m* сычу́г 2e
Labor *n* лаборато́рия 8; ~**ant** *m* лабора́нт 2; ~**antin** *f* лабора́нтка 6; ~**atorium** *n* = **Labor**; ~**versuch** *m* лаборато́рный о́пыт
Labyrinth *n* лабири́нт 2
Lachanfall *m* при́ступ сме́ха
[1]**Lache** *f* Pfütze лу́жа 6
[2]**Lache** *f* Gelächter смех 2, хо́хот 2
lächeln *intr* улыб|а́ться ⟨-ну́ться 4⟩
Lächeln *n* улы́бка 6 | hämisches ~ усме́шка 6
lachen *intr* сме|я́ться, -ю́сь, -ёшься, -ю́тся (über над *I*); laut хохота́ть* | er hat nichts zu ~ ему́ не до сме́ха; sich krank ~ смея́ться до упа́ду, помира́ть со́ смеху; sie fing an zu ~ она́ засмея́лась; da ~ ja die Hühner! (э́то) ку́рам на́ смех!; wer zuletzt lacht, lacht am besten хорошо́ смеётся тот, кто смеётся после́дним
Lachen *n* смех 2; lautes хо́хот 2 | vor ~ со́ смеху; das ist zum ~ э́то смешно́; j-n zum ~ bringen смеши́ть 3 (рас-) кого́-н.; ich konnte mich vor ~ nicht mehr halten я не мог удержа́ться от сме́ха; da vergeht einem das ~ тут уж не до сме́ха
lächerlich смеш|но́й, -о́н, -на́ | j-n ~ machen осме́ивать ⟨-|смея́ть*⟩ кого́-н.; sich ~ machen станов|и́ться 3⁺ -лю́сь ⟨стать*⟩ посме́шищем; mach dich nicht ~! не будь смешны́м [смешо́н]!
Lächerliche *n*: ins ~ ziehen поднима́ть ⟨подня́ть*⟩ на́ смех
lachhaft смеш|но́й, -о́н, -на́, смехотво́р|ный, -ен
Lachkrampf *m* су́дорожный смех
Lachs *m* ло́со́сь 1, сёмга 6; Lachsfleisch лососи́на 6
Lachsalve *f* взрыв 2 хо́хота
lachsfarben светло-ро́зовый, розова́тый
Lack *m* лак 2; ~**farbe** *f* ла́ковая кра́ска
lackieren *tr* лакирова́ть 2 (от-)
Lackier|en *n* лакиро́вка 6; ~**er** *m* лакиро́вщик 2; ~**erei** *f* Werkstatt лакиро́вочная мастерска́я *Subst* 10
Lack|leder *n* лакиро́ванная ко́жа; ~**malerei** *f* Gebiet ла́ковая жи́вопись 9; Kunstwerk ла́ковая миниатю́ра 6
Lackmuspapier *n* ла́кмусовая бума́га
Lackschuh *m* лакиро́ванная ту́фля
Lade|anzeiger *m El* указа́тель 1 заря́дки; ~**baum** *m Mar* грузова́я стрела́ 6c; ~**bühne** *f* погру́зочная платфо́рма 6; ~**fähigkeit** *f* грузоподъёмность 9; ~**fläche** *f* грузова́я платфо́рма 6; ~**gerät** *n El* заря́дное устро́йство 4; ~**hemmung** *f Mil* заде́ржка 6 при заря́дке; ~**kontroll-**

leuchte *f Kfz* контрóльная лáмпочка зарядки (аккумулятора); **~kran** *m* погрýзочный кран; **~luke** *f* грузовóй люк

[1]laden *tr* гру|зи́ть 3 -жý| грý|зишь| грýженный *u.* гружённый (по-); *El, Mil* заря|жáть ⟨-ди́ть 3 -жý⟩ | der Dampfer hat Südfrüchte geladen парохóд нагрýжен южными фрýктами; eine Verantwortung auf sich ~ брать* ⟨взять*⟩ *v* на себя́ ответственность; er hat schwer geladen *umg* он здóрово [основáтельно] вы́пил

[2]laden *tr Jur* вызывáть ⟨вы́|звать*⟩ (vor в *A*)

Laden *m* Geschäft магази́н 2; kleiner: лáвка 6; Fenster~ стáв|ень| -ня 1, стáв|ня 7 *G Pl* -ен; **~dieb** *m* магази́нный вор; **~hüter** *m* лежáлый товáр 2; **~preis** *m* рóзничная ценá; **~schluß** *m* закры́тие 5 магази́на; **~straße** *f* пассáж 2; **~tisch** *m* прилáв|ок| -ка 2

Lade|platz *m* мéсто 4b погрýзки; **~rampe** *f* погрýзочная платфóрма; **~raum** *m Mar* трюм 2; LKW кýзов 2 *Pl* -á; **~streifen** *m Mil* (патрóнная) обóйма; **~strom** *m* заря́дный ток

lädieren *tr* повре|ждáть ⟨-ди́ть 3 -жý| -ждённый⟩

[1]Ladung *f* Last груз 2; *El, Mil* заря́д 2

[2]Ladung *f Jur* вы́зов 2

Lafette *f* лафéт 2

Lage *f* Stellung положéние 5; *Geogr* (место)положéние; allgemeine Situation положéние, обстанóвка 6; Schicht сло|й 1b *G Pl* -ёв | in der ~ sein быть в состоя́нии; die politische ~ полити́ческое положéние, полити́ческая обстанóвка; Herr der ~ sein быть хозя́ином положéния; nach ~ der Dinge по положéнию вещéй; j-n in eine peinliche ~ bringen стáв|ить 3 -лю (по-) когó-н. в нелóвкое положéние; versetze dich in meine ~ постáвь себя́ на моё мéсто; **~besprechung** *f* обсуждéние 5 положéния

Lager *n* Bett постéль 9; Nachtlager ночлéг 2; *Pol* лáгерь 1 *Pl* -и| -éй; *Mil,* Pionier~ лáгерь 1b *Pl* -я́| -éй; ~raum склад 2; *Tech* подши́пник 2; *Geol* месторождéние 5, зáлежь 9; eines Tieres лóговище 4 | ein ~ aufschlagen разбивáть ⟨-|би́ть*⟩ лáгерь; das ~ abbrechen снимáться ⟨сня́ться*⟩ с лáгеря; auf ~ haben имéть на склáде; *übertr* имéть в запáсе; **~bestand** *m* нали́чность 9 товáра на склáде; ~bestände *Pl* склáдские запáсы; **~bier** *n* мáртовское [молодóе] пи́во; **~fähigkeit** *f* сохраня́емость 9; **~feuer** *n* кост|ёр| -рá 2; **~geld** *n* плáта 6 за хранéние (товáра); **~halle** *f* склад 2; **~haus** *n* пакгáуз 2; **~leben** *n* лáгерная жизнь; **~leiter** *m* начáльник лáгеря

lagern *tr* склáдывать ⟨сложи́ть 3⁺⟩, храни́ть 3 на склáде; ablagern вы́держивать ⟨вы́держать 3⟩; *intr Mil* располагáться ⟨-ложи́ться 3⁺⟩ лáгерем; Waren храни́ться на склáде; Bodenschätze залегáть; sich ~ располагáться ⟨-ложи́ться⟩

Lager|platz *m* für Waren складскáя плóщадка; Platz für ein Lager месторасположéние 5 лáгеря; **~raum** *m* склáдское помещéние, склад 2; **~stätte** *f Geol* месторождéние 5

Lagerung *f* Waren хранéние 5 (на склáде); *Tech* опóра, уклáдка 6; *Geol* залегáние 5; *Med* уклáдывание 5

Lagerverwalter *m* завéдующуий *Subst* 11 склáдом

Lagune *f* лагýна 6

lahm хром:óй| -á!; Glieder онемéлый | ~ werden хромéть (о-)

lahmen *intr* хромáть

lähmen *tr* парализовáть *uv, v* 2 *a. übertr*

lahmlegen *tr* парализовáть *uv, v* 2

Lähmung *f Med* парали́ч 2e

Laib *m* бухáнка 6; rundes Brot каравá|й 1 *G Pl* -ев

Laich *m* икрá 6

laichen *intr* метáть* икрý

Laie *m* Nichtfachmann профáн 2; Liebhaber люби́тель 1; *Rel* миря́нин 2, Frau миря́нка 6 | darin ist er ein blutiger ~ в э́той óбласти он пóлный [абсолю́тный] профáн

Laien|bühne *f* люби́тельская сцéна; **~ensemble** *n* самодéятельный ансáмбль

laienhaft дилетáнтский

Laienkunst *f* худóжественная самодéятельность 9; **~gruppe** круж|óк| -кá 2 худóжественной самодéятельности

Laien|künstler *m* учáстник 2 худóжественной самодéятельности; **~spiel** *n* Stück пьéса для драмкружкá; Spielen драмати́ческая худóжественная самодéятельность 9; **~spieler** *m* учáстник 2 худóжественной самодéятельности; **~spielgruppe** *f* самодéятельный драмати́ческий круж|óк| -кá 2, драмкружóк

Lakai *m* лакé|й 1 *G Pl* -ев *a. übertr*

lakeienhaft 1. *Adj* лакéйский **2.** *Adv* по-лакéйски

Lake *f* рассóл 2

Laken *n* простыня́ 7 *Pl* прóстыни| прóсты́нь| простыня́м

lakonisch лакони́ческий, лакони́ч|ный| -ен

Lakritze *f* лакри́ца 6

lallen *tr u. intr* лепетáть* | er lallt у негó язы́к заплетáется

[1]Lama *n Zool* лáма 6

[2]Lama *m tibet. Priester* лáма *m* 6

Lamelle *f* пласти́нка 6

Lamellenpilz *m* пласти́нчатый гриб

lamentieren *intr* сéтовать 2 (по-) (über на *A*)

Lametta *n* silberner Baumschmuck серéбряный [goldener золотóй] дождь 1e

Lamm *n* ягнён|ок, -ка 2 *Pl* ягня́та 4, бара́ш|ек, -ка 2 *umg*

lammen *intr* ягни́ться 3 (о-)

Lämmer|geier *m* ягня́тник 2; **~wolken** *Pl* бара́шки *Pl* 2

Lammfell *n* мерлу́шка 6; **~mantel** *m* мерлу́шковая шу́ба 6

lammfromm крóт|кий, -ок, -кá! как овéчка

Lampe *f* лáмпа 6; Glühlampe лáмпочка 6

Lampen|fieber *n* волнéние 5 (пéред публи́чным выступлéнием) | er hat ≈ он волну́ется (пéред выступлéнием); **~schirm** *m* абажу́р 2

Lampion *m, n* лампиóн 2

lancieren *tr* etw. пускáть ⟨пу|сти́ть 3⁺ -щу́⟩ в ход | den Bericht in die Zeitung ~ напрáвить 3 *v* сообщéние в газéту

Land *n* Staat странá 6c; der BRD земля́ 7c *A* зéмлю, *G Pl* земéль a. Boden; Festland су́ша 6; Gegensatz zur Stadt дерéвня 7 | auf dem ~ в дерéвне, на селé; aufs ~ gehen отправля́ться в дерéвню; an ~ gehen высáживаться ⟨вы́са|диться 3 -жусь⟩ (на бéрег), схо|ди́ть 3⁺ -жу́ ⟨со|йти́*⟩ на бéрег; zu Wasser und zu ~e на водé и на су́ше; ein Stück ~ учáст|ок, -ка 2 земли́; außer ~es gehen покидáть ⟨-ки́нуть 4⟩ странý; ferne Länder далёкие края́; aus aller Herren Länder со всех концóв земли́; **~adel** *m* помéстное дворя́нство; **~ambulatorium** *n* сéльская амбулатóрия 8; **~arbeit** *f* полевáя рабóта; **~arbeiter** *m* сельскохозя́йственный рабóчий; beim Gutsbesitzer oder Großbauern батрáк 2e

landarm малоземéл|ьный, -ен, -ьна

Land|armee *f* сухопу́тная áрмия; **~arzt** *m* сéльский врач; **~aufenthalt** *m* пребывáние в дерéвне; **~besitz** *m* землевладéние 5; **~bevölkerung** *f* сéльское населéние; **~bewohner** *m* сéльский жи́тель; **~brot** *n* крестья́нский хлеб

Lande|bahn *f* посáдочная полосá 6а; **~brücke** *f* при́стань 9; **~erlaubnis** *f* разрешéние на посáдку; **~feuer** *n Flugw* посáдочные огни́ *Pl;* **~geschwindigkeit** *f Flugw* посáдочная скóрость; **~kapsel** *f* Raumschiff спускáемый аппарáт 2, спускáемая кáпсула; **~klappe** *f* посáдочный закры́л|ок, -ка 2

landeinwärts *Adv* внутрь страны́

landen *intr Flugw* приземл|я́ться ⟨-и́ться 3⟩, сади́ться 2 сажу́сь ⟨сесть*⟩; *Mar* причáл|ивать ⟨-ить 3⟩; an Land gehen высáживаться ⟨вы́садиться⟩; *übertr* am Ziel ankommen прибывáть ⟨-|бы́ть*⟩ на мéсто; *tr Mar* высáживать ⟨вы́садить⟩ | der Arbeiter landete auf der Straße *übertr* рабóчего вы́бросили на у́лицу; der Radfahrer landete im Straßengraben велосипеди́ст оказáлся [очути́лся] в канáве; weich ~ Raumschiff соверш|áть ⟨-и́ть 3⟩ мя́гкую посáдку

Landenge *f* перешé|ек, -йка 2 | ~ von Panama Панáмский перешéек

Länder|kampf *m* междунарóдное соревновáние 5; **~kunde** *f* странóведение 5; **~spiel** *n Sport* междунарóдная встрéча 6, междунарóдный матч 2 *G Pl* -ей

Landes|durchschnitt *m:* im ≈ в срéднем по странé; **~farben** *f Pl* национáльные цветá; **~kunde** *f* странóведение 5

landeskundlich страновéдческий

Landes|meister *m* чемпиóн страны́; **~meisterschaft** *f* пéрвенство страны́; **~regierung** *f BRD* прави́тельство земли́; **~rekord** *m* рекóрд страны́, национáльный рекóрд; **~sprache** *f* национáльный язы́к

landesüblich (обще)при́нят:ый в (дáнной) странé

Landes|verrat *m* измéна рóдине; **~verräter** *m* измéнник рóдины; **~verteidigung** *f* оборóна страны́; **~verweisung** *f* изгнáние 5 [вы́сылка 6] из страны́; **~währung** *f* национáльная валю́та

Land|film *m* кинопередви́жка 6; **~flucht** *f* бéгство из дерéвни; **~funk** *m* радиопередáча 6 для крестья́н; **~gut** *n* помéстье 5; **~haus** *n* дáча 6; **~jugend** *f* сéльская молодёжь; **~karte** *f* (географи́ческая) кáрта; **~kreis** *m* райóн 2

landläufig общепри́нят:ый

ländlich сéльский, деревéнский

landlos безземéльный

Land|maschine *f* сельскохозя́йственная маши́на; **~maschinenbau** *m* сельскохозя́йственное машинострóение; **~messer** *m* землемéр 2; **~plage** *f* всеóбщее бéдствие 11–5; **~rat** *m BRD* ландрáт 2; **~ratte** *f umg* сухопу́тная кры́са; **~regen** *m* затяжнóй [обложнóй] дождь; **~rücken** *m* возвы́шенность 9; **~schaft** *f Geogr* ландшáфт 2; Anblick; Gemälde пейзáж 2 *G Pl* -ей

landschaftlich *Adv:* ~ schöne Gegend краси́вая мéстность

Landschafts|maler *m* пейзажи́ст 2; **~malerei** *f* пейзáжная жи́вопись; **~schutzgebiet** *n* зóна 6 охраня́емого ландшáфта, большóй зáповедник

Land|schildkröte *f* сухопу́тная черепáха; **~schule** *f* сéльская шкóла; **~sitz** *m* помéстье 5

Lands|knecht *m* ландскнéхт 2; **~mann** *m* земля́к 2e, соотéчественник 2; **~männin** *f* земля́чка 6, соотéчественница 6

Land|spitze *f* мыс 2; **~straße** *f* шоссé *n idkl,* (шоссéйная) дорóга 6; **~streicher** *m* бродя́га *m* 6; **~streitkräfte** *Pl* сухопу́тные войска́ *Pl* 4; ~**strich** *m* ме́стность 9; ~**tag** *m BRD* ландта́г 2

Landung *f Flugw* поса́дка 6, приземле́ние 5; *Mar* вы́садка 6; *Mil* деса́нт 2 | zur ~ ansetzen идти́* (по|йти́*) на поса́дку; auf dem Mond прилуне́ние 5

Landungs|boot *n* деса́нтный ка́тер 2b, *Pl* -á; ~**brücke** *f* при́стань 9g, прича́л 2; ~**platz** *m* für Schiffe при́стань 9g; *Mil* ме́сто вы́садки деса́нта; ~**steg** *m* схо́дн|и, -ей *Pl* 7, дебаркаде́р [дэб, дэр] 2; ~**truppen** *Pl Mil* деса́нтные войска́ *Pl* 4b, деса́нт 2

Landwarenhaus *n* се́льский универма́г

landwärts *Adv* к бе́регу | der Wind weht ~ ве́тер ду́ет с мо́ря

Land|weg *m:* auf dem ≈ по су́ше, сухопу́тной доро́гой; ~**wehr** *f* ландве́р 2, ополче́ние 5; ~**wind** *m* береговой ве́тер; ~**wirt** *m* земледе́л|ец, -ьца 2; ~**wirtschaft** *f* се́льское хозя́йство

landwirtschaftlich сельскохозя́йственный | ~e Produktionsgenossenschaft (LPG) сельскохозя́йственный произво́дственный кооперати́в; ~e Hochschule сельскохозя́йственный институ́т

Landwirtschafts|ausstellung *f* сельскохозя́йственная вы́ставка; ~**schule** *f* сельскохозя́йственное учи́лище

Landzunge *f* коса́ 6c *A* ко́су́

lang **1.** *Adj* räumlich дли́н|ный, -ен, -на́, дли́нно́; zeitlich дли́нный, до́л|гий, -ог, -га́!; до́льше | das Zimmer ist vier Meter ~ длина́ ко́мнаты четы́ре ме́тра; ein vier Meter ~es Zimmer ко́мната длино́й (в) четы́ре ме́тра; ein ~es Leben до́лгая жизнь; an den ~en Winterabenden в до́лгие зи́мние вечера́; eine ~e Pause дли́нная [продолжи́тельная] па́уза; vor ~er Zeit давны́м-давно́; seit ~em (уже́) давно́; nach ~en Jahren мно́го лет спустя́; auf [für] ~e Zeit на до́лгое вре́мя; längere Zeit до́лгое вре́мя, подо́лгу; die Zeit wird mir ~ вре́мя тя́нется о́чень ме́дленно; auf die ~e Bank schieben от|кла́дывать ⟨-ложи́ть 3⁺⟩ в до́лгий я́щик; eine ~e Leitung haben *übertr* ту́го сообража́ть, быть* непоня́тливым; ~e Finger machen быть нечи́стым на́ руку; er machte ein ~es Gesicht у него́ вы́тянулось лицо́; länger machen удлин|я́ть ⟨-и́ть 3⟩ **2.** *Adv* до́лго | mein Leben ~ всю мою́ жизнь; ein Jahr ~ год; über kurz oder ~ ра́но и́ли по́здно; ~ und breit erklären обстоя́тельно [подро́бно] объясня́ть; ~**ärmlig** с дли́нными рукава́ми; ~**atmig** *übertr* ску́чный, -ен, многосло́в|ный, -ен; ~**beinig** длинноно́гий

lange *Adv* до́лго; seit langer Zeit давно́ | schon ~ уже́ давно́; bleibe nicht so ~! не остава́йся так до́лго!; auf ~e (Zeit) wegfahren уезжа́ть ⟨-|е́хать*⟩ надо́лго; wie ~? ско́лько вре́мени?, как до́лго?; ~ vorher намно́го ра́ньше; ~ vor Abfahrt des Zuges задо́лго до отхо́да по́езда; ~ danach спустя́ мно́го вре́мени (по́сле э́того); ich habe so ~ gewartet, bis sie kam я ждал(á) до тех пор, пока́ она́ не пришла́; das ist schon ~ her с тех пор прошло́ уже́ мно́го вре́мени; es ist noch nicht ~ her э́то случи́лось неда́вно; noch ~ nicht далеко́ не; was ~ währt, wird gut что зре́ет ме́дленно, даёт хоро́ший плод; da kannst du ~ warten! э́того придётся тебе́ до́лго ждать!; das ist noch ~ kein Beweis э́то ещё ничего́ не дока́зывает

Länge *f* длина́ 6; Dauer продолжи́тельность 9; eines Lautes долгота́ 6c; *Geogr* долгота́ | in die ~ ziehen затя́гивать ⟨-тяну́ть 4⁺⟩; sich in die ~ ziehen затя́гиваться ⟨-тяну́ться⟩; der ~ nach hinfallen растя́гиваться ⟨-тяну́ться⟩ во весь рост; 20 Grad östlicher ~ два́дцать гра́дусов восто́чной долготы́; der Roman hat ~n рома́н страда́ет не́которыми длинно́тами

langen *intr* ausreichen хва|та́ть ⟨-ти́ть 3⁺⟩ (etw. *G*, für на *A*) | das Geld langt nicht zum Leben де́нег не хвата́ет на жизнь; der Stoff langt für einen Anzug мате́рии доста́точно на костю́м; er langte nach einem Buch он потяну́л ру́ку за кни́гой

Längen|ausdehnung *f* протяжённость 9; ~**grad** *m* гра́дус долготы́; ~**kreis** *m* меридиа́н 2; ~**maß** *n* ме́ра длины́

Langeweile *f* ску́ка 6 | aus [vor] ~ со [от] ску́ки; er hat ~ ему́ ску́чно, он скуча́ет

lang|fristig долгосро́ч|ный, -ен; ~**gestreckt** вы́тянут:ый в длину́; ~**gezogen** Sprache **1.** *Adj* протя́ж|ный, -ен **2.** *Adv* нараспе́в; ~**haarig** длинноволо́с:ый; Tier длинношёрстный

Lang|holz *n* длинноме́рная древеси́на 6; ~**holzwagen** *m* лесово́з 2

langjährig долголе́тний 11 | ~er Mitarbeiter ста́рый сотру́дник

Lang|lauf *m* Ski лы́жные го́н|ки *Pl* 6 -ок; ~**läufer** *m* Ski лы́жник-го́нщик 2-2; ~**laufskier** *m Pl* беговы́е лы́жи *Pl* 6

langlebig долгове́ч|ный, -ен | ~e Gebrauchsgüter потреби́тельские това́ры дли́тельного по́льзования

Langlebigkeit *f* долгове́чность 9

länglich продолгова́т:ый

Langmut *m* терпели́вость 9

langmütig терпели́в:ый

längs *Präpos* вдоль *G*

Längsachse *f* продо́льная ось

langsam ме́длен:ный, -на; Gang, Fahrt a. ти́х:ий, -á!; ти́ше; zögernd медли́тел|ьный, -ен, -ьна | ~ aber sicher ме́дленно, но ве́рно

Langsamkeit *f* мéдленность 9; медли́тельность 9
Lang|schläfer *m* сóня *m* 6; **~spielband** *n* Tonband тóнкая (магнитофóнная) плёнка; **~spielplatte** *f* долгоигрáющая 11 пласти́нка
Längsschnitt *m* продóльный разрéз, продóльное сечéние
längst *Adv* давнó | das weiß ich ~ э́то (ужé) давнó знáю; das ist noch ~ nicht erwiesen э́то далекó не докáзано; sie weiß ~ nicht so viel wie er онá знáет намнóго мéньше егó; schon ~ ужé давнó; ~ vergangen дáвний 11; **~ens** *Adv:* in ≈ einer Woche не пóжеˌ чем чéрез недéлю; es dauert ≈ zwei Stunden э́то продли́тся не бóльше двух часóв
langstielig *Bot* с дли́нным стéблем
Langstrecken|bomber *m* бомбардирóвщик дáльнего дéйствия; **~flug** *m* дáльний 11 полёт; **~flugzeug** *n* самолёт дáльнего дéйствия [сообщéния]; **~lauf** *m* бег на дли́нные дистáнции; **~läufer** *m* бегýн 2e на дли́нные дистáнции, стáйер 2; **~rakete** *f* ракéта дáльнего дéйствия; **~schwimmen** *n* дáльний заплы́в 11-2; **~schwimmer** *m* пловéц на дли́нные дистáнции, пловéц-стáйер 2-2
Languste *f* лангýст 2
langweil|en *tr* надоедáть ⟨-|éсть*⟩ *D,* наскýчить *v* 3 *D;* sich ≈ *refl* скучáть | er langweilte sich емý бы́ло скýчно; **~ig** скýч|ныйˌ -енˌ -нáˌ -ноˌ скýчны́ | ≈er Mensch нýдный человéк; ≈e Gesellschaft скýчная компáния
Langwelle *f Rad* дли́нная волнá 6
langwierig дли́тел|ьныйˌ -енˌ -ьна; Krankheit, Krise затяжнóй
Langwierigkeit *f* дли́тельность 9
Langzeit|gedächtnis *n* долговрéменная пáмять; **~wirkung** *f Med* дли́тельное дéйствие | Tabletten mit ≈ таблéтки дли́тельного дéйствия
Lanze *f* копьё 3c *G Pl* кóпий, пи́ка 6 | für j-n eine ~ brechen вступ|áться ⟨-и́ться 3⁺ -люсь⟩ за когó-н.
Lanzette *f* ланцéт 2
Laos Лаóс 2
Laot|e *m* лаот|я́нин 2 *Pl* -я́неˌ -я́н; **~in** *f* лаотя́нка 6
laotisch лаóтский
La Paz Ла-Пáс 2
lapidar лапидáр|ныйˌ -ен, сжáтый
Lappalie *f* пустя́к 2e
Lappe *m* лаплáнд|ецˌ -ца 2
Lappen *m* тря́пка 6; Fetzen лоскýт 2e *Pl a.* -ьяˌ -ьев; *Anat, Bot* дóл|я 7g *G Pl* -éй | j-m durch die ~ gehen улизнýть *v* 4 от когó-н.
lappig schlaff вя́л:ый, дря́бл:ыйˌ -á!
Lappin *f* лаплáндка 6
lappisch лаплáндский
läppisch нелéп:ый, пóшл:ыйˌ -á!
Lappland Лаплáндия 8
Lappländer *m* = **Lappe**
lappländisch лаплáндский
Lapsus *m* ля́псус 2 | ~ linguae оговóрка 6
Lärche *f* ли́ственница 6
Largo *n* лáрго *n idkl*
Lärm *m* шум 2 | ~ machen шум|éть 3 -лю́, поднимáть ⟨подня́ть*⟩ шум; viel ~ um nichts мнóго шýму из ничегó; **~bekämpfung** *f* борьбá 6 с шýмом; **~belästigung** *f* врéдное воздéйствие 5 шýма
lärmen *intr* шум|éть 3 -лю́; **~d** шýм|ныйˌ -енˌ -нá!
Lärmschutz *m* шумозащи́та 6
Larve *f* мáска 6; *Zool* личи́нка 6
lasch вя́л:ый, слáб:ыйˌ -áˌ -оˌ слáбы́
Lasche *f* Schuh язы́ч|óкˌ -кá 2; *Tech* наклáдка 6
Laserstrahl *m* световóй луч лáзера
lassen *Vollverb* fort~, heran~, hinein~ пу|скáть ⟨-сти́ть 3⁺ -щý⟩; ~ Sie den Hund nicht in die Küche не пускáйте собáку в кýхню; Wasser in die Wanne ~ нап|ускáть ⟨-сти́ть⟩ воды́ в вáнну | hinter~, be~, übrig~ ост|авля́ть ⟨-áвить 3 -áвлю⟩; ich habe den Schirm zu Hause gelassen я остáвил зóнтик дóма; laß alles, wie es ist остáвь всё, как есть; laß ihn in Ruhe! остáвь егó в покóе!, wo hast du die Schlüssel gelassen? кудá ты дел ключи́?; j-n im Zweifel ~ ост|авля́ть ⟨-áвить⟩ когó-н. в сомнéнии; j-m die Wahl ~ предост|авля́ть ⟨-áвить 3 -áвлю⟩ комý-н. вы́бор; ~ wir es dabei (bewenden) остáвим э́то так; das muß man ihm ~ э́того у негó не отни́мешь [нельзя́ отня́ть] | in einem Zustand ~ ост|авля́ть ⟨-áвить⟩ *I;* das Fenster [die Frage] offen~ оставля́ть oкнó [вопрóс] откры́тым; ihn [sie] allein ~ оставля́ть егó одногó [её однý] | unterlassen, aufgeben бросáть ⟨брó|сить 3 -шу⟩; das Rauchen ~ брóсить кури́ть; laß das Weinen! перестáнь плáкать!; laß das! брось!, перестáнь!; er läßt das Trinken nicht он не перестаёт пить; tu, was du nicht ~ kannst дéлай то, чегó не мóжешь не дéлать; *Hilfsverb* | gestatten разреш|áть ⟨-и́ть 3⟩; er ließ uns an der Konferenz teilnehmen он разреши́л нам приня́ть учáстие в конферéнции; die Eltern ließen die Kinder ins Kino gehen роди́тели пусти́ли детéй в кинó, роди́тели разреши́ли дéтям идти́ в кинó; ich lasse mir keine Vorschriften machen я не позвóлю собóй комáндовать; sich nichts sagen ~ не принимáть совéтов; das lasse ich mir nicht gefallen [bieten] я э́того не терплю́ | nicht hindern давáть* ⟨дать*⟩ *D;* ~ Sie mich ausreden дáйте мне договори́ть; laß ihn schlafen дай емý (по)спáть, пусть он

(по)спи́т; ich lasse dich den Brief lesen я дам тебе́ прочита́ть письмо́; sie ließ mich nicht zu Wort kommen она́ не дала́ мне говори́ть | veranlassen, zwingen заст|авля́ть ⟨-а́вить 3 -а́влю⟩ *A*, веле́ть *uv, v* 3 *D*, при|ка́зывать ⟨-каза́ть*⟩ *D;* der Lehrer ließ die Schüler lesen учи́тель заста́вил ученико́в чита́ть, учи́тель веле́л ученика́м чита́ть; nicht auf sich warten ~ не заста́вить себя́ ждать; der Arzt ließ den Patienten röntgen врач напра́вил пацие́нта на рентге́н | veranlassen, bitten про|си́ть 3⁺ -шу́ (по-); ich ließ mir den Termin sagen я попроси́л указа́ть мне вре́мя [срок]; der Direktor läßt Sie bitten вас про́сит дире́ктор | bei Dienstleistungen: nicht übersetzt: ich habe mir die Haare schneiden ~ я постри́гся; er läßt sich rasieren он бре́ется в парикма́херской; ich muß meine Uhr reparieren ~ мне ну́жно отда́ть в ремо́нт часы́; sich die Haare färben ~ кра́сить (по-) во́лосы; sich ärztlich behandeln ~ лечи́ться; er hat sich einen Anzug machen ~ он сшил себе́ костю́м | Aufforderung дава́й(те) *uv, Inf od. v 1. Pl;* laßt uns tanzen дава́йте танцева́ть [потанцу́ем] | sich ~ Möglichkeit мо́жно *Inf od. reflexives Verb;* das läßt sich erklären э́то мо́жно объясни́ть; der Schrank läßt sich nicht öffnen шкаф не открыва́ется, шкаф нельзя́ откры́ть; hier läßt es sich frei atmen здесь свобо́дно ды́шится; dort läßt es sich leben там не пло́хо живётся | Möglichkeit (bei Personen) дава́ть* ⟨дать*⟩ себя́ + *Inf;* sie ließ sich überreden она́ дала́ себя́ уговори́ть, её уговори́ли; er läßt mit sich reden он усту́пчив | laß dir das gesagt sein пусть э́то бу́дет тебе́ изве́стно; der Vorschlag läßt sich hören предложе́ние прие́млемо

lässig небре́ж|ный₁ -ен

Lässigkeit *f* небре́жность 9

Lasso *n* арка́н 2, лассо́ *n idkl*

Last *f* тя́жесть 9; Ladung груз 2; Trag≈ но́ша 6; *übertr* бре́м|я *G D P* -ени₁ *I* -енем, тя́гость 9 | unter einer ~ zusammenbrechen у|па́сть* *v* под тя́жестью гру́за; drückende ~ тя́жкое бре́мя; j-m zur ~ fallen быть* кому́-н. в тя́гость; j-m etw. zur ~ legen ста́в|ить 3 -лю (по-) кому́-н. что-н. в вину́; zu ~en des Käufers за счёт покупа́теля

lasten *intr* лежа́ть 3 бре́менем (auf на *P*), тяготе́ть (auf над *I*) | auf dem Grundstück ~ Schulden земе́льный уча́сток обременён долга́ми; die Verantwortung lastet auf mir я несу́ отве́тственность

Lastenaufzug *m* грузоподъёмник 2

Laster *n* поро́к 2 | sich dem ~ ergeben пре|дава́ться* ⟨преда́ться*₁ -дали́сь⟩ поро́ку

lasterhaft поро́ч|ный₁ -ен, развра́т|ный₁ -ен

Laster|haftigkeit *f* поро́чность 9, развращённость 9; **~höhle** *f* прито́н 2 развра́та

Lästermaul *n umg* клеветни́к 2e | er ist ein ~ у него́ злой язы́к

lästern *tr u. intr* кощу́нствовать 2 (über над *I*); klatschen клевета́ть* (о-) (über на *A*)

Lästerung *f* кощу́нство 4; клевета́ 6

lästig zudringlich надое́длив:ый; назо́йлив:ый; beschwerlich обремени́тель|ный₁ -ен, -ьна; unbequem неприя́т|ный₁ -ен | j-m ~ werden надоеда́ть ⟨-|е́сть*⟩ кому́-н.

Last|kahn *m* ба́ржа 6; **~kraftwagen** *m* (*Abk* LKW) грузови́к 2e, грузова́я (авто)маши́на 6; **~tier** *n* вью́чное живо́тное; **~träger** *m*носи́льщик 2

Lastzug *m* автопо́езд 2b *Pl* -а́

Lasur *f* лазу́рь 9; **~stein** *m* лазури́т 2, лазо́ревый ка́мень

Latein *n* латы́нь 9, лати́нский язы́к 2e | mit seinem ~ am Ende sein стать* *v* в тупи́к, не знать₁ что де́лать да́льше

Lateinamerika *n* Лати́нская Аме́рика

lateinamerikanisch латиноамерика́нский

Lateiner *m* латини́ст 2

lateinisch 1. *Adj* лати́нский **2.** *Adv* по-латы́ни

latent скры́тый

lateral латера́льный

Laterne *f* фона́рь 1e | das kann man mit der ~ suchen э́то днём с огнём не сы́щешь

Laternen|beleuchtung *f* фона́рное освеще́ние; **~pfahl** *m* фона́рный столб

Latex *m* ла́текс 2; **~farbe** *f* ла́тексная кра́ска

Latifundien *n Pl* латифу́ндии *Pl* 8

latinisieren *tr* латинизи́ровать *uv, v* 2

Latrine *f* отхо́жее ме́сто 11-4b

Latsch *m* Hausschuh шлёпан|ец₁ -ца 2; ausgetretener Schuh сто́птанный башма́к 2e

latschen *intr umg* шлёп|ать ⟨-нуть 4 *mom*⟩ (ту́флями)

Latschenkiefer *f* го́рная сосна́ 6c

Latte *f* пла́нка 6, ре́|йка 6 *G Pl* -ек; Tor≈ *Sport* перекла́дина 6 | lange ~ *übertr* верзи́ла *m, f* 6, каланча́ 6

Latten|rost *m* деревя́нная решётка 6; **~verschlag** *m* доща́тая перегоро́дка 6; **~zaun** *m* забо́р из штаке́тника, штаке́тник 2

Lattich *m* лату́к 2

Lätzchen *n* нагру́дник 2

lau теплова́т:ый; *übertr* равноду́ш|ный₁ -ен, безразли́ч|ный₁ -ен

Laub *n* листва́ 6 | das ~ verlieren теря́ть (по-) листву́; **~baum** *m* ли́ственное де́рево

Laube *f* бесе́дка 6, садо́вый до́мик 2
Lauben|gang *m* кры́тая алле́я 7; **~kolonie** *f* (при́городные) огоро́дные уча́стки *Pl* 2
Laub|fall *m* листопа́д 2; **~frosch** *m* обыкнове́нная ква́кша 6; **~hütte** *f* шала́ш 2е *G Pl* -е́й; **~säge** *f* ло́бзик 2; **~wald** *m* ли́ственный лес; **~werk** *n* листва́ 6
Lauch *m* лук 2
Lauer *f:* auf der ~ liegen подстерега́ть ⟨-|стере́чь*⟩ *A*
lauern *intr* подстерега́ть ⟨-|стере́чь*⟩ (auf *A*)
Lauf *m Sport* бег 2, на бегу́; von Mechanismen ход 2, на ходу́; Verlauf ход 2, в хо́де; Fluß тече́ние 5; *Astr* движе́ние 5; Schußwaffe ствол 2е; beim Wild нога́ 6а, ла́па 6; *Mus* пасса́ж 2 *G Pl* -ей | in vollem ~(e) во весь опо́р, со всего́ разбе́га; im ~(e) einer Woche в тече́ние [продолже́ние] неде́ли; im ~(e) der Zeit со вре́менем, с тече́нием вре́мени; im ~(e) der Verhandlungen в хо́де [во вре́мя] перегово́ров; seinen Gedanken [Gefühlen] freien ~ lassen дава́ть* ⟨дать*⟩ во́лю свои́м мы́слям [чу́вствам]; der ~ der Dinge ход веще́й; die Dinge [Ereignisse] nahmen ihren ~ собы́тия пошли́ свои́м чередо́м; das ist der ~ der Welt так (уж) устро́ен мир, так обы́чно быва́ет в жи́зни; **~bahn** *f Sport* бегова́я доро́жка; *übertr* карье́ра 6; **~brett** *n* мостки́ *Pl* 2; **~bursche** *m* ма́льчик 2 на побегу́шках
laufen *intr* бе́гать; *best* бежа́ть*; zu Fuß gehen идти́* (пешко́м); auslaufen течь*; Film идти́; *Tech* рабо́тать | über die Straße ~ перебега́ть ⟨-|бежа́ть*⟩ у́лицу; er ist 3000 Meter in 9 Minuten gelaufen он пробежа́л три ты́сячи ме́тров за де́вять мину́т; einen neuen Weltrekord ~ установ|и́ть 3 -лю́ *v* но́вый мирово́й реко́рд в бе́ге; täglich einige Runden ~ ежедне́вно пробега́ть не́сколько круго́в; Ski ~ хо|ди́ть 3⁺ -жу́ на лы́жах; um die Wette ~ бежа́ть наперегонки́; wir sind nicht gefahren, sondern gelaufen мы не е́хали, а шли; dem Kind läuft die Nase у ребёнка течёт из но́са; das Faß [der Füller] läuft бо́чка [авто́ру́чка] течёт; es lief mir eiskalt über den Rücken у меня́ мура́шки пробежа́ли по спине́; der Vertrag läuft vier Jahre догово́р заключён на четы́ре го́да; der Film läuft schon die dritte Woche фильм идёт уже́ тре́тью неде́лю [уже́ три неде́ли]; Wasser in die Wanne ~ lassen напу|сти́ть 3 -щу́ *v* воды́ в ва́нну; lassen Sie ihn ~ отпусти́те его́; sich müde ~ набе́гаться *v;* sich die Füße wund ~ натира́ть ⟨-|тере́ть*⟩ себе́ но́ги; in den neuen Schuhen läuft es sich gut в но́вых ту́флях хорошо́ ходи́ть; das läuft ins Geld э́то бьёт по карма́ну, э́то влети́т в копе́ечку; das läuft auf eins hinaus всё сво́дится к одному́ и тому́ же
Laufen *n Sport* бег 2 | im ~ на бегу́; sich im ~ üben тренирова́ться 2 в бе́ге
laufend Monat, Jahr теку́щий 11; ständig постоя́нный | ~e Nummer поря́дковый но́мер; ~er Motor рабо́тающий 11 дви́гатель; der ~e Meter пого́нный метр; am ~en Band *Tech* по конве́йеру; *übertr* постоя́нно, непреры́вно; auf dem ~en sein быть* в ку́рсе де́ла [собы́тий]; j-n auf dem ~en halten держа́ть 3⁺ кого́-н. в ку́рсе де́ла [собы́тий]
Läufer *m* Leichtathletik бегу́н 2е; Fußball полузащи́тник 2; Teppich доро́жка 6; Schach слон 2е; *Tech* ро́тор 2
Lauferei *f* беготня́ 7
Lauf|feuer *n:* die Nachricht verbeitete sich wie ein ≈ изве́стие распространи́лось с быстрото́й мо́лнии; **~fläche** *f* Reifen проте́ктор 2; **~gitter** *n* де́тский мане́ж 2 *G Pl* -ей; **~graben** *m Mil* транше́я 7
läufig находя́щийся 11 в состоя́нии те́чки
Lauf|käfer *m* жу́желица 6; **~katze** *f Tech* кра́новая теле́жка 6; **~kran** *m* мостово́й кран; **~kundschaft** *f* случа́йные покупа́тели *Pl* 1; **~masche** *f* спусти́вшаяся 11 пе́тля | ≈n aufnehmen поднима́ть ⟨подня́ть⟩ пе́тли; **~paß** *m:* j-m den ≈ geben дава́ть ⟨дать⟩ кому́-н. отста́вку; **~schiene** *f* ходово́й рельс; **~schrift** *f* бегу́щая све́топись 11-9; **~schritt** *m* бе́глый шаг | im ≈ бего́м; **~steg** *m* мостки́ *Pl* 6; für Modenschau помо́ст 2 для демонстра́ции моде́лей; **~vogel** *m* бе́гающая 11 пти́ца; **~werk** *n Tech* ходово́й механи́зм 2; **~zeit** *f* Vertrag, Kredit срок 2 де́йствия; **~zettel** *m* обходно́й лист 2е
Lauge *f* щёлок 2
Lauheit *f übertr* равноду́шие 5, безразли́чие 5
Laune *f* настрое́ние 5; wunderliche капри́з 2 | bei guter ~ sein быть в ду́хе [в хоро́шем настрое́нии]; ~n haben капри́зничать; j-n bei guter ~ halten подде́рживать в ком-н. хоро́шее настрое́ние; j-m die ~ verderben по́р|тить 3 -чу (ис-) кому́-н. настрое́ние; die ~n des Schicksals капри́зы судьбы́
launenhaft = **launisch**
Launenhaftigkeit *f* капри́з(ы) 2 (*Pl*)
launig весёлый, ве́сел, -á!, заба́в|ный, -ен
launisch капри́з|ный, -ен, своенра́в|ный, -ен | ~ sein капри́зничать; ~er Mensch капри́зный челове́к, капри́зник 2 *umg*
Laus *f* вошь 9 вши, *I* во́шью | ihm ist eine ~ über die Leber gelaufen он не в ду́хе, его́ кака́я-то му́ха укуси́ла; j-m Läuse in den Pelz setzen *übertr* причин|я́ть ⟨-и́ть

3) кому́-н. неприя́тности; **~bube** *m* пострéл 2; **~bubenstreich** *m* мальчи́шеская продéлка 6
lauschen *intr* belauschen подслу́ш|ивать ⟨-ать⟩; zuhören прислу́шиваться к *D* | an der Tür ~ подслу́шивать разговóр под двéрью
Lauscher *m Jagd* у́хо 4g *Pl* у́ш|и, -éй
lauschig ти́х:ий, -á! | ~es Plätzchen укрóмное мéсто 4b
Lausejunge *m* = **Lausbube**
lausen *tr* иска́ть* вшей у *G*
lausig 1. *Adj* прокля́тый **2.** *Adv* а́дски, чертóвски | es ist ~ kalt а́дски [чертóвски] хóлодно
Lausitz *f* Ла́узиц 2
[1]**laut 1.** *Adj* грóм|кий, -ок, -кá!, -че; lärmend шу́м|ный, -ен, -нá! **2.** *Adv* грóмко | ~ lesen чита́ть в слух; ~ werden станови́ться 3⁺ ⟨стать*⟩ извéстным; man darf nicht ~ davon sprechen нельзя́ вслух [откры́то] говори́ть об э́том
[2]**laut** *Präpos* соглáсно *D,* по *D* | ~ Gesetz по закóну
Laut *m* звук 2 | keinen ~ von sich geben не из|дава́ть* ⟨-|да́ть*⟩ ни зву́ка
Laute *f* лю́т|ня 7 *G Pl* -ен
lauten *intr* offiziell гласи́ть 3 | das Urteil lautet auf zwei Jahre Gefängnis пригово́р предусма́тривает два гóда тюрéмного заключéния
läuten *tr u. intr* звони́ть 3 (по-) | die Glokken ~ колоколá звоня́т; es hat zum zweiten Mal geläutet был вторóй звонóк; Sturm ~ бить* в наба́т
lauter 1. *Adj* rein чи́ст:ый, -á, -о, чи́сты, чи́ще; ehrlich чéст|ный, -ен, -нá! **2.** *Adv* одни́, тóлько | ~ Dummheiten одни́ (тóлько) глу́пости; ~ Lügen сплошна́я ложь, однá (тóлько) ложь
Lauterkeit *f übertr* чéстность 9
läutern *tr* очищáть ⟨очи́|стить 3 -щу⟩; *übertr* облагор|áживать ⟨-óдить 3 -óжу⟩
Läuterung *f* очищéние 5; облагорáживание 5
Läutewerk *n Eisenb* звуковáя сигнализáция 8
Laut|gesetz *n* звуковóй закóн; **~lehre** *f* фонéтика 6
laut|lich звуковóй, фонети́ческий; **~los** беззву́ч|ный, -ен, бесшу́м|ный, -ен; schweigend безмóлв|ный, -ен; **~malend** звукоподражáтельный
Laut|malerei *f* звукоподражáние 5; **~-schrift** *f* фонети́ческая транскри́пция 8
Lautsprecher *m* громкоговори́тель 1; **~anschluß** *m* подключéние 5 громкоговори́теля; **~wagen** *m* (авто)маши́на с громкоговори́телем
Lautstärke *f* грóмкость 9; **~regler** *m* регуля́тор грóмкости
Lautverschiebung *f* изменéние 5 соглáсных
lauwarm тепловáт:ый
Lava *f* лáва 6; **~strom** *m* потóк лáвы
Lavendel *m* лавáнда 6
lavieren *intr* лави́ровать 2
Lawine *f* лави́на 6
Lawinengefahr *f* опáсность обвáла
Layout *n* оригинáл-макéт 2-2, эски́з 2
Lazarett *n* (воéнный) гóспиталь 1; **~zug** *m* санитáрный пóезд, санпóезд 2b *Pl* -á
Lebemann *m* бонвивáн 2
leben *intr* жить*; einige Zeit irgendwo прожи́ть* | von seiner Hände Arbeit ~ жить свои́м трудóм; nichts zu ~ haben не имéть средств к существовáнию; er lebt nur seiner Wissenschaft он живёт тóлько рáди своéй нау́ки; nur in der Vergangenheit ~ жить тóлько прóшлым; in Saus und Braus ~ прожигáть жизнь; hier lebt es sich gut здесь хорошó живётся [жить]; er lebt noch он ещё жив [в живы́х]; mit j-m in Frieden ~ жить с кем-н. в ми́ре; lebe wohl! прощáй!; von der Hand in den Mund ~ едвá своди́ть концы́ с концáми; man lebt nur einmal жизнь даётся лишь раз; es lebe ...! да здрáвствует [аст] ...!
Leben *n* жизнь 9 | ~ und Treiben житьё-бытьё 5-5; überall war ein reges ~ und Treiben повсю́ду жизнь би́ла ключóм; Zeit meines ~s всю мою́ жизнь; das nackte ~ retten спасти́ тóлько жизнь; sein ~ aufs Spiel setzen стáв|ить 3 -лю (по-) свою́ жизнь на кáрту, рисковáть 2 жи́знью; ein elendes ~ fristen влачи́ть 3 жáлкое существовáние; sich das ~ nehmen покóнчить *v* 3 жизнь самоуби́йством; j-m das ~ schwer machen отрав|ля́ть ⟨-и́ть 3⁺ -лю́⟩ комý-н. жизнь; ~ in die Bude bringen *umg* вноси́ть 3 -ношу́ ⟨-|нести́*⟩ оживлéние в компáнию; am ~ bleiben о|стáться* *v* в живы́х, von Kranken a. выживáть ⟨вы́|жить*⟩; am ~ hängen люб|и́ть 3⁺ -лю́ свою́ жизнь; auf ~ und Tod (kämpfen) (борóться) не на жизнь, а на смерть; es geht auf ~ und Tod решáется вопрóс жи́зни и́ли сméрти; aus dem ~ gegriffen взя́тый [почéрпнутый] из жи́зни; sich durchs ~ schlagen с трудóм зарабáтывать себé на жизнь; fürs ganze ~ на всю жизнь; für mein ~ gern с удовóльствием; in meinem ganzen ~ за всю свою́ жизнь; etw. ins ~ rufen вы́|звать* *v* к жи́зни что-н., соз|давáть* ⟨создáть*⟩ что-н.; etw. mit dem ~ bezahlen плат|и́ться 3⁺ -чу́сь (по-) своéй жи́знью за что-н.; mit dem ~ davonkommen о|стáться* *v* в живы́х, спасти́сь* *v;* ums ~ kommen по|гибáть ⟨-ги́бнуть 4a⟩; das ~ liegt noch vor dir всё ещё впереди́

lebend 1. *Adj* живу́щий 11, жив:о́й| -а́! **2.** *Adv* живьём; **~gebärend** живоро-дя́щий 11

Lebendgewicht *n* живо́й вес

lebendig 1. *Adj* lebend жив:о́й| -а́!; lebensvoll живо́й, по́лный жи́зни **2.** *Adv* живьём, за́живо; жи́во | mehr tot als ~ sein быть полумёртвым

Lebendigkeit *f* жи́вость 9, оживлённость 9

Lebens|abend *m* зака́т 2 жи́зни; **~alter** *n* во́зраст; **~art** *f* о́браз жи́зни; **~aufgabe** *f* цель 9 [зада́ча] жи́зни; **~baum** *m Bot* ту́я 7; **~bedingungen** *Pl* усло́вия жи́зни

lebensbejahend жизнеутвержда́ющий 11

Lebens|beschreibung *f* биогра́фия 8; **~dauer** *f* продолжи́тельность жи́зни; *Tech* срок 2 слу́жбы; **~erfahrung** *f* жи́зненный [жите́йский] о́пыт; **~erwartung** *f:* durchschnittliche ≈ сре́дняя продолжи́тельность 11-9 жи́зни

lebensfähig жизнеспосо́б|ный| -ен

Lebens|fähigkeit *f* жизнеспосо́бность 9; **~frage** *f* жи́зненно ва́жный вопро́с

lebensfremd отóрванный [далёкий] от жи́зни

Lebensfreude *f* жизнера́достность 9

lebensfroh жизнера́дост|ный| -ен

Lebensgefahr *f* опа́сность для жи́зни | in ~ schweben быть* при сме́рти; außer ~ sein быть вне опа́сности; unter ~ риску́я жи́знью

lebensgefährlich опа́сный для жи́зни

Lebens|gefährte *f* спу́тник жи́зни;**~gefährtin** *f* спу́тница жи́зни; **~gemeinschaft** *f* совме́стная жизнь; *Biol* симбио́з 2

lebensgroß в натура́льную величину́

Lebens|größe *f* натура́льная величи́на | in ≈ в натура́льную величину́; **~haltungskosten** *Pl* сто́имость 9 жи́зни; **~inhalt** *m* содержа́ние жи́зни; **~jahr** *n* год жи́зни; **~kraft** *f* жи́зненная си́ла; **~lage** *f:* sich in jeder ≈ zurechtfinden находи́ть 3⁺ -хожу́ ⟨-|йти́⟩ вы́ход из любо́го положе́ния

lebenslänglich пожи́зненный | er ist zu ~em Zuchthaus verurteilt worden его́ приговори́ли к пожи́зненному заключе́нию

Lebens|lauf *m* биогра́фия 8 | mein ≈ моя́ автобиогра́фия; **~lust** *f* = **Lebensfreude**

lebenslustig жизнера́дост|ный| -ен

Lebensmittel *Pl* пищевы́е проду́кты *Pl* 2, *umg* проду́кты; **~geschäft** *n* продово́льственный магази́н; **~industrie** *f* пищева́я промы́шленность; **~karte** *f* продово́льственная [продукто́вая] ка́рточка 6; **~knappheit** *f* недоста́т|ок| -ка 2 продово́льствия; **~preise** *m Pl* це́ны *Pl* 6 на пищевы́е проду́кты; **~rationierung** *f* нормирова́ние 5 распределе́ния (пищевы́х) проду́ктов; **~versorgung** *f* снабже́ние продово́льствием; **~vorräte** *Pl* запа́с продово́льствия; **~zuteilung** *f* продово́льственный па|ёк| -йка́ 2 (по ка́рточкам)

lebensmüde: er ist ~ он уста́л от жи́зни

Lebensmut *m* жи́зненная эне́ргия 8

lebens|nah свя́зан:ный с жи́знью; **~notwendig** жи́зненно необходи́м:ый

Lebens|retter *m* спаси́тель 1 (жи́зни); **~rettungsmedaille** *f* меда́ль за спасе́ние жи́зни; **~standard** *m* жи́зненный у́ров|ень| -ня 1; **~stellung** *f* пожи́зненная до́лжность; **~stil** *m* стиль [о́браз] жи́зни

lebenstüchtig жизнеде́ятел|ьный| -ен| -ьна

Lebens|unterhalt *m* сре́дства *Pl* 4 к жи́зни | seinen ≈ verdienen зараба́тывать на жизнь; **~verhältnisse** *Pl* усло́вия жи́зни; **~versicherung** *f* страхова́ние жи́зни

lebens|voll по́лный жи́зни, живо́й; **~wahr** правди́в:ый

Lebens|wandel *m* о́браз 2 жи́зни, поведе́ние 5; **~weg** *m* жи́зненный путь; **~weise** *f* о́браз 2 жи́зни; **~weisheit** *f* жите́йская му́дрость; **~werk** *n:* sein ≈ де́ло всей его́ жи́зни

lebenswichtig жи́зненно ва́жный

Lebens|wille *m* во́ля к жи́зни; **~zeichen** *n* при́знак жи́зни | wir haben lange kein ≈ von ihm bekommen мы до́лго не получа́ли от него́ изве́стий; kein ≈ von sich geben не по|дава́ть* ⟨пода́ть*⟩ при́знаков жи́зни; **~zeit** *f:* auf ≈ на всю жизнь, навсегда́; **~ziel** *n,* **~zweck** *m* цель жи́зни

Leber *f Anat* пе́чень 9; Speise печёнка 6 | frisch [frei] von der ~ weg *umg* напрями́к, без обиняко́в; **~blümchen** *n* переле́ска 6; **~entzündung** *f* воспале́ние пе́чени; **~fleck** *m* роди́мое пятно́; **~käse** *m* ли́верный паште́т 2

leberkrank: ~ sein страда́ть боле́знью пе́чени

Leber|krebs *m Med* рак пе́чени; **~pastete** *f* печёночный паште́т; **~schrumpfung** *f* смо́рщивание 5 [цирро́з 2] пе́чени; **~schwellung** *f* увеличе́ние 5 пе́чени; **~tran** *m* ры́бий жир 12-2; **~wurst** *f* ли́верная колбаса́

Lebe|wesen *n* живо́е существо́; **~wohl** *n:* j-m ≈ sagen про|ща́ться ⟨-сти́ться 3 -щу́сь⟩ с кем-н.

lebhaft 1. *Adj* живо́й; Kind живо́й, ре́зв:ый, -а́!; Straße, Unterhaltung, Tätigkeit оживлён|ный, -на | ~e Farbe я́ркая кра́ска **2.** *Adv:* sich ~ vorstellen жи́во предст|авля́ть ⟨-а́вить 3 -а́влю⟩ себе́; ich bedaure ~, daß … мне о́чень жаль| что …

Lebhaftigkeit *f* жи́вость 9; ре́звость 9; оживлённость 9
Lebkuchen *m* пря́ник 2, коври́жка 6
leblos безжи́знен¦ный, -на
Leb|losigkeit *f* безжи́зненность 9; **~tag** *m:* mein ≈ за всю мою́ жизнь; **~zeiten** *Pl:* zu ≈ при жи́зни *G*
lechzen *intr übertr* жа́ждать* (nach *G*)
leck: ~ werden дава́ть* ⟨дать*⟩ течь; ein ~es Schiff су́дно с те́чью [с пробо́иной]
Leck *n* пробо́ина 6, течь 9
[1]**lecken** *tr* лиза́ть, лижу́, ли́жешь ⟨лизну́ть *mom* 4⟩; sich ~ *refl* Tiere обли́зываться ⟨-лиза́ться⟩ | sich die Lippen ~ обли́зываться ⟨-лизну́ться 4⟩
[2]**lecken** *intr* auslaufen течь*
lecker вку́с|ный, -ен, -на́, -но, вку́сны́
Lecker|bissen *m* ла́комство 4; **~maul** *n* ла́комка *m, f* 6, сластёна *m, f* 6
Leder *n* ко́жа 6 | das Buch ist in ~ gebunden кни́га в ко́жаном переплёте; die Tasche ist aus ~ су́мка ко́жаная; j-m das ~ gerben за|дава́ть* ⟨зада́ть*⟩ трёпку кому́-н.; gegen j-n vom ~ ziehen де́лать (с-) вы́пад(ы) про́тив кого́-н.; **~einband** *m* ко́жаный переплёт; **~fett** *n* мазь 9 для ко́жи; **~handschuh** *m* ко́жаная перча́тка
Leder|hose *f* ко́жаные брю́ки; **~industrie** *f* кожéвенная промы́шленность; **~jacke** *f* ко́жаная ку́ртка; **~mantel** *m* ко́жаное пальто́
ledern aus Leder ко́жаный; zäh жёст|кий, -ок, жестка́!, жёстче; langweilig ску́ч|ный, -ен, -на́, -но, ску́чны́
Leder|riemen *m* ко́жаный реме́нь; **~schuh** *m* ко́жаный боти́нок; **~sohle** *f* ко́жаная подо́шва; **~waren** *Pl* изде́лия из ко́жи
ledig Mann холост¦о́й; Frau незаму́жняя 11 | aller Sorgen ~ свобо́дный от вся́ких забо́т
Ledigenheim *n* общежи́тие 5 для одино́ких
lediglich *Adv* то́лько, лишь
Lee *f Mar* подве́тренная сторона́ 6а
leer 1. *Adj* nicht gefüllt пуст|о́й, -á!; unbesetzt свобо́д|ный, -ен, неза́нятый | ~ stehen пустова́ть 2; ~ werden пусте́ть (о-); den Teller ~ essen съ|есть* всю таре́лку; das Glas ~ trinken вы́|пить* *v* стака́н до дна; eine Zeile ~ lassen пропу|ска́ть ⟨-сти́ть 3⁺ -щу́⟩ строку́, ост|авля́ть ⟨-а́вить 3 -а́влю⟩ пусту́ю строку́; mit ~en Händen kommen приходи́ть 3⁺ -хожу́ ⟨-|йти́*, приду́⟩ с пусты́ми рука́ми; vor ~en Bänken spielen выступа́ть ⟨вы́ступ|ить 3 -лю⟩ пе́ред пусты́м за́лом; ~e Worte пусты́е слова́; sie ist ~ ausgegangen ей ничего́ не доста́лось **2.** *Adv* ohne Ladung порожняко́м | ~ laufen Motor рабо́тать на холосто́м ходу́
Leere *f* пустота́ 6с
leeren *tr* опорожн|я́ть ⟨-и́ть 3⟩; Glas выпива́ть ⟨вы́|пить*⟩, осуш|а́ть ⟨-и́ть 3⟩; sich ~ *refl* Raum пусте́ть (о-) | den Briefkasten ~ вынима́ть ⟨вы́нуть 4⟩ пи́сьма из (почто́вого) я́щика
Leer|fahrt *f* пробе́г 2 без гру́за; **~gut** *n* та́ра 6; **~lauf** *m Tech* холосто́й ход | im ≈ на холосто́м ходу́
leer|laufen *intr* auslaufen опорожн|я́ться ⟨-и́ться 3⟩; **~stehend** пуст¦о́й, -á!, неза́нятый
Leerung *f* Briefkasten вы́емка 6 пи́сем
legal лега́л|ьный, -ен, -ьна, зако́н|ный, -ен, -на
legalisieren *tr* легализова́ть *uv, v* 2, узако́н|ивать ⟨-ить 3⟩
Legalisierung *f* легализа́ция 8, узаконе́ние 5
Legalität *f* лега́льность 9
Lege|henne *f* (ку́рица-)несу́шка (6-)6 | gute ≈ но́ская ку́рица; **~leistung** *f* von Hennen яйцено́скость 9
legen *tr* класть* ⟨положи́ть 3⁺⟩; hinter etw. заложи́ть *v* за *A;* Wäsche скла́дывать ⟨сложи́ть⟩; Grundstein закла́дывать ⟨-ложи́ть⟩; Kartoffeln сажа́ть ⟨поса|ди́ть 3⁺ -жу́⟩; Kabel, Rohre, Schienen укла́дывать ⟨-ложи́ть⟩; Bretter, Fliesen стлать* [сл] (на-); sich ~ *refl* ложи́ться 3 ⟨лечь*⟩ | eine Decke auf den Tisch ~ постели́ть 3⁺ *v* [по|стла́ть* *v*] ска́терть на стол; ein Pflaster auf die Wunde ~ накла́дывать ⟨-ложи́ть⟩ на ра́ну пла́стырь; den Hund an die Kette ~ сажа́ть ⟨посади́ть⟩ соба́ку на цепь; Dielen ~ настила́ть ⟨-|стла́ть*⟩ пол; eine Telefonleitung ~ протя́гивать ⟨-тяну́ть 4⁺⟩ телефо́нную ли́нию; Eier ~ нести́ (с-) я́йца, нести́сь; den Grundstein zu etw. ~ класть ⟨положи́ть⟩ основа́ние чему́-н.; sich schlafen ~ ложи́ться ⟨лечь⟩ спать; die Aufregung legte sich волне́ние улегло́сь; sein Zorn legte sich его́ гнев прошёл; sich (tüchtig) ins Zeug ~ рья́но взя́ться* *v* за рабо́ту
legendär легенда́р|ный, -ен
Legende *f* леге́нда 6, преда́ние 5; auf Karten леге́нда
legieren *tr Tech* спл|авля́ть ⟨-а́вить 3 -а́влю⟩; Suppe запр|авля́ть ⟨-а́вить 3 -а́влю⟩
Legierung *f Tech* сплав 2
Legion *f* легио́н 2; **~är** *m* легионе́р 2
Legislative *f* законода́тельная власть 9
Legislaturperiode *f* легислату́ра 6
legitim зако́н|ный, -ен, -на
Legitimation *f Jur* легитима́ция 8 a. Ausweis
legitimieren *tr* узак|оня́ть ⟨-о́нить 3⟩; sich ~ *refl* удостов|еря́ть ⟨-е́рить 3⟩ свою́ ли́чность

Legitimität *f* зако́нность 9
Leguan *m* игуа́на 6
Leguminosen *f Pl Bot* бобо́вые *Subst Pl* 10
Lehen *n hist* лен 2
Lehm *m* гли́на 6; **~bau** *m* Haus глинобитная постро́йка; **~boden** *m* гли́нистая по́чва; sandiger: сугли́н|ок, -ка 2; **~grube** *f* гли́няный карье́р 2; **~hütte** *f* ма́занка 6
lehmig гли́нист:ый
Lehne *f* Rücken~ спи́нка 6; Seiten~ локотни́к 2e, подлоко́тник 2
lehnen *tr* прислон|я́ть ⟨-и́ть 3⟩ (an к *D*); *intr* опира́ться ⟨опере́ться*, оперли́сь⟩ (an на *A*); sich ~ *refl* прислон|я́ться ⟨-и́ться⟩ (an к *D*); sich stützen опира́ться ⟨опере́ться⟩ (auf на *A*) | sich aus dem Fenster ~ высо́вываться ⟨вы́сунуться 4⟩ из окна́
Lehnstuhl *m* кре́с|ло 4 *G Pl* -ел
Lehn|übersetzung *f* ка́л|ька 6 *G Pl* -ек; **~wort** *n* заи́мствованное сло́во
Lehr|abschnitt *m* im Lehrstoff разде́л 2; Semester семе́стр 2; **~amt** *n* до́лжность 9 учи́теля; **~anstalt** *f* уче́бное заведе́ние 5; **~auftrag** *m* нагру́зка 6 | Professor mit vollem ≈ профе́ссор с по́лной нагру́зкой; **~ausbilder** *m* ма́стер-преподава́тель 2-1, *Pl* мастера́-преподава́тели; **~beauftragter** *m* внешта́тный преподава́тель 1; **~befähigung** *f* пра́во 4 занима́ть до́лжность преподава́теля; **~berechtigung** *f* пра́во преподава́ния; **~brief** *m* методи́ческое письмо́; **~buch** *n* уче́бник 2
Lehre Anschauung уче́ние 5; Ausbildung учёба 6; Warnung уро́к 2; *Tech* Meßwerkzeug кали́бр 2, шабло́н 2 | bei j-m in der ~ sein быть ученико́м (у) кого́-н., учи́ться 3⁺ у кого́-н.; er kam zu einem Schlosser in die ~ он стал ученико́м сле́саря; das soll ihm eine ~ sein! пусть э́то бу́дет [послу́жит] ему́ уро́ком!; ~n aus etw. ziehen извлека́ть ⟨-|вле́чь*⟩ уро́к из чего́-н.
lehren *tr* учи́ть 3⁺ (на-) (j-n etw. кого́-н. чему́-н. *od. Inf*); unterrichten препо|дава́ть* | die Kinder lesen ~ учи́ть дете́й чита́ть; das wird die Zukunft ~ вре́мя пока́жет
Lehrer *m* учи́тел|ь 1b *Pl* -я́, -е́й; an Hoch- und Fachschulen преподава́тель 1; **~bildungsinstitut** *n* педагоги́ческое учи́лище 4, педучи́лище 4; **~in** *f* учи́тельница 6; преподава́тельница 6; **~kollegium** *n* преподава́тельский соста́в 2; учи́тельский коллекти́в 2; **~konferenz** *f* учи́тельская конфере́нция; **~prüfung** *f* учи́тельский экза́мен; **~schaft** *f* учи́тельство 4, учителя́ *Pl* 1b; **~zimmer** *n* учи́тельская *Subst* 10
Lehr|film *m* уче́бный фильм; **~gang** *m* ку́рсы *Pl* 2 | es laufen ~gänge für Dolmetscher рабо́тают ку́рсы перево́дчиков; auf einen ≈ schicken посыла́ть ⟨-|сла́ть*⟩ на ку́рсы
Lehrgangsteilnehmer *m* слу́шатель 1 ку́рсов
Lehrgeld *n:* ~ zahlen учи́ться 3⁺ (на-) на го́рьком о́пыте, до́рого плати́ть (за-) за нау́ку
Lehr|jahr *n* год обуче́ния; **~kombinat** *n* уче́бный комбина́т; **~körper** *m* преподава́тельский соста́в 2; **~kraft** *f* преподава́тель 1, учи́тел|ь 1b *Pl* -я́, -е́й; **~ling** *m* учени́к 2e (получа́ющий 11 профессиона́льную подгото́вку); weiblicher учени́ца 6
Lehrlings|ausbildung *f* обуче́ние 5 ученико́в (на произво́дстве); **~wohnheim** *m* общежи́тие для ученико́в (при предприя́тии)
Lehrmeister *m* ма́стер в уче́бной мастерско́й; *übertr* учи́тел|ь 1 *Pl* -и
Lehrmittel *n* уче́бное посо́бие 5; **~freiheit** *f* беспла́тное обеспе́чение уче́бными посо́биями
Lehrplan *m* уче́бная програ́мма 6
lehrreich поучи́тел|ьный, -ен, -ьна
Lehr|satz *m Math* теоре́ма 6; **~stelle** *f* ме́сто произво́дственного обуче́ния; **~stoff** *m* уче́бный материа́л 2; **~stuhl** *m* ка́федра (für *G*); **~veranstaltung** *f* уче́бное заня́тие 5 | in den ≈ en на заня́тиях; **~werkstatt** *f* уче́бная мастерска́я; **~zeit** *f* вре́мя [го́ды *Pl* 2] учени́чества, вре́мя обуче́ния
Leib *m* Körper те́ло 4b; Bauch живо́т 2e; Mutter~ утро́ба 6 | am ganzen ~ zittern дрожа́ть 3 всем те́лом; am eigenen ~ verspüren [erfahren] испы́тывать ⟨-пыта́ть⟩ на себе́ [на со́бственной шку́ре, на со́бственном го́рьком о́пыте]; bei lebendigem ~e за́живо; mit ~ und Seele bei einer Sache sein всей душо́й быть пре́данным како́му-н. де́лу; sich j-n vom ~e halten отде́л|ываться ⟨-аться⟩ от кого́-н., не подпу|ска́ть ⟨-сти́ть 3⁺ -щу́⟩ кого́-н. к себе́; bleib mir vom ~e! отста́нь от меня́!, не пристава́й ко мне!; **~binde** *f* набрю́шник 2; **~chen** *n* ли́фчик 2
leibeigen крепостно́й
Leib|eigener *m* крепостно́й *Subst* 10; **~eigenschaft** *f* крепостно́е пра́во 4; Gesellschaftssystem крепостни́чество 4
leiben *intr:* das ist er, wie er leibt und lebt вот он тако́й, како́й он есть
Leibes|frucht *f* плод 2e; **~kraft** *f:* er schrie aus ~kräften он крича́л изо все́х сил; **~übungen** *Pl* физи́ческие упражне́ния; **~visitation** *f* ли́чный о́быск 2
Leib|garde *f* лейб-гва́рдия 8; **~gericht** *n* люби́мое блю́до

leib|haftig живо́й | er sieht aus wie der ≈e Tod он похо́ж на смерть; **~lich** физи́ческий | der ≈e Bruder родно́й брат; für j-s ≈es Wohl sorgen забо́|титься 3 -чусь (по-) о благосостоя́нии кого́-н.

Leib|rente *f* пожи́зненная пе́нсия 8; **~schmerzen** *m Pl* боль 9 в животе́ | ich habe ≈ у меня́ боли́т живо́т; **~wache** *f* ли́чная охра́на; **~wäsche** *f* нате́льное бельё

Leiche *f* труп 2 | über ~n gehen шага́ть по тру́пам

Leichen|auto *n* похоро́нная маши́на, похоро́нный автомоби́ль; **~begängnis** *n* погребе́ние 5

leichenblaß бле́дный как смерть, ме́ртвенно-бле́д|ный, -ен, -на́!

Leichen|gift *n* тру́пный яд; **~halle** *f* морг 2; **~rede** *f* надгро́бная речь; **~schmaus** *m* поми́н|ки *Pl* 6 -ок; **~starre** *f* тру́пное окочене́ние 5; **~tuch** *n* са́ван 2; **~verbrennung** *f* крема́ция 8; **~wagen** *m* похоро́нная маши́на; **~zug** *m* похоро́нная проце́ссия 8

Leichnam *m* труп 2

leicht 1. *Adj* лёг|кий [хк], -ок, -легка́ [хк], легки́ *u.* лёгки; ле́гче; легча́йший 11 | das ist keine ~e Sache э́то де́ло нелёгкое; er hat einen ~en Schlaf у него́ лёгкий [чу́ткий] сон; ~en Herzens с лёгким се́рдцем; mit j-m ~es Spiel haben легко́ [без труда́] справля́ться ⟨спра́в|иться 3 -люсь⟩ с кем-н.; ihr ist alles ein ~es ей всё нипочём; er nimmt alles von der ~en Seite он легко́ [легкомы́сленно] ко всему́ отно́сится **2.** *Adv* легко́; unschwer нетру́дно; mühelos шутя́; ein wenig слегка́; sachte легóнько | er ist ~ gekränkt он о́чень оби́дчив; ich bin ~ erkältet я слегка́ просту́жен [просту́дился]; das ist ~ möglich э́то вполне́ возмо́жно; es kann ~ sein, daß ... о́чень возмо́жно, что ...; er hat es nicht ~ ему́ нелегко́; mir wurde ~er ums Herz у меня́ отлегло́ от се́рдца; das ist ~ gesagt легко́ сказа́ть

Leichtathlet *m* легкоатле́т 2; **~ik** *f* лёгкая атле́тика 6

Leicht|bauweise *f* строи́тельство 4 с примене́нием облегчённых констру́кций; **~benzin** *n* лёгкий бензи́н

leichtblütig жизнера́дост|ный, -ен, -на, весёлый, ве́сел, весела́!

Leichter *m Mar* ли́хтер 2

leicht|fallen *intr* легко́ дава́ться* ⟨да́ться*; дало́сь, да́ли́сь⟩; **~fertig** легкомы́слен:ный, -на; unüberlegt необду́ман:ный, -на

Leicht|fertigkeit *f* легкомы́слие 5; необду́манность 9; **~fuß** *m* пове́са *m* 6, ве́треник 2

leichtfüßig с лёгкой похо́дкой

Leichtgewicht *n Sport* лёгкий вес

leichtgläubig легкове́р|ный, -ен, дове́рчив:ый

Leichtgläubigkeit *f* легкове́рие 5, дове́рчивость 9

leichthin *Adv* про́сто так

Leicht|igkeit *f* лёгкость 9 | mit ≈ легко́, с лёгкостью; **~industrie** *f* лёгкая промы́шленность

leicht|lebig беззабо́т|ный, -ен; **~löslich** легкорастворим:ый

Leicht|matrose *m* матро́с второ́го кла́сса; **~metall** *n* лёгкий мета́лл

leichtnehmen *tr* легко́ смотре́ть 3⁺ на *A*, легкомы́сленно относи́ться 3⁺ -ношу́сь ⟨-|нести́сь*⟩ к *D*

Leicht|öl *n* лёгкое ма́сло; **~sinn** *m* легкомы́слие 5, ве́треность 9

leicht|sinnig легкомы́слен:ный, -на, ве́трен:ый; **~verdaulich** удобовари́м:ый; *übertr* легко́ усва́иваем:ый; **~verderblich** скоропо́ртящийся 11; **~verständlich** (хорошо́) поня́т|ный, -ен, я́сный, -ен, -на́, -но, я́сны́

leid *Adv:* es tut mir ~ мне жаль; sie tut mir ~ мне жаль её (*G*)

Leid *n* го́ре 3 | j-s ~ teilen раздел|я́ть ⟨-и́ть 3⁺⟩ чьё-н. го́ре; j-m sein ~ klagen дели́ться (по-) с кем-н. свои́м го́рем; dir soll kein ~ geschehen тебя́ никто́ не оби́дит, с тобо́й ничего́ не случи́тся; j-m ein ~ antun причин|я́ть ⟨-и́ть 3⟩ кому́-н. го́ре

leiden *tr* erleiden страда́ть (по-) от *G;* erdulden терп|е́ть 3⁺ -лю́ (по-); zulassen допу|ска́ть ⟨-сти́ть 3⁺ -щу́⟩; *itr* krank sein страда́ть (an *I*) | an Kopfschmerzen ~ страда́ть головны́ми бо́лями; Hunger ~ испы́тывать ⟨-пыта́ть⟩ го́лод; die Arbeit leidet keinen Aufschub рабо́та не те́рпит отлага́тельства; j-n gut ~ können хорошо́ отно|си́ться 3⁺ -шу́сь к кому́-н., люб|и́ть 3⁺ -лю́ кого́-н.; ich kann ihn nicht ~ я его́ терпе́ть не могу́

Leiden *n* страда́ние 5; Krankheit боле́знь 9; **~schaft** *f* страсть 9g; Vorliebe приćтрастие 5 (für к *D*) | seinen ≈en frönen пре|дава́ться* ⟨преда́ться*; преда́ли́сь⟩ свои́м страстя́м

leidenschaftlich стра́ст|ный, -ен, -на́!

leidenschaftslos бесстра́ст|ный, -ен

Leidens|gefährte *m,* **~gefährtin** *f* това́рищ по несча́стью; **~miene** *f* ско́рбная ми́на; **~weg** *m* хожде́ние 5 по му́кам

leider *Adv* к сожале́нию | ich kenne sie ~ nicht я её, к сожале́нию, не зна́ю

leidgeprüft многострада́л|ьный, -ен, -ьна

leid|ig неприя́т|ный, -ен, скве́р|ный, -ен, -на́! | das ≈e Geld злоча́стные де́ньги; **~lich** сно́с|ный, -ен | ≈ schönes Wetter сно́сная пого́да

Leid|tragender *m* скорбя́щий 11 ро́дственник 2 (поко́йника); **~wesen** *n:* zu meinem (großen) ≈ к моему́ (вели́кому) сожале́нию

Leier *f Mus* ли́ра 6 | immer die alte ~! всё та же ста́рая пе́сня!

Leierkasten *m* шарма́нка 6; **~mann** *m* шарма́нщик 2

leiern *tr* drehen вер|те́ть 3⁺ -чу́ (руко́ятку); eintönig lesen чита́ть (про-) моното́нно

Leihbibliothek *f* библиоте́ка (с вы́дачей книг на́ дом)

leihen *tr* j-m ода́лживать ⟨одолжи́ть 3⟩, дава́ть* ⟨дать*⟩ взаймы́; von j-m брать* ⟨взять*⟩ взаймы́ у *G*, занима́ть ⟨заня́ть*⟩ у *G*

Leih|gebühr *f* пла́та за прока́т; **~haus** *n* ломба́рд 2 | aufs ≈ bringen закла́дывать ⟨-ложи́ть 3⁺⟩ в ломба́рд; **~verkehr** *m* zwischen Bibliotheken межбиблиоте́чный абонеме́нт 2; **~wagen** *m* прока́тная автомаши́на

leihweise *Adv* напрока́т

Leim *m* кле|й $1_{|}$ в -ю́ | j-m auf den ~ gehen попада́ться ⟨-|па́сться*⟩ на чью-н. у́дочку; aus dem ~ gehen раскле́|иваться ⟨-иться 3⟩

leimen *tr* кле́ить 3 (с-), скле́ивать ⟨скле́ить⟩

Leim|farbe *f* клеева́я кра́ска; **~pinsel** *m* кисть 9 для клея́; **~ring** *m* клеево́е кольцо́; **~rute** *f* пру́тик $2_{|}$ обма́занный кле́ем (для ло́вли птиц)

Lein *m Bot* лён$_{|}$ льна 2

Leine *f* верёвка 6; Hunde~ повод|о́к$_{|}$ -ка́ 2, при́вязь 9 | einen Hund an der ~ führen во|ди́ть 3⁺ -жу́ [вести́] соба́ку на поводке́, держа́ть 3⁺ соба́ку на при́вязи; ~ ziehen *übertr umg* сма́тывать ⟨смота́ть⟩ у́дочки

leinen льняно́й, полотня́ный

Leinen *n* пол|отно́ 4c *G Pl* -о́тен; handgewebtes холст 2e; leichtes холсти́нка 6; **~einband** *m* холщо́вый переплёт; **~gewebe** *n,* **~stoff** *m* пол|отно́ 4c *G Pl* -о́тен

Lein|öl *n* льняно́е ма́сло; **~samen** *m* льняно́е се́мя; **~wand** *f* Stoff пол|отно́ 4c *G Pl* -о́тен; handgewebt холст 2e; Film экра́н 2

Leipzig Ле́йпциг 2; **~er** *Adj* ле́йпцигский | ≈er Messe Ле́йпцигская я́рмарка

leise ти́х:ий$_{|}$ -á!$_{|}$ ти́ше | eine ~ Andeutung machen слегка́ намекну́ть *v* 4; ein ~r Duft лёгкий [сла́бый] за́пах; ein ~r Regen небольшо́й [сла́бый] дождь; ein ~r Verdacht [Zweifel] не́которое [лёгкое] подозре́ние [сомне́ние]; er hat einen ~n Schlaf у него́ чу́ткий сон; auch nicht die ~ste Veranlassung haben не име́ть ни мале́йшего по́вода [основа́ния]; auf ~n Sohlen бесшу́мно; sei bitte ~ пожа́луйста$_{|}$ не шуми́

Leisetreter *m umg* тихо́н|я *m, f* 7 *G* -ей

Leiste *f* пла́нка 6, ре́йка 6; *Anat* пах $2_{|}$ в паху́

leisten *tr* schaffen де́лать (с-), соверш|а́ть ⟨-и́ть 3⟩; Dienst, Hilfe, Widerstand ока́зывать ⟨-|каза́ть*⟩ | die geleistete Arbeit проде́ланная [вы́полненная] рабо́та; das kann ich mir nicht ~ я не могу́ себе́ э́того позво́лить, э́то мне не по карма́ну; da hast du dir ja was Nettes geleistet! *iron* ну, и натвори́л же ты дел!

Leisten *m* коло́дка 6 | Schuster, bleib bei deinem ~! всяк сверчо́к знай свой шесто́к; alle über einen ~ schlagen стричь* всех под одну́ гребёнку, ме́рить всё на одну́ ме́рку; **~bruch** *m* пахова́я гры́жа 6; **~drüse** *f* пахова́я железа́; **~gegend** *f* пах $2_{|}$ в паху́

Leistung *f* Geleistetes рабо́та 6, труд 2e; Errungenschaft достиже́ние 5; Erfolg успе́х 2; *Tech* производи́тельность 9; *El* мо́щность 9; *Pl* ~en Schule, Studium успева́емость 9; *Fin* платёж 2e | eine schöpferische ~ тво́рческое достиже́ние; sportliche ~en спорти́вные достиже́ния; er hat gute ~en in Russisch он успева́ет по ру́сскому языку́

Leistungs|anstieg *m* Schule, Studium повыше́ние 5 успева́емости; **~aufnahme** *f El* потребле́ние 5 мо́щности; **~durchschnitt** *m* Schule сре́дняя успева́емость 11-9

leistungsfähig Mensch работоспосо́б|ный$_{|}$ -ен; Maschine мо́щ|ный$_{|}$ -ен$_{|}$ -на́!, производи́тел|ьный$_{|}$ -ен$_{|}$ -ьна

Leistungs|fähigkeit *f* Mensch работоспосо́бность 9; *Tech* мо́щность 9, производи́тельность 9; **~grenze** *f Tech* преде́л мо́щности; **~klasse** *f Sport* разря́д 2; *Kfz* класс по мо́щности; **~kontrolle** *f* Schule прове́рка 6 [контро́ль 1] успева́емости; **~lohn** сде́льная опла́та (труда́), сде́льная зарпла́та | im ≈ stehen [arbeiten] рабо́тать сде́льно; **~norm** *f* но́рма вы́работки; **~prämie** *f* пре́мия за отли́чные показа́тели в рабо́те; **~prinzip** *n Wirtsch* при́нцип опла́ты по труду́; **~schau** *f* смотр 2 достиже́ний

leistungsschwach Schüler слабоуспева́ющий 11; *Tech* маломо́щ|ный$_{|}$ -ен

Leistungs|sport *m* большо́й спорт; **~sportler** *m* спортсме́н-разря́дник 2-2; **~stand** *m* Schule успева́емость 9, у́ров|ень$_{|}$ -ня 1 зна́ний

leistungsstark Schüler хорошо́ успева́ющий 11; *Tech* мо́щ|ный$_{|}$ -ен$_{|}$ -на́!

Leistungs|steigerung *f* повыше́ние производи́тельности; Schule повыше́ние успева́емости; **~stipendium** *n* повы́шенная стипе́ндия; **~zulage** *f*, **~zuschlag** *m* надба́вка 6 к зарпла́те; zum Stipendium надба́вка за хоро́шую успева́емость

Leit|artikel *m* передова́я статья́, передови́ца 6 *umg;* **~bild** *n* образ|е́ц, -ца́ 2, идеа́л 2

leiten führen руково|ди́ть 3 -жу́ *I;* als Dienststellung заве́довать 2 *I;* Delegation, Expedition, Kommission возгл|авля́ть ⟨-а́вить 3 -а́влю⟩; *Phys, El* проводи́ть 3⁺ | durch Rohre ~ (про)пу|ска́ть ⟨-сти́ть 3⁺ -щу́⟩ по тру́бам; Metall leitet Wärme мета́лл прово́дит тепло́; das Feuer ~ *Mil* управля́ть огнём; eine Versammlung ~ вести́* собра́ние, руководи́ть собра́нием; sich ~ lassen von etw. руково́дствоваться 2 чем-н.; **~d** руководя́щий 11; *El* проводя́щий 11

¹Leiter *m* заве́дующий *Subst* 11; Zirkel, Delegation, Kommission руководи́тель 1; Schule, Betrieb дире́ктор 2b *Pl* -а́; *El* проводни́к 2e

²Leiter *f* ле́стница 6, стремя́нка 6 | auf die ~ steigen поднима́ться ⟨подня́ться*, -няли́сь⟩ на ле́стницу; **~sprosse** *f* ступе́нька 6, перекла́дина 6; **~wagen** *m* теле́га 6

Leit|faden *m* Lehrbuch руково́дство 4 по *D;* **~fähigkeit** *f Phys* проводи́мость 9 | elektrische ≈ электри́ческая уде́льная проводи́мость 9; **~gedanke** *m* гла́вная [основна́я] мысль; **~hammel** *m* бара́н-вожа́к 2-2e; **~motiv** *n Mus* лейтмоти́в 2; **~satz** *m* руководя́щий при́нцип 11–2; **~stern** *m übertr* путево́дная звезда́; **~tier** *n* вожа́к 2e

Leitung *f* Tätigkeit руково́дство 4 *I,* управле́ние 5 *I; Tech* про́вод 2b *Pl* -а́; *El* (электро)прово́дка 6; Überland~, Telefon~ ли́ния 8 | die ~ übernehmen взять* *v* на себя́ руково́дство; er hat die ~ руково́дство в его́ рука́х; eine lange ~ haben ту́го соobража́ть

Leitungs|aktiv *n* руководя́щий 11 акти́в; **~draht** *m* электропро́вод 2b *Pl* -а́; **~kollektiv** *n* руководя́щий 11 коллекти́в; **~netz** *n El* электросе́ть 9g; für Wasser водопрово́дная сеть; **~rohr** *n* трубопро́вод 2b *Pl* -а́; **~tätigkeit** *f* руководя́щая 11 де́ятельность; **~wasser** *n* водопро́водная вода́

Leit|währung *f* основна́я [веду́щая 11] валю́та; **~werk** *n Flugw* хвостово́е опере́ние 5

Lektion *f* уро́к 2 | j-m eine ~ erteilen де́лать (с-) кому́-н. вы́говор, прору́чивать ⟨-учи́ть 3⁺⟩ кого́-н.

Lektor *m* Hochschullehrer преподава́тель 1; Verlags~ (изда́тельский) реда́ктор 2

lektorieren *tr* редакти́ровать 2 (от-)

Lektüre *f* Tätigkeit чте́ние 5; Lesestoff литерату́ра 6 (для чте́ния)

Lende *f Anat* поясни́ца 6; Fleischart филе́ *n idkl*

Lenden|braten *m* жарко́е из филе́; **~stück** *n* говя́жье филе́ *n idkl*

Lenin-Friedenspreis *m* Ле́нинская пре́мия ми́ра; **~träger** *m* лауре́ат 2 Ле́нинской пре́мии ми́ра

Lenin|ismus *m* ленини́зм 2; **~ist** *m* ле́нин|ец, -ца 2

leninistisch ле́нинский

Leninorden *m* о́рден Ле́нина

lenkbar *Tech* управля́ем:ый; gehorsam послу́ш|ный, -ен, пода́тлив:ый

Lenkbarkeit *f Tech* управля́емость 9; *übertr* пода́тливость 9, послу́шание 5

lenken *tr* steuern управля́ть *I,* во|ди́ть 3⁺ -жу́, *best* вести́*; Pferde пра́в|ить 3 -лю *I;* irgendwohin напр|авля́ть ⟨-а́вить 3 -а́влю⟩; leiten руково|ди́ть 3 -жу́ *I* | das Gespräch auf etw. ~ наво|ди́ть 3⁺ -жу́ ⟨-|вести́*⟩ разгово́р на что-н.; j-s Aufmerksamkeit auf etw. ~ обра|ща́ть ⟨-ти́ть 3 -щу́⟩ чьё-н. внима́ние на что-н.; den Verdacht auf j-n ~ навлека́ть ⟨-|вле́чь*⟩ подозре́ние на кого́-н.; er ist schwer zu ~ *übertr* он ту́го поддаётся воспита́нию

Lenk|er *m* руль 1e; **~rad** *n* рулево́е колесо́, руль 1e, *umg* бара́нка 6 | am ≈ за рулём; **~stange** *f* Fahrrad руль 1e; **~ung** *f* управле́ние 5 *I*

Leopard *m* леопа́рд 2

Lepra *f* прока́за 6, ле́пра 6; **~kranker** *m* прокажённый *Subst* 10

Lerche *f* жа́ворон|ок, -ка 2

Lernaktiv *n* учени́ческий акти́в

lernbegierig любозна́тел|ьный, -ен, -ьна, жа́ждущий 11 зна́ний

Lerneifer *m* прилежа́ние 5 в учёбе

lernen *tr* учи́ться 3⁺ (на-) *D od. Inf;* Schulfach учи́ть; Lernstoff учи́ть (вы́-); Beruf учи́ться на *A; intr* учи́ться | er hat Bäcker gelernt он учи́лся на пе́каря; Vokabeln ~ учи́ть (вы́-) но́вые слова́; auswendig ~ учи́ть (вы́-) наизу́сть; das Gedicht lernt sich leicht стихотворе́ние легко́ запомина́ется; Klavier spielen ~ учи́ться игра́ть на роя́ле; wir haben viel von ihm gelernt мы мно́гому научи́лись у него́

Lernmittel *n* учёбное посо́бие 5; **~freiheit** *f* беспла́тное обеспе́чение 5 (уча́щихся) учёбными посо́биями

Lesart *f* вариа́нт 2 те́кста

lesbar разбо́рчив:ый | kaum ~ неудобочита́ем:ый

Lesbarkeit *f* разбо́рчивость 9

Lese|buch *n* кни́га для чте́ния; **~gerät** *n*

аппарáт 2 для чтéния микрофи́льмов; **~karte** *f* читáтельский билéт

[1]lesen *tr u. intr* читáть (про-, про|чéсть*); Vorlesungen читáть | zwischen den Zeilen ~ читáть мéжду строк; dieser Roman liest sich sehr leicht э́тот ромáн читáется óчень легкó; Professor Müller liest Literaturgeschichte профéссор Мю́ллер читáет лéкции по истóрии литератýры, профéссор М. читáет истóрию литератýры *umg;* ich habe den Brief dreimal gelesen я перечитáл письмó три рáза

[2]lesen *tr* sammeln собирáть ⟨-|брáть*⟩; auslesen перебирáть ⟨-|брáть*| перé-бранный⟩

lesenswert заслýживающий 11 прочтéния, интерéс|ный| -ен

Lese|probe *f* отры́в|ок| -ка 2 (из худóжественного произведéния); *Theat* чи́тка 6; **~pult** *n* пюпи́тр 2

Leser *m* читáтель 1

Leseratte *f* книголю́б 2, кни́жный червь 1g

Leserbrief *m* письмó читáтеля; **~redaktion** *f* отдéл 2 пи́сем

Leser|in *f* читáтельница 6; **~konferenz** *f* читáтельская конферéнция; **~kreis** *m* читáтели *Pl* 1

leserlich разбóрчив:ый

Leserschaft *f* читáтели *Pl* 1

Lese|saal *m* читáльный зал, читáл|ьня 7 *G Pl* -ен; **~stoff** *m* литератýра 6 для чтéния; **~zeichen** *n* заклáдка 6

Lesung *f* чтéние 5 | in zweiter ~ во вторóм чтéнии

letal *Med* смертéл|ьный| -ен| -ьна

Lethargie *f* летарги́я 8

Lette *m* латы́ш 2e *G Pl* -éй

Letter *f Typ* ли́тера 6

Lettin *f* латы́шка 6

lettisch латви́йский; Sprache, Literatur латы́шский | Lettische Sozialistische Sowjetrepublik Латви́йская Совéтская Социалисти́ческая Респýблика

Lettland Лáтвия 8

letzte послéдний 11 | ~ Woche на прóшлой недéле; am ~n Sonntag в прóшлое воскресéнье; bis aufs ~ до концá; ~n Endes в концé концóв; bis zum ~n Heller до послéдней копéйки; zum ~n Mal в послéдний раз; zum ~n Mittel greifen прибегáть ⟨-бéгнуть 4a *u.* 4⟩ к крáйнему срéдству; der ~ Schrei der Mode послéдний крик мóды; sein ~s Stündlein hat geschlagen прóбил егó послéдний час; der ~ Wille завещáние 5, послéдняя вóля; das ~ Wort haben ост|авля́ть ⟨-áвить 3 -áвлю⟩ за собóй послéднее слóво; in der ~n Zeit за послéднее врéмя

Letzte *m, f, n* послéдн|ий, -яя, -ее *Subst* 11 | der ~ des Monats послéднее числó мéсяца; sein ~s hingeben от|давáть* ⟨отдáть*⟩ послéднее; es geht ums ~ на кáрту постáвлено всё; zu guter Letzt в концé концóв, напослéдок *umg*

letztens *Adv* в послéднее врéмя, недáвно

Letztere *m, f, n* послéдн|ий, -яя, -ее *Subst* 11

letztlich *Adv* в концé концóв

Leucht|boje *f Mar* светя́щийся 11 буй; **~bombe** *f* светя́щая авиабóмба 11–6; **~buchstabe** *m* светя́щаяся 11 бýква

Leuchte *f* лáмпа 6; *übertr* свети́ло 4

leuchten *intr* све|ти́ть 3⁺ -чý; schwach, z. B. Leuchtfarbe свети́ться; Sterne, Augen сия́ть a. Farbe

Leuchter *m* подсвéчник [шн] 2

Leucht|farbe *f* светя́щаяся 11 крáска; **~feuer** *n* мая́к 2e, сигнáльный огóнь; *Flugw* светомая́к 2e; **~gas** *n* свети́льный газ; **~käfer** *m* светля́к 2e, светляч|óк| -кá 2e; **~kraft** *f* си́ла свéта; **~kugel** *f* сигнáльная ракéта 6; **~pistole** *f* ракéтница 6; **~rakete** *f* сигнáльная ракéта; **~reklame** *f* светова́я реклáма; **~schiff** *n* плавýчий мая́к 11-2e; **~schirm** *m* флуоресци́рующий экрáн 11-2; **~schrift** *f* светя́щаяся нáдпись 11-9; **~spurgeschoß** *n* трасси́рующий 11 снаря́д; **~stoffröhre** *f* люминесцéнтная трýбка; **~turm** *m* мая́к 2e; **~ziffern** *f Pl* светя́щиеся 11 ци́фры

leugnen *tr* отрицáть

Leukämie *f Med* лейкеми́я 8, белокрóвие 5

Leuko|plast *n* лейкоплáстырь 1; **~zyten** *Pl* лейкоци́ты *Pl* 2

Leumund *m* репутáция 8

Leute *Pl* лю́ди| людéй| лю́дям| людéй| людьми́| о лю́дях, нарóд 2 *G. a.* -у | unsere ~ нáши (лю́ди); er kennt seine ~ он знáет| с кем имéет дéло; wir sind geschiedene ~ мéжду нáми всё кóнчено; viele ~ мнóго нарóду; **~schinder** *m* живодёр 2 *umg*

Leutnant *m* лейтенáнт 2

leutselig привéтлив:ый

Leviten *Pl:* j-m die ~ lesen читáть (про-) комý-н. нотáцию, отчи́тывать ⟨-читáть⟩ когó-н.

Levkoje *f* левкó|й 1 *G Pl* -ев

Lexik *f* лéксика 6

lexikalisch лекси́ческий

Lexikograph *m* лексикóграф 2; **~ie** *f* лексикогрáфия 8

lexikographisch лексикографи́ческий

Lexikologie *f* лексиколóгия 8

Lexikon *n* энциклопéдия 8 | er ist ein wandelndes ~ он ходя́чая 11 энциклопéдия

Liane *f* лиа́на 6
Libanes|e *m* лива́н|ец, -ца 2; **~in** *f* лива́нка 6
libanesisch лива́нский
Libanon Лива́н 2
Libelle *f Zool* стрекоза́ 6с; *Tech* ватерпа́с [тэ] 2
liberal либера́л|ьный, -ен, -ьна | Liberal-Demokratische Partei Deutschlands (LDPD) Либера́льно-демократи́ческая па́ртия Герма́нии (*Abk* ЛДПГ)
Liberal|e *m* либера́л 2; **~ismus** *m* либерали́зм 2
Liberia Либе́рия 8; **~ner** *m* либери́|ец, -йца 2; **~nerin** *f* либери́|йка 6 *G Pl* -ек
liberianisch либери́йский
Librett|ist *m* либретти́ст 2, а́втор 2 либре́тто; **~o** *n* либре́тто *n idkl*
Liby|en Ли́вия 8; **~er** ливи́|ец, -йца 2; **~erin** *f* ливи́|йка 6 *G Pl* -ек
libysch ливи́йский
licht hell све́т|лый, -ел, -ла́!; nicht dicht ре́д|кий, -ок, -ка́!; ре́же | ~e Höhe [Weite] высота́ [ширина́] в свету́; die Reihen werden ~er ряды́ редéют
Licht *n* свет 2, ~er *Pl* огн|и́, -е́й 1е; Kerze свеч|а́ 6h *G Pl* -е́й | künstliches ~ иску́сственное освеще́ние; die ~er der Stadt огни́ го́рода; ~ machen включ|а́ть ⟨-и́ть 3⟩ [зажига́ть ⟨-|же́чь*⟩] свет; er brachte ~ in diese Angelegenheit он проли́л свет на э́то де́ло; das ~ der Welt erblicken роди́ться *v* 3, появи́ться *v* 3⁺ на свет; mir geht ein ~ auf меня́ осени́ло, тепе́рь я начина́ю понима́ть; er ist kein großes ~ он умо́м не бле́щет, он звёзд с не́ба не хвата́ет; etw. ans ~ bringen разоблач|а́ть ⟨-и́ть 3⟩ что-н., пре|дава́ть ⟨преда́ть*⟩ гла́сности что-н.; das hat ein günstiges ~ auf ihn geworfen благодаря́ э́тому он предста́л в благоприя́тном све́те; etw. gegen das ~ betrachten смотре́ть 3⁺ (по-) что-н. на свет; geh mir aus dem ~ не заслоня́й мне свет; j-n hinters ~ führen проводи́ть 3⁺ -вожу́ ⟨-|вести́*⟩ кого́-н.; etw. in falschem ~ darstellen предст|авля́ть ⟨-а́вить 3 -а́влю⟩ что-н. в ло́жном све́те; ins rechte ~ stellen [rükken] пра́вильно [ве́рно] осве|ща́ть ⟨-ти́ть 3 -щу́⟩; sich im besten ~ zeigen пока́зывать ⟨-|каза́ть*⟩ себя́ с лу́чшей стороны́; **~bad** *n* светова́я ва́нна; **~behandlung** *f Med* светолече́ние 5; **~bild** *n* фотогра́фия 8; **~bildervortrag** *m* ле́кция с пока́зом диапозити́вов; **~blick** *m* просве́т 2; **~bogen** *m* электри́ческая дуга́; **~bogenschweißen** *n* дугова́я сва́рка; **~brechung** *f* преломле́ние све́та
Lichtdruck *m Typ* фототи́пия 8
licht|echt светосто́|йкий, -ек, -йка | dieser Stoff ist ≈ э́та мате́рия не выгора́ет; **~empfindlich** светочувстви́тел|ьный, -ен, -ьна
Lichtempfindlichkeit *f Foto* светочувстви́тельность 9; *Med* светобоя́знь 9
[1]**lichten** *tr* Wald разре|жа́ть ⟨-ди́ть 3 -жу́⟩; sich ~ *refl* реде́ть (по-)
[2]**lichten** *tr Mar:* den Anker ~ поднима́ть ⟨подня́ть*⟩ я́корь, снима́ться ⟨сня́ться*⟩ с я́коря
lichterloh *Adv:* ~ brennen горе́ть 3 я́рким пла́менем, полыха́ть
Lichtermeer *n* мо́ре огне́й
Licht|geschwindigkeit *f* ско́рость све́та; **~hof** *m Bauw* светово́й двор; *Astr* орео́л 2; **~hupe** *f Kfz* светово́й сигна́л 2; **~jahr** *n* светово́й год; **~kasten** *m Med* светова́я ва́нна 6; **~kegel** *m* ко́нус 2 световы́х луче́й; **~leitung** *f* электри́ческая прово́дка 6; **~maschine** *f Kfz* генера́тор 2; **~pause** *f* светоко́пия 8; **~quelle** *f* исто́чник све́та; **~reklame** *f* светова́я рекла́ма; **~satz** *m Typ* фотонабо́р 2; **~schacht** *m Bauw* светова́я ша́хта; **~schalter** *m* выключа́тель 1; **~schein** *m* луч 2е *G Pl* -е́й све́та
lichtscheu *übertr* боя́щийся 11 све́та | ~es Gesindel тёмные ли́чности *Pl* 9
Licht|schranke *f* фотояче́йка 6, фотореле́йный барье́р; **~signal** *n* светово́й сигна́л; **~signalanlage** *f* светосигна́льная устано́вка; **~spieltheater** *n* кинотеа́тр 2; **~stärke** *f* си́ла све́та; eines Objektivs светоси́ла 6; **~strahl** *m* луч све́та *a. übertr*
Lichtung *f* прога́лина 6, поля́на 6
Lichtzeichen *n* светово́й сигна́л
Lid *n* ве́ко 4 *Pl* ве́ки
lieb teuer дорого́й, до́рог, -а́!; доро́же; liebenswürdig; sympathisch ми́л:ый, -а́, -о, ми́лы | am ~sten охо́тнее [прия́тнее] всего́; meine ~en Freunde! дороги́е друзья́!; unsere ~e Heimat на́ша люби́мая ро́дина; das ist ~ von dir э́то ми́ло с твое́й стороны́; es ist mir ~, daß ... мне прия́тно, что ...; seien Sie so ~, mir zu helfen бу́дьте добры́ [любе́зны], помоги́те мне; das ist mir gar nicht ~ э́то мне неприя́тно; mein ~ster Freund мой (са́мый) люби́мый друг; den ~en langen Tag день-деньско́й; ach du ~e Zeit! бо́же мой!
liebäugeln *intr:* mit j-m ~ де́лать (с-) кому́-н. гла́зки, коке́тничать с кем-н.; mit einem Gedanken ~ носи́ться 3⁺ ношу́сь с мы́слью
Liebe *f* люб|о́вь, -ви́ 9 *I* -о́вью | die ~ zur Heimat любо́вь к ро́дине; für j-n ~ empfinden испы́тывать любо́вь к кому́-н.; seine ~ gestehen при|знава́ться* ⟨-зна́ться⟩ в любви́; sie ist seine alte ~ она́ его́ ста́рая любо́вь; alte ~ rostet

nicht ста́рая любо́вь не ржаве́ет; ~ macht blind любо́вь слепа́; j-m eine ~ tun де́лать (с-) кому́-н. одолже́ние; eine ~ ist der anderen wert услу́га за услу́гу, долг платежо́м кра́сен

liebebedürftig нужда́ющийся 11 в любви́

Liebediener *m* льстец 2е, подхали́м 2; **~ei** *f* лесть 9, подхали́мство 4

liebedien|erisch льсти́в:ый, подхали́мский; **~ern** *intr* подхали́мничать

Liebelei *f* флирт 2

lieben *tr* люб|и́ть 3⁺ -лю́ (wegen за *A*) | sie ~ sich они́ лю́бят друг дру́га

liebenswürdig любе́з|ный, -ен

Liebenswürdigkeit *f* любе́зность 9

lieber 1. *Adj* доро́же, миле́е | er ist mir ~ als sie он мне доро́же её **2.** *Adv* лу́чше, охо́тнее | ~ nicht лу́чше не на́до; sag das ~ nicht лу́чше не говори́ э́того; sie bliebe ~ hier она́ охо́тнее оста́лась бы здесь, она́ предпочла́ бы оста́ться здесь; es wäre mir ~, wenn er käme мне бы́ло бы прия́тнее, е́сли бы он пришёл; ich möchte ~, daß ... я бы предпочёл, что́бы ...

Liebes|abenteuer *n* любо́вное приключе́ние; **~brief** *m* любо́вное письмо́; **~dienst** *m* дру́жеская услу́га | j-m einen ≈ erweisen ока́зывать ⟨-|каза́ть*⟩ кому́-н. любе́зность [дру́жескую услу́гу]; **~erklärung** *f* объясне́ние в любви́; **~geschichte** *f* любо́вная исто́рия; **~heirat** *f* брак по любви́; **~kummer** *m* любо́вная тоска́ 6; **~müh** *f*: das ist verlorene ≈! напра́сный труд!; **~paar** *n* влюблённая па́ра; **~verhältnis** *n* любо́вная связь 9

liebevoll ла́сков:ый, не́ж|ный, -ен, -на́, -но, не́жны́

lieb|gewinnen *tr* полюб|и́ть *v* 3⁺ -лю́; **~haben** *tr* люб|и́ть 3⁺ -лю́

Liebhaber *m* Kenner люби́тель 1; Verehrer любо́вник 2 | er ist ein großer ~ moderner Kunst он большо́й люби́тель совреме́нного иску́сства; das Buch hat viele ~ gefunden на кни́гу нашло́сь мно́го охо́тников; **~bühne** *f* люби́тельский теа́тр 2; **~ei** *f* люби́мое заня́тие 5; **~in** *f* люби́тельница 6; **~preis** *m* цена́ для люби́телей [знатоко́в]

liebkosen *tr* ласка́ть

Liebkosung *f* ла́ска 6

lieblich милови́д|ный, -ен, хоро́шенький

Liebling *m* люби́м|ец, -ца 2; Frau люби́мица 6; Anrede ми́лый; ми́лая

Lieblings|beschäftigung *f* люби́мое заня́тие; **~schriftsteller** *m* люби́мый писа́тель

lieblos бессерде́ч|ный, -ен, чёрств:ый, черства́!

Lieblosigkeit *f* бессерде́чность 9, чёрствость 9

Lieb|reiz *m* пре́лесть 9; **~schaft** *f* любо́вная связь 9

Liebste *f* возлю́бленная *Subst* 11, *als Anrede* ми́лая, ми́лочка; **~r** *m* возлю́бленный *Subst* 10, *als Anrede* ми́лый, голу́бчик

Liebstöckel *n* любисто́к 2, зо́ря 7

liebst: am ~en *Adv* лу́чше всего́, охо́тнее всего́

Liechtenstein Ли́хтенштейн 2

Lied *n* пе́с|ня 7 *G Pl* -ен | davon kann ich ein ~ singen об э́том я мог(ла́) бы мно́го рассказа́ть; immer das alte ~ э́то всё ста́рая [та же] пе́сня; **~chen** *n* пе́сенка 6

Lieder|abend *m* ве́чер пе́сни; **~buch** *n* пе́сенник 2; **~dichter** *m* а́втор пе́сен, пе́сенник 2

Liederjahn *m* неря́ха *m, f* 6

Lieder|komponist *m* компози́тор-пе́сенник 2-2; **~kreis** *m* вока́льный цикл

liederlich безала́бер|ный, -ен, неря́шлив:ый; ausschweifend распу́т|ный, -ен

Liederlichkeit *f* безала́берность 9, неря́шливость 9; распу́тство 4

Lieder|macher *m* а́втор 2 пе́сен, пе́сенник 2; **~sammlung** *f* сбо́рник 2 пе́сен

Lieferant *m* поставщи́к 2е

lieferbar име́ющийся 11 в прода́же

Liefer|bedingungen *Pl* усло́вия *Pl* 5 поста́вки; **~frist** *f* срок поста́вки

liefern *tr* пост|авля́ть ⟨-а́вить 3 -а́влю⟩ (an *D*); anliefern, zustellen дост|авля́ть ⟨-а́вить⟩ | dieses Werk liefert Ersatzteile an uns э́тот заво́д поставля́ет нам запасны́е ча́сти; frei Haus ~ беспла́тно доставля́ть на́ дом; Strom ~ дава́ть* ток; Schafe ~ Wolle о́вцы даю́т шерсть; er ist geliefert *umg* он пропа́л

Liefer|schein *m* накладна́я *Subst* 10; **~schwierigkeiten** *Pl* затрудне́ния *Pl* 5 в поста́вках; **~termin** *m* срок поста́вки; ins Haus срок доста́вки; **~ung** *f* Vorgang поста́вка 6; Zustellung доста́вка 6; Sendung поставля́емый [доставля́емый] това́р; Heft, Folge вы́пуск 2 | das Wörterbuch erscheint in ~en слова́рь издаётся отде́льными вы́пусками

Liefer|vertrag *m* догово́р о поста́вке [на поста́вку]; **~wagen** *m* автофурго́н 2, автомоби́ль для разво́зки това́ров

Liege *f* тахта́ 6; **~geld** *n* пла́та 6 за просто́й; **~halle** *f* (санато́рная) вера́нда 6 для лежа́чих больны́х; **~kur** *f* лече́ние лежа́нием на во́здухе

liegen *intr* лежа́ть 3; gelegen sein быть* располо́женным; sich befinden нахо|ди́ться 3⁺ -жу́сь; vor Anker, Truppen стоя́ть 3; j-m passen подходи́ть 3⁺ | mein Zimmer liegt nach der Straße моя́ ко́мната выхо́дит о́кнами на у́лицу; der Schnee liegt einen Meter hoch толщина́ сне́жного покро́ва – оди́н метр; tiefe Stille liegt über dem Dorf в дере́вне цари́т глубо́кая тишина́; der Tisch liegt voller Bücher стол зава́лен кни́гами; weich ~ лежа́ть на мя́гком; er hat Geld auf der Bank ~ у него́ де́ньги в ба́нке; das Dorf liegt am Fluß дере́вня располо́жена у реки́; die Stadt liegt im Gebirge го́род располо́жен в гора́х; Nebel liegt über dem Fluß над реко́й сте́лется тума́н; der Ton liegt auf der ersten Silbe ударе́ние на пе́рвом сло́ге; das liegt noch in weiter Ferne э́то бу́дет ещё не ско́ро; das liegt noch ganz in der Zukunft э́то – де́ло бу́дущего; im Bereich des Möglichen ~ находи́ться в преде́лах возмо́жного; das liegt in seinem Interesse э́то в его́ интере́се; darin liegt der Unterschied в э́том (состои́т) разли́чие; diese Arbeit liegt ihm nicht э́та рабо́та ему́ не по душе́; an wem liegt es? кто винова́т?, чья вина́?; woran liegt es? в чём де́ло?, за чем де́ло ста́ло?; es liegt an dir э́то зави́сит от тебя́; an mir soll es nicht ~ за мной де́ло не ста́нет; das liegt nicht an mir э́то не моя́ вина́, я тут не при чём; mir liegt viel daran, den Zug zu erreichen мне о́чень ва́жно успе́ть на по́езд; es liegt mir nichts daran э́то мне соверше́нно нева́жно; was liegt dir daran? что тебе́ до э́того?; ~d freihändig schießen стреля́ть лёжа без упо́ра; **~bleiben** *intr* im Bett продолжа́ть лежа́ть; einige Zeit полежа́ть 3 *v;* Gegenstände о|става́ться* ⟨о|ста́ться*⟩; nicht gekauft werden залёживаться ⟨-лежа́ться 3⟩ | bleib noch ein Weilchen liegen полежи́ ещё немно́жко; die Zeitung blieb auf dem Tisch liegen газе́та оста́лась на столе́; die Arbeit bleibt liegen рабо́та стои́т; **~lassen** *tr* ост|авля́ть ⟨-а́вить 3 -а́влю⟩; vergessen a. забыва́ть ⟨-|бы́ть*; забы́ла⟩ | j-n links ≈ игнори́ровать *uv, v* 2 кого́-н., не обра|ща́ть ⟨-ти́ть 3 -щу́⟩ внима́ния на кого́-н.; alles stehen- und ≈ оста́в|ить *v* 3 -лю [бро́|сить *v* 3 -шу] всё

Liegenschaften *f Pl* недви́жимость 9, недви́жимое иму́щество 4

Liege|platz *m Eisenb* ме́сто для лежа́ния; Schiff я́корная стоя́нка 6; **~sitz** *m* сиде́нье с откидно́й спи́нкой; **~stuhl** *m* шезло́нг 2; **~stütz** *m* упо́р 2 лёжа; **~wagen** *m* ваго́н с места́ми для лежа́ния; **~wiese** *f* луг 2b; на лугу́; *Pl* -а́

Lift *m* лифт 2

Liga *f* ли́га 6 | ~ für Völkerfreundschaft Ли́га дру́жбы наро́дов

Ligatur *f* лигату́ра 6

Liguster *m* бирючи́на 6

liieren *tr:* sie sind eng liiert они́ тесно́ свя́заны; er ist mit ihr liiert он име́ет любо́вную связь с ней

Likör *m* ликёр 2; **~glas** *n* ликёрная рю́мка

lila лило́вый

Lilie *f* ли́лия 8

Liliputaner *m* лилипу́т 2; **~in** *f* лилипу́тка 6

Limes *m Math* преде́л 2; *hist* ли́мес 2

Limit *n* лими́т 2

Limonade *f* лимона́д 2

Limousine *f* лимузи́н 2

Linde *f* ли́па 6

Linden|blüte *f* ли́повый цвет; **~blütentee** *m* ли́повый чай

lindern *tr* облегч|а́ть ⟨-и́ть 3⟩; **~d** *Med* болеутоля́ющий 11

Linderung *f* облегче́ние 5; *Med* утоле́ние 5

Lineal *n* лине́йка 6

linear лине́йный

Linguist *m* лингви́ст 2; **~ik** *f* лингви́стика 6

linguistisch лингвисти́ческий

Linie *f* ли́ния 8; Strich черта́ 6; im Heft лине́йка; Bahn, Metro ли́ния; Bus, Straßenbahn маршру́т 2 | eine ~ ziehen проводи́ть 3⁺ -вожу́ ⟨-|вести́*⟩ ли́нию; auf ~n schreiben писа́ть по лине́йкам; ein Heft mit ~n тетра́дь в лине́йку; auf dieser ~ verkehren die Busse alle Viertelstunden по э́тому маршру́ту авто́бус идёт ка́ждые пятна́дцать мину́т; auf der ganzen ~ по всей ли́нии; in erster ~ в пе́рвую о́чередь; sich in einer ~ aufstellen стро́иться 3 (по-) по лине́йке

Linien|blatt *n* транспара́нт 2; **~bus** *m* ре́йсовый авто́бус; **~richter** *m* судья́ на ли́нии; **~taxi** *n* маршру́тное такси́; **~verkehr** *m* маршру́тный тра́нспорт

linieren *tr* линова́ть 2 (на-); senkrecht граф|и́ть 3 -лю́ (раз-) | liniertes Papier лино́ванная бума́га

Linierung *f* лино́вка 6

link ле́вый *a. Pol* | ~er Hand сле́ва, на ле́вой стороне́; zwei ~e Hände haben быть* неуклю́жим; ~e Seite Stoff изна́нка 6, ле́вая сторона́; mit dem ~en Bein (zuerst) aufstehen *umg* встать* *v* с ле́вой ноги́

Linke *f* Hand ле́вая рука́ 6а; *Pol* ле́вые (па́ртии) | zur ~n сле́ва

linkisch неуклю́ж:ий 11, нело́в|кий; -ок; -ка́!

links *Adv* сле́ва; auf der linken Seite на ле́вой стороне́ | von ~ nach rechts сле́ва напра́во; nach ~ нале́во; die erste Tür ~ пе́рвая дверь нале́во; ~ gehen! держи́тесь ле́вой стороны́!; ~ überholen обгоня́ть ⟨обо|гна́ть*⟩ сле́ва [с ле́вой стороны́]; den Strumpf ~ anziehen надева́ть ⟨-|де́ть*⟩ чуло́к наизна́нку

Links|abbieger *m* повора́чивающий *Subst*

11 нале́во; ~**außen** *m* Fußball ле́вый кра́йний 11 напада́ющий *Subst* 11; ~**drehung** *f* ле́вое враще́ние; ~**extremist** *f* ле́вый экстреми́ст, лева́к 2е; ~**gewinde** *n Tech* ле́вая резьба́; ~**händer** *m* левш|а́ *m, f* 6 *G Pl* -е́й

linksherum *Adv* в ле́вую сто́рону

Links|kurve *f* поворо́т влево; ~**partei** *f* ле́вая па́ртия

linksseitig левосторо́нний 11

linksum! *Adv* нале́во!

Linksverkehr *m* левосторо́ннее 11 движе́ние

Linol|eum *n* лино́леум 2; ~**schnitt** *m* линогравю́ра 6

Linotype *f* линоти́п 2

Linse *f Anat* хруста́лик 2; *Bot* чечеви́ца 6; *Phys* ли́нза 6

Linsen|gericht *n*, ~**suppe** *f* чечеви́чная похлёбка 6

Lippe *f* губа́ 6h | sich auf die ~n beißen куса́ть себе́ гу́бы; er brachte kein Wort über die ~n он не пророни́л ни (одного́) сло́ва; kein Wort soll über meine ~n kommen я не скажу́ ни сло́ва

Lippen|bekenntnis *n* призна́ние (то́лько) на слова́х; ~**blütler** *Pl* губоцве́тные *Subst Pl* 10; ~**laut** *m* губно́й звук; ~**stift** *m* губна́я пома́да 6

liquidieren *tr* ликвиди́ровать *uv, v* 2

Liquidierung *f* ликвида́ция 8

Lira *f* ли́ра 6

lispeln *tr* mit der Zunge anstoßen шепеля́в|ить 3 -лю; flüstern шеп|та́ть* ⟨-ну́ть *mom* 4⟩

Lissabon Лиссабо́н 2

List *f* хи́трость 9 | zu einer ~ greifen прибега́ть ⟨-бе́гнуть 4a *u.* 4⟩ к хи́трости

Liste *f* спи́с|ок$_1$ -ка 2; exakte Aufstellung ве́домость 9g | eine ~ anlegen [aufstellen] сост|авля́ть ⟨-а́вить 3 -а́влю⟩ спи́сок; auf die schwarze ~ kommen попада́ть ⟨-|па́сть*⟩ в чёрный спи́сок

Listenwahl *f* голосова́ние спи́ском

listig хи́т|рый$_1$ -ёр$_1$ -ра́!, лука́в:ый | ~ sein хитри́ть 3 (с-)

Listigkeit *f* хи́трость 9, лука́вство 4

Litanei *f*: eine lange ~ надое́дливые жа́лобы *Pl* 6, бесконе́чная каните́ль 9

Litau|en Литва́ 6; ~**er** *m* лито́в|ец$_1$ -ца 2; ~**erin** *f* лито́вка 6

litauisch лито́вский | Litauische Sozialistische Sowjetrepublik Лито́вская Сове́тская Социалисти́ческая Респу́блика

Liter *n, m* литр 2 | halbes ~ пол-ли́тра

Literarhistoriker *m* литературове́д 2

literarisch литерату́рный$_1$ -ен

Literatur *f* литерату́ра 6 | schöne ~ худо́жественная литерату́ра; ~**angaben** *Pl* спи́с|ок$_1$ -ка 2 испо́льзованной литерату́ры; ~**denkmal** *n* литерату́рный па́мятник 2; ~**geschichte** *f* исто́рия литерату́ры; ~**kritik** *f* литерату́рная кри́тика; ~**kritiker** *m* литерату́рный кри́тик; ~**nachweis** *m* указа́тель 1 литерату́ры; ~**sprache** *f* литерату́рный язы́к; ~**theorie** *f* тео́рия литерату́ры; ~**verzeichnis** *n* библиогра́фия 8; ~**wissenschaft** *f* литературове́дение 5

Literflasche *f* литро́вая буты́лка

literweise *Adv* ли́трами

Litfaßsäule *f* столб для афи́ш и объявле́ний

Lithium *n* ли́ти|й 1 *P* -и

Lithograph *m* лито́граф 2; ~**ie** *f* литогра́фия 8

lithographisch литографи́ческий

Liturgie *f* литурги́я 8

Litze *f* Borte галу́н 2е; *El* ги́бкий электропро́вод 2b *Pl* -а́

Livesendung *f* пряма́я переда́ча

Livree *f* ливре́я 7

Lizenz *f* лице́нзия 8 (für на *A*); ~**ausgabe** *f* Buch кни́га 6$_1$ и́зданная по лице́нзии, лицензио́нное изда́ние; ~**gebühren** *Pl* лицензио́нный сбор 2

Lob *n* похвала́ 6 | er sparte nicht mit ~ он не скупи́лся на похвалы́; sie war des ~es voll über diese Sache она́ была́ в восто́рге от э́того; über alles ~ erhaben sein быть вы́ше всех похва́л

Lobby *f* ло́бби *n idkl*

loben *tr* хвали́ть 3^+ (по-) (für, wegen за *A*) | allzusehr ~ захв|а́ливать ⟨-али́ть⟩; sie wurde ~d erwähnt о ней отозва́ли́сь с похвало́й, её похвали́ли

lobenswert похва́л|ьный$_1$ -ен$_1$ -ьна

Lobhudelei *f* чрезме́рная похвала́ 6, лесть 9

löblich похва́л|ьный$_1$ -ен$_1$ -ьна

Loblied *n*: auf j-n ein ~ singen петь кому́-н. дифира́мбы

Lobrede *f* хвале́бная речь

Loch *n* дыра́ 6c; kleines ды́рка 6; Öffnung отве́рстие 5; im Schlauch проко́л 2; elende Wohnung нора́ 6c; Gefängnis *umg* кутýзка 6 | er pfeift auf dem letzten ~ он ды́шит на ла́дан; saufen wie ein ~ пить* как бо́чка; jetzt pfeift es aus einem anderen ~ (тепе́рь) поду́л друго́й ве́тер

lochen *tr* пробива́ть ⟨-би́ть*⟩, перфори́ровать *uv, v* 2; Fahrkarte компости́ровать 2 (про-)

Locher *m* дыроко́л 2; *Tech* перфора́тор 2; für Fahrkarten компо́стер 2

löch(e)rig дыря́в:ый

Lochkarte *f* перфока́рта 6

lochkartengesteuert управля́емый перфока́ртами

Loch|kartensteuerung *f* (програ́ммное) управле́ние перфока́ртами; ~**streifen** *m* перфоле́нта 6; ~**streifensteuerung** *f* (програ́ммное) управле́ние перфоле́нты; ~**zange** *f* des Schaffners компо́стер 2

Locke *f* ло́кон 2, завит|о́к, -ка́ 2; ~n *Pl a.* ку́дри *Pl* 9g

¹locken *tr* an~ мани́ть 3⁺ (по-), зама́нивать ⟨-мани́ть⟩

²locken *tr* Haar завива́ть ⟨-|ви́ть*⟩; sich ~ *refl* кудря́виться 3

Locken|kopf *m* кудря́вая голова́; ~**wickel** *m* бигуди́ *n idkl* | ≈ eindrehen накр|у́чивать ⟨-ути́ть 3⁺ -учу́⟩ бигуди́

locker porös, bröckelig ры́хл:ый, -á!; lose, nicht fest сла́б:ый, -á, -о, сла́бы́; wacklig шата́ющийся 11; *übertr* ausschweifend беспу́т|ный, -ен | bei mir ist ein Zahn ~ у меня́ шата́ется зуб; ein ~es Leben führen вести́* беспу́тную жизнь; ~e Sitten во́льные [испо́рченные] нра́вы; ~ werden Boden рыхле́ть (по-); ~**lassen** *intr:* nicht ≈ не отступ|а́ть ⟨-и́ть 3⁺ -лю́⟩, наста́ивать ⟨-стоя́ть 3⟩ на своём

lockern *tr* ослабля́ть ⟨осла́б|ить 3 -лю⟩; Pfosten u. ä. расша́тывать ⟨-шата́ть⟩; Glieder рассл|абля́ть ⟨-а́бить 3 -а́блю⟩; Boden рыхли́ть (вз-); sich ~ *refl* ослаб|ева́ть ⟨-е́ть⟩; расша́тываться ⟨-шата́ться⟩ | die Sitten ~ sich нра́вы по́ртятся

Lockerung *f* ослабле́ние 5; Boden (раз)рыхле́ние 5

Lockerungsübung *f Sport* упражне́ние на расслабле́ние мышц

lockig кудря́в:ый, курча́в:ый, Haar a. вью́щийся 11

Lock|mittel *n* прима́нка 6; ~**speise** *f* нажи́вка 6, прима́нка 6; ~**ung** *f* собла́зн 2; ~**welle** *f* зави́вка 6 (ло́конами)

Loden *m* грубошёрстное сукно́ 4; ~**mantel** *m* грубошёрстное (непроница́емое) пальто́

lodern *intr* пыла́ть

Löffel *m* ло́жка 6; Eier~ ло́жечка 6; Hase у́хо 4 *Pl* у́ш|и, -е́й, -а́м; ~**bagger** *m* одноковшо́вый экскава́тор

löffeln *tr u. intr* есть ло́жкой, хлеба́ть *umg*

Löffelstiel *m* ру́чка 6 ло́жки

Log *n Mar* лаг 2

Logarithm|entafel *f* табли́ца логари́фмов; ~**us** *m* логари́фм 2

Logbuch *n* ва́хтенный журна́л 2

Loge *f* ло́жа

Logenplatz *m* ме́сто в ло́же

Logger *m* ло́ггер 2

Loggia *f* ло́джия 8

logieren *intr* (вре́менно) жить*

Logik *f* ло́гика 6

logisch логи́ческий, логи́ч|ный, -ен

Lohe *f* Gerbrinde дуби́льная кора́ 6

lohen *intr* пыла́ть

Lohn *m* Arbeits~ за́работная пла́та 6, зарпла́та 6; Belohnung награ́да 6 (für за *A*) | gleicher ~ für gleiche Arbeit ра́вная опла́та за ра́вный труд; Löhne und Gehälter зарпла́та рабо́чих и слу́жащих; ~**abbau** *m* сниже́ние за́работной пла́ты; ~**abrechnung** *f* расчёт за́работной пла́ты; ~**abschlag** *m* ава́нс 2 по за́работной пла́те; ~**abzüge** *Pl* вы́четы из за́работной пла́ты; ~**arbeit** *f* наёмный труд; ~**arbeiter** *m* наёмный рабо́чий; ~**ausfall** *m* поте́ри *Pl* 7 в зарпла́те; ~**ausgleich** *m* компенса́ция поте́рь в за́работной пла́те (по вре́менной нетрудоспосо́бности); ~**büro** *n* отде́л 2 за́работной пла́ты

lohnen *tr* плати́ть 3⁺ плачу́ (от-); sich ~ *refl* сто́ить 3 | j-m etw. mit Undank ~ плати́ть кому́-н. за что-н. неблагода́рностью; es lohnt sich, den Versuch zu machen сто́ит сде́лать попы́тку; es hat sich gelohnt э́то сто́ило; ~**d** вы́годн|ый, -ен, сто́ящий 11; einträglich дохо́д|ный, -ен

Lohn|erhöhung *f* повыше́ние за́работной пла́ты; ~**fonds** *m* фонд за́работной пла́ты; ~**gruppe** *f* тари́фный разря́д 2; ~**gruppenkatalog** *m* тари́фно-квалификацио́нный спра́вочник 2; ~**kürzung** *f* = **Lohnabbau;** ~**kosten** *Pl* расхо́ды *Pl* 2 по за́работной пла́те; ~**liste** *f* платёжная ве́домость; ~**politik** *f* поли́тика в о́бласти за́работной пла́ты; ~**senkung** *f* сниже́ние за́работной пла́ты; ~**steuer** *f* подохо́дный нало́г, нало́г на за́работную пла́ту; ~**steuerabzug** *m* удержа́ние 5 подохо́дного нало́га; ~**stopp** *m* замора́живание 5 за́работной пла́ты; ~**streifen** *m* ко́пия 8 расчёта за́работной пла́ты; ~**tag** *m* день вы́платы за́работной пла́ты; ~**tüte** *f* конве́рт 2 с за́работной пла́той; ~**zuschlag** *m* надба́вка 6 к за́работной пла́те

lokal ме́стный

Lokal *n* Gaststätte рестора́н 2; kleines кафе́ *n idkl;* Raum помеще́ние 5; ~**anästhesie** *f Med* ме́стная анестези́я, ме́стное обезбо́ливание 5

lokalisieren *tr* локализова́ть *uv, v* 2

Lokalisierung *f* локализа́ция 8

Lokal|kolorit *n* ме́стный колори́т; ~**nachrichten** *Pl* in der Zeitung ме́стная хро́ника 6; ~**patriotismus** *m* ме́стный патриоти́зм, ме́стничество 4; ~**satz** *m Gramm* прида́точное предложе́ние ме́ста; ~**termin** *m Jur* выездна́я се́ссия 8, вы́езд 2 суда́ для осмо́тра ме́ста преступле́ния

Lokativ *m* ме́стный паде́ж 2e

Loko|mobile *f* локомоби́ль 1; ~**motive** *f* локомоти́в 2; Dampf~ парово́з 2; elektrische электрово́з 2; Diesel~ теплово́з 2

Lokomotiv|fabrik *f* für Diesselloks тепловозострои́тельный заво́д; für Dampfloks паровозострои́тельный заво́д; für E-

Loks электровозостроительный завод; ~**führer** *m* машинист 2 локомотива; ~**schuppen** *m* локомотивное депо *n idkl;* für Dampfloks паровозное депо
Looping *f Flugw* мёртвая пет|ля 7 *G Pl* -ель
Lorbeer|en *Pl* лавры *Pl* 2 | auf seinen ≈ ausruhen поч|ить, -ию, -иешь *v* на лаврах; ~**blatt** *n* лавровый лист; ~**kranz** *m* лавровый вен|ок, -ка 2
Lore *f* Feldbahn вагонетка 6; Güterwagen вагон 2 открытого типа, гондола 6
los 1. *Adj:* der Knopf ist ~ пуговица оторвалась; der Hund ist (von der Kette) ~ собака сорвалась с цепи; diese Sorge [meinen Schnupfen] bin ich endlich ~ наконец я избавился от этой заботы [от своего насморка]; dort ist der Teufel ~ там чёрт знает что творится; was ist ~? что случилось?; dort ist immer etwas ~ там всегда что-нибудь происходит; was ist mit dir ~? что с тобой?; mit ihm ist nicht viel ~ толку от него мало; endlich bin ich ihn ~ наконец, я от него отделался; meine Uhr bin ich ~ мои часы пропали **2.** *Adv:* ~! давай!; | ~, gehen wir! пошли!
Los *n* жреби|й 1 *P* -и; Lotterie~ лотерейный билет 2; Schicksal участь 9, судьба 6c *G Pl* судеб | das ~ werfen бросать ⟨бро|сить 3 -шу⟩ жребий; etw. durchs ~ entscheiden реш|ать ⟨-ить 3⟩ что-н. жребием; er hat das Große ~ gezogen он выиграл главный выигрыш, *übertr* ему очень [здорово] повезло
Los Angeles Лос-Анджелес 2
losarbeiten *intr* (энергично) браться*; брались ⟨взяться*; взялись⟩ за работу
lösbar *Chem* растворим:ый; Aufgabe разрешим:ый
los|binden *tr* отвязывать ⟨-|вязать*⟩; Befestigtes откреп|лять ⟨-ить 3 -лю⟩; ~**brechen** *intr* Sturm разра|жаться ⟨-зиться 3⟩, подниматься ⟨подняться*; -нялся, -нялась⟩
Löschblatt *n* лист промокательной бумаги, *umg* промокашка 6
[1]**löschen** *tr* Feuer, Lampe га|сить 3⁺ -шу (по-), тушить 3⁺ (по-); mit Löschblatt промок|ать ⟨-нуть 4⟩; Tonband стирать ⟨с|тереть*, сотру⟩; annullieren аннулировать *uv, v* 2 | Kalk ~ гасить известь; den Durst ~ утол|ять ⟨-ить 3⟩ жажду; eine Hypothek ~ погасить ипотечную ссуду
[2]**löschen** *tr* entladen выгружать ⟨выгру|зить 3 -жу⟩
Löscher *m* Tinten~ пресс-папье *n idkl*
Lösch|fahrzeug *n* пожарная машина 6; ~**geräte** *Pl* пожарное оборудование 5; ~**kalk** *m* гашёная известь; ~**kopf** *m* Tonband стирающая 11 головка; ~**mannschaft** *f* пожарная команда; ~**papier** *n* промокательная бумага
[1]**Löschung** *f* Tilgung погашение 5; einer Tonaufnahme стирание 5
[2]**Löschung** *f* einer Ladung выгрузка 6
Löschwasser *n* вода для тушения пожара; ~**becken** *n*, ~**teich** *m* пожарный бассейн 2
lose unverpackt нерасфасованный; lokker слаб:ый, -а, -о, слабы | Milch in Flaschen und ~ молоко в бутылках и разливное; ~s Mehl мука на вес; ~e Blätter несшитые листы; er hat eine ~ Zunge у него длинный язык
Lösegeld *n* выкуп 2
losen *intr* бросать ⟨бро|сить 3 -шу⟩ жребий
lösen *tr* aufbinden развязывать ⟨-|вязать*⟩; Vertrag расторгать ⟨-торгнуть 4a *u.* 4⟩; Aufgabe реш|ать ⟨-ить 3⟩; Widerspruch, Konflikt разреш|ать ⟨-ить⟩; Rätsel разгадывать ⟨-гадать⟩; *Chem* раствор|ять ⟨-ить 3⟩; Fahrkarte покупать ⟨куп|ить 3⁺ -лю⟩, брать* ⟨взять*⟩; sich ~ *refl* Zugebundenes развязываться ⟨-вязаться⟩; *Chem* раствор|яться ⟨-иться⟩; abgehen от|ставать* ⟨-|стать*⟩; Geklebtes откле|иваться ⟨-иться 3⟩; sich freimachen освобо|ждаться ⟨-диться 3 -жусь⟩ | sich von der alten Umgebung ~ по|рвать* *v* с прежней средой; sich von j-m ~ рас|ставаться* ⟨-|статься*⟩ с кем-н.
los|gehen *intr* anfangen начинаться ⟨на|чаться*; начался, -чалась⟩; Schuß раз|даться*; -дались *v* | aufeinander ≈ бросаться ⟨броситься 3⟩ друг на друга; ~**kaufen** *tr* выкупать ⟨выкуп|ить 3 -лю⟩; ~**kommen** *intr* отдел|ываться ⟨-аться⟩ (von от *G*); ~**lassen** *tr* отпу|скать ⟨-стить 3⁺ -щу⟩, пу|скать ⟨-стить⟩ | laß mich los! отпусти меня!; einen Hund von der Kette ≈ спу|скать ⟨-стить⟩ собаку с цепи
löslich *Chem* растворим:ый | leicht ~er Kaffee быстрорастворимый кофе
Löslichkeit *f* растворимость 9
los|lösen *tr* отдел|ять ⟨-ить 3⁺⟩; etw. Angeklebtes откле|ивать ⟨-ить 3⟩; sich ≈ *refl* от|ставать* ⟨-|стать*⟩; ~**machen** *tr* = **losbinden;** sich ≈ *refl* освобо|ждаться ⟨-диться 3 -жусь⟩; ~**reißen** *tr* отрывать ⟨ото|рвать*; оторванный⟩ (von от *G*); sich ≈ *refl* срываться ⟨со|рваться*; -рвались⟩; *übertr* отрываться ⟨ото|рваться*; -рвались⟩ (von от *G*); ~**rennen** *intr* по|бежать* *v*
Löß *m Geol* лёсс 2
los|sagen, sich *refl* отрекаться ⟨-|речься*⟩ (von от *G*); ~**schießen** *intr* losrennen бросаться ⟨бро|ситься 3 -шусь⟩ (auf на *A*) | schieß los! начинай!; ~**schlagen** *tr*

umg billig verkaufen сбыва́ть ⟨-|быть*⟩, про|дава́ть* ⟨-|да́ть*ǀ про́данный⟩ по пони́женной цене́; *intr* бить* (auf *A*), наноси́ть ⟨-|нести́*⟩ уда́ры (auf *D*); *Mil* начина́ть ⟨нача́ть*⟩ наступле́ние; **~schrauben** *tr* от|ви́нчивать ⟨-винти́ть 3 -винчу́ǀ -ви́нченный⟩; **~sprechen** *tr* освобо|жда́ть ⟨-ди́ть 3 -жу́ǀ -ждённый⟩ ǀ j-n von einer Schuld ≈ снима́ть ⟨снять*⟩ с кого́-н. вину́; **~stürzen** *intr* броса́ться ⟨бро́|ситься 3 -шусь⟩ (auf на *A*)

[1]Losung *f* ло́зунг 2; *Mil* паро́ль 1

[2]Losung *f* Wild помёт 2

Lösung *f* einer Aufgabe реше́ние 5; Widerspruch разреше́ние 5; Rätsel разга́дка; Ausgang развя́зка 6; *Chem* раство́р 2 ǀ das wäre die beste ~ тако́е реше́ние бы́ло бы са́мым лу́чшим

Lösungsmittel *n* раствори́тель 1

loswerden *tr* отде́л|ываться ⟨-аться⟩ от *G;* Waren сбыва́ть ⟨-|быть*⟩ (с рук) ǀ ihn wird man einfach nicht los от него́ не отвя́жешься

Lot *n Mar* лот 2; Senkblei отве́с 2; *Math* перпендикуля́р 2; Lötmetall припо́й 1 ǀ im ~ sein быть в поря́дке

loten *tr* измеря́ть ⟨-ме́рить 3⟩ ло́том

löten пая́ть 1

Lotion *f* лосьо́н 2

Löt|kolben *m* пая́льник 2; **~lampe** *f* пая́льная ла́мпа

Lotosblume *f* ло́тос 2

lotrecht вертика́льный, перпендикуля́р|ный, -ен

Lotse *m* ло́цман 2

lotsen *tr* Schiff, Person проводи́ть 3⁺ -вожу́ ⟨-|вести́*⟩

Lotsenboot *n* ло́цманский бот

Lotterie *f* лотере́я 7; **~los** *n* лотере́йный биле́т 2

Lotterleben *n* распу́тная жизнь

Lotto *n* лото́ *n idkl*

Lötzinn *n* оловя́нный припо́й 1

Löwe *m* лев, льва 2

Löwen|anteil *m übertr* льви́ная до́ля; **~junges** *n* львён|ок, -ка 2 *Pl* львя́та 4; **~maul** *n Bot* льви́ный зев 2; **~zahn** *m Bot* одува́нчик 2

Löwin *f* льви́ца 6

loyal лоя́л|ьный, -ен, -ьна

Loyalität *f* лоя́льность 9

Luchs *m Zool* рысь 9 ǀ er hat Augen wie ein ~ у него́ глаза́ как у ры́си

Lücke *f* leerer Raum пусто́е ме́сто 4b; im Text про́пуск 2; im Wissen; zwischen Wörtern пробе́л 2; im Zaun отве́рстие 5; *Mil* брешь 9 ǀ eine ~ schließen восполня́ть ⟨-по́лнить 3⟩ пробе́л

Lückenbüßer *m* заты́чка 6 *umg*

lücken|haft непо́л|ный, -он, -на́!; Kenntnisse с пробе́лами; **~los** по́л|ный, -он, -на́, по́лно́, без пробе́лов

Luder *n* Schimpfwort сте́рва 6 ǀ das arme ~! бедня́жка!

Luft *f* во́здух 2 ǀ frische ~ schöpfen дыша́ть 3⁺ (по-) све́жим во́здухом; die ~ anhalten заде́рживать ⟨-держа́ть 3⁺⟩ дыха́ние; an der frischen ~ на откры́том во́здухе; er ist für mich ~ он для меня́ пусто́е ме́сто, он для меня́ не существу́ет; seinem Herzen ~ machen отводи́ть 3⁺ -вожу́ ⟨-|вести́*⟩ (свою́) ду́шу; dicke ~! опа́сность!; die ~ ist rein мо́жно ничего́ не опаса́ться, круго́м всё споко́йно; das ist aus der ~ gegriffen э́то взя́то с потолка́; in die ~ fliegen explodieren взрыва́ться ⟨взо|рва́ться*ǀ -рвали́сь⟩, взле|та́ть ⟨-те́ть 3⟩ на во́здух; in die ~ gehen *übertr* ло́пнуть *v* 4 от зло́сти; es liegt etw. in der ~ что-то но́сится в во́здухе, в во́здухе че́м-то па́хнет; **~abschluß** *m:* unter ≈ без до́ступа во́здуха; **~abwehr** *f* противовозду́шная оборо́на (*Abk* ПВО); **~abwehrrakete** *f* зени́тная раке́та; **~akrobat** *m* возду́шный акроба́т [гимна́ст 2]; **~alarm** *m* возду́шная трево́га; **~angriff** *m* возду́шный налёт, возду́шное нападе́ние; **~aufklärung** *f Mil* возду́шная разве́дка; **~aufnahme** *f* Bild аэро(фото)сни́м|ок, -ка 2; Tätigkeit аэро(фото)съёмка 6; **~bad** *n Med* возду́шная ва́нна; **~ballon** *m* аэроста́т 2, возду́шный шар a. Spielzeug

luftbereift на пневмати́ческих ши́нах

Luft|bild *n* аэро(фото)сни́м|ок, -ка 2; **~blase** *f Tech* ра́ковина 6; **~brücke** *f* возду́шный мост

Lüftchen *n* ветер|о́к, -ка́ 2

luftdicht воздухонепроница́емый

Luftdruck *m Met* атмосфе́рное давле́ние; *Tech* давле́ние во́здуха; **~bremse** *f* пневмати́ческий то́рмоз, пневмото́рмоз 2; **~prüfer** *m Kfz* (ручно́й) мано́метр 2

luftdurchlässig воздухопроница́емый

lüften *tr* прове́тр|ивать ⟨-ить 3⟩; Hut приподнима́ть ⟨-|подня́ть*⟩ ǀ ein Geheimnis ~ открыва́ть ⟨-|кры́ть*⟩ та́йну

Lüfter *m* вентиля́тор 2

Luftfahrt *f* авиа́ция 8; **~gesellschaft** *f* авиацио́нная компа́ния 8, авиакомпа́ния 8; **~medizin** *f* авиацио́нная медици́на

Luft|feuchtigkeit *f* вла́жность во́здуха; **~filter** *m* Auto воздухоочисти́тель 1; **~flotte** *f* возду́шный флот; **~fracht** *f* авиацио́нный груз

luftge|kühlt с возду́шным охлажде́нием; **~trocknet** воздушносухо́й

Luft|gewehr *n* пневмати́ческое ружьё; **~herrschaft** *f Mil* госпо́дство в во́здухе

luftig Kleidung возду́ш|ный, -ен, лёг|кий [хк], -ок, легка́, легки́ *u.* лёгки

Luftikus *m* ве́треник 2 *umg,* ветрого́н 2 *umg*

Luft|kampf *m* возду́шный бой; ~**kissen** *n* Sitzkissen надувна́я поду́шка; *Tech* возду́шная поду́шка; ~**kissenboot** *n* ка́тер 2b *Pl* -á на возду́шной поду́шке; ~**koffer** *m* лёгкий чемода́н; ~**korridor** *m Flugw* возду́шный коридо́р; ~**krieg** *m* возду́шная война́; ~**kühlung** *f* возду́шное охлажде́ние; ~**kurort** *m* климати́ческий куро́рт; ~**lage** *f Mil* возду́шная обстано́вка; ~**landetruppen** *Pl* возду́шнодеса́нтные войска́; ~**landung** *f* деса́нтирование 5

luftleer безвозду́шный | ~er Raum безвозду́шное простра́нство

Luft|linie *f* gedachte Linie пряма́я ли́ния (ме́жду двумя́ географи́ческими то́чками); ~**loch** *n* Luftabzug отду́шина 6; *Flugw* возду́шная я́ма; ~**mangel** *m* недоста́ток во́здуха; ~**matratze** *f* надувно́й матра́ц; ~**mine** *f* авиами́на 6; ~**pirat** *m* возду́шный пира́т

Luftpost *f* авиапо́чта 6 | mit ~ а́виа(по́чтой); ~**brief** авиапис|ьмо́ 4c *G Pl* -ем

Luft|pumpe *f* возду́шный насо́с; ~**raum** *m* возду́шное простра́нство; ~**röhre** *f Anat* дыха́тельное го́рло 4, трахе́я 7; ~**schacht** *m* вентиляцио́нный коло́д|ец, -ца 2; ~**schiff** *n* дирижа́бль 1; ~**schifffahrt** *f* воздухопла́вание 5; ~**schleuse** *f Kosm* шлюзово́й отсе́к 2; ~**schlösser** *n Pl* возду́шные за́мки *Pl* 2; ~**schraube** *f* возду́шный винт

Luftschutz *m* противовозду́шная оборо́на 6 (*Abk* ПВО); ~**keller,** ~**raum** *m* бомбоубе́жище 4 (в подва́ле)

Luft|spiegelung *f* мира́ж 2 *G Pl* -е́й; ~**sprung** *m:* vor Freude einen ≈ machen пры́г|ать (-нуть 4) от ра́дости; ~**strahltriebwerk** *n Flugw* возду́шно-реакти́вный дви́гатель; ~**streitkräfte** *Pl* вое́нно-возду́шные си́лы *Pl* 6 (*Abk* ВВС); ~**strom** *m* возду́шный пото́к; ~**stützpunkt** *m* авиаба́за 6, авиацио́нная ба́за; ~**taxi** *n* возду́шное такси́; ~**temperatur** *f* температу́ра во́здуха; ~**transport** *m* авиатра́нспорт, возду́шный тра́нспорт; ~**trocknung** *f* возду́шная су́шка, су́шка на во́здухе; ~**überlegenheit** *f Mil* превосхо́дство в во́здухе

Lüftung *f* вентиля́ция 8

Lüftungs|anlage *f* вентиляцио́нная устано́вка; ~**klappe** *f* am Fenster фо́рточка 6

Luft|unterstützung *f Mil* авиацио́нная подде́ржка; ~**veränderung** *f* переме́на кли́мата; ~**verkehr** *m* возду́шное сообще́ние; ~**verschmutzung** *f* загрязне́ние во́здуха; ~**wechsel** *m* переме́на кли́мата; ~**weg** *m:* auf dem ≈ по во́здуху; ≈e *Pl Anat* дыха́тельные пути́; ~**widerstand** *m* сопротивле́ние во́здуха; ~**zufuhr** *f* пода́ча 6 во́здуха; ~**zug** *m* сквозня́к 2e

Lug *m:* es ist alles ~ und Trug всё э́то сплошно́й обма́н

Lüge *f* ложь, лжи 9 *I* ло́жью; Erfindung вы́думка 6 | eine faustdicke ~ гру́бая ложь; j-n ~n strafen изоблич|а́ть ⟨-и́ть 3⟩ кого́-н. во лжи; ~n haben kurze Beine на лжи далеко́ не уе́дешь

lügen *intr* лгать* (со-), врать* (со-) *umg* | ~ wie gedruckt врать как по пи́саному

lügenhaft лжи́в:ый

Lügner *m* лгун 2e, врун 2e *umg;* ~**in** *f* лгу́нья 7, вру́н|ья 7 *G Pl* -ий *umg*

lügnerisch лжи́в:ый

Luke *f Mar* люк 2

lukrativ при́был|ьный, -ен, -ьна, дохо́д|ный, -ен

lukullisch: ein ~es Mahl луку́ллов 13 пир 2b, на пиру́

Lumineszenz *f* люминесце́нция 8

Lümmel *m* наха́л 2, неве́жа *m* 6; ~**ei** *f* гру́бость 9, неотёсанность 9

lümmelhaft наха́л|ьный, -ен, -ьна, неотёсанный; grob гру́б:ый, -á!

lümmeln, sich *refl* разва́ливаться ⟨-вали́ться 3⁺⟩

Lump *m* негодя́|й 1 *G Pl* -ев, подле́ц 2e

lumpen *intr:* sich nicht ~ lassen не ску-п|и́ться 3⁺ -лю́сь (по-)

Lumpen *Pl* лохмо́ть|я, -ев *Pl* 1, тряпьё 3; ~**gesindel** *n* сброд 2, сво́лочь 9g; ~**proletariat** *n* лю́мпен-пролетариа́т 2; ~**sammler** *m* старьёвщик 2

Lumperei *f* по́длость 9

lumpig erbärmlich жа́л|кий, -ок, -ка́!; -ьче; ничто́ж|ный, -ен; gemein по́дл:ый, -á!

Lunge *f* лёгкое [хк] *Subst* 10 | eiserne ~ иску́сственные лёгкие *Pl Subst* 10; er hat es mit der ~ у него́ с лёгкими не в поря́дке; auf ~ rauchen кури́ть затя́гиваясь

Lungen|bläschen *n* лёгочный пузыр|ёк, -ька́ 2; ~**blutung** *f* лёгочное кровотече́ние; ~**entzündung** *f* воспале́ние лёгких; ~**flügel** *m* лёгкое *Subst* 10; ~**haschee** *n* гуля́ш 2e из лёгких; ~**heilstätte** *f* туберкулёзный санато́рий

lungenkrank страда́ющий 11 лёгочным заболева́нием | er ist ~ у него́ больны́е лёгкие

Lungen|kranke *m* лёгочный больно́й *Subst* 10; ~**krebs** *m* рак лёгких; ~**spitze** *f* верху́шка 6 лёгкого; ~**tuberkulose** *f* туберкулёз лёгких

Lunik *m* лу́нник 2

Lunte *f* фити́ль 1e; beim Fuchs хвост 2e | ~ riechen *umg* чу́five* (по-) опа́сность

Lupe *f* лу́па 6 | etw. (scharf) unter die ~ nehmen тща́тельно проверя́ть ⟨-ве́рить 3⟩ что-н., при́стально присмотре́ться *v* 3⁺ к чему́-н.

Lupine *f* люпи́н 2

Lurch *m* земново́дное *Subst* 10, амфи́бия 8

Lust *f* Vergnügen удово́льствие 5; Verlangen охо́та (zu к *D od. Inf*); sinnliche наслажде́ние 5 | er tut seine Arbeit mit ~ und Liebe он с удово́льствием выполня́ет свою́ рабо́ту; er ist mit ~ und Liebe bei der Sache он всей душо́й отдаётся де́лу; ich habe ~ zu lesen мне хо́чется чита́ть; da kann einem die ~ vergehen мо́жно потеря́ть охо́ту; ~ zu etw. bekommen за|хоте́ть* *v mit Inf;* j-m die ~ nehmen отбива́ть ⟨-|би́ть*⟩ охо́ту у кого́-н.

Lüster *m* Kronleuchter лю́стра 6; Stoff люстри́н 2

lüstern sinnlich похотли́в:ый, сладостра́ст|ный, -ен

Lüsternheit *f* похотли́вость 9, сладостра́стие 5

lustig 1. *Adj* весёлый, ве́сел, -а́!; belustigend заба́в|ный, -ен | sich ~ machen über j-n сме|я́ться, -ю́сь, -ёшься над кем-н. **2.** *Adv:* da geht es ~ zu там о́чень ве́село

Lustigkeit *f* весе́лье 5, весёлость 9

Lüstling *m* сластолю́б|ец, -ца 2

lustlos 1. *Adj* безра́дост|ный, -ен **2.** *Adv* неохо́тно

Lustmord *m* умы́шленное уби́йство (на по́чве полово́го извраще́ния)

Lustspiel *n* коме́дия 8

Lutheraner *m* люте р|а́нин 2 *Pl* -а́не, -а́н

lutherisch лютера́нский

lutschen *tr u. intr* соса́ть*

Lutscher *m* леден|е́ц, -ца́ 2 (на деревя́нной па́лочке)

Luv(seite) *f* наве́тренная сторона´6а

Lux *n Phys* люкс 2

Luxemburg Люксембу́рг 2; **~er** *m* люксембу́рж|ец, -ца 2; **~erin** *f* люксембу́ржка 6

luxemburgisch люксембу́ржский

luxuriös роско́ш|ный, -ен

Luxus *m* ро́скошь 9 | ~ treiben жить* роско́шно; diesen ~ kann ich mir nicht leisten я не могу́ позво́лить себе́ тако́й ро́скоши; **~artikel** *m* предме́т ро́скоши; **~hotel** *n* гости́ница-люкс 6-*idkl;* **~villa** *f* роско́шная ви́лла 6; **~wohnung** *f* роско́шная кварти́ра

Luzerne *f* люце́рна 6

lymphatisch лимфати́ческий

Lymphdrüse *f* лимфати́ческая железа́

Lymphe *f* ли́мфа 6

Lymph|gefäß *n* лимфати́ческий сосу́д; **~knoten** *m* лимфати́ческий у́зел

lynchen *tr* линчева́ть *uv, v* 2

Lynchjustiz *f* суд 2e Ли́нча

Lyra *f Mus* ли́ра 6

Lyrik *f* ли́рика 6; **~er** *m* ли́рик 2

lyrisch лири́ческий

Lyzeum *n* лице́|й 1 *G Pl* -ев

M

Maat *m* маат 2

Machart *f* Anzug фасо́н 2

machbar осуществи́м:ый

Mache *f* Vortäuschung притво́рство 4, обма́н 2 | etw. in der ~ haben *umg* рабо́тать над чем-н., обраба́тывать что-н.; das ist nur ~ э́то сплошно́е надува́тельство

machen *tr* tun де́лать (с-); anfertigen де́лать (с-), изгот|овля́ть ⟨-о́вить 3 -о́влю⟩; zubereiten пригот|овля́ть ⟨-о́вить⟩; betragen сост|авля́ть ⟨-а́вить 3 -а́влю⟩; Vergnügen дост|авля́ть ⟨-а́вить 3 -а́влю⟩; Sorge, Kummer причин|я́ть ⟨-и́ть 3⟩ | das läßt sich ~ э́то мо́жно сде́лать; da ist nichts zu ~ ничего́ не поде́лаешь, де́лать не́чего; das macht nichts (э́то) ничего́ (не зна́чит); das macht uns nichts aus нам нипочём; das ist nicht zu ~ э́то невыполни́мо; mach's gut! будь здоро́в!, пока́!; um es kurz zu ~ что́бы быть кра́тким; mach, daß du fortkommst! убира́йся!, пошёл вон!; ich mache mir wenig daraus я не прида́ю э́тому большо́го значе́ния; er hat sich (auf und) davon gemacht его́ и след просты́л; es machte sich nötig оказа́лось [ста́ло] необходи́мым; viel zu schaffen ~ наде́лать мно́го хлопо́т; sich einen Anzug ~ lassen зака́зывать ⟨-|каза́ть*⟩ себе́ костю́м; Dummheiten ~ наде́лать глу́постей; die Rechnung macht zwanzig Rubel счёт составля́ет два́дцать рубле́й; Schulaufgaben ~ гото́в|ить 3 -лю (под-) уро́ки

Machenschaften *f Pl* махина́ции *Pl* 8

Macherlohn *m* пла́та за изготовле́ние

Macht *f* Kraft си́ла 6; *Pol* власть 9g *a. übertr;* Staat держа́ва 6 | mit aller ~ изо всех сил; j-n seine ~ fühlen lassen дава́ть* ⟨дать*⟩ почу́вствовать кому́-н. свою́ власть; ich habe alles getan, was in meiner ~ stand я сде́лал всё, что бы́ло в мое́й вла́сти; an der ~ sein находи́ться 3⁺ -хожу́сь [быть] у вла́сти; **~befugnis** *f* правомо́чие 5; **~bereich** *m* сфе́ра вла́сти; **~haber** *m* власти́тель 1

mächtig 1. *Adj* могу́ч:ий 11, могу́ществен:ный, -на; sehr stark си́льный, си́лен *u.* сил|ён, -ьна́, си́льно, си́льны́; riesig огро́м|ный, -ен, кру́п|ный, -ен, -на́!; *Bergb* мо́щ|ный, -ен, -на́! | einer Sache ~ sein владе́ть чем-н. **2.** *Adv* весьма́, о́чень

Machtkampf *m* борьба́ за власть

macht|los бесси́л|ьный, -ен, -ьна | da ist

man ≈ тут ничего́ не поде́лаешь; **~voll** мо́щ|ный, -ен, -на́!

Machtwort *n:* ein ~ sprechen сказа́ть *v* реша́ющее сло́во

Machwerk *n* плоха́я [небре́жная] рабо́та 6, халту́ра 6 *umg*

Mada|gaskar Мадагаска́р 2; **~gasse** *m* мадагаси́|ец, -йца 2

madagassisch мадагаси́йский

Mädchen *n* де́вушка 6; im Kindesalter де́вочка 6 | schönes ~ краса́вица 6; ~ für alles прислу́га 6 за всё

mädchenhaft деви́чий 12

Mädchen|handel *m* торго́вля же́нщинами; **~name** *m* Vorname же́нское и́мя; Familienname де́вичья 12 фами́лия; **~schule** *f* же́нская шко́ла

Made *f* червяч|о́к, -ка́ 2, личи́нка 6 | wie die ~ im Speck leben как сыр в ма́сле ката́ться

madig черви́в:ый

Madonna *f* мадо́нна 6; orthodoxe Kirche богоро́дица 6, богома́терь 9

Madrid Мадри́д 2

Madrigal *n* мадрига́л 2

Magazin *n* Lager склад 2; bei Schußwaffen магази́н; Zeitschrift иллюстри́рованный журна́л; in Bibliothek книгохрани́лище 4; in Museum храни́лище 4

Magd *f* батра́чка 6

Magdeburg Ма́гдебург 2

Magen *m* желу́д|ок, -ка 2 | sich den ~ verderben по́р|тить 3 -чу (ис-) себе́ желу́док; der ~ knurrt в желу́дке урчи́т; das hat sich ihm auf den ~ gelegt *übertr* э́то испо́ртило ему́ настрое́ние; **~bitter** *m* го́рькая *Subst* 10; **~bluten** *n* желу́дочное кровотече́ние 5; **~drücken** *n* чу́вство 4 тя́жести в о́бласти желу́дка; **~gegend** *f* о́бласть желу́дка; **~geschwür** *n* я́зва желу́дка; **~katarrh** *m* ката́р желу́дка; **~krampf** *m* спа́зма желу́дка

magenkrank: ~ sein страда́ть заболева́нием желу́дка

Magen|krebs *m* рак желу́дка; **~leiden** *n* желу́дочное заболева́ние 5; **~saft** *m* желу́дочный сок; **~säure** *f* желу́дочная кислота́; **~schleimhautentzündung** *f* гастри́т 2; **~schmerzen** *Pl* бо́ли в желу́дке; **~verstimmung** *f* расстро́йство 4 желу́дка

mager hager худ:о́й, -а́!, -ée, худоща́в:ый; dürftig ску́д|ный, -ен, -на́! | ~er Boden истощённая по́чва; ~es Fleisch по́стное мя́со

Mager|käse *m* то́щий 11 сыр; **~keit** *f* худоба́ 6; **~milch** *f* снято́е [обезжи́ренное] молоко́, обра́т 2

Mag|ie *f* ма́гия 8; **~ier** *m* маг 2

magisch маги́ческий | ~es Auge электронноопти́ческий индика́тор 2 настро́йки

Magister *m* маги́стр 2

Magistrale *f* магистра́ль 9

Magistrat *m* магистра́т 2

Magma *n* ма́гма 6

Magnesium *n* ма́гни|й 1 *P* -и

Magnet *m* магни́т 2; **~band** *n* магни́тная ле́нта; **~feld** *n* магни́тное по́ле

magnetisch магни́тный

magnetisieren *tr* намагни́|чивать ⟨-тить 3 -чу⟩

Magnetismus *m* магнети́зм 2

Magnet|nadel *f* магни́тная стре́лка; **~pol** *m* магни́тный по́люс; **~tonband** *n* магнитофо́нная ле́нта; **~tongerät** *n* магнитофо́н 2

Magnolie *f* магно́лия 8

Mahagoni *n* кра́сное де́рево 4

Mahd *f* косьба́ 6; Heu≁ сеноко́с 2; Getreide≁ жа́тва 6

Mähdrescher *m* зернов́ой комба́йн 2

mähen *tr* ко|си́ть 3⁺ -шу́ (с-); Getreide жать²* (с-, сожну́)

Mahl *n* еда́ 6

mahlen *tr* моло́ть* (с-)

Mahlzeit *f* еда́ 6 | ~! прия́тного аппети́та; Gruß здра́вствуйте [аст]!, до́брый день!; beim Fortgehen проща́йте!, пока́!

Mähmaschine *f* Getreide≁ жа́тка 6; Gras≁ коси́лка 6

Mahnbrief *m* пи́сьменное напомина́ние 5

Mähne *f* гри́ва 6; *umg* beim Menschen (дли́нные) во́лосы *Pl* 2g

mahnen *tr* erinnern напомина́ть ⟨-по́мнить 3⟩ (j-n wegen etw. кому́-н. о чём-н.); ermahnen призыва́ть ⟨-|зва́ть*⟩

Mahnmal *n* мемориа́л 2 (für j-n кому́-н.)

Mahnung *f* напомина́ние 5; Ermahnung призы́в 2

Mähre *f* кля́ча 6

mährisch мора́вский

Mai *m* май 1 | der Erste ~ Пе́рвое ма́я, Первома́й 1; **~demonstration** *f* первома́йская демонстра́ция; **~feier** *f* торже́ственное собра́ние по слу́чаю Пе́рвого ма́я; **~glöckchen** *n* ла́ндыш 2; **~käfer** *m* ма́йский хрущ 2

Mailand Мила́н 2

Mais *m* кукуру́за 6; **~aussaat** *f* посе́в кукуру́зы; **~ernte** *f* убо́рка (урожа́я) кукуру́зы; Ertrag урожа́й 1 кукуру́зы; **~kolben** *m* поча́ток кукуру́зы; **~mehl** *n* кукуру́зная мука́

Majestät *f* вели́чие 5; Anrede вели́чество

majestätisch вели́чествен:ный, -на, велича́в:ый

Majolika *f* майо́лика 6

Major *m* майо́р 2

Majoran *m* майора́н 2

Majorität *f* большинство́ 4

Majuskel *f Typ* прописна́я бу́ква 6

Makel *m* moralisch (позóрное) пятнó 4c
mäk[e]lig привередлив:ый
makellos безупрéч|ный| -ен, безукори́знен:ный| -на
Makellosigkeit *f* безупрéчность 9, безукори́зненность 9
mäkeln *intr* am Essen привере́дничать (an в *P*); nörgeln придира́ться ⟨-|дра́ться*| -дра́ли́сь⟩ (an к *D*)
Makkaroni *Pl* макарóны *Pl* 6
Makler *m* мáклер 2
Makramee *n* плетёная бахромá 6
Makrele *f* скýмбрия 8, макрéль 9
Makrokosmos *m* макрокóсмос 2
Makulatur *f* макулатýра 6
makulieren *tr* с|давáть* ⟨-|дать*⟩ в макулатýру
mal *Adv umg* zur Milderung eines Befehls -ка | zwei ~ zwei двáжды два; fünf ~ zwei пя́тью два; noch ~ ещё раз; komm ~ her! подú-ка сюдá!; warten Sie ~! постóйте-ка!; nun zeig doch ~! нý-ка, покажú!; das ist nun ~ so так онó и есть
¹Mal *n* Merkmal при́знак 2; *Med* роди́мое пят|нó 4c *G Pl* -ен
²Mal *n* раз 2b *G Pl* раз | voriges ~ прóшлый раз; das erste ~ пéрвый раз; zum ersten ~ (в) пéрвый раз, впервы́е; (für) dieses ~ (на) э́тот раз; zum wievielten ~? в котóрый раз?; mehrere [einige] ~e нéсколько раз; manches ~ инóй раз, иногдá; ein anderes ~ другóй раз; beim nächsten ~ в слéдующий раз; mit einem ~ срáзу; ein über das andere ~ раз за рáзом; nicht ein einziges ~ ни рáзу не
Malachit *m* малахи́т 2
Malai|e *m* малá|ец| -йца 2; ~**in** *f* малáйка 6
malaiisch малáйский
Malaria *f* маляри́я 8
Mala|wi Малáви *f idkl;* ~**wier** *m* жи́тель 1 Малáви
Malay|sia Малáйзия 8; ~**sier** *m* жи́тель 1 Малáйзии
Malbuch *n* кни́жка 6 с карти́нками для раскрáшивания
malen *tr* рисовáть 2 (на-), писáть* (на-) крáсками; streichen крá|сить 3 -шу (о-, по-) | in Öl ~ писáть мáслом; sich (von einem Künstler) ~ lassen закáзывать ⟨-|казáть*⟩ (худóжнику) свой портрéт; nach einem Modell ~ рисовáть [писáть] с модéли
Maler *m* Kunst~ худóжник 2, живопи́с|ец| -ца 2; Anstreicher маля́р 2e; ~**arbeiten** *f Pl* маля́рные рабóты; ~**ei** *f* жи́вопись 9
malerisch живопи́с|ный| -ен
Malheur *n* неприя́тность 9, неудáча 6 | ihm ist ein ~ passiert с ним случи́лась бедá
Mali Мали́ *n idkl;* ~**er** *m* мали́|ец| -йца 2; ~**erin** *f* мали́йка 6
maliziös злой| зол| зла, злóб|ный| -ен
Malkasten *m* я́щик с крáсками
malnehmen *tr* мнóжить 3 (по-, у-), умн|ожáть ⟨-óжить 3⟩
Malta Мáльта 6
malträtieren *tr* дýрно обращáться с *I*
Malve *f Bot* мáльва 6
Malz *n* сóлод 2; ~**bier** *n* солодóвое пи́во; ~**bonbon** *n* солодóвый леден|éц| -цá 2
Malzeichen *n Math* знак умножéния
Malz|extrakt *m* солодóвый экстрáкт; ~**kaffee** *m* солодóвый кóфе
Mama *f* мáма 6
Mammon *m* мамóна 6
Mammut *n* мáмонт 2
man *Pron* | *3. Pers Pl wenn von anderen die Rede ist;* ~ sagt говоря́т; ~ erzählte davon расскáзывали об э́том | *2. Pers Sg (meist v) wenn sich der Sprechende selbst einschließt; auch in Sprichwörtern:* ~ weiß nicht, wie ~ mit ihm dran ist никогдá не знáешь| что он вы́кинет; wenn ~ ihn ansieht когдá посмóтришь на негó; *nach «wenn» oft Inf:* wenn ~ bedenkt éсли подýмать, когдá подýмаешь; wenn ~ berücksichtigt éсли учéсть | *mit Modalverben:* ~ *kann [darf] nicht* нельзя́; ~ soll слéдует; ~ muß sagen, daß… слéдует сказáть| что …; ~ nehme возьми́те
Manager *m* мéнеджер 2; ~**krankheit** *f* болéзнь руководи́телей
Managua Манáгуа *m idkl*
manch|er *Pron* инóй 10; dieser und jener кóе-кто 15 | *substantivisch* ~es мнóгое; ~e sagen ины́е [нéкоторые, мнóгие] говоря́т; in ~em hatte er recht во мнóгом он был прав; so ~er wird dran glauben müssen э́то бýдет кóе-комý стóить жи́зни | *adjektivisch* ~e Leute ины́е [нéкоторые, мнóгие] лю́ди; so ~es Jahr мнóгие гóды
mancherlei *Adv* рáзный, разли́ч|ный| -ен | er sagte so ~ мнóго чегó он говори́л
Manchester *m* Stoff манчéстер 2, вельвéт 2 (в рýбчик)
manchmal *Adv* иногдá, порóй
Mandant *m Jur* довери́тель 1
Mandarine *f* мандари́н 2
Mandat *n* мандáт 2
Mandel *f Bot* Kern минда́лина 6; ~*n Pl* Früchte минда́ль 1e; *Anat* минда́лина | gebrannte ~n жáреный минда́ль; ~**baum** *m* минда́ль 1e, минда́льное дéрево; ~**entzündung** *f* воспалéние минда́лин; ~**öl** *n* минда́льное мáсло
Mandoline *f* мандоли́на 6
Mandolinenspieler *m* мандолини́ст 2
mandschurisch маньчжýрский
Manege *f* манéж 2 *G Pl* -ей

Mangan *n* мáрган|ец, -ца 2; ~**erz** *n* мáрганцевая рудá

[1]**Mangel** *m* недостáт|ок, -ка 2 (an *G oder* в *P*), нехвáтка 6 (an *G oder* в *P*); Fehler недостáток, дефéкт [дэ] 2; Not нуждá 6 | Mängel bei der Arbeit недостáтки в рабóте; aus ~ an etw. за недостáтком чегó-н.; ~ leiden терп|éть 3⁺ -лю́ нужду́; ~ an Bescheidenheit отсу́тствие 5 скрóмности

[2]**Mangel** *f* кат|óк, -кá 2 (для белья́)

mangelhaft недостáточ|ный, -ен; unbefriedigend неудовлетвори́тел|ьный, -ен, -ьна

[1]**mangeln** *intr* fehlen не хватáть (an *G*); an Erfahrung u. a. недо|ставáть* ⟨-|стáть*⟩ (an *G*) | es mangelt mir an nichts я ни в чём не нуждáюсь

[2]**mangeln** *tr* Wäsche катáть (про-)

mangels *Präpos* за недостáтком *G*, за неимéнием *G*

Mangelware *f* дефици́тный товáр

Mangold *m Bot* мáнгольд 2

Manie *f* мáния 8 | das kann zur ~ werden э́то мóжет преврати́ться в мáнию

Manier *f* манéра 6; ~en *Pl* Umgangsformen манéры *Pl* 6

manierlich благовоспи́тан:ный, -на

Manifest *n* манифéст 2 | das Kommunistische ~ Коммунисти́ческий манифéст

manifestieren *tr* прояв|ля́ть ⟨-и́ть 3⁺ -лю́⟩

Maniküre *f* маникю́р 2; Handpflegerin маникю́рша 6

maniküren *tr* дéлать (с-) маникю́р

Manila Мани́ла 6

Manipulation *f* манипуля́ция 8

manipulieren *tr* манипули́ровать 2 *I*

Manipulierung *f* манипули́рование 5 *I*

Manko *n* Fehlbetrag недочёт 2, недостáча 6

Mann *m* мужчи́на *m* 6; Ehe~ муж 2 *Pl* -ья́, -éй, -ья́м, супру́г 2; *Mil* человéк 2 *Pl* лю́ди, *G Pl nach Zahlwörtern* человéк | junger ~ als Anrede молодóй человéк; alter ~ стари́к 2e; fünf ~ пять человéк; bis auf den letzten ~ до послéднего (человéка); an den ~ bringen сбывáть ⟨-|быть*⟩ с рук; seinen ~ stehen му́жественно дéлать своё дéло; mit ~ und Maus все до одногó; ~ gegen ~ оди́н на оди́н; wie ein ~ как оди́н человéк

mannbar возмужáл:ый | ~ werden возмужáть *v*

Mannbarkeit *f* возмужáлость 9

Männchen *n* Tier сам|éц, -цá 2 | ~ machen сади́ться 3 ⟨сесть*⟩ на зáдние лáпы, служи́ть 3⁺

Mannequin *n* манеке́нщица 6

Männer|chor *m* мужскóй хор; ~**treu** *f Bot* синеголóвник 2

Mannesalter *n* зрéлый вóзраст

mannhaft му́жествен:ный, -на

Mannhaftigkeit *f* му́жество 4

mannig|fach, ~**faltig** разнообрáз|ный, -ен

Mannigfaltigkeit *f* разнообрáзие 5

männlich мужскóй; *übertr* му́жествен:ный, -на

Mannschaft *f Sport* комáнда 6; Schiff, Flugzeug u. a. экипáж 2 *G Pl* -éй, комáнда; *Mil meist Pl* рядовóй состáв 2; Bedienungs~ расчёт 2

Mannschafts|geist *m* (коллекти́вный) дух комáнды; ~**kapitän** *m* капитáн комáнды; ~**sieg** *m* побéда комáнды; ~**wertung** *f* комáндный зачёт 2

manns|hoch (высотóй) в человéческий рост; ~**toll**: ≈ sein страдáть нимфомáнией; eine ~e Frau нимфомáнка 6

Mannweib *n* мужеподóбная жéнщина

Manometer *n* манóметр 2

Manöver *n Mil* манёвры *Pl* 2; Trick манёвр 2, улóвка 6

manövrieren *intr* маневри́ровать 2 (с-) *a. übertr*

Manövrierfähigkeit *f* манёвренность 9

manövrierunfähig потеря́вший 11 спосóбность маневри́ровать

Mansarde *f* мансáрда 6

Mansarden|dach *n* мансáрдная кры́ша; ~**wohnung** *f* мансáрдная кварти́ра

Manschette *f* манжéта 6

Manschettenknopf *m* зáпонка 6 (на манжéте)

Mantel *m* пальтó *n idkl;* Uniform~ шинéль 9; Regen~ плащ 2e *G Pl* -éй; weiter Damen~ мантó *n idkl; Tech* кожу́х 2e; Geschoß оболóчка 6; Reifen покры́шка 6; *übertr* покрóв 2 | den ~ nach dem Wind hängen держáть 3⁺ нос пó ветру; ~**kragen** *m* воротни́к пальтó; ~**stoff** *m* матéрия на пальтó; ~**tasche** *f* кармáн пальтó

manuell **1.** *Adj* ручнóй, рукодéльный **2.** *Adv* вручну́ю

Manufaktur *f* мануфакту́ра 6

Manuskript *n* (áвторская) ру́копись 9; in Maschinenschrift ру́копись маши́нописью; *Typ* оригинáл 2 | als ~ gedruckt печáтается на правáх ру́кописи

Mappe *f* Pappdeckel пáпка 6; Aktentasche портфéль 1

Marabu *m* марабу́ *m idkl*

Marathon|lauf *m* марафóнский бег; ~**läufer** *m* марафóн|ец, -ца 2

Märchen *n* скáзка 6; Lüge небыли́ца 6; ~**buch** *n* кни́га скáзок; ~**erzähler** *m* скáзочник 2; ~**film** *m* фильм-скáзка 2-6

märchenhaft скáзоч|ный, -ен

Märchen|oper *f* óпера-скáзка 6-6; ~**welt** *f* скáзочный мир

Marder *m* куни́ца 6

Margarine *f* маргари́н 2; ~**werk** *n* маргари́новый завóд

Margerite *f Bot* маргари́тка 6

Marginalien *n Pl* маргина́лии *Pl* 8, поме́тки *Pl* 6 на поля́х
Marienkäfer *m* бо́жья коро́вка 12-6
Marinade *f* марина́д 2
Marine *f* (морско́й) флот 2; **~infanterie** *f* морска́я пехо́та; **~offizier** *m* морско́й офице́р; **~stützpunkt** *m* вое́нно-морска́я ба́за 6
marinieren *tr* маринова́ть 2 (за-)
Marionette *f* марионе́тка 6 *a. übertr*
Marionetten|regierung *f* марионе́точное прави́тельство; **~theater** *n* теа́тр марионе́ток
maritim морско́й
[1]**Mark** *n* Knochen~ (ко́стный) мозг 2b *G a.* мо́згу| в мозгу́; *Bot* сердцеви́на 6 | bis ins ~ до мо́зга косте́й
[2]**Mark** *f, Kurzf für Währungsbezeichnung* ма́рка 6
[3]**Mark** *f hist* ма́рка 6
markant auffallend заме́т|ный| -ен, выдаю́щийся 11; Stil характе́р|ный| -ен
Marke *f* ма́рка 6; Brief~ почто́вая ма́рка; Fabrik~ (фабри́чная) ма́рка; auf Waren знак 2; Sorte сорт 2b *Pl* -а́; Kontroll~ номер|о́к| -ка́ 2; Wert~ тало́н 2
Markenartikel *m* фи́рменный това́р
markerschütternd душераздира́ющий 11
Marketender *m* маркита́нт 2; **~in** *f* маркита́нтка 6
markieren *tr* Weg обозн|ача́ть ⟨-а́чить 3⟩; kennzeichnen отмеча́ть ⟨-ме́тить 3 -ме́чу⟩; vorgeben притвор|я́ться ⟨-и́ться 3⟩ *I*
Markierung *f* маркиро́вка 6; обозначе́ние 5
Markierungs|linie *f* маркиро́вочная ли́ния; Volleyball разделительная ли́ния; **~pfahl** *m* ве́ха 6
markig Worte реши́тел|ьный| -ен| -ьна
Markise *f* марки́за 6
Mark|knochen *m* мозгова́я кость; **~scheider** *m* маркше́йдер 2; **~stein** *m übertr* ве́ха 6; **~stück** *n* моне́та 6 в одну́ ма́рку
Markt *m* ры́н|ок| -ка 2, база́р 2; Absatz~ ры́нок; ~platz ры́ночная пло́щадь | scharzer ~ чёрный ры́нок
marktbeherrschend господ́ствующий 11 на ры́нке
Markt|bude *f* ры́ночная пала́тка 6; **~forschung** *f* изуче́ние ры́нка; **~halle** *f* кры́тый ры́н|ок| -ка 2; **~lage** *f* состоя́ние 5 [положе́ние] ры́нка; **~platz** *m* ры́ночная пло́щадь; **~preis** *m* ры́ночная цена́
marktschreierisch гро́мко реклами́рующий 11
Markt|tag *m* база́рный день; **~wirtschaft** *f* ры́ночная эконо́мика
Marmelade *f* джем 2; Mus пови́дло 4
Marmor *m* мра́мор 2
marmorn мра́морный
Marodeur *m* мародёр 2
Marokkaner *m* марокка́н|ец| -ца 2; **~in** *f* марокка́нка 6
marokkanisch марокка́нский
Marokko Маро́кко *n idkl*
Marone *f Bot* (съедо́бный) кашта́н 2; Pilz по́льский гриб 2
Marotte *f* причу́да 6, капри́з 2
[1]**Mars** *m Astr* Марс 2
[2]**Mars** *f Mar* марс 2
marsch! *Interj* марш!
[1]**Marsch** *m* похо́д 2, марш 2 *G Pl* -ей; *Mus* марш
[2]**Marsch** *f* ма́рш|и| -ей *Pl* 2
Marschall *m* ма́ршал 2; **~stab** *m* ма́ршальский жезл
Marsch|befehl *m* прика́з на марш; **~block** *m* (похо́дная) коло́нна 6; **~flugkörper** *m* крыла́тая ракéта 6
marschieren *intr* марширова́ть 2; gehen дви́гаться ⟨дви́нуться 4⟩, идти́*
Marsch|kolonne *f* похо́дная коло́нна; **~kompanie** *f* ма́ршевая ро́та; **~land** *n* = [2]**Marsch;** **~musik** *f* ма́ршевая му́зыка; **~ordnung** *f* похо́дный строй [поря́док]; **~route** *f* маршру́т 2; **~säule** *f* похо́дная коло́нна; **~verpflegung** *f* сухо́й па|ёк| -йка́ 2
Marseillaise *f* марселье́за 6
Marseille Марсе́ль [сэ] 1
Marssonde *f* автомати́ческая ста́нция 8 для иссле́дования Ма́рса
Marter *f* му́ка 6, муче́ние 5
martern *tr* му́чить 3 (из-, за-), пыта́ть | j-n zu Tode ~ заму́чить кого́-н. на́смерть
Martin|ofen *m* марте́н [тэн] 2, марте́новская печь; **~stahl** *m* марте́новская сталь
Märtyrer *m* му́ченик 2
Märtyrertum *n* му́ченичество 4
Martyrium *n* муче́ние 5
Marx|ismus *m* маркси́зм 2 | ≈-Leninismus маркси́зм-ленини́зм 2-2; **~ist** *m* маркси́ст 2
marxistisch маркси́стский
März *m* март 2
Märzenbecher *m* белоцве́тник весе́ний 2-11
Marzipan *m* марципа́н 2
Masche *f* пе́т|ля 7 *G Pl* -ель; des Netzes яче́я 7 | eine ~ fallen lassen спу|ска́ть ⟨-сти́ть 3⁺ -щу́⟩ пе́тлю; eine ~ aufnehmen поднима́ть ⟨подня́ть*⟩ пе́тлю
Maschendraht *m* про́волочная се́тка 6
maschenfest: diese Strümpfe sind ~ э́ти чулки́ не пуска́ют пе́тли
Maschine *f* маши́на 6; Schreib~, Näh~ u. a. маши́нка 6 | an der ~ за маши́ной; die ~ läuft маши́на рабо́тает
maschinell 1. *Adj* маши́нный **2.** *Adv* с по́мощью маши́н

Maschinen|arbeit *f* маши́нная рабо́та; ~**bau** *m* машинострое́ние 5; ~**bauer** *m* машинострои́тель 1
maschinengeschrieben машинопи́сный
Maschinen|gewehr *n* пулемёт 2; ~**haus** *n* маши́нное отделе́ние 5; ~**meister** *m* машини́ст 2; ~**öl** *n* маши́нное ма́сло; ~**park** *m* маши́нный парк; ~**pistole** *f* автома́т 2; ~**raum** *m* маши́нное помеще́ние, маши́нный зал 2; ~**satz** *m Typ* маши́нный набо́р; ~**schaden** *m* поло́мка 6 маши́ны; ~**schlosser** *m* сле́сарь по ремо́нту маши́н; ~**schreiberin** *f* машини́стка 6; ~**schrift** *f* маши́нопись 9 | in ≈ машинопи́сный; ~**setzer** *m Typ* набо́рщик на набо́рной маши́не; ~**teil** *m* дета́ль 9 маши́ны, маши́нная часть
Maschinerie *f* маши́нное обору́дование 5; *übertr* механи́зм 2
maschineschreiben *intr* печа́тать [писа́ть] на маши́нке
Maschinist *m* машини́ст 2
Masern *Pl* корь 9
Maserung *f* узо́рчатость 9 древеси́ны
Maske *f* ма́ска 6 | die ~ fallen lassen *übertr* сбра́сывать ⟨сбро́|сить 3 -шу⟩ ма́ску; j-m die ~ vom Gesicht reißen срыва́ть ⟨со|рва́ть*⟩ ма́ску с кого́-н.
Masken|ball *m* маскара́д 2, костюми́рованный бал; ~**bildner** *m* гримёр 2
Maskerade *f* маскара́д 2
maskieren *tr* маскирова́ть 2 (за-) *a. übertr;* sich ~ *refl* маскирова́ться (за-), надева́ть ⟨-|де́ть*⟩ (на себя́) ма́ску
Maskierung *f* маскиро́вка 6
Maskulinum *n* мужско́й род 2
Maß *n* Maßeinheit ме́ра 6; Ausmaß, Größe разме́р 2; bei Kleidern ме́рка 6; Grad ме́ра, сте́пень 9 | zwei ~ Bier две кру́жки пи́ва; etw. mit zweierlei ~ messen подходи́ть 3⁺ -хожу́ ⟨подо|йти́*⟩ к чему́-н. с разли́чными ме́рками; in höchstem ~e в вы́сшей сте́пени; in vollem ~e в по́лной ме́ре; in dem ~e, wie ... по ме́ре того́, как ...; in demselben ~e wie früher в той же ме́ре, что и ра́ньше; j-m ~ nehmen снима́ть ⟨снять*⟩ ме́рку с кого́-н.; alles mit ~en всё в ме́ру; ~ halten знать ме́ру; über alle ~en сверх ме́ры, чрезме́рно; das ~ ist voll ча́ша перепо́лнилась
Massage *f* масса́ж 2 *G Pl* -ей
Massaker *n* резня́ 7
massakrieren *tr* устр|а́ивать ⟨-о́ить 3⟩ резню́
Maß|anzug *m* костю́м на зака́з; ~**arbeit** *f* (поши́вочная) рабо́та по зака́зу; gute Arbeit отли́чная рабо́та; ~**atelier** *n* ателье́ индивидуа́льного поши́ва
Masse *f* ма́сса 6
Maßeinheit *f* едини́ца измере́ния
Massen|arbeit *f:* kulturelle ≈ культма́ссовая рабо́та; ~**auflage** *f* ма́ссовый тира́ж; ~**ausstoß** *m* ма́ссовый вы́пуск; ~**bedarfsartikel** *m Pl* това́ры широ́кого потребле́ния; ~**fabrikation** *f* ма́ссовое произво́дство; ~**grab** *n* о́бщая 11 [бра́тская] моги́ла
massenhaft 1. *Adj* ма́ссовый **2.** *Adv* ма́ссами, в большо́м коли́честве
Massen|medien *n Pl* сре́дства 4 *Pl* ма́ссовой информа́ции; ~**mord** *m* ма́ссовое уби́йство; ~**organisation** *f* ма́ссовая организа́ция; ~**produktion** *f* ма́ссовое произво́дство; ~**sport** *m* ма́ссовый спорт; ~**veranstaltung** *f* ма́ссовое мероприя́тие; ~**vernichtungswaffen** *f Pl* ору́жие ма́ссового уничтоже́ния
massenweise *Adv* ма́ссами
Mass|eur *m* массажи́ст 2; ~**euse** *f* массажи́стка 6
Maßgabe *f:* nach ~ по ме́ре *G,* в ме́ру *G*
maßgebend 1. *Adj* авторите́т|ный, -ен, компете́нт|ный, -ен **2.** *Adv* в значи́тельной сте́пени
maßhalten *intr* соблюда́ть [знать] ме́ру
[1]**massieren** *tr Med* Körperteil масси́ровать 2 *Prät a. v* | j-n ~ де́лать (с-) кому́-н. масса́ж
[2]**massieren** *tr Mil* масси́ровать *uv, v* 2, сосредото́ч|ивать ⟨-ить 3⟩
massig massiv масси́в|ный, -ен
mäßig 1. *Adj* уме́рен:ный, -на; bescheiden воз́держан:ный, -на; mittelmäßig посре́дствен:ный, -на **2.** *Adv:* ~ leben жить скро́мно
mäßigen *tr* einschränken умеря́ть ⟨уме́рить 3⟩; zügeln сде́рживать ⟨сдержа́ть 3⁺⟩, обу́здывать ⟨обузда́ть⟩; mildern смягч|а́ть [хч] ⟨-и́ть 3⟩; sich ~ *refl* сде́рживаться ⟨сдержа́ться⟩
Mäßig|keit *f* уме́ренность 9; сде́ржанность 9; Mittelmäßigkeit посре́дственность 9; ~**ung** *f* смягче́ние 5, воздержа́ние 5
massiv масси́в|ный, -ен
Massiv *n* масси́в 2
Maß|kleidung *f* оде́жда, сши́тая на зака́з; ~**krug** *m* кру́жка 6; ~**liebchen** *n Bot* маргари́тка 6
maßlos 1. *Adj* безме́р|ный, -ен, безграни́ч|ный, -ен; unmäßig неуме́рен:ный, -на | ~es Erstaunen кра́йнее 11 изумле́ние **2.** *Adv* кра́йне, безме́рно
maßregeln *tr* нака́зывать ⟨-|каза́ть*⟩
Maß|regelung *f* наказа́ние 5; ~**schneider** *m* портно́й *Subst* 10 (в ателье́ индивидуа́льного поши́ва); ~**schneiderei** *f* ателье́ [тэ] *n idkl* индивидуа́льного поши́ва; ~**stab** *m* масшта́б 2 *a. übertr* | einen hohen ≈ an etw. anlegen предъяв|ля́ть ⟨-и́ть 3⁺ -лю́⟩ высо́кие тре́бования к чему́-н.

maßstabgerecht стро́го соотве́тствующий 11 масшта́бу
maßvoll уме́рен:ный, -на, сде́ржан:ный, -на
[1]**Mast** *m* столб 2е; *Mar* ма́чта 6
[2]**Mast** *f* отко́рм 2
Mast|anstalt *f* отко́рмочный пункт 2; **~darm** *m* пряма́я кишка́
mästen *tr* отка́рмливать ⟨откорм|и́ть 3⁺ -лю́⟩
Mast|futter *n* концентри́рованный корм; **~korb** *m* платфо́рма 6 на ма́рсе; **~schwein** *n* отко́рмочная свинья́
Match *n* матч 2
Material *n* материа́л [рья] 2
materialaufwendig материалоёмкий [рья]
Material|bedarf *m* потре́бность в материа́лах; **~einsparung** *f* эконо́мия 8 материа́лов; **~fehler** *m* недоста́ток материа́ла
materialintensiv = **materialaufwendig**
Material|ismus *m* материали́зм 2; **~ist** *m* материали́ст 2
materialistisch материалисти́ческий
Material|ökonomie *f* эконо́мия сырья́ и материа́лов; **~prüfung** *f* испыта́ние материа́ла; **~sammlung** *f* подбо́рка 6 материа́лов; **~schaden** *m* материа́льный уще́рб; **~versorgung** *f* снабже́ние материа́лами
Materie *f Phil, Phys* мате́рия 8
materiell 1. *Adj* материа́льный | die ~e Welt материа́льный мир; die ~e Grundlage экономи́ческая осно́ва **2.** *Adv:* er steht sich ~ gut он материа́льно хорошо́ обеспе́чен
Mathematik *f* матема́тика 6; **~aufgabe** *f* зада́ча по матема́тике
mathematisch математи́ческий
Matinee *f* у́тренник 2
Matjeshering *m* молода́я селёдка
Matratze *f* матра́с 2
Mätresse *f* метре́сса 6, фавори́тка 6
Matrize *f Typ* ма́трица 6
Matrose *m* матро́с 2, моря́к 2е
Matrosen|anzug *m* матро́сский костю́м; **~bluse** *f* матро́ска 6; **~mütze** *f* бескозы́рка 6
Matsch *m* сля́коть 9
matschig сля́котный
Matschwetter *n* сля́котная пого́да
matt schwach сла́б:ый, -á, -о, сла́бы́; müde утомл|ённый, -ён, -ена́; nicht ausdrucksvoll бле́д|ный, -ен, -на́, -но, бле́дны́; glanzlos ма́товый, ту́скл:ый, -á!; trübe ту́склый | ~ werden тускне́ть (по-), блёкнуть 4а (по-); j-n ~ setzen Schach объяв|ля́ть ⟨-и́ть 3⁺ -лю́⟩ кому́-н. мат
Matte *f* Abtreter цино́вка 6; *Sport* мат 2, ков|ёр, -ра́ 2
Mattgold *n* ма́товое зо́лото
Mattheit *f* сла́бость 9; Glanzlosigkeit ма́товость 9
mattier|en *tr* наноси́ть 3⁺ -ношу́ ⟨-|нести́*⟩ мат; **~t** ма́товый
Mattigkeit *f* Schwäche сла́бость 9; Müdigkeit уста́лость 9
Mattscheibe *f Foto* ма́товое стекло́
Mauer *f* стена́ 6а; Umfassungs~ ка́менная огра́да 6; **~blümchen** *n umg* де́вушка 6, кото́рую никто́ не приглаша́ет на та́нец
mauern *tr u. intr* производи́ть 3⁺ -вожу́ ⟨-|вести́*⟩ (ка́менную) кла́дку
Mauer|pfeffer *m* очи́т|ок, -ка 2; **~schwalbe** *f,* **~segler** *m* чёрный стриж 2е *G Pl* -е́й, каса́тка 6; **~stein** *m* кирпи́ч 2е *G Pl* -е́й; **~werk** *n* ка́менная кла́дка 6 [стена́ 6а]
Maul *n* мо́рда 6; Rachen пасть 9, рот, рта 2 | das ~ aufreißen ора́ть*; er hat ein loses ~ у него́ наха́льный [де́рзкий] язы́к; ~ halten молча́ть!, заткни́сь!; j-m das ~ stopfen зат|ыка́ть ⟨-кну́ть 4⟩ кому́-н. гло́тку, заставля́ть ⟨заста́в|ить 3 -лю⟩ замолча́ть; **~affen** *Pl:* ≈ feilhalten ротозе́йничать, глазе́ть *umg* на *A;* **~beerbaum** *m* ту́товое де́рево, шелкови́ца 6; **~beere** *f* ту́товая я́года
maulen *intr* ворча́ть 3 (про-), ду́ться*
Maul|esel *m* лоша́к 2е; **~korb** *m* намо́рдник 2; **~schelle** *f* пощёчина 6, оплеу́ха 6; **~tier** *n* мул 2; **~- und Klauenseuche** *f* я́щур 2; **~wurf** *m* крот 2е; **~wurfshügel** *m* крото́вая на́сыпь
Maurer *m* ка́менщик 2; **~arbeit** *f* рабо́та ка́менщика; **~kelle** *f* ке́льма 6; **~polier** *m* деся́тник 2
Mauretani|en Маврита́ния 8; **~er** *m* маврита́н|ец, -ца 2; **~erin** *f* маврита́нка 6
mauretanisch маврита́нский
Mauritius Маври́кий 1
Maus *f* мышь 9
mäuschenstill тихо́хонький *umg*
Mäusebussard *m* сары́ч 2е *G Pl* -е́й
Mause|falle *f* мышело́вка 6; **~loch** *n* мыши́ная но́рка 6
mausen *tr umg* stehlen ста́скивать ⟨стащи́ть 3⁺⟩, стяну́ть *v* 4⁺; *intr* Katze лови́ть 3⁺ мыше́й
Mauser *f* ли́нька 6
mausern *intr u.* sich ~ *refl* линя́ть
mausetot *umg* совсе́м мёртвый
mausig: sich ~ machen ва́жничать
Mausoleum *n* мавзоле́|й 1 *G Pl* -ев
maximal максима́л|ьный, -ен, -ьна
Maximal|betrag *m* максима́льная су́мма; **~profit** *m* сверхпри́быль 9
Maxime *f* ма́ксима 6
Maximum *n* ма́ксимум 2
Mayonnaise *f* майоне́з 2
Mazedonier *m* македо́н|ец, -ца 2; **~in** *f* македо́нка 6

mazedonisch македо́нский
Mäzen *m* мецена́т 2
Mazurka *f* мазу́рка 6
Mechanik *f* меха́ника 6; **~er** *m* меха́ник 2
mechanisch механи́ческий; gedankenlos машина́л|ьный, -ен, -ьна
mechanisieren *tr* механизи́ровать *uv, v* 2
Mechanisierung *f* механиза́ция 8
Mechanismus *m* механи́зм 2
Meckerer *m umg* ны́тик 2
meckern *intr* Ziege бле́|ять, -ет; *übertr umg* брюзжа́ть 3 (über на *A*)
Mecklenburg Ме́кленбург 2
Medaille *f* меда́ль 9
Medaillengewinner *m Sport* призёр 2
Medaillon *n* медальо́н 2
Medikament *n* лека́рство 4, медикаме́нт 2
medikamentös медикаменто́зный, лека́рственный
Meditation *f* размышле́ние 5, разду́мье 5
meditieren *intr* размышля́ть, пре|дава́ться* размышле́ниям
Medium *n Phys* среда́ 6c; Okkultismus ме́диум 2
Medizin *f* медици́на 6; Arznei лека́рство 4, медикаме́нт 2
Medizinalrat *m* медици́нский сове́тник
Medizinball *m* медици́нбол 2
Mediziner *m* ме́дик 2; **~in** *f* ме́дик 2, *umg* меди́чка 6 umg
medizinisch медици́нский | ~e Akademie [Hochschule] медици́нский институ́т 2, мединститу́т 2; ~e Betreuung медици́нское обслу́живание
Medizinmann *m* зна́харь 1
Meduse *f Zool* меду́за 6
Meer *n* мо́ре 3b *a. übertr* | auf offenem ~ в откры́том мо́ре; ein ~ von Licht мо́ре све́та; **~busen** *m* (морско́й) зали́в 2; **~enge** *f* морско́й проли́в 2
Meeres|aquarium *n* океана́ри|й 1 *Pl* -и, *G Pl* -ев; **~grund** *m* морско́е дно; **~kunde** *f* океаногра́фия 8; **~spiegel** *m* у́ровень мо́ря | über dem ≈ над у́ровнем мо́ря; **~strömung** *f* морско́е тече́ние
Meer|katze *f* марты́шка 6; **~rettich** *m* хрен 2; **~schweinchen** *n* морска́я сви́нка 6
Mega|hertz *n* мегаге́рц 2; **~phon** *n* мегафо́н 2
Mehl *n* мука́ 6; **~brei** *m* мучна́я ка́ша 6
mehlig мучни́ст|ый
Mehl|kloß *m* клёцка 6; **~sack** *m* мучно́й мешо́к; **~speise** *f* мучно́е блю́до, мучно́е *Subst* 10; Nachspeise пиро́жное *Subst* 10; **~suppe** *f* мучно́й суп; **~wurm** *m* мучно́й червя́к
mehr *Adv* бо́льше, бо́лее | tu das nicht ~ бо́льше не де́лай э́того; ~ als einmal не раз; nicht ~ und nicht weniger als ... не бо́льше и не ме́ньше, чем ...; ~ oder weniger бо́лее и́ли ме́нее; noch ~ ещё бо́льше; um so ~ als тем бо́лее, что ...; um ~ als das Doppelte бо́лее чем вдвое; um ~ als das Siebenfache бо́лее чем в семь раз; ~ als Zwanzig бо́лее двадцати́; dreimal ~ в три ра́за бо́льше; ~ als genug бо́лее чем доста́точно; ~ tot als lebendig ни жив ни мёртв; je ~, desto besser чем бо́льше, тем лу́чше; das darf nicht ~ vorkommen чтоб э́того бо́льше не́ было; ~ als hundert Menschen свы́ше ста челове́к; sie ist kein Kind ~ она́ уже́ не ребёнок; er ist ~ Praktiker als Theoretiker он скоре́е пра́ктик, чем теоре́тик
Mehr|arbeit *f* приба́вочный труд; Überstunden сверхуро́чная рабо́та; **~ausgabe** *f* перерасхо́д 2
mehrbändig многото́мный
Mehr|bedarf *m* возро́сший 11 спрос; **~belastung** *f* перегру́зка 6
mehrdeutig многозна́ч|ный, -ен
Mehreinnahmen *f Pl* дополни́тельные поступле́ния *Pl* 5
mehren *tr* умн|ожа́ть ⟨-о́жить 3⟩, увели́ч|ивать ⟨-ить 3⟩
mehrere *Pron* einige не́которые, не́сколько; verschiedene разли́чные
mehrfach **1.** *Adj* многокра́т|ный, -ен, неоднокра́тный **2.** *Adv* не раз, мно́го раз
Mehrfarbendruck *m* многокра́сочная печа́ть
mehr|farbig многоцве́т|ный, -ен, разноцве́т|ный, -ен; **~geschossig** многоэта́жный
Mehr|gewicht *n* доба́вочный вес; **~heit** *f* большинство́ 4 | absolute ≈ абсолю́тное большинство́; beschlußfähige ≈ кво́рум 2; **~heitsbeschluß** *m* реше́ние большинства́
mehrjährig многоле́тний 11
Mehrkampf *m Sport* многобо́рье 5
mehr|malig многокра́т|ный, -ен, неоднокра́тный; **~mals** *Adv* не раз, не́сколько раз
Mehr|phasenstrom *m* многофа́зный ток; **~produkt** *n* приба́вочный проду́кт
mehr|silbig многосло́жный; **~sitzig** многоме́стный; **~stellig** *Math* многозна́ч|ный, -ен; **~stimmig** многоголо́сый; **~stöckig** многоэта́жный
Mehrstufenrakete *f* многоступе́нчатая раке́та
mehr|stufig многоступе́нчатый; **~stündig** продолжа́ющийся 11 не́сколько часо́в; **~tägig** многодне́вный; **~teilig** состоя́щий 11 из не́скольких часте́й; *Tech* составно́й; Film многосери́йный
Mehr|verbrauch *m* перерасхо́д 2; **~wert** *m* приба́вочная сто́имость
mehrwertig *Chem* многовале́нт|ный, -ен
Mehrwert|steuer *f* нало́г на доба́вленную

сто́имость; **~theorie** *f* тео́рия приба́вочной сто́имости
Mehrzahl *f* большинство́ 4; *Gramm* мно́жественное число́
mehrzellig многокле́точный
meiden *tr* избега́ть ⟨-|бежа́ть*⟩ *G*, сторони́ться 3⁺ *G*
Meile *f* ми́ля 7
Meilenstein *m übertr* ве́ха 6
meilenweit *Adv* за не́сколько миль, за мно́го миль
Meiler *m* кост|ёр, -ра́ 2 для выжига́ния у́гля
mein 1. (**~e, ~, ~e**) *Poss Pron* мой 14 (моя́, моё, мои́), *refl a.* свой 14 | ich lese ~ Buch я чита́ю мою́ [свою́] кни́гу; ~e Herren господа́ **2.** *Pers Pron* erinnerst du dich ~er? по́мнишь ли ты меня́?
Meine *n:* das ~ моё *Subst* 14; die ~n мои́, мои́ родны́е *Subst Pl* 10, моя́ семья́ 7c
Meineid *m* ло́жная прися́га, лжеприся́га 6
meineidig: ~ werden наруша́ть ⟨-ру́шить 3⟩ кля́тву
meinen *tr u. intr* glauben, denken ду́мать, полага́ть; im Sinne haben име́ть в виду́ | wenn du meinst е́сли ду́маешь; was meinst du dazu? како́го ты об э́том мне́ния?; was hat er gemeint? что он сказа́л?; das will ich ~ само́ собо́й разуме́ется; so habe ich das nicht gemeint я не то хоте́л сказа́ть; ~ Sie? вы ду́маете?; man sollte ~, daß ... на́до полага́ть, что ...; das war nicht böse gemeint я не име́л дурно́го наме́рения; es ehrlich ~ име́ть че́стные наме́рения; es ernst ~ не шу|ти́ть 3⁺ -чу́, говори́ть 3 всерьёз; er meint es gut mit dir он хорошо́ отно́сится к тебе́, он жела́ет тебе́ добра́; ich meinte nur so я э́то сказа́л про́сто так; verstehst du, was ich meine? понима́ешь, что я хочу́ сказа́ть?
meinerseits *Adv* с мое́й стороны́
meinesgleichen *Pron* ра́вный [подо́бный] мне, тако́й как я
meinet|wegen *Adv* из-за [ра́ди] меня́ | ≈! пожа́луйста, мне всё равно́; ≈, abgemacht! ну ла́дно, договори́лись!; **~willen** *Adv:* um ≈ ра́ди меня́, из-за меня́
meinige *Poss Pron* = **mein**
Meinung *f* мне́ние 5, взгляд 2; Urteil сужде́ние 5 | meiner ~ nach по моему́, по моему́ мне́нию; seiner ~ nach по его́ мне́нию; die öffentliche ~ обще́ственное мне́ние; ich bin der ~, daß ... я того́ мне́ния, что ...; wir sind einer ~ мы одного́ и того́ же мне́ния; seine ~ sagen выска́зывать ⟨вы́с|казать*⟩ своё мне́ние, отзыва́ться ⟨ото|зва́ться*, отзову́сь, -зва́ли́сь⟩; j-m (gründlich) die ~ sagen сказа́ть *v* кому́-н. пра́вду в глаза́; auf seiner ~ bestehen наста́ивать ⟨настоя́ть 3⟩ на своём (мне́нии); eine gute ~ von j-m haben быть* хоро́шего мне́ния о ком-н.
Meinungs|austausch *m* обме́н мне́ниями; **~bildung** *f* формирова́ние (обще́ственного) мне́ния; **~forschung** *f* изуче́ние 5 обще́ственного мне́ния; **~freiheit** *f* свобо́да сло́ва [мне́ний]; **~streit** *m* диску́ссия 8 | wissenschaftlicher ≈ нау́чный спор; **~umfrage** *f* опро́с населе́ния; **~unterschied** *m* расхожде́ние 5 во мне́ниях; **~verschiedenheit** *f* разногла́сие 5
Meise *f* сини́ца 6
Meißel *m Tech* зуби́ло 4, долото́ 4c; des Bildhauers рез|е́ц, -ца́ 2
meißeln *tr* высека́ть ⟨вы́|сечь*⟩, долб|и́ть 3 -лю́ (про-); Bildhauerkunst вая́ть (из-)
Meißner Porzellan *n* саксо́нский [ме́йсенский] фарфо́р
meist 1. *Adj* са́мый большо́й, наибо́льший 11 ‖ die ~e Zeit Бо́льшая часть вре́мени; die ~n большинство́ 4 (люде́й) **2.** *Adv* häufig ча́ще вдего́ | am ~en бо́льше всего́, наибо́лее; sie weiß am ~en она́ зна́ет бо́льше всех
Meistbegünstigung *f* наибо́льшее 11 благоприя́тствование
meistbietend *Adv:* ~ verkaufen продава́ть ⟨прода́ть⟩ за наивы́сшую це́ну
meistens, meistenteils *Adv* бо́льшей ча́стью, ча́ще всего́
Meister *m* ма́стер 2b *Pl* -а́; *Sport* чемпио́н 2 | die alten ~ der Malerei ста́рые мастера́ жи́вописи; er ist ein ~ in seinem Fach он ма́стер [знато́к] своего́ де́ла; ~ des Sports ма́стер спо́рта; **~brief** *m* свиде́тельство 4 о получе́нии зва́ния ма́стера
meisterhaft 1. *Adj* мастерско́й, иску́с|ный, -ен **2.** *Adv* мастерски́, иску́сно
Meisterin *f* мастери́ца 6; *Sport* чемпио́нка 6
meistern *tr* овлад|ева́ть ⟨-е́ть⟩ *I;* beherrschen одол|ева́ть ⟨-е́ть⟩, осв|а́ивать ⟨-о́ить 3⟩; Aufgabe справля́ться ⟨спра́в|иться 3 -люсь⟩ с *I* | Schwierigkeiten ~ преодол|ева́ть ⟨-е́ть⟩ тру́дности
Meister|prüfung *f* экза́мен на зва́ние ма́стера; **~schaft** *f* мастерство́ 4; *Sport* пе́рвенство 4, чемпиона́т 2
Meisterschafts|kampf *m* чемпиона́т 2, соревнова́ние 5 на пе́рвенство; **~spiel** *n* игра́ на пе́рвенство
Meister|titel *m Sport* зва́ние 5 чемпио́на; **~werk** *n* шеде́вр [дэ] 2
Melanchol|ie *f* меланхо́лия 8; **~iker** *m* меланхо́лик 2
melancholisch меланхоли́ч|ный, -ен
Melasse *f Chem* мела́сса 6, (кормова́я) па́тока 6
Melbourne Ме́льбурн 2
Melde *f Bot* лебеда́ 6

Melde|amt *n* пáспортный стол 2e; **~dienst** *m* слýжба свя́зи; **~gänger** *m* пéший связнóй 11-*Subst* 10

melden *tr u. intr* mitteilen сообщ|áть ⟨-и́ть 3⟩ о *P;* dienstlich доклáдывать ⟨-ложи́ть 3⁺⟩ о *P; Mil* рапортовáть *v, uv* 2; sich ~ *refl* явля́ться ⟨яв|и́ться 3⁺ -лю́сь⟩ (bei к *D*); am Telefon отв|ечáть ⟨-éтить 3 -éчу⟩; sich bereiterklären вызывáться ⟨вы́зваться⟩ (zu на *A*); von sich hören lassen давáть* ⟨дать*⟩ о себé знать; durch Handheben поднимáть ⟨подня́ть*⟩ рýку | sich krank ~ заяв|ля́ть ⟨-и́ть 3⁺ -лю́⟩ о своéй болéзни; sich zu Wort ~ про|си́ть 3⁺ -шý (по-) слóва; sich bei der Polizei ~ прописываться ⟨-|пи-сáться*⟩ в поли́ции; sich zur Prüfung ~ по|давáть* ⟨подáть*⟩ заявлéние о допу-щéнии к экзáмену

Meldepflicht *f* polizeiliche обязáтельная пропи́ска 6 (в поли́ции); *Med* обязá-тельная регистрáция 8

meldepflichtig подлежáщий 11 регистрá-ции; обя́занный прописáться

Melder *m* посы́льный *Subst* 10, связнóй *Subst* 10

Meldestelle *f* пáспортный стол 2e

Meldung *f* Mitteilung сообщéние 5; dienstliche донесéние 5, рáпорт 2

Melioration *f* мелиорáция 8

Melisse *f* мели́сса 6

Melkeimer *m* подóйник 2

melken *tr* дои́ть 3⁺ (по-), выдáивать ⟨вы́доить⟩ | frisch gemolkene Milch пар-нóе молокó; j-n tüchtig ~ *übertr* брать* ⟨взять*⟩ от когó-н. всё, что тóлько воз-мóжно

Melker *m* дои́льщик 2, доя́р 2; **~in** *f* до-и́льщица 6, доя́рка 6

Melk|maschine *f* дои́льная маши́на; **~schemel** *m* скамéйка 6 для доéния

Melodie *f* мелóдия 8

Melodik *f* мелóдика 6

melodisch мелоди́ч|ный, -ен, мелоди́че-ский

Melodrama *n* мелодрáма 6

Melone *f Bot* арбýз 2; Zucker~ ды́ня 7; *umg* steifer Hut котел|óк, -кá 2

Membrane *f* мембрáна 6

Memme *f* трус 2; Frau труси́ха 6

Memoiren *f Pl* мемуáры *Pl* 2, воспоми-нáния *Pl* 5

Memorandum *n* меморáндум 2

Menagerie *f* покáз 2 ди́ких живóтных; Tierpark звери́н|ец, -ца 2

Menge *f* мácca 6; *Math* мнóжество 4; Menschen толпá 6c, мácca | eine ~ Pilze мнóжество грибóв; das kostet eine ~ Geld э́то стóит ýйму дéнег; es gab eine ~ zu tun рабóты бы́ло мнóго; ich habe eine ~ zu tun у меня́ мácca рабóты

mengen *tr* смéшивать ⟨-мешáть⟩ (unter с *I*); sich ~ *refl* смéшиваться ⟨-мешáться⟩ (unter с *I*); sich einmischen вмé-шиваться ⟨-мешáться⟩ (in в *A*)

Mengenlehre *f* теóрия 8 мнóжеств

Mennige *f* (свинцóвый) сýрик 2

Mensa *f* студéнческая столóвая *Subst* 10

Mensch *m* человéк 2 *Pl* лю́ди, людéй, лю́дям, людьми́, о лю́дях, *G Pl* человéк *nur mit Grundzahlwörtern* | viele ~en мнóго [мácca] нарóду; jeder ~ любóй (человéк); das weiß kein ~ э́того никтó не знáет; da ist kein ~ zu sehen там нет [не ви́дно] ни души́; ~, was machst du da? ты, что ты (там) дéлаешь?; unter ~en kommen вращáться в óбществе; von ~ zu ~ от человéка к человéку

Menschen|affe *m* человекообрáзная обе-зья́на; **~alter** *n* поколéние 5; Lebens-zeit срéдняя 11 продолжи́тельность 9 человéческой жи́зни; **~ansammlung** *f* скоплéние [стечéние] нарóда; **~feind** *m* мизантрóп 2, человеконенави́стник 2; **~fresser** *m* людоéд 2, каннибáл 2; **~freund** *m* человеколю́б|ец, -ца 2, фил-антрóп 2; **~führung** *f* руковóдство 4 людьми́; **~gedenken** *n:* seit ≈ с неза-пáмятных времён, испокóн векóв; **~ge-schlecht** *n* человéческий род; **~gewühl** *n* дáвка 6, толкотня́ 7 | im ≈ в гýще толпы́; **~handel** *m* торгóвля людьми́; **~haß** *m* человеконенави́стничество 4, мизантрóпия 8; **~kenner** *m* знатóк людéй; **~leben** *n* человéческая жизнь

menschenleer безлю́д|ный, -ен

Menschenmenge *f* толпá 6c

menschenmöglich: alles ~e tun дéлать (с-) всё, что в человéческих си́лах

Menschen|opfer *n Pl* человéческие жéртвы; **~raub** *m* похищéние людéй; **~rechte** *n Pl* правá человéка

menschenscheu нелюди́мый

Menschen|schinder *m* живодёр 2 *umg;* **~schlag** *m* порóда 6 людéй; **~seele** *f:* es war keine ≈ da там не бы́ло ни души́; **~strom** *m* людскóй потóк

menschenunwürdig недостóйный чело-вéка

Menschen|verstand *m* человéческий рáз-ум | der gesunde ≈ здрáвый смысл 2; **~würde** *f* человéческое достóинство

menschenwürdig достóйный человéка

Menschheit *f* человéчество 4

menschlich 1. *Adj* человéческий; human гумáн|ный, -ен, -на, человéчный | nach ~em Ermessen как подскáзывает чело-вéческий рáзум; das ist ja nicht mehr ~ э́то ужé невозмóжно вы́держать [вы́не-сти] **2.** *Adv* по-человéчески

Menschlichkeit *f* гумáнность 9, человéч-ность 9

Menstruation *f* менструáция 8, мéсячные *Subst Pl* 10

menstruieren *intr* менструи́ровать 2
Mensur *f* Maß мензу́рка 6; Fechten диста́нция 8
Mentalität *f* склад 2 ума́
Mentor *m* наста́вник 2, ме́нтор 2
Menthol *n* ментóл 2
Menü *n* меню́ *n idkl*
Menuett *n* менуэ́т 2
Menüladen *m* магази́н полуфабрика́тов, магази́н «Кулина́рия»
Mergel *m Geol* ме́ргель 1
Meridian *m* меридиа́н 2; **~kreis** *m* меридиа́нный круг
Merkantilismus *m* меркантили́зм 2
merkbar заме́т|ный, -ен
Merk|blatt *n* па́мятка 6; **~buch** *n* записна́я кни́жка
merken *tr* замеча́ть ⟨-ме́тить 3 -ме́чу⟩; begreifen понима́ть ⟨поня́ть*⟩; sich ~ запомина́ть ⟨-по́мнить 3⟩ | j-n etw. ~ lassen дать* поня́ть кому́-н.; die Regel läßt sich leicht ~ пра́вило легко́ запомина́ется; ~ Sie sich, daß … име́йте в виду́, что …; не забыва́йте, что …; ich werde mir's ~ я э́то себе́ заме́чу, я э́того не забу́ду
merklich заме́т|ный, -ен; bedeutend значи́тел|ьный, -ен, -ьна
Merkmal *n* при́знак 2
Merkur *m Astr* Мерку́ри|й 1 *P* -и
merkwürdig стра́н|ный, -ен, -на́!; erstaunlich удиви́тел|ьный, -ен, -ьна; **~erweise** *Adv* стра́нным о́бразом | ≈ war es richtig как ни стра́нно, э́то бы́ло пра́вильно
Merkzeichen *n* ме́тка 6, поме́т(к)а 6
meßbar измери́м:ый
Meßbarkeit *f* измери́мость 9
Meßbecher *m* ме́рная кру́жка
Messe *f* Handels~ (торго́вая) я́рмарка 6; Muster~ я́рмарка-вы́ставка 6-6; *Mar* каю́т-компа́ния 8; *Rel* Morgen~ ме́сса 6; Toten~ панихи́да 6 | die Leipziger ~ besuchen посе|ща́ть ⟨-ти́ть 3 -щу́⟩ Ле́йпцигскую я́рмарку; **~amt** *n* дире́кция 8 я́рмарки; **~ausweis** *m* про́пуск на я́рмарку; **~besucher** *m*, **~gast** *m* посети́тель 1 я́рмарки; **~gelände** *n* террито́рия я́рмарки, я́рмарочная пло́щадь 9g; **~gut** *n* я́рмарочные экспона́ты *Pl* 2; **~halle** *f* я́рмарочный павильо́н 2; **~haus** *n* вы́ставочное зда́ние 5
messen *tr* ме́рить 3, измеря́ть ⟨-ме́рить 3⟩; *übertr* сра́внивать ⟨-равни́ть 3⟩ (an с *I*); *intr:* er mißt einen Meter und sechzig Zentimeter он ро́стом в сто шестьдеся́т сантиме́тров; sich ~ *refl* ме́риться (по-) (mit с *I*); geistig равня́ться (mit с *I*)
Messer *n* нож 2e *G Pl* -ей; von Maschinen рез|е́ц, -ца́ 2 | die Sache steht auf des ~s Schneide де́ло в крити́ческом положе́нии
Messer|griff *m* черено́к ножа́; **~schneide** *f* ле́звие ножа́; **~spitze** *f* ко́нчик [остриё] ножа́ | eine ≈ voll щепо́тка; **~stecherei** *f* поножо́вщина 6 *umg;* **~stich** *m* уда́р ножо́м; Wunde ножева́я ра́на 6
Messe|stadt *f* го́род я́рмарок; **~stand** *m* я́рмарочный стенд [тэ] 2
Meßgerät *n Tech* измери́тельный прибо́р
Messing *n* лату́нь 9; **~blech** *n* листова́я лату́нь 9
Meß|instrument *n* измери́тельный прибо́р; **~latte** *f* ме́рная ре́йка; **~tischblatt** *n* топографи́ческая ка́рта с масшта́бом 1:25000
Messung *f* измере́ние 5, обме́р 2
Meßwerkzeug *n* имери́тельный прибо́р
Mestize *f* мети́с 2
Met *m* медо́вый напи́т|ок, -ка 2, мёд 2b *G a.* -у; в меду́
Metall *n* мета́лл 2; **~arbeiter** *m* металли́ст 2; **~baukasten** *m* металлоконстру́ктор 2; **~bearbeitung** *f* обрабо́тка мета́лла, металлообрабо́тка 6
metallen металли́ческий
Metall|erzeugnisse *n Pl* металли́ческие изде́лия; **~geld** *n* металли́ческие де́ньги; **~gießer** *m* лите́йщик 2
metallhaltig металлоно́с|ный, -ен
Metallindustrie *f* металлопромы́шленность 9
metallisch металли́ческий
Metall|kunde *f* металлове́дение 5; **~span** *m* металли́ческая стру́жка 6
Metallurg *m* металлу́рг 2; **~ie** *f* металлу́ргия 8
metallurgisch металлурги́ческий
metallverarbeitend металлообраба́тывающий 11
Metall|verarbeitung *f* обрабо́тка мета́ллов, металлообрабо́тка 6; **~waren** *f Pl* металли́ческие изде́лия
Metamorphose *f* метаморфо́за 6; *Biol* метаморфо́з 2
Metapher *f* мета́фора 6
Metaphysik *f* метафи́зика 6
metaphysisch метафизи́ческий
Metastase *f* метаста́з 2
Meteor *m* метео́р 2; **~it** *m* метеори́т 2
Meteorolog|e *m* метеоро́лог 2; **~ie** *f* метеороло́гия 8
meteorologisch метеорологи́ческий
Meter *n* метр 2 | drei ~ lang sein быть три ме́тра длино́й; eine Mauer von vier ~n Höhe стена́ высото́й в четы́ре ме́тра; laufendes ~ пого́нный метр; **~maß** *n* Lineal метр 2; Bandmaß руле́тка 6, сантиме́тр 2; **~ware** *f* това́р, продава́емый на ме́тры
Methan *n* мета́н 2; **~ol** *n* метано́л 2
Method|e *f* ме́тод 2; **~ik** *f* мето́дика 6; **~iker** *m* методи́ст 2

methodisch методи́ческий; durchdacht методи́ч|ный, -ен
Methyl *n* мети́л 2; **~alkohol** *m* мети́ловый спирт
Metrik *f* ме́трика 6
metrisch метри́ческий
Metro *f* метро́ *n idkl,* метрополите́н [тэн] 2
Metronom *n Mus* метроно́м 2
Metropol|e *f* столи́ца 6; Mittelpunkt центр 2; **~it** *m* митрополи́т 2
Mettwurst *f* италья́нская колбаса́
Metzelei *f* резня́ 7
Meuchel|mord *m* уби́йство из-за угла́; **~mörder** *m* уби́йца из-за угла́
meuchlings *Adv* злоде́йски
Meute *f* Hunde сво́ра 6; Bande ша́йка 6
Meuter|ei *f* бунт 2, мяте́ж 2e *G Pl* -е́й; **~er** *m* бунтовщи́к 2e, мяте́жник 2
meutern *intr* бунтова́ть 2 ⟨взбунтова́ться⟩
Mexikaner *m* мексика́н|ец, -ца 2; **~in** *f* мексика́нка 6
mexikanisch мексика́нский
Mexiko Land Ме́ксика 6; Stadt Ме́хико *n idkl*
miauen *intr* мяу́кать
mich *Pers Pron* меня́; *Refl Pron* себя́
Mieder *n* корса́ж 2 *G Pl* -ей; **~waren** *f Pl* же́нская галантере́я 7
Miene *f* выраже́ние 5 (лица́), ми́на 6 | keine ~ verziehen не по|дава́ть* ⟨пода́ть*⟩ (и) ви́ду; gute ~ zum bösen Spiel machen де́лать хоро́шую ми́ну при плохо́й игре́
Mienenspiel *n* ми́мика 6
mies 1. *Adj umg* плох:о́й, -а́!; скве́р|ный, -ен, -на́! **2.** *Adv:* die Sache steht ~ де́ло дрянь
miesmachen *intr* ныть*
Miesmacher *m* ны́тик 2
[1]**Miete** *f* пла́та 6 за наём; Wohnungs~ кварти́рная пла́та, квартпла́та 6
[2]**Miete** *f Landw* бурт 2
mieten *tr* снима́ть ⟨снять*⟩; sich ausleihen брать* ⟨взять*⟩ напрока́т, брать ⟨взять⟩ внаём; pachten нанима́ть ⟨наня́ть*⟩
Mieter *m* съёмщик 2, жил|е́ц, -ьца́ 2; **~in** *f* съёмщица 6, жили́ца 6
mietfrei беспла́тный | ich wohne ~ у меня́ беспла́тная кварти́ра
Mietshaus *n* многокварти́рный жило́й дом
Miet|vertrag *m* догово́р о на́йме; **~wohnung** *f* (сдава́емая внаём) кварти́ра
Mieze[katze] *f* ки́ска 6
Migräne *f* мигре́нь 9
Mikrobe *f* микро́б 2
Mikro|biologie *f* микробиоло́гия 8; **~dolmetscher** *m* синхро́нный перево́дчик; **~elektronik** *f* микроэлектро́ника 6; **~film** *m* микрофи́льм 2; **~fotografie** *f* микрофотогра́фия 8; **~kosmos** *m* микроко́см 2; **~meter** *n* микро́метр 2
Mikrophon *n* микрофо́н 2; **~aufnahme** *f* микрофо́нная за́пись 9
Mikroprozessor *m* микропроце́ссор 2
Mikroskop *n* микроско́п 2
mikroskopisch микроскопи́ческий
Milbe *f* клещ 2e
Milch *f* молоко́ 4; der Fische моло́ки *Pl* 6 | saure ~ простоква́ша 6; kuhwarme ~ парно́е молоко́; geronnene ~ сверну́вшееся 11 молоко́; kondensierte ~ сгущённое молоко́; das Mädchen sieht aus wie ~ und Blut э́та де́вушка кровь с молоко́м; **~bar** *f* моло́чное кафе́ *n idkl;* **~bart** *m übertr* молокосо́с 2; **~brötchen** *n* сдо́бная бу́лочка, плю́шка 6; **~drüse** *f* моло́чная железа́; **~ertrag** *m* удо́|й 1 *G Pl* -ев; **~flasche** *f* буты́лка для молока́; für Säuglinge рож|о́к, -ка́ 6; **~geschäft** *n* моло́чный магази́н, моло́чная *Subst* 10; **~glas** *n* Mattglas моло́чное [ма́товое] стекло́; **~händler** *m* моло́чник 2; **~hof** *m* моло́чный заво́д 2
milchig моло́чный
Milch|kaffee *m* ко́фе с молоко́м; **~kännchen** *n* моло́чник 2; **~kanne** *f* бидо́н 2 для молока́; **~kuh** *f* до́йная коро́ва; **~mädchenrechnung** *f* опроме́тчивый расчёт; **~mixgetränk** *n* моло́чный кокте́йль [тэ] 1; **~produkte** *n Pl* моло́чные проду́кты; **~pulver** *n* моло́чный порошо́к; **~reis** *m* ри́совая ка́ша 6 на молоке́; **~säure** *f* моло́чная кислота́; **~speise** *f* моло́чное блю́до; **~straße** *f* Мле́чный Пут|ь *m* 9e *I* -ём; **~topf** *m* горшо́к [кастрю́ля] для молока́; **~verbrauch** *m* потребле́ние молока́; **~wirtschaft** *f* моло́чное хозя́йство; **~zahn** *m* моло́чный зуб
mild Blick мя́г|кий [хк], -ок, -ка́!, -че; Tabak сла́бый, -а́, -о, сла́бы́; Klima мя́гкий, уме́рен:ный, -на; Urteil, Licht мя́гкий
Milde *f* мя́гкость [хк] 9
mildern *tr* смягч|а́ть [-и́ть 3]; Schmerz утол|я́ть ⟨-и́ть 3⟩
Milderung *f* смягче́ние 5
Milderungsgrund *m* смягча́ющее 11 (вину́) обстоя́тельство 4
mildtätig благотвори́тел|ьный, -ен, -ьна, милосе́рд|ный, -ен
Mildtätigkeit *f* благотвори́тельность 9, милосе́рдие 5
Milieu *n* среда́ 6c
militant вои́нствующий 11
Militär *n* войска́ *Pl* 4b, военнослу́жащие *Subst Pl* 11, вое́нные *Subst Pl* 10 | beim ~ sein быть на вое́нной слу́жбе; **~akademie** *f* вое́нная акаде́мия; **~arzt** *m* вое́нный врач, военвра́ч 2e *G Pl* -е́й; **~attaché** *m* вое́нный атташе́; **~basis** *f* вое́нная ба́за; **~dienst** *m* вое́нная слу́жба

militärisch 1. *Adj* вое́нный; Haltung во́инский **2.** *Adv* по-вое́нному
militarisieren *tr* милитаризова́ть *uv, v* 2
Militar|isierung *f* милитариза́ция 8; **~ismus** *m* милитари́зм 2
militaristisch милитаристи́ческий, милитари́стский
Militär|junta *f* вое́нная ху́нта 6; **~musik** *f* вое́нная му́зыка; **~parade** *f* вое́нный пара́д; **~person** *f* военнослу́жащий *Subst* 11; **~pflicht** *f* во́инская обя́занность
militärpolitisch вое́нно-полити́ческий
Militär|putsch *m* вое́нный путч; **~stützpunkt** *m* вое́нная ба́за; **~transport** *m* вое́нный тра́нспорт; **~verwaltung** *f* вое́нная администра́ция
Miliz *f* мили́ция 8; **~ionär** *m* милиционе́р 2
Milliarde *f* миллиа́рд 2
Milligramm *n* миллигра́мм 2
Millimeter *n, m* миллиме́тр 2; **~papier** *n* миллиметро́вая бума́га, миллиметро́вка 6 *umg*
Million *f* миллио́н 2; **~enstadt** *f* го́род с многомиллио́нным населе́нием
Milz *f Anat* селезёнка 6; **~brand** *m Med* сиби́рская я́зва 6
mimen *tr übertr* разы́грывать ⟨-ыгра́ть⟩ *A*, притвор|я́ться ⟨-и́ться 3⟩ *I*
Mimik *f* ми́мика 6
mimisch мими́ческий
Mimose *f* мимо́за 6
Minarett *n* минаре́т 2
minder ме́нее | mehr oder ~ бо́лее и́ли ме́нее; **~bemittelt** малообеспе́ченный
Minderheit *f* меньшинство́ 4c | nationale ~en национа́льные меньши́нства
minderjährig несовершенноле́тний 11
Minderjährigkeit *f* несовершенноле́тие 5
minderwertig неполноце́н|ный, -ен, -на; Ware недоброка́чествен|ный, -на; *übertr* низкопро́б|ный, -ен
Minderwertigkeit *f* неполноце́нность 9; недоброка́чественность 9; *übertr* низкопро́бность 9
Minderwertigkeitsgefühl *n* чу́вство неполноце́нности
Minderzahl *f* меньшинство́ 4c | in der ~ в меньшинстве́
Mindestbetrag *m* наиме́ньшая 11 су́мма
mindeste минима́л|ьный, -ен, -ьна, наиме́ньший 11 | nicht im ~n ниско́лько, ничу́ть; das rührt mich nicht im ~n э́то меня́ ни в како́й ме́ре не тро́гает; sie hat nicht die ~ Aussicht у неё нет никаки́х перспекти́в; nicht das ~ von etw. verstehen не име́ть ни мале́йшего поня́тия [представле́ния] о чём-н.; **~ns** *Adv* по ме́ньшей [кра́йней] ме́ре, не ме́нее | ≈ drei Wochen не ме́нее трёх неде́ль, ми́нимум [по ме́ньшей ме́ре] три неде́ли
Mindest|lohn *m* минима́льная зарпла́та; **~maß** *n* ми́нимум 2 | auf ein ≈ reduzieren сво|ди́ть 3⁺ -жу́ ⟨с|вести́*⟩ до ми́нимума; **~umtauschsatz** *m* von Zahlungsmitteln обяза́тельный ми́нимум обме́на валю́ты; **~urlaub** *m* минима́льный гаранти́рованный о́тпуск; **~wert** *m* минима́льная сто́имость; **~wortschatz** *m* лекси́ческий ми́нимум 2
Mine *f Mil* ми́на 6; Tret≈ фуга́с 2; Bergwerk рудни́к 2e; Bleistift≈ графи́т 2; Kugelschreiber≈ сте́рж|ень, -ня 1 | ~n legen ста́в|ить 3 -лю (по-) ми́ны
Minen|feld *n* ми́нное по́ле; **~leger** *m* ми́нный загради́тель 1; **~räumboot** *n* ка́терный тра́льщик 2; **~sperre** *f* ми́нное загражде́ние; **~suchboot** *n*, **~sucher** *m* ка́терный тра́льщик 2
Mineral *n* минера́л 2; **~dünger** *m* минера́льное удобре́ние, тук 2
mineralisch минера́льный
Mineralog|e *m* минерало́г 2; **~ie** *f* минерало́гия 8
mineralogisch минералоги́ческий
Mineral|öl *n* минера́льное ма́сло; **~quelle** *f* минера́льный исто́чник; **~wasser** *n* минера́льная вода́
Miniatur *f* миниатю́ра 6; **~malerei** *f* миниатю́рная жи́вопись
Minigolf *m* миниго́льф 2; **~anlage** *f* площа́дка 6 для игры́ в миниго́льф
minimal минима́л|ьный, -ен, -ьна
Minimum *n* ми́нимум 2 | auf ein ~ zusammenschrumpfen сокра|ща́ться ⟨-ти́ться 3⟩ до ми́нимума
Minirock *m* ми́ни-ю́бка 6
Minister *m* мини́стр 2 | ~ ohne Geschäftsbereich мини́стр без портфе́ля
ministeriell министе́рский
Ministerium *n* министе́рство 4 (für *G*)
Minister|präsident *m* премье́р-мини́стр 2; **~rat** *m* сове́т мини́стров
Minnesänger *m* миннези́нгер 2
Minorität *f* меньшинство́ 4c
Minsk Минск 2
Minuend *m* уменьша́емое *Subst* 10
minus *Adv* ми́нус
Minus *n* Verlust дефици́т 2; Mangel недоста́т|ок, -ка 2; *Math* ми́нус 2
Minuskel *f* строчна́я бу́ква 6
Minus|pol *m El* отрица́тельный по́люс; **~zeichen** *n* ми́нус 2
Minute *f* мину́та 6 | eine halbe ~ полуми́нуты; auf die ~ (genau) мину́та в мину́ту; fünf ~n nach zwölf пять мину́т пе́рвого; fünf ~n vor eins без пяти́ (мину́т) час; zwanzig ~n vor vier без двадцати́ четы́ре; fünf ~n von hier в пяти́ мину́тах отсю́да
minutenlang 1. *Adj* продолжа́ющийся 11 не́сколько мину́т **2.** *Adv* в продолже́ние [в тече́ние] не́скольких мину́т

Minutenzeiger *m* мину́тная стре́лка
minuziös педанти́ч|ный, -ен
Minze *f Bot* мя́та 6
mir *Pers Pron* мне | kommen Sie mit ~ идёмте со мной; komm ~ nicht damit! оста́вь меня́ (с э́тим) в поко́е!; von ~ aus! пожа́луй!, как хо́чешь [хоти́те]!; ~ nichts dir nichts ни с того́, ни с сего́; ~ kann keiner *umg* мне никто́ не стра́шен; wie du ~, so ich dir как аукнется, так и откли́кнется
Mirabelle *f* мирабе́ль 9
Misanthrop *m* мизантро́п 2
Misch|batterie *f* смеси́тельная армату́ра 6 (для воды́), смеси́тель 1; **~brot** *n* ржа́но-пшени́чный хлеб
mischen *tr* меша́ть, сме́шивать ⟨-меша́ть⟩; Spielkarten тасова́ть 2 (с-); sich ~ *refl* меша́ться (in в *A*), вме́шиваться ⟨-меша́ться⟩ (in в *A*) | Wasser unter den Wein ~ подлива́ть ⟨подли́ть*⟩ во́ду в вино́; sich in fremde Angelegenheiten ~ вме́шиваться в чужи́е дела́; sich unter die Menge ~ сме́шиваться ⟨-меша́ться⟩ с толпо́й
Misch|farbe *f* составно́й цвет; **~futter** *n* сме́шанный корм; **~ling** *m* мети́с 2; *Biol* гибри́д 2, по́месь 9; **~masch** *m* вся́кая вся́чина 6; **~sprache** *f* сме́шанный язы́к; **~ung** *f* смесь 9; **~wald** *m* сме́шанный лес
miserabel 1. *Adj* жа́л|кий, -ок, -ка́!, -ьче, **2.** *Adj* скве́рно, пло́хо | mir ist ~ (zumute) я чу́вствую себя́ скве́рно; er spricht ein miserables Deutsch он пло́хо говори́т по-неме́цки
Misere *f* беда́ 6с, бе́дственное положе́ние 5
Mispel *f* мушмула́ 6
mißachten *tr* не уважа́ть *G*, пренебрега́ть ⟨пренебре́чь*⟩ *I*
Mißachtung *f* неуваже́ние 5 к *D*, пренебреже́ние 5 к *D*
Miß|behagen *n* неприя́тное чу́вство 4, неудово́льствие 5 | voller ≈ по́лный неприя́тных чувств; **~bildung** *f* уро́дство 4
mißbilligen *tr* не одобря́ть ⟨одо́брить 3⟩ *G*; tadeln порица́ть **~d** неодобри́тел|ьный, -ен, -ьна, порица́тел|ьный, -ен, -ьна
Miß|billigung *f* неодобре́ние 5; порица́ние 5; **~brauch** *m* злоупотребле́ние 5 *I* | ≈ mit etw. treiben злоупотреб|ля́ть ⟨-и́ть 3 -лю́⟩ чем-н.
miß|brauchen *tr* злоупотреб|ля́ть ⟨-и́ть 3 -лю́⟩ *I*; **~deuten** *tr* ло́жно [непра́вильно] истолк|о́вывать ⟨-ова́ть 2⟩
Mißdeutung *f* ло́жное [непра́вильное] толкова́ние 5
missen *tr* обходи́ться 3⁺ -хожу́сь ⟨обо|йти́сь*⟩ без *G*
Miß|erfolg *m* неуда́ча 6; **~ernte** *f* неурожа́|й 1 *G Pl* -ев
Misse|tat *f* злодея́ние 5; **~täter** *m* злоде́|й 1 *G Pl* -ев
mißfallen *intr* не нра́в|иться 3 -люсь (по-)
Mißfallen *n* неудово́льствие 5 | ~ erregen вызыва́ть ⟨вы́|звать*⟩ неудово́льствие
mißfällig неодобри́тел|ьный, -ен, -ьна
Miß|geburt *f* уро́д 2; **~geschick** *n* несча́стье 5, неуда́ча 6 | er ist von einem ≈ betroffen worden его́ пости́гло несча́стье; **~gestalt** *f* уро́д 2
miß|gestaltet уро́длив:ый; **~gestimmt**; ≈ sein быть в дурно́м настрое́нии; **~glükken** *intr* не у|дава́ться* ⟨-|да́ться*, -да́ли́сь⟩; **~gönnen** *tr* зави́довать 2 (по-) (j-m etw. кому́-н. в чём-н.)
Miß|griff *m* оши́бка 6, про́мах 2; **~gunst** *f* недоброжела́тельство 4; Neid за́висть 9
mißgünstig недоброжела́тел|ьный, -ен, -ьна; neidisch зави́стлив:ый
mißhandeln *tr* жесто́ко обраща́ться с *I*; foltern истяза́ть
Miß|handlung *f* жесто́кое обраще́ние 5 с *I*; Folterung истяза́ние 5; **~helligkeit** *f* *(meist Pl)* недоразуме́ние 5; Uneinigkeit разногла́сие 5
Mission *f* ми́ссия 8; **~ar** *m* миссионе́р 2
Mississippi Миссиси́пи *f idkl*
Miß|klang *m* диссона́нс 2, дисгармо́ния 8; *übertr* разла́д 2, диссона́нс; **~kredit** *m* недове́рие 5 | in ≈ geraten теря́ть (по-) свою́ репута́цию; in ≈ bringen дискредити́ровать *uv, v* 2
mißlich heikel щекотли́в:ый; schwierig тяж|ёлый, -ёл, -ела́; unangenehm неприя́т|ный, -ен
mißliebig нелюби́м:ый
mißlingen *intr* не у|дава́ться ⟨-да́ться*, -да́ли́сь⟩ | mißlungene Versuche неуда́чные попы́тки
Mißmut *m* доса́да 6, недово́льство 4
mißmutig недово́л|ьный, -ен, -ьна, угрю́м:ый
mißraten *intr* не у|дава́ться* ⟨-|да́ться*, -да́ли́сь⟩
Miß|stand *m* неудовлетвори́тельное состоя́ние 5, непоря́д|ок, -ка 2; **~stimmung** *f* дурно́е настрое́ние; **~ton** *m* диссона́нс 2 *a. übertr* | einen ≈ in etw. bringen вноси́ть 3⁺ -ношу́ ⟨-|нести́*⟩ диссона́нс во что-н.
mißtrauen *intr* не дов|еря́ть ⟨-е́рить 3⟩
Mißtrauen *n* недове́рие 5
Mißtrauensvotum *n* во́тум недове́рия
mißtrauisch недове́рчив:ый | gegen j-n ~ sein относи́ться 3⁺ -ношу́сь ⟨-|нести́сь*⟩ к кому́-н. с недове́рием
Mißvergnügen *n* недово́льство 4
mißvergnügt недово́л|ьный, -ен, -ьна
Mißverhältnis *n* несоразме́рность 9, несоотве́тствие 5

Mißverständnis *n* недоразуме́ние 5 | das beruht auf einem ~ э́то произошло́ по недоразуме́нию

mißverstehen *tr* непра́вильно [не так] понима́ть ⟨поня́ть*⟩

Mißwirtschaft *f* бесхозя́йственность 9

Mist *m* наво́з 2; von Tieren помёт 2; *übertr derb* ерунда́ 6 *umg*, вздор 2 *umg* | eine Fuhre ~ воз наво́за; mit ~ düngen унаво́живать ⟨унаво́|зить 3 -жу⟩; **~beet** *n* парни́к 2e

Mistel *f Bot* оме́ла 6

Mist|gabel *f* наво́зные ви́лы; **~haufen** *m* наво́зная ку́ча; **~käfer** *m* наво́зный жук, наво́зник 2; **~wagen** *m* теле́га для перево́зки наво́за

mit 1. *Präpos* zusammen ~ с *I;* Tee ~ Zukker чай с са́харом; ~ j-m im Briefwechsel stehen перепи́сываться с кем-н. | Merkmal, Begleitumstand с *I;* ein Mann ~ Bart челове́к с бородо́й; ~ Vergnügen с удово́льствием; ~ Sachkenntnis со зна́нием де́ла; ~ Absicht наро́чно; ein Haus ~ vier Stockwerken дом в пять этаже́й; ~ hohen Absätzen на высо́ком каблуке́; ~ Reißverschluß [Gummizug] на мо́лнии [рези́нке] | Alter; ~ vier Jahren (в во́зрасте) четырёх лет, в четы́ре го́да | mit Hilfe von *I;* ~ dem Bleistift schreiben писа́ть* карандашо́м; die Tür ~ dem Schlüssel öffnen откры́ть* дверь ключо́м; ~ dem Fallschirm abspringen пры́гнуть с парашю́том; ~ der Maschine schreiben писа́ть на маши́нке | Verkehrsmittel на *P,* bei deklinierbaren öffentlichen a. *I;* ~ der Straßenbahn [dem Bus] fahren е́хать* на трамва́е [авто́бусе], е́хать* трамва́ем [авто́бусом]; ~ dem Taxi [der U-Bahn] fahren е́хать* на такси́ [на метро́]; ~ dem Rad [Auto] kommen прие́хать* на велосипе́де [маши́не]; ~ der Bahn по желе́зной доро́ге; ~ der Post schicken посыла́ть по по́чте [по́чтой]; ~ Luftpost авиапо́чтой | Zeit с *I;* ~ Einbruch der Dunkelheit с наступле́нием темноты́; ~ den Hühnern schlafen gehen ложи́ться с петуха́ми; ~ der Zeit со вре́менем | Dimension, Gewicht u. a. *I;* ~ einer Länge [Höhe] von 5 m длино́й [высото́й] (в) пять ме́тров; ~ zwei Metern Durchmesser диа́метром (в) два ме́тра; ein Aggregat ~ einer Kapazität von 20 t pro Tag агрега́т производи́тельностью (в) два́дцать тонн в су́тки; ein Motor ~ 40 PS дви́гатель в со́рок лошади́ных сил (*Abk* л/с); ~ einem Gewicht von etwa 2 t ве́сом о́коло двух тонн | vorgesehene Personenzahl на *A;* ein Saal ~ tausend Plätzen зал на ты́сячу мест [челове́к]; ein Hotel ~ 200 Betten гости́ница на две́сти мест | ~ ihm will ich nichts zu schaffen haben я не хочу́ име́ть с ним де́ла; ~ einem Wort одни́м сло́вом; ~ ihm steht es schlecht его́ дела́ пло́хи, его́ де́ло дрянь *umg* **2.** *Partikel* kommen Sie ~! идёмте со мной!, er war ~ dabei он то́же прису́тствовал; sie will ~ она́ хо́чет идти́ со мной [с на́ми]; ich habe alles ~ у меня́ всё с собо́й

Mitarbeit *f* сотру́дничество 4

mitarbeiten *intr* сотру́дничать (an в *P*)

Mitarbeiter *m* сотру́дник 2; **~in** *f* сотру́дница 6

Mitbesitzer *m* совладе́л|ец| -ьца 2

Mitbestimmung *f* уча́стие 5 в управле́нии

Mit|bestimmungsrecht *n* пра́во уча́ствовать в совме́стном реше́нии (in *G*); **~bewerber** *m* уча́стник ко́нкурса

mitbringen *tr* getragen приноси́ть 3⁺ -ношу́ ⟨-|нести́*⟩ с собо́й; gefahren привози́ть 3⁺ -вожу́ ⟨-|везти́*⟩ с собо́й; geführt приводи́ть 3⁺ -вожу́ ⟨-|вести́*⟩ с собо́й

Mit|bürger *m* сограждани́н 2 *Pl* согра́жд|ане| -ан; **~eigentümer** *m* совладе́л|ец| -ьца 2

miteinander *Adv* друг с дру́гом; gemeinsam вме́сте

mitessen *tr u. intr:* wollen Sie nicht ~? не хоти́те ли пое́сть с на́ми?

Mitesser *m Med* у́г|орь| -ря́ 1e

mit|fahren *intr* е́хать* (по-) вме́сте с *I* | fahren Sie mit! поезжа́йте с на́ми!; **~fühlen** *intr* сочу́вствовать *D;* **~fühlend** сочу́вствующий 11, сочу́вствен:ный| -на

Mitgefühl *n* сочу́вствие 5

mitgehen *intr* идти́* вме́сте с *I* | geh mit! пойди́ со мной [с на́ми]!; er geht mit der Zeit он идёт в но́гу со вре́менем; etw. ~ lassen *umg* ста́скивать ⟨стащи́ть 3⁺⟩ что-н., стяну́ть *v* 3⁺ что-н.

mitgenommen потрёпан:ный| -а | hart ~ sein von etw. си́льно пострада́ть от чего́-н.

Mit|gift *f* прида́ное *Subst* 10; **~glied** *n* член 2; **~gliederversammlung** *f* о́бщее 11 собра́ние

Mitglieds|ausweis *m* чле́нский биле́т 2; **~beitrag** *m* чле́нский взнос; **~buch** *n* чле́нский биле́т, чле́нская кни́жка

Mitgliedschaft *f* чле́нство 4

Mitgliedsland *n* страна́-член 6-2

Mithilfe *f* соде́йствие 5, по́мощь 9 | unter ~ von j-m при соде́йствии [по́мощи] кого́-н.

mithin *Adv* сле́довательно, ита́к

mithören *tr u. intr* Telefon подслу́ш|ивать ⟨-ать⟩

Mit|inhaber *m* совладе́л|ец| -ьца 2; **~kämpfer** *m* сора́тник 2

mitkommen *intr* идти́* ⟨по|йти́*⟩ (mit с *I*) *übertr umg* успева́ть ⟨успе́ть⟩ | nicht ~

mit der Leistung от|ставáть* ⟨-|стáть*⟩; er kommt in allen Fächern gut mit он хорошó успевáет по всем предмéтам

Mit|läufer *m Pol* попýтчик 2; **~laut** *m* соглáсный *Subst* 10; **~leid** *n* сострадáние 5, жáлость 9 (mit к *D*) | aus ≈ из жáлости; ≈ haben mit j-m жалéть (по-) когó-н., сочýвствовать 2 (по-) комý-н.; **~leidenschaft** *f:* in ≈ ziehen beschädigen повре|ждáть ⟨-дить 3 -жý| -ждённый⟩

mitleid|ig сострадáтел|ьный| -ен| -ьна, жáлостлив:ый; **~[s]los** безжáлост|ный| -ен

mitmachen *tr umg* teilnehmen учáствовать 2 в *P;* erleiden испы́тывать ⟨-пытáть⟩

Mitmensch *m* человéк 2

mit|nehmen *tr* брать* ⟨взять*⟩ с собóй | j-n im Auto ≈ подвозить 3⁺ -вожý ⟨-|везти́*⟩ когó-н. на маши́не; die Krankheit hat ihn tüchtig mitgenommen болéзнь изнури́ла [ослáбила] егó, он си́льно пострадáл от болéзни; **~reden** *intr:* ich habe hier auch ein Wörtchen mitzureden в э́том вопрóсе я тóже имéю прáво вы́сказать своё мнéние

Mitreisender *m* спýтник 2, попýтник 2

mitreißen *tr übertr* увлекáть ⟨-|влéчь*⟩ за собóй

mitsamt *Präpos* вмéсте с *I*

mit|schneiden *tr* запи́сывать ⟨-|писáть*⟩ (на магни́тную лéнту); **~schreiben** *tr* запи́сывать ⟨-|писáть*⟩ (чьи-н. словá)

Mit|schuld *f* совинóвность 9; **~schuldiger** *m* совинóвник 2; **~schüler** *m* товáрищ 2 по шкóле, шкóльный товáрищ

mit|singen *intr* петь* вмéсте (mit с *I*); **~spielen** *tr u. intr* учáствовать 2 в игрé | j-m übel ≈ игрáть ⟨сыгрáть⟩ злýю шýтку с кем-н.

Mit|spieler *m* партнёр 2; **~spracherecht** *n* прáво учáствовать в совмéстном решéнии

Mittag *m* пóлдень| полýдня *oder* пóлдня 1 *Pl* пóлдни| полд|ён| -ня́м | zu ~ в пóлдень; zu ~ essen обéдать (по-); ~ machen дéлать (с-) обéденный переры́в; **~essen** *n* обéд 2 | zum ≈ на обéд; beim ≈ за обéдом

mittäglich полýденный

Mittags|hitze *f* полýденная жарá, полýденный знóй; **~pause** *f* обéденный переры́в; **~ruhe** *f* послеобéденный óтдых; im Sanatorium мёртвый час 2b; **~schläfchen** *n* послеобéденный сон| сна 2 | ein ≈ machen спать* (по-) пóсле обéда; **~stunde** *f* обéденный час; **~tisch** *m* обéденный стол; **~zeit** *f* обéденное врéмя

Mittäter *m* соучáстник 2, сообщник 2; **~schaft** *f* соучáстие 5, сообщничество 4

Mitte *f* середи́на 6; Mittelpunkt центр 2; | ~ September в середи́не сентября́; die goldene ~ золотáя середи́на; sie ist ~ Dreißig ей óколо тридцати́ пяти́ лет; j-n in die ~ nehmen брать ⟨взять⟩ когó-н. в середи́ну; wir freuen uns, Sie in unserer ~ zu sehen мы рáды ви́деть вас в нáшей средé [в нáшем кругý]

mitteil|en *tr* сообщ|áть ⟨-и́ть 3⟩; übermitteln пере|давáть* ⟨передáть*⟩ | j-m seine Eindrücke ≈ дели́ться 3⁺ (по-) впечатлéниями с кем-н.; seine Ankunft ≈ сообщáть о своём приéзде; **~sam** общи́тел|ьный| -ен| -ьна

Mitteilung *f* сообщéние 5 | laut ~ по сообщéнию

Mittel *n* срéдство 4; Geld срéдства *Pl; Med* срéдство (gegen от *G*); Mittelwert срéднее *Subst* 11 | mit allen ~n всéми срéдствами; ein ~ gegen Husten срéдство от кáшля; kein ~ unversucht lassen прóбовать 2 (ис-) все срéдства; jedes ~ war ihm recht он не брéзгал никаки́ми срéдствами, для негó все срéдства бы́ли хороши́; ~ und Wege finden für etw. находи́ть ⟨-йти́⟩ пути́ и срéдства для чегó-н.; über große ~ verfügen имéть в своём распоряжéнии больши́е срéдства; das geht über meine ~ э́то мне не по кармáну; ~ für den Wohnungsbau срéдства на жилстроительство; **~alter** *n* срéдние векá *Pl* 11-2, средневекóвье 5

mittelalterlich средневекóвый

Mittelamerika Центрáльная Амéрика

mittelbar опосрéдствован:ный| -а

Mittelding *n* нéчто срéднее *Subst* 11, ни то ни сё

Mitteleuropa Центрáльная Еврóпа

mitteleuropäisch среднеевропéйский | ~e Zeit среднеевропéйское врéмя

Mittel|feld *n Sport* центр 2 пóля; **~finger** *m* срéдний 11 пáлец

mittelfristig среднесрóчный

Mittel|gebirge *n* гóры *Pl* 6a срéдней высоты́; **~gewicht** *n* Ringen срéдний 11 вес; Boxen вторóй срéдний вес

mittel|groß Person срéднего рóста; Ausdehnung срéдней величины́; **~hochdeutsch** *Ling* средневерхненемéцкий

Mittelländisches Meer *n* Средизéмное мóре

Mittel|läufer *m Sport* полузащи́тник 2; **~linie** *f Math* медиáна 6; *Sport* срéдняя 11 ли́ния

mittellos неимýщий 11, без средств

Mittellosigkeit *f* отсýтствие 5 средств

mittelmäßig посрéдствен:ный| -на, срéдний 11

Mittelmäßigkeit *f* посрéдственность 9

Mittelohr *n* срéднее 11 ýхо; **~entzündung** *f* воспалéние срéднего ýха

Mittelpunkt *m* центр 2 | im ~ stehen стоя́ть [нахо|ди́ться 3⁺ -жýсь] в цéнтре внимáния

mittels *Präpos* при по́мощи *G,* с по́мощью *G*
Mittel|schulbildung *f* сре́днее 11 образова́ние; **~schule** *f* по́лная сре́дняя 11 шко́ла
mittelschwer сре́днего ве́са | ein ~er Text текст сре́дней тру́дности
Mittelsmann *m* посре́дник 2; Frau посре́дница 6
Mittelstand *m* сре́днее 11 сосло́вие
mittelständisch: ~er Unternehmer сре́дний 11 предпринима́тель
Mittelstrecken|flugzeug *n* самолёт сре́дней да́льности полёта; **~lauf** *m* бег на сре́дние диста́нции; **~läufer** *m* бегу́н на сре́дние диста́нции; **~rakete** *f* раке́та сре́дней да́льности
Mittel|stufe *f* Schule кла́ссы *Pl* 2 сре́дней ступе́ни; **~stürmer** *m* центра́льный напада́ющий *Subst* 11; **~weg** *m:* der goldene ≈ *übertr* золота́я середи́на 6; **~welle** *f Rad* сре́дняя 11 волна́; **~wert** *m Math* сре́днее 11 значе́ние
mitten *Adv* среди́ | ~ auf der Straße среди́ у́лицы; ~ im Zimmer в середи́не ко́мнаты; ~ in der Nacht среди́ но́чи; ~ im Gedränge в са́мой теснoté; ~ in der Arbeit в (са́мый) разга́р рабо́ты; **~drin** *Adv* в (са́мой) середи́не; **~drunter** *Adv* (по)среди́, ме́жду; **~durch** *Adv* сквозь, че́рез (са́мую) середи́ну; schneiden, reißen попола́м
Mitternacht *f* по́лночь *G* полу́ночи *oder* по́лночи 9 | um ~ в по́лночь; gegen ~ о́коло полу́ночи; nach ~ по́сле полу́ночи
Mitternachtssonne *f* полу́ночное со́лнце
mitternächtlich полу́ночный
mittler сре́дний 11 | Mittlerer Osten Сре́дний Восто́к; von mittlerer Größe сре́днего во́зраста
Mittler *m* посре́дник 2
mittlerweile *Adv* тем вре́менем, ме́жду тем
Mittwoch *m* среда́ 6a | am ~ в сре́ду
mittwochs *Adv* по среда́м
mitunter *Adv* иногда́, поро́й
mitverantwortlich: ~ sein нести́* отве́тственность вме́сте с кем-н.
Mit|verantwortung *f* коллекти́вная отве́тственность; **~verfasser** *m* соа́втор 2; **~welt** *f* совреме́нники *Pl* 2
mitwirken *intr* уча́ствовать 2, принима́ть ⟨приня́ть*⟩ уча́стие (bei в *P*); beitragen zu де́йствовать 2
Mitwirkender *m* принима́ющий *Subst* 11 уча́стие, уча́стник 2
Mitwirkung *f* уча́стие 5 (an в *P*)
mixen *tr* сме́шивать ⟨смеша́ть⟩
Mixer *m* Gerät ми́ксер 2; Bar~ ба́рмен 2
Mixtur *f* миксту́ра 6
Mnemotechnik *f* мнемоте́хника 6
Mob *m* сброд 2
Möbel *n* ме́бель 9; **~fabrik** *f* ме́бельная фа́брика; **~garnitur** *f* ме́бельный гарниту́р, гарниту́р ме́бели; **~geschäft** *n* ме́бельный магази́н; **~stoff** *m* оби́вочная [ме́бельная] ткань; **~tischler** *m* ме́бельщик 2; **~transport** *m* перево́зка ме́бели; **~wagen** *m* маши́на 6 для перево́зки ме́бели
mobil подви́ж|ный, -ен, жив:о́й, -а́!; beweglich передвижно́й | er ist noch sehr ~ он ещё о́чень подви́жный [живо́й]
Mobiliar *n* ме́бель 9, дви́жимое иму́щество 4
mobilisieren *tr* мобилизова́ть *uv, v* 2
Mobilmachung *f* мобилиза́ция 8
möblieren *tr* меблирова́ть *uv, v* 2 | möbliertes Zimmer меблиро́ванная ко́мната; möbliert wohnen занима́ть ⟨заня́ть*⟩ меблиро́ванную ко́мнату
Moçambique Мозамби́к 2
Moçambiquer *m* мозамби́к|ец, -ца 2
moçambiquisch мозамби́кский
modal *Gramm* мода́льный
Mode *f* мо́да 6 | ~ werden входи́ть 3⁺ ⟨во|йти́*⟩ в мо́ду; ~ sein быть в мо́де; aus der ~ kommen выходи́ть ⟨вы́йти⟩ из мо́ды; jede ~ mitmachen сле|ди́ть 3 -жу́ за мо́дой; nach der neuesten ~ по после́дней мо́де; **~artikel** *m* мо́дный това́р 2
modefarben мо́дного цве́та
Modehaus *n* ателье́ [тэ] *n idkl* мод
Modell *n* моде́ль [дэ] 9; Vormuster маке́т 2 | ~ stehen пози́ровать 2; **~bau** *m* моделестрое́ние 5; **~bauer** *m* моде́льщик 2; **~eisenbahn** *f* миниатю́рная желе́зная доро́га; **~flugzeug** *n* моде́ль [дэ] 9 самолёта
Modellierbogen *m* разрезно́й лист 2e для скле́ивания моде́ли
modellieren *tr* модели́ровать *uv, v* 2, леп|и́ть 3⁺ -лю́ (с-)
Modellierkunst *f* лепно́е иску́сство
Modelltischler *m* моде́льщик [дэ] 2
Modenarr *m* мо́дник 2, франт 2
Moden|schau *f* пока́з 2 мод; **~zeitung** *f* журна́л 2 мод
Moder *m* гниль 9, за́тхлость 9
Moderator *m* модера́тор 2, веду́щий *Subst* 11
moderieren *tr* вести́* переда́чу, комменти́ровать *uv, v* 2
[1]**modern** *intr* гнить (с-), тлеть
[2]**modern** modisch мо́д|ный, -ен; neuzeitlich совреме́н|ный, -ен, -на | ~ste Technik са́мая совреме́нная те́хника
modernisieren *tr* модернизи́ровать [дэ] *uv, v* 2, модернизова́ть [дэ] *uv, v* 2
Modernisierung *f* модерниза́ция [дэ] 8 | technische ~ техни́ческая реконстру́кция 8

Modeschöpfer *m* модельéр 2
modifizieren *tr* модифици́ровать *uv, v* 2, видоизмен|я́ть ⟨-и́ть 3⟩
Modifizierung *f* модифика́ция 8, видоизмене́ние 5
modisch 1. *Adj* мо́д|ный, -ен **2.** *Adv* по мо́де
Modistin *f* моди́стка 6
modrig гнил:о́й, -á!, зáтхлый
Modulation *f Mus* модуля́ция 8
modulieren *tr Mus* модули́ровать 2
Modus *m* мо́дус 2; *Gramm* наклоне́ние 5
mogeln *intr umg* надувáть ⟨-|дýть*⟩, плутовáть 2 (с-)
mögen *tr* gern haben люб́|и́ть 3⁺ -лю́; gern wollen желáть, хотéть* | er mag keinen Käse он не лю́бит сы́ра; ich mag ihn nicht он мне не нрáвится | *als Hilfsverb zum Ausdruck* a) *eines Wunsches* ich möchte rauchen мне хо́чется кури́ть; er möchte Arzt werden он хо́чет стать врачо́м; ich mag ihn nicht sehen я не хочý егó ви́деть; ich möchte (gern) wissen я хотéл бы знать, мне хотéлось бы знать; ich möchte am liebsten aufhören я бы охо́тно ко́нчил | b) *einer Aufforderung in indirekter Rede* sie wünscht, du möchtest warten онá желáет, чтóбы ты ждал; er sagte, ihr möchtet kommen он сказáл, чтóбы вы пришли́ | c) *einer Aufforderung an Dritte* mag er kommen пусть [пускáй] (он) придёт; sie mögen sich noch einen Augenblick gedulden пусть они́ подождýт ещё минýтку | d) *einer Möglichkeit, Wahrscheinlichkeit* es mag sein (э́то) мо́жет быть, возмо́жно; wer mag das sein? кто бы э́то мог быть?; woher mag er das erfahren haben? откýда он мог э́то узнáть?; das mag richtig sein возмо́жно, что э́то прáвильно | *in Konzessivsätzen* was er auch sagen mag, ich werde ihm glauben что бы он ни сказáл, я емý повéрю; mag kommen, was da will! будь, что бýдет!; er mag sein, wie er will какóй бы он ни был
möglich возмо́ж|ный, -ен | alles ~e tun дéлать (с-) всё возмо́жное; etw. ~ machen дéлать (с-) что-н. возмо́жным; etw. für ~ halten нахо|ди́ть 3⁺ -жý что-н. возмо́жным; ist es ~? неужéли (э́то возмо́жно)?; es ist ~ мо́жно; sobald wie ~ как мо́жно скорéе; soweit ~ по мéре возмо́жности; so gut wie ~ как мо́жно лýчше
möglicherweise *Adv* быть мо́жет, пожáлуй
Möglichkeit *f* возмо́жность 9 | nach ~ по (мéре) возмо́жности; es besteht die ~, daß ... возмо́жно, что ...; ist das die ~! не мо́жет быть!
Möglichkeitsform *f* сослагáтельное наклоне́ние 5, конъюнкти́в 2
möglichst *Adv* по возмо́жности | ~ bald как мо́жно скорéе; in möglichst kurzer Zeit в кратчáйший срок
Mohair *m* мохéр 2
Mohammedaner *m* магомет|áнин 2 *Pl* -áне, -áн, мусульм|áнин 2 *Pl* -áне, -áн; **~in** *f* магометáнка 6, мусульмáнка 6
mohammedanisch магометáнский, мусульмáнский
Mohn *m* мак 2; **~blume** *f* мáковый цветóк; **~kapsel** *f* корóбочка 6 мáка; **~kuchen** *m* мáковник 2; **~zopf** *m* хáла 6 с мáком
Möhre(n) *f (Pl)* морко́вь 9
Mohrenkopf *m* Gebäck шоколáдное пирóжное *Subst* 10 с крéмом
Möhrensaft *m* морко́вный сок
Mokick *n* мопéд 2 с кикстáртером
mokieren, sich *refl* насмехáться (über над *I*), издевáться (über над *I*)
Mokka *m* мо́кко *n idkl*
Molch *m* тритóн 2
Moldau|er *m* молдав|áнин 2 *Pl* -áне, -áн, -áнам; **~erin** *f* молдавáнка 6
moldauisch молдáвский | Moldauische Sozialistische Sowjetrepublik Молдáвская Совéтская Социалисти́ческая Респýблика
Mole *f* мол 2
Molekül *n* молéкула 6
Molekulargewicht *n* молекуля́рный вес
Molke *f* молóчная сы́воротка 6
Molkerei *f* Betrieb молóчный завóд 2; **~produkte** *n Pl* молóчные продýкты
Moll *n Mus* минóр 2
mollig warm тёплый, теплá, тёпло *u.* тепло́; behaglich уют|ный, -ен; rundlich пол|ный, -он, -нá, пóлно́; weich мя́г|кий [хк], -ок, -кá!; -че | eine ~e Wärme прия́тная теплотá
Molluske *f* моллю́ск 2
Molybdän *n* молибдéн [дэ] 2
[1]**Moment** *m* момéнт 2 | einen ~, bitte! оди́н момéнт, пожáлуйста; warten Sie bitte einen ~! подождите минýтку, пожáлуйста!
[2]**Moment** *n* Umstand, Ursache момéнт 2, обстоя́тельство 4
momentan 1. *Adj* мгновéн|ный, -ен, -на, моментáльный **2.** *Adv* сейчáс, в дáнный момéнт
Momentaufnahme *f* моментáльный сни́мок
Monaco Монáко *idkl*
Monarch *m* монáрх 2; **~ie** *f* монáрхия 8
monarch|isch монархи́ческий; **~istisch** монархи́стский
Monat *m* мéсяц 2 | dieses ~s сегó мéсяца; im ~ Januar в январé мéсяце; im nächsten ~ в слéдующем мéсяце; heute in zwei ~en рóвно чéрез два мéсяца; sie ist im siebenten ~ онá на седьмóм мéсяце;

~ für ~ ме́сяц за ме́сяцем, из ме́сяца в ме́сяц
monatelang *Adv* месяца́ми, в тече́ние ме́сяцев
... **monatig:** dreimonatiger Kursus трёхме́сячный курс
monatlich 1. *Adj* ежеме́сячный, поме́сячный **2.** *Adv* ка́ждый ме́сяц, ежеме́сячно
Monats|abschluß *m* ме́сячный бала́нс 2; **~binde** *f* гигиени́ческий по́яс 2b *Pl* -а́; **~einkommen** *n* ме́сячный дохо́д; **~frist** *f*: binnen ≈ че́рез ме́сяц; **~gehalt** *n* ме́сячный за́работок 2; **~karte** *f* ме́сячный биле́т 2; **~schrift** *f* ежеме́сячник 2, ежеме́сячный журна́л
Mönch *m* мона́х 2
Mönchs|kloster *n* мужско́й монасты́рь; **~kutte** *f* мона́шеская ря́са; **~orden** *m* мона́шеский о́рден
Mond *m* луна́ 6c, ме́сяц 2 | der abnehmende ~ ме́сяц на уще́рбе; der zunehmende ~ молодо́й ме́сяц; die Sichel des ~es серп Луны́; sie ist hinterm ~ *umg* она́ отста́ла от жи́зни
mondän све́тский
Mond|aufgang *m* восхо́д Луны́; **~finsternis** *f* лу́нное затме́ние
mond|förmig лунообра́з|ный, -ен; **~hell:** ≈e Nacht лу́нная ночь
Mond|landschaft *f* лу́нный ландша́фт; **~landung** *f* прилуне́ние 5; **~mobil** *n* луноxо́д 2; **~nacht** *f* лу́нная ночь; **~scheibe** *f* диск Луны́, лу́нный диск; **~schein** *m* лу́нный свет; **~sichel** *f* серп Луны́; **~sucht** *f* сомнамбули́зм 2, лунати́зм 2
mondsüchtig лунати́ческий
Mond|süchtige *f* лунати́чка 6; **~süchtiger** *m* луна́тик 2; **~untergang** *m* захо́д Луны́; **~wechsel** *m* сме́на Луны́
Mongol|e *m* монго́л 2; **~ei** Монго́лия 8; **~in** *f* монго́лка 6
mongolisch монго́льский
monieren *tr* beanstanden выска́зывать ⟨вы́с|казать*⟩ недово́льство *I*; *Hdl* реклами́ровать *uv, v* 2
Monitor *m* монито́р 2
Mono|gamie *f* монога́мия 8, единобра́чие 5; **~gramm** *n* моногра́мма 6; **~graphie** *f* моногра́фия 8
Monokel *n* моно́кль 1
Monokultur *f* монокульту́ра 6
Mono|log *m* моноло́г 2; **~pol** *n* монопо́лия 8
monopolisieren *tr* монополизи́ровать *uv, v* 2
Monopol|isierung *f* монополиза́ция 8; **~kapital** *n* монополисти́ческий капита́л; **~kapitalismus** *m* монополисти́ческий капитали́зм; **~vereinigung** *f* монополисти́ческое объедине́ние
Monotheismus *m* монотеи́зм [тэ] 2
monoton моното́н|ный, -ен, -на
Monrovia Монро́вия 8
Monstrum *n* чудо́вище 4
Monsun *m Met* муссо́н 2
Montag *m* понеде́льник 2 | am ~ в понеде́льник; blauen ~ machen прогу́ливать ⟨-гуля́ть⟩
Montage *f* монта́ж 2e *G Pl* -е́й, сбо́рка 6; **~arbeiten** *f Pl* монта́жные рабо́ты; **~arbeiter** *m* монта́жник 2, монтёр 2; **~halle** *f* сбо́рочный [монта́жный] цех 2; *Flugw* сбо́рочный анга́р
montags *Adv* по понеде́льникам
Montanindustrie *f* го́рно-металлурги́ческая промы́шленность
Montblanc Монбла́н 2
Monteur *m* монтёр 2
Montevideo Монтевиде́о [тэ; дэ] *m idkl*
montieren *tr* монти́ровать 2 (с-), собира́ть ⟨-|бра́ть*⟩; aufstellen устан|а́вливать ⟨-ови́ть 3⁺ -овлю́⟩
Monument *n* монуме́нт 2 (für *A*), па́мятник 2 (für *D*)
monumental монумента́л|ьный, -ен, -ьна
Moor *n* боло́то 4; **~bad** *n Med* грязева́я ва́нна, гря́зи *Pl* 9; **~boden** *m* боло́тистая по́чва
moorig боло́тист:ый, то́п|кий, -ок, -ка́!
Moos *n* мох, мха *u.* мо́ха 2; во мху́, *Pl* мхи; **~beere** *f* клю́ква 6
moosig мши́ст:ый
Mop *m* бахро́мчатая метёлка 6
Moped *n* мопе́д 2 | mit dem ~ fahren е́хать на мопе́де
Mops *m Zool* мопс 2, мо́ська 6 *umg*
Moral *f* мора́ль 9, нра́вственность 9 | die ~ der Geschichte мора́ль исто́рии
moralisch 1. *Adj* мора́л|ьный, -ен, -ьна, нра́вствен:ный, -на | ~e Unterstützung мора́льная подде́ржка **2.** *Adv* в мора́льном отноше́нии
moralisieren *intr* морализи́ровать 2
Moralist *m* морали́ст 2
Moralpredigt *f* мора́ль 9, нравоуче́ние 5 | j-m eine ~ halten чита́ть кому́-н. нравоуче́ние [мора́ль]
Moräne *f Geol* море́на 6
Morast *m* боло́то 4, топь 9
morastig боло́тный, то́п|кий, -ок, -ка́!
morbid kränklich боле́знен:ный, -на; Gesellschaft гнил:о́й, -а́!
Morchel *f Bot* сморч|о́к, -ка́ 2
Mord *m* уби́йство 4; **~anschlag** *m* покуше́ние на уби́йство (gegen *A*)
morden *tr u. intr* убива́ть ⟨-|би́ть*⟩
Mörder *m* уби́йца *m* 6; **~in** *f* уби́йца 6
mörderisch уби́йствен:ный, -на; *übertr* ужа́с|ный, -ен
Mords|geschrei *n umg* исто́шные во́пли *Pl*; **~kerl** *m umg* молод|е́ц, -ца́ 2, сорви|голова́ *m* 6 *Pl* -о́ловы, -оло́в, -олова́м

mordsmäßig стра́ш|ный, -ен, -на́, -но, стра́шны́, ужа́с|ный, -ен
Mordsspektakel *m umg* а́дский [ужа́сный] шум
morgen *Adv* за́втра | ~ früh за́втра у́тром; bis ~ до [на] за́втра; j-n auf ~ vertrösten корм|и́ть 3⁺ -лю́ кого́-н. за́втраками *umg*
Morgen *m* у́тро 4; Feldmaß мо́рген 2 | am ~ у́тром; gegen ~ к утру́, под у́тро; eines schönen ~s в одно́ прекра́сное у́тро; am nächsten ~ на сле́дующее у́тро, у́тром сле́дующего дня; vom ~ bis zum Abend с утра́ до ве́чера; jeden ~ ка́ждое у́тро; guten ~! до́брое у́тро!, с до́брым у́тром!; **~ausgabe** *f* Zeitung у́тренний 11 вы́пуск; **~dämmerung** *f* рассве́т 2; **~grauen** *n* предрассве́тные су́мер|ки, -ек *Pl* 6, рассве́т 2 | im ≈ на рассве́те; **~land** *n* (Бли́жний) Восто́к (11-)2
morgenländisch (ближне)восто́чный
Morgen|luft *f*: ≈ wittern *übertr* чу́ять* переме́ны к лу́чшему; **~rock** *m* хала́т 2, капо́т 2; **~rot** *n,* **~röte** *f* (у́тренняя) заря́ (11-)7
morgens *Adv* у́тром; wiederholt по утра́м | um sieben Uhr ~ в семь часо́в утра́
Morgen|stunde *f* у́тренний 11 час; **~toilette** *f* у́тренний 11 туале́т
morgig за́втрашний 11
Morphium *n* мо́рфи|й 1 *P* -и
Morphologie *f* морфоло́гия 8
morphologisch морфологи́ческий
morsch гнил:о́й, -а́!, трухля́в:ый; baufällig ве́тх:ий, -а́!
Morse|alphabet *n* а́збука Мо́рзе [зэ]; **~apparat** *m* телегра́фный аппара́т Мо́рзе [зэ]
morsen *tr, intr* пере|дава́ть* ⟨переда́ть*⟩ зна́ками Мо́рзе [зэ]
Mörser *m* Gefäß сту́пка 6; *Mil* морти́ра 6 | im ~ zerstoßen толо́чь* в сту́пке
Morsezeichen *n* знак Мо́рзе [зэ] *idkl*
Mörtel *m* (строи́тельный) раство́р 2
Mosaik *f* моза́ика 6; **~arbeit** *f* моза́ичная рабо́та, моза́ика 6
Moschee *f* мече́ть 9
Moschus *m* му́скус 2; **~geruch** *m* му́скусный за́пах; **~ochse** *m Zool* овцебы́к 2e
Moskau Москва́ 6 | bei ~ под Москво́й
Moskauer *m* **1.** *m* москви́ч 2e *G Pl* -е́й **2.** *Adj* моско́вский; in der Nähe von Moskau подмоско́вный | ~er Gebiet Моско́вская о́бласть
Moskauerin *f* москви́чка 6
Moskito моски́т 2; **~netz** *n* моски́тная се́тка
Moslem *m* мусульм|а́нин 2 *Pl* -а́не, -а́н, -а́нам
moslemisch мусульма́нский
Most *m* Saft (плодо́вый) сок 2; Apfel≈ сидр 2; Weintrauben≈ (виногра́дное) су́сло 4; junger ungegorener Wein муст 2, молодо́е вино́ 4c
mosten *intr* отжима́ть ⟨-|жа́ть¹*⟩ сок [муст]
Motel *n* моте́ль [тэ] 1, гости́ница 6 для автотури́стов
Motette *f* моте́т 2
Motiv *n* Beweggrund моти́в 2, по́вод (für к *D*) 2; *Lit, Kunst* моти́в, те́ма 6, сюже́т 2; *Mus* моти́в, мело́дия 8; *Foto* сюже́т, объе́кт 2 | aus persönlichen ~en по ли́чным моти́вам
Motivation *f* мотива́ция 8
motivieren *tr* мотиви́ровать *uv, v* 2, обосн|о́вывать ⟨-ова́ть 2 -ую́, -уёшь⟩
Motivierung *f* мотиви́рование 5, мотиviро́вка 6
Moto-Cross *n, m* мотокро́сс 2
Motor *m* дви́гатель 1 *a. übertr,* мото́р 2; **~boot** *n* мото́рная ло́дка, моторо́дка 6 | mit dem ≈ fahren плыть* [ката́ться] на мотоло́дке
Motoren|bau *m* моторострое́ние 5; **~öl** *n* автóл 2, мото́рное ма́сло; **~werk** *n* моторострои́тельный заво́д
Motor|fahrzeug *n* мото́рное тра́нспортное сре́дство; **~haube** *f* капо́т дви́гателя
motorisch мото́рный; *Physiol* двига́тельный, мото́рный
motorisier|en *tr* моторизова́ть *uv, v* 2; **~t** име́ющий 11 автомаши́ну [мотоци́кл] | ≈e Infanterie моторизо́ванная пехо́та, мотопехо́та 6; ich bin (heute) ~ я прие́хал на маши́не [на мотоци́кле]
Motorisierung *f* моториза́ция 8
Motorleistung *f* мо́щность дви́гателя
Motorrad *n* мотоци́кл 2, мотоцикле́т 2 | ~ fahren е́здить на мотоци́кле, води́ть мотоци́кл; **~fahrer** *m* мотоцикли́ст 2; **~rennen** *n* мотого́н|ки, -ок *Pl* 6; Langstreckenrennen мотопробе́г 2; **~sport** *m* мотоцикле́тный спорт, мотоспо́рт 2
Motor|rennboot *n* ску́тер 2; **~roller** *m* моторо́ллер 2 | mit dem ≈ fahren е́хать на моторо́ллере; **~säge** *f* мотопила́ 6c; **~schaden** *m* поврежде́ние дви́гателя; **~schiff** *n* теплохо́д 2 | mit dem ≈ на теплохо́де; **~schlitten** *m* автоса́н|и *Pl* 9g -е́й; **~sport** *m* мотоспо́рт 2; **~sportler** *m* мотоспортсме́н 2; **~touristik** *f* мототури́зм 2; **~wagen** *m Eisenb* мото́рный ваго́н, мотоваго́н 2
Mot.-Schütze *m* мотострел|о́к, -ка́ 2
Motte *f* моль 9
Motten|fraß *m* поврежде́ние 5 мо́лью; **~pulver** *n* порошо́к от мо́ли
Motto *n* Wahlspruch деви́з 2, ло́зунг 2; im Buch мо́тто *n idkl,* эпи́граф 2 | unter dem ~ stehen проходи́ть 3⁺ под ло́зунгом [под деви́зом]

mottensicher предохраня́ющий 11 от поврежде́ния мо́лью

moussieren *intr* пе́ниться 3 (вс-), шип|е́ть 3 -лю́

Möwe *f* ча́йка 6

Mucke *f meist Pl* капри́зы *Pl* 2 | seine ~n haben име́ть свои́ причу́ды [стра́нности], капри́зничать; die Sache hat ihre ~n э́то де́ло не просто́е

Mücke *f* кома́р 2e | aus einer ~ einen Elefanten machen де́лать из му́хи слона́

Mücken|schwarm *m* рой комаро́в; **~stich** *m* уку́с комара́, комари́ный уку́с

Mucks *m:* keinen ~ von sich geben *umg* не пи́кнуть *v* 4

müde уста́лый (von от *G*), утомл|ённый, -ён, -ена́ (von *I*); schlafbedürftig со́нный; überdrüssig уста́вший 11 от *G*, утомлённый *I* | ~ werden у|става́ть* ⟨-|ста́ть*⟩, утом|и́ться *v* 3 -лю́сь; ich bin sehr ~ я о́чень уста́л; er ist vom Ausflug ~ прогу́лка [экску́рсия] утоми́ла его́; einer Sache ~ werden уста́ть от чего́-н.; zum Umfallen ~ sein вали́ться 3⁺ (с-) с ног от уста́лости; sich ~ laufen уста́ть от беготни́

Müdigkeit *f* уста́лость 9 | vor ~ einschlafen засну́ть *v* 4 от уста́лости; keine ~ vorschützen! никаки́х отгово́рок!

Muff *m* му́фта 6

Muffe *f Tech* му́фта 6

muffig за́тхлый | es riecht (hier) ~ здесь па́хнет за́тхлым

Mühe *f* труд 2e; Sorgen, Scherereien хло́поты *Pl* 6 хлопо́т, хло́потам (um над *I*, о *P*); Anstrengung уси́лия *Pl* 5 | mit großer ~ с больши́м трудо́м; die Sache ist nicht der ~ wert э́то де́ло не сто́ит труда́; sich große ~ geben um о́чень стара́ться (по-) о *P;* das hat mich viel ~ gekostet э́то сто́ило мне большо́го труда́ [больши́х уси́лий]; sich die ~ machen брать* ⟨взять*⟩ на себя́ труд; keine ~ scheuen не боя́ться 3 хлопо́т, не жале́ть [не ща|ди́ть 3 -жу́] сил; es lohnt die ~ nicht э́то де́ло не сто́ит труда́, де́ло не сто́ит хлопо́т

mühelos 1. *Adj* нетру́д|ный, -ен, -на́!, лёгкий [хк], лёгок, легк|а́, -о́, легки́ *u.* лёгки **2.** *Adv* без труда́, без мале́йшего напряже́ния [уси́лия]

mühen, sich *refl* тру|ди́ться 3⁺ -жу́сь, стара́ться (по-) (mit над *I*)

mühevoll тру́д|ный, -ен, -на́, -но, тру́дны́, хлопотли́в:ый | eine ~e Arbeit трудоёмкая рабо́та

Mühle *f* ме́льница 6; Brettspiel мюле *n idkl* | ~ spielen игра́ть в мю́ле

Mühl|rad *n* ме́льничное колесо́; **~stein** *m* ме́льничный жёрнов 2b *Pl* жернова́

Mühsal *f* тя́гостный труд 2e

mühsam 1. *Adj* тру́д|ный, -ен, -на́, -но, тру́дны́; anstrengend утоми́тел|ьный, -ен, -ьна **2.** *Adv* с (больши́м) трудо́м

Mulatt|e *m* мула́т 2; **~in** *f* мула́тка 6

Mulde *f* Bodensenke лощи́на 6

Mull *m* Verbandstoff ма́рля 7; *Text* кисея́ 7 | aus ~ ма́рлевый; кисе́йный

Müll *m* му́сор 2, отбро́сы *Pl* 2 | in den ~ werfen выбра́сывать ⟨вы́бросить⟩ в му́сор; **~abfuhr** *f* вы́возка 6 му́сора; **~auto** *n* мусорово́з 2

Mullbinde *f* ма́рлевый бинт

Müll|container *m* му́сорный конте́йнер [тэ]; **~eimer** *m* ведро́ для му́сора [для отбро́сов]

Müller *m* ме́льник 2

Müll|grube *f* му́сорная я́ма, помо́йка 6; **~kasten** *m* му́сорный я́щик; **~kippe** *f* сва́лка 6 му́сора; **~schlucker** *m* мусоропрово́д 2; **~tonne** *f* мусоросбо́рник 2; **~verbrennung** *f* сжига́ние 5 му́сора; **~verbrennungsanlage** *f* мусоросжига́тельная устано́вка; **~wagen** *m* = **Müllauto**

mulmig: die Sache sieht ~ aus де́ло дрянь; mir ist ~ мне стано́вится ду́рно

multilateral многосторо́нний 11

Multiplik|and *m* мно́жимое *Subst* 10; **~ation** *f* умноже́ние 5; **~ationstabelle** *f* табли́ца умноже́ния; **~ator** *m* мно́житель 1

multiplizieren *tr* мно́жить 3 (по-, у-) | mit etw. ~ умн|ожа́ть ⟨-о́жить 3⟩ на что-н.; miteinander ~ перемн|ожа́ть ⟨-о́жить 3⟩ ме́жду собо́й

Mumie *f* му́мия 8

Mummenschanz *m* Fest маскара́д 2

München Мю́нхен 2

Mund *m* рот, рта 2; изо рта́ *u.* и́зо рту; во рту́ | im ~ во рту́; den großen ~ haben хва́стать(ся), вести́* себя́ на́гло; sie hat einen losen ~ у неё де́рзкий [наха́льный] язы́к; den ~ halten держа́ть 3⁺ язы́к за зуба́ми, молча́ть 3; sich den ~ verbrennen обжига́ться ⟨-|же́чься*, обожгу́сь; обожгла́сь⟩; den ~ vollnehmen болта́ть (языко́м); sie ist nicht auf den ~ gefallen она́ за сло́вом в карма́н не (по)ле́зет; in aller ~e sein быть у всех на уста́х; j-m die Antwort in den ~ legen подска́зывать ⟨-с|каза́ть*⟩ кому́-н. ну́жный отве́т; j-m über den ~ fahren ре́зко обрыва́ть ⟨обо|рва́ть*⟩ кого́-н.; von ~ zu ~ gehen пере|дава́ться* из уст в уста́; j-m nach dem ~ reden льсти́ть 3 льщу (по-) кому́-н.; **~art** *f* наре́чие 5, диале́кт 2

mundartlich диале́ктный | ~er Ausdruck диалекти́зм 2

Mundbrötchen *n* сдо́бная бу́лочка, ма́ленькая кру́глая бу́лочка

Mündel *n* опека́емый *Subst* 10

munden *intr* быть* по вку́су | es sich ~ lassen есть* с удово́льствием

münden *intr* Fluß впадáть (in в *A*), вливáться (in в *A*) | diese Gasse mündet in die Hauptstraße э́тот переу́лок выхóдит на глáвную у́лицу

mundfaul неразговóрчив:ый

mundgerecht приготóвленный по вку́су, готóв|ый к употреблéнию | j-m etw. ~ machen *übertr* изобра|жáть ⟨-зи́ть 3 -жу́⟩ комý-н. что-н. в вы́годном свéте

Mund|geruch *m* зáпах изо ртá; **~harmonika** *f* губнáя гармóника [гармóшка *umg*]; **~höhle** *f* пóлость рта

mündig совершеннолéтний 11 | ~ werden достигáть ⟨до|сти́чь*⟩ совершеннолéтия

Mündigkeit *f* совершеннолéтие 5

mündlich у́стный

Mund|pflege *f* ухóд за зубáми [за пóлостью рта]; **~raub** *m* крáжа небольшóго коли́чества съестнóго (для немéдленного употреблéния); **~stück** *n* мундшту́к [нш] 2e *a. Mus;* des Zaumes удилá *Pl* 4 | Zigarette mit ≈ мундшту́чная [нш] папирóса

mundtot: j-n ~ machen заст|авля́ть ⟨-áвить 3 -áвлю⟩ когó-н. замолчáть, зажимáть ⟨-|жáть[1]*⟩ комý-н. рот

Mündung *f* Fluß у́сть|е 5 *G Pl* -ев; Feuerwaffe ду́ло 4; Geschütze жерлó 4c *G Pl* жерл; Straße кон|éц, -цá 2

Mund|vorrat *m* прови́зия 8, съестны́е припáсы; **~wasser** *n* зубнóй эликси́р 2; **~werk** *n:* ein böses ≈ haben быть* óстрым [дéрзким] на язы́к; er hat ein gutes ≈ у негó язы́к хорошó подвéшен; **~winkel** *m* уголóк рта

Mund-zu-Mund-Beatmung *f* иску́сственное дыхáние 5 спóсобом «изо рта в рот»

Munition *f* боеприпáсы *Pl* 2

Munitions|lager *n* склад боеприпáсов; **~transport** *m* перевóзка 6 [подвóз 2] боеприпáсов

munkeln *intr:* es wird so allerlei gemunkelt! вся́кое болтáют!, мáло ли что говоря́т!

Münster *n* кафедрáльный собóр 2

munter бóдр:ый, -á, -о, бóдры́; lebhaft жив:óй, -á!; heiter весёлый, вéсел, -á! | ~ sein [bleiben] бóдрствовать 2, не спать*; sie ist noch nicht ~ wach онá ещё не проснýлась; der Kaffee macht mich ~ кóфе меня́ бодри́т; bleiben Sie gesund und ~! бу́дьте всегдá здорóвы и жизнерáдостны!

Münze *f* монéта 6; Münzprägestätte монéтный двор 2e | etw. für bare ~ nehmen принимáть ⟨приня́ть*⟩ что-н. за чи́стую монéту; j-m mit gleicher ~ heimzahlen от пла|ти́ть *v* 3[+] -чу́ комý-н. той же монéтой

münzen *tr* чекáнить 3 (от-) | Gold ~ чекáнить золотýю монéту; das ist auf dich gemünzt э́то намёк на тебя́, э́то скáзано по твоемý áдресу

Münz|fernsprecher *m* телефóн-автомáт 2-2; **~sammlung** *f* коллéкция монéт и медáлей

mürbe Fleisch мя́г|кий [хк] -ок, -кá!; -че; Gebäck рассы́пчат:ый; Teig ры́хл:ый, -á!; Baum трухля́в:ый | j-n ~ machen уломáть *v* когó-н.

Mürbeteig *m* сдóбное песóчное тéсто

Murmansk Му́рманск 2

Murmel *f* кáмуш|ек, -ка 2 | ~n spielen игрáть в кáмушки

murmeln *tr* бормотáть* (про-); *intr* Bach журчáть 3

Murmeltier *n* сур|óк, -кá 2

murren *intr* unzufrieden sein роптáть* (über на *A*); Mißfallen äußern ворчáть 3 (über на *A*) | ohne zu ~ безрóпотно

mürrisch verdrießlich угрю́м:ый; brummig брюзгли́в:ый | ~er Mensch брюзгá *m, f* 6; er hat ein ~es Wesen у негó угрю́мый харáктер

Mus *n* пюрé [рэ] *n idkl*

Muschel *f Zool* рáковина 6 *a. Anat;* kleine ракýшка 6; *Tel* (телефóнная) трýбка 6; die ~n Tiere двуствóрчатые моллю́ски *Pl* 2; Gericht ракýшки; **~schale** *f* ствóрка 6 рáковины, рáковина 6

Muse *f* мýза 6

Museum *n* музé|й 1 *G Pl* -ев (für etw. чегó-н.); ehem. Wohnung einer Persönlichkeit дом-музéй 2-1 | eine Führung durch das ~ экскýрсия по музéю

Museumsführer *m* экскурсовóд 2 (в музée); Handbuch путеводи́тель 1 (по музéю)

Musical *n* мю́зикл 2

Musik *f* мýзыка 6 | nach ~, zur ~ под мýзыку; einen Text in ~ setzen переклáдывать ⟨-ложи́ть 3[+]⟩ текст на мýзыку

Musikalien *Pl* печáтные музыкáльные произведéния *Pl* 5; **~handlung** *f* нóтный магази́н

musikalisch музыкáл|ьный, -ен, -ьна | er ist sehr ~ он óчень музыкáлен

Musikalität *f* музыкáльность 9

Musikant *m* музыкáнт 2

Musik|begleitung *f* музыкáльное сопровождéние, аккомпанемéнт 2; **~bibliothek** *f* библиотéка музыкáльных произведéний; **~box** *f* проигрыватель-автомáт 1-2, автомáт 2 для проигрывания грампласти́нок; **~drama** *n* музыкáльная дрáма

Musiker *m* музыкáнт 2; Spieler eines Musikinstruments инструментали́ст 2; Interpret музыкáнт-исполни́тель 2-1; Orchester~ оркестрáнт 2

Musik|erziehung *f* музыкáльное воспитáние; **~festspiele** *n Pl* музыкáльный фестива́ль; **~geschichte** *f* исто́рия му́зыки; **~historiker** *m* специали́ст 2 по исто́рии му́зыки; **~hochschule** *f* вы́сшее 11 музыка́льно-педагоги́ческое уче́бное заведе́ние; **~instrument** *n* музыка́льный инструме́нт; **~kapelle** *f* (небольшо́й) орке́стр 2; **~kritiker** *m* музыка́льный кри́тик; **~lehrer** *m* учи́тель [преподава́тель] му́зыки; **~liebhaber** *m* люби́тель му́зыки; **~pavillon** *m* ра́ковина 6, конце́ртная эстра́да 6; **~schaffen** *n* музыка́льное тво́рчество; **~schrank** *m* радио́ла 6; **~schule** *f* музыка́льная шко́ла, музыка́льное учи́лище; **~sendung** *f* музыка́льная переда́ча; **~stück** *n* музыка́льная пье́са; **~truhe** *f* = **Musikschrank; ~unterricht** *m* препода́вание му́зыки; Lehrveranstaltungen уро́ки му́зыки; **~werk** *n* музыка́льное произведе́ние; **~wissenschaft** *f* музыкове́дение 5; **~wissenschaftler** *m* музыкове́д 2

musisch худо́жественный, эстети́ческий | ~e Erziehung эстети́ческое воспита́ние; er ist ~ begabt у него́ худо́жественные спосо́бности

musizieren *intr* занима́ться му́зыкой, игра́ть; im Familienkreis музици́ровать 2

Muskatnuß *f* муска́тный оре́х

Muskel *m* мы́шца 6, му́скул 2; **~kater** *m* мы́шечная боль 9 | er hat ≈ у него́ боля́т мы́шцы; **~kraft** *f* мы́шечная си́ла; **~riß** *m* разры́в мышц(ы); **~zerrung** *f* растяже́ние мышц(ы)

Muskulatur *f* мускулату́ра 6

muskulös мускули́ст:ый

Muße *f* свобо́дное вре́мя, досу́г 2 | mit ~ etw. tun не спеша́, споко́йно, на досу́ге; Zeit und ~ zu etw. haben име́ть досу́г для чего́-н.

Musselin *m Text* мусли́н 2 | aus ~ мусли́новый

müssen *Hilfsverb zum Ausdruck* a) *der Notwendigkeit, des Zwanges* до́лжен, долж|на́, -но́, -ны́ *mit Inf,* кому́-н. на́до [ну́жно, придётся] *mit Inf;* er muß gehen он до́лжен идти́, ему́ на́до [придётся] идти́; sie mußte она́ должна́ была́, ей пришло́сь, ей на́до бы́ло; du wirst ~ ты до́лжен бу́дешь; man muß на́до, ну́жно, придётся (*wiederholt* прихо́дится), сле́дует, необходи́мо; ich muß arbeiten мне на́до [ну́жно] рабо́тать, я до́лжен рабо́тать; wir ~ uns beeilen нам ну́жно торопи́ться; man müßte es ihm sagen сле́довало бы [на́до бы́ло бы] ему́ сказа́ть э́то; ich muß ihm helfen! я до́лжен ему́ помо́чь! | b) *der Möglichkeit* du mußt nicht kommen (ты) мо́жешь и не приходи́ть | c) *der Aufforderung* du mußt nicht immer so zeitig kommen не приходи́ всегда́ так ра́но; Sie ~ nicht traurig sein не грусти́те; das hättest du sehen ~! тебе́ бы ви́деть э́то!; das ~ Sie nicht sagen! вам нельзя́ [вы не должны́] э́того говори́ть! | d) *der Vermutung* er muß hier gewesen sein он, наве́рное, был здесь; jemand muß es ihm gesagt haben кто-то, должно́ быть, ему́ сказа́л; er muß bald kommen он до́лжен ско́ро прийти́ | e) *des Ärgers* mußtest du heute kommen? и ну́жно [на́до] же тебе́ бы́ло прийти́ сего́дня?; da muß auch noch die Sohle abgehen! ну́жно [на́до] же бы́ло ещё отста́ть подо́шве! | f) *der Anerkennung* das muß man sagen, er gibt sich Mühe на́до призна́ть, (что) он стара́ется | g) *einer unwillkürlichen Handlung* plötzlich mußte er lachen вдруг он нево́льно засмея́лся

Mußestunde *f* досу́г 2 | in den ~n в часы́ досу́га, на досу́ге

müßig untätig пра́зд|ный, -ен, безде́ятел|ьный, -ен, -ьна; unnütz пра́здный, бесце́л|ьный, -ен, -ьна | ~e Zeit [Stunden] свобо́дное вре́мя, досу́г; es ist ~, darüber zu streiten не име́ет никако́го смы́сла спо́рить об э́том

Müßig|gang *m* пра́здность 9, безде́лье 5 | ≈ ist aller Laster Anfang лень–мать всех поро́ков; **~gänger** *m* праздноша́тающийся *Subst* 11, безде́льник 2

Muster *n* Vorlage, Modell образ|е́ц, -ца́ 2, моде́ль [дэ] 9; (Vor-) Entwurf маке́т 2; Vorbild, Beispiel приме́р 2, образе́ц (an etw. чего́-н.); Waren~ образе́ц; Stoffprobe обра́зчик 2; auf Stickarbeiten, Stoffen u. ä. узо́р 2, рису́н|ок, -ка 2 | nach einem ~ по образцу́ [узо́ру]; ~ ohne Wert беспла́тный образе́ц; **~beispiel** *n* показа́тельный приме́р, обра|зе́ц, -ца́ 2; **~betrieb** *m* образцо́вое предприя́тие

mustergültig образцо́вый, приме́р|ный, -ен

Muster|kollektion *f* колле́кция [собра́ние] образцо́в; **~messe** *f* я́рмарка [вы́ставка 6] образцо́в

mustern *tr* betrachten осм|а́тривать ⟨-отре́ть 3⁺⟩, оки́дывать ⟨-ки́нуть 4⟩ взгля́дом; *Mil* свиде́тельствовать 2 (о-)

Muster|sammlung *f* = **Musterkollektion; ~schüler** *m* отли́чник 2, приме́рный учени́к; **~ung** *f* das Mustern нанесе́ние 5 узо́ров (von etw. на что-н.); eines Stoffes usw. узо́р 2, рису́н|ок, -ка 2; *Mil* (предвари́тельное) освиде́тельствование 5 (призывнико́в)

Mut *m* му́жество 4, сме́лость 9 | den ~ verlieren па́дать ⟨у|па́сть*⟩ ду́хом, опу|ска́ть ⟨-сти́ть 3⁺ -щу́⟩ ру́ки; ~ fassen собира́ться ⟨-|бра́ться*; -брали́сь⟩ с ду́хом, приободр|я́ться ⟨-и́ться 3⟩; j-m ~ machen подбодр|я́ть ⟨-и́ть 3⟩ кого́-н.; guten

~es sein быть в хоро́шем [бо́дром] настрое́нии; nur ~! смеле́й!
Mutation *f Biol* мута́ция 8; Stimmwechsel ло́мка 6 го́лоса, мута́ция
mut|ig му́жествен:ный| -на, сме́л:ый| -а́! | ≈ sein быть му́жественным [сме́лым]; ~ handeln де́йствовать сме́ло; **~los** малоду́ш|ный| -ен; verzagt уны́л:ый
Mutlosigkeit *f* малоду́шие 5; уны́ние 5
mutmaß|en *tr* предпо|лага́ть ⟨-ложи́ть 3⁺⟩ *A*, дога́дываться о *P*; **~lich** предполага́емый, предположи́тел|ьный| -ен| -ьна | der ≈e Täter подозрева́емый престу́пник
Mutmaßung *f* предположе́ние 5
Mutter *f* мать| ма́тери 9g; *Tech* га́йка 6 | leibliche ~ родна́я мать; zu j-m wie eine ~ sein отно|си́ться 3⁺ -шу́сь к кому́-н. по-матери́нски; ~ Natur мать-приро́да
Mütterberatung *f* консульта́ция 8 для матере́й
Mütterberatungsstelle *f* де́тская консульта́ция 8, консультацио́нный пункт 2 для матере́й
Mutterboden *m* па́хотный слой 1b земли́
Mutter|korn *n Bot* спорынья́ 7; **~kuchen** *m Anat* плаце́нта 6; **~leib** *m* утро́ба ма́тери
mütterlich матери́нский; **~erseits** *Adv* с матери́нской стороны́, по ма́тери
Mutter|liebe *f* матери́нская любо́вь; **~mal** *n* роди́мое пятно́, ро́динка 6; **~milch** *f* матери́нское молоко́; **~sau** *f* свинома́тка 6; **~schaft** *f* матери́нство 4; **~schiff** *n* су́дно-ба́за 4-6 *Pl* суда́-ба́зы 2b-6; **~schutz** *m* охра́на матери́нства
mutterseelenallein *Adv* оди́н-одинёшенек, оди́н как перст
Mutter|söhnchen *n* ма́менькин 13 сын|о́к| -ка́ 2; **~sprache** *f* родно́й язы́к; **~sprachler** *m* лицо́ 4c| для кото́рого да́нный язы́к явля́ется родны́м, носи́тель 1 языка́
muttersprachlich относя́щийся 11 к родно́му языку́; *nachgestellt* на родно́м языке́
Mutter|tier *n* ма́тка 6; **~witz** *m* приро́дный ум, приро́дное остроу́мие | ≈ haben быть* остроу́мным
Mutti *f* ма́ма 6, ма́мочка 6, мама́ша 6 *umg*
Mutwille *m* ре́звость 9, озорство́ 4 | aus reinem ~n из чи́стого озорства́
mutwillig 1. *Adj* übermütig ре́зв:ый| -а́!, озорно́й; absichtlich преднаме́рен:ный| -на **2.** *Adv* наро́чно [шн], преднаме́ренно
Mütze *f* ша́пка 6; Sport≃ ке́пка 6; Uniform≃ mit Schirm фура́жка 6; Schirm≃ карту́з 2e, ке́пка; ohne Schirm, Matrosen≃ бескозы́рка 6; mit Ohrenklappen уша́нка 6
Mützen|macher *m* ша́почник 2; **~rand** *m* око́лыш 2 *G Pl* -ей; **~schirm** *m* козыр|ёк| -ька́ 2
Myokardschaden *m* поврежде́ние миока́рда
Myom *n* мио́ма 6
Myriaden *f Pl* мириа́ды *Pl* 6
Myrte *f* мирт 2
Myrtenkranz *m* ми́ртовый вено́к
mysteriös таи́нствен:ный| -на, зага́доч|ный| -ен
mystifizieren *tr* мистифици́ровать *uv, v* 2
Mystik *f* ми́стика 6; **~er** *m* ми́стик 2
mystisch мисти́ческий
mythisch мифи́ческий
Mythologie *f* мифоло́гия 8
mythologisch мифологи́ческий
Mythos *m* миф 2 (von о *P*)

N

na! *Interj umg* ну! | ~, und ob! ещё бы!; ~ also! ну| вот (ви́дите)!; ~, schön! ну хорошо́!; ~, dann mal los! ну| дава́й [дава́йте]!; ~, komm doch! ну| иди́ же!; ~, wird's bald? ну| до́лго там ещё?; ~, warte! ну| погоди́!
Nabe *f* Rad ступи́ца 6; *Tech* вту́лка 6
Nabel *m* пуп|о́к| -ка́ 2 | ~ der Welt пуп 2e земли́; **~bruch** *m* пупо́чная гры́жа; **~schnur** *f* пупови́на 6
nach 1. *Adv:* mir ~ за мной; ~ und ~ постепе́нно, ма́ло-пома́лу; ~ wie vor по-пре́жнему **2.** *Präpos Ort* в *A;* ~ Kiew в Ки́ев; ~ Rumänien в Румы́нию; der Zug fährt von Leipzig ~ Dresden по́езд идёт из Ле́йпцига в Дре́зден; von rechts ~ links спра́ва нале́во; von oben ~ unten све́рху вниз | bei Verkehrsmitteln und -wegen на *A;* der Zug ~ Moskau по́езд на Москву́; das Flugzeug ~ Warschau самолёт на Варша́ву; die Autobahn ~ Rostock автостра́да на Ро́сток | *Zeit* по́сле *G;* ~ der Arbeit по́сле рабо́ты; zehn Minuten ~ acht де́сять мину́т девя́того; ~ zwei (Uhr) по́сле двух (часо́в), в тре́тьем часу́ | *nach Verbalsubstantiven a.* по *P;* ~ Abschluß der Schule по́сле оконча́ния [по оконча́нии] шко́лы; ~ Ankunft des Zuges по́сле прибы́тия [по прибы́тии] по́езда | nach Ablauf von че́рез *A;* er kam ~ zwei Tagen wieder он верну́лся че́рез два дня; drei Jahre ~ dem Krieg че́рез три го́да по́сле войны́ | Reihenfolge за *I;* er trank eine Flasche ~ der anderen он выпива́л одну́ буты́лку за друго́й; einer ~ dem anderen оди́н за други́м; ich bin ~ Ihnen dran моя́ о́че-

редь за ва́ми | entsprechend по *D;* ~ der Mode по мо́де; der Reihe ~ по поря́дку; ~ dieser Methode по э́тому ме́тоду; dem Wesen ~ по существу́; meiner Meinung ~ по-мо́ему, по моему́ мне́нию; dem Namen ~ по и́мени; ~ Noten [Gehör] spielen игра́ть по но́там [по слу́ху] | Ziel за *I;* ~ dem Arzt schicken посла́ть* *v* за врачо́м; in den Wald ~ Pilzen gehen идти́* в лес за гриба́ми [по грибы́]

nach|äffen *tr* сле́по подража́ть *D,* обезья́нничать *umg;* **~ahmen** *tr* подража́ть *D*

nachahmenswert досто́йный подража́ния; beispielhaft приме́р|ный, -ен

Nachahmung *f* подража́ние 5 (von *D*); Fälschung подде́лка 6

nacharbeiten *tr* nachholen нагоня́ть ⟨-|гна́ть*⟩, навёрстывать ⟨-верста́ть, -вёрстанный⟩; einen freien Tag a. отраб|а́тывать ⟨-о́тать⟩; *Tech* zusätzlich bearbeiten доде́л|ывать ⟨-ать⟩, обраб|а́тывать ⟨-о́тать⟩ на́чисто

Nachauflage *f* повто́рное изда́ние

Nachbar *m* сосе́д 2 *Pl* 1; **~dorf** *n* сосе́дняя 11 дере́вня; **~haus** *n* сосе́дний 11 дом; **~in** *f* сосе́дка 6

nachbarlich benachbart сосе́дний 11; unter Nachbarn üblich сосе́дский

Nachbarschaft *f* сосе́дство 4 | die ganze ~ все сосе́ди *Pl* 14-1; in der ~ wohnen жить по сосе́дству; in der (nächsten) ~ побли́зости; *umg* неподалёку (von от *G*); Politik der guten ~ поли́тика добрососе́дских отноше́ний

Nachbehandlung *f Med* после́дующее 11 [дополни́тельное] лече́ние, доле́чивание 5; *Tech* дополни́тельная обрабо́тка

nach|bessern *tr* вноси́ть 3⁺ -ношу́, ⟨-|нести́*⟩ дополни́тельные исправле́ния; **~bestellen** *tr* дополни́тельно зака́зывать ⟨-|каза́ть*⟩

Nachbestellung *f* дополни́тельный зака́з на *A*

nachbilden *tr* копи́ровать 2 (с-); nach Muster де́лать (с-) по образцу́ *G;* Skulptur воспроизводи́ть 3⁺ -вожу́ ⟨-|вести́*⟩

Nachbildung *f* Produkt ко́пия 8; Nachbilden nach Muster воспроизведе́ние 5 по образцу́ *G;* verkleinerte моде́ль [дэ] 9, маке́т 2

nach|blicken *intr* смотре́ть 3⁺ (по-) вслед; **~bluten** *intr:* die Wunde blutete noch lange nach ра́на ещё до́лго кровоточи́ла; **~datieren** *tr* помеча́ть ⟨-ме́тить 3 -ме́чу⟩ за́дним число́м

nachdem *Konj* по́сле того́ как, *als a.* когда́ | je ~ смотря́ по тому́ как; erst, ~ … то́лько по́сле того́, как …; ~ er den Brief gelesen hatte … прочита́в письмо́, он…

nachdenk|en *intr* размышля́ть (über о *P*), ду́мать (по-) (über о *P*); sinnen заду́м|ываться ⟨-аться⟩ (über над *I*) | denk mal (darüber) nach! поду́май (об э́том) хороше́нько!; **~lich** заду́мчив:ый | ≈ werden заду́м|ываться ⟨-аться⟩

Nachdichtung *f* von Versen свобо́дный стихотво́рный перево́д 2, стихи́ *Pl* 2 в свобо́дном переложе́нии

¹Nachdruck *m* Betonung ударе́ние 5; Tatkraft эне́ргия 8 | mit ~ подчёркнуто, энерги́чно; etw. mit ~ fordern энерги́чно [насто́ятельно] тре́бовать чего́-н.; ~ legen auf подчёркивать ⟨-черкну́ть 4⟩ значе́ние *G*

²Nachdruck *m Typ* перепеча́тка 6 | unveränderte Neuauflage переизда́ние 5 | ~ verboten перепеча́тка запрещена́

nach|drucken *tr* перепеча́т|ывать ⟨-ать⟩; unverändert переизд|ава́ть* ⟨пере|изда́ть*⟩; **~drücklich** насто́йчив:ый, насто́ятел|ьный, -ен, -ьна | ich bitte Sie ≈ darum я убеди́тельно прошу́ вас об э́том; **~dunkeln** *intr* темне́ть (по-) (от вре́мени); **~eifern** *intr* равня́ться (j-m in etw. на кого́-н. в чём-н.); **~einander** *Adv* друг за дру́гом, оди́н за други́м; abwechselnd по о́череди | es regnete drei Tage ≈ дождь шёл три дня подря́д; **~empfinden** *tr* сочу́вствовать 2 (j-m etw. кому́-н. в чём-н.); **~erzählen** *tr* переска́зывать ⟨-с|каза́ть*⟩

Nacherzählung *f* переска́з 2

nachfeiern *tr* пра́здновать 2 (от-) за́дним число́м

Nachfolge *f* im Amt прее́мство 4 | j-s ~ antreten стать* *v* чьим-н. прее́мником; **~einrichtung** *f* социа́льно-бытово́й объе́кт 2; **~kandidat** *m* кандида́т (избира́емый на слу́чай выбы́тия основно́го депута́та)

nachfolgen *intr* Nachfolger sein быть* прее́мником (j-m *G*); **~d** (по)сле́дующий 11

Nachfolger *m* im Amt прее́мник 2 | zu seinem ~ bestimmen назна́чить свои́м прее́мником; ~ werden стать прее́мником

nachforschen *intr* разу|знава́ть* ⟨-зна́ть⟩ *A;* ausfindig machen разы́скивать ⟨-|ыска́ть*⟩ *A*

Nach|forschung *f* расспро́сы *Pl* 2; Suchen ро́зыски *Pl* 2 | ≈en anstellen производи́ть 3⁺ -вожу́ ⟨-|вести́*⟩ ро́зыски; **~frage** *f* Erkundigung спра́вка 6, расспро́с 2 *meist Pl* (nach о *P*); *Wirtsch* спрос 2 (nach на *A*) | es herrscht eine große ≈ nach diesem Artikel э́то изде́лие по́льзуется больши́м спро́сом; es besteht keine ≈ nach (in) … нет спро́са на …

nach|fragen *tr* справля́ться ⟨спра́в|иться 3 -люсь⟩ (nach о *P*), расспр|а́шивать ⟨-оси́ть 3⁺ -ошу́⟩ (nach о *P*); sich erkundigen осведомля́ться ⟨осве́дом|иться 3

-люсь⟩ (nach о *P*); ~**fühlen** *tr:* j-s Schmerz ≈ сочу́вствовать 2 чьему́-н. го́рью; ~**füllen** *tr* hinzugießen долива́ть ⟨доли́ть*⟩; auffüllen пополня́ть ⟨-по́л|-нить 3⟩; ~**geben** *intr* unter Druck под|дава́ться* ⟨-|да́ться*ǀ -да́лся, -дали́сь⟩; *übertr* уступ|а́ть ⟨-и́ть 3⁺ -лю́⟩ (in в *P*), идти́* ⟨по|йти́*⟩ на усту́пки (in в *P*) | der Boden gibt nach по́чва ухо́дит из-под но́г; der Strick gibt nach верёвка ослабева́ет

Nach|gebühr *f* допла́та 6 (für за *A*); ~**geburt** *f* после́д 2

nach|gehen *intr* сле́довать 2 (j-m за *I*), идти́* вслед (j-m за *I*); Uhr от|става́ть* ⟨-|ста́ть*⟩ (fünf Minuten на пять мину́т); einer Sache занима́ться ⟨заня́ться*ǀ зан|ялся́, -яли́сь⟩ (einer Tätigkeit чем-н.; einem Gerücht, Hinweis выясне́нием чего́-н.) | seiner Arbeit [seinen Geschäften] ≈ занима́ться свое́й рабо́той [дела́ми]; seinem Beruf ≈ рабо́тать по про|-фе́ссии; seinen Vergnügungen ≈ пере|дава́ться* ⟨переда́ться*ǀ -дали́сь⟩ развлече́ниям; ~**gemacht** подде́льный; ~**gerade** *Adv:* es wäre ≈ an der Zeit ... пора́, в конце́ концо́в ...

Nachgeschmack *m* при́вкус 2 | einen bitteren ~ hinterlassen *übertr* оста́вить *v* неприя́тный оса́док

nachgiebig elastisch ги́б|кий, -ок, -ка́!, упру́г:ий; *übertr* усту́пчив:ый, сгово́рчив:ый | gegenüber j-m ~ sein де́лать (с-) кому́-н. усту́пки, уступ|а́ть ⟨-и́ть 3⁺ -лю́⟩ кому́-н. (in в *P*)

Nachgiebigkeit *f* ги́бкость 9, упру́гость 9; усту́пчивость 9, сгово́рчивость 9

nach|gießen *tr* долива́ть ⟨доли́ть*⟩; ~**grübeln** *intr* размышля́ть (über о *P*); Problem, Sache лома́ть себе́ го́лову (über над *I*)

nachhaltig продолжи́тел|ьный, -ен, -ьна; Wirkung дли́тел|ьный, -ен, -ьна; сто́|йкий, -ек, -йка́! | ~er Eindruck глубо́кое впечатле́ние

nachhelfen *intr* помога́ть ⟨-|мо́чь*⟩ (in, bei в *P*)

nachher *Adv* пото́м, по́сле (э́)того, зате́м | bis ~! пока́!, до ско́рого!

Nachhilfe *f* по́мощь 9, подде́ржка 6; ~**stunden** *f Pl* дополни́тельные заня́тия *Pl* 5 (с отстаю́щими ученика́ми)

nachhinken *intr übertr* от|става́ть* ⟨-|ста́ть*⟩

Nachholebedarf *m* необходи́мость 9 наверста́ть упу́щенное

nachholen *tr* Versäumtes навёрстывать ⟨-верста́ть, -вёрстанный⟩

Nachhut *f Mil* арьерга́рд 2

nachjagen *intr* гна́ться* (по-) вслед (j-m, einer Sache за *I*); *übertr* гна́ться* (j-m за *I*)

Nach|klang *m übertr* о́тклик 2; ~**komme** *m* пото́м|ок, -ка 2

nachkommen *intr* später kommen приходи́ть 3⁺ -хожу́ ⟨-|йти́*⟩ поздне́е; folgen сле́довать 2 (по-) за *I;* Verpflichtung, Befehl, Wunsch выполня́ть ⟨вы́полнить 3⟩, исполня́ть ⟨-по́лнить⟩ | ich komme mit Schreiben nicht nach я не успева́ю запи́сывать

Nach|kommenschaft *f* пото́мство 4; ~**kriegszeit** *f* послевое́нное вре́мя; ~**kur** *f* дополни́тельное лече́ние, доле́чивание 5; ~**laß** *m* Ermäßigung ски́дка 6; *Jur* Hinterlassenschaft насле́дство 4; *Lit* насле́дие 5

nach|lassen *tr* lockern ослабля́ть ⟨осла́б|ить 3 -лю⟩; ermäßigen: Steuern снижа́ть ⟨сни́|зить 3 -жу⟩; Preis сбавля́ть ⟨сба́в|ить 3 -лю⟩ | keinen Pfennig ≈ не уступи́ть ни гроша́; *intr* Regen, Schmerz, Eifer ослаб|ева́ть ⟨-е́ть⟩ | die Hitze läßt nach жара́ спада́ет; das Gewitter läßt nach гроза́ утиха́ет; seine Kräfte lassen nach его́ си́лы слабе́ют; in der Arbeit ≈ с|дава́ть* ⟨-|да́ть*⟩ (в рабо́те), уменьша́ть ⟨уме́ньшить 3⟩ темп (рабо́ты); er ließ nicht nach, bis ... он не успоко́ился, пока́ не ...; ~**lässig** небре́ж|-ный, -ен; Person, Kleidung a. неря́шлив:ый; in der Arbeit неаккура́т|ный, -ен, неради́в:ый

Nachlässigkeit *f* небре́жность 9; неря́шливость 9; неради́вость 9 | aus ~ по небре́жности

nachlaufen *intr* бежа́ть* вслед (за *I*); *umg* навя́зываться, набива́ться в друзья́ *D;* бе́гать (за *I*)

Nachlese *f* Getreide сбор 2 коло́сьев (по́сле жа́твы); Obst сбор оста́вшихся фру́ктов; Wein дополни́тельный сбор виногра́да; *Lit* собра́ние 5 не издава́вшихся ра́нее произведе́ний

nach|lesen *tr* Getreide собира́ть ⟨-|бра́ть*⟩ (коло́сья) по́сле жа́твы; Obst собира́ть (фру́кты) по́сле убо́рки основно́го урожа́я; im Buch спр|авля́ться ⟨-а́виться 3 -а́влюсь⟩ (о чём-н. по кни́ге); ~**liefern** *tr* доставля́ть ⟨доста́в|ить 3 -лю⟩ дополни́тельно; Ware досыла́ть ⟨-|сла́ть*⟩

Nachlieferung *f* дополни́тельная доста́вка, допоста́вка 6

nachlösen *tr:* eine Fahrkarte ~ приобрета́ть ⟨-|обрести́*⟩ дополни́тельный биле́т, допл|а́чивать ⟨-ати́ть 3⁺ -ачу́⟩ за биле́т

nachmittag: heute ~ сего́дня по́сле обе́да

Nachmittag *m* послеобе́денное вре́мя, втора́я полови́на 6 дня | am ~ по́сле обе́да, во второ́й полови́не дня; spät am ~ под ве́чер, к ве́черу

nachmittags *Adv* по́сле обе́да; пополу́дни |

um vier Uhr ~ в четы́ре часа́ пополу́дни

Nachmittags|unterricht *m* заня́тия во второ́й полови́не дня; **~vorstellung** *f* дневно́е представле́ние; Kino дневно́й сеа́нс

Nachnahme *f:* mit [per] ~ нало́женным платежо́м; **~sendung** *f* посы́лка 6 [бандеро́ль 9] нало́женным платежо́м

Nach|nutzung *f* после́дующее 11 [повто́рное] (ис)по́льзование; **~porto** *n* дополни́тельный почто́вый сбор 2, почто́вая допла́та 6

nachprüfen *tr* проверя́ть ⟨-ве́рить 3⟩ повто́рно [дополни́тельно]

Nachprüfung *f* повто́рная [дополни́тельная] прове́рка 6; Schule переэкзамено́вка 6, повто́рный [дополни́тельный] экза́мен 2

nachrechnen *tr* пересчи́тывать ⟨-счита́ть⟩, проверя́ть ⟨-ве́рить 3⟩ счёт

Nachrede *f:* j-n in üble ~ bringen о|клевета́ть* *v* кого́-н.

nachreifen *intr* Früchte дозр|ева́ть ⟨-е́ть⟩

Nachricht *f* изве́стие 5; Mitteilung сообще́ние 5 | die neuesten [letzten] ~en после́дние 11 изве́стия; die Zeitung bringt die ~ газе́та пи́шет [сообща́ет]; ~en hören слу́шать переда́чу после́дних изве́стий (по ра́дио); j-m von sich ~ geben дава́ть ⟨дать⟩ кому́-н. знать о себе́; ich habe schon lange keine ~ (mehr) von ihm я уже́ давно́ не име́ю изве́стий [весте́й] от него́

Nachrichten|agentur *f* телегра́фное аге́нтство; **~büro** *n* информацио́нное бюро́; Nachrichtenagentur телегра́фное аге́нтство; **~dienst** *m* = **Nachrichtenagentur;** Rundfunksendung mit Nachrichten переда́ча 6 (после́дних) изве́стий (по ра́дио); Nachrichtenwesen слу́жба свя́зи; **~satellit** *m* спу́тник свя́зи; **~sendung** *f* переда́ча (после́дних) изве́стий (по ра́дио); **~sperre** *f* запреще́ние 5 переда́чи информа́ции; **~sprecher** *m* ди́ктор 2; **~sprecherin** *f* ди́ктор 2; **~technik** *f* те́хника свя́зи; **~truppen** *f Pl* войска́ свя́зи; **~übermittlung** *f* переда́ча 6 све́дений [информа́ции]; **~verbindung** *f* связь 9; **~wesen** *n* связь 9

Nachruf *m* некроло́г 2; am Grab надгро́бная речь 9g

nachsagen *tr:* man kann ihm nichts Schlechtes ~ о нём нельзя́ сказа́ть ничего́ плохо́го; es wird ihm nachgesagt, daß … говоря́т, что он …

Nachsaison *f* послесезо́нный пери́од 2

nachsalzen *tr* подса́ливать ⟨-соли́ть 3⁺⟩

Nachsatz *m Gramm* прида́точное предложе́ние, стоя́щее 11 по́сле гла́вного

nach|schicken *tr* посыла́ть ⟨-|сла́ть*⟩ вслед (j-m за *I*)

Nachschlag zusätzliche Portion Essen доба́вка 6

nachschlagen *tr u. intr* справля́ться ⟨спра́|виться 3 -влюсь⟩ (etw. о чём-н., in etw. в чём-н.) | ich habe im Wörterbuch nachgeschlagen я спра́вился по словарю́

Nachschlagewerk *n* спра́вочник 2, спра́вочное посо́бие 5

Nachschlüssel *m* подо́бранный ключ; Dietrich отмы́чка 6

nachschreiben *tr* Vortrag запи́сывать ⟨-|писа́ть*⟩; nach Vorlage спи́сывать ⟨-писа́ть⟩

Nach|schrift *f* Nachtrag, Zusatz припи́ска 6; eines Vortrags за́пись 9; Nachschreiben запи́сывание 5; **~schub** *m* подво́з 2, снабже́ние 5; **~schubweg** *m* путь подво́за; **~schuß** *m Sport* повто́рный уда́р

nachsehen *tr* Rechnung, Maschine проверя́ть ⟨-ве́рить 3⟩; Wäsche, Strümpfe просм|а́тривать ⟨-отре́ть 3⁺⟩; nachschlagen, -lesen справля́ться ⟨спра́в|иться 3 -люсь⟩ (о чём-н. по кни́ге); hingehen lassen относи́ться 3⁺ -ношу́сь ⟨-|нести́сь*⟩ снисходи́тельно (j-m к *D*); *intr* nachblicken смотре́ть 3⁺ (по-) вслед (j-m *D*) | sieh mal nach, wo er steckt посмотри́, куда́ он дева́лся

Nachsehen *n:* das ~ haben о|става́ться* ⟨-|ста́ться*⟩ ни с чем [с но́сом]

nach|senden *tr* посыла́ть ⟨-|сла́ть*⟩ вслед (j-m за *I,* nach в *A*); **~setzen** *intr* гна́ться* (по-) (j-m за *I*), пуска́ться ⟨пу|сти́ться 3⁺ -щу́сь⟩ вдого́нку (j-m за *I*)

Nachsicht *f* снисхожде́ние 5 (mit j-m к кому́-н.) | mit j-m ~ haben относи́ться 3⁺ -ношу́сь ⟨-|нести́сь*⟩ снисходи́тельно к кому́-н.

nachsichtig снисходи́тел|ьный, -ен, -ьна (gegen к *D*) | er war sehr ~ gegen ihn он был к нему́ о́чень снисходи́телен

Nachsichtigkeit *f* снисходи́тельность 9 (gegen к *D*)

Nachsilbe *f Gramm* су́ффикс 2

nachsitzen *intr* о|става́ться* ⟨-|ста́ться*⟩ по́сле уро́ков (in der Schule в шко́ле)

Nach|sommer *m* ба́бье 12 ле́то; **~speise** *f* десе́рт 2, сла́дкое *Subst* 10 | als ≈ на тре́тье, на десе́рт; **~spiel** *n Theat* эпило́г 2; *übertr* после́дствия *Pl* 5 | die Sache wird noch ein ≈ haben э́то де́ло не оста́нется без после́дствий

nach|spionieren *intr:* j-m ≈ шпио́нить 3 за кем-н.; **~sprechen** *tr* повтор|я́ть ⟨-и́ть 3⟩ (j-m etw. что-н. за кем-н.); **~spüren** *intr* высле́живать ⟨вы́сле|дить 3 -жу⟩ (j-m *A*) | einem Geheimnis u. ä. разве́д|ывать ⟨-ать⟩ *A*

nächstbester пе́рвый попа́вшийся 11 [встре́чный]

nach|stehen *intr* уступ|а́ть ⟨-и́ть 3⁺ -лю́⟩ (j-m, einer Sache in etw. кому́-н., чему́-н.

в чём-н.); **~stehend 1.** *Adj* нижеслéдующий 11 **2.** *Adv* нúже, дáлее; **~stellen** *tr Tech* регулúровать 2 (от-); *intr* преслéдовать 2 (j-m когó-н.)

Nächstenliebe *f* любóвь к блúжнему

nächstens *Adv* bald в скóром врéмени; in den nächsten Tagen на днях

nächste|r 1. *Adj* ближáйший 11, блúжний 11; folgend слéдующий 11; Weg кратчáйший 11 | die ~n Verwandten ближáйшие рóдственники; am ~n Tag на слéдующий день; in den ~n Tagen в ближáйшие дни; ~s Jahr в слéдующем годý; ~n Jahres бýдущего гóда; das nächste Mal в слéдующий раз; bei ~r Gelegenheit при пéрвом удóбном слýчае; der nächste beste пéрвый встрéчный; der nächste, bitte слéдующий, пожáлуйста; wer ist der nächste кто слéдующий? **2.** *Adv:* am ~n блúже всегó; fürs nächste покá, прéжде всегó; fürs nächste ist gesorgt на ближáйшее врéмя всё обеспéчено; er steht mir am ~n он для меня сáмый блúзкий **3.** *Präpos:* nächst ihm вслед за ним, пóсле негó

Nächster *m* блúжний *Subst* 11

nachsuchen *intr* ходáтайствовать *Prät a. v* 2 (um о *P*) | um Entlassung ≈ по|давáть* ⟨подáть*⟩ в отстáвку

Nacht *f* ночь 9g| в ночú | bei ~ нóчью; in der ~ zum Montag в ночь на понедéльник; für die ~ нá ночь; diese ~ э́той нóчью; gute ~! спокóйной нóчи!; bis tief in die ~ hinein до глубóкой [пóздней] нóчи; die ~ über нóчью, всю ночь, в течéние нóчи; es wurde ~ наступúла ночь; über ~ bleiben нá ночь; über ~ bleiben о|ставáться* ⟨-|стáться*⟩ ночевáть; über ~ berühmt werden зá ночь стать знаменúтостью; ein Unterschied wie Tag und ~ э́то нéбо и землá; bei ~ und Nebel во тьме ночнóй; **~arbeit** *f* ночнáя рабóта; **~aufnahme** *f* ночнóй снúмок; **~bar** *f* ночнóй бар; **~ausgabe** *f* ночнóй вы́пуск; **~blindheit** *f Med* курúная слепотá; **~dienst** *m* ночнáя смéна 6; *Med* ночнóе дежýрство | ≈ haben рабóтать [дежýрить 3] нóчью

Nachteil *m* вред 2; Verlust, Schaden убы́т|ок| -ка 2; Mangel недостáт|ок| -ка 2 | j-m zum ~ gereichen быть* во вред комý-н.; das hat den ~, daß ... э́то плóхо тем| что ...; э́то имéет тот недостáток| что ...; wir sind im ~ мы в невы́годном положéнии

nachteilig 1. *Adj* verlustbringend убы́точ|ный| -ен; ungünstig невы́год|ный| -ен; schädlich врéд|ный| -ен| -нá| -но| врéдны́ (für для *G*) **2.** *Adv* с убы́тком, невы́годно; sich äußern отрицáтельно, плóхо | für j-n ~ sein быть для когó-н. невы́годным

nächtelang по ночáм, (цéлыми) ночáми

Nacht|falter *m* ночнáя бáбочка 6; **~frost** *m* ночнóй морóз; leichter Frost зáморозки *Pl* 2; **~frostgefahr** *f:* es besteht ≈ нóчью возмóжны зáморозки; **~hemd** *n* ночнáя рубáшка

Nachtigall *f* солов|éй| -ьá 1 *G Pl* -ьёв

Nachtigallenschlag *m* соловьúная трель 9

nächtigen *intr* ночевáть 2 (пере-) (in в *P*, bei у *G*)

Nachtisch *m* десéрт 2, слáдкое *Subst* 10 | zum ~ на десéрт, на слáдкое, на трéтье

Nacht|lager *m* ночлéг 2 | ein ≈ aufschlagen расположúться *v* 3⁺ на ночлéг; **~leben** *n* ночнáя жизнь, ночнóй óбраз 2 жúзни

nächtlich ночнóй

Nacht|lokal *n* ночнóй ресторáн; Animierlokal ночнóе заведéние 5; **~marsch** *m* ночнóй марш; **~pförtner** *m* ночнóй стóрож [вахтёр]; **~portier** *m* Hotel ночнóй портьé; **~quartier** *n* ночлéг 2

Nachtrag *m* добавлéние 5, дополнéние 5; zum Kursbuch приложéние 5 | als ~ в дополнéние, дополнúтельно

nach|tragen *tr* hinterhertragen но|сúть -шý ⟨нестú*⟩ (j-m за *I*); ergänzen вно-сúть ⟨-нестú⟩ дополнúтельно | j-m etw. ≈ не прощáть что-н. [чегó-н.] комý-н.; sie trug niemandem etwas nach онá не былá злопáмятной; **~tragend** злопáмят|ный| -ен; **~träglich 1.** *Adj* zusätzlich дополнúтел|ьный| -ен| -ьна; verspätet запоздáлый **2.** *Adv* дополнúтельно; später потóм; Glückwunsch, *Fin* зáдним числóм *nachgestellt;* **~trauern** *intr* оплáкивать ⟨-|плáкать*⟩ *A*, горевáть 2 о *P* | diesen Zeiten werden wir nicht ≈ об э́тих временáх мы плáкать не бýдем

Nachtruhe *f* ночнóй покóй [óтдых]

nachts нóчью; stets по ночáм | bis ein Uhr ~ до чáсу нóчи; um drei Uhr ~ в три часá нóчи; von früh [morgens] bis ~ с утрá до нóчи

Nachtschattengewächse *n Pl* паслёновые *Subst Pl* 10

Nacht|schicht *f* ночнáя смéна | zur ≈ gehen идтú в ночнýю смéну; **~schwärmer** *m* (ночнóй) гулáка *m* 6, полунóчник 2; **~schwester** *f* ночнáя (дежýрная) медсестрá; **~speicherofen** *m* электрообогревáтель 1 с ночны́м накоплéнием теплá; **~stunde** *f* ночнóй час | zu später ≈ пóздней нóчью; **~tankbox** *f* автоматúческая заправочная стáнция 8 (для ночнóго обслýживания автомобúлей)

Nachttisch *m* ночнóй стóлик 2, тýмбочка 6; **~lampe** *f* ночнáя настóльная лáмпа

Nacht|topf *m* ночнóй горшóк; **~übung** *f Mil* ночнóе учéние 5; **~wache** *f* ночнóй караýл; bei Kranken ночнóе дежýрство

4; ~**wächter** *m* ночно́й сто́рож; ~**wandler** *m* луна́тик 2; ~**zug** *m* ночно́й по́езд
Nach|untersuchung *f* обсле́дование [осмо́тр] по́сле боле́зни; *Jur* досле́дование; ~**wahl** *f* дополни́тельные вы́боры, довы́боры *Pl* 2; ~**wehen** *Pl Med* послеродовы́е бо́ли 9; ~**weis** *m* доказа́тельство 4 (für *G*); Beleg удостовере́ние 5 | den ≈ für etw. erbringen приводи́ть 3⁺ -вожу́ ⟨-|вести́*⟩ доказа́тельство чего́-н.
nachweisbar 1. *Adj* доказу́емый **2.** *Adv* по достове́рным све́дениям, как дока́зано
nachweis|en *tr* beweisen дока́зывать ⟨-|каза́ть*⟩; Fehler, Diebstahl улич|а́ть ⟨-и́ть 3⟩ (j-m etw. кого́-н. в чём-н.) | j-m einen Arbeitsplatz [eine Wohnung] ≈ поды́скивать ⟨-|ыска́ть*⟩ для кого́-н. рабо́ту [кварти́ру]; man konnte ihm nichts ≈ его́ ни в чём нельзя́ бы́ло уличи́ть; ~**lich 1.** *Adj* доказу́емый **2.** *Adv* как дока́зано
Nachwelt *f* пото́мки *Pl* 2, бу́дущие 11 [гряду́щие 11] поколе́ния *Pl* 5
nachwiegen *tr* переве́шивать ⟨-ве́сить 3 -ве́шу⟩
Nachwinter *m* затяну́вшаяся 11 зима́
nachwirken *intr* продолжа́ть де́йствовать, ока́зывать ⟨-|каза́ть*⟩ де́йствие (в после́дствии)
Nach|wirkung *f* (после́дующее 11) де́йствие 5; *Pl* Folgen после́дствия *Pl* 5; *Med* последе́йствие 5; ~**wort** *n* послесло́вие
Nachwuchs *m* подраста́ющее поколе́ние 11-5; junge Kader сме́на 6; Kinder де́ти *Pl* | den ~ heranbilden гото́в|ить 3 -лю сме́ну [молоды́е ка́дры]; ~**bedarf** *m* потре́бность в молоды́х ка́драх [в сме́не]; ~**förderung** *f* выдвиже́ние и поощре́ние молоды́х ка́дров; ~**kader** *m Pl* молоды́е ка́дры *Pl* 2, молоды́е специали́сты *Pl* 2; ~**kräfte** *f Pl* молоды́е ка́дры *Pl* 2, сме́на 6; ~**plan** *m* план подгото́вки молоды́х ка́дров [специали́стов]; ~**spieler** *m* молодо́й игро́к; ~**talent** *n* молодо́й тала́нтливый арти́ст 2 [спортсме́н 2, эстра́дный пев|е́ц| -ца́ 2]
nach|zahlen *tr* опла́чивать ⟨-плати́ть 3⁺ -плачу́⟩; Zuschlag допла́чивать ⟨-плати́ть⟩; ~**zählen** *tr* пересчи́тывать ⟨-счита́ть⟩
Nachzahlung *f* поздне́йшая 11 опла́та 6; nachgezahlte Summe допла́та 6
nach|zeichnen *tr* срис|о́вывать ⟨-ова́ть⟩ 2, копи́ровать 2 (с-); ~**ziehen** *tr* schleppen тащи́ть 3⁺ за собо́й; Schraube подви́нчивать ⟨-винти́ть 3 -винчу́¦ -ви́нченный⟩; Konturen оттен|я́ть ⟨-и́ть 3⟩; Augenbrauen подводи́ть 3⁺ -вожу́ ⟨-|вести́*⟩
Nachzügler *m* Zurückbleibender отста́вший *Subst* 11; Kind после́дыш 2 *G Pl* -ей
Nacken *m* заты́л|ок| -ка 2 | einen steifen ~ haben не мочь* поверну́ть го́лову
nackt 1. *Adj* го́л:ый| -а́!; unbekleidet наг:о́й| -а́!; entblößt обнаж|ённый| -ён| -ена́ | ~e Bäume го́лые [обнажённые] дере́вья; ~e Wahrheit чи́стая пра́вда; er konnte nur das ~e Leben retten он спас то́лько свою́ жизнь **2.** *Adv* голышо́м, нагишо́м | er zog sich ~ aus он разде́лся догола́ [донага́]; ~ baden купа́ться го́лым [голышо́м]
Nackt|badestrand *m* пляж для купа́ния без купа́льных костю́мов, пляж нуди́стов; ~**heit** *f* нагота́ 6; Seele обнажённость 9; ~**kultur** *f* нуди́зм 2; ~**tänzerin** *f* танцо́вщица| 11 выступа́ющая обнажённой
Nadel *f* игла́ 6c, иго́лка 6; Steck~ була́вка 6; Haar~ шпи́лька 6; Strick~ спи́ца 6; Häkel~ крюч|о́к| -ка́ 2; Kompaß~ стре́лка 2; Brosche брошь 9; ~n von Bäumen хвоя́ 7 | die ~ einfädeln вдева́ть ⟨-|деть*⟩ ни́тку в уго́лку; wie auf ~n sitzen сиде́ть как на иго́лках; ~**baum** *m* хво́йное де́рево; ~**brief** *m* паке́т(ик) 2 иго́лок [була́вок]; ~**hölzer** *n Pl* хво́йные *Subst Pl* 10; ~**kissen** *n* иго́льник 2; ~**öhr** *n* ушко́ иго́лки; ~**stich** *m* уко́л иго́лкой; *übertr* була́вочный уко́л; ~**wald** *m* хво́йный лес
Nagel *m* гвоздь 1h; kleiner гво́здик 2; *Tech* косты́ль 1e, на́гель 1; *Anat* но́г|оть| -тя 1g | den ~ auf den Kopf treffen попада́ть ⟨-|па́сть*⟩ в (са́мую) то́чку; seinen Beruf an den ~ hängen *umg* бро́|сить *v* 3 -шу свою́ профе́ссию; die Arbeit brennt ihm auf den Nägeln у него́ сро́чная рабо́та; ~**bürste** *f* щётка для ногте́й; ~**feile** *f* пи́л(оч)ка 6 для ногте́й; ~**kopf** *m* шля́пка 6 гвоздя́
Nagellack *m* лак для ногте́й; ~**entferner** *m* жи́дкость 9 для сня́тия ла́ка
nageln *tr* annageln прибива́ть ⟨-|би́ть*⟩ гвоздя́ми | an die Wand ~ прибива́ть к стене́
nagelneu новёхонький, с иго́лочки
Nagel|pflege *f* ухо́д за ногтя́ми; ~**reiniger** *m* ногтечи́стка 6; ~**schere** *f* но́жницы для ногте́й
nagen *intr* глода́ть* (an *A*) *a. übertr,* грызть* (an *A*) | am Knochen ~ грызть [глода́ть] кость; eine Krankheit nagt an seiner Gesundheit боле́знь подта́чивает его́ здоро́вье; am Hungertuch ~ голода́ть, бе́дствовать 2
Nagetier *n* грызу́н 2e
Näharbeit *f* шитьё 3, шве́йная рабо́та
Nah|aufnahme *f* съёмка с бли́зкого расстоя́ния; Film съёмка кру́пным пла́ном; ~**brille** *f* очки́ для чте́ния вблизи́
nah[e] 1. *Adj* бли́з|кий| -ок| -ка́| -ко| бли́зки́¦ бли́же¦ ближа́йший 11; Wald,

Stadt a. бли́жний 11 | die nächste Stadt ближа́йший 11 го́род; ein ~er Verwandter бли́зкий ро́дственник; der Nahe Osten Бли́жний Восто́к **2.** *Adv* вблизи́, во́зле, о́коло (an, bei *G*); недалеко́ (an, bei от *G*) | der Frühling ist ~ весна́ бли́зится; ~ der Stadt близ го́рода; ~ bei etw. недалеко́ от чего́-н., бли́зко от чего́-н.; dem Tode ~ sein быть при́ смерти; ich war ~ daran ... ещё немно́го и я бы ...; komm mir nicht zu ~ не подходи́ ко мне (сли́шком) бли́зко; j-m zu ~ treten задева́ть ⟨-|де́ть*⟩ кого́-н.; von ~ und fern отовсю́ду; ~ herantreten подо|йти́* *v* бли́зко; er ist ~ mit mir verwandt он мой бли́зкий ро́дственник

Nähe *f* бли́зость 9; Nachbarschaft сосе́дство 4 | in der ~ von вблизи́ *G,* бли́зко от *G;* недалеко́ от *G;* in der ~ von Berlin недалеко́ от Берли́на, под Берли́ном; ganz in der ~ совсе́м бли́зко, ря́дом

nahebei совсе́м бли́зко, ря́дом

nahe|bringen *tr:* das hat sie einander nahegebracht э́то сбли́зило их; **~gehen** *intr:* das geht mir nahe я тяжело́ пережива́ю э́то, я э́то принима́ю бли́зко к се́рдцу; **~gelegen** близлежа́щий 11; **~kommen** *intr:* das kommt der Wahrheit nahe э́то недалеко́ от и́стины; **~legen** *tr* рекомендова́ть *uv, v* 2, настоя́тельно предлага́ть | man legte ihm nahe, das Haus zu verlassen ему́ да́ли поня́ть, что он до́лжен поки́нуть дом; **~liegen** *intr* Gedanke напра́шиваться | es lag nahe anzunehmen, daß ... бы́ли все основа́ния предполага́ть, что ...; es liegt nahe zu vermuten, daß ... весьма́ возмо́жно, что ...; aus ≈den Gründen по вполне́ поня́тным причи́нам

nahen *intr* прибл|ижа́ться ⟨-и́зиться 3 -и́жусь⟩ к *D;* Gefahr, Gewitter надвига́ться ⟨-дви́нуться 4⟩

nähen *tr* шить* (с-) | eine Wunde ~ накла́дывать ⟨-ложи́ть 3⁺⟩ шов на ра́ну; sich von j-m etw. ~ lassen шить (себе́) что-н. у кого́-н.

näher 1. *Adj* бо́лее бли́з|кий, -ок, -ка́, -ко, бли́зки́; ближа́йший 11; ausführlicher бо́лее подро́б|ный, -ен [дета́л|ьный, -ен, -ьна] | ich habe seine ~e Bekanntschaft gemacht я с ним бли́же познако́мился; bei ~er Betrachtung при ближа́йшем рассмотре́нии; die ~en Umstände конкре́тные обстоя́тельства, подро́бности *Pl* 9 **2.** *Adv* бли́же; бо́лее подро́бно [дета́льно] | ich kann darauf nicht ~ eingehen я не могу́ входи́ть в дета́ли; kennst du ihn ~? ты с ним бли́зко знако́м?

Näheres *n* подро́бности *Pl* 9

Naherholung *f* за́городный о́тдых 2, о́тдых за́ городом [в зелёной зо́не го́рода]

Naherholungsgebiet *n* при́городная зо́на 6 о́тдыха, зелёная зо́на (го́рода), ме́сто 4b о́тдыха за́ городом

Näherin *f* шве́я 7

näherkommen *intr* сближа́ться ⟨сбли́|зиться 3 -жусь⟩ с *I,* вступа́ть ⟨вступ|и́ть 3⁺ -лю́⟩ в (бо́лее те́сный) конта́кт с *I* | wir sind in letzter Zeit einander nähergekommen мы в после́днее вре́мя сбли́зились [лу́чше узна́ли друг дру́га]

nähern, sich *refl* прибл|ижа́ться ⟨-и́зиться 3 -и́жусь⟩ (j-m oder einer Sache к *D*); *übertr* сбл|ижа́ться ⟨-и́зиться⟩ (j-m с *I*), бли́же знако́м|иться 3 -люсь (по-) (j-m с *I*)

nahestehen *intr:* er steht mir nahe он мне бли́зок, он со мной в бли́зких отноше́ниях; **~d** бли́з|кий, -ок, -ка́, -ко, бли́зки́, хорошо́ знако́м:ый

nahetreten *intr* einer Sache бли́же знако́м|иться 3 -люсь (по-) с *I*

nahezu почти́

Nähgarn *n* шве́йные ни́тки

Nahkampf *m Mil* рукопа́шный бой

Näh|kasten *m* я́щик с принадле́жностями для шитья́; **~kurs** *m* круж|о́к, -ка́ 2 кро́йки и шитья́; **~maschine** *f* шве́йная маши́на; **~nadel** *f* иго́лка; Maschinennadel (шве́йная) игла́

Nährboden *m Biol* пита́тельная среда́ 6a; *übertr* (благоприя́тная) по́чва

nähren *tr* корм|и́ть 3⁺ -лю́ (на-, по-); *übertr* пита́ть; sich ~ *refl* корми́ться, пита́ться (von, mit, durch) *I*) | einen Verdacht gegen j-n ~ подозрева́ть кого́-н.; sich von seiner Hände Arbeit ~ жить* свои́м трудо́м; diese Speise nährt э́та пи́ща пита́тельна

nahrhaft пита́тел|ьный, -ен, -ьна

Nähr|hefe *f* пищевы́е дро́жжи; **~lösung** *f* пита́тельный раство́р; **~mittel** *n Pl* крупяны́е и макаро́нные изде́лия *Pl* 5; **~mittelindustrie** *f* крупяна́я и макаро́нная промы́шленность; **~stoff** *m* пита́тельное вещество́

Nahrung *f* пи́ща 6

Nahrungsmittel *n Pl* проду́кты *Pl* 2 пита́ния, пищевы́е проду́кты, продово́льствие 5; **~industrie** *f* пищева́я промы́шленность

Nährwert *m* пита́тельность 9

Nähseide *f* шве́йные шёлковые ни́тки *Pl* 6

Naht *f* шов, шва 2; *Tech* шов, стык 2

Nähtisch *m* сто́л(ик) для шитья́

nahtlos без шва; *Tech* бесшо́вный; *übertr* сплошно́й, непреры́вный | ~er Strumpf чуло́к без шва

Nahtstelle *f* шов, шва; *Mil* стык 2 *a. übertr* | an der ~ на сты́ке

Nahverkehr *m* ме́стное [при́городное] сообще́ние

Nahverkehrs|mittel *n* мéстный [при́городный] трáнспорт 2; **~zug** *m* пóезд мéстного сообщéния, при́городный пóезд

Nähzeug *n* швéйные принадлéжности

Nahziel *n* ближáйшая 11 цель

Nairobi Найрóби *m idkl*

naiv наи́в|ный, -ен | ~er Maler худóжник-примитиви́ст 2-2

Naivität *f* наи́вность 9

Name *m* Vor~ и́мя *n G D P* и́мени, *I* и́менем, *Pl* именá, имён, именáм 4; Familien~ фами́лия 8; Bezeichnung назвáние 5 *a. Geogr;* (guter) Ruf, Ruhm и́мя, слáва 6, репутáция 8 | mein ~ ist Peter меня́ зовýт Пётр; unter falschem ~n под чужи́м и́менем; beim ~n nennen называ́ть ⟨-|звáть*⟩ по и́мени [фами́лии]; nur dem ~n nach тóлько по фами́лии; auf den ~n на и́мя; im ~n (von) от и́мени, feierlich во и́мя; im ~n der ganzen Gruppe от и́мени всей грýппы; im ~n des Gesetzes и́менем закóна; sich einen ~n machen создáть* *v* себé и́мя [извéстность], стать* *v* извéстным [знамени́тым]; ein Gelehrter von [mit] ~n учёный с (больши́м) и́менем; sein ~ hat einen guten Klang он пóльзуется дóброй слáвой; die Dinge beim rechten ~n nennen называ́ть ⟨-звáть⟩ вéщи свои́ми именáми

Namen|gebung *f* присвоéние 5 и́мени | Feier der sozialistischen ≈ прáздник присвоéния и́мени новорождённому; **~kunde** *f* ономáстика 6; **~liste** *f* поимённый спи́сок

namenlos безымя́нный, неизвéст|ный, -ен; unsagbar невырази́м:ый

Namen|nennung *f* называ́ние (по) и́мени | ohne ≈ не называ́я имён; **~register** *n* именнóй указáтель

namens mit Namen по и́мени; по фами́лии; im Namen от и́мени *G*

Namenschild *n* дощéчка 6 с фами́лией

Namens|tag *m* имени́ны *Pl* 6; **~vetter** *m* однофами́л|ец, -ьца 2; mit gleichem Vornamen тёзка *m, f* 6; **~zug** *m* пóдпись 9

namentlich 1. *Adj* Abstimmung поимённый | ~er Aufruf перекли́чка 6 2. *Adv* по и́мени, поимённо; besonders осóбенно

namhaft beträchtlich значи́тел|ьный, -ен, -ьна; bekannt извéст|ный, -ен; berühmt знамени́т:ый | ein ~er Gelehrter учёный с и́менем

Namibia Нами́бия 8

nämlich 1. *Adv* und zwar а и́менно, тó есть 2. *Konj* потомý что, так как | das ist ~ so дéло в том, что э́то так и есть

nanu *Interj* как же!, что вы [ты]!; wirklich неужéли?

Napalmbombe *f* напáлмовая бóмба

Napf *m* Schüssel ми́ска 6; Schale чáшка 6; Tontopf горш|óк, -кá 2; **~kuchen** *m* бáба 6

Naphthalin *n* нафтали́н 2

Nappaleder *n* нáппа-кóжа 6

Narbe *f* шрам 2, руб|éц, -цá 2; *Bot* ры́л|ьце 4 *G Pl* -ец; Gras~ дёрн 2; *übertr* след 2b

Narkose *f* наркóз 2; **~maske** *f* мáска для наркóза

Narkotikum *n* наркоти́ческое срéдство 4, наркóтик 2

narkotisieren *tr* наркотизи́ровать *uv, v* 2; *übertr* усып|ля́ть ⟨-и́ть 3 -лю́⟩

Narr *m* Dummkopf дурáк 2e, глуп|éц, -цá 2; komische Gestalt чудáк 2e; Spaßmacher шут 2e; zu Fasching учáстник 2 карнавáла | j-n zum ~en halten дурáчить (о-) когó-н.; ein ausgemachter ~ наби́тый дурáк; einen ~en an j-m gefressen haben *umg* помешáться на ком-н., быть* без умá от когó-н.

narren *tr* дурáчить (о-)

Narren|freiheit *f:* ≈ genießen пóльзоваться прáвом говори́ть, но не дéйствовать; **~haus** *n:* hier geht es zu wie im ≈ здесь настоя́щий сумасшéдший дом [бедлáм]; **~kappe** *f* шутовскóй колпáк; **~streich** *m* шутовскáя продéлка [вы́ходка 6]

Narrheit *f* глýпость 9, сумасбрóдство 4

Närrin *f* дýра 6, дýрочка 6; komische Gestalt чудáчка 6

närrisch Einfälle глýп:ый, -á!, дурáцкий; Streich шутовскóй | ein ~er Kauz чудáк 2e; auf etw. ~ sein стрáстно желáть чегó-н.; sie war ~ vor Freude онá сходи́ла с умá от рáдости

Narzisse *f* нарци́сс 2

nasal носовóй

Nasallaut *m* носовóй звук

naschen *tr* лáком|иться 3 -люсь (по-) *I* | sie nascht gern онá лáкомка

Näscherei *f* лáкомство 4; ~en *Pl* слáсти *Pl* 9g, слáдости *Pl* 9

Nasch|katze *f* лáкомка 6; **~werk** *n* лáкомства *Pl* 4, слáсти *Pl* 9g

Nase *f* нос 2b| в| на носý; Geruchs-, Spürsinn чутьё 3, обоня́ние 5; vorspringender Teil вы́ступ 2; *Tech* вы́ступ, шип 2e; *Mar* носовáя часть 9g, нос | sich die ~ putzen сморк|áться ⟨-нýться 4⟩; eine gute ~ haben имéть тóнкое чутьё; an der ~ herumführen во|ди́ть 3⁺ -жý зá нос; seine ~ in alles hineinstecken всю́ду совáть* свой нос; ich habe die ~ voll (э́то) мне надоéло, с меня́ хвáтит; der Zug fuhr mir direkt vor der ~ weg пóезд уéхал у меня́ из-под нóса; j-m die Tür vor der ~ zumachen захлóпнуть *v* 4 дверь пéред чьим-н. нóсом

näseln *intr* говори́ть 3 в нос, гнуса́в|ить 3 -лю; ~**d** гнуса́в:ый | ≈e Aussprache произноше́ние в нос

Nasen|bein *n* носова́я кость 9g; ~**bluten** *n* кровотече́ние 5 и́з носу; ~**länge** *f*: j-m um eine ≈ voraus sein обо|гна́ть* *v* [быть* впереди́] кого́-н. на са́мую ма́лость; ~**loch** *n* ноздря́ 7h *G Pl* ноздре́й; ~**spitze** *f* ко́нчик 2 но́са; ~**stüber** *m* щелч|о́к, -ка́ 2 [уда́р 2] по́ носу; *übertr* вы́говор 2; ~**tropfen** *m/Pl* ка́пли от на́сморка

naseweis: ein ~es Kind всезна́йка *m, f* 6, вы́скочка *m, f* 6; sei nicht so ~! не выска́кивай, когда́ тебя́ не спра́шивают

nasführen *tr* во|ди́ть 3⁺ -жу́ (по-) за́ нос

Nashorn *n* носоро́г 2

naß мо́кр:ый, -а́!; feucht сыр:о́й, -а́!; Wetter a. дождли́в:ый; naßkalt промо́зглый | ein nasser Sommer сыро́е ле́то; durch und durch ~ werden промока́ть ⟨-мо́кнуть 4a⟩ наскво́зь; ~ machen нама́чивать ⟨-мочи́ть 3⁺⟩; bis auf die Haut ~ werden промо́кнуть до ни́тки

Nässe *f* сы́рость 9

nässen *intr* Wunde сочи́ться 3

naßkalt Wetter промо́зглый

Nation *f* на́ция 8

national национа́л|ьный, -ен, -ьна | ~e Minderheit национа́льное меньшинство́, нацменьшинство́ 4c *umg;* ~e Befreiungsbewegung национа́льно-освободи́тельное движе́ние; National-Demokratische Partei Deutschlands Национа́льно-демократи́ческая па́ртия Герма́нии; Nationale Front Национа́льный фронт

National|bewußtsein *n* национа́льное самосозна́ние 5; ~**einkommen** *n* национа́льный дохо́д; ~**feiertag** *m* национа́льный пра́здник; ~**flagge** *f* национа́льный [госуда́рственный] флаг; ~**gericht** *n* национа́льное блю́до; ~**hymne** *f* национа́льный [госуда́рственный] гимн

nationalisieren *tr* национализи́ровать *uv, v* 2

National|isierung *f* национализа́ция 8; ~**ismus** *m* национали́зм 2; ~**ist** *m* национали́ст 2

nationalistisch националисти́ческий, национали́стский

Nationalität *f* национа́льность 9

Nationalitäten|frage *f* национа́льный вопро́с; ~**sowjet** *m* Сове́т Национа́льностей; ~**staat** *m* многонациона́льное госуда́рство

National|mannschaft *f* национа́льная сбо́рная кома́нда, сбо́рная кома́нда страны́; ~**park** *m* национа́льный парк; ~**preis** *m* национа́льная [госуда́рственная] пре́мия; ~**preisträger** *m* лауреа́т 2 национа́льной [госуда́рственной] пре́мии; ~**rat** *m* Organ Национа́льный сове́т; ~**tracht** *f* национа́льный [наро́дный] костю́м

Natrium *n* на́три|й 2 *P* -и

Natron *n* двууглеки́слый на́три|й 1 *P* -и, Ätz~ е́дкий натр 2; ~**lauge** *f* раство́р е́дкого на́тра

Natter *f Zool* Ringel~ уж 2e *G Pl* -е́й; *übertr* гадю́ка 6, змея́ 7c

Natur *f* Landschaft приро́да 6; Veranlagung нату́ра 6, хара́ктер 2 | in der freien ~ на ло́не приро́ды, vom Tier на во́ле; nach der ~ zeichnen рисова́ть (на-) с нату́ры; er hat eine gesunde ~ у него́ здоро́вая нату́ра; von ~ schüchtern sein быть засте́нчивым по нату́ре; Fragen allgemeiner ~ вопро́сы о́бщего хара́ктера; das liegt in der ~ der Dinge э́то в приро́де веще́й

Naturalien *Pl* Verpflegung проду́кты *Pl* 2 пита́ния | in ~ bezahlen плати́ть нату́рой

Naturalismus *m* натурали́зм 2

naturalistisch натуралисти́ческий

Natural|lohn *m* за́работная пла́та нату́рой; ~**wirtschaft** *f* натура́льное хозя́йство

Natur|aufnahmen *f Pl* Film нату́рные съёмки; ~**beschreibung** *f* описа́ние приро́ды

Naturell *n* хара́ктер 2, нрав 2; Anlage, Veranlagung склад 2 | sie hat ein fröhliches ~ она́ весёлая по нату́ре, у неё весёлый нрав

Natur|ereignis *n* явле́ние 5 приро́ды; ~**faser** *f* натура́льное волокно́; ~**forscher** *m* натурали́ст 2, естествоиспыта́тель 1 | junger ≈ ю́ный натурали́ст, *umg* юнна́т 2; ~**freund** *m* друг [люби́тель] приро́ды

naturgemäß 1. *Adj* есте́ственный **2.** *Adv* есте́ственно

Naturgesetz *n* зако́н приро́ды

naturgetreu 1. *Adj* ве́рный (приро́де); Darstellung о́чень похо́ж:ий 11, ве́рный **2.** *Adv* ве́рно

Natur|gewalten *f Pl* си́лы приро́ды, стихи́и *Pl* 8; ~**heilverfahren** *n* есте́ственный ме́тод 2 лече́ния; ~**katastrophe** *f* стихи́йное бе́дствие 5, катаклú́зм 2; ~**kunde** *f* естествозна́ние 5, природове́дение 5; ~**landschaft** *f* есте́ственный [приро́дный] ландша́фт

natürlich 1. *Adj* есте́ствен:ный, -на, приро́дный; echt настоя́щий 11, натура́л|ьный, -ен, -ьна | ~e Anmut прирождённая гра́ция [красота́ 6c]; ein ~es Wesen zeigen держа́ть 3⁺ себя́ про́сто [непринуждённо] **2.** *Adv* есте́ственно; selbstverständlich коне́чно [шн], разуме́ется | ~ verlaufen протека́ть норма́льно

Natürlichkeit *f* есте́ственность 9; des Wesens безыску́сственность 9

Natur|mensch *m* дитя́ приро́ды; **~park** *m* приро́дный парк; großer национа́льный парк; **~produkt** *n* есте́ственный [приро́дный] проду́кт; **~recht** *n* есте́ственное пра́во; **~schätze** *m Pl* приро́дные бога́тства [ресу́рсы *Pl* 2]

Natur|schutz *m* охра́на приро́ды | unter ≈ stehen охраня́ться как запове́дник; Pflanzen, Tiere охраня́ться как ре́дкость [це́нность]; **~schützer** *m* сторо́нник 2 охра́ны приро́ды

Naturschutz|gebiet *n* (большо́й) запове́дник 2; **~park** *m* парк-запове́дник 2-2

Natur|seide *f* натура́льный шёлк; **~stein** *m* приро́дный ка́мень; **~talent** *n* самобы́тный [приро́дный] тала́нт; **~theater** *n* ле́тний 11 теа́тр, откры́тая сце́на 6 с испо́льзованием приро́дного ландша́фта; **~trieb** *m* инсти́нкт 2; **~wein** *m* натура́льное вино́; **~wissenschaft** *f* естествозна́ние 5; ≈en *Pl* есте́ственные нау́ки; **~wissenschaftler** *m* есте́ственник 2

naturwissenschaftlich естественнонау́чный; Fakultät естествове́дческий, есте́ственный

Nautik *f* навига́ция 8

nautisch навигацио́нный

Navigation *f* навига́ция 8

Navigationsfehler *m* навигацио́нная оши́бка

nazistisch наци́стский

Neapel Неа́поль 1

Nebel *m* тума́н 2; Dunst мгла 6 | im ~ в тума́не; das Tal ist in ~ gehüllt доли́на оку́тана тума́ном; der ~ wird dichter тума́н сгуща́ется; künstlicher ~ дымова́я заве́са 6; bei Nacht und ~ во тьме ночно́й; **~decke** *f* пел|ена́ 6 *G Pl* -ён тума́на; **~fleck** *m Astr* тума́нность 9; **~granate** *f* дымово́й снаря́д

neb[e]lig тума́н|ный, -ен, -на | heute ist es ~ сего́дня тума́н

Nebel|scheinwerfer *m Kfz* противотума́нная фа́ра; **~schleier** *m* пел|ена́ 6 *G Pl* -ён [заве́са 6] тума́на; **~wand** *f* стена́ тума́на

neben *Präpos wo?* во́зле *G*, у *G*, о́коло *G;* ~ der Tür у [во́зле, о́коло] две́ри; ~ dem Eingang при вхо́де | in einer Reihe mit ря́дом с *I*, во́зле *G;* er sitzt ~ mir он сиди́т ря́дом со мной [во́зле меня́] | *wohin?* во́зле *G*, ря́дом с *I;* setz dich ~ mich сядь во́зле меня́ [ря́дом со мной]; stell den Stuhl ~ das Bett поста́вь стул во́зле крова́ти [ря́дом с крова́тью] | außer наряду́ с *I*, кро́ме *G;* ~ Russisch studiert er auch Englisch наряду́ с ру́сским (языко́м) [кро́ме ру́сского] он изуча́ет та́кже англи́йский

nebenan *Adv* (ту́т же) ря́дом | er wohnt gleich ~ он живёт здесь ря́дом, он живёт здесь в двух шага́х; das Haus ~ сосе́дний 11 дом

Neben|anschluß *m* паралле́льный телефо́н 2; **~arbeit** *f* рабо́та по совмести́тельству, побо́чная рабо́та; **~ausgaben** *f Pl* побо́чные [дополни́тельные] расхо́ды; **~bedeutung** *f* побо́чное значе́ние

neben|bei *Adv* außerdem кро́ме того́; unter anderem ме́жду про́чим; beiläufig попу́тно | ≈ gesagt кста́ти (сказа́ть); etw. ≈ tun занима́ться чем-н. ме́жду де́лом; **~beruflich:** ≈e Beschäftigung побо́чное заня́тие | ≈ als Übersetzer arbeiten рабо́тать по совмести́тельству перево́дчиком

Nebenbuhler *m* сопе́рник 2

nebeneinander *Adv* друг о́коло [во́зле] дру́га, ря́дом; **~stellen** *tr* ста́в|ить 3 -лю (по-) ря́дом; *übertr* сопоставля́ть ⟨-ста́вить⟩

Neben|einnahmen *f Pl* побо́чные дохо́ды *Pl* 2; **~erwerb** *m* побо́чный за́работ|ок, -ка 2; **~fach** *n* Unterricht второсте́пенный (уче́бный) предме́т 2; Schrank боково́й я́щик 2, боково́е отделе́ние; **~fluß** *m* прито́к 2 (реки́); **~gebäude** *n* пристро́йка 6; angrenzendes Haus сосе́днее 11 зда́ние; **~geräusch** *n* посторо́нний 11 шум; *Rad* парази́тный шум; **~gleis** *n* подъездно́й пут|ь 9е *I* -ём; **~handlung** *f Theat* побо́чное де́йствие; **~haus** *n* сосе́дний 11 дом

nebenher *Adv* beiläufig мимохо́дом; außerdem кро́ме того́, наряду́ с (э́тим); **~gehen** *intr* идти́ ря́дом

Neben|mann *m* in einer Reihe, im Glied сосе́д 2 *Pl* 1; **~niere** *f* надпо́чечник 2; **~produkt** *n* побо́чный проду́кт; **~rolle** *f Theat* второстепе́нная роль; **~sache** *f* второстепе́нное де́ло, ме́лочь 9g | das ist ≈ э́то нева́жно, э́то ме́лочь

nebensächlich второстепе́н|ный, -ен, -на, ме́нее ва́ж|ный, -ен, -на́!

Neben|satz *m* прида́точное предложе́ние; **~straße** *f* бокова́я у́лица; **~strecke** *f Eisenb* железнодоро́жная ве́тка 6; **~umstand** *m* побо́чное [привходя́щее 11] обстоя́тельство; **~verdienst** *m* побо́чный за́работок, при́работ|ок, -ка 2; **~winkel** *m Math* сме́жный у́гол; **~wirkung** *f* побо́чное де́йствие; **~zimmer** *n* сосе́дняя 11 ко́мната

neblig = **nebelig**

nebst *Präp* вме́сте с *I*

Necessaire *n* несессе́р 2 [нэсэсэ́р] 2

necken *tr* дразни́ть 3+ (mit *I*); ein wenig подтру́нивать ⟨-труни́ть 3⟩ над *I;* sich ~ *refl* дразни́ть друг дру́га

neckisch lustig забáв|ный, -ен; keck задóр|ный, -ен
Neffe *m* племя́нник 2
Negation *f* отрицáние 5
negativ отрицáтел|ьный, -ен, -ьна, негатúв|ный, -ен
Negativ *n Foto* негатúв 2
Neger *m* негр 2; **~bevölkerung** *f* негритя́нское населéние; **~in** *f* негритя́нка 6
negieren *tr* отрицáть; ablehnen отклон|я́ть ⟨-úть 3⁺; -ённый⟩
nehmen *tr* брать* ⟨взять*⟩; weg~ брать ⟨взять⟩, отнимáть ⟨отня́ть*⟩ (j-m etw. у когó-н. что-н.); (an)fassen схв|áтывать ⟨-атúть 3⁺ -ачý⟩; sich (etw.) ~, sich etw. aneignen присв|áивать ⟨-óить 3⟩; Hindernis брать ⟨взять⟩, преодол|евáть ⟨-éть⟩; *Mil* брать ⟨взять⟩, овлад|евáть ⟨-éть⟩ *I*, захв|áтывать ⟨-атúть 3⁺ -ачý⟩ | die Straßenbahn [den Bus] ~ по|éхать* *v* трамвáем [автóбусом]; die U-Bahn ~ поéхать на метрó; ein Taxi ~ взять таксú; etw. an sich ~ Verwahrung сохран|я́ть ⟨-úть 3⟩ что-н.; etw. auf sich ~ брать ⟨взять⟩ что-н. на себя́; etw. zu sich ~ essen, trinken есть*, пить* что-н.; das lasse ich mir nicht ~! от э́того я не откажýсь!; wie man's nimmt как кто понимáет; j-n so ~, wie er ist принимáть когó-н. такúм, какóй он есть; ~ wir den Fall (an), daß … допýстим, что …, предполóжим, что …; j-n zu ~ wissen умéть обращáться [обходúться] с кем-н.; ein Ende ~ кончáться ⟨кóнчиться 3⟩; sie nimmt alles zu schwer онá слúшком тяжелó всё воспринимáет
Neid *m* зáвисть 9 | voll ~ с зáвистью; vor ~ platzen лóпнуть от зáвисти
neiden *tr* завúдовать 2 (по-) (j-m etw. в чём-н. комý-н.)
Neider *m* завúстник 2
neidisch завúстлив|ый | ~ sein auf j-n, etw. завúдовать 2 (по-) комý-н., чемý-н.
neidlos лишённый чýвства зáвисти, без зáвисти
Neige *f:* zur ~ gehen кончáться ⟨кóнчиться 3⟩; das Glas bis zur ~ leeren осуш|áть ⟨-úть 3⁺⟩ стакáн до дна; das Geld geht zur ~ дéньги на исхóде; der Tag geht zur ~ день клóнится к вéчеру
neigen *tr* наклон|я́ть ⟨-úть 3⁺⟩, склон|я́ть ⟨-úть⟩; *intr übertr* имéть склóнность (zu к *D*); sich ~ *refl* наклон|я́ться ⟨-úться⟩, склон|я́ться ⟨-úться⟩; Tag клонúться 3⁺ | grüßend den Kopf ~ привéтствовать 2 кивкóм головы́; ich neige zu der Annahme, daß … я склóнен дýмать [считáть], что …; er neigt zur Erkältung он предрасполóжен к простýде
Neigung *f* des Kopfes наклóн 2; des Geländes покáтость 9, склон 2, уклóн 2; Magnetnadel отклонéние 5; zu Krankheiten предрасположéние 5 к *D; Psych* расположéние 5, симпáтия 8 (zu к *D*) | ~ zu etw. haben имéть [чýвствовать 2 (по-)] склóнность к чемý-н.
Neigungs|heirat *f* брак по любвú; **~winkel** *m Math* ýгол наклóна
nein *Adv* нет | ~ sagen говорúть ⟨сказáть⟩ нет, откáзывать ⟨-|казáть*⟩ в *P;* er kann nicht ~ sagen он не умéет откáзывать; aber ~! да нет же!; ~ so etwas! да что ты [вы]!, неужéли?
Nein *n:* mit einem ~ antworten давáть* ⟨дать*⟩ отрицáтельный отвéт; mit ~ stimmen голосовáть 2 (про-) прóтив
Nekrolog *m* некролóг 2
Nektar *m* нектáр 2
Nelke *f Bot* гвоздúка 6 *a. Gewürz*
Nelkenstrauß *m* букéт гвоздúк(и)
nennen *tr* называ́ть ⟨-|звáть*⟩ (*I* oder *N*, nach по *D*); mit Namen a. звать (*I* oder *N*); benennen, einen Namen geben давáть* ⟨дать*⟩ úмя *D;* aufzählen называ́ть ⟨-звáть⟩ перечисля́ть ⟨-чúслить 3⟩; sich ~ *refl* heißen называ́ться ⟨-звáться; -звалúсь⟩ (*I* oder *N*); Dichter, Künstler называ́ть ⟨-звáть⟩ себя́ *I* | j-n beim Namen ~ называ́ть когó-н. по úмени; er wurde nach dem Vater genannt егó назвáли по отцý; man nennt mich Sascha меня́ зовýт Сáша [Сáшей]; er nennt sich Künstler он называ́ет себя́ худóжником; das Kind beim rechten Namen ~ называ́ть вéщи своúми именáми; wie nennt man dies? как э́то называ́ется?
nennenswert достóйный упоминáния
Nenner *m Math* знаменáтель 1 | auf einen (gemeinsamen) ~ bringen при|вестú* *v* к одномý (óбщему) знаменáтелю *a. übertr*
Nenn|form *f* инфинитúв 2, неопределённая фóрма (глагóла); **~leistung** *f* номинáльная мóщность [производúтельность]
Nennung *f* назвáние 5; *Sport* зая́вка 6 | bei ~ des Namens при упоминáнии úмени; ohne ~ des Namens не называ́я úмени
Nennwert *m* Wertpapiere номинáльная стóимость; Ware, Aktie номинáл 2 | zum ~ по номинáлу
Neo|faschismus *m* неофашúзм [нэ] 2; **~kolonialismus** *m* неоколониалúзм [нэ] 2
Neon *n* неóн 2; **~leuchtröhre** *f* неóновая трýбка; **~licht** *n* неóновый свет; **~reklame** *f* неóновая реклáма
Nepal Непáл 2; **~ese** *m* непáл|ец, -ьца 2; **~esin** *f* непáлка 6
nepal(es)isch непáльский
Nerv *m* нерв 2 | die ~en behalten сохран|я́ть ⟨-úть 3⟩ спокóйствие; die ~en verlieren теря́ть (по-) самообладáние;

das geht [fällt] mir auf die ~en э́то де́йствует мне на не́рвы
Nervenarzt *m* нервопато́лог 2
nervenaufreibend раздража́ющий 11 не́рвы
Nerven|beruhigungsmittel *n* сре́дство для успокое́ния не́рвов; **~bündel** *n:* er ist nur noch ein ≈ он сплошно́й комо́к не́рвов; **~heilanstalt** *f* лече́бница для нервнобольны́х, невропатологи́ческая лече́бница
nervenkrank нервнобольно́й
Nerven|krankheit *f* не́рвная боле́знь, невропа́тия 8; **~probe** *f* испыта́ние не́рвов; **~schmerzen** *m Pl* невралги́я 8
nerven|schwach неврастени́ческий; слабоне́рв|ный, -ен; **~stärkend** укрепля́ющий 11 не́рвы
Nerven|system *n* не́рвная систе́ма; **~zusammenbruch** *m* истоще́ние 5 не́рвной систе́мы
nervös не́рв|ный, -ен, нерво́з|ный, -ен | ~ sein не́рвничать; er ist sehr ~ он о́чень не́рвный; j-n ~ machen mit [durch] etw. раздража́ть кого́-н. чем-н.; der Lärm macht mich ~ шум де́йствует мне на не́рвы
Nervosität *f* не́рвность 9, нерво́зность 9
Nerz *m Zool* но́рка 6 *a. Pelz;* **~kragen** *m* но́рковый воротни́к
Nessel *f Bot* крапи́ва 6; *Text* бязь 9 | sich in die ~n setzen нажива́ть ⟨нажи́ть*⟩ себе́ неприя́тности (bei j-m от кого́-н.); **~fieber** *n* крапи́вная лихора́дка
Nest *n* гнездо́ 4c *Pl* гнёзда; entlegener Ort захолу́стье 5, дыра́ 6c; Schlupfwinkel, Versteck прито́н 2 | ein ~ bauen вить* (с-, совьёт) гнездо́; **~häkchen** *n übertr* после́дний 11 (избало́ванный) ребён|ок, -ка 2 *Pl* ребя́та, после́дыш 2 *G Pl* -ей
nett симпати́ч|ный, -ен, ми́л:ый, -á, -о, ми́лы́, сла́вный; freundlich любе́з|ный, -ен; gemütlich ую́т|ный, -ен; hübsch хоро́шенький; Abend, Gesellschaft прия́т|ный, -ен | das ist eine ~e Geschichte э́то хоро́шенькая исто́рия
netto *Adv* не́тто [нэ] | er verdient 600 Mark ~ он получа́ет чи́стыми [на́ руки] шестьсо́т ма́рок
Netto|ertrag *m* чи́стый дохо́д; **~gewicht** *n* чи́стый вес; **~lohn** *m* факти́ческая за́работная пла́та; **~preis** *m* цена́ без начисле́ний, цена́ не́тто; **~verdienst** *m* чи́стый за́работок
Netz *n* сеть 9g| в сети́; Fisch⁓ сеть; großes не́вод 2; Einkaufs⁓, Gepäck⁓, Haar⁓, Grad⁓ се́тка 6 *a. Sport; El, Eisenb,* Verkehrs⁓ сеть; *Anat* са́льник 2 | das Haus wurde ans ~ angeschlossen дом подключи́ли к се́ти; ins ~ gehen *übertr* по|па́сть* *v* в западню́; **~anschluß** *El* подключе́ние 5 к се́ти; **~anschlußgerät** *n* прибо́р с пита́нием от се́ти; **~ball** *m Sport* мяч в се́тке
netzförmig се́тчатый, в ви́де се́т(к)и
Netz|gerät *n* прибо́р, рабо́тающий 11 от се́ти; **~haut** *f* сетча́тка 6; **~hautentzündung** *f* воспале́ние сетча́тки; **~hemd** *n* (ма́йка-)се́тка (6-)6, се́тчатая руба́шка; **~magen** *m* се́тка 6; **~plantechnik** *f* сетева́я те́хника; **~spannung** *f* сетево́е напряже́ние, напряже́ние се́ти; **~werktechnik** *f* сетево́е плани́рование 5
neu 1. *Adj* но́в:ый, -á, -о, но́вы́; Wein, Gemüse молодо́й, мо́лод, -á!, моло́же; frisch свéж:ий 11 -á, -ó, свéжи́; modern но́вый; Gedanke оригина́л|ьный, -ен, -ьна | die ~esten Nachrichten *Rad* после́дние 11 изве́стия; in ~ester Zeit в (са́мое) после́днее вре́мя; ~e Kartoffeln молодо́й [но́вый] карто́фель; ganz ~ новёхонький; die ~este Mode са́мая после́дняя 11 [нове́йшая 11] мо́да; das ist mir ~ э́то для меня́ но́вость; er ist hier ~ он здесь неда́вно **2.** *Adv* за́ново | von ~em, aufs ~e сно́ва, опя́ть; das Werk wurde ~ bearbeitet кни́га была́ перерабо́тана за́ново; das Bett ~ beziehen смен|я́ть ⟨-и́ть 3⁺⟩ бельё на посте́ли; er mußte die Arbeit von ~em beginnen ему́ пришло́сь нача́ть рабо́ту сно́ва; ~ eröffnen Geschäft (сно́ва) открыва́ть ⟨-кры́ть⟩
Neuanschaffung *f* новоприобрете́ние 5 | ~ von Möbeln приобрете́ние 5 но́вой ме́бели
neuartig но́в:ый, -á, -о, но́вы́
Neu|auflage *f* но́вое изда́ние, переизда́ние 5; **~bau** *m* новостро́йка 6; im Bau befindl. Haus но́вое строи́тельство; **~baugebiet** *n* райо́н но́вой застро́йки, райо́н новостро́ек; **~bausiedlung** *f* микрорайо́н 2 но́вой застро́йки; **~bauviertel** *n* райо́н новостро́ек, но́вый райо́н; **~bauwohnung** *f* кварти́ра в но́вом до́ме; **~bearbeitung** *f* перерабо́тка 6; **~berechnung** *f* перерасчёт 2; **~besetzung** *f Theat* но́вый соста́в исполни́телей; **~bildung** *f* новообразова́ние 5; *Ling* неологи́зм 2
Neubrandenburg Нойбра́нденбург 2
Neu|druck *m* стереоти́пное изда́ние 5; **~eingang** *m* но́вое поступле́ние 5; **~einstellung** *f* приём 2 (но́вого рабо́тника) | viele ≈en vornehmen принима́ть ⟨приня́ть*⟩ на рабо́ту мно́го но́вых рабо́тников; **~entwicklung** *f* etw. neu Entwickeltes но́вый образ|е́ц, -ца́ 2, но́вая моде́ль [дэ] 9
neuerdings *Adv* неда́вно, в [за] после́днее вре́мя
Neuerer *m* нова́тор 2; **~bewegung** *f* движе́ние нова́торов; **~methode** *f* нова́-

торский [нóвый] мéтод (рабóты); ~**vorschlag** *m* новáторское предложéние
neueröffnet недáвно откры́тый
Neuerscheinung *f* Buch нови́нка 6
Neuerung *f* нóвшество 4, нововведéние 5
Neues *n* нóвое *Subst* 10; нóвость 9g | das Neueste vom Sport нóвости спóрта; viel ≈ мнóго нóвого; was gibt's ~? что нóвого?; nichts ~ ничегó нóвого; weißt du schon das Neueste? ты ужé знáешь [слы́шал] послéднюю нóвость?
Neufundländer *m* Hund водолáз 2
neuge|backen *übertr* новоиспечённый; ~**boren** новорождённый | ich fühle mich wie ≈ я чýвствую себя́ совершéнно обновлённым
Neu|gestaltung *f* преобразовáние 5, перестрóйка 6; Schaufenster нóвое оформлéние | ≈ des Stadtzentrums реконстрýкция 8 цéнтра гóрода; ~**gier** *f* любопы́тство 4
neugierig 1. *Adj* любопы́т|ный, -ен | er ist ~ он любопы́тен; j-n ~ machen вызывáть ⟨вы́|звать*⟩ чьё-н. любопы́тство; ich bin ~, ... мне любопы́тно, ... **2.** *Adv* с любопы́тством
Neuguinea Нóвая Гвинéя 7
Neuheit *f* нови́нка 6 | die letzte ~ послéдняя 11 нови́нка, (послéдний) крик мóды; der Reiz der ~ прéлесть новизны́
Neuigkeit *f* нóвость 9g
Neuinszenierung *f* нóвая постанóвка 6
Neujahr *n* Нóвый год | Prosit ~! с Нóвым гóдом!; zu ~ на Нóвый год
Neujahrs|gruß *m* новогóднее 11 поздравлéние; ~**karte** *f* новогóдняя 11 поздрави́тельная откры́тка; ~**wunsch** *m* пожелáние к Нóвому гóду
Neukonstruktion *f* нóвая констрýкция
Neuland *n* (пóднятая) цели́нá 6; *übertr* неисслéдованная óбласть 9g | ~ urbar machen поднимáть ⟨подня́ть*⟩ цели́нý; ~ betreten идти́ нóвыми путя́ми; ~**gewinnung** *f* освоéние 5 цели́ны́
neulich *Adv* на дня́х, недáвно
Neuling *m* нович|óк, -кá 2
neumodisch 1. *Adj* (ново)мóд|ный, -ен **2.** *Adv* по (нóвой) мóде
Neumond *m* новолýние 5
neun *Num* дéвять 9e
Neun *f* числó 4c дéвять, девя́тка 6; Straßenbahn девя́тка 6, девя́тый нóмер 2b; ~**auge** *n Zool* (речнáя) минóга 6
neun|fach 1. *Adj* девятикрáтный **2.** *Adv* (в) дéвять раз, вдéвятеро; ~**hundert** *Num* девя|тьсóт, -тисóт, -тистáм, -тьюстáми, -тистáх; ~**jährig** девятилéтний 11; ~**mal** *Adv* дéвять раз; bei Vergleich в дéвять раз; ~**tägig** девятиднéвный
Neuntel *n* девя́тая часть 9g, девя́тая *Subst* 10
neun|ter *Num* девя́тый; ~**tens** *Adv* в-девя́тых; ~**zehn** *Num* девятнáдцать 9; ~**zehnter** *Num* девятнáдцатый; ~**zig** *Num* девянó|сто *G D I P* -ста
Neunziger *m* девяностолéтний мужчи́на 11-6
neunzigjährig девяностолéтний 11
neunzigster *Num* девянóстый
Neu|ordnung *f* преобразовáние 5; ~**orientierung** *f* переориентирóвка 6, нóвая ориентáция; ~**philologe** *m* специали́ст 2 по нóвым языкáм
Neuralgie *f* невралги́я 8
neuralgisch невралги́ческий | der ~e Punkt слáбое мéсто 4b
Neurasthenie *f* неврастени́я 8
Neuregelung *f* урегули́рование 5 на нóвой оснóве; gesetzliche введéние 5 нóвых прáвил [положéний]; реорганизáция 8
neureich бы́стро разбогатéвший 11
Neurologie *f* неврологи́я 8
Neurose *f* неврóз 2
neurotisch невроти́ческий
Neu|satz *m Typ* нóвый набóр; ~**schnee** *m* свежевы́павший 11 снег
Neuseeland Нóвая Зелáндия 8
Neuseeländer *m* новозелáнд|ец, -ца 2; ~**in** *f* новозелáндка 6
neuseeländisch новозелáндский
Neusilber *n* мельхиóр 2
neusprachlich: ~er Unterricht обучéние нóвым [совремéнным, живы́м] (инострáнным) языкáм; ~er Zweig Schule клáссы *Pl* 2 с уси́ленным преподавáнием нóвых языкóв
Neustadt *f* нóвый гóрод, нóвая часть 9g гóрода
neutral нейтрáл|ьный, -ен, -ьна
neutralisieren *tr* нейтрализовáть *uv, v* 2
Neutralität *f Pol* нейтралитéт 2; eines Menschen, Urteils нейтрáльность 9
Neutralitätserklärung *f* заявлéние о нейтралитéте
Neutron *n* нейтрóн 2
Neutronen|bombe *f* нейтрóнная бóмба; ~**strahlen** *m Pl* нейтрóнное излучéние 5
Neutrum *n Gramm* срéдний род 11-2; (и́мя) существи́тельное *Subst* 10 срéднего рóда
Neu|vermählte *Pl:* die ~n новобрáчные *Subst Pl* 10; ~**wahl** *f* Wiederwahl переизбрáние 5; перевы́боры *Pl* 2, нóвые вы́боры *Pl* 2; ~**wert** *m* стóимость нóвой вéщи; *Wirtsch* нóвая стóимость
neuwertig (как) нóвый, в хорóшем состоя́нии
Neuzeit *f* нóвое врéмя | die Geschichte der ~ нóвая истóрия 8
neuzeitlich совремéнн|ый, -ен, -на
Neuzugang *m* нóвое поступлéние 5; *Med* нóвый пациéнт 2; *Hdl* нóвая пáртия 8

Newa Нева́ 6
New York Нью-Йо́рк 2
nicht *Adv* не; ohne Ergänzung нет | er ist ~ krank он не бо́лен; ~ wahr? не пра́вда ли?, пра́вда?; ~ im geringsten ни в ко́ей ме́ре, ниско́лько; das ist ~ möglich э́то невозмо́жно; ~ viel немно́го; ~ die geringste Ahnung ни мале́йшего поня́тия; gar ~ во́все не, ника́к, совсе́м не(т); ~ doch! да нет же!; warum ~? почему́ же нет?; ~ mehr als ... не бо́льше, чем ...; ich werde ihn ~ mehr sehen können мне бо́льше его́ не уви́деть; soll man fahren oder ~? е́хать ли?; er ist ~ da его́ нет; kommst du oder kommst du ~? придёшь и́ли нет?; ~ vor Abend не ра́нее ве́чера; ist das Bild ~ schön? ра́зве э́та карти́на не прекра́сна?
Nichtachtung *f* неуваже́ние 5, пренебреже́ние 5 (von j-m к кому́-н.)
nichtamtlich неофициа́л|ьный, -ен, -ьна
Nicht|anerkennung *f* непризна́ние 5; **~angriffspakt** *m* пакт о ненападе́нии
nichtarbeitend = **nichtberufstätig**
Nichtbeachtung *f* несоблюде́ние 5
nichtberufstätig нерабо́тающий 11, не за́нятый на слу́жбе [на произво́дстве] | ~e Bevölkerung нерабо́тающее населе́ние
Nichte *f* племя́нница 6
Nicht|einhaltung *f* eines Vertrages наруше́ние 5; **~einmischung** *f* невмеша́тельство 4; **~erfüllung** *f* невыполне́ние 5; *Jur* неисполне́ние 5; **~erscheinen** Buch невы́ход 2; vor Gericht нея́вка 6; **~fachmann** *m* неспециали́ст 2
nichtig unwesentlich ничто́ж|ный, -ен; Vorwand пустя́чный [шн]; *Jur* недействи́тел|ьный, -ен, -ьна | für (null und) ~ erklären объяв|ля́ть ⟨-и́ть⟩ недействи́тельным; das ist (null und) ~ э́то недействи́тельно
Nichtigkeit *f* Unwichtigkeit, Kleinigkeit ничто́жность 9; Nichtiges пустя́к 2e; *Jur* недействи́тельность 9
nichtkapitalistisch некапиталисти́ческий
Nicht|leiter *m El* непроводни́к 2e; **~metall** *n* немета́лл 2, металло́ид 2
nicht|öffentlich 1. *Adj* закры́т:ый для пу́блики **2.** *Adv Jur* при закры́тых дверя́х; **~organisiert** не явля́ющийся 11 чле́ном профсою́зной [парти́йной] организа́ции; неорганизо́ванный; **~paktgebunden:** ≈e Länder неприсоедини́вшиеся 11 стра́ны
Nichtraucher *m* некуря́щий *Subst* 11 | ich bin ~ я некуря́щий; **~abteil** *n* купе́ для некуря́щих; **~gaststätte** *f* рестора́н для некуря́щих
nichts *Pron* ничто́, ничего́ [во], ничему́, ниче́м, ни о чём | (das) macht ~ ничего́, э́то не беда́; ~ Neues ничего́ но́вого; gar ~ соверше́нно ничего́; so gut wie ~ почти́ ничего́; er ist mit ~ zufrieden он ниче́м не дово́лен; für ~ und wieder ~ ни за что́ ни про что́; das tut ~! (э́то) ничего́ (не зна́чит)!; ~ als то́лько; ~ anderes als ... не что́ ино́е [друго́е], как ...; es läßt sich ~ machen ничего́ нельзя́ сде́лать, де́лать не́чего; (da ist) ~ zu machen ничего́ не поде́лаешь; ich mache mir ~ daraus мне э́то безразли́чно; ~ Gemeinsames haben mit etw. не име́ть ничего́ о́бщего с че́м-н.; ich habe ~ dagegen я ничего́ не име́ю про́тив; mir ~, dir ~ ни с того́ ни с сего́
Nichts *n:* er steht vor dem ~ впереди́ его́ ждёт разоре́ние; er ist ein ~ он (соверше́нное) ничто́жество
Nichtschwimmer *m* (челове́к 2), не уме́ющий 11 пла́вать | ich bin ~ я не уме́ю пла́вать; **~becken** *n* бассе́йн для не уме́ющих пла́вать
nichts|destoweniger *Adv* тем не ме́нее, несмотря́ на э́то; **~nutzig** нену́ж|ный, -ен, -на́!, него́д|ный, -ен, -на́!; charakterlos никчёмный *umg*
nichtsozialistisch несоциалисти́ческий
nichtssagend пуст:о́й, -а́!, ничего́ не говоря́щий 11
Nicht|stuer *m* безде́льник 2; **~tun** *n* безде́лье 5, пра́здность 9
nichtswürdig по́дл:ый, -а́!
Nicht|tänzer *m:* er ist ≈ он не танцу́ет, он не уме́ет танцева́ть; **~weiterverbreitung** *f:* Vertrag über die ≈ von Kernwaffen догово́р о нераспростране́нии я́дерного ору́жия; **~wissen** *n* незна́ние 5; **~zutreffendes** *n* неподходя́щее *Subst* 11 | ≈ bitte streichen нену́жное зачеркну́ть
Nickel *n* ни́кель 1; **~stahl** *m* ни́келевая сталь
nicken *intr* кив|а́ть ⟨-ну́ть *mom* 4⟩ | mit dem Kopf ~ кива́ть голово́й; zustimmend ~ кива́ть в знак согла́сия
nie *Adv* никогда́ | ~ mehr никогда́ бо́льше; ~ und nimmer! никогда́ (в жи́зни)!, auf keinen Fall ни за что!; wie noch ~ как никогда́; noch ~ никогда́ ещё
nieder *Adv* доло́й | ~ mit ihm! доло́й его́!
nieder|beugen, sich *refl* склон|я́ться ⟨-и́ться 3⁺⟩; **~brennen** *tr* сжига́ть ⟨с|жечь*, сожгу́, сожжёшь⟩ (дотла́), испепел|я́ть ⟨-и́ть 3⟩; *intr* сгор|а́ть ⟨-е́ть⟩ (дотла́); Kerze догор|а́ть ⟨-е́ть⟩; **~deutsch** нижнеме́цкий
Niederdruck *m* ни́зкое давле́ние
niederdrücken *tr* прида́вливать ⟨-дави́ть 3⁺ -давлю́⟩; von Hagel, Wind прибива́ть ⟨-|би́ть*⟩; *übertr* удруч|а́ть ⟨-и́ть 3⟩, подав|ля́ть ⟨-и́ть 3⁺ -лю́⟩; **~d** удруча́ющий 11, гнету́щий 11
Nieder|frequenz *f El* ни́зкая частота́;

~gang *m übertr* упа́д|ок, -ка 2; Untergang ги́бель 9

nieder|gehen *intr* Flugzeug идти́* [по|йти́* *v*] на поса́дку; Flugkörper спу|ска́ться ⟨-сти́ться 3⁺⟩; Lawine обру́ш|иваться ⟨-иться⟩; Gewitter разра|жа́ться ⟨-зи́ться 3⟩; **~geschlagen** Person па́вший 11 ду́хом, уби́тый (го́рем); Stimmung удручённый, пода́вленный

Niedergeschlagenheit *f* удручённое состоя́ние 5 (ду́ха); Verzagtheit уны́ние 5

nieder|halten *tr* unterdrücken подав|ля́ть ⟨-и́ть 3⁺⟩; **~hocken, sich** *refl* при|се́сть* *v* (на ко́рточки); **~kämpfen** *tr* Aufstand подав|ля́ть ⟨-и́ть 3⁺⟩; **~kommen** *intr* разреш|а́ться ⟨-и́ться 3⟩ (от бре́мени) | mit einem Jungen ≈ ро|ди́ть (*uv, v* 3 -жу́, *uv* роди́ла, *v* родила́) ма́льчика

Nieder|kunft *f* ро́ды *Pl* 2; **~lage** *f* пораже́ние 5 (gegen j-n от кого́-н.) *a. Sport, Mil;* Lager склад 2 | eine ≈ zufügen наноси́ть 3⁺ -ношу́ ⟨-|нести́*⟩ пораже́ние; eine ≈ erleiden потерп|е́ть *v* 3⁺ -лю́ пораже́ние

Nieder|lande *Pl* Нидерла́нды *Pl* 2; **~länder** *m* нидерла́нд|ец, -ца 2; **~länderin** *f* нидерла́ндка 6

niederländisch нидерла́ндский

niederlassen, sich *refl* sich setzen опу|ска́ться ⟨-сти́ться 3⁺ -щу́сь⟩, са|ди́ться 3 -жу́сь ⟨сесть*⟩; sich ansiedeln посел|я́ться ⟨-и́ться 3⟩ | sich als Arzt ~ открыва́ть ⟨-|кры́ть*⟩ враче́бную пра́ктику; sich häuslich ~ устро́иться *v* 3 по-дома́шнему

Niederlassung *f* Wohnsitz поселе́ние 5; Eröffnung einer Praxis откры́тие 5 ча́стной (враче́бной, адвока́тской) пра́ктики; *Hdl* отделе́ние 5, филиа́л 2

Niederlausitz Ни́жняя Лу́жица 11-6

nieder|legen *tr* класть* ⟨положи́ть 3⁺⟩; Amt, Funktion слага́ть ⟨сложи́ть⟩ (с себя́), отка́зываться ⟨-|каза́ться*⟩ (от до́лжности); schriftlich festhalten пи́сьменно излага́ть ⟨-ложи́ть⟩; Ansichten, Erkenntnisse нахо|ди́ть -жу́ ⟨на|йти́*⟩ (своё) отраже́ние; sich ≈ *refl* при|ле́чь* *v,* ложи́ться 3 ⟨лечь⟩ (спать) | einen Kranz am Denkmal [Grab] ≈ возлага́ть ⟨-ложи́ть 3⁺⟩ вено́к к па́мятнику [на моги́лу]; die Arbeit ≈ прекра|ща́ть ⟨-ти́ть 3 -щу́⟩ рабо́ту; die Waffen ≈ сложи́ть *v* 3⁺ ору́жие; **~metzeln** *tr* выреза́ть, ⟨вы́|резать*⟩ перебива́ть ⟨-|би́ть*⟩; **~reißen** *tr* Gebäude сноси́ть 3⁺ -ношу́ ⟨-|нести́*⟩, лома́ть (с-)

Niedersachsen Ни́жняя Саксо́ния 11-8

Niederschlag *m* (атмосфе́рные) оса́дки *Pl* 2; *Chem* оса́д|ок, -ка 2, конденса́т 2; *Sport* нокда́ун 2 | … gab es keinen ~ … не́ было оса́дков; seinen ~ in etw. finden находи́ть ⟨найти́⟩ своё выраже́ние [отраже́ние] в чём-н.

nieder|schlagen *tr* zu Boden schlagen сбива́ть ⟨-|би́ть*, собью́⟩ (с ног); durch Hagel u. ä. поби́ть *v,* прибива́ть ⟨-би́ть⟩; Aufstand подав|ля́ть ⟨-и́ть 3⁺ -лю́⟩; Augen опу|ска́ть ⟨-сти́ть 3⁺ -щу́⟩; Fieber снижа́ть ⟨сни́|зить 3 -жу⟩; *Jur* приостан|а́вливать ⟨-ови́ть 3⁺ -овлю́⟩; sich ≈ *refl* Niederschlag bilden осажда́ться; zum Ausdruck kommen находи́ть 3⁺ ⟨на|йти́*⟩ своё отраже́ние [выраже́ние] (in в *P*) | die Feuchtigkeit hat sich auf den Scheiben niedergeschlagen стёкла запоте́ли (от вла́ги); **~schlagsfrei** без оса́дков | … wird es ≈ sein … не бу́дет оса́дков

Nieder|schlagsmenge *Met* коли́чество оса́дков; **~schlagung** *f* eines Aufstands подавле́ние 5; *Jur* приостановле́ние 5, прекраще́ние 5

nieder|schmetternd ошеломля́ющий 11, потряса́ющий 11; **~schreiben** *tr* запи́сывать ⟨-|писа́ть*⟩; verfassen писа́ть (на-)

Niederschrift *f* за́пись 9; Verfassen написа́ние 5

niedersetzen, sich *refl* sich setzen са|ди́ться 3 -жу́сь ⟨сесть*⟩

Niederspannung *f* ни́зкое напряже́ние

niederstrecken *tr* mit einem Schuß сра|жа́ть ⟨-зи́ть 3 -жу́⟩ (вы́стрелом)

Niedertracht *f* по́длость 9, ни́зость 9

niederträchtig по́дл:ый, -á!, ни́з|кий, -ок, -ка́, -ко, ни́зки́, ни́же, ни́зший 11

Niederträchtigkeit *f* по́длость 9, ни́зость 9

niedertreten *tr* Pflanzen зата́птывать ⟨-|топта́ть*⟩, мять* ⟨смя́ть, сомну́⟩ (нога́ми)

Nieder|ung *f Geogr* ни́зменность 9, низи́на 6; Talsenke лощи́на 6; **~wald** *m* низкоство́льный лес

niederwerfen *tr* Aufstand подав|ля́ть ⟨-и́ть 3⁺ -лю́⟩; sich ~ *refl* па́дать ⟨у|па́сть*⟩ [броса́ться ⟨ бро́|ситься 3 -шусь⟩] (на зе́млю) | die Krankheit warf ihn nieder боле́знь свали́ла его́; sich vor j-m ~ упа́сть пе́ред кем-н. на коле́ни

Niederwerfung *f* подавле́ние 5

niedlich милови́д|ный, -ен, хоро́шенький | das ist ja ~! хоро́шенькое де́ло!

Niednagel *m* заусе́ница 6

niedrig 1. *Adj* ни́з|кий, -ок, -ка́, -ко, ни́зки́, ни́же, ни́зший 11, нижа́йший 11, небольшо́й; Ufer ни́зкий, ни́змен:ный, -на; Herkunft ни́зкий, незна́тный; Charakter ни́зкий, по́дл:ый, -á! **2.** *Adv:* ~ liegen Dorf быть* располо́женым в низи́не; ~ handeln поступ|а́ть ⟨-и́ть⟩ ни́зко

Niedrigkeit *f übertr* по́длость 9, ни́зость 9

niemals *Adv* никогда́ | ich habe ihn ~ gesehen я никогда́ [ни ра́зу] его́ не ви́дел

niemand *Pron* ни|кто́, -кого́ [во], -кому́,

-ке́м| ни о ко́м | ~ anders никто́ ино́й; ~ anders als ... не кто ино́й [друго́й]| как ...; er ist mit ~(em) zufrieden он нике́м не дово́лен; es ist ~ da нет никого́; es ist ~ zu Hause никого́ нет до́ма
Niemandsland *n* нейтра́льная полоса́ [зо́на]; an Front ниче́йная земля́
Niere *f* по́чка 6 | auf Herz und ~en prüfen подверга́ть ⟨-ве́ргнуть 4a *u.* 4⟩ серьёзному испыта́нию; das geht mir an die ~n меня́ раздража́ет
Nieren|becken *n* по́чечная лоха́нка; **~braten** *m* жа́реные по́чки; **~entzündung** *f* воспале́ние по́чек, нефри́т 2; **~kolik** *f* по́чечная ко́лика 6
nierenkrank страда́ющий 11 заболева́нием по́чек
Nierenstein *m* по́чечный ка́мень
nieseln *intr:* es nieselt мороси́т (до́ждик)
Nieselregen *m* морося́щий 11 дождь
niesen *intr* чих|а́ть ⟨-ну́ть 4⟩
Niespulver *n* чиха́тельный порошо́к
Niet *m* заклёпка 6
Niete *f* Lotterie пусто́й биле́т 2, пусты́шка 6 | eine ~ ziehen вы́тянуть *v* 4 пусты́шку; er ist eine ~ он – нуль [пусто́е ме́сто]
nieten *tr* клепа́ть, заклёпывать ⟨-клепа́ть⟩ | genietet клёпаный
Niet|hose *f* джи́нс|ы *Pl* -ов, теха́сские брю́ки; **~nagel** *m* заклёпка 6
Niger Ни́гер 2
Nigeria Ниге́рия 8; **~ner** *m* нигери́|ец| -йца 6
nigerianisch нигери́йский
Nihilismus *m* нигили́зм 2
Nikaragua Никара́гуа *f idkl;* **~ner** *m* никарагуа́н|ец| -ца 2; **~nerin** *f* никарагуа́нка 6
nikaraguanisch никарагуа́нский
Nikosia Никоси́я 8
Nikotin *n* никоти́н 2
nikotin|arm с ни́зким содержа́нием никоти́на; **~frei** без никоти́на
Nikotinvergiftung *f* отравле́ние никоти́ном
Nil Нил 2; **~pferd** *n* бегемо́т 2, гиппопота́м 2
Nimbus *m übertr* орео́л 2, сла́ва 6
Nimmer|satt *m* ненасы́тный челове́к 2; **~wiedersehen** *n:* auf ~! проща́й(те) навсегда́!
Nippel *m* ни́ппел|ь 1b *Pl* -я
nippen *intr* де́лать (с-) небольшо́й глото́к, приѓуб|ить *v* 3 -лю
Nippsachen *f Pl* изя́щные (фарфо́ровые) безделу́шки *Pl* 6
nirgends *Adv* нигде́ | das ist ~ zu bekommen э́того нигде́ не доста́нешь, э́то не́где доста́ть; er konnte sich ~ verstecken он нигде́ не мог спря́таться, ему́ не́где бы́ло спря́таться
nirgend|wo *Adv* нигде́; **~woher** *Adv* ниотку́да; **~wohin** *Adv* никуда́
Nische *f* ни́ша 6
Nisse *f Zool* гни́да 6
nisten *intr* гнезди́ться 3
Nistkasten *m* я́щик 2 для гнездова́ния (птиц)
Nitrat *n* нитра́т 2
Nitro|glyzerin *n* нитроглицери́н 2; **~lack** *m* нитрола́к 2
Niveau *n* у́ров|ень| -ня 1 *a. übertr* | das ~ haben быть* на у́ровне, отвеча́ть необходи́мым тре́бованиям; das ~ in etw. halten идти́* в у́ровень с чем-н.; eine Veranstaltung mit ~ мероприя́тие на (высо́ком) у́ровне
niveau|los зауря́д|ный| -ен, на (са́мом) ни́зком у́ровне; **~voll** (о́чень) незауря́д|ный| -ен, на высо́ком у́ровне
nivellieren *tr* нивели́ровать *uv, v* 2; ebnen выра́внивать ⟨вы́ровнять⟩
Nivellierung *f* нивели́ро́вка 6, нивели́рование 5; выра́внивание 5
Nixe *f* руса́лка 6
nobel vornehm благоро́д|ный| -ен; freigebig ще́др:ый| -а́!, с широ́кой нату́рой
Nobelpreis *m* Но́белевская пре́мия (für по *D*); **~träger** *m* лауреа́т 2 Но́белевской пре́мии
noch 1. *Adv* ещё | immer ~ всё ещё; ~ nicht нет ещё, ещё нет; ~ einmal ещё раз; ~ einmal soviel ещё сто́лько же; ~ einmal so groß вдво́е бо́льше; eben ~ то́лько что; was willst du ~? чего́ ты ещё хо́чешь?; er erreichte den Zug gerade ~ он успе́л к по́езду в после́днюю мину́ту **2.** *Konj:* weder ... ~ ... ни ... ни ...; **~malig** втори́чный, повто́рный; **~mals** *Adv* ещё раз, втори́чно
Nockenwelle *f* кулачко́вый вал
Nomade *m* коче́вник 2
Nomaden|leben *n* кочево́й о́браз 2 жи́зни; **~volk** *n* кочево́й наро́д, коче́вники *Pl 2*
nomadisch кочево́й
nomadisieren *intr* кочева́ть 2
Nomen *n Gramm* и́мя *G D P* и́мени| *I* и́менем| *Pl* имена́| имён, 4| имена́м; **~klatur** *f* номенклату́ра 6
Nominalwert *m* номина́льная сто́имость
Nominativ *m* имени́тельный паде́ж 2e
nominell номина́л|ьный| -ен| -ьна
nominieren *tr* Kandidaten выдвига́ть ⟨вы́двинуть 4⟩ | eine Mannschaft ~ *Sport* объяв|ля́ть ⟨-и́ть 3⁺ -лю́⟩ соста́в кома́нды
Nominierung *f* выдвиже́ние 5; *Sport* объявле́ние 5
Nonne *f* мона́хиня 7
Nonnenkloster *n* же́нский монасты́рь
Nonsens *m* бессмы́слица 6, но́нсенс [сэ] 2

Nonstopflug *m* беспоса́дочный полёт [перелёт] | im ~ без поса́дки
Nord *m* Himmelsrichtung се́вер 2; Nordwind се́верный ве́т|ер, -ра 2, норд 2
Nordamerika Се́верная Аме́рика 6; **~ner** *m* североамерика́н|ец, -ца 2; **~nerin** *f* североамерика́нка 6
nordamerikanisch североамерика́нский
Nordatlantik *m* Се́верная Атла́нтика
norddeutsch северогерма́нский, северонеме́цкий
Norden *m* се́вер 2 | im ~ на се́вере; nach dem ~ на се́вер; aus dem ~ с се́вера; der hohe ~ Кра́йний 11 Се́вер
nordeuropäisch североевропе́йский
Nordirland Се́верная Ирла́ндия
nordisch се́верный; *Lit,* Sprache, Land скандина́вский
Nordländer *m* север|я́нин 2 *Pl* -я́не, -я́н, -я́нам
nördlich 1. *Adj* се́верный | ~er Breite се́верной широты́; ~es Eismeer Се́верный Ледови́тый океа́н 2 **2.** *Adv* к се́веру, на се́вер | weiter ~ да́льше к се́веру, (ещё) се́вернее; ~ (von) Berlin к се́веру [на се́вер] от Берли́на, се́試нее Берли́на
Nord|licht *n* се́верное сия́ние 5; **~ost** *m* Wind норд-о́ст 2; Himmelsrichtung се́веро-восто́к 2; **~osten** *m* се́веро-восто́к 2
nordöstlich 1. *Adj* се́веро-восто́чный **2.** *Adv* к се́веро-восто́ку (von от *G*), на се́веро-восто́к (von от *G*), се́веро-восто́чнее (von *G*)
Nordpol *m* Се́верный по́люс; **~expedition** *f* экспеди́ция на Се́верный по́люс
Nordrhein-Westfalen Се́верный Рейн-Вестфа́лия 8
Nord|see *f* Се́верное мо́ре 3; **~west** *m* Wind норд-ве́ст 2; Himmelsrichtung се́веро-за́пад 2; **~westen** *m* се́веро-за́пад 2
nordwestlich 1. *Adj* се́веро-за́падный **2.** *Adv* к се́веро-за́паду (von от *G*) на се́веро-за́пад (von от *G*); се́веро-за́паднее (von *G*)
Nordwind *m* се́верный ве́тер
Nörgelei *f* приди́рки *Pl* 6; Charakterzug приди́рчивость 9
nörgeln *intr* придира́ться ⟨-|дра́ться*, -драли́сь⟩ (an к *D*)
Nörgler *m* приди́ра *m* 6
Norm *f* но́рма 6; Standard станда́рт 2 | j-m als ~ dienen служи́ть кому́-н. но́рмой; als ~ gelten быть* пра́вилом, счита́ться норма́льным; er kam nicht auf seine ~ он не дотяну́л до но́рмы, он не спра́вился со свое́й но́рмой
normal норма́л|ьный, -ен, -ьна | du bist wohl nicht ganz ~? ты, ви́дно, не в своём уме́?, ты что, ненорма́льный?; unter ~en Verhältnissen в норма́льных [обы́чных] усло́виях; **~erweise** *Adv* обы́чно
Normal|film *m* станда́ртная плёнка; **~gewicht** *n* норма́льный [сре́дний 11] вес; **~größe** *f* Kleidung норма́льный [станда́ртный] разме́р
normalisieren *tr* нормализова́ть *uv, v* 2
Normalisierung *f* нормализа́ция 8
Normal|spur *f Eisenb* норма́льная колея́; **~uhr** *f* у́личные (электри́ческие) часы́; **~verbraucher** *m* сре́дний 11 потреби́тель; **~zustand** *m* норма́льное [обы́чное] состоя́ние
normativ нормати́в|ный, -ен
Normativ *n* нормати́в 2
normen *tr* нормирова́ть *uv, v* 2, стандартизи́ровать *uv, v* 2 | genormt норми́рованный, стандартизи́рованный
Normer *m* специали́ст 2 по но́рмам и станда́ртам
Normerhöhung *f* повыше́ние норм
normgerecht соотве́тствующий 11 но́рме [но́рмам, станда́рту, станда́ртам]
normieren *tr* = **normen**
Normierung *f* = **Normung**
Normung *f* der Arbeit нормирова́ние 5, нормиро́вка 6; der Produktion стандартиза́ция 8
normwidrig не соотве́тствующий 11 но́рме [но́рмам, станда́рту, станда́ртам]
Norweg|en Норве́гия 8; **~er** *m* норве́ж|ец, -ца 2; **~erin** *f* норве́жка 6
norwegisch норве́жский
Nostalgie *f* ностальги́я 8
nostalgisch ностальги́ческий
not: es ist [tut] ~ ну́жно, необходи́мо, тре́буется; deine Hilfe tut ~ твоя́ по́мощь необходи́ма
Not *f* нужда́ 6с, необходи́мость 9; Armut, Elend нужда́; Notfall беда́ 6с; Unglück, schwierige Lage бе́дствие 5, бе́дственное положе́ние 5 | aus ~ по необходи́мости, по нужде́; zur ~ в кра́йнем слу́чае; mit knapper ~ е́ле-е́ле, с трудо́м; äußerste ~ кра́йняя 11 необходи́мость; ~ leiden терпе́ть нужду́, бе́дствовать 2; in ~ sein быть в нужде́; j-m in der ~ helfen помо́чь кому́-н. в беде́; die ~ drängt mich, Sie zu bitten необходи́мость заставля́ет меня́ проси́ть вас; damit hat es keine ~ в э́том нет осо́бой нужды́ [необходи́мости], es eilt nicht э́то не к спе́ху; seine liebe ~ mit etw. haben име́ть мно́го хлопо́т с чем-н.; ich habe meine liebe ~ mit dir му́ка мне с тобо́й
Notar *m* нота́риус 2; **~iat** *n* нотариа́льная конто́ра 6, нотариа́т 2
notariell нотариа́льный | etw. ~ beglaubigen lassen удостов|еря́ть ⟨-е́рить 3⟩ что-н. у нотариу́са
Not|ausgang *m* запасно́й вы́ход; **~behelf** *m* вре́менная ме́ра 6, вре́менное ре-

ше́ние 5; **~beleuchtung** *f* авари́йное освеще́ние; **~bremse** *f Eisenb* э́кстренный то́рмоз, стоп-кра́н 2; *Tech* авари́йный то́рмоз | die ≈ ziehen по́льзоваться 2 (вос-) э́кстренным то́рмозом; **~dienst** *m* обя́занности, выполня́емые в чрезвыча́йных обстоя́тельствах; авари́йная слу́жба; *Med* слу́жба ско́рой и неотло́жной по́мощи; **~durft** *f:* seine ≈ verrichten отпр|авля́ть ⟨-а́вить 3 -а́влю⟩ есте́ственную потре́бность

notdürftig 1. *Adj* ску́д|ный, -ен, -на́! | ~es Auskommen finden име́ть лишь са́мое необходи́мое **2.** *Adv* кое-ка́к | ~ bekleidet sein едва́ при|кры́ть* наготу́, быть едва́ [бе́дно] оде́тым; etw. ~ ausbessern лишь пове́рхностно испра́вить что-н., на́спех попра́вить что-н.

Note *f* Zensur отме́тка 6, оце́нка 6, балл 2; *Pol, Mus* но́та 6; *Fin* банкно́т 2; Gepräge, Nuance отте́н|ок, -ка 2, хара́ктер 2; тон 2 | j-m eine gute ~ geben ста́в|ить -лю (по-) кому́-н. хоро́шую отме́тку; er hat die Prüfung mit der ~ „gut" bestanden он сдал экза́мен на хорошо́ [с оце́нкой „хорошо́"]; ~en wechseln *Dipl* обменя́ться но́тами; nach ~en spielen игра́ть по но́там; ein Kleid mit einer sportlichen ~ пла́тье спорти́вного хара́ктера; die persönliche ~ отте́нок индивидуа́льности; einer Sache eine besondere ~ verleihen при|дава́ть* ⟨прида́ть*⟩ осо́бый [индивидуа́льный] отте́нок чему́-н.

Noten|bank *f* эмиссио́нный банк; **~blatt** *n* но́тный лист; **~linie** *f* ли́ния но́тного ста́на; **~papier** *n* но́тная бума́га; **~pult** *n* пюпи́тр для нот; **~schlüssel** *m* ключ 2е *G Pl* -е́й; **~umlauf** *m* обраще́ние банкно́т; **~wechsel** *m* обме́н 2 но́тами

Notfall *m:* im ~ в кра́йнем слу́чае, в слу́чае (кра́йней) необходи́мости; für den ~ на кра́йний слу́чай, zurücklegen на чёрный день

not|falls *Adv* в кра́йнем слу́чае, в слу́чае (кра́йней) необходи́мости; **~gedrungen** *Adv* пово́ле

Notgroschen *m* де́ньги, отло́женные на чёрный день

notieren *tr* запи́сывать ⟨-|писа́ть*⟩, де́лать (с-) заме́тки [за́писи]; *intr* Kurse нотирова́ться *uv, v* 2

nötig необходи́м:ый, ну́ж|ный, -ен, -на́, -но, ну́жны́ | nicht ~ не на́до, не ну́жно, не́ к чему; etw. ~ haben нужда́ться в чём-н.

nötigen *tr* zwingen принужда́ть ⟨прину́|дить 3 -жу; -ждённый⟩ (zu к *D*); einladen насто́йчиво приглаша́ть | ich sehe mich genötigt, … я вы́нужден, …; zum Essen ~ упра́шивать пое́сть; er läßt sich nicht ~ он не заставля́ет себя́ упра́шивать; **~falls** *Adv* в слу́чае необходи́мости, е́сли ну́жно

Nötigung *f* Zwang принужде́ние 5 (zu к *D*); Aufforderung, Einladung насто́йчивое приглаше́ние 5 [dringende Bitte упра́шивание 5]

Notiz *f* заме́тка 6 a. kurze Nachricht | sich ~en machen де́лать (с-) заме́тки [за́писи]; keine ~ von etw. nehmen (наме́ренно) не замеча́ть ⟨заме́|тить 3 -чу⟩ что-н., не обра|ща́ть ⟨-ти́ть 3 -щу́⟩ внима́ния на что-н.; **~block** *m* блокно́т 2; **~buch** *n* записна́я кни́жка; **~zettel** *m* листо́к с за́писями

Notlage *f* затрудни́тельное положе́ние, затрудне́ния *Pl* 5; durch (Natur-) Katastrophe бе́дственное положе́ние

notlanden *intr* соверш|а́ть ⟨-и́ть 3⟩ вы́нужденную поса́дку

Notlandung *f* вы́нужденная поса́дка

notleidend бе́дствующий 11; терпя́щий 11 нужду́, находя́щийся 11 в бе́дственном положе́нии

Not|lösung *f* вре́менное [вы́нужденное] реше́ние; **~lüge** *f* вы́нужденная ложь

notorisch Trinker, Verbrecher закорене́лый

Notruf *m* (an) Polizei, Feuerwehr э́кстренный вы́зов 2; Rufnummer телефо́нный но́мер 2 для сро́чного вы́зова спецслу́жбы

notschlachten *tr* сро́чно прире́зывать ⟨-|ре́зать*⟩

Not|signal *n* авари́йный сигна́л; *Mar* сигна́л бе́дствия; **~sitz** *m* запасно́е сиде́нье; **~stand** *m* чрезвыча́йное [бе́дственное] положе́ние 5; **~unterkunft** *f* (нежило́е) помеще́ние 5, приспосо́бленное для жилья́; вре́менное жили́ще 4; **~verband** *m* предвари́тельная [вре́менная] повя́зка

notwassern *intr* соверш|а́ть ⟨-и́ть 3⟩ вы́нужденную поса́дку на́ воду

Notwehr *f* самооборо́на 6, самозащи́та 6 | in [aus] ~ handeln де́йствовать 2 в поря́дке самооборо́ны [самозащи́ты]

notwendig 1. *Adj* необходи́м:ый, ну́ж|ный, -ен, -на́, -но, ну́жны́ | ein ~es Übel неизбе́жное зло; für ~ halten счита́ть необходи́мым [ну́жным]; sich als ~ erweisen оказа́ться *v* необходи́мым **2.** *Adv* кра́йне; unbedingt обяза́тельно | ich brauche das ~ э́то мне кра́йне [о́чень] ну́жно

notwendigerweise *Adv* по необходи́мости; unvermeidlich неизбе́жно

Not|wendigkeit *f* необходи́мость 9; **~zucht** *f* изнаси́лование 5

notzüchtigen *tr* наси́ловать 2 (из-)

Nougat *n, m* нуга́ 6c | mit ~ gefüllt с начи́нкой из нуги́

Novell|e *f Lit* нове́лла 6, по́весть 9g; *Jur*

нове́лла 6 | eine ≈ einbringen вноси́ть ⟨-нести́⟩ предложе́ние об измене́нии зако́на; **~ist** *m* новелли́ст 2

November *m* ноя́брь 1e; **~revolution** *f* Ноя́брьская револю́ция

Nowosibirsk Новосиби́рск 2

Nu *m:* im ~ ми́гом, момента́льно, вмиг

Nuance *f* оттен|ок, -ка 2, нюа́нс 2

nuancieren *tr* нюанси́ровать *uv, v* 2, оттен|я́ть ⟨-и́ть 3⟩

nüchtern 1. *Adj* nicht betrunken тре́зв:ый, -а́!; mit leerem Magen ничего́ [во] не е́вший 11, натоща́к; besonnen тре́звый, здравомы́слящий 11; zu sachlich сух:о́й, -а́! | ~ werden отрезв|ля́ться ⟨-и́ться 3⁺ -лю́сь⟩; auf ~en Magen на пусто́й желу́док, натоща́к **2.** *Adv* тре́зво; натоща́к, на пусто́й желу́док; schreiben су́хо | ~ denken ду́мать тре́зво; ~ schmecken не име́ть никако́го вку́са

Nüchternheit *f* тре́звость 9; Bericht су́хость 9; Ungemütlichkeit неую́тность 9

Nudelholz *n* ска́лка 6 (для те́ста)

Nudeln *f Pl* лапша́ 6; Faden~ вермише́ль 9

Nudelsuppe *f* лапша́ 6, суп с лапшо́й

nuklear я́дерный

Nuklearmacht *f* я́дерная держа́ва

null *Adv:* es ist ~ Grad ноль (гра́дусов); eins zu ~ оди́н к нулю́; die Mannschaft gewann fünf zu ~ кома́нда вы́играла со счётом пять-ноль; etw. für ~ und nichtig erklären объяв|ля́ть ⟨-и́ть 3⁺ -лю́⟩ недействи́тельным

Null *f* Zahl ноль 1e, нуль 1e; *übertr* нуль, ничто́жество 4 | das Ergebnis ist gleich ~ результа́т ра́вен нулю́; das Thermometer steht auf ~ термо́метр стои́т на нуле́; unter [über] ~ ни́же [вы́ше] нуля́; er ist eine absolute ~ он кру́глый нуль; **~punkt** *m Phys* то́чка замерза́ния; einer Skala нуль 1e (шкалы́) | die Stimmung sank auf den ≈ настрое́ние бы́ло как на по́хоронах, настрое́ние упа́ло; **~serie** *f* о́пытная се́рия

Numerale *n* и́мя числи́тельное

numerieren *tr* нумерова́ть 2 (про-) | laufend ~ нумерова́ть по поря́дку

Numerierung *f* нумера́ция 8

numerisch *Math* чи́сленный; Steuerung цифрово́й | ~ gesteuert с числовы́м [цифровы́м, програ́ммным] управле́нием

Numerus *m Gramm* чис|ло́ 4c *G Pl* -ел

Numismatik *f* нумизма́тика 6

Nummer *f* но́мер 2b *Pl* -а́; Schuh-, Kleidgröße разме́р 2, но́мер; Programm, Zeitung, Zirkus но́мер | laufende ~ поря́дковый но́мер; ~ fünf пя́тый но́мер; eine ~ wählen *Tel* набира́ть ⟨-|бра́ть*⟩ но́мер; hervorragende ~ Zirkus аттракцио́н 2

Nummern|scheibe *f Tel* номеронабира́тель 1; **~schild** *n Kfz* щит|о́к, -ка́ 2 с номерны́м зна́ком

nun 1. *Adv* тепе́рь | von ~ an отны́не, впредь; ~ erst лишь тепе́рь; ~ erst recht тепе́рь пода́вно, (тепе́рь) тем бо́лее **2.** *Interj* ну! | ~ endlich! ну, наконе́ц!, наконе́ц-то!; ~ gut ну хорошо́; ~ also так вот; es ist ~ einmal nicht anders так уж оно́ и есть; **~mehr** *Adv* von nun an отны́не; jetzt тепе́рь

Nuntius *m* ну́нци|й 1 *P* -и, *G Pl* -ев

nur *Adv* то́лько, лишь | ich habe ~ noch 5 Mark у меня́ всего́ [то́лько] пять ма́рок; nicht ~ ..., sondern auch ... не то́лько ..., но и ...; laß doch ~! да оста́вь же!; was hast du ~! да что с тобо́й!; ~ einer fehlt одного́ лишь нет; wenn er ~ käme! е́сли бы он хоть [то́лько] пришёл!, лишь бы он пришёл!; ~ Mut! (да) смеле́й (же)!

Nürnberg Ню́рнберг 2

Nuß *f* оре́х 2 | das ist eine harte ~ *übertr* э́то твёрдый оре́шек, э́то тру́дная зада́ча; **~baum** *m* оре́х гре́цкий; **~knakker** *m* щипцы́ *Pl* 2 для оре́хов; Märchen щелку́нчик 2; **~schale** *f* оре́ховая скорлупа́; **~torte** *f* оре́ховый торт

Nüster *f* ноздр|я́ 7h *G Pl* -е́й

Nut *f Tech* жёлоб 2b *Pl* желоба́, кана́вка 6, паз 2b, в пазу́

Nutria *f* ну́трия 8 a. Fell; **~mantel** *m* ну́триевая шу́ба 6

Nutzanwendung *f* практи́ческое примене́ние [испо́льзование 5]

nutzbar поле́з|ный, -ен, приго́д|ный, -ен | ~ machen испо́льзовать *uv, v* 2, утилизи́ровать *uv, v* 2; Land, Naturschätze a. осв|а́ивать ⟨-о́ить 3⟩

Nutzbarmachung *f* испо́льзование 5, утилиза́ция 8; освое́ние 5

nutzbringend 1. *Adj* поле́з|ный, -ен; gewinnbringend вы́год|ный, -ен **2.** *Adv* с по́льзой, с вы́годой

Nutzeffekt *m* по́льза 6; *Tech* коэффицие́нт 2 поле́зного де́йствия | der ökonomische ~ экономи́ческий эффе́кт, экономи́ческая эффекти́вность 9

nutzen, nützen *tr* ausnutzen испо́льзовать *uv, v* 2, утилизи́ровать *uv, v* 2; Augenblick, Gelegenheit, Vorteil по́льзоваться 2 (вос-) *I; intr* Nutzen [Vorteil] bringen приноси́ть 3⁺ -ношу́ ⟨-|нести́*⟩ по́льзу *D,* пригоди́ться 3 *D,* быть* поле́зным [вы́годным] для *G* | es nützt mir nichts э́то мне не помо́жет, э́то мне ни к чему́; was nützt das? к чему́ э́то?; wem nützt das? кому́ э́то на́до [помо́жет]?

Nutzen *m* по́льза 6; Vorteil вы́года 6; Profit при́быль 9 | zu j-s ~ кому́-н. на по́льзу; aus etw. ~ ziehen извлека́ть ⟨-|вле́чь*⟩ по́льзу из чего́-н.; j-m von ~

sein быть полéзным комý-н., быть на пóльзу комý-н.; ~ bringen приноси́ть ⟨-нести́⟩ пóльзу; es wäre von allgemeinem ~, wenn ... для всех бы́ло бы лýчше [полéзнее]ˌ éсли бы ...; zum allgemeinen ~ всем на пóльзу, на óбщее блáго

Nutz|fläche *f Landw* полéзная плóщадь | landwirtschaftliche ≈ сельскохозя́йственные угóд|ьяˌ -ий *Pl* 5; **~garten** *m* фруктóвый сад; Gemüsegarten огорóд 2; **~holz** *n* деловáя древеси́на, подéлочный лес(оматериáл); **~last** *f* полéзная нагрýзка 6; *Kfz* полéзный груз

nützlich полéз|ныйˌ -ен | gesellschaftlich ~e Arbeit общéственно полéзный труд; sich ~ machen быть* полéзным, помогáть ⟨-|мóчь*⟩; j-m zu [bei, in] etw. ~ sein быть комý-н. в чём-н. полéзным; kann ich Ihnen irgendwie ~ sein? могý ли я быть вам чем-н. полéзен?

Nützlichkeit *f* полéзность 9; вы́года 6

nutzlos 1. *Adj* бесполéз|ныйˌ -ен | ~e Anstrengung напрáсные уси́лия **2.** *Adv* без пóльзы

Nutz|losigkeit *f* бесполéзность 9; **~nießer** *m* (человéк 2ˌ) извлекáющий *Subst* 11 пóльзу [вы́году] (von etw. из чегó-н.); **~nießung** *f Jur* прáво 4b пóльзования; **~pflanze** *f* полéзное растéние; **~ung** *f* испóльзование 5 (von *G*); Benutzung пóльзование (von *I*); eines Raumes, der Rohstoffe эксплуатáция 8 | j-m ... zur ≈ übergeben ... в чьё-н. пóльзование [комý-н. в эксплуатáцию]

Nutzungsrecht *n* прáво пóльзования [эксплуáтации]

Nutzvieh *n* продукти́вный скот

Nylon *n* нейлóн 2; **~strumpf** *m* нейлóновый чулóк

Nymphe *f* ни́мфа 6

O

o! *Interj* o!, ах! | ~ weh! увы́!

Oase *f* оáзис 2

ob *Konj* ли | als ~ как бýдто, слóвно; na und ~! *umg* ещё бы!; und ~! а как же!; ob ... oder ob ... ли ... ли ..., и́ли ... и́ли ...; ~ ich gehe? не пойти́ ли мне?; er fragte, ~ sie schon da sei он спроси́лˌ здесь ли онá; er tut so, als ~ er müde wäre он дéлает видˌ бýдто устáл

Ob *m* Обь 9

Obacht *f* внимáние 5 | auf j-n ~ geben обра|щáть ⟨-ти́ть 3 -щý⟩ внимáние на когó-н.

Obdach *n* кров 2, прию́т 2 | kein ~ haben быть* бездóмным, о|стáться* *v* без крóва; j-m ~ gewähren дать* *v* прию́т комý-н.

obdachlos бездóм|ныйˌ -на, бесприю́т|-ныйˌ -ен | ~ sein не имéть крóва

Obdach|loser *m* бесприю́тный *Subst* 10, бездóмный *Subst* 10; **~losenasyl** *n* прию́т 2; zur Nacht ночлéжка 6 цбумг

Obduktion *f Med* вскры́тие 5

obduzieren *tr Med* вскрывáть ⟨-|кры́ть*⟩

O-Beine *n Pl* нóги колесóм, кривы́е нóги

o-beinig с ногáми колесóм, с кривы́ми ногáми

Obelisk *m* обели́ск 2

oben *Adv* наверхý, вверхý | bis ~ дóверху; nach ~ (hin) вверх, навéрх; von ~ herab свéрху вниз; j-n von ~ herab behandeln относи́ться 3⁺ -ношýсь ⟨-|нести́сь*⟩ к комý-н. свысокá; j-n von ~ bis unten messen смéрить *v* когó-н. (взгля́дом) с ног до головы́; von ~ bis unten свéрху дóнизу; **~an** *Adv* an der Spitze во главé; am Tisch, in der Reihe на пéрвом мéсте; **~auf** *Adv* свéрху, наверхý | er ist schon wieder ≈ он оправился от болéзни; **~drein** *Adv* сверз тогó, вдобáвок; **~erwähnt, ~genannt** вышеупомя́нутый, вышенáзванный; **~hin** *Adv* повéрхностно

Ober *m* Kellner официáнт 2; *Kart* дáма 6; **~arm** *m* плечó 4 *Pl* плéчиˌ плечˌ плечáм; **~arzt** *m* стáрший 11 врач; **~assistent** *m* стáрший 11 ассистéнт; **~aufsicht** *f* главный надзóр; **~bau** *m Eisenb* вéрхнее 11 строéние (пути́); **~befehl** *m* глáвное комáндование 5; **~befehlshaber** *m* главнокомáндующий *Subst* 11; **~begriff** *m* родовóе поня́тие; **~bekleidung** *f* вéрхняя 11 одéжда; **~bürgermeister** *m* óбер-бургоми́стр 2; **~deck** *n* вéрхняя 11 пáлуба

oberdeutsch южнонемéцкий

oberer вéрхний 11; Stand вы́сший 11; Schulklassen стáрший 11

Ober|feldwebel *m* óбер-фельдфéбель 1; **~fläche** *f* повéрхность 9; **~flächenhärtung** *f Tech* повéрхностная закáлка 6

oberflächlich повéрхност|ныйˌ -ен *a. übertr*

Ober|flächlichkeit *f* повéрхностность 9; **~gefreiter** *m* óбер-ефрéйтор 2; **~geschoß** *n* вéрхний 11 этáж; **~gewalt** *f* верхóвная власть

oberhalb 1. *Adv* повéрх, вы́ше **2.** *Präpos* повéрх *G*, вы́ше *G*; darüber над *I*

Ober|hand *f*: die ≈ über j-n gewinnen одéрживать ⟨одержáть 3⁺⟩ верх над кéм-н., взять* *v* верх над кéм-н.; **~haupt** *n* главá 6c; **~haus** *n* England палáта лóрдов; **~hemd** *n* вéрхняя 11 (мужскáя) рубáшка; **~hoheit** *f Pol* верховéнство 4; **~in** *f* Krankenhaus стáршая 11 (медици́нская) сестра́ 6c; Kloster настоя́тельница 6; **~ingenieur** *m* ста́рший 11 инжене́р

oberirdisch надзе́мный

Ober|kellner *m* ста́рший 11 официа́нт; **~kiefer** *m* ве́рхняя 11 че́люсть; **~kommandierender** *m* главнокома́ндующий *Subst* 11; **~kommando** *n* гла́вное кома́ндование; **~körper** *m* ве́рхняя 11 часть 9g ту́ловища; **~lauf** *m* Fluß верхо́вь|е 5 *G Pl* -ев, ве́рхнее тече́ние 11-5; **~leder** *n* ве́рхняя 11 ко́жа; **~leitung** *f* гла́вное руково́дство; *El* возду́шный конта́ктный про́вод; **~leitungsomnibus** *m* тролле́йбус 2 | mit dem ≈ fahren е́хать на тролле́йбусе; **~leutnant** *m* ста́рший 11 лейтена́нт; **~licht** *n* ве́рхний 11 свет; **~lichtfenster** *n* окно́ ве́рхнего све́та; **~liga** *f* вы́сшая 11 ли́га; **~lippe** *f* ве́рхняя 11 губа́; **~schenkel** *m* бедро́ 4c *Pl* бёд|ра| -ер| -рам; **~schicht** *f* ве́рхний 11 слой; **~schule** *f* сре́дняя 11 шко́ла | die erweiterte ≈ расши́ренная общеобразова́тельная политехни́ческая по́лная сре́дняя шко́ла; allgemeinbildende polytechnische ≈ общеобразова́тельная политехни́ческая сре́дняя шко́ла; **~schüler** *m* учени́к сре́дней шко́лы; **~schwester** *f* ста́ршая 11 (медици́нская) сестра́

Oberst *m* полко́вник 2

Ober|staatsanwalt *m* ста́рший 11 прокуро́р; **~steiger** *m* ста́рший 11 ште́йгер

oberster Stufe, Klasse вы́сший 11; Institution верхо́вный | Oberster Gerichtshof Верхо́вный суд 2e; der Oberste Sowjet верхо́вный Совет; das Oberste zuunterst kehren переверну́ть *v* 4 всё вверх дном

Oberstleutnant *m* подполко́вник 2

Ober|stufe *f* Schule ста́ршие кла́ссы *Pl* 11-6; **~teil** *n* ве́рхняя 11 часть

Obervolta Ве́рхняя Во́льта 11-6

Oberwasser *n*: ~ bekommen брать* ⟨взять*⟩ верх

obgleich *Konj* хотя́, несмотря́ на то| что ...

Obhut *f* Fürsorge попече́ние 5; Schutz покрови́тельство 4; Aufsicht присмо́тр 2 | j-n in seine ~ nehmen брать* ⟨взять*⟩ кого́-н. под своё покрови́тельство

obiger вышеупомя́нутый, вышеозна́ченный

Objekt *n* объе́кт 2; Gegenstand предме́т 2; *Gramm* дополне́ние 5, объе́кт

objektiv объекти́в|ный| -ен

Objektiv *n* объекти́в 2; **~ismus** *m* объективи́зм 2

objektivistisch объективи́стский

Objektivität *f* объекти́вность 9

Objekt|leiter *m* заве́дующий *Subst* 11 (магази́ном, рестора́ном); **~satz** *m* прида́точное дополни́тельное предложе́ние; **~träger** *m* Mikroskop предме́тное стекло́ 4c

Oblate *f Rel* обла́тка 6; Gebäck пре́сная ва́ф|ля 7 *G Pl* -ель

obliegen *intr* надлеж|ать| -и́т *D* | das obliegt mir э́то моя́ обя́занность

Obliegenheit *f* обя́занность 9

obligat обяза́тел|ьный| -ен| -ьна

Obligation *f* облига́ция 8

obligatorisch обяза́тел|ьный| -ен| -ьна

Obmann *m* ста́рший *Subst* 11

Obo|e *f* гобо́|й 1 *G Pl* -ев; **~ist** *m* гобои́ст 2

Obrigkeit *f* нача́льство 4

obschon *Konj* = **obgleich**

Observatorium *n* обсервато́рия 8

obskur тём|ный| -ен| темна́| темно́ *u.* тёмно; verdächtig подозри́тел|ьный| -ен| -ьна

Obskurant *m* мракобе́с 2, обскура́нт 2

Obst *n* фру́кты *Pl* 2, плоды́ *Pl* 2e; **~anbau** *m* плодово́дство 4; **~baum** *m* фрукто́вое [плодо́вое] де́рево; **~ernte** *f* сбор 2 фру́ктов [плодо́в]; **~fleck** *m* пятно́ от фру́ктов; **~garten** *m* фрукто́вый [плодо́вый] сад; **~horde** *f* по́лка 6 для фру́ктов; **~konserven** *f Pl* консерви́рованные фру́кты; **~kuchen** *m* пиро́г 2e с начи́нкой фру́ктов

Obstruktion *f* обстру́кция 8

Obst|salat *m* сала́т из све́жих фру́ктов; **~schale** *f* Gefäß ва́за для фру́ктов; **~wein** *m* фрукто́вое вино́

obszön непристо́|йный| -ен| -йна, скабрё́з|ный| -ен

Obus *m* = **Oberleitungsomnibus**

obwaltend существу́ющий 11, госпо́дствующий 11

obwohl *Konj* = **obgleich**

Ochse *m* вол 2e; *übertr* derb болва́н 2

Ochsenschwanzsuppe *f* суп из бы́чьих хвосто́в

Ocker *m* о́хра 6

Ode *f* о́да 6

öde unbevölkert пусты́н|ный| -ен| -на, необита́ем:ый; *übertr* ску́ч|ный| -ен| -на́| -но| ску́чны, пуст:о́й| -а́!

Öde *f* глушь 9e, пусты́нная ме́стность 9; Leere пустота́ 6c

Ödem *n Med* отёк 2

oder *Konj* и́ли | entweder ... ~ ... и́ли ... и́ли ..., ли́бо ... ли́бо ...; so ~ so так и́ли ина́че, всё равно́; ~ (nicht)? ра́зве не так?; ~ aber и́ли же

Oder *f* О́дер [дэ] 2 | an der ~ на О́дере

Odessa Оде́сса 6

Ofen *m* печь 9g| в| на печи́, пе́чка 6; **~bank** *f* лежа́нка 6; **~klappe** *f* (печна́я) засло́нка 6; **~rohr** *n* печна́я [дымова́я] труба́; **~rost** *m* колоснико́вая решётка пе́чи; **~schirm** *m* засло́нка 6; **~setzer** *m* печни́к 2e

offen 1. *Adj* откры́тый; unbesetzt вака́нт|ный, -ен, неза́нятый; *übertr* откры́тый, открове́н|ный, -ен, -на; unverhohlen я́в|ный, -ен | auf ~er Straße на у́лице, публи́чно; ~e Wunde откры́тая ра́на; auf ~er See в откры́том мо́ре; ~e Frage откры́тый вопро́с; j-m ~ seine Meinung sagen сказа́ть кому́-н. своё открове́нное мне́ние **2.** *Adv:* ~ gesagt открове́нно говоря́

offenbar 1. *Adj* очеви́д|ный, -ен, я́в|ный, -ен **2.** *Adv* очеви́дно, по-ви́димому

offenbaren *tr* открыва́ть ⟨-|кры́ть*⟩

Offenbarung *f* открове́ние 5

Offenbarungseid *m* показа́ния *Pl* 5 должника́ в суде́ под прися́гой о своём иму́щественном положе́нии

offen|bleiben *intr* о|става́ться* ⟨-|ста́ться*⟩ откры́тым; **~halten** *tr* Fenster оставля́ть ⟨оста́в|ить 3 -лю⟩ откры́тым, держа́ть 3⁺ откры́тым

Offenheit *f* открове́нность 9, и́скренность 9

offenherzig чистосерде́ч|ный, -ен, открове́н|ный, -ен, -на

Offenherzigkeit *f* чистосерде́чность 9, открове́нность 9

offen|kundig, ~sichtlich 1. *Adj* очеви́д|ный, -ен, я́в|ный, -ен **2.** *Adv* ви́дно; **~siv** наступа́тельный

Offensive *f* наступле́ние 5 *a. übertr*

offenstehen *intr* быть* откры́тым | es steht ihr offen zu gehen oder zu bleiben она́ вольна́ уйти́ и́ли оста́ться

öffentlich 1. *Adj* Gebäude, Meinung обще́ственный; Vorlesung, Versteigerung публи́чный; Verhandlung гла́с|ный, -ен, откры́тый **2.** *Adv:* ~ bekanntmachen объяв|ля́ть ⟨-и́ть 3⁺ -лю́⟩ публи́чно

Öffentlichkeit *f* обще́ственность 9; гла́сность 9 | in aller ~ откры́то, гла́сно; an die ~ kommen стать* *v* всем изве́стным; sich an die ~ wenden обра|ща́ться ⟨-ти́ться⟩ к обще́ственности; unter Ausschluß der ~ *Jur* при закры́тых дверя́х

Öffentlichkeitsarbeit *f* рекла́мно-информацио́нная де́ятельность 9; рабо́та с обще́ственностью

offerieren *tr* предлага́ть ⟨-ложи́ть 3⁺⟩

Offerte *f* предложе́ние 5

offiziell официа́л|ьный, -ен, -ьна

Offizier *m* офице́р 2 | aktiver ~ ка́дровый офице́р

Offiziers|klub *m* офице́рский клуб; **~korps** *n* офице́рский ко́рпус; **~rang** *m* офице́рское зва́ние; **~schüler** *m* курса́нт 2 (офице́рского учи́лища)

offiziös официо́з|ный, -ен

öffnen *tr* от-, рас|крыва́ть ⟨-|кры́ть*⟩; Leiche, Brief вскрыва́ть ⟨-крыть⟩; Flasche отку́пор|ивать ⟨-ить 3⟩; sich ~ *refl* от-, раскрыва́ться ⟨-кры́ться⟩

Öffn|er *m* für Flaschen ключ 2e *G Pl* -е́й для отку́поривания буты́лок; für Konserven консе́рвный ключ; **~ung** *f* отве́рстие 5; Spalte сква́жина 6; *Med* вскры́тие 5

Öffnungszeiten *f Pl* часы́ рабо́ты

Offset|druck *m* офсе́т 2, офсе́тная печа́ть; **~maschine** *f* офсе́тная печа́тная маши́на

oft *Adv* ча́сто | so ~ так ча́сто; wie ~? как ча́сто?, ско́лько раз?

öfters *Adv* ча́сто

oftmals *Adv* ча́сто

oh! *Interj* о!, ах!

Ohm *n Phys* ом 2

ohne 1. *Präpos* без *G;* außer кро́ме *G* | ~ weiteres пря́мо, про́сто; das ist nicht so ~ э́то не без основа́ния, в э́том есть зерно́ и́стины; ~ Erlaubnis без разреше́ния; ~ Absicht не наме́ренно, нечáянно; sechstausend Mann, ~ die Offiziere шесть ты́сяч челове́к, кро́ме офице́ров; sei nur ~ Sorge не беспоко́йся **2.** *Konj:* ~ zu sprechen ничего́ не говоря́; ~ ein Wort gesagt zu haben не сказа́в ни (еди́ного) сло́ва; ~ daß ... без того́, что́бы ...; **~dies** *Adv* и без того́ | ich hätte es ≈ getan я э́то и без того́ [всё равно́] бы сде́лал; **~gleichen** *Adj* беспodо́б|ный, -ен, несравне́н|ный, -ен; **~hin** *Adv* и без того́

Ohnmacht *f* бесси́лие 5; *Med* о́бморок 2 | in ~ fallen у|па́сть* *v* в о́бморок

ohnmächtig *Med* в о́бмороке, без созна́ния; machtlos бесси́л|ьный, -ен, -ьна | ~ werden у|па́сть* *v* в о́бморок

Ohr *n* у́хо 4g *Pl* у́ш|и, -е́й; *übertr* слух 2 | bei den ~en nehmen взять *v* за́ уши; er ist ganz ~ он весь внима́ние, он весь обрати́лся в слух; die ~en spitzen навостри́ть *v* 3 у́ши, насторáживаться ⟨-ожи́ться 3⟩; ein feines ~ haben име́ть то́нкий слух; eins hinter die ~en geben дава́ть* ⟨дать*⟩ по́ уху; er ist noch nicht trocken hinter den ~en у него́ ещё молоко́ на губа́х не обсо́хло; sich etw. hinter die ~en schreiben заруб|и́ть *v* 3⁺ -лю себе́ что-н. на носу́; j-n übers ~ hauen надува́ть ⟨-|ду́ть*⟩ *v* кого́-н.; mit halbem ~ hören невнима́тельно слу́шать, слу́шать кра́ем у́ха; j-m mit etw. in den ~en liegen прожужжа́ть кому́-н. у́ши о чём-н.; j-m zu ~en kommen до|йти́* *v* до (све́дения) кого́-н.; bis über die ~en verliebt sein быть влюблённым по́ уши; sich aufs ~ legen при|ле́чь* *v,* вздремну́ть *v* 4

Öhr *n* ушко́ 4 *Pl* 2

Ohrenarzt *m* врач по ушны́м боле́зням, *umg* ушни́к 2e

ohrenbetäubend оглуши́тел|ьный, -ен, -ьна

Ohren|sausen *n* шум 2 [звон 2] в ушáх | ich habe ≈ у меня́ шуми́т в ушáх; **~schmalz** *n* (ушнáя) сéра 6; **~schützer** *m* наýшник 2
Ohrfeige *f* пощёчина 6, оплеýха 6
ohrfeigen *tr* дать* *v* пощёчину *D*
Ohr|läppchen *n* (ушнáя) мóчка 6; **~muschel** *f* ушнáя рáковина; **~ring** *m* сер|ьгá 6h *G Pl* -ёг
Okkultismus *m* оккульти́зм 2
Okkupation *f* оккупáция 8
okkupieren *tr* оккупи́ровать *uv, v* 2
Ökologie *f* эколóгия 8
ökologisch экологи́ческий
Ökonom *m* экономи́ст 2; **~ie** *f* эконóмика 6; Sparsamkeit эконóмия 8 | politische ≈ полити́ческая эконóмия
ökonomisch экономи́ческий; günstig, rentabel экономи́ч|ный, -ен; sparsam эконóм|ный, -ен
Oktan *n* октáн 2; **~zahl** *f* октáновое числó
Oktave *f* октáва 6
Oktavformat *n* формáт в однý восьмýю (дóлю) листá
Oktober *m* октя́брь 1е; **~revolution** *f*: die Große Sozialistische ≈ Вели́кая Октя́брьская социалисти́ческая революция
Okular *n* окуля́р 2
okulieren *tr* окули́ровать *uv, v* 2
Okuliermesser *n* окулирóвочный нож
Ökumene *f* экумéна 6
Öl *n* Pflanzen≈ мáс|ло 4b *G Pl* -ел; Maschinen≈ (маши́нное) мáсло; Erd≈ нефть 9; Heiz≈ тóпочный мазýт 2 | in ~ braten жáрить на мáсле; in ~ malen писáть* мáсляными крáсками [мáслом]; **~baum** *m* масли́на 6; **~behälter** *m* маслобáк 2, резервуáр для нéфти
ölbeheizt отáпливаемый жи́дким тóпливом [мазýтом]
Öldruck *m Tech* давлéние мáсла; *Typ* олеогрáфия 8; **~bremse** *f Kfz* гидравли́ческий (мáсляный) тóрмоз
Oldtimer *m* автоветерáн 2
Oleander *m* олеáндр 2
ölen *tr* смáзывать ⟨-|мáзать*⟩ (мáслом) | wie geölt как по мáслу
Öl|farbe *f* мáсляная крáска; **~feuerung** *f* отоплéние 5 тóпочным мазýтом, мазýтная тóпка 6; **~fleck** *m* мáсляное пятнó; **~frucht** *f* мáсличная культýра; **~gemälde** *n* карти́на 6, напи́санная мáсляными крáсками
ölhaltig маслосодержáщий 11
Ölheizung *f* отоплéние тóпочным мазýтом, мазýтное отоплéние
ölig Lappen промáсленный, мáсляный; Flüssigkeit масляни́ст:ый
Oligarchie *f* олигáрхия 8
Ölindustrie *f* нефтянáя промы́шленность
Olive *f* Frucht масли́на 6
Oliven|baum *m* масли́на 6; **~öl** *n* оли́вковое мáсло
olivgrün оли́вковый, оли́вкого-зелёный
Öl|kanne *f* kleine маслёнка 6; **~leitung** *f* маслопровóд 2; Pipeline нефтепровóд 2; **~malerei** *f* жи́вопись мáслом; **~mühle** *f* маслобó|йня 7 *G Pl* -ен; **~palme** *f* масли́чная пáльма; **~papier** *n* промáсленная бумáга; **~pest** *f* заражéние 5 нéфтью, слой 1b мазýта, загрязня́ющий 11 водоём у бéрега; **~pflanze** *f* мáсличное растéние; **~pumpe** *f* мáсляный насóс; **~presse** *f* маслоэкстракциóнный пресс; **~raffinerie** *f* нефтеперегóнный завóд 2; **~sardinen** *f Pl* сарди́ны в мáсле; **~tanker** *m* нефтянóй тáнкер; **~vorkommen** *n* месторождéние 5 нéфти; **~wechsel** *m Kfz* смéна мáсла
Olympiade *f* олимпиáда 6, *Sport a.* олимпи́йские и́гры *Pl* 6c
Olympia|mannschaft *f* олимпи́йская сбóрная *Subst f* 10 [комáнда]; **~qualifikation** *f* предолимпи́йские отбóрочные соревновáния *Pl* 5; **~sieger** *m* чемпиóн 2 олимпи́йских игр, победи́тель олимпиáды; **~teilnehmer** *m* учáстник олимпи́йских игр [олимпиáды]
Olympionike *m* = **Olympiateilnehmer**
olympisch олимпи́йский | ~es Dorf олимпи́йская дерéвня; Olympische Spiele Олимпи́йские и́гры, Олимпиáда 6; ~e Sommersportarten лéтние 11 олимпи́йские ви́ды спóрта
Öl|zeug *n Mar* непромокáемая одéжда 6; **~zweig** *m* оли́вковая ветвь
Oma *f* Kindersprache бáбушка 6
Oman Омáн 2
Omelett *n* омлéт 2
Omen *n* предзнаменовáние 5
Omnibus *m* автóбус 2 | mit dem ~ fahren éхать на автóбусе; in den ~ (ein)steigen сади́ться ⟨сесть⟩ на автóбус
Onanie *f* онани́зм 2
ondulieren *tr* завивáть ⟨-|ви́ть*⟩ (вóлосы) (j-n комý-н.)
Onegasee Онéжское óзеро
Onkel *m* дя́д|я *m* 7 *G Pl* -ей *u.* -ьёв
Opa *m* Kindersprache дéдушка *m* 6
Opal *m Min* опáл 2
Oper *f Mus* óпера 6; Gebäude óпера, óперный теáтр 2 | in die ~ gehen ходи́ть [*best* идти́] в óперу; eine Karte für die ~ билéт в óперу
Operation *f Med, Mil, Wirtsch* оперáция 8
Operations|forschung *f Math* исслéдование оперáций; **~saal** *m* операциóнный зал, операциóнная *Subst* 10; **~schwester** *f* медици́нская сестрá операциóнной
operativ операти́вный
Operator *m EDV* оперáтор 2

Operette *f Mus* оперéтта 6; Gebäude оперéтта, теáтр 2 оперéтты
Operetten|konzert *n* концéрт оперéтты; **~sänger** *m* арти́ст 2 оперéтты, оперéточный певéц; **~theater** *n* теáтр оперéтты
operieren *tr Med* опери́ровать *uv, v* 2, дéлать (с-) оперáцию *D; intr Mil* дéйствовать 2; mit Zahlen, Fremdwörtern опери́ровать *I* | ich muß mich am Magen ~ lassen мне нужнá оперáция желýдка
Opern|glas *n* (театрáльный) биноќль 1; **~haus** *n* óперный теáтр 2, óпера 6; **~sänger** *m* óперный певéц
Opfer *n* жéртва 6; Spende пожéртвование 5 | j-m *oder* einer Sache zum ~ fallen стать* жéртвой когó-н. *oder* чегó-н.; j-m ein ~ bringen приноси́ть 3⁺ -ношý ⟨-|нести́*⟩ комý-н. жéртву; viele ~ sind zu beklagen имéется мнóго жертв; unter größten ~n ценóй бóльших жертв
opferbereit готóв:ый на жéртву
opfern *tr* жéртвовать 2 (по-) *I* (für для *G*); *Rel* приноси́ть 3⁺ -ношý ⟨-|нести́*⟩ в жéртву (j-m etw. комý-н. что-н.); sich ~ *refl* жéртвовать (по-) собóй (für рáди *G*) | er opferte sich für das Glück seiner Kinder он пожéртвовал собóй для счáстья свои́х детéй
Opium *n* óпи|й 1 *P* -и, óпиум 2
Opossum опóссум 2
opponieren *intr* оппони́ровать 2
Opportun|ismus *m* оппортуни́зм 2; **~ist** *m* оппортуни́ст 2
opportunistisch оппортунисти́ческий
Opposition *f* оппози́ция 8 | in ~ zu etw. stehen нахо|ди́ться 3⁺ -жýсь в оппози́ции к чемý-н.
Oppositionspartei *f* оппозициóнная пáртия
oppositionell оппозициóнный
Optik *f* óптика 6; **~er** *m* óптик 2
optimal оптимáл|ьный$_{\text{I}}$ -ен
optimieren *tr* оптимизи́ровать *uv, v* 2
Optimierung *f* оптимизáция 8
Optim|ismus *m* оптими́зм 2; **~ist** *m* оптими́ст 2
optimistisch оптимисти́ческий
Option *f Pol* оптáция 8; *Hdl* опциóн 2
optisch опти́ческий | ~e Täuschung опти́ческий обмáн
Opus *n Mus* óпус 2
Orakel *n* орáкул 2
orakeln *intr übertr* говори́ть 3 тумáнно [загáдками]
orange орáнжевый, орáнжевого цвéта
Orange *f* апельси́н 2; **~ade** *f* напи́т|ок$_{\text{I}}$ -ка 2 из апельси́нового сóка
orangefarben орáнжевый
Orangensaft *m* апельси́новый сок
Orangerie *f* оранжерéя 7
Orang-Utan *m* орангутáнг 2
Oratorium *n* оратóрия 8
Orbitalstation *f* орбитáльная стáнция
Orchester *n* оркéстр 2; **~musik** *f* оркестрóвая мýзыка; **~raum** *m Theat* оркéстр 2
Orchidee *f* орхидéя [дэ] 7
Orden *m* óрден 2b *Pl* -á (für за *A*); Organisation óрден 2 *Pl* -ы | j-n mit einem ~ auszeichnen награ|ждáть ⟨-ди́ть 3 -жý⟩ когó-н. óрденом
Ordens|band *n* óрденская лéнточка 6; **~träger** *m* орденонóс|ец$_{\text{I}}$ -ца 2; **~verleihung** *f* награждéние óрденом
ordentlich 1. *Adj* ordnungsliebend; in Ordnung аккурáтный$_{\text{I}}$ -ен; ehrlich; groß, kräftig z. B. Schluck поря́доч|ный$_{\text{I}}$ -ен; Mitglied действи́тельный, постоя́нный; Professor ординáрный, штáтный | ein ~es Leben führen вести́ поря́дочную жизнь; ~es Mitglied der Akademie der Wissenschaften действи́тельный член акадéмии наýк **2.** *Adv* аккурáтно; richtig здóрово, как слéдует; sehr óчень, пря́мо-таки | ich bin ~ müde (geworden) я поря́дком устáл; lang ~ zu! не стесня́йся!, угощáйся (без стеснéния)!
ordinär Benehmen вульгáр|ный$_{\text{I}}$ -ен, грýб:ый$_{\text{I}}$ -á!; Kleidung; Fall обы́ч|ный$_{\text{I}}$ -ен
Ordinarius *m* ординáрный профéссор 2b *Pl* -á
Ordinate *f* ординáта 6
Ordinatenachse *f* ось ординáт
ordnen *tr* приводи́ть 3⁺ -вожý ⟨-|вести́*⟩ в поря́док; systematisch систематизи́ровать *uv, v* 2; sich ~ *refl* zum Festzug стрóиться 3 (по-) | alphabetisch ~ располагáть по алфави́ту; in geordneten Verhältnissen leben жить в нормáльных услóвиях
Ordner *m* für Akten (канцеля́рский) регистрáтор 2; Person отвéтственный *Subst* 10 за соблюдéние поря́дка, распоряди́тель 1
Ordnung *f* поря́д|ок$_{\text{I}}$ -ка 2; festgesetzte распоря́д|ок$_{\text{I}}$ -ка 2; das Ordnen, Regeln улáживание 5, упоря́дочение 5; *Biol* разря́д 2; *Pol* (общéственный) стро|й 1 *G Pl* -ев; Satzung, Vorschrift устáв 2, прáвила *Pl* 4 | das finde ich ganz in ~ э́то я считáю в поря́дке вещéй; ~ schaffen наводи́ть 3⁺ -вожý ⟨-|вести́*⟩ поря́док; etw. in ~ bringen приводи́ть ⟨-вести́⟩ что-н. в поря́док; es ist alles in schönster ~ всё в наилýчшем поря́дке; das geht in ~! всё в поря́дке!, договори́лись!; eine Straße erster ~ дорóга пéрвой категóрии
ordnungs|gemäß 1. *Adj* прáвил|ьный$_{\text{I}}$ -ен$_{\text{I}}$ -ьна, надлежáщий 11 **2.** *Adv* прáвильно; der Reihe nach по поря́дку; **~halber** *Adv* для [рáди] поря́дка; **~liebend** аккурáт|ный$_{\text{I}}$ -ен

Ordnungs|sinn *m* аккура́тность 9 | er hat keinen ≈ он челове́к неаккура́тный; **~strafe** *f* администрати́вное взыска́ние
ordnungswidrig наруша́ющий 11 поря́док; gesetzwidrig противозако́н|ный, -ен, -на
Ordnungszahl *f Gramm* поря́дковое числи́тельное
Organ *n Anat* о́рган 2; Zeitung о́рган (печа́ти); Stimme го́лос 2b *Pl* -á; Behörde (госуда́рственный) о́рган | ein staatliches ~ о́рган госуда́рственной вла́сти; die örtlichen ~e ме́стные о́рганы
Organisation *f* организа́ция 8 | die ~ der Vereinten Nationen (*Abk* UNO) Организа́ция Объединённых На́ций (*Abk* ООН)
Organisations|büro *n* организацио́нное бюро́; **~komitee** *n* организацио́нный комите́т; **~talent** *n* организа́торский тала́нт; **~wissenschaft** *f* нау́ка об организа́ции (произво́дства); Leitungswissenschaft нау́ка управле́ния
Organisator *m* организа́тор 2
organisatorisch Talent организа́торский; Maßnahme организацио́нный
organisch органи́ческий
organisier|en *tr* организ|о́вывать ⟨-ова́ть 2⟩; *umg* beschaffen до|става́ть* ⟨-|ста́ть*⟩; **~t** организо́ванный | gewerkschaftlich ≈ sein явля́ться чле́ном профсою́зной организа́ции
Organismus *m* органи́зм 2
Organist *m* органи́ст 2
Organverpflanzung *f* транспланта́ция 8 [переса́дка] о́ргана
Orgel *f* орга́н 2 | ~ spielen игра́ть ⟨сыгра́ть⟩ на орга́не; **~konzert** *n* конце́рт орга́нной му́зыки; **~musik** *f* орга́нная му́зыка; **~pfeife** *f* орга́нная труба́ 6c; **~spieler** *m* органи́ст 2
Orgie *f* о́ргия 8
Orient *m* Восто́к 2
orientalisch восто́чный
Orientalist *m* востокове́д 2; **~ik** *f* востокове́дение 5
orientieren *tr* ausrichten, konzentrieren ориенти́ровать *uv, v* 2, напр|авля́ть ⟨-а́вить 3 -а́влю⟩ (auf на *A*); informieren ориенти́ровать (über о *P*); sich ~ *refl* ориенти́роваться *uv, v* (über о *P*, nach по *D*) | gut orientiert sein быть* в ку́рсе де́ла
Orientierung *f* Sichorientieren ориенти́рование 5, ориентиро́вка 6; Tendenz, Einstellung ориента́ция 8 | die ~ im Gelände ориента́ция на ме́стности
Orientierungssinn *m:* einen guten ~ haben хорошо́ ориенти́роваться
original оригина́л|ьный, -ен, -ьна; echt a. по́длин|ный, -ен, -на | ~ übertragen *Rad, TV* трансли́ровать *uv, v* 2 непосре́дственно с ме́ста собы́тий
Original *n* оригина́л 2, по́длинник 2; eigentümlicher Mensch оригина́л | im ~ lesen чита́ть в по́длиннике; **~abfüllung** *f:* in ≈ оригина́льного разли́ва
originalgetreu **1.** *Adj* соотве́тствующий 11 оригина́лу **2.** *Adv* в соотве́тствии с оригина́лом
Originalität *f* оригина́льность 9
Original|packung *f* фи́рменная упако́вка; **~text** *m* по́длинный текст
originell оригина́л|ьный, -ен, -ьна
Orkan *m* урага́н 2
orkanartig урага́нный
Ornament *n* орна́мент 2
Ornat *m* Priester облаче́ние 5; Amtstracht ма́нтия 8
Ornitholog|e *m* орнито́лог 2; **~ie** *f* орнитоло́гия 8
¹Ort *m* Ortschaft населённый пункт 2; kleine Stadt город|о́к, -ка́ 2; Dorf дере́в|ня 7g *G Pl* -е́нь; Stelle, Platz ме́сто 4b | an ~ und Stelle wohin на ме́сто; wo на ме́сте; von ~ zu ~ с ме́ста на ме́сто
²Ort *n Bergb* забо́|й 1 *G Pl* -ев | vor ~ *Bergb* в забо́е
orten *tr* определ|я́ть ⟨-и́ть 3⟩ местонахожде́ние [местоположе́ние] *G*
orthodox strenggläubig правове́р|ный, -ен; griechisch-katholisch правосла́в|ный, -ен
Orthographie *f* орфогра́фия 8
orthographisch орфографи́ческий
Orthopäde *m* врач-ортопе́д 2e-2
Orthopädie *f* ортопе́дия 8
orthopädisch ортопеди́ческий
örtlich ме́стный *a. Med*
Ortsangabe *f* указа́ние ме́ста
ortsansässig ме́стный
Ortsbestimmung *Gramm* обстоя́тельство ме́ста
Ortschaft *f* населённый пункт 2; Siedlung посёл|ок, -ка 2
orts|eingesessen осе́длый | ≈e Bevölkerung ме́стное населе́ние; **~fremd** незде́шний 11
Orts|gespräch *n* ме́стный телефо́нный разгово́р; **~kenntnis** *f:* ohne ≈ sein не знать ме́стности
ortskundig зна́ющий 11 (да́нную) ме́стность
Orts|name *m* назва́ние 5 населённого пу́нкта; **~tafel** *f* указа́тель 1 наименова́ний (населённых пу́нктов); **~verkehr** *m* ме́стное сообще́ние; *Tel* ме́стная связь; **~wechsel** *m* переме́на ме́ста; **~zeit** *f* ме́стное вре́мя
Ortung *f* определе́ние 5 местоположе́ния [местонахожде́ния]
Öse *f* пе́т|ля 7 *G Pl* -ель; Nadel ушко́ 4 *Pl* 2
Oslo О́сло *m idkl*
Osmose *f* о́смос 2

Ost *m* Himmelsrichtung восто́к 2; Ostwind восто́чный ве́т|ер, -ра 2, ост 2 | in ~ und West на всём све́те, везде́ и всю́ду
Osten *m* восто́к 2 | im ~ на восто́ке; nach ~ на восто́к; aus dem ~ с восто́ка; der Ferne [Mittlere, Nahe] ~ Да́льний [Сре́дний 11, Бли́жний 11] Восто́к
ostentativ демонстрати́в|ный, -ен
Oster|ei *n* пасха́льное яйцо́; **~feiertag** *m:* erster ≈ пе́рвый день па́схи; **~montag** *m* второ́й день па́схи
Ostern *n* па́сха 6 | zu ~ на па́сху; vor ~ до па́схи
Österreich А́встрия 8; **~er** *m* австри́|ец, -йца 2; **~erin** *f* австри́йка 6
österreichisch австри́йский
osteuropäisch восточноевропе́йский
östlich 1. *Adj* восто́чный | ~er Länge восто́чной долготы́ **2.** *Adv* к восто́ку, восто́чнее; на восто́к (von от *G*)
Ostsee *f* Балти́йское мо́ре; **~länder** *Pl* прибалти́йские стра́ны, стра́ны райо́на Балти́йского мо́ря
ostwärts *Adv* на восто́к, к восто́ку
Ostwind *m* восто́чный ве́тер
Oszillation *f* колеба́ние 5
oszillieren *intr* колеба́ться* (по-)
Oszillograph *m* осцилло́граф 2
Ottawa Отта́ва 6
[1]**Otter** *m* Marder вы́дра 6
[2]**Otter** *f* Schlange гадю́ка 6
Ouvertüre *f* увертю́ра 6
oval ова́л|ьный, -ен, -ьна
Ovation *f* ова́ция 8 | j-m eine ~ darbringen устр|а́ивать ⟨-о́ить 3⟩ кому́-н. ова́цию
Overall *m* комбинезо́н 2
Oxid *n* о́кись 9
Oxydation *f* окисле́ние 5
oxydieren *tr u. intr* окисл|я́ть ⟨-и́ть 3⟩; Metall оксиди́ровать *uv, v* 2
Ozean *m* океа́н 2 | diesseits des ~s по э́ту сто́рону океа́на; über den ~ че́рез океа́н; **~dampfer** *m* океа́нский парохо́д
Ozeanien океа́ния 8
ozeanisch океа́нский
Ozeanographie *f* океаногра́фия 8
Ozon *n* озо́н 2

P

paar не́сколько | ein ~ Menschen два-три челове́ка, не́сколько челове́к; vor ein ~ Tagen не́сколько дней тому́ наза́д; nur ein ~ Worte! то́лько два сло́ва!, на па́ру слов!
Paar *n* па́ра 6; Ehe~ па́ра, чета́ 6 | ein ~ Stiefel па́ра сапо́г; als erstes ~ tanzen танцева́ть в пе́рвой па́ре; das junge ~ молода́я чета́
paaren *tr* соедин|я́ть ⟨-и́ть 3⟩ па́рами; Tiere спа́р|ивать ⟨-ить 3⟩; sich ~ *refl* соедин|я́ться ⟨-и́ться⟩; спа́р|иваться ⟨-иться⟩
Paarhufer *m Pl* парнокопы́тные *Subst Pl* 10
paarig па́рный
Paarlauf *m* па́рное фигу́рное ката́ние 5 (на конька́х)
paarmal *Adv:* ein ~ не́сколько раз
Paarung *f* сочета́ние 5; Begattung спа́ривание 5
paarweise *Adv* па́рами, попа́рно
Pacht *f* аре́нда 6; Entgelt аре́ндная пла́та 6 | in ~ geben с|дава́ть* ⟨-|дать*⟩ в аре́нду
pachten *tr* арендова́ть *uv, v* 2, брать* ⟨взять*⟩ в аре́нду
Pächter *m* аренда́тор 2
Pacht|geld *n* аре́ндная пла́та 6; **~ung** *f* взя́тие 5 в аре́нду; **~vertrag** *m* аре́ндный догово́р
Pack *n übertr* сброд 2, сво́лочь 9g
Päckchen *n* Tee, Zigaretten па́чка 6; Pfeffer паке́тик 2; Post посы́л(оч)ка 6, бандеро́ль 9
Packeis *n* па́ковый лёд
packen *tr* пакова́ть 2 (за-, у-); ergreifen хвата́ть ⟨схв|ати́ть 3⁺ -ачу́⟩, схв|а́тывать ⟨-ати́ть⟩; Tasche, Koffer укла́дывать ⟨-ложи́ть 3⁺⟩; *übertr* Angst охв|а́тывать ⟨-ати́ть⟩; Buch захв|а́тывать ⟨-ати́ть⟩ | pack dich! убира́йся!, прова́ливай!
Packen *m* большо́й паке́т 2; Stapel стопа́ 6c
Packer *m* упако́вщик 2
Pack|esel *m* вью́чный осёл; **~material** *n* упако́вочный материа́л; **~papier** *n* упако́вочная бума́га; **~raum** *m* упако́вочная *Subst* 10; **~ung** *f* упако́вка 6; Zigaretten па́чка 6; *Med* уку́тывание 5; **~wagen** *m* бага́жный ваго́н
Pädagog|e *m* педаго́г 2; **~ik** *f* педаго́гика 6
pädagogisch педагоги́ческий; erzieherisch педагоги́ч|ный, -ен | ~e Lehranstalt педагоги́ческое учи́лище
Paddel *n* двухло́пастное байда́рочное весло́ 4c *Pl* вёс|ла, -ел; **~boot** *n* байда́рка 6
paddeln *intr* ката́ться на байда́рке
Paddler *m* байда́рочник 2
paff! *Interj* паф!
paffen *intr umg* дым|и́ть 3 -лю́ (на-), пуска́ть дым
Page *m hist* паж 2e *G Pl* -е́й
paginieren *tr* нумерова́ть 2 (про-) страни́цы
Pagode *f* па́года 6

Paket *n* пакéт 2; Postsendung посы́лка 6; **~annahme** *f* приём посы́лок; **~ausgabe** *f* вы́дача посы́лок; **~karte** *f* бланк 2 на (почто́вую) посы́лку; **~post** *f* доста́вка 6 почто́вых посы́лок; **~zustellung** *f* доста́вка посы́лок
Pakistan Пакиста́н 2; **~er** *m* пакиста́н|ец, -ца 2; **~erin** *f* пакиста́нка 6
pakistanisch пакиста́нский
Pakt *m* пакт 2, (междунаро́дный) догово́р 2 | einen ~ mit j-m schließen заключ|а́ть ⟨-и́ть⟩ с кем-н. пакт [догово́р]
paktieren *intr* gemeinsam handeln де́йствовать 2 заодно́
Palais *n* двор|е́ц, -ца́ 2
Palä|ographie *f* палеогра́фия 8; **~ontologie** *f* палеонтоло́гия 8
Palast *m* двор|е́ц, -ца́ 2
Palästinenser *m* палести́н|ец, -ца 2
palatal палата́льный
Palatal|isierung *f* палатализа́ция 8; **~laut** *m* палата́льный звук
Palette *f* пали́тра 6; *Tech* поддо́н 2; *übertr* большо́е разнообра́зие 5
Palisade *f* палиса́д 2
Palisanderholz *n* палиса́ндровое де́рево
Palme *f* па́льма 6
Palmöl *n* па́льмовое ма́сло
Pamir Пами́р 2
Pampelmuse *f* гре́йпфрут 2
Pamphlet *n* памфле́т 2; **~ist** *m* памфлети́ст 2
Panama Пана́ма 6; **~er** *m* пана́м|ец, -ца 2
panamaisch пана́мский
Panamakanal *m* Пана́мский кана́л
panchromatisch *Foto* панхромати́ческий
Paneel *n* пане́ль 9
Panier *n* во́инское зна́м|я *n G D P* -ени, *I* -енем, *Pl* -ёна, -ён, -ёнам
panieren *tr* обва́ливать ⟨обваля́ть⟩ в суха́ря́х
Panik *f* па́ника 6 | in ~ geraten впада́ть ⟨-|пасть*⟩ в па́нику; **~mache** *f* паникёрство 4; **~macher** *m* паникёр 2
panisch пани́ческий
Panne *f* ава́рия 8 (в пути́); in der Arbeit срыв 2, неуда́ча 6 | eine ~ haben застря́ть* *v* в пути́ из-за ава́рии
Panorama *n* панора́ма 6; **~film** *m* панора́мный кинофи́льм
panschen *tr* разбавля́ть ⟨-ба́вить 3 -ба́влю⟩ водо́й; *intr* im Wasser spielen плеска́ться* (в воде́)
Pansen *m Anat* руб|е́ц, -ца́ 2
Pantheismus *m* пантеи́зм [тэ] 2
Panther *m* панте́ра 6
Pantine *f* деревя́нный башма́к 2e
Pantoffel *m* дома́шняя ту́ф|ля 11-7 *G Pl* -ель | unter dem ~ stehen быть* под башмако́м у жены́; **~held** *m* муж 2 *Pl* -ья́, -е́й, -ья́м, находя́щийся 11 под башмако́м у жены́
Panto|graph *m* панто́граф 2; **~letten** *f Pl* пантоле́ты *Pl* 6; **~mime** *f* пантоми́ма 6
Panzer *m* Rüstung; der Schildkröte па́нцирь 1; *Mil* танк 2
Panzerabwehr *f* противота́нковая оборо́на 6; **~kanone** *f* противота́нковая пу́шка; **~rakete** *f* противота́нковая раке́та
Panzer|büchse *f* противота́нковый гранатомёт 2; **~faust** *f* фаустпатро́н 2; **~graben** *m* противота́нковый ров; **~kreuzer** *m* бронено́сный кре́йсер
panzern *tr* брони́ровать *uv, v* 2
Panzer|platte *f* бронева́я плита́ 6; **~schrank** *m* сейф 2; **~soldat** *m* танки́ст 2; **~spähwagen** *m* броневи́к 2e, бронеавтомоби́ль 1; **~sperre** *f* противота́нковое загражде́ние; **~truppen** *f Pl* бронета́нковые войска́; **~ung** *f* брон|я́ 7 *G Pl* -е́й; Tätigkeit бронирова́ние 5; **~zug** *m* бронепо́езд 2b *Pl* -а́
Päonie *f Bot* пио́н 2
Papa *m* па́па *m* 6
Papagei *m* попуга́|й 1 *G Pl* -ев
Paperback *n* кни́га 6 в мя́гком переплёте
Papier *n* бума́га 6; *meist Pl* Urkunde докуме́нт 2; Ausweis удостовере́ние 5 | zu ~ bringen излага́ть ⟨-ложи́ть 3⁺⟩ пи́сьменно; **~fabrik** *f* бума́жная фа́брика; **~geld** *n* бума́жные де́ньги; **~handlung** *f* писчебума́жный магази́н 2; **~korb** *m* корзи́на для бума́г; **~krieg** *m* бума́жная волоки́та 6; **~schlange** *f* серпанти́н 2; **~schnitzel** *n Pl* бума́жные обре́зки *Pl* 2
Papp|band *m* цельнокарто́нный переплёт 2; **~becher** *m* бума́жный стака́нчик 2
Pappe *f* карто́н 2 | das ist nicht von ~! *umg* э́то не пустя́к!
Pappel *f* то́пол|ь 1b *Pl* -я́
pappen *intr* лепи́ться 3⁺
Pappenstiel *m*: das ist doch kein ~! *umg* э́то не пустя́к!
Papp|schachtel *f* карто́нка 6; **~schnee** *m* ли́пкий снег
Paprika *m* кра́сный (стручко́вый) пе́р|ец, -ца 2; **~schote** *f* стручо́к кра́сного пе́рца
Papst *m* (ри́мский) па́па *m* 6 | päpstlicher als der ~ sein быть бо́лее като́ликом, чем сам па́па
päpstlich па́пский
Papsttum *n* па́пство 4
Papyrus *m* папи́рус 2
Parabel *f Math* пара́бола 6; *Lit* при́тча 6
parabolisch иносказа́тел|ьный, -ен, -ьна; *Math* параболи́ческий
Parabolspiegel *m* параболи́ческий рефле́ктор 2
Parade *f* Truppenschau пара́д 2; Fechten пара́д; Torwart~ пари́рование 5; **~beispiel** *n* показа́тельный приме́р; **~marsch** *m* торже́ственный марш

Paradeuniform *f* пара́дная фо́рма
Paradies *n* рай 1ᵢ в раю́
paradiesisch ра́йский
Paradiesvogel *m* ра́йская пти́ца
Paradigma *n Gramm* паради́гма 6
paradox парадокса́л|ьный, -ен, -ьна
Paraffin *n* парафи́н 2; **~kerze** *f* парафи́новая свеча́
Paragraph *m* пара́граф 2, стат|ья́ 7 *G Pl* -е́й
Paragraphenreiter *m* сухо́й педа́нт 2, бюрокра́т 2
Paraguay Парагва́й 1; **~er** *m* парагва́|ец, -йца 2; **~erin** *f* парагва́йка 6
paraguayisch парагва́йский
Parallaxe *f* паралла́кс 2
parallel паралле́л|ьный, -ен, -ьна
Parallel|e *f* паралле́ль 9; **~ität** *f* паралле́льность 9
parallellaufend паралле́л|ьный, -ен, -ьна
Parallel|ogramm *n Math* параллелогра́мм 2; **~schaltung** *f El* паралле́льное включе́ние
Paralyse *f* парали́ч 2е *G Pl* -е́й
paralysieren *tr* парализова́ть *uv, v* 2
Paralytiker *m Med* парали́тик 2
paralytisch паралити́ческий
Parameter *m Math* пара́метр 2
paramilitärisch военизи́рованный; Ausbildung полувое́нный
Paranuß *f* ю́жно-америка́нский оре́х
paraphieren *tr* парафи́ровать *uv, v* 2
Parasit *m* парази́т 2
parasitär *Biol* парази́тный, паразити́ческий; *übertr* паразита́р|ный, -ен
parat гото́в:ый
Paratyphus *m* парати́ф 2
Pärchen *n* па́рочка 6
Pardon *m* Verzeihung проще́ние 5; Gnade поща́да 6 | ~! прости́те!, винова́т!
Parenthese *f* Klammern ско́бки *Pl* 6 | in ~ setzen заключ|а́ть ⟨-и́ть 3⟩ в ско́бки
Parfüm *n* духи́ *Pl* 2; **~erie** *f* парфюме́рия 8, магази́н 2 парфюме́рных това́ров; **~flasche** *f* флако́н 2 из-под духо́в
parfümieren *tr* души́ть 3⁺ (на-); wohlriechend machen ароматизи́ровать *uv, v* 2; sich ~ *refl* души́ться (на-) (духа́ми)
¹**parieren** *tr Sport* пари́ровать *uv, v* 2 (*a.* от-)
²**parieren** *intr* gehorchen слу́шаться *G*, повинова́ться *uv Prät a. v* 2 *D*
Paris Пари́ж 2
Parität *f* парите́т 2
paritätisch парите́тный | auf ~er Grundlage на парите́тных нача́лах
Park *m* парк 2; **~anlage** *f* парк 2
parken *tr* ста́в|ить 3 -лю (по-) маши́ну; *intr* стоя́ть 3 на стоя́нке | Parken verboten! стоя́нка воспрещена́!
Parkett *n* парке́т 2; *Theat* парте́р [тэ] 2; **~fußboden** *m* парке́тный пол; **~platz** *m* ме́сто в парте́ре
Park|leuchte *f Kfz* стоя́ночный ого́нь; **~lücke** *f* свобо́дное ме́сто для парко́вки маши́ны; **~platz** *m* ме́сто стоя́нки маши́ны | bewachter ≈ (пла́тная) охраня́емая стоя́нка 6; **~uhr** *f* стоя́ночные часы́; **~verbot** *n* запреще́ние стоя́нки; **~zeituhr** *f* парко́метр 2
Parlament *n* парла́мент 2; der FDJ съезд 2; **~är** *m* парламентёр 2; **~arier** *m* парламента́ри|й 1 *P* -и *G Pl* -ев
parlamentarisch парла́ментский
Parlaments|ausschuß *m* парла́ментская коми́ссия 8; **~delegation** *f* парла́ментская делега́ция; **~fraktion** *f* парла́ментская фра́кция
Parodie *f* паро́дия 8 (auf на *A*)
parodieren *tr* пароди́ровать *uv, v* 2
Parodontose *f* параденти́т 2, альвеоля́рная пиорре́я 7
Parole *f Mil* паро́ль 1; *Pol* ло́зунг 2
Partei *f* па́ртия 8; *Jur* im Prozeß сторона́ 6а | die streitenden ~en тя́жущиеся 11 сто́роны; j-s ~ ergreifen стать* *v* на чью-н. сто́рону; für (gegen) j-n ~ nehmen выступа́ть ⟨вы́ступ|ить 3 -лю⟩ за (про́тив) кого́-н.; **~abzeichen** *n* парти́йный значо́к; **~aktiv** *n* партакти́в 2
parteiamtlich парти́йный
Partei|arbeit *f* парти́йная рабо́та, партрабо́та 6; **~auftrag** *m* парти́йное поруче́ние 5; **~beitrag** *m* парти́йный взнос, партвзно́с 2; **~buch** *n* парти́йный биле́т 2, партбиле́т 2; **~büro** *n* парти́йное бюро́, партбюро́ *n idkl;* **~funktionär** *m* парти́йный рабо́тник, партрабо́тник 2; **~gänger** *m* сторо́нник 2 па́ртии; **~gruppe** *f* парти́йная гру́ппа, партгру́ппа 6; **~gruppenorganisator** *m* парти́йный организа́тор, партгрупо́рг 2
parteiisch пристра́ст|ный, -ен
Partei|konferenz *f* парти́йная конфере́нция, партконфере́нция 8; **~lehrjahr** *n* парти́йная учёба 6, партучёба 6; **~leitung** *f* Leitungsorgan парти́йное руково́дство
parteilich парти́йный
Parteilichkeit *f* парти́йность 9
parteilos беспарти́йный
Partei|loser *m* беспарти́йный *Subst* 10; **~mitglied** *n* член па́ртии; **~organ** *n* Leitungsorgan парти́йный о́рган; Zeitung печа́тный о́рган па́ртии; **~organisation** *f* парти́йная организа́ция, парторганиза́ция 8
parteipolitisch каса́ющийся 11 поли́тики па́ртии
Partei|schule *f* парти́йная шко́ла, партшко́ла 6; **~schulung** *f* парти́йное просвеще́ние 5; **~sekretär** *m* секрета́рь парти́йной организа́ции; **~tag** *m* съезд 2

па́ртии, партсъе́зд 2; ~- **und Regierungsdelegation** *f* парти́йно-прави́тельственная делега́ция; **~verfahren** *n* персона́льное де́ло 4b; **~versammlung** *f* парти́йное собра́ние, партсобра́ние 5; **~zugehörigkeit** *f* принадле́жность к па́ртии, парти́йность 9
Parterre *n* пе́рвый эта́ж 2e *G Pl* -е́й; *Theat* парте́р [тэ] 2; **~wohnung** *f* кварти́ра на пе́рвом этаже́
Partie *f Spiel, Mus* па́ртия 8; Teil часть 9g | sie hat eine gute ~ gemacht она́ сде́лала хоро́шую па́ртию, она́ вы́годно вы́шла за́муж
partiell части́ч|ный, -ен
Partikel *f* части́ца 6
Partikularismus *m* партикуляри́зм 2
Partisan *m* партиз|а́н 2 *G Pl* -а́н
Partisanenkrieg *m* партиза́нская война́
Partitur *f* партиту́ра 6
Partizip *n* прича́стие 5
Partner *m* партнёр 2; *Wirtsch* компаньо́н 2; **~in** *f* партнёрша 6; **~stadt** *f* го́род-побрати́м 2-2
Party *f* вечери́нка 6, ве́чер 2b *Pl* -а́
Parzelle *f* (ме́лкий) уча́ст|ок, -ка 2 земли́
parzellieren *tr* парцелли́ровать *uv, v* 2, разбива́ть ⟨-|би́ть*, -обью́⟩ на (ме́лкие) уча́стки
Pasch *m* дубле́т 2
Paspel *f* кант 2
paspelieren *tr* обшива́ть ⟨-|ши́ть*, -ошью́⟩ ка́нтом
Paß *m* перева́л 2, го́рный прохо́д 2; Ausweis па́спорт 2b *Pl* -а́; Sport пас 2
passabel сно́с|ный, -ен
Passage *f* пасса́ж 2 *G Pl* -ей *a. Mus,* прохо́д 2
Passagier *m* пассажи́р 2 | blinder ~ безбиле́тный пассажи́р, за́|яц, -йца 2
Passant *m* прохо́жий *Subst* 11
Passat *m* пасса́т 2
Paßbild *n* фотогра́фия 8 для па́спорта
passen *intr* geeignet sein подходи́ть 3⁺ ⟨-о|йти́*⟩; gut sitzen быть* впо́ру; kleiden быть* к лицу́, идти́*; beim Kartenspiel пасова́ть 2 (с-) | das paßt nicht hierher э́то сюда́ не подхо́дит; das paßt mir nicht э́то меня́ не устра́ивает; die Handschuhe ~ nicht перча́тки не по руке́; **~d 1.** *Adj* geeignet подходя́щий 11; schicklich прили́ч|ный, -ен; Gelegenheit, Zeit удо́б|ный, -ен; angebracht уме́ст|ный, -ен; Kleidung впо́ру **2.** *Adv* надлежа́щим о́бразом | ≈ machen Kleid u. ä. подгоня́ть ⟨подо|гна́ть*, подгоню́, подо́гнанный⟩
Paßgang *m* и́ноходь 9
passierbar проходи́м:ый
passieren *tr* vorbeigehen an проходи́ть 3⁺-хожу́ ⟨-|йти́*⟩ *A oder* че́рез *A;* vorbeifahren проезжа́ть ⟨-|е́хать*⟩ *A oder* че́рез *A;* überqueren пересека́ть ⟨-|се́чь*⟩; durch ein Sieb streichen протира́ть ⟨-|тере́ть*⟩ (че́рез си́то); *intr* sich ereignen случ|а́ться ⟨-и́ться 3⟩ | was ist hier passiert? что здесь случи́лось [произошло́]?; j-n ~ lassen пропу|ска́ть ⟨-сти́ть 3⁺-щу́⟩ кого́-н.
Passierschein *m* про́пуск 2b *Pl* -а́
Passion *f* страсть 9g, увлече́ние 5 *I*
passioniert стра́ст|ный, -ен, -на!
passiv пасси́в|ный, -ен; *Gramm* страда́тельный
Passiv *n* страда́тельный зало́г 2; **~ität** *f* пасси́вность 9
Paß|kontrolle *f* контро́ль паспорто́в; **~stelle** *f* па́спортный отде́л 2
paß- und visafrei: ~er Reiseverkehr безви́зовое сообще́ние
Passus *m* im Text пункт 2
Paste *f* па́ста 6
Pastell *n* пасте́ль [тэ] 9; **~farben** *f Pl* пасте́льные кра́ски [тона́ 2b]; **~malerei** *f* пасте́льная [тэ] жи́вопись
Pastete *f* пашт́ет 2; mit einer Füllung пиро́г 2e, кулебя́ка 6; kleine пирож|о́к, -ка́ 2
Pastille *f* лепёшка 6, пасти́лка 6
Pastor *m* па́стор 2
Pate *m* крёстный *Subst* 10; Betrieb, Organisation шеф 2 *meist Pl*
Paten|betrieb *m* предприя́тие-шеф 5-2, ше́фствующее 11 (над кем-н.) предприя́тие; unter Patenschaft stehend подше́фное предприя́тие; **~brigade** *f* ше́фствующая 11 над кем-н. брига́да; **~kind** *n* Junge кре́стник 2, кре́стный сын 2 *Pl* сынов|ья́, -е́й, -ья́м; Mädchen кре́стница 6, крёстная дочь, до́чери 9g; **~klasse** *f* подше́фный класс; **~schaft** *f* ше́фство 4 | die ≈ über etw. ausüben ше́фствовать 2 над чем-н.; die ≈ über etw. übernehmen брать* ⟨взять*⟩ ше́фство над чем-н.
Paten|schaftsvertrag *m* догово́р о ше́фстве; **~schule** *f* подше́фная шко́ла
patent молодцева́т:ый; geschickt ло́в|кий, -ок, -ка́!, -че | ein ~er Kerl молод|е́ц, -ца́ 2
Patent *n* пате́нт 2; Urkunde свиде́тельство 4 на зва́ние *G;* **~amt** *n* пате́нтное ве́домство 4
patentieren *tr* патентова́ть 2 (за-)
Patent|inhaber *m* облада́тель 1 пате́нта; **~lösung** *f* гото́вое реве́ние **~schutz** *m* охра́на пате́нтных прав
Paternoster *m* патерно́стер 2
pathetisch патети́ческий [тэ]
Pathologie *f* патоло́гия 8
pathologisch патологи́ческий
Pathos *n* па́фос 2
Patient *m* пацие́нт 2, больно́й *Subst* 10
Patriarch *m* патриа́рх 2

patriarchalisch патриарха́л|ьный, -ен, -ьна
Patriot *m* патрио́т 2
patriotisch патриоти́ческий
Patriotismus *m* патриоти́зм 2
Patrizier *m* патри́ци|й 1 *Pl* -и, -ев
Patrone *f Mil, Tech* патро́н 2; Film кассе́та 6 | scharfe ~ боево́й патро́н
Patronen|gürtel *m* патронта́ш 2 *G Pl* -е́й; **~hülse** *f* патро́нная ги́льза; **~tasche** *f* подсу́м|ок, -ка 2
Patrouille *f Mil* патру́ль 1e, дозо́р 2; Streife разъе́зд 2
patroullieren *intr* патрули́ровать *uv, v* 2
patschen *intr* хло́п|ать ⟨-нуть 4⟩
Patte *f* Ärmelaufschlag отворо́т 2; an Tasche кла́пан 2
patzig надме́н|ный, -ен, -на, де́рз|кий, -ок, -ка́! | komm mir nicht so ~! сбавь тон!
Pauke *f* лита́вры *Pl* 6
pauken *intr* бить* в лита́вры; *übertr umg* зубри́ть 3 зу́бри́шь
Paukenschläger *m* литаври́ст 2
Pauker *m Mus* литаври́ст 2; *umg* учи́тель 1
pausbäckig толстощёк:ий
pauschal *Adv* целико́м, в о́бщем и це́лом
Pauschale *f*, **Pauschalsumme** *f* паушальная су́мма
[1]**Pause** *f* па́уза 6 *a. Mus;* Unterricht переры́в 2, переме́на 6; Theater, Konzert антра́кт 2 | in der ~ Schule в переры́ве, на переме́не
[2]**Pause** *f* Kopie ка́л|ька 6 *G Pl* -ек
pausen *tr* кальки́ровать *uv, v* 2
Pausengymnastik *f* произво́дственная гимна́стика
pausenlos **1.** *Adj* беспреры́в|ный, -ен **2.** *Adv* без передышки
Pausenzeichen *n Rad* позывны́е *Subst Pl* 10 (передава́емые во вре́мя па́узы)
pausieren *intr* де́лать (с-) па́узу; sich ausruhen отдыха́ть ⟨-дохну́ть 4⟩
Pauspapier *n* чертёжная ка́л|ька 6 *G Pl* -ек
Pavian *m* павиа́н 2
Pavillon *m* павильо́н 2
Pazifik Ти́хий океа́н 2
Pazif|ismus *m* пацифи́зм 2; **~ist** *m* пацифи́ст 2
pazifistisch пацифи́стский
Pech *n* смола́ 6c; *übertr* неуда́ча 6 | er hat ~ ему́ не везёт; **~blende** *f* ура́новая смоляна́я обма́нка; **~draht** *m* дра́тва 6; **~kohle** *f* смоли́стый у́голь; **~nelke** *f Bot* смо́лка 6
pechschwarz чёрный как смоль
Pech|strähne *f* полоса́ 6 неуда́ч; **~vogel** *m umg* неуда́чник 2 | er ist ein ≈ ему́ ве́чно не везёт
Pedal *n* педа́ль 9 | das ~ treten нажима́ть ⟨-|жа́ть[1]*⟩ на педа́ль
Pedant *m* педа́нт 2; **~erie** *f* педанти́зм 2, педанти́чность 9
pedantisch педанти́ч|ный, -ен
Pediküre *f* педикю́р 2
pediküren *tr* де́лать (с-) педикю́р | sich ~ lassen де́лать (с-) себе́ педикю́р
Pegel *m* футшто́к 2, водоме́рная ре́йка 6
peilen *intr* пеленгова́ть (за-)
Peil|station *f* (радио)пеленга́торная ста́нция; **~ung** *f* пеленга́ция 8, пе́ленг 2
Pein *f* муче́ние 5, му́ка 6
peinigen *tr* му́чить 3 (за-, из-), терза́ть
Peiniger *m* мучи́тель
peinlich unangenehm неприя́т|ный, -ен; bedrückend нело́в|кий, -ок, -ка́!; genau педанти́ч|ный, -ен
Peinlichkeit *f* unangenehmes Gefühl неприя́тность 9; unangenehme Lage нело́вкость 9
Peitsche *f* бич 2e *G Pl* -е́й, кнут 2e; Reit~ хлыст 2e
peitschen *tr* сечь*, бить* (кнуто́м), хлеста́ть* ⟨хлестну́ть *mom* 4⟩ | der Regen peitscht ans Fenster дождь бьёт [хле́щет] в окно́
Peking Пеки́н 2
pekuniär де́нежный
Pelargonie *f* пеларго́ния 8
Pelerine *f* пелери́на 6
Pelikan *m* пелика́н 2
Pelle *f* Kartoffel шелуха́ 6; Wurst ко́жица 6; шку́рка 6
pellen *tr* снима́ть ⟨снять*⟩ шелуху́, чи́|стить 3 -щу (о-)
Pellkartoffel *f* карто́фель 1 в мунди́ре
Pelz *m* мех 2b; на меху́; Balg шку́ра 6; Mantel шу́ба 6; **~futter** *n* мехова́я подкла́дка 6; **~kragen** *m* мехово́й воротни́к; **~mantel** *m* шу́ба 6, мехово́е пальто́; **~mütze** *f* мехова́я ша́пка; **~stiefel** *m* у́нта 6
Pelztier *n* пушно́й зверь; **~farm** *f* фе́рма 6 для разведе́ния пушны́х звере́й; **~jäger** *m* охо́ник 2 на пушны́х звере́й; **~zucht** *f* пушно́е зверово́дство 4
Pelzwerk *n* пушни́на 6, меха́ *Pl* 2b
Pendel *n* ма́ятник 2; **~ausschlag** *m* амплиту́да 6 колеба́ний ма́ятника; **~bewegung** *f* колеба́тельное движе́ние
pendeln *intr* кача́ться; Verkehrsmittel курси́ровать 2
Pendel|schwingung *f* колеба́ние ма́ятника; **~tür** *f* дверь, открыва́ющаяся 11 в о́бе сто́роны; **~uhr** *f* часы́ с ма́ятником; **~verkehr** *m* курси́рование 5 тра́нспорта ме́жду двумя́ пу́нктами, челно́чное тра́нспортное сообще́ние
penetrant Geruch ре́з|кий, -ок, -ка́!
penibel педанти́ч|ный, -ен
Penicillin *n* пеницилли́н 2

Penis *m* мужско́й полово́й член 2

Pension *f* Ruhegehalt пе́нсия 8; Kost und Wohnung; kleines Hotel пансио́н | mit voller ~ с по́лным пансио́ном

pensionieren *tr* увольня́ть ⟨уво́лить 3⟩ кого́-н. на пе́нсию; sich ~ lassen у|йти́* на пе́нсию

Pensum *n* Aufgabe зада́ние 5; Arbeitsumfang програ́мма 6

per *Präpos* на *P,* по *D;* че́рез *A* | ~ Bahn по желе́зной доро́ге; ~ Post по́чтой, по по́чте; ~ Eilboten с на́рочным, че́рез на́рочного

perfekt 1. *Adj* соверше́н|ный, -ен, -на; abgeschlossen заключённый | in Stenografie ~ sein в соверше́нстве владе́ть стенографи́ей; das Abkommen ist ~ соглаше́ние заключено́ **2.** *Adv:* ~ deutsch sprechen отли́чно говори́ть по-неме́цки

Perfekt *n* перфе́кт 2

perfide кова́р|ный, -ен, по́дл:ый, -а́!

Perfidie *f* кова́рство 4, по́длость 9

perforieren *tr* перфори́ровать *uv, v* 2

Pergament *n* перга́мент 2; **~papier** *n* перга́мент 2, перга́ментная бума́га; **~rolle** *f* перга́ментный сви́т|ок, -ка 2

Periode *f* пери́од 2; *Med* менструа́ция 8

Periodensystem *n* периоди́ческая систе́ма | ~ der Elemente периоди́ческая систе́ма элеме́нтов

periodisch периоди́ческий | ~e Schriften перио́дика 6, периоди́ческие изда́ния 5

Peripherie *f Math* Grenzgebiet перифери́я 8; einer Stadt окра́ина 6

Periskop *n* периско́п 2

Perle *f* echte жемчу́жина 6 *a. übertr;* Glas~ би́серин(к)а 6, бу́син(к)а 6; ~n *Pl* же́мчуг 2b *Pl* -а́; Glasperlen бу́сы *Pl* 6, би́сер 2 *Koll*

perlen *intr* Wein игра́ть, и́скриться 3; tropfen течь*, ка́п|ать 1 *u.* -лет ⟨-нуть *mom* 4⟩ | der Schweiß perlte auf seiner Stirn ка́пли по́та вы́ступили у него́ на лбу

Perlen|fischer *m* иска́тель 1 же́мчуга; **~kette** *f* жемчу́жное ожере́лье; **~schnur** *f* ни́тка 6 же́мчуга

Perl|graupe *f* перло́вая крупа́; **~huhn** *n* цеса́рка 6; **~muschel** *f* жемчу́жница 6; **~mutt** *n* перламу́тр 2

permanent Entwicklung перманéнт|ный, -ен, непреры́в|ный, -ен; Sorge постоя́нный

Perpendikel *m* Uhr ма́ятник 2

Perpetuum mobile *n* перпе́туум-мо́биле *n idkl*

perplex озада́ченный

Persianer *m* кара́куль 1; Mantel кара́кулевая шу́ба

persisch перси́дский

Person *f* челове́к 2; *Gramm, Jur* лицо́ 4c; bedeutende, hochgestellte ли́чность 9; Frau осо́ба *meist iron* 6; *Theat* де́йствующее 11 лицо́; Roman персона́ж 2 | Mittagessen für zehn ~en обе́д на де́сять челове́к; pro ~ за [на] челове́ка; die Familie besteht aus vier ~en семья́ состои́т из четырёх челове́к; ich für meine ~ что каса́ется меня́; in *eigener ~ со́бственной персо́ной; sie ist die Liebenswürdigkeit in ~ она́ сама́ любе́зность

Personal *n* персона́л 2; **~abbau** *m* сокраще́ние 5 шта́тов; **~akte** *f* ли́чное де́ло 4b; **~ausweis** *m* па́спорт 2b Pl -а́; **~bogen** *m* анке́та 6 ли́чности

Personalien *Pl* биографи́ческие да́нные *Subst Pl* 10

Personalpronomen *n* ли́чное местоиме́ние

Personen|beförderung *f* перево́зка пассажи́ров; **~beschreibung** *f* описа́ние ли́чности; **~kennzahl** *f* ли́чный но́мер 2b *Pl* -а́; **~kraftwagen** *m* легково́й автомоби́ль, легкова́я (авто)маши́на; **~kult** *m* культ ли́чности; **~stand** *m* гражда́нское состоя́ние ли́чности; **~standsregister** *n* за́пись 9 а́ктов гражда́нского состоя́ния; **~verkehr** *m* пассажи́рское сообще́ние; **~wagen** *m* Eisenbahn пассажи́рский ваго́н; **~zug** *m* пассажи́рский по́езд

personifizieren *tr* олицетворя́ть ⟨-и́ть 3⟩, персонифици́ровать *uv, v* 2

Personifizierung *f* олицетворе́ние 5, персонифика́ция 8

persönlich ли́чный; eigen со́бственный | in ~er Angelegenheit по ли́чному де́лу; ~es Eigentum *Jur* ли́чная со́бственность; ~es Fürwort ли́чное местоиме́ние; ~e Meinung ли́чное мне́ние; j-n ~ kennen быть* ли́чно знако́мым с кем-н.

Persönlichkeit *f* ли́чность 9; Wesen индивидуа́льность 9 | führende ~en des Staates руководя́щие де́ятели 11-*Pl* 1 госуда́рства; eine ~ des öffentlichen Lebens обще́ственный де́ятель

Perspektive *f* перспекти́ва 6

perspektivisch перспекти́вный

Perspektiv|plan *m* перспекти́вный план; **~zeitraum** *m* перспекти́вный пери́од

Peru Пе́ру *n idkl;* **~aner** *m* перуа́н|ец, -ца 2; **~anerin** *f* перуа́нка 6

peruanisch перуа́нский

Perücke *f* пари́к 2e

pervers извращ|ённый, -ён, -ена́

Pessimis|mus *m* пессими́зм 2; **~t** *m* пессими́ст 2

pessimistisch пессимисти́ческий, пессимисти́ч|ный, -ен

Pest *f Med* чума́ 6; *übertr* зара́за 6 | j-n wie die ~ meiden бежа́ть* от кого́-н. как от чумы́; hier stinkt es wie die ~ здесь невыноси́мая вонь; **~beule** *f* чумно́й бубо́н 2

pestkrank больно́й чумо́й
Pestkranker *m* больно́й *Subst* 10 чумо́й
Petersilie *f* петру́шка 6
Petition *f* пети́ция 8
Petrolchemie *f* нефтехи́мия 8
Petroleum *n* кероси́н 2; **~kocher** *m* кероси́нка 6; **~lampe** *f* кероси́новая ла́мпа
Petschaft *f* печа́ть 9
Petunie *f* пету́н|ья 7 *G Pl* -ий
petzen *intr umg* доноси́ть 3⁺ -ношу́ ⟨-|нести́*⟩
Pfad *m* тропа́ 6h; *übertr* пут|ь *m* 9e *I* -ём; **~finder** *m* бойска́ут 2
Pfaffe *m umg* поп 2e
Pfahl *m* кол 2e *Pl* ко́ль|я| -ев 1; Stütze für Bauwerke сва́я 7, столб 2e; **~bauten** *m Pl* сва́йные постро́йки *Pl* 6; **~wurzel** *f* гла́вный [стержнево́й] ко́рень; **~zaun** *m* частоко́л 2, тын 2
Pfand *n* зало́г 2; im Spiel фант 2 | etw. als [zum] ~ geben дать что-н. в ка́честве зало́га; etw. als ~ zurücklassen оставля́ть ⟨оста́в|ить 3 -лю⟩ что-н. в зало́г; etw. gegen ~ leihen дать что-н. под зало́г
pfändbar подлежа́щий 11 наложе́нию аре́ста
Pfandbrief *m* закладна́я *Subst* 10
pfänden *tr Jur* опи́сывать ⟨-|писа́ть*⟩ иму́щество | ~ lassen налага́ть ⟨-ложи́ть 3⁺⟩ аре́ст (на иму́щество)
Pfänderspiel *n* игра́ в фа́нты
Pfand|haus *n* ломба́рд 2; **~leiher** *m* залогодержа́тель 1; **~schein** *m* ломба́рдная квита́нция 8, зало́говое свиде́тельство 4
Pfändung *f* (суде́бная) о́пись 9 иму́щества
Pfändungsbefehl *m* прика́з о наложе́нии аре́ста; vollstreckbare Ausfertigung исполни́тельный лист 2e
Pfanne *f* Brat~ сковорода́ 6e *Pl* ско́вороды; *Tech* лите́йный ковш 2e *G Pl* -е́й | in der ~ braten жа́рить на сковороде́
Pfannkuchen *m* Eierkuchen бли́нчик 2; gefüllter по́нчик 2
Pfarr|ei *f* Pfarrhaus прихо́дский дом 2b *Pl* -а́; protestantische дом па́стора; **~er** *m* свяще́нник 2; protestantischer па́стор 2; **~kirche** *f* прихо́дская це́рковь
Pfau *m* павли́н 2
Pfauenauge *n Zool* павлиногла́зка 6
Pfeffer *m* пе́р|ец| -ца 2 *G a.* -цу | ~ ins Essen tun добавля́ть ⟨доба́в|ить 3 -лю⟩ в еду́ пе́рцу; geh hin wo der ~ wächst убира́йся к чёрту на кули́чки; **~kuchen** *m* пря́ник 2; **~minze** *f* мя́та пе́речная
pfeffern *tr* пе́рчить 3 (на-)
Pfeife *f* Signal свист|о́к| -ка́ 2; Schalmei ду́дка 6; Tabaks~ тру́бка 6; Orgel~ труба́ 6c | nach j-s ~ tanzen пляса́ть под чью-н. ду́дку
pfeifen *tr u. intr* свиста́ть*, сви|сте́ть 3 -щу́ ⟨сви́стнуть *mom* 4⟩; vor sich hin насви́стывать; auf etw. плева́ть* (на-; плю́нуть *mom* 4) | er pfeift darauf ему́ наплева́ть на э́то
Pfeifer *m* свисту́н 2e
Pfeil *m* стрела́ 6c
Pfeiler *m* Brücke бык 2e, усто́|й 1 *G Pl* -ев; Stütze опо́ра; Säule столб 2e, коло́нна 6; Wand~ пиля́стра 6
pfeil|förmig стрелови́д|ный| -ен; **~schnell 1.** *Adj* бы́стрый как стрела́ **2.** *Adv* стрело́й
Pfennig *m* пфе́нниг 2 | er hat keinen ~ Geld у него́ нет ни гроша́; **~fuchser** *m* скря́га *m, f* 6
Pferch *m* заго́н 2
pferchen *tr* загоня́ть ⟨-|гна́ть*⟩; *übertr* набива́ть ⟨-|би́ть*⟩ (битко́м)
Pferd *n* ло́шадь 9g *I Pl* -ми́; *Sport* (гимнасти́ческий) конь 1e *Pl* ко́ни | zu ~e верхо́м; sich aufs ~ schwingen вскочи́ть 3⁺ на ло́шадь; **~chen** *n* лоша́дка 6, кон|ёк| -ька́ 2
Pferde|bahn *f* ко́нка 6; **~decke** *f* попо́на 6; **~dieb** *m* конокра́д 2; **~fleisch** *n* кони́на 6; **~fliege** *f* слеп|е́нь| -ня́ 1; **~fuhrwerk** *n* ко́нная [гужева́я] пово́зка 6, подво́да 6; **~futter** *n* фура́ж 2e; **~geschirr** *n* сбру́я 7, у́пряжь 9; **~herde** *f* табу́н 2e (лошаде́й); **~kur** *f umg* лече́ние лошади́ными до́зами; **~rennen** *n* бега́ *Pl* 2, ска́чки *Pl* 6; **~schwanz** *m* лошади́ный хвост; Frisur ко́нский хвост; **~stall** *m* коню́ш|ня 7 *G Pl* -ен; **~stärke** *f* (*Abk* PS) лошади́ная си́ла (*Abk* лс); **~wagen** *m* теле́га 6; **~zucht** *f* конево́дство 4; von Rassepferden коннозаво́дство 4
Pfiff *m* свист 2, свист|о́к| -ка́ 2
Pfifferling *m* лиси́чка 6 | keinen ~ wert sein ло́маного гроша́ не сто́ить
pfiffig хи́т|рый| -ёр| -ра́!, ло́в|кий| -ок| -ка́!
Pfingsten *n* тро́ица 6
Pfingst|rose *f* пио́н 2; **~sonntag** *m* тро́ицын день 13-1 дня
Pfirsich *m,* **~baum** *m* пе́рсик 2
Pflanze *f* расте́ние 5
pflanzen *tr* сажа́ть ⟨поса|ди́ть 3⁺ -жу́⟩, сади́ть (по-)
Pflanzen|bau *m* растениево́дство 4; **~faser** *f* расти́тельное волокно́; **~fett** *n* расти́тельный жир; **~fresser** *m* растительноя́дное живо́тное *Subst* 10; **~kunde** *f* бота́ника 6; **~öl** *n* расти́тельное ма́сло; **~reich** *n* расти́тельный мир; **~schädling** *m* вреди́тель 1 расте́ний
Pflanzenschutz *m* защи́та расте́ний; **~mittel** *n Pl* ядохимика́ты *Pl* 2 (для защи́ты расте́ний)
Pflanzen|welt *f* расти́тельный мир; eines Gebietes расти́тельность 9; **~wuchs** *m* вегета́ция 8

Pflanzholz *n* сажа́льный кол 2e ко́ль|я, -ев, -ям
pflanzlich расти́тельный
Pflanzung *f* Pflanzen поса́дка 6; Anlage планта́ция 8
Pflaster *n Med* пла́стырь 1; Straße мостова́я *Subst* 10 | diese Stadt ist ein teures ~ жизнь в э́том го́роде дорога́я
Pflasterer *m* мостовщи́к 2e
pflastern *tr* Straße мо|сти́ть 3 -щу́ (вы-, за-)
Pflaster|stein *m* булы́жник 2; **~ung** *f* моще́ние 5
Pflaume *f* сли́ва 6
Pflaumen|baum *m* сли́ва 6; **~kern** *m* сли́вовая ко́сточка; **~kompott** *n* компо́т из слив; **~mus** *n* пови́дло 4 из слив
Pflege *f* ухо́д 2 за *I;* Beaufsichtigung присмо́тр 2; Fürsorge забо́та 6 о *P a. übertr,* попече́ние 5 | in ~ geben отда́ть* *v* на попече́ние
pflegebedürftig нужда́ющийся 11 в ухо́де
Pflege|eltern *Pl* приёмные роди́тели; **~heim** *n* дом (-интерна́т) 2(-2) для инвали́дов; **~kind** *n* приёмный ребёнок
pflegeleicht тре́бующий 11 ма́ло ухо́да, не тре́бующий осо́бого ухо́да
Pflegemutter *f* приёмная мать
pflegen *tr* уха́живать за *I;* sich kümmern um забо́|титься 3 -чусь о *P;* Fingernägel, Haut уха́живать за *I,* сле|ди́ть за *I; intr:* etw. zu tun ~ име́ть обыкнове́ние [привы́чку] де́лать что-н.; Kontakte ~ подде́рживать конта́кт
Pfleger *m Med* санита́р 2; **~in** *f* санита́рка 6, сиде́лка 6
Pflegevater *m* приёмный оте́ц
pfleglich стара́тел|ьный, -ен, -ьна, забо́тливый
Pflicht *f* долг 2b, обя́занность 9; Turnen обяза́тельное упражне́ние 5; Eislauf обяза́тельная програ́мма | es für seine ~ halten счита́ть ⟨счесть*⟩ свои́м до́лгом; zur ~ machen вмен|я́ть ⟨-и́ть 3⟩ в обя́занность; seiner ~ j-m gegenüber nachkommen исполня́ть ⟨-по́лнить 3⟩ свой долг пе́ред кем-н.; **~ablieferung** *f Landw* обяза́тельная поста́вка
pflicht|bewußt сознаю́щий 11 свой долг; **~eifrig** стара́тел|ьный, -ен, -ьна, о́чень усе́рд|ный, -ен
Pflicht|erfüllung *f* исполне́ние до́лга; **~fach** *n* обяза́тельный предме́т; **~gefühl** *n* чу́вство до́лга
pflicht|gemäß **1.** *Adj* до́лжный **2.** *Adv* по до́лгу слу́жбы, по обя́занности; **~treu** ве́рный (своему́) до́лгу; **~ vergessen** забы́вший 11 (свой) долг
Pflock *m* ко́лыш|ек, -ка 2, кол 2e *Pl* ко́ль|я, -ев, -ям
pflücken *tr* рвать*, собира́ть ⟨-|бра́ть*⟩
Pflug *m* плуг 2b
pflügen *tr u. intr* паха́ть* (вс-)
Pflügen *n* па́хота 6, вспа́шка 6
Pflugschar *f* леме́х 2e *Pl* -а́
Pforte *f* воро́та *Pl* 4; Garten~ кали́тка 6
Pförtner *m* привра́тник 2
Pfosten *m* столб 2e; Tür~ культя́к 2e; *Sport* сто́йка 6 воро́т, бокова́я шта́нга 6
Pfötchen *n* ла́пка 6
Pfote *f* ла́па 6; schlechte Schrift *umg* скве́рный по́черк 2
Pfriem *m* ши́ло 4 *Pl* ши́ль|я, -ев
pfropfen *tr* Flasche заку́пор|ивать ⟨-ить 3⟩; *Bot* привива́ть ⟨-|ви́ть*⟩; vollstopfen набива́ть ⟨-|би́ть*⟩
Pfropfen *m* про́бка 6, вту́лка 6; Watte тампо́н 2, ва́тная про́бка
Pfropf|messer *n* приви́вочный [окулиро́вочный] нож; **~reis** *n* приво́й 1; **~ung** *f* приви́вка 6
Pfuhl *m* лу́жа 6, боло́то 4
Pfühl *m* пери́на 6, пухови́к 2e
Pfund *n* фунт 2 a. engl. Geld | ein ~ Sterling фунт сте́рлингов
pfundweise *Adv* фу́нтами
pfuschen *intr* пло́хо рабо́тать, халту́рить 3 | j-m ins Handwerk ~ *umg* по́р|тить 3 -чу (ис-) кому́-н. де́ло, вме́шиваться в чьи-н. дела́
Pfuscher *m* халту́рщик 2; **~ei** *f* халту́ра 6
Pfütze *f* лу́жа 6
Phänomen *n* фено́мен 2
Phantasie *f* фанта́зия 8, воображе́ние 5 | blühende ~ пы́лкое воображе́ние
phantasieren *intr* фантази́ровать 2; erdichten выду́мывать ⟨вы́думать⟩; träumen мечта́ть о *P; Med* бре́|дить 3 -жу
Phantast *m* мечта́тель 1, фанта́ст 2
phantastisch фантасти́ческий
Phantom *n* привиде́ние 5, фанто́м 2
Pharisäer *m* фарисе́|й 1 *G Pl* -ев *a. übertr*
Pharma|kologie *f* фармаколо́гия 8; **~zeut** *m* фармаце́вт 2; **~zie** *f* фармаце́втика 6
Phase *f* фа́за 6
Phenol *n* фено́л 2
Philantrop *m* филантро́п 2
philantropisch филантропи́ческий
Philatel|ie *f* филатели́я [тэ] 8; **~ist** *m* филатели́ст [тэ] 2
Philharmonie *f* филармо́ния 8
Philippin|en *Pl* Филиппи́нские острова́ *Pl* 2b; Staat Филиппи́ны *Pl* 6; **~er** *m* филиппи́н|ец, -ца 2; **~erin** *f* филиппи́нка 6
philippinisch филиппи́нский
Philister *m* фили́стер 2, обыва́тель 1
philisterhaft фили́стерский, обыва́тельский
Philolog|e *m* фило́лог 2; **~ie** *f* филоло́гия 8
philologisch филологи́ческий
Philosoph *m* фило́соф 2; **~ie** *f* филосо́фия 8

philosophieren *intr* филосо́фствовать 2
philosophisch филосо́фский
Phjòngjang Пхенья́н 2
Phlegma *n* фле́гма 6, флегмати́чность 9
phlegmatisch флегмати́ческий, флегмати́ч|ный, -ен
Phlegmone *f* флегмо́на 6
Phon *n* фон 2
Phonetik *f* фоне́тика [нэ] 6
phonetisch фонети́ческий [нэ]
Phon|ologie *f* фоноло́гия 8; **~stärke** *f* у́ров|ень, -ня 1 гро́мкости
Phosphat *n* фосфа́т 2
Phosphor *m* фо́сфор 2; **~eszenz** *f* фосфоресце́нция 8
phosphoreszieren *intr* фосфоресци́ровать 2
Phosphorsäure *f* фо́сфорная кислота́
Phrase *f* фра́за 6 | ~n dreschen пустосло́в|ить 3 -лю
Phrasendrescher *m* фразёр 2
Phraseologie *f* фразеоло́гия 8
phraseologisch фразеологи́ческий
Physik *f* фи́зика 6
physikalisch физи́ческий
Physiker *m* фи́зик 2
Physio|gnomie *f* физионо́мия 8; **~logie** *f* физиоло́гия 8
physiologisch физиологи́ческий
physisch физи́ческий
Pianino *n* пиани́но *n idkl*
Pianist *m* пиани́ст 2
Piano *n*, **~forte** *n* фортепья́но [тэ] *n idkl*
Pickel *m* Hacke кирка́ 6, моты́га 6; *Med* прыщ 2e *G Pl* -е́й
pickelig прыща́в:ый
picken *tr u. intr* клева́ть* ⟨клю́нуть *mom* 4⟩
Picknick *n* пикни́к 2e
piekfein *umg* шика́р|ный, -ен, элега́нт|ный, -ен
Piepmatz *m* птен|е́ц, -ца́ 2
piep[s]en *intr* пища́ть 3 ⟨пи́скнуть *mom* 4⟩
Pier *m Mar* пирс 2
Pietät *f* пиете́т [тэ] 2, почте́ние 5
pietät|los непочти́тел|ьный, -ен, -ьна; **~voll** почти́тел|ьный, -ен, -ьна
Pietismus *m* пиети́зм [иэ] 2
Piezoelektrizität *f* пьезоэлектри́чество 4
Pigment *n Biol* пигме́нт 2
[1]**Pik** *n* Spielkarte пи́ки *Pl* 6 | ~ ist Trumpf пи́ки ко́зыри
[2]**Pik** *m* Bergspitze пик 2
[3]**Pik** *m*: einen ~ auf j-n haben затаи́ть *v* 3 зло́бу про́тив кого́-н., име́ть зуб на кого́-н.
pikant пика́нт|ный, -ен
Pike *f* пи́ка 6 | etw. von der ~ auf erlernen начина́ть ⟨нача́ть*⟩ слу́жбу с низо́в
Pikee *m* Stoff пике́ *n idkl*
pikieren *tr Bot* пики́ровать *uv, v* 2, выса́живать ⟨вы́са|дить 3 -жу⟩ се́янцы
Pikkolo *m* учени́к-ке́льнер 2e–2; **~flöte** *f* фле́йта-пи́кколо 6-*n idkl*
Pilaster *m Bauw* пиля́стра 6
Pilger *m* пало́мник 2
pilgern *intr* пало́мничать
Pille *f* пилю́ля 7 | die ~ nehmen принима́ть противозача́точную табле́тку
Pilot *m Flugw* пило́т 2; *Mar* шту́рман 2, ло́цман 2
Pils(ner) *n* пи́льзенское пи́во 4
Pilz *m* гриб 2e | ~e suchen хо|ди́ть 3⁺ -жу́ за гриба́ми [по грибы́]; **~sammler** *m* сбо́рщик грибо́в; **~vergiftung** *f* отравле́ние гриба́ми
Pinguin *m* пингви́н 2
Pinie *f* пи́ния 8, италья́нская сосна́ 6c *G Pl* со́сен
Pinne *f* Ruder~ ру́мпель 1; kleiner Nagel шпи́лька 6, гво́здик 2
Pinscher *m Zool* пи́нчер 2
Pinsel *m* кисть 9g | so ein (alberner) ~! *übertr* вот дура́к!
pinseln *tr u. intr* малева́ть 2
Pinselstrich *m* маз|о́к, -ка́ 2
Pinzette *f* пинце́т 2
Pionier *m* пионе́р 2; Mädchen пионе́рка 6; *Mil* сапёр 2; *Pl* инжене́рные войска́; *übertr* пионе́р | Junge ~e Ю́ные пионе́ры; **~arbeit** *f* in der Pionierorganisation пионе́рская рабо́та; Neuerertum пионе́рство 4; **~eisenbahn** *f* пионе́рская желе́зная доро́га; **~freundschaft** *f* пионе́рская дружи́на 6; **~gruppe** *f* пионе́рский отря́д 2, пионеротря́д 2; **~halstuch** *n* пионе́рский га́лстук; **~haus** *n* дом пионе́ров; **~lager** *n* пионе́рский ла́герь, пионерла́гер|ь 1b *Pl* -я́; **~leiter** *m* пионервожа́тый *Subst* 10; **~leiterin** *f* пионервожа́тая *Subst* 10; **~palast** *m* дворе́ц пионе́ров
Pipeline *f* трубопрово́д 2; Erdöl нефтепрово́д 2
Pipette *f* пипе́тка 6
Pirat *m* пира́т 2
Pirol *m Zool* и́волга 6
Pirouette *f* пируэ́т 2
Pirsch *f* охо́та 6 скра́дом
pirschen *intr* охо́|титься 3 -чусь; sich ans Wild anschleichen подкра́дываться ⟨-|кра́сться*⟩ к *D*
Pistazie *f Bot* фиста́шка 6
Piste *f Sport* тра́сса 6
Pistole *f* пистоле́т 2 | j-m die ~ auf die Brust setzen принужда́ть ⟨-ну́дить 3 -ну́жу⟩ кого́-н. си́лой к чему́-н.
Pistolentasche *f* пистоле́тная кобура́ 6
Pizza *f* пи́за 6
Plackerei *f umg* хло́поты, хлопо́т, хло́потам *Pl* 6
plädieren *intr Jur* произноси́ть 3⁺ -ношу́ ⟨-|нести́*⟩ речь (пе́ред судо́м); *übertr* выступа́ть ⟨вы́ступ|ить 3 -лю⟩ (für за *A*)

Plädoyer *n* речь 9g прокурóра пéред судóм; речь защúтника пéред судóм
Plage *f* мучéние 5, мýка 6; Mühe хлóпоты *Pl* 6; *übertr* бич 2e | wir haben unsere ~ mit ihm мýка нам с ним; **~geist** *m* мучúтель 1
plagen *tr* мýчить 3 (за-, из-); j-m lästig fallen надоедáть ⟨-|éсть*⟩ *D;* sich ~ *refl* мýчиться (за-, из-)
Plagiat *n* плагиáт 2
Plakat *n* плакáт 2, афúша 6
plakatieren *tr* расклéивать ⟨-клéить 3⟩ плакáты
Plakat|kunst *f* искýсство плакáта; **~säule** *f* столб для объявлéний [для афúш]
Plakette *f* Denkmünze (пáмятная) медáль 9; Abzeichen знач|óк, -кá 2
Plan *m* план 2; Entwurf проéкт [оэ] 2 | nach ~ arbeiten рабóтать по плáну; über den ~ hinaus сверх плáна; Pläne schmieden стрóить 3 плáны; er trägt sich mit neuen Plänen он нóсится с нóвыми плáнами; **~aufgabe** *f* плáновое задáние; **~disziplin** *f* плáновая дисциплúна
Plane *f* брезéнт 2; Überdachung навéс 2 [тент [тэ] 2] из парусúны
planen *tr* планúровать 2 (за-), сост|авлять ⟨-áвить 3 -áвлю⟩ план; Reise намечáть ⟨намé|тить 3 -чу⟩, задýм|ывать ⟨-ать⟩ | es wird geplant, die Sitzung am Abend durchzuführen предполагáется устрóить заседáние вéчером
Planer *m* планóвик 2e
Planerfüllung *f* выполнéние плáна
Planet *m* планéта 6
planetarisch планéтный
Planetarium *n* планетáри|й 1 *P* -и
Planeten|bahn *f* орбúта 6 планéты; **~system** *n* планéтная систéма
plangleich в соотвéтствии с плáном
planieren *tr* вырáвнивать ⟨вы́ровнять⟩
Planier|raupe *f* бульдóзер 2; **~ung** *f* вырáвнивание 5
Planimetrie *f* планимéтрия 8
Planke *f* тóлстая доскá 6a; Dielenbrett половúца 6; Latte плáнка 6
Plänkelei *f* перебрáнка 6, сты́чка 6; *Mil* перестрéлка 6, сты́чка
Plan|kennziffern *Pl* плáновые показáтели *Pl* 1; **~kommission** *f* плáновая комúссия
plankonkav плóско-вóгнутый
Plankontrolle *f* контрóль за выполнéнием плáна
plankonvex плóско-вы́пуклый
Plankton *n* планктóн 2
planlos **1.** *Adj* бесплáновый **2.** *Adv* без плáна
Planlosigkeit *f* бесплáновость 9
planmäßig **1.** *Adj* планомéр|ный, -ен **2.** *Adv* по плáну
Planmäßigkeit *f* планомéрность 9, плáновость 9
Planrückstand *m* отставáние 5 по плáну | den ~ aufholen ликвидúровать *uv, v* 2 отставáние по плáну
Planschbecken *n* дéтский бассéйн
planschen *intr* плескáться*
Plan|soll *n* плáновое задáние 5; **~stelle** *f* штáтная единúца 6
Plantage *f* плантáция 8
Planung *f* планúрование 5
Planvorsprung *m* досрóчное выполнéние 5 плáна | einen ~ von sieben Tagen erreichen вы́полнить *v* 3 план на семь дней рáньше срóка
Plan|wagen *m* фургóн 2; **~wirtschaft** *f* плáновое хозя́йство; **~ziel** *n* предусмóтренная плáном цель
plappern *intr* болтáть, таратóрить 3
plärren *intr* ревéть*
Plasma *n* плáзма 6
Plast *m* пластмáсса 6, плáстик 2
Plastik *f* Kunstwerk скульптýра 6; **~folie** *f* плёнка 6 из плáстика
Plastilin *n*, **Plastilina** *f* пластилúн 2
plastisch пластúческий; anschaulich нагля́д|ный, -ен
Plastizität *f* пластúчность 9
Platane *f* платáн 2
Plateau *n* платó *n idkl,* плоскогóрье 5
Platin *n* плáтина 6
platonisch платонúческий
plätschern *intr* плескáть(ся)*
platt flach плóс|кий, -ок, -кá!, -че; seicht *übertr* пóшл:ый, -á!; Nase приплюснут:ый
plattdeutsch нижненемéцкий
Platte *f* Metall, Stein плитá 6c, пластúна 6; flacher Teller блю́до 4; Schall~, *Foto* пластúнка 6; *umg* Glatze плешь 9 | kalte ~ холóдные закýски *Pl* 6
plätten *tr* глá|дить 3 -жу (вы́-), утю́жить 3 (вы́-, от-)
Platten|spieler *m* проúгрыватель 1; **~werk** *n* завóд крупнопанéльных детáлей
Platt|fische *m Pl* кáмбаловые *Subst Pl* 10; **~form** *f* площáдка 6; *Eisenb* платфóрма 6 *a. Pol*
Plattfuß *m* плóская стопá; **~einlage** *f* супинáтор 2 (для плóской стопы́)
Plattheit *f übertr* пóшлость 9
plattieren *tr Tech* плакировáть 2
Platz *m* мéсто 4b; öffentlicher плóщадь 9g; für Militärparaden u. ä. плац 2; на плацý; *Sport* площáдка 6 | der Rote ~ Крáсная плóщадь; ~ machen посторонúться *v* 3⁺, давáть* ⟨дать*⟩ мéсто; ~ einnehmen занимáть ⟨заня́ть*⟩ мéсто, са|дúться 3 -жýсь ⟨сесть*⟩; ~ finden находúть ⟨найтú⟩ мéсто; nehmen Sie bitte ~ садúтесь, пожáлуйста; das ist hier nicht am ~ э́то здесь неумéстно; auf die Plätze! на старт!; die Bücher stehen nicht

an ihrem ~ кни́ги стоя́т не на ме́сте; ~ gemacht! посторони́(те)сь!; **~angst** *f* боя́знь простра́нства, агорафо́бия 8; **~anweiser** *m* билетёр 2; **~anweiserin** *f* билетёрша 6 *umg*
Plätzchen *n* месте́ч|ко 4 *Pl* -ки, -ек; Gebäck пече́нье 5
platzen *intr* ло́паться ⟨ло́пнуть 4⟩ *a. übertr;* Glaskolben, Wand тре́скаться (по-), тре́снуть *v* 4; Bombe разрыва́ться ⟨разо|рва́ться*, -рвали́сь⟩ | er ist vor Ärger [vor Neid] beinahe geplatzt он чуть не ло́пнул от зло́сти [от за́висти]
Platz|karte *f* плацка́рта 6; **~kartenwagen** *m* плацка́ртный ваго́н; **~mangel** *m* нехва́тка 6 мест; **~patrone** *f* холосто́й патро́н; **~regen** *m* ли́в|ень, -ня 1, проливно́й дождь
platzsparend эконо́мящий 11 ме́сто
Platzwart *m Sport* сто́рож 2b *Pl* -а́, -е́й спортплоща́дки
Plauderei *f* непринуждённая бесе́да 6
plaudern *intr* бесе́довать 2 (mit с *I*) | aus der Schule ~ разба́лтывать ⟨-болта́ть⟩ секре́т, разгла|ша́ть ⟨-си́ть 3 -шу́⟩ та́йну
Plauder|stündchen *n* лёгкая бесе́да 6; **~ton** *m* беззабо́тный тон
plausibel Grund основа́тел|ьный, -ен, -ьна, убеди́тел|ьный, -ен, -ьна; Erklärung прие́млем:ый | j-m etw. ~ machen разъясн|я́ть ⟨-и́ть 3⟩ кому́-н. что-н.
Plazenta *f* плаце́нта 6
plazieren *tr Sport* пласирова́ть *uv, v* 2; Platz anbieten разме|ща́ть ⟨-сти́ть 3 -щу́⟩; sich ~ *refl Sport* занима́ть ⟨заня́ть*⟩ (заме́тное) ме́сто
Plazierung *f Sport* ме́сто 4b, за́нятое в соревнова́нии
Plebejer *m hist* плебе́|й 1 *G Pl* -ев
plebejisch плебе́йский
pleite *umg:* ~ gehen обанкро́|титься *v* 3 -чусь, разор|я́ться ⟨-и́ться 3⟩; ~ sein сви|сте́ть 3 -щу́ в кула́к
Pleite *f umg* банкро́тство 4, крах 2 | das ist eine schöne ~! вот тебе́ и на!
Plenar|saal *m* зал плена́рных заседа́ний; **~sitzung** *f* плена́рное заседа́ние
Plenum *n* пле́нум 2
Pleonasmus *m* плеона́зм 2
Pleuelstange *f Tech* шату́н 2e
Plexiglas *n* плексигла́с 2
Plinse *f* блин 2e
Plissee *n* плиссе́ [сэ] *n idkl;* **~rock** *m* плиссиро́ванная ю́бка
plissieren *tr* плиссирова́ть 2
Plombe *f* пло́мба 6 *a. Med*
plombieren *tr* пломбирова́ть 2 (о-); Zahn пломбирова́ть (за-)
Plötze *f Zool* плотва́ 6
plötzlich 1. *Adj* внеза́п|ный, -ен; Tod скоропости́ж|ный, -ен **2.** *Adv* внеза́пно, вдруг
Plötzlichkeit *f* внеза́пность 9
plump неуклю́ж:ий 11, нело́в|кий, -ок, -ка́!; Schwindel гру́б:ый, -а́!
Plumpheit *f* неуклю́жесть 9, нело́вкость 9; гру́бость 9
Plumpsack *m* у́вал|ень, -ьня 1
plumpsen *intr* ins Wasser бултыха́ться ⟨бултыхну́ться 4⟩
Plunder *m* хлам 2, ру́хлядь 9
Plünderer *m* граби́тель 1
plündern *tr* гра́б|ить 3 -лю (о-); Obstbaum снима́ть ⟨снять*⟩ плоды́
Plünderung *f* граб|ёж, -ежа́ 2e *G Pl* -еже́й, разграбле́ние 5
Plural *m* мно́жественное число́ 4
plus *Adv* плюс | zwei ~ drei ist fünf два плюс три – пять
Plus *n Math* плюс 2; *Wirtsch* Überschuß изли́ш|ек, -ка 2, при́быль 9; *übertr* преиму́щество 4
Plüsch *m* плюш 2; **~sofa** *n* плю́шевый дива́н
Plus|pol *m* положи́тельный по́люс; **~quamperfekt** *n* плюсквамперфе́кт 2
Plutonium *n* плуто́ни|й 1 *P* -и
[1]**Pneumatik** *m Tech* пневма́тик 2, пневмати́ческая ши́на 6
[2]**Pneumatik** *f Phys* пневма́тика 6
pneumatisch пневмати́ческий
Pneumothorax *m* пневмото́ракс 2
Pöbel *m* чернь 9
pöbelhaft хулига́нский
pochen *tr* Erz толо́чь* (ис-, рас-); *intr* стуча́ть 3 ⟨сту́кнуть 4⟩ (an в *A*); Herz би́ться*; *übertr* кичи́ться 3 (auf *I*)
Pocken *f Pl Med* о́спа 6; **~impfung** *f* оспопривива́ние 5; **~narbe** *f* о́спина 6, ряби́на 6
pockennarbig ряб:о́й, -а́! (от о́спы) | ~es Gesicht лицо́ в о́спинах [в о́спе]
Podest *n, m* erhöhter Tritt помо́ст 2; Treppenabsatz площа́дка 6
Podium *n* помо́ст 2
Poem *n* поэ́ма 6
Poesie *f* поэ́зия 8
Poet *m* поэ́т 2; **~ik** *f* поэ́тика 6
poetisch поэти́ческий
Pogrom *m* погро́м 2
Pointe *f* соль 9g
Pokal *m* бока́л 2; Preis, bes. im Sport ку́б|ок, -ка 2 | um den ~ kämpfen боро́ться за ку́бок; **~runde** *f* тур 2 игр на ку́бок; **~sieger** *m* победи́тель игр на ку́бок; **~spiel** *n Sport* игра́ на ку́бок
Pökelfleisch *n* солони́на 6
pökeln *tr* соли́ть 3 со́лишь, со́ленный (по-)
Pol *m* по́люс 2
polar поля́рный
Polar|eis *n* поля́рный лёд; **~expedition** *f* поля́рная экспеди́ция; **~forscher** *m* поля́рник 2; **~fuchs** *m* пес|е́ц, -ца́ 2; **~ge-**

gend *f* поля́рные стра́ны *Pl* 6c; **~hund** *m* ла́йка 6
Polarisation *f* поляриза́ция 8
polarisieren *tr Phys* поляризова́ть *uv, v* 2
Polarität *f Phys* поля́рность 9
Polar|kreis *m* поля́рный круг; **~licht** *n* поля́рное сия́ние 5; **~nacht** *f* поля́рная ночь; **~station** *f* поля́рная ста́нция; **~stern** *m* Поля́рная звезда́
Pole *m* поля́к 2
Polemik *f* поле́мика 6 (gegen с *I*)
polemisch полеми́ческий
polemisieren *intr* полемизи́ровать 2 (gegen с *I*)
polen *tr El* соедин|я́ть ⟨-и́ть 3⟩ с по́люсом
Polen По́льша 6
Polhöhe *f Astr* высота́ по́люса
Police *f* по́лис 2, страхово́е свиде́тельство 4
Polier *m* деся́тник 2
polieren *tr* полирова́ть 2 (на-, от-); *übertr* шлифова́ть 2 (от-)
Polier|er *m* полиро́вщик 2; **~ung** *f* полиро́вка 6
Poliklinik *f* поликли́ника 6
Polin *f* по́лька 6
Politbüro *n* политбюро́ *n idkl*
Politik *f* поли́тика 6 | ~ der Stärke поли́тика с пози́ции си́лы; die ~ der Nichteinmischung поли́тика невмеша́тельства
Politiker *m* поли́тик 2, полити́ческий де́ятель 1
politisch 1. *Adj* полити́ческий | ~er Gefangener политзаключённый *Subst* 10; die ~e Lage полити́ческое положе́ние **2.** *Adv* полити́чески | ~ tätig sein занима́ться полити́ческой де́ятельностью
politisch-ideologisch иде́йно-полити́ческий
politisieren *intr* рассужда́ть о поли́тике; kannegießern политика́нствовать 2
Politökonomie *f* политэконо́мия 8
Politur *f* Mittel политу́ра 6; Oberfläche полиро́вка 6
Polizei *f* поли́ция 8; **~aufgebot** *n* отря́д 2 поли́ции; **~aufsicht** *f:* unter ≈ под надзо́ром поли́ции; **~behörde** *f* поли́ция 8
polizeilich 1. *Adj* полице́йский | ~e Meldepflicht обяза́тельная пропи́ска 6 в поли́ции **2.** *Adv* че́рез поли́цию | ~ gesucht werden разы́скиваться поли́цией
Polizei|präsidium *n* гла́вное полице́йское управле́ние 5; **~revier** *n* полице́йский уча́сток; **~streife** *f* полице́йский патру́ль; **~stunde** *f* полице́йский час; **~wache** *f* полице́йский уча́ст|ок, -ка 2
polizeiwidrig запрещённый поли́цией, противоре́чащий 11 предписа́ниям поли́ции
Polizist *m* полице́йский *Subst* 10; in der UdSSR милиционе́р 2
Polka *f* по́лька 6
Pollen *m Bot* пыльца́ 6
Pollution *f Med* поллю́ция 8
polnisch по́льский
Polo *n Sport* по́ло *n idkl;* **~hemd** *n* те́нниска [тэ] 6
Polonäse *f Mus* полоне́з [нэ] 2
Polonium *n Chem* поло́ни|й 1 *P* -и
Polster *n* поду́шка 6; Bezug мя́гкая оби́вка 6; **~er** *m* обо́йщик 2; **~möbel** *n Pl* мя́гкая ме́бель
polstern *tr* набива́ть ⟨-|би́ть*⟩; überziehen обива́ть ⟨-|оби́ть*, обобью⟩
Polster|sessel *m* мя́гкое кре́сло; **~sitz** *m* мя́гкое сиде́нье; **~ung** *f* оби́вка 6, наби́вка 6
Polterabend *m* вечери́нка 6 накану́не сва́дьбы
poltern *intr* громыха́ть; schimpfen (гро́мко) руга́ться; am Polterabend весели́ться 3 накану́не сва́дьбы
Polyäthylen *n* полиэтиле́н 2
Poly|eder *n* многогра́нник 2; **~ester** *m* сло́жный полиэфи́р 2; **~gamie** *f* полига́мия 8, многобра́чие 5
polyglott многоязы́ч|ный, -ен
Poly|gon *n Math* многоуго́льник 2; **~graphie** *f* полиграфи́я 8
polygraphisch полиграфи́ческий
Poly|merisation *f* полимериза́ция 8; **~nom** *n Math* многочле́н 2
Polyp *m* поли́п 2
polyphon полифони́ческий
Polysemie *f Ling* полисеми́я 8, многозна́чность 9
Polystyrol *n* полистиро́л 2
polytechnisch политехни́ческий | ~er Unterricht политехни́ческое обуче́ние
Pomade *f* пома́да 6
pomadig *übertr umg* вял:ый, флегмати́ч|ный, -ен
Pomeranze *f Bot* помера́н|ец, -ца 2
Pomp *m* по́мпа 6, пы́шность 9
pomphaft, pompös пыш|ный, -ен, -на́!
Ponton *m* понто́н 2; **~brücke** *f* понто́нный мост
[1]**Pony** *m, n Zool* по́ни *m idkl*
[2]**Pony** *m* Frisur чёлка 6
Popanz *m* чу́чело 4, пу́гало 4 *a. übertr*
Pope *m* поп 2e
Popeline *f* popли́н 2
Popmusik *f* поп-му́зыка 6
Popo *m umg* зад 2b; на, в заду́
populär популя́р|ный, -ен
popularisieren *tr* популяризова́ть *uv, v* 2
Popularität *f* популя́рность 9 | sich großer ~ erfreuen по́льзоваться 2 большо́й популя́рностью
populärwissenschaftlich нау́чно-популя́рный
Pore *f* по́ра 6
Pornographie *f* порногра́фия 8

pornographisch порнографический
Porokreppsohle *f* микропористая подошва
porös пористый; Boden рыхлый, -á!
Porosität *f* пористость 9
Porphyr *m* порфир 2
Porree *m* лук-порей 1
Portal *n* портал 2
Porte|feuille *n* портфель 1; **~monnaie** *n* кошел|ёк, -ька 2
Porterbier *n* портер 2
Portier *m* портье *m idkl*, швейцар 2; **~loge** *f* швейцарская *Subst* 10
Portion *f* порция 8 | er besitzt eine tüchtige ~ Frechheit он очень наглый (человек)
portionsweise *Adv* порциями
Porto *n* почтовый сбор 2
porto|frei не подлежащий 11 оплате почтовым сбором; **~pflichtig** подлежащий 11 оплате почтовым сбором
Porträt *n* портрет 2
porträtieren *tr* писать* (на-) портрет с *G*
Porträtmaler *m* портретист 2; **~ei** *f* портретная живопись
Port Said Порт-Сайд 2
Portugal Португалия 8
Portugies|e *m* португал|ец, -ьца 2; **~in** *f* португалка 6
portugiesisch португальский
Portwein *m* портвейн 2
Porzellan *n* фарфор 2; **~erde** *f* каолин 2; **~geschirr** *n* фарфоровая посуда; **~malerei** *f* живопись на фарфоре; **~schale** *f* фарфоровая чаша; **~service** *n* фарфоровый сервиз; **~vase** *f* фарфоровая ваза; **~waren** *f Pl* фарфоровые изделия
Posaune *f* тромбон 2
Posaunist *m* тромбонист 2
Pose *f* поза 6
Position *f* позиция 8; im Sport; Stelle место 4b; Stellung, Lage положение 5; Einzelposten стат|ья 7 *G Pl* -ей
Positionslichter *n Pl Flugw* аэронавигационные огни *Pl* 1; *Mar* отличительные *Subst Pl* 10, отличительные знаки *Pl* 2
positiv позитив|ный, -ен; Zahl, Elektrizität, Antwort положител|ьный, -ен, -ьна
[1]**Positiv** *m Gramm* положительная степень 9g
[2]**Positiv** *n Foto* позитив 2
Positron *n Phys* позитрон 2
Positur *f* поза 6 | sich in ~ setzen стать* *v* в позу, принимать ⟨принять*⟩ позу
Posse *f Theat* фарс 2
possenhaft забав|ный, -ен
Possenreißer *m* балагур 2, шут 2e
Possessivpronomen *n* притяжательное местоимение
possierlich забав|ный, -ен, потеш|ный, -ен
Post *f* почта 6; Amt, Gebäude почтамт 2 | mit der ~ почтой, по почте; auf die ~ gehen идти* на почту
postalisch почтовый
Postament *n* постамент 2
Post|amt *n* почтамт 2, почтовое отделение 5; **~angestellter** *m* почтовый служащий; **~anweisung** *f* почтовый перевод 2; **~bote** *m* почтальон 2, письмонос|ец, -ца 2
Posten *m* Anstellung пост 2e; на посту; *Mil* часовой *Subst* 10, пост; *Hdl* Ware партия 8; Eintragung стат|ья 7 *G Pl* -ей | ~ stehen стоять на посту; wieder auf dem ~ sein в|стать* *v* на ноги, поправ|иться *v* 3 -люсь; einen ~ bekleiden занимать ⟨занять*⟩ должность
Poster *n* постер 2, декоративный плакат 2
Post|fach *n* почтовый абонементный ящик 2; **~gebühr** *f* почтовый сбор 2; **~geheimnis** *n* тайна переписки
postgradual: ~es Studium послевузовское обучение 5
Post|karte *f* открытка 6; **~kutsche** *f* почтовая карета
postlagernd *Adv* до востребования
Postleitzahl *f* почтовый индекс 2
Postpaket *n* почтовая посылка
Postscheck *m* денежный чек 2 для предъявления к оплате в почтовом отделении; **~konto** *n* чековый текущий счёт при почтовом отделении
Post|schließfach *n* абонементный почтовый ящик 2; **~sendung** *f* почтовое отправление 5
Postskriptum *n* постскриптум 2, приписка 6 к письму
Post|sparbuch *n* почтовая сберегательная книжка; **~sparkasse** *f* сберегательная касса при почтовом отделении; **~stempel** *m* почтовый штемпель
Postulat *n* постулат 2
Post|versand *m* почтовое отправление 5; **~wagen** *m Eisenb* почтовый вагон
postwendend *Adv* с обратной почтой
Post|wertzeichen *n Pl* почтовые марки *Pl* 6; **~zustellung** *f* доставка почты
Potential *n* потенциал [тэ] 2
potentiell потенциал|ьный [тэ], -ен, -ьна
Potenz *f* потенция [тэ] 8; *Math* степень 9g | die zweite ~ вторая степень, квадрат 2; in höchster ~ *übertr* в высшей степени
potenzieren *tr* усил|ивать ⟨-ить 3⟩; *Math* возводить 3⁺ -вожу ⟨-|вести*⟩ в степень
Potpourri *n* попурри *n idkl*
Potsdam Потсдам 2
Pott|asche *f Chem* поташ 2e; **~wal** *m* кашалот 2
poussieren *intr umg* флиртовать 2
Präambel *f* преамбула 6
Pracht *f* роскошь 9, великолепие 5 | das ist eine wahre ~! какое великолепие!; in

aller ~ во всём великоле́пии, во всём бле́ске; **~ausgabe** *f* роско́шное изда́ние; **~bau** *m* великоле́пное зда́ние
prächtig роско́ш|ный, -ен, великоле́п|ный, -ен, пы́ш|ный, -ен, -на́!; Mensch замеча́тел|ьный, -ен, -ьна
Pracht|kerl *m* чуде́сный ма́лый *Subst* 10, молод|е́ц, -ца́ 2; **~stück** *n* роско́шный экземпля́р 2
prachtvoll = prächtig
Prädestination *f* предназначе́ние 5, предопределе́ние 5
Prädikat *n Gramm* сказу́емое *Subst* 10; Zensur отме́тка 6; Bewertung оце́нка 6 | die Prüfung mit dem ~ «gut» ablegen с|дать* *v* экза́мен на «хорошо́»
prädikativ предикати́в|ный, -ен
Präfekt *m* префе́кт 2
präfigiert префикса́льный
Präfix *n* приста́вка 6, пре́фикс 2
Prag Пра́га 6
prägen *tr* Münzen чека́нить 3 (вы́-, от-); Begriff образ|о́вывать ⟨-ова́ть 2⟩
Prägepresse *f* Münze чека́ночный пресс
Pragmatismus *m* прагмати́зм 2
prägnant ме́т|кий, -ок, -ка́!, чёт|кий, -ок, четка́!
Prägnanz *f* ме́ткость 9, чёткость 9
Prägung *f* Münzen чека́нка 6; Muster тисне́ние 5
prähistorisch доистори́ческий | ~e Siedlung городи́ще 4
prahlen *intr* хвали́ться 3⁺ (по-), хва́статься (по-)
Prahlerei *f* хвастовство́ 4
prahlerisch хвастли́в:ый
Prahlhans *m* хвасту́н 2e
Praktik|ant *m* практика́нт 2; **~en** *Pl* интри́ги *Pl* 6, уло́вки *Pl* 6; **~er** *m* пра́ктик 2; **~um** *n* пра́ктика 6; beim Studium практи́ческие заня́тия *Pl* 5 (студе́нтов)
praktisch 1. *Adj* практи́ческий; Mensch практи́ч|ный, -ен | ~er Arzt практику́ющий 11 врач **2.** *Adv* практи́чески, на пра́ктике
praktizieren *intr* практикова́ть 2
Prälat *m* прела́т 2
Praline *f* шокола́д 2 начи́нкой, шокола́дная конфе́та 6
prall туг:о́й, -а́! Segel (ту́го) натя́нут:ый; gefüllt (ту́го) наби́т:ый | in der ~en Sonne на я́рком со́лнце
prallen *intr* ударя́ться ⟨уда́риться 3⟩ (gegen о́бо что-н.), наска́кивать ⟨-скочи́ть 3⁺⟩ (gegen на *A*)
Präludium *n* прелю́дия 8
Prämie *f* пре́мия 8 (für за *A*)
Prämien|fonds *m* премиа́льный фонд; **~ordnung** *f* положе́ние 5 о преми́ровании, поря́док распределе́ния пре́мий; **~zahlung** *f* вы́плата 6 пре́мий
prämieren *tr* премирова́ть *uv, v* 2 (für за *A*)
Prämierung *f* премирова́ние 5
Prämisse *f* предпосы́лка 6
prangen *intr* красова́ться 2
Pranger *m* позо́рный столб 2e | j-n an den ~ stellen заклейм|и́ть *v* 3 -лю́ (позо́ром) кого́-н.
Pranke *f* ла́па 6
Präparat *n* препара́т 2
präparieren *tr* vorbereiten пригот|а́вливать ⟨-о́вить 3 -о́влю⟩; *Anat* препари́ровать *uv, v* 2
Präposition *f* предло́г 2
Präpositiv *m* предло́жный паде́ж 2e *G Pl* -е́й
Prärie *f* пре́рия 8
Präsens *n* настоя́щее 11 вре́мя
präsentieren *tr* Wechsel, Rechnung предъяв|ля́ть ⟨-и́ть 3⁺ -лю́⟩ | präsentiert das Gewehr! на карау́л!; das Gewehr ~ брать*⟨взять*⟩ винто́вку «на карау́л»
Präsentierteller *m:* auf dem ~ sitzen сиде́ть ⟨сесть⟩ у всех на виду́
Präsentkorb *m* пода́рочная корзи́на
Präsenzbibliothek *f* библиоте́ка-чита́льня 6-7 *G Pl* -ен (без вы́дачи книг на́ дом)
Präsident *m* президе́нт 2; Vorsitzender председа́тель 1
Präsidentenwahl *f* президе́нтские вы́боры; вы́боры председа́теля
Präsidentschaft *f* президе́нтство 4; председа́тельство 4
Präsidentschaftskandidat *m* кандида́т в президе́нты
präsidieren *intr* председа́тельствовать 2
Präsidium *n* прези́диум 2; einer Versammlung председа́тельство 4 | ~ des Obersten Sowjets der UdSSR Прези́диум Верхо́вного Сове́та СССР
prasseln *intr* Feuer треща́ть 3, потре́скивать | der Regen prasselt auf das Dach дождь бараба́нит по кры́ше
prassen *intr* ку|ти́ть 3⁺ -чу́
Prätendent *m* претенде́нт 2
Präteritum *n* прете́рит 2, проше́дшее 11 вре́мя
Präventiv|haft *f* предвари́тельное заключе́ние; **~krieg** *m* превенти́вная война́; **~maßnahme** *f* предупреди́тельная ме́ра
Praxis *f* пра́ктика 6 *a. Med* | in der ~ на пра́ктике; in die ~ umsetzen примен|я́ть ⟨-и́ть 3⟩ на пра́ктике
praxisnah свя́занный с пра́ктикой
Präzedenzfall *m* прецеде́нт 2
präzis[e] то́ч|ный, -ен, -на́!
präzisieren *tr* уточн|я́ть ⟨-и́ть 3⟩
Präzision *f* то́чность 9
Präzisions|arbeit *f* то́чная рабо́та; **~waage** *f* то́чные весы́
predigen *intr* пропове́довать 2 *a. übertr* | Moral ~ чита́ть мора́ль

Prediger *m* пропове́дник 2
Predigt *f* про́поведь 9; *übertr* Belehrung про́поведь, наставле́ние 5 | eine ~ halten чита́ть про́поведь; *übertr* чита́ть наставле́ние
Preis *m* цена́ 6c; Belohnung награ́да 6; Prämie пре́мия 8; bei Wettrennen usw. приз 2b | feste ~e твёрдые це́ны; zum ~e von drei Mark по цене́ в три ма́рки; die Waren gehen im ~ zurück це́ны на това́ры па́дают; die Waren haben einen hohen ~ це́ны на това́ры высо́кие; etw. unter dem ~ verkaufen продава́ть ⟨прода́ть⟩ что-н. ни́же (свое́й) цены́; der ~ der Maschinen цена́ на маши́ны; einen ~ aussetzen назн|ача́ть ⟨-а́чить 3⟩ приз; um jeden ~ *übertr* любо́й цено́й, во что бы то ни ста́ло; um keinen ~ *übertr* ни за что, ни за каки́е де́ньги; **~angabe** *f* обозначе́ние цены́; **~ausschreiben** *n* ко́нкурс 2; **~bestimmung** *f* установле́ние 5 цен; **~bildung** *f* образова́ние цен, ценообразова́ние 5
Preiselbeere *f* брусни́ка 6
preisen *tr* восхваля́ть, превозноси́ть 3⁺ -ношу́ ⟨-|нести́*⟩
Preis|erhöhung *f* повыше́ние цен; **~ermäßigung** *f* ски́дка 6 (с цены́), сниже́ние цен; **~gabe** *f* оставле́ние 5 на произво́л судьбы́; eines Geheimnisses вы́дача 6
preisgeben *tr* оставля́ть ⟨оста́в|ить 3 -лю⟩ на произво́л судьбы́ | ein Geheimnis ~ вы́|дать* *v* та́йну; j-n dem Gelächter ~ сде́лать *v* кого́-н. посме́шищем
preis|gekrönt премиро́ван:ный, -а; **~günstig** по вы́годной цене́
Preis|kontrolle *f* контро́ль над це́нами; **~lage** *f* у́ров|ень, -ня 1 цен | in den ≈n von ... bis ... по цене́ от ... до ...; in jeder ≈ любо́й сто́имости, по любо́й цене́; **~liste** *f* прейскура́нт 2; **politik** *f* поли́тика цен; **~richter** *m* член 2 жюри́; **~rückgang** *m* сниже́ние 5 [паде́ние 5] цен; **~schießen** *n* стрелко́вое состяза́ние 5 (на приз), призова́я стрельба́; **~schild** *n* ярлы́к 2e с указа́нием цены́, це́нник 2; **~schraube** *f* взви́нчивание 5 цен; **~schwankung** *f* колеба́ние цен; **~steigerung** *f* повыше́ние цен; **~stopp** *m* замора́живание 5 цен; **~stufe** *f* Gaststätte катего́рия 8 цен; Bahn зо́на 6; **~sturz** *m* ре́зкое паде́ние цен; **~träger** *m* лауреа́т 2; *Sport* призёр 2; **~treiberei** *f* взви́нчивание 5 [вздува́ние 5] цен; **~überwachung** *f* контро́ль 1 над це́нами; **~unterschied** *m* ра́зница в цене́
preiswert недорого́й
prekär затрудни́тел|ьный, -ен, -ьна; heikel щекотли́в:ый
Prellbock *m* тупико́вый упо́р 2
prellen *tr übertr* обма́нывать ⟨-ману́ть 4⁺⟩ (um на *A*), обсч|и́тывать ⟨-ита́ть⟩ (um на *A*)
Prell|stein *m* ту́мба 6; **~ung** *f* уши́б 2, конту́зия 8
Premiere *f Theat* премье́ра 6
Premier[minister] *m* премье́р 2, премье́р-мини́стр 2
Presse *f* Zeitung печа́ть 9, пре́сса 6; *Tech* пресс 2; **~agentur** *f* аге́нтство печа́ти; **~amt** *n* пресс-бюро́ *n idkl,* отде́л 2 печа́ти; **~berichterstatter** *m* корреспонде́нт 2; **~dienst** *m* слу́жба печа́ти; **~fotograf** *m* фоторепортёр 2; **~freiheit** *f* свобо́да печа́ти; **~konferenz** *f* пресс-конфере́нция 8; **~meldung** *f* сообще́ние печа́ти
pressen *tr* прессова́ть 2 (с-); andrücken прижима́ть ⟨-|жа́ть[1]*⟩; Früchte выжима́ть ⟨вы́жать⟩; hineindrücken вти́с|кивать ⟨-нуть⟩
Presse|schau *f* обзо́р 2 печа́ти; **~stelle** отде́л 2 печа́ти; **~vertreter** *m* представи́тель печа́ти; **~zentrum** *n* пресс-центр 2
Preß|form *f* прессфо́рма 6; **~glas** *n* прессо́ванное стекло́
Preßkopf *m* бе́лый зельц 2
Preßluft *f* сжа́тый во́здух; **~bohrer** *m* пневмати́ческий бур; **~hammer** *m* пневмати́ческий мо́лот; **~tauchgerät** *n* аквала́нг 2
Prestige *n* прести́ж 2; **~frage** *f* вопро́с [де́ло 2] прести́жа
Pretoria Прето́рия 8
preußisch пру́сский
prickeln *intr* щипа́ть*, щекота́ть* | es prickelt in der Nase щи́плет [щеко́чет] в носу́; **~d** Reiz щеко́чущий 11
Priem *m* жева́тельный таба́к 2e
priemen *intr* жева́ть* таба́к
Priester *m* свяще́нник 2; heidnischer жрец 2e | zum ~ weihen посвя|ти́ть *v* 3 -щу́ в сан свяще́нника; **~rock** *m* свяще́нническое облаче́ние; orthodox ря́са 6; **~würde** *f* сан свяще́нника
prima вы́сшего ка́чества, пе́рвого со́рта | ~ Qualität вы́сшее 11 ка́чество; das ist ja ~! *umg* э́то великоле́пно!
Primadonna *f* примадо́нна 6
Primaner *m* учени́к 2e ста́ршего кла́сса, старшекла́ссник 2
primär *Phil* первичный, основно́й | eine ~e Frage вопро́с первостепе́нного значе́ния
Prime *f Mus* при́ма 6
Primel *f* при́мула 6, первоцве́т 2
primitiv ursprünglich первобы́тный; einfach примити́в|ный, -ен, прост:о́й, -а́!
Primus *m* пе́рвый учени́к 2e
Primzahl *f Math* просто́е число́
Prinz *m* принц 2, im Märchen a. царе́вич 2 *G Pl* -ей

Prinzessin *f* принцéсса 6, im Märchen a. царéвна 6

Prinzip *n* прíнцип 2 | etw. aus ~ tun дéлать (с-) что-н. из прíнципа; im ~ в прíнципе; nach dem ~ по прíнципу

Prinzipal *m* принципáл 2

prinzipiell **1.** *Adj* принципиáл|ьный, -ен, -ьна **2.** *Adv* из прíнципа

Prinzipienreiter *m* ýзкий педáнт 2

Priorität *f* приоритéт 2

Prise *f* Salz u. ä. щепóтка 6; Schnupftabak понюшка 6

Prisma *n* прíзма 6

Prismen|fernrohr *n,* **~glas** *n* призматíческий бинóкль 1

Pritsche *f* нáры *Pl* 6; Schlagholz колотýшка 6, пáлка 6; Flachwagen платфóрма 6 (для грýза)

privat чáстный

Privat|angelegenheit *f* лíчное дéло; **~besitz** *m* чáстная сóбственность 9; **~betrieb** *m* чáстное предприя́тие; **~eigentum** *n Wirtsch* чáстная сóбственность

privatisieren *intr* жить* на процéнты с капитáла

Privat|klage *f Jur* чáстное обвинéние; **~klinik** *f* чáстная клíника; **~leben** *n* лíчная жизнь; **~person** *f* чáстное лицó; **~quartier** *n* чáстная квартíра; **~sache** *f* лíчное дéло; **~sekretär** *m* лíчный секретáрь; **~stunden** *f Pl* чáстные урóки | ≈ in etw. nehmen брать урóки чегó-н.; **~unternehmer** *m* чáстный предпринимáтель; **~wirtschaft** *f* чáстное [частновладéльческое] хозя́йство

Privileg *n* привилéгия 8

privilegiert привилегирóванный

pro **1.** *Präpos* Personen на *A,* с *G;* ein Stück Torte ~ Person по кускý тóрта на кáждого; es kostet einen Rubel ~ Person стóит по рублю́ с кáждого | Sachen за *A;* с *G;* eine Mark ~ Stück bezahlen платíть по мáрке за штýку; zehn Seiten ~ Tag übersetzen переводíть по дéсять странíц в [за] день; 20 dt ~ Hektar двáдцать цéнтнеров с гектáра | **2.** **Adv:** ~ und kontra «за» и «прóтив»

probat испы́танный, надёж|ный, -ен

Probe *f* прóба 6; Muster образ|éц, -цá 2; Versuch óпыт 2; Prüfung испытáние 5; genaue Untersuchung провéрка 6; Chor~ спéвка 6; *Theat* репетíция 8 | auf ~ nehmen брать ⟨взять⟩ на испытáтельный срок; auf die ~ stellen испы́тывать ⟨-пытáть⟩; eine ~ nehmen брать ⟨взять⟩ прóбу; **~abzug** *m Typ* прóбный óттиск; **~fahrt** *f* Auto прóбный пробéг 2; Schiff ходовóе испытáние 5; **~flug** *m* испытáтельный полёт; **~jahr** *n* годíчный испытáтельный срок 2; **~lauf** *m Tech* прóбный пуск 2; **~lektion** *f* прóбный урóк

proben *tr Mus, Theat* репетíровать 2 (про-, с-)

Probenummer *f* образцóвый [прóбный] экземпля́р [зэ] 2

probeweise *Adv* для прóбы

Probezeit *f* испытáтельный срок 2

probieren *tr* etw. zu tun прóбовать 2 (по-); Speise прóбовать (по-), дегустíровать [дэ] *uv, v* 2

Probierglas *n Chem* пробíрка 6

Problem *n* проблéма 6

Problematik *f* проблемáтика 6

problem|atisch проблематíческий, проблематíч|ный, -ен; **~los** без проблéм

Produkt *n* продýкт 2; *Math* произведéние 5; **~ion** *f* произвóдство 4; Erzeugtes продýкция 8 | in der ≈ arbeiten рабóтать на произвóдстве; die ≈ erhöhen повышáть ⟨повы́сить⟩ продýкцию

Produktions|arbeiter *m* произвóдственник 2; **~auftrag** *m* произвóдственное задáние 5; **~ausstoß** *m* вы́пуск продýкции; **~beratung** *f* произвóдственное совещáние; **~betrieb** *m* произвóдственное предприя́тие; **~erfahrung** *f* произвóдственный óпыт; **~genossenschaft** *f* произвóдственный кооперáтив | gärtnerische ≈ садовóдческий произвóдственный кооперáтив; landwirtschaftliche ≈ сельскохозя́йственный произвóдственный кооперáтив; ≈ des Handwerks ремéсленный произвóдственный кооперáтив; **~instrumente** *n Pl* орýдия *Pl* 5 произвóдства; **~kapazität** *f* произвóдственная мóщность; **~kosten** *Pl* издéржки произвóдства; **~leiter** *m* завéдующий *Subst* 11 произвóдственным отдéлом; **~mittel** *n Pl* срéдства произвóдства; **~plan** *m* произвóдственный план; **~prozeß** *m* произвóдственный процéсс

produktionstechnisch произвóдственно-технíческий

Produktions|verhältnisse *n Pl* произвóдственные отношéния; **~weise** *f* спóсоб произвóдства; **~ziffern** *f Pl* произвóдственные показáтели *Pl* 1; **~zweig** *m* óтрасль произвóдства

produktiv продуктíв|ный, -ен, производíтел|ьный, -ен, -ьна

Produktivität *f* продуктíвность 9, производíтельность 9

Produktivkräfte *f Pl* производíтельные сíлы

Produzent *m* производíтель 1; Film продю́сер 2

produzieren *tr* производíть 3⁺ -вожý ⟨-|вестí*⟩

profan свéтский

professionell профессионáльный

Professor *m* профéссор 2b *Pl* -á | ~ mit

Lehrstuhl профе́ссор, заве́дующий 11 ка́федрой
Professur *f* профессу́ра 6
Profi *m Sport* профессиона́л 2
Profil *n* про́филь 1; Reifen ~ рису́н|ок, -ка 2
profilieren *tr Tech* профили́ровать *uv, v* 2; sich ~ *refl* обрета́ть ⟨обрести́*⟩ *v* своё лицо́
Profilierung *f* профили́рование 5
Profilstahl *m* про́фильная [фасо́нная] сталь
Profit *m* при́быль 9; Vorteil вы́года 6
profitieren *intr* извлека́ть ⟨-|вле́чь*⟩ вы́году (von из *G*)
Profitrate *f* но́рма 6 при́были
profund глубо́к:ий, -а́, глубо́ко́
Prognose *f* прогно́з 2
prognostisch прогности́ческий
Programm *n* програ́мма 6 | buntes ~ разнообра́зная програ́мма
programmatisch програ́ммный
programm|gemäß в соотве́тдтвии с гра́ммой; **~gesteuert** с програ́ммным управле́нием
programmieren *tr* программи́ровать 2 (за-)
Programmier|er *m* программи́ст 2; **~ung** *f* программи́рование 5
Programm|steuerung *f* програ́ммное управле́ние; **~vorschau** *f* програ́мма 6 переда́ч (на ближа́йшее вре́мя)
progressiv прогресси́в|ный, -ен
Projekt *n* прое́кт [оэ] 2; Plan план 2 | ein machen сост|авля́ть ⟨-а́вить 3 -а́влю⟩ прое́кт
projektieren *tr* проекти́ровать 2 (за-, с-)
Projektierung *f* проектиро́вка 6, проекти́рование 5
Projektion *f Math* прое́кция [оэ] 8
Projektions|apparat *m* проекцио́нный аппара́т; **~ebene** *f* пло́скость прое́кции; **~lampe** *f* проекцио́нная ла́мпа; **~schirm** *m*, **~wand** *f* (проекцио́нный) экра́н
Projektor *m* прое́ктор [эк] 2
projizieren *tr* проекти́ровать 2; Foto проеци́ровать 2
Proklamation *f* проклама́ция 8
proklamieren *tr* провозгла|ша́ть ⟨-си́ть 3 -шу́⟩, торже́ственно объяв|ля́ть ⟨-и́ть 3⁺ -лю⟩; einen Staat прокламировать *uv, v* 2;
Pro-Kopf-Verbrauch *m* потребле́ние на ду́шу населе́ния
Prokurist *m* дове́ренный *Subst* 10 фи́рмы, прокури́ст 2
Proletariat *n* пролетариа́т 2
Proletarier *m* пролета́ри|й 1 *P* -и, *G Pl* -ев | ~ aller Länder, vereinigt Euch! Пролета́рии всех стран, соединя́йтесь!
proletarisch пролета́рский
Prolog *m* проло́г 2
prolongieren *tr* Paß, Zahlung отсро́ч|ивать ⟨-ить 3⟩; Vertrag, Wechsel пролонги́ровать *uv, v* 2
Promenade *f* Spazierweg ме́сто 4b для прогу́лок, промена́да 6
Promenadendeck *n Mar* прогу́лочная па́луба
promenieren *intr* прогу́ливаться ⟨-гуля́ться⟩
prominent выдаю́щийся 11, ви́д|ный, -ен, -на́, -но, видны́
Promotion *f* Verleihung присужде́ние 5 учёной сте́пени до́ктора; Erwerb получе́ние 5 учёной сте́пени до́ктора
promovieren *intr* получ|а́ть ⟨-и́ть 3⁺⟩ учёную сте́пень до́ктора; in einem Fach защи|ща́ть ⟨-ти́ть 3 -щу́⟩ до́кторскую диссерта́цию
prompt Bedienung бы́стр:ый, -а́!, то́ч|ный, -ен, -на́!; Antwort неме́дленный, бы́стрый
Pronomen *n* местоиме́ние 5
Propaganda *f* пропага́нда 6 | für etw. ~ treiben пропаганди́ровать 2 что-н.; **~material** *n* пропаганди́стский материа́л; **~tätigkeit** *f* пропаганди́стская де́ятельность
Propagandist *m* пропаганди́ст 2
propagandistisch пропаганди́стский
propagieren *tr* пропаганди́ровать 2
Propangas *n* пропа́н 2
Propeller *m* пропе́ллер 2, возду́шный винт 2e; **~antrieb** *m* винтово́й дви́гатель 1; **~schlitten** *m* аэроса́ни *Pl* 9g; **~turbine** *f*, **~turbinentriebwerk** *n* турбовинтово́й дви́гатель 1
Prophet *m* проро́к 2
prophetisch проро́ческий
prophezeien *tr* проро́чить 3, предска́зывать ⟨-с|каза́ть*⟩
Prophezeiung *f* проро́чество 4, предсказа́ние 5
prophylaktisch профилакти́ческий
Prophylaxe *f* профила́ктика 6
Proportion *f* пропо́рция 8, соотноше́ние 5
proportional пропорциона́л|ьный, -ен, -ьна
proportioniert: wohl ~ хорошо́ слож|ённый, -ён, -ена́
Probst *m* ста́рший па́стор 11-2
Prorektor *m* прoré̲ктор 2
Prosa *f* про́за 6
Prosaiker *m Lit* проза́ик 2; prosaischer Mensch прозаи́чный челове́к 2
prosaisch *Lit* прозаи́ческий; alltäglich прозаи́ч|ный, -ен
prosit! *Interj* за здоро́вье! | ~ Neujahr! с Но́вым го́дом!
Prospekt *m* проспе́кт 2; Reise путеводи́тель 1

prosperieren *intr* процвета́ть ⟨-|цвести́*⟩
Prosperität *f* процвета́ние 5
prost! *Interj* = **prosit**
Prostitu|ierte *f* проститу́тка 6; **~tion** *f* проститу́ция 8
Proszeniumsloge *f* ло́жа 6 на авансце́не
protegieren *tr* протежи́ровать [тэ] 2 *D oder A*
Protein *n* протеи́н [тэ] 2
Protektion *f* проте́кция 8
Protektionismus *m* протекциони́зм 2
Protektorat *n* протектора́т 2
Protest *m* проте́ст 2 (gegen про́тив *G*) | bei j-m ~ einlegen заявл|я́ть ⟨-и́ть 3⁺ -лю́⟩ проте́ст кому́-н.; aus ~ в проте́ст
Protestaktion *f* акт 2 [демонстра́ция 8] проте́ста
Protestant *m* протеста́нт 2
protestantisch протеста́нтский
Protestantismus *m* протестанти́зм 2, протеста́нтство 4
Protesterklärung *f* заявле́ние проте́ста, выступле́ние 5 с проте́стом
protestieren *intr* протестова́ть *uv, v* 2
Protestkundgebung *f* демонстра́ция [ми́тинг] проте́ста
Prothese *f* проте́з [тэ] 2; Zahnersatz зубно́й проте́з
Protokoll *n* протоко́л 2 | zu ~ geben протоколи́ровать *uv, v* 2 (*a.* за-); ein ~ aufnehmen сост|авля́ть ⟨-а́вить 3 -а́влю⟩ протоко́л
protokollarisch протоко́льный
Protokollführer *m* веду́щий *Subst* 11 протоко́л
protokollieren *tr u. intr* протоколи́ровать *uv, v* 2 (*a.* за-)
Proton *n* прото́н 2
Proto|plasma *n* протопла́зма 6; **~typ** *m* прототи́п 2; **~zoen** *n Pl Biol* просте́йшие *Subst Pl* 11
Protuberanz *f Astr* протубера́н|ец, -ца 2
Protz *m* чва́нный [спеси́вый] челове́к 2
protzen *intr* хва́статься (по-) (mit *I*)
protzig Person хвастли́в:ый; Gegenstand пы́шн|ный, -ен, -на́!
Proviant *m* провиа́нт 2, продово́льствие 5; **~lager** *n* продово́льственный склад
Provinz *f* прови́нция 8; **~ialismus** *m* провинциали́зм 2
provinziell провинциа́л|ьный, -ен, -ьна
Provinzstadt *f* провинциа́льный го́род
Provision *f* комиссио́нные *Pl Subst* 10
provisorisch 1. *Adj* вре́менный **2.** *Adv* на вре́мя, пока́
Provisorium *n* einstweiliger Zustand вре́менное состоя́ние 5
Provoka|teur *m* провока́тор 2; **~tion** *f* провока́ция 8
provokatorisch провокацио́нный
provozieren *tr* провоци́ровать *uv, v* 2
Prozedur *f* процеду́ра 6
Prozent *n* проце́нт 2; Alkoholgehalt гра́дус 2 | zu 150% на 150%; den Plan um 20% übererfüllen перевы́полнить план на 20%; **~rechnung** *f* вычисле́ние 5 проце́нтов; **~satz** *m* проце́нт 2, проце́нтная ста́вка
prozentual 1. *Adj* проце́нтный **2.** *Adv* в проце́нтном отноше́нии
Prozeß *m Chem, Tech, Jur* проце́сс 2 | j-m den ~ machen возбу|ди́ть *v* 3 -жу́ проце́сс [де́ло] про́тив кого́-н.; mit j-m kurzen ~ machen бы́стро распра́в|иться *v* 3 -люсь с кем-н.; er machte mit ihm kurzen ~ у него́ была́ с ним коро́ткая распра́ва; **~akten** *f Pl* суде́бные дела́ *Pl* 4b; **~führung** *f* веде́ние суде́бного проце́сса
prozessieren *intr Jur* су|ди́ться 3⁺ -жу́сь, -дя́сь (mit с *I*)
Prozession *f* проце́ссия 8
Prozeß|kosten *Pl* суде́бные изде́ржки; **~recht** *n* процессуа́льное пра́во
prüde чо́пор|ный, -ен
Prüderie *f* чо́порность 9
prüfen *tr* Eingabe проверя́ть ⟨-ве́рить 3⟩; Motor, Bewerber проверя́ть ⟨-ве́рить⟩, испы́тывать ⟨-пыта́ть⟩; examinieren экзаменова́ть 2 (про-) (in по *D*) | etw. auf seine Richtigkeit ~ проверя́ть пра́вильность чего́-н.; j-n auf Herz und Nieren ~ прове́рить кого́-н. основа́тельно
Prüfer *m* испыта́тель 1; im Examen экзамена́тор 2
Prüfgerät *n* испыта́тельный прибо́р
Prüfling *m* экзамену́ющийся *Subst* 11
Prüf|stand *m Tech* испыта́тельный стенд; **~stein** *m übertr* про́бный ка́мень; **~ung** *f* прове́рка 6; Schule экза́мен 2; Zwischen~ зачёт 2; Heimsuchung испыта́ние 5 | in der ≈ на экза́мене; eine ≈ ablegen с|дава́ть* ⟨-|дать*⟩ экза́мен; die ≈ mit «gut» bestehen сдать экза́мен на «хорошо́»; die ≈en finden (gegenwärtig) statt экза́мены иду́т
Prüfungs|arbeit *f* экзаменацио́нная рабо́та; **~ergebnis** *n* результа́т 2 экза́мена; **~fach** *n* экзаменацио́нный предме́т; **~kommission** *f* экзаменацио́нная коми́ссия; **~ordnung** *f* положе́ние 5 о проведе́нии экза́менов
Prügel *m* Stock па́лка 6; *Pl* Schläge побо́|и *Pl* 1 -ев | ~ bekommen получи́ть *v* 3⁺ взбу́чку; **~ei** *f* дра́ка 6, потасо́вка 6; **~knabe** *m übertr* коз|ёл, -ла́ 2 отпуще́ния
prügeln *tr* бить*, коло|ти́ть 3⁺ -чу́ (по-); sich ~ дра́ться*, дра́ли́сь
Prunk *m* ро́скошь 9, блеск 2
prunken *intr* блиста́ть великоле́пием; prahlen щеголя́ть ⟨щегольну́ть *mom* 4⟩ (in в *P*, mit *I*)
Prunkstück *n übertr* роско́шная вещь 9g

prunkvoll пы́ш|ный, -ен, -на́!, роско́ш|ный, -ен, -на
Psalm *m* псало́м 2
Pseudonym *n* псевдони́м 2
Pseudowissenschaft *f* лженау́ка 6
pseudowissenschaftlich лженау́чный
pst! *Interj* тс!
Psyche *f* пси́хика 6
Psychiater психиа́тр 2
Psychiatrie *f* психиатри́я 8
psychisch психи́ческий
Psycho|analyse *f* психоана́лиз 2; **~loge** *m* психо́лог 2; **~logie** *f* психоло́гия 8
psychologisch психологи́ческий
Psycho|path *m* психопа́т 2; **~pharmaka** *Pl Med* психотро́пные сре́дства *Pl* 4
Psycho|se *f* психо́з 2; **~therapie** *f* психотерапи́я 8
Pubertät *f* полово́е созрева́ние 5
Pubertäts|alter *n* во́зраст полово́й зре́лости; **~zeit** *f* пери́од 2 полово́го созрева́ния
Publikation *f* Tätigkeit публика́ция 8, опубликова́ние 5; Erzeugnis публика́ция 8
Publikum *n* пу́блика 6
publizieren *tr* публикова́ть 2 (о-)
Publizist *m* публици́ст 2; **~ik** *f* публици́стика 6
Puck *m* Eishockey ша́йба 6
Pudding *m* пу́динг 2; **~pulver** *n* порошо́к для пу́динга
Pudel *m Zool* пу́дель 1 *u.* 1b *Pl* -и *u.* -я́; **~mütze** *f* вя́заная ша́пка 6
Puder *m* пу́дра 6; **~dose** *f* пу́дреница 6
pudern *tr* пу́дрить 3 (на-, по-); sich ~ *refl* пу́дриться (на-, но-)
Puderquaste *f* пухо́вка 6; **~zucker** *m* са́харная пу́дра 6
Puff *m* Stoß толч|о́к, -ка́ 2; **~ärmel** *m* рука́в с бу́фами
puffen *tr* stoßen дава́ть* ⟨дать*⟩ тычо́к
Puffer *m* Eisenbahn бу́фер 2b *Pl* -а́; *Tech* амортиза́тор 2; **~staat** *m* бу́ферное госуда́рство
Puffreis *m* возду́шный рис
Pullover *m* пуло́вер 2; mit Rollkragen сви́тер 2
Puls *m* пульс 2 | j-m den ~ fühlen щу́пать у кого́-н. пульс; **~ader** *f* арте́рия 8
Pulsar *m Astr* пульса́р 2
pulsieren *intr* пульси́ровать 2; *übertr* бить* ключо́м
Puls|schlag *m* бие́ние 5 пу́льса; **~wärmer** *m* напу́льсник 2
Pult *n* пульт 2, пюпи́тр 2; Redner~, Lehrer~ ка́федра 6
Pulver *n* порош|о́к, -ка́ 2; Schieß~ по́рох 2b *G a.* -у, *Pl* -а́ | keinen Schuß ~ wert sein не сто́ить 3 ни гроша́; **~faß** *n* бо́чка с по́рохом
pulverförmig, pulverig порошкообра́з|ный, -ен
pulverisier|en *tr* растира́ть ⟨-|тере́ть*, разотру́, -тёрши *oder* -тере́в⟩ в порошо́к; **~t** в порошке́
Pulver|kaffee *m* раствори́мый ко́фе; **~kammer** *f* порохово́й по́греб 2b *Pl* -а́; **~schnee** *m* ры́хлый снег; **~turm** *m* порохова́я ба́шня
Puma *m* пу́ма 6
Pump *m umg:* auf ~ leben жить в долг
Pumpe *f* насо́с 2
pumpen *tr* кача́ть (насо́сом); *umg* sich borgen брать* ⟨взять*⟩ взаймы́ (bei, von у *G*); verleihen дава́ть* ⟨дать*⟩ взаймы́
Pumpen|anlage *f* насо́сная устано́вка; **~haus** *n* водока́чка 6; **~schwengel** *m* коромы́сло 4 насо́са
Pumpernickel *m* ржано́й хлеб 2
Pumphose *f* шарова́ры *Pl* 6, пы́шные брю́ки
Pumps *Pl* ло́дочки *Pl* 6
Pump|speicherwerk *n* насо́сно-аккумули́рующая электроста́нция 11-8; **~station** *f* насо́сная ста́нция
Punkt *m* Satzzeichen то́чка 6 *a. Geogr;* Paragraph пункт 2, стат|ья́ 7 *G Pl* -е́й; Stelle, Platz пункт *a. Typ;* Wertung очк|о́ 4 *Pl* -и́, -о́в | einen ~ setzen ста́в|ить 3 -лю (по-) то́чку; die Tagesordnung hat fünf ~e на пове́стке дня пять пу́нктов; von ~ zu ~, ~ für ~ по пу́нктам; der wunde ~ больно́е ме́сто 4b; ein schwacher ~ сла́бое ме́сто; j-n nach ~en schlagen *Sport* победи́ть *v* 3 кого́-н. [вы́играть *v* у кого́-н.] по очка́м; wir sind auf dem toten ~ angekommen мы стои́м на мёртвой то́чке; ~ drei Uhr ро́вно (в) три часа́; der springende ~ суть 9 де́ла, гла́вное *Subst* 10
Punktalglas *n* пункта́льное стекло́
Punkthaus *n* дом то́чечного ти́па
punktieren *tr* отмеча́ть ⟨отме́|тить 3 -чу⟩ пункти́ром | punktierte Linie пункти́р 2
pünktlich 1. *Adj* то́ч|ный, -ен, -на́!, аккура́т|ный, -ен **2.** *Adv* во́время, то́чно
Pünktlichkeit *f* то́чность 9, аккура́тность 9
Punkt|richter *m* судья́, даю́щий 11 оце́нку по очка́м; **~sieg** *m Sport* побе́да по очка́м; **~spiel** *n Sport* игра́ на очки́; **~zahl** *f Sport* коли́чество 4 очко́в
Punsch *m* пунш 2 *G Pl* -ей
Pupille *f* зрач|о́к, -ка́ 2
Püppchen *n* ку́колка 6
Puppe *f* ку́к|ла 6 *G Pl* -ол; *Zool* ку́колка 6; Draht~ марионе́тка 6 *a. Pol;* Schneider~ манеке́н 2; aus Garben коп|на́ 6h *G Pl* -ён
Puppen|film *m* ку́кольный фильм; **~haus** *n* ку́кольный дом; **~spieler** *m* актёр 2 ку́кольного теа́тра, актёр-кукловóд 2-2;

~theater *n* ку́кольный теа́тр; **~wagen** *m* коля́сочка 6 для ку́клы
pur чи́ст:ый¡ -а́!¡ чи́ще | ~es Gold чи́стое зо́лото; aus ~er Neugier из чи́стого любопы́тства
Püree *n* пюре́ [рэ] *n idkl*
purgierend *Med* слаби́тельный
Purismus *m* пури́зм 2
Puritaner *m* пурит|а́нин 2 *Pl* -а́не¡ -а́н
Puritanismus *m* пурита́нство 4
Purpur *m* пу́рпур 2
purpur|farben пурпу́ровый, пурпу́рный; **~rot** Gesicht, Himmel багро́в:ый
Purzelbaum *m:* einen ~ schlagen кувырк|а́ться ⟨-ну́ться *mom* 4⟩
purzeln *intr* ле|те́ть 3 -чу́ кувырко́м
Puste *f umg* дыха́ние 5 | mir geht die ~ aus я задыха́юсь; ihm ging die ~ aus *übertr* ему́ не хвата́ет сил
Pustel *f* пу́стула 6
pusten *intr* дуть* (по-); schwer atmen тяжело́ дыша́ть 3; ins Feuer дуть ⟨ду́нуть *mom* 4⟩ на *A*
Pute *f Zool* инде́йка 6; **~r** *m Zool* индю́к 2е
puterrot багро́в:ый
Putsch *m* путч 2
Putz *m* schmucke Kleidung наря́д 2; *Arch* штукату́рка 6; **~arbeiten** *f Pl* штукату́рные рабо́ты
putzen *tr* reinigen чи́|стить 3 -щу (по-); Fenster мыть* (по-); Brille протира́ть ⟨-|тере́ть*⟩; Gemüse чи́стить (по-); Mauer штукату́рить 3; schön anziehen наряжа́ть ⟨-ряди́ть 3⁺ -ряжу́¡ -ря́женный⟩; Nase сморка́ться (вы́-); sich ~ *refl* наря|жа́ться ⟨-ди́ться⟩
Putzfrau *f* убо́рщица 6
putzig заба́в|ный¡ -ен, смеш|но́й¡ -о́н¡ -на́
Putz|lappen *m* тря́пка (для чи́стки); **~macherin** *f* моди́стка 6; **~sucht** *f* франтовство́ 4; **~wolle** *f* ве́тошь 9 для чи́стки, обти́рочные концы́ *Pl* 2
Puzzlespiel *n* игра́-головоло́мка 6с-6
Pygmäe *m* пигме́|й 1 *G Pl* -ев
Pyjama *m, n* пижа́ма 6
Pyramide *f* пирами́да 6
pyramidenförmig пирамида́л|ьный¡ -ен¡ -ьна
Pyrenäen *Pl* Пирене́|и *Pl* 1 *G* -ев
Pyrotechnik *f* пироте́хника 6
Pyrrhussieg *m* пи́ррова 13 побе́да
pythagoreisch: ~er Lehrsatz теоре́ма Пифаго́ра

Q

Quacksalber *m* шарлата́н 2
quacksalbern *intr* шарлата́нить 3, занима́ться ⟨заня́ться*¡ -ялся́¡ -яла́сь⟩ шарлата́нством
Quaddel *f* волды́рь 1е
Quader(stein) *m* квадр 2, тёсаный ка́мень
Quadrant *m* квадра́нт 2
Quadrat *n* квадра́т 2 | eine Zahl ins ~ erheben возводи́ть 3⁺ -вожу́ ⟨-|вести́*⟩ число́ в квадра́т
quadratisch квадра́тный; in der zweiten Potenz квадрати́ческий, квадрати́чный
Quadrat|kilometer *n* квадра́тный киломе́тр; **~meter** *n* квадра́тный метр
Quadratur *f:* ~ des Kreises квадрату́ра 6 кру́га
Quadratwurzel *f* квадра́тный ко́рень
quaken *intr* ква́к|ать ⟨-нуть *mom* 4⟩; Ente кря́к|ать ⟨-нуть *mom* 4⟩
Quäker *m* ква́кер 2
Qual *f* му́ка 6, муче́ние 5 | die ~ der Wahl му́ки вы́бора
quälen *intr* peinigen; belästigen му́чить 3 (за-, из-); seelisch a. терза́ть; sich ~ *refl* leiden му́читься (за-, из-) (mit etw. чем-н.); seelisch a. терза́ться (mit etw. чем-н.); sich abquälen му́читься (про-) (mit j-m с кем-н., mit etw. с [над] чем-н., z. B. Aufsatz) | zu Tode ~ заму́чить *v* до́ сме́рти; **~d** мучи́тел|ьный¡ -ен¡ -ьна; ermüdend, drückend томи́тел|ьный¡ -ен¡ -ьна
Quäl|erei *f* муче́ние 5; **~geist** *m* мучи́тель 1; weiblich мучи́тельница 6
Qualifikation *f* квалифика́ция 8; Eignung приго́дность 9 (für для *G*); *Sport* отбо́рочное соревнова́ние 5
Qualifikations|spiel *n* отбо́рочный матч; **~stand** *m* у́ровень квалифика́ции
qualifizier|en *tr* weiterbilden повыша́ть ⟨повы́|сить 3 -шу⟩ чью-н. квалифика́цию; bestimmen, bewerten квалифици́ровать *uv, v* 2; sich ≈ *refl* повыша́ть ⟨повы́сить⟩ свою́ квалифика́цию; sich ausbilden приобрета́ть ⟨-|обрести́*⟩ квалифика́цию [специа́льность] (zu *G*) | er hat sich zum Schlosser qualifiziert он приобрёл [получи́л] квалифика́цию сле́саря; sich für die Endrunde ≈ *Sport* выхо|ди́ть 3⁺ -жу́ ⟨вы́|йти*⟩ в фина́л; **~t** квалифици́рован:ный¡ -на | ≈ sein für etw. име́ть доста́точную квалифика́цию для чего́-н.
Qualifizierung *f* повыше́ние 5 [приобрете́ние 5] квалифика́ции (zu *G*); Qualifizieren квалифика́ция 8
Qualifizierungslehrgang *m* ку́рс(ы) повыше́ния квалифика́ции
Qualität *f* ка́чество 4; Güte (вы́сшее 11)

ка́чество; *Hdl* (вы́сший 11) сорт 2b *Pl* -а́; *übertr* досто́инство 4 | schlechte ~ недоброка́чественность 9; ausgezeichnete ~ отли́чное ка́чество; von guter ~ доброка́чествен¦ный, -на; diese Ware ist ~ э́тот това́р вы́сшего ка́чества

qualitativ 1. *Adj* ка́чественный **2.** *Adv* по ка́честву, в ка́чественном отноше́нии

Qualitäts|arbeit *f* отли́чная рабо́та | ≈ leisten рабо́тать отли́чно; **~erzeugnis** *n* изде́лие высо́кого [отли́чного] ка́чества; **~verbesserung** *f* повыше́ние 5 [улучше́ние] ка́чества; **~ware** *f* ка́чественный това́р, това́р высо́кого [отли́чного] ка́чества; **~zeichen** *n* знак ка́чества

Qualle *f* меду́за 6

Qualm *m* (густо́й) дым 2; stickiger чад 2, в чаду́

qualmen *intr* дым|и́ть 3 -лю́ (на-); stickigen Qualm ausstoßen чад|и́ть 3 -жу́ (на-) | wie ein Schlot ~ rauchen дыми́ть как парово́з

qualmig ды́мный

qualvoll мучи́тел|ьный, -ен, -льна

Quantentheorie *f* ква́нтовая тео́рия

Quantität *f* коли́чество 4 | das Umschlagen von ~ in Qualität перехо́д 2 коли́чества в ка́чество

quantitativ 1. *Adj* коли́чественный **2.** *Adv* по коли́честву, в коли́чественном отноше́нии

Quantum *n* коли́чество 4

Quarantäne *f* каранти́н 2 | in ~ liegen нахо|ди́ться 3⁺ -жу́сь под каранти́ном; in ~ legen подверга́ть ⟨-ве́ргнуть 4a *u.* 4⟩ каранти́ну

Quark *m* творо́г 2e *u.* тво́рог 2; *übertr* чепуха́ 6 | sich um jeden ~ kümmern обраща́ть внима́ние на вся́кую ерунду́; **~kuchen** *m* пиро́г 2e с творого́м, ватру́шка 6; **~torte** *f* творо́жный торт

Quartband *m* том в че́тверть [в четвёртую до́лю] листа́

Quartal *n* кварта́л 2 | einmal im ~ раз в кварта́л

Quartals|abschluß *m* кварта́льный отчёт 2, подведе́ние 5 ито́гов за кварта́л; **~plan** *m* кварта́льный план

quartal[s]weise *Adv* покварта́льно

Quartär *n* четверти́чный пери́од 2

Quarte *f Mus* ква́рта 6

Quartett *n* кварте́т 2 | ~ spielen *Kart* игра́ть ⟨сыгра́ть⟩ в кварте́т; *Mus* игра́ть в кварте́те

Quartformat *n* форма́т в че́тверть листа́ [в четвёртку]

Quartier *n* кварти́ра 6 | bei j-m ~ beziehen снима́ть ⟨снять*⟩ у кого́-н. кварти́ру [ко́мнату]; in Hotel остан|а́вливаться ⟨-ови́ться 3⁺ -овлю́сь⟩ на кварти́ре у кого́-н.; bei j-m in ~ liegen стоя́ть 3 на кварти́ре у кого́-н.; für j-n ~ machen расквартир|о́вывать ⟨-ова́ть 2⟩ кого́-н.

Quarz *m* кварц 2; **~uhr** *f* ква́рцевые часы́

quasi *Adv* как бу́дто, так сказа́ть

quasseln *intr umg* болта́ть; schnell треща́ть 3, таратóрить 3

Quaste *f* кисть 9g; kleine ки́сточка 6

Quatsch *m umg* вздор 2, чепуха́ 6; sinnloses Geschwätz болтовня́ 7 | ~! вздор!, ерунда́!

quatschen *intr umg* болта́ть; töricht reden нести́* ерунду́, болта́ть вздор | über j-n ~ разба́лтывать ⟨-болта́ть⟩ о ком-н. [про кого́-н.]

Quatschkopf *m umg* болту́н 2e

Quecke *f* пыре́|й 1 *G Pl* -ев

Quecksilber *n* ртуть 9; *übertr* жи́вчик 2; **~säule** *f* сто́лб(ик 2) рту́ти, рту́тный сто́лб(ик)

Quelle *f* исто́чник 2, ключ 2e *G Pl* -е́й; *übertr* исто́чник | aus erster ~ из первоисто́чника; etw. aus sicherer ~ erfahren узнава́ть ⟨-зна́ть⟩ что-н. из достове́рных исто́чников

quellen *tr* Hülsenfrüchte, Samen мочи́ть 3⁺ (за-, на-), разма́чивать ⟨-мочи́ть⟩; *intr* Wasser, Blut течь* (по-), вытека́ть ⟨вы́|течь*⟩; Hülsenfrüchte, Holz на-, разбуха́ть ⟨-бу́хнуть 4a⟩ | das Blut quillt aus der Wunde кровь бьёт фонта́ном из ра́ны; Tränen quollen ihr aus den Augen слёзы лью́тся у неё из глаз

Quellen|angabe *f* указа́ние (перво)исто́чника; **~forschung** *f* иссле́дование (перво)исто́чника; **~material** *n* (перво)исто́чники *Pl* 2, исто́чник описа́ния; **~studium** *n* изуче́ние (перво)исто́чников

Quellwasser *n* ключева́я вода́

Quengelei *f* нытьё 3

quengeln *intr* ныть* жа́ловаться 2 ⟨по-⟩; nörgeln брюзжа́ть 3, придира́ться ⟨-|дра́ться*, -драли́сь⟩ (an к *D*)

quer *Adv* попере́к | ~ über [durch] etw. попере́к чего́-н.; ~ über die Straße gehen переходи́ть 3⁺ -хожу́ ⟨-|йти́*⟩ (че́рез) у́лицу

Querbalken *m* попере́чная ба́лка, попере́чина 6

Quere *f:* in die ~ попере́к; j-m in die ~ kommen станов|и́ться 3⁺ -лю́сь ⟨стать*⟩ кому́-н. попере́к доро́ги

querfeldein *Adv* напрями́к

Querfeldein|lauf *m* кросс 2; **~rennen** *n* мотокро́сс 2; Radsport велокро́сс 2

quergestreift в попере́чную поло́ску

Quer|kopf *m* упря́м|ец, -ца 2, упря́мая голова́; **~latte** *f* Fußball ве́рхняя 11 перекла́дина; **~pfeife** *f* попере́чная фле́йта 6; **~rinne** *f* (небольша́я) кана́ва; *Verk* неро́вная доро́га 6; **~schläger** *m Mil* рикоше́т 2; **~schnitt** *m* попере́чный разре́з;

Tech прóфиль 1, поперéчное сечéние; Überblick обзóр 2 (durch *G*); Auswahl вы́борка 6
Querschnittslähmung *f* поперéчный миелит 2
Quer|straße *f* поперéчная ýлица; kreuzende пересекáющая 11 дорóга; **~streifen** *m* поперéчная полосá; **~strich** *m* горизонтáльная чертá; **~summe** *f* сýмма цифр числá; **~treiber** *m* интригáн 2; **~treiberei** *f* интрйги *Pl* 6, прóиски *Pl* 2
querüber *Adv* нáискось
Querulant *m* сутя́жник 2, сутя́га *m, f* 6
Quer|verbindung *f* связь 9; *Tech* поперéчное соединéние; *Tel* прямáя связь; *Mil* связь по фрóнту
quetschen *tr* Früchte разминáть ⟨-|мять*, -омнý⟩, entsaften выжимáть ⟨вы́|жать¹*⟩; Finger, Fuß прищем|ля́ть ⟨-и́ть 3 -лю́⟩, от-, придáвливать ⟨-дави́ть 3⁺ -давлю́⟩ | sich den Finger ~ прищеми́ть пáлец; die Nase an etw. ~ прижимáть ⟨-|жáть¹⟩ лицó к чемý-н.
Quetsch|ung *f* уши́б 2; innerliche контýзия 8; **~wunde** *f* рáна от уши́ба
Queue *n* Billardstock кий 1е *P* кия́, *G Pl* киёв
quicklebendig óчень живóй
quieken *intr* пищáть 3 ⟨пи́скнуть *mom* 4⟩, визжáть 3
quietsch|en *intr* Tür, Rad скрипéть 3 ⟨скри́пнуть *mom* 4⟩; **~vergnügt:** *umg* ≈ sein сия́ть от рáдости
Quinte *f Mus* кви́нта 6
Quintessenz *f* квинтэссéнция 8, сýщность 9
Quintett *n* квинтéт 2
Quirl *m* Gerät мутóвка 6, мешáлка 6
quirlen *tr* смéшивать ⟨-мешáть⟩ (мутóвкой); schaumig взбивáть ⟨-|бить*, взобью́⟩
quirlig жив:óй, -á!
Quito Ки́то *m idkl*
quitt *Adv* квит(ы) | mit j-m ~ werden расквитáться *v* с кем-н.; wir sind ~ мы кви́ты, мы в расчёте
quittegelb цвéта айвы́
Quitte *f* айвá 6
quittieren *tr* den Empfang bestätigen распи́сываться ⟨-|писáться*⟩ (в получéнии *G*) | eine Rechnung ~ подпи́сывать ⟨-|писáть*⟩ счёт; den Dienst ~ увольня́ться ⟨уво́литься 3⟩ (со слýжбы)
Quittung *f* квитáнция 8 [распи́ска 6] (в получéнии *G*) | gegen ~ под распи́ску
Quiz *n* виктори́на 6; **~master** *m* ведýщий *Subst* 11 виктори́ну; **~sendung** *f* (теле)виктори́на 6, (радио)виктори́на 6; mit unterhaltendem Wissenstest виктори́на-загáдка 6-6
Quote *f* квóта 6, дóля 7g *G Pl* долéй
Quotient *m* чáстное *Subst* 10

R

Rabat Рабáт 2
Rabatt *m* ски́дка 6
Rabbiner *m* равви́н 2
Rabe *m* вóрон 2
rabenschwarz Haar и́ссиня-чёрный *idkl*-10; Pferd воронóй
rabiat свирéп:ый, грýб:ый, -á!
Rache *f* месть 9, (от)мщéние 5 | aus ~ из мéсти; aus ~ für etw. в отмéстку за что-н.; ~ schwören кля́сться* (по-) отомсти́ть; ~ nehmen an j-m мстить 3 мщу (ото-) комý-н.; **~akt** *m* акт возмéздия
rachedurstig жáждущий 11 мéсти
Rachen *m Anat* зев 2; beim Tier пасть 9
rächen *tr u.* sich ~ мстить 3 мщу (ото-) (sich an j-m für etw. комý-н. за что-н.) | das rächt sich bitter э́то тяжелó скáзывается; seine Unvorsichtigkeit hat sich an ihm bitter gerächt емý пришлóсь дóрого поплати́ться за свою́ неосторóжность
Rachen|höhle *f* зев 2; **~mandel** *f* глóточная минда́лина
Rächer *m* мсти́тель 1
Rachitis *f* рахи́т 2
rachitisch рахити́ч|ный, -ен
Rachsucht *f* мсти́тельность 9
rachsüchtig мсти́тел|ьный, -ен, -ьна
Rad *n* колесó 4c *Pl* колёса; Fahr~ велосипéд 2 | mit dem ~ fahren éхать на велосипéде; ein ~ schlagen *Sport* дéлать (с-) колесó; der Pfau schlägt ein ~ пáвлин распусти́л хвост; das fünfte ~ am Wagen sein быть пя́тым колесóм в телéге; das ~ der Geschichte zurückdrehen повернýть *v* 4 вспять колесó истóрии
Radar *m* радиолокáция 8; Gerät радáр 2, радиолокáтор 2; **~anlage** *f* радиолокациóнная установка; **~antenne** *f* антéнна радиолокациóнной стáнции; **~aufklärung** *f* радиолокациóнная развéдка; **~bild** *n* изображéние 5 на экрáне радиолокáтора; **~gerät** *n* радиолокáтор 2, радáр 2; **~netz** *n* радиолокациóнная сеть; **~schirm** *m* экрáн радиолокáтора [индикáтора]; **~station** *f* радиолокациóнная стáнция
Radau *m* шум 2, галдёж 2е | ~ machen шум|éть 3 -лю́, скандáлить 3; **~bruder** *m* буя́н 2, скандали́ст 2
Rad|ball *m* велобóл 2; **~dampfer** *m* колёсный пароxóд
radebrechen *tr:* deutsch ~ говори́ть на лóманом немéцком языкé
Rädelsführer *m* зачи́нщик 2
rädern *tr hist* колесовáть *uv, v* 2 | ich bin wie gerädert я совершéнно разби́т
Räderwerk *n* шестерёнчатый механи́зм

radfahren *intr best* éхать* [*unbest* éздить 3 éзжу] на велосипéде | er kann ~ он éздит на велосипéде
Radfahr|er *m* велосипедист 2; **~weg** *m* велосипéдная дорóжка 6
Radfernfahrt *f* велопробéг 2, велогóнка 2
Radialreifen *m* радиáльная шúна
Radiator *m* радиáтор 2
radieren *intr* стирáть ⟨с|терéть*, сотрý⟩ резúнкой; *tr Kunst* гравировáть 2 (вы-)
Radier|er *m* Künstler гравёр 2; **~gummi** *m* резúнка 6; **~nadel** *f* гравировáльная иглá; **~ung** *f* гравюра 6
Radieschen *n* редúска 6, редúс 2; **~salat** *m* салáт из редúски
radikal радикáл|ьный, -ен, -ьна
Radikal *n Chem, Math* радикáл 2; **~er** *m Pol* радикáл 2
Radikalismus *m* радикалúзм 2
Radio *n* рáдио *n idkl;* Apparat (радио)приёмник 2, рáдио; mit Plattenspieler радиóла 6; mit Tonbandgerät магнитóла 6 | ~ hören слýшать рáдио; ein Konzert im ~ hören слýшать концéрт по рáдио; das ~ leiser stellen дéлать (с-) рáдио тúше
radioaktiv радиоактúв|ный, -ен
Radio|aktivität *f* радиоактúвность 9; **~apparat** *m* радиоприёмник 2, рáдио *n idkl;* **~bastler** *m* радиолюбúтель 1; **~hörer** *m* радиослýшатель 1; **~loge** *m* радиóлог 2; **~recorder** *m* кассéтный радиоприёмник 2; **~röhre** *f* радиолáмпа 6; **~sonde** *f* радиозóнд 2; **~therapie** *f* радиотерапúя 8; **~wellen** *Pl* радиовóлны *Pl* 6; **~zeit** *f* тóчное врéмя по радиосигнáлу | die Uhr nach ≈ stellen стáв|ить 3 -лю (по-) часы́ по рáдио
Radium *n* рáди|й 1 *P* -и
radiumhaltig содержáщий 11 рáдий
Radius *m* рáдиус 2
radizieren *tr* извлекáть ⟨-|влéчь*⟩ кóрень (из *G*)
Rad|kappe *f* колпáк 2е; **~kranz** *m* óбод 2 (колесá); **~meisterschaft** *f* пéрвенство 4 по велосипéдному спóрту; **~nabe** *f* ступúца 6; **~reifen** *m Tech* бандáж 2е *G Pl* -éй; **~rennbahn** *f* велодрóм 2, велотрéк 2; **~rennen** *n* Sportart велогóнка 6 *meist Pl;* Wettrennen велопробéг 2; **~rennfahrer** *m* велогóнщик 2
radschlagen *intr Sport* хо|дúть 3⁺ -жý колесóм
Rad|schlepper *m* колёсный трáктор; **~speiche** *f* спúца (колесá); **~sport** *m* велоспóрт 2; **~spur** *f* колеЯ 7, след 2е колёс; **~stand** *f* Auto бáза 6; **~sturz** *m* Auto развáл 2 колёс; **~tour** *f* экскýрсия 8 на велосипéде; **~wechsel** *m* смéна колесá; **~weg** *m* велосипéдная дорóжка 6, велодорóжка 6; **~weltmeisterschaften** *Pl* пéрвенство мúра по велоспóрту
raffen *tr* Kleid подбирáть ⟨подо|брáть*, подберý, подóбранный⟩; kürzen сокра|щáть ⟨-тúть 3 -щý⟩; an sich ~ *umg* захв|áтывать ⟨-атúть 3 -ачý⟩, присв|áивать ⟨-óить 3⟩ (себé)
Raffgier *f* жáдность 9, рвáчество 4
raffgierig жáд|ный, -ен, -нá!, рвáческий
Raffin|erie *f* рафинáдный завóд 2; für Erdöl нефтеперегóнный завóд 2; **~esse** *f* Schläue хúтрость 9; Auserlesenheit, Feinheit изы́сканность 9, утончённость 9
raffiniert durchtrieben хúтр:ый, -á!; auserlesen, verfeinert изы́скан:ный, -на, утончён:ный, -на | ~er Luxus изощрённая рóскошь
Raglan|ärmel *m* рукáв реглáн; **~mantel** *m* пальтó реглáн
Ragout *n* рагý *n idkl*
Rahe *f Mar* рéя 7
Rahm *m* слúв|ки *Pl* 6 *G* -ок | den ~ abschöpfen снимáть ⟨снять*⟩ пéнки
rahmen *tr* Bild вст|авлЯть ⟨-áвить 3 -áвлю⟩ в рáму
Rahmen *m* Bild рáм(к)а 6; Fenster, Tür, Fahrrad рáма 6; Werkbank рáма, станúна 6; Schuh~ рант 2; *übertr* предéл 2, рáмки *Pl* 6 | im ~ des Planes в рáмках плáна; aus dem ~ fallen не уклáдываться ни в какúе рáмки; **~antenne** *f* рáмочная антéнна; **~bestimmung** *f* óбщее 11 распоряжéние 5; **~erzählung** *f* обрамлЯющее 11 повествовáние; **~kollektivvertrag** *m* типовóй коллектúвный договóр; **~plan** *m* типовóй [óбщий 11] план; **~sucher** *m Foto* рáмочный видоискáтель
Rahmkäse *m* слúвочный сыр
Rain *m* межá 6h
Rakete *f* ракéта 6 | eine ~ abschießen запускáть ⟨запу|стúть 3⁺ -щý⟩ ракéту; mehrstufige ~ многоступéнчатая ракéта; mit ~n bestückt ракетонóсный
Raketen|abschußbasis *f* ракéтная бáза; **~abwehr** *f* противоракéтная оборóна; **~abwehrsystem** *n* систéма противоракéтной оборóны; **~antrieb** *m* ракéтный двúгатель; **~artillerie** *f* ракéтная [реактúвная] артиллéрия; **~bau** *m* ракетостроéние 5; **~geschoß** *n* реактúвный снарЯд; **~schiff** *n* корáбль-ракетонóс|ец, -ца 1е-2; **~startgelände** *n* ракетодрóм 2; **~startrampe** *f* пусковáя (ракéтная) устанóвка; **~träger** *m* ракетонóс|ец, -ца 2; **~truppen** *Pl* ракéтные войскá; **~versuchsgelände** *f* ракéтный полигóн 2; **~waffe** *f* ракéтное [реактúвное] орýжие; **~werfer** *m* реактúвный миномёт 2
Ralley *f* (авто)рáлли *n idkl;* **~teilnehmer** *m* (авто)раллúст 2
Rammbär *m* бáба 6 копрá
Ramme *f* коп|ёр, -рá 2е, трамбóвка 6

rammen *tr* забива́ть ⟨-|би́ть*⟩ (etw. in etw. что-н. во что-н.); Fahrzeug наезжа́ть ⟨-|е́хать*⟩ на *A; Mil* тара́нить 3 (про-)

Rampe *f* Auffahrt подъе́зд 2; *Arch* па́ндус 2; Verlade~ (грузова́я) платфо́рма 6; *Theat* ра́мпа 6

Rampenlicht *n* свет ра́мпы | im ~ на сце́не

ramponier|en *tr* повре|жда́ть ⟨-ди́ть 3 -жу; -ждённый⟩; ~**t** Ansehen потрёпанный

Ramsch *m* хлам 2, барахло́ 4, брак 2; ~**laden** *m* ла́вка, где продаётся вся́кое барахло́

Rand *m* Tisch; Abgrund кра|й 1b, на краю́, *Pl* -я́, -ёв; Schuh рант 2; на ранту́; Stoff ка|йма́ 6 *G Pl* -ём; Hut, Buchseite поля́ *Pl* 3b; Stadt окра́ина 6 | das Glas bis zum ~ füllen наполня́ть ⟨-по́лнить 3⟩ стака́н до краёв; am ~e bemerkt к сло́ву сказа́ть; etw. nur am ~e miterleben не быть непосре́дственным уча́стником чего́-н.; an den ~ der Verzweiflung bringen до|води́ть 3⁺ -вожу́ ⟨-|вести́*⟩ до по́лного отча́яния; Politik am ~e des Krieges поли́тика на гра́ни войны́; mit etw. zu ~e kommen справля́ться ⟨спра́в|иться 3 -люсь⟩ с чем-н.; außer ~ und Band sein быть* вне себя́; ~**bemerkung** *f* заме́тка на поля́х; Äußerung ре́плика 6; ~**gebiet** *n* перифери́я 8; *Wiss* пограни́чная о́бласть; einer Stadt окра́ина 6; ~**siedlung** *f* окра́инный [при́городный] посёлок

Rang *m Mil* зва́ние 5; *Dipl* ранг 2b; *hist* чин 2; *Theat* я́рус 2; *Sport* ме́сто 4b | den gleichen ~ haben быть* в одно́м зва́нии; j-m den ~ streitig machen сопе́рничать с кем-н.; ein Gelehrter von ~ учёный с и́менем; ein sportliches Ereignis ersten ~es важне́йшее 11 спорти́вное собы́тие; ein Kunstwerk ersten ~es первокла́ссное худо́жественное произведе́ние; ~**abzeichen** *n* знак разли́чия; ~**erhöhung** *f* повыше́ние в зва́нии [в чи́не]

Rangierbahnhof *m* сортиро́вочная ста́нция

rangieren *intr Eisenb* маневри́ровать 2 | an dritter Stelle ~ занима́ть ⟨заня́ть*⟩ тре́тье ме́сто

Rangier|er *m* составитель 1 поездо́в, сце́пщик 2; ~**gleis** *n* маневро́вый [сортиро́вочный] путь; ~**lokomotive** *f* маневро́вый локомоти́в

Rang|liste *f Mil* спи́сок; *Sport* та́бель 1 о ра́нгах; ~**ordnung** *f* иера́рхия 8

Rangun Рангу́н 2

Ranke *f Bot* у́сик 2

Ränke *m Pl* интри́ги *Pl* 6, про́иски *Pl* 2 | ~ schmieden интригова́ть 2

ranken *intr* пу|ска́ть ⟨-сти́ть 3⁺⟩ у́сики; sich ~ *refl* ви́ться; ви́лись, обвива́ться ⟨-ви́ться, обовьётся; -ви́ли́сь⟩ (um во- кру́г *G*)

Rankengewächs *n* вью́щееся 11 расте́ние

Ranzen *m* Schul~ ра́н|ец, -ца 2 для книг, шко́льный ра́нец

ranzig прого́рклый | ~ werden го́ркнуть 4 (про-)

rapid бы́стр:ый, -а́!, стреми́тел|ьный, -ен, -ьна

Rapier *n* рапи́ра 6

Rappe *m* вороно́й *Subst* 10, ло́шадь 9g *I Pl* -ми́ вороно́й ма́сти

Rapport *m Mil* ра́порт 2, отчёт 2

Raps *m* рапс 2; ~**öl** *n* ра́псовое ма́сло

Rapünzchen *n* валериане́лла 6

rar ре́д|кий, -ок, -ка́!; ре́же; редча́йший 11 | sich ~ machen ре́дко пока́зываться

Rarität *f* ре́дкость 9

rasant бу́р|ный, -ен, -на́! | ein ~es Tempo бе́шеный темп

rasch бы́стр:ый, -а́!; behend прово́р|ный, -ен, расторо́п|ный, -ен | in ~er Folge стреми́тельно

rascheln *intr* шелесте́ть 3, шурша́ть 3

rasen *intr* wüten неи́стовствовать 2, бушева́ть 2; sich schnell bewegen (бе́шено) мча́ться 3 (по-)

Rasen *m* газо́н 2

rasend бе́шеный, неи́стов:ый | ~e Schmerzen ужа́сные бо́ли; ~e Geschwindigkeit головокружи́тельная быстрота́; in ~er Fahrt на огро́мной ско́рости; man könnte ~ werden с ума́ мо́жно сойти́

Rasen|mäher *m* газонокоси́|лка 6 *G Pl* -лок; ~**platz** *m* газо́н 2; ~**sprenger** *m* дождева́льная устано́вка 6 (для поли́вки газо́нов)

Raserei *f* неи́стовство 4, бе́шенство 4; schnelles Fahren лиха́чество 4 | das kann einen zur ~ bringen! от э́того с ума́ мо́жно сойти́!

Rasier|apparat *m* безопа́сная бри́тва 6 | elektrischer ~ электробри́тва 6; ~**creme** *f* крем для бритья́

rasieren *tr* брить* (по-); sich ~ *refl* бри́ться (по-) | sich ~ lassen бри́ться в парикма́херской

Rasier|klinge *f* ле́звие 5 (безопа́сной бри́твы); ~**messer** *n* бри́тва 6; ~**pinsel** *m* помаз|о́к, -ка́ 2 для бритья́; ~**seife** *f* мы́ло для бритья́; ~**zeug** *n* бри́твенный прибо́р 2

Räson *f*: j-n zur ~ bringen образу́м|ить *v* 3 -лю кого́-н.

Raspel *f Tech* ра́шпиль 1; Küchengerät тёрка 6

raspeln *tr Tech* обраб|а́тывать ⟨-о́тать⟩ ра́шпилем; reiben натира́ть ⟨-|тере́ть*⟩ (на тёрке); Kohl шинкова́ть 2

Rasse *f* Menschen~ ра́са 6; Tier~ поро́да 6; ~**hund** *m* поро́дистая соба́ка

Rassel *f Mus* трещóтка 6
rasseln *intr* klingeln трещáть 3; klirren звенéть 3; Telefon звонúть 3 (по-); Kettenfahrzeug двúгаться* ⟨двúнуться 4⟩ с грóхотом | mit den Schlüsseln ~ грем|éть 3 -лю́ (про-) ключáми
Rassen|diskriminierung *f* рáсовая дискриминáция; **~hetze** *f* расúстская пропагáнда; **~merkmal** *n* рáсовый прúзнак; **~trennung** *f* сегрегáция 8; **~wahn** *m* (оголтéлый) расúзм
rasserein Tier чúстойporóды, чистокрóвный
Rassevieh *n* порóдистый скот
rassig порóдист:ый; Frau, Sportwagen шикáр|ный, -ен
Rassist *m* расúст
rassistisch расúстский
Rast *f* óтдых 2, переды́шка 6; *Mil* привáл 2 | ~ machen дéлать (с-) привáл
rasten *intr* дéлать (с-) переды́шку [*Mil* привáл], отдыхáть ⟨-дохнýть 4⟩
Raster *m Typ, Tel, TV* растр 2
Rasthaus *n* ресторáн 2 (для турúстов); mit Übernachtung гостúница 6, (небольшóй) мотéль [тэ] 1
rastlos 1. *Adj* неутомúм:ый **2.** *Adv* без óтдыха
Rast|platz *m* привáл 2; an der Straße площáдка óтдыха; **~stätte** *f* ресторáн (при автострáде), автостоя́нка 6 с ресторáном и заправочной стáнцией (при автострáде)
Rat *m* Ratschlag; polit. Institution, Gremium совéт 2; Titel совéтник 2 | der ~ der Volkskommissare Совéт Нарóдных Комиссáров; ~ des Kreises [Bezirkes] районный [окружнóй] совéт; j-n um ~ fragen про|сúть 3⁺ -шý (по-) у когó-н. совéта, совéтоваться 2 (по-) с кем-н.; einen ~ geben давáть* ⟨дать*⟩ совéт; mit ~ und Tat слóвом и дéлом; auf seinen ~ hin по егó совéту; da ist guter ~ teuer неизвéстно, что делáть; auf seinen ~ hören слýшаться егó совéта; keinen ~ mehr wissen не знать, как быть
Rate *f* Teilzahlung взнос 2; *Wirtsch* нóрма 6 | auf [in] ~n в рассрóчку; zahlbar in 10 ~n с вы́платой в рассрóчку десятью взнóсами
raten *tr* Rätsel отгáдывать ⟨-гадáть⟩; empfehlen совéтовать 2 (по-) *mit Inf,* рекомендовáть 2 (по-) | ich rate dir zu diesem Mittel рекомендýю тебé э́то срéдство; wozu rätst du mir? что ты мне посовéтуешь?; j-m gut ~ давáть* ⟨дать*⟩ комý-н. хорóший совéт; **~weise** *Adv* в рассрóчку
Ratenzahlung *f* уплáта в рассрóчку | eine ~ leisten пла|тúть 3⁺ -чý (у-) взнос
Rat|geber *m* совéтчик 2; *Buch* руковóдство 4 (für по *D*); **~haus** *n* рáтуша 6 | auf dem [im] ≈ в рáтуше; **~hausuhr** *f* часы́ на рáтуше
Ratifikation *f* ратификáция 8
Ratifikationsurkunde *f* ратификациóнная грáмота
ratifizieren *tr* ратифицúровать *uv, v* 2
Ration *f* па|ёк, -йкá 2, рациóн 2; Futter~ дáча 6 | eiserne ~ неприкосновéнный запáс 2
rational рационáл|ьный, -ен, -ьна
Rationalisatorenbewegung *f* движéние рационализáторов
rationalisieren *tr* рационализúровать *uv, v* 2
Rationalisierung *f* рационализáция 8
Rationalisierungs|konzeption *f* концéпция рационализáции (произвóдства); **~vorschlag** *m* рационализáторское предложéние
rationell рационáл|ьный, -ен, -ьна | ~ arbeiten рабóтать рационáльно
rationieren *tr* устан|áвливать ⟨-овúть 3⁺ -овлю́⟩ рациóн [нóрму вы́дачи] *G;* Lebensmittel вводúть 3⁺ -вожý ⟨-|вестú*⟩ кáрточки на *A;* Treibstoff нормировáть *uv, v* 2
Rationierung *f* установлéние 5 рациóна [нóрмы вы́дачи *G*]; введéние 5 кáрточной систéмы на *A;* нормировáние 5 *G*
ratlos растéрян:ный, -на | ich bin ganz ~ я совершéнно не знáю, как мне поступúть
Ratlosigkeit *f* растéрянность 9
ratsam целесообрáз|ный, -ен | ich halte das nicht für ~ я э́то считáю нецелесообрáзным, я бы э́того не посовéтовал
Ratschlag *m* совéт 2
Rätsel *n* загáдка 6 | ein ~ lösen отгáдывать ⟨-гадáть⟩ загáдку; in ~n sprechen говорúть загáдками; das ist mir ein ~ э́то для меня́ загáдка; diese Erscheinung gibt den Wissenschaftlern viele ~ auf э́то явлéние содéржит в себé мнóго загáдочного для учёных
rätselhaft загáдоч|ный, -ен | das ist mir ~ э́то для меня́ загáдка
Rats|herr *m* член 2 городскóго совéта [in bürgerl. Ländern a. муниципалитéта]; **~keller** *m* погреб|óк, -кá 2 (при рáтуше); **~sitzung** *f* заседáние совéта [члéнов муниципалитéта]
Ratte *f* кры́са 6
Ratten|bekämpfung *f* борьбá 6 с кры́сами; **~falle** *f* крысолóвка 6; **~gift** *n* крысúный яд
rattern *intr* Wagen грохотáть*; Maschinengewehr строчúть 3
Raub *m* граб|ёж 2е -ежá *G Pl* -ежéй; heimlicher похищéние 5; gewaltsamer разбóй 1 | ein ~ der Flammen добы́ча 6 огня́; **~bau** *m Bergb* хúщническая раз-

рабо́тка 6; *Landw* хи́щническая обрабо́тка 6 | an etw. ≈ treiben хи́щнически эксплуати́ровать 2 что-н.; ≈ an der Gesundheit ва́рварское отноше́ние 5 к здоро́вью
rauben *tr* похища́ть ⟨-хи́тить 3 -хищу́⟩; Ruhe, Hoffnung лиш|а́ть ⟨-и́ть 3⟩ *G* | j-m Geld ~ отнима́ть ⟨отня́ть*⟩ де́ньги у кого́-н.; *intr* гра́бить, разбо́йничать
Räuber *m* разбо́йник 2, граби́тель 1; **~bande** *f* ша́йка разбо́йников; **~geschichte** *f* небыли́ца 6; **~höhle** *f* (разбо́йничий) прито́н (12-)2
räuberisch разбо́йнический; Tier хи́щнический
raubgierig хи́щ|ный, -ен
Raub|krieg *m* захва́тническая война́; **~mord** *m* уби́йство с це́лью ограбле́ния; **~ritter** *m hist* ры́царь-разбо́йник 1-2; **~tier** *n* хи́щный зверь, хи́щник 2; **~vogel** *m* хи́щная пти́ца; **~zug** *m* разбо́йнический набе́г 12-2
Rauch *m* дым 2 | im ~ ersticken задыха́ться (-дохну́ться 4) в дыму́; **~abzug** *m* дымохо́д 2; **~bildung** *f* дымообразова́ние 5
rauchen *tr* кури́ть 3⁺ (по-); bis zu Ende выку́ривать ⟨вы́курить⟩ | aufhören zu ~ прекра|ща́ть ⟨-ти́ть 3 -щу́⟩ куре́ние, броса́ть ⟨бро́|сить 3 -шу⟩ кури́ть; er raucht stark он мно́го ку́рит; *intr* дыми́ть(ся) 3 | der Ofen raucht печь дыми́т; der Vulkan raucht вулка́н дыми́тся [кури́тся]
Rauchen *n* куре́ние 5 | ~ verboten! кури́ть воспреща́ется!; sich das ~ abgewöhnen отвыка́ть ⟨-вы́кнуть 4⟩ от куре́ния; das ~ aufgeben броса́ть ⟨бро́|сить 3 -шу⟩ кури́ть
Raucher *m* кури́льщик 2, куря́щий *Subst* 11 | ein starker ~ стра́стный кури́льщик; **~abteil** *n* купе́ *n idkl* для куря́щих
Räucher|fisch *m* копчёная ры́ба; **~hering** *m* копчёная сельдь; **~kerze** *f* кури́тельная све́чка
räuchern *tr* коп|ти́ть 3 -чу́ (за-); desinfizieren оку́ривать ⟨-кури́ть 3⁺⟩
Räucherware *f* копчёности *Pl* 9
Rauch|fahne *f* столб 2e ды́ма; **~fang** *m* дымохо́д 2; **~fleisch** *n* копчёное мя́со; **~gas** *n* дымово́й газ; **~glas** *n* ды́мчатое стекло́
rauchig ды́мный
Rauch|pause *f* переку́р 2; **~schleier** *m* дымова́я заве́са; **~tisch** *m* кури́тельный сто́лик; **~verbot** *n* запреще́ние кури́ть; **~vergiftung** *f* отравле́ние ды́мом; **~verzehrer** *m* дымопоглоти́тель 1; **~vorhang** *m* дымова́я заве́са; **~waren** *Pl* Pelzwerk пушно́й това́р, пушни́на 6, меха́ *Pl* 2b; **~warenindustrie** *f* мехово́е произво́дство; **~wolke** *f* клубы́ *Pl* 2b ды́ма; **~zimmer** *n* кури́тельная ко́мната, кури́лка *umg*
Räude *f* чесо́тка 6
räudig парши́в:ый, шелуди́в:ый | ein ~es Schaf steckt die ganze Herde an парши́вая овца́ всё ста́до по́ртит
Raufbold *m* буя́н 2, забия́ка *m, f* 6
Raufe *f* корму́шка 6, я́сли *Pl* 9
raufen *tr* Flachs тереб|и́ть 3 -лю́ (вы́-); *intr* дра́ться*ⱼ дрались (sich mit j-m um etw. с кем-н. за что-н. [из-за чего́-н.]) | sich die Haare ~ рвать на себе́ во́лосы
Rauferei *f* дра́ка 6, потасо́вка 6
rauflustig драчли́в:ый
rauh Haut, Papier, Stoff шерша́в:ый, шерохова́т:ый; uneben неро́в|ный, -ен, -на́!; Stimme хри́пл:ый, -а́!; Klima, Jahreszeit суро́в:ый; Wesensart, Sitten суро́вый, гру́б:ый, -а́!; Tuch ворси́ст:ый | ich habe einen ~n Hals у меня́ хрипи́т в го́рле; in ~n Mengen в огро́мном коли́честве
Rauheit *f* шерша́вость 9, шерохова́тость 9; суро́вость 9, гру́бость 9
rauhen *tr* Tuch ворсова́ть 2 (на-); Oberfläche де́лать (с-) шерохова́тым
Rauh|futter *n* гру́бый корм *Pl* -а́; **~putz** *m* обма́зка 6, набро́ска 6; **~reif** *m* и́зморось 9, и́ней 1
Raum *m* простра́нство 4; Platz ме́сто 4b; Zimmer помеще́ние 5; *Geogr* райо́н 2, зо́на 6; *Mil* простра́нство, райо́н; Weltко́смос 2, косми́ческое простра́нство | im ~ (von) Berlin в райо́не Берли́на; die Wohnung besteht aus drei Räumen кварти́ра состои́т из трёх ко́мнат; genügend ~ lassen оста́вить *v* доста́точно ме́ста
Raum|anzug *m* косми́ческий скафа́ндр 2 [костю́м]; **~bild** *n* стереосни́м|ок, -ка 2, стереоскопи́ческое изображе́ние
räumen *tr* Wohnung освобо|жда́ть ⟨-ди́ть 3 -жу́ⱼ -ждённый⟩; evakuieren эвакуи́ровать *uv, v* 2; Seeminen тра́лить 3 (про-); Stadt уходи́ть 3⁺ -хожу́ ⟨-|йти́*⟩ (из го́рода) | Hindernisse aus dem Weg ~ устран|я́ть ⟨-и́ть 3⟩ препя́тствия с пути́; das Geschirr vom Tisch ~ убира́ть ⟨-|бра́ть*⟩ посу́ду со стола́
Raum|ersparnis *f:* zwecks ≈ в це́лях эконо́мии ме́ста; **~fahrer** *m* космона́вт 2; **~fähre** *f* грузова́я косми́ческая раке́та; **~fahrt** *f* космона́втика 6; *Flugw* косми́ческий полёт; **~fahrttechnik** *f* косми́ческая те́хника; **~flug** *m* косми́ческий полёт; **~flugzentrum** *n* косми́ческий центр, космоце́нтр 2; **~gestaltung** *f* оформле́ние 5 помеще́ния; Wohnung обстано́вка 6 кварти́ры; **~inhalt** *m* ёмкость 9; **~kapsel** *f* каби́на 6 косми́ческого корабля́; **~kunst** *f* иску́сство вну́треннего оформле́ния, оформле́ние 5 помеще́ния

räumlich простра́нственный; Sehen стереоскопи́ческий | ~ beengt sein жить* в тесноте́
Räumlichkeiten *f Pl* Räume помеще́ния *Pl* 5
Raum|mangel *m* недоста́ток ме́ста; **~maß** *n* ме́ра объёма; **~meter** *n* скла́дочный кубический метр; **~pflegerin** *f* убо́рщица 6, техни́чка 6; **~schiff** *n* косми́ческий кора́бль; **~sonde** *f* автомати́ческая косми́ческая [межплане́тная] ста́нция
raumsparend эконо́мящий 11 ме́сто | ~e Bauweise компа́ктная констру́кция
Raum|station *f* косми́ческая ста́нция; **~strahler** *m* электрокамин 2; **~teiler** *m* перегоро́дка 6; **~ton** *m* стереофони́ческий звук, стереозву́к 2
Räumung *f* Säuberung убо́рка 6; Wohnung освобожде́ние 5; zwangsweise выселе́ние 5; Minen тра́ление 5 | ~ einer Stadt *Mil* оставле́ние 5 [эвакуа́ция 8] го́рода
Raum|verteilung *f* (раз)деле́ние 5 помеще́ний; **~wirkung** *f* стереоэффе́кт 2; стереоскопи́ческий [стереоаккусти́ческий] эффе́кт
Raumzelle *f Bauw* блок-ко́мната 6, объёмный блок 2 [элеме́нт]
raunen *tr u. intr* шепта́ть* ⟨шепну́ть *mom* 4⟩
Raupe *f Zool, Tech* гу́сеница 6
Raupen|antrieb *m* гу́сеничный ход 2; **~bagger** *m* экскава́тор на гу́сеничном ходу́; **~fahrzeug** *n* гу́сеничная маши́на 6; **~schlepper** *m* гу́сеничный тра́ктор
Rausch *m* опьяне́ние 5; *übertr* упое́ние 5 | er hat einen ~ он под хмелько́м; im ~ во хмелю́; im ~ der Begeisterung в поры́ве восто́рга
rauschen *intr* Wasser, Wald шуме́ть 3; Laub шелесте́ть 3; Seide шурша́ть 3; Bach журча́ть 3
Rauschen *n* шум *a. Rad;* Laub ше́лест 2; Bach журча́ние 5
Rauschgift *n* нарко́тик 2; **~handel** *m* торго́вля нарко́тиками; **~sucht** *f* нарко-ма́ния 8
rauschgiftsüchtig страда́ющий 11 наркома́нией | ~ sein быть наркома́ном
Rauschgiftsüchtige *f* наркома́нка 6; **~r** *m* наркома́н 2
raushalten, sich *refl* держа́ться 3⁺ в стороне́ от *G*, не встрева́ть в *A*
räuspern, sich *refl* отка́шл|иваться ⟨-яться⟩
Raute *f Bot* ру́та 6; *Math* ромб 2
rautenförmig ромбови́д|ный₁ -ен
Razzia *f* обла́ва 6 | eine ~ veranstalten производи́ть 3⁺ -вожу́ ⟨-|вести́*⟩ обла́ву
Reagens *n* реакти́в 2
Reagenzglas *n* проби́рка 6
reagieren *intr* реаги́ровать 2 ⟨про-⟩ (auf на *A*)
Reaktion *f* реа́кция 8
reaktionär реакцио́н|ный₁ -ен₁ -на
Reaktionär *m* реакционе́р 2
Reaktionsfähigkeit *f* спосо́бность к реа́кции
reaktionsschnell облада́ющий 11 бы́строй реа́кцией, бы́стро реаги́рующий 11
Reaktor *m* (я́дерный) реа́ктор 2
real реа́л|ьный₁ -ен₁ -ьна; tatsächlich факти́ческий, действи́тел|ьный₁ -ен₁ -ьна
Realeinkommen *n* реа́льный дохо́д
realisier|bar осуществи́м:ый; *Wirtsch* реализу́емый | ein ≈er Plan осуществи́мый [реа́льный] план; **~en** *tr* реализова́ть *uv, v* 2 *a. Wirtsch*
Realis|ierung *f* реализа́ция 8; **~mus** *m* реали́зм 2
realistisch реалисти́ческий; Plan, Projekt реалисти́ч|ный₁ -ен
Realität *f* реа́льность 9 | den ~en Rechnung tragen счита́ться с реа́льными усло́виями
Reallohn *m* реа́льная за́работная пла́та
Rebe *f* Pflanze виногра́д 2; Ranke (виногра́дная) лоза́ 6с
Rebell *m* мяте́жник 2, бунтовщи́к 2е
rebellieren *intr* бунтова́ть 2 ⟨взбунтова́ться⟩ (gegen про́тив *G*)
Rebellion *f* бунт 2, мяте́ж 2е *G Pl* -е́й
rebellisch мяте́жный, бунта́рский
Reb|huhn *n* куропа́тка 6; **~laus** *f* виногра́дная филлоксе́ра 6
Rechen *m* гра́б|ли *Pl* 7 *G* -ель *u.* -лей
Rechen|aufgabe *f* арифмети́ческая зада́ча; **~automat** *m* вычисли́тельный автома́т, компью́тер 2; **~brett** *n* счётная доска́, счёты *Pl* 2; **~buch** *n* уче́бник 2 арифме́тики; **~fehler** *m* оши́бка в подсчёте, просчёт 2; **~heft** *n* тетра́дь 9 по математи́ке; **~maschine** *f* счётная маши́на; mechanische арифмо́метр 2; elektronische электро́нная вычисли́тельная маши́на; **~regel** *n* пра́вило вычисле́ния; **~schaft** *f* отчёт 2 | ≈ über etw. ablegen отчи́тываться ⟨-чита́ться⟩ в чём-н., дава́ть* ⟨дать*⟩ отчёт в чём-н.; für etw. zur ≈ ziehen привлека́ть ⟨-|вле́чь*⟩ к отве́тственности за что-н.; von j-m ≈ fordern тре́бовать отчёта у кого́-н.
Rechenschafts|bericht *m* отчётный докла́д, отчёт 2; **~legung** *f* отчёт 2; Berichterstattung отчётность 9
rechenschaftspflichtig подотчёт|ный₁ -ен
Rechen|schieber *m* счётная [логарифми́ческая] лине́йка 6 | mit dem ≈ arbeiten по́льзоваться 2 счётной лине́йкой; **~technik** *f* вычисли́тельная те́хника; **~techniker** *m* специали́ст 2 по вычис-

ли́тельной те́хнике; **~zentrum** *n* вычисли́тельный центр

rechnen *tr u. intr* счита́ть (по-), вычисля́ть ⟨вы́числить⟩; *übertr* рассч|и́тывать ⟨-ита́ть⟩ (auf, mit на *A*) | eine Aufgabe ~ реш|а́ть ⟨-и́ть 3⟩ зада́чу; alles in allem gerechnet счита́я всё вме́сте; hoch gerechnet ма́ксимум; im Kopf ~ счита́ть в уме́; sie versteht zu ~ она́ уме́ет счита́ть (де́ньги); mit dem Gewitter hatten wir nicht gerechnet мы э́той грозы́ не ожида́ли, мы не ду́мали, что бу́дет гроза́; auf Hilfe ~ рассчи́тывать на по́мощь; ohne die Zinsen zu ~ не счита́я проце́нтов; mit ihm ist nicht zu ~ на него́ нельзя́ рассчи́тывать; du mußt damit ~, daß er nicht kommt ты до́лжен уче́сть [счита́ться с тем], что он не придёт; ich rechne ihn zu meinen Freunden я счита́ю его́ свои́м дру́гом

Rechnen *n* арифме́тика 6; Zählen счёт 2

Rechner *m* вычисли́тельная маши́на 6; (электро́нный) калькуля́тор 2 | er ist ein guter ~ он хоро́ший матема́тик

rechner|gesteuert управля́емый вычисли́тельной маши́ной; **~isch 1.** *Adj* математи́ческий; Kontrolle вычисли́тельный **2.** *Adv* математи́чески; при вычисле́нии, в отноше́нии счёта

Rechnung *f* счёт 2b *P a.* на счету́, *Pl* счет|а́, -о́в | eine ~ über etw. Ware счёт за что-н.; eine ~ bezahlen плати́ть (за-) по счёту; schreiben Sie es auf meine ~! запиши́те э́то на мой счёт!; nach meiner ~ Berechnung по мои́м расчётам; die ~ stimmt nicht расчёт не ве́рен; auf j-s ~ на чей-н. счёт; auf eigene ~ за свой счёт; auf ~ liefern пост|авля́ть ⟨-а́вить 3 -а́влю⟩ в креди́т; die Ausgaben auf j-s ~ setzen относи́ть 3⁺ -ношу́ ⟨-|нести́*⟩ расхо́ды на чей-н. счёт; j-s Wünschen ~ tragen удовлетвор|я́ть ⟨-и́ть 3⟩ чьи-н. жела́ния; auf seine ~ Kosten kommen о|ства́ться* ⟨-|ста́ться*⟩ в вы́игрыше; *übertr* получи́ть *v* 3⁺ удовлетворе́ние; die ~ ist nicht aufgegangen *übertr* расчёты не оправда́лись; die ~ ohne den Wirt machen гру́бо просчи́тываться ⟨-счита́ться⟩; einen Strich durch die ~ machen расстр|а́ивать ⟨-о́ить 3⟩ чьи-н. пла́ны

Rechnungs|art *f* спо́соб исчисле́ния | die vier ≈en четы́ре де́йствия *Pl* 5 арифме́тики; **~beleg** *m* докуме́нт 2 к счёту; **~führung** *f*: wirtschaftliche ≈ хозя́йственный расчёт 2, хозрасчёт 2; **~legung** *f* отчёт 2, отчётность 9; **~prüfung** *f* бухга́лтерская реви́зия 8; **~wesen** *n* бухгалте́рия 8, счетово́дство 4

recht 1. *Adj* пра́в:ый, -а́!; ~er Hand по пра́вую ру́ку; die ~e Seite des Stoffes лицева́я сторона́ мате́рии; ein ~er Abgeordneter депута́т от пра́вых; ~e Parteien пра́вые па́ртии | richtig пра́вил|ьный, -ен, -ьна; тот; auf der ~en Spur sein быть на пра́вильном пути́; ist das der ~e Schlüssel? э́то тот ключ?; er hat das Rechte getroffen он вы́брал [нашёл] то, что ну́жно, он попа́л в то́чку; er kann nichts Rechtes он ничего́ не уме́ет де́лать; у него́ нет никако́й специа́льности; nach dem Rechten sehen сле|ди́ть 3 -жу́ за поря́дком | passend подходя́щий 11; der ~e Moment подходя́щий моме́нт; zur ~en Zeit во́время; jetzt ist gerade die ~e Zeit dafür сейча́с как раз подходя́щее вре́мя для э́того; das ~e Wort finden найти́ ну́жное [подходя́щее] сло́во | wirklich настоя́щий 11; eine ~e Freude настоя́щая ра́дость; keine ~e Lust haben не име́ть большо́й охо́ты | du hast ~ ты прав(а́); j-m ~ geben при|знава́ть* ⟨-зна́ть⟩ чью-н. правоту́; es geschieht ihm ~ он э́то заслу́живает; hier geht es nicht mit ~en Dingen zu здесь что-то не чи́сто; was dem einen ~ ist, ist dem anderen billig что дозво́лено одному́, разрешено́ и друго́му **2.** *Adv* ве́рно, пра́вильно | ziemlich дово́льно; ~ gut дово́льно хорошо́; schon ~! ла́дно!, es ist mir ~ я согла́сен; erst ~ пода́вно; ich werde nicht ~ klug daraus я э́то ника́к не могу́ поня́ть; man kann es ihm nicht ~ machen ему́ не угоди́шь; allen Menschen ~ getan, ist eine Kunst, die niemand kann на всех не угоди́шь

Recht *n* пра́во 4b; Gesetz зако́н 2 | ~ auf Arbeit [Bildung] пра́во на труд [образова́ние]; von ~s wegen по пра́ву, по зако́ну; nach dem geltenden ~ согла́сно де́йствующим зако́нам; j-m die bürgerlichen ~e aberkennen лиш|а́ть ⟨-и́ть 3⟩ кого́-н. гражда́нских прав; im ~ sein быть пра́вым; zu seinem ~ kommen добива́ться ⟨-|би́ться*⟩ свои́х прав; du hast kein ~ dazu ты не име́ешь на э́то пра́ва

Rechte *f* Hand пра́вая рука́ 6a; Seite пра́вая сторона́ 6a; *Pol* пра́вые *Subst Pl* 10 | zur ~n по пра́вую ру́ку; zu seiner ~n спра́ва от него́

Rechteck *n* прямоуго́льник 2

rechteckig прямоуго́льный

rechtfertigen *tr* опр|а́вдывать ⟨-авда́ть⟩; sich ~ *refl* опр|а́вдываться ⟨-авда́ться⟩ (vor пе́ред *I*)

Rechtfertigung *f* оправда́ние 5 | zur ~ в оправда́ние

recht|haberisch неусту́пчив:ый; **~lich** Anspruch зако́н|ный, -ен, -на; Beziehungen правово́й, юриди́ческий; **~los** беспра́в|ный, -ен

Rechtlosigkeit *f* беспра́вность 9, беспра́вие 5

rechtmäßig зако́н|ный, -ен, -на, лега́л|ьный, -ен, -ьна

Rechtmäßigkeit *f* зако́нность 9, лега́льность 9

rechts *Adv* спра́ва | von ~ спра́ва; nach ~ напра́во; ~ gehen держа́ться 3⁺ пра́вой стороны́; die erste Tür ~ пе́рвая дверь напра́во; ~ stehen *Pol* быть* пра́вых [консервати́вных] убежде́ний

Rechts|abbiegen *n Kfz* поворо́т напра́во; **~abbieger** *m Kfz* повора́чивающий *Subst* 11 напра́во; **~anspruch** *m* зако́нное притяза́ние; **~anwalt** *m* адвока́т 2; **~auskunft(sstelle)** *f* юриди́ческая консульта́ция 8; **~außen** *m* Fußball пра́вый кра́йний 11 напада́ющий *Subst* 11; **~berater** *m* юриско́нсульт 2; **~brecher** *m* правонаруши́тель 1; **~bruch** *m* правонаруше́ние 5

rechtschaffen 1. *Adj* че́ст|ный, -ен, -на́!, поря́доч|ный, -ен 2. *Adv* си́льно, здо́рово

Rechtschreib|fehler *m* орфографи́ческая оши́бка; **~reform** *f* орфографи́ческая рефо́рма; **~ung** *f* правописа́ние 5, орфогра́фия 8

Rechts|empfinden *n* правосозна́ние 5; **~extremist** *m* кра́йне пра́вый *Subst* 10; **~fall** *m* суде́бное де́ло 4b; **~frage** *f* юриди́ческий вопро́с

Rechtsgewinde *n* пра́вая наре́зка [резьба́]

rechtsgültig зако́н|ный, -ен, -на

Rechts|händer *m* правш|а́ *m, f* 6 *G Pl* -е́й; **~hilfe** *f* юриди́ческая по́мощь

rechtskräftig име́ющий 11 зако́нную си́лу | ~ werden вступ|а́ть ⟨-и́ть 3⁺⟩ в зако́нную си́лу

Rechts|kurve *f* поворо́т впра́во | in der ≈ на пра́вом поворо́те; **~lage** *f* правово́е положе́ние; **~mittel** *n* сре́дство обжа́лования; **~nachfolger** *m* правопрее́мник 2; **~ordnung** *f* правопоря́д|ок, -ка 2; **~partei** *f* пра́вая па́ртия; **~pflege** *f* правосу́дие 5

Rechtsprechung *f* юрисди́кция 8

Rechts|spruch *m* суде́бное реше́ние; **~streit** *m* (суде́бный) проце́сс 2, суде́бная тя́жба 6

rechts|um! *Adv Mil* напра́во! **~ungültig** незако́н|ный, -ен, -на; **~verbindlich** име́ющий 11 обяза́тельную си́лу

Rechts|verkehr *m* правосторо́ннее 11 движе́ние; **~weg** *m:* auf dem ≈ в суде́бном поря́дке; den ≈ beschreiten прибега́ть ⟨-бе́гнуть 4a *u.* 4⟩ к суду́

rechtswidrig противозако́н|ный, -ен, -на

Rechtswissenschaft *f* юриспруде́нция 8; Studienfach пра́во 4; **~ler** *m* правове́д 2, юри́ст 2

recht|winklig прямоуго́льный; **~zeitig** 1. *Adj* своевре́мен|ный, -ен, -на 2. *Adv* своевре́менно, в назна́ченное вре́мя, во́время

Reck *n* турни́к 2e, перекла́дина 6 | am ~ üben упражня́ться на турнике́ [на перекла́дине]

Recke *m hist* богаты́рь 1e, ви́тязь 1

recken *tr* вытя́гивать ⟨вы́тянуть 4⟩; sich ~ *refl* потя́гиваться ⟨-тяну́ться 4⁺⟩

Recorder *m* Kassettentonbandgerät кассе́тный магнитофо́н 2, реко́рдер [дэ] 2

Redakteur *m,* **~in** *f* реда́ктор 2

Redaktion *f* реда́кция 8; Tätigkeit редакти́рование 5

redaktionell редакцио́нный

Redaktions|kollegium *n* редакцио́нная колле́гия; **~kommission** *f* редакцио́нная коми́ссия; **~schluß** *m* подписа́ние 5 (но́мера [кни́ги]) в печа́ть | bei ≈ Zeitung при подписа́нии но́мера в печа́ть

Rede *f* речь 9g; öffentliche a. выступле́ние 5; Vortrag докла́д 2 | indirekte ~ *Gramm* ко́свенная речь; direkte ~ *Gramm* пряма́я речь; wovon ist die ~? о чём речь (идёт)?; davon kann keine ~ sein об э́том не мо́жет быть и ре́чи; es ist nicht der ~ wert об э́том не сто́ит говори́ть; der langen ~ kurzer Sinn суть де́ла; eine ~ halten произноси́ть 3⁺ -ношу́ ⟨-|нести́*⟩ речь, выступа́ть ⟨вы́ступ|ить 3 -лю⟩ с ре́чью; j-m ~ und Antwort stehen дава́ть* ⟨дать*⟩ кому́-н. отчёт; j-n zur ~ stellen тре́бовать 2 (по-) кого́-н. к отве́ту; große ~n schwingen ора́торствовать 2; j-m in die ~ fallen перебива́ть ⟨-|би́ть*⟩ кого́-н.; **~fluß** *m* пла́вность 9 ре́чи; **~freiheit** *f* свобо́да сло́ва

redegewandt красноречи́в;ый

Redekunst *f* красноре́чие 5

reden *intr* говори́ть 3 ⟨с|каза́ть*⟩; sich unterhalten разгова́ривать, бесе́довать 2 (über, von о *P*); schwatzen болта́ть | er läßt mit sich ~ он сгово́рчив, с ним мо́жно сговори́ться; darüber läßt sich ~ об э́том мо́жно поговори́ть; zu ~ beginnen загов|а́ривать ⟨-ори́ть 3⟩; von sich ~ machen привлека́ть ⟨-|вле́чь*⟩ к себе́ внима́ние

Redensart *f* выраже́ние 5, оборо́т 2 ре́чи; sprichwörtliche погово́рка 6 | zur ~ werden во|йти́* *v* в погово́рку

Rede|verbot *n* запре́т произноси́ть ре́чи; **~wendung** *f* оборо́т ре́чи, выраже́ние 5; **~zeit** *f* вре́мя на выступле́ние

redigieren *tr* редакти́ровать 2 (от-)

redlich че́ст|ный, -ен, -на́!; *Jur* добросо́вест|ный, -ен

Redlichkeit *f* че́стность 9; добросо́вестность 9

Redner *m* выступа́ющий *Subst* 11; Vortragender докла́дчик 2; redegewandter Mensch ора́тор 2 | er ist kein ~ он не ора́тор, он не уме́ет говори́ть; **~gabe** *f* дар ре́чи [сло́ва], ора́торский тала́нт 2

rednerisch ора́торский

Redner|pult *n* ка́федра 6; **~tribüne** *f* трибу́на 6 (ора́тора)
redselig словоохо́тлив:ый, разгово́рчив:ый
Redseligkeit *f* словоохо́тливость 9, разгово́рчивость 9
Reduktion *f Biol, Ling* реду́кция 8; *Math* сокраще́ние 5; *Chem* восстановле́ние 5
redundant избы́точный
reduzieren *tr* verringern сокра|ща́ть ⟨-ти́ть 3 -щу́⟩ *a. Math; Chem* восстан|а́вливать ⟨-ови́ть 3⁺ -овлю́⟩
Reduzierung *f* сокраще́ние 5; восстановле́ние 5
Reede *f* рейд 2 | auf ~ liegen стоя́ть 3 на ре́йде
Reeder *m* судовладе́л|ец| -ьца 2; **~ei** *f* парохо́дство 4
reell ehrlich че́ст|ный| -ен| -на́!; *Hdl* соли́д|ный| -ен | ~e Zahlen *Math* веще́ственные чи́сла
Refer|at *n* докла́д 2; Kurzbericht рефера́т 2; Abteilung отде́л 2, се́ктор 2; **~ent** *m* докла́дчик 2; Sachbearbeiter рефере́нт 2 (für по *D*); **~enz** *f* Empfehlung рекоменда́ция 8
referieren *intr* до|кла́дывать ⟨-ложи́ть 3⁺⟩ (über о *P*)
reffen *tr* брать* ⟨взять*⟩ ри́фы
reflektieren *tr Phys* отра|жа́ть ⟨-зи́ть 3 -жу́| -жённый⟩; *intr* рассчи́тывать (auf на *A*), претендова́ть 2 (auf на *A*)
Reflektor *m* рефле́ктор 2; Spiegelteleskop зерка́льный телеско́п 2
reflektorisch рефлекто́рный
Reflex *m* рефле́кс 2; отраже́ние 5; *Physiol* | bedingter ~ усло́вный рефле́кс; **~bewegung** *f* рефлекто́рное движе́ние
Reflexion *f* отраже́ние 5; Nachdenken размышле́ние 5 (über о *P*)
reflexiv возвра́тный
Reflexivpronomen *n* возвра́тное местоиме́ние
Reform *f* рефо́рма 6, преобразова́ние 5
Reformat|ion *f hist* Реформа́ция 8; **~or** *m* реформа́тор 2
reformbedürftig: ~ sein нужда́ться в рефо́рмах [преобразова́ниях]
Reformhaus *n* магази́н 2 лека́рственных трав и диети́ческих [иэ] проду́ктов
reformieren *tr* преобраз|о́вывать ⟨-ова́ть 2⟩, реорганизова́ть *uv, v* 2
reformistisch реформи́стский
Refrain *m* припе́в 2, рефре́н 2
Regal *n* по́лка 6; niedriges этаже́рка 6; hohes стелла́ж 2e *Pl* -е́й; *Typ* реа́л 2 | ein Buch ins ~ stellen ста́в|ить 3 -лю (по-) кни́гу на по́лку; **~wand** *f* сбо́рная сте́нка из по́лок
Regatta *f* го́нки *Pl* 6, рега́та 6
rege оживлён:ный| -на; Geist, Interesse жив:о́й| -а́!; aktiv де́ятел|ьный| -ен| -ьна | er ist noch sehr ~ он ещё о́чень бодр; in den Straßen herrscht ~s Leben на у́лицах большо́е оживле́ние
Regel *f* пра́вило 4; *Med* менструа́ция 8 | in der ~ как пра́вило; nach allen ~n der Kunst по всем пра́вилам иску́сства; keine ~ ohne Ausnahme нет пра́вила без исключе́ния; sich etw. zur ~ machen брать* ⟨взять*⟩ себе́ за пра́вило; die ~ bleibt aus нет ме́сячных *umg*
regelbar регули́руемый | stufenlos ~ с пла́вной регулиро́вкой
Regelgröße *f* регули́руемая величина́ 6c
regel|los нерегуля́р|ный| -ен, беспоря́доч|ный| -ен; **~mäßig** пра́вил|ьный| -ен| -ьна *a. Gramm;* in gegebenen Abständen регуля́р|ный| -ен
Regelmäßigkeit *f* пра́вильность 9; регуля́рность 9
regeln *tr Pol* регули́ровать 2 (у-); Angelegenheiten a. ула́|живать ⟨-дить 2 -жу⟩; *Tech, EDV,* Verkehr, Preise регули́ровать 2 (от-) | das regelt sich von selbst э́то урегули́руется само́ собо́й
regelrecht 1. *Adj* tatsächlich, wirklich настоя́щий 11; normal норма́л|ьный| -ен| -ьна **2.** *Adv* по-настоя́щему | ~ versagen де́лать (с-) про́мах
Regel|relais *n* реле́-регуля́тор 2; **~technik** *f* те́хника (автомати́ческого) регули́рования
Regelung *f Pol* урегули́рование; Angelegenheiten a. ула́живание; *Tech, EDV,* Verkehr, Preise регули́рование | auf Grund einer neuen ~ по [согла́сно] но́вому положе́нию [распоряже́нию]
Regel|verstoß *m* наруше́ние пра́вил; **~widerstand** *m* реоста́т 2
regelwidrig непра́вил|ьный| -ен| -ьна, противоре́чащий 11 пра́вилам
regen *tr* шев|ели́ть 3 -е́ли́шь (по-); sich ~ *refl* sich bewegen шевели́ться (по-) a. Glied, Ast | sein Gewissen regte sich у него́ заговори́ла со́весть; nichts regte sich in … ничто́ не шелохну́лось в …
Regen *m* дождь 1e | leichter ~ до́ждик 2, небольшо́й дождь; heftiger ~ ли́в|ень| -ня 1; saurer ~ кисло́тные дожди́; im ~ под дождём, в дождь; vom ~ in die Traufe из огня́ да в по́лымя
Regenbogen *m* ра́дуга 6; **~farben** *Pl:* in allen ≈ schillernd отлива́ющий 11 все́ми цвета́ми ра́дуги; **~haut** *f* ра́дужная оболо́чка
Regen|cape *n* наки́дка (от дождя́); **~dach** *n* наве́с 2
Regeneration *f* регенера́ция 8
regenerieren *tr* регенери́ровать *uv, v* 2
Regenerierung *f* регенери́рование 5, регенера́ция 8
Regen|guß *m* ли́в|ень| -ня 1; **~mantel** *m* (непромока́емый) плащ 2e *G Pl* -е́й;

~messer *m* дождемéр 2; **~pfeifer** *m* зу|ёк, -йкá 2; **~schauer** *m* кратковрéменный дождь 1e; **~schirm** *m* (дождевóй) зóнтик
Regent *m* рéгент 2
Regen|tag *m* дождли́вый день; **~tropfen** *m* дождевáя кáпля
Regentschaft *f* рéгентство 4
Regen|umhang *m* наки́дка 6 от дождя́; **~wasser** *n* дождевáя водá; **~wetter** *n* дождли́вая [ненáстная] погóда; **~wolke** *f* дождевáя тýча; **~wurm** *m Zool* дождевóй червь; **~zeit** *f* периóд 2 дождéй
Regie *f Theat, Film* режиссýра 6; Inszenierung постанóвка 6 | ~ führen быть* режиссёром, руково|ди́ть 3 -жý постанóвкой; **~assistent** *m* ассистéнт 2 [помóщник 2] режиссёра
regieren *tr* прáв|ить 3 -лю *I*, управля́ть *I a. Gramm; intr* Herrscher цáрствовать 2, прáвить; Volk, Klasse быть* у влáсти
Regierung *f* прави́тельство 4 | provisorische ~ врéменное прави́тельство; die ~ bilden образ|óвывать ⟨-овáть 2⟩ прави́тельство; die ~ stürzen свергáть ⟨свéргнуть 4a *u.* 4⟩ прави́тельство
Regierungs|abkommen *n* межправи́тельственное соглашéние; **~antritt** *m* вступлéние в управлéние госудáрством; bei Fürsten вступлéние на престóл; **~chef** *m* главá 6c прави́тельства; **~bildung** *f* образовáние [сформировáние] прави́тельства; **~delegation** *f* прави́тельственная делегáция; **~ebene** *f:* auf ≈ на ýровне прави́тельств; **~erklärung** *f* прави́тельственная декларáция
regierungsfeindlich антиправи́тельственный
Regierungs|form *f* фóрма [óбраз] прави́тельства; **~krise** *f* прави́тельственный кри́зис; **~partei** *f* прáвящая 11 пáртия; **~sprecher** *m* представи́тель 1 прави́тельства; **~system** *n* фóрма 6 правлéния; **~verordnung** *f* прави́тельственное постановлéние; **~wechsel** *m* смéна прави́тельства
Regime *n* режи́м 2 *a. Tech*
Regiment *n Mil* полк 2e, в полкý; Herrschaft правлéние 5, власть 9g | beim ~ в полкý; das ~ führen *übertr* комáндовать 2, распоряжáться; ein strenges ~ über etw. führen стрóго управля́ть чем-н.
Regimentskommandeur *m Mil* команди́р полкá
Region *f* óбласть 9g; Zone зóна 6; Sphäre сфéра 6; Verwaltungsbez. in der UdSSR кра|й 1b *Pl* -я́, -ёв | in höheren ~en schweben витáть в облакáх
regional региональный; Wort областнóй
Regisseur *m* режиссёр 2, *Theat a.* постанóвщик 2
Register *n* реéстр 2, реги́стр 2 *a. EDV, Mus;* Liste спи́с|ок, -ка 2; in Büchern укáзатель 1; *Typ* привóдка 6 | alle ~ ziehen *übertr* на|жáть[1]* *v* на все кнóпки; **~tonne** *f Mar* реги́стровая тóнна
Registratur *f* Amt регистратýра 6
registrieren *tr* регистри́ровать 2 (за-) | sich ~ lassen регистри́роваться (за-)
Registrier|gerät *n* регистри́рующий 11 прибóр, самопи́с|ец, -ца 2; **~karte** *f* регистрациóнная кáрточка; **~kasse** *f* кáссовый аппарáт 2, регистри́рующая 11 кáсса
Registrierung *f* регистрáция 8
Reglement *n* реглáмент 2
Regler *m Tech, EDV* регуля́тор 2; **~bügeleisen** *n* (электро)утю́г 2e (с терморегуля́тором)
reglos неподви́ж|ный, -ен
regnen *intr:* es regnet идёт дождь; es regnete in Strömen шёл проливнóй дождь; es regnet leise [stark] идёт небольшóй [си́льный] дождь; es begann zu ~ начался́ [пошёл] дождь; es hört auf zu ~ дождь кончáется
Regner *m Landw* дождевáтель 1
regnerisch дождли́в:ый
regreßpflichtig обя́зан|ный возмести́ть убы́тки
regsam дéятел|ьный, -ен, -ьна акти́в|ный, -ен
regulär регуля́р|ный, -ен; Entwicklung, Preis нормáл|ьный, -ен, -ьна | ~e Tagung очереднáя сéссия
regulieren *tr* регули́ровать 2 (у-); Fluß a. испр|авля́ть ⟨-áвить 3 -áвлю⟩ рýсло; Uhr регули́ровать (от-)
Regulierung *f* регули́рование 5; Fluß a. исправлéние 5 рýсла (реки́); Uhr регули́рование 5
Regung *f* Aufwallung поры́в 2; innerer Antrieb побуждéние 5; Gefühl (зарождáющееся 11) чýвство 4 | eine ~ des Mitleids чýвство сострадáния
regungslos неподви́ж|ный, -ен
Reh *n* косýля 7 | junges ~ косулён|ок, -ка 2 *Pl* косул|я́та, -я́т; sie ist scheu wie ein ~ онá пугли́ва как сéрна
Rehabilitation *f Jur* реабилитáция 8; *Med* восстановлéние 5 работоспосóбности
Rehabilitationszentrum *n Med* центр реабилитáции
rehabilitieren *tr* реабилити́ровать *uv, v* 2; sich ~ *refl* реабилити́ровать себя́
Reh|bock *m* сам|éц, -цá 2 косýли; **~braten** *m* жаркóе из косýли; **~keule** *f* óкорок 2b *Pl* -á косýли; **~kitz** *n* молодáя косýля, косулён|ок, -ка 2 *Pl* косул|я́та, -я́т
Reibeisen *n* тёрка 6
Reibe|käse *m* тёртый сыр; **~laut** *m Ling* фрикати́вный звук, спирáнт 2
reiben *tr* терéть* (по-); auf Reibeisen терéть на тёрке; Käse натирáть ⟨-терéть⟩;

intr тере́ть, натира́ть ⟨-тере́ть⟩; sich ~ *refl* тере́ться (an etw. о что-н.) | sich den Schlaf aus den Augen ~ тере́ть глаза́ спросо́нья; j-m etw. unter die Nase ~ дава́ть* ⟨дать*⟩ кому́-н. я́сно поня́ть что-н.; sich die Füße wund ~ натере́ть *v* но́ги; sich die Hände ~ потира́ть ⟨-тере́ть⟩ (себе́) ру́ки; der Kragen reibt воротни́к трёт

Reibereien *f Pl* тре́ния *Pl* 5, разногла́сия *Pl* 5

Reib|fläche *f* пове́рхность 9 тре́ния; **~ung** *f Phys* тре́ние 5; **~ungselektrizität** *f* электри́чество тре́ния; **~ungskupplung** *f* фрикцио́нное сцепле́ние

reibungslos 1. *Adj Tech* без тре́ния; *übertr* беспрепя́тственный **2.** *Adv* без тре́ния, гла́дко

Reibungswiderstand *m* сопротивле́ние тре́ния

reich бога́т:ый¦ бога́че *a. übertr;* üppig оби́л|ьный| -ен| -ьна | ~ an Erfahrungen бога́тый о́пытом; ~ werden богате́ть (раз-)

Reich *n hist* импе́рия 8; *übertr* ца́рство 4, мир 2b; Pflanzen, Tiere мир

reichen *tr* по|дава́ть* ⟨пода́ть*⟩; Hand, Blumenstrauß протя́гивать ⟨-тяну́ть 4⁺⟩; *intr* sich erstrecken простира́ться ⟨-|тере́ться*⟩; ausreichen хват|а́ть ⟨-и́ть 3⁺⟩ *G*, быть* доста́точным; Wasser доходи́ть 3⁺ ⟨-|йти́*⟩ (bis до *G*) | seine Kraft reicht aus ему́ хвата́ет си́лы; die Hand zum Gruß ~ здоро́ваться (по-) с кем-н. за́ руку; das Brot muß ~ хле́ба должно́ хвати́ть; soweit das Auge reicht наско́лько хвата́ет глаз; er reicht mir bis an die Schulter он достаёт мне до плеча́, он мне по плечо́; die Wörterbücher ~ für alle словаре́й хва́тит на всех; etw. reicht nicht чего́-н. не хвата́ет; mir reicht's *umg* с меня́ хва́тит

Reicher *m* бога́ч 2e *G Pl* -е́й, *f* бога́чка 6

reichhaltig бога́т:ый; Essen оби́л|ьный| -ен| -ьна

Reichhaltigkeit *f* бога́тство 4; оби́лие 5

reichlich 1. *Adj* оби́л|ьный| -ен| -ьна; Geschenk ще́др:ый| -а́! | ich habe mein ~es Auskommen я вполне́ обеспе́чен **2.** *Adv* вдо́воль, с избы́тком | ~ wiegen взве́шивать ⟨-ве́сить 3 -ве́шу⟩ с похо́дом [с избы́тком]; es ist ~ Platz ме́ста доста́точно; das Kleid ist ~ kurz пла́тье о́чень коро́ткое; ~ beschenken ще́дро одари́вать ⟨одари́ть 3⁺⟩; ~ die Hälfte до́брая полови́на; das ist ~ gerechnet э́то подсчи́тано с избы́тком; ~ viel [spät] дово́льно мно́го [по́здно]

Reichsbahn *f: DDR* Deutsche ~ Госуда́рственные желе́зные доро́ги ГДР; **~ausbesserungswerk** *n* железнодоро́жные ремо́нтные мастерски́е *Pl Subst* 10

Reichs|tag *m hist* рейхста́г [рэ] 2

Reich|tum *m* бога́тство 4 (an *I*), изоби́лие 5 (an *G*); **~weite** *f* да́льность 9 [ра́диус 2] де́йствия | außer ≈ вне преде́лов досяга́емости, вне да́льности де́йствия

reif спе́л:ый| -а́!, зре́л:ый| -а́! *a. übertr;* Geschwür созре́вший 11 | das Getreide ist ~ хлеба́ созре́ли; in ~eren Jahren в зре́лом во́зрасте; die ~ere Jugend лю́ди не пе́рвой мо́лодости; ~(er) werden Person созрева́ть ⟨-зре́ть⟩

[1]**Reif** *m* Ring кольцо́ 4c *G Pl* коле́ц; Stirnband диаде́ма [дэ] 6

[2]**Reif** *m* Rauh~ и́ней 1

Reife *f* спе́лость 9, зре́лость 9 *a. übertr;* **~grad** *m Landw* ста́дия 8 спе́лости

[1]**reifen** *intr* спеть, поспева́ть ⟨-спе́ть⟩, созрева́ть ⟨-зре́ть⟩, зреть (со-); *übertr* созрева́ть ⟨-зре́ть⟩ | eine Idee ~ lassen дать* *v* созре́ть иде́е

[2]**reifen** *unpers:* es hat gereift вы́пал и́ней

[1]**Reifen** *m* Eisenbeschlag um Fässer und Räder о́бод 2f *Pl* ободь|я| -ев; Faß, Armreif, Spielzeug, Sportgerät о́бруч 2g *G Pl* -е́й; Auto~ ши́на 6 | schlauchloser ~ беска́мерная ши́на

[2]**Reifen** *n* созрева́ние 5 *a. übertr*

Reifen|druck *m* давле́ние в ши́не [ши́нах]; **~druckprüfer** *m* ши́нный мано́метр 2; **~panne** *f* поврежде́ние 5, [проко́л 2] ши́ны | ich habe eine ≈ у меня́ ло́пнула ши́на; **~profil** *n* рису́н|ок 2 -ка проте́ктора ши́ны; **~wechsel** *m Kfz* сме́на ши́ны | einen ≈ vornehmen смен|я́ть ⟨-и́ть 3⁺⟩ ши́ну; **~werk** *n* ши́нный заво́д

Reife|prüfung *f* экза́мен на аттеста́т зре́лости; **~zeit** *f* вре́мя созрева́ния; **~zeugnis** *n* аттеста́т зре́лости

reiflich 1. *Adj:* nach ~er Überlegung по зре́лом размышле́нии **2.** *Adv:* sich ~ überlegen основа́тельно обду́м|ывать ⟨-ать⟩

Reigen *m* хорово́д 2 | einen ~ tanzen во|ди́ть 3⁺ -жу́ хорово́д

Reihe *f* ряд 2b, nach den Zahlen 2–4 ряда́¦ *a.* в ряду́; von Menschen о́чередь 9g; *Mil* шере́н|га 6 *G Pl* -ог, ряд; *Math* прогре́ссия 8, ряд; Produktion се́рия 8 | eine ~ von vier Mann ряд в четы́ре челове́ка; in ~n zu sechs ряда́ми по шесть челове́к; in der dritten ~ в тре́тьем ряду́; in Reih und Glied в строю́, в шере́нге; in der ~ stehen стоя́ть в о́череди; außer der ~ вне о́череди; an der ~ sein быть на о́череди; der ~ nach по о́череди; по поря́дку; jetzt bin ich an der ~ тепе́рь моя́ о́чередь; die ~n lichten sich ряды́ реде́ют; aus der ~ tanzen не хоте́ть идти́ в но́гу, *übertr* идти́* вразре́з с мне́нием большинства́; in einer ~ von Fällen в ря́де слу́чаев; die ~n schließen сомкну́ть *v* 4 ряды́

reihen *tr* ста́в|ить 3 -лю (по-) в ряд; Perlen нани́зывать ⟨-|низа́ть*⟩; sich ~ *refl* Ereignisse непосре́дственно сле́довать 2 (an за *I*)

Reihen|abstand *m Landw* междуря́дье 3; **~dorf** *n* дере́вня [село́] с продо́льным расположе́нием домо́в; **~folge** *f* после́довательность 9, очерёдность 9 | alphabetische ≈ алфави́тный поря́д|ок, -ка 2; **~garage** *f* гара́ж рядово́й застро́йки; **~haus** *n* дом рядово́й застро́йки; **~schaltung** *f El* после́довательное соедине́ние 5; **~untersuchung** *f* ма́ссовое (медици́нское) обсле́дование, ма́ссовый (медици́нский) осмо́тр

reihenweise *Adv* ряда́ми

Reiher *m* ца́п|ля 7 *G Pl* -ель

reihum *Adv* der Reihe nach по о́череди | etw. ~ gehen lassen пу|ска́ть ⟨-сти́ть 3⁺ -щу́⟩ что-н. по кру́гу

Reim *m* ри́фма 6 | ~e Gedichte стихи́ *Pl* 2e

reimen *tr* рифмова́ть 2; sich ~ *refl* рифмова́ть(ся) | diese Wörter reimen sich э́ти слова́ рифму́ют ме́жду собо́й; wie reimt sich das zusammen? как э́то согласова́ть?, как э́то связа́ть?

reimlos: ~er Vers бе́лый стих

rein 1. *Adj* чи́ст:ый, -á, -о, чи́сты; чи́ще; Aussprache пра́вил|ьный, -ен, -ьна, чи́стый; unvermischt чи́стый, без при́меси; *übertr* чи́стый, че́ст|ный, -ен, -на́! | ~ halten (со)держа́ть 3⁺ в чистоте́; ein ~er Zufall чи́стая случа́йность; ~er Unsinn су́щий 11 вздор; das ist ein ~es Wunder э́то настоя́щее чу́до; ins ~e schreiben писа́ть на́чисто [на́бело]; ins ~ bringen выясня́ть ⟨вы́яснить 3⟩; ~en Tisch machen mit etw. поко́нчить *v* 3 с чем-н.; mit j-m ins ~e kommen приходи́ть 3⁺ -хожу́ ⟨-|йти́*⟩ к соглаше́нию с кем-н. **2.** *Adv* чи́сто; gänzlich соверше́нно | das ist eine ~ persönliche Sache э́то соверше́нно ли́чное де́ло; ~ gar nichts ро́вно [соверше́нно] ничего́

Reinemachen *n* убо́рка 6

Rein|erlös *m* чи́стая вы́ручка; **~ertrag** *n* чи́стый дохо́д; **~fall** *m* про́мах 2, неуда́ча 6; **~gewinn** *m* чи́стая при́быль; **~haltung** *f:* ≈ der Gewässer санита́рная охра́на 6 водоёмов; ≈ der Luft предотвраще́ние 5 загрязне́ния атмосфе́рного во́здуха; **~heit** *f* чистота́ 6

reinigen *tr* Kleidung, Gerät чи́|стить 3 -щу (вы́-, по-); Straße, Zimmer убира́ть ⟨-|бра́ть*⟩; von Beimischungen очища́ть ⟨очи́стить⟩ *a. übertr;* sich ~ *refl* очища́ться ⟨очи́ститься⟩ (von от *G*) | die Kleider chemisch ~ lassen от|дава́ть* ⟨отда́ть*⟩ оде́жду в хими́ческую чи́стку [химчи́стку]

Reinigung *f* чи́стка 6, очи́стка 6; von Blut очище́ние 5; Raum убо́рка 6 | chemische ~ химчи́стка 6

Reinigungs|anlage *f* für Abwässer очистна́я ста́нция 8; **~grad** *m* сте́пень 9 очи́стки; **~kraft** *f* Fluß самоочища́ющая спосо́бность 11–9; Raumpflegerin убо́рщица 6; **~milch** *f* космети́ческое молочко́ 4; **~mittel** *n* сре́дство для (о)чи́стки

Reinkultur *f Biol* чи́стая культу́ра | das ist Kitsch in ~ э́то безвку́сица чисте́йшей воды́

reinlich опря́т|ный, -ен, чи́ст:ый, -á, -о, чи́сты; für Sauberkeit sorgend чистопло́т|ный, -ен

Reinlichkeit *f* опря́тность 9, чистота́ 6

reinrassig Tier чистокро́вный, поро́дист:ый

Reinschrift *f* Tätigkeit перепи́ска 6 на́бело; Ergebnis белови́к 2e, чистови́к 2e

reinseiden из натура́льного [из чи́стого] шёлка

[1]Reis *n* отро́ст|ок, -ка 2, побе́г 2; Pfropf~ приво́й 1; рост|о́к, -ка́ 2; kleiner Zweig ве́точка 6

[2]Reis *m* рис 2; **~anbau** *m* культу́ра 6 ри́са, рисово́дство 4; **~brei** *m* ри́совая ка́ша

Reise *f* пое́здка 6; durch Reisebüro vermittelt путёвка 6; größere ~, Forschungs~ путеше́ствие 5 | eine ~ machen соверш|а́ть ⟨-и́ть 3⟩ пое́здку [путеше́ствие]; auf der ~ в пути́; glückliche ~! счастли́вого пути́!; auf der ~ sein быть в пое́здке [путеше́ствии]; auf ~en sein путеше́ствовать 2; ich habe eine ~ vor я собира́юсь соверши́ть пое́здку [путеше́ствие]; er ist dauernd auf ~n он постоя́нно путеше́ствует [в разъе́здах]; wohin geht die ~? куда́ е́дешь [отправля́ешься]?; **~andenken** *n* сувени́р 2; **~bericht** *m* отчёт о пое́здке [командиро́вке]; **~beschreibung** *f* описа́ние пое́здки [путеше́ствия]; Buch путевы́е заме́тки *Pl* 6; **~büro** *n* бюро́ путеше́ствий, тури́стско-экскурсио́нное бюро́; **~bus** *m* тури́стский авто́бус; **~decke** *f* плед 2

reisefertig гото́вый в путь | sich ~ machen собира́ться ⟨-|бра́ться*; -брали́сь⟩ (в путь)

Reise|fieber *n* чемода́нное настрое́ние 5; **~führer** *m* экскурсово́д 2; Buch путеводи́тель 1 (durch по *D*); **~gefährte** *m* спу́тник 2; **~gepäck** *n* бага́ж 2e; **~geschwindigkeit** *f Flugw, Mar* кре́йсерская ско́рость; **~gruppe** тури́стская гру́ппа; **~kosten** *Pl* путевы́е расхо́ды; **~land** *n* страна́, привлека́ющая 11 тури́стов, страна́ тури́зма; **~leiter** *m* гид 2, руководи́тель тури́стской гру́ппы; für Ausländer гид-перево́дчик 2-2

reisen *intr* е́здить 3 е́зжу, *best* е́хать* (nach

в *A*, zu к *D*); abreisen уезжáть ⟨-éхать⟩; eine weite Reise machen путешéствовать 2 | an die See ~ éздить на мóре; sie reisten über Leipzig nach Berlin онú éхали чéрез Лéйпциг в Берлúн; durch das Land ~ путешéствовать [éздить] по странé; mit dem Schiff ~ путешéствовать [плáвать] на парохóде

Reisende *f* путешéственница 6, пассажúрка 6; **~r** *m* путешéственник 2, пассажúр 2; Handlungs~ коммивояжёр 2 (in по *D*)

Reise|onkel *m* любúтель 1 путешéствовать; **~paß** *m* заграничный пáспорт; **~plan** *m* план поéздки [путешéствия] | ~pläne machen стрóить плáны предстоя́щей поéздки; **~prospekt** *m* турúстский проспéкт; **~route** *f* маршрýт (поéздки); **~scheck** *m* турúстская [туристúческая] путёвка 6; **~schreibmaschine** *f* дорóжная [портатúвная] пúшущая 11 машúнка; **~spesen** *Pl* путевы́е расхóды; **~tasche** *f* дорóжная сýмка; mit Schloß саквоя́ж 2; **~verkehr** *m* пассажúрское движéние | internationaler ≈ междунарóдный турúзм; **~vorbereitungen** *f Pl:* ~treffen готóв|иться 3 -люсь (под-) в путь [в дорóгу]; **~wecker** *m* дорóжный будúльник; **~zeit** *f* турúстский сезóн 2; **~ziel** *n:* unser ≈ war Berlin мы éхали в Берлúн; **~zug** *m* турúстский [пассажúрский] пóезд

Reisfeld *n* рúсовое пóле

Reisig *n* хвóрост 2; **~besen** *m* вéник 2 из хвóроста; **~bündel** *n* вязáнка хвóроста

Reis|mehl *n* рúсовая мукá; **~schleim** *m* рúсовый отвáр 2

Reißbrett *n* чертёжная доскá

reißen *tr* рвать*; abreißen отрывáть ⟨оторвáть¡ otóрванный⟩; zerreißen разрывáть ⟨разорвáть¡ разóрванный⟩; herunterreißen срывáть ⟨сорвáть⟩; Gewichtheben поднимáть ⟨поднять*⟩ рывкóм; *intr* Stoff рвáться¡ рвалúсь, разрывáться ⟨разорвáться⟩ | ich habe mir ein Loch in den Mantel gerissen я порвáл [разорвáл] (себé) пальтó; er hat sich an einem Nagel gerissen он напорóлся на гвоздь; j-n aus seinen Gedanken ~ прерывáть ⟨-рвáть⟩ чьи-н. размышлéния; die Macht an sich ~ захва|тúть *v* 3⁺ -чý власть; der Stoff reißt материáл разрывáется; mir reißt die Geduld моё терпéние лóпнуло; sich um die Waren ~ раскуп|áть ⟨-úть 3⁺ -лю⟩ товáры нарасхвáт [с бóя]; j-m etw. aus den Händen ~ вырывáть ⟨вы́|рвать*⟩ что-н. у когó-н. из рук

Reißen *n Med* ломóта 6; Gewichtheben рыв|óк| -кá 2 | beidarmiges ~ рывóк двумя́ рукáми; einarmiges ~ рывóк однóй рукóй

reißend Strömung бýр|ный| -ен| -нá!; Raubtiere хúщ|ный| -ен | die Ware findet ~en Absatz товáр раскупáется нарасхвáт

Reißer *m* Film боевúк 2е | das Buch ist ein ~ кнúга стáла бестсéллером [сэ]

Reiß|feder *f* рейсфéдер [рэ, дэ] 2; **~festigkeit** *f* прóчность на разры́в; **~schiene** *f* рейсшúна 6

Reissuppe *f* рúсовый суп

Reiß|verschluß *m* (застёжка-)мóлния (6-)8 | mit ≈ на мóлнии; **~wolf** *m Text* щипáльная машúна 6; **~wolle** *f* регенерúрованная шерсть; **~zeug** *n* готовáл|ьня 7 *G Pl* -ен; **~zwecke** *f* кнóпка 6

Reitbahn *f* манéж 2 *G Pl* -ей

reiten *tr u. intr* éздить 3 éзжу верхóм, *best* éхать* верхóм | Galopp [Trab] ~ éхать* галóпом [ры́сью]; auf einem Pferd [ein Pferd] ~ éздить (верхóм) на лóшади; in die Stadt ~ éхать (по-) верхóм в гóрод; das Kind auf dem Rücken ~ lassen катáть ребёнка на спинé; ein Pferd zuschanden ~ заéздить *v* [за|гнáть* *v*] лóшадь

Reiten *n* верховáя издá 6; *Sport* кóнный спорт 2

Reiter *m* всáдник 2 *a. Sport;* Kunst~ наéздник 2 *a. Sport; Mil* кавалерúст 2 | spanischer ~ рогáтка 6; Karten~ рéйтер 2; **~armee** *f* кóнная áрмия

Reiterei *f* кóнница 6

Reiterstandbild *n* кóнная стáтуя

Reit|hose *f* брúдж|и *Pl* 6 *G* -ей, рейтýзы *Pl* 2 *G* рейтýз; **~peitsche** *f* хлыст 2е; **~pferd** *n* верховáя лóшадь; **~sport** *m* кóнный спорт; **~stiefel** *m* сапóг 2е для верховóй езды́; **~turnier** *n* соревновáние 5 по кóнному спóрту; für Springreiter конкýр-иппúк 2; **~weg** *m* дорóжка для верховóй езды́

Reiz *m* раздражéние 5; Anmut прéлесть 9; Anziehungskraft привлекáтельность 9, замáнчивость 9 | ~ der Neuheit прéлесть новизны́; das hat keinen ~ für mich э́то меня́ не привлекáет; sie ließ alle ihre ~e spielen онá пустúла в ход свой чáры; der ~ des Verbotenen слáдость 9 запрéтного плодá

reizbar раздражúтел|ьный| -ен| -ьна; leicht beleidigt обúдчив:ый

Reizbarkeit *f* раздражúтельность 9; обúдчивость 9

reizen *tr* раздраж|áть ⟨-úть 3⟩; erregen возбу|ждáть ⟨-дúть 3 -жý¡ -ждённый⟩; necken дразнúть 3⁺; anziehen привлекáть ⟨-|влéчь*⟩; Kartenspiel торговáться 2 (bis zu до *G*) | zum Widerspruch ~ вызывáть ⟨вы́|звать*⟩ дух противорéчия; das Neue reizt новизнá привлекáет; **~d** прелéст|ный| -ен, очаровáтел|ьный| -ен| -ьна; *iron* хорóшенький; das ist ja ≈! *iron* вот э́то сюрпрúз!

Reizker *m* Pilz рыжик 2
Reizklima *n* климат с раздражающими факторами
reizlos непривлекател|ьный, -ен, -ьна; Kost неострый
Reiz|mittel *n* возбуждающее 11 средство; ~**ung** *f* раздражение 5, возбуждение 5
reizvoll привлекател|ьный, -ен, -ьна, прелест|ный, -ен; Aufgabe увлекател|ьный, -ен, -ьна
Reizwäsche *f* элегантное дамское бельё (с кружевами)
rekapitulieren *tr* повтор|ять ⟨-ить 3⟩
rekeln, sich *refl* потягиваться ⟨-тянуться 4⁺⟩; sich breitmachen си|деть 3 -жу развалившись
Reklamation *f* рекламация 8; bei Post, Amt претензия 8
Reklame *f* реклама 6 | ~machen für etw. делать (с-) рекламу чему-н., рекламировать *uv, v* 2 что-н.; ~**fachmann** *m* рекламист 2; ~**feldzug** *m* рекламная кампания; ~**rummel** *m* рекламная шумиха 6
reklamieren *tr* заяв|лять ⟨-ить 3⁺ -лю⟩ рекламацию на *A*, рекламировать *uv, v;* bei Post, Amt заяв|лять ⟨-ить⟩ претензию на *A*
rekonstruieren *tr* реконструировать *uv, v 2*
Rekonstruktion *f* реконструкция 8
Rekonvaleszent *m* выздоравливающий *Subst* 11
Rekord *m* рекорд 2 | einen ~ aufstellen устан|авливать ⟨-овить 3⁺ -овлю⟩ рекорд; einen ~ brechen бить* (по-) рекорд; einen ~ einstellen повтор|ять ⟨-ить 3⟩ рекорд; einen ~ überbieten улучшать ⟨улучшить 3⟩ рекорд; ~**ernte** *f* рекордный урожай; ~**halter** *m Sport* рекордсмен 2 (in по *D*); ~**versuch** *m* попытка 6 установить рекорд; ~**zeit** *f* рекордное время
Rekrut *m* новобран|ец, -ца 2
rekrutieren, sich *refl* состоять 3 (aus из *G*), формироваться 2 (aus из числа *G*)
rektal *Adv* ректально
Rektion *f* управление 5
Rektor *m* ректор 2; *BRD* Schule директор 2b *Pl* -á
Rektorat *n* Dienststelle ректорат 2; Amtszeit ректорство 4
Rekultivierung *f* рекультивация 8
Relais *n* реле [рэ] *n idkl;* ~**station** *f* радиорелейная станция
Relation *f* соотношение 5 | etw. in ~ zu etw. bringen устан|авливать ⟨-овить 3⁺ -овлю⟩ соотношение между чем-н. и чем-н.
relativ 1. *Adj* относител|ьный, -ен, -ьна **2.** *Adv* относительно, сравнительно
Relativität *f* относительность 9
Relativitätstheorie *f* теория относительности
Relativ|pronomen *n* относительное местоимение; ~**satz** *m* относительное придаточное предложение
relevant важ|ный, -ен, -на!, существен:ный, -на; *Ling* релевантный
Relief *n* рельеф 2; ~**druck** *m* рельефное тиснение 5; ~**karte** *f* рельефная карта
Religion *f* религия 8
Religions|ausübung *f* отправление 5 культа; ~**freiheit** *f* свобода вероисповедания; ~**unterricht** преподавание закона божьего; ~**wissenschaft** *f* религиоведение 5, наука о религии
religionslos без религии, неверующий 11
religiös религиоз|ный, -ен; Mensch a. набож|ный, -ен
Religiosität *f* религиозность 9; набожность 9
Relikt *n* реликт 2
Reling *f* поручни *Pl* 1
Reliquie *f* реликвия 8; ~n *Pl* мощи *Pl* 9g
remilitarisieren *vt* ремилитаризировать *uv, v* 2
Remilitarisierung *f* ремилитаризация 8
remis *Adv* вничью | sich ~ trennen играть ⟨сыграть⟩ вничью
Remis *n* ничья *Subst f* 12
Remoulade *f* ремуладный соус 2
Ren *n Zool* (северный) олень 1
Renaissance *f hist* эпоха 6 Возрождения, Ренессанс [нэ] 2; ~**stil** *m* Ренессанс [нэ] 2 | im ≈ в стиле Возрождения [Ренессанса]
Rendezvous *n* свидание 5; *Kosm* встреча 6 (на орбите)
Renegat *m* ренегат 2
Reneklode *f* ренклод 2
Renette *f* Apfel ранет 2
Renn|bahn *f* Pferderennen ипподром 2; Radrennen велодром 2, трек 2; Motorradrennen (гоночный) трек; ~**boot** *n* гоночная лодка; mit Motor скутер [тэ] 2; ~**einer** *m* Boot скиф 2, одиночка 6
rennen *intr* бегать, *best* бежать*, мчаться 3; Pferdesport скакать* | um die Wette ~ бежать наперегонки; gegen einen Menschen ~ наск|акивать ⟨-очить 3⁺⟩ на человека; j-n über den Haufen ~ с|бить* *v* кого-н. с ног
Rennen *n Pl* 2, скачки *Pl* 6; Trab≈ бег|á, -óв *Pl* 2; Boots≈, Auto≈ гонки *Pl* 6; Einzel≈ заезд 2 | das ~ machen *übertr* вы|йти* *v* победителем
Renn|fahrer *m* гонщик 2; Auto≈, Motorradsport a. мотогонщик 2; Radsport велогонщик 2; ~**jacht** *f* гоночная яхта; ~**maschine** *f* Kraftrad гоночный мотоцикл 2; ~**pferd** *n* скаковая [für Traber беговая] лошадь, скакун 2e; ~**rad** *n* го-

ночный велосипе́д; ~**rodeln** *n* са́нный спорт; ~**rodler** *m* са́ночник 2;~**schlitten** *m* го́ночные са́нки; ~**schlittschuhe** *m Pl* беговы́е коньки́; ~**schuhe** *m Pl* беговы́е ту́фли, ту́фли с шипа́ми; ~**stall** *m* коню́шня беговы́х [скаковы́х] лошаде́й; ~**strecke** *f* диста́нция 8 го́нок [ска́чек, бего́в]; ~**wagen** *m* го́ночный автомоби́ль; ~**zweier** *m* Rudern го́ночная дво́йка

Renommee *m* репута́ция 8

renommiert по́льзующийся 11 хоро́шей репута́цией

renovieren *tr* ремонти́ровать *uv, v* 2

Renovierung *f* ремо́нт 2 (von *G*) I wegen ~ geschlossen закры́т(о) на ремо́нт

rentabel рента́бел|ьный, -ен, -ьна; kapitalistisch при́был|ьный, -ен, -ьна

Rentabilität *f* (экономи́ческая) рента́бельность 9; при́быльность 9

Rente *f* пе́нсия 8; *Wirtsch* ре́нта 6 I in ~ gehen ухо|ди́ть 3⁺ -жу́ ⟨у|йти́*⟩ на пе́нсию

Renten|alter *n* пенсио́нный во́зраст I im ≈ в пенсио́нном во́зрасте, пенсио́нного во́зраста; ~**ausweis** *m* пенсио́нная кни́жка 6; ~**empfänger** *m* получа́ющий *Subst* 11 пе́нсию; ~**versicherung** *f* пенсио́нное страхова́ние

Rentier *n* (се́верный) оле́нь 1

rentieren, sich *refl* быть* рента́бельным; sich auszahlen окуп|а́ться ⟨-и́ться 3⁺⟩ I das rentiert sich nicht э́то не вы́годно

Rentier|zucht *f* оленево́дство 4; ~**züchter** *m* оленево́д 2

Rentner *m* пенсионе́р 2; ~**in** *f* пенсионе́рка 6; ~**wohnheim** *n* общежи́тие для пенсионе́ров, дом ветера́нов труда́

Reorganisation *f* реорганиза́ция 8

reorganisieren *tr* реорганизова́ть *uv, v* 2 *Prät nur v*

Reparationen *Pl* репара́ции 8 *Pl*

Reparationszahlungen *f Pl* репарацио́нные платежи́

Reparatur *f* ремо́нт 2; Kleidung, Uhr, Schuhe a. почи́нка 6 I zur ~ bringen от|дава́ть* ⟨отда́ть*⟩ в ремо́нт [kleineren Gegenstand почини́ть]

reparaturbedürftig нужда́ющийся 11 в ремо́нте ⟨почи́нке⟩

Reparatur|betrieb *m* ремо́нтный заво́д; Werkstatt ремо́нтная мастерска́я *Subst* 10; ~**kosten** *Pl* сто́имость 9 ремо́нта; ~**werft** *f* судоремо́нтная верфь; ~**werkstatt** *f* ремо́нтная мастерска́я

reparieren *tr* ремонти́ровать *uv* 2 (от-); Kleidung, Uhr, Schuhe чини́ть 3⁺ (по-); Folgen испр|авля́ть ⟨-а́вить 3 -а́влю⟩ I meine Uhr muß repariert werden мне ну́жно отремонти́ровать часы́

Repertoire *n* реперту́ар 2

Repetitor *m* репети́тор 2

Report|age *f* репорта́ж 2 *G Pl* -ей (über o *P*) I eine ≈ bringen дава́ть* ⟨дать*⟩ репорта́ж; ~**er** *m* репортёр 2

Repräsentant *m* представи́тель 1

Repräsentantenhaus *n* USA пала́та 6 представи́телей

Repräsentation *f* представи́тельство 4

Repräsentations|gelder *Pl* де́ньги на представи́тельские расхо́ды; ~**zweck** *m:* zu ≈en для це́лей представи́тельства, для репрезентати́вных це́лей

repräsentativ представи́тел|ьный, -ен, -ьна, репрезентати́в|ный, -ен

repräsentieren *tr* предст|авля́ть ⟨-а́вить 3 -а́влю⟩ собо́й *A;* würdig auftreten представи́тельствовать 2

Repressalie *f* репре́ссия 8 I gegen j-n ~n ergreifen примен|я́ть ⟨-и́ть 3⁺⟩ репре́ссии к *D;* ~n ausgesetzt sein подверга́ться репре́ссиям

reprivatisieren *vt* денационализи́ровать [дэ] *uv, v* 2

Reprivatisierung *f* денационализа́ция [дэ] 8

Reproduktion *f Wirtsch* воспроизво́дство 4; von Bildern репроду́кция 8

Reproduktionsprozeß *m* проце́сс воспроизво́дства

reproduzieren *tr* воспроизводи́ть 3⁺ -вожу́ ⟨-|вести́*⟩; *Foto a.* репродуци́ровать *uv, v* 2

Reptil *n* пресмыка́ющееся *Subst* 11, репти́лия 8

Republik *f* респу́блика 6; ~**aner** *m* республика́н|ец, -ца 2

republikanisch республика́нский

Requiem *n* ре́квием 2

requirieren *tr* реквизи́ровать *uv, v* 2

Requisiten *n Pl Theat* реквизи́т 2; ~**kammer** *f* склад 2 реквизи́та

Reseda *f Bot* резеда́ 6

Reservat *n* Naturschutzgebiet резерва́т 2; für Bevölkerungsgruppe резерва́ция 8

Reserve *f* резе́рв 2; Vorrat запа́с 2 *a. Mil*; reservierte Haltung сде́ржанность 9 I innere ~n вну́тренние 11 резе́рвы; in ~ haben име́ть в запа́се [в резе́рве]; ~n aufdecken вскрыва́ть ⟨-|кры́ть*⟩ резе́рвы; j-n aus seiner ~ locken расшев|е́ливать ⟨-ели́ть 3⟩ кого́-н.; ~**armee** *f:* industrielle ≈ промы́шленная резе́рвная а́рмия; ~**fonds** *m* резе́рвный фонд; ~**mannschaft** *f Sport* запасна́я кома́нда, второ́й соста́в 2; ~**offizier** *m* офице́р запа́са; ~**rad** *n* запасно́е колесо́; ~**reifen** *m* запасна́я ши́на; ~**truppen** *f Pl* резе́рвы *Pl* 2

reservier|en *tr* Plätze im Flugzeug, Zug, Fahrkarten брони́ровать 2 (за-); Hotelzimmer, Tisch зака́зывать ⟨-|каза́ть*⟩; ~**t** **1.** *Adj* zurückhaltend сде́ржан|ный,

-на **2.** *Adv:* sich ≈ verhalten быть сдéржанным
Reservist *m* резерви́ст 2, запаснóй *Subst* 10
Reservistenausbildung *f* подготóвка резерви́стов
Reservoir *n* резервуáр 2
Residenz *f* резидéнция 8; **~stadt** *f* резидéнция; Hauptstadt столи́ца 6
residieren *intr* имéть резидéнцию
Resignation *f* равнодýшие 5; Abfinden безрóпотное смирéние 5
resignier|en *intr* с-, примир|я́ться ⟨-и́ться 3⟩, покор|я́ться ⟨-и́ться 3⟩ (судьбé); **~t** равнодýш|ный, -ен
resistent *Biol* выносли́в:ый | ~ gegen Frost морозостóйкий
resolut реши́тел|ьный, -ен, -ьна
Resolution *f* резолю́ция 8
Resonanz *f* резонáнс 2; *übertr* óтклик 2
Respekt *m* уважéние, почтéние 5 (vor к *D*) | sich ~ verschaffen застáв|ить *v* 3 -лю уважáть себя́; vor j-m ~ haben имéть уважéние к комý-н.; ohne den nötigen ~ без дóлжного уважéния; ohne ~ неуважи́тельно, непочти́тельно
respekt|ieren *tr* Menschen уважáть *A*, относи́ться 3⁺ -ношýсь ⟨-|нести́сь*⟩ с уважéнием к *D*; Beschlüsse соблюдáть ⟨соблюсти́*⟩, уважáть; Tatsache считáться (по-) с *I*; **~los** непочти́тел|ьный, -ен, -ьна
Respektlosigkeit *f* непочти́тельность 9
Respektsperson *f* вáжное [авторитéтное] лицó
respektvoll почти́тел|ьный, -ен, -ьна
Ressort *n* вéдомство 4; Aufgabenbereich круг 2b дéятельности | das ist mein ~ э́то по моéй компетéнции [специáльности]; **~geist** *m* узковéдомственный подхóд 2
Ressourcen *Pl* ресýрсы *Pl* 2
Rest *m* остáт|ок, -ка 2 (von *G*); Geld сдáча 6 | der ~ des Tages остальнáя часть 9g дня; das gab ihm den ~ э́то егó доконáло
Restaura|nt *n* ресторáн 2; **~tion** *f Pol*, Gemälde реставрáция
Restaurationsarbeiten *f Pl* реставраци́онные рабóты
Restaurator *m* реставрáтор 2
restaurieren *tr* реставри́ровать *uv*, *v* 2
Restaurierung *f* реставри́рование 5; z. B. Gemälde реставрáция 8
Rest|bestand *m* остáт|ок, -ка 2; **~betrag** *m* остáточная сýмма, остáт|ок, -ка 2; herauszugebender сдáча 6
rest|lich остаю́щийся 11; **~los 1.** *Adj* пóл|ный, -он, -нá, пóлнó **2.** *Adv* пóлностью, вполнé, целикóм
Result|ante *f Math* равнодéйствующая *Subst* 11; **~at** *n* результáт 2

Resümee *n* резюмé *n idkl*
resümieren *vt* резюми́ровать *uv*, *v* 2, крáтко из|лагáть ⟨-ложи́ть 3⁺⟩
Retorte *f* ретóрта 6
Retrospektive *f* взгляд 2 в прóшлое; Kino ретроспекти́ва 6, демонстрáция 8 стáрых фи́льмов
retten *tr* спасáть ⟨с|пасти́*⟩(vor от *G*); sich ~ *refl* спасáться ⟨спасти́сь⟩ | vor einer Gefahr ~ избавля́ть ⟨-бáвить 3 -бáвлю⟩ от опáсности; bist du noch zu ~? ты в своём умé?; sich vor etw. nicht zu ~ wissen не знать, кудá девáться от чегó-н; rette sich, wer kann! спасáйся, кто мóжет!; **~d** спаси́тел|ьный, -ен, -ьна
Retter *m* спаси́тель 1
Rettich *m* рéдька 6
Rettung *f* спасéние 5 | hier gibt es keine ~ здесь нет спасéния
Rettungs|arbeiten *f Pl* спасáтельные рабóты; **~boot** *n* спасáтельная шлю́пка [лóдка]; **~floß** *n* спасáтельный плот; **~gürtel** *m Mar* спасáтельный пóяс
rettungslos *Adv* безнадёжно | ~ verloren поги́бший 11, безвозврáтно потéрянный
Rettungs|mannschaft *f* спасáтельная komáнда; **~medaille** *f* медáль за спасéние утопáющих; **~ring** *m* спасáтельный круг; **~schwimmen** *n* искýсство 4 спасéния утопáющих; **~schwimmer** *m* пловéц-спасáтель 2-1, пловцá-спасáтеля; **~station, ~stelle** *f* пункт 2 пéрвой [скóрой] пóмощи; *Bergb* горноспасáтельная стáнция; **~versuch** *m* попы́тка спасéния | der ≈ scheiterte с|пасти́* *v* погибáющих не удалóсь; **~wagen** *m* маши́на скóрой пóмощи
Retusche *f* рéтушь 9
retuschieren *tr* ретуши́ровать *uv*, *v* 2
Reue *f* раскáяние 5 (über в *P*) | ~ empfinden чýвствовать 2 (по-) раскáяние
reuen *intr:* es reut mich, daß ..., я раскáиваюсь в том, что ...
reuevoll 1. *Adj* пóлный раскáяния **2.** *Adv* с раскáянием
reu|ig, ~mütig раскáивающийся 11, пóлный раскáяния
Reuse *f* вéрша 6
Revanche *f* ревáнш 2 | ~ nehmen брать* ⟨взять*⟩ ревáнш (in в *P*)
revanchieren, sich *refl* отпл|áчивать ⟨-ати́ть 3⁺ -ачý⟩ (für за *A*); aus Dankbarkeit отблагодари́ть *v* 3 (für за *A*); *Sport* брать* ⟨взять*⟩ ревáнш
Revanchist *m* реванши́ст 2
revanchistisch реванши́стский
Revers *n* Aufschlag лáцкан 2, отворóт 2
revidieren *tr* ревизовáть *uv*, *v* 2; ändern пересм|áтривать ⟨-отрéть 3⁺⟩
Revier *n* Polizei полицéйское отделéние 5, полицéйский учáст|ок, -ка 2; *Geol*

бассе́йн 2; *Bergb* райо́н 2; ~**förster** *m* (участко́вый) лесни́чий
Revision *f* реви́зия 8, прове́рка 6; Abänderung пересмо́тр 2; *Jur* ревизио́нное обсле́дование 5; Anfechtung eines Urteils кассацио́нная жа́лоба 6; ~**ismus** *m* ревизиони́зм 2; ~**ist** *m* ревизиони́ст 2
revisionistisch ревизиони́стский
Revisionskommission *f* ревизио́нная коми́ссия
Revisor *m* ревизо́р 2
Revolte *f* бунт 2, мяте́ж 2е *G Pl* -е́й
revoltieren *itr* бунтова́ть 2 ⟨взбунтова́ться⟩ (gegen про́тив *G*)
Revolution *f* револю́ция 8 | wissenschaftlich-technische ~ нау́чно-техни́ческая револю́ция
revolutionär революцио́нный
Revolutionär *m* революционе́р 2
revolutionieren *tr* революционизи́ровать *uv, v* 2
Revolver *m* револьве́р 2; ~**drehbank** *f* револьве́рный (тока́рный) стано́к; ~**tasche** *f* кобура́ 6 (для револьве́ра)
Revue *f Theat* ревю́ *n idkl*; ~**film** *m* фильм-ревю́ 2-*idkl*; ~**girl** *n* танцо́вщица 6 из [в] ревю́; ~**theater** *n* эстра́дный теа́тр
Reykjavik Рейкья́вик 2
Rezensent *n* рецензе́нт 2
rezensieren *tr* рецензи́ровать 2 (про-)
Rezension *f* реце́нзия 8 (zu etw. на что-н.)
Rezept *n Med* реце́пт 2 *a. übertr* (auf по *D*); Speise~ реце́пт
Rezeption *f* im Hotel администра́ция 8, администра́тор 2
rezeptiv рецепти́вный
rezeptpflichtig: die Arznei ist ~ лека́рство отпуска́ется по реце́пту
reziprok взаи́м|ный, -ен | ~er Wert *Math* обра́тная величина́ 6с
Rezita|tion *f* деклама́ция 8; ~**tiv** *n Mus* речитати́в 2; ~**tor** *m* деклама́тор 2
rezitieren *tr* деклами́ровать 2 (про-)
RGW-Land *n* страна́–член 2 СЭВ
Rhabarber *m* реве́нь 1е
Rhapsodie *f* рапсо́дия 8
Rhein *m* Рейн 2
rheinisch ре́йнский
Rhein|land *n* Ре́йнская о́бласть 9; ~**länder** *m* Bewohner жи́тель 1 Ре́йнской о́бласти; Tanz „ре́йнлендер" | er ist ein ≈ он (ро́дом) с Ре́йна
Rheinland-Pfalz Ре́йнланд-Пфа́льц 2
Rheinwein *m* рейнве́йн 2
Rhesus|affe *m* (мака́ка-)ре́зус (6-)2; ~**faktor** *m* ре́зус-фа́ктор 2
Rhetorik *f* рито́рика 6
rhetorisch ритори́ческий
Rheumabad *n* куро́рт для ревма́тиков
rheumakrank больно́й ревмати́змом
Rheumakur *f* лече́ние от ревмати́зма
Rheumatiker *m* ревма́тик 2
rheumatisch ревмати́ческий
Rheumatismus *m* ревмати́зм 2
Rhododendron *n* рододе́ндрон [дэ] 2
Rhodos Ро́дос 2
Rhom|boid *m* ромбо́ид 2; ~**bus** *m* ромб 2
Rhön *f* Рён 2; ~**rad** *n Sport* ре́нское колесо́
rhythmisch ритми́ческий, ритми́ч|ный, -ен
Rhythmus *m* ритм 2 | freie Rhythmen свобо́дные стихи́ *Pl* 2е
Richtantenne *f* напра́вленная анте́нна
richten *tr* adressieren, wenden; Antenne, Fernglas напр|авля́ть ⟨-а́вить 3 -а́влю⟩; Geschütz наводи́ть 3⁺ -вожу́ ⟨-|вести́*⟩; Brief, Antwort a. адресова́ть *uv, v* 2 (an *D*); Aufmerksamkeit, Frage, Blick обра|ща́ть ⟨-ти́ть 3 -щу́⟩ (auf на *A*); *Tech* Mechanismus выверя́ть ⟨вы́верить 3⟩; Maschine нала́|живать ⟨-дить 3 -жу⟩; Kompaß регули́ровать 2 (от-); *intr Jur* су|ди́ть 3⁺ -жу́ (über о *P*); sich ~ *refl* Schreiben быть* напра́вленным (an *D*); руково́дствоваться 2 (nach *I*); *Mil* равня́ться | den Angriff auf j-n ~ атакова́ть *uv, v* 2 кого́-н.; zugrunde ~ загуб|и́ть *v* 3⁺ -лю́; ich werde mich ganz nach Ihnen ~ я бу́ду во всём сообразо́вываться с ва́шими жела́ниями; sich nach den anderen ~ равня́ться по други́м; richt' euch! *Mil* равня́йсь!
Richter *m* суд|ья́ *m* 7с *G Pl* -е́й | sich zum ~ aufwerfen брать* ⟨взять*⟩ на себя́ роль судьи́
richterlich суде́йский
Richterstuhl *m*: vor den ~ treten пред|става́ть* ⟨-|ста́ть*⟩ пе́ред судо́м
Richt|fest *n* пра́здник по слу́чаю подведе́ния до́ма под кры́шу; ~**funk** радиореле́йная связь
richtig **1.** *Adj* пра́вил|ьный, -ен, -ьна; wahr ве́р|ный, -ен, -на́, -но, ве́рны́; passend подходя́щий 11 (für для *G*); echt, wirklich настоя́щий 11 | der ~e Zeitpunkt подходя́щий 11 моме́нт; ein ~er Jäger и́стый [ре́вностный] охо́тник; du hast das Richtige getroffen ты попа́л в то́чку, bei Geschenken ты предугада́л моё жела́ние; Sie haben mich nicht ~ verstanden вы меня́ непра́вильно по́няли; das ist das Richtige э́то то (что ну́жно); der ist ~! он па́рень что на́до!; bei uns zu Hause ist ein ~es Durcheinander у нас до́ма настоя́щее столпотворе́ние **2.** *Adv* по-настоя́щему | ganz ~! соверше́нно ве́рно!; ~! пра́вильно!; meine Uhr geht ~ мои́ часы́ иду́т пра́вильно [то́чно]; hier ist etwas nicht ~ тут что-то нела́дно [нечи́сто]; du mußt dich mal ~ erholen ты до́лжен по-настоя́щему от-

дохну́ть; ~**gehend** **1.** *Adj* то́ч|ный, -ен, -на!; ausgesprochen настоя́щий 11 **2.** *Adv* по-настоя́щему
Richtigkeit *f* пра́вильность 9; Abschrift, Urkunde ве́рность 9 | die ~ der Abschrift по́длинность 9 ко́пии; alles hat seine ~ всё в поря́дке, всё идёт свои́м чередо́м
richtigstellen *tr* испр|авля́ть ⟨-а́вить 3 -а́влю⟩
Richtigstellung *f* исправле́ние 5
Richt|kanonier *m* наво́дчик 2; ~**linie** *f* дире́кти́ва 6; ~**preis** *m* ориентиро́вочная цена́; ~**schnur** *f Tech* отве́с 2; *übertr* руководя́щее нача́ло 11-4 | als ≈ dienen служи́ть 3⁺ путево́дной ни́тью; ~**strahlantenne** *f*, ~**strahler** *m* напра́вленная анте́нна; ~**ung** *f* направле́ние 5; *übertr* направле́ние, отноше́ние 5; *Kunst, Lit* направле́ние, тече́ние 5 | der Zug in ≈ Berlin по́езд на Берли́н [до Берли́на]; in ≈ auf etw. по направле́нию к чему́-н.; in alle ≈en во всех направле́ниях, во все сто́роны; die ≈ einschlagen взять* *v* [вы́|брать* *v*] направле́ние
richtunggebend руководя́щий 11
Richtungs|anzeiger *m* указа́тель 1 (направле́ния); ~**wechsel** *m* переме́на направле́ния
richtungsweisend директи́вный, руководя́щий 11
Ricke *f Zool* косу́ля 7
riechen *tr* ню́хать (по-) обоня́ть; *übertr* чу́ять*; *intr* ню́хать (an *A*); па́хнуть 4 (nach *I*) | an einer Blume ~ ню́хать цвето́к; er riecht aus dem Mund у него́ па́хнет изо рта́; ich rieche nichts я не чу́вствую никако́го за́паха; er riecht nach Knoblauch от него́ несёт [рази́т] чесноко́м; das konnte ich wirklich nicht ~ ведь э́того я никак не мог знать [предви́деть]
Riech|nerv *m* обоня́тельный нерв; ~**salz** *n* ню́хательная соль; ~**stoff** *m* арома-ти́чное вещество́
Ried *n* Schilf камы́ш 2e *G Pl* -е́й; ~**gras** *n* осо́ка 6
Riefe *f Tech* жёлоб 2b *Pl* желоба́; Kehle паз 2b, в, на пазу́; Einschnitt вы́емка 6
Riege *f* Turnen кома́нда 6 [гру́ппа 6] гимна́стов
Riegel *m* задви́жка 6, засо́в 2; Seife брус|о́к, -ка́ 2; Schokolade пли́т(оч)ка 6, бато́н 2 | hinter Schloß und ~ под замко́м; einer Sache einen ~ vorschieben препя́тствовать 2 (вос-) чему́-н., положи́ть 3⁺ *v* коне́ц чему́-н.; ~**stellung** *f Mil* отсе́чная пози́ция
Riemen *m* рем|е́нь, -ня́ 1; Ruder весло́ 4c *Pl* вёс|ла, -ел | sich am ~ reißen взять* *v* себя в ру́ки; ~**antrieb** *m* ремённая переда́ча 6; ~**bindung** *f* ремённое крепле́ние
Ries *n* стопа́ 6c
Riese *m* велика́н 2, исполи́н 2; Hochhaus, Tanker гига́нт 2
Rieselfeld *n* по́ле для слива́ния канализацио́нных отхо́дов
rieseln *intr* Bach журча́ть 3; Sand, Wasser струи́ться 3; Regen мороси́ть 3; Schnee сы́паться* | es rieselt mir kalt über den Rücken меня́ моро́з по ко́же подира́ет
Riesen|arbeit *f* колосса́льная рабо́та; ~**betrieb** *m* заво́д-гига́нт 2-2; Ansammlung von Menschen ма́сса 6 наро́да; ~**erfolg** *m* колосса́льный [огро́мный] успе́х; ~**felge** *f Sport* большо́й оборо́т; ~**gebirge** *n* Исполи́новы го́ры *Pl* 13-6a, Крко́ноше *idkl;* ~**gestalt** *m* исполи́нская фигу́ра
riesen|groß, ~**haft** колосса́л|ьный, -ен, -ьна, огро́м|ный, -ен
Riesen|kraft *f* богаты́рская си́ла; ~**land** *n* огро́мная страна́; ~**rad** *n* колесо́ обозре́ния, чёртово 13 колесо́ *umg;* ~**schlange** *f* уда́в 2; ~**schritt** *m:* mit ≈en гига́нтскими шага́ми; ~**slalom** *m* гига́нтский сла́лом; ~**stadt** *f* го́род-гига́нт 2b-2 *Pl* города́-гига́нты; ~**wuchs** *m Med* гиганти́зм 2
riesig **1.** *Adj* гига́нтский, колосса́л|ьный, -ен, -ьна; sehr groß огро́м|ный, -ен **2.** *Adv* о́чень, чрезвыча́йно, ужа́сно
Riesling *m* ри́слинг 2
Riff *n* риф 2
riffeln *tr Tech* выда́лбливать ⟨вы́долб|ить 3 -лю⟩, де́лать (с-) рифле́ние на *A*
Riga Ри́га
rigoros стро́г:ий, -а́!, непреклон|ный, -ен, -на
Rille *f* кана́вка 6, желоб|о́к, -ка́ 2; *Landw* борозда́ 6a *A* борозду́
Rind *n* Bulle бык 2e; Ochse вол 2e; Kuh коро́ва 6; Färse тёлка 6; ~er *Pl* кру́пный рога́тый скот 2e; Fleisch говя́дина 6
Rindbox *n* хро́мовая я́ловичная ко́жа 6
Rinde *f* кора́ 6; Brot~ ко́рка 6
Rinder *n Pl* кру́пный рога́тый скот 2e; ~**bestand** *m* поголо́вье 5 кру́пного рога́того скота́; ~**braten** *m* жарко́е из говя́дины; ~**herde** *m* ста́до кру́пного рога́того скота́; ~**mast** *f* отко́рм кру́пного рога́того скота́; ~**mastanlage** *f* скотово́дческий ко́мплекс 2; ~**pest** *f* чума́ кру́пного рога́того скота́; ~**stall** *m* ско́тный двор 2e; ~**talg** *m* говя́жье 12 са́ло; ~**zucht** *f* разведе́ние кру́пного рога́того скота́; ~**zunge** *f* говя́жий 12 язы́к
Rindfleisch *n* говя́дина 6
Rinds|leder *n* воло́вья ко́жа 12-6; ~**lende** *f* говя́жье филе́
Rindvieh *n* кру́пный рога́тый скот 2e; Schimpfwort ско́ти́на 6

Ring *m* кольцó 4c *G Pl* колéц a. Straße; mit Edelstein пéрст|ень| -ня 1; Faß óбруч 2g *G Pl* -éй; Kreis круг 2b; Box~ ринг 2; ~e *Pl* Turngerät (гимнасти́ческие) кóльца; **~bahn** *f* окружнáя [кольцевáя] желéзная дорóга

Ringel *m* колéч|ко 4 *Pl* -ки| -ек| -кам; Locke завит|óк| -кá 2; **~blume** *f* ноготки́ *Pl* 2

ringeln *tr* Haar завивáть ⟨-|ви́ть*⟩ кóльцами; sich ~ *refl* ви́ться| ви́ли́сь, завивáться ⟨-ви́ться⟩

Ringelnatter *f* уж обыкновéнный

ringen *tr:* die Hände ~ ломáть рýки; *intr* борóться* | nach Atem ~ жáдно глотáть вóздух; er rang mit einem Entschluß он старáлся прийти́ к какóму-н. решéнию

Ringer *m Sport* бор|éц| -цá 2

Ringfinger *m* безымя́нный пáлец

ringförmig кольцеобрáз|ный| -ен

Ring|kampf *m* борьбá 6; **~richter** *m* судья́ на ри́нге, рефери́ *m idkl*

rings[herum] *Adv* вокрýг, кругóм

Ringstraße *f* кольцевáя ýлица

ringsum *Adv* вокрýг, кругóм

Ringtausch *m* круговóй обмéн

Rinne *f* жёлоб 2b *Pl* желобá; kleine желоб|óк| -кá 2; kleiner Graben канáв(к)а 6

rinnen *itr* fließen течь*, струи́ться 3

Rinn|sal *n* руч|еёк| -ейкá 2; **~stein** *m* стóчная канáва 6

Rio de Janeiro Ри́о-де-Жанéйро *m idkl*

Rippchen *n Pl* рёбрыш|ки *Pl* 4 -ек| -кам

Rippe *f Anat* ребрó 4c *Pl* рёб|ра| -ер| -рам; *Bot* жи́лка 6; *Flugw* нервю́ра 6; Heizkörper сéкция 8 (радиáтора) | das kann ich mir doch nicht aus den ~n schneiden не могý же я э́то роди́ть

Rippenfell *n* плéвра 6; **~entzündung** *f* плеври́т 2

Rippen|stoß *m* толчóк в бок; **~stück** *n* корéйка 6

Rips *m Text* репс 2

Risiko *n* риск 2 | ein ~ eingehen идти́ ⟨по|йти́*⟩ на риск; auf eigenes ~ на свой (страх и) риск

riskant рискóван:ный| -на

riskieren *tr* рисковáть 2 *I oder mit Inf*

Rispe *f* метёлка 6

Riß *m* трéщина 6, щель 9g; in Papier разры́в 2, дырá 6c; im Stoff прорéха 6; *übertr* разлáд 2, разры́в | einen ~ bekommen трéснуть *v* 4; ihre Freundschaft hat einen ~ bekommen их дрýжба далá трéщину

rissig растрéскавшийся 11; Tür щели́ст:ый; Papier, Stoff рвáный

Rißwunde *f* рвáная рáна

Rist *m* Fuß подъём 2; Hand запя́стье 5

Ritt *m* поéздка 6 [прогýлка 6] верхóм | auf einen ~ одни́м мáхом, за оди́н присéст

Ritter *m hist* ры́царь 1; Ordensträger кавалéр 2 (óрдена); **~gut** *n* (дворя́нское) помéстье 5

ritterlich **1.** *Adj* ры́царский **2.** *Adv* по-ры́царски; как кавалéр

Ritter|lichkeit *f* ры́царское поведéние 5; **~orden** *m hist* ры́царский óрден; **~sporn** *m* живокость 9; **~tum** *n hist* ры́царство 4

rittlings *Adv* верхóм

Rittmeister *m* рóтмистр 2

Ritual *n* ритуáл 2

rituell ритуáльный

Ritus *m* религиóзный обря́д 2

Ritze *f* щель 9g

Ritzel *n* шестерня́ 7

ritzen *tr* verletzen царáпать (по-); einritzen вырезáть ⟨вы́|резать*⟩ (etw. in etw. что-н. на чём-н.)

Rivale *m* сопéрник 2

rivalisieren *itr* сопéрничать (mit j-m um etw. с кем-н. в чём-н.)

Rivalität *f* сопéрничество 4

Rizinusöl *n* кастóровое мáсло, кастóрка 6 *umg*

Roastbeef *n* рóстбиф 2

Robbe *f* тюлéнь 1

Robbenfang *m* тюлéний 12 прóмыс|ел| -ла 2

Robe *f* Amtstracht мáнтия 8

Roboter *m* рóбот 2

robust крéп|кий| -ок| -кá!| -че| -чáйший 11, здорóв:ый

Rochade *f* Schach рокирóвка 6

röcheln *itr* хрип|éть 3 -лю́

Rochen *m* скат 2

Rock *m* Frauen~ ю́бка 6; Jackett, Jacke пиджáк 2e; *Mus* рок 2; **~schoß** *m* полá 6c; **~zipfel** *m* подóл 2 (ю́бки) | der Mutter am ≈ hängen *übtr* держáться 3⁺ за мáменькину ю́бку

Rodelbahn *f* дорóжка 6 [kleiner Hügel гóрка 6] для катáния на салáзках [на сáнках]

rodeln *itr* катáться на салáзках [на сáнках]

Rodeln *n* катáние 5 на салáзках [на сáнках]; Renn~ сáнный спорт 2

Rodel|schlitten *m* салáз|ки *Pl* 6 -ок, сáн|ки *Pl* 6 -ок; **~sport** *m* = **Rodeln**

Rodemaschine *f* корчевáльная маши́на, корчевáтель 1

roden *tr* Wald корчевáть 2 (рас-); Hackfrüchte копáть ⟨вы́-⟩, убирáть ⟨-|брáть*⟩

Rodler *m* катáющийся *Subst* 11 на салáзках [на сáнках]; Renn~ сáночник 2

Rodung *f* Tätigkeit корчевáние 5; gerodetes Land (рас)корчёванный учáст|ок| -ка 2

Rogen *m* (ры́бья) икрá (12-)6

Roggen *m* рожь| ржи 9 *I* рóжью; **~brot** *n* ржанóй хлеб; **~feld** *n* пóле под рóжью; **~mehl** *n* ржанáя мукá

roh ungekocht сыр|ой, -á!; *Tech* необрабóтанный; grob грýб|ый, -á! | ~es Fleisch живóе мя́со; das Obst ~ essen есть фрýкты в сырóм ви́де; j-n wie ein ~es Ei behandeln (сли́шком) бéрежно обращáться с кем-н.
Roh|bau *m* неотдéланная [неоштукатýренная] пострóйка | das Haus ist im ≈ fertig дом тóлько возведён, но ещё не отдéлан; **~baumwolle** *f* хлóпок-сырéц 2-2 *G* хлóпка-сырцá; **~eisen** *n* чугýн 2e
Roheit *f* грýбость 9
Roh|kohle *f* рядовóй ýголь; **~kost** *f* сырáя (расти́тельная) пи́ща; 6; **~köstler** *m* человéк 2, питáющийся 11 сырóй пи́щей; **~kostsalat** *m* салáт из сыры́х [свéжих] овощéй; **~ling** *m* грýбый человéк 2; *Tech* заготóвка 6, отли́вка 6; **~material** *n* сырьё 3, сырьевóй материáл; **~öl** *n* неочи́щенная нефть
Rohr *n* трубá 6c; *Bot* тростни́к 2e; *Mil* ствол 2e; **~bruch** *m* разры́в 2 трубопровóда | der Frost hat einen ≈ verursacht от морóза лóпнула трубá
Röhre *f* Ofen трубá 6; Elektronik трýбка 6; *Rad* (электрóнная) лáмпа 6; *TV* трýбка; Back~ духóвка 6 | in die ~ gukken о|ставáться* (-|стáться*) ни с чем; fernsehen смотрéть (по-) телеви́зор
röhren *itr* Hirsch труб|и́ть 3 -лю
röhrenförmig трýбчатый
Röhrenknochen *m* трýбчатая кость
Rohr|geflecht *n* плетéние из тростникá; **~gelenk** *n Tech* трýбчатый шарни́р
Röhricht *n* зáросли *Pl* 9 тростникá
Rohr|kolben *m Bot* рогóз 2; **~leger** *m* проклáдчик 2 труб; **~legerkran** *m* трубоуклáдчик 2; **~leitung** *f* трубопровóд 2; **~leitungsbau** *m* строи́тельство трубопровóдов; **~post** *f* пневмати́ческая пóчта; **~spatz** *m*: wie ein ≈ schimpfen *umg* ругáться как извóзчик, неприли́чно ругáться; **~stock** *m* тростникóвая трость 9g; **~stuhl** *m* плетёный стул; **~verbindung** *f Tech* трýбное соединéние; **~zange** *f* трýбный ключ 2e; **~zucker** *m* тростникóвый сáхар
Rohseide *f* шёлк-сыр|éц 2b-2 -цá
Rohstoff *m* сырьё 3; **~basis** *f* сырьевáя бáза; **~mangel** *m* недостáток сырья́; **~quelle** *f* istóчник сырья́
Roh|übersetzung *f* черновóй перевóд; **~zucker** *m* сáхар-сыр|éц 2-2 -цá
Rokoko *n* рококó *n idkl*; **~möbel** *Pl* мéбель в сти́ле рококó
Rolladen *m* жалюзи́ *n idkl*
Rollbahn *m* стáртовая [взлётная] дорóжка 6
Rolle *f* Bedeutung роль 9; *Tech* рóлик; Spule катýшка 6; Teig~ скáлка 6; Wäsche~ кат|óк, -кá 2; gerolltes Paket рулóн 2, (крýглый) свёрт|ок, -ка 2; *Theat* роль 9g; Rollentyp амплуá *n idkl*; Turnen кувыр|óк, -кá 2 | eine ~ spielen исполня́ть (-пóлнить 3) роль, игрáть (сыгрáть) роль; aus der ~ fallen с|би́ться* *v* с тóна; das spielt keine ~ э́то не игрáет рóли; er hat seine ~ ausgespielt он сошёл со сцéны; eine untergeordnete ~ spielen игрáть второстéпенную роль; die ~n vertauschen поменя́ться *v* роля́ми
rollen *tr* катáть, *best* ка|ти́ть 3⁺ -чý; Teig рас|кáтывать (-катáть); Wäsche катáть (вы́-), прокáтывать (-катáть); Papier свёртывать (-вернýть 4); *intr* катáться, *best* кати́ться; Donner грохотáть*; sich ~ *refl* sich wälzen кати́ться (по-); sich umbiegen свёртываться (-вернýться) | der Ball ist ins Tor gerollt мяч закати́лся в ворóта
Rollen *n*: die Sache kam ins ~ дéло дви́нулось с мéста
rollend: das ~e Material der Eisenbahn подвижнóй состáв 2 желéзной дорóги
Rollen|lager *n Tech* рóликовый подши́пник; **~offsetdruck** *m* ролевáя офсéтная печáть
Rol|ler *m* Kinder~ самокáт 2; Motor~ моторóллер 2 | mit dem ~ fahren катáться (по-) на самокáте [на моторóллере]
Rollfeld *n* взлётная площáдка 6, лётное пóле; **~film** *m Foto* катýшечная плёнка; **~kragen** *m* высóкий вóрот, вя́заный воротни́к-стóйка 2e-6; **~kragenpullover** *m* сви́тер [тэ] 2 с высóким вóротом [воротникóм]; **~mops** *m* маринóванная селёдка 6, рольмóпс 2
Rollo *n* штóра 6
Roll-on-Roll-off-Schiff *n* контрéйлерное сýдно
Roll|schinken *m* рулéт 2; **~schrank** *m* канцеля́рский шкаф с жалюзи́; **~schuh** *m Pl* рóлики *Pl* 2, рóликовые коньки́ *Pl* 2 | ≈laufen катáться (по-) на рóликах; **~schuhlaufen** *n* катáние 5 на рóликах; **~stuhl** *m* крéс|ло 4 *G Pl* -ел на колёсах; **~treppe** *f* эскалáтор 2 | die ≈ hinauffahren поднимáться (подня́ться) по эскалáтору
Rom Рим 2
Roman *m* ромáн 2
romanisch ромáнский
Romanist *m* романи́ст 2; **~ik** *f* романи́стика 6
Romanschriftsteller *m* романи́ст 2
Romantik *f* ромáнтика 6; *Lit* романти́зм 2; **~er** *m* ромáнтик 2
romantisch романти́ческий
Romanze *f* ромáнс 2
Römer *m hist* ри́м|лянин 2 *Pl* -ляне, -лян; Glas бокáл 2; **~braten** *m* мяснóй хлеб 2
römisch ри́мский

Rondell *n* Platz кру́глая площа́дка 6; Gebäude рото́нка 6; Beet кру́глая клу́мба 6
Rondo *n* ро́ндо *n idkl*
röntgen *tr* де́лать (с-) рентге́н *D*
Röntgen *n* рентге́н 2 | zum ~ gehen идти́* ⟨по|йти́*⟩ на рентге́н
Röntgen|apparat *m* рентге́новский аппара́т; **~assistentin** *f* те́хник-рентгено́лог 2-2; **~aufnahme** *f* Verfahren рентгеногра́фия 8; Bild рентгеногра́мма 6, рентге́новский сни́мок; **~befund** *m* результа́т 2 рентге́новского обсле́дования; **~bestrahlung** *f* облуче́ние рентге́новскими луча́ми; **~ologe** *m* рентгено́лог; **~raum** *m* рентге́новский кабине́т; **~strahlen** *m Pl* рентге́новские лучи́; **~therapie** *f* рентгенотерапи́я 8; **~untersuchung** *f* рентге́новское иссле́дование, Durchleuchtung просве́чивание 5
rosa ро́зовый
Rosarium *n* роза́ри|й 1 *P* -и, *G Pl* -ев
Rose *f Bot* ро́за 6; *Med* ро́жа 6; am Kompaß карту́шка 6 | er ist nicht auf ~n gebettet ему́ несла́дко живётся
Rosen|garten *m* роза́ри|й 1 *P* -и, *G Pl* -ев; **~kohl** *m* брю́ссельская капу́ста; **~kranz** *m Rel* чёт|ки, -ок *Pl* 6; **~montag** *m* после́дний понеде́льник 2 ма́сленицы, день 1 карнава́льного ше́ствия; **~öl** *n* ро́зовое ма́сло; **~stock** *m* ро́зовый куст; **~strauß** *m* буке́т (из) роз
Rosette *f* розе́тка 6; Schleife ба́нт(ик) 2
rosig Farbe ро́зовый; Gesicht румя́ный; *übertr* ро́зовый, ра́дужный | die Lage ist nicht ~ положе́ние не блестя́щее
Rosine *f* изю́минка 6; *~n Pl* изю́м 2 | große ~n im Kopf haben *umg* но|си́ться 3⁺ -шу́сь с (грандио́зными) пла́нами; sich die ~n aus dem Kuchen picken [klauben] *übertr* снима́ть сли́вки, урыва́ть себе́ лу́чшие куски́
Rosinenkuchen *m* пиро́г [кекс 2] с изю́мом
Rosmarin *m* розмари́н 2
Roß *n* конь 1e *Pl* ко́ни | auf dem hohen ~ sitzen смотре́ть 3⁺ на всех свысока́
Rösselsprung *m* Schach ход 2 коня́
Roßhaar *n* ко́нский во́лос; **~matratze** *f* матра́с из ко́нского во́лоса
Roßkastanie *f* ко́нский кашта́н
[1]**Rost** *m* an Metall ржа́вчина 6 | vor ~ schützen предохран|я́ть ⟨-и́ть⟩ от ржа́вчины
[2]**Rost** *m* Gitter решётка 6; Ofen~ колосники́ *Pl* 2e; Brat~ ра́шпер 2 | auf dem ~ braten жа́рить (по-) на ра́шпере
rostbeständig коррозионносто́йкий
Rost|braten *m* ро́стбиф 2; **~bratwurst** *f* колбаса́, поджа́ренная на ра́шпере
Röstbrot *n* гренки́ *Pl* 2, тост 2
rostempfindlich ржаве́ющий 11
rosten *intr* ржа́веть (за-)
rösten *tr* Fleisch, Kartoffeln жа́рить 3 (за-), поджа́р|ивать ⟨-ить⟩ на ра́шпере; Brot поджа́р|ивать ⟨-ить⟩; Kaffee обжа́р|ивать ⟨-ить⟩; Flachs мочи́ть 3⁺ (за-) | gerösteter Kaffee жа́реный ко́фе
Rösten *n* Kaffee обжа́рка 6
rostfarben цве́та ржа́вчины, ржа́во-кра́сный
Rostfleck *m* ржа́вое пятно́
rostfrei нержаве́ющий 11
rostig ржа́вый
Röstkartoffeln *f Pl* жа́реный карто́фель
Rostock Ро́сток 2
Rostschutz|anstrich *m* антикоррозио́нная окра́ска; **~farbe** *f* антикоррозио́нная кра́ска
rot 1. *Adj* кра́сный; blut~ а́лый; Pelz, Haar ры́жий 11; Wangen румя́ный | ~ werden красне́ть (по-); Rotes Kreuz О́бщество 4 Кра́сного Креста́, Кра́сный Крест; Rotes Meer Кра́сное мо́ре; sich wie ein ~er Faden durch etw. ziehen проходи́ть 3⁺ кра́сной ни́тью че́рез что-н.; das wirkt auf ihn wie ein ~es Tuch э́то приво́дит его́ я́рость **2.** *Adv:* etw. ~ anstreichen mit Farbe кра́|сить 3 -шу (по-) в кра́сный цвет; mit Stift отмеча́ть ⟨-ме́тить⟩ кра́сным карандашо́м; sich ~ schminken румя́ниться 3 (на-); ~ sehen выхо|ди́ть 3⁺ -жу́ ⟨вы́|йти*⟩ из себя́
Rot *n* кра́сный цвет 2; румя́н|ец, -ца 2; Schminke румя́на *Pl* 4; Kartenspiel кра́сная масть 9g; **~armist** *m* красноарме́|ец, -йца 2
Rotation *f Tech* враще́ние 5
Rotations|druck *m* ротацио́нная печа́ть; **~maschine** *f* ротацио́нная (печа́тная) маши́на
rot|bäckig краснощёк:ий; Apfel румя́ный; **~blond** све́тло-ры́жий; **~braun** кра́сно-бу́рый; Haar тёмно-ры́жий 11; Pferd гнедо́й
Rot|buche *f* кра́сный бук 2; **~dorn** *m* боя́рышник 2
Röte *f* краснота́ 6; Gesicht румя́н|ец, -ца 2; am Himmel за́рево 4 | die ~ stieg mir ins Gesicht кра́ска зали́ла мне лицо́
Röteln *Pl* красну́ха 6
röten, sich красне́ть (по-); Gesicht a. покрыва́ться ⟨-|кры́ться*⟩ румя́нцем
Rot|fuchs *m* кра́сно-бу́рая лиси́ца; **~gardist** *m* красногварде́|ец, -йца 2
rot|glühend *Tech* раскалённый до́красна; **~haarig** рыжеволо́сый, ры́жий
Rothirsch *m* (благоро́дный) оле́нь
rotieren *intr* враща́ться | ~de Bewegung враща́тельное движе́ние
Rot|käppchen *n* Märchen Кра́сная Ша́почка 6; **~kehlchen** *n* мали́новка 6, заря́нка 6; **~kohl** *m*, **~kraut** *n* краснокоча́нная капу́ста; **~lauf** *m Vet* ро́жа 6 (свине́й)

rötlich *Adj* красноватый; Haar рыжеватый
Rotlicht|bestrahlung *f* лечение 5 [облучение] красным светом; **~lampe** *f* лампа красного света
Rotor *m Tech* ротор 2
Rot|schwänzchen *n* горихвостка 6; **~stift** *m* красный карандаш
Rotterdam Роттердам [тэ] 2
Rotunde *f Bauw* ротонда 6
Rötung *f* покраснение 5
rotwangig краснощёкий
Rot|wein *m* красное вино; **~welsch** *n* воровской жаргон 2; **~wild** *n* красная дичь; **~wurst** *f* кровяная колбаса
Rotz *m Vet* сап 2
Roulade *f* рулет 2; Kraut~ голуб|ец, -ца 2; auf der Speisekarte зразы *Pl* 6
Rouleau *n* штора 6
Roulett *n* рулетка 6
Route *f* маршрут 2
Routine *f* навык 2, сноровка 6; Erfahrung опыт 2; **~angelegenheit** *f* обычное дело
routinemäßig 1. *Adj* обыч|ный, -ен **2.** *Adv* регулярно, по установленному порядку
Routineuntersuchung *f* обычное [очередное] обследование
routiniert опыт|ный, -ен
Rowdy *m* хулиган 2; **~tum** *n* хулиганство 4
Rübe *f Bot* свёкла 6; Kohl~ брюква 6 | rote ~ (столовая) свёкла
Rubel *m* рубль 1e
Rüben|kombine *f* свеклокомбайн 2; **~kraut** *n* свекольная ботва; **~saft** *m* свекольный сок; **~schnitzel** *Pl* свекловичные стружки *Pl* 6, свекловичный жом 2; **~zucker** *m* свекловичный сахар
Rubin *m Min* рубин 2; Uhr кам|ень, -ня 1g
rubinrot рубиновый
Rubrik *f* рубрика 6, графа 6 | in eine ~ eintragen в рубрику; in verschiedene ~en по рубрикам; in [unter] der ~ под рубрикой
ruch|bar: ≈ werden получить *v* 3⁺ огласку, стать* *v* известным; **~los** гнус|ный, -ен, -на!, бессовест|ный, -ен
Ruck *m* толч|ок, -ка 2 | mit einem ~ одним махом, разом; er gab sich einen ~ *übertr* он взял себя в руки
Rück|ansicht *f* вид 2 сзади (von на *A*); **~antwortkarte** *f* открытка с оплаченным ответом
ruckartig 1. *Adj* рез|кий, -ок, -ка! **2.** *Adv* толчком, рывком
rückbezüglich возвратный
Rück|blende *f Lit* возвращение к прошлому; **~blick** *m* ретроспективный взгляд (auf на *A*); Übersicht обзор 2 (auf *G*)
rücken *tr* дви|гать 1 ⟨-нуть 4⟩; ein wenig подв|игать ⟨-инуть⟩; ver~ передв|игать ⟨-инуть⟩; *intr* sich bewegen дви|гаться ⟨-нуться⟩, передв|игаться ⟨-инуться⟩ | mit den Stühlen ~ двигать стульями; zur Seite ~ отодв|игать ⟨-инуть⟩ в сторону; an die Wand ~ придв|игать ⟨-инуть⟩ к стене; die Truppen rückten an die Front войска дви|гались ⟨-нулись⟩ на фронт
Rücken *m Anat* спина 6c *A* спину; *Mil* тыл 2b, в тылу; *Geogr* хреб|ет, -та 2; Buch~ кореш|ок, -ка 2 | im ~ сзади, с тылу; hinter sich в тылу, за спиной; hinter j-s ~ за чьей-н. спиной, тайком от кого-н.; im ~ des Feindes в тылу врага; sich auf den ~ legen ложиться ⟨лечь⟩ на спину; auf den ~ fallen падать ⟨упасть⟩ на спину [навзничь]; j-m den ~ stärken поддерживать ⟨-держать 3⁺⟩ кого-н.; hinter dem ~ *übertr* за спиной, за глаза; j-m in den ~ fallen *Mil* на|пасть* *v* на кого-н. с тыла; *übertr* на|нести* *v* кому-н. удар в спину; **~deckung** *f Mil* прикрытие 5 с тыла | sich ≈ verschaffen *übertr* страховать 2 (за-) себя; **~flosse** *f* спинной плавник 2e; **~lage** *f Sport* положение лёжа на спине; **~lehne** *f* спинка 6; **~mark** *n* спинной мозг; **~nummer** *f Sport* номер на спине; **~schmerzen** *Pl* боль в спине; **~schwimmen** *n* плавание на спине; **~wind** *m* попутный ветер
rückerstatten *tr* Auslagen возме|щать ⟨-стить 3 -щу⟩; Geld возвра|щать ⟨-тить 3 -щу⟩
Rück|erstattung *f* возмещение 5; возврат 2, возвращение 5; **~fahrkarte** *f* обратный билет; **~fahrscheinwerfer** *m Kfz* задняя 11 фара; **~fahrt** *f* обратный пут|ь 9e *I* -ём | auf der ≈ на обратном пути; Hin- und ≈ проезд 2 туда и обратно; **~fall** *m Jur, Med* рецидив 2 | ≈ der Krankheit возврат 2 болезни; **~falldiebstahl** *m* повторная кража
rückfällig повторный; *Jur* рецидивный; *Med* рецидивный, возвратный | ~ werden повторно совершить *v* преступление
Rück|falltäter *m Jur* рецидивист 2; **~flug** *m* обратный полёт; **~fracht** *f* обратный груз; **~frage** *f* запрос 2 | eine ~ stellen запрашивать ⟨-просить 3⁺ -прошу⟩
rückfragen *intr* запрашивать ⟨-просить 3⁺ -прошу⟩
Rück|führung *f* возвращение 5; *Pol* репатриация 8; **~gabe** *f* возврат 2, возвращение 5; **~gang** *m* Verringerung уменьшение 5, сокращение 5; Hochwasser спад 2; Bestände снижение 5 | ≈ der Produktion спад [сокращение] производства
rückgängig: ~ machen отмен|ять ⟨-ить 3⁺⟩; Vertrag аннулировать *uv, u* 2

Rückgrat *n* (спинно́й) хреб|е́т| -та́ 2, позвоно́чник 2 | er hat kein ~ он безво́льный челове́к; **~verkrümmung** *f* искривле́ние 5 позвоно́чника
Rückhalt *m* подде́ржка 6, опо́ра 6 | einen ~ haben име́ть опо́ру
Rückhaltebecken *n* заде́рживающее водохрани́лище 11–4
rückhaltlos 1. *Adj* открове́н|ный| -ен| -на **2.** *Adv* напрями́к, без стесне́ний
Rück|hand *f* Tennis уда́р 2 сле́ва; **~kauf** *m* вы́куп 2; **~kehr** *f* возвраще́ние 5 | nach der ~ по возвраще́нии; **~kehrer** *m* репатриа́нт 2
rückkoppeln *tr* устан|а́вливать ⟨-ови́ть 3⁺ -лю́⟩ обра́тную связь (ме́жду *I*)
Rück|kopplung *f* обра́тная связь 9; **~lage** *f* сбереже́ния *Pl* 5, накопле́ния *Pl* 5; ~n *Pl Wirtsch* де́нежный резе́рв 2; **~lauf** *m* обра́тное движе́ние 5 [тече́ние 5]; *Tech* Rückwärtsbewegung обра́тный ход 2; Tonband (уско́ренная) перемо́тка наза́д
rückläufig обра́тный, регресси́в|ный| -ен; Einwohnerzahl, Konsum снижа́ющийся 11, сокраща́ющийся 11 | die Stahlproduktion ist ~ вы́плавка ста́ли сокраща́ется; ~es Wörterbuch обра́тный слова́рь; ~e Tendenz тенде́нция к сокраще́нию; ~e Entwicklung сниже́ние 5, регре́сс 2
Rücklicht *n Kfz* за́дний свет 11-2
rücklings *Adv* на́взничь, наза́д; von hinten сза́ди
Rück|marsch *m* обра́тный пут|ь 9е *I* -ём; *Mil* отступле́ние 5; **~porto** *n* опла́та 6 отве́та | dem Brief ≈ beilegen прилага́ть ⟨-ложи́ть 3⁺⟩ к письму́ ма́рку для отве́та; **~reise** *f* обра́тный пут|ь 9е *I* -ём, возвраще́ние 5
Rucksack *m* рюкза́к 2е | ~ mit Traggestell станко́вый рюкза́к
Rückschau: ≈ halten броса́ть ⟨бро́|сить 3 -шу⟩ взгляд на проше́дшее; schlußfolgern подыто́ж|ивать ⟨-ить 3⟩ про́йденный путь
rückschauend 1. *Adj* ретроспекти́вный **2.** *Adv*: ~ auf etw. огля́дываясь наза́д на что-н.
Rück|schlag *m* am Gewehr отда́ча 6; Mißerfolg неуда́ча 6, неуспе́х 2; *Wirtsch* кри́зис 2, спад 2 | einen ≈ erleiden терпе́ть (по-) неуда́чу [неуспе́х]; **~schluß** *m* вы́вод 2, заключе́ние 5 | aus etw. ~schlüsse auf etw. ziehen су|ди́ть 3⁺ -жу́ на основа́нии чего́-н. о чём-н.; ~schlüsse ziehen aus etw. де́лать (с-) вы́воды [заключе́ния] из чего́-н.; **~schritt** *m* регре́сс 2; *Pol* реа́кция 8
rückschrittlich реакцио́н|ный| -ен| -на
Rück|seite *f* оборо́тная [за́дняя 11] сторона́; **~sendung** *f* отсы́лка наза́д, возвраще́ние; **~sicht** *f* внима́ние 5, уваже́ние 5 (auf к *D*) | mit ≈ auf etw. из-за чего́-н., принима́я во внима́ние что-н; keine ≈ nehmen auf etw. не счита́ться ни с чем-н.; ohne ≈ auf Verluste не счита́ясь ни с чем; ohne ≈ auf die Person невзира́я на ли́ца; **~sichtnahme** *f* внима́тельное отноше́ние 5 | gegenseitige ≈ im Straßenverkehr взаи́мное внима́ние 5 в у́личном движе́нии
rücksichts|los 1. *Adj* бесцеремо́н|ный| -ен| -на; schonungslos беспоща́д|ный| -ен | ≈ sein ни на что не обраща́ть внима́ния **2.** *Adv* несмотря́ ни на что, ни с чем не счита́ясь; **~voll** предупреди́тел|ьный| -ен -ьна, (j-m gegenüber по отноше́нию к кому́-н.)
Rück|sitz *m* за́днее ме́сто 11-2b, за́днее сиде́нье; **~spiegel** *m* зе́ркало за́днего [обра́тного] ви́да; **~spiel** *n Sport* отве́тная встре́ча 6 [игра́]; **~sprache** *f*: mit j-m ≈ nehmen пере-, поговори́ть v 3 [посове́товаться *v* 4] с кем-н.; nach ≈ mit j-m переговори́в [поговори́в, посове́товавшись] с кем-н.
rückspulen *tr* перема́тывать ⟨-мота́ть⟩ обра́тно
Rückstand *m* Rest оста́т|ок| -ка 2; bei Steuern u. ä. недои́мка 6; bei der Arbeit отстава́ние 5 (bei, in, mit в *P*), Produktion a. недовыполне́ние 5 *G*; *Chem* оса́|-д|ок| -ка 2; bei Verbrennung нага́р 2 | im ~ sein от|става́ть* ⟨-|стать*⟩ (mit в *P*); finanziell име́ть задо́лженность; den ~ aufholen ликвиди́ровать *uv, v* 2 отстава́ние [задо́лженность]; bei der Arbeit im ~ sein отстава́ть ⟨-ста́ть⟩ в рабо́те; mit den Zahlungen in ~ sein име́ть задо́лженность по платежа́м; im ~ liegen *Sport* от|става́ть* ⟨-|ста́ть*⟩
rückständig *Fin* неупла́ченный; zurückgeblieben отста́лый
Rückständigkeit *f* отста́лость 9
Rück|stau *m* обра́тный подпо́р 2; Autoverkehr скопле́ние 5, зато́р 2; **~stoß** *m* отда́ча 6; **~stoßantrieb** *m* реакти́вный дви́гатель; **~strahler** *m* катафо́т 2, отража́тель 1; **~strom** *m El* обра́тный то́к 2; **~transport** *m* обра́тная доста́вка 6; *Foto* обра́тная перемо́тка 6; **~tritt** *m* von Regierung отста́вка 6; von einem Amt ухо́д 2 с до́лжности; vom Vertrag (односторо́нний 11) отка́з 2 (von от *G*) | seinen ≈ erklären по|дава́ть* ⟨пода́ть*⟩ в отста́вку; **~trittbremse** *f* ножно́й то́рмоз
Rücktrittserklärung *f* Amt заявле́ние 5 об ухо́де с до́лжности [об отста́вке]; Vertrag заявле́ние об отка́зе
rückübersetzen *tr* де́лать (с-) обра́тный перево́д *G*, пере|води́ть 3⁺ -жу́ ⟨-|вести́*⟩ обра́тно на язы́к оригина́ла
Rück|übersetzung *f* обра́тный перево́д; **~versicherung** *f* перестрахо́вка 6, пере-

страхова́ние 5; **~wand** *f* за́дняя стена́ 11-6а; **~wanderer** *m* репатриа́нт 2; **~wanderung** *f* реэмигра́ция 8
rück|wärtig за́дний 11; *Mil* тылово́й; **~wärts** *Adv* наза́д; mit dem Rücken zuerst за́дом | ≈ gehen пя́|титься 3 -чусь (по-) (за́дом); ≈ fahren mit Fahrzeug дви́|гаться ⟨-нуться 4⟩ за́дним хо́дом; im Fahrzeug е́хать спино́ю к передку́
Rück|wärtsgang *m* Auto за́дний ход 11-2; **~weg** m обра́тный путь | auf dem ≈ на обра́тном пути́
ruckweise *Adv* рывка́ми, толчка́ми
rück|wirkend 1. *Adj* обра́тно де́йствующий 11 | ≈e Kraft *Jur* обра́тная си́ла **2.** *Adv* за́дним число́м; **~zahlbar** подлежа́щий 11 возвра́ту
Rück|zahlung *f* возвра́т 2 де́нег; **~zieher** *m*: einen ≈ machen идти́* ⟨по|йти́*⟩ на попя́тный; **~zug** *m* отступле́ние 5, отхо́д 2 | zum ≈ blasen *übertr* бить* отбо́й; den ≈ antreten начина́ть ⟨нача́ть⟩ отступле́ние
Rüde *m* кобе́ль 1e
Rudel *m* ста́до 4b; Wölfe ста́я 7
Ruder *n Sport* весло́ 4c *Pl* вёс|ла, -ел; Steuer руль 1e | am ~ sein *übertr* нахо|ди́ться 3⁺ -жу́сь у вла́сти; ans ~ kommen при|ходи́ть 3⁺ ⟨-|йти́*⟩ к вла́сти; **~blatt** *n* ло́пасть весла́; **~boot** *n* гребна́я шлю́пка 6 [ло́дка]; **~er** *m*, **~in** *f* греб|е́ц, -ца́ 2; **~gast** *m Mar* рулев|о́й, -о́го *Subst* 10; **~mannschaft** *f* кома́нда гребцо́в
rudern *intr* грести́*, идти́* на вёслах; zum Vergnügen ката́ться на ло́дке; *tr* во|ди́ть 3⁺ -жу́, *unbest* вести́* на вёслах | das Boot ans andere Ufer ~ пере|вести́* *v* ло́дку на друго́й бе́рег
Rudern *n* гре́бля 7
Ruder|pinne *f Mar* ру́мпель 1; **~regatta** *f* гребны́е го́нки *Pl* 6, (гребна́я) рега́та 6; **~sport** *m* гребно́й спорт
Rudiment *n* рудиме́нт 2
rudimentär рудимента́рный
Ruf *m* Schrei крик 2; An-, Zuruf о́клик 2, о́крик 2; feierlicher клич 2 *G Pl* -ей; Aufruf призы́в 2, зов 2; *übertr* репута́ция 8, сла́ва 6 | er erhielt einen ~ an die Universität его́ пригласи́ли [он получи́л приглаше́ние] чита́ть ле́кции в университе́те; ein Gelehrter von ~ учёный с и́менем; in gutem ~ stehen по́льзоваться 2 хоро́шей репута́цией; in üblen ~ kommen приобрета́ть ⟨-|обрести́*⟩ дурну́ю сла́ву
rufen *tr* звать* (по-); aufrufen призыва́ть ⟨-|зва́ть⟩; herbeirufen кли́|кать, -чу, -чешь ⟨кли́кнуть *mom* 4⟩ *umg;* Arzt пригла|ша́ть ⟨-си́ть 3 -шу́⟩, зва́ть (по-); *intr* крича́ть 3 ⟨кри́кнуть *mom* 4⟩; звать (по-) (nach *A*) | das Kind ruft nach der Mutter ребёнок зовёт мать; j-n ~ lassen про|си́ть 3⁺ -шу́ (по-) позва́ть кого́-н.; um Hilfe ~ звать на по́мощь; zur Ordnung ~ призва́ть *v* к поря́дку; j-m etw. ins Gedächtnis ~ напомина́ть ⟨-по́мнить 3⟩ кому́-н. о чём-н.; Sie kommen wie gerufen вы пришли́ кста́ти
Rüffel *m umg* головомо́йка 6, нагоня́|й 1 *G Pl* -ев | einen ~ erteilen дава́ть* ⟨дать*⟩ нагоня́й
Ruf|mord *m* злонаме́ренная клевета́ 6; **~name** *m* и́мя *n G D P* и́мени, *I* и́менем, *Pl* имена́, имён, имена́м 4; **~nummer** *f* но́мер (телефо́на); **~weite** *f* расстоя́ние 5 слы́шимости; **~zeichen** *n* позывно́й сигна́л
Rugby *n* ре́гби [рэ] *n idkl*; **~spieler** *m* регби́ст 2
Rüge *f* вы́говор 2, порица́ние 5 (für, wegen за *A*) | eine ~ erteilen де́лать (с-) вы́говор
rügen *tr* де́лать (с-) вы́говор (j-n für [wegen] etw. кому́-н. за что-н.), порица́ть (etw. an j-m кого́-н. за что-н.)
Rügen Insel Рю́ген 2
Ruhe *f* поко́й 1; Erholung о́тдых 2; Gelassenheit споко́йствие 5; Untätigkeit безде́йствие 5; Stille тишина́ 6 | in ~ arbeiten споко́йно; sich keine ~ gönnen не дава́ть* себе́ поко́я; zur ~ kommen успок|а́иваться ⟨-о́иться 3⟩; sich zur ~ begeben ложи́ться 3 ⟨лечь*⟩ спать; ~ vor dem Sturm зати́шье 5 пе́ред бу́рей; ~ чалтен! споко́йно!, ти́хо!; ich bitte um ~! прошу́ поти́ше!; Störung der öffentlichen ~ наруше́ние обще́стенного поря́дка; lassen Sie mich in ~! оста́вьте меня́ в поко́е!; sich nicht aus der ~ bringen lassen сохран|я́ть ⟨-и́ть 3⟩ споко́йствие; er ist die ~ selbst он само́ споко́йствие; j-m keine ~ lassen не дава́ть* поко́я кому́-н.; immer mit der ~ споко́йно!, без спе́шки! angenehme ~! прия́тного поко́я!;
ruhebedürftig нужда́ющийся 11 в поко́е [в о́тдыхе]
Ruhe|geld *n* пенсио́нные *Pl Subst* 10; **~lage** *f* положе́ние поко́я
ruhelos 1. *Adj* беспоко́|йный, -ен, -йна **2.** *Adv* без о́тдыха, не зна́я поко́я
ruhen *itr* от|дыха́ть ⟨-дохну́ть 4⟩; zum Stillstand gekommen sein стоя́ть 3 (про-), безде́йствовать 2; Maschine, Betrieb не рабо́тать; fußen поко́иться (auf на *P*); lasten лежа́ть 3 (auf на *P*) | die Brücke ruht auf Pfeilern мост опира́ется на столбы́; die Waffen ~ ору́дия молча́т; die Verhandlungen ~ перегово́ры приостано́влены; ich ruhe nicht eher, als bis … я не успоко́юсь до тех пор, пока́ не …; die Arbeit ruht рабо́та стои́т; der Blick ruht auf … взор поко́ится на …;

die ganze Verantwortung ruht auf ihm вся отве́тственность лежи́т на нём

Ruhe|pause *f* переры́в 2, переды́шка 6; **~platz** *m* ме́сто о́тдыха; **~stand** *m* отста́вка 6 | im ≈ sein быть в отста́вке; in den ≈ treten вы́|йти* *v* в отста́вку; **~stätte** *f* Ruhelager ло́же 4; Grab моги́ла 6 | die letzte ≈ после́днее приста́нище 11-4; **~störung** *f* наруше́ние тишины́; **~stunde** *f* час о́тдыха; nach dem Mittagessen мёртвый час; **~tag** *m* день о́тдыха; Dienststelle, Geschäft выходно́й [нерабо́чий 11] день; *Mil* днёвка 6; **~zustand** *m* состоя́ние поко́я

ruhig 1. *Adj* споко́|йный, -ен, -йна; Gegend, Nachbar ти́х:ий, -а! | ~ werden успок|а́иваться ⟨-о́иться 3⟩; Geräusch утиха́ть ⟨ути́хнуть 4а⟩; ~! споко́йно!, ти́хо!, ти́ше!; du kannst ~ … ты вполне́ мо́жешь …; sich ~ verhalten вести́* себя́ сми́рно; ~er Schlaf безмяте́жный сон; sei endlich ~! успоко́йся наконе́ц!; ein ~es Leben führen вести́* споко́йный о́браз жи́зни; er hat einen ~en Posten он устро́ился на ти́хое месте́чко; einen ~en Schlaf haben спать* споко́йно **2.** *Adv* споко́йно | das kannst du ~ wagen ты сме́ло мо́жешь идти́ на э́то; du kannst ~ mitkommen ты вполне́ мо́жешь идти́ с на́ми

Ruhm *m* сла́ва 6 | ~ erwerben стяжа́ть *v* сла́ву; er ist auf dem Gipfel seines ~es angelangt он дости́г верши́ны свое́й сла́вы

rühmen *tr* хвали́ть 3⁺ (по-), просл|авля́ть ⟨-а́вить 3 -а́влю⟩; sich ~ *refl* хвали́ться *I*, хва́статься *I*

Ruhmesblatt *n*: das ist kein ~ für ihn э́то не де́лает ему́ че́сти

rühmlich похва́л|ьный, -ен, -ьна | eine ~e Ausnahme bilden быть прия́тным исключе́нием

ruhm|los беcсла́в|ный, -ен; **~reich** сла́в|ный, -ен, -на́!

Ruhmsucht *f* жа́жда сла́вы

ruhm|süchtig жа́ждущий 11 сла́вы; **~voll** = **ruhmreich**

Ruhr *f Med* дизентери́я 8

Rührei *n* яи́чница-болту́нья 6-7

rühren *tr* um~ меша́ть (по-); Teig ме|си́ть 3⁺ -шу́ (по-); *übertr* растро́гать *v* (zu Tränen до слёз); *intr* be~ каса́ться ⟨косну́ться 4⟩ (an *G*); sich ~ *refl* дви́|гаться* ⟨-нуться 4⟩, шевели́ться 3 (по-) | er rührte keinen Finger für mich он (и) па́льцем не пошевельну́л для меня́; rühr dich nicht von der Stelle! ни с ме́ста!; es hat sich nichts gerührt всё бы́ло ти́хо; gerührt sein von etw. быть* растро́ганным чем-н.; an eine wunde Stelle ~ дотр|а́гиваться ⟨-тро́нуться 4⟩ до больно́го ме́ста; das rührt daher, daß . . . э́то происхо́дит от того́, что …; rührt euch! *Mil* во́льно!; **~d** тро́гател|ьный, -ен, -ьна

Ruhrgebiet *n* Ру́рская о́бласть

rührig unternehmend предприи́мчив:ый; flink подви́ж|ный, -ен | er ist bis ins hohe Alter ~ geblieben он сохрани́л подви́жность [эне́ргию] до глубо́кой ста́рости

Rührkelle *f* ло́жка для разме́шивания, меша́лка 6

rührselig сентимента́л|ьный [сэ], -ен, -ьна

Rührung *f* растро́ганность 9, умиле́ние 5

Ruin *m* Verarmung разоре́ние 5; Bankrott банкро́тство 4; Untergang ги́бель 9; *Wirtsch* разру́ха 6 | dem ~ entgegengehen разоря́ться

Ruine *f* разва́лины *meist Pl* 6, руи́ны *meist Pl* 6; Mensch разва́лина

ruinieren *tr* разор|я́ть ⟨-и́ть 3⟩; sich ~ *refl* разор|я́ться ⟨-и́ться 3⟩ (durch на *P*) | sich seine Gesundheit ~ подрыва́ть ⟨подо|рва́ть*⟩ своё здоро́вье

rülpsen *itr* (гро́мко) рыг|а́ть ⟨-ну́ть 4⟩

Rum *m* ром 2

Rumän|e *m* румы́н 2 *G Pl* румы́н; **~ien** *n* Румы́ния 8; **~in** *f* румы́нка 6

rumänisch румы́нский

Rummel *m* сумато́ха 6, шуми́ха 6; Jahrmarkt я́рмарка 6 | einen ~ um etw. machen поднима́ть ⟨подня́ть*⟩ шум [шуми́ху] из-за чего́-н.; **~platz** *m* площа́дка с аттракцио́нами, я́рмарочная пло́щадь, ме́сто гуля́ний

rumoren *intr* шум|е́ть 3 -лю́

Rumpelkammer *f* чула́н 2, кладо́вка 6

rumpeln *itr* громыха́ть (про-)

Rumpf *m Anat* ту́ловище 4; Schiff ко́рпус 2b *Pl* -а́, -о́в; *Flugw* фюзеля́ж 2 *G Pl* -ей

rümpfen *tr:* die Nase ~ презри́тельно мо́рщиться 3 (по-) [мо́рщить (с-) нос]

Rumpsteak *n* ромште́кс 2

Rum|topf *m* фру́кты *Pl* 2, консерви́рованные в ро́ме; **~verschnitt** *m* купа́ж 2, *I* -ем ро́ма

rund 1. *Adj* кру́глый, -а́!; Zahl округлённый | ~e Backen по́лные щёки **2.** *Adv* etwa приме́рно, приблизи́тельно, о́коло *G* | ~ gerechnet кру́глым счётом; ~ um die Uhr кру́глые су́тки; ~ um die Welt вокру́г све́та

Rund|bau *m* кру́глое сооруже́ние; **~bild** *n* панора́ма 6; **~blick** *m*: vom Berg hat man einen schönen ≈ с горы́ открыва́ется краси́вая панора́ма; **~bogen** *m* (полуциркуля́рная) а́рка

Runde *f Sport* круг 2b; Boxen ра́унд 2; Schach, Kartenspiel тур 2; Gesellschaft о́бщество 4 | zwei ~n laufen [fahren] про|бежа́ть* *v* [про|е́хать* *v*] два кру́га; eine ~ zahlen плати́ть (за-) за всех [за всю компа́нию; er bestellte eine ~ Bier он заказáл всем по крýжке пи́ва; der Wächter macht die ~ стóрож дéлает обхóд; (gut) über die ~n kommen спр|авля́ться ⟨-áвиться 3 -áвлюсь⟩ со свои́ми делáми

runden, sich *refl*: das Bild rundet sich карти́на станóвится яснée; die Teile runden sich zum Ganzen чáсти слагáются в еди́ное цéлое

runderneuern: einen Reifen ~ восста-н|áвливать ⟨-ови́ть 3⁺ -овлю́⟩ протéктор (ши́ны)

Rund|erneuerung *f Kfz* восстановлéние протéктора (ши́ны); **~fahrt** *f* поéздка (по кругово́му маршру́ту), (автóбусная) экскýрсия (durch Moskau по Москвé); **~flug** *m* круговóй полёт; **~frage** *f* опрóс 2, анкéта 6

Rundfunk *m* рáдио *n idkl*, радиовещáние 5 | ~ hören слýшать рáдио; im ~ hören слы́шать 3 (у-) по рáдио; er spricht im ~ он выступáет по рáдио; er arbeitet beim ~ он рабóтает на рáдио; **~empfang** *m* радиоприём; **~gebühr** *f* абонемéнтная плáта за рáдио; **~gerät** *n* радиоприёмник 2; **~hörer** *m* радиослýшатель 1; **~kommentator** *m* радиокомментáтор 2; **~mechaniker** *m* тéхник 2 по рáдио, радиомехáник 2; **~röhre** *f* радиолáмпа 6; **~sender** *m* радиопередáтчик 2, радиостáнция 8; **~sendung** *f* радиопередáча 6; **~sprecher** *m* ди́ктор (рáдио); **~station** *f* радиостáнция 8; **~übertragung** *f* передáча по рáдио, радиотрансля́ция 8; **~zeitung** *f* радиогазéта 6

Rund|gang *m* обхóд (durch *G*) | einen ~ machen durch etw. обходи́ть 3⁺ -хожý ⟨-о|йти́*⟩ что-н.

rundgestrickt свя́занный вкругову́ю

rund|heraus откровéнно; **~herum** вокрýг, кругóм

Rund|holz *n* крýглый лесоматериáл, кругля́к 2e; **~lauf** *m Sport* гигáнтские шаги́ *Pl* 2b

rundlich кругловáт:ый, окрýгл:ый; von Menschen пóл|ный, -он, -нá, пóлнó, тóлстенький

Rund|ling *m* Dorf дерéвня с кругов́ым располóжéнием дворóв; **~reise** *f* круговáя поéздка; mit Schiff круи́з 2; **~schau** *f* обозрéние 5, обзóр 2; **~schreiben** *n* циркуля́р 2, циркуля́рное письмó; **~schrift** *f* Handschrift шрифт рондó 2-*n idkl*; **~strickmaschine** *f* кругловязáльная маши́на; **~strickware** *f* круглов́язаное издéлие 5, круглов́язаный трикотáж 2; **~tischgespräch** *n* бесéда за крýглым столóм

rundum вокрýг, кругóм

Rundung *f* окрýглость 9

rundweg: ~ablehnen категори́чески от-клон|я́ть ⟨-и́ть⟩

Rune *f* рýна 6 *meist Pl*

Runenschrift *f* руни́ческое письмó, рýны *Pl* 6

Rungenwagen *m Eisenb* платфóрма со стóйками

Runkelrübe *f* кормовáя свёкла

Runzel *f* морщи́на 6

runz[e]lig *Adj* морщи́нист:ый, смóрщенный | ~ werden мóрщиться 3 (с-)

runzeln *tr* Stirn мóрщить 3 (с-); Brauen хмýрить 3 (на-); sich ~ *refl* von Stirn мóрщиться (на-, с-) | die Stirn ~ мóрщить лоб

Rüpel *m* грубия́н 2, невéжа *m, f* 6

rüpelhaft грýб:ый, -á!

rupfen *tr* щипáть* (о-, об-) | er hat mich gerupft *umg* он меня́ обобрáл; mit j-m ein Hühnchen ~ с|вести́* *v* счёты с кем-н.

ruppig Benehmen нахáл|ьный, -ен, -ьна; Aussehen обóрван:ный, -на, потёрт:ый | ein ~er Hund облéзлая собáка; sich ~ benehmen вести́* себя́ грýбо [по-хáмски]

Rüsche *f* рюш 2 *G Pl* -ей | mit ~n besetzt с обóркой

Ruß *m* сáжа 6; Lampenglas, Wand кóпоть 9 | nicht viel ~ machen *umg* не церемóниться 3

Russe *m* рýсский *Subst* 10

Rüssel *m* Elefant хóбот 2; Insekten хобо-т|óк, -кá 2; Schwein ры́ло 4; **~käfer** *m* долгонóсик 2; **~tiere** *n Pl* хобóтные *Subst Pl* 10

rußen *itr* копти́ть 3

Russenbluse *f* рýсская рубáшка 6

rußig покры́тый сáжей, закоптéлый

Russin *f* рýсская *Subst* 10

russisch **1.** *Adj* рýсский | Russische Sozialistische Föderative Sowjetrepublik Росси́йская Совéтская Федерати́вная Социалисти́ческая Респýблика **2.** *Adv* по-рýсски | ~ sprechen говори́ть по-рýсски

Russisch *n* рýсский язы́к 2e | er spricht ein gutes ~ он говори́т на хорóшем рýсском языкé; **~lehrer** *m* преподавáтель [учи́тель] рýсского языкá; **~prüfung** *f* экзáмен по рýсскому языкý; **~stunde** *f* урóк рýсского языкá; **~unterricht** *m* преподавáние рýсского языкá, обучéние рýсскому языкý

Russist *m* руси́ст 2; **~ik** *f* руси́стика 6

Rußland Росси́я 8

rüsten *itr Mil* воорýж|áться ⟨-и́ться 3⟩ | sich zu etw. [für etw.] готóв|иться 3 -люсь к чемý

Rüster *f Bot* вяз 2

rüstig бóдр:ый, -á, -о; бóдры́; kräftig крéп|кий, -ок, -кá!, -че

Rüstkammer *m* оружéйная палáта

Rüstung *f* Ritter доспéхи *Pl* 2; Bewaffnung вооружéние 5

Rüstungs|ausgaben *Pl* воéнные расхóды 2; **~begrenzung** *f* ограничéние вооружéний; **~betrieb** *m* воéнный завóд; **~industrie** *f* воéнная промы́шленность; **~kontrolle** *f* контрóль над [за] вооружéнием

Rüstzeug *n* арсенáл 2, орýжие 5 | das ideologische ~ идеологи́ческий арсенáл

Rute *f* прут 2 *G a.* -á *Pl* -ья, -ьев 1; zum Züchtigen рóзга 6 *G Pl* рóзог; *Jagd* хвост 2e

Rutsch *m* Erd~ óполз|ень, -ня 1 | einen guten ~ ins Neue Jahr! с Нóвым гóдом (, с нóвым счáстьем)!; **~bahn** *f* auf Spielplatz гóрка 6

Rutsche *f Bauw* спускнóй жёлоб 2b *Pl* желобá; Holz лесоспýск 2

rutsch|en *itr* сколь|зи́ть 3 -жý ⟨скользнýть *mom* 4⟩; Erdboden оползáть ⟨-|ползти́*⟩, ползти́; verrutschen съ|éхать* *v;* von Rädern буксовáть 2

Rutschgefahr *f* Auto опáсность буксовáния [Fußgänger скольжéния]

rutschig скóльз|кий, -ок, -кá!

rütteln *tr* трясти́*, встр|я́хивать ⟨-яхнýть 4⟩; Mast шатáть ⟨шатнýть *mom* 4⟩; *itr* трясти́ (an *A*) | j-n aus dem Schlaf ~ разбу|ди́ть 3⁺ -жý *v* когó-н.; daran ist nicht zu ~ э́то не подлежи́т никаки́м изменéниям

Rwanda Руáнда 6; **~er** *m* руанди́|ец, -йца

rwandaisch руанди́йский

S

Saal *m* зал (für 500 Zuschauer на пятьсóт зри́телей) | in den ~ gehen идти́ в зал

Saar|brücken Саарбрю́ккен 2; **~land** Саáр 2; Gebiet Саáрская óбласть 9g

Saat *f* Tätigkeit (по)сéв 2; Saatgut семенá *Pl* 4 семя́н, семенáм; Gesätes посéвы *Pl*; junge ~ всхóды *Pl* 2 | wie die ~, so die Ernte что посéешь, то и пожнёшь; **~getreide** *n* зернó для посéва; **~gut** *n* семенá *Pl* 4 семя́н, семенáм; **~kartoffeln** *f Pl* семеннóй [посáдочный] картóфель; **~krähe** *f* грач 2e *G Pl* -éй; **~zucht** *f* семеновóдство 4; **~zuchtbetrieb** *m* семеновóдческое хозя́йство 4

Sabbat *m* шáбаш 2 *G Pl* -ей

Säbel *m* сáб|ля 7 *G Pl* -ель; Kavallerie~ шáшка 6; Fechten эспадрóн 2 | den ~ ziehen обнаж|áть ⟨-и́ть 3⟩ сáблю; mit dem ~ rasseln *übtr* бряцáть орýжием; **~fechten** *n Sport* фехтовáние на сáблях [на эспадрóнах]; **~hieb** *m* сáбельный удáр 2, удáр сáблей; **~tanz** *m* тáнец с сáблями

Sabot|age *f* саботáж 2 (an *G*) | ~ treiben саботáжничать *umg*; **~ageakt** *m* акт саботáжа; **~eur** *m* саботáжник 2

sabotieren *tr* саботи́ровать *uv, v* 2

Sachalin Сахали́н 2

Sacharin *n* сахари́н 2

Sach|bearbeiter *m* делопроизводи́тель 1 (für по *D*); **~beschädigung** *f* повреждéние имýщества; **~buch** *n* специáльная [наýчно-популя́рная] кни́га

sachdienlich соотвéтствующий 11, полéз|ный, -ен

Sache *f* Gegenstand вещь 9g; 2; Angelegenheit дéло 4b; ~n *Pl* Kleidung und Handgepäck вéщи, пожи́тки *Pl* 2, манáт|ки *Pl* 6 -ок | seine (sieben) ~n zusammenpacken собирáть ⟨-|брáть*⟩ свои́ вéщи [пожи́тки, манáтки]; j-m in die ~n helfen помогáть ⟨-мóчь⟩ комý-н. одéться; eine wichtige ~ вáжное дéло; das ist eine andere ~ э́то другóе дéло; das ist nicht jedermanns ~ э́то не вся́кий мóжет; eine dumme ~ глýпая истóрия; mit j-m gemeinsame ~ machen дéлать óбщее дéло с кем-н.; das ist eine ~ für sich э́то осóбь статья́, э́то дéло осóбое; das ist nicht meine ~ э́то не моё дéло; seiner ~ gewiß sein быть увéренным в своéй правотé, быть увéренным в успéхе своегó дéла; seine ~ verstehen знать своё дéло; eine ~ deichseln повёртывать ⟨-вернýть 4⟩ дéло; einer ~ auf den Grund gehen глубокó изуч|áть ⟨-и́ть 3⁺⟩ вопрóс; die ~ klappt дéло идёт на лад; mach keine ~n! не дéлай глýпостей!; seine ~ gut machen хорошó справля́ться ⟨спрáв|иться 3 -люсь⟩ со своéй рабóтой; die ~ steht gut дéло в шля́пе; die ~ steht schlecht дéло дрянь; ~n gibt's, die gibt's gar nicht! ну и чудесá!; bei der ~ bleiben не отклоня́ться от тéмы; bei der ~ sein быть внимáтельным, у|йти́* *v* в рабóту; nicht bei der ~ sein быть рассéянным [невнимáтельным]; in ~n *G Jur* по дéлу *G*; zur ~! к дéлу!; zur ~ kommen переходи́ть 3⁺ -хожý ⟨-|йти́*⟩ к дéлу [к тéме]; das tut nichts zur ~ э́то ничегó не знáчит, э́то не меня́ет дéла

Sachgebiet Wissensgebiet óбласть 9; Ressort вéдомство 4 | nach ~en geordnet располóженный по раздéлам

sachgemäß 1. *Adj* соотвéтствующий 11, надлежáщий 11 **2.** *Adv* надлежáщим óбразом

Sach|gewinn *m* вещевóй вы́игрыш; **~katalog** *m* предмéтный каталóг; **~kenner** *m* знатóк дéла; **~kenntnis** *f* знáние дéла, осведомлённость 9

sachkundig 1. *Adj* свéдущ:ий 11, знáющий 11 дéло **2.** *Adv* со знáнием дéла

Sachlage *f* положе́ние веще́й [дел]
sachlich 1. *Adj* die Sache betreffend делово́й, делови́т¦ый; objektiv объекти́в|ный, -ен | eine ~e Behandlung делово́й [объекти́вный] подхо́д; das ist ~ richtig э́то по существу́ ве́рно [пра́вильно] **2.** *Adv* по-делово́му, объекти́вно | er bleibt immer ~ он всегда́ сохраня́ет объекти́вность; ~ zu einer Frage Stellung nehmen по-делово́му [объекти́вно] отно|си́ться 3⁺ -ношу́сь ⟨-|нести́сь*⟩ к вопро́су
sächlich: ~es Geschlecht *Gramm* сре́дний 11 род
Sach|lichkeit *f* делови́тость 9; объекти́вность 9; **~prämie** *f* вещева́я пре́мия, це́нный пода́р|ок, -ка 2 в ви́де пре́мии; **~register** *n* предме́тный указа́тель; **~schaden** *m* материа́льный уще́рб
Sachse *m* саксо́н|ец, -ца 2; **~n** Саксо́ния 8
Sächsin *f* саксо́нка 6
sächsisch саксо́нский | Sächsische Schweiz Саксо́нская Швейца́рия
sacht 1. *Adj* leise ти́х¦ий, -á!, ти́ше; langsam ме́длен¦ный, -на; vorsichtig осторо́ж|-ный, -ен **2.** *Adv*: immer ~e! споко́йно!, ти́хо!, осторо́жно!; eine ~ ansteigende Straße у́лица с небольши́м подъёмом
Sachverhalt *m* положе́ние 5 веще́й | den wahren ~ kennen знать и́стинное положе́ние веще́й; den ~ aufklären разъясн|я́ть ⟨-и́ть⟩ обстоя́тельства де́ла
sachverständig 1. *Adj* све́дущ¦ий 11, компете́нт|ный, -ен, зна́ющий 11 де́ло **2.** *Adv* со зна́нием де́ла
Sachverständiger *m* экспе́рт 2
Sachwert *m* реа́льная це́нность; Sache вещь 9g; **~e** *Pl* Wertsachen це́нные ве́щи; **~lotterie** *f* вещева́я лотере́я
Sack *m* меш|о́к, -ка́ 2 | ein ~ Kartoffeln мешо́к карто́феля; mit ~ und Pack со всем ска́рбом, со все́ми пожи́тками; die Katze im ~ kaufen купи́ть кота́ в мешке́; **~bahnhof** *m* тупико́вая ста́нция; **~gasse** *f* тупи́к 2e | in eine ≈ geraten за|йти́* *v* [по|па́сть* *v*] в тупи́к; **~hüpfen** *n* прыжк|и́, -о́в *Pl* 2 в мешке́; **~leinwand** *f* мешкови́на 6
Sad|ismus *m* сади́зм 2; **~ist** *m* сади́ст 2
sadistisch сади́стский
säen *tr* се́|ять, -ю, -ешь (по-) *uv a. übertr* | solche Fachleute sind sehr dünn gesät таки́х специали́стов о́чень ма́ло; was der Mensch sät, das wird er ernten что посе́ешь, то и пожнёшь
Safe *m* сейф 2
Saffian *m* сафья́н 2
Safran *m* шафра́н 2
Saft *m* сок 2 *G a.* -у, в соку́ | die Bäume stehen im vollen ~ дере́вья стоя́т в по́лном соку́; im eigenen ~ schmoren *übertr* вари́ться 3⁺ в со́бственном соку́
saftig со́ч|ный, -ен, -на́! | ein ~es Grün я́рко-зелёный цвет
saftlos без со́ка, сух¦о́й, -á!, су́ше
Saft|presse *f* соковыжима́лка 6; **~tag** *m Med* разгру́зочный день
Sage *f* сказа́ние 5, преда́ние 5; russische Helden~ были́на 6; nordische са́га 6
Säge *f* пила́ 6c; **~blatt** *n* пи́льное полотно́; **~bock** *m* ко́з|лы, -ел *Pl* 6; **~holz** *n* пиломатериа́л 2; **~mehl** *n* опи́л|ки *Pl* 6 *G* -ок
sagen *tr* говори́ть 3 ⟨с|каза́ть*⟩; bedeuten означа́ть, зна́чить 3 | das hat nichts zu ~ э́то ничего́ не зна́чит; das will schon etwas ~ э́то кое-что́ зна́чит; offen gesagt откры́то говоря́; unter uns gesagt ме́жду на́ми говоря́; das ist leichter gesagt als getan э́то ле́гче сказа́ть, чем сде́лать; gesagt – getan ска́зано – сде́лано; seine Meinung ~ выска́зывать ⟨вы́сказать*⟩ своё мне́ние; guten Morgen ~ жела́ть (по-) до́брого утра́; er hat hier nichts zu ~ ему́ тут не́чего распоряжа́ться; er hat mir nichts zu ~ он мне не ука́з [авторите́т]; wenn man so ~ darf е́сли так мо́жно вы́разиться; das muß man ~ э́то на́до призна́ть; das kann man wohl ~ э́то, пожа́луй, мо́жно сказа́ть; laß dir das gesagt sein! име́й э́то в виду́!, предупрежда́ю тебя́!; sich nichts ~ lassen никого́ не слу́шаться, не слу́шаться сове́тов; das mußte einmal gesagt werden э́то на́до бы́ло сказа́ть; was ich noch ~ wollte впро́чем, я ещё хочу́ сказа́ть; was willst du damit ~? что (ты) э́тим хо́чешь сказа́ть?; er sagte nichts dazu он на э́то ничего́ не сказа́л
sägen *tr* пили́ть 3⁺
sagenhaft ска́зоч|ный, -ен, леге́нда́р|ный, -ен | das ist ja ~! э́то про́сто потряса́юще!
Säge|späne *m Pl* опи́л|ки *Pl* 6 *G* -ок; **~werk** *n* лесопи́льный заво́д | im ≈ на лесопи́льном заво́де
Sago *m* са́го *n idkl*
Sahara *f* Саха́ра 6
Sahne *f* süße сли́в|ки *Pl* 6 -ок; saure смета́на 6 | mit ~ Eis со взби́тыми сли́вками; ~ schlagen взбива́ть ⟨-|бить*, взобью́⟩ сли́вки; **~bonbon** *n* сли́вочная караме́ль 9 [тяну́чка 6]; **~eis** *n* сли́вочное моро́женое; **~kännchen** *n* сли́вочник 2; **~käse** *m* сли́вочный сыр; **~quark** *m* жи́рный тво́рог; **~rolle** *f* тру́бочка с кре́мом; **~torte** *f* сли́вочный торт
sahnig сли́вочный; Milch жи́р|ный, -ен, -на́!
Saison *f* сезо́н 2 (für на *A*) | während der ~ в сезо́н; außerhalb der ~ не в сезо́н;

~**arbeit** *f* сезóнная рабóта; ~**arbeiter** *m* сезóнный рабóчий, сезóнник 2
saisonbedingt сезóнный, обуслóвленный сезóном
Saite *f* струнá 6c | andere ~n aufziehen перемен|я́ть ⟨-и́ть 3⁺⟩ тон, заговори́ть *v* 3 други́м тóном
Saiteninstrument *n* стрýнный инструмéнт
Sakko *m, n* пиджáк 2e
sakral кýльтовый, сакрáльный
Sakralbau *m* кýльтовое сооружéние
Sakrament *n* тáинство 4
Sakristei *f* ри́зница 6
säkularisieren *tr* секуляризи́ровать *uv, v* 2
Salamander *m* саламáндра 6
Salami, ~**wurst** *f* саля́ми *f idkl,* колбасá саля́ми
Salat *m* салáт 2 | gemischter ~ салáтное ассорти́ *idkl*; da hast du den ~! *umg* вот тебé (и) на!; ~**gabel** *f* ви́лка для салáта; ~**schüssel** *f* салáтница 6
Salbe *f* мазь 9
Salbei *m, f* шалфéй 1; ~**tee** *m* чай из шалфéя
salben *tr* мáзать* (на-); Haut, Haar натирáть ⟨-|терéть*⟩ мáзью; *Rel* помáзывать ⟨-мáзать⟩
salbungsvoll елéйный
Saldo *m* сáльдо *n idkl*
Saline *f* солевáр|ня 7 *G Pl* -ен
Salizylsäure *f* салици́ловая кислотá
Salm *m Zool* сёмга 6
Salmiak *m* нашаты́рь 2e; ~**geist** *m* нашаты́рный спирт 2
Salomoninseln *f Pl* Соломóновы 13 островá
salomonisch: ~es Urteil соломóново 13 решéние
Salon *n* салóн 2
salonfähig прили́ч|ный, -ен | nicht ~ неприли́ч|ный, -ен
Salonwagen *m* вагóн люкс 2-*idkl,* салóн-вагóн 2-2
salopp Benehmen развя́з|ный, -ен; Kleidung свобóдного покрóя | ~e Ausdrucksweise развя́зная манéра 6 говори́ть
Salpeter *m* сели́тра 6; ~**säure** *f* азóтная кислотá
Salto *m* сáльто *n idkl* | ~ mortale сáльто-мортáле *n idkl*
Salut *m* салю́т 2 | ~ schießen салютовáть *uv, v* 2 (*a.* от-)
salutieren *itr* от|давáть* ⟨отдáть*⟩ честь *D*
Salvadorianer *m* жи́тель 1 Сальвадóра; 2; ~**in** *f* жи́тельница 6 Сальвадóра
Salve *f* залп 2 | eine ~ abfeuern auf давáть* ⟨дать*⟩ залп по *D*
Salweide *f* кóзья и́ва 12-6
Salz *n* соль 9g | ~ und Brot хлеб-соль 2-9
salzarm с мáлым содержáнием сóли
Salz|bergbau *m* разрабóтка соляны́х месторождéний; ~**bergwerk** *n* солянáя копь, солянóй рудни́к; ~**brezel** *f* солёный крендел|ёк, -ькá 2
salzen *tr* соли́ть 3 сóлишь (по-) | zu wenig ~ недосали́вать ⟨-соли́ть⟩; zu stark ~ пересáливать ⟨-соли́ть⟩; kaum gesalzen почти́ несолёный
salzfrei свобóдный от сóли, без сóли
Salz|gebäck *n* солёное печéнье; ~**gefäß** *n* солóнка 6; ~**gehalt** *m* содержáние сóли; Meerwasser солёность 9; ~**gewinnung** *f* добы́ча сóли; ~**gurke** *f* солёный огурéц
salzhaltig содержáщий 11 соль
Salzhering *m* солёная селёдка [сельдь]
salzig солёный, сóлон, -á!
Salz|kartoffeln *f Pl* отварнóй картóфель; ~**lake** *f* рассóл 2
salzlos без сóли
Salz|lösung *f* солевóй раствóр; ~**näpfchen** *n* солóнка 6; ~**säure** *f* соля́ная кислотá; ~**see** *m* солянóе óзеро; ~**stange** *f* солёная пáлочка (с тми́ном); ~**streuer** *m* солóнка 6; ~**wasser** *n* солёная водá
Samarkand Самаркáнд 2
Sämaschine *m* сéялка 6
Sambesi *m* Замбéзи *f idkl*
Samb|ia Зáмбия 8; ~**ier** *m* замби́|ец, -йца; ~**ierin** *f* замби́|йка 6 *G Pl* -ек
sambisch замби́йский
Samen *m* сéм|я *n G D P* -ени, *I* -енем, *übertr meist Pl* -енá, -я́н, -енáм 4; ~**drüse** *f* семенная железá; ~**erguß** *m* семяизвержéние 5; ~**handlung** *m* семеннóй магази́н 2; ~**kapsel** *f* семенная корóбочка 6; ~**korn** *n* зернó 4c *Pl* зёрна, зёрен, зёрныш|ко 4 *Pl* -ки, -ек, -кам; ~**leiter** *m* семяпроводя́щий протóк 11–2; ~**zucht** *f* семеновóдство 4
Sämerei *f* сем|енá *Pl* -я́н, -енáм; ~en *Pl* Samenhandlung магази́н 2 семя́н
sämig густ:óй, -á, -о, гýсты́; гýще
Sämling *m* сéян|ец, -ца 2
Sammel|aktion *f* von Mitteln сбор 2 средств; ~**band** *m* сбóрник 2; ~**bestellung** *f* коллекти́вный закáз; ~**büchse** *f* крýжка для сбóра пожéртвований; ~**fahrschein** *m* группóвой билéт; ~**leidenschaft** *f* страсть к коллекциони́рованию; ~**liste** *f* подписнóй лист
sammeln *tr* собирáть ⟨-|брáть*⟩ (für в пóльзу *G*); eine Sammlung anlegen собирáть ⟨-брáть⟩, коллекциони́ровать 2; sich ~ *refl* собирáться ⟨-брáться; -бралáсь, -брали́сь⟩; sich konzentrieren сосредотóч|иваться ⟨-иться 3⟩ | Unterschriften [Geld] ~ собирáть пóдписи [дéньги]; Erfahrungen ~ накáпливать ⟨накоп|и́ть 3⁺ -лю́⟩ óпыт; ich muß meine Gedanken ~ мне нýжно собрáться с мы́слями

Sammeln *n* сбор 2; собира́ние 5; коллекциони́рование 5
Sammel|nummer *f* о́бщий коммута́тор 11-2, но́мер коммута́тора с не́сколькими соедини́тельными ли́ниями; **~platz** *m* ме́сто 4b сбо́ра; **~stelle** *f* сбо́рный пункт 2; **~surium** *n* вся́кая вся́чина 6; **~visum** *n* группова́я [сбо́рная] ви́за; **~werk** *n* сбо́рник 2
Sammler *m* собира́тель 1; Kunst~, Münzen~ a. коллекционе́р 2; Akku аккумуля́тор 2; **~wert** *m* коллекцио́нная сто́имость
Sammlung *f* Kollektion собра́ние 5, колле́кция 8; Geld, Unterschriften сбор 2; Wortgut собира́ние 5; Konzentration сосредото́ченность 9; Buch сбо́рник 2
Samoa *n* Само́а *idkl*
Samowar *m* самова́р 2
Samstag *m* суббо́та 6 | am ~ в суббо́ту
samstags *Adv* по суббо́там
samt 1. *Adv*: ~ und sonders все вме́сте, все без исключе́ния **2.** *Präpos* вме́сте с *I* | er hat das Portemonnaie ~ dem Geld verloren он потеря́л кошелёк вме́сте с деньга́ми
Samt *m* ба́рхат 2; **~handschuh** *m*: | j-n mit ≈en anfassen обраща́ться осторо́жно с кем-н.
samtig бархати́ст:ый
Samtkleid *n* ба́рхатное пла́тье
sämtlich 1. *Adj* все *Pl* 14 всех| всем| всех (все)| всéми| о всех | ~e Teilnehmer все уча́стники; Goethes ~e Werke по́лное собра́ние сочине́ний Гёте **2.** *Adv*: sie waren ~ da они́ яви́лись все (без исключе́ния)
Sanatorium *n* санато́ри|й 1 *P* -и *G Pl* -ев
Sand *m* пес|óк| -ка́ 2 | feiner ~ ме́лкий песо́к; wie ~ am Meer как песку́ морско́го; die Sache ist im ~ verlaufen де́ло око́нчилось ниче́м; auf ~ bauen стро́ить (по-) на песке́; j-m ~ in die Augen streuen пу|ска́ть ⟨-сти́ть 3⁺ -щу́⟩ кому́-н. пыль в глаза́
Sandal|en *f Pl* санда́лии *Pl* 8; **~etten** *f Pl* сандале́ты *Pl* 6; für Damen a. босоно́|жки *Pl* 6 *G* -жек
Sandbahnrennen *n* мотого́нка по земляно́му тре́ку
Sand|bank *f* мель 9| на мели́; in Flüssen перека́т 2; **~boden** *m* песча́ная [ща́] по́чва; **~dorn** *m* облепи́ха 6; **~form** *f* Spielzeug фо́рмочка 6 для песка́; **~grube** *f* песча́ный [ща] карье́р; *Sport* я́ма с песко́м; **~haufen** *m* ку́ча песка́
sandig песча́ный [ща]; Boden супесча́ный
Sand|kasten *m* песо́чница 6; **~korn** *n* песчи́нка [щи] 6; **~kuchen** *m* песо́чное пиро́жное; **~männchen** *n* Sendung für Kinder «Споко́йной но́чи| малыши́!»; **~papier** *n* нажда́чная бума́га, шку́рка 6; **~sack** *m* мешо́к с песко́м; als Ballast балла́стный мешо́к; **~stein** *m* песча́ник [ща] 2; **~strahlgebläse** *n* пескостру́йный аппара́т 2; **~strand** *m* песча́ный [ща] пляж; **~sturm** *m* песча́ная [ща] бу́ря; **~uhr** *f* песо́чные часы́; **~wüste** *f* песча́ная [ща] пусты́ня
San Francisco Сан-Франци́ско *m idkl*
sanft *Adj* sanftmütig кро́т|кий| -ок| -ка́!; friedlich ти́х:ий| -а́!| ти́ше; zart мя́г|кий [хк]| -ок| -ка́!| -че, не́ж|ный| -ен| -на́| -но| не́жны́; ansteigend поло́гий| поло́же | ein ~es Lüftchen лёгкий [мя́гкий] ветеро́к
Sänfte *f* носи́лки *Pl* 6; in Asien паланки́н 2
Sanftmut *f* кро́тость 9
sanftmütig кро́т|кий| -ок| -ка́!| -че
Sang *m*: mit ~ und Klang под зву́ки пе́сен и му́зыки; *übertr* с шу́мом и тре́ском, с по́мпой
Sänger *m* пев|е́ц| -ца́ 2; **~in** *f* певи́ца 6
sanglos: sang- und klanglos незаме́тно
Sanguiniker *m* сангви́ник 2
sanguninisch сангвини́ческий
sanieren *tr Bauw, Wirtsch* сани́ровать *uv,v* 2 (*Wirtsch* про-); Arbeits-, Lebensverhältnisse оздоров|ля́ть ⟨-и́ть 3 -лю́⟩; *Med* лечи́ть 3⁺ (вы́-)
Sanierung *f* сани́рование 5, сана́ция 8; оздоровле́ние; (из)лече́ние 5
sanitär санита́рный
Sanitär|technik *f* санте́хника 6; **~zelle** *f* сану́з|ел| -ла́ 2e
Sanitäter *m* санита́р 2
Sanitäts|dienst *m* санита́рно-медици́нская слу́жба; **~hund** *m* санита́рная соба́ка; **~kraftwagen** *m* санита́рная маши́на 6; **~stelle** *f* санпу́нкт 2, санита́рный пункт 2; **~wesen** *n* (медико-)санита́рная слу́жба 6
San José Сан-Хосе́ *m idkl*
Sanktion *f* са́нкция 8 | ~en verhängen примен|я́ть ⟨-и́ть 3⁺⟩ са́нкции
sanktionieren *tr* санкциони́ровать *uv, v* 2
Sanktionierung *f* санкциони́рование 5
San Salvador Сан-Сальвадо́р 2
Sanskrit *n* санскри́т 2
Santiago (de Chile) Сантья́го *m idkl*
Santo Domingo Са́нто-Доми́нго *m idkl*
Sao Tomé und Príncipe Сан-Томе́ *idkl* и При́нсипи *idkl*
Saphir *m* сапфи́р 2; **~nadel** *f* сапфи́ровая игла́
Sardelle *f* хамса́ 6; ~n *Pl a.* анчо́усы *Pl* 2
Sardine *f* сарди́на 6
Sardinenbüchse *f* ба́нка сарди́н

Sardinien *n* Сарди́ния 8
Sarg *m* гроб 2b; в гробу́ | das ist ein Nagel zu meinem ~ э́то вгóнит меня́ в гроб, э́то сведёт меня́ в моги́лу; **~deckel** *m* кры́шка гро́ба
Sarkasmus *m* сарка́зм 2
sarkastisch саркасти́ческий
Sarkom *m* сарко́ма 6
Sarkophag *m* саркофа́г 2
Satan *m* сатана́ *m* 6
satanisch дья́вольский
Satanspilz *m* сатани́нский гриб
Satellit *m* сателли́т 2; *Kosm* спу́тник 2 | eine Übertragung über ~en переда́ча с по́мощью (иску́сственного) спу́тника
Satelliten|aufnahme *f* сни́мок со спу́тника; **~beobachtungsstation** *f* ста́нция наблюде́ния за (иску́сственными) спу́тниками; **~staat** *m* страна́-сателли́т 6с-2; **~stadt** *f* го́род-спу́тник 2-2 *Pl* города́-спу́тники; **~übertragung** *f TV* телепереда́ча 6 че́рез спу́тник свя́зи; **~umlaufbahn** *f* орби́та 6 спу́тника
Satin *m* сати́н 2
satinieren *tr* сатини́ровать *uv, v* 2
Satir|e *f* сати́ра 6 (auf на *A*); **~iker** *m* сати́рик 2
satirisch сатири́ческий
satt сы́т:ый, -á!; Farbe со́ч|ный, -ен, -на́!, насы́щенный | ~ werden von etw. насыща́ться ⟨насы́|титься 3 -щусь⟩ чем-н.; ich bin ~ я сыт; nicht ~ sein быть несы́тым; ~ machen быть* сы́тным; das macht ~ э́то сы́тно; sich ~ essen an etw. наеда́ться ‹-|е́сться*› чем-н. (до́сыта) *oder* чего́-н.; sich ~ sehen an etw. нагля|де́ться *v* 3 -жу́сь (вдо́воль) на что-н.; sich ~ trinken an etw. напива́ться ⟨-|пи́ться*⟩ (до́сыта) чего́-н.; ich habe es ~ мне э́то надое́ло
Sattel *m* седло́ 4с *Pl* сёд|ла, -ел; Berg седлови́на 6 | sich in den ~ schwingen вс|ка́кивать ⟨-кочи́ть 3⁺⟩ в седло́ [Fahrrad на велосипе́д]; fest im ~ sitzen *übertr* занима́ть про́чное положе́ние, кре́пко си|де́ть 3 -жу́ на своём посту́; j-n aus dem ~ heben выбива́ть ⟨вы́|бить*⟩ кого́-н. из седла́
Sattel|anhänger *m* полуприце́п 2; **~dach** *n* двуска́тная кры́ша
sattelfest: ~ in etw. sein *übertr* твёрдо знать что-н., хорошо́ разбира́ться в (своём) де́ле; Schüler име́ть про́чные зна́ния по чему́-н.
Sattelgurt *m* седе́льная подпру́га 6
satteln *tr* седла́ть (о-; осёдланный)
Sattel|schlepper *m* седе́льный тяга́ч; **~zeug** *n* седе́льная сбру́я 7
Sattheit *f* сы́тость 9; Farbe насы́щенность 9
sättigen *tr* корм|и́ть 3⁺ -лю́ (на-) до́сыта, насыща́ть ⟨-сы́тить 3 -сы́щу⟩; *Chem* насыща́ть ⟨-сы́тить⟩ *a. übertr;* sich ~ *refl* наеда́ться ⟨-|е́сться*⟩, насыща́ться ⟨-сы́титься⟩ | dieses Essen sättigt э́та пи́ща сы́тная; ~d sein быть сы́тным
Sättigung *f* насыще́ние 5; mit Speise чу́вство 4 сы́тости
Sattler *m* шо́рник 2; **~arbeit** *f* шо́рная рабо́та; **~ei** *f* шо́рная мастерска́я *Subst* 10
Saturn *m* Сату́рн 2
Satz *m Gramm* предложе́ние 5; Lehr~ те́зис [тэ] 2; zusammengehörige Gegenstände, Garnitur набо́р 2, компле́кт 2; Briefmarken се́рия 8; *Sport* па́ртия 8; Tennis сет 2; *Typ* набо́р; Boden~ оса́д|ок, -ка 2; Sprung прыж|о́к, -ка́ 2, скач|о́к, -ка́ 2; Norm но́рма 6; *Mus* Bearbeitung обрабо́тка 6; Teil eines Musikwerkes часть 9*g* | das Buch ist im ~ кни́га в набо́ре; er machte einen ~ über den Graben он перепры́гнул че́рез ров; zusammengesetzter ~ сло́жное предложе́ние; **~aussage** *f* сказу́емое *Subst* 10; **~bildung** *f* строе́ние 5 предложе́ния; **~gefüge** *n* сложноподчинённое предложе́ние 5; **~gegenstand** *m* подлежа́щее *Subst* 11; **~glied** *n* член предложе́ния; **~lehre** *f* си́нтаксис 2; **~spiegel** *m Typ* зе́ркало 4b набо́ра; **~ung** *f* уста́в 2; **~zeichen** *n* знак препина́ния
Sau *f* свинья́ 7с *G Pl* свине́й
sauber 1. *Adj* чи́ст:ый: -á, -о, чи́сты́; чи́ще; reinlich чистопло́т|ный, -ен; ordentlich опря́т|ный, -ен; anständig че́ст|ный, -ен, -на́! | ein ~es Mädchen смазли́вая [хоро́шенькая] де́вушка *umg*; ein ~er Bursche! *iron* хоро́ш молодчи́к!, хоро́ш гусь!; eine ~e Arbeit аккура́тная рабо́та **2.** *Adv* abschreiben на́бело, на́чисто
sauberhalten *tr* (со)держа́ть 3⁺ в чистоте́ [чи́сто, опря́тно]
Sauberkeit *f* чистота́ 6; eines Menschen чистопло́тность 9, опря́тность 9; einer Arbeit аккура́тность 9
säuberlich *Adv* чи́сто, аккура́тно | fein ~ чи́стенько
saubermachen *tr* чи́|стить 3 -щу (вы́-); Zimmer in Ordnung bringen убира́ть ⟨-|бра́ть*⟩
säubern *tr* чи́|стить 3 -щу (вы́-, по-) (von от *G*); *übertr* очища́ть ⟨очи́стить⟩; *Pol a.* проводи́ть 3⁺ -вожу́ ⟨-|вести́*⟩ чи́стку
Säuberung *f* очи́стка 6, расчи́стка 6 (von от *G*); *übertr* очище́ние 5; чи́стка 6
Saubohnen *f Pl* бобы́ *Pl* 2e
Sauciere *f* со́усник 2
Saudi-Arabien *n* Сау́довская Ара́вия
saudiarabisch Сау́довской Ара́вии *nachgestellt*
sauer ки́с|лый, -ел, -ла́!; *übertr* schwierig тяжёл:ый, тяжела́, тру́д|ный, -ен, -на́, -но; тру́дны́; *Chem* кисло́тный | ~ wer-

den скисать ⟨скиснуть 4a⟩, киснуть (про-); *übertr* von Menschen обижаться ⟨оби|деться 3 -жусь⟩; saure Milch простокваша 6; saure Gurke солёный огурец; ~ schmecken иметь кислый вкус; auf etw. ~ reagieren делать (с-) кислое лицо по поводу чего-н.; j-m das Leben ~ machen отрав|лять ⟨-ить 3⁺ -лю⟩ кому-н. жизнь

Sauer|ampfer *m* щавель 1e; **~braten** *m* жаркое из говядины, тушённое с уксусом; **~brunnen** *m* углекислый (минеральный) источник; **~kirsche** *f* виш|ня 7 *G Pl* -ен; **~kraut** *n* кислая [квашеная] капуста

säuerlich кисловат:ый, терп|кий, -ок, -ка! | ~ schmecken иметь кисловатый вкус

Sauermilch *f* простокваша 6, кислое молоко; **~käse** *m* молочнокислый сыр

säuern *tr* ква|сить 3 -шу (за-); Fisch замачивать ⟨-мочить 3⁺⟩; *intr* Kraut квакиться; Milch киснуть 4a (про-), скисать ⟨скиснуть⟩

Sauerstoff *m* кислород 2; **~flasche** *f* кислородный баллон 2; **~gerät** *n* кислородный (дыхательный) прибор; für Taucher акваланг 2; **~mangel** *m* недостаток кислорода; **~verbindung** *f* кислородное соединение; **~zufuhr** *f* снабжение кислородом

sauersüß кисло-сладкий

Sauerteig *m* закваска 6

Saufbold *m umg* горький пьяница 6

saufen *tr u. intr* Tiere пить* (вы-); Alkoholmißbrauch treiben пьянствовать 2, пить | sich zu Tode ~ напиваться ⟨-|питься*⟩ до смерти

Säufer *m* (горький) пьяница *m* 6; **~wahnsinn** *m* белая горячка 6

Saufgelage *n* попойка 6

Saugbagger *m* землесос 2

saugen *tr u. intr* сосать* (an *A*); Teppich пылесосить 3 (про-) | den Saft aus einer Frucht ~ высасывать ⟨высос|ать, -у, -ешь⟩ сок из плода; die Wurzeln ~ die Feuchtigkeit aus dem Boden корни впитывают [всасывают] влагу из почвы; sich etw. aus den Fingern ~ высасывать из пальца что-н.

säugen *tr* корм|ить 3⁺ -лю (на-) (грудью)

Sauger *m* Gummi~ соска 6 *G Pl* сосок

Säugetier *m* млекопитающее *Subst n* 11

saugfähig всасывающий 11

Saug|fähigkeit *f* всасывающая 11 [поглощающая 11] способность; **~flasche** *f* рож|ок, -ка 2; **~heber** *m* сифон 2

Säugling *m* грудной ребён|ок, -ка 2 *Pl* дети, детей, детям, детьми, детях, младен|ец, -ца 2

Säuglings|alter *n* младенческий возраст; **~fürsorge** *f* охрана 6 младенцев; **~heim** *n* дом для грудных детей; **~pflege** *f* уход за грудным ребёнком; **~schwester** *f* сестра по уходу за грудными детьми; **~sterblichkeit** *f* смертность грудных детей

Saug|lüfter *m* вытяжной вентилятор; **~pumpe** *f* всасывающий 11 насос; **~rohr** *n* отсасывающая 11 труба; **~rüssel** *m* сосущий 11 хоботок

Säule *f* колонна 6 a. Marsch~; Wasser~, столб 2e; Lautsprecher~ колонка 6: *übertr* столп 2e

säulenförmig колоннообраз|ный, -ен

Säulen|gang *m* колоннада 6; **~halle** *f* портик 2, колонный зал; **~portal** *n* портал с колоннами

Saum *m* Einfassung кайма 6 *G Pl* каём; Gardine, Decke загиб 2; genähter руб|ец, -ца 2; Kleid подол 2 | den ~ eines Kleides nähen подшивать ⟨-|шить*, подошью⟩ платье

¹säumen *tr* einfassen делать (с-) кайму на *P*; окайм|лять ⟨-ить 3 -лю⟩; Stoff подруб|ать ⟨-ить 3⁺ -лю⟩, подшивать ⟨-|шить*, подошью⟩ | die Straße war von Menschen gesäumt вдоль улицы стояли люди

²säumen *itr* zögern медлить 3 с *I* | ohne zu ~ не медля

säumig за-, опаздывающий 11; Zahler a. неисправ|ный, -ен | ~ sein mit etw. запаздывать ⟨-поздать⟩ с чем-н.

Sauna *f* (финская) баня 7, сауна 6

Säure *f* кислота 6c *a. Chem*

säurebeständig *Chem* кислотоупорный

Säuregehalt *m* кислотность 9 *G*

Sauregurkenzeit *f* мёртвый сезон 2

säurehaltig кислотный

Saurier *m* ящер 2

Saus *m*: in ~ und Braus leben жить припеваючи, прожигать жизнь

säuseln *itr* шелестеть 3 | der Wind säuselt in den Blättern ветер шелестит листьями

sausen *itr* Geräusch шуметь 3, свистеть 3; *umg* dahinjagen мчаться 3 (по-), нестись* (по-) | die Peitsche sauste durch die Luft просвистел кнут; es saust mir in den Ohren у меня шум в ушах

Sau|stall *m*: so ein ≈ hier! *übertr umg* какой тут непорядок [свинарник]; **~wetter** *n umg* собачья 12 погода

Savanne *f* саванна 6

Saxophon *n* саксофон 2

S-Bahn *f* городская электрическая железная дорога 6, электричка 6 *umg* | mit der ~ электричкой, на электричке; **~station** *f* станция (городской) электрички

Schabe *f Zool* таракан 2, прусак 2e

Schabefleisch *n* говяжий фарш 12-2

Schabeisen *n* скреб|ок, -ка 2

schaben *tr* скрести*, скоблить 3 скобли́шь| скобленный; scheuern тере́ть* (по-) (an о *A*) | geschabte Möhren тёртая морко́вь; Möhren ~ чи́|стить 3 -щу морко́вь

Schabernack *m* (злая) шу́тка 6, прока́за 6 | ~ treiben прока́зничать

schäbig abgetragen поно́шен:ный| -а, потёрт:ый; erbärmlich жа́л|кий| -ок| -ка́!| -ьче; niedrig по́дл:ый| -а́!, ни́з|кий| -ок| -ка́| -ко| ни́зки́ | der ~e Rest жа́лкий оста́ток

Schablone *f* шабло́н 2 *a. übertr;* Zeichen~; für den Maler трафаре́т 2 | nach einer ~ arbeiten, urteilen по шабло́ну, шабло́нно

schablonenhaft шабло́н|ный| -ен, трафаре́тный

Schach *n* ша́хматы *Pl 6;* im Schachspiel шах 2 | ~ spielen игра́ть (сыгра́ть) в ша́хматы; ~ bieten объ|явля́ть ⟨-яви́ть 3⁺ -явлю́⟩ шах (королю́); j-n in ~ halten держа́ть кого́-н. под угро́зой; **~aufgabe** *f* ша́хматная зада́ча; **~brett** *n* ша́хматная доска́

schachbrettförmig в ша́хматном поря́дке

Schacher *m* спекуля́ция 8

Schachfigur *f* ша́хматная фигу́ра

schachmatt: er ist ~ он получи́л мат; *übertr* он кра́йне утомлённый

Schach|meister *m* чемпио́н 2 по ша́хматам; **~meisterschaft** *f* пе́рвенство 4 [чемпиона́т 2] по ша́хматам; **~partie** *f* па́ртия в ша́хматы; **~spiel** *n* ша́хматная игра́, ша́хматы *Pl* 6; **~spieler** *m* шахмати́ст 2

Schacht *m* Aufzugs~, Licht~ ша́хта 6; *Bergb* Grube ша́хта; Schachtröhre ствол 2е ша́хты; von Brunnen ствол

Schachtel *f* коро́бка 6; Zigaretten, Tee па́чка 6 | eine ~ Streichhölzer коро́бка спи́чек; alte ~ *übertr* ста́рая карга́; **~halm** *m* хвощ 2е *G Pl* -е́й

schachten *tr.* einen Graben ~ рыть* [прокла́дывать] ров

Schachtofen *m* ша́хтная печь

Schach|turnier *n* ша́хматный турни́р; **~uhr** *f* ша́хматные часы́; **~weltmeister** *m* чемпио́н ми́ра по ша́хматам; **~zirkel** *m* кружо́к шахмати́стов; **~zug** *m* (ша́хматный) ход; *übertr* ход, манёвр 2 | ein geschickter ≈ *übertr* ло́вкий ход

schade *Interj* жаль (um *G*, Personen *A*) | ist das nicht ~? не жа́лко ли?; ~ um das Mädchen! жаль де́вушку!; ~! жаль!; es ist ~, daß . . . жаль [жа́лко]| что . . .

Schädel *m* че́реп 2b *Pl* -а́ | er hat einen harten ~ он упря́м, он упря́мая голова́, у него́ кре́пкая башка́ *umg*; sich den ~ einrennen сверну́ть *v* 4 себе́ ше́ю, жесто́ко попла|ти́ться *v* 3⁺ -чу́сь за своё упря́мство; **~basisbruch** *m* перело́м основа́ния че́репа; **~bruch** *m* перело́м 2 че́репа; **~decke** *f* черепно́й свод 2

schaden *intr* вре|ди́ть 3 -жу́ (по-) | das schadet dir э́то (идёт) тебе́ во вред; du schadest dir selbst am meisten damit э́тим ты бо́льше всего́ вреди́шь самому́ себе́; das schadet nichts э́то не беда́; wem schadet das? кто от э́того пострада́ет?, кому́ э́то (по)меша́ет?

Schaden *m* вред 2е; materieller Verlust уще́рб 2; убы́т|ок| -ка; Nachteil; körperlicher ~ поврежде́ние 5; Beschädigung поврежде́ние 6, поло́мка 6 | empfindlicher ~ чувстви́тельный вред; nicht wieder gutzumachender ~ непоправи́мый вред; zu ~ kommen (durch) терп|е́ть 3⁺ -лю́ (по-) уще́рб [убы́ток] от *G*, страда́ть (по-) от *G;* ~ bringen приноси́ть 3⁺ ⟨-|нести́*⟩ вред; ~ anrichten причин|я́ть ⟨-и́ть 3⟩ вред [уще́рб]; zum ~ der Gesundheit в уще́рб здоро́вью; der ~ beträgt fünfzig Mark убы́ток составля́ет пятьдеся́т ма́рок, убы́ток исчисля́ется в пятьдеся́т ма́рок; den ~ ersetzen возме|ща́ть ⟨-сти́ть 3 -щу́⟩ убы́ток; innerer ~ вну́тренее 11 поврежде́ние; den ~ beheben устран|я́ть ⟨-и́ть 3⟩ поврежде́ние [дефе́кт], испр|авля́ть ⟨-а́вить 3 -а́влю⟩ дефе́кт; durch ~ wird man klug на оши́бках у́чатся, убы́тки ум даю́т; wer den ~ hat, braucht für den Spott nicht zu sorgen свали́сь то́лько с ног| а за ты́чками де́ло не ста́нет

Schadenersatz *m* возмеще́ние 5 уще́рба [убы́тков] | ~ leisten возме|ща́ть ⟨-сти́ть 3 -щу́⟩ уще́рб [убы́тки]; **~anspruch** *m* притяза́ние 5 на возмеще́ние уще́рба [убы́тков]

Schadenfreude *f* злора́дство 4

schadenfroh злора́д|ный | -ен

schadhaft поврежд|ённый| -ён| -ена́, испо́рченный, неиспра́в|ный| -ен

schädigen *tr* вре|ди́ть 3 -жу́ (по-) *D*, причин|я́ть ⟨-и́ть 3⟩ уще́рб [убы́ток] *D*

Schädigung *f* поврежде́ние 5, уще́рб 2

schädlich вре́д|ный| -ен| -на́| -но| вре́дны́ (für для *G*); ungesund вре́дный, нездоро́в:ый | ~ sein für j-n быть кому́-н. во вред [в уще́рб]

Schädlichkeit *f* вре́дность 9

Schädling *m* вреди́тель 1

Schädlings|bekämpfung *f* борьба́ 6 с вреди́телями; **~bekämpfungsmittel** *n* ядохимика́т 2

schadlos: sich an j-m ~ halten возме|ща́ть ⟨-сти́ть 3 -щу́⟩ свои́ убы́тки за счёт кого́-н.

Schadstoff *m* вре́дное вещество́

Schaf *n* овца́ 6с *G Pl* ове́ц | das schwarze ~ *übertr* бе́лая воро́на; **~bock** *m* бара́н 2

Schäfchen *n* ове́чка 6 | sein ~ ins Trokkene bringen устр|а́ивать ⟨-о́ить 3⟩ свои́ деля́шки, нагрева́ть ⟨-гре́ть⟩ (себе́) ру́ки; ~**wolken** *f Pl* бара́шки *Pl* 2

Schäfer *m* пасту́х 2е, чаба́н 2е; ~**dichtung** *f* пастора́льная поэ́зия; ~**ei** *f* овча́р|ня 7 *G Pl* -ен; ~**hund** *m* овча́р|ка 6 *G Pl* -ок

Schaffell *n* bearbeitetes овчи́на 6; ~**mantel** *m* бара́ний тулу́п 12-2

schaffen *tr* hervorbringen, ins Leben rufen, gründen соз|дава́ть* ⟨созда́ть*⟩; *Rel* Menschen твори́ть 3 (со-); bilden, gründen a. образ|о́вывать ⟨-ова́ть 2⟩; einrichten устр|а́ивать ⟨-о́ить 3⟩; fertigbringen сде́лать *v*, справля́ться ⟨спра́в|иться 3 -люсь⟩ с *I*; hinbringen, befördern дост|авля́ть ⟨-а́вить 3 -а́влю⟩; *intr* рабо́тать (по-), тру|ди́ться 3⁺ -жу́сь (по-) | Ordnung ~ наводи́ть 3⁺ -вожу́ ⟨-|вести́*⟩ поря́док; er hat viel geschafft он мно́го сде́лал; wir werden es schon ~ мы (с э́тим) спра́вимся; was hast du hier zu ~? что ты здесь де́лаешь?; ich möchte mit ihm nichts mehr zu ~ haben я не хочу́ бо́льше име́ть с ним никаки́х дел; ich habe damit nichts zu ~ э́то меня́ не каса́ется; j-m viel zu ~ machen дост|авля́ть ⟨-а́вить 3 -а́влю⟩ кому́-н. мно́го хлопо́т; er schafft tüchtig он хорошо́ рабо́тает; sie machte sich in der Küche zu ~ она́ вози́лась на ку́хне; sich j-n vom Halse ~ отде́латься *v* от кого́-н.; er hat mich geschafft он положи́л меня́ на о́бе лопа́тки; das hätten wir geschafft вот и всё!, гото́во!

Schaffen *n* рабо́та 6, труд 2е; eines Künstlers тво́рчество 4

Schaffens|drang *m* vom Künstler жа́жда 6 тво́рчества, трудово́й подъём 2, энтузиа́зм 2; тво́рческий подъём; ~**kraft** *f* schöpferisch тво́рческая си́ла

Schaffner *m* конду́ктор 2; Schlafwagen~ проводни́к 2е; ~**in** *f* конду́ктор 2, конду́кторша 6 *umg*; Schlafwagen~ проводни́ца 6

schaffnerlos без конду́ктора

Schaf|garbe *f* тысячели́стник 2; ~**herde** *f* ста́до ове́ц; ~**hirt** *m* пасту́х 2е; ~**käse** *m* бры́нза 6, ове́чий 12 сыр; ~**milch** *f* ове́чье 12 молоко́

Schafott *n* эшафо́т 2

Schafpelz *m* овчи́на 6; Mantel овчи́нный тулу́п 2

Schafskopf *m* Schimpfwort болва́н 2, дура́к 2е; Kartenspiel коз|ёл| -ла́ 2

Schafstall *m* овча́р|ня 7 *G Pl* -ен

Schaft *m* Stiefel голени́ще 4; Werkzeug ру́чка 6; *Tech* рукоя́тка 6; Säule ствол 2е; Bohrer, Fräser сте́рж|ень| -ня 1; Gewehr ло́жа 6; Fahne, Lanze дре́в|ко 4 *Pl* -ки| -ков, шест 2е; ~**stiefel** *m Pl* (высо́кие) сапоги́ *Pl* 2е *G* сапо́г

Schaf|wolle *f* ове́чья 12 шерсть; ~**zucht** *f* овцево́дство 4

Schah *m* шах 2

Schakal *m* шака́л 2

Schäkerei *f* шу́тки *Pl* 2, балагу́рство 4; Flirt заи́грывание 5

schäkern *intr* шу|ти́ть 3⁺ -чу́, балагу́рить 3; заи́грывать

schal безвку́с|ный| -ен; Bier вы́дохшийся 11; Geschmack пре́с|ный| -ен| -на́!

Schal *m* шарф 2; für Herren a. кашне́ [нэ] *n idkl*; Umschlagetuch, Stola шаль 9

¹Schale *f* Nuß, Ei скорлупа́ 6с; Kartoffel кожура́ 6, шелуха́ 6; Apfelsine u. a. кожура́, ко́рка 6; Wurst, Apfel ко́жица 6; Samen~ шелуха́ 6

²Schale *f* Gefäß ча́ш(к)а 6; für Blumen, Obst ва́за 6; Trink~ пиала́ 6; flache Schüssel ме́лкая ми́ска 6; Waage ча́ша; *Foto, Med* кюве́тка 6

schälen *tr* Kartoffeln, Gemüse чи́|стить 3 -щу (о-); Erbsen u. ä. лущи́ть 3 (об-); sich ~ *refl* Haut шелуши́ться 3, лупи́ться 3⁺ | ein Ei ~ снима́ть ⟨снять*⟩ скорлупу́ с яйца́, луп|и́ть 3⁺ -лю́ (об-) яйцо́; die Rinde vom Baum ~ снима́ть ⟨снять*⟩ кору́ с де́рева

Schälfurche *f* луще́ние 5

Schalk *m* плут 2е; Kind a. прока́зник 2

schalkhaft плутовско́й, плутова́т:ый

Schalkragen *m* воротни́к ша́лью

Schall *m* звук 2 | ~ und Rauch пусто́й звук; ~**barriere** *f* звуково́й барье́р; ~**dämmung** *f* звукоизоля́ция 8

schalldämpfend звукоизоляцио́нный

Schalldämpfer *m Kfz* (шумо)глуши́тель 1

schalldicht звуконепроница́емый | ~ machen де́лать (с-) звуконепроница́емым, звукоизоли́ровать *uv, v* 2

schallen *intr* звуча́ть 3 (про-), раз|дава́ться* ⟨-|да́ться*| -дали́сь⟩

schallend гро́м|кий| -ок| -ка́!| -че, зво́н|кий| -ок| -ка́!| -че | ~es Gelächter гро́мкий хо́хот

Schall|geschwindigkeit *f* ско́рость зву́ка; ~**isolierung** *f* звукоизоля́ция; ~**mauer** *f* звуково́й барье́р (durchbrechen пробива́ть ⟨-би́ть⟩)

schallnah: ~e Geschwindigkeit околозвукова́я ско́рость

Schall|platte *f* (грамофо́нная) пласти́нка 6, (грам)пласти́нка 6; ~**plattenbar** *f* прила́в|ок| -ка 2 с нау́шниками для прослу́шивания грампласти́нок; ~**plattenkonzert** *n* конце́рт (в) грамза́писи; ~**plattenmusik** *f* му́зыка с грампласти́нок; ~**quelle** исто́чник зву́ка

schall|schluckend звукопоглоща́ющий 11; ~**tot** не отража́ющий 11 зву́ка

Schalltrichter *m* ру́пор 2

Schallwelle *f* звукова́я волна́

Schalmei *f* свире́ль 9; Blechblasinstrument шалме́й 1

Schalmeienmusik *f* му́зыка шалме́я

Schalt|anlage *f* распредели́тельное устро́йство; **~bild** *n* схе́ма 6 (соедине́ний), (электри́ческая) схе́ма; **~brett** *n* распредели́тельный щит; Steueranlage управля́ющий 11 щит

schalten *tr* ein~ включ|а́ть ⟨-и́ть3⟩; aus~ выключа́ть ⟨вы́ключить⟩; *intr* begreifen сообра|жа́ть ⟨-зи́ть 3 -жу́⟩; *Kfz* включ|а́ть ⟨-и́ть⟩ ско́рость, переключ|а́ть ⟨-и́ть⟩; Gerät, Ampel переключ|а́ться ⟨-и́ться⟩ | an das Netz ~ подключ|а́ть ⟨-и́ть⟩ к се́ти; vom zweiten auf den dritten Gang ~ переключа́ть со второ́й ско́рости на тре́тью; parallel [in Reihe] ~ *El* включ|а́ть ⟨-и́ть⟩ паралле́льно [после́довательно]; ~ und walten распоряжа́ться, хозя́йничать; j-n ~ und walten lassen дава́ть* ⟨дать*⟩ кому́-н. по́лную свобо́ду де́йствий

Schalter *m* Kunden~ (задвижно́е) око́ш(еч|ко 4 *Pl* -ки, -ек, -кам; Kassen~ окно́ 4c, око́ш|ко 4 *Pl* -ки, -ек, -кам; Fahrkarten~ ка́сса 6; *El* выключа́тель 1; Um~ переключа́тель 1 | am ~stehen у око́шка, у окна́; kaufen в око́шке, в окне́; **~dienst** *m* обслу́живание 5 че́рез окно́; **~halle** *f* Bahnhof ка́ссовый зал; Post операцио́нный зал; **~raum** *m* ка́ссовый [операцио́нный] зал 2; **~stunden** *f Pl* рабо́чее 11 вре́мя, часы́ рабо́ты ка́ссы

Schalt|getriebe *n Kfz* коро́бка переда́ч; **~hebel** *m Kfz* рыча́г переключе́ния переда́ч | an den ≈n der Wirtschaft sitzen управля́ть наро́дным хозя́йством; **~jahr** *n* високо́сный год; **~pult** *n* пульт управле́ния; **~relais** *n* коммутацио́нное реле́; **~satz** *m* вво́дное предложе́ние; **~tafel** *f* распредели́тельный щит 2e; **~tag** *m* доба́вочный день високо́сного го́да; **~ung** *f El* включе́ние 5; Schaltbild схе́ма 6 включе́ния; Schema (монта́жная) схе́ма; *Tech* управле́ние 5; *Kfz* переключе́ние переда́ч | gedruckte ≈ *Rad* печа́тная схе́ма; integrierte ≈ микросхе́ма 6; **~wort** *n* вво́дное сло́во

Schalung *f Bauw* опа́лубка 6

Schaluppe *f* шлю́пка 6

Scham *f* стыд 2e; Geschlechtsorgane срам 2, сра́мная о́бласть 9g | vor ~ от стыда́; vor ~ vergehen не знать, куда́ де́ться со стыда́; **~bein** *n* лобко́вая кость 9g

schämen, sich *refl* сты|ди́ться 3 -жу́сь *G* (vor j-m пе́ред кем-н.) | ich schäme mich мне сты́дно; du solltest dich ~! как тебе́ не сты́дно!; er schämte sich zu Tode [in Grund und Boden] со стыда́ он гото́в был сквозь зе́млю провали́ться

Schamgefühl *n* чу́вство стыда́, стыдли́вость 9

schamhaft стыдли́в:ый

Schamlippen *f Pl* срамны́е гу́бы

schamlos бессты́д|ный, -ен, потеря́вший 11 вся́кий стыд; unanständig непристо́|йный, -ен, -йна

Schamlosigkeit *f* бессты́дство 4

Schamotte *f* шамо́т 2; **~stein** *m* шамо́тный [огнеупо́рный] кирпи́ч 2e

Schampun *n* шампу́нь 1

schamrot: ~ werden красне́ть (по-) от стыда́

Schamröte *f* кра́ска 6 стыда́ | j-m die ~ ins Gesicht treiben вгоня́ть ⟨во|гна́ть*, вгоню́⟩ в кра́ску кого́-н.

Schande *f* стыд 2e; Schimpf позо́р 2, срам 2 | j-m ~ machen позо́рить 3 (о-) кого́-н., срам|и́ть 3 -лю́ (о-) кого́-н.; es ist eine ~, daß … сты́дно, что …; zu meiner ~ muß ich gestehen … к стыду́ своему́ (я) до́лжен сказа́ть …

schänden *f* позо́рить 3 (о-), срам|и́ть 3 -лю́ (о-); Frau бесче́|стить 3 -щу (о-); Heiligtum, Grab оскверн|я́ть ⟨-и́ть 3⟩

Schandfleck *m* пятно́ 4c; *übertr* позо́рное пятно́

schändlich Schande bereitend позо́р|ный, -ен, посты́д|ный, -ен; abscheulich гну́с|ный, -ен, -на́!, ме́рз|кий, -ок, -ка́!; мерзе́е *u.* ме́рзче

Schändlichkeit *f* гну́сность 9, ме́рзость 9

Schand|mal *n* позо́рное клеймо́ 4c; **~tat** *f* гну́сный [бесче́стный] посту́пок

Schändung *f* оскверне́ние 5; geschlechtlich обесче́щение 5

Schandurteil *n* позо́рный пригово́р

Schanghai Шанха́й 1

Schanker *m* шанкр 2

Schanktisch *m* сто́йка 6, буфе́т 2

Schanze *f* Sprung~ (лы́жный) трампли́н 2

schanzen *intr Mil* копа́ть 1 ша́нцы

Schanzen|rekord *m* реко́рд, устано́вленный на да́нном трампли́не; **~tisch** *m* стол отры́ва

Schar *f* Menschen толпа́ 6c; Vögel ста́я 7; Pflug~ ле́мех 2 *oder* леме́х 2e *Pl* -а́ | in ~en толпа́ми; in hellen ~en herbeiströmen вали́ть 3 ва́лом; eine ~ von Kindern ата́га 6 ребяти́шек

scharen, sich: sich um j-n ~ спла́чиваться ⟨сплоти́ться 3⟩ вокру́г кого́-н.

Schären *f Pl Geogr* шхе́ры *Pl* 6

scharenweise *Adv* то́лпами; Vögel ста́ями

scharf 1. *Adj* о́стр:ый, -а́!; schroff, ausgeprägt ре́з|кий, -ок, -ка́!; -че; durchdringend пронзи́тел|ьный, -ен, -ьна; beißend е́д|кий, -ок, -ка́!; -че; Tempo бы́стр:ый, -а́!; Kritik, Arrest, Verweis стро́г:ий, -а́!; стро́же, строжа́йший 11; heftig си́л|ьный, -ен *u.* силён, сильна́, си́льно, си́льны́; gewürzt пря́ный; radikal радика́л|ьный, -ен, -ьна; *Foto* чёт-

|кий| -ок| четка́!| -че a. Fernsehbild | ~e Bügelfalte хорошо́ отутю́женная скла́дка (брюк); ~er Verstand проница́тельный [изощрённый] ум; er hat eine ~e Zunge у него́ о́стрый язы́к; ein ~er Hund зла́я соба́ка; ~e Sachen Getränke кре́пкие напи́тки *Pl* 2; ein ~es Auge зо́ркий [о́стрый] глаз; ein ~es Gehör о́стрый [то́нкий] слух; ~e Kurve ре́зкий [круто́й] поворо́т; ~er Wind прони́зывающий 11 [ре́зкий] ве́тер; ~e Konturen отчётливые ко́нтуры; ~er Protest реши́тельный [ре́зкий] проте́ст; ~e Patrone *Mil* боево́й патро́н **2.** *Adv:* ~ entgegnen ре́зко отве́|тить *v* 3 -чу; j-n ~ zurechtweisen де́лать (с-) кому́-н. стро́гий вы́говор; j-n ~ anfassen стро́го [кру́то] обраща́ться с кем-н.; ~ durchgreifen принима́ть ⟨приня́ть*⟩ радика́льные ме́ры; auf etw. ~ sein Geld, Erfolg быть па́дким на что-н., *umg* за́риться 3 на что-н.; ~ hinter etw. her sein все́ми си́лами стрем|и́ться 3 -лю́сь доста́ть что-н.; ~ schießen стреля́ть боевы́ми патро́нами

Scharfblick *m* зо́ркость 9, проница́тельност 9

Schärfe *f* острота́ 6; ре́зкость 9; е́дкость 9; стро́гость 9; радика́льность 9; чёткость 9 | seine Artikel haben an ~ verloren его́ статьи́ ста́ли ме́нее ре́зкими; jede ~ vermeiden избега́ть ре́зкостей

schärfen *tr* точи́ть 3⁺ (на-); *übertr* обостр|я́ть ⟨-и́ть 3⟩, изощр|я́ть ⟨-и́ть 3⟩ | ein Rasiermesser ~ точи́ть [пра́в|ить 3 -лю] бри́тву

Schärfen|einstellung *f Foto* наво́дка 6 на ре́зкость

scharfkantig с о́стрыми края́ми

scharfmachen *tr übertr* подстрек|а́ть ⟨-ну́ть 4⟩

Scharfmacher *m* подстрека́тель 2

Scharf|schießen *n* боева́я стрельба́; **~schütze** *m* сна́йпер 2

Scharfsinn *m* остроу́мие 5, проница́тельность 9

scharfsinnig остроу́м|ный| -ен, проница́тел|ьный| -ен| -ьна

Scharlach *m Med* скарлати́на 6

scharlachrot багро́вый, багро́вого цве́та

Scharlatan *m* шарлата́н 2

Scharnier *n* шарни́р 2

Schärpe *f* широ́кая ле́нта 6, шарф 2; an Uniform пе́ревязь 9

scharren *tr* graben рыть*; *intr* скрести́(сь)*; mit Hufen бить* копы́тами (по земле́) | mit den Füßen ~ ша́рк|ать ⟨-нуть *mom* 4⟩ нога́ми; der Hund scharrt an der Tür соба́ка скребётся в дверь

Scharte *f* зазу́брина 6; Schieß~ бойни́ца 6 | die ~ auswetzen *übertr* испр|авля́ть ⟨-а́вить 3 -а́влю⟩ оши́бку

schartig зазу́бренный | ~ machen зубри́ть 3 (за-)

scharwenzeln *intr* увива́ться (um вокру́г *G*, о́коло *G*)

Schaschlyk *m* шашлы́к 2e

Schatten *m* тень 9g | im ~ в тени́; ~ spenden дава́ть* ⟨дать*⟩ тень; er ist nur noch ein ~ одна́ тень оста́лась от него́; j-n in den ~ stellen затм|ева́ть ⟨-и́ть3⟩ кого́-н.; man kann nicht über den eigenen ~ springen вы́ше головы́ не пры́гнешь, себя́ не переплю́нешь; seinen ~ vorauswerfen *übertr* дава́ть* ⟨дать*⟩ знать о своём приближе́нии; **~bild** *n* теново́й про́филь 1, силуэ́т 2; **~dasein** *n:* ein ≈ führen о|ства́ться* ⟨-|ста́ться*⟩ в те́ни; **~morelle** *f* ки́слая ви́ш|ня 7 *G Pl* -ен; **~seite** *f* тенева́я сторона́ *a. übertr* | das hat seine Licht- und ≈n э́то име́ет положи́тельные и отрица́тельные сто́роны; **~spiel** *n* кита́йские те́ни *Pl* 9 *g*, теново́й теа́тр

schattieren *tr* оттен|я́ть ⟨-и́ть 3⟩, тушева́ть 2 (за-); mit Strichen штрихова́ть 2 (за-)

Schattierung *f* отте́н|ок| -ка 2; Zeichnung тушёвка 6

schattig тени́ст:ый

Schatulle *f* шкату́лка 6

Schatz *m* Kostbarkeit сокро́вище 3; Reichtum бога́тство 4; vergrabener клад 2 *a. übertr* | die Schätze des Landes бога́тства страны́; ein reicher ~ von Erfahrungen бога́тый о́пыт; mein ~! зо́лото моё!; сокро́вище моё!; ihr ~ её ми́лый, её возлю́бленный

schätzen *tr* Preis цени́ть 3⁺, оце́нивать ⟨-цени́ть⟩ (auf в *A*); Person цени́ть, уважа́ть (wegen за *A*); ungefähr bestimmen приблизи́тельно определ|я́ть ⟨-и́ть 3⟩; meinen счита́ть ⟨счесть*⟩ | eine Entfernung ~ определя́ть расстоя́ние на глаз; ich weiß ihr Entgegenkommen zu ~ я о́чень ценю́ ва́шу любе́зность; der Schaden wurde auf tausend Mark geschätzt убы́ток был оценён в ты́сячу ма́рок; sich glücklich ~ счита́ть себя́ счастли́вым; ich schätze ihn auf dreißig [für älter] я полага́ю| что ему́ лет три́дцать [что он ста́рше]; ich schätze, es wird nicht lange dauern я счита́ю [полага́ю]| что э́то продли́тся недо́лго

Schatz|gräber *m* кладоиска́тель 1; **~kammer** *f* сокро́вищница 2 *a. übertr;* **~meister** *m* казначе́|й 1 *G Pl* -ев

Schätzpreis *m:* zum ~ по такси́рованной цене́

Schätzung *f* оце́нка 6; ungefähre Bestimmung приблизи́тельное определе́ние 5; nach ungefährer ~ по приблизи́тельной оце́нке; nach vorläufigen ~en по предвари́тельным подсчётам [да́нным]

schätzungsweise *Adv* приблизи́тельно, приме́рно

Schau *f* Ausstellung вы́ставка 6; Moden~, Vorführung пока́з 2; Gesichtspunkt то́чка 6 зре́ния; Leistungs~, Heer~ смотр 2; Revue музыка́льное обозре́ние 5; Show шоу *n idkl* | zur ~ stellen выставля́ть ⟨вы́став|ить 3 -лю⟩ напока́з, афиши́ровать *uv, v* 2; das ist eine ~! *umg* вот э́то здо́рово!; eine ~ abziehen устр|а́ивать ⟨-о́ить 3⟩ шо́у [зре́лище]

Schauder *m* Zittern дрожь 9; Entsetzen у́жас 2 (vor от *G*) | ein ~ ergriff ihn его́ охвати́л у́жас

schauderhaft ужа́с|ный, -ен, стра́ш|ный, -ен, -на́, -но, стра́шны́

schaudern *intr* zittern дрожа́ть 3 (vor от *G*); entsetzt sein ужас|а́ться ⟨-ну́ться 4⟩, содрог|а́ться ⟨-ну́ться 4⟩ | mich schaudert bei dem Gedanken меня́ охва́тывает у́жас при мы́сли

schauen *intr* смотре́ть 3⁺ (по-) (auf на *A*), гля|де́ть 3 -жу́ (по-) (auf на *A*) | um sich ~ огля́дываться ⟨огляде́ться⟩ (вокру́г); aus dem Fenster ~ смотре́ть из окна́; nach j-m ~ смотре́ть [присма́тривать] за кем-н; da schau an! скажи́те, пожа́луйста!

Schauer *m* heftiger Regen ли́в|ень, -ня 1; Zittern дрожь 9 | mich überläuft ein ~ меня́ броса́ет в дрожь

schauerlich ужа́с|ный, -ен, стра́ш|ный, -ен, -на́, -но, стра́шны́

Schauermann *m* гру́зчик 2, порто́вый рабо́чий *Subst* 11

Schauermärchen *n* жу́ткая исто́рия 8

schauern *intr*: mich schauert меня́ дрожь пробира́ет, мне стра́шно; er schauert vor Kälte [vor Entsetzen] он дрожи́т от хо́лода [от у́жаса]

Schaufel *f* лопа́та 6; im Haushalt со|во́к, -ка́ 2; Bagger; Geweih ло́пасть 9*g*; Turbine лопа́тка 6; **~bagger** *m* ковшо́вый экскава́тор

schaufeln *tr u. intr* Ladegut, Sand auf etw. броса́ть (на-) [гр|узи́ть 3 -ужу́, -у́зишь] лопа́той; zusammen~, hinunter~ сгреба́ть ⟨-|грести́*⟩ (лопа́той); ausheben, graben копа́ть (вы́-), рыть* (вы́-) | er hat sich damit sein eigenes Grab geschaufelt э́тим он сам себе́ вы́рыл моги́лу

Schaufel|rad *n Mar* ло́пастное кол|есо́ 4c *Pl* -ёса; Turbine рабо́чее колесо́; **~radbagger** *m* ро́торный экскава́тор; **~stiel** *m* рукоя́тка лопа́ты

Schaufenster *n* витри́на 6 | im ~ на [в] витри́не; **~bummel** *m* прогу́лка по го́роду с разгля́дыванием витри́н; **~dekorateur** *m* оформи́тель 1 витри́н; **~dekoration** *f* оформле́ние 5 витри́ны; **~puppe** *f* манеке́н 2; **~scheibe** *f* витри́на 6; **~werbung** *f* витри́нная рекла́ма; **~wettbewerb** *m* соревнова́ние на лу́чшее 11 оформле́ние 5 витри́ны

Schaukasten *m* витри́на 6

Schaukel *f* каче́ли *Pl* 9 | auf der ~ на каче́лях; auf die ~ на каче́ли

schaukeln *tr* кач|а́ть (по-) ⟨-ну́ть *mom* 4⟩; stark раска́чивать ⟨-кача́ть⟩; *intr* кач|а́ться (по-) ⟨-ну́ться *mom* 4⟩ на каче́лях, раска́чиваться ⟨-кача́ться⟩ | mit dem Stuhl ~ кача́ться на сту́ле; wir werden das Kind schon (richtig) ~ *umg* мы обде́лаем э́то (де́льце)

Schaukel|pferd *n* ло́шадь-кача́лка 9*g*-6 *G Pl* лошаде́й-кача́лок; **~stuhl** *m* кача́лка 6 | mit dem ≈, im ≈ на кача́лке

Schau|laufen *n Sport* показа́тельные выступле́ния *Pl* 5; **~lustiger** *m* любопы́тный *Subst* 10, пра́здный зри́тель 1

Schaum *m* пе́на 6; auf kochenden Flüssigkeiten пе́на, на́кипь 9 | dem Pferd stand der ~ vorm Maul ло́шадь была́ взмы́лена; etw. zu ~ schlagen взбива́ть ⟨-|бить*, взобью⟩ что-н.; ~ schlagen *übertr* разводи́ть 3⁺ туру́сы на колёсах, говори́ть 3 пусты́е слова́; **~bad** *n* мыльнопе́нистая ва́нна; **~beton** *m* пенобето́н 2

schäumen *intr* пе́ниться 3 (вс-); Sekt a. искри́ться 3; Seife a. дава́ть* ⟨дать*⟩ пе́ну | er schäumte vor Wut всё в нём кипе́ло от я́рости; **~d** *Adj* пе́нящийся 11, пе́нист:ый; Brause, Sekt a. шипу́ч:ий 11

Schaum|gold *n* суса́льное зо́лото; **~gummi** *m* гу́бчатая [пе́нистая] рези́на, пенорези́на 6; **~gummikissen** *n* пенорези́новая поду́шка; **~gummimatratze** *f* матра́ц из пенорези́ны

schaumig пе́нист:ый

Schaum|kronen *f Pl* von Wellen бара́шки *Pl* 2; **~leder** *n* по́ристая (иску́сственная) ко́жа; **~löffel** *m* шумо́вка 6; **~löscher** *m* пе́нный огнетуши́тель 1; **~reiniger** *m* си́льно вспе́нивающееся 11 сре́дство (для очи́стки ковро́в и мя́гкой ме́бели); **~schläger** *m* Schneebesen сбива́лка 6; *übertr* очковтира́тель 1; **~stoff** *m* пенопла́ст 2; **~wein** *m* шипу́чее 11 [игри́стое] вино́

Schau|packung *f* бутафо́рия 8 (в витри́нах); **~platz** *m* аре́на 6 | der ≈ der Handlung ме́сто де́йствия; **~prozeß** *m* показа́тельный (суде́бный) проце́сс

schaurig жу́т|кий, -ок, -ка́!, -че

Schauspiel *n* Theaterstück пье́са 6; *übertr* зре́лище 4

Schauspieler *m* актёр 2; Heuchler арти́ст 2; **~in** *f* актри́са 6; арти́стка 6

schauspielerisch *n* актёрский

Schauspiel|haus *n* (драмати́ческий) теа́тр; **~kunst** *f* драмати́ческое иску́сство, теа́тр; **~studio** *n* театра́льная сту́дия

Schauturnen *n* показа́тельные выступле́ния *Pl* 5 гимна́стов
Scheck *m* чек 2; Gutschein тало́н 2 | einen ~ ausschreiben выпи́сывать ⟨вы́|писать*⟩ чек; **~heft** *n* че́ковая кни́жка
scheckig Pferd пе́г:ий; Kuh, Hund пятни́ст:ый; Fell, Stoff пёстр:ый| -á| -ó *oder* пёстро
scheel кос:о́й| -á!; neidisch зави́стлив:ый | j-n ~ ansehen ко|си́ться 3 -шу́сь (по-) на кого́-н.
scheffeln *tr.* Geld ~ *übertr* загреба́ть де́ньги
Scheibe *f* Glas стекло́ 4c *Pl* стёк|ла| -ол; flache диск 2; круг 2b *Tech;* Brot, Wurst, Käse кус|о́к| -ка́ 2, ло́мтик 2, große ло-м|о́ть| -тя́ 1e; Schießen мише́нь 9; Eishockey ша́йба 6; Antriebs~, Schwung~ шкив 2; Unterleg~ ша́йба | Wurst in ~n schneiden нареза́ть ⟨-|ре́зать*⟩ колбасу́ ло́мтиками; eine ~ Brot abschneiden от|реза́ть ⟨-|ре́зать*⟩ кусо́к [ломо́ть] хле́ба; da kann man sich eine ~ (davon) abschneiden тут есть чему́ поучи́ться
Scheiben|bremse *f* ди́сковый то́рмоз; **~egge** *f* ди́сковая борона́
scheibenförmig дискообра́з|ный| -ен
Scheiben|gardine *f* занаве́ска 6; **~schießen** *n* стрельба́ по мише́ни; **~waschanlage** *f* Auto стеклоомыва́тель 1; **~wischer** *m* Auto стеклоочисти́тель 1
Scheich *m* шейх 2
Scheide *f* но́ж|ны| -ен *Pl* 6 *u.* нож|ны́| -о́н *Pl* 6; *Anat* влага́лище 4; **~linie** *f* разграни́чивающая 11 ли́ния
scheiden *tr* раздел|я́ть ⟨-и́ть 3⁺⟩; *Tech* отдел|я́ть ⟨-и́ть⟩; Eheleute разводи́ть 3⁺ -вожу́ ⟨-|вести́*⟩; *intr* verlassen уходи́ть 3⁺ -хожу́ ⟨-|йти́*⟩; sich trennen рас|става́ться* ⟨-|ста́ться*⟩ | die Spreu vom Weizen ~ *übertr* отделя́ть пле́велы от пшени́цы; eine Ehe ~ расторга́ть ⟨-то́ргнуть 4 a *u.* 4⟩ брак; sich von j-m ~ lassen разводи́ться ⟨-вести́сь⟩ с кем-н.; aus dem Dienst ~ уходи́ть со слу́жбы; hier ~ sich unsere Wege здесь на́ши пути́ расхо́дятся
Scheide|wand *f* перегоро́дка 6; **~weg** *m* распу́тье 5 | am ≈ stehen быть* на распу́тье
Scheidung *f* разделе́ние 5; Ehe разво́д 2 | in ~ liegen разво|ди́ться 3⁺ -жу́сь, быть* в разво́де; die ~ beantragen подава́ть* ⟨пода́ть*⟩ (в суд) заявле́ние о разво́де; in die ~ einwilligen согла|ша́ться ⟨-си́ться 3 -шу́сь⟩ на разво́д
Scheidungs|grund *m* причи́на для разво́да; **~prozeß** *m* бракоразво́дный проце́сс
Schein *m* Licht свет 2; Leuchten сия́ние 5; Glanz блеск 2; Anschein ви́димость 9; Aussehen вне́шний вид 11-2, вне́шность 9; Urkunde, Zeugnis свиде́тельство 4; Quittung распи́ска 6; Geld банкно́т 2 | beim ~ einer Lampe при све́те ла́мпы; ~ der Sterne мерца́ние 5 звёзд; zum ~ для ви́да; den ~ wahren соблюда́ть вне́шние прили́чия; sich durch den ~ täuschen lassen дава́ть* ⟨дать*⟩ себя́ обману́ть вне́шним ви́дом; der ~ trügt вне́шность обма́нчива; etwas zum (bloßen) ~ tun де́лать ⟨с-⟩ что-н. то́лько для ви́да; **~angriff** *m* ло́жная ата́ка
scheinbar **1.** *Adj* мни́мый, ка́жущийся 11; ви́дим:ый **2.** *Adv* по-ви́димому, ви́димо
Schein|beschäftigung *f* фикти́вное заня́тие; **~blüte** *f übertr* при́зрачный [ка́жущийся 11] расцве́т
scheinen *intr* leuchten свети́ть 3⁺; Sterne сия́ть; den Anschein haben каза́ться* (по-) | er schien krank zu sein он каза́лся больны́м; er scheint uns zu sehen он| ка́жется| нас ви́дит; mir scheint мне ка́жется, я ду́маю; er scheint zu kommen он| как бу́дто| придёт; er scheint einverstanden zu sein он| ка́жется| согла́сен; er scheint uns nicht bemerkt zu haben он| ка́жется| нас не заме́тил
Scheinerfolg *m* мни́мый [ка́жущийся 11] успе́х
scheinheilig лицеме́р|ный| -ен, ха́нжеский
Scheinheilig|er *m* ханж|а́ *m* 6 *G Pl* -е́й, свято́ша *m* 6; **~keit** *f* лицеме́рие 5, ха́нжество́ 4
Scheintod *m* мни́мая смерть, летарги́ческий сон 2
scheintot: ~ sein находи́ться 3⁺ в летарги́ческом сне
Scheinwerfer *m* проже́ктор 2 *Pl a.* -á 2b; Auto фа́ра 6
Scheit *n* поле́н|о 4 *Pl* -ья| -ьев| -ьям
Scheitel *m* oberster Teil des Kopfes те́м|я *n G D P* -ени| *I* -енем| маку́шка 6; Haar пробо́р 2; *Math* верши́на 6 | vom ~ bis zur Sohle с головы́ до ног; einen ~ ziehen де́лать (с-) пробо́р; er trägt den ~ links у него́ пробо́р с ле́вой стороны́; **~bein** *n* теменна́я кость 9g
scheiteln *tr:* das Haar ~ де́лать (с-) пробо́р
Scheitel|punkt *m Math* верши́на 6; *Astr* кульминацио́нный пункт, зени́т 2
Scheiterhaufen *m* кост|ёр| -ра́ 2
scheitern *intr übertr* терп|е́ть 3⁺ -лю́ (по-) прова́л [фиа́ско], прова́ливаться ⟨-вали́ться 3⁺⟩, не у|дава́ться* ⟨-|да́ться*| -дали́сь⟩ | alle Bemühungen scheiterten an seiner Hartnäckigkeit все стара́ния разби́лись об его́ упря́мство
Scheitern *n* прова́л 2, неуда́ча 6 | diese Versuche sind zum ~ verurteilt э́ти по-

пы́тки обречены́ на прова́л; zum ~ bringen срыва́ть ⟨со|рва́ть*⟩, расстра́ивать ⟨-стро́ить 3⟩
Schelle *f* Ohrfeige пощёчина 6; Glöckchen бубе́нчик 2, колоко́льчик 2; ~n *Pl* Kartenspiel бу́б|ны *Pl* 6 -ён, -на́м
Schellentrommel *f* бу́б|ен, -на 2
Schellfisch *m* пи́кш|а 6 *G Pl* -ей
Schelm *m* плут 2е, шалу́н 2е, прока́зник 2; Frau плуто́вка 6 *umg,* шалу́н|ья 7 *G Pl* -ий, прока́зница 6 | kleiner ~ плути́шка *m* 6, шалуни́шка *m* 6 *umg;* er hat den ~ im Nacken sitzen он большо́й плут
Schelmenstreich *m* плутовство́ 4
Schelmerei *f* плутовство́ 4, ша́лость 9
schelmisch плутовско́й, шаловли́в:ый
Schelte *f* вы́говор 2, головомо́йка 6 *umg*
schelten *tr* брани́ть 3 (вы-) (wegen за *A*); *intr* брани́ться 3
Schema *n* схе́ма 6; Schablone шабло́н 2, трафаре́т 2 | alles geht nach ~ F всё идёт по шабло́ну
schematisch 1. *Adj* схемати́ческий; schablonenhaft схемати́ческий, схемати́чный, -ен, трафаре́т|ный, -ен **2.** *Adv* схемати́чно, по трафаре́ту, по шабло́ну
schematisieren *tr* схематизи́ровать *uv, v* 2
Schematis|ierung *f* схематиза́ция 8; **~mus** *m* схемати́зм 2
Schemel *m* табуре́тка 6, табуре́т 2
Schenke *f* каба́к 2е, тракти́р 2
Schenkel *m* Ober~ бедро́ 4с *Pl* бёд|ра, -ер, -рам; Unter~ голе́нь 9; Zirkel но́жка 6; *Math* сторона́ 6а; *Tech* коле́н|о 4 *Pl* -ья, -ьев; Reiten ше́нкел|ь 1b *Pl* -я́; **~bruch** *m* перело́м бедра́; **~hals** *m* ше́йка 6 бедра́
schenken *tr* дари́ть 3⁺ (по-); gewähren удел|я́ть ⟨-и́ть 3⟩; erlassen снима́ть ⟨снять*⟩ с *G* | etw. geschenkt bekommen получ|а́ть ⟨-и́ть 3⁺⟩ в пода́рок; das würde ich nicht geschenkt nehmen я э́того и да́ром не возьму́; j-m Vertrauen ~ доверя́ть кому́-н.; etw. Beachtung ~ удели́ть внима́ние чему́-н.; die Strafe wurde ihm geschenkt с него́ сня́ли наказа́ние, его́ прости́ли; es wird ihm nichts geschenkt всё ложи́тся на его́ пле́чи, все ши́шки на него́ ва́лятся; das kannst du dir ~ мо́жешь не де́лать э́того
Schenkung *f* дар 2b, дарова́ние 5
Schenkungsurkunde *f* да́рственная за́пись 6
Scherbe *f* череп|о́к, -ка́ 2, обло́м|ок, -ка 2 | in ~n schlagen разбива́ть ⟨-|би́ть*, разобью́⟩ вдре́безги; in ~n gehen разбива́ться ⟨-|би́ться*⟩ вдре́безги [на ме́лкие кусо́чки]; ~n bringen Glück посу́да бьётся к сча́стью
Schere *f* но́жницы *Pl* 6 *a. Sport*; Krebs клешн|я́ 7 *G Pl* -е́й
¹scheren *tr* стричь* (об-, о-), постри́чь *v*; beschneiden подстрига́ть ⟨-стри́чь⟩ **a.** Sträucher | er hat sich das Haar kurz ~ lassen он подстри́гся [постри́гво́лосы] ко́ротко; er hat sich den Kopf kahl ~ lassen он (п)остри́г го́лову на́голо
²scheren *tr* kümmern беспоко́ить 3 (о-); sich ~ *refl* забо́|титься 3 -чусь, беспоко́иться (о-) (um о *P*); sich davonmachen убира́ться ⟨-|бра́ться*, -брали́сь⟩ | das schert mich nicht im geringsten э́то меня́ совсе́м не тро́гает, э́то меня́ нисколько не беспоко́ит; ich schere mich den Teufel darum мне наплева́ть на э́то; scher dich weg! убира́йся!, прова́ливай!
Scheren|fernrohr *n* стереотруба́ 6с; **~schleifer** *m* точи́льщик 2; **~schnitt** *m* резно́й силуэ́т 2; **~sprung** *m* *Sport* прыжо́к наза́д но́ги врозь
Schererei *f* хло́п|оты *Pl* 6 -о́т, -отам, возня́ 7 | j-m ~en machen наде́лать *v* кому́-н. хлопо́т; ich hatte seinetwegen große ~en у меня́ бы́ло мно́го возни́ [хлопо́т] из-за него́
Scherflein *n* ле́пта 6 | sein ~ beitragen zu etw. вноси́ть 3⁺ -ношу́ ⟨-|нести́*⟩ свою́ ле́пту во что-н.
Scherge *m* Büttel сы́щик 2
Scherz *m* шу́тка 6 | einen ~ verstehen понима́ть шу́тку, не обижа́ться на шу́тку; im ~ в шу́тку; ~ beiseite! шу́тки в сто́рону!; sich einen ~ mit j-m erlauben отпу|ска́ть ⟨-сти́ть 3⁺ -щу⟩ шу́тку по а́дресу кого́-н.; etw. zum ~ sagen шутли́во сказа́ть что-н.; **~artikel** *m* шу́точная безделу́шка 6
scherzen *intr* шу|ти́ть 3⁺ -чу́ (по-), балагу́рить 3 *umg*
Scherz|frage *f* шу́точный вопро́с; **~gedicht** *n* шу́точное стихотворе́ние
scherzhaft 1. *Adj* шутли́в:ый **2.** *Adv* в шу́тку, шутя́
Scherzwort *n* шу́тка 6
scheu Tiere пугли́в:ый; schüchtern ро́б|кий, -ок, -ка́!, -че, засте́нчив:ый, ди́к:ий, -а́!, боязли́в:ый
Scheu *f* пугли́вость 9; Zurückhaltung ро́бость 9, засте́нчивость 9 | ohne ~ an etw. herangehen сме́ло бра́ться*, бра́ли́сь ⟨взя́ться*, взяли́сь⟩ за что-н.
Scheuche *f* пу́гало 4, чу́чело 4
scheuchen *tr* с-, отпу́гивать ⟨-пугну́ть 4⟩
scheuen *tr* боя́ться 3 *G*, пуга́ться *G*, опаса́ться *G*, sich fernhalten чужда́ться *G*; *intr* пуга́ться ⟨ис-⟩ (vor *G*); sich ~ *refl* боя́ться (vor *G*) | keine Mühe [Kosten] ~ не жале́ть труда́ [средств]; das Pferd scheute vor dem Lastwagen ло́шадь испуга́лась грузовика́; die Pferde scheuten ло́шади понесли́; er scheut sich, das zu tun он не реша́ется э́то де́лать

Scheuer|besen *m* шва́бра 6, полова́я щётка 6; **~bürste** *f* щётка 6; **~lappen** *m* полова́я тря́пка; **~leiste** *f* пли́нтус 2

scheuern *tr u. intr* Fußboden мыть* (вы́-); reiben тере́ть*, натира́ть ⟨-тере́ть⟩ | der Schuh hat den Fuß wund gescheuert башма́к натёр но́гу

Scheuer|sand *m* ме́лкий песо́к (для чи́стки посу́ды); **~tuch** *n* полова́я тря́пка

Scheuklappe *f* Pferd нагла́зник 2; ~n *Pl* шо́ры *Pl* 6 | ~n haben *übertr* быть* в шо́рах

Scheune *f* сара́|й 1 *G Pl* -ев

Scheusal *n* чудо́вище 4, и́зверг 2

scheußlich отврати́тел|ьный, -ен, -ьна, проти́в|ный, -ен

Scheußlichkeit *f* чудо́вищность 9, ме́рзость 9

Schi *m* = **Ski**

Schicht *f* Lage, *Geol* сло|й 1b *G Pl* -ёв, пласт 2e; *übertr* слой, просло́йка 6; Arbeits~ сме́на 6 | die untersten ~en der Bevölkerung ни́зшие слои́ населе́ния; die Intelligenz ist keine Klasse, sondern eine ~ интеллиге́нция явля́ется не кла́ссом, а просло́йкой; in drei ~n arbeiten рабо́тать в три сме́ны; in der zweiten ~ arbeiten рабо́тать во второ́й сме́не; **~arbeit** *f* сме́нная рабо́та; **~arbeiter** *m* рабо́чий *Subst* 11 сме́ны, сме́нщик 2

schichten *tr* stapeln скла́дывать ⟨-ложи́ть 3⁺⟩ в штабеля́

Schicht|seite *f Foto* эмульсио́нная сторона́; Tonband рабо́чая 11 сторона́; **~schluß** *m* коне́ц сме́ны; **~ung** *f* расслое́ние 5; наслое́ние 5; сло|й 1b *G Pl* -ёв; *übertr* расслое́ние; **~wechsel** *m* пересме́н|ок, -ка 2

schichtweise *Adv* слоя́ми, послойно, пласта́ми

Schichtwolken *f Pl* слои́стые облака́

schick элега́нт|ный, -ен; Kleidung шика́р|ный, -ен *umg*

schicken *tr* abschicken посыла́ть ⟨-|сла́ть*⟩, отпр|авля́ть ⟨-а́вить 3 -а́влю⟩; herschicken слать* (по-), присыла́ть ⟨-сла́ть⟩; *intr* посыла́ть ⟨-сла́ть⟩ (nach за *I*); sich ~ *refl* sich abfinden смир|я́ться ⟨-и́ться 3⟩ (in с *I*), покор|я́ться ⟨-и́ться 3⟩ (in *D*) | j-n nach dem Arzt ~ посыла́ть ⟨-|сла́ть*⟩ кого́-н. за врачо́м; etw. ins Haus ~ дост|авля́ть ⟨-а́вить 3 -а́влю⟩ что-н. на́ дом; schicken Sie mir ... пошли́те [пришли́те] мне ...; sich in alles ~ смиря́ться со все́ми обстоя́тельствами, приспоса́бливаться ко всем обстоя́тельствам; das schickt sich nicht э́то неприли́чно

schicklich прили́ч|ный, -ен, присто́|йный; -ен, -йна; angebracht уме́ст|ный, -ен

Schicksal *n* судьба́ 6c G *Pl* су́деб; Los у́часть 9 | sein ~ ist besiegelt его́ судьба́ решена́; sich in sein ~ finden примир|я́ться ⟨-и́ться 3⟩ со свое́й судьбо́й; mit seinem ~ hadern ропта́ть* на свою́ судьбу́; seinem ~ überlassen броса́ть ⟨бро́|сить 3 -шу⟩ на произво́л судьбы́; sie wird ihrem ~ nicht entgehen она́ не уйдёт от свое́й судьбы́; dem ~ in die Speichen greifen брать* ⟨взять*⟩ судьбу́ за ши́ворот

Schicksalsschlag *m* уда́р судьбы́

Schiebe|bühne *f Eisenb* передвижна́я платфо́рма 6; **~dach** *n Auto* раздвижна́я кры́ша 6; **~fenster** *n* nach oben подъёмное окно́; nach der Seite раздвижно́е окно́

schieben *tr* дви́|гать ⟨-нуть 4⟩; Fahrzeuge ката́ть, *best* ка|ти́ть 3⁺ -чу́; hinein~ сова́ть* ⟨су́нуть 4⟩; *intr* спекули́ровать (mit *I*) | beiseite ~ отодв|ига́ть ⟨-и́нуть⟩ в сто́рону, подв|ига́ть ⟨-и́нуть⟩ в сто́рону; schiebe den Stuhl an den Tisch придви́нь стул к столу́; das Brot in den Ofen ~ сажа́ть ⟨поса|ди́ть 3⁺ -жу́⟩ хлеб в печь; er muß immer geschoben werden *übertr* его́ всегда́ на́до подта́лкивать

Schieber *m Tech* vor Öffnung засло́нка 6, задви́жка 6; an Dampfmaschinen золотни́к 2e; *Med* подкладно́е су́д|но 4 *G Pl* -ен; *übertr* спекуля́нт 2

Schiebe|tür *f* раздвижна́я дверь; **~wand** *f* раздвижна́я перегоро́дка

Schiebung *f* обма́н, нече́стный посту́п|ок, -ка 2

Schieds|gericht *n* трете́йский суд | internationales ≈ междунаро́дный арбитра́ж 2; **~kommmission** *f* конфли́ктная коми́ссия; in Wohnbereichen това́рищеский суд 2e (в жило́м райо́не); *Hdl* арбитра́жная коми́ссия; **~richter** *m* трете́йский судья́, арби́тр 2; *Sport* судья́, арби́тр; **~spruch** *m* реше́ние трете́йского суда́

schief 1. *Adj* geneigt кос:о́й, -а́!, накло́нный; nicht gerade крив:о́й, -а́!, косо́й; *übertr* непра́вил|ьный, -ен, -ьна; ло́ж|ный, -ен | ~e Ebene накло́нная пло́скость; etw. in einem ~en Licht sehen ви́деть что-н. в непра́вильном све́те; j-n in eine ~e Lage bringen ста́в|ить 3 -лю (по-) кого́-н. в нело́вкое положе́ние; ~er Vergleich неуда́чное сравне́ние; ~es Gesicht ziehen де́лать (с-) недово́льное лицо́; auf die ~e Bahn geraten по|йти́* *v* [пока|ти́ться *v* 3⁺ -чу́сь] по накло́нной пло́скости **2.** *Adv*: der Stuhl steht ~ стул стои́т кри́во; den Hut ~ aufsetzen надева́ть ⟨на|де́ть*⟩ шля́пу набекре́нь; ~ werden коси́ться 3 (по-); sich ~ lachen пока́тываться ⟨-кати́ться⟩

со́ смеху; ~ und krumm вкривь и вкось; j-n ~ ansehen погля́дывать на кого́-н. и́скоса

Schiefer *m Geol* сла́н|ец$_{|}$ -ца 2; als Material ши́фер 2; **~bruch** *m* сла́нцевый карье́р; **~dach** *n* ши́ферная кро́вля [кры́ша]; **~gebirge** *m* сла́нцевые го́ры; **~tafel** *f* аспи́дная доска́

schief|gehen *intr* не у|дава́ться* ⟨-|да́ться*$_{|}$ -дали́сь⟩, прова́ливаться ⟨-вали́ться 3⁺⟩ | die Sache wird ≈ де́ло пло́хо ко́нчится, де́ло сорвётся; **~liegen** *übertr* ошиба́ться, стоя́ть 3 на непра́вильной то́чке зре́ния; **~treten** *tr:* die Absätze ≈ с|та́птывать ⟨-|топта́ть⟩ каблуки́

schieläugig косогла́з:ый

schielen *intr* ко|си́ть 3 -шу́ глаза́ми, коси́ться (по-) (nach на *A*); *übertr* коси́ться | auf dem linken Auge ~ коси́ть ле́вым гла́зом

Schienbein *n* го́лень 9; *Anat* большеберцо́вая кость 9g | j-n gegen das ~ treten ударя́ть ⟨уда́рить 3⟩ кого́-н. (ного́й) в го́лень

Schiene *f* рельс 2; *Med* луб|о́к$_{|}$ -ка́ 2, ши́на 6 | ~n legen укла́дывать ⟨-ложи́ть 3⁺⟩ ре́льсы

schienen *tr Med* накла́дывать ⟨-ложи́ть 3⁺⟩ ши́ну на *A*, класть* ⟨положи́ть⟩ в лубо́к *A*

Schienen|bruch *m* изло́м ре́льса; **~bus** *m* автомотри́са 6; **~ersatzverkehr** *m* перево́зка 6 нере́льсовым тра́нспортом; **~fahrzeug** *m* сре́дство 4 ре́льсового тра́нспорта

schienengebunden ре́льсовый

Schienen|netz *n* сеть 9 ре́льсовых доро́г; **~stoß** *m* ре́льсовый стык; **~strang** *m* ре́льсовый путь; **~verkehr** *m* железнодоро́жный тра́нспорт

Schierling *m* болиголо́в 2

Schieß|ausbildung *f* стрелко́вая подгото́вка; **~befehl** *m* прика́з на откры́тие огня́ | ≈ geben при|ка́зывать ⟨-|каза́ть*⟩ стреля́ть; **~bude** *f* тир 2

schießen *tr* стреля́ть ⟨вы́стрелить 3⟩; *Sport* Tor забива́ть ⟨-|би́ть*⟩; *intr* стре|ля́ть ⟨-льну́ть *mom* 4⟩ (auf в *A*, nach по *D*); Pflanzen бы́стро расти́* (вы́-) | mit dem Gewehr ~ стреля́ть из ружья́; das Gewehr schießt zu weit винто́вка даёт перелёт; einen Hasen ~ стреля́ть за́йца; ins Schwarze ~ стреля́ть в я́блочко; in Grund und Boden ~ ровня́ть (с-) с землёй; aufs Tor ~ бить* по воро́там, ударя́ть ⟨уда́рить 3⟩ по воро́там; ein Gedanke schoß mir durch den Kopf мысль промелькну́ла у меня́ в голове́; das Blut schoß ihm ins Gesicht кровь бро́силась ему́ в лицо́, он покрасне́л; wie Pilze aus der Erde ~ расти́* (вы́-) как грибы́; in die Ähren ~ колоси́ться 3 (вы́-)

Schießen *n* стрельба́ 6c | das ist zum ~! э́то умо́ра!

Schießerei *f* стрельба́ 6c, перестре́лка 6 | es kam zu einer ~ развяза́лась перестре́лка

Schieß|hund *m:* aufpassen wie ein ≈ быть* начеку́, смотре́ть 3⁺ во все глаза́; **~platz** *m* стре́льбище 4; großes Übungsgelände *n* полиго́н 2; **~pulver** *n* по́рох 2b; **~scharte** *f* бойни́ца 6, амбразу́ра 6; **~scheibe** *f* мише́нь 9; **~sport** *m* стрелко́вый спорт; **~stand** *m* тир 2 | auf dem ≈ в ти́ре; **~übung** *f* уче́бная стрельба́ 6c

Schiff *n* суд|но 4 *Pl* суд|а́$_{|}$ -о́в 2b; *Mil,* größeres Segelschiff кора́бль 1e; Passagier≈, Dampf≈ парохо́д 2; Motor≈ теплохо́д 2; Kirche неф 2 | mit dem ~ reisen пла́вать [путеше́ствовать, е́хать] на парохо́де [на корабле́]

Schiffahrt *f* судохо́дство 4

Schiffahrts|gesellschaft *f* судохо́дная компа́ния; **~linie** *f* судохо́дная [парохо́дная] ли́ния; **~weg** *m* морско́й [судохо́дный] путь

schiffbar судохо́д|ный$_{|}$ -ен

Schiff|bau *m* судострое́ние 5, кораблестрое́ние; **~bauer** *m* судострои́тель 1, корабе́л 2 *umg*; **~bruch** *m* кораблекруше́ние 5 | ≈ erleiden потерпе́ть 3⁺ *v* кораблекруше́ние; mit seinem Plan hat er ≈ erlitten его́ план потерпе́л крах

Schiffbrüchiger *m* потерпе́вший *Subst* 11 кораблекруше́ние

Schiffbrücke *f* понто́нный мост

Schiffchen *n* Weber≈ челно́к 2e

Schiffer *m* шки́пер 2 **~klavier** *n* аккордео́н 2

Schiffs|arzt *m* судово́й врач; **~besatzung** *f* экипа́ж 2 су́дна [корабля́]; **~eigner** *m* судовладе́л|ец$_{|}$ -ьца 2; **~hebewerk** *n* судоподъёмник 2; **~junge** *m* ю́нга *m* 6; **~katastrophe** *f* бе́дствие 5 су́дна на́ море; **~koch** *m* кок 2; **~kollision** *f* столкнове́ние судо́в [корабле́й]; **~küche** *f* ка́мбуз 2; **~ladung** *f* судово́й груз

Schiffs|modell *n* моде́ль су́дна [корабля́]; **~bau** *m* судомоделизм 2; **~bauer** *m* судомодели́ст 2

Schiffs|papiere *Pl* судовы́е докуме́нты; **~raum** *m* трюм 2; **~reise** *f* пое́здка [путеше́ствие] на парохо́де [на су́дне]; **~rumpf** *m* ко́рпус су́дна; **~schraube** *f* гребно́й винт; **~tagebuch** *n* судово́й журна́л; **~taufe** *f* освяще́ние су́дна; **~verkehr** *m* судохо́дство 4, судохо́дное сообще́ние; **~werft** *f* судове́рфь 9, (судострои́тельная) верфь

Schikane *f* приди́рка 6 | das Auto ist mit

allen ~n ausgerüstet маши́на постро́ена по после́днему сло́ву те́хники

schikanieren *tr* придира́ться ⟨-|дра́ться*; -драли́сь⟩ к *D*, причин|я́ть ⟨-и́ть 3⟩ кому́-н. неприя́тности

[1]**Schild** *m* Schutz щит 2e | etw. im ~e führen замышля́ть ⟨-мы́слить 3⟩ что-н. (недо́брое)

[2]**Schild** *n* Aufschrift, Firmen~ вы́веска 6; Tür~ табли́чка 6; Nummern~ щит|о́к, -ка́ 2; an der Mütze козы|рёк, -рька́ 2; an der Mütze des Gepäckträgers бля́ха 6; an Koffer, Preis~ ярлы́к 2e

Schild|bürgerstreich *m* глу́пый посту́п|ок, -ка 2, головотя́пство 4; **~drüse** *f* щитови́дная железа́

Schilderhaus *n Mil* постова́я [карау́льная] бу́дка 6

schildern *tr* опи́сывать ⟨-|писа́ть*⟩, изобра|жа́ть ⟨-зи́ть 3 -жу́⟩; charakterisieren характеризова́ть 2 (о-)

Schilderung *f* описа́ние 5, изображе́ние 5; характери́стика 6

Schild|kröte *f* черепа́ха 6; **~krötensuppe** *f* черепа́ховый суп; **~patt** *n* черепа́ха 6 | aus ≈ черепа́ховый

Schilf *n* камы́ш 2e *G Pl* -е́й, тростни́к 2e; **~rohr** *n* тростни́к 2e

schillern *intr* отлива́ть, перелива́ться | in allen Regenbogenfarben ~ перелива́ться всеми цвета́ми ра́дуги; **~d** с отли́вом, с перели́вами, перели́вчат:ый

Schilling *m* ши́ллинг 2

Schimmel *m* Pferd бе́лая ло́шадь 9g; grauer си́вая ло́шадь; *Bot* пле́сень 9

schimm[e]lig запле́сневелый, покры́т:ый пле́сенью

schimmeln *intr* пле́сневеть (за-), покрыва́ться ⟨-|кры́ться*⟩ пле́сенью

Schimmelpilz *m* плеснево́й грибо́к

Schimmer *m* сла́бый свет 2; Stern мерца́ние 5; Glanz блеск 2; Ahnung про́блеск 2 | beim ~ der Lampe при сла́бом све́те ла́мпы; der ~ einer Hoffnung про́блески наде́жды; keinen blassen ~ von etw. haben не име́ть ни мале́йшего поня́тия [представле́ния] о чём-н.

schimmern *intr* Lampe сла́бо свети́ть 3⁺; in der Ferne мелька́ть; Sterne мерца́ть; Edelsteine игра́ть, блесте́ть 3 ⟨блесну́ть *mom* 4⟩ | golden ~ отлива́ть(ся) золоты́м цве́том

Schimpanse *m* шимпанзе́ [зэ] *m idkl*

Schimpf *m*: mit ~ und Schande davonjagen с позо́ром выгоня́ть ⟨вы́|гнать*⟩

schimpfen *intr* руг|а́ться (по-, вы́-), брани́ться 3; руга́ть (об-) (auf *A*), брани́ть (вы́-) (auf *A*); *tr*: er hat mich einen Dummkopf geschimpft он обозва́л меня́ дурако́м

schimpflich позо́р|ный, -ен, посты́д|ный, -ен;Tat a. гну́с|ный, -ен, -на́!

Schimpfwort *n* руга́тельство 4

Schindeldach *n* гонтова́я кро́вля

Schindeln *f Pl* гонт 2

schinden *tr* quälen му́чить 3 (из-, за-), терза́ть | Eindruck ~ бить* на эффе́кт; sich ~ *refl* надрыва́ться, му́читься (из-, за-)

Schind|erei *f* муче́ние 5; Ausbeutung живодёрство 4 *umg*; **~luder** *n* mit j-m ≈ treiben издева́ться над кем-н., осм|е́ивать ⟨-ея́ть, -ею́, -еёшь⟩ кого́-н.

Schinken *m* ветчина́ 6c; Hinterkeule о́корок 2b *Pl* -а́ | gekochter [geräucherter] ~ варёная [копчёная] ветчина́; Rührei mit ~ я́ичница с ветчино́й; mit dem ~ nach der Wurst werfen поменя́ть *v* це́нную вещь на бесце́нную

Schippe *f* лопа́та 6 | j-n auf die ~ nehmen поднима́ть ⟨подня́ть*⟩ на смех кого́-н.

schippen *intr* сгреба́ть ⟨-|грести́*⟩ лопа́той

Schirm *m* зо́нтник 2, зонт 2e; Mützen~ козыр|ёк, -ька́ 2; Wand~ ши́рма 6; Radar~, Röntgen~, Bild~ экра́н 2; Lampen~ абажу́р 2 | den ~ aufspannen раскрыва́ть ⟨-|кры́ть*⟩ зо́нтик

Schirmbild|aufnahme *f* рентге́новский сни́мок; **~stelle** *f* рентге́новский пункт 2 [отде́л 2]

Schirm|herr *m* покрови́тель 1; **~herrschaft** *f* покрови́тельство 4; **~mütze** *f* карту́з 2e, ке́пи *n idkl*, ке́пка 6; Uniform~ фура́жка 6; **~pilz** *m* гриб-зо́нтик 2e-2; **~ständer** *m* сто́йка для зо́нтиков

schirren *tr* запряга́ть ⟨-|пря́чь* [ре]⟩

Schizophrenie *f* шизофрени́я 8

Schlacht *f* би́тва 6, сраже́ние 5 | die ~ bei Austerlitz сраже́ние при А́устерлице; die ~ bei Poltawa би́тва под Полта́вой; die ~ an der Wolga би́тва на Во́лге; eine ~ liefern дава́ть* ⟨дать*⟩ сраже́ние; **~bank** *f*: zur ≈ führen гнать* (по-) на бо́йню

schlachten *tr* ре́зать* (за-), коло́ть* (за-)

Schlachten *n* убо́й 1

Schlachtenbummler *m Sport* боле́льщик 2

Schlacht|feld *n* по́ле сраже́ния [би́твы]; **~fest** *n* пра́здник по слу́чаю убо́я свине́й; **~gewicht** *n* убо́йный вес; **~hof** *m* (ското)бо́|йня 7 *G Pl* -ен; **~ordnung** *f* боево́й поря́док; **~platte** *f* ассорти́ *n idkl* из дома́шних свины́х колба́с

schlachtreif приго́дный для убо́я, го́дный на убо́й

Schlacht|schiff *n* лине́йный кора́бль; **~vieh** *n* убо́йный скот

Schlacke *f* шлак 2

Schlaf *m* сон, сна 2 | im ~ во сне́; einen leisen [festen] ~ haben чу́тко [кре́пко] спать*; sich den ~ aus den Augen reiben протира́ть ⟨-|тере́ть*⟩ глаза́ (по́сле сна);

in einen tiefen ~ sinken погр|ужа́ться ⟨-узи́ться 3 -ужу́сь, -у́ли́шься⟩ в глубо́кий сон; der ~ übermannte mich сон одоле́л меня́; das fällt mir nicht im ~ ein об э́том и не ду́маю; **~anzug** *m* пижа́ма 6; **~bedürfnis** *n* потре́бность в сне

Schläfchen *n* коро́ткий сон, сна 2 | ein ~ machen вздремну́ть *v* 4

Schlaf|couch *f* дива́н-крова́ть 2-9, спа́льный дива́н; **~decke** *f* одея́ло 4

Schläfe *f* вис|о́к, -ка́ 2

schlafen *intr* спать* | ein bißchen ~ поспа́ть *v*; ~ gehen идти́ спать; sich ~ legen ложи́ться 3 ⟨лечь*⟩ спать; wie ein Murmeltier ~ спать как суро́к; ~ Sie wohl! прия́тного сна!; diese Sache läßt mich nicht ~ э́то (де́ло) не даёт мне спать

Schläfenbein *n* висо́чная кость 9*g*

Schlafengehen *n*: vor dem ~ пе́ред сном

Schläfer *m* спя́щий *Subst* 11

schlaff Haut дря́бл:ый, -á!; Glieder вя́л:ый; träge вя́лый, сла́б:ый, -á, -о, сла́бы́; kraftlos бесси́л|ьный, -ен, -ьна | die Arme hingen ~ herab ру́ки бесси́льно пови́сли

Schlaffheit *f* дря́блость 9; вя́лость 9; сла́бость 9; бесси́лие 5

Schlaf|gelegenheit *f* посте́ль 9; Übernachtungsmöglichkeit ночле́г 2; **~krankheit** *f* со́нная боле́знь

schlaflos 1. *Adj* бессо́нный **2.** *Adv*: ~ liegen лежа́ть без сна

Schlaf|losigkeit *f* бессо́нница 6; **~mangel** *m* недосыпа́ние 5; **~mittel** *n* снотво́рное сре́дство; **~mütze** *f übertr* со́ня *m, f* 7

schläfrig сонли́в:ый, со́нный | ich bin ~ мне хо́чется спать; ~ machen усыпля́ть

Schläfrigkeit *f* сонли́вость 9

Schlaf|rock *m* (дома́шний 11) хала́т 2; Würstchen im ≈ запечённые соси́с|ки, -ок; **~saal** *m* (о́бщая 11) спа́л|ьня 7 *G Pl* -ен; **~sack** *m* спа́льный мешо́к; **~stelle** *f* ко́йка 6, посте́ль 9; **~störung** *f* расстро́йство сна; **~tablette** *f* снотво́рная табле́тка; **~therapie** *f* лече́ние 5 сном, со́нная терапи́я

schlaftrunken за́спан:ный, сонли́в:ый

Schlafwagen *m* спа́льный ваго́н; **~abteil** *n* спа́льное купе́; **~platz** *m* ме́сто 4b в спа́льном ваго́не; **~schaffner** *m* проводни́к 2e (спа́льного ваго́на); **~schaffnerin** *f* проводни́ца 6 (спа́льного ваго́на)

schlafwandeln *intr* хо|ди́ть 3⁺ -жу́ во сне́

Schlaf|wandeln *n* лунати́зм 2; **~wandler** *m* луна́тик 2; **~zimmer** *n* спа́л|ьня 7 *G Pl* -ен

Schlag *m* уда́р 2 *a. Sport*; Uhr, Trommel бой 1; *Med* апоплекси́ческий уда́р; Puls, Herz бие́ние 5; Nachtigall щёлканье 5; Waldrevier деля́нка 6; лесосе́ка 6; Feldstück уча́ст|ок, -ка 2; Menschen~ склад 2; тип 2, хара́ктер 2; Ruder~ греб|о́к, -ка́ 2 | einen elektrischen ~ bekommen получи́ть *v* 3⁺ уда́р то́ком; ein harter ~ des Schicksals жесто́кий уда́р судьбы́; er hat Schläge bekommen его́ поби́ли; einen ~ versetzen наноси́ть 3⁺ -ношу́ ⟨-|нести́*⟩ уда́р, ударя́ть ⟨уда́рить 3⟩; einen vernichtenden ~ führen gegen j-n наноси́ть ⟨-нести́⟩ кому́-н. уничтожа́ющий уда́р; ~ auf ~ уда́р за уда́ром; ein ~ ins Kontor неприя́тный сюрпри́з; mit einem ~e одни́м уда́ром; *übertr* сра́зу; zum ~ ausholen зама́хиваться ⟨-махну́ться 4⟩; ~ drei ро́вно в три; Menschen von besonderem ~e лю́ди осо́бого скла́да; **~ader** *f* арте́рия 8; **~anfall** *m* апоплекси́ческий уда́р 2, апоплекси́я 8

schlagartig внеза́пный, молниено́с|ный, -ен

Schlag|ball *m* мяч для игры́ в лапту́; Spiel лапта́ 6; **~baum** *m* шлагба́ум 2; **~bolzen** *m* уда́рник 2, бо|ёк, -йка́ 2

schlagen *tr* бить* (по-); einen Schlag versetzen ударя́ть ⟨уда́рить 3⟩; besiegen бить (по-), побе|жда́ть ⟨-ди́ть 3, *1. Pers Sg ungebr*, -ждённый⟩; im Wettkampf поби́ть *v*; im Spiel обы́грывать ⟨-ыгра́ть⟩; heraus~ выбива́ть ⟨вы́бить⟩ (aus из *G*); zu Schaum взбива́ть ⟨взбить, взобью́⟩; *intr* ударя́ть ⟨уда́рить 3⟩, бить; gegen etw. stoßen ударя́ться ⟨уда́риться 3⟩ о *A*, би́ться о *A;* Herz, Puls би́ться; Uhr бить (про-; про́би́л); Nachtigall щёлк|ать ⟨-нуть *mom* 4⟩; Schachspiel брать* ⟨взять*⟩; sich ~ *refl* raufen дра́ться*; дра́ли́сь (по-), би́ться; kämpfen сража́ться | j-n ins Gesicht ~ бить кого́-н. по лицу́; j-n blutig ~ избива́ть ⟨-|би́ть*, изобью́⟩ кого́-н. до кро́ви; einen Nagel in die Wand ~ вбива́ть ⟨вбить, вобью́⟩ гвоздь в сте́ну; eine Brücke ~ наводи́ть 3⁺ -вожу́ ⟨-|вести́*⟩ мост; Lärm ~ поднима́ть ⟨подня́ть*⟩ шум; sich die Nacht um die Ohren ~ не спать* всю ночь; die Trommel ~ бить в бараба́н; j-n zu Boden ~ вали́ть 3⁺ (по-) кого́-н. на зе́млю; alles kurz und klein ~ перебива́ть ⟨-би́ть⟩ всё (вдре́безги); ich war wie vor den Kopf geschlagen меня́ как [то́чно] о́бухом по голове́ уда́рило; der Blitz hat in den Baum geschlagen мо́лния уда́рила в де́рево; der Vogel schlug mit den Flügeln пти́ца махну́ла кры́льями; nach j-m ~ бить по кому́-н.; um sich ~ бить вокру́г себя́; die Wellen ~ ans Ufer во́лны ударя́ются о бе́рег; es hat drei geschlagen про́би́ло три часа́; dem Glücklichen schlägt keine Stunde счастли́вые часо́в не наблюда́ют; eine geschlagene Stunde warten ждать би́тый час; seine letzte Stunde hat geschlagen про́би́л его́ час; die Flammen ~ aus dem Fenster пла́мя [ого́нь] выбива́ется из окна́; das schlägt nicht in mein Fach э́то не по мое́й специа́льности; sich an die Brust ~ ударя́ть ⟨-да́рить 3⟩ себя́ в грудь; sich auf j-s Seite ~ переходи́ть 3⁺ -хожу́ ⟨-|йти́*⟩ на чью-н. сто́рону; **~d** treffend ме́т|кий, -ок, -ка́!, -че; überzeugend убеди́тел|ьный, -ен, -ьна | ≈e Wetter *Bergb* грему́чий 11 [рудни́чный] газ 2

Schlager *m* Spitzenleistung гвоздь 1e *Pl* гво́зди (сезо́на); *Mus* (мо́дная) эстра́дная пе́сенка 6 [пе́с|ня 7 *G Pl* -ен], шля́гер 2; Ware (мо́дный) ходово́й [хо́дкий] това́р 2

Schläger *m* Raufbold драчу́н 2e; Fechten рапи́ра 6; Tennis раке́тка 6; Hockey клю́шка 6; Schlagball бита́ 6; **~ei** *f* дра́ка 6 | es kam zu einer ≈ завяза́лась дра́ка

Schlager|festival *n* фестива́ль 1 эстра́дной пе́сни; **~sänger** *m* эстра́дный пев́ец, исполни́тель шля́геров; **~sängerin** *f* эстра́дная певи́ца, исполни́тельница 6 шля́геров; **~sendung** *f* эстра́дный конце́рт 2 (по ра́дио; *TV* по телеви́дению)

schlagfertig нахо́дчив:ый; Antwort ме́т|кий, -ок, -ка́, -че

Schlagfertigkeit *f* нахо́дчивость 9; ме́ткость 9

schlagfest про́чный на уда́р

Schlag|gitarre *f* джа́зовая гита́ра; **~holz** *n* bei Spielen лапта́ 6, бита́ 6; **~instrument** *n* уда́рный инструме́нт; **~kraft** *f* уда́рная си́ла; **~licht** *n*: ein ≈ werfen auf броса́ть ⟨бро́сить⟩ я́ркий свет на *A*; **~loch** *n* вы́боина 6; **~mann** *m* Rudern загребно́й *Subst* 10; **~ring** *m* касте́т 2; **~sahne** *f* сли́вки для сбива́ния; geschlagen сби́тые сли́вки; **~seite** *f Mar* крен 2 | ≈ bekommen крени́ться 3 (на-) (на́бок); ≈ haben нетвёрдо держа́ться на нога́х; **~werk** *n* in Uhren механи́зм 2 бо́я | eine Standuhr mit ≈ часы́ с бо́ем; **~wort** *n* Losung ло́зунг 2; Phrase, Gemeinplatz о́бщая 11 [бана́льная] фра́за 6, клише́ *n idkl* | mit ≈en um sich werfen говори́ть 3 ло́зунгами, говори́ть [о́бщими] фра́зами; **~wortregister** *n* предме́тный указа́тель; **~zeile** *n* кру́пный заголо́в|ок, -ка 2 | ≈n machen стать* *v* газе́тной сенса́цией; **~zeug** *n* уда́рные инструме́нты *Pl* 2; **~zeuger** *m* уда́рник 2

Schlamm *m* in Gewässern ил 2; Algentи́на 6; auf Wegen грязь 9, в грязи́; **~bad** *n* грязева́я ва́нна; **~boden** *m* и́листая по́чва

schlammig Gewässer и́лист:ый; Boden вя́з|кий, -ок, -ка́!, -че; Weg гря́з|ный, -ен, -на́, -но, гря́зны́

Schlämmkreide *f* отму́ченный мел

Schlammpackung *f* грязево́е уку́тывание

Schlamperei *f* неря́шливость 9; Nachlässigkeit небре́жность 9

schlampig неря́шлив:ый; небре́ж|ный, -ен

Schlange *f* змея́ 7c; Reihe о́чередь 9g, хвост 2e *umg* | (in der) ~ stehen стоя́ть в о́череди (nach за *I*)

schlängeln, sich *refl* Weg извива́ться ⟨-ви́ться*, -вила́сь⟩

Schlangen|beschwörer *m* заклина́тель 1 змей; **~biß** *m* змеи́ный уку́с

schlangenförmig змееви́д|ный, -ен

Schlangen|gift *n* змеи́ный яд; **~leder** *n* змеи́ная ко́жа; **~linie** *f* изви́листая ли́ния; **~mensch** *m* Akrobat «гуттапе́рчевый» челове́к

schlank стро́|йный, -ен, -йна!; Glieder; Gegenstände то́н|кий, -ок, -ка́!, -ьше

Schlankheit *f* стро́йность 9

Schlankheits|diät *f* дие́та для похуде́ния; **~kur** *f* лече́ние от ожире́ния

schlankweg *Adv* нарями́к, без обиняко́в; ablehnen наотре́з

schlapp вя́л:ый, сла́б:ый, -а́, -о, сла́бы́ | ich bin ~ *umg* я вы́дохся, я бо́льше не могу́

Schlappe *f* неуда́ча 6 | eine ~ erleiden терп|е́ть 3⁺ -лю́ (по-) неуда́чу [пораже́ние]

Schlappheit *f* вя́лость 9, сла́бость 9

schlappmachen *intr umg* выбива́ться ⟨вы́|биться*⟩ из сил, выдыха́ться ⟨вы́дохнуться 4a⟩ | du darfst jetzt nicht ~! сейча́с нельзя́ сдава́ться!

Schlappschwanz *m* тря́пка 6, шля́па *m* 6

Schlaraffenland *n* страна́ с моло́чными река́ми и кисе́льными берега́ми

schlau хи́трый, хит|ёр, -ра́!, лука́в:ый; durchtrieben продувно́й | ein ~er Fuchs хитре́ц 2e; ~ sein хитри́ть 3(с-); aus ihm wird man nicht ~ его́ не поймёшь, в нём не разберёшься

Schlauberger *m* хитре́ц 2e

Schlauch *m* шланг 2, рука́в 2e *Pl* -а́, -о́в; Auto, Fahrrad ка́мера 6; **~boot** *n* надувна́я ло́дка

schlauchlos: ~er Reifen беска́мерная ши́на

schlauerweise *Adv* хи́тро, с хи́тростью

Schlaufe *f* пе́т|ля 7 *G Pl* -ель

Schlauheit *f* хи́трость 9, лука́вство 4

Schlaumeier *m* хитре́ц 2e

schlecht 1. *Adj* плох:о́й, -а́!, ху́же, дурно́й, ду́р|ен, -на́, -но, ду́рны, a. Geschmack, Geruch; Gedächtnis, Ernte плохо́й | ~es Wetter плоха́я [скве́рная] пого́да; ~e Angwohnheiten дурны́е привы́чки; ~er Mensch плохо́й [скве́рный] челове́к; das ist ~ э́то нехорошо́; ~ werden по́ртиться 3 (ис-); es wurde ihm ~ ему́ сде́лалось ху́до [плóхо] **2.** *Adv*: er fühlt sich sehr ~ емý óчень плóхо; er hört ~ он хýдо слы́шит; es geht ihm ~ егó делá плóхи, емý трýдно живётся; das wird dir ~ bekommen от э́того тебé добрá не бýдет; er staunte nicht ~ он немáло удиви́лся; es steht ~ um dich твои́ делá плóхи; твоё дéло дрянь *umg*; ~ wegkommen bei etw. о|ставáться* ⟨-|стáться*⟩ в убы́тке при чём-н.; sich ~ und recht durchs Leben schlagen жить* скрóмно и чéстно; кое-кáк [с грехóм пополáм] пробивáться ⟨-би́ться⟩; bei j-m ~ angeschrieben sein быть у когó-н. на плохóм счетý

schlecht|gelaunt не в дýхе, в плохóм настроéнии; **~hin** *Adv* прóсто

Schlechtigkeit *f* ни́зость 9, пóдлость 9 | eine ~ begehen соверш|áть ⟨-и́ть 3⟩ пóдлость [дурны́е постýпки *Pl* 2]

schlechtmachen *tr* черни́ть 3 (о-), поно|си́ть 3⁺ -шý; verleumden клеветáть* (на-) на *A*

Schlechtwetterperiode *f* полосá 6 плохóй погóды

Schlegel *m* Hammer колотýшка 6; Trommelstock пáлочка 6 барабáна

Schlehdorn *m* тёрн 2, тернóвник 2

schleichen *intr* langsam gehen ползти́* (по-); leise gehen крáсться* (про-) | der Fuchs schleicht nach Beute лиси́ца крадётся за добы́чей; die Zeit schleicht врéмя ползёт; sich in j-s Vertrauen ~ вкрáдываться ⟨-крáсться⟩ в чьё-н. довéрие; **~d** leise gehend крáдущийся 11; Gang тяжёлый; Krise затяжнóй; langsam wirkend мéдленно дéйствующий 11 | ≈e Diskussion затянýвшаяся 11 дискýссия; ≈es Fieber изнури́тельная лихорáдка; ≈e Inflation ползýчая 11 инфля́ция

Schleich|handel *m* торгóвля из-под полы́; **~weg** *m*: auf ≈en vorgehen идти́* [дéйствовать 2] окóльными путя́ми [ти́хой сáпой]

Schleie *f* линь 1е

Schleier *m* вуáль 9; Braut~ фатá 6 | den ~ von etw. lüften снимáть ⟨снять*⟩ покрóв с чегó-н., приподнимáть ⟨-|подня́ть*⟩ завéсу над чем-н.; unter dem ~ der Nacht под покрóвом нóчи; **~eule** *f* сипýха 6

schleierhaft тумáн|ный, -ен, -на, таи́нствен:ный, -на | das ist mir ~ э́то для меня́ загáдка

Schleife *f* Schlinge, Windung пéт|ля 7 *G Pl* -ель; Band бант 2 | eine ~ binden завя́зывать ⟨-|вязáть*⟩ бант; das Band zu einer ~ binden завя́зывать ⟨-вязáть⟩ лéнту бáнтом

¹schleifen *tr* über den Boden ziehen, schleppen таскáть, *best* тащи́ть 3⁺ (по землé), волочи́ть 3⁺ *umg;* Festung срывáть ⟨-|рыть*⟩; *intr* Kleid волочи́ться, тащи́ться (по землé)

²schleifen *tr* schärfen точи́ть 3⁺ (на-); glätten шлифовáть 2 (от-); Edelsteine грани́ть 3; Kupplung проскáльзывать

Schleifer *m* Scheren~ точи́льщик 2; Werkzeug~ шлифóвщик 2; (Edel-)Stein~ грани́льщик 2; **~ei** *f* точи́л|ьня 7 *G Pl* -ен; грани́л|ьня 7 *G Pl* -ен

Schleif|lack *m* шлифовáльный лак; **~lackmöbel** *Pl* лакирóванная мéбель; **~leitung** *f El* контáктный прóвод; **~maschine** *f* шлифовáльный стан|óк, -кá 2; **~mittel** *m* абрази́в 2; **~papier** *n* абрази́вная бумáга; **~scheibe** *f* шлифовáльный круг; **~stein** *m* точи́льный кáмень, точи́ло 4

Schleim *m* слизь 9; *Med* мокрóта 6; Brei (сли́зистый) отвáр 2

schleimen *intr* выделя́ть ⟨вы́делить 3⟩ слизь

Schleimhaut *f* сли́зистая оболóчка

schleim|ig сли́зист:ый; **~lösend** растворя́ющий 11 слизь

Schleimsuppe *f* сли́зистый суп

schleißen *tr* Federn щипáть* (о-)

schlemmen *intr* ку|ти́ть 3⁺ -чý, пировáть 2 (по-)

Schlemmer *m* кути́ла *m* 6 | ein ~ sein люб|и́ть 3⁺ -лю́ попировáть

schlendern *intr* (не спешá) бро|ди́ть 3⁺ -жý, *best* брести́, плести́сь*

Schlendrian *m* bürokratischer волоки́та 6 *umg*; Schlamperei халáтность 9 | am alten ~ festhalten слéдовать 2 рути́не, слéдовать раз заведённому поря́дку

schlenkern *intr* mit den Beinen болтáть *I*; mit den Armen размáхивать *I*

Schleppdampfer *m* букси́р 2, букси́рный парохóд

Schleppe *f* am Kleid шлейф 2

schleppen *tr* тащи́ть 3⁺ (о-), *unbest* таскáть, волочи́ть 3⁺ *umg*; im Schlepptau букси́ровать 2 a. Kraftfahrzeuge; *intr* волочи́ться; sich ~ *refl* тащи́ться, плести́сь* | das Kleid schleppt плáтье волóчится пó полу; sich mit Gepäck ~ мýчиться 3 с багажóм; ich konnte mich kaum ~ я едвá тащи́лся; **~d** zögernd медли́тел|ьный, -ен, -ьна; Abfertigung мéдленный; Unterhaltung вя́л:ый; Gang тяж|ёлый, -ёл, -елá

Schlepper *m* тягáч 2е, трáктор 2; Schleppdampfer букси́р 2, букси́рный парохóд 2

Schlepp|kahn *m* бáржа 6 *G Pl* барж, барж|á 6 *G Pl* -éй; **~lift** *m* Ski букси́рóвочная канáтная дорóга 6; **~netz** *n* трал 2 | mit dem ≈ fischen трáлить 3; **~netzfischerei** *f* трáлов|ый лов; **~start** *m* *Flugw* взлёт на букси́ре; **~tau** *n* букси́рный канáт [трос] | j-n ins ≈ nehmen

брать* ⟨взять*⟩ когó-н. на букси́р; **~zug** *m Mar* букси́рный карава́н 2
Schlesien Силе́зия 8
Schleswig-Holstein Шле́звиг-Гóльштейн 2
Schleuder *f hist* Hand∸ праща́ 6; Wurfgerät катапу́льта 6; Kinder∸ рогáтка 6; *Tech* центрифу́га 6; Wäsche∸ центробе́жная суши́лка 6 для бельá; **~ball** *m* мяч с пе́тлей; **~brett** *n* подкидна́я доска́, трампли́н 2; **~gefahr** *f Kfz* опа́сность зано́са; **~honig** *m* очи́щенный мёд
schleudern *tr* (с си́лой) броса́ть ⟨брó|сить 3 -шу⟩, кида́ть ⟨ки́нуть 4⟩; *Tech* центрифуги́ровать *uv, v* 2; Wäsche выжима́ть ⟨вы́|жать¹*⟩ бельё в центрифу́ге; Honig очища́ть ⟨очи́|стить 3 -щу⟩; *intr Kfz* заноси́ть 3⁺ ⟨-|нести́*⟩ | der Wagen schleuderte маши́ну занесло́ [заноси́ло]
Schleudern *n Kfz* зано́с 2 | das Auto geriet ins ~ маши́ну занесло́
Schleuder|preis *m* бро́совая *oder* де́мпинговая [дэ] цена́ | zu ≈en verkaufen про|дава́ть* ⟨про|да́ть*⟩ за бесце́нок [по бро́совым це́нам]; **~sitz** *m Flugw* катапульти́руемое сиде́нье
schleunigst *Adv* как мóжно скоре́е, неме́дленно
Schleuse *f* шлюз 2; für Abwässer водоотво́дный кана́л 2, водосто́к 2
Schleusen|kammer *f* шлю́зная ка́мера; **~tor** *n* шлю́зные [шлюзовы́е] воро́та
Schliche *m Pl*: alle ~e kennen знать все уло́вки; j-m hinter die ~e kommen раскрыва́ть ⟨-|кры́ть*⟩ чьи-н. за́мыслы [интри́ги]
schlicht прост¦óй| -á| -o| про́сты́| про́ще; bescheiden скро́м|ный| -ен| -нá!; Frisur гла́д|кий| -ок| -ка́!
schlichten *tr* Streit ула́|живать ⟨-дить 3 -жу⟩; Gewebe сгла́|живать ⟨-дить 3 -жу⟩; *Tech* шлихтова́ть 2; Metall a. обта́чивать ⟨-точи́ть 3⁺⟩
Schlicht|heit *f* простота́ 6; Bescheidenheit скро́мность 9; **~hobel** *m* фуга́н|ок| -ка 2, шли́фтик 2; **~ung** *f* ула́живание 5
Schlichtungs|ausschuß *m* трете́йская коми́ссия; **~kommission** *f* согласи́тельная коми́ссия; **~verfahren** *n* трете́йское разбира́тельство 4, согласи́тельная процеду́ра 6
Schlick *m* вя́зкий ил 2, ти́на 6
schließen *tr* закрыва́ть ⟨-|кры́ть*⟩; geräuschvoll захло́пнуть *v* 4; zuschließen запира́ть ⟨запере́ть*⟩; *El* Kontakt зам|ыка́ть ⟨-кну́ть 4⟩; Geschäfte, Post закрыва́ть ⟨-кры́ть⟩; beenden конча́ть ⟨ко́нчить 3⟩, зака́нчивать ⟨-ко́нчить⟩; Bündnis, Ehe, Vertrag заключ|а́ть ⟨-и́ть 3⟩; Reihen смыка́ть ⟨сомкну́ть 4⟩; *intr* Geschäft, Ausstellung закрыва́ться ⟨-кры́ться⟩; zu Ende sein конча́ться ⟨ко́нчиться⟩; folgern де́лать (с-) вы́вод [заключе́ние], заключ|а́ть ⟨-и́ть⟩ (aus из *G*); sich ~ *refl* закрыва́ться ⟨-кры́ться⟩; *El* зам|ыка́ться ⟨-кну́ться⟩ | eine Ehe ~ вступ|а́ть ⟨-и́ть 3⁺ -лю́⟩ в брак; die Tür schließt von selbst дверь закрыва́ется сама́; von sich auf andere ~ су|ди́ть 3⁺ -жу́ по себе́ о други́х; Freundschaft ~ подружи́ться *v* 3; in die Arme ~ заключ|а́ть ⟨-и́ть⟩ в объя́тия; an den Vortrag schloß sich eine Aussprache по́сле докла́да состоя́лись пре́ния
Schließfach *n* Post абонеме́нтный (почто́вый) я́щик 2; Bank абонеме́нтный сейф 2
schließlich *Adv* наконе́ц, в конце́ концо́в
Schließ|muskel *m* сфи́нктер 2; **~ung** *f* закры́тие 5; Vertrag, Ehe заключе́ние 5
Schliff *m* Glas шлифо́вка 6 *a. übertr;* Messer то́чка 6; Edelstein огра́нка 6; in Gebackenem зака́л 2; Anstand хоро́шие мане́ры *Pl* 11–6 | einer Sache den letzten ~ geben наводи́ть 3⁺ -вожу́ ⟨-|вести́*⟩ после́дний лоск на что-н.; damit wirst du ~ backen э́то де́ло пропа́щее
schlimm 1. *Adj* плох¦óй| -á!| ху́же| наиху́дший 11; Folgen, Angewohnheit дурно́й| ду́р|ен| -нá| -но| ду́рны́; Krankheit больно́й| бо́лен| больна́| больны́ | ~e Verhältnisse плохи́е [тяжёлые] усло́вия; er hat einen ~en Finger у него́ боли́т па́лец; der ~ste Feind зле́йший 11 враг **2.** *Adv* пло́хо | seine Sache steht ~ его́ де́ло обстои́т пло́хо, его́ де́ло дрянь *umg*; das ist nicht so ~ э́то не беда́; das ist gerade das Schlimme! вот э́то и пло́хо!
schlimmstenfalls *Adv* в ху́дшем [кра́йнем] слу́чае
Schlinge *f* пе́т|ля 7 *G Pl* -ель; *Med* пе́ревязь 9; Fang∸ сил|óк| -кá 2 | den Arm in der ~ tragen носи́ть ру́ку на пе́ревязи; ~n legen ста́в|ить 3 -лю (по-) силки́; sich aus der ~ ziehen вывёртываться ⟨вы́вернуться 4⟩ (из затрудни́тельного положе́ния), выпу́тываться ⟨вы́путаться⟩ из беды́
Schlingel *m* сорван|е́ц| -ца́ 2, озорни́к 2e
¹schlingen *tr* обвива́ть ⟨-|ви́ть*| обовью́⟩ (um *I*); umbinden обвя́зывать ⟨-|вяза́ть*⟩; sich ~ *refl* ви́ться| ви́лись (um вокру́г *G*) | sie schlang die Arme um seinen Hals она́ обвила́ его́ ше́ю; die Bohnen ~ sich um die Stangen бобы́ вью́тся вокру́г па́лок
²schlingen *tr u. intr* gierig schlucken жа́дно глот|а́ть ⟨-ну́ть *mom* 4⟩
Schlingpflanze *f* вью́щееся 11 расте́ние
schlingern *intr Mar* испы́тывать ⟨-пыта́ть⟩ боковýю [бортову́ю] ка́чку
Schlips *m* га́лстук 2

Schlitten *m* Pferde∼ сáн|и, -éй *Pl* 1g; Renn∼, Rodel∼ сáн|ки, -ок *Pl* 6; kleiner Hand∼ салáз|ки, -ок *Pl* 6; Hunde- oder Rentier∼ нáрты *Pl* 6; *Tech* сýппорт 2, салáзки | mit dem ∼ fahren éхать в [на] санях [сáнках]; ∼ fahren катáться на сáнках [санях, салáзках]; unter den ∼ kommen опу|скáться ⟨-стúться 3⁺ -щýсь⟩ (на дно); **∼fahrt** *f* ездá [катáние 5] на санях [сáнках]; **∼kufe** *f* (сáнный) пóлоз; **∼partie** *f* катáние 5 [прогýлка 6] на санях [сáнках]

Schlittschuh *m* кон|ёк, -ькá 2 | ∼ laufen катáться (по-) на конькáх; **∼laufen** *n* катáние 5 на конькáх; **∼läufer** *m* конькобéж|ец, -ца 2; **∼läuferin** *f* конькобéжка 6; **∼sport** *m* конькобéжный спорт

Schlitz *m* Kleidung разрéз 2, прорéз 2; Hose прорéха 6; Brief-, Geldeinwurf отвéрстие 5, щель 9g; Spalt bei Fenster, Tür щель; **∼auge** *n* раскóсый глаз

schlitzäugig с косы́м разрéзом глаз

schlitzen *tr* прорéзывать ⟨-|рéзать*⟩, разрезáть ⟨-рéзать⟩

Schlitzverschluß *m Foto* щелевóй затвóр

schlohweiß белоснéжный, бéлый как лунь

Schloß *n* Burg зáм|ок, -ка 2; Palast двор|éц, -цá 2; Tür∼ зам|óк, -кá 2; Gewehr∼ затвóр 2 | die Tür fiel ins ∼ дверь захлóпнулась; hinter ∼ und Riegel sitzen сидéть за решёткой; hinter ∼ und Riegel halten держáть под замкóм

Schlößchen *n* Gebäude мáленький зáм|ок, -ка 2

Schlosser *m* слéсар|ь 1 *Pl a.* -я́ 1b; **∼ei** *f* слесáрная *Subst* 10; **∼handwerk** *n* слесáрное ремеслó; **∼werkstatt** *f* слесáрная мастерскáя

Schloß|hof *m* двор зáмка [дворцá]; **∼park** *m* дворцóвый парк; **∼platz** дворцóвая плóщадь

Schlot *m* дымовáя трубá 6c | rauchen wie ein ∼ дым|и́ть 3 -лю́ как (фабри́чная) трубá; **∼baron** *m* промы́шленный магнáт 2

schlott[e]rig Kleidung неря́шлив:ый, небрéж|ный, -ен

schlottern *intr* трясти́сь*, дрожáть 3 (vor от *G*)

Schlucht *f* schmales Tal бáлка 6; Gebirgs∼ ущéлье 5

schluchzen *intr* рыдáть; verhalten всхли́пывать | laut ∼ плáкать навзры́д

Schluchzen *n* рыдáние 5; всхли́пывание 5

Schluck *m* глот|óк, -кá 2 | einen kräftigen ∼ tun дéлать (с-) большóй глотóк; **∼auf** *m Med* икóта 6; **∼beschwerden** *f Pl* затруднéние глотáния | ich habe ≈ мне трýдно глотáть

schlucken *tr u. intr* глот|áть ⟨-нýть *mom* 4⟩ | ich mußte viel ∼ *übertr* мне пришлóсь мнóгое проглоти́ть; beim Schwimmen Wasser ∼ наглотáться *v* воды́ при плáвании

Schlucken *m* икóта 6 | den ∼ haben ик|áть ⟨-нýть *mom* 4⟩

Schlucker *m*: ein armer ∼ бедня́к 2e

Schluckimpfung *f* перорáльная вакцинáция 8

schluckweise *Adv:* ∼ trinken пить (вы́-) глоткáми

Schluderarbeit *f* небрéжная рабóта, халтýра 6 *umg*

schlud[e]rig небрéж|ный, -ен; unordentlich неря́шлив:ый

schludern *intr* небрéжно [неря́шливо] рабóтать, халтýрить 3 *umg*

Schlummer *m* дремóта 6; Halbschlaf полу|сóн, -снá 2 | in leichtem ∼ liegen дремáть*; **∼lied** *n* колыбéльная пéсня

schlummern *intr* дремáть*

Schlund *m Anat* глóтка 6; Abgrund прóпасть 9, бéздна 6; Kanone; Krater жерлó 4c *G Pl* жерл

schlüpfen *intr* hineinschlüpfen шмы́гать ⟨шмыгнýть *mom* 4⟩ *umg*, скользнýть *v* 4 (in в *A*); hinausschlüpfen выскáльзывать ⟨вы́скользнуть 4⟩ (aus из *G*); in Kleidungsstücke бы́стро надевáть ⟨-|дéть*⟩ *A*; entgleiten ускáльзывать ⟨ускользнýть 4⟩ | aus dem Ei ∼ вылýпливаться ⟨вы́лупиться 3⟩ (из яйцá); durch die Maschen des Gesetzes ∼ ускользнýть от правосýдия

Schlüpfer *m* трусы́ *Pl* 2, жéнские трýсики *Pl* 2 *umg*, дáмское трикó *n idkl*

Schlupfloch *n* лазéйка 6, укры́тие 5

schlüpfrig скóльзкий, -ок, -кá!; *übertr a.* сáл|ьный, -ен, -ьна, скабрёз|ный, -ен

Schlupfwinkel *m* убéжище 4, укры́тие 5

schlurfen *intr.* mit den Füßen ∼ шáркать ногáми

schlürfen *tr u. intr* (грóмко) хлеб|áть ⟨-нýть *mom* 4⟩; genüßlich trinken потя́гивать

Schluß *m* кон|éц, -цá 2, окончáние 5; Folgerung вы́вод 2, заключéние 5 | gegen, am ∼ в концé, к концý; zum ∼ abschließend в заключéние; er war am ∼ seiner Rede angelangt он закáнчивал свою речь; wir machen jetzt ∼ мы сейчáс кончáем рабóту; im Geschäft u. ä. мы сейчáс закрывáем; ∼ für heute! на сегóдня довóльно [хвáтит]!; ∼ machen mit etw. покóнчить *v* 3 с чем-н., закáнчивать ⟨-кóнчить 3⟩ что-н.; mit schlechter Gewohnheit бросáть ⟨брó|сить 3 -шу⟩ что-н.; nach ∼ des Unterrichts пóсле урóков; Schlüsse ziehen aus etw. дéлать (с-) вы́воды из чегó-н.; zu dem ∼ kommen приходи́ть 3 -хожý ⟨-|йти́*⟩ к вы́воду; **∼akte** *f* заключи́тельный акт;

~bemerkung *f* заключи́тельное замеча́ние
Schlüssel *m* ключ 2е *G Pl* -е́й *a. übertr*, Geheim~ шифр 2, код 2 | der ~ zu dieser Tür ключ от э́той две́ри; **~bart** *m* боро́дка ключа́; **~bein** *m* ключи́ца 6; **~blume** *f* при́мула 6, первоцве́т 2; **~bund** *n,m* свя́зка ключе́й
schlüsselfertig: die Wohnungen werden ~ übergeben кварти́ры сдаю́тся гото́выми к заселе́нию
Schlüssel|industrie *f* ключева́я о́трасль 9 промы́шленности; **~loch** *n* замо́чная сква́жина 6 | durchs ≈ sehen смотре́ть 3⁺ в сква́жину; **~ring** *m* кольцо́ для ключе́й; **~stellung** *f* ключева́я пози́ция; **~tasche** *f* футля́р 2 для (свя́зки) ключе́й; **~wort** *n* vereinbartes Wort ко́довое сло́во, ключ 2е шифра
schlußfolgern *intr* де́лать (с-) вы́вод [заключе́ние], заключ|а́ть ⟨-и́ть 3⟩ (aus из *G*)
Schlußfolgerung *f* вы́вод 2, заключе́ние 5 (aus из *G*)
schlüssig: sich ~ werden über etw. приня́ть* *v* оконча́тельное реше́ние относи́тельно чего́-н., реш|а́ться ⟨-и́ться 3⟩ на что-н.; sich nicht ~ sein колеба́ться*
Schluß|licht *n Eisenb* сигна́льный фона́рь 1е хвоста́ по́езда; Auto, Motorrad за́дний 11 фона́рь | das ≈ machen быть* после́дним [*Sport* замыка́ющим]; **~mann** *m Sport* замыка́ющий *Subst* 11; **~pfiff** *m Sport* заключи́тельный свисто́к (судьи́); **~runde** *f Sport* фина́л 2; **~stein** *m Bauw* ключево́й ка́мень сво́да; **~strich** *m*: den ≈ unter eine Sache ziehen под|вести́* *v* ито́г како́му-н. де́лу, подвести́ черту́ под каки́м-н. де́лом [счётом]; **~szene** *f Theat* заключи́тельная сце́на; **~verkauf** *m* сезо́нная распрода́жа 6; **~wort** *n* заключи́тельное сло́во
Schmach *f* позо́р 2, стыд 2е | ~ und Schande! стыд и позо́р [срам]!; j-m eine ~ antun позо́рить 3 (о-) кого́-н., срам|и́ть 3 -лю́ (о-) кого́-н.
schmachten *intr* Leid ertragen том|и́ться 3 -лю́сь (im Kerker в тюрьме́); sich sehnen тосков́ать 2 (nach по *P u. D*); dürsten жа́ждать* (nach *G*)
schmachtend Blick то́м|ный, -ен, -на́!
schmächtig щу́пл:ый, -а́!, худ:о́й, -а́!; худе́е, худоща́в:ый
schmachvoll позо́р|ный, -ен, посты́д|ный, -ен
schmackhaft вку́с|ный, -ен, -на́, -но, вку́сны́ | j-m etw. ~ machen де́лать (с-) что-н. прие́млемым для кого́-н.; das Essen ist ~ zubereitet еда́ вку́сно пригото́влена
schmähen *tr* поно|си́ть 3⁺ -шу́
schmählich позо́р|ный, -ен, посты́д|ный, -ен
Schmäh|schrift *f* памфле́т 2, па́сквиль 1; **~ung** *f* оскорбле́ние 5, поноше́ние 5;
schmal у́з|кий, -ок, -ка́, -ко, у́зки́; у́же; dünn то́н|кий, -ок, -ка́!; то́ньше; *übertr* ску́д|ный, -ен, -на́!
schmälern *tr* Einkünfte, Ration, Genuß уменьша́ть ⟨-ме́ньши́ть 3⟩; Rechte, Interessen ущем|ля́ть ⟨-и́ть 3⟩ -лю́ | j-s Verdienste ~ умал|я́ть ⟨-и́ть 3⟩ чьи-н. заслу́ги; j-s Rechte уре́зывать ⟨-|ре́зать*⟩ чьи-н. права́
Schmälerung *f* Verdienste умале́ние 5; Rechte, Interessen ущемле́ние 5
Schmalfilm *m* узкоплёночный фильм; **~kamera** *f* узкоплёночная (кино)ка́мера
Schmalhans *m*: dort ist ~ Küchenmeister там живу́т впро́голодь
Schmalspur *f* у́зкая колея́ 7; **~bahn** *f* узкоколе́йная желе́зная доро́га 6, узкоколе́йка 6 *umg*
schmalspurig узкоколе́йный
¹Schmalz *n* топлёное са́ло 4, сма́л|ец, -ьца 2
²Schmalz *m* сверхсентимента́льность [сэ] 9 | ein Lied mit ~ (сверх)сентимента́льная пе́сня
Schmalzfleisch *n* консерви́рованная тушёнка (с жи́ром)
schmalzig са́льный; *übertr* (сверх)сентимента́льный [сэ]; Stimme слаща́в:ый
schmarotzen *intr* жить* на чужо́й счёт, дармое́дничать *umg; Biol* паразити́ровать 2
Schmarotzer *m* парази́т 2, дармое́д 2 *umg; Biol* парази́т 2
schmarotzerhaft паразити́ческий; *Biol a.* парази́тный, паразити́рующий 11
Schmarotzertum *n* паразити́зм 2, дармое́дство 4
Schmarre *f* шрам 2, руб|е́ц, -ца́ 2; **~n** *m*: das geht dich einen ≈ an э́то не твоё де́ло
schmatzen *intr* beim Küssen чмо́к|ать ⟨-нуть *mom* 4⟩; beim Essen ча́вк|ать ⟨-нуть *mom* 4⟩
Schmaus *m* пир 2b, в, на пиру́
schmausen *intr* пирова́ть 2
schmecken *tr* про́бовать 2 (по-), отве́д|ывать ⟨-ать⟩; *intr* от|дава́ть* (nach *I*), име́ть вкус *G*; j-m нра́виться 3 *D* | die Suppe schmeckt mir nicht суп мне не нра́вится; in diesem Kuchen schmeckt man die Eier заме́тно, что в э́том пироге́ есть я́йца; der Tee schmeckt nach Fisch чай отдаёт [отзыва́ет] ры́бой; das schmeckt nach mehr э́то так вку́сно, что хо́чется ещё, э́то хо́чется повтори́ть; das schmeckt gut э́то вку́сно; das

schmeckt süß э́то име́ет сла́дкий вкус; das schmeckt nicht [nach nichts] э́то невку́сно; diese Arbeit schmeckt ihr nicht э́та рабо́та ей не по вку́су; sich's gut ~lassen есть* с больши́м аппети́том, уго|ща́ться ⟨-сти́ться 3 -щу́сь⟩ (на сла́ву)

Schmeichelei *f* лесть 9 | j-m ~en sagen ль|стить 3 -щу (по-) кому́-н.

schmeichelhaft ле́ст|ный, -ен

schmeicheln *intr* ль|стить 3 -щу (по-) | sie war sehr geschmeichelt она́ была́ о́чень польщена́; es schmeichelte ihm э́то ему́ льсти́ло

Schmeichler *m* льсте́ц 2e; **~in** *f* льсти́ца 6

schmeichlerisch льсти́в:ый, вкра́дчив:ый, уго́длив:ый

schmeißen *tr umg* броса́ть ⟨бро́|сить 3 -шу⟩, швыр|я́ть ⟨-ну́ть *mom* 4⟩

Schmeißfliege *f* наво́зная му́ха

Schmelz *m* эма́ль 9; Zahn эма́ль; Glanz блеск 2 | eine Stimme von wunderbarem ~ го́лос чуде́сного те́мбра

schmelzbar пла́в|кий, -ок, -ка

Schmelzbutter *f* топлёное ма́сло

schmelzen *tr* Metall, Glas пла́в|ить 3 -лю (рас-); zerlassen топ|и́ть 3⁺ -лю́ (рас-); *intr* пла́виться (рас-); tauen та́|ять, -ет (рас-); zergehen топи́ться (рас-) | der Schnee schmilzt unter der Sonne снег та́ет под луча́ми со́лнца; **~d** *Mus* мелоди́ч|ный, -ен

Schmelzer *m* плави́льщик 2

Schmelz|hütte *f* (чугуно)плави́льный заво́д 2; **~käse** *m* пла́вленый сыр; **~ofen** *m* плави́льная печь; **~punkt** *m* то́чка плавле́ния; **~temperatur** *f* температу́ра плавле́ния; **~wasser** *n* та́лая вода́

Schmer *m, n* свино́е са́ло 4; **~bauch** *m* пу́зо 4 *umg*, брюшк|о́ 4 *Pl* -и́ 2 *umg*; Person челове́к с брюшко́м

Schmerz *m* körperlicher боль 9; seelischer боль, го́ре 3, скорбь 9*g*, страда́ние 5 | vor ~ от бо́ли; j-n mit ~en erwarten всей душо́й ждать* кого́-н.; sich dem ~ hingeben пре|дава́ться* ⟨преда́ться*, пред|а́лся, -али́сь⟩ го́рю [страда́ниям]; ~ empfinden испы́тывать ⟨-пыта́ть⟩ боль; wo haben Sie ~en? что у вас боли́т?; in tiefstem ~ vor dem Grab oder Toten stehend в глубо́кой ско́рби

schmerz|arm: ≈e Geburt обезбо́ленные ро́ды; **~betäubend** обезбо́ливающий 11

schmerzen *intr* боле́ть 3; dumpf ныть* | mir ~ die Zähne у меня́ боля́т зу́бы; es schmerzt mich, daß . . . меня́ огорча́ет [мне бо́льно], что . . .

Schmerzens|geld *n* (де́нежное) возмеще́ние 5 за причинённое теле́сное поврежде́ние [за нематериа́льный] вред; **~kind** *n übertr* предме́т 2 постоя́нных забо́т

Schmerzgefühl *n* чу́вство бо́ли

schmerz|haft 1. *Adj* боле́знен:ный, -на **2.** *Adv* бо́льно; **~lich** мучи́тел|ьный, -ен, -ьна *a. übertr* | ein ≈er Verlust чувстви́тельная потеря́; von etw. ≈ berührt sein быть бо́льно заде́тым чем-н.; **~lindernd** болеутоля́ющий 11; **~los** безболе́знен:ный, -на | kurz und ≈ без церемо́ний, бы́стренько

Schmerzlosigkeit *f* безболе́зненность 9

schmerzstillend болеутоля́ющий 11

Schmerztablette *f* болеутоля́ющая 11 табле́тка

Schmetter|ball *m Sport* смэш 2; **~ling** *m* ба́бочка 6, мотыл|ёк, -ька́ 2; *Sport* баттерфля́й 1

Schmetterlingsschwimmen *n* пла́вание сти́лем баттерфля́й

schmettern *tr* с си́лой броса́ть ⟨бро́|сить 3 -шу⟩, швыр|я́ть ⟨-ну́ть *mom* 4⟩ *umg;* Lied петь* (с-); *intr* Trompete греме́ть 3, оглуши́тельно звуча́ть 3; Tischtennis ударя́ть ⟨уда́рить 3⟩ си́льным смэ́шем | j-n zu Boden ~ швыря́ть кого́-н. на зе́млю, сра|жа́ть ⟨-зи́ть 3 -жу́⟩ кого́-н.

Schmied *m* кузне́ц 2e

schmiedbar ко́в|кий, -ок, -ка́!

Schmiede *f* Handwerksbetrieb ку́зница 6 *a. übertr*, eines Betriebes кузне́чный цех 2, *a.* в цеху́; **~eisen** *n* ко́вкое желе́зо

schmiedeeisern ко́ваного желе́за

Schmiedehammer *m* кузне́чный мо́лот

schmieden кова́ть* *a. übertr* | Pläne [Ränke] ~ стро́ить пла́ны [ко́зни]; Verse ~ плести́ (с-) ри́фмы; man muß das Eisen ~, solange es heiß ist куй желе́зо, пока́ горячо́

Schmiege *f* Zollstock складно́й метр 2

schmiegen, sich *refl* прижима́ться ⟨-|жа́ться¹*⟩ (an к *D*); eng anliegen об-, прилега́ть (an, um к *D*)

schmiegsam ги́б|кий, -ок, -ка́!; Charakter пода́тлив:ый

Schmiere *f* Schmiermittel мазь 9, сма́зка 6; Schlamm гряз|ь 9 *P a.* -и́ | ~ stehen стоя́ть на стрёме

schmieren *tr* ма́зать* (на-, по-); ölen сма́зывать ⟨-ма́зать⟩; bestechen подма́зывать ⟨-ма́зать⟩ *A*, дава́ть* ⟨дать*⟩ взя́тку *D*; *intr* klecksen па́чкать; schlecht schreiben мара́ть (на-) *umg* | Salbe auf die Wunde ~ ма́зать ра́ну ма́зью; Butter aufs Brot ~ нама́зывать ⟨-ма́зать⟩ ма́сло на хлеб, ма́зать хлеб ма́слом; Lehm in die Fugen ~ прома́зать ще́ли гли́ной; j-m eine ~ влепля́ть ⟨влеп|и́ть 3⁺ -лю́⟩ кому́-н. оплеу́ху; es geht wie geschmiert де́ло идёт как по ма́слу

Schmierer *m* minderwertiger Schriftsteller писа́ка *m* 6; **~ei** *f* мазня́ 7

Schmier|fett *n* таво́тная [густа́я] сма́зка 6; **~fink** *m* Mensch mit schlechter

Schrift пачку́н 2e *umg*, пачку́нья 7; schlechter Schriftsteller писа́ка *m* 6; **~geld** *n* взя́тка 6

schmierig schmutzig гря́з|ный, -ен, -на́, -но, гря́зны́; Mensch a. неопря́т|ный, -ен, нечистопло́т|ный, -ен; ölbeschmiert заса́ленный; Hände са́л|ьный, -ен, -ьна; *übertr* ме́рз|кий, -ок, -ка́!

Schmier|käse *m* мя́гкий сыр для нама́зывания; **~öl** *n* сма́зочное ма́сло; **~seife** *f* жи́дкое [зелёное] мы́ло; **~stoff** *m* сма́зочный материа́л, сма́зочное ма́сло 4b *G Pl* ма́сел, сма́зка 6; **~ung** *f* сма́зка 6, сма́зывание 5; **~zettel** *m* бума́жка для чернов́ой за́писи

schmierungsfrei не тре́бующий 11 сма́зки

Schminke *f* (декорати́вная) косме́тика 6; *Theat* грим 2; rote румя́на *Pl* 4

schminken *tr* кра́|сить 3 -шу (на-); ein wenig подкра́|шивать ⟨-сить⟩; mit roter Schminke румя́нить 3 (на-); *Theat* гримирова́ть 2 (на-); sich ~ *refl* кра́ситься (на-), подкра́|шиваться ⟨-ситься⟩; румя́ниться (на-)

Schminktisch *m* гримирова́льный стол

Schmirgel *m* нажда́к 2e

schmirgeln *tr* шлифова́ть 2 (от-) наждако́м

Schmirgelpapier *n* нажда́чная бума́га

Schmiß *m* руб|éц, -ца́ 2, шрам 2; Schwung поры́в 2 | da steckt ~ drin в э́том де́ле есть разма́х

schmissig: ~e Musik задо́рная [лиха́я] му́зыка

schmökern *intr umg* viel lesen глота́ть кни́ги, чита́ть запо́ем; Unterhaltungsliteratur почи́тывать развлека́тельные кни́жки

schmollen *intr* ду́ться* (mit на *A*); beleidigt tun надува́ть ⟨-ду́ть⟩ гу́бы

Schmorbraten *m* тушёное мя́со 4

schmoren *tr* туши́ть 3⁺ (с-); *intr* туши́ться (с-), жа́риться 3 | in der Hitze ~ изнемога́ть от жары́

schmuck наря́д|ный, -ен, краси́в:ый

Schmuck *m* Zierde украше́ние 5; Schmucksachen драгоце́нности *Pl* 9; **~blattelegramm** *n* телегра́мма на худо́жественном бла́нке

schmücken *tr* укр|аша́ть ⟨-а́сить 3 -а́шу⟩; mit Schmuck zieren наря|жа́ть ⟨-ди́ть 3⁺ -жу́⟩; sich ~ *refl* наря|жа́ться ⟨-ди́ться⟩ | die Straßen festlich ~ оде́ть у́лицы в пра́здничный наря́д

Schmuckkästchen *n* шкату́лка 6 для драгоце́нностей

schmucklos без украше́ний; einfach прост:о́й, -á, про́сто, про́сты́; про́ще

Schmuck|sachen *f Pl* украше́ния *Pl* 5, драгоце́нности; **~stück** *n* драгоце́нность *Pl* 9; Zierde украше́ние 5; **~waren** *f Pl* ювели́рные изде́лия, украше́ния *Pl* 5; **~warengeschäft** *n* ювели́рный магази́н

Schmuggel *m* контраба́нда 6

schmuggeln *tr* провози́ть 3⁺ -вожу́ ⟨-|везти́*⟩ контраба́ндой; *intr* занима́ться контраба́ндой

Schmuggelware *f* контраба́нда 6, контраба́ндный това́р

Schmuggler *m* контрабанди́ст 2; **~bande** *f* ша́йка контрабанди́стов

schmunzeln *intr* улыба́ться *ohne Objekt*; ухмы|ля́ться ⟨-льну́ться 4⟩ *umg* (über над *I*)

Schmus *m* Geschwätz болтовня́ 7; Schmeichelei лесть 9

schmusen *intr* ласка́ться (mit к *D*) | sie ~ miteinander они́ ласка́ются друг к дру́гу

Schmutz *m* грязь 9, в грязи́; Kehrricht сор 2, му́сор 2 | ~ und Schund амора́льность [грязь 9] (в литерату́ре и иску́сстве); j-n mit ~ bewerfen *übertr* забра́сывать ⟨-броса́ть⟩ кого́-н. гря́зью, черни́ть 3 (о-) кого́-н.; in den ~ treten вта́птывать ⟨-|топта́ть*⟩ в грязь; in den ~ ziehen сме́шивать ⟨смеша́ть⟩ с гря́зью

schmutzabweisend усто́йчив:ый к загрязне́нию; Material непа́чкающийся 11

schmutzen *intr* schmutzig werden грязни́ться 3 (за-), па́чкаться (за-, ис-) | etw. schmutzt leicht что-н. легко́ па́чкается; leicht ~d (о́чень) ма́р|кий, -ок, -ка

Schmutz|fink *m* грязну́ля *m, f* 7, неря́ха *m, f* 6 *umg*; **~fleck** *m* (гря́зное) пятно́

schmutzig гря́з|ный, -ен, -на́, -но, гря́зны́; unsauber нечи́ст:ый, -á!; *übertr* по́дл:ый, -á!, нече́ст|ный, -ен | ~ machen грязни́ть 3 (за-), па́чкать (за-, ис-); ~ werden грязни́ться 3 (за-), па́чкаться (за-, ис-); ~es Geld нечи́стые де́ньги

Schmutz|literatur *f* порнографи́ческая литерату́ра; **~titel** *m Typ* шмуцти́тул 2; **~zulage** *f* надба́вка 6 за гря́зную рабо́ту

Schnabel *m Zool* клюв 2, нос 2; eines Gefäßes но́сик 2 | den ~ halten держа́ть 3⁺ язы́к за зуба́ми; rede doch, wie dir der ~ gewachsen ist! ну говори́ же, как уме́ешь!; **~tasse** *f* пои́лка 6; **~tier** *n* утконо́с 2

Schnake *f* долгоно́жка 6

Schnalle *f* пря́жка 6; an Kleidungsstükken застёжка 6

schnallen *tr* прикреп|ля́ть ⟨-и́ть 3 -лю́⟩ ремня́ми (an к *D*); mit Schnalle заст|ёгивать ⟨-егну́ть 4⟩ (пря́жку) | den Riemen enger ~ подтяну́ть *v* 4⁺ потýже по́яс; sich an den Sitz ~ im Auto, Flugzeug заст|ёгивать ⟨-егну́ть⟩ пристежны́е ремни́

Schnallenschuh *m* ту́фля с пря́жкой

schnalzen *intr* щёлк|ать ⟨-нуть *mom* 4⟩, прищёлк|ивать ⟨-нуть⟩

schnappen *tr* ergreifen хвата́ть ⟨схва|ти́ть 3⁺ -чу́⟩; *intr* sich schließen защёлк|иваться ⟨-нуться 4⟩; Hund хвата́ть ⟨схвати́ть⟩ (nach *A*) | man hat ihn geschnappt его́ сца́пали *umg*; die Tür schnappte ins Schloß дверь защёлкнулась (на замо́к); der Fisch schnappt nach Luft ры́ба глота́ет во́здух; frische Luft ~ подыша́ть *v* 3⁺ све́жим во́здухом

Schnapper *m* am Schloß защёлка 6

Schnapp|rollo *n* автомати́ческая што́ра; **~schloß** *n* пружи́нный замо́к, замо́к с защёлкой; **~schuß** *m Foto* момента́льный сни́м|ок₍ -ка 2

Schnaps *m* кре́пкий спиртно́й напи́т|ок₍ -ка 2, шнапс 2 | er hat drei Schnäpse getrunken он вы́пил три рю́мки шна́пса; **~brennerei** *f* во́дочный [виноку́ренный] заво́д 2

Schnäpschen *n* рю́мочка 6 кре́пкого [шна́пса], во́дочка 6

Schnaps|glas *n* рю́мка 6, рю́мочка 6; **~idee** *f* ди́кая иде́я; **~nase** *f* кра́сный нос

schnarchen *intr* храп|е́ть 3 -лю́

Schnarch|en *n* храпе́ние 5, храп 2; **~er** *m* храпу́н 2е

schnarren *intr* треща́ть 3 | der Specht schnarrt дя́тель трещи́т; eine ~de Stimme дребезжа́щий 11 го́лос

Schnatterliese *f* болту́нья 7

schnattern *intr* Gänse гог|о́тать₍ -о́чет; Enten кря́к|ать ⟨-нуть *mom* 4⟩; plappern треща́ть 3, болта́ть

schnauben *intr* Pferd фы́рк|ать ⟨-нуть *mom* 4⟩; Person, Zug пых|те́ть 3 -чу́ | vor Wut ~ быть* вне себя́ от я́рости; (sich) die Nase ~ сморка́ться ⟨вы́-⟩

schnaufen *intr* Person, Zug пых|те́ть 3 -чу́; von Tieren храпе́ть 3 | vor Anstrengung ~ пыхте́ть от напряже́ния

Schnauzbart *m* усы́ *Pl* 2

Schnauze *f* мо́рда 6; Igel, Schwein ры́ло 4; an Gefäßen но́сик 2 | halt die ~! *derb* заткни́ гло́тку!

schnauzen *intr* гро́мко брани́ться 3, ора́ть*

Schnecke *f* ули́тка 6 *a. Anat*; Frisur ба́ранка 6; *Tech* червя́к 2е; Förder~ шнек 2 | wie eine ~ kriechen ползти́ как черепа́ха

schneckenförmig улиткообра́зный

Schnecken|gehäuse *n* ра́ковина 6 ули́тки; **~getriebe** *n* червя́чная переда́ча; **~haus** *n* ра́ковина 6 ули́тки; **~tempo** *n* черепа́ший шаг 12-2 | im ≈ черепа́шьим ша́гом

Schnee *m* снег 2b *G a.* -у₍ снегу́, *Pl* -а́; geschlagenes Eiweiß взби́тые белки́ *Pl* 2 | viel ~ мно́го сне́га [сне́гу], auf Feldern u. ä. снега́ *Pl*

Schneeball *m* снеж|о́к₍ -ка́ 2, сне́жный ком|о́к₍ -ка́; *Bot* кали́на 6; **~schlacht** *f* игра́ 6с в снежки́ | eine ≈ machen игра́ть в снежки́

schnee|bedeckt покры́тый [занесённый] сне́гом; **~blind** ослеплённый бле́ском сне́га

Schnee|decke *f* сне́жный покро́в; **~fall** *m* снегопа́д 2; **~flocke** *f* снежи́нка 6; **~fräse** *f* [(шне́ко-)ро́торный] снегоочисти́тель 1

schneefrei бесснéжный, свобо́дный от сне́га

Schnee|gestöber *n* мете́ль 9, вью́га 6; starkes пурга́ 6; **~glöckchen** *n* подсне́жник 2; **~grenze** *f* снегова́я ли́ния 8; **~hase** *m* беля́к 2е; **~höhe** *f* толщина́ 6 снегово́го покро́ва; **~huhn** *n* бе́лая куропа́тка 6; **~hütte** *f* до́мик 2 из сне́га; der Eskimos и́глу *n idkl*

schneeig покры́тый сне́гом, засне́женный

Schnee|kette *f* Auto цепь 9 про́тив скольже́ния; **~könig** *m*: er freut sich wie ein ≈ он не по́мнит себя́ от ра́дости; **~lader** *m* снегопогру́зчик 2; **~mann** *m* сне́жная ба́ба 6 | einen ≈ bauen леп|и́ть 3⁺ -лю́ (с-) сне́жную ба́бу; **~matsch** *m* сля́коть 9, снежура́ 6 **~pflug** *m* снегоубо́рочный плуг, (плу́жный) счегоочисти́тель 1; Skilauf спуск 2 плу́гом; **~schippe** *f* (деревя́нная) лопа́та для убо́рки сне́га; **~schläger** *m* мутóвка 6 (для взбива́ния белко́в), сбива́лка 6; **~schmelze** *f* та́яние 5 сне́га; **~schuh** *m* лы́жа 6

schneesicher: eine ~e Gegend ме́стность₍ где снег лежи́т всю зи́му

Schnee|sturm *m* мете́ль 9, сне́жная бу́ря 7, бура́н 2; **~treiben** *n* вью́га 6; **~verhältnisse** *n Pl* снегов́ые усло́вия *Pl* 5; **~verwehung** *f* сне́жный зано́с 2 [зава́л 2] | meterhohe ≈en метро́вые сугро́бы *Pl* 2; **~wasser** *n* та́лый снег; **~wehe** *f* (сне́жный) сугро́б 2

schneeweiß белосне́ж|ный₍ -ен | ~es Haar седы́е как снег во́лосы

Schnee|wittchen *n* Снегу́рочка 6; **~zaun** *m* снегозаде́рживающие щиты́ *Pl* 11–2е

Schneid *m* молодцева́тость 9; Draufgängertum у́даль 9 | ~ haben быть* молодцева́тым [энерги́чным]; keinen ~ haben быть вя́лым [неэнерги́чным]; **~brenner** *m* реза́к 2е

Schneide *f* ле́звие 5, остри|ё 3 *G Pl* -ёв; Fräser ре́жущая кро́мка 11-6

schneiden *tr* ре́зать* (раз-); eine best. Menge, in Teile нареза́ть ⟨-ре́зать⟩ *a. Tech*; Haare, Nägel стричь* (о-, об-); Rasen, Bäume, Haare подстрига́ть ⟨-стри́чь⟩; *Math* пересека́ть; *Sport* ре́зать (с-); *Med* ре́зать, вскрыва́ть ⟨-|кры́ть*⟩; опери́ровать *uv, v* 2; *übertr* умы́шленно игнори́ровать *uv, v* 2; *intr* ре́зать; sich ~

refl порéзаться *v* (an o *A*); обрезáться ⟨-рéзаться⟩; sich kreuzen пересекáться, перекрéщиваться | Grimassen ~ кóрчить 3 рóжи [гримáсы]; in Stücke ~ разрезáть ⟨-рéзать⟩ на куски́; das Messer schneidet nicht нож не рéжет; sich in den Finger ~ порéзать [обрéзать] (себé) пáлец; sich ins eigene Fleisch ~ на|кáзывать ⟨-|казáть*⟩ самогó себя́; eine Kurve ~ *Kfz* рéзать (с-) поворóт; **~d** Hohn óст|рый, -ёр, -рá; Kälte, Wind прони́зывающий 11, рéз|кий, -ок, -кá!; -че | ~er Schmerz óстрая [рéжущая 11] боль, резь 9; ≈e Kälte трескýчий 11 морóз

Schneider *m* портнóй *Subst* 10 | frieren wie ein ~ си́льно зя́бнуть 4; **~ei** *f* поши́вочная мастерскáя *Subst* 10; **~handwerk** *n* портнóвское ремеслó; **~in** *f* портни́ха 6; **~meister** *m* портнóй *Subst* 10

schneidern *tr* шить* (с-); *intr* шить

Schneider|puppe *f* манекéн 2; **~sitz** *m Sport* сед 2 скрести́в нóги; **~werkstatt** *f* поши́вочная мастерскáя

Schneide|tisch *m* Film, Funk монтáжный стол 2e; **~zahn** *m* рез|éц, -цá 2

schneidig молодцевáт:ый, удалóй, удáл, -á!; gut aussehend элегáнт|ный, -ен

Schneid|stahl *m* рез|éц, -цá 2; **~werkzeug** *n* рéжущий 11 инструмéнт

schneien *unpers* es schneit снег идёт; es begann zu ~ пошёл снег; es hat geschneit вы́пал снег; es schneit in dichten Flocken снег пáдает больши́ми [крýпными] хлóпьями

Schneise *f* прóсека 6

schnell 1. *Adj* бы́стр:ый, -á!; Fahrzeug быстрохóд|ный, -ен; flink провóр|ный, -ен; rasch, baldig скóр:ый, -á!; eilig поспéш|ный, -ен **2.** *Adv*: so ~ wie möglich как мóжно скорée [быстрée]; ~ entschlossen не дóлго дýмая; der Puls geht ~ пульс бьётся чáсто; auf die Schnelle на скóрую рýку; mach ~! бы́стро!, скорée!

schnelläufig *Tech* быстрохóдный

Schnell|aufzug *m* скоростнóй лифт; *Foto* рычáжный взвод 2 затвóра и перемóтки плёнки; **~bahn** *f* электри́чка 6, городскáя электри́ческая желéзная дорóга; **~bauweise** *f* скоростнóе строи́тельство; **~boot** *n* быстрохóдный [*Mar* торпéдный] кáтер 2b *Pl* -á; **~bus** *m* автóбус-экспрéсс 2, скоростнóй автóбус; **~dampfer** *m* быстрохóдный пароxóд; **~dienst** *m* срóчное обслýживание 6

schnellebig Zeit быстротéч|ный, -ен

schnellen *intr* in die Höhe вскáкивать ⟨вскочи́ть 3⁺⟩; Feder подпры́г|ивать ⟨-нуть 4⟩ (вверх), пружи́ниться 3 | etw. ~ lassen отпускáть ⟨-пусти́ть 3⁺ -пущý⟩ что-н.

Schnell|feuer *n Mil* чáстый огóнь; **~feuerwaffe** *f* скорострéльное орýжие; **~feuergewehr** *n* автомати́ческая винтóвка; **~gaststätte** *f* закýсочная *Subst* 10; Selbstbedienungsgaststätte закýсочная-автомáт *Subst* 10-2, столóвая *Subst* 10 самообслýживания; **~gericht** *n* блю́до бы́строго приготовлéния; **~hefter** *m* скоросшивáтель 1

Schnelligkeit *f* скóрость 9g, быстротá 6 | mit großer ~ с большóй скóростью

Schnell|imbiß *m* закýсочная *Subst* 10 (самообслýживания), буфéт 2; **~kochtopf** *m* скоровáрка 6; **~kursus** *m* ускóренный (учéбный) курс; **~reinigung** *f* срóчная химчи́стка 6; **~reparatur** *f* срóчный ремóнт

schnellstens óчень бы́стро, как мóжно скорée

Schnell|straße *f* скоростнáя (авто)магистрáль 9 [трáсса 6], **~triebwagen** *m* скоростнóй моторвагóн, быстрохóдная автомотри́са 6; **~verfahren** *n Tech* скоростнóй режи́м 2; *Jur* ускóренное судопроизвóдство 4; **~verkehr** *m Eisenb* скоростнóе сообщéние; **~waschmittel** *n* синтети́ческое быстростирáющее 11 срéдство

schnellwirkend быстродéйствующий 11

Schnell|zeichner *m* худóжник-моменталист 2-2; **~zug** *m* скóрый пóезд; **~zugzuschlag** *m* доплáта за скóрость

Schnepfe *f* бекáс 2

schneuzen, sich *refl* сморкáться ⟨вы́сморкаться⟩ | sich die Nase ~ сморкáть (вы́-) нос

schniegeln *tr* нар|яжáть ⟨-яди́ть 3⁺ -яжý⟩

Schnippchen *n*: j-m ein ~ schlagen сыгрáть *v* шýтку с кем-н., про|вести́* *v* когó-н.

schnippisch задóр|ный, -ен, дéрз|кий, -ок, -кá!

Schnipsel *m, n* обрéз|ок, -ка 2, кусóч|ек, -ка 2

Schnitt *m* разрéз 2, рéзание 5; Bäume подрéзка 6; Wunde порéз 2; Kerbe зарýбка 6; *Tech, Arch* разрéз; eines Kleides покрóй 1, фасóн 2; ~muster вы́кройка 6; *Math* сечéние; Film монтáж 2e; Buch обрéз 2; Landw укóс; Haar~ стри́жка 6 | ein Kleid nach neuestem ~ плáтье по послéдней мóде; der Goldene ~ золотóе сечéние; **~blumen** *Pl* срéзанные цветы́, цветы́ для срéзки; **~bohnen** *Pl* (стручкóвая) фасóль

Schnitte *f* лом|óть, -тя́ 1, кус|óк, -кá 2 | eine belegte ~ бутербрóд [тэ] 2

Schnitter *m* косáрь 1e, жнец 2e

schnittfest легкó рéжущийся 11, прóчный на разрéз

Schnitt|fläche *f* повéрхность срéза [раз-

ре́за]; **~holz** *n* пилёный лесоматериа́л 2, пиломатериа́лы *Pl*
schnittig краси́вого фасо́на, краси́вой фо́рмы; Kleidung элега́нт|ный, -ен; Auto обтека́емый, шика́р|ный, -ен
Schnitt|lauch *m* лук-ре́зан|ец, -ца 2; **~meister** *m* Film монтажёр 2; **~meisterin** *f* монта́жница 6; **~muster** *n* вы́кройка 6; **~musterbogen** *m* лист вы́кроек; **~punkt** *m Math* то́чка пересече́ния
schnittreif Getreide созре́вший 11 (для жа́твы)
Schnittwunde *f* ре́заная ра́на, поре́з 2
Schnitzarbeit *f* резна́я рабо́та
Schnitzel *n* Papier, Holz обре́з|ок, -ка 2; Fleisch отбивно́й шни́цель 1 | Wiener ~ шни́цель по-ве́нски; Rüben~ (свеклови́чная) стру́жка 6, ausgelaugt жом 2; **~eisen** *n* шинко́вка 6
schnitzen *tr* выре́зывать ⟨вы́|резать*⟩, выреза́ть ⟨вы́резать⟩, ре́зать* (in Holz по де́реву, in Metall по мета́ллу) | er ist aus hartem Holz geschnitzt у него́ си́льная во́ля [твёрдый хара́ктер]
Schnitzer *m* Holz~ ре́зчик 2; Fehler оши́бка 6 | einen ~ machen де́лать (с-) оши́бку [ля́псус]; **~ei** *f* резьба́ 6; Schnitzwerk резна́я рабо́та 6
schnöde geringschätzig пренебрежи́тел|ьный, -ен, -ьна; verachtenswert гну́с|ный, -ен, -на́!, презре́н|ный, -на | ~r Undank чёрная неблагода́рность; ~r Verrat по́длая изме́на
Schnorchel *m Mar* шно́ркель 1; Taucher дыха́тельная тру́бка 6
Schnörkel *m* Schrift завит|о́к, -ка́ 2, завиту́шка 6 *umg;* der Unterschrift ро́счерк 2; *Bauw* завито́к
schnörkelig с завитка́ми, с завиту́шками
schnüffeln *intr* ню́хать, обню́х|ивать ⟨-ать⟩ (an *A*); *übertr* шпио́нить 3, выню́хивать ⟨вы́нюхать⟩
Schnüffler *m* шпио́н 2, шпик 2e
Schnuller *m* со́ска 6
Schnulze *f* слаща́вая (сверх)сентимента́льная пе́сня 7; Film по́шлый фильм 2; Theaterstück по́шлая пье́са 6
Schnupfen *m* на́сморк 2 | ich habe ~ у меня́ на́сморк; sich einen ~ holen схва́тывать ⟨схва|ти́ть 3⁺ -чу́⟩ на́сморк
schnuppe: das ist mir ~! *umg* мне э́то безразли́чно!
schnuppern *intr* обню́х|ивать ⟨-ать⟩ (an *A*)
Schnur *f* верёвка 6; Bindfaden a. шпага́т 2; *El* Telefon~ шнур 2e; dünne шнур|о́к, -ка́ 2e, бечёвка 6; für Perlen ни́тка 6
Schnürchen *n*: es geht alles wie am ~ всё идёт как по ма́слу, всё идёт без сучка́ и задо́ринки
schnüren *tr* перевя́зывать ⟨-|вяза́ть*⟩, стя́гивать ⟨стяну́ть 4⁺⟩; Schuhe шнурова́ть 2 (за-); sich ~ *refl* затя́гиваться ⟨-тяну́ться⟩, шнурова́ться (за-) | einen Riemen um den Koffer ~ стя́гивать чемода́н ремнём
schnurgerade соверше́нно прямо́й, прямо́й как стрела́
Schnurrbart *m* усы́ *Pl* 2b; kleiner у́сики *Pl* 2
schnurrbärtig уса́тый, с уса́ми
schnurren *intr* жужжа́ть 3; Katze мурлы́|кать, -чет
schnurrig заба́в|ный, -ен, поте́ш|ный, -ен
Schnür|schuh *m* боти́нок на шнуро́вке; **~senkel** *m* шнур|о́к, -ка́ 2 (для боти́нок); **~stiefel** *m* высо́кий боти́н|ок, -ка *G Pl* -ок на шнуро́вке
schnurstracks *Adv* örtlich пря́мо, прямико́м *umg*; zeitlich то́тчас же, неме́дленно
Schober *m* Heu стог 2b; в стогу́, *Pl* -а́; Getreide скирд 2e, скирда́ 6h
[1]**Schock** *m Med* шок 2 | elektrischer ~ электрошо́к 2; einen ~ erleiden переноси́ть 3⁺ -ношу́ ⟨-|нести́*⟩ шок
[2]**Schock** *n* шестьдеся́т штук, копа́ 6c *A* ко́пу
Schockbehandlung *f* лече́ние шо́ком, шокотерапи́я 8
schocken *tr Med* вызыва́ть ⟨вы́|звать*⟩ шок; *übertr* lähmen шоки́ровать 2
schockieren *tr* шоки́ровать 2 | von etw. schockiert sein быть шоки́рованным чем-н.
Schocktherapie *f* шокотерапи́я 8, лече́ние 5 шо́ком
schofel gemein ме́рз|кий, -ок, -ка́!, по́дл:ый, -а́!
Schöffe *m* (суде́бный) заседа́тель 1; *DDR* наро́дный заседа́тель
Schokolade *f* шокола́д 2 | eine Tafel ~ пли́тка шокола́да; gefüllte ~ шокола́д с начи́нкой
schokoladenbraun шокола́дного цве́та
Schokoladen|eis *n* шокола́дное моро́женое; **~fabrik** *f* шокола́дная фа́брика; **~pudding** *m* шокола́дный пу́динг; **~stange** *f* шокола́дный бато́н; **~tafel** *f* пли́тка шокола́да; **~torte** *f* шокола́дный торт; **~überzug** *m* шокола́дная глазу́рь 9
Scholastik *f* схола́стика 6
scholastisch схоласти́ческий
Scholle *f* Fisch ка́мбала 6; Erd~ глы́ба 6; Eis~ льди́на 6 | auf eigener ~ на своём клочке́ земли́; an der ~ kleben держа́ться 3⁺ за клочо́к земли́
Schöllkraut *n* чистоте́л 2
schon *Adv* уже́; lange zurückliegend ещё | ~ längst уже́ давно́; ~ der Gedanke allein уже́ одна́ мысль; ich bin ~ fertig я уже́ гото́в; ~ das dritte Mal уже́ тре́тий

раз; ~ als Kind ещё ребёнком; ~ in der Jugend ещё в мо́лодости; ~ vor neunzehnhundert ещё до ты́сяча девятисо́того го́да; ~ von weitem уже́ [ещё] издалека́; ~ vor einer Woche ещё неде́лю (тому́) наза́д; das ~, aber ... э́то ве́рно, но ...; das ist ~ wahr, aber ... всё э́то ве́рно [пра́вда], но ...; хотя́ э́то и ве́рно [пра́вда], но ...; das ~ gar nicht! э́то ни в ко́ем слу́чае!; ~ gut! ну, ла́дно [хорошо́]!; na mach ~! поторапливайся!; nun rede (doch) ~! ну говори́ же, наконе́ц!; ich werde dir's ~ noch sagen я тебе́ ещё скажу́; wenn ~, dann ... е́сли уж, то ...; und wenn ~! ну, хотя́ бы!; wenn ~, denn ~ де́лать, так де́лать; ~ wieder опя́ть, сно́ва; ~ deshalb хотя́ бы потому́; er wird ~ kommen! он наве́рно придёт; es wird ~ gehen! спра́вимся!; was ist er denn ~ für ein Künstler? како́й уж он худо́жник?

schön 1. *Adj* hübsch краси́в:ый; herrlich прекра́с|ный, -ен; geschmackvoll изя́щ|ный, -ен; Wetter, Zeiten хоро́ш:ий 11 -á; лу́чше, (наи)лу́чший 11, прекра́с|ный, -ен | ~en Dank! большо́е спаси́бо!; das ~e Geschlecht прекра́сный пол; ~e Grüße! серде́чный приве́т!; die ~en Künste изя́щные иску́сства; die ~e Literatur худо́жественная литерату́ра, беллетри́стика 6; alles war in ~ster Ordnung всё бы́ло отли́чно; eines ~en Tages в оди́н прекра́сный день; ~e Worte machen ль|сти́ть 3 -щу; das ist kein ~er Zug von ihm э́то нехорошо́ с его́ стороны́; das ist ~ von dir э́то о́чень ми́ло с твое́й стороны́ **2.** *Adv:* ~! ла́дно!; er wird sich ~ wundern, wenn er das erfährt ну и удиви́тся же он, е́сли э́то узна́ет; sie wird ~ schimpfen она́ бу́дет здо́рово руга́ться; bleib ~ ruhig! споко́йно!; bleib gesund! не боле́й!; bitte ~! пожа́луйста!, прошу́!; er wird ~ gucken то́-то он удиви́тся!

Schonbezug *m* чех|о́л, -ла́ 2

Schöne *f* краса́вица 6

schonen *tr* бере́чь* (по-); verschonen ща|ди́ть 3 -жу́ (по-); sich ~ *refl* бере́чься (по-), бере́чь (по-) себя́ | ~de Behandlung бе́режное отноше́ние 5 [обраще́ние 5]; j-n ~d auf etw. vorbereiten делика́тно подгот|а́вливать ⟨-о́вить 3 -о́влю⟩ кого́-н. к чему́-н.; dieses Waschpulver schont die Wäsche э́тот стира́льный порошо́к не по́ртит белья́

Schoner *m Mar* шху́на 6

Schönes *n* прекра́сное *Subst* 10, краси́вое *Subst* 10 | da habt ihr was ~ angerichtet! ну и натвори́ли же вы дел!

Schönfärberei *f* приукра́шивание 5 (действи́тельности) | ~ treiben приукра́шивать действи́тельность

schöngeistig: ~e Literatur худо́жественная литерату́ра

Schönheit *f* красота́ 6c; schöne Frau краса́вица 6 | die ~en der Landschaft красо́ты *Pl* [краси́вые места́ *Pl* 4b] ландша́фта

Schönheits|fehler *m* дефе́кт [дэ] вне́шнего ви́да, небольшо́й (вне́шний 11) недоста́ток; **~königin** *f* короле́ва красоты́; **~mittel** *n* космети́ческое сре́дство; **~pflege** *f* косме́тика 6; **~salon** *m* космети́ческий сало́н; **~sinn** *m* чу́вство 4 красоты́; **~wettbewerb** *m* ко́нкурс красоты́

Schonkost *f* щадя́щая дие́та [иэ] 11–6

schönmachen *tr* украша́ть ⟨укра́|сить 3 -шу⟩; sich ~ *refl* наря|жа́ться ⟨-ди́ться 3⁺ -жу́сь⟩

Schonplatz *m* вре́менная бо́лее лёгкая рабо́та, предоставля́емая рабо́тнику по состоя́нию здоро́вья

Schön|rednerei *f* лесть 9, льсти́вые слова́ *Pl* 4b; **~schreiben** *n* каллигра́фия 8, чистописа́ние 5; **~schrift** *f* Zierschrift каллиграфи́ческий по́черк 2; in Schule чистописа́ние 5

schönstens наилу́чшим о́бразом

schöntun *intr:* mit j-m ~ подла́живаться к кому́-н., любе́зничать с кем-н.

Schöntuerei *f* лесть 9, подхали́мство 4

Schonung *f* Nachsicht бе́режное отноше́ние 5 (von, gegenüber к *D*); Gnade поща́да 6; *Med* щаже́ние 5; Anpflanzung молодня́к 2e (лесно́й) запове́дник 2 | um ~ bitten проси́ть поща́ды; ohne ~ vorgehen не дава́ть* поща́ды

schonungsbedürftig нужда́ющийся 11 в бе́режном отноше́нии [обраще́нии]

schonungslos беспоща́д|ный, -ен, безжа́лост|ный, -ен

Schonungslosigkeit *f* беспоща́дность 9, безжа́лостность 9

Schönwetterperiode *f* пери́од хоро́шей пого́ды

Schonzeit *f Jagd* запре́тное (для охо́ты) вре́мя

Schopf *m* Kopfhaar шевелю́ра 6; Haarbüschel чуб 2b, хох|о́л, -ла́ 2; Federbüschel хохо́л | j-n beim ~ nehmen схва|ти́ть *v* 3⁺ -чу́ кого́-н. за чуб; die Gelegenheit beim ~ fassen по́льзоваться 2 (вос-) слу́чаем, не упус|ка́ть ⟨-сти́ть 3⁺ -щу́⟩ слу́чая

Schöpf|brunnen *m* коло́д|ец, -ца 2; **~eimer** *m* коло́дезное ведро́

schöpfen *tr* че́рпать ⟨черпну́ть *mom* 4⟩ (Wasser aus dem Fluß во́ду из реки́); herausschöpfen выче́рпывать ⟨вы́черпать⟩ | aus dem vollen ~ име́ть всего́ в изоби́лии; Atem ~ пере|вести́* *v* дух [дыха́ние]; Mut ~ приободр|я́ться ⟨-и́ться 3⟩; neue Hoffnung ~ вновь обретáть ⟨обрести́*⟩ надéжду; Kenntnisse aus den Büchern ~ черпáть ⟨почерпну́ть⟩ знáния из книг

Schöpfer *m* Urheber; Gott создáтель 1, твор|éц, -цá 2

schöpferisch 1. *Adj* твóрческий, созидáтел|ьный, -ен, -ьна **2.** *Adv* твóрчески | er ist ~ tätig он занимáется твóрческим трудóм

Schöpferkraft *f* твóрческая си́ла

Schöpf|kelle *f* черпáк 2e, черпáлка 6; Suppenkelle (большáя) разливáтельная лóжка 6, полóвник 2; **~löffel** *m* (большáя) разливáтельная лóжка, полóвник 2

Schöpfung *f* творéние 5, произведéние 5; *Kunst* создáние 5; *Rel* сотворéние 5

Schoppen *m*: ~ Bier крýжка 6 пи́ва; ~ Wein бокáл 2 винá | beim ~ sitzen сидéть за крýжкой пи́ва [за бокáлом винá]

Schorf *m Med* струп 2 *Pl* -ья, -ьев

schorfig покры́т:ый стрýпьями; Pflanze парши́в:ый

Schornstein *m* (дымовáя) трубá 6c | das kannst du in den ~ schreiben! пиши́ пропáло!; **~feger** *m* трубочи́ст 2

Schoß *m* Rock полá 6c; am Kleid подóл 2; der Erde нéдра *Pl* 4 | ein Kind auf den ~ nehmen брать ⟨взять⟩ ребёнка на колéни; auf dem ~ sitzen сидéть на колéнях; die Hände in den ~ legen сидéть сложá рýки; das ist mir in den ~ gefallen э́то мне с нéба свали́лось; im ~e der Natur на лóне прирóды; **~hund** *m* кóмнатная собáчка 6

Schößling *m Bot* рост|óк, -кá 2, побéг 2

Schote *f Bot* струч|óк, -кá 2; ~n *Pl* зелёный горóш|ек, -ка 2

Schott *n Mar* перебóрка 6 | ~en dicht! задрáить 3 перебóрки!

Schotte *m* шотлáнд|ец, -ца 2

Schottenstoff *m* шотлáндка 6

Schotter *m Eisenb* щéб|ень, -ня 1; Steine гáлька 6, грáви|й 1 *P* -и; **~ung** *f* засы́пка 6 [*Eisenb* балластирóвка 6] щéбнем

Schottin *f* шотлáндка 6

schottisch шотлáндский

Schottland Шотлáндия 8

schraffieren *tr* штриховáть 2 ⟨за-⟩

Schraffierung *f* штрихóвка 6

schräg 1. *Adj* кос:óй, -á!; geneigt наклóнный | in ~er Richtung нáискось **2.** *Adv* вкось, нáискось, наискосóк | ~ gegenüber нáискось, наискосóк; ~ schreiben писáть* с наклóном; etw. ~ stellen стáвить (по-) что-н. нáискось [наклóнно]

Schräge *f* des Daches покáтость 9; schräge Fläche наклóн 2

Schräg|lage *f* косóе положéние; **~schrift** *f* косóй пóчерк; **~strich** косóй штрих; *Typ* косáя чертá

Schramme *f* Haut царáпина 6; Narbe руб|éц, -цá 2, шрам 2

Schrank *m* шкаф 2b; в на шкафý

Schranke *f* барьéр 2; *Eisenb* шлагбáум 2; Hindernis прегрáда 6; *übertr* грани́ца 6, предéл 2 | die ~n niederreißen снося́ть 3⁺ -ношý ⟨-|нести́*⟩ все прегрáды; die letzten ~n fielen пáли послéдние прегрáды; ~n setzen стáв|ить 3 -лю (по-) грани́цы; sich in ~n halten не выхо|ди́ть 3⁺ -жý ⟨вы́|йти*⟩ за предéлы [за рáмки], быть сдéржанным; j-n in die ~n weisen призывáть ⟨-|звáть*⟩ когó-н. к поря́дку, стáвить (по-) когó-н. на мéсто; keine ~n kennen не знать грани́ц

schränken *tr* Säge раз|води́ть 3⁺ -вожý ⟨-|вести́*⟩ (пилý)

schrankenlos безграни́ч|ный, -ен, беспредéл|ьный, -ен, -ьна

Schrankenwärter *m* дежýрный *Subst* 10 по (железнодорóжному) переéзду

schrankfertig: ~e Wäsche сухóе и глáженое бельё

Schrank|tür *f* дверь 9g шкáфа; **~wand** *f* стéнка 6, шкаф-стéнка 2b-6

Schrapnell *n Mil* шрапнéль 9

Schraubdeckel *m* нави́нчивающаяся 11 кры́шка

Schraube *f* винт 2e; Bolzen болт 2e; Holz~ шурýп 2; *Flugw, Mar* винт; Kunstspringen прыж|óк, -кá винтóм (в вóду) | eine ~ anziehen за|тя́гивать ⟨-тянýть 4⁺⟩ винт; eine ~ ohne Ende э́тому концá не ви́дно; bei ihm ist eine ~ locker *umg* у негó ви́нтика не хватáет

schrauben *tr u. intr* вин|ти́ть 3 -чý | etw. an etw. ~ приви́нчивать ⟨-винти́ть⟩ что-н. к чемý-н.; die Preise in die Höhe ~ взви́нчивать ⟨-винти́ть 3 -винчý⟩ цéны, вздувáть ⟨-|дуть*⟩ цéны; das Flugzeug schraubt sich in die Höhe самолёт крýто набирáет высотý

Schrauben|dampfer *m* винтовóй парохóд; **~flügel** *m Flugw, Mar* лóпасть 9g винтá

schraubenförmig спирáльный, винтообрáзный

Schrauben|gewinde *n* винтовáя резьбá [нарéзка]; **~mutter** *f* гáйка *G Pl* гáек; **~schlüssel** *m* гáечный ключ | verstellbarer ≈ разводнóй ключ; **~zieher** *m* отвёртка 6

Schraub|glas *n* стекля́нная бáнка 6 с нави́нчивающейся кры́шкой; **~stock** *m* тиск|и́, -óв *Pl* 2; **~verschluß** *m* нави́нчивающаяся кры́шка 11-6; **~zwinge** *f* струбци́на 6

Schrebergarten *m* небольшóй садóво-огорóдный учáст|ок, -ка 2

Schreck *m* испýг 2; Angst страх 2 | vor ~ с испýгу, от стрáха; die ~en des Krieges ýжасы войны́; vor ~ zittern дрожáть от стра́ха; einen ~ bekommen испуга́ться *v;* j-m einen ~ einjagen пуга́ть (на-) кого́-н., нагоня́ть ⟨-|гна́ть*⟩ стра́ху [у́жас] на кого́-н; der ~ sitzt ihm in den Gliedern страх скова́л его́ чле́ны, он онеме́л от испу́га [у́жаса]; mit dem ~en davonkommen отде́латься *v* испу́гом; Angst und ~en verbreiten се́|ять, -ю, -ешь вокгру́г себя́ страх и у́жас

schrecken *tr* пуга́ть (ис-, на-)

schreckenerregend вызыва́ющий 11 страх I eine ~e Tat ужаса́ющий 11 посту́пок

schreckensbleich бле́дный от у́жаса

Schreckens|herrschaft *f* терро́р 2; **~nachricht** *f* стра́шное [ужа́сное] изве́стие

Schreckgespenst *n* ужа́сный при́зрак 2, страши́лище 4 *umg*

schreckhaft пугли́в:ый

schrecklich 1. *Adj* ужа́с|ный, -ен, стра́ш|ный, -ен, -на́, -но, страшны́ **2.** *Adv*: es ist ~ kalt у́жас [страх] как хо́лодно *umg*; ich bade ~ gern страх [у́жас] как люблю́ купа́ться *umg*; er spielt ~ он ужа́сно игра́ет; das ist ja ~! (э́то) ужа́сно!

Schreck|schuß *m* предупреди́тельный вы́стрел; *übertr* ло́жная трево́га 6; **~schußpistole** *f* пуга́ч 2e *G Pl* -е́й; **~sekunde** *f* моме́нт 2 испу́га

Schrei *m* крик 2 I der letzte ~ der Mode после́дний 11 крик мо́ды; einen ~ ausstoßen вскри́кнуть *v* 4, изда́ть* *v* крик

Schreib|arbeiten *Pl* пи́сьменные рабо́ты *Pl* 6; **~block** *m* блокно́т 2; **~büro** *n* машинопи́сное бюро́, машбюро́ *n idkl*

schreiben *tr* писа́ть* (на-); mit Schreibmaschine a. печа́тать (на-) I an die Tafel ~ писа́ть на доске́; ins Heft ~ писа́ть в тетра́ди; sie schreibt Maschine она́ пи́шет на маши́нке; an etw. ~ рабо́тать над чем-н.; ins reine ~ писа́ть на́чисто; man schrieb das Jahr 1920 был 1920-ый год; er hat mir lange nicht geschrieben он мне давно́ не писа́л; der Junge kann schon ~ ма́льчик уже́ пи́шет; sie ~ sich они́ перепи́сываются; wie schreibt man dieses Wort? как пи́шется э́то сло́во?; sich krank ~ lassen брать* ⟨взять*⟩ больни́чный лист; sich gesund ~ lassen вы́писаться на рабо́ту; ~der Arbeiter рабо́чий-писа́тель *Subst* 11-1

Schreiben *n* Tätigkeit письмо́ 4c *G Pl* пи́сем, писа́ние 5; Schriftstück (официа́льное) письмо́; *Dipl* посла́ние 5 I ein ~ an j-n richten напр|авля́ть ⟨-а́вить 3 -а́влю⟩ кому́-н. письмо́ [посла́ние]

Schreiber *m* пи́шущий *Subst* 11; Verfasser; а́втор 2; Beruf писа́р|ь 1b *Pl* -я́; *Tech* Gerät самопи́с|ец, -ца 2 I der ~ dieser Zeilen а́втор э́тих строк

Schreiberling *m* писа́ка *m* 6

schreibfaul: ~ sein лени́ться 3⁺ писа́ть, неохо́тно писа́ть* пи́сьма

Schreib|fehler *m* опи́ска 6; **~heft** *n* тетра́дь 9; **~kraft** *m* машини́стка 6; **~krampf** *m* пи́счая 11 су́дорога; **~maschine** *f* (пи́шущая 11) маши́нка I ≈ schreiben печа́тать [писа́ть] на маши́нке

Schreibmaschinen|manuskript *n* машинопи́сная ру́копись; **~papier** *n* машинопи́сная бума́га; **~schrift** *f* машинопи́сный шрифт

Schreib|papier *n* пи́счая 11 бума́га; **~pult** *n* бюро́ *n idkl*, конто́рка 6; **~schrank** *m* (шкаф-) секрете́р [тэ] (2b-) 2; **~schrift** *f* рукопи́сный шрифт; **~stube** *f Mil* канцеля́рия 8; **~tisch** *m* пи́сьменный стол; **~tischlampe** *f* насто́льная ла́мпа (для пи́сьменного стола́); **~übungen** *f Pl* пи́сьменные заня́тия; **~ung** *f* написа́ние 5; **~unterlage** *f* mit Löschpapier бюва́р 2; **~utensilien** *Pl* пи́сьменные [канцеля́рские] принадле́жности; **~vorlage** *f* про́пись 9 *meist Pl*

Schreibwaren *Pl* канцеля́рские принадле́жности *Pl* 9 [това́ры *Pl* 2]; **~handlung** *f* писчебума́жный магази́н, магази́н канцеля́рских това́ров [принадле́жностей]

Schreib|weise *f* Stil стиль 1; eines Wortes написа́ние 5, спо́соб 2 написа́ния; von Buchstaben начерта́ние 5; **~zeug** *n* Schreibmaterial пи́сьменные [канцеля́рские] принадле́жности **~zimmer** *n* ко́мната для письма́ [где мо́жно писа́ть пи́сьма]

schreien *intr* крича́ть 3 ⟨кри́кнуть *mom* 4⟩ I sich heiser ~ крича́ть до хрипоты́; ~ wie am Spieß крича́ть как ре́заный поросёнок; um Hilfe ~ звать* (по-) на по́мощь, взыва́ть о по́мощи; ach und weh ~ воп|и́ть 3 -лю́; **~d:** ~e Ungerechtigkeit вопию́щая 11 несправедли́вость; ~e Farben ре́зкие [крича́щие 11] кра́ски

Schreihals *m* крику́н 2e; Frau крику́н|ья 7 *G Pl* -ий

Schreitbagger *m* шага́ющий 11 экскава́тор

schreiten *intr* шага́ть, ше́ствовать 2; идти́*, по|йти́* *v* (über по *D*, че́рез *A*); beginnen присту́п|а́ть ⟨-и́ть 3⁺ -лю́⟩ (zu к *D*) I über die Schwelle ~ переша́гивать ⟨-шагну́ть 4⟩ че́рез поро́г; zur Abstimmung ~ приступи́ть *v* к голосова́нию

Schrift *f* пис|ьмо́ 4c *G Pl* -ем; *Typ* шрифт 2; Hand~ по́черк 2; ~en *meist Pl* Werk сочине́ние 5, труд 2e I lateinische ~ лати́нский шрифт; große ~ кру́пный шрифт; gesammelte ~en по́лное собра́ние сочине́ний; die Heilige ~ свяще́нное писа́ние 5; **~art** *f Typ* род шри́фта; **~bild** *n Typ* очко́ шри́фта; **~führer** *m* делопроизводи́тель 1; Protokollant секретáрь 1е; **~gießer** *m* словолúтчик 2; **~grad** *m Typ* кегль 1 шрúфта; **~leitung** *f* редáкция 8

schriftlich 1. *Adj* пúсьменный **2.** *Adv*: das kann ich dir ~ geben в э́том я готóв расписáться, за э́то могý тебé поручúться; etw. ~ niederlegen из|лагáть ⟨-ложúть 3⁺⟩ что-н. пúсьменно [в пúсьменном вúде]

Schrift|probe *f* образéц пóчерка; **~setzer** *m* набóрщик 2; **~sprache** *f* литератýрный язы́к

Schriftsteller *m* писáтель 1; **~ei** *f* писáтельский труд 2е; **~in** *f* писáтельница 6

schriftstellerisch писáтельский | ~ tätig sein занимáться литератýрным трудóм

Schriftstellerverband *m* сою́з писáтелей

Schrift|stück *n* докумéнт 2, (официáльная) бумáга 6; **~tum** *n* пúсьменность 9; литератýра 6; **~verkehr** *m* (служéбная) перепúска 6; **~wechsel** *m* перепúска 6, корреспондéнция 8; **~zeichen** *n Pl* пúсьменные знáки; *Typ* шрифтовóй знак; alte письм|енá| -ён| -енáм *Pl* 4; **~zug** *m* пóчерк 2

schrill рéз|кий| -ок| -кá!| -че, пронзúтел|ьный| -ен| -ьна

schrillen рéзко звучáть 3

Schritt *m* шаг 2b *G nach den Zahlen* 2, 3, 4 -á| на| в шагý | im ~ gehen идтú шáгом; in zehn ~ Entfernung в десятú шагáх; keinen ~ weiter ни шáгу дáльше; mit der Zeit ~ halten идтú в нóгу со врéменем [с эпóхой]; j-m auf ~ und Tritt folgen идтú за кем-н. по пятáм; auf ~ und Tritt на кáждом шагý; ~ für ~ шаг за шáгом; den ~ beschleunigen прибавлять ⟨-бáвить 3 -бáвлю⟩ шáгу; ~e unternehmen предпринимáть ⟨-|принять*⟩ шагú; sich weitere ~e vorbehalten оставлять ⟨остáв|ить 3 -лю⟩ за собóй прáво предпринять все необходúмые мéры; die Hose ist eng im ~ брю́ки узкú в шагý; **~geschwindigkeit** *f* скóрость пешехóда; **~macher** *m Sport* лúдер 2; Produktion передовúк 2е; Herz~ электростимуля́тор (сéрдца); **~messer** *m* шагомéр 2; **~wechsel** *m* перемéна шáга

schrittweise *Adv* шаг за шáгом, постепéнно

schroff 1. *Adj* крут|óй| -á!| крýче, обры́вист:ый; *übertr* рéз|кий| -ок| -кá!| -че, жёст|кий| -ок| жесткá!| жёстче **2.** *Adv* рéзко | j-n ~ behandeln обращáться с кем-н. жёстко [рéзко]

Schroffheit *f* рéзкость 9, жёсткость 9

schröpfen *tr Med* стáв|ить 3 -лю (по-) кровосóсные бáнки, пу|скáть ⟨-стúть 3⁺ -щý⟩ кровь при пóмощи бáнок; *übertr* сдирáть ⟨со|дрáть*| сдерý⟩ шкýру с *G*

Schrot *n, m* Munition дробь 9; Mehl мукá 6 грýбого помóла | Korn zu ~ mahlen молóть (с-) зернó грýбым помóлом; ein Mann von echtem ~ und Korn человéк настоя́щей закáлки; **~büchse** *f* дробовúк 2е

schroten *tr* крýпно молóть* (с-) дроб|úть 3 -лю́ (раз-)

Schrot|mehl *n* мукá грýбого помóла; **~mühle** *f* зернодробúлка 6; **~säge** *f* поперéчная пилá (с двумя́ рукоя́тками)

Schrott *m* металлолóм 2, скрап 2; **~händler** *m* скýпщик 2 металлолóма [скрáпа]; **~platz** *m* скрáпный двор 2е; **~sammlung** *f* сбор металлолóма; **~verwertung** *f* утилизáция металлолóма [скрáпа]; **~wert** *m*: etw. hat nur noch ≈ что-н. порá вы́бросить на свáлку

schrubben *tr* чú|стить 3 -щу (вы́-) [терéть* (про-)] щёткой; Körperteile мыть* (по-) щёткой

Schrubber *m* щётка 2 для мытья́ пóла

Schrulle *f* причýда 6, прúхоть 9 | er hat den Kopf voller ~n он пóлон причýд; alte ~ *verächtl* стáрая каргá 6

schrullenhaft, schrullig причýдлив:ый, с причýдами

schrumpfen *intr* смóрщ|иваться ⟨-иться 3⟩; Gewebe садúться 3 ⟨сесть*⟩; Vermögen уменьшáться ⟨-мéньшиться 3⟩, сокра|щáться ⟨-тúться 3⟩

Schrumpfniere *f* смóрщенная пóчка

Schrumpfung *f* смóрщивание 5; Gewebe усáдка 6; *Med* циррóз 2; *Wirtsch* сокращéние 5

schruppen *tr Tech* обраб|áтывать ⟨-óтать⟩ нáчерно [грýбо]

Schub *m* Stoß толч|óк| -кá 2; *Phys* тя́га 6; *Tech* сдвиг 2; *Arch* распóр 2 | mit dem ersten ~ в пéрвой пáртии

Schub|fach *n* выдвижнóй я́щик; **~karre** *f*, **~karren** *m* тáчка 6; **~kraft** *f Tech* сúла тя́ги, срéзывающее усúлие 11-5; **~lade** *f* выдвижнóй я́щик; **~lehre** *f* раздвижнóй калúбр 2; **~prahm** *m* толкáемая бáржа 6

Schubs *m* толч|óк| -кá 2, пин|óк| -кá 2 | j-m einen ~ geben толк|áть ⟨-нýть 4⟩ когó-н.

Schubschiff *n* (буксúр-)толкáч (2-)2е

schubsen *tr* толк|áть ⟨-нýть 4⟩

Schubverband *m* Schiffe толкáемый состáв 2

schubweise *Adv* пáртиями

schüchtern рóб|кий| -ок| -кá!| -че, застéнчив:ый | ~er Versuch рóбкая [нерешúтельная] попы́тка

Schüchternheit *f* рóбость 9, застéнчивость 9

Schuft *m* подлéц 2е, негодя́|й 1 *G Pl* -ев

schuften *intr* тяжелó рабóтать, надрывáться ⟨надо|рвáться*| -рвалúсь⟩ на рабóте

Schufterei *f* Schuften тяжёлый труд 2e, тяжёлая рабо́та 6
schuftig по́дл|ый| -á!, ни́з|кий, -ок| -ка́!| ни́же
Schuh *m* ту́ф|ля 7 *G Pl* -ель; Knöchel~ башма́к 2e; Halb~ полуботи́н|ок| -ка 2 *G Pl* -ок; hoher ~ боти́н|ок| -ка 2; ~e *Pl* о́бувь 9 | ~e anziehen наде́ть ту́фли [боти́нки], обува́ться ⟨обу́ться*⟩; wissen, wo j-n der ~ drückt знать чьё-н. сла́бое ме́сто; **~abteilung** *f* отде́л о́буви; **~anzieher** *m* рож|о́к| -ка́ 2 (для о́буви); **~bürste** *f* сапо́жная щётка; **~creme** *f* крем для о́буви; **~einlage** *f* супина́тор 2; **~fabrik** *f* обувна́я фа́брика; **~geschäft** *n* обувно́й магази́н; **~größe** *f* разме́р о́буви; **~industrie** *f* обувна́я промы́шленность; **~macher** *m* сапо́жник 2; **~macherei** *f*, **~macherwerkstatt** *f* обувна́я мастерска́я *Subst* 10, обувно́е ателье́ [тэ] *n idkl*; **~pflege** *f* ухо́д за о́бувью; **~putzer** *m* чи́стильщик (о́буви); **~putzzeug** *n* принадле́жности для чи́стки о́буви; **~reparatur** *f* ремо́нт [почи́нка] о́буви; **~sohle** *f* подо́шва 6 | sich die ≈n ablaufen nach etw. с|би́ться* *v* с ног в по́исках чего́-н.; **~spanner** *m* распра́вочная обувна́я коло́дка 6; **~werk** *n* о́бувь 9; **~wichse** *f* гутали́н 2; schwarze ва́кса 6
Schuko|steckdose *f* розе́тка 6 с защи́тным конта́ктом; **~stecker** *m* штепсельная [тэ] ви́лка с защи́тным конта́ктом
Schul|abgänger *m* выпускни́к 2e (шко́лы); **~alter** *n* шко́льный во́зраст; **~anfang** *m* нача́ло уче́бного го́да в шко́ле; **~arbeit** *f* уро́к 2 (на́ дом); vom Lehrer уче́бная де́ятельность 9 | ≈en machen гото́в|ить 3 -лю уро́ки
schulärztlich: ~e Untersuchung враче́бный осмо́тр шко́льников; ~e Betreuung враче́бное обслу́живание в шко́ле
Schul|aufgabe *f* уро́к 2 (на́ дом); дома́шнее 11 зада́ние | ≈n erledigen де́лать (с-) дома́шние зада́ния; **~bank** *f* па́рта 6, шко́льная скамья́ | auf der ≈ sitzen сиде́ть за па́ртой; **~beispiel** *n* нагля́дный приме́р (für *G*); **~besuch** *m* посеще́ние шко́лы; **~bildung** *f* шко́льное образова́ние | abgeschlossene höhere ≈ зако́нченное сре́днее 11 образова́ние; **~buch** *n* шко́льный уче́бник 2
schuld: ~ sein an etw. быть винова́тым в чём-н.; j-m ~ geben вини́ть 3 [счита́ть вино́вным] кого́-н.; du bist an allem ~ ты во всём винова́т
Schuld *f* Verpflichtung долг 2b; Verschulden вина́ 6 | eine ~ tilgen упл|а́чивать ⟨-ати́ть 3⁺ -ачу́⟩ долг; ~en machen де́лать (с-) долги́, наде́лать *v* долго́в; tief in ~en stecken си|де́ть 3 -жу́ по́ уши в долга́х; in j-s ~ stehen о|ста́ться* *v* в долгу́ пе́ред кем-н.; ohne meine ~ не по мое́й вине́; ich bin mir keiner ~ bewußt я не счита́ю себя́ вино́вным [винова́тым], я не чу́вствую за собо́й вины́; die ~ auf sich nehmen принима́ть ⟨приня́ть*⟩ на себя́ вину́; die ~ auf j-n abwälzen сва́ливать ⟨-вали́ть 3⁺⟩ вину́ на кого́-н.; die ~ liegt bei ihm э́то его́ вина́; das war meine ~ э́то моя́ вина́; seine ~ ist erwiesen вино́вность его́ устано́влена; **~bekenntnis** *n* призна́ние свое́й вины́; **~beweis** *m* доказа́тельство вины́
schuldbewußt сознаю́щий 11 свою́ вину́; Miene винова́т:ый
Schuldbewußtsein *n* созна́ние свое́й вино́вности
schulden *tr.* ich schulde Ihnen zehn Mark я вам до́лжен де́сять ма́рок; ich schulde dir Dank (dafür) я тебе́ обя́зан (э́тим); **~frei** без долго́в, свобо́дный от долго́в
Schulden|last *f* бре́мя долго́в; **~tilgung** *f* упла́та [погаше́ние] долго́в
Schuld|frage *f* вопро́с о вино́вности [о вине́] | die ≈ muß noch geklärt werden вопро́с о вино́вности ещё до́лжен быть вы́яснен; **~gefühl** *n* чу́вство [ус] вины́; **~geständnis** *n* пови́нная *Subst* 10 | ein ≈ ablegen приноси́ть 3⁺ -ношу́ ⟨-|нести́*⟩ пови́нную, при|знава́ть* ⟨-зна́ть⟩ вину́
Schuldienst *m* рабо́та 6 (учи́теля) в шко́ле | im ~ tätig sein рабо́тать в шко́ле
schuldig schuld вино́в|ный| -ен| винова́т:ый; gebührend до́лжный, надлежа́щий 11; *prädikativ* verpflichtet sein до́лж|ен| -на, обя́зан| -а | der ~e Teil вино́вная сторона́; sich ~ fühlen чу́вствовать себя́ вино́вным [винова́тым]; ~ sprechen признава́ть вино́вным; was bin ich ~? ско́лько я до́лжен?, ско́лько с меня́?; ich bleibe Ihnen fünf Mark ~ за мно́й остаётся пять ма́рок; j-m Rechenschaft ~ sein быть обя́занным дать кому́-н. отчёт; sie bleibt niemandem eine Antwort ~ она́ за сло́вом в карма́н не ле́зет; darauf blieb sie mir die Antwort ~ на э́то она́ ничего́ не отве́тила
Schuldige: die ~ вино́вница 6; der ~ вино́вник 2
Schuldigkeit *f* долг 2b, обя́занность 9 | er hat seine ~ getan он вы́полнил [испо́лнил] свой долг
Schuldirektor *m* дире́ктор шко́лы
schuldlos неви́н|ный| -ен| -на, невино́в|ный| -ен | sich ~ fühlen не чу́вствовать за собо́й вины́; j-n ~ verurteilen осу|жда́ть ⟨-ди́ть 3⁺ -жу́⟩ неви́нного
Schuldlosigkeit *f* неви́нность 9, невино́вность 9
Schuldner *m* должни́к 2e; *Hdl* дебито́р 2
Schuld|schein *m* заёмное пис|ьмо́ 4c *G Pl*

-ем, долговое обязательство 4; ~**spruch** *m* обвинительный приговор

Schule *f* школа 6; Fachschule a. училище 4; Unterricht занятия *Pl* 5, уроки *Pl* 2 | die ~ besuchen посещать школу, хо|дить 3⁺ -жу в школу, учиться 3⁺ в школе; heute ist keine ~ сегодня занятий (в школе) нет; die ~ ist um ein Uhr aus уроки кончаются в час; wann habt ihr wieder ~? когда у вас снова начнутся [начинаются] уроки?; die ~ schwänzen прогуливать ⟨-гулять⟩ уроки; er hat eine gute ~ durchgemacht он прошёл хорошую школу; dieses Beispiel wird ~ machen этот пример найдёт много подражателей; aus der ~ plaudern разгла|шать ⟨-сить 3 -шу⟩ тайну, выбалтывать ⟨выболтать⟩ тайну; die Hohe ~ reiten быть* наездником высшего класса

schulen *tr* ausbilden подготовлять ⟨подготов|ить 3 -лю⟩ (für для *G*), обуч|ать ⟨-ить 3⁺⟩; trainieren тренировать 2 (на-) | ein geschultes Gehör тренированный слух; ein geschultes Auge тренированное зрение 5; geschultes Personal подготовленный [квалифицированный] персонал

schulentlassen окончивший 11 школу

Schüler *m* ученик 2е, учащийся *Subst* 11; Schulkind школьник 2; einer Abendschule вечерник 2 *umg* | ausgezeichneter ~ отличник 2; ein ~ Tolstois ученик Толстого; ~**arbeit** *f* ученическая работа

schülerhaft **1.** *Adj* ученический, школьнический **2.** *Adv* по-ученически, по-школярски

Schüler|in *f* ученица 6, учащаяся *Subst* 11; Schulkind школьница 6; einer Abendschule вечерница 6 *umg*; ~**lotse** *m* дежурный старшеклассник 2, помогающий 11 младшим школьникам перейти (через) улицу; ~**zahl** *f* число [количество 4] учеников

Schul|feier *f* школьный праздник; ~**ferien** *Pl* школьные каникулы; ~**fernsehen** *n* телевизионная передача 6 для школьников; ~**flugzeug** *n* учебный самолёт

schulfrei свободный от школьных занятий | wir haben ~ у нас нет занятий

Schul|freund *m* школьный товарищ; ~**funk** *m* (радио)передача 6 для школьников; ~**funkanlage** *f* школьный радиоуз|ел, -ла 2е; ~**garten** *m* пришкольный опытный участ|ок, -ка 2; ~**gebäude** *n* школьное здание

Schulgeld *n* плата 6 за обучение; ~**freiheit** *f* бесплатное обучение 5 в школе

Schul|hort *m* помещение 5 для групп продлённого дня; ~**impfung** *f* прививка, проводимая в школе

schulisch школьный; Arbeit учебный

Schul|jahr *n* учебный год | im ersten ≈ в первом классе; ~**jugend** *f* молодёжь школьного возраста; ~**junge** *m* школьник 2; ~**kamerad** *m* школьный товарищ 2; ~**kenntnisse** *Pl* школьные знания; ~**kind** *n* школьник 2; Mädchen школьница 6; ~**klasse** *f* класс 2; ~**leiter** *m* директор школы; ~**mappe** *f* (ученический) портфель 1

schulmäßig соответствующий 11 требованиям школы

schulmeistern *intr* поучать

Schulpflicht *f* обязательное обучение 5 | allgemeine ~ всеобщее 11 (обязательное) обучение 5, всеобуч 2

schulpflichtig: ~es Kind ребёнок школьного возраста; ~es Alter школьный возраст

Schul|praktikum *n* der Studenten педпрактика; ~**programm** *n* школьная программа; ~**ranzen** *m* школьный ранец; ~**rat** *m* заведующий *Subst* 11 отделом народного образования района [des Bezirks округа]; ~**reform** *f* школьная реформа; ~**schießen** *n* учебная стрельба; ~**schiff** *n* учебный корабль; ~**speisung** *f* школьное питание 5, питание школьников; ~**stunde** *f* урок 2; ~**tag** *m* день в школе; ~**tasche** *f* школьная сумка

Schulter *f* *Anat* плечо 4 *Pl* плечи, плеч, плечам | er reicht mir bis zur ~ он мне по плечо; ~ an ~ плечо к плечу; j-m (wohlwollend) auf die ~ klopfen (благосклонно) хлоп|ать ⟨-нуть 4⟩ кого-н. по плечу; j-m die kalte ~ zeigen от|шить* *v*, отошью кого-н. *umg*, относиться 3⁺ -ношусь ⟨-|нестись*⟩ холодно к кому-н.; etw. auf die leichte ~ nehmen легкомысленно [несерьёзно] относиться к кому-н.; mit den ~n zucken по|жать[1]* *v* плечами; ~**blatt** *n* лопатка 6

schulterfrei: ~es Kleid платье с обнажёнными плечами

Schulter|gelenk *n* плечевой сустав; ~**höhe** *f*: in ≈ на уровне плеч; ~**klappe** *f* погон 2 *G Pl* погон

schulterlang Haar (длинный) до плеч

schultern *tr* брать* ⟨взять*⟩ на плечо

Schulter|riemen *m* плечевой ремень; ~**sieg** *m* чистая победа; ~**stück** *n* погон 2 *G Pl* погон; ~**tasche** *f* сумка с ремнём через плечо

Schultüte *f* кулёк со сладостями в подарок первокласснику

Schulung *f* подготовка 6, обучение 5; fachliche повышение 5 квалификации; in Form eines Kurses курсы *Pl* 2 | politische ~ политическая учёба 6, политучёба 6

Schulungskurs *m* ку́рсы *Pl* повыше́ния квалифика́ции
Schul|unterricht *m* заня́тия в шко́ле; allgemein шко́льное обуче́ние; **~weg** *m* доро́га в шко́лу; **~weisheit** *f* шко́льная прему́дрость 9; **~wesen** *n* шко́льное де́ло | sozialistisches ≈ социалисти́ческая шко́льная систе́ма 6; **~wissen** *n* шко́льные зна́ния; **~zeit** *f* го́ды *Pl* 2b обуче́ния [учёбы]; Lebensabschnitt шко́льные го́ды | nach der ≈ по́сле (оконча́ния) шко́лы
Schund *m* Ware дрянь 9; Ausschuß брак 2; Literatur, Bild u. a. халту́ра 6; **~literatur** *f* бульва́рная литерату́ра; **~roman** *m* бульва́рный рома́н
schunkeln *intr* раска́чиваться в ритм
Schuppe *f* Fisch (einzelne) чешу́йка 6; ~n Pl чешуя́ 7; *Med* пе́рхоть 9 | es fiel mir wie ~n von den Augen у меня́ сло́вно [как бу́дто] пелена́ с глаз упа́ла
schuppen *tr* Fische чи́|стить 3 -щу (о-) от чешуи́; sich ~ *refl* Haut шелуши́ться 3
Schuppen *m* сара́й 1; offener наве́с 2
schuppig чешу́йчат¦ый
[1]**Schur** *f* von Schafen, von Grasland стри́жка 6
[2]**Schur** *m*: zum ~ назло́
Schüreisen *n* кочер|га́ 6 *G Pl* -ёг
schüren *tr* Feuer раздува́ть ⟨-|ду́ть*⟩, меша́ть у́гли; *übertr* Argwohn возбу|жда́ть ⟨-ди́ть 3 -жу́⟩; Haß, Streit, Krieg разжига́ть ⟨-|же́чь*⟩
schürfen *intr Geol* вести́* разве́дку, шурфова́ть 2 | nach Erz ~ вести́ разве́дку железору́дных месторожде́ний
Schürf|ung *f Geol* разве́дка 6; **~wunde** *f* ссა́дина 6
schurigeln *tr umg* донима́ть ⟨доня́ть*⟩
Schurke *m* негодя́й 1; Betrüger моше́нник 2
Schurkenstreich *m* по́длый посту́п|ок, -ка 2
Schurkerei *f* Betrügerei моше́нничество 4
schurkisch по́дл¦ый, -а́!; betrügerisch моше́ннический
Schurwolle *f* натура́льная [стри́женая] шерсть
Schürze *f* фа́ртук 2, пере́дник 2; Kleider~ хала́т(ик) 2 | sich eine ~ umbinden повя́зываться ⟨-|вяза́ться*⟩ фа́ртуком [пере́дником]; er läuft jeder ~ nach *umg* он бе́гает за ка́ждой ю́бкой
schürzen *tr* Knoten завя́зывать ⟨-|вяза́ть*⟩; Kleid под|бира́ть ⟨-о|бра́ть*; -о́бранный⟩
Schürzen|band *n* завя́зка фа́ртука [пере́дника]; **~jäger** *m* ба́бник 2, ю́бочник 2 | er ist ein ≈ он бе́гает за ка́ждой ю́бкой; **~kleid** *n* пла́тье-хала́т 5-2
Schuß *m* вы́стрел 2; *Sport* уда́р 2 | es fiel ein ~ разда́лся вы́стрел; einen ~ abfeuern вы́стрелить *v* 3; weit ab vom ~ пода́льше от [вне] опа́сности; ein ~ ins Tor гол 2b, уда́р по воро́там; ein ~ Rum im Tee немно́го [ка́пелька 6] ро́ма в ча́е; keinen ~ Pulver wert sein ло́маного гроша́ не сто́ить 3; der ~ ging nach hinten los *übertr* де́ло оберну́лось про́тив него́ [неё, них] же; etw. in ~ bringen reparieren нала́|живать ⟨-дить 3 -жу⟩; **~bereich** *m* зо́на обстре́ла
schußbereit гото́вый к стрельбе́ | die Waffe ~ halten держа́ть ору́жие наготове
Schüssel *f* Schale блю́до 4; Suppen~ ми́ска 6; Wasch~ таз 2b; в тазу́
Schuß|fahrt *f* Ski скоростно́й спуск; **~feld** *n* по́ле [се́ктор 2] обстре́ла; **~linie** *f*: in die ≈ geraten попада́ть ⟨-|па́сть*⟩ в переде́лку [под ого́нь кри́тики]; **~waffe** *f* огнестре́льное ору́жие; **~weite** *f* да́льность вы́стрела [стрельбы́] | auf ≈ на вы́стрел, на расстоя́ние вы́стрела; **~wunde** *f* огнестре́льная ра́на
Schuster *m* сапо́жник 2 | auf ~s Rappen пешко́м, на свои́х на двои́х; ~, bleib bei deinem Leisten всяк сверчо́к знай свой шесто́к
Schutt *m* му́сор 2; Stein~ щеб|ень, -ня 1 | in ~ und Asche legen испепел|я́ть ⟨-и́ть 3⟩; in ~ und Asche liegen лежа́ть 3 в разва́линах; **~abladeplatz** *m* сва́лка 6
Schüttelfrost *m* озно́б 2 | er hat ~ у него́ озно́б, его́ знобит
schütteln *tr* трясти́* (по-) ⟨тряхну́ть *mom* 4⟩; von etw. Staub, Schnee стря́хивать ⟨стряхну́ть 4⟩ с *G*; *intr* vom Fahrzeug трясти́сь; sich ~ *refl* Vögel, Tiere отр|я́хиваться ⟨-яхну́ться 4⟩, встряхну́ться *v* 4 | j-m die Hand ~ пожима́ть ⟨-|жа́ть[1]*⟩ кому́-н. ру́ку, трясти́ кому́-н. ру́ку; den Kopf ~ кача́ть 2 голово́й; etw. aus dem Ärmel ~ де́лать (с-) что-н. без мале́йшего напряже́ния; das Fieber schüttelt mich меня́ трясёт лихора́дка, меня́ зноби́т; vor (dem) Gebrauch ~! пе́ред употребле́нием взба́лтывать!; sich vor Lachen ~ трясти́сь от сме́ха; wenn ich das sehe, schüttelt es mich когда́ я э́то ви́жу, меня́ трясёт [я содрога́юсь]
Schüttel|reim *m* стих 2e с акрофони́ческой перестано́вкой; **~rinne** *f*, **~rutsche** *f* кача́ющийся 11 жёлоб
schütteln *tr* Flüssigkeit лить*, налива́ть ⟨нали́ть*⟩; Korn сы́пать*, насыпа́ть ⟨-сы́пать⟩ | etw. aus etw. in etw. ~ перелива́ть ⟨-ли́ть⟩ [пересыпа́ть ⟨-сы́пать⟩] что-н. из чего́-н. во что-н.; es schüttet *umg* дождь льёт (как из ведра́)
schütter ре́д|кий, -ок, -ка́!; ре́же; редча́йший 11

Schüttgut *n* насыпно́й груз, сыпу́чий материа́л 11-2
Schutt|halde *f* aufgehäufter Schutt сва́лка 6; *Geol* о́сыпь 9; ~**haufen** *m* ку́ча му́сора, сва́лка 6
Schutz *m* защи́та 6 (vor от *G*); staatliche Schutzmaßnahmen охра́на 6 *G*; Zufluchtsort убе́жище 5; Obdach прию́т 2 | zum ~ для защи́ты; sich in j-s ~ begeben в|стать* *v* под чью-н. защи́ту; ~ finden находи́ть 3⁺ -хожу́ ⟨-|йти́*⟩ защи́ту; bei j-m ~ suchen иска́ть защи́ты [убе́жища] у кого́-н.; j-n unter seinen ~ nehmen взять* *v* кого́-н. под (свою́) защи́ту, взять кого́-н. под своё покрови́тельство; unter dem ~ der Familie под опе́кой семьи́; unter dem ~ der Polizei под охра́ной поли́ции; unter dem ~ der Nacht [Dunkelheit] под покро́вом но́чи [темноты́]
Schütz *n El* конта́ктор 2; Schleuse затво́р 2, щит 2e
Schutz|anstrich *m* защи́тная окра́ска; ~**anzug** *m* спецоде́жда 6, защи́тный комбинезо́н 2; Taucher, Kosmonaut скафа́ндр 2; ~**ärmel** *m* нарука́вник 2; ~**blech** *n* Fahrrad, Auto брызгови́к 2e; ~**brille** *f* защи́тные очки́, консе́рвы *Pl* 2; ~**dach** *n* наве́с 2; Zeltplane тент [тэ] 2
Schütze *m* стрел|о́к, -ка́ 2; *Astr* Стрел|е́ц, -ьца́ 2
schützen *tr* защи|ща́ть ⟨-ти́ть 3 -щу́⟩ (vor от *G*); vor Gefahr, Schaden оберега́ть ⟨-|бере́чь*⟩ от *G*; bewachen; Grenze, Tiere, Familie охран|я́ть ⟨-и́ть 3⟩; verteidigen оборон|я́ть ⟨-и́ть 3⟩; Rechte отст|а́ивать ⟨-оя́ть 3⟩; vor Ansteckung предохран|я́ть ⟨-и́ть 3⟩ (vor от *G*); sich ~ *refl* защи́щаться ⟨-ти́ться⟩ (vor от *G*), защи|ща́ть ⟨-ти́ть⟩ себя́ (vor от *G*); etw. ist gesetzlich geschützt что-н. нахо́дится под охра́ной зако́на; sich ~d vor j-n stellen заступа́ться ⟨заступ|и́ться 3⁺ -лю́сь⟩ за кого́-н.
Schützenbataillon *n* стрелко́вый батальо́н [льё]
Schutzengel *m* а́нгел-храни́тель 2-1
Schützen|graben *m Mil* око́п 2; langer, tiefer Graben транше́я 7; ~**kette** *f* стрелко́вая цепь; ~**panzerwagen** *m* бронетранспортёр 2
Schutz|farbe *f* защи́тная кра́ска; der Tiere защи́тная окра́ска; ~**gitter** *n* предохрани́тельная решётка; ~**haft** *f* охра́нный аре́ст 2 | j-n in ≈ nehmen арестова́ть *uv, v* 2 кого́-н.; ~**heiliger** *m* патро́н 2; *Rel* свято́й-засту́пник *Subst* 10-2; ~**helm** *m* защи́тный шлем; ~**hülle** *f* предохрани́тельная оболо́чка; Möbel чех|о́л, -ла́ 2; Bücher обёртка 6; ~**hütte** *f* прию́т; ~**impfung** *f* предохрани́тельная приви́вка; ~**kleidung** *f* защи́тная оде́жда; ~**kontakt** *m El* защи́тный [заземля́ющий 11] конта́кт
Schützling *m* подопе́чный *Subst* 10; Günstling протеже́ [тэ] *m, f idkl*
schutzlos беззащи́т|ный, -ен
Schutz|mann *m alt* полице́йский *Subst* 10; ~**marke** *f* фабри́чное клеймо́; ~**maßnahme** *f* мероприя́тие 5 по защи́те [по охра́не] (für *G*); vorbeugende профилакти́ческое [*Wirtsch* покрови́тельственное] мероприя́тие; ~**mittel** *n* предохрани́тельное сре́дство; ~**schicht** *f* защи́тный слой; ~**stoff** *m Med* профилакти́ческое сре́дство 4; ~**überzug** *m* защи́тное покры́тие; ~**umschlag** *m* Buch суперобло́жка 6; ~**vorrichtung** *f* предохрани́тельное приспособле́ние; ~**wald(anpflanzung)** *m (f)* лесозащи́тное насажде́ние 5; ~**wall** *m übertr* защи́тный вал; ~**zoll** *m* покрови́тельственная [предохрани́тельная] по́шлина
schwabb[e]lig Masse студени́ст:ый
Schwabe *m* шваб 2; ~**n** Шва́бия 8
Schwäbin *f* шва́бка 6
schwäbisch шва́бский
schwach сла́б|ый, -á, -o, сла́бы́; kraftlos бесси́л|ьный, -ен, -ьна; Wein, Kaffee, Tabak сла́бый, некре́п|кий, -ок, -ка́! | das ist seine ~e Seite э́то его́ сла́бая сторона́; er ist sehr ~ von Gesundheit он о́чень плох; sehr ~ werden physisch ослаб|ева́ть ⟨-е́ть⟩; durch seine ewigen Fragen hat er mich ganz ~ gemacht свои́ми бесконе́чными вопро́сами он меня́ совсе́м докона́л; bei etw. ~ werden не мочь* (с-) устоя́ть про́тив чего́-н.
Schwäche *f* сла́бость 9; Leidenschaft пристра́стие 5 (für к *D*); schwache Seite сла́бая сторона́ 6а | er hat eine ~ für Musik му́зыка – его́ сла́бость; eine ~ für j-n [etw.] haben пита́ть сла́бость к кому́-н. [к чему́-н.]; jeder Mensch hat seine ~n у ка́ждого свои́ недоста́тки; nur keine ~ zeigen! крепи́сь!; ~**anfall** *m* при́ступ сла́бости; ~**gefühl** *n* чу́вство [ус] сла́бости
schwächen *tr* осл|абля́ть ⟨-а́бить 3 -а́блю⟩ | geschwächt *a.* обесси́ленный
Schwach|heit *f* сла́бость 9 | bilde dir keine ≈en ein! *umg* не обольща́й себя́ надежда́ми!; ~**kopf** *m* тупи́ца *m, f* 6
schwächlich сла́б:ый, -á, -o, сла́бы́, слабоси́л|ьный, -ен, -ьна; kränklich хи́л:ый, -á!
Schwächling *m* сла́бый челове́к 2; mit schwachem Willen слабово́льный [слабохара́ктерный] челове́к
schwachsichtig со сла́бым зре́нием
Schwachsinn *m* слабоу́мие 5
schwachsinnig слабоу́м|ный, -ен
Schwachstrom *m* ток ни́зкого на-

пряже́ния, сла́бый ток; **~technik** *f* слабото́чная те́хника

Schwächung *f* ослабле́ние 5; Gesundheit a. подры́в 2

[1]**Schwad(en)** *m Landw* вал|о́к, -ка́ 2 | auf ~en legen ко|си́ть 3⁺ -шу́ (с-) в ва́лки

[2]**Schwaden** *m* Rauch, Dampf клуб 2b, чад 2¡ в чаду́; *Bergb* уду́шливый газ 2

Schwadron *f* эскадро́н 2

schwafeln *intr* болта́ть вздор

Schwager *m* Bruder des Ehemanns де́вер|ь 1b *Pl* -ья́, -е́й; Bruder der Ehefrau шу́рин 2; Mann der Schwester der Ehefrau своя́к 2e; Mann der Schwester зять 1b *Pl* -я́, -ёв

Schwägerin *f* Schwester des Ehemannes золо́вка 6; Schwester der Ehefrau своя́ченица 6; Ehefrau des Bruders неве́стка 6

Schwalbe *f* ла́сточка 6 | eine ~ macht noch keinen Sommer одна́ ла́сточка ещё не де́лает весны́

Schwalben|nest *m* ла́сточкино 13 гнездо́; **~schwanz** *m Tech* ла́сточкин 13 хвост

Schwall *m* пото́к | ein ~ von Worten пото́к слов

Schwamm *m* Bade~ гу́бка 6 *a. Zool*; Haus~ домово́й гриб 2e | ~ d[a]rüber! *umg* оста́вим э́то!; забу́дем об э́том!; **~gummi** *m* губча́тая рези́на

schwammig porig ноздрева́т:ый; Gesicht обрю́зглый, по́рист:ый

Schwammtuch *n* хозя́йственная тря́пка 6 из целлюло́зы

Schwan *m* ле́бедь 1g

schwanen *unpers*: mir schwant у меня́ предчу́вствие

Schwanengesang *m* лебеди́ная пе́сня

schwanger бере́мен|ная, -на | ~ werden бере́менеть (за-); ~ sein быть бере́менной (von от *G*); im vierten Monat ~ sein быть на четвёртом ме́сяце бере́менности

Schwangere *f* бере́менная *Subst* 10

Schwangeren|beratung *f* же́нская консульта́ция, консульта́ция для бере́менных; **~erholungsheim** дом о́тдыха для бере́менных (же́нщин)

schwängern *tr* де́лать (с-) бере́менной; *Med* оплодотвор|я́ть ⟨-и́ть 3⟩; *Chem* насыща́ть ⟨насы́|тить 3 -щу⟩

Schwangerschaft *f* бере́менность 9

Schwangerschafts|unterbrechung *f* прерыва́ние бере́менности, (разрешённый) або́рт 2; **~urlaub** *m* о́тпуск по бере́менности, декре́тный о́тпуск *umg*; **~verhütungsmittel** *n* противозача́точное сре́дство

Schwank *m* (заба́вный) слу́ча|й 1 *G Pl* -ев, шу́тка 6; *Theat* фарс 2; *Lit* шванк 2

schwanken *intr* Ast, Brücke, Mast, Boot кач|а́ться ⟨-ну́ться *mom* 4⟩; Erde, Boden, Haus колеба́ться* (за-, по) ⟨колебну́ться 4⟩; Vase, Tisch; vor Müdigkeit шат|а́ться ⟨-ну́ться *mom* 4⟩; Preis, Temperatur колеба́ться; zögern колеба́ться (за-, по-) | der Boden schwankte unter seinen Füßen по́чва колеба́лась у него́ под нога́ми; sie schwankte zwischen zwei Entschlüssen она́ колеба́лась в вы́боре реше́ния

Schwanken *n* колеба́ние 5 | ins ~ geraten за-, поколеба́ться *v*

schwankend wackelig ша́т|кий, -ок, ва́л|кий, -ок, -ка́!; Boden, Preis, Temperatur колё́блющийся 11; Stimmung меня́ющийся 11; zögernd нереши́тел|ьный, -ен, -ьна, колё́блющийся 11 | ein ~er Gang нетвёрдая похо́дка; mit ~en Schritten поша́тываясь

Schwankung *f meist Pl* колеба́ние 5

Schwanz *m* хвост 2e | den ~ einziehen под|жима́ть ⟨-|жа́ть[1]*, -ожму́⟩ хвост

schwänzeln *intr* вил|я́ть ⟨-ьну́ть *mom* 4⟩ хвосто́м; *übertr* жема́нно выступа́ть ⟨вы́ступ|ить 3 -лю⟩; liebedienern ль|сти́ть 3 -щу (по-) (vor *D*)

schwänzen *tr umg* прогу́ливать ⟨-гуля́ть⟩ | die Schule ~ прогу́ливать уро́ки

Schwanz|feder *f* хвостово́е перо́; **~flosse** *f* Fisch хвостово́й плавни́к; *Flugw* стабилиза́тор 2; **~stück** *n* Rind огу́з|ок, -ка 2; Fisch хвост 2e

schwappen *intr* Wasser in Bewegung плеска́ть(ся)*; überlaufen перелива́ться ⟨-|ли́ться*¡ -лили́сь⟩

schwären *intr Med* нарыва́ть ⟨-|рва́ть*⟩

Schwarm *m* Menschen толпа́ 6c; Bienen ро|й 1b *G Pl* -ёв; Fische, Vögel ста́я 7; *übertr* увлече́ние 5 | sie ist sein ~ она́ его́ любо́вь [па́ссия]

schwärmen *intr* Insekten рои́ться 3; *übertr* мечта́ть (von о *P*); увлека́ться ⟨-|влё́чься*⟩ (für *I*) | er schwärmt für Musik он увлека́ется му́зыкой, он обожа́ет му́зыку; alle ~ für diesen Sänger все в восто́рге от э́того певца́

Schwärmer *m* Phantast мечта́тель 1; энтузиа́ст 2; Feuerwerk раке́та 6; *Zool* ночна́я ба́бочка 6; **~ei** *f* увлече́ние 5 (für *I*), энтузиа́зм 2; romantische Träumerei мечты́ *Pl* 6

schwärmerisch träumerisch мечта́тел|ьный, -ен, -ьна

Schwarte *f* dicke Haut то́лстая ко́жа 6; zerlesenes Buch ста́рая кни́га 6, ста́рый зачи́танный бульва́рный рома́н 2; minderwertiges Buch пуста́я кни́га

schwarz **1.** *Adj* чёр|ный, -ен, черна́, черны́ *u.* чёрны; von Pferden вороно́й; Gedanke; Nacht тём|ный, -ен, -на́ | ~ auf weiß чёрным по бе́лому; auf die ~e Liste setzen за|носи́ть 3⁺ ⟨-нести́*⟩ в чёрный спи́сок; ~e Nägel чёрные [гря́зные] но́гти; ein ~er Tag несча́стный день; mir wurde es ~ vor den Augen у меня́ в глаза́х потемне́ло; Schwarzes Meer Чёрное мо́ре **2.** *Adv*: sich ~ ärgern стра́шно сер|ди́ться 3⁺ -жу́сь (рас-); ~ färben черни́ть 3 (за-, на-); ~ kaufen купи́ть на чёрном ры́нке

Schwarz *n* Farbe чёрный цвет 2 | in ~ gekleidet оде́тый в чёрное (пла́тье) [в тра́ур]; **~arbeit** *f* нелега́льный за́работ|ок₁ -ка 2, рабо́та нале́во

schwarzarbeiten *intr umg* рабо́тать нале́во

schwarz|äugig черногла́зый; **~braun** чернобу́рый; Haut сму́гл:ый₁ -á! до черноты́

Schwarz|brot *n* чёрный [ржано́й] хлеб; **~drossel** *f* чёрный дрозд

Schwarze *n* | ins ~ treffen *übertr* по|па́сть* *v* в то́чку

Schwärze *f* чернота́ 6

schwärzen *tr* черни́ть 3 (по-); mit Ruß коп|ти́ть 3 -чу́ (за-)

Schwarzerde *f* чернозём 2

schwarzfahren *intr* е́хать*, *unbest* е́з|дить 3 -жу за́йцем [без биле́та]

Schwarzfahrer *m* безбиле́тный пассажи́р 2, за́|яц₁ -йца 2 *umg*

Schwarzfahrt *f* езда́ за́йцем [без биле́та]; ohne Fahrerlaubnis езда́ без прав (води́теля)

schwarzhaarig черноволо́сый

Schwarz|handel *m* торго́вля на чёрном ры́нке | ≈ treiben торгова́ть 2 из-под полы́, про|дава́ть* на чёрном ры́нке; **~hörer** *m Rad* радиоза́|яц₁ -йца 2 *umg*; **~malerei** *f* пессими́зм 2; пессимисти́ческое изображе́ние 5; **~markt** *m* чёрный ры́нок; **~marktpreis** *m* спекуляти́вная цена́; **~pappel** *f* осоко́рь 1, чёрный то́поль

schwarzrotgold чёрно-кра́сно-золото́й

schwarzsehen *intr* ви́|деть 3 -жу всё в мра́чном све́те, быть* пессими́стом; *TV* быть* телеза́йцем

Schwarz|seher *m* пессими́ст 2; *TV* телеза́|яц₁ -йца 2; **~wald** *m* Шва́рцвальд 2; **~weißfernseher** *m* чёрно-бе́лый телевизио́нный приёмник; **~weißfilm** *m Foto* чёрно-бе́лая плёнка; Kino чёрно-бе́лый фильм; **~weißfoto** n чёрно-бе́лый сни́мок; **~wild** *n* каба́ны *Pl* 2e, чёрная дичь; **~wurzel** *f* козел|е́ц₁ -ьца́ 2

schwatzen *intr* болта́ть, треща́ть 3

Schwätzer *m* болту́н 2e, трещо́тка *m 6*

schwatzhaft болтли́в:ый

Schwatzhaftigkeit *f* болтли́вость 9

Schwebe *f*: in der ~ на вису́; sich in der ~ halten ви|се́ть 3 -шу́ в во́здухе; das bleibt in der ~ э́то остаётся нерешённым [неопределённым]; **~bahn** *f* подвесна́я доро́га 6; **~balken** *m Sport* бревно́ 4c *Pl* брёвна

schweben *intr* gleiten пари́ть 3; Vogel, Ballon, Hubschrauber висе́ть 3 в во́здухе; im Kosmos пари́ть в (усло́виях) невесо́мости; *übertr* вита́ть | die Sache schwebt noch де́ло ещё не решено́ [не ула́жено]; in Lebensgefahr ~ нахо|ди́ться 3⁺ -жу́сь в смерте́льной опа́сности; in höheren Regionen ~ вита́ть в облака́х; **~d** вися́щий 11 в во́здухе; gleitend паря́щий 11; Streitfrage нерешённый; Prozeß незако́нченный | ≈er Gang пла́вная [лёгкая] похо́дка

Schwed|e *m* швед 2 | alter ~! старина́ *m* 6!; **~en** Шве́ция 8; **~in** *f* шве́дка 6

schwedisch шве́дский | hinter ~en Gardinen sitzen за решёткой

Schwefel *m* се́ра 6 | sie halten zusammen wie Pech und ~ *übertr* их водо́й не разольёшь; **~bad** *n* се́рная ва́нна; Kurort се́рные во́ды; **~grube** *f* се́рный рудни́к

schwefel|haltig содержа́щий 11 се́ру, серни́ст:ый; **~ig** серни́ст:ый

schwefeln *tr* обраб|а́тывать ⟨-о́тать⟩ се́рой

Schwefelquelle *f* се́рный исто́чник

schwefelsauer сернoки́слый

Schwefel|säure *f* се́рная кислота́; **~wasserstoff** *m* сероводоро́д 2

Schweif *m* хвост 2e

schweifen *intr* umherstreifen блужда́ть [бро|ди́ть 3⁺ -жу́] по *D* | er ließ seine Gedanken in die Zukunft ~ он отда́лся мы́слям о бу́дущем; über etw. den Blick ~ lassen обводи́ть 3⁺ -вожу́ ⟨-|вести́*⟩ что-н. взгля́дом

Schweige|marsch *m* марш молча́ния; **~minute** *f* мину́та молча́ния

schweigen *intr* молча́ть 3 | über etw. ~ молча́ть (про-) о чём-н.; er schwieg zu meiner Bemerkung он промолча́л на моё замеча́ние; er schweigt wie das Grab он нем как моги́ла; die Waffen ~ вое́нные де́йствия прекрати́лись

Schweigen *n* молча́ние 5 | j-n zum ~ bringen заст|авля́ть ⟨-а́вить 3 -а́влю⟩ кого́-н. замолча́ть, зажима́ть ⟨-|жа́ть[1]⟩ рот кому́-н.; sich in ~ hüllen храни́ть молча́ние

schweigend 1. *Adj* безмо́лв:ный₁ -ен; Zustimmung молчали́в:ый **2.** *Adv* мо́лча

Schweigepflicht *f*: ärztliche ~ враче́бная та́йна 6

schweigsam молчали́в:ый, неразгово́рчив:ый

Schwein *n* свин|ья́ 7c *G Pl* -е́й a. Person | er hat ~ *umg* ему́ здо́рово везёт

Schweine|bauch *m* свина́я груди́нка 6; **~braten** *n* жа́реная свини́на 6; **~farm** *f* свинофе́рма 6; **~fett** *n* свино́е са́ло; **~fleisch** *n* свини́на 6; **~futter** *n* корм для свине́й; **~geld** *n*: ein ≈ verdienen зараб|а́тывать ⟨-о́тать⟩ бе́шеные де́ньги;

~**hund** *m* Schimpfwort свинья́ 7с, подле́ц 2е; ~**hütte** *f* наве́с 2 для свине́й; ~**kopf** *m* Teil v. Schwein свина́я голова́; ~**kotelett** *n* свина́я отбивна́я котле́та; ~**mast** *f* отко́рм свине́й; ~**mästerei** *f* свиноотко́рмочный пункт; ~**meister** *m* ста́рший свина́рь 11-1е; ~**pest** *f* чума́ свине́й; ~**rei** *f* сви́нство; Zote поха́бщина 6; ~**schmalz** *n* (топлёное) свино́е са́ло; ~**schnitzel** *n* отбивно́й шни́цель из свини́ны; ~**stall** *m* свина́рник 2; ~**trog** *m* свина́я корму́шка; ~**zucht** *f* свиново́дство; ~**züchter** *m* свиново́д 2

Schweinigel *m* свинья́ 6с, поха́бник 2

schweinisch сви́нский; unanständig поха́б|ный, -ен

Schweins|borste *f* (свина́я) щети́на 6; ~**brust** *f* коре́йка 6; ~**keule** *f* о́корок 2b *Pl* -а́; ~**leder** *n* свина́я ко́жа

schweinsledern из свино́й ко́жи

Schweiß *m* пот 2b *G a.* -у в поту́; Blut des Wildes кровь 9 | in ~ gebadet весь в поту́; im ~e seines Angesichts в по́те лица́ своего́; in ~ geraten поте́ть (вс-); der ~ rinnt in Strömen пот льёт гра́дом; das hat viel ~ gekostet э́то сто́ило мно́го труда́; ~**blatt** *n* подмы́шник 2; ~**brenner** *m* сва́рочная горе́лка; ~**drüse** *f* потова́я железа́

schweißen *tr Tech* сва́ривать ⟨свари́ть 3⁺⟩; *intr* Wild истека́ть ⟨-|те́чь*⟩ кро́вью

Schweiß|en *n Tech* сва́рка 6; ~**er** *m* сва́рщик 2; ~**füße** *Pl* потли́вые но́ги | er hat ≈ у него́ поте́ют но́ги

schweißgebadet весь в поту́, покры́т:ый по́том

Schweiß|gerät *n* сва́рочный аппара́т; ~**geruch** *m* за́пах по́та; ~**hund** *m* (соба́ка-)ище́йка (6-)6

schweißig по́т|ный, -ен, -на́!

Schweiß|leder *m* im Hut ко́жаная поло́ска 6 внутри́ шля́пы; ~**mittel** *n Med* потого́нное сре́дство; ~**naht** *f* сварно́й шов; ~**stelle** *f* ме́сто сва́рки; ~**technik** *f* сва́рочная те́хника

schweiß|treibend потого́нный; ~**triefend** весь в поту́

Schweißtropfen *m* ка́пля по́та

Schweiz *f* Швейца́рия 8

Schweizer *m* швейца́р|ец, -ца 2 | ~ Käse швейца́рский сыр; ~**deutsch** *n* неме́цкий язы́к 2с Швейца́рии; ~**in** *f* швейца́рка 6

schweizerisch швейца́рский

Schwelbrand *m* тле́ющий 11 ог|о́нь, -ня́ 1

schwelen *tr* entgasen швелева́ть; *intr* Feuer тлеть *a. übertr*

schwelgen *intr* насла|жда́ться ⟨-ди́ться 3 -жу́сь⟩ (in *I*), (стра́стно) от|дава́ться* ⟨-|да́ться*⟩ (im *D*) | im Überfluß ~ утопа́ть в ро́скоши, роско́шествовать 2; in Erinnerungen ~ пре|дава́ться* прия́тным воспомина́ниям

Schwelle *f* Tür поро́г 2 *a. übertr; Eisenb* шпа́ла 6 | an der ~ von etw. на поро́ге чего́-н.

schwellen *tr* на-, раздува́ть ⟨-|ду́ть*⟩; *intr Med* о|тека́ть ⟨-|те́чь*⟩, пу́хнуть 4 *u.* 4а (рас-), вздува́ться ⟨-|ду́ться*⟩; Fluß прибыва́ть ⟨прибы́ть*⟩; Knospen наб|уха́ть ⟨-у́хнуть 4а⟩ | ihm schwillt der Kamm *umg* он петуши́тся; dick geschwollen си́льно распу́хший 11, Mandeln, Leber увели́ченный

Schwellung *f Med* о-, распуха́ние 5, взду́тие 5; leichte припу́хлость 9; Geschwulst о́пухоль 9; Leber увеличе́ние 5

Schwemme *f* Pferde~ ме́сто 4b для купа́ния лошаде́й; *umg* Überangebot оби́лие 5 (an *G*)

schwemmen *tr* Pferde купа́ть (ис-) | an Land ~ выно|си́ть 3⁺ -шу́ ⟨вы́|нести*⟩ на бе́рег

Schwemm|land *n* нано́сная земля́, нано́с 2; ~**sand** *m* нано́сный песо́к

Schwengel *m* Glocke язы́к 2е; Pumpe коромы́сло 4; Brunnen жура́вль 1е

Schwenk *m* Film панорами́рование 5; ~**arm** *m Tech* поворо́тная уко́сина 6; Kran поворо́тная стрела́ 6с; Wasserhahn поворо́тная тру́бка 6; ~**bagger** *m* (полно)поворо́тный экскава́тор

schwenkbar поворо́тный

Schwenkbereich *m* eines Kranes подкра́новое по́ле 3b

schwenken *tr* маха́ть* ⟨махну́ть 4⟩ *I*, hin u. her разма́хивать *I*; *intr* повора́чивать ⟨-верну́ть 4⟩, измен|я́ть -и́ть 3⁺ направле́ние | die Kamera ~ панорами́ровать 2; rechts schwenkt, marsch! *Mil* ле́вое плечо́ вперёд, ша́гом марш!

Schwenker *m* (коня́чная) рю́мка 6

Schwenk|flügelflugzeug *n* самолёт с поворо́тными кры́льями; ~**hahn** *m* поворо́тная стрела́ 6с; ~**kran** *m* де́ррик [дэ] 2; ~**lader** *m* поворо́тный погру́зчик

Schwenkung *f* Wendung поворо́т 2, переме́на 6 направле́ния *a. übertr; Mil* захожде́ние 5 плечо́м | eine ~ nach links поворо́т нале́во

schwer 1. *Adj* тяж|ёлый, -ёл, -ела́; an Gewicht, schwerfällig гру́з|ный, -ен, -на́, -но, гру́зны́; mühsam, ernst тя́ж|кий, -ек, -ка́!; schwierig тру́д|ный, -ен, -на́, -но, тру́дны́; Winter суро́в:ый; Tabakwaren, Getränke кре́п|кий, -ок, -ка́! | zwei Kilogramm ~ ве́сом в два килогра́мма; ~ werden тяжеле́ть (о-, по-); ~er Sturm стра́шная бу́ря; ~e See бу́рное мо́ре; ~e Artillerie тяжёлая артилле́рия; ~es Verbrechen тя́жкое преступле́ние; j-m das Herz ~ machen огорч|а́ть ⟨-и́ть 3⟩ кого́-н.; er hat Schweres durchgemacht жизнь у него́ была́ нелёгкая **2.** *Adv* тяжело́; тру́дно; mit Mühe с трудо́м | es fällt mir ~ мне тру́дно; er hört ~ он туг на́ ухо; das ist ~ zu sagen э́то тру́дно сказа́ть; er ist ~ krank он тяжело́ бо́лен

Schwer|arbeiter *m* рабо́чий| за́нятый на тяжёлой рабо́те; **~athlet** *m* тяжелоатле́т 2; **~athletik** *f* тяжёлая атле́тика

schwer|beladen тяжело́нагру́женный; **~beschädigt**: er ist zu 75% ≈ он на се́мьдесят пять проце́нтов инвали́д [нетрудоспосо́бен]

Schwerbeschädigte(r) *f (m)* инвали́д 2

schwerbewaffnet Posten вооружённый с головы́ до ног

Schwere *f* тя́жесть 9 *a. übertr*; Aufgabe a. тру́дность 9; *Phys* си́ла 6 тя́жести, тяготе́ние 5 | die ~ des Verbrechens тя́жесть преступле́ния

schwerelos *Phys* невесо́мый | der ~e Zustand состоя́ние невесо́мости

Schwere|losigkeit *f* невесо́мость 9; **~nöter** *m* сердцее́д [рц] 2

schwer|erziehbar трудновоспиту́ем:ый; **~fallen** *intr* Lernen, Lesen дава́ться* с трудо́м | es fällt mir schwer, ... мне тру́дно ...; **~fällig** неповоро́тлив:ый; ungeschickt неуклю́ж:ий 11; Stil тяж|ёлый| -ёл -ела́; Rede, Ausdruck тяжелове́с|ный| -ен | ≈ sein быть тяжёлым над подъём *umg*

Schwerfälligkeit *f* неповоро́тливость 9; неуклю́жесть 9

Schwergewicht *n* тяжёлый вес | das ~ auf etw. legen удел|я́ть ⟨-и́ть 3⁺⟩ чему́-н. основно́е внима́ние; **~ler** *m* тяжелове́с 2; Boxer a. боксёр 2 тяжёлого ве́са

Schwergewichts|klasse *f* катего́рия тяжёлого ве́са; **~meister** *m* чемпио́н в тяжёлом ве́се

schwerhörig туг:о́й| -á! на́ ухо, глухова́т:ый

Schwerin Швери́н 2

Schwer|hörigkeit *f* туго́ухость 9; **~industrie** *f* тяжёлая промы́шленность; **~kraft** *f* тяготе́ние 5, си́ла тя́жести

schwerkrank тяжелобольно́й (тяжело́ бо́л|ен| -ьна́)

Schwerlast|anhänger *m Kfz* прице́п-тяжелово́з 2-2; **~zug** *m Eisenb* тяжелове́сный (това́рный) соста́в [по́езд]; *Kfz* грузово́й автомоби́ль 1 большо́й грузоподъёмности с прице́пом

schwerlich *Adv* вряд ли, едва́ ли

Schwer|maschinenbau *m* тяжёлое машинострое́ние; **~metall** *n* тяжёлый мета́лл; **~mut** *f* тоска́ 6, мра́чное настрое́ние 5

schwermütig тосли́в:ый, мра́ч|ный| -ен| -на́!

schwernehmen *tr* принима́ть ⟨приня́ть*⟩ что-н. бли́зко к се́рдцу, тяжело́ [боле́зненно] реаги́ровать 2 на что-н.

Schweröl *n* тяжёлое то́пливо, мазу́т 2

Schwerpunkt *m Phys* центр 2 тя́жести; *Wirtsch* важне́йшая 11 [основна́я] о́трасль 9 | den ≈ auf etw. legen де́лать (с-) основно́й упо́р на что-н.; hier liegt der ~ der Frage э́то су́щность вопро́са; **~aufgabe** *f* важне́йшая 11 [гла́вная] зада́ча; **~betrieb** *m* предприя́тие 5 [заво́д 2] первостепе́нного значе́ния [важне́йшей о́трасли промы́шленности]

Schwert *n* меч 2е *G Pl* -е́й; **~boot** *n* шверббо́т 2; **~fisch** *m* меч-ры́ба 6; **~lilie** *f* каса́тик 2; **~streich** *m* уда́р мечо́м | ohne (einen) ≈ без бо́я

Schwerverbrecher *m* уголо́вный престу́пник

schwer|verdaulich неудобовари́м:ый; **~verletzt** тяжелора́неный (тяжело́ ра́нен); **~verständlich** малопоня́тный (ма́ло поня́тен); **~verträglich** Mensch неужи́вчив:ый; **~verwundet = schwerverletzt**; **~wiegend** ве́с|кий| -ок, серьёзный| -ен

Schwester *f* сестра́ 6с *Pl* сёстры| сестёр| сёстрам; Kranken≁ (медици́нская) сестра́, медсестра́; **~betrieb** *m* одноти́пное предприя́тие

schwesterlich *Adv* по-се́стрински, как сестра́

Schwestern|haube *f* косы́нка 6 (мед)сестры́, че́пчик 2; **~schule** *f* шко́ла медици́нских сестёр; **~tracht** *f* фо́рменная оде́жда медици́нской сестры́

Schwesterschiff *n* одноти́пное су́дно

Schwieger|eltern *Pl* роди́тели жены́ [v. Frau му́жа]; **~mutter** *f* Mutter der Ehefrau тёща 6; Mutter des Ehemannes свекро́вь 9; **~sohn** *m* зять 1b *Pl* -я́| -ёв; **~tochter** *f* неве́стка 6; eines Mannes сноха́ 6с; **~vater** *m* Vater der Ehefrau тесть 1; Vater des Ehemannes свёк|ор| -ра 2

Schwiele *f* мозо́ль 9

schwielig мозо́лист:ый

schwierig тру́д|ный| -ен| -на́| -но| тру́дны́, затрудни́тел|ьный| -ен| -ьна; Charakter тяжёл:ый| тяжела́; kompliziert сло́ж|ный| -ен| -на́!; heikel щекотли́в:ый | das ist eine ~e Frage э́то тру́дный вопро́с; etw. ~ finden счита́ть ⟨счесть*⟩ что-н. тру́дным; er ist ein ~er Mensch он тяжёлый челове́к

Schwierigkeit *f* тру́дность 9, затрудне́ние 5 | finanzielle ~en фина́нсовые затрудне́ния; auf ~en stoßen ната́лкиваться ⟨-толкну́ться 4⟩ на тру́дности; ~en aus dem Wege räumen преодол|ева́ть ⟨-е́ть⟩ тру́дности; j-m ~en machen соз|дава́ть* ⟨созда́ть*⟩ кому́-н. тру́дности

Schwierigkeitsgrad *m* стéпень трýдности [слóжности]

Schwimm|bad *n* открытый лéтний 11 бассéйн; Hallenbad зúмний 11 бассéйн; **~bagger** *m* плавýчая землечерпáлка 11-6; **~becken** *n* бассéйн для плáвания; **~blase** *f* плáвательный пузы́рь; **~dock** *n* плавýчий 11 док

schwimmen *intr* плáвать, *best* плыть*; best. Strecke проплывáть ⟨-плы́ть⟩; *übertr* плáвать | ich bin über den Fluß geschwommen я переплы́л рéку [чéрез рéку]; er schwamm ans Ufer он плыл [подплы́л] к бéрегу; mit dem Strom [gegen den Strom] ~ плыть по течéнию [прóтив течéния] *a. übertr;* es schwimmt mir vor den Augen у меня́ темнéет в глазáх, у меня́ всё сливáется пéред глазáми; er schwimmt im Geld у негó ýйма дéнег; in der Prüfung ~ плáвать на экзáмене

Schwimmen *n* плáвание 5

schwimmend 1. *Adj* плавýчий 11 **2.** *Adv* übersetzen вплавь

Schwimmer *m* плов|éц, -цá 2; Gerät поплав|óк, -кá 2; **~in** *f* пловчúха 6

schwimmfähig спосóбный плáвать, плавýчий 11

Schwimm|flosse *f* Fisch плавнúк 2е; ≈en *Pl* künstliche лáсты *Pl* 2; **~gürtel** *m* спасáтельный пóяс; **~halle** *f* закры́тый бассéйн; **~haut** *f* плáвательная перепóнка; **~kran** *m* плавýчий 11 кран, *umg* плавкрáн 2; **~lehrer** *m* инстрýктор 2 по плáванию; **~panzer** *m* плáвающий 11 танк; **~ring** *m* надувнóй круг (для плáвания); **~sport** *m* плáвание 5; **~stadion** *n* вóдный стадиóн; **~unterricht** *m* обучéние плáванию; Unterrichtsstunde урóк [урóки] плáвания; **~vogel** *m* водоплáвающая 11 птúца; **~weste** *f* спасáтельный (надувнóй) жилéт; **~wettkämpfe** *m Pl* состязáния по плáванию

Schwindel *m Med* головокружéние 5; Betrug надувáтельство 4, обмáн 2 | ausgemachter ~ я́вное [чистéйшее 11] надувáтельство; den ganzen ~ kennen знать все э́ти фóкусы; **~anfall** *m* прúступ головокружéния; **~ei** *f* надувáтельство 4, обмáн 2

schwindel|erregend головокружúтел|ьный, -ен, -ьна; **~frei** не подвéрженный головокружéнию

schwind[e]lig: mir wurde ~ у меня́ закружúлась головá; mir ist ~ у меня́ кружúтся головá

schwindeln *intr* lügen врать* (на-, со-); betrügen обмáнывать ⟨-манýть 4⁺⟩, мошéнничать (с-) | mir schwindelt у меня́ крýжится головá; mir schwindelt bei diesem Gedanken от э́той мы́сли у меня́ головá идёт крýгом

schwinden *intr* abnehmen убывáть ⟨убы́ть*⟩, уменьшáться ⟨-мéньшиться 3⟩; ver~ исчезáть ⟨-чéзнуть 4а⟩; Kräfte слабéть (о-) | mir ~ die Sinne я теря́ю сознáние; j-s Hoffnung schwindet кто-н. (постепéнно) теря́ет надéжду

Schwindler *m* мошéнник 2, обмáнщик 2; Hochstapler аферúст 2

Schwindsucht *f* чахóтка 6 | galoppierende ~ скоротéчная чахóтка

Schwingachse *f Tech* ось с независúмой подвéской колёс

schwingen *tr* махáть* ⟨махнýть 4⟩ *I,* размáхивать *I; intr* schaukeln раскáчиваться ⟨-качáться⟩; Pendel кач|áться ⟨-нýться *mom* 4⟩, колебáться* (по-) | sich in die Luft ~ Vogel поднимáться ⟨подня́ться*⟩ (в вóздух), взвивáться ⟨-|вúться*, взовьётся⟩; sich in den Sattel ~ вскáкивать ⟨вскочúть 3⁺⟩ в седлó; sich aufs Fahrrad ~ вскочúть на велосипéд; große Reden ~ произносúть 3⁺ -ношý грóмкие словá

Schwing|kreis *m Rad* (колебáтельный) кóнтур 2; **~ung** *f* раскáчивание 5, качáние 5; *Phys* вибрáция 8, колебáние 5

Schwingungs|dauer *f* перúод 2 колебáний; **~zahl** *f* частотá 6с колебáний

Schwips *m* лёгкое [хк] опьянéние 5 | einen ~ haben быть* под хмелькóм [под мýхой]

schwirren *intr* Insekten жужжáть 3; Geschoß, Pfeil сви|стéть 3 -щý (про-) | mir schwirrt der Kopf (von) у меня́ головá идёт крýгом (от *G*)

Schwitzbad *n* паровáя бáня [вáнна]

schwitzen *intr* потéть (вс-); (über Aufgabe над *I,* vor Angst от *G*); Fenster потéть (за-) | j-n ~ machen вгоня́ть ⟨во|гнáть*, вгоню́⟩ когó-н. в пот

Schwitz|kur *f* потогóнное лечéние; **~packung** *f* укýтывание всегó тéла для потéния; **~wasser** *n* конденсáт [дэ] 2

schwören *tr* кля́сться* (по-) (etw. в чём-н.); einen Eid leisten присяг|áть ⟨-нýть 4⟩; *intr* bürgen ручáться (auf за *A*) | Treue ~ кля́сться в вéрности, присягáть на вéрность; j-m Rache ~ покля́сться *v* отомстúть комý-н.; wir ~ auf ihn мы за негó ручáемся, мы убеждены́ в егó правотé [в прáвильности егó слов]

schwül дýш:ный, -ен, -нá!; drückend heiß знó|йный, -ен, -йна | heute ist es ~ сегóдня дýшно

Schwüle *f* духотá 6; зной 1

schwülstig высокопáр|ный, -ен, напы́щен:ный, -на

Schwund *m* Kaufkraft падéние 5; Mengen~; Interesse потéря 7; Verminderung, Abnahme уменьшéние 5; Schrumpfung усáдка 6; Gewichtsverlust

durch Trocknen усу́шка 6; *Med* атрофи́я 8; *Rad* фе́динг 2, замира́ние 5
Schwung *m* schnelle Bewegung (вз)мах 2; Anlauf, Wucht, weites Ausholen разма́х 2; *Sport* мах; Ski вороро́т 2; *übertr* воодушевле́ние 5, подъём 2, поры́в 2 | mit ~ с разма́ху; in ~ kommen приобрета́ть ⟨-|обрести́*⟩ широ́кий разма́х; j-n auf ~ bringen раскача́ть *v* кого́-н.; etw. in ~ bringen vorantreiben вноси́ть 3⁺ -ношу́ ⟨-|внести́*⟩ во что-н. живу́ю струю́; **~feder** *f* махово́е перо́
schwunghaft Handel оживлён:ный, -на, бо́:йкий, -ек, -йка́! | einen ~en Handel treiben бо́йко торгова́ть
Schwung|kraft *f Phys* центробе́жная си́ла; *übertr* эне́ргия 8; **~rad** *n* махови́к 2e, махово́е колесо́; **~radantrieb** *m* махови́ко́вый (электро)приво́д
schwungvoll сде́ланный с больши́м подъёмом [энтузиа́змом]; Worte, Rede стра́ст|ный, -ен, -на́!, пла́менный; Schritt разма́шист:ый, энерги́ч|ный, -ен
Schwur *m* кля́тва 6; Eid прися́га 6 | einen ~ ablegen дава́ть* ⟨дать*⟩ кля́тву; **~gericht** *n* суд прися́жных
Seal *m* Fell ко́тик 2; **~mantel** *m* ко́тиковое пальто́
sechs *Num* шесть 9e | wir waren ~ нас бы́ло ше́стеро; es geht auf ~ (Uhr) шесто́й час; nach ~ (Uhr) в седьмо́м часу́
Sechs *f* число́ 4c шесть, шестёрка 6; Straßenbahn шестёрка, шесто́й но́мер 2b; **~eck** *n* шестиуго́льник 2
sechs|eckig шестиуго́льный; **~einhalb** *Num* шесть с полови́ной; **~erlei** шести́ сорто́в [родо́в, ви́дов]; **~fach** **1.** *Adj* шестикра́тный **2.** *Adv* шесть раз, вше́стеро; **~füßig** шестино́гий; Vers шестисто́пный; **~geschossig** шестиэта́жный; **~hundert** *Num* шест|ьсо́т, -исо́т, -иста́м, -ьюста́ми, -иста́х; **~jährig** шестиле́тний 11; **~mal** *Adv* шесть раз; bei Vergleich в шесть раз, вше́стеро | ≈ so viel в шесть раз бо́льше; **~malig** шестикра́тный; **~monatig** шестиме́сячный; **~seitig** шестисторо́нний 11 | ≈er Artikel статья́ в шесть страни́ц; **~sitzig** шестиме́стный; **~stellig** шестизна́чный; **~stöckig** шестиэта́жный, in der UdSSR entsprechend семиэта́жный; **~stündig** шестичасово́й
sechst: zu ~ вшестеро́м
Sechstagerennen *n* шестидне́вные (вело-)го́нки
sechstausend *Num* шесть 9e ты́сяч
sechster *Num* шесто́й
Sechstel *n* шеста́я часть 9g
sechstens *Adv* в-шесты́х
sechzehn *Num* шестна́дцать 9; **~jährig** шестнадцатиле́тний 11
Sechzehntelnote *f* шестна́дцатая но́та
sechzehnter *Num* шестна́дцатый
sechzig *Num* шест|ьдеся́т *G D P* -и́десяти, *I* -ью́десятью
Sechziger *m* Mann шестидесятиле́тний мужчи́на 11-6
sechzig|jährig шестидесятиле́тний 11; **~ster** *Num* шестидеся́тый
Sediment *n* оса́д|ок, -ка 2; **~gestein** *n* оса́дочная поро́да
[1]**See** *m* о́зеро 4f *Pl* озёра | am ~ у о́зера; auf einem ~ Boot fahren ката́ться по о́зеру на ло́дке
[2]**See** *f* мо́ре 3 | schwere ~ бу́рное мо́ре; auf hoher ~ в откры́том мо́ре; an der ~ на берегу́ мо́ря, у мо́ря; in ~ stechen уходи́ть 3⁺ -хожу́ ⟨-|йти́*⟩ в мо́ре; an die ~ fahren е́хать (по-) на мо́ре [к мо́рю]; zur ~ fahren пла́вать на корабле́, быть* моряко́м; **~bad** *n* Kurort морско́й [примо́рский] куро́рт; Heilbad морска́я ва́нна; **~bär** *m Zool* морско́й ко́тик; Matrose быва́лый моря́к 2e; **~beben** *n* морско́е землетрясе́ние; **~fahrer** *m* морепла́ватель 1; *alt* мореход 2; **~fahrt** *f* морепла́вание 5, морско́е судохо́дство 4; Reise путеше́ствие [пое́здка] мо́рем [по мо́рю], морско́е путеше́ствие
seefest не подве́ржен:ный морско́й боле́зни; seetüchtig с хоро́шими мореходными ка́чествами
See|fisch *m* морска́я ры́ба; **~fischerei** *f* морско́е рыболо́вство; **~fracht** *f* морско́й груз; **~gang** *m* волне́ние 5 на́ море | schwerer ≈ си́льное волне́ние; **~gefecht** *n* морско́й бой; **~gras** *n* морска́я трава́; **~hafen** *m* морско́й порт; **~herrschaft** *f* госпо́дство на мо́ре; **~hund** *m* тюле́нь 1; **~hund(s)fett** *n* шку́ра тюле́ня; **~igel** *m* морско́й ёж; **~karte** *f* морска́я [навигацио́нная] ка́рта
seeklar *Mar* гото́в:ый к вы́ходу в мо́ре
Seeklima *n* морско́й кли́мат
seekrank страда́ющий 11 морско́й боле́знью | er wurde ~ его́ укача́ло
See|krankheit *f* морска́я боле́знь; **~krieg** *m* война́ на мо́ре; **~kuh** *f* сире́на 6, морска́я коро́ва; **~lachs** *m* са́йда 6
Seele *f* душа́ 6c *A* ду́шу; *Mil* кана́л 2 ствола́; *Mus* ду́шка 6 | er ist mit Leib und ~ bei der Arbeit он весь поглощён рабо́той; er war die ~ des Unternehmens он был душо́й всего́ (э́того) предприя́тия; sie sind ein Herz und eine ~ они́ живу́т душа́ в ду́шу; eine ~ von einem Menschen душа́-челове́к; es tut einem in der ~ weh, wenn man sieht … душа́ боли́т, когда́ посмо́тришь …; j-m aus der ~ sprechen выска́зывать ⟨вы́|сказать*⟩ то, что у друго́го на душе́
Seelen|angst *f* си́льный страх; **~frieden** *m* душе́вное споко́йствие; **~größe** *f* ве-

ли́чие души́; **~qual** *f* пы́тка 6; **~ruhe** *f* душе́вный поко́й
seelenruhig соверше́нно споко́йно
seelensgut о́чень до́брый
seelenvoll с душо́й, с чу́вством; Blick вырази́тел|ьный| -ен| -ьна
Seelenwanderung *f* переселе́ние 5 душ
Seeleute *Pl* моряки́ *Pl* 2е
seelisch душе́вный; Schock психи́ческий
See|löwe *m* морско́й лев; **~luft** *f* морско́й во́здух; **~macht** *f* морска́я держа́ва; **~mann** *m* моря́к 2е
seemännisch морско́й, моря́цкий
Seemeile *f* морска́я ми́ля
Seenot *f* бе́дствие 5 на мо́ре; Havarie круше́ние 5 (на мо́ре) | in ≈ geraten терпе́ть 3⁺ (по-) бе́дствие на мо́ре; **~dienst** *m* морска́я авари́йно-спаса́тельная слу́жба
Seenplatte *f* озёрный край 1b *Pl* кра|я́| -ёв
See|offizier *m* морско́й офице́р; **~pferdchen** *n* морско́й конёк; **~räuber** *m* пира́т 2; **~räuberei** *f* пира́тство 4; **~recht** *n* морско́е пра́во; **~reise** *f* морско́е путеше́ствие, морска́я пое́здка; **~rose** *f* Wasserrose кувши́нка 6; **~sack** *m* (матро́сский) вещево́й мешо́к; **~salz** *n* морска́я соль; **~schiff** *n* морско́е су́дно; **~schiffahrt** *f* морско́е судохо́дство; **~schlacht** *f* морско́е сраже́ние; **~schlange** *f* морска́я змея́; **~stadt** *f* примо́рский го́род; **~stern** *m* морска́я звезда́; **~streitkräfte** *Pl* (вое́нно-)морски́е си́лы; **~tang** *m* фу́кус 2
seetüchtig Schiff морехо́дный
See|verkehr *m* морско́й тра́нспорт; **~wasser** *n* морска́я вода́; **~weg** *m* морско́й путь | auf dem ≈ мо́рем, морски́м путём; **~wind** *m* морско́й ве́тер; **~zeichen** *n* (морско́й) навигацио́нный знак
Segel *n* па́рус 2b *Pl* -а́ | mit vollen ~n fahren идти́* на всех паруса́х *a. übertr;* j-m den Wind aus den ~n nehmen *übertr* лиш|а́ть ⟨-и́ть 3⟩ кого́-н. возмо́жности де́йствовать; die ~ setzen поднима́ть ⟨подня́ть*⟩ паруса́; **~boot** *n* па́русная ло́дка; **~fliegen** *n* = **~flugsport; ~flieger** *m* планери́ст 2; **~flug** *m* плани́рующий 11 полёт; **~flugplatz** *m* планеродро́м 2; **~flugsport** *m* планёрный спорт, планери́зм 2; **~flugzeug** планёр 2; **~jacht** *f* (па́русная) я́хта; **~klub** *m* яхт-клу́б 2
segeln *intr* пла́вать, *best* плыть* [идти́*] под паруса́ми; Vögel пари́ть 3; Wolken плыть
Segeln *n* пла́вание 5 под паруса́ми; Segelsport па́русный спорт 2
Segel|regatta *f* па́русная рега́тта; **~schiff** *n* па́русное су́дно, па́русник 2; **~schlitten** *m* бу́ер 2b *Pl* -а́; **~sport** *m* па́русный спорт | ≈ betreiben занима́ться па́русным спо́ртом; **~sportler** *m* яхтсме́н 2; **~tuch** *n* паруси́на 6; **~tuchschuh** *m* паруси́новая ту́фля
Segen *m Rel* благослове́ние 5; Glück сча́стье 5 | Gottes ~ благода́ть бо́жья 9-12; seinen ~ zu etw. geben дава́ть ⟨дать⟩ своё согла́сие на что-н.; es ist ein wahrer ~, daß ... про́сто благода́ть| что ...
segensreich 1. *Adj* поле́з|ный| -ен **2.** *Adv* wirken на бла́го *G*
Segler *m* Schiff па́русник 2; Sportler яхтсме́н 2
Segment *n* сегме́нт 2
segnen *tr Rel* благослов|ля́ть ⟨-и́ть 3 -лю́⟩ | mit Kindern gesegnet sein име́ть мно́го дете́й
sehbehindert с повреждённым зре́нием, с пораже́нием зре́ния | der Sehbehinderte челове́к 2 с поврежде́нием [пораже́нием] зре́ния
sehen *tr* ви́|деть 3 -жу (у-); *intr* смотре́ть 3⁺ (по-), гля|де́ть 3 -жу́| гля́дя (по-) | sieh! смотри́!; siehst du! ви́дишь ли!, вот ви́дишь!; sieh da! вот| вот!; sehe ich recht? кого́ я ви́жу?, что я ви́жу?; ich freue mich, Sie zu ~ я рад вас ви́деть; es gern ~ люб|и́ть 3⁺ -лю́; in den Spiegel ~ смотре́ть в зе́ркало; ich habe den neuen Film gesehen я смотре́л но́вый кинофи́льм; es gibt dort nichts zu ~ там не́чего смотре́ть; er kann sich ~ lassen он не уда́рит лицо́м в грязь; das kann sich ~ lassen (э́то) лю́бо-до́рого смотре́ть; nach j-m ~ иска́ть* кого́-н.; er kann gut ~ у него́ о́строе зре́ние; das sieht ihm ähnlich э́то на него́ похо́же; j-m ähnlich ~ быть* похо́жим на кого́-н.; j-m auf die Finger ~ присм|а́тривать ⟨-отре́ть 3⁺⟩ за кем-н.; ich habe ihn kommen ~ я ви́дел| как он пришёл; sich satt an etw. ~ нагля|де́ться *v* 3 -жу́сь на что-н.; ich sehe alles doppelt у меня́ дво́ится в глаза́х; wann ~ wir uns? когда́ мы уви́димся [встре́тимся]?; er sah sich gezwungen, dies zu tun он был вы́нужден э́то сде́лать
Sehen *n:* j-n (nur) vom ~ kennen знать кого́-н. (то́лько) в лицо́; vom ~ wird man nicht satt с погляде́нья сыт не бу́дешь
sehens|wert, ~würdig достопримеча́тел|ьный| -ен| -ьна
Sehenswürdigkeit *f* достопримеча́тельность 9
Seh|fehler *m* недоста́ток зре́ния, плохо́е зре́ние 5; **~feld** *n* по́ле зре́ния; **~kraft** *f* зре́ние 5
Sehne *f Anat* сухожи́лие 5; *Math* хо́рда 6; Bogen~ тетива́ 6

sehnen, sich *refl* тосковáть 2 (nach по *P oder* по *D*); erstreben стрем|и́ться 3 -лю́сь к *D* | sich nach der Heimat sehnen тосковáть по рóдине; ein sehnendes Verlangen тоскá 6
Sehnen|scheide *f* сухожи́льное влагáлище; **~scheidenentzündung** *f* тендовагини́т 2; **~zerrung** *f* растяжéние сухожи́лий
Sehnerv *m* зри́тельный нерв
sehnig жи́лист:ый
sehnlich 1. *Adj* завéтный, стрáст|ный, -ен, -нá! | sein ~ster Wunsch егó завéтная мечтá; ~st с огрóмным нетерпéнием **2.** *Adv* с нетерпéнием, стрáстно
Sehnsucht *f* тоскá 6 (nach по *P oder* по *D*); Streben стрáстное желáние 5 (nach *G*), стремлéние 5 (nach к *D*) | ~ haben nach j-m тосковáть 2 по комý-н., соскýчиться *v* 3 по комý-н. [по ком-н.]; er vergeht vor ~ егó мýчит тоскá
sehnsüchtig стрáст|ный, -ен, -нá!; Brief пóлный тоски́, пóлный стрáстного ожидáния | j-n ~ erwarten стрáстно желáть встрéчи с кем-н.
sehr *Adv* óчень, весьмá | wie ~ auch … скóлько (бы) ни …; zu ~ сли́шком, чересчýр; so ~, daß … настóлько [до такóй стéпени, до тогó], что …; so ~ du dich auch sträubst … как бы си́льно ты ни проти́вился …; bitte ~! пожáлуйста!, прошý!; danke ~! большóе спаси́бо!; ~ schön! прекрáсно!; draußen regnete es ~ на ýлице шёл си́льный дождь
Seh|rohr *n Mil, Mar* перискóп 2; **~schärfe** *f* острotá зрéния
sehschwach со слáбым зрéнием
Seh|schwäche *f* слáбость зрéния; **~störung** *f* расстрóйство зрéния; **~vermögen** *n* зрéние 5; **~weite** *f* пóле 3b [предéл 2] зрéния
seicht Wasser мéл|кий, -ок, -кá!, -ьче; Fluß *a.* мелковóд|ный, -ен; *übertr* повéрхност|ный, -ен, пуст|óй, -á! | ~ werden мелéть (об-)
Seide *f* шёлк 2b *G a.* -у, на, в шелкý, *Pl* шелкá | mit ~ gefüttert на шелкý
Seidel *n* крýжка 6 | ein ~ Bier крýжка пи́ва
seiden шёлковый; seidig шелкови́ст:ый
Seiden|bau *m* шелковóдство 4; **~faden** *m* шелкови́на 6; **~gewebe** *n* шёлковая ткань; **~glanz** *m* шелкови́стый блеск; **~kleid** *n* шёлковое плáтье; **~papier** *n* шёлковая бумáга; **~raupe** *f* шелкови́чный червь; **~raupenzucht** *f* разведéние гýсеницы шелкови́чного червя́; **~spinnerei** *f* шёлкопрядéние 5; Betrieb шёлкопряди́льная фáбрика 6; **~stickerei** *f* вышивáние 5 шёлком; Gesticktes шёлковая вы́шивка; **~stoff** *m* шёлковая матéрия [ткань]; **~strumpf** *m* шёлковый чулóк; **~weberei** *f* шёлкоткáчество; Betrieb шёлкоткáцкая фáбрика
seidenweich мя́гкий [хк] как шёлк
Seidenzucht *f* шелковóдство 4
seidig шелкови́ст:ый
Seife *f* мы́ло 4b
seifen *tr* мы́лить 3 (на-), намы́л|ивать ⟨-ить⟩
Seifen|bad *n* мы́льная вáнна; **~blase** *f* мы́льный пузы́рь *a. übertr* | ≈n machen пускáть мы́льные пузыри́; **~dose** *f* мы́льница 6; **~fabrik** *f* мыловáренный завóд; **~flocken** *Pl* мы́льная стрýжка 6; **~lauge** *f* мы́льный щёлок; **~pulver** *n* мы́льный порошóк; **~schale** *f* мы́льница 6; **~schaum** *m* мы́льная пéна; **~sieder** *m* мыловáр 2 | jetzt geht mir ein ≈ auf *umg* тепéрь для меня́ всё я́сно [поня́тно]; **~wasser** *n* мы́льная водá
seifig мы́льный
seihen *tr* це|ди́ть 3⁺ -жý (про-), процéживать ⟨-цеди́ть⟩
Seihtuch *n* ткань 9 для процéживания
Seil *n* канáт 2; dünnes верёвка 6; *Mar, Flugw* трос 2; **~bahn** *f* канáтная (подвеснáя) дорóга 6; Standseilbahn фуникулёр 2
Seiler *m* канáтчик 2; **~ei** *f* Tätigkeit канáтное произвóдство 4; Werkstatt канáтная мастерскáя *Subst* 10
Seil|fähre *f* канáтный парóм; **~schaft** *f* Bergsteigen свя́зка 6; **~springen** *n* скакáние 5 [пры́гание 5] чéрез верёвку; **~tänzer** *m* канатохóд|ец, -ца 2; **~trommel** *f* канáтный барабáн; **~winde** *f* лебёдка 6; **~zug** *m* канáтная тя́га
[1]**sein** *intr* быть*; existieren, vorhanden sein существовáть 2; weilen побывáть *f;* zu sein pflegen бывáть; geschehen, sich ereignen происходи́ть 3⁺ ⟨произо|йти́*⟩, случ|áться ⟨-и́ться 3⟩ | er ist Lehrer он учи́тель; das Fenster ist geöffnet окнó закры́то; er ist hier он здесь; es ist vorhanden есть; es ist nicht vorhanden нет *mit G;* kann ~, mag ~ мóжет быть; das kann doch nicht ~! э́то невозмóжно!; laß das ~! остáвь э́то!; wie dem auch sei как бы то ни́ было; wer du auch ~ magst кто бы ты ни́ был; muß das ~? действи́тельно [неужéли] э́то необходи́мо?; abends bin ich (gewöhnlich) zu Hause по вечерáм я бывáю дóма; Vertreter von etw. ~ явля́ться представи́телем чегó-н.; das war die Ursache seiner Krankheit э́то яви́лось причи́ной егó болéзни; es wäre gut, wenn … бы́ло бы хорошó, éсли бы …
[2]**sein 1.** *Pers Pron* егó **2.** *Poss Pron* егó; *refl* свой 14 | ~e Schwester егó сестрá; er nahm ~ Buch он взял свою́ кни́гу; alles zu ~er Zeit всё в своё врéмя; er war bei

den Seinen он был у свои́х; jedem das Seine ка́ждому своё
Sein *n* быти|é 5 *I* -éм, существова́ние 5 | das ~ bestimmt das Bewußtsein бытие́ определя́ет созна́ние
seiner|seits *Adv* с его́ стороны́; *refl* со свое́й стороны́; **~zeit** *Adv* в своё вре́мя
seinesgleichen *Pron* ра́вный [подо́бный] ему́ | er hat nicht ~ нет ему́ ра́вных
seinetwegen *Adv* ра́ди [из-за] него́
seismisch сейсми́ческий
Seismograph *m* сейсмо́граф 2
Seismologie *f* сейсмоло́гия 8
seit 1. *Präpos* Zeitpunkt с *G;* ~ Montag с понеде́льника; ~ September с сентября́; ~ wann? с каки́х пор?; ~ gestern со вчера́шнего дня; ~ kurzem с неда́вних пор, неда́вно; ~ langem (уже́) давно́; ~ undenklichen Zeiten с незапа́мятных времён | mit Substantiv, das keine Zeitbezeichnung ist со времён *G;* с моме́нта *G;* ~ Bach со времён Ба́ха; ~ dem Erscheinen des Buches с моме́нта вы́хода кни́ги; ~ seiner Abreise со дня [с моме́нта] его́ отъе́зда | Zeitdauer уже́ (,как); ~ zwei Jahren wohnt er in Magdeburg (вот) уже́ два го́да (,как) он живёт в Магдебу́рге; ~ Jahren уже́ не́сколько лет; zum ersten Mal ~ Jahren впервы́е за мно́го лет; ~ vier Uhr warte ich auf dich я тебя́ жду с четырёх часо́в **2.** *Konj* с тех по́р как; es ist lange her, ~ wir uns das letzte Mal gesehen haben прошло́ мно́го вре́мени с тех по́р, как мы ви́делись в после́дний раз; **~dem 1.** *Adv* с тех по́р, с того́ вре́мени | ≈ sind Jahre vergangen с тех по́р прошли́ го́ды **2.** *Konj* с тех по́р как
Seite *f* сторона́ 6а; Körper бок 2b, на боку́, *Pl* -á; Buch~ страни́ца 6 | rechte ~ des Stoffes лицева́я сторона́ мате́рии; ~ an ~ бок о́ бок; j-m zur ~ stehen помога́ть ⟨-|мо́чь*⟩ кому́-н.; auf j-s ~ sein быть на чьей-н. стороне́; auf die ~ schaffen [bringen] присв|а́ивать ⟨-о́ить⟩, ста́скивать ⟨стащи́ть 3⁺⟩; er ging mir nicht von der ~ он не отходи́л от меня́; nach allen ~n на все сто́роны; von allen ~n со всех сторо́н [концо́в]; an j-s ~ gehen идти́ ря́дом с кем-н.; von der ~ (her) сбо́ку; zur ~ gehen отходи́ть 3⁺ -хожу́ ⟨ото|йти́*⟩ в сто́рону; sie sah ihn von der ~ an она́ и́скоса погляде́ла на него́; wir kennen seine guten ~n мы зна́ем его́ си́льные [положи́тельные] сто́роны; j-n von der besten ~ kennen знать кого́-н. с лу́чшей стороны́; alles hat zwei ~n всё (в жи́зни) име́ет две стороны́; von gut unterrichteter ~ из досто́ве́рных [хорошо́ информи́рованных] исто́чников; ein Buch von hundert ~n кни́га в сто страни́ц; vertragschließende ~n догова́ривающиеся 11 сто́роны
Seiten|ansicht *f* вид сбо́ку (von *G*), про́филь 1 (von *G*); **~ausgang** *m* боково́й вы́ход; **~blick** *m* взгляд и́скоса; **~eingang** *m* боково́й вход; **~flügel** *m Bauw* фли́гел|ь 1b *Pl* -я́; **~gang** *m* (боково́й) коридо́р im D-Zug-Wagen; **~gasse** *f* переу́л|ок, -ка 2; **~gewehr** *n* штык 2e | das ≈ aufpflanzen примкну́ть *v* 4 штык; **~hieb** *m* уда́р в бок; bissige Bemerkung е́дкое замеча́ние 5; Anspielung намёк 2; **~lage** *f Med* боково́е положе́ние
seitenlang 1. *Adj* длин|ный, -ен, -на́, длинно́, в не́сколько страни́ц **2.** *Adv* (це́лые) страни́цы
Seiten|lehne *f* подлоко́тник 2e; **~leitwerk** *n* вертика́льное опере́ние; **~linie** *f* Familie ветвь 9g, бокова́я ли́ния a. Fußball; *Eisenb* боково́й путь 9e
seitenrichtig незерка́льный
Seitenruder *n* руль поворо́та
seitens *Präpos* со стороны́ *G*
Seiten|schiff *n Bauw* боково́й (продо́льный) неф; **~schwimmen** *n* пла́вание 5 на боку́; **~sprung** *m:* ~sprünge machen заводи́ть 3⁺ -вожу́ ⟨-|вести́*⟩ на стороне́ любо́вные интри́жки; **~stechen** *n Med* ко́лотье 5 в боку́; **~straße** *f* бокова́я у́лица; **~tal** *n* бокова́я доли́на; **~tasche** *f* карма́н сбо́ку; **~teil** *m* боковина 6; **~tür** *f* бокова́я дверь
seitenverkehrt зерка́льный
Seiten|wagen *m Kfz* каля́ска 6; **~wahl** *f Sport* вы́бор сторо́н; **~wand** *f* бокова́я сте́нка; **~wechsel** *m Sport* переме́на сторо́н; **~weg** *m* бокова́я доро́га; **~wind** *m* боково́й ве́тер; **~zahl** *f* число́ страни́ц; *Typ* колонци́фра 6
seither *Adv* с тех по́р, с того́ вре́мени
seit|lich 1. *Adv* боково́й **2.** *Adv* сбо́ку; **~wärts** *Adv* в стороне́, сбо́ку; zur Seite в сто́рону; auf die Seite на́бок | ≈ zu etw. stehen бо́ком к чему́-н.
Sekante *f* секу́щая *Subst* 11
Sekret *n* секре́т 2
Sekret|är *m* секрета́рь 1e; **~ariat** *n* секретариа́т 2; **~ärin** *f* (же́нщина-)секрета́рь (6-)1e, секрета́рша 6 *umg*
Sekt *m* шампа́нское *Subst* 10
Sekte *f* се́кта 6
Sekt|flasche *f* буты́лка шампа́нского [leer из-под шампа́нского]; **~frühstück** *n* за́втрак с шампа́нским; **~glas** *n* бока́л 2 (для шампа́нского)
Sektierer *m* секта́нт 2
sektiererisch секта́нтский
Sektierertum *n* секта́нтство 4
Sektion *f* Abteilung; an Hochschulen се́кция 8 *a. Sport; Med* вскры́тие 5 (тру́па)
Sektionsbefund *m* да́нные суде́бно-медици́нского вскры́тия тру́па

Sekt|kellerei *f* завóд 2 по произвóдству шампáнских вин; ~**kühler** *m* ведёрко 4 со льдом для охлаждéния шампáнского

Sektor *m* сéктор 2 *Pl a.* -á; Fachgebiet óбласть 9g

Sekundant *m* секундáнт 2

sekundär вторúчный; zweitrangig второстепéн|ный, -ен, -на

Sekundär|literatur *f* литератýра о предмéте; ~**rohstoffe** *Pl* вторúчное сырьё; ~**strom** *m* вторúчный ток

Sekunde *f* секýнда 6 *a. Mus* | alle drei ~n кáждые три секýнды; zehn Meter in einer ~ fahren дéсять мéтров в [за] секýнду; eine ~, bitte! (однý) секýнду, пожáлуйста !

Sekundenzeiger *m* секýндная стрéлка

sekundieren *intr* Duell быть* секундáнтом у *G*

selb *Adj:* zur ~en Stunde в тот (же) сáмый час

selbst 1. *Pron* сам, -огó 15; *f* сам|á, *A* -оё *u. umg* -ý; *n* самó; *Pl* сáм|и, -úх | das versteht sich von ~ э́то самó собóй разумéется; du mußt es ~ wissen ты сам дóлжен знать э́то **2.** *Adv* дáже | ~ er hat sich geirrt дáже он ошúбся

Selbst|abholer *m* адресáт 2, сам забирáющий 11 почтóвые отправлéния; ~**achtung** *f* самоуважéние 5, уважéние к самомý себé

selbständig самостоя́тел|ьный, -ен, -ьна; *Wirtsch, Pol* независúм:ый | ~ sein *Wirtsch* имéть сóбственное дéло [предприя́тие]; sich ~ machen заводúть 3⁺ -вожý ⟨-|вестú*⟩ своё дéло; vom Handwerker a. открывáть ⟨-|кры́ть*⟩ сóбственную мастерскýю

Selbständigkeit *f* самостоя́тельность 9; независúмость 9

Selbst|aufopferung *f* Hingabe самопожéртвование 6; ~**auslöser** *m Foto* автоспýск 2, самоспýск; ~**bedienung** *f* самообслýживание 5

Selbstbedienungs|gaststätte *f* столóвая (самообслýживания); ~**laden** *m* магазúн самообслýживания; ~**postamt** *n* почтóвое отделéние 5 самообслýживания

Selbst|befriedigung *f* онанúзм 2; ~**befruchtung** *f* самооплодотворéние 5; ~**behauptung** *f* самоутверждéние 5; ~**beherrschung** *f* самообладáние 5; Beherrschtheit сдéржанность 9; ~**beköstigung** *f* питáние 5 за свой стол, сóбственный стол; ~**bestimmung** *f* самоопределéние 5; ~**bestimmungsrecht** *n* прáво на самоопределéние; ~**betrug** *m* самообмáн 2

selbstbewußt увéрен:ный, -на в себé; arrogant надмéн|ный, -ен, -на

Selbst|bewußtsein *n* Selbstvertrauen увéренность 9 в себé; ~**bildnis** *n* автопортрéт 2; ~**binder** *m Landw* сноповязáлка 6; ~**biographie** *f* автобиогрáфия 8; ~**disziplin** *f* самодисциплúна 6; ~**einschätzung** *f* самооцéнка; ~**entzündung** *f* самовозгорáние 5; ~**erhaltungstrieb** *m* инстúнкт самосохранéния; ~**erkenntnis** *f* самопознáние 5; ~**erziehung** *f* самовоспитáние 5; ~**fahrlafette** *f* самохóдная артиллерúйская установка 6

selbst|gebacken: ~er Kuchen домáшний 11 пирóг; ~**gefällig** самодовóл|ьный, -ен, -ьна

Selbst|gefälligkeit *f* самодовóльство 4; ~**gefühl** *n* самолю́бие 5

selbst|gemacht самодéл|ьный, -ен, -ьна; Speise сóбственного приготовлéния; ~**geschrieben** напúсанный самúм [сóбственной рукóй]

Selbstgespräch *n:* ~e führen разговáривать с самúм собóй

selbst|gestrickt сóбственной вя́зки; ~**herrlich** сомовлáст|ный, -ен

Selbst|herrschaft *f* самодержáвие 5; ~**hilfe** *f* самопóмощь 9 | zur ≈ greifen помогáть ⟨-|мóчь*⟩ себé самомý; ~**induktion** *f* самоиндýкция 8; ~**klebefolie** *f* самоприклéивающаяся плёнка 11–6; ~**kontrolle** *f* самоконтрóль 1; ~**kosten** *Pl* себестóимость 9; ~**kostenpreis** *m* ценá по себестóимости; ~**kostensenkung** *f* снижéние себестóимости; ~**kritik** *f* самокрúтика 6

selbstkritisch самокритúч|ный, -ен

Selbst|ladegewehr *n* самозаря́дная винтóвка; ~**lauf** *m:* er hat es dem ≈ überlassen он пустúл э́то на самотёк; ~**laut** *m* глáсный *Subst* 10

selbstleuchtend самосветя́щийся 11

selbstlos самоотвéржен:ный, -на; Liebe беззавéт|ный, -ен; uneigennützig бескоры́ст|ный, -ен

Selbst|losigkeit *f* самоотвéрженность 9; бескоры́стие 5; ~**mord** *m* самоубúйство 4 | ≈ begehen покóнчить *v* 3 жизнь самоубúйством, покóнчить с собóй; ~**mörder** *m* самоубúйца *m* 6

selbstmörderisch самоубúйственный

Selbstmordversuch *m* покушéние 5 на самоубúйство

selbstredend *Adv* конéчно [шн]

Selbst|reinigung *f* Wasser самоочищéние 5; ~**schmierung** *f* автоматúческая смáзка; ~**schutz** *m* самозащúта 6

selbstsicher увéрен:ный, -на в себé; im negativen Sinn самоувéрен:ный, -на

Selbst|sicherheit *f* увéренность 9 в себé; самоувéренность 9; ~**steuerung** *f* автоматúческое управлéние; ~**studium** *n* самостоя́тельная учёба 6, самостоя́тельное изучéние (*G*); selbständige Beschäftigung самостоя́тельные заня́тия *Pl* 5 | im ≈ durcharbeiten самостоя́тельно прораб|а́тывать ⟨-о́тать⟩; Wissen im ≈ erwerben при|обрести́* *v* каки́е-н. зна́ния путём самостоя́тельных заня́тий; ~**sucht** *f* эгои́зм 2

selbst|süchtig эгоисти́ч|ный$_{|}$ -ен, себялюби́в:ый; ~**tätig** самоде́ятел|ьный$_{|}$ -ен$_{|}$ -ьна, проявля́ющий 11 инициати́ву; *Tech* автомати́ческий

Selbst|täuschung *f* самообма́н 2, самообольще́ние 5; ~**tor** *n Sport* гол в свои́ воро́та; ~**tränke** *f* автопо́илка 6; ~**überschätzung** *f* переоце́нка свои́х сил [спосо́бностей]; ~**überwindung** *f* большо́е уси́лие 5 над сами́м собо́й; ~**unterricht** *m* самообразова́ние 5 | Lehrbuch für den ≈ самоучи́тель 1

selbstvergessen самозабве́нный

Selbst|verleugnung *f* самоотрече́ние 5, самоотве́рженность 9; ~**verpflichtung** *f* ли́чное обяза́тельство, индивидуа́льное (социалисти́ческое) обяза́тельство | eine ≈ übernehmen брать* ⟨взять*⟩ на себя́ обяза́тельство; ~**versorger** *m* самоснабже́н|ец$_{|}$ -ца 2; ~**versorgung** *f* самоснабже́ние 5, самообеспе́чение 5

selbstverständlich 1. *Adj* само́ собо́й разуме́ющийся 11, есте́ствен:ный$_{|}$ -на **2.** *Adv* само́ собо́й разуме́ется

Selbst|verständlichkeit *f:* das ist doch eine ≈ э́то само́ собо́й разуме́ется; ~**verstümmelung** *f* членовреди́тельство 4; ~**verteidigung** *f* самозащи́та 6; *Mil* самооборо́на 6; ~**vertrauen** *n* уве́ренность в свои́х си́лах [в себе́]; ~**verwaltung** *f* самоуправле́ние 5; ~**wählfernverkehr** *m* да́льняя 11 [междугоро́дная] автомати́ческая (телефо́нная) связь; ~**zucht** *f* самодисципли́на 6

selbstzufrieden самодово́л|ьный$_{|}$ -ен$_{|}$ -ьна

Selbstzufriedenheit *f* самодово́льство 4

selbstzündend самовоспламеня́ющийся 11

Selbstzweck *m* самоце́ль 9

Selektion *f* отбо́р 2, селе́кция 8

Selektivität *f* избира́тельность 9, селекти́вность 9

Selen *n* селе́н 2; ~**zelle** *f* селе́новый фотоэлеме́нт 2

selig счастли́в:ый, ра́дост|ный$_{|}$ -ен; *Rel* блаже́н:ный$_{|}$ -на; gestorben поко́|йный$_{|}$ -ен$_{|}$ -йна, уме́рший 11

Seligkeit *f* блаже́нство 4 *a. Rel,* вы́сшее сча́стье 11-5

Sellerie *m* сельдере́й 1; ~**salat** *m* сала́т из сельдере́я

selten 1. *Adj* ре́д|кий$_{|}$ -ок$_{|}$ -ка́!$_{|}$ ре́же **2.** *Adv* ре́дко; ungewöhnlich, sehr на ре́дкость, о́чень | nicht ~ нере́дко; ~ gut о́чень [на ре́дкость] хорошо́; ein Bild von ~er Schönheit на ре́дкость краси́вая карти́на

Seltenheit *f* ре́дкость 9 | es ist keine ~ не ре́дкость

Seltenheitswert *m:* das hat ~ э́та вещь ре́дкая

Selterswasser *n* се́льтерская вода́

seltsam стра́н|ный$_{|}$ -ен$_{|}$ -на́!; ungewöhnlich необыча́|йный$_{|}$ -ен$_{|}$ -йна; wunderlich причу́длив:ый | es ist ~, ... стра́нно$_{|}$ ...

seltsamerweise *Adv* стра́нно, стра́нным о́бразом

Semantik *f* сема́нтика 6

semantisch семанти́ческий

Semester *n* семе́стр 2 | im zweiten ~ на второ́м семе́стре [ку́рсе]; ~**ferien** *Pl* кани́кулы (студе́нческие)

Semifinale *n* полуфина́л 2

Semikolon *n* то́чка 6 с запято́й

Seminar *n* семина́рное заня́тие 5, семина́р 2 (in по *D*); Lehranstalt семина́рия 8 | im ~ на семина́ре; ~**gruppe** *f* (студе́нческая, уче́бная) гру́ппа

seminaristisch семина́рский

Seminarraum *m* помеще́ние для семина́рских заня́тий

Semiotik *f* семио́тика 6

Semit[e] *m* семи́т 2

semitisch семи́тский, семити́ческий

Semmel *f* бу́лочка 6 | die Ware geht ab wie warme ~n това́р продаётся нарасхва́т

Semmelbrösel *Pl* паниро́вочные сухари́$_{|}$ -е́й *Pl* 1

Senat *m* сена́т 2; Universität учёный сове́т 2; ~**or** *m* сена́тор 2

Sendbote *m* посла́н|ец$_{|}$ -ца 2

Sende|anlage *f* передаю́щая 11 устано́вка; ~**folge** *f* цикл 2 [се́рия 8] (радио)переда́ч; ~**mast** *m* радиома́чта 6

senden *tr u. intr* по-, присыла́ть ⟨-|сла́ть*⟩; Brief отпр|авля́ть ⟨-а́вить 3 -а́влю⟩; *Rad* пере|дава́ть* ⟨переда́ть*⟩ (по ра́дио); in Direktübertragung трансли́ровать *uv, v* 2

Sendepause *f Rad* переры́в в переда́че [ме́жду радиопереда́чами]

Sender *m* переда́тчик 2; Rundfunk∸ радиоста́нция 8

Sende|raum *m Rad* (радио)сту́дия 8; Fernsehen телесту́дия; ~**reihe** *f* цикл 2 [се́рия] (радио)переда́ч; ~**schluß** *m* коне́ц (радио)переда́чи; ~**zeit** *f* вре́мя (радио)переда́ч

Sendung *f* Paket посы́лка 6; das Abgesandte почто́вое отправле́ние 5; Geld∸ перево́д 2; *Rad* (радио)переда́ча 6; Direkt∸ трансля́ция 8; *übertr* ми́ссия 8 | eine ~ Waren па́ртия 8 това́ра

Senegal Сенега́л; ~**ese** сенега́л|ец$_{|}$ -ьца 2; ~**esin** *f* сенега́лка 6

senegalesisch сенегáльский
Senf *m* горчи́ца 6 | seinen ~ dazugeben *umg* вст|авля́ть ⟨-áвить 3 -áвлю⟩ (óстрое) словéчко; **~gurke** *f* очи́щенный, консерви́рованный с горчи́чным сéменем огурéц; **~korn** *n* горчи́чное сéмя; **~pflaster** *n* горчи́чник [шн] 2; **~soße** *f* сóус из горчи́цы
sengen *tr u. intr* пали́ть 3, жечь* | ~de Hitze паля́щий 11 зной
senil стáрческий
senior стáрший 11 | Schmidt ~ Шмидт стáрший
Senior *m* старéйшина *m* 6; einer Firma стáрший компаньóн 2; *Sport* наибóлее óпытный спортсмéн 2; älterer Sportler спортсмéн стáршего вóзраста
Senkblei *m Mar* лот 2; an der Angel u. ä. грузи́ло 4; *Bauw* отвéс 2
Senke *f* низи́на 6; Vertiefung впáдина 6
Senkel *m* шнур|óк, -кá 2
senken *tr* опу|скáть ⟨-сти́ть 3⁺ -щý⟩; Kopf наклон|я́ть ⟨-и́ть 3⁺⟩, потупля́ть ⟨-тýпить 3 -тýплю⟩; Fahne склон|я́ть ⟨-и́ть 3⁺⟩; Preis, Ton по-, снижáть ⟨по-, сни́|зить 3 -жу⟩; Stimme понижáть ⟨-ни́зить 3 -ни́жу⟩; sich ~ *refl* Nebel, Straße спус|кáться ⟨-ти́ться⟩; Mauer оседáть ⟨-|сéсть*⟩; Wasserspiegel понижáться ⟨-ни́зиться⟩; *übertr* Nacht опус|кáться ⟨-ти́ться⟩ | einen Sarg ins Grab ~ опусти́ть гроб в моги́лу
Senker *m Bot* отвóд|ок, -ка 2
Senk|fuß *m* плоскостóпие 5; **~grube** *f* помóйная [выгребнáя, стóчная] я́ма
senkrecht вертикáльный; Fels отвéс|ный, -ен; *Math* перпендикуля́р|ный, -ен
Senkrechte *f* перпендикуля́р 2
Senkrecht|start *m* Flugzeug вертикáльный взлёт; Rakete вертикáльный старт; **~starter** *m* Flugzeug вертикáльно взлетáющий 11 самолёт 2
Senkung *f* Mauer осáдка 6, оседáние 5; Preise, Kosten понижéние 5, снижéние 5; *Med* des Magens u. ä. опущéние 5; Blut~ анáлиз 2 крóви; Fieber, Blutdruck понижéние
Senner *m* альпи́йский пастýх 2е; **~in** *f* альпи́йская пастýшка 6
Sennesblätter *Pl* александри́йские ли́стья
Sennhütte *f* шалáш альпи́йского пастухá
Sensation *f* сенсáция 8
sensationell сенсациóн|ный, -ен, -на
Sensationshascherei *f* погóня 7 за сенсáцией
sensationslüstern пáд|кий, -ок, -ка на сенсáции
Sensationsmeldung *f* сенсациóнное извéстие 5 [сообщéние]
Sense *f* косá 6с *A* кóсу
sensibel чувстви́тел|ьный, -ен, -ьна; empfänglich впечатли́тел|ьный, -ен, -ьна
Sensibilität *f* чувстви́тельность 9; впечатли́тельность 9
Sensor *m Tech* чувстви́тельный элемéнт 2; *Kosm* дáтчик 2
Sensualismus *m* сенсуали́зм 2
Sentenz *f* сентéнция [сэ, тэ] 8, изречéние 5
sentimental сентиментáл|ьный [сэ], -ен, -ьна, чувстви́тел|ьный, -ен, -ьна
Sentimentalität *f* сентиментáльность [сэ] 9, чувстви́тельность 9
separat отдéльный, сепарáтный
Separatfrieden *m* сепарáтный мир
Separat|ismus *m* сепарати́зм 2; **~ist** *m* сепарати́ст 2
separatistisch сепарати́стский
Separator *m* сепарáтор 2
Sepia *f* Farbe сéпия [сэ] 8
Sepsis *f* сéпсис [сэ] 2
September *m* сентя́брь 1е
Septett *n* септéт [сэ, тэ] 2
Septime *f Mus* сéптима [сэ] 6
septisch септи́ческий [сэ]
Serb|e *m* серб 2; **~ien** Сéрбия 8; **~in** *f* сéрбка 6
serbisch сéрбский
serbokroatisch сербскохорвáтский
Serenade *f* серенáда 6
Sergeant *m* сержáнт 2
Serie *f* сéрия 8 | in ~ gehen поступ|áть ⟨-и́ть 3⁺⟩ на сери́йное произвóдство
Serien|fertigung *f* сери́йное произвóдство; **~möbel** *Pl* мéбель сери́йного произвóдства; **~produktion** *f* сери́йное произвóдство; Ausstoß сери́йный вы́пуск 2 | die ≈ von etw. aufnehmen начинáть ⟨начáть⟩ сери́йное произвóдство чегó-н.; **~schaltung** *f El* послéдовательное соединéние 5 [включéние 5]
serienweise **1.** *Adj* сери́йный **2.** *Adv* сери́йно, сéриями
seriös серьёз|ный, -ен
Serpentine *f* серпенти́н 2; Weg изви́листая (гóрная) дорóга 6
Serum *n* сы́воротка 6
[1]**Service** *n* Geschirr серви́з 2 | ein ~ für zwölf Personen серви́з на двенáдцать персóн
[2]**Service** *m* Kundendienst сéрвис [сэ] 2; im Hotel бюрó *n idkl* обслýживания; Autodienst *f Kfz* стáнция техобслýживания
servieren *tr* auftragen сервировáть *uv, v* 2, по|давáть* ⟨подáть*⟩ (на стол); *intr* bedienen обслýживать (j-m когó-н.) | an diesem Tisch wird nicht serviert э́тот стол не обслýживается
Serviererin *f* официáнтка 6
Servier|tisch *m* сервирóвочный стóлик 2, сервáнт 2; **~wagen** *m* сервирóвочный стóлик 2 (на колёсах)
Serviette *f* салфéтка 6
Serviettenring *m* кольцó для салфéтки

servil подхали́мский, лаке́йский
Servus! *Interj* Begrüßung приве́т!, здра́вствуй!; Abschied проща́й!, пока́!
Sessel *m* кре́с|ло 4 *G Pl* -ел | ausziehbarer ~ кре́сло-крова́ть 4-9; **~lift** *m* кре́сельный кана́тный подъёмник 2
seßhaft осе́длый | sich ~ machen посел|я́ться ⟨-и́ться 3⟩ на постоя́нное прожива́ние; *umg* осeда́ть ⟨-|се́сть*⟩
Session *f* се́ссия 8
Set *n* Gegenstände набо́р 2; Werkzeuge компле́кт 2; Tennis сэт 2
Setzei *n* яи́чница-глазу́нья 6-7
setzen *tr* hinsetzen, hinstellen ста́в|ить 3 -лю (по-), класть* ⟨положи́ть 3⁺⟩; an etw. прист|авля́ть ⟨-а́вить 3 -а́влю⟩; j-n placieren сажа́ть ⟨поса|ди́ть 3⁺ -жу́⟩, уса́живать ⟨-сади́ть⟩; Pflanzen сажа́ть ⟨посади́ть⟩; in den Käfig; an einen best. Posten сажа́ть ⟨посади́ть⟩; wetten де́лать (с-) ста́вку на *A; Typ* набира́ть ⟨-|бра́ть*⟩; Ofen класть ⟨сложи́ть 3⁺⟩; *intr* springen перепры́г|ивать ⟨-нуть 4⟩ (über че́рез *A*); über einen Fluß перепр|авля́ться ⟨-а́виться 3 -а́влюсь⟩ че́рез *A;* sich ~ *refl* са|ди́ться 3 -жу́сь ⟨сесть*⟩; sich abscheiden осeда́ть ⟨-се́сть⟩, осажда́ться | auf das As ~ ста́вить на туза́; die Henne zum Brüten auf die Eier ~ сажа́ть ку́рицу на я́йца; eine Anzeige in die Zeitung ~ поме|ща́ть ⟨-сти́ть 3 -щу́⟩ объявле́ние в газе́ту; ein Denkmal ~ поста́вить [воздви́гнуть] па́мятник; seinen Namen unter ein Schriftstück ~ поста́вить своё и́мя под докуме́нтом; sich ein Ziel ~ поста́вить пе́ред собо́й цель; er setzte große Hoffnungen darauf он возложи́л больши́е наде́жды на э́то; etw. aufs Spiel ~ рискова́ть 2 чем-н.; alles auf eine Karte ~ поста́вить всё на ка́рту; in Bewegung ~ приводи́ть 3⁺ -вожу́ ⟨-|вести́*⟩ в движе́ние; außer Kraft ~ отмен|я́ть ⟨-и́ть 3⁺⟩; sie setzten über den Fluß они́ перепра́вились че́рез ре́ку; bitte ~ Sie sich! сади́тесь, пожа́луйста!; sich in Verbindung ~ свя́зываться ⟨-|вяза́ться*⟩; sich zur Wehr ~ защища́ться
Setzer *m Typ* набо́рщик 2; **~ei** *f Typ* набо́рная *Subst* 10, набо́рный цех 2 *Pl a.* -а́ 2b
Setz|kasten *m Typ* набо́рная ка́сса 6; **~ling** *m Bot* са́жен|ец, -ца 2; ≈e *Pl Bot* расса́да 6; Fische ры́бья мо́лодь 12-9; **~maschine** *f Typ* набо́рная маши́на
Seuche *f* эпиде́мия 8; Tier~ эпизоо́тия 8 | das ist die reinste ~! э́то настоя́щая зара́за!
Seuchen|bekämpfung *f* противоэпидеми́ческие мероприя́тия *Pl* 5; **~gefahr** *f* опа́сность эпиде́мии; **~herd** *m* оча́г эпиде́мии
seufzen *intr* вздыха́ть ⟨вздохну́ть *mom* 4⟩ (über о *P*)
Seufzer *m* вздох 2 | einen ~ der Erleichterung ausstoßen облегчённо вздохну́ть
Sewastopol Севасто́поль 1
Sex секс 2; **~-Appeal** *m* привлека́тельность 9, секс-эпи́л 2; **~bombe** *f* секс-бо́мба 6
Sextant *m* секста́нт 2
Sextett *n* сексте́т [сэ, тэ] 2
Sexualität *f* сексуа́льность 9
Sexual|leben *n* полова́я жизнь; **~pädagogik** *f* полово́е воспита́ние; **~verbrechen** *n* полово́е преступле́ние
sexuell полово́й, сексуа́л|ьный, -ен, -ьна
sexy сексуа́льно привлека́тел|ьный, -ьна
Seychellen: die ~ Сейше́льские острова́ *Pl* 2b
sezieren *tr Med* рассека́ть ⟨-|се́чь*⟩, разреза́ть ⟨-|ре́зать*⟩; Leiche вскрыва́ть ⟨-|кры́ть*⟩
Seziermesser *n* анатоми́ческий ска́льпель 1
Shampoon *n* = **Schampun**
Shanghai Шанха́й 1
Shorts *Pl* Hose шо́рт|ы, -ов; Socken коро́ткие мужски́е носк|и́, -о́в *Pl* 2
Show *f* обозре́ние 5, ревю́ *n idkl;* in bürgerl. Ländern шо́у *idkl;* **~geschäft** *n* комме́рция 8 зре́лищных мероприя́тий
siamesisch: ~e Zwillinge сиа́мские близнецы́
Sibirie|n Сиби́рь 9; **~r** *m* сибиря́к 2e; **~rin** *f* сибиря́чка 6
sibirisch сиби́рский
sich *Refl Pron G u. A* себя́, *D* себе́, *I* собо́й *u.* собо́ю, *P* о себе́ | ~ etw. kaufen покупа́ть ⟨купи́ть⟩ себе́ что-н.; sie sah sich im Spiegel она́ уви́дела себя́ в зе́ркале; nur an ~ denken ду́мать то́лько о себе́; aus ~ herausgehen станови́ться 3⁺ ⟨стать*⟩ общи́тельным, раскрыва́ться; etw. von ~ aus tun де́лать (с-) что-н. по со́бственной инициати́ве; es hat nichts auf ~ э́то ничего́ не зна́чит; an (und für) ~ сам по себе́; etw. bei ~ haben име́ть при себе́ что-н.; es wird ~ finden там ви́дно бу́дет; etw. vor ~ haben что-н. предстои́т кому́-н.; sie kennen ~ они́ зна́ют друг дру́га
Sichel *f* серп 2e | Hammer und ~ серп и мо́лот; die ~ des Mondes лу́нный серп
sichelförmig серпови́д|ный, -ен
sicheln *tr* жать²* (с-) серпо́м; Gras среза́ть ⟨-|ре́зать*⟩
sicher 1. *Adj* gefahrlos безопа́с|ный, -ен; zuverlässig надёж|ный, -ен; unvermeidlich ве́р|ный, -ен, -на́, -но, ве́рны́, неизбе́ж|ный, -ен | ~e Hand уве́ренная рука́; einer Sache ~ sein быть уве́ренным в чём-н.; er ist sich seiner Sache völlig ~ он по́лностью уве́рен в успе́хе своего́

де́ла; aus ~er Quelle из надёжного [ве́рного] исто́чника; ich bin ~, daß ... я уве́рен, что ...; ~ ist ~! к чему́ рискова́ть!; er ist seines Lebens nicht ~ его́ жизнь в опа́сности [под угро́зой] **2.** *Adv* наве́рно, наверняка́; bestimmt коне́чно [шн], разуме́ется | du hast das ~ gesehen ты наве́рное [коне́чно] э́то ви́дел; er weiß es ~ он э́то твёрдо зна́ет; ~ auftreten де́йствовать 2 ⟨вести́* себя́⟩ уве́ренно; langsam, aber ~ ме́дленно, но ве́рно; das hat er ~ nicht gewollt разуме́ется, он э́того не хоте́л

sichergehen *intr* де́йствовать 2 наверняка́

Sicherheit *f* безопа́сность 9; Zuverlässigkeit надёжность 9; Gewißheit уве́ренность 9; *Wirtsch* Garantie гара́нтия 8 | die soziale ~ социа́льное обеспе́чение 5, социа́льная устро́енность 9; die persönliche ~ ли́чная безопа́сность; die materielle ~ материа́льная обеспе́ченность 9; sich in ~ wiegen счита́ть ⟨счесть*⟩ себя́ в безопа́сности; in ~ sein быть в безопа́сности; j-n in ~ bringen доставля́ть ⟨доста́в|ить 3 -лю⟩ кого́-н. в безопа́сное ме́сто; das läßt sich noch nicht mit ~ sagen об э́том ещё нельзя́ с уве́ренностью говори́ть

Sicherheits|abstand *m Kfz* диста́нция (безопа́сности) | ≈ einhalten соблюда́ть диста́нцию; **~bestimmungen** *Pl* пра́вила *Pl* 4 те́хники безопа́сности; **~faktor** *m Tech* коэффицие́нт надёжности; **~frage** *f* вопро́с безопа́сности; **~glas** *n* безоско́лочное стекло́; **~gründe** *m Pl:* aus ≈n ра́ди [по соображе́ниям] безопа́сности; **~gurt** *m Kfz* рем|е́нь, -ня́ 2e безопа́сности, страхо́вочный реме́нь; v. Elektromonteur предохрани́тельный по́яс 2b *Pl* -á

sicherheitshalber *Adv* ра́ди безопа́сности, на вся́кий слу́чай

Sicherheits|inspektor *m* инспе́ктор (на кру́пном предприя́тии) по те́хнике безопа́сности; **~lampe** *f Bergb* предохрани́тельная ла́мпа; **~maßnahme** *f* ме́ра предосторо́жности; **~nadel** *f* безопа́сная [англи́йская] була́вка; **~organe** *n Pl* о́рганы безопа́сности (госуда́рства); **~rat** *m* UNO Сове́т Безопа́сности; **~schloß** *n* автомати́ческий [цили́ндровый] замо́к; **~system** *n* систе́ма безопа́сности; **~technik** *f* те́хника безопа́сности; **~ventil** *n* предохрани́тельный кла́пан; **~vorrichtung** *f* предохрани́тельное приспособле́ние; **~vorschriften** *f Pl* пра́вила *Pl* 4 (те́хники) безопа́сности

sicherlich *Adv* наве́рно, ве́рно; zweifellos несомне́нно

sichern *tr* gewährleisten обеспе́ч|ивать ⟨-ить 3⟩, гаранти́ровать *uv, v* 2; Gewehr ста́вить (по-) на предохрани́тель; schützen защи|ща́ть ⟨-ти́ть 3 -щу́⟩, предохран|я́ть ⟨-и́ть 3⟩ (vor, gegen от *G*); Grenze охран|я́ть ⟨-и́ть⟩ (vor, gegen от *G*); sich ~ *refl* заруч|а́ться ⟨-и́ться 3⟩ *I*, огра|жда́ть ⟨-ди́ть 3 -жу́⟩ себя́, страхова́ться 2 (за-) (gegen, vor от *G*); sich etw. sichern | sich j-s Beistand ~ заручи́ться подде́ржкой кого́-н.; sich durch ein Seil ~ Bergsteigen страхова́ться кана́том; sich vor Verlust ~ страхова́ться 2 (за-) от убы́тков

sicherstellen vor Gefahr обеспе́ч|ивать ⟨-ить 3⟩ сохра́нность *G;* beschlagnahmen конфискова́ть *uv, v* 2; gewährleisten обеспе́ч|ивать ⟨-ить⟩

Sicherung *f* обеспе́чение 5; гара́нтия 8; *Tech, El* предохрани́тель 1; *Mil* обеспе́чение 5, охране́ние 5; am Gewehr предохрани́тель; Schutz: der Grenzen u. ä. охра́на 6 (vor от *G*) | die ~ des Friedens обеспе́чение ми́ра; die ~ ist durchgebrannt про́бка перегоре́ла

Sicherungs|splint *m* предохрани́тельный шплинт; **~vorkehrungen** *Pl* ме́ры предосторо́жности

Sicht *f* ви́димость 9; Gesichtsfeld вид 2; im Straßenverkehr ви́димость, обзо́рность 9 | in ~ bleiben на виду́, в преде́лах ви́димости; von hier aus haben wir gute ~ отсю́да хорошо́ ви́дно; in ~ kommen пока́зываться ⟨-|каза́ться*⟩; вдали́; kein Mensch war in ~ не ви́дно бы́ло ни (одно́й) души́; auf lange [weite] ~ на далёкое бу́дущее, на дли́тельный пери́од вре́мени, надо́лго; aus (pädagogischer) ~ с то́чки зре́ния (педаго́гики)

sichtbar wahrnehmbar ви́дим|ый, ви́д|ный, -ен, -на́, -но, ви́дны́; offensichtlich я́в|ный, -ен, очеви́д|ный, -ен | ~ werden пока́зываться ⟨-|каза́ться*⟩; in der Ferne waren Berge ~ вдали́ видне́лись го́ры

Sicht|barkeit *f* ви́димость 9; очеви́дность 9; **~behinderung** *f* ограни́ченная ви́димость 9

sichten *tr* wahrnehmen (внеза́пно) уви|деть *v* 3 -жу; ordnen, durchsehen просм|а́тривать ⟨-отре́ть 3⁺⟩; auswählen, sortieren перебира́ть ⟨-|бра́ть*⟩

sichtlich offenbar я́в|ный, -ен | er war ~ erfreut он был я́вно обра́дован; der Kranke magert ~ ab больно́й заме́тно худе́ет

Sicht|ung *f* Prüfung просмо́тр 2, прове́рка 6; Sortieren перебо́рка 6; сортиро́вка 6; **~verhältnisse** *n Pl* ви́димость 9; **~vermerk** *m* ви́за 6, печа́ть 9 о въе́зде [вы́езде]; **~weite** *f* да́льность 9 ви́димости; **~werbung** *f* рекла́ма 6 (при по́мощи плака́тов), визуа́льная рекла́ма; *Pol* (агит)плака́т 2, нагля́дная агита́ция 8

sickern *intr* сочи́ться 3 (aus из *G*), стека́ть ⟨-|течь*⟩ ка́плями
Sickerwasser *n* проса́чивающаяся 11 вода́
sie *Pers Pron* она́| её| ей| её| е́ю *u.* ей| о ней, *Pl* они́| их| им| их| и́ми| о них | ~ ist nicht zu Hause её нет до́ма; ~ ist mit ihr zufrieden она́ дово́льна е́ю; ich denke oft an ~ я ча́сто о ней ду́маю
Sie *Pers Pron* Anrede вы| вас| вам| вас| ва́ми| о вас; in Briefen Вы | nehmen ~ Platz! сади́тесь!
Sieb *n* си́то 4; für Getreide решето́ 4c *Pl* решёта; für Kaffee, Tee си́течк|о 4 *N Pl* -и; *Tech* гро́хот 2 | ein Gedächtnis wie ein ~ па́мять| как решето́
Siebdruck *m Typ* трафаре́тная печа́ть
[1]**sieben** *tr u. intr* просе́ивать ⟨-се́ять| -се́ю| -се́ешь⟩ (че́рез си́то); mit Rüttelsieb грохоти́ть 3; *übertr* просе́|ивать ⟨-ять⟩, фильтрова́ть 2 (про-); Bewerber отбира́ть ⟨ото|бра́ть*| отберу́| ото́бранный⟩
[2]**sieben** *Num* семь 9e | wir waren (unser) ~ нас бы́ло се́меро; es geht auf ~ седьмо́й час; nach ~ в восьмо́м часу́
Sieben *f* число́ 4b семь, семёрка 6; Straßenbahn семёрка, седьмо́й но́мер 2c
sieben|eckig семиуго́льный; **~fach 1.** *Adj* семикра́тный **2.** *Adv* в семь раз, все́меро
Siebengestirn *n Astr* Плея́ды *Pl* 6
sieben|hundert *Num* сем|ьсо́т| -исо́т| -иста́м| -ьсо́т| -ьюста́ми| -иста́х; **~jährig** семиле́тний 11
siebenmal *Adv* семь раз; bei Vergleich в семь раз; **~ig** *Adj* семикра́тный
Sieben|meilenstiefel *m Pl:* mit ≈n семими́льными шага́ми; **~monatskind** *n* семиме́сячный ребёнок; **~sachen** *f Pl* (все) пожи́тки *Pl* 2 | seine ≈ packen со|бра́ть* *v* (все) свои́ пожи́тки; **~schläfer** *m Zool* со́ня 7; **~stundentag** *m* семичасово́й рабо́чий 11 день
sieben|tägig семидне́вный; **~tausend** *Num* семь 9e ты́сяч
Siebentel *n* седьма́я часть 9g
siebentens *Adv* в-седьмы́х
siebente|r *Num* седьмо́й | im ~n Himmel на седьмо́м не́бе
Siebkohle *f* грохочённый у́голь
sieb|zehn *Num* семна́дцать 9; **~zehnter** *Num* семна́дцатый; **~zig** *Num* се́м|ьдесят| -и́десяти 9| *I* -ью́десятью *oder* -и́десятью
siebziger: die ~ Jahre семидеся́тые го́ды
Siebziger *m* Mann семдесятиле́тний мужчи́на 11-6
siebzig|jährig семдесятиле́тний 11; **~ster** *Num* семдеся́тый
Siechtum *n* дли́тельная боле́знь 9, хворь 9, хи́лость 9
Siedehitze *f* температу́ра 6 кипе́ния
siedeln *intr* посел|я́ться ⟨-и́ться 3⟩
sieden *tr* in Wasser вари́ть 3⁺ (с-); Salz выва́ривать ⟨вы́варить⟩; *intr* кипе́ть 3 (вс-), вари́ться (с-) | zum Sieden bringen кипя|ти́ть 3 -чу́ (вс-); **~d** кипя́щий 11
siedendheiß (о́чень) горя́чий 11 | ~es Wasser кипят|о́к| -ка́ 2
Siede|punkt *m* то́чка кипе́ния | die Stimmung war auf dem ≈ атмосфе́ра накали́лась до преде́ла; **~salz** *n* вы́варочная соль
Siedl|er *m* поселе́н|ец| -ца 2; **~ung** *f* Ortschaft, Ansiedlung населённый пункт; stadtartige посёл|ок| -ка 2
Siedlungs|gebiet *n* террито́рия 8| заселённая кем-н.; **~haus** *n* поселко́вый дом, дом в посёлке
Sieg *m* побе́да 6 (über над *I*) | den ~ erringen оде́рживать ⟨одержа́ть 3⁺⟩ побе́ду; der Wahrheit zum ~ verhelfen до|би́ться* *v* торжества́ пра́вды; an den ~ glauben ве́рить в побе́ду
Siegel *n* печа́ть 9 | ein ~ auf etw. aufdrükken ста́в|ить 3 -лю (по-) печа́ть на что-н.; ein Buch mit sieben ~n кни́га за семью́ печа́тями; **~lack** *m* сургу́ч 2e
siegeln *tr* Brief запеча́т|ывать ⟨-ать⟩
Siegelring *m* пе́рстень 1 с печа́тью
siegen *intr* побе|жда́ть ⟨-ди́ть 3| -ждённый⟩ (über *A*) | in einem Kampf [in einem Wettbewerb] ~ победи́ть в борьбе́ [в соревнова́нии]; in einem Wettkampf ~ *Sport* победи́ть [вы́играть] на соревнова́ниях; mit 2:1 ~ *Sport* победи́ть со счётом 2:1 [два-оди́н]; ~ nach Punkten побе|жда́ть ⟨-ди́ть⟩ по очка́м; die Wahrheit siegt пра́вда победи́т
Sieger *m* победи́тель 1 (über над *I*) | als ~ hervorgehen вы́|йти* *v* победи́телем; ~ werden стать* победи́телем; **~betrieb** *m* заво́д-победи́тель 2-1; **~ehrung** *f Sport* церемо́ния 8 награжде́ния, (торже́ственное) награжде́ние 5 победи́телей; **~in** *f* победи́тельница 6; **~mannschaft** *f* кома́нда-победи́тельница 6-6; **~podest** *n* пьедеста́л 2 почёта; **~staat** *m* держа́ва-победи́тельница 6-6
siegesbewußt уве́ренный в побе́де
siegessicher 1. *Adj* убеждённый в (свое́й) побе́де **2.** *Adv* с твёрдой убеждённостью в (свое́й) побе́де
Sieges|feier *f* пра́зднование [зн] побе́ды; **~lauf** *m* триумфа́льное [побе́дное] ше́ствие 5; **~nachricht** *f* изве́стие об одержанной побе́де
Siegestor *n* побе́дный гол; Fuß-, Handball a. побе́дный мяч 2e *G Pl* -е́й
siegestrunken опьянён:ный успе́хом [побе́дой]
Sieges|zug *m übertr* триумфа́льное [побе́дное] ше́ствие; **~zuversicht** *f* уве́ренность в побе́де
sieg|gewohnt привы́кший 11 к побе́дам;

~reich победоно́с|ный, -ен | ≈sein побе|жда́ть ⟨-ди́ть 3; -ждённый⟩; die ≈e Laufbahn eines Sportlers бога́тый побе́дами спорти́вный путь; der ≈e Vormarsch Armee побе́дный путь
Siemens-Martin-|Ofen *m* марте́новская [тэ] печь, марте́н [тэ] 2; **~Stahl** *m* марте́новская [тэ] сталь
Sierra Leone Сье́рра-Лео́не [нэ] *idkl*
Sierraleoner *m* сьерралео́н|ец, -ца 2
sierraleonisch сьерралео́нский
siezen *tr* обра|ща́ться ⟨-ти́ться 3 -щу́сь⟩ на «вы» к *D* | sich ~ быть* на «вы» (mit j-m с кем-н.); wir ~ uns мы на «вы» друг с дру́гом
Signal *n* сигна́л 2; *Eisenb* семафо́р 2; als Zeichen a. знак 2; **~anlage** *f El* сигнализацио́нная устано́вка; *Eisenb* сигна́льное устро́йство; **~flagge** *f* сигна́льный флажо́к; **~gast** *m Mar* матро́с-сигна́льщик 2-2; **~horn** *n* сигна́льный рожо́к; *Mar* реву́н 2e
signalisieren *tr* сигнализи́ровать *uv, v* 2 (*a.* про-) (j-m etw. кому́-н. о чём-н.)
Signalisierung *f* сигнализа́ция 8
Signal|licht *n Mar* сигна́льный ого́нь; **~pfeife** *f* сигна́льный свисто́к
Signatarmacht *f* держа́ва, подписа́вшая 11 догово́р [Abkommen соглаше́ние]
Signatur *f Typ* сигнату́ра 6; von Büchern шифр 2
Signet *n* фи́рменный знак 2, ма́рка 6
signieren *tr* Bücher (Autor) ста́в|ить 3 -лю (по-) авто́граф [Bibliothekar шифр] на *P;* unterschreiben (Abkommen) подпи́сывать ⟨-|писа́ть*⟩
Signum *n* (сокращённая) по́дпись 9; eines Künstlers моногра́мма 6
Silage *f* си́лос 2
Silastik *n* эла́стик 2, эласти́чная ткань 9; **~strümpfe** *Pl* безразме́рные чулки́, чулки́ из эла́стика
Silbe *f* слог 2g | keine ~ ни зву́ка; mit keiner ~ ни еди́ным сло́вом, ни ра́зу
Silbentrennung *f* перено́с 2 сло́ва по слога́м
Silber *n* серебро́ 4 | etw. mit ~ überziehen покрыва́ть ⟨-кры́ть⟩ что-н. серебро́м; **~barren** *m* сли́ток серебра́; **~besteck** *n* сере́бряный прибо́р; **~blick** *m* коси́нка 6, небольшо́е косогла́зие 5 | einen ≈ haben быть* косогла́зым; **~erz** *n* сере́бряная руда́; **~fischchen** *n* Insekt чешу́йница 6; **~fuchs** *m Zool* серебри́стая [чёрно-бу́рая] лиса́; **~geschirr** *n* сере́бряная посу́да
silber|haltig содержа́щий 11 серебро́
Silber|legierung *f* сере́бряный сплав; **~medaille** *f* сере́бряная меда́ль; **~münze** *f* сере́бряная моне́та
silbern сере́бряный | ~e Hochzeit сере́бряная сва́дьба
Silber|papier *n* станио́ль 1; **~pappel** *f* бе́лый то́поль; **~streifen** *m:* ein ≈ am Horizont *übertr* про́блеск 2 наде́жды; **~tanne** *f* пи́хта одноцве́тная; **~zeug** *n* сере́бряные изде́лия *Pl* 5, серебро́ 4; Silberbestecke (столо́вое) серебро́ 4
silbrig серебри́ст:ый; Farbe a. с серебри́стым бле́ском
Silhouette *f* силуэ́т 2
silieren *tr Landw* силосова́ть *uv, v* 2
Silikat *n* силика́т 2
Silikose *f* силико́з 2
Silizium *n* кре́мни|й 1 *P* -и
Silo *m Landw* си́лос 2; ~turm a. си́лосная ба́ш|ня 7 *G Pl* -ен; für Getreide a. зернохрани́лище 4; **~futter** *n* си́лос 2, силосо́ванный корм; **~mais** *m* кукуру́за на си́лос; Futter кукуру́зный си́лос 2
Silvester *n* после́дний 11 день, дня 1 го́да; ~abend новогоо́дний ве́чер 11-2 | ~ feieren встреча́ть ⟨встре́|тить 3 -чу⟩ Но́вый год; zu ~ в кану́н Но́вого го́да, под Но́вый год; **~abend** *m* новогоо́дний ве́чер 11-2, кану́н 2 Но́вого го́да | am ≈ накану́не Но́вого го́да; **~feier** *f* пра́зднование [зн] Но́вого го́да; **~nacht** *f* новогоо́дняя 11 ночь, ночь под Но́вый год
Simbabwe Зимба́бве *f idkl*
simpel **1.** *Adj* прост:о́й, -а́, -о, про́сты́; einfältig простова́т:ый **2.** *Adv* по просто́му, про́сто
Simplex *n Ling* непроизво́дное [просто́е] сло́во 4b
Sims *m* карни́з 2; Kamin вы́ступ 2
Simul|ant *m* симуля́нт 2, притво́рщик 2; **~ator** *m Tech* тренажёр 2 | im ≈ на тренажёре
simulieren *tr* симули́ровать *uv, v* 2; sich verstellen a. притвор|я́ться ⟨-и́ться 3⟩ *I; Phys, Tech, Biol* модели́ровать *uv, v* 2; *Kosm, EDV* имити́ровать 2 ⟨сымити́ровать⟩
simultan одновре́ме́нный; Übersetzung синхро́нный
Simultan|bühne *f* симульта́нная декора́ция 8; **~dolmetschen** *n* синхро́нный перево́д 2; **~dolmetscher** *m* синхро́нный перево́дчик, перево́дчик-синхрони́ст 2-2; **~spiel** *n* Schach сеа́нс 2 одновре́ме́нной игры́; **~übersetzung** *f* синхро́нный перево́д
Sinfonie *f* симфо́ния 8; **~konzert** *n* симфони́ческий конце́рт; **~orchester** *n* симфони́ческий орке́стр
Sinfoniker *m* член симфони́ческого орке́стра; Komponist компози́тор-симфони́ст 2-2
sinfonisch симфони́ческий
Singapur Сингапу́р 2
Singe|gruppe *f* Volkskunst пе́вческая [вока́льная] гру́ппа; **~klub** *m* клуб пе́сенного тво́рчества

singen *tr u. intr* петь* (про-, с-) | ein Liedchen vor sich hin ~ напевать песенку; zweistimmig ~ петь в два голоса; vom Blatt ~ петь с листа; zur Gitarre ~ петь под аккомпанемент гитары; sich heiser ~ петь до хрипоты; in den Schlaf ~ убаюк|ивать ⟨-ать⟩; davon kann ich ein Lied ~ это мне самому достаточно (хорошо) знакомо

Singsang *m* монотонное пение 5

Sing|spiel *n* зингшпиль 1, (немецкая) комическая опера 6; **~stimme** *f* певческий [певучий 11] голос

Singular *m* единственное число 4

Singularetantum *n* имя существительное, не имеющее 11 множественного числа

Singvogel *m* певчая 11 птица

sinken *intr* падать ⟨у|пасть*⟩, опу|скаться ⟨-ститься 3⁺ -щусь⟩; Barometer, Lebensstandard, Preise понижаться ⟨-низиться 3⟩; Wasser убывать ⟨убыть*⟩; Ballon спус|каться ⟨-титься⟩; untergehen: Schiff тонуть 4⁺ (за-, по-), идти* ⟨по|йти*⟩ ко дну | der Boden hat sich gesenkt почва опустилась; im Preis ~ падать в цене; in j-s Arme ~ бросаться ⟨бро|ситься 3 -шусь⟩ кому-н. в объятия; den Mut ~ lassen падать ⟨пасть*⟩ духом; er ist in meiner Achtung gesunken он упал в моих глазах; die Hoffnung nicht ~ lassen не терять надежды; die Sonne sinkt солнце заходит

Sinn *m* Bedeutung смысл 2, значение 5; ~e *Pl* органы *Pl* 2 чувств | im engeren ~ в узком смысле; im eigentlichen ~ в прямом значении; dem ~ nach по смыслу; das hat keinen ~ это не имеет смысла; im wahren ~e des Wortes в полном смысле слова; etw. im ~ haben намереваться сделать что-н.; seine fünf ~e beisammen haben быть* в здравом уме и твёрдой памяти; in den ~ kommen приходить 3⁺ ⟨-|йти*⟩ на ум; bei ~en sein быть в своём [в здравом] уме; ist er bei ~en? в уме ли он?; er ist von ~en он вне себя; er hat ~ für Humor он имеет чувство юмора; aus den Augen, aus dem ~ с глаз долой – из сердца вон; das geht mir nicht aus dem ~ это не выходит у меня из головы; ohne ~ und Verstand без толку; **~bild** *n* символ 2; аллегория 8

sinnbildlich символический; аллегорический

sinnen *intr* думать (по-) (über о *P*), размышлять (über о *P*) | auf Rache ~ замышлять ⟨-мыслить 3⟩ месть; ich bin nicht gesonnen nachzugeben я не думаю [склонен] уступить

Sinnen *n* размышления *Pl* 5 | ~ und Trachten помыслы *Pl* 2; **~lust** *f* чувственное наслаждение 5; **~reiz** *m* чувственное раздражение

sinnentstellend **1.** *Adj* Fehler искажающий 11 смысл **2.** *Adv* превратно

Sinnes|änderung *f* перемена образа мыслей; **~art** *f* образ 2 мыслей; **~organ** *n* орган чувств; **~täuschung** *f* обман чувств; **~wahrnehmung** *f* восприятие органом [органами] чувств

sinn|fällig яс|ный, -ен, -на, -но, ясны, очевид|ный, -ен; **~gemäß** по смыслу | ≈ sagte er folgendes ... он сказал примерно [приблизительно] следующее ...; **~ig** продуманный; nachdenklich задумчив:ый | ≈es Geschenk заботливо выбранный подарок; **~lich** чувствен:ный, -на | ~ Begierde вожделение 5

Sinnlichkeit *f* чувственность 9

sinnlos бессмыслен|ный, -на; Wut безум|ный, -ен, безрассуд|ный, -ен | ~ betrunken sein быть ужасно пьяным

Sinnlosigkeit *f* бессмысленность 9

Sinnspruch *m* сентенция [сэ, тэ] 8

sinn|verwandt близкий по смыслу; **~voll** осмыслен|ный, -на; vernünftig толков:ый | das wäre ≈er это было бы рациональнее, это имело бы больше смысла; etw. ≈ planen хорошо [продуманно] планировать (за-) что-н.; **~widrig** противный здравому смыслу, абсурдный

Sinolog|e *m* синолог 2, китаист 2; **~ie** *f* синология 8, китаистика 6

sintern *tr Tech* спекать ⟨-|печь*⟩; Metall a. агломерировать *uv, v* 2

Sintflut *f* потоп 2 | nach uns die ~! после нас хоть потоп!

Sinus *m* синус 2

Siphon *m* сифон 2

Sipp|e *f* род 2b; *Biol* семейство 4; **~schaft** *f* клика 6; Verwandschaft родня 7 | das ist ja eine feine ≈! ну и сброд!

Sirene *f Myth* сирена 6; *Tech* сирена 6, гуд|ок, -ка 2

Sirup *m* сироп 2; Rübensaft патока 6

Sitte *f* обыча|й 1 *G Pl* -ев, *im Pl a.* нравы *Pl* 2 | ~n und Gebräuche обычаи и нравы; das ist bei uns so ~ так у нас водится [принято]; gute ~n Anstand хороший тон 11–2, хорошие манеры *Pl* 6

Sitten|bild *n Lit* описание 5 обычаев и нравов; Genrebild жанровая картина 6; **~lehre** *f* этика 6

sittenlos безнравствен:ный, -на

Sitten|losigkeit *f* безнравственность 9; **~roman** *m* роман нравов, бытовой роман

sittenstreng высоконравственный, строгих правил

Sittenverfall *m* упадок нравственности, испорченность 9 нравов

sittlich нра́вствен:ный, -на, мора́л|ьный, -ен, -ьна
Sittlichkeit *f* нра́вственность 9, мора́ль 9
Sittlichkeits|verbrechen *n* полово́е преступле́ние; ~**verbrecher** *m* лицо́ 4с, соверши́вшее 11 полово́е преступле́ние
sittsam zurückhaltend скро́м|ный, -ен, -на́!; keusch целому́дрен:ный, -на; artig благонра́в|ный, -ен
Sittsamkeit *f* скро́мность 9; целому́дрие 5; благонра́вие 5
Situation *f* ситуа́ция 8, положе́ние 5; Umstände обстано́вка 6 | er war der ~ gewachsen он был на высоте́ положе́ния; sie erfaßte die ~ она́ уясни́ла себе́ положе́ние
Situationskomik *f* коми́зм положе́ния [ситуа́ции]
Sitz *m* ~fläche сиде́нье 5; ~platz; Parlament ме́сто 4b; Behörde, Dienststelle, Komitee, Organisation местонахожде́ние 5; Wohn~ местожи́тельство 4; Geschäfts~ местопребыва́ние 5; Regierung резиде́нция 8 | einen guten ~ haben Kleidung хорошо́ сиде́ть 3; ~**bad** *n* сидя́чая 11 ва́нна; ~**badewanne** *f* поясна́я [сидя́чая 11] ва́нна; ~**ecke** *f* угол|о́к, -ка́ 2 для сиде́нья, дива́нный у́гол
sitzen *intr* си|де́ть 3 -жу́; си́дя | am Tisch ~ сиде́ть за столо́м; am Steuer ~ сиде́ть за рулём; an etw. ~ arbeiten сиде́ть над чем-н.; ~ bleiben nicht aufstehen о|става́ться* (-|ста́ться*) сиде́ть; er sitzt über den Büchern он сиди́т за кни́гами; hier sitzt es sich gut здесь удо́бно сиде́ть; er sitzt fest im Sattel он про́чно сиди́т на своём посту́; der Hieb sitzt уда́р попа́л в цель; er läßt die Beleidigung nicht auf sich ~ он не проглоти́т оскорбле́ние; die Bluse sitzt gut блу́зка хорошо́ сиди́т; der Anzug sitzt wie angegossen костю́м сиди́т как влито́й; der Text sitzt текст (твёрдо) усво́ен; er sitzt (wegen Diebstahls) он сиди́т (за кра́жу); das hat gesessen! *umg* э́то попа́ло в то́чку!
sitzenbleiben *intr* Schule остава́ться (-ста́ться) на второ́й год; nicht heiraten Frau оста́ться ста́рой де́вой | er blieb auf seiner Ware sitzen он не нашёл покупа́теля (auf на *A*), он оста́лся с непро́данным това́ром
Sitzenbleiber *m* второго́дник 2
sitzend сидя́чий 11 | ~e Lebensweise сидя́чий 11 о́браз жи́зни
sitzenlassen *tr* im Stich lassen покида́ть (-ки́нуть 4), броса́ть (бро́|сить 3 -шу); nicht kommen пообеща́ть и не при|йти́* | ein Mädchen ~ не жени́тся 3⁺ на де́вушке (вопреки́ обеща́нию)
Sitz|fleisch *n*: er hat kein ≈ он непосе́да, ему́ (всё) не сиди́тся; ~**gelegenheit** *f* сиде́нье 5; ~**platz** *m* сидя́чее 11 ме́сто; *Eisenb* ме́сто для сиде́ния; ~**stange** *f* Hühner насе́ст 2; ~**streik** *m* сидя́чая 11 забасто́вка; ~**ung** *f* Versammlung, Tagung заседа́ние 5 (in на *P*) | eine ≈ leiten вести́* заседа́ние
Sitzungs|bericht *m* отчёт о заседа́нии; ~**periode** *f* се́ссия 8; ~**saal** *m* зал заседа́ний
Sizilianer *m* сицилиа́н|ец, -ца 2, сицили́|ец, -йца 2; ~**in** *f* сицилиа́нка 6, сицили́йка 6
sizilianisch сицилиа́нский, сицили́йский
Sizilien Сици́лия 8
Skala *f* шкала́ 6с; *übertr, Mus* га́мма 6 a. v. Farben
Skalenbeleuchtung *f Rad* освеще́ние шкалы́
Skalp *m* скальп 2
Skalpell *n* ска́льпель 1
skalpieren *tr* скальпи́ровать *uv, v* 2 (*a.* о-), снима́ть (снять*) скальп
Skandal *m* сканда́л 2 | j-m einen ~ machen устр|а́ивать (-о́ить 3) кому́-н. сканда́л
skandalös сканда́л|ьный, -ен, -ьна
Skandalpresse *f* бульва́рная пре́сса
skandieren *tr* сканди́ровать *uv, v* 2 (*a.* про-)
Skandinavi|en Скандина́вия 8; ~**er** *m* скандина́в|ец, -ца 2; ~**erin** *f* скандина́вка 6
skandinavisch скандина́вский
Skaphander *m* für Taucher скафа́ндр 2 *a. Kosm*
Skat *m* скат 2 | ~ spielen игра́ть (сыгра́ть) в скат; ~**spieler** *m* игра́ющий *Subst* 11 [игро́к] в скат
Skeleton *m Sport* ске́летон 2
Skelett *n* скеле́т 2; *Bauw* карка́с 2; ~**bauweise** *f* карка́сное строи́тельство 4
Skep|sis *f* скептици́зм 2, сомне́ние 5 | mit ≈ со скептици́змом; ~**tiker** *m* ске́птик 2
skeptisch скепти́ческий
Skeptizismus *m* скептици́зм 2
Sketch *m* скетч 2 *G Pl* -ей
Ski *m* лы́жа 6 | ~ laufen хо|ди́ть 3⁺ -жу́ [ката́ться] на лы́жах; ~**anzug** *m* лы́жный костю́м 2; ~**ausleihstation** *f* ста́нция прока́та лыж, лы́жно-прока́тный пункт 2; ~**ausrüstung** *f* лы́жное снаряже́ние; ~**bindung** *f* лы́жное крепле́ние; ~**fliegen** *n* полёт 2 [прыж|ки́, -о́в *Pl* 2] на лы́жах (с большо́го трампли́на); ~**gelände** *n* ме́стность, при-го́дная для лы́жного спо́рта; ~**hose** *f* лы́жные брю́ки; ~**hütte** *f* котте́дж [тэ] 2 лы́жной ба́зы; ~**langlauf** *m* бег (на лы́жах) на дли́нные диста́нции; ~**langläufer** *m* лы́жник-ста́йер 2-2; ~**lauf** *m* ходьба́ на лы́жах; ~**läufer** *m* лы́жник 6; ~**lehrer** *m* инстру́ктор 2 по ходьбе́ на

лы́жах; **~lift** *m* кана́тный подъёмник 2 (для лы́жников); **~sport** *m* лы́жный спорт; **~springen** *n* прыжки́ *Pl* 2 на лы́жах с трампли́на; **~springer** *m* лы́жник-прыгу́н 2-2e; **~spur** *f* лыжн|я́ 7 *G Pl* -е́й; **~stiefel** *m* лы́жный боти́н|ок, -ка *G Pl* -ок; **~stock** *m* лы́жная па́лка; **~tour** *f* лы́жная вы́лазка 6; **~wachs** *n* лы́жная мазь 9; **~wanderung** *f* лы́жный похо́д

Skizze *f* эски́з 2, набро́с|ок, -ка 2; *Lit* о́черк 2; Faust~ бе́глый [о́бщий 11] набро́сок

skizzenhaft на́скоро набро́сан:ный, эски́з|ный, -ен

Skizzenheft *n* альбо́м 2 для эски́зов

skizzieren *tr* набр|а́сывать ⟨-оса́ть⟩ *A*, де́лать (с-) эски́з [набро́сок] *G*

Sklave *m* раб 2e; *gehoben* нево́льник 2

Sklaven|arbeit *f* ра́бский труд; **~aufstand** *m* восста́ние рабо́в

Sklavenhalter *m* рабовладе́л|ец, -ьца 2; **~gesellschaft** *f* рабовладе́льческое о́бщество; **~ordnung** *f* рабовладе́льческий строй

Sklaven|handel *m* работорго́вля 7, торго́вля нево́льниками; **~händler** *m* работорго́в|ец, -ца 2, торго́вец нево́льниками

Sklaverei *f* ра́бство 4; *gehoben* нево́ля 7; Sklavenhalterordnung рабовладе́льческий строй 1

Sklavin *f* рабы́ня 7; *gehoben* нево́льница 6

sklavisch ра́бский; kriecherisch рабole̋п|ный, -ен | ~e Nachahmung ра́бское подража́ние

Sklerose *m* склеро́з 2

Skorbut *m* цинга́ 6

Skorpion *m Zool* скорпио́н 2; *Astr* Скорпио́н

skrofulös *Med* золоту́ш|ный, -ен

Skrofulose *f* золоту́ха 6

Skrupel *m* сомне́ние 5 | ohne (jegliche) ~ und Zweifel без зазре́ния со́вести

skrupellos 1. *Adj* бессо́вест|ный, -ен, беззасте́нчив:ый **2.** *Adv* без вся́кого стесне́ния, без зазре́ния со́вести

Skull *n Sport* па́рное весло́ 4c *Pl* вёс|ла, -ел; **~boot** *n* академи́ческая ло́дка

Skulptur *f* скульпту́ра 6

Skunk *m Zool* скунс 2; **~s** *m* Pelz скунс 2

skurril стра́н|ный, -ен, -на́! | ein ~er Mensch чуда́к 2e

S-Kurve *f* S-обра́зный изги́б 2, двойно́й поворо́т

Slalom *m* сла́лом 2; **~läufer** *m* слаломи́ст 2

Slaw|e *m* слав|яни́н 2 *Pl* -я́не, -я́н | die ~en *Koll* славя́нство 4; **~in** *f* славя́нка 6

slawisch славя́нский

Slawist *m* слави́ст 2; **~ik** *f* слави́стика 6

Slip *m* (коро́ткие) тру́сики *Pl* 2; für Herren пла́вки *Pl* 6

Slogan *m* рекла́мный деви́з 2

Slowak|e *m* слова́к 2; **~ei** *f* Слова́кия 8; **~in** *f* слова́чка 6

slowakisch слова́цкий

Slowen|e *m* слове́н|ец, -ца 2; **~ien** Слове́ния 8; **~in** *f* слове́нка 6

slowenisch слове́нский

Smaragd *m* изумру́д 2

smaragdfarben изумру́дный

Smog *m* смог 2

Smoking *m* смо́кинг 2

so *Adv* так, таки́м о́бразом | ach ~! вот как!; ~ sehr так (си́льно); ~ ein тако́й; ~ ein interessantes Buch така́я интере́сная кни́га; ~ lange, bis … до тех пор, пока́ не …; ist das (wirklich) ~? так ли э́то (на са́мом де́ле)?; ~ ist es! (де́ло обсто́ит) и́менно так!; ~ siehst du aus! как бы не так!; bald ~, bald ~ то так, то (э)так; ~ oder ~ так и́ли ина́че; ~ und ~ так и так; wenn es ~ ist когда́ так, е́сли так; ~ meinte ich es nicht я не то́ хоте́л сказа́ть; ~ sind sie! таковы́ они́!; ~ etwas habe ich noch nicht gesehen ничего́ подо́бного я ещё не ви́дел; ~ groß wie er тако́й большо́й, как он; ~ gut wie nichts почти́ что ничего́; mag die Schuld noch ~ groß sein … как бы ни́ была́ велика́ вина́ …; gut ~ так и быть; ist es nicht ~? не так ли?; ~ … wie так …, как; ~ …, daß … так …, что …; **~bald** *Konj* как [лишь] то́лько, едва́

Söckchen *n Pl* носо́чки *Pl* 2

Socke *f* нос|о́к, -ка́ 2

Sockel *m* цо́коль 1; Denkmal пьедеста́л 2

Sockenhalter *m* рези́нка 6 для носко́в

Soda *f, n* со́да 6

sodann *Adv* danach зате́м, пото́м; außerdem кро́ме того́

Sodawasser *n* со́довая вода́

Sodbrennen *n* изжо́га 6 | ~ haben страда́ть изжо́гой

soeben *Adv* то́лько что | ~ erschienen Buch после́дняя нови́нка 11-6; ~ schlägt es zwölf часы́ как раз бьют двена́дцать

Sofa *n* дива́н 2; mit niedriger Rückenlehne софа́ 6c

sofern *Konj* поско́льку, е́сли

Sofia Софи́я 8

Sofitte *f Theat* софи́т 2

Sofittenlampe *f* софи́тная [*El* тру́бчатая] ла́мпа

sofort *Adv* сейча́с; unverzüglich a. неме́дленно | er hat ~ begriffen он сра́зу по́нял

Soforthilfe *f* неотло́жная по́мощь | ärztliche ~ сро́чная медици́нская по́мощь

sofortig неме́дленный

Sofort|maßnahmen *f Pl* сро́чные ме́ры;

~**programm** *n* прогрáмма немéдленных дéйствий
Softeis *n* мя́гкое морóженое
Sog *m* подсáсывание 5; Absaugen отсáсывание 5; *Mar* кильвáтерная струя́ 7; *übertr* круговорóт 2
sogar *Adv* дáже
sogenannt так называ́емый
sogleich *Adv* = **sofort**
Sohle *f* Fuß подóшва 6 *G Pl* подóшв, ступня́ 7; Schuh подóшва, подмётка 6; Fluß, Tal дно 4; *Bergb* этáж 2e; Stollen пóчва 6
Sohlenleder *n* подóшвенная кóжа
Sohn *m* сын 2 *Pl* сынов|ья́, -éй, -ья́м 1; *übertr* сын 2 *Pl* -ы́ 2b | die besten Söhne des Volkes лу́чшие сыны́ нарóда
Söhnchen *n* сын|óк, -кá 2
Soja|bohne *f* сóя 7; ~**mehl** *n* сóевая мукá
solange *Konj* покá, в то врéмя как | ~, bis покá не
Solarium *n* соля́ри|й 1 *P* -и *G Pl* -ев
Solbad *n* соляная вáнна; Kurort соляны́е вóды
solch *Pron* такóй, подóбный | als ~er как таковóй; auf ~e Weise таки́м óбразом; er hat ~en Hunger! емý так хóчется есть!; bei ~ einem Wetter в такýю погóду
solcher|art, ~**lei** такóй, такóго рóда; ~**maßen** *Adv* таки́м óбразом
Sold *m Mil* дéнежное довóльствие 5 [содержáние 5]
Soldat *m* солдáт 2 *G Pl* солдáт; Militärperson a. воéнный *Subst* 10; einfacher рядовóй *Subst* 10 | ~ werden стать солдáтом, по|йти́* *v* служи́ть в áрмии
Soldaten|friedhof *m* вóинское клáдбище; ~**lied** *n* солдáтская пéсня
Soldateska *f* солдатня́ 7
soldatisch 1. *Adj* солдáтский **2.** *Adv* по-солдáтски
Söldner *m* наёмник 2; ~**truppen** *f Pl* наёмные войскá
Sole *f* рассóл 2; Quelle соляно́й истóчник 2
Solei *n* яйцó 4c, законсерви́рованное в соляно́м раствóре
solid Geschäft, Aussehen соли́д|ный, -ен, надёж|ный, -ен; Ware, Bau, Wissen соли́дный, прóч|ный, -ен, -нá, -но, прóчны́; Charakter соли́дный, делови́т:ый | ~e Arbeit добрóтная [хорóшая 11] рабóта; ~e Methoden серьёзные мéтоды
solidarisch солидáр|ный, -ен, -на | sich mit j-m ~ erklären заяв|ля́ть ⟨-и́ть 3^+ -лю́⟩ о своéй солидáрности с кем-н.
solidarisieren, sich *refl* заяв|ля́ть ⟨-и́ть 3^+ -лю́⟩ о своéй солидáрности (mit с *I*), солидаризи́роваться *uv, v* 2 (mit с *I*)
Solidarität *f* солидáрность 9
Solidaritäts|aktion *f* мероприя́тие 5, проводи́мое в знак солидáрности (für с *I*); Demonstration демонстрáция 8 солидáрности; ~**basar** *m* базáр солидáрности; ~**konzert** *n* концéрт по зая́вкам слу́шателей, сдéлавших взнос в фонд солидáрности; ~**kundgebung** *f* демонстрáция [ми́тинг] солидáрности; ~**spende** *f* взнос 2 [пожéртвование 5] в фонд солидáрности; ~**streik** *n* забастóвка (в знак) солидáрности (für с *I*)
Solist *m* соли́ст 2; ~**in** *f* соли́стка 6
Soll *n Fin* дéбет [бэ] 2; *Wirtsch* плáновое задáние 5; Norm a. нóрма 6 | ~ und Haben дéбет и креди́т
sollen *Modalverb* дóлж|ен, -нá, -ны́; sie soll(te) zu Hause bleiben онá должнá (былá) остáться дóма | verneint не дóлжен, нельзя́ *D* + *uv Inf;* Sie ~ ihm nichts davon sagen вам нельзя́ говори́ть емý об э́том; du sollst es nicht tun тебé нельзя́ [ты не дóлжен] э́того дéлать | den Auftrag haben: ich soll Grüße von Nina ausrichten мне порýчено передáть привéт от Ни́ны | Empfehlung слéдует; das sollte man nie tun никогдá не слéдует э́того дéлать; wir hätten eher daran denken ~ нам слéдовало бы [мы должны́ бы́ли бы] рáньше об э́том подýмать; jeder sollte das Buch gelesen haben кáждому слéдовало бы прочитáть э́ту кни́гу | Frage: *Inf (mit D der Person);* was soll ich ihm antworten? что (мне) отвéтить емý?; ~ wir das Fenster aufmachen? откры́ть окнó?; was soll ich hier? что мне здесь дéлать?; sie wußte nicht, ob sie lachen oder weinen sollte онá не знáла, смея́ться ли ей и́ли плáкать | Aufforderung *in der 3. Person* пусть; soll er kommen! пусть придёт!; ~ sie warten! пусть подождýт! | in Objektnebensätzen der Aufforderung чтóбы *mit Konjunktiv;* er schreibt, ich solle [solle nicht] kommen он пи́шет, чтóбы я приéхал [не приезжáл] | Geplantes: *Futur;* hier soll eine Schule gebaut werden здесь бýдет пострóена шкóла, здесь пострóят шкóлу; deine Bitte soll dir erfüllt werden твоя́ прóсьба бýдет испóлнена; es soll mich freuen, wenn … я бýду рад, éсли … | Möglichkeit: sollte der Fall eintreten, daß … éсли слу́чится, что …; sollte er doch noch kommen éсли он всё-таки придёт | in zweifelnden Fragen: warum sollte ich Angst haben? почемý бы мне боя́ться?, wie hätte ich das ahnen ~? рáзве я мог подозревáть об э́том?; wie soll das bloß enden? чем же э́то кóнчится?; was soll das? что э́то знáчит?; ich sollte das gesagt haben? чтóбы я э́то сказáл?; was soll dieser Streit? к чемý э́тот спор? | man sagt говоря́т, что; er

soll krank sein говоря́т, что он бо́лен | Schicksal: es hat nicht sein ~ э́тому не суждено́ бы́ло сбы́ться; er sollte seinen Freund nicht wiedersehen ему́ не́ было суждено́ уви́деть своего́ дру́га; das sollte sich als Fehler erweisen э́то оказа́лось оши́бкой

Soll|-Größe *f* за́данная величина́; **~-Stärke** *f Mil* шта́тный соста́в 2; **~-Wert** *m* за́данное значе́ние

solo singen, tanzen со́ло; kommen оди́н

Solo *n* со́ло *n idkl* | mit einem ~ auftreten исполня́ть ⟨-по́лнить 3⟩ со́ло; **~gesang** *m* со́льное пе́ние; **~part** *m Mus* со́льная па́ртия 8; **~sänger** *m* соли́ст 2; **~stimme** *f* соли́рующий 11 го́лос; **~tanz** *m* со́льный та́нец; **~tänzer** *m* танцо́р-соли́ст 2-2; **~tänzerin** *f* танцо́рка-соли́стка 6-6

Solquelle *f* соляно́й исто́чник

Somali|a Сомали́ *f idkl;* **~er** *m* сомали́|ец, -йца 2; **~erin** *f* сомали́|йка *G Pl* -ек

somalisch сомали́йский

somit *Adv* таки́м о́бразом, ита́к | ~ wäre die Frage geklärt ита́к, вопро́с вы́яснен

Sommer *m* ле́то 4b | im ~ ле́том; den ~ über в тече́ние ле́та; für den ~ на ле́то; **~anfang** *m* нача́ло ле́та; **~fahrplan** *m* ле́тнее 11 расписа́ние движе́ния поездо́в; **~ferien** *Pl* ле́тние 11 кани́кулы | in den ≈ на ле́тних кани́кулах; **~frische** *f* ле́тний о́тдых 11-2; Erholungsort ме́сто 4b ле́тнего пребыва́ния, да́чное ме́сто | in der ≈ за го́родом, на да́че; **~frischler** *m,* **~gast** *m* отдыха́ющий *Subst* 11; да́чник 2; **~getreide** *n* яровы́е хлеба́; **~halbjahr** *n:* im ~ в тече́ние ле́тнего пери́ода; **~haus** *n* да́ча 6 | im ≈ на да́че; **~hitze** *f* ле́тняя 11 жара́; **~kleid** *n* ле́тнее 11 пла́тье

sommerlich 1. *Adj* ле́тний 11 **2.** *Adv* по-ле́тнему

Sommer|mantel *m* ле́тнее 11 пальто́; **~mode** *f* ле́тняя мо́да 11-6; **~pause** *f Theat* ле́тние кани́кулы 11-*Pl* 6 a. Parlament; **~nacht** *f* ле́тняя 11 ночь; **~roggen** *m* ярова́я рожь; **~sachen** *f Pl* ле́тняя оде́жда 11-6

Sommer|schlußverkauf *m* распрода́жа 6 това́ров ле́тнего сезо́на, осе́нняя 11 распрода́жа; **~sonnenwende** *f* ле́тнее 11 солнцестоя́ние; **~spiele:** Olympische ≈ ле́тние 11 олимпи́йские и́гры; **~-sprosse** *f* весну́шка 6

sommersprossig весну́шчатый, с весну́шками

Sommer|tag *m* ле́тний 11 день; **~weizen** *m* ярова́я пшени́ца; **~wohnung** *f* да́ча 6; **~zeit** *f* ле́тнее 11 вре́мя [расписа́ние 5] | zur ≈ übergehen переходи́ть ⟨-йти⟩ на ле́тнее расписа́ние

sonach *Adv* ита́к, таки́м о́бразом

Sonat|e *f* сона́та 6; **~ine** *f* сонати́на 6

Sonde *f Med* зонд 2; *Kosm* автомати́ческая межплане́тная ста́нция 8, зонд 2; *Bergb* бур 2, щуп 2

Sonder|abdruck *m* отде́льный о́ттиск; **~abteil** *n* специа́льное купе́ [э]; **~anfertigung** *f* изготовле́ние по специа́льному зака́зу; **~angebot** *n* специа́льное предложе́ние; preisgünstiges распрода́жа 6 това́ров по сни́женным це́нам; **~ausgabe** *f* специа́льный вы́пуск; Buch специа́льное изда́ние; **~ausweis** *m* специа́льное удостовере́ние

sonderbar стра́н|ный, -ен, -на́!

sonderbarerweise *Adv* стра́нным о́бразом, как ни стра́нно

Sonder|beauftragter *m* специа́льный уполномо́ченный; **~bestellung** *f:* auf ≈ по осо́бому зака́зу; **~botschafter** *m* специа́льный посла́нник 2; **~bus** *m* заказно́й авто́бус; **~druck** *m Typ* специа́льное изда́ние 5, специа́льный вы́пуск 2; **~einsatz** *m* специа́льное зада́ние 5; **~fahrt** *f* пое́здка со специа́льной це́лью, внепла́новая пое́здка; Aufschrift auf Bussen заказно́й; Schiff специа́льный рейс; **~fall** *m* осо́бый слу́чай; **~flug** *m* специа́льный рейс | während der Messe werden ≈flüge durchgeführt во вре́мя я́рмарки курси́руют дополни́тельные самолёты; **~genehmigung** *f* специа́льное разреше́ние

sondergleichen: das ist eine Frechheit ~ э́то бесприме́рная на́глость

Sonder|heft *n* специа́льный вы́пуск 2 (журна́ла); **~klasse** *f* Schule спецкла́сс 2; Qualität вы́сший сорт 11-2b *Pl* -а́, э́кстра *idkl;* Gaststätte вы́сшая катего́рия 11-8; **~korrespondent** *m* специа́льный корреспонде́нт

sonderlich 1. *Adj* осо́бенный | ohne ~en Schaden без больши́х поте́рь; ohne ~e Lust без осо́бой охо́ты **2.** *Adv:* nicht ~ не о́чень

Sonder|ling *m* чуда́к 2e; **~marke** *f* ма́рка специа́льного вы́пуска; **~maschine** *f Flugw* дополни́тельный самолёт 2

sondern 1. *tr* trennen отдел|я́ть ⟨-и́ть 3⁺⟩ (von от *G*) **2.** *Konj* но, а | nicht nur ..., ~ auch не то́лько ..., но и ...; ich besuche Sie nicht morgen, ~ übermorgen я приду́ вас навести́ть не за́втра, а послеза́втра; er trinkt nicht Bier, ~ Wein он пьёт не пи́во, а вино́

Sonder|nummer *f* специа́льный [э́кстренный] вы́пуск 2; **~recht** *n* преиму́щественное пра́во, привиле́гия 8; **~regelung** *f* специа́льное реше́ние 5

sonders *Adv:* samt und ~ все вме́сте, все без исключе́ния

Sonder|schau *f* специа́льная вы́ставка; **~schicht** *f* дополни́тельная сме́на; aus bes. Anlaß (специа́льная) ва́хта 6 в честь *G;* **~schule** *f* специа́льная шко́ла, спецшко́ла 6; **~sitzung** *f* внеочередно́е [чрезвыча́йное] заседа́ние; **~stellung** *f* осо́бое положе́ние; **~stempel** *m* Post специа́льный почто́вый ште́мпель; **~urlaub** *m* внеочередно́й о́тпуск; **~verkauf** *m* э́кстренная [сезо́нная] прода́жа; **~vollmacht** *f* als Urkunde специа́льная дове́ренность; ≈en *Pl* осо́бые [чрезвыча́йные] полномо́чия; **~vorstellung** *f* Kino доба́вочный [специа́льный] сеа́нс; *Theat* доба́вочный спекта́кль; **~wagen** *m* специа́льный ваго́н; **~zug** *m* по́езд осо́бого назначе́ния; zusätzlich zum Fahrplan дополни́тельный по́езд; **~zuteilung** *f* специа́льный [дополни́тельный] паёк

sondieren *tr Med, Tech* зонди́ровать 2 (про-), иссле́довать *uv, v* 2 (зо́ндом); *übertr* нащу́п|ывать ⟨-ать⟩, зонди́ровать (по-)

Sonett *n* соне́т 2

Sonnabend *m* суббо́та 6 | am ~ в суббо́ту; **~abend** *m* суббо́тний 11 ве́чер | am ≈ в суббо́ту ве́чером

sonnabends *Adv* по суббо́там

Sonne *f* со́лнце [он] 4 | in der ~ liegen лежа́ть на со́лнце; in der prallen ~ sitzen сиде́ть на солнцепёке; die ~ meint es heute gut сего́дня жа́ркое со́лнце; die ~ scheint со́лнце све́тит

sonnen, sich *refl* гре́ться [лежа́ть 3] на со́лнце | sich in seinem Ruhm ~ гре́ться в луча́х свое́й сла́вы

Sonnen|aufgang *m* восхо́д со́лнца | vor ≈ до со́лнца; **~bad** *n* со́лнечная ва́нна | ein ≈ nehmen принима́ть ⟨приня́ть*⟩ со́лнечную ва́нну; **~bahn** *f* орби́та со́лнца; **~batterie** *f* со́лнечная батаре́я; **~bestrahlung** *f* инсоля́ция 8; **~blende** *f* *Foto* со́лнечная засло́нка 6; Auto противосо́лнечный козыр|ёк, -ька́; **~blume** *f* подсо́лнечник 2; **~blumenkern** *m* се́мечко подсо́лнечника; **~blumenöl** *n* подсо́лнечное ма́сло; **~brand** *m Med* ожо́г 2 от со́лнца | sich einen ≈ holen получ|а́ть ⟨-и́ть 3⁺⟩ со́лнечный ожо́г; **~bräune** *f* зага́р 2; **~brille** *f* тёмные [защи́тные] очк|и́; **~dach** *n* марки́за 6, тент [тэ] 2; **~deck** *n* со́лнечная па́луба; **~energie** *f* со́лнечная эне́ргия; **~ferne** *f* *Astr* афе́лий 1; **~finsternis** *f* со́лнечное затме́ние; **~fleck** *m* со́лнечное пятно́

sonnengebräunt загоре́лый

Sonnenglut *f* зной 1

sonnenklar я́сный как день, соверше́нно очеви́дный | es ist ~, daß ... ясне́е я́сного, что ...

Sonnen|korona *f* со́лнечная коро́на; **~kraftwerk** *n* гелио(электро)ста́нция 8; **~licht** *n* со́лнечный свет, со́лнце [он] 4; **~nähe** *f* периге́лий 1; **~öl** *n* = **Sonnenschutzöl;** **~schein** *m* со́лнечный свет | bei strahlendem ≈ при прекра́снейшей (со́лнечной) пого́де; **~schirm** *m* зо́нтик 2 от со́лнца; **~schutz** *m* наве́с 2 от со́лнца; am Fenster марки́за 6; **~schutzöl** *n* ма́сло (для защи́ты) от со́лнечных ожо́гов; **~seite** *f* со́лнечная сторона́; **~stich** *m* со́лнечный уда́р | einen ≈ bekommen получ|а́ть ⟨-и́ть⟩ со́лнечный уда́р; **~strahl** *m* со́лнечный луч; **~strahlung** *f* со́лнечная радиа́ция; **~system** *n* со́лнечная систе́ма; **~tau** *m* *Bot* культ... росянка 6; **~uhr** *f* со́лнечные часы́; **~untergang** *m* зака́т 2, захо́д 2 со́лнца | bei ≈ на зака́те; vor ≈ до зака́та

sonnenverbrannt (о́чень) загоре́лый

Sonnenwende *f* солнцестоя́ние [он] 5

sonnig со́лнечный | er hat ein ~es Gemüt у него́ со́лнечный [ра́достный] хара́ктер

Sonntag *m* воскресе́нье 5 | am ~ в воскресе́нье; alle Tage ist kein ~ не всё коту́ ма́сленица, придёт и вели́кий пост; **~abend** *m* воскре́сный ве́чер; am ≈ в воскресе́нье ве́чером

sonntäglich воскре́сный; Kleidung пра́здничный

sonntags *Adv* по воскресе́ньям | sonn- und feiertags в воскре́сные и пра́здничные дни

Sonntags|anzug *m* пра́здничный костю́м; **~beilage** *f* Zeitung воскре́сное приложе́ние (von к *D*); **~dienst** *m* Arzt, Apotheke воскре́сное дежу́рство | ≈ haben дежу́рить в воскресе́нье; **~fahrer** *m umg* го́ре-води́тель 1; **~jäger** *m* го́ре-охо́тник 2; **~kind** *n* счастли́в|ец, -ца 2 | sie ist ein ≈ она́ родила́сь в соро́чке; **~rückfahrkarte** *f* обра́тный биле́т по льго́тному тари́фу; **~ruhe** *f* воскре́сный о́тдых; **~spaziergang** *m* воскре́сная прогу́лка; **~staat** *m* пра́здничный наря́д 2

sonor зво́н|кий, -ок, -ка́!, -че

sonst *Adv* außerdem кро́ме того́, ещё; andernfalls ина́че, а то, в проти́вном слу́чае; im übrigen впро́чем; gewöhnlich обыкнове́нно, обы́чно | ~ noch etwas? ещё что́-нибудь?; ~ nichts бо́льше ничего́; wer ~ als er кто же кро́ме него́; mehr als ~ бо́лее обыкнове́нного; er denkt, er ist ~ wer он ду́мает, что он не́весть кто; es ist alles wie ~ всё как обы́чно [как пре́жде]

sonstig anders(artig) друго́й; übrig про́чий 11

sonst|wie *Adv* как уго́дно, (ка́к-нибудь) ина́че; **~wo** *Adv* (где́-нибудь) в друго́м ме́сте; **~wohin** *Adv* (куда́-нибудь) в друго́е ме́сто

sooft *Konj* вся́кий раз как | ~ ich Heine lese вся́кий раз, когда́ я чита́ю Ге́йне

Sophist *m* софи́ст 2; **~ik** *f* софи́стика 6
sophistisch софи́стский
Sopran *m* сопра́но *n idkl;* **~istin** *f* сопра́но *f idkl*
Sorb|e *m* лужич|а́нин *Pl* -а́не, -а́н; **~in** *f* лужича́нка 6
sorbisch (сербо)лу́жицкий
Sorge *f* Kummer беспоко́йство 4; Für~ забо́та 6 (für, um о *P*); **~n** *Pl* Mühen хло́п|оты, -о́т, -отам *Pl* 6 | ~ um den schaffenden Menschen забо́та о трудя́щемся; ~ tragen für etw. забо́|титься 3 -чусь (по-) о чём-н.; sich ~n machen (um) беспоко́иться 3 (по-) (о *P*); j-m ~n machen дост|авля́ть ⟨-а́вить 3 -а́влю⟩ мно́го хлопо́т кому́-н.; das laß meine ~ sein! э́то моё де́ло!, об э́том я позабо́чусь!; das ist meine geringste ~ э́то меня́ ме́ньше всего́ беспоко́ит; er kommt aus den ~n nicht heraus у него́ ве́чно забо́ты; er weiß vor ~n nicht ein noch aus он задыха́ется от забо́т
sorgen *intr* забо́|титься 3 -чусь (по-) (für о *P*); sich ~ *refl* забо́титься (по-) (um о *P*), беспоко́иться (um о *P*) | dafür ist gesorgt э́то (уже́) устро́ено [ула́жено]; dafür ~, daß ... забо́титься (по-) о том, что́бы ...; **~frei** беззабо́т|ный, -ен, без забо́т, не зна́ющий 11 забо́т
Sorgenkind *n:* er ist mein ~ он моё го́ре
sorgenvoll Gesicht озабо́чен|ный, -на
Sorgfalt *f* тща́тельность 9; Gewissenhaftigkeit добросо́вестность 9; Fürsorglichkeit забо́тливость 9 | mit großer ~ о́чень тща́тельно
sorg|fältig тща́тел:ьный, -ен, -ьна; добросо́вест|ный, -ен; забо́тлив:ый; **~los** беззабо́т|ный, -ен, беспе́ч|ный, -ен
Sorglosigkeit *f* беззабо́тность 9, беспе́чность 9
sorgsam тща́тел|ьный, -ен, -ьна; fürsorglich забо́тлив:ый
Sorte *f* сорт 2b *Pl* -а́; Art род 2, тип 2 | in allen ~n всех сорто́в; mit dieser ~ Menschen will ich nichts zu tun haben я не жела́ю зна́ться с подо́бными людьми́
sortieren *tr* сортирова́ть 2 (рас-) (nach по *D*), разбира́ть ⟨разо|бра́ть*, разберу́, разо́бранный⟩ по сорта́м
Sortier|er *m* сортиро́вщик 2; **~maschine** *f* сортиро́вка 6, сортиро́вочная маши́на
Sortiment *n* Warenangebot (ас)сортиме́нт 2 (an *G*)
Sortiments|buchhandel *m* ро́зничная торго́вля кни́гами; **~buchhändler** *m* книготорго́в|ец, -ца 2
sosehr *Konj* как бы ни, хотя́ и | ~ ich mich freue, daß ... как бы я ни ра́довался, что ...
soso 1. *Adv* так себе́ **2.** *Interj* ну ла́дно
SOS-Ruf *m* сигна́л 2 СОС, сигна́л бе́дствия
Soße *f* со́ус 2
Soßen|löffel *m* ло́жка для со́уса; **~schüssel** *f* со́усник 2
Sotschi Со́чи *m idkl*
Soubrette *f* субре́тка 6
Souffleur *m Theat* суфлёр 2; **~kasten** *m* суфлёрская бу́дка 6
Souffleuse *f* суфлёр 2
soufflieren *intr* суфли́ровать 2
Söul Сеу́л 2
soundso: ~ lang тако́й-то длины́; ~ viel сто́лько-то; Paragraph ~ тако́й-то пара́граф; **~vielte** тако́й-то | am ≈n des Monats тако́го-то сего́ [э́того] ме́сяца
Souterrain *n* (полу)подва́л 2, подва́льный эта́ж 2е *G Pl* -е́й
Souvenir *n* сувени́р 2
souverän сувере́нный; *Sport* siegen с больши́м преиму́ществом | eine ~e Haltung zeigen вести́* (по-) себя́ уве́ренно
Souveränität *f* суверените́т 2
soviel 1. *Adv* сто́лько | ~ für heute на сего́дня дово́льно; noch einmal ~ ещё сто́лько; ~ wie möglich как мо́жно бо́льше; doppelt ~ вдво́е бо́льше **2.** *Konj* (на)ско́лько | ~ ich weiß наско́лько мне изве́стно
sovielmal *Konj* ско́лько бы раз | ~ ich dorthin ging ... ско́лько бы раз я туда́ ни ходи́л ...
Sowchos *m* совхо́з 2
soweit 1. *Adv* в изве́стной ме́ре, в о́бщем (и це́лом) | es geht mir ~ gut мне в о́бщем живётся хорошо́; das ist ~ richtig э́то в изве́стной ме́ре ве́рно; es ist ~ пора́, пришло́ вре́мя; es ist noch nicht ~ вре́мя ещё не пришло́ **2.** *Konj* наско́лько | ~ mir bekannt ist наско́лько мне изве́стно
sowenig 1. *Adv* так же ма́ло, как ... | ~ wie möglich как мо́жно ме́ньше; ich kann es ~ wie du я так же не в си́лах э́то сде́лать, как и ты **2.** *Konj:* ~ ich davon verstehe ... как ни ма́ло я в э́том понима́ю ...
sowie 1. *Adv* und auch а та́кже **2.** *Konj* sobald как то́лько | ~ ich kann как то́лько смогу́; **~so** *Adv* всё равно́, и без того́
Sowjet *m* сове́т 2 | der Oberste ~ der UdSSR Верхо́вный Сове́т СССР; **~armee** *f* Сове́тская А́рмия; **~bürger** *m* сове́тский граждани́н
sowjetisch сове́тский
Sowjet|macht *f* сове́тская власть; **~mensch** *m* сове́тский челове́к; **~republik** *f* Сове́тская респу́блика; **~stern** *m* пятиконе́чная звезда́; **~union** *f* Сове́тский Сою́з; **~volk** *n* сове́тский наро́д
sowohl *Konj:* ... als auch ... и ... и ..., как ... так и ...
sozial социа́льный | ~e Sicherheit со-

циа́льное обеспе́чение 5, уве́ренность 9 в за́втрашнем дне

Sozial|bevollmächtigter *m* отве́тственный *Subst* 10 за социа́льное обеспе́чение; **~demokrat** *m Pol* социа́л-демокра́т 2; **~demokratie** *f* социа́л-демокра́тия 8

sozialdemokratisch социа́л-демократи́ческий

Sozial|einrichtung *f* социа́льно-бытово́е учрежде́ние; **~fürsorge** *f* социа́льное обеспе́чение; **~gebäude** *n* im Betrieb бытово́й ко́рпус 2b *Pl* -а́ -о́в; **~gesetzgebung** *f* социа́льное законода́тельство; **~hygiene** *f* социа́льная гигие́на

sozialisieren *tr* социализи́ровать *uv, v* 2

Sozialisierung *f* социализа́ция 8

Sozialismus *m* социали́зм 2 | im ~ при социали́зме

Sozialist *m* социали́ст 2

sozialistisch социалисти́ческий | ~e Gesellschaftsordnung социалисти́ческий строй;

sozialkritisch социа́льно-крити́ческий

Sozialleistung *f* платёж 2e на социа́льные ну́жды

Sozialökonomie *f* полити́ческая эконо́мия

sozialökonomisch социа́льно-экономи́ческий

Sozialpolitik *f* социа́льная поли́тика

sozialpolitisch социа́льно-полити́ческий

Sozial|produkt *f* (совоку́пный) обще́ственный проду́кт; **~programm** *n* програ́мма социа́льных мероприя́тий; **~unterstützung** *f* посо́бие по социа́льному страхова́нию; **~versicherung** *f* социа́льное страхова́ние, соцстра́х 2; **~versicherungsbeiträge** *Pl* отчисле́ния *Pl* 5 на социа́льное страхова́ние, чле́нские взно́сы по социа́льному страхова́нию

Sozietät *f* о́бщество

Soziolog|e *m* социо́лог 2; **~ie** *f* социоло́гия 8

soziologisch социологи́ческий

Sozius *m* Beifahrer за́дний седо́к 11-2e; Sitz за́днее сиде́нье 11-5; **~fahrer** *m* за́дний седо́к 11-2e; **~sitz** *m* за́днее 11 сиде́нье

sozusagen *Adv* так сказа́ть

Spachtel *m, f* лопа́точка 6; *Med* шпа́тель [тэ] 1; **~masse** *f* шпаклёвка, шпаклёвочная ма́сса

spachteln *tr* шпаклева́ть 2 (за-)

Spagat *m, n* шпага́т 2 *a. Sport* | ~ machen де́лать (с-) шпага́т

Spaghetti *Pl* спаге́тти *Pl idkl*

spähen *intr* высма́тривать ⟨вы́смотреть 3⟩ (nach *A*), иска́ть* (глаза́ми) (nach *A*)

Späher *m* дозо́рный *Subst* 10; *Mil a.* разве́дчик 2

Spähtrupp *m Mil* дозо́р 2

Spalier *n* шпале́ры *Pl* 6 | ~ stehen стоя́ть шпале́рами; **~obst** *n* Bäume шпале́рные плодо́вые дере́вь|я -ев -ям

Spalt *m* schmale Öffnung, Schlitz щель 9g; Eis, Holz, Mauer тре́щина 6 *a. übertr; Med, Biol,* Fels рассе́лина 6 | die Tür einen ~ offen lassen непло́тно закры́ть дверь, оста́в|ить *v* 3 -лю щель (в две́ри)

spaltbar раска́лывающийся 11; leicht ко́л|кий -ок -ка́!; Atomkern расщепля́емый

Spaltbarkeit *f Phys* расщепля́емость 9

Spalte *f* Eis, Holz, Mauer тре́щина 6; Fels рассе́лина; *Typ* столб|е́ц -ца́ 2 | in der zweiten ~ der Zeitung во второ́й коло́нке [во второ́м столбце́] газе́ты

spalten *tr* Holz коло́ть (рас-); *Chem, Phys* расщеп|ля́ть ⟨-и́ть 3 -лю́⟩; *übertr* раска́лывать ⟨-коло́ть⟩; sich ~ *refl* коло́ться, раска́лываться ⟨-коло́ться⟩; *Phys* расщеп|ля́ться ⟨-и́ться⟩ a. Bewußtsein; *übertr* раска́лываться ⟨-коло́ться⟩ (in на *A*)

Spalt|keil *m* клин 2 *Pl* кли́нь|я -ев; **~leder** *n* спи́л|ок -ка 2; **~material** *n Phys* де́лящееся вещество́ 11-4; **~pilz** *m Biol* гриб|о́к -ка́ 2 -шизомице́т 2; **~produkt** *n Phys* проду́кт расщепле́ния [деле́ния]; **~ung** *f Pol* раско́л 2; Zwietracht раздо́р 2; *Phys* расщепле́ние 5, деле́ние 5

Span *m* Holz ще́пка 6, щепа́ 6h; Metall стру́жка 6; Kleinholz лучи́на 6 | wo gehobelt wird, da fallen Späne лес ру́бят – ще́пки летя́т; **~ferkel** *n* моло́чный поросёнок

Spange *f* Haar~ зако́лка 6 (для воло́с); Schnalle пря́жка 6

Spangenschuh *m* боти́нок [ту́фля] с пря́жкой

Spani|en Испа́ния 8; **~er** *m* испа́н|ец -ца 2; **~erin** *f* испа́нка 6

spanisch испа́нский | ~e Wand ши́рма 6; ~er Reiter *Mil* рога́тка 6; das kommt mir ~ vor э́то мне ка́жется непоня́тным [стра́нным]

Spankorb *m* корзи́на из древесностру́жечной ле́нты

Spann *m Anat* подъём 2 | am ~ в подъёме

Spannbeton *m* предвари́тельно напряжённый бето́н; **~konstruktion** *f* предвари́тельно напряжённая констру́кция

Spanne *f* Maß 9g; Zeit~ промежу́т|ок -ка 2; *Hdl* ра́зница 6 | eine kurze ~ Zeit не́которое вре́мя

spannen *tr* Bogen, Seil натя́гивать ⟨-тяну́ть 4⁺⟩; Stoff распя́л|ивать ⟨-ить 3⟩; *Foto* Verschluß заводи́ть 3⁺ -вожу́ ⟨-|вести́*⟩; auf den Stickrahmen напя́л|ивать ⟨-ить 3⟩; Hahn взводи́ть 3⁺ -вожу́ ⟨-|вести́*⟩ ку́рок; Muskeln напряга́ть ⟨-|пря́чь*⟩; *intr* тяну́ть | die Brücke spannt sich über den Fluß че́рез ре́ку переки́нут мост; das Kleid spannt unter den Armen пла́тье тя́нет [узкова́то] под мы́шками; j-n auf die Folter ~ пыта́ть кого́-н., подверга́ть ⟨-ве́ргнуть⟩ 4a *u.* 4 пы́ткам; seine Erwartungen zu hoch ~ ждать* от бу́дущего сли́шком мно́гого; auf etw. gespannt sein с любопы́тством ожида́ть чего́-н.; ich bin gespannt, was noch wird о́чень любопы́тно, что бу́дет да́льше; **~d** увлека́тельный, -ен, -ьна; Moment напряжён|ный, -на

Spanner *m* натяжно́е приспособле́ние 5; für Hosen брюкодержа́тель 1; *Zool* пяде́ница 6

Spann|feder *f Tech* натяжна́я пружи́на 6; **~kraft** *f Phys* упру́гость 9, эласти́чность 9; Muskel напряже́ние 5; Lebenskraft эне́ргия 8, жи́вость 9; **~leine** *f* растя́жка 6; **~teppich** *m* ковёр пли́нтус 2; **~ung** *f* напряже́ние *a. El u. Phys;* Seil, Saite натяже́ние 5; Aufmerksamkeit напряжённое внима́ние 5; *Pol* напряжённость 9; zwischen Menschen натя́нутые отноше́ния *Pl* 5 | j-n mit ≈ erwarten ожида́ть кого́-н. с больши́м нетерпе́нием; mit großer ≈ напряжённо; Verminderung internationaler ≈en ослабле́ние междунаро́дной напряжённости

Spannungs|herd *m Pol* оча́г напряжённости; **~messer** *m El* вольтме́тр 2; **~regler** *m* стабилиза́тор 2 напряже́ния; **~verlust** *m El* потеря́ напряже́ния; **~zustand** *m* состоя́ние напряже́ния

Spann|vorrichtung *f Tech* натяжно́е приспособле́ние; **~weite** *f Flugw* разма́х 2; Brücke пролёт 2

Spanplatte *f* древе́сно-стру́жечная плита́ 6c

Spant *n Flugw, Mar* шпанго́ут 2

Spar|buch *n* сберега́тельная кни́жка, сберкни́жка; **~büchse** *f* копи́лка 6; **~einlage** *f* вклад 2 (в сберка́ссу)

sparen *tr u. intr* Geld, Kraft, Zeit сберега́ть ⟨-|бере́чь*⟩; Geld a. коп|и́ть 3⁺ -лю́ (на-) (für на *A*); haushalten бере́чь, эконо́м|ить 3 -лю (с-) (an, mit на *P*) | du kannst dir deine Ratschläge ~ оста́вь свои́ сове́ты при себе́; die Mühe hättest du dir ~ können э́то был ли́шний труд; weder Mühe noch Geld ~ не жале́ть ни труда́, ни де́нег

Sparer *m* вкла́дчик 2 (сберега́тельной ка́ссы)

Sparflamme *f:* auf ~ на ма́леньком огне́

Spargel *m Bot* спа́ржа 6 | ~ stechen ре́зать* спа́ржу

Spargeld *n* сбережённые де́ньги; ~er *a.* сбереже́ния *Pl* 5

Spargel|stange *f* побе́г 2 спа́ржи; **~suppe** *f* суп-пюре́ [рэ] *n idkl* из спа́ржи

Spar|girokonto *n* сбержиросчёт 2b; **~kasse** *f* сберега́тельная ка́сса, сберка́сса 6; **~kassenbuch** *n* сберега́тельная кни́жка, сберкни́жка 6; **~konto** *n* лицево́й счёт в сберега́тельной ка́ссе, сберсчёт 2b

spärlich ску́д|ный, -ен, -на́!, бе́д|ный, -ен, -на́, -но, бедны́; Haare ре́д|кий, -ок, -ка́!, ре́же

Sparmaßnahme *f* мероприя́тие в це́лях эконо́мии

Sparren *m* Dach стропи́ло 4

sparsam **1.** *Adj* бережли́в:ый, эконо́м|ный, -ен; Lob небольшо́й **2.** *Adv:* ~ wirtschaften эконо́мно вести́ хозя́йство

Sparsamkeit *f* бережли́вость 9, эконо́мность 9

Sparsamkeits|regime *n* режи́м эконо́мии; **~programm** *n* програ́мма режи́ма эконо́мии

Spartakiade *f* спартакиа́да 6

Sparte *f* Fachgebiet о́бласть 9g *a. Wiss;* der Kleingärtner се́кция 8 *a. Sport*

Spaß *m* Scherz шу́тка 6; Belustigung поте́ха 6; Vergnügen заба́ва 6, удово́льствие 5 | zum ~ в шу́тку, шутя́; ~ machen шу|ти́ть 3 -чу́; sich mit j-m einen ~ erlauben позв|оля́ть ⟨-о́лить 3⟩ себе́ сыгра́ть *v* шу́тку с кем-н.; ~ beiseite! шу́тки в сто́рону; er versteht keinen ~ он не понима́ет шу́ток; ~ muß sein нельзя́ без шу́ток; allen zum ~ на поте́ху всем; j-m den ~ verderben испо́ртить кому́-н. удово́льствие; viel ~! жела́ю хорошо́ повесели́ться!

spaßen *intr* шу|ти́ть 3⁺ -чу́ (по-) | mit ihm ist nicht zu ~ с ним шу́тки пло́хи, с ним шути́ть нельзя́; ohne zu ~ не шутя́

spaßeshalber *Adv* в шу́тку, ра́ди шу́тки

spaß|haft, ~ig witzig, lustig шутли́в:ый; belustigend заба́в|ный, -ен, смеш|но́й, -о́н, -на́

Spaß|macher *m* шутни́к 2e; **~verderber** *m:* sei doch kein ≈! не порть настрое́ния!; **~vogel** *m* шутни́к 2e

Spat *m Min* шпат 2

spät **1.** *Adj* по́здн|ий 11; -ее *oder* по́зже; Glück, Gast запозда́лый | zu ~er Stunde в по́здний час; am ~en Abend по́здно [по́здним] ве́чером; wie ~ ist es? кото́рый час? **2.** *Adv* по́здно | ~ nachts по́здно но́чью; ~ am Tage к концу́ дня; zu ~ kommen приходи́ть ⟨-йти́⟩ сли́шком по́здно, sich verspäten опа́здывать ⟨опозда́ть⟩; ich komme etwas ~er я приду́ немно́го по́зже [поздне́е]

spätabends *Adv* по́здно [по́здним] ве́чером

Spatel *m,f* = **Spachtel**

Spaten *m* за́ступ 2, лопа́та 6; **~stich** *m:* der erste ≈ пе́рвая лопа́та 6; einen ≈ tief umgraben рыть* (вы́-) на глубину́ в оди́н штык

später 1. *Adj* пóздний 11, позднéйший 11 **2.** *Adv* позднée, пóзже; nach Ablauf von спустя́ *A;* ein paar Tage ~ спустя́ нéсколько дней; zwei Tage ~ чéрез два дня; nicht ~er als не позднée чем; um zwei Tage ~ двумя́ днями пóзже; früher oder ~ рáно или пóздно; ~e Generationen послéдующие 11 [бýдущие 11] поколéния

spätestens *Adv* сáмое пóзднее, не позднée [не пóзже]ı чем ...

Spät|geschäft *n* дежýрный магазин; **~gotik** *f* пóздняя 11 гóтика; **~herbst** *m* пóздняя 11 óсень; **~kartoffel** *f* пóздний 11 картóфель; **~lese** *f* Weinlese пóздний 11 сбор 2 виногрáда; **~nachrichten** *f Pl* ночнóй вы́пуск 2 послéдних извéстий; **~schicht** *f* пóздняя 11 [вечéрняя 11] смéна; **~sommer** *m* кон|éцı -цá 2 лéта; **~sprechstunde** *f* вечéрние 11 часы́ приёма; **~verkaufsstelle** *f* = **Spätgeschäft**

Spatz *m* вороб|éйı -ья́ 1 *G Pl* -ьёв | die ~en pfeifen es von den Dächern об э́том все говоря́т [все знáют]

Spatzennest *n* воробьи́ное гнездó

Spätzündung *f* Motor пóзднее 11 зажигáние; *übertr* запоздáлая реáкция 8, замéдленное понимáние 5

spazieren *intr* прохáживаться ⟨-|йти́сь*⟩, прогýливаться ⟨-гуля́ться⟩, гуля́ть (по-); **~fahren** *intr* катáться; ein wenig покатáться; eine best. Zeit прокатáться; *tr* катáть ⟨прока|ти́ть 3⁺ -чý⟩ | mit dem Fahrrad ≈ катáться на велосипéде; **~führen** *tr* вести́* (по-), *unbest* во|ди́ть 3⁺ -жý гуля́ть; **~gehen** *intr* идти́* ⟨по|йти́*⟩, *unbest* хо|ди́ть 3⁺ -жý, гуля́ть (по-)

Spazier|fahrt *f* прогýлка 6 (auf на *P*) | eine ~ machen соверш|áть ⟨-и́ть 3⟩ прогýлку; **~gang** *m* прогýлка 6; **~gänger** *m* гуля́ющий *Subst* 11; **~ritt** *m* прогýлка 6 верхóм; **~stock** *m* трость 9g; **~weg** *m* дорóга для прогýлки

Specht *m* дя́т|елı -ла 2

Speck *m* (свинóе) сáло 4; Schweine~ a. шпик 2 | ~ ansetzen жирéть (о-), обрастáть ⟨-|расти́*⟩ жи́ром; **~grieben** *f Pl* шквáр|киı -ок *Pl* 6

speckig schmierig сáл|ьныйı -енı -ьна; fettig жи́р|ныйı -енı -нá!, лосня́щийся 11

Speck|schwarte *f* шкýрка 6 óкорока; **~seite** *f* лом|óтьı -тя́ 1 шпи́ка; **~soße** *f* сóус со шпи́ком

Spedit|eur *m* экспеди́тор 2; **~ion** *f* Versand экспеди́ция 8; Betriebe трáнспортно-экспедициóнное агéнтство 4

Speditionsbetrieb *m* трáнспортно-экспедициóнное агéнтство 4, экспедициóнная контóра 6

Speer *m* копьё 3c *G Pl* кóпий; **~werfen** *n* метáние 5 копья́; **~werfer** *m* метáтель 1 копья́, копьеметáтель 1

Speiche *f Tech* спи́ца 6; *Anat* лучевáя кость 9g

Speichel *m* слюнá 6; **~absonderung** *f* отделéние слюны́; **~drüse** *f* слю́нная железá; **~fluß** *m Med* слюнотечéние 5; **~lecker** *m* подхали́м 2, подли́за 6; **~lekkerei** *f* подхали́мство 4

Speicher *m* Lager склад 2; Getreide~ амбáр 2; *EDV* пáмять 9, запоминáющее устрóйство 11-4; **~becken** *n* аккумули́рующий 11 бассéйн; **~kapazität** *f EDV* объём 2 [ёмкость 9] пáмяти

speichern *tr* Waren храни́ть 3 (на склáде); Getreide склáдывать ⟨сложи́ть 3⁺⟩ (в амбáр); anhäufen накоп|ля́ть ⟨-и́ть 3⁺ -лю́⟩ *a. übertr; El* аккумули́ровать 2; *EDV* запоминáть ⟨-пóмнить 3⟩ накáпливать ⟨-копи́ть⟩

speien *tr* плевáть* ⟨плю́нуть *mom* 4⟩; Blut хáрк|ать ⟨-нуть *mom* 4⟩ *I;* Vulkan извергáть ⟨-вéргнуть 4a *u.* 4⟩; *intr* плевáть (на-)

Speise *f* пи́ща 6, едá 6; Gericht блю́до 4, кýшанье 5 | ~ und Trank едá и питьё; **~eis** *n* морóженое *Subst* 10; mit ganzen Früchten пломби́р 2; **~fett** *n* пищевóй жир; **~gaststätte** *f* столóвая *Subst* 10; **~kammer** *f* кладовáя *Subst* 10; **~karte** *f* меню́ *n idkl;* **~kartoffeln** *f Pl* столóвый картóфель

speisen *tr* корм|и́ть 3⁺ -лю́ (про-), питáть (на-); *Tech* питáть, снаб|жáть ⟨-ди́ть 3 -жý⟩; *intr* есть* (по-), кýшать (по-); in Kost sein питáться, обéдать

Speisen|aufzug *m* лифт для подáчи блюд; **~folge** *f* меню́ *n idkl,* послéдовательность блюд

Speise|öl *n* пищевóе расти́тельное мáсло; **~pilz** *m* съедóбный гриб; **~raum** *m* столóвая *Subst* 10; **~röhre** *f Anat* пищевóд 2; **~saal** *m* столóвая *Subst* 10; **~schrank** *m* буфéт 2; **~service** *n* обéденный серви́з; **~wagen** *m* вагóн-ресторáн 2-2; **~zimmer** *n* столóвая *Subst* 10

Speisung *f* питáние 5; *Tech* питáние, снабжéние 5

Spektakel *m* шум 2, гам 2 | einen großen ~ machen надéлать *v* мнóго шýму

spektakulär сенсациóнный, нашумéвший 11

Spektral|analyse *f* спектрáльный анáлиз; **~farbe** *f* цвет спéктра, спектрáльный цвет

Spektro|graph *m* спектрóграф 2; **~skop** *n* спектроскóп 2; **~skopie** *f* спектроскопи́я 8

Spektrum *n* спектр 2

Spekulant *m* спекуля́нт 2

Spekulation *f* спекуля́ция (mit *I*) 8; *Phil*

умозре́ние 5; ~en *Pl* спекуляти́вные махина́ции *Pl* 8; *Phil* умозри́тельные рассужде́ния *Pl* 5

Spekulationsgeschäft *n* спекуляти́вная сде́лка

spekulativ спекуляти́вный; *Phil* умозри́тел|ьный, -ен, -ьна

spekulieren *intr* спекули́ровать 2 (mit *I*) | auf etw. ~ рассчи́тывать на что-н.

Spelunke *f* Kneipe прито́н 2

Spelze *f* поло́ва 6, мяки́на 6

spendabel ще́др|ый, -а́!

Spende *f* поже́ртвование 5 | für wohltätige Zwecke взнос 2 [поже́ртвование] на благотвори́тельные це́ли

spenden *tr* же́ртвовать 2 (по-) (für на *A*), приноси́ть 3⁺ -ношу́ ⟨-|нести́*⟩ в дар; Almosen по|дава́ть* ⟨пода́ть*⟩ | Blut ~ дава́ть* ⟨дать*⟩ кровь; j-m Trost ~ утеша́ть ⟨-те́шить 3⟩ кого́-н.

Spenden|konto *n* счёт в ба́нке, на кото́рый вно́сятся поже́ртвования; **~liste** *f* спи́сок поже́ртвований

Spender *m* же́ртвующий *Subst* 11, же́ртвователь (für на *A*); Blut~ до́нор 2

spendieren *tr* einladen пригла|ша́ть ⟨-си́ть 3 -шу́⟩ (j-m etw. кого́-н. на что-н.); einen ausgeben уго|ща́ть ⟨-сти́ть 3 -щу́⟩ (j-m etw. кого́-н. чем-н.), пла|ти́ть 3⁺ -чу́ (за-) за *A* | ich spendiere eine Flasche Wein я плачу́ за буты́лку вина́, я ста́влю буты́лку вина́

Sperber *m Zool* я́стреб-перепеля́тник 2-2

Sperenzchen *n Pl:* machen Sie keine ~! пожа́луйста, без церемо́ний!

Sperling *m* вороб|е́й, -ья́ 1 *G Pl* -ьёв

Sperma *n* спе́рма 6

sperrangelweit *Adv* на́стежь

Sperrdruck *m Typ* разря́дка 6

Sperre *f* загражде́ние 5, прегра́да 6; aus Bäumen зава́л 2; Handels~ эмба́рго *n idkl; Mil* блока́да 6; Ballon~ барра́ж 2 *G Pl* -е́й; *Tech* сто́пор 2, аррети́р 2; *Sport* дисквалифика́ция 8

sperren *tr* загор|а́живать ⟨-оди́ть 3 -ожу́, -о́ди́шь⟩; Zugang закрыва́ть ⟨-|кры́ть*⟩; Ausfuhr налага́ть ⟨-ложи́ть 3⁺⟩ эмба́рго; Konto прекра|ща́ть ⟨-ти́ть 3 -щу́⟩ вы́плату, блоки́ровать *uv, v* 2; *Mil* блоки́ровать; *Sport* Spieler дисквалифици́ровать *uv, v* 2; *Typ* набира́ть ⟨-|бра́ть*⟩ в разря́дку; verbieten запре|ща́ть ⟨-ти́ть 3 -щу́⟩; *intr:* die Tür sperrt дверь застрева́ет, дверь не закрыва́ется пло́тно; sich ~ *refl* проти́в|иться 3 -люсь (вос-) (gegen *D*), упира́ться ⟨-|пере́ться*⟩

Sperr|feuer *n Mil* загради́тельный ого́нь; **~gebiet** *n* запре́тная зо́на 6; **~gut** *n* громо́здкий груз; **~hebel** *m* сто́порный рыча́г; **~holz** *n* (клеёная) фане́ра 6; **~holzplatte** *f* лист 2е фане́ры

sperrig громо́зд|кий, -ок

Sperr|kette *f* Polizei загради́тельная цепь; **~kontakt** *m* блокиро́вочный конта́кт; **~konto** *n* блоки́рованный счёт; **~kreis** *m Rad* загради́тельный ко́нтур 2, загражда́ющий фильтр 11-2; **~mauer** *f* плоти́на 6; **~müll** *m* крупногабари́тный му́сор; **~sitz** *m Theat* отде́льное ме́сто, места́ *Pl* в пе́рвых ряда́х парте́ра; **~schieber** *m Tech* запо́рная задви́жка; **~tag** *m* неприёмный день; **~ung** *f* закры́тие 5; Verbot наложе́ние 5 запре́та; *Typ* разря́дка 6; Strom отключе́ние 5; **~zoll** *m* запрети́тельная по́шлина; **~zone** *f* запре́тная зо́на

Spesen *f Pl* изде́ржки *Pl* 6, накладны́е расхо́ды *Pl* 2

spesenfrei без изде́ржек

Spesenvergütung *f* возмеще́ние изде́ржек

Spezial|abteilung *f* специа́льный отде́л, спецотде́л 2; **~ausbildung** *f* специа́льная подгото́вка; **~fach** *n* специа́льность 9; **~fahrzeug** *n* автомоби́ль специа́льного назначе́ния, специа́льный автомоби́ль; **~gebiet** *n* специа́льность 9; **~geschäft** *n* специализи́рованный магази́н

spezialisieren *tr* специализи́ровать *uv, v* 2; sich ~ *refl* специализи́роваться *uv, v* 2 (auf на, в *P u.* по *D*)

Spezial|isierung *f* специализа́ция 8 (auf на, в *P u.* по *D*); **~ist** *m* специали́ст 2 (für в *P*, по *D*); **~ität** *f* Besonderheit осо́бенность 9; Liebhaberei люби́мое заня́тие 5; Spezialgericht фи́рменное блю́до 4; Leibgericht люби́мое блю́до; **~seminar** *n* специа́льный семина́р, спецсемина́р 2; **~sprunglauf** *m* прыжки́ *Pl* 2 на лы́жах с трампли́на; **~verkaufsstelle** *f* специализи́рованный магази́н; **~wissen** *n* специа́льные (по)зна́ния *Pl*

speziell **1.** *Adj* специа́л|ьный, -ен, -ьна; ungewöhnlich, besonders осо́бенный; Wünsche, Vergnügen, Fall осо́бый; Fall a. ча́стный **2.** *Adv* осо́бенно, в осо́бенности; gerade и́менно

Spezifikation *f* спецификация 8

spezifisch специфи́ческий, специфи́ч|ный, -ен | ~es Gewicht уде́льный вес

spezifizieren *tr* специфици́ровать *uv, v* 2, ука́зывать ⟨-|каза́ть*⟩ по отде́льности

Sphäre *f* сфе́ра 6; *übertr* сфе́ра, круг 2b де́ятельности

sphärisch сфери́ческий

Sphinx *f* сфинкс 2

spicken *tr* Braten шпигова́ть 2 (на-); bestechen подма́зывать ⟨-|ма́зать*⟩, дава́ть* ⟨дать*⟩ взя́тку; *intr umg* in der Schule по́льзоваться 2 (вос-) шпарга́лкой; abschreiben спи́сывать ⟨-|писа́ть*⟩

Spickzettel *m* шпарга́лка 6

Spiegel *m* зе́ркало 4b *a. übertr;* Hohl∸ рефле́ктор 2; Wasser∸ у́ров|ень, -ня 1, пове́рхность 9; *Mil* Kragen∸ петли́ца 6 | dreiteiliger ~ трелья́ж 2 *G Pl* -ей; sich im ~ besehen смотре́ться 3⁺ (по-) в зе́ркало; j-m den ~ vorhalten пока́зывать ⟨-|каза́ть*⟩ кому́-н. его́ настоя́щее лицо́, ука́зывать ⟨-каза́ть⟩ кому́-н. на его́ недоста́тки; **~bild** *n* отраже́ние 5; seitenverkehrtes Bild обра́тное изображе́ние

spiegel|bildlich зерка́льно обращён:ный, зерка́льный; **~blank** зерка́льно чи́стый, блестя́щий 11 как зе́ркало

Spiegel|ei *n* (яи́чница-)глазу́нья (6-)7; **~fechterei** *f übertr* очковтира́тельство 4, показу́ха 6; **~fläche** *f* зерка́льная пове́рхность; **~glanz** *m* einer Oberfläche зерка́льный блеск; **~glas** *n* зерка́льное стекло́

spiegelglatt зерка́льный, гла́дкий как зе́ркало

Spiegelkarpfen *m* зерка́льный карп

spiegeln *tr* отра|жа́ть ⟨-зи́ть 3 -жу́⟩; *intr* блесте́ть* ⟨блесну́ть 4⟩, сверк|а́ть ⟨-ну́ть 4⟩; sich ~ *refl* отра|жа́ться ⟨-зи́ться⟩ (in в *P*)

Spiegel|reflexkamera *f* зерка́льный фотоаппара́т, зерка́лка *umg* | einäugige ≈ зерка́льная ка́мера с одни́м объекти́вом; **~schrift** *f* зерка́льное изображе́ние 5 письма́; **~teleskop** *n* зерка́льный телеско́п; **~tisch** *m* подзерка́льник 2, сто́лик 2 под зе́ркалом; **~ung** *f* (зерка́льное) отраже́ние 5

Spiel *n* игра́ 6c; sportlicher Wettkampf a. матч 2; Partie Karten, Schach па́ртия 8; Tennis гейм2 ; *Tech* зазо́р 2 | beim ~ за игро́й; ein ~ Karten коло́да 6 карт; ein ~ Stricknadeln компле́кт 2 спиц для вяза́ния; er macht das ~ он игра́ет, он назнача́ет игру́; alles aufs ~ setzen beim Kartenspiel игра́ть ва-ба́нк; das ~ steht 3:2 счёт в игре́ три–два; er setzte alles aufs ~ *übertr* он всё поста́вил на ка́рту; sein Leben steht auf dem ~ его́ жизнь поста́влена на ка́рту, его́ жизнь в опа́сности; ich durchschaue sein ~ я ви́жу, чего́ он хо́чет; laß mich aus dem ~ оста́вь меня́ (с э́тим де́лом) в поко́е, не впу́тывай меня́ (в э́то де́ло); die Hand im ~ haben быть* прича́стным к чему́-н., быть заме́шанным в чём-н.; (ein) leichtes ~ mit j-m haben легко́ справля́ться ⟨спра́в|иться 3 -люсь⟩ с кем-н.; **~art** *f* спо́соб 2 [мане́ра 6] игры́; *Biol* разнови́дность 9; **~ball** *m übertr* игру́шка 6; **~bank** *f* казино́ *n idkl;* **~beginn** *m* нача́ло игры́ [встре́чи, ма́тча]; **~dauer** *f Sport* продолжи́тельность 9 игры́; Film, Schauspiel продолжи́тельность фи́льма [спекта́кля]; **~dose** *f* музыка́льная шкату́лка 6; **~ecke** *f* у́гол для игры́, де́тский угол|о́к, -ка́ 2; **~einsatz** *m* ста́вка 6

spielen *tr* игра́ть ⟨сыгра́ть⟩ (Spiel в *A;* Instrument на *P*); *Theat* исполня́ть ⟨-по́лнить 3⟩ роль; *intr* игра́ть a. Kinder; eine Zeitlang поигра́ть; Glücksspiel игра́ть (um на *A*) | Tennis ~ игра́ть в те́ннис; Geige ~ игра́ть на скри́пке; eine Partie Schach ~ игра́ть па́ртию в ша́хматы; um Geld ~ игра́ть на де́ньги; mit dem Feuer ~ игра́ть с огнём; das spielt keine Rolle э́то не игра́ет ро́ли; was wird heute im Theater gespielt? что сего́дня идёт в теа́тре?; er spielte den großen Herrn он ко́рчил из себя́ (ва́жного) ба́рина; den Beleidigten ~ разы́грывать оби́женного; die Handlung spielt in Berlin де́йствие происхо́дит в Берли́не; seine Beziehungen ~ lassen пуска́ть ⟨пусти́ть 3⁺ пущу́⟩ в ход все свои́ свя́зи; in allen Farben ~ игра́ть [перелива́ться] все́ми цвета́ми ра́дуги; **~d** *Adv* игра́я; leicht игра́ючи, легко́ [хк], шутя́ | ≈ lernen учи́ться (на-) без осо́бого труда́

Spieler *m* игро́к 2e; *Mus* (музыка́нт-)исполни́тель (2-) 1; **~ei** *f* Zeitvertreib пусто́е баловство́ 4, пуста́я заба́ва 6; *übertr* пустя́к 2e

spielerisch leicht легко́ [хк], шутя́; *Sport* в игрово́м отноше́нии; ohne Ernst несерьёзный

Spiel|feld *n Sport* по́ле для игры́, спорти́вное по́ле; **~film** *m* худо́жественный фильм, (худо́жественная) карти́на 6; **~fläche** *f* (игрова́я) площа́дка 6

spielfrei *Sport* свобо́дный от игры́ | das Kino hat heute ~en Tag кино́ сего́дня не рабо́тает

Spiel|gefährte *m* друг [това́рищ] де́тства; **~geld** *n* bei Kinderspielen игру́шечные де́ньги; **~hölle** *f* иго́рный дом 2b *Pl* дома́, иго́рный прито́н 2; **~kamerad** *m* това́рищ де́тства [де́тских игр]; **~karte** *f* (игра́льная) ка́рта; **~leiter** *m Theat* режиссёр 2; Spielmeister веду́щий *Subst* 11 виктори́ну; **~mann** *m* музыка́нт 2; *hist* менестре́ль 1, скоморо́х 2; **~mannszug** *m* взвод бараба́нщиков и фанфари́стов, орке́стр 2; **~marke** *f* фи́шка 6, ма́рка 6; **~meister** *m* ди́ктор 2, веду́щий 11 игрову́ю переда́чу; *TV* веду́щий *Subst* переда́чу, зате́йник 2; **~plan** *m* Repertoire репертуа́р 2; Programm програ́мма 6 теа́тров; **~platz** *m* площа́дка для игр, де́тская площа́дка; **~raum** *m Tech* зазо́р 2; *übertr* просто́р 2, возмо́жности *Pl* 9, свобо́да 6 де́йствий; **~regel** *f* пра́вило игры́; **~straße** *f* у́лица, закры́тая для прое́зда тра́нспорта и предназна́ченная для игр дете́й; **~tisch** *m* ка́рточный [ло́мберный] стол; **~uhr** *f* часы́ с му́зыкой; ~**unterbrechung** *f Sport* остано́вка игры́; ~**verderber** *m* некомпане́йский челове́к; ~**verlängerung** *f Sport* дополни́тельное вре́мя; ~**verlauf** *m* ход игры́

Spielwaren *f Pl* игру́шки *Pl* 6; ~**abteilung** *f* отде́л игру́шек; ~**handlung** *f* магази́н игру́шек

Spiel|weise *f* мане́ра игры́; ~**wiese** *f* де́тская площа́дка 6, лужа́йка 6 для игр; ~**zeit** *f Sport* вре́мя игры́; Saison *Theat* театра́льный сезо́н 2; Fußball футбо́льный сезо́н; ~**zeug** *n* игру́шка 6; ~**zeugauto** *n* игру́шечный автомоби́ль [автомоби́льчик 2]; ~**zeugfabrik** *f* фа́брика игру́шек

Spieß *m* Waffe копьё 3c *G Pl* ко́пий, пи́ка 6; Brat~ ве́ртел 2b *Pl* -á; *Typ* мара́шка 6; *Mil* Feldwebel старшина́ *m* 6 | er drehte den ~ um он перемени́л та́ктику, он перешёл в наступле́ние; ~**bürger** *m* обыва́тель 1, мещ|ани́н 2 *Pl* -áне, -áн

spießbürgerlich обыва́тельский, меща́нский

Spießbürgertum *n* меща́нство 4

Spießer *m* обыва́тель 1, мещ|ани́н 2 *Pl* -áне, -áн

Spießgeselle *m* соо́бщник 2

spießig = **spießbürgerlich**

Spießruten *Pl:* j-n ~ laufen lassen *hist* прогоня́ть ⟨-|гна́ть*⟩ кого́-н. сквозь строй

Spießrutenlaufen *n:* das war für ihn ein ~ э́то для него́ была́ про́сто мука́ [наказа́ние]

Spikes *Pl Sport* ту́ф|ли *Pl* 7 -ель с шипа́ми, шипо́в|ки, -ок *umg;* ~**reifen** *m Pl* автомоби́льная ши́на с шипа́ми

Spill *n Mar* шпиль 1

spinal: ~e Kinderlähmung полиомиели́т [иэ] 2

Spinat *m* шпина́т 2

Spind *m* (у́зкий) шкаф 2b, в, на шкафу́

Spindel *f* Spinnrad верет|ено́ 4c *Pl* -ёна; *Tech* шпи́ндель 1

spindeldürr худо́й как ще́пка [спи́чка]

Spinne *f* паук 2e

spinnefeind: j-m ~ sein смерте́льно ненави́|деть 3 -жу кого́-н.

spinnen *tr Tech* прясть* (с-); *umg* Intrigen плести́* (с-); *intr umg* erdichten выду́мывать ⟨вы́думать⟩ | du spinnst wohl! ты не в своём уме́!

Spinner *m* Arbeiter пряди́льщик 2; *Zool* Seiden~ шелкопря́д 2; *übertr* фантазёр 2; ~**ei** *f* пряди́л|ьня 7 *G Pl* -ен, пряди́льная фа́брика 6; ~**in** *f* пряди́льщица 6

Spinn|gewebe *n* паути́на 6; ~**maschine** *f* пряди́льная маши́на; ~**rad** *n* пря́лка 6

Spion *m* шпио́н 2; Guckloch глаз|óк, -кá 2

Spionage *f* шпиона́ж 2; ~**abwehr** *f* контрразве́дка 6; ~**netz** *n* шпио́нская сеть

spionieren *intr* Spionage treiben занима́ться ⟨заня́ться*, -я́лся, -яли́сь⟩ шпиона́жем; *übertr* шпио́нить 3

Spiral|bohrer *m* спира́льное сверло́; ~**draht** *m* спира́лька 6, спира́льная про́волока

Spirale *f* спира́ль 9

Spiralfeder *f* спира́льная пружи́на; Uhr спира́ль 9

spiralförmig спира́льный, в ви́де спира́ли

Spiralnebel *m Astr* спира́льная тума́нность 9

Spirant *m Phon* спира́нт 2

Spirit|ismus *m* спирити́зм 2; ~**ist** *m* спири́т 2, спирити́ст 2

spiritistisch спирити́ческий

Spirituosen *Pl* спиртны́е напи́тки *Pl* 2

Spiritus *m* спирт 2b *G a.* -у | auf [mit] ~ kochen вари́ть (с-) на спирто́вке [на спирту́]; ~**kocher** *m* спирто́вка 6; ~**lampe** *f* спиртова́я ла́мпа

spitz о́стрый, остр, -á!; Turm, Dach, Felsen остроконе́ч|ный, -ен; *übertr* о́стрый, остёр, остра́, ко́л|кий, -ок, -кá!, язви́тел|ьный, -ен, -ьна | ~ werden заостр|я́ться ⟨-и́ться 3⟩; ~ Ausschnitt Kleid треуго́льный вы́рез

Spitz *m* Hund шпиц 2; ~**bart** *m* эспаньо́лка 6; ~**beine** *n Pl Kochk* свины́е но́жки *Pl;* ~**bogen** *m Arch* стре́льчатый свод; ~**bube** *m* Schurke моше́нник 2, плут 2e

spitzbübisch лука́в|ый, плутовско́й

Spitze *f* остри|ё 3 *G Pl* -ёв, ко́нчик 2; Baum верху́шка 6; von Türmen шпиль 1; Gipfel верши́на 6, пик 2; Schuh~, Schi~ нос|óк, -кá 2; Gewebe кру́жево 4b *G Pl* кру́жев; *Mil* голова́ 6a; Marschkolonne; einer sozialen Gruppe верху́шка; Leistungs~ пик | an der ~ во главе́; vorn впереди́ | an der ~ einer Delegation stehen возглавля́ть делега́цию; sich an die ~ stellen стать* *v* во главе́; einer Sache die ~ abbrechen осл|абля́ть ⟨-а́бить 3 -а́блю⟩ [смягч|а́ть ⟨-и́ть⟩] де́йствие чего́-н.; etw. auf die ~ treiben доводи́ть 3⁺ -вожу́ ⟨-|вести́*⟩ что-н. до кра́йности; die Brigade S. liegt an der ~ брига́да С. идёт впереди́ [стои́т на пе́рвом ме́сте]

Spitzel *m* шпик 2e, шпио́н 2

Spitzeldienst *m:* ~e leisten шпио́нить 3

spitzen *tr* заостр|я́ть ⟨-и́ть 3⟩; Bleistift a. чини́ть 3⁺ (о-) | die Ohren ~ навостри́ть *v* 3 у́ши

Spitzen|belastung *f* пи́ковая нагру́зка, пик 2; ~**belastungszeit** *f* вре́мя максима́льной нагру́зки, часы́ *Pl* 2 пик; ~**darsteller** *m* ве́дущий актёр 11-2, первокла́ссный исполни́тель ро́ли; ~**erzeugnis** *n* изде́лие вы́сшего ка́чества; im Weltmaßstab изде́лие на у́ровне мировы́х стандáртов; ~**film** *m* лýчший 11 [первоклáссный] фильм; ~**funktionär** *m* ответственный [руководя́щий 11] рабóтник; ~**geschwindigkeit** *f* максимáльная скóрость; ~**gruppe** *f* Rennen головнáя [ведýщая 11] грýппа; ~**kandidat** *m* пéрвый кандидáт; ~**klasse** *f* вы́сший 11 класс, вы́сшее кáчество 11-4; *Sport* экстраклáсс 2; ~**klöpplerin** *f* кружевни́ца 6; ~**kraft** *f* отли́чный [первоклáссный] рабóтник 2, специали́ст 2; ~**kragen** *m* кружевнóй воротни́к; ~**leistung** *f Tech* einer Maschine, eines Betriebes максимáльная производи́тельность [мóщность]; *Sport* рекóрд 2, вы́сшее 11 [выдаю́щееся 11] достижéние | ≈en in der Technik Erzeugnisse рекóрдные издéлия *Pl* 5 тéхники; ~**reiter** *m Sport* ли́дер 2; Mannschaft ведýщая 11 [лýчшая 11] комáнда 6; ~**sportler** *m* спортсмéн вы́сшего клáсса [экстраклáсса], лýчший 11 спортсмéн; ~**tanz** *m* тáнец на пуáнтах; ~**zeit** *f* Verkehr часы́ *Pl* 2 пик; *Sport* лýчшее 11 [рекóрдное] врéмя

Spitzer *m* Bleistift чи́нка 6

spitzfindig хитроýм|ный, -ен

Spitz|findigkeit *f* хитроýмие 5; ~**hacke** *f* киркá 6c *G Pl* ки́рок; ~**maschine** *f* точи́лка, маши́на для чи́нки карандашéй; ~**maus** *f* землерóйка 6; ~**name** *m* прóзвище 4, кли́чка 6; ~**pocken** *f Pl* вéтряная óспа; ~**wegerich** *m* ланцéтный подорóжник

spitzwink(e)lig остроугóл|ьный, -ен, -ьна

Spleen *m* причýда 6, капри́з 2

spleenig с причýдами, с капри́зами

Splint *m Tech* шпли́нт 2; Splintholz зáболонь 9; ~**sicherung** *f* стóпорение 5 шпли́нтом

Splitt *m* (мéлкий) щéб|ень, -ня 1

Splitter *m* Granate оскóл|ок, -ка 2; Holz≈ занóза 6 | sich einen ~ in den Finger einziehen занo|си́ть *v* 3 -шý себé пáлец; ~**bombe** *f* оскóлочная бóмба; ~**bruch** *m Med* оскольчáтый перелóм

splitter|frei безоскóлочный

splittern *intr* откáлываться ⟨-|колóться*⟩; Holz a. отщеп|ля́ться ⟨-и́ться 3⟩; zersplittern раскáлываться ⟨-колóться⟩; in kleine Splitter разлет|áться ⟨-éться 3⟩ вдрéбезги

splitternackt 1. *Adj* совершéнно гóлый **2.** *Adv* догolá, нагишóм

Splitterwirkung *f* оскóлочное дéйствие

Spondylose *f* спондилóз 2

spontan 1. *Adj* Protest, Vorgehen, Entschluß стихи́|йный, -ен, -йна; Beifall спонтáнный; Geste, Trieb; von selbst самопроизвóл|ьный, -ен, -ьна **2.** *Adv* без дóлгих размышлéний

Spontaneität *f* стихи́йность 9; спонтáнность 9; самопроизвóльность 9

sporadisch спорадúческий, едини́чный

Spore *f Bot* спóра 6

Sporn *m* Reiten; *Zool* шпóра 6 | dem Pferd die Sporen geben давáть ⟨дать⟩ шпóры коню́; sich die Sporen verdienen заслýживать ⟨-служи́ть 3⁺⟩ признáние

spornstreichs *Adv* во весь опóр, во всю прыть; sofort немéдленно

Sport *m* спорт 2; Körperkultur, Unterrichtsfach физкультýра 6 | ~ treiben занимáться спóртом; ~**abzeichen** *n* спорти́вный значóк; ~**angeln** *n* спорти́вная лóв|ля 7 *G Pl* -ель рыб; ~**anhänger** *m* болéльщик 2; ~**anlage** *f* спорти́вное сооружéние; ~**anzug** *m* спорти́вный костю́м; für Sport спорти́вная фóрма 6; ~**art** *f* вид спóрта; ~**artikel** *m Pl* спорти́вные товáры; ~**arzt** *m* спорти́вный [физкультýрный] врач

sportärztlich спорти́вно-медици́нский | ~e Untersuchung спорти́вно-медици́нское освидéтельствование

Sportausrüstung *f* спорти́вное оборýдование; für Sportler снаряжéние спортсмéна

sportbegeistert увлекáющийся 11 спóртом

Sport|bericht *m* спорти́вное сообщéние; ~**berichterstatter** = **Sportreporter;** ~**fan** *m* Zuschauer болéльщик 2; ~**fest** *n* спорти́вный [физкультýрный] прáздник; ~**flieger** *m* лётчик-спортсмéн 2-2; ~**flugzeug** *n* спорти́вный самолёт; ~**forum** *n* спорти́вный горoд|óк, -кá 2, кóмплекс 2 спорти́вных сооружéний; ~**freund** *m* товáрищ по клýбу; ~**funktionär** *m* физкультýрный организáтор 2, спорти́вный руководи́тель 1; ~**gemeinschaft** *f* спорти́вное óбщество; ~**gerät** *n* спорти́вный снаря́д; ≈e *Pl* спортинвентáрь 1e; ~**geschäft** *n* магази́н спорттовáров; ~**geschehen** *n* нóвости *Pl* 9 спóрта; ~**halle** *f* спорти́вный зал; ~**hemd** *n* мáйка 6; Hemd mit kurzen Ärmeln рубáшка спорти́вного покрóя с корóтким рукавóм; ~**hose** *f* трусы́ *Pl* 2; ~**kleidung** *f* спорти́вная одéжда; ~**klub** *m* спорти́вный клуб; ~**lehrer** *m* учи́тель [преподавáтель] физкультýры; *umg* физкультýрник 2; ~**leistungsabzeichen** *n* значóк спортсмéна-разря́дника

Sportler *m* физкультýрник 2; Leistungs≈ спортсмéн 2; ~**in** *f* физкультýрница 6; спортсмéнка 6

sportlich *Adj* спорти́вный | ~er Wettkampf спорти́вное состязáние; ~e Kleidung одéжда спорти́вного покрóя

Sport|medizin *f* спорти́вная медици́на; ~**mütze** *f* кéпка 6; ~**nachrichten** *f Pl* нóвости *Pl* 9g спóрта; ~**platz** *m* спорти́вная площáдка, спортплощáдка 6; ~**reporter** *m* спорти́вный корреспондéнт [*Rad, TV a.* комментáтор]; ~**schie-**

ßen *n* спорти́вная стрельба́; ~**schuh** *m* ту́фли *Pl* 7 спорти́вного сти́ля [на ни́зком каблуке́]; ~**schule** *f* спорти́вная шко́ла; ~**sendung** *f* спорти́вная переда́ча

sportsmäßig 1. *Adj* спорти́вный **2.** *Adv* по-спорти́вному

Sport|stätte *f* ко́мплекс 2 спорти́вных сооруже́ний; ~**student** *m* студе́нт физкульту́рного институ́та

Sporttauch|en *n* подво́дное пла́вание 5 (с аквала́нгом), акваланги́зм 2; ~**er** *m* спортсме́н 2 подво́дного пла́вания, акваланги́ст 2; ~**gerät** *n* аквала́нг 2

Sportteil *m* Zeitung спорти́вный разде́л 2

Sport-Toto *m* спорти́вный тотализа́тор 2

sporttreibend акти́вно занима́ющийся 11 спо́ртом

Sport|unterricht *m* преподава́ние физкульту́ры; in der Schule уро́к физкульту́ры; ~**veranstaltung** *f* спорти́вное мероприя́тие; ~**verein** *m* спорти́вное о́бщество; ~**verkehr** *m* спорти́вный обме́н 2; ~**verletzung** *f* спорти́вная тра́вма; ~**wagen** *m* Auto спорти́вная маши́на, спорти́вный автомоби́ль; Kinderwagen лёгкая де́тская коля́ска 6; ~**wettkampf** *m* спорти́вное соревнова́ние [состяза́ние]; ~**zeitung** *f* спорти́вная газе́та; ~**zentrum** *n* спорти́вный центр

Spott *m* насме́шка 6; Hohn издева́тельство 4 | zum ~ в насме́шку; ~ treiben mit j-m издева́ться над кем-н.; zur Zielscheibe des ~es werden стать* *v* посме́шищем; j-n dem ~ preisgeben сде́лать *v* кого́-н. посме́шищем

spottbillig 1. *Adj* о́чень дешёвый **2.** *Adv* о́чень [баснoсло́вно] дёшево, за бесце́нок

Spöttelei *f* насме́шки *Pl* 6

spötteln *intr* подсме́иваться (über над *I*), подтр|у́нивать ⟨-уни́ть 3⟩ (über над *I*)

spotten *intr* насмеха́ться (über над *I*); boshaft auslachen издева́ться (über над *I*), высме́ивать ⟨вы́смe|ять, -ею, -еешь⟩ (über *A*) | das spottet jeder Beschreibung э́то не поддаётся описа́нию, э́то неопису́емо

Spötter *m* насме́шник 2; ~**ei** *f* насме́шки *Pl* 6

Spottgedicht *n* сатири́ческое стихотворе́ние

spöttisch 1. *Adj* насме́шлив:ый; böswillig издева́тельский **2.** *Adv:* ~ lächeln насме́шливо [ирони́чески] улыбну́ться

Spott|lied *n* сатири́ческая пе́сня; ~**lust** *f* насме́шливость 9; ~**preis** *m* о́чень ни́зкая [ничто́жно ма́лая] цена́ | für einen ≈ за бесце́нок

Sprachatlas *m* лингвисти́ческий а́тлас

sprachbegabt спосо́бный к языка́м [к изуче́нию языко́в]

Sprach|begabung *f* спосо́бности *Pl* 9 к изуче́нию языко́в; ~**beherrschung** *f* владе́ние языко́м; ~**denkmal** *n* (пи́сьменный) па́мятник языка́

Sprache *f* язы́к 2e; Sprachstil язы́к, речь 9g | er spricht zwei ~n он говори́т на двух языка́х; geschriebene [mündliche] ~ пи́сьменная [у́стная] речь; er ist ein Meister der ~ он – ма́стер сло́ва; diese Zahlen sprechen eine deutliche ~ э́ти ци́фры говоря́т са́ми за себя́; etw. zur ~ bringen заводи́ть 3 -вожу́ ⟨-|вести́*⟩ речь о чём-н., поста́в|ить *v* 3 -лю что-н. на обсужде́ние; alles kam zur ~ мы говори́ли обо всём; mit der ~ nicht herauswollen не жела́ть вы́сказаться; heraus mit der ~! да говори́(те) же!; er hat die ~ verloren durch einen Schlaganfall он потеря́л дар ре́чи; vor Schreck он онеме́л (от стра́ха)

Sprach|eigentümlichkeit *f* осо́бенность языка́ | eine deutsche ≈ германи́зм; ~**entwicklung** *f* разви́тие языка́; ~**familie** *f* семья́ языко́в; ~**fehler** *m* *Med* дефе́кт 2 ре́чи; ~**forscher** *m* языкове́д 2, лингви́ст 2; ~**forschung** *f* языкозна́ние 5, лингви́стика 6; ~**führer** *m* разгово́рник 2; ~**gebiet** *n* языкова́я террито́рия | das deutsche ≈ о́бласть распростране́ния неме́цкого языка́; ~**gebrauch** *m* (языково́й) обихо́д 2; ~**gefühl** *n* языково́е чутьё 3; ~**gemeinschaft** *f* языкова́я о́бщность; ~**geographie** *f* лингвисти́ческая геогра́фия; ~**geschichte** *f* исто́рия языка́

sprachgewandt красноречи́в:ый, облада́ющий 11 да́ром сло́ва [ре́чи]

Sprach|gewandtheit *f* дар 2 сло́ва, красноре́чие 5; ~**heilpädagogik** *f* логопе́дия 8; ~**kabinett** *n* лингафо́нный [языково́й] кабине́т; ~**kenntnisse** *f* *Pl* зна́ние языка́ [языко́в] | mit deutschen ≈n со зна́нием неме́цкого языка́

sprachkundig зна́ющий 11 язы́к [языки́]

Sprach|kurse *Pl* ку́рсы 2 (иностра́нных) языко́в; ~**labor** *n* лингафо́нный кабине́т 2; ~**lehre** *f* грамма́тика 6; Handbuch уче́бник грамма́тики; ~**lehrer** *m* преподава́тель [учи́тель] языка́

sprach|lich 1. *Adj* языково́й **2.** *Adv* в отноше́нии языка́, в языково́м отноше́нии; ~**los** verblüfft онеме́вший 11, потеря́вший 11 дар ре́чи | da bin ich (einfach) ≈! я (про́сто) не нахожу́ слов!

Sprach|melodie *f* интона́ция 8 (ре́чи); ~**mittler** *m* перево́дчик; ~**pflege** *f* культу́ра 6 ре́чи; ~**praxis** *f* разгово́рная пра́ктика; ~**rohr** *n* ру́пор 2 *a. übertr;* ~**schatz** *m* бога́тство языка́; ~**schnitzer** *m* (гру́бая) языкова́я оши́бка

sprachschöpferisch языкотво́рческий

Sprach|störung *f* расстро́йство [дефе́кт]

ре́чи; ~**studium** *n* изуче́ние языка́ [языко́в]; ~**unterricht** *m* преподава́ние языка́ [языко́в]; Stunde an Schule уро́ки *Pl* 2 языка́; ~**verwandtschaft** *f* родство́ языко́в

Sprachwissenschaft *f* языкове́дение 5, языкозна́ние 5; ~**ler** *m* языкове́д 5

sprachwissenschaftlich языкове́дческий

Sprachzentrum *n* центр ре́чи

Spray *n* аэрозо́ль 9 | ein desodorierendes ~ дезодора́тор [дэ] 2; ~**dose** *f* аэрозо́льный балло́н 2

Sprech|anlage *f* перегово́рное устро́йство; ~**chor** *m* хорова́я деклама́ция 8; Ensemble анса́мбль 1 хорово́й деклама́ции | im ≈ vortragen сканди́ровать 2 хо́ром

sprechen *tr* говори́ть 3 ⟨с|каза́ть*⟩; *intr* говори́ть, разгова́ривать (über, von о *P*); eine Zeitlang поговори́ть; öffentlich auftreten выступа́ть ⟨вы́ступ|ить 3 -лю⟩ | ein gutes Deutsch ~ говори́ть на хоро́шем [чи́стом] неме́цком языке́; mit j-m ~ говори́ть (по-) с ке́м-н.; Recht ~ выно|си́ть 3⁺ -шу́ ⟨вы́|нести*⟩ реше́ние по де́лу; kein Wort ~ не говори́ть ни сло́ва; er spricht fließend Russisch он свобо́дно говори́т по-ру́сски; kann ich Sie ~? могу́ ли я поговори́ть с ва́ми?; wir ~ uns noch! мы ещё поговори́м!; ich bin für ihn heute nicht zu ~ я не приму́ [не могу́ приня́ть] его́ сего́дня; auf j-n gut zu ~ sein хорошо́ отзыва́ться ⟨ото|зва́ться*, отзову́сь⟩ о ком-н., быть хоро́шего мне́ния о ком-н.; auf j-n schlecht zu ~ sein быть настро́енным про́тив кого́-н., быть плохо́го мне́ния о ком-н.; das spricht für sich э́то говори́т само́ за себя́; das spricht für ihn э́то говори́т в его́ по́льзу

Sprecher *m* Redner выступа́ющий *Subst* 11, ора́тор 2; Referent докла́дчик 2; Regierungs- официа́льное лицо́ 4c; v. Organisation, Partei представи́тель 1, выступа́ющий 11 от и́мени …; *G; Rad, TV* ди́ктор 2; in synchronisiertem Film арти́ст 2, дубли́рующий 11 роль (в фи́льме) | als ~ wirkten mit … ро́ли дубли́ровали …; ~**in** *f Rad, TV* ди́ктор 2; *umg* ди́кторша 6

Sprech|erziehung *f* разви́тие 5 (вырази́тельной) ре́чи, практи́ческая фоне́тика 6; ~**fertigkeit** *f* на́выки *Pl* 2 у́стной ре́чи; ~**funk** *m* радиотелефони́я 8; ~**funkgerät** *n* радиотелефо́н 2; ~**modell** *n* речева́я моде́ль; ~**platte** *f* (грам)пласти́нка с за́писью ре́чи [те́кста]; ~**stunde** *f* вре́мя приёма; ~(n) *Pl* приёмные часы́ | wann hat der Arzt ≈? когда́ врач принима́ет?; heute ist keine ≈ сего́дня приёма нет; ~**stundenhilfe** *f* помо́щница 6 [ассисте́нт 2] врача́, (мед)сестра́ 6c *Pl* (мед)сёстры, (мед)сестёр, (мед)сёстрам; ~**tag** *m* приёмный день; ~**tempo** *n* темп [тэ] ре́чи; ~**verbot** *n* запреще́ние выступа́ть; ~**weise** *f* мане́ра говори́ть; ~**werkzeuge** *Pl* о́рганы 2 *Pl* ре́чи; ~**zimmer** *n* кабине́т 2, приёмная *Subst* 10; Arzt (враче́бный) кабине́т

spreizen *tr* растопы́р|ивать ⟨-ить 3⟩; Beine (широко́) расст|авля́ть ⟨-а́вить 3 -а́влю⟩; sich ~ *refl* sich sträuben жема́ниться 3; sich aufspielen ва́жничать

Spreizfuß *m Med* стопа́ 6 с пло́ским попере́чным сво́дом

Spreng|arbeit(en) *f (Pl)* взрывны́е рабо́ты; ~**bombe** *f* фуга́сная (авиа)бо́мба

sprengen *tr* aufbrechen вз|ла́мывать ⟨-лома́ть⟩; durch Sprengmittel взрыва́ть ⟨взо|рва́ть*⟩, подрыва́ть ⟨подо|рва́ть*, подо́рванный⟩; Ketten, Fesseln; Eis разрыва́ть ⟨разорва́ть, разо́рванный⟩ *a. übertr;* Versammlung, Bank срыва́ть ⟨сорва́ть⟩; Menschenmenge разгоня́ть ⟨-о|гна́ть*, -гоню́⟩; mit Wasser полива́ть ⟨поли́ть*⟩; Wäsche спры́с|кивать ⟨-нуть 4⟩; *intr* reiten скака́ть*

Sprenger *m* Gartenbau дождева́тель 1

Spreng|granate *f* фуга́сный снаря́д; ~**kammer** *f* заря́дная ка́мера; ~**kapsel** *f* ка́псюль-детона́тор 2; ~**kommando** *n* кома́нда подрывнико́в; ~**kopf** *m* боеголо́вка 6; ~**körper** *m* подрывна́я ша́шка 6; ~**kraft** *f* си́ла взры́ва; ~**ladung** *f* подрывно́й заря́д; ~**meister** *m Bergb* ма́стер-взрывни́к; ~**patrone** *f* подрывно́й патро́н; ~**stoff** *m Mil* взры́вчатое вещество́; ~**stoffanschlag** *m* покуше́ние с примене́нием взры́вчатого вещества́; ~**ung** *f* взрыв 2, подры́в 2; *übertr* срыв 2; ~**wagen** *m* поли́вочная маши́на; ~**wirkung** *f* фуга́сное де́йствие

sprenkeln *tr* бры́з|гать ⟨-нуть *mom* 4⟩; Farbe auftragen вкрапля́ть ⟨вкра́п|ить 3 -лю⟩

Spreu *f* мяки́на 6, поло́ва 6 | die ~ vom Weizen sondern отдел|я́ть ⟨-и́ть 3⁺⟩ мяки́ну от пшени́цы; *übertr* отдели́ть пле́велы от пшени́цы

Sprichwort *n* посло́вица 6

sprichwörtlich: ~e Redensart погово́рка 6; ~ werden во|йти́* *v* в погово́рку [в посло́вицу]

sprießen *intr* пуска́ть ростки́, всходи́ть 3⁺ ⟨взо|йти́*⟩; Knospen распу|ска́ться ⟨-сти́ться 3⁺⟩

Spring|blende *f Foto* автомати́ческая диафра́гма; ~**brunnen** *m* фонта́н 2

springen *intr* пры́г|ать ⟨-нуть *mom* 4⟩, скака́ть* ⟨скакну́ть *mom* 4⟩; bersten, platzen ло́п|аться ⟨-нуть 4⟩, тре́снуть *v* 4, тре́скаться (по-) | in den Sattel ~ вскочи́ть *v* 3⁺ в седло́; er ließ zehn Mark ~

umg он раскошéлился на дéсять мáрок; **~d:** der ≈e Punkt основнóй вопрóс 2
Springer *m Sport* прыгу́н 2e; Schachfigur конь 1e *Pl* кóни; **~in** *f Sport* прыгу́нья 7
Spring|flut *f* сизиги́йный прили́в 2; **~form** *f* zum Backen разъёмная фóрма; **~kraut** *n* недотрóга 6; **~maus** *f* тушкáнчик 2; **~seil** *n* скакáлка 6
Sprint *m* спринт 2, бег 2b на корóткие дистáнции
sprinten *intr* бéгать [*best* бежáть*] на корóткие дистáнции
Sprinter *m* спри́нтер 2
Sprit *m* спирт 2; Treibstoff горю́чее *Subst* 11, бензи́н 2
Spritze *f Med* Instrument шприц 2; Injektion впры́скивание 5, укóл 2; Feuerwehr брандспóйт 2, пожáрный насóс 2 | j-m eine ~ geben дéлать (с-) комý-н. укóл
Spritzeisbahn *f* искýсственный [наливнóй] катóк
spritzen *tr* бры́з|гать ⟨-нуть *mom* 4⟩ (etw. auf etw. чем-н. на что-н.); mit Schlauch по|ливáть ⟨отли́ть*⟩ (шлáнгом); Plast, Metall отливáть ⟨-ли́ть*⟩ под давлéнием; mit Farbe на|носи́ть 3⁺ -ношу́ ⟨-нести́*⟩ крáску (на *A*); *Med* дéлать (с-) впры́скивание [укóл]; *intr* бры́згать* ⟨бры́знуть *mom* 4⟩
Spritzenhaus *n* пожáрное депó *n idkl*
Spritzer *m* бры́зги *Pl* 6; Farbe, Schmutz пят|нó 4c *G Pl* -ен
Spritz|fahrt *f umg* непродолжи́тельная экскýрсия 8 [прогýлка 6]; **~gerät** *n* опры́скиватель 1; **~guß** *m Tech* литьё под давлéнием
spritzig: geistreich остроу́м|ный, -ен | ~er Wein шипу́чее 11 винó
Spritz|kuchen *m* пóнчик 2, олáд|ья *G Pl* -ий; **~malerei** *f* окрáска краскопу́льтами; **~pistole** *f* краскопу́льт 2, (пистолéт-)распыли́тель (2-)1; **~putz** *m* штукатýрка набры́згом; **~schutz** *m* брызгови́к 2e; **~tour** *f* непродолжи́тельная [корóткая] экскýрсия 8; **~ung** *f Landw* опры́скивание 5
spröde Glas хрýп|кий, -ок, -кá!, -че; Metall лóм|кий, -ок, -кá!; *übertr* Mädchen чóпор|ный, -ен, недостýп|ный, -ен
Sprödigkeit *f* хрýпкость 9; лóмкость 9; чóпорность 9, недостýпность 9
Sproß *m Bot* побéг 2; an Geweih отрóст|ок, -ка 2; *übertr* óтпрыск 2, потóм|ок, -ка 2
Sprosse *f* an Leiter переклáдина 6; an Geweih отрóст|ок, -ка 2
Sprossenwand *f* гимнасти́ческая [швéдская] стéнка
Sprößling *m* óтпрыск 2
Sprotte *f* шпрóта 6
Spruch *m* изречéние 5, сентéнция [сэ], [тэ] 8; *Jur* приговóр 2, решéние 5; **~band** *n* полóтнище 4 с лóзунгом, транспарáнт 2
spruchreif: die Frage ist ~ вопрóс назрéл [актуáлен]; etw. ist noch nicht ~ что-н. ещё рáно выноси́ть на обсуждéние
Sprudel *m* минерáльная газирóванная водá 6 *A* вóду
sprudeln *intr* бить* ключóм; v. kochendem Wasser клок|отáть, -óчет, бурли́ть 3; Worte бы́стро [горячó] говори́ть 3 | das Leben sprudelt жизнь бьёт ключóм
sprühen *intr* Funken разлет|áться ⟨-éться 3⟩; spritzen бры́згать* ⟨бры́згнуть *mom* 4⟩; Regen мороси́ть 3; Diamant; Geist и́скриться 3, блестéть* ⟨блеснýть *mom* 4⟩ | es sprüht мороси́т (дождь)
Sprühregen *m* мéлкий дождь; bei Frostwetter и́зморось 9
Sprung *m* прыж|óк, -кá 2, скач|óк, -кá 2; Riß трéщина 6 | mit einem ~ одни́м прыжкóм; ich besuchte ihn auf einen ~ я зашёл к немý на минýтку; er kann keine großen Sprünge machen он не мóжет развернýться, он не мóжет позвóлить себé больши́х затрáт; das Glas hat einen ~ bekommen стакáн трéснул; ihre Freundschaft hat einen ~ bekommen их дрýжба далá трéщину; der qualitative ~ кáчественный скачóк; er war auf dem ~ wegzugehen он сорвáлся уйти́; **~bein** *n* опóрная ногá
sprungbereit готóв:ый к прыжкý
Sprung|brett *n Sport* трампли́н 2 *a. übertr;* **~deckeluhr** *f* кармáнные часы́ с кры́шкой
Sprungfeder *f* пружи́на 6; **~matratze** *f* пружи́нный матрáц
Sprung|gelenk *n Anat* голеностóпный сустáв; **~grube** *f* я́ма для прыжкóв
sprunghaft 1. *Adj* Entwicklung скачкообрáз|ный, -ен; *übertr* Wesen неуравновéшен|ный, -на **2.** *Adv* скачкáми
Sprung|lauf *m* прыжки́ *Pl* 2 на лы́жах (с трампли́на); **~schanze** *f Sport* лы́жный трампли́н 2; **~seil** *n* скакáлка 6; **~ständer** *m* стóйка для прыжкóв; **~tuch** *n* спасáтельное пол|отнó 4c *G Pl* -óтен; **~turm** *m Sport* вы́шка 6 (для прыжкóв в вóду)
sprungweise *Adv* скачкáми, прыжкáми; *Mil* перебéжками
Sprungweite *f* длинá прыжкá
Spucke *f* слюнá 6 | da bleibt mir die ~ weg! *umg* э́то сногсшибáтельно!, э́то порази́тельно!
spucken *tr* Blut хáрк|ать ⟨-нуть *mom* 4⟩; *intr* плевáть* ⟨на-, плю́нуть *mom* 4⟩
Spucknapf *m* плевáтельница 6
Spuk *m* привидéние 5; Schreckbild при́зрак 2
spuken *intr:* hier spukt es здесь привидéния; es spukt bei ihm *umg* он рехнýлся

Spukgeschichte *f* расска́з о привиде́ниях
Spülbecken *n* мо́йка 6 (для посу́ды)
Spule *f* кату́шка 6, шпу́лька 6; Tonband~ кату́шка 6
Spüle *f* мо́йка 6
spulen *tr* нама́тывать ⟨-мота́ть⟩ на кату́шку [на шпу́льку]
spülen *tr* полоска́ть* (про-); Gläser мыть* (вы́-); *Med* промыва́ть ⟨-мы́ть⟩ | an Land ~ выбра́сывать ⟨вы́бросить 3⟩ на бе́рег
Spül|gang *m* полоска́ние 5 (в стира́тельной маши́не); **~kasten** *m* Toilette промывно́й бач|о́к, -ка́ 2
Spül|maschine *f* (посудо)мо́ечная маши́на; **~mittel** *n* für Wäsche сре́дство для полоска́ния
Spülung *f* полоска́ние 5; *Med* промыва́ние 5; *Tech* промы́вка 6; Vorrichtung смывно́е устро́йство 4
Spülwasser *n* Spülicht помо́|и *Pl* 1 -ев; für Wäsche вода́ для полоска́ния белья́ [für Geschirr посу́ды]
Spulwurm *m* аскари́да 6
Spund *m* Faß заты́чка 6, вту́лка 6; *Tech* шпунт 2
spunden *tr* затыка́ть ⟨-ткну́ть 4⟩; *Tech* шпунтова́ть 2
Spundloch *n* отве́рстие 5 для вту́лки
Spur *f* Fährte след 2b *D* сле́ду, в, на следу́; von Rädern колея́ 7; breite *Eisenb* колея́ 7; Schi~ лыжн|я́ 7 *G Pl* -е́й; Tonband~ доро́жка 6; winzige Menge немно́жко; v. Gewürzen meist чу́точку; Fahr~ ряд 2b, полоса́ 6 по́лосы, поло́с, полоса́м; *übertr* Anzeichen следы́ *Pl* 2b, при́знаки *Pl* 2 | sich in die linke ~ einordnen *Kfz* занима́ть ⟨заня́ть*⟩ ле́вый ряд; j-m auf die ~ kommen *übertr* на|па́сть* *v* на чей-н. след, высле́живать ⟨вы́сле|дить 3 -жу⟩ кого́-н.; die ~en einer alten Kultur следы́ дре́вней культу́ры; von ihm fehlt jede ~ о нём ничего́ не изве́стно, его́ и след просты́л; keine ~! ничего́ подо́бного!, ничу́ть!; die ~en verwischen замета́ть ⟨-|мести́*⟩ следы́; keine ~en hinterlassen не ост|авля́ть ⟨-а́вить 3 -а́влю⟩ следо́в; er hat keine ~ Humor у него́ нет ни те́ни [ни ка́пли] ю́мора
spürbar заме́т|ный, -ен, ощути́м:ый
spüren *tr* чу́вствовать 2 (по-), ощуща́ть ⟨-ти́ть 3 -щу́⟩; wittern чу́five* (по-); *intr* nach Wild идти́* по следа́м
Spuren|elemente *Pl* микроэлеме́нты *Pl* 2; **~sicherung** *f* закрепле́ние 5 следо́в
Spürhund *m Jagd* ище́йка 6
spurlos бессле́д|ный, -ен | er ist ~ verschwunden его́ и след просты́л
Spürsinn *m* чутьё 3 [*umg* нюх 2] на *A*
Spurt *m Sport* рыв|о́к, -ка́ 2, спурт 2 | im ~ siegen побе|жда́ть ⟨-ди́ть 3⟩ рывко́м [спу́ртом]
spurten *intr* де́лать (с-) рыво́к, спуртова́ть *uv, v* 2
Spurtsieger *m* победи́тель рывко́м на фи́нише
Spur|wechsel *m Kfz* сме́на 6 полосы́ движе́ния, перехо́д в друго́й ряд; *Eisenb* измене́ние ширины́ коле́й; **~weite** *f* ширина́ 6 коле́й
Sputnik *m* (иску́сственный) спу́тник 2
Sri Lanka Шри Ла́нка 6
Srilanker *m* жи́тель 1 Шри Ла́нки
srilankisch ланки́йский
Staat *m* госуда́рство 4; Bundes~ шта́т 2; Toilette наря́д 2, туале́т 2; Anzug пара́дный костю́м 2 | in vollem ~ erscheinen (по)явля́ться ⟨(по)яв|и́ться 3⁺ -лю́сь⟩ в по́лном пара́де; mit etw. ~ machen щего|ля́ть ⟨-льну́ть *mom* 4⟩ чем-н.
Staaten|bund *m* сою́з 2 госуда́рств; **~gemeinschaft** *f:* die sozialistische ≈ социалисти́ческое содру́жество 4 госуда́рств
staatenlos не име́ющий 11 гражда́нства
staatlich 1. *Adj* госуда́рственный **2.** *Adv* со стороны́ госуда́рства
Staats|akt *m* Veranstaltung торже́ственное заседа́ние 5, госуда́рственный акт; **~aktion** *f:* aus etw. eine ≈ machen разду|ва́ть ⟨-|ду́ть*⟩ незначи́тельное де́ло; **~angehöriger** *m* граждани́н 2 *Pl* гра́жд|ане, -ан; **~angehörigkeit** *f* гражда́нство 4 | j-m die ≈ aberkennen лиш|а́ть ⟨-и́ть 3⟩ кого́-н. гражда́нства; **~anleihe** *f* госуда́рственный заём; **~anwalt** *m* прокуро́р 2; **~anwaltschaft** *f* прокурату́ра 6; **~apparat** *m* госуда́рственный аппара́т | Mitarbeiter im ≈ рабо́тник госаппара́та; **~aufbau** *m* госуда́рственное устро́йство; **~bahn** *f* госуда́рственные желе́зные доро́ги *Pl* 6; **~beamter** *m* госуда́рственный слу́жащий *Subst* 11; **~begräbnis** *n* торже́ственные по́хороны; **~besuch** *m* официа́льный визи́т главы́ госуда́рства [прави́тельства]; **~bewußtsein** *n* госуда́рственная созна́тельность, гражда́нственность 9; **~bibliothek** *f* госуда́рственная библиоте́ка; **~bürger** *m* = **Staatsangehöriger; ~bürgerkunde** *f* обществове́дение 5, государствове́дение 5
staatsbürgerlich гражда́нский
Staatsbürger|rechte *n Pl* гражда́нские права́; **~schaft** *f* гражда́нство 4
Staats|dienst *m* госуда́рственная слу́жба | im ≈ tätig sein состоя́ть 3 на госуда́рственной слу́жбе; **~eigentum** *n* госуда́рственная со́бственность; **~einnahmen** *f Pl* госуда́рственные дохо́ды; **~empfang** *m* официа́льный [дипломати́ческий] приём; **~examen** *n* госуда́рственный экза́мен; **~feind** *m* враг госуда́рства
staatsfeindlich антигосуда́рственный

Staats|flagge *f* госуда́рственный флаг; **~form** *f* госуда́рственная фо́рма; **~gefährdung** *f* антигосуда́рственная де́ятельность 9; **~geheimnis** *n* госуда́рственная та́йна; **~gewalt** *f:* Widerstand gegen die ≈ сопротивле́ние (госуда́рственной) вла́сти; **~grenze** *f* госуда́рственная грани́ца; **~gut** *n* in einigen sozialist. Ländern госуда́рственное хозя́йство 4, госхо́з 2; UdSSR совхо́з 2; DDR наро́дное име́ние; **~haushalt** *m* госуда́рственный бюдже́т; **~hoheit** *f* госуда́рственный суверените́т 2; **~kasse** *f* казна́ 6; **~kosten** *Pl:* auf ≈ на госуда́рственный счёт; **~macht** *f* госуда́рственная власть; **~mann** *m* госуда́рственный де́ятель 1

staatsmännisch госуда́рственный

staatsmonopolistisch госуда́рственно-монополисти́ческий

Staats|oberhaupt *n* глава́ госуда́рства; **~organ** *n* о́рган госуда́рственной вла́сти; **~präsident** *m* президе́нт госуда́рства; **~rat** *m* госуда́рственный сове́т; *DDR* Госуда́рственный Сове́т | der Vorsitzende des ≈s председа́тель Госуда́рственного Сове́та; **~recht** *n* госуда́рственное пра́во

staatsrechtlich госуда́рственно-правово́й

Staats|sekretär *m* госуда́рственный секрета́рь; *DDR* статс-секрета́рь 1e; **~sicherheit** *f* госуда́рственная безопа́сность; **~sprache** *f* госуда́рственный язы́к; **~streich** *m* госуда́рственный переворо́т 2 | durch einen ≈ путём госуда́рственного переворо́та; **~trauer** *f* национа́льный тра́ур; **~verbrechen** *n* полити́ческое [госуда́рственное] преступле́ние; **~verlag** *m* госуда́рственное изда́тельство, госизда́т 2; **~vertrag** *m* госуда́рственный догово́р, догово́р ме́жду госуда́рствами; **~wappen** *n* госуда́рственный герб; **~wissenschaften** *f Pl* тео́рия 8 госуда́рства

Stab *m* Stock, Stange па́лка 6; langer по́сох 2; Bischofs~, Marschall~ u. a. жезл 2e; am Gitter (желе́зный) прут 2 *Pl* -ья| -ьев; von Mitarbeitern; *Mil* штаб 2b; Dirigenten~; Staffellauf па́лочка 6; Stabhochsprung шест 2e; *Tech* сте́рж|ень| -ня 1g; **~antenne** *f* штырева́я (радио)анте́нна [тэ]; **~batterie** *f* цилиндри́ческая батаре́йка

Stäbchen *n* па́лочка 6 *a. Med;* Zigarette гво́здик 2 | mit ~ essen есть па́лочками

Stab|eisen *n Tech* сорто́вая сталь; **~führung** *f:* unter der ≈ von ... под управле́нием ...; **~hochspringer** *m* шестови́к 2e; **~hochsprung** *m* прыжки́ с шесто́м

stabil усто́йчив:ый, стаби́л|ьный| -ен| -ьна; Gesundheit кре́п|кий| -ок| -ка́!

Stabilbaukasten *m* металли́ческий констру́ктор 2

stabilisieren *tr* стабилизи́ровать *uv, v* 2; sich ~ *refl* стабилизи́роваться *uv, v*

Stabilisierung *f* стабилиза́ция 8; *Tech* укрепле́ние 5

Stabilisierungsflächen *f Pl* стабилиза́торы *Pl* 2

Stabilität *f* усто́йчивость 9, стаби́льность 9

Stabreim *m* аллитера́ция 8

Stabs|arzt *m* капита́н 2 медици́нской слу́жбы; **~chef** *m* нача́льник шта́ба; **~offizier** *m* ста́рший 11 офице́р; Mitarbeiter eines Stabes штаб-офице́р 2, штаби́ст 2

Stab|taschenlampe *f* карма́нный фона́рь 1e цилиндри́ческой фо́рмы; **~wechsel** *m* переда́ча эстафе́ты

Stachel *m* Insekt жа́ло 4; Dorn шип 2e, колю́чка 6; Igel игла́ 6c; **~beere** *f* крыжо́вник 2; einzelne я́года крыжо́вника; **~beerstrauch** *m* крыжо́вник

Stacheldraht *m* колю́чая 11 про́волока; **~verhau** *m, n* про́волочное загражде́ние; **~zaun** *m* забо́р из колю́чей про́волоки

Stachelhäuter *m Pl Zool* иглоко́жие *Subst Pl* 11

stach[e]lig колю́ч:ий 11; *übertr* ко́л|кий, -ок| -ка́!, язви́тел|ьный| -ен| -ьна

stacheln *tr* Nadel коло́ть* ⟨кольну́ть *mom* 4⟩; *übertr* язв|и́ть 3 -лю́ (съ-), дразни́ть 3⁺; *intr* коло́ться, быть* колю́чим

Stachelschwein *n* дикобра́з 2

Stadi|on *n* стадио́н 2 | im ≈ на стадио́не; ins ≈ gehen на стадио́н; **≈um** *n* ста́дия 8

Stadt *f* го́род 2b *Pl* -а́ | außerhalb der ~ за́ го́родом; ~ und Land го́род и дере́вня; **~auswahl** *f Sport* сбо́рная кома́нда го́рода; **~bahn** *f* городска́я электри́ческая желе́зная доро́га, электри́чка 6 *umg*

stadtbekannt изве́стный всему́ го́роду, общеизве́ст|ный| -ен

Stadt|bevölkerung *f* городско́е населе́ние, населе́ние го́рода; **~bewohner** *m* жи́тель го́рода; **~bezirk** *m* (городско́й) райо́н; **~bild** *n* (о́бщий 11) вид 2 го́рода; **~bummel** *m* прогу́лка по го́роду

Städtchen *n* город|о́к| -ка́ 2

Städtebau градострои́тельство 4; **~er** *m* градострои́тель 1

städtebaulich градострои́тельный | die ~e Gestaltung der Straße архитекту́рное оформле́ние у́лицы

Stadtentwässerung *f* городска́я канализа́ция 8

Städteplanung *f* планиро́вка городо́в

Städter *m* горож|а́нин 2 *Pl* -а́не| -а́н, городско́й жи́тель 1

Städteschnellverkehr *m* междугоро́дное скоростно́е сообще́ние

Stadt|führer *m* Buch путеводи́тель по го́роду; ~**funk** *m* городска́я радиотрансляцио́нная сеть 9g; Sendung радиопереда́ча на у́лицах го́рода; ~**gas** *n* городско́й газ; ~**gebiet** *n* террито́рия го́рода; ~**gespräch** *n*: zum ≈ werden сде́латься *v* предме́том городски́х сплётен, быть* у всех на уста́х; ~**grenze** *f*: innerhalb der ≈ в черте́ го́рода; ~**haus** *n* für Verwaltungsbehörden дом городско́го управле́ния

städtisch городско́й

Stadt|kern *m* центр 2 го́рода; ~**kreis** *m* го́род| образу́ющий 11 самостоя́тельный райо́н; ~**mauer** *f* городска́я стена́; ~**mitte** *f* центр го́рода

stadtnah при́городный

Stadt|park *m* городско́й парк; ~**plan** *m* план [схе́ма 2] го́рода; ~**planung** *f* плани́рование города; ~**rand** *m*: am ≈ на окра́ине го́рода; ~**randsiedlung** *f* при́городный посёлок; ~**rat** *m* Körperschaft городско́е управле́ние 5, муниципалите́т 2; Person член 2 городско́го сове́та in sozialist. Ländern; ~**reinigung** *f* предприя́тие 5 по убо́рке террито́рии го́рода; ~**rundfahrt** *f* (авто́бусная) экску́рсия по го́роду; ~**schule** *f* городска́я шко́ла, городско́е учи́лище; ~**sparkasse** *f* городска́я сберега́тельная ка́сса; ~**staat** *m* го́род-госуда́рство 2-4 *Pl* города́-госуда́рства; ~**teil** *m* райо́н 2 [часть] го́рода; ~**tor** *n* городски́е воро́та *Pl* 4, заста́ва 6; ~**verkehr** *m* городско́й тра́нспорт; Straßenverkehr городско́е (у́личное) движе́ние; ~**verkehrsmittel** *n* сре́дство городско́го тра́нспорта; ~**verordneter** *m* депута́т 2 городско́го представи́тельства; ~**verordnetenversammlung** *f* (городско́е) собра́ние депута́тов; ~**verwaltung** *f* городско́е самоуправле́ние 5; ~**viertel** *n* кварта́л 2 (го́рода), городско́й кварта́л; ~**wappen** *n* герб го́рода; ~**zentrum** *n* центр го́рода

Stafette *f* эстафе́та 2; Staffel эско́рт 2

Staffage *f* стаффа́ж 2e; in Gemälden оживля́ющие фигу́ры *Pl* 11-6

Staffel *f Sport* эстафе́та 6; von Motorradfahrern отря́д 2; *Flugw* эскадри́л|ья 7 *G Pl* -ий; *Mil* эшело́н 2; ~**ei** *f* мольбе́рт 2; ~**lauf** *m* эстафе́тный бег, эстафе́та 6

staffeln *tr* дифференци́ровать *uv, v* 2, распол|ага́ть ⟨-ожи́ть 3⁺⟩ усту́пами; *Mil* эшелони́ровать *uv, v* 2 | gestaffelte Bauweise спо́соб застро́йки усту́пами

Staffelung *f* дифференциа́ция 8; расположе́ние 5 усту́пами; *Mil* эшелони́рование 5

Stagnation *f* засто́й 1, стагна́ция 8

stagnieren *intr* находи́ться 3⁺ в состоя́нии засто́я [стагна́ции]

Stahl *m* сталь 9 | ein Messer aus ~ стально́й нож; Nerven wie ~ желе́зные не́рвы; ~**arbeiter** *m* сталелите́йщик 2; ~**bau** *m* стальна́я констру́кция 8; ~**beton** *m* железобето́н 2; ~**betonbau** *m Tech* строи́тельство железобето́нных сооруже́ний; Bauwerk железобето́нное сооруже́ние

stahlblau синева́то-стально́го цве́та

Stahlblech *n* листова́я сталь 9

stählen *tr* закал|я́ть ⟨-и́ть 3⟩ *a. übertr;* sich ~ *refl* закал|я́ться ⟨-и́ться⟩

stählern стально́й

Stahl|erzeugung *f* произво́дство ста́ли; ~**feder** *f* zum Schreiben стально́е перо́; Sprungfeder стальна́я пружи́на; ~**gerüst** *n* стально́й карка́с 2; ~**gießer** *m* сталелите́йщик 2; ~**gießerei** *f* сталелите́йный заво́д 2

stahlhart твёрдый как сталь

Stahl|helm *m* стально́й шлем, стальна́я ка́ска; ~**industrie** *f* сталелите́йная промы́шленность; ~**kammer** *f* сейф 2; ~**konstruktion** *f* стальна́я констру́кция; ~**mantel** *m* Kessel стально́й кожу́х; ~**saite** *f* стальна́я струна́; ~**seil** *n* стально́й кана́т [трос]

Stahlskelett *n* стально́й карка́с 2; ~**bau** *m* Bauwerk сооруже́ние со стальны́м карка́сом

Stahl|stich *m* гравю́ра на ста́ли; ~**träger** *m* стальна́я ба́лка

Stahlwerk *n* сталеплави́льный заво́д; ~**er** *m* сталева́р 2

Staketenzaun *m* штаке́тник 2, забо́р из штаке́тника

Stalagmit *m* сталагми́т 2

Stalaktit *m* сталакти́т 2

Stall *m* хлев 2b *a.* в| на хлеву́ *Pl* -а́; für Rinder a. коро́вник 2; für Schweine a. свина́рник 2; für Schafe a. овча́р|ня 7 *G Pl* -ен; Pferde~ коню́ш|ня 7 *G Pl* -ен; ~**fütterung** *f* сто́йловое кормле́ние; ~**haltung** *f* сто́йловое содержа́ние (скота́); ~**mist** *m* сто́йловый наво́з; ~**ung** *f* животново́дческое помеще́ние 5

Stamm *m Bot* ствол 2e; Geschlecht род 2b; Volks~ пле́м|я *n G D P* -ени| *I* -енем| *Pl* -ена́| -ён| -ена́м; *Gramm* осно́ва 6; an Menschen постоя́нный соста́в 2; *Mil* основно́й [ка́дровый] соста́в

Stammannschaft *f Sport* основно́й соста́в кома́нды

Stammbaum *m* родосло́вная *Subst* 10, родосло́вное де́рево

Stammbelegschaft *f* постоя́нный соста́в (рабо́чих и слу́жащих)

stammeln *tr* лепета́ть* (про-); *intr* stottern заик|а́ться ⟨-ну́ться 4⟩, зап|ина́ться ⟨-ну́ться 4⟩ | eine Entschuldigung ~ про|бормота́ть* *v* извине́ние

stammen *intr* происхо|ди́ть 3⁺ -жу́ ⟨произо|йти́*⟩ (aus из *G*), быть* ро́дом (aus из *G*) | das Wort stammt aus dem Griechischen сло́во гре́ческого происхожде́ния; das Gedicht stammt von Goethe э́то стихотворе́ние (принадлежи́т перу́) Гёте; er stammt aus einer Arbeiterfamilie он из рабо́чей семьи́; er stammt aus Moskau он ро́дом москви́ч [из Москвы́]

Stammeszugehörigkeit *f* принадле́жность к (како́му-н.) пле́мени

Stamm|gast *m* постоя́нный гость; *umg* завсегда́та|й 1 *G Pl* -ев; **~halter** *m* продолжа́тель 1 ро́да, насле́дник 2

stämmig пло́т|ный, -ен, -на́!; klein u. stämmig корена́ст:ый

Stamm|kapital *n Wirtsch* основно́й капита́л; **~kunde** *m* постоя́нный покупа́тель; **~kundschaft** *f* постоя́нные покупа́тели *Pl* 1; **~lokal** *n* постоя́нный ресторан, постоя́нно посеща́емый рестора́н; **~personal** *n* постоя́нный [ка́дровый] соста́в; **~publikum** *n* постоя́нные посети́тели *Pl* 1; **~rolle** *f Mil* спи́с|ок, -ка 2 ли́чного соста́ва ча́сти; **~silbe** *f Gramm* корнево́й слог; **~sitz** *m* Stammhaus основно́е зда́ние 5 фи́рмы; im Theater постоя́нное ме́сто; **~spieler** *m Sport* игро́к основно́го соста́ва кома́нды; **~tisch** *m* стол для завсегда́таев; **~vater** *m* родонача́льник 2

Stampfbeton *m* трамбо́ванный бето́н

stampfen *tr* zerstoßen толо́чь* (ис-, рас-); Kartoffeln мять* (раз-); feststampfen трамбова́ть 2 (у-); *intr* mit den Füßen то́п|ать ⟨-нуть *mom* 4⟩; Schiff испы́тывать ⟨-пыта́ть⟩ килеву́ю ка́чку | aus dem Boden ~ соз|дава́ть* ⟨-|да́ть*⟩ сло́вно по манове́нию волше́бного жезла́

Stampfer *m* Werkzeug трамбо́вка 6; Küchengerät пест 2е

Stampfmaschine *f* трамбо́вочная маши́на

Stand *m* Standort (место)положе́ние 5, ме́сто 4b; Zustand состоя́ние 5; Verkaufs~ пала́тка 6, кио́ск 2, лар|ёк, -ька́ 2; Messe~ стенд [тэ] 2; des Wassers у́ров|ень, -ня 1 *a. übertr; hist* сосло́вие 5 | ein Sprung aus dem ~ *Sport* прыжо́к с ме́ста; einen hohen ~ erreichen подня́ться* *v*; подн|ялся́, -яла́сь на высо́кий у́ровень; auf dem neuesten ~ на нове́йшем у́ровне; auf dem ~ des Jahres 1970 на у́ровне 1970 го́да; über dem ~ des vorigen Jahres liegen пре|выша́ть ⟨-вы́сить 3⟩ у́ровень про́шлого го́да; einen guten ~ bei j-m haben быть* на хоро́шем счету́ у кого́-н.; er hat einen schweren ~ он в тяжёлом [затрудни́тельном] положе́нии

Standard *m* станда́рт 2 (für на *A*); **~ausführung** *f* станда́ртное исполне́ние

standardisieren *tr* стандартизи́ровать *uv, v* 2

Standardisierung *f* стандартиза́ция 8

Standarte *f* штанда́рт 2; *Jagd* хвост 2е

Stand|bein *n* опо́рная нога́; **~bild** *n* ста́туя 7

Ständchen *n Theat* серена́да 6 | ein ~ (dar)bringen исполня́ть ⟨-по́лнить 3⟩ музыка́льное произведе́ние в честь кого́-н. [по слу́чаю чего́-н.]

Ständer *m* Fahrräder, Akten сто́йка 6 *a. Bauw;* Hüte, Bücher по́лка 6; Blumen подста́вка 6; Noten~ пюпи́тр 2 (для нот); Kleider~ ве́шалка 6; *Tech* ста́тор 2

Standes|amt *n* бюро́ за́писи а́ктов гражда́нского состоя́ния, загс 2 | auf dem ≈ heiraten регистри́роваться (за-) 2 в за́гсе

standesamtlich: ~e Trauung регистра́ция 8 бра́ка в бюро́ за́писи а́ктов гражда́нского состоя́ния [в за́гсе]

Standes|beamter *m* слу́жащий *Subst* 11 за́гса; **~dünkel** *m* сосло́вное высоко́ме́рие 5 [чва́нство]

standesgemäß соотве́тствующий 11 общественному [социа́льному] положе́нию

Standesvorurteile *n Pl* социа́льные [сосло́вные] предрассу́дки

standfest Getreide усто́йчив:ый к полега́нию | ~ sein Schrank стоя́ть 3 про́чно

Stand|geld *m* Marktstand пла́та 6 за ме́сто на ры́нке; Messestand пла́та за стенд [тэ]; *Eisenb* пла́та за просто́й; **~gerät** *n* стациона́рный телеви́зор 2; **~gericht** *n* вое́нно-полево́й суд

standhaft сто́|йкий, -ек, -йка́! | ~e Weigerung реши́тельный отка́з

Standhaftigkeit *f* сто́йкость 9

standhalten *intr* сто́йко держа́ться 3⁺, выде́рживать ⟨вы́держать 3⟩; Gegner, Versuchung усто́ять *v* 3 пе́ред *I*

ständig 1. *Adj* постоя́нный **2.** *Adv* wohnen безвы́ездно | er sitzt ~ im Zimmer он всё вре́мя сиди́т в ко́мнате

Stand|licht *n Kfz* стоя́ночный свет; **~nummer** *f* Buch шифр 2; **~ort** *m* ме́сто 4b, местонахожде́ние 5; (Ortslage) местоположе́ние 5; Unterbringungsort ме́сто 4b расположе́ния; *Mil* гарнизо́н 2; v. Pflanzen ме́сто произраста́ния

standortgebunden свя́зан:ный с определённой террито́рией

Standort|verteilung *f Wirtsch* размеще́ние 5; **~wahl** *f* für Betriebe вы́бор ме́ста

Stand|pauke *f übertr* нагоня́|й 1 *G Pl* -ев; j-m eine ≈ halten да́ть* *v* кому́-н. нагоня́й; **~punkt** *m übertr* то́чка зре́ния | vom ≈ der Wissenschaft aus с то́чки зре́ния нау́ки; auf dem ≈ stehen, daß … быть* того́ мне́ния, что …; einen ≈ vertreten держа́ться 3⁺ како́го-н. мне́ния;

er ist von seinem ≈ nicht abzubringen его́ невозмо́жно переубеди́ть; **~quartier** *n Mil* (постоя́нная) стоя́нка; **~recht** *n* зако́ны *Pl* вое́нного вре́мени; Ausnahmezustand чрезвыча́йное положе́ние
standrechtlich по зако́нам вое́нного вре́мени
Standseilbahn *f* фуникулёр 2
standsicher усто́йчив:ый
Stand|uhr *f* стоя́чие 11 часы́; **~vogel** *m* осе́длая пти́ца; **~waage** *f* Gymnastik «ла́сточка»; Eislauf «аэропла́н»; **~zeit** *f* Waggon, Maschine просто́й 1
Stange *f* шест 2e; lange, dünne жердь 9g; Hühner, Vögel насе́ст 2; Eisen~ стéрж|ень, -ня 1; Fahne дре́вко 4 *Pl* 2; Schokolade, Zimt, Siegellack па́лочка 6; *Sport* (Gewichtheben); *Tech* шта́нга 6 | bei der ~ bleiben *umg* проявля́ть ⟨-и́ть 3⁺ -лю⟩ вы́держку до конца́; einen Anzug von der ~ kaufen покупа́ть ⟨купи́ть⟩ гото́вый костю́м; das kostet eine ~ Geld *umg* э́то сто́ит у́йму де́нег; j-n bei der ~ halten подде́рживать ⟨-держа́ть 3⁺⟩ в ком-н. интере́с к де́лу
Stangen|bohne *f* колова́я фасо́ль; **~holz** *n* кру́пный жердня́к 2e
Stänker *m umg* склóчник 2; **~ei** *f umg* склóка 6
stänkern *intr umg* воня́ть; *übertr* затева́ть ⟨-те́ять, -те́ю, -те́ешь⟩ склóку (gegen про́тив *G*)
Stanniol *n* станио́ль 1; **~papier** *n* станио́левая бума́га
Stanzautomat *m* штампо́вочный автома́т
[1]**Stanze** *f Metr* станс 2
[2]**Stanze** *f Tech* Stempel штамп 2; Maschine штампо́вочный стан|о́к, -ка́ 2
stanzen *tr Tech* штампова́ть 2 (от-); Löcher пробива́ть ⟨-|би́ть*⟩
Stapel *m* Bücher, Kisten, Pakete стопа́ 6c; Holz шта́бел|ь 1b *Pl* -я́; Platten паке́т 2; Wäsche сто́пка 6; *Mar* ста́пел|ь 1b *Pl* -я́ | ein Schiff vom ~ laufen lassen спу|ска́ть ⟨-сти́ть 3⁺ -щу́⟩ су́дно на́ воду; **~faser** *f* шта́пельное волокно́; **~holz** *n* уло́женные в поле́нницу дрова́; **~lauf** *m Mar* спуск 2 со ста́пеля (на́ воду)
stapeln *tr* Kohlen, Baumaterialien укла́дывать ⟨-ложи́ть 3⁺⟩ шта́белем [штабеля́ми]; Bücher, Kisten, Wäsche скла́дывать ⟨сложи́ть 3⁺⟩ в стопу́ [в сто́пы; klein в сто́пки]; Holz скла́дывать в штабеля́
Stapelplatz *m* (шта́бельный) склад 2
stapfen *intr* тяжело́ ступа́ть
Stapler *m Tech* (авто)погру́зчик 2, штабелеукла́дчик 2
[1]**Star** *m Zool* сквор|е́ц, -ца́ 2
[2]**Star** *m Film, Theat* звезда́ 6c *Pl* звёзды
[3]**Star** *m Med* grauer катара́кта 6; grüner глауко́ма 6
Starallüren *Pl* зама́ш|ки, -ек *Pl* 6 (кино)звезды́
stark 1. *Adj* си́льный, си́лен *u.* силён, сильна́, си́льно, си́льны́; fest, kräftig кре́п|кий, -ок, -ка́!, -че, -ча́йший; robust дю́ж:ий 11 -а́!; beleibt то́лст|ый, -а́, -о, то́лсты́; то́лще, по́л|ный, -он, -на́!; Nachfrage большо́й; Fieber высо́к:ий, -а́; Verkehr оживлённый | Kleider für stärkere Damen пла́тья для по́лных же́нщин; ~e Begabung я́ркий тала́нт; ~e Erkältung си́льная просту́да; ~er Schüler си́льный учени́к; ~e alkoholische Getränke кре́пкие напи́тки; ~e Nachfrage большо́й спрос; ~er Wille твёрдая во́ля; ~er Nebel си́льный [густо́й] тума́н; ~e Nerven кре́пкие не́рвы; er ist ein ~er Raucher он мно́го ку́рит; das ist seine ~e Seite в э́том он силён; ~er Tee [Tabak] кре́пкий чай [таба́к]; ~es Verb си́льный глаго́л; das ist ein ~es Stück! э́то на́глость! **2.** *Adv* си́льно, о́чень | er ist ~ beschäftigt он о́чень за́нят; es regnet ~ идёт си́льный дождь; er ist ~ verschuldet у него́ больши́е долги́; er ist ~ in den Fünfzigern ему́ далеко́ за пятьдеся́т, ему́ под шестьдеся́т; ~ besucht по́лный
Starkasten *m* скворе́чник [шн] 2
Starkbier *n* кре́пкое [высокогра́дусное] пи́во
Stärke *f* Kraft, Heftigkeit си́ла 6; Dicke толщина́ 6; Anzahl чи́сленность 9; Wäsche~ крахма́л 2; *Chem* концентра́ция 8; von Genußmitteln кре́пость 9; *übertr* starke Seite си́льная сторона́ 6a | das Gewitter hat an ~ nachgelassen гроза́ утиха́ет; Mathematik ist seine ~ в матема́тике он силён; **~gehalt** *m* крахма́листость 9, содержа́ние крахма́ла
stärkehaltig крахма́лист:ый
Stärkemehl *n* крахма́л 2
stärken *tr* под-, укреп|ля́ть ⟨-и́ть 3 -лю⟩; Wäsche крахма́лить 3 (на-); sich ~ *refl* подкреп|ля́ться ⟨-и́ться⟩ | er stärkte sich mit einem Glas Milch он подкрепи́лся стака́ном молока́; gestärkte Wäsche крахма́льное бельё
Stärke|sirup *m* крахма́льная па́тока; **~zucker** *m* виногра́дный са́хар
stark|knochig кря́жист:ый; **~leibig** доро́д|ный, -ен
Starkstrom *m* ток высо́кого напряже́ния, си́льный ток; **~kabel** *n* силово́й ка́бель; **~leitung** *f* (возду́шная) ли́ния си́льного то́ка, сильното́чная [силова́я] ли́ния; **~technik** *f* сильното́чная (электро)те́хника
Stärkung *f* укрепле́ние 5; der Kräfte подкрепле́ние 5; Essen заку́ска 6
Stärkungsmittel *n* укрепля́ющее 11 сре́дство

starr Körperteil; Blick неподви́ж|ный, -ен, при́стал|ьный, -ен, -ьна; vor Kälte окочене́вший 11, окочене́лый; eigensinnig упря́м:ый; fest твёрд|ый, тверда́, твёрдо; *Tech* Konstruktion жёст|кий, -ок, -ка́! | sie war ~ vor Schreck она́ остолбене́ла от испу́га

¹starren *intr* неподви́жно [ins Gesicht при́стально] смотре́ть 3⁺ (auf на *A*), устáв|иться *v* 3 -люсь (auf на *A*) | ins Leere ~ уста́виться (неви́дящим взгля́дом) в пустоту́

²starren *intr* быть* покры́тым (vor, von *I*) | seine Hose starrt vor Schmutz его́ брю́ки все пропи́таны гря́зью

Starr|heit *f* неподви́жность 9; Blick при́стальность; Glieder vor Kälte окочене́лость 9; Charakter упря́мство 4; **~kopf** *m* упря́м|ец, -ца 2, упря́мая голова́

starrköpfig упря́м:ый

Starr|krampf *m* столбня́к 2e; **~sinn** *m* упря́мство 4

starrsinnig = **starrköpfig**

Start *m Sport* старт 2; *Flugw* старт, взлёт 2; Rakete за́пуск 2; *übertr* нача́ло 4; **~bahn** *f Flugw* взлётная полоса́, ста́ртовая доро́жка

startbereit гото́в:ый к ста́рту [Rakete к пу́ску] | ~ sein быть* гото́вым к отхо́ду [к отъе́зду]

Startblock *m* Schwimmen ста́ртовая ту́мбочка 6; Leichtathletik ста́ртовая коло́дка 6

starten *tr* Aktion, Kampagne начина́ть ⟨нача́ть*⟩; Motor, Rakete запу|ска́ть ⟨-сти́ть 3⁺ -щу́⟩; Motor a. заводи́ть 3⁺ -вожу́ ⟨-|вести́*⟩; *intr Sport* стартова́ть *uv, v* 2; *Flugw* стартова́ть a. Rakete, взле|та́ть ⟨-те́ть 3⟩; abfliegen вылета́ть ⟨вы́лететь 3⟩

Starter *m* ста́ртер 2; Wettkämpfer уча́стник 2

Start|erlaubnis *f Flugw* разреше́ние на старт [взлёт]; *Sport* разреше́ние на уча́стие в соревнова́ниях; **~flagge** *f* ста́ртовый флаг; **~gewicht** *n Flugw* взлётный вес; **~knopf** *m* пускова́я кно́пка; **~linie** *f* ли́ния ста́рта; **~nummer** *f* но́мер на ста́рте; **~pistole** *f* ста́ртовый пистоле́т; **~rakete** *f* ста́ртовая ракéта; **~rampe** *f* пускова́я устано́вка; **~schuß** *m Sport* ста́ртовый вы́стрел; **~sprung** *m* ста́ртовый прыжо́к; **~stufe** *f* Rakete ста́ртовая ступе́нь; **~verbot** *n Flugw* запреще́ние вы́лета; *Sport* запреще́ние уча́ствовать в соревнова́ниях; **~zeichen** *n Sport* сигна́л к ста́рту [для ста́рта]; *Flugw* сигна́л на старт | das ≈ geben дать старт

Statik *f* ста́тика 6; **~er** *m* специали́ст 2 в о́бласти ста́тики

Station *f* ста́нция 8; *Med* отделе́ние 5 | auf der ~ на ста́нции | ~ machen остан|а́вливать ⟨-ови́ться 3⁺⟩; die einzelnen ~en seines Lebens отде́льные эта́пы его́ жи́зненного пути́

stationär стациона́рный | ein Kranker in ~er Behandlung лежа́чий 11 [стациона́рный] больно́й; in ~er Behandlung sein проходи́ть 3⁺ -хожу́ ⟨-|йти́*⟩ стациона́рное лече́ние, нахо|ди́ться 3⁺ -жу́сь на стациона́рном лече́нии

stationieren *tr* распол|ага́ть ⟨-ожи́ть 3⁺⟩, разме|ща́ть ⟨-сти́ть 3 -щу́⟩ | stationiert sein *Mil a.* бази́роваться 2

Stations|arzt *m* врач-заве́дующий отделе́нием 2e-*Subst* 11; **~schwester** *f* медсестра́ отделе́ния; **~vorsteher** *m Eisenb* нача́льник 2 ста́нции

statisch стати́ческий

Statist *m Theat* стати́ст 2; **~ik** *f* стати́стика 6; **~iker** *m* стати́стик 2; **~in** *f Theat* стати́стка 6

statistisch статисти́ческий

Stativ *n* штати́в 2; **~aufnahme** *f* съёмка со штати́ва

statt **1.** *Präpos* вме́сто *G* **2.** *Konj* вме́сто того́ что́бы ~ zu arbeiten, unterhält er sich вме́сто того́ что́бы рабо́тать, он разгова́ривает; ~ nach links fuhr er nach rechts вме́сто того́ что́бы пое́хать нале́во, он пое́хал напра́во

Statt *f:* j-n an Kindes ~ annehmen Jungen u. Mädchen усынов|ля́ть ⟨-и́ть 3 -лю́⟩ кого́-н.; nur Mädchen удочер|я́ть ⟨-и́ть 3⟩

Stätte *f* ме́сто 4b; Zentrum оча́г 2e

statt|finden *intr* состоя́ться *v* 3, име́ть ме́сто, быть* | die Wahlen in ... werden morgen ≈ за́втра бу́дут вы́боры в ...; **~geben** *intr* einer Bitte удовлетвор|я́ть ⟨-и́ть 3⟩ *A;* einem Antrag принима́ть ⟨приня́ть*⟩ *A*; **~haft** допусти́м:ый, прие́млем:ый

Statthalter *m* наме́стник 2

stattlich ста́т|ный, -ен, -на́!; Erscheinung представи́тел|ьный, -ен, -ьна; beträchtlich значи́тел|ьный, -ен, -ьна

Statue *f* ста́туя 7

Statuette *f* статуэ́тка 6

statuieren *tr:* ein Exempel ~ приме́рно на|каза́ть* *v* кого́-н. в назида́ние други́м

Statur *f* телосложе́ние 5, фигу́ра 6, рост 2 | ein Mann von mittlerer ~ мужчи́на сре́днего ро́ста

Status *m* положе́ние 5; *Med* состоя́ние 5 | ~ quo ста́тус-кво́ *m idkl*

Statut *n* уста́в 2

Stau *m* Wasser, Blut накопле́ние 5, скопле́ние 5; *Verk* про́бка 6, скопле́ние 5 тра́нспорта на у́лице; **~anlage** *f* (водо)подпо́рное сооруже́ние

Staub *m* пыль 9; в пыли́ | den ~ von etw. abwischen смета́ть ⟨-|мести́*⟩ пыль с чегó-н.; diese Sache hat viel ~ aufgewirbelt э́то дéло надéлало мнóго шýму; sich aus dem ~ machen скрывáться ⟨-|крыться*⟩, удирáть ⟨-|дрáть*⟩

staub|abweisend пылеоттáлкивающий 11; **~bedeckt** покрыт:ый пы́лью

Staub|bekämpfung *f* борьбá 6 с пы́лью; **~besen** *m* метёлка 6; **~beutel** *m Bot* пы́льник 2; im Staubsauger меш|óк, -кá 2-пылесбóрник 2; **~blüte** *f* мужскóй цветóк

Stäubchen *n* пыли́нка 6

staubdicht пыленепроницáемый

Staubecken *n* водоём 2, водохрани́лище 4

stauben *intr* пыли́ть 3 (на-) | es staubt пы́льно, пыли́т

stäuben *tr* streuen посыпáть ⟨-|сы́пать*⟩ (etw. auf etw. что-н. чем-н.); *intr* Flüssigkeit разбры́згиваться ⟨-|бры́згаться*⟩

Staub|explosion *f* взрыв пы́ли; **~faden** *m Bot* тычи́ночная нить; **~fänger** *m* легкó пыля́щийся 11 предмéт 2; **~filter** *m* пылеулáвливающий 11 фильтр, пылефи́льтр 2

staubfrei без пы́ли

Staub|gefäß *n Bot* тычи́нка 6; **~gehalt** *m* содержáние пы́ли, запылённость 9

staubgeschützt пылезащищённый

staubig пы́л|ьный, -ен, -ьнá! | ~ werden пыли́ться 3 (за-); die Kleider sind ganz ~ одéжда совсéм запыли́лась

Staub|korn *n* сори́нка 6, пыли́нка 6; **~lappen** *m* пы́льная тря́пка; **~lunge** *f* силикóз 2; **~regen** *m* мéлкий дождь; **~sauger** *m* пылесóс 2; **~wedel** *m* метёлка 6; **~wolke** *f* óблако пы́ли; **~zukker** *m* сáхарная пýдра 6

stauchen *tr u. intr* толк|áть ⟨-нýть 4⟩; tadeln грýбо отчи́тывать ⟨-читáть⟩, дéлать (с-) вы́говор *D* | sich den Fuß ~ си́льно ушибáть ⟨-|шиби́ть*⟩ (себé) нóгу

Staudamm *m* водоподъёмная плоти́на 6

Staude *f Bot* кýстик 2, многолéтнее растéние 11-5; Salat коч|áн, -áнá 2e *oder* -нá 2

stauen *tr* Wasser запр|ýживать ⟨-уди́ть 3 -ужý, -ýди́шь⟩; sich ~ *refl* заст|áиваться ⟨-оя́ться 3⟩, накоп|ля́ться ⟨-и́ться 3⁺⟩; Waren, Menschen скáпливаться ⟨скопи́ться 3⁺⟩

Staudruck *m* Wasser скоростнóй напóр

Staufferfett *n* солидóл 2

Stau|höhe *f* Wasser напóрная высотá; **~mauer** *f* плоти́на 6 (из клáдки)

staunen *intr* удив|ля́ться ⟨-и́ться 3 -лю́сь⟩ (über *D*), порa|жáться ⟨-зи́ться 3 -жýсь⟩ (über *D*) | da staunst du! э́того ты не ожидáл!

Staunen *n* удивлéние 5 | er kam aus dem ~ nicht heraus он не переставáл удивля́ться

staunenswert удиви́тел|ьный, -ен, -ьна

Staupe *f* Hunde чумá 6

Stau|raum *m* Wehrstauraum объём 2 водохрани́лища; im Verkehr зóна сосредотóчения; **~see** *m* (большóе) водохрани́лище 4; **~ung** *f* Verkehr затóр 2, прóбка; Wasser подпóр 2 воды́; *Med* застóй 1

Steak *n* кус|óк, -кá 2 жаркóго, эскалóп 2

Stearin *n* стеари́н 2; **~kerze** *f* стеари́новая свечá

stechen *tr* колóть* ⟨кольнýть *mom* 4⟩, прок|áлывать ⟨-олóть⟩; Schwein рéзать* (за-), колóть (за-); Rasen, Torf, Spargel рéзать; Biene жáлить 3 (у-); Mücke кусáть, укуси́ть *v* 3⁺; Karte бить*; *intr* Sonne печь* | seine Karte ist gestochen егó кáрта би́та; in die Augen ~ *übertr* бросáться ⟨брóситься 3⟩ в глазá; in See ~ вы́|йти* *v* в (откры́тое) мóре; die Sonne sticht сóлнце печёт [жжёт]; es sticht mich im Rücken у меня́ кóлет спи́ну [в спинé]; ihn sticht der Hafer *übertr* он с жи́ру бéсится; ich habe mich in den Finger gestochen я укол|óл себé пáлец; ich habe mich mit einer Nadel gestochen я уколóлся игóлкой [об игóлку]; **~d:** ~er Schmerz кóлотье 5, колотьё 3

Stech|fliege *f* жигáлка 6; **~mücke** *f* комáр 2e; **~paddel** *n* одностóроннее 11 веслó; **~palme** *f* пáдуб 2, остроли́ст 2; **~uhr** *f* контрóльные часы́; **~zirkel** *m* измери́тельный ци́ркуль

Steck|album *n* für Briefmarken кля́ссер 2; **~brief** *m* объявлéние 5 о рóзыске (престýпника)

steckbrieflich *Adv:* j-n ~ verfolgen из|дáть* *v* прикáз об арéсте разы́скиваемого престýпника

Steckdose *f* (штéпсельная) [тэ] розéтка 6

stecken *tr* in ein Nadelkissen u. ä. втыкáть ⟨воткнýть 4⟩; in die Tasche, hinter Schrank u. ä. совáть* ⟨сýнуть 4⟩, засóвывать ⟨-сýнуть⟩; *intr* находи́ться 3⁺, быть*, торчáть 3 | er steckte die Hände in die Taschen он (за)сýнул рýки в кармáны; ich steckte mir eine Brosche an die Bluse я приколóла себé на блýзку брóшку; sie steckte den Ring an den Finger онá надéла кольцó на пáлец; seine Nase in alles ~ *übertr* всю́ду совáть свой нос; in Brand ~ поджигáть ⟨-|жéчь*, подожгý⟩; Geld in einen Betrieb ~ вклáдывать ⟨вложи́ть 3⁺⟩ дéньги в предприя́тие; Pflanzen ~ сажáть ⟨поса|ди́ть 3⁺ -жý⟩ растéния; der Schlüssel steckte im Schlüsselloch ключ торчáл в замóчной сквáжине; es steckt etw. dahinter за э́тим чтó-то крóется; mit j-m unter einer Decke ~ быть* с кем-н. заоднó; in dieser Arbeit steckt viel Fleiß в э́ту рабóту влóжено мнóго трудá

Stecken *m* пáлка 6 | er hat Dreck am ~ у негó рыльце в пушкý

stecken|bleiben *intr* застревáть ⟨застря́ть*⟩ (in в *P*); übertr im Vortrag запи|нáться ⟨-нýться 4⟩; **~lassen** Schlüssel оставля́ть ⟨остáв|ить 3 -лю⟩ (в замкé)

Steckenpferd *n übertr* хóбби *n idkl,* кон|ёк, -ькá 2 | sein ~ reiten сесть* *v* на своегó конькá

Stecker *m* штéпсел|ь [тэ] 1b *Pl* -я́, штéпсельная [тэ] вúлка 6

Steck|kissen *n* конвéрт 2; **~kontakt** *m* штéпсельный [тэ] контáкт; **~ling** *m* черен|óк, -кá 2; **~nadel** *f* булáвка 6 | es war so still, daß man eine ≈ hätte fallen hören бы́ло так тúхо, что слы́шно бы́ло, как мýха пролетúт; **~rübe** *f* брюква 6; **~schlüssel** *m* торцóвый ключ; **~verbindung** *f* штéпсельный разъём 2; **~zwiebel** *f* лук-севóк, *G* лýка-севкá

Steg *m* Pfad тропúнка 6; Brücke мóстик 2; Landungs~ причáл 2, схóдн|и, -ей *Pl* 7; an der Hose штрúпка 6; **~hose** *f* спортúвные брю́ки *Pl* 6 со штрúпкой

Stegreif *m:* aus dem ~ reden говорúть экспрóмтом, импровизúровать *uv, v* 2; **~dichter** *m* поэ́т-импровизáтор 2-2

Steh|aufmännchen *n* вáнька-встáнька *m* 6-6; **~bierhalle** *f* пивнáя *Subst* 10, забегáловка 6 *umg*

stehen *intr* стоя́ть 3; eine Zeitlang постоя́ть; eine bestimmte Zeit простоя́ть; passen идтú*, быть* к лицý | die Uhr steht часы́ стоя́т [остановúлись]; das Kleid steht ihr (gut) плáтье ей к лицý [ей идёт]; der Hut steht ihr шля́па ей идёт; Tränen standen ihr in den Augen на её глазáх вы́ступили слёзы; das Haus steht in Flammen дом объя́т плáменем; zur Wahl ~ имéться на вы́бор; die Wohnung steht leer квартúра пустýет; j-m im Wege ~ стоя́ть комý-н. поперёк дорóги; ich weiß nicht, wo mir der Kopf steht у меня́ головá идёт крýгом; j-m Rede und Antwort ~ держáть 3⁺ отвéт пéред кем-н.; hier steht es sich besser здесь стоя́ть лýчше; seinen Mann ~ постоя́ть *v* 3 за себя́; das wird ihn teuer zu ~ kommen э́то обойдётся емý дóрого; zur Debatte ~ подлежáть 3 обсуждéнию; sich gut ~ имéть хорóший зáработок; sich mit j-m gut ~ быть* с кем-н. в хорóших отношéниях; wie steht es mit ... как обстоúт дéло с ...; wie geht's, wie steht's? как делá?; das Spiel steht 3:2 счёт игры́ 3:2

Stehen *n* стоя́ние 5 | zum ~bringen остан|áвливать ⟨-овúть 3⁺ -овлю́⟩; das ~ fällt mir schwer мне тяжелó (дóлго) стоя́ть

stehenbleiben *intr* остан|áвливаться ⟨-овúться 3⁺ -лю́сь⟩; Vergessenes; Essen о|ставáться* ⟨-|стáться*⟩ | die Uhr ist stehengeblieben часы́ стоя́т

stehend стоя́чий 11 | ~es Heer постоя́нная áрмия 8; ~e Redewendung устóйчивое выражéние; ~en Fußes немéдленно, тóтчас же

stehenlassen *tr* оставля́ть ⟨остáв|ить 3 -лю⟩; Speisen не притр|áгиваться ⟨-óнуться 4⟩ к *D* | den Schirm im Bus ≈ забывáть ⟨-|бы́ть*, -бы́ла⟩ [оставля́ть ⟨-стáвить⟩] зóнтик в автóбусе; den Bart ~ отпу|скáть ⟨-стúть 3⁺ -щý⟩ бóроду; j-n ~ удал|я́ться ⟨-úться 3⟩, не сказáв комý-н. ни слóва [не попрощáвшись]; sie ließen alles stehen und liegen онú брóсили всё

Steher *m* Radsport стáйер 2; **~rennen** *n* Radsport гóнка за лúдером

Steh|kragen *m* стоя́чий 11 воротнúк; **~lampe** *f* торшéр 2

stehlen *tr* красть* (у-) (j-m у *G*); im Warenhaus u. ä. похищáть ⟨-хитúть 3 -хищý⟩; sich ~ *refl* крáсться, крадя́сь *u.* кралýчись, прокрáдываться ⟨-крáсться⟩ | j-m die Zeit ~ отнимáть ⟨отня́ть*⟩ врéмя у когó-н.; er kann mir gestohlen bleiben он меня́ не интересýет, я егó и знать не хочý; er stahl sich aus dem Haus он укрáдкой [незамéтно] ушёл úз дому

Steh|platz *m* стоя́чее 11 мéсто; **~pult** *n* контóрка 6

Steiermark *f* Штúрия 8

steif 1. *Adj* nicht biegsam жёст|кий, -ок, -кá!, -че; Papier твёрд|ый, -á!, твёрже; vor Kälte окоченéлый; Glieder неподвúж|ный, -ен; durch langes Sitzen одеревенéлый; vor Kälte окоченéлый; gezwungen натя́нут:ый, принуждённый, чóпор|ный, -ен | ~ werden von Gliedern затекáть ⟨-|тéчь*⟩, коченéть (за-, о-); ein ~er Kragen накрахмáленный [крахмáльный] воротнúк; ein ~er Brei крутáя кáша; ein ~er Grog крéпкий грог **2.** *Adv:* ~ und fest behaupten категорúчески утверждáть что-н., твёрдо стоя́ть 3 на чём-н.

Steife *f* жёсткость 9; Stärke крахмáл 2; *Bauw* распóрка 6

steifen *tr* при|давáть* ⟨придáть*⟩ жёсткость *D;* Wäsche крахмáлить 3 (на-)

steifhalten *tr:* die Ohren ~ держáть 3⁺ ýхо вострó

Steifheit *f* Gliedmaßen неподвúжность 9; одеревенéлость 9; Benehmen натя́нутость 9, сдéржанность 9

Steifleinen *n* бортóвка 6

Steig *m* ýзкая крутáя тропúнка 6; **~bügel** *m* стрéм|я *n G D P* -ени, *I* -енем, *Pl* -енá, -я́н, -енáм 4; **~eisen** *n* an Schuh кóгти *Pl* 1g, кóш|ки *Pl* 6 *G* -ек

steigen *intr* поднимáться ⟨подня́ться*, -ня́лся́, -нялáсь⟩; Temperatur, Preis повышáться ⟨-вы́ситься 3⟩ (auf до *G;* um на *A*), под|нима́ться ⟨-ня́ться⟩; Druck; im Ansehen; Interesse повыша́ться ⟨-вы́ситься⟩ I über etw. ~ перелеза́ть ⟨-|ле́зть*⟩ *A;* auf etw. ~ влеза́ть ⟨-|лезть*⟩ на что-н.; das Wasser steigt вода́ прибыва́ет, вода́ идёт на при́быль; das Blut stieg ihm in den Kopf кровь бро́силась ему́ в го́лову; die Haare stiegen ihm zu Berge у него́ во́лосы вста́ли ды́бом; einen Drachen ~ lassen запус|ка́ть ⟨-сти́ть 3⁺ -щу́⟩ змея́; vom Pferd ~ схо|ди́ть 3⁺ -ожу́ ⟨со|йти́*⟩ с ло́шади; wir wollen über den Zaun ~ мы хоти́м переле́зть че́рез забо́р; **~d** повыша́ющийся 11, расту́щий 11 I ≈e Preise расту́щие 11 це́ны; in ~em Maße во всё бо́льшей сте́пени

Steiger *m Bergb* го́рный ма́стер 2b *Pl* -а́, ште́йгер [тэ] 2

steigern *tr* erhöhen повыша́ть ⟨-вы́сить 3 -вы́шу⟩ (um на *A;* auf до *G*); Produktion, Leistung a. увели́ч|ивать ⟨-ить 3⟩; verstärken уси́л|ивать ⟨-ить 3⟩; *Gramm* образова́ть *v im Präs a. uv* 2 сравни́тельную и превосхо́дную сте́пень; sich ~ *refl* повыша́ться ⟨-вы́ситься⟩, расти́*, увели́ч|иваться ⟨-иться⟩; Schmerz, Angst уси́л|иваться ⟨-иться⟩

Steigerung *f* повыше́ние 5; увеличе́ние 5; *Gramm* образова́ние 5 степене́й сравне́ния I ~ der Arbeitsproduktivität повыше́ние произво́дительности труда́

Steigerungsstufe *f Gramm* сте́пень сравне́ния

Steig|höhe *f Flugw* высота́ подъёма; **~leiter** *f* стремя́нка (из скоб); **~leitung** *f* стоя́к 2e; Wasser, Gas восходя́щий трубопрово́д 11-2; **~rohr** *n* восходя́щая 11 труба́; **~ung** *f* подъём 2

steil крут|о́й, -а́!, кру́че; abfallend обры́вист:ый, отве́с|ный, -ен

Steil|hang обры́вистый [круто́й] склон; **~heit** *f* крутизна́ 6; **~küste** *f* круто́й [отве́сный] бе́рег (мо́ря); **~paß** *m* высо́кий пас; **~ufer** *n* круто́й [отве́сный] бе́рег

Stein *m* ка́м|ень, -ня 1g; Brettspiel ша́шка 6; *Bot* ко́сточка 6; ~e *Pl Med* ка́м|ни *Pl* 1g *G* -не́й I den ~ ins Rollen bringen *übertr* сдвига́ть ⟨сдви́нуть 4⟩ де́ло с мёртвой то́чки; ~ des Anstoßes ка́мень преткнове́ния; ~ der Weisen филосо́фский ка́мень; mir fiel ein ~ vom Herzen у меня́ ка́мень с души́ свали́лся; j-m ~e in den Weg legen вставля́ть ⟨вста́в|ить 3 -лю⟩ кому́-н. па́лки в колёса; keinen ~ auf dem anderen lassen ка́мня на ка́мне не оста́вить; das ist ein Tropfen auf den heißen ~ э́то ка́пля в мо́ре; er hat bei mir einen ~ im Brett он у меня́ на хоро́шем счету́; **~adler** *m* бе́ркут 2

steinalt о́чень ста́рый

Stein|block *m* ка́менная глы́ба; **~bock** *m Zool* го́рный козёл; *Astr* Козеро́г 2; **~boden** *m* камени́стая по́чва; Fußboden ка́менный пол; **~bohrer** *m* поро́дный бур; **~brech** *m Bot* камнело́мка 6; **~bruch** *m* каменоло́м|ня 7 *G Pl* -ен, ка́менный карье́р 2; **~butt** *m* тюрбо́ *n idkl;* **~druck** *m* литогра́фия 8

steinern ка́менный

Stein|frucht *f* ко́сточковый плод; **~garten** *m* альпина́рий 1; **~gut** *n* фая́нс 2; **~hagel** *m* град камне́й

steinhart твёрдый как ка́мень

Steinhaufen *m* ку́ча камне́й

steinig камени́ст:ый

steinigen *tr* забр|а́сывать ⟨-оса́ть⟩ камня́ми

Steinigung *f* побива́ние 5 камня́ми

Steinkohle *f* ка́менный у́голь

Steinkohlen|bergbau *m* каменноуго́льная промы́шленность 9; **~bergwerk** *n* каменноуго́льная ша́хта 6; **~lager** *n* зале́ж|и, -ей ка́менного у́гля; **~revier** *n* каменноуго́льный бассе́йн

Stein|krug *m* ка́менный кувши́н; **~metz** *m* каменотёс 2; **~obst** *n* ко́сточковый плод; **~pflaster** *n* булы́жная мостова́я; **~pilz** *m* борови́к 2e, бе́лый гриб

steinreich камени́ст:ый; *übertr* о́чень бога́тый

Stein|salz *n* ка́менная соль; **~schlag** *m* im Gebirge камнепа́д 2; Schotter щéб|ень, -ня 1; **~schleifer** *m* грани́льщик 2; **~setzer** *m* мостовщи́к 2e; **~staub** *m* поро́дная пыль; **~terrasse** *f* терра́са из ка́мня; **~zeit** *f* ка́менный век 2

Steiß *m* зад 2b *G a.* -у, на; в заду́; eines Vogels гу́зка 6; **~bein** *n* ко́пчик 2

Stele *f* сте́ла [тэ] 6

Stelle *f* ме́сто 4b; Anstellung a. до́лжность 9g, рабо́та 6, ме́сто; im Buch отры́в|ок, -ка 2, ме́сто; eines Musikstücks пасса́ж 2 *G Pl* -ей, ме́сто; Plan~ шта́тная до́лжность; Instanz инста́нция 8 I offene ~ вака́нтное ме́сто; an ~ von etw. вме́сто чего́-н.; auf der ~ сейча́с, неме́дленно; an Ort und ~ sein быть на ме́сте; zur ~ sein быть налицо́ [на ме́сте]; nicht von der ~ kommen не сдвига́ться ⟨сдви́нуться 4⟩ с ме́ста; an j-s ~ treten занима́ть ⟨заня́ть*⟩ чьё-н. ме́сто, стать* *v* на чьё-н. ме́сто; auf der ~ treten шага́ть на ме́сте; *übertr* топта́ть* на ме́сте; sich nicht von der ~ rühren не тро́гаться с ме́ста; sich um eine ~ bewerben добива́ться ме́ста; etw. an die erste ~ setzen выдвига́ть ⟨вы́двинуть 4⟩ что-н. на пе́рвый план

stellen *tr* ста́в|ить 3 -лю (по-); dicht an etw. ~ прист|авля́ть ⟨-а́вить⟩; Verbrecher заде́рживать ⟨-держа́ть 3⁺⟩; Leute, Kontingent выделя́ть ⟨вы́делить 3⟩; sich

~ *refl* станов|и́ться 3⁺ -лю́сь ⟨стать*⟩; *Jur* явля́ться ⟨яв|и́ться 3⁺ -лю́сь⟩; sich verstellen прики́|дываться ⟨-нуться 4⟩ *I*, притвор|я́ться ⟨-и́ться 3⟩ *I* | sich auf die Zehenspitzen ~ стать на цы́почки; stell dich hierher стань сюда́; die Uhr ~ поста́вить часы́; eine Frage ~ задава́ть* ⟨зада́ть*⟩ вопро́с; einen Antrag ~ вноси́ть 3⁺ -ношу́ ⟨-|нести́*⟩ предложе́ние; eine Forderung ~ выдвига́ть ⟨вы́двинуть 4⟩ тре́бование; etw. in Frage ~ ста́вить что-н. под вопро́с; eine Bedingung ~ ста́вить усло́вие; zur Rede ~ тре́бовать 2 (по-) к отве́ту; sich j-m in den Weg ~ стать кому́-н. поперёк доро́ги; sich krank ~ прики́дываться больны́м; sich hinter die Partei ~ подде́рживать ⟨-держа́ть 3⁺⟩ па́ртию

Stellen|angebot *n* предложе́ние рабо́чих мест; **~gesuch** *n* заявле́ние о предоставле́нии рабо́ты; **~plan** *m* шта́ты *Pl* 2, шта́тное расписа́ние 5; **~vermittlung** *f* бюро́ *n idkl* по трудоустро́йству, би́ржа 6 труда́

stellenweise *Adv* места́ми

Stellenwert *m Math* разря́дное значе́ние; Bedeutung значе́ние 5, зна́чимость 9 | einen unterschiedlichen ~ haben име́ть разли́чное значе́ние

Stell|macher *m* колёсный ма́стер 2b *Pl* -а́, каре́тник 2; **~platz** *m* ме́сто сбо́ра, сбо́рный пункт; **~schraube** *f* устано́вочный винт

Stellung *f* Körperhaltung; Zeiger положе́ние 5; Haltung по́за 6; Anstellung до́лжность 9g, ме́сто 4b (рабо́ты); Sternbild расположе́ние 5; *Mil* расположе́ние, пози́ция 8 | ~ nehmen выска́зывать ⟨вы́с|казать*⟩ своё мне́ние [свою́ то́чку зре́ния]; eine ~ beziehen занима́ть ⟨заня́ть*⟩ пози́цию; **~nahme** *f* выска́зывание 5 со́бственного мне́ния; Gutachten о́тзыв 2, заключе́ние 5 | sich jeder ≈ enthalten возде́рживаться ⟨-держа́ться 3⁺⟩ от выска́зывания свое́й то́чки зре́ния

Stellungskrieg *m* позицио́нная война́

stellungslos безрабо́тный

Stellungswechsel *m Mil* сме́на пози́ции

stellvertretend замеща́ющий 11 *A*, вре́менно исполня́ющий 11 обя́занности *G* | ~er Minister замести́тель мини́стра; ~er Leiter замести́тель нача́льника

Stell|vertreter *m* замести́тель 1; **~vorrichtung** *f Tech* устано́вочное приспособле́ние; **~werk** *n Eisenb* централизацио́нный пост 2eⱼ на посту́; **~zeit** *f* вре́мя сбо́ра

Stelze *f* ходу́ля 7 *meist Pl* | auf ~n gehen хо|ди́ть 3⁺ -жу́ на ходу́лях

stelzen *intr* хо|ди́ть 3⁺ -жу́ на ходу́лях

Stemm|bogen *m Ski* поворо́т 2 в упо́ре; **~eisen** *n* стаме́ска 6

stemmen *tr* in die Höhe heben поднима́ть ⟨подня́ть*⟩; Gewichte выжима́ть ⟨вы́|жать¹*⟩; *Tech* выда́лбливать ⟨вы́долб|ить 3 -лю⟩ (стаме́ской *oder* долото́м); sich ~ *refl* упира́ться ⟨-|пере́ться*⟩ (gegen в *A oder* про́тив *G*); Widerstand leisten проти́в|иться 3 -люсь (вос-) (gegen *D*) | die Arme in die Seite ~ подбоче́н|иваться ⟨-иться 3⟩; die Beine gegen den Boden ~ упира́ться нога́ми в зе́млю

Stempel *m* ште́мпел|ь [тэ] 1b *Pl* -я́; Siegel печа́ть 9 *a. übertr;* Firmen≈, Dienst≈ штамп 2; Brandmal клеймо́ 4c; *Bot* пе́стик 2; *Bergb* сто́йка 6; *Tech* штамп 2; **~farbe** *f* черни́ла *Pl* 4 для ште́мпельных поду́шек; **~gebühr** *f* ге́рбовый сбор; **~kissen** *n* ште́мпельная [тэ] поду́шка

stempeln *tr* ста́в|ить 3 -лю (по-) печа́ть (на *A*), штемпелева́ть [тэ] 2 (за-); Briefmarken погаша́ть ⟨пога|си́ть 3⁺ -шу́⟩; Waren ста́вить клеймо́ (на *A*) | j-n zum Verräter ~ клейм|и́ть 3 -лю́ (за-) кого́-н. изме́нником; ~ gehen быть* безрабо́тным

Stengel *m* сте́б|ель₁ -ля 1g

Steno|block *m* блокно́т 2 стенографи́ста [для стенографи́рования]; **~graf** *m* стенографи́ст 2; **~grafie** *f* стеногра́фия 8

stenografieren *tr u. intr* стенографи́ровать 2 (за-)

Stenografin *f* стенографи́стка 6

stenografisch стенографи́ческий

Steno|gramm *n* стеногра́мма 6, стенографи́ческая за́пись 9; **~stift** *m* мя́гкий каранда́ш для стенографи́рования; **~typistin** *f* машини́стка-стенографи́стка 6-6

Steppdecke *f* стёганое одея́ло

Steppe *f* степь 9gⱼ в степи́

[1]**steppen** *tr* nähen стега́ть (вы́-, про-), строчи́ть 3 -о́чи́шь (вы-, про-)

[2]**steppen** *intr* отбива́ть чечётку, танцева́ть 2 степ

Steppen|bewohner *m* жи́тель степе́й; **~gebiet** *n* степно́й райо́н; **~gras** *n* ковы́ль 1e; **~wind** *m* степно́й ве́тер, сухове́|й 1 *G Pl* -ев

Stepperin *f Text* стега́льщица 6

Stepp|naht *f* стро́чка 6, стёжка 6; **~stich** *m* стеж|о́к₁ -ка́ 2

Step|tanz *m* чечётка 6, степ 2, ритми́ческий та́н|ец₁ -ца 2; **~tänzer** *m* исполни́тель 1 чечётки [ритми́ческих та́нцев]

Sterbe|bett *n* сме́ртное ло́же; **~fall** *m* слу́чай сме́рти; **~geld** *n* посо́бие 5 на по́хороны

sterben *intr* умира́ть ⟨-|мере́ть*⟩, сконча́ться *v* | er starb eines natürlichen Todes он у́мер свое́й [есте́ственной] сме́ртью; jung ~ умере́ть молоды́м; an

Krebs ~ умере́ть от ра́ка; vor Langeweile ~ умира́ть со [от] ску́ки
Sterben *n* умира́ние 5 | im ~ liegen быть* при́ смерти, умира́ть
sterbens|krank смерте́льно больно́й; **~langweilig** смерте́льно ску́чный
Sterbenswörtchen *n:* kein ~ ни сло́ва
sterblich сме́рт|ный, -ен | die ~en Überreste бре́нные оста́нки *Pl* 2
Sterbliche|r *m* сме́ртный *Subst* 10 | der gewöhnliche ~ просто́й сме́ртный
Sterblichkeit *f* сме́ртность 9
Stereo|anlage *f* стереоустано́вка 6, стереофони́ческая устано́вка; **~aufnahme** *f* стереоза́пись 9; *Foto* стерео(фото)съёмка 6; **~effekt** *m* Bild стереоскопи́ческий [Ton стереофони́ческий] эффе́кт; **~film** *m* стереофи́льм 2; **~gerät** *n* стереофони́ческий аппара́т; **~kamera** *f* стереоскопи́ческая ка́мера, стереока́мера 6; **~lautsprecher** *m* стереофони́ческий громкоговори́тель; **~metrie** *f* стерео́метрия 8; **~phonie** *f* стереофони́я 8; **~platte** *f* стереопласти́нка 6; **~sendung** *f* стереопереда́ча 6; **~skop** стереоско́п 2; **~ton** *m* стереозву́к 2
stereotyp стереоти́пный
Stereotypie *f* стереоти́пия 8
steril *Med* стери́л|ьный, -ен, -ьна, обеззара́жен|ный, -а; unfruchtbar беспло́д|ный, -ен
Sterilisation *f* стерилиза́ция 8, обеззара́живание 5; Unfruchtbarmachung стерилиза́ция
sterilisieren *tr* стерилизова́ть *uv, v* 2, обеззара́|живать ⟨-зить 3 -жу⟩; unfruchtbar machen стерилизова́ть
Sterilität *f* стери́льность 9, обеззара́женность 9
Stern *m* звезда́ 6c *Pl* звёзды; *Mil* Dienstgradabzeichen звёздочка 6 | sie ist unter einem glücklichen ~ geboren она́ родила́сь под счастли́вой звездо́й; **~bild** *n* созве́здие 5; **~chen** *n Typ* звёздочка 6; **~deuter** *m* астро́лог 2
Sternenbanner *n* звёздный флаг 2
Sternfahrt *f Sport* звёздный пробе́г 2
stern|förmig звездообра́з|ный, -ен; **~hagelvoll** *umg* пья́ный в сте́льку; **~hell:** ≈e Nacht звёздная ночь
Stern|haufen *m* звёздное скопле́ние; **~himmel** *m* звёздное не́бо; **~karte** *f* ка́рта звёздного не́ба
sternklar звёздный | ~er Himmel звёздное не́бо
Sternkunde *f* астроно́мия 8
sternlos беззвёзд|ный, -ен
Stern|motor *m* звездообра́зный дви́гатель; **~schnuppe** *f* па́дающая 11 звезда́ 6c *Pl* звёзды
Stern|wanderung *f* звёздный пробе́г; **~warte** *f* обсервато́рия 8
Sterz *m Landw* рукоя́тка 6 (плу́га)
Stethoskop *n* стетоско́п [тэ] 2
stetig постоя́нный; Wachstum неукло́н|ный, -ен, -на | ~ steigen постоя́нно [непреры́вно] возраста́ть [расти́*]
Stetigkeit *f* постоя́нство 4
stets *Adv* всегда́, постоя́нно | er bleibt sich ~ gleich он всё тако́й же
[1]**Steuer** *n Mar* руль 1e | sich ans ~ setzen сади́ться ⟨сесть⟩ за руль
[2]**Steuer** *f* нало́г 2 | ~n erheben взима́ть нало́ги; **~amt** *n* нало́говое управле́ние
steuerbar управля́ем|ый
Steuer|befreiung *f* освобожде́ние от нало́гов; **~bescheid** *m* платёжное извеще́ние 5 нало́гового о́ргана; **~bord** *n* пра́вый борт; **~einnahmen** *f Pl* дохо́ды *Pl* 2 от нало́гов; **~einnehmer** *m* сбо́рщик нало́гов; **~einrichtung** *f Tech* устро́йство управле́ния; **~erklärung** *f* нало́говая деклара́ция; **~ermäßigung** *f* сокраще́ние 5 [уменьше́ние 5] нало́га; **~erstattung** *f* возвра́т 2 нало́гов
steuerfrei освобождённый от нало́гов, необлага́емый нало́гом | ~er Betrag необлага́емый ми́нимум 2
Steuer|hinterziehung *f* уклоне́ние 5 от упла́ты нало́гов; **~klasse** *f* катего́рия налогообложе́ния; **~knüppel** *m* ру́чка управле́ния; **~last** *f* нало́говое бре́мя; **~mann** *m Mar* шту́рман 2, рулево́й *Subst* 10; *Sport* рулево́й
steuern *tr* lenken пра́в|ить 3 -лю *I*, управля́ть *I;* Schiff вести́* *A*, управля́ть *I; intr* напр|авля́ться ⟨-а́виться 3 -а́влюсь⟩, держа́ть 3⁺ путь | ein Schiff in den Hafen ~ напр|авля́ть ⟨-а́вить 3 -а́влю⟩ [вести́] су́дно в га́вань; einen best. Kurs ~ идти́* ⟨по|йти́*⟩ каки́м-н. ку́рсом; elektronisch gesteuert с электро́нным управле́нием
steuerpflichtig подлежа́щий 11 обложе́нию нало́гом; Person платя́щий 11 нало́г(и)
Steuer|pult *n* пульт управле́ния; **~rad** *n Mar* штурва́л 2; *Kfz* руль 1e; **~rückerstattung** *f* возвра́т нало́гов; **~rückstand** *m* задо́лженность по упла́те нало́гов, нало́говые недои́мки *Pl* 6; **~schraube** *f:* die ≈ anziehen увели́ч|ивать ⟨-ить⟩ бре́мя нало́гов; **~signal** *n* управля́ющий 11 сигна́л; **~ und Regeltechnik** *f* те́хника (автомати́ческого) управле́ния и регули́рования; **~ung** *f* управле́ние 5 (von *I*); *Tech* управля́ющее устро́йство 11-4 | elektronische ≈ электро́нное управле́ние; **~ungstechnik** *f* те́хника автомати́ческого управле́ния; **~vergünstigungen** *Pl:* ≈ erhalten по́льзоваться 3 нало́говыми льго́тами; **~zahler** *m* налогоплате́льщик 2

Steward *m* стю́ард 2, судово́й официа́нт 2; *Flugw* бортпроводни́к 2е; **~eß** *f* стюарде́сса [дэ] 6; *Flugw* бортпроводни́ца 6

Stich *m* Nadel~ уко́л 2; Insekten~ уку́с 2; Bajonett~ уда́р 2; *Med* колотьё 3; beim Nähen стеж|о́к, -ка́ 2; *Kunst* гравю́ра 6; Kartenspiel взя́тка 6 | mit einem ~ ins Graue с се́рым отте́нком; j-n im ~ lassen броса́ть ⟨бро́|сить 3 -шу⟩ кого́-н. на произво́л судьбы́; die Milch hat einen ~ молоко́ начина́ет по́ртиться, молоко́ с кисли́нкой; er hat einen ~ *umg* он спя́тил

Stichel *m* рез|е́ц, -ца́ 2, шти́хель 1; **~ei** *f* Anspielung ко́лкости *Pl* 9, шпи́льки *Pl* 6

sticheln *intr* spotten язв|и́ть 3 -лю́ (съ-), говори́ть 3 ко́лкости кому́-н.

stichfest: hieb- und ~ соверше́нно неуязви́м:ый

Stichflamme *f* остроконе́чное пла́мя

stichhaltig обосно́ван|ный, -на, основа́тел|ьный, -ен, -ьна | nicht ~ необосно́ванный

Stichkampf *m Sport* перебо́|й 1 *G Pl* -ев; Springreiten a. перепры́жка 6 | im ~ в перебо́е; в перепры́жке

Stichling *m* ко́люшка 6 трёхи́глая

Stich|probe *f* вы́борочный контро́ль 1, вы́борочная прове́рка | eine ≈ machen пров|еря́ть ⟨-е́рить 3⟩ что-н. вы́борочно [на вы́борку]; **~tag** *m* Zahlung срок 2; Lieferung день поста́вки | ≈ für etw. срок [день] выполне́ния чего́-н.; **~waffe** *f* ко́лющее 11 ору́жие; **~wahl** *f* перебаллотиро́вка 6; **~wort** *n* Lexikon чёрное [загла́вное] сло́во; Wörterbuch сло́во; *Theat* ре́плика 6; zu einem Vortrag пункт, ключево́е сло́во 4с; **~wortverzeichnis** *n* im Buch предме́тный указа́тель 1; **~wunde** *f* ко́лотая ра́на

sticken *tr u. intr* вышива́ть ⟨вы́|шить*⟩ | in Seide ~ вышива́ть на шелку́ [на шёлке]; eine gestickte Bluse вы́шитая блу́зка

Sticker|ei *f* вы́шивка 6; Tätigkeit вышива́ние 5; **~in** *f* вышива́льщица 6

Stick|garn *n* ни́тки для вышива́ния; **~gas** *n* уду́шливый газ

stickig ду́ш|ный, -ен, -на́!, уду́шлив:ый; Luft спёрт:ый; abgestanden за́тхлый

Stick|maschine *f* вышива́льная маши́на; **~muster** *n* узо́р для вышива́ния; **~nadel** *f* вышива́льная игла́; **~rahmen** *m* пя́л|ьцы *Pl* 6 *G* -ец

Stickstoff *m* азо́т 2; **~dünger** *m* азо́тистое удобре́ние

stickstoffhaltig азо́тистый

Stickstoffverbindung *f* азо́тистое соедине́ние

stieben *intr* Funken, Tropfen разле|та́ться ⟨-те́ться 3⟩; Staub, Mehl клуби́ться 3; Schnee, Sand разноси́ться 3⁺ ⟨-|нести́сь*⟩

Stiefbruder *m* сво́дный брат

Stiefel *m* сапо́г 2е *G Pl* сапо́г; Damen~ *Pl* сапо́ж|ки, -ек | pelzgefütterte ~ сапоги́ [сапо́жки] на меху́; **~absatz** *m* каблу́к 2е; **~bürste** *f* сапо́жная щётка

Siefelette *f* боти́н|ок, -ка 2; für Damen a. полусапож|о́к, -ка́ 2 *Pl* -ки́, -ко́в, -ка́м

Stiefel|hose *f* брю́ки *Pl* 6, заправля́емые в сапоги́; **~knecht** *m* съёмник 2; **~putzer** *m* чи́стильщик 2 (сапо́г); **~schaft** *m* голени́ще 4 (сапога́)

Stiefeltern *Pl* о́тчим и ма́чеха 2-6

Stiefelwichse *f* сапо́жная ва́кса

Stief|geschwister *Pl* сво́дные бра́тья и сёстры; **~kind** *n* Junge па́сын|ок, -ка 2; Mädchen па́дчерица 6 | ein ≈ des Glücks sein быть па́сынком судьбы́; **~mutter** *f* ма́чеха 6; **~mütterchen** *n* аню́тины гла́зки 13-*Pl* 2

stiefmütterlich нела́сковый, недо́бр:ый, -а́! | j-n ~ behandeln обраща́ться с кем-н. несправедли́во [пло́хо]; nicht beachten удел|я́ть ⟨-и́ть 3⟩ ма́ло внима́ния кому́-н.

Stief|schwester *f* сво́дная сестра́; **~sohn** *m* па́сын|ок, -ка 2; **~tochter** *f* па́дчерица 6; **~vater** *m* о́тчим 2

Stiege *f* Treppe у́зкая крута́я ле́стница 6; Lattenkiste я́щик 2 (из пла́нок)

Stieglitz *m* щег|о́л, -ла́ 2

Stiel *m* Hammer~ рукоя́тка 6; Messer~ черен|о́к, -ка́ 2; Besen~ па́лка 6; Griff ру́чка 6; Pilz, Glas но́жка 6; *Bot* сте́бл|ель, -ля 1g; am Obst плодоно́жка 6 | Eis am ~ эскимо́ *n idkl;* **~augen** *n Pl:* ≈ machen *umg* смотре́ть 3⁺ жа́дными глаза́ми; **~bonbon** *m* леден|е́ц, -ца́ 2 на па́лочке; **~handgranate** *f* ручна́я грана́та с рукоя́ткой; **~kamm** *m* расчёска с ру́чкой; **~pfanne** *f* сковоро́дка 6 с ру́чкой

Stier *m Zool* бык 2е; *Astr* Тел|е́ц, -ьца́ 2 | den ~ bei den Hörnern packen брать* ⟨взять*⟩ быка́ за рога́

stieren *intr* уста́в|иться *v* 3 -люсь (auf на *A*), пу́чить 3 (вы́-) глаза́

Stier|kampf *m* бой быко́в; **~kämpfer** *m* тореадо́р 2

stiernackig с бы́чьей ше́ей

[1]**Stift** *m Tech* штифт 2е, шпен|ёк, -ька́ 2; Blei~ каранда́ш 2е *G Pl* -е́й

[2]**Stift** *n* Altersheim дом 2b *Pl* дома́ для престаре́лых; *Rel* монасты́рь 1е

stiften *tr* Preis учре|жда́ть ⟨-ди́ть 3 -жу́, -ждённый⟩; Verein, Institution осн|о́вывать ⟨-ова́ть 2 -у́ю, -уёшь⟩; schaffen: Gutes твори́ть 3 (со-), де́лать (с-); verursachen: Böses причин|я́ть ⟨-и́ть 3⟩, натвори́ть *v* 3; opfern, spenden же́ртвовать 2 (по-) | Frieden ~ устан|а́вливать ⟨-ови́ть 3⁺ -овлю́⟩ мир, умиротворя́ть ⟨-и́ть 3⟩

Stift|er *m* основáтель 1; Preis учреди́тель 1; **~ung** *f* основáние 5; Preis учреждéние 5
Stiftungsurkunde *f* грáмота об основáнии [Preis учреждéнии] (über etw. чегó-н.)
Stiftzahn *m* штифтовóй зуб
Stil *m* стиль 1; Schreib~ a. язы́к 2e, слог 2 | ein flüssiger ~ лёгкий слог; er schreibt einen guten ~ он пи́шет хорóшим слóгом [сти́лем]; eine Aktion großen ~s дéйствие 5 большóго размáха; der Kalender alten ~s календáрь стáрого сти́ля; **~blüte** *f* перл 2; **~bruch** *m* нарушéние сти́ля
Stilett *n* стилéт 2
stilgerecht сти́л|ьный, -ен, -ьна
stilisieren *tr* стилизовáть *uv, v* 2
Stilisierung *f* стилизáция 8
Stilist *m* стили́ст 2; **~ik** *f* стили́стика 6
stilistisch стилисти́ческий
still спокó|йный, -ен, -йна; geräuschlos ти́х|ий, -á!; ти́ше; schweigend безмóлв|ный, -ен; wenig lebhaft сми́р|ный, -ен *u.* -ён, -нá!; schweigsam молчали́в:ый | im ~en тайкóм; hoffen втáйне; ~ sein молчáть 3; ~werden затихáть ⟨-ти́хнуть 4a⟩; ein ~es Kind спокóйный [сми́рный] ребёнок; Stiller Ozean Ти́хий океáн; ~e Reserven скры́тые резéрвы; ~! ти́ше!, молчáть!; ~e Wasser sind tief в ти́хом óмуте чéрти вóдятся; **~bleiben** *intr* оставáться* ⟨-|стáться*⟩ спокóйным [ти́хим]
Stille *f* Ruhe тишинá 6; Schweigen безмóлвие 5, молчáние 5 | in der ~ в тиши́; in aller ~ втихомóлку, ти́хо, тайкóм; ~ vor dem Sturm зати́шье пéред бýрей
Stilleben *n* натюрмóрт 2
stillegen *tr* Betrieb свёртывать, закрывáть ⟨-|кры́ть*⟩; vorübergehend консерви́ровать 2 (за-), (врéменно) приостан|áвливать ⟨-ови́ть 3⁺ -овлю́⟩ | eine stillgelegte Kleinbahn закры́тая для движéния узкоколéйная желéзная дорóга
Stillegung *f* Betrieb свёртывание 5, закры́тие 5; vorübergehend консервáция 8
stillen *tr* Durst, Hunger утол|я́ть ⟨-и́ть 3⟩; Schmerz успок|áивать ⟨-óить 3⟩; Kind корм|и́ть 3⁺ -лю́ (на-) грýдью | das Blut ~ остан|áвливать ⟨-ови́ть 3⁺ -овлю́⟩ кровотечéние
Stillgeld *n* посóбие 5 кормя́щей мáтери
stillhalten *intr* вести́* себя́ спокóйно
stilliegen *intr* nicht in Betrieb sein не рабóтать
stillschweigen *intr* молчáть 3 (про-)
Stillschweigen *n* молчáние 5 | etw. mit ~ übergehen обо|йти́* *v* что-н. молчáнием
stillschweigend 1. *Adj* молчали́в:ый **2.** *Adv* мóлча, ти́хо, втихомóлку
stillsitzen *intr* си|дéть 3 -жý (по-) спокóйно
Stillstand *m* состоя́ние 5 покóя; Stagnation застóй 1; Arbeit, Maschine простóй 1 | zum ~ kommen остан|áвливаться ⟨-ови́ться 3⁺ -овлю́сь⟩
still|stehen *intr* остан|áвливаться ⟨-ови́ться 3⁺ -овлю́сь⟩, прекра|щáть ⟨-ти́ть 3 -щý⟩ (про)движéние; Betrieb, Maschine стоя́ть 3, не рабóтать | stillgestanden! *Mil* сми́рно!; **~vergnügt** рáдующийся 11 про себя́ [втихомóлку]
Stilmöbel *n* сти́льная мéбель
stilvoll сти́л|ьный, -ен, -ьна, со вкýсом
Stimm|abgabe *f* голосовáние 5; **~bänder** *n Pl* голосовы́е свя́зки
stimmberechtigt имéющий 11 прáво гóлоса
Stimmbruch *m* лóмка гóлоса | der Junge hat ~ у мáльчика ломáется гóлос
Stimme *f* гóлос 2b *Pl* -á | seine ~ abgeben голосовáть 2 (про-) (für за *A*); sich der ~ enthalten воздéрживаться ⟨-держáться 3⁺⟩ от голосовáния; erste ~ *Mus* пéрвый гóлос, при́ма 6; zweite ~ вторóй гóлос, втóра 6; mit voller ~ пóлным гóлосом; mit halber ~ вполгóлоса; mit beratender ~ с прáвом совещáтельного гóлоса; die ~ heben повышáть ⟨повы́|сить 3 -шу⟩ гóлос; bei ~ sein быть в гóлосе; Sitz und ~ haben пóльзоваться 2 прáвом гóлоса
stimmen *tr Mus* настр|áивать ⟨-óить 3⟩ *a. übertr; intr* richtig sein соответствовать 2 и́стине, быть* вéрным; seine Stimme abgeben голосовáть 2 (про-), по|давáть* ⟨подáть*⟩ гóлос (für за *A*, gegen прóтив *G*) | für den Kandidaten ~ голосовáть за кандидáта; j-n günstig ~ für etw. распол|агáть ⟨-ожи́ть 3⁺⟩ когó-н. в пóльзу чегó-н.; er ist schlecht gestimmt он в дурнóм настроéнии, он плóхо настрóен; das stimmt auffallend абсóлютно вéрно, совершéнно прáвильно; das stimmt! (э́то) вéрно!; da stimmt etwas nicht! тут чтó-то нелáдно! [не в поря́дке!]; die Rechnung stimmt [stimmt nicht] счёт вéрен [невéрен]; die Kasse stimmt кáсса в поря́дке, кáсса схóдится
Stimmen|fang *m* охóта 6 за голосáми (избирáтелей); **~gewinn** *n* увеличéние числá полýченных голосóв; **~gleichheit** *f* рáвное числó 4c голосóв (при голосовáнии); **~mehrheit** *f* большинствó голосóв | mit ≈ большинствóм голосóв
Stimmenthaltung *f*: bei zwei ~en при двух воздержáвшихся
Stimm|er *m Mus* настрóйщик 2; **~führung** *f* голосоведéние 5; **~gabel** *f* камертóн 2
stimmgewaltig с мóщным гóлосом
stimmhaft *Phon* звóнкий
Stimmlage *f Mus* реги́стр 2

stimm|lich голосово́й; **~los** *Phon* глух|о́й, -а́!

Stimm|recht *n* пра́во го́лоса; **~ritze** *f Anat* голосова́я щель; **~umfang** *m* диапазо́н 2 [объём] го́лоса

Stimmung *f Mus* настро́йка 6; *übertr* настрое́ние 5 | in gehobener ~ в приподня́том настрое́нии; in guter ~ sein быть в хоро́шем настрое́нии; in ~ kommen приходи́ть ⟨-|йти́*⟩ в хоро́шее настрое́ние; er ist nicht in ≈ у него́ плохо́е настрое́ние; ~ machen für j-n настр|а́ивать ⟨-о́ить 3⟩ за кого́-н.; hier ist ~! здесь ве́село!

Stimmungsbarometer *n* баро́метр настрое́ния

stimmungsvoll с настрое́нием; Abend в хоро́шей атмосфе́ре

Stimmungswechsel *m* измене́ние [переме́на] настрое́ния

Stimm|wechsel *m* ло́мка 6 го́лоса; **~zettel** *m* избира́тельный бюллете́нь 1

Stimulans *n Med* стимули́рующее 11 сре́дство

stimulieren *tr* стимули́ровать *uv, v* 2

Stimulus *m* сти́мул 2

stinken *intr* воня́ть (nach *I*); **~d** *Adj* воню́ч:ий 11 | ≈ faul sein быть закорене́лым лентя́ем

stink|faul неисправи́мо [до кра́йности] лени́вый; **~ig** воню́ч:ий 11

Stink|laune *f* отврати́тельное настрое́ние; **~morchel** *f* весёлка 6 обыкнове́нная; **~tier** *n Zool* скунс 2; **~wut** *f* неи́стовая я́рость

Stint *m Zool* ко́рюшка 6

Stipend|iat *m* стипендиа́т 2; **~ium** *n* стипе́ндия 8

Stippvisite *f* непродолжи́тельное посеще́ние, коро́ткий визи́т

Stirn *f* лоб, лба 2; во, на лбу | die ~ runzeln мо́рщить 3 (на-) лоб, хму́рить 3 (на-) лоб | an der ~ на лбу; j-m die ~ bieten проти́виться 3 (вос-) кому́-н., дава́ть* ⟨дать*⟩ отпо́р кому́-н.; **~band** *n* ле́нта для воло́с; *hist* нало́бник 2; **~bein** *n* ло́бная кость 9g; **~höhle** *f* ло́бная па́зуха; **~höhlenkatarrh** *m* катара́льный фронти́т 2; **~seite** *f* лицева́я сторона́; **~spiegel** *m* ло́бный рефле́ктор 2; **~wand** *f* лобова́я сте́нка

stöbern *intr* ры́ться*, ша́рить 3 ⟨по-⟩ | es stöbert (на дворе́) метёт

stochern *intr* im Feuer разгреба́ть ⟨-|грести́*⟩ *A;* in den Zähnen ковыр|я́ть ⟨-ну́ть 4⟩ в *P*

Stock *m* па́лка 6; Spazier~ па́лка, трость 9g; dünner тро́сточка 6; Wein~, Rosen~ куст 2e; Baumstumpf пень, пня 1; Druck~ клише́ *n idkl;* Etage эта́ж 2e *G Pl* -е́й | im ersten ~ на пе́рвом этаже́, in der UdSSR entsprechend на второ́м этаже́; am ~ gehen идти́ с па́лкой, идти́, опира́ясь на па́лку; über ~ und Stein сломя́ го́лову, о́прометью

stockblind совсе́м слепо́й

Stöckchen *n* па́лочка 6; Rohr~, Spazier~ тро́сточка 6

stock|dumm глу́пый как пень [про́бка]; **~dunkel** соверше́нно тёмный

Stöckelschuh *m* да́мская ту́фля на высо́ком то́нком каблуке́ [mit Pfennigabsatz на гво́здиках, на шпи́льках]

stocken *intr* Arbeit остан|а́вливаться ⟨-ови́ться 3⁺ -овлю́сь⟩; Verkehr приостан|а́вливаться ⟨-ови́ться⟩; Verhandlung приостан|а́вливаться ⟨-ови́ться⟩, прекра|ща́ть ⟨-ти́ть 3 -щу́⟩; Zufuhr затормози́ться *v* 3; in der Rede зап|ина́ться ⟨-ну́ться 4⟩; Blut заст|а́иваться ⟨-оя́ться 3⟩; muffig werden покрыва́ться ⟨-|кры́ться*⟩ пле́сенью, по́ртиться 3 (ис-) | das Gespräch stockte произошла́ зами́нка в разгово́ре; der Verkehr stockt образу́ется про́бка (в у́личном движе́нии); das Blut stockt in den Adern кровь сты́нет в жи́лах

stockfinster соверше́нно тёмный | es ist ~ ни зги не вида́ть [не ви́дно]

Stock|fisch *m* вя́леная треска́ 6; **~fleck** *m* пятно́ от сы́рости [пле́сени]

Stockholm Стокго́льм 2

stockig stockfleckig в пя́тнах от сы́рости [пле́сени], запле́сневелый; muffig за́тхлый

Stockschnupfen *m* хрони́ческий на́сморк

stock|steif прямо́й как па́лка; **~taub** соверше́нно глухо́й

Stockung *f* Unterhaltung зами́нка 6; Verkehr зато́р 2, про́бка 6; Arbeit, Versorgung перебо́|й 1 *G Pl* -ев; Verhandlung заде́ржка 6; *Med* засто́й 1

Stockwerk *n* эта́ж 2e *G Pl* -е́й | ein Haus mit drei ~en дом в четы́ре этажа́; das Haus hat zwei ~e в до́ме два этажа́ [*UdSSR* три этажа́]

Stoff *m Phil* мате́рия 8, вещество́ 4; *Lit* сюже́т 2; *Phys, Chem* вещество́; *Text* мате́рия, ткань 9; *Wiss, Kunst,* Lehrstoff материа́л [рья] 2; Rauschgift нарко́тики *Pl* 2 | ein einfarbiger [buntgemusterter] ~ одното́нная [пёстрая] мате́рия; ein gemusterter [karierter, gestreifter] ~ мате́рия с рису́нком [в кле́тку, в поло́ску]; der ~ liegt doppelt breit мате́рия двойно́й ширины́; ~ von einfacher Breite одина́рная мате́рия; **~ballen** *m* руло́н мате́рии [тка́ни, сукна́]

stofflich den Inhalt betreffend в отноше́нии материа́ла, что каса́ется содержа́ния; *Phil* материа́л|ьный [рья], -ен, -ьна, веще́ственный *a. Chem, Phys*

Stoff|muster *n* рису́н|ок, -ка 2; **~probe** образ|е́ц, -ца́ 2 тка́ни; **~rest** *m* оста́ток

тка́ни; ~**stück** *n* кусо́к (сукна́) | aufgenähtes ≈ наши́вка 6; ~**tier** *n* мя́гкая [хк] (де́тская) игру́шка 6
Stoffwechsel *m* обме́н 2 веще́ств; ~**krankheit** *f* заболева́ние, вы́званное наруше́нием обме́на веще́ств
stöhnen *intr* стона́ть* (про-); laut seufzen вздыха́ть ⟨вздохну́ть *mom* 4⟩ | vor Schmerz ~ стона́ть от бо́ли; unter einer Last ~ стона́ть под бре́менем
Stöhnen *n* стон 2
Stoiker *m* сто́ик 2
stoisch стоі́ческий
Stola *f* шаль 9, широ́кий шарф 2; *Rel* епитрахи́ль 9; *hist* сто́ла 6
[1]**Stollen** *m* Gebäck рожде́ственский кекс 2, рожде́ственская коври́жка 6
[2]**Stollen** *Bergb* што́л|ьня 7 *G Pl* -ен; Hufeisen шип 2е
stolpern *intr* споты|ка́ться ⟨-кну́ться 4⟩ (über *A*) | er stolperte über dieses Wort он сби́лся [запну́лся] на э́том сло́ве
stolz **1.** *Adj* го́рд:ый, -а́, -о, го́рды́ (auf *I*); hochmütig высокоме́р|ный, -ен | auf etw. ~ sein гор|ди́ться 3 -жу́сь чем-н. **2.** *Adv* го́рдо; mit Stolz с го́рдостью
Stolz *m* го́рдость 9 (auf за *A*); Hochmut высокоме́рие 5 | mit ~ с го́рдостью; aus falschem ~ hat er es abgelehnt он отказа́лся от э́того из ло́жной го́рдости
stolzieren *intr* го́рдо шага́ть, выступа́ть го́голем
Stomatolog|e *f* стомато́лог 2; ~**ie** *f* стоматоло́гия 8
stomatologisch стоматологи́ческий
stopfen *intr* Strümpfe, Wäsche што́пать (за-); Pfeife набива́ть ⟨-|би́ть*⟩; *intr Med* крепи́ть 3 | j-m den Mund ~ *übertr* заткну́ть *v* 4 рот кому́-н.
Stopf|garn *m* што́пка 6, што́пальная ни́тка; ~**nadel** *f* што́пальная игла́; ~**pilz** *m* (деревя́нный) гриб|о́к, -ка́ 2 для што́пки
Stoppel *f Landw* жнивьё 3; ~n *Pl* Bart щети́на 6; ~**feld** *n* жнивьё 3
stoppelig щети́нист:ый
stoppeln *tr u. intr* собира́ть ⟨-|бра́ть*⟩ | Kartoffeln ~ собира́ть карто́шку, оста́вшуюся 11 на по́ле по́сле убо́рки
stoppen *tr* Fahrzeug остан|а́вливать ⟨-ови́ть 3⁺ -овлю́⟩; Motor сто́порить 3 (за-); Zahlungen, Lieferungen прекра|ща́ть ⟨-ти́ть 3 -щу́⟩; *intr* остан|а́вливаться ⟨-ови́ться⟩ | die Zeit ~ засека́ть ⟨-|се́чь*⟩ вре́мя (секундоме́ром)
Stopper *m* Fußball центра́льный защи́тник 2, сто́пер 2
Stopp|licht *n* светово́й стоп-сигна́л 2; ~**schild** *n* знак 2 обяза́тельной остано́вки, знак «стоп»; ~**straße** *f* у́лица с сигна́лом стоп; ~**uhr** *f* секундоме́р 2
Stöpsel *m* Verschluß про́бка 6; *El* ште́псел|ь [тэ] 1b *Pl* -я́
stöpseln *tr* затыка́ть ⟨-ткну́ть 4⟩ (про́бкой); *El* вставля́ть ⟨-ста́вить 3 -ста́влю⟩ ште́псельную [тэ] ви́лку
Stör *m* осётр 2е
störanfällig подве́рженный поврежде́ниям; *Rad* чувстви́тел|ьный, -ен, -ьна к поме́хам | ~ sein подверга́ться ⟨-ве́ргнуться 4а *u.* 4⟩ поврежде́ниям
Störanfälligkeit *f Tech* поврежда́емость 9; *Rad* чувстви́тельность 9 к поме́хам
Storch *m* а́ист 2
Storchennest *n* гнездо́ а́иста, а́истовое гнездо́
Storchschnabel *m Bot* гера́нь 9; *Tech* панто́граф 2
Store *m* Vorhang што́ра 6
stören *tr* Ruhe, Ordnung, Pläne нар|уша́ть ⟨-у́шить 3⟩; behindern меша́ть (по-) *D;* beunruhigen беспоко́ить 3 | j-n bei der Arbeit ~ меша́ть кому́-н. в рабо́те [рабо́тать]; j-n in seiner Ruhe [im Schlaf] ~ нару́шить чей-н. поко́й [сон]; darf ich ~? я не помеша́ю?, разреши́те (войти́)?; lassen Sie sich nicht ~! не беспоко́йтесь, пожа́луйста!; gestört нару́шенный; Motor, Telefon неиспра́в|ный, -ен; der Rundfunkempfang ist heute gestört сего́дня (в эфи́ре) мно́го поме́х; das Telefon ist gestört телефо́н испо́рчен
Störenfried *m* наруши́тель 1 споко́йствия [поко́я]
Stör|faktor *m* меша́ющий 11 фа́ктор; ~**geräusch** *n* шумово́й фон 2; ~**manöver** *n* меша́ющий 11 манёвр
stornieren *tr* сторни́ровать *uv, v* 2
störrisch упря́м:ый | ein ~es Pferd норови́стая ло́шадь
Störsender *m* меща́ющий переда́тчик 11-2
Störung *f* der Ruhe, der Ordnung наруше́ние 5; durch Besuch беспоко́йство 4; *Med* расстро́йство 4; Betriebs~, bei der Arbeit поме́ха 6, непола́дки *Pl* 6; *Tech* поврежде́ние 5; des Verkehrs зато́р 2, заде́ржка 6 (движе́ния); *Rad* (атмосфе́рные) поме́хи 6; *Met* возмуще́ние 5 | betriebliche ~en техни́ческая неиспра́вность 9; geistige ~ психи́ческое расстро́йство
störungsfrei безавари́йный, бесперебо́|йный, -ен; *Rad* (рабо́тающий 11) без поме́х | der Motor arbeitet ~ дви́гатель рабо́тает бесперебо́йно
störungslos бесперебо́|йный, -ен | ~er Arbeitsablauf бесперебо́йная рабо́та
Störungsstelle *f El* авари́йный отде́л 2; *Tel* бюро́ *n idkl* поврежде́ний
Störversuch *m* попы́тка помеша́ть чему́-н.
Stoß *m* Aufprall, heftige Bewegung тол-

ч|ок| -ка́ 2; mit dem Fuß пин|о́к| -ка́ 2; mit der Faust, einem Werkzeug, einer Waffe уда́р 2; Erdbeben~ толчо́к; Wind~ поры́в 2; Aufgehäuftes ку́ча 6; Akten~, Bücher~ ки́па 6, стопа́ 6c; *Tech* Verbindungsstelle стык 2; *Sport* уда́р 2 | j-m einen ~ geben толк|а́ть ⟨-ну́ть 4⟩ кого́-н., ударя́ть ⟨уда́рить 3⟩ кого́-н.; **~arbeit** *f* dringende Terminarbeit авра́льная рабо́та, штурмовщи́на 6 *umg;* **~dämpfer** *m* амортиза́тор 2

Stößel *m* Werkzeug zum Stoßen, Zerkleinern пест 2e, пе́стик 2; eines Ventils толка́тель 1; Stoßmaschine долбя́к 2e

stoßen *tr* einen Stoß geben толк|а́ть ⟨-ну́ть 4⟩; kräftig ударя́ть ⟨уда́рить 3⟩; mit dem Fuß пина́ть ⟨пнуть| пну| пнёшь⟩; verletzen ушиба́ть ⟨-|шиби́ть*⟩; Dolch, Messer u. a. вон|за́ть ⟨-зи́ть 3 -жу́| -зённый⟩ (in в *A*); im Mörser толо́чь* (ис-, рас-); mit den Hörnern бода́ть (за-); *intr* Wagen трясти́*; entdekken ната́лкиваться ⟨-толкну́ться 4⟩ (auf на *A*); mit den Hörnern zustoßen бода́ться; angrenzen прим|ыка́ть ⟨-кну́ть 4⟩ (an к *D*); sich vereinigen присоедин|я́ться ⟨-и́ться 3⟩ (zu к *D*); sich ~ *refl* толк|а́ться ⟨-ну́ться⟩; anprallen ударя́ться ⟨уда́риться 3⟩ (an, gegen о *A*); sich verletzen ушиб|а́ться ⟨-и́ться⟩ (an о *A*); *übertr* Ärgernis nehmen быть* шоки́рованным (an *I*) | stoß dich nicht! не толка́йся!; der Ziegenbock stößt козёл бода́ется; ich bin heute zufällig auf ihn gestoßen я сего́дня случа́йно натолкну́лся [наткну́лся] на него́

Stoß|kraft *f Phys* си́ла уда́ра; *Mil* уда́рная си́ла; **~seufzer** *m* тяжёлый вздох; **~stange** *f* Auto ба́мпер 2; **~therapie** *f* уда́рное лече́ние 5; **~trupp** *m* штурмова́я [уда́рная] гру́ппа; **~waffe** *f* ко́лющее 11 ору́жие

stoßweise 1. *Adj* преры́вист:ый; **2.** *Adv* in Stapeln сто́пами, ки́пами

Stoß|zahn *m* би́в|ень| -ня 1; **~zeit** *f* часы́ пик

Stotterer *m* зайка *m, f* 6

stottern *intr* заик|а́ться ⟨-ну́ться 4⟩ | eine Entschuldigung ~ лепета́ть* (про-) извине́ние

Stottern *n* заика́ние 5 | auf ~ kaufen *umg* покупа́ть ⟨куп|и́ть 3 -лю́⟩ в рассро́чку [в креди́т]

stracks *Adv* räumlich пря́мо; zeitlich то́тчас, неме́дленно, сейча́с же

Straf|androhung *f* угро́за наказа́ния; **~anstalt** *f* ме́сто 4b заключе́ния, тюр|ьма́ 6c *G Pl* -ем; **~antrag** *m* vom Staatsanwalt предложе́ние о примене́нии наказа́ния; **~anzeige** *f* заявле́ние 5 о совершённом преступле́нии; **~aufschub** *m* отсро́чка наказа́ния; **~bank** *f* Eishockey штрафна́я скамья́, скамья́ (для) оштрафо́ванных

strafbar наказу́ем:ый | sich ~ machen нар|уша́ть ⟨-у́шить 3⟩ зако́н; *Sport* проштра́ф|иться *v* 3 -люсь

Straf|barkeit *f* наказу́емость 9; **~bescheid** *m* уведомле́ние 5 о наложе́нии штра́фа

Strafe *f* Erziehungs~, Freiheits~ наказа́ние 5; *gehoben* ка́ра 6; Geld~ штраф 2; Disziplinar~, Ordnungs~ взыска́ние 5; Konventional~ неусто́йка 6 | über j-n eine ~ verhängen прису|жда́ть ⟨-ди́ть 3⁺ -жу́⟩ кого́-н. к наказа́нию; das ist bei ~ verboten э́то запрещено́ под угро́зой наказа́ния; zur ~ в наказа́ние

strafen *tr* нака́зывать ⟨-|каза́ть*⟩ (für, wegen за *A*); *gehoben* кара́ть (по-) (für, wegen за *A*) | j-n Lügen ~ улич|а́ть ⟨-и́ть 3⟩ кого́-н. во лжи; ein ~der Blick уничтожа́ющий 11 взгляд

Straferlaß *m* освобожде́ние 5 от наказа́ния, амни́стия 8

straff Seil туг:о́й| -а́!| ту́же, ту́го натя́нут:ый; stramm, diszipliniert подтя́нут:ый; streng: Leitung, Disziplin стро́г:ий| -а́!| стро́же; Komposition, Stil сжа́тый | ~es Haar гла́дкие во́лосы; ein ~es Regiment führen вести́* стро́гий режи́м, быть* стро́гим руководи́телем [нача́льником]; eine ~e Organisation чёткая организа́ция

straffällig заслу́живающий 11 наказа́ния | ~ werden соверши́ть *v* 3 наказу́емое дея́ние

straffen *tr* натя́гивать ⟨-тяну́ть 4⁺⟩; Lehrplan, Inhalt ограни́ч|ивать ⟨-ить 3⟩; Darlegungen сокра|ща́ть ⟨-ти́ть 3 -щу́⟩; sich ~ *refl* натя́гиваться ⟨-тяну́ться⟩; sich aufrichten выпрямля́ться ⟨вы́прям|иться 3 -люсь⟩

Straffheit *f* Seil натяже́ние 5; Haut гла́дкость 9; Planung стро́гость 9

straffrei безнака́зан:ный| -на | er ging ~ aus он оста́лся безнака́занным

Straffreiheit безнака́занность 9

straffziehen *tr* Gürtel подтя́гивать ⟨-тяну́ть 4⁺⟩; Tischtuch попр|авля́ть ⟨-а́вить 3 -а́влю⟩; Seil натя́гивать ⟨-тяну́ть⟩

Straf|gefangener *m* заключённый *Subst* 10; **~gericht** *n* уголо́вный суд; **~gesetzbuch** *n* уголо́вный ко́декс 2; **~kammer** *f* уголо́вная пала́та; **~lager** *n* исправи́тельный ла́герь

sträflich непрости́тел|ьный| -ен; tadelnswert досто́йный порица́ния; unzulässig недопусти́м:ый | ~er Leichtsinn престу́пное легкомы́слие

Sträfling *m* заключённый *Subst* 10, аресAнт 2

straflos безнака́зан:ный| -на

Straf|losigkeit *f* безнака́занность 9; **~maß** *n* ме́ра наказа́ния; **~milderung** *f* смягче́ние [хч] наказа́ния; **~porto** *n* почто́вая допла́та 6; **~predigt** *f* головомо́йка 6 | j-m eine ≈ halten чита́ть (про-) нота́цию ко́му-н.

Strafprozeß *m* уголо́вный проце́сс; **~ordnung** *f* уголо́вно-процессуа́льный ко́декс

Straf|raum *m* Fußball штрафна́я площа́дка 6; **~recht** *n* уголо́вное пра́во

strafrechtlich уголо́вно-правово́й | ~ verfolgen подверга́ть ⟨-ве́ргнуть 4a *u.* 4⟩ уголо́вному пресле́дованию

Straf|sache *f* уголо́вное де́ло; **~stoß** *m* *Sport* пена́льти *f, m idkl,* одиннадцатиме́тро́вый (штрафно́й) уда́р; **~tat** *f* Verbrechen преступле́ние 5; **~verfahren** *n* Gerichts~ уголо́вное судопроизво́дство 4; Strafsache уголо́вное де́ло

strafversetzen *tr* переводи́ть 3⁺ -вожу́ ⟨-|вести́*⟩ (на другу́ю рабо́ту) в поря́дке администрати́вного взыска́ния [в ви́де наказа́ния]

Straf|vollstreckung *f* приведе́ние 5 пригово́ра в исполне́ние; **~vollzug** *m* Bestrafung исполне́ние наказа́ния

Strafvollzugsanstalt *f* ме́сто 4b отбыва́ния наказа́ния

Strafwurf *m Sport* штрафно́й бросо́к

Strahl *m* луч 2e *G Pl* -е́й; Wasser, Gas струя́ 7c; **~antrieb** реакти́вная тя́га 6, реакти́вный приво́д; **~bohrer** *m* термобу́р 2

strahlen *intr* сия́ть (за-); Scheinwerfer свети́ть 3⁺; Augen лучи́ться 3, сия́ть (за-); Edelstein блесте́ть*; *Phys* излуч|а́ть ⟨-и́ть 3⟩ | sein Gesicht strahlte vor Freude его́ лицо́ сия́ло от ра́дости

Strahlen|brechung *f* преломле́ние 5 луче́й, лучепреломле́ние 5; **~bündel** *n* пучо́к луче́й

strahlend сия́ющий 11; Morgen со́лнеч|ный, -ен | bei ~em Sonnenschein в прекрасне́йшую [со́лнечную] пого́ду

strahlenförmig лучеви́д|ный, -ен

Strahlen|krankheit *f* лучева́я боле́знь; **~schutz** *m* защи́та от излуче́ний [*Med* от облуче́ния]; **~schutzanzug** *m* пневмокостю́м 2, (противоа́томный) защи́тный костю́м [комбинезо́н 2]; **~therapie** *f* лучева́я терапи́я

Strahltriebwerk *n* реакти́вный дви́гатель

Strahlung *f* излуче́ние 5; *Phys* радиа́ция 8 | radioaktive ~ радиа́ция, радиоакти́вное излуче́ние

Strahlungs|energie *f* лучева́я эне́ргия; **~gürtel** *m* по́яс радиа́ции; **~wärme** *f* теплота́ излуче́ния

Strähne *f* прядь 9; Garn мот|о́к, -ка́ 2 | es regnet in dünnen ~n дождь идёт у́зкими полоса́ми

stramm 1. *Adj* kräftig gebaut кре́п|кий, -ок, -ка́!, кре́пче, здоро́в:ый; straff, gespannt натя́нутый, туг:о́й, -а!, ту́же | eine ~e Haltung молодцева́тая вы́правка, подтя́нутый вид **2.** *Adv* ту́го, пло́тно | die Hose sitzt (zu) ~ брю́ки пло́тно облега́ют фигу́ру; **~stehen** *intr* стоя́ть 3 навы́тяжку (vor пе́ред *I*)

Strampelhöschen *n* ползунки́ *Pl* 2

strampeln *intr* болта́ть нога́ми (и рука́ми), бара́хтаться

Strand *m* Küste морско́й бе́рег 2, на берегу́; Bade~ пляж 2 *G Pl* -е́й | am ~ на пля́же; **~anzug** *m* пля́жный костю́м; **~bad** *n* пляж 2 *G Pl* -е́й | im ≈ на пля́же; **~café** *n* кафе́ [фэ] на пля́же

stranden *intr* сади́ться 3 ⟨сесть*⟩ на мель, быть* вы́брошенным на бе́рег; *übertr* потерп|е́ть 3⁺ -лю́ круше́ние [неуда́чу]

Strand|gut *n* предме́ты *Pl* 2, вы́брошенные мо́рем (на бе́рег); **~hafer** песколю́б 2; **~hut** *m* пля́жная шля́па, шля́па для пля́жа; **~kleid** *n* пля́жное [со́лнечное] пла́тье; **~kombination** *f* пля́жный костю́м 2; **~korb** *m* плетёное кре́сло с те́нтом [тэ] (на пля́же); **~promenade** *f* на́бережная *Subst* 10; **~schuhe** *m Pl* ту́фли *Pl* 6 для пля́жа, пля́жные босоно́ж|ки *Pl* 6 -ек; **~wache** *f* берегова́я охра́на 6

Strang *m* Strick верёвка 6; Pferdegeschirr постро́мка 6; Eisenbahn (железнодоро́жный) пут|ь 9e *I* -ём, (ре́льсовая) ни́тка 6; Rohrleitung ветвь 9g | zum Tode durch den ~ verurteilen пригово|ри́ть *v* 3 к сме́ртной ка́зни че́рез пове́шение; wenn alle Stränge reißen на худо́й коне́ц; an einem ~ ziehen де́лать (с-) о́бщее де́ло; über die Stränge schlagen выхо|ди́ть 3⁺ -жу́ ⟨вы́|йти*⟩ из ра́мок дозво́ленного

strangulieren *tr* erdrosseln души́ть 3⁺ (за-), дав|и́ть 3⁺ -лю́ (у-)

Strapaze *f* (große) Anstrengung (большо́е) напряже́ние 5; ~n тру́дности *Pl* 9, тя́готы *Pl* 6 | er war den ~n der Reise nicht gewachsen тру́дности пути́ бы́ли для него́ непоси́льны

strapazieren *tr* sehr anstrengen о́чень утом|ля́ть ⟨-и́ть 3 -лю́⟩; *übertr* подверга́ть ⟨-ве́ргнуть 4a *u.* 4⟩ неприя́тностям [нагру́зкам] | einen Anzug ~ трепа́ть* (ис-, по-) костю́м, но|си́ть 3⁺ -шу́ костю́м не снима́я

strapazier|fähig про́ч|ный, -ен, -на́!; Kleidung a. но́с|кий, -ок, -ка; **~t** истрёпанный; abgedroschen изби́тый

strapaziös утоми́тел|ьный, -ен, -ьна

Strasbourg Страсбу́р 2

Straße *f* у́лица 6; Land~ доро́га 6; Meeres~ проли́в 2 | auf der ~ gehen идти́ по у́лице; über die ~ gehen переходи́ть 3⁺

-хожу́ ⟨-|йти́*⟩ (че́рез) у́лицу; er wohnt in dieser ~ он живёт на э́той у́лице; ist das die ~ nach Berlin? э́то доро́га на Берли́н?; Bier über die ~ verkaufen продава́ть пи́во навы́нос; j-n auf die ~ werfen *übertr* выбра́сывать ⟨вы́бро|сить 3 -шу⟩ кого́-н. на у́лицу

Straßen|anzug (мужско́й) повседне́вный костю́м 2, костю́м на ка́ждый день; **~arbeiter** *m* доро́жный рабо́чий

Straßenbahn *f* трамва́|й 1 *G Pl* -ев | mit der ~ fahren е́хать (по-) на трамва́е [трамва́ем]; **~anhänger** *m* прице́п 2 [прицепно́й ваго́н 2] трамва́я; **~er** *m* трамва́йщик 2; **~fahrer** *m* вагоново́жатый *Subst* 10; **~fahrt** *f* прое́зд 2 на трамва́е; **~haltestelle** *f* трамва́йная остано́вка; **~hof** *m* трамва́йный парк 2; **~verkehr** *m* трамва́йное сообще́ние; **~wagen** *m* трамва́йный ваго́н

Straßen|bau *m* доро́жное строи́тельство; **~beleuchtung** *f* у́личное освеще́ние; **~bild** *n* о́блик 2 [вид 2] у́лицы; **~decke** *f* доро́жное покры́тие; **~ecke** *f* у́гол у́лицы; **~fahrer** *m* Radsport го́нщик 2 по шоссе́, шоссе́йник 2; **~front** *f* фаса́д 2 до́ма, выходя́щий 11 на у́лицу; **~graben** *m* доро́жный кюве́т, придоро́жная кана́ва; **~händler** *m úlihnüĭ torgówez, lótohnik [qn] 2;* **~junge** *f* у́личный мальчи́шка; **~kampf** у́личный бой; **~kehrer** *m* подмета́льщик 2 у́лиц; **~kehrmaschine** *f* подмета́льно-убо́рочная маши́на; **~kreuzung** *f* перекрёст|ок, -ка 2; **~lage** *f Kfz* усто́йчивость 9 (маши́ны) в движе́нии; **~laterne** *f* у́личный фона́рь; **~name** *m* назва́ние у́лицы; **~netz** *n* доро́жная сеть; **~pflaster** *n* мостова́я *Subst* 10; **~reinigung** *f* очи́стка у́лиц; städtische Behörde слу́жба 6 очи́стки у́лиц; **~rennen** *n Sport* шоссе́йные го́нки; **~schild** *n* табли́чка 6 с назва́нием у́лицы; **~sperre** *f* загражде́ние на доро́ге; **~sperrung** *f* перекры́тие 5 доро́ги [движе́ния по доро́ге]; **~tunnel** *m* доро́жный тунне́ль [нэ]; **~verengung** *f* су́женный уча́сток у́лицы [доро́ги]; **~verkauf** *m* у́личная торго́вля 7, прода́жа с лотко́в; **~verkehr** *m* движе́ние автотра́нспорта; in der Stadt у́личное движе́ние; **~verkehrsordnung** *f* пра́вила *Pl* 4 у́личного движе́ния; **~zustand** *m* состоя́ние доро́г; **~zustandsbericht** *m* сво́дка о состоя́нии доро́г

Strateg|e *m* страте́г 2; **~ie** *f* страте́гия 8

strategisch стратеги́ческий

Stratosphäre *f* стратосфе́ра 6

Stratosphären|ballon *m* стратоста́т 2; **~flug** *m* полёт в стратосфе́ру

sträuben *tr* Fell, Gefieder щети́нить 3 (о-); sich ~ *refl* щети́ниться (о-); Haare еро́шиться 3; *übertr* проти́в|иться 3 -люсь (вос-) (gegen *D*) | dem Hahn sträubten sich die Federn пету́х распуши́л свои́ пе́рья; sich mit Händen und Füßen ~ упира́ться рука́ми и нога́ми

Strauch *m* куст 2е, куста́рник 2

straucheln *intr* спот|ыка́ться ⟨-кну́ться 4⟩; danebentreten оступ|а́ться ⟨-и́ться 3⁺ -лю́сь⟩ *a. übertr*

Strauchwerk *n* куста́рник 2

¹Strauß *m Zool* стра́ус 2

²Strauß *m* Blumen~ буке́т 2 | Blumen zu einem ~ binden составля́ть ⟨соста́в|ить 3⟩ -лю буке́т из цвето́в

Straußen|ei *n* стра́усовое яйцо́; **~feder** *f* стра́усовое перо́

Strebe *f Bauw* подко́с 2; Fachwerk раско́с 2; *Tech* распо́рка 6; **~balken** *m* подко́с 2; **~bogen** *m* аркбута́н 2, а́рочный контрфо́рс 2

streben *intr* стрем|и́ться -лю́сь (nach к *D*), добива́ться ⟨-|би́ться*⟩ (nach *G*) | nach vorwärts [zum Licht] ~ устрем|ля́ться ⟨-и́ться⟩ вперёд [к свету]

Streben *n* стремле́ние 5

Strebepfeiler *m* контрфо́рс 2

Streber *m* карьери́ст 2; **~tum** *n* карьери́зм 2

strebsam усе́р|дный, -ен, стара́тел|ьный, -ен, -ьна; zielbewußt целеустремлён:ный, -на

Strebsamkeit *f* усе́рдие 5, стара́ние 5; целеустремлённость 9

streckbar растяжи́м:ый

Streckbett *n Med* выпрямля́ющий аппара́т 11-2

Strecke *f* Entfernung расстоя́ние 5; Ausdehnung протяже́ние 5; Straßenabschnitt уча́ст|ок, -ка 2 доро́ги, тра́сса 6; Flug, Reise маршру́т 2; *Eisenb* ли́ния 8, уча́ст|ок, -ка 2, zwischen zwei Stationen перего́н 2; *Math* отре́зок; *Bergb* штрек 2; Verkehr диста́нция 8 *a. Sport* | die ~ ist frei путь свобо́ден, доро́га [ли́ния] свобо́дна; auf freier ~ halten останови́ться *v* на перего́не; zur ~ bringen *Jagd* у|би́ть* *v*, укла́дывать ⟨-ложи́ть 3⁺⟩

strecken *tr* вытя́гивать ⟨вы́тянуть 4⟩, растя́гивать ⟨-тяну́ть 4⁺⟩; Rationen, Vorräte растя́гивать ⟨-тяну́ть⟩, эконо́м|ить 3 -лю (с-); Sauce подме́шивать ⟨-меша́ть⟩; Metalle плю́щить (с-); sich ~ *refl* sich dehnen потя́гиваться ⟨-тяну́ться⟩; sich ausgestreckt hinlegen растя́гиваться ⟨-тяну́ться⟩; wachsen вытя́гиваться ⟨вы́тянуться⟩ | die Waffen ~ сложи́ть 3⁺ ору́дие; j-n zu Boden ~ вали́ть 3⁺ (по-) кого́-н. на зе́млю; sich ins Gras ~ растя́гиваться ⟨-тяну́ться⟩ на траве́; sich nach der Decke ~ *übertr* по одёжке протя́гивать но́жки

Strecken|arbeiter *m* рабо́чий на постро́йке желе́зной доро́ги; **~wärter** *m* путево́й сто́рож

streckenweise по уча́сткам

Streck|muskel *m* разгиба́ющая 11 мы́шца; **~sitz** *Sport* сед 2 с вы́прямленными нога́ми; **~ung** *f* вытя́гивание 5; Längen растя́гивание 5; **~verband** *m* перевя́зка с постоя́нным натяже́нием, вытя́гивающая 11 повя́зка

Streich *m* Possen шу́тка 6; *übertr* вы́ходка 6, проде́лка 6 | loser, lustiger ~ ша́лость 9; j-m einen ~ spielen игра́ть (сыгра́ть) с кем-н. шу́тку

streicheln *tr* гла́|дить 3 -жу (по-) (über по *D*)

streichen *tr* bestreichen нама́зывать ⟨-|ма́зать*⟩; anstreichen кра́|сить 3 -шу (по-); ausstreichen вычёркивать ⟨вы́черкнуть 4⟩; von der Tagesordnung снима́ть ⟨снять*⟩; Segel спус|ка́ть ⟨-сти́ть 3⁺ -щу́⟩; *intr* umherstreifen бро|ди́ть 3⁺ -жу́, хо|ди́ть 3⁺ -жу́; mit der Hand гла́|дить 3 -жу (по-) (über *A oder* по *D*) | frisch gestrichen! (осторо́жно) окра́шено!; gestrichen voll по́лный до краёв

Streicher *m Pl* игра́ющие *Subst* 11 на стру́нных инструме́нтах

Streichholz *n* спи́чка 6 | ein ~ anzünden заже́чь *v* спи́чку; **~fabrik** *f* спи́чечная фа́брика; **~schachtel** *f* спи́чечная коро́бка

Streich|instrument *n* стру́нный (смычко́вый) инструме́нт; **~musik** *f* стру́нная му́зыка; **~orchester** *n* орке́стр стру́нных инструме́нтов; **~quartett** *n* стру́нный кварте́т; **~riemen** *m* точи́льный реме́нь; **~ung** *f* Durchstreichen зачёркивание 5; Tilgen вычёркивание 5; Schuld погаше́ние 5; **~wurst** *f* (мя́гкая) колбаса́, нама́зываемая на хлеб

Streifband *n* бандеро́ль 9

Streife *f* патру́ль 1 | auf ~ sein нести́* патру́льную слу́жбу

streifen *tr* berühren задева́ть ⟨-|де́ть*⟩ *A*, за *A*, каса́ться ⟨косну́ться 4⟩ *G;* erwähnen каса́ться ⟨косну́ться⟩; *intr* umherstreifen бро|ди́ть 3⁺ -жу́, блужда́ть | die Kugel streifte ihn nur пу́ля лишь заде́ла [оцара́пала] его́; sein Blick streifte mich (kurz) его́ взгляд скользну́л по мне; die Sache kann nur kurz gestreift werden вопро́са мо́жно косну́ться то́лько слегка́; den Ring vom Finger ~ снима́ть ⟨снять*⟩ кольцо́ с па́льца

Streifen *m* полоса́ 6 *Pl* по́лосы, поло́с, полоса́м; Biese лампа́с 2; Film карти́на 6, ле́нта 6; **~hyäne** *f* гие́на полоса́тая; **~wagen** *m* патру́льная (полице́йская) маши́на

streifenweise полоса́ми

streifig полоса́т:ый

Streif|licht *n* скользя́щий 11 свет | ein ≈ auf etw. werfen броса́ть ⟨бро́сить⟩ не́который свет на что-н.; **~schuß** *m* лёгкое ране́ние 5, каса́тельное огнестре́льное ране́ние; **~zug** *m Mil* рейд 2; Wanderung экску́рсия 8

Streik *m* забасто́вка 6, ста́чка 6 | den ~ ausrufen объяв|ля́ть ⟨-и́ть 3⁺ -лю́⟩ забасто́вку; in den ~ treten забастова́ть *v* 2; **~aufruf** *m* призы́в к забасто́вке; **~bewegung** *f* забасто́вочное [ста́чечное] движе́ние; **~brecher** *m* штрейкбре́хер 2

streiken *intr* бастова́ть 2 (за-) (für за *A*); *übertr* отка́зываться ⟨-|каза́ться*⟩ (принима́ть уча́стие в чём-н.); Motor не рабо́тать

Streikender *m* забасто́вщик 2, басту́ющий *Subst* 11

Streik|komitee *n* забасто́вочный [ста́чечный] комите́т; **~posten** *m* пике́т 2 басту́ющих [забасто́вщиков]; **~recht** *n* пра́во на забасто́вку; **~welle** *f* волна́ забасто́вок [ста́чек]

Streit *m* спор 2; Zank ссо́ра 6; meist um Nichtigkeiten препира́ние 5; wissenschaftlicher ди́спут 2; Verhandlungssache де́ло 4b, проце́сс 2 | einen ~ vom Zaune brechen затева́ть ⟨зате́|ять, -ю, -ешь⟩ спор [ссо́ру]

streitbar zum Streit geneigt скло́н|ный, -ен, -на́! к ссо́рам, сварли́в:ый; *übertr* боево́й, во́инствен:ный, -на; Dichter вои́нствующий 11

streiten *intr* спо́рить 3 (по-) (über о *P*, за *A*, из-за *G*); zanken ссо́риться 3 (по-) (um, wegen из-за *G*); meist um Nichtigkeiten препира́ться | darüber läßt sich ~! э́то вопро́с спо́рный!

Streiter *m übertr* бор|е́ц, -ца́ 2

Streit|frage *f* спо́рный вопро́с; **~hammel** *m umg* зади́ра *m* 6, забия́ка *m* 6

streitig спо́р|ный, -ен, оспа́риваемый | j-m etw. ~ machen осп|а́ривать ⟨-о́рить 3⟩ что-н. у кого́-н.

Streitigkeit *f meist Pl* ссо́ры *Pl* 6, препира́ния *Pl* 5

Streit|kräfte *f Pl* вооружённые си́лы; **~objekt** *n* предме́т спо́ра; **~punkt** *m* спо́рный пункт; **~schrift** *f* полеми́ческое сочине́ние; **~sucht** *f* сварли́вость 9

streitsüchtig лю́бящий 11 спо́рить [ссо́риться], сварли́в:ый

streng 1. *Adj* стро́г:ий, -а́!, стро́же; rauh, hart суро́в:ый; Geruch ре́з|кий, -ок, -ка́! | ~er Frost си́льный моро́з; ~es Klima суро́вый кли́мат; im ~sten Sinne des Wortes в буква́льном смы́сле сло́ва; mit j-m ~ sein быть стро́гим к кому́-н.; j-n ~ halten держа́ть кого́-н. в ежо́вых рукави́цах **2.** *Adv:* sie ist ~ nach der Mode

gekleidet она́ оде́та стро́го по мо́де; auf das ~ste строжа́йшим о́бразом; ~stens verboten категори́чески воспреща́ется; ~ geheim соверше́нно секре́тно
Strenge *f* стро́гость 9; Rauheit суро́вость 9 | mit äußerster ~ со всей стро́гостью
streng|genommen *Adv* стро́го [со́бственно] говоря́, в су́щности; **~gläubig** правове́р|ный, -ен
Streß *m* стресс [рэ] 2
Streu *f* Lager подсти́лка 6; **~büchse** *f* für Salz соло́нка 6; für Pfeffer пе́речница 6; für Zucker са́харница 6
streuen *tr* сы́пать* (по-), рассыпа́ть ⟨-сы́пать⟩ (auf на *A*, по *D*); auf größere Fläche разбра́сывать ⟨-броса́ть⟩; bestreuen посыпа́ть ⟨-сы́пать⟩; *intr* Gewehr бить* с рассе́иванием | Sand (auf die Straße) ~ посыпа́ть (у́лицу) песко́м; Dünger ~ разбр|а́сывать ⟨-оса́ть⟩ удобре́ние; Blumen (auf den Weg) ~ усыпа́ть (путь) цвета́ми
Streu|pflicht *f* обя́занность посыпа́ть ⟨-сы́пать*⟩ у́лицу песко́м (при гололёде); **~selkuchen** *m* пиро́г [пиро́жное] с посы́пкой из муки́, ма́сла и са́хара; **~ung** *f* von Waren распределе́ние 5; *Phys, Med* рассе́ивание 5; *El* уте́чка 6; **~zucker** *m* са́харный пес|о́к, -ка́ 2
Strich *m* черта́ 6; dünner штрих 2e; Linie ли́ния 8; Binde~ чёрточка 6; Gebiet, Streifen полоса́ 6 *Pl* по́лосы, поло́с, полоса́м; Fell, Gewebe, Tuch ворс 2; *Mus* уда́р 2 смычка́ | mit wenigen ~en не́сколькими штриха́ми; das macht mir einen ~ durch die Rechnung э́то расстра́ивает мои́ пла́ны; gegen den ~ Fell про́тив ше́рсти; Stoff про́тив во́рса; das geht mir gegen den ~ э́то меня́ не устра́ивает, э́то мне не по нутру́; einen ~ machen unter *übertr* подводи́ть 3⁺ -вожу́ ⟨-|вести́*⟩ черту́ под чем-н.; nach ~ und Faden основа́тельно, по всем пра́вилам; **~ätzung** *f Typ* штрихово́е клише́ *n idkl*
stricheln *tr* де́лать (с-) штрихово́й рису́нок; schraffieren штрихова́ть 2 (за-) | gestrichelte Linie штрихова́я ли́ния
Strichregen *m* дождь, иду́щий 11 полосо́й
strichweise *Adv* полоса́ми, места́ми
Strichzeichnung *f* штрихово́й рису́нок
Strick *m* верёвка 6; Tau кана́т 2; *umg* Schlingel, Schelm сорва́н|ец, -ца́ 2, плути́шка *m* 6 | wenn alle ~e reißen *umg* на худо́й коне́ц; j-m einen ~ drehen *umg* подводи́ть 3⁺ -вожу́ ⟨-|вести́*⟩ кого́-н., спосо́бствовать 2 чьей-н. неуда́че [ги́бели]
stricken *tr u. intr* вяза́ть* (с-) (на спи́цах) | an etw. ~ вяза́ть что-н. (на спи́цах)
Stricker|ei *f* Gegenstand вяза́нье 5; **~in** *f* вяза́льщица 6
Strick|garn *n* пря́жа для вяза́ния; **~handschuh** *m* вя́заная рукави́ца; **~jacke** *f* вя́заная ко́фта; **~kleid** *n* вя́заное [трикота́жное] пла́тье; **~leiter** *f* верёвочная ле́стница; **~muster** *n* узо́р для вяза́ния; **~nadel** *f* (вяза́льная) спи́ца 6; **~waren** *f Pl* вя́заные изде́лия; **~zeug** *n* вяза́нье 5 (на спи́цах); Nadeln und Wolle пря́жа 6 и спи́цы *Pl* 6 для вяза́ния
Striegel *m* скребни́ца 6
striegeln *tr Pferd* чи́|стить 3 -щу (вы́-) скребни́цей
Striemen *m* полоса́ 6 *Pl* по́лосы, поло́с, полоса́м, руб|е́ц, -ца́ 2
striemig исполосо́ван:ный, -а
strikt 1. *Adj* genau то́ч|ный, -ен, -на́!; unbedingt определён|ный, -ен, -на | ~er Befehl категори́ческий прика́з **2.** *Adv* то́чно, пунктуа́льно | etw. ~ ablehnen категори́чески отклони́ть *v* 3⁺ что-н., от|каза́ть* *v* наотре́з
Strippe *f umg* Bindfaden, Schnur бечёвка | er hängt an der ~ *umg* он виси́т на телефо́не
Striptease *n* стрипти́з 2
strittig спо́р|ный, -ен
Stroh *n* соло́ма 6 | leeres ~ dreschen перелива́ть из пусто́го в поро́жнее; **~ballen** *m* тюк из соло́мы; **~blume** *f* сухоцве́т 2; **~bund** *n* вяза́нка соло́мы; **~dach** *n* соло́менная кры́ша; **~feuer** *n übertr* мимолётный успе́х
strohgelb соло́менно-жёлтый
Stroh|halm *m* соло́минка 6 | nach dem rettenden ≈ greifen хвата́ться за соло́минку; **~hut** *m* соло́менная шля́па; **~hütte** *f* хи́жина 6, кры́тая соло́мой; **~kopf** *m umg* наби́тый дура́к 2e; **~mann** *m übertr* подставно́е лицо́ 4c; **~matte** *f* соло́менная рого́жа; **~presse** *f* пресс для соло́мы, соломопре́сс 2; **~sack** *m* со́ломенный тюфя́к 2e; **~schneidemaschine** *f* соломоре́зка 6; **~witwer** *m* соло́менный вдове́ц
Strolch *m* бродя́га *m* 6 | ein kleiner ~ озорни́к 2e
Strom *m* großer Fluß многово́дная река́ 6; Strömung тече́ние 5; *El* ток 2; *übertr* пото́к 2 | es regnet in Strömen дождь льёт как из ведра́; gegen den ~ schwimmen плыть про́тив тече́ния; die Tränen fließen in Strömen слёзы лью́тся ручьём [пото́ком]; **~abnehmer** *m* потреби́тель 1 электроэне́ргии; *Tech* токоприёмник 2; **~abschaltung** *f* (вре́менное) отключе́ние 5 то́ка
stromabwärts *Adv* вниз по тече́нию [по реке́]
Stromart *f* род то́ка
stromaufwärts *Adv* вверх по тече́нию [по реке́], про́тив тече́ния
Strombett *n* ло́же [ру́сло] реки́

strömen *intr* Wasser, Blut течь* (по-); Regen, Licht, Duft ли́ться*ǀ ли́ли́сь (по-); Gas струи́ться 3; *übertr* Menschen устрем|ля́ться ⟨-и́ться 3⟩, повали́ть *v* 3⁺ ǀ ~der Regen проливно́й дождь
Stromentnahme *f* отбо́р 2 то́ка
Stromer *m umg* бродя́га *m* 6
Strom|erzeuger *m* генера́тор 2; **~erzeugung** *f* вы́работка 6 электроэне́ргии, генери́рование 5 то́ка; **~gebiet** *n* бассе́йн 2 реки́
stromintensiv энергоёмкий
Strom|kreis *m* электри́ческая цепь, цепь то́ка; **~leiter** *m* проводни́к 2e; **~leitung** *f* электропрово́дка 6; **~linienform** *f* обтека́емая фо́рма
stromlinienförmig обтека́ем:ый, обтека́емой фо́рмы
Strom|netz *n* электросе́ть 9g; **~quelle** *f* исто́чник то́ка; **~schnelle** *f* поро́ги *Pl* 2, быстрина́ 6c; **~schwankung** *f* колеба́ние си́лы то́ка; **~spannung** *f* напряже́ние то́ка; **~sperre** *f* (вре́менное) прекраще́ние 5 пода́чи то́ка; **~stärke** *f* си́ла то́ка
Strömung *f* тече́ние 5; *übertr* тече́ние, направле́ние 5; in Mode тенде́нция [тэ; дэ] 8
Strom|verbrauch *m* потребле́ние 5 то́ка [электри́ческой эне́ргии]; **~versorgung** *f* электроснабже́ние 5; **~zähler** *m* электри́ческий счётчик
Strontium *n* стро́нций 1
Strophantin *n* строфанти́н 2
Strophe *f* строфа́ 6h
strotzen *intr* быть* по́лным (vor, von *G*) ǀ er strotzt von Gesundheit он пы́шет здоро́вьем; er strotzt von Kraft он по́лон сил
strubbelig растрёпан:ный, -а; Haar a. взъеро́шен:ный, -а
Strubbelkopf *m* Person растрёпа *m, f* 6
Strudel *m* водоворо́т 2
Struktur *f* структу́ра 6; Gefüge, (Auf-) Bau строе́ние 5 *a. Text; Min,* Kristallkunde тексту́ра 6
Strukturalismus *m* структурали́зм 2
strukturell 1. *Adj* структу́рный **2.** *Adv* по структу́ре
Struktur|gewebe *n* структу́рная мате́рия 8; **~plan** *m* структу́рный план
Strumpf *m* чул|о́к, -ка́ 2 *G Pl* -о́к; **~band** *n* подвя́зка 6 для чуло́к; **~fabrik** *f* чуло́чная фа́брика
Strumpfhalter *m* (да́мская) подвя́зка (для чуло́к); **~gürtel** *m* (да́мский) по́яс с подвя́зками для чуло́к
Strumpf|hose *f* колго́т|ки, -ок *Pl* 6; **~socke** *f* дли́нный носо́к; **~waren** *f Pl* чуло́чно-носо́чные изде́лия *Pl* 5; **~wirker** *m* чуло́чник 2
Strunk *m* Kohl кочеры́жка 6; Salat сте́б|ель, -ля 1g
struppig растрёпан:ный, -а, взъеро́шен:ный, -а; Fell лохма́т:ый
Struw[w]elpeter *m* Стёпка-растрёпка 6-6
Strychnin *n* стрихни́н 2
Stube *f* ко́мната 6 ǀ die gute ~ гости́ная *Subst* 10
Stuben|arrest *m* дома́шний 11 аре́ст; **~dienst** *m* дежу́рство по убо́рке помеще́ния; **~gelehrter** *m* кабине́тный учёный; **~hocker** *m* домосе́д 2; **~mädchen** *n* го́рничная *Subst* 10
stubenrein чи́ст:ый, -а́, -о, чи́сты́, не па́чкающий 11 в ко́мнате
Stuck *m Arch* штукату́рка 6 ǀ mit ~ bewerfen штукату́рить 3 ⟨от-⟩
Stück *n* Brot, Zucker, Seife кус|о́к, -ка́ 2; ein kleines a. кусо́ч|ек, -ка 2; Butter, Margarine па́чка 6; Teil часть 9g; abgesprungenes обло́м|ок, -ка 2; Eier, Ware, Gepäck шту́ка 6; Vieh голова́ 6a; Fragment, Auszug отры́в|ок, -ка 2; *Theat* пье́са 6; im Konzert, Zirkus но́мер 2b *Pl* -а́ ǀ ein abgehauenes ~ обру́б|ок, -ка 2; ein angesetztes ~ наста́вка 6; an die zehn ~ штук де́сять; ein ~ Land уча́сток земли́; aus einem ~ из одного́ куска́; in ~e gehen разбива́ться ⟨-|би́ться*, -обьётся⟩ на кусо́чки; aus freien ~en доброво́льно, по со́бственному почи́ну; er hat ein gutes ~ Arbeit geleistet он нема́ло [изря́дно] потруди́лся; große ~e auf j-n halten быть* о́чень высо́кого мне́ния о ком-н.; возлага́ть ⟨-ложи́ть 3⁺⟩ больши́е наде́жды на кого́-н.; das ist ein starkes ~! э́то уж сли́шком!; **~chen** *n* кусо́ч|ек, -ка 2 ǀ ein ≈ немно́жко
stückeln *tr* zusammenflicken, -setzen сшива́ть ⟨-|шить*, сошью⟩ из ме́лких куско́в
Stück|gut *n Eisenb* шту́чный груз; **~kohle** *f* (крупно)кусково́й у́голь; **~lohn** *m* сде́льная [поштучная] опла́та; **~preis** *m* поштучная цена́; **~ware** *f* шту́чный това́р
stückweise пошту́чно; in Stücken куска́ми
Stück|werk *n* незако́нченная [неце́льная] рабо́та ǀ diese Arbeit ist nur ≈ э́та рабо́та лишена́ це́льности; **~zahl** *f* коли́чество экземпля́ров [штук, куско́в] ǀ in geringer [großer] ≈ herstellen изгот|овля́ть ⟨-о́вить⟩ ме́лкими [кру́пными] се́риями; **~zucker** *m* са́хар-рафина́д 2-2
Student *m* студе́нт 2 ǀ ~ der Medizin студе́нт медици́нского факульте́та; *umg* студе́нт-ме́дик 2-2; ~ des ersten Studienjahres студе́нт пе́рвого ку́рса, первоку́рсник 2
Studenten|austausch *m* обме́н студе́нтами; **~ausweis** *m* студе́нческий биле́т; **~blume** *f Bot* ба́рхатцы *Pl* 2; **~futter** *n* смесь 9 изю́ма, миндаля́, гре́цкого и

земляно́го оре́хов; **~schaft** *f* студе́нчество 4; **~weltmeister** *m* чемпио́н ми́ра среди́ студе́нтов; **~wohnheim** *n* студе́нческое общежи́тие; **~zeit** *f* студе́нческие времена́

Studentin *f* студе́нтка 6

studentisch **1.** *Adj* студе́нческий **2.** *Adv* по-студе́нчески

Studie *f Kunst* эски́з 2; Malerei, Literatur *a.* этю́д 2; für eine wissenschaftliche Arbeit иссле́дование 5; wissenschaftliche Untersuchung нау́чный тракта́т 2

Studien|aufhalt *m* (нау́чная) стажиро́вка 6, (нау́чная) командиро́вка 6; **~buch** *n* зачётная кни́жка; **~dauer** *f* срок обуче́ния (в ву́зе); **~fach** *n* уче́бный предме́т; **~gebühr** *f* пла́та за обуче́ние (в ву́зе); **~gruppe** *f* уче́бная гру́ппа (в ву́зе); Arbeitskreis круж|о́к| -ка́ 2

studienhalber *Adv* с уче́бной це́лью

Studien|jahr *n* уче́бный год; an Fach- und Hochschulen *a.* курс 2 | im ersten ~ на пе́рвом ку́рсе; Student des gleichen ≈es одноку́рсник 2; **~plan** уче́бный план; **~platz** *m* ме́сто в вы́сшем уче́бном заведе́нии; **~reise** *f* нау́чная [тво́рческая] командиро́вка; **~tag** *m* день самостоя́тельной рабо́ты (студе́нта); тво́рческий день; **~urlaub** *m* о́тпуск| предоставля́емый для учёбы [для изуче́ния чего́-н.], тво́рческий о́тпуск; **~ziel** *n* цель обуче́ния; best. Fach специа́льность 9

studieren *tr* изуч|а́ть ⟨-и́ть 3⁺; *intr* Student sein учи́ться 3⁺, быть* студе́нтом | er studiert Medizin он изуча́ет медици́ну; an einer Hochschule ~ учи́ться в ву́зе, быть студе́нтом ву́за; an welcher Hochschule studiert er? в како́м ву́зе [институ́те] он у́чится?; im ersten Studienjahr ~ учи́ться на пе́рвом ку́рсе

Studierender *m* студе́нт 2

Studierzimmer *n* (рабо́чий) кабине́т (11-)2

Studi|o *n* сту́дия 8; Film, Fernsehen *a.* ателье́ [тэ] *n idkl,* павильо́н 2 | im ≈ в [на] сту́дии; **~um** *n* учёба 6, заня́тия *Pl* 5; Studieren изуче́ние 5 *G* | postgraduales ≈ послеву́зовское обуче́ние 5; das ≈ an einer Universität aufnehmen поступ|а́ть ⟨-и́ть 3⁺ -лю́⟩ в университе́т

Stufe *f* Abschnitt, Rang∸, Raketen∸ ступе́нь 9; Treppe ступе́нька 6; Abstufung усту́п 2; Grad сте́пень 9g | von ~ zu ~ со ступе́ньки на ступе́ньку; die ~n hinabschreiten спуска́ться по ступе́нькам; auf niedriger ~ на ни́зком у́ровне; j-n mit j-m auf die gleiche ~ stellen ста́вить (по-) на одну́ до́ску кого́-н. с кем-н.

Stufen|barren *m* разновысо́кие бру́сья; **~folge** *f* после́довательность 9, постепе́нное разви́тие 5

stufenförmig *m* ступе́нчатый

Stufen|leiter *f* ле́стница-стремя́нка 6-6; *übertr* иера́рхия 8; **~rakete** *f* составна́я [многоступе́нчатая] раке́та

stufenweise **1.** *Adj* постепе́нный **2.** *Adv* постепе́нно, после́довательно; allmählich ма́ло-пома́лу

Stuhl *m* стул 2 *Pl* -ья| -ьев 1; *Med* стул 2; *Tech* Gestell стани́на 6, ра́ма 6; Werkbank, Web∸ стан|о́к| -ка́ 2 | der Heilige ~ па́пский престо́л 2; sich auf einen ~ setzen сади́ться ⟨сесть⟩ на стул; j-m den ~ vor die Tür setzen выпрова́живать ⟨вы́прово|дить 3 -жу⟩ кого́-н.; sich zwischen zwei Stühle setzen ока|за́ться* *v* ме́жду двух сту́льев; **~bein** *n* но́жка сту́ла; **~gang** *m Med* стул 2 | keinen ≈ haben страда́ть запо́ром, не име́ть сту́ла; **~lehne** *f* спи́нка сту́ла

Stukkat|eur *m* штукату́р 2 (по лепны́м рабо́там); **~ur** *f* штукату́рная [лепна́я] рабо́та 6

Stulle *f* бутербро́д [тэр] 2

Stulpe *f* Ärmel, Stiefel отворо́т 2

stülpen *tr* (darauf)setzen накрыва́ть ⟨-|кры́ть*⟩ (etw. über etw. что-н. чем-н.) | den Hut auf den Kopf ~ нахлобу́чить *v* 3 шля́пу (на го́лову)

Stulpenstiefel *m* сапо́г с отворо́том

stumm нем:о́й| -á!; laut-, wortlos безмо́лв|ный| -ен | er blieb ~ wie ein Fisch он молча́л как ры́ба

Stummel *m* Zigaretten∸ оку́р|ок| -ка 2; Kerzen∸ ога́р|ок| -ка 2; *Med* культя́ 7

Stummer *m* немо́й *Subst* 10

Stummfilm *m* немо́й фильм

Stümper *m* Pfuscher халту́рщик 2; **~ei** *f* халту́ра 6

stümperhaft халту́р|ный| -ен

stümpern *intr* халту́рить 3 (с-)

stumpf туп:о́й| -á! *a. übertr;* glanzlos ма́товый, без бле́ска; *Math* Kegel усе-ч|ённый| -ён| -ена́; Winkel тупо́й | ~er Blick тупо́й вздляд; ~ machen туп|и́ть 3⁺ -лю́ (за-, ис-); ein wenig притуп|ля́ть ⟨-и́ть 3⁺ -лю́⟩; ~ werden тупе́ть (о-), притуп|ля́ться ⟨-и́ться⟩ *a. übertr*

Stumpf *m* Rest(stück), Ende оста́т|ок| -ка 2, ко́нчик 2; Baum∸ пень| пня 1 | mit ~ und Stiel ausrotten вырыва́ть ⟨вы́|рвать*⟩ с ко́рнем; **~heit** *f* ту́пость 9; **~sinn** *m* тупоу́мие 5, ту́пость 9

stumpf|sinnig туп:о́й| -á!, тупоу́м|ный| -ен; **~wink[e]lig** тупоуго́льный

Stunde *f* час 2b nach den Zahlen 2, 3, 4 *G* часа́| в ча́се *u.* в часу́; Unterricht уро́к 2; Zeit(spanne) час, вре́мя; Augenblick моме́нт 2 | eine halbe ~ полча́са, получа́са 2; eine (halbe) ~ eher (полу)ча́сом ра́ньше; in einer ~ че́рез час; von ~ zu ~ с ча́су на час, час о́т часу; ~ um ~ час за ча́сом; zur ~ тепе́рь, сейча́с; in der achten ~ в восьмо́м часу́; zur bestimmten ~ в определённый час; zur ~ ist noch nichts entschieden до настоя́щего моме́нта ещё ничего́ не решено́; seine (letzte) ~ hat geschlagen его́ (после́дний) час про́бил; sie nimmt ~n она́ берёт уро́ки; in der ~ на уро́ке; dem Glücklichen schlägt keine ~ счастли́вые часо́в не наблюда́ют

stunden *tr* отсро́ч|ивать ⟨-ить 3⟩

Stunden|geschwindigkeit *f* ско́рость в час; **~kilometer** *n* киломе́тр(ов) в час

stundenlang 1. *Adj* для́щийся 11 часа́ми; *übertr* бесконе́чный **2.** *Adv* часа́ми, по це́лым часа́м

Stunden|lohn *m* почасова́я опла́та труда́; **~plan** *m* расписа́ние 5 уро́ков; **~schlag** *m* бой часо́в

stundenweise *Adv* по часа́м

Stundenzeiger *m* часова́я стре́лка

stündlich 1. *Adj* ежеча́сный **2.** *Adv* ежеча́сно, ка́ждый час; с ча́су на час ‖ die Züge verkehren ~ поезда́ хо́дят ка́ждый час; ich erwarte ~ eine Antwort с ча́су на час я жду отве́та

Stundung *f* отсро́чка 6

stupid[e] туп:о́й, -а́!, тупоу́м|ный, -ен

Stups *m* толч|о́к, -ка́ 2; **~nase** *f* курно́сый [вздёрнутый] нос

stupsnasig курно́с:ый

stur *umg* упря́м:ый | ~er Gehorsam тупо́е [слепо́е] повинове́ние

Sturheit *f* упря́мство 4

Sturm *m* бу́ря 7 *a. übertr;* auf See шторм 2; *Mil* штурм 2 (auf *G*); *Sport* нападе́ние 5 | ~ und Drang *Lit* Бу́ря и на́тиск 2; im ~ nehmen брать ⟨взять⟩ шту́рмом [при́ступом]; ~ laufen gegen etw. стра́стно протестова́ть *uv, v* 2 про́тив чего́-н., я́ростно выступа́ть ⟨вы́ступ|ить 3 -лю⟩ про́тив чего́-н.; ~ läuten бить* в наба́т; ~ haben *umg* быть* вне себя́ (от я́рости)

stürmen *tr Mil* атакова́ть *v, uv* 2, штурмова́ть 2, брать* ⟨взять*⟩ при́ступом; *intr Sport* атакова́ть | es stürmt бушу́ет бу́ря; alles stürmte auf den Platz все устреми́лись на пло́щадь; ein Haus [ins Zimmer] ~ врыва́ться ⟨во|рва́ться*, -рвали́сь⟩ в дом [в ко́мнату]

Stürmer *m Sport* напада́ющий *Subst* 11; **~reihe** *f* ли́ния 8 нападе́ния

Sturmflut *f* штормово́й прили́в

sturmfrei: eine ~e Bude отде́льная ко́мната 6 для любо́вных встреч

Sturm|geschütz *n* штурмово́е ору́дие; **~glocke** наба́тный ко́локол | die ≈ läuten бить* в наба́т

stürmisch бу́р|ный, -ен, -на́! *a. übertr*

Sturmleiter *m hist* штурмова́я ле́стница; *Mar* шторм-тра́п 2

sturmreif подгото́вленный (артиллери́йским огнём) для шту́рма

Sturm|schaden *m* поврежде́ние, причинённое ве́тром; **~signal** *n* сигна́л штормово́го предупрежде́ния; **~trupp** *m* штурмова́я гру́ппа; **~vogel** *m* буреве́стник 2; **~warnung** *f* штормово́е предупрежде́ние; **~wetter** *n* штормова́я пого́да; **~wind** *m* штормово́й ве́тер, шторм 2

Sturz *m* паде́ние 5; *übertr, Pol* сверже́ние 5; **~acker** *m* по́ле, вспа́ханное по́сле па́ра; **~bach** *m* водопа́д 2

Stürze *f* Deckel кры́шка 6; *Mus* растру́б 2

stürzen *tr* ста́лкивать ⟨столкну́ть 4⟩; Gefäß опроки́|дывать ⟨-нуть 4⟩; Regierung сверга́ть ⟨све́ргнуть 4a *u.* 4⟩; *intr* fallen вали́ться 3⁺ (по-, с-) па́дать ⟨у|па́сть*⟩; eilen ри́нуться *v* 4; sich ~ *refl* броса́ться ⟨бро́|ситься 3 -шусь⟩ (auf на *A*) | j-n ins Wasser ~ столкну́ть кого́-н. в во́ду; auf der Straße ~ упа́сть на у́лице; von der Leiter ~ свали́ться [упа́сть] с ле́стницы; ich stürzte mich ins Wasser я бро́сился в во́ду; sich aus dem Fenster ~ вы́броситься из окна́; er stürzte ins Zimmer он ри́нулся [бро́сился] в ко́мнату; j-n ins Verderben ~ губ|и́ть 3⁺ -лю́ (по-) кого́-н.; sich in Schulden ~ залеза́ть ⟨-|ле́зть*⟩ в долги́; er stürzte sich in Abenteuer он пусти́лся на аванто́ры; nicht ~! не кантова́ть!

Sturz|flug *m* пики́рующий 11 полёт, пики́рование 5 | im ≈ niedergehen пики́ровать *uv, v* 2; **~helm** *m* (защи́тный) шлем; *Kfz* мотошле́м 2; **~kampfflugzeug** *n* пики́рующий 11 бомбардиро́вщик 11-2; **~regen** *m* ли́в|ень, -ня 1; **~see** *f* волна́ 6c *oder* 6h *G Pl* волн с опроки́дывающимся гре́бнем; **~welle** *f* буру́н 2e

Stute *f* кобы́ла 6

Stuten|fohlen *n* молода́я кобы́ла 6, кобы́лка 6; **~milch** *f* кобы́лье 12 молоко́, кумы́с 2

Stuttgart Шту́тгарт 2

Stützbalken *m* подде́рживающий прого́н 11-2, опо́рная ба́лка

Stutzbart *m* коро́ткая боро́дка

Stütze *f Tech* подпо́рка 6; *Bauw* сто́йка 6, столб 2e; *übertr* опо́ра 6 | die ~n der Gesellschaft столпы́ *Pl* 2e о́бщества

stutzen *tr* подре́зывать *u.* подреза́ть ⟨-|ре́зать*⟩, подстрига́ть ⟨-|стри́чь*⟩; *intr* изум|ля́ться ⟨-и́ться 3 -лю́сь⟩, насторáживаться ⟨-ожи́ться 3⟩

stützen *tr* подпира́ть ⟨подпере́ть*⟩; Person подде́рживать ⟨-держа́ть 3⁺⟩; sich ~ *refl* опира́ться ⟨опере́ться*⟩ (auf на *A*); *übertr* осно́вываться (auf на *P*); mit den Ellbogen облок|а́чиваться ⟨-оти́ться 3 -очу́сь, -о́ти́шься⟩

Stutzer *m* франт 2, щёголь 1

stutzerhaft щегольско́й

Stutzflügel *m Mus* кабине́тный роя́ль
stutzig изумлённый, насторожённый | das machte ihn ~ э́то его́ озада́чило [поста́вило в тупи́к]; ~ werden изум|ля́ться ⟨-и́ться 3 -лю́сь⟩
Stütz|pfeiler *m Bauw* контрфо́рс 2; **~punkt** *m Phys* то́чка опо́ры; *Mil* опо́рный пункт; *übertr* ба́за 6
Stützung *f* субсиди́рование 5
subaltern подчин|ённый, -ён, -ена́
Subbotnik *m* суббо́тник 2
Subjekt *n Gramm* подлежа́щее *Subst* 11; *übertr* субъе́кт
subjektiv субъекти́в|ный, -ен
Subjekt|ivität *f* субъекти́вность 9; **~satz** *Gramm* прида́точное предложе́ние-подлежа́щее
Sub|kontinent *m* субконтине́нт 2; **~mission** *f Hdl* контра́ктовая я́рмарка 6, вы́ставка 6 образцо́в; **~ordination** *f* субордина́ция 8; *Ling* подчине́ние 5
subordinieren *tr* подчин|я́ть ⟨-и́ть 3⟩
Subsidien *Pl Fin* субси́дии *Pl* 8 (auf на *A*)
Subskribent *m* подпи́счик 2
subskribieren *intr* подпи́сываться ⟨-|писа́ться*⟩ (auf на *A*)
Subskription *f* подпи́ска 6
Subskriptionspreis *m* подписна́я цена́
Substantiv *n* и́мя существи́тельное
Substantivierung *f* субстантива́ция 8
substantivisch субстанти́вный
Substanz *f* субста́нция 8; *Chem* вещество́ 4; Inhalt содержа́ние 5
Substitution *f* субститу́ция 8
Substrat *n* субстра́т 2
subtil то́н|кий, -ок, -ка́!, то́ньше, делика́т|ный, -ен; spitzfindig хитроу́м|ный, -ен
Subtrahend *n* вычита́емое *Subst* 10
subtrahieren *tr* вычита́ть ⟨вы́|честь*⟩ (von из *G*)
Subtraktion *f* вычита́ние 5
subtropisch субтропи́ческий
Subvention *f* субве́нция 8, субси́дия 8, дота́ция 8
subventionieren *tr* субсиди́ровать *uv, v* 2
Suche *f* по́иски *Pl* 2, разы́скивание 5 | auf der ~ nach etw. в по́исках чего́-н.; auf die ~ gehen отпр|авля́ться ⟨-а́виться 3 -а́влюсь⟩ на ро́зыски
suchen *tr* иска́ть *(A, G);* Beeren, Pilze собира́ть ⟨-|бра́ть*⟩, иска́ть; *intr* иска́ть (nach *A, G*) | ein Buch ~ иска́ть кни́гу; was hast du hier zu ~? что тебе́ здесь на́до?; hier hast du nichts zu ~! тебе́ здесь не́чего де́лать!; er sucht sich zu rechtfertigen он стара́ется оправда́ться; Hilfe ~ иска́ть по́мощи; den Tod ~ иска́ть сме́рти
Sucher *m* иска́тель 1; *Foto* видоиска́тель 1
Sucht *f* страсть 9g (nach к *D*), ма́ния 8 *a. Med;* starkes Verlangen, Begierde жа́жда 6 (nach *G*); Rauschgift~ наркома́ния 8 | die ~ nach Vergnügen жа́жда наслажде́ний
süchtig больно́й; nach Rauschgift, Alkohol одержи́мый боле́зненной стра́стью к *D* | ~ sein nach Rauschgift быть наркома́ном
Süchtiger *m* нарком́ан 2
Süd *m* Himmelsrichtung юг 2; Südwind ю́жный ве́т|ер, -ра 2, зюйд 2
Südafrika: Republik ~ Ю́жно-Африка́нская Респу́блика; **~ner** *m* южноафрика́н|ец, -ца 2; **~nerin** *f* южноафрика́нка 6
südafrikanisch южноафрика́нский
Südamerika Ю́жная Аме́рика 6; **~ner** *m* южноамерика́н|ец, -ца 2; **~nerin** *f* южноамерика́нка 6
südamerikanisch южноамерика́нский
Sudan Суда́н 2
Sudanes|e *m* суда́н|ец, -ца 2; **~in** *f* суда́нка 6
sudan|esisch, ~isch суда́нский
süddeutsch южнонеме́цкий
Sudelei *f* пачкотня́ 7, мазня́ 7
sudeln *tr u. intr* Schreiben, Malen па́чкать (на-), мара́ть (на-)
Süden *m* юг 2 | im ~ на ю́ге; nach ~ на юг; aus dem ~ с ю́га
südeuropäisch южноевропе́йский
Süd|früchte *f Pl* (суб)тропи́ческие плодо́вые культу́ры *Pl* 6, ю́жные плоды́ *Pl* 2e; **~länder** *m* юж|а́нин 2 *Pl* -а́не, -а́н; **~länderin** *f* южа́нка 6
südlich **1.** *Adj* ю́жный **2.** *Adv* к ю́гу, южне́е; на юг | ~ von Berlin к ю́гу от Берли́на
Südost Wind зюйд-о́ст 2; Himmelsrichtung юго-восто́к 2; **~en** *m* юго-восто́к 2
südöstlich **1.** *Adj* юго-восто́чный **2.** *Adv* к ю́го-восто́ку (von от *G*), на ю́го-восто́к (von от *G*), ю́го-восто́чнее (von *G*)
Süd|pol *m* Ю́жный по́люс; **~seite** *f* ю́жная сторона́
südwärts *Adv* к ю́гу, на юг
Südwest *m* Wind зюйд-ве́ст 2; Himmelsrichtung юго-за́пад 2; **~en** *m* юго-за́пад 2
südwestlich **1.** *Adj* юго-за́падный **2.** *Adv* к ю́го-за́паду (von от *G*), на ю́го-за́пад (von от *G*), ю́го-за́паднее (von *G*)
Südwind *m* ю́жный ве́тер
Suezkanal Су́эцкий кана́л
Suff *m derb* пья́нство 4
süffig прия́т|ный, -ен, вку́с|ный, -ен, -на́!
suffigieren *tr Gramm* присоедин|я́ть ⟨-и́ть 3⟩ су́ффикс
Suffix *n Gramm* су́ффикс 2
suggerieren *tr* внуш|а́ть ⟨-и́ть 3⟩
Suggestion *f* внуше́ние 5
suggestiv внуша́ющий 11
Suggestivfrage *f* наводя́щий 11 вопро́с

Suhl Зуль 1
suhlen *itr u.* sich ~ *refl* валя́ться в грязи́ [в лу́же]
Sühne *f* искупле́ние 5; **~maßnahme** *f* кара́тельная ме́ра, наказа́ние 5
sühnen *tr* искуп|а́ть ⟨-и́ть 3⁺ -лю́⟩
Suite *f Mus* сюи́та 6
Sujet *n Lit* сюже́т 2
sukzessiv[e] *Adv* постепе́нно; nach und nach ма́ло-пома́лу, понемно́гу
Sulfat *n* сульфа́т 2
Sulfid *n* сульфи́д 2
Sulfonamid *n* сульфонами́д 2
Sultan *m* султа́н 2; **~at** *n* султана́т 2
Sultanine *f* кишми́ш 2e
Sülze *f* сту́д|ень₁ -ня 1
Summand *m* слага́емое *Subst* 10
Summe *f* су́мма 6; Ergebnis ито́г 2
summen *tr* напева́ть ⟨-|пе́ть*⟩ (вполго́лоса); *intr* Biene жужжа́ть 3; Motor гу|де́ть 3 -жу́ | es summt mir in den Ohren у меня́ в уша́х звени́т
summieren *tr* сумми́ровать *uv, v* 2, сосч|и́тывать ⟨-ита́ть⟩, подыто́ж|ивать ⟨-ить 3⟩; sich ~ Beträge накоп|ля́ться ⟨-и́ться 3⁺⟩ | etw. summiert sich что-н. накопля́ется
Sumpf *m* боло́то 4 *a. übertr;* mit Gras und Moos bewachsen тряси́на 6; morastige Stelle топь 9; **~biber** *m* ну́трия 8; **~boden** *m* боло́тистая [заболо́ченная] по́чва; **~dotterblume** *f* боло́тная калу́жница 6; **~fieber** *n* боло́тная лихора́дка; **~gegend** *f* боло́тистая ме́стность
sumpfig боло́тист:ый, то́п|кий₁ -ок₁ -ка́!
Sumpfpflanze *f* боло́тное расте́ние
Sünde *f* грех 2
Sünden|bock *m:* j-n zum ≈ machen сде́лать *v* кого́-н. козло́м отпуще́ния; **~fall** *m* грехопаде́ние 5; **~register** *n* грехи́ *Pl* 2e, просту́пки *Pl* 2 | das kommt auf sein ≈ э́то отнесу́т на [за] его́ счёт; **~vergebung** *f Rel* отпуще́ние 5 грехо́в
Sünder *m* гре́шник 2; **~in** *f* гре́шница 6
sündhaft 1. *Adj* гре́ш|ный₁ -ен₁ -на́₁ -но₁ гре́шны́ **2.** *Adv:* das ist ~ teuer э́то безбо́жно [о́чень] до́рого
sündigen *intr* греши́ть 3 (со-)
Super *Rad* супергетероди́н 2
Superintendent *m* суперинтенде́нт 2
superklug сли́шком у́мный
Superlativ *m* превосхо́дная сте́пень 9 | in ~en reden си́льно преувели́чивать
Supermarkt *m* суперма́ркет 2
supermodern супермо́дный, ультрасовреме́нный
Super|oxyd *n* пе́рекись 9; **~phosphat** *n* суперфосфа́т 2
Suppe *f* суп 2b; Kartoffel~, Grütz~ похлёбка 6 | legierte ~ суп₁ запра́вленный желтко́м; ~ mit Einlage суп с засы́пкой; die ~ auslöffeln расхлёбывать ⟨-хлеба́ть⟩ ка́шу; eine ~ einbrokken зава́ривать ⟨-вари́ть 3⁺⟩ ка́шу; j-m die ~ versalzen насоли́ть *v* 3 -со́ли́шь кому́-н.
Suppen|fleisch *n* отварно́е мя́со; **~grün** *n* коре́нь|я *Pl* 1 -ев; **~kelle** *f* (больша́я) разлива́тельная ло́жка; **~löffel** *m* столо́вая ло́жка; **~schüssel** *f* (супова́я) ми́ска 6; **~teller** *m* глубо́кая таре́лка; **~würfel** *m* бульо́нный ку́бик
suppig супообра́з|ный₁ -ен
Supplement *n* дополне́ние 5; **~band** *m* дополни́тельный том
Surfing *n Sport* сёрфинг 2
Surrealismus *m* сюрреали́зм 2
surrealistisch сюрреалисти́ческий
surren *intr* Maschine гу|де́ть 3 -жу́; Käfer жужжа́ть 3
Surrogat *n* замени́тель 1; *übertr* суррога́т 2
suspendieren *tr* вре́менно освобо|жда́ть ⟨-ди́ть 3 -жу́₁ -ждённый⟩, вре́менно отстран|я́ть ⟨-и́ть 3⟩
Suspension *f* вре́менное освобожде́ние 5; *Chem* суспе́нзия 8
süß сла́д|кий₁ -ок₁ -ка́!₁ сла́ще₁ сладча́йший 11 *a. übertr;* niedlich ми́л:ый₁ -а́! | das schmeckt ~ э́то сла́дко, э́то име́ет сла́дкий вкус; mir ist es nicht ~ genug von Speisen мне не сла́дко
Süße *f* Geschmack сла́дость 9
süßen *tr* сла|сти́ть 3 -щу́ (по-); zusätzlich подсл|а́щивать ⟨-асти́ть 3 -ащу́⟩
Süßholz *n* соло́дка 6 | ~ raspeln *übertr* любе́зничать, рассыпа́ться в комплиме́нтах
Süßigkeiten *f Pl* сла́дости *Pl* 9, сла́сти *Pl* 9g
Süßkirsche *f* черё́ш|ня 7 *G Pl* -ен
süßlich сладкова́т:ый; widerlich süß слаща́в:ый *a. übertr*
Süß|maul *m* ла́комка *m, f* 6; **~most** *m* чи́стый фрукто́вый сок 2, подслащённый плодо́во-я́годный сок
süßsauer ки́сло-сла́дкий
Süß|speise *f* сла́дкий десе́рт 2, сла́дкое *Subst* 10; **~stoff** *m* сахари́н 2; **~waren** *f Pl* конди́терские изде́лия *Pl* 5, сла́дости *Pl* 9
Süßwasser *n* пре́сная вода́; **~fisch** *m* пресново́дная ры́ба; **~gehalt** *m* пресново́дность 9
Swahili *n* кисуахи́ли *m idkl*
Swasiland Сва́зиленд 2
Sweater *m* сви́тер [тэ] 2
Swimmingpool *m* небольшо́й откры́тый пла́вательный бассе́йн 2
Swing *m* Tanz, *Fin* свинг 2
Symbiose *f* симбио́з 2
Symbol *n* си́мвол 2; **~lik** *f* симво́лика 6
symbolisch символи́ческий (für для *G*)
symbolisieren *tr* символизи́ровать *uv, v* 2

Symmetrie *f* симметри́я 8
symmetrisch симметри́ч|ный, -ен, симметри́ческий
Sympathie *f* симпа́тия 8 | ~ für j-n haben чу́вствовать 2 (по-) симпа́тию к кому́-н.; **~bezeugung** *f* проявле́ние 5 симпа́тии; **~kundgebung** *f* демонстра́ция [ми́тинг] солида́рности
Sympathikus *m Med* симпати́ческий нерв 2
Sympathisant *m* сочу́вствующий *Subst* 11
sympathisch симпати́ч|ный, -ен
sympathisieren *itr* сочу́вствовать 2 (mit *D*), испы́тывать ⟨-пыта́ть⟩ симпа́тию (mit к *D*) | miteinander ~ симпатизи́ровать 2 друг дру́гу
Symphonie *f* симфо́ния 8
symphonisch симфони́ческий
Symposium *n* симпо́зиум 2
Symptom *n* симпто́м 2, при́знак 2
symptomatisch симптомати́ческий, симптомати́ч|ный, -ен
Synagoge *f* синаго́га 6
synchron синхро́нный
Synchronisation *f Tech* синхрониза́ция 8; Film дубли́рование 5
synchronisieren *tr Tech* синхронизи́ровать *uv, v* 2; Film дубли́ровать 2
Synchrophasotron *n* синхрофазотро́н 2
Syndikat *n* синдика́т 2
Synkope *f* синко́па 6
synodal синода́льный
Synode *f* сино́д 2
synonym *Ling* синоними́ческий, синоними́ч|ный, -ен
Synonym *n Ling* сино́ним 2
synoptisch синопти́ческий
syntaktisch *Ling* синтакси́ческий
Syntax *f* си́нтаксис 2
Synthese *f* си́нтез [тэ] 2
synthetisch синтети́ческий [тэ]
Syphilis *f* си́филис 2
Syphilitiker *m* сифили́тик 2
syphilitisch сифилити́ческий
Syrie|n Си́рия 8; **~r** *m* сири́|ец, -йца 2; **~rin** *f* сири́йка 6
syrisch сири́йский
System *n* систе́ма 6; *Pol* систе́ма, стро|й 1 *G Pl* -ев; **~atik** *f* системáтика 6
systematisch системати́ческий, системати́ч|ный, -ен
systematisieren *tr* систематизи́ровать *uv, v* 2
Szene *f Theat, Film* сце́на 6; Auftritt сце́на, явле́ние 5; Streit сце́на | etw. in ~ setzen *a. übertr* инсцени́ровать *uv, v* 2 что-н.; j-m eine ~ machen устро́ить *v* 3 кому́-н. сце́ну; **~rie** *f Theat* декора́ция 8
szenisch сцени́ч|ный, -ен; Effekte сцени́ческий

T

Tabak *m* таба́к 2e *G a.* -у́; **~bau** *m* табаково́дство 4; **~beutel** *m* кисе́т 2; **~dose** *f* табаке́рка 6; **~pfeife** *f* тру́бка 6; **~rauch** *m* таба́чный дым; **~waren** *f Pl* таба́чные изде́лия *Pl* 5
tabellarisch 1. *Adj* табли́чный 2. *Adv* (предста́вленный) в ви́де табли́цы
Tabelle *f* табли́ца 6
Tabellen|führer *m Sport* ли́дер 2 соревнова́ния; **~spitze** *f*: an der ≈ liegen *Sport* возгл|авля́ть ⟨-а́вить 3 -а́влю⟩ табли́цу
Tablett *n* подно́с 2; **~e** *f* табле́тка 6
tabu запрещ|ённый, -ён, -ена́ | das ist ~ э́того нельзя́ каса́ться
Tabulator *m Tech* табуля́тор 2
Tachometer *n* тахо́метр 2; Auto спидо́метр 2
Tadel *m* порица́ние 5, осужде́ние 5; Verweis вы́говор 2; Vorwurf упрёк 2
tadellos безупре́ч|ный, -ен, безукори́знен:ный, -на
tadeln *tr* порица́ть, осу|жда́ть ⟨-ди́ть 3⁺ -жу́, -ждённый⟩
tadelnswert досто́йный порица́ния
Tadshik|e *m* таджи́к 2; **~in** *f* таджи́чка 6
tadshikisch таджи́кский | Tadshikische Sozialistische Sowjetrepublik Таджи́кская Сове́тская Социалисти́ческая Респу́блика
Tadshikistan Таджикиста́н 2
Tafel *f* доска́ 6a *G Pl* досо́к; Stein; Metall плита́ 6c; Tafelwerk пане́ль 9; Ausstellungs~ щит 2e; Schokolade пли́тка 6; Tabelle табли́ца 6; Tisch (накры́тый) стол 2e | an die ~ schreiben писа́ть на доске́; **~berge** *m Pl Geogr* столо́вые го́ры; **~besteck** *n* столо́вый прибо́р; **~butter** *f* столо́вое сли́вочное ма́сло
tafelförmig пли́точный
Tafelgeschirr *n* столо́вая посу́да, столо́вый серви́з 2
tafeln *intr* си|де́ть 3 -жу́ за пра́здничным столо́м, пирова́ть 2
täfeln *tr* Wand обшива́ть ⟨-|ши́ть*, обошью́⟩ пане́лью
Tafel|obst *n* десе́ртные фру́кты; **~öl** *n* столо́вое расти́тельное ма́сло; **~runde** *f* компа́ния 8 (сидя́щая 11) за столо́м
Täfelung *f* сте́нная обши́вка 6, пане́ль 9
Taft *m* тафта́ 6
Tag *m* день, дня 1; 24 Stunden су́тки *Pl* 6 | guten ~ здра́вствуй(те) [аст]!, до́брый день!; am ~e днём; am hellichten ~e средь бе́ла [бе́лого] дня; während des ganzen ~es, den lieben langen ~ день-деньско́й; ~ und Nacht geöffnet откры́то кру́глые су́тки; ~ für ~ день за днём, изо дня в день; alle ~e ка́ждый день; alle fünf ~e ка́ждые пять дней;

eines ~es однáжды; eines schönen ~es в оди́н прекрáсный день; in diesen ~en на днях; am nächsten ~ на слéдующий день; in den nächsten ~en в ближáйшие дни; an welchem ~? в какóй день?; in acht ~en, über acht ~e чéрез недéлю; in vierzehn ~en чéрез две недéли; einen ~ früher на день рáньше; von einem ~ auf den anderen со дня нá день; mit jedem neuen ~ день ото дня́; es wird ~ светáет; über ~e *Bergb* наповéрхности; die ~e werden kürzer дни станóвятся корóче; für einige ~e verreisen уéхать *v* на нéсколько дней; an den ~ bringen вскрывáть ⟨-|крыть*⟩; sich einen guten ~ machen проводи́ть 3⁺ -вожу́ ⟨-|вести́*⟩ день в своё удовóльствие

tagaus *Adv:* ~, tagein изо дня в дéнь

Tage|bau *m* Methode разрабóтка 6 откры́тым спóсобом; Betrieb карьéр 2, откры́тая гóрная разрабóтка 6; **~buch** *n* дневни́к 2е; **~dieb** *m* лентя́|й 1 *G Pl* -ев, лóдырь 1; **~gelder** *n (Pl)* сýточные *Subst Pl* 10

tagelang *Adv* цéлыми дня́ми

Tagelöhner *m* подёнщик 2 | als ~ arbeiten рабóтать подёнщиком

tagen *intr* Versammlung abhalten заседáть; Tag werden светáть, рассветáть ⟨рассве|сти́| -тёт| -лó⟩ | es tagt (рас)светáет, заря́ занимáется

Tagereise *f* однодне́вное путешéствие | eine ~ von uns entfernt на расстоя́нии одногó дня пути́ [езды́] от нас

Tages|anbruch *m* рассвéт 2, наступлéние 5 дня | bei ≈ на рассвéте, чуть свет; **~befehl** *m Mil* прáздничный прикáз; **~förderung** *f Bergb* сýточная добы́ча; **~gerichte** *n Pl* auf Speisekarten дежýрные блю́да; **~gespräch** *n* злободнéвный разговóр | das ist heute das ≈ об э́том сегóдня все говоря́т; **~höchsttemperatur** *f* максимáльная температýра за день; **~kasse** *f* кáсса; **~kino** *n* кинотеáтр с непреры́вными сеáнсами; **~leistung** *f* дневнáя вы́работка, сýточная производи́тельность; **~licht** *n* дневнóй свет; **~lichtfilm** *m* плёнка для дневнóго свéта; **~marsch** *m Mil* сýточный перехóд | zwei Tagesmärsche von der Stadt entfernt на расстоя́нии двух перехóдов от гóрода; **~ordnung** *f* повéстка дня | auf der ≈ stehen стоя́ть на повéстке дня; auf die ≈ setzen постáв|ить *v* 3 -лю на повéстку дня; **~ration** *f* сýточный рациóн; **~soll** *n* дневнóе (плáновое) задáние, дневнáя нóрма; **~temperatur** *f* температýра днём; **~zeit** *f* врéмя дня | zu jeder ≈ в любóе врéмя дня; **~zeitung** *f* (дневнáя) газéта

tageweise *Adv* по дням

Tagewerk *n* ежеднéвная рабóта

taghell я́сный как день | es ist ~ светлó как днём

täglich 1. *Adj* ежеднéвный, повседнéвный | ~e Besuche ежеднéвные посещéния; ~e Arbeit повседнéвная рабóта 2. *Adv* ежеднéвно; с кáждым днём | zweimal ~ два рáза в день

tags *Adv* днём | ~ darauf на слéдующий день; ~ zuvor наканýне

Tagschicht *f* дневнáя смéна

tagsüber в течéние дня, зá день

tagtäglich *Adv* ежеднéвно, изо дня́ в день

Tagundnachtgleiche *f* равнодéнствие 5

Tagung *f* съезд 2; Sitzung заседáние 5, съезд; Tagungsperiode сéссия 8 | wissenschaftliche ~ наýчное заседáние; die ~ des ZK плéнум ЦК

Tahiti Таи́ти *m idkl*

Taifun *m Met* тайфýн 2

Taiga *f* тайгá 6

Taille *f* тáлия 8 | verlängerte ~ удлинённый лиф 2; ein Kleid auf ~ arbeiten шить (с-| сошью́) плáтье в тáлию

Taillenweite *f* объём 2 тáлии

Taiwan Тайвáнь 1

Takelage *f* такелáж 2, оснáстка 6

takeln *tr Mar* оснащáть ⟨-сти́ть 3 -щý⟩ такелáжем

Takelwerk *n* = **Takelage**

Takt *m Mus* такт 2; Feingefühl такт, чýвство 4 тáкта | im ~ в такт, ритми́чно; den ~ schlagen отбивáть ⟨-|би́ть*| -обью́⟩ такт; aus dem ~ kommen сбивáться ⟨-би́ться| собью́сь⟩ с тáкта; ~ haben обладáть тáктом [чýвством тáкта]

taktfest *Mus* соблюдáющий 11 такт

Taktgefühl *n* Feingefühl такти́чность 9, чýвство тáкта

Taktik *f* тáктика 6; **~er** *m* тáктик 2

takt|isch такти́ческий; **~los** бестáкт|ный| -ен, нетакти́ч|ный| -ен

Takt|losigkeit *f* бестáктность 9, нетакти́чность 9; **~stock** *m* дирижёрская пáлочка 6; **~straße** *f* потóчная [автомати́ческая] ли́ния 8; **~strich** *m* тáктовая чертá

taktvoll такти́ч|ный| -ен

Tal *n* доли́на 6

talabwärts *Adv* вниз по доли́не

Talar *m* eines Richters мáнтия 8; eines Priesters ря́са 6, ри́за 6

talaufwärts *Adv* вверх по доли́не

Talent *n* талáнт 2, даровáние 5 | angeborenes ~ прирóдное даровáние; urwüchsiges ~ саморóд|ок| -ка 2

talentiert талáнтлив:ый, дарови́т:ый

talent|los бездáр|ный| -ен; **~voll** = **talentiert**

Talg *m* сáло 4; **~drüse** *f Anat* сáльная железá

Talisman *m* талисмáн 2

Talkessel *m* котлови́на 6

Talkum *n Min* тальк 2
Tallinn Та́ллин 2
Talon *m* тало́н 2
Tal|sohle *f* дно доли́ны; **~sperre** *f* Sperrmauer запру́да 6, плоти́на 6; Staubekken водохрани́лище 4; **~station** *f* Seilbahn ни́жняя 11 ста́нция
talwärts *Adv* вниз в доли́ну
Tamburin *n Mus* тамбури́н 2, бу́б|ен, -на 2
Tampon *m Med* тампо́н 2
tamponieren *tr Med* тампони́ровать *uv, v* 2, вст|авля́ть ⟨-а́вить 3 -а́влю⟩ тампо́н в *A*
Tamtam *n* шуми́ха 6 | mit viel ~ с больши́м шу́мом; prunkvoll с большо́й по́мпой
Tand *m* мишура́ 6; billiger Schmuck безделу́шки *Pl* 6
Tändelei *f* ша́лости *Pl* 9; Liebelei флирт 2, коке́тничание 5
tändeln *intr* балова́ться 2; флиртова́ть 2, коке́тничать
Tandem *n* та́ндем [дэм] 2
Tang *m* морска́я во́доросль 9
Tangen|s *m* та́нгенс 2; **~te** *f* каса́тельная *Subst* 10
Tango *m* та́нго *n idkl*
Tank *m* Großbehälter танк 2; *Kfz* бензоба́к 2
tanken *tr* запр|авля́ть ⟨-а́вить 3 -а́влю⟩ маши́ну *I*; *intr* запр|авля́ться ⟨-а́вить(ся) 3 -а́влю(сь)⟩ горю́чим
Tanker *m* та́нкер 2
Tank|säule *f* бензоколо́нка 6; **~stelle** *f* (бензо)запра́вочная ста́нция 8, бензоколо́нка 6; **~verschluß** *m* кры́шка 6 (бензо)ба́ка; **~wagen** *m Kfz* автоцисте́рна 6; *Eisenb* ваго́н-цисте́рна 2-6
Tanne *f* пи́хта 6
Tannen|baum *m* ёлка 6; **~nadel** *f* пи́хтовая игла́; **~wald** *m* пи́хтовый лес, пихта́рник 2; **~zapfen** *m* пи́хтовая ши́шка
Tansani|a Танза́ния 8; **~er** *m* танзани́|ец, -йца 2; **~erin** *f* танзани́йка 6
tansanisch танзани́йский
Tante *f* тётя 7 *G Pl* тётей, тётка 6
Tantieme *f* тантье́ма 6
Tanz *m* та́н|ец, -ца 2; Volks~ пля́ска 6, пляс 2 | zum ~ gehen идти́ на та́нец; zum ~ auffordern пригла|ша́ть ⟨-си́ть 3 -шу́⟩ танцева́ть; **~abend** *m* танцева́льный ве́чер, вечери́нка 6 (с та́нцами); **~bar** *f* танцева́льный бар, ночно́й бар (с танцплоща́дкой); **~bein** *n:* das ≈ schwingen танцева́ть 2, пу|ска́ться ⟨-сти́ться 3⁺ -щу́сь⟩ в пляс; **~diele** *f* танцплоща́дка 6
tänzeln *intr* припля́сывать
tanzen *intr* танцева́ть 2 (с-); Volkstänze meist пляса́ть* (с-)
Tänzer *m* танцо́р 2; von Volkstänzen meist пля́су́н 2; im Ballett танцо́вщик 2; **~in** *f* танцо́рка 6; пля́су́н|ья 7 *G Pl* -ий; танцо́вщица 6
Tanzfläche *f* танцплоща́дка 6
tanzfreudig лю́бящий 11 (по)танцева́ть
Tanz|gruppe *f* танцева́льный анса́мбль 1, танцева́льная гру́ппа; **~kapelle** *f* танцева́льный орке́стр; **~kunst** *f* танцева́льное иску́сство; **~lehrer** *m* учи́тель та́нцев; **~lied** *n* плясова́я *Subst* 10; **~lokal** *n* рестора́н с танцплоща́дкой; **~musik** *f* танцева́льная му́зыка; **~orchester** *n* = **~kapelle; ~saal** *m* танцева́льный зал, танцза́л 2; **~schuh** *m* ба́льная ту́фля; **~schule** *f* шко́ла та́нцев; **~stunde** *f* уро́к та́нцев; **~turnier** *n* ко́нкурс 2 на лу́чшее исполне́ние та́нцев; **~veranstaltung** *f* ве́чер 2b *Pl* -а́ та́нцев
Tapet *n:* etw. aufs ~ bringen поднима́ть ⟨подня́ть*⟩ како́й-н. вопро́с
Tapete *f* обо́|и, -ев *Pl* 1
Tapetentür *f* потайна́я дверь, окле́енная обо́ями
tapezieren *tr* окл|е́ивать ⟨-е́ить 3⟩ обо́ями
Tapezierer *m* обо́йщик 2
Tapezier(er)werkstatt *f* обо́йная мастерска́я
tapfer хра́бр:ый, -а́!, сме́л:ый, -а́!
Tapferkeit *f* хра́брость 9, сме́лость 9
Tapir *m Zool* тапи́р 2
tappen *intr* тяжело́ ступа́ть, идти́* неуве́ренным [нетвёрдым] ша́гом; tasten идти́ о́щупью | im finstern ~ блужда́ть в потёмках
täppisch неуклю́ж:ий 11, нело́в|кий, -ок, -ка́!
Tara *f Hdl* та́ра 6, упако́вка 6
Tarantel *f Zool* тара́нтул 2 | wie von der ~ gestochen как ужа́ленный
Tarantella *f* таранте́лла [тэ] 6
Tarif *m* тари́ф 2
tariflich **1.** *Adj* тари́фный **2.** *Adv* по тари́фу
Tarif|lohn *m* (минима́льная) зарпла́та по тари́фу; **~ordnung** *f* положе́ние 5 о тари́фах; **~partner** *m* сторона́ 6а в коллекти́вном догово́ре; **~satz** *m* тари́фная ста́вка; **~vertrag** *m* коллекти́вный тари́фный догово́р; **~zone** *f* тари́фный по́яс
tarnen *tr* маскирова́ть 2 (за-); sich ~ *refl* маскирова́ться (за-), скрыва́ться ⟨-|кры́ться*⟩
Tarn|kappe *f* ша́пка-невиди́мка 6-6; **~ung** *f* маскиро́вка 6
Tartanbahn *f Sport* танта́новая доро́жка
Täschchen *n* су́мочка 6
Tasche *f* in Kleidungsstücken карма́н 2; Hand~ су́мка 6; Akten~ портфе́ль 1 | die Hände in die ~en stecken су́нуть ру́ки в карма́ны, *übertr* безде́льничать, ло́дырничать; sich die ~n füllen набива́ть

⟨-|би́ть*⟩ себе́ карма́ны; j-n in die ~ stekken *übertr* заткну́ть *v* 4 кого́-н. за по́яс; j-m auf der ~ liegen жить* на чей-н. счёт

Taschen|buch *n* кни́жка карма́нного форма́та; Handbuch спра́вочник 2; **~dieb** *m* карма́нный вор, карма́нник 2; **~geld** *n* карма́нные де́ньги; **~kalender** *m* карма́нный календа́рь; **~lampe** *f* (электри́ческий) карма́нный фона́рик 2; **~messer** *n* перочи́нный но́ж(ик); **~rechner** *m* микрокалькуля́тор 2; **~schirm** *m* складно́й зо́нтик; **~spiegel** *m* карма́нное зе́ркальце 4; **~spieler** *m* фо́кусник 2; **~tuch** *n* носово́й плато́к; **~uhr** *f* карма́нные часы́; **~wörterbuch** *n* карма́нный слова́рь

Tasse *f* ча́шка 6

Tastatur *f* клавиату́ра 6

Taste *f Mus, Tech* кла́виша 6; Telegraf телегра́фный ключ 2е *G Pl* -ей; an Radio u. a. кно́пка 6

Tastempfindung *f* осяза́ние 5

tasten *intr* ощу́п|ывать ⟨-ать⟩ рука́ми; Telegraf пере|дава́ть* ⟨-да́ть*⟩ (телегра́фным) ключо́м | sich nach der Tür ~ иска́ть* о́щупью дверь

Tasteninstrument *n* кла́вишный инструме́нт

Taster *m Tech* кла́вишный выключа́тель 1; Telegraf ключ 2е *G Pl* -е́й

Tastsinn *m* осяза́ние 5

Tat *f* посту́п|ок, -ка 2; Handlung де́йствие 5, де́ло 4; Groß~ по́двиг 2 | in der ~ действи́тельно, в са́мом де́ле; ein Mann der ~ челове́к 2 де́ла; auf frischer ~ ertappen пойма́ть на ме́сте преступле́ния, пойма́ть с поли́чным; in die ~ umsetzen претвор|я́ть ⟨-и́ть 3⟩ в жизнь; zu seinen ~en stehen не отрека́ться ⟨-|ре́чься*⟩ от свои́х посту́пков

Tatar *m* тата́р|ин 2 *Pl* -ы, *G* тата́р, *D* -ам; **~in** *f* тата́рка 6

tatarisch тата́рский

Tatbestand *m* соста́в 2 преступле́ния | den ~ aufnehmen составля́ть ⟨-а́вить 3 -а́влю⟩ протоко́л происше́ствия

Tatendrang *m* стремле́ние 5 к де́ятельности

tatenlos безде́ятел|ьный, -ен, -ьна, пра́зд|ный, -ен | ~ zusehen не вме́шиваться

Täter *m* вино́вник 2, престу́пник 2; **~schaft** *f Jur* вино́вность 9

tätig де́ятел|ьный, -ен, -ьна, акти́в|ный, -ен | ~en Anteil an etw. nehmen принима́ть ⟨приня́ть*⟩ де́ятельное уча́стие в чём-н.; er ist als Arzt ~ он рабо́тает в ка́честве врача́

tätigen *tr* осуществ|ля́ть ⟨-и́ть 3 -лю́⟩ | einen (Vertrags-) Abschluß ~ заключ|а́ть ⟨-и́ть 3⟩ сде́лку, соверш|а́ть ⟨-и́ть 3⟩ сде́лку

Tätigkeit *f* де́ятельность 9

Tätigkeits|bereich *m* сфе́ра де́ятельности; **~drang** *m* жа́жда 6 де́ятельности

Tatkraft *f* эне́ргия 8, акти́вность 9

tatkräftig энерги́ч|ный, -ен, де́ятел|ный, -ен, -ьна

tätlich: gegen j-n ~ werden оскорб|ля́ть ⟨-и́ть 3 -лю́⟩ кого́-н. де́йствием

Tätlichkeiten *f Pl* наси́льственные де́йствия | es kam zu ~ дошло́ до дра́ки

Tatort *m* ме́сто (соверше́ния) преступле́ния

tätowieren *tr* татуи́ровать *uv, v* 2

Tätowierung *f* татуиро́вка 6

Tatsache *f* факт 2 | das ist ~! э́то факт!; es ist eine ~, daß ... факт, что ...; der ~ Rechnung tragen счита́ться (по-) с фа́ктом; an Hand von ~n beweisen дока́зывать ⟨-|каза́ть*⟩ на фа́ктах; j-n vor eine vollendete ~ stellen ста́вить (по-) кого́-н. пе́ред соверши́вшимся фа́ктом

Tatsachen|bericht *m* сообще́ние на осно́ве факти́ческих да́нных; **~material** *n* факти́ческий материа́л

tatsächlich 1. *Adj* факти́ческий, действи́тел|ьный, -ен, -ьна **2.** *Adv* факти́чески, в са́мом де́ле

tätscheln *tr* ла́сково похло́пывать [трепа́ть (по-)]

Tatze *f* ла́па 6

[1]**Tau** *m* роса́ 6с | vor ~ und Tag чуть свет, ни свет ни заря́

[2]**Tau** *n* кана́т 2, трос 2

taub Gehör глух:о́й, -а́!; глу́ше *a. übertr;* Ähre, Gestein пуст:о́й, -а́! | ~e Blüte пустоцве́т 2; ~es Gestein пуста́я поро́да 6; auf beiden Ohren ~ sein быть глухи́м на о́ба у́ха; ~ gegen alle Bitten глух ко всем про́сьбам

Taube *f* го́лубь 1g; weibliche голу́бка 6

Tauben|schlag *m* голубя́т|ня 7 *G Pl* -ен | hier geht es zu wie in einem ≈ э́то не дом, а проходно́й двор; **~zucht** *f* голубево́дство 4

Tauber *m*, **Täuberich** *m* го́лубь-саме́ц 1g-2е *G* самца́

Taubheit *f* Gehör глухота́ 6; Glieder онеме́лость 9

Täubling *m Bot* сыроё́жка 6

Taubnessel *f* ясно́тка 6

taubstumm глухонемо́й

Tauchboot *n* батиска́ф 2

tauchen *tr* погр|ужа́ть ⟨-узи́ть 3 -ужу́, -у́зишь⟩; Körperteil окун|а́ть ⟨-у́ть 4⟩; *intr* ныр|я́ть ⟨-ну́ть *mom* 4⟩, beim Baden окун|а́ться ⟨-у́ться⟩; versinken погру|жа́ться ⟨-зи́ться⟩

Tauchente *f* ныр|о́к, -ка́ 2

Taucher *m* водола́з 2; Sport~ аквалангист 2; **~anzug** *m* водола́зный костю́м, скафа́ндр 2; **~brille** *f* водола́зные очки́; **~glocke** *f* водола́зный ко́локол

Tauchsieder *m* (погружно́й) электронагрева́тель 1
tauen *intr* та́|ять, -ет (рас-)
Taufbecken *n* купе́ль 9
Taufe *f Rel* креще́ние 5; Feier крести́ны *Pl* 6; Schiff освяще́ние 5
taufen *tr* кре|сти́ть *uv, v* 3⁺ -щу́ (*d.* о-); Schiff освя|ща́ть ⟨-ти́ть 3 -щу́⟩ | sich ~ lassen крести́ться *uv, v* (*a.* о-)
Tauf|name *m* и́мя, да́нное при креще́нии; **~pate** *m* крёстный от|е́ц, -ца 2; **~patin** *f* крёстная мать, ма́тери 9g
taufrisch све́жий от росы́, роси́ст:ый
Tauf|schein *m* свиде́тельство о креще́нии; **~stein** *m* купе́ль 9
taugen *intr* годи́ться 3, быть* (при)го́дным (zu к *D*) | nichts ~ никуда́ не годи́ться; das taugt zu nichts э́то ни на что не годи́тся
Taugenichts *m* безде́льник 2
tauglich приго́д|ный, -ен, го́д|ный, -ен, -на́, -но, го́дны́ (zu, für к *D*); *Mil* го́дный (к вое́нной слу́жбе)
Tauglichkeit *f* (при)го́дность 9
Taumel *m* Schwindelgefühl головокруже́ние 5; *übertr* упое́ние 5, восто́рг 2 | im ~ der Begeisterung в пылу́ восто́рга [энтузиа́зма]
taumelig шата́ющийся 11
taumeln *intr* шат|а́ться ⟨-ну́ться *mom* 4⟩, пло́хо держа́ться 3⁺ на нога́х | er taumelte vor Freude у него́ голова́ закружи́лась от ра́дости, он опьяне́л от ра́дости
Tausch *m* обме́н 2, ме́на 6
tauschen *tr* меня́ть (об-) (gegen на *A*); меня́ться (об-, по-) (etw. mit j-m чем-н. с кем-н.) | die Wohnung mit j-m ~ меня́ться с кем-н. кварти́рой; die Rollen ~ меня́ться роля́ми; ich möchte nicht mit ihm ~ я не хоте́л бы быть на его́ ме́сте
täuschen *tr u. intr* обма́нывать ⟨-ману́ть 4⁺⟩, вводи́ть 3⁺ -вожу́ ⟨-|вести́*⟩ в заблужде́ние (j-n durch etw. кого́-н. чем-н.); sich ~ *refl* обма́ныватьcя ⟨-ману́ться⟩, ошиба́ться ⟨-|шиби́ться*⟩ (in j-m в ком-н.); sich irren заблужда́ться | sich nicht ~ lassen не да́ться* *v* в обма́н; **~d** обма́нчив:ый | ≈ ähnlich порази́тельно похо́жий; ~e Ähnlichkeit порази́тельное схо́дство
Tausch|handel *m* менова́я торго́вля; **~objekt** *n* предме́т обме́на; **~partner** *m* партнёр по обме́ну
Täuschung *f* обма́н 2; Einbildung иллю́зия 8; Irrtum заблужде́ние 5
Tausch|wert *m* менова́я сто́имость; **~wohnung** *f* кварти́ра, предлага́емая в обме́н
tausend ты́сяч|а 6 *I* -ей *u.* -ью
Tausend *n* ты́сяч|а 6 *I* -ей *u.* -ью | viele ~ мно́го ты́сяч; zu ~en ты́сячами; ~e von Menschen ты́сячи люде́й; ~e und aber ~e ты́сячи и ты́сячи
Tausender *m* ты́сяч|а 6 *I* -ей *u.* -ью
tausendfach **1.** *Adj* тысячекра́тный, ты́сячный **2.** *Adv* в ты́сячу раз
Tausend|füßler *m* многоно́жка 6; **~güldenkraut** *n* золототы́сячник 2; **~jahrfeier** *f* тысячеле́тие 5
tausendjährig тысячеле́тний 11
Tausendkünstler *m* ма́стер 2b *Pl* -а́ на все ру́ки, иску́сник 2
tausendmal *Adv* ты́сячу раз | ~ besser в ты́сячу раз лу́чше
Tausend|sassa *m* бедо́вый па́р|ень, -ня 1; **~schönchen** *n Bot* маргари́тка 6, стоцве́т 2
tausendster ты́сячный
Tausendstel *n* ты́сячная часть 9g, ты́сячная до́ля 7g
Tautologie *f* тавтоло́гия 8
Tauwetter *n* о́ттепель 9
Tauziehen *n Sport* перетя́гивание 5 кана́та; *übertr* возня́ 7
Taxa|meter *m* Uhr таксо́метр 2, счётчик 2 такси́; **~tor** *m* такса́тор 2, оце́нщик 2
Taxe *f* та́кса 6
taxen *tr* = **taxieren**
Taxi *n* такси́ *n idkl*
taxieren *tr* оце́нивать ⟨оцени́ть 3⁺⟩, такси́ровать *uv, v* 2
Taxi|fahrer *m,* **~fahrerin** *f* води́тель такси́; **~stand** *m* стоя́нка 6 такси́
Taxus *m Bot* тис 2
Taxwert *m* сто́имость по та́ксе
Tbc-krank больно́й туберкулёзом
Tbc-Kranker *m* больно́й *Subst* 10 туберкулёзом, туберкулёзник 2 *umg*
Tbilissi Тбили́си *m idkl*
Team *n* (спорти́вная) кома́нда 6; bei der Arbeit коллекти́в 2
Technik *f* те́хника 6; **~er** *m* те́хник 2; im Spiel владе́ющий *Subst* 11 те́хникой
Technikum *n* те́хникум 2
technisch техни́ческий | Technische Universität (*Abk* TU) вы́сшее 11 техни́ческое уче́бное заведе́ние 5, втуз 2; ~er Leiter техни́ческий руководи́тель, техно́ру́к 2
technisieren *tr* внедр|я́ть ⟨-и́ть 3⟩ те́хнику в *A*
Technisierung *f* внедре́ние 5 те́хники в *A*
Technolog|e *m* техно́лог 2; **~ie** *f* техноло́гия 8
technologisch технологи́ческий
Techtelmechtel *n umg* шу́ры-му́ры *nur N u. A Pl*
Teckel *m Zool* та́кса 6
Teddybär *m* медвеж|о́нок, -о́нка 2 *Pl* -а́та, -а́т, -а́там, ми́шка *m* 6
Tee *m* чай 1b *G a.* ча́|ю, *G Pl* -ёв | ein Glas ~ стака́н ча́ю; **~anbau** *m* чаево́дство 4; **~beutel** *m* паке́тик 2 с ча́ем; **~gebäck** *n*

печéнье к чáю, чáйное печéнье; ~**haus** *n* чáйная *Subst* 10; ~**kanne** *f* чáйник 2; ~**kessel** *m* чáйник 2; ~**löffel** *m* чáйная лóжка | dreimal täglich einen ≈ три рáза в день по чáйной лóжке

Teenager *m* подрóст|ок, -ка 2

Teer *m* смолá 6с, дёг|оть, -тя 1; ~**brennerei** *f* смолокýренный завóд 2

teeren *tr* смолúть 3 ⟨вы́-⟩; Straße гудронúровать *uv, v* 2

teerig смолянóй

Teerose *f* чáйная рóза

Teerpappe *f* толь 1

Tee|service *n* чáйный сервúз; ~**sieb** *n* чáйное сúтеч|ко 4 *Pl* -ки, -ек; ~**strauch** *m* чáйный куст; ~**stube** *f* чáйная *Subst* 10; ~**tasse** *f* чáйная чáшка; ~**trinker** *m* чаёвник 2, любúтель 1 пить чай; ~**wagen** *m* телéжка-поднóс 6-2; ~**wasser** *n* кипят|óк, -кá 2 для чáя; ~**wurst** *f* чáйная колбасá

Teheran Тегерáн 2

Teich *m* пруд 2е; в, на прудý; ~**rose** *f* кувшúнка 6

Teig *m* тéсто 4

teigig тестообрáз|ный, -ен

Teigwaren *f Pl* макарóнные издéлия *Pl* 5

Teil *m, n* часть 9g; Anteil дóля 7g *G Pl* долéй, па|й 1b *G Pl* -ёв; Portion пóрция 8; *Jur* сторонá 6a | zum ~ частúчно, отчáсти; zum großen ~ в значúтельной стéпени; zum größten ~ бóльшей чáстью; ein Roman in drei ~en ромáн в трёх частя́х; in ~e zerlegen членúть 3 ⟨рас-⟩; ich für mein ~ что касáется меня́, я со своéй стороны́; zu gleichen ~en beteiligt sein учáствовать на рáвных начáлах; ~**automatisierung** *f* частúчная автоматизáция

teilbar делúмый | zehn ist durch fünf ~ дéсять дéлится на пять

Teil|barkeit *f* делúмость 9; ~**chen** *n* частúца 6

teilen *tr* делúть 3⁺ ⟨по-, раз-⟩; Ansichten раздел|я́ть ⟨-úть⟩; sich ~ *refl* Meinungen раздел|я́ться ⟨-úться⟩; sich gabeln разветв|ля́ться ⟨-úться 3⟩ | mit j-m ein Stück Brot ~ делúться ⟨по-⟩ с кем-н. кускóм хлéба; mit j-m Freud und Leid ~ делúть с кем-н. гóре и рáдость

Teilerfolg *m* частúчный успéх

teilhaben *intr* учáствовать 2 (an в *P*), принимáть ⟨приня́ть*⟩ учáстие (an в *P*);

Teilhaber *m* компаньóн 2; durch Aktien пáйщик 2; ~**schaft** *f* учáстие 5 в *A*

Teilnahme *f* учáстие 5 (an в *P*); Mitgefühl сочýвствие 5, сострадáние 5 | j-m seine ~ aussprechen выражáть ⟨вы́ра|зить 3 -жу⟩ соболéзнование комý-н.; ~**berechtigung** *f Sport* прáво 4 на учáстие (в соревновáниях)

teilnahmslos безучáст|ный, -ен, равнодýш|ный, -ен

Teilnahmslosigkeit *f* безучáстность 9, равнодýшие 5

teilnahmsvoll учáстлив:ый, сочýвствен:ный, -на

teilnehmen *intr* учáствовать 2 (an в *P*), принимáть ⟨приня́ть*⟩ учáстие (an в *P*); mitfühlen сочýвствовать 2 *D;* ~**d** mitfühlend сочýвствен:ный, -на

Teilnehmer *m* учáстник 2 (an в *P*); *Tel* абонéнт 2; ~**land** *n* странá-учáстница 6с-6; ~**zahl** *f* числó учáстников

teils *Adv* частúчно, отчáсти | ~ ..., ~ ... то ..., то..., и ..., и ...

Teil|strecke *f* учáсток путú; ~**strich** *m* делéние 5 шкалы́; ~**ung** *f Biol* делéние 5; der Arbeit разделéние 5; Verteilung дележ 2е; von Vermögen раздéл 2 | die ≈ Polens *hist* раздéл Пóльши

teilweise *Adv* отчáсти, частúчно

Teil|zahlung *f* Abzahlung уплáта 6 в рассрóчку [по частя́м]; Beitrag частúчный взнос 2; ~**zeitarbeit** *f* рабóта с непóлным рабóчим днём

Teint *m* цвет 2 лицá

T-Eisen *n* таврóвое желéзо

Tel Aviv Тель-Авúв [тэ] 2

Telefon *n* телефóн 2, телефóнный аппарáт 2; ~**automat** *m* таксофóн 2, телефóн-автомáт 2-2; ~**buch** *n* телефóнная кнúга, телефóнный спрáвочник; ~**gespräch** *n* разговóр по телефóну, телефóнный разговóр; ~**hörer** *m* телефóнная трýбка

telefon|ieren *intr* звонúть 3 ⟨по-⟩ [говорúть 3] по телефóну; ~**isch 1.** *Adj* телефóнный **2.** *Adv* по телефóну | j-n ≈ erreichen дозвонúться *v* 3 до когó-н.; ist er ≈ zu erreichen? есть ли у негó телефóн?

Telefonist *m* телефонúст 2; ~**in** *f* телефонúстка 6

Telefon|leitung *f* телефóнная лúния; ~**netz** *n* телефóнная сеть; ~**nummer** *f* нóмер телефóна; ~**verbindung** *f* телефóнная связь; ~**zelle** *f* телефóнная бýдка 6; im Gebäude телефóная кабúна; ~**zentrale** *f* einer Behörde телефóнный коммутáтор 2

Telegraf *m* телегрáф 2

Telegrafen|amt *n* телегрáф 2; ~**mast** *m* телегрáфный столб

Telegrafie *f* телегрáфия 8

telegraf|ieren *intr* телеграфúровать *uv, v* 2, уведомля́ть ⟨увéдом|ить 3 -лю⟩ по телегрáфу (j-m *A*); ~**isch 1.** *Adj* телегрáфный **2.** *Adv* по телегрáфу

Telegramm *n* телегрáмма 6; ~**adresse** *f* телегрáфный áдрес; ~**formular** *n* телегрáфный бланк; ~**stil** *m* телегрáммный стиль

Telemark *m Sport* поворо́т 2
Tele|objektiv *n* телеобъекти́в 2; **~pathie** *f* телепа́тия 8
Teleskop *n* телеско́п 2
Telex те́лекс 2
Teller *m* таре́лка 6 | flacher ~ ме́лкая таре́лка; tiefer ~ глубо́кая таре́лка; **~eisen** *n* капка́н 2; **~mine** *f* ди́сковая ми́на 6
Tempel *m* храм 2, святи́лище 4 *a. übertr;* **~herr** *m hist* тамплие́р [иэ] 2
Tempera *f,* **~farbe** *f* Kunst те́мпера [тэ] 6; **~malerei** *f* жи́вопись те́мперой [тэ]
Temperament *n* темпера́мент 2
temperamentvoll темпера́мент|ный, -ен
Temperatur *f* температу́ра 2 *a. Med* | erhöhte ~ повы́шенная температу́ра; **~anstieg** *m* повыше́ние температу́ры; *Met* потепле́ние 5; **~rückgang** *m* пониже́ние 5 температу́ры; *Met* похолода́ние 5; **~sturz** *m* ре́зкое паде́ние температу́ры; **~unterschied** *m* ра́зность температу́р
temperieren *tr Tech* подде́рживать ⟨-держа́ть 3⁺⟩ равноме́рную температу́ру; mäßigen умеря́ть ⟨уме́рить 3⟩
Tempo *n* темп [тэ] 2 | ~! быстре́е, быстре́е!, быстре́й, быстре́й!
Temporalsatz *m* прида́точное предложе́ние вре́мени
temporär вре́менный
Tempus *n Gramm* вре́м|я *n G D P* -ени, *I* -енем, *Pl* -ена́, -ён, -ена́м
Tendenz *f* тенде́нция [тэндэ] 8 (zu к *D*)
tendenziös тенденцио́з|ный [тэндэ], -ен
Tendenzstück *n* тенденцио́зная [тэндэ] пье́са
Tender *m* те́ндер [тэндэ] 2; **~lokomotive** *f* танк-парово́з 2
tendieren *intr* быть* скло́нным (nach, zu к *D*)
Tenne *f* ток 2b; на току́ *Pl* -а́, гумно́ 4c *G Pl* гу́мен *u.* гумён
Tennis *n* те́ннис [тэ] 2 | ~ spielen игра́ть в те́ннис; **~ball** *m* те́ннисный [тэ] мяч; **~platz** *m* корт 2, те́ннисная [тэ] площа́дка; **~schläger** *m* (те́ннисная) [тэ] раке́тка 6; **~spieler** *m* теннис́ист [тэ] 2; **~turnier** *n* соревнова́ния *Pl* 5 по те́ннису [тэ]
¹Tenor *m* те́нор 2b *Pl* -а́; **~stimme** *f* те́нор 2b *Pl* -а́
²Tenor *m* гла́вное содержа́ние 5
Teppich *m* ковёр, -ра́ 2; **~kehrmaschine** *f* механи́ческая щётка 6 для ковра́; **~klopfer** *m* выбива́лка 6; **~weber** *m* ковро́вщик 2
Termin *m* срок 2; *Jur* заседа́ние 5 суда́; Vorladung вы́зов 2 в суд | letzter ~ кра́йний 11 срок; den ~ einhalten соблюда́ть ⟨соблюсти́*⟩ срок; **~arbeit** *f* сро́чная рабо́та
termingemäß (вы́полненный) в ука́занный [обусло́вленный] срок, своевре́мен|ный, -ен, -на
Terminkalender *m* календа́рь-па́мятка 1e-6
Terminologie *f* терминоло́гия 8
Terminplan *m* календа́рный план
Terminus *m* те́рмин 2
Termin|verlängerung *f* продле́ние сро́ка; **~verschiebung** *f* отсро́чка 6
Termite *f* терми́т 2
Terpentin *n* терпенти́н 2, скипида́р 2; **~öl** *n* терпенти́нное [скипида́рное] ма́сло
Terrain *n* ме́стность 9; Grundstück уча́ст|ок, -ка 2
Terrakotta *f* террако́та [тэ] 6
Terrarium *n* терра́ри|й [тэ] 1 *P* -и *G Pl* -ев
Terrasse *f* терра́са 6
terrassenförmig террасови́д|ный, -ен
Terrier *m Zool* терье́р [тэ] 2
Terrine *f* (супова́я) ми́ска 6
territorial территориа́льный
Territorialgewässer *Pl* территориа́льные во́ды
Territorium *n* террито́рия 8
Terror *m* терро́р [тэ] 2 (gegen про́тив *G*); **~akt** *m* террористи́ческий [тэ] акт
terrorisieren *tr* терроризи́ровать [тэ] *uv, v* 2, терроризова́ть *uv, v* 2
Terrorist *m* террори́ст [тэ] 2
terroristisch террористи́ческий
Tertiär *n* трети́чный пери́од 2
Terz *f Mus* те́рция [тэ] 8
Terz|ett *n* терце́т [тэ] 2, три́о *n idkl;* **~ine** *f Lit* терци́на [тэ] 6
Test *m* тест [тэ] 2; *Tech* испыта́ние 5
Testament *n* завеща́ние 5; *Rel* заве́т 2 | das Alte ~ Ве́тхий заве́т; sein ~ machen сде́лать *v* завеща́ние
testamentarisch завеща́тельный | ~ hinterlassen завеща́ть *uv, v*
Testamentsvollstrecker *m* исполни́тель 1 завеща́ния
Testat *n* свиде́тельство 4, удостовере́ние 5; im Studium зачёт 2
testen *tr* подверга́ть ⟨-ве́ргнуть 4a *u.* 4⟩ испыта́нию [прове́рке]
Testflug *m* испыта́тельный полёт
testieren *tr* durch Unterschrift bestätigen подпи́сывать ⟨-|писа́ть*⟩; bescheinigen свиде́тельствовать 2 (за-) посеще́ние; Testament machen завеща́ть *uv, v*
Testpilot *m* лётчик-испыта́тель 2-1
teuer дорого́й, до́рог, дорога́!, доро́же | wie ~ ist ...? ско́лько сто́ит ...?; wie ~ sind die Gurken? почём огурцы́?; es ist ~ до́рого сто́ит; teurer werden дорожа́ть (вз-, по-); ein ~ erkaufter Sieg побе́да, доста́вшаяся дорого́й цено́й; das soll ihn ~ zu stehen kommen э́то ему́ до́рого обойдётся, он попла́тится за э́то

Teuerung *f* вздорожа́ние 5, дорогови́зна 6
Teuerungszulage *f* надба́вка 6 в связи́ с ро́стом дорогови́зны
Teufel *m* чёрт 2 *Pl* че́рти 1g; böser Geist дья́вол 2, бес 2 | armer ~ бедня́га *m, f* 6; pfui ~! тьфу, про́пасть!; weiß der ~ was ...! чёрт зна́ет что ...!; чёрт-те что ...!; den ~ an die Wand malen рисова́ть (на-) вся́кие у́жасы; hol's der ~! чёрт возьми́!, чёрт побери́!; mag er sich zum ~ scheren! чёрт с ним!; scher dich zum ~! пошёл к чёрту!, убира́йся!; **~ei** *f* чертовщи́на 6, дья́вольщина 6
Teufels|brut *f* чёртово отро́дье 13-5; **~kerl** *m* бедо́вый па́рень, молод|е́ц, -ца́ 2; **~werk** *n* дья́вольщина 6
teuflisch черто́вский, дья́вольский
Text *m* текст 2; Lieder~ слова́ *Pl* 4b; Opern~ либре́тто *n idkl* | weiter im ~! продолжа́й(те)!; **~buch** *n* либре́тто *n idkl;* **~dichter** *m* а́втор 2 те́кста
Textilarbeiterin *f* тексти́льщица 6
Textilien *Pl* тексти́ль 1, тексти́льные това́ры *Pl* 2
Textil|industrie *f* тексти́льная промы́шленность; **~waren** *f Pl* = **Textilien**
Textkritik *f Lit* текстоло́гия 8
textlich текстово́й
Thailand Таила́нд 2; **~länder** *m* таила́нд|ец, -ца 2; **~länderin** *f* таила́ндка 6
thailändisch таила́ндский
Theater *n* теа́тр 2 | was wird heute im ~ gegeben? что идёт сего́дня в теа́тре?; mach kein ~! не притворя́йся!; **~anrecht** *n* театра́льный абонеме́нт; **~aufführung** *f* спекта́кль 1; Inszenierung постано́вка 6; **~besuch** *m* посеще́ние теа́тра | gemeinsamer ≈ коллекти́вное посеще́ние теа́тра; **~besucher** *m* театра́льный зри́тель 1; **~dichter** *m* драмату́рг 2; **~glas** *n* театра́льный бино́кль 1; **~hochschule** *f* театра́льный институ́т 2; **~karte** *f* биле́т в теа́тр; **~kasse** *f* театра́льная [биле́тная] ка́сса; **~liebhaber** *m* театра́л 2; **~stück** *n* пье́са 6; **~vorstellung** *f* театра́льное представле́ние; **~wissenschaft** *f* театрове́дение 5; **~zeitschrift** *f* театра́льный журна́л
theatralisch театра́л|ьный, -ен, -ьна *a. übertr*
Theke *f* im Gasthaus (буфе́тная) сто́йка 6
Thema *n* те́ма 6 *a. Mus* | über dieses ~, zu diesem ~ на э́ту те́му; zu einem anderen ~ übergehen переходи́ть ⟨-йти́⟩ к друго́й те́ме; vom ~ abweichen отклон|я́ться ⟨-и́ться⟩ от те́мы; **~tik** *f* тема́тика 6
thematisch темати́ческий
Themen|plan *m* темати́ческий план; **~stellung** *f* постано́вка 6 те́мы
Themse Те́мза 6
Theodolit *m* теодоли́т 2
Theolog|e *m* тео́лог [тэ] 2, богосло́в 2; **~ie** *f* теоло́гия [тэ] 8, богосло́вие 5
theologisch теологи́ческий [тэ], богосло́вский
Theorem *n* теоре́ма 6
Theoretiker *m* теоре́тик 2
theoretisch теорети́ческий, теорети́ч|ный, -ен
theoretisieren *intr* теоретизи́ровать 2
Theorie *f* тео́рия 8
Therapeutik *f Med* терапе́втика 6
therapeutisch терапевти́ческий
Therapie *f* терапи́я 8
Thermal|bad *n* куро́рт с горя́чими исто́чниками; **~quelle** *f* горя́чий исто́чник
thermisch терми́ческий, теплово́й
Thermo|dynamik *f* термодина́мика 6; **~elektrizität** *f* термоэлектри́чество 4; **~meter** *n* термо́метр 2; *Med* гра́дусник 2
thermonuklear термоя́дерный
Thermosflasche *f* те́рмос [тэ] 2
Thermostat *m* термоста́т [тэ] 2
These *f* те́зис [тэ] 2, положе́ние 5
Thomas|birne *f Bergb* тома́совский конве́ртер 2; **~stahl** *m* тома́совская сталь; **~verfahren** *n* тома́совский проце́сс
Thrombose *f* тромбо́з 2
Thron *m* престо́л 2, трон 2 | den ~ besteigen вступ|а́ть ⟨-и́ть 3⁺ -лю́⟩ на престо́л; **~besteigung** *f* вступле́ние 5 на престо́л
thronen *intr* восседа́ть (на тро́не); *übertr* возвыша́ться ⟨возвы́|ситься 3 -шусь⟩
Thron|folge *f* престолонасле́дие 5; **~folger** *m* престолонасле́дник 2; **~rede** *f* тро́нная речь
Thunfisch *m* тун|е́ц, -ца́ 2
Thüringen Тюри́нгия 8
Thüringer Wald Тюри́нгенский лес
Thymian *m* тимья́н 2
Tibet Тибе́т 2
Tibeter *m* тибе́т|ец, -ца 2; **~in** *f* тибе́тка 6
tibetisch тибе́тский
ticken *intr* ти́кать
tief 1. *Adj* глуб|о́кий, -о́к, -ока́, -о́ко́; глу́бже; глубоча́йший 11; Ton, Stimme, Temperatur ни́з|кий, -ок, -ка́, -ко, ни́зки́; ни́же; ни́зший 11, нижа́йший 11; Farbton тём|ный, -ен, -на́, темно́ *u.* тёмно | drei Meter ~ глубино́й в три ме́тра; ~er machen углуб|ля́ть ⟨-и́ть 3 -лю́⟩; ~e Verbeugung ни́зкий покло́н; aus ~ster Seele из глубины́ души́ **2.** *Adv:* den Hut ~ ins Gesicht drücken нахлобу́ч|ивать ⟨-ить 3⟩ шля́пу; das läßt ~ blikken э́то наво́дит на размышле́ния; er war aufs ~ste erschüttert он был потрясён до глубины́ души́; wie ~ er gesunken ist как ни́зко он пал; stille Wasser sind ~ в ти́хом о́муте че́рти во́дятся
Tief *n Met* о́бласть 9g ни́зкого давле́ния;

Fahrrinne глубоково́дный пут|ь *m* 9e *I* -ём, фарва́тер [тэ] 2; **~angriff** *m Mil* ата́ка с бре́ющего полёта; **~bau** *m* строи́тельство подзе́мных сооруже́ний

tief|bewegt глубоко́ тро́нутый [взволно́ванный]; **~blau** тёмно-си́ний 11

Tiefdruck *m Typ* глубо́кая печа́ть; **~gebiet** *n* = **Tief**

Tiefe *f* глубина́ 6c, глубь 9; Empfindung глубина́, си́ла 6; Hintergrund глубина́, даль 9; Kluft, Abgrund бе́здна 6, про́пасть 9 | in einer ~ von fünf Metern на глубине́ в пять ме́тров

Tiefebene *f* ни́зменность 9

tiefempfunden глубоко́ прочу́вствованный | seinen ~en Dank aussprechen выража́ть ⟨вы́разить 3 -жу⟩ свою́ глубоча́йшую благода́рность

Tiefen|schärfe *f Foto* глубина́ 6 ре́зкости; **~wirkung** *f* де́йствие 5 в глубину́

tief|ernst о́чень серьёзный; **~erschüttert** потрясённый до глубины́ души́

Tief|flieger *m* лётчик-штурмови́к 2-2e; Flugzeug низколетя́щий самолёт 2 **~flug** *m* бре́ющий 11 полёт; **~gang** *m Mar* оса́дка 6

tief|gehend глуб|о́кий$_1$ -о́к$_1$ -ока́$_1$ -о́ко́; **~gekühlt:** ≈e Milch си́льно охлаждённое молоко́; **~greifend** глуб|о́кий$_1$ -о́к$_1$ -ока́$_1$ -о́ко́; **~gründig** глуб|о́кий$_1$ -о́к$_1$ -ока́$_1$ -о́ко́

Tiefkühl|fach *n* замора́живатель 1; **~truhe** *f* шкаф-морози́льник 2-2

Tiefland *n* ни́зменность 9

tiefliegend Land ни́зменный; Augen глубоко́ сидя́щий 11

Tief|punkt *m übertr* наибо́лее ни́зкая то́чка; **~schlag** *n* Boxen уда́р ни́же по́яса

tiefschürfend *übertr* углубл|ённый$_1$ -ён$_1$ -ена́, глуб|о́кий$_1$ -о́к$_1$ -ока́$_1$ -о́ко́

Tiefsee|forschung *f* иссле́дование морски́х [океа́нских] глуби́н; **~kabel** *n* глубоково́дный ка́бель

tiefsinnig глубокомы́слен:ный$_1$ -на; nachdenklich заду́мчив:ый; schwermütig меланхоли́ческий

Tiefstand *m* наибо́лее ни́зкий у́ровень

Tiegel *m* (ни́зкий) горш|о́к$_1$ -ка 2; Stielpfanne сковорода́ 6e *Pl* ско́вороды с ру́чкой; *Tech* ти́г|ель$_1$ -ля 1

Tier *n* живо́тное *Subst* 10; wildes зверь 1g | ein großes ~ *umg* ва́жная пти́ца 6

tierähnlich звероподо́б|ный$_1$ -ен

Tierarzt *m* ветвра́ч 2e, ветерина́рный врач

tierärztlich ветерина́рный

Tier|bändiger *m* укроти́тель 1 звере́й; **~farm** *f* животново́дческая фе́рма; **~freund** *m* друг живо́тных; **~garten** *m* зоопа́рк 2, зоологи́ческий сад; **~heilkunde** *f* ветерина́рия 8

tierisch живо́тный; grausam зве́рский

Tier|junges *n* детёныш 2 *G Pl* -ей; **~klinik** *f* ветерина́рная кли́ника; **~kreis** *m Astr* зодиа́к 2; **~kreiszeichen** *n* знак зодиа́ка; **~kunde** *f* зооло́гия 8; **~maler** *m* худо́жник-анимали́ст 2–2; **~park** *m* зоопа́рк 2; **~pfleger** *m* животново́д 2; **~quälerei** *f* жесто́кое обраще́ние 5 с живо́тными; **~reich** *n* живо́тный мир, фа́уна 6; **~schutz** *m* охра́на живо́тных; **~seuche** *f* эпизоо́тия [зоо] 8; **~welt** *f* живо́тный мир, фа́уна 6; **~zucht** *f* животново́дство 4

Tiger *m* тигр 2; **~fell** *n* тигро́вая шку́ра; **~in** *f* тигри́ца 6

Tilde *f* ти́льда 6

tilgen *tr* устран|я́ть ⟨-и́ть 3⟩; Schulden пога|ша́ть ⟨-си́ть 3⁺ -шу́⟩, упл|а́чивать ⟨-ати́ть 3⁺ -ачу́⟩

Tilgung *f* устране́ние 5; погаше́ние 5, упла́та 6

Timbre *n* тембр [тэ] 2

Tinktur *f* тинкту́ра 6, насто́|й 1 *G Pl* -ев

Tinte *f* черни́ла *Pl* 4 | er sitzt in der ~ *umg* он сиди́т в лу́же

Tinten|faß *n* черни́льница 6; **~fisch** *m* карака́тица 6; **~fleck** *m* черни́льное пятно́; **~klecks** *m* кля́кса

Tip *m* Hinweis указа́ние; Rat сове́т 2

¹tippen *tr* Brief печа́тать на (пи́шущей) маши́нке

²tippen *intr* leicht berühren слегка́ каса́ться ⟨косну́ться 4⟩ (an *G*); auf eine Sache setzen, wetten ста́в|ить 3 -лю (по-) (auf на *A*); Lotterie уча́ствовать 2 в лотере́е; Lotto уга́дывать ⟨-гада́ть⟩; vermuten счита́ть

Tippfehler *m* опеча́тка 6

tipptopp *Adv umg* безупре́чно

Tirade *f* тира́да 6

Tirana Тира́на 6

Tirol Тиро́ль 1

Tisch *m* стол 2e | sich an den [zu] ~ setzen сади́ться ⟨сесть⟩ за стол; bei ~ за столо́м; j-n zu ~ bitten про́сить (по-) кого́-н. к столу́; wir hatten Gäste zu ~ у нас бы́ли го́сти к обе́ду; den ~ decken накрыва́ть ⟨-|кры́ть*⟩ на стол; etw. unter den ~ fallen lassen не принима́ть ⟨приня́ть*⟩ чего́-н. во внима́ние, игнори́ровать 2 что-н.; reinen ~ mit etw. machen поко́нчить *v* 3 с чем-н.; **~bein** *n* но́жка стола́; **~besteck** *n* столо́вый прибо́р; **~decke** *f* ска́терть 9g; **~gesellschaft** *f* о́бщество [компа́ния] за обе́денным столо́м; **~kasten** *m* я́щик стола́; **~lampe** *f* насто́льная ла́мпа

Tischleindeckdich *n* ска́терть-самобра́нка 9g-6

Tischler *m* столя́р 2e; **~arbeit** *f* столя́рная рабо́та

Tischlerei *f* Werkstatt столя́рная ма-

стерская *Subst* 10; als Handwerk столя́рное ремесло́ 4
tischlern *tr* столя́рничать
Tisch|platte *f* доска́ стола́; **~rede** *f* засто́льная речь
Tischtennis *n* насто́льный те́ннис; **~spieler** *m* игро́к в насто́льный те́ннис
Tisch|tuch *n* ска́терть 9; **~wäsche** *f* столо́вое бельё; **~zeit** *f* обе́денное вре́мя
Titan *n Chem* тита́н 2
titanisch титани́ческий
Titel *m* Anrede зва́ние 5; Buch~ ти́тул 2, загла́вие 5; **~bild** *n* фронтиспи́с 2; **~blatt** *n* ти́тульный лист; **~kampf** *m Sport* соревнова́ние 5 на пе́рвенство; **~seite** *f* ти́тульная страни́ца; **~verteidiger** *m* чемпио́н 2, защища́ющий 11 своё зва́ние
titulieren *tr* титулова́ть *uv, v* 2
Toast *m* грен|о́к, -ка́ *meist Pl:* Trinkspruch тост 2 (auf на *A*)
Toaster *m* то́стер 2
toben *intr* Sturm бушева́ть 2, неи́стовствовать 2; vor Wut бу́йствовать 2, свире́пствовать 2; lärmen шум|е́ть 3 -лю́
Tobsucht *f* бу́йное помеша́тельство 4
tobsüchtig буйнопоме́шанный, бе́шеный
Tochter *f* дочь, до́чери 9g *I Pl* дочер|ьми́ *u.* -я́ми, до́чка 6; **~gesellschaft** *f* дочéрнее 11 о́бщество
Tod *m* смерть 9g | gewaltsamer ~ наси́льственная смерть; plötzlicher ~ скоропости́жная смерть; bis in den ~ до сме́рти; zu ~e betrübt глубоко́ [смерте́льно] опеча́ленный; zu ~e erschrokken испу́ганный до́ смерти; den ~ finden погиба́ть ⟨-ги́бнуть 4a⟩; in den ~ gehen идти́ на смерть; ein Kind des ~es sein быть обречённым на смерть; eines natürlichen ~es sterben умере́ть свое́й сме́ртью; j-n zum ~e verurteilen пригово-ри́ть *v* 3 кого́-н. к сме́ртной ка́зни
tod|bringend смертоно́с|ный, -ен; **~ernst** чрезвыча́йно серьёзный | ≈ sein быть о́чень серьёзным
Todes|angst *f* смерте́льный страх; **~anzeige** *f* объявле́ние о сме́рти; **~fall** *m* сме́ртный слу́чай | im ≈ в слу́чае сме́рти; **~gefahr** *f* смерте́льная опа́сность; **~kampf** *m* аго́ния 8; **~kandidat** *m:* er ist ein ≈ он не жиле́ц на бе́лом све́те
todesmutig презира́ющий 11 смерть
Todes|nachricht *f* изве́стие о сме́рти; **~qual** *f* смерте́льные му́ки *Pl* 6; **~stoß** *m* смерте́льный уда́р; **~strafe** *f* сме́ртная казнь | bei ≈ под стра́хом сме́ртной ка́зни; **~tag** *m* день сме́рти; **~urteil** *n* сме́ртный пригово́р; **~verachtung** *f* презре́ние к сме́рти
Todfeind *m* смерте́льный враг
todkrank смерте́льно больно́й
tödlich смерте́л|ьный, -ен, -ьна; todbringend смертоно́с|ный, -ен | ~ verwundet смерте́льно ра́ненный; ~er Ausgang смерте́льный исхо́д
tod|müde смерте́льно уста́лый | ≈ werden у|ста́ть* *v* до сме́рти; **~schick** сверхэлега́нт|ный, -ен; **~sicher** *Adv* наверняка́
Todsünde *f* сме́ртный грех
Togo То́го *n idkl;* **~lese** *m* тоголе́з|ец, -ца 2; **~lesin** *f* тоголе́зка 6
togolesisch тоголе́зский
Toilette *f* Kleidung; Frisiertisch туале́т 2; Abort убо́рная *Subst* 10, туале́т | auf die ~ gehen идти́ в убо́рную
Toiletten|papier *n* туале́тная бума́га; **~seife** *f* туале́тное мы́ло; **~tisch** *m* туале́тный сто́лик 2
Tokio То́кио *m idkl*
tolerant терпи́м:ый (gegen к *D*)
Toleranz *f* терпи́мость 9 (gegen к *D*); *Tech* до́пуск 2
tolerieren *tr* терп|е́ть 3⁺ -лю́
toll Hund бе́шеный; Mensch сумасше́дший 11, безу́м|ный, -ен; Einfall usw. сумасбро́д|ный, -ен, ди́к:ий, -á! | das ist eine ~e Wirtschaft! здесь чудо́вищный беспоря́док!; ~er Lärm сумасше́дший шум; das ist doch zu ~! э́то уж сли́шком!
tollen *intr* бе|си́ться 3⁺ -шу́сь (вз-), бу́йствовать 2
Toll|heit *f* безу́мство 4; Torheit сумасбро́дство 4; **~kirsche** *f* беллад́онна 6, краса́вка 6
tollkühn отва́ж|ный, -ен, отча́ян:ный, -на
Toll|kühnheit *f* отва́га 6, безрассу́дная сме́лость; **~wut** *f Med* водобоя́знь 9, бе́шенство 4 | an ≈ erkranken бе|си́ться 3⁺ -шу́сь (вз-)
tollwütig бе́шеный
Tolpatsch *m,* **Tölpel** *m* остоло́п 2, у́вал|ень, -ьня 1
Tölpelei *f* глу́пость 9, бестолко́вость 9; Plumpheit неуклю́жесть 9
tölpelhaft ungeschickt неуклю́ж:ий 11, нело́в|кий, -ок, -ка́!; stupid бестолко́в:ый
Tomate *f* помидо́р 2, тома́т 2
Tomaten|mark *n* тома́тная па́ста 6; **~saft** *m* тома́тный сок; **~salat** *m* сала́т из (све́жих) помидо́ров; **~soße** *f* тома́тный со́ус
Tombola *f* вещева́я лотере́я 7
¹Ton *m Mus* тон 2b *Pl* -á *u.* -ы, звук 2; Redeweise тон; Tönen звуча́ние 5; Betonung ударе́ние 5; Farb~ тон *Pl nur* -á, отте́н|ок, -ка 2 (кра́ски) | den ~ angeben *übertr* ⟨за|дава́ть*⟩ ⟨зада́ть*⟩ тон; einen anderen ~ anschlagen *übertr* заговори́ть *v* 3 други́м то́ном; der gute ~ хоро́ший тон

²Ton *m Min* глина 6
Tonabnehmer *m Rad* звукосниматель 1, адаптер [тэ] 2
tonangebend задающий 11 тон
Ton|art *f* тональность 9, тон 2b *Pl* -á *u.* -ы, лад 2b *a. übertr;* **~aufnahme** *f* звукозапись 9
Tonband *n* магнитофонная лента; **~aufnahme** *f* запись на ленту; **~gerät** *n* магнитофон 2
tönen *tr* при|давать* (придать*) чему-н. определённый оттенок; *intr* звучать 3, из|давать* (издать*) звук
Tonerde *f* глинозём 2
tönern глиняный
Ton|fall *m* интонация 8; **~film** *m* звуковой фильм; **~fülle** *f* полнота звучания
Tonic *n* тоник 2
tonig глинист:ый
Tonika *f Mus* тоника 6
Toningenieur *m* звукооператор 2
tonisch тонический
Ton|kopf *m Rad* головка звукоснимателя; **~kunst** *f* музыка 6, музыкальное искусство; **~leiter** *f Mus* гамма 6
tonlos беззвуч|ный, -ен
Tonmeister *m Film* звукооператор 2
Tonnage *f* тоннаж 2
Tonne *f* Faß бочка 6; Gewicht тонна 6
Ton|pfeife *f* глиняная трубка; **~säule** *f Rad* звуковая колонка; **~silbe** *f* ударенный слог; **~stück** *n* музыкальная пьеса; **~stufe** *f* тон 2b *N Pl* -á *u.* -ы
Tonsur *f* тонзура 6
Tönung *f* оттен|ок, -ка 2
Ton|waren *f Pl* глиняные [гончарные] изделия *Pl* 5; **~wiedergabe** *f* звуковоспроизведение 5
Topas *m* топаз 2
Topf *m* горш|óк, -кá 2; aus Metall кастрюля 7 | alles in einen ~ werfen валить 3⁺ всё в одну кучу
Töpfer *m* гончар 2e, горшечник 2; **~ei** *f* гончарное производство 4; Werkstatt гончарня 7; **~waren** *f Pl* гончарные изделия *Pl* 5
Topf|lappen *m* кухонная тряпка; **~pflanze** *f* горшечное растение
Topograph *m* топограф 2; **~ie** *f* топография 8
topographisch топографический
topp! *Interj* идёт!, ладно!
Toppsegel *n Mar* топсель 1, верхний 11 парус
¹Tor *n* ворота *Pl* 4; *Sport* гол 2b | aufs ~ schießen бить* по воротам; ein ~ schießen забить *v* гол [мяч]
²Tor *m* törichter Mensch глуп|éц, -цá 2, безум|ец, -ца 2; **~bogen** *m* арка ворот
Torf *m* торф 2 | ~ stechen резать* торф; **~bruch** *m* торфоразработ|ки *Pl* 6 *G* -ок; **~lager** *n* торфяная залежь; **~moor** *n* торфяное болото, торфяник 2e; **~mull** *m* крошкообразный торф; **~stecher** *m* торфяник 2e; **~stich** *m* добыча 6 торфа
Torheit *f* сумасбродство 4, глупость 9 | eine ~ begehen соверш|ать (-ить 3) глупость
Torhüter *m* вратарь 1e
töricht безрассуд|ный, -ен, глуп:ый, -á!
törichterweise *Adv* безрассудно
torkeln *intr* шататься, нетвёрдо держаться 3⁺ на ногах
Tor|lauf *m Sport* слалом 2; **~linie** *f Sport* линия ворот; **~mann** *m* вратарь 1e
Tornado *m* торнадо *n idkl*
Tornister *m* ран|ец, -ца 2
torpedieren *tr Mil* торпедировать *uv, v* 2; *übertr* срывать (со|рвать*)
Torpedo *m* торпеда 6; **~boot** *n* миноно-с|ец, -ца 2; **~flugzeug** *n* самолёт-торпедонос|ец, -ца 2-2
Tor|raum *m Sport* вратарская площадка 6; **~reigen** *m Sport:* den ≈ eröffnen от|крыть* *v* счёт; **~schluß** *m:* kurz vor ≈ kommen прийти в последнюю минуту; **~schütze** *m* игрок 2e, забивший 11 гол
Torso *m* торс 2, туловище 4
Torte *f* торт 2
Tortenheber *m* лопаточка 6 для торта
Tortur *f* пытка 6, мучение 5
Tor|verhältnis *n Sport* соотношение забитых и пропущенных мячей; **~wart** *m* вратарь 1e
tosen *intr* бушевать 2, реветь*, шуметь 3; **~d** бушующий 11, шумящий 11 | ≈er Beifall бурные аплодисменты
tot мёртв:ый, -a, мёртво, *übertr* мертво, неживой; leblos безжизнен:ный, -на | ~es Gleis запасный [тупиковый] путь; ~e Sprache мёртвый язык; ~er Winkel мёртвое пространство 4; die Sache ist auf dem ~en Punkt angelangt дело застряло на мёртвой точке; er war mehr ~ als lebendig он был ни жив ни мёртв
total **1.** *Adj* тотальный, всеобщий 11; völlig пол|ный, -он, -нá, полно, соверше́н|ный, -ен, -на **2.** *Adv* совсем, совершенно
Total|ansicht *f* общий 1 вид; **~isator** *m* тотализатор 2
totalitär тоталитарный
Totalschaden *m* выход 2 из строя
totarbeiten, sich *refl umg* измучить *v* 3 себя работой
Tote *f* покойница 6
töten *tr* убивать (-|бить*) | einen Nerv ~ *Med* умер|щвлять (-твить 3 -щвлю) нерв
Toten|bahre *f* катафалк 2; **~bett** *n* смертный одр 2e
totenblaß смертельно бледный
Totenblässe *f* смертельная бледность
totenbleich = **totenblaß**

Toten|feier *f* панихи́да 6; **~geläute** *n* похоро́нный звон; **~gräber** *m* моги́льщик 2; **~hemd** *n* са́ван 2; **~kammer** *f* мертве́цкая *Subst* 10; **~kopf** *m* че́реп 2b *Pl* -á; **~maske** *f* посме́ртная ма́ска; **~messe** *f* панихи́да 6; **~schein** *m* свиде́тельство о сме́рти; **~sonntag** *m* помина́льное воскресе́нье; **~starre** *f* тру́пное окочене́ние 5; **~stille** *f* мёртвая тишина́; **~wache** *f* почётный карау́л (у гро́ба)

Toter *m* поко́йник 2

totfahren *tr* пере|е́хать* *v* кого́-н. на́смерть

totgeboren мертворождённый

Totgeburt *f Med* рожде́ние мёртвого ребёнка; Kind мертворождённый ребё-н|ок, -ка 2

totlachen, sich *refl* смея́ться* до упа́ду, помира́ть со́ смеху

Totlachen *n:* das ist zum ~! мо́жно умере́ть со́ смеху!

Toto *n umg* тотализа́тор 2

tot|quetschen *tr* дав|и́ть 3⁺ -лю́ (раз-) (на́смерть); **~schießen** *tr* застрели́ть *v* 3⁺

Totschlag *m Jur* уби́йство 4

totschlagen *tr* убива́ть ⟨-|би́ть*⟩ | die Zeit ~ убива́ть вре́мя

tot|schweigen *tr* зама́лчивать ⟨-молча́ть 3⟩; **~stellen, sich** *refl* притвор|я́ться ⟨-и́ться 3⟩ мёртвым

Tötung *f* уби́йство 4, умерщвле́ние 5

Tour *f* пое́здка 6, путеше́ствие 5; Ausflug прогу́лка 6; Tanz тур 2; *Tech* оборо́т 2 | auf vollen ~en *a. übertr* по́лным хо́дом; in einer ~ reden *umg* говори́ть без у́молку

Touren|rad *n* доро́жный велосипе́д; **~zahl** *f Tech* число́ оборо́тов

Tourismus *m* тури́зм 2

Tourist *m* тури́ст 2; **~enhotel** *n* гости́ница для тури́стов; **~ik** *f* тури́зм 2; **~in** *f* тури́стка 6

Tournee *f* турне́ [нэ] *n idkl*

toxisch ядови́тый, токси́ческий

Trab *m* рысь 9; на рыси́; leichter рысца́ 6 | im ~ ры́сью; im ~ fahren е́хать на рыся́х; die Pferde liefen in leichtem ~ ло́шади бежа́ли рысцо́й; j-n auf ~ bringen *umg* расшев|е́ливать ⟨-ели́ть 3⟩ кого́-н.

Trabant *m Astr* спу́тник 2

traben *intr* бежа́ть* ры́сью

Traber *m Sport* рыса́к 2e, рыси́стая ло́шадь 9 *I Pl* -ми́

Trab|rennbahn *f* ипподро́м 2; **~rennen** *n* рыси́стые бега́ *Pl* 2

Tracht *f* оде́жда 6, костю́м 2 | j-m eine ~ Prügel verabreichen всыпа́ть ⟨в|сы́пать*⟩ кому́-н., зада́ть* *v* кому́-н. трёпку

trachten *intr* стрем|и́ться 3 -лю́сь (nach к *D*), добива́ться (nach *G*) | j-m nach dem Leben ~ посяг|а́ть ⟨-ну́ть 4⟩ на чью-н. жизнь

trächtig Tiere бере́мен|ная, -на; Stute жерёбая; Kuh сте́льная; Sau супоро́с(н)|ая, -а; Schaf су́ягная; Hündin щённая; Katze суко́тная

Tradition *f* тради́ция 8

traditionell традицио́н|ный, -ен, -на

traditionsgemäß по [согла́сно] тради́ции

Trafo *m* = **Transformator**

Trag|bahre *f*носи́л|ки *Pl* 6 *G* -ок; **~balken** *m* опо́рная ба́лка

tragbar портати́в|ный, -ен, перено́сный; Schuhe го́дный для но́ски; Kosten поси́л|ьный, -ен, -ьна | die Kosten sind nicht ~ расхо́ды непоси́льные

Trage *f* носи́л|ки *Pl* 6 *G* -ок

träge лени́в:ый, медли́тел|ьный, -ен, -ьна; *Phys* ине́рт|ный, -ен

tragen *tr* но|си́ть 3⁺ -шу́, *best* нести́*; Kleidung, Namen носи́ть; stützen нести́, держа́ть 3⁺; erdulden терп|е́ть 3⁺ -лю́; *intr* Obstbaum приноси́ть ⟨-нести́⟩ (плоды́); Acker дава́ть* ⟨дать*⟩ (урожа́й); vom Eis держа́ть; sich ~ *refl* Stoff носи́ться | das Haar gescheitelt ~ причёсываться на пробо́р; einen Bart ~ носи́ть бо́роду; einen Titel ~ носи́ть зва́ние; das Geld trägt Zinsen де́ньги прино́сят [даю́т] проце́нты; sie trägt immer Schwarz она́ (хо́дит) всегда́ в чёрном; den Verhältnissen Rechnung ~ учи́тывать ⟨-|че́сть*⟩ усло́вия; bei sich ~ име́ть при себе́; den Kopf hoch ~ быть* го́рдым

Träger *m* носи́льщик 2; *Text* брете́ль 9; *Tech* ба́лка 6, фе́рма 6; *übertr* носи́тель 1; **~höschen** *Pl* штани́шки с помоча́ми, брю́чки *Pl* 2 на брете́лях; **~rakete** *f* раке́та-носи́тель 6-1; **~rock** *m* ю́бка 6 на брете́лях

tragfähig спосо́бный нести́ нагру́зку

Trag|fähigkeit *f* несу́щая 11 спосо́бность; **~fläche** *f Flugw* несу́щая 11 пове́рхность; **~flächenboot** *n* су́дно 4 *Pl* суда́ 2b на подво́дных кры́льях

Trägheit *f* вя́лость 9, медли́тельность 9; *Phys* ине́рция 8

Trägheitsmoment *n* моме́нт ине́рции

Tragik *f* траги́зм 2

tragikomisch трагикоми́ческий

Tragikomödie *f* трагикоме́дия 8

tragisch траги́ческий | etw. ~ nehmen траги́чески воспринима́ть ⟨-|приня́ть*⟩ что-н.

Trag|kraft *f* подъёмная си́ла, грузоподъёмность 9; **~lufthalle** *f* надувно́й павильо́н 2

Tragöd|e *m* тра́гик 2; **~ie** *f* траге́дия 8; **~in** *f* траги́ческая актри́са 6

Trag|riemen *m* ля́мка 6; **~weite** *f übertr* значе́ние 5, ва́жность 9

Trainer *m* тре́нер 2
trainieren *tr* тренирова́ть 2 (на-); *intr* тренирова́ться (на-) | er trainiert jeden Morgen eine Stunde (lang) ка́ждое у́тро он трениру́ется в тече́ние ча́са
Training *n* трениро́вка 6
Trainings|anzug *m* трениро́вочный костю́м; ~**lager** *n* трениро́вочный сбор 2 [ла́герь]; ~**methode** *f* ме́тод трениро́вок; ~**spiel** *n* трениро́вочная встре́ча 6
Trakt *m* ко́рпус 2; ~**at** *m* тракта́т 2
traktieren *tr* (пло́хо) обраща́ться с кем-н.
Traktor *m* тра́ктор 2
Traktoren|bau *m* тракторострое́ние 5; ~**werk** *n* тра́кторный заво́д
Traktorist *m* тракторист 2; ~**in** *f* тракто-ри́стка 6
trällern *tr, intr* напева́ть
Trampel *m* у́вал|ень, -ьня 1
trampeln *intr* то́пать ⟨то́пнуть *mom* 4⟩ (нога́ми)
Trampeltier *n Zool* двуго́рбый верблю́д 2
trampen *intr* путеше́ствовать 2 «автосто́пом»
Trampolin *n* трампли́н 2
Tran *m* Wal~ во́рвань 9; Leber~ ры́бий жир 12-2
Träne *f* слеза́ 6h *Pl* слёзы | unter ~n со слеза́ми, в слеза́х; zu ~n gerührt растро́ганный до слёз; j-m keine ~ nachweinen не проли́ть* *v* по ком-н. ни одно́й слезы́; ~n lachen смея́ться до слёз
tränen *intr* слези́ться 3; an Tränenfluß leiden слезоточи́ть 3
Tränen|absonderung *f* слезоотделе́ние 5; ~**drüse** *f* слёзная железа́; ~**gas** *n* слезоточи́вый газ; ~**sack** *m* слёзный мешо́к, слезни́к 2е
tränenüberströmt (весь) в слеза́х
Trank *m* напи́т|ок, -ка 2, питьё 3
Tränke *f* водопо́|й 1 *G Pl* -ев
tränken *tr* Vieh пои́ть 3 по́ишь (на-); Stoffe u. a. пропи́тывать ⟨-пита́ть⟩
Transaktion *f* трансакция 8
transatlantisch трансатланти́ческий
Transfer *m Fin* трансфе́рт 2, перево́д 2 [перечисле́ние 5] в иностра́нной валю́те
transferabel переводи́мый
transferieren *tr* переводи́ть 3⁺ -вожу́ ⟨-|вести́*⟩ [перечисля́ть ⟨-чи́слить 3⟩] в иностра́нной валю́те
Transforma|tion *f El* трансформа́ция 8; ~**tor** *m* трансформа́тор 2
Transformatorenhäuschen *n* трансформа́торная бу́дка 6
transformieren *tr El* преобраз|о́вывать ⟨-ова́ть 2⟩, трансформи́ровать *uv, v* 2
Transfusion *f* перелива́ние 5 (кро́ви)
Transistor *m* транзи́стор 2; ~**radio** *n* транзи́сторный (радио)приёмник
Transit *m* транзи́т 2; ~**handel** *m* транзи́тная торго́вля
transitiv перехо́дный
Transit|raum *m* зал 2 ожида́ния для транзи́тных пассажи́ров; ~**verkehr** *m* транзи́тное сообще́ние
Transkaukasien Закавка́зье 5
transkaukasisch закавка́зский
transkribieren *tr* транскриби́ровать *uv, v* 2
Transkription *f* транскри́пция 8
Trans|literation *f* транслитера́ция 8; ~**mission** *f* переда́ча 6, трансми́ссия 8
transparent прозра́ч|ный, -ен, просве́чивающийся 11
Transparent *n* транспара́нт 2; ~**papier** *n* ка́лька 6 (для чертеже́й)
transpirieren *intr* поте́ть (вс-)
Transplantation *f Med* транспланта́ция 8, переса́дка 6 тка́ней
transponieren *tr Mus* транспони́ровать *uv, v* 2
Transport *m* тра́нспорт 2, перево́зка 6
transportabel транспорта́бел|ьный, -ен, -ьна, перено́сный | transportable Garage сбо́рный гара́ж
Transport|arbeiter *m* тра́нспортный рабо́чий, тра́нспортник 2; ~**band** *n Tech* ле́нта конве́йера; ~**er** *m* тра́нспортная маши́на 6; ~**eur** *m Math* транспорти́р 2, угломе́р 2; ~**flugzeug** *n* тра́нспортный самолёт
transportieren *tr* транспорти́ровать *uv, v* 2, перевози́ть 3⁺ -вожу́ ⟨-|везти́*⟩
Transport|kosten *Pl* тра́нспортные расхо́ды, сто́имость 9 перево́зки; ~**mittel** *n* перево́зочное сре́дство; ~**möglichkeiten** *Pl* тра́нспортные возмо́жности *Pl* 9; ~**polizei** *f* железнодоро́жная поли́ция; ~**wesen** *n* тра́нспортное де́ло
transsibirisch транссиби́рский | ~e Eisenbahn транссиби́рская желе́зная доро́га
transzendent *Phil* трансценде́нт|ный, -ен; ~**al** *Phil* трансцендента́л|ьный, -ен, -ьна
Trapez *n Math, Sport* трапе́ция 8
trapezförmig трапециеви́д|ный, -ен
Trapezkünstler *m* акроба́т 2, рабо́тающий 11 на трапе́ции
Trasse *f* тра́сса 6 | eine ~ abstecken трасси́ровать *uv, v* 2
Tratsch *m umg* болтовня́ 7
tratschen *tr u. intr umg* болта́ть, спле́тничать (на-)
Traube *f* кисть 9g, гроздь 9g *Pl* гро́зд|и, -е́й *oder* гро́здь|я, -ев; ~n *Pl* Wein виногра́д 2
traubenförmig гроздеви́дный; Blüte кистеви́дный
Trauben|saft *m* виногра́дный сок; ~**zukker** *m* виногра́дный са́хар, глюко́за 6
trauen *tr* венча́ть, ве́нчанный (об-, по-); *intr* ве́рить 3 (по-), доверя́ть ⟨-ве́рить⟩; sich ~ *refl* осме́л|иваться ⟨-иться 3⟩, рис-

ковáть 2 | j-m nicht über den Weg ~ не доверя́ть комý-н. ни на грош; ich traute meinen Augen nicht я глазáм свои́м не повéрил; sich nicht ~, etw. zu tun боя́ться 3 [стесня́ться] что-н. сдéлать; sich standesamtlich ~ lassen регистри́ровать 2 (за-) (свой) брак; sich kirchlich ~ lassen венчáться (об-, по-)

Trauer *f* печáль 9, скорбь 9g; Kleidung трáур 2 | in ~ gehen но|си́ть 3⁺ -шý трáур; sie hat ~ онá в трáуре; **~birke** *f* плакýчая 11 берёза; **~botschaft** *f* печáльная весть; **~fall** *m* слýчай смéрти; **~feier** *f* пóхор|оны *Pl* 6 -óн, -онáм; **~flor** *m* креп 2, трáурная повя́зка 6; **~kleidung** *f* трáур 2; **~marsch** *m* похорóнный [трáурный] марш; **~musik** *f* похорóнная [трáурная] мýзыка

trauern *intr* печáлиться 3 (о-) (um о *P*), скорб|éть 3 -лю́ (um о *P*); j-n beweinen оплáкивать ⟨-|плáкать*⟩ | sie trauert um ihren Vater онá в трáуре по отцý

Trauer|rede *f* надгрóбная речь; **~spiel** *n* *Theat* трагéдия *a. übertr;* **~weide** *f* плакýчая 11 и́ва; **~zug** *m* погребáльное шéствие, похорóнная процéссия

Traufe *f* водостóчный жёлоб 2b *Pl* желобá

träufeln *tr* кáпать ⟨кáпнуть *mom* 4⟩

traulich gemütlich ую́т|ный, -ен; intim задушéв|ный, -ен, инти́м|ный, -ен

Traum *m* сон, сна 2; во сне; Wunsch- мечтá 6 *G Pl* мечтáний, грёза 6 | einen ~ haben ви́|деть 3 -жу сон; ich sah mich im ~ als Kind мне сни́лось моё дéтство; ich habe schreckliche Träume мне сня́тся стрáшные сны; das fällt mir nicht im ~ ein я об э́том и не дýмаю, мне э́то и не сни́тся; der ~ ist aus конéц мечтáм; **~bild** *n* сновидéние 5

träumen *tr u. intr* ви́|деть 3 -жу во сне (von *A*); schwärmen мечтáть (von о *P oder* mit *Inf*), грé|зить 3 -жу | ich habe von dir geträumt я ви́дел тебя́ во сне, ты мне сни́лся; träume süß! спи слáдко!, прия́тных сновидéний!; das hätte ich mir nicht ~ lassen э́то мне и во сне не сни́лось

Träumer *m* мечтáтель 1; **~ei** *f* мечты́ *Pl* 6, грёзы *Pl* 6, мечтáния *Pl* 5

träumerisch мечтáтел|ьный, -ен, -ьна

traum|haft скáзоч|ный, -ен, упои́тел|ьный, -ен, -ьна; **~verloren** мечтáтел|ьный, -ен, -ьна

Traumwelt *f* мир фантáзии

traurig печáл|ьный, -ен, -ьна, грýст|ный, -ен, -нá, -но, грýстны́; bedauernswert, jämmerlich жáл|кий, -ок, -кá!; -ьче | ~ sein über etw. гру|сти́ть 3 -щý о чём-н.; ~ machen печáлить 3 (о-); eine ~e Rolle spielen игрáть жáлкую роль; ~, aber wahr печáльно, но факт

Traurigkeit *f* печáль 9, грусть 9

Trau|ring *m* обручáльное кольцó; **~schein** *m* свидéтельство о брáке

Trauung *f* бракосочетáние 5; kirchlich венчáние 5

Traverse *f Arch* трáверса 6, поперéчина 6

Trawler *m Mar* трáулер 2

Treber *Pl* бардá 6

Trecker *m* тягáч 2e *G Pl* -éй

Treff *n* Spielkarte трéфы *Pl* 6

treffen *tr* попадáть ⟨-|пáсть*⟩ в *A;* begegnen встречáть ⟨встрé|тить 3 -чу⟩, ви́|деть 3 -жу (у-); sich ~ *refl* встр|ечáться ⟨-éтиться⟩, ви́деться (с-, у-); *unpers* случ|áться ⟨-и́ться 3⁺⟩; sich ergeben получ|áться ⟨-и́ться 3⁺⟩ | Maßnahmen ~ принимáть ⟨приня́ть*⟩ мéры; ins Schwarze ~ *übertr* попáсть в (сáмую) тóчку; ihn trifft keine Schuld он не виновáт; das Bild ist gut getroffen фотогрáфия óчень удáчна; sich getroffen fühlen чýвствовать себя́ оскорблённым [задéтым]; er hat eine gute Wahl getroffen он сдéлал хорóший [удáчный] вы́бор; es traf sich, daß ... случи́лось, что ...; es trifft sich gut óчень кстáти

Treffen *n* Begegnung встрéча 6; Zusammenkunft; Kongreß слёт 2; *Mil* сты́чка 6, сражéние 5

treffend мéт|кий, -ок, -кá!, вéр|ный, -ен, -нá, -но, вéрны́

Treffer *m Mil* попадáние 5; Lotterie вы́игрыш 2 *G Pl* -ей; *Sport* гол 2b, заби́тый мяч 2e | sie erzielten drei ~ они́ заби́ли три гóла

trefflich прекрáс|ный, -ен, превосхóд|ный, -ен

Treffpunkt *m* мéсто 4b встрéчи, мéсто свидáния; illegaler я́вка 6

treffsicher мéт|кий, -ок, -кá! *a. übertr*

Treffsicherheit *f* мéткость 9

Treibeis *n* дрейфýющий 11 лёд

treiben *tr* гнать*; drängen пон|уждáть ⟨-ýдить 3 -ýжу⟩; bewegen приводи́ть 3⁺ -вожý ⟨-|вести́*⟩ в движéние; Metall чекáнить 3 (вы́-); sich beschäftigen занимáться ⟨заня́ться*; зан|я́лся, -яли́сь⟩; *Bot* пускáть ⟨пу|сти́ть 3⁺ -щý⟩; *intr* уноси́ться 3⁺ -ношýсь ⟨-|нести́сь*⟩; driften дрейфовáть 2 | an Land ~ относи́ть ⟨-нести́⟩ к бéрегу; die Blume treibt Knospen цветóк пускáет пóчки; er treibt es zu weit он сли́шком далекó захóдит, он перехóдит вся́кие грани́цы

Treiben *n* поведéние 5, постýпки *Pl* 2

Treiber *m* von Tieren погóнщик 2; Jagd загóнщик 2

Treibhaus *n* тепли́ца 6, оранжерéя 7; **~gurken** *f Pl* парникóвые огурцы́; **~pflanze** *f* тепли́чное растéние

Treib|holz *n* сплавнóй лес; **~jagd** *f* охóта облáвой, облáва 6; **~mine** *f* дрейфýющая 11 мина; **~netzfischerei** *f* рыбная ловля неводом-загоном; **~riemen** *m* приводной ремень; **~sand** *m* подвижный песок

Treibstoff *m* горючее *Subst* 11; **~verbrauch** *m* расход горючего [топлива]

treideln *tr* тянуть 4⁺ (судно) бечевой

Treidelpfad *m* бечевник 2e

Treidler *m* бурлак 2e

tremolieren *intr Mus* тремолировать 2

Tremolo *n Mus* тремоло [рэ] *n idkl*

Trend *m* направление 5, тенденция 8

trennbar отделяемый; teilbar раздели́м:ый

trennen *tr* loslösen отдел|ять ⟨-ить 3⁺⟩ (von от *G*); *Tel* разъедин|ять ⟨-ить 3⟩, разлуч|ать ⟨-ить 3⟩; Genähtes пороть* (рас-); sich ~ *refl* рас|ставаться* ⟨-|статься*⟩ (von с *I*); Eheleute разводиться 3⁺ -вожусь ⟨-|вестись*⟩ | die Streitenden ~ разнимать ⟨разнять*⟩ спорящих; nichts kann uns ~ ничто не может разлучить нас; man hat uns getrennt *Tel* нас разъединили; ich kann mich von einem interessanten Buch nicht ~ я не могу оторваться от интересной книги

Trenn|schalter *m El* разъединитель 1; **~schärfe** *f Rad* избирательность 9, острота настройки; **~ung** *f* отделение 5; *Tel* разъединение 5; Abschied разлука 6, расставание 5; von Worten разделение 5; von Raumschiffen расстыковка 6

Trennungs|linie *f* разделительная линия; **~strich** *m* дефис 2

Trennwand *f* перегородка 6

Trense *f* трензель 1

trepp|ab *Adv* вниз по лестнице; **~auf** *Adv* вверх по лестнице

Treppe *f* лестница 6 | die ~ hinaufsteigen подниматься ⟨подняться*¡ подн|ялся́| -ялись⟩ по лестнице; drei ~n hoch wohnen жить на третьем (*in der UdSSR entsprechend* четвёртом) этаже

Treppen|absatz *m* лестничная площадка; **~beleuchtung** *f* освещение лестничной клетки; **~geländer** *n* перила лестницы; **~haus** *n* лестничная клетка 6; **~stufe** *f* лестничная ступень; **~witz** *m umg* запоздалая острота

Tresor *m* сейф 2, несгораемый шкаф 2b| в| на шкафу

Tresse *f* галун 2e

treten *tr* mit Füßen топтать* (по-); Pedal нажимать ⟨на|жать¹*⟩ (на педаль); *intr* наступ|ать ⟨-ить⟩ (auf на *A*); sich stellen станов|иться 3⁺ -люсь ⟨стать*⟩ | j-m zu nahe ~ задевать ⟨-|деть*⟩ кого-н., обижать ⟨оби|деть 3 -жу⟩ кого-н.

Tretmine *f* контактный фугас

treu zuverlässig вер|ный| -ен| -на| -но| верны; ergeben предан:ный| -на | zu ~en Händen в надёжные руки

Treubruch *m* вероломство 4

treubrüchig вероло́м|ный| -ен

Treue *f* верность 9, преданность 9 | die ~ halten о|ставаться* ⟨-|статься*⟩ верным; ~ schwören присяг|ать ⟨-нуть 4⟩ на верность; j-m die ~ brechen нар|ушать ⟨-ушить 3⟩ кому-н. верность; etw. auf Treu und Glauben hinnehmen брать* что-н. на веру

Treueid *m* присяга в верности | den ~ leisten присяг|ать ⟨-нуть 4⟩ (в верности)

Treueprämie *f* премия за долголетнюю непрерывную работу

Treu|händer *m* управляющий *Subst* 11 секвестрованным предприятием; **~handverwaltung** *f* опекунское управление

treu|herzig чистосердеч|ный| -ен, простоду́ш|ный| -ен; **~los** невер|ный| -ен| -на!, вероло́м|ный| -ен

Treulosigkeit *f* вероломство 4

Triangel *m Mus* треугольник 2

Tribunal *n* трибунал 2

Tribüne *f* трибуна 6

Tribut *m* дань 9

tributpflichtig платящий 11 дань

Trichine *f* трихина 6

Trichter *m* воронка 6; trichterförmige Öffnung; Schall~ раструб 2; Bomben~ воронка 6; **~feld** *n Mil* местность 9| изрытая воронками

trichterförmig воронкообраз|ный| -ен

Trick *m* трюк 2; **~film** *m* трюковый фильм

Trieb *m* склонность 9 (zu к *D*), стремление 5 (zu к *D*); innerer порыв 2, побуждение 5, импульс 2; Natur~ инстинкт 2; *Bot* побег 2; **~feder** *f übertr* движущая сила 11-6; **~kraft** *f* движущая 11 сила *a. übertr;* **~rad** *n Tech* ведущее 11 колесо; **~wagen** *m* моторный вагон; *Eisenb* автомотриса 6; **~werk** *n Tech* приводной механизм 2, движитель 1; *Flugw* двигатель 1

triefen *intr* капать*, течь* | der Mantel trieft vor Nässe пальто насквозь промокло; seine Hände ~ von Blut его руки обагрены кровью

triftig Grund уважител|ьный| -ен| -ьна; Beweis убедител|ьный| -ен| -ьна

Trigonometrie *f* тригонометрия 8

trigonometrisch тригонометрический

Trikot *n* трико *n idkl;* Hemd майка 6; **~agen** *f Pl* трикотаж 2, трикотажные изделия *Pl* 5; **~hemd** *n* майка 6

Triller *m* трель 9

trillern *intr* пускать [выво|дить 3⁺ -жу] трели

Trillerpfeife *f* пронзительный свисток

Trilogie *f* трилогия 8

trinkbar год|ный|-ен| -на! для питья

Trinkbecher *m* бокал 2

trinken *tr* пить* (вы́-); *intr* пить, пья́нствовать 2 | ich trinke gern Bier я люблю́ пи́во; das Glas leer ~ вы́пить стака́н до дна; einen über den Durst ~ хва|ти́ть 3⁺ -чу́ ли́шнего, напива́ться ⟨-пи́ться⟩; sich satt ~ напива́ться ⟨-пи́ться⟩
Trinker *m* пья́ница *m* 6
trinkfest непьяне́ющий 11
Trink|gelage *n* пья́нка 6, попо́йка 6; **~geld** *n* чаевы́е *Subst Pl* 10 | ≈ geben дава́ть ⟨дать⟩ на чай; **~glas** *n* стака́н 2; **~kur** *f Med* лече́ние минера́льными во́дами; **~lied** *n* засто́льная пе́сня; **~röhrchen** *n* соло́минка 6; **~spruch** *m* тост 2, здра́вица 6; **~wasser** *n* питьева́я вода́ | kein ≈ вода́ не для питья́
Trio *n Mus* три́о *n idkl;* **~le** *f Mus* трио́ль 9
Tripolis Три́поли *n idkl*
trippeln *intr* семени́ть 3
Tripper *m Med* три́ппер 2
Tritt *m* шаг 2b; Fuß~ пин|о́к, -ка́ 2; Stufe ступе́нька 6, подно́жка 6 | j-m einen ~ geben дава́ть ⟨дать⟩ кому́-н. пинка́; **~brett** *n* подно́жка 6, ступе́нька 6
Triumph *m* триу́мф 2, торжество́ 4
triumphal триумфа́льный
Triumphbogen *m* триумфа́льная а́рка
triumphieren *intr* торжествова́ть 2 (вос-) (über над *I*)
Triumphzug *m* триумфа́льное ше́ствие
trivial тривиа́л|ьный, -ен, -ьна
Trivialität *f* тривиа́льность 9
Trochäus *m Lit* трохе́|й 1 *G Pl* -ев
trocken сух:о́й, -á!; су́ше *a. übertr* | das Hemd ist noch nicht ~ руба́шка ещё не вы́сохла; auf dem ~en sitzen *übertr* сиде́ть на мели́; ~ werden со́хнуть 4a *u.* 4 (вы́-); ich habe eine (ganz) ~e Kehle (у меня́) в го́рле пересо́хло
Trocken|anlage *f* суши́льная устано́вка; **~boden** *m* черда́к 2e для су́шки белья́; **~dock** *n* сухо́й док; **~element** *n* сухо́й гальвани́ческий элеме́нт; **~futter** *n* сухо́й корм; **~gemüse** *n* сушёные о́вощи; **~heit** *f* су́хость 9
trockenlegen *tr* осуш|а́ть ⟨-и́ть 3⁺⟩ | ein Kind ~ перепелена́ть *v* ребёнка
Trocken|legung *f* осуше́ние 5; **~milch** *f* сухо́е молоко́; **~platz** *m* ме́сто для су́шки (белья́), суши́л|ьня 7 *G Pl* -ен; **~rasierer** *m* электробри́тва 6; **~raum** *m* суши́лка 6; **~substanz** *f* сухо́е вещество́
trocknen *tr* суши́ть 3⁺ (вы́-); Tränen осуш|а́ть ⟨-и́ть⟩; Hände вытира́ть ⟨вы́|тереть*⟩; *intr* со́хнуть 4a *u.* 4 (вы́-); суши́ться (вы́-) | die Wäsche trocknet draußen бельё су́шится на дворе́; sich nach dem Regen am Lagerfeuer ~ суши́ться у костра́ по́сле дождя́
Troddel *f* кисть 9g
Trödel *m* ве́тошь 9, хлам 2; **~bude** *f* ве́тошная ла́вка 6; **~markt** *m* толку́чка 6
trödeln *intr* ме́длить 3 с *I*, ме́шкать с *I*
Trödler *m* ве́тошник 2, старьёвщик 2
Trog *m* коры́то 4
trollen, sich *refl umg* убира́ться ⟨-|бра́ться*; убрали́сь⟩
Trolleybus *m* = **Oberleitungsomnibus**
Trommel *f* бараба́н 2 | die ~ rühren бить* в бараба́н; **~bremse** *f* бараба́нный то́рмоз; **~fell** *n* бараба́нная ко́жа 6; *Anat* бараба́нная перепо́нка 6; **~feuer** *n Mil* урага́нный ого́нь
trommeln *intr* бараба́нить 3, бить* в бараба́н
Trommel|schlag *m* бараба́нный бой; **~schlegel** *m* бараба́нная па́лка 6 [па́лочка]; **~wirbel** *m* бараба́нная дробь
Trommler *m* бараба́нщик 2
Trompete *f Mus* труба́ 6c | ~ blasen труби́ть 3 -лю́; mit Pauken und ~n с больши́м шу́мом
trompeten *intr* труб|и́ть 3 -лю́; eine Zeitlang потруби́ть *v*
Trompeter *m* труба́ч 2e *G Pl* -е́й
Tropen *Pl Geogr* тро́пики *Pl* 2
tropenfest тропикосто́йкий
Tropen|fieber *n* тропи́ческая лихора́дка; **~helm** *m* тропи́ческий шлем; **~hitze** *f* тропи́ческая жара́; **~koller** *m Med* тропи́ческое бе́шенство 4
Tropf *m* проста́к 2e, простофи́ля *m* 7 *umg* | armer ~ бедня́га *m* 6, горемы́ка *m* 6; am ~ hängen *Med* лежа́ть 3 с ка́пельницей
tröpfeln *intr* ка́пать* ⟨ка́пнуть *mom* 4⟩, накра́пывать | es fängt an zu ~ начина́ет накра́пывать дождь
tropfen *intr* ка́пать* ⟨ка́пнуть *mom* 4⟩ | die Nase tropft течёт и́з носу [из но́са]
Tropfen *m* ка́п|ля 7 *G Pl* -ель; Arznei ка́пли *Pl* | alles bis auf den letzten ~ austrinken вы́пить *v* всё до ка́пли; steter ~ höhlt den Stein ка́пля (по ка́пле) и ка́мень долби́т; das ist nur ein ~ auf den heißen Stein э́то лишь ка́пля в мо́ре
tropfenweise *Adv* ка́плями, по ка́пле
Tropfenzähler *m* ка́пельница 6
Tropfstein *m Min* сталакти́т 2; сталагми́т 2; **~höhle** *f* сталакти́товая пеще́ра
Trophäe *f* трофе́|й 1 *G Pl* -ев
tropisch тропи́ческий
Troposphäre *f Met* тропосфе́ра 6
Troß *m Mil* обо́з 2
Trost *m* утеше́ние 5 | ~ finden находи́ть ⟨-йти́⟩ утеше́ние; du bist wohl nicht bei ~? с ума́ ты сошёл, что ли?
trostbringend утеши́тел|ьный, -ен, -ьна
trösten *tr* утеша́ть ⟨уте́шить 3⟩; sich ~ *refl* утеша́ться ⟨уте́шиться⟩ (mit *I*)
tröstlich утеши́тел|ьный, -ен, -ьна
trostlos 1. *Adj* Person безуте́ш|ный, -ен; Fall; Gegend безотра́д|ный, -ен **2.** *Adv* уны́ло

Trostlosigkeit *f* безуте́шное го́ре 3; безотра́дность 9
Trostpreis *m* поощри́тельная пре́мия 8; *Sport* утеши́тельный приз
trostreich отра́д|ный, -ен, по́лный утеше́ния
Tröstung *f* утеше́ние 5
Trostwort *n* сло́во утеше́ния
Trott *m* рысь 9; на рыси́ | es geht alles den alten ~ всё идёт по-ста́рому
Trottel *m* дура́к 2e, простофи́ля 7
trotten *intr* плести́сь* (по-)
Trottoir *n* тротуа́р 2
trotz *Präpos* несмотря́ на *A*, вопреки́ *D* | ~ alledem несмотря́ ни на что́, вопреки́ всему́; ~ seines Befehls вопреки́ его́ прика́зу
Trotz *m* упря́мство 4, упо́рство 4 | zum ~ назло́ *D*, в пи́ку *D;* allen Wünschen zum ~ наперекор всем жела́ниям
trotzdem *Konj* несмотря́ на то, что …; несмотря́ на э́то, всё-таки, всё же | ~ hat er sein Einverständnis erklärt он всё же согласи́лся
trotzen *intr* упо́рствовать 2, упря́м|иться 3 -люсь | dem Gegner ~ сопротивля́ться проти́внику; der Gefahr ~ не боя́ться 3 опа́сности, пренебрега́ть ⟨пренебре́чь*⟩ опа́сностью
trotzig упря́м:ый, упо́р|ный, -ен
Trotzkopf *m* упря́м|ец, -ца 2
Troubadour *m* трубаду́р 2
trübe Wetter па́смур|ный, -ен, су́мрач|ный, -ен; Wasser му́т|ный, -ен, -на́!; Licht, Glas ту́скл:ый, -а́!; Stimmung, Gedanken мра́чный, -ен, -на́! | wir haben ~ Erfahrungen damit gemacht у нас с э́тим был печа́льный о́пыт; im ~n fischen лови́ть ры́бу в му́тной воде́
Trubel *m* перепо́лох 2, сумато́ха 6
trüben *tr* Wasser му|ти́ть 3 -чу́ (за-); Freude омрача|ть ⟨-и́ть 3⟩; sich ~ *refl* му|ти́ться (за-); Himmel хму́риться 3 (на-) | er sieht aus, als könne er kein Wässerchen ~ на вид он тако́й, что и воды́ не замути́т
Trübsal *f* печа́ль 9, го́ре 3, скорбь 9g 5 | ~ blasen *umg* хандри́ть 3
trübselig печа́л|ьный, -ен, -ьна, уны́л:ый; Stimmung гру́ст|ный, -ен, -на́, -но, гру́стны́
Trübsinn *m* уны́ние 5, меланхо́лия 8
trübsinnig уны́л:ый, меланхоли́ч|ный, -ен
Trübung *f* помутне́ние 5
trudeln *intr Flugw* што́порить 3
Trüffel *f Bot* трю́фель 1
Trug *m* обма́н 2, надува́тельство 4; **~bild** *n* при́зрак 2, фанто́м 2; Wunschbild грёза 6, мира́ж 2 *G Pl* -ей
trügen *tr* обма́нывать ⟨-ману́ть 4⁺⟩ | der Schein trügt вне́шность обма́нчива
trügerisch обма́нчивый
Trugschluß *m* ло́жный вы́вод, ло́жное заключе́ние
Truhe *f* ларь 1e, сунду́к 2e
Trümmer *Pl* обло́мки *Pl* 2; Ruinen разва́лины *Pl* 6 | die Stadt sank in ~ го́род преврати́лся в разва́лины; **~haufen** *m* гру́да разва́лин
Trumpf *m* ко́зырь 1g | was ist ~? что (у нас) ко́зыри?; einen ~ ausspielen хо|ди́ть 3⁺ -жу́ с ко́зыри; alle Trümpfe in der Hand haben име́ть все ша́нсы на успе́х
Trunk *m* напи́т|ок, -ка 2 | sich dem ~ ergeben за|пи́ть* *v*; за́пил, -а́!, пья́нствовать 2
trunken пья́н:ый, -а; *übertr* опьян|ённый, -ён, -ена́ (vor *I*) | ~ werden пьяне́ть (за-, о-); ~ vor Freude вне себя́ от ра́дости
Trunken|bold *m* пья́ница *m, f* 6; **~heit** *f* опьяне́ние 5, хмель 1; во хмелю́ | ≈ am Steuer нетре́звое состоя́ние 5 води́теля маши́ны
Trunksucht *f* пья́нство 4; periodisch запо́й 1 | er ist der ~ verfallen он за́пил
trunksüchtig пья́нствующий 11, пью́щий 11 запо́ем
Trupp *m* гру́ппа 6; *Mil* кома́нда 6, звено́ 4c *Pl* зве́нь|я, -ев; **~e** *f* von Schauspielern тру́ппа 6; *Mil* во́инская [войскова́я] часть 9g, отря́д 2; ≈n *Pl* войска́ *Pl* 4
Truppen|bewegung *f* передвиже́ние 5 войск; **~gattung** *f* род войск; **~schau** *f* смотр войска́м; **~teil** *m* во́инская [войскова́я] часть; **~transporter** *m* войсково́й тра́нспорт 2; **~übungsplatz** *m* уче́бное по́ле 3b; Artillerie полиго́н 2; **~verbandplatz** *m* батальо́нный медици́нский пункт; **~verschiebung** *f* передвиже́ние войск
truppweise *Adv* гру́ппами; *Mil* (отде́льными) кома́ндами, отря́дами
Trust *m Wirtsch* трест 2
Trut|hahn *m* индю́к 2e; **~henne** *f* инде́йка 6
Tschad Чад 2
Tschako *m* ки́вер 2b *Pl* -а́
Tschech|e *m* чех 2; **~in** *f* че́шка 6
tschechisch че́шский
Tschechoslowakei Чехослова́кия 8
tschechoslowakisch чехослова́цкий
Tsetsefliege *f Zool* му́ха цеце́
Tuba *f Mus* ту́ба 6
Tube *f* тю́бик 2
Tuberkel *m Med* тубе́ркула 6; **~bazillus** *m* па́лочка 6 Ко́ха
tuberkulös туберкулёзный
Tuberkulose *f* туберкулёз 2; **~bekämpfung** *f* борьба́ с туберкулёзом
tuberkulosekrank больно́й туберкулёзом
Tuch *n* Kleidungsstück плат|о́к, -ка́ 2; dreieckiges Kopftuch косы́нка 6; Stoff-

art сук|нó 4c *G Pl* -он | wie ein rotes ~ auf j-n wirken дéйствонать 2 на когó-н. как крáсный цвет на быкá; **~ballen** *m* тюк сукнá; **~fühlung** *f* тéсная связь

tüchtig 1. *Adj* fähig, geschickt дéльный, спосóб|ный, -ен; gehörig, bedeutend, groß порядóч|ный, -ен, изрядн|ный, -ен | er ist in seinem Fach sehr ~ он хорóший специалист, он хорошó знáет своё дéло **2.** *Adv:* wir arbeiten ~ рабóтаем энергúчно

Tüchtigkeit *f* дéльность 9, трудолюбие 5

Tücke *f* ковáрство 4 | List und ~ кóзни 9

tückisch ковáр|ный, -ен

Tugend *f* добродéтель 9

tugendhaft добродéтел|ьный, -ен, -ьна

Tüll *m* тюль 1; **~kleid** *n* тюлевое плáтье

Tulpe *f* тюльпáн 2

tummeln, sich *refl* tollen резв|úться 3 -люсь; sich beeilen спешúть 3

Tummelplatz *m* площáдка для дéтских игр; *übertr* мéсто дéйствия

Tümmler *m Zool* морскáя свин|ья 7c *G Pl* -éй

Tumor *m Med* тýмор 2

Tümpel *m* небольшóй пруд 2e; в, на прудý

Tumult *m* шум 2, суматóха 6; Aufruhr волнéние 5

tumultuarisch шýм|ный, -ен, -нá!, суматóш|ный, -ен

tun *tr* дéлать (с-); Pflicht выполнять ⟨вы́полнить 3⟩, исполнять ⟨-пóлнить⟩; hinlegen класть* ⟨положúть 3⁺⟩; *intr* handeln поступ|áть ⟨-úть 3⁺ -лю⟩ | zu ~ haben быть* зáнятым; nichts ~ ничегó не дéлать; mit j-m etw. zu ~ haben имéть дéло с кем-н.; ich habe damit nichts zu ~ я тут ни при чём; das hat damit nichts zu ~ это не имéет никакóго отношéния к дéлу; damit ist es nicht getan этого недостáточно; was ist zu ~? что дéлать?; sein möglichstes ~ сдéлать всё возмóжное; das tut nichts (это) ничегó (не знáчит); etw. beiseite ~ отложúть *v* 3⁺ что-н. в стóрону; tu nicht so beleidigt не разыгрывай из себя обúженного; er tut, als ob er taub wäre он притворяется глухúм, он (тóлько) дéлает вид, что не слышит этого; sie bekam es mit der Angst zu ~ её охватúл страх; j-m Böses ~ причин|ять ⟨-úть 3⟩ комý-н. зло; es ist mir nicht um das Geld zu ~ дéло для меня не в деньгáх, не дéньги меня интересýют; ~ Sie, als ob Sie zu Hause wären бýдьте как дóма; der Hund tut dir nichts собáка тебя не трóнет

Tun *n* óбраз 2 дéйствий, поведéние 5

Tünche *f* известкóвый раствóр для побéлки, клеевáя крáска 6; *übertr* внéшний лоск 11–2

tünchen *tr* белúть 3 (по-), крá|сить 3 -шу (о-, по-)

Tundra *f* тýндра 6

Tuner *m Rad* тюнер 2

Tunesi|en Тунúс 2; **~er** *m* тунúс|ец, -ца 2; **~erin** *f* тунúска 6

tunesisch тунúсский

Tunichtgut *m* негóдник 2, бездéльник 2

Tunis Тунúс 11–2

Tunke *f* сóус 2, подлúвка 6

tunken *tr* мак|áть ⟨-нýть *mom* 4⟩

tunlichst *Adv* по возмóжности

Tunnel *m* туннéль [нэ] 1

Tüpfel *m* крáпин(к)а 6; **~chen** *n* тóчка 6, крáпин(к)а 6 | das ≈ aufs i setzen стáв|ить 3 -лю (по-) тóчку над i

tupfen *tr* berühren слегкá трó|гать ⟨-нуть 4⟩; mit Tupfen versehen покрывáть ⟨-|крыть*⟩ крáпинками

Tupfer *m Med* тампóн 2

Tür *f* дверь 9g; в дверú, на двéри; *I Pl* двер|ями *u.* -ьмú | j-m die ~ weisen укáзывать ⟨-|казáть*⟩ комý-н. на дверь; offene ~en einrennen лом|úться 3⁺ -люсь в открытую дверь; hinter verschlossenen ~en при закрытых дверях; **~angel** *f* дверная пéтля

Turban *m* тюрбáн 2, чалмá 6

Turbine *f* турбúна 6

Turbo|generator *m El* турбогенерáтор 2; **~propflugzeug** *n* турбовинтовóй самолёт

turbulent бýр|ный, -ен, -нá!, бý|йный, -ен, буйнá!

Tür|flügel *m* дверная ствóрка 6; **~füllung** *f* дверная филёнка 6

Türk|e *m* тýр|ок, -ка 2 *G Pl* тýрок; **~ei** *f* Тýрция 8; **~in** *f* турчáнка 6

Türkis *m Min* бирюзá 6

türkisch турéцкий

Türklinke *f* (нажúмная) рýчка двéри

Turkmen|ien Туркмéния 8; **~e** *m* туркмéн 2; **~in** *f* туркмéнка 6

turkmenisch туркмéнский | Turkmenische Sozialistische Sowjetrepublik Туркмéнская Совéтская Социалистúческая Респýблика

Turm *m* бáш|ня 7 *G Pl* -ен; Kirch≈, Glokken≈ колокóл|ьня 7 *G Pl* -ен; Schach ладья 7, турá 6

Turmalin *m Min* турмалúн 2

Turmdrehkran *m* бáшенный полноповорóтный кран

türmen *tr* громоз|дúть 3 -жý (на-); sich ~ *refl* громоздúться

Turmfalke *m* пустельгá 6

turmhoch 1. *Adj* óчень высóкий, высотóй [вышинóй] с бáшню **2.** *Adv* неизмерúмо вы́ше | j-m ~ überlegen sein быть нá голову вы́ше когó-н.

Turmspitze *f* шпиль 1 на бáшне; **~springen** *n Sport* прыжкú в вóду; **~uhr** *f* бá-

шенные часы́; mit Glockenspiel кура́нты *Pl* 2
Turnanzug *m* гимнасти́ческий [трениро́вочный] костю́м
turnen *intr* занима́ться гимна́стикой [физкульту́рой]
Turnen *n* гимна́стика 6
Turner *m* гимна́ст 2
turnerisch гимнасти́ческий
Turn|fest *n* физкульту́рный пра́здник; **~gerät** *n* гимнасти́ческий снаря́д; **~halle** *f* гимнасти́ческий зал; **~hemd** *n* (спорти́вная) ма́йка 6; **~hose** *f* спорти́вные трусы́ *Pl* 2, тру́сики *Pl* 2
Turnier *n* турни́р 2
Turn|lehrer *m* преподава́тель гимна́стики [физкульту́ры]; **~platz** *m* площа́дка для физкульту́рных упражне́ний; **~schuhe** *m Pl* спорти́вные та́почки; **~stunde** *f* уро́к физкульту́ры; **~übung** *f* гимнасти́ческое упражне́ние
Turnus *m* цикл 2
Turnverein *m* гимнасти́ческое о́бщество
Tür|pfosten *m* дверно́й кося́к; **~schloß** *n* дверно́й замо́к; **~schlüssel** *m* ключ от две́ри; **~schwelle** *f* поро́г 2 две́ри
turteln *intr* вести́* себя как влюблённые
Turteltaube *f Zool* го́рлица 6, го́рлинка 6
Tusch *m Mus* туш 2 *G Pl* -ей | einen ~ blasen игра́ть туш
Tusche *f* тушь 9
tuscheln *intr* шушу́каться, шепта́ться*
tuschen *tr* тушева́ть 2 (за-), растуш|ёвызать ⟨-ева́ть⟩
Tuschkasten *m* коро́бка 6 кра́сок
Tute *f* гуд|о́к, -ка́ 2
Tüte *f* паке́тик 2, кул|ёк, -ька́ 2
tuten *tr u. intr umg* труб|и́ть 3 -лю́
Twist *m* хлопчатобума́жная осно́вная пря́жа 6
twisten *intr* твистова́ть 2
Typ *m* тип 2; *Tech* тип, образ|е́ц, -ца́ 2 | sie ist sein ~ она́ в его́ вку́се
Type *f Typ* ли́тера 6
Typenhaus *n* типово́й дом
Typhus *m Med* тиф 2 | er ist an ~ erkrankt он заболе́л ти́фом
typisch типи́ч|ный, -ен (für для *G*); in der Form типи́ческий
typisieren *tr* типизи́ровать *uv, v* 2
Typisierung *f* типиза́ция 8
Typograph *m* типо́граф 2; **~ie** *f* книгопеча́тание 5
typographisch типогра́фский | ~e Gestaltung полиграфи́ческое исполне́ние
Typus *m* = **Typ**
Tyrann *m* тира́н 2, де́спот 2; **~ei** *f* тирани́я 8, деспоти́зм 2
tyrannisch тирани́ческий
tyrannisieren *tr* тира́нить 3

U

U-Bahn *f* = **Untergrundbahn** | mit der ~ fahren е́хать на [в] метро́
übel 1. *Adj* дурно́й, ду́р|ен, -на́ -но, ду́рны́, плох:о́й, -а́! **2.** *Adv:* mir ist ~ мне ду́рно, меня́ тошни́т; das klingt nicht ~ э́то звучи́т неду́рно; ich hätte nicht ~ Lust, … я (совсе́м) не прочь …, я охо́тно …; er ist ~ d(a)ran ему́ прихо́дится ту́го, его́ дела́ пло́хи; das kann ihm ~ bekommen ему́ из-за э́того мо́жет не поздоро́виться; das wurde ihm ~ vermerkt ему́ э́то припо́мнили; wohl oder ~ во́лей-нево́лей
Übel *n* зло 4 *Pl nur G* зол; Elend беда́ 6c; *Med* неду́г 2, боле́знь 9 | einem ~ abhelfen помога́ть ⟨по|мо́чь*⟩ в беде́; das kleinere ~ ме́ньшее из двух зол; ein notwendiges ~ неизбе́жное зло
übel|gelaunt ду́рно настро́енный, в дурно́м настрое́нии, не в ду́хе; **~gesinnt** вражде́бно настро́енный, злонаме́ренный
Übelkeit *f* тошнота́ 6
übelnehmen *tr* обижа́ться ⟨оби́|деться 3 -жусь⟩ (j-m etw. на кого́-н. за что-н.) | nehmen Sie es mir nicht übel, aber … не обижа́йтесь на меня́, но …
übel|nehmerisch оби́дчив:ый; **~riechend** зловóн|ный, -ен, -на
Übel|stand *m* недоста́т|ок, -ка 2; unordentlicher Zustand беспоря́д|ок, -ка 2, зло 4; **~tat** *f* злодея́ние 5; **~täter** *m* злоде́|й 1 *G Pl* -ев, престу́пник 2
übelwollen *intr* быть* недоброжела́тельным (j-m к *D)*
üben *tr* упражня́ть, тренирова́ть 2 (на-); *Mus* auf einem Instrument игра́я разу́чивать ⟨-учи́ть 3⁺⟩; sich ~ *refl* упражня́ться (in в *P);* trainieren тренирова́ться (на-) (in в *P)* | auf dem Klavier [auf der Geige] ~ упражня́ться на роя́ле [на скри́пке]; am Barren ~ тренирова́ться на бру́сьях; sich im Lesen ~ упражня́ться в чте́нии; früh übt sich, was ein Meister werden will на́вык ма́стера ста́вит
über 1. *Adv* Gewehr ~! (ружьё) на плечо́!; die Nacht ~ всю ночь (напролёт); den Winter ~ всю зи́му; das ist mir schon ~ э́то мне уже́ надое́ло; er war ~ und ~ mit Schmutz bedeckt он был весь покры́т гря́зью; er steckt ~ und ~ in Schulden он в долгу́ как в шелку́ **2.** *Präpos* oberhalb над *I;* die Lampe hängt ~ dem Tisch ла́мпа виси́т над столо́м; er hängt die Lampe ~ den Tisch он ве́шает ла́мпу над столо́м; er wohnt ~ mir он живёт на́до мно́й; einen Arbeitskittel ~ den Anzug ziehen на|де́ть* *v* рабо́чий ха-

ла́т пове́рх костю́ма; ~ die Stadt fliegen лете́ть над го́родом; ~ den Büchern sitzen сиде́ть над кни́гами | über ... hinweg че́рез *A*; ~ den Graben springen перепры́гнуть че́рез ров; ~ den Zaun klettern пере|ле́зть* *v* че́рез забо́р; ~ die Straße gehen пере|йти́* *v* (че́рез) у́лицу; ~ die Stadtgrenze hinaus за преде́лы го́рода | an der Oberfläche по *D*; ~ den Hof gehen идти́* по двору́; die Bücher sind ~ den Tisch verstreut кни́ги разбро́саны по столу́; ~s Haar streichen гла́дить по волоса́м; ~s ganze Gesicht lächeln улыба́ться во всё лицо́ | betreffend о *P*; ~ j-n sprechen [schreiben, urteilen] говори́ть [писа́ть, суди́ть] о ком-н.; ein Buch ~ Malerei кни́га о жи́вописи | *Zeit* heute ~ ein Jahr че́рез год; ~ die Feiertage на пра́здники; ~s Wochenende kommen прие́хать на суббо́ту и воскресе́нье; ~ Nacht но́чью; ~ kurz oder lang ра́но и́ли по́здно | mehr als бо́лее *G*, свы́ше *G*; ~ zehn Meter бо́лее десяти́ ме́тров; ~ 30 Mann бо́лее [свы́ше] тридцати́ челове́к; seit ~ einem Jahr (вот) уже́ бо́лее го́да; vor ~ hundert Jahren бо́лее ста лет (тому́) наза́д; in ~ 20 Ländern бо́лее чем в двадцати́ стра́нах; zwei Grad ~ Null два гра́дуса вы́ше нуля́; bis ~ die Knie im Schnee в снегу́ вы́ше коле́н | Alter: sie ist ~ vierzig ей за со́рок; Kinder ~ sechs Jahre де́ти ста́рше шести́ лет | während за *I*; ~ der Arbeit habe ich das vergessen за рабо́той я э́то забы́л; ~ dem Lesen einschlafen засну́ть за чте́нием | über ... hinaus сверх *G*; zwei Tonnen ~ den Plan две то́нны сверх пла́на; ~ seine Kräfte arbeiten рабо́тать сверх сил [вы́ше свои́х сил]; das geht ~ mein Verständnis э́то вы́ше моего́ понима́ния | Häufung (mit Wiederholung des Substantivs) за *I*; Briefe ~ Briefe bekommen получа́ть письмо́ за письмо́м; Fehler ~ Fehler machen де́лать оши́бку за оши́бкой | technisches Mittel по *D*; ~ Funk [Fernschreiber] по ра́дио [телета́йпу] | der Sieg ~ Napoleon побе́да над Наполео́ном

überall *Adv* везде́, (по)всю́ду; allerorts повсеме́стно | ~ und nirgends везде́ и нигде́; er ist ~ bekannt его́ везде́ зна́ют; **~her** *Adv*: von ≈ отовсю́ду, со всех сторо́н; **~hin** *Adv* во все концы́, во всех направле́ниях

überaltert сли́шком ста́рый; Maschinenpark u.a. устаре́лый, устаре́вший 11 | ~ sein устар|ева́ть ⟨-е́ть⟩

Überangebot *n* превыше́ние 5 предложе́ния над спро́сом

überanstrengen *tr* переутом|ля́ть ⟨-и́ть 3 -лю́⟩ (mit в *P*); sich ~ *refl* переутом|ля́ться ⟨-и́ться⟩, надрыва́ться ⟨надо|рва́ться*, -рвали́сь⟩ (mit в *P*)

Überanstrengung *f* переутомле́ние 5, перенапряже́ние 5

über|antworten *tr* пере|дава́ть* ⟨переда́ть*⟩, напр|авля́ть ⟨-а́вить 3 -а́влю⟩ (в *A*) | j-n dem Gericht ≈ отдава́ть ⟨отда́ть*⟩ кого́-н. под суд; **~arbeiten** *tr* переде́л|ывать ⟨-ать⟩, перераб|а́тывать ⟨-о́тать⟩; sich ≈ *refl* переутом|ля́ться ⟨-и́ться 3 -лю́сь⟩ | er ist überarbeitet он переутомлён

Überarbeitung *f* переде́лка 6, перерабо́тка 6; eines Textes обрабо́тка 6; Übermüdung переутомле́ние 5

überaus *Adv* чрезвыча́йно, в вы́сшей сте́пени, кра́йне

überbacken *tr* за|пека́ть ⟨-|пе́чь*⟩

Überbau *m Bauw, Phil* надстро́йка 6

überbauen *tr* надстр|а́ивать ⟨-о́ить 3⟩

überbeanspruchen *tr* перегр|ужа́ть ⟨-узи́ть 3⁺ -ужу́, -у́зи́шь, -у́женный⟩

Überbein *n* га́нгли|й 1 *P* -и, *G Pl* -ев

Überbelastung *f* перегру́зка 6

überbelegt битко́м наби́тый (людьми́) | die Wohnung ist ~ кварти́ра перенаселена́

Überbelegung *f* Wohnung перенаселённость 9

überbelichten *tr* переде́рживать ⟨-держа́ть 3⁺⟩

Überbelichtung *f* переде́ржка 6

über|betonen *tr* чрезме́рно подчёркивать ⟨-черкну́ть 4, -чёркнутый⟩; **~betrieblich** межзаводско́й | ≈er Wettbewerb соревнова́ние ме́жду отде́льными предприя́тиями

Überbevölkerung *f* перенаселе́ние 5

überbewerten *tr* переоц|е́нивать ⟨-ени́ть 3⁺⟩

Überbewertung *f* переоце́нка 6

überbezahlen *tr* перепл|а́чивать ⟨-ати́ть 3⁺ -ачу́⟩

überbieten *tr* предлага́ть ⟨-ложи́ть 3⁺⟩ бо́лее высо́кую це́ну; übertreffen превосхо|ди́ть 3⁺ -жу́ ⟨превзо|йти́*⟩; Norm, Rekord превыша́ть ⟨-вы́сить 3 -вы́шу⟩, перекрыва́ть ⟨-|кры́ть*⟩; Plan, Norm перевыполня́ть ⟨-вы́полнить 3⟩; sich ~ *refl* превзойти́ самого́ себя́ | j-n um hundert Mark ~ дать* *v* на сто ма́рок бо́льше, чем кто-н.

Überbleibsel *n* оста́т|ок, -ка 2; der Mahlzeit объе́дки *Pl* 2, оста́тки *Pl* 2 еды́; *übertr* пережи́т|ок, -ка 2

überblenden *tr* Film дава́ть* ⟨дать*⟩ наплы́в

Über|blendung *f* Film наплы́в 2; **~blick** *m* вид 2 (über на *A*); *übertr* обзо́р 2, обозре́ние 5 | ein kurzer ≈ кра́ткое обозре́ние [резюме́ *n idkl*]; einen ≈ über etw. haben име́ть о́бщее поня́тие [представле́ние] о чём-н.; einen ≈ über etw. geben дать *v* обзóр чегó-н.; Literaturgeschichte im ≈ (крáткие) óчерки *Pl* 2 по истóрии литерату́ры

über|blicken *tr* оки́|дывать ⟨-нуть 4⟩ взгля́дом; Lage обозр|евáть ⟨-éть⟩; **~bringen** *tr* пере|давáть* ⟨передáть*⟩, дост|авля́ть ⟨-áвить 3 - áвлю⟩

Überbringer *m* предъяви́тель 1

überbrücken *tr* наводи́ть 3⁺ -вожу́ ⟨-|вести́*⟩ мост (чéрез *A*); Schwierigkeiten преодол|евáть ⟨-éть⟩; Widersprüche сглá|живать ⟨-дить 3 -жу⟩

Überbrückung *f* навóдка 6 (мостá); преодолéние 5; сглáживание 5

über|dachen *tr* покрывáть ⟨-|кры́ть*⟩ кры́шей [навéсом]; **~dauern** *tr* пережи́ть* *v* | Jahrhunderte ≈ о|стáться* *v* жить в векáх; **~decken** *tr* покрывáть ⟨-|кры́ть*⟩; **~denken** *tr* продýм|ывать ⟨-ать⟩ | etw. in Ruhe ≈ спокóйно обдýмать что-н.

überdies *Adv* крóме [сверх] тогó, вдобáвок

überdimensional огрóм|ный, ен, сверхмéр|ный, -ен

Überdosis *f* дóза, превышáющая 11 нормáльную, сверхдóза 6

über|dosieren *tr* передози́ровать *uv, v* 2⟩; **~drehen** *tr* Schraube перекр|ýчивать ⟨-ути́ть 3⁺ -учý⟩; Gewinde срывáть ⟨со|рвáть*⟩ нарéзку

Über|druck *m Tech* избы́точное давлéние; **~druckkabine** *f* гермети́ческая каби́на; **~druckventil** *n* предохрани́тельный клáпан; **~druß** *m* скýка 6, пресыщéние 5; Widerwillen отвращéние 5 | das habe ich schon bis zum ≈ gehört я э́того ужé слы́шать не могý

überdrüssig: ~ werden надоедáть ⟨надо-|éсть*⟩; ich bin dessen ~ мне э́то надоéло

überdurchschnittlich **1.** *Adj* недю́жинный; Fähigkeiten a. незаурýд|ный, -ен **2.** *Adv* вы́ше срéднего

Übereifer *m* чрезмéрное усéрдие [рвéние]

übereifrig чересчýр усéрд|ный, -ен [рья́н:ый]

übereignen *tr* пере|давáть* ⟨передáть*⟩ в сóбственность *G*

Übereignung *f* передáча 6 (в чью-н.) сóбственность

über|eilen *tr* поступ|áть ⟨-и́ть 3⁺-лю⟩ опромéтчиво [необдýманно] | ≈ Sie nichts! не бýдьте опромéтчивы!, не торопи́тесь!; **~eilt** опромéтчив:ый, необдýман:ный, -на | ≈ handeln = übereilen

Übereilung *f* опромéтчивость 9

übereinander *Adv* stehen, liegen однó над други́м, друг над дрýгом; herfallen друг на дрýга

übereinkommen *intr* догов|áриваться ⟨-ори́ться 3⟩ (über о *P*), соглас|óвывать ⟨-овáть 2⟩ *A* | wir kamen überein, gemeinsam abzureisen мы согласи́лись уéхать вмéсте

Überein|kommen *n* соглашéние 5, договóр 2 (mit с *I*) | mit j-m ein ≈ treffen при|йти́* *v* к соглашéнию с кéм-н.; **~kunft** *f* = **Übereinkommen**

übereinstimmen *intr* Meinungen совпадáть ⟨сов|пáсть*⟩ (mit с *I*); Handlungen соглас|óвываться ⟨-овáться 2⟩ (mit с *I*); Angebot, Nachfrage соотвéтствовать 2 (mit *D*) | ich stimme mit Ihnen vollkommen überein я с вáми вполнé соглáсен; **~d** соглáс|ный, -ен, согласóван:ный, -на

Übereinstimmung *f* das Entsprechen соотвéтствие 5; Abstimmung согласовáние 5 *a. Gramm;* Ansichten соглáсие 5, соглашéние 5 (mit с *I*) | in ~ mit etw. в соотвéтствии с чем-н.; in ~ handeln дéйствовать согласóванно; etw. mit etw. in ~ bringen соглас|óвывать ⟨-овáть 2⟩ что-н. с чем-н.; eine beiderseitige ~ herbeiführen дости́гнуть *v* 4a *u.* 4 обою́дного соглашéния

überempfindlich сли́шком чувстви́тел|ьный, -ен, -ьна

Überempfindlichkeit *f Med* повы́шенная чувстви́тельность

übererfüllen *tr* перевыполня́ть ⟨-вы́полнить 3⟩ (um 10% на дéсять процéнтов)

Übererfüllung *f* перевыполнéние 5

über|essen, sich *refl* объедáться ⟨объ-|éсться*⟩ (an *I*) | sich eine Speise ≈ переéсть *v* чегó-н.; **~fahren** *tr* ['----] Fähre перевози́ть 3⁺ -вожý ⟨-|везти́*⟩, перепра|вля́ть ⟨-áвить 3 -áвлю⟩; *intr* перепр|авля́ться ⟨-áвиться⟩; [--'--] Person пере|éхать* *v*; Signal проéхать *v*

Über|fahrt *f* переéзд 2; Fluß переправа 6 (über чéрез *A*); **~fall** *m* нападéние 5, налёт 2 (auf на *A*)

überfallen *tr* нападáть ⟨-|пáсть*⟩ на *A*; unerwartet besuchen нагря́нуть *v* 4 к *D* | ich wurde mit tausend Fragen ~ на меня́ посы́палась ты́сяча вопрóсов; der Schlaf überfiel ihn егó одолéл сон

überfällig Flugzeug, Zug запоздáвший 11; Wechsel (давнó) просрóченный; Maßnahme (давнó) назрéвший 11

Überfall|kommando *n* выездная полицéйская комáнда; **~wagen** *m* автомаши́на выезднóй полицéйской комáнды

über|fliegen *tr* Ozean переле|тáть ⟨-тéть 3 -чý⟩ (чéрез *A*), соверш|áть ⟨-и́ть 3⟩ перелёт (чéрез *A*); Stadt проле|тáть ⟨-тéть⟩ над *I;* Brief пробегáть ⟨-|бежáть*⟩ (глазáми); **~fließen** *intr* über den Rand переливáться ⟨-|ли́ться*, -лили́сь⟩ (чéрез край) | von Lob ≈ рассыпáться ⟨-|сы́паться*⟩ в похвалáх; **~flügeln** *tr*

превосхо|ди́ть 3⁺ -жу́ ⟨превзо|йти́*⟩, опе|жа́ть ⟨-ди́ть 3 -жу́⟩
Überfluß *m* изоби́лие 5 (an *G*), избы́т|ок₁ -ка 2 (an *G*) | alles im ~ haben име́ть всё в избы́тке; im ~ vorhanden sein име́ться в изоби́лии [в избы́тке]; zum ~, zu allem ~ сверх того́ [ме́ры], чересчу́р
überflüssig изли́ш|ний 11₁ -ен₁ -ня, ли́шний 11, ненуж|ный₁ -ен₁ -на́!
überflüssigerweise *Adv* изли́шне
überfluten *tr* затоп|ля́ть ⟨-и́ть 3⁺ -лю́⟩, залива́ть ⟨зали́ть*⟩; mit Waren наводн|я́ть ⟨-и́ть 3⟩ *a. übertr*
Überflutung *f* затопле́ние 5, залива́ние 5; Hochwasser наводне́ние 5
überfordern *tr* предъяв|ля́ть ⟨-и́ть 3⁺ -лю́⟩ чрезме́рные [повы́шенные] тре́бования (к *D*)
Überfracht *f* переве́с 2, изли́ш|ек₁ -ка 2 ве́са [гру́за]
über|fragen: da bin ich überfragt (на э́тот вопро́с) я не могу́ отве́тить; **~fremden** *tr* mit fremden Einflüssen durchsetzen подчин|я́ть ⟨-и́ть 3⟩ иностра́нному влия́нию; *Wirtsch* допу|ска́ть ⟨-сти́ть 3⁺ -щу́⟩ (уси́ленный) прито́к иностра́нного капита́ла
Überfremdung *f Wirtsch* преоблада́ние 5 [проникнове́ние 5] иностра́нного капита́ла; das Überfremden усиле́ние 5 иностра́нного влия́ния, иностра́нное заси́лие 5
überführen *tr* [ˈ-‧‧‧] перевози́ть 3⁺ -вожу́ ⟨-|везти́*⟩ (in, nach в *A*); *übertr* переводи́ть 3⁺ -вожу́ ⟨-|вести́*⟩; [‧‧ˈ‧‧] *Jur* улич|а́ть ⟨-и́ть 3⟩ (einer Sache в *P*); изoблич|а́ть ⟨-и́ть 3⟩ (einer Sache в *P*) | in Volkseigentum ~ пере|дава́ть* ⟨переда́ть*⟩ в со́бственность наро́да [в госуда́рственную со́бственность]
Über|führung *f* Leiche, Kranken перево́з 2; *übertr* перево́д 2; Übergabe переда́ча 6; Straße путепрово́д 2, Talbrücke *a.* виаду́к 2; Auto перего́н 2; *Jur* изобличе́ние 5; **~fülle** *f* изоби́лие 5 (an *G*)
überfüllen *tr* переполня́ть ⟨-по́лнить 3⟩ | der Bus [Saal] war überfüllt авто́бус [зал] был перепо́лнен
Überfüllung *f* перепо́лненность 9
Überfunktion *f* Drüse гиперфу́нкция 8
überfüttern *tr* за-, перека́рмливать ⟨-корми́ть 3⁺-кормлю́⟩
Über|gabe *f* переда́ча 6; *Mil* сда́ча 6 **~gabeprotokoll** *n* приёмосда́точный акт 2; **~gang** *m* перехо́д 2 (in, zu в *A*) *a. übertr;* Fluß перепра́ва 6 | den ≈ über einen Fluß erzwingen *Mil* форси́ровать *uv, v* 2 реку́; der ≈ vom Sozialismus zum Kommunismus перехо́д от социали́зма к коммуни́зму
Übergangs|erscheinung *f* перехо́дное явле́ние; **~mantel** *m* демисезо́нное пальто́; **~periode** *f* перехо́дный пери́од; **~zeit** *f* перехо́дная эпо́ха 6; *Met* перехо́дный сезо́н 2
Übergardine *f* портье́ра 6
über|geben *tr* пере|дава́ть* ⟨переда́ть*⟩; *Mil* сдава́ть ⟨-|да́ть*⟩ | die neue Strecke wurde dem Verkehr ≈ но́вая ли́ния была́ сдана́ в эксплуата́цию [была́ откры́та]; dem Gericht ≈ пре|дава́ть* ⟨преда́ть*⟩ суду́; der Öffentlichkeit ≈ передава́ть гла́сности; der Kranke übergibt sich больно́го рвёт; er hat sich ≈ его́ вы́рвало, его́ стошни́ло; **~gehen** *tr* [‧‧ˈ‧‧] nicht beachten проходи́ть 3⁺ -хожу́ ⟨-|йти́*⟩ ми́мо, пропу|ска́ть ⟨-сти́ть 3⁺ -щу́⟩; umgehen (ein Gesetz u. ä.) обходи́ть ⟨-обойти́⟩; *intr* [ˈ‧‧‧‧] переходи́ть ⟨-йти́⟩ (etw. an что-н. *D*, что-н. в чьи-н. ру́ки, zu к *D*) | in Volkseigentum ≈ перейти́ в со́бственность наро́да; zur Tagesordnung ≈ переходи́ть к пове́стке дня; auf Diät ≈ перейти́ *v* на дие́ту [иэ]; die Augen gingen ihm über у него́ глаза́ вы́лезли на лоб (от изумле́ния)
über|genug *Adv* бо́лее чем доста́точно, с изли́шком | genug und ≈ сверх (вся́кой) ме́ры; **~geordnet** Organ вышестоя́щий 11; Stelle вы́сший 11
Überge|päck *n* изли́шний (пассажи́рский) бага́ж 11–(10–)2e; **~gewicht** *n* Paket ли́шний 11 вес; eines Menschen избы́точный вес, вес вы́ше но́рмы; *übertr* переве́с 2, превосхо́дство 4 | das ≈ bekommen получи́ть *v* переве́с (über над *I*)
übergießen *tr* mit Wasser, Fett залива́ть ⟨зали́ть*⟩, облива́ть ⟨обли́ть*⟩
überglücklich о́чень счастли́вый | er ist ~ он вне себя́ от сча́стья [от ра́дости]
übergreifen *intr* распростран|я́ться ⟨-и́ться 3⟩ (auf на *A*), охв|а́тывать ⟨-ати́ть 3⁺⟩ (auf *A*)
Übergriff *m* превыше́ние 5 вла́сти [полномо́чий]; Mißbrauch злоупотребле́ние 5 (вла́стью)
übergroß сли́шком [чрезме́рно, о́чень] большо́й | ~e Mehrheit огро́мное большинство́
Übergröße *f* Kleidung большо́й (нестанда́ртный) разме́р; *Tech* негабари́т 2
überhaben *tr:* er hat es über *umg* э́то ему́ надое́ло
überhandnehmen *intr* возраста́ть ⟨-|расти́*⟩, уси́л|иваться ⟨-иться 3⟩ | hier nehmen die Füchse überhand здесь лис стано́вится всё бо́льше и бо́льше
Überhang *m Bauw* консо́льная [нависа́ющая 11] часть 9g, свес 2; Felsen вы́ступ *a. Bauw* 2; *Fin, Wirtsch* переве́с 2; Import~ превыше́ние 5; Waren избы́т|ок₁ -ка 2

über|hängen *tr* umhängen накú|дывать ⟨-нуть 4⟩, набр|áсывать ⟨-óсить 3 -óшу⟩ | sich das Gewehr ≈ повé|сить *v* 3 -шу ружьё чéрез плечó; *intr* Felsen выступáть ⟨вы́ступить 3⟩; ungleichmäßig lang hängen свисáть ⟨свúснуть 4⟩; **~häufen** *tr* mit Geschenken u. ä. завáливать ⟨-валúть 3⁺⟩; mit Arbeit завáливать ⟨-валúть⟩, перегр|ужáть ⟨-узúть 3 -ужý, -ýзишь⟩ *I;* mit (An-) Fragen засыпáть ⟨-|сы́пать*⟩ *I;* mit Ehrungen, Vorwürfen осыпáть ⟨-сы́пать⟩ *I*

überhaupt *Adv* вообщé | ~ nicht ... совсéм [вообщé] не(т) ...; ~ nicht nötig совсéм не нýжно; ich habe ~ keine Zeit у меня́ вообщé нет врéмени; wenn das Kind weint, kann ich ~ nicht schlafen когдá ребёнок плáчет, я вóвсе не сплю

überheb|en, sich *refl* sich einen körperl. Schaden holen надрывáться ⟨надо|рвáться*; -рвалúсь⟩; **~lich** надмéн|ный, ен, -на, занóсчив:ый | ≈ werden за|знавáться* ⟨-знáться⟩

Überheblichkeit *f* надмéнность 9, занóсчивость 9

über|heizen *tr* слúшком жáрко топ|úть 3⁺ -лю́; **~hitzen** *tr* перегр|евáть ⟨-éть⟩; **~höhen** *tr* чрезмéрно повышáть ⟨повы́|сить 3 -шу⟩ [увелúч|ивать ⟨-ить 3⟩; Damm надстр|áивать ⟨-óить 3⟩

überhöht Geschwindigkeit превы́шенный

überholen *tr* опере|жáть ⟨-дúть 3 -жý⟩ *a. übertr;* Verkehr обгоня́ть ⟨обо|гнáть*, обгоню́; обóгнанный⟩; *übertr* перегоня́ть ⟨-гнáть⟩; *Tech* Maschine ремонтúровать *uv, v* 2 (*a.* от-); Motor перебирáть ⟨-|брáть*; перéбранный⟩; instand setzen lassen от|давáть* ⟨отдáть*⟩ в ремóнт | er hat ihn in der 3. Runde überholt он обошёл [перегнáл] егó на трéтьем крýге

Überhol|en *n Kfz* обгóн 2; **~manöver** *n Kfz* обгóн 2, обгóнный манёвр; **~spur** *f* полосá 6a обгóна

überholt устарéвший 11

Überhol|ung *f* Ausbesserung текýщий 11 [капитáльный] ремóнт 2, перебóрка 6 механúзма; **~verbot** *n Kfz* запрещéние обгóна

überhören *tr* недослы́шать *v* 3; absichtlich пропу|скáть ⟨-стúть 3⁺ -щý⟩ мúмо ушéй | er hat das Klingeln überhört он не слы́шал звонкá

überirdisch неземнóй

über|kleben *tr* заклé|ивать ⟨-ить 3⟩ (mit *I*), наклé|ивать ⟨-ить 3⟩ (повéрх *G*); **~klug** *iron* мня́щий 11 о себé, кичáщийся 11 своúм умóм; **~kochen** *intr* бежáть*, у|йтú* *v* | die Milch ist übergekocht молокó убежáло [ушлó]; **~kommen** *tr* охвáтывать ⟨охва|тúть 3⁺ -чý⟩, овлад|евáть ⟨-éть⟩ *I;* überliefert sein наслéдовать *uv, v* 2 (*a.* у-); **~laden 1.** *tr* перегр|ужáть ⟨-узúть 3 -ужý, -ýзишь⟩, чрезмéрно нагр|ужáть ⟨-узúть⟩ **2.** *Adj* перегрýжен:ный, -на (mit *I*); Kunst вы́чур|ный; -ен; Stil тяжёл:лый, слúшком насы́щен:ный; mit Arbeit завáленный *I;* **~lagern** *tr Geol* напласт|óвывать ⟨-овáть 2⟩; *El* наклáдывать; *Rad* гетеродинúровать 2; **~lagert** Ware залежáлый

Überlagerung *f Geol* напластовáние 5; *El* наложéние 5; *Rad* гетеродинúрование 5

Überlandleitung *f* лúния электропередáчи

überlang слúшком [чрезмéрно] длúн|ный, -ен, -нá!

über|lassen *tr* abtreten уступ|áть ⟨-úть 3⁺ -лю́⟩, от|давáть* ⟨отдáть*⟩); etw. j-m anvertrauen передавáть ⟨передáть*⟩, доверя́ть ⟨-вéрить 3⟩; anheimstellen предост|авля́ть ⟨-áвить 3 -áвлю⟩ | sich selbst ≈ sein быть предостáвленным самомý себé; j-n seinem Schicksal ≈ бросáть ⟨брó|сить 3 -шу⟩ когó-н. на произвóл судьбы́; **~lasten** *tr* перегр|ужáть ⟨-узúть 3 - ужý, -ýзишь⟩ (mit, durch *I*); *übertr* перегру|жáть ⟨-узúть⟩, завáливать ⟨-валúть 3⁺⟩

Überlastung *f* перегрýзка 6 (mit, durch *I*)

Überlauf *m* Badewanne перелúв 2; Talsperre водосбрóс 2, водослúв 2

überlaufen *intr* ['----] Flüssigkeit переливáться ⟨-|лúться*; -лилúсь⟩ (чéрез край) *a. übertr; Mil* перебегáть ⟨-|бежáть*⟩ (zu к *D*) | die Milch ist übergelaufen молокó ушлó [убежáло]; die Wanne ist übergelaufen водá из вáнны перелилáсь чéрез край; *tr* [--'--] Arzt, Seebad, Laden переполня́ть ⟨-пóлнить 3⟩ | der Arzt ist sehr ~ у э́того врачá óчень мнóго пациéнтов; es überläuft mich kalt у меня́ мурáшки бéгают по спинé; es überläuft mich heiß und kalt меня́ бросáет то в жар, то в хóлод

Überläufer *m* перебéжчик 2

überlaut слúшком грóмкий

überleben *tr* переживáть ⟨пережúть*⟩; sich ~ *refl* отживáть ⟨отжúть*⟩ | der Kranke wird diese Nacht nicht ~ больнóй не доживёт до утрá; das hat sich überlebt э́то óтжило свой век

Überlebender *m* остáвшийся *Subst* 11 в живы́х

über|lebensgroß бóльше натурáльной величины́; **~lebt** отжúвший 11, устарéвший 11

überlegen 1. *tr* ['----] darüberlegen класть* ⟨положúть 3⁺⟩ повéрх *G;* [--'--] durchdenken обдýм|ывать ⟨-ать⟩; sich ~ *refl* обдýм|ывать ⟨-ать⟩ | etw. reiflich ~ основáтельно взвé|шивать ⟨-сить 3 -шу⟩ что-н.; gut überlegt хорошó продýмано;

ich will es mir ~ я поду́маю **2.** *Adj* превосходя́щий 11; Miene высокоме́р|ный, -ен | j-m ~ sein превосхо|ди́ть 3⁺ -жу́ (превзо|йти́*) кого́-н.; zahlenmäßig ~ sein превосходи́ть чи́сленностью **3.** *Adv:* ~ in Führung sein Fußball u. a. вести́* игру́ с больши́м преиму́ществом

Überleg|enheit *f* превосхо́дство 4 (an, über в *P*, над *I*); **~ung** *f* размышле́ние 5; Schlußfolgerung, Erwägung рассужде́ние 5, соображе́ние 5 | mit ≈ обду́манно, с умо́м; nach reiflicher ≈ по зре́лом размышле́нии

überleiten *tr* переводи́ть 3⁺ -вожу́ (-|вести́*), переноси́ть 3⁺ -ношу́ (-|нести́*); zum nächsten Thema, Abschnitt переходи́ть 3⁺ -хожу́ (-|йти́*) к *D; Wirtsch* внедр|я́ть (-и́ть 3) (in в *A*)

Überleitung *f* перево́д 2; перехо́д 2 (zu к *D*); *Wirtsch* освое́ние 5 произво́дства но́вой проду́кции | ~ in die Produktion внедре́ние 5 в произво́дство

über|lesen *tr* flüchtig бе́гло про|чи́тывать (-чита́ть); übersehen пропу|ска́ть (-сти́ть 3⁺ -щу́); **~liefern** *tr* пере|дава́ть* (переда́ть*); **~liefert** традицио́н|ный, -ен, -на

Überlieferung *f* преда́ние 5; тради́ция 8 | nach der ~ по преда́нию

überlisten *tr* перехитри́ть *v* 3, проводи́ть 3⁺ -вожу́ (-|вести́*)

Übermacht *f* превосхо́дство 4 (в си́лах), переве́с 2 | erdrückende ~ подавля́ющее 11 превосхо́дство; sie erlagen der ~ des Feindes они́ бы́ли побежде́ны превосходя́щими си́лами проти́вника

übermächtig 1. *Adj* могу́ществен:ный, -на **2.** *Adv* весьма́, кра́йне чрезвыча́йно

über|malen *tr* закра́|шивать (-сить 3 -шу), зама́зывать (-|ма́зать*); **~mannen** *tr* одол|ева́ть (-е́ть) | der Schlaf übermannte ihn сон одоле́л его́; **~mannshoch** вы́ше челове́ческого ро́ста

Übermaß *n* избы́т|ок, -ка 2, изли́ш|ек, -ка 2 | bis zum ~ beschäftigt sein быть перегру́женным (рабо́той); alles im ~ haben име́ть всё в избы́тке

über|mäßig 1. *Adj* чрезме́р|ный, -ен, непоме́р|ный, -ен **2.** *Adv* сли́шком; **~menschlich** сверхчелове́ческий, нечелове́ческий

übermitteln *tr* пере|дава́ть* (переда́ть*), пересыла́ть (-|сла́ть*)

Übermittlung *f* переда́ча 6, пересы́лка 6

über|morgen *Adv* послеза́втра 6; **~müdet** переутомлён:ный

Über|müdung *f* переутомле́ние 5; **~mut** *m* Herausforderung задо́р 2; Ausgelassenheit ша́лость 9, озорство́ 4; Anmaßung зано́счивость 9 | aus ≈ из ша́лости, из озорства́

übermütig herausfordernd задо́р|ный, -ен; ausgelassen шаловли́в:ый, озорно́й; anmaßend зано́счив:ый | werde nicht ~! не зазнава́йся!

übernächst второ́й | am ≈en Tag че́рез день; an der ≈en Haltestelle че́рез остано́вку

über|nachten *intr* ночева́ть 2 (пере-) (bei у *G*, in в *R*); **~nächtig** бле́дный [утомлённый] от бессо́нной но́чи

Über|nachtung *f* ночёвка 6; **~nahme** *f* Güter; Auftrag; Geschäft, Neubau приём 2, приёмка 6; Verpflichtung, Verantwortung приня́тие 5, взя́тие 5 (на себя́); **~nahmeprotokoll** *n* приёмо-сда́точный акт 2

über|national наднациона́льный; **~natürlich** сверхъесте́ствен:ный, -на

über|nehmen *tr* Güter; Auftrag; Geschäft, Neubau принима́ть (приня́ть*); Verpflichtung, Verantwortung, Kosten брать* (взять*) на себя́; Erfahrung, Manieren перенима́ть (переня́ть*); Grundstück вступ|а́ть (-и́ть 3⁺ -лю́) во владе́ние; sich ≈ *refl* не знать ме́ры (in в *P*) | sich bei der Arbeit ≈ надрыва́ться (надо-|рва́ться*, -рвали́сь) на рабо́те; **~ordnen** *tr* ста́в|ить 3 -лю (по-) вы́ше друго́го | er ist mir übergeordnet он мой нача́льник

überparteilich внепарти́йный

Überplanbestand *m meist Pl* сверхпла́новые запа́сы *Pl* 2 [изли́шки *Pl* 2], сверхпла́новая нали́чность

überplanmäßig сверхпла́новый, сверх пла́на

Über|preis *m* завы́шенная цена́; **~produktion** *f* перепроизво́дство 4; **~profit** *m* сверхпри́быль 9

überprüfen *tr* проверя́ть (-ве́рить 3), пересм|а́тривать (-отре́ть 3⁺)

Überprüfung *f* прове́рка 6, пересмо́тр 2 | technische ~ *Kfz* техни́ческий осмо́тр 2, техосмо́тр 2

über|queren *tr* пересека́ть (-|се́чь*); Straße a. переходи́ть 3⁺ -хожу́ (-|йти́*); Fluß a. переплыва́ть (-|плы́ть*); **~ragen** *tr* [--'--] Berg, Turm возвыша́ться над *I*, госпо́дствовать 2 над *I*; j-n übertreffen превосхо|ди́ть 3⁺ -жу́ (превзо|йти́*); *intr* ['----] Brett, Balken выступа́ть; **~raschen** *tr* пора|жа́ть (-зи́ть 3 -жу́), удив|ля́ть (-и́ть 3 -лю́) (j-n mit кого́-н. чем-н.); beim Einbruch захв|а́тывать (-ати́ть 3⁺ -ачу́) враспло́х | j-n mit einer Nachricht ≈ порази́ть кого́-н. неожи́данным изве́стием; ich lasse mich gern ≈ я люблю́ сюрпри́зы; nun, lassen wir uns ≈ ну, уви́дим; wir wurden vom Sturm überrascht нас засти́гла бу́ря; **~raschend** Erfolg порази́тел|ьный, -ен, -ьна; Wendung неожи́дан:ный, -на

Überraschung *f* неожи́данность 9; unerwartetes Geschenk u. a. сюрпри́з 2 | zu meiner größten ~ к моему́ вели́кому удивле́нию; ich habe eine kleine ~ für dich у меня́ есть для тебя́ небольшо́й сюрпри́з [пода́рок]; j-m eine ~ bereiten гото́вить сюрпри́з кому́-н.

Überraschungs|angriff *m* внеза́пное нападе́ние; ~**moment** *m* фа́ктор внеза́пности; ~**tor** *n* неожи́данный гол

überreden *tr* угов|а́ривать ⟨-ори́ть 3⟩, убе|жда́ть ⟨-ди́ть 3¡ *1. Pers Sg ungebr*¡ -ждённый⟩ | sich ~ lassen дать себя́ уговори́ть; er ist leicht zu ~ его́ легко́ уговори́ть

Über|redung *f* угово́ры *Pl 2,* убежде́ние 5; ~**redungskunst** *f* иску́сство [уме́ние 5] убежда́ть

über|regional надрегиона́льный; ~**reich** чрезвыча́йно бога́тый (an *I*)

überreich|en *tr* пере|дава́ть* ⟨переда́ть*⟩, вруч|а́ть ⟨-и́ть⟩; Geschenk, Blumen (пре)подноси́ть 3⁺ -ношу́ ⟨-|нести́*⟩; ~**lich** (из)оби́л|ьный¡ -ен¡ -ьна

Überreichung *f* вруче́ние 5; подноше́ние 5

überreif перезре́лый | ~ werden von Früchten перезр|ева́ть ⟨-е́ть⟩

überreizen *tr* чрезме́рно раздраж|а́ть ⟨-и́ть 3⟩

Überrest *m meist Pl* оста́тки *Pl* 2; *übertr a.* пережи́тки *Pl* 2 Trümmer, Ruinen обло́мки *Pl* 2 | die sterblichen ≈e бре́нные оста́нки *Pl* 2

überrumpeln *tr* захв|а́тывать ⟨-ати́ть 3⁺ -ачу́⟩ врасплóх; unerwartet angreifen напада́ть ⟨-|па́сть*⟩ врасплóх | sie haben uns mit ihrem Besuch überrumpelt они́ (неожи́данно) нагря́нули к нам в го́сти

Überrumpelung *f* нападе́ние 5 врасплóх

über|runden *tr Sport* обо|гна́ть* *v*¡ обгоню́ на (оди́н) круг; *übertr* обгоня́ть ⟨обогна́ть¡ обгоню́¡ обо́гнанный (in в *P*); ~**sät** усе́янный *I*

über|satt сы́тый по го́рло, пресы́щенный *I a. übertr;* ~**sättigt** пресы́щенный

Überschall|flugzeug *n* сверхзвуково́й самолёт; ~**geschwindigkeit** *f* сверхзвукова́я ско́рость

über|schatten *tr* затен|я́ть ⟨-и́ть 3⟩; *übertr* j-s Ruhm затмева́ть ⟨затми́ть 3⟩; von Krankheit, Unglück омрач|а́ть ⟨-и́ть 3⟩ | das Gesicht ist von Trauer überschattet на лице́ лежи́т тень ско́рби; ~**schätzen** *tr* переоц|е́нивать ⟨-ени́ть 3⁺⟩

Überschätzung *f* переоце́нка 6

über|schauen *tr* обозр|ева́ть ⟨-е́ть 3⟩ *a. übertr;* ~**schäumen** *intr* пеня́сь перелива́ться ⟨-|ли́ться*¡ -лили́сь⟩ че́рез край | ≈des Temperament горя́чий 11 темпера́мент; ~**schlafen** *vt:* (eine Entscheidung) пере|жда́ть* *v* (с реше́нием) до утра́

Überschlag *m Fin* (ориентиро́вочная) сме́та 6, приме́рный расчёт 2; *Sport* переворо́т 2

überschlagen 1. *tr* ['----] Beine класть* ⟨положи́ть 3⁺⟩ но́гу на́ ногу; [--'--] Kosten сост|авля́ть ⟨-а́вить 3 -а́влю⟩ сме́ту на *A*, де́лать (с-) приблизи́тельный расчёт *G*; ein Kapitel, ein paar Seiten пропу|ска́ть ⟨-сти́ть 3⁺ щу́⟩; *intr* ['----] Funke проск|а́кивать ⟨|-очи́ть 3⁺⟩; sich ~ *refl* [--'--] Auto, Wagen u. a. перевёртываться ⟨-верну́ться 4⟩, опроки́|дываться ⟨-нуться 4⟩; Purzelbaum, Salto перекув|ы́ркиваться ⟨-ырну́ться 4⟩; *Flugw* капоти́ровать(ся) 2; *übertr* рассыпа́ться (vor в *P*) | er überschlug sich fast vor Liebenswürdigkeit он рассыпа́лся в любе́зностях; seine Stimme überschlug sich он говори́л захлёбывающимся го́лосом **2.** *Adj* теплова́тый

Überschlaglaken *n* пододея́льник 2

über|schnappen *intr umg* спят|ить *v* 3 -чу (с ума́) | er ist übergeschnappt у него́ заско́к в голове́; ~**schneiden, sich** *refl* пересека́ться ⟨-|се́чься*¡ -секла́сь¡ -секли́сь⟩; ~**schreiben** *tr* mit einer Überschrift versehen надпи́сывать ⟨-|писа́ть*⟩ *A*, де́лать (с-) на́дпись на *P; Jur* перепи́сывать ⟨-писа́ть⟩ (на чьё-н. и́мя); ~**schreiten** *tr* gehen über переходи́ть 3⁺ -хожу́ ⟨-|йти́*⟩, переша́гивать ⟨-шагну́ть 4⟩; Gebirgspaß перева́ливать ⟨-вали́ть 3⁺⟩; Rechte, Macht, Umfang; превыша́ть ⟨-вы́сить 3 -вы́шу⟩; Termin, Frist просро́ч|ивать ⟨-ить 3⟩; Gesetz наруша́ть ⟨-ру́шить 3⟩; Norm перевыполня́ть ⟨-вы́полнить 3⟩ | den Urlaub ≈ просро́чить о́тпуск

Über|schrift *f* Aufschrift на́дпись 9; Aufsatz, Buch загла́вие 5, заголо́в|ок¡ -ка 2; ~**schuh** *m* гало́ша 6; hoher бо́тик 2; ~**schuß** *m* Waren изли́ш|ек¡ -ка 2 (an *G*); Kräfte, Waren избы́т|ок¡ -ка 2 (an *G*); erwirtschafteter Gewinn чи́стая при́быль 9; Steigerung увеличе́ние 5, рост 2; Einnahmen превыше́ние 5 | ≈ an Geburten verglichen mit … рост рожда́емости по сравне́нию с …

überschüssig überflüssig (из)ли́шний 11; zu reichlich vorhanden избы́точ|ный¡-ен

über|schütten *tr* засыпа́ть ⟨-|сы́пать*⟩, забр|а́сывать ⟨-оса́ть⟩ (mit *I*); *übertr* осыпа́ть ⟨-сы́пать⟩ (mit *I*)

Überschwang *m:* im ~ der Gefühle в избы́тке чувств; im ~ der Freude в поры́ве ра́дости

überschwemmen *tr* залива́ть ⟨зали́ть*⟩, затоп|ля́ть ⟨-и́ть 3⁺ -лю́⟩; *übertr* mit Waren наводн|я́ть ⟨-и́ть 3⟩ *I*

Überschwemmung *f* наводне́ние 5; der Wiesen затопле́ние 5; im Frühjahr полово́дье 5, разли́в 2

Überschwemmungs|gebiet *n* затопля́емая террито́рия; **~gefahr** *f* опа́сность затопле́ния

überschwenglich чрезме́р|ный, -ен, безме́р|ный, -ен; Worte экзальтиро́ван:ный, -на

Übersee *f* заокеа́нские [трансатланти́ческие] стра́ны 6с | aus ~ из-за океа́на; in ~ за океа́ном; nach ~ за океа́н; Waren aus ~ заокеа́нские това́ры; **~dampfer** *m* океа́нский [трансатланти́ческий] парохо́д; **~hafen** *m* океа́нский порт; **~handel** *m* заокеа́нская [замо́рская] торго́вля

überseeisch заокеа́нский, трансатланти́ческий, замо́рский

Überseeverkehr *m* трансатланти́ческое сообще́ние

übersehbar обозри́м:ый

über|sehen *tr* überblicken обозр|ева́ть ⟨-е́ть 3⟩; nicht beachten недосм|а́тривать ⟨-отре́ть 3⁺⟩, пропу|ска́ть ⟨-сти́ть 3⁺ -щу́⟩; nicht bemerken не зам|еча́ть ⟨-е́тить 3 -е́чу⟩; Mängel смотре́ть 3⁺ сквозь па́льцы на *A* | es ist noch nicht zu ≈ ... ещё нея́сно, ..., нельзя́ сказа́ть, ...; bei dir übersieht er alles твои́х недочётов он никогда́ не замеча́ет; **~senden** *tr* пересыла́ть ⟨-|сла́ть*⟩; **~setzbar** переводи́мый (на друго́й язы́к); **~setzen** *tr* [--'--] переводи́ть 3⁺ -вожу́ ⟨-|вести́*⟩ (etw. что-н., aus с *G*, in на *A*); ['----] перепр|авля́ть ⟨-а́вить 3 -а́влю⟩, перевози́ть 3⁺ -вожу́ ⟨-|везти́*⟩ (j-n über кого́-н. че́рез *A*); *intr* перепр|авля́ться ⟨-а́виться⟩ (че́рез *A*) | aus dem Deutschen ins Russische ≈ переводи́ть с неме́цкого языка́ на ру́сский

Übersetz|er *m* перево́дчик 2; **~erin** *f* перево́дчица 6; **~ung** *f* перево́д 2 (aus с *G*, in на *A*); *Tech* переда́ча 6 | in der ≈ lesen чита́ть в перево́де; maschinelle ≈ маши́нный перево́д

Übersetzungs|büro *n* бюро́ перево́дов; **~fehler** *m* оши́бка в перево́де; **~literatur** *f* перево́дная литерату́ра

Übersicht *f* обзо́р 2 (über *G*), обозре́ние 5 (über *G*) | eine ~ über etw. geben дава́ть ⟨дать⟩ обзо́р чего́-н.; eine gewisse ~ haben облада́ть дово́льно широ́ким кругозо́ром; die ~ verlieren теря́ть (по-) ориента́цию; sich eine ~ verschaffen (über) составля́ть ⟨соста́в|ить 3 -лю⟩ себе́ (о́бщее) представле́ние (о чём-н.)

übersichtlich обозри́м:ый; klar gegliedert нагля́д|ный, -ен, я́с|ный, -ен, -на́, -но, ясны́

Übersichtlichkeit *f* обозри́мость 9; нагля́дность 9, я́сность 9

Übersichtstafel *f* сво́дная [обзо́рная] табли́ца, схе́ма 6

übersiedeln *intr* пересел|я́ться ⟨-и́ться 3⟩ (nach в, на *A*); umziehen переезжа́ть ⟨-|е́хать*⟩ (nach в, на *A*)

Übersiedlung *f* переселе́ние 5; Umzug перее́зд 2

übersinnlich сверхчу́вствен:ный, -на, трансценде́нт|ный, -ен

überspann|en *tr* mit Stoff обтя́гивать ⟨-тяну́ть 4⁺⟩; Saite сли́шком си́льно натя́гивать ⟨-тяну́ть⟩ | den Bogen ≈ *übertr* перегну́ть *v* 4 па́лку; **~t** сли́шком си́льно натя́нутый; *übertr* экстрава-га́нт|ный, -ен, эксцентри́ч|ный, -ен

Über|spanntheit *f* экстравага́нтность 9, эксцентри́чность 9

über|spielen *tr Sport* переи́грывать ⟨-игра́ть⟩; *Tech, Rad, Film* перезапи́сывать ⟨-|писа́ть*⟩, снима́ть ⟨снять*⟩ ко́пию звукоза́писи | von einer (Schall-) Platte auf Band ≈ перепи́сывать ⟨-писа́ть⟩ с пласти́нки на плёнку; seine Unsicherheit ≈ скрыва́ть ⟨-|кры́ть*⟩ свою́ неуве́ренность; **~spitzt** *übertr* сли́шком заостр|ённый, -ён, -ена́, преувели́ченный, утри́рован:ный; **~springen** *tr* перепры́г|ивать ⟨-нуть 4⟩; beim Lesen пропу|ска́ть ⟨-сти́ть 3⁺ -щу́⟩; ['----] *El* проск|а́кивать ⟨-очи́ть 3⁺⟩; **~spülen** *vt* залива́ть ⟨-|ли́ть*⟩ (волна́ми)

überstaatlich надгосуда́рственный

über|stehen *tr* [--'--] Anstrengungen, Prüfungen выде́рживать ⟨вы́держать 3⟩; Schwierigkeiten преодол|ева́ть ⟨-е́ть⟩; Krankheit переноси́ть 3⁺ -ношу́ ⟨-|нести́*⟩; eine schwere Zeit, Unglück u. ä. пережива́ть ⟨пережи́ть*⟩ | eine Gefahr ≈ устоя́ть *v* 3 пе́ред лицо́м опа́сности; er wird die Krankheit nicht ≈ он не вы́живет; das ist überstanden ну, э́то позади́; *intr* ['----] hinausragen выступа́ть, вы|дава́ться*; **~steigen** *tr* Mauer, Berg переходи́ть 3⁺ -хожу́ ⟨-|йти́*⟩ че́рез *A*; *übertr* Erwartungen превосходи́ть 3⁺ ⟨превзо|йти́*⟩; Norm, Ausgaben, Kräfte превыша́ть ⟨превы́|сить 3 -шу⟩ | das übersteigt meine Kräfte э́то вы́ше мои́х сил; *intr* ['----] hinübersteigen перелеза́ть ⟨-|ле́зть*⟩ че́рез *A*; **~steigern** *tr* преувели́ч|ивать ⟨-ить 3⟩; **~steigert** чрезме́рно высо́кий, завы́шенный; **~stimmen** *tr Pol* побе|жда́ть ⟨-ди́ть 3; -ждённый⟩ большинство́м голосо́в | er wurde überstimmt его́ провали́ли (большинство́м голосо́в); Vorschlag прова́ливать ⟨-вали́ть 3⁺⟩; **~strahlen** *tr* осве|ща́ть ⟨-ти́ть 3 -щу́⟩, озар|я́ть ⟨-и́ть 3⟩ (я́ркими луча́ми); *übertr* затм|ева́ть ⟨-и́ть 3⟩; **~streichen** *tr* покрыва́ть ⟨-|кры́ть*⟩ кра́ской, закра́|шивать ⟨-сить 3 -шу⟩; **~streifen** *tr* Strümpfe, Handschuhe надева́ть ⟨-|де́ть*⟩; **~strömen** *intr* ['----] Fluß разлива́ться ⟨-|ли́ться*; -ли́ли́сь⟩, выходи́ть 3⁺ ⟨вы́|йти*⟩ из берего́в

Überstunden *f* сверхуро́чные часы́, сверхуро́чная рабо́та 6 | ~ machen рабо́тать сверхуро́чно
überstürz|en *tr* сли́шком тороп|и́ться 3⁺ -лю́сь (по-) с *I,* поступ|а́ть ⟨-и́ть 3⁺ -лю́⟩ опроме́чиво с *I;* sich ≈ *refl* де́йствовать 2 опроме́тчиво | die Ereignisse ≈ sich собы́тия развива́ются бы́стро; überstürze dich nicht! не торопи́сь!, не спеши́!, будь осмотри́тельным!; **~t** *Adv* сли́шком торопли́во, поспе́шно; unbesonnen необду́манно
Überstürzung *f* изли́шняя 11 торопли́вость 9 | nur keine ~! то́лько без изли́шней спе́шки!, то́лько не торопи́ться!
Übertagearbeiten *f Pl Bergb* откры́тые рабо́ты
über|täuben *tr* заглуш|а́ть ⟨-и́ть 3⟩; **~teuern** *tr* завыша́ть ⟨завы́|сить 3 -шу⟩ це́ну на *A;* **~tölpeln** *tr* одура́ч|ивать ⟨-ить 3⟩, перехитри́ть *v* 3; **~tönen** *tr* заглуш|а́ть ⟨-и́ть 3⟩
Übertrag *m* перено́с 2
übertragbar переноси́м|ый; *Med* зара́з|ный, -ен | nicht ~ без пра́ва переда́чи
übertragen 1. *tr* переноси́ть 3⁺ -ношу́ ⟨-|нести́*⟩ (auf на *A*) *a. Fin; Rad* пере|дава́ть* ⟨переда́ть*⟩, трансли́ровать *uv, v* 2; Zeichnung переводи́ть 3⁺ -вожу́ ⟨-|вести́*⟩; *Med* переноси́ть ⟨-нести́⟩ (auf на *A*); Blut перелива́ть ⟨-|ли́ть*⟩ кровь; beauftragen, auferlegen поруч|а́ть ⟨-и́ть 3⁺⟩ (j-m etw. что-н. кому́-н.), возлага́ть ⟨-ложи́ть 3⁺⟩ (j-m etw. что-н. на кого́-н.); in eine andere Sprache переводи́ть 3⁺ -вожу́ ⟨-|вести́*⟩ (in на *A*); in eine andere Form перелага́ть ⟨-ложи́ть 3⁺⟩ | j-m die Verantwortung ~ возложи́ть отве́тственность на кого́-н.; j-m eine Aufgabe ~ поручи́ть кому́-н. зада́ние; die Rede ist von allen Sendern übertragen worden речь передава́лась [трансли́ровалась] все́ми радиоста́нциями; die Begeisterung übertrug sich auf alle воодушевле́ние передало́сь всем **2.** *Adj* Sinn перено́сный, фигура́л|ьный, -ен, -ьна
Überträger *m* von Krankheiten перено́счик 2
Übertragung *f Fin, Med* перено́с, перенесе́ние 5 a. von Rechten; Auftrag возложе́ние 5; *Rad* переда́ча 6, трансля́ция 8; Aufgaben переда́ча 6 *a. Jur;* Übersetzung перево́д 2 (aus с *G,* in на *A*); in eine andere Form переложе́ние 5; *Tech* переда́ча 6
Übertragungs|satellit *m* спу́тник-ретрансля́тор 2-2; **~wagen** *m* автомоби́ль с радиотрансляцио́нной устано́вкой, радиопередви́жка 6
über|treffen *tr* превосхо|ди́ть 3⁺ -жу́ ⟨превзо|йти́*⟩ (an в *P,* in по *D*), превыша́ть ⟨превы́|сить 3 -шу⟩ *A* | er hat sich selbst übertroffen он превзошёл самого́ себя́; **~treiben** *tr* преувели́ч|ивать ⟨-ить 3⟩, утри́ровать *uv, v* 2; beim Erzählen прикра́|шивать ⟨-сить 3 -шу⟩
Übertreibung *f* преувеличе́ние 5, утриро́вка 6
übertreten *tr* [--'--] Anstandsregeln пересту́п|а́ть ⟨-и́ть 3⁺ -лю́⟩; die Grenzen des Erlaubten переша́гивать ⟨-шагну́ть 4⟩; *Jur* Gesetz, Anordnung наруша́ть ⟨-ру́шить 3⟩; *intr* ['----] Fluß выходи́ть 3⁺ ⟨вы́|йти*⟩ из берего́в; Partei переходи́ть 3⁺ -хожу́ ⟨-|йти́*⟩ (zu в *A,* на *A*); Hochsprung, Kugelstoßen переша́гивать ⟨-шагну́ть⟩ за ли́нию | zu einem anderen Glauben ~ перейти́ в другу́ю ве́ру
Übertretung *f Jur* наруше́ние 5; Verstoß просту́п|ок, -ка 2
übertrieben преувели́ченный, утри́рованный; aufgebauscht ду́тый | aus ~em Eifer от чрезме́рного усе́рдия
Übertritt *m* перехо́д 2 (zu в *A,* на *A*)
über|trumpfen *tr* перещеголя́ть *v umg;* Kartenspiel покрыва́ть ⟨-|кры́ть*⟩ ста́ршим ко́зырем; **~tünchen** *tr* за́ново бели́ть 3⁺ (по-), закра́|шивать ⟨-сить 3 -шу⟩; *übertr* прикра́|шивать ⟨-сить⟩; Mängel зама́зывать ⟨-|ма́зать*⟩
übervölkert перенасел|ённый, -ён, -ена́
Übervölkerung *f* перенаселе́ние 5, перенаселённость 9
übervoll перепо́лненный *a. übertr*
übervorteilen *tr* beim Berechnen обсчи́тывать ⟨-счита́ть⟩; betrügen обма́нывать ⟨-ману́ть 4⁺⟩; beim Wiegen обве́|шивать ⟨-сить 3 -шу⟩; bei Teilung, Ausgabe обдел|я́ть ⟨-и́ть 3⁺⟩
Übervorteilung *f* обсчёт 2, обма́н 2; beim Wiegen обве́с 2
überwachen *tr* сле|ди́ть 3 -жу́ за *I,* наблюда́ть за *I;* kontrollieren контроли́ровать 2 (про-), следи́ть (за выполне́нием) чего́-н.
Überwachung *f* наблюде́ние 5, надзо́р 2; контро́ль 1
überwältigen *tr* преодол|ева́ть ⟨-е́ть⟩, переси́л|ивать ⟨-ить 3⟩, брать* ⟨взять*⟩ верх над *I;* Müdigkeit, Schlaf одол|ева́ть ⟨-е́ть⟩; *übertr* Anblick потряса́ть ⟨-|трясти́*⟩; Gefühl охв|а́тывать ⟨-ати́ть 3⁺ -ачу́⟩; Schauspiel, Konzert захв|а́тывать ⟨-ати́ть⟩, потряса́ть ⟨-|трясти́*⟩; **~d** Mehrheit подавля́ющий 11; Eindruck захва́тывающий 11; großartig грандио́з|ный, -ен; Erlebnis, Konzert потряса́ющий 11
überweisen *tr* Geld переводи́ть 3⁺ -вожу́ ⟨-|вести́*⟩ (an *D*); Patienten напр|авля́ть ⟨-а́вить 3 -а́влю⟩ (zu к *D,* in в *A*); Antrag пере|дава́ть* ⟨переда́ть*⟩
Überweisung *f* перево́д 2; направле́ние 5; переда́ча 6

über|werfen *tr* ['----] Mantel наки́|дывать ⟨-нуть 4⟩; Tuch, Schal перебр|а́сывать ⟨-о́сить 3 -о́шу⟩; sich ≈ *refl* [-'-|-] поссо́риться *v* 3 (mit с *I*); **~wiegen** *intr* übertreffen, stärker sein преоблада́ть над *I;* **~wiegend** преоблада́ющий 11; Mehrheit подавля́ющий 11; vorwiegend гла́вным о́бразом, преиму́щественно; **~winden** *tr* Schwierigkeiten преодол|ева́ть ⟨-е́ть⟩; Person, Gefühl, Bedenken побе|жда́ть ⟨-ди́ть 3⟩; Krankheit, Angst по|боро́ть* *v* | veraltete Vorstellungen ≈ преодолева́ть [лома́ть] устаре́вшие представле́ния; sie konnte sich nicht ≈, das zu tun она́ не (с)могла́ заста́вить себя́ сде́лать э́то

Überwindung *f* преодоле́ние 5 | es kostete ihn große ~ э́то сто́ило емý больши́х уси́лий

überwintern *intr* зимова́ть 2 (пере-), зазимова́ть *v*

Überwinterung *f* зимо́вка 6

Überwinterungsstation *f* зимо́вка 6, зимо́вье 5

überwuchern *tr* разраста́ться ⟨-|расти́сь*⟩ по *D,* покрыва́ть ⟨-|кры́ть*⟩ разраста́ясь; Unkraut заглуш|а́ть ⟨-и́ть 3⟩

Über|wurf *m* Umhang, Pelerine наки́дка 6; **~zahl** *f* чи́сленное превосхо́дство 4 | wir befinden uns in der ≈ нас бо́льше, чи́сленное превосхо́дство на на́шей стороне́

über|zahlen *tr* перепл|а́чивать ⟨-ати́ть 3⁺ -ачý⟩; **~zählig** (из)ли́шний 11, сверхкомпле́ктный; **~zeichnen** *tr* Anleihe превыша́ть ⟨превы́|сить 3 -шу⟩ сýмму подпи́ски

überzeugen *tr* убе|жда́ть ⟨-ди́ть 3, *1. Pers Sg ungebr*| -ждённый⟩ (von в *P*); umstimmen переубе|жда́ть ⟨-ди́ть⟩; sich ~ *refl* убе|жда́ться ⟨-ди́ться⟩ (von в *P*) | er ist ein überzeugter Kommunist он убеждённый коммуни́ст; ich bin von seiner Unschuld überzeugt я уве́рен в его́ невино́вности; **~d** убеди́тел|ьный| -ен| -ьна

Überzeugung *f* убежде́ние 5 | die ~ gewinnen убе|жда́ться ⟨-ди́ться 3⟩; nach meiner ~ по моемý убежде́нию; aus ~ по убежде́нию; ich kam zu der ~, daß … я пришёл к убежде́нию| что …

Überzeugungs|arbeit *f* разъясни́тельная рабо́та, возде́йствие 5 путём убежде́ния; агита́ция 8; **~kraft** *f* си́ла убежде́ния

überziehen *tr* [--'--] mit Stoff обтя́гивать ⟨-тянýть 4⁺⟩; mit Gold, Kupfer u. a.; mit Wolken покрыва́ть ⟨-|кры́ть*⟩ *I;* mit Zukkerguß, Glasur u. a. залива́ть ⟨зали́ть*⟩, облива́ть ⟨обли́ть*⟩; Kredit, Konto превыша́ть ⟨превы́|сить 3 -шу⟩; ['----] Jakkett надева́ть ⟨-|де́ть*⟩; sich ~ *refl* [--'--] mit Wolken, Rost u. ä. покрыва́ться ⟨-кры́ться⟩ (mit *I*) | das Konto ~ снима́ть ⟨снять*⟩ сýмму| превыша́ющую счёт; das Bett frisch ~ ст|ели́ть| -елю́| -е́лешь (по-) све́жее [чи́стое] бельё; mit Rost überzogen покры́тый ржа́вчиной

überzüchtet осла́бленный односторо́нней селе́кцией

überzuckern *tr* обса́хар|ивать ⟨-ить 3⟩; mit Zuckerkruste bedecken покрыва́ть ⟨-|кры́ть*⟩ глазýрью

Überzug *m* für Möbel u. a. чех|о́л| -ла́ 2; Kissen на́воло(ч)ка 6; Bettdecke покрыва́ло 4 на посте́ль; *Tech* покры́шка 6 | mit einem ~ versehen чехли́ть 3 (за-)

üblich обы́ч|ный| -ен, обыкнове́н|ный| -ен| -на; allgemein ~ общепри́нят:ый | so ist es ~ так во́дится, так при́нято; wie ~ по обыкнове́нию

U-Boot *n* = **Unterseeboot** | kernkraftgetriebenes ~ подво́дный атомохо́д 2; **~besatzung** *f* экипа́ж подво́дной ло́дки

übrig остально́й | alles ~e всё остально́е; die ~en про́чие, други́е; ich habe nichts mehr ~ у меня́ ничего́ бо́льше не оста́лось; ein ~es tun де́лать (с-) бо́льше (чем тре́буется); ich habe nicht viel für ihn ~ он мне не о́чень симпати́чен; im ~en впро́чем

übrigbleiben *intr* о|става́ться* ⟨-|ста́ться*⟩ | ihm blieb nichts anderes übrig als zuzustimmen емý оста́лось то́лько согласи́ться

übrigens *Adv* впро́чем

übriglassen *tr* оставля́ть ⟨оста́в|ить 3 -лю⟩

Übung *f* Übungsstück упражне́ние 5 *a. Mus;* Seminar~ семина́р 2, семина́рские заня́тия *Pl* 5; Schule упражне́ние, заня́тие 5; *Sport* упражне́ние, трениро́вка 6; *Mil* уче́ние 5, манёвры *Pl* 2; *Mus* этю́д 2; Fertigkeit на́вык *meist Pl* | einige ~ haben in etw. облада́ть не́которым на́выком в чём-н.; aus der ~ kommen отвыка́ть ⟨-вы́кнуть 4a⟩, разу́чиваться ⟨-учи́ться 3⁺⟩; es fehlt ihm an ~ емý не хвата́ет на́выка; ~ macht den Meister на́вык ма́стера ста́вит

Übungs|aufgabe *f* трениро́вочное зада́ние; **~buch** *n* сбо́рник 2 упражне́ний; **~flug** *m* трениро́вочный полёт; **~hang** *m* уче́бный склон; **~leiter** *m Sport* тре́нер-обще́ственник 2-2 (für по *D*); **~platz** *m Mil* уче́бный плац; **~raum** *m* помеще́ние для проведе́ния семина́ров; **~schießen** *n* уче́бная стрельба́; **~stück** *n* Text für Schüler упражне́ние 4; *Mus* этю́д 2; **~zweck** *m:* zu ≈en с це́лью трениро́вки

UdSSR *f* СССР [эсэсэсэ́р]

Ufer *n* бéрег 2б; на берегý; *Pl* берегá; Küste побережье 5 | am ~ на берегý; ans ~ на бéрег; к бéрегу; an den ~n на берегáх; am ~ gelegen прибрéжный; am ~ entlang вдоль бéрега; vom ~ abstoßen отчáл|ивать ⟨-ить 3⟩ (от бéрега); **~befestigung** *f* укреплéние бéрега

uferlos безбрéж|ный, -ен | sich ins Uferlose verlieren прострáнно говорúть 3, отвлекáть от тéмы

Uferstraße *f* нáбережная *Subst* 10

Ugand|a Угáнда 6; **~er** *m* угандú|ец, -йца 2; **~erin** *f* угандúйка 6

ugandisch угáндский, угандúйский

Uhr *f* часы́; *bei Angabe der Uhrzeit* час 2b *mit den Zahlen* 2,3,4 *G* часá | an der ~ на часáх; ein ~ nachts час нóчи; zwei ~ mittags два часá дня; wieviel ~ ist es? котóрый час?; Punkt drei ~ рóвно (в) три часá; die ~ geht genau часы́ идýт тóчно; meine ~ geht nicht richtig (мой) часы́ плóхо хóдят [идýт невéрно]; die ~ geht vor (nach) часы́ спешáт [отстаю́т]; nach meiner ~ ist es neun на моúх часáх дéвять; rund um die ~ круглосýточно, крýглые сýтки; ~ mit Schlagwerk часы́ с бóем

Uhren|armband *n* браслéт 2; aus Leder u. a. ремеш|óк, -кá 2 [лéнта 6] для нарýчных часóв; **~geschäft** *n* часовóй магазúн; **~vergleich** *m* свéрка 6 часóв

Uhr|kette *f* цепóчка 6 для часóв; **~macher** *m* часовщúк 2e; **~macherwerkstatt** *f* часовáя мастерскáя; **~werk** *n* часовóй механúзм; **~zeiger** *m* часовáя стрéлка; **~zeigerrichtung** *f* направлéние 5 движéния часовóй стрéлки; **~zeigersinn** *m:* im ≈ по часовóй стрéлке; entgegen dem ≈ прóтив часовóй стрéлки

Uhu *m* фúлин 2

Ukraine *f* Украúна 6 | in der ~ на Украúне; **~r** *m* украúн|ец, -ца 2; **~rin** *f* украúнка 6

ukrainisch украúнский | Ukrainische Sozialistische Sowjetrepublik Украúнская Совéтская Социалистúческая Респýблика

UKW-Antenne *f* УКВ-антéнна 6

Ulan-Bator Улáн-Бáтор 2

Ulk *m* потéха 6, шýтка 6, прокáза 6

ulken *intr* шу|тúть 3⁺ -чý (по-), дурáчиться 3

ulkig потéш|ный, -ен

Ulme *f* вяз 2

Ulster *m* мужскóе зúмнее 11 [демисезóнное] пальтó *n idkl*

Ultimatum *n* ультимáтум 2 | ein ~ stellen предъяв|лять ⟨-úть 3⁺ -лю́⟩ ультимáтум

Ultra *m Pol* ýльтра *m idkl*

Ultrakurz|welle *f* (*Abk* UKW) ультракорóткая волнá (*Abk* УКВ); **~wellensender** *m* ультракоротковóлновый передáтчик

Ultramarin *n* ультрамарúн 2

ultrarot инфракрáсный

Ultraschall *m* ультразвýк 2; **~behandlung** *f* лечéние ультразвýком; **~welle** *f* ультразвуковáя волнá

Ultrastrahlung *f* космúческое излучéние

ultraviolett ультрафиолéтовый

um 1. *Adv:* rechts ~! напрáво!; die Zeit ist ~ врéмя истеклó [кóнчилось]; Vergleich ~ so besser тем лýчше; ~ so mehr тем бóлее, подáвно **2.** *Präpos Ort* вокрýг *G;* eine Reise ~ die Welt путешéствие вокрýг свéта; ~ den Tisch (herum) вокрýг столá; er war dauernd ~ uns herum он постоя́нно был óколо нас; ~ die Ecke biegen завернýть *v* ýгол; ~ die Ecke wohnen жить за углóм | (genaue) Uhrzeit в *A;* ~ zehn (Uhr) в дéсять часóв; ~ diese Zeit в э́то врéмя | ungefähr óколо *G;* ~ Neujahr óколо Нóвого гóда; ~ das Jahr 1900 óколо ты́сяча девятисóтого гóда; ~ die hundert Mark óколо ста мáрок | Vergleich на *A;* sich ~ fünf Minuten verspäten опоздáть на пять минýт; Steigerung ~ 10% повышéние на дéсять процéнтов; ~ das Doppelte в два рáза, в двóе | Wiederholung за *I;* Woche ~ Woche недéлю за недéлей | ~ Geld spielen игрáть на дéньги; ~ keinen Preis ни за что, ни за какúе дéньги; ~ deinetwillen рáди тебя́; ~ den Frieden kämpfen боpóться за мир; ich weiß ~ die Sache я знáю об э́том дéле; wie steht es ~ ihn? как егó здорóвье?; mir ist leicht ~s Herz у меня́ легкó на душé **3.** *Konj:* ~ zu (для тогó) чтóбы; er kommt, ~ es mitzuteilen он пришёл сюдá, чтóбы сообщúть об э́том

um|ändern *tr* измен|я́ть ⟨-úть 3⁺⟩; Kleid передéл|ывать ⟨-ать⟩; **~arbeiten** *tr* перерабáтывать ⟨-óтать⟩, передéл|ывать ⟨-ать⟩ a. Kleid

Umarbeitung *f* перерáботка, передéлка 6

umarmen *tr* обнимáть ⟨обня́ть*⟩; sich ≈ *refl* обнимáться ⟨обня́ться; -я́лся́, -ялúсь⟩

Umarmung *f* объя́тие 5

Umbau *m* перестрóйка 6; *Theat* перемéна 6 (декорáций)

um|bauen *tr* перестр|áивать ⟨-óить 3⟩; **~behalten** *tr* Umhang не снимáть ⟨не снять*⟩, о|ставáться* ⟨-|стáться*⟩ в *P;* **~benennen** *tr* переимен|óвывать ⟨-овáть 2⟩; **~besetzen** *tr:* eine Rolle ≈ *Theat* замен|я́ть ⟨-úть 3⁺⟩ исполнúтеля; eine Stelle ≈ назн|ачáть ⟨-áчить 3⟩ на дóлжность другóго (человéка); **~betten** *tr* переклáдывать ⟨-ложúть 3⁺⟩ на другýю постéль [кровáть]; **~biegen** *tr* сгибáть ⟨согнýть 4⟩; Seite загибáть ⟨-гнýть⟩; **~bilden** *tr* преобраз|óвывать ⟨-овáть 2⟩

Umbildung *f* преобразова́ние 5
umbinden *tr* Kopftuch об-, повя́зывать ⟨-|вяза́ть*⟩ (го́лову платко́м); Uhr, Schürze, Krawatte надева́ть ⟨-|де́ть*⟩; | sich ein Tuch ≈ об-, повяза́ться платко́м; **~blättern** *tr* перели́стывать ⟨-листа́ть⟩; **~brechen** *tr* перелома́ть *v;* [-ˈ--] *Typ* верста́ть (с-); **~bringen** *tr* убива́ть ⟨-|би́ть*⟩, губ|и́ть 3⁺ -лю́ (по-); sich ≈ *refl* поко́нчить *v* 3 с собо́й; sich vor Eifer fast ≈ из ко́жи вон лезть*
Umbruch *m* перело́м 2; *Typ* вёрстка 6
um|buchen *tr Hdl* переноси́ть 3⁺ -ношу́ ⟨-|нести́*⟩; **~drehen** *tr* повёртывать *u.* повора́чивать ⟨-верну́ть 4₁ -вёрнутый⟩; sich ≈ *refl* повёртываться *u.* повора́чиваться ⟨-верну́ться⟩ | j-m den Hals ≈ сверну́ть *v* ше́ю кому́-н.
Umdrehung *f* Rotation враще́ние 5; *Tech* оборо́т 2; Bahnumlauf вит|о́к₁ -ка́ 2 | hundert ~en in der Minute сто оборо́тов в мину́ту
Umdrehungs|geschwindigkeit *f* ско́рость враще́ния; **~zahl** *f* число́ оборо́тов
umerziehen *tr* перевосп|и́тывать ⟨-ита́ть⟩
Umerziehung *f* перевоспита́ние 5
umfahren *tr* [ˈ---] наезжа́ть ⟨-|е́хать*⟩ на *A*, сшиба́ть ⟨-|шиби́ть*⟩ с ног; [-ˈ--] объезжа́ть ⟨-е́хать⟩, огиба́ть ⟨обогну́ть 4⟩; **~fallen** *intr* па́дать ⟨у|па́сть*⟩, опроки́|дываться ⟨-нуться 4⟩; *übertr umg* отка́зываться ⟨-|каза́ться*⟩ от свои́х взгля́дов
Umfallen *n:* zum ~ müde sein вали́ться 3⁺ (с-) с ног от уста́лости
Umfang *m* Ausdehnung объём 2, разме́р 2; Buch, Arbeit объём; *Math* окру́жность 9; Baum обхва́т 2; *Mus* диапазо́н 2, объём 2 | diese Frau hat einen ganz schönen ~ *umg* э́та же́нщина соли́дных разме́ров; in vollem ~ в по́лной ме́ре, по́лностью
umfangreich groß большо́й; ausgedehnt обши́р|ный₁ -ен; Buch объёмист:ый; Programm, Vorbereitungen широ́к:ий₁ -á₁ широ́ко́
umfärben *tr* перекр|а́шивать ⟨-а́сить 3 -а́шу⟩
umfassen *tr* mit ausgebreiteten Armen обхв|а́тывать ⟨-ати́ть 3⁺ -ачу́⟩; *übertr* enthalten охв|а́тывать ⟨-ати́ть⟩, содержа́ть 3⁺ (в себе́); *Mil* охв|а́тывать ⟨-ати́ть⟩; **~d** обши́р|ный₁ -ен, широ́кий₁ шир|о́к₁ -ока́₁ -о́ко́ | ≈es Programm широ́кая [по́лная, всеобъе́млющая 11] програ́мма
Umfassung *f* огра́да 6; *Mil* охва́т 2
Umfassungsmauer *f* опоя́сывающая 11 [обво́дная] стена́
um|flechten *tr* оплета́ть ⟨-|плести́*⟩; **~formen** *tr* переде́л|ывать ⟨-ать⟩, де́лать (с-) други́м; Hut, Werkstoff придава́ть ⟨прида́ть*⟩ другу́ю фо́рму; *El* трансформи́ровать *uv, v* 2, преобраз|о́вывать ⟨-ова́ть 2⟩
Umform|er *m El* преобразова́тель 1; **~ung** *f El* трансформа́ция 8, преобразова́ние 5
Umfrage *f* опро́с 2 | eine ~ veranstalten проводи́ть 3⁺ -вожу́ ⟨-|вести́*⟩ опро́с; eine ~ halten опр|а́шивать ⟨-оси́ть 3⁺ -ошу́⟩
umfrieden *tr* огор|а́живать ⟨-оди́ть 3 -ожу́₁ -о́ди́шь⟩
Umfriedung *f* огра́да 6, и́згородь 9
um|füllen *tr* перелива́ть ⟨-|ли́ть*⟩; **~funktionieren** *tr* при|дава́ть* ⟨прида́ть*⟩ другу́ю фу́нкцию *D* | etw. zu etw. ≈ испо́льзовать 2 что-н. в ка́честве чего́-н.
Umgang *m* Verkehr обще́ние 5, знако́мство 4 (mit с *I*) | ~ mit Menschen [Tieren] обще́ние с людьми́ [с живо́тными]; im ~ mit Ausländern в обще́нии с инострáнцами; mit j-m ~ pflegen подде́рживать знако́мство [связь] с кем-н.; ~ mit Künstlern haben враща́ться в кругу́ худо́жников; schlechen ~ haben враща́ться в дурно́м о́бществе [в дурно́й компа́нии]; das ist kein ~ für dich э́то для тебя́ неподходя́щая компа́ния [неподходя́щее о́бщество]
umgänglich freundlich, verträglich обходи́тел|ьный₁ -ен₁ -ьна, ужи́вчив:ый; gesellig общи́тел|ьный₁ -ен₁ -ьна
Umgangs|formen *f Pl* мане́ры *Pl* 6 | gute ≈en haben уме́ть держа́ть себя́ в о́бществе; **~sprache** *f* разгово́рная речь, разгово́рный язы́к
umgangssprachlich разгово́рный
um|garnen *tr übertr* опу́т|ывать ⟨-ать⟩ (сетя́ми), пойма́ть *v* в свои́ се́ти; **~geben** *tr* окруж|а́ть ⟨-и́ть 3⟩ (mit *I*); einzäunen обноси́ть 3⁺ -ношу́ ⟨-|нести́*⟩ | von Freunden ≈ окружённый друзья́ми
Umgebung *f* окре́стность 9; *übertr* Gesellschaft окруже́ние 5; Milieu среда́ 6c | die ~ von Berlin окре́стность Берли́на
umgehen *tr* [-ˈ--] Hindernis обходи́ть 3⁺ -хожу́ ⟨-о|йти́*⟩ *a. Mil;* Vorschrift обходи́ть ⟨-ойти́⟩; Antwort избега́ть *G; intr* [ˈ---] verkehren обща́ться, враща́ться; behandeln обраща́ться, обходи́ться ⟨-ойти́сь⟩; Gerüchte циркули́ровать 2, ходи́ть 3⁺ | mit einem Gedanken ~ но|си́ться 3⁺ -шу́сь с мы́слью; **~d 1.** *Adj* сро́ч|ный₁ -ен₁ -на́! **2.** *Adv* сро́чно, неме́дленно; postwendend с обра́тной по́чтой
Umgehungsstraße *f* объездна́я доро́га, объе́зд 2
umgekehrt 1. *Adj* обра́тный | im ~en Falle в проти́вном слу́чае **2.** *Adv* наоборо́т, напро́тив | es ist gerade ~! как раз наоборо́т!; ~ proportional обра́тно пропорциона́л|ьный₁ -ен; ~ wird ein Schuh daraus наоборо́т бу́дет пра́вильно

umgestalten *tr* преобраз|óвывать ⟨-овáть 2⟩; реорганизовáть *uv, v* 2; modernisieren реконструи́ровать *uv, v* 2 | der Platz ist umgestaltet worden плóщадь перепланировали
Umgestaltung *f* преобразовáние 5; реорганизáция 8; z. B. eines Verkaufsraumes перепланирóвка 6; *Tech* реконстрýкция 8
um|gewöhnen, sich *refl* измен|я́ть ⟨-и́ть 3⁺⟩ свои́ привы́чки; **~gießen** *tr* переливáть ⟨-|ли́ть*⟩; **~graben** *tr* ['---] перекáпывать ⟨-копáть⟩; **~grenzen** *tr* Stadt, Wiese окружáть, окайм|ля́ть ⟨-и́ть 3 -лю́⟩; **~gruppieren** *tr* перегруппир|óвывать ⟨-овáть 2⟩; anders stellen перераспредел|я́ть ⟨-и́ть 3⟩
Umgruppierung *f* перегруппирóвка 6; перераспределéние 5
um|gucken, sich *refl umg* = **sich umsehen**: du wirst dich noch ≈ ты тóлько бýдешь ди́ву давáться; **~haben** *tr* быть* одéтым в *A*, имéть на себé *A*
Umhang *m* наки́дка 6, плащ 2e *G Pl* -éй
umhängen *tr* Bild перевé|шивать ⟨-сить 3 -шу⟩; Mantel наки́|дывать ⟨-нуть 4⟩
Umhängetasche *f* сýмка чéрез плечó
umher *Adv* кругóм, вокрýг; **~blicken** *intr* огля́дываться ⟨-глянýться 4⁺⟩ (по сторонáм, вокрýг); **~flattern** *intr* порхáть кругóм; летáть вокрýг; **~fliegen** *intr* летáть кругóм [взад и вперёд]; **~gehen** *intr* хо|ди́ть 3⁺ -жý взад и вперёд, расхáживать; **~laufen** *intr* но|си́ться 3⁺ -шýсь тудá и сюдá, бéгать взад и вперёд; **~liegen** *intr* в беспоря́дке лежáть вокрýг, быть* разбрóсанным в рáзных местáх; **~schweifen** *intr* бро|ди́ть 3⁺ -жý, блуждáть | seine Blicke ≈ lassen смотрéть 3⁺ (по-) блуждáющим взóром; **~streifen** *intr* бро|ди́ть 3⁺ -жý, бродя́жничать; **~werfen** *tr* (беспоря́дочно) разбр|áсывать ⟨-осáть⟩, раски́дывать ⟨-кидáть⟩; **~ziehen** *intr* бро|ди́ть 3⁺ -жý; nomadisieren кочевáть 2
umhinkönnen *intr:* ich kann nicht umhin zu bemerken … я не могý не замéтить …, я не могý обойти́ молчáнием …
umhüllen *tr* закýт|ывать ⟨-ать⟩
umkämpfen *vt* вести́* борьбý [бой] за *A* | eine hart umkämpfte Stadt гóрод, за котóрый шли [вели́сь] тяжёлые бои́
Umkehr *f* поворóт 2 (назáд), возвращéние 5 | sich zur ~ entschließen реши́ться повернýть назáд
umkehrbar обрати́м:ый
umkehren *tr* перевора́чивать *u.* перевёртывать ⟨-вернýть 4; -вёрнутый⟩; *intr* zurückkehren повёртывать ⟨-вернýть 4⟩ обрáтно [назáд] | das ganze Haus ~ перевернýть в дóме всё вверх дном
Umkehr|film *m* обрати́мая плёнка; **~ung** *f Mus* обращéние 5 (интервáла); *Ling* инвéрсия 8
um|kippen *tr* опроки́|дывать ⟨-нуть 4⟩; *intr* опроки́|дываться ⟨-нуться⟩; *umg* seine Meinung ändern внезáпно измени́ть *v* 3⁺ свою́ тóчку зрéния; **~klammern** *tr* (сýдорожно) схвáтывать ⟨схва|ти́ть 3⁺ -чý⟩, обхв|áтывать ⟨-ати́ть 3⁺ -ачý⟩; **~kleiden** *tr* [-'--] mit Tuch обивáть ⟨-|би́ть*, обобью́⟩; mit Furnier, Brettern обшивáть ⟨-|ши́ть*, обошью́⟩; ['---] переодевáть ⟨-|дéть*⟩; sich ≈ *refl* переод|евáться ⟨-éться⟩
Umkleide|kabine *f* каби́на для переодевáния; im Geschäft примéрочная *Subst* 10; **~raum** *m* помещéние для переодевáния, раздевáлка 6
um|knicken *tr* над-, подлáмывать ⟨-ломи́ть 3⁺ -ломлю́⟩ | er ist (mit dem Fuß) umgeknickt у негó подвернýлась ногá; **~kommen** *intr* погибáть ⟨-ги́бнуть 4a⟩, ги́бнуть 4 *u.* 4a ⟨поги́бнуть 4a⟩; vor Hitze, Langeweile изне|могáть ⟨-|мóчь*⟩ от *G*, погибáть ⟨-ги́бнуть⟩ от *G*
Umkreis *m* окрýжность 9; окрéстность 9 | hundert Meter im ~ сто мéтров в окрýжности; im ~ von 10 km на 10 киломéтров в окрýжности; er ist bekannt im ganzen ~ егó знáет вся окрýга; im ~ von drei Meilen на три ми́ли вокрýг
um|kreisen *tr* летáть вокрýг; *Flugw* кружи́ть 3 кружи́шь над *I*; *Astr*, Satellit вращáться вокрýг *G*; **~krempeln** *tr* umschlagen засýчивать ⟨-сучи́ть 3⁺⟩; von innen nach außen kehren вывора́чивать ⟨вы́вернуть 4⟩ наизнáнку; vollständig ändern передéлывать ⟨-дéлать⟩
Umladebahnhof *m* перегрýзочная (железнодорóжная) стáнция
umladen *tr* перегр|ужáть ⟨-узи́ть 3 -ужý, -ýзишь⟩
Umladung *f* перегрýзка 6
umlagern *tr* [-'--] окруж|áть ⟨-и́ть 3⟩, оса|ждáть ⟨-ди́ть 3⁺ -жý; -ждённый⟩; ['---] переклáдывать ⟨-ложи́ть 3⁺⟩; in ein anderes Lager переводи́ть 3⁺ -вожý ⟨-|вести́*⟩ на другóй склад
Umlauf *m Astr* обращéние 5; Geld~ обращéние, циркуля́ция 8; Rundschreiben циркуля́р 2 | im ~ sein находи́ться 3⁺ в обращéнии, быть в ходý; in ~ setzen пу|скáть ⟨-сти́ть 3⁺ -щý⟩ в обращéние [в оборóт]; Gerüchte распростран|я́ть ⟨-и́ть 3⟩; **~bahn** *f Astr* орби́та 6 | auf eine ≈ bringen выво|ди́ть 3⁺ -жý ⟨вы́|вести*⟩ на орби́ту
umlaufen *intr* ['---] Geld находи́ться 3⁺ в обращéнии, ходи́ть 3⁺; zirkulieren циркули́ровать 2 z. B. Blut; *tr* [-'--] um etw. herumlaufen обегáть ⟨-|бежáть*⟩; *Astr*, Satellit вращáться (вокрýг *G*) | ein Gerücht läuft um хóдит слух

Umlauf|geschwindigkeit *f* ско́рость обраще́ния; Satellit орбита́льная ско́рость | ≈ des Geldes ско́рость оборо́та де́нег; **~mittel** *n Pl Fin* оборо́тные сре́дства
Umlaufzeit *f* вре́мя обраще́ния; Planet вре́мя облёта | ~ um die Erde Satellit вре́мя одного́ по́лного оборо́та вокру́г Земли́
Umlaut *m Ling* умла́ут 2
Umlege|kalender *m* перекидно́й календа́рь; **~kragen** *m* отложно́й воротни́к
um|legen *tr* ['---] Kabel, elektr. Leitung перекла́дывать ⟨-ложи́ть 3⁺⟩; umkippen опроки́|дывать ⟨-нуть 4⟩; Mantel надева́ть ⟨-|де́ть*⟩, наки́|дывать ⟨-нуть 4⟩; Kette надева́ть ⟨-де́ть⟩; Kosten распредел|я́ть ⟨-и́ть 3⟩; *umg* erschießen убива́ть ⟨-|би́ть*⟩; [-'--] обкла́дывать ⟨-ложи́ть 3⁺⟩ (mit *I*); garnieren класть* ⟨положи́ть 3⁺⟩ вокру́г *G;* **~leiten** *tr* Fluß u. a. измен|я́ть ⟨-и́ть 3⁺⟩ направле́ние *G;* Verkehr напр|авля́ть ⟨-а́вить 3⟩ в объе́зд [в обхо́д] | den Straßenverkehr ≈ направля́ть у́личное движе́ние по но́вому маршру́ту
Umleitung *f* измене́ние 5 направле́ния; Verkehrsschild объе́зд 2; für Fußgänger обхо́д 2; Umleitungsstrecke объездна́я доро́га 6
um|lenken *tr* повёртывать ⟨-верну́ть 4¡ -вёрнутый⟩; *intr* свора́чивать ⟨-верну́ть 4⟩; **~liegend** окре́стный; **~modeln** *tr* переде́л|ывать ⟨-ать⟩
Umnachtung *f:* geistige ~ помраче́ние 5 ра́зума
um|ordnen *tr* измен|я́ть ⟨-и́ть 3⁺⟩ поря́док [расположе́ние] *G,* перест|авля́ть ⟨-а́вить 3 -а́влю⟩ *A;* **~organisieren** *tr* перестр|а́ивать ⟨-о́ить 3⟩ z. B. die Produktion; реорганизова́ть *uv, v* 2, измен|я́ть ⟨-и́ть 3⁺⟩ структу́ру *G;* **~packen** *tr* за́ново паковать 2 (у-); im Koffer перекла́дывать ⟨-ложи́ть 3⁺⟩; **~pflanzen** *tr* переса́живать ⟨-сади́ть 3⁺ -сажу́⟩; **~pflügen** *tr* перепа́хивать ⟨-|паха́ть*⟩; **~polen** *tr El* переключ|а́ть ⟨-и́ть 3⟩ по́люс; **~programmieren** *tr* перепрограмми́ровать *v* 2; **~quartieren** *tr* пересел|я́ть ⟨-и́ть 3⟩, переводи́ть 3⁺ -вожу́ ⟨-|вести́*⟩ (на другу́ю кварти́ру); **~rahmen** *tr* вст|авля́ть ⟨-а́вить 3 -а́влю⟩ в ра́мку; *übertr* обр|амля́ть ⟨-а́мить 3 -а́млю⟩ | die Vorträge wurden von musikalischen Darbietungen umrahmt докла́ды сопровожда́лись музыка́льными выступле́ниями
Umrahmung *f* обрамле́ние 5 | die kulturelle ~ einer Feier худо́жественное оформле́ние торжества́
um|ranken *tr* ви́ться*¡ вили́сь вокру́г *G,* обвива́ть ⟨-ви́ть| обовьёт⟩ *A;* **~räumen** *tr* переме|ща́ть ⟨-сти́ть 3 -щу́⟩, перест|авля́ть ⟨-а́вить 3 -а́влю⟩; **~rechnen** *tr* пересч|и́тывать ⟨-ита́ть⟩; in eine andere Währung производи́ть 3⁺ -вожу́ ⟨-|вести́*⟩ перерасчёт *G* | umgerechnet in ... auf ... в пересчёте на ... *A*
Umrechnungskurs *m Wirtsch* перерасчётный курс
um|reißen *tr* ['---] umwerfen вали́ть 3⁺ (по-), опроки́|дывать ⟨-нуть 4⟩; [-'--] andeuten, schildern оче́рчивать ⟨очер|ти́ть 3⁺ -чу́⟩, обрис|о́вывать ⟨-ова́ть 2⟩; **~rennen** *tr* вали́ть 3⁺ (по-) [опроки́|дывать ⟨-нуть 4⟩ на бегу́; **~ringen** *tr* окруж|а́ть ⟨-и́ть⟩ (кольцо́м), обст|упа́ть ⟨-упи́ть 3⟩
Umriß *m* очерта́ние 5, ко́нтур 2; *Lit* о́черк 2 | in groben Umrissen в о́бщих черта́х; **~karte** *f* ко́нтурная ка́рта
um|rühren *tr* меша́ть (по-), переме́шивать ⟨-меша́ть⟩; **~runden** *tr Flugw, Kosm* соверш|а́ть ⟨-и́ть 3⟩ облёт; **~satteln** *intr übertr* меня́ть профе́ссию, переменить *v* 3⁺ род заня́тий
Umsatz *m Wirtsch* оборо́т 2; **~steuer** *f* нало́г с оборо́та
umschalten *tr* переключ|а́ть ⟨-и́ть 3⟩; *intr* (мы́сленно) переключа́ться ⟨-и́ться⟩ на другу́ю те́му
Umschalt|er *m* переключа́тель 1; **~ung** *f* переключе́ние 5
umschatten *tr* затен|я́ть ⟨-и́ть 3⟩ | seine Augen waren tief umschattet под глаза́ми у него́ залегли́ густы́е те́ни
Umschau *f:* ~ halten осма́тривать(ся) ⟨осмотре́ть(ся) 3⁺⟩
umschauen, sich *refl* огля́дываться ⟨огля|де́ться 3 -жу́сь⟩ (nach на *A*)
umschicht|en *tr* перераспредел|я́ть ⟨-и́ть 3⟩; **~ig** посме́нно, попереме́нно
Um|schichtung *f* перераспределе́ние 5; **~schlag** *m* um ein Buch oder Heft обло́жка 6, обёртка 6; Schutz~ суперобло́жка 6; Brief конве́рт 2; Schneiderei отворо́т 2, обшла́г 2е *Pl* -а́; Wetter, Stimmung (внеза́пная) переме́на 6, перело́м 2; *Wirtsch* оборо́т 2; *Med* компре́сс 2; heißer припа́рка 6; *Mar* перегру́зка 6, перева́лка 6
Umschlagbahnhof *m* перева́лочная ста́нция
umschlagen *tr* Baum сруб|а́ть ⟨-и́ть 3⁺ -лю́⟩; Tuch надева́ть ⟨-|де́ть*⟩, наки́|дывать ⟨-нуть 4⟩; Ärmel отгиба́ть ⟨отогну́ть 4⟩, завора́чивать ⟨-верну́ть 4¡ -вёрнутый⟩; Hosen загиба́ть ⟨-гну́ть 4⟩; Seite перевора́чивать ⟨-верну́ть⟩; Güter, Ware перегр|ужа́ть ⟨-узи́ть 3 -ужу́| -у́зи́шь⟩; *intr* Wetter, Stimmung ре́зко меня́ться; Boot опроки́|дываться ⟨-нуться 4⟩ | die Stimmung schlug um настрое́ние измени́лось
Umschlag|hafen *m* перегру́зочный порт; **~platz** *m* перева́лочный пункт 2, ме́сто перегру́зки; **~tuch** *n* больша́я шаль 9

um|schließen *tr* окруж|áть ⟨-и́ть 3⟩; Zeitraum охв|áтывать ⟨-ати́ть 3⁺ -ачу́⟩; mit beiden Armen обнимáть ⟨обня́ть*⟩; **~schlingen** *tr* обвивáть ⟨-|ви́ть*, обовью́⟩; umarmen обнимáть ⟨обня́ть*⟩, обвивáть ⟨-ви́ть⟩; **~schmeißen** *tr umg* опроки́|дывать ⟨-нуть 4⟩; **~schmelzen** *tr Tech* перепл|авля́ть ⟨-áвить 3 -áвлю⟩; **~schnallen** *tr* заст|ёгивать ⟨-егну́ть 4, -ёгнутый⟩; **~schreiben** *tr* ['---] Aufsatz; Grundstück перепи́сывать ⟨-|писáть*⟩; [-'--] Rechte, Pflichten опи́сывать ⟨-писáть⟩ *a. Math; übertr* перефрази́ровать *uv, v* 2, излагáть ⟨-ложи́ть 3⁺⟩ други́ми словáми

Um|schreibung *f* описáние 5; *Ling* перифрáза 6; **~schrift** *f Phon* транскри́пция 8

umschulen *tr* beruflich переквалифици́ровать *uv, v* 2, переобуч|áть ⟨-и́ть 3⁺⟩; Schule wechseln переводи́ть 3⁺ -вожу́ ⟨-|вести́*⟩ в другу́ю шкóлу

Umschulung *f* переквалификáция 8, переобучéние 5

Umschulungskurse *m Pl* ку́рсы *Pl* 2 переквалификáции

umschütten *tr* in ein anderes Gefäß пересыпáть ⟨-|сы́пать*⟩, переливáть ⟨-|ли́ть*⟩; verschütten просыпáть ⟨-сы́пать⟩, проливáть ⟨проли́ть*⟩

Um|schweife *Pl:* etw. ohne ≈ sagen сказáть *v* что-н. без обинякóв [напрями́к]; **~schwung** *m Sport* (большóй) оборóт 2; *übertr* перелóм 2; Stimmung смéна 6; Umwälzung переворóт 2

umsehen, sich *refl* огля́дываться ⟨огля|дéться 3 -жу́сь *u.* оглянýться 4⁺⟩; suchend искáть* (глазáми), высмáтривать ⟨вы́смотреть 3⟩ | ohne sich umzusehen без огля́дки, не огля́дываясь; sich nach Arbeit umsehen искáть рабóту

umsetzen *tr* Pflanzen, Schüler пересáживать ⟨-сади́ть 3⁺ -сажу́⟩; Ofen перекладывать ⟨-ложи́ть 3⁺⟩ *a. Mus; Wirtsch* пу|скáть ⟨-сти́ть 3⁺ -щу́⟩ в оборóт [в продáжу] | in die Tat ~ претвор|я́ть ⟨-и́ть 3⟩ в жизнь, осуществ|ля́ть ⟨-и́ть 3 -лю́⟩; in Geld ~ превра|щáть ⟨-ти́ть 3 -щу́⟩ в дéньги

Umsichgreifen *n* распространéние 5

Umsicht *f* осмотри́тельность 9, осторóжность 9 | mit großer ~ handeln дéйствовать весьмá осмотри́тельно

umsichtig осмотри́тель|ный, -ен, -ьна, осторóж|ный, -ен

umsiedeln *tr* пересел|я́ть ⟨-и́ть 3⟩; *intr* пересел|я́ться ⟨-и́ться⟩

Umsiedl|er *m* переселéн|ец, -ца 2; **~ung** *f* переселéние 5

umsonst *Adv* unentgeltlich дáром, бесплáтно; vergeblich напрáсно, зря, дáром

umspannen *tr* ['---] Pferde перепрягáть ⟨-|пря́чь*⟩; *El* трансформи́ровать *uv, v* 2; [-'--] räumlich, zeitlich охв|áтывать ⟨-ати́ть 3⁺ -ачу́⟩

Umspann|er *m El* трансформáтор 2; **~werk** *n* трансформáторная подстáнция 8

um|spielen *tr* игрáть (вокру́г *G*); *Sport* обводи́ть 3⁺ -вожу́ ⟨-|вести́*⟩ | ein Lächeln umspielte seine Lippen улы́бка игрáла на егó губáх; **~springen** *intr* Wind внезáпно меня́ться | mit j-m rücksichtslos ≈ бесцеремóнно обращáться с кéм-н.; **~spulen** *tr* перемáтывать ⟨-мотáть⟩; **~spülen** *tr* Insel омывáть

Umstand *m* обстоя́тельство 4 | unter keinen Umständen ни при каки́х обстоя́тельствах [услóвиях], ни под каки́м ви́дом; den Umständen Rechnung tragen считáться (по-) с обстоя́тельствами; mildernde Umstände смягчáющие 11 (вину́) обстоя́тельства; Umstände machen церемóниться 3; machen Sie keine Umstände! не беспокóйтесь!, не причиня́йте себé хлопóт!; ohne Umstände без церемóний, зáпросто; unter den gegenwärtigen Umständen в ны́нешних услóвиях; in anderen Umständen sein быть в (интерéсном) положéнии

umständehalber *Adv* ввиду́ (осóбых) обстоя́тельств

umständlich schwierig, mühevoll хлопóт|ный, -ен, затрудни́тел|ьный, -ен, -ьна; allzu ausführlich подрóб|ный, -ен, растя́нутый; kompliziert слóж|ный, -ен, -нá!; zu förmlich церемóн|ный, -ен, -на

Umstands|kleid *n* плáтье для берéменных (жéнщин); **~satz** *m* обстоя́тельственное придáточное предложéние; **~wort** *n* нарéчие 5

um|stecken *tr* Saum под-, перекáлывать ⟨-|колóть*⟩; **~stehend** *Adv* на оборóте (страни́цы)

Umstehende *f:* die ~n окружáющие *Subst Pl* 11

Umsteige|bahnhof *m* пересáдочная (железнодорóжная) стáнция; **~karte** *f* пересáдочный билéт

um|steigen *intr* пересáживаться ⟨-|сéсть*⟩; ohne Angabe wohin дéлать ⟨с-⟩ пересáдку | ich bin in einen anderen Zug [Wagen] umgestiegen я пересéл на другóй пóезд [в другóй вагóн]; **~stellen** *tr* ['---] anders stellen перест|авля́ть ⟨-áвить 3 -áвлю⟩; ändern перестр|áивать -óить 3⟩, переключ|áть ⟨-и́ть 3⟩, переводи́ть 3⁺ -вожу́ ⟨-|вести́*⟩ (auf на *A*); [-'--] Dieb, Feind оцеп|ля́ть ⟨-и́ть 3⁺ -лю́⟩, окруж|áть ⟨-и́ть 3⟩; sich ≈ *refl* ['---] перестр|áиваться ⟨-óиться⟩, переключ|áться ⟨-и́ться⟩ (auf на *A*)

Umstellung *f* перестанóвка 6, пере-

стрóйка 6, перевóд 2 (auf на *A*); перехóд 2 на нóвый вид произвóдства [технолóгии]; auf neue Verhältnisse адаптáция 8
um|stimmen *tr Mus* настр|áивать ⟨-óить 3⟩ (на другóй тон [лад]); Person переубе|ждáть ⟨-дúть 3⟩; **~stoßen** *tr* опрокú|дывать ⟨-нуть 4⟩, сшибáть ⟨-|шибúть*⟩; Gesetz, Urteil, Beschluß отмен|ять ⟨-úть 3⁺⟩, аннулúровать *uv, v* 2; Plan перевoрáчивать ⟨-вернýть 4⟩ | ein Testament ≈ признáть *v* завещáние недействúтельным; **~stritten** спóр|ный, -ен, оспáриваемый; **~strukturieren** *tr* измен|ять ⟨-úть 3⁺⟩ структýру *G,* осуществ|лять ⟨-úть 3 -лю́⟩ структýрные изменéния
Umsturz *m* Umwälzung переворóт 2; *Pol* свержéние 5, ниспровержéние 5
umstürzen *tr* опрокú|дывать ⟨-нуть 4⟩; *Pol* свергáть ⟨-вéргнуть 4a *u.* 4⟩, ниспровергáть ⟨-вéргнуть⟩; *intr* пáдать ⟨у|пáсть*⟩, валúться 3⁺ (по-); Mauer рýшиться *uv, v* 3 (*a.* об-)
Umstürzler *m* учáстник 2 [сторóнник 2] переворóта
umstürzlerisch *Pol* подрывнóй
Umtausch *m* обмéн 2 (gegen на *A*) | vom ~ ausgeschlossen товáр не обмéнивается, обмéну не подлежúт
umtauschen *tr* обмéнивать ⟨-менять⟩ (gegen на *A*); Geld a. менять (по-)
Umtriebe прóиски *Pl* 2, интрúги *Pl* 6
um|tun *tr umg* накú|дывать ⟨-нуть 4⟩ (j-m на *A*); sich ≈ *refl:* sich nach etw. ≈ осмáтриваться в пóисках чегó-н.; **~wälzen** *tr* перекáтывать ⟨-катúть 3⁺ -качý⟩; von Grund aus verändern производúть 3⁺ -вожý ⟨-|вестú*⟩ переворóт в *P*
Um|verteilung *f* перераспределéние 5; **~wälzung** *f übertr* переворóт 2
umwandeln *tr* превра|щáть ⟨-тúть 3 -щý⟩, преобраз|óвывать ⟨-овáть 2⟩ (in в *A*); *El* трансформúровать *uv, v* 2 | er war wie umgewandelt он слóвно преобразúлся
Umwandlung *f* превращéние 5, преобразовáние 5 (in в *A*)
umwechseln *tr Fin* размéнивать ⟨-менять⟩ (in на *A*)
Um|weg *m* окóльный [обхóдный] пут|ь 9e *I* -ём, обхóд 2 | großer ≈ большóй крюк; einen ≈ machen сдéлать *v* крюк; auf ≈en *übertr* окóльными путями; etw. auf ≈en erfahren вы́ведать что-н. окóльным путём; **~welt** *f* окружáющий мир 11–2, окружéние 5; (окружáющая) средá 6c; **~bedingungen** *f Pl* услóвия *Pl* 5 окружáющей сре́ды
umweltfreundlich не наносящий 11 ущéрба окружáющей средé, безврéдный для сре́ды, благоприятный для окружáющей сре́ды
Umweltschäden *m Pl* вред 2e, причинённый окружáющей средé
umweltschädlich врéдный для сре́ды
Umwelt|schutz *m* охрáна окружáющей сре́ды; **~verschmutzung** *f* загрязнéние 5 окружáющей сре́ды
um|wenden *tr* перевёртывать *u.* перевoрáчивать ⟨-вернýть 4; -вёрнутый⟩; Seite перелúстывать ⟨-листáть⟩; Kran, Auto поворáчивать ⟨-вернýть⟩; *intr* поворáчивать ⟨-вернýть⟩; sich ≈ *refl* оборáчиваться ⟨обернýться 4⟩; оглядываться ⟨огля|дéться 3 -жýсь⟩ (nach на *A*); **~werben** *tr* ухáживать за *I;* **~werfen** *tr* опрокú|дывать ⟨-нуть 4⟩, сшибáть ⟨-|шибúть*⟩, свáливать ⟨-валúть 3⁺⟩; Boot обёртывать ⟨обернýть 4⟩; Mantel накú|дывать ⟨-нуть 4⟩; Plan, Vorhaben срывáть ⟨со|рвáть*⟩ | die Nachricht wird ihn nicht ≈ *umg* э́то извéстие егó не потрясёт; **~werfend** verblüffend сногсшибáтел|ьный, -ен, -ьна *umg;* **~werten** *tr* переоц|éнивать ⟨-енúть 3⁺⟩
Umwertung *f* переоцéнка 6
um|wickeln *tr* обмáтывать ⟨-мотáть⟩, об(в)ёртывать ⟨об(в)ернýть 4⟩; mit einem Tuch окýт|ывать ⟨-ать⟩; **~winden** *tr* обвивáть ⟨-|вúть*, обовью́⟩; **~wölken, sich** *refl Met* заволáкиваться ⟨-|волóчься*⟩ тýчами | seine Stirn umwölkte sich егó лицó помрачнéло; **~wühlen** *tr* in Unordnung bringen перерывáть ⟨-|ры́ть*⟩, обшáр|ивать ⟨-ить 3⟩; **~zäunen** *tr* огор|áживать ⟨-одúть 3 -ожý, -óдишь⟩, обносúть 3⁺ -ношý ⟨-|нестú*⟩ забóром
Umzäunung *f* забóр 2, и́згородь 9, огрáда 6
um|zeichnen *tr* перерис|óвывать ⟨-овáть 2⟩; *Tech* перечéрчивать ⟨-чертúть 3⁺ -черчý⟩; **~ziehen** *tr* переодевáть ⟨-о|дéть*⟩; *intr* пересел|яться ⟨-úться 3⟩, переезжáть ⟨-|éхать*⟩ (von … nach … с *G* … в *A* …); sich ≈ *refl* переод|евáться ⟨-éться⟩; [-'--] *Met* затягиваться ⟨-тянýться 4⁺ | der Himmel hat sich umzogen нéбо затянýлось тýчами; **~zingeln** *tr* окруж|áть ⟨-úть 3⟩, оцеп|лять ⟨-úть 3⁺⟩
Umzug *m* Wohnungswechsel переселéние 5, переéзд 2 (на другýю квартúру); Demonstrationszug демонстрáция 8, шéствие 5
Umzugskosten *Pl* подъёмные *Subst* 10 (дéньги), затрáты *Pl* 2 по переéзду
unab|änderlich неизмéн|ный, -ен, -на; **~hängig** независим:ый (von от *G*)
Unabhängigkeit *f* независимость 9 (von от *G*)
Unabhängigkeitserklärung *f* декларáция независимости
un|abkömmlich: er ist ≈ он незаменúм, без негó не мóгут обойтúсь; **~ablässig** беспрестáн|ный, -ен, -на, бес-

прерыв|ный, -ен; **~absehbar** необозрим:ый, беспредел|ьный, -ен, -ьна, огром|ный, -ен; Folgen непредвиденный, серьёз|ный, -ен; **~absichtlich** неумышлен:ный, -на; **~achtsam** невнимател|ьный, -ен, -ьна, неосторож|ный, -ен; nachlässig небреж|ный, -ен

Unachtsamkeit *f* невнимательность 9; неосторожность 9; небрежность 9 | aus ~ по невниманию

unähnlich непохож:ий на *A*

unan|fechtbar неоспорим:ый, бесспор|ный, -ен; **~gebracht** неумест|ный, -ен, излиш|ний 11 -ен, -ня; **~gefochten** **1.** *Adj* неприкосновен|ный, -ен, -на, не оспариваемый **2.** *Adv* спокойно, безопасно; **~gemeldet** **1.** *Adj* nicht (behördlich) angemeldet не прописанный; ohne vorherige Ankündigung не записанный | ≈er Gast неожиданный гость **2.** *Adv* без прописки; без (предварительной) записи; без предупреждения; **~gemessen** непомер|ный, -ен; Verhalten неумест|ный, -ен; Bezahlung несоответствующий 11; **~genehm** неприят|ный, -ен; ärgerlich досад|ный, -ен; **~nehmbar** неприемлем:ый

Unannehmlichkeit *f* неприятность 9; Verdruß огорчение 5 | ~en bereiten причин|ять ⟨-ить 3⟩ неприятности

unan|sehnlich невзрач|ный, -ен, незамет|ный, -ен; **~ständig** неприлич|ный, -ен, непристо|йный, -ен, -йна

Unanständigkeit *f* неприличие 5, непристойность 9

unantastbar неприкосновен|ный, -ен, -на; Person (стоящий 11) выше всяких подозрений

Unantastbarkeit *f* неприкосновенность 9

unappetitlich неаппетит|ный, -ен; unsauber чумаз:ый *umg*

Unart *f* дурная привычка 6, неприятность 9; kindliche шалость 9, озорство 4

unartig озорной, невоспитан:ный, -на | sich ≈ aufführen вести себя непослушно [Benehmen неприлично]

un|artikuliert нечленораздел|ьный, -ен, -ьна; **~ästhetisch** неэстетич|ный, -ен, некрасив:ый

unauf|fällig незамет|ный, -ен; Kleidung скром|ный, -ен, -на!; ~ **gefordert** *Adv* freiwillig добровольно; ohne Einladung без приглашения; ohne Vorladung *Jur* без вызова; **~haltsam** неудержим:ый; ungehemmt, ungestüm безудерж|ный, -ен; **~hörlich** **1.** *Adj* беспрерыв|ный, -ен, беспрестан|ный, -ен, -на **2.** *Adv* то и дело; без устали; **~löslich** нерастворим:ый; *übertr* неразрыв|ный, -ен; **~merksam** невнимател|ьный, -ен, -ьна

Unaufmerksamkeit *f* невнимание 5 | aus ~ по невниманию

unaufrichtig нейскрен|ний 11 -ен, -на

Unaufrichtigkeit *f* неискренность 9

unaufschiebbar неотлож|ный, -ен

unaus|bleiblich непремен|ный, -ен, -на, неизбеж|ный, -ен; **~führbar** неосуществим:ый; Auftrag невыполнимый; **~geglichen** неуравновешен:ный, -на; **~gesetzt** беспрерыв|ный, -ен, беспрестан|ный, -ен, -на; **~löschlich** неизгладим:ый; **~sprechlich** невыразим:ый | ~e Freude несказанная радость; **~stehlich** невыносим:ый, неснос|ный, -ен | er ist mir ≈ я его не выношу, я его терпеть не могу; **~weichlich** неизбеж|ный, -ен

un|bändig неукротим:ый, необузадан:ный, -на; Freude чрезвыча|йный, -ен, -йна; **~barmherzig** немилосерд|ный, -ен, безжалост|ный, -ен

Unbarmherzigkeit *f* немилосердность 9, безжалостность 9

unbe|absichtigt **1.** *Adj* неумышлен:ный, -на **2.** *Adv* без умысла, неумышленно; **~achtet** незамеченный; Fakten не принятый в расчёт | etw. ≈ lassen остав|ить *v* 3 -лю что-н. незамеченным [без внимания]; **~antwortet** оставленный без ответа; **~arbeitet** необработан:ный, -а; Leder невыделанный; Stein необделан:ный, -а; **~aufsichtigt** **1.** *Adj* безнадзорный **2.** *Adv* без надзора, без присмотра; **~baut** Land невозделанный; Grundstück незастроенный; **~dacht** необдуман:ный, -на; übereilt опрометчив:ый; **~denklich** **1.** *Adj* не вызывающий 11 сомнения [опасений] **2.** *Adv* ohne Bedenken не задумываясь

unbe|deutend незначител|ьный, -ен, -ьна; Persönlichkeit, Einfluß ничтож|ный, -ен; Vergehen маловажный, -ен; **~dingt** **1.** *Adj* безуслов|ный, -ен **2.** *Adv* безусловно, непременно | er kommt ≈ он непременно придёт; ich werde ≈ kommen обязательно приду; **~fangen** Wesen непринуждён:ный, -на; Meinung непредвзятый; Person беспристраст|ный, -ен, объектив|ный, -ен

Unbefangenheit *f* непринуждённость 9; беспристрастие 5, объективность 9

unbe|festigt: ~e Straße грунтовая дорога; **~friedigend** неудовлетворител|ьный, -ен, -ьна; Ergebnis неудовлетворяющий 11; **~friedigt** неудовлетворён:ный, -на (von *I*); **~fristet** бессроч|ный, -ен; **~fugt** некомпетент|ный, -ен, неправомоч|ный, -ен | Unbefugten ist der Zutritt verboten посторонним вход воспрещён

unbe|gabt бездар|ный, -ен; für best. Arbeit неспособ|ный, -ен к *D;* **~greiflich** непонят|ный, -ен, непостижим:ый (j-m кому-н.); **~grenzt** неограничен:ный, -на; **~gründet** необоснован:ный, -на; Beschuldigung голослов|ный -ен

Unbehagen *n* неприя́тное чу́вство 4 [ощуще́ние 5]
unbe|haglich Raum неую́т|ный, -ен, неудо́б|ный, -ен; Gefühl неприя́т|ный, -ен; **~helligt**: j-n ≈ lassen оставля́ть ⟨оста́в|ить 3 -лю⟩ кого́-н. в поко́е, не трево́жить 3 кого́-н.; **~holfen** неуклю́ж:ий; hilflos беспо́мощ|ный -ен
Unbeholfenheit *f* неуклю́жесть 9; беспо́мощность 9
unbe|irrbar непоколеби́м:ый; ruhig уве́рен:ный, -на; **~irrt** *Adv* уве́ренно; beharrlich непоколеби́мо, твёрдо | ≈ seine Arbeit fortsetzen неукло́нно [споко́йно] продолжа́ть рабо́ту; **~kannt** неизве́ст|ный, -ен *a. Math;* persönlich незнако́м:ый | er ist mir ≈ я его́ не зна́ю, я с ним не знако́м; ich bin hier ≈ я здесь чужо́й, меня́ здесь не зна́ют; es war mir ≈ daß ... мне бы́ло неизве́стно, что ...
Unbekannte *f* незнако́мка 6; *Math* неизве́стное *Subst* 10; **~r** *m* незнако́м|ец, -ца 2
unbe|kannterweise *Adv* не зна́я, не бу́дучи знако́мым; **~kleidet** неоде́т:ый; Körperteil наг:о́й, -а́!; **~kümmert** беззабо́т|ный, -ен, беспе́ч|ный, -ен; **~lebt** *Ling* неодушевлён:ный, -на; Straße неоживлён:ный, малолю́д|ный, -ен; **~lehrbar** неисправи́м:ый, не слу́шаций 11 сове́тов; **~liebt** непопуля́р|ный, -ен, нелюби́м:ый | sich ≈ machen нажи́ть* себе́ враго́в, сде́латься непопуля́рным; **~mannt** Raumschiff безэкипа́жный, без челове́ка (на борту́); Boot без экипа́жа | ~es Flugzeug беспило́тный самолёт; **~merkt 1.** *Adj* незаме́ченный **2.** *Adv* незаме́тно | ≈ bleiben о|става́ться* ⟨-|ста́ться*⟩ незаме́ченным; **~mittelt** несостоя́тел|ьный, -ен, -ьна, неиму́щий 11; без средств (к существова́нию); **~nommen:** es bleibt dir ≈ э́то тебе́ не возбраня́ется, никто́ тебе́ э́того не запреща́ет; **~nutzt** неиспо́льзуемый; noch nicht benutzt не бы́вший в употребле́нии; **~obachtet** *Adv* незаме́тно | er fühlt sich ≈ он счита́ет, что за ним не наблюда́ют; **~quem** неудо́б|ный, -ен; *übertr* неуго́д|ный, -ен, неприя́т|ный, -ен
Unbequemlichkeit *f* неудо́бство 4
unbe|rechenbar не поддаю́щийся 11 учёту; nicht voraussehbar непредви́денный | er ist ≈ от него́ мо́жно ждать вся́ких неожи́данностей; **~rechtigt** неопра́вданный; Vorwurf несправедли́в:ый, необосно́ван:ный, -на; **~rücksichtigt** оста́вленный без внима́ния | ≈ bleiben о|става́ться* ⟨-|ста́ться*⟩ неучтённым; etw. ≈ lassen оставля́ть ⟨оста́в|ить 3 -лю⟩ без внима́ния что-н., не принима́ть ⟨приня́ть*⟩ во внима́ние что-н.; **~rufen** *Adv* ≈! лишь бы не сгла́зить; **~rührt** нетро́нут:ый; Natur, Landschaft де́вствен:ный, -на; **~schadet** несмотря́ на *A* | ≈ seines guten Rufs без уще́рба для его́ до́брого и́мени; **~schädigt** неповреждённый, це́л:ый -а́!; **~schäftigt** ниче́м не за́нятый; ohne Arbeit не име́ющий 11 рабо́ты; **~scheiden** нескро́м|ный -ен | ≈e Forderungen чрезме́рные тре́бования; **~scholten** безупре́ч|ный -ен; Name незапя́тнанный
Unbescholtenheit *f* безупре́чность 9; незапя́тнанность 9
unbe|schränkt неограни́чен:ный, -на; **~schreiblich** неопису́ем:ый, невырази́м:ый; **~schrieben** чи́ст:ый, -а́, -о, чи́сты́ | ein ≈es Blatt нео́пытный челове́к 2 j-d der sich noch nicht bewährt hat челове́к, ещё ниче́м себя́ не прояви́вший; **~schwert** неотягчённый, необременённый | ~e Kindheit счастли́вое [беспе́чное] де́тство; **~sehen** без осмо́тра, без прове́рки | er nimmt alles ≈ hin он всё принима́ет на ве́ру; **~setzt** неза́нятый | ≈e Stelle вака́нсия 8; diese Rolle ist noch ≈ для э́той ро́ли ещё нет исполни́теля; **~siegbar** непобеди́м:ый; **~siegt** непобеждённый; **~sonnen** опроме́тчив:ый; unvernünftig безрассу́д|ный, -ен; unüberlegt необду́ман:ный, -на
Unbesonnenheit *f* опроме́тчивость 9; безрассу́дность 9; необду́манность 9
unbe|sorgt беззабо́т|ный, -ен | seien Sie ≈! не беспоко́йтесь!; **~ständig** непостоя́н|ный, -ен, -на; Wetter неусто́йчив:ый, переме́нный
Unbeständigkeit *f* непостоя́нство 4; неусто́йчивость 9
unbestechlich неподку́п|ный, -ен; Urteil беспристра́ст|ный -ен
Unbestechlichkeit *f* неподку́пность 9; беспристра́стность 9
unbe|stellt Boden необрабо́тан:ный, -а; **~stimmt** неопределён|ный, -ен, -на; undeutlich нея́с|ный, -ен, -на́!, сму́т|ный, -ен, -на́!
Unbestimmtheit *f* неопределённость 9; нея́сность 9
unbe|straft безнака́зан:ный, -на; **~streitbar, ~stritten** бесспо́р|ный, -ен, неоспори́м:ый; **~teiligt** неприча́ст|ный, -ен (bei к *D*), не уча́ствующий 11 (bei в *P*); teilnahmslos равноду́ш|ный, -ен, безуча́ст|ный, -ен; **~tont** безуда́р|ный, -ен, без ударе́ния; **~trächtlich** незначи́тел|ьный, -ен, -ьна
unbeugsam непреклóн|ный, -ен, -на
unbe|waffnet невооружённый | mit ≈em Auge невооружённым гла́зом; **~wandert** малóопыт|ный, -ен, несве́дущий 11 | in etw. ≈ sein ма́ло знать о чём-н., быть несве́дущим в чём-н.; **~weglich**

неподви́ж|ный, -ен; Besitz недви́жим:ый
Unbeweglichkeit *f* неподви́жность 9
unbe|wiesen недока́занный; **~wohnbar** неприго́дный для жилья́; **~wohnt** Gegend, Insel необита́ем:ый; leerstehend: Haus нежило́й; **~wußt** бессозна́тел|ьный, -ен, -ьна; unwillkürlich непроизво́л|ьный, -ен, -ьна, инстинкти́в|ный, -ен; unabsichtlich несозна́тел|ьный, -ен, -ьна; **~zahlbar** бесце́н|ный, -ен, -на, неопла́т|ный, -ен I er ist ≈! он про́сто пре́лесть!; **~zähmbar** неукроти́м:ый; **~zwingbar** непобеди́м:ый, непокори́м:ый; **~zwungen** непокорённый, непобеждённый; Festung не взя́тый
unbiegsam неги́б|кий, -ок, -ка́!
Unbilden *Pl* тя́готы *Pl* 6, невзго́ды *Pl* 6 I die ~ des Wetters нена́стье 5, капри́зы *Pl* 2 пого́ды
un|billig несправедли́в:ый; **~brauchbar** неприго́д|ный, -ен I ≈ machen приводи́ть 3⁺ -вожу́ ⟨-|вести́*⟩ в него́дность
unbürokratisch небюрократи́ческий, без ли́шнего бюрократи́зма
und *Konj anreihend* и; *Math* плюс; *entgegensetzend* a I ~ doch и всё таки́, и всё же; ~ auch а та́кже и; ~ dergleichen mehr и (тому́) подо́бное; ~ anderes mehr и про́чее; ~ so weiter (*Abk* usw.) и так да́лее (*Abk* и т. д.); ~ ob! ещё бы!; zwei ~ zwei ist vier два плюс два – четы́ре; ~ Sie sind einverstanden?! и вы согла́сны?!; er ist gesund, ~ wie geht es dir? он здоро́в, а как ты пожива́ешь?; schreibe mit dem Bleistift ~ nicht mit der Feder пиши́ карандашо́м, а не перо́м; na ~? ну и что?
Undank *m:* ~ ernten встре́|тить *v* 3 -чу неблагода́рность
undankbar неблагода́р|ный, -ен (gegen к *D*)
Undankbarkeit *f* неблагода́рность 9
un|denkbar немы́слим:ый; unvorstellbar невообрази́м:ый; **~denklich:** seit ≈en Zeiten с незапа́мятных времён; **~deutlich** Vorstellung нея́с|ный, -ен, -на́!; Aussprache невня́т|ный, -ен, неотчётлив:ый; **~dicht** непло́т|ный, -ен, -на́! I das Boot ist ≈ ло́дка течёт, в ло́дке течь; das Dach ist ≈ кры́ша течёт [протека́ет]; die Tür ist ≈ дверь непло́тно закрыва́ется; **~diplomatisch** недипломати́чный; **~diszipliniert** недисциплини́рован:ный, -на; **~duldsam** нетерпи́м:ый (gegenüber к *D*)
Unduldsamkeit *f* нетерпи́мость 9
undurch|dringlich непроница́ем:ый; unpassierbar непроходи́м:ый; **~führbar** невыполни́м:ый; **~lässig** непроница́ем:ый; Schuhe, Kleidung непромока́ем:ый, водонепроница́ем:ый; **~sichtig** непрозра́ч|ный, -ен; unklar нея́с|ный, -ен, -на́! I ≈e Person тёмная ли́чность
uneben неро́в|ный, -ен, -на́!
Unebenheit *f* неро́вность 9
un|echt подде́льный; Bild, Dokument a. фальши́в:ый; künstlich иску́сственный I ≈er Bruch *Math* непра́вильная дробь; **~ehelich** внебра́чный; **~ehrenhaft** бесче́ст|ный, -ен; **~ehrerbietig** непочти́тел|ьный, -ен, -ьна; **~ehrlich** нече́ст|ный, -ен, -на́!
Unehrlichkeit *f* нече́стность 9
un|eigennützig бескоры́ст|ный, -ен; **~eingeschränkt** неограни́чен:ный, -на; Zustimmung по́л|ный, -он, -на́, по́лно́; **~eingeweiht** непосвящённый; **~einig:** ≈ sein расхо|ди́ться 3⁺ -жу́сь во мне́ниях; in Streit liegend ссо́риться 3 (по-)
Uneinigkeit *f* несогла́сие 5; Zerwürfnis разла́д 2
un|einnehmbar непристу́п|ный, -ен; **~empfänglich** невосприи́мчив:ый (für к *D*); für Schönheit равноду́ш|ный, -ен к *D;* **~empfindlich** нечувстви́тел|ьный, -ен, -ьна (gegen к *D*); widerstandsfähig (gegen Krankheit) невосприи́мчив:ый; Stoff, Teppich нема́ркий
Unempfindlichkeit *f* нечувстви́тельность 9 (gegen к *D*); невосприи́мчивость 9 (gegen к *D*); нема́ркость 9
unendlich 1. *Adj* бесконе́ч|ный, -ен *a. Math,* беспреде́л|ьный, -ен, -ьна **2.** *Adv* sehr бесконе́чно I bis ins Unendliche до бесконе́чности
Unendlichkeit *f* бесконе́чность 9, беспреде́льность 9
unent|behrlich кра́йне [безусло́вно] необходи́м:ый; Person незамени́м:ый; **~geltlich 1.** *Adj* беспла́т|ный, -ен; Benutzung z. B. von Boden безвозме́зд|ный, -ен **2.** *Adv* не за де́ньги, да́ром; **~schieden 1.** *Adj* Frage нерешённый; *Sport* ниче́йный **2.** *Adv* Sport, Spiel вничью́ I ≈es Spiel ничья́ *Subst* 12; das Spiel endete ≈ игра́ зако́нчилась вничью́; sie trennten sich ≈ они́ сыгра́ли вничью́; **~schlossen** нереши́тел|ьный, -ен, -ьна
Unentschlossenheit *f* нереши́тельность 9
unent|schuldigt: ≈ fehlen отсу́тствовать 2 по неуважи́тельной причи́не [im Unterricht без уважи́тельной причи́ны] I ~es Fehlen отсу́тствие 5 по неуважи́тельной причи́не; **~wegt 1.** *Adj* unverdrossen неукло́н|ный, -ен, -на; unaufhörlich непреры́в|ный, -ен; mit großer Ausdauer сто́|йкий, -ек, -ка́! **2.** *Adv* непреры́вно; сто́йко; trotz alledem невзира́я ни на что I ≈ auf etw. bestehen упо́рно наста́ивать на чём-н.; **~wickelt** неразви́вшийся 11, нера́звит:ый, -а!;

~**wirrbar** Rätsel неразреши́м:ый; Probleme кра́йне запу́тан:ный, -на
uner|bittlich неумоли́м:ый, безжа́лост|ный, -ен; ~**fahren** нео́пыт|ный, -ен; ~**findlich** непоня́т|ный, -ен | aus ≈en Gründen по непоня́тным причи́нам; ~**forschlich** необъясни́м:ый; ~**forscht** неиссле́дованный; ~**freulich** неприя́т|ный, -ен; Nachricht a. неутеши́тельн|ный, -ен, -ьна; ~**füllbar** невыполни́м:ый, неисполни́м:ый; ~**giebig** Boden неплодоро́д|ный, -ен; *übertr* беспло́д|ный, -ен; Quelle малопродукти́вный; ~**gründlich** непостижи́м:ый, необъясни́м:ый; ~**heblich** незначи́тел|ьный, -ен, -ьна; Einwand несуще́ствен:ный, -на; ~**hört** неслы́хан:ный, -на | das ist ja ≈! э́то неслы́ханно!; ~**kannt** неу́знанный, неопо́знанный; ~**klärlich** необъясни́м:ый; ~**läßlich** необходи́м:ый, непреме́н|ный, -ен, -на; ~**laubt 1.** *Adj* непозволи́тел|ьный, -ен, -ьна, недозво́лен:ный, -а **2.** *Adv* без разреше́ния; ~**meßlich** Leid, Wert неизмери́м:ый; Raum, Weite необъя́т|ный, -ен; ~**müdlich 1.** *Adj* неутоми́м:ый, неуста́н|ный, -ен, -на **2.** *Adv* без у́стали | ≈ arbeiten рабо́тать без у́стали; ~**quicklich** неутеши́тел|ьный, -ен, -ьна, неприя́т|ный, -ен; ~**reichbar** недостижи́м:ый, недосяга́ем:ый; ~**reicht** недости́гнутый; auf best. Gebiet не име́ющий 11 себе́ ра́вных; ~**sättlich** ненасы́т|ный, -ен; ~**schöpflich** неисчерпа́ем:ый, неистощи́м:ый; ~**schrocken** бесстра́ш|ный, -ен
Unerschrockenheit *f* бесстра́шность 9
unerschütterlich непоколеби́м:ый; gelassen невозмути́м|ый; Glaube незы́блем:ый
Unerschütterlichkeit *f* непоколеби́мость 9; незы́блемость 9
uner|schwinglich недосту́п|ный, -ен | ≈ teuer сли́шком до́рого; ~**setzlich** незамени́м:ый; Verlust невозврати́м:ый; ~**sprießlich** беспло́д|ный, -ен, безрезульта́т|ный, -ен; ~**träglich** невыноси́м:ый, несно́с|ный, -ен | j-m das Leben ≈ machen отрав|и́ть *v* 3⁺ -лю́ кому́-н. существова́ние; ~**wartet** неожи́дан:ный, -на; plötzlich внеза́п|ный, -ен; Besuch нежда́нный; ~**wünscht** нежела́тел|ьный, -ен, -ьна; ~**zogen** невоспи́тан:ный, -на
unfähig неспосо́б|ный, -ен (zu к *D*) | er war ~, etw. zu sagen он не мог вы́молвить ни сло́ва
Unfähigkeit *f* неспосо́бность 9 (zu к *D*)
unfair некорре́кт|ный, -ен | ~ gegen j-n sein вести́* себя́ некорре́ктно по отноше́нию к кому́-н.; ~es Spiel *Sport* гру́бая [некорре́ктная] игра́
Unfall *m* несча́стный слу́ча|й 1 *G Pl* -ев; Havarie ава́рия 8; Verkehrs~ доро́жно-тра́нспортное происше́ствие 5 | ein tödlicher ~ несча́стный слу́чай со смерте́льным исхо́дом; ein schwerer ~ тяжёлая ава́рия, катастро́фа 6; er hat einen ~ gehabt с ним произошёл несча́стный слу́чай, im Betrieb, beim Sport он получи́л тра́вму; ein ~ mit dem Auto автомоби́льная ава́рия [катастро́фа]; ein ~ im Betrieb несча́стный слу́чай [ава́рия] на произво́дстве
unfallfrei безавари́йный, без ава́рий, без несча́стных слу́чаев | ~es Fahren безавари́йная езда́; ~e Fahrt рейс без ава́рий
Unfall|kommando *n* авари́йная брига́да 6 [кома́нда]; ~**station** *f* пункт 2 [ста́нция] ско́рой по́мощи; ~**verhütung** *f* предупрежде́ние несча́стных слу́чаев; ~**verletzter** *m* пострада́вший *Subst* 11 в результа́те несча́стного слу́чая [ава́рии, катастро́фы]; ~**versicherung** *f* страхова́ние от несча́стных слу́чаев; ~**wagen** *m* маши́на ско́рой по́мощи; *umg* ско́рая по́мощь 9; автомоби́ль попа́вший 11 в ава́рию
un|faßbar *übertr* непостижи́м:ый; ~**fehlbar** непогреши́м:ый
Unfehlbarkeit *f* непогреши́мость 9
un|fein unhöflich неве́жлив:ый; taktlos неделика́т|ный, -ен; ~**fertig** недоде́ланный, незако́нченный; Mensch незре́лый; ~**flätig** непристо́|йный, -ен, скабрёз|ный, -ен; ~**folgsam** непослу́ш|ный, -ен; ~**förmig** бесфо́рмен:ный, -на, нескла́д|ный, -ен; ~**frankiert** нефранки́рованный, не опла́ченный (ма́рками); ~**frei** несвобо́дный; abhängig зави́симый; ~**freiwillig** недоброво́льный; Aufenthalt, Landung вы́нужденный; ~**freundlich** неприве́тлив:ый, нелюбе́з|ный, -ен (gegen к *D*); Wetter па́смур|ный, -ен; Zimmer неую́т|ный, -ен
Un|freundlichkeit *f* неприве́тливость 9; ~**frieden** *m* раздо́р(ы) 2 (*Pl*), разла́д 2 | ≈ stiften се́|ять, -ю, -ешь раздо́р
unfruchtbar беспло́д|ный, -ен *a. übertr;* Acker неплодоро́д|ный, -ен
Unfruchtbarkeit *f* беспло́дие 5, неплодоро́дность 9
Unfug *m* безобра́зие 5; Unsinn (глу́пая) вы́ходка 6; dummes Gerede вздор 2 | grober ~ ужа́сное хулига́нство 4; ~ treiben безобра́зничать, бесчи́нствовать 2
Ungar *m* венгр 2 ~**in** *f* венге́рка 6
ungarisch венге́рский
Ungarn Ве́нгрия 8
un|gastlich негостеприи́м|ный, -ен; ~**geachtet 1.** *Präpos* несмотря́ на *A;* gehoben невзира́я на *A* | ≈ des Verbots невзира́я на запреще́ние **2.** *Konj:* ≈ dessen

тем не ме́нее, несмотря́ на э́то; **~geahnt** непредви́денный; unerwartet неожи́дан:ныйˌ -на; **~gebändigt** необу́зданный; **~gebeten** незва́ный, непро́шеный; **~gebildet** необразо́ван:ный -на, некульту́р|ныйˌ -ен; **~gebräuchlich** неупотреби́тел|ьныйˌ -енˌ -ьна; **~gebraucht** не бы́вший 11 в употребле́нии; Fahrzeug но́в:ыйˌ -а́ˌ -оˌ но́вы́; Wäsche све́ж:ийˌ -а́ˌ -о́ˌ све́жи́; **~gebrochen** не сло́мленный судьбо́й; Mut, Wille несокруши́мый; **~gebührlich** неподоба́ющий 11; Antwort неуме́ст|ныйˌ -ен; **~gebunden** ниче́м не свя́зан:ный | ein ≈es Leben führen вести́ во́льный о́браз жи́зни; sie ist ≈ она́ неза́мужняя

Unge|bundenheit *f* Freiheit во́льность 9; **~duld** *f* нетерпе́ние 5 | mit ≈ с нетерпе́нием, нетерпели́во

unge|duldig 1. *Adj* нетерпели́в:ый **2.** *Adv* с нетерпе́нием, нетерпели́во; **~eignet** неприго́д|ныйˌ -ен, неподходя́щий 11 | für diese Arbeit ist er ≈ для э́той рабо́ты он не подхо́дит; **~fähr 1.** *Adj* приблизи́тел|ьныйˌ -енˌ -ьна, приме́р|ныйˌ -ен **2.** *Adv* приблизи́тельно, о́коло | ≈ um sechs приме́рно в шесть (часо́в); von ≈ случа́йно, ненаро́ком; **~fährdet** (находя́щийся 11) вне опа́сности; **~fährlich** неопа́с|ныйˌ -ен; Weg безопа́с|ныйˌ -ен; **~fällig** нелюбе́з|ныйˌ -ен, неуслу́жливый; **~halten** рассе́рженный, раздраж|ённыйˌ -ёнˌ -ена́ | er war ≈ über mich он рассерди́лся на меня́; **~heuer** чудо́вищ|ныйˌ -ен, огро́м|ныйˌ -ен | ~heurer Schmerz ужа́сная боль; ~heure Heiterkeit необыча́йное весе́лье; ~heurer Erfolg огро́мный успе́х

Ungeheuer *n* чудо́вище 4; Unmensch и́зверг 2

unge|heuerlich чудо́вищ|ныйˌ -ен; empörend возмути́тел|ьныйˌ -енˌ -ьна; **~hindert** беспрепя́тствен:ныйˌ -на; **~hobelt** Person неотёсан:ныйˌ -на; Brett необтёсан:ныйˌ -а; **~hörig** неуме́ст|ныйˌ -ен, неподоба́ющий 11

Ungehörigkeit *f* неуме́стность 9

ungehorsam непослу́ш|ныйˌ -ен | j-m gegenüber ~ sein не повинова́ться кому́-н., не слу́шаться кого́-н.

Ungehorsam *m* непослуша́ние 5; неповинове́ние 5

unge|künstelt безыску́ссвен:ныйˌ -на, есте́ствен:ныйˌ -на; einfach прост:о́йˌ -а́ˌ -оˌ про́сты́; **~laden** nicht eingeladen незва́ный, неприглашённый; **~legen 1.** *Adj* неудо́б|ныйˌ -ен **2.** *Adv* не во́время, некста́ти

Ungelegenheiten *f Pl* неприя́тности *Pl* 9 | machen Sie sich meinetwegen keine ~ не беспоко́йтесь из-за меня́, не хлопочи́те обо мне́

unge|lenkig неги́б|кийˌ -окˌ -ка́!; ungeschickt неуклю́ж:ий; ungewandt нело́в|кийˌ -окˌ -ка́!; Person a. неповоро́тлив:ый; **~lernt** неквалифици́рован:ныйˌ -на, без квалифика́ции; **~logen** *Adv* действи́тельно, правди́во; ohne Übertreibung без преувеличе́ний

Ungemach *n* го́ре 3; Unglück беда́ 6c; Unannehmlichkeiten неприя́тности *Pl* 9

unge|mein необыча́|йныйˌ -енˌ -йна, необыкнове́н|ныйˌ -енˌ -на; **~gemütlich** неую́т|ныйˌ -ен; unfreundlich, grob неприя́т|ныйˌ -ен; **~genannt** нена́зван:ныйˌ -а́; анони́м|ныйˌ -ен; **~genau** нето́ч|ныйˌ -енˌ -на́!

Ungenauigkeit *f* нето́чность 9

unge|niert 1. *Adj* нескро́м|ныйˌ -енˌ -на́!, развя́з|ныйˌ -ен **2.** *Adv* без стесне́ния, развя́зно; **~nießbar** несъедо́б|ныйˌ -ен; verdorben по́рченый, испо́рченный | ≈es Wasser вода́ˌ него́дная для питья́; ≈er Mensch несно́сный челове́к; **~nügend** недоста́точ|ныйˌ -ен; unbefriedigend неудовлетвори́тел|ьныйˌ -енˌ -ьна; **~nutzt** неиспо́льзованный | die Zeit ≈ verstreichen lassen не испо́льзовать вре́мя; eine günstige Gelegenheit ≈ vorübergehen lassen не воспо́льзоваться благоприя́тным слу́чаем; **~ordnet** не приведённый в поря́док; **~pflegt** неря́шливый, небре́ж|ныйˌ -ен; Garten запу́щенный; **~rade** Zahl нечётный; **~raten** неуда́ч|ныйˌ -ен; Kind ду́рно воспи́тан:ныйˌ -на, дурно́йˌ ду́р|ен, -на́, -ноˌ ду́рны́; **~rechnet 1.** *Adj* несчи́танный, неучтённый **2.** *Adv* не счита́я; **~recht** несправедли́в:ый (gegen j-n к кому́-н.); **~rechtfertigt** необосно́ван:ныйˌ -на, неопра́вданный | es ist ≈ … неопра́вданно …

Ungerechtigkeit *f* несправедли́вость 9 (gegen j-n по отноше́нию к кому́-н.) | schreiende ~ вопию́щая 11 несправедли́вость

ungereimt Gedicht нерифмо́ванный; unsinnig нелéп:ый, вздо́р|ныйˌ -ен | ~e Verse бе́лые стихи́; ~es Zeug reden моло́ть* вздор

ungern *Adv* неохо́тно, не́хотя | etw. ~ tun неохо́тно де́лать (с-) что-н.

unge|salzen несолёный | ≈ essen есть без со́ли; **~sättigt** nicht satt несы́тый; *Chem* ненасы́щенный; **~säuert** Teig незаква́шенный, пре́с|ныйˌ -енˌ -на́!; **~schehen:** ich wollte, ich könnte es ≈ machen я хоте́л быˌ что́бы э́того не произошло́; das läßt sich nicht ≈ machen что сде́ланоˌ то сде́лано

Ungeschicklichkeit *f* нело́вкость 9

unge|schickt нело́в|кийˌ -окˌ -ка́!; Stil, Arbeit неуме́л:ый; **~schlacht** неуклю́ж:ий 11; Benehmen неотёсанныйˌ -на;

~schlagen непобеждённый | ≈e Mannschaft *Sport* кома́нда, иду́щая 11 (на соревнова́ниях) без пораже́ний; **~schliffen** нешлифо́ванный; *übertr* неотёсан:ный, -на, гру́б:ый, -а́!; **~schmälert**: ≈ bleiben Verdienste получ|а́ть ⟨-и́ть 3⁺⟩ по́лное призна́ние; **~schminkt 1.** *Adj* ненакра́шенный; *übertr* неприкра́шенный **2.** *Adv* без прикра́с; **~schoren**: j-n ≈ lassen оставля́ть ⟨оста́в|ить 3 -лю⟩ в поко́е [не тро́|гать ⟨-нуть 4⟩] кого́-н.; **~schrieben** ненапи́санный | ein ≈es Gesetz непи́саный зако́н; **~gesellig** необщи́тел:ьный, -ен, -ьна, нелюди́м:ый | er ist ein ≈er Mensch он нелюди́м 2; **~setzlich** незако́н|ный, -ен, -на; **~stalt** бесфо́рмен:ный, -на; **~stört 1.** *Adj* споко́|йный, -ен, -йна; Glück безмяте́ж|ный, -ен | hier sind wir ≈ здесь нам никто́ не помеша́ет **2.** *Adv* споко́йно, без поме́х; **~straft** безнака́зан:ный, -на; **~stüm** Bewegung, Angriff стреми́тел|ьный, -ен, -ьна; Wesen, Freude, Person бу́|йный, -ен, -йна́!, неи́стов:ый; Liebkosung, Umarmung пы́л|кий, -ок, -ка́!; Meer, Wind бу́р|ный, -ен, -на́! **~sund** нездоро́в:ый; kränklich боле́знен:ный, -на | das Rauchen ist ≈ куре́ние вре́дно для здоро́вья; **~teilt** нераздел|ьный, -ен, -ьна; Aufmerksamkeit всео́бщий 11 | ≈er Beifall единоду́шное одобре́ние; **~trübt** ниче́м не неомрачённый, безмяте́ж|ный, -ен | ≈es Familienglück безо́блачное семе́йное сча́стье

Ungetüm *n* чудо́вище 4 | ein ~ von einem Schrank монстр 2, а не шкаф

ungewiß неизве́ст|ный, -ен; unbestimmt неопределён|ный, -ен, -на | j-n über etw. im ungewissen lassen оста́в|ить *v* 3 -лю кого́-н. в неизве́стности относи́тельно чего́-н.; im ungewissen sein не знать о чём-н., zweifeln испы́тывать сомне́ние относи́тельно чего́-н.

Ungewißheit *f* неизве́стность 9; неопределённость 9

unge|wöhnlich необыкнове́н|ный, -ен, -на, необыча́|йный, -ен, -йна; unüblich необы́ч|ный, -ен; **~wohnt** непривы́|чный, -ен | zur ≈en Stunde в необы́чный час; **~zählt 1.** *Adj* unzählig бесчи́слен:ный, -на; Geld неподсчи́танный **2.** *Adv* не подсчита́в

Ungeziefer *Pl* вре́дные насеко́мые *Pl Subst* 10, парази́ты *Pl* 2

ungezogen невоспи́тан:ный, -на, гру́б:ый, -а́!; Kind непослу́ш|ный, -ен, избало́ван:ный

Ungezogenheit *f* невоспи́танность 9, гру́бость 9

unge|zügelt необу́здан:ный, -на; **~zwungen** непринуждён:ный, -на, без принужде́ния

Un|gezwungenheit *f* непринуждённость 9, свобо́да 6; **~glaube** *m* неве́рие 5

un|glaubhaft невероя́т|ный, -ен, недостове́р|ный, -ен; **~gläubig** недове́рчив:ый, скепти́ческий; *Rel* неве́рующий 11; **~glaublich** unwahrscheinlich невероя́т|ный, -ен; gewaltig неимове́р|ный, -ен; **~glaubwürdig** недостове́р|ный, -ен, маловероя́т|ный, -ен

ungleich 1. *Adj* нера́в|ный, -ен, -на́!; qualitativ неодина́ков:ый; verschieden ра́зный | von ~er Farbe неодина́кового [ра́зного] цве́та **2.** *Adv* несравне́нно, гора́здо | ~ schneller несравне́нно быстре́е; **~artig** неоднoро́д|ный, -ен, разноро́д|ный, -ен; **~förmig** неодина́ков:ый, разли́ч|ный, -ен; Beschleunigung неравноме́р|ный, -ен

Ungleichheit *f* нера́венство 4; неодина́ковость 9

ungleich|mäßig неравноме́р|ный, -ен; **~seitig** *Math* разносторо́нний 11

Unglück *n* несча́стье 5, беда́ 6с; Unfall несча́стье, несча́стный слу́ча|й 1 *G Pl* ев; schwerer катастро́фа 6 | zum ~ к несча́стью, на несча́стье; j-n ins ~ stürzen на|вле́чь* *v* беду́ на кого́-н.; ihn hat ein schweres ~ getroffen его́ постигло большо́е несча́стье; er hatte das ~ ... он име́л несча́стье ... zum ~ unglücklicherweise к несча́стью ...; das ist eben das ~ вот так беда́

unglücklich несча́ст|ный, -ен | er hat eine ~e Hand у него́ несчастли́вая рука́; ich fühle mich ~ я чу́вствую себя́ несча́стным [несчастли́вым]; **~erweise** *Adv* к несча́стью, на беду́

unglückselig verhängnisvoll злополу́ч|ный, -ен; beklagenswert несча́ст|ный, -ен

Unglücks|fall *m* несча́стный слу́чай | tödlicher ≈ несча́стный слу́чай со смерте́льным исхо́дом; **~tag** *m* несча́стный [чёрный] день

Ungnade *f* неми́лость 9 | in ~ fallen в|па́сть* в неми́лость

un|gnädig неприве́тлив:ый | ≈ zu j-m sein быть неблагоскло́нным к кому́-н.; **~gültig** недействи́тел|ьный, -ен, -ьна | etw. für ≈ erklären объяв|ля́ть ⟨-и́ть⟩ недействи́тельным что-н.; Vertrag, Tor аннули́ровать *uv, v* 2 что-н.

Ungültigkeit *f* недействи́тельность 9

Ungültigkeitserklärung *f* объявле́ние недействи́тельности (von *G*)

Ungunst *f*: zu meinen ~en не в мою́ по́льзу, в уще́рб мои́м интере́сам

un|günstig неблагоприя́т|ный, -ен; unbequem неудо́б|ный, -ен | im ≈sten Falle в ху́дшем слу́чае, на худо́й коне́ц | es ist ≈, daß... пло́хо, что ...; **~gut** *Adv:* nichts für ≈! не в оби́ду будь ска́зано!,

прости́те, пожа́луйста!; **~haltbar** haltlos несостоя́тел|ьный, -ен, -ьна; Zustände непро́ч|ный, -ен, нетерпи́м:ый; Ball неотрази́м:ый, немину́ем:ый; **~handlich** неудо́б|ный, -ен (для по́льзования)
Unheil *n* беда́ 6c, несча́стье 5 | großes ~ anrichten натвори́ть *v* 3 бед
unheil|bar неизлечи́м:ый; **~bringend** злополу́ч|ный, -ен, па́губ|ный, -ен; **~verkündend** злове́щ:ий 11; **~voll** ги́бел|ьный, -ен, -ьна; Nachricht роково́й
un|heimlich жу́т|кий, -ок, -ка́!; unheilverkündend злове́щ:ий | es wurde mir ≈ zumute мне ста́ло жу́тко; ≈en Hunger haben быть* стра́шно [ужа́сно] голо́дным; **~höflich** неве́жлив:ый
Unhöflichkeit *f* неве́жливость 9
Unhold *m* чудо́вище 4
unhygienisch негигиени́ческий, негигиени́чный
Uniform *f* фо́рменная оде́жда 6, *umg* фо́рма 6; *Mil* вое́нная фо́рма; **~hose** *f* фо́рменные брю́ки
uniformier|en *tr* обмундир|о́вывать ⟨-ова́ть 2⟩; **~t** в фо́рме, в мунди́ре, в вое́нной фо́рме
Uniformierung *f Mil* обмундирова́ние 5
Uniformjacke *f* фо́рменная тужу́рка [ку́ртка]
Unikum *n* у́никум 2 a. Person
uninteress|ant неинтере́с|ный, -ен; **~iert** незаинтересо́ванный | an etw. ≈ sein не быть заинтересо́ванным в чём-н.
Union *f* сою́з 2 | die ~ der Sozialistischen Sowjetrepubliken (*Abk* UdSSR) Сою́з Сове́тских Социалисти́ческих Респу́блик (*Abk* СССР)
Unionsrepublik *f* сою́зная респу́блика
universal универса́л|ьный, -ен, -ьна
Universal|erbe *m* еди́нственный насле́дник; **~geschichte** *f* всеми́рная [всео́бщая 11] исто́рия; **~kleber** *m* универса́льный клей; **~mittel** *n* универса́льное сре́дство
universell универса́л|ьный, -ен, -ьна
Universität *f* университе́т 2 | an der ~ studieren учи́ться в университе́те; an eine ~ berufen werden получ|а́ть ⟨-и́ть 3⁺⟩ приглаше́ние [назначе́ние] на рабо́ту в университе́т
Universitäts|abschluß *m* оконча́ние университе́та | ≈ haben име́ть зако́нченное университе́тское образова́ние; **~bibliothek** *f* университе́тская библиоте́ка; **~bildung** *f* университе́тское образова́ние; **~stadt** *f* университе́тский го́род; **~studium** *n* учёба в университе́те
Universum *n* вселе́нная *Subst* 10
unkameradschaftlich нетова́рищеский
unken *intr umg* ка́ркать, проро́чить 3 беду́
unkenntlich неузнава́ем:ый | ~ machen измен|я́ть ⟨-и́ть 3⁺⟩ до неузнава́емости
Unkennt|lichkeit *f*: bis zur ≈ до неузнава́емости; **~nis** *f* незна́ние 5, неве́дение 5 (von *G*) | aus ≈ по незна́нию; j-n in voller ≈ lassen оставля́ть ⟨оста́в|ить 3 -лю⟩ кого́-н. в по́лном неве́дении
unklar нея́с|ный, -ен, -на́!; schleierhaft тума́н|ный, -ен, -на | das ist mir völlig ~ э́то мне соверше́нно непоня́тно; über etw. im ~en sein не име́ть я́сного представле́ния о чём-н.; j-n über etw. im ~en lassen оставля́ть ⟨оста́в|ить 3 -лю⟩ в неве́дении [в неизве́стности] кого́-н. относи́тельно чего́-н.
Unklarheit *f* нея́сность 9
un|klug неу́м|ный, -ен, -на́!, не(благо)разу́м|ный, -ен; **~kollegial** неколлегиа́льный; **~kontrollierbar** не поддаю́щийся 11 контро́лю [прове́рке]; **~kompliziert** несло́ж|ный, -ен, -на́!; **~konventionell** необы́ч|ный, -ен, нетрадицио́нный; unförmlich неформа́льный; **~korrekt** некорре́кт|ный, -ен; falsch непра́вил|ьный, -ен, -ьна
Unkosten *Pl* изде́ржки *Pl* 6, расхо́ды *Pl* 2 | die ~ tragen нести́ расхо́ды; sich in ~ stürzen изря́дно тра́|титься 3 -чусь (по-) (für на *A*); j-n in ~ stürzen вводи́ть 3⁺ -вожу́ ⟨-|вести́*⟩ в расхо́ды кого́-н.; **~beitrag** *m* взнос для покры́тия расхо́дов [изде́ржек]
Unkraut *n* со́рная трава́ 6c, сорня́к 2e | voller ~ заро́сший 11 сорняка́ми; ~ vergeht nicht худо́е спо́ро, не сорвёшь ско́ро; **~bekämpfung** *f* борьба́ с сорняка́ми; **~bekämpfungsmittel** *n* гербици́д 2
un|kritisch некрити́ческий; **~kultiviert** некульту́р|ный, -ен; **~kündbar** Vertrag нерасторжи́м:ый; Darlehen несро́чный; **~kundig** не све́дущий 11 в *P*, не зна́ющий 11 *G* | des Lesens und Schreibens ≈ sein быть негра́мотным; **~längst** *Adv* неда́вно, на дня́х; **~lauter** нече́ст|ный, -ен, недобросо́вест|ный, -ен; **~leidlich** в плохо́м настрое́нии, раздражи́тел|ьный, -ен; unerträglich несно́с|ный, -ен; **~leserlich** неразбо́рчив:ый, нечёт|кий, -ок, -ка́! | ≈er Buchstabe кара́куля 7; **~leugbar** бесспо́р|ный, -ен, очеви́д|ный, -ен; **~lieb**: es ist mir nicht ≈, daß er kommt я рад, что он придёт; **~liebsam** неприя́т|ный, -ен; unerwünscht нежела́тел|ьный, -ен, -ьна; **~logisch** нелоги́ч|ный, -ен; **~lösbar** Problem, Aufgabe неразреши́м:ый; **~löslich** нераствори́м:ый
Unlust *f* неохо́та 6 | mit ~ с неохо́той, не́хотя; aus ~ по неохо́те
un|lustig *Adv* неохо́тно, без охо́ты; **~manierlich** с дурны́ми мане́рами, неотёсан:ный, -на; **~männlich** немужско́й; eines Mannes unwürdig недосто́йный

мужчи́ны | ≈ aussehen вы́гля|деть 3 -жу не как мужчи́на [не по-мужски́]

Unmasse *f* = **Unmenge**

un|maßgeblich: nach meiner ≈en Meinung по моему́ скро́мному разуме́нию [мне́нию]; **~mäßig 1.** *Adj* неуме́рен:ный, -на **2.** *Adv* непоме́рно, чрезме́рно

Un|menge *f* у́йма 6 (an *G*), грома́дное коли́чество 4 | eine ≈ von etw. у́йма [ма́сса 6] чего́-н.; **~mensch** *m* и́зверг 2, чудо́вище 4

unmenschlich unerträglich нечелове́ческий; ungeheuer неимове́р|ный, -ен; grausam бесчелове́ч|ный, -ен, жесто́к|ий, -á!

Unmenschlichkeit *f* бесчелове́чность 9, жесто́кость 9

un|merklich незаме́т|ный, -ен, неуловим:ый; **~mißverständlich** недвусмы́слен:ный, -на; **~mittelbar 1.** *Adj* непосре́дствен:ный, -на **2.** *Adv* direkt пря́мо; sofort сра́зу; **~möbliert** немебліро́ван:ный, без ме́бели; **~modern** немо́дный, вы́шедший 11 из мо́ды; **~möglich** невозмо́ж:ный, -ен | es ist ≈ невозмо́жно, нельзя́; j-n ≈ machen дискредити́ровать *uv, v* 2 кого́-н.; sich ≈ machen дискредити́ровать себя́; er benimmt sich ≈ он невозмо́жно ведёт себя́; das kann ≈ so gewesen sein невозмо́жно, что́бы э́то бы́ло так; darauf kann ich ≈ eingehen на э́то я ника́к не могу́ согласи́ться; das kannst du ~ von ihm verlangen ты ни в ко́ем слу́чае не мо́жешь тре́бовать э́того от него́

Unmöglichkeit *f* невозмо́жность 9 | das ist ein Ding der ~ э́то невозмо́жное де́ло

un|moralisch безнра́встен:ный, -на; **~motiviert** немотиви́рованный, необосно́ван:ный, -на; **~mündig** несовершенноле́тний 11; **~musikalisch** немузыка́л:ьный, -ен

Unmut *m* доса́да 6, неудово́льствие 5; Unwille негодова́ние 5

un|nachahmlich неподража́ем:ый; **~nachgiebig** неусту́пчив:ый; **~nachsichtig 1.** *Adv* не зна́ющий 11 снисхожде́ния; Härte беспоща́д|ный, -ен **2.** *Adv* без снисхожде́ния; **~nahbar** непристу́п|ный, -ен; unzugänglich недосту́п|ный, -ен; Verhalten холо́дный, хо́лод|ен, -нá!; **~natürlich** неесте́ствен:ный, -на

Unnatürlichkeit *f* неесте́ственность 9

un|nötig нену́ж|ный, -ен, -нá, -но, ненужны́; unnütz бесполе́з|ный, -ен; unbegründet напра́с|ный, -ен; **~nötigerweise** *Adv* напра́сно, без нужды́; ohne Notwendigkeit без на́добности; **~nütz 1.** *Adj* бесполе́з|ный, -ен; unnötig ненуж|ный, -ен, -нá, -но, ненужны́ **2.** *Adv* umsonst напра́сно, да́ром, зря | ≈es Zeug reden болта́ть вздор, пустосло́в|ить 3 -лю

UNO *f* ООН [оо́н] *m idkl;* **~-Generalsekretär** Генера́льный секрета́рь ООН [оо́н]

un|ökonomisch неэкономи́ч|ный, -ен; **~ordentlich** беспоря́доч|ный, -ен; Kleidung неря́шлив:ый, неаккура́т|ный, -ен | ≈ aussehen неаккура́тно вы́глядеть

Unordnung *f* беспоря́д|ок, -ка 2 | etw. in ~ bringen приводи́ть 3⁺ -вожу́ ⟨-|вести́*⟩ что-н. в беспоря́док; in ~ geraten приходи́ть 3⁺ ⟨-|йти́*⟩ в беспоря́док

un|organisch неоргани́ческий; **~organisiert** неорганизо́ванный

UNO-Vollversammlung *f* Генера́льная Ассамбле́я 7 ООН [оо́н]

un|paarig непа́рный; **~pädagogisch** непедагоги́ч|ный, -ен; **~parteiisch** беспристра́ст|ный, -ен; **~passend 1.** *Adj* неподходя́щий 11; ungehörig неуме́ст|ный, -ен **2.** *Adv* не как сле́дует, невпопа́д; **~passierbar** непроходи́м:ый; **~päßlich:** ≈ sein чу́вствовать 2 недомога́ние [себя́ нехорошо́]

Unpäßlichkeit *f* недомога́ние 5

un|persönlich безли́ч|ный, -ен *a. Gramm;* kühl официа́л|ьный, -ен, -ьна; **~politisch** неполити́ческий; Person аполити́ч|ный, -ен; **~populär** непопуля́р|ный, -ен; **~praktisch** непракти́ч|ный, -ен; **~produktiv** непродукти́в|ный, -ен, непроизводи́тел|ьный, -ен, -ьна; **~pünktlich** опа́здывающий 11; Eigenschaft непунктуа́л|ьный, -ен, -ьна, неаккура́т|ный, -ен; **~qualifiziert** неквалифици́рован:ный, -на; Bemerkung неуме́ст|ный, -ен; **~rasiert** небри́т:ый

Un|rast *f* беспоко́йство 4, нерво́зность 9; Geschäftigkeit суетли́вость 9; **~rat** *m* Müll, Kehricht му́сор 2; Schmutz нечисто́ты *Pl* 6; Abfälle отбро́сы *Pl* 2

un|rationell нерациона́л|ьный, -ен, -ьна; **~ratsam:** das wäre ≈ я бы (вам) э́того не сове́товал; **~real** нереа́л|ьный, -ен; **~realistisch** нереалисти́ческий; Plan нереа́л|ьный, -ен, -ьна; **~recht** непра́в|ый, -á! | im ≈en Augenblick в неподходя́щий моме́нт; zur ≈en Zeit не во́время; in ≈e Hände fallen по|па́сть* *v* не в те ру́ки; ≈ tun поступ|а́ть ⟨-и́ть⟩ непра́вильно [несправедли́во]; ≈ haben быть* непра́вым, sich irren ошиба́ться ⟨-|шиби́ться*⟩; j-m ≈ geben счита́ть непра́вым кого́-н.; an den Unrechten kommen не на того́ по|па́сть* *v*

Unrecht *n* несправедли́вость 9 | im ~ sein быть непра́вым; ein ~ begehen соверш|а́ть ⟨-и́ть⟩ несправедли́вость; es geschieht ihm ~ его́ обижа́ют, с ним по-

ступáют несправедли́во; j-m ein ~ antun поступ|áть ⟨-и́ть 3⁺ -лю⟩ несправедли́во с кем-н.; zu ~ behaupten несправедли́во утверждáть
un|rechtmäßig незакóн|ный, -ен, -на; **~redlich** нечéст|ный, -ен, -нá!; **~regelmäßig** нерегуля́р|ный, -ен; *Gramm* непрáвил|ьный, -ен, -ьна | ≈ atmen нерóвно дышáть; **~reif** незрéл:ый, неспéлый; *übertr* несозревший 11; **~rein** нечи́ст:ый, -á! | etw. ins ≈e schreiben писáть (на-) нáчерно; **~reinlich** нечистоплóт|ный, -ен, неопря́т|ный, -ен; **~rentabel** нерентáбел|ьный, -ен, -ьна; **~rettbar** **1.** *Adj* пропáщий 11 **2.** *Adv:* ≈ verloren sein поги́бнуть *v* 4a безвозврáтно; **~richtig** непрáвил|ьный, -ен, -ьна, невéр|ный, -ен, -нá! | im ≈en Augenblick не в тот момéнт
Unrichtigkeit *f* непрáвильность 9, невéрность 9
Unruh *f* Uhr балáнс 2
Unruhe *f* беспокóйство 4, тревóга 6; **~en** *Pl Pol* беспоря́дки *Pl* 2, волнéния *Pl* 5 | j-n in ~ versetzen волновáть 2 (вз-) когó-н., всел|я́ть ⟨-и́ть 2⟩ в когó-н. тревóгу; **~herd** *m* очáг волнéний; **~stifter** *m* Störenfried наруши́тель 1 спокóйства; Radaumacher дебоши́р 2, скандали́ст 2; Störer der öffentlichen Ordnung наруши́тель общéственного поря́дка
un|ruhig беспокó|йный, -ен, -йна, неспокó|йный, -ен, -йна; erregt взволнóван:ный, -на; hastig суетли́в:ый | ein ≈er Geist, Mensch беспокóйная душá; ≈ sitzen не сидéть спокóйно, ёрзать *umg;* ≈ schlafen беспокóйно спать; **~rühmlich** бесслáв|ный, -ен; **~rund:** der Motor läuft ≈ *Kfz* двигатель вращáется неравномéрно
uns **1.** *Pers Pron D* нам, *A* нас | mit ~ с нáми; über ~ над нáми; *übertr* о нас **2.** *Refl Pron* себя́, себé, собóй | vor ~ sahen wir einen Bus пéред собóй мы увидели автóбус; wir kauften ~ Anzüge мы купи́ли себé костю́мы; wir freuen ~ darauf мы рáды э́тому
un|sachgemäß **1.** *Adj* ненадлежáщий **2.** *Adv* ненадлежáщим óбразом; **~sachlich** неделовóй | ≈ werden говори́ть 3 не по-деловóму; **~sagbar** невырази́м:ый, нескáзан:ный *m Kurzf ungebr.*, -на; **~sanft** неделикáт|ый, -ен; grob гру́б:ый, -á!; brüsk рéз|кий, -ок, -кá!; **~sauber** неопря́т|ный, -ен, гря́з|ный, -ен, -нá, -но, гря́зны́; Mensch нечистоплóт|ный, -ен *a. übertr; Sport* некоррéкт|ный, -ен;
Unsauberkeit *f* неопря́тность 9; нечистоплóтность 9 *a. übertr;* некоррéктность 9
un|schädlich безврéд|ный, -ен, безопáс|ный, -ен | ≈ machen обезврé|живать ⟨-дить 3 -жу⟩; **~scharf** нечёт|кий, -ок, -кá! *a. TV;* undeutlich нея́с|ный, -ен, -нá! | dieses Foto ist ≈ э́то нерéзкая фотогрáфия; **~schätzbar** бесцéн|ный, -ен, -на *a. übertr;* **~scheinbar** невзрáч|ный, -ен; **~schicklich** неприли́ч|ный, -ен; **~schlüssig** нереши́тел|ьный, -ен, -ьна | ≈ sein не решáться, колебáться*; **~schön** некраси́в:ый *a. übertr;* unfair нечéст|ный, -ен, -нá!
Unschuld *f* неви́нность 9; Schuldlosigkeit невинóвность 9 | seine Hände in ~ waschen умывáть ⟨-|мы́ть*⟩ ру́ки
un|schuldig неви́н|ный, -ен, -на; Angeklagte неви́нный, невинóв|ный, -ен | ≈ verurteilen неви́нно осу|ждáть ⟨-ди́ть⟩; **~schwer** *Adv* нетру́дно | das ist ≈ zu erraten э́то нетру́дно угадáть; **~selbständig** несамостоя́тел|ьный, -ен, -ьна
unser *Pers Pron* нас; *Poss Pron* наш 14; *refl* свой 14 | ~er Meinung nach по-нáшему (мнéнию); ~es Wissens по нáшим свéдениям, наскóлько нам извéстно; das ist ~e Sache э́то нáше дéло; wir nahmen ~e Bücher мы взя́ли свои́ кни́ги
unser|einer *Pron umg* наш брат, мы | ≈ wird das nicht tun наш брат э́того не сдéлает; **~erseits** *Adv* с нáшей сторóны́; **~esgleichen** *Pron* подóбные нам (лю́ди), таки́е же, как мы; **~[e]twegen** *Adv* из-за нас, рáди нас
unsicher Weg опáс|ный, -ен, небезопáс|ный, -ен; zweifelhaft ненадёж|ный, -ен, сомни́тел|ьный, -ен, -ьна; Haltung, Gefühl неувéрен:ный, -на | j-n ~ machen сму|щáть ⟨-ти́ть 3 -щу́⟩ когó-н.; im ~en sein быть неувéренным, zweifeln сомневáться
Unsicherheit *f* опáсность 9, небезопáсность 9; ненадёжность 9, сомни́тельность 9; неувéренность 9
unsichtbar неви́дим:ый
Unsinn *m* бессмы́слица 6, вздор 2 | das ist vollkommener ~! э́то чистéйший вздор!, э́то су́щая чепухá!; ~ reden болтáть вздор; ~ treiben дéлать глу́пости
unsinnig **1.** *Adj* бессмы́слен:ный, -на; Forderung безрассу́д|ный, -ен; absurd нелéп:ый **2.** *Adv* viel, groß невероя́тно, стрáшно
Unsitte *f* дурнáя привы́чка 6
unsittlich безнрáвствен:ный, -на
Unsittlichkeit *f* безнрáвственность 9
un|sozial необщéственный; Maßnahme антисоциáльный; **~sportlich** неспорти́вный; **~sterblich** бессмéрт|ный, -ен
Unsterblichkeit *f* бессмéртие 5
un|stet непостоя́н|ный, -ен, -на, измéнчив:ый | ≈es Leben бродя́чий 11 óбраз жи́зни; **~stillbar** Durst, Verlangen неутоли́м:ый
Unstimmigkeit *f* Meinungsverschieden-

heit разноглáсие 5; Ungenauigkeit нетóчность 9 | es kam zu ~en über etw. возни́кли разноглáсия относи́тельно чегó-н.

unstreitig бесспóр|ный, -ен, неоспори́м:ый

Unsumme *f* громáдная сýмма

un|symmetrisch несимметри́ч|ный, -ен; **~sympathisch** несимпати́ч|ный, -ен; **~systematisch** несистемати́ческий, бессистéмный; **~tadelig** безупрéч|ный, -ен, безукори́знен:ный, -на

Untat *f* (чудóвищное) преступлéние 5, злодеяние 5

un|tätig бездéятел|ьный, -ен, -ьна; müßig прáзд|ный, -ен; **~tauglich** непригóд|ный, -ен, негóд|ный, -ен, -нá, -но, негóдны́; **~teilbar** недели́м:ый

unten *Adv* внизý | nach ~ вниз; von ~ (her) сни́зу; weiter ~ ни́же; siehe ~ смотри́ ни́же; von oben bis ~ свéрху дóнизу; ~ wohnen жить внизý [в ни́жнем этажé]; er ist bei ihr ~ durch он упáл в её глазáх; **~liegend** лежáщий 11 [располóженный] внизý [ни́же]; **~stehend** нижестоя́щий 11, стоя́щий внизý

unter *Präpos* | *wo* под *I;* ~ dem Tisch под столóм; ~ freiem Himmel под откры́тым нéбом; ~ Tage arbeiten рабóтать под землёй; ~ Verschluß под замкóм; ~ mir пóдо мной | *wohin* под *A;* ~ den Tisch под стол; ein Kissen ~ den Kopf legen подложи́ть под гóлову подýшку | inmitten среди́ *G;* ~ den Arbeitern среди́ рабóчих; das bleibt ~ uns э́то остаётся мéжду нáми; wir sind hier ~ uns мы здесь одни́, мы здесь свои́ лю́ди; der Lehrer setzte sich ~ die Schüler учи́тель сел среди́ ученикóв | weniger als ни́же *G;* zwei Grad ~ Null два грáдуса ни́же нуля́; ~ den Gefrierpunkt sinken пáдать ни́же нуля́; die Ware wird ~ ihrem Wert verkauft товáр продаётся ни́же своéй цены́; ~ dem Durchschnitt ни́же срéднего; ~ aller Kritik ни́же вся́кой кри́тики; Kinder ~ zehn Jahren дéти молóже десяти́ лет | Bedingung, Umstand под *I;* ~ diesem Vorwand под э́тим предлóгом; er stand noch ~ diesem Eindruck он находи́лся ещё под э́тим впечатлéнием; ~ meinem Namen под мои́м и́менем; ~ der Bedingung при услóвии; ~ Mitwirkung ... при содéйствии ...; ~ Protest с протéстом, протестýя; ~ Schwierigkeiten с трудóм; ~ gewissen Umständen при извéстных обстоя́тельствах; ~ vier Augen с глáзу на глаз | *Zeit* при *P;* ~ Peter I. при Петрé Пéрвом; ~ der Arbeiter-und-Bauern-Macht при рабóче-крестья́нской влáсти

Unter|abschnitt *m* im Buch подраздéл 2; **~abteilung** *f* Betrieb, Amt подотдéл 2; **~arm** *m* предплéчье 5; **~ausschuß** *m* подкомитéт 2, подкоми́ссия 8; **~bau** *m* *Bauw* фундáмент, основáние 5; Brücke, Bahndamm ни́жнее 11 строéние 5

unter|belegt Erholungsheim, Hotel с(о) свобóдными местáми [номерáми, Krankenhaus кóйками]; **~belichten** *tr Foto* недодержáть *v* 3⁺

Unter|belichtung *f Foto* недодéржка 6; **~bett** *n* (ни́жняя 11) пери́на 6; leichtes пери́нка 6

unterbewußt подсознáтел|ьный, -ен, -ьна

Unter|bewußtsein *n* подсознáние 5 | im ~ в подсознáнии, подсознáтельно; **~bezahlung** *f* недостáточная оплáта

unter|bieten *tr* Leistung превышáть ⟨-вы́сить 3 -вы́шу⟩; *Sport* Rekord перекрывáть ⟨-|кры́ть*⟩ | einen Preis ≈ сбивáть ⟨-|би́ть*, собью⟩ ценý, предлагáть ⟨-ложи́ть 3⁺⟩ цéну ни́же существýющей; **~binden** *tr* [--'--] *Med* перевя́зывать ⟨-|вязáть*⟩; *übertr* препя́тствовать 2 (вос-) *D,* пресекáть ⟨-|сéчь*⟩; **~bleiben** *intr* не состоя́ться *v* 3 | das wird in Zukunft ≈ э́то бóльше не повтори́тся; **~brechen** *tr* прерывáть ⟨-|ервáть*⟩; Ruhe u. ä. нарушáть ⟨-рýшить 3⟩; ins Wort fallen перебивáть ⟨-|би́ть*⟩; Telefon разъедин|я́ть ⟨-и́ть 3⟩; *El* раз|мыкáть ⟨-омкнýть 4⟩; Produktion (врéменно) (при)остан|áвливать ⟨-ови́ть 3⁺ -овлю́⟩

Unterbrech|er *m El* прерывáтель 1; **~ung** *f* прерывáние 5; Störung нарушéние 5; Arbeit u. ä. переры́в 2; Stillegung остановка 6; Produktionsprozeß (врéменное) прекращéние 5 *G; El* размыкáние | ohne ≈ без переры́ва, безостанóвочно | ohne ≈ der Produktion(sarbeit) без отры́ва от произвóдства

unter|breiten *tr* ['----] подстилáть ⟨подо|стлáть*⟩; [--'--] Vorschlag предст|авля́ть ⟨-áвить 3 -áвлю⟩ на рассмотрéние [на утверждéние]; Antrag, Vorschlag вно|си́ть 3⁺ -шý ⟨в|нести́*⟩; **~bringen** *tr* Bücher, Sachen по-, разме|щáть ⟨-сти́ть 3 -щý⟩, уклáдывать ⟨-ложи́ть 3⁺⟩; Leute, Gäste поме|щáть ⟨-сти́ть⟩, verteilend разме|щáть ⟨-сти́ть⟩ a. Auftrag, Artikel; Stellung oder Unterkunft verschaffen устр|áивать ⟨-óить 3⟩ | ich bin gut untergebracht я хорошó устрóился

Unter|bringung *f* размещéние 5 a. eines Auftrages, уклáдывание 5; Leute, Gäste помещéние 5, размещéние 5; in Quartier устрóйство 4 | ≈ im Krankenhaus помещéние в больни́цу, госпитализáция 8; **~deck** *n* ни́жняя 11 пáлуба

unter|derhand *Adv* тайкóм, укрáдкой | ≈ kaufen покупáть ⟨куп|и́ть 3⁺ -лю́⟩ из-под полы́; **~dessen** *Adv* мéжду тем, тем врéменем

Unterdruck *m Tech* пони́женное давле́ние
unterdrücken *tr* Aufstand подав|ля́ть ⟨-и́ть 3⁺ -лю́⟩; unterjochen угнета́ть; Gefühl сде́рживать ⟨-держа́ть 3⁺⟩, подав|ля́ть ⟨-и́ть⟩; Aufschrei; Initiative заглуш|а́ть ⟨-и́ть 3⟩ | das Lachen ~ сде́рживать ⟨сдержа́ть 3⁺⟩ смех; seinen Unwillen ~ подави́ть *v* в себе́ доса́ду; die Kritik ~ зажима́ть ⟨-|жа́ть[1]*⟩ кри́тику
Unterdrücker *m* угнета́тель 1
Unterdruck|kammer *f* барока́мера 6; **~leitung** *f* вакуумпрово́д 2
Unterdrückung *f* угнете́ние 5, гнёт 2; Aufstand, polit. Bewegung подавле́ние 5
unterdurchschnittlich ни́же сре́днего
untereinander *Adv* ме́жду собо́й; gegenseitig друг дру́га, взаи́мно | etw. ~ teilen, раздели́ть *v* 3⁺ что-н. ме́жду собо́й; sich ~ helfen помога́ть ⟨-мо́чь⟩ друг дру́гу; sich ~ kennen знать друг дру́га; **~schreiben** *tr* писа́ть* (на-) в столбе́ц
unterentwickelt недора́звит:ый; Länder слабора́звит:ый; *Foto* недопроя́влен:ный
unter|er ни́жний 11; administrativ, sozial ни́зший 11 | die ~e Reihe ни́жний ряд; die ~en Klassen Schule мла́дшие 11 кла́ссы
unterernährt страда́ющий 11 от недоеда́ния, истощ|ённый, -ён, -ена́
Unterernährung *f* недоеда́ние 5
Unterfangen *n* | es wäre ein sinnloses ~ … бы́ло бы бессмы́сленно …
unterfassen *tr* брать* ⟨взять*⟩ по́д руку (j-n кого́-н.)
Unter|führung *f Eisenb* путепрово́д 2 под полотно́м желе́зной доро́ги; für Fußgänger пешехо́дный тунне́ль [нэ] 1; **~funktion** *f* Drüse гипофу́нкция 8; **~futter** *n* подкла́дка 6; **~gang** *m* Sonne зака́т 2, захо́д 2; Schiff ги́бель 9, круше́ние 5; *übertr* ги́бель 9
Untergebener *m* подчинённый *Subst* 10
untergehakt: mit j-m ~ gehen идти́ с кем-н. по́д руку
untergehen *intr* Sonne сади́ться ⟨сесть*⟩, заходи́ть 3⁺ ⟨-|йти́*⟩; Schiff тону́ть 4⁺ (за-), идти́* [по|йти́* *v*] ко дну; ertrinken тону́ть 4⁺ (у-); *übertr* погиба́ть ⟨-ги́бнуть⟩ | die Sonne ist untergegangen со́лнце се́ло [зашло́]; die Worte gingen im Lärm unter шум заглуши́л слова́
unterge|ordnet подчин|ённый, -ён, -ена́ | von ≈er Bedeutung второстепе́нного значе́ния; **~schoben** подставно́й, подло́жный
Unter|geschoß *n* полуподва́льный эта́ж; **~gestell** *n Tech* подста́вка 6; **~gewicht** *n* недове́с 2; *Med* вес ни́же но́рмы
unter|gliedern *tr* подраздел|я́ть ⟨-и́ть 3⟩ (in на *A*); **~graben** *tr* ['----] зака́пывать ⟨-копа́ть⟩; [--'--] *übertr* подрыва́ть ⟨подо|рва́ть*; подо́рванный⟩, подта́чивать ⟨-точи́ть 3⁺⟩ | seine Gesundheit ist ≈ его́ здоро́вье пошатну́лось [подо́рвано]
Untergrund *m Geol* подпо́чва 6; *Pol* подпо́лье 3; Malerei грунт 2, загрунто́вка 6 | in den ≈ gehen уходи́ть ⟨-йти́⟩ в подпо́лье; **~bahn** *f* метро́ *n idkl*, метрополите́н [тэн] 2; **~bewegung** *f* подпо́лье 5, подпо́льная рабо́та; **~kabel** *n* подзе́мный ка́бель
Untergruppe *f* подгру́ппа 6
unter|haken *tr* брать* ⟨взять*⟩ по́д руку; **~halb 1.** *Adv* внизу́; ни́же | ≈ des Flusses ни́же по тече́нию реки́ **2.** *Präpos* под *I*, ни́же *G*
Unterhalt *m* Unterstützung материа́льная по́мощь 9, посо́бие 5; Lebens≈ сре́дства *Pl* 4 к жи́зни; von Baudenkmälern сохране́ние 5 | ~ zahlen плати́ть (у-) алиме́нты
unterhalt|en *tr* [--'--] ernähren содержа́ть 3⁺, име́ть на иждиве́нии; Gesellschaft занима́ть ⟨заня́ть*⟩, развлека́ть ⟨-|вле́чь*⟩; Beziehungen подде́рживать ⟨-держа́ть⟩; *Tech* содержа́ть 3⁺ (в испра́вности) a. Gebäude; sich ≈ *refl* ein Gespräch führen бесе́довать 2 (über o *P*), разгова́ривать (über o *P*); einige Zeit поговори́ть *v* 3; sich amüsieren развлека́ться ⟨-|вле́чься*⟩ | von j-m ≈ werden жить* у кого́-н. на содержа́нии [иждиве́нии]; er hat sich gut ≈ он хорошо́ провёл вре́мя; **~end, ~sam** занима́тел|ьный, -ен, -ьна, развлека́тел|ьный, -ен, -ьна
Unterhalts|anspruch *m* пра́во на получе́ние материа́льной по́мощи, пра́во на алиме́нты; **~beihilfe** *f* посо́бие 5, материа́льная по́мощь; **~kosten** *Pl* расхо́ды по содержа́нию; *Jur* алиме́нты *Pl* 2; **~pflicht** *f* обя́занность содержа́ния
unterhaltspflichtig обя́занный содержа́ть (für *A*)
Unterhaltung *f* Erhaltung содержа́ние 5, поддержа́ние 5; Gespräch бесе́да 6, разгово́р 2 (mit j-m über с кем-н. о *P*); Amüsement развлече́ние 5; Instandhaltung содержа́ние в испра́вности; Wartung техни́ческое обслу́живание 5, ухо́д 2 | ~ eines Gebäudes содержа́ние зда́ния
Unterhaltungs|arbeiten *Pl* ремо́нтные рабо́ты *Pl* 6, теку́щий ремо́нт 11–2; **~beilage** *f* zur Zeitung (литерату́рное) приложе́ние; **~film** *m* развлека́тельный фильм; **~kosten** расхо́ды по содержа́нию *G* [по теку́щему ремо́нту], эксплуатацио́нные расхо́ды; **~musik** *f* лёгкая [эстра́дная] му́зыка; **~orchester** *n* эстра́дный орке́стр; **~programm** *n* эстра́дная [развлека́тельная] програ́мма
Unter|händler *m* посре́дник 2; *Dipl* пред-

ставитель 1; ~**haus** *n Pol* in England палата 6 общин; ~**hemd** *n* нижняя 11 рубашка; ärmellos майка 6
unterhöhlen *tr* подтачивать ⟨-точить 3⁺⟩, размывать ⟨-|мыть*⟩; *übertr* подрывать ⟨подо|рвать*; подорванный⟩
Unter|holz *n* подлес|ок, -ка 2; ~**hose** *f* кальсоны *Pl* 6 | kurze ≈ (нижние 11) трусы 2
unterirdisch подземный | eine Leitung ~ verlegen укладывать ⟨-ложить 3⁺⟩ проводку под землёй
Unterjacke *f* (нижняя 11) кофта, фуфайка 6
unterjochen *tr* порабо|щать ⟨-тить 3 -щу⟩
Unterjochung *f* порабощение 5
unterkellern *tr* строить 3 (по-) подвал под *I* | das Haus ist nicht unterkellert дом не имеет подвала
Unter|kiefer *m* нижняя 11 челюсть; ~**kleid** *n* комбинация; ~**kleidung** *f* нижнее 11 бельё
unter|kommen *intr* находить 3⁺ -хожу ⟨-|йти*⟩ приют [кров], прию|титься *v* 3 -чусь; Stellung устр|аиваться ⟨-оиться 3⟩ на *P;* im Altersheim получ|ать ⟨-ить 3⁺⟩ место; ~**kriegen** *tr:* sich nicht ≈ lassen не с|даваться* ⟨-|даться*; -дались⟩, не поддаваться ⟨-даться; -дались⟩; ~**kühlen** *tr* переохла|ждать ⟨-дить 3; -ждённый⟩
Unter|kühlung *f Med* гипотермия 8, переохлаждение 5; ~**kunft** *f* приют 2; Zimmer комната 6; Gemeinschaftswohnung общежитие 5 | j-m ≈ gewähren Obdach прию|тить *v* 3 -чу кого-н.; Wohnung предост|авлять ⟨-авить 3⟩ кому-н. квартиру; ≈ finden приютиться *v,* на|йти* *v* себе приют; ~**lage** *f* aus Stroh, Pappe подстилка 6; aus Holz, Metall подставка 6; für Säuglinge подгузник 2; *Tech* подкладка; ≈n *Pl* Belege документы *Pl* 2; Angaben данные *Subst Pl* 10; ~**laß** *m:* ohne ≈ непрерывно, беспрестанно
unterlassen *tr* не делать (с-) *G,* не предпринимать ⟨-|принять*⟩ *G* | unterlaß die Albernheiten! брось дурачиться!
Unterlassung *f* упущение 5; *Jur* бездействие 5
Unterlassungsfall *m:* im ~e в случае неисполнения
Unterlauf *m* нижнее 11–5 течение | am ~ на нижнем течении, в низовьях
unter|laufen *intr* Fehler вкрадываться ⟨-|красться*⟩ в *A;* mit Blut затекать ⟨-|течь*⟩ *I;* ~**legen 1.** *tr* подкладывать ⟨-ложить 3⁺⟩; Decke, Stroh подстилать ⟨подо|стлать*; подостланный⟩ | einer Melodie einen Text ≈ писать* (на-) текст [слова] к музыке; einen anderen Sinn ≈ при|давать* ⟨придать*⟩ другое значение *D,* неправильно истолк|овывать ⟨-овать 2⟩ *A* **2.** *Adj:* er ist ihm in Kenntnissen ≈ он не может с ним равняться в знаниях; j-m ≈ sein не выдерживать ⟨выдержать 3⟩ сравнения с кем-н.; er ist ihm ≈ он (во многом) ему уступает
Unterlegscheibe *f* подкладная шайба
Unterleib *m* нижняя 11 часть 9g живота
Unterleibs|leiden *n* болезнь органов брюшной полости; ~**typhus** *m* брюшной тиф
Unter|leutnant *m* младший 11 лейтенант; ~**lid** *n* нижнее 11 веко
unterliegen *intr* быть* побеждённым *I,* уступ|ать ⟨-ить 3⁺ -лю⟩ *D;* unterworfen sein подлежать 3 *D* | er unterlag seinem Gegner он был побеждён своим противником; knapp ~ *Sport* проиграть *v* [потерп|еть *v* 3⁺ -лю поражение] с незначительным перевесом противника; der Besteuerung ~ подлежать обложению налогом; (es) unterliegt keinem Zweifel не подлежит сомнению
Unterlippe *f* нижняя 11 губа
untermalen *tr Kunst* грунтовать 2 (за-) | ~de Begleitung *Mus* сопровождение, дающее 11 общий фон
Untermalung *f:* musikalische ~ звуковой фон 2, фоновая музыка
unter|mauern *tr* подводить 3⁺ -вожу ⟨-|вести*⟩ фундамент (под *A*); begründen обосновывать ⟨-|сновать*⟩, подкреп|лять ⟨-ить 3 -лю⟩ | seine Erwägungen wissenschaftlich ≈ подводить научную базу под свои рассуждения; ~**mengen** *tr* подмешивать ⟨-мешать⟩
Untermiete *f:* bei j-m in ~ wohnen снимать у кого-н. комнату; j-n in ~ nehmen сдавать кому-н. комнату (частным образом); ~**r** *m* квартирант 2; *Wirtsch* подниматель 1; ~**rin** *f* квартирантка 6
unter|minieren *tr* минировать *uv, v* 2 (*a.* за-); ~**nehmen** *tr* предпринимать ⟨-|принять*⟩ | er hat es unternommen, die Sache aufzuklären он взялся выяснить дело
Unternehm|en *n* Vorhaben предприятие 5 *a. Wirtsch;* ~**er** *m* предприниматель 1; ~**ung** *f* предприятие 5
Unternehmungsgeist *m* предприимчивость 9
unternehmungslustig предприимчив:ый
Unteroffizier *m* унтер-офицер 2; *UdSSR* сержант 2
unterordnen *tr* подчин|ять ⟨-ить 3⟩; sich ~ *refl* подчин|яться ⟨-иться⟩ | j-m untergeordnet sein быть* в подчинении у кого-н.
Unter|ordnung *f* подчинение 5 (unter *D*); ~**pfand** *n* залог 2; ~**produktion** *f* недопроизводство 4; ~**putzleitung** *f El*

скры́тая [подштукату́рная] (электро)-прово́дка
Unterredung *f* разгово́р 2, бесе́да 6; ~en *Pl* Verhandlungen перегово́ры *Pl* 2 (mit с *I*)
Unterricht *m* преподава́ние 5 (in *G*); Ausbildung обуче́ние 5; Stunden; Studium, Hoch- und Fachschule (уче́бные) заня́тия *Pl* 5; Schule уро́ки *Pl* 2 | im ~ на заня́тиях [уро́ках]; neusprachlicher ~ преподава́ние но́вых языко́в; j-m ~ erteilen дава́ть* уро́ки кому́-н., преподава́ть кому́-н.; zum ~ gehen ходи́ть на уро́к; der ~ fällt heute aus сего́дня нет уро́ков [заня́тий]
unterrichte|n *tr* lehren препо|дава́ть* (j-n in etw. кому́-н. что-н.); informieren осведомля́ть ⟨осве́дом|ить 3 -лю⟩ (über, von о *P*), информи́ровать *uv, v* 2 (über, von о *P*); sich ≈ *refl* осведомля́ться ⟨осве́домиться⟩ (*a.* про-) (über о *P*) | j-n in etw. ≈ in Fach обуч|а́ть ⟨-и́ть 3⁺⟩ кого́-н. чему́-н.; die Schüler in Deutsch ≈ преподава́ть ученика́м неме́цкий язы́к; **~t:** gut ≈ хорошо́ осведомл|ённый, -ён, -ена́
Unterrichts|ausfall *m* про́пуск 2 уро́ков (учи́телем), отме́на уро́ков [заня́тий]; **~fach** *n* уче́бный предме́т
unterrichtsfrei свобо́дный от уро́ков [заня́тий] | die ~e Zeit свобо́дное от учёбы вре́мя, внеуче́бное вре́мя
Unterrichts|gespräch *n* бесе́да на уро́ке; **~methode** *f* ме́тод преподава́ния; **~mittel** *n* уче́бное посо́бие 5; **~raum** *m* уче́бное помеще́ние; für Fachunterricht уче́бный кабине́т 2; **~stunde** *f* уро́к 2 | in der ≈ на уро́ке; **~tag** *m:* ≈ in der Produktion уче́бный день на произво́дстве; **~wesen** *n* просвеще́ние 5
Unter|rock *m* комбина́ция 8, ни́жняя 11 ю́бка; **~saat** *f* подсе́в 2
untersagen *tr* запре|ща́ть ⟨-ти́ть 3 -щу́⟩ | das Betreten des … ist untersagt вход на [в] … воспрещён
Untersatz *m* подста́вка 6
Unterschallgeschwindigkeit *f* дозвукова́я ско́рость
unterschätzen *tr* недооц|е́нивать ⟨-ени́ть 3⁺⟩ | das ist nicht zu ~ э́того нельзя́ недооце́нивать
Unterschätzung *f* недооце́нка 6
unterscheiden *tr* различ|а́ть ⟨-и́ть 3⟩; nach Merkmalen erkennen распо́|знава́ть* ⟨-зна́ть⟩; auszeichnen, hervorheben отлич|а́ть ⟨-и́ть 3⟩ (von от *G*); sich ~ *refl* отлича́ться (durch *I*, von от *G*); Stoff различа́ться (durch *I*) | sich im Denken grundsätzlich von j-m ~ свои́м о́бразом мы́слей принципиа́льно отлича́ться от кого́-н.
Unterscheidung *f* различе́ние 5
Unterscheidungsmerkmal *n* отличи́тельный при́знак
Unterschenkel *m* го́лень 9
unterschieben *tr* ['----] подсо́вывать ⟨-су́нуть 4⟩, подки́|дывать ⟨-нуть 4⟩, подмен|я́ть ⟨-и́ть 3⁺⟩; [--'--] unterstellen припи́сывать ⟨-|писа́ть*⟩ (ло́жно)
Unterschied *m* ра́зница 6, разли́чие 5 (zwischen ме́жду *I*) | zum ~ von в отли́чие от *G; alle* ohne ~ все без разбо́ра; der ~ ist, daß … ра́зница в том, что …
unterschiedlich 1. *Adj* разли́ч|ный, -ен, ра́зный **2.** *Adv* по-ра́зному
unterschiedslos 1. *Adj* одина́ков:ый **2.** *Adv* одина́ково, без [не де́лая] исключе́ния [разли́чия[; wahllos без разбо́ра
unterschlagen *tr* [--'--] Brief ута́ивать ⟨-таи́ть 3⟩; Geld присв|а́ивать ⟨-о́ить 3⟩; veruntreuen растра́|чивать ⟨-тить 3 -чу⟩; ['----]: die Beine ~ си|де́ть 3 -жу́, поджа́в под себя́ но́ги
Unter|schlagung *f* присвое́ние 5 [иму́щества [де́нег]; Veruntreuung растра́та 6; **~schlupf** *m* убе́жище 4
unter|schreiben *tr* подпи́сывать ⟨-|писа́ть*⟩, *ohne Objekt* под|пи́сываться ⟨-писа́ться⟩ (под *I*) | das kann ich nicht ≈ с э́тим я не согла́сен; das kann ich (nur) ≈ э́то я одобря́ю; er hat nicht unterschrieben он не подписа́лся; **~schreiten** Verbrauch расхо́довать (ис-) ме́ньше (предусмо́тренного) | den Termin ≈ сокра|ща́ть ⟨-ти́ть 3 -щу́⟩ наме́ченный срок
Unterschrift *f* по́дпись 9 | seine ~ geben дать по́дпись; seine ~ setzen подпи́сываться ⟨-|писа́ться*⟩ (unter под *I*); einen Brief zur ~ vorlegen пред|ставля́ть ⟨-ста́вить 3 -ста́влю⟩ письмо́ на по́дпись; ~en für etw. sammeln собира́ть ⟨-|бра́ть*⟩ по́дписи за что-н.
Unterschriften|liste *f* bei Geldsammlungen u. ä. подписно́й лист 2е; **~mappe** *f* па́пка для по́дписей; **~sammlung** *f* сбор по́дписей (für под *I*, для *G*)
unterschriftsberechtigt име́ющий 11 пра́во по́дписи
Unter|seeboot *n* подво́дная ло́дка; **~seite** *f* ни́жняя 11 сторона́; Kleidung изна́нка 6
untersetzen *tr* подст|авля́ть ⟨-а́вить 3 -а́влю⟩ (unter под)
Untersetzer *m* подста́вка 6
untersetzt призе́мист:ый; stämmig корена́ст:ый
unter|sinken *intr* Person тону́ть 4⁺ (у-); Gegenstand погру|жа́ться ⟨-зи́ться 3⟩ (в во́ду); **~spülen** *tr* под-, размыва́ть ⟨-|мы́ть*⟩
Unterstand *m Mil* убе́жище 4; im Schützengraben блинда́ж 2е *G Pl* -е́й
unter|stehen *intr* unterstellt sein подчиня́ться, быть* в подчине́нии (j-m у

G); sich ≈ *refl* осме́л|иваться ⟨-иться 3⟩, сметь (по-) | was ≈ Sie sich? как вы сме́ете?; unterstehe dich ja nicht! не смей!; **~stellen** *tr* [--'--] подчин|я́ть ⟨-и́ть 3⟩; fälschlich behaupten припи́сывать ⟨-|писа́ть*⟩ (ло́жно); ['----] Gefäß подст|авля́ть ⟨-а́вить 3 -а́влю⟩; zur Aufbewahrung вре́менно поме|ща́ть ⟨-сти́ть 3 -щу́⟩;sich ≈ *refl* bei Regen станов|и́ться 3⁺ -лю́сь ⟨стать*⟩ под *A*, пря́|таться, -чусь, -чешься (с-) под *I* (*oder* от дождя́); **~stellt** подчин:ённый, -ён, -ена́; Institution подве́домствен:ный, -на

Unterstellung *f* подчине́ние 5; fälschliche Behauptung (ло́жное) припи́сывание 5

unterster ни́жний 11 | das Unterste zuoberst kehren переверну́ть *v* 4 всё вверх дном

unterstreichen *tr* подчёркивать ⟨-черкну́ть 4; -чёркнутый⟩ *a. übertr*

Unterstufe *f* Schule мла́дшие 11 [нача́льные] кла́ссы *Pl* 2

Unterstufenlehrer *m* учи́тель нача́льной шко́лы [нача́льных кла́ссов]

unterstützen *tr* befürworten подде́рживать ⟨-держа́ть 3⁺⟩; helfen подде́рживать ⟨-держа́ть⟩ *A*, ока́зывать ⟨-|каза́ть*⟩ подде́ржку [по́мощь] *D*

Unterstützung *f* подде́ржка 6; Hilfe по́мощь 9 (für *D*); meist geldlicher Art посо́бие 5 | zur ~ в подде́ржку; j-m ~ gewähren предост|авля́ть ⟨-а́вить 3 -а́влю⟩ кому́-н. посо́бие

unterstützungsbedürftig нужда́ющийся 11 в подде́ржке [посо́бии]

untersuchen *tr* иссле́довать *uv, v* 2; überprüfen обсле́довать *uv, v* 2; *Med* осма́тривать ⟨-смотре́ть 3⁺⟩; *Jur* рассле́довать *uv, v* 2, производи́ть 3⁺ -вожу́ ⟨-|вести́*⟩ сле́дствие | die Ursachen des Unglücks werden noch untersucht причи́ны несча́стного слу́чая ещё рассле́дуются

Untersuchung *f* иссле́дование 5; обсле́дование 5 *a. Med;* осмо́тр 2 *a. Med; Jur* сле́дствие 5, рассле́дование 5 | ~en durchführen проводи́ть 3⁺ -вожу́ ⟨-|вести́*⟩ иссле́дования

Untersuchungs|befund *m Jur* результа́т сле́дствия; *Med* результа́т обсле́дования [осмо́тра]; **~gefangener** *m* подсле́дственный *Subst* 10 (заключённый); **~haft** *f* предвари́тельное заключе́ние; **~kommission** *f* сле́дственная коми́ссия; **~material** *n* сле́дственный материа́л; **~richter** *m Jur* сле́дователь 1

Untertage|arbeiten *f Pl Bergb* подзе́мные рабо́ты; **~arbeiter** *m* подзе́мный рабо́чий; *Bergb* шахтёр 2; **~bau** *m* подзе́мная разрабо́тка 6

Untertan *m* по́дданный *Subst* 10

Untertanengeist *m* дух верноподда́нничества

untertänig поко́р|ный, -ен

Untertasse *f* блю́д|це 4 *G Pl* -ец

untertauchen *tr* погр|ужа́ть ⟨-узи́ть 3 -ужу́⟩, окун|а́ть ⟨-у́ть 4⟩; *intr* ныр|я́ть ⟨-ну́ть 4⟩, окун|а́ться ⟨-у́ться⟩, погру|жа́ться ⟨-зи́ться⟩ в во́ду | in der Menge ~ скрыва́ться ⟨-|кры́ться*⟩ в толпе́

Unterteil *m* ни́жняя 11 часть, низ 2b; Untersatz подста́вка 6

unterteilen *tr* подраздел|я́ть ⟨-и́ть 3⟩; sich ~ *refl* подраздел|я́ться ⟨-и́ться⟩ | die Skala ist in 10 Teile unterteilt шкала́ де́лится на 10 часте́й

Unter|temperatur *f* пони́женная температу́ра; **~titel** *m* подзаголо́в|ок, -ка 2; Film субти́тул 2; **~ton** *m Mus* унтерто́н 2; eines Gefühls но́тка 6, отте́н|ок, -ка 2; **~trikotagen** *Pl* Stoff бельево́й трикота́ж

untertunneln *tr* проводи́ть 3⁺ -вожу́ ⟨-вести́*⟩ тунне́ль [нэ] под *I* | man hat den Berg untertunnelt под горо́й провели́ тунне́ль

Unterwäsche *f* ни́жнее 11 бельё; *Kfz* мо́йка 6 сни́зу

unterwaschen *tr* Ufer подмыва́ть ⟨-|мыть*⟩

Unterwasser|aufnahme *f* съёмка под водо́й, подво́дная съёмка; **~kamera** *f* фотоаппара́т 2 для подво́дного фотографи́рования; zum Filmen подво́дная киносъёмочная ка́мера; **~massage** *f* подво́дный масса́ж

unterwegs *Adv* в [по] доро́ге, в [по] пути́ | der Arzt ist schon ~ врач уже́ в пути́; die Blumen können wir ~ kaufen цветы́ мы мо́жем купи́ть по доро́ге [по пути́]; ich wurde ~ aufgehalten в доро́ге [в пути́] меня́ задержа́ли; wir waren gerade ~, als … мы бы́ли как раз в доро́ге [в пути́], когда́ …; sie hat 3 Kinder, und das vierte ist ~ у неё тро́е дете́й и ожида́ется четвёртый ребёнок

unterweisen *tr* обуч|а́ть ⟨-и́ть 3⁺⟩ (in *D*); instruieren инструкти́ровать *uv, v* 2 (*v a.* про-)

Unter|weisung *f* обуче́ние 5 (in *D*); инструкти́рование 5; Hinweis указа́ние 5; **~welt** *f* Verbrecher престу́пный мир; *Myth* преиспо́дняя *Subst* 11, ад 2; в -у́

unterwerfen *tr* покор|я́ть ⟨-и́ть 3⟩, подчин|я́ть ⟨-и́ть 3⟩; unterziehen подверга́ть ⟨-ве́ргнуть 4a *u.* 4⟩ (einer Sache чему́-н.); sich ~ *refl* покор|я́ться ⟨-и́ться⟩, подчин|я́ться ⟨-и́ться 3⟩

Unterwerfung *f* покоре́ние 5, подчине́ние 5

unterwürfig поко́р|ный, -ен

Unterwürfigkeit *f* поко́рность 9

unterzeichnen *tr* подпи́сывать ⟨-|писа́ть*⟩, подпи́сываться ⟨-писа́ться⟩ (под *I*) | einen Brief ~ подписа́ть письмо́, подписа́ться под письмо́м; Sie müssen hier ~ вы должны́ здесь подписа́ться

Unterzeichn|er *m* (ниже)подписа́вшийся *Subst* 11; **~ung** *f* подписа́ние 5 | zur ≈ на по́дпись; **~erstaat** *m* госуда́рство-сигната́ри|й 4-1 *P* -и, *G Pl* -ев

unterziehen *tr* [ˌ----] Kleidung поддева́ть ⟨-|де́ть*⟩; [--ˈ--] подверга́ть ⟨-ве́ргнуть 4а *u.* 4⟩ (einer Sache чему́-н.); sich ~ *refl* подверга́ться ⟨-ве́ргнуться⟩, подверга́ть ⟨-ве́ргнуть⟩ себя́ | einer strengen Kritik ~ подверга́ть суро́вой кри́тике; sich einer Aufgabe ~ брать* ⟨взять*⟩ на себя́ зада́чу

Un|tiefe *f* seichte Stelle мелково́дье 5, мель 9; tiefe Stelle пучи́на 6, бе́здна 6; **~tier** *n* чудо́вище 4

un|tilgbar Schuld неопла́тный; **~tragbar** unmöglich невозмо́ж|ный, -ен; Zustand невыноси́м:ый | er ist als Leiter ≈ его́ нельзя́ оста́вить руководи́телем; **~trennbar** Ganzes недели́м:ый; Freunde неразлу́ч|ный, -ен; **~treu** неве́р|ный, -ен, -на́! | j-m ≈ werden изменя́ть ⟨-и́ть 3⁺⟩ кому́-н.

Untreue *f* неве́рность 9 | eheliche ~ супру́жеская изме́на 6

un|tröstlich безуте́ш|ный, -ен | sie ist ganz ≈ (darüber), daß ... она́ в отча́янии от того́, что ...; **~trüglich** несомне́н|ный, -ен, -на; Zeichen ве́р|ный, -ен, -на́, -но, ве́рны́; **~tüchtig** неспосо́б|ный, -ен; unbrauchbar него́д|ный, -ен, -на́, -но, него́дны

Untugend *f* поро́к 2, дурна́я привы́чка 6

unüber|brückbar Gegensätze непреодоли́м:ый; **~legt** необду́ман:ный, -на; **~sehbar** необозри́м:ый; Menge огро́м|ный, -ен | ≈e Folgen са́мые серьёзные после́дствия; **~setzbar** непереводи́м:ый; **~sichtlich** Landschaft непросма́триваемый; Tabelle нагля́д|ный, -ен | ≈e Verhältnisse нея́сное [запу́танное] положе́ние 5 веще́й; **~troffen** непревзойд|ённый, -ён, -ена́, бесподо́б|ный, -ен; **~windlich** непреодоли́м:ый; unbesiegbar непобеди́м:ый

unum|gänglich 1. *Adj* nicht zu umgehen неизбе́ж|ный, -ен, необходи́м:ый **2.** *Adv:* dies ist ≈ nötig э́то абсолю́тно необходи́мо; **~kehrbar** необрати́м:ый; **~schränkt** неограни́чен:ный, -на; **~stößlich** неопровержи́м:ый, бесспо́р|ный, -ен; **~wunden 1.** *Adj* открове́н|ный, -ен, -на **2.** *Adv* пря́мо, без обиняко́в

ununterbrochen беспреры́в|ный, -ен, беспреста́н|ный, -ен, -на; dicht, kompakt сплошно́й | ein ~es Getöse сплошно́й гул

unver|änderlich неизме́н|ный, -ен, -на; *Gramm* неизменя́ем:ый; **~ändert** неизме́нный; **~antwortlich** безотве́тствен:ный, -на; **~äußerlich** Besitz непрода́жный; Rechte неотъе́млем:ый; **~besserlich** неисправи́м:ый; bei Lastern зая́длый; **~bindlich** ни к чему́ не обя́зывающий 11; Auskunft без руча́тельства; Prüfung без обяза́тельства; **~blümt 1.** *Adj* открове́н|ный, -ен, -на; direkt прям:о́й, -а́! **2.** *Adv* без обиняко́в, открове́нно; **~brüchlich** неруши́м:ый; **~bürgt** недостове́р|ный, -ен; **~dächtig** не внуша́ющий 11 подозре́ния | das ist ≈ э́то вне подозре́ний; **~daulich** Lektüre неудобовари́м:ый; **~dient** незаслу́жен:ный, -на; **~dientermaßen** *Adv* незаслу́женно; **~dorben** неиспо́рченный; **~drossen** unermüdlich неутоми́м:ый; **~einbar** несовмести́м:ый; **~fälscht** Sitten есте́ствен:ный, -на; Gefühl неподде́л|ьный, -ен, -ьна; von Butter, Getränken usw. натура́л|ьный, -ен, -ьна, чи́ст|ый, -а́, -о, чи́сты́; **~fänglich** безоби́д|ный, -ен; **~froren** на́гл:ый, -а́!, де́рзкий, -ок, -ка́!

Unverfrorenheit *f* на́глость 9, де́рзость 9

unver|gänglich ве́ч|ный, -ен, неувяда́ем:ый | ≈er Ruhm бессме́ртная сла́ва; **~geßlich** незабыва́ем:ый; **~gleichbar** несоизмери́м:ый, несравни́м:ый; **~gleichlich** несравне́н:ный, -ен, -на, бесподо́б|ный, -ен; **~hältnismäßig** *Adv* непоме́рно; **~heiratet** незаму́жняя 11; Mann нежена́т:ый, холосто́й, хо́лост; **~hofft** неожи́дан:ный, -на | ≈ kommt oft чего́ не ча́ешь, то получа́ешь; **~hohlen** нескрыва́емый, неприкры́тый; **~käuflich** непрода́жный; **~kennbar** очеви́д|ный, -ен, несомне́н|ный, -ен, -на; **~letzlich** неприкоснове́н|ный, -ен, -на

Unverletzlichkeit *f* неприкоснове́нность 9

unvermeidlich неизбе́ж|ный, -ен, немину́ем:ый | sich ins Unvermeidliche fügen покор|я́ться ⟨-и́ться 3⟩ неизбе́жности

Unvermeidlichkeit *f* неизбе́жность 9

unver|mindert неослабева́ющий 11, неуме́ньшенный | ≈ andauern неосла́бно продолжа́ться; **~mittelt** внеза́п|ный, -ен, неожи́дан:ный, -на

Unvermögen *n* неспосо́бность 9, неуме́ние 5

unver|mögend arm бе́д|ный, -ен, -на́, -но, бе́дны́, неиму́щий 11; **~mutet** неожи́дан:ный, -на, непредви́денный

Unvernunft *f* безрассу́дство 4

unver|nünftig безрассу́д|ный, -ен, неразу́м|ный, -ен; **~öffentlicht** неопублико́ванный; **~richteterdinge** *Adv* напра́сно, безрезульта́тно | ≈ abziehen уходи́ть 3⁺ -хожу́ ⟨-|йти́*⟩ ни с чем; **~rückbar** незы́блем:ый, усто́йчив:ый; **~schämt** бессты́д|ный, -ен, на́гл:ый, -а́!

Unverschämtheit *f* бессты́дство 4, на́глость 9
unver|schuldet Unfall случи́вшийся 11 не по со́бственной вине́; ~**sehens** *Adv* внеза́пно, неожи́данно; ~**sehrt** це́л:ый, -а́!, невреди́м:ый; ~**siegbar** неиссяка́ем:ый; ~**söhnlich** непримири́м:ый; ~**sorgt** необеспе́чен:ный, -а
Unverstand *m* безрассу́дство 4 | aus ~ неразу́мно
unver|ständig неразу́м|ный, -ен; ~**ständlich** непоня́т|ный, -ен, нея́с|ный, -ен, -на́, -но, нея́сны́
Unverständ|lichkeit *f* непоня́тность 9, нея́сность 9; ~**nis** *n* непонима́ние 5
unver|steuert не обло́жен:ный нало́гом; ~**sucht**: er hat nichts ≈ gelassen он испыта́л все сре́дства; ~**träglich** неужи́вчив:ый; unvereinbar несовмести́м:ый; ~**tretbar** недопусти́м:ый, неприе́млем:ый; ~**wandt** *Adv* при́стально, не сводя́ глаз; ~**wundbar** неуязви́м:ый; ~**wüstlich** Stoff про́ч|ный, -ен, -на́, -но, про́чны́; Gesundheit несокруши́м:ый, желе́зный; Humor неистощи́м:ый; ~**zagt** 1. *Adj* неустраши́м:ый, бесстра́ш|ный, -ен 2. *Adv* не па́дая ду́хом, сме́ло, уве́ренно | sei ≈! мужа́йся!, не робе́й!; ~**zeihlich** непрости́тел|ьный, -ен, -ьна; ~**zinslich** беспроце́нтный; ~**züglich** неме́дленный; ~**zweigt** неразветвлённый
unvoll|endet незако́нченный; *Gramm* несоверше́нный; ~**kommen** 1. *Adj* несоверше́н:ный, -ен, -на 2. *Adv* не по́лностью
Unvollkommenheit *f* несоверше́нство 4
unvollständig непо́л|ный, -он, -на́! | nach ~en Meldungen по непо́лным да́нным [све́дениям]
unvor|bereitet 1. *Adj* непригото́вленный 2. *Adv* без подгото́вки; ~**denklich**: seit ≈en Zeiten с незапа́мятных времён; ~**eingenommen** 1. *Adj* непредубеждён:ный, -на 2. *Adv* без предубежде́ния, непредвзя́то; ~**hergesehen** непредви́денный; ~**sichtig** неосторо́ж|ный, -ен
Unvorsichtigkeit *f* неосторо́жность 9 | aus ~ по неосторо́жности
unvor|stellbar: das ist ≈ э́то тру́дно себе́ предста́вить; ~**teilhaft** невы́год|ный, -ен
unwahr ло́ж|ный, -ен, неве́р|ный, -ен, -на́!
Unwahrheit *f* непра́вда 6; Lüge ложь, лжи 9 *I* ло́жью
unwahrscheinlich невероя́т|ный, -ен, неправдоподо́б|ный, -ен
Unwahrscheinlichkeit *f* невероя́тность 9, неправдоподо́бность 9
un|wandelbar неизме́н|ный, -ен, -на; ~**wegsam** непроходи́м:ый; ~**weigerlich** неизбе́ж|ный, -ен; ~**weit** 1. *Präpos* недалеко́ от *G* | ≈ der Stadt недалеко́ от го́рода 2. *Adv* недалеко́, побли́зости
Unwesen *n*: sein ~ treiben бесчи́нствовать 2
unwesentlich несуще́ствен:ный, -на, незначи́тел|ьный, -ен, -ьна | nicht ~ дово́льно значи́тельный
Unwetter *n* непого́да 6; Sturm бу́ря 7; Gewitter гроза́ 6c; ~**katastrophe** *f* стихи́йное бе́дствие 5
un|wichtig нева́ж|ный, ен, -на́!; ~**widerlegbar** неопровержи́м:ый; ~**widerruflich** 1. *Adj* категори́ческий, не подлежа́щий 11 отме́не 2. *Adv* навсегда́; unbedingt непреме́нно ~**widerstehlich** неотрази́м:ый; ~**wiederbringlich** безвозвра́т|ный, -ен
Unwillen *m* негодова́ние 5; Unzufriedenheit неудово́льствие 5
unwill|ig 1. *Adj* недово́л|ьный -ен, -ьна, раздражённый 2. *Adv* неохо́тно, с неудово́льствием; ärgerlich с негодова́нием; ~**kommen** нежела́нный; Gast непро́шеный; ~**kürlich** нево́льный
unwirk|lich нереа́л|ьный, -ен, -ьна; ~**sam** безрезульта́т|ный, -ен, неде́йствен:ный;
un|wirsch неприве́тлив:ый, ре́з|кий, -ок, -ка́!; grob гру́б:ый, -а́!; ~**wirtlich** Gegend негостеприи́м|ный, -ен; ~**wirtschaftlich** неэконо́м|ный, -ен, неэкономи́ч|ный, -ен; unpraktisch неэконо́м|ный; -ен; ~**wissend** несве́дущ:ий 11; ungebildet неве́жествен:ный, -на
Unwissenheit *f* незна́ние 5; неве́жественность 9 | aus ~ по незна́нию [неве́дению]
un|wissenschaftlich ненау́ч|ный, -ен; ~**wissentlich** 1. *Adj* неумы́шлен:ный, -на 2. *Adv* по незна́нию; ~**wohl** *Adv* пло́хо | ich fühle mich ≈ мне нездоро́вится, я чу́вствую себя́ нехорошо́
Unwohlsein *n* недомога́ние 5
unwürdig недосто́|йный, -ин, -йна
Unzahl *f* несме́тное коли́чество 4, у́йма *umg*
un|zählig бесчи́слен:ный, -на, несме́т|ный, -ен; ~**zart** неделика́т|ный, -ен
Unze *f* у́нция 8
Unzeit *f*: zur ~ не во́время, некста́ти
unzeitgemäß несвоевре́мен|ный, -ен, -на, не соотве́тствующий 11 ду́ху вре́мени
unzer|brechlich небью́щийся 11 | die Schallplatte ist ≈ пласти́нка не бьётся; ~**reißbar** Strick нерву́щийся 11; ~**störbar** неразруши́м:ый; unverbrüchlich нерушим:ый; ~**trennlich** неразлу́ч|ный, -ен
unzivilisiert нецивилизо́ван:ный, -на, некульту́р|ный, -ен
Unzucht *f* развра́т 2
un|züchtig развра́т|ный, -ен, распу́т|ный,

-ен; **~zufrieden** недово́л|ьный, -ен, -ьна (mit *I*)
Unzufriedenheit *f* недово́льство 4, неудово́льствие 5 (mit *I*)
unzu|gänglich недосту́п|ный, -ен; von Menschen a. непристу́п|ный, -ен; **~länglich** недоста́точ|ный, -ен; **~lässig** недопусти́м:ый, непозволи́тел|ьный, -ен, -ьна; **~rechnungsfähig** невменя́ем:ый
Unzurechnungsfähigkeit *f* невменя́емость 9
unzu|reichend недоста́точ|ный, -ен; **~sammenhängend** бессвя́з|ный, -ен, отры́вочн|ый, -ен; **~ständig** некомпете́нт|ный, -ен; **~träglich** für die Gesundheit вре́д|ный, -ен, -на́, -но, вре́дны́; Klima нездоро́в:ый; **~treffend** несоотве́тствующий 11 *D* | Unzutreffendes bitte streichen! нену́жное вы́черкнуть!; **~verlässig** ненадёж|ный, -ен; Quellen недостове́р|ный, -ен
Unzuverlässigkeit *f* ненадёжность 9; недостове́рность 9
un|zweckmäßig нецелесообра́з|ный, -ен; **~zweideutig** недвусмы́слен:ный, -на; **~zweifelhaft** несомне́н|ный, -ен, -на
üppig Mahlzeit, Lebensweise роско́ш|ный, -ен; Pflanze пы́шно разро́сшийся 11, бу́|йный, -ен, -йна́!; Figur пы́ш|ный, -ен, -на́! | ~e Vegetation пы́шная расти́тельность; ~e Phantasie бога́тая фанта́зия; ein ~es Leben führen роско́шничать, роско́шествовать 2
Üppigkeit *f* ро́скошь 9, роско́шность 9; пы́шность 9; Figur пы́шные фо́рмы *Pl* 6
Urabstimmung *f* голосова́ние о проведе́нии забасто́вки
Ural *m* Ура́л 2 | im ~ на Ура́ле; jenseits des ~s, hinter dem ~ за Ура́лом
uralt Kunstwerk, Denkmal дре́в|ний 11, -ен, -ня, -не; древне́йший 11; Bräuche староdáвний 11 | in ~en Zeiten в дре́вние времена́; во времена́ о́ны *iron*
Uran *n* ура́н 2; **~bergbau** *m* разрабо́тка 6 ура́новых месторожде́ний; **~erz** *n* ура́новая руда́; **~verbindung** *f* соедине́ние ура́на; **~vorkommen** *n* месторожде́ние ура́на
Uraufführung *f Theat* пе́рвая постано́вка, премье́ра 6
Urbanisierung *f* урбаниза́ция 8
urbar па́хотный | ~ machen распа́хивать ⟨-|пахать*⟩; Neuland ~ machen осв|а́ивать ⟨-о́ить 3⟩ целину́
Urbevölkerung *f* коренно́е населе́ние
ureigen иско́н|ный, -ен, -на, коренно́й; Interesse кро́вный
Ur|einwohner *m* коренно́й жи́тель 1, абориге́н 2; **~enkel** *m* пра́внук 2; **~geschichte** *f* исто́рия первобы́тного о́бщества; **~gesellschaft** *f* первобы́тное о́бщество; **~großmutter** *f* праба́бка 6, праба́бушка 6; **~großvater** *m* пра́дед 2, праде́душка 6
Urheber *m* инициа́тор 2; Schuldiger вино́вник 2; Verfasser а́втор 2; **~recht** *n* а́вторское пра́во; **~schaft** *f* а́вторство 4; **~schutz** *m* охра́на а́вторских прав
Urheimat *f* проро́дина
Urin *m* моча́ 6; **~glas** *n* Ente у́тка 6
urinieren *intr* мочи́ться 3⁺ (по-)
Urinuntersuchung *f* иссле́дование мочи́
Urkunde *f* докуме́нт 2, акт 2; Schreiben гра́мота 6
Urkundenfälschung *f* подде́лка [подло́г] докуме́нтов
urkundlich документа́льный
Urlaub *m* о́тпуск 2b *P a.* в -у́, *Pl* -а́ | (un)bezahlter ~ (не)опла́чиваемый о́тпуск; ich habe drei Wochen ~ у меня́ три неде́ли о́тпуска [трёхнеде́льный о́тпуск]; auf ~ sein быть в о́тпуске [отпуску́]; auf ~ gehen идти́ (у|йти́* *v*) в о́тпуск; **~er** *m* отпускни́к 2e
Urlauber|schiff *n* плаву́чий 11 дом о́тдыха; **~verkehr** *m Eisenb* тра́нспортные [пассажи́рские] перево́зки *Pl* 6 в пери́од (ле́тних) отпуско́в; **~zentrum** *n* куро́ртный центр, тури́стский центр о́тдыха
Urlaubs|antrag *m* заявле́ние о предоставле́нии о́тпуска; **~land** *n* страна́, привлека́тельная для о́тдыха; **~pläne** *m Pl* пла́ны на о́тпуск; **~platz** *m* путёвка 6 (в дом о́тдыха)
urlaubsreif: ~ sein нужда́ться в о́тпуске, быть о́чень уста́лым
Urlaubs|reise *f* пое́здка [путеше́ствие] в о́тпуск; **~schein** *m* отпускно́й докуме́нт 2 [биле́т 2]; **~stimmung** *f* припо́днятое настрое́ние пе́ред о́тпуском; **~zeit** *f* вре́мя о́тпуска, пери́од 2 отпуско́в
Urmensch *m* первобы́тный челове́к
Urne *f* у́рна 6
Urnen|beisetzung *f* захороне́ние 5 у́рны; **~hain** *m* кла́дбище 4 для захороне́ния урн; **~halle** *f* колумба́ри|й 1 *P* -и, *G Pl* -ев
urplötzlich *Adv* соверше́нно неожи́данно, вдруг, внеза́пно
Ursache *f* причи́на 6 | keine ~! не сто́ит (благода́рности)!, не́ за что!; ohne alle ~ без вся́кого по́вода; ~ und Wirkung причи́на и сле́дствие
ursächlich причи́нный
Urschrift *f* по́длинник 2, первонача́льный текст 2
urslawisch праславя́нский
Ur|sprache *f* Sprache des Originals язы́к по́длинника [оригина́ла]; *Ling* праязы́к 2e | etw. in der ≈ lesen чита́ть что-н. в оригина́ле; **~sprung** *m* происхожде́ние 5 | seinen ≈ von etw. nehmen происходи́ть 3⁺ ⟨произо|йти́*⟩ от чего́-н.

ursprünglich первонача́л|ьный, -ен, -ьна
Ursprungsland *n* страна́-производи́тель 6-1 (това́ра)
Urteil *n* Meinung мне́ние 5; Logik сужде́ние 5; *Jur* пригово́р 2 | sich ein ~ über etw. bilden составля́ть ⟨соста́в|ить 3 -лю⟩ себе́ мне́ние о чём-н.; ein ~ abgeben выска́зывать ⟨вы́с|казать*⟩ (своё) сужде́ние [мне́ние], дава́ть* ⟨дать*⟩ оце́нку; ein ~ fällen *Jur* выноси́ть 3⁺ -ношу́ ⟨вы́|нести*⟩ пригово́р; das ~ widerrufen отмен|я́ть ⟨-и́ть 3⁺⟩ пригово́р; das ~ vollstrecken приводи́ть 3⁺ -вожу́ ⟨-|вести́*⟩ пригово́р в исполне́ние; die Vollstreckung des ~s aussetzen приостано́в|и́ть *v* 3⁺ -лю приведе́ние пригово́ра в исполне́ние; er hat sich selbst sein ~ gesprochen он сам вы́нес себе́ пригово́р
urteilen *intr* су|ди́ть 3⁺ -жу́, су́дя (über o *P*), отзыва́ться ⟨ото|зва́ться*, отзову́сь, отозва́ли́сь⟩ (über o *P*)
urteilsfähig компете́нт|ный, -ен
Urteils|kraft *f* рассу́д|ок, -ка 2; у́мственные спосо́бности *Pl* 9; **~spruch** *m* пригово́р 2; Zivilrecht суде́бное реше́ние; **~verkündung** *f* объявле́ние пригово́ра; **~vollstreckung** *f* приведе́ние пригово́ра в исполне́ние
Urtext *m* первонача́льный текст; Original по́длинник 2
Uruguay Уругва́й 1; **~er** *m* уругва́|ец, -йца 2; **~erin** *f* уругва́йка 6
uruguayisch уругва́йский
Urwald *m* де́вственный [дрему́чий 11] лес
urwüchsig самобы́т|ный, -ен; natürlich есте́ствен|ный, -на
Ur|zeit *f* первобы́тные [доистори́ческие] времена́ | seit ≈en с незапа́мятных времён; **~zustand** *m* первобы́тное состоя́ние
USA США
Usbek|e *m* узбе́к 2; **~in** *f* узбе́чка 6
usbekisch узбе́кский | Usbekische Sozialistische Sowjetrepublik Узбе́кская Сове́тская Социалисти́ческая Респу́блика
Usbekistan Узбекиста́н 2
Usurpat|ion *f* узурпа́ция 8; **~or** *m* узурпа́тор 2
usurpieren *tr* узурпи́ровать *uv, v* 2
Usus *m* обы́ча|й 1 *G Pl* -ев | das ist bei uns so ~ тако́в у нас обы́чай
Utensilien *Pl* принадле́жности *Pl* 9
Uterus *m* ма́тка 6
utilitaristisch утилитари́стский
Utopie *f* уто́пия 8
utopisch утопи́ческий; phantastisch a. утопи́ч|ный, -ен | ~er Sozialismus утопи́ческий социали́зм; ~er Schriftsteller писа́тель-фанта́ст 1-2
Utopist *m* утопи́ст 2

V

Vagabund *m* бродя́га *m* 6
vagabundieren *intr* бродя́жничать
vage неопределён|ный, -ен, -на
vakant вака́нт|ный, -ен, свобо́д|ный, -ен
Vakublitz *m Foto* электровспы́шка 6
Vakuum *n* ва́куум 2
vakuumverpackt упако́ванный в ва́кууме
Valenz *f* вале́нтность 9
Valuta *f* валю́та 6
Vampir *m* вампи́р 2
Vanadium *n* вана́ди|й 1 *P* -и
Vanille *f* вани́ль 9; **~eis** *n* вани́льное моро́женое; **~zucker** *m* вани́льный са́хар
variabel переме́нный
Variable *f Math* переме́нная *Subst* 10
Variante *f* вариа́нт 2
Variation *f* вариа́ция 8
Varieté *n* варьете́ [тэ] *n idkl*
variieren *tr u. intr* варьи́ровать 2
Vasall *m hist* васса́л 2
Vase *f* ва́за 6
Vaseline *f* вазели́н 2
Vater *m* от|е́ц, -ца́ 2; **~haus** *n* о́тчий 11 дом; **~land** *n* оте́чество 4
vaterländisch оте́чественный
Vaterlandsliebe *f* любо́вь к оте́честву
väterlich оте́ческий; **~erseits** *Adv* с отцо́вской стороны́
Vaterschaft *f* отцо́вство 4
Vatersname *m* о́тчество 4 | mit ~en по о́тчеству
Vater|stelle *f*: bei j-m ≈ vertreten замен|я́ть ⟨-и́ть 3⁺⟩ кому́-н. отца́; **~unser** *n Rel* О́тче наш
Vati *m* па́па *m* 6
Vatikan *m*, **Vatikanstadt** *f* Ватика́н 2
Vegetarier *m* вегетариа́н|ец, -ца [рья] 2
vegetarisch вегетариа́нский [рья]
Vegetation *f* расти́тельность 9
Vegetationsperiode *f* вегетацио́нный пери́од
vegetativ расти́тельный | ~es Nervensystem вегетати́вная не́рвная систе́ма
vegetieren *intr* прозяба́ть
Vehemenz *f* бу́рность 9
Veilchen *n* фиа́лка 6
veilchenblau фиоле́товый
Veitstanz *m Med* хоре́я 7, пля́ска 6 свято́го Ви́тта
Vektor *m* ве́ктор 2
Velar *m Phon* (задне)нёбный согла́сный *Subst* 10
Velours *m* велю́р 2; **~hut** *m* велю́ровая шля́па; **~papier** *n* ба́рхатная бума́га
Vene *f* ве́на 6
Venedig Вене́ция 8
Venenentzündung *f* флеби́т 2, воспале́ние вен
Venezianer *m* венециа́н|ец, -ца 2

venezianisch венецианский
Venezolaner *m* венесуэл|ец, -ьца 2; **~in** *f* венесуэл|ка 6 *G Pl* -ек
venezolanisch венесуэльский
Venezuela Венесуэла 6
venös *Anat, Med* венозный
Ventil *n Tech* клапан 2, вентиль 1; **~ation** *f* вентиляция 8; **~ator** *m* вентилятор 2
ventilieren *tr übertr* обсу|ждать ⟨-дить 3⁺ -жу; -ждённый⟩
Venus *f* Венера 6
verabrede|n *tr* догов|ариваться ⟨-ориться 3⟩ о *P;* sich ≈ *refl* угов|ариваться ⟨-ориться⟩, услов|ливаться ⟨-иться 3 -люсь⟩; **~t 1.** *Adj* услов|ный, -ен, условлен:ный, -а **2.** *Adv:* wie ≈ по уговору, как было условлено | ich habe mich mit ihr für heute abend ≈ я договорился с ней встретиться сегодня вечером
Verabredung *f* свидание 5
verab|scheuen *tr* чувствовать 2 отвращение к *D;* **~scheuungswürdig** отвратител|ьный, -ен, -ьна; gemein гнус|ный, -ен, -на!; **~schieden** *tr* entlassen увольнять ⟨уволить 3⟩; Besuch прово|-жать ⟨-дить 3⁺ -жу⟩; Gesetz принимать ⟨принять*⟩; sich ≈ *refl* про|щаться ⟨-ститься 3 -щусь⟩ (von с *I*), попрощаться *v* (von с *I*)
Verabschiedung *f* увольнение 5; Gesetz принятие 5
ver|achten *tr* презирать (wegen за *A*) | eine Gefahr ≈ пренебрегать ⟨пренебречь*⟩ опасностью; das ist nicht zu ≈ этим не следует пренебрегать, это неплохо; **~ächtlich** презрител|ьный, -ен, -ьна, пренебрежител|ьный, -ен, -ьна
Verachtung *f* презрение 5, пренебрежение 5 | j-n mit ~ strafen отпл|ачивать ⟨-атить 3⁺ -ачу⟩ кому-н. презрением
ver|albern *tr* дурачить 3 (о-); **~allgemeinern** *tr* обобщ|ать ⟨-ить 3⟩
Verallgemeinerung *f* обобщение 5
veralt|en *intr* устар|евать ⟨-еть⟩; **~et** устарел:ый, устаревший 11
Veranda *f* веранда 6
veränderlich переменный, изменчив:ый | das Barometer steht auf «~» барометр показывает «переменно»
Veränderlichkeit *f* переменчивость 9, изменчивость 9
verändern *tr* измен|ять ⟨-ить 3⁺⟩; sich ~ *refl* измен|яться ⟨-иться⟩ | er möchte sich ~ он хочет переменить место работы
Veränderung *f* перемена 6, изменение 5 | ~en vornehmen производить 3⁺ -вожу ⟨-|вести*⟩ изменения; qualitative ~en качественные изменения
verängstigt запуган|ный
veran|kern *tr Mar* став|ить 3 -лю (по-) на якорь; *Tech* закреп|лять ⟨-ить⟩ *a. übertr* | gesetzlich ≈ узак|онять ⟨-онить 3⟩; **~lagt** склон|ный, -ен, -на! (zu к *D*) | künstlerisch ≈ sein иметь склонность к искусству
Veranlagung *f* charakterliche предрасположение 5; Neigung наклонности *Pl* 9, способности *Pl* 9 (zu к *D*); Steuerfestsetzung обложение 5 налогом
veranlassen *tr* побу|ждать ⟨-дить 3 -жу; -ждённый⟩ (zu к *D*) | alles Notwendige ~ распоря|жаться ⟨-диться 3 -жусь⟩ обо всём необходимом
Veranlassung *f* повод 2 (zu к *D*) | es besteht ~ имеется повод; auf ~ des Direktors по распоряжению директора
veran|schaulichen *tr* наглядно поясн|ять ⟨-ить 3⟩, делать (с-) наглядным; **~schlagen** *tr* Kosten сост|авлять ⟨-авить 3 -авлю⟩ смету *G,* калькулировать 2 (с-) | das kann nicht hoch genug veranschlagt werden это нельзя [невозможно] переоценить; **~stalten** *tr* устр|аивать ⟨-оить 3⟩, организовать *uv, v* 2
Veranstalt|er *m* организатор 2, устроитель 1; **~ung** *f* Tätigkeit организация 8, проведение 5; Veranstaltetes мероприятие 5; **~ungsplan** *m* план мероприятий
verantwort|en *tr* отв|ечать ⟨-етить 3 -ечу⟩ за *A;* sich ≈ *refl* оправдываться ⟨оправдаться⟩ (vor перед *I*), отв|ечать ⟨-етить⟩ (vor перед *I*) | das ist nicht zu ≈ это недопустимо; **~lich** ответствен:ный, -на (gegenüber перед *I*) | j-n für etw. ≈ machen возлагать ⟨-ложить 3⁺⟩ на кого-н. ответственность за что-н.; ≈ sein für отвечать за *A*
Verantwort|lichkeit *f* ответственность 9; **~ung** *f* ответственность 9 (gegenüber перед *I;* für за *A*) | die ≈ tragen нести ответственность; j-n zur ≈ ziehen привлекать ⟨-|влечь*⟩ кого-н. к ответственности; die ≈ auf j-n abwälzen сваливать ⟨свалить 3⁺⟩ на кого-н. ответственность; die ≈ übernehmen брать* ⟨взять*⟩ на себя ответственность; tun Sie es auf Ihre ≈! сделайте это под свою ответственность!
verantwortungs|bewußt сознающий 11 свою ответственность; **~los** безответствен:ный, -на; **~voll** ответствен:ный, -на
verarbeiten *tr* Erz, Leder обраб|атывать ⟨-отать⟩; Baumwolle u. a. перераб|атывать ⟨-отать⟩ (zu в *A*) *a. übertr;* **~d:** die ≈e Industrie обрабатывающая 11 промышленность
Verarbeitung *f* Bearbeitung обработка; переработка (zu в *A*)
Verarbeitungsschiff *n* плавучий рыбозавод 11-2
ver|ärgern *tr* сер|дить 3⁺ -жу (рас-), злить 3 (разо-) | verärgert sein über сердиться (рас-) на *A;* **~armen** *intr* нищать (об-),

беднéть (о-); **~armt** обеднéлый, обнищáлый

Verarmung *f* обнищáние 5, обеднéние 5

ver|ästeln, sich *refl* разветв|ля́ться ⟨-и́ться 3⟩; **~ausgaben** *tr* расхóдовать 2 (из-), издержáть *v* 3⁺; sich ≈ *refl* израсхóдоваться, издержáться *v* | er hat sich seine Kräfte völlig verausgabt он совершéнно обесси́лел

Verb *n* глагóл 2

verbal ýстный; *Gramm* глагóльный

Verbalsubstantiv *n* отглагóльное существи́тельное

Verband *m Med* повя́зка 6; *Pol* союз 2; *Mil* часть 9g, соединéние 5 | einen ~ anlegen на|клáдывать ⟨-ложи́ть 3⁺⟩ повя́зку; **~kasten** *m* аптéчка 6, санитáрный я́щик; **~material** *n* перевя́зочный материáл; **~päckchen** *n* индивидуáльный перевя́зочный пакéт 2; **~platz** *m* перевя́зочный пункт 2; **~watte** *f* перевя́зочная вáта; **~zeug** *n* = **Verbandmaterial**

verbannen *tr* ссылáть ⟨со|слáть*⟩

Verbann|ter *m* ссы́льный *Subst* 10; **~ung** *f* ссы́лка 6

ver|barrikadieren *tr* баррикади́ровать 2 (за-); **~bauen** *tr* Geld, Material трá|тить 3 -чу (ис-) на строи́тельство | j-m die Aussicht ≈ закрывáть ⟨-|кры́ть*⟩ комý-н. вид; **~beißen** *tr:* sich etw. ≈ сдéрживать ⟨-держáть 3⁺⟩ что-н.; *übertr* помешáться *v* (in на *P*) | die Hunde verbissen sich ineinander собáки вцепи́лись друг в дрýга; sich die Schmerzen ≈ сдéрживать ⟨-держáть⟩ боль; sich das Lachen ≈ удéрживаться ⟨-держáться⟩ от смéха; **~bergen** *tr* пря́|тать₁ -чу₁ -чешь (с-) (vor от *G*); verheimlichen скрывáть ⟨-|кры́ть*⟩ (vor от *G*), утáивать ⟨-таи́ть 3⟩ (vor от *G*); sich ≈ *refl* скрывáться ⟨-кры́ться⟩ (vor от *G*), пря́таться (с-) (vor от *G*) | hinter diesen Worten ≈ sich ... за э́тими словáми скрывáются ...; **~bessern** *tr* Fehler по-, испр|авля́ть ⟨-áвить 3 -áвлю⟩; Lage; Leistungen улучшáть ⟨улýчшить 3⟩; Maschine совершéнствовать 2 (у-); sich ≈ *refl* улучшáться ⟨-лýчшиться⟩; beruflich улучшáть ⟨-лýчшить⟩ своё служéбное положéние | sich beim Sprechen ≈ попр|авля́ться ⟨-áвиться⟩ в разговóре

Verbesserung *f* исправлéние 5, поправка 6; улучшéние 5; усовершéнствование 5

verbesserungsbedürftig трéбующий 11 улучшéния

Verbesserungsvorschlag *m* рационализáторское предложéние | einen ~ einbringen вно|си́ть 3⁺ -шý ⟨в|нести́*⟩ рационализáторское предложéние

verbeugen, sich *refl* клáняться ⟨поклони́ться 3⁺⟩ (vor *D*)

Verbeugung *f* поклóн 2

verbeult вдáвлен:ный₁ -а, измя́т:ый

ver|biegen *tr* изгибáть ⟨изогнýть 4⟩, искрив|ля́ть ⟨-и́ть 3 -лю́⟩; sich ≈ *refl* искрив|ля́ться ⟨-и́ться⟩; **~bieten** *tr* запре|щáть ⟨-ти́ть 3 -щý⟩ | Rauchen verboten! кури́ть воспрещáется!; Betreten verboten! вход воспрещён!; **~billigen** *tr* удешев|ля́ть ⟨-и́ть 3 -лю́⟩; **~binden** *tr* свя́зывать ⟨-|вязáть*⟩, соедин|я́ть ⟨-и́ть 3⟩; Telefon соедин|я́ть ⟨-и́ть⟩ *a. Chem; Med* перевя́зывать ⟨-вязáть⟩; sich ≈ *refl* соедин|я́ться ⟨-и́ться⟩ | Theorie und Praxis ≈ сочетáть *uv, v* теóрию с прáктикой; ich bin Ihnen verbunden я вам обя́зан; das Angenehme mit dem Nützlichen ≈ соедин|я́ть ⟨-и́ть⟩ прия́тное с полéзным; das ist mit großen Schwierigkeiten verbunden э́то сопряженó [свя́зано] с больши́ми затруднéниями; **~bindlich 1.** *Adj* Abkommen обязáтел|ьный₁ -ен₁ -ьна, обя́зывающий 11; Höflichkeit любéз|ный₁ -ен **2.** *Adv:* danke ≈st! óчень благодáрен!

Verbindlichkeit *f* Höflichkeit любéзность 9; Schulden обязáтельство 4; Gültigkeit обязáтельность 9

Verbindung *f* связь 9₁ в свя́зи́; Zusammenstellung сочетáние 5; Verkehr сообщéние 5; *Chem* соединéние 5; ~en *Pl* свя́зи *Pl,* протéкция 8 | mit j-m in ~ stehen нахо|ди́ться 3⁺ -жýсь в свя́зи́ с кем-н.; in ~ treten вступ|áть ⟨-и́ть 3⁺ -лю́⟩ в сношéния, свя́зываться ⟨-|вязáться*⟩; er hat ~ bekommen Telefon егó соедини́ли; in ~ bringen mit стáв|ить 3 -лю (по-) в связь с *I;* die kürzeste ~ сáмый корóткий путь

Verbindungs|glied *n* связýющее 11 звенó; **~linie** *f* ли́ния свя́зи; Straße, Bahn коммуникáция 8; **~stück** *n* соединя́ющая детáль 11–9; **~tür** *f* дверь мéжду смéжными помещéниями

verbissen zäh упóр|ный₁ -ен; erbittert озлóблен:ный₁ -на; unbeugsam ожесточён:ный₁ -на

Verbissenheit *f* упóрство 4; озлоблéние 5; ожесточéние 5

ver|bitten *tr:* ich verbitte mir diesen Ton прошý не говори́ть со мной таки́м тóном; ich verbitte mir das я э́того не потерплю́; **~bittern** *tr* отрав|ля́ть ⟨-и́ть 3⁺ -лю́⟩ [пóртить (ис-)] жизнь *D* | verbittert sein чýвствовать 2 гóречь

Verbitterung *f* озлóбленность 9

verblassen *intr* бледнéть (по-) *a. übertr,* блёкнуть 4а (по-)

ver|bleiben *intr* пребывáть, о|ставáться* ⟨-|стáться*⟩ | wie seid ihr verblieben? на чём вы договори́лись?; **~bleien** *tr* Benzin этили́ровать *uv, v* 2; **~blenden** *tr Arch* облиц|óвывать ⟨-евáть 2₁

-ованный⟩; *übertr* ослеп|лять ⟨-ить 3 -лю⟩
Verblendung *f* облицовка 6; ослепление 5
ver|blöden *intr* тупеть (о-); **~blüffen** *tr* пора|жать ⟨-зить 3 -жу⟩, ошелом|лять ⟨-ить 3 -лю⟩ | laß dich nicht ≈ не смущайся; **~blüffend** поразител|ьный, -ен, -ьна, ошеломляющий 11; **~blühen** *intr* отцветать ⟨-|цвести*⟩, увядать *a. übertr* Frau; **~bluten** *intr u.* sich *refl* истекать ⟨-|течь*⟩ кровью; **~bohren, sich** *refl* неразумно упорствовать 2; **~bohrt** твердолобый
[1]**verborgen** *tr* Geld давать* ⟨дать*⟩ взаймы
[2]**verborgen 1.** *Adj* скрытый **2.** *Adv:* im ~en тайно, тайком
Verbot *n* запрещение 5, запрет 2 | ein ~ verhängen налагать ⟨-ложить 3⁺⟩ запрет
verboten запретный | ~e Früchte schmekken süß запретный плод сладок
Verbotszeichen *n* запрещающий 11 знак
verbrämen *tr* опуш|ать ⟨-ить 3⟩, отор|ачивать ⟨-очить 3⟩; *übertr* приукра|шивать ⟨-сить 3 -шу⟩
verbrannt von der Sonne загорелый
Verbrauch *m* потребление 5, расход 2
verbrauchen *tr* потреб|лять ⟨-ить 3 -лю⟩, расходовать 2 (из-)
Verbraucher *m* потребитель 1
verbraucht израсходованный; Luft спёрт:ый; *übertr* Mensch изношенный; Nerven истрёпанный
verbrechen *tr* провиниться *v* 3 в *P*
Verbrech|en *n* преступление 5 | ein ≈ begehen соверш|ать ⟨-ить 3⟩ преступление; **~er** *m* преступник 2
verbrecherisch преступ|ный, -ен
verbreit|en *tr* распростран|ять ⟨-ить 3⟩; ausplaudern разгла|шать ⟨-сить 3 -шу⟩; sich ≈ *refl* распростран|яться ⟨-иться⟩ | er verbreitete sich über das Thema он распространялся на тему; die Meldung wurde über alle Sender verbreitet сообщение передали по всем радиостанциям; **~ern** *tr* расширять ⟨-ширить 3⟩
Verbreit|erung *f* расширение 5; **~ung** *f* распространение 5; **~ungsgebiet** *n* область распространения
verbrennen 1. *tr* жечь* (с-, сожгу, сожгла), с|жигать ⟨-жечь⟩; Leichen пре|давать* ⟨предать*⟩ кремации; Haut об|жигать ⟨-жечь*, обожг|у, -ла⟩ **2.** *intr* сгор|ать ⟨-еть 3⟩; sich ~ *refl* об|жигаться ⟨-жечься⟩ (an о *A*) | sich den Mund ~ *übertr* обжечься на чём-н.
Verbrennung *f* сгорание 5, сожжение 5; Leichen кремация 8; Brandwunde ожог 2
Verbrennungs|gase *n Pl* газы сгорания; **~motor** *m* двигатель внутреннего сгорания; **~produkte** *Pl* продукты *Pl* 2 сгорания; **~prozeß** *m* процесс горения
ver|brieft: ≈es Recht гарантированное [законное] право; **~bringen** *tr* проводить 3⁺ -вожу ⟨-|вести*⟩; **~brüdern, sich** *refl* брататься (по-)
Verbrüderung *f* братание 5
ver|brühen *tr* обваривать ⟨-варить 3⁺⟩; sich ≈ *refl* обвариваться ⟨-вариться⟩; **~buchen** *tr* заносить 3⁺ -ношу ⟨-|нести*⟩ в счётную книгу; **~bummeln** *tr umg* Zeit прогуливать ⟨-гулять⟩; **~bünden, sich** *refl* заключ|ать ⟨-ить 3⟩ союз
Verbundenheit *f* связь 9 | in enger ~ в тесной связи
verbündet союзный
Verbündeter *m* союзник 2
Verbund|netz *n*, **~system** *n* объединённая энергосистема 6
ver|bürgen, sich *refl* ручаться ⟨поручиться 3⁺⟩ (für за *A*); **~bürgt** достовер|ный, -ен; **~büßen** *tr:* eine Strafe ≈ отбывать ⟨отбыть*⟩ наказание, нести* наказание; **~chromen** *tr* хромировать *uv, v* 2
Verdacht *m* подозрение 5 | j-n in ~ haben wegen etw. подозревать кого-н. в чём-н.; gegen j-n wegen etw. ~ schöpfen запод|азривать ⟨-озрить 3⟩ кого-н. в чём-н.; im [unter] ~ stehen быть* под подозрением; über jeden ~ erhaben sein быть выше всяких подозрений; ~ erregen возбу|ждать ⟨-дить 3⁺ -жу⟩ подозрение
verdächtig подозрител|ьный, -ен, -ьна; Person подозреваемый | sich ~ machen навлекать ⟨-|влечь*⟩ на себя подозрение; **~en** *tr* подозревать (wegen в *P*)
Verdächtigung *f* подозрение 5
ver|dammen *tr* обрекать ⟨-|речь*⟩ (zu на *A*); verfluchen проклинать ⟨-|клясть*⟩; **~dammt 1.** *Adj* проклятый; vom Schicksal gezeichnet обреч|ённый, -ён, -ена **2.** *Adv* дьявольски, очень | ≈ noch mal! чёрт побери!; **~dampfen** *tr* испар|ять ⟨-ить 3⟩; *intr* испар|яться ⟨-иться⟩
Verdampf|er *m* испаритель 1; **~ung** *f* испарение 5
ver|danken *tr* быть* обязанным | er verdankt ihr alles он всем обязан ей; das hat er sich selbst zu ≈ он сам виноват в этом; **~dauen** *tr* усваивать ⟨усвоить 3⟩, переваривать ⟨-варить 3⁺⟩ *a. übertr;* **~daulich:** leicht ≈ удобоварим:ый, легко усваиваемый; schwer ≈ неудобоварим:ый
Verdau|lichkeit *f* удобоваримость 9; **~ung** *f* пищеварение 5
Verdauungs|beschwerden *Pl* = **~störung; ~organe** *n Pl Anat* пищеварительные органы; **~prozeß** *m* пищеварительный процесс; **~störung** *f* расстрой-

ство 4 пищеварéния; **~system** *n* пищеварúтельная систéма
Verdeck *n* Wagen верх 2b, на верхý | das ~ hochklappen поднимáть ⟨поднять*⟩ верх
ver|decken *tr* закрывáть ⟨-|крыть*⟩; verbergen скрывáть ⟨-крыть⟩; **~denken** *tr:* das kann ich ihm nicht ≈ в э́том я егó не могý винúть
Verderb *m* гúбель 9
verderben *tr* пóр|тить 3 -чу (ис-); sittlich пóртить (ис-), развра|щáть ⟨-тúть 3 -щý⟩; *intr* пóртиться (ис-); *übertr* пóртиться (ис-), развра|щáться ⟨-тúться⟩ | sich die Augen ~ пóртить себé глазá [зрéние]; j-m die Freude ~ отрав|лять ⟨-úть 3⁺ -лю́⟩ комý-н. рáдость; es mit j-m ~ пóртить отношéния с кем-н.
Verderben *n* гúбель 9 | j-m zum ~ gereichen послужúть *v* 3⁺ причúной гúбели когó-н.; ins ~ rennen губ|úть 3⁺ -лю́ (по-) себя́
verderblich гúбел|ьный, -ен, -ьна, пáгуб|ный, -ен; Lebensmittel скоропóртящийся 11
Verderb|lichkeit *f* гúбельность 9, пáгубность 9; Lebensmittel спосóбность 9 пóртиться; **~nis** *f* развращённость 9
ver|deutlichen *tr* по-, разъясн|я́ть ⟨-úть 3⟩; **~dichten** *tr* сгу|щáть ⟨-стúть 3 -щý⟩; *Tech* сжимáть ⟨-|жать[1]*⟩; sich ≈ *refl* сгу|щáться ⟨-стúться⟩
Verdichtung *f* сгущéние 5; *Tech* сжáтие 5
verdicken *tr* eindicken сгу|щáть ⟨-стúть 3 -щý⟩; dicker machen утол|щáть ⟨-стúть 3 -щý⟩
Verdickung *f* сгущéние 5; Wulst утолщéние 5
verdienen *tr* Geld зарaб|áтывать ⟨-óтать⟩; nebenbei подзараб|áтывать ⟨-óтать⟩; Lob u. a. заслýживать ⟨-служúть 3⁺ *G*⟩ | am Krieg ~ наживáться ⟨-|жúться*⟩ на войнé; er verdient es nicht besser он лýчшего не заслýживает
[1]**Verdienst** *m* зáработ|ок, -ка 2
[2]**Verdienst** *n* заслýга 6; **~ausfall** *m* уменьшéние зáработка; **~medaille** *f* медáль 9 за заслýги; **~möglichkeit** *f* возмóжность имéть зáработок; **~orden** *m:* Vaterländischer ≈ óрден «За заслýги пéред Отéчеством» (in Gold пéрвой стéпени)
ver|dienstvoll заслýженный; **~dient** заслýженный | sich ≈ machen um etw. имéть заслýги пéред чем-н.; Verdienter Künstler Заслýженный дéятель искýсств; **~dientermaßen** *Adv* по заслýгам
ver|dingen, sich *refl* нанимáться ⟨наня́ться*; нан|ялся́, -яли́сь⟩; **~doppeln** *tr* удв|áивать ⟨-óить 3⟩; sich ≈ *refl* удв|áиваться ⟨-óиться⟩
Verdoppelung *f* удвоéние 5
verdorben испóрченный; sittlich испóрченный, развращ|ённый, -ён, -енá
ver|dorren *intr* засыхáть ⟨-сóхнуть 4a⟩; **~dorrt** засóхлый; **~drahten** *tr Tech* соедин|я́ть ⟨-úть 3⟩ проводáми; **~drängen** *tr* вытесня́ть ⟨вы́теснить 3⟩
Verdrängung *f* вытеснéние 5
verdreh|en *tr* Arm, Bein вывúхивать ⟨вы́вихнуть 4⟩; entstellen иска|жáть ⟨-зúть 3 -жý⟩, коверкáть (ис-); *Tech* скрýчивать ⟨скру|тúть 3⁺ -чý⟩ | die Augen ≈ закáтывать ⟨-катúть 3⁺ -качý⟩ глазá; j-m den Kopf ≈ вскр|ужúть *v* 3 -ýжúшь комý-н. гóлову; **~t** Sinn искажённый | j-n ganz ≈ machen с|бивáть ⟨-|бить*⟩ с тóлку
Verdrehung *f übertr* искажéние 5, извращéние 5
verdreifachen *tr* утр|áивать ⟨-óить 3⟩; sich ~ *refl* утр|áиваться ⟨-óиться⟩
Verdreifachung *f* утроéние 5
verdrieß|en *tr* сер|дúть 3⁺ -жý (рас-), доса|ждáть ⟨-дúть 3 -жý⟩ *D* | es verdrießt mich мне досáдно; es sich nicht ≈ lassen не унывáть; **~lich** Vorgänge досáд|ный, -ен; Personen угрю́м:ый, недовóл|ьный, -ен, -ьна; mürrisch брюзглúв:ый
Verdrießlichkeit *f* Stimmung дурнóе настроéние 5
verdrossen недовóл|ьный, -ен, -ьна, брюзглúв:ый
Verdruß *m* досáда 6, огорчéние 5 | j-m ~ bereiten огорч|áть ⟨-úть 3⟩ когó-н.; ~ haben испы́тывать ⟨-пытáть⟩ огорчéние
ver|duften *intr umg* verschwinden испар|я́ться ⟨-úться 3⟩; **~dummen** *tr* оглупля́ть; *intr* глупéть (по-), тупéть (о-); **~dunkeln** *tr* затемн|я́ть ⟨-úть 3⟩ *a. übertr*
Verdunk(e)lung *f* затемнéние 5 *a. übertr*
verdünnen *tr* Flüssigkeiten разбавля́ть ⟨-бáвить 3 -бáвлю⟩, разжижáть ⟨-жидúть 3 -жижý; -жижённый⟩; Luft разре|жáть ⟨-дúть 3 -жý⟩
Verdünnung *f* Tätigkeit разбавлéние 5, разжижéние 5; für Farben u. ä. разбавúтель 1
verdunsten *intr* испар|я́ться ⟨-úться 3⟩
Verdunstung *f* испарéние 5
ver|dursten *intr* умирáть ⟨-|мерéть*⟩ от жáжды; **~dutzt** озадáчен|ный, -а; **~ebben** *intr* спадáть ⟨-|пасть*⟩ *a. übertr;* **~edeln** *tr* облагор|áживать ⟨-óдить 3 -óжу⟩; Pflanzen окулúровать *uv, v* 2; *Text* от|дéл|ывать ⟨-ать⟩
Veredelung *f* облагорáживание 5; Pflanzen окулúрование 5; *Text* отдéлка
verehren *tr* уважáть, почитáть; schenken преподносúть 3⁺ -ношý ⟨-|нестú*⟩ | eine Frau ~ ухáживать за жéнщиной
Verehrer *m* почитáтель 1, поклóнник 2; Liebhaber поклóнник

Verehrung *f* почита́ние 5, уваже́ние 5
vereidigen *tr* приводи́ть 3⁺ -вожу́ ⟨-|вести́*⟩ к прися́ге
Vereidigung *f* приведе́ние 5 к прися́ге
Verein *m* о́бщество 4 | im ~ mit j-m вме́сте с кем-н.
vereinbar совмести́м:ый
vereinbaren *tr* соглас|о́вывать ⟨-ова́ть 2⟩; ein Treffen догов|а́риваться ⟨-ори́ться 3⟩ о *P* | mit j-m ein Treffen ~ догова́риваться о встре́че с кем-н.; diese Begriffe lassen sich nicht miteinander ~ э́ти поня́тия несовмести́мы; zum vereinbarten Termin в усло́вленный срок; vereinbartes Zeichen усло́вный знак
Vereinbarung *f* соглаше́ние 5, договорённость 9 | eine ~ treffen заключ|а́ть ⟨-и́ть 3⟩ соглаше́ние
verein|en *tr* соедин|я́ть ⟨-и́ть 3⟩; Eigenschaften сочета́ть (в себе́) *uv, v;* sich ≈ *refl* объедин|я́ться ⟨-и́ться⟩; **~fachen** *tr* упро|ща́ть ⟨-сти́ть 3 -щу́⟩
Vereinfachung *f* упроще́ние 5
vereinheitlichen *tr* унифици́ровать *uv, v* 2
vereinig|en *tr* объедин|я́ть ⟨-и́ть 3⟩; sich ≈ *refl* объедин|я́ться ⟨-и́ться⟩ (zu в *A*); von Wasserläufen слива́ться ⟨-|ли́ться*; -ли́ли́сь⟩; **~t 1.** *Adj* соединённый, -ён, -ена́ **2.** *Adv* сообща́, совме́стно | die Vereinigten Staaten [von Amerika] (*Abk* USA) Соединённые Шта́ты *Pl* 2 [Аме́рики] (*Abk* США); die Vereinigten Arabischen Emirate Объединённые Ара́бские Эмира́ты
Vereinigung *f* соедине́ние 5; Organisation объедине́ние 5 | die ~ der gegenseitigen Bauernhilfe (*Abk* VdgB) Объедине́ние крестья́нской взаимопо́мощи (*Abk* OKB)
vereinsam|en *intr* станов|и́ться 3⁺ -лю́сь ⟨стать*⟩ одино́ким
Vereinsamung *f* уедине́ние 5, одино́чество 4
vereint соедин|ённый, -ён, -ена́, объедин|ённый, -ён, -ена́ | die Vereinten Nationen Объединённые На́ции; mit ~en Kräften объединёнными си́лами
vereinzelt 1. *Adj* едини́ч|ный, -ен, отде́льный **2.** *Adv* örtlich места́ми; zeitlich в отде́льных слу́чаях
vereis|en *tr Med* замор|а́живать ⟨-о́зить 3 -о́жу⟩; *intr* Schiff обледен|ева́ть ⟨-е́ть⟩; See, Fluß покрыва́ться ⟨-|кры́ться*⟩ льдом, замерза́ть ⟨-мёрзнуть 4а⟩; **~t** обледене́лый
Vereisung *f* замора́живание 5; обледене́ние 5
vereit|eln *tr* срыва́ть ⟨со|рва́ть*⟩, расстр|а́ивать ⟨-о́ить 3⟩; **~ern** *intr* за-, нагна́иваться ⟨-гнои́ться 3⟩
Vereiterung *f* нагное́ние 5
ver|ekeln *tr* де́лать (с-) проти́вным [непри́ятным]; **~elenden** *intr* ница́ть (об-)
Verelendung *f* обнища́ние 5
ver|enden *intr* до́хнуть 4а (из-), па́дать ⟨пасть*⟩; **~engen** *tr* су́|живать ⟨-зить 3 -жу⟩; sich ≈ *refl* су́|живаться ⟨-зиться⟩; **~erben** *tr* пере|дава́ть* ⟨переда́ть*⟩ по насле́дству; sich ≈ *refl* переходи́ть 3⁺ ⟨-|йти́*⟩ по насле́дству; **~erbt** насле́дственный
Vererbung *f* перехо́д 2 по насле́дству; *Biol* переда́ча 6 по насле́дству
Vererbungslehre *f* гене́тика 6
ver|ewigen *tr* увекове́ч|ивать ⟨-ить 3⟩; **~fahren** *tr* Geld, Zeit прое́здить *v* 3 -е́зжу; *intr* поступ|а́ть ⟨-и́ть 3⁺ -лю́⟩; sich ≈ *refl* сбива́ться ⟨-|би́ться*, собью́сь⟩ с пути́ | mit j-m milde ≈ обхо|ди́ться 3⁺ -жу́сь ⟨обо|йти́сь*⟩ бе́режно с кем-н.
Ver|fahren *n* приём 2; *Tech* спо́соб 2, ме́тод 2; *Jur* де́ло 4b, проце́сс 2 | ein ≈ gegen j-n einleiten [anhängig machen] возбу|жда́ть ⟨-ди́ть 3 -жу́⟩ суде́бное де́ло про́тив кого́-н.; das ≈ einstellen прекра|ща́ть ⟨-ти́ть⟩ де́ло; **~fahrenstechnik** *f* техноло́гия 8; **~fall** *m* упа́д|ок, -ка 2; gesellschaftl. System разва́л 2; Haus разруше́ние 5; *Fin* Wechsel просро́чка 6
verfallen *intr* приходи́ть 3⁺ -хожу́ ⟨-|йти́*⟩ в упа́док, разруша́ться ⟨-ру́шиться 3⟩; Bescheinigung истека́ть ⟨-|те́чь*⟩; *Kunst* па́дать ⟨пасть*, упа́сть⟩; *Med* ча́хнуть 4 *u.* 4а (за-), теря́ть (по-) си́лы | der Wechsel ist ~ ве́ксель просро́чен; mir ~ zwei Karten für heute abend у меня́ пропада́ют два биле́та на сего́дня на ве́чер; in Schwermut ≈ предава́ться ⟨пре|да́ться*; -дали́сь⟩ меланхо́лии; er ist auf den Gedanken ~ ему́ пришла́ в го́лову мысль
ver|fälschen *tr* подде́л|ывать ⟨-ать⟩, фальсифици́ровать *uv, v* 2; **~fangen** *intr:* das verfängt bei mir nicht э́то на меня́ не де́йствует; sich ≈ *refl* запу́т|ываться ⟨-аться⟩; **~fänglich** Frage ка́верз|ный, -ен; Thema, Gespräch неудо́б|ный, -ен; **~färben, sich** *refl* Stoff выцвета́ть ⟨вы́|цвести*⟩; Wangen бледне́ть (по-); **~fassen** *tr* сочин|я́ть ⟨-и́ть 3⟩; Referat, Buch сост|авля́ть ⟨-а́вить 3 -а́влю⟩
Verfass|er *m* а́втор 2, состави́тель 1; **~ung** *f* Zustand состоя́ние 5; Stimmung настрое́ние 5, расположе́ние 5 ду́ха; Gemütsart пси́хика 6; *Pol* конститу́ция 8
verfassunggebend учреди́тельный
verfassungsmäßig конституцио́нный
verfassungswidrig противоре́чащий 11 конститу́ции
ver|faulen *intr* гнить* (с-); **~fault** гнил|о́й, -а́!, ту́хл:ый, -а́!; **~fechten** *tr* защи|ща́ть ⟨-ти́ть 3 -щу́⟩, боро́ться* за *A*
Verfechter *m* побо́рник 2
verfehl|en *tr* Ziel прома́хиваться ⟨-мах-

ну́ться 4⟩; Wirkung не дост|ига́ть ⟨-и́гнуть 4a *u.* 4⟩ *G* | den Weg ≈ сбива́ться ⟨-|би́ться*, собью́сь⟩ с пути́; ich werde nicht ≈ … я не премину́ …; einander ≈ не встр|еча́ться ⟨-е́титься 3⟩, не за|става́ть* ⟨-|ста́ть*⟩ друг дру́га; er hat seinen Beruf verfehlt он оши́бся в вы́боре профе́ссии; **~t** неуда́ч|ный, -ен
Verfehlung *f* наруше́ние 5 пра́вил
ver|feinden, sich *refl* рассо́риться *v* 3, ссо́риться (по-); **~feinern** *tr* утонч|а́ть ⟨-и́ть 3⟩
Verfeinerung *f* утонче́ние 5
ver|femen *tr* объяв|ля́ть ⟨-и́ть 3⁺ -лю́⟩ вне зако́на; **~fertigen** *tr* изгот|овля́ть ⟨-о́вить 3 -о́влю⟩
ver|feuern *tr* Brennstoff сжига́ть ⟨с|жечь*, сожгу́; сожгла́⟩; Patronen расстр|е́ливать ⟨-еля́ть⟩; **~filmen** *tr* Literaturwerk экранизи́ровать *uv, v* 2
Verfilmung *f* экраниза́ция 8
ver|filzen *intr* сва́ливаться ⟨свал́яться⟩; **~finstern** *tr* затемн|я́ть ⟨-и́ть⟩; sich ≈ *refl* темне́ть (по-), омрач|а́ться ⟨-и́ться 3⟩ *a. übertr*
Verfinsterung *f* затемне́ние 5, омраче́ние 5
verflachen *intr übertr* опошля́ться ⟨опо́шлиться 3⟩
Verflachung *f übertr* опошле́ние 5
verflechten *tr* с-, переплета́ть ⟨-|плести́*⟩; *übertr* свя́зывать ⟨-|вяза́ть*⟩
Verflechtung *f* сплете́ние 5, переплете́ние 5
ver|fliegen *intr* Geruch улету́ч|иваться ⟨-иться 3⟩; Nebel рассе́|иваться ⟨-яться, -ется⟩; Zeit бы́стро про|ходи́ть 3⁺ ⟨-йти́*⟩; sich ≈ *refl* теря́ть (по-) ориентиро́вку; **~fließen** *intr* Zeit проходи́ть 3⁺ ⟨-|йти́*⟩, протека́ть ⟨-|те́чь*⟩ | der Termin ist verflossen срок истёк; **~flixt** *umg* **1.** *Adj* прокля́тый **2.** *Adv* черто́вски; **~fluchen** *tr* проклина́ть ⟨-|кля́сть*⟩; **~flucht** прокля́тый; **~flüchtigen, sich** *refl* улету́ч|иваться ⟨-иться 3⟩, испар|я́ться ⟨-и́ться 3⟩; Nebel рассе́|иваться ⟨-яться, -ется⟩; **~flüssigen** *tr* сжи|жа́ть ⟨-ди́ть 3; сжи́женный⟩; **~folgen** *tr* пресле́довать 2; beobachten сле|ди́ть 3 -жу́ за *I* | eine Absicht ≈ име́ть наме́рение; eine Spur ≈ идти́* по сле́ду
Verfolg|er *m* пресле́дователь 1; **~ter** *m* подверга́ющийся *Subst* 11 (полити́ческим) репре́ссиям; **~ung** *f* пресле́дование 5, гоне́ние 5 | die ≈ aufnehmen пу|ска́ться ⟨-сти́ться 3⁺ -щу́сь⟩ в пого́ню [вдого́нку]; ≈en ausgesetzt sein подверга́ться пресле́дованиям
Verfolgungswahn *m* ма́ния 8 пресле́дования
Verform|barkeit *f Tech* деформи́руемость 9; **~ung** *f Tech* деформа́ция 8 | bleibende ≈ оста́точная деформа́ция
verfrachten *tr* отпр|авля́ть ⟨-а́вить 3 -а́влю⟩, перевози́ть 3 -вожу́ ⟨-|везти́*⟩
Verfremdung *f Lit* отчужде́ние 5
ver|fressen прожо́рлив:ый; **~früht** преждевре́мен:ный, -ен, -на; **~fügbar** име́ющийся 11 в распоряже́нии; **~fügen** *tr* постанов|ля́ть ⟨-и́ть 3⁺ -лю́⟩, предпи́сывать ⟨-|писа́ть*⟩; *intr* име́ть в своём распоряже́нии (über *A*), распоря|жа́ться ⟨-ди́ться 3 -жу́сь⟩ (über *I*) | er verfügte, daß … он распоряди́лся, что́бы …
Verfügung *f* распоряже́ние 5 | etw. zu seiner ~ haben име́ть что-н. в (своём) распоряже́нии; auf ~ des Gerichts согла́сно реше́нию суда́; ich stehe dir zur ~ я в твоём распоряже́нии; einstweilige ~ *Jur* вре́менное распоряже́ние; zur besonderen ~ *Mil* для осо́бых поруче́ний
Verfügungsrecht *n* пра́во распоряжа́ться (über *I*)
verführen *tr* соблазн|я́ть ⟨-и́ть 3⟩; sexuell совра|ща́ть ⟨-ти́ть 3 -щу́⟩
Verführer *m* соблазни́тель 1; соврати́тель 1
verführerisch соблазни́тел|ьный, -ен, -ьна; Benehmen обольсти́тел|ьный, -ен, -ьна
Verführung *f* собла́зн 2, совраще́ние 5
ver|fünffachen *tr* упятер|я́ть ⟨-и́ть 3⟩; **~füttern** *tr* ска́рмливать ⟨скорм|и́ть 3⁺ -лю́⟩ (an *D*)
Vergabe *f* Aufträge переда́ча 6 | ~ von Wohnungen распределе́ние кварти́р
ver|gällen *tr:* die Freude ≈ отрав|ля́ть ⟨-и́ть 3⁺ -лю́⟩ ра́дость; **~gammeln** *intr* verderben по́ртиться 3 (ис-); **~gangen** проше́дший 11, про́шлый | längst ≈ давно́ проше́дший
Vergangenheit *f* про́шлое *Subst* 10; *Gramm* проше́дшее 11 вре́мя | in der ~ в про́шлом; das gehört der ~ an э́то отошло́ в про́шлое
vergänglich преходя́щий 11
vergasen *tr* Kohle газифици́ровать *uv, v* 2; durch Giftgas ermorden отрав|ля́ть ⟨-и́ть 3⁺-лю́⟩ га́зом
Vergas|er *m Tech* карбюра́тор 2; **~ung** *f* von Kohle газифика́ция 8; Ermordung durch Giftgas отравле́ние 5 га́зом
vergeben *tr* Arbeit пере|дава́ть* ⟨переда́ть*⟩; gewähren предост|авля́ть ⟨-а́вить 3 -а́влю⟩; zuteilen распредел|я́ть ⟨-и́ть 3⟩; verzeihen про|ща́ть ⟨-сти́ть 3 -щу́⟩ | Wohnungen ~ распредел|я́ть ⟨-и́ть⟩ кварти́ры; sich etw. ~ роня́ть ⟨урони́ть 3⁺⟩ своё досто́инство
ver|gebens *Adv* напра́сно, тще́тно; **~geblich** напра́с|ный, -ен, тще́т|ный, -ен
Vergebung *f* Aufträge переда́ча 6; Verzeihung проще́ние 5
ver|gegenwärtigen *tr:* sich ≈ вообра|жа́ть ⟨-зи́ть 3 -жу́⟩, предст|авля́ть ⟨-а́вить 3

-áвлю⟩ (себé); **~gehen** *intr* Zeit проходи́ть 3⁺ ⟨-|йти́*⟩, протекáть ⟨-|тéчь*⟩; Appetit пропадáть ⟨-|пáсть*⟩ (j-m y *G*); sich ≈ *refl* провин|я́ться ⟨-и́ться 3⟩ (gegen в пéред *I*) | mir ist die Lust dazu vergangen я потеря́л к э́тому охóту; ihr vergingen die Sinne онá потеря́ла сознáние; ihm verging Hören und Sehen у негó головá крýгом пошлá; vor Sehnsucht ≈ том|и́ться 3 -лю́сь от тоски́; vor Durst ≈ умирáть от жáжды
Vergehen *n Jur* простýп|ок| -ка 2
vergelten *tr* отпл|áчивать ⟨-ати́ть 3⁺ -ачý⟩ | Böses mit Gutem ~ отплати́ть добрóм за зло; Gleiches mit Gleichem ~ плати́ть тем же
Vergeltung *f* возмéздие 5, отплáта 6
Vergeltungsmaßnahme *f* мéра возмéздия
vergenossenschaftlichen *tr* коопери́ровать *uv, v* 2
vergesellschaften *tr* обобществ|ля́ть ⟨-и́ть 3 -лю́⟩
Vergesellschaftung *f* обобществлéние 5
vergessen *tr* забывáть ⟨-|бы́ть*| -бы́ла⟩; sich ~ *refl* забывáться ⟨-бы́ться⟩
Vergessenheit *f* забвéние 5 | in ~ geraten быть* прéданным забвéнию
vergeßlich забы́вчив:ый
Vergeßlichkeit *f* забы́вчивость 9
vergeuden *tr* Geld, Zeit трáтить 3 трáчу (рас-); Kräfte растрá|чивать ⟨-тить⟩
Vergeudung *f* трáта 6; растрáчивание 5
vergewaltigen *tr* наси́ловать 2 (из-)
Vergewaltigung *f* изнаси́лование 5
ver|gewissern, sich *refl* убе|ждáться ⟨-ди́ться 3⟩ (über в *P*); **~gießen** *tr* проливáть ⟨проли́ть*⟩; **~giften** *tr* отрав|ля́ть ⟨-и́ть 3⁺ -лю́⟩; sich ≈ *refl* отрав|ля́ться ⟨-и́ться⟩
Vergiftung *f* отравлéние 5
vergilben *intr* желтéть (по-)
Vergißmeinnicht *n Bot* незабýдка 6
ver|gittern *tr* обноси́ть 3⁺ -ношý ⟨-|нести́*⟩ решёткой; Fenster снаб|жáть ⟨-ди́ть 3 -жý⟩ решёткой; **~gittert** решётчатый; **~glasen** *tr* за-, остекл|я́ть ⟨-и́ть 3⟩
Ver|glasung *f* застеклéние 5; **~gleich** *m* сравнéние 5; *Jur* компроми́сс 2, мировáя сдéлка 6 | im ≈ zu etw. по сравнéнию с чем-н., в сравнéнии с чем-н.; einen ≈ anstellen проводи́ть 3⁺ -вожý ⟨-|вести́*⟩ сравнéние; das hält keinen ≈ aus э́то не идёт ни в какóе сравнéние; der ≈ hinkt сравнéние хромáет
vergleichbar сравни́м:ый
vergleichen *tr* срáвнивать ⟨сравни́ть 3⟩; gegenüberstellen сопост|авля́ть ⟨-áвить 3 -áвлю⟩; sich ~ *refl* сравни́ться *v*, равня́ть себя́ | die Kopie mit dem Original ~ сверя́ть ⟨свéрить 3⟩ кóпию с пóдлинником; vergleichen Sie die Zeit! свéрьте часы́!, провéрьте врéмя!; er kann sich mit ihm nicht ~ он не мóжет равня́ться с ним; **~d** сравни́тельный | ≈e Sprachwissenschaft сравни́тельное языкознáние
Vergleichsdaten *Pl* сравни́тельные дáнные *Pl* 10
vergleichsweise *Adv* сравни́тельно
ver|glimmen *intr* истл|евáть ⟨-éть⟩; **~glühen** *intr* гáснуть 4a, мéдленно потухáть; Abendrot догор|áть ⟨-éть 3⟩ | in der Atmosphäre ≈ Rakete сгор|áть ⟨-éть 3⟩ в атмосфéре; **~gnügen, sich** *refl* развлекáться ⟨-|влéчься*⟩, весели́ться 3
Vergnügen *n* удовóльствие 5 (an в *P*); feierliches прáздник 2; Abendveranstaltung вéчер 2b | zum ~ рáди удовóльствия; viel ~! желáю хорошó повесели́ться!; es ist mir ein ~ э́то доставля́ет мне удовóльствие
ver|gnüglich забáв|ный| -ен; **~gnügt** весёлый| вéсел| веселá!
Vergnügungs|park *m* парк с аттракциóнами; **~reise** *f* увесели́тельная поéздка; **~sucht** *f* страсть 9 к развлечéниям, жáжда 6 развлечéний
vergnügungssüchtig пáд|кий| -ок| -ка на развлечéния
vergolde|n *tr* золо|ти́ть 3 -чý (по-); **~t** позолóченный
Vergoldung *f* das Vergolden золочéние 5; Goldauflage позолóта 6
ver|gönnen *tr* дозв|оля́ть ⟨-óлить 3⟩ | wenn es mir vergönnt ist éсли мне сужденó; es war mir nicht vergönnt э́то мне не данó, мне нé было сужденó; **~göttern** *tr* обожáть *a. übertr,* обоготвор|я́ть ⟨-и́ть 3⟩
Vergötterung *f* обожáние 5, обоготворéние 5
ver|graben *tr* закáпывать ⟨-копáть⟩, зарывáть ⟨-|ры́ть*⟩; sich ≈ *refl* закáпываться ⟨-копáться⟩, зарывáться ⟨-ры́ться⟩ | sich in Bücher ≈ погр|ужáться ⟨-узи́ться 3 -ужýсь| -ýзи́шься⟩ в кни́ги; **~grämt** скóрб|ный| -ен, печáл|ьный| -ен| -ьна; **~graulen** *tr* запýгивать ⟨-пугáть⟩; **~greifen, sich** *refl* ошибáться ⟨-|шиби́ться*⟩ | sich an j-m ≈ поднимáть ⟨подня́ть*⟩ рýку на когó-н.; sich an fremdem Eigentum ≈ посяг|áть ⟨-нýть 4⟩ на чужýю сóбственность; sich im Ausdruck ≈ непристóйно выражáться; **~griffen**: das Buch ist ≈ кни́га распрóдана; **~größern** *tr* увели́ч|ивать ⟨-ить 3⟩; erweitern расширя́ть ⟨-ши́рить 3⟩; sich ≈ *refl* увели́ч|иваться ⟨-иться⟩; расширя́ться ⟨-ши́риться⟩
Vergrößerung *f* увеличéние 5 *a. Foto*
Vergrößerungs|gerät *n Foto* увеличи́тель 1; **~glas** *n* увеличи́тельное стеклó

Vergünstigung *f* льгóта 6 | eine ~ gewähren предост|авля́ть ⟨-áвить 3 -áвлю⟩ льгóту
vergüten *tr* возме|щáть ⟨-сти́ть 3 -щý⟩; Objektiv просветл|я́ть ⟨-и́ть 3⟩; Arbeit entlohnen вознагра|ждáть ⟨-ди́ть 3 -жý⟩
Vergütung *f* возмещéние 5; просветлéние 5; вознаграждéние 5
verhaften *tr* арест|óвывать ⟨-овáть 2⟩, задéрживать ⟨-держáть 3⁺⟩
Verhaft|eter *m* арестóванный *Subst* 10; **~ung** *f* арéст 2
ver|hageln *intr* быть* поби́тым грáдом; **~haken, sich** *refl* зацеп|ля́ться ⟨-и́ться 3⁺ -лю́сь⟩; **~hallen** *intr* затихáть ⟨-ти́хнуть 4a⟩, замирáть ⟨-|мерéть*⟩; **~halten** *tr* Lachen, Tränen сдéрживать ⟨-держáть 3⁺⟩; Atem задéрживать ⟨-держáть⟩; sich ≈ *refl* вести́* себя́; относи́ться 3⁺ -ношýсь ⟨-|нести́сь*⟩ (zu к *D*) *a. Math;* Angelegenheit обстоя́ть 3 | sich ruhig ~ вести́ себя́ спокóйно; die Sache verhält sich so дéло обстои́т так
Verhalten *n* отношéние 5 (gegen к *D*); Betragen поведéние 5
Verhältnis *n* отношéние 5 *a. Math;* zueinander соотношéние 5; Proportion пропóрция 8; Liebelei любóвная связь 9; Umstand, *meist Pl* ~se услóвия *Pl* 5 | im ~ zu в отношéнии *G;* freundschaftliches ~ дрýжеские отношéния; er kommt aus kleinen ~sen, er hat in ärmlichen ~sen gelebt он жил в бéдности [в плохи́х услóвиях]; politische ~se полити́ческая обстанóвка 6; unter dem Zwang der ~se в си́лу обстоя́тельств; für meine ~se по мои́м срéдствам; über seine ~se leben жить* вы́ше свои́х средств, жить не по срéдствам
verhältnismäßig *Adv* относи́тельно
Verhältnis|wahl *f* пропорционáльные вы́боры; **~wort** *n Gramm* предлóг 2
Verhaltungsmaßregeln *f Pl* прáвила *Pl* 4 поведéния
verhandeln *intr* вести́* переговóры (mit j-m über с кем-н. о *P*); *Jur* слýшать [разбирáть] дéло
Verhandlung *f Jur* слýшание 5 дéла; ~en *Pl* переговóры *Pl* 2 | ~en anbahnen подгот|овля́ть ⟨-óвить 3 -óвлю⟩ переговóры; ~en führen вести́ переговóры; zu ~en bereit готóв вести́ переговóры; in ~en eintreten вступ|áть ⟨-и́ть 3⁺⟩ в переговóры; bei ~en на переговóрах
Verhandlungs|bereitschaft *f* готóвность 9 вести́ переговóры; **~partner** *m* сторонá 6a в переговóрах; **~sprache** *f* рабóчий 11 язы́к переговóров; **~tisch** *m:* sich an den ≈ setzen сади́ться ⟨сесть*⟩ за стол переговóров; **~weg** *m:* auf dem ≈ путём переговóров
verhängen *tr* Fenster завé|шивать ⟨-сить 3 -шу⟩ | eine Strafe über j-n ~ налагáть ⟨-ложи́ть 3⁺⟩ на когó-н. наказáние
Verhängnis *n* злáя ýчасть 9 | j-n zum ~ werden станов|и́ться 3 -лю́сь ⟨стать*⟩ роковы́м для когó-н.
verhängnisvoll роковóй
verharmlosen *tr* преум|еньшáть ⟨-éньшить 3⟩ серьёзность *G;* Gefahr умал|я́ть ⟨-и́ть 3⟩ (опáсность *G*)
verhärmt удручённый гóрем
ver|harren *intr* auf einer Meinung, Forderung наст|áивать ⟨-оя́ть 3⟩ (auf на *P*), упóрствовать 2 (auf в *P*) ‖ auf seinem Beschluß ≈ о|ставáться* ⟨-|стáться*⟩ при своём решéнии; in Schweigen ≈ храни́ть 3 молчáние; in einer Stellung ≈ застывáть ⟨-|сты́ть*⟩ в однóй пóзе; **~harschen** *intr:* der Schnee ist verharscht снег обледенéл; **~harscht** обледенéлый; **~härten** *intr u.* sich ≈ *refl* затверд|евáть ⟨-éть⟩; *übertr* черствéть (о-, за-)
Verhärtung *f* затвердéние 5 *a. Med; übertr* очерствéние 5
ver|haspeln, sich *refl* запýт|ываться ⟨-аться⟩; **~haßt** ненави́ст|ный, -ен; **~hätscheln** *tr* баловáть 2 (из-)
ver|hauen *tr umg* откол|оти́ть *v* 3⁺ -очý, колоти́ть (по-); sich ≈ *refl umg* дéлать (с-) оши́бку, дать* мáху; **~heben, sich** *refl* над|рывáться ⟨-о|рвáться*⟩; **~heeren** *tr* опустош|áть ⟨-и́ть 3⟩; **~heerend** *umg* разруши́тел|ьный, -ен, -ьна, опустоши́тел|ьный, -ен, -ьна
Verheerung *f* опустошéние 5, разрушéние 5
ver|hehlen *tr* с|крывáть ⟨-кры́ть*⟩, утáивать ⟨-таи́ть 3⟩ | ich konnte ihm nicht ≈, daß ... я не мог скрыть от негó, что ...; **~heilen** *intr* заживáть ⟨зажи́ть*⟩; **~heimlichen** *tr* скрывáть ⟨-кры́ть*⟩ (vor от *G*), утáивать ⟨-таи́ть 3⟩ (vor от *G*) | da gibt's doch nichts zu ≈! здесь и скрывáть нéчего!; **~heiraten** *tr* vom Mann жени́ть *uv, v* 3⁺ на *P;* von der Frau вы|давáть* ⟨вы́|дать*⟩ зáмуж за *A;* sich ≈ *refl* вступ|áть ⟨-и́ть 3⁺ -лю́⟩ в брак; vom Mann жени́ться *uv, v* на *P;* von der Frau вы́|йти* *v* зáмуж за *A* | Ihre Tochter ist glücklich verheiratet вáша дочь удáчно вы́шла зáмуж; sie ist verheiratet онá зáмужем; **~heiratet** Mann женáт|ый; Frau замýжняя 11 | sie sind ≈ они́ женáты
Verheiratung *f* вступлéние 5 в брак
ver|heißungsvoll многообещáющий 11; **~heizen** *tr* сжигáть ⟨-|жечь*, сожгý⟩; **~helfen** *intr:* j-m zu etw. ≈ помогáть ⟨-|мóчь*⟩ комý-н. в чём-н., устр|áивать ⟨-óить 3⟩ комý-н. что-н.; **~herrlichen** *tr* просл|авля́ть ⟨-áвить 3 -áвлю⟩
Verherrlichung *f* прославлéние 5
ver|hetzen *tr* подстрек|áть ⟨-нýть 4⟩; **~he-**

xen *tr* околд|о́вывать ⟨-ова́ть 2⟩ | das ist (doch rein) wie verhext! э́то чертовщи́на кака́я-то!; **~hindern** *tr* предотвра|ща́ть ⟨-ти́ть 3 -щу́⟩; vereiteln расстр|а́ивать ⟨-о́ить 3⟩ | ich war verhindert, rechtzeitig zu kommen я не мог прийти́ ра́ньше [во́время]; er war dienstlich verhindert (zu kommen) служе́бные дела́ поме-ша́ли ему́ прийти́

Verhinderung *f* предотвраще́ние 5

verhöhnen *tr* издева́ться над *I*, насме-ха́ться над *I*

Verhöhnung *f* издева́тельство 4, насме́-шка 6

verholen *tr Mar* букси́ровать 2 (от-)

Verhör *n* допро́с 2 | ins ~ nehmen допр|а́-шивать ⟨-оси́ть 3⁺ -ошу́⟩

ver|hören *tr Jur* допр|а́шивать ⟨-оси́ть 3⁺ -ошу́⟩; sich ≈ *refl* ослы́шаться *v* 3; **~hornen** *intr* орогов|ева́ть ⟨-е́ть⟩; **~hüllen** *tr* за-, по|крыва́ть ⟨-|кры́ть*⟩, за-, о|ку́-тывать ⟨-ку́тать⟩; **~hungern** *intr* уми-ра́ть ⟨-|мере́ть*⟩ с го́лоду | j-n ≈ lassen мори́ть 3 кого́-н. го́лодом; **~hunzen** *tr umg* по́р|тить 3 -чу (ис-), обезобра́|жи-вать ⟨-зить 3 -жу⟩; **~hüten** *tr* предотвра|ща́ть ⟨-ти́ть 3 -щу́⟩, предох-ран|я́ть ⟨-и́ть 3⟩; **~hütten** *tr* Erz пла́в|ить 3 -лю (руду́)

Ver|hüttung *f* металлурги́ческая перера-бо́тка 6; **~hütung** *f* предотвраще́ние 5, предохране́ние 5

Verhütungsmittel *n Med* противозача́точ-ное сре́дство

verirren, sich *refl* заблу|ди́ться *v* 3⁺ -жу́сь

Verirrung *f* заблужде́ние 5

ver|jagen *tr* Tiere прогоня́ть ⟨-|гна́ть*⟩ *a. übertr,* отгоня́ть ⟨ото|гна́ть*| отгоню́| ото́гнанный⟩ *a. übertr;* Menschen из-гоня́ть ⟨-|гна́ть*⟩; **~jähren** *intr Jur* теря́ть (по-) си́лу за да́вностью; **~jährt** просро́-ченный; *Jur* неподсу́дный за да́вностью

Verjährung *f Jur* да́вность 9

Verjährungsfrist *f Jur* срок да́вности

ver|jubeln *tr* Geld растранжи́р|ивать ⟨-ить 3⟩; **~jüngen** *tr* омол|а́живать ⟨-оди́ть 3 -ожу́⟩ *a. übertr; Tech* утонч|а́ть ⟨-и́ть 3⟩; sich ≈ *refl* молоде́ть (по-) | die Säule verjüngt sich коло́нна су́живается

Verjüngung *f* омоложе́ние 5; *Tech* сужé-ние 5

ver|kalken *intr Med* обызвеств|ля́ться ⟨-и́ться 3⟩; **~kalkulieren, sich** *refl* оши-ба́ться ⟨-|шиби́ться*⟩ в расчёте, просч|и́-тываться ⟨-ита́ться⟩

Verkalkung *f Med* склеро́з 2

ver|kanten *tr* beim Schießen сва́ливать ⟨свали́ть 3⁺⟩; **~kappt** скры́тый; Agent та́йный; **~kapseln, sich** *refl Med* инкап-сули́роваться 4; **~käsen** *intr* створ|а́жи-ваться ⟨-о́житься⟩; **~katert:** er sah ≈ aus с похме́лья он име́л потрёпанный вид

Verkauf *m* прода́жа 6 | zum ~ gelangen поступ|а́ть ⟨-и́ть 3⁺⟩ в прода́жу

verkaufen *tr* про|дава́ть* ⟨прода́ть*⟩; sich ~ *refl* продава́ться ⟨прода́ться⟩ | über die Straße ~ продава́ть навы́нос

Verkäufer *m* продав|е́ц| -ца́ 2; **~in** *f* про-давщи́ца 6

verkäuflich прода́жный | leicht ~ хо́д|-кий| -ок| -ка́!; schwer ~ нехо́д|кий| -ок| -ка́!

Verkaufs|ausstellung *f* вы́ставка-про-да́жа 6-6; **~kultur** *f* культу́ра обслу́жи-вания [торго́вли]; **~personal** *n* продав-цы́ *Pl* 2; **~preis** *m* прода́жная цена́; **~raum** *m* торго́вое помеще́ние; **~schlager** *m* хо́дкий това́р 2; **~stand** *m* лар|ёк| -ька́ 2, пала́тка 6; **~stelle** *f* магази́н 2; **~stellenausschuß** *m* сове́т 2 покупа́-телей (магази́на); **~stellenleiter** *m* зав-ма́г 2, заве́дующий *Subst* 11 магази́-ном

Verkehr *m* движе́ние 5; Verkehrsverbindung сообще́ние 5; Nachrichtenverkehr связь 9; Umgang обще́ние 5 (mit с *I*); Geldumlauf обраще́ние 5; geschlechtlicher сноше́ния *Pl* | telegrafischer ~ те-легра́фная связь; schwacher ~ неболь-шо́е движе́ние; kreuzungsfreier ~ *Kfz* движе́ние без пересече́ний; aus dem ~ ziehen Geld изыма́ть ⟨изъя́ть*⟩ из обра-ще́ния; gesellschaftlichen ~ pflegen вра-ща́ться в о́бществе; die neue Brücke wurde dem ~ übergeben но́вый мост был откры́т для движе́ния; den ~ umleiten измен|я́ть ⟨-и́ть 3⁺⟩ направле́ние движе́ния

verkehren *tr:* etw. ins Gegenteil ~ изврa|-ща́ть ⟨-ти́ть 3 -щу́⟩ что-н.; *intr* Verkehrsmittel ходи́ть 3⁺, курси́ровать 2 | mit j-m ~ обща́ться с кем-н.; in einem Lokal ~ (ча́сто) быва́ть в рестора́не

Verkehrs|ader *f* тра́нспортная маги-стра́ль 9; **~ampel** *f* светофо́р 2; **~dichte** *f* пло́тность 9 движе́ния; **~disziplin** *f* со-блюде́ние 5 пра́вил у́личного дви-же́ния; **~erziehung** *f* обуче́ние пра́ви-лам у́личного движе́ния; **~flugzeug** *n* пассажи́рский [тра́нспортный] само-лёт; **~fluß** *m* тра́нспортный пото́к; **~garten** *m* де́тский автогород|о́к| -ка́; **~hindernis** *n* поме́ха 6 движе́нию, пре-пя́тствие| меша́ющее 11 тра́нспорту; **~insel** *f* остров|о́к| -ка́ 2 безопа́сности; **~karte** *f* ка́рта путе́й сообще́ния; **~knoten(punkt)** *m* тра́нспортный у́зел; **~lärm** *m* шум от у́личного движе́ния; **~mittel** *n* тра́нспортное сре́дство; **~ordnung** *f* поря́док движе́ния; **~planung** *f* плани́рование движе́ния; **~polizei** *f* до-ро́жная поли́ция; **~polizist** *m* регулиро́-вщик 2 (у́личного движе́ния); автоин-спе́ктор 2; **~regel** *f* пра́вило у́личного

движéния; **~regelung** *f* регули́рование у́личного движéния
verkehrs|reich оживлён:ный| -на; **~schwach**: ~e Zeit часы́ *Pl* 2 наимéньшей нагру́зки трáнспорта; **~sicher** безопáс|ный| -ен для движéния; Fahrzeug испрáв|ный| -ен
Verkehrs|sicherheit *f* безопáсность движéния; **~sprache** *f* язы́к 2е (межнационáльного) общéния; **~stockung** *f* затóр 2, прóбка 6; **~sünder** *m* нарушитель 1 (прáвил у́личного движéния); **~teilnehmer** *m* учáстник дорóжного движéния; *Pl* води́тели *Pl* 1 и пешехóды *Pl* 2; **~toter** *m* поги́бший *Subst* 11 в результáте дорóжной катастрóфы; **~träger** *m* вид трáнспорта; **~unfall** *m* несчáстный слу́чай 1, (дорóжное) происшéствие 5; mit Personenschaden (дорóжная) катастрóфа 6; **~unterricht** *m*= **~erziehung; ~weg** *m* путь сообщéния; **~wesen** *n* трáнспорт 2 | im ≈ на трáнспорте
verkehrswidrig противорéчащий 11 прáвилам у́личного движéния | sich ~ verhalten нарушáть ⟨-ру́шить 3⟩ прáвила у́личного движéния
Verkehrszeichen *n* дорóжный знак
verkehrt 1. *Adj* falsch непрáвил|ьный, -ен| -ьна| невéр|ный| -ен| -на **2.** *Adv* umgekehrt наоборóт; Innenseite nach außen anziehen наизнáнку
ver|keilen *tr Tech* закл|и́нивать ⟨-ини́ть 3⟩, закреп|ля́ть ⟨-и́ть 3 -лю́⟩ кли́ньями; **~kennen** *tr* zu gering bewerten недооц|éнивать ⟨-ени́ть 3⁺⟩; nicht erkennen не осо|знавáть* ⟨не осознáть⟩ | es ist nicht zu ≈ нельзя́ не признáть …, совершéнно я́вно …; verkanntes Genie непри́знанный гéний; **~ketten** *tr übertr* свя́зывать ⟨-|вязáть*⟩
Verkettung *f übertr* стечéние 5 | eine unglückliche ~ von Umständen неблагоприя́тное стечéние обстоя́тельств
ver|kitten *tr* замáзывать ⟨-|мáзать*⟩; **~klagen** *tr* по|давáть* ⟨подáть*⟩ жáлобу [иск] (j-n wegen на когó-н. за *A*); **~klammern** *tr* скреп|ля́ть ⟨-и́ть 3 -лю́⟩ скобáми; **~klausulieren** *tr* огов|áривать ⟨-ори́ть 3⟩; **~kleben** *tr* заклé|ивать ⟨-ить 3⟩; **~kleiden** *tr Bauw* обшивáть ⟨-|ши́ть*| обошью́⟩; sich ≈ *refl* переодевáться ⟨-о|дéться*⟩ (als *I*)
Verkleidung *f Bauw* обши́вка 6, облицóвка 6; mit Kleidung переодевáние 5
verkleinern *tr* уменьшáть ⟨умéньшить 3⟩; Erfolg умал|я́ть ⟨-и́ть 3⟩
Verkleinerung *f* уменьшéние 5; умалéние 5
Verkleinerungsform *f* уменьши́тельная фóрма
ver|klemmt *übertr* скóванный; **~klingen** *intr* отзвучáть *v* 3, замирáть ⟨-|мерéть*⟩; **~knacksen** *tr*: sich den Fuß ≈ выви́хивать ⟨вы́вихнуть 4⟩ себé нóгу; **~kneifen** *tr* удéрживаться ⟨удержáться 3⁺⟩ от *G* | das muß ich mir ≈ от э́того мне придётся отказáться; sich das Lachen ≈ удержáться от смéха; den Schmerz ≈ стерп|éть *v* 3⁺ -лю́ боль; **~knöchern** *intr* окостен|евáть ⟨-éть⟩; *übertr* коснéть (за-); **~knöchert** окостенéлый; *übertr* закоснéлый, окостенéлый
Verknöcherung *f* окостенéние 5; Zustand окостенéлость 9
ver|knöpfen, sich невéрно за|стёгиваться ⟨-стегну́ться 4⟩; **~knorpeln** *intr* превра|щáться ⟨-ти́ться 3⟩ в хрящ; **~knoten** *tr* завя́зывать ⟨-|вязáть*⟩ узлóм; **~knüpfen** *tr* свя́зывать ⟨-|вязáть*⟩ *a. übertr* | das ist mit großen Schwierigkeiten verknüpft э́то свя́зано [сопряженó] с больши́ми затруднéниями
Verknüpfung *f* свя́зывание 5; *übertr* связь 9| в свя́зи
¹verkohlen *tr* обу́гл|ивать ⟨-ить 3⟩; *intr* обу́гл|иваться ⟨-иться⟩
²verkohlen *tr umg* одурáч|ивать ⟨-ить 3⟩
ver|koken *tr Tech* коксовáть 2; **~kommen 1.** *Adj* запу́щенный; Mensch опусти́вшийся 11 **2.** *intr* Wirtschaft при|ходи́ть 3⁺ ⟨-|йти́*⟩ в упáдок; Menschen опу|скáться ⟨-сти́ться 3⁺ -щу́сь⟩
ver|korken *tr* заку́пор|ивать ⟨-ить 3⟩; **~körpern** *tr* вопло|щáть ⟨-ти́ть 3 -щу́⟩, олицетвор|я́ть ⟨-и́ть 3⟩
Verkörperung *f* воплощéние 5, олицетворéние 5
ver|kosten *tr* дегусти́ровать *uv, v* 2; **~köstigen** *tr* давáть* ⟨дать*⟩ стол *D*; **~krachen, sich** *refl umg* рассóриться *v* 3; **~kracht**: eine ≈e Existenz погу́бленная жизнь; **~krampft** су́дорож|ный| -ен; **~kriechen, sich** *refl* залезáть ⟨-|лéзть*⟩; sich verstecken пря́|таться| -чусь| -чешься (с-) (vor от *G*); **~krümmen** *tr* искрив|ля́ть ⟨-и́ть 3 -лю́⟩
Verkrümmung *f* искривлéние 5
ver|krüppeln *intr* калéчиться 3 (ис-); **~krüppelt** искалéчен:ный| -а, покалéчен:ный| -а
ver|kümmern *intr* хирéть (за-), чáхнуть 4а (са-); **~kümmert** чáхл:ый; **~künden** *tr* объяв|ля́ть ⟨-и́ть 3⁺ -лю́⟩, провозгла|шáть ⟨-си́ть 3 -шу́⟩; feierlich возве|щáть ⟨-сти́ть 3 -щу́⟩
Verkündung *f* объявлéние 5, провозглашéние 5; возвещéние 5
ver|kuppeln *tr* Personen свáтать (со-); **~kürzen** *tr* укор|áчивать ⟨-оти́ть 3 -очу́⟩; verringern сокра|щáть ⟨-ти́ть 3 -щу́⟩; **~kürzt**: ≈e Arbeitszeit сокращённое рабóчее врéмя
Verkürzung *f* укорочéние 5, сокращéние 5

Verladebrücke *f* погру́зочная эстака́да 6
verladen *tr* погр|ужа́ть ⟨-узи́ть 3 -ужу́, -у́зи́шь⟩, грузи́ть (по-)
Verladerampe *f* погру́зочная платфо́рма [площа́дка] 6
Verladung *f* погру́зка 6
Verlag *m* изда́тельство 4
verlagern *tr* переме|ща́ть ⟨-сти́ть 3 -щу́⟩
Verlagerung *f* перемеще́ние 5
Verlags|recht *n* пра́во изда́ния; **~vertrag** *m* изда́тельский догово́р; **~wesen** *n* изда́тельское де́ло 4b
verlanden *intr* See образ|о́вывать ⟨-ова́ть 2⟩ о́тмели
verlangen *tr* тре́бовать 2 (по-) *A*, Zeit, Mut *G;* wünschen про|си́ть 3⁺ -шу́ (по-) *A oder G* I Sie werden am Telefon verlangt вас вызыва́ют к телефо́ну; der Kranke verlangt nach dem Arzt больно́й тре́бует (вы́звать) врача́; diese Ware wird viel verlangt на э́тот това́р (име́ется) большо́й спрос
Verlangen *n* жела́ние 5; Forderung тре́бование 5 I ~ nach etw. жа́жда 6 чего́-н.; auf ~ по ттре́бованию
verlängern *tr* удлин|я́ть ⟨-и́ть 3⟩; zeitlich продл|ева́ть ⟨-и́ть 3⟩, отсро́ч|ивать ⟨-ить 3⟩; Straße продо́лжить *v* 3 I einen Paß ~ отсро́чить па́спорт
Verlängerung *f* удлине́ние 6; продле́ние 5, отсро́чка 6; продолже́ние 5
Verlängerungsschnur *f* удлини́тельный шнур 2e, удлини́тель 1
verlangsamen *tr* за|медля́ть ⟨-ме́длить 3⟩; sich ~ *refl* замедля́ться ⟨-ме́длиться⟩
Verlaß *m:* es ist kein ~ auf ihn на него́ нельзя́ полага́ться
verlassen 1. *Adj* одино́к:ий, поки́нутый **2.** *tr* ост|авля́ть ⟨-а́вить 3 -а́влю⟩, по|кида́ть ⟨-ки́нуть 4⟩; weggehen ухо|ди́ть 3⁺ -жу́ ⟨у|йти́*⟩; abreisen уезжа́ть ⟨-|е́хать*⟩; sich ~ *refl* по|лага́ться ⟨-ло-жи́ться 3⁺⟩ (auf на *A*)
Verlassenheit *f* одино́чество 4
verläßlich надёж|ный, -ен
Verlaub *m:* mit ~ zu sagen с позволе́ния сказа́ть
Verlauf *m* ход 2, тече́ние 5 I im ~e der Debatte в хо́де пре́ний; ~ der Grenze ли́ния 8 грани́цы; die Krankheit nahm einen ungünstigen ~ боле́знь приняла́ дурно́й оборо́т
ver|laufen *intr* проходи́ть 3⁺ ⟨-|йти́*⟩, протека́ть ⟨-|те́чь*⟩; sich ≈ *refl* заблу|ди́ться *v* 3⁺ -жу́сь; Wasser спада́ть ⟨-|пасть*⟩ I die Straße verläuft gerade доро́га идёт пря́мо; die Angelegenheit ist gut ≈ де́ло ко́нчилось хорошо́ [благополу́чно]; das Kind hat sich ≈ ребёнок заблуди́лся; die Menge hat sich ≈ толпа́ разошла́сь; die Sache ist im Sand ≈ де́ло загло́хло; **~leben** *tr* Zeit проводи́ть 3⁺ -вожу́ ⟨-|вести́*⟩; Geld прожива́ть ⟨прожи́ть*⟩; **~lebt** пота́сканный; **~legen 1.** *Adj* смущ|ённый, -ён, -ена́ I er wurde ≈ он смути́лся; ich war um eine Antwort ≈ я затрудня́лся дать отве́т; er ist nie um eine Antwort ≈ он за сло́вом в карма́н не ле́зет **2.** *tr* Gegenstände заложи́ть 3⁺ *v,* за|со́вывать ⟨-су́нуть 4⟩ куда́-н.; Termin переноси́ть 3⁺ -ношу́ ⟨-|нести́*⟩; Betrieb переводи́ть 3⁺ -вожу́ ⟨-|вести́*⟩ в друго́е ме́сто; Rohre у|кла́дывать ⟨-ложи́ть 3⁺⟩; Bücher из|дава́ть* ⟨изда́ть*⟩ I j-m den Weg ≈ прегра|жда́ть ⟨-ди́ть 3 -жу́, -ждённый⟩ кому́-н. путь; sich auf etw. ≈ стара́тельно занима́ться ⟨заня́ться; заня́лся́⟩ чем-н.
Verleg|enheit *f* смуще́ние 5; Schwierigkeit затрудне́ние 5 I in ≈ bringen сму|ща́ть ⟨-ти́ть 3 -щу́⟩; in ≈ geraten сму|ща́ться ⟨-ти́ться⟩, застесня́ться *v;* er bringt mich in ≈ он ста́вит меня́ в затрудни́тельное положе́ние; **~er** *m* изда́тель 1; **~ung** *f* перенесе́ние 5; Schienen, Leitung укла́дка 6, прокла́дка; перево́д 2
verleiden *tr* испо́р|тить *v* 3 -чу; Abscheu einflößen внуш|а́ть ⟨-и́ть 3⟩ отвраще́ние к *D* I j-m die Freude an etw. ~ отрав|ля́ть ⟨-и́ть 3⁺ -лю́⟩ кому́-н. ра́дость чего́-н.
Verleih *m* прока́т 2; Ausleihstelle ателье́ *n idkl* прока́та (für *G*)
verleihen *tr* Bücher, Geräte дава́ть* ⟨дать*⟩ напрока́т; Orden награ|жда́ть ⟨-ди́ть 3 -жу́; -ждённый⟩ I einem Gedanken Ausdruck ~ вы́ра|зить *v* 3 -жу мысль; einen Titel ~ присв|а́ивать ⟨-о́ить 3⟩ зва́ние
Verleih|er *m* von Filmen прока́тчик 2; **~ung** *f* Orden награжде́ние 5; Titel присвое́ние 5
ver|leiten *tr* соблазн|я́ть ⟨-и́ть 3⟩; sich ≈ lassen соблазн|я́ться ⟨-и́ться⟩; **~lernen** *tr* раз|у́чиваться ⟨-учи́ться 3⁺⟩ *mit Inf;* Handwerk забыва́ть ⟨-|бы́ть*, -была́⟩; **~lesen** *tr* зачи́тывать ⟨-чита́ть⟩; öffentlich огла|ша́ть ⟨-си́ть 3 -шу́⟩; sortieren сортирова́ть 2 (рас-); sich ≈ *refl* ошиба́ться ⟨-|шиби́ться*⟩ при чте́нии; **~letzbar** уязви́м:ый; **~letzen** *tr* ра́нить *uv, v* 3, повре|жда́ть ⟨-ди́ть 3 -жу́, -ждённый⟩; durch Schlag у|шиба́ть ⟨-|шиби́ть*⟩; kränken оскорб|ля́ть ⟨-и́ть 3 -лю⟩, задева́ть ⟨-|де́ть*⟩; Gesetz на|руша́ть ⟨-ру́шить 3⟩; sich ≈ *refl* ушиб|а́ться ⟨-и́ться⟩, пора́ниться *v* 3 (an о *A*); **~letzend** оскорби́тел|ьный, -ен, -ьна
Verletzung *f* ране́ние 5, поврежде́ние 5; Quetschwunde ушѝб 2; der Gesetze наруше́ние 5 I seinen ~en erliegen умере́ть* *v* от ран
ver|leugnen *tr* etw. отрица́ть; j-n отрека́ться ⟨-|ре́чься*⟩ от *G* I er ließ sich ≈ он проси́л сказа́ть, что его́ нет (до́ма);

~**leumden** *tr* клеветáть* (на-) на *A*, оклеветáть *v*
Verleumder *m* клеветни́к 2е
verleumderisch клеветни́ческий
Verleumdung *f* клеветá 6
Verleumdungskampagne *f* клеветни́ческая кампáния
ver|lieben, sich *refl* влюб|ля́ться ⟨-и́ться 3⁺ -лю́сь⟩ (in в *A*); ~**liebt** влюбл|ённый, -ён, -енá
Verliebter *m* влюблённый *Subst* 10
Verliebtheit *f* влюблённость 9
verlieren *tr* теря́ть (по-); einbüßen лиш|áться ⟨-и́ться 3⟩ *G;* утрá|чивать ⟨-тить 3 -чу⟩; verlegen затеря́ть *v;* Sport, Wette, Prozeß проигрывать ⟨-игрáть⟩; sich ~ *refl* теря́ться (по-), затеря́ться *v;* Geruch; Konturen пропадáть ⟨-|пáсть*⟩; Klang замирáть ⟨-|мерéть*⟩ | das Aroma ~ выдыхáться ⟨вы́дохнуться 4а⟩; in Gedanken verloren задýмавшись, погружённый в свои́ мы́сли; verloren geben считáть потéрянным, стáвить (по-) крест на *P;* sich in Einzelheiten ~ раз|мéниваться ⟨-меня́ться⟩ на мéлочи; sich in Träumen ~ пре|давáться* мечтáм
Ver|lierer *m* проигрáвший *Subst* 11; ~**lies** *n* подземéлье 5
verloben, sich *refl* обруч|áться ⟨-и́ться 3⟩
Verlob|te *f* невéста 6; ~**ter** *m* жени́х 2; ~**ung** *f* помóлвка 6, обручéние 5
verlocken *tr* соблазн|я́ть ⟨-и́ть 3⟩; ~**d** замáнчив:ый, соблазни́тел|ьный, -ен, -ьна
Verlockung *f* соблáзн 2
verlogen лжи́в:ый, изолгáвшийся 11
Verlogenheit *f* лжи́вость 9
ver|lohnen, sich *refl:* die Mühe verlohnt sich стóит потруди́ться; ~**loren:** ≈e Mühe напрáсный труд; der ≈e Sohn блýдный сын; ≈ geben считáть потéрянным; auf ≈em Posten kämpfen защи|щáть ⟨-ти́ть 3 -щý⟩ безнадёжное дéло; es ist alles ≈ всё пропáло; ~**lorengehen** *intr* теря́ться (по-), пропадáть ⟨-|пáсть*⟩ | an ihm ist ein Arzt verlorengegangen из негó вы́шел бы хорóший врач; ~**löschen** *intr* гáснуть 4а (по-, у-), потухáть ⟨-тýхнуть 4а⟩; ~**losen** *tr* разы́грывать ⟨-ыгрáть⟩
Verlosung *f* рóзыгрыш 2
ver|löten *tr* запáивать ⟨-пая́ть⟩; ~**lottern** *intr* опу|скáться ⟨-сти́ться 3⁺ -щýсь⟩
Verlust *m* потéря 7; der Rechte лишéние 5; beim Spiel прóигрыш 2 *G Pl* -ей; finanzieller убы́т|ок, -ка 2 | der Tod des Gelehrten ist ein großer ~ смерть учёного – тяжёлая утрáта; ~ erleiden нести́* (по-) убы́тки, терп|éть 3⁺ -лю́ (по-) убы́тки; das ist für mich ein ~ э́то мне в убы́ток; dieses Geschäft hat ihm nur ~e gebracht э́та сдéлка принеслá емý тóлько убы́тки
Verlustanzeige *f* объявлéние об утéре
verlustlos без потéрь
Verlustzeit *f* врéмя простóя
vermachen *tr* завещáть *uv, v*
Vermächtnis *f* завещáние 5 | nach dem ~ по завéту
Vermählung *f* бракосочетáние 5
ver|masseln *tr umg* пóр|тить 3 -чу (ис-); ~**mauern** *tr* замурó|вывать ⟨-овáть 2⟩; ~**mehren** *tr* умн|ожáть ⟨-óжить 3⟩, увели́ч|ивать ⟨-ить 3⟩; zahlenmäßig размн|ожáть ⟨-óжить⟩; sich ≈ *refl* умн|ожáться ⟨-óжиться⟩; *Biol* размн|ожáться ⟨-óжиться⟩
Vermehrung *f* умножéние 5, увеличéние 5; *Biol* размножéние 5
vermeidbar предотврати́м:ый
vermeiden *tr* из|бегáть ⟨-|бежáть*⟩ *G* | das ist nicht zu ~ э́того нельзя́ избежáть; helft Unfälle ~! помогáйте предотвращáть несчáстные слýчаи!
Vermeidung *f* избежáние 5 | zur ~ von во избежáние *G*
vermeintlich мни́мый, предполагáемый
ver|mengen *tr* смéшивать ⟨смешáть⟩; sich ≈ *refl* смéшиваться ⟨смешáться⟩; ~**menschlichen** *tr* очеловéч|ивать ⟨-ить 3⟩
Vermerk *m* за-, отмéтка 6
ver|merken *tr* отмечáть ⟨-мéтить 3 -мéчу⟩, дéлать (с-) замéтки о *P* | übel ≈ отмечáть с неудовóльствием; ~**messen** **1.** *Adj* Mensch дéрз|кий, -ок, -кá!, занóсчив:ый **2.** *tr* обмеря́ть ⟨-мéрить 3⟩; sich ≈ *refl* falsch messen ошибáться ⟨-|шиби́ться*⟩ при обмéре, промéр|ивать ⟨-ить 3⟩; sich erkühnen имéть смéлость
Ver|messenheit *f* дéрзость 9; ~**messung** *f* обмéр 2; Grundstück межевáние 5 | topographische ≈ топографи́ческая съёмка 6
Vermessungs|arbeiten *Pl* геодези́ческие рабóты; ~**ingenieur** *m* инженéр-геодези́ст 2-2; ~**kunde** *f* геодéзия [дэ] 8
vermieten *tr* Wohnung с|давáть* ⟨-|дать*⟩ внаём; Auto (от)давáть ⟨(от)дáть⟩ напрокáт | Zimmer zu ~ сдаётся кóмната; *Pl* сдаю́тся кóмнаты
Vermiet|er *m* сдаю́щий *Subst* 11 внаём; ~**erin** *f* сдаю́щая *Subst* 11 внаём; ~**ung** *f* Zimmer сдáча 6 внаём; Gegenstände прокáт 2
vermindern *tr* уменьшáть ⟨-мéньшить 3⟩, сокра|щáть ⟨-ти́ть 3 -щý⟩
Verminderung *f* уменьшéние 5, сокращéние 5
ver|minen *tr Mil* мини́ровать *uv, v* 2 (*a.* за-); ≈**mischen** *tr* смéшивать ⟨-мешáть⟩; sich ≈ *refl* смéшиваться ⟨-мешáться⟩; ~**missen** *tr* замечáть ⟨-мéтить 3 -мéчу⟩ отсýтствие *G,* жалéть (по-) об отсý-

тствии *G* | wir haben dich sehr vermißt тебя́ нам о́чень недостава́ло; er ist vermißt он пропа́л бе́з вести; **~mißt** *Mil* пропа́вший 11 бе́з вести; **~mitteln** *tr* Erfahrungen пере|дава́ть* ⟨переда́ть*⟩; *intr* im Streit посре́дничать (bei при *P*) | ein Abkommen ≈ посре́дничать при заключе́нии соглаше́ния

Vermittl|er *m* посре́дник 2; **~ung** *f* посре́дничество 4; Erfahrungen, Kenntnisse переда́ча 6; Telefon≈ коммута́тор 2

Vermittlungs|gebühr *f* комиссио́нный сбор, комиссио́нные *Subst* 10; **~vorschlag** *m* предложе́ние посре́дничества

vermodern *intr* истл|ева́ть ⟨-е́ть⟩

vermögen *tr* быть* в состоя́нии, мочь* | ich vermag nichts zu tun я бесси́лен; er hat sie zu bewegen vermocht … ему́ удало́сь их уговори́ть

Vermögen *n* иму́щество 4, состоя́ние 5; Fähigkeit спосо́бности *Pl* 9, uménie 5 | zu ~ kommen сост|авля́ть ⟨-а́вить 3 -а́влю⟩ себе́ состоя́ние

vermögend зажи́точ|ный| -ен, бога́т:ый

Vermögens|steuer *f* нало́г на иму́щество; **~verhältnisse** *n Pl* иму́щественное положе́ние 5

ver|mummen *tr* заку́т|ывать ⟨-ать⟩; sich ≈ *refl* заку́т|ываться ⟨-аться⟩; **~muten** *tr* предполага́ть ⟨предположи́ть 3⁺⟩; mutmaßen подозрева́ть | das läßt sich nur ≈ об э́том мо́жно лишь дога́дываться; **~mutlich** **1.** *Adj* предположи́тел|ьный| -ен| -ьна **2.** *Adv* наве́рно, вероя́тно

Vermutung *f* предположе́ние 5 | die ~ liegt nahe предположе́ние допусти́мо; die ~ haben, daß … предполага́ть| что …

vernachlässig|en *tr* пренебрега́ть ⟨пренебре́чь*⟩ *I;* j-n; Wirtschaft забр|а́сывать ⟨-о́сить 3 -о́шу⟩, отно|си́ться 3⁺ -шу́сь небре́жно к *D;* Wirtschaft, Krankheit, Arbeit запу|ска́ть ⟨-сти́ть 3⁺ -щу́⟩ | seine Pflichten ≈ пренебрега́ть свои́ми обя́занностями; **~t** запу́щенный | sie fühlt sich ≈ она чу́вствует себя́ забро́шенной

Vernachlässigung *f* пренебреже́ние 5 *I*, небре́жное отноше́ние 5 к *D*

ver|nageln *tr* закол|а́чивать ⟨-оти́ть 3⁺ -очу́⟩ (гвоздя́ми); **~nagelt:** er ist wie ≈ *umg* он глуп как про́бка; **~narben** *intr* зарубцо́вываться ⟨-рубцева́ться 2⟩, зажива́ть ⟨зажи́ть*⟩ *a. übertr;* **~narrt** до безу́мия влюблён:ный (in в *A*), си́льно увлечён:ный (in *I*); **~naschen** *tr* истра́|чивать ⟨-тить 3 -чу⟩ на ла́комства; **~nebeln** *tr Mil* прикрыва́ть ⟨-|кры́ть*⟩ дымово́й заве́сой; *übertr* затума́н|ивать ⟨-ить 3⟩; **~nehmbar** вня́т|ный| -ен; **~nehmen** *tr* hören слы́шать 3 (у-); *Jur* допр|а́шивать ⟨-оси́ть 3⁺ -ошу́⟩; **~nehmlich** вня́т|ный| -ен

Vernehmung *f Jur* допро́с 2

vernehmungsfähig *Jur:* der Zeuge ist nicht ~ свиде́тель не мо́жет быть допро́шен

verneigen, sich *refl* кла́няться ⟨поклони́ться 3⁺⟩ (vor *D*)

verneinen *tr* отрица́ть | eine Frage ~ отрица́тельно отв|еча́ть ⟨-е́тить 3 -е́чу⟩ на вопро́с; **~d** отрица́тел|ьный| -ен| -ьна

Verneinung *f* отрица́ние 5

vernichten *tr* уничт|ожа́ть ⟨-о́жить 3⟩; zerstören разруша́ть ⟨-ру́шить 3⟩; **~d** уничтожа́ющий 11 *a. übertr* | ≈e Niederlage по́лное пораже́ние

Vernichtung *f* уничтоже́ние 5; Zerstörung разруше́ние 5

ver|nickeln *tr* никели́ровать 2 (от-); **~niedlichen** *vt* Schwierigkeiten преу|меньша́ть ⟨-ме́ньшить 3⟩; **~nieten** *tr* закл|ёпывать ⟨-епа́ть| заклёпанный⟩, соедин|я́ть ⟨-и́ть 3⟩ заклёпками

Vernunft *f* ра́зум 2; gesunder Menschenverstand здра́вый смысл 2, рассу́д|ок| -ка 2; Besonnenheit рассуди́тельность 9 | zur ~ bringen образу́м|ить *v* 3 -лю; zur ~ kommen образу́миться *v*

vernünftig (благо)разу́м|ный| -ен, здравомы́слящий 11; besonnen рассуди́тел|ьный| -ен| -ьна, разу́мный | ~ werden образу́м|иться *v* 3 -люсь; sei ~! будь благоразу́мен!

vernünftigerweise *Adv* разу́мно, благоразу́мно

vernunftwidrig проти́в|ный| -ен здра́вому смы́слу

veröde|n *intr* пусте́ть (о-); **~t** опусте́вший 11, опусте́лый

Verödung *f* опусте́ние 5, запусте́ние 5; Entvölkerung обезлю́дение 5

veröffentlichen *tr* in der Presse публикова́ть 2 (о-); Bücher a. выпуска́ть ⟨выпу|стить 3 -щу⟩ (в свет)

Veröffentlichung *f* Tätigkeit опубликова́ние 5; Veröffentlichtes публика́ция 8 | in seinen ~en в его́ опублико́ванных труда́х [рабо́тах]

verordnen *tr* Medikament пропи́сывать ⟨-|писа́ть*⟩; Bettruhe, Diät предпи́сывать ⟨-писа́ть⟩; Kur назн|ача́ть ⟨-а́чить 3⟩

Verordnung *f Jur* постановле́ние 5; Anordnung распоряже́ние 5; *Med* предписа́ние 5

ver|pachten *tr* с|дава́ть* ⟨-|дать*⟩ в аре́нду; **~packen** *tr* упак|о́вывать ⟨-ова́ть 2⟩

Verpackung *f* упако́вка 6

Verpackungsmaterial *n* упако́вочный материа́л

ver|passen *tr* Person; Gelegenheit упу|ска́ть ⟨-сти́ть 3⁺ -щу́⟩ | den Zug ≈ оп|а́здывать ⟨-озда́ть⟩ на по́езд; mit dem Vortrag hast du nichts verpaßt ты ничего́ не потеря́л от того́| что не пошёл на

э́тот докла́д; **~pesten** *tr* отрав|ля́ть ⟨-и́ть 3⁺ -лю́⟩; **~pfänden** *tr* закла́дывать ⟨-ложи́ть 3⁺⟩
Verpfändung *f* закла́д 2
verpflanzen *tr* переса́живать ⟨-сади́ть 3⁺ -сажу́⟩; *Med* транспланти́ровать *uv, v* 2
verpflegen *tr* снаб|жа́ть ⟨-ди́ть 3 -жу́⟩ продово́льствием; Gäste корм|и́ть 3⁺ -лю́ (на-); *Mil* обеспе́ч|ивать ⟨-ить 3⟩ дово́льствием
Verpflegung *f* Beköstigung пита́ние 5; Kost продово́льствие 5 | in volle ~ nehmen брать* ⟨взять*⟩ на по́лный пансио́н
Verpflegungsstelle *f* пита́тельный пункт 2
verpflicht|en *tr* об|язывать ⟨-яза́ть, -яжу́, -я́жешь⟩; sich ≈ *refl* об|я́зываться ⟨-яза́ться⟩ | ich bin dir zu Dank verpflichtet я тебе́ (о́чень) обя́зан; er hat sich auf vier Jahre verpflichtet он заключи́л догово́р на четы́ре го́да; **~et** обя́зан:ный, -а
Verpflichtung *f* обяза́тельство 4, обя́занность 9 (gegenüber пе́ред *I*) | eine ~ übernehmen брать* ⟨взять*⟩ на себя́ обяза́тельство; j-m eine ~ auferlegen воз|лага́ть ⟨-ложи́ть 3⁺⟩ на кого́-н. обя́занность; einer ~ nachkommen выполня́ть ⟨вы́полнить 3⟩ обяза́тельство
ver|pfuschen *tr* по́р|тить 3 -чу (ис-); **~planen** *tr* плани́ровать 2 (за-); sich ≈ ошиба́ться ⟨-|шиби́ться*⟩ в плани́ровании; **~plappern, sich** *refl umg* проба́лтываться ⟨-болта́ться⟩; **~pönt** предосуди́тел|ьный, -ен, -ьна; **~prassen** *tr* растранжи́р|ивать ⟨-ить 3⟩; **~prügeln** *tr* избива́ть ⟨-|би́ть*, -обью́⟩; **~puffen** *intr Chem* вспы́х|ивать ⟨-нуть 4⟩; **~puppen, sich** *refl Zool* оку́кл|иваться ⟨-иться 3⟩
Verputz *m Bauw* штукату́рка 6
ver|putzen *tr Bauw* штукату́рить 3 (о-); **~quicken** *tr* свя́зывать ⟨-|вяза́ть*⟩; **~quollen**: seine Augen sind ≈ у него́ глаза́ распу́хли; **~rammeln** *tr* баррикади́ровать 2 (за-); **~rannt** поме́шан:ный, -а (in на *P*) | er ist in den Gedanken ≈ он поме́шан на э́той мы́сли
Verrat *m* изме́на 6 (an *D*), преда́тельство 4 (an по отноше́нию к *D*)
verraten *tr* измен|я́ть ⟨-и́ть 3⁺⟩ *D*, пре|дава́ть* ⟨преда́ть*⟩; ausplaudern разгла|ша́ть ⟨-си́ть 3 -шу́⟩; sich ~ *refl* выдава́ть ⟨вы́|дать*⟩ себя́ (durch *I*)
Verräter *m* изме́нник 2 (an *D*), преда́тель 1
verräterisch изме́ннический, преда́тельский
ver|rauchen *tr* Geld проку́ривать ⟨-кури́ть 3⁺⟩; *intr* sein Zorn ist verraucht его́ гнев прошёл; **~räuchern** *tr* Zimmer проку́ривать ⟨-кури́ть 3⁺⟩; **~rechnen** *tr* рассч|и́тывать ⟨-ита́ть⟩; sich ≈ *refl* обсч|и́тываться ⟨-ита́ться⟩ (um на *A*), просч|и́тываться ⟨-ита́ться⟩ (um на *A*) *a. übertr*
Verrechnung *f* расчёт 2 | nur zur ~ то́лько для перечисле́ния
Verrechnungs|einheit *f* расчётная едини́ца; **~konto** *n* расчётный счёт; **~scheck** *m* расчётный чек
ver|recken *intr vulg* по|дыха́ть ⟨-до́хнуть 4а⟩; **~regnet** дождли́вый; **~reiben** *tr* растира́ть ⟨-|тере́ть*, разотру́⟩; **~reisen** *intr* уезжа́ть ⟨-|е́хать*⟩ | sie ist drei Wochen verreist она́ уе́хала на три неде́ли; **~reißen** *tr umg* kritisieren раскритикова́ть *v* 2; **~renken** *tr* выви́хивать ⟨вы́вихнуть 4⟩
Verrenkung *f Med* вы́вих 2
ver|rennen, sich *refl* помеша́ться *v* (in на *P*); **~richten** *tr* ис|полня́ть ⟨-по́лнить 3⟩; **~riegeln** *tr* запира́ть ⟨запере́ть*⟩ на засо́в; **~ringern** *tr* уменьша́ть ⟨уме́ньшить 3⟩ (um на *A;* auf до *G*), сокра|ща́ть ⟨-ти́ть 3 -щу́⟩; sich ≈ *refl* уменьша́ться ⟨уме́ньшиться⟩ (um на *A;* auf до *G*), сокра|ща́ться ⟨-ти́ться⟩
Verringerung *f* уменьше́ние 5 (um на *A;* auf до *G*)
ver|rinnen *intr* Wasser вытека́ть ⟨вы́|течь*⟩; Zeit проходи́ть 3⁺ ⟨-|йти́*⟩, протека́ть ⟨-те́чь⟩; **~rohen** *intr* огруб|е-ва́ть ⟨-е́ть⟩
Verrohung *f* огрубе́ние 5
ver|rosten *intr* ржаве́ть (за-); **~rostet** ржа́вый, заржа́влен:ный; **~rotten** *intr* перепр|ева́ть ⟨-е́ть⟩; **~rucht** гну́с|ный, -ен, -на́!, прокля́т:ый; **~rücken** *tr* передв|ига́ть ⟨-и́нуть 4⟩, сдв|ига́ть ⟨-и́нуть⟩; **~rückt** сумасше́дший 11 | j-n ≈ machen своди́ть 3⁺ -вожу́ ⟨-|вести́*⟩ с ума́ кого́-н.; ≈ werden схо|ди́ть 3⁺ -жу́ ⟨со|йти́*⟩ с ума́, помеша́ться *v;* du bist wohl ≈! да ты с ума́ сошёл!; ≈ sein auf etw. сходи́ть с ума́ по чему́-н.
Verrückt|er *m* сумасше́дший *Subst* 11; **~heit** *f* безу́мие 5, сумасше́ствие 5
Verruf *m:* in ~ bringen дискредити́ровать *uv, v* 2, опоро́ч|ивать ⟨-ить 3⟩; in ~ geraten приобрета́ть ⟨-|обрести́*⟩ дурну́ю сла́ву [репута́цию]
verrufen по́льзующийся 11 дурно́й сла́вой [репута́цией]
ver|rühren *tr* разме́шивать ⟨-меша́ть⟩; **~rußen** *intr* копти́ться 3 (за-); **~rutschen** *intr* sich verschieben: Ladung переме|ща́ться ⟨-сти́ться 3⟩; Mütze съезжа́ть ⟨съ|е́хать*⟩
Vers *m* стих 2е | ~e machen сочин|я́ть ⟨-и́ть 3⟩ [писа́ть* (на-)] стихи́; sich keinen ~ auf etw. machen können ничего́ не понима́ть в чём-н.
ver|sacken *intr* im Morast вя́знуть 4а (у-); feiern ку|ти́ть 3⁺ -чу́ ⟨*мом* кутну́ть 4⟩; **~sagen** *tr* отка́зывать ⟨-|каза́ть*⟩ в *P; intr* отка́зывать ⟨-каза́ть⟩, отка́зываться ⟨-каза́ться⟩ служи́ть | j-m einen Wunsch

≈ отка́зываться вы́полнить чьё-н. жела́ние; die Stimme versagte ihr го́лос отказа́л ей; das Schloß hat versagt замо́к испо́ртился; der Motor [die Bremse] versagte мо́тор [то́рмоз] отказа́л; das Gewehr versagt oft винто́вка ча́сто даёт осе́чку; ihre Nerven versagten её не́рвы не вы́держали; er hat dabei versagt он с э́тим не спра́вился; es bleibt ihm versagt ему́ э́то недосту́пно

Versager *m* Mißerfolg неуда́ча 6 | er ist ein ~ он не спра́вился со свое́й зада́чей

Versal *m* прописна́я бу́ква 6

ver|salzen *tr* переса́ливать ⟨-соли́ть 3 -со́лишь⟩; *übertr* по́р|тить 3 -чу (ис-) | j-m die Suppe ≈ *übertr* насоли́ть кому́-н.; **~sammeln** *tr* собира́ть ⟨-|бра́ть*⟩; sich ≈ *refl* собира́ться ⟨со|бра́ться*⟩ | (vollzählig) versammelt sein быть в сбо́ре

Versammlung *f* собра́ние 5 | konstituierende ~ учреди́тельное собра́ние; er sprach auf der ~ он вы́ступил на собра́нии; die ~ war gut [schlecht] besucht на собра́нии бы́ло мно́го [ма́ло] наро́ду

Versammlungs|freiheit *f* свобо́да собра́ний; **~leiter** *m* председа́тель 1 собра́ния; **~lokal** *n* помеще́ние для собра́ний

Versand *m* отпра́вка 6, отсы́лка 6; **~buchhandel** *m* посы́лочная торго́вля кни́гами

versanden *intr* заноси́ться 3⁺ ⟨-|нести́сь*⟩ песко́м; seicht werden меле́ть (об-)

Versand|handel *m* посы́лочная торго́вля, посылто́рг 2; **~haus** *n* посы́лочная торго́вая фи́рма 6; **~ung** *f* обмеле́ние 5

ver|sauern *intr* скиса́ть ⟨ски́снуть 4а⟩ *a. übertr;* **~saufen** *tr umg* пропива́ть ⟨пропи́ть*⟩; **~säumen** *tr* nicht besuchen пропу|ска́ть ⟨-сти́ть 3⁺ -щу́⟩; Gelegenheit упу|ска́ть ⟨-сти́ть⟩; Termin просро́ч|ивать ⟨-ить 3⟩ | den Zug ≈ опа́здывать ⟨опозда́ть⟩ на по́езд; ich habe nichts zu ≈ мне не́куда спеши́ть; das Versäumte nachholen на|вёрстывать ⟨-верста́ть⟩ упу́щенное

Versäumnis *n* про́пуск 2, упуще́ние 5

ver|schachern *umg* разбаза́р|ивать ⟨-ить 3⟩; **~schachtelt:** ≈er Satz сло́жный пери́од; **~schaffen** *tr* добыва́ть ⟨добы́ть*⟩, до|става́ть* ⟨-|ста́ть*⟩; mit Mühe раздо|бы́ть* *v;* sich ≈ *refl* до|би́ться* *v G;* раздо|быва́ть ⟨-бы́ть*⟩ | sich Recht ≈ до|би́ться* *v* пра́ва; j-m eine Stelle ≈ устр|а́ивать ⟨-о́ить 3⟩ кого́-н. на рабо́ту; **~schalen** *tr* обшива́ть ⟨-|ши́ть*, -ошью́⟩ (доска́ми); *Bauw* опа́лубить *v* 3 -лю

Verschalung *f* für Beton опа́лубка 6; Wandverkleidung обши́вка 6

verschämt стыдли́в:ый, засте́нчив:ый

ver|schandeln *tr* обезобра́|зить *v* 3 -жу; **~schanzen, sich** *refl* ока́пываться ⟨окопа́ться⟩ | sich hinter Ausreden ≈ отде́л|ываться ⟨-аться⟩ отгово́рками; **~schärfen** *tr* Aufsicht уси́л|ивать ⟨-ить 3⟩; Lage обостр|я́ть ⟨-и́ть 3⟩; Tempo уск|оря́ть ⟨-о́рить 3⟩; sich ≈ *refl* обостр|я́ться ⟨-и́ться⟩; уси́л|иваться ⟨-иться⟩; **~scharren** *tr* зарыва́ть ⟨-|ры́ть*⟩; **~schenken** *tr* дари́ть 3⁺ (по-), разда́ривать ⟨-дари́ть⟩; **~scherzen** *tr* (по легкомы́слию) теря́ть (по-); **~scheuchen** *tr* спу́гивать ⟨спугну́ть 4⟩; Fliegen; Sorgen от|гоня́ть ⟨-о|гна́ть*, отгоню́; ото́гнанный⟩; **~schicken** *tr* отпр|авля́ть ⟨-а́вить 3 -а́влю⟩ | j-n zur Kur ≈ направля́ть ⟨-авить 3 -авлю⟩ кого́-н. на лече́ние

verschiebbar передвижно́й

Verschiebebahnhof *m* сортиро́вочная (ста́нция)

verschieben *tr* с|двига́ть ⟨-дви́нуть 4⟩; Truppen перебр|а́сывать ⟨-о́сить 3 -о́шу; -о́шенный⟩; Zug пере|води́ть 3⁺ ⟨-|вести́*⟩ на друго́й путь; Termin откла́дывать ⟨-ложи́ть 3⁺⟩; sich ~ *refl* сдв|ига́ться ⟨-и́нуться⟩ | Waren ~ спекули́ровать 2 това́рами

Verschiebung *f* сдвиг 2; перебро́ска 6

verschieden 1. *Adj* ра́зный, разли́ч|ный, -ен | ~e von ihnen не́которые из них; sie haben ~e Größe у них ра́зный разме́р **2.** *Adv:* ~ lang ра́зной длины́; **~artig** разнообра́з|ный, -ен, разли́ч|ный, -ен

Verschiedenartigkeit *f* разнообра́зие 5, разнообра́зность 9

verschiedenerlei ра́зного ро́да

Verschieden|es *n* ра́зное *Subst* 10, мно́гое *Subst* 10; **~heit** *f* разли́чие 5, ра́зница 6

verschiedentlich неоднокра́тно

ver|schießen *tr* Patronen расстр|е́ливать ⟨-еля́ть⟩; *intr* ausbleichen выцвета́ть ⟨вы́|цвести*⟩; **~schiffen** *tr* отпр|авля́ть ⟨-а́вить 3 -а́влю⟩ во́дным путём; **~schimmeln** *intr* пле́сневеть (за-); **~schimmelt** запле́сневелый; **~schlafen 1.** *Adj* за́спан:ный, со́нный **2.** *tr u. intr* просыпа́ть ⟨-|спа́ть*⟩

Verschlag *m* Raum чула́н 2

verschlagen 1. *Adj* хи́тр|ый, -ёр, -ра́!, лука́в:ый **2.** *tr* mit Brettern закол|а́чивать ⟨-оти́ть 3⁺ -очу́⟩ доска́ми; weit заноси́ть 3⁺ -ношу́ ⟨-|нести́*⟩ | der Sturm hat das Schiff ~ бу́рей су́дно отнесло́; es verschlug ihm die Sprache он онеме́л; es verschlug ihr fast den Atem у неё дух захвати́ло; was hat dich hierher ~? что тебя́ занесло́ сюда́?

Verschlagenheit *f* хи́трость 9, лука́вство 4

verschlammen зайл|иваться ⟨-иться 3⟩ | die Wege sind verschlammt доро́ги размы́ло [развезло́]

Verschlammung *f* заиле́ние 5, занесе́ние 5 и́лом

verschlechtern *tr* ухудша́ть ⟨уху́дшить 3⟩; sich ~ *refl* ухудша́ться ⟨уху́дшиться⟩
Verschlechterung *f* ухудше́ние 5
verschleiern *tr* Gesicht надева́ть ⟨-|де́ть*⟩ вуа́ль; Absichten вуали́ровать 2 (за-)
Verschleierung *f* (за)вуали́рование 5
verschleimt осли́злый, ослизнённый
Ver|schleimung *f* ослизне́ние 5; **~schleiß** *m Tech* изно́с 2
ver|schleißen *intr u.* sich ≈ *refl* изна́шиваться ⟨-носи́ться 3⁺⟩; **~schleißfest** износосто́|йкий, -ек
Verschleißteil *n* быстро изна́шивающаяся 11 дета́ль
verschleppen *tr* Personen наси́льно у|вози́ть 3⁺ -вожу́ ⟨-везти́*⟩ (за преде́лы ро́дины); Krankheit запу|ска́ть ⟨-сти́ть 3⁺ -щу́⟩; Seuche заноси́ть 3⁺ -ношу́ ⟨-|нести́*⟩; Verhandlungen затя́гивать ⟨-тяну́ть 4⁺⟩ I die Bevölkerung wurde nach … verschleppt населе́ние бы́ло у́гнано в …
Verschleppung *f* Krankheit запуска́ние 5; Verzögerung затя́гивание 5; Personen наси́льственный уво́з 2
Verschleppungstaktik *f* та́ктика затя́гивания
ver|schleudern *tr* verschwenden растра́|чивать ⟨-тить 3 -чу⟩; *Hdl* про|дава́ть* ⟨прода́ть*⟩ за бесце́нок; **~schließbar** запира́ющийся 11; **~schließen** *tr* запира́ть ⟨запере́ть*⟩ (на замо́к) I die Augen vor etw. ≈ закрыва́ть ⟨-|кры́ть*⟩ глаза́ на что-н.; sich einer Sache ≈ быть* глухи́м к чему́-н.; **~schlimmern** *tr* ухудша́ть ⟨уху́дшить 3⟩; sich ≈ *refl* ухудша́ться ⟨уху́дшиться⟩
¹verschlingen *tr* жа́дно глот|а́ть ⟨-ну́ть 4⟩, прогл|а́тывать ⟨-оти́ть 3⁺ -очу́, -о́ченный⟩ *a. übertr;* Geld, Zeit погло|ща́ть ⟨-ти́ть 3⁺ -щу́, -щённый⟩ I mit den Augen ~ пожира́ть глаза́ми
²verschlingen *tr* verknüpfen сплета́ть ⟨-|плести́*⟩; sich ~ *refl* с-, переплета́ться ⟨-плести́сь⟩
verschlossen Mensch за́мкнут:ый
verschlucken *tr* Wörter прогл|а́тывать ⟨-оти́ть 3⁺ -очу́, -о́ченный⟩; sich ~ *refl* захлёбываться ⟨-хлебну́ться 4⟩ (an *I*), поперхну́ться *v* 4 (an *I*)
Verschluß *m* затво́р 2 *a. Foto;* Schnalle застёжка 6; Gefäß, Flasche кры́шка 6 I unter ~ halten держа́ть 3⁺ под замко́м
verschlüsseln *tr* шифрова́ть 2 (за-), кодирова́ть *uv, v* 2 (*v a.* 3 за-)
Verschluß|kappe *f* колпач|о́к, -ка́ 2; **~laut** *m* смы́чный согла́сный *Subst* 10; **~sache** *f* секре́тный докуме́нт 2
ver|schmähen *tr* пренебрега́ть ⟨пренебре́чь*⟩ *I* I nichts ≈ не отка́зываться ни от чего́; **~schmelzen** *tr Tech* сплавля́ть ⟨-пла́вить 3 -пла́влю⟩; vereinigen объедин|я́ть ⟨-и́ть 3⟩; *intr* расплавля́ться; Töne слива́ться ⟨-|ли́ться*, -ли́ли́сь⟩
Verschmelzung *f übertr* слия́ние 5, объедине́ние 5
ver|schmerzen *tr* переноси́ть 3⁺ -ношу́ ⟨-|нести́*⟩; **~schmieren** *tr* Ritzen зама́зывать ⟨-|ма́зать*⟩; Heft па́чкать (ис-); Butter израсхо́довать *v* 2 (на бутербро́ды); **~schmitzt** хи́т|рый, -ёр, -ра́!, лука́в:ый; **~schmutzen** *tr* загрязн|я́ть ⟨-и́ть 3⟩; *intr* загрязн|я́ться ⟨-и́ться⟩
Verschmutzung *f* загрязне́ние 5
ver|schnaufen *intr u.* sich ≈ *refl* передохну́ть *v* 4, переводи́ть 3⁺ -вожу́ ⟨-|вести́*⟩ дух; **~schneiden** Baum подре́зывать ⟨-|ре́зать*⟩; Stoff по́р|тить 3 -чу (ис-); Wein купажи́ровать 2; kastrieren кастри́ровать *uv, v* 2, холо|сти́ть 3 -щу́ (вы́-); **~schneit** засне́жен:ный
Verschnitt обре́зки *Pl* 2; alkoh. Getränk смесь 9 спиртны́х напи́тков
ver|schnörkelt вы́чур|ный, -ен; **~schnupft:** er ist ≈ у него́ на́сморк; *umg* beleidigt он раздоса́дован, он заде́т; **~schnüren** *tr* перевя́зывать ⟨-|вяза́ть*⟩ (шнурко́м); **~schollen** пропа́вший 11 бе́з вести; **~schonen** *tr* ща|ди́ть 3 -жу́ (по-) I ≈ mit избавля́ть ⟨-ба́вить 3 -ба́влю⟩ от *G;* **~schönern** *tr* приукра́|шивать ⟨-сить 3 -шу⟩
Verschönerung *f* приукра́шивание 5
verschossen блёкл:ый, вы́цветший 11; verliebt влюбл|ённый, -ён, -ена́ I sie ist in ihn ~ она́ без па́мяти от него́
ver|schränken *tr* Arme скре́щивать ⟨скре|сти́ть 3 -щу́⟩; **~schrauben** *tr* при|ви́нчивать ⟨-винти́ть 3 -винчу́, -ви́нченный⟩
Verschraubung *f* винтово́е соедине́ние
ver|schreiben *tr* Papier, Bleistift испи́сывать ⟨-|писа́ть*⟩; Arznei пропи́сывать ⟨-писа́ть⟩; Heilbehandlung назн|ача́ть ⟨-а́чить 3⟩; sich ≈ *refl* де́лать (с-) опи́ску, опи́сываться ⟨о|писа́ться*⟩; einer Arbeit от|дава́ться* ⟨отда́ться*, отда́лся, -али́сь⟩; **~schroben** стра́н|ный, -ен, -на́!, взба́лмош|ный, -ен; **~schrotten** *tr* превра|ща́ть ⟨-ти́ть 3 -щу́⟩ в лом; **~schrumpeln** *intr* мо́рщиться 3 (с-); **~schüchtern** *tr* запу́гивать ⟨-пуга́ть⟩; **~schulden** *tr* verursachen быть* вино́вником *G*
Verschulden *n:* ohne mein ~ не по мое́й вине́
verschuldet име́ющий 11 долги́, обремён:ный долга́ми I er ist ~ у него́ долги́
Verschuldung *f* задо́лженность 9
ver|schütten *tr* Salz, Mehl просыпа́ть ⟨-|сы́пать*⟩; Flüssigkeit пролива́ть ⟨проли́ть*⟩ I verschüttet werden *Bergb* быть* засы́панным; **~schweigen** *tr* ума́лчивать ⟨-молча́ть 3⟩ о *P;* **~schweißen** *tr* сва́ривать ⟨свари́ть 3⁺⟩; **~schwenden** *tr*

трá|тить 3 -чу (дáром), растрá|чивать ⟨-тить 3 -чу⟩
Verschwender *m* расточи́тель 1
verschwenderisch расточи́тел|ьный, -ен, -ьна
Verschwendung расточи́тельство 4
Verschwendungssucht *f* расточи́тельность 9
verschwiegen молчали́в:ый
Verschwiegenheit *f* молчали́вость 9
ver|schwimmen *intr* расплывáться ⟨-|плы́ться*⟩ I mir verschwamm alles vor den Augen у меня́ всё поплы́ло пéред глазáми; **~schwinden** *intr* исчезáть ⟨-чéзнуть 4a⟩ I die Sonne verschwand hinter den Wolken сóлнце скры́лось за облакáми; er verschwand von der Bildfläche он скры́лся из ви́да; **~schwindend:** ≈ klein бесконéчно мáлый; **~schwitzen** *tr* Kleider про|пи́тывать ⟨-питáть⟩ пóтом; vergessen забывáть ⟨-|бы́ть*, -бы́ла⟩; **~schwommen** Umrisse расплы́вчат:ый; Formulierung нея́с|ный, -ен, -нá, -но, нея́сны́, тумáн|ный, -ен, -на I ≈es Bild Fernsehen нерéзкое изображéние 5
Verschwör|er *m* заговóрщик 2; **~ung** *f* (тáйный) зáговор 2
versehen *tr* снаб|жáть ⟨-ди́ть 3 -жý⟩; Dienst исполня́ть ⟨-пóлнить 3⟩; sich ~ *refl* запасáться ⟨-|пасти́сь*⟩ (mit *I*); sich irren ошибáться ⟨-|шиби́ться*⟩ I ehe ich mich versah ... не успéл я огляну́ться, как ...
Versehen *n* оши́бка 6 I aus ~ по оши́бке
versehentlich *Adv* по оши́бке
Versehrter *m* инвали́д 2
ver|selbständigen, sich *refl* обос|обля́ться ⟨-óбиться 3 -óблюсь⟩; **~senden** *tr* отпр|авля́ть ⟨-áвить 3 -áвлю⟩; Rundschreiben рассылáть ⟨разо|слáть*, разóсланный⟩
Versendung *f* отпрáвка 6; рассы́лка 2
ver|sengen *tr* обжигáть ⟨-|жéчь*, -ожгý, -ожглá⟩, опал|я́ть ⟨-и́ть 3⟩; **~senkbar** Fenster опускáющийся 11 I ≈e Nähmaschine кабинéтная швéйная маши́на; **~senken** *tr* погр|ужáть ⟨-узи́ть 3 -ужý, -ýзишь⟩, опу|скáть ⟨-сти́ть 3⁺ -щý⟩; Schiff затоп|ля́ть ⟨-и́ть 3⁺ -лю́⟩; sich ≈ *refl übertr* погру|жáться ⟨-зи́ться⟩ (in в *A*)
Versenkung *f* Schiff потоплéние 5; geistige Konzentration углублённость 9; *Theat* люк 2 I in der ~ verschwinden исчезáть ⟨-чéзнуть 4a⟩ бесслéдно
versessen пáд|кий, -ок (auf до *G*, на *A*), помéшан:ный, -а (auf на *P*) I auf etw. ~ sein быть помéшанным на чём-н.
versetzen *tr* umstellen перест|авля́ть ⟨-áвить 3 -áвлю⟩; Bäume пересáживать ⟨-сади́ть 3⁺ -сажý⟩; Schüler переводи́ть 3⁺ -вожý ⟨-|вести́*⟩ (в слéдующий класс); Angestellte пере|води́ть ⟨-вести́⟩ на нóвую дóлжность; verpfänden заклáдывать ⟨-ложи́ть 3⁺⟩; entgegnen возра|жáть ⟨-зи́ть 3 -жý⟩ I in den Ruhestand ~ увольня́ть ⟨уво́лить 3⟩ в отстáвку; in Schrecken ~ наводи́ть 3⁺ -вожý ⟨-|вести́*⟩ ýжас на *A;* einen Schlag ~ наноси́ть 3⁺ -ношý ⟨-|нести́*⟩ удáр; j-n in die Lage ~, etw. zu tun дать* *v* комý-н. возмóжность что-н. сдéлать; versetze dich in meine Lage войди́ в моё положéние
Versetzung *f* Schüler перевóд 2 в слéдующий класс; Angestellter перевóд на нóвую дóлжность I ~ in den Ruhestand увольнéние 5 в отстáвку
verseuchen *tr* зара|жáть ⟨-зи́ть 3 -жý⟩
Verseuchung *f* заражéние 5
Versfuß *m* (стихотвóрная) стопá 6c
versichern *tr* beteuern уверя́ть ⟨-вéрить 3⟩; Versicherung eingehen страховáть 2 (за-) (gegen от *G*); sich ~ *refl* страховáться 2 (за-) (gegen от *G*) I j-n seiner Anteilnahme ~ уверя́ть когó-н. в своём учáстии; etw. hoch und heilig ~ кля́твенно заверя́ть в чём-н.
Versicher|ter *m* застрахóванный *Subst* 10, страховáтель 1; **~ung** *f* страховáние 5 (gegen от *G*); Beteuerung заверéние 5 I eine ≈ abschließen застраховáться *v* 2
Versicherungs|anstalt *f* страховóе óбщество 4; **~gebühr** *f* страховóй взнос; **~prämie** *f* страховáя прéмия, *umg* страхóвка 6; **~vertreter** *m* страховóй агéнт
ver|sickern *intr* впи́тываться ⟨впитáться⟩ (in в *A*); **~siegeln** *tr* Brief запечáт|ывать ⟨-ать⟩; Raum опечáт|ывать ⟨-ать⟩
Versiegelung *f* запечáтывание 5; опечáтывание 5
versiegen *intr* исс|якáть ⟨-я́кнуть 4a⟩ *a. übertr*
versiert óпыт|ный, -ен, свéдущ:ий 11 (in в *P*)
ver|silbern *tr* серебри́ть 3 (вы́-, по-); **~silbert** серебрёный; **~sinken** *intr* тонýть 4⁺ (у-), погр|ужáться ⟨-узи́ться 3 -ужýсь, -ýзишься⟩ *a. übertr;* im Morast погря́знуть *v* 4a *a. übertr* I in Gedanken ≈ пре|давáться* ⟨пре|дáться*, предали́сь⟩ размышлéниям; **~sinnbildlichen** *tr* символизи́ровать 2
Version *f* вéрсия 8, вариáнт 2
versklaven *tr* порабо|щáть ⟨-ти́ть 3 -щý⟩
Versklavung *f* порабощéние 5
Vers|lehre *f* мéтрика 6; **~maß** *n* размéр 2 стихá, стихотвóрный размéр
versöhnen *tr* мири́ть 3 (по-), примир|я́ть ⟨-и́ть⟩; sich ~ *refl* мири́ться (по-), примир|я́ться ⟨-и́ться⟩
Versöhnler *m* примирéн|ец, -ца 2, соглашáтель 1
versöhnlerisch примирéнческий, соглашáтельский

Versöhnlertum *n* примиренчество 4, соглашательство 4
versöhnlich примирител|ьный, -ен, -ьна
Versöhnung *f* примирение 5
versonnen задумчив:ый
versorgen *tr* обеспеч|ивать ⟨-ить 3⟩, снаб|жать ⟨-дить 3 -жу⟩ (mit *I*); sich ~ *refl* запасаться ⟨-|пастись*⟩ (mit *I*)
Versorgung *f* снабжение 5, обеспечение 5
Versorgungsfahrzeug *n* автомобиль 1 снабжения
ver|spachteln *tr* шпаклевать 2 (за-); **~späten, sich** *refl* о|паздывать ⟨-поздать⟩ | sich um eine halbe Stunde ≈ опоздать на полчаса; **~spätet** запоздалый
Verspätung *f* опоздание 5 | der Zug hat zehn Minuten ~ поезд опаздывает на десять минут
ver|speisen *tr* съедать ⟨-|есть*⟩; **~sperren** *tr* загор|аживать ⟨-одить 3 -ожу, -одишь⟩, прегра|ждать ⟨-дить 3 -жу; -ждённый⟩; durch Schlagbaum закрывать ⟨-|крыть*⟩; **~spielen** *tr* проигрывать ⟨-играть⟩; **~spielt** игрив:ый | das Kind ist sehr ≈ ребёнок очень любит играть; **~spotten** *tr* насмехаться над *I*, издеваться над *I*; **~sprechen** *tr* обещать *uv, v*; sich ≈ *refl* огов|ариваться ⟨-ориться 3⟩ | er verspricht etwas zu werden он подаёт надежды; seine Miene versprach nichts Gutes выражение его лица не предвещало ничего хорошего; ich habe mir viel davon versprochen я многого ожидал от этого
Versprech|en *n* обещание 5 | ein ≈ halten сдерживать ⟨-держать 3⁺⟩ обещание; **~er** *m* оговорка 6; **~ung** *f*: j-n mit leeren ≈en hinhalten обнадёж|ивать ⟨-ить 3⟩ пустыми обещаниями, корм|ить 3⁺ -лю завтраками
versprengt отбившийся 11
ver|spritzen *tr* разбрызгивать ⟨-брызгать⟩, распрыск|ивать ⟨-ать⟩; **~spüren** *tr* чувствовать 2 (по-) | Lust ≈ испытывать ⟨-пытать⟩ желание; **~staatlichen** *tr* национализировать *uv, v* 2
Verstaatlichung *f* национализация 8
Verstädterung *f* урбанизация 8
Verstand *m* ум 2, разум 2; Denkvermögen рассуд|ок, -ка 2 | mit ~ с умом, толково; ohne Sinn und ~ бессмысленно; ich hatte ihm mehr ~ zugetraut я думал, что он умнее; das geht über meinen ~ это выше моего понимания; den ~ verlieren схо|дить 3⁺ -жу ⟨со|йти*⟩ с ума; bei vollem ~e sein быть вполне нормальным; j-n um den ~ bringen сводить ⟨-|вести*⟩ кого-н. с ума
verstandesmäßig рассудоч|ный, -ен, разум|ный, -ен
Verstandes|mensch *m* рассудочный человек, рационалист; **~schärfe** *f* проницательность 9 ума
verständig разум|ный, -ен, рассудител|ьный, -ен, -ьна
verständigen *tr* изве|щать ⟨-стить 3 -щу⟩, уведомлять ⟨уведом|ить 3 -лю⟩; sich ~ *refl* объясняться; sich einigen догов|ариваться ⟨-ориться 3⟩ | sie verständigten sich durch Zeichen они объяснялись знаками
Verständig|keit *f* разумность 9, рассудительность 9; **~ung** *f* Benachrichtigung извещение 5, уведомление 5; sprachlich объяснение 5; gegenseitiges Verständnis взаимопонимание 5; Übereinkunft соглашение 5
Verständigungs|möglichkeit *f* возможность договориться; **~politik** *f* политика взаимопонимания
verständlich понят|ный, -ен, яс|ный, -ен, -на, -но, ясны | eine ~e Forderung оправданное требование; sich ~ machen объясн|яться ⟨-иться 3⟩; **~erweise** *Adv* естественно, само собой разумеется
Verständ|lichkeit *f* понятность 9, ясность 9; **~nis** *n* понимание 5 | ihm geht das ≈ für Musik ab он не понимает музыки; für etw. volles ≈ haben целиком и полностью быть* согласным с чем-н.; ich habe kein ≈ für solche Späße мне не нравятся эти шутки, я не понимаю таких шуток
verständnis|los непонимающий 11; **~voll** понимающий 11
verstärken *tr* усил|ивать ⟨-ить 3⟩; Mauer укреп|лять ⟨-ить 3 -лю⟩
Verstärker *m Rad* усилитель 1
Verstärkung *f* усиление 5; *Mil, Bauw* подкрепление 5, укрепление 5; Verdickung утолщение 5
ver|stauben *intr* покрываться ⟨-|крыться*⟩ пылью, пылиться 3 (за-); **~stauchen** *tr* растягивать ⟨-тянуть 4⁺⟩
Verstauchung *f* растяжение 5
verstauen *tr* уме|щать ⟨-стить 3 -щу⟩; verpacken укладывать ⟨-ложить 3⁺⟩
Versteck *n* Zufluchtsort убежище 4, укрытое место 4b; verborgene Stelle укрытие 5 | ~ spielen играть в прятки *a. übertr*
verstecken *tr* пря|тать, -чу, -чешь (с-) (vor от *G*); verbergen скрывать ⟨-|крыть*⟩; sich ~ *refl* прятаться (с-), с|крываться ⟨-крыться*⟩ | wir brauchen uns nicht zu ~ *übertr* нам не надо стыдиться
Versteckspiel *n* игра в прятки
versteckt *übertr* скрыт|ый, -ен | ~er Vorwurf скрытый упрёк
ver|stehen *tr* begreifen понимать ⟨понять*⟩; können уметь | er konnte vor

Lärm kein Wort ≈ из-за шýма он не мог разобрáть ни одногó слóва; der Text ist schwer zu ≈ текст трýдно понять; er versteht etw. von Musik он разбирáется в мýзыке; j-m etw. zu ≈ geben давáть ⟨дать⟩ понять комý-н. что-н.; sie versteht zu reden онá умéет говори́ть; sich auf etw. ≈ понимáть [знать] толк в чём-н.; er versteht seine Kunst он владéет свои́м искýсством; sich zu etw. ≈ снисхо|ди́ть 3⁺ -жý ⟨снизо|йти́*⟩ до чегó-н.; die Preise ≈ sich franko цéны укáзаны фрáнко; das versteht sich von selbst э́то самó собóй разумéется; hast du verstanden! пóнял!, слы́шишь!; **~steifen** *tr Bauw* укреп|лять ⟨-и́ть 3 -лю́⟩; sich ≈ *refl übertr* упóрствовать 2 (auf в *P*); **~steigen, sich** *refl:* sich zu der Behauptung ≈ осмéл|иваться ⟨-иться 3⟩ сказáть, имéть смéлость утверждáть; **~steigern** *tr* про|давáть* ⟨продáть*⟩ с аукциóна

Versteigerung *f* аукциóн 2; das Versteigern продáжа 6 с аукциóна | öffentliche ~ публи́чные торги́

versteiner|n *intr* каменéть (о-); **~t** окаменéлый | er stand wie ≈ он остолбенéл

Versteinerung *f* Vorgang окаменéние 5; Ergebnis окаменéлость 9

verstellbar regelbar регули́руемый | ~e Rückenlehne откидывающаяся 11 спи́нка

verstellen *tr* anders einstellen перест|авлять ⟨-áвить 3 -áвлю⟩; regeln регули́ровать 2; versperren заст|авлять ⟨-áвить 3 -áвлю⟩, загор|áживать ⟨-оди́ть 3 -ожý, -óди́шь⟩; Schrift, Stimme измен|ять ⟨-и́ть 3⁺⟩; sich ~ *refl* притвор|яться ⟨-и́ться 3⟩

Verstellung *f* перестанóвка 6; регулирóвка 6; притвóрство 4

Verstellungskunst *f* умéние 5 притворяться

versteuern *tr* упл|áчивать ⟨-ати́ть 3⁺ -ачý⟩ налóг на *A*

Versteuerung *f* уплáта 6 налóгов

verstimm|en *tr Mus* расстр|áивать ⟨-óить 3⟩ *a. übertr;* sich ≈ *refl Mus* расстр|áиваться ⟨-óиться⟩ | die Geige ist ≈ скри́пка расстрóена; ich bin ≈ я не в дýхе

Verstimmung *f Mus* расстрóйка 6; *übertr* расстрóйство, дурнóе настроéние 5

ver|stockt *übertr* закоренéлый, закоснéлый; **~stohlen 1.** *Adj:* ein ≈er Blick укрáдкой брóшенный взгляд **2.** *Adv* укрáдкой

verstopfen *tr* затыкáть ⟨-ткнýть 4⟩ | ~d wirken *Med* вызывáть ⟨вы́|звать*⟩ запóр; die Straße ist verstopft образовáлась прóбка (в ýличном движéнии)

Verstopfung *f* Verkehr затóр 2, прóбка 6; *Med* Stuhl запóр 2 | er leidet an ~ *Med* егó крепи́т, он страдáет запóром

verstorben умéрший 11, покóйный

Verstorbener *m* умéрший *Subst* 11, покóйник 2

verstört растéрянный

Verstoß нарушéние 5 (gegen *G*)

ver|stoßen *tr* j-n изгонять ⟨-|гнáть*⟩; *intr* нарушáть ⟨-рýшить 3⟩ (gegen *A*); **~streben** *tr* укреп|лять ⟨-и́ть 3 -лю́⟩ [крепи́ть] раскóсами

Verstrebung *f* креплéние 5 распóрками

ver|streichen *tr* Risse замáзывать ⟨-|мáзать*⟩; *intr* Zeit проходи́ть 3⁺ ⟨-|йти́*⟩, протекáть ⟨-|тéчь*⟩; **~streuen** *tr* рассé|ивать ⟨-ять, -ю, -ешь⟩, разбр|áсывать ⟨-осáть⟩; verschütten рассыпáть ⟨-|сы́пать*⟩; **~stricken** *tr* Wolle расхóдовать 2 (из-) при вязáнии; *übertr* втягивать ⟨втянýть 4⁺⟩; sich ≈ *refl* запýт|ываться ⟨-аться⟩ | sich in Widersprüche ≈ запýт|ываться ⟨-аться⟩ в противорéчиях; **~stümmeln** *tr* калéчить 3 (ис-), урóдовать 2 (из-), изувéч|ивать ⟨-ить 3⟩; einen Text коверкáть (ис-), иска|жáть ⟨-зи́ть 3 -жý⟩

Verstümmelung *f* увéчье 5, изурóдование 5; eines Textes коверкáнье 5, искажéние 5

verstummen *intr* умолкáть ⟨умóлкнуть 4а⟩; nicht mehr sprechen замолкáть ⟨-мóлкнуть 4а⟩

Versuch *m* попы́тка 6; wissenschaftlicher óпыт 2 | es käme auf einen ~ an нáдо бы́ло бы попытáться; einen ~ machen [durchführen] проводи́ть 3⁺ -вожý ⟨-|вести́*⟩ óпыт

versuchen *tr* прóбовать 2 (по-), пытáться (по-); kosten прóбовать (по-); sich ~ *refl* прóбовать свои́ си́лы | es mit Güte ~ прóбовать добрóм; sein Glück ~ попытáть счáстья; er versuchte sein Bestes он попытáлся сдéлать всё, что от негó зави́сит

Versuchs|anlage *f* эксперментáльная [óпытная] установка; **~ballon** *m* (шар-) зонд (2b) 2; *übertr* прóбный шар; **~feld** *n* óпытное пóле; **~gelände** *n* полигóн 3; **~gut** *n* óпытное хозяйство 4; **~kaninchen** *n* подóпытный крóлик *a. übertr;* **~person** *f* испытýемый *Subst* 10; **~reaktor** *m* óпытный реáктор; **~reihe** *f* сéрия óпытов; **~station** *f* óпытная стáнция; **~tier** *n* подóпытное живóтное

versuchsweise *Adv* для óпыта, в ви́де óпыта | j-n ~ anstellen принимáть ⟨приня́ть*⟩ когó-н. на рабóту с испытáтельным срóком

Versuchung *f* искушéние 5 | einer ~ widerstehen устоять *v* 3 пéред искушéнием; in ~ führen вво|ди́ть 3⁺ -жý ⟨в|вести́*⟩ в искушéние

versumpf|en *intr* забол|áчиваться ⟨-óтиться 3⟩; *übertr* погр|язáть ⟨-я́знуть 4a⟩, опу|скáться ⟨-сти́ться 3⁺ -щýсь⟩; **~t** *Adj* заболóченный

ver|sündigen, sich *refl* провини́ться *v* 3 (an пéред *I*), греши́ть 3 (со-) (an прóтив *G*); **~süßen** *tr übertr* скрáшивать ⟨скрá|сить 3 -шу⟩ | eine bittere Pille ≈ золо|ти́ть 3 -чý (по-) пилю́лю; **~tagen** *tr* откла́дывать ⟨-ложи́ть 3⁺⟩ (auf на *A*)

Vertagung *f* перенесéние 5

ver|täuen *tr Mar* швартовáть 2 (при-), причáл|ивать ⟨-ить 3⟩; **~tauschen** *tr* обмéниваться ⟨-меня́ться⟩; auswechseln смен|я́ть ⟨-и́ть 3⁺; -ённый⟩; **~tausendfachen** *tr* увели́ч|ивать ⟨-ить 3⟩ в ты́сячу раз; **~teidigen** *tr* защи|щáть ⟨-ти́ть 3 -щý⟩ (gegen от *G*); schützen отст|áивать ⟨-оя́ть 3⟩; *Mil* оборон|я́ть ⟨-и́ть 3⟩ (gegen от *G*), защи|щáть ⟨-ти́ть⟩; sich ≈ *refl* защи|щáться ⟨-ти́ться⟩

Verteidig|er *m* защи́тник *a. Jur, Sport;* **~ung** *f Jur, Sport* защи́та 6; *Mil a.* оборóна 6

Verteidigungs|anlagen *f Pl Mil* оборони́тельные сооружéния 5; **~bereitschaft** *f* готóвность к оборóне; **~fähigkeit** *f* обороноспосóбность 9; **~krieg** *m* оборони́тельная войнá; **~linie** *f Mil* ли́ния оборóны; **~maßnahmen** *f Pl* оборóнные мероприя́тия; **~minister** *m* мини́стр оборóны; **~rede** *f Jur* защити́тельная речь; **~stellung** *f Mil* оборони́тельная пози́ция

verteilen *tr* распредел|я́ть ⟨-и́ть 3⟩; austeilen раз|давáть* ⟨раздáть*⟩

Verteil|er *m* распредели́тель 1 *a. Tech;* **~ung** *f* распределéние 5; Ausgeben раздáча 6 | ≈ der Kräfte расстанóвка сил; ≈ nach der Leistung распределéние по трудý

Verteilungsplan *m* план распределéния

verteuern *tr* удорож|áть ⟨-и́ть 3⟩

Verteuerung *f* вздорожáние 5, удорожáние 5

verteufelt 1. *Adj* чертóвский **2.** *Adv:* es ist ~ schwer чертóвски трýдно

vertiefen *tr* углуб|ля́ть ⟨-и́ть 3 -лю́⟩; sich ~ *refl* углуб|ля́ться ⟨-и́ться⟩ *a. übertr*

Vertiefung *f* углублéние 5 *a. übertr;* Talsenke лощи́на 6; Aushöhlung впáдина 6 | ~ der Krise обострéние кри́зиса

vertier|en *intr* зверéть (о-); **~t** озверéлый

vertikal вертикáл|ьный, -ен

Vertikale *f* вертикáль 9

vertilgen *tr* Ungeziefer истреб|ля́ть ⟨-и́ть 3 -лю́⟩; *umg* Speisen погло|щáть ⟨-ти́ть 3 -щý; -щённый⟩

Vertilgung *f* истреблéние 5; поглощéние 5

ver|tippen, sich *refl* ошибáться ⟨-|шиби́ться*⟩ (при перепи́ске на маши́нке); **~tonen** *tr* переложи́ть *v* 3⁺ на мýзыку

Vertonung *f* переложéние 5 на мýзыку

Vertrag *m* договóр 2; *Wirtsch* контрáкт 2 | laut ~ по [соглáсно] договóру; einen ~ (ab)schließen заключ|áть ⟨-и́ть 3⟩ договóр

ver|tragen *tr* выно|си́ть 3⁺ -шý ⟨вы́|нести*⟩, переноси́ть ⟨-нести́⟩; sich ≈ *refl* лá|дить 3 -жу, уживáться ⟨-|жи́ться*; -жи́ли́сь⟩ | ich kann kein Eis ≈ морóженое мне врéдно; keinen Spaß ≈ не понимáть шýток; sich mit j-m wieder ≈ помири́ться *v* 3 с кем-н.; das verträgt sich nicht mit seinen Ansichten э́то не вя́жется с егó взгля́дами; **~traglich 1.** *Adj* договóрный **2.** *Adv* по договóру | er ist ≈ gebunden он свя́зан договóром; **~träglich** ужи́вчив:ый

Verträglichkeit *f* ужи́вчивость 9; *Med* переноси́мость 9

Vertrags|artikel *m* статья́ договóра; **~bestimmung** *f* положéние договóра; **~bruch** *m* нарушéние 5 договóра

vertragsbrüchig наруши́вший 11 договóр | ~ werden нар|ушáть ⟨-ýшить 3⟩ договóр

vertragschließend договáривающийся 11 | die hohen ~en Seiten Высóкие Договáривающиеся Стóроны

Vertragsgericht *n* арбитрáж 2

vertragsmäßig 1. *Adj* соответствующий 11 договóру **2.** *Adv* по [соглáсно] договóру

Vertrags|partner *m* сторонá 6a в договóре; **~staaten:** die Warschauer ≈ стрáны-учáстницы Варшáвского договóра; **~strafe** *f* неустóйка 6; **~treue** *f* выполнéние 5 услóвий договóра; **~werkstatt** *f* мастерскáя гаранти́йного ремóнта

vertragswidrig противорéчащий 11 договóру

vertrauen *intr* доверя́ть ⟨-вéрить 3⟩ (auf *D*), вéрить (по-) (auf в *A*)

Vertrauen *n* довéрие 5 | j-m ~ schenken питáть к комý-н. довéрие; im ~ по секрéту; im ~ gesagt мéжду нáми говоря́; ~ auf die eigene Kraft вéра в сóбственные си́лы; ~ ist gut, Kontrolle ist besser доверя́й, но проверя́й; ~ genießen пóльзоваться 2 (вос-) довéрием

vertrauenerweckend вызывáющий 11 (к себé) довéрие

vertrauensbildend: ~e Maßnahmen мéры по укреплéнию довéрия

Vertrauens|bruch *m* нарушéние довéрия; **~frage** *f* вопрóс о довéрии; **~mann** *m* Gewerkschaft профóрг 2; **~person** *f* довéренное лицó; **~seligkeit** *f* довéрчивость 9; **~stellung** *f* ответственная дóлжность

vertrauensvoll дове́рчив:ый
Vertrauensvotum *n* во́тум дове́рия
vertrauenswürdig досто́|йный, -ен дове́рия
vertraulich 1. *Adj* Gespräch инти́м|ный, -ен; Beziehungen бли́з|кий, -ок, -ка́, -ко, бли́зки́; Schreiben конфиденциа́л|ьный, -ен, -ьна **2.** *Adv:* streng ~ соверше́нно секре́тно
Vertraulichkeit *f* инти́мность 9; бли́зость 9; конфиденциа́льность 9
ver|träumt мечта́тел|ьный, -ен, -ьна; **~traut** инти́м|ный, -ен, бли́з|кий, -ок, -ка́, -ко, бли́зки́ | ≈ mit знако́м:ый с *I;* sich ≈ machen mit etw. знако́м|иться 3 -люсь (о-) с чем-н.
Vertrauter *m* дове́ренный *Subst* 10
Vertrautheit *f* инти́мность 9, бли́зость 9; genaue Kenntnis основа́тельное зна́ние 5 (mit *G*)
vertreiben *tr* изгоня́ть ⟨-|гна́ть*⟩, прогоня́ть ⟨-гна́ть⟩; verkaufen про|дава́ть* ⟨прода́ть*⟩ | sich die Zeit mit etw. ~ корота́ть (с-) вре́мя за чем-н., проводи́ть 3⁺ -вожу́ ⟨-|вести́*⟩ вре́мя за чем-н.; der Wind hat die Wolken vertrieben ве́тер разогна́л ту́чи
Vertreibung *f* изгна́ние 5
vertretbar допусти́м:ый; annehmbar прие́млем:ый | nicht ~ не прие́млемый
vertreten *tr* ersetzen замен|я́ть ⟨-и́ть 3⁺⟩, замеща́ть; Firma, Land, Wahlkreis предст|авля́ть ⟨-а́вить 3 -а́влю⟩; Ansichten защи|ща́ть ⟨-ти́ть 3 -щу́⟩ | er vertritt die Meinung он приде́рживается мне́ния; sich den Fuß ~ вы́вихнуть *v* 4 себе́ но́гу; sich die Beine ~ размина́ть ⟨-|мя́ть*, -омну́⟩ но́ги
Vertret|er *m* представи́тель 1; einer Firma, der Versicherung аге́нт 2; Stellvertreter замести́тель 1; *Lit* вырази́тель 1; **~ung** *f* представи́тельство 4; замести́тельство 4 | in ≈ в ка́честве замести́теля; bei Unterschriften исполня́ющий 11 обя́занности
vertretungsweise *Adv* в ка́честве замести́теля | ~ Unterricht in einer anderen Klasse geben замен|я́ть ⟨-и́ть 3⁺⟩ преподава́теля в друго́м кла́ссе
Vertrieb *m* прода́жа 6, сбыт 2
Vertriebsrecht *n* пра́во прода́жи
ver|trinken *tr* пропива́ть ⟨пропи́ть*⟩; **~trocknen** *intr* Pflanzen засыха́ть ⟨-со́хнуть 4а⟩; austrocknen высыха́ть ⟨вы́сохнуть⟩, засыха́ть ⟨-со́хнуть⟩; **~trödeln** *tr* Zeit тра́|тить 3 -чу (ис-) по́пусту; **~trösten** *tr* обнадёж|ивать ⟨-ить 3⟩ (auf *I*); **~tun** *tr* растра́|чивать ⟨-тить 3 -чу⟩ по́пусту; **~tuschen** *tr* замина́ть ⟨-|мя́ть*⟩; **~übeln** *tr* обижа́ться ⟨оби|де́ться 3 -жусь⟩ (j-m etw. на *A* за *A*); **~üben** *tr* соверш|а́ть ⟨-и́ть 3⟩; **~ulken** *tr* подшу́чивать ⟨-шути́ть 3⁺ -шучу́⟩ над *I;* **~unglimpfen** *tr* срам|и́ть 3 -лю́ (о-); beleidigen оскорб|ля́ть ⟨-и́ть 3 -лю́⟩
verunglücken *intr* Fahrzeug попада́ть ⟨-|па́сть*⟩ в ава́рию; Person пострада́ть *v* от несча́стного слу́чая; Versuch терп|е́ть 3⁺ -лю́ (по-) неуда́чу | tödlich ≈ поги́бнуть *v* 4а от несча́стного слу́чая
Verunglückter *m* пострада́вший *Subst* 11
verun|krauten *vi* зараста́ть ⟨-|расти́*⟩ сорняка́ми; **~reinigen** *tr* загрязн|я́ть ⟨-и́ть 3⟩
Verunreinigung *f* загрязне́ние 5
verunsichern *tr* всел|я́ть ⟨-и́ть 3⟩ неуве́ренность в *A,* соз|дава́ть* ⟨созда́ть*⟩ атмосфе́ру неуве́ренности у *G*
verunstalten *tr* иска|жа́ть ⟨-зи́ть 3 -жу́⟩, уро́довать 2 (из-)
Verunstaltung *f* обезобра́живание 5, уро́дование 5
veruntreuen *tr* растра́|чивать ⟨-тить 3 -чу⟩
Veruntreuung *f* растра́та 6
ver|unzieren *tr* обезобра́|живать ⟨-зить 3 -жу⟩; **~ursachen** *tr* причин|я́ть ⟨-и́ть 3⟩, быть* причи́ной *G;* Streit вызыва́ть ⟨вы́|звать*⟩; **~urteilen** *tr Jur* прису|жда́ть ⟨-ди́ть 3⁺ -жу́; -ждённый⟩ (wegen за *A,* zu к *D*); Tat осу|жда́ть ⟨-ди́ть; -ждённый⟩ | das war zum Scheitern verurteilt э́то бы́ло обречено́ на неуда́чу; wir ≈ diese Tat мы осужда́ем э́тот посту́пок
Verurteil|ter *m* осуждённый *Subst* 10; **~ung** *f Jur* вынесе́ние 5 пригово́ра; Tadel осужде́ние 5
verviel|fachen *tr* умн|ожа́ть ⟨-о́жить 3⟩, увели́ч|ивать ⟨-ить 3⟩; **~fältigen** *tr* размн|ожа́ть ⟨-о́жить 3⟩
Vervielfältigung *f* размноже́ние 5
Vervielfältigungsapparat *m* мно́жительный аппара́т
ver|vierfachen *tr* учетвер|я́ть ⟨-и́ть 3⟩; **~vollkommnen** *tr* соверше́нствовать 2 (у-); sich ≈ *refl* соверше́нствоваться (у-)
Vervollkommnung *f* усоверше́нствование 5
vervollständigen *tr* до-, по|полня́ть ⟨-по́лнить 3⟩; auf einen kompletten Stand bringen комплектова́ть 2 (с-, у-)
Vervollständigung *f* пополне́ние 5; укомплектова́ние 5
verwachsen 1. *intr* zuwachsen зараста́ть ⟨-|расти́*⟩; zusammenwachsen срастá ться ⟨-расти́сь⟩ *a. übertr;* Wunde заживáть ⟨зажи́ть*⟩ **2.** *Adj* горба́т:ый; Rücken искривл|ённый, -ён, -ена́
Verwachsung *f* сраста́ние 5; *Med* сраще́ние 5
verwackeln *tr: Foto* das Bild ist verwackelt изображе́ние сдви́нуто [сма́зано]
verwahr|en *tr* храни́ть 3; sich ≈ *refl* про-

тестова́ть 2 (gegen про́тив *G*); **~losen** *intr* приходи́ть 3⁺ -хожу́ ⟨-|йти́*⟩ в состоя́ние запу́щенности; Kinder o|става́ться* ⟨-|ста́ться*⟩ без присмо́тра; **~lost** запу́щенный, забро́шенный; Kind беспризо́р|ный, -ен

Verwahrung *f* Aufbewahrung хране́ние 5; Protest проте́ст 2, возраже́ние 5 | in ~ nehmen принима́ть ⟨приня́ть*⟩ на хране́ние; gegen etw. ~ einlegen заяв|ля́ть ⟨-и́ть 3⁺ -лю́⟩ проте́ст про́тив чего́-н.

verwais|en *intr* сироте́ть (о-); **~t** осироте́лый

verwalten *tr* управля́ть *I;* Lager, Amt заве́довать 2 *I*

Verwalt|er *m* управля́ющий *Subst* 11 *I;* staatlicher администра́тор 2; **~ung** *f* управле́ние 5 *I;* staatliche администра́ция 8 | er arbeitet in der ≈ он рабо́тает в администра́ции

Verwaltungs|angestellter *m* слу́жащий управле́нческого аппара́та; **~apparat** *m* управле́нческий аппара́т; **~behörde** *f* администрати́вное учрежде́ние; **~gebäude** *n* администрати́вный ко́рпус 2b *Pl* -á; **~kosten** *Pl* администрати́вные расхо́ды *Pl* 2; **~organ** *n* администрати́вный о́рган; **~personal** *n* администра́ция 8; **~recht** *n* администрати́вное пра́во; **~weg**: auf dem ≈ в администрати́вном поря́дке

verwandeln *tr* превра|ща́ть ⟨-ти́ть 3 -щу́⟩; sich ~ *refl* превра|ща́ться ⟨-ти́ться⟩ | er ist wie verwandelt его́ сло́вно подмени́ли; einen Elfmeter ~ реализова́ть *uv, v* 2 одиннадцатиметро́вый (уда́р)

Verwandlung *f* превраще́ние 5 (in в *A*)

verwandt родно́й; von gemeinsamer Herkunft ро́дствен:ный, -на; gleichartig одноро́д|ный, -ен; *übertr* бли́зкий, -ок, -ка́, -ко, бли́зки́, схо́жий 11 | mit j-m nahe ~ sein быть с кем-н. в бли́зком родстве́; wir sind nah ~ мы бли́зкие ро́дственники

Verwandte *f* ро́дственница 6; *Pl a.* родны́е *Subst* 10; **~r** *m* ро́дственник 2 | er ist ein ≈ von mir он мой ро́дственник

Verwandtschaft *f* родство́ 4; Gesamtheit der Verwandten родны́е *Subst* 10, *umg* родня́ 7; Ähnlichkeit in Grundzügen схо́дство 4, сра́дство 4

verwandtschaftlich ро́дственный | in ~e Beziehungen treten родни́ться 3 (по-)

Verwandtschaftsgrad *m* сте́пень родства́

verwarnen *tr* де́лать (с-) предупрежде́ние *D*

Verwarnung *f* предупрежде́ние *D*

verwaschen *Adj* Kleid вы́цветший 11, линя́лый; *übertr* расплы́вчат:ый

ver|wässern *tr* разбавля́ть ⟨-ба́вить 3 -ба́влю⟩ водо́й; *übertr* опошля́ть ⟨опо́шлить 3⟩; **~weben** *tr* zusammenweben сплета́ть ⟨-|плести́*⟩; *übertr* переплета́ть ⟨-пле́сти⟩; **~wechseln** *tr* Gegenstände пу́тать (пере-); Begriffe сме́шивать ⟨смеша́ть⟩

Verwechslung *f* смеше́ние 5; Irrtum оши́бка 6

verwegen wagemutig де́рз|кий, -ок, -ка́!; Mensch отва́ж|ный, -ен, удало́й, уда́л, -á!

Verwegenheit *f* отва́га 6, у́даль 9; де́рзость 9

ver|wehren *tr* запре|ща́ть ⟨-ти́ть 3 -щу́⟩; **~weht**: ≈ sein быть занесённым; **~weichlichen** *tr* изне́ж|ивать ⟨-ить 3⟩; *intr* изне́ж|иваться ⟨-иться⟩

Verweichlichung *f* Vorgang изне́живание 5; Resultat изне́женность 9

verweigern *tr* отка́зывать ⟨-|каза́ть*⟩ в *P* | den Gehorsam ~ отка́зываться повинова́ться; j-m Hilfe ~ отка́зывать кому́-н. в по́мощи; die Aussage ~ *Jur* отка́зываться ⟨-каза́ться*⟩ дава́ть показа́ния

Verweigerung *f* отка́з 2

ver|weilen *intr* пребыва́ть, п(р)обы́ть* *v* | bei einem Gedanken ≈ остан|а́вливаться ⟨-ови́ться 3⁺ -овлю́сь⟩ на мы́сли; **~weint** запла́кан:ный, -а

Verweis *m* Hinweis ссы́лка 6 (auf на *A*); Tadel вы́говор 2 | einen ~ erteilen объяв|ля́ть ⟨-и́ть 3⁺ -лю́⟩ вы́говор

verweisen *tr* des Landes изгоня́ть ⟨-|гна́ть*⟩ из *G*, высыла́ть ⟨вы́|слать*⟩ из *G;* an j-n отсыла́ть ⟨ото|сла́ть*; ото́сланный⟩ к *D;* auf etw. де́лать (с-) ссы́лку на *A*, ука́зывать ⟨-|каза́ть*⟩ на *A*

ver|welken *intr* вя́нуть 4а (за-, у-), увяда́ть; **~welkt** увя́дший 11; **~wendbar** го́д|ный, -ен к употребле́нию, примени́м:ый

Verwendbarkeit *f* примени́мость 9, приго́дность 9

verwenden *tr* anwenden употреб|ля́ть ⟨-и́ть 3 -лю́⟩, примен|я́ть ⟨-и́ть 3⁺; -ённый⟩ | benutzen испо́льзовать *uv, v* 2 | viel Mühe auf eine Arbeit ~ прилага́ть мно́го усе́рдия в рабо́те; er will nicht viel Zeit darauf ~ он не хо́чет тра́тить на э́то мно́го вре́мени

Verwendung *f* употребле́ние 5, примене́ние 5; испо́льзование 5; Fürsprache хода́тайство 4 | ~ finden находи́ть ⟨-|йти́*⟩ примене́ние

Verwendungs|möglichkeit *f* возмо́жность примене́ния | ich habe dafür keine ≈ мне не́куда э́то примени́ть; **~zweck** *m* назначе́ние 5

verwerf|en *tr* Antrag отверга́ть ⟨-ве́ргнуть 4a *u.* 4⟩; Theorie, Idee отбр|а́сывать ⟨-о́сить⟩; *Jur* Berufung откл|оня́ть ⟨-они́ть 3⁺; -онённый⟩; sich ≈ *refl* Holz коро́биться 3 (по-, с-); **~lich** недо-

стó|йный, -ин, -йна, предосуди́тел|ьный, -ен, -ьна
Verwerf|lichkeit *f* недостóйность 9, предосуди́тельность 9; **~ung** *f* Ablehnung отклонéние 5; Verziehen коробле́ние 5; *Geol* сброс 2
verwertbar могу́щий 11 быть испóльзованным
verwerten *tr* ausnützen испóльзовать *uv, v* 2; verwenden примен|я́ть ⟨-и́ть 3⟩; Erfindungen внедр|я́ть ⟨-и́ть 3⟩; Altstoffe утилизи́ровать *uv, v* 2
Verwertung *f* испóльзование 5; примене́ние 5; внедре́ние 5; утилиза́ция 8
verwesen *intr* тлеть; Kadaver раз|лага́ться ⟨-ложи́ться 3⁺⟩
Verwesung *f* тле́ние 5; разложе́ние 5
verwetten *tr* Geld про|и́грывать ⟨-игра́ть⟩ (де́ньги) при пари́
verwickel|n *tr* запу́т|ывать ⟨-ать⟩; sich ≈ *refl übertr* запу́т|ываться ⟨-аться⟩ | j-n in etw. ≈ впу́т|ывать ⟨-ать⟩ когó-н. во что--н.; sich in Widersprüche ≈ пу́таться (за-) в противоре́чиях; **~t** *übertr* слóж|ный, -ен, -на́!; unklar запу́тан|ный, -на
Verwicklung *f Pol* осложе́ние 5; *Theat* запу́танность 9
verwilder|n *intr* дича́ть (о-) *a. übertr;* Garten зараста́ть ⟨-|расти́*⟩; Kulturpflanzen вырожда́ться ⟨вы́родиться⟩; **~t** одича́лый; Garten запу́щенный, зарóсший 11
Verwilderung *f* одича́ние 5; запу́щенность 9, запусте́ние 5
ver|winden *tr* забыва́ть ⟨-|бы́ть*; -бы́ла⟩; Schmerz преодол|ева́ть ⟨-е́ть; -ённый⟩; **~wirken** *tr* лиш|а́ться ⟨-и́ться 3⟩ *G;* Recht теря́ть (по-) | sein Leben ≈ попла|ти́ться *v* 3⁺ -чу́сь жи́знью; **~wirklichen** *tr* осуществл|я́ть ⟨-и́ть 3 -лю́⟩
Verwirklichung *f* осуществле́ние 5
verwirr|en *tr* за-, спу́т|ывать ⟨-ать⟩; *übertr* приводи́ть 3⁺ -вожу́ ⟨-|вести́*⟩ в замеша́тельство, сбива́ть ⟨-|бить*, собью́⟩ с тóлку | durch Fragen ≈ запу́тать вопрóсами; **~t** сби́тый с тóлку; bestürzt смущённый
Verwirrung *f* Durcheinander пу́таница 6; Bestürzung замеша́тельство 4 | in ~ geraten приходи́ть 3⁺ -хожу́ ⟨-|йти́*⟩ в замеша́тельство, сму|ща́ться ⟨-ти́ться 3 -щу́сь⟩; ~ stiften вно|си́ть 3⁺ -шу́ ⟨в|нести́*⟩ пу́таницу (in в *A*)
ver|wirtschaften *tr* прома́тывать ⟨-мота́ть⟩; **~wischen** *tr* Schrift, Spuren с|тира́ть ⟨-|тере́ть*, сотру́⟩ *a. übertr;* Gegensätze сгла́|живать ⟨-дить 3 -жу⟩; sich ≈ *refl* стира́ться ⟨-|тере́ться⟩ | die Spuren eines Verbrechens ≈ замета́ть ⟨-|мести́*⟩ следы́ преступле́ния; **~wittern** *intr Geol* выве́триваться ⟨вы́ветриться 3⟩; **~wittert** вы́ветренный; baufällig ве́тх:ий, -á!
Verwitterung *f Geol* выве́тривание 5
verwitwet овдове́вший 11
verwöhn|en *tr* балова́ть 2 (из-) (mit *I*); sich ≈ *refl* изне́ж|иваться ⟨-иться 3⟩; **~t** избалóван:ный, -на; verzärtelt изне́женный; Geschmack изы́сканный
Verwöhn|theit *f* избалóванность 9; **~ung** *f* баловствó 4; изне́живание 5
ver|worfen развращ|ённый, -ён, -ена́; **~worren** пу́таный | ≈e Lage запу́танное положе́ние
Verworrenheit *f* запу́танность 9
verwundbar уязви́м:ый *a. übertr*
verwunden *tr* ра́нить *uv, v* 3 *a. übertr*
verwunderlich удиви́тел|ьный, -ен, -на
Verwunderung *f* удивле́ние 5 | vor ~ от удивле́ния; in ~ setzen удив|ля́ть ⟨-и́ть 3 -лю́⟩; in ~ geraten удив|ля́ться ⟨-и́ться⟩
verwundet ра́неный
Verwund|eter *m* ра́неный *Subst* 10; **~ung** *f* ране́ние 5, ра́на 6
ver|wunschen заколдóван:ный, -а; **~wünschen** *tr* проклина́ть ⟨-|кля́сть*; прóклял; прóклятый⟩; **~wünscht** прокля́тый; **~wurzeln** *intr* глубокó укорен|я́ться ⟨-и́ться 3⟩ | verwurzelt sein *übertr* быть те́сно свя́занным
Verwurzelung *f übertr* те́сная связь 9; в связи́
verwüsten *tr* опустош|а́ть ⟨-и́ть 3⟩
Verwüstung *f* опустоше́ние 5
verzag|en *intr* отча́|иваться ⟨-яться, -юсь, -ешься⟩, па́дать ду́хом; **~t** отча́явшийся 11, па́вший 11 ду́хом
Verzagtheit *f* упа́д|ок, -ка 2 ду́ха
ver|zählen, sich *refl* об-, просчи́тываться ⟨-счита́ться⟩; **~zahnen** *tr Tech* Zähne einschneiden наре́зывать ⟨-|ре́зать*⟩ зу́бья (на *P*); *Bauw* соедин|я́ть ⟨-и́ть 3⟩ в зуб; *übertr* сцеп|ля́ть ⟨-и́ть 3⁺ -лю́⟩
Verzahnung *f* зацепле́ние 5, соедине́ние 5 зу́бьями; *übertr* сцепле́ние 5
ver|zanken, sich *refl* рассóриться *v* 3; **~zapfen** *tr Bauw* соедин|я́ть ⟨-и́ть 3⟩ в шип | Unsinn ≈ болта́ть глу́пости; **~zärteln** *tr* изне́ж|ивать ⟨-ить 3⟩, балова́ть 2 (из-)
Verzärtelung *f* изне́живание 5, баловствó 4
ver|zaubern *tr* заколд|óвывать ⟨-ова́ть 2⟩; *übertr* зачар|óвывать ⟨-ова́ть 2⟩; **~zehnfachen** *tr* удесятер|я́ть ⟨-и́ть 3⟩; **~zehren** *tr* Essen съеда́ть ⟨с|ъесть*⟩; Kräfte изнур|я́ть ⟨-и́ть 3⟩ | sich vor Kummer ≈ изводи́ться 3⁺ -вожу́сь ⟨-|вести́сь*⟩ от гóря; **~zeichnen** *tr* aufschreiben запи́сывать ⟨-|писа́ть*⟩; Erfolg отмеча́ть ⟨-ме́тить 3 -ме́чу⟩; falsch zeichnen непра́вильно рисова́ть 2 (на-)
Verzeichnis *n* спи́с|ок, -ка 2; Register пе́ре|чень 1 -чня; Inventar- óпись 9 | ein ~ anlegen сост|авля́ть ⟨-а́вить 3 -а́влю⟩ спи́сок

verzeih|en *tr* про|щáть ⟨-стúть 3 -щý⟩ (j-m *D*), извин|ять ⟨-úть 3⟩ (j-m etw. *A* за *A*) | ≈ Sie! извинúте!, простúте!; das ist nicht zu ≈ э́то непростúтельно; **~lich** простúтел|ьный, -ен, -ьна, извинúтел|ьный, -ен, -ьна

Verzeihung *f* прощéние 5, извинéние 5 | j-n um ~ bitten просúть (по-) прощéния у когó-н.; ~! извинúте!, простúте!

verzerren *tr* иска|жáть ⟨-зúть 3 -жý⟩ *a. übertr* | mit verzerrtem Gesicht с перекошенным лицóм

Verzerrung *f* искажéние 5 *a. Rad*

[1]**verzetteln** *tr* Geld, Kräfte (зря) растрá|чивать ⟨-тить 3 -чу⟩; sich ~ размéниваться [разбрáсываться] на мéлочи

[2]**verzetteln** *tr* Kartei anlegen распúсывать ⟨-|писáть*⟩ на кáрточки

Verzicht *m* откáз 2, отречéние 5 (auf от *G*)

ver|zichten *intr* откáзываться ⟨-|казáться*⟩ (auf от *G*); **~ziehen** *tr* verwöhnen баловáть 2 (из-); Gesicht мóрщить 3 (с-); Mund крив|úть 3 -лю́ (с-); Pflanzen прорéживать ⟨-редúть 3 -режý⟩; *intr* umziehen переезжáть ⟨-|éхать*⟩, пересел|я́ться ⟨-úться 3⟩; sich ≈ Gewitter проходúть 3⁺ ⟨-|йтú*⟩; Nebel рассé|иваться ⟨-яться, -ется⟩; *umg* sich aus dem Staub machen испар|я́ться ⟨-úться 3⟩, улетýч|иваться ⟨-иться 3⟩; Holz корóбиться (по-) | vor Schmerz verzog er sein Gesicht от бóли егó перекосúло; keine Miene ≈ не по|давáть* вúду; **~zieren** *tr* укр|ашáть ⟨-áсить 3 -áшу⟩, отдéл|ывать ⟨-ать⟩

Verzierung *f* украшéние 5, отдéлка 6

ver|zinken *tr* оцинк|óвывать ⟨-овáть 2⟩; **~zinnen** *tr* лу|дúть 3⁺ -жý (вы́-, по-); **~zinsen** *tr* пла|тúть 3⁺ -чý (за-) процéнты за *A oder* с *G;* sich ≈ давáть* ⟨дать*⟩ процéнты | es verzinst sich mit vier Prozent э́то принóсит [даёт] четы́ре процéнта прúбыли; **~zinslich** процéнтный, принося́щий 11 процéнты

Verzinsung *f* уплáта 6 процéнтов

ver|zogen Kind избалóван:ный, -а; **~zögern** *tr* затя́гивать ⟨-тянýть 4⁺⟩, задéрживать ⟨-держáть 3⁺⟩; sich ≈ *refl* затя́гиваться ⟨-тянýться⟩

Verzögerung *f* замедлéние 5, затя́гивание 5; Stockung задéржка 6 | ohne ~ (liefern) (пост|авля́ть ⟨-áвить 3 -áвлю⟩) без задéржки

Verzögerungs|taktik *f* тáктика затя́гивания

ver|zollen *tr* упл|áчивать ⟨-атúть 3⁺ -ачý⟩ пóшлину (etw. за *A*); **~zuckern** *tr* mit Zuckerguß überziehen засáхар|ивать ⟨-ить 3⟩; **~zückt** востóржен:ный, -на

Ver|zückung *f* восхищéние 5, экстáз 2; **~zug** *m* задéржка 6 | ohne ≈ без задéржки; mit der Zahlung in ≈ geraten просрóч|ивать ⟨-ить 3⟩ платёж

Verzugszinsen *Pl* пéни *Pl* 7 за просрóчку (платежá)

verzweifel|n *intr* отчá|иваться ⟨-яться, -юсь, -ешься⟩ (an в *P*) | an seinem Talent ≈ потеря́ть *v* вéру в свой талáнт; **~t** отчáян:ный, -на

Verzweiflung *f* отчáяние 5 | aus ~ в отчáянии, от отчáяния; zur ~ bringen при|во|дúть 3⁺ -жý ⟨при|вестú*⟩ в отчáяние

verzweigen, sich *refl* разветвл|я́ться ⟨-úться 3⟩

Verzweigung *f* разветвлéние 5

verzwickt запýтан:ный, -на, слóж|ный, -ен, -нá!

Vesper *f Rel* вечéр|ня 7 *G Pl* -ен; Mahlzeit пóлдник 2

vespern *intr* пóлдничать

Vestibül *n* вестибю́ль 1

Vesuv *m* Везýвий 1

Veteran *m* ветерáн 2

Veteranenklub *m* клуб ветерáнов

Veterinär *m* ветеринáр 2; **~medizin** *f* ветеринáрия 8

Veto *n* вéто *n idkl* | ~ einlegen gegen etw. наклáдывать ⟨-ложúть 3⁺⟩ вéто на что-н.; **~recht** *n* прáво вéто

Vetter *m* двоюродный брат 2 *Pl* -ья, -ьев, -ьям

Vetternwirtschaft *f* кумовствó 4, семéйственность 9

Vexierbild *n* картúнка-загáдка 6-6, загáдочная картúнка

Viadukt *m* виадýк 2

Vibration *f* вибрáция 8

vibrieren *intr* вибрúровать 2, колебáться*

Videorecorder *m* видеомагнитофóн 2

Vieh *n* скот 2e; **~bestand** *m* поголóвье 5; **~futter** *n* корм для скотá; **~haltung** *f* содержáние скотá; **~händler** *m* скотопромы́шленник 2; **~herde** *f* стáдо 4b; **~hof** *m* скóтный двор

viehisch звéрский

Vieh|salz *n* кормовáя соль; **~seuche** *f Vet* эпизоóтия 8; **~stall** *m* хлев 2b, в хлевý, *Pl* -á; **~tränke** *f* водопóй 1; **~waage** *f* весы́ для взвéшивания скотá; **~wagen** *m* вагóн для (перевóзки) скотá; **~weide** *f* вы́гон 2; **~zählung** *f* пéрепись 9 скотá; **~zucht** *f* животновóдство 4; **~züchter** *m* животновóд 2

viel 1. Menge мнóго *G;* aus einer Anzahl мнóгие | ~ Gutes мнóго хорóшего; ~e Menschen мнóго нарóду; ~e unserer Mitarbeiter мнóгие из нáших сотрýдников; ~e Studenten sprechen russisch мнóгие студéнты говоря́т по-рýсски; gleich ~ одинáковое колúчество; ~en Dank! большóе спасúбо!; ~ Vergnügen! желáю хорошó провестú врéмя!; ~

Glück! желáю счáстья!; in ~em hat er recht во мнóгом он прав; ~e meinen мнóгие дýмают; in ~en Fällen во мнóгих слýчаях; ich habe ~(es) erlebt я мнóго(е) пéрежил; solche wie er gibt es ~e такúх, как он, мнóго **2.** *Adv* мнóго; *vor Komp* намнóго, горáздо | ~ besser намнóго [горáздо] лýчше; so ~ стóлько; recht ~ немáло; ~ zu ~ слúшком мнóго; ~ zu gut слúшком хорошó; das ist ein bißchen ~ э́то уж слúшком

viel|beschäftigt занятóй; **~besucht:** ≈e Vorstellung спектáкль, привлекáющий 11 большóе колúчество зрúтелей; **~deutig** многознáч|ный, -ен

vieldiskutiert вы́звавший 11 оживлённую дискýссию

Vieleck *n Math* многоугóльник 2

vieler|lei *Adj* разлúчный, разнообрáзный; **~orts** *Adv* во мнóгих местáх

vielfach **1.** *Adj* многокрáтный **2.** *Adv* мнóго раз | den Schaden ~ ersetzen возме|щáть ⟨-стúть 3 -щý⟩ убы́ток с лихвóй

Viel|faches *n* крáтное *Subst* 10 | um ein ≈s во мнóго раз; **~falt** *f* многообрáзие 5, разнообрáзие 5

vielfältig многообрáз|ный, -ен, разнообрáз|ный, -ен

Viel|flach *n Math* многогрáнник 2; **~fraß** *m Zool* росомáха 6; *übertr umg* обжóра *m, f* 6; **~füßer** *m Zool* многонóжка 6

viel|gebraucht чáсто употребля́емый; **~gefragt** Ware пóльзующийся 11 большúм спрóсом; **~geprüft** *übertr* многострадáл|ьный, -ен, -ьна; **~gereist** мнóго путешéствовавший 11; **~geschossig** *Bauw* многоэтáжный; **~gestaltig** разнообрáз|ный, -ен, многообрáз|ный, -ен

Vielheit *f* мнóжество 4

viel|jährig многолéтний 11; **~köpfig:** ≈e Menge многочúсленная толпá

vielleicht *Adv* мóжет быть, возмóжно | ~ weiß er davon nichts мóжет быть [возмóжно], он об э́том ничегó не знáет; ~ hast du recht пожалýй, ты прав

viel|malig многокрáтный; **~mals** *Adv* не рáз, мнóго раз | ich bitte ≈ um Entschuldigung! óчень прошý меня́ извинúть!

vielmehr **1.** *Adv* скорéе **2.** *Konj* im Gegenteil напрóтив

viel|sagend многозначúтел|ьный, -ен, -ьна; **~schichtig** многослóйный

Vielschichtigkeit *f* многослóйность 9; *übertr* многоплáновость 9

vielseitig многосторóнний 11 *a. Math,* разносторóн|ный 11 -ен, -ня | ~es Wissen обшúрные знáния в рáзных областя́х

Vielseitigkeit *f* многосторóнность 9, разносторóнность 9

viel|sprachig многоязы́чный; **~stellig** *Math* многознáч|ный, -ен; **~stöckig** многоэтáжный; **~versprechend** многообещáющий 11

Viel|völkerstaat *m* многонационáльное госудáрство; **~weiberei** *f* многожёнство 4, полигáмия 8

vielwertig *Chem* многовалéнтный

Vielzahl *f* мáсса 6, большóе колúчество 4

vier *Num* четы́р|е, -ёх, -ём, -ьмя́, -ёх; *vor Pl im N u. A* чéтверо | ~ Kinderkrippen чéтверо я́слей; ~ Tische четы́ре столá; auf ~ Tischen на четырёх столáх; wir waren ~ нас бы́ло чéтверо [четы́ре человéка]; auf allen ~en на четверéньках; unter ~ Augen с глáзу на глаз

Vier *f* числó 4c четы́ре, четвёрка 6; Straßenbahn четвёрка, четвёртый нóмер 2b

vier|achsig четырёхóсный; **~beinig** четверонóгий

Viereck *n* четырёхугóльник 2

vier|eckig четырёхугóльный; **~einhalb** *Num* четы́ре с половúной

Vierer *m Sport* четвёрка 6; **~bob** *m Sport* бобслéй-четвёрка 1-6, четырёхмéстный бобслéй

viererlei четырёх вúдов [родóв, сортóв]

Viererreihe *f:* sich in ~n aufstellen стрóиться 3 (вы́-, по-) по четы́ре человéка

vierfach **1.** *Adj* четырёхкрáтный **2.** *Adv* вчéтверо, в четы́ре рáза

Vier|farbendruck *m* четырёхкрáсочная печáть; **~füßer** *m* четверонóгое *Subst* 10; **~ganggetriebe** *n* четырёхступéнчатая корóбка передáч

viergeschossig четырёхэтáжный

vierhändig *Adv Mus* в четы́ре рукú

vierhundert *Num* четы́реста, четырёхсот, четырёмстáм, четырьмястáми, четырёхстáх; **~ster** четырёхсóтый

vierjährig четырёхлéтний 11

vierkantig четырёхгрáнный

Vierlinge *Pl* четверн|я́ 7 *G Pl* -éй

viermal *Adv* четы́ре рáза, четы́режды | ~ soviel в четы́ре рáза бóльше; **~ig** четырёхкрáтный

viermotorig четырёхмотóрный

Vierrad|antrieb *m Tech* привóд на четы́ре колесá [на две осú]; **~bremse** *f* тóрмоз на четы́ре колесá

vier|rädrig четырёхколёсный; **~saitig** *Mus* четырёхстрýнный; **~schrötig** коренáст:ый; **~seitig** четырёхсторóнний 11; **~silbig** четырёхслóжный

Viersitzer *m* Auto четырёхмéстный автомобúль

vier|sitzig четырёхмéстный; **~spännig** запряжённый четвёркой; **~spurig** Tonbandgerät четырёхдорóжечный; Autobahn четырёхпýтный; **~stellig** Zahl четырёхзнáчный; **~stimmig** четырёхголóсный; **~stöckig** четырёхэтáжный; in der UdSSR entsprechend пятиэтáжный; **~stündig** четырёхчасовóй

viert: zu ~ вчетверóм
viertägig четырёхднéвный
Viertaktmotor *m* четырёхтáктный двигáтель
vierteilig состоя́щий 11 из четырёх частéй
Viertel *n* чéтверть 9g, четвёртая часть 9g; Stadt~ квартáл 2, райóн 2 | drei ~ zwei без чéтверти два; ~ zwei чéтверть вторóго; **~finale** *n Sport* четвертьфинáл 2; **~jahr** *n* чéтверть 9g гóда, квартáл 2
vierteljähr|ig трёхмéсячный; **~lich** *Adv* кáждые три мéсяца
Viertel|liter *n* чéтверть 9g ли́тра; **~note** *f* четвертнáя нóта, чéтверть 9g; **~pause** *f Mus* четвертнáя пáуза; **~stunde** *f* чéтверть 9g часá
viertens *Adv* в-четвёртых
vierter *Num* четвёртый
Viervierteltakt *m* такт в четы́ре чéтверти
vierzehn четы́рнадцать 9 | vor ~ Tagen две недéли (томý) назáд; **~ter** четы́рнадцатый
Vierzeiler *m* четверости́шие 5
vierzeilig в четы́ре строки́
vierzig *Num* сóрок *G D I P* сорокá, *A* сóрок
Vierziger *m* сорокалéтний мужчи́на 11-6 | er ist (hoch) in den ~n емý (далекó) за сóрок лет
vierzig|jährig сорокалéтний 11; **~ster** *Num* сороковóй
Vier|zimmerwohnung *f* четырёхкóмнатная кварти́ра; **~zylindermotor** *m* четырёхцили́ндровый дви́гатель
Vietnam Вьетнáм 2; **~ese** *m* вьетнáм|ец, -ца 2; **~esin** *f* вьетнáмка 6
vietnamesisch вьетнáмский
Vignette *f* виньéтка 6
Villa *f* ви́лла 6 in der ~ на ви́лле
Villenviertel *n* райóн вилл
Vilnius Ви́льнюс 2
Viola *f Mus* виóла 6
violett фиолéтовый
Violinbogen *m* (скрипи́чный) смыч|óк, -кá 2
Violine *f* скри́пка 6
Violin|konzert *n* скрипи́чный концéрт; **~schlüssel** *m* скрипи́чный ключ; **~virtuose** *m* скрипáч-виртуóз 2e (*G Pl* -éй)-2
Violoncell|ist *m* виолончели́ст 2; **~o** *n* виолончéль 9
Viper *f* гадю́ка 6
Virologie *f* вирусолóгия 8
virtuos 1. *Adj* виртуóз|ный, -ен **2.** *Adv* мастерски́
Virtuos|e *m* виртуóз 2; **~ität** *f* виртуóзность 9, мастерствó 4
virulent вирулéнтный, зарáз|ный, -ен
Virus *m* ви́рус 2; **~krankheit** *f* ви́русная болéзнь
visafrei 1. *Adj* безви́зовый **2.** *Adv* без ви́зы
Visier *n Mil* прицéл 2; *hist* забрáло 4 | mit offenem ~ kämpfen би́ться с откры́тым забрáлом
Vision *f* видéние 5
Visite *f* врачéбный обхóд 2
Visitenkarte *f* визи́тная кáрточка
Viskose *f Chem* вискóза 6; **~faser** *f* вискóзное волокнó
visuell зри́тельный
Visum *n* ви́за 6 | das ~ erteilen вы|давáть* ⟨вы́|дать*⟩ ви́зу
vital Mensch пóл|ный, -он, -нá жи́зни; Interessen жи́знен:ный, -на
Vitalität *f* жи́зненная си́ла
Vitamin *n* витами́н 2; **~bedarf** *m* потрéбность (органи́зма) в витами́нах
vitaminhaltig содержáщий 11 витами́н(ы)
Vitamin|mangel *m* недостáток витами́нов; **~präparat** *n* витами́нный препарáт
vitaminreich богáт:ый витами́нами, витаминóзный
Vitrine *f* Schaukasten витри́на 6
Vize|admiral *m* ви́це-адмирáл 2; **~präsident** *m* ви́це-президéнт 2
Vlies *n* рунó 4c
Vogel *m* пти́ца 6 | er hat den ~ abgeschossen он превзошёл всех; friß, ~, oder stirb! хóчешь не хóчешь, а соглашáйся!; **~bauer** *n, m* клéтка для птиц; **~beerbaum** *m*, **~beere** *f* ряби́на 6; **~fang** *m* лóвля птиц, птицелóвство 4; **~fänger** *m* птицелóв 2
vogelfrei: j-n für ~ erklären объяв|ля́ть ⟨-и́ть 3⁺⟩ когó-н. вне закóна
Vogel|futter *n* пти́чий 12 корм; **~haus** *n* пти́чник 2; **~miere** *f Bot* звездчáтка 6; **~nest** *n* пти́чье 12 гнездó; **~perspektive** *f*: aus der ≈ с пти́чьего полёта; **~scheuche** *f* чýчело 4; **~schutz** *m* охрáна птиц; **~-Strauß-Politik** *f* поли́тика самообмáна [самоуспокоéния]; **~warte** *f* орнитологи́ческая стáнция; **~zug** *m* перелёт птиц
Voile *m* вуáль 9
Vokabel *f* слóво 4b | ~n lernen учи́ть (вы́-) нóвые словá; **~heft** *n* словáрик 2, словáрная тетрáдь
Vokabular *n* запáс 2 слов
Vokal *m* глáсный *Subst* 10
vokalisch глáсный
Vokalmusik *f* вокáльная мýзыка
Vokativ *m* звáтельный падéж 2e
Volant *m* обóрка 6, волáн 2
Volk *n* нарóд 2; Bienen~ рой 1b *G Pl* роёв | das ganze ~ весь нарóд
Völkchen *n*: ein lustiges ~ весёлая компáния 8
Völker|bund *m hist* Ли́га нáций; **~freundschaft** *f* дрýжба нарóдов; **~kunde** *f* этногрáфия 8

Völkerrecht *n* междунаро́дное пра́во
völkerrechtlich междунаро́дно-правово́й
Völker|schaft *f* наро́дность 9; **~schlacht** *f:* ≈ bei Leipzig Би́тва наро́дов под Ле́йпцигом; **~verständigung** *f* взаимопонима́ние ме́жду наро́дами; **~wanderung** *f hist* вели́кое переселе́ние 5 наро́дов
volkreich многолю́дный
Volks|abstimmung *f* всенаро́дное голосова́ние, плебисци́т 2; **~armee** *f* наро́дная а́рмия | Nationale ≈ Национа́льная Наро́дная А́рмия ГДР; **~aufstand** *m* наро́дное восста́ние; **~ausgabe** *f* Buch ма́ссовое изда́ние; **~befragung** *f* всенаро́дный опро́с, рефере́ндум 2; **~befreiungsarmee** *f* наро́дно-освободи́тельная а́рмия; **~begehren** *f* наро́дная инициати́ва 6; **~belustigung** *f* наро́дное гуля́нье 5; **~bildung** *f* наро́дное образова́ние; **~bücherei** *f* наро́дная библиоте́ка; **~buchhandlung** *f* госуда́рственный кни́жный магази́н; **~demokratie** *f* наро́дная демокра́тия
volksdemokratisch наро́дно-демократи́ческий
Volksdichtung *f* наро́дная поэ́зия
volkseigen: ~er Betrieb наро́дное предприя́тие; ~ werden переходи́ть 3⁺ ⟨-|йти́*⟩ в со́бственность наро́да
Volks|eigentum *n* (все)наро́дное достоя́ние; **~einkommen** *n* национа́льный дохо́д; **~entscheid** *m* всенаро́дный опро́с, рефере́ндум 2; **~erhebung** *f* наро́дное восста́ние; **~etymologie** *f* наро́дная [ло́жная] этимоло́гия
volksfeindlich антинаро́дный
Volks|fest *n* наро́дное гуля́нье 5; **~front** *f* наро́дный фронт; **~gut** *n* наро́дное име́ние; **~held** *m* наро́дный геро́й; **~hochschule** *f* вече́рний 11 [наро́дный] университе́т; **~kammer** *f* Наро́дная пала́та; **~kunde** *f* этногра́фия 8; **~kundler** *m* этно́граф 2; **~kunst** *f* наро́дное тво́рчество 4 [иску́сство]
Volks|kunstgruppe *f* анса́мбль 1 худо́жественной самоде́ятельности; **~künstler** *m* наро́дный арти́ст; **~kunstschaffen** *n* наро́дное худо́жественное тво́рчество; **~lied** *n* наро́дная пе́сня; **~märchen** *n* наро́дная ска́зка; **~menge** *f* толпа́ 6с; **~mund** *m* наро́дная погово́рка 6 | im ≈ в наро́де; **~musik** *f* наро́дная му́зыка
volksnah бли́зкий наро́ду
Volks|polizei *f* Наро́дная поли́ция; **~republik** *f* наро́дная респу́блика; **~schule** *f* восьмиле́тняя шко́ла; **~solidarität** *f* Organisation Наро́дная солида́рность; **~sport** *m* ма́ссовый спорт; **~sprache** *f* наро́дный язы́к; **~stamm** *m* пле́м|я *n G D P* -ени| *I* -енем| *Pl* -ена́| -ён| -ена́м
Volkstanz *m* наро́дный та́нец, пля́ска 6; **~gruppe** *f* анса́мбль наро́дного та́нца
Volkstracht *f* национа́льный костю́м
volkstümlich популя́р|ный| -ен
Volks|tümlichkeit *f* популя́рность 9; **~verbundenheit** *f* (те́сная) связь с наро́дом; **~vermögen** *n* наро́дное достоя́ние; **~vergnügen** *n* наро́дное гуля́нье; **~versammlung** *f* Staatsorgan наро́дное собра́ние; **~vertreter** *m* представи́тель наро́да, депута́т 2; **~vertretung** *f* наро́дное представи́тельство; **~weisheit** *f* наро́дная му́дрость; **~wirtschaft** *f* наро́дное хозя́йство, эконо́мика 6
volkswirtschaftlich народнохозя́йственный, экономи́ческий
Volks|wirtschaftsplan *m* народнохозя́йственный план; **~zählung** *f* пе́репись 9 населе́ния
voll 1. *Adj* по́л|ный| -он| -на́| по́лно́; überfüllt перепо́лнен:ный| -а; ganz це́л:ый| -а! | der Saal ist ganz ~ зал битко́м наби́т; der Saal war voller Menschen зал был по́лон наро́ду; ein ~es Haus перепо́лненный теа́тр; zum Bersten ~ по́лный до отка́за; mit ~en Händen ще́дрой руко́й; alle Hände ~ zu tun haben быть* за́нятым по го́рло; aus dem ~en schöpfen име́ть что-н. в изоби́лии; in ~em Ernst вполне́ серьёзно; mit ~em Recht с по́лным пра́вом; in ~er Blüte в по́лном цвету́; mit ~er Kraft изо всех сил; aus ~em Halse во весь го́лос; ein ~es Jahr це́лый год; die ~e Wahrheit су́щая пра́вда; ~es Haar пы́шные во́лосы; nicht für ~ nehmen не счита́ться с кем-н. **2.** *Adv* по́лностью | ~ und ganz цели́ком и по́лностью
vollauf *Adv* вдо́воль, вполне́ | das genügt ~ э́того вполне́ доста́точно; ~ zu tun haben быть* за́нятым по го́рло
vollaufen *intr* на|полня́ться ⟨-по́лниться 3⟩ (mit *I*)
vollautomati|sch, ~siert по́лностью автоматизи́рован:ный [автомати́ческий]
Voll|bad *n* о́бщая 11 ва́нна; **~bart** *m* окла́дистая борода́ 6с
vollberechtigt полнопра́в:ный| -ен; Vertreter полномо́ч|ный| -ен
Voll|beschäftigung *f* по́лная за́нятость; **~besitz** *m:* im ≈ seiner Kräfte в расцве́те сил; **~blut(pferd)** *n* чистокро́вная ло́шадь
vollbringen *tr* соверш|а́ть ⟨-и́ть 3⟩
Volldampf *m* по́лный ход | mit ~ fahren е́хать на всех пара́х; mit ~ arbeiten рабо́тать вовсю́ [с по́лной нагру́зкой]
vollenden *tr* заверш|а́ть ⟨-и́ть 3⟩, зака́нчивать ⟨-ко́нчить 3⟩ | vollendete Tatsache соверши́вшийся 11 факт; er vollendete sein 50. Lebensjahr ему́ испо́лнилось пятьдеся́т лет

Vollendung *f* завершéние 5, окончáние 5; Vollkommenheit совершéнство 4
Völlerei *f* обжóрство 4
Volleyball *m* волейбóл 2; **~mannschaft** *f* волейбóльная комáнда; **~platz** *m* волейбóльная площáдка; **~spieler** *m* волейболи́ст 2
vollführen *tr* соверш|áть ⟨-и́ть 3⟩, осуществ|ля́ть ⟨-и́ть 3 -лю́⟩
Vollgas *n:* ~ geben давáть ⟨дать⟩ пóлный газ
vollgepfropft биткóм наби́т:ый
voll|gießen *tr* наливáть ⟨-|ли́ть*⟩ дóверху [дополнá]; **~gültig** полноцéн|ный$_|$ -ен
Vollgummireifen *m* масси́вная рези́новая ши́на
völlig 1. *Adj* пóл|ный$_|$ -он$_|$ -нá$_|$ пóлнó, совершéн|ный$_|$ -ен$_|$ -на | ~e Stille пóлная тишинá **2.** *Adv* пóлностью, совершéнно | ~ falsch совершéнно непрáвильно; das genügt mir ~ э́того мне вполнé достáточно; ~ unmöglich никáк [совершéнно] невозмóжно
volljährig совершеннолéтний 11
Volljährigkeit *f* совершеннолéтие 5
vollkommen 1. *Adj* совершéн|ный$_|$ -ен$_|$ -на **2.** *Adv* вполнé, совершéнно
Voll|kommenheit *f* совершéнство 4; **~kornbrot** *n* ржанóй хлеб из муки́ грýбого помóла; **~macht** *f* полномóчие 5; Bescheinigung довéренность 9 | mit ≈en ausstatten давáть* ⟨дать*⟩ полномóчия *D;* **~matrose** *m* матрóс пéрвого клáсса
Voll|mechanisierung *f* пóлная механизáция; **~milch** *f* цéльное молокó; **~mond** *m* полнолýние 5; **~narkose** *f* óбщий 11 наркóз
vollrauchen *tr* Zimmer накури́ть *v* 3⁺
Vollreife *f Landw* пóлная спéлость
voll|schlank пóлный$_|$ -он$_|$ -нá$_|$ пóлнó; **~schreiben** *tr* Heft u. a. испи́сывать ⟨-|писáть*⟩
vollständig 1. *Adj* пóл|ный$_|$ -он$_|$ -нá$_|$ пóлнó; völlig совершéн|ный$_|$ -ен$_|$ -на **2.** *Adv* вполнé, совершéнно
Vollständigkeit *f* полнотá | der ~ halber рáди тóчности [полноты́]
voll|stopfen *tr* набивáть ⟨-|би́ть*⟩ до откáза; **~strecken** *tr* Urteil приводи́ть 3⁺ ⟨-|вести́*⟩ в исполнéние
Vollstreckung *f* Urteil приведéние в исполнéние
volltransistoriert пóлностью транзисторизóванный
Voll|treffer *m* прямóе попадáние 5; **~verpflegung** *f* пóлное довóльствие; **~versammlung** *f* плéнум 2; UNO Генерáльная ассамблéя 7; **~waise** *f* Junge крýглый сиротá 6c; Mädchen крýглая сиротá
voll|wertig полноцéн|ный$_|$ -ен; **~zählig 1.** *Adj* пóл|ный$_|$ -он$_|$ -нá$_|$ пóлнó **2.** *Adv* пóлностью
Vollzähligkeit *f* пóлный состáв 2
vollziehen *tr* приводи́ть 3⁺ -вожý ⟨-|вести́*⟩ в исполнéние; sich ~ *refl* происходи́ть 3⁺ ⟨произо|йти́*⟩; **~d:** ≈e Gewalt исполни́тельная власть
Vollzug *m* исполнéние 5
Vollzugsorgan *n* исполни́тельный óрган
Volt *n* вольт 2 *G Pl* вольт
Voltampere *n* вольт-ампéр 2
Volte *f Sport* вольт 2
Voltmeter *n* вольтмéтр 2
Volumen *n* объём 2 *a. übertr*
voluminös объёмистый, объём|ный$_|$ -ен
von *Präpos Ort woher?* от *G;* aus из *G;* ~ Moskau bis Kiew от Москвы́ до Ки́ева; ~ Moskau nach Kiew из Москвы́ в Ки́ев; 3 km ~ der Stadt в трёх киломéтрах от гóрода; ich komme ~ meinem Freund я идý от своегó дрýга; der Zug kommt ~ Rostock пóезд идёт из Рóстока; ~ dort оттýда; ~ hier (aus) отсю́да; ~ vorn спéреди; ~ hinten сзáди; ~ oben bis unten свéрху дóнизу; ~ weitem и́здали; ~ Anfang bis Ende с [от] начáла до концá; ~ nah und fern отовсю́ду | von ... herunter с *G;* vom Stuhl aufstehen встать со стýла; den Mantel vom Kleiderhaken nehmen снять* пальтó с вéшалки; das Glas vom Tisch nehmen взять стакáн со столá; ~ der Tafel abschreiben списáть с доски́; ~ allen Seiten со всех сторóн | Himmelsrichtung с *G;* ~ Süden с ю́га | vom Rand, von Gewässern с *G;* ~ der Wolga с Вóлги; ~ der Ostsee zurückkehren вернýться с Балти́йского мóря | Betrieb; Veranstaltung с *G;* der Vater kommt ~ der Arbeit [vom Betrieb] отéц идёт с рабóты [с завóда]; vom Vortrag [Fußball] zurückkehren вернýться с лéкции [с футбóла] | von hier ab (sollt ihr übersetzen) с э́того мéста (вы должны́ переводи́ть); ~ der Brücke an от мóста; ~ der Zelle aus anrufen звони́ть из автомáта; vom Fenster aus из окнá; ~ fünf Mark an (начинáя) с пяти́ мáрок; vom Meer her с мóря; ~ der Tür her от двéри | von ... zu *Wiederholung* из *G* в *A;* ~ Haus zu Haus из дóма в дом; ~ Stufe zu Stufe со ступéньки на ступéньку; ~ Jahr zu Jahr из гóда в год; ~ Zeit zu Zeit врéмя от врéмени; ~ Fall zu Fall от слýчая к слýчаю | *Zeit* с *G;* vom 1. bis zum 5. Februar с пéрвого по пя́тое [до пя́того] февраля́; ~ Mittwoch bis Freitag со среды́ до пя́тницы; in der Nacht ~ Dienstag zu Mittwoch в ночь со втóрника на срéду; ~ eins bis drei (Uhr) с чáсу до трёх; ~ früh bis spät с утрá до вéчера | Zeitpunkt der Entstehung от *G;* ein Brief [die Zeitung] vom 6. März письмó [газéта] от шестóго мáрта | von ... an с *G;* ~ Montag an с понедéльника; ~

Anfang an с (са́мого) нача́ла; ~ heute an с сего́дняшнего дня; ~ Kindheit an с де́тства; ~ da an с э́того вре́мени | Handlungsträger im Passivsatz *I;* der Artikel ist ~ Pawel geschrieben статья́ напи́сана Па́влом | Naturgewalt in Passivsätzen: *I mit unpers Verb;* das Boot wurde ~ der Strömung abgetrieben ло́дку отнесло́ тече́нием | Ursache от *G;* er ist müde ~ der Arbeit он уста́л от рабо́ты; das kommt ~ der Krankheit э́то (происхо́дит) от боле́зни; vom Lärm aufwachen просну́ться от шу́ма | gleichbedeutend mit *G;* eine Oper ~ Wagner о́пера Ва́гнера; ein Gedicht ~ Majakowski стихотворе́ние Маяко́вского; ein Vater ~ drei Kindern оте́ц трои́х детей; ein Freund ~ mir оди́н мой друг; die Hälfte ~ dem Geld полови́на де́нег; ein Teil ~ den Sachen часть веще́й | Beschaffenheit, Merkmal *meist G;* eine Frau ~ seltener Schönheit же́нщина ре́дкой красоты́; eine Frage ~ großer Wichtigkeit вопро́с большо́й ва́жности; ein Mann ~ Charakter челове́к с хара́ктером; eine Seele ~ einem Menschen душа́ челове́к; ~ Beruf по профе́ссии | Bereich von ... bis от *G* до *G;* bei Temperaturen von 40 bis 50° при температу́ре от сорока́ до пяти́десяти гра́дусов; Kinder ~ drei bis sechs Jahren де́ти от трёх до шести́ лет | quantitatives Merkmal *I* в [с] *A;* Fäden ~ der Stärke eines Haares ни́ти толщино́й в [с] во́лос | genaue Größenangabe в *A;* ein Winkel ~ 45° у́гол в со́рок пять гра́дусов; eine Summe ~ hundert Mark су́мма в сто ма́рок; eine Mehrheit ~ einer Stimme большинство́ в оди́н го́лос | bei Größenangaben nach *I* в *A oder N;* mit einer Länge [Breite] ~ fünf Metern длино́й [шириной] (в) пять ме́тров; mit einem Gewicht ~ einer Tonne ве́сом в то́нну [то́нна] | ein Brief vom Bruder письмо́ от бра́та; vom Original abschreiben списа́ть* с оригина́ла; ein Bild ~ j-m malen писа́ть карти́ну с кого́-н.; ~ mir aus что каса́ется меня́

von|einander *Adv* друг от дру́га; sprechen друг о дру́ге; **~statten** *Adv:* ≈ gehen проходи́ть 3⁺ ⟨-|йти́*⟩ | alles ging glatt ≈ всё протека́ло гла́дко

vor 1. *Adv:* nach wie ~ по-пре́жнему **2.** *Präpos Ort wo(hin)?* пе́ред *I;* ~ der Tür пе́ред две́рью; ~ die Tür stellen поста́вить пе́ред две́рью; ~ mir пе́редо мно́й; 100 m ~ dem Ziel за сто ме́тров до фи́ниша; 2 km ~ der Stadt в двух киломе́трах от го́рода | in Gegenwart von при *P;* ~ Zeugen [den Kindern] при свиде́телях [де́тях] | *Zeit* до *G;* unmittelbar ~ пе́ред *I;* ~ der Revolution war Rußland ein rückständiges Land до револю́ции Росси́я была́ отста́лой страно́й; ~ der Oktoberrevolution kam Lenin nach Petrograd пе́ред Октя́брьской револю́цией Ле́нин прие́хал в Петрогра́д; er ist ~ mir gekommen он пришёл пе́редо мной [ра́ньше меня́]; ~ dem Mittagessen пе́ред обе́дом; nicht ~ zwei (Uhr) не ра́ньше двух (часо́в); fünf Minuten ~ zwei без пяти́ (мину́т) два; ~ kurzem до неда́внего вре́мени; ~ der Zeit пре́жде вре́мени | zeitlicher Abstand vor einem Ereignis за *A* до *G;* fünf Tage ~ der Prüfung за пять дней до экза́мена | Zeitspanne, um die etwas zurückliegt *A* (тому́) наза́д; ~ einer Woche неде́лю (тому́) наза́д | Ursache от *G;* ~ Angst [Kälte] zittern дрожа́ть от стра́ха [хо́лода]; ~ Freude от ра́дости; ~ Kummer с го́ря; ~ Scham со стыда́ | gegenüber j-m: ein Geheimnis ~ j-m haben име́ть та́йну от кого́-н.; Achtung ~ j-m уваже́ние к кому́-н.; Furcht ~ j-m страх пе́ред кем-н.; sich ~ j-m schämen стыди́ться пе́ред кем-н. | ~ allem пре́жде всего́

Vor|abdruck *m* предвари́тельное опублико́вание 5; **~abend** *m* кану́н 2 | am ≈ накану́не *G;* **~ahnung** *f* предчу́вствие 5

voran *Adv* nach vorn вперёд; vorn впереди́ | immer langsam ~ ти́ше е́дешь, да́льше бу́дешь

voran|bringen *tr* дви́|гать ⟨-нуть 4⟩ вперёд; **~gehen** *intr* идти́ впереди́ [во главе́]; zeitlich vorausgehen предше́ствовать 2 (einer Sache *D*) | mit gutem Beispiel ≈ по|дава́ть* ⟨пода́ть*⟩ хоро́ший приме́р; die Arbeit geht gut voran рабо́та идёт хорошо́, рабо́та спори́тся; **~kommen** *intr* продвига́ться ⟨-дви́нуться 4⟩ вперёд; erfolgreich sein де́лать (с-) успе́хи

Voran|meldung *f* (предвари́тельная) зая́вка 6 (zu на *A*) | Gespräch mit ≈ (телефо́нный) разгово́р с предвари́тельным вы́зовом; **~schlag** *m* (предвари́тельная) сме́та 6

vorantreiben *tr* продв|ига́ть ⟨-и́нуть 4⟩, форси́ровать *uv, v* 2

Vor|anzeige *f* предвари́тельное объявле́ние; **~arbeit** *f* подготови́тельная рабо́та

vorarbeiten *tr u. intr* Arbeitszeit зара́нее отраб|а́тывать ⟨-о́тать⟩; *übertr* подгот|а́вливать ⟨-о́вить 3 -о́влю⟩ по́чву (для *G*)

voraus *Adv* впереди́ | im ~ зара́нее; er war den anderen immer (weit) ~ он был всегда́ (далеко́) впереди́ всех *a. übertr;* im ~ erraten преду|га́дывать ⟨-гада́ть⟩; mit bestem Dank im ~ зара́нее благода́рю [благодари́м]

Vorausabteilung *f* передово́й отря́д

voraus|berechnen *tr* зара́нее высчи́тывать ⟨вы́считать⟩ | die Bahn ≈ Sputnik рассчи́тывать ⟨-счита́ть⟩ орби́ту;

~**bestimmen** *tr* предназн|ача́ть ⟨-а́чить 3⟩; ~**bezahlen** *tr* пла|ти́ть 3⁺ -чу́ (за-) вперёд за *A;* ~**datieren** *tr* пом|еча́ть ⟨-е́тить 3 -е́чу⟩ бо́лее ра́нним число́м; ~**eilen** *intr* спеши́ть 3 вперёд; *übertr* опере|жа́ть ⟨-ди́ть 3 -жу́⟩ *A;* ~**gehen** *intr* идти́* вперёд; *übertr* предше́ствовать 2; ~**gesetzt:** ≈, daß при усло́вии| что; ~**haben** *tr:* etw. vor j-m ≈ превосхо|ди́ть 3⁺ -жу́ кого́-н. в чём-н.

Voraussage *f* предсказа́ние 5, прогно́з 2

voraus|sagen *tr* предска́зывать ⟨-с|каза́ть*⟩; ~**schauend** дальнови́д|ный| -ен; ~**schicken** *tr* посыла́ть ⟨-|сла́ть*⟩ вперёд; Bemerkungen предпосыла́ть ⟨-|сла́ть*⟩; ~**sehen** *tr* предви́|деть 3 -жу; ~**setzen** *tr* предполага́ть ⟨-ложи́ть 3⁺⟩ | vorausgesetzt, daß ... предполо́жим| что ...

Voraus|setzung *f* предположе́ние 5, предпосы́лка 6 | unter der ≈, daß при усло́вии| что; die ≈en für etw. schaffen создава́ть ⟨созда́ть⟩ предпосы́лки [усло́вия] для *G;* ~**sicht** *f* предви́дение | aller ≈ nach по всей ви́димости

voraussichtlich 1. *Adj* предполага́емый, вероя́т|ный| -ен **2.** *Adv* вероя́тно, по-ви́димому

Vorauszahlung *f* о-, упла́та вперёд

Vorbau *m Bauw* вы́ступ 2, выступа́ющая часть 11-9g зда́ния

vor|bauen *tr* стро́ить 3 (по-) пе́ред *I; intr übertr* предупре|жда́ть ⟨-ди́ть 3 -жу́⟩; ~**bedacht** умы́шленный, преднаме́рен:ный| -на

Vor|bedacht *m:* mit ≈ умы́шленно, с у́мыслом; ~**bedeutung** *f* предве́стие 5, предзнаменова́ние 5; ~**bedingung** *f* предвари́тельное усло́вие; ~**behalt** *m* огово́рка 6 | unter ≈ с огово́ркой; einen ≈ machen ста́в|ить 3 -лю (по-) усло́вие

vorbe|halten *tr:* sich das Recht ≈ ост|авля́ть ⟨-а́вить 3 -а́влю⟩ за собо́й пра́во; alle Rechte ≈ все (а́вторские) права́ сохраня́ются; ~**haltlich** *Adv* при усло́вии; ~**haltlos** безогово́рочный

vorbei *Adv* ми́мо (an *G*) | das ist ~ э́то прошло́; ich kann nicht ~ я не могу́ пройти́ [прое́хать]

vorbei|fahren *intr* проезжа́ть ⟨-|е́хать*⟩ ми́мо (an *G*); ~**gehen** *intr* проходи́ть 3⁺ -хожу́ ми́мо (an *G*) | an etw. achtlos ≈ не удел|я́ть ⟨-и́ть 3⟩ внима́ния чему́-н.; bei j-m ≈ загл|я́дывать ⟨-яну́ть 4⟩ к кому́-н.; die Gefahr ist an uns vorbeigegangen опа́сность нас минова́ла

Vorbeigehen *n:* im ~ мимохо́дом

vorbei|kommen *intr:* bei j-m ≈ загл|я́дывать ⟨-яну́ть 4⟩ к кому́-н.; ~**können** *intr:* er kann hier ~ он мо́жет здесь пройти́; ~**lassen** *tr* пропу|ска́ть ⟨-сти́ть 3⁺ -щу́⟩

Vorbeimarsch *m* прохожде́ние 5 торже́ственным ма́ршем (an ми́мо *G*)

vorbei|marschieren *intr* проходи́ть 3⁺ -хожу́ ⟨-|йти́*⟩ торже́ственным ма́ршем (an ми́мо *G*); ~**müssen** *intr:* er muß hier vorbei он до́лжен здесь пройти́; ~**reden** *intr:* aneinander ≈ говори́ть 3 не слу́шая [не понима́я] друг дру́га; an etw. ≈ говори́ть не по существу́

Vorbemerkung *f* предвари́тельное замеча́ние; Vorwort предисло́вие 5

vorbereiten *tr* гото́в|ить 3 -лю (под-); sich ~ *refl* гото́виться (под-) (auf к *D*); ~**d** подготови́тельный, предвари́тельный

Vorbereitung *f* подгото́вка 6 (auf к *D*); -en *Pl* приготовле́ния 5 (auf к *D*) | ~en treffen гото́виться (auf к *D*)

Vorbereitungslehrgang *m* подготови́тельные ку́рсы

Vorbesprechung *f* предвари́тельное совеща́ние

vorbestellen *tr* де́лать (с-) предвари́тельный зака́з (на *A*)

Vorbestellung *f* предвари́тельный зака́з (на *A*)

vor|bestraft име́ющий 11 суди́мость; ~**beugen** *intr* einer Sache предупре|жда́ть ⟨-ди́ть 3 -жу́| -ждённый⟩ *A,* предотвра|ща́ть ⟨-ти́ть 3 -щу́⟩ *A;* ~**beugend** предупреди́тел|ьный| -ен| -на | ≈e Gesundheitskur профилакти́ческая путёвка; ~er Brandschutz противопожа́рные ме́ры *Pl* 6

Vorbeugung *f* Verhütung предупрежде́ние 5, предотвраще́ние 5; *Med* профила́ктика 6

Vorbeugungsmaßnahme *f* предупреди́тельная ме́ра

Vorbild *n* приме́р 2, образ|е́ц| -ца́ 2 | sich j-n zum ~ nehmen брать* ⟨взять*⟩ с кого́-н. приме́р; als ~ dienen служи́ть 3⁺ приме́ром

vorbildlich приме́р|ный| -ен, образцо́вый

Vor|bildung *f* подгото́вка 6, первонача́льное образова́ние; ~**bote** *m* предве́стник 2; einer Krankheit при́знак 2

vorbringen *tr* darlegen излага́ть ⟨-ложи́ть 3⁺⟩; Forderungen выдвига́ть ⟨вы́двинуть 4⟩ | eine Beschuldigung gegen j-n ~ возводи́ть 3⁺ -вожу́⟩ ⟨-|вести́*⟩ обвине́ние на кого́-н.

vorchristlich дохристиа́нский

Vordach *n* наве́с 2

vor|datieren = **vorausdatieren;** ~**dem** *Adv* пре́жде

Vorder|achse *f* пере́дняя 11 ось; ~**ansicht** *f* вид спе́реди; *Bauw* фаса́д 2

vorderasiatisch переднеазиа́тский

Vorder|asien *n* Пере́дняя А́зия 11-8; ~**deck** *n* бак 2

vorderer пере́дний 11 | in vorderster Linie в пе́рвых ряда́х

Vorder|gebäude *n* перéднее 11 здáние; **~grund** *m* перéдний 11 план | im ≈ stehen *übertr* быть на пéрвом плáне; in den ≈ rücken выдвигáть ⟨вы́двинуть 4⟩ на пéрвый план

vorderhand *Adv* покá

Vordermann *m* стоя́щий *Subst* 11 впереди́ | j-n auf ~ bringen заст|авля́ть ⟨-áвить 3 -áвлю⟩ когó-н. поторопи́ться

Vorderrad *n* перéднее 11 колесó; **~antrieb** *m* привóд на перéдние колёса; **~gabel** *f* ви́лка перéднего колесá

Vorder|seite *f* перéдняя 11 сторонá; Medaille лицевáя сторонá; **~sitz** *m* im Auto перéднее 11 сидéнье

Vorder|steven *m* форштéв|ень, -ня 1; **~teil** *m, n* перéдняя часть; Schiff носовáя часть; **~tür** *f* парáдная дверь, глáвный вход; **~wagen** *m* Straßenbahn motóрный вагóн; **~zahn** *m* перéдний 11 зуб; **~zungenlaut** *m Phon* переднеязы́чный звук

vor|drängen, sich *refl* проти́с|киваться ⟨-нуться 4⟩ вперёд; **~dringen** *intr* продвигáться ⟨-дви́нуться 4⟩ вперёд *a. Mil;* **~dringlich** **1.** *Adj* первоочереднóй, сáмый вáжный **2.** *Adv* в пéрвую óчередь

Vor|dringlichkeit *f* первоочерёдность 9; **~druck** *m* бланк 2

voreilig поспéш|ный, -ен, опромéтчив:ый

vorein|ander *Adv* друг пéред дрýгом | ≈ verheimlichen скрывáть друг от дрýга; **~genommen** предупрежд|ённый, -ён, -енá (gegen прóтив *G*); parteiisch пристрáстный, -ен (für к *D*)

Voreingenommenheit *f* предубеждéние 5; пристрáстие 5

vorenthalten *tr* nicht geben задéрживать ⟨-держáть 3⁺⟩, не давáть* ⟨дать*⟩; Nachrichten утáивать ⟨-таи́ть 3⟩

Vorentscheidung *f* предрешéние 5; *Sport* полуфинáл 2

vorerst *Adv* покá

Vorfahr *m* прéд|ок, -ка 2

vorfahren *intr* vor einem Haus подъезжáть ⟨-|éхать*⟩ к *D;* bei j-m заезжáть ⟨-éхать⟩ к *D;* nach vorn fahren проезжáть ⟨-éхать⟩ вперёд

Vor|fahrt *f* Vorfahrtsrecht приоритéт 2 проéзда | die ≈ haben имéть приоритéт; **~fall** *m* слýча|й 1 *G Pl* -ев; *Med* выпадéние 5

vorfallen *intr* случ|áться ⟨-и́ться 3⟩, происходи́ть 3⁺ ⟨-изо|йти́*⟩

Vor|feld *n Mil* предпóлье 5; *Sport* передовáя зóна; **~fertigung** *f* предвари́тельная заготóвка; **~film** *m* (короткометрáжный) фильм, демонстри́руемый пéред основны́м фи́льмом

vorfinden *tr* j-n за|ставáть* ⟨-|стáть*⟩; etw. находи́ть 3⁺ -хожý ⟨-|йти́*⟩

Vorfreude *f* предвкушéние 5 рáдости

vorfristig досрóчный

Vorfrühling *m* рáнняя 11 веснá

vor|fühlen *intr* прощýп|ывать ⟨-ать⟩, зонди́ровать (про-) пóчву; **~führen** *tr* демонстри́ровать 2 (про-), покáзывать ⟨-|казáть*⟩

Vorführ|gelände *f* демонстрациóнная площáдка 6; **~raum** *m* демонстрациóнный зал; im Kino (кино)проекциóнная *Subst* 10; im Filmstudio просмóтровый зал; **~ung** *f* демонстрáция 8, покáз 2; *Film* сеáнс 2

Vor|gabe *f Sport* фóра 6 | staatliche ≈n госудáрственные (плáновые) задáния; **~gang** *m* собы́тие 5; Akte дéло 4b; *Tech* процéсс; beim Computer оперáция 8; **~gänger** *m* предшéственник 2; **~garten** *m* палисáдник 2

vorgeben *tr Sport* давáть* ⟨дать*⟩ фóру; *Tech* задавáть ⟨задáть*⟩; schwindeln (лóжно) утверждáть | ~, krank zu sein притвор|я́ться ⟨-и́ться 3⟩ больны́м

Vorgebirge *n* предгóрье 5; Kap мыс 2

vorgefaßt: ~e Meinung предвзя́тое мнéние

Vorgefühl *n* предчýвствие 5

vorgehen *intr* идти́* вперéди́; *Mil* продв|игáться ⟨-и́нуться 4⟩; handeln поступ|áть ⟨-и́ть 3⁺ -лю́⟩; gegen etw., j-n принимáть ⟨приня́ть*⟩ мéры (gegen прóтив *G*); sich ereignen происходи́ть 3⁺ ⟨-изо|йти́*⟩; Uhr спеши́ть 3 | die Uhr geht zwei Minuten vor часы́ спешáт на две минýты; das geht jetzt vor э́то тепéрь важнéе (всегó)

Vorgehen *n* óбраз 2 дéйствий; einzelne Handlung постýп|ок, -ка 2; *Mil* продвижéние 5

vorgenannt вышеупомя́нут:ый

vorgerückt Zeit пóздний 11; Alter преклóнный

Vorgeschichte *f hist* доистори́ческая эпóха; einer Sache предыстóрия 8; *Med* истóрия болéзни, анáмнез [нэ] 2

vorgeschichtlich доистори́ческий

Vorgeschmack *m:* einen ~ von etw. bekommen получи́ть *v* 3⁺ пéрвое представлéние о чём-н.

vorgeschoben *Mil* передовóй

Vorgesetzter *m* начáльник 2

vor|gestern *Adv* позавчерá; **~gestrig** позавчерáшний 11; **~greifen** *intr* beim Erzählen забегáть ⟨-|бежáть*⟩ вперёд; einer Erfindung u. a. предвосх|ищáть ⟨-ити́ть 3 -щý⟩; **~haben** *tr* beabsichtigen намеревáться *mit Inf,* собирáться *mit Inf* | was haben Sie heute abend vor? что вы собирáетесь дéлать сегóдня вéчером?; er hat eine Reise vor он намеревáется [собирáется] уéхать

Vor|haben *n* намéрение 5, зáмыс|ел, -ла 2

~hafen *m* аванпо́рт 2; **~halle** *f* вестибю́ль 1
vorhalten *tr* vorwerfen упрек|а́ть ⟨-ну́ть 4⟩ (j-m etw. кого́-н. в чём-н.) | sie hielt ihm seinen Leichtsinn vor она́ упрекну́ла его́ в легкомы́слии; das wird nicht lange ~ э́того хва́тит ненадо́лго; der gute Vorsatz hat nicht lange vorgehalten благо́е наме́рение бы́ло ско́ро забы́то
Vor|haltung *f:* j-m ≈en machen wegen etw. упрек|а́ть ⟨-ну́ть 4⟩ кого́-н. в чём-н.; **~hand** *m* Kartenspiel пе́рвый ход 2; Tennis уда́р 2 спра́ва
vorhanden име́ющийся 11 | ~ sein име́ться; существова́ть
Vor|handensein *n* нали́чие 5; **~handschlag** *m* Tennis уда́р спра́ва; **~hang** *m* *Theat* за́навес 2; am Fenster занаве́ска 6 | vor den ≈ treten *Theat* вы́|йти* *v* на авансце́ну
vorhängen *tr* Vorhang; Schloß ве́шать ⟨пове́|сить 3 -шу⟩
Vor|hängeschloß *n* вися́чий 11 замо́к; **~haut** *n* кра́йняя плоть 11-9
vorher *Adv* früher ра́ньше; rechtzeitig зара́нее | einige Tage ~ за не́сколько дней до э́того; lange ~ задо́лго до э́того; **~bestimmen** *tr* предопредел|я́ть ⟨-и́ть 3⟩; **~gehen** *intr* предше́ствовать 2; **~gehend** предыду́щий 11; **~ig** пре́жний 11
Vorherrschaft *f* госпо́дство 4
vorherrschen *intr* преоблада́ть; **~d** преоблада́ющий 11
Vorhersage *f* предсказа́ние 5, прогно́з 2
vorher|sagen *tr* предска́зывать ⟨-с|каза́ть*⟩ **~sehen** *tr* предви́|деть 3 -жу | das war vorherzusehen э́то предви́делось
vorhin *Adv* то́лько что; unlängst неда́вно; **~ein** *Adv:* im ≈ зара́нее, наперёд
Vor|hof *m* пере́дний 11 двор; *Anat* Herz предсе́рдие 5; **~hut** *f* аванга́рд 2
vorig про́шлый | ~e Woche на про́шлой неде́ле
Vorjahr *n* про́шлый год
vorjährig прошлого́дний 11
Vorkämpfer *m* передово́й бор|е́ц, -ца́ 2, побо́рник 2
vorkauen *tr übertr umg* разжёвывать ⟨-|жева́ть*⟩
Vor|kaufsrecht *n* пра́во преиму́щественной поку́пки; **~kehrung** *f:* ≈en treffen принима́ть ⟨приня́ть*⟩ ме́ры; **~kenntnisse** *Pl* предвари́тельные зна́ния (in по *D*); für eine Tätigkeit предвари́тельная подгото́вка 6 (in по *D*)
vorkommen *intr* hervorkommen выхо|ди́ть 3⁺ -жу́ ⟨вы́|йти*⟩; sich ereignen случ|а́ться ⟨-и́ться 3⟩; zu sein pflegen быва́ть; sich finden встр|еча́ться ⟨-е́титься 3⟩; erscheinen каза́ться* *I* | so etwas ist mir noch nicht vorgekommen тако́го со мной ещё не случа́лось [быва́ло]; das darf nicht wieder ~! что́бы э́того бо́льше не́ бы́ло!; das Wort kommt oft vor сло́во ча́сто встреча́ется; er kommt mir bekannt vor он мне ка́жется знако́мым; er kommt sich sehr klug vor он мнит себя́ о́чень у́мным
Vorkomm|en *n* нали́чие 5; *Geol* месторожде́ние 5; **~nis** *n* происше́ствие 5
Vorkriegs|stand *m* довое́нный у́ров|ень, -ня 1; **~zeit** *f* довое́нное вре́мя
vorladen *tr Jur* вызыва́ть ⟨вы́|звать*⟩ (в суд)
Vor|ladung *f Jur* вы́зов 2 (в суд); Schriftstück суде́бная пове́стка 6; **~lage** *f* von Dokumenten представле́ние 5; Projekt прое́кт [оэ] 2; Muster образ|е́ц, -ца́ 2; Fußball пода́ча 6
vorlassen *tr* den Vortritt lassen пропу|ска́ть ⟨-сти́ть 3⁺ -щу́⟩ вне о́череди; eintreten lassen допу|ска́ть ⟨-сти́ть⟩ (на приём)
Vor|lauf *m Sport* (предвари́тельный) забе́г 2 | wissenschaftlicher ≈ нау́чный заде́л 2; beschleunigter ≈ Tonbandgerät ускоренная перемо́тка 6 вперёд; **~läufer** *m* предше́ственник 2
vor|läufig 1. *Adj* предвари́тельный **2.** *Adv* пока́; **~laut** нескро́м|ный, -ен, -на́!, де́рз|кий, -ок, -ка́!; **~legen** *tr* класть* ⟨положи́ть 3⁺⟩; Speisen по|дава́ть* ⟨пода́ть*⟩; Waren пока́зывать ⟨-|каза́ть*⟩; Bericht, Zeugnis предст|авля́ть ⟨-а́вить 3 -а́влю⟩ | ein Schloß ≈ пове́|сить 3 -шу замо́к; eine Vollmacht ≈ предъяв|и́ть 3⁺ -лю́ дове́ренность
Vorleger *m* ко́врик 2
vorlesen *tr* чита́ть (про-) (вслух)
Vorlesung *f* ле́кция 8 | eine ~ halten чита́ть (про-)ле́кцию
Vorlesungs|nachschrift *f* за́пись 9 [конспе́кт 2] ле́кций; **~verzeichnis** *n* расписа́ние 5 ле́кций
vorletzter предпосле́дний 11
Vorliebe *f* пристра́стие 5 (für к *D*) | er ißt mit ~ Schwarzbrot он предпочита́ет чёрный хлеб
vor|liebnehmen *intr* дово́льствоваться (у-) *I;* **~liegen** име́ться; Projekt быть* предста́вленным | es liegt kein Grund vor нет причи́н; gegen ihn liegt nichts vor про́тив него́ нет никаки́х обвине́ний; **~liegend** име́ющийся 11 | im ≈en Falle в да́нном слу́чае; **~lügen** *tr* врать* (на-); **~machen** *tr* пока́зывать ⟨-|каза́ть*⟩ как де́лать; irreführen вво|ди́ть 3⁺ -жу́ ⟨в|вести́*⟩ в заблужде́ние, обма́нывать ⟨-ману́ть 4⁺⟩ | er läßt sich nichts ≈ его́ не проведёшь
Vormachtstellung *f* госпо́дствующее 11 положе́ние
vormalig пре́жний 11, бы́вший 11
Vormarsch *m* наступа́тельный марш 2

vormarxistisch домарксистский
vor|merken *tr* записывать ⟨-|писать*⟩ | sich ≈ lassen für etw. записываться ⟨-|писаться*⟩ на что-н.; **~militärisch:** ≈e Ausbildung допризывная подготовка
Vormittag *m* дообеденное врем|я *G D P* -ени, *I* -енем | am ~ утром, до обеда; heute ~ сегодня утром
vormittags *Adv* утром, до обеда | um zehn Uhr ~ в десять часов утра
Vormund *m* опекун 2e; **~schaft** *f* опека 6 | die ≈ über j-n übernehmen принимать ⟨принять*⟩ в опеку кого-н.
vorn *Adv* впереди | nach ~ вперёд; von ~ спереди; von ~ anfangen начинать сначала, von neuem снова
Vorname *m* им|я *n G D P* -ени, *I* -енем, *Pl* им|ена, -ён, -енам
vor|nehm благород|ный, -ен | ≈ tun важничать; ≈ste Aufgabe главная задача; **~nehmen** *tr* Arbeit проводить 3⁺ -вожу ⟨-|вести*⟩; sich ≈ sich zu beschäftigen beginnen приниматься ⟨приняться*⟩; прин|ялся, -ялизь⟩ за *A;* planen намечать ⟨-метить 3 -мечу⟩ | sich j-n ≈ взяться* *v* за кого-н.; **~nehmlich** *Adv* прежде всего
vornherein *Adv:* von ~ с самого начала, sofort сразу
vorn|über *Adv* головой вперёд; **~weg** *Adv* früher заранее | ≈ gehen идти ⟨пойти⟩ впереди
Vorort *m* пригород 2, предместье 5; **~bahn** *f* пригородная железная дорога; **~verkehr** *m* пригородное сообщение; **~zug** *m* пригородный поезд
Vorposten *m Mil* аванпост 2
vorragen *intr* вы|даваться* (вперёд), торчать 3
Vorrang *m* преимущество 4 | j-m den ~ einräumen vor уступ|ать ⟨-ить 3⁺ -лю⟩ кому-н. преимущество
vorrangig 1. *Adj* преимущественный **2.** *Adv* в первую очередь, преимущественно
Vorrangstellung *f* преимущественное положение
Vorrat *m* запас 2 (an *G*); Vorräte *a.* припасы *Pl*2 | auf ~ про запас; sich Vorräte anschaffen делать (с-) запасы; solange der ~ reicht пока хватит запаса [запасов]
vorrätig имеющийся 11 в запасе [*Hdl* на складе] | dieses Buch ist nicht ~ этой книги нет на складе
Vorratskammer *f* кладовая *Subst* 10, *umg* кладовка 6
Vorraum *m* передняя *Subst* 11
vorrechnen *tr* Kosten подсч|итывать ⟨-итать⟩ | der Lehrer hat den Schülern die Aufgabe vorgerechnet учитель показал ученикам как решается задача
Vor|recht *n* привилегия 8 | ein ≈ genießen пользоваться привилегией; j-m ein ≈ einräumen предост|авлять ⟨-авить 3 -авлю⟩ кому-н. привилегию; **~rede** *f* предисловие 5; **~redner** *m* предыдущий 11 оратор
vorrevolutionär дореволюционный
vorrichten *tr* Zimmer делать (с-) ремонт в *P*
Vorrichtung *f* устройство 4; zusätzliche приспособление 5
vorrücken *tr* по|двигать ⟨-двинуть 4⟩ вперёд; *intr Mil* продвигаться ⟨-двинуться⟩ вперёд
Vor|rundenspiel *n Sport* отборочная игра 6c; **~saal** *m* передняя *Subst* 11, прихожая *Subst* 11
vorsagen *tr* подсказывать ⟨-с|казать*⟩
Vor|saison *f* время до начала сезона; **~sänger** *m* запевала *m* 6; **~satz** *m* намерение 5; *Typ* форзац 2 | guter ≈ благое намерение; einen ≈ fassen принимать ⟨принять*⟩ решение
vorsätzlich 1. *Adj* умышленный, преднамерен:ный, -на **2.** *Adv* нарочно, умышленно
Vorsatzlinse *f Foto* насадочная линза
vorschalten *tr El* предвключ|ать ⟨-ить 3⟩
Vorschein *m:* zum ~ kommen появ|ляться ⟨-иться 3⁺⟩
vor|schieben *tr* продв|игать ⟨-инуть 4⟩ (вперёд); Riegel задвигать ⟨-двинуть⟩; *übertr* Ausrede отгов|ариваться ⟨-овориться 3⟩ *I* | er schob eine Sitzung vor он отговорился тем, что у него заседание; einer Sache einen Riegel ≈ препятствовать 2 (вос-) чему-н.; **~schießen** *tr* Geld вы|давать* ⟨вы|дать*⟩ аванс
Vor|schiff *n Mar* носовая часть 9g судна; **~schlag** *m* предложение 5; *Mus* форшлаг 2 | auf meinen ≈ по моему предложению; einen ≈ machen делать (с-) предложение; auf einen ≈ eingehen согла|шаться ⟨-ситься⟩ с предложением
vorschlagen *tr* пред|лагать ⟨-ложить 3⁺⟩
Vorschlaghammer *m* кузнечный молот,
Vorschlußrunde *f* полуфинал 2
vorschnell опрометчив:ый
vor|schnellen *intr* выскакивать ⟨выскочить 3⟩ вперёд; **~schreiben** *tr* предписывать ⟨-|писать*⟩ | ich lasse mir nichts ≈ я не позволю собой командовать
Vorschrift *f* предписание 5 | sich genau an die ~en halten строго придерживаться предписаний; j-m ~en machen давать* ⟨дать*⟩ кому-н. предписания; nach ~ *Mil* по уставу
vorschrifts|mäßig 1. *Adj* соответствующий 11 предписанию **2.** *Adv* согласно [по] предписанию; **~widrig** противоречащий 11 предписанию
Vorschub *m Tech* подача 6 | einer Sache ~ leisten содействовать *uv, v* 2 чему-н.

Vorschul|alter *n* дошко́льный во́зраст; **~einrichtung** *f* дошко́льное учрежде́ние
vorschulisch дошко́льный
Vorschulkind *n* дошко́льник 2
Vorschuß *m* ава́нс 2 (auf на *A*) | einen ~ geben вы|дава́ть* ⟨вы́|дать*⟩ ава́нс; als ~ ава́нсом; **~lorbeeren** *Pl* преждевре́менные похвалы́ *Pl* 6
vor|schützen *tr* отгов|а́риваться ⟨-ори́ться 3⟩ *I;* **~schweben** *intr* мере́щиться 3 | ihm schwebt vor ему́ представля́тся; **~schwindeln** *tr* врать* (на-)
Vorsegel *n* пере́дний 11 па́рус
vorsehen *tr* предусм|а́тривать ⟨-отре́ть 3⁺⟩; sich ~ *refl* бере́чься*, остерега́ться ⟨-|стере́чься*⟩ (vor *G*)
Vorsehung *f Rel* провиде́ние 5
vorsetzen *tr* Speisen по|дава́ть* ⟨пода́ть*⟩, уго|ща́ть ⟨-сти́ть 3 -щу́⟩ (j-m etw. кого́-н. чем-н.)
Vorsicht *f* осторо́жность 9 | ~! осторо́жно!
vor|sichtig осторо́ж|ный₁ -ен, предусмотри́тел|ьный₁ -ен₁ -ьна; **~sichtshalber** *Adv* ра́ди [из] осторо́жности
Vorsichtsmaßnahme *f* ме́ра предосторо́жности
Vorsilbe *f Gramm* приста́вка 6, пре́фикс 2
vor|singen *tr* петь (с-); **~sintflutlich** допото́пный
Vor|sitz *m* председа́тельство 4 | den ≈ führen председа́тельствовать 4; unter dem ≈ von под председа́тельством *G;* **~sitzender** *m* председа́тель 1; **~sorge** *f* предусмотри́тельность 9 | ≈ treffen für забо́|титься 3 -чусь (по-) зара́нее о *P;* medizinische ≈ медици́нская профила́ктика 6
vorsorg|en *intr* забо́|титься 3 -чусь (по-) зара́нее (für о *P*); **~lich** предусмотри́тел|ьный₁ -ен₁ -ьна
Vorspann *m* Film загла́вные ти́тры *Pl* 2
vorspannen *tr* Pferd запряга́ть ⟨-|пря́чь*⟩ (vor в *A*)
Vorspeise *f* заку́ска 6
vorspiegeln *tr* моро́чить 3 (об-) (j-m etw. кого́-н. чем-н.)
Vor|spiegelung *f:* ≈ falscher Tatsachen подтасо́вка 6 фа́ктов; **~spiel** *n Mus* прелю́дия 8; zur Oper увертю́ра 6; *Theat* проло́г 2; *Sport* предвари́тельная игра́; *übertr* нача́ло (zu *G*)
vor|spielen *tr* игра́ть ⟨сыгра́ть⟩; **~sprechen** *tr* произ|носи́ть 3⁺ -ношу́ ⟨-|нести́*⟩; *intr:* bei j-m ≈ заходи́ть 3⁺ -хожу́ ⟨-|йти́*⟩ к кому́-н.; **~springen** *intr* выска́кивать ⟨вы́скочить 3⟩ (hinter из-за *G*) hervorstehen вы|дава́ться* (вперёд)
Vor|sprung *m* Gebäude вы́ступ 2; Abstand преиму́щество 4; in Wissenschaft опереже́ние 5 | er hat seinen ≈ gehalten он удержа́л своё преиму́щество; einen ≈ vor j-m haben in der Forschung опере|жа́ть ⟨-ди́ть 3 -жу́⟩ кого́-н.; er kann unseren ≈ nicht aufholen он не мо́жет нас догна́ть; **~stadt** *f* при́город 2
Vorstand *m* Kollektiv правле́ние 5; Person председа́тель 1
Vorstandsmitglied *n* член правле́ния
vor|stehen *intr* выступа́ть, вы|дава́ться* (вперёд); einem Amt возглавля́ть *A,* заве́довать 2 *I;* **~stehend** выступа́ющий 11 (вперёд); obengenannt вышеука́занный
Vorsteher *m* нача́льник 2; **~drüse** *f Anat* предста́тельная железа́, проста́та 6
vorstellen *tr* Uhr ста́вить (по-) вперёд; bekanntmachen предст|авля́ть ⟨-а́вить 3 -а́влю⟩; darstellen, sein представля́ть собо́й *A* | sich etw. ~ предст|авля́ть ⟨-а́вить⟩ (себе́) что-н.; stell dir vor … предста́вь себе́ . .; darunter kann ich mir nichts ~ я себе́ э́того не могу́ предста́вить; ich habe ihn mir immer als großen Menschen vorgestellt я всегда́ представля́л его́ себе́ высо́ким челове́ком
vorstellig: bei j-m ~ werden по|дава́ть* ⟨пода́ть*⟩ заявле́ние кому́-н.
Vorstellung *f Theat* спекта́кль 1; Kino сеа́нс 2; Zirkus представле́ние 5; *übertr* представле́ние | ich habe keine richtige ~ davon я не име́ю я́сного представле́ния об э́том; j-m eine ~ von etw. vermitteln дава́ть* ⟨дать*⟩ кому́-н. представле́ние о чём-н.
Vorstellungskraft *f* си́ла воображе́ния
Vorstoß *m Mil* ата́ка 6 | ~ in den Weltraum проникнове́ние 5 в ко́смос
vorstoßen *intr Sport* прорыва́ться ⟨-|рва́ться*₁ -рвали́сь⟩ вперёд; *Mil* атакова́ть *uv, v* 2, наступ|а́ть ⟨-и́ть 3⁺ -лю́⟩
Vorstrafe *f* суди́мость 9
vorstrecken *tr* протя́гивать ⟨-тяну́ть 4⁺⟩; Geld дава́ть* ⟨дать*⟩ взаймы́ | den Kopf ~ вы́тянуть *v* 4 ше́ю
vorstreichen *tr* mit Farbe наноси́ть 3⁺ -ношу́ ⟨-|нести́*⟩ грунто́вку на *A*
Vor|streichfarbe *f* грунто́вка 6; **~stufe** *f* пе́рвая ступе́нь
vorstürzen *intr* броса́ться ⟨бро́|ситься 3 -шусь⟩ вперёд
Vortag *m* предыду́щий 11 день | am ~ в предыду́щий день
vortäuschen *tr* симули́ровать *uv, v* 2
Vorteil *m* вы́года 6; Nutzen по́льза 6; Vorzug преиму́щество 4 | einen ~ aus etw. ziehen извлека́ть ⟨-|вле́чь*⟩ вы́году [по́льзу] из чего́-н.; zum ~ gereichen идти́* на по́льзу; sie hat sich sehr zu ihrem ~ verändert она́ о́чень измени́лась к лу́чшему; auf seinen ~ bedacht sein забо́|титься 3 -чусь (по-) о свое́й вы́годе
vorteilhaft 1. *Adj* вы́год|ный₁ -ен **2.** *Adv:*

sie ist ~ gekleidet туалéт вы́годно подчёркивает её внéшность

Vortrag *m* доклáд 2; Ausdrucksweise манéра 6 исполнéния; Rezitation декламáция 8; *Mus* исполнéние 8 | einen ~ halten читáть (про-) лéкцию, дéлать (с-) доклáд

vortragen *tr* читáть (про-); Gedicht декламúровать 2 (про-); Lied исполня́ть ⟨-пóлнить 3⟩; Meinung выскáзывать ⟨вы́с|казать*⟩

Vortragender *m* доклáдчик 2; Schauspieler; Musiker исполнúтель 1

Vortrags|kunst *f* декламáторское искýсство; in Musik исполнúтельское искýсство; **~reihe** *f* цикл 2 лéкций; **~saal** *m* лектóри|й 1 *P* -и, *G Pl* -ев

vortrefflich превосхóд|ный, -ен, отлúч|ный, -ен

vortreten *intr* выступáть ⟨вы́ступ|ить 3 -лю⟩ вперёд

Vor|trieb *m Bergb* прохóдка 6; **~tritt** *m* преимýщество 4 | j-m den ≈ lassen пропу|скáть ⟨-стúть 3⁺ -щý⟩ когó-н. вперёд; **~trupp** *m Mil* головнóй отря́д 2

vorturnen *intr* покáзывать ⟨-|казáть*⟩ гимнастúческие упражнéния

Vorturner *m* инстрýктор по гимнáстике

vorüber *Adv* мúмо | die Gefahr ist ~ опáсность миновáла; **~gehen** *intr* проходúть 3⁺ -хожý ⟨-|йтú*⟩ (an мúмо *G*); Zeit проходúть 3⁺ ⟨-|йтú*⟩, миновáть *v* 2 | das Gewitter ≈ lassen пережидáть ⟨-|ждáть*⟩ грозý; **~gehend 1.** *Adj* врéмен|ный, -ен, -на, проходя́щий 11 **2.** *Adv* врéменно, на врéмя; **~huschen** *intr* прошм|ы́гивать ⟨-ыгнýть 4⟩ (an мúмо *G*)

Vor|übung *f* предварúтельное упражнéние; **~untersuchung** *f Jur* предварúтельное слéдствие 5; **~urteil** *n* предрассýд|ок, -ка 2; persönliches предубеждéние 5

vorurteilsfrei, vorurteilslos свобóд|ный, -ен от предрассýдков

Vorver|handlungen *Pl* предварúтельные переговóры; **~kauf** *m* предварúтельная продáжа (билéтов) (für на *A*)

vorverlegen *tr* переносúть 3⁺ -ношý ⟨-|нестú*⟩ на бóлее рáнний срок

vor|vorgestern *Adv* три дня томý назáд; **~vorig** позапрóшлый; **~wagen, sich** *refl* осмéл|иваться ⟨-иться 3⟩ продвúнуться вперёд

Vorwahlnummer *f* (телефóнный) код 2

Vorwand *m* предлóг 2 | unter dem ~ под предлóгом *G;* etw. zum ~ nehmen пóльзоваться 2 (вос-) чем-н. в кáчестве предлóга

vor|wärmen *tr* подогр|евáть ⟨-éть⟩; **~wärts** *Adv* вперёд

Vorwärtsbewegung *f* поступáтельное движéние, движéние вперёд

vorwärts|bringen *tr* спосóбствовать 2 развúтию [продвижéнию] *G;* **~gehen** *intr* продв|игáться ⟨-úнуться 4⟩ вперёд; **~kommen** *intr* преусп|евáть ⟨-éть⟩; mit der Arbeit продвигáться ⟨-двúнуться 4⟩; **~schreiten** *intr* продвигáться ⟨-двúнуться 4⟩

vorweg *Adv* im voraus зарáнее

Vorwegnahme *f* превосхищéние 5

vorwegnehmen *tr* предвосхи|щáть ⟨-тúть 3 -щý⟩

Vorwegweiser *m* предварúтельный указáтель 1 направлéний

vorweihnachtlich предрождéственский

vor|weisen *tr* предъяв|ля́ть ⟨-úть 3⁺ -лю́⟩; Wissen обладáть *I;* **~werfen** *tr* упре|кáть ⟨-нýть 4⟩ (j-m etwas *A* в *P*) | sie haben einander nichts vorzuwerfen онú не мóгут ни в чём упрекнýть друг дрýга; **~wiegen** *intr* преобладáть; **~wiegend** *Adv* преимýщественно, глáвным óбразом; **~witzig** нескрóм|ный, -ен, -нá!

Vor|wort *n* предисловие 6; **~wurf** *m* упрёк 2 | sich gegenseitig Vorwürfe machen упрекáть друг дрýга

vorwurfsvoll укорúзненный

Vorzeichen *n* предзнаменовáние 5; *Math* знак 2; *Mus* знак альтерáции

vor|zeichnen *tr* рисовáть 2 (на-) для образцá; **~zeigen** *tr* Dokument предъяв|ля́ть ⟨-úть 3⁺ -лю́⟩

Vorzeit *f:* in grauer ~ в седýю старинý

vor|zeitig 1. *Adj* преждеврéмен|ный, -ен, -на **2.** *Adv* рáньше врéмени; **~ziehen** *tr* тащúть 3 (по-) вперёд; Vorhang задёр|гивать ⟨-нуть 4⟩; bevorzugen предпо|читáть ⟨-|чéсть*⟩

Vor|zimmer *n* приёмная *Subst* 10; **~zug** *m* преимýщество 4, достóинство 4 | sie hat viele Vorzüge у неё мнóго достóинств; etw. den ≈ geben предпо|читáть ⟨-|чéсть*⟩ что-н.

vorzüglich превосхóд|ный, -ен, отлúч|ный, -ен

Vorzugs|bedingung *f* льгóта 6; **~preis** *m* льгóтная ценá; **~stellung** *f* привилегирóванное положéние

vorzugsweise *Adv* преимýщественно

Votum *n* вóтум 2

vulgär вульгáр|ный, -ен

Vulkan *m* вулкáн 2; **~ausbruch** *m* извержéние 5 вулкáна

vulkan|isch вулканúческий; **~isieren** *tr* вулканизовáть *uv, v* 2

Vulkanisier|ung *f* вулканизáция 8; **~werkstatt** *f* вулканизациóнная мастерскáя *Subst* 10

W

Waage *f* весы́ *Pl* 2; *Sport* положе́ние 5 «равнове́сие»; *Astr* Весы́ | sich die ~ halten взаи́мно уравнов|е́шиваться, уравнове́шивать друг дру́га
waagerecht горизонта́л|ьный, -ен, -ьна
Waagerechte *f* горизонта́льная ли́ния
Waagschale *f* ча́шка 6 (весо́в) | legen Sie seine Worte nicht auf die ~ не придава́йте большо́го значе́ния его́ слова́м
Wabe *f* (пчели́ный) сот 2
Wabenhonig *m* со́товый мёд
wach бо́дрствующий 11 | ~ sein не спать*, бо́дрствовать 2; ~ werden прос|ыпа́ться ⟨-ну́ться 4⟩; sie lag die ganze Nacht ~ она́ всю ночь не могла́ усну́ть
Wach|ablösung *f* сме́на карау́ла; **~aufzug** *m* разво́д 2 карау́ла; **~dienst** *m* карау́льная слу́жба
Wache *f* Zivilbereich охра́на 6; *Mil* карау́л 2; *Mar* ва́хта 6; Posten: Polizist постово́й *Subst* 10; *Mil* часово́й *Subst* 10 | auf ~ stehen стоя́ть на часа́х [на ва́хте]; auf ~ ziehen заступ|а́ть ⟨-и́ть 3⁺ -лю́⟩ в карау́л; aufziehende ~ заступа́ющий 11 [иду́щий 11 на сме́ну] карау́л; bei einem Kranken ~ halten дежу́рить 3 у посте́ли больно́го
wachen *intr* nicht schlafen не спать*, бо́дрствовать 2; aufpassen наблюда́ть (über за *I*), сле|ди́ть 3 -жу́ (über за *I*); Obacht geben забо́|титься 3 -чусь (über о *P*) | die Nacht bei einem Kranken ~ дежу́рить 3 всю ночь у посте́ли больно́го
wachhabend *Mil* карау́льный; *Mar* ва́хтенный | ~er Offizier дежу́рный *Subst* 10 по карау́лам
Wachhabender *m Mil* нача́льник 2 карау́ла
Wachhund *m* сторожева́я соба́ка
Wachholder *m* можжеве́льник 2; **~beere** *f* я́года можжеве́льника; **~schnaps** *m* можжевёловая во́дка
Wachposten *m* часово́й *Subst* 10
Wachs *m* воск 2; Ski~ лы́жная мазь 9; **~abdruck** *m* восково́й сле́пок
wachsam бди́тел|ьный, -ен, -ьна; aufmerksam зо́р|кий, -ок, -ка́!, -че; Hund чу́т|кий, -ок, -ка́!, -че
Wachsamkeit *f* бди́тельность 9; зо́ркость 9; чу́ткость 9
[1]**wachsen** *tr* mit Wachs glätten натира́ть ⟨-|тере́ть*⟩ во́ском, вощи́ть 3 (на-); Ski сма́зывать ⟨-|ма́зать*⟩
[2]**wachsen** *intr* расти́* (вы́-); *übertr* расти́ (вы́-), возраста́ть ⟨-расти́⟩, увели́ч|иваться ⟨-иться 3⟩ | sich einen Bart ~ lassen отпу|ска́ть ⟨-сти́ть 3⁺ -щу́⟩ (себе́) бо́роду; gut gewachsen sein быть хорошо́ сложённым; er ist der Sache nicht gewachsen э́то де́ло ему́ не по плечу́; er ist jeder schwierigen Lage gewachsen он спра́вится в любо́м тру́дном положе́нии; die Einwohnerzahl wuchs ständig число́ жи́телей постоя́нно росло́ [возраста́ло]; Neubauten ~ aus dem Boden выраста́ют но́вые зда́ния; die Industrie ist gewaltig gewachsen гига́нтски вы́росла промы́шленность; in ~dem Maße во всё возраста́ющей сте́пени
wächsern восково́й *a. übertr*
Wachstation *f Med* отделе́ние для тяжелобольны́х; für frisch Operierte послеоперацио́нное отделе́ние
Wachs|figur *f* восково́я фигу́ра; **~figurenkabinett** *n* музе́й восковы́х фигу́р; **~kerze** *f* восково́я свеча́; **~tuch** *n* клеёнка 6
Wachstum *n* рост 2 *a. übertr;* eines Menschen a. физи́ческое разви́тие 5
wachstums|fördernd стимули́рующий 11 рост; **~hemmend** заде́рживающий 11 рост
Wachstums|prozeß *m* проце́сс ро́ста; **~rate** *f Wirtsch* но́рма ро́ста; **~störung** *f* наруше́ние ро́ста [разви́тия]
Wachtel *f* пе́репел 2b *Pl* -а́
Wächter *m* сто́рож 2b *Pl* -а́, -е́й
Wachtmeister *m* у́нтер-офице́р 2 поли́ции, полице́йский *Subst* 10
Wachturm *m* сторожева́я ба́шня [вы́шка 6]
wack[e]lig ша́т|кий, -ок, -ка; Zahn шата́ющийся 11 | ~ auf den Beinen sein с трудо́м держа́ться на нога́х
Wackelkontakt *m* плохо́й [неплóтный] конта́кт
wackeln *intr* шат|а́ться ⟨-ну́ться *mom* 4⟩; hin und her кач|а́ться ⟨-ну́ться *mom* 4⟩; locker sitzen z. B. (Schrauben-) Mutter хля́бать | mit dem Kopf ~ кача́ть [пока́чивать] голово́й
Wade *f* икра́ 6c
Waden|bein *n* ма́лая берцо́вая кость 9g; **~krampf** *m* су́дорога икроно́жных мышц; **~strumpf** *m* дли́нный нос|о́к, -ка́ 2
Waffe *f* ору́жие 5; ~n *Pl a.* вооруже́ние 5 | nukleare ~n я́дерное ору́жие; konventionelle ~n обы́чное вооруже́ние; zu den ~n greifen бра́ться*; бра́ли́сь ⟨взя́ться*; взя́ли́сь⟩ за ору́жие; die ~n strecken слага́ть ⟨сложи́ть 3⁺⟩ ору́жие; unter ~n под ружьём; j-n mit seinen eigenen ~n schlagen бить кого́-н. его́ же со́бственным ору́жием
Waffel *f* ва́ф|ля 7 *G Pl* -ель; **~eisen** *n* ва́фельница 6
Waffen|bruder *m* това́рищ 2 по ору́жию; **~gattung** *f* род 2 войск; **~gewalt** *f* си́ла 6 ору́жия | etw. mit ≈ erzwingen до|би́ться* чего́-н. си́лой ору́жия [путём

вооружённого вмеша́тельства]; **~lieferung** *f* поста́вка вооруже́ния; **~ruhe** *f* переми́рие 5; **~schein** *m* разреше́ние 5 на ору́жие; **~schmied** *m* оруже́йный ма́стер 2b *Pl* -а́; **~stillstand** *m* переми́рие 5

Waffenstillstandsverhandlungen *f Pl* перегово́ры *Pl* 2 о заключе́нии переми́рия

wag[e]halsig отча́ян:ный, -на, сме́л:ый, -а́!

Wagemut *m* сме́лость 9, отва́га 6

wagemutig сме́л:ый, -а́!, отва́ж|ный, -ен

wagen *tr* sich getrauen осме́л|иваться ⟨-иться 3⟩ на *A*; riskieren риск|ова́ть 2 ⟨-ну́ть 4⟩ *I*; sich ~ *refl* сметь (по-), отва́ж|иваться ⟨-иться 3⟩ | er wagte kein Wort zu sagen он не осме́лился [не реши́лся] сказа́ть ни сло́ва; ich wage nicht zu behaupten я не сме́ю утвержда́ть; ich will es ~ я хочу́ рискну́ть; sein Leben ~ рискова́ть свое́й жи́знью

Wagen *m* Fuhrwerk пово́зка 6; mit Plane фурго́н 2; Leiter∻ теле́га 6; Hand∻ теле́жка 6; Kutsche экипа́ж 2 *G Pl* -ей, коля́ска 6; Auto автомоби́ль 1, (авто)маши́на 6; *Eisenb* ваго́н 2; Schreibmaschinen∻ каре́тка 6 | der Große ~ Больша́я Медве́дица 6

Wagen|führer *m* Straßenbahn вагоново́жатый *Subst* 10; **~heber** *m* Auto (автомоби́льный) домкра́т 2; **~kolonne** *f* von Autos коло́нна автомоби́лей [автомаши́н]; **~korso** *n* корте́ж [тэ] 2 автомоби́лей [(авто)маши́н]; **~ladung** *f Eisenb* ваго́нный груз; *Kfz* груз (авто)маши́ны | eine ≈ von etw. Sand маши́на чего́-н.; **~park** *m* автомоби́льный парк, автопа́рк 2; **~pflege** *f* обслу́живание 5 автомоби́лей [(авто)маши́н], ухо́д 2 за автомоби́лем; **~reinigung** *f Kfz* чи́стка и мо́йка 6 (авто)маши́н [автомоби́лей]; **~schlag** *m* две́р|ца 6 *G Pl* -ец; **~schmiere** *f* колёсная мазь; **~waschanlage** *f Kfz* (автомоби́льная) мо́ечная устано́вка 6; **~wäsche** *f Kfz* мо́йка 6 автомаши́н; **~winde** *f* ваго́нный домкра́т 2

Waggon *m* ваго́н 2

waggonweise *Adv* ваго́нами

Wagnis *n* риско́ванное предприя́тие 5; Risiko риск 2

Wahl *f* Aus∻, Entscheidung вы́бор 2; Güteklasse сорт 2b *N Pl* -а́; *Pol meist Pl* вы́боры *Pl* | Waren erster ~ това́ры пе́рвого со́рта; Strümpfe erster ~ первосо́ртные чулки́; nach ~ по вы́бору; ich stehe vor der ~ … я стою́ пе́ред вы́бором …; j-m etw. zur ~ vorlegen предложи́ть 3⁺ кому́-н. что-н. на вы́бор; geheime ~en вы́боры при та́йном голосова́нии; bei den ~en на вы́борах; mir bleibt keine ~ у меня́ нет вы́бора; **~aufruf** *m* предвы́борное обраще́ние [воззва́ние]; **~ausgang** *m* исхо́д [результа́т] вы́боров; **~ausschuß** *m* избира́тельная коми́ссия

wählbar могу́щий 11 быть и́збранным, избира́емый; Organ вы́борный

wahlberechtigt име́ющий 11 пра́во го́лоса | ~ sein име́ть пра́во го́лоса на вы́борах

Wahl|berechtigter *m* име́ющий *Subst* 11 пра́во го́лоса; **~berechtigung** *f* пра́во уча́стия в вы́борах; **~beteiligung** *f* уча́стие в вы́борах; **~bezirk** *m* избира́тельный уча́ст|ок, -ка 2 [о́круг]; **~bündnis** *n* объедине́ние 5 па́ртий на вы́борах

wählen *tr* выбира́ть ⟨вы́|брать*⟩ (zwischen ме́жду *I*); *Pol* избира́ть ⟨-бра́ть⟩, выбира́ть ⟨вы́брать⟩; Telefon набира́ть ⟨-бра́ть⟩ (но́мер)

Wähler *m* избира́тель 1; **~auftrag** *m* нака́з 2 избира́телей

Wahlergebnis *n* результа́т(ы) вы́боров

wählerisch разбо́рчив:ый; im Essen привере́длив:ый

Wähler|liste *f* спи́сок избира́телей; **~schaft** *f* избира́тели *Pl* 1; **~scheibe** *f* диск номеронабира́теля; **~vertreter** *m* представи́тель избира́телей

Wahl|essen *n* блю́до на вы́бор [на зака́з]; **~fach** *n* факультати́вный [уче́бный] предме́т

wahlfrei факультати́в|ный, -ен, необяза́тел|ьный, -ен, -ьна

Wahl|gang *m* избира́тельный тур 2 | beim ersten ≈ в пе́рвом ту́ре вы́боров [голосова́ния]; **~gesetz** *n* зако́н о вы́борах; **~helfer** *m* помо́щник на вы́борах; **~kabine** *f* каби́на на избира́тельном уча́стке; **~kampagne** *f* предвы́борная кампа́ния; **~kampf** *m* предвы́борная борьба́; **~leiter** *m* председа́тель 1 избира́тельной коми́ссии; **~liste** *f* спи́сок кандида́тов на вы́борах; **~lokal** *n* избира́тельный пункт 2 | im ≈ на избира́тельном пу́нкте [уча́стке]

wahllos *Adv* без разбо́ра

Wahl|pflicht *f* обя́занность уча́стия в вы́борах; **~programm** *n* предвы́борная програ́мма; **~propaganda** *f* предвы́борная агита́ция 8; **~recht** *n* избира́тельное пра́во; **~rede** *f* предвы́борная речь; **~sieg** *m* побе́да на вы́борах; **~spruch** *m* деви́з 2, ло́зунг 2; **~system** *n* избира́тельная систе́ма; **~tag** *m* день вы́боров; **~urne** *f* избира́тельная у́рна; **~versammlung** *f* предвы́борное собра́ние; **~vorschlag** *m*: einen ≈ machen выдвига́ть ⟨вы́двинуть 4⟩ кандидату́ру на вы́борах

wahlweise на вы́бор

Wahlzettel *m* избира́тельный бюллете́нь 1

Wahn *m* Irrglaube иллю́зия 8; Selbsttäuschung самообма́н 2; Irrtum заблужде́ние 5 | eitler ~ химе́ра 6; **~bild** *n* химе́ра 6, при́зрак 2

Wahnsinn *m Med* помеша́тельство 4; *übertr* безу́мие 5 | das ist ja heller ~ э́то я́вное безу́мие

wahnsinnig поме́шан:ный, -а, сумасше́дший 11; Leidenschaft безу́м|ный, -ен; Schmerz ужа́с|ный, -ен | bist du ~? ты с ума́ сошёл?

Wahn|vorstellung *f* химе́ра 6, при́зрак 2; **~witz** *m* безу́мие 5, безрассу́дство 4

wahnwitzig сумасбро́д|ный, -ен, безрассу́д|ный, -ен

wahr 1. *Adj* wirklich, echt настоя́щий 11, и́стин|ный, -ен, -на; richtig пра́вил|ьный, -ен, -ьна, правди́в:ый | ein ~er Freund настоя́щий 11 [и́стинный] друг; eine ~e Behauptung пра́вильное [ве́рное] утвержде́ние; ich möchte den ~en Grund wissen я хоте́л бы знать по́длинную [и́стинную] причи́ну; das ist ~ э́то пра́вда; (das ist) sehr ~ соверше́нно ве́рно; nicht ~? не пра́вда ли?, пра́вда?; etw. ~ machen осуществ|ля́ть ⟨-и́ть 3 -лю́⟩ что-н. **2.** *Adv:* so ~ ich lebe! (э́то) так же ве́рно, как то, что я жив(у́)!

wahren *tr* храни́ть 3; genau befolgen соблюда́ть | ein Geheimnis ~ храни́ть та́йну; seine Rechte ~ защи|ща́ть ⟨-ти́ть 3 -щу́⟩ свои́ права́; den Anstand ~ соблюда́ть прили́чие; Ruhe ~ сохраня́ть споко́йствие

währen *intr* дли́ться 3 (про-), продолжа́ться ⟨-до́лжиться 3⟩

während 1. *Präpos* во вре́мя *G;* im Verlauf в продолже́ние *G,* в тече́ние *G;* за *A,* в *A* | ~ des Tages в тече́ние дня, за́ день; ~ der Ferien во вре́мя кани́кул, за кани́лулы; ~ dieser Zeit за э́то вре́мя; ~ seiner Abwesenheit в его́ отсу́тствие **2.** *Konj* Zeit в то вре́мя как; solange пока́; Gegensatz в то вре́мя как, тогда́ как, ме́жду тем как

wahrhaben *tr:* er will es nicht ~ он не допуска́ет возмо́жности э́того

wahrhaft 1. *Adj* и́стин|ный, -ен, -на **2.** *Adv* пои́стине | ~menschlich и́стинно челове́ческий

wahrhaftig 1. *Adj* правди́в:ый **2.** *Adv* действи́тельно, в са́мом де́ле

Wahrhaftigkeit *f* правди́вость 9

Wahrheit *f* пра́вда 6; meist wissenschaftliche и́стина 6 | die reine ~ чи́стая пра́вда; das ist eine bittere ~ э́то го́рькая и́стина; im Interesse der ~ в интере́сах и́стины; die ~ sagen говори́ть пра́вду; das ist die volle ~ э́то су́щая пра́вда; um die ~ zu sagen … по пра́вде говоря́ …

wahrheits|gemäß, ~ getreu 1. *Adj* правди́в:ый **2.** *Adv* правди́во, по пра́вде

Wahrheitsliebe *f* правди́вость 9, любо́вь к и́стине

wahrheitsliebend правди́в:ый

wahrlich *Adv* пои́стине, действи́тельно | das geht ~ zu weit! э́то, пра́во, уж сли́шком!

wahrnehmbar восприни́ма́емый (für j-n кем-н.), ощути́м:ый

wahrnehmen *tr* bemerken замеча́ть ⟨-ме́тить 3 -ме́чу⟩; durch Sinnesorgane воспринима́ть ⟨-|приня́ть*⟩; Termin, Interessen соблюда́ть | die Gelegenheit ~ по́льзоваться 2 (вос-) слу́чаем

Wahrnehmung *f* Beobachtung наблюде́ние 5; durch Sinnesorgane восприя́тие 5; Einhaltung соблюде́ние 5 | ~ einer Funktion выполне́ние 5 фу́нкции; in ~ seiner Interessen соблюда́я свои́ интере́сы

wahrsagen *tr u. intr* предска́зывать ⟨-с|каза́ть*⟩ (бу́дущее) | aus den Karten ~ гада́ть (по-) на ка́ртах

Wahrsag|er *m* предсказа́тель 1; **~erin** *f* предсказа́тельница 6; Kartenlegerin гада́лка 6; **~ung** *f* предсказа́ние 5

wahrscheinlich 1. *Adj* вероя́т|ный, -ен | es ist sehr ~, daß er kommen wird о́чень возмо́жно, что он придёт; es ist nicht ~, daß … вряд ли …, маловероя́тно, что … **2.** *Adv* вероя́тно, должно́ быть, наве́рно | am ~sten вероя́тнее всего́

Wahrscheinlichkeit *f* вероя́тность 9 | aller ~ nach по всей вероя́тности

Wahrscheinlichkeitsrechnung *f* расчёт 2 вероя́тностей

Wahrung *f* Einhaltung соблюде́ние 5 | unter ~ von etw. при сохране́нии чего́-н., соблюда́я что-н.; ~ von Interessen защи́та 6 интере́сов

Währung *f* валю́та 6 | freikonvertierbare ~ свобо́дно конверти́руемая валю́та; zehn Mark in neuer ~ де́сять ма́рок но́выми деньга́ми

Währungs|einheit *f* валю́тная [де́нежная] едини́ца; **~krise** *f* валю́тный кри́зис; **~reform** *f* валю́тно-фина́нсовая рефо́рма

Wahrzeichen *n* си́мвол 2, приме́та 6

Waise *f* сирота́ *m, f* 6c

Waisen|haus *n* дом [интерна́т 2] для сиро́т; **~kind** *n* сирота́ *m, f* 6c; **~knabe** *m* ма́льчик-сирота́ 2-6c | gegen dich ist er ein ≈ по сравне́нию с тобо́й он по́лный профа́н, он тебе́ в подмётки не годи́тся

Wal *m* кит 2e

Wald *m* лес 2b; в лесу́ *Pl* -а́ | durch den ~ gehen идти́ по лесу́ [ле́сом, че́рез лес]; **~anpflanzung** *f* лесонасажде́ние 5; **~arbeiter** *m* лесору́б 2; **~bestand** *m* лесно́е насажде́ние 5, пло́щадь 9g под ле́сом; **~brand** *m* лесно́й пожа́р; **~brandgefahr** *f* опа́сность возникнове́ния лесны́х пожа́ров; **~erdbeere** *f* земляни́ка лесна́я; **~frevel** *m* лесонаруше́ние 5; **~grenze** *f* грани́ца ле́са; **~grundstück** *n* лесно́й (земе́льный) уча́сток; **~horn** *n* валто́рна 6

waldig леси́ст:ый

Wald|landschaft *f* леси́стая ме́стность 9; **~lauf** *m* бег по́ лесу; *Sport* бег по пересечённой лесно́й ме́стности; **~lichtung** *f* лесна́я поля́на; **~meister** *m* (паху́чий) ясме́нник 11-2; **~rand** *m* опу́шка 6 ле́са | am ≈ на опу́шке ле́са

waldreich леси́ст:ый, бога́т:ый ле́сом

Wald|reichtum *m* лесны́е бога́тства *Pl;* **~revier** *n* лесоуча́ст|ок| -ка 2; **~schnepfe** *f* ва́льдшнеп [нэ] 2; **~schutzgebiet** *n* лесно́й запове́дник 2; **~schutzstreifen** *m* лесозащи́тная полоса́, (поле)защи́тная лесна́я полоса́; **~spaziergang** *m* прогу́лка по́ лесу; **~steppe** *f* лесосте́пь 9; **~ung** *f* лес 2b| в лесу́ *Pl* -а́, лесно́й масси́в 2; **~weg** *m* лесна́я доро́га [Pfad тропа́ 6h]; **~wiese** *f* поля́на 6, kleine лужа́йка 6; **~wirtschaft** *f* лесно́е хозя́йство; **~zone** *f* лесна́я зо́на

Wal|fang *m* китобо́йный про́мыс|ел| -ла 2; **~fänger** *m* Mensch китобо́|й 1 *G Pl* -ев; Schiff китобо́йное су́дно, китобо́|ец| -йца 2; **~fangmutterschiff** *n* ма́тка 6 китобо́йной флоти́лии, китоба́за 6

walken *tr* Filz, Hut валя́ть (с-); Häute мять* (раз-| разомну́)

Wall *m* (земляно́й) вал 2b, на́сыпь 9

Wallach *m* ме́рин 2

wallen *intr* kochen кип|е́ть 3 -лю́ (вс-); Meer, Blut a. бурли́ть 3; Gewänder мя́гко ниспада́ть; **~d** Haar развева́ющийся 11

wallfahren *intr* пало́мничать

Wall|fahrer *m* пало́мник 2; **~fahrt** *f* пало́мничество 4

Wallfahrtsort *m* ме́сто пало́мничества

Wallung *f* бурле́ние 5; *übertr* возбужде́ние 5, волне́ние 5 | in ~ geraten волнова́ться 2 (вз-), приходи́ть 3⁺ -хожу́ ⟨-|йти́*| приду́⟩ в си́льное возбужде́ние

Walmdach *n* ва́льмовая кры́ша

Wal|nuß *f* оре́х (гре́цкий); **~nußbaum** *m* гре́цкий оре́х; **~roß** *n* морж 2e *G Pl* -е́й

walten *intr* госпо́дствовать 2 (über над *I*); Hausfrau хозя́йничать | er waltet seines Amtes он исполня́ет свои́ обя́занности; etw. ~ lassen проявл|я́ть ⟨-и́ть 3⁺ -лю⟩ что-н.

Walzblech *n* листово́й прока́т

Walze *f Tech* вал 2b *P a.* -у́, ва́лик 2 *a. Typ;* Form цили́ндр 2; Rolle, Straßen~ кат|о́к| -ка́ 2 *a. Landw*

walzen *tr* Metallurgie прока́тывать ⟨-ката́ть⟩; *Tech* вальцева́ть 2| вальцо́ванный; Straße, Feld ука́тывать ⟨-ката́ть⟩

wälzen *tr* ката́ть, *best* ка|ти́ть 3⁺ -чу́ (по-); sich ~ *refl* валя́ться (вы́-), ката́ться | sich vor Lachen ~ пока́тываться со́ смеху; in Büchern ~ копа́ться в кни́гах; Bücher ~ прочи́тывать ⟨-чита́ть⟩ ма́ссу книг; Probleme ~ реша́ть сло́жные пробле́мы

walzenförmig име́ющий 11 фо́рму ва́лика; *Math* цилиндри́ческий

Walzer *m* вальс 2 | ~ tanzen танцева́ть вальс; langsamer ~ ме́дленный вальс

Wälzer *m umg* пу́хлый том 2b *Pl* -а́

Walzer|melodie *f* мело́дия ва́льса; **~takt** *m* ритм 2 ва́льса

Wälzlager *n* подши́пник каче́ния

Walz|stahl *m* ка́таная сталь, стально́й прока́т; **~straße** *f* прока́тный стан 2; **~werk** *n* прока́тный заво́д [Abteilung im Werk цех 2 *P a.* -у́]

Wamme *f*, **Wampe** *f Anat* подгру́д|ок| -ка 2; Bauch брю́хо 4, пу́зо 4

Wand *f* стена́ 6a; eines Gefäßes сте́нка 6 *a. Bergb; Anat* Trennwand перегоро́дка 6; Fels~ (отве́сная) скала́ 6c | an der ~ на стене́; an die ~ stellen к стене́; у стены́; an die ~ hängen пове́|сить *v* 3 -шу на́ стену; j-n an die ~ drücken *a. übertr* при|пере́ть* *v* кого́-н. к стене́; ~ an ~ wohnen жить стена́ в сте́ну; **~behang** *m* декорати́вный насте́нный ко́врик 2; **~brett** *n* по́лка 6

Wandel *m* переме́на 6, измене́ние 6

wandelbar переме́нчив:ый

Wandel|gang *m* галере́я 7, (кры́тый) прохо́д 2; *Theat* кулуа́ры *Pl* 2; **~halle** *f* кры́тая галере́я 7; *Theat* фойе́ *n idkl*

wandeln *intr* langsam gehen шага́ть, бро|ди́ть 3⁺ -жу́, расха́живать; sich ~ *refl* измен|я́ться ⟨-и́ться 3⁺⟩; превра|ща́ться ⟨-ти́ться 3 -щу́сь⟩ (zu, in в *A*)

Wander|ausstellung *f* передви́жная вы́ставка; **~bibliothek** *f* библиоте́ка-передви́жка 6-6; **~bühne** *f* передвижно́й [выездно́й] теа́тр; **~bursche** *m hist* стра́нствующий подмасте́рь|е 11-5 *G Pl* -ев; **~düne** *f* кочу́ющая 11 дю́на

Wanderer *m* путеше́ственник 2; тури́ст 2 (иду́щий 11 [путеше́ствующий 11] пешко́м) | ein einsamer ~ *a.* одино́кий пу́тник 2

Wander|fahne *f* переходя́щее 11 зна́мя; **~gruppe** *f* гру́ппа тури́стов [путеше́ственников]; **~hütte** *f* тури́стская ба́за 6; Schutzhütte прию́т 2; **~jahre** *n Pl* го́ды стра́нствований; **~karte** *f* маршру́тная (тури́стская) ка́рта; **~kino** *n* кинопередви́жка 6; **~lust** *f* страсть 9 к путеше́ствиям

wandern *intr* zu Fuß reisen путеше́ствовать 2 (пешко́м); zur Erholung соверш|а́ть ⟨-и́ть 3⟩ прогу́лку; von einer Touristengruppe идти́* ⟨по|йти́*⟩ в тури́стский похо́д [в турпохо́д]; ständig unterwegs sein стра́нствовать 2; bes.

von Nomaden кочева́ть 2 | er wanderte allein он ходи́л (гуля́ть) [он гуля́л] оди́н; am Ufer entlang ~ идти́ (пешко́м) вдоль бе́рега; am Sonnabend wollen wir ~ в суббо́ту мы пойдём в (тур)похо́д [гуля́ть]; durch Wälder und Felder ~ бро|ди́ть 3⁺ -жу́ по леса́м и поля́м; er ließ den Blick von einem zum anderen ~ он переводи́л взгляд с одно́го на друго́го; die Gedanken wanderten in die Ferne мы́сли бы́ли где-то далеко́

Wander|niere *f* блужда́ющая 11 по́чка; **~pokal** *m* переходя́щий 11 ку́бок; **~preis** *m* переходя́щий 11 приз; **~ratte** *f* пасю́к 2e; **~route** *f* тури́стский маршру́т; **~schaft** *f* путеше́ствие 5 (пешко́м), стра́нствие 5; **~sport** *m* тури́зм 2; **~tag** *m* экскурсио́нный день; **~ung** *f* экску́рсия 8 (пешко́м); Spaziergang прогу́лка 6; Touristengruppe тури́стский похо́д 2 | eine ≈ machen соверш|а́ть ⟨-и́ть 3⟩ экску́рсию [zur Erholung прогу́лку], отпр|авля́ться ⟨-а́виться 3 -а́влюсь⟩ в похо́д; **~weg** *m* тури́стская тропа́ 6h, маршру́т 2 тури́стского похо́да; **~wetter** *n* (хоро́шая) пого́да для прогу́лки [для турпохо́да]

Wand|gemälde *n* фре́ска 6; **~haken** *m* крю́к в стене́; **~kalender** *m* стенно́й календа́рь; **~karte** *f* стенна́я (географи́ческая) ка́рта; **~klappbett** *n* откидна́я крова́ть; **~leuchte** *f* бра *n idkl*, стенна́я ла́мпа

Wandlung *f* переме́на 6, измене́ние 5; Umgestaltung превраще́ние 5; Umbildung преобразова́ние 5

Wand|malerei *f* насте́нная жи́вопись; Bilder фре́ски *Pl* 6; **~platte** *f* стенова́я пане́ль 9; **~schmuck** *m* насте́нное украше́ние; **~schrank** *m* встро́енный [стенно́й] шкаф; **~schränkchen** *n* подвесно́й шка́фчик 2; **~tafel** *f* стенна́я [кла́ссная] доска́; **~täfelung** *f* деревя́нная обши́вка (стен); **~teller** *m* стенна́я таре́лка; **~teppich** *m* стенно́й ковёр; gewebter гобеле́н 2; **~uhr** *f* стенны́е [насте́нные] часы́; **~verkleidung** *f* обши́вка 6 [облицо́вка 6] стен; **~zeitung** *f* стенна́я газе́та, стенгазе́та 6

Wange *f* щека́ 6a *A* щёку *Pl* щёки, щёк, щека́м; *Tech* щека́; Maschinenbau продо́льная сте́нка 6 стани́ны; *Bauw* тетива́ 6 | rote ~n румя́ные [кра́сные] щёки

Wankelmut *m* нереши́тельность 9

wankelmütig нереши́тел|ьный, -ен, -ьна

wanken *intr* шата́ться, колеба́ться* (по-); ins Wanken geraten пошатну́ться *v* 4, покачну́ться *v* 4; *übertr* колеба́ться, не реша́ться; unschlüssig sein быть* нереши́тельным; nachgeben дро́гнуть *v* 4 | nicht ~ und nicht weichen твёрдо стоя́ть 3, не дро́гнуть; ihm wankten die Knie у него́ задрожа́ли коле́ни; ins Wanken geraten зашата́ться, заколеба́ться; etw. ins Wanken bringen шат|а́ть ⟨-ну́ть *mom* 4⟩ что-н.; Glauben колеба́ть* (по-) что-н.

wann *Adv* когда́ | seit ~? с каки́х пор?; bis ~? до каки́х пор?, до како́го вре́мени?; Datum до како́го числа́?

Wanne *f* Bade≈ ва́нна 6; Wasch≈ чан 2b, лоха́нь 9

Wannenbad *n* ва́нна 6

Wanst *m* Bauch брю́хо 4, пу́зо 4; freches Kind озорни́к 2e

Wanten *f Pl Mar* ва́нты *Pl* 6

Wanze *f* клоп 2e

Wappen *n* герб 2e; **~kunde** *f* гера́льдика 6, гербове́дение 5

wappnen, sich *refl* mit Argumenten вооруж|а́ться ⟨-и́ться 3⟩ | sich mit Geduld ~ вооружа́ться терпе́нием; sich gegen den Angriff wappnen подгот|овля́ться ⟨-о́виться 3 -о́влюсь⟩ к отраже́нию нападе́ния

Ware *f* това́р 2; ~n *Pl a.* изде́лия *Pl* 5 | wir führen diese ~ nicht мы не торгу́ем э́тим това́ром, мы не де́ржим э́того това́ра; ~n für den Bevölkerungsbedarf това́ры наро́дного потребле́ния; ~n des täglichen Bedarfs това́ры ежедне́вного спро́са

Waren|abkommen *n* соглаше́ние о товарообме́не [товарооборо́те]; **~angebot** *n* предложе́ние [ассортиме́нт 2] това́ров, това́ры *Pl* 2 име́ющиеся 11 в прода́же; **~annahme** *f* приём това́ра [това́ров]; **~austausch** *m* товарообме́н 2; **~begleitschein** *m* накладна́я *Subst* 10; **~bestand** *m* нали́чный това́р 2; **~bestandsaufnahme** *f* инвентариза́ция това́ра; **~eingang** *m* поступле́ние това́ров; **~fonds** *m* това́рный фонд; **~haus** *n* универса́льный магази́н 2, универма́г 2; **~kunde** *f* товарове́дение 5; **~lager** *n* това́рный склад; **~muster** *n* образе́ц това́ра; **~produktion** *f* това́рное произво́дство; **~prüfung** *f* контро́ль 1 ка́чества това́ров; **~sendung** *f* па́ртия 8 това́ра; **~streuung** *f* (равноме́рное) распределе́ние това́ров; **~übernahme** *f*: wegen ≈ geschlossen закры́то в связи́ с приёмом това́ра [това́ров]; **~umsatz** *m* товарооборо́т 2; **~umschlag** *m* перева́лка 6 това́ров; *Wirtsch* товарооборо́т 2; **~wirtschaft** *f* това́рное хозя́йство; **~zeichen** *n* това́рный знак; **~zirkulation** *f* това́рное обраще́ние

warm 1. *Adj* тёплый, тёпел, тепла́; Speisen, Getränke горя́ч:ий, 11 -а́ | ~e Würstchen горя́чие соси́ски; etw. ~ stellen ста́вить (по-) что-н. в тёплое ме́сто; etw. ~ halten Speisen держа́ть что-н. горя́чим; ~ machen разо|грева́ть ⟨-гре́ть⟩; Wasser нагрева́ть ⟨-гре́ть⟩; mit

j-m nicht ~ werden быть* сде́ржанным с кем-н. **2.** *Adv* тепло́ | ~ schlafen спать в тепле́; ~ essen есть горя́чее; etw. Warmes essen есть (съ-) чего́-н. горя́чего; sich ~ anziehen тепло́ одева́ться ⟨-де́ться⟩; er wurde mir wärmstens empfohlen мне его́ горя́чо рекомендова́ли
Warm|bad *n* тёплая ва́нна; **~blut** *n* лёгкая ло́шадь 9g *I Pl* -ми́; **~blüter** *m* теплокро́вное *Subst* 10
warmblütig теплокро́вный
Wärme *f* тепло́ 4, теплота́ 6 | heute sind 30 Grad ~ сего́дня три́дцать гра́дусов тепла́; **~abgabe** *f* теплоотда́ча 6; **~äquivalent** *n* теплово́й эквивале́нт; **~ausstrahlung** *f* теплово́е излуче́ние; **~austausch** *m* теплообме́н 2
wärme|bedürftig нужда́ющийся 11 в тепле́; **~beständig** теплосто́йкий; **~dämmend** теплоизоли́рующий 11
Wärme|decke *f* электроодея́ло 4; **~einheit** *f* едини́ца тепла́; **~energie** *f* теплова́я эне́ргия; **~entwicklung** *f* выделе́ние 5 тепла́; **~erzeugung** *f* теплообразова́ние 5; **~grade** *m Pl* плю́совая температу́ра 6; **~haushalt** *m* теплово́й обме́н 2; *Phys* теплово́й бала́нс 2; **~isolierung** *f* теплоизоля́ция 8; **~kraftwerk** *n* теплова́я электроста́нция, теплоэлектроста́нция 8; **~lehre** *f* уче́ние о теплоте́; **~leiter** *m* проводни́к тепла́; **~leitfähigkeit** *f* теплопрово́дность 9; **~mechanik** *f* термодина́мика 6; **~messung** *f* калориме́трия 8
wärmen *tr* греть (со-); Person, Raum a. согр|ева́ть ⟨-е́ть⟩; sich ~ *refl* гре́ться (со-), согр|ева́ться ⟨-е́ться⟩ | die Speisen ~ разогр|ева́ть ⟨-е́ть⟩ ку́шанья; gewärmt Speise разогре́тый, подогре́тый
Wärme|regler *m* терморегуля́тор 2, термоста́т [тэ] 2; **~schutz** *m* теплоизоля́ция 8; **~speicher** *m* теплово́й аккумуля́тор 2; **~stau** *m* накопле́ние 5 тепла́; Überhitzung перегре́в 2; **~strahlung** *f* теплово́е излуче́ние; **~technik** *f* теплоте́хника 6; **~verlust** *m* потеря́ тепла́; **~zufuhr** *f* подво́д 2 тепла́
Wärmflasche *f* гре́лка 6
Warmfront *f Met* тёплый фронт
warmhalten *tr:* sich j-n ~ не по́р|тить 3 -чу (ис-) с кем-н. отноше́ния
warmherzig добросерде́ч|ный, -ен
warmlaufen *intr Motor* прогрева́ться ⟨-гре́ться⟩; sich ~ *refl Sport* де́лать (с-) разми́нку | den Motor ~ lassen дава́ть* ⟨дать*⟩ нагре́ться двигателю, прогрева́ть ⟨-гре́ть⟩ дви́гатель
Warm|luftheizung *f* калори́ферное отопле́ние; **~verpflegung** *f* горя́чая пи́ща 11-6
Warmwasser|bereiter *m*, **~boiler** *m* водоподогрева́тель 1; **~heizung** *f* водяно́е отопле́ние (ни́зкого давле́ния); **~speicher** *m* подогрева́тель 1 (для горя́чего водоснабже́ния), бо́йлер 2; **~versorgung** *f* горя́чее 11 водоснабже́ние
Warn|anlage *f* предупреди́тельная сигна́льная устано́вка; **~dienst** *m* слу́жба оповеще́ния
warnen *tr* предостерега́ть ⟨-|стере́чь*⟩ (vor от *G*), предупре|жда́ть ⟨-ди́ть 3 -жу́, -ждённый⟩ (vor о *P*) | vor Taschendieben wird gewarnt! береги́тесь [остерега́йтесь] воро́в!; **~d:** ≈ seine Stimme erheben поднима́ть ⟨подня́ть⟩ предостерега́ющий го́лос
Warn|lichtanlage *f Kfz* (предупрежда́ющее 11) светосигна́льное устро́йство; **~ruf** *m* предостерега́ющий о́клик 11-2; **~signal** *n* предупреди́тельный сигна́л; **~streik** *m* предупреди́тельная забасто́вка; **~ung** *f* предостереже́ние 5, предупрежде́ние 5 | ohne ≈ без предупрежде́ния; **~zeichen** *n* Straßenverkehr сигна́льный доро́жный предупрежда́ющий 11 знак
Warschau Варша́ва 6
Warte *f*: von dieser ~ aus gesehen ... е́сли взгляну́ть на де́ло с э́той то́чки зре́ния ...; von höherer ~ aus исходя́ из вы́сших соображе́ний
Wartehäuschen *n* павильо́н 2 ожида́ния
warten *tr* versorgen сле|ди́ть 3 -жу́ [хо|ди́ть 3^+ -жу́] за *I*; Maschine уха́живать за *I*, содержа́ть 3^+ в испра́вности *A*; *intr* ждать* (auf j-n *A*, auf etw. *G*); eine Zeitlang подожда́ть (auf *G*, *A*) | warten Sie bitte einen Augenblick! подожди́те, пожа́луйста, мину́тку; warte mal! посто́й-ка!; auf sich ~ lassen заст|авля́ть ⟨-а́вить 3 -а́влю⟩ себя́ ждать; ich habe gestern auf Sie gewartet я ждал [ожида́л] вас вчера́
Wärter *m* смотри́тель 1; Bahn~ сто́рож 2b *Pl* -а́, -е́й; Kranken~ санита́р 2, больни́чный служи́тель 1; Tierpfleger рабо́тник 2 зоопа́рка
Warte|saal *m* зал ожида́ния; **~zeit** *f* вре́мя ожида́ния; Lieferfrist срок доста́вки [поста́вки]; Maschine просто́|й 1 *G Pl* -ев; **~zimmer** *n* приёмная *Subst* 10
Wartung *f Tech* (техни́ческое) обслу́живание 5 [*umg* техобслу́живание 5] (и ремо́нт 2), (техни́ческий) ухо́д 2 | die Pflege und ~ der Maschinen (техни́ческое) обслу́живание (и ремо́нт) маши́н
wartungsfrei не тре́бующий 11 обслу́живания [ухо́да], без обслу́живания
Wartungs|kosten *Pl* сто́имость обслу́живания [ухо́да]; **~personal** *n* обслу́живающий 11 персона́л
warum 1. *Adv* почему́, отчего́ | ~ nicht gar! вот ещё!, как бы не так! **2.** *Konj*: ich weiß nicht, ~ er nicht gekommen ist я не зна́ю, почему́ он не пришёл

Warze *f Med* борода́вка 6; Brust~ сос|о́к, -ка́ 2
warzenförmig в ви́де борода́вки
was 1. *Fragepron* что [што]; wieviel ско́лько | ~ ist los? что случи́лось?; ~ gibt's? что но́вого?; ~ kostet das? ско́лько э́то сто́ит?; ~ ist das? что э́то (тако́е)?; ~ wünschen Sie? что вам уго́дно?; ~ für ein …? что за …? | *als Ausruf* ~, das weißt du nicht?, как, ты э́того не зна́ешь? **2.** *Rel Pron* что | alles, ~ ich sehe всё, что я ви́жу; ich weiß nicht, ~ er will я не зна́ю, чего́ он хо́чет; ~ auch immer что бы ни **3.** *unbestimmtes Pron umg* что́-нибудь, что́-то; не́что | ~ Neues что́-то но́вое; kann ich noch ~ für dich tun? я могу́ ещё что́-нибудь для тебя́ сде́лать?; da kannst du ~ erleben! ты узна́ешь не́что неожи́данное!; das ist immerhin ~ э́то всё же (составля́ет) кое-что́
Wasch|anlage *f Kfz* мо́ечная устано́вка; **~anstalt** *f* пра́чечная [шн] *Subst* 10; **~automat** *m* автомати́ческая стира́льная маши́на; **~bär** *m* ено́т 2; **~bekken** *n* умыва́льник 2; **~benzin** *n* промы́вочный бензи́н; **~blau** *n* си́нька 6; **~brett** *n* стира́льная доска́
Wäsche *f* Kleidung бельё 3; Waschen сти́рка 6; Auto мо́йка 6 | ~ wechseln меня́ть бельё; wir haben ~ у нас сти́рка; in die ~ geben от|дава́ть* ⟨отда́ть*⟩ в сти́рку; **~beutel** *m* мешо́к, -ка́ 2 для (гря́зного) белья́; **~boden** *m* черда́к для су́шки белья́
waschecht Farbe, Stoff нелиня́ющий 11; sich nicht auswaschend сто́йкий, -ек, -ка́! к сти́рке; *übertr* настоя́щий 11, по́длинный
Wäsche|fach *n* отделе́ние для белья́; **~geschäft** *n* бельево́й магази́н; **~klammer** *f* бельева́я прище́пка 6, зажи́мка 6; **~korb** *m* корзи́на для белья́; **~leine** *f* бельева́я верёвка; **~mangel** *f* като́к для белья́ | eine elektrische ≈ электри́ческая глади́льная маши́на 6
waschen *tr* мыть* (вы́-, по-); Gesicht, Hände a. умыва́ть ⟨-мы́ть⟩ (mit *I*); Wäsche стира́ть (вы́-, по-); Gold промыва́ть ⟨-мы́ть⟩; sich ~ *refl* мы́ться (вы́-, по-) | ich habe mir den Kopf gewaschen я помы́л [вы́мыл] себе́ го́лову; ich wasche mich kalt я мо́юсь холо́дной водо́й; Wäsche ~ lassen от|дава́ть* ⟨отда́ть*⟩ бельё в сти́рку; j-m den Kopf ~ *umg* намы́лить *v* 3 го́лову кому́-н.; eine Hand wäscht die andere рука́ ру́ку мо́ет
Wäsche|puff *m* пуф 2 [ту́мбочка 6] для белья́; **~rei** *f* пра́чечная [шн] *Subst* 10; **~rin** *f* Waschfrau пра́чка 6; **~rolle** *f* като́к для белья́; **~schleuder** *f* центрифу́га для отжима́ния белья́
wäscheschonend: ~es Mittel мя́гкое [мягкоде́йствующее 11] мо́ющее 11 сре́дство
Wäsche|schrank *m* бельево́й шкаф; **~stütze** *f* подпо́рка для бельево́й верёвки; **~zeichen** *n* ме́тка на белье́
Wasch|faß *n* уша́т 2, поха́нь 9; **~haus** *n* пра́чечная [шн] *Subst* 10; **~kessel** *m* стира́льный котёл; **~küche** *f* = **Waschhaus** | draußen ist eine richtige ≈ на у́лице сплошно́й тума́н; **~lappen** *m* тря́пка 6 *a. übertr;* **~leder** *n* за́мша 6; **~maschine** *f* стира́льная маши́на; **~mittel** *n* мо́ющее 11 сре́дство; **~pulver** *n* мо́ющий 11 [стира́льный] порошо́к; **~raum** *m* умыва́льная *Subst* 10; mit Dusche душева́я *Subst* 10; **~schüssel** *f* умыва́льный таз; **~seife** *f* хозя́йственное мы́ло; **~stützpunkt** *m* обще́ственная пра́чечная [шн] *Subst* 10, пра́чечная самообслу́живания; **~ung** *f* умыва́ние 5, мытьё 3; *Med* обмыва́ние 5; **~wanne** *f* поха́нь 9; **~wasser** *n* вода́ для умыва́ния [для мытья́]; benutztes мы́льные помо́|и, -ев *Pl* 1; **~zeug** *n* умыва́льные принадле́жности *Pl* 9
Washington Вашингто́н 2
Wasser *n* вода́ 6с *A* во́ду, *Pl D* во́дам, *I* во́дами, *P* во́дах | zu ~ по воде́; zu ~ und zu Lande на мо́ре и на су́ше; ~ lassen мочи́ться 3⁺ (по-); das ~ nicht halten können страда́ть недержа́нием мочи́; sich kaum über ~ halten *übertr* едва́ своди́ть 3⁺ -вожу́ концы́ с конца́ми; ins ~ fallen *übertr* про-, разва́ливаться ⟨-вали́ться 3⁺⟩; das ~ läuft ihm im Munde zusammen у него́ слю́нки теку́т; das ist ~ auf seine Mühle э́то ему́ на́ руку; er kann ihm nicht das ~ reichen он ему́ в подмётки не годи́тся; das ~ steht ihm bis an den Hals он в стеснённом [тяжёлом] положе́нии; j-m das ~ abgraben си́льно вре|ди́ть 3 -жу́ кому́-н.; er ist mit allen ~n gewaschen он тёртый кала́ч; **~abfluß** *m* сток воды́
wasserabstoßend водооттáлкивающий 11
Wasser|ader *f* водоно́сная жи́ла; **~anschluß** *n* подключе́ние 5 к водопрово́ду; **~bad** *n Kochk, Chem* водяна́я ба́ня; **~ball** *m* во́дное по́ло *n idkl,* ватерпо́ло; **~ballspieler** *m* ватерполи́ст [тэ] 2; **~bau** *m* гидротехни́ческое строи́тельство; **~bauwerk** *n* гидротехни́ческое сооруже́ние; **~becken** во́дный бассе́йн; Speicherbecken водохрани́лище 4, резервуа́р 2 для воды́; **~behälter** *m* резервуа́р 2 для воды́, водоём 2; Kanister бак 2 для воды́; **~blase** *f* пузырёк воды́; **~bombe** *f* глуби́нная бо́мба
Wässerchen *n*: er sieht aus, als könnte er kein ~ trüben с ви́ду он и воды́ не замути́т

Wasserdampf *m* водяно́й пар
wasserdicht водонепроница́ем¦ый; Kleidung a. непромока́ем¦ый
Wasserdruck *m Phys* давле́ние воды́
wasserdurchlässig водопроница́ем¦ый
Wasser|eimer *m* ведро́ (для воды́); **~energie** *f* эне́ргия воды́, гидравли́ческая эне́ргия; **~entnahme** *f* водозабо́р 2; **~fall** *m* водопа́д 2; **~farbe** *f* акваре́льная кра́ска; **~fläche** *f* Oberfläche во́дная пове́рхность; gekräuselte рябь 9; **~flasche** *f* буты́ль 9 [Karaffe графи́н 2] для воды́; **~floh** *m* водяна́я блоха́; ~flöhe *Pl* ветвисто́усые *Subst Pl* 10; **~flugzeug** *n* гидросамолёт 2; **~frosch** *m*: Grüner ≈ *Zool* зелёная лягу́шка; **~gehalt** *m* содержа́ние воды́
wassergekühlt с водяны́м охлажде́нием
Wasser|glas *n* стака́н 2 (для воды́); *Chem* раствори́мое стекло́; **~graben** *m* кана́ва 6; **~hahn** *m* (водопрово́дный) кран
wasserhaltig содержа́щий 11 во́ду; Bodenschicht водоно́с|ный, -ен
Wasser|haushalt *m* во́дный бала́нс 2; *Med* во́дный обме́н 2; **~heilkunde** *f* гидротерапи́я 8; **~höhe** *f* высота́ у́ровня воды́; **~hose** *f* (водяно́й) смерч 2 *G Pl* -ей; **~huhn** *n* лысу́ха 6
wässerig = **wäßrig**
Wasser|jungfer *f* стрекоза́ 6c; **~kessel** *m* Teekessel ча́йник 2; **~klosett** *n* ватерклозе́т [тэ] 2; **~kraft** *f* гидравли́ческая си́ла [эне́ргия]; **~kraftwerk** *n* гидро(электро)ста́нция 8, ГЭС [гэс] *f idkl;* **~krug** *m* кувши́н для воды́; **~kühlung** *f* водяно́е охлажде́ние; **~kur** *f* водолече́ние 5; **~lache** *f* лу́жа 6; **~leitung** *f* водопрово́д 2; **~leitungsrohr** *n* водопрово́дная труба́; **~linie** *f Mar* ватерли́ния [тэ] 8
wasserlöslich раствори́м¦ый в воде́, водораствори́м¦ый
Wasser|mangel *m* недоста́ток воды́; **~mann** *m Astr* Водоле́й 1; **~melone** *f* арбу́з 2; **~mühle** *f* водяна́я ме́льница
wassern *intr Flugw* соверш|а́ть ⟨-и́ть 3⟩ поса́дку на́ воду, приводн|я́ться ⟨-и́ться 3⟩
wässern *tr* Fleisch, Hering выма́чивать ⟨вы́мочить 3⟩, промыва́ть ⟨-|мы́ть*⟩ в воде́ *a. Foto;* bewässern оро|ша́ть ⟨-си́ть 3 -шу́⟩; Bäume полива́ть ⟨поли́ть*⟩
Wasser|nixe *f* руса́лка 6; *übertr* купа́льщица 6; **~oberfläche** *f* водяна́я пове́рхность; **~pest** *f* элоде́я 7; **~pfeife** *f* наргиле́ *m, n idkl*; **~pflanze** *f* во́дное [водяно́е] расте́ние; **~polizei** *f* речна́я поли́ция; **~pumpe** *f* водяно́й насо́с; **~ratte** *f Zool* водяна́я кры́са; Schwimmer люби́тель 1 пла́вания
wasserreich полново́д|ный, -ен, многово́д|ный, -ен
Wasser|rohr *n* водопрово́дная труба́; **~rohrbruch** *m* разры́в водопрово́дной трубы́; **~rose** *f* кувши́нка 6 (бе́лая); **~säule** *f Phys* водяно́й столб; **~schaden** *m* поврежде́ние, причинённое водо́й; **~scheide** *f* водоразде́л 2
wasserscheu страда́ющий 11 водобоя́знью | ~ sein страда́ть водобоя́знью, боя́ться 3 воды́
Wasser|schicht *f* сой воды́; **~schlauch** *m* (рези́новый) шланг для воды́; **~schutzpolizei** *f* речна́я поли́ция; **~ski** *m* Gerät во́дная лы́жа; Sportart воднолы́жный спорт | ≈ laufen ката́ться на во́дных лы́жах; **~skilaufen** *n* воднолы́жный спорт; **~skiläufer** *m* воднолы́жник 2; **~spiegel** *m* зе́ркало (свобо́дной пове́рхности) воды́; Wasserstand у́ров|ень, -ня 1 воды́; **~sport** *m* во́дный спорт; **~spülung** *f* промы́вка водо́й | ein Klosett mit ≈ промывно́й клозе́т, убо́рная с водопрово́дом; **~stand** *m* у́ровень воды́; Hydrologie горизо́нт 2 воды́; **~stiefel** *f Pl* боло́тные (непромока́емые) сапоги́
Wasserstoff *m* водоро́д 2; **~bombe** *f* водоро́дная бо́мба; **~superoxid** *n* пе́рекись 9 водоро́да
Wasser|strahl *m* струя́ воды́; **~straße** *f* во́дный путь; Sund проли́в 2; **~sucht** *f* водя́нка 6
wassersüchtig страда́ющий 11 водя́нкой, опу́хший 11 от водя́нки
Wasser|suppe *f* водяни́стая похлёбка; **~tank(wagen)** *m* водяна́я цисте́рна; **~topf** *m* кастрю́ля 7 [бак 2] для воды́; **~träger** *m* водоно́с 2; **~treten** *m Med* переступа́ние 5 ногáми в воде́; **~tretrad** *n* во́дный [морско́й] велосипе́д 2; **~turbine** *f* гидротурби́на 6; **~turm** *m* водона́порная ба́шня; **~uhr** *f* водоме́р 2; **~ung** *f Flugw* поса́дка 6 на́ воду, приводне́ние 5; **~verbrauch** *m* потребле́ние [Durchflußmenge расхо́д] воды́; **~verdrängung** *f Mar* водоизмеще́ние 5; **~verkehr** *m* во́дное сообще́ние; **~versorgung** *f* водоснабже́ние 5; **~vogel** *m* водопла́вающая 11 пти́ца; **~waage** *f* ватерпа́с [тэ] 2, у́ров|ень, -ня 1; **~wanderer** *m* во́дный тури́ст, тури́ст на ло́дке; **~weg** *m* во́дный путь; **~welle(n)** *f (Pl)* Frisur холо́дная зави́вка 6; **~werfer** *m* водомёт 2; **~werk** *n* водопрово́дная (насо́сная) ста́нция; **~wirtschaft** *f* во́дное хозя́йство; **~zeichen** *n* водяно́й знак; **~zufuhr** *f* подво́д воды́
wäßrig водяни́ст¦ый; Suppe a. жи́д|кий, -ок, -ка́! | ~ schmecken быть* водяни́стым (на вкус); j-m den Mund ~ machen соблазн|я́ть ⟨-и́ть 3⟩ кого́-н. чем-н., разжига́ть ⟨-|же́чь*, -ожгу́, -ожгла́⟩ чей-н. аппети́т
waten *intr* переходи́ть 3⁺ -хожу́ ⟨-|йти́*⟩

вброд (durch *A*, через *A*); durch Pfützen, Wasser шлёпать по *D* | durch den Sumpf ~ идти*, увязая в болоте
watscheln *intr* идти*, переваливаясь с боку на бок, идти вперевалку
[1]**Watt** *n El* ватт 2 *G Pl* ватт
[2]**Watt** *n Geogr* ватты *Pl* 2
Watte *f* вата 6; **~anzug** *m* ватный костюм, куртка 6 и брюки *Pl* 6 на вате; **~bausch** *m* клоч|ок, -ка 2 ваты; *Med* ватный тампон 2; **~jacke** *f*: gesteppte ≈ (стёганый) ватник 2, стёганая куртка на вате
Wattenmeer *n* ватты *Pl* 2
Wattepfropf *m Med* ватная пробка 6, ватный тампон 2
wattier|en *tr* подбивать ⟨-|бить*, -обью⟩ ватой; **~t** на ватине, на вате, подбитый ватой
Wattierung *f* Futter ватная подкладка 6; Tätigkeit подбивка 6 ватой
Watt|leistung *f* активная мощность; **~stunde** *f* ватт *idkl* -час
Webart *f* способ ткачества
weben *tr* ткать* (со-); Spitze плести* (с-)
Weber *m* ткач 2е *G Pl* -ей; **~baum** *m Text* ткацкий наво|й 1 *G Pl* -ев; **~ei** *f* Fabrik ткацкая фабрика; Gewerbe ткачество 4; **~schiffchen** *n* (ткацкий) челнок 2е
Web|stuhl *m* ткацкий станок; **~waren** *f Pl* ткацкие изделия
Wechsel *m* Veränderung перемена 6; in der Leitung, der Politik изменение 5; Ablösung смена 6; regelmäßig wiederkehrend чередование 5; Arbeits~, Wohnungs~ переход 2 на *A*; *Sport* Stafette передача 6 эстафеты; *Hdl* вексел|ь 1b *Pl* -я; *Jagd* тропа 6h, след 2b *P a.* -у | im ~ поочерёдно; ~ des Wohnortes переезд 2 на дургое место; einen ~ ausstellen вы|давать* ⟨вы|дать*⟩ вексель; **~automat** *m* автомат для размена денег; **~bad** *n* переменные ванны *Pl* 6; **~beziehung** *f* взаимосвязь 9, взаимоотношение 5; **~fälle** *m Pl*: für alle ≈ des Lebens на все случаи жизни; **~fieber** *n* перемежающаяся 11 лихорадка; **~geld** *n* сдача 6; Kleingeld разменная монета 6, мелочь 9g; **~getriebe** *n Kfz* коробка 6 передач; *Tech* реверсивный привод 2
wechselhaft: ~es Wetter изменчивая [неустойчивая] погода
Wechsel|jahre *n Pl* климактерический период 2; **~kurs** *m* валютный курс
wechseln *tr* Beruf, Wohnung, Kleidung u. a. менять, перемен|ять ⟨-ить *v* 3⁺⟩; Geld менять, разменивать ⟨-менять⟩; Ringe, Worte обмениваться ⟨-меняться⟩ *I*; *intr* меняться ⟨из-, перемениться⟩; abwechseln, einander ablösen смен|ять ⟨-ить 3⁺⟩ друг друга, чередоваться 2 | Wäsche ~ менять ⟨сменить⟩ бельё; Pferde ~ менять ⟨сменить⟩ лошадей; einige Worte ~ переки|дываться ⟨-нуться 4⟩ несколькими словами; das Wetter wechselte погода переменилась [изменилась]; die Farbe ~ измен|яться ⟨-иться⟩ в лице; den Betrieb ~ переходить 3⁺ -хожу ⟨-|йти*⟩ на другое предприятие; **~d**: mit ≈em Erfolg с переменным успехом; ≈ bewölkt переменная облачность
Wechsel|objektiv *n* сменный объектив; **~schalter** *m* переключатель на два направления; **~schritt** *m*: im ≈ переменным шагом
wechselseitig взаим|ный, -ен | ~ bedingt взаимообусловлен:ный, -а
Wechsel|sprechanlage *f* переговорное устройство для двусторонней связи; **~stelle** *f* пункт 2 обмена валюты; **~strom** *m* переменный ток
wechselweise *Adv* abwechselnd попеременно; beiderseitig взаимно, обоюдно
Wechselwirkung *f* взаимодействие 5 | in ~ stehen взаимодействовать 2
wecken *tr* бу|дить 3⁺ -жу (раз-); *übertr* пробуждать ⟨-будить 3, -буждённый⟩ (in [bei] j-m в ком-н. что-н.) | j-n aus dem Schlafe ~ разбудить кого-н.
[1]**Wecken** *m* Weißbrot, Semmel булка 6, сайка 6
[2]**Wecken** *n Mil* побудка 6
Wecker *m* будильник 2 | den ~ stellen ставить (по-) будильник (auf на *A*)
Weckglas *n* стеклянная банка 6 (для консервирования)
Wedel *m* Staub~ метёлка 6 из перьев (для смахивания пыли); Fächer веер 2b *Pl* -а, опахало 4; *Jagd* Schwanz хвост 2е
wedeln *intr* вилять ⟨вильнуть *mom* 4⟩ | mit dem Schwanz ~ вилять хвостом
weder *Konj*: ~ ... noch ни... ни | er hat dafür ~ Zeit noch Geld у него для этого нет ни времени, ни денег
weg *Adv* прочь; entfernt далеко | weit ~ von der Stadt далеко от города, в стороне от города; das muß ~! уберите [убери] (это) прочь!; Hände ~! руки прочь!; geh ~! иди прочь!; das Buch ist ~ книга исчезла [пропала]; er ist [war] ~ его нет [не было]; der Zug war schon ~ поезд уже отошёл; er war ganz ~ vor Freude он был вне себя от радости
Weg *m* дорога 6, пут|ь *m* 9е *I* -ём; Fuß~ (пешеходная) дорожка 6; Pfad тропа 6h, тропинка 6; Fahr~ проезжая 11 дорога; Reise~ маршрут 2 (поездки); *übertr* путь | auf diesem ~e этим путём, этим способом; auf dem ~e по дороге; mittels путём; auf halbem ~e на полпути; auf friedlichem ~e мирным путём; sich auf den ~ machen отпр|авляться ⟨-авиться 3 -авлюсь⟩ в путь [в дорогу]; j-m aus dem

~e gehen уступ|áть ⟨-и́ть 3⁺ -лю́⟩ доро́гу кому́-н.; meiden избега́ть кого́-н.; er lief mir in den ~ он попа́лся мне навстре́чу; etw. in die ~e leiten подгот|а́вливать ⟨-о́вить 3 -о́влю⟩ что-н.; j-m im ~e stehen стоя́ть на чьём-н. пути́ *a. übertr*, стоя́ть кому́-н. попере́к доро́ги; j-m nicht über den ~ trauen не доверя́ть ⟨-ве́рить 3⟩ кому́-н. ни на грош; vom ~e abkommen сбива́ться ⟨-|би́ться*¡ собью́сь⟩ с пути́ [с доро́ги]; auf dem besten ~ *Inf mit zu* быть* без пяти́ мину́т *I; umg* име́ть шанс *mit Inf*

weg|begeben, sich *refl* удал|я́ться ⟨-и́ться 3⟩; **~bekommen** *tr umg* begreifen понима́ть ⟨поня́ть*⟩; erfahren, herausfinden проню́х|ивать ⟨-ать⟩ *A u.* о *P;* entfernen können у|дава́ться* ⟨-|да́ться*¡ -дали́сь⟩; Fleck выво|ди́ть 3⁺ -жу́ ⟨вы́|вести*⟩ | er ist vom Buch nicht wegzubekommen его́ не оторвёшь от кни́ги

Wegbereiter *m* пионе́р 2, нова́тор 2; einer Epoche, des Sozialismus зачина́тель 1

weg|blasen *tr* сдува́ть ⟨-|дуть*⟩; **~bleiben** *intr* отсу́тствовать 2, не яв|и́ться *v* 3⁺ -лю́сь; **~blicken** *intr* смотре́ть 3⁺ (по-) в сто́рону, отводи́ть 3⁺ -вожу́ ⟨-|вести́*⟩ взгляд; **~bringen** *tr* уноси́ть 3⁺ -ношу́ ⟨-|нести́*⟩ прочь; fahrend увози́ть 3⁺ -вожу́ ⟨-|везти́*⟩; **~drängen** *tr* оттесн|я́ть ⟨-и́ть 3⟩ (von от *G*)

Wege|bau *m* доро́жное строи́тельство; **~gabelung** *f* разветвле́ние доро́ги, разви́лка 6; **~markierung** *f* маркиро́вка пути́ [тропы́]

wegen *Präpos* (meist negative) Ursache из-за *G;* ~ des schlechten Wetters из-за плохо́й пого́ды; ~ Zeitmangel из-за недоста́тка [за недоста́тком] вре́мени; ~ Krankheit fehlen отсу́тствовать по боле́зни | positive Ursache: dank благодаря́ *D;* ~ ihres Vitamingehaltes sind Tomaten gesund благодаря́ содержа́нию витами́нов помидо́ры о́чень поле́зны для здоро́вья | infolge вследствие *G*; ~ des Unfalls war die Straße gesperrt всле́дствие доро́жного происше́ствия доро́га была́ закры́та | anläßlich по слу́чаю *G*; ~ des Feiertags die Straßen schmücken по слу́чаю пра́здника украша́ть у́лицы | hinsichtlich, über насчёт *G*; frag sie ~ des Mittagessens спроси́ её насчёт обе́да; kommen Sie ~ Wanja? вы насчёт Ва́ни? | Zweck ра́ди *G*; nur ~ des Geldes, nur des Geldes ~ то́лько ра́ди де́нег | positive oder negative Reaktion auf eine Handlung за *A;* ~ eines Verbrechens verurteilen осуди́ть за преступле́ние; ~ bürokratischen Verhaltens kritisieren критикова́ть за бюрократи́зм; alle lieben ihn ~ seiner Ehrlichkeit все лю́бят его́ за его́ че́стность | von Amts ~ по дела́м слу́жбы; von ~! Antwort как бы не так!

Wegerich *m* подоро́жник 2

wegessen *tr* съ|есть* *v* | j-m alles ~ съесть всё у кого́-н.

Wegeunfall *m* несча́стный слу́чай по доро́ге на рабо́ту и́ли с рабо́ты домо́й

wegfahren *tr* от-, увози́ть 3⁺ -вожу́ ⟨-|везти́*⟩; *intr* уезжа́ть ⟨-|е́хать*⟩

Wegfall *m* упраздне́ние 5, отме́на 6

weg|fallen *intr* отпада́ть ⟨-|па́сть*⟩, не состоя́ться *v 3;* **~fliegen** *intr* уле|та́ть ⟨-те́ть 3 -чу́⟩; **~führen** *tr* уводи́ть 3⁺ -вожу́ ⟨-|вести́*⟩

Weggang *m* ухо́д 2

weg|geben *tr* от|дава́ть* ⟨отда́ть*⟩ (в чьё-н. распоряже́ние); **~gehen** *intr* уходи́ть 3⁺ -хожу́ ⟨-|йти́*⟩, отходи́ть ⟨ото|йти́*⟩; **~gießen** *tr* вылива́ть ⟨вы́|лить*⟩; **~haben** *tr umg* Grippe схва́тывать ⟨схва|ти́ть 3⁺ -чу́⟩; verstehen понима́ть ⟨поня́ть*⟩ | der hat einen weg он не в своём уме́; betrunken ну и пьян же он!; **~holen** *tr* уноси́ть 3⁺ -ношу́ ⟨-|нести́*⟩, уводи́ть 3⁺ -вожу́ ⟨-|вести́*⟩; **~kommen** *intr* уходи́ть 3⁺ -хожу́ ⟨-|йти́*⟩; wegfahren уезжа́ть ⟨-|е́хать*⟩; verlorengehen пропада́ть ⟨-|па́сть*⟩; er ist gut weggekommen он легко́ [сча́стливо] отде́лался; **~können** *intr* име́ть возмо́жность уйти́ | sie kann nicht weg она́ не мо́жет уйти́ [уе́хать]; **~kundig** хорошо́ зна́ющий 11 доро́гу; **~lassen** *tr* gehen lassen отпу|ска́ть ⟨-сти́ть 3⁺ -щу́⟩; etw. übergehen пропу|ска́ть ⟨-сти́ть⟩; **~laufen** *intr* убега́ть ⟨у|бежа́ть*⟩; **~legen** *tr* beiseite откла́дывать ⟨-ложи́ть 3⁺⟩, класть* ⟨положи́ть 3⁺⟩ (в сто́рону); **~müssen** *intr* быть* вы́нужденным уйти́ [уе́хать]; zur Seite legen убира́ть ⟨-|бра́ть*⟩ | der Brief muß heute noch weg письмо́ сле́дует отпра́вить ещё сего́дня

Wegnahme *f* отня́тие 5, конфиска́ция 8

weg|nehmen *tr* zur Seite legen убира́ть ⟨-|бра́ть*⟩; mit Gewalt отнима́ть ⟨отня́ть*⟩ (j-m у *G*); an sich nehmen отбира́ть ⟨ото|бра́ть*, отберу́¡ ото́бранный⟩ (j-m у *G*), брать* ⟨взять*⟩ (j-m у *G*) | viel Platz ≈ занима́ть ⟨заня́ть*⟩ мно́го ме́ста; **~räumen** *tr* убира́ть ⟨-|бра́ть*⟩ (von с *G*); Hindernisse устран|я́ть ⟨-и́ть 3⟩; **~reißen** *tr* entreißen вырыва́ть ⟨вы́|рвать*⟩ (j-m у *G*); Gebäude сноси́ть 3⁺ -ношу́ ⟨-|нести́*⟩; **~rollen** *tr* отка́тывать ⟨отка|ти́ть 3⁺ -чу́⟩; **~schaffen** *tr* убира́ть ⟨-|бра́ть*⟩; tragend уноси́ть 3⁺ -ношу́ ⟨-|нести́*⟩; fahrend увози́ть 3⁺ -вожу́ ⟨-|везти́*⟩; **~scheren, sich** *refl* убира́ться ⟨-|бра́ться*¡ -брали́сь⟩; **~schicken** *tr* отсыла́ть ⟨ото|сла́ть*¡ ото́сланный⟩, отпр|авля́ть

⟨-а́вить 3 -а́влю⟩; **~schieben** *tr* отодв|ига́ть ⟨-и́нуть 4⟩ (в сто́рону) (von от *G*); **~schnappen** *tr* выхва́тывать ⟨вы́хва|тить 3 -чу⟩ | j-m etw. vor der Nase ≈ вы́хватить у кого́-н. что-н. из-под но́са; **~schwemmen** *tr* уноси́ть 3⁺ ⟨-|нести́*⟩ (водо́й); **~sehen** *intr* отвора́чиваться ⟨-верну́ться 4⟩; **~stehlen, sich** *refl* незаме́тно [укра́дкой] у|йти́* *v*, улизну́ть *v* 4; **~stoßen** *tr* отта́лкивать ⟨-толкну́ть 4⟩ (mit *I*); **~tragen** *tr* уноси́ть 3⁺ -ношу́ ⟨-|нести́*⟩; **~treten** *intr Mil*: weggetreten! разойди́сь! | ≈ lassen дава́ть* ⟨дать*⟩ кома́нду разойти́сь; **~tun** *tr* wegstellen удал|я́ть ⟨-и́ть 3⟩; aufräumen убира́ть ⟨-|бра́ть*⟩ (на ме́сто); zurücklegen: Geld откла́дывать ⟨-ложи́ть 3⁺⟩; wegwerfen выбра́сывать ⟨вы́бро|сить 3 -шу⟩

Weg|warte *f* цико́ри|й 1 *P* -и; **~weiser** *m* указа́тель 1 доро́ги; Handbuch путеводи́тель 1

weg|wenden *tr* отвора́чивать ⟨-верну́ть 4⟩; sich ≈ *refl* отвора́чиваться ⟨-верну́ться⟩ (von от *G*); **~werfen** *tr* выбра́сывать ⟨вы́бро|сить 3 -шу⟩; von sich werfen отбр|а́сывать ⟨-о́сить⟩ (от себя́) | das ist weggeworfenes Geld э́то напра́сно вы́брошенные де́ньги; **~werfend** презри́тел|ьный| -ен| -ьна, пренебрежи́тел|ьный| -ен| -ьна

Wegwerfpackung *f* однора́зовая упако́вка; *Wirtsch* ра́зовая та́ра 6

wegziehen *tr* отта́скивать ⟨-тащи́ть 3⁺⟩ (von от *G*); Vorhang отдёр|гивать ⟨-нуть 4⟩; Decke ста́скивать ⟨-тащи́ть 3⁺⟩; *intr* den Wohnsitz verlegen переезжа́ть ⟨-|е́хать*⟩; Vögel улет|а́ть ⟨-е́ть 3⟩

weh 1. *Adj* Augen, Finger больно́й; Empfindung боле́знен:ный| -на | mir ist ~ ums Herz у меня́ тяжело́ на душе́; **2.** *Adv:* mir tut der Kopf ~ у меня́ боли́т голова́; tut es noch ~? боли́т [бо́льно] ещё?; ich habe dir nicht ~ tun wollen я не хоте́л сде́лать тебе́ бо́льно, я не хоте́л причини́ть боль тебе́; *übertr a.* я не хоте́л тебя́ оби́деть; das tut aber ~! как бо́льно! **3.** *Interj* o ~! увы́!, ах!

¹Wehe *f* Schnee сне́жный сугро́б 2 [зано́с 2]; Sand песча́ный зано́с 2

²Wehe *f Med meist Pl* схва́т|ки *Pl* 6 *G* -ок | in den ~n liegen испы́тывать ⟨-пыта́ть⟩ родовы́е му́ки

wehen *tr* сдува́ть ⟨-|дуть*⟩ (auf на *A*, von с *G*); *intr* Wind дуть (по-), ве́|ять| -ет; flattern развева́ться (на ветру́) | die Fahnen ~ im Wind развева́ются (ре́ют) знамёна [фла́ги]; **~d** Fahne, Haare развева́ющийся 11

Wehklage *f* се́тование 5, гро́мкие стена́ния *Pl* 5 [причита́ния *Pl* 5]

weh|klagen *intr* се́товать 2 (по-), причита́ть; **~leidig** сверхчувстви́тел|ьный| -ен| -ьна к любо́й бо́ли; Lächeln жа́лост|ный| -ен

Wehmut *f* грусть 9, уны́ние 5

wehmütig гру́ст|ный| -ен| -на́| -но| гру́стны́, уны́л:ый

¹Wehr *n* Stauanlage плоти́на 6, запру́да 6

²Wehr *f:* sich zur ~ setzen ока́зывать ⟨-|каза́ть*⟩ сопротивле́ние, защи|ща́ться ⟨-ти́ться 3 -щу́сь⟩

Wehrbezirk *m* призывно́й райо́н, вое́нный о́круг

Wehrbezirkskommando *n* окружно́й вое́нный комиссариа́т 2, кома́ндование вое́нного о́круга

Wehrdienst *m* вое́нная слу́жба | aktiver ~ действи́тельная вое́нная слу́жба; **~ausweis** *m* вое́нный биле́т

wehrdiensttauglich го́дный к вое́нной слу́жбе

Wehrdienstverweigerung *f* отка́з 2 от несе́ния вое́нной слу́жбы

wehren, sich *refl* защи|ща́ться ⟨-ти́ться 3 -щу́сь⟩, оборон|я́ться ⟨-и́ться 3⟩ (gegen от *G*) | sich mit Händen und Füßen gegen etw. ~ сопротивля́ться чему́-н. изо все́х сил

Wehrerziehung *f* вое́нная подгото́вка 6

wehrfähig го́дный к вое́нной слу́жбе

wehrhaft обороноспосо́б|ный| -ен

Wehrkreis *m* вое́нный о́круг 2b *Pl* -а́; **~kommando** *n* кома́ндование вое́нного о́круга

wehrlos беззащи́т|ный| -ен

Wehrpflicht *f* во́инская обя́занность 9 [пови́нность 9] | allgemeine ≈ всео́бщая 11 во́инская обя́занность

wehrpflichtig военнообя́занный | ~es Alter призывно́й во́зраст

Wehr|pflichtiger *m* военнообя́занный *Subst* 10; **~sold** *m* де́нежное содержа́ние 5; **~sport** *m* вое́нно-прикладны́е ви́ды *Pl* 2 спо́рта

Weib *n* же́нщина 6; Ehefrau жена́ 6c *Pl* жёны| жён | mit ~ und Kind со всей семьёй; **~chen** *n Zool* са́мка 6

Weiber|feind *m* женоненави́стник 2; **~geschichten** *f Pl* любо́вные интри́жки *Pl* 6; **~held** *m* ба́бник 2

weib|isch изне́женный; Benehmen ба́бий 12; **~lich** же́нский; fraulich же́нственный | ≈es Geschlecht же́нский пол; *Gramm* же́нский род

Weiblichkeit *f* же́нственность 9 | die holde ~ ми́лый [сла́бый] пол

Weibsbild *n* ба́ба 6, бабёнка 6

weich мя́г|кий [хк] -ок| -ка́ [хк]!| -че; zart, sanft мя́гкий, не́ж|ный| -ен| -на́| -но| не́жны́ | ~e Landung мя́гкая поса́дка; ~ werden станови́ться ⟨стать⟩ мя́гким; beim Kochen разва́риваться ⟨-вари́ться 3⁺⟩, свари́ться *v;* das Fleisch ~ klopfen *Kochk* отбива́ть ⟨-|би́ть*| отобью́⟩ мя́со

(до мя́гкости); ein ~es Herz haben быть* мягкосерде́чным
Weichbild *n* черта́ 6 [террито́рия 8] го́рода
[1]**Weiche** *f Anat* бок 2b *P a.* -у́, пах 2ᵢ в паху́
[2]**Weiche** *f Eisenb* стре́лка 6
[1]**weichen** *tr* weich machen раз-, смягч|а́ть [хч] ⟨-и́ть 3⟩; ein~ зама́чивать ⟨-мочи́ть 3⁺⟩; *intr* weich werden раз-, смягч|а́ться ⟨-и́ться⟩; durch~ мо́кнуть 4а ⟨вы́-⟩
[2]**weichen** *intr* zurück~ отступ|а́ть ⟨-и́ть 3⁺ -лю́⟩ (vor пе́ред *I*); nachgeben уступ|а́ть ⟨-и́ть⟩ | j-m nicht von der Seite ~ не отходи́ть 3⁺ -хожу́ ⟨-о|йти́*⟩ ни на ша́г от кого́-н.; nicht von der Stelle ~ не тро́гаться ⟨не тро́нуться 4⟩ с ме́ста
Weichensteller *m* стре́лочник 2
weichgekocht: ein ~es Ei яйцо́ всмя́тку
Weichheit *f* мя́гкость 9; *übertr a.* не́жность 9
weichherzig мягкосерде́ч|ный [хк]ᵢ -ен
Weichkäse *m* мя́гкий [хк] сыр
weichlich verweichlicht изне́женный; willensschwach слабово́л|ьныйᵢ -ен
Weichling *m* не́женка *m, f* 6
Weichselkirsche *f* магале́бка 6, анти́пка 6
Weich|spülmittel *n* сре́дство 4 для прида́ния мя́гкости [хк] тексти́льным изде́лиям; **~teile** *m Pl* мя́гкие [хк] ча́сти [тка́ни *Pl* 9]; **~tier** *n* моллю́ск 2
[1]**Weide** *f* Baum и́ва 6
[2]**Weide** *f Landw* вы́гон 2, па́стбище 4; **~land** *n* па́стбищные уго́дья *Pl* 5
weiden *tr* Vieh пасти́*; *intr* пасти́сь; sich ~ *refl* насла|жда́ться ⟨-ди́ться 3 -жу́сь⟩ (an *I*) | die Kühe weideten auf der Wiese коро́вы пасли́сь на лугу́
Weiden|kätzchen *n* ве́рбная серёжка; **~korb** *m* корзи́на из и́вовых пру́тьев; **~rute** *f* и́вовый прут
Weide|platz *m* вы́гон 2, па́стбище 4; **~wirtschaft** *f* па́стбищное хозя́йство
weidlich поря́дочно, как сле́дует
Weidmann *m* охо́тник 2
weidmännisch охо́тничий 12
Weidwerk *n* охо́та 6 | das ~ ausüben быть* охо́тником
weigern, sich *refl* отка́зываться ⟨-|каза́ться*⟩ *mit Inf*; Widerstand leisten сопротивля́ться
Weigerung *f* отка́з 2
[1]**Weihe** *m Zool* лунь 1е
[2]**Weihe** *f Rel* посвяще́ние 5, рукоположе́ние 5
weihen *tr* Hostie, Gegenstand освя|ща́ть ⟨-ти́ть 3 -щу́⟩, свя|ти́ть 3 -чу́ (о-); widmen посвя|ща́ть ⟨-ти́ть⟩ | j-m zum Priester ~ посвяща́ть [рукополага́ть] кого́-н. в сан свяще́нника; dem Untergang geweiht обречённый на ги́бель; geweihtes Wasser свята́я вода́
Weiher *m* (небольшо́й) пруд 2еᵢ вᵢ на пруду́
Weihnachten *n* рождество́ 4 | zu ~ на рождество́; vor ~ до рождества́; frohe ~! весёлого рождества́!
weihnachtlich рожде́ственский
Weihnachts|abend *m* рожде́ственский соче́льник 2, кану́н 2 рождества́; **~baum** *m* рожде́ственская ёлка 6; *UdSSR* новогóдняя 11 ёлка | den ≈ putzen наря|жа́ть ⟨-ди́ть⟩ ёлку; **~fest** *n* рождество́ 4, пра́здник рождества́; **~geschenk** *n* рожде́ственский пода́рок; **~lied** *n* рожде́ственская пе́сня; **~mann** *m* рожде́ственский дед 2; *UdSSR* дед-моро́з 2-2; **~markt** *m* рожде́ственская я́рмарка; **~oratorium** *n* Рожде́ственская орато́рия; **~pyramide** *f* рожде́ственское украше́ние 5 в ви́де пирами́ды; **~zeit** *f* рожде́ственские дни *Pl* 1
Weih|rauch *m* ла́дан 2; **~wasser** *n* свята́я вода́
weil *Konj* потому́ что, так как | ~ es regnete, blieben wir zu Hause так как [поско́льку] шёл дождьᵢ мы оста́лись до́ма
Weilchen *n*: warte ein ~! подожди́ мину́тку [немно́жко]!
Weile *f* не́которое вре́м|я *G D P* -ениᵢ *I* -енем | lange ~ до́лгое вре́мя, до́лго; damit hat es (noch) gute ~ э́то не к спе́ху, вре́мя те́рпит
weilen *intr* нахо|ди́ться 3⁺ -жу́сь, побыва́ть *v*
Weimar Ве́ймар 2
Wein *m* Getränk вино́ 4с; Weinstock, ~trauben виногра́д 2 | j-m reinen ~ einschenken говори́ть 3 ⟨с|каза́ть*⟩ кому́-н. всю пра́вду; **~(an)bau** *m* виногра́дарство 4, разведе́ние 5 виногра́да; **~bauer** *m* виногра́дарь 1; **~beere** *f* einzelne виногра́дина 6; **~berg** *m* виногра́дник 2; **~bergschnecke** *f* виногра́дная ули́тка; **~brand** *m* конья́к 2еᵢ bei Mengenangaben *G* -у́; **~brandbohnen** *f Pl* драже́ *n idkl* с коньяко́м; **~brandverschnitt** *m* купа́ж 2 коньяка́
weinen *intr* пла́кать* (um, über о *P*) | um j-n ~ опла́к|ивать ⟨-ать⟩ кого́-н.; bittere Tränen ~ пла́кать го́рькими слеза́ми; vor Freude ~ пла́кать от ра́дости
weinerlich плакси́в:ный
Wein|ernte *f* сбор 2 виногра́да; **~faß** *n* ви́нная бо́чка, бо́чка для вина́; **~flasche** *f* ви́нная буты́лка; **~garten** *m* виногра́дник 2; **~gegend** *f* виноде́льческий райо́н 2; **~geist** *m* ви́нный спирт 2; **~glas** *n* рю́мка 6 (для вина́); großes бока́л 2 (для вина́); **~karte** *f* прейскура́нт 2 вин; **~keller** *m* ви́нный по́греб; **~kellerei** *f* ви́нный заво́д 2; Lagerraum

ви́нные погреба́ *Pl* 2b; ~**kelter** *f* виногра́дный пресс 2; ~**kenner** *m* знато́к вин; ~**krampf** *m* истери́чный плач 2; ~**kühler** *m* ведёрко 4 со льдом (для вина́); ~**lese** *f* сбор 2 виногра́да; ~**lokal** *n* небольшо́й ви́нный рестора́н; ~**probe** *f* Verkostung дегуста́ция [дэ] 8 вин; ~**rebe** *f* виногра́дная лоза́

weinrot цве́та кра́сного вина́, бордо́

weinselig в весёлом настрое́нии (от вина́)

Wein|sorte *f* сорт вина́ [Traubensorte виногра́да]; ~**stock** *m* = **Weinrebe;** ~**stube** *f* ви́нный погреб|о́к, -ка́ 2 [рестора́н 2]; ~**traube** *f* виногра́дная кисть 9g; ≈en *Pl* виногра́д 2; ~**trinker** *m* люби́тель 1 вина́

weise му́др:ый, -á!

Weise *f* Art спо́соб 2; des Auftretens мане́ра 6; *Mus* мело́дия 8, напе́в 2 | auf diese ~ так, таки́м о́бразом; auf welche ~? каки́м о́бразом?; auf jede ~ вся́чески, любы́м спо́собом, все́ми спо́собами; auf keine ~ нико́им о́бразом, ника́к; in keiner ~ ни в како́й сте́пени, ника́к; auf seine ~ по-сво́ему; auf neue ~ но́вым спо́собом, по-но́вому; in liebenswürdiger ~ са́мым любе́зным о́бразом, любе́зно

Weisel *f* пчели́ная ма́тка 6

weisen *tr, intr* zeigen по-, ука́зывать ⟨-|каза́ть*⟩ (auf на *A*) | j-m die Tür ~ выпрова́живать ⟨вы́прово|дить 3 -жу⟩ кого́-н., пока́зывать ⟨-|каза́ть*⟩ кому́-н. на дверь; das läßt sich nicht von der Hand ~ от э́того нельзя́ отмахну́ться, э́то нельзя́ игнори́ровать; etw. von sich ~ отклон|я́ть ⟨-и́ть 3⁺⟩ что-н.

Weisheit *f* му́дрость 9 | ich bin mit meiner ~ am Ende не зна́ю, что де́лать да́льше, я испро́бовал все сре́дства; behalte deine ~ für dich! оста́вь при себе́ свои́ сове́ты!, не вме́шивайся!

Weisheitszahn *m* зуб му́дрости

weismachen *tr.* j-m etw. ~ заст|авля́ть ⟨-а́вить 3 -а́влю⟩ кого́-н. ве́рить небыли́це; ich lasse mir nichts ~! меня́ не обма́нешь!

weiß бе́л:ый, -á!; Haar сед:о́й, -á! | ~ werden беле́ть (по-); ~ wie Schnee бе́лый как снег; Weißes Meer Бе́лое мо́ре; er ist ganz ~ im Gesicht он бле́ден как полотно́; eine ~e Weste haben име́ть незапя́тнанную репута́цию; schwarz auf ~ *übertr* чёрным по бе́лому

weissagen *tr* предска́зывать ⟨-с|каза́ть*⟩, проро́чествовать 2

Weissagung *f* предсказа́ние 5, проро́чество 4

Weiß|blech *n* бе́лая жесть; ~**brot** *n* бе́лый хлеб; längliches бато́н 2; ~**buch** *n* бе́лая кни́га; ~**dorn** *m* боя́рышник 2

Weiße *f* Farbe белизна́ 6; Weißbier све́тлое пи́во 4 | Berliner ~ (mit Schuß) берли́нское све́тлое пи́во (с со́ком)

weißen *tr* бели́ть 3⁺ (по-)

Weiß|fuchs *m* пес|е́ц, -ца́ 2; ~**gardist** *m hist* белогварде́|ец, -йца 2; ~**glut** *f* бе́лое кале́ние | j-n zur ≈ bringen доводи́ть 3⁺ -вожу́ ⟨-|вести́*⟩ кого́-н. до бе́лого кале́ния

weißhaarig сед:о́й, -á!

Weißkohl *m* белокоча́нная капу́ста

weißlich белова́тый

Weiß|näherin *f* белошве́йка 6; ~**stickerei** *f* вы́шивка бе́лыми ни́тками; ~**waren** *f Pl* бельево́й това́р; ~**wäsche** *f* бе́лое бельё; ~**wein** *m* бе́лое вино́

Weisung *f* указа́ние 5, распоряже́ние 5

weisungsberechtigt: ~ sein име́ть пра́во дава́ть указа́ния

weit 1. *Adj* entfernt дал|ёкий, -ёк, -ека́, -ёко *u.* -еко́, да́льний 11; ausgedehnt просто́р|ный, -ен, шир|о́кий, -о́к, -ока́, -о́ко́; ши́ре; широча́йший 11 | ~e Täler обши́рные доли́ны; ~e Ärmel широ́кие рукава́; der Mantel ist ihm zu ~ пальто́ ему́ (о́чень) широко́; das Kleid muß ~er gemacht werden пла́тье ну́жно сде́лать (по)ши́ре; eine ~e Reise далёкое путеше́ствие; im ~esten Sinne des Wortes в са́мом широ́ком смы́сле сло́ва **2.** *Adv* далеко́, вдали́; geöffnet широко́; *mit Komp* намно́го, гора́здо | von ~em и́здали; von ~ her издалека́; bei ~em nicht далеко́ не; ~ und breit повсю́ду; die Tür steht ~ offen дверь откры́та на́стежь; den Mund ~ aufreißen широко́ раскрыва́ть ⟨-|кры́ть*⟩ рот; ich bin ~ davon entfernt я во́все не ду́маю, я далёк от э́того; die Meinungen gehen ~ auseinander мне́ния си́льно расхо́дятся; wie ~ bist du mit der Arbeit? ско́лько ты уже сде́лал?; er hat es ~ gebracht он дости́г мно́гого, он далеко́ пошёл; ~ gefehlt! ничего́ подо́бного!; das ist ~ mehr э́то гора́здо [намно́го] бо́льше; ~**ab** *Adv* далеко́ (von от *G*); ~**aus** *Adv* намно́го, гора́здо | ≈ besser намно́го лу́чше; ≈ der Beste са́мый лу́чший

Weitblick *m* дальнови́дность 9; weite Aussicht вид 2

weitblickend дальнови́д|ный, -ен

[1]**Weite** *f* Ferne даль 9; weiter Raum просто́р 2; Breite ширина́ 6 a. bei Kleidungsstücken; Kragen≈ разме́р 2 | lichte ~ ширина́ в свету́; die ~ des Meeres просто́р мо́ря

[2]**Weite** *n:* das ~ suchen броса́ться ⟨бро́|-ситься 3 -шусь⟩ бежа́ть, иска́ть спасе́ния в бе́гстве

weiten *tr* dehnen расширя́ть ⟨-ши́рить 3⟩ | den Schuh ~ растя́гивать ⟨-тяну́ть 4⁺⟩

боти́нок; sich ~ *refl* расширя́ться ⟨-ши́риться⟩ *a. übertr*

weiter 1. *Adj* zusätzlich дальне́йший 11 | ~e Verhandlungen дальне́йшие перегово́ры; ~e Tatsachen дополни́тельные [но́вые] фа́кты; das Weitere wird sich finden дальне́йшее пока́жет **2.** *Adv* да́лее; sonst да́льше, бо́льше | nichts ~ бо́льше ничего́; ~ niemand бо́льше никто́; ohne ~es сра́зу, без разгово́ров; bis auf ~es впредь до осо́бого распоряже́ния; bis später пока́ (что); und so ~ и так да́лее; das kannst du ohne ~es tun ты вполне́ мо́жешь э́то сде́лать; **~arbeiten** *intr* продолжа́ть рабо́тать [рабо́ту]; **~befördern** *tr* отпр|авля́ть ⟨-а́вить 3 -а́влю⟩; Post, *Wirtsch* переотправля́ть ⟨-пра́вить⟩; **~bestehen** *intr* продолжа́ть существова́ть; **~bilden, sich** *refl* fachlich повыша́ть ⟨-вы́сить 3 -вы́шу⟩ (свою́) квалифика́цию | sich wissenschaftlich weiterbilden повыша́ть ⟨-вы́сить⟩ у́ровень свои́х нау́чных зна́ний

Weiterbildung *f* переподгото́вка 6; das Sichweiterbilden повыше́ние 5 у́ровня зна́ния; fachliche повыше́ние квалифика́ции | postgraduale ~ последипло́мная квалифика́ция

weiterentwickeln *tr* Theorie развива́ть ⟨-|ви́ть*, -овью⟩ да́льше; Produkt, Konstruktion соверше́нствовать 2 (у-); Verfahren продолжа́ть разрабо́тку *G*

Weiterentwicklung *f* дальне́йшее 11 разви́тие; Produkt, Konstruktion соверше́нствование 5, (техни́ческое) усоверше́нствование; Verfahren дальне́йшая разрабо́тка 6

weiter|erzählen *tr* пере|дава́ть* ⟨переда́ть*⟩ (да́льше), расска́зывать ⟨-с|каза́ть*⟩; **~fahren** *intr* е́хать* (по-) да́льше; Reise продолжа́ть путь [пое́здку]; **~führen** *tr* продолжа́ть (вести́), вести́* да́льше; **~geben** *tr* пере|дава́ть* ⟨переда́ть*⟩; **~gehen** *intr* идти́* ⟨по|йти́*⟩ да́льше; fortgesetzt werden продолжа́ться ⟨-до́лжиться 3⟩ | nicht ≈ Weg конча́ться ⟨ко́нчиться 3⟩; bitte ≈! пожа́луйста, проходи́те!; wie soll das nur ≈? что же бу́дет да́льше?; **~helfen** *intr:* j-m ≈ помога́ть ⟨-|мо́чь*⟩ кому́-н.; in heikler Lage помо́чь кому́-н. вы́йти из тяжёлого положе́ния

weiterhin *Adv* да́льше, по-пре́жнему | auch ~ и в дальне́йшем, и да́лее

weiter|kommen *intr* продви́|гаться ⟨-нуться 4⟩ вперёд; *übertr* де́лать (с-) успе́хи, преусп|ева́ть ⟨-е́ть⟩ | wie komme ich von hier aus weiter? как мне отсю́да е́хать [идти́] да́льше?; so kommen wir nicht weiter! так мы далеко́ не уйдём!, так де́ло не пойдёт; **~leiten** *tr* пере|дава́ть* ⟨переда́ть*⟩ да́льше; **~machen** *tr* продолжа́ть де́лать что-н.; ≈! *Mil* продолжа́й!

Weiterreise *f* продолже́ние 5 путеше́ствия [пое́здки] | angenehme ~! прия́тного продолже́ния пое́здки!

weiter|reisen *intr* е́хать* (по-) да́льше; von Fahrt продолжа́ть пое́здку [путь]; **~sagen** *tr* пере|дава́ть* ⟨переда́ть*⟩ (да́льше) | bitte sage es nicht weiter! никому́ не передава́й [расска́зывай], пожа́луйста!; **~verkaufen** *tr* перепро|дава́ть* ⟨пере|прода́ть*⟩; **~vermieten** *tr* с|дава́ть* ⟨-|да́ть*⟩ в подна́ём; **~ziehen** *intr* идти́* ⟨по|йти́*⟩ [weiterfahren е́хать* (по-)] да́льше; Nomaden перекоч|ёвывать ⟨-ева́ть 2⟩

weit|gehend далеко́ иду́щий 11, значи́тел|ьный, -ен, -ьна; Pläne, Vollmachten шир|о́кий, -о́к, -ока́, -о́ко́; Verständnis глубо́кий; **~gereist** побыва́вший 11 в далёких края́х; **~her** *Adv:* von ~ издалека́; **~herzig** ще́др:ый, -á!, великоду́ш|ный, -ен; **~hin** *Adv* allgemein круго́м, (по)всю́ду; **~läufig** простра́н|ный, -ен, -на; Verwandter да́льний 11; **~maschig** с кру́пными пе́тлями; Netz с кру́пными яче́ями; **~reichend** обши́р|ный, -ен; Pläne далеко́ иду́щий 11, шир|о́кий, -о́к, -ока́, -о́ко́; *Mil* дальнобо́йный; **~schweifig** многоречи́в:ый, многосло́в|ный, -ен; **~sichtig** дальнозо́р|кий, -ок; *übertr* дальнови́д|ный, -ен

Weit|sichtigkeit *f Med* дальнозо́ркость 9; **~springer** *m* прыгу́н в длину́; **~sprung** *m* прыжки́ в длину́

weit|tragend *Mil* дальнобо́йный; *übertr* име́ющий 11 серьёзные после́дствия, ва́ж|ный, -ен, -на́, -но, ва́жны́; **~verbreitet** широко́ распространённый; **~verzweigt** Kanäle (си́льно) развеветвл|ённый, -ён, -ена́; Baum ветви́ст:ый | ≈e Verbindungen широ́кие свя́зи

Weitwinkelobjektiv *n* широкоуго́льный объекти́в

Weizen *m* пшени́ца 6; **~brot** *n* пшени́чный хлеб; **~mehl** *n* пшени́чная мука́

welch|er (~e, ~es, *Pl* **~e)** *Fragepron* как|о́й 10 (-а́я, -о́е, *Pl* -и́е), кото́р|ый 10 (-ая, -ое, *Pl* -ые) | ~es Kleid …? како́е пла́тье …?; ~er von deinen Brüdern како́й [кото́рый] из твои́х бра́тьев?; aus ~em Grunde? по како́й причи́не?, на како́м основа́нии?; mit ~em Recht? по како́му пра́ву?; in ~em Jahr …? в како́м [в кото́ром] году́ …?; welch schöner Tag! како́й чуде́сный день! | *Rel Pron* кото́р|ый (-ая, -ое, *Pl* -ые); der Mann, ~er gestern da war челове́к, кото́рый приходи́л вчера́; derjenige, welcher тот, кото́рый | *unbestimmtes Pron* кое-что́; Per-

sonen кое-ктó; hast du Geld? Ja, ich habe ~es. есть у тебя́ де́ньги? Да, у меня́ кое-каки́е име́ются.
welcherart *Adv* како́го (бы то ни́ было) ро́да [ви́да]
welk увя́дший 11, вя́л:ый; Haut дря́бл:ый, -á!; Blatt вя́л:ый
welken *intr* вя́нуть 4 (за-), увяда́ть ⟨увя́нуть⟩ | die Blumen ~ schon цветы́ уже́ вя́нут [увяда́ют]
Wellblech *n* гофриро́ванная листова́я сталь
Welle *f Mar, Rad* волна́ 6h *oder* с *G Pl* волн *a. übertr, Tech* вал 2b; Achse ось 9g; *Sport* оборо́т 2 | grüne ~ *Kfz* зелёная у́лица 6
wellen *tr* де́лать (с-) волни́стым; Haare завива́ть ⟨-|ви́ть*⟩; sich ~ *refl* ви́ться*, вили́сь, кудря́виться 3; Pappe коро́биться 3 (по-) | gewellt Blech, Haar волни́стый
Wellen|bad *n* бассе́йн 2 с иску́сственным волнообразова́нием; **~bereich** *m Rad* диапазо́н 2 волн; **~berg** *m* гре́б|ень, -ня 1 волны́; **~brecher** *m* волноло́м 2; Schiff волноре́з 2
wellenförmig волнообра́з|ный, -ен
Wellen|gang *m* волне́ние 5 (на мо́ре); **~länge** *f* длина́ волны́; **~linie** *f* волни́стая ли́ния; **~reiten** *n* сёрфинг 2; hinter einem Boot ката́ние 5 на акваплáне; **~schlag** *m* прибо́й 1 [уда́р] волны́; **~sittich** *m* волни́стый попуга́йчик 2
Wellfleisch *n* бужени́на 6
wellig волни́ст:ый; Gelände холми́ст:ый
Wellpappe *f* гофриро́ванный карто́н
Wels *m* сом 2e
Welschkraut *n* = **Wirsing**
Welt *f* мир 2b; Erde *a.* свет 2 | die ganze ~ все (лю́ди); auf der ~ в ми́ре; на све́те; alle ~ весь мир; die Alte ~ Ста́рый свет; am Ende der ~ на краю́ све́та; eine Reise um die ~ путеше́ствие вокру́г све́та; nicht um alles in der ~ ни за что́ на све́те; in [auf] der weiten ~ на бе́лом све́те; etw. aus der ~ schaffen поко́нчить *v* 3 с чем-н., ликвиди́ровать *uv, v* 2 что́-н.; Kinder zur ~ bringen производи́ть 3⁺ -вожу́ на свет [рожда́ть] дете́й; die ~ des Kindes мир ребёнка; **~all** *n* Universum вселе́нная *Subst* 10, ко́смос 2
weltanschaulich мировоззре́нческий
Welt|anschauung *f* мировоззре́ние 5; **~atlas** *m* а́тлас ми́ра; **~ausstellung** *f* всеми́рная вы́ставка
welt|bekannt всеми́рно изве́стный; **~berühmt** по́льзующийся 11 всеми́рной сла́вой
Weltbestleistung *f* вы́сшее 11 мирово́е достиже́ние
weltbewegend потряса́ющий 11, волну́ющий 11 мир
Welt|bild *n* представле́ние 5 о ми́ре; *Astr* систе́ма 6 ми́ра; *übertr* мировоззре́ние 5; **~bund** *m* всеми́рный сою́з | ≈ der Demokratischen Jugend (*Abk* WBDJ) Всеми́рная федера́ция демократи́ческой молодёжи (*Abk* ВФДМ); **~erfolg** *m* мирово́й успе́х
Weltergewicht *n* полусре́дний 11 вес; Boxen второ́й полусре́дний 11 вес
Weltfestspiele *Pl* всеми́рный фестива́ль
weltfremd 1. *Adj* ото́рван:ный, -а [дал|ёкий, -ёк, -ека́, -ёко *u.* -еко́] от жи́зни **2.** *Adv* не от ми́ра сего́
Weltfrieden *m* мир во всём ми́ре
Weltfriedens|bewegung *f* (всеми́рное) движе́ние сторо́нников ми́ра; **~rat** *m* Всеми́рный Сове́т Ми́ра
Welt|geltung *f* мирово́е значе́ние | von ≈ с мировы́м и́менем; **~geschichte** *f* всеми́рная исто́рия
welt|geschichtlich всеми́рно-истори́ческий; **~gewandt** о́пыт|ный, -ен, иску|шённый, -ён, -ена́
Welt|gewerkschaftsbund *m* (*Abk* WGB) Всеми́рная федера́ция 8 профсою́зов (*Abk* ВФП); **~handel** *m* мирова́я торго́вля; **~handelsplatz** *m* центр 2 мирово́й торго́вли; **~herrschaft** *f* мирово́е госпо́дство; **~jugend** *f* молодёжь всего́ ми́ра; **~jugendfestspiele** *n Pl* Всеми́рный фестива́ль молодёжи; **~karte** *f* ка́рта ми́ра; **~klassemannschaft** *f Sport* кома́нда мирово́го [междунаро́дного] кла́сса; **~krieg** *m* мирова́я война́; **~kugel** *f* земно́й шар; **~lage** *f* междунаро́дное положе́ние
weltlich мирско́й; nicht kirchlich све́тский
Welt|literatur *f* мирова́я литерату́ра; Gesamtheit der Literaturen всеми́рная литерату́ра; **~macht** *f* мирова́я держа́ва; **~mann** *m* све́тский челове́к 2
weltmännisch све́тский
Welt|markt *m* мирово́й ры́нок; **~marktpreis** *m* цена́ мирово́го ры́нка; **~maßstab** *m*: im ≈ в мирово́м масшта́бе; **~meer** *n* мирово́й океа́н 2; **~meister** *m* чемпио́н ми́ра (in etw. по чему́-н.); **~meisterschaft** *f* пе́рвенство [чемпиона́т] ми́ра; **~meisterschaftskür** *f* произво́льная програ́мма 6 на пе́рвенстве ми́ра; **~niveau** *n* у́ровень лу́чших мировы́х станда́ртов, мирово́й у́ровень [станда́рт 2]
weltoffen Land откры́тый для госте́й со всего́ ми́ра; Person с широ́кими интере́сами | der ~e Handel торго́вля со все́ми стра́нами ми́ра
Weltöffentlichkeit *f* мирово́е обще́ственное мне́ние 5
weltpolitisch име́ющий 11 полити́ческое

значе́ние 5 для всего́ ми́ра, всеми́рно-политический

Weltrang *m*: von ~ мирово́го значе́ния; Person с мировы́м и́менем, всеми́рно изве́стный

Weltraum *m* косми́ческое простра́нство, ко́смос 2; **~fahrer** *m* космона́вт 2; *USA* астрона́вт 2; **~fahrt** *f*, **~flug** *m* косми́ческий полёт, полёт в ко́смос; **~forscher** *m* иссле́дователь ко́смоса; **~forschung** *f* иссле́дование ко́смоса; **~laboratorium** *n* косми́ческая лаборато́рия; **~schiff** *n* косми́ческий кора́бль; **~station** *f* косми́ческая ста́нция

Welt|reise *f* путеше́ствие вокру́г све́та; mit dem Schiff кругосве́тное пла́вание 5; **~rekord** *m* мирово́й реко́рд (in по *D*); **~rekordhalter** *m* рекордсме́н 2 ми́ра; **~ruf** *m* всеми́рная изве́стность 9 | ein Wissenschaftler von ≈ учёный с мировы́м и́менем; **~schmerz** *m* мирова́я скорбь 9g; **~spitze** *f* мирово́й станда́рт 2; Erzeugnis вы́сшее 11 мирово́е достиже́ние 5; *Sport* облада́тели *Pl* 1 вы́сших мировы́х достиже́ний; **~spitzenerzeugnis** *n* изде́лие на у́ровне мировы́х станда́ртов; **~sprache** *f* язы́к мирово́го обще́ния [значе́ния]; **~stadt** *f* го́род мирово́го значе́ния; **~star** *m* мирова́я звезда́ 6c, су́перстар 2; **~system** *n*: das sozialistische ≈ мирова́я систе́ма социали́зма

weltumfassend всеми́рный, охва́тывающий 11 весь мир

Weltumsegelung *f* кругосве́тное пла́вание 5 (под паруса́ми)

weltweit охва́тывающий 11 весь мир, мирово́й; in der ganzen Welt: Zustimmung, Protest во всём ми́ре | ~e Anerkennung всеми́рное призна́ние

Welt|wirtschaft *f* мирово́е хозя́йство; **~wirtschaftskrise** *f* мирово́й экономи́ческий кри́зис; **~wunder** *n* чу́до све́та; **~zeit** *f* всеми́рное [мирово́е] вре́мя

Wende *f* Umschwung, Änderung поворо́т 2, переме́на 6; Anfang, Beginn нача́ло 4; Turnen прыж|о́к| -ка́ 2 бо́ком с поворо́том круго́м; Schwimmen поворо́т; Wendepunkt поворо́тный щит 2e | um die ~ des Jahrhunderts на рубеже́ двух столе́тий [двух веко́в]; **~kreis** *m* *Astr* тро́пик 2; *Tech* поворо́тный круг 2b

Wendeltreppe *f* винтова́я ле́стница

Wendemarke *f* *Sport* поворо́тный знак [пункт 2]

wenden *tr* Fahrzeug; Gesicht повора́чивать ⟨-верну́ть 4¡ -вёрнутый⟩; Gesicht a. обра|ща́ть ⟨-ти́ть 3 -щу́⟩; umstülpen, -drehen z. B. Braten перевора́чивать ⟨-верну́ть⟩; Kleidungsstück лицева́ть 2¡ лицо́ванный (пере-); Heu вороши́ть 3 (раз-); *intr* Fahrzeug, Schiff повора́чивать ⟨-верну́ть⟩ (обра́тно, наза́д), де́лать (с-) поворо́т [разворо́т]; sich ~ *refl* повора́чиваться ⟨-верну́ться⟩; mit einer Frage, Bitte обра|ща́ться ⟨-ти́ться⟩ (an к *D*); auftreten выступа́ть ⟨вы́ступ|ить 3 -лю⟩ возраже́ниями (gegen про́тив *G*) | er wandte mir den Rücken он поверну́лся ко мне спино́й; der Wagen wendet (авто)маши́на повора́чивает обра́тно; er wandte kein Auge von ihr он не своди́л с неё глаз; das Buch wendet sich nur an Spezialisten кни́га предназна́чена то́лько для специали́стов; alles wird sich noch zum Guten ~ всё ещё изме́нится к лу́чшему; bitte ~! смотри́ на оборо́те!

Wendepunkt *m* поворо́тный пункт [круг 2b]; *Astr* то́чка поворо́та; *übertr* поворо́тный пункт [моме́нт 2]

Wendeverbot *n* *Kfz* запреще́ние разворо́та

wendig Fahrzeug поворо́тлив:ый; flink изворо́тлив:ый, ло́в|кий| -ок| -ка́!¡ -че; Verkäufer расторо́п|ный| -ен

Wendigkeit *f* поворо́тливость 9; изворо́тливость 9, ло́вкость 9; расторо́пность 9

Wendung *f* Drehung, Umkehr поворо́т 2; Veränderung переме́на 6; einer Sache оборо́т 2; Fahrzeug разворо́т 2; Rede- выраже́ние 5, оборо́т ре́чи | dem Gespräch eine andere ~ geben дать друго́е направле́ние разгово́ру; die Sache nimmt eine andere ~ де́ло принима́ет друго́й оборо́т; eine feste ~ усто́йчивое выраже́ние

wenig **1.** *Adj* ~e немно́гие *Pl*, не́сколько; alleinstehend немно́гое, ма́ло кто | in ~en Tagen че́рез не́сколько дней; mit ~en Worten в не́скольких слова́х; das ist nur wenigen bekannt э́то изве́стно лишь немно́гим; nur ~e wissen das ма́ло кто зна́ет э́то; ~e Briefe немно́гие пи́сьма, немно́го [ма́ло] пи́сем; ich habe ~ freie Zeit у меня́ ма́ло свобо́дного вре́мени; ~ Gutes ма́ло хоро́шего; das ~e, was … то немно́гое| что … **2.** *Adv* ма́ло, немно́го; nicht sehr не о́чень | das ist herzlich ~ э́то сли́шком ма́ло; so ~ wie möglich как мо́жно ме́ньше; ein ~ немно́го, немно́жко; danach frage ich ~ об э́том я не о́чень расспра́шиваю; er arbeitet jetzt ~er als früher он рабо́тает тепе́рь ме́ньше| чем ра́ньше

weniger *Adv* ме́ньше, ме́нее; *Math* ми́нус | er war nicht ~ erstaunt als ich он был удивлён не ме́ньше [ме́нее] меня́ [чем я]; mehr oder ~ бо́лее и́ли ме́нее; desto ~, um so ~ тем ме́нее; nicht mehr und nicht ~ als ни бо́льше| ни ме́ньше как; fünf ~ drei ist zwei пять ми́нус три равня́ется двум

Wenigkeit *f* небольшо́е коли́чество 4; Kleinigkeit ма́лость 9, пустя́к 2e | meine ~ моя́ скро́мная осо́ба

wenigst 1. *Adj:* das wissen die ~en э́то ма́ло кто зна́ет; das ist das ~e, was du tun kannst э́то минима́льное, что ты мо́жешь сде́лать; ..., wo die ~en Menschen sind ..., где ме́ньше всего́ люде́й **2.** *Adv:* am ~en ме́ньше всего́

wenigstens *Adv* по кра́йней [ме́ньшей] ме́ре, хотя́ бы

wenn *Konj* Zeit когда́; Bedingung е́сли | ~ der Herbst beginnt ... когда́ наступа́ет [насту́пит] о́сень ...; ~ er gesund wäre, würde er in die Schule kommen е́сли бы он был здоро́в, он пришёл бы в шко́лу; ~ er nicht dagewesen wäre, hätten wir uns verirrt е́сли бы не он, мы заблуди́лись бы; ~ er schon einmal da ist... раз он пришёл, ...; selbst ~ да́же е́сли; ~ auch да́же е́сли, хотя́ (и); ~ doch nur хотя́ бы; ~ es auch noch so schwer ist, ... как бы тру́дно э́то ни́ было, ...; **~gleich** *Konj* хоть, хотя́; **~schon** *Konj:* na ≈! ну и что́ же!; ≈, dennschon! уж де́лать – так де́лать!

wer *Fragepron* кто, кого́ [во] 15 *I* кем | wessen? чей, чьего́ [во]? 14, *f* чья, чьей?, *n* чьё, чьего́ [во]?, *Pl* чьи, чьих?; ~ ist das? кто э́то?; ~ sind Sie? кто вы?; ~ ist da? кто тут?, кто там?; ~ anders als du? кто, как не ты?; ~ wen? кто кого́?; ~ es auch sein mag кто бы то ни́ был; von wem? от кого́?, über wen о ком?; wessen Buch ist das? чья э́то кни́га?; *Rel Pron* кто | ~ das tut, der ... кто э́то сде́лает, тот ...

Werbe|abteilung *f* отде́л рекла́мы; **~aktion** *f* мероприя́тие по вербо́вке; агита́ция 8; *Wirtsch* рекла́мная кампа́ния; **~anzeige** *f* рекла́мное объявле́ние; **~fachmann** *m* специали́ст по рекла́ме [в о́бласти рекла́мы]; **~fernsehen** *n* переда́ча 6 [трансля́ция] рекла́мы по телеви́дению; **~film** *m* рекла́мный фильм; **~kosten** *Pl* расхо́ды по рекла́ме; **~leiter** *m* руководи́тель отде́ла рекла́мы

werben *tr* Arbeitskräfte, Mitglieder вербова́ть 2 (за-) *a. Mil;* Käufer, Leser привлека́ть ⟨-|вле́чь*⟩; *intr Wirtsch* реклами́ровать *uv, v* 2 (für *A*) | für eine best. Partei ~ агити́ровать 2 за каку́ю-н. па́ртию; j-n für die Teilnahme an einer Veranstaltung ~ привлека́ть ⟨-|вле́чь*⟩ кого́-н. к уча́стию в како́м-н. мероприя́тии; um ein Mädchen ~ freien свата́ться (по-) к де́вушке; den Hof machen уха́живать за де́вушкой; um j-s Liebe ~ добива́ться ⟨-|би́ться*⟩ чьей-н. любви́

Werbe|plakat *n* рекла́мный плака́т; **~prospekt** *m* рекла́мный проспе́кт; **~sendung** *f* рекла́мная радиопереда́ча [телепереда́ча]; **~slogan** *m* рекла́мный ло́зунг 2 [призы́в]; **~text** *m* рекла́мный текст; **~texter** *m* состави́тель 1 рекла́мных те́кстов; **~trommel** *f:* die ≈ rühren гро́мко [навя́зчиво] реклами́ровать

werbewirksam де́йственный в рекла́мном отноше́нии

Werbung *f Wirtsch* рекла́ма 6 (für *G*); Werbetätigkeit реклами́рование 5; von Lesern, Käufern привлече́ние 5; Arbeitskräfte, Mitglieder вербо́вка 6 *a. Mil;* Werbeabteilung отде́л 2 рекла́мы; Braut≈ сватовство́ 4 | ~ für eine best. Partei агита́ция 8 за каку́ю-н. па́ртию; ~ um ein Mädchen уха́живание 5 за де́вушкой

Werdegang *m* проце́сс 2 становле́ния [разви́тия] | der berufliche ~ путь 9e профессиона́льного разви́тия

werden *intr* станов|и́ться 3⁺ -лю́сь ⟨стать*⟩, быть* *I* | sie wurde seine Frau она́ ста́ла его́ жено́й; es wird warm стано́вится тепло́, тепле́ет; was soll aus dir ~? что из тебя́ полу́чится?; was will er ~? кем он хо́чет стать [быть]?; was wird daraus? что из э́того вы́йдет?; was soll denn nun ~? что же тепе́рь бу́дет?; ich werde zwanzig Jahre alt мне бу́дет два́дцать лет; morgen wird es ein Jahr, daß ... за́втра бу́дет год, как ...; die ~de Mutter бу́дущая 11 мать; mir wird schlecht мне нехорошо́; es wird Zeit! пора́!; es wird Winter наступа́ет зима́; hier wird ein Haus gebaut здесь стро́ится дом

Werden *m* становле́ние 5; Entstehung возникнове́ние 5 | im ~ sein быть в проце́ссе становле́ния, возника́ть

werfen *tr* броса́ть ⟨бро́|сить 3 -шу⟩, кида́ть ⟨ки́нуть 4⟩ (nach в *A*); Sport Speer, Diskus u. a. мета́ть* ⟨метну́ть *mom* 4⟩; *Mar* Anker броса́ть ⟨бро́сить⟩; Schatten отбра́сывать ⟨-бро́сить⟩; *Biol* приноси́ть 3⁺ ⟨-|нести́*⟩ (припло́д), рожа́ть; Hund, Hase мета́ть ⟨вы́-⟩; sich ~ *refl* броса́ться ⟨бро́ситься⟩ (auf на *A*), кида́ться ⟨ки́нуться⟩ (auf на *A*) | einen Stein ~ броса́ть ка́мень; die Tür ins Schloß ~ захло́пнуть *v* 4 дверь; Waren auf den Markt ~ выбра́сывать ⟨вы́бросить⟩ това́ры на ры́нок; j-n auf die Straße ~ вы́бросить *v* кого́-н. на у́лицу; den Mantel über die Schultern ~ набро́сить *v* [наки́нуть *v*] пальто́ на пле́чи; in die Höhe ~ (под)бра́сывать ⟨-бро́сить⟩ вверх; über den Zaun ~ (пере)бро́сить *v* че́рез забо́р; das Tuch wirft Falten плато́к ложи́тся скла́дками; mit Geld um sich ~ швыря́ть деньга́ми

Werft *f* верфь 9; **~arbeiter** *m* судострои́тельный рабо́чий

Werg *n* па́кля 7, костра́ 6

Werk *n* Tätigkeit; Tat де́ло 4b; Arbeit рабо́та 6, труд 2e; Schaffen тво́рчество 4;

Erzeugnis, Produkt произведе́ние 5 a. Kunst; Betrieb, Fabrik заво́д 2, фа́брика 6, предприя́тие 5; *Lit* сочине́ние 5, произведе́ние 5 *a. Mus;* wissenschaftliches (нау́чный) труд; *Tech* механи́зм 2 | im ~ на заво́де; ins ~ gehen идти́ [пойти́ *v*] на заво́д; ans ~ gehen принима́ться ⟨приня́ться*; -ня́лся́, -няли́сь⟩ за де́ло [за рабо́ту]; ein gutes ~ tun де́лать (с-) хоро́шее [до́брое] де́ло; das war sein ~ э́то бы́ло де́лом его́ рук; ins ~ setzen осуществ|ля́ть ⟨-и́ть 3 -лю́⟩; das künstlerische ~ худо́жественное тво́рчество; ausgewählte ~e и́збранные произведе́ния; gesammelte ~e собра́ние 5 сочине́ний; **~bank** *f* верста́к 2e; **~en** *n* Schulfach труд 2e, уро́ки *Pl* 2e труда́; **~gelände** *n* террито́рия 8 заво́да; **~halle** *f* цех 2; *a.* в цеху́, *Pl a.* -á 2b; **~küche** *f* Kantine заводска́я [фабри́чная] столо́вая *Subst* 10, пищебло́к 2; **~leiter** *m* руководи́тель заво́да [фа́брики]; **~leitung** *f* руково́дство заво́да [фа́брики]; **~meister** *m* ма́стер на заво́де [на фа́брике]; **~schutz** *m* заводска́я охра́на

werkseigen заводско́й, явля́ющийся 11 со́бственностью заво́да

Werk|statt *f* мастерска́я *Subst* 10; einer Fabrik цех 2; *a.* в цеху́, *Pl a.* -á 2b; **~stoff** *m* материа́л [рья] 2; **~stoffprüfung** *f* испыта́ние материа́лов; **~stück** *n* обраба́тываемое изде́лие 5; дета́ль 9; **~tag** *m* рабо́чий 11 день | an ≈en в рабо́чие дни

werktags *Adv* по рабо́чим дням, в рабо́чие дни

Werktagskleidung *f* бу́дничная оде́жда

werktätig трудя́щийся 11 | ~e Bevölkerung акти́вное населе́ние

Werk|tätiger *m* трудя́щийся *Subst* 11; **~tisch** верста́к 2e; **~unterricht** *m* Schulfach труд 2e; Unterrichtsstunde уро́к 2 (ручно́го) труда́; **~vertrag** *m* догово́р подря́да; **~wohnung** *f* жило́е помеще́ние 5, предоставля́емое предприя́тием рабо́тнику; **~zeitung** *f* заводска́я газе́та

Werkzeug *n* инструме́нт 2, ору́дие 5 | ein willenloses ~ in j-s Händen sein быть безво́льным [слепы́м] ору́дием в чьих-н. рука́х; **~bau** *m* произво́дство 4 инструме́нтов; **~fabrik** *f* инструмента́льный заво́д; **~kasten** *m* я́щик для хране́ния инструме́нтов; инструмента́льный я́щик; **~macher** *m* инструмента́льщик 2; **~maschine** *f* (металлообраба́тывающий 11) стан|о́к, -ка́; **~maschinenfabrik** *f* станкострои́тельный заво́д; **~schlosser** *m* сле́сарь-инструмента́льщик 1-2; **~tasche** *f* су́мка для хране́ния инструме́нтов

Wermut *m Bot* полы́нь 9 (го́рькая); Wein ве́рмут 2

Wermutstropfen *m* ка́пля го́речи

wert teuer, lieb дорого́й, до́рог, -á!; доро́же, ми́л:ый, -á, -о, ми́лы́; verehrt уважа́емый; würdig досто́|йный, -ин, -йна | das ist nichts ~ э́то не представля́ет собо́й никако́й це́нности; das ist fünf Mark ~ э́то сто́ит пять ма́рок; das ist nicht der Rede ~ об э́том не сто́ит говори́ть; das ist nicht der Mühe ~ э́то не сто́ит труда́; er ist nicht ~, daß man ihm hilft он не досто́ин по́мощи; ~er Herr Brief (глубоко)уважа́емый господи́н

Wert *m Wirtsch* сто́имость 9; Wertgegenstand, -sache це́нность 9 *a. übertr;* Preis цена́ 6c *A* це́ну; Bedeutung; Zahlen≈ значе́ние 5; *Sport* оце́нка 6 | der ~ einer Ware сто́имость [цена́] това́ра; im ~e von zehn Mark сто́имостью [ценой] в де́сять ма́рок; ohne ~ не име́ющий 11 це́нности; von geringem ~ малоце́н|ный, -ен, -на; ich lege großen ~ darauf я придаю́ э́тому большо́е значе́ние; im ~ steigen [sinken] поднима́ться ⟨подня́ться⟩ [па́дать ⟨у|па́сть*⟩] в цене́; er ist sich seines ~es bewußt он зна́ет себе́ це́ну; **~angabe** *f* оце́нка 6, объявле́ние 5 це́нности; **~arbeit** *f* высокока́чественная рабо́та

wertbeständig це́н|ный, -ен, -на, со стаби́льной це́нностью

Wert|bestimmung *f* определе́ние сто́имости; **~brief** *m* це́нное письмо́, письмо́ с объя́вленной це́нностью

werten *tr* цени́ть 3⁺, оце́нивать ⟨-цени́ть⟩; *Sport* выставля́ть ⟨вы́став|ить 3 -лю⟩ оце́нку | niedrig ~ ни́зко оце́нивать

Wert|erhaltung *f* сохране́ние материа́льных це́нностей; **~gegenstand** *m* це́нность 9, це́нный предме́т

wertgemindert неполноце́н|ный, -ен, -на, со сни́женной сто́имостью

Wertgesetz *n* зако́н сто́имости

Wertigkeit *f Chem, Ling* вале́нтность 9

wertlos не име́ющий 11 це́нности, ничего́ не сто́ящий 11; Banknote, Briefmarke обесце́ненный

Wert|maßstab *m* масшта́б оце́нки [*Wirtsch* сто́имости]; **~minderung** *f* сниже́ние 5 сто́имости; **~paket** *n* це́нная посы́лка; **~papiere** *n Pl* це́нные бума́ги; **~sachen** *f Pl* це́нности *Pl* 9, це́нные ве́щи; **~schätzung** *f:* ≈ genießen по́льзоваться 2 (больши́м) уваже́нием

Wert|ung *f* оце́нка 6 *a. Sport* (nach Punkten по очка́м); **~urteil** *n* оце́нка 6 *G*

wertvoll (весьма́) це́н|ный, -ен, -на *a. übertr*; Schmuck драгоце́н|ный, -ен, -на

Wertzuwachs *m* приро́ст [увеличе́ние 5] сто́имости

Wesen *n* Lebe≈ существо́ 4; Natur der

Dinge, Kern, Gehalt сýщность 9, существó 4, суть 9; Art, Charakter нрав 2, харáктер 2 | ein liebes ~ мúлое создáние [существó]; sein ganzes ~ ist verändert он совершéнно изменúлся; seinem innersten ~ nach по самомý своемý существý; das ~ der Sache сýщность дéла; das gehört zum ~ des Sozialismus э́то являéтся отличúтельной чертóй социалúзма

wesenlos unbedeutend несущéствен:ный, -на; leer пуст:óй, -á!

Wesensart *f* душéвный склад 2, склад харáктера

wesens|fremd чýжд:ый, -á! (по дýху); **~gleich** Mensch одинáковый [блúзкий] по харáктеру; **~verwandt** рóдственный [блúзкий] по харáктеру [по дýху]

Wesenszug *m* харáктерная [основнáя] чертá

wesentlich сущéствен:ный, -на; bedeutsam, wichtig значúтельн|ный, -ен, -ьна, вáж|ный, -ен, -нá, -но, вáжны́ | im ~en по существý; im Prinzip в основнóм

Wesentliches *n* сýщность 9, глáвное *Subst* 10 | das Wesentlichste сáмое сущéственное [вáжное]; etwas ~ нéчто сущéственное; nichts ~ ничегó сущéственного; das ist das Wesentliche в э́том суть

weshalb *Adv* почемý; warum отчегó; wozu зачéм

Wespe *f* осá 6c

Wespen|nest *n* осúное гнездó; **~stich** *m* укýс осы́; **~taille** *f* осúная тáлия

West *m* Himmelsrichtung зáпад 2; Westwind зáпадный вéт|ер, -ра 2, вест 2

Weste *f* жилéт 2 | eine reine ~ haben имéть незапя́тнанное и́мя

Westen *m* зáпад 2 | im ~ на зáпаде; nach ~ на зáпад; aus dem ~ с зáпада

Westentasche *f* жилéтный кармáн | etw. wie seine ~ kennen знать что-н. как свои́ пять пáльцев

Westentaschenformat *n* миниатю́рный формáт

westeuropäisch западноевропéйский

Westfalen Вестфáлия 8

westfälisch вестфáльский

Westküste *f* зáпадный бéрег

westlich 1. *Adj* зáпадный **2.** *Adv:* ~ von etw. зáпаднее чегó-н., на зáпад [к зáпаду] от чегó-н.

Westover *m* трикотáжная [(дли́нная) вя́заная] безрукáвка 6

Westseite *f* зáпадная сторонá

westwärts к зáпаду, в зáпадном направлéнии

Westwind *m* зáпадный вéтер

weswegen *Adv* = **weshalb**

Wettbewerb *m* соревновáние 5; *Sport meist* соревновáния *Pl,* состязáния *Pl* 5; (Volkskunst-) Ausscheid, Architekten~, Schönheits~ u. a. кóнкурс 2; Konkurrenzkampf конкурéнция 8 | sozialistischer ~ социалистúческое соревновáние; im ~ mit j-m stehen соревновáться 2 с кем-н.; einen ~ ausschreiben объяв|лять (-и́ть) кóнкурс; außer ~ вне кóнкурса; ein ~ für Graphiker кóнкурс грáфиков

Wettbewerbs|aufruf *m* призы́в к (социалистúческому) соревновáнию; **~bewegung** *f* движéние за (социалистúческое) соревновáние

wettbewerbsfähig конкурентоспосóб|ный, -ен

Wettbewerbsverpflichtung *f* обязáтельство по договóру о (социалистúческом) соревновáнии

Wette *f* пари́ *n idkl* | eine ~ eingehen держáть 3⁺ пари́; was gilt die ~? на что спóрим [дéржим пари́]?; eine ~ verlieren проспóрить *v* 3; um die ~ laufen бéгать взáпуски [наперегонки́]

Wetteifer *m* рвéние 5, старáние 5

wetteifern *intr* соревновáться 2 (mit j-m in etw. um etw. с кем-н. в чём-н. за что-н.); *Sport* состязáться

wetten *intr* держáть 3⁺ пари́ (mit j-m um etw. с кем-н. на что-н.) | um zehn Mark ~ держáть пари́ на дéсять мáрок; so haben wir nicht gewettet! так мы не уговáривались!

Wetter *n* погóда 6; Un~ непогóда 6; Sturm бýря 7; Gewitter грозá 6c | wie ist das ~ heute? какáя сегóдня погóда?; es ist (anhaltend) schönes ~ стои́т хорóшая погóда; bei jedem [trockenem] ~ в любýю [в сухýю] погóду; schlagende ~ *Bergb* рудни́чный газ 2; alle ~! чёрт возьми́!, вот э́то да!; **~aussichten** *f Pl* прогнóз 2 погóды, ви́ды *Pl* 2 на погóду; **~bericht** *m* метеорологи́ческая свóдка 6, свóдка погóды; **~besserung** *f* улучшéние погóды; **~dienst** *m* метеорологи́ческая слýжба, слýжба погóды; **~fahne** *f* флю́гер 2b *Pl* -á

wetter|fest погодостó|йкий, -ек, устóйчив:ый прóтив атмосфéрных влия́ний; **~fühlig** чувстви́тел|ьный, -ен, -ьна к изменéниям погóды

Wetter|führung *f Bergb* провéтривание 5; **~häuschen** *n* метеорологи́ческая бýдка 6, метеобýдка 6; **~karte** *f* синопти́ческая кáрта; **~kunde** *f* метеоролóгия 8; **~lage** *f* метеорологи́ческая обстанóвка, метеорологи́ческие услóвия *Pl* 5

wetterleuchten *intr:* es wetterleuchtet сверкáет зарни́ца

Wetterleuchten *n* зарни́ца 6

wettern *intr* schimpfen обрýш|иваться (-иться 3) (gegen на *A*), разбушевáться *v* 2

Wetter|satellit *m* метеорологи́ческий

спýтник, метеоспýтник 2; **~schacht** *m* вентиляциóнный шáхтный ствол 2е; **~scheide** *f* метеорологи́ческий раздéл 2; **~seite** *f* навéтренная сторонá; **~umschlag** *m* рéзкая перемéна 6 погóды; **~verschlechterung** *f* ухудшéние 5 погóды; **~vorhersage** *f* прогнóз погóды; **~warte** *f* метеорологи́ческая стáнция 8, метеостáнция 8; **~wechsel** *m* перемéна погóды

wetterwendisch измéнчив:ый, непостоя́н|ный, -ен, -на

Wetterwolke *f* грозовóе óблако

Wett|fahrt *f* гóнки *Pl* 6; **~kampf** *m* соревновáние 5, состязáние 5 *a. Sport meist Pl;* Fußball, Schach матч 2 *G Pl* -ей; **~kämpfer** *m* учáстник 2 соревновáний; **~lauf** *m* состязáние 5 в бéге; einzelner Lauf забéг 2; *übertr* гóнка 6

wettmachen *tr* Verlust возме|щáть ⟨-сти́ть 3 -щý⟩; Fehler испр|авля́ть ⟨-áвить 3 -áвлю⟩

Wett|rennen *n* Pferde скáч|ки *Pl* 6 *G* -ек; Trab бег|á *Pl* 2 -óв; **~rudern** *n* соревновáния *Pl* 5 по грéбле; **~rüsten** *n* гóнка 6 вооружéний; **~schwimmen** *n* состязáния *Pl* 5 в плáвании, соревновáния *Pl* 5 по плáванию; **~spiel** *n* игрá-состязáние 6с-5; Spielwettbewerb игрá-кóнкурс 6с-2; **~streit** *m* состязáние 5; ökonomischer соревновáние 5

wetzen *tr* точи́ть 3⁺ (на-), затáчивать ⟨-точи́ть⟩

Wetzstein *m* осел|óк, -кá 2

Whisky *m* ви́ски *n idkl*

Wichse *f* гутали́н 2, сапóжный крем 2; Prügel побó|и *Pl* 1 *G Pl* -ев

wichsen *tr* вáк|сить 3 -шу (на-), натирáть ⟨-|терéть*⟩

Wicht *m* малы́ш 2е *G Pl* -éй | armer ~ бедня́га *m* 6; elender ~ негодя́|й 1 *G Pl* -ев

wichtig вáж|ный, -ен, -нá, -но, вáжны́ | ~ tun вáжничать; sie kommt sich furchtbar ~ vor онá стрáшно мнóго воображáет о себé, онá о себé óчень высóкого мнéния; ich halte es für äußerst ~ я считáю э́то чрезвычáйно вáжным

Wichtig|keit *f* вáжность 9, значéние 5 | das ist nicht von ≈ э́то не имéет значéния; **~tuer** *m* тщеслáвный человéк 2; *umg* воображáла *m, f* 6; **~tuerei** *f* вáжничанье 5

Wicke *f Bot* горóш|ек, -ка 2, ви́ка 6 | in die ~n gehen *umg* пропадáть ⟨-|пáсть*⟩

Wickel *m* Knäuel клуб|óк, -кá 2; *Med* компрéсс 2 (с повя́зкой); Haar бигуди́ *idkl n u. Pl; Text* мот|óк, -кá 2; **~gamaschen** *f Pl* обмóтки *Pl* 6; **~kind** *n* груднóй ребёнок, младéн|ец, -ца 2

wickeln *tr* Garn намáтывать ⟨-мотáть⟩ (auf на *A*); in Papier завёртывать *u.* заворáчивать ⟨-вернýть 4 -вёрнутый⟩ (во *A*); Kind пеленáть (за-, с-) | j-n um den Finger ~ обводи́ть 3⁺ -вожý ⟨-|вести́*⟩ когó-н. вокрýг пáльца

Wickel|schürze *f* плáтье-халáт 5-2 без застёжки; **~tuch** *n* дéтская простЫнка 6

[1]**Wickler** *m* Locken~ бигуди́ *idkl n u. Pl*

[2]**Wickler** *m Zool* листовёртка 6

Wicklung *f El* обмóтка 6; *Med* обёртывание 5, компрéсс 2

Widder *m* барáн 2; *Astr* Овéн 2

wider *Präpos* прóтив *G,* вопреки́ *D* | ~ Willen вопреки́ вóле [желáнию], прóтив вóли; das Für und Wider erwägen взвé|шивать ⟨-сить⟩ всё за и прóтив

widerfahren *intr* случ|áться ⟨-и́ться 3⟩ (j-m с *I*) | j-m Gerechtigkeit ~ lassen поступ|áть ⟨-и́ть 3⁺ -лю́⟩ с кем-н. справедли́во; mir ist ein Unglück ~ со мной случи́лось несчáстье

Wider|haken *m* зазýбрина 6 | Angelhaken mit ≈ рыболóвный крюч|óк, -кá 2; **~hall** *m* э́хо 4; Nachklang óтзвук 2, отголóс|ок, -ка 2; *übertr* óтклик 2, резонáнс 2

widerhallen *intr* von Lauten от|давáться*¡ ⟨-|дáться*¡ -дали́сь⟩ (э́хом) (in, von в *P*)

Widerlager *n Tech* упóр 2; Auflager опóра 6

widerlegbar опроверж́имый

widerlegen *tr* опровергáть ⟨-вéргнуть 4а *u.* 4⟩

Widerlegung *f* опровержéние 5

wider|lich проти́в|ный, -ен, отврати́тел|ьный, -ен, -ьна; **~natürlich** противоестéствен:ный, -на; **~rechtlich** противопрáвный; gesetzwidrig противозакóн|ный, -ен, -на

Wider|rede *f:* ohne ≈! без возражéний!; **~rist** *m Anat* хóлка 6; **~ruf** *m* Befehl, Urteil отмéна 6; Geständnis откáз 2 (von от *G*); Dementi опровержéние 5 | bis auf ≈ впредь до отмéны

widerrufen *tr* Befehl, Urteil отмен|я́ть ⟨-и́ть 3⁺¡ -ённый⟩; Nachricht опровергáть ⟨-вéргнуть 4а *u.* 4⟩; Geständnis откáзываться ⟨-|казáться*⟩

Wider|sacher *m* проти́вник 2; **~schein** *m* óтблеск 2, отражéние 5

widersetzen, sich *refl* проти́в|иться 3 -люсь (вос-) *D,* сопротивля́ться *D*

Widersinn *m* бессмы́слица 6, нелéпость 9 | welch ein ~! что за абсýрд!

wider|sinnig бессмы́слен|ный, -ен, -на, нелéп:ый, абсýрд|ный, -ен; **~spenstig** стропти́в:ый | ≈ sein упря́м|иться 3 -люсь

widerspiegeln *tr* отра|жáть ⟨-зи́ть 3 -жý⟩; sich ~ *refl* отра|жáться ⟨-зи́ться⟩ (in в *P*)

Widerspiegelung *f* отражéние 5

widersprechen *intr* противорéчить 3; Einspruch erheben возра|жáть ⟨-зи́ть 3 -жý⟩; **~d** противоречи́в:ый

Widerspruch *m* противоре́чие 5; Einspruch, Einwand возраже́ние 5 | in ~ mit etwas stehen нахо|ди́ться 3⁺ -жу́сь в противоре́чии с чем-н., противоре́чить 3 чему́-н.
widersprüchlich противоречи́в:ый
widerspruchs|los 1. *Adj* беспрекосло́в|ный, -ен **2.** *Adv* беспрекосло́вно, без возраже́ний; **~voll** противоречи́в:ый
Widerstand *m* сопротивле́ние 5 (gegen *D*); *El* реоста́т 2 | j-m ~ leisten ока́зывать ⟨-|каза́ть*⟩ сопротивле́ние кому́-н.; auf ~ stoßen ната́лкиваться ⟨-толкну́ться 4⟩ на сопротивле́ние; ohne ~ не сопротивля́ясь, не ока́зывая сопротивле́ния; allen Widerständen zum Trotz … несмотря́ ни на каки́е препя́тствия …
Widerstandsbewegung *f* движе́ние сопротивле́ния
widerstandsfähig выно́слив:ый, спосо́бный сопротивля́ться; Pflanzen усто́йчив:ый
Widerstands|fähigkeit *f* выно́сливость 9, сопротивля́емость 9; усто́йчивость 9; **~kampf** *m* движе́ние сопротивле́ния; **~kämpfer** *m* уча́стник 2 [бое́ц] движе́ния сопротивле́ния; **~kraft** *f* сопротивля́емость 9, си́ла сопротивле́ния
widerstandslos без сопротивле́ния, не ока́зывая сопротивле́ния
wider|stehen *intr* сопротивля́ться D; nicht erliegen устоя́ть *v* 3 пе́ред *I;* der Belastung выде́рживать ⟨вы́держать 3⟩ *A* | ich konnte der Versuchung nicht ≈ я подда́лся искуше́нию; **~strahlen** *tr* отра|жа́ть ⟨-зи́ть 3⟩, отсве́чивать; **~streben** *intr* сопротивля́ться, проти́виться 3 (вос-) | das widerstrebt mir э́то мне проти́вно; **~strebend** *Adv* неохо́тно, не́хотя
Widerstreit *m* столкнове́ние 5, спор 2
wider|streitend противоречи́в:ый; **~wärtig** проти́в|ный, -ен, отврати́тел|ьный, -ен, -ьна; unangenehm неприя́т|ный, -ен
Wider|wärtigkeit *f* превра́тность 9, отврати́тельность 9; (больша́я) неприя́тность 9; **~wille** *m* отвраще́ние 5 (gegen к *D*) | einen ≈n gegen etw. haben пита́ть отвраще́ние к чему́-н.
widerwillig с отвраще́нием; mit Unlust неохо́тно
widmen *tr* посвя|ща́ть ⟨-ти́ть 3 -щу́⟩; sich ~ *refl* от|дава́ться* ⟨отда́ться*; -да́лся, -дали́сь⟩, посвя|ща́ть ⟨-ти́ть⟩ себя́
Widmung *f* посвяще́ние 5
widrig проти́в|ный, -ен; Geschick превра́т|ный, -ен; Umstände неблагоприя́т|ный, -ен
wie 1. *Adv* Frage как | ~ geht es dir? как ты пожива́ешь?; ~ ist der neue Kollege? како́в но́вый сотру́дник?; ~ spät ist es? кото́рый час?; ~ alt ist sie? ско́лько ей лет?; ~ lange? ско́лько вре́мени?, как до́лго?; ~ bitte? прости́те, что вы сказа́ли?; ~ kommt es, daß …? как случи́лось, что …?; ~ sieht er aus? как он вы́глядит? **2.** *Konj* vergleichend как | sie ist nicht so groß ~ er она́ ме́ньше его́; ein Mann ~ er тако́й челове́к, как он | aufzählend ка́к-то, а и́менно | gleichwie то́чно; das ist so gut ~ sicher э́то (соверше́нно) то́чно; er schreit ~ ein Verrückter он кричи́т, то́чно сумасше́дший | ~ dem auch sei как бы то ни́ было; ~ man's nimmt в зави́симости от того́, как к э́тому отнести́сь [как на э́то посмотре́ть]; die Großen ~ die Kleinen (как) взро́слые (, так) и де́ти
Wiedehopf *m* удо́д 2
wieder *Adv* опя́ть, сно́ва, вновь | immer ~ (всё) сно́ва и сно́ва; hin und ~ иногда́; nie ~ никогда́ бо́льше; ~ einmal ещё раз
Wieder|anpassung *f Kosm* реадапта́ция 8 (an к *D*); **~aufbau** *m* Wiederherstellung восстановле́ние 5; Umbau реконстру́кция 8, перестро́йка 6
wieder|aufbauen *tr* восстан|а́вливать ⟨-ови́ть 3⁺ -овлю́⟩, реставри́ровать *uv, v* 2; umbauen перестр|а́ивать ⟨-о́ить 3⟩; **~aufführen** *tr Theat* возобнов|ля́ть ⟨-и́ть 3 -лю́⟩ постано́вку *G*
Wiederaufnahme *f* in Organisation возобновле́ние 5 [восстановле́ние 5] чле́нства в *P;* der Arbeit; eines (Gerichts-) Verfahrens возобновле́ние 5 *G*
wiederaufnehmen *tr* возобнов|ля́ть ⟨-и́ть 3 -лю́⟩ чле́нство в *P*, восстан|а́вливать ⟨-ови́ть 3⁺ -овлю́⟩ (in в *P*); Arbeit возобнов|ля́ть ⟨-и́ть 3 -лю́⟩
Wiederaufrüstung *f* ремилитариза́ция 8
wieder|bekommen *tr* получ|а́ть ⟨-и́ть 3⁺⟩ обра́тно; **~beleben** *tr Med* ожив|ля́ть ⟨-и́ть 3 -лю́⟩; *a. übertr;* Sitten, Kunstform возро|жда́ть ⟨-ди́ть 3 -жу́; -ждённый⟩
Wiederbelebungsversuch *m* попы́тка оживле́ния
wieder|bringen *tr* приноси́ть 3⁺ -ношу́ ⟨-|нести́*⟩ обра́тно; **~einführen** *tr* вводи́ть 3⁺ -вожу́ ⟨-|вести́*⟩ вновь; Bräuche возро|жда́ть ⟨-ди́ть 3 -жу́; -ждённый⟩
Wiedereingliederung *f* трудоустро́йство 4 по́сле боле́зни; *Jur* восстановле́ние 5 в права́х чле́на о́бщества
wieder|einsetzen *tr* восстан|а́вливать ⟨-ови́ть 3⁺ -овлю́⟩ (ins Amt в до́лжности, in die Rechte в права́х); **~einstellen** *tr* восстан|а́вливать ⟨-ови́ть 3⁺ -овлю́⟩ на рабо́те
Wiedereinstellung *f* восстановле́ние 5 на рабо́те
wieder|erkennen *tr* у|знава́ть* ⟨узна́ть⟩; **~erlangen** *tr* восстан|а́вливать ⟨-ови́ть 3⁺ -овлю́⟩; Bewußtsein приходи́ть 3⁺

-хожý ⟨-|йтú*| придý⟩ в сознáние; **~eröffnen** *tr* вновь открывáть ⟨-|крыть*⟩
Wiedereröffnung *f* открытие 5 вновь
wieder|erstatten *tr* возме|щáть ⟨-стúть 3 -щý⟩; **~erzählen** *tr* пересказывать ⟨-с|казáть*⟩; ausplaudern разбáлтывать ⟨-болтáть⟩; **~finden** *tr* находúть 3⁺ -хожý ⟨-|йтú*⟩ (вновь)
Wiedergabe *f* Ton~, Bild~ воспроизведéние 5; *Theat, Film* отображéние 5; *Rad, Mus,* Nacherzählung передáча 6; das Vortragen исполнéние 5; Reproduktion репродýкция 8, кóпия 8
wiedergeben *tr* zurückgeben возвра|щáть ⟨-тúть 3 -щý⟩; *Theat, Mus, Ton, Bild* воспроизводúть 3⁺ -вожý ⟨-|вестú*⟩; *Theat, Film* darstellen отобра|жáть ⟨-зúть 3 -жý⟩; Gespräch, Stimmung, *Rad, Lit* пере|давáть* ⟨передáть*⟩; vortragen исполнять ⟨-пóлнить 3⟩ *a. Mus* | er hat das Gedicht ausgezeichnet wiedergegeben он отлúчно испóлнил стихотворéние
Wiedergeburt *f* возрождéние 5
wieder|gewinnen *tr* вновь обретáть ⟨обрестú*⟩; Leistungfähigkeit восстан|áвливать ⟨-овúть 3⁺ -овлю⟩; **~gutmachen** *tr* Fehler испр|авлять ⟨-áвить 3 -áвлю⟩; Schaden возме|щáть ⟨-стúть 3 -щý⟩
Wiedergutmachung *f* исправлéние 5; возмещéние 5
wiederherstellen *tr* восстан|áвливать ⟨-овúть 3⁺ -овлю⟩ a. Gesundheit | er ist völlig wiederhergestellt он совсéм поправился
Wiederherstellung *f* восстановлéние 5; *Med* восстановлéние, попрáвка 6
wiederholen *tr* [ˈ----] снóва приносúть 3⁺ -ношý ⟨-|нестú*⟩; [--ˈ--] повтор|ять ⟨-úть 3⟩; sich ~ *refl* повтор|яться ⟨-úться⟩ | das läßt sich nicht ~ это нельзя повторúть
wiederholt 1. *Adj* повтóрный **2.** *Adv* неоднокрáтно
Wiederholung *f* повторéние 5; *Mus, Theat* репрúза 6
Wiederholungs|fall *m:* im ≈e в слýчае повторéния, éсли это случúтся вторúчно; **~prüfung** *f* повтóрный экзáмен; **~spiel** *n Sport* повтóрная игрá, переигрóвка 6; **~zeichen** *n Mus* знак повторéния
Wiederhören *n:* auf ~! до свидáния!, до слéдующего рáза!; Telefon звонú(те)!
Wieder|inbetriebnahme *f* ввод в эксплуатáцию, пуск 2; **~instandsetzung** *f* ремóнт 2, приведéние в исправность
wiederkäuen *tr u. intr* пережёвывать (однó и то же)
Wieder|käuer *m* жвáчное живóтное *Subst* 10; **~kehr** *f* Heimkehr возвращéние 5; Jahrestag годовщúна 6, юбилé|й 1 *G Pl* -ев
wiederkehren *intr* возвра|щáться ⟨-тúться 3 -щýсь⟩ | solch eine günstige Gelegenheit kehrt nicht wieder такóй благоприятный слýчай бóльше не представится [не повторúтся]
wieder|kommen *intr* возвра|щáться ⟨-тúться 3 -щýсь⟩; sich wiederholen повтор|яться ⟨-úться 3⟩; **~sagen** *tr* повтор|ять ⟨-úть 3⟩; nacherzählen пересказывать ⟨-с|казáть*⟩; **~sehen** *tr* вновь увú|деть *v* 3 -жу | wann sehen wir uns wieder? когдá мы опять увúдимся?
Wiedersehen *n* свидáние 5 | auf (baldiges) ~! до (скóрого) свидáния!
wiederum *Adv* снóва, опять; andererseits с другóй стороны; dagegen наоборóт, напрóтив | die anderen ~ … другúе в свою óчередь …
wiedervereinigen *tr* воссоедин|ять ⟨-úть 3⟩
Wiedervereinigung *f* воссоединéние 5
wiederverheiraten, sich *refl* вновь [снóва] вступ|áть ⟨-úть 3⁺ -лю⟩ в брак
Wiederverkauf *m* перепродáжа 6
wiederverkaufen *tr* перепро|давáть* ⟨пере|продáть*⟩
wiederverwendbar повтóрного [многокрáтного] испóльзования
Wieder|verwendung *f* повтóрное испóльзование; **~wahl** *f* переизбрáние 5
wiederwählen *tr* переизбирáть ⟨-из|брáть*¡ -úзбранный⟩
Wiege *f* колыбéль 9 *a. übertr* | von der ~ an с колыбéли, с рáннего дéтства; von der ~ bis zur Bahre от колыбéли до могúлы, всю жизнь; **~messer** *n* качáющийся 11 нож для рéзки зéлени
[1]**wiegen** *tr* abwiegen взвéшивать ⟨взвé|сить 3 -шу⟩; *intr* Gewicht haben вé|сить 3 -шу; sich ~ *refl* взвéшиваться ⟨взвéситься⟩ | wieviel wiegst du? скóлько ты вéсишь?, какóй у тебя вес?; sein Urteil wog am schwersten егó суждéние имéло сáмый большóй вес
[2]**wiegen** *tr* bewegen качáть (по-); in den Schlaf singen баюкать (у-), убаюк|ивать ⟨-ать⟩; *Kochk* мéлко рéзать* (по-) [руб|úть 3⁺ -лю (по-)]; sich ~ *refl* качáться (по-) | sich in Träumen ~ убаюкивать себя мечтáми; sich in Sicherheit ~ чýвствовать 2 [мнить 3] себя в пóлной безопáсности; sich in der Hoffnung ~ ль|стить 3 -щу себя надéждой
Wiegenlied *n* колыбéльная пéсня
wiehern *intr* ржать* | ~des Gelächter хóхот 2
Wien Вéна 6
Wiesbaden Висбáден [дэ] 2
Wiese *f* луг 2b¡ на лугý| *Pl* -á; kleine лужáйка 6
Wiesel *n* лáс|ка 6 *G Pl* -ок
Wiesen|blume *f* луговóй цветóк; **~champignon** *m* обыкновéнный шампиньóн; **~schaumkraut** *n* луговóй сердéчник 2

wie|so *Adv:* ≈? каки́м о́бразом?, как так?; ≈ denn? (э́то) почему́?; **~viel** *Adv* ско́лько | ≈ Uhr ist es? кото́рый час?; (um) ≈ schöner ist dieses Haus! на-ско́лько краси́вее э́тот дом!; ≈ Studenten zählt die Gruppe? ско́лько студе́нтов в гру́ппе?; mit ≈ Menschen hat er gesprochen? со ско́лькими людьми́ он говори́л?; ≈ ist ...? ско́лько бу́дет ...?; **~vielmal** *Adv* ско́лько раз; **~vielte** кото́рый | den ≈n haben wir heute? како́е сего́дня число́?; das ≈ Mal? кото́рый раз?; zum ≈n Mal habe ich dir das schon gesagt! кото́рый раз я тебе́ уже́ говорю́ об э́том!, ско́лько раз я тебе́ уже́ говори́л об э́том!

wild ди́к:ий, -á!; Pflanze a. дикорасту́щий 11; eigenwillig, ungestüm бу́|йный, -ен, -йна́!; Kampf, Sturm стра́ш|ный, -ен, -на́, -но, стра́шны́; Freude, Verlangen, Sehnsucht бу́р|ный, -ен, -на́!; Garten, Grundstück забро́шенный, запу́щенный | ~es Fleisch ди́кое мя́со; ~e Ehe свобо́дный брак; eine ~e Flucht пани́ческое бе́гство; ein ~er Knabe неугомо́нный ма́льчик; den ~en Mann spielen разы́грывать из себя́ нелюди́ма; j-n ~ machen доводи́ть 3⁺ -вожу́ ⟨-|вести́*⟩ до бе́шенства кого́-н., бе|си́ть 3⁺ -шу́ (вз-) кого́-н.; da könnte man ~ werden! *umg* с ума́ сойти́ мо́жно!

Wild *n* дичь 9; Fleisch дичь, дичи́на 6; **~bret** *n* дичь 9, дичи́на 6; **~dieb** *m* браконье́р 2; **~ente** *f* ди́кая у́тка

Wilder *m* дика́рь 1e

Wilder|ei *f* браконье́рство 4; **~er** *m* браконье́р 2

wildern *intr* занима́ться браконье́рством

Wildfang *m* сорван|е́ц, -ца́ 2

wildfremd соверше́нно чужо́й [незнако́мый]

Wild|gans *f* ди́кий гусь; **~gehege** *n* зака́зник 2

Wildheit *f* ди́кость 9

Wildkaninchen *n* ди́кий кро́лик

Wildleder *n* за́мша 6; **~schuh** *m* за́мшевая ту́фля

Wild|ling *m Bot* дич|о́к, -ка́ 2, ди́кое де́рево 4; **~nis** *f* ди́кая [глуха́я] ме́стность 9, пу́стошь 9; Gesträuch за́росли *Pl* 9; verwildertes Land ме́стность, заро́сшая 11 ди́кой расти́тельностью; **~park** *m* запове́дник 2, зоопа́рк 2; **~schwein** *n* каба́н 2e a. Eber; Bache ди́кая свинья́; **~verbiß** *m* поврежде́ние 5 ди́чью

wildwachsend дикорасту́щий 11, ди́к:ий, -á!

Wildwechsel *m* звери́ная тропа́ 6h, ме́сто постоя́нного перехо́да ди́чи

Wille *m* во́ля 7 | der Letzte ~ *Jur* завеща́ние 5; wider ~n notgedrungen поне-во́ле; wider seinen ~n про́тив его́ во́ли; das ist beim besten ~n nicht möglich э́то при всём жела́нии невозмо́жно; er soll seinen ~n haben пусть бу́дет так, как он хо́чет; seinen ~n durchsetzen настоя́ть *v* 3 на своём; j-m seinen ~n tun испо́лнить *v* 3 чьё-н. жела́ние, сде́лать *v* так, как кто хо́чет; etw. mit ~n tun де́лать что-н. наме́ренно [умы́шленно]; er ist voll guten ~ns он по́лон до́брых наме́рений; ohne ~n seines Vaters без согла́сия отца́; j-m seinen ~n lassen предоста́в|ить *v* 3 -лю кому́-н. свобо́ду поступа́ть, как ему́ хо́чется; er hat den festen ~n, sich zu ändern он твёрдо наме́рен испра́виться

willen *Präpos:* um ... ~ ра́ди *G* | um des Kindes ~ ра́ди [из-за] ребёнка; **~los** безво́л|ьный, -ен, -ьна

willens *Adv:* ~ sein намерева́ться, быть наме́ренным [согла́сным] | ich bin nicht ~, meinen Plan aufzugeben я не собира́юсь отка́зываться от своего́ пла́на

Willens|äußerung *f* изъявле́ние 5 во́ли; **~erklärung** *f* волеизъявле́ние 5; **~kraft** *f* си́ла во́ли

willensschwach слабово́л|ьный, -ен, -ьна

Willensstärke *f* = **Willenskraft**

willfährig послу́ш|ный, -ен; dienstfertig услу́жлив:ый

willig 1. *Adj* согла́с|ный, -ен (zu на *A*), гото́в:ый (zu к *D*); dienstfertig услу́жлив:ый **2.** *Adv* охо́тно; gehorsam послу́шно; bereitwillig с гото́вностью

willkommen Nachricht, Gast жела́нный; Anlaß, Gelegenheit удо́б|ный, -ен | j-n ~ heißen приве́тствовать 2 кого́-н.; Sie sind uns zu jeder Zeit ~ мы всегда́ ра́ды вас ви́деть; herzlich ~! добро́ пожа́ловать!

Willkommen *n* приве́т 2, приве́тствие 5 | j-m ein herzliches ~ bereiten ока́зывать ⟨-|каза́ть*⟩ кому́-н. серде́чный приём

Willkommensgruß *m* приве́тствие 5 | als ~ в знак приве́тствия

Willkür *f* произво́л 2

willkürlich произво́л|ьный, -ен, -ьна; eigenmächtig самово́л|ьный, -ен, -ьна

Wilnjus Ви́льнюс 2

wimmeln *intr* кише́ть 3 (von *I*) | die Straßen ~ von Menschen у́лицы киша́т людьми́, на у́лице (кишмя́) киши́т наро́д

wimmern *intr* жа́лобно стона́ть* (vor от *G*); schluchzen хны́|кать, -чу, -чешь (vor от *G*)

Wimpel *m* вы́мпел 2; *Mar* (сигна́льный) флаж|о́к, -ка́ 2

Wimper *f Anat* ресни́ца 6 | ohne mit der ~ zu zucken не моргну́в гла́зом

Wimperntusche *f* тушь для ресни́ц

Wind *m* ве́т|ер, -ра 2 | leichter ~ ветер|о́к, -ка́ 2 | günstiger ~ попу́тный ве́тер; der

~ kommt von Osten ве́тер ду́ет с восто́ка; der ~ hat sich aufgemacht подня́лся ве́тер; der ~ hat sich gelegt ве́тер ути́х; der ~ hat sich gedreht ве́тер перемени́лся; bei ~ und Wetter в непого́ду, в нена́стье; vor dem ~ segeln идти́* по ве́тру; hier weht ein andrer ~ здесь цари́т друго́е настрое́ние [друга́я атмосфе́ра]; in den ~ reden броса́ть слова́ на́ ветер; er weiß woher der ~ weht он зна́ет, отку́да ве́тер ду́ет; viel ~ wegen einer Sache machen *umg* подня́ть* *v* мно́го шу́ма из-за чего́-н.; versetzte ~e не находя́щие 11 вы́хода га́зы; **~beutel** *m* Gebäck заварно́е пиро́жное *Subst* 10 со взби́тыми сли́вками; *übertr* ветрого́н 2; **~bruch** *m* бурело́м 2; **~druck** *m* давле́ние ве́тра

Winde *f Bot* вьюн|о́к, -ка́ 2; *Tech* во́рот 2; Seil~ лебёдка 6; Wagen~, Hebe~ домкра́т 2; Garn~ мотови́ло 4

Windei *n* Ei ohne Schale яйцо́ без скорлупы́

Windel *f* пелёнка 6

windeln *tr* пелена́ть (за-)

windelweich: j-n ~ schlagen избива́ть ⟨-|би́ть*⟩ кого́-н. до полусме́рти

winden *tr* Garn мота́ть (на-), нама́тывать ⟨-мота́ть⟩; um etw. обвива́ть ⟨-|ви́ть*, обовью́⟩; Kranz плести́* (с-); *Tech* поднима́ть ⟨подня́ть*⟩ лебёдкой; sich ~ *refl* Schlange, Wurm извива́ться; Efeu, Fluß ви́ться*, ви́ли́сь; Ausflüchte machen изворáчиваться | ein Tuch um etw. ~ обма́тывать ⟨-мота́ть⟩ что-н. платко́м; der Efeu windet sich um die Bäume плющ обвива́ется вокру́г дере́вьев; der Pfad windet sich zur Höhe тропи́нка вьётся вверх; sich vor Schmerzen ~ извива́ться от бо́ли

Windeseile *f:* in ~ с быстрото́й мо́лнии

Windfang *m* bei Eingangstüren та́мбур 2; **~tür** *f* дверь с та́мбуром

Wind|hauch *m* дунове́ние ве́тра; **~hose** *f* смерч 2 *G Pl* -ей; **~hund** *m* борза́я *Subst* 10

windig ве́трен:ый, -а *a. übertr* | heute ist es sehr ~ сего́дня о́чень ве́трено

Wind|jacke *f* непромока́емая спорти́вная ку́ртка; **~kanal** *m* аэродинами́ческая труба́ 6c; **~messer** *m* анемо́метр 2, ветроме́р 2; **~mühle** *f* ветряна́я ме́льница; **~pocken** *f Pl* ветряна́я о́спа, ветря́нка 6 *umg;* **~richtung** *f* направле́ние ве́тра; **~rose** *f* am Kompaß карту́шка 6; *Met* ро́за ве́тров; **~sack** *m Met* ко́нусный ветроука́затель 1; **~schatten** *m* подве́тренная сторона́ 6a

windschief покоси́вшийся 11; Fenster перeко́шен:ный

Windschutz *m* защи́та от ве́тра; **~scheibe** *f Kfz* ветрово́е стекло́

Wind|seite *f* наве́тренная сторона́; **~stärke** *f* си́ла ве́тра | ≈ sechs ве́тер в шесть ба́ллов

windstill безве́тренный; *Mar* штилево́й | ~es Wetter ти́хая пого́да; heute ist es ~ сего́дня безве́трие

Wind|stille *f* безве́трие 5, зати́шье 5; *Mar* штиль 1; **~stoß** *m* поры́в ве́тра; Bö шквал 2; **~surfing** *n Sport* виндсёрфинг 2

Windung *f* изви́лина 6; Fluß a. изги́б 2, изви́в 2; *Tech* оборо́т 2, изги́б 2; Spirale вит|о́к, -ка́ 2 *a. El;* Schraube шаг 2b

Wind|zug *m* дунове́ние 5 ве́тра; leichter Wind ветер|о́к, -ка́ 2; **~zunahme** *f* усиле́ние 5 ве́тра

Wink *m* Zeichen знак 2; mit dem Kopf киво́к, -ка́ 2; *übertr* Fingerzeig намёк 2; Hinweis, Rat указа́ние 5, сове́т 2 | einen ~ geben де́лать (с-) знак; Hinweis дава́ть ⟨дать⟩ указа́ние [сове́т]

Winkel *m* Ecke у́гол, угла́ 2e; на, в углу́; *Math* на, в угле́; Gegend, Ort usw. уго|л|о́к, -ка́ 2; stille Nebengasse; versteckter ~ im Haus u. ä. закоу́л|ок, -ка 2; Meßzeichen уго́льник 2 | im rechten ~ под прямы́м угло́м; ein ~ von 90° у́гол в 90°; in allen Ecken und ~n по всем угла́м (и закоу́лкам), повсю́ду; **~eisen** *n* углово́е желе́зо; Eisenbeschlag науго́льник 2

winkelförmig 1. *Adj* име́ющий 11 фо́рму угла́ **2.** *Adv* под угло́м, накло́нно

Winkel|geschwindigkeit *f* углова́я ско́рость; **~haken** *m Typ* верста́тка 6; **~halbierende** *f* биссектри́са 6

wink[e]lig: ~e Straße у́лица с закоу́лками [с мно́жеством поворо́тов], изви́листая у́лица

Winkel|maß *n Tech* уго́льник 2; **~messer** *m* угломе́р 2, транспорти́р 2; **~züge** *m Pl* уло́вки *Pl* 6, увёртки *Pl* 6 | ≈ machen виля́ть, уви́ливать от отве́та

winken *intr* Hand, Augen де́лать (с-) знак; Hand, (Taschen-)Tuch маха́ть* ⟨махну́ть *mom* 4⟩ *I;* Flaggenzeichen geben сигнализи́ровать *uv, v* 2 (a. про-) (флажка́ми); *übertr* ждать, ожида́ть, сули́ть 3 (по-) | dem Kellner ~ подзыва́ть ⟨подо|зва́ть*, подзову́⟩ официа́нта знако́м; j-n zu sich ~ мани́ть 3⁺ (по-) кого́-н., подозва́ть кого́-н. к себе́ (же́стом); ihm winkt eine Belohnung его ждёт награ́да

Winker *m* указа́тель 1 поворо́та; *Mar, Eisenb* семафо́р 2

winseln *intr* Hund визжа́ть 3, скули́ть 3

Winter *m* зима́ 6c *A* зи́му | im ~ зимо́й; den (ganzen) ~ über всю зи́му; für den ~ на́ зиму; den ~ über bleibe ich hier зи́му я проведу́ здесь; in diesem ~ в э́ту зи́му; **~aufenthalt** *m* зи́мнее 11 пребыва́ние;

~**camping** *n* зи́мний 11 ке́мпинг; ~**dienst** *m* зи́мняя 11 техни́ческая слу́жба (на автодоро́гах); ~**fahrplan** *m* зи́мнее 11 расписа́ние движе́ния поезд́ов; ~**fell** *n* подшёрст|ок, -ка 2; ~**ferien** *Pl* зи́мние 11 кани́кулы
winterfest зи́мний 11, приспосо́бленный для прожива́ния зимо́й | ~ machen подгот|а́вливать ⟨-о́вить 3 -о́влю⟩ к зиме́ [к рабо́те в зи́мних усло́виях]
Winter|garten *m* зи́мний 11 сад; ~**getreide** *n* ози́мые зерновы́е *Subst Pl* 10; ~**halbjahr** *n* зи́мнее 11 полуго́дие
winterhart *Bot* зимосто́|йкий, -ек, -йка
Winter|kartoffel *f* карто́фель на́ зиму; ~**kleidung** *f* зи́мняя 11 оде́жда; ~**kulturen** *f Pl* зимосто́йкие культу́ры; ~**kurort** *m* зи́мний 11 куро́рт; ~**lager** *n* зимо́вка 6, зимо́вье 5 a. von Tieren; ~**landschaft** *f* зи́мний 11 ландша́фт [пейза́ж]
winterlich 1. *Adj* зи́мний 11 | es ist schon sehr ~ зима́ уже́ даёт себя́ знать **2.** *Adv* по-зи́мнему
Winter|mantel *m* зи́мнее 11 пальто́; ~**mode** *f* мо́да на́ зиму; ~**monat** *m* зи́мний 11 ме́сяц; ~**morgen** *m* зи́мнее 11 у́тро
wintern *unpers:* es wintert зима́ наступа́ет
Winter|reifen *m* зи́мняя 11 ши́на; ~**saat** *f* ози́мый посе́в, о́зимь 9; ~**schlaf** *m* зи́мняя спя́чка 11-6; ~**schlußverkauf** *m* распрода́жа 6 това́ров зи́мне́го сезо́на, весе́нняя 11 распрода́жа; ~**semester** *n* зи́мний 11 семе́стр, зи́мнее 11 полуго́дие 5; ~**spiele** *f Pl:* Olympische ≈ Зи́мние 11 олимпи́йские и́гры; ~**sport** *m* зи́мний 11 спорт, зи́мние 11 ви́ды *Pl* 2 спо́рта; ~**sportzentrum** *n* ме́сто 4b ма́ссового ката́ния; ~**urlaub** *m* о́тпуск зимо́й; ~**vorrat** *m* запа́с на́ зиму; ~**wetter** *n* зи́мняя 11 пого́да; ~**zeit** *f* зи́мнее 11 вре́мя | zur ≈ зимо́й
Winzer *m* виногра́дарь 1; Weinleser сбо́рщик 2 виногра́да; ~**fest** *n* пра́здник сбо́ра виногра́да
winzig 1. *Adj* кро́хотный, кро́шечный; unbedeutend ничто́ж|ный, -ен **2.** *Adv:* ~ klein кро́шечный
Wipfel *m* верши́на 6, верху́шка 6
Wippe *f* каче́ли *Pl* 9
wippen *intr* кач|а́ться ⟨-ну́ться *mom* 4⟩, пока́чиваться ⟨-кача́ться⟩; auf einer Wippe кача́ться [пока́чиваться] на каче́лях | mit den Füßen ~ болта́ть нога́ми; mit dem Schwanz ~ Vögel трясти́* хво́стом
wir 1. *Pers Pron* мы, нас, нам, нас, на́ми, о нас | ~ alle мы все; er ist mit uns zufrieden он на́ми дово́лен; ~ waren fünf нас бы́ло пя́теро; ~ haben es nötig нам необходи́мо **2.** *Refl Pron* себя́; wir sind zufrieden mit uns мы дово́льны собо́й
Wirbel *m* Drehbewegung, (Ab-) Lauf кругово́ро́т 2, (вихрево́е) круже́ние 5; Wind вихрь 1; Strudel водоворо́т 2 *a. übertr;* Rauch, Staub клубы́ *Pl* 2b; Haar~ вих|о́р, -ра́ 2; Trommel бараба́нная дробь 9g; *Anat* позвон|о́к, -ка́ 2; Fenster~ ру́чка 6; an Saiteninstrumenten кол|о́к, -ка́ 2 | in ~n клуба́ми; im ~ der Ereignisse в ви́хре собы́тий; ~ machen вызыва́ть ⟨вы́|звать*⟩ возбужде́ние; ~**lose** *Pl m Zool* беспозвоно́чные *Subst* 10
wirbeln *intr* кружи́ться 3 кру́жи́шься, вер|те́ться 3⁺ -чу́сь; Wasser бурли́ть 3; Rauch, Staub клуби́ться 3, вихри́ться 3 (вз-); *tr* Trommel выбива́ть ⟨вы́|бить*⟩ дробь | mir wirbelt der Kopf у меня́ голова́ идёт кру́гом
Wirbel|säule *f* позвоно́чный столб, позвоно́чник 2; ~**säulenverkrümmung** *f* искривле́ние позвоно́чника; ~**sturm** *m* урага́н 2, цикло́н 2; ~**tier** *n* позвоно́чное живо́тное; ~**wind** *m* вихрь 1 | wie ein ≈ как вихрь, ви́хрем
wirken *tr Text* вяза́ть*; *übertr* tun де́лать (с-); *intr* eine Wirkung ausüben де́йствовать 2 (по-); Eindruck machen, Einfluß ausüben де́йствовать (воз-, по-) (auf на *A*), производи́ть 3⁺ -вожу́ ⟨-|вести́*⟩ (на кого́-н.) како́е-н. впечатле́ние; tätig sein рабо́тать (als в ка́честве *G*) | die Arznei wirkt nur schwach лека́рство де́йствует дово́льно сла́бо [ока́зывает дово́льно сла́бое де́йствие]; er wirkte als Arzt он рабо́тал врачо́м [в ка́честве врача́]; das wirkt Wunder э́то твори́т чудеса́; sie wirkt lächerlich она́ произво́дит смешно́е впечатле́ние
Wirker *m* вяза́льщик 2; Strumpf~ чуло́чник 2; ~**ei** *f* тка́цкая [трикота́жная] фа́брика 6
wirklich 1. *Adj* действи́тел|ьный, -ен, -ьна, настоя́щий 11; wahrhaft и́стин|ный, -ен, -на, факти́ческий | die ~e Sachlage и́стинное положе́ние веще́й **2.** *Adv* действи́тельно, на [в] са́мом де́ле | er ist ~ krank он действи́тельно [в са́мом де́ле] заболе́л [бо́лен]; ich bin ~ zufrieden я в са́мом де́ле дово́лен; ~? неуже́ли?
Wirklichkeit *f* действи́тельность 9 | in ~ в действи́тельности, на са́мом де́ле
Wirklichkeitsform *f* изъяви́тельное наклоне́ние 5
wirklichkeits|fremd далёкий от действи́тельности [от жи́зни]; ~**nah** бли́зкий к действи́тельности; *Kunst* бли́зкий к реа́льному [нату́рному] | ≈e Kunst реалисти́ческое иску́сство
Wirkmaschine *f Tech* трикота́жная [вяза́льная] маши́на
wirksam действен|ный, -на, эффек-

ти́в|ный, -ен; *Med* де́йствующий 11 | ~ sein де́йствовать (по-) 2

Wirksamkeit *f* де́йственность 9, эффекти́вность 9; Tätigkeit де́ятельность 9

Wirkung *f* де́йствие 5 *G;* Einwirkung, Einfluß возде́йствие 5, влия́ние 5; Folge (по)сле́дствие 5; Ergebnis результа́т 2, эффе́кт 2 | mit ~ vom ersten Januar Vertrag действи́тельный с пе́рвого января́; in ~ treten вступ|а́ть ⟨-и́ть 3⁺⟩ в де́йствие [в си́лу]; seine ~ tun ока́зывать ⟨-|каза́ть*⟩ [производи́ть 3⁺ ⟨-|вести́*⟩] своё де́йствие [свой (ожида́емый) эффе́кт]

Wirkungs|bereich *m* сфе́ра [круг 2b; в кругу́] де́ятельности; *übertr* сфе́ра влия́ния; **~grad** *m* эффекти́вность 9, де́йственность 9; *Tech* коэффицие́нт [эн] 2 поле́зного де́йствия; **~kreis** *m* = **Wirkungsbereich**

wirkungslos не даю́щий 11 эффе́кта, безрезульта́т|ный, -ен; erfolglos безуспе́ш|ный, -ен

Wirkungsstätte *f* ме́сто де́ятельности

wirkungsvoll эффе́кт|ный, -ен; Maßnahme эффекти́в|ный, -ен

Wirkwaren *f Pl* вя́заные изде́лия *Pl* 5, трикота́ж 2

wirr Haar спу́танный; verworren, unklar сумбу́р|ный, -ен, (за)пу́тан:ный, -на; Gerüchte сму́т|ный, -ен, -на́! | ein ~es Durcheinander (стра́шный) беспоря́д|ок, -ка 2, хао́с 2; ich bin ganz ~ im Kopf у меня́ всё спу́талось в голове́

Wirren *f Pl* неуря́дицы *Pl* 6, раздо́ры *Pl* 2, сму́та 6 | Zeit der ~ *hist* сму́тное вре́мя

Wirr|kopf *m* бестолко́вый челове́к 2, пу́таник 2; **~warr** *m* пу́таница 6, неразбери́ха 6; Hin- und Herlaufen сумато́ха 6

Wirsing *m* саво́йская капу́ста 6

Wirt *m* хозя́|ин 2 *Pl* -ева 4; Gastwirt владе́л|ец, -ьца 2 рестора́на | die Rechnung ohne den ~ machen упу|сти́ть *v* 3⁺ -щу́ из виду реша́ющее обстоя́тельство, просч|и́тываться ⟨-ита́ться⟩; **~in** *f* хозя́йка 6; Gastwirtin владе́лица 6 рестора́на

Wirtschaft *f* хозя́йство 4; eines Landes, eines Gebiets a. эконо́мика 6; Gasthaus рестора́н 2, трacти́р 2 | die ~ führen занима́ться (дома́шним) хозя́йством, вести́ хозя́йство; schöne ~! хороши́ поря́дки!

wirtschaften *intr* Wirtschaft leiten хозя́йствовать 2, вести́* хозя́йство; Haushalt führen, beschäftigt sein, arbeiten хозя́йничать, вести́ хозя́йство | sparsam ~ эконо́м|ить 3 -лю (с-) (mit на *P*); zugrunde ~ до|вести́* *v* что-н. до разоре́ния; gut ~ können Frau быть* хоро́шей хозя́йкой

Wirtschaft|erin *f* эконо́мка 6; **~ler** *m* экономи́ст 2

wirtschaftlich хозя́йствен:ный, -на, экономи́ческий; rentabel рента́бел|ьный, -ен, -ьна, дохо́д|ный, -ен; sparsam экономи́ч|ный, -ен; Person эконо́м|ный, -ен | ~e Rechnungsführung хозя́йственный расчёт 2, хозрасчёт 2; ~e Zusammenarbeit экономи́ческое сотру́дничество

Wirtschaftlichkeit *f* хозя́йственность 9, экономи́чность 9; эконо́мность 9; рента́бельность

Wirtschafts|abkommen *n* экономи́ческое [торго́вое] соглаше́ние; **~beziehungen** *f Pl* экономи́ческие свя́зи [отноше́ния]; **~embargo** *n* экономи́ческое эмба́рго; **~einheit** *f* хозя́йственная едини́ца; **~entwicklung** экономи́ческое разви́тие; **~form** *f* экономи́ческий укла́д 2, хара́ктер 2 эконо́мики [хозя́йства]; **~führung** *f* Lenkung управле́ние наро́дным хозя́йством, управле́ние эконо́микой; Haushaltsführung веде́ние хозя́йства; **~funktionär** *m* хозя́йственный рабо́тник, хозя́йственник 2; **~gebäude** *n* хозя́йственная постро́йка; **~gebiet** *n* экономи́ческий райо́н | nichtsozialistisches ≈ несоциалисти́ческие стра́ны 6c; **~geld** *n* де́ньги на хозя́йственные расхо́ды; **~gemeinschaft** *f* экономи́ческое соо́бщество 4; **~geschichte** *f* исто́рия эконо́мики; **~hilfe** *f* экономи́ческая по́мощь | der Rat für Gegenseitige ≈ (*Abk* RGW) Сове́т Экономи́ческой Взаимопо́мощи (*Abk* СЭВ); **~integration** *f* экономи́ческая интегра́ция; **~jahr** *n* хозя́йственный [отчётный] год; **~krise** *f* экономи́ческий кри́зис; **~lage** *f* экономи́ческое [хозя́йственное] положе́ние; **~ordnung** *f* экономи́ческий строй, эконо́мика 6; **~organ** *n* хозя́йственный о́рган; **~partner** *m* [экономи́ческий] партнёр; **~plan** *m* хозя́йственный план; **~planung** *f* плани́рование хозя́йства [эконо́мики]; **~politik** *f* экономи́ческая поли́тика

wirtschaftspolitisch поли́тико-экономи́ческий

Wirtschafts|potential *n* экономи́ческий потенциа́л [тэ] 2; **~prüfer** *m* ауди́тор 2; **~rat** *m* экономи́ческий сове́т; **~sabotage** *f* экономи́ческий сабота́ж; **~system** *n* экономи́ческая систе́ма | sozialistisches ≈ социалисти́ческая систе́ма хозя́йства; **~verbindungen** *f Pl* экономи́ческие свя́зи; **~verbrechen** *n* хозя́йственное преступле́ние; **~verhandlungen** *f Pl* перегово́ры по экономи́ческим вопро́сам; **~wachstum** *n* экономи́ческий рост; **~wissenschaft** *f* экономи́ческая нау́ка, эконо́мика 6; **~wis-**

senschaftler *m* экономи́ст 2; **~zweig** *m* о́трасль хозя́йства [эконо́мики]
Wirts|haus *n* тракти́р 2, рестора́н 2; **~leute** *Pl* хоз|я́ева, -я́ев *Pl* 4, хозя́ин 2 и хозя́йка 6
Wisch *m* Stück Papier бумажо́нка 6; Geschreibsel мазня́ 7
wischen *tr* вытира́ть ⟨вы́|тереть*⟩ | sich den Mund ~ вытира́ть (себе́) рот; den Schweiß von der Stirn ~ вытира́ть пот со лба; Tränen aus den Augen ~ вытира́ть слёзы на глаза́х; Staub ~ стира́ть ⟨-тере́ть, сотру́⟩ пыль
Wischer *m Kfz* стеклоочисти́тель 1; Hieb уда́р 2
Wisch|lappen *m* тря́пка 6; **~tuch** *n* Geschirrtuch ку́хонное [посу́дное] полоте́н|це 4 *G Pl* -ец
Wisent *m* зубр 2
Wismut *n* ви́смут 2
wispern *intr* шепта́ть*; miteinander шепта́ться
Wißbegier(de) *f* жа́жда 6 зна́ний, любозна́тельность 9
wißbegierig любозна́тел|ьный, -ен, -ьна
wissen *tr u. intr* Kenntnis haben; kennen знать (von, um о *P*); können, verstehen уме́ть (с-), мочь* (с-) | j-n etw. ~ lassen изве|ща́ть ⟨-сти́ть 3 -щу́⟩ кого́-н. о чём-н., дава́ть* ⟨дать*⟩ знать кому́-н. о чём-н.; er weiß (es) schon он уже́ (э́то [об э́том]) зна́ет; er weiß nichts он ничего́ не зна́ет; weiß er denn nicht, daß ... ра́зве он не зна́ет, что ...; soviel ich weiß наско́лько мне изве́стно; wie man weiß как изве́стно; nicht, daß ich wüßte а я и не знал, я ничего́ о э́том не зна́ю; wer kann es~?, wer weiß? как знать?; weißt du noch, wie ... по́мнишь, как ...; ich weiß ihn glücklich я зна́ю, что он сча́стлив; man will ~, daß... говоря́т, что ..., хо́дит слух, что ...; er weiß maßzuhalten он зна́ет ме́ру; er weiß zu schweigen он уме́ет молча́ть; ich werde ihn schon zu finden ~ я суме́ю его́ найти́; ich wußte mir nicht zu helfen я не знал, что де́лать
Wissen зна́ние 5 (um о *P*); Kenntnisse зна́ния *Pl* 5 | er hat ein großes ~ у него́ больши́е зна́ния; das ~ um etw. зна́ние чего́-н.; meines ~s наско́лько я зна́ю [мне изве́стно]; unseres ~s по на́шим све́дениям; ohne mein ~ без моего́ ве́дома; nach bestem ~ und Gewissen че́стно, по со́вести; wider besseres ~ вопреки́ рассу́дку
Wissenschaft *f* нау́ка 6; **~ler** *m* нау́чный сотру́дник 2, де́ятель 1 нау́ки; Gelehrter учёный *Subst* 10; **~lerin** *f* нау́чный сотру́дник 2; *umg* нау́чная сотру́дница 6; Gelehrte учёный *Subst* 10
wissenschaftlich нау́ч|ный, -ен | ~er Sozialismus нау́чный социали́зм; ~es Forschungsinstitut нау́чно-иссле́довательский институ́т; ~er Mitarbeiter нау́чный сотру́дник
Wissenschaftlichkeit *f* нау́чность 9
wissenschaftlich-technisch нау́чно-техни́ческий
Wissenschafts|organisation *f* организа́ция нау́ки, планоме́рная и системати́ческая организа́ция в о́бласти како́й-н. нау́ки; **~theorie** *f* тео́рия нау́ки; **~zweig** *m* о́трасль нау́ки
Wissens|drang *m* стремле́ние к зна́ниям; **~gebiet** *n* о́бласть зна́ний; **~lücke** *f* пробе́л в зна́ниях; **~speicher** *m* (спра́вочная) картоте́ка 6; in Buchform спра́вочник 2 (für по *D*); **~stand** *m* у́ровень зна́ний; **~vermittlung** *f* сообще́ние 5 зна́ний
wissenswert интере́с|ный, -ен, значи́м:ый
wissentlich *Adv* созна́тельно, умы́шленно
wittern *tr* чу́ять* (по-); vermuten предчу́вствовать [ус] 2
Witterung *f Met* пого́да 6; bei Tieren чутьё 3 | ~ von etw. bekommen чу́ять* (по-) за́пах чего́-н.
Witterungs|umschlag *m* (по́лная) переме́на пого́ды; **~verhältnisse** *n Pl* усло́вия пого́ды; **~wechsel** *m* сме́на пого́ды
Witwe *f* вдова́ 6с; **~r** *m* вдов|е́ц, -ца́ 2
Witz *m* Geist остроу́мие 5; Scherz анекдо́т 2; Spaß шу́тка 6; witzige Bemerkung остро́та 6 | ein fauler ~ пло́ская шу́тка [остро́та]; ein guter ~ уда́чный анекдо́т; ~e machen отпу|ска́ть ⟨-сти́ть 3⁺ -щу́⟩ шу́тки [остро́ты], остри́ть 3 (с-); mach keine ~e! не шути́!, шу́тки в сто́рону!; ~e erzählen расска́зывать ⟨расс|каза́ть*⟩ анекдо́ты; der ~ ist der, daß ... всё де́ло [вся шту́ка] в том, что ...; **~blatt** *n* юмористи́ческий журна́л 2; **~bold** *m* остря́к 2е, шутни́к 2е
witz|eln *intr* подшу́чивать ⟨-шути́ть 3⁺ -шучу́⟩ (über над *I*); остри́ть 3 (с-); **~ig** остроу́м|ный, -ен; spaßig забáв|ный, -ен
Wladiwostok Владивосто́к 2
wo 1. *Adv* где; zeitlich когда́ | ~ ist sie? где она́?; von ~ stammt er? отку́да он ро́дом?; von ~ (aus)? отку́да?; sieh, ~ er hingeht! посмотри́, куда́ он идёт!; ~ soll er sich schon erkundigen! где ему́ спра́виться!; ~ immer es sei где бы то ни́ было; der Tag, ~ er sie das erste Mal sah день, когда́ он её впервы́е уви́дел **2.** *Konj* е́сли | ~ nicht für immer, so doch für längere Zeit е́сли не навсегда́, то во вся́ком слу́чае надо́лго **3.** *Interj;* ach ~! куда́ там!, вот ещё!; **~anders** *Adv* (где́-либо) в друго́м ме́сте

wobei *Adv* причём | ~ ist das passiert? где [как] это случилось?

Woche *f* неделя 7 | in dieser ~ на этой неделе; in der nächsten ~ на будущей неделе; in den nächsten ~n в ближайшие недели; in der ~ werktags в будни; heute in drei ~n ровно через три недели; vor zwei ~n две недели тому назад; es ist eine ~ her, daß ... тому неделя, как ...; sie kommt bald in die ~n она скоро родит [разрешится от бремени]

Wochenbett *n* послеродовой период 2; **~fieber** *n* родильная горячка 6

Wochen|blatt *n* еженедельник 2; **~ende** *n* конец недели; суббота 6 и воскресенье 5 | am ≈ в субботу и воскресенье; **~endgrundstück** *n* дачный (садовый) участок; **~endhaus** *n* загородный домик 2 для отдыха, дача 6; **~karte** *f* недельный проездной абонемент 2 [билет]; **~krippe** *f* круглосуточные ясли; **~siedlung** *f* дачный посёлок

wochenlang *Adv* неделями, по целым неделям

Wochen|lohn *m* недельная заработная плата; **~schrift** *f* еженедельник 2, еженедельный журнал 2; **~tag** *m* будничный [рабочий 11] день | an einem ≈ в будничный [рабочий] день

wochentags *Adv* по будням, в будни, в рабочий день

wöchentlich **1.** *Adj* еженедельный; Plan, Zahlung понедельный **2.** *Adv* еженедельно | einmal ~ раз в неделю

Wochenzeitschrift *f* еженедельный журнал, еженедельник 2

Wöchnerin *f* роженица 6, родильница 6

Wodka *m* водка 6

wo|durch *Adv* вследствие [из-за] чего, благодаря чему; **~für** *Adv* за что; anstelle вместо чего; Zweck для чего

Woge *f* волна 6h *oder* с *G Pl* волн

wogegen **1.** *Adv* против чего; worauf на что **2.** *Konj* напротив

wogen *intr* Meer волноваться (вз-), бушевать 2; Getreide колыхаться*

wo|her *Adv* откуда | ≈ hast du das? откуда ты это взял?; ≈ er auch immer kommen mag откуда бы он ни пришёл; ≈ des Wegs? откуда вы?; **~hin** *Adv* куда; **~hingegen** *Konj* напротив

wohl *Adv* gesund, gut хорошо; vielleicht пожалуй, вероятно | ich fühle mich recht [nicht ganz] ~ я чувствую себя довольно хорошо [неважно, не совсем хорошо]; mir ist ~ zumute мне хорошо, у меня хорошо на душе; ~ oder übel волей-неволей; ihm ist dabei nicht recht ~ он себя при этом неловко чувствует; was wird er ~ sagen? что же он скажет?; leben Sie ~! прощайте!, всего наилучшего!; das ist ~ das beste это, пожалуй, лучше всего; er wird ~ nicht kommen он, вероятно, не придёт; ich werde ~ kommen я, пожалуй, приду; ~ bekomm's! на здоровье!

Wohl *n* благо 4; Wohlergehen благополучие 5 | zum ~ на благо, для блага; für das ~ der Menschheit на благо человечества; das allgemeine ~ общественное благо; zum ~e! на здоровье!; auf dein ~! за твоё здоровье!

wohl|auf *Adv* в добром здравии | er ist ≈ он вполне здоров; **~bedacht** (хорошо) обдуман:ный, -на

Wohl|befinden *n* здоровье 5; Wohlgefühl хорошее самочувствие [ус] 11-5; **~behagen** *n* хорошее самочувствие 11-5 [настроение 5]; Vergnügen удовольствие 5

wohl|behalten неповреждённый, невредим:ый; glücklich благополуч|ный, -ен; **~bekannt** хорошо известный; **~beleibt** пол|ный, -он, -на, полно, дород|ный, -ен

Wohlergehen *n* благополучие 5; Gesundheit здоровье 5

wohlerzogen хорошо воспитан:ный, -на

Wohlfahrt *f* общественное вспомоществование 5 | ~ beziehen получ|ать (-ить 3⁺) пособие благотворительных учреждений

Wohlgefallen *n* удовлетворение 5; удовольствие 5 | sich in ~ auflösen кончиться *v* 3 к общему удовлетворению [удовольствию]

wohl|gefällig прият|ный, -ен; wohlgeneigt благосклон|ный, -ен, -на; **~gemeint** доброжелател|ьный, -ен, -ьна; **~genährt** упитан:ный, -на; **~geordnet** благоустроен:ный, -а; Verhältnisse благоприят|ный, -ен

Wohl|geruch *m* благоухание 5; **~geschmack** *m* приятный вкус

wohl|gestaltet благообраз|ный, -ен, хорошо сложён:ный, -ена; **~habend** зажиточ|ный, -ен

Wohlhabenheit *f* зажиточность 9

wohlig прият|ный, -ен | mir ist so ~ zumute мне так хорошо, у меня такое приятное самочувствие

Wohlklang *m* благозвучие 5

wohlklingend благозвуч|ный, -ен

Wohl|laut *m* благозвучие 5; **~leben** *n* беззаботная жизнь, зажиточная праздная жизнь

wohl|meinend доброжелател|ьный, -ен, -ьна; **~riechend** благоухающий 11, благоухан|ный, -ен, -на; **~schmeckend** вкус|ный, -ен, -на, -но, вкусны, прият|ный, -ен на вкус

Wohl|sein *n* (zum) ≈! на здоровье!; **~stand** *m* благосостояние 5 | im ≈ leben жить в довольствие; ~**tat** *f* благодеяние 5; ~**täter** *m* благотворитель 1

wohltätig Veranstaltung благотворительный

Wohltätigkeit *f* благотворительность 9

Wohltätigkeitsveranstaltung *f* мероприятие с благотворительными целями

wohltuend прият|ный, -ен; Behandlung; Einfluß благотвор|ный, -ен

wohl|tun *intr* быть* приятным; angenehm wirken оказывать ⟨-|казать*⟩ благотворное действие (j-m на кого-н.) | das hat mir wohlgetan это пошло мне на пользу; ~**überlegt** хорошо обдуманный; ~**unterrichtet** хорошо осведомлённый; ~**verdient** заслуженный; ~**weislich** *Adv* благоразумно

Wohlwollen *n* благосклонность 9, доброжелательность 9 | j-m ~ entgegenbringen благосклонно [доброжелательно] отно|ситься 3⁺ -шусь к кому-н.

wohlwollend благосклон|ный, -ен, -на, доброжелател|ьный, -ен, -ьна

Wohn|anhänger *m* автодача 6, дача-прицеп 6-2; ~**bedingungen** *f Pl* жилищные условия; ~**bezirk** *m* жилой район; ~**block** *m* (жилой) квартал 2, комплекс 2 жилых домов

wohnen *intr* жить*; wohnhaft sein a. проживать (in в *P*, bei y *G*); vorübergehend прожить* | möbliert ~ жить в меблированных комнатах; billig ~ дёшево пла|тить 3⁺ -чу за квартиру; in welcher Straße wohnst du? на какой улице ты живёшь?; Tür an Tür ~ жить дверь в дверь; ich habe in diesem Zimmer fünf Jahre gewohnt я прожил в этой комнате пять лет

Wohn|fläche *f* жилая площадь, жилплощадь 9; ~**gebäude** *n* жилой дом 2b *Pl* -á, жилое здание; ~**gebiet** *n* жилой район; in der Stadt городской квартал 2, микрорайон 2; ~**gemeinschaft** *f* совместное проживание 5; коллектив 2 жильцов; Wohnung, Zimmer группа 6 совместно проживающих людей

wohnhaft проживающий 11 (in в *P*, bei у *G*) | ~ sein in ... жить* [проживать] по адресу в ...

Wohn|haus *n* жилой дом; ~**heim** *n* общежитие 5; ~**komfort** *m* жилищный комфорт, благоустройство 4; ~**komplex** *m* жилой микрорайон 2 [комплекс]; ~**küche** *f* кухня-столовая 7 *G Pl* кухонь-*Subst* 10; ~**kultur** *f* благоустройство 4 (жилья), культура быта; ~**lage** *f* (рас)-положение квартиры; ~**laube** *f* дача 6

wohnlich уют|ный, -ен

Wohn|ort *m* местожительство 4, место жительства; ~**parteiorganisation** *f* партийная организация по месту жительства

Wohnraum *m* жилое помещение, жилплощадь 9; ~**lenkung** *f* распределение 5 жилой площади [жилплощади]; ~**vergabe** *f* предоставление 5 жилой площади [жилплощади]

Wohn|recht *n* право проживания; ~**sitz** *m* местожительство 4, место жительства | ich habe meinen ≈ in Leipzig я постоянно живу в Лейпциге; ich habe meinen ≈ nach Berlin verlegt я переехал на постоянное жительство в Берлин; ~**ung** *f* квартира 6; Wohnraum жилище 4, жильё 3 | in der ≈ на квартире; sich nach einer ≈ umsehen искать* квартиру; gut eingerichtete ≈ благоустроенная квартира; eine neue ≈ beziehen въ|ехать* *v* в новую квартиру; umziehen переехать *v* в [на] новую квартиру

Wohnungsamt *n* жилищный отдел 2, жилотдел 2

Wohnungsbau *m* жилищное строительство; ~**genossenschaft** *f* жилищно-строительный кооператив

Wohnungs|einrichtung *f* обстановка квартиры; ~**inhaber** *m* Mieter квартиросъёмщик 2; ~**kommission** *f* жилищная комиссия; ~**miete** *f* квартирная плата, квартплата 6; ~**not** *f* жилищный кризис 2, недостат|ок, -ка 2 жилой площади; ~**schlüssel** *m* ключ от квартиры; ~**suche** *f* поиски жилья [квартиры]; ~**suchender** *m* ищущий 11 квартиру, нуждающийся *Subst* 11 в жилплощади; ~**tausch** *m* обмен жилплощади [квартир]; ~**wechsel** *m* перемена квартиры, переезд 2 из одной квартиры в другую

Wohn|verhältnisse *n Pl* жилищные условия; ~**viertel** *n* жилой квартал; ~**wagen** *m* für Bauarbeiter жилой вагон [вагончик 2]; Auto дача-прицеп 6-2; ~**zimmer** *n* (жилая) комната

wölben *tr* выво|дить 3⁺ -жу ⟨вы|вести*⟩ свод *G*; sich ~ *refl* образовывать свод, изгибаться | gewölbt Stirn выпуклый; *Bauw* Brücke сводчатый; Straße выпуклый

Wölbung *f* Straße выпуклость 9; Brücke сводчатость 9; Gewölbe; Stirn свод 2

Wolf *m* волк 2g; junger волчон|ок, -ка 2 *Pl* волч|ата, -ат; *Med* опрелость 9; Küchenmaschine мясорубка 6 | Fleisch durch den ~ drehen провёртывать ⟨-вернуть 4⟩ мясо через мясорубку; der ~ im Schafspelz волк в овечьей шкуре

Wölfin *f* волчица 6

wölfisch волчий 12

Wolfram *n* вольфрам 2; ~**faden** *m* вольфрамовая нить; ~**stahl** *m* вольфрамовая сталь

Wolfs|hund *m* немецкая овчарка 6; irischer волкодав 2; ~**hunger** *m* волчий 12 аппетит; ~**jagd** *f* охота на волков;

~milch *f Bot* молоча́й 1; **~pelz** *m* во́лчий 12 мех; **~rachen** *m Med* во́лчья 12 пасть

Wolga Во́лга 6

Wolgograd Волгогра́д 2

Wolke *f* облак|о 4b *G Pl* -о́в; Regen~, Gewitter~ *meist* ту́ча 6 | der Himmel ist ganz mit ~n bedeckt не́бо заволокло́сь облака́ми; die ~n ziehen sich zusammen ту́чи сгуща́ются; er war wie aus den ~n gefallen он как бу́дто с не́ба свали́лся

Wolken|bruch *m* (си́льный) ли́в|ень, -ня 1; **~decke** *f* облачный покро́в; **~kratzer** *m* небоскрёб 2

wolkenlos безо́блач|ный, -ен

Wolkenwand *f* гряда́ 6h облако́в

wolkig о́блач|ный, -ен

Wolldecke *f* шерстяно́е одея́ло

Wolle *f* шерсть 9g | reine ~ чи́стая шерсть

¹wollen Tuch шерстяно́й

²wollen *tr u. intr* хоте́ть* (за-); wünschen жела́ть (по-); fordern тре́бовать 2 (по-) | er will arbeiten он хо́чет [ему́ хо́чется, он собира́ется] рабо́тать; was ~ Sie von mir? что [чего́] вы от меня́ хоти́те?; das habe ich nicht gewollt! я э́того не хоте́л!; er weiß nicht, was er will он (сам) не зна́ет, чего́ [что] он хо́чет [ему́ хо́чется]; ich habe es gewollt я хоте́л э́того; zu wem ~ Sie? вы к кому́?; wie Sie ~ как хоти́те; was ~ Sie damit sagen? что вы хоти́те э́тим сказа́ть?; hier ist nichts zu ~ здесь ничего́ не добьёшься; er will es nicht getan haben он говори́т [утвержда́ет], что он э́того не де́лал; er will nichts gesagt haben он (де́лает вид, что) ничего́ не сказа́л; das will überlegt sein об э́том на́до поду́мать; es will mir nicht einleuchten я ника́к не могу́ поня́ть; ~ Sie mir bitte helfen! помоги́те мне, пожа́луйста!; die Sache will nicht vorwärtsgehen де́ло не дви́гается; es scheint ein schöner Tag werden zu ~ день обеща́ет быть хоро́шим

Woll|faden *m* шерстяна́я нить; **~garn** *n* шерстяна́я пря́жа, шерсть 9g; **~gewebe** *n* шерстяна́я ткань

wollhaltig содержа́щий 11 шерсть

wollig шерсти́ст:ый, пуши́ст:ый; aus Wolle hergestellt шерстяно́й

Woll|industrie *f* шерстеобраба́тывающая 11 промы́шленность; **~jacke** *f* шерстяна́я ко́фточка; **~kämmerei** *f* чеса́льная фа́брика 6 гребенно́й ше́рсти; **~mischgewebe** *n* полушерстяна́я ткань; **~mütze** *f* (вя́заная) шерстяна́я ша́пка; **~pullover** *m* шерстяно́й пуло́вер [сви́тер (тэ)] 2; **~spinnerei** *f* Werk шерстопряди́льная фа́брика 6; **~stoff** *m* шерсть 9g, шерстяна́я ткань

Wollust *f* сладостра́стие 5; Wonne наслажде́ние 5

wollüstig сладостра́ст|ный, -ен

Wolpryla *f* вольпри́ла 6; **~pullover** *m* сви́тер [тэ] из вольпри́лы

wo|mit *Adv* чем; с чем | ≈ zeichnest du? чем ты рису́ешь?; ≈ beginnst du? с чего́ ты начина́ешь?; **~möglich** *Adv* возмо́жно; etwa gar чего́ до́брого | hast du es ≈ verloren? быть мо́жет, ты э́то потеря́л?; **~nach** *Adv* в связи́ [сообра́зно] с чем | ≈ fragt er? о чём он спра́шивает?

Wonne *f* блаже́нство 4, наслажде́ние 5 | vor ~ от блаже́нства; mit ~ zuhören слу́шать с наслажде́нием

wonnetrunken опьянённый ра́достью [восто́ргом]

wonnig entzückend преле́ст|ный, -ен; glückselig блаже́н:ный, -на; **~lich** блаже́н:ный, -на

wor|an *Adv* на чём; на что | ≈ liegt es? в чём де́ло?, за чем де́ло ста́ло?, от чего́ э́то зави́сит?; ≈ denkst du? о чём ты (то́лько) ду́маешь?; ich weiß nicht, ≈ ich bin (я) не зна́ю, как быть [на что я могу́ рассчи́тывать]; **~auf 1.** *Adv* на чём; на что; по́сле чего́ | ≈ besteht er? на чём он наста́ивает?; ≈ ich entgegnete, daß ... на что я возрази́л, что ...; ≈ bezieht es sich? к чему́ э́то отно́сится? **2.** *Konj* по́сле чего́; **~aus** *Adv* из чего́, отку́да | ≈ schließt du das? из чего́ ты э́то заключа́ешь?; **~rin** *Adv* в чём, где

Wort *n* Einzelwort сло́во 4b; Text, Zitat слова́ *Pl;* Wortzusammenhang сло́во; Ausspruch изрече́ние 5, выска́зывание 5; Versprechen сло́во, обеща́ние 5 | mit einem ~ одни́м сло́вом; mit wenigen ~en в немно́гих слова́х; mit eigenen ~en свои́ми слова́ми; mit anderen ~en други́ми [ины́ми] слова́ми; ~ für ~ сло́во в сло́во; in ~en von Zahlen про́писью; um das ~ bitten проси́ть (по-) сло́ва; das ~ ergreifen взять* *v* сло́во; j-m das ~ entziehen лиш|а́ть ⟨-и́ть 3⟩ кого́-н. сло́ва; j-m das ~ erteilen предост|авля́ть ⟨-а́вить 3 -а́влю⟩ [дава́ть* ⟨дать*⟩] сло́во кому́-н.; sein ~ halten держа́ть (с-) (своё) сло́во; j-m aufs ~ glauben ве́рить (по-) кому́-н. на́ слово; er sagte kein ~ он не сказа́л ни (одного́) сло́ва; ich habe kein ~ verstanden ни сло́ва не по́нял; j-n nicht zu ~e kommen lassen не дава́ть* ⟨дать*⟩ кому́-н. говори́ть [и сло́ва сказа́ть]; das letzte ~ hat sie после́днее сло́во за ней; ein (gutes) ~ für j-n einlegen замо́лв|ить *v* 3 -лю за кого́-н. слове́чко; j-m ins ~ fallen перебива́ть ⟨-|би́ть*⟩ кого́-н.; j-n beim ~ nehmen лов|и́ть 3⁺ -лю́ ⟨пойма́ть⟩ кого́-н. на сло́ве; hochtrabende ~e гро́мкие фра́зы *Pl* 6

Wort|art *f Ling* часть 9g ре́чи; **~bildung** *f* словообразова́ние 5; **~bruch** *m* наруше́ние (да́нного) сло́ва

wortbrüchig вероло́м|ный$_1$ -ен

Wörter|buch *n* слова́рь 1e | mit ≈ arbeiten со словарём; erklärendes ≈ толко́вый слова́рь; ein ≈ mit 40000 Stichwörtern слова́рь на со́рок ты́сяч слов; **~verzeichnis** *n* спи́сок слов; für ein Wörterbuch сло́вник 2

Wort|folge *f* поря́док слов; **~fügung** *f* словосочета́ние 5; **~führer** *m* представи́тель 1; *Lit* вырази́тель 1 (von j-s Ansichten чьих-н. взгля́дов); **~gebrauch** *m* словоупотребле́ние 5; **~gefecht** *n* спор 2 | sich ein ≈ liefern спо́рить 3

wortgetreu 1. *Adj* досло́вный **2.** *Adv a.* сло́во в сло́во

Wortgut *n* слова́рный соста́в (языка́), ле́ксика 6

wortkarg неразгово́рчив:ый | ~ sein скуп|и́ться 3 -лю́сь на слова́

Wort|klauberei *f* буквое́дство 4; **~laut** *m* досло́вный [то́чный] текст 2 | im vollen ≈ по́лностью

wörtlich досло́вный, буква́л|ьный$_1$ -ен

Wortliste *f* сло́вник 2

wortlos 1. *Adj* безмо́лв|ный$_1$ -ен **2.** *Adv* без еди́ного сло́ва, не говоря́ ни сло́ва, мо́лча

Wort|meldung *f*: ≈en liegen bisher nicht vor сло́ва пока́ никто́ не проси́л; ich bitte um ≈en! кто про́сит сло́ва?

wortreich многосло́в|ный$_1$ -ен; Sprache бога́т:ый

Wort|reichtum *m* бога́тство языка́; **~schatz** *m* eines Menschen запа́с 2 слов; der Sprache ле́ксика 6, слова́рный соста́в (языка́); **~schöpfung** *f* словотво́рчество 4; **~schwall** *m* пото́к 2 слов; **~spiel** *n* игра́ слов; **~stellung** *f* поря́д|ок$_1$ -ка 2 слов; **~streit** *m* препрека́ние 5, препира́тельство 4; **~verbindung** *f* словосочета́ние 5; **~wechsel** *m* препрека́ния *Pl* 5, препира́тельство 4 | es kam zu einem ≈ zwischen j-m und j-m кто-н. на́чал препира́ться с кем-н.

wortwörtlich *Adv* сло́во в сло́во, буква́льно

Wort|zusammenhang *m* взаимосвя́зь 9 слов; **~zusammensetzung** *f* словосложе́ние 5; Wort сло́жное сло́во 4b

wor|über *Adv* над чем; о чём; в чём | ≈ freut er sich? чему́ он ра́дуется?; ≈ klagt er? на что он жа́луется?; ≈ lachst du? над чем ты смеёшься?; ≈ habt ihr gesprochen? о чём вы разгова́ривали?; **~um** *Adv* о чём | ≈ handelt es sich? за чем де́ло ста́ло?, в чём де́ло?, о чём идёт речь?; **~unter** *Adv* под чем; подо что; среди́ чего́, ме́жду кото́рыми | ≈ liegt es? под чем э́то лежи́т?

wo|von *Adv* из чего́; от чего́; о чём | ≈ sprechen Sie? о чём вы говори́те?; **~vor** *Adv* пе́ред чем; behüten от чего́ | ≈ fürchtest du dich? чего́ ты бои́шься?; **~zu** *Adv* к чему́; weshalb заче́м, для чего́ | ≈ das? к чему́ э́то?; ≈ brauchst du das? для чего́ э́то тебе́ ну́жно?; es gibt nichts, ≈ er nicht bereit wäre нет ничего́$_1$ к чему́ бы он не был гото́в

Wrack *n* Schiff, Fahrzeug обло́мки *Pl* 2 *G;* gesunkenes Schiffs- затону́вшее су́дно 11-4 *Pl* суда́ 2b; *übertr* разва́лина 6

wringen *tr* выжима́ть ⟨вы́|жать[1]*⟩, выкру́чивать ⟨вы́кру|тить 3 -чу⟩

Wucher *m* ростовщи́чество 4 | ~ treiben занима́ться ростовщи́чеством; **~er** *m* ростовщи́к 2e; **~geschäft** *n* ростовщи́ческая сде́лка

wucherisch ростовщи́ческий

wuchern *intr Bot* си́льно [бу́йно] разраста́ться ⟨-|расти́сь*⟩; *Hdl* дава́ть* ⟨дать*⟩ в рост (mit Geld де́ньги); **~d** Geschwulst разраста́ющийся 11

Wucher|preis *m* чрезме́рная цена́; **~ung** *f* Wuchern разраста́ние 5; Geschwulst наро́ст 2; **~zinsen** *m Pl* ростовщи́ческие проце́нты

Wuchs *m* рост 2 | von hohem ~ высо́кого ро́ста, ро́слый

Wucht *f* Schwere, Last тя́жесть 9 *a. übertr;* Kraft, Stärke си́ла 6; große Anzahl у́йма 6, гора́ 6a | mit voller ~ изо всей си́лы, со всей си́лой; mit voller ~ zuschlagen уда́рить 3 изо всей си́лы [с разма́ху]

wuchtig Gang, Schlag, Wirkung полнове́с|ный$_1$ -ен, тяжелове́с|ный$_1$ -ен, a. Möbel; *umg* уве́сист:ый; Denkmal u. a. громо́зд|кий$_1$ -ок; massiv масси́в|ный$_1$ -ен

Wühlarbeit *f* Hetztätigkeit подрывна́я де́ятельность 9

wühlen *intr* копа́ться (in в *P*), ры́ться* (in в *P*); aufwiegeln подстрека́ть (gegen про́тив *G*), подка́пываться (gegen под *A*) | sich in etw. ~ зака́пываться ⟨-копа́ться⟩ во что-н. in Erde, Schnee; зарыва́ться ⟨-ры́ться⟩ во что-н.

Wühl|erei *f* Graben копа́ние 5, рытьё 3; **~maus** *f* полёвка 6

Wulst *m* утолще́ние 5

wulstig утолщ|ённый$_1$ -ён$_1$ -ена́ | ~e Lippen то́лстые гу́бы

wund натёртый [стёртый] до кро́ви | ~e Stelle больно́е ме́сто; einen ~en Punkt berühren ⟨затр|а́гивать, -о́нуть 4⟩ больно́е [сла́бое] ме́сто 4b; sich die Füße ~ laufen на|тере́ть* *v* себе́ но́ги до кро́ви

Wunde *f* ра́на 6 | klaffende ~ зия́ющая 11 ра́на; an seinen ~n sterben умере́ть *v* от ран

Wunder *n* чу́до 4 *Pl* чудеса́ 4b | ~ tun де́лать чудеса́; kein ~, daß ... неудиви́тельно, что ..., ничего́ удиви́тельного в том, что ...; sein blaues ~ erleben насмотре́ться *v* 3⁺ чуде́с, наслу́шаться *v* небыли́ц; ich dachte, wunder was es wäre я ожида́л чего́-то необыкнове́нного; er bildet sich wunder was darauf ein он вообража́ет, что э́то неве́сть что

wunderbar чуде́с|ный, -ен, удиви́тел|ьный, -ен, -ьна | es ist etw. Wunderbares, ... чуде́сно ...

Wunder|ding *n* дико́винка 6; **~glaube** *m* ве́ра в чудеса́

wunderhübsch удиви́тельно краси́вый

Wunder|kerze *f* бенга́льский ог|о́нь, -ня́ 1; **~kind** *n* вундерки́нд [дэ] 2; **~land** *n* страна́ чуде́с

wunderlich стра́н|ный, -ен, -на́!, причу́длив:ый; Person *a.* чудакова́т:ый | ein ~er Kauz чуда́к 2e

Wunderlichkeit *f* стра́нность 9, причу́дливость 9

wundern *tr:* es wundert mich, daß ... меня́ удивля́ет, что ...; sich ~ *refl* удив|ля́ться ⟨-и́ться 3 -лю́сь⟩ (über *D*) | ich muß mich doch sehr ~! я э́того не ожида́л!; du wirst dich noch einmal ~! ты ещё уви́дишь!

wunder|schön удиви́тельно краси́вый, чуде́с|ный, -ен; **~tätig** чудотво́рный, чудоде́йствен:ный, -на; **~voll** чуде́с|ный, -ен

Wunderwerk *n* чу́до 4 *Pl* чудеса́ 4b

Wund|fieber *n* травмати́ческая горя́чка 6; **~mal** *n* откры́тая ра́на 6, шрам 2; **~rose** *f* ро́жа 6; **~salbe** *f* мазь для ран; **~starrkrampf** *m* столбня́к 2e

Wunsch *m* жела́ние 5; Glück~ пожела́ние 5 | mein sehnlichster ~ моё са́мое си́льное жела́ние; auf seinen ~ по его́ жела́нию; sich nach j-s Wünschen richten руково́дствоваться 2 чьи́ми-н. жела́ниями; es geht alles ganz nach ~ всё идёт как нельзя́ лу́чше; die besten Wünsche zum Geburtstag наилу́чшие пожела́ния по слу́чаю дня рожде́ния; **~bild** *n* фанто́м 2

Wünschelrute *f* рудоиска́тельная лоза́ 6c

wünschen *tr* жела́ть (по-) (j-m etw. кому́ *G u. A*); wollen хоте́ть* (за-) (j-m etw. кому́ *G u. A*) | was ~ Sie (bitte)? что вы хоти́те?, что вам уго́дно?; j-m guten Morgen ~ пожела́ть кому́-н. до́брого у́тра; das ließ viel zu ~ übrig э́то оставля́ло жела́ть (мно́го) лу́чшего; er wünscht ihn zu sehen он хо́чет его́ ви́деть; ich wünschte, er käme я хоте́л бы, что́бы он пришёл; ich wünsche mir ein neues Kleid мне хо́чется име́ть но́вое пла́тье

wünschenswert жела́тел|ьный, -ен, -ьна

Wunschform *f* жела́тельное наклоне́ние

wunschgemäß согла́сно жела́нию, в соотве́тствии с жела́нием

Wunsch|konzert *n* конце́рт по зая́вкам радиослу́шателей [*TV* телезри́телей]; **~kost** *f* меню́ *n idkl* по вы́бору

wunschlos не име́ющий 11 жела́ний | er ist ~ glücklich ему́ бо́льше ничего́ не на́до

Wunsch|traum *m* (сокрове́нная) мечта́ 6 *G Pl* -ний; **~zettel** *m* пе́реч|ень, -ня 1 пожела́ний [жела́емых пода́рков]

Würde *f* досто́инство 4; Amt, Rang зва́ние 5; *hist* сан 2 | er hielt es unter seiner ~ он счита́л э́то ни́же своего́ досто́инства; er trat mit ~ auf он держа́л себя́ с досто́инством; in Amt und ~n sein состоя́ть 3 на слу́жбе, занима́ть высо́кое положе́ние

würdelos недосто́|йный, -ин, -йна, лишённый досто́инства

Würdenträger *m* высокопоста́вленное лицо́ 4c

würdevoll испо́лненный досто́инства; feierlich торже́ствен:ный, -на

würdig 1. *Adj* wert досто́|йный, -ин, -йна; Haltung испо́лненный досто́инства; ehrwürdig почте́н|ный, -ен, -на; feierlich торже́ствен:ный, -на | das ist deiner nicht ~ э́то недосто́йно тебя́ **2.** *Adv* с досто́инством, го́рдо

würdigen *tr* ehren удост|а́ивать ⟨-о́ить 3⟩; anerkennen цени́ть 3⁺, оце́нивать ⟨-цени́ть⟩; feiern отмеча́ть ⟨-ме́тить 3 -ме́чу⟩ | j-n keines Blickes ~ не удосто́ить кого́-н. взгля́дом; er würdigte mich keiner Antwort он не удосто́ил меня́ отве́том

Würdigung *f* призна́ние 5; Beurteilung оце́нка 6 | bei aller ~ seiner Verdienste ... признава́я [отмеча́я] все его́ заслу́ги ...

Wurf *m* брос|о́к, -ка́ 2; Würfelspiel вы́брос 2; *Biol* помёт 2; *Sport* бросо́к, мета́ние 5 | einen großen ~ tun достига́ть ⟨-|сти́чь*⟩ большо́го успе́ха

Würfel *m* ку́бик 2; beim Würfelspiel *meist Pl* игра́льная кость 9g; *Math* куб 2b; Kinderspielzeug; Speck, Fleisch ку́бики *Pl* | in ~ schneiden нареза́ть ⟨-|ре́зать*⟩ ку́биками; ~ spielen игра́ть в ко́сти; die ~ sind gefallen! решено́! жре́бий бро́шен!; **~becher** *m* стака́н 2 для игра́льных косте́й

würfelförmig 1. *Adj* куби́ческий **2.** *Adv* schneiden ку́биками

würfeln *intr* игра́ть ⟨сыгра́ть⟩ в ко́сти (um на *A*); losen броса́ть ⟨бро́|сить 3 -шу⟩ жре́бий

Würfel|spiel *n* игра́ в ко́сти; **~zucker** *m* са́хар-рафина́д 2–2

Wurf|geschoß *n* мета́тельный снаря́д; **~kreis** *m* Leichtathletik круг для мета́ния; Handball ли́ния 8 броска́; **~scheibe** *f* диск 2 (для мета́ния); **~sendung** *f* рассы́лка 6 рекла́мных проспе́ктов (по по́чте); **~spieß** *m* дро́тик 2; **~taubenschießen** *n* стрельба́ по таре́лочкам; **~weite** *f* да́льность мета́ния [броска́]

Würgegriff *m* приём сда́вливания

würgen *tr* дав|и́ть 3⁺ -лю́ (у-), души́ть 3⁺ (за-); *intr* дави́ться | er wird vom Husten gewürgt он да́вится ка́шлем; er würgt an einem Bissen он подави́лся куско́м

Würger *m Zool* сорокопу́т 2

[1]**Wurm** *m* червь 1h, червя́к 2e; Eingeweide~ глист 2e; *umg* глиста́ 6 | sich wie ein ~ krümmen извива́ться червяко́м; das Kind hat Würmer у ребёнка глисты́; da ist der ~ drin *umg* тут что́-то нела́дно, тут есть како́й-то дефе́кт

[2]**Wurm** *n umg* [беспо́мощный] ребён|ок, -ка 2

wurmartig червеобра́з|ный, -ен

wurmen *unpers:* es wurmt mich ärgert mich меня́ берёт доса́да; beunruhigt mich э́то не даёт мне поко́я

Wurmfortsatz *m* червеобра́зный отро́ст|ок, -ка 2

wurmig черви́в:ый

Wurm|kur *f* глистого́нное лече́ние; **~mittel** *n* глистого́нное сре́дство

wurmstichig исто́ченный червя́ми, черви́в:ый | ~ werden черви́веть (за-, о-)

Wurst *f* колбаса́ 6c; Rolle ва́лик 2 | es ist mir alles ~ мне всё равно́, мне (на всё) наплева́ть; es geht um die ~! *umg* реша́ется ва́жное де́ло!, наступи́л реша́ющий моме́нт!; ~ wider ~ долг платежо́м кра́сен, услу́га 6 за услу́гу

Würstchen *n* соси́ска 6, колба́ска 6 | Wiener ~ соси́ски по-ве́нски; **~bude** *f* соси́сочная *Subst* 10

wursteln *intr umg* тяну́ть 4⁺ волы́нку, рабо́тать кое-ка́к [спустя́ рукава́]; dahinleben рабо́тать и жить без пла́на и це́ли, жить* помале́ньку

wurstig безразли́ч|ный, -ен, наплева́тельский

Wurst|scheibe *f* ло́мтик колбасы́; **~suppe** *f* суп из колбасы́; **~waren** *f Pl* колба́сные изде́лия; **~zipfel** *m* ко́нчик колбасы́

Würze *f* пря́ность 9; in Speise, Getränk припра́ва 6; Bier су́сло 4; Pointe изю́минка 6, соль 9

Wurzel *f* ко́р|ень, -ня 1g *a. Med* | ~n schlagen [treiben] пуска́ть ⟨пусти́ть 3⁺⟩ ко́рни; die ~ ziehen *Math* извлека́ть ⟨-|вле́чь*⟩ ко́рень; ein Übel an der ~ packen пре|се́чь* *v* зло в ко́рне; **~behandlung** *f* лече́ние корне́й зубо́в; **~füßler** *m Zool* корнено́жка 6; **~gemüse** *n* корнепло́дные овощны́е расте́ния *Pl* 5

Wurzelhaut *f* надко́стница 6 зу́ба; **~entzündung** *f* воспале́ние надко́стницы (че́люсти)

wurzellos ohne Wurzel не име́ющий 11 ко́рня

wurzeln *intr* пуска́ть ⟨пусти́ть 3⁺⟩ ко́рни; Ursprung, Ursache haben корени́ться (in в *P*); verwurzelt sein быть* свя́занным всем свои́м существо́м с чем-н.

Wurzel|stock *m* корневи́ще 4; **~trieb** *m* корнево́й побе́г; **~werk** *n* ко́рни *Pl* 1g; **~zeichen** радика́л 2

würzen *tr* припр|авля́ть ⟨-а́вить 3 -а́влю⟩ (mit *I*) *a. übertr*

würzig пря́ный; pikant пика́нт|ный, -ен

wuschelig кудря́в:ый

Wuschelkopf *m* кудря́вая голова́

Wust *m* беспоря́д|ок, -ка 2, (беспоря́дочное) нагроможде́ние 5 *G;* Haufen во́рох 2, ку́ча 6

wüst öde, verwildert пусты́н|ный, -ен, -на; unbewohnt необита́ем:ый; unordentlich беспоря́доч|ный, -ен; Leben распу́т|ный, -ен, беспу́т|ный, -ен | ein ~es Durcheinander стра́шный хао́с, пу́таница 6; dort ging es ~ her там бы́ло бу́йное весе́лье

Wüste *f* пусты́ня 7

wüsten *intr* растр|а́чивать ⟨-а́тить 3 -а́чу⟩ (mit *A*), мота́ть (про-) (mit *A*) | mit der Gesundheit ~ разруша́ть ⟨-ру́шить 3⟩ своё здоро́вье

Wüstenei *f* Einöde пусты́нное ме́сто 4b, пусты́ня 7

Wüsten|klima *n* пусты́нный кли́мат; **~sand** *m* песо́к пусты́ни

Wüstling *m* развра́тник 2, распу́тник 2

Wut *f* я́рость 9; Raserei бе́шенство 4; Bosheit зло́ба 6; maßlose неи́стовство 4, свире́пость 9 | aus [vor] ~ со зло́сти; in ~ geraten приходи́ть 3⁺ -хожу́ ⟨-|йти́*, приду́⟩ в бе́шенство [в я́рость]; seine ~ an j-m auslassen вымеща́ть ⟨вы́ме|стить 3 -щу⟩ свою́ зло́бу на ком-н.; ~ auf j-n haben пита́ть бе́шеную зло́бу к кому́-н., зли́ться 3 (обо-, разо-) на кого́-н.; vor ~ kochen кипе́ть зло́бой; **~anfall** *m* припа́док бе́шенства; **~ausbruch** *m* при́ступ бе́шенства

wüten *intr* бушева́ть 2 a. Meer, Feuer usw.; Person a. бу́йствовать 2; grausam неи́стовствовать 2; Unwetter, Terror, Seuchen свире́пствовать 2; **~d** я́рост|ный, -ен, свире́пый, неи́стов:ый; Blick зло́б|ный, -ен | ≈ sein быть (о́чень) злым (auf на *A*, wegen за *A*), зли́ться 3 (разо-) (auf на *A*)

wutentbrannt взбеш|ённый, -ён, -ена́, разъярённый

Wüterich *m* нейстовый человéк 2 | ein grausamer ~ йзверг 2
wutschnaubend ярост|ный, -ен, вне себя́ от я́рости

X

X, x *n Math* x [икс] | j-m ein X für ein U vormachen втирáть ⟨-|терéть*, вотрý⟩ очкú комý-н.; er wohnte in der Stadt X он жил в гóроде Н
x-Achse *f* ось абсцúсс
x-Beine *n Pl* кривы́е нóги, х-обрáзные нóги
x-beinig кривонóг:ий
x-beliebig любóй | jeder ~e любóй
Xerokopie *f* ксерокóпия 8
x-mal *Adv* многокрáтно, мнóго раз | das habe ich dir schon ~ gesagt я тебé э́то ты́сячу раз говорúл
Xylographie *f* ксилогрáфия 8
Xylophon *n* ксилофóн 2

Y

Y, y *Math* y [úгрек]
y-Achse *f* ось ординáт
Yankee *m* я́нки *m idkl*
Yard *n* ярд 2

Z

Zacke *f* зуб|éц, -цá 2; *Tech* зуб 2 *Pl* зу́бь|я, -ев; Scharte зазу́брина 6
zacken *tr* вырезáть ⟨вы́|резать*⟩ зубцы́ на *A*, снаб|жáть ⟨-дúть 3 -жý⟩ зубцáми
zackig зубчáтый, с зубцáми; *umg* schneidig молодцевáт:ый
zaghaft рóб|кий, -ок, -кá!, рóбче; unentschlossen нерешúтел|ьный, -ен, -ьна
Zaghaftigkeit *f* рóбость 9; нерешúтельность 9
Zagreb Зáгреб 2
zäh Fleisch жёст|кий, -ок, жесткá!, жёстче; ~flüssig тягу́ч:ий 11, вя́з|кий, -ок, -кá!, вя́зче; klebrig лúп|кий, -ок, -кá!; *übertr* стó|йкий, -ек, -йкá!, вынóслив:ый; **~flüssig** густ:óй, -á, гу́сто, гу́сты́, гу́ще; *Tech* вя́з|кий, -ок, -кá!, вя́зче, вязкотеку́ч:ий 11
Zähigkeit *f* жёсткость 9; вя́зкость 9; *übertr* стóйкость 9, вынóсливость 9
Zahl *f* чис|лó 4c *G Pl* -ел; Ziffer цúфра 6; Menge, Anzahl числó, колúчество 4 | der ~ nach по числу́, по колúчеству; ohne ~ бесчúсленное мнóжество 4; in großer ~ в большóм колúчестве; gerade ~ чётное числó; sie waren zehn an der ~ их бы́ло дéсять (человéк); mit ~en versehen нумеровáть 2 (про-)
zahlbar подлежáщий 11 уплáте
zählbar исчислúмый
Zahlbox *f* кáсса 6 (в городскóм трáнспорте, рабóтающем без кондýктора)
zahlen *tr* пла|тúть 3⁺ -чу́ ⟨за-, у-⟩ (für за *A*) | eine Rechnung ~ платúть (за-, у-) по счёту; mit Scheck ~ (за)платúть чéком; einen hohen Preis für etw. ~ уплатúть за что-н. большу́ю цéну; wieviel habe ich zu ~? скóлько с меня́ (слéдуе|т)?, скóлько я дóлжен уплатúть?; bitte ~! im Restaurant рассчитáйтесь со мной, пожáлуйста!, дáйте, пожáлуйста, счёт!
zählen *tr* Geld u. a. считáть (со-, по-); считáть (по-) (zu *I*); rechnen причисля́ть ⟨-чúслить 3 (zu, unter к *D*); haben насч|úтывать ⟨-итáть⟩; *intr* считáть (по-); gehören считáться (zu *I*); rechnen рассчúтывать (auf на *A*) | er zählt zu den Besten егó считáют однúм из лу́чших; er zählt zu den besten Schülern он считáется однúм из лу́чших ученикóв; ihre Tage sind gezählt её дни сочтены́; er zählt nicht mehr als dreißig емý не бóльше тридцатú лет; die Stadt zählt hunderttausend Einwohner гóрод насчúтывает сто ты́сяч жúтелей; dazu zählt man ... к э́тому принадлежáт [отнóсятся] ...; das zählt nicht э́то не считáется; hier zählt nur die Leistung здесь принимáют во внимáние тóлько результáты трудá; er zählt ihn zu seinen besten Freunden он отнóсит [причисля́ет] егó к своúм лу́чшим друзья́м
Zahlen|angaben *f Pl* цифровы́е дáнные; **~folge** *f* числовáя послéдовательность; **~gedächtnis** *n* пáмять на чúсла; **~lotto** *n* цифровóе лотó, цифровáя лотерéя 7
zahlenmäßig чúсленный, колúчественный
Zahlen|material *n* цифровóй материáл; **~reihe** *f* числовóй ряд, ряд чúсел; **~system** *n* систéма чúсел; **~verhältnis** *n* числовóе соотношéние; **~wert** *m* чúсленное [числовóе] значéние
Zähler *Tech* счётчик 2; *Math* числúтель 1
Zahlkarte *f* почтóво-чéковый перевóдный бланк 2
Zählkarte *f* счётная кáрточка; *Sport* протокóл 2 судьú
Zahlkellner *m* официáнт-инкассáтор 2-2

zahllos бесчи́слен:ный, -на, несме́т|ный, -ен

Zahlmeister *m* казначе́|й 1 *G Pl* -ев

zahlreich 1. *Adj* многочи́слен:ный, -на **2.** *Adv* в большо́м коли́честве [числе́]

Zahl|stelle *f* Schalter ка́сса 6, око́ш|ко 4 *Pl* -ки, -ек ка́ссы; Auszahlungsstelle ме́сто вы́платы; **~tag** *m* платёжный день; Lohnzahlung день вы́дачи зарпла́ты; **~ung** *f* плат|ёж 2e *G Pl* -еже́й; Einzahlung, Beitrag взнос 2; Schulden упла́та 6 | eine ≈ leisten производи́ть 3⁺ -вожу́ ⟨-|вести́*⟩ платёж

Zählung *f* подсчёт 2; der Bevölkerung пе́репись 9

Zahlungs|abkommen *n* платёжное соглаше́ние; **~anweisung** *f* платёжное поруче́ние 5, платёжный о́рдер; **~aufforderung** *f* тре́бование произвести́ платёж; **~aufschub** *m* отсро́чка платежа́; **~bedingungen** *f Pl* усло́вия платежа́; **~befehl** *m* прика́з об упла́те; **~bilanz** *f* платёжный бала́нс; **~einstellung** *f* приостановле́ние 5 [прекраще́ние] платеже́й; **~erleichterung** *f* облегче́ние усло́вий платежа́

zahlungsfähig платёжеспосо́б|ный, -ен

Zahlungs|fähigkeit *f* платёжеспосо́бность 9; **~frist** *f* срок платежа́; **~mittel** *n* платёжное сре́дство; **~schwierigkeiten** *f Pl* платёжные затрудне́ния; **~stundung** *f* отсро́чка платежа́

zahlungsunfähig неплатёжеспосо́б|ный, -ен, несостоя́тел|ьный, -ен, -ьна | ~ werden обанкро́|титься *v* 3 -чусь

Zahlungs|unfähigkeit *f* неплатёжеспосо́бность 9, несостоя́тельность 9; **~verkehr** *m* систе́ма 6 расчётов | bargeldloser ≈ безнали́чные расчёты *Pl* 2; **~verpflichtung** *f* обяза́тельство произвести́ платёж; **~verzug** *m* просро́чка [заде́ржка 6] платежа́

Zählwerk *n* счётный механи́зм, счётчик 2

Zahlwort *n* и́мя числи́тельное

zahm ручно́й, укрощ|ённый, -ён, -ена́ | er ist eine ~e Natur у него́ о́чень мя́гкий хара́ктер; eine ~e Kritik беззу́бая [ро́бкая] кри́тика

zähmbar (легко́) прируча́емый; *übertr* укроти́мый

zähmen *tr* прируч|а́ть ⟨-и́ть 3⟩; *übertr* укро|ща́ть ⟨-ти́ть 3 -щу́⟩, обу́здывать ⟨обузда́ть⟩

Zahn *m* зуб 2g; Kamm, Säge, Zahnrad, Briefmarke зуб|е́ц, -ца́ 2; *Bot* зу́бчик 2 | die Zähne putzen чи́стить зу́бы; ich muß mir einen ~ ziehen lassen мне ну́жно удали́ть зуб; sich einen ~ ausbrechen слома́ть *v* себе́ зуб; j-m auf den ~ fühlen прощу́п|ывать ⟨-ать⟩ кого́-н.; die Zähne zeigen *übertr* пока́зывать ⟨-каза́ть⟩ зу́бы; sich an etw. die Zähne ausbeißen облома́ть *v* себе́ зу́бы обо что-н.; bis an die Zähne bewaffnet sein быть вооружённым до зубо́в; **~arzt** *m* зубно́й врач

zahnärztlich зубоврачёбный, зуболече́бный | ich bin in ≈er Behandlung я хожу́ к зубно́му врачу́, я лечу́ зу́бы

Zahn|behandlung *f* лече́ние 5 зубо́в; **~belag** *m* налёт на зуба́х; **~bürste** *f* зубна́я щётка; **~creme** *f* зубна́я па́ста 6

zähneknirschend скрежеща́ зуба́ми, с (большо́й) неохо́той

zahnen *intr:* das Kind zahnt у ребёнка ре́жутся зу́бы

Zahn|ersatz *m* зубно́й проте́з [тэ] 2; **~fäule** *f* костое́да 6 зубо́в; **~fistel** *f* зубно́й свищ, зубна́я фи́стула; **~fleisch** *n* десна́ 6c *G Pl* дёсен; **~fleischblutung** *f* кровотече́ние дёсен; **~füllung** *f* зубна́я пло́мба; **~geschwür** *n* абсце́сс 2 че́люсти; **~höhle** *f* зубна́я по́лость; **~klinik** *f* зубна́я кли́ника; **~karpfen** *m* гамбу́зия 8; **~krone** *f* коро́нка 6 (зу́ба); **~laut** *m* зубно́й звук

zahnlos беззу́бый

Zahn|lücke *f* отсу́тствие 5 зу́ба, щерби́на 6; **~medizin** *f* стоматоло́гия 8; **~mediziner** *m* стомато́лог 2; **~pasta** *f* зубна́я па́ста 6; **~pflege** *f* ухо́д за зуба́ми; **~prothese** *f* зубно́й проте́з [тэ]; **~putzglas** *n* стака́н для полоска́ния зубо́в

Zahnrad *n* шестер|ня́ 7 *G Pl* -ён, зубча́тое колесо́; **~antrieb** *m* зубча́тый приво́д; **~bahn** *f* зубча́тая желе́зная доро́га 6; **~getriebe** *n Tech* зубча́тая переда́ча; *Kfz a.* коро́бка переда́ч

Zahn|reihe *f* ряд зубо́в; **~schmelz** *m* зубна́я эма́ль; **~schmerzen** *m Pl* зубна́я боль | ich hatte starke ≈ у меня́ о́чень боле́ли зу́бы; **~stein** *m* зубно́й ка́мень; **~stocher** *m* зубочи́стка 6; **~techniker** *m* зубно́й те́хник; **~ung** *f Tech* систе́ма 6 зу́бьев, зу́бь|я *Pl* -ев; *Med* проре́зывание 5 зубо́в; **~wechsel** *m* сме́на зубо́в; **~wurzel** *f* ко́рень зу́ба

Zaire Заи́р 2; **~r** *m* жи́тель 1 Заи́ра

zairisch заи́рский

Zander *m* суда́к 2e

Zange *f Tech* щипцы́ *Pl* 2, клёщ|и *Pl* 2g *G* -е́й *u.* клещи́ *Pl* 2; Beiß≈ острогу́бцы *Pl* 2, куса́ч|ки *Pl* 6 *G* -ек; kleine щи́пчики *Pl* 2; *Med* хирурги́ческие щипцы́; Greifwerkzeug von Krebs клешн|я́ 7 *G Pl* -е́й | in die ~ nehmen брать ⟨взять⟩ в клёщи [в оборо́т]

Zangengeburt *f* ро́ды *Pl* с наложе́нием щипцо́в

Zank *m* ссо́ра 6; Zänkerei перебра́нка 6, брань 9; **~apfel** *m* я́блоко раздо́ра

zanken *intr* брани́ть 3 (вы-) (mit *A,* um, über из-за *G*); sich ~ *refl* ссо́риться 3

(по-) (mit j-m über с кем о чём-н., um из-за чего́-н.)
Zankerei *f* перебра́нка 6, брань 9
zänkisch сварли́в:ый
Zäpfchen *n Anat* язычі|о́к, -ка́ 2; *Pharm* све́чка 6, суппозито́ри|й 1 *P* -и
zapfen *tr* Bier, Wein це|ди́ть 3⁺ -жу́; Faß отку́пор|ивать ⟨-ить 3⟩; Holzbearbeitung запу|ска́ть ⟨-сти́ть 3⁺ -щу́⟩ в паз | etw. in Flaschen ~ разлива́ть ⟨-|ли́ть*, разолью́⟩ что-н. (из бо́чки) в буты́лки
Zapfen *m* Faß заты́чка 6, про́бка 6; *Tech* ше́йка 6, шип 2е; Spund вту́лка 6; *Bot* ши́шка 6; Eis-∸ (ледяна́я) сосу́лька 6; **~lager** *n Tech* подши́пник 2 [опо́ра 6] ца́пфы; **~streich** *m* (вече́рняя 11) заря́ *A* зо́рю
Zapf|säule *f* бензоколо́нка 6; **~stelle** *f* für Wasser (водо)забо́рный пункт 2
zappeln *intr* бара́хтаться; Fisch би́ться*, трепыха́ться | vor Ungeduld ~ дрожа́ть 3 от нетерпе́ния; er hat sie ~ lassen он истоми́л её ожида́нием
zapplig непосе́длив:ый; unruhig вертля́в:ый
Zar *m* царь 1е | als ~ regieren ца́рствовать 2
Zaren|reich *n* ца́рство 4; **~sohn** *m* царе́вич 2 *G Pl* -ей; **~tochter** *f* царе́вна 6
Zarge *f* Fenster, Tür ра́ма 6, коро́бка 6; Seitenwand der Streichinstrumente обеча́йка 6; Einfassung опра́ва 6
Zarin *f* цари́ца 6
Zarismus *m* цари́зм 2
zaristisch ца́рский
zart не́ж|ный, -ен, -на́, -но, не́жны́; Haut, Fleisch мя́г|кий [хк], -ок, -ка́ [хк]!; -че; мягча́йший 11; Gewebe то́н|кий, -ок, -ка́!; -ьше | ein ~er Hauch лёгкое дунове́ние; sie ist von ~er Gesundheit она́ сла́бого здоро́вья; **~besaitet** *übertr* чувстви́тел|ьный, -ен, -ьна, не́ж|ный, -ен, -на́, -но, не́жны́
Zart|gefühl *n* делика́тность 9, чу́ткость 9; **~heit** *f* не́жность 9; мя́гкость 9; то́нкость 9; хру́пкость 9
zärtlich не́ж|ный, -ен, -на́, -но, не́жны́, ла́сков:ый | ~ tun не́жничать *umg*
Zärtlichkeit *f* не́жность 9; Zuneigung ла́сковость 9 | mit ~en überhäufen осыпа́ть ⟨о|сы́пать*⟩ кого́-н. ла́сками, заласка́ть *v* кого́-н.
Zäsur *f Lit, Mus* цезу́ра 6; wichtiger Einschnitt перело́мный моме́нт 2
Zauber *m* Persönlichkeit, Jugend обая́ние 5; Lächeln, Neuheit, Landschaft, Reiz пре́лесть 9, очарова́ние 5 | der ~ des Geldes маги́ческое де́йствие 5 де́нег; er ist ihrem ~ erlegen он не устоя́л пе́ред её ча́рами; das ist fauler ~! *übertr* э́то сплошно́й обма́н!; **~ei** *f* колдовство́ 4, волшебство́ 4; Kunststück фо́кус 2; **~er** *m* колду́н 2е, волше́бник 2; Zauberkünstler, Gaukler фо́кусник 2
Zauberformel *f* заклина́ние 5, волше́бное сло́во 4b
zauberhaft Geschichte удиви́тел|ьный, -ен, -ьна; Gegend очарова́тел|ьный, -ен, -ьна, волше́б|ный, -ен
Zauberin *f* колду́нья 7, волше́бница 6
zauberisch = zauberhaft
Zauber|kraft *f* волше́бная си́ла; **~kunst** *f* волшебство́ 4, колдовство́ 4; Artistik фо́кусничество 4; **~künstler** *m* фо́кусник 2, иллюзиони́ст 2; **~kunststück** *n* фо́кус 2
zaubern *intr* колдова́ть 2; Zauberkunststücke vorführen пока́зывать ⟨-|каза́ть*⟩ фо́кусы; *tr:* Töne aus dem Klavier ~ извлека́ть из роя́ля волше́бные зву́ки
Zauber|spruch *m* заклина́ние 5, за́говор 2; **~stab** *m* волше́бная па́лочка 6; **~trank** *m* волше́бный напи́ток
zaudern *intr* ме́длить 3 (mit с *I*) | ohne zu ~ не ме́для, не коле́блясь
Zaum *m* узда́ 6с, узде́чка 6 | im ~ halten *übertr* обу́здывать ⟨обузда́ть⟩, держа́ть в узде́
zäumen *tr* взну́здывать ⟨взнузда́ть⟩
Zaumzeug *n* узде́чка 6 с набо́ром
Zaun *m* забо́р 2; Staketen-∸ a. штаке́тник 2; aus Maschendraht про́волочный забо́р; Umzäunung огра́да 6; Hecke жива́я и́згородь 9 | einen Streit vom ~e brechen затева́ть ⟨-те́ять, -те́ю, -те́ешь⟩ ссо́ру [спор]; **~gast** *m* безбиле́тный зри́тель; *übertr* посторо́нний наблюда́тель 11-1; **~könig** *m* крапи́вник 2; **~latte** *f* пла́нка забо́ра; **~pfahl** *m* забо́рный столб 2е, жердь 9g | ein Wink mit dem ≈ гру́бый [прозра́чный] намёк
zausen *tr* трепа́ть* (по-), драть* | j-m die Haare ~ трепа́ть кого́-н. за́ волосы
Zebra *n* зе́бра 6; **~streifen** *m* пешехо́дный перехо́д 2 «зе́бра»
Zebu *n* зе́бу *n indekl*
Zechbruder *m* Trinkgenosse собуты́льник 2
Zeche *f* Rechnung счёт 2b; *P nach* на *a.* счету́, *Pl* счет|а́, -о́в; *Bergb* ша́хта 6 | (den Wirt um) die ~ prellen улизну́ть *v* 4, не уплати́в по счёту; er mußte die ~ bezahlen ему́ пришло́сь поплати́ться за други́х; eine ~ stillegen переводи́ть 3⁺ -вожу́ ⟨-|вести́*⟩ ша́хту на консерва́цию
zechen *intr* ку|ти́ть 3⁺ -чу́, устр|а́ивать ⟨-о́ить 3⟩ попо́йку
Zecher *m* кути́ла *m* 6
Zech|gelage *n* кут|ёж 2е *G Pl* -ежей, попо́йка 6; **~kumpan** *m* собуты́льник 2; **~preller** *m* не уплати́вший *Subst* 11 по счёту
Zecke *f* клещ 2е
Zeder *f* кедр 2

Zedernwald *m* кедро́вый лес

Zehe *f Anat* па́л|ец, -ьца 2 (на ноге́); Knoblauch зуб|о́к, -ка́ 2 (чеснока́) | die kleine ~ мизи́н|ец, -ца 2 (на ноге́); die große ~ большо́й па́лец (ноги́); j-m auf die ~n treten наступ|а́ть ⟨-и́ть 3⁺ -лю́⟩ кому́-н. на́ ногу; *übertr* задева́ть ⟨-|де́ть*⟩ кого́-н.

Zehen|nagel *m* но́готь па́льца ноги́; **~spitze** *f:* auf ≈n на цы́почках, на носка́х

zehn *Num* де́сять 9e; zusammen де́сятер|о, -ы́х 10; Stück деся́т|ок, -ка 2 | wir sind zu ~ нас де́сять челове́к; wir waren ~ нас бы́ло де́сять челове́к; ~ Jahre alt десятиле́тний 11, десяти́ лет

Zehn *f:* число́ 4c де́сять, деся́тка 6; Straßenbahn деся́тка, деся́тый но́мер 2b | dort kommt die ~ вот идёт деся́тка [деся́тый но́мер]; **~eck** *n* десятиуго́льник 2; **~ender** *m Zool* оле́нь 1 с десятью́ отро́стками

Zehner *m* деся́тка 6; *Math* деся́т|ок, -ка 2; Zehnpfennigstück (моне́та 6 в) де́сять пфе́ннигов; 10 Mark де́сять 9e ма́рок; Omnibus деся́тка, деся́тый но́мер 2b; **~packung** *f* па́чка в [по] де́сять штук; **~system** *n* десяти́чная систе́ма

zehnfach **1.** *Adj* десятикра́тный **2.** *Adv* в де́сять раз, вде́сятеро

Zehn|füßer *m Pl Zool* десятино́гие *Subst Pl* 10; **~jahrfeier** *f* десятиле́тний 11 юбиле́й 1, десятиле́тие 5

zehnjährig десятиле́тний 11

Zehn|kampf *m* десятибо́рье 5; **~kämpfer** *m* десятибо́р|ец, -ца 2; **~klassenschule** *f* (шко́ла-)десятиле́тка (6-)6

zehnmal *Adv* де́сять раз; bei Vergleich в де́сять раз

Zehn|markschein *m* купю́ра 6 [банкно́т 2] в де́сять ма́рок; **~meterturm** *m* десятиметро́вая вы́шка; **~pfennigstück** *n* моне́та 6 в де́сять пфе́ннигов

zehnstöckig десятиэта́жный; in der UdSSR entsprechend одиннадцатиэта́жный

zehn|tägig десятидне́вный; **~tausend** *Num* де́сять ты́сяч | Zehntausende lauschten seinen Worten деся́тки ты́сяч внима́ли его́ слова́м

zehnter *Num* деся́тый | zu zehnt вдесятеро́м; der zehnte Jahrestag деся́тая годовщи́на, десятиле́тие 5

Zehnter *m hist* десяти́на 6

zehnteilig (состоя́щий 11) из десяти́ часте́й; Sendefolge десятисери́йный

zehntel *Num:* ein ~ одна́ деся́тая (часть) *G*

Zehntel *n* деся́тая часть 9g | zwei ~ две деся́тые

zehntens *Adv* в-деся́тых

zehren *intr* sich nähren пита́ться (von *I*), жить* (von *I*); schwächen, mager machen изнур|я́ть ⟨-и́ть 3⟩, подта́чивать ⟨-точи́ть 3⁺⟩ | das Fieber zehrt an ihrer Gesundheit лихора́дка подта́чивает её здоро́вье; von den Erinnerungen ~ жить воспомина́ниями; Seeluft zehrt на морско́м во́здухе худе́ют

Zeichen *n* знак 2; Merkmal, An≁ при́знак 2; Kenn≁ приме́та 6; *Med* симпто́м 2; auf Wäsche usw. ме́тка 6; Merk≁ заме́тка 6, поме́тка 6; Waren≁, Stempel, Marke знак, клеймо́ 4c; Satz≁ знак препина́ния; Signal сигна́л 2; и́мпульс 2; *Math, Mus* знак; *Chem* знак, си́мвол 2 | im ~ под зна́ком *G;* zum ~ в знак *G;* sich durch ~ miteinander verständigen объясн|я́ться ⟨-и́ться 3⟩ зна́ками; **~block** *m* блокно́т 2 для рисова́ния; **~brett** *n* чертёжная доска́; **~erklärung** *f* объясне́ние усло́вных зна́ков; **~feder** *f* перо́ для рисова́ния; **~heft** *n* тетра́дь для рисова́ния; **~kohle** *f* у́гольный каранда́ш 2e *G Pl* -е́й; **~kunst** *f* рисова́ние 5, черче́ние 5; **~lehrer** *m* учи́тель рисова́ния; **~papier** *n* чертёжная бума́га; dickes ва́тман 2; **~saal** *m* чертёжная *Subst* 10; Schule рисова́льный зал; **~setzung** *f* пунктуа́ция 8; **~sprache** *f* Gebärdenspiel язы́к жесто́в; System von (Hand-) Zeichen z. B. bei Gehörlosen язы́к зна́ков; **~stift** *m* рисова́льный каранда́ш; **~tisch** *m* чертёжный стол; **~trickfilm** *m* рисо́ванный мультипликацио́нный фильм; **~unterricht** *m* обуче́ние рисова́нию; Stunde уро́к рисова́ния; **~vorlage** *f* образе́ц для рисова́ния [для срисо́вывания]

zeichnen *tr* рисова́ть 2 (на-); *Tech* чер|ти́ть 3⁺ -чу́ (на-); in einer Zeichnung festhalten, skizzieren зарис|о́вывать ⟨-ова́ть⟩; flüchtig де́лать (с-) набро́сок [эски́з]; Waren, Vieh клейм|и́ть 3 -лю́ (за-); Wäsche ме́|тить 3 -чу (на-, по-); Brief подпи́сывать ⟨-|писа́ть*⟩; Anleihe подпи́сываться ⟨-писа́ться⟩ (на заём); darstellen рисова́ть (на-), изобра|жа́ть ⟨-зи́ть 3 -жу́⟩ | wieviel darf ich für Sie ~? на ско́лько вас подписа́ть?; 100 Mark ~ bei einer Sammlung подпи́сываться на сто ма́рок

Zeichnen *n* рисова́ние 5 | technisches ~ черче́ние 5; im ~ ist er gut с рисова́нием у него́ хорошо́

Zeichner *m* рисова́льщик 2 | technischer ~ чертёжник 2

zeichnerisch рисова́льный

Zeichnung *f* рису́н|ок, -ка 2; *Tech* черт|ёж 2e *G Pl* -еже́й; Skizze набро́с|ок, -ка 2, эски́з 2; Muster(ung) рису́нок, расцве́тка 6; *übertr* Darstellung зарисо́вка 6, изображе́ние 5; Anleihe подпи́ска 6 на *A*

zeichnungsberechtigt имéющий 11 прáво пóдписи
Zeigefinger *m* указáтельный пáлец
zeigen *tr* покáзывать ⟨-|казáть*⟩; Weg *a.* укáзывать ⟨-казáть⟩; vorführen демонстри́ровать *uv, v* 2 ⟨*a.* про-⟩; Haltung, Talent прояв|ля́ть ⟨-и́ть 3⁺ -лю́⟩, обнарýж|ивать ⟨-ить 3⟩; *intr* по-, укáзывать ⟨-казáть⟩ (auf на *A*); sich ~ *refl* покáзываться ⟨-казáться⟩; zutage treten обнарýж|иваться ⟨-иться⟩; zum Ausdruck kommen скáзываться ⟨-казáться⟩ | es wird sich ~ (потóм) ви́дно бýдет; sich besorgt ~ проявля́ть беспокóйство; sich dankbar ~ выражáть ⟨вы́ра|зить 3 -жу⟩ благодáрность; sich tapfer ~ прояви́ть хрáбрость, показáть себя́ хрáбрым; sich bereit ~ вы́ра|зить *v* 3 -жу готóвность; du hast dich als guter Freund gezeigt ты показáл себя́ хорóшим дрýгом
Zeiger *m* стрéлка 6; Anzeiger указáтель 1; **~waage** *f* циферблáтные весы́
Zeigestock *m* укáзка 6
Zeile *f* строкá 6h *a. TV,* стрóчка 6 | zwischen den ~n lesen читáть мéжду строк; in der vierten ~ von oben на четвёртой строкé свéрху
Zeilen|abstand *m* bei Schreibmaschine интервáл 2; *Typ a.* интерлинья́ж 2; **~breite** *f Typ* формáт 2 строки́; **~einsteller** *m* Schreibmaschine рычáг 2e интервáлов; **~honorar** *n* пострóчная плáта 6; **~länge** *f* длинá строки́
zeilenweise пострóчно
Zeilenzahl *f* числó строк
Zeisig *m* чиж 2e *G Pl* -éй
zeit *Adv:* ~ meines Lebens (за) всю мою́ жизнь; solange ich lebe покá я живý
Zeit *f* врéм|я *n GDP* -ени| *I* -енем| *Pl* -енá| -ён| -енáм; ~alter век 2b *Pl* -á; ~raum перúод 2; ~punkt момéнт 2; Frist врéмя, срок 2 | von ~ zu ~ врéмя от врéмени, по временáм; zur ~ während во врéмя *G;* jetzt в настоя́щее врéмя; mit der ~ со врéменем; seit einiger ~ с нéкоторого врéмени; im Laufe der ~ с течéнием врéмени; zu seiner ~ в своё врéмя; für kurze ~ ненадóлго; seit kurzer ~ недáвно; seit der ~ с э́тих пор; auf einige ~ на врéмя; zur selben ~ тем врéменем; zur rechten ~ вóвремя, своеврéменно; vor der ~ прéжде врéмени; die ganze ~ всё врéмя; gerade zur rechten ~ в сáмую пóру, кстáти; ich habe keine ~ у меня́ нет врéмени, мне нéкогда; es ist (an der) ~ порá; geben Sie mir nur ~ дáйте срок; die ~ drängt врéмя не тéрпит; die ~ ist nicht mehr weit врéмя ужé недалекó; das hat ~ э́то не к спéху, э́то неспéшно; wir haben keine ~ zu verlieren нам нельзя́ теря́ть врéмени; laß dir ~! не торопи́сь!; sich die ~ vertreiben коротáть (с-) врéмя; zu verschiedenen ~en разновремéнно; **~abschnitt** *m* перúод 2, отрéзок врéмени; **~alter** *n* век 2b *Pl* -á, э́ра 6 | in unserem ≈ в нáше врéмя, в нáшу эпóху, в наш век; **~angabe** *f* указáние 5 врéмени; **~ansage** *f* сообщéние 5 тóчного врéмени; **~aufnahme** *f* фотографи́рование 5 с дли́тельной вы́держкой; **~aufwand** *m* затрáты *Pl* врéмени (für на *A*)
zeitbedingt обусловленный врéменем
Zeit|bombe *f* бóмба замéдленного дéйствия; **~dauer** *f* продолжи́тельность врéмени, срок 2; **~dokument** *n* истори́ческий документ; **~druck** *m:* unter ≈ под давлéнием срóков; **~einheit** *f* едини́ца врéмени; **~einteilung** *f* распределéние [организáция 8] врéмени
Zeiten|folge *f Gramm* послéдовательность времён; **~wende** *f:* an der ≈ на рубежé; vor der ≈ до нóвой э́ры
Zeit|ersparnis *f* эконóмия врéмени; **~fahren** *n* Radsport гóнка 6 на врéмя; **~folge** *f* хронологи́ческий поря́док; **~form** *f Gramm* временнáя фóрма; **~frage** *f* вопрóс врéмени
zeitgemäß соотвéтствующий 11 дýху [трéбованиям] врéмени, современ|ный| -ен| -на | das ist nicht mehr ~ э́то ужé не отвечáет дýху нáшего врéмени
Zeitgenosse *m* совремéнник 2
zeitgenössisch совремéн|ный| -ен| -на
Zeit|geschehen *n* текýщие собы́тия *Pl* 11-5; **~geschichte** *f* совремéнная истóрия; **~geschmack** *m* вкус эпóхи; **~gewinn** *m* вы́игрыш врéмени; **~grund** *m:* aus ~gründen за недостáтком врéмени
zeitig 1. *Adj* früh рáнний 11| рáньше; rechtzeitig своеврéмен|ный| -ен| -на **2.** *Adv* beizeiten заблаговремéнно; früh рáно; rechtzeitig вóвремя | zu ~ сли́шком рáно
zeitigen *tr* давáть* ⟨дать*⟩ (etw. что-н.) | seine Bemühungen haben ein gutes Ergebnis gezeitigt егó старáния привели́ к хорóшим результáтам; die gemeinsame Arbeit hat schöne Früchte gezeitigt совмéстная рабóта далá [принеслá] хорóшие плоды́
Zeitkarte *f Verk* (сезóнный) проезднóй билéт
Zeitkino *n* кинотеáтр 2 хроникáльного фи́льма (с непреры́вной демонстрáцией фи́льмов)
Zeitlang *f:* eine ~ нéкоторое врéмя
zeit|lebens *Adv* всю жизнь; **~lich 1.** *Adj* временнóй, преходя́щий 11 | das Zeitliche segnen покидáть ⟨-ки́нуть 4⟩ брéнный мир **2.** *Adv* по врéмени
Zeitlohn *m* повремéнная оплáта трудá | im ~ stehen рабóтать на услóвиях повремéнной оплáты (трудá)

zeitlos не свя́занный ни с каки́м вре́менем, вневре́менный; Kleidung незави́симый от мо́ды | ein ~er Mantel пальто́ нейтра́льного фасо́на
Zeitlupe *f:* in ~ vorführen заме́дленной съёмкой
Zeitlupen|aufnahme *f* скоростна́я [высокочасто́тная] (кино)съёмка; **~tempo** *n:* im ~ о́чень ме́дленно
Zeit|mangel *m* недоста́ток вре́мени | aus ≈ за недоста́тком вре́мени; **~maß** *n Mus* темп [тэ] 2, такт 2; **~messer** *m* хроно́метр 2; **~messung** *f* хронометра́ж 2
zeitnah[e] отвеча́ющий 11 тре́бованиям совреме́нности, актуа́л|ьный, -ен, -ьна
Zeit|nehmer *m Sport* судья́-секундометри́ст 7c-2, судья́-счётчик 7c-2; Arbeitsnormer хронометражи́ст 2; **~plan** *m* календа́рный план, гра́фик 2; **~punkt** *m* вре́мя | einen ≈ für etw. festsetzen назн|ача́ть ⟨-а́чить 3⟩ вре́мя чего́-н.; von diesem ≈ an с э́того вре́мени [моме́нта]; zu diesem ≈ в э́то вре́мя, к э́тому вре́мени; zum geeigneten ≈ в удо́бный [подходя́щий] моме́нт
Zeitraffer *m:* im ~ zeigen ускорённой съёмкой; **~aufnahme** *f* заме́дленная (кино)съёмка
Zeit|raum *m* пери́од 2 [промежу́т|ок, -ка 2] (вре́мени) | im ≈ в пери́од; **~rechnung** *f* летоисчисле́ние 5, э́ра 6 | vor unserer ≈ до на́шей э́ры; (nach) unserer ≈ на́шей э́ры; **~schrift** *f* журна́л 2 | ≈ für … журна́л по вопро́сам …; eine ≈ für Mode журна́л мод
Zeit|spanne *f* промежу́ток (вре́мени), срок 2; **~stück** *n Theat* злободне́вная [совреме́нная] пье́са; **~umstände** *m Pl* обстано́вка 6 вре́мени, обстоя́тельства, характе́рные для да́нного вре́мени
Zeitung *f* газе́та 6 | eine ~ abonnieren подпи́сываться ⟨-|писа́ться*⟩ на газе́ту; an einer ~ mitarbeiten сотру́дничать в газе́те; eine ~ halten получа́ть газе́ту
Zeitungs|anzeige *f* объявле́ние в газе́те; **~artikel** *m* газе́тная статья́; **~ausschnitt** *m* газе́тная вы́резка; **~austräger** *m* = **Zeitungsträger**; **~beilage** *f* приложе́ние к газе́те; **~bericht** *m* (газе́тная) корреспонде́нция 8; **~ente** *f* газе́тная у́тка; **~kiosk** *m* газе́тный кио́ск; **~kopf** *m* заголо́вок 2 газе́ты; **~korrespondent** *m* корреспонде́нт газе́ты; **~notiz** *f* газе́тная заме́тка; **~papier** *n* газе́тная бума́га; als Verpackungsmaterial газе́та 6; **~roman** *m* рома́н, печа́тающийся 11 в газе́те; **~träger** *m* разно́счик 2 газе́т; **~verkäufer** *m* продаве́ц газе́т, газе́тчик 2; **~verkäuferin** *f* продавщи́ца газе́т, газе́тчица 6; **~wesen** *n* газе́тное де́ло 4b, печа́ть 9
Zeit|unterschied *m* ра́зница во вре́мени | ein ≈ von zwei Stunden ра́зница во вре́мени (в) два часа́; **~verlust** *m* поте́ря вре́мени; **~verschwendung** *f* бесполе́зная тра́та 6 вре́мени; **~vertreib** *m* времяпрепровожде́ние 5 | zum ≈ для времяпрепровожде́ния
zeit|weilig 1. *Adj* вре́менный; vorübergehend преходя́щий 11 **2.** *Adv* вре́менно, вре́мя от вре́мени; **~weise** *Adv* вре́мя от вре́мени, по времена́м
Zeit|wert *m Wirtsch* реа́льная сто́имость; **~wort** *n Gramm* глаго́л 2; **~zeichen** *n Rad* сигна́л пове́рки вре́мени, пове́рка 6 вре́мени; **~zünder** *m* дистанцио́нный взрыва́тель 1
zelebrieren *tr Rel* служи́ть 3⁺ (от-) ме́ссу
Zelle *f Biol* клётка 6; Gefängnis ка́мера 6; Mönchs~ ке́л|ья 7 *G Pl* -ий; *El* элеме́нт 2 *a. Foto; Pol* яче́йка 6; Honigwabe яче|я́ 7 *G Pl* -е́й; Telefon телефо́нная каби́на 6 [бу́дка 6]
Zell|faser *f* целлюло́зное волокно́; **~gewebe** *n* клёточная ткань; **~glas** *n* целлофа́н 2; **~kern** *m* клёточное ядро́
Zellophan *n* целлофа́н 2; **~beutel** *m* целлофа́новый мешо́чек; **~folie** *f* целлофа́н 4, целлофа́новая бума́га 6
Zellstoff *m* целлюло́за 6, клетча́тка 6; Verbandstoff лигни́н 2; **~taschentuch** *n* бума́жный носово́й плато́к
Zellteilung *f* деле́ние клётки
Zellu|loid *n* целлуло́ид 2; **~lose** *f* целлюло́за 6
Zell|wand *f* сте́нка клётки; **~wolle** *f* (целлюло́зное) шта́пельное волок|но́ 4c *G Pl* -он; Stoff шта́пельная ткань 9; *umg* шта́пель 1
Zelt *n* пала́тка 6; großes шат|ёр, -ра́ 2 | ~e aufbauen ста́в|ить 3 -лю (по-) пала́тки, разбива́ть ⟨раз|би́ть*, -обью́⟩ пала́тки; ~e abbrechen свёртывать ⟨-верну́ть 4, -вёрнутый⟩ пала́тки; seine ~e abbrechen снима́ться ⟨сня́ться*; сняли́сь⟩ с ме́ста; im ~ wohnen жить в пала́тке [в пала́тках]; **~ausrüstung** *f* пала́точное обору́дование; **~bahn** *f* Stoffart брезе́нт 2; zum Zeltbau поло́тнище 4 пала́тки; Regenumhang плащ-пала́тка 2e-6; **~dach** *n Bauw* шатро́вая кры́ша
zelten *intr* жить* в пала́тке [в пала́тках]
Zelt|lager *n* пала́точный ла́герь; **~leinwand** *f* пала́точный холст, брезе́нт 2
Zeltler *m* челове́к 2, проводя́щий 11 свой о́тдых в пала́тке, тури́ст, 2 живу́щий 11 в пала́тке; жи́тель 1 ке́мпинга
Zelt|pflock *m* ко́лышек (для устано́вки пала́тки); **~plane** *f* брезе́нт 2; zum Zeltbau поло́тнище 4 пала́тки; **~platz** *m* площа́дка для разби́вки пала́ток; bewohnt пала́точный ла́гер|ь 1 *Pl* -я́, -ей 1b [ке́мпинг 2]; **~stadt** *f* пала́точный го-

род|óк, -ка́ 2; ~**stange** *f* сто́йка 6 (для устано́вки пала́тки)
Zement *n* цеме́нт 2; ~**fabrik** *f* цеме́нтный заво́д
zementieren *tr* цементи́ровать *uv, v* 2 *a. übertr*
Zementierung *f* цементи́рование 5
Zement|mischer *m* меша́лка 6 (для цеме́нтного раство́ра); ~**putz** *m* цеме́нтная штукату́рка; ~**sack** *m* мешо́к для цеме́нта; voll мешо́к с цеме́нтом; ~**werk** *n* цеме́нтный заво́д
Zenit *m, n Astr* зени́т 2 *a. übertr* | im ~ seines Ruhmes в зени́те свое́й сла́вы
zensieren *tr* подверга́ть ⟨-ве́ргнуть 4a *u.* 4⟩ цензу́ре, цензурова́ть 2; Schule оце́нивать ⟨-цени́ть 3⁺ -ценённый⟩, ста́в|ить 3 -лю (по-) отме́тку [оце́нку, балл]
Zens|or *m* це́нзор 2; ~**ur** *f* цензу́ра 6; Schule отме́тка 6, оце́нка 6, балл 2 | eine ≈ in etw. bekommen Schulfach получ|а́ть ⟨-и́ть 3⁺⟩ отме́тку [оце́нку, балл] по чему́-н.
Zentesimalwaage *f* со́тенные весы́
Zentimeter *n* (*Abk* cm) сантиме́тр 2 (*Abk* см); ~**maß** *n* ме́рная ле́нта 6; Bandmaß руле́тка 6
Zentner *m* полце́нтнера, пятьдеся́т килогра́мм(ов); ~**last** *f übertr* тяжёлое бре́мя | eine ≈ fiel mir vom Herzen у меня́ сло́вно ка́мень с души́ свали́лся
zentnerschwer ве́сом в полце́нтнера [в не́сколько це́нтнеров]; *übertr* о́чень тяжёлый
zentral центра́льный
Zentralafrikanische Republik Центральноафрика́нская Респу́блика 6
zentralbeheizt с центра́льным отопле́нием
Zentrale *f* leitende Stelle центра́льное [гла́вное] отделе́ние 5; Telefon~ in Betrieben коммута́тор 2
zentralgeleitet: ~e Industrie промы́шленность центра́льного подчине́ния
Zentral|gewalt *f* центра́льная власть; ~**heizung** *f* центра́льное отопле́ние
Zentralisation *f* централиза́ция 8
zentralisieren *tr* централизова́ть *uv, v* 2
Zentralis|ierung *f* централиза́ция 8; ~**mus** *m* централи́зм 2
zentralistisch централисти́ческий
Zentral|komitee *n* (*Abk* ZK) центра́льный комите́т (*Abk* ЦК); ~**nervensystem** *n* центра́льная не́рвная систе́ма; ~**organ** *n* Zeitung центра́льная газе́та 6; ~**rat** *m* центра́льный сове́т; ~**stelle** *f* центра́льное отделе́ние 5, центра́льный пункт 2; ~**verwaltung** *f* центра́льное управле́ние
zentrieren *tr* центри́ровать *uv, v* 2
Zentrifugalkraft *f* центробе́жная си́ла
Zentrifuge *f* центрифу́га 6; Milch~ моло́чный сепара́тор 2
Zentripetalkraft *f* центростреми́тельная си́ла
zentrisch центра́льный | nicht ~ эксцентри́ческий
Zentrum *n* центр 2; Stadt~ центр (го́рода) | im ~ des Interesses stehen быть* в це́нтре (всео́бщего) внима́ния; ein ~ für etw. центр чего́-н. [по чему́-н.]
Zephir *m* зефи́р 2
Zeppelin *m* цеппели́н 2, дирижа́бль 1
Zepter *n* ски́петр 2
zer|beißen *tr* раску́сывать ⟨-куси́ть 3⁺ -кушу́⟩, разгрыза́ть ⟨-|гры́зть*⟩; ~**bersten** *intr* растре́ск|иваться ⟨-аться⟩; explodieren разрыва́ться ⟨разо|рва́ться* -рвали́сь⟩; ~**bomben** *tr* разбомб|и́ть *v* 3 -лю; ~**brechen** *tr* Geschirr разбива́ть ⟨-|би́ть* -обью́⟩ *a. übertr;* Stock разла́мывать ⟨-лома́ть *u.* -ломи́ть 3⁺ -ломлю́⟩; in zwei Teile перела́мывать ⟨-ломи́ть⟩, переломать *v;* Brett, Spielzeug лома́ть (с-); *intr* разбива́ться ⟨-би́ться⟩; разла́мываться ⟨-лома́ться *u.* -ломи́ться⟩; лома́ться (с-) | ein zerbrochenes Glas разби́тый стака́н; ein zerbrochenes Spielzeug сло́манная игру́шка; ~**brechlich** ло́м|кий, -ок, -ка́!, хру́п|кий, -ок, -ка́!; Geschirr бью́щийся 11
Zerbrechlichkeit *f* ло́мкость 9, хру́пкость 9
zer|bröckeln *tr* кроши́ть 3⁺ (ис-, рас-); *intr* кроши́ться (ис-, рас-); ~**drücken** *tr* дав|и́ть 3⁺ -лю́ (раз-); Kleid мять* (по-, из-); Kartoffeln, Gemüse размина́ть ⟨-мя́ть⟩ | zerdrückt помя́тый
Zeremonie *f* церемо́ния 8; Brauch обря́д 2
zeremoniell церемониа́льный; förmlich церемо́н|ный, -ен, -на
Zeremoniell *n* церемониа́л 2
zerfahren Weg разъе́зженный; zerstreut рассе́ян:ный, -на; wirr бессвя́з|ный, -ен
Zerfall *m* Gebäude разруше́ние 5, разва́л 2; *Phys, Biol;* Untergang распа́д 2; *Chem, Biol a.* разложе́ние 5; Moral упа́д|ок, -ка 2
zer|fallen *intr* Gemäuer разруша́ться ⟨-ру́шиться 3⟩, разва́ливаться ⟨-вали́ться 3⁺⟩; in mehrere Teile распада́ться ⟨-|па́сться*⟩ (in на *A*) *a. Chem u. übertr;* sich zersetzen разлага́ться ⟨-ложи́ться 3⁺⟩ (in на *A*) *a. übertr;* eingeteilt werden подразделя́ться (in на *A*)
Zerfalls|produkt *n Chem* проду́кт распа́да | radioaktive ≈e радиоакти́вные проду́кты распа́да; ~**prozess** *m* проце́сс распа́да
zer|fetzen *tr* разрыва́ть ⟨-о|рва́ть* -о́рванный⟩ на куски́ [в *oder* на клочки́]; ~**fleischen** *tr* растерза́ть *v;* sich ≈ *refl* терза́ться, му́чить 3 себя́ упрёками;

~fließen *intr* расплыва́ться ⟨-|плы́ться*¡ -плы́ли́сь⟩ | in Tränen ≈ облива́ться ⟨-|ли́ться*¡ -олью́сь¡ -ли́ли́сь⟩ слеза́ми; **~fressen** *tr* Säure разъеда́ть ⟨-|е́сть*¡ -е́денный⟩; Mäuse, Motten проеда́ть ⟨-е́сть⟩; **~furcht** Stirn изборожд|ённый¡ -ён¡ -ена́ (морщи́нами); **~gehen** *intr* sich auflösen (in) раствор|я́ться ⟨-и́ться 3⟩; schmelzen та́|ять¡ -ет (рас-); **~gliedern** *tr* расчлен|я́ть ⟨-и́ть 3⟩; Vorgang разбира́ть ⟨-о|бра́ть*¡ разберу́¡ разо́бранный⟩ *a. Gramm*

Zergliederung *f* расчлене́ние 5; разбо́р 2 *a. Gramm*

zer|hacken *tr* руб|и́ть 3⁺ -лю́; in kleine Stücke a. изруб|а́ть ⟨-и́ть⟩ на куски́; **~hauen** *tr* разруб|а́ть ⟨-и́ть 3⁺ -лю́⟩; **~kauen** *tr* пере-, разжёвывать ⟨-|жева́ть*⟩; **~kleinern** *tr* из-, размельч|а́ть ⟨-и́ть 3⟩, дроб|и́ть 3 -лю́ (раз-) (на ме́лькие ча́сти); Holz, Gestein раска́лывать ⟨-|коло́ть*⟩; **~klüftet** Küste изре́занный (уще́льями); Gebirge рассечённый, уще́лист:ый; **~knirscht** пода́вленный, сокрушённый

Zerknirschung *f* пода́вленность 9 (über *I*), сокрушённость 9 (über по по́воду чего́-н.)

zer|knittern, ~knüllen *tr* мять* (с-¡ сомну́), ко́мкать (с-) | zerknittert помя́тый, измя́тый; **~kochen** *tr* развари́вать ⟨-вари́ть 3⁺⟩; *intr* разва́риваться ⟨-вари́ться⟩; **~kocht** разва́ренный; **~kratzen** *tr* ис-, расцара́п|ывать ⟨-ать⟩; **~krümeln** *tr* кроши́ть 3⁺ (ис-, рас-); **~lassen** *tr Kochk* раста́пливать ⟨-топи́ть 3⁺ -топлю́⟩; **~legbar** *Chem, Phys* разложи́мый; *Tech* разбо́рный; **~legen** *tr Chem, Phys* разлага́ть ⟨-ложи́ть 3⁺⟩; *Tech, Gramm* разбира́ть ⟨разо|бра́ть*¡ разберу́¡ разо́бранный⟩ *a. übertr;* Wild разреза́ть ⟨-|ре́зать*⟩ (на куски́); **~lesen** растрёпан:ный¡ -а; *umg* зачи́тан:ный¡ -а; **~lumpt** обо́рван:ный¡ -а, оде́тый в лохмо́тья; Kleidung рва́ный, обтрёпан:ный¡ -а; **~mahlen** *tr* разма́лывать ⟨-|моло́ть*⟩; **~malmen** *tr* Stein раздроб|ля́ть ⟨-и́ть 3 -лю́⟩; zerquetschen раздав|и́ть *v* 3⁺ -лю́; feindliches Heer сокруш|а́ть ⟨-и́ть 3⟩ | das Haus wurde von der Lawine zermalmt дом разру́шило лави́ной; **~mürben** *tr* Kräfte выма́тывать ⟨вы́мотать⟩; körperlich, seelisch изм|а́тывать ⟨-ота́ть⟩; Gegner обесси́л|ивать ⟨-ить 3⟩; **~pflücken** *tr* обрыва́ть ⟨обо|рва́ть*¡ обо́рванный⟩; *übertr* разбира́ть ⟨разо|бра́ть*¡ разберу́¡ разо́бранный⟩ по ко́сточкам; **~platzen** *intr* Granate разрыва́ться ⟨разо|рва́ться*¡ -рва́ли́сь⟩; Seifenblase, Glas ло́п|аться ⟨-нуть 4⟩; **~quetschen** *tr* Insekten разда́вливать ⟨-дави́ть *v* 3⁺-давлю́⟩; Kartoffeln, Gemüse размина́ть ⟨-|мя́ть*⟩

Zerrbild *n* искажённое изображе́ние 5, искажённая карти́на

zer|reiben *tr* растира́ть ⟨-|тере́ть*¡ разотру́¡ рас|тере́в *u.* -тёрши⟩ (zu Pulver в порошо́к); *übertr* выма́тывать ⟨вы́мотать⟩, изнур|я́ть ⟨-и́ть 3⟩; **~reißen** *tr* разрыва́ть ⟨разо|рва́ть*¡ разо́рванный⟩, раздира́ть ⟨разо|дра́ть*¡ раздеру́¡ разо́дранный⟩; *intr* разрыва́ться ⟨разорва́ться¡ -рва́ли́сь⟩, по|рва́ться* *v*¡ -рва́ли́сь; ganz und gar изорва́ться *v*¡ -рва́ли́сь; zerfleischen растерза́ть *v* | ich kann mich doch nicht ≈! я же не могу́ разорва́ться!

Zerreiß|festigkeit *f Tech* про́чность 9 на разры́в; **~probe** *f Tech* испыта́ние на разры́в; *übertr* испыта́ние не́рвов [терпе́ния]

zerren *tr* дёр|гать ⟨-нуть *mom* 4⟩, тащи́ть 3⁺, тяну́ть 4⁺; *intr* дёр|гать ⟨-нуть⟩ (an за *A*); *Med* растя́гивать ⟨-тяну́ть⟩ | j-n an den Haaren ~ трепа́ть* кого́-н. за́ во́лосы; der Lärm zerrte an seinen Nerven шум де́йствовал ему́ на не́рвы; j-n irgendwohin ~ зата́скивать ⟨-тащи́ть⟩ кого́-н. куда́-н.

zerrinnen *intr* растека́ться ⟨-|те́чься*⟩, расплыва́ться ⟨-|плы́ться*¡ -плы́ли́сь⟩; Traum, Geld, Eis a. та́|ять¡ -ет (рас-); *übertr* (постепе́нно) исчеза́ть ⟨-чёзнуть 4a⟩ ‖ wie gewonnen, so zerronnen как на́жито¡ так и про́жито

Zerrissenheit *f* раздво́енность 9

Zerrung *f* растяже́ние 5

zerrütten *tr* расстр|а́ивать ⟨-о́ить 3⟩, расша́тывать ⟨-шата́ть⟩ | zerrüttet расстро́ен:ный; Ehe a. непро́ч|ный¡ -ен; Nerven a. измо́тан:ный

Zerrüttung *f* расстро́йство 4 (von *G*); *Wirtsch* разру́ха 6 (von в *P*)

zer|sägen *tr* распи́ливать ⟨-пили́ть 3⁺⟩; **~schellen** *intr* разбива́ться ⟨-|би́ться*¡ -обью́сь⟩ (an о *A*); **~schießen** *tr* расстр|е́ливать ⟨-еля́ть⟩, разруша́ть ⟨-ру́шить 3⟩ огнём; **~schlagen** *tr* разбива́ть ⟨-|би́ть*¡ -обью́⟩ *a. übertr,* поби́ть *v a. übertr;* in Stücke перебива́ть ⟨-би́ть⟩; sich ≈ *refl übertr* расстра́иваться ⟨-стро́иться 3⟩, терпе́ть 3⁺ (по-) круше́ние | ich fühle mich wie ≈ я чу́вствую себя́ разби́тым

Zerschlagung *f* разруше́ние 5, разгро́м 2

zer|schmettern *tr* разбива́ть ⟨-|би́ть¡ -обью́⟩; Knochen a. раздроб|ля́ть ⟨-и́ть 3 -лю́⟩; Bein размозжи́ть *v* 3; **~schneiden** *tr* разреза́ть ⟨-|ре́зать*⟩ (in на *A*); in mehrere Teile изре́зывать ⟨-ре́зать⟩; **~setzen** *tr* разлага́ть ⟨-ложи́ть 3⁺⟩ *a. übertr;* sich ≈ *refl Chem* разлага́ться ⟨-ложи́ться⟩ *a. übertr*

Zersetzung *f* разложе́ние 5 *a. übertr*

Zersetzungsprozeß *m* проце́сс разложе́ния

zer|spalten *tr* колóть* (рас-); *übertr* раскáлывать ⟨-колóть⟩; *Chem* расщеп|лять ⟨-йть 3 -лю́⟩; **~spanen** *tr* Holz расщеп|ля́ть ⟨-и́ть 3 -лю́⟩; *Tech* обраб|áтывать ⟨-óтать⟩ рéзанием; **~splittern** *tr* дроб|и́ть 3 -лю́ (раз-), расщеп|ля́ть ⟨-и́ть 3 -лю́⟩; Kräfte распыл|я́ть ⟨-и́ть 3⟩; *intr* раскáлываться ⟨-|колóться*⟩ на мéлкие куски́; sich ≈ *refl* распыл|я́ться ⟨-и́ться⟩; *übertr* распыл|я́ть ⟨-и́ть⟩ свои́ си́лы

Zersplitterung *f* раздроблéние 5, расщеплéние 5; *übertr* распылéние 5; Staat раздрóбленность 9

zer|sprengen *tr* Felsen взрывáть ⟨взо|рвáть*⟩; Menschenansammlung рассé|ивать ⟨-ять₁ -ю₁ -ешь⟩, разгоня́ть ⟨разо|гнáть*₁ разгоню́₁ разóгнанный⟩; **~springen** *intr* Glas, Saite лóпаться ⟨лóпнуть 4⟩, трéснуть *v* 4; Herz разрывáться | der Kopf zerspringt mir fast vor Schmerzen у меня́ головá раскáлывается [трещи́т от бóли]; **~stampfen** *tr* растáптывать ⟨-|топтáть*⟩; Rasen потоптáть *v;* zu Pulver толóчь* (ис-, рас-); **~stäuben** *tr* распыл|я́ть ⟨-и́ть 3⟩

Zerstäuber *m* распыли́тель 1; Flüssigkeit пульверизáтор 2

zerstören *tr* разрушáть ⟨-рýшить 3⟩ *a. übertr;* vernichten уничт|ожáть ⟨-óжить 3⟩; Existenz подрывáть ⟨подо|рвáть*₁ подóрванный⟩; **~d** разруши́тел|ьный₁ -ен₁ -ьна

Zerstör|er *m Mar* эскáдренный миноно́с|ец₁ -ца 2, эсми́н|ец₁ -ца 2; **~ung** *f* разрушéние 5; уничтожéние 5

Zerstörungs|kraft *f* разруши́тельная си́ла; **~wut** *f* вандали́зм 2, жáжда 6 разрушéния

zer|stoßen *tr* толóчь* (ис-, рас-); **~streuen** *tr* рассé|ивать ⟨-ять₁ -ю₁ -ешь⟩ *a. übertr;* unterhalten развлекáть ⟨-|влéчь*⟩; sich ≈ *refl* рассé|иваться ⟨-яться⟩; Menschenmenge расходи́ться 3⁺ ⟨разо|йти́сь*⟩; sich unterhalten развлекáться ⟨-влéчься⟩; **~streut** разбрóсанный; *übertr* рассéян:ный₁ -на

Zerstreutheit *f* рассéянность 9 | aus ~ по рассéянности

Zerstreuung *f* Vergnügen развлечéние 5

zerstückeln *tr* zerschneiden разрезáть ⟨-|рéзать*⟩, разрывáть ⟨разо|рвáть*₁ разóрванный⟩ (на куски́); (Bau-) Land, Akker дели́ть 3⁺ (раз-) на чáсти

Zerstückelung *f* (раз)делéние 5 на чáсти

zer|teilen *tr* дели́ть 3⁺ (раз-) (на чáсти); zerschneiden разрезáть ⟨-|рéзать*⟩ (на чáсти); Wellen рассекáть ⟨-|сéчь*⟩; Wolken прорывáть ⟨-|рвáть*⟩; Zuschauermenge расходи́ться 3⁺ ⟨разо|йти́сь*⟩ | die Wolken haben sich zerteilt тýчи рассéялись; **~trennen** *tr* Naht распáрывать ⟨-|порóть*⟩; **~treten** *tr* за-, растáптывать ⟨-|топтáть*⟩, раздав|и́ть *v* 3⁺ -лю́ ногóй; **~trümmern** *tr* разрушáть ⟨-рýшить⟩; Tür разноси́ть 3⁺ -ношý ⟨-|нести́*⟩; Atome расщеп|ля́ть ⟨-и́ть 3 -лю́⟩

Zertrümmerung *f* разрушéние 5; разнесéние 5; расщеплéние 5

Zervelatwurst *f* сервелáт 2

zerwühlen *tr* разрывáть ⟨-|ры́ть*⟩; Bett приводи́ть 3⁺ -вожý ⟨-|вести́*⟩ в беспоря́док; Haare растрёпывать ⟨-|трепáть*⟩, взъерóш|ивать ⟨-ить 3⟩

Zerwürfnis *n* Bruch разры́в 2; Streit спор 2, ссóра 6; Unstimmigkeit размóлвка 6

zerzausen *tr* рас|трепáть*, взъерóш|ивать ⟨-ить 3⟩

Zetergeschrei *n* вóпли *Pl* 1

zetern *intr* (грóмко) причитáть, воп|и́ть 3 -лю́, ны́ть*

Zettel *m* Papierblatt лист|óк₁ -кá 2; Stück Papier бумáжка 6; Kartei~ кáрточка 6; Notiz~ запи́ска 6; Etikett наклéйка 6, ярлы́к 2e; Reklame~ афи́ша 6; **~kartei** *f* картотéка 6; **~kasten** *m* картотéка 6, картотéчный я́щик

Zeug *n* Stoff матéрия 8; Gewebe ткань 9; Wäsche, Kleidung вéщи *Pl* 9g; Gerät, Zubehör принадлéжности *Pl* 9; Kram хлам 2 | dummes ~ ерундá 6, глýпости *Pl* 9; ungereimtes ~ нескладина 6; sein ~ in Ordnung halten держáть свои́ вéщи в поря́дке; was soll ich mit dem ~ anfangen? что мне с э́тим дéлать?; das ~ zu etw. haben быть* спосóбным к чемý-н.; sich ins ~ legen горячó брáться*₁ брали́сь ⟨взя́ться*₁ взяли́сь⟩ за дéло

Zeuge *m* свидéтель 1

zeugen *tr* Kind рождáть, ро|ди́ть *uv, v* 3 -жý₁ роди́ла₁ *v* родилá; рождённый; *intr Jur* давáть* ⟨дать*⟩ свидéтельское показáние (für в пóльзу *G*, gegen прóтив *G*), покáзывать ⟨-|казáть*⟩; *übertr* свидéтельствовать 2 (von о *P*)

Zeugen|aussage *f* свидéтельские показáния; **~bank** *f* свидéтельская скамья́; **~vernehmung** *f* допрóс свидéтелей

Zeugin *f* свидéтельница 6

Zeugnis *n Jur* показáние 5; Bescheinigung свидéтельство 4; Schule тáбель 1 успевáемости; Abgangs~ аттестáт 2 | ein ärztliches ~ меди́цинское свидéтельство; **~abschrift** *f* кóпия свидéтельства [тáбеля]

Zeugung *f* v. Kind зачáтие 5

Zeugungsakt *m* акт зачáтия

zeugungsfähig спосóбный к оплодотворéнию

Zeugungs|fähigkeit *f* спосóбность к оплодотворéнию; **~kraft** *f* спосóбность 9 производи́ть потóмство; **~organe** *n Pl* деторóдные [половы́е] óрганы; **~trieb** *m* полово́й инсти́нкт

zeugungsunfähig неспосо́бный к оплодотворе́нию
Zichorie *f Bot* цико́ри|й 1 *P* -и
Zicke *f* коза́ 6с
Zicken *f Pl umg:* ~ machen прока́зничать, выки́дывать шту́чки
Zicklein *n* козлён|ок, -ка 2 *Pl* козл|я́та, -я́т 4
Zickzack *m* зигза́г 2 | im ~ laufen бежа́ть зигза́гом [зигза́гами]
zickzackförmig зигзагообра́з|ный, -ен
Ziege *f* коза́ 6с
Ziegel *m* кирпи́ч 2е *G Pl* -е́й; Dach~ черепи́ца 6; **~bau** *m* Gebäude кирпи́чная постро́йка; **~dach** *n* черепи́чная кры́ша; **~ei** *f* кирпи́чный [für Dachziegel черепи́чный] заво́д 2; **~mauer** *f* кирпи́чная стена́
ziegelrot кирпи́чного цве́та
Ziegelstein *m* кирпи́ч 2е *G Pl* -е́й
Ziegen|bart *m* козли́ная боро́дка; *Bot* рога́тик 2 жёлтый; **~bock** *m* коз|ёл, -ла́ 2; **~käse** *m* ко́зий 12 сыр; **~leder** *n* ко́жа из ко́зьих шкур, шевро́ *n idkl;* **~milch** *f* ко́зье 12 молоко́; **~peter** *m* сви́нка 6
Ziehbrunnen *m* коло́дец с журавлём
ziehen *tr* etw. (hinter sich) fortbewegen, zerren тяну́ть 4⁺ (по-) (за собо́й), таска́ть, *best* тащи́ть 3⁺ (по-); heraus~ выта́скивать ⟨вы́тащить 3⟩; *Tech* Metall волочи́ть 3⁺, тяну́ть; Leine; über sich ziehen (z. B. eine Decke) натя́гивать ⟨-тяну́ть⟩; Bilanz подводи́ть 3⁺ -вожу́ ⟨-|вести́*⟩; Zahn рвать*, вырыва́ть ⟨вы́рвать⟩; Linie, Grenze проводи́ть ⟨-вести́⟩; Leitung протя́гивать ⟨-тяну́ть⟩; Gräben прока́пывать ⟨-копа́ть⟩; Lehre, Nutzen извлека́ть ⟨-|вле́чь*⟩; zur Verantwortung, zur Rechenschaft; Aufmerksamkeit привлека́ть ⟨-вле́чь⟩; Brettspiel хо|ди́ть 3⁺ -жу́, *best* идти́*; aufziehen, züchten выра́щивать ⟨вы́ра|стить 3 -щу⟩; *intr* Ofen, Luft тяну́ть; Zugluft сквози́ть 3; wandern; sich begeben идти́, дви́гаться, напр|авля́ться ⟨-а́виться 3 -а́влюсь⟩; Tee наст|а́иваться ⟨-оя́ться 3⟩; Vögel переле|та́ть ⟨-те́ть 3⟩; umziehen переезжа́ть ⟨-|е́хать*⟩; sich ~ *refl* sich dehnen тяну́ться, растя́гиваться ⟨-тяну́ться⟩; sich erstrecken простира́ться ⟨-|стере́ться*⟩ | das Boot ans Ufer ~ (под)тяну́ть ло́дку к бе́регу; j-n am Ärmel ~ потяну́ть кого́-н. за рука́в; j-n an den Haaren ~ тяну́ть [таска́ть] кого́-н. за́ волосы; den Degen ~ обнаж|а́ть ⟨-и́ть 3⟩ са́блю; eine Jacke unter den Mantel ~ под|де́ть* *v* под пальто́ ку́ртку, надева́ть ⟨-де́ть⟩ ку́ртку под пальто́; den Hut vor j-m ~ снима́ть ⟨снять*⟩ шля́пу пе́ред кем-н.; an der Zigarette ~ затя́гиваться ⟨-тяну́ться⟩ папиро́сой; die Notbremse ~ дёр|гать ⟨-нуть *mom* 4⟩ стоп-кра́н; nach Berlin ~ пере|е́хать* *v* в Берли́н; es zieht hier здесь сквози́т, здесь сквозня́к; nach sich ~ Folgen по|вле́чь* *v* за собо́й; sich in die Länge ~ затя́гиваться ⟨-тяну́ться⟩; den Verdacht auf sich ~ навлека́ть ⟨-вле́чь⟩ подозре́ние на себя́; j-s Zorn auf sich ~ навле́чь на себя́ чей-н. гнев
Ziehharmonika *f* гармо́ника 6; *umg* гармо́нь 9, гармо́шка 6 | ~ spielen игра́ть на гармо́нике [на гармо́шке]
Ziehung *f* Lotterie тира́ж 2е *G Pl* -е́й, ро́зыгрыш 2 *G Pl* -ей
Ziel *n* цель 9 *a. übertr; Sport* фи́ниш 2 | sich ein ~ setzen ста́в|ить 3 -лю (по-) пе́ред собо́й цель, ста́вить себе́ це́лью; ein Leben ohne ~ бесце́льная жизнь; das ~ verfehlen не попада́ть ⟨-|па́сть*⟩ в цель, прома́хиваться ⟨-махну́ться 4⟩; er erreichte das ~ als Zweiter *Sport* он пришёл к фи́нишу вторы́м; durchs ~ gehen финиши́ровать *uv, v* 2; **~bahnhof** *m* ста́нция назначе́ния; **~band** *n Sport* фи́нишая ле́нта [ле́нточка 6]
zielbewußt целеустремлён:ный, -на
zielen *intr* цели́ть(ся) 3 (на-) (nach, auf в *A*), прице́л|иваться ⟨-иться⟩ (nach, auf в *A*); anspielen намек|а́ть ⟨-ну́ть 4⟩ (auf на *A*) | ein ~des Verb перехо́дный глаго́л; gezielt Schuß це́льный
Ziel|fernrohr *n* опти́ческий прице́л 2; **~foto** *n* фотосни́м|ок, -ка 2 фи́ниша; **~gerade** *f Sport* фи́нишная пряма́я
zielgerichtet целенапра́влен:ный, -на
Ziel|kurve *f Sport* фи́нишный вира́ж; **~linie** *f Sport* фи́нишная черта́
ziellos бесце́л|ьный, -ен, -ьна, без це́ли
Ziel|prämie *f* целева́я пре́мия; **~richter** *m* судья́ на фи́нише; **~scheibe** *f* мише́нь 9 *a. übertr;* **~setzung** *f* постано́вка 6 це́ли; Ziel цель 9, целева́я устано́вка 6
zielsicher beim Schießen, Werfen ме́т|кий, -ок, -ка́!
Zielsprache *f* язы́к перево́да
Zielstellung *f* = **Zielsetzung**
zielstrebig целеустремлён:ный, -на
Ziel|strebigkeit *f* целеустремлённость 9; **~wurf** *m* бросо́к на то́чность
ziemen *intr u.* sich ~ *refl* подоба́ть *D* | es ziemt sich nicht für dich э́то тебе́ не подоба́ет; es ziemt mir nicht, darüber zu urteilen мне не поло́жено [мне не подоба́ет] суди́ть об э́том
ziemlich **1.** *Adj* поря́доч|ный, -ен, изря́д|ный, -ен **2.** *Adv* дово́льно; annähernd приме́рно | ~ fertig почти́ гото́в; ~ gut [klein] дово́льно хорошо́ [ма́ленький]
Zierat *m* украше́ние 5, убра́нство 4
Zierde *f* украше́ние 5; *übertr* краса́ 6
zieren *tr* schmücken украша́ть ⟨укра́|сить 3 -шу⟩; sich ~ *refl* церемо́ниться 3, же-

ма́ниться 3 | ~ Sie sich nicht! без церемо́ний, пожа́луйста!

Ziererei *f* жема́нство 4, церемо́нии *Pl* 8

Zier|fisch *m* декорати́вная ры́ба; **~garten** *m* декорати́вный сад; **~leiste** *f* Tür декорати́вная пла́нка; Tapete декорати́вный бордю́р 2

zierlich изя́щ|ный, -ен; anmutig грацио́з|ный, -ен

Zierlichkeit *f* изя́щество 4; грацио́зность 9, гра́ция 8

Zier|pflanze *f* декорати́вное расте́ние; **~puppe** *f* жема́нница 6, кисе́йная ба́рышня 7; **~schrift** *f Typ* вязь 9; **~strauch** *m* декорати́вный куст

Ziesel *m* су́слик 2

Ziffer *f* ци́фра 6; **~blatt** *n* цифербла́т 2

Zigarette *f* сигаре́та 6; mit Pappmundstück папиро́са 6 | selbstgedrehte ~ цига́рка 6, самокру́тка 6; sich eine ~ drehen кру|ти́ть 3⁺ -чу́ (с-) цига́рку

Zigaretten|etui *n* портсига́р 2; **~fabrik** *f* таба́чная [папиро́сная] фа́брика; **~packung** *f* па́чка сигаре́т [папиро́с]; **~papier** *n* папиро́сная бума́га; **~pause** *f umg* переку́р 2; **~rauch** *m* сигаре́тный [папиро́сный] дым; **~schachtel** *f* сигаре́тная [папиро́сная] коро́бка; **~spitze** *f* мундшту́к [нш] 2е для сигаре́т; **~stummel** *m* оку́р|ок, -ка 2; **~tabak** *m* сигаре́тный [папиро́сный] таба́к

Zigarillo *m* сига́рка 6, сигари́лла 6

Zigarre *f* сига́ра 6

Zigarren|abschneider *m* прибо́р 2 для обре́зывания сига́р, гильоти́нка 6; **~etui** *n* портсига́р 2; **~kiste** *f* сига́рный я́щич|ек, -ка 2, коро́бка 6 с сига́рами; **~rauch** *m* сига́рный дым; **~schere** *f* но́жницы для обре́зывания сига́р; **~spitze** *f* Mundstück мундшту́к [нш] 2е для сига́р; **~stummel** *m* оку́рок сига́ры

Zigeuner *m* цыга́н 2*Pl* -е, *G* цыга́н

zigeunerhaft цыга́нский

Zigeuner|in цыга́нка 6; **~lager** *n* цыга́нский та́бор 2; **~leben** *n* цыга́нская [кочева́я] жизнь; **~musik** *f* цыга́нская му́зыка; **~sprache** *f* цыга́нский язы́к

Zimbel *f* цимба́лы *Pl* 6

Zimmer *n* ко́мната 6; Leiter~, Arbeits~ кабине́т 2; Hotel~ но́мер 2b *N Pl* -а́ | ein ~ mit zwei Betten ко́мната [но́мер] на двои́х; ein ~ nach der Straße ко́мната с о́кнами на у́лицу; **~antenne** *f* ко́мнатная [вну́тренняя 11] анте́нна; **~bestellung** *f* (предвари́тельный) зака́з на но́мер (в гости́нице); **~decke** *f* потол|о́к, -ка́ 2; mit Stuck verziert плафо́н 2; **~einrichtung** *f* обстано́вка ко́мнаты

Zimmererhandwerk *n* пло́тничное де́ло 4b [ремесло́]

Zimmer|flucht *f* анфила́да 6 (ко́мнат); **~kellner** *m* официа́нт, обслу́живающий 11 в но́мере; **~lautstärke** *f* уме́ренная гро́мкость 9 | bitte, stellen Sie ihr Gerät auf ≈ про́сим уме́ньшить гро́мкость ва́шего радиоприёмника [телеви́зора, магнитофо́на]; **~mädchen** *n* го́рничная *Subst* 10; **~mann** *m* пло́тник 2 | als ≈ arbeiten пло́тничать; angestellt рабо́тать пло́тником

Zimmermanns|arbeit *f* пло́тничная рабо́та; **~bleistift** *m* пло́тничий 12 каранда́ш; **~brigade** *f* пло́тничья 12 брига́да, брига́да пло́тников

zimmern *tr* скола́чивать ⟨сколо|ти́ть 3⁺ -чу́⟩; (auf)bauen стро́ить 3 *a. übertr* | sich sein Leben ~ устр|а́ивать ⟨-о́ить 3⟩ свою́ жизнь; er zimmert gern он лю́бит пло́тничать

Zimmer|nachbar *m* сосе́д по ко́мнате; **~nachweis** *m* конто́ра 6 по подыска́нию кварти́ры, кварти́рное бюро́ *n idkl;* **~pflanze** *f* ко́мнатное расте́ние; **~preis** *m* пла́та за но́мер, сто́имость 9 прожива́ния в но́мере гости́ницы; **~schlüssel** *m* ключ от ко́мнаты; **~temperatur** *f* ко́мнатная температу́ра; **~ung** *f Bergb* деревя́нная крепь 9

zimperlich übertrieben empfindlich сли́шком чувстви́тел|ьный, -ен, -ьна; verweichlicht изне́женный; prüde, affektiert жема́н|ный, -ен, -на | ~ sein жема́ниться 3; mit j-m nicht ~ umspringen не церемо́ниться 3 с кем-н.

Zimperlichkeit *f* повы́шенная чувстви́тельность 9; изне́женность 9; жема́нство 4

Zimt *m* кори́ца 6

zimtfarben кори́чневый, цве́та кори́цы

Zink *n* цинк 2; **~blech** *n* листово́й цинк 2; **~blende** ци́нковая обма́нка

Zinke *f* Gabel зуб|е́ц, -ца́ 2; Kamm, Säge зуб 2 *Pl* зу́бь|я, -ев

Zink|eimer *m* ци́нковое ведро́; **~erz** *n* ци́нковая руда́; **~legierung** *f* сплав ци́нка; **~ographie** *f* цинкогра́фия 8; **~oxid** *n* о́кись ци́нка; **~salbe** *f* ци́нковая мазь; **~weiß** *n* ци́нковые бели́ла *Pl* 4

Zinn *n* о́лово 4; **~bergwerk** *n* оловя́нный рудни́к 2е; **~figur** *f* оловя́нная фигу́рка 6; **~folie** *f* оловя́нная фо́льга, стanио́ль 1; **~kraut** *n* полево́й хвощ 2е

Zinnober *n* Farbe ки́новарь 9 *a. Min;* Kram хлам 2 | mach nicht solchen ~! дава́й без церемо́ний!

zinnoberrot цве́та кра́сной ки́новари

Zinsen *Pl* проце́нты *Pl* 2 | ~ bringen прино́си́ть ⟨-нести́⟩ проце́нты; Geld auf ~ geben дава́ть ⟨дать⟩ де́ньги в рост; zu hohen ~ под больши́е проце́нты

Zinsenberechnung *f* исчисле́ние 5 проце́нтов

zinsenfrei zinslos беспроце́нтный

Zinseszinsen *f Pl* сло́жные проце́нты
Zinsfuß *m* проце́нтная ста́вка 6
zinslos беспроце́нтный
Zins|rechnung *f* исчисле́ние 5 проце́нтов; **~satz** *m* проце́нтная ста́вка
Zipfel *m* Wurst~ ко́нчик 2; Tuch, Decke у́г|ол$_{l}$ -ла́ 2е; Kleidung кра́еш|ек$_{l}$ -ка 2; **~mütze** *f* ша́почка 6 с ки́сточкой
Zirbel|drüse *f* шишкови́дная железа́; **~kiefer** *f* сиби́рский кедр 2; **~nuß** *f* кедро́вый оре́х
zirka *Adv* о́коло *G*, приблизи́тельно
Zirkel *m* ци́ркуль 1; *übertr* круг 2b$_{l}$ в кругу́, о́бщество 4; Arbeitsgemeinschaft круж|о́к$_{l}$ -ка́ 2 | im ~ behandeln обсужда́ть на кружке́; in unserem ~ sind fünf Mann в на́шем кружке́ пять челове́к; an einem ~ teilnehmen уча́ствовать в рабо́те кружка́; **~abend** *m* (вече́рнее 11) заня́тие 5 кружка́; **~arbeit** *f* кружкова́я рабо́та, кружковы́е заня́тия; **~kasten** *m* гото́ва́л|ьня 7 *G Pl* -ен; **~leiter** *m* руководи́тель кружка́
zirkeln *tr* измеря́ть ⟨-ме́рить 3⟩, опреде́л|я́ть ⟨-и́ть 3⟩ со скрупулёзной то́чностью, де́лать (с-) (что-н.) то́чно
Zirkelteilnehmer *m* уча́стник кружка́
Zirkulation *f* циркуля́ция 8 *a. Med; Wirtsch* обраще́ние 5
Zirkulationsmittel *n Pl Wirtsch* сре́дства обраще́ния
zirkulieren *tr* циркули́ровать 2; kursieren быть* в обраще́нии
Zirkus *m* цирк 2 | er arbeitet im ~ он рабо́тает в ци́рке; der ~ beginnt um 20 Uhr представле́ние в ци́рке начина́ется в два́дцать часо́в; der ~ ist ausverkauft все биле́ты в цирк про́даны; **~bau** *m* зда́ние ци́рка; **~künstler** *m* циркова́й арти́ст; **~nummer** *f* циркова́й но́мер; **~reiter** *m* циркова́й нае́здник; **~vorstellung** *f* циркова́е представле́ние | in einer ≈ на циркова́м представле́нии; **~zelt** *n* циркова́й шатёр
zirpen *intr* Grillen стреко|та́ть$_{l}$ -очу́$_{l}$ -о́чешь; Zikaden треща́ть 3
Zirrhose *f* цирро́з 2
zischen *intr* шип|е́ть 3 -лю́; etw. erbost sagen шипе́ть (про-); im Theater ши́к|ать ⟨-нуть *mom* 4⟩
Zischlaut *m* шипя́щий *Subst* 11
Ziselierarbeit *f* гравю́ра 6, чека́нка 6
ziselieren *tr* гравирова́ть 2 (на-, от-, вы́-), чека́нить 3 (вы́-)
Zisterne *f* цисте́рна 6; *Tech a.* резервуа́р 2
Zitadelle *f* цитаде́ль 9
Zitat *n* цита́та 6
Zither *f* ци́тра 6 | die ~ schlagen игра́ть на ци́тре; zur ~ singen петь под ци́тру; **~spieler** *m* игра́ющий *Subst* 11 на ци́тре
zitieren *tr* цити́ровать 2 (про-); vorladen вызыва́ть ⟨вы́|звать*⟩
Zitro|nat *n* цука́т 2 из апельси́новых [помера́нцевых, лимо́нных] ко́рочек; **~ne** *f* лимо́н 2
Zitronen|baum *m* лимо́н 2, лимо́нное де́рево; **~falter** *m* круши́нница 6
zitronengelb лимо́нного цве́та, лимо́нно-жёлтый
Zitronen|presse *f* лимо́нный пресс, лимоновыжима́лка 6; **~saft** *m* лимо́нный сок; **~schale** *f* лимо́нная ко́рка; als Gewürz це́дра 6; **~wasser** *n* лимо́нная вода́
Zitrus|frucht *f* ци́трусовый плод; **~gewächse** *n Pl* ци́трусовые *Subst Pl* 10
Zitter|aal *m* у́горь электри́ческий; **~gras** *n* трясу́нка 6
zittern *intr* дрожа́ть 3 (von от *G*), трясти́сь* (von от *G*); beben трепета́ть* | vor Kälte ~ дрожа́ть от хо́лода
Zittern *n* дрожа́ние 5, тре́пет 2 | mit ~ und Zagen со стра́хом и тре́петом
Zitter|pappel *f* оси́на 6; **~rochen** *m* электри́ческий скат
zittrig дрожа́щий 11, трясу́щийся 11
Zitze *f* сос|о́к$_{l}$ -ка́ 2
zivil гражда́нский; Kleidung шта́тский
Zivil *n* Stand шта́тские *Subst Pl* 10; Kleidung гражда́нская [шта́тская] оде́жда 6, шта́тское *Pl* 10 | in ~ в шта́тском [пла́тье]; **~bevölkerung** *f* гражда́нское населе́ние; **~courage** *f* гражда́нское му́жество 4; **~ehe** *f* гражда́нский брак; **~gesetzbuch** *n* гражда́нский ко́декс [дэ]
Zivilisation *f* цивилиза́ция 8
Zivilisationskrankheiten *f Pl* боле́зни цивилиза́ции
zivilisatorisch цивилиза́торский
zivilisier|en *tr* цивилизова́ть *uv, v* 2; **~t** цивилизо́ван:ный$_{l}$ -на
Zivilist *m* шта́тский *Subst* 10, гражда́нский челове́к 2
Zivil|kleidung *f* шта́тская [гражда́нская] оде́жда; **~person** *f* шта́тское [гражда́нское] лицо́; **~prozeß** *m* гражда́нский проце́сс; **~recht** *n* гражда́нское пра́во; **~sache** *f Jur* гражда́нское де́ло; **~verteidigung** *f* гражда́нская оборо́на
Zobel *m* со́бол|ь 1 *Pl a.* -я́ 1b; **~fell** *n* со́болий 12 мех 2b, собо́лья 12 шку́рка 6; **~pelz** *m* со́бол|ь 1 *Pl a.* -я́ 1b | einen ≈ tragen хо|ди́ть 3⁺ -жу́ в соболя́х
Zofe *f* камери́стка 6
zögern *intr* ме́длить 3 (mit с *I*); unschlüssig sein колеба́ться*, не реш|а́ться ⟨-и́ться 3⟩ | ohne zu ~ не коле́блясь, не ме́дл я; **~d 1.** *Adj* коле́блющийся 11, нереши́тел|ьный$_{l}$ -ен$_{l}$ -ьна **2.** *Adv a.* ме́дленно
Zögling *m* воспи́танник 2
Zölibat *n* целиба́т 2

[1]**Zoll** *m* Längenmaß дюйм 2 | zwei ~ breit шириной в два дюйма

[2]**Zoll** *m* Abgabe (таможенная) пошлина 6 | ~ (be)zahlen платить (у-) пошлину (für за *A*); **~abfertigung** *f* таможенное оформление 5, таможенная очистка 6; **~amt** *f* тамож|ня 7 *G Pl* -ен, таможенное ведомство

zollamtlich таможенный

Zolldienststelle *f* таможня 7 *G Pl* -ен, таможенный орган 2

zollen *tr:* j-m Beifall ~ выражать ⟨выра|зить 3 -жу⟩ кому-н. одобрение; j-m Achtung ~ оказывать ⟨-|казать*⟩ кому-н. (должное) уважение

Zoll|erklärung *f* таможенная декларация; **~formalitäten** *f Pl* таможенные формальности

zollfrei беспошлинный, не облагаемый пошлиной

Zoll|gebühr *f* таможенная пошлина 6; **~grenze** *f* таможенная граница; **~kontrolle** *f* таможенный досмотр 2

Zöllner *m* таможенник 2

zollpflichtig облагаемый пошлиной

Zoll|schranken *f Pl* таможенные барьеры; **~stock** *m* складной метр 2; **~tarif** *m* таможенный тариф; **~union** *f* таможенная уния 8; **~wesen** *n* таможенное дело

zonal зональный

Zone *f* зона 6, полоса 6 *Pl* полосы, полос, полосам; *Geogr* пояс 2b *Pl* -а

Zonentarif *m Verk* зональный тариф; *Tel* тариф для отдельных зон

Zoo *m umg* зоосад 2b, зоопарк 2; **~loge** *m* зоолог 2; **~logie** *f* зоология 8

zoologisch зоологический | ~er Garten зоологический сад [парк 2], зоосад 2

Zootechnik *f* зоотехника 6; **~er** *m* зоотехник 2

Zopf *m* коса 6c *A* косу; Gebäck плетёнка 6, хала 6 | falscher ~ накладная коса; das Haar zu einem ~ flechten заплетать ⟨-|плести*⟩ волосы в косу; ein alter ~ пережит|ок, -ка 2 прошлого

Zorn *m* гнев 2, ярость 9 | in ~ geraten приходить 3⁺ -хожу ⟨-|йти*, приду⟩ в ярость; **~esausbruch** *m* вспышка гнева

zorn|glühend пылающий 11 гневом; **~ig** гнев|ный, -ен, -на!, сердит:ый

Zote *f* сальность 9 | ~n reißen говорить 3 скабрёзности [сальности]

zotig скабрёз|ный, -ен, саль|ный, -ен, -ьна

zottelig лохмат:ый, космат:ый

zotteln *intr* langsam fahren еле двигаться, медленно идти*; schlendern слоняться, шляться

zottig лохмат:ый, космат:ый; Fell a. мохнат:ый

zu 1. *Adv* allzu слишком; ~ teuer слишком дорого; die Tür ist ~ дверь закрыта; ab und ~ иногда; das geht ~ weit, das ist ~ viel это уж чересчур; nur ~!, immer ~! продолжай(те)!; er kam auf mich ~ он подошёл ко мне **2.** *Präpos* in Richtung к *D;* ~m Fenster gehen идти* к окну | zu j-m к *D;* ~m Arzt gehen идти* к врачу; ~ mir ко мне | Institution в *A;* на *A;* ~r Bank [Sparkasse, Apotheke] gehen идти* в банк [сберкассу, аптеку]; ~m Bahnhof [Stadion] fahren ехать* на вокзал [стадион]; ein Paket ~r Post bringen отнести* *v* посылку на почту | Veranstaltung *wohin?* на *A; wo?* на *P;* ~r Prüfung [Versammlung, Vorlesung] gehen идти* на экзамен [собрание, лекцию]; ~r Versammlung [Beerdigung] sein быть на собрании [похоронах]; ~ beiden Seiten по обе стороны; ~ ebener Erde на первом этаже | *übertr* к *D;* gehören ~ принадлежать к *D;* Sahne ~m Kaffee nehmen взять* *v* сливки к кофе; ~ allem Unglück ко всем несчастьям; ~r Rechten по правую руку | *Zeit* в *A;* ~ dieser Zeit в это время; ~ Anfang des Jahres в начале года; ~r rechten Zeit вовремя, в самую пору; ~r Zeit в настоящее время, сейчас; ~ jeder Tages- und Nachtzeit в любое время дня и ночи; ~ Mitternacht в полночь; in der Nacht ~m 1. Mai в ночь на первое мая; ~m Geburtstag bekommen получить ко дню рождения; ~m Wochenende [~ Weihnachten] kommen приехать* *v* на субботу и воскресенье [рождество]; alles ~ seiner Zeit всякому овощу своё время | *Art und Weise:* ~ Hunderten сотнями; ~r Hälfte наполовину; ~ einem Drittel на треть; ~ 40% на сорок процентов; ~ zweit вдвоём | Preis: zu je по *D, sonst* по *A;* das Kilo ~ einer Mark [zwei Mark] кило по марке [по две марки]; zwei Briefmarken ~ einer Kopeke две марки по копейке; ~m halben Preis за полцены | Verhältnis: die Mannschaft gewann 8:2 команда выиграла со счётом восемь два; das Spiel steht 3:1 счёт игры три один | Zweck для *G;* в *A;* ~r Belohnung [Strafe] в награду [наказание]; ~m Vergnügen для удовольствия; ~m Beweis в доказательство; ~m Trost в утешение; ~r Hilfe eilen спешить на помощь; Gesellschaft ~r Verbreitung wissenschaftlicher Kenntnisse Общество по распространению научных знаний | Ergebnis eines Prozesses в *A;* Holz ~ Papier verarbeiten переработать древесину в бумагу; sich ~ einer Genossenschaft vereinigen объединиться *v* в кооператив | vor Ortsnamen: Humboldt-Universität ~ Berlin Берлинский университет имени Гумбольдта | ~m Erstaunen к удивлению

zualler|erst *Adv* прéжде всегó; ~**letzt** *Adv* в (сáмую) послéднюю óчередь, наконéц, напослéдок
zuarbeiten *intr:* j-m ~ производи́ть 3⁺ -вожу́ ⟨-|вести́*⟩ части́чные [вспомогáтельные] разрабóтки для когó-н.
Zubehör *n* принадлéжности *Pl* 9, прибóры *Pl* 2; *Tech* армату́ра 6, обору́дование 5; ~**teile** *m Pl* комплекту́ющие детáли *Pl* 11-9, добóры *Pl 2*
zu|beißen *intr* в|пи́ться* *v*| -пили́сь зубáми, укуси́ть *v* 3⁺; ~**bekommen** *tr* получ|áть ⟨-и́ть 3⁺⟩ в придáчу; Tür, Koffer закрывáть ⟨-|кры́ть*⟩ с уси́лием [с трудóм]
Zuber *m* ушáт 2; Bottich (деревя́нный) чан 2b
zubereiten *tr* готóв|ить 3 -лю, под-, пригот|овля́ть ⟨-óвить⟩
Zubereitung *f* приготовлéние 5, спóсоб 2 приготовлéния
zu|billigen *tr* давáть* ⟨дать*⟩ соглáсие на *A; Jur* признавáть ⟨-|знáть*⟩; ~**binden** *tr* завя́зывать ⟨-|вязáть*⟩; ~**bleiben** *intr* о|ставáться* ⟨-|стáться*⟩ закры́тым; ~**blinzeln** *intr* подми́гивать ⟨-мигну́ть 4⟩; ~**bringen** *tr* Zeit проводи́ть 3⁺ -вожу́ 3⁺ ⟨-|вести́*⟩; Deckel, Koffer закрывáть ⟨-|кры́ть*⟩ с уси́лием
Zubringer|betrieb *m* завóд-поставщи́к 2-2e; ~**bus** *m* автóбус для достáвки пассажи́ров к мéсту дальнéйшего слéдования [в аэропóрт]; ~**dienst** *m* (организóванный) подвóз пассажи́ров к основны́м трáнспортным магистрáлям (в аэропóрт, к при́стани); ~**verkehr** *m* достáвка 6 пассажи́ров к мéсту дальнéйшего слéдования
Zucht *f Biol* разведéние 5; Bakterien культивáция 8; von Tieren порóда 6; Ordnung, Disziplin дисципли́на 6; ~**bulle** *m* племеннóй бык; ~**eber** *m* племеннóй хряк
züchten *tr Biol* разводи́ть 3⁺ -вожу́ ⟨-|вести́*⟩, вырáщивать ⟨вы́ра|стить 3 -щу⟩; Pflanzen, Bakterien культиви́ровать 2 | eine neue Sorte ~ выводи́ть ⟨вы́вести⟩ нóвый сорт
Züchter *m* Tiere животновóд 2; Pflanzen растениевóд 2
Zuchthaus *n* (кáторжная) тюр|ьмá 6c *G Pl* -ем | acht Jahre ~ bekommen получ|áть ⟨-и́ть⟩ вóсемь лет кáторги
Zuchthausstrafe *f* заключéние 5 в кáторжной тюрьмé | lebenslängliche ~ пожи́зненная кáторга 6
Zucht|hengst *m* племеннóй жеребéц; ~**herde** *f* племеннóе стáдо
züchtig благонрáв|ный| -ен, благопристó|йный| -ен| -йна
züchtigen *tr* накáзывать ⟨-|казáть*⟩; durch Schläge порóть* (вы-)
Züchtigung *f* наказáние 5; пóрка 6
zuchtlos развя́з|ный| -ен, распу́щен:ный| -на
Zucht|stute *f* племенная кобы́ла; ~**tier** *n* племеннóе живóтное; männliches Tier производи́тель 1
Züchtung *f Biol* разведéние 5, вырáщивание 5; Neu~ селéкция 8
Zucht|vieh *n* племеннóй скот; ~**wahl** *f:* natürliche ≈ естéственный отбóр 2
zucken *intr* вздр|áгивать ⟨-óгнуть 4⟩; leicht подёргиваться | die Achseln ~ пожимáть ⟨-|жáть[1]*⟩ плечáми; ohne mit der Wimper zu ~ и глáзом не моргну́в
zücken *tr* Waffe обнаж|áть ⟨-и́ть 3⟩; Bleistift вы́нуть *v* 4
Zucken *n* вздрáгивание 5; *Med* су́дорога 6
Zucker *m* сáхар 2 *G a.* -у; Diabetes сáхарная болéзнь 9; ~**dose** *f* сáхарница 6; ~**fabrik** *f* сáхарный завóд; ~**gehalt** *m* содержáние сáхара; ~**guß** *m* (сáхарная) глазу́рь 9
zuckerhaltig сáхарист:ый
Zuckerhut *m* сáхарная головá 6a
zuckerkrank страдáющий 11 сáхарной болéзнью
Zuckerkrank|er *m* страдáющий *Subst* 11 сáхарной болéзнью, диабéтик 2; ~**heit** *f* сáхарная болéзнь, сáхарный диабéт 2
Zuckermelone *f* ды́ня 7
zuckern *tr* süßen подсл|áщивать ⟨-асти́ть 3 -ащу́⟩; mit Zucker bestreuen сáхарить 3 (по-), посыпáть ⟨-|сы́пать*⟩ сáхаром
Zucker|plätzchen *n* сáхарная лепёшка; ~**raffinerie** *f* сахарорафинáдный завóд 2; ~**rohr** *n* сáхарный тростни́к; ~**rübe** *f* сáхарная свёкла, свеклови́ца 6; ~**spiegel** *m* содержáние 5 сáхара (в крови́)
zuckersüß слáдкий как сáхар, óчень слáдкий; *übertr* слащáв:ый
Zucker|tüte *f* подáр|ок| -ка 2 со слáдостями для первоклáссников (в ви́де большóго крáсочного кóнуса из картóна; ~**werk** *n* сáхарные издéлия *Pl* 5, слáдости *Pl* 9; ~**zange** *f* щипцы́ для сáхара; ~**zeug** *n* = **Zuckerwerk**
Zuckung *f* вздрáгивание 5; *Med* су́дорога 6, конву́льсия 8
zudecken *tr* за-, на-, прикрывáть ⟨-|кры́ть*⟩; verhüllen укрывáть ⟨-кры́ть⟩; sich ~ *refl* накрывáться ⟨-кры́ться⟩ (mit *I*), укрывáться ⟨-кры́ться⟩ (mit *I*)
zudem *Adv* крóме тогó, к тому́ же
Zudrang *m* Publikum напл́ыв 2 (zu в *A*)
zudrehen *tr* Wasserhahn завёртывать ⟨-верну́ть 4| -вёрнутый⟩; Ofen зави́нчивать ⟨завин|ти́ть 3 -чу́⟩ | j-m den Rücken ~ повёртываться ⟨-верну́ться⟩ спинóй к кому́-н.
zudringlich назóйлив:ый, навя́зчив:ый
Zudringlichkeit *f* назóйливость 9, навя́зчивость 9

zu|drücken *tr* зажимáть ⟨-|жáть[1]*⟩; Tür плóтно закрывáть ⟨-|крыть*⟩; Augen закрывáть ⟨-крыть⟩ | ein Auge bei etw. ≈ смотрéть 3⁺ сквозь пáльцы на что-н.; **~eignen** *tr* посвя|щáть ⟨-тúть 3 -щý⟩
Zueignung *f* посвящéние 5
zueinander *Adv* друг к дрýгу; **~finden** *intr* сближáться ⟨сблúзиться 3⟩; **~gehören** *intr* быть* свя́занным друг с дрýгом
zuerkennen *tr* Belohnung, Preis прису|ждáть ⟨-дúть 3⁺ -жý| -ждённый⟩; Würde, Recht при|знавáть* ⟨-знáть⟩
zuerst *Adv* сначáла, спервá; vor allem прéжде всегó | wer war ~ da? кто был пéрвым?
Zufahrt *f* подъéзд 2; Weg, Straße подъезднáя дорóга 6
Zufahrts|straße *f* подъезднáя дорóга 6; **~weg** *m* подъезднóй путь 9e
Zufall *m* слýча|й 1 *G Pl* -ев, случáйность 9 | durch ~ случáйно; dem ~ überlassen предост|авля́ть ⟨-áвить 3 -áвлю⟩ слýчаю
zufallen *intr* sich schließen захлó-п|ываться ⟨-нуться 4⟩; Augen смыкáться ⟨сомкнýться 4⟩; zuteil werden до|ставáться* ⟨-|стáться*⟩, выпадáть ⟨вы́|пасть*⟩ (на дóлю)
zufällig случá|йный| -ен| -йна | ich war ~ da мне случúлось быть там, я случáйно оказáлся там; **~erweise** *Adv* случáйно
Zufälligkeit *f* случáйность 9
Zufallstreffer *m* Einschlag случáйное попадáние 5; Ballspiele случáйный гол 2b; Los случáйный вы́игрыш
zu|fassen *intr* anpacken схвáтывать ⟨схва|тúть 3⁺ -чý⟩; bei der Arbeit helfen помогáть ⟨-|мóчь*⟩; **~fließen** *intr* dem Schwimmbecken fließt ständig frisches Wasser zu в бассéйне постоя́нный притóк свéжей воды́; kaltes Wasser in die Wanne ≈ lassen доливáть ⟨долúть*⟩ в вáнну холóдной воды́
Zuflucht *f* убéжище 4 | bei j-m ~ finden находúть ⟨-йтú⟩ убéжище [прию́т] у когó-н.; seine ~ nehmen zu etw. прибéгнуть *v* 4a *u.* 4 к пóмощи чегó-н.
Zufluchtsort *m* убéжище 4; Obdach прию́т 2
Zufluß *m* притóк 2 *a. übertr*
zuflüstern *tr* нашёптывать ⟨-|шептáть*⟩ *A oder G*
zufolge *Präp* соглáсно *D oder* с *I*, по *D* | dem Wunsch ~ по [соглáсно] желáнию
zufrieden довóл|ьный| -ен| -ьна (mit *I*) | er ist mit nichts ~ он ничéм не довóлен; **~geben, sich** *refl* довóльствоваться (у-) (mit *I*); einverstanden sein быть* соглáсным (mit с *I*)
Zufriedenheit *f* удовлетворéние 5
zufrieden|lassen *tr* ост|авля́ть ⟨-áвить 3 -áвлю⟩ в покóе (mit с *I*); **~stellen** *tr* удовлетвор|я́ть ⟨-úть 3⟩; **~stellend** удовлетворúтел|ьный| -ен| -ьна
zu|frieren *intr* замерзáть ⟨-мёрзнуть 4a⟩; **~fügen** *tr* прибавля́ть ⟨-бáвить 3 -бáвлю⟩; antun причин|я́ть ⟨-úть 3⟩ | großen Schaden ≈ причинúть большóй убы́ток [ущéрб]
Zufuhr *f* подвóз 2; Versorgung снабжéние; 5; Energie, Treibstoff питáние 5; von Kaltluft притóк 2; *Tech* подвóд 2, подáча 6; *Med* введéние 5
zuführen *tr* подводúть 3⁺ -вожý ⟨-|вестú*⟩ *a. Tech;* fahrend подвозúть 3⁺ -вожý ⟨-|везтú*⟩; Waren a. снаб|жáть ⟨-дúть 3 -жý⟩ *I*; Energie, Benzin питáть *I; Tech* по|давáть* ⟨подáть*⟩ | die Straße führt auf den Steinbruch zu дорóга ведёт к каменолóмне
Zuführung *f* Waren подвóз 2; снабжéние 5; *El* питáние 5; *Tech* подвóд 2, подáча 6; *Wirtsch* взнос 2 | planmäßige ~en *Wirtsch* плáновые отчислéния *Pl* 5
Zug *m Eisenb* пóезд 2b *Pl* -á; Luftbewegung, Ofen движéние 5, струя́ 7 (вóздуха), тя́га 6; Luftzug сквозня́к 2e, сквознóй вéт|ер| -ра 2; beim Rauchen затя́жка 6; feierlicher шéствие 5, процéссия 8; Gruppe колóнна 6, грýппа 6; *Mil* взвод 2; Brettspiel ход 2 *Pl* ходы́; Vogel- перелёт 2; Kette верениц̇а 6; Schwarm стáя 7; Charakter, Gesicht чертá 6; Schluck глот|óк| -кá 2; Gewinde нарéз 2; Bestrebung тендéнция [тэндэ] 8, стремлéние 5; Hang тя́га; starke Neigung влечéние 5 | der Ofen hat keinen guten ~ у пéчки плохáя тя́га; ~ der Fische ход рыб; ein ~ Enten верениц̇а 6 ýток; in kurzen Zügen вкрáтце; in knappen Zügen в крáтких чертáх; in großen Zügen в óбщих чертáх; ~ um ~ постепéнно, послéдовательно; mit dem ~ fahren éхать на пóездке [пóездом]; den ~ verpassen опоздáть *v* на пóезд; in den ~ steigen са|дúться 3 -жýсь ⟨сесть*⟩ на пóезд; einen ~ machen Schach дéлать (с-) ход; wer ist am ~? чей ход сейчáс?; in einem ~ зáлпом, срáзу, однúм глоткóм; in drei Zügen austrinken вы́пить *v* в три глоткá; er zündete die Pfeife an und tat einen ~ он закурúл трýбку и затянýлся; in vollen Zügen atmen дышáть пóлной грýдью; in den letzten Zügen liegen быть* при послéднем издыхáнии; das Leben in vollen Zügen genießen насла|ждáться ⟨-дúться 3 -жýсь⟩ жúзнью всéми фúбрамим своегó существá; im ~e von etw. im Ablauf, Verlauf в хóде [в процéссе] чегó-н.; zum ~e kommen приступ|áть ⟨-úть 3⁺ -лю⟩ к дéйствиям, развивáть ⟨-|вúть*| -овью⟩ дéятельность
Zugabe *f* придáча 6; Gewicht довéс|ок|

-ка 2; eines Künstlers исполне́ние 5 на бис

Zugabfertigung *f* отпра́вка по́езда

Zugang *m* Meer, Luft, Zutritt до́ступ 2 (zu к *D*); Eingang вход 2; Durchgang прохо́д 2; Annäherungsweg по́дступ 2, подхо́д; 2; Zuwachs приро́ст 2; Bibliothek; *Wirtsch* поступле́ние 5; neue Patienten но́вые поступле́ния *Pl* 5, но́вые пацие́нты *Pl* 2

zugänglich досту́п|ный, -ен

Zugänglichkeit *f* досту́пность 9

Zugangsstraße *f* подъездна́я доро́га

Zug|anschluß *m* согласо́ванность 9 (расписа́ния) поездо́в; **~dichte** *f* густота́ движе́ния поездо́в; **~brücke** *f* подъёмный мост

zugeben *tr* zulegen дава́ть* ⟨дать*⟩ в прида́чу, придава́ть ⟨прида́ть*⟩; eingestehen при-, со|знава́ться* ⟨-зна́ться⟩ в *P*; zustimmen согла|ша́ться ⟨-си́ться 3 -шу́сь⟩ с *I*; *Theat* исполня́ть ⟨-по́лнить 3⟩ на бис

zugegen *Adv:* ~ sein прису́тствовать 2 (bei etw. при чём-н.)

zugehen *intr* in Richtung auf etw. идти́*, направля́ться ⟨напра́в|иться 3 -люсь⟩ к *D*; sich nähern прибл|ижа́ться ⟨-и́зиться 3 -и́жусь⟩ (auf к *D*); eine Nachricht прибыва́ть ⟨прибы́ть*⟩; Tür, Koffer закрыва́ться ⟨-|кры́ться*⟩ | die Arbeit geht dem Ende zu рабо́та бли́зится к концу́; ein Brief ging mir zu я получи́л письмо́; auf dem Fest ging es lustig zu на пра́зднике бы́ло ве́село; hier geht's nicht mit rechten Dingen zu здесь что-то не чи́сто

zugehörig принадлежа́щий 11 (zu *D*)

Zugehörigkeit *f* принадле́жность 9 (zu к *D*)

zugeknöpft *übertr* за́мкнут:ый, скрыт|ный, -ен

Zügel *m* узда́ 6c, по́вод 2b *Pl* -á *oder* пово́дь|я, -ев 1f | die ~ straff anziehen натяну́ть *v* 4⁺ во́жжи [пово́дья] *a. übertr*

zügellos *übertr* распу́щен:ный, -на; Leidenschaft необу́здан:ный, -на; ausschweifend распу́т|ный, -ен

Zügellosigkeit *f* распу́щенность 9; необу́зданность 9; распу́тство 4

zügeln *tr* уде́рживать ⟨-держа́ть 3⁺⟩; *übertr* сде́рживать ⟨-держа́ть⟩, обу́здывать ⟨обузда́ть⟩

zugesellen, sich *refl* присоедин|я́ться ⟨-и́ться 3⟩ (j-m к *D*)

Zugeständnis *n* усту́пка 6 | ~se machen идти́* [по|йти́*] на усту́пки

zuge|stehen *tr* при|знава́ть* ⟨-зна́ть⟩; zugeben при-, сознава́ться ⟨-зна́ться⟩ в *P*; **~tan** пре́дан:ный, -на *D*, привя́зан:ный к *D*; gewogen располо́жен:ный, -а к *D* | j-m (herzlich) ≈ sein быть (серде́чно) располо́женным к кому́-н.

Zug|feder *f* пружи́на растяже́ния; **~festigkeit** *f* про́чность 9 на растяже́ние [разры́в]; **~führer** *m Eisenb* нача́льник 2 по́езда; *Mil* команди́р 2 взво́да; **~funk** *m* поездно́й радиоу́з|ел, -ла́ 2e

zugießen *tr* подлива́ть ⟨подли́ть*⟩, долива́ть ⟨доли́ть*⟩

zugig 1. *Adj* продува́емый сквозняко́м | das ist eine ~e Baracke в э́том бара́ке всегда́ сквози́т [сквозня́к] **2.** *Adv* на сквозно́м ветру́, на сквозняке́

zügig 1. *Adj* бы́стр:ый, -á! **2.** *Adv* в бы́стром те́мпе | die Arbeit geht ~ voran рабо́та продвига́ется хорошо́; ~ arbeiten бы́стро рабо́тать

Zugkraft *f Phys* си́ла растяже́ния; Anziehungskraft притяга́тельная си́ла

zugkräftig притяга́тел|ьный, -ен, -ьна, име́ющий 11 успе́х; Film *a.* популя́р|ный, -ен

zugleich *Adv* одновре́ме́нно, в то же вре́мя; gleichzeitig заодно́, вме́сте с тем | alle ~ все ра́зом

Zug|loch *n* отду́шина 6; **~luft** *f* сквозня́к 2e | in der ≈ на сквозняке́; **~maschine** *f* тра́ктор 2, тяга́ч 2e *G Pl* -е́й; **~nummer** *f Theat* сенсацио́нный но́мер, гвоздь 1h програ́ммы; **~personal** *n* поездна́я [конду́кторская] брига́да 6; **~pflaster** вытяжно́й пла́стырь

zugreifen *intr* хвата́ть ⟨схва|ти́ть 3⁺ -чу́ *u.* хвати́ть⟩; bei Kauf брать* ⟨взять*⟩; energisch де́йствовать 2; tatkräftig helfen помога́ть ⟨-|мо́чь*⟩ | greifen Sie zu! beim Essen ку́шайте!, угоща́йтесь!; er sah die Chance seines Lebens und griff zu он уви́дел шанс свое́й жи́зни и воспо́льзовался им

Zugriemen *m* тяж 2e *G Pl* -е́й

zugrunde *Adv:* ~ gehen погиба́ть ⟨-ги́бнуть 4a⟩, ги́бнуть (по-) (an от *G*, из-за *G*); er wird nicht ~ gehen он не пропадёт; ~ richten губ|и́ть 3⁺ -лю́ (по-); ruinieren разор|я́ть ⟨-и́ть 3⟩; einer Sache etw. ~ legen класть ⟨положи́ть⟩ что-н. в осно́ву чего́-н.; ~ liegen einer Sache лежа́ть 3 в осно́ве чего́-н.

Zugrundelegung *f:* unter ~ (von) на основа́нии *G*, взяв за осно́ву *A*

Zug|schaffner *m* конду́ктор по́езда; **~schalter** *m El* натяжно́й выключа́тель; **~seil** *n* тя́говый кана́т [трос]; **~stück** *n Theat* пье́са, де́лающая 11 сбо́ры, боеви́к 2e; **~tier** *n* упряжно́е живо́тное; **~unglück** *n* ава́рия [круше́ние] по́езда

zugunsten *Präpos* в по́льзу *G*

zugute *Adv:* j-m etw. ~ halten зачи́тывать ⟨-|че́сть*⟩ что-н. в чью-н. по́льзу; ~ kommen идти́* [по|йти* *v*] на по́льзу; seine langjährige Erfahrung kommt ihm nun ~ его́ долголе́тний о́пыт тепе́рь ему́ пригоди́лся; j-m etw. ~ tun де́лать (с-) кому́-н. что-н. хоро́шее

Zug|verbindung *f* железнодоро́жное сообще́ние; **~verkehr** *m* движе́ние поездо́в; **~verspätung** *f* опозда́ние по́езда; **~vieh** *n* упряжно́й [рабо́чий 11] скот; **~vogel** *m* перелётная пти́ца; **~vorrichtung** *f Tech* тя́говое приспособле́ние

zu|haben *intr:* die Geschäfte haben sonntags zu магази́ны по воскре́сеным дням закры́ты; **~haken** *tr* Tür запира́ть ⟨запере́ть*⟩ на крючо́к; Kleid заст|ёгивать ⟨-егну́ть 4¡ -ёгнутый⟩ на крючки́; **~halten** *tr* держа́ть 3⁺ закры́тым | sich die Ohren ≈ зажима́ть ⟨-|жа́ть¹*⟩ у́ши; j-m den Mund ≈ зажима́ть ⟨-жа́ть⟩ кому́-н. рот

Zuhälter *m* сутенёр 2

zu|hängen *tr* заве́шивать ⟨заве́|сить 3 -шу⟩; **~hauen** *tr* Steine обтёсывать ⟨-|теса́ть*⟩; *intr* ударя́ть ⟨уда́рить 3⟩

Zuhause *n* свой у́г|ол| -ла́ 2e¡ в углу́, дома́шний оча́г 11-2e | er hat kein ~ у него́ нет своего́ угла́

zuheilen *intr* зажива́ть ⟨зажи́ть*⟩

Zuhilfenahme *f*: unter ~ von … с испо́льзованнием … *G*, с по́мощью … (*G*), при по́мощи … (*G*); ohne ~ без по́мощи

zuhören *intr* слу́шать; lauschen прислу́ш|иваться ⟨-аться⟩ | hören Sie zu! слу́шайте!; einem Referenten ~ заслу́ш|ивать ⟨-ать⟩ докла́дчика

Zuhörer *m* слу́шатель 1; **~schaft** *f* слу́шатели *Pl* 1, аудито́рия 8

zu|jubeln *intr* (восто́рженно) приве́тствовать 2 [встреча́ть] (j-m кого́-н.); **~kehren** *tr:* j-m den Rücken ≈ поверну́ться *v* 4 спино́й к кому́-н.; **~klappen** *tr* захло́п|ывать ⟨-нуть 4⟩; *intr* захло́п|ываться ⟨-нуться⟩; **~kleben** *tr* закле́|ивать ⟨-ить 3⟩; **~klinken** *tr* затвор|я́ть ⟨-и́ть 3⁺⟩, защёлк|ивать ⟨-нуть 4⟩; **~kneifen** *tr* Augen прищу́р|ивать ⟨-ить 3⟩; Lippen сжима́ть ⟨-|жать¹*⟩; **~knöpfen** *tr* заст|ёгивать ⟨-егну́ть 4¡ -ёгнутый⟩ (на пу́говицы); **~kommen** *intr* подхо|ди́ть 3⁺ -жу́ ⟨подо|йти́*⟩ (auf к *D*); zustehen подходи́ть ⟨подойти́⟩, подоба́ть; Geld причита́ться | j-m etw. ≈ lassen дост|авля́ть ⟨-а́вить 3 -а́влю⟩ кому́-н. что-н.; es kommt Ihnen nicht zu … вам не подоба́ет …; es kommt mir nicht zu, darüber zu urteilen не моё де́ло суди́ть об э́том; ich werde Ihnen Nachricht ≈ lassen я вас извещу́; j-m Geld ≈ lassen дава́ть* ⟨дать*⟩ де́ньги кому́-н.; **~korken** *tr* заку́пор|ивать ⟨-ить 3⟩

Zukunft *f* бу́дущее *Subst* 11, бу́дущность 9; *Gramm* бу́дущее вре́мя | für die ~ на бу́дущее; in nächster ~ в ближа́йшем бу́дущем; er hat eine glänzende ~ у него́ блестя́щая 11 бу́дущность; in ~ werde ich das anders machen впредь я бу́ду де́лать э́то ина́че

zukünftig 1. *Adj* бу́дущий 11 | ~e Zeiten [Generationen] гряду́щие 11 времена́ [поколе́ния] **2.** *Adv* в бу́дущем, на бу́дущее вре́мя

Zukünftige *f*: seine ~ его́ су́женая *Subst* 10, его́ бу́дущая 11 супру́га

Zukunfts|aussichten *f Pl* ви́ды на бу́дущее; **~musik** *f*: das ist ≈! *übertr* э́то де́ло далёкого бу́дущего; **~pläne** *m Pl* пла́ны на бу́дущее; **~roman** *m* нау́чно-фантасти́ческий рома́н

zukunftweisend ука́зывающий 11 (путь) в бу́дущее; Forschung перспекти́вный

zulächeln *intr* улыб|а́ться ⟨-ну́ться 4⟩

Zulage *f* надба́вка 6

zulande *Adv*: bei uns ~ в на́шей стране́, у нас; hier ~ здесь

zu|langen *intr* брать* ⟨взять*⟩; (aus)reichen, langen хват|а́ть ⟨-и́ть 3⁺⟩ *G*, быть* доста́точным | bitte langen Sie zu! бери́те [е́шьте]| пожа́луйста!; tüchtig ≈ beim Essen уплета́ть за о́бе щеки́ *umg*; **~länglich** доста́точ|ный| -ен; **~lassen** *tr* gestatten допу|ска́ть ⟨-сти́ть 3⁺ -щу́⟩ (zu до *G*, к *D*); geschlossen halten оставля́ть ⟨оста́в|ить 3 -лю⟩ закры́тым | zum Studium ≈ допуска́ть к учёбе; ich kann das auf keinen Fall ≈ я ни в ко́ем слу́чае не могу́ э́того допусти́ть; **~lässig** допусти́м:ый

Zu|lässigkeit *f* допусти́мость 9; **~lassung** *f* до́пуск 2 (zu к *D*) *a. Tech;* Dipl, *Kfz* допуще́ние 5, регистра́ция 8; Erlaubnis, Genehmigung разреше́ние 5; zum Studium допуще́ние к *D* [zur Prüfung a. до *G*]

Zulassungs|prüfung *f* вступи́тельный [приёмный] экза́мен; **~schein** *m Kfz* свиде́тельство допуще́ния (автомаши́ны)

Zulauf *m*: großen ~ haben име́ть мно́го клие́нтов [покупа́телей]; Arzt име́ть большу́ю пра́ктику; Theaterstück име́ть большо́й успе́х, по́льзоваться 2 больши́м успе́хом | dieser Redner hat immer starken ~ э́тот ора́тор всегда́ собира́ет большу́ю аудито́рию

zu|laufen *intr* Menschen, Flüssigkeit притека́ть ⟨-|те́чь*⟩; сбега́ться ⟨-|бежа́ться*⟩ | lauf zu! беги́ быстре́е!; auf j-n ≈ подбега́ть ⟨-|бежа́ть⟩ к кому́-н.; mir ist eine Katze zugelaufen ко мне приста́ла бездо́мная ко́шка; **~legen** *tr* добавля́ть ⟨-ба́вить 3 -ба́влю⟩; Geld a. докла́дывать ⟨-ложи́ть 3⁺⟩; Tempo прибавля́ть ⟨-ба́вить⟩ темп [тэ] | sich etw. ≈ приобрета́ть ⟨-|обрести́*⟩ что-н., обзаво|ди́ться 3⁺ -жу́сь ⟨обза|вести́сь*⟩ чем-н. *umg*

zuleide *Adv:* j-m etw. ~ tun обижа́ть ⟨оби́|деть 3 -жу⟩ кого́-н. че́м-н.

zu|leimen *tr* закле́|ивать ⟨-ить 3⟩; **~leiten** *tr* Wasser подводи́ть 3⁺ -вожу́ ⟨-|вести́*⟩; *übertr* напр|авля́ть ⟨-а́вить 3 -а́влю⟩

Zuleitung *f* подво́д 2; *El* подводя́щий 11 [пита́ющий 11] про́вод 2; *Tech* ввод 2; Rohr подводя́щая труба́ 6c

Zuleitungsrohr *n* подводя́щая 11 труба́

zu|letzt *Adv* als letzter, an letzter Stelle совсе́м позади́, сза́ди всех; schließlich, endlich наконе́ц, в конце́ концо́в; zum Schluß, zu guter Letzt напосле́док, под коне́ц I ich kam ≈ я пришёл после́дним; wann sahen Sie ihn ≈? когда́ вы его́ ви́дели в после́дний раз?; **~liebe** *Adv:* j-m etw. ≈ tun де́лать (с-) что-н. ра́ди кого́-н. [в уго́ду кому́-н.]

Zulieferbetrieb *m* предприя́тие-поставщи́к 5-2e (промежу́точной проду́кции)

Zulieferer *m* поставщи́к 2e

zumachen *tr* Tür, Geschäft закрыва́ть ⟨-|кры́ть*⟩; verschließen запира́ть ⟨запере́ть*⟩, затвор|я́ть ⟨-и́ть 3⟩; zuknöpfen заст|ёгивать ⟨-егну́ть 4ᵢ -ёгнутый⟩; Augen смыка́ть ⟨сомкну́ть 4⟩; Brief закле́|ивать ⟨-ить 3⟩; Flasche заку́пор|ивать ⟨-ить 3⟩

zu|mal 1. *Adj* осо́бенно, в осо́бенности **2.** *Konj* тем бо́лее что, так как; **~meist** *Adv* ча́ще всего́, преиму́щественно

zumessen *tr* отмеря́ть ⟨отме́рить 3⟩; Anteil, Strafe назн|ача́ть ⟨-а́чить 3⟩; Bedeutung припи́сывать ⟨-|писа́ть*⟩

zu|mindest *Adv* по ме́ньшей ме́ре; **~mute** *Adv:* wie ist Ihnen ≈? како́е у вас настрое́ние?; mir ist wohl [nicht wohl] ≈ у меня́ хорошо́ [нехорошо́] на душе́

zumuten *tr* счита́ть ⟨счесть*⟩ спосо́бным (j-m etw. кого́-н. к чему́-н.) I j-m zuviel ~ тре́бовать 2 (по-) от кого́-н. сли́шком мно́го; sich zuviel ~ переоц|е́нивать ⟨-ени́ть 3⁺⟩ свои́ си́лы [возмо́жности], сли́шком мно́го брать* ⟨взять*⟩ на себя́

Zumutung *f* тре́бование 5 I das ist doch eine (starke) ~! э́то уж сли́шком!, э́то уж чересчу́р

zunächst *Adv* пре́жде всего́, снача́ла; vorläufig, einstweilen пока́

zu|nageln *tr* закол|а́чивать ⟨-оти́ть 3⁺ -очу́⟩ гвоздя́ми; **~nähen** *tr* зашива́ть ⟨-|ши́ть*⟩

Zu|nahme *f* увеличе́ние 5; Kriminalität, Erkrankungen рост 2 I ≈ des Gewichts увеличе́ние ве́са, прибавле́ние 5 в ве́се; **~name** *m* фами́лия 8 I mit (dem) ≈n по фами́лии

Zündblättchen *n* писто́н 2

zünden *intr* Rakete воспламен|я́ться ⟨-и́ться 3⟩; Motor запу|ска́ться ⟨-сти́ться 3⁺⟩; Feuerzeug зажига́ться ⟨-|же́чься*⟩, загор|а́ться ⟨-е́ться 3⟩; **~d** *übertr* зажига́тел|ьный, -енᵢ -ьна

Zunder *m* Zündstoff трут 2; *Tech* ока́лина 6 I das brennt wie ~ э́то гори́т как соло́ма

Zünder *m* взрыва́тель 1

Zünd|holz *n* спи́чка 6; **~hütchen** *n* ка́псюль 1, писто́н 2; **~kerze** *f Kfz* запа́льная свеча́; **-schloß** *n Kfz* замо́к зажига́ния; **~schlüssel** *m Kfz* ключ от зажига́ния; **~schnur** *f* запа́льный шнур, фити́ль 1e; **~spule** *f* кату́шка 6 зажига́ния; **~stoff** *m* воспламени́тель 1; Streitobjekt причи́на 6 конфли́кта; **~ung** *f Tech* воспламене́ние 5, вспы́шка 6; Geschoß взрыва́ние 5; *Kfz* зажига́ние 5, запа́л 2; Zünden за́пуск 2

Zündverteiler *m Kfz* распредели́тель зажига́ния

zunehmen *intr* Wasser, Mond прибыва́ть ⟨прибы́ть*⟩; Zahl, Umfang увели́ч|иваться ⟨-иться 3⟩; Kräfte возраста́ть ⟨-|расти́*⟩; dicker werden полне́ть (по-); Wind уси́л|иваться ⟨-иться 3⟩ I sie hat einige Pfund zugenommen она́ приба́вила в ве́се не́сколько килогра́ммов; **~d:** mit ≈er Geschwindigkeit с возраста́ющей ско́ростью; mit ≈em Alter с года́ми; bei ≈em Mond при но́вой луне́; in ≈em Maße в возраста́ющей сте́пени

zuneigen *intr:* das Jahr neigt sich dem Ende zu год кло́нится [приближа́ется] к концу́; j-m zugeneigt sein быть располо́женным к кому́-н.

Zuneigung *f* расположе́ние 5, симпа́тия 8, скло́нность 9 I für j-n ~ empfinden испы́тывать ⟨-пыта́ть⟩ [чу́вствовать 2 (по-)] симпа́тию к кому́-н.

Zunft *f hist* цех 2 *Pl a.* -а́ 2b

zünftig tüchtig, geschickt иску́с|ныйᵢ -ен; prima первокла́ссный; Kleidung, zweckentsprechend подоба́ющий 11, надлежа́щий 11 I ~ feiern здо́рово весели́ться

Zunge *f Anat;* Sprache язы́к 2e; am Schuh язычо́кᵢ -ка́ 2; *Mus* Blasinstrument пи́щик 2; Waage стре́лка 6; Fleischspeise язы́к I sich in die ~ beißen прику́сывать ⟨прику|си́ть 3⁺ -шу́⟩ язы́к; die ~ im Zaum halten держа́ть язы́к за зуба́ми; das Wort schwebt mir auf der ~ э́то сло́во ве́ртится у меня́ на языке́; eine spitze ~ haben быть о́стрым на язы́к

züngeln *intr* Flammen колеба́ться*

Zungen|brecher *m* труднопроизноси́мое сло́во 4b; скорогово́рка 6; **~fertigkeit** *f* бо́йкость 9 на язы́к, уме́ние 5 хорошо́ говори́ть; **~laut** *m Phon* язы́чный звук; **~schlag** *m:* ein falscher ≈ огово́рка 6, оши́бка 6 в ре́чи; **~spitze** *f* ко́нчик языка́; **~wurst** *f* языко́вая колбаса́

Zünglein *n* язы́ч|окᵢ -ка́ 2; Waage

стрéлка 6 | das ~ an der Waage sein имéть решáющее значéние
zunichte: ~ machen уничт|ожáть ⟨-óжить 3⟩, сводить 3+ ⟨-|вести*⟩ на нет; Pläne ~ machen раз|бить* v_1 -обью [со|-рвáть* *v*] плáны; Hoffnungen ~ machen разбить надéжды
zunicken *intr* кив|áть ⟨-нýть *mom* 4⟩ (головóй)
zu|nutze *Adv.* sich etw. ≈ machen воспóльзоваться *v* 2 чем-н. (в своих щéлях); **~oberst** *Adv* на сáмом верхý | das Unterste ≈ kehren перевернýть *v* 4 всё вверх дном
zupfen *tr* дёр|гать ⟨-нуть *mom* 4⟩ (an, bei за *A*), тереб|ить 3 -лю (an, bei за *A*); Wolle, Mus щипáть* | j-n am Ärmel ~ потянýть *v* 4+ [дёргать] когó-н. за рукáв; die Gitarre ~ щипáть стрýны гитáры, игрáть на гитáре
Zupfinstrument *n* щипкóвый (музыкáльный) иструмéнт
zu|propfen *tr* закýпор|ивать ⟨-ить 3⟩, затыкáть ⟨-ткнýть 4⟩; **~prosten** *intr:* j-m ≈ поднимáть ⟨поднять*⟩ бокáл за чьё-н. здорóвье; **~raten** *intr:* er riet mir weder ab noch zu он мне ни посовéтовал| ни отсовéтовал; **~rechnen** *tr* причислять ⟨-чи́слить 3⟩ (j-n etw. einer Sache когó-н., что-н. к чемý-н.); anlasten, zuschreiben припи́сывать ⟨-|писáть*⟩; **~rechnungsfähig** в здрáвом умé, отвечáющий 11 за свои постýпки; *Jur* вменяéм:ый | nicht ≈ невменяéм:ый
Zurechnungsfähigkeit *f* *Jur* вменяéмость 9
zurecht|biegen *tr* выпрямлять ⟨вы́прям|ить 3 -лю⟩; in Ordnung bringen налá|живать ⟨-дить 3 -жу⟩; **~bringen** *tr* приводить 3+ -вожý ⟨-|вести*⟩ в порядок; **~finden, sich** *refl* ориенти́роваться *uv, v* 2 (*v. a.* с-); sich auskennen разбирáться ⟨-о|брáться*¡ -обрали́сь⟩ (in в *P*); **~kommen** *intr* прихо|дить 3+ -жý ⟨при|йти́*| придý⟩ вóвремя; fertig werden mit etw. справляться ⟨спрáв|иться 3 -люсь⟩ с *I*; **~legen** *tr* vorbereiten приго-т|овлять ⟨-óвить 3 -óвлю⟩; geordnet приводить 3+ -вожý ⟨-|вести*⟩ в порядок, прибирáть ⟨-|брáть*⟩; ausdenken (зарáнее) придýм|ывать ⟨-ать⟩; **~machen** *tr* при-, подгот|áвливать ⟨-óвить 3 -óвлю⟩; sich ≈ *refl umg* прихорáшиваться | sie war sehr zurechtgemacht онá былá си́льно накрáшена; **~rücken** *tr* Krawatte, Brille попр|авлять ⟨-áвить 3 -áвлю⟩; Möbel, Besteck постáв|ить *v* 3 -лю [подвигáть ⟨-дви́нуть 4⟩] на мéсто; **~setzen** *tr* попр|авлять ⟨-áвить 3 -áвлю⟩; sich ≈ садиться 3 сажýсь ⟨сесть*⟩ | j-m den Kopf ≈ вправлять ⟨впрáв|ить 3 -лю⟩ мозги́ комý-н.; **~stellen** *tr* положи́ть *v* 3+ [постáв|ить *v* 3 -лю] на мéсто; ordnen попр|авлять ⟨-áвить 3 -áвлю⟩; **~weisen** *tr übertr* дéлать (с-) вы́говор *D*, стáв|ить 3 -лю (по-) на мéсто *A*
Zurechtweisung *f* рéзкое замечáние 5, вы́говор 2
zureden *intr* угов|áривать ⟨-ори́ть 3⟩ *A*; überreden убеждáть *A*
Zureden *n:* trotz allem ~ несмотря на все уговóры [убеждéния]
zu|reichen *tr* по|давáть* ⟨подáть*⟩; *intr* хват|áть ⟨-и́ть 3+⟩ *G*, быть достáточным *G*; **~reisen** *intr* приезжáть ⟨-|éхать*⟩, прибывáть ⟨прибы́ть*⟩; **~reiten** *tr* Pferd объезжáть ⟨объéз|дить 3 -жу⟩
Zureiter *tr* берéйтор 2
Zürich Цю́рих 2
zurichten *tr* пригот|овлять ⟨-óвить 3 -óвлю⟩; Leder отдéл|ывать ⟨-ать⟩ нáчерно; Holz грýбо обтёсывать ⟨-|тесáть*⟩; *Typ* припр|авлять ⟨-áвить 3 -áвлю⟩; übel отдéлать *v*, отколо|ти́ть *v* 3+ -чý
Zurichtung *f* *Typ* припрáвка 6; *Text* отдéлка 6
zuriegeln *tr* запирáть ⟨заперéть*⟩ на засóв
zürnen *intr* сер|диться 3+ -жýсь (рас-) (j-m на *A*), зли́ться 3 (обо-) (j-m на *A*)
Zurschaustellung *f* выставлéние 5 напокáз
zurück *Adv* назáд, обрáтно; hinterher позади́ | er ist noch nicht ~ он ещё не вернýлся; ein paar Jahre ~ нéсколько лет томý назáд; weit ~ Entfernung далекó позади́; er ist im Russischen sehr ~ он óчень отстáл по рýсскому языкý
Zurück *n:* es gibt kein ~ mehr обрáтного пути́ ужé нет, возврáта бóльше нет
zurück|begleiten *tr* прово|жáть ⟨-ди́ть 3+ -жý⟩ обрáтно; **~behalten** *tr* оставлять ⟨остáв|ить 3 -лю⟩ себé; Geld удéрживать ⟨удержáть 3+⟩ за собóй; **~bekommen** *tr* получ|áть ⟨-и́ть 3+⟩ обрáтно; **~beugen, sich** *refl* наклон|яться ⟨-и́ться 3+⟩ назáд; **~bleiben** *intr* Uhr; Schule; Läufer от|ставáть* ⟨-|стáть*⟩ (hinter от *G*); Gefühl; Spuren der Krankheit оставáться ⟨остáться⟩ | einer von uns muß im Lager ≈ оди́н из нас дóлжен остáться в лáгере; in seinen Leistungen ≈ отставáть по результáтам трудá [Schule по успевáемости]; **~blicken** *intr* огл|ядываться ⟨-янýться 4+⟩; **~bringen** *tr* приноси́ть 3+ -ношý ⟨-|нести́*⟩ обрáтно; zurückgeben возвра|щáть ⟨-ти́ть 3 -щý⟩; **~datieren** *tr* дати́ровать *uv, v* 2 зáдним числóм; **~denken** *intr* вспоминáть ⟨вспóмнить 3⟩ (an *A oder* о *P*); **~drängen** *tr* оттесн|ять ⟨-и́ть 3⟩; Wunsch, Gefühl подав|лять ⟨-и́ть 3+⟩; **~drehen** *tr* поворáчивать *u.* повёртывать ⟨-вернýть 4⟩ назáд [обрáтно]; Uhrzeiger переводи́ть 3+ -вожý

⟨-|вести́*⟩ наза́д; (Rad der) Geschichte повёртывать ⟨-верну́ть⟩ вспять; **~erbitten** *tr* про|си́ть 3⁺ -шу́ (по-) верну́ть; **~erhalten** *tr* получ|а́ть ⟨-и́ть 3⁺⟩ обра́тно; **~erinnern, sich** *refl* вспомина́ть ⟨-по́мнить 3⟩ (an etw. что-н.); **~erobern** *tr* отво|ёвывать ⟨-ева́ть 2ⱼ -ёванный⟩; **~erstatten** *tr* возме|ща́ть ⟨-сти́ть 3 -щу́⟩, верну́ть *v* 4; **~fahren** *intr* е́хать* (по-) обра́тно, верну́ться *v* 4 наза́д [обра́тно]; *übertr* отпря́нуть *v* 4; **~fallen** *intr* zurückbleiben *tr* от|става́ть* ⟨-|ста́ть*⟩ *a. Sport* | in die alten Fehler ≈ повтор|я́ть ⟨-и́ть 3⟩ ста́рые оши́бки; der Vorwurf fällt auf ihn zurück э́тот упрёк он мог бы сде́лать самому́ себе́; **~finden** *intr* на|йти́* *v* доро́гу обра́тно; in die Heimat вновь возвра|ща́ться ⟨-ти́ться 3 -щу́сь⟩; **~fliegen** *intr* лете́ть (по-) наза́д; **~fluten** *intr* отка́тываться ⟨откати́ться 3⁺⟩; **~fordern** *tr* тре́бовать 2 (по-) обра́тно (von от *G*); **~führen** *tr* отводи́ть 3⁺ -вожу́ ⟨-|вести́*⟩ [вести́] обра́тно; *übertr* сво|ди́ть 3⁺ -жу́ ⟨свести́⟩ (auf к *D oder* на *A*); zuschreiben припи́сывать ⟨-|писа́ть*⟩ *D* | worauf ist das zurückzuführen? чем э́то объясня́ется?; **~geben** *tr* возвра|ща́ть ⟨-ти́ть 3 -щу́⟩, верну́ть *v* 4; **~geblieben** отста́лый; beschränkt малора́звит:ый| -а; **~gehen** *intr* идти́ обра́тно [наза́д], возвра|ща́ться ⟨-ти́ться 3 -щу́сь⟩; Feind отступ|а́ть ⟨-и́ть 3⁺ -лю́⟩; Wasser спада́ть ⟨-|па́сть*⟩; Preise, Umsatz па́дать ⟨упа́сть⟩; seinen Ursprung haben восхо|ди́ть 3⁺ -жу́ (auf к *D*); **~gewinnen** *tr* приобрета́ть ⟨-|обрести́*⟩ вновь; beim Spiel оты́грывать ⟨отыгра́ть⟩; **~gezogen** уединён:ный| -на

Zurückgezogenheit *f* уедине́ние 5, уединённость 9

zurück|greifen *intr* верну́ться *v* 4 к *D*, прибега́ть ⟨-бе́гнуть 4а *u.* 4⟩ к *D*; **~halten** *tr* уде́рживать ⟨-держа́ть 3⁺⟩; Postsendung заде́рживать ⟨-держа́ть⟩; Gefühl сде́рживать ⟨-держа́ть⟩; sich ≈ *refl* возде́рживаться ⟨-держа́ться⟩ (von от *G*); sich beherrschen сде́рживаться ⟨-держа́ться⟩; **~haltend** сде́ржан:ный| -на; verschlossen скры́т|ный| -ен, за́мкнут:ый

Zurückhaltung *f übertr* сде́ржанность 9; übergroße скры́тность 9, за́мкнутость 9

zurück|kehren *intr* возвра|ща́ться ⟨-ти́ться 3 -щу́сь⟩, верну́ться *v* 4; **~kommen** *intr* = **zurückkehren;** *übertr* вновь заговори́ть *v* 3 (auf о *P*) | auf eine Frage ≈ верну́ться *v* 4 к како́му-н. вопро́су; **~lassen** *tr* оставля́ть ⟨оста́в|ить 3 -лю⟩; **~legen** *tr* класть* ⟨положи́ть 3⁺⟩ обра́тно; Geld откла́дывать ⟨-ложи́ть 3⁺⟩; eine best. Strecke (gehend oder fahrend) проходи́ть 3⁺ -хожу́ ⟨-|йти́*⟩, (fahrend oder reitend) про|езжа́ть ⟨-|е́хать*⟩; **~nehmen** *tr* брать* ⟨взять*⟩ обра́тно; Auftrag; Versprechen; Maßnahme отмен|я́ть ⟨-и́ть 3⁺ⱼ -ённый⟩; Ware принима́ть ⟨приня́ть*⟩ обра́тно; **~prallen** *intr* отска́кивать ⟨-кочи́ть 3⁺⟩; vor Schreck отпря́нуть *v* 4; **~rufen** *tr* звать* (по-) наза́д; rufend antworten крича́ть 3 ⟨кри́кнуть *mom* 4⟩ в отве́т, откл|ика́ться ⟨-и́кнуться 4⟩ на *A*; einen Fortgehenden возвра|ща́ть ⟨-ти́ть 3 -щу́⟩ | er wurde aus dem Urlaub zurückgerufen его́ отозва́ли [верну́ли] из о́тпуска; ins Gedächtnis ≈ припомина́ть ⟨-по́мнить 3⟩; **~schaudern** *intr* отшатну́ться *v* 4 в у́жасе (vor от *G*); **~schicken** *tr* посыла́ть ⟨-|сла́ть*⟩ наза́д [обра́тно]; **~schlagen** *tr* Ball отбива́ть ⟨-|би́ть*ⱼ отобью́⟩; Feind отра|жа́ть ⟨-зи́ть 3 -жу́⟩; Decke отки́|дывать ⟨-нуть 4⟩; einen Teil der Kleidung отвора́чивать ⟨-верну́ть 4ⱼ -вёрнутый⟩; **~schrauben** *tr* ослабля́ть ⟨осла́б|ить 3 -лю⟩ *a. übertr;* **~schrecken** *tr* отпу́гивать ⟨-пугну́ть 4⟩; *intr* пуга́ться (ис-) (vor *G*), боя́ться 3 (vor *G*) | zurückfahren отпря́нуть *v* 4 в стра́хе [в испу́ге]; seine Drohungen schreckten mich nicht zurück его́ угро́зы не испуга́ли меня́; vor Schwierigkeiten nicht ≈ не боя́ться тру́дностей; **~setzen** *tr übertr* Person пренебрега́ть ⟨пренебре́чь*⟩ *I*; herabsetzen: Preis снижа́ть ⟨сни́|зить 3 -жу⟩ | sie fühlte sich zurückgesetzt она́ (по)чу́вствовала себя́ обойдённой

Zurücksetzung *f* пренебреже́ние 5 *I*, оби́да 6, оттесне́ние 5 на за́дний план

zurück|springen *intr* отск|а́кивать ⟨-очи́ть 3⁺ -очу́⟩; **~stehen** *intr* уступ|а́ть ⟨-и́ть 3⁺ -лю́⟩ (hinter *D*); **~stellen** *tr* ста́в|ить 3 -лю (по-) обра́тно [наза́д]; aufschieben отсро́ч|ивать ⟨-ить 3⟩, откла́дывать ⟨-ложи́ть 3⁺⟩, отодв|ига́ть ⟨-и́нуть 4⟩; *Mil* дава́ть* ⟨дать*⟩ отсро́чку *D*; Zweifel отбр|а́сывать ⟨-о́сить 3 -о́шу⟩ | die Uhr ≈ переводи́ть 3⁺ -вожу́ ⟨-|вести́*⟩ часы́ наза́д

Zurückstellung *f* отсро́чка 6

zurück|stoßen *tr* отта́лкивать ⟨-толкну́ть 4⟩ наза́д; *übertr* отта́лкивать ⟨-толкну́ть⟩ (от себя́), вызыва́ть ⟨вы́|звать*⟩ отвраще́ние; **~strahlen** *tr* отра|жа́ть ⟨-зи́ть 3 -жу́⟩; *intr* отра|жа́ться ⟨-зи́ться⟩; **~stufen** *tr:* (in eine niedrigere Gehaltsstufe) ≈ определ|я́ть ⟨-и́ть 3⟩ зарпла́ту по бо́лее ни́зкому разря́ду; **~taumeln** *intr* отшатну́ться *v* 4 (vor от *G*); **~treten** *intr* отступ|а́ть ⟨-и́ть 3⁺ -лю́⟩; verzichten отка́зываться ⟨-|каза́ться*⟩ (von от *G*); Amt, Pflicht слага́ть ⟨сложи́ть 3⁺⟩ (von *A*); Regierung, Minister ухо|ди́ть 3⁺ -жу́ ⟨у|йти́*⟩ в отста́вку; *übertr* отходи́ть ⟨отойти́⟩ на за́дний план | sein Einfluß trat immer mehr zurück его́ влия́ние всё уменьша́лось; **~versetzen** *tr* возвра|-

щáть ⟨-тúть 3 -щý⟩ в прéжнее состоя́ние; sich ≈ *refl* перено|сúться 3⁺ -шýсь ⟨-|нестúсь*⟩ (in в *A*); **~weichen** *intr* jäh отшатнýться *v* 4 (vor от *G*); Feind отступ|áть ⟨-úть 3⁺ -лю́⟩ (назáд); **~weisen** *tr* откáзывать ⟨-|казáть*⟩ (j-n *D*, etw. в *P*), отклон|я́ть ⟨-úть 3⁺⟩; Verdacht отвергáть ⟨-вéргнуть 4a *u.* 4⟩ | j-n in seine Grenzen [an seinen Platz] ≈ стáв|ить 3 -лю (по-) когó-н. на мéсто; **~werfen** *tr* Kopf, Haar отбр|áсывать ⟨-óсить 3 -óшу⟩ назáд; Licht отра|жáть ⟨-зúть 3⟩; Feind; in der Entwicklung отбр|áсывать ⟨-óсить⟩; **~zahlen** *tr* уплáчивать ⟨упла|тúть 3⁺ -чý⟩, возвра|щáть ⟨-тúть 3 -щý⟩; **~ziehen** *tr* тянýть *v* 4⁺ назáд; Hand, Vorhang отдёр|гивать ⟨-нуть 4⟩; Klage брать* ⟨взять*⟩ обрáтно; *Mil* оття́гивать ⟨-тянýть⟩; z. B. in sein Heimatdorf переезжáть ⟨-|éхать*⟩; sich ≈ *refl* von einer Gesellschaft удал|я́ться ⟨-úться 3⟩, уедин|я́ться ⟨-úться 3⟩; von etw. отхо|дúть 3⁺ -жý ⟨ото|йтú*⟩ *a. Mil;* отступ|áть ⟨-úть 3⁺ -лю́⟩ | seinen Antrag ≈ снимáть ⟨снять*⟩ своё предложéние; sie lebt sehr zurückgezogen онá живёт óчень уединённо; sich von der Bühne ≈ *Theat* покúнуть *v* 4 сцéну; sich zur Beratung ≈ удалúться на совещáние; sich von Geschäften ≈ отойтú *v* от дел

Zuruf *m* крик 2, вóзглас 2; Anruf óклик 2

zurufen *tr u. intr* кричáть 3 ⟨крúкнуть *mom* 4⟩; anrufen окл|икáть ⟨-úкнуть 4⟩ *A*

Zusage *f* соглáсие 5; Versprechen обещáние 5

zusagen *tr* обещáть *uv, v* (*a.* по-), давáть* ⟨дать*⟩ соглáсие на *A; intr* согла|шáться ⟨-сúться 3 -шýсь⟩ на *A*; Einladung annehmen принимáть ⟨приня́ть*⟩ приглашéние; gefallen нрáв|иться 3 -люсь (по-), быть* по вкýсу | das sagt mir zu э́то мне нрáвится

zusammen *Adv* вмéсте, сообщá; insgesamt в сýмме, итогó | ~ mit ihm совмéстно [вмéсте] с ним; das macht ~ hundert Mark э́то составля́ет в итóге сто мáрок, итогó сто мáрок

Zusammenarbeit *f* сотрýдничество 4 | in ~ mit j-m в сотрýдничестве с кем-н.

zusammen|arbeiten *intr* сотрýдничать, рабóтать совмéстно; **~ballen** *tr* Faust сжимáть ⟨-|жать¹*, сожмý⟩; Papier кóмкать (ис-, с-); sich ≈ *refl* сжимáться ⟨сжáться⟩ (zu в *A*); Menschen, Wolken собирáться ⟨-|брáться*; -брались⟩; **~beißen** *tr:* die Zähne ≈ vor Schmerzen стúс|кивать ⟨-нуть 4⟩ зýбы; in schwierigen Situationen брать* ⟨взять*⟩ себя́ в рýки, овлад|евáть ⟨-дéть⟩ собóй; **~binden** *tr* свя́зывать ⟨-|вязáть*⟩ **~brechen** *intr* обрýш|иваться ⟨-иться 3⟩, развáливаться ⟨-валúться 3⁺⟩; mit Getöse рýхнуть *v* 4; *übertr* разрушáться ⟨-рýшиться 3⟩; eines Unternehmens обанкрó|титься *v* 3 -чусь, окóнчиться *v* 3 провáлом | der feindliche Angriff ist (völlig) zusammengebrochen наступлéние протúвника бы́ло сóрвано; er ist gänzlich zusammengebrochen он совсéм разбúт [слóмлен]; **~bringen** *tr* собирáть ⟨-|брáть*⟩; Teile скол|áчивать ⟨-отúть 3⁺ -очý⟩; Menschen сводúть 3⁺ -вожý ⟨-|вестú*⟩ вмéсте | er brachte keine drei Sätze zusammen он не мог связáть и двух слов

Zusammenbruch *m* der Hoffnungen крушéние 5; völliger Mißerfolg крах 2, банкрóтство 4, провáл 2; Zerfall распáд 2, развáл 2; *Verk* остановлéние 5; völlige Erschöpfung изнеможéние 5

zusammen|drängen *tr* Bericht, Thema сжимáть ⟨-|жать¹*, сожмý⟩ *a. übertr*, Menschen стесн|я́ть ⟨-úть 3⟩; Mieter уплотн|я́ть ⟨-úть 3⟩; *übertr* сокра|щáть ⟨-тúть 3 -щý⟩; sich ≈ *refl* теснúться 3, толпúться 3, скýчиваться ⟨скýчиться 3⟩; **~drücken** *tr* сжимáть ⟨-|жать¹*, сожмý⟩, сдáвливать ⟨сдав|úть 3⁺ -лю́⟩; **~fahren** *intr* Züge, Autos стáлкиваться ⟨столкнýться 4⟩; *übertr* вздр|áгивать ⟨-óгнуть 4⟩ (vor от *G*); **~fallen** *intr* обрýш|иваться ⟨-иться 3⟩; zeitlich совпадáть ⟨-|пáсть*⟩ *a. Math*; **~falten** *tr* склáдывать ⟨сложúть 3⁺⟩; **~fassen** *tr* zusammenstellen сводúть 3⁺ -вожý ⟨-|вестú*⟩ (воедúно); vereinigen объедин|я́ть ⟨-úть 3⟩; erfassen охвáтывать ⟨охва|тúть 3⁺ -чý⟩; *Mil* сосредотóч|ивать ⟨-ить 3⟩; *übertr* резюмúровать *uv, v* 2, обобщ|áть ⟨-úть 3⟩ | die Ergebnisse einer Untersuchung ≈ подводúть 3⁺ -вожý ⟨-|вестú*⟩ итóги исслéдования, подытóж|ивать ⟨-ить 3⟩ результáты исслéдования

Zusammenfassung *f* резюмé *n idkl*, обобщéние 5; сосредотóчение 5; подведéние 5 итóгов; Vereinigung объединéние 5

zusammenfließen *intr* сливáться ⟨-|ли́ться*; -ли́ли́сь⟩

Zusammenfluß *m* von Flüssen слия́ние 5

zusammen|fügen *tr* соедин|я́ть ⟨-úть 3⟩; Bretter скол|áчивать ⟨-отúть 3⁺ -очý⟩, сплáчивать ⟨спло|тúть 3 -чý⟩ | alles fügt sich gut zusammen всё склáдывается хорошó; **~führen** *tr* an einen Ort сводúть 3⁺ -вожý ⟨-|вестú*⟩ | das Schicksal führte uns zufällig zusammen судьбá случáйно свелá нас; **~gehören** *intr* принадлежáть 3 друг дрýгу, быть* свя́занным друг с дрýгом; ein Ganzes bilden сост|авля́ть ⟨-áвить 3⟩ однó цéлое; **~gehörig** принадлежáщий 11 друг дрýгу; von Gegenständen составля́ющий 11 компléкт

Zusammengehörigkeit *f* сплочённость 9, солидáрность 9

zusammengesetzt слóж|ный, -ен, -нá!, составнóй | ~er Satz *Gramm* слóжное предложéние

Zusammenhalt *m* свя́зность 9 *a. Tech,* сплочённость 9, солидáрность 9

zusammenhalten *tr* держáть 3⁺ вмéсте; vergleichen держáть ря́дом, срáвнивать ⟨сравни́ть 3⟩, приклáдывать ⟨-ложи́ть 3⁺⟩ друг к дрýгу; Stoffe u. a. *intr* sich nicht loslösen держáться, быть* крéпко соединённым; *übertr* стоя́ть 3 друг за дрýга, держáться вмéсте | er hält sein Geld sehr zusammen он зря дéньги не трáтит, он óчень бережли́в

Zusammenhang *m* связь 9; в свя́зи, в связи́, свя́зность 9 (mit с *I*); Text- контéкст 2 | im ~ mit etw. в связи́ с чем-н.; in diesem ~ в связи́ с э́тим, в э́той связи́; im engen ~ в тéсной свя́зи; in ~ bringen mit etw. свя́зывать ⟨-|вязáть*⟩ с чем-н.; mit etw. in ~ stehen быть свя́занным с чем-н.

zusammen|hängen *intr* быть* свя́занным (mit с *I*), находи́ться 3⁺ в связи́ (mit с *I*); **~hängend** Rede, Satz свя́з|ный, -ен, склáд|ный, -ен, -нá! | er kann nicht ≈ sprechen двух [трёх] слов связáть не мóжет; **~hangslos** бессвя́з|ный, -ен

Zusammenhangslosigkeit *f* бессвя́зность 9

zusammen|holen *tr* собирáть ⟨-|брáть*⟩ отовсю́ду [с рáзных концóв]; **~kauern, sich** *refl* свёртываться ⟨свернýться 4⟩ в клубóк, скóрчиться *v* 3

Zusammenklang *m Mus* созвýчие 5 *a. übertr*

zusammenklappbar складнóй

zusammen|klappen *tr* склáдывать ⟨сложи́ть 3⁺⟩; *intr* изнемогáть ⟨изне|мóчь*⟩ | er ist mit den Nerven zusammengeklappt егó нéрвы не вы́держали, нéрвы у негó сдáли; **~kleben** *tr* склéивать ⟨склéить 3⟩; **~kommen** *intr* схо|ди́ться 3⁺ -жýсь ⟨со|йти́сь*⟩, собирáться ⟨-|брáться*, -брали́сь⟩; **~kratzen** *tr* наскребáть ⟨-|скрести́*⟩

Zusammenkunft *f* свидáние 5, встрéча 6; Versammlung собрáние 5

zusammen|laufen *intr* сбегáться ⟨-|бежáться*⟩; Flüsse, Farben, Linien сливáться ⟨-|ли́ться*; -ли́ли́сь⟩; Milch свёртываться ⟨-вернýться 4⟩ | alle Fäden laufen in seiner Hand zusammen все ни́ти (схóдятся) в егó рукáх; das Wasser lief mir im Mund zusammen у меня́ слю́нки потекли́; **~leben** *intr* жить* совмéстно [вмéсте], сожи́тельствовать 2

Zusammenleben *n* совмéстная жизнь, сожи́тельство 4 *a. Biol*

Zusammenlegen *tr* zusammenstellen, aufstapeln склáдывать ⟨-ложи́ть 3⁺⟩; Geld устр|áивать ⟨-óить 3⟩ склáдчину; vereinigen соедин|я́ть ⟨-и́ть 3⟩, объедин|я́ть ⟨-и́ть 3⟩; Betriebe a. укрупн|я́ть ⟨-и́ть 3⟩

Zusammenlegung *f* объединéние 5; von Betrieben a. укрупнéние 5 *G*

zusammen|leimen *tr* склéивать ⟨склéить 3⟩; **~nähen** *tr* сшивáть ⟨-|ши́ть*, сошью́⟩; **~nehmen** *tr* Gedanken, Kraft собирáть ⟨-|брáть*⟩; sich ≈ *refl* брать* ⟨взять*⟩ себя́ в рýки | seine Kräfte ≈ собирáться ⟨собрáться; -брали́сь⟩ с си́лами; alles zusammengenommen всё вмéсте; er hat sich heute sehr zusammengenommen сегóдня он хорошó владéл собóй; **~packen** *tr* склáдывать ⟨-ложи́ть 3⁺⟩, уклáдывать ⟨-ложи́ть 3⁺⟩, упак|óвывать ⟨-овáть 2⟩ (вмéсте); **~passen** *intr* подхо|ди́ть 3⁺ -жý ⟨подо|йти́*⟩ друг к дрýгу; harmonieren сочетáться *uv, v*

Zusammenprall *m* столкновéние 5; Interessen a. колли́зия 8

zusammen|prallen *intr* стáлкиваться ⟨столкнýться 4⟩; **~pressen** *tr* сжимáть ⟨-|жать[1]*, сожмý⟩, сти́с|кивать ⟨-нуть 4⟩; *Tech* прессовáть 2 (с-, от); **~raffen** *tr* собирáть ⟨-|брáть*⟩ *a. übertr;* sich ≈ *refl* собирáться ⟨собр|áться; -áли́сь⟩ с си́лами; **~rechnen** *tr* под-, сосч|и́тывать ⟨-итáть⟩, сумми́ровать 2; **~reimen** *tr übertr* увя́зывать ⟨-|вязáть*⟩; verstehen сообра|жáть ⟨-зи́ть 3 -жý⟩; sich ≈ *refl* соглас|óвываться ⟨-овáться 2⟩ | wie reimt sich das zusammen? как э́то поня́ть?; das kann ich mir nicht ≈ э́того я не понимáю; **~reißen, sich** *refl* брать* ⟨взять*⟩ себя́ в рýки, (с трудóм) овлад|евáть ⟨-éть⟩ собóй; **~rollen** *tr* свёртывать *u.* сворáчивать ⟨-вернýть 4; -вёрнутый⟩; zu einer Rolle скáтывать ⟨-катáть⟩ (в трýбку); sich ≈ *refl* свёртываться *u.* сворáчиваться ⟨-вернýться⟩ в клубóк; **~rotten, sich** *refl* собирáться ⟨-брáться*; -брали́сь⟩ толпóй; **~rücken** *tr* сдвигáть ⟨сдви́нуть 4⟩; *intr* сдвигáться ⟨сдви́нуться⟩; придв|игáться ⟨-и́нуться⟩ друг к дрýгу; **~rufen** *tr* созывáть *u.* сзывáть ⟨со|звáть*⟩; **~schaudern** *intr* содрог|áться ⟨-нýться 4⟩; **~schauern** *intr* ёжиться 3 (съ-); **~schießen** *tr* сно|си́ть 3⁺ -шý ⟨с|нести́*⟩ (вы́стрелами), разрушáть ⟨-рýшить 3⟩; Menschen гром|и́ть 3 -лю́ (раз-), расстр|éливать ⟨-еля́ть⟩; **~schlagen** *tr* разбивáть ⟨-|би́ть*, -обью́⟩ (вдрéбезги), перебивáть ⟨-би́ть⟩; Zeitung склáдывать ⟨-ложи́ть 3⁺⟩; Hände всплéскивать ⟨-плеснýть 4⟩; Kleidung запáхивать ⟨-пахнýть 4⟩; zusammenhämmern сколáчивать ⟨сколо|ти́ть 3⁺ -чý⟩; brutal niederschlagen избивáть ⟨-|би́ть*, изобью́⟩, отколо|ти́ть *v* 3⁺ -чý | die Wellen schlugen über ihm zusammen вóлны захлестнýли егó; **~schließen** *tr* объедин|я́ть ⟨-и́ть 3⟩ (zu в *A*); sich ≈ *refl* объедин|я́ться ⟨-и́ться⟩ (zu в *A*); einmütig спла́чиваться ⟨спло|ти́ться 3 -чу́сь⟩; fest спа́ивать ⟨спая́ть⟩

Zusammenschluß *m* объедине́ние 5 (zu в *A*), соедине́ние 5 (mit с *I*, zu в *A*); Bündnis смы́чка 6, сплоче́ние 5

zusammen|schmelzen *intr* weniger werden ста́ивать ⟨ста́ять, ста́ет⟩; *tr Tech* сплавля́ть ⟨спла́в|ить 3 -лю⟩ | unsere Vorräte sind zusammengeschmolzen на́ши запа́сы та́яли; **~schmieden** *tr* ско́вывать ⟨-|кова́ть*⟩; **~schrumpfen** *intr* съёж|иваться ⟨-иться 3⟩, смо́рщ|иваться ⟨-иться 3⟩; Kapital, Vorräte уменьша́ться ⟨уме́ньшиться 3⟩, сокра|ща́ться ⟨-ти́ться 3⟩; Geld та́ять, та́ет; **~schweißen** *tr Tech* сва́ривать ⟨-вари́ть 3⁺⟩; *übertr* спла́чивать ⟨спло|ти́ть 3 -чу́⟩; **~setzen** *tr* составля́ть ⟨соста́в|ить 3 -лю⟩; Mechanismus собира́ть ⟨-|бра́ть*⟩; sich ≈ *refl* состоя́ть 3 (aus из *G*) | sie setzten sich zusammen, um etw. zu besprechen они́ собра́лись, чтобы кое-что́ обсуди́ть

Zusammensetzung *f* соста́в 2 *a. Chem; Gramm* сло́жное сло́во 4b; *Tech* сбо́рка 6, составле́ние 5

zusammensparen *tr* на-, ска́пливать ⟨-копи́ть 3⁺ -коплю́⟩

Zusammenspiel *n Theat* анса́мбль 1; *von* Muskeln согласо́ванность 9; *Sport* сы́гранность 9; комбина́ция 8

zusammen|stecken *tr* ска́лывать ⟨-|коло́ть*⟩ була́вками, скреп|ля́ть ⟨-и́ть 3 -лю́⟩; **~stellen** *tr* составля́ть ⟨соста́в|ить 3 -лю⟩ вме́сте, ста́в|ить 3 -лю (по-) ря́дом; Programm, Menü u. a. составля́ть ⟨соста́вить⟩; geordnet скла́дывать ⟨сложи́ть 3⁺⟩; Teller собира́ть ⟨со|бра́ть*⟩ *a. Tech;* zum Vergleich сопост|авля́ть ⟨-а́вить 3 -а́влю⟩, сра́внивать ⟨-равни́ть 3⟩

Zusammen|stellung *f* составле́ние 5; passende Auswahl подбо́р 2; Übersicht обзо́р 2; **~stoß** *m* столкнове́ние 5; *übertr* столкнове́ние, сты́чка 6, перебра́нка 6

zusammen|stoßen *intr* ста́лкиваться ⟨столкну́ться 4⟩ (mit с *I*) *a. übertr;* Grundstücke соприкаса́ться ⟨-косну́ться 4⟩; **~strömen** *intr übertr* стека́ться ⟨-|те́чься*⟩; **~stürzen** *intr* ру́шиться *uv, v* 3 (*a.* об-), разва́ливаться ⟨-вали́ться 3⁺⟩; *übertr* потерп|е́ть *v* 3⁺ -лю́ крах [прова́л]; Hoffnung ру́хнуть *v* 4; **~suchen** *tr* собира́ть ⟨-|бра́ть*⟩; **~tragen** *tr* сно|си́ть 3⁺ -шу́ ⟨с|нести́*⟩ в одно́ ме́сто; Stoff, Material, Fakten собира́ть ⟨-|бра́ть*⟩; компили́ровать 2 (с-); **~treffen** *intr* схо|ди́ться 3⁺ -жу́сь ⟨со|йти́сь*⟩; begegnen встреча́ться ⟨встре́|титься 3 -чусь⟩; zusammenfallen совпада́ть ⟨-|па́сть*⟩; Umstände скла́дываться ⟨сложи́ться 3⁺⟩

Zusammentreffen *n* встре́ча 6 (mit с *I*); *übertr* совпаде́ние 5, стече́ние 5 | ~ der Umstände стече́ние обстоя́тельств

zusammen|treten *intr* схо|ди́ться 3⁺ -жу́сь ⟨со|йти́сь*⟩ (zu на *A*); sich versammeln собира́ться ⟨-|бра́ться*, -бра́ли́сь⟩ (zu на *A*); **~trommeln** *tr übertr* созыва́ть ⟨-|зва́ть*⟩, собира́ть ⟨-|бра́ть*⟩; **~tun, sich** *refl* собира́ться ⟨-|бра́ться*, -бра́ли́сь⟩; sich vereinen соедин|я́ться ⟨-и́ться 3⟩; объедин|я́ться ⟨-и́ться 3⟩; **~wachsen** *intr* сраста́ться ⟨-|расти́сь*, сро́сся⟩ | ≈ lassen сра́щивать ⟨сра|сти́ть 3 -щу́⟩; **~werfen** *tr* броса́ть ⟨бро́|сить 3 -шу⟩ (в одно́ ме́сто); durcheinanderwerfen с-, переме́шивать ⟨-меша́ть⟩; **~wikkeln** *tr* сма́тывать ⟨-мота́ть⟩ (в клубо́к), свёртывать ⟨-верну́ть 4, -вёрнутый⟩; **~wirken** *tr* де́йствовать 2 сообща́; **~zählen** *tr* под-, сосч|и́тывать ⟨-ита́ть⟩; **~ziehen** *tr* стя́гивать ⟨-тяну́ть 4⁺⟩; beim Zubinden затя́гивать ⟨-тяну́ть⟩; mit einer Schnur шнурова́ть 2 (за-); enger machen су́живать ⟨су́|зить 3 -жу⟩; verkürzen сокра|ща́ть ⟨-ти́ть 3 -щу́⟩; Truppen сосредото́ч|ивать ⟨-ить 3⟩; Summen подсч|и́тывать ⟨-ита́ть⟩; *intr* посели́ться *v* 3 в одно́й кварти́ре (mit с *I*); *refl* sich ≈ Wunde затя́гиваться ⟨-тяну́ться⟩; Gewitter собира́ться ⟨-|бра́ться*, -бра́ли́сь⟩, надв|ига́ться ⟨-и́нуться 4⟩; **~zucken** *intr* вздр|а́гивать ⟨-о́гнуть 4⟩

Zusatz *m* доба́вка 6, добавле́ние 5 (zu к *D*); Ergänzung, Nachtrag припи́ска 6; Beimischung при́месь 9; **~abkommen** *n* дополни́тельное соглаше́ние; **~aggregat** *n El* доба́вочный агрега́т; **~antrag** *m* дополни́тельное предложе́ние

zusätzlich дополни́тельный; сверх пла́на

Zusatz|lohn *m* доба́вочная пла́та; **~rente** *f* дополни́тельная пе́нсия; **~studium** *n* дополни́тельная учёба; **~versicherung** *f* дополни́тельное страхова́ние

zuschanden *Adv:* ~ machen по́р|тить 3 -чу (ис-) | seine Hoffnungen wurden ~ gemacht его́ наде́жды не оправда́лись [не сбыли́сь]; ein Pferd ~ reiten загоня́ть ⟨-|гна́ть*⟩ ло́шадь

zuschauen *intr* смотре́ть 3⁺ (по-) на *A*; наблюда́ть *A*, за *I* | beim Spiel ~ смотре́ть на игру́

Zuschauer *m* зри́тель 1; **~in** *f* зри́тельница 6; **~raum** *m* зри́тельный зал

zu|schicken *tr* присыла́ть ⟨-|сла́ть*⟩, доставля́ть ⟨доста́в|ить 3 -лю⟩ на́ дом; **~schieben** *tr* Schublade задв|ига́ть ⟨-и́нуть 4⟩; *übertr* вз-, сва́ливать ⟨-вали́ть 3⁺⟩ (j-m на *A*), перекла́дывать ⟨-ложи́ть 3⁺⟩ (j-m на *A*) | j-m die Schuld ≈ свали́ть вину́ на кого́-н.; **~schießen** *tr* dazugeben доб|авля́ть ⟨-а́вить 3 -а́влю⟩ (zu на *A*), вноси́ть 3⁺ -ношу́ ⟨-|нести́*⟩ (zu в *A*) |

zu einem Unternehmen Geld ≈ вкла́дывать ⟨-ложи́ть⟩ де́ньги в како́е-н. предприя́тие
Zuschlag *m* Fahrgeld, Porto допла́та 6; Gehalt надба́вка 6; Preis наце́нка 6
zuschlagen *tr* Tür за-, прихло́п|ывать ⟨-нуть 4⟩; Augen, Buch закрыва́ть ⟨-|кры́ть*⟩; zum Preis на(д)бавля́ть ⟨-а́вить 3 -а́влю⟩; де́лать (с-) наце́нку; *intr* ударя́ть ⟨уда́рить 3⟩, бить* | schlag zu! бей!
zuschlag(s)frei без надба́вки, без наце́нки
Zuschlag[s]|gebühr *f* дополни́тельный (к тари́фу) сбор; **~karte** *f Eisenb* доплатно́й биле́т 2, биле́т с допла́той
zuschlag[s]pflichtig подлежа́щий 11 допла́те
zu|schließen *tr* запира́ть ⟨запере́ть*⟩ | die Tür ≈ запере́ть дверь на ключ; **~schnallen** *tr* застёгивать ⟨-стегну́ть 4, -стёгнутый⟩; **~schnappen** *intr* mit den Zähnen хвата́ть ⟨схва|ти́ть 3⁺ -чу́⟩ зуба́ми; beißen уку|си́ть *v* 3⁺ -шу́; Schloß защёлк|иваться ⟨-нуться 4⟩; **~schneiden** *tr* Kleid крои́ть 3 ⟨вы́-⟩; Stoff раскр|а́ивать ⟨-ои́ть⟩; Holz обреза́ть *u.* обре́зывать ⟨-|ре́зать*⟩; *übertr* принор|а́вливать ⟨-ови́ть 3⟩, приспос|а́бливать ⟨-о́бить 3 -о́блю⟩ (auf etw., für etw. что-н., к чему́-н.)
Zuschneider *m* закро́йщик 2; **~in** *f* закро́йщица 6
Zuschnitt *m* zuschneiden кро́йка 6; von Kleidern u. a. покро́й 1, фасо́н 2; *übertr* фо́рма 6; о́браз 2 (жи́зни)
zu|schnüren *tr* Schuh зашнур|о́вывать ⟨-ова́ть 2⟩; Paket завя́зывать ⟨-|вяза́ть*⟩; fest zusammenziehen стя́гивать ⟨-тяну́ть 4⁺⟩; **~schrauben** *tr u. intr* зави́нчивать ⟨завин|ти́ть 3 -чу́, зави́нченный⟩; **~schreiben** *tr* припи́сывать ⟨-|писа́ть*⟩ *a. übertr* | j-m die Schuld ≈ возлага́ть ⟨-ложи́ть 3⁺⟩ вину́ на кого́-н.; den Unfall hast du dir selbst zuzuschreiben ты сам винова́т в том, что произошёл несча́стный слу́чай
Zuschrift *f* письмо́ 4c *G Pl* пи́сем; amtliche: отноше́ние 5 | ~ auf etw. письмо́-о́тклик на что-н.
zuschulden *Adv*: sich etw. ~ kommen lassen провини́ться *v* 3 в чём-н.
Zuschuß *m* субси́дия 8; Zulage приба́вка 6; Unterstützung посо́бие 5 | ~ gewähren предост|авля́ть ⟨-а́вить 3 -а́влю⟩ субси́дию; **~betrieb** *m* бюдже́тное предприя́тие
zu|schütten *tr* засыпа́ть ⟨-|сы́пать*⟩; **~sehen** *intr* гля|де́ть 3 -жу́ (по-) на *A;* смотре́ть 3⁺ (по-) на *A*; einem Spiel наблюда́ть за *I*, сле|ди́ть 3 -жу́ за *I* | j-m bei der Arbeit ≈ наблюда́ть за кем-н. во вре́мя рабо́ты; ich werde ≈, daß ich kommen kann я постара́юсь прийти́; da mag er ≈, wie er damit fertig wird пусть сам справля́ется, пусть сам забо́тится об э́том; sieh zu! смотри́!; **~sehends** *Adv* заме́тно | er wird ≈ dicker он заме́тно полне́ет; **~senden** *tr* присыла́ть ⟨-|сла́ть*⟩; **~setzen** *tr* приб|авля́ть ⟨-а́вить 3 -а́влю⟩; Geld теря́ть (по-) *A*, лиш|а́ться ⟨-и́ться 3⟩ *G; intr* angreifen наседа́ть ⟨-|се́сть*⟩ (j-m на *A*); надоеда́ть ⟨-|е́сть*⟩, при|става́ть* ⟨-|ста́ть*⟩ (j-m mit etw. кому́-н. чем-н.) | bei dem Geschäft hat er viel Geld zugesetzt э́то де́ло ему́ до́рого обошло́сь; j-m mit Fragen ~ пристава́ть к кому́-н. с вопро́сами; **~sichern** *tr* за-, уверя́ть ⟨-ве́рить 3⟩ (j-m etw. кого́-н. в чём-н.); versprechen обеща́ть *uv, v* (*a.* по-) (j-m etw. что-н. кому́-н.)
Zusicherung *f* завере́ние 5, увере́ние 5; обеща́ние 5
Zuspiel *n Sport* переда́ча 6 (мяча́), пас 2 | auf ~ с пода́чи
zu|spielen *tr Sport* пере|дава́ть* ⟨переда́ть*⟩, пас|ова́ть 2 ⟨-ну́ть *mom* 4⟩; по|дава́ть* ⟨пода́ть*⟩ | j-m etw. ≈ *übertr* игра́ть ⟨сыгра́ть⟩ на́ руку кому́-н.; **~spitzen** *tr* заостр|я́ть ⟨-и́ть 3⟩; *übertr* обостр|я́ть ⟨-и́ть 3⟩; sich ≈ *refl* обостр|я́ться ⟨-и́ться⟩ *a. übertr*
Zuspitzung *f* обостре́ние 5
zu|sprechen *tr* Preis прису|жда́ть ⟨-ди́ть 3⁺ -жу́, -жённый⟩ *a. Jur* | j-m Trost ≈ утеша́ть ⟨уте́шить 3⟩ кого́-н.; j-m Mut ≈ подбодр|я́ть ⟨-и́ть 3⟩ кого́-н.; *intr:* dem Essen und Trinken tüchtig ≈ налега́ть ⟨-|ле́чь*⟩ на еду́ и питьё; **~springen** *intr* подск|а́кивать ⟨-очи́ть 3⁺⟩ (auf к *D*); Schloß защёлк|иваться ⟨-нуться 4⟩
Zuspruch *m* Trost утеше́ние 5; Ermutigung ободре́ние 5 | die Ausstellung hat viel ~ вы́ставка по́льзуется большо́й популя́рностью [больши́м успе́хом]
Zustand *m* состоя́ние 5; *Pl* Verhältnisse, Lage положе́ние 5 (веще́й), обстоя́тельства *Pl* 4 | das sind Zustände! ну и поря́дки!; sie hat wieder ihre Zustände с ней сно́ва припа́док, она́ сно́ва не в ду́хе
zustande *Adv*: ~ bringen осуществ|ля́ть ⟨-и́ть 3 -лю́⟩, соверш|а́ть ⟨-и́ть 3⟩ | ~ kommen осуществ|ля́ться ⟨-и́ться⟩
zuständig компете́нт|ный, -ен, подлежа́щий 11 компете́нции; *Jur* подсу́д|ный, -ен | ich bin dafür nicht ~ э́то не в мое́й компете́нции; wer ist dafür ~? кто ве́дает э́тим?
Zuständigkeit *f* компете́нтность 9; *Jur* подсу́дность 9
Zuständigkeitsbereich *m* компете́нция 8
zustatten *Adv*: ~ kommen быть* кста́ти, пригоди́ться *v* 3
zu|stecken *tr* heimlich подсо́вывать ⟨-су́-

нуть 4⟩; **~stehen** *intr* von einer zu zahlenden Summe слéдовать 2, причитáться; berechtigt sein принадлежáть 3 по прáву | wieviel steht Ihnen dafür zu? скóлько слéдует вам за э́то?, скóлько вам за э́то причитáется; es steht mir nicht zu я не впрáве, э́то не в моéй компетéнции; **~stellen** *tr* доставля́ть ⟨достáв|ить 3 -лю⟩; aushändigen врyч|áть ⟨-и́ть 3⟩; Rechnung, Klage по|давáть* ⟨подáть*⟩

Zustell|gebühr *f* плáта за достáвку; **~ung** *f* достáвка 6, привóз 2; *Jur* вручéние 5 (документóв)

zu|steuern *intr Mar* держáть 3⁺ курс на *A* | dem Hafen ≈ плыть* [напр|авля́ться ⟨-áвиться 3 -áвлюсь⟩ к гáвани; auf j-n ≈ напрáвиться к комý-н.; **~stimmen** *intr* согла|шáться ⟨-си́ться 3 шýсь⟩ с *I*; billigen од|обря́ть ⟨-óбрить 3⟩ *A*

Zustimmung *f* соглáсие 5 (zu на *A*), одобрéние 5 (zu *G*)

zu|stopfen *tr* затыкáть ⟨-ткнýть 4⟩; Strumpfloch заштóпать *v*; **~stöpseln** *tr* закýпор|ивать ⟨-ить 3⟩; **~stoßen** *tr* Tür захлóп|ывать ⟨-нуть 4⟩; *intr* случ|áться ⟨-и́ться 3⟩ (j-m с *I*) | wenn mir etwas ≈ sollte éсли со мной что-н. случи́тся

Zustrom *m übertr* притóк 2, прили́в 2; Andrang напльíв 2

zu|strömen *intr* течь* в *A*; притекáть ⟨-тéчь⟩ к *D*; Menschen стекáться ⟨-тéчься⟩ к *D* | dem Meere ≈ течь в мóре; **~stürzen** *intr* бросáться ⟨брó|ситься 3 -шусь⟩ навстрéчу (auf j-n *D*)

zutage *Adv*: ~ bringen [fördern] обнарý-ж|ивать ⟨-ить 3⟩; ~ treten обнарýж|иваться ⟨-иться⟩, выявля́ться ⟨вы́явиться 3⟩; seine Schuld liegt offen ~ егó винá очеви́дна

Zutat *f* Kochkunst припрáва 6 (zu к *D*); zum Teig сдóба 6; Gemüsebeilage гарни́р 2 (zu к *D*); Schneiderei приклáд 2

zuteil *Adv*: j-m ~ werden выпадáть ⟨вы́|пасть*¡ вы́павший 11⟩ на чью-н. дóлю, до|ставáться* ⟨-|стáться*⟩ комý-н.

zuteilen *tr* nach best. Ordnung распредел|я́ть ⟨-и́ть 3⟩; einen Teil abgeben удел|я́ть ⟨-и́ть 3⟩; rationieren вы|давáть* ⟨вы́|дать*⟩ по кáрточкам; Lebensmittel a. раз|давáть* ⟨раздáть*⟩; Land, Geschenke надел|я́ть ⟨-и́ть⟩ (j-m etw. когó-н. чем-н.); Aufgabe поруч|áть ⟨-и́ть 3⁺⟩; einsetzen als назн|ачáть ⟨-áчить 3⟩ *I*; einer Abteilung, Organistation прикреп|ля́ть ⟨-и́ть 3 -лю́⟩ (j-m к *D*); dienstlich прикомандир|óвывать ⟨-овáть 2⟩

Zuteilung *f* распределéние 5; раздáча 6; Menge нóрма 6 вы́дачи | auf ~ по кáрточкам

zutiefst *Adv* im Innersten, sehr глубокó, весьмá

zutragen *tr* mitteilen сообщ|áть ⟨-и́ть 3⟩; Gehörtes пере|давáть* ⟨передáть*⟩; sich ~ *refl* случ|áться ⟨-и́ться 3⟩

Zuträger *m* донóсчик 2

zuträglich полéз|ный¡ -ен; Nahrung здорóв:ый; Klima благотвóр|ный¡ -ен | j-m nicht ~ sein идти́* во вред комý-н.

zutrauen *tr*: j-m etw. ~ считáть ⟨счесть*⟩ когó-н. спосóбным на что-н.; das hätte ich ihm nicht zugetraut э́того я от негó не ожидáл; es ist ihm alles zuzutrauen от негó всегó мóжно ожидáть, он на всё спосóбен; ich hätte ihm einen besseren Geschmack zugetraut я предполагáл¡ что у негó лýчший вкус

Zutrauen *n* довéрие 5 (zu к *D*) | ich habe kein rechtes ~ zu ihm у меня́ нет к немý пóлного довéрия

zutraulich довéрчив:ый; Tier ручнóй | zu j-m ~ sein довéрчиво отно|си́ться 3⁺ -шýсь к комý-н.

zutreffen *intr* соотвéтствовать 2 действи́тельности; Voraussage сбывáться ⟨-|бы́ться*¡ -были́сь⟩, опр|áвдываться ⟨-авдáться⟩ | das dürfte nicht ganz ~ э́то не вполнé соотвéтствует действи́тельности, э́то не совсéм так; dies trifft für alle Mitarbeiter zu э́то онóсится ко всем сотрýдникам; **~d** соотвéтствующий 11, прáвил|ьный¡ -ен¡ -ьна

zutrinken *intr*: j-m ~ пить* ⟨вы́пить⟩ за чьё-н. здорóвье

Zutritt *m* дóступ 2; Betreten вход 2 | kein ~! вхóда нет!; ~ verboten! вход воспрещён!

Zutun *n*: ohne mein ~ без моегó содéйствия [учáстия]

zu|ungunsten *Adv* не в пóльзу; **~unterst** *Adv* в сáмом низý, под всéми други́ми

zuverlässig надёж|ный¡ -ен; glaubwürdig достовéр|ный¡ -ен

Zuverlässigkeit *f* надёжность 9; достовéрность 9

Zuversicht *f* увéренность 9; Hoffnung надéжда 6 | in der ~, daß ... бýдучи увéренным¡ что ...; er ist voller ~ ... он испóлнен вéры ...

zuversichtlich **1.** *Adj* увéрен:ный¡ -на **2.** *Adv* с увéренностью; с надéждой

zuviel *Adv* сли́шком мнóго | viel ~ чересчýр мнóго; das ist ~ des Guten! э́то уж чересчýр!; er hat einen ~ getrunken *umg* он хлебнýл ли́шнего

zuvor *Adv* прéжде, до сегó врéмени, рáньше | kurz ~ незадóлго до тогó

zuvorkommen *intr* опере|жáть ⟨-ди́ть 3 -жý⟩ *A;* j-s Wünschen, einer Sache предупре|ждáть ⟨-ди́ть 3 -жý¡ -ждённый⟩ *A*; **~d** предупреди́тел|ьный¡ -ен¡ -ьна; aufmerksam внимáтел|ьный¡ -ен¡ -ьна

Zuvorkommenheit *f* предупреди́тельность 9; внимáтельность 9

zuvortun *tr:* es j-m an etw. ~ превосхо|ди́ть 3⁺ -жу́ ⟨превзо|йти́*⟩ кого́-н. в чём-н.

Zuwachs *m* приро́ст 2 (an *G*) | wir haben ~ bekommen у нас прибавле́ние семе́йства; auf ~ kaufen на вы́рост

zuwachsen *intr* mit Pflanzen; Wunde зараста́ть ⟨-|расти́*⟩

Zuwachsrate *f* до́ля приро́ста

zuwandern *intr* иммигри́ровать *uv, v* 2; entgegenwandern нап|равля́ться ⟨-а́виться 3 -а́влюсь⟩ к *D*

zu|wege *Adv:* ≈ bringen приводи́ть 3⁺ -вожу́ ⟨-|вести́*⟩ в исполне́ние, осуществ|ля́ть ⟨-и́ть 3 -лю́⟩; **~weilen** *Adv* иногда́, по времена́м

zuweisen *tr* Arbeit напр|авля́ть ⟨-а́вить 3 -а́влю⟩, назн|ача́ть ⟨-а́чить 3⟩ на *A*; Anteil, Wohnung предост|авля́ть ⟨-а́вить 3 -а́влю⟩; zuteilen надел|я́ть ⟨-и́ть 3⟩ (j-m etw. кого́-н. чем-н.); Geldmittel отчисля́ть ⟨-чи́слить 3⟩

Zuweisung *f* für eine Arbeit направле́ние 5; Posten, Arbeitsstelle назначе́ние 5; Zuteilung предоставле́ние 5 | ~ einer Wohnung предоставле́ние кварти́ры [жилья́], Schriftstück о́рдер 2 *Pl* -а́ на кварти́ру

zuwenden *tr* обра|ща́ть ⟨-ти́ть 3 -щу́⟩, напр|авля́ть ⟨-а́вить 3 -а́влю⟩; zuteil werden lassen предост|авля́ть ⟨-а́вить 3 -а́влю⟩, удел|я́ть ⟨-и́ть 3⟩; *übertr* от|дава́ть* ⟨отда́ть*⟩; sich ≈ *refl* обра|ща́ться ⟨-ти́ться⟩ (j-m к *D*); Studium, Beschäftigung переходи́ть 3⁺ -хожу́ ⟨-|йти́*⟩ к *D* | j-m den Rücken ~ повёртываться ⟨-верну́ться 4⟩ спино́й к кому́-н.

Zuwendung *f* посо́бие 5, ссу́да 6 | ~en machen предоставля́ть ⟨-а́вить 3 -а́влю⟩ посо́бия

zuwenig *Adv* сли́шком ма́ло, недоста́точно

zuwerfen *tr*броса́ть ⟨бро́|сить 3 -шу⟩; zuschütten заки́дывать ⟨-кида́ть⟩ землёй, засыпа́ть ⟨-|сы́пать*⟩ | j-m einen Blick ~ бро́сить взгляд на кого́-н.

zuwider 1. *Adv* вразре́з, про́тив, проти́вно | er ist mir ~ он мне неприя́тен [проти́вен]; ~ werden опроти́веть *v*; das ist dem Gesetz ~ э́то идёт вразре́з с зако́ном **2.** *Präpos* наперекор *D*, вопреки́ *D* | dem Befehl ~ вопреки́ прика́зу; **~handeln** *intr* поступ|а́ть ⟨-и́ть 3⁺ -лю́⟩ вопреки́, противоде́йствовать 2; **~laufen** *intr* противоре́чить *D*, идти́* вразре́з с *I*

zu|winken *intr* кив|а́ть ⟨-ну́ть *mom* 4⟩; herbeirufen зна́ком подзыва́ть ⟨подо-|зва́ть*, подзову́, подзовёшь:, подо́званный⟩; **~zahlen** *intr* до- припл|а́чивать ⟨-ати́ть 3⁺ -ачу́⟩; **~zählen** *tr* присч|и́тывать ⟨-ита́ть⟩, причисля́ть ⟨-чи́слить 3⟩

zuzeiten *Adv* иногда́, по времена́м

zuziehen *tr* Vorhang задёр|гивать ⟨-нуть 4⟩; Knoten затя́гивать ⟨-тяну́ть 4⁺⟩; zu Rate ziehen привлека́ть ⟨-|вле́чь*⟩; sich ~ *refl* Krankheit нажива́ть ⟨нажи́ть*⟩ | er wurde zur Beratung hinzugezogen он был привлечён для консульта́ции; sich Unannehmlichkeiten ~ навлека́ть ⟨-вле́чь⟩ на себя́ неприя́тности; sich einen Tadel ~ заслу́живать ⟨-служи́ть 3⁺⟩ порица́ние; aus einer anderen Stadt hierher ~ пересел|я́ться ⟨-и́ться 3⟩ сюда́ из друго́го го́рода

Zuzug *m* прито́к 2; Zuwandern переселе́ние 5

zuzüglich *Präpos* с прибавле́нием | ~ der Zinsen включа́я проце́нты

zwacken *tr u. intr* щипа́ть* *u.* 1 ⟨щипну́ть *mom* 4⟩

Zwang *m* принужде́ние 5; Gewalt наси́лие 5 | auf j-n ~ ausüben ока́зывать ⟨-|каза́ть*⟩ на кого́-н. давле́ние; etw. aus ~ tun де́лать (с-) что-н. по принужде́нию; tun Sie sich keinen ~ an! не стесня́йтесь!

zwängen *tr* проти́с|кивать ⟨-нуть 4⟩; einpressen вти́с|кивать ⟨-нуть⟩

zwanglos непринуждён:ный, -на; ungeordnet свобо́д|ный, -ен

Zwangs|arbeit *f hist* ка́торжные рабо́ты, ка́торга 6; **~jacke** *f* смири́тельная руба́шка 6; **~lage** *f* стеснённое положе́ние

zwangsläufig 1. *Adj* неизбе́ж|ный, -ен **2.** *Adv* неизбе́жно; erzwungen в принуди́тельном поря́дке

Zwangs|maßnahmen *f Pl* ме́ры принужде́ния, ме́ры принуди́тельного хара́ктера; **~versteigerung** *f alt* принуди́тельная прода́жа с аукцио́на [с торго́в]; **~verwaltung** *f alt* принуди́тельное управле́ние, суде́бный секве́стр 2; **~vollstrekkung** *f alt* принуди́тельное приведе́ние 5 в исполне́ние суде́бного реше́ния; **~vorstellung** *f* навя́зчивая иде́я 7

zwangsweise *Adv* в принуди́тельном поря́дке

zwanzig *Num* два́дцать 9e | er wurde ~ (Jahre alt) ему́ испо́лнилось два́дцать лет; er ist über ~ ему́ пошёл тре́тий деся́ток

zwanziger: in den ~ Jahren в двадца́тых года́х

zwanzigfach двадцатикра́тный

Zwanzigjahrfeier *f* двадцатиле́тие 5

zwanzigjährig двадцатиле́тний 11

Zwanzigmarkschein *m* купю́ра 6 [банкно́т] в два́дцать ма́рок

zwanzigster *Num* двадца́тый | ~ Jahrestag двадцатиле́тие

zwar *Adv* пра́вда, хотя́ | und ~ (а) и́менно; er kam ~, doch war's zu spät он хотя́ и пришёл, но (бы́ло уже́) сли́шком по́здно

Zweck *m* цель 9 | zu diesem ~ для э́того, для э́той це́ли; zum ~ в це́лях; zu welchem ~? заче́м?, с како́й це́лью?; das hat keinen ~ э́то не име́ет смы́сла
zweckdienlich целесообра́з|ный, -ен
Zwecke *f* кно́пка 6
zweck|entfremdet испо́льзуемый не по назначе́нию; **~entsprechend** целесообра́з|ный, -ен; **~gebunden** име́ющий 11 определённую цель; целево́й; **~los** бесце́л|ьный, -ен, -ьна; unnütz бесполе́з|ный, -ен
Zwecklosigkeit *f* бесце́льность 9; бесполе́зность 9
zweckmäßig целесообра́з|ный, -ен
Zweckmäßigkeit *f* целесообра́зность 9
zwecks *Präpos* с це́лью *G oder mit Inf*, в це́лях *G*; для *G*, для того́, что́бы ...
zwei *Num* два *m, n*; две *f*; двух, двум, двумя́, двух; *kollektives Num* дво́е, двои́х 11 *mit G Pl* | je ~ по́ два; ~ Kinder дво́е 11 дете́й; alle ~ Jahre ка́ждые два го́да
Zwei *f* число́ 4c два, дво́йка 6; Straßenbahn дво́йка, второ́й но́мер 2b; Prüfungsnote дво́йка
zwei|achsig двухо́сный; **~armig** с двумя́ ответвле́ниями; Leuchter двусве́чный; **~atomig** двуха́томный; **~bändig** двухто́мный; **~beinig** двуно́гий
Zweibettzimmer *n* ко́мната [но́мер] на двои́х
zweideutig двусмы́слен:ный, -на
Zweideutigkeit *f* двусмы́сленность 9
zweidimensional двух(раз)ме́рный
Zweidrittelmehrheit *f* большинство́ в две тре́ти
zweieinhalb *Num* два с полови́ной
Zweier *m Sport* дво́йка 6
zwei|erlei: auf ≈ Art двоя́ким о́бразом, двоя́ко, двумя́ спо́собами; **~fach 1.** *Adj* двойно́й | ein ≈er Held der Arbeit два́жды Геро́й Труда́; in ≈er Ausfertigung в двух экземпля́рах; ≈e Bedeutung двойно́е значе́ние **2.** *Adv* в два ра́за, вдво́е, вдвойне́
Zwei|familienhaus *n* двухкварти́рный дом; **~farbendruck** *m* двухкра́сочная печа́ть
zweifarbig двухцве́тный
Zweifel *m* сомне́ние 5 | es unterliegt keinem ~ э́то не подлежи́т сомне́нию; ohne ~ несомне́нно; ich bin im ~ darüber я сомнева́юсь насчёт э́того; keinen ~ aufkommen lassen не допу|ска́ть ⟨-сти́ть 3⁺ -щу́⟩ сомне́ния
zweifel|haft сомни́тел|ьный, -ен, -ьна; unbestimmt неопределён|ный, -ен, -на; **~los** несомне́н|ный, -ен, -на | ≈ richtig несомне́нно пра́вильно
zweifeln *intr* сомнева́ться (an в *P*), испы́тывать ⟨-пыта́ть⟩ сомне́ние (an в *P*)
Zweifelsfall *m* сомни́тельный слу́чай | im ~ в слу́чае сомне́ния
zweifelsohne *Adv* без сомне́ния
Zweifler *m* ске́птик 2
zweiflüglig Tür двуство́рчатый; Insekt двукры́лый
Zweig *m* ветвь 9g; kleiner ве́тка 6; *übertr* о́трасль 9; einer Familie ветвь, побо́чная ли́ния 8 | er kommt auf keinen grünen ~ он не име́ет успе́ха (в дела́х), ему́ не везёт в жи́зни; **~bahn** *f* железнодоро́жная ве́тка 6; **~betrieb** *m* филиа́л 2 (предприя́тия, заво́да)
zwei|geschossig двухэта́жный; in der UdSSR entsprechend трёхэта́жный; **~gleisig** двухколе́йный, двухпу́тный; *übertr* дво́йствен:ный, -на; **~gliedrig** двучле́нный *a. Math*
Zweig|postamt *n* почто́вое отделе́ние 5; **~station** *f* подста́нция 8; **~stelle** *f* отделе́ние 5, филиа́л 2; **~werk** *n* заво́д-филиа́л 2-2
zwei|händig *Mus* в две руки́; **~höckerig** двуго́рбый
Zweihufer *m* двукопы́тное живо́тное *Subst* 10
zweihundert *Num* две́сти, двухсо́т, двумста́м, двумяста́ми, о двухста́х
Zweihundertjahrfeier *f* двухсотле́тие 5
zweihundertster *Num* двухсо́тый
zweijährig двухле́тний 11
Zwei|kammersystem *n* двухпала́тная парла́ментская систе́ма; **~kampf** *m* единобо́рство 4; Duell поеди́н|ок, -ка 2, дуэ́ль 9; *Sport* двоебо́рье 5
zwei|mal *Adv* два ра́за, два́жды | ≈ so groß в два ра́за бо́льше, вдво́е бо́льше; **~malig** двукра́тный; **~motorig** двухмото́рный
Zweiphasenstrom *m* двухфа́зный ток
zwei|polig двухпо́люсный; **~rädrig** двухколёсный | ≈er Wagen двуко́лка 6; **~reihig** двухря́дный; Mantel двубо́ртный
zwei|schneidig обоюдоо́стрый *a. übertr* | das ist ein ≈es Schwert э́то па́лка о двух конца́х; **~seitig** двусторо́нний 11; **~silbig** двусло́жный
Zweisitzer *m* Auto двухме́стный автомоби́ль 1
zwei|sitzig двухме́стный; **~spännig** паро-ко́нный, запряжённый па́рой (лошаде́й); **~sprachig** двуязы́ч|ный, -ен, на двух языка́х; **~spurig** Straße двухпу́тный; *Eisenb a.* двухколе́йный; **~stellig** двузна́чный; **~stimmig 1.** *Adj* дву(х)голо́сный, для двух голосо́в **2.** *Adv* на [в] два го́лоса; **~stöckig** двухэта́жный; in der UdSSR entsprechend трёхэта́жный | ≈es Gebäude зда́ние в два [*bzw* в три] этажа́; **~stufig** двухступе́нчатый; **~stündig** двухчасово́й;

~stündlich *Adv* ка́ждые два часа́, раз в два часа́
zweit: zu ~ вдвоём
zweitägig *Adv* двухдне́вный
Zweitaktmotor *m* двухта́ктный дви́гатель
zweitältester второ́й (по старшинству́)
zweitausend *Num* две ты́сячи | ~ Mann stark двухты́сячный
zweitbester второ́й, занима́ющий 11 второ́е ме́сто
zweiter *Num* второ́й | zum zweiten Mal во второ́й раз; aus ~ Hand из вторы́х рук; ~ Gang beim Essen второ́е *Subst* 10; *Kfz* втора́я переда́ча 6 [ско́рость 9]
zweiteilig (состоя́щий 11) из двух часте́й | ~er Badeanzug купа́льный костю́м, состоя́щий 11 из двух часте́й
zweitens *Adv* во-вторы́х
zweit|größt второ́й по величине́ | ≈e Stadt второ́й по числу́ жи́телей го́род; **~höchst** Berg u. a. второ́й по высоте́; Zahl u. a. второ́й по коли́честву; **~klassig** второсо́ртный; Restaurant второразря́дный; **~letzt** предпосле́дний 11, второ́й с конца́ [с кра́я]; **~rangig** второстепе́н|ный, -ен, -на; второразря́дный
Zweitschrift *f* ко́пия 8,
zweitürig двухдве́рный
Zweitwohnung *f* втора́я кварти́ра
zwei|wertig *Chem* двухвале́нтный; **~wöchig** двухнеде́льный
Zwei|zimmerwohnung *f* двухко́мнатная кварти́ра; **~zylindermotor** *m* двухцили́ндровый дви́гатель
Zwerchfell *n* диафра́гма 6
Zwerg *m* ка́рлик 2
zwergenhaft ка́рликовый
Zwerg|huhn *n* бента́мка 6, корол|ёк, -ька́ 2; **~kiefer** *f* сосна́ го́рная; **~wuchs** *m* ка́рликовый рост
Zwetsche *f* сли́ва 6 (дома́шняя 11)
Zwickel *m* Schneiderei клин 2 *Pl* кли́н|ья, -ьев, вста́вка 6
zwicken *tr* щипа́ть* *u.* 1 ⟨щипну́ть *mom* 4⟩ | in die Wange ~ ущипну́ть *v* за́ щеку
Zwicker *m alt* пенсне́ [не] *n idkl*
Zwickmühle *f*: in eine ~ geraten *übertr* по|па́сть* *v* в переплёт [в переде́лку]
Zwieback *m* суха́рь 1e
Zwiebel *f* лук 2 *G a.* -y; Knolle лу́ковица 6; **~geruch** *m* за́пах лу́ка; **~gewächse** *n Pl* лу́ковичные расте́ния; **~soße** *f* лу́ковый со́ус; **~turm** *m* византи́йский ку́пол, лу́ковица 6
Zwie|gespräch *n* диало́г 2; **~licht** *n* полумра́к 2, полусве́т 2; zweierlei Licht двойно́й свет; **~spalt** *m* разла́д 2, раздо́р 2 | sich in einem inneren ≈ befinden испы́тывать ⟨-пыта́ть⟩ состоя́ние душе́вного разла́да
zwiespältig раздво́ен:ный, -а, противоречи́в:ый | er ist ein ~er Mensch он в разла́де с сами́м собо́й
Zwie|spältigkeit *f* вну́треннее противоре́чие 11-5, противоречи́вость 9; **~tracht** *f* раздо́р 2 | ≈ säen се́ять раздо́р
Zwilling *m* близне́ц 2e; ~e *Pl Astr* Близнецы́
Zwillingspaar *n* близнецы́ *Pl* 2e, дво́йня 7 *G Pl* дво́ен
Zwinge *f Tech* тиски́ Pl 2; Schraub~ струбци́на 6; Stock наконе́чник 2
zwingen *tr* заставля́ть ⟨заста́в|ить 3 -лю⟩, принужда́ть ⟨-ну́дить 3 -ну́жу; -нуждённый⟩ (zu к *D*) | sich zu einem Lächeln ~ заста́вить себя́ улыбну́ться; ich sehe mich gezwungen ... я вы́нужден ...; er zwingt mich zu diesem Schritt он вынужда́ет меня́ к э́тому ша́гу; **~d** Notwendigkeit настоя́тел|ьный, -ен, -ьна; Beweis неоспори́м:ый | ≈e Gründe ва́жные [неотло́жные] причи́ны
Zwinger *m* Hunde~ псар|ня 7 *G Pl* -ен; Bären~ медвежа́тник 2
zwinkern *intr* миг|а́ть ⟨-ну́ть *mom* 4⟩
Zwirn *m* ни́тки *Pl* 6
zwirnen *tr* сучи́ть 3⁺ ⟨с-⟩, кру|ти́ть 3⁺ -чу́ ⟨с-⟩
Zwirn|maschine *f* крути́льная маши́на; **~rolle** *f* = **Zwirnspule**
Zwirnsfaden *m* кручёная нить 9, ни́тка 6
Zwirnspule *f* боби́на 6 [кату́шка 6] ни́ток
zwischen *Präpos* ме́жду *I*; unter среди́ *G* | ~ den Bäumen ме́жду дере́вьями; ~ den Vorlesungen ме́жду ле́кциями; ~ den Zeilen lesen чита́ть ме́жду строк; sich ~ zwei Stühle setzen сесть ме́жду двух сту́льев; ~ zwei Feuern *übertr* ме́жду двух огне́й; es steht viel Unkraut ~ den Kartoffeln среди́ кусто́в карто́феля растёт мно́го сорняко́в; ~ sieben und acht (Uhr) ме́жду семью́ и восьмью́ (часа́ми), в восьмо́м часу́
Zwischen|akt *m Theat* антра́кт 2; **~bericht** *m* промежу́точный отчёт; **~bemerkung** *f* попу́тное замеча́ние, ре́плика 6
zwischenbetrieblich межзаводско́й, ме́жду предприя́тиями
Zwischen|bilanz *f* промежу́точный бала́нс; **~deck** *n Mar* сре́дняя 11 па́луба
zwischendurch *Adv* manchmal иногда́; abwechselnd вперемéжку
Zwischen|fall *m* инциде́нт 2, происше́ствие 5, слу́ча|й 1 *G Pl* -ев; **~frequenz** *f Rad* промежу́точная частота́; **~frucht** *f Landw* промежу́точная культу́ра; **~fruchtbau** *m Landw* возде́лывание 5 промежу́точных культу́р; **~geschoß** *n* полуэта́ж 2e *G Pl* -е́й, антресо́ль 9; **~größe** *f* промежу́точный разме́р; промежу́точная величина́; **~handel** *m* по-

сре́дническая торго́вля; Weiterverkauf перепрода́жа 6; **~händler** *m* переку́пщик 2, перепродав|е́ц, -ца́ 2; комиссионе́р 2
zwischenlanden *intr* де́лать (с-) промежу́точную поса́дку
Zwischen|landung *f* промежу́точная поса́дка, поса́дка в пути́ | Flug ohne ≈ беспоса́дочный перелёт; **~mahlzeit** *f* Frühstück второ́й за́втрак 2; Vesper по́лдник 2
zwischenmenschlich: ~e Beziehungen межли́чностные отноше́ния *Pl* 5, отноше́ния ме́жду людьми́
Zwischen|produkt *n* промежу́точный проду́кт, полупроду́кт 2; **~prüfung** *f* перехо́дные экза́мены *Pl* 2; **~raum** *m* промежу́т|ок, -ка 2, расстоя́ние 5; интерва́л 2; zeitlich промежу́ток, отре́з|ок, -ка 2 вре́мени; zwischen Buchstaben пробе́л 2; **~ruf** *m* ре́плика 6; **~schicht** *f* прокла́дка 6, просло́йка 6 *a. übertr; Geol* промежу́точный слой; **~spiel** *n Theat* интерме́дия [тэ] 8, интерлю́дия [тэ] 8; **~spurt** *m Sport* рыв|о́к, -ка́ 2 на диста́нции
zwischenstaatlich межгосуда́рственный, ме́жду госуда́рствами
Zwischen|station *f* подста́нция 8; **~stekker** *m El* промежу́точный ште́псель; **~stock** *m* = **Zwischengeschoß; ~stück** *n* вста́вка 6, прокла́дка 6; промежу́точная часть, соедини́тельная дета́ль 9; **~stufe** *f* перехо́дная [промежу́точная] ступе́нь; **~termin** *m* промежу́точный срок; **~wand** *f* перегоро́дка 6, перебо́рка 6; zwischen zwei Türen просте́н|ок, -ка 2; **~wert** *m* промежу́точный результа́т 2; **~wertung** *f Sport* предвари́тельный ито́г 2 [результа́т 2]; предвари́тельное подведе́ние 5 ито́гов; **~zeit** *f* промежу́т|ок, -ка 2 (вре́мени), интерва́л 2 | in der ≈ ме́жду тем, в э́то вре́мя; в промежу́тке
Zwist *m* ссо́ра 6, раздо́р 2 | mit j-m in ~ leben быть* с кем-н. в ссо́ре
zwitschern *intr* щебета́ть*, чири́к|ать ⟨-нуть *mom* 4⟩
Zwitter *m* гермафроди́т 2; **~bildung** *f* гермафродити́зм 2; **~blüte** *f* двупо́лый цвето́к
zwitterhaft обоепо́лый, двупо́лый
zwölf *Num* двена́дцать 9 | um ~ Uhr mittags в по́лдень; nachts в по́лночь
Zwölffingerdarm *m* двенадцатипе́рстная кишка́; **~geschwür** *n* я́зва двенадцатипе́рстной кишки́
zwölfjährig двенадцатиле́тний 11
zwölfter *Num* двена́дцатый
Zwölftel *n* двена́дцатая часть 9g
zwölftens *Adv* в-двена́дцатых
Zyan *n* циа́н 2; **~kali** *n* циа́нистый ка́лий
zyklisch цикли́ч|ный, -ен, цикли́ческий
Zyklon *m* цикло́н 2
zyklonisch циклони́ческий
Zyklotron *n Phys* циклотро́н 2
Zyklus *m* цикл 2
Zylinder *m* цили́ндр 2; **~block** *m* блок цили́ндров; **~bohrer** *m* цилиндри́ческий бур; **~hut** *m* цили́ндр 2; **~kopf** *m* голо́вка цили́ндра; **~mantel** *m Kfz* руба́шка 6 цили́ндра
zylindrisch цилиндри́ческий
Zyniker *m* ци́ник 2
zynisch цини́ческий, цини́ч|ный, -ен
Zynismus *m* цини́зм 2
Zyp|ern Кипр 2 | in ~ на Ки́пре; **~rer** *m* киприо́т 2; **~rerin** *f* киприо́тка 6
Zypresse *f* кипари́с 2
zypriotisch ки́прский
Zyste *f* киста́ 6
Zytologie *f* цитоло́гия 8

Grammatik der russischen Wörter

Lautregeln

I. In der Flexion folgen, unabhängig von den Flexionstypen, auf bestimmte Konsonanten nur bestimmte Vokalbuchstaben.
Im Schema kennzeichnet → die mögliche Folge von Konsonant und Vokal; | trennt die Vokalbuchstaben von den Konsonanten, auf die sie nicht folgen können.

<table>
<tr><td>я
ю</td><td>|</td><td>ц ж ш ч щ г к х</td><td>→</td><td>а
у</td><td></td></tr>
<tr><td>и</td><td>←</td><td>ж ш ч щ г к х</td><td>|</td><td>ы</td><td></td></tr>
<tr><td>и</td><td>|</td><td>ц</td><td>→</td><td>ы</td><td></td></tr>
<tr><td>е</td><td>←</td><td>ц ж ш ч щ</td><td>|</td><td>о</td><td>in unbetonter Endung</td></tr>
</table>

II. е - ё - о wechseln bei der Wortveränderung miteinander; ё kommt nur in betonter Silbe vor.
a) Statt е unbetonter Endungen steht in den entsprechenden betonten Endungen ё; in den Endungen der Deklination steht nach ц ж ч ш щ ein о́.
b) In den Deklinationstypen 2, 4 und 6 steht nach ц ж ч ш щ in den unbetonten Endungen е gegenüber sonstigem о.
c) Bei Akzentwechsel wird е zu ё; z. B. звезда́ 6c bedeutet, daß der Plural звёзды usw. lautet.

III. Bei der Wortveränderung (Flexion und Wortbildung) können Konsonanten in folgender Weise miteinander wechseln:

б	mit	бл	ск	mit	ст, щ
в	„	вл	ст	„	ск, щ
г	„	ж, з	т	„	ч, щ
д	„	жд, ж	ф	„	фл
ж	„	г, д, з	х	„	ш
з	„	г, ж	ц	„	к, ч
к	„	ц, ч	ч	„	к, т
м	„	мл	ш	„	с, х
п	„	пл	щ	„	ск, ст, т
с	„	ш			

Substantive

Reihenfolge der grammatischen Beschreibung: Form des Nominativs, Angabe des Numerus (falls nicht Sg), des Genus (s. unter Regel I), des Deklinationstyps (1–9), des Akzenttyps (a–h), vom Typ abweichende Kasus.
Die Kasus werden in der festen Reihenfolge N, G, D, A, I, P genannt. Der nach dem russischen Äquivalent genannte Kasus ist, wenn nicht anders vermerkt, der G Sg, ebenso bei Wörtern, die nur im Pl gebräuchlich sind, der G Pl. – Formen, die nur als Pl bezeichnet werden, sind N.

Regeln

I. Das Genus der Substantive ist meistens durch die Deklinationstypen bestimmt (Typenzahlen bei Pluralformen meinen jedoch keine Genusbestimmung).

Typen 1, 2	m	Nur bei Abweichungen
Typen 3, 4, 5	n	hiervon wird das Genus
Typen 6, 7, 8, 9	f	gekennzeichnet.

Typen 10, 11 (Substantiv in der Form eines Adjektivs)

auf -ый, -ий, -о́й	m
auf -ая, -яя	f
auf -ое, -ее	n

II. Der A gleicht dem G bei Wörtern, die Belebtes bezeichnen: im Sg der Maskulina und im Pl aller Deklinationstypen. Sonst gleicht (außer im Sg der Typen 6–8) der A immer dem N.

III. Zusammengesetzte Wörter mit Bindestrich werden in beiden Teilen dekliniert, wenn zwei Typenzahlen stehen, z. B. инженéр-строи́тель 2-1, dagegen nur im letzten Teil, wenn nur eine Typenzahl steht, z. B. контр-адмирáл 2.

Akzenttypen der Substantiv-Deklination

Typ	Sg		Pl	
Ohne Markierung	alle Kasus wie N	я́щик, -а	wie Sg	я́щики, -ов
	bei flüchtigem o, e wie G	молотóк, молоткá		молоткѝ, молоткóв
b	alle Kasus wie N	сад, -а	endbetont	сады́, -óв
c	alle Kasus wie N		um eine Silbe zum Wortanfang verschoben	
		лицó, -á		ли́ца, лиц
		долотó, -á		долóта, долóт
f	alle Kasus wie N		um eine Silbe zum Wortende verschoben	
		кóлос, -а		колóсья, -ьев
g	alle Kasus wie N	нóвость, -и	endbetont, nur N (A) wie Sg	нóвости, новостéй
h	alle Kasus wie N		wie Sg, nur N (A) um eine Silbe zum Wortanfang verschoben	
		губá, -ы́		гу́бы, губ, -áм
	bei einsilbigen endbetont	гвоздь, -я́		гвóзди, гвоздéй
a	alle Kasus wie N nur A erste Silbe	рукá, -и́ ру́ку	wie N Sg, nur N (A) erste Silbe	ру́ки, рук, рукáм
e	alle Kasus endbetont	стол, -á	wie Sg	столы́, -óв

Typen der Deklination

		Typ 1	Typ 2
Sg	N	**прия́тел|ь сарá|й**	**барáн**
	G	**-я**[1]	**-а**[1]
	D	**-ю**	**-у**
	A	*	*
	I	**-ем, -ём**[3]	**-ом, -ем**[4]
	P	**-е**[1]	**-е**[1]
Pl	N	**-и**	**-ы, -и**[5]
	G	**-ей**[2]	**-ов, -ев**[4]
	D	**-ям**	**-ам**
	A	*	*
	I	**-ями**	**-ами**
	P	**-ях**	**-ах**

[1] Viele Wörter haben daneben im Typ 2 G -у, P -у́; im Typ 1 G -ю, P -ю́; im P steht diese Form nach в und на.
[2] G Pl: die Wörter auf -й haben -ев oder -ёв (nach Lautregel II a, S. 695).
[3] s. Lautregel II a (S. 695) [5] s. Lautregel I (S. 695)
[4] s. Lautregel II b (S. 695) * s. Regel II (S. 696)
Der Ausfall eines Vokals des N Sg in den übrigen Kasus ist im Wörterbuch jedesmal gekennzeichnet, z. B. купéц – купцá, у́горь – угря́, лёд – льда, соловéй – соловья́.
Die Wörter auf -ан|ин, -ян|ин (z. B. англичáнин) haben im Plural N -е, G -, D -ам, I -ами, P -ах.

	Typ 3	Typ 4	Typ 5
Sg N	**пóл|е пить|ё**	**госудáрств|о учи́лищ|е**	**мнéни|е ущéль|е**
G	**-я**	**-а**	**-я**
D	**-ю**	**-у**	**-ю**
A	wie N	**-о, -е**[3]	**-е**
I	**-ем, -ём**[4]	**-ом, -ем**[3]	**-ем**
P	**-е**	**-е**	**-и**[2]
Pl N	**-я́**	**-а**	**-я**
G	**-éй**[1]	**--**[1]	**-й**[1]
D	**-я́м**	**-ам**	**-ям**
A	**-я́**	**-а**	**-я**
I	**-я́ми**	**-ами**	**-ями**
P	**-я́х**	**-ах**	**-ях**

[1] zu Typ 3: -ь fällt vor -ей aus: питéй
zu Typ 5: vor -й steht -и statt -ь: ущéлий
zu Typ 4: endet der G Pl auf zwei Konsonanten, so wird zwischen diesen eingeschoben:
e vor к, л, м, н, р, ц: числó – чи́сел, окóшко – окóшек, сéрдце – сердéц
o nach г, к: окнó – óкон

[2] nach -ь steht -е: ущéлье

[3] s. Lautregel II b (S. 695)

[4] s. Lautregel II a (S. 695)

	Typ 6	Typ 7
Sg N	**рабóт|а**	**недéл|я шé|я стать|я́**
G	**-ы, -и**[4]	**-и**
D	**-е**	**-е**
A	**-у**	**-ю**
I	**-ой, -ей**[3]	**-ей, -ёй**[2]
oder	**-ою, -ею**	**-ею -ёю**
P	**-е**	**-е**
Pl N	**-ы -и**[4]	**-и**
G	**--**[1]	**-ь**[1]
D	**-ам**	**-ям**
A	*	*
I	**-ами**	**-ями**
P	**-ах**	**-ях**

[1] G Pl zu Typ 6: endet der G Pl auf zwei Konsonanten, so wird zwischen diesen o oder e eingeschoben;
vor к wird o eingeschoben: доскá – досóк;
aber wenn vor к ein weicher Konsonant ж, ш, ц oder й steht, so wird e eingeschoben: кни́жка – кни́жек; dabei fallen ь und й aus: шпи́лька – шпи́лек, чáйка – чáек;
aber immer gilt Lautregel II a (S. 695): кишкá – кишóк
zu Typ 7: statt -ь steht -й
wenn der Stamm auf Vokal endet: шей
wenn der Stamm auf ь endet; dabei wird ь des Stammes
> e in betonter Endung: статéй
> и in unbetonter Endung:
колдýний – колдýнья.

[2] s. Lautregel II a (S. 695)

[3] s. Lautregel II b (S. 695)

[4] s. Lautregel I (S. 695)

* s. Regel II (S. 702)

	Typ 8	Typ 9
Sg N	**па́рти|я**	**сла́бост|ь**
G	**-и**	**-и**
D	**-и**	**-и**
A	**-ю**	wie N
I	**-ей** oder **-ею**	**-ью**
P	**-и**	**-и**[1]
Pl N	**-и**	**-и**
G	**-й**	**-ей**
D	**-ям**	**-ям**
A	*	*
I	**-ями**	**-ями**
P	**-ях**	**-ях**

[1] Einige Wörter haben daneben, abweichend von ihrem Akzenttyp, betontes и́.
* s. Regel II (S. 696)

Adjektive

Reihenfolge der grammatischen Beschreibung: Form des Nominativs, Deklinationstyp (10–13), Kurzform, Komparativ, Superlativ; dabei erscheinen Adjektive, die nach Typ 10 flektiert werden, in der Regel ohne Typenzahl.
Die K u r z f o r m e n werden im Wörterbuch in ihrer m Form genannt. Andere Formen werden nur angeführt, wenn sie vom Bildungstyp abweichen. Bei der Betonung der Kurzformen gilt der Akzent der zuletzt genannten Form für die übrigen Kurzformen, z. B.: смеш|но́й, -о́н, -на́ (ergänze: -но́, -ны́); wenn im Akzent nur das f vom m abweicht, so ist die f Form mit ! versehen, z. B.: прям꞉о́й, -á! (ergänze: пря́мо, пря́мы). Ist die n Kurzform doppelt betont, so gilt dieser Akzent auch für die Kurzform des Plurals, z. B.: высо́к꞉ий, -á, высо́ко́ (ergänze: высо́ки́).
Von den S t e i g e r u n g s f o r m e n werden die vom Typ abweichenden, außer den Verbindungen mit бо́лее, са́мый u. a. und den Bildungen mit наи- u. a., im Wörterbuch genannt.

Typen der Deklination

Die Kasus des Sg n gleichen mit Ausnahme des N u. A (= N) dem Sg m.

Typ 10

	Sg m	Sg n	Sg f	Pl m, n, f
N	**краси́в|ый**	**-ое**	**-ая**	**-ые**
	крив|о́й	**-о́е**	**-а́я**	**-ы́е**
	стро́г|ий[1]	**-ое**	**-ая**	**-ие**[1]
G	**-ого** [ово]		**-ой**	**-ых, -их**[1]
D	**-ому**		**-ой**	**-ым, -им**[1]
A	*		**-ую**	*
I	**-ым, -им**[1]		**-ой, -ою**	**-ыми, -ими**[1]
P	**-ом**		**-ой**	**-ых, -их**[1]
Kurzform	—	**-о**	**-а**	**-ы, -и**[1]
Komparativ	**-ее, -ей** ohne Deklination			
Superlativ	**-ейш|ий**; aber **-айший** nach г, к, х, mit Umwandlung von г > ж, к > ч, х > ш: строж|а́й|ший; Deklination nach Typ 11			

[1] s. Lautregel I (S. 695) [2] s. Regel II (S. 696)

Typ 11

	Sg m	Sg n	Sg f	Pl m, n, f
N	**си́н|ий**	**си́н|ее**	**си́н|яя**	**си́н|ие**
	хоро́ш|ий	**хоро́ш|ее**	**хоро́ш|ая**[1]	**хоро́ш|ие**
G	**-его** [ево]		**-ей**	**-их**
D	**-ему**		**-ей**	**-им**
A	*		**-юю, -ую**[1]	*
I	**-им**		**-ей, -ею**	**-ими**
P	**-ем**		**-ей**	**-их**
Kurzform	**-ь**[3]	**-е, -о́**[2]	**-я, -а**[1]	**-и**

Komp und Sup wie Typ 10

[1] s. Lautregel I (S. 695)
[2] Lautregel II a (S. 695)
[3] nach ж, ч, ш, щ ohne ь
* s. Regel II (S. 696)

Typ 12

	Sg m	Sg n	Sg f	Pl m, n, f
N	**ли́с|ий**	**ли́с|ье**	**ли́с|ья**	**ли́с|ьи**
G	**-ьего** [ево]		**-ьей**	**-ьих**
D	**-ьему**		**-ьей**	**-ьим**
A	*		**-ью**	*
I	**-ьим**		**-ьей, -ьею**	**-ьими**
P	**-ьем**		**-ьей**	**-ьих**

Typ 13

	Sg m	Sg n	Sg f	Pl m, n, f
N	**дя́дин|**	**дя́дин|о**	**дя́дин|а**	**дя́дин|ы**
G	**-а**		**-ой**	**-ых**
D	**-у**		**-ой**	**-ым**
A	*		**-у**	*
I	**-ым**		**-ой, -ою**	**-ыми**
P	**-ом**[1]		**-ой**	**-ых**

[1] Männliche Familiennamen auf -ев, -ов, -ин, -ын haben -е: Петро́ве.
* s. Regel II (S. 695)

Pronomen

Typen der Deklination

Die Kasus des Sg n gleichen mit Ausnahme des N u. A (= N) dem Sg m.

Typ 14

	Sg m	Sg n	Sg f	Pl m, n, f
N	**наш тво|й**	**на́ш|е тво|ё**	**на́ш|а тво|я́**	**на́ш|и тво|и́**
G	**-его** [ево]		**-ей**	**-их**
D	**-ему**		**-ей**	**-им**
A	*		**-у, -ю**[1]	*
I	**-им**		**-ей, -ею**	**-ими**
P	**-ем, -ём**[2]		**-ей**	**-их**

[1] s. Lautregel I (S. 696)
[2] s. Lautregel II a (S. 696)

Typ 15

	Sg m	Sg n	Sg f	Pl m, n, f
N	**э́т|от**	**э́т|о**	**э́т|а**	**э́т|и**
G	**-ого** [ово]		**-ой**	**-их**
D	**-ому**		**-ой**	**-им**
A	*		**-у**	*
I	**-им**		**-ой, -ою**	**-ими**
P	**-ом**		**-ой**	**-их**

* s. Regel II (S. 696)

Verben

Reihenfolge der grammatischen Beschreibung:

1. Kennzeichnung des Aspektes.

2. Kennzeichnung der Konjugation

A) durch Hinweis auf die Typen 1–4 a; dabei erscheinen Verben, die nach Typ 1 flektiert werden, in der Regel ohne Typenzahl.

B) Verben, deren Konjugation in der Liste der unregelmäßigen Verben (S. 704) genannt ist, werden im Wörterbuch mit einem Stern (*) versehen.

C) Verben auf -ся bzw. -сь gleichen in der Konjugation dem entsprechenden Verb ohne -ся bzw. сь.
Grundsätzlich gelten die «Regeln» (s. u.).

D) Abweichende Konjugationsformen werden im Wörterbuch bei dem jeweiligen Verb genannt, und zwar nach der in den «Regeln» befolgten Reihenfolge.

3. Die Rektion eines russischen Verbs ist nur angegeben, wenn sie von der des deutschen Stichworts abweicht. In diesen Fällen wird sie unmittelbar nach dem russischen Verb angeführt, entweder durch die Abkürzung des verlangten Falles (G, D, A, I, P) oder durch eine Präposition mit der Angabe des Falles, den sie erfordert; bei Verben, die auch im Deutschen eine bestimmte Präposition erfordern, wird diese mit der russischen Rektionsangabe in runden Klammern nach dem Verb angeführt, zu dem sie gehört.

Regeln der Konjugation

	Form	Akzent
		Vollendete Verben mit вы́- haben den Akzent ständig auf dem Präfix.
Präs	Abweichung von den Typen 1–4a werden durch Nennung der 1. und 2. Pers Sg Präs hinter dem Stichwort gekennzeichnet.	Wie Infinitiv. Die Zurückziehung des Tones im Präs von der 2. Pers Sg an ist durch ein hochgestelltes Kreuz hinter der Typenzahl ($^{+}$) gekennzeichnet.

Imp	Sg: an Stelle des -ют, -ут, -ят, -ат der 3. Pers Pl Präs tritt a) -й, wenn ein Vokal vorangeht: де́лай – де́лают. b) -ь, wenn nur *ein* Konsonant vorangeht und die 1. Pers. Sg Präs nicht endbetont ist: верь – ве́рят – ве́рю. c) -и in allen anderen Fällen. Pl: an die Form des Sg wird -те angehängt: де́лайте, ве́рьте.	Wie 1. Pers Sg Präs.
Prät	An Stelle des -ть des Inf treten -л, -ла, -ло, -ли: де́лал – де́лать. Aber anders Typ 4 a.	Wie Infinitiv. – Abweichende Formen werden im Wörterbuch genannt; dabei zeigt die zuletzt genannte auch den Akzent der übrigen Formen an.
Ptz Präs Akt	An Stelle des -т der 3. Pers Pl Präs tritt -щий: де́лающий – де́лают. Dekl nach Typ 11.	Bei e-Konjugation: wie 3. Pers Pl Präs. Bei i-Konjugation: wie 1. Pers Sg Präs.
Adv Ptz uv	An Stelle des -ют, -ут, -ят, -ат der 3. Pers Pl Präs tritt -я (-а, s. Lautregel I, S. 695): де́лая – де́лают.	Wie 1. Pers Sg Präs.
Ptz Präs Pass	An die 1. Pers Pl Präs tritt -ый: де́лаемый – де́лаем. Dekl nach Typ 10.	Wie 1. Pers Sg Präs.
Ptz Prät Akt	An Stelle des -л des Prät Mask tritt -вший: де́лавший – де́лал; an das Prät Mask ohne -л tritt -ший: нёсший – нёс. Dekl nach Typ 11.	Wie Prät Mask.
Adv Ptz v	An Stelle des -вший des Ptz Prät Akt tritt -в oder -вши: де́лав(ши) – де́лавший. An Stelle des -ший tritt -ши: стёрши – стёрший.	Wie Prät Mask.
Ptz Prät Pass	(von uv Verben selten gebräuchlich) a) Bei mehrsilbigen auf -ать, -ять, -еть tritt -нный an Stelle des -ть des Inf: сде́ланный – сде́лать. b) -енный (-ённый, s. Lautregel II a, S. 695) tritt an Stelle des -ю, -у der 1. Pers Präs bei mehrsilbigen auf -ить: изжа́ренный – изжа́рю, an Stelle des -ешь (-ёшь) der 2. Pers Präs bei Verben auf -чь und auf -ти, -ть mit voraufgehenden Konsonanten: укра́денный – укра́сть – украдёшь, вы́везенный – вы́везти – вы́везешь, вы́печенный – вы́печь – вы́печешь. c) Bei den Verben auf -уть, -ыть, -оть sowie den einsilbigen auf -ать, -ять, -еть, -ить und ihren Komposita tritt an Stelle des -ть des Inf -тый: би́тый – бить. Dekl für a, b u. c nach Typ 10.	A) Wie Inf. Bei Stammbetonung: захло́пнуть – захло́пнутый, переби́ть – переби́тый, распя́ть – распя́тый. Bei Betonung der Endung: подговори́ть – подговорённый, унести́ – унесённый. B) Aber bei endbetontem (also ohne Zählung des Präfixes mehrsilbigem) Inf wird der Akzent des Ptz um eine Silbe zum Anfang gerückt: 1) bei allen Verben auf -а́ть, -я́ть, -е́ть, -у́ть, -о́ть; рисова́ть – рисо́ванный. 2) bei allen anderen Verben, wenn der Akzent in einer der anderen Konjugationsformen zurückgezogen wird: схва́ченный – схвати́ть – схва́тишь.

Kurzformen des Ptz Prät Pass		Wie Langform.
	zu a) und b):-н, -на, -но, -ны (nicht -нн-) zu c) -т, -та, -то, -ты	Vom Ptz auf -ённый sind bei unbewegl. Akzent im Präs alle Kurzf endbetont: подговор|и́ть, -я́т – -ён, -ена́, -о́, -ы́.

Typen der Konjugation

Typ 1

Inf	**де́ла-ть** **гуля́-ть** **красне́-ть**
Präs (Fut)	**-ю, -ешь, -ет, -ем, -ете, -ют**
Imp	**-й, -йте**
Ptz Präs Akt	**-ющий**
Adv Ptz uv	**-я**
Ptz Präs Pass	**-емый**
Prät	**-л, -ла, -ло, -ли**
Ptz Prät Akt	**-вший**
Adv Ptz v	**-в(ши)**
Ptz Prät Pass	**-нный**

Typ 2

Inf	**насле́д**	**-ова**	**-ть**
	вор	**-ова́**	**-ть**
	мал	**-ева́**	**-ть**
Präs (Fut)		-у / -ю́[1]	**-ю, -ешь, -ет, -ем, -ете, -ют**
Imp			**-й, -йте**
Ptz Präs Akt			**-ющий**
Adv Ptz uv			**-я**
Ptz Präs Pass.			**-емый**
Prät		-ова / -ова́ / -ева́	**-л, -ла, -ло, -ли**
Ptz Prät Akt			**-вший**
Adv Ptz v			**-в**
Ptz Prät Pass			**-нный**[2]

[1] Verben auf -евать haben -ю-, nach ц, ж, ч, ш, щ jedoch -у-; alle anderen haben -у-: мал -ю́ -ю usw., танц-у́-ю, насле́д-у-ю.
Endbetonte Verben haben betontes -у́- (bzw. -ю́-): ворую, малю́ю.

[2] Zum Akzent s. Regeln S. 701: намал -ёва -нный – намалева́ть (Lautregel II, S. 695).

Typ 3

Inf	**говор**	**-и́**	**-ть**
	гор	**-е́**	**-ть**
	крич	**-а́**	**-ть**
	сто	**-я́**	**-ть**
Prät			**-л, -ла, -ло, -ли**
Ptz Prät Akt			**-вший**
Adv Ptz v			**-в**
Ptz Prät Pass[3]	**-енный (-ённый)**[1]		
Präs (Fut)[2]	**-ю (-у)**[1]**, -ишь,-ит, -им, -ите, -ят (-ат)**[1]		
Imp	**-и, -ите; -й, -йте; -ь, -ьте;** s. Regeln (S. 701)		
Ptz Präs Akt	**-ящий (-ащий)**[1]		
Adv Ptz uv	**-я (-а)**[1]		
Ptz Präs Pass	**-имый**		

[1] s. Lautregeln (S. 695)

[2] Findet in der 2. Pers Sg Akzentzurückziehung statt, so wird dieser Akzent im ganzen Präs beibehalten. Diese Akzentzurückziehung wird durch ein hochgestelltes Kreuz ($^+$) hinter der Typenzahl gekennzeichnet, wodurch sich die Anführung der 2. Pers Sg im Wörterbuch erübrigt. Konsonantenwechsel bzw. л-Einschub kommt nur in der 1. Pers Sg Präs vor.

[3] Konsonantenwechsel bzw. л-Einschub findet hier in der gleichen Weise statt wie in der 1. Pers Sg Präs.

Typ 4

Inf	**кри́кн**	**-у-ть**
	махн	**-ý-ть**[1]
Präs Fut	**-у, -ешь**[2]**, -ет, -ем, -ете, -ут**	
Imp	**-и, -ите; -ь, -ьте;** s. Regeln (S. 701)	
Prät		**-у-л, -ла, -ло, -ли**
Ptz Prät Akt		**-у-вший**
Adv Ptz v		**-у-в**
Ptz Prät Pass		**-у-тый**[1]

[1] Der Akzent ist in allen Konjugationsformen unveränderlich, außer dem Ptz Prät Pass (s. Regeln S. 701) und den Formen des Präs bzw. Fut einiger Verben. Die Akzentzurückziehung dieser Verben wird durch ein hochgestelltes Kreuz ($^+$) hinter der Typenzahl gekennzeichnet, wodurch sich die Anführung der 2. Pers Sg im Wörterbuch erübrigt.

[2] Bei endbetonten Verben steht -ё statt -е: махнý, махнёшь usw.

Typ 4 a

Inf	**привы́к**	**-ну-ть**
	гáс	**-ну-ть**
Prät	**-, -ла, -ло, -ли**	
Ptz Prät Akt	**-ший**	
Adv Ptz v	**-ши***	

* Aber von einfachen Verben ohne Präfix meist: -нув, z. B. гáс-нув.

Bildung der übrigen Formen von привы́к-, гáсн- usw. wie Typ 4.

Konjugation der wichtigsten unregelmäßigen Verben[1]

Infinitiv	Präs bzw. Fut	Imp	Ptz Präs Akt	Adv Ptz uv
бежа́ть	бегу́, бежи́шь	беги́	бегу́щий	—
бере́чь	берегу́, -жёшь	береги́	берегу́щий	—
бить	бью, бьёшь	бей	бьющий	бия́ *alt*
блесте́ть	блещу́, -сти́шь, -стя́т; *daneben* бле́щешь, -щут	блести́	бле́щущий *oder* блестя́щий	блестя́
бормота́ть	бормочу́, -о́чешь	бормочи́	бормо́чущий	бормоча́
боро́ться	борю́сь, бо́решься	бори́сь	бо́рющийся	боря́сь
брать	беру́, -ёшь	бери́	беру́щий	беря́
брести́	бреду́, -ёшь	бреди́	бреду́щий	бредя́
брить	бре́ю, -е́ешь	брей	бре́ющий	бре́я
брызгать *auch Typ 1*	брызжу, -зжешь	бры́згай	бры́зжущий	бры́зжа
быть	—, (есть), (суть); *Fut* бу́ду, -ешь	будь	—	бу́дучи
-быть *v*	-бу́ду, -ешь	-будь	—	—
везти́	везу́, -ёшь	вези́	везу́щий	везя́
вести́	веду́, -ёшь	веди́	веду́щий	ведя́
взять *v*	возьму́, -ёшь	возьми́	—	—
вить	вью, вьёшь	вей	вьющий	вия́ *alt*
влечь	влеку́, влечёшь	влеки́	влеку́щий	влеча́
воло́чь	волоку́, волочёшь	волоки́	волоку́щий	волоча́
врать	вру, врёшь	ври	вру́щий	—
выть	во́ю, во́ешь	вой	во́ющий	во́я
вяза́ть	вяжу́, вя́жешь	вяжи́	вя́жущий	—
вя́нуть	вя́ну, -ешь	вянь	вя́нущий	—
глода́ть	гложу́, гло́жешь	глода́й	гло́жущий	глода́я *o.* гложа́
гнать	гоню́, го́нишь	гони́	гоня́щий	гоня́
гнить	гнию́, -ёшь	—	гнию́щий	гния́

[1] Mit – beginnende Formen gelten für die betreffenden Verben mit Präfixen (Vorsil-
kommen, ist nur aus dem Wörterbuch zu ersehen. Klammern weisen auf einge-
ten Form auch für die übrigen Formen; das Ausrufezeichen bedeutet, daß nur diese
praktischen Gründen wurde in diese Tabelle eine Reihe präfigierter Verben aufge-
deutlich zu machen.

Ptz Präs Pass	Prät	Ptz Prät Akt	Adv Ptz v	Ptz Prät Pass Langform	Kurzform
—	бежáл, -а	бежáвший	-бежáв	—	—
берегóмый	берёг, береглá	берёгший	-берёгши	-бережённый	-бережён, -бережена́
—	бил, -а	би́вший	-бив	би́тый	бит, -а
—	блестéл, -а	блестéвший	блестéв	—	—
—	бормотáл, -а	бормотáвший	-бормотáв	-бормóтанный	-бормóтан, -а
—	борóлся, -ась	борóвшийся	-борóвшись	—	—
—	брал, -á!	брáвший	-брав	-бранный	-бран, -а
—	брёл, брелá	брéдший	-брéдши	(-бредённый)	(-бредён, -бреденá)
—	брил, -а	бри́вший	-брив	бри́тый	брит, -а
бры́згаемый	бры́згал, -а	бры́згавший	-бры́згав	-бры́збанный	-бры́зган, -а
—	был, -á!	бы́вший	—	—	—
—	-был, -á!	-бы́вший	-бы́в(ши)	-бы́тый	-бы́т, -а
(везóмый)	вёз, везлá	вёзший	-вёзши	-везённый	-везён, -везенá
ведóмый	вёл, велá	вéдший	-вéдши	-вéдённый	-ведён, -веденá
—	взял, -á!	взя́вший	взяв	взя́тый	взят, взятá!
—	вил, вилá!	ви́вший	-вив	ви́тый	вит, витá!
влекóмый	влёк, влеклá	влёкший	-влёкши	-влечённый	-влечён, -влеченá
—	волóк, -лá	волóкщий	-волóкши	—	—
—	врал, вралá!	врáвший	-врав	-вранный	-вран, -а
—	выл, -а	вы́вший	-выв	—	—
—	вязáл, -а	вязáвший	-вязáв	вя́занный	вя́зан, -а
—	вя́нул, -а *о.* вял, -а	вя́дший *о.* вя́нувший	-вя́дши	—	—
—	глодáл, -а	глодáвший	-глодáв	глóданный	глóдан, -а
гони́мый	гнал, гналá!	гнáвший	-гнáв	-гнанный	-гнан, -а
—	гнил, -á!	гни́вший	-гнив	—	—

ben). Daß einige Konjugationsformen nur in Verbindung mit Präfixen oder -ся vorschränkten Gebrauch der Form. — Im Prät und Ptz Prät Pass gilt der Akzent der letz-Form von der vorher genannten abweicht, z. B. былá! — ergänze бы́ло, бы́ли. — Aus nommen, um besonders die Betonung ihrer Formen im Prät und Ptz Prät Pass

Infinitiv	Präs bzw. Fut	Imp	Ptz Präs Akt	Adv Ptz uv
грести́	гребу́, -ёшь	греби́	гребу́щий	гребя́
грохота́ть	грохочу́, -о́чешь	грохочи́	грохо́чущий	грохоча́
грызть	грызу́, -ёшь	грызи́	грызу́щий	грызя́
дава́ть	даю́, даёшь	дава́й	даю́щий	дава́я
дать *v*	дам, дашь, даст, дади́м, дади́те, даду́т	дай	—	—
дви́гать	дви́гаю, -ешь; *daneben* дви́жу, -жешь	дви́гай	дви́жущий, дви́гающий	дви́гая
деть *v*	де́ну, -ешь	день	—	—
добы́ть *v*	добу́ду, -ешь	добу́дь	—	—
дожи́ть *v*	доживу́, -ёшь	доживи́	—	—
доли́ть *v*	долью́, -льёшь	доле́й	—	—
доня́ть *v*	дойму́, -ёшь	дойми́	—	—
допи́ть *v*	допью́, -пьёшь	допе́й	—	—
драть	деру́, -ёшь	дери́	деру́щий	деря́
дрема́ть	дремлю́, -е́млешь	дремли́	дре́млющий	дремля́
дуть	ду́ю, ду́ешь	дуй	ду́ющий	ду́я
есть	ем, ешь, ест, еди́м, еди́те, едя́т	ешь	едя́щий	едя́
е́хать	е́ду, е́дешь	(поезжа́й)	е́дущий	е́дучи
жа́ждать	жа́жду, -ешь	(жа́жди)	жа́ждущий	жа́ждя
[1]**жать**	жму, жмёшь	жми	жму́щий	—
[2]**жать**	жну, жнёшь	жни	жну́щий	—
ждать	жду, ждёшь	жди	жду́щий	—
жева́ть	жую́, жуёшь	жуй	жую́щий	жуя́
жечь	жгу, жжёшь	жги	жгу́щий	—
жить	живу́, -ёшь	живи́	живу́щий	живя́
жрать	жру, жрёшь	жри	жру́щий	—
зада́ть *v*	зада́м, -да́шь, -да́ст, -дади́м, -дади́те, -даду́т	зада́й	—	—
зажи́ть *v*	заживу́, -ёшь	заживи́	—	—
зали́ть *v*	залью́, -льёшь	зале́й	—	—

Ptz Präs Pass	Prät	Ptz Prät Akt	Adv Ptz v	Ptz Prät Pass Langform	Kurzform
—	грёб, гребла́	грёбший	-грёбши	-гребённый	-гребён, -гребена́
—	грохота́л	грохота́вший	-грохота́в	—	—
грызо́мый	грыз, гры́зла	гры́зший	-гры́зши	-гры́зенный	-гры́зен, -гры́зена
дава́емый	дава́л, -а	дава́вший	-дава́в(ши)	—	—
—	дал, дала́!	да́вший	-дав	да́нный -данный	дан, -а́ -дан, -а́!
дви́жимый	дви́гал, -а	дви́гавший	-дви́гав	—	—
—	дел, -а	-де́вший	-де́в(ши)	-де́тый	-де́т, -а
—	до́бы́л, добыла́!	добы́вший	добы́в	до́бы́тый	до́бы́т, добы́та́!
—	до́жил, дожила́!	дожи́вший	дожи́в	до́жи́тый	до́жи́т, дожита́!
—	до́ли́л, долила́!	доли́вший	доли́в(ши)	до́ли́тый	до́ли́т, долита́!
—	до́нял, доняла́!	доня́вший	доня́в	до́нятый	до́нят, донята́!
—	до́пи́л, допила́!	допи́вший	допи́в	до́пи́тый	до́пи́т, допита́!
—	драл, драла́!	дра́вший	-драв	-дранный	-дран, -а
—	дрема́л	дрема́вший	-дрема́в	—	—
—	дул, -а	ду́вший	-дув	-ду́тый	-дут, -а
едо́мый	ел, -а	е́вший	-е́в(ши)	-е́денный	-е́ден, -а
—	е́хал, -а	е́хавший	-е́хав	—	—
—	жа́ждал, -а	жа́ждавший	-жа́ждав	—	—
—	жал, -а	жа́вший	-жав	-жа́тый	-жат, -а
—	жал, -а	жа́вший	-жав	-жа́тый	-жат, -а
—	ждал, -а́!	жда́вший	-ждав	-жданный	—
—	жева́л, -а	жева́вший	-жева́в	жёванный	жёван, -а
—	жёг, жгла	(-жёгший)	(-жёгши)	-жжённый	-жжён, -жжена́
—	жил, -а́!	жи́вший	-жив	-житый	-жит, -а́!
—	жрал, -а́	жра́вший	-жрав	-жранный	-жран, -а
—	за́дал, задала́!	зада́вший	зада́в	за́данный	за́дан, задана́!
—	за́жил, зажила́!	зажи́вший	зажи́в(ши)	—	—
—	за́ли́л, залила́!	зали́вший	зали́в	за́ли́тый	за́ли́т, залита́!

Infinitiv	Präs bzw. Fut	Imp	Ptz Präs Akt	Adv Ptz uv
заня́ть *v*	займу́, -ёшь	займи́	—	—
запере́ть *v*	запру́, -ёшь	запри́	запру́щий	—
застря́ть *v*	застря́ну, -ешь	застря́нь	—	—
зача́ть *v*	зачну́, -ёшь	зачни́	—	—
звать	зову́, -ёшь	зови́	зову́щий	зовя́
-знава́ть	-знаю́, -знаёшь	-знава́й	-знаю́щий	-знава́я
идти́	иду́, идёшь	иди́	иду́щий	идя́ *o.* и́дучи
изда́ть *v*	изда́м, -да́шь, -да́ст, -дади́м, -дади́те, -даду́т	изда́й	—	—
изъя́ть *v*	изыму́, изы́мешь	изыми́	—	—
иска́ть	ищу́, и́щешь	ищи́	и́щущий	ища́
-йти́ *v*	-йду́, -йдёшь	-йди́	—	—
-каза́ть *v*	-кажу́, -ка́жешь	-кажи́	—	—
ка́пать	ка́паю, -ешь; *daneben* ка́плю, -лешь	ка́пай	ка́пающий	ка́пая
класть	кладу́, -дёшь	клади́	кладу́щий	кладя́
клева́ть	клюю́, -юёшь	клюй	клюю́щий	клюя́
клевета́ть	клевещу́, -е́щешь	клевещи́	клеве́щущий	клевеща́
клясть	кляну́, -ёшь	кляни́	кляну́щий	кляня́
кова́ть	кую́, куёшь	куй	кую́щий	куя́
колеба́ть	коле́блю, -лешь	коле́бли	коле́блющий	коле́бля
коло́ть	колю́, ко́лешь	коли́	ко́лющий	коля́
колыха́ть *auch Typ 1*	колы́шу, -ешь	колыши́	колы́шущий	колы́ша
красть	краду́, -ёшь	кради́	краду́щий	крадя́
крыть	кро́ю, -ешь	крой	кро́ющий	кро́я
лгать	лгу, лжёшь	лги	лгу́щий	—
лезть	ле́зу, -ешь	лезь	ле́зущий	ле́зя
лепета́ть	лепечу́, -е́чешь	лепечи́	лепе́чущий	лепеча́
лечь *v*	ля́гу, ля́жешь	ляг	—	—
лить	лью, льёшь	лей	лью́щий	лия́ *alt*
ма́зать	ма́жу, -ешь	мажь	ма́жущий	—
маха́ть *auch Typ 1*	машу́, ма́шешь	маши́	ма́шущий	(маша́)

Ptz Präs Pass	Prät	Ptz Prät Akt	Adv Ptz v	Ptz Prät Pass Langform	Kurzform
—	зáнял, -á!	заня́вший	заня́в	зáнятый	зáнят, -á!
—	зáпер, -лá!	зáперший	заперéв	зáпертый	зáперт, -á!
—	застря́л, -а	застря́в-ший	застря́в	—	—
—	зачáл, -á!	зачáвший	зачáв	зачáтый	зачáт, зачатá!
—	звал, -á!	звáвший	-звав	звáнный -званный	зван, -á! -зван, -а
-знавáемый	-знавáл, -а	-знавáвший	—	—	—
—	шёл, шла	шéдший	-шéдши	—	—
—	издáл, издалá!	издáвший	издáв	и́зданный	и́здан, и́зданá!
—	изъя́л, -а	изъя́вший	изъя́в	изъя́тый	изъя́т, -а
искóмый	искáл, -а	искáвший	-искáв	-и́сканный	-и́скан, -а
—	-шёл, -шлá	-шéдший	-шéдши *o.* -йдя́	-йденный	-йден, -а
—	-казáл, -а	-казáвший	-казáв	-кáзанный	-кáзан, -а
—	кáпал, -а	кáпавший	-кáпав	—	—
—	клал, -а	клáвший	-клав	клáденный	клáден, -а
—	клевáл, -а	клевáвший	-клевáв	-клё-ванный	-клёван, -а
—	клеветáл, -а	клеветáв-ший	-клеветáв	—	—
—	клял, -á!	кля́вший	-кляв	-кля́тый	-клят, -á!
—	ковáл, -а	ковáвший	-ковáв	кóванный	кóван, -а
колéбле-мый	колебáл, -а	колебáв-ший	-колебáв	—	—
—	колóл, -а	колóвший	-колóв	кóлотый	кóлот, -а
—	колыхáл, -а	колыхáв-ший	-колыхáв	—	—
—	крал, крáла	крáвший	-крав	крáденный	крáден, -а
—	крыл, -а	кры́вший	-крыв	кры́тый	крыт, -а
—	лгал, -á!	лгáвший	-лгав	-лганный	-лган, -а
—	лез, лéзла	лéзший	-лéзши	—	—
—	лепетáл, -а	лепетáв-ший	-лепетáв	—	—
—	лёг, леглá	лёгший	-лёгши	—	—
—	лил, -á!	ли́вший	-лив	ли́тый	лит, -á!
—	мáзал, -а	мáзавший	-мáзав	мáзанный	мáзан, -а
—	махáл, -а	махáвший	-махáв	—	—

Infinitiv	Präs bzw. Fut	Imp	Ptz Präs Akt	Adv Ptz uv
-мере́ть *v*	-мру́, -мрёшь	-мри́	-мру́щий	—
мести́	мету́, -ёшь	мети́	мету́щий	метя́
мета́ть	мечу́, ме́чешь	мечи́	ме́чущий	меча́
моло́ть	мелю́, ме́лешь	мели́	ме́лющий	меля́
(-)мочь	могу́, мо́жешь	(-)моги́	могу́щий	—
мыть	мо́ю, мо́ешь	мой	мо́ющий	мо́я
мять	мну, мнёшь	мни	мну́щий	—
нажи́ть *v*	наживу́, -ёшь	наживи́	—	—
нали́ть *v*	налью́, -льёшь	нале́й	—	—
наня́ть *v*	найму́, -мёшь	найми́	—	—
нача́ть *v*	начну́, -ёшь	начни́	—	—
нести́	несу́, -ёшь	неси́	несу́щий	неся́
низа́ть	нижу́, ни́жешь	нижи́	ни́жущий	—
ныть	но́ю, но́ешь	ной	но́ющий	но́я
обле́чь *v*	облеку́, -чёшь	облеки́	—	—
обли́ть *v*	оболью́, -льёшь	обле́й	—	—
обня́ть *v*	обниму́, обни́мешь; *daneben* обойму́, обоймёшь	обними́	—	—
обрести́ *v*	обрету́, -ёшь	обрети́	—	—
обу́ть *v*	обу́ю, -у́ешь	обу́й	—	—
опере́ть *v*	обопру́, -ёшь	обопри́	—	—
ора́ть	ору́, орёшь	ори́	ору́щий	(оря́)
отбы́ть *v*	отбу́ду, -ешь	отбу́дь	—	—
отда́ть *v*	отда́м, -да́шь, -да́ст, -дади́м, -дади́те, -даду́т	отда́й	—	—
отжи́ть *v*	отживу́, -ёшь	отживи́	—	—
отли́ть *v*	отолью́, -льёшь	отле́й	—	—
отня́ть *v*	отниму́, отни́мешь	отними́	—	—
отпере́ть *v*	отопру́, -ёшь	отопри́	—	—

Ptz Präs Pass	Prät	Ptz Prät Akt	Adv Ptz v	Ptz Prät Pass Langform	Kurzform
—	-мер, -мерла́!	ме́рший	-ме́рши	—	—
—	мёл, мела́	мётший	-мётши	метённый	метён, -ена́
—	мета́л, -а	мета́вший	-мета́в	-мётанный	-мётан, -а
—	моло́л, -а	моло́вший	-моло́в	мо́лотый	мо́лот, -а
—	мог, могла́	мо́гший	-мо́гши	(изне)мо-жённый	-можён, -можена́
—	мыл, -а	мы́вший	-мыв	мы́тый	мыт, -а
—	мял, -а	мя́вший	-мяв	мя́тый	мят, -а
—	на́жил, нажила́!	нажи́вший	нажи́в	на́жи́тый	на́жи́т, нажита́!
—	на́ли́л, налила́!	нали́вший	нали́в	на́ли́тый	на́ли́т, налита́!
—	на́нял, -а́!	наня́вший	наня́в	на́нятый	на́нят, -а́!
—	на́чал, начала́!	нача́вший	нача́в	на́чатый	на́чат, -а́!
несо́мый	нёс, несла́	нёсший	-нёсши	несённый	несён, несена́
—	низа́л, -а	низа́вший	-низа́в	-ни́занный	-ни́зан, -а
	ныл, -а	ны́вший	-ныв	—	—
— —	облёк, облекла́	облёкший	облёкши	облечён-ный	облечён, облечена́
—	о́бли́л, облила́!	обли́вший	обли́в	о́бли́тый	о́бли́т, облита́!
—	о́бнял, обняла́!	обня́вший	обня́в	о́бнятый	о́бнят, -а́!
—	обрёл, обрела́	обре́тший	обре́тши *о.* обретя́	обретён-ный	обретён, обретена́
—	обу́л, -а	обу́вший	обу́в	обу́тый	обу́т, -а
—	опёр, оперла́ *и.* опёрла, опёрло	опёрший	опёрши, оперёв	опёртый	опёрт, оперта́ *и.* опёрта, опёрто
—	ора́л, -а	ора́вший	-ора́в	—	—
—	о́тбыл, отбыла́!	отбы́вший	отбы́в	—	—
—	о́тдал, отдала́!	отда́вший	отда́в	о́тданный	о́тдан, отдана́!
—	о́тжил, отжила́!	отжи́вший	отжи́в(ши)	о́тжи́тый	о́тжи́т, отжита́!
—	о́тли́л, отлила́!	отли́вший	отли́в(ши)	о́тли́тый	о́тли́т, отлита́!
—	о́тнял, отняла́!	отня́вший	отня́в	о́тнятый	о́тнят, -а́!
—	о́тпер, отперла́!	отпёрший	отперёв *о.* о́тперши	о́тпертый	о́тперт, отперта́!

Infinitiv	Präs bzw. Fut	Imp	Ptz Präs Akt	Adv Ptz uv
пасти́	пасу́, -ёшь	паси́	пасу́щий	пася́
пасть *v*	паду́, -ёшь	пади́	—	—
паха́ть	пашу́, па́шешь	паши́	па́шущий	(вспа́хивая)
переда́ть *v*	переда́м, -да́шь, -да́ст, -дади́м, -дади́те, -даду́т	переда́й	—	—
пережи́ть *v*	переживу́, -ёшь	переживи́	—	—
переня́ть *v*	перейму́, -ёшь	переймй	—	—
пере́ть	пру, прёшь	при	—	—
петь	пою́, поёшь	пой	пою́щий	—
печь	пеку́, печёшь	пеки́	пеку́щий	—
писа́ть	пишу́, пи́шешь	пиши́	пи́шущий	—
пить	пью, пьёшь	пей	пью́щий	—
пла́кать	пла́чу, -чешь	плачь	пла́чущий	пла́ча
плева́ть	плюю́, -юёшь	плюй	плюю́щий	плюя́
плеска́ть *auch Typ 1*	плещу́, пле́щешь	плещи́	пле́щущий	плеща́
плести́	плету́, -ёшь	плети́	плету́щий	плетя́
плыть	плыву́, -ёшь	плыви́	плыву́щий	плывя́
пляса́ть	пляшу́, пля́шешь	пляши́	пля́шущий	—
побы́ть *v*	побу́ду, -ешь	побу́дь	—	—
пода́ть *v*	пода́м, -да́шь, -да́ст, -дади́м, -дади́те, -даду́т	пода́й	—	—
подли́ть *v*	подолью́, -льёшь	подле́й	—	—
подня́ть *v*	подниму́, подни́мешь	подними́	—	—
подпере́ть *v*	подопру́, -ёшь	подопри́	—	—
ползти́	ползу́, -ёшь	ползи́	ползу́щий	ползя́
поли́ть *v*	полью́, -льёшь	поле́й	—	—
полоска́ть *auch Typ 1*	полощу́, -о́щешь	полощи́	поло́щущий	полоща́
поло́ть	полю́, по́лешь	поли́	по́лющий	—

Ptz Präs Pass	Prät	Ptz Prät Akt	Adv Ptz v	Ptz Prät Pass Langform	Kurzform
(пасо́мый)	пас, пасла́	па́сший	-па́сши	-пасённый	-пасён, -пасена́
—	пал, па́ла	па́вший *o.* па́дший	-пав	—	—
(вспа́хиваемый)	паха́л, -а	паха́вший	-паха́в(ши)	па́ханный	па́хан, -а
—	пе́редал, передала́!	переда́вший	переда́в	пе́реданный	пе́редан, передана́!
—	пе́режи́л, пережила́!	пережи́вший	пережи́в	пе́режи́тый	пе́режи́т, пережита́!
—	пе́ренял, -а́!	переня́вший	переня́в	пе́ренятый	пе́ренят, -а́!
—	пёр, -ла	пёрший	-пёрши	пёртый	—
—	пел, -а	пе́вший	-пев	-пе́тый	-пет, -а
—	пёк, пекла́	пёкший	-пёкши	печённый	печён, печена́
—	писа́л, -а	писа́вший	-писа́в	пи́санный	пи́сан, -а
—	пил, -а́!	пи́вший	-пив	пи́тый	пит, -а́!
—	пла́кал, -а	пла́кавший	-пла́кав	-пла́канный	-пла́кан, -а
—	плева́л, -а	плева́вший	-плева́в	-плёванный	-плёван, -а
—	плеска́л, -а	плеска́вший	-плеска́в	—	—
—	плёл, плела́	плётший	-плётши	плетённый	плетён, плетена́
—	плыл, -а́!	плы́вший	-плыв	—	—
—	пляса́л, -а	пляса́вший	-пляса́в	-пля́санный	-пля́сан, -а
—	по́бы́л, побыла́!	побы́вший	побы́в	—	—
—	по́дал, подала́!	пода́вший	пода́в	по́данный	по́дан, подана́!
—	по́дли́л, подлила́!	подли́вший	подли́в	—	—
—	по́днял, подняла́!	подня́вший	подня́в	по́днятый	по́днят, -а́!
—	подпёр, -ла	подпёрший	подпере́в *oder* подпёрши	подпёртый	подпёрт, -а
—	полз, ползла́	по́лзший	-по́лзши	—	—
—	по́ли́л, полила́!	поли́вший	поли́в(ши)	по́ли́тый	по́ли́т, полита́!
—	полоска́л, -а	полоска́вший	-полоска́в	поло́сканный	поло́скан, -а
—	поло́л, -а	поло́вший	-поло́в	по́лотый	по́лот, -а

Infinitiv	Präs bzw. Fut	Imp	Ptz Präs Akt	Adv Ptz uv
поня́ть *v*	пойму́, -ёшь	пойми́	—	—
поро́ть	порю́, по́решь	пори́	по́рющий	поря́
преда́ть *v*	преда́м, -да́шь, -да́ст, -дади́м, -дади́те, -даду́т	преда́й	—	—
пренебре́чь *v*	пренебрегу́, -жёшь	пренебреги́	—	—
прибы́ть *v*	прибу́ду, -ешь	прибу́дь	—	—
прида́ть *v*	прида́м, -да́шь, -да́ст, -дади́м, -дади́те, -даду́т	прида́й	—	—
приня́ть *v*	приму́, при́мешь	прими́	—	—
пробы́ть *v*	пробу́ду, -ешь	пробу́дь	—	—
прода́ть *v*	прода́м, -да́шь, -да́ст, -дади́м, -дади́те, -даду́т	прода́й	—	—
прожи́ть *v*	проживу́, -ёшь	проживи́	—	—
проли́ть *v*	пролью́, -льёшь	проле́й	—	—
пропи́ть *v*	пропью́, -пьёшь	пропе́й	—	—
прясть	пряду́, -ёшь	пряди́	пряду́щий	пря́дя
-прячь *v*	-прягу́, -пряжёшь	-пряги́	—	—
разда́ть *v*	разда́м, -да́шь, -да́ст, -дади́м, -дади́те, -даду́т	разда́й	—	—
разня́ть *v*	разниму́, разни́мешь	разними́	—	—
разу́ть *v*	разу́ю, -ешь	разу́й	—	—
распя́ть *v*	распну́, -ёшь	распни́	—	—
рассвести́ *v*	рассветёт	—	—	—
расти́	расту́, -ёшь	расти́	расту́щий	растя́
расче́сть *v*	разочту́, -ёшь	разочти́	—	—
рвать	рву, рвёшь	рви	рву́щий	рвя
реве́ть	реву́, -ёшь	реви́	реву́щий	ревя́
ре́зать	ре́жу, -ешь	режь	ре́жущий	—
-речь *v*	-реку́, -речёшь	-реки́	—	—
ржать	ржу, ржёшь	ржи	ржу́щий	—

Ptz Präs Pass	Prät	Ptz Prät Akt	Adv Ptz v	Ptz Prät Pass Langform	Kurzform
—	по́нял, поняла́!	поня́вший	поня́в	по́нятый	по́нят, -а́!
—	поро́л, -а	поро́вший	-поро́в	по́ротый	по́рот, -а
—	пре́дал, предала́!	преда́вший	преда́в	пре́данный	пре́дан, предана́!
—	пренебрёг, -брегла́	прене-бре́гший	прене-бре́гши	пренебре-жённый	пренебре-жён, -ена́
—	при́был, прибыла́!	прибы́в-ший	прибы́в	—	—
—	при́дал, придала́!	прида́вший	прида́в	при́данный	при́дан, придана́!
—	при́нял, приняла́!	приня́вший	приня́в	при́нятый	при́нят, -а́!
—	про́был, пробыла́!	пробы́в-ший	пробы́в	—	—
—	про́дал, продала́!	прода́вший	прода́в	про́данный	про́дан, продана́!
—	про́жил, прожила́!	прожи́вший	прожи́в	про́жи́тый	про́жи́т, прожита́!
—	про́ли́л, пролила́!	проли́вший	проли́в	про́ли́тый	про́ли́т, пролита́!
—	про́пи́л, пропила́!	пропи́вший	пропи́в	про́пи́тый	про́пи́т, пропита́!
—	прял, -а́!	пря́дший	-пря́дши	-пря́ден-ный	-пря́ден, -а
—	-пря́г, -прягла́	-пря́гший	-пря́гши	-пряжён-ный	-пряжён, пряжена́
—	ро́здал, раздала́, ро́здало	разда́вший	разда́в	ро́зданный	ро́здан, раздана́, ро́здано
—	разня́л, -а́!	разня́вший	разня́в	разня́тый	разня́т, разнята́!
—	разу́л, -а	разу́вший	разу́в	разу́тый	разу́т, -а
—	распя́л, -а	распя́вший	распя́в	распя́тый	распя́т, -а
—	рассвело́	—	—	—	—
—	рос, росла́	ро́сший	-ро́сши	—	—
—	расчёл, разочла́	—	разочтя́	разочтён-ный	разочтён, -ена́
—	рвал, рвала́!	рва́вший	-рвав	-рванный	-рван, -а
—	реве́л, -а	реве́вший	-реве́в	—	—
—	ре́зал, -а	ре́завший	-ре́зав	ре́занный	ре́зан, -а
—	-рёк, -рекла́	-ре́кший	-ре́кши	-речённый	-речён, -речена́
—	ржал, ржа́ла	ржа́вший	-ржав	—	—

Infinitiv	Präs bzw. Fut	Imp	Ptz Präs Akt	Adv Ptz uv
ропта́ть	ропщу́, ро́пщешь	ропщи́	ро́пщущий	ропща́
рыть	ро́ю, -ешь	рой	ро́ющий	ро́я
свиста́ть	свищу́, сви́щешь	свисти́	сви́щущий	свистя́
сесть *v*	ся́ду, -ешь	сядь	—	—
сечь	секу́, сечёшь	секи́	секу́щий	(сеча́)
скака́ть	скачу́, ска́чешь	скачи́	ска́чущий	скача́
скрежета́ть	скрежещу́, скреже́щешь	(скреже-щи́)	—	(скреже-ща́)
скрести́	скеребу́, -ёшь	скреби́	скребу́щий	скребя́
слать	шлю, шлёшь	шли	шлю́щий	—
слыть	слыву́, -ёшь	слыви́	слыву́щий	слывя́
смея́ться	смею́сь, -ёшься	сме́йся	смею́щийся	смея́сь
снова́ть	сную́, снуёшь	(снуй)	сную́щий	снуя́
снять *v*	сниму́, сни́мешь	сними́	—	—
соблюсти́ *v*	соблюду́, -ёшь	соблюди́	—	—
сова́ть	сую́, -ёшь	суй	сую́щий	(су́я́)
созда́ть *v*	созда́м, -да́шь, -да́ст, -дади́м, -дади́те, -даду́т	созда́й	—	—
соса́ть	сосу́, -ёшь	соси́	сосу́щий	сося́
спать	сплю, спишь, спят	спи	спя́щий	—
-става́ть	-стаю́, -стаёшь	-става́й	-стаю́щий	-става́я
стать *v*	ста́ну, -ешь	стань	—	—
стере́чь	стерегу́, -жёшь	стереги́	стерегу́щий	стережа́
-стичь *v (neben* -сти́гнуть)	-сти́гну, -ешь	-сти́гни	—	—
стлать	стелю́, сте́лешь	стели́	сте́лющий	стеля́
стона́ть *auch Typ 1*	стону́, сто́нешь	стони́	сто́нущий	стоная́
страда́ть	страда́ю, -а́ешь	страда́й	страда́ющий, стра́ждущий	страда́я
стричь	стригу́, -жёшь	стриги́	стригу́щий	—
сты́нуть *u.* **стыть**	сты́ну, -ешь	стынь	сты́нущий	—
счесть *v*	сочту́, -ёшь	сочти́	—	—

Ptz Präs Pass	Prät	Ptz Prät Akt	Adv Ptz v	Ptz Prät Pass Langform	Kurzform
—	роптáл, -а	роптáвший	-роптáв	—	—
—	рыл, -а	ры́вший	-рыв	ры́тый	рыт, -а
—	свистáл, -а	свистáв-ший	-свистáв	—	—
—	сел, -а	сéвший	сев	—	—
(секóмый)	сек, сéкла (prügeln) *oder* секлá (abschlagen)	сéкший	-сéкши	сéченный -сечённый	сéчен, -а -сечён, -енá
—	скакáл, -а	скакáвший	-скакáв	—	—
—	скрежетáл, -а	скрежетáв-ший	-скрежетáв	—	—
—	скрёб, скреблá	скрёбший	-скрёбши	-скребён-ный	-скребён, -скребенá
—	слал, -а	-слáвший	-слав	-сланный	-слан, -а
—	слыл, -á!	слы́вший	-слыв	—	—
—	смея́лся, -ась	смея́в-шийся	-смея́в-шись	—	—
—	сновáл, -а	сновáвший	-сновáв	-снóван-ный	-снóван, -а
—	снял, -á!	сня́вший	сняв	сня́тый	снят, -á!
—	соблю́л, соблюлá	соблюд-ший	соблюдя́	соблюдён-ный	соблюдён, -енá
—	совáл, -а	совáвший	-совáв	-сóванный	-сóван, -а
—	сóздал, создалá!	создáвший	создáв	сóзданный	сóздан, -á!
—	сосáл, -а	сосáвший	-сосáв	-сóсанный	-сóсан, -а
—	спал, -á!	спáвший	-спав	-спанный	-спан, -а
—	-ставáл, -а	-ставáвший	-ставáв	—	—
—	стал, -а	стáвший	став	—	—
—	стерёг, стереглá	стерёгший	-стерёгши	стережён-ный	стережён, -енá
—	-сти́г, -сти́гла	-сти́гший	-сти́гши	-сти́гнутый	-сти́гнут, -а
—	-стлáл, -а	-стлáвший	-стлáв	-стланный	-стлан, -а
—	стонáл, -а	стонáвший	-стонáв	—	—
—	страдáл, -а	страдáв-ший	-страдáв	—	—
—	стриг, стри́гла	стри́гший	-стри́гши	стри́жен-ный	стри́жен, -а
—	стыл, -а	сты́вший *o.* сты́нувший	-стыв	—	—
—	счёл, сочлá	счётший	сочтя́	сочтённый	сочтён, -енá

Infinitiv	Präs bzw. Fut	Imp	Ptz Präs Akt	Adv Ptz uv
сы́пать	сы́плю, -ешь	сыпь	сы́плющий	сы́пля
тере́ть	тру, трёшь	три	тру́щий	—
теса́ть	тешу́, те́шешь	теши́	те́шущий	теша́
течь	теку́, течёшь	теки́	теку́щий	—
ткать	тку, ткёшь	тки	тку́щий	—
толо́чь	толку́, -чёшь	толки́	толку́щий	толча́
топта́ть	топчу́, то́пчешь	топчи́	то́пчущий	топча́
трепа́ть	треплю́, тре́плешь	трепли́	тре́плющий	трепля́
трепета́ть	трепещу́, трепе́щешь	трепещи́	трепе́щущий	трепеща́
трясти́	трясу́, -ёшь	тряси́	трясу́щий	трясяя́
ты́кать	ты́чу, -ешь	тычь	ты́чущий	ты́ча
убы́ть *v*	убу́ду, -ешь	убу́дь	—	—
уня́ть *v*	уйму́, -ёшь	уйми́	—	—
упере́ть *v*	упру́, -ёшь	упри́	—	—
хлеста́ть	хлещу́, хле́щешь	хлещи́	хле́щущий	хлеща́
хлопота́ть	хлопочу́, -о́чешь	хлопочи́	хлопо́чущий	хлопоча́
хоте́ть	хочу́, хо́чешь, хо́чет, хоти́м, -ти́те, -тя́т	(хоти́)	хотя́щий	(хотя́)
хохота́ть	хохочу́, -о́чешь	хохочи́	хохо́чущий	хохоча́
цвести́	цвету́, -ёшь	цвети́	цвету́щий	цветя́
чеса́ть	чешу́, че́шешь	чеши́	че́шущий	чеша́
-честь *v*	-чту́, -чтёшь	-чти́	—	—
чтить	чту, чтишь, чтят *u.* чтут	чти	чту́щий	чтя
чу́ять	чу́ю, чу́ешь	чуй	чу́ющий	чу́я
шепта́ть	шепчу́, ше́пчешь	шепчи́	ше́пчущий	шепча́
-шиби́ть *v*	-шибу́, -шибёшь	-шиби́	—	—
шить	шью, шьёшь	шей	шью́щий	—
щебета́ть	щебечу́, -е́чешь	щебечи́	щебе́чущий	щебеча́
щекота́ть	щекочу́, -о́чешь	щекочи́	щеко́чущий	щекоча́
щипа́ть	щиплю́, щи́плешь	щипли́	щи́плющий	щипля́
-ыска́ть *v*	-ыщу́, -ы́щешь	-ыщи́	—	—

Ptz Präs Pass	Prät	Ptz Prät Akt	Adv Ptz v	Ptz Prät Pass Langform	Kurzform
—	сы́пал, -а	сы́павший	-сы́пав	-сы́панный	-сы́пан, -а
—	тёр, тёрла	тёрший	-тёрши	тёртый	тёрт, -а
—	теса́л	теса́вший	-теса́в	тёсанный	тёсан, -а
—	тёк, текла́	тёкший	-тёкши	—	—
—	ткал, ткала́!	тка́вший	-ткав	тка́нный	ткан, -а́!
—	толо́к толкла́	толо́кший	-толо́кши	толчённый	толчён, -ена́
(зата́птываемый)	топта́л, -а	топта́вший	-топта́в	то́птанный	то́птан, -а
—	трепа́л, -а	трепа́вший	-трепа́в	трёпанный	трёпан, -а
—	трепета́л, -а	трепета́вший	-трепета́в	—	—
—	тряс, трясла́	тря́сший	-тря́сши	-трясённый	-трясён, -ена́
—	ты́кал, -а	ты́кавший	-ты́кав	-ты́канный	-ты́кан, -а
—	у́был, убыла́!	убы́вший	убы́в	—	—
—	уня́л, уняла́!	уня́вший	уня́в	уня́тый	уня́т, -а́!
—	упёр, -ла	упёрший	уперёв *о.* упёрши	упёртый	упёрт, -а
—	хлеста́л, -а	хлеста́вший	-хлеста́в	хлёстанный	хлёстан, -а
—	хлопота́л, -а	хлопота́вший	-хлопота́в	—	—
—	хоте́л, -а	хоте́вший	-хоте́в	—	—
—	хохота́л -а	хохота́вший	-хохота́в	—	—
—	цвёл, цвела́	цве́тший	-цве́тши	—	—
(почёсываемый)	чеса́л, -а	чеса́вший	-чеса́в	чёсанный	чёсан, -а
—	-чёл, -чла́	-чётший	-чтя́	-чтённый	-чтён, -чтена́
чти́мый	чтил, -а	чти́вший	-чтив	—	—
—	чу́ял, -а	чу́явший	-чу́яв	чу́янный	—
—	шепта́л, -а	шепта́вший	шепта́в	-шёптанный	-шёптан, -а
—	-ши́б, -ши́бла	-ши́бший	-ши́бши	-ши́бленный	-ши́блен, -а
—	шил, -а	ши́вший	-шив	ши́тый	шит, -а
—	щебета́л, -а	щебета́вший	-щебета́в	—	—
—	щекота́л, -а	щекота́вший	-щекота́в	—	—
—	щипа́л, -а	щипа́вший	-щипа́в	щи́панный	щи́пан, -а
—	-ыска́л, -а	-ыска́вший	-ыска́в	-ы́сканный	-ы́скан -а